Markierung erweitern	Bei gedrückter **Umschalt**-Taste auf das Ende der zu erstellenden Markierung klicken
Optimale Breite für Tabellenspalten	Doppelklick auf senkrechten Tabellenrahmen
Optimale Höhe für Tabellenzeilen	Doppelklick auf waagerechten Tabellenrahmen

Tastenkürzel für Word 2000

AutoText einfügen	**F3**
Suchen	**Strg** + **F**
Markierung verkleinern	**Umschalt** + **F8**
Dokumentfelder aktualisieren	**F9**
Hyperlink einfügen	**Strg** + **K**
Markierten Text fett stellen	**Strg** + **Umschalt** + **F**
Markierten Text kursiv stellen	**Strg** + **Umschalt** + **K**
Markierten Text verbergen	**Strg** + **Umschalt** + **H**
Zu letzter Bearbeitungsposition springen	**Umschalt** + **F5**
Absatz rechtsbündig ausrichten	**Strg** + **R**
Absatz linksbündig ausrichten	**Strg** + **L**
Absatz zentriert ausrichten	**Strg** + **E**
Absatz im Blocksatz ausrichten	**Strg** + **B**
Markierten Text tieferstellen	**Strg** + **#**
Markierten Text höherstellen	**Strg** + **+**
Letze Suchen/Ersetzen-Operation wiederholen	**Umschalt** + **F4**

Michael Tischer, Bruno Jennrich

Microsoft Office 2000 Professional – Das Handbuch

Michael Tischer, Bruno Jennrich

Microsoft Office 2000 Professional – Das Handbuch

Microsoft Press

Michael Tischer, Bruno Jennrich: Microsoft Office 2000 Professional – Das Handbuch
Microsoft Press Deutschland, Edisonstr. 1, 85716 Unterschleißheim
Copyright © 1999 by Microsoft Press Deutschland

Das in diesem Buch enthaltene Programmmaterial ist mit keiner Verpflichtung oder Garantie irgendeiner Art verbunden. Autoren, Übersetzer und der Verlag übernehmen folglich keine Verantwortung und werden keine daraus folgende oder sonstige Haftung übernehmen, die auf irgendeine Art aus der Benutzung dieses Programmmaterials oder Teilen davon entsteht.

Das Werk einschließlich aller Teile ist urheberrechtlich geschützt. Jede Verwertung außerhalb der engen Grenzen des Urheberrechtsgesetzes ist ohne Zustimmung des Verlags unzulässig und strafbar. Das gilt insbesondere für Vervielfältigungen, Übersetzungen, Mikroverfilmungen und die Einspeicherung und Verarbeitung in elektronischen Systemen.

15 14 13 12 11 10 9 8 7 6 5 4 3
00

ISBN 3-86063-147-0

© Microsoft Press Deutschland
(ein Unternehmensbereich der Microsoft GmbH)
Edisonstraße 1, D-85716 Unterschleißheim
Alle Rechte vorbehalten

Projektmanagement: Balance TextArt, Düsseldorf
Satz: Reemers EDV-Satz, Krefeld
Umschlaggestaltung: Hommer DesignProduction, München
Layout und Gesamtherstellung: Kösel, Kempten

Inhaltsverzeichnis

	Vorwort	XV
1	**Die Installation des Office-Pakets**	**1**
	Die Installation	1
	Der Start von Office	9
2	**Standard-Funktionen in allen Office-Anwendungen**	**11**
	Die Office-Hilfe	11
	Symbolleisten	18
	Office und die Taskleiste	25
	Öffnen und Speichern von Dateien	26
	Dateieigenschaften	40

Teil A
Word 2000 45

3	**Willkommen bei Word 2000**	**47**
	Hallo Newbies, Einsteiger willkommen!	47
	Der Schnelleinstieg: Mein erster Brief	49
4	**Die Word-Grundlagen**	**61**
	Texteingabe und Navigation im Detail	67
	Laden und Speichern	77
	Das Drucken	81
	Vom Umgang mit Fenstern	85
5	**Formatieren von Texten**	**89**
	Das Formatieren	89
6	**Effizientes Arbeiten mit Word**	**111**
	Die Rechtschreibhilfe	111
	Suchen und Ersetzen	118
	Schneller zum fertigen Dokument mit AutoText	124
	Das Konzept der Formatvorlagen	129
	Dokumentvorlagen	138
	Der schnellste Weg zum Befehl: Menüs, Symbolleisten, Kurzwahltasten	143
	Wörter zählen	144
	Feintuning mit den Optionen	145

7	**Die Feinheiten der Textverarbeitung**	**153**
	Die Arbeit mit Kopf- und Fußzeilen	153
	Tabellen	162
	Silbentrennung	191
	Feldfunktionen	193
	Dateieigenschaften	197
8	**An der Schwelle zum Desktop-Publishing**	**203**
	Spaltensatz	203
	Desktop-Publishing mit Textfeldern	208
	Grafiken in Word	215
9	**Die Arbeit mit umfangreichen Dokumenten**	**231**
	Die Arbeit mit Überschriften	231
	Themenanordnung in der Gliederungsansicht	234
	Inhaltsverzeichnisse automatisch erstellen lassen	239
10	**Word im Büroalltag**	**243**
	Bearbeitung von Word-Dokumenten im Team	243
	Überarbeitungen	244
	So kontrollieren Sie die Überarbeitungen	245
	So fügen Sie einen Kommentar in ein Dokument ein	247
	Die Arbeit mit Textmarken	251
	Der Seriendruck	254

Teil B
Excel 2000 265

11	**Willkommen bei Excel 2000!**	**267**
	Hallo Newbies – Jetzt geht's los mit Excel	269
12	**Die Grundlagen von Excel**	**289**
	Der Excel-Bildschirm	289
	Eingabe von Zahlen, Texten und Formeln	293
	Was Sie über Formeln wissen müssen	304
	Laden und Speichern	308
	Der Ausdruck von Arbeitsblättern	311
	Diagramme in Excel	318
13	**Die Arbeit am Tabellenblatt**	**321**
	Verschieben und Kopieren von Zellen	321
	Kopieren von Formeln	326
	Löschen von Zellinhalten	330
	Einfügen und Löschen von Zeilen, Spalten, Zellen	331
	Einstellung von Spaltenbreite und Zeilenhöhe	334
	Einblenden und Ausblenden von Zeilen und Spalten	336
	Die Arbeit mit benannten Zellen und Bereichen	338
	Schnell zu einer bestimmten Zelle springen mit *Gehe zu*	341
	Ansichts-Sachen	343
14	**Die Zellformatierung**	**351**
	Wie Formate auf Zellinhalte einwirken	351
	Zahlenformate	352
	Die Ausrichtung des Zellinhaltes	359

Schriftformatierung	362
Rahmen und Hintergrund	362
Zellen schützen	364
AutoFormate	366
Bedingte Formatierung	367
Formatvorlagen	369

15 Effizientes Arbeiten mit Formeln und Funktionen — 373
Der Funktionsassistent	373
Teilergebnisse in Formeln	374
Excel in der Praxis	375
Finanzen im Griff	375
Zeit ist Geld	382
Funktionsplotter	384
Statistische Funktionen	386
Text und Zahlen mischen	392

16 Die Feinheiten der Tabellenkalkulation — 395
Von Mappen und Blättern	395
Inhalte einfügen	401
Suchen und Ersetzen von Werten und Zellinhalten	401
Ersetzen	402
Rechtschreibprüfung	403
Kommentare	403
Gemeinsam an einer Arbeitsmappe arbeiten	405
Gliederungen	408
Gültigkeitsregeln	413
Der Detektiv	420
Die Zielwertsuche	421
Der Szenario-Manager	423
Der Solver	427

17 Listen und Datenbanken mit Excel — 431
Daten bearbeiten	432
Datensätze sortieren	432
Filtern von Datenbanken	435
Die Arbeit mit Zwischen- und Teilergebnissen	440
Komfortable Eingabe	446
Eingabeformulare	448

18 Excel-Funktionen im Überblick — 455
Mathematische Funktionen	456
Logische Funktionen	471
Datums- und Zeitfunktionen	472

Teil C
PowerPoint 2000 — 477

19 PowerPoint 2000 — 479
Hallo Newbies, Einsteiger willkommen!	479
Das PowerPoint-Fenster	480
Die verschiedenen Ansichten	484
Was ist neu in PowerPoint 2000?	488

20 Der Schnelleinstieg: Meine erste Präsentation — **491**
- Speichern und Laden der Präsentation — 503
- Die Präsentations-Assistenten — 507
- Folienelemente erstellen — 510

21 Folienelemente markieren und bearbeiten — **515**
- AutoFormen einfügen und bearbeiten — 516
- Verbindungen zwischen Folienelementen — 518
- Kurve, Freihandform und Freihand — 520
- Grafiken einfügen — 524
- Neu: Native Tabellen — 526
- Aufzählungen und Nummerierungen — 532
- ClipArts und Grafiken einfügen — 534
- Objekte schattieren — 534
- Die dritte Dimension — 536
- Objekte verschieben — 538
- Objekte zu- und aneinander ausrichten — 539
- Objekte dimensionieren — 541
- Zeichen formatieren — 541

22 Elemente formatieren — **547**
- Das Farben- und Linien-Register — 548
- Standard für neue Objekte — 553
- So übertragen Sie ein Format auf andere Objekte — 553
- Das Größe-Register — 553
- Das Position-Register — 556
- Das Grafik-Register — 556
- Das Text-Register — 559
- Das Web-Register — 562
- Duplizieren von Objekten — 562
- Übernehmen von Objekten auf eine andere Folie — 562
- Gruppieren von Text und Grafikelementen — 562
- Reihenfolge der Elemente — 564

23 Folien-Management — **565**
- Arbeit in der Foliensortierungsansicht — 565
- Arbeiten in der Gliederung — 571
- Folien aus Gliederung einfügen — 576
- Drucken der Präsentation — 577
- Einpacken und Loslegen mit Pack & Go — 579
- So packen Sie die Präsentation — 579
- Der PowerPoint Viewer — 583

24 Folienvorlagen und mehr — **585**
- Der Folienmaster — 585
- Der Titelmaster — 592
- Gedankenstütze für Ihren Vortrag: Die Notizenseite — 594
- Handzettel für das Publikum — 597

25 Die Bildschirmpräsentation — **599**
- Vorführung der Präsentation — 600
- Zielgruppenorientierte Präsentationen — 600
- Während der Präsentation — 601
- Folienübergänge — 605

Der Probelauf	606
Texte und Objekte animieren	607
Erzählung aufzeichnen	610

Teil D
Teileinleitung – Publisher 2000 … 615

26 Der Einstieg … 617
Die Welt des Publishers	617
Hallo Newbies, Einsteiger willkommen!	618
Was ist neu in Publisher 2000?	619
Jetzt geht's los: der Einstieg in Publisher!	620
Publisher-Grundlagen	627

27 Erstellen von Publikationen … 639
Erstellen einer Publikation	639
Die Arbeit mit Objekten	645

28 Text und Grafiken in Publisher … 667
Textlayout und -formatierung in Publisher	667
Grafiken in Publisher	686
Zeichnen mit Publisher	697
Tabellen in Publisher	699
Die Design-Gallery	701

29 Drucken und Erstellen von Webseiten … 705
Drucken von Publikationen	705
Erstellen von Webseiten mit Publisher	715
Verbindung zu anderen Anwendungen	724
Die Detektive	726

Teil E
Outlook 2000 … 729

30 Hallo Newbies. Einsteiger willkommen! … 731
Die Objekte von Outlook	732
Objekte erstellen und bearbeiten	733
Umgang mit Ordnern	740
Die Outlook-Leiste	749
Alles Ansichtssache	751
Die fünf Basis-Ansichten	754
Ansichten auswählen, bearbeiten und erstellen	766
Kategorisierung von Outlook-Elementen	785
Verknüpfung mit Kontakten	786
Kennzeichnung von Elementen	787
Was ist neu an Outlook 2000?	788

31 E-Mails – Das Tor zur Welt … 791
Stets zu Diensten	792
E-Mails senden und empfangen	803
Das E-Mail-Formular im Detail	807

	Junk-Mail? Nein, danke!	812
	Regeln	813
	E-Mails formatieren	816
	Signaturen	818
	E-Mail von Word, Excel und Co.	820
32	**Terminverwaltung für Profis**	**825**
	Ansicht und Navigation im Kalender	825
	So erstellen Sie einen neuen Termin	828
	Terminserien	830
33	**Kontakte – Adressbuch für Profis**	**833**
	So geben Sie einen neuen Kontakt ein	833
	Das Kontakformular im Detail	838
	Der Kontakte-Ordner als Schaltzentrale	840
	Wo liegt denn das?	841
34	**Journale – Das Tagewerk im Griff**	**843**
	So konfigurieren Sie die Journaleinträge	845
	So protokollieren Sie einen Kundenkontakt	846
	Das Journalformular im Detail	847
	So werten Sie Ihre Journaleinträge aus	849
35	**Aufgaben – Denn Sie wissen was andere tun …**	**853**
	Wiederkehrende Aufgaben	854
36	**Notizen – Elektronischer Zettelkasten**	**855**
	So erstellen Sie eine neue Notiz	855
	Notizen zuordnen und einfärben	856

Teil F
Access 2000 859

37	**Access 2000 – Überblick und Einleitung**	**861**
	Hallo Newbies, willkommen bei Access 2000!	861
	Was ist neu an Access 2000?	867
	Gutes Datenbank-Design? Was ist das?	868
	Normalisierung Schritt für Schritt	871
	Und was kommt nach dem Datenbankdesign?	876
38	**Tabellen-Design**	**879**
	Das Problem	880
	Das Datenmodell	880
	Meine erste Datenbank	884
	Tabellendesign	885
	Der Primärschlüssel	889
	Navigation und Bearbeitung einer Tabelle	889
	Datenfeldtypen – Information auf unterster Ebene	900
	Weitere Datenfeldeigenschaften	905
	Tabelleneigenschaften – globale Einstellungen der Tabelle	920
	Filtern und Sortieren – Den Wald vor lauter Bäumen nicht sehen	922
	Beziehungen	926
	Tabellen-Assistenten	937

39 Formulare – Übersichtliche Datenpräsentation ... **949**
So erstellen Sie ein Formular ... 949
Formulardesign ... 956
Steuerelemente – Interaktion mit dem Anwender ... 958
Die Steuerelemente der Protector GmbH ... 967
Gemeinsame Steuerelementeigenschaften ... 970
Formulare drucken ... 1008
Dialogformulare erstellen ... 1009
Seitenzahlen im Seitenkopf/-fuß ... 1009
Detaildatensätze im Unterformular ... 1011

40 Abfragen – Data-Mining für Anfänger ... **1015**
Abfragen basieren auf Tabellen ... 1016
So erstellen Sie die Abfragen der Protector GmbH ... 1017
Woraus besteht das Abfrageergebnis? ... 1020
Welche Kriterien müssen die ausgewählten Datensätze erfüllen? ... 1022
Wie werden Datensätze aus mehreren Tabellen miteinander verknüpft? ... 1023
Datensätze sortieren ... 1024
Datensätze zu Gruppen und Aggregaten zusammenfassen ... 1025
Domänenfunktionen für die Datenbankanalyse ... 1028
Berechnungen in einer Abfrage anstellen ... 1030
Parameterabfragen ... 1030
Eigenschaften einer Abfragespalte ... 1031
So erstellen Sie einen ODBC-Data Source Name ... 1035
Aktionsabfragen ... 1039
Abfrage-Assistenten – schneller geht's nimmer ... 1044

41 Berichte – Bringen Sie die Daten zu Papier ... **1051**
Gemeinsamkeiten zwischen Formularen und Berichten ... 1051
Die großen Unterschiede ... 1052
Die Berichte der Protector GmbH ... 1053
So erstellen Sie den Bestelldetails-Unterbericht ... 1054
So erstellen Sie den Rechnungen-Hauptbericht ... 1056
Gruppierungen und laufende Summen im Bericht ... 1060
Berichte drucken ... 1064
Bereichseigenschaften ... 1069
Die Berichts-Assistenten ... 1070

42 Makros und Module ... **1081**
Die Makros der Protector GmbH ... 1083
Module ... 1093

Teil G
Office 2000 im Web ... **1095**

43 Office im Web ... **1097**
Statisch oder dynamisch? ... 1097
Als Webseite speichern ... 1098
... oder veröffentlichen ... 1099
Hyperlinks ... 1106

44	**Word im Web**	**1111**
	Frames	1111
	Tabellen	1115

45	**Excel im Web**	**1117**
	Statische Arbeitsmappen	1117
	Interaktive HTML-Tabellen	1119
	Veröffentlichen	1124

46	**PowerPoint im Web**	**1127**

47	**Publisher im Web**	**1129**
	Hyperlinks im Publisher	1131
	Der Designdetektiv	1133

48	**Access im Web**	**1135**
	So exportieren Sie eine Tabelle oder Abfrage in eine statische HTML-Seite	1136
	Anpassung des HTML-Exports mit Vorlagendateien	1138
	Export eines Berichts in statische HTML-Seiten	1138
	Export eines Formulars in statische HTML-Seiten	1140
	Dynamische Seiten mit IDC/IDX	1140
	Active Server Pages (ASP)	1143
	Neu in Access 2000: Die Datenzugriffsseiten	1145

Teil H
Das Zusammenspiel der Office-Anwendungen   1149

49	**Datenaustausch in Office**	**1151**
	Datenaustausch über die Zwischenablage	1151
	Datenaustausch per OLE	1154

50	**Datenaustausch über Dateien**	**1159**
	Datenaustausch in Excel	1160
	Datenaustausch in Word	1169
	Datenaustausch in PowerPoint	1170
	Datenaustausch in Access	1172

51	**Word-Art 2000**	**1183**
	So erstellen Sie ein WordArt-Objekt	1184
	WordArt im Detail	1185

52	**Graph – Daten zu Diagrammen**	**1193**
	So erstellen Sie ein Diagramm	1194
	Mehrere Datenreihen anzeigen	1232

53	**Small Business Tools**	**1235**
	Der Business Planner	1235
	Der Kundenmanager	1239
	Datenimport	1239
	So erstellen Sie einen Werbebrief an Ihre besten Kunden	1242
	Ansichten und Aktionen	1243
	Der Kundenmanager und Outlook	1244

Teil I
VBA-Programmierung 1245

54 Einführung in die Makroprogrammierung 1247
Grundlagen und Begriffe 1247
Makros aufzeichnen 1249
Makros verwalten 1261

55 Die VBA-Entwicklungsumgebung 1267
Den Visual Basic-Editor aufrufen 1267
Die Fenster des Visual Basic-Editors 1268
Die Symbolleisten des Visual Basic-Editors 1282
Die Menüs des Visual Basic-Editors 1284
Verweise, Steuerelemente und Optionen 1291
Testen des VBA-Codes 1298

56 VBA-Programmiergrundlagen 1303
VBA-Programmorganisation 1303
Objekte, Eigenschaften, Ereignisse und Methoden 1306
Anweisungen, Folgezeilen und Kommentare 1311
Variablen und Konstanten 1313
Operatoren 1320
Verzweigungen 1322
Schleifen 1323
Arbeiten mit With 1326
Prozeduren und Funktionen 1327

57 Beispiele für VBA-Programme 1333
VBA-Programmierung mit Word 1333
VBA-Programmierung mit Excel 1346

Stichwortverzeichnis Teil A – Word **1355**

Stichwortverzeichnis Teil B – Excel **1359**

Stichwortverzeichnis Teil C – PowerPoint **1367**

Stichwortverzeichnis Teil D – Publisher **1371**

Stichwortverzeichnis Teil E – Outlook **1375**

Stichwortverzeichnis Teil F – Access **1379**

Stichwortverzeichnis Teil G – Office im Web **1383**

**Stichwortverzeichnis Teil H – Das Zusammenspiel
der Office-Anwendungen** **1385**

Stichwortverzeichnis Teil I – VBA-Programmierung **1389**

Vorwort

Mit Office ins nächste Jahrtausend, so könnte das Motto dieses Buches lauten, das Ihnen auf 1400 Seiten das Wichtigste über alle Anwendungen in der Professional-Edition von Office 2000 vermitteln möchte. Das Buch richtet sich dabei vor allem an Einsteiger und erfahrene Anwender, die aber bislang noch nicht so intensiv mit Office gearbeitet haben. Nachdem hier auf alle Office-Anwendungen eingegangen wird, ist klar, das nicht jede Anwendung bis ins kleinste und letzte Detail beleuchtet werden kann. Doch das ist auch gar nicht notwendig, denn viele Funktionen werden Sie im Büroalltag sicher nie benötigen.

Bei der Darstellung der einzelnen Themen haben wir uns einerseits bemüht, möglichst visuell zu arbeiten. Wir schinden keinen Platz mit halbseitigen Abbildungen, auf denen man kaum etwas sieht, sondern gehen in den meisten Fällen gleich ran ans Detail, auf das es ankommt. Außerdem werden Sie im Text viele Schritt-für-Schritt-Anleitungen finden, damit Sie die beschriebenen Funktionen von Word, Excel oder Publisher direkt in die Tat umsetzen können. Denn der Bezug zur Praxis steht immer im Vordergrund.

Office ist längst so groß geworden, dass man ein solches Buch nicht als One-Man-Show verfassen kann. Die Autoren danken deshalb dem gesamten Team, insbesondere Marcus Schriewer und Inan Acer, sowie Günter Born, der den Teil über die VBA-Programmierung beigetragen hat. Wir hoffen, dass Sie in diesem Buch alles finden, was Sie sich davon versprochen haben, und am besten noch ein wenig mehr darüber hinaus.

Die Autoren
Düsseldorf, im Juli 1999

1 Die Installation des Office-Pakets

1	Die Installation
9	Der Start von Office

Die Installation

Die Installation von Office 2000 entscheidet darüber, welche Komponenten des Pakets auf Ihrem System verfügbar sein werden. Wer beispielsweise nur Texte verfasst, wird wahrscheinlich nicht mehr als Word 2000 auf der Festplatte benötigen. Die Installation der Standard-Edition, die Word, Excel, PowerPoint und Outlook umfasst, verbraucht etwa 190 MB Ihrer Festplattenkapazität. Die Office-Premium-Edition, die wirklich alle Bestandteile des Office-Paketes liefert, nimmt in der vollständigen Installation sogar 526 MB Festplattenspeicher ein.

Zum Glück liefert Office 2000 ein neues Installationsprogramm, das eine minimale Installation der Komponenten erlaubt und benötigte Dateien erst dann von den CDs auf die Festplatte kopiert, wenn die Dateien das erste Mal benötigt werden. Der neue Windows-Installer überprüft dazu im Hintergrund, welche Befehle der Anwender aufruft, um bei nicht installierten Features die folgende Aufforderung zum Einlegen der CD zu zeigen:

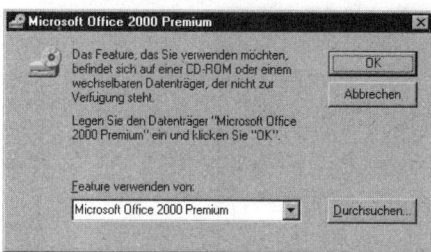

Abbildung 1.1:
Nicht installierte Features werden bei Bedarf »nach-installiert«.

Doch bevor Sie soweit sind, müssen Sie erst eine gewöhnliche Installation von Office vornehmen. Beim Einlegen der CD-ROM wird das Setup-Programm automatisch gestartet. Bevor Sie mit der eigentlichen Office-Installation beginnen können, müssen Sie allerdings eine Aktualisierung Ihres Betriebssystems abwarten. Das oben erwähnte Feature der Installation von Komponenten bei ihrem ersten Gebrauch erfordert die Aktualisierung einiger Systemdateien, die einen Neustart des Systems nach sich ziehen.

Danach meldet sich das Office-Setup erneut mit dem folgenden Dialog:

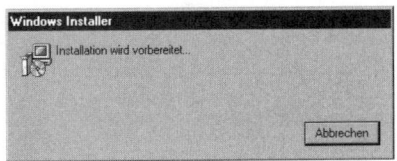

Abbildung 1.2:
Starten des Installationsprogramms

Nach Anzeige des Begrüßungsfensters bringt Sie ein Klick auf die *Weiter*-Schaltfläche zum folgenden Dialog, in dem Sie zur Eingabe Ihrer persönlichen Daten sowie des *CD-Keys* aufgefordert werden.

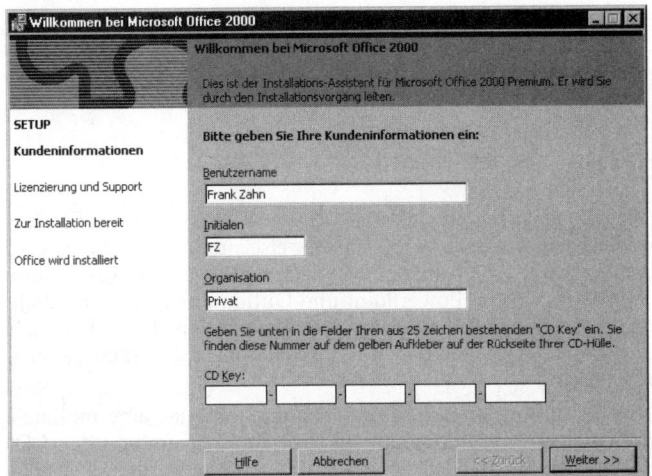

Abbildung 1.3:
Eingabe der Kundeninformationen und des CD-Keys

Ihren **CD-Key** entnehmen Sie dem Aufkleber auf der CD-Hülle von Office 2000.

HINWEIS

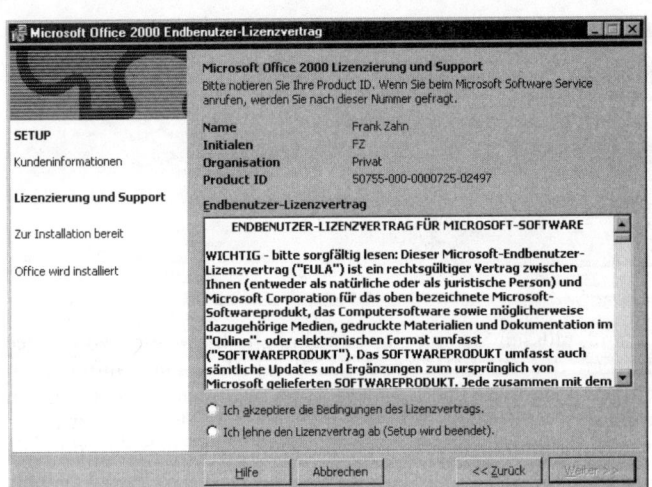

Abbildung 1.4:
Der Endbenutzer-Lizenzvertrag

Nach der Eingabe des CD-Keys erfolgt die Anzeige des Endbenutzer-Lizenzvertrages (End-User-Licence-Agreement, EULA). Lesen Sie diesen Vertrag aufmerksam durch. Erst wenn Sie sich mit diesem Vertrag einverstanden erklären, sollten Sie die Optionsschaltfläche *Ich akzeptiere die Bedingungen des Lizenzvertrages* markieren und mit *Weiter* die Installation fortsetzen (siehe Abbildung 1.4).

Im nächsten Schritt legen Sie das Zielverzeichnis für die Office-Dateien fest. Standardmäßig werden die Dateien in das Verzeichnis *C:\Programme\Microsoft Office* kopiert. Um Office in ein anderes Verzeichnis oder ein anderes Laufwerk zu kopieren, müssen Sie den Pfad im dafür vorgesehenen Eingabefeld ändern. Das Listenfeld im Zentrum des Dialogos dient nur der Anzeige des aktuellen Speicherplatzverbrauches und kann **nicht** zur Auswahl des Ziellaufwerks verwendet werden!

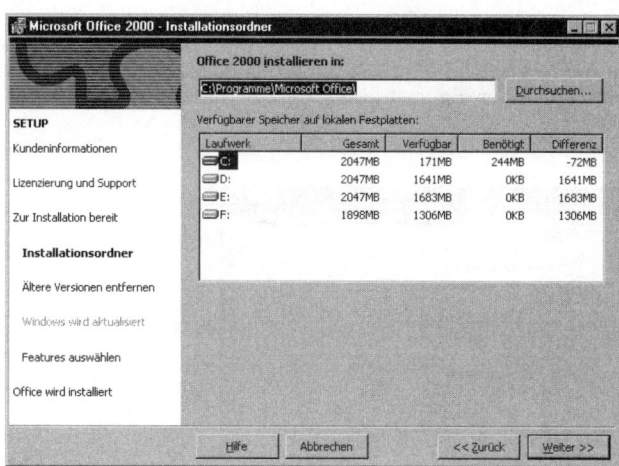

Abbildung 1.5: Auswahl des Zielverzeichnisses

Nach Auswahl des Zielordners entscheiden Sie, ob bereits vorhandene Vorgängerversionen des Office-Paketes erhalten bleiben. Aktivieren Sie das Kontrollkästchen *Ich möchte diese Anwendungen beibehalten*, wenn die Vorgängerversionen auch nach der Installation von Office 2000 verfügbar sein sollen.

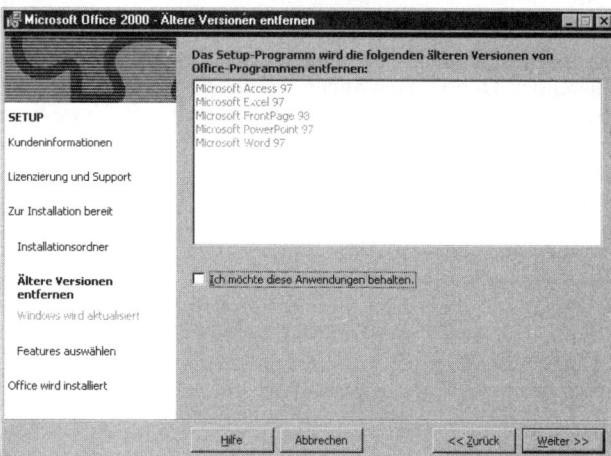

Abbildung 1.6: Sollen die bereits existierenden Versionen des Office-Paketes erhalten bleiben?

Die Installation des Office-Pakets

Damit während der Arbeit mit Office 2000 die automatische Installation weiterer Komponenten möglich ist, muss Windows aktualisiert und evtl. neu gestartet werden.

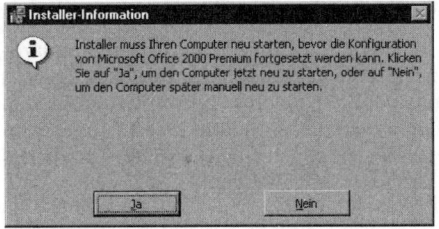

Abbildung 1.7:
Neustart des Systems?

Erst anschließend werden Sie in die Lage versetzt, die tatsächlich zu installierenden Komponenten auszuwählen. In einer Baumstruktur werden dazu die verfügbaren Komponenten angezeigt:

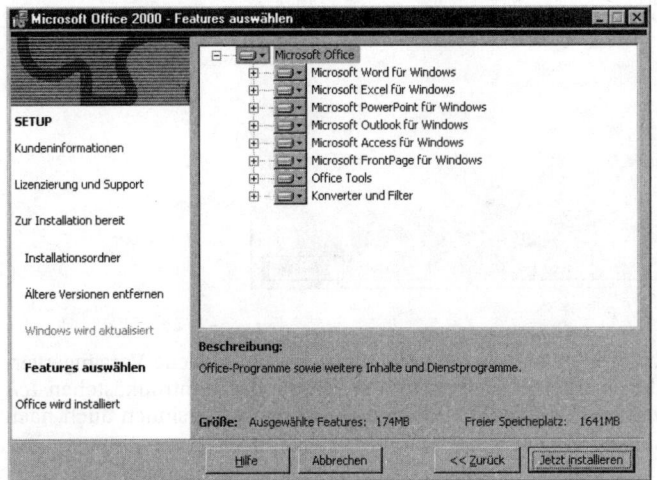

Abbildung 1.8:
Auswahl der zu installierenden Komponenten

Die Äste der Baumstruktur zeigen zum einen den Namen des zu installierenden Programms bzw. der zu installierenden Option, zum anderen erlaubt das an ein Festplattenlaufwerk erinnernde Symbol die Bestimmung des Speicherortes der jeweiligen Option. Ein Klick auf das Festplattensymbol zeigt ein Kontextmenü, das die Einstellung der Installationsoptionen gestattet (siehe Abbildung 1.8).

Die Bedeutung der einzelnen Optionen zeigt die folgende Tabelle:

	Option	Beschreibung
	Vom Arbeitsplatz starten	Das aktuelle Feature wird auf die lokale Festplatte kopiert und steht damit sofort zur Verfügung.
	Alles vom Arbeitsplatz starten	Das aktuelle Feature und die in allen Unterästen verfügbaren Features werden auf die lokale Festplatte kopiert. ▶

Tabelle 1.1:
Installationsoptionen

	Option	Beschreibung
	Von CD starten	Das aktuelle Feature wird immer von CD gestartet.
	Alles von CD starten	Das aktuelle Feature und die in allen Unterästen verfügbaren Features werden von CD gestartet.
	Bei der ersten Verwendung installiert	Das Feature wird erst bei der ersten Verwendung von der CD auf die lokale Festplatte kopiert.
X	Nicht verfügbar	Das aktuelle Feature wird nicht installiert, weder von der Festplatte noch von der CD.

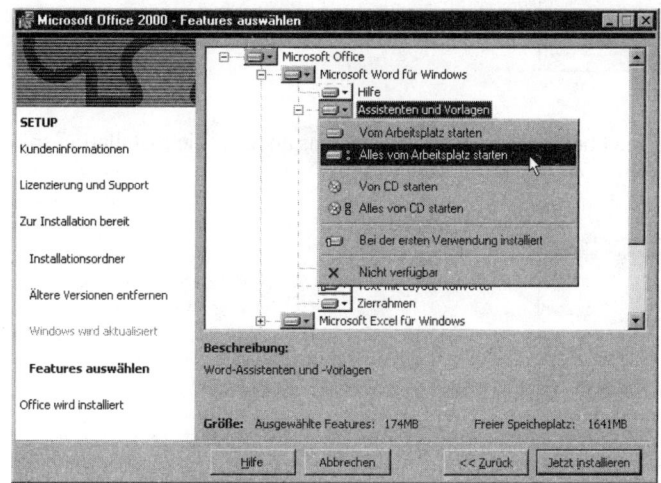

Abbildung 1.9:
Auswahl der Installationsoptionen

HINWEIS Beim Zugriff auf ein Feature, das bei der ersten Verwendung installiert werden soll, zeigt Office evtl. den folgenden Dialog. Er fordert zum Einlegen der Office-CD auf:

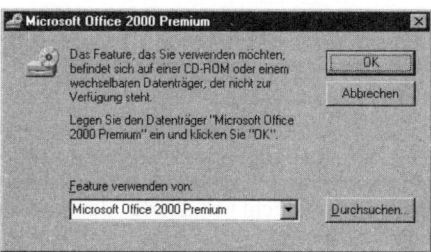

Abbildung 1.10:
So fordert Office zum Einlegen der Installations-CD auf.

Durch Ändern der Installationsoptionen ändert sich der Festplattenverbrauch. Er wird am unteren Rand des Dialogs angezeigt. Wurden alle gewünschten Optionen ausgewählt, wird die Installation durch Klick auf die *Jetzt installieren*-Schaltfläche gestartet. Danach kopiert das Setup die benötigten Dateien und der folgende Dialog zeigt den Fortgang der Installation:

Die Installation des Office-Pakets

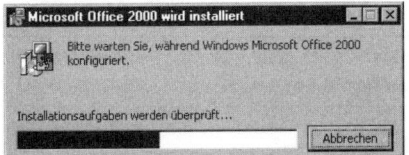

Abbildung 1.11:
Fortgang der Installation

Betätigen Sie während der Installation die *Abbrechen*-Schaltfläche, fordert Sie der folgende Dialog zur Bestätigung des Abbruchs auf:

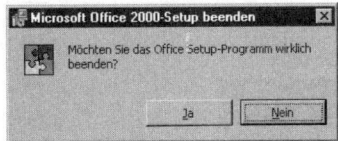

Abbildung 1.12:
Installation abbrechen?

Die folgende Meldung zeigt bei Bestätigung des Abbruchs an, dass die Installation später fortgesetzt werden kann.

Abbildung 1.13:
Das Setup kann auch später vervollständigt werden.

Falls die Installation aber ordnungsgemäß durchläuft, erscheint zum Ende die folgende Meldung, nach der Office 2000 bzw. die installierten Komponenten einsatzbereit sind:

Abbildung 1.14:
Installation abgeschlossen

Entfernen oder Reparieren

Eines der neuen Features von Office 2000 sind die erweiterten Installationsmöglichkeiten. Fehlerhafte Installationen lassen sich reparieren und nicht installierte oder nur von CD gestartete Features lassen sich nachträglich hinzufügen.

Der Dialog zur Änderung und Prüfung einer bestehenden Office-Installation wird über die Systemsteuerung aufgerufen (*Start/Einstellungen/Systemsteuerung/Software*).

Wählen Sie dort im *Installieren/Deinstallieren*-Register den Eintrag *Microsoft Office 2000...* aus, und klicken Sie auf die *Hinzufügen/Entfernen*-Schaltfläche.

*Abbildung 1.15:
Hinzufügen und
Entfernen von
Windows-
Programmen*

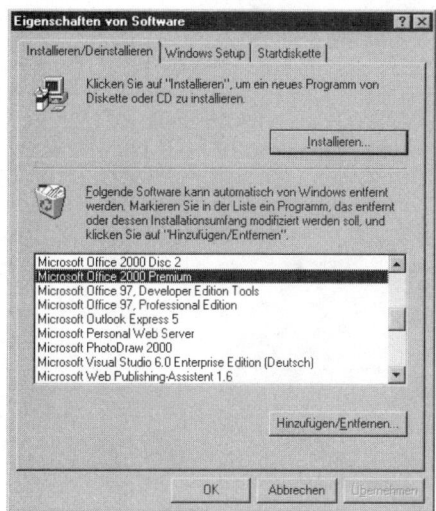

Nach kurzer Zeit zeigt Office den folgenden Dialog, über dessen drei Schaltflächen Sie die auszuführende Operation bestimmen. Neben der Reparatur und der Anpassung der Installation lässt sich Office 2000 auch komplett von der Maschine entfernen.

*Abbildung 1.16:
Der Office-
Wartungsmodus*

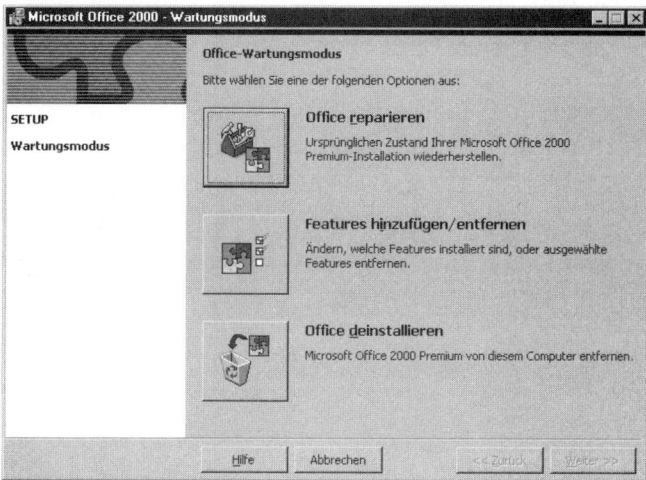

Office 2000 reparieren

Zur Reparatur des Office-Pakets erscheint das folgende Fenster, in dem Sie Office mit den derzeitigen Einstellungen entweder komplett neu installieren oder Fehler korrigieren können. Bei der Reparatur einer bestehenden Office-Installation können Sie zusätzlich festlegen, dass die Verknüpfungen zum Start der Programme erneut in das Menü *Start/Programme* eingetragen werden.

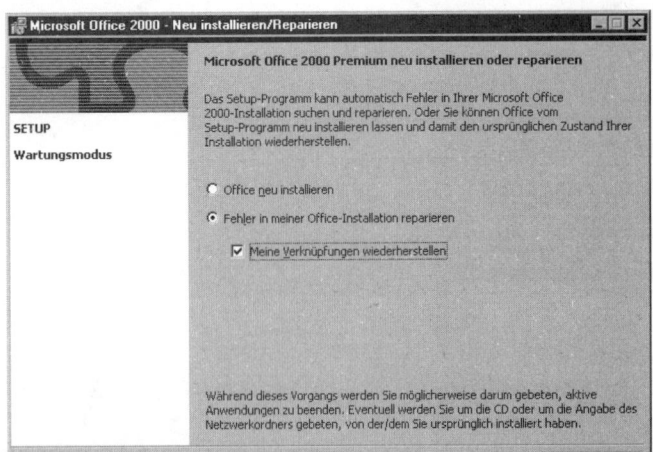

Abbildung 1.17:
Neu installieren oder reparieren?

Hinzufügen oder Entfernen von Komponenten

Zum Hinzufügen oder Entfernen einzelner Office-Komponenten wird das folgende Fenster angezeigt. Wie bereits bei der Erst-Installation wählen Sie hier die Einstellungen aus, nach denen das Office-Paket neu installiert werden soll.

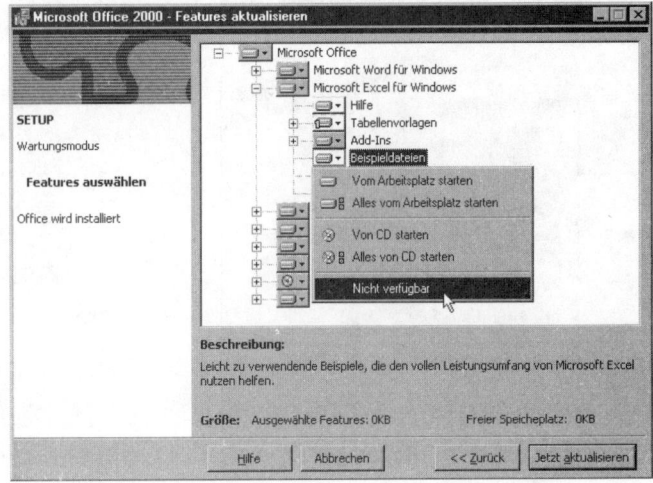

Abbildung 1.18:
Welche Features hinzufügen und entfernen?

HINWEIS Um eine Komponente zu entfernen, müssen Sie Ihre Installationsoption auf *Nicht verfügbar* einstellen.

Die Deinstallation

Möchten Sie Office 2000 deinstallieren, rufen Sie das Deinstallationsprogramm über *Start/Einstellungen/Systemsteuerung/Software* auf. Es erscheint der Dialog von Abbildung 1.18.

Nach Klick auf die Schaltfläche *Office deinstallieren* erscheint eine abschließende Sicherheitsabfrage, nach deren Bestätigung über die *Ja*-Schaltfläche die Office 2000-Dateien von der lokalen Festplatte gelöscht werden. Auch die Office-spezifischen Einträge in der Windows-Registratur sowie die beim Installieren im *Programme*-Menü eingefügten Symbole werden entfernt.

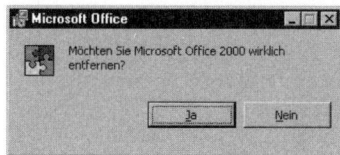

Abbildung 1.19: Deinstallation einleiten?

Der Start von Office

Nach der Installation stehen Verknüpfungen zum Start der Office-Programme im *Programme*-Menü bereit:

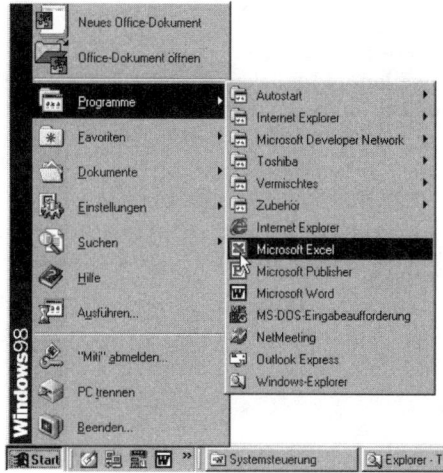

Abbildung 1.20: Hier wurden Excel, Publisher und Word installiert. Das Word-Symbol befindet sich außerdem in der Schnellstart-Symbolleiste des ActiveDesktop.

Falls Sie mit Windows 98 oder Windows 95 inkl. Active-Desktop-Erweiterung arbeiten, können Sie die Verknüpfungen bzw. Symbole der am häufigsten eingesetzten Programme in die Schnellstartleiste innerhalb der Taskleiste platzieren. Das geschieht am schnellsten, indem Sie das *Programme*-Menü zuerst zur Anzeige bringen und anschließend die Verknüpfung per Drag & Drop entweder innerhalb des Menüs verschieben oder die Einträge auf die Schnellstartleiste ziehen.

TIPP Wenn die Einträge im *Programme*-Menü von Windows nicht mehr die gewohnte Reihenfolge zeigen, hilft der Befehl *Nach Namen sortieren* aus dem Kontextmenü, einer Verknüpfung aus dem *Programme*-Menü.

Programmsymbole auf dem Desktop oder die Verknüpfungen auf der Schnellstartleiste erlauben zudem die Eingabe einer Zugriffstaste. Wird diese Tastenkombination betätigt, startet das durch die Verknüpfung repräsentierte Programm automatisch.

Die Installation des Office-Pakets

Rufen Sie zur Eingabe der Zugriffstastenkombination den Befehl *Eigenschaften* aus dem Kontextmenü der Verknüpfung auf:

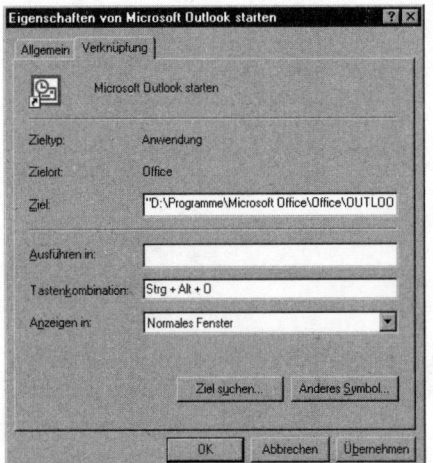

Abbildung 1.21:
Programmstart über Zugriffstasten

Aktivieren Sie das Eingabefeld Tastenkombination und drücken Sie auf die Taste, die zum Start der Anwendung führen soll. Diese Taste in Verbindung mit [Strg] + [Alt] führt anschließend zum Start der Anwendung.

2 Standard-Funktionen in allen Office-Anwendungen

11 Die Office-Hilfe
18 Symbolleisten
25 Office und die Taskleiste
26 Öffnen und Speichern von Dateien
40 Dateieigenschaften

In diesem Kapitel möchten wir den einzelnen Teilen über die verschiedenen Office-Anwendungen für einen Augenblick vorweg greifen und Ihnen einige Programmelemente vorstellen, die Sie in allen Office-Anwendungen antreffen werden. Sie können die folgenden Texte auch später nachlesen, wenn Sie auf das entsprechende Thema in Zusammenhang mit Word, Excel oder einer anderen Office-Anwendung stoßen. Insbesondere das Kapitel über die Office-Hilfe möchten wir Ihnen jedoch zur sofortigen Lektüre ans Herz legen. Denn im Hinblick auf Ihre spätere Produktivität mit Office macht es durchaus einen Unterschied, ob Sie bei Fragen oder Problemen frohen Mutes zur Hilfe greifen oder um das Hilfe-Menü immer einen großen Bogen schlagen.

Die Office-Hilfe

Alle Office-Anwendungen werden mit einer umfangreichen elektronischen Online-Hilfe ausgeliefert, die zwar eine grundlegende Einführung in Form einer Schulung oder des vorliegenden Buches nicht ersetzen kann, fortgeschrittenen Anwendern jedoch wertvolle Informationen liefert. Dabei bieten die verschiedenen Office-Applikationen drei unterschiedliche Wege, Hilfeinformationen auf den Bildschirm zu holen:

- Der Office-Assistent ([F1]), der auf dem Bildschirm durch ein animiertes Symbol dargestellt wird und vor allem zur Unterstützung von Einsteigern gedacht ist. Einerseits kann man ihn mit konkreten Fragen konfrontieren (»wie kann ich drucken?«), andererseits meldet er sich zuweilen selbstständig, um Tipps für die bessere Benutzung von Word zu geben. Fortgeschrittene Anwender sind vom Office-Assistenten zumeist genervt, weshalb man ihn jederzeit ausblenden und sogar dauerhaft abschalten kann.

- Das *Hilfe*-Fenster ([F1]), das den Zugang zu allen verfügbaren *Hilfe*-Seiten gewährt. Einerseits über eine kapitelartige Struktur, aus der man sich das gewünschte Thema durch Aufklappen von Kapiteln und Unterkapiteln selbst heraussuchen kann. Darüber hinaus gibt es hier eine *Suchen*-Funktion, über die man passende Hilfeseiten nach einem vorgegebenen Stichwort (z.B. »Feldfunktionen«) suchen kann. Außerdem beinhaltet die *Hilfe* einen Antwort-Assistenten, der genau wie der Office-Assistent eine Frage entgegennimmt und daraufhin eine Liste mit passenden Hilfethemen präsentiert. Genau wie die Ergebnisse der Stichwortsuche führen sie zu den einzelnen Hilfeseiten.

o Die *Direkthilfe* ([◇]+[F1]), auch »kontextsensitive Hilfe« genannt, die sich auf die Bedeutung und Funktionsweise der verschiedenen Bildschirmelemente und Eingabefelder in Dialogen bezieht. Ohne das *Hilfe*-Fenster zu öffnen, liefert sie unmittelbar auf dem Bildschirm eine Kurzinformation zum gewünschten Element.

Arbeit mit der *Direkthilfe*

Am einfachsten und direktesten wirkt noch die *Direkthilfe*, die sich jederzeit über die Tastenkombination [◇]+[F1] aktivieren lässt. Sofern Sie nicht gerade eine Dialogmaske geöffnet haben, stellt Word dem Mauszeiger nach dem Druck auf [◇]+[F1] ein Fragezeichen anbei und zeigt damit an, dass es gleich eine Hilfe-Informationen geben wird, und zwar sobald Sie mit der linken Maustaste auf das Bildschirmelement klicken, zu dem Sie Informationen erhalten möchten. Die folgende Fotomontage zeigt einige dieser gelben Hilfen, die wieder verschwinden, sobald Sie [Esc] oder eine andere Taste drücken bzw. mit der Maus auf eine Stelle klicken.

Mauszeiger der Direkthilfe

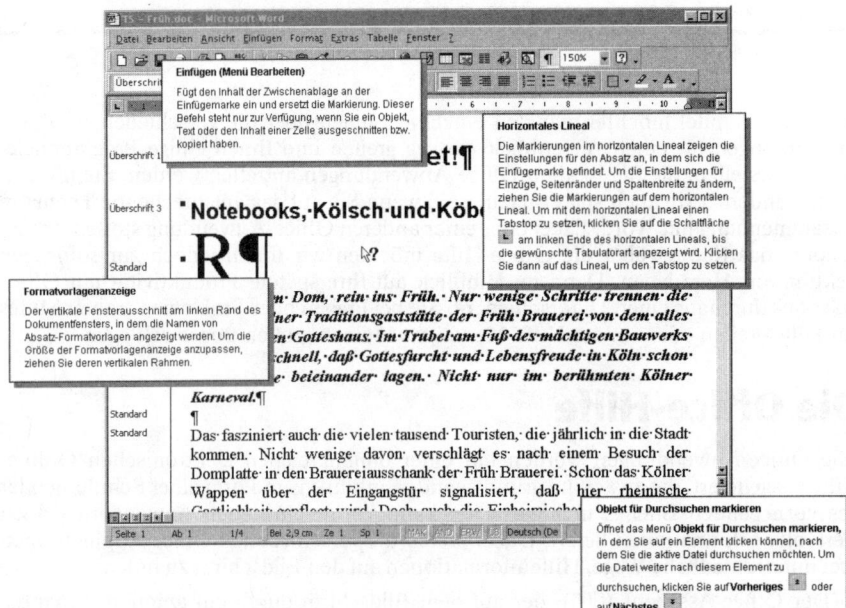

Abbildung 2.1:
Die Direkthilfe *liefert Ihnen Informationen zu den verschiedenen Bildschirmelementen.*

Etwas anders gestaltet sich der Einsatz der *Direkthilfe* in Dialogmasken wie beispielsweise *Format/Absatz* oder *Datei/Drucken*. Hier liefert die *Direkthilfe* Kurzinformationen zu der Aufgabe des aktuellen Dialogfeldes. *Aktuell* heißt in diesem Zusammenhang, dass das jeweilige Feld den Fokus besitzt, also Ihre Tastatureingaben entgegennimmt. Sie wechseln dabei zwischen den verschiedenen Eingabefeldern entweder durch [↹] oder durch Anklicken mit der Maus. Drücken Sie anschließend [◇]+[F1], sobald das gewünschte Dialogfeld den Fokus besitzt, und Sie erhalten unmittelbar eine *Direkthilfe* über dessen Aufgabe.

Der Office-Assistent

In der Voreinstellung steht Ihnen bei der Arbeit in Word, Excel und den andern Office-Anwendungen der so genannte Office-Assistent zur Seite. Auf dem Bildschirm macht er sich in Form einer animierten Büroklammer bemerkbar, die auf den Namen »Karl Klammer« hört. Ein Klick auf die Büroklammer oder die Betätigung von [F1] genügt, damit der Assistent Ihnen eine Auswahl von Hilfethemen zur aktuellen Eingabesituation präsentiert. Klicken Sie eines der präsentierten Themen mit der Maus an, erscheint das *Hilfe*-Fenster mit dem jeweiligen Thema.

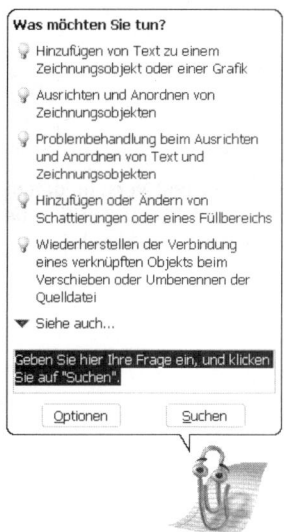

Abbildung 2.2: Der Office-Assistent

Darüber hinaus können Sie im Eingabefeld *Suche nach* eigene Fragen an den Office-Assistenten formulieren. Die Fragen müssen nicht grammatikalisch korrekt sein, wichtig ist nur, dass die entscheidenden Stichwörter darin vorkommen: *Drucken*, *Formatieren*, *Löschen*, *Tabelle*, *Seriendruck*, das alles sind Schlagwörter, zu denen Ihnen der Office-Assistent eine Liste von Hilfethemen präsentieren kann, die Sie (hoffentlich) weiterbringen.

TIPP Falls der Office-Assistent bei der Arbeit im Weg steht, können Sie ihn mit der Maus durch Klicken und Ziehen verschieben, auch über das Fenster der jeweiligen Office-Anwendung hinaus. Möchten Sie ihn bis zum nächsten Aufruf der Hilfe ausblenden, klicken Sie auf das *Hilfe*-Menü, das in der Menüleiste als letztes Menü erscheint und durch ein Fragezeichen verkörpert wird. Wählen Sie anschließend den Befehl *Office-Assistenten ausblenden*.

Die verschiedenen Office-Assistenten

Neben »Karl Klammer« bietet Ihnen Office sieben weitere Assistenten an. Man kann das als Spielerei abtun, doch sicherlich findet sich darunter einer, der doch besser zu Ihnen passt als Karl Klammer. Um einen anderen Assistenten auszuwählen, klicken Sie mit der rechten Maustaste auf den Assistenten und wählen anschließend im Kontextmenü den Befehl *Assistent auswählen*. Daraufhin erscheint folgender Dialog:

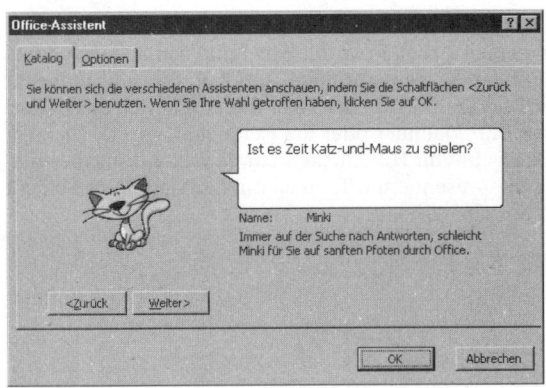

Abbildung 2.3:
Auswahl eines Assistenten

Mit den Schaltflächen *Zurück* und *Weiter* schalten Sie zwischen den verschiedenen Assistenten um. Suchen Sie sich einen neuen Assistenten aus und bestätigen Sie die Auswahl mit einem Klick auf *OK*. Ab sofort wird der neue Assistent eingeblendet.

Abbildung 2.4:
Die verschiedenen Office-Assistenten

Für jeden Office-Assistenten sind mehrere Animationen definiert. Um sich davon ein Bild zu machen, klicken Sie mit der rechten Maustaste auf den aktuellen Assistenten und wählen aus dem Kontextmenü den Befehl *Animation!*

HINWEIS

Die Optionen

Der Office-Assistent bietet Ihnen über sein Kontextmenü den Zugang zu den *Optionen*, über die sich nicht nur sein Verhalten konfigurieren, sondern die Anzeige der Office-Assistenten auch ganz ausschalten lässt. Besonders wichtig ist in diesem Zusammenhang die Option *Den Office-Assistenten verwenden*. Wird sie deaktiviert, sind Sie den Office-Assistenten erst einmal los.

Hier ein Überblick über die wichtigsten Optionen im Einzelnen:

Befehl	Wirkung
Den Office-Assistenten verwenden	Der Office-Assistent erscheint auf dem Bildschirm und meldet sich je nach Einstellung der weiteren Optionen auch ungefragt zu Wort.
Auf [F1]-Taste reagieren	Der Assistent kommt zum Vorschein, sobald Sie [F1] betätigen. Ist das Kontrollkästchen deaktiviert, erscheint stattdessen direkt das *Hilfe*-Fenster. ▶

Tabelle 2.1:
Die Optionen des Office-Assistenten

Befehl	Wirkung
Warnmeldungen anzeigen	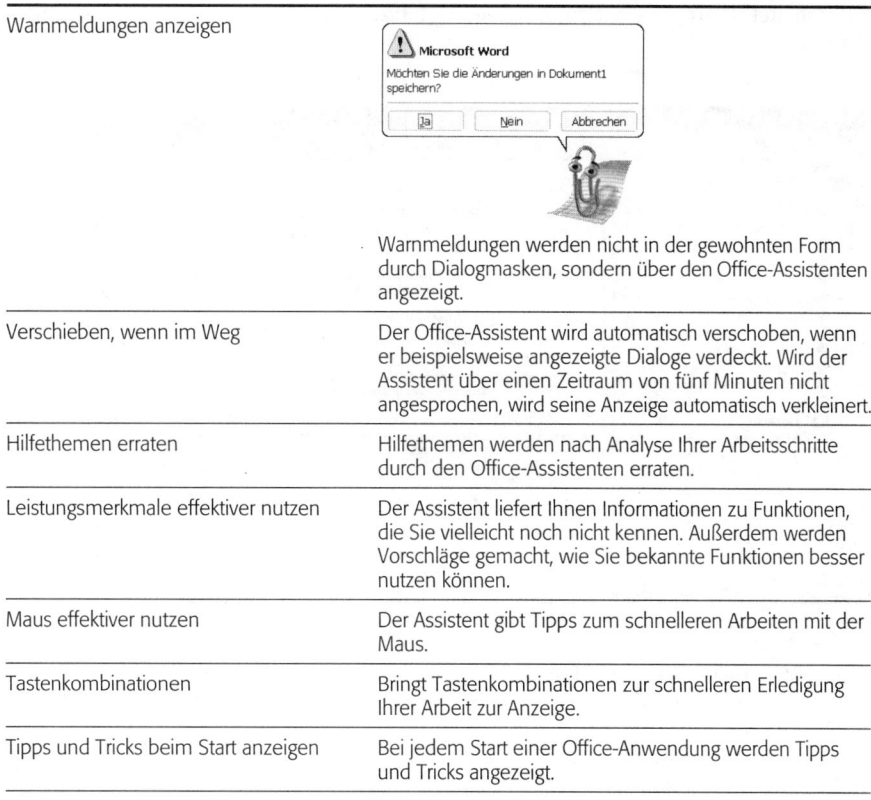 Warnmeldungen werden nicht in der gewohnten Form durch Dialogmasken, sondern über den Office-Assistenten angezeigt.
Verschieben, wenn im Weg	Der Office-Assistent wird automatisch verschoben, wenn er beispielsweise angezeigte Dialoge verdeckt. Wird der Assistent über einen Zeitraum von fünf Minuten nicht angesprochen, wird seine Anzeige automatisch verkleinert.
Hilfethemen erraten	Hilfethemen werden nach Analyse Ihrer Arbeitsschritte durch den Office-Assistenten erraten.
Leistungsmerkmale effektiver nutzen	Der Assistent liefert Ihnen Informationen zu Funktionen, die Sie vielleicht noch nicht kennen. Außerdem werden Vorschläge gemacht, wie Sie bekannte Funktionen besser nutzen können.
Maus effektiver nutzen	Der Assistent gibt Tipps zum schnelleren Arbeiten mit der Maus.
Tastenkombinationen	Bringt Tastenkombinationen zur schnelleren Erledigung Ihrer Arbeit zur Anzeige.
Tipps und Tricks beim Start anzeigen	Bei jedem Start einer Office-Anwendung werden Tipps und Tricks angezeigt.

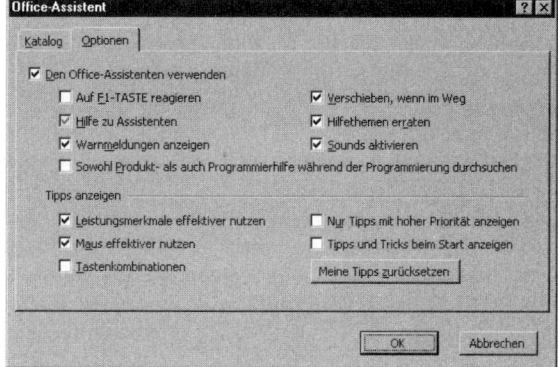

Abbildung 2.5:
Die Optionen des Office-Assistenten

Das *Hilfe*-Fenster

Obwohl der Office-Assistent durch seine andauernde Präsenz im Vordergrund zu stehen scheint, ist das *Hilfe*-Fenster der eigentliche Quell der Hilfeinformationen, denn hier werden die Hilfeseiten zu den verschiedenen Themen präsentiert. Tatsächlich ist auch der Office-Assistent nur diesem Fenster vorgeschaltet, denn die Hilfethemen, die der Assistent anbietet, führen ausnahmslos in das *Hilfe*-Fenster. Ist der Office-Assistent abgeschaltet, führt Sie ein Druck auf die F1-Taste deshalb automatisch in das *Hilfe*-Fenster.

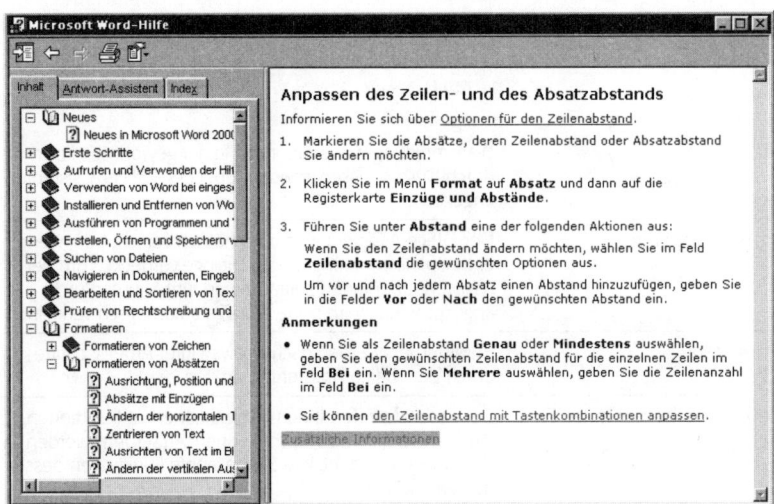

Abbildung 2.6:
Das Hilfe-*Fenster mit ausgeklapptem Register*

Das *Hilfe*-Fenster, das Sie beliebig verschieben und vergrößern oder verkleinern können, besteht aus zwei Ausschnitten: einem Register (links) und dem jeweiligen Hilfetext (rechts). Das Register dient zum Auffinden und zur Navigation zwischen den verschiedenen Hilfetexten, während der aktuelle Hilfetext jeweils im rechten Ausschnitt zur Anzeige gebracht wird.

Navigieren zwischen Hilfeseiten

Die verschiedenen Hilfetexte sind dabei in der Art von Web-Seiten durch Verweise verknüpft, die blau bzw. lila hervorgehoben werden. Klicken Sie einfach den gewünschten Verweis an, um eine andere Hilfeseite auf den Bildschirm zu holen.

Die Unterscheidung zwischen blauen und lila Verweisen soll Ihnen signalisieren, ob Sie einen bestimmten Verweis schon einmal angeklickt und das jeweilige Hilfethema dadurch geöffnet haben. In diesem Fall erscheint der zuvor blaue Verweis anschließend lila.

HINWEIS

Wenn Sie sich mit Hilfe der Verweise durch die verschiedenen Hilfetexte blättern, können Sie mit der Schaltfläche *Zurück* jederzeit wieder zur vorherigen Hilfeseite zurückkehren, und das durch mehrmaliges Drücken von *Zurück* über mehrere Stufen hinweg. In der Gegenrichtung bringt Sie *Vorwärts* zu den Hilfeseiten, die Sie über *Zurück* wieder verlassen haben.

Zurück   Vorwärts

Arbeit mit dem Register

Wenn Sie über den Office-Assistenten in das Hilfefenster gelangen, ist das Register zunächst einmal ausgeblendet. Über die Schaltflächen *Einblenden* können Sie es aber jederzeit sichtbar machen und auf Wunsch über *Ausblenden* auch wieder verschwinden lassen. Der Vorteil des Ausblendens ist, dass dann mehr Platz für die eigentlichen Hilfeinformationen bleibt, wobei Sie den vertikalen Separator zwischen den beiden Ausschnitten jederzeit mit der Maus durch Klicken und Ziehen verschieben können.

Einblenden

Ausblenden

Das Register ist jedoch unerläßlich, wenn Sie innerhalb des Hilfefensters gezielt nach Informationen suchen möchten. Dazu ist es in drei Abschnitte unterteilt: *Inhalt*, *Antwort-Assistent* und *Index*. Der *Inhalt* liefert Ihnen in der Art eines Kapitelverzeichnisses einen kompletten Überblick über alle verfügbaren Hilfethemen. Die einzelnen Seiten sind dabei in einer Verzeichnisstruktur mit Kapiteln und Unterkapiteln organisiert, die Sie aufklappen können, um die enthaltenen Hilfeseiten sichtbar zu machen. Ein Klick auf solch eine Seite genügt dann, um sie in den rechten Ausschnitt des Hilfefensters zu holen. Über *Inhalt* können Sie die *Hilfe* also wie eine Art Buch benutzen.

Der *Antwort-Assistent* entspricht hingegen der Vorgehensweise des Office-Assistenten. Sie können eine Frage formulieren, worauf die *Hilfe* nach passenden Themen sucht und sie zur Auswahl und Anzeige in einer Liste präsentiert.

Der *Index* schließlich trägt seinen Namen nicht umsonst, denn genau wie der Index eines Buches listet er die wichtigsten Begriffe und Schlagwörter aus der *Hilfe* auf. Wählen Sie einen der vorgegebenen Begriffe aus, und Sie erhalten eine Liste der Hilfeseiten zur Auswahl, in denen er auftaucht.

Abbildung 2.7:
Hilfesuche über
den Index

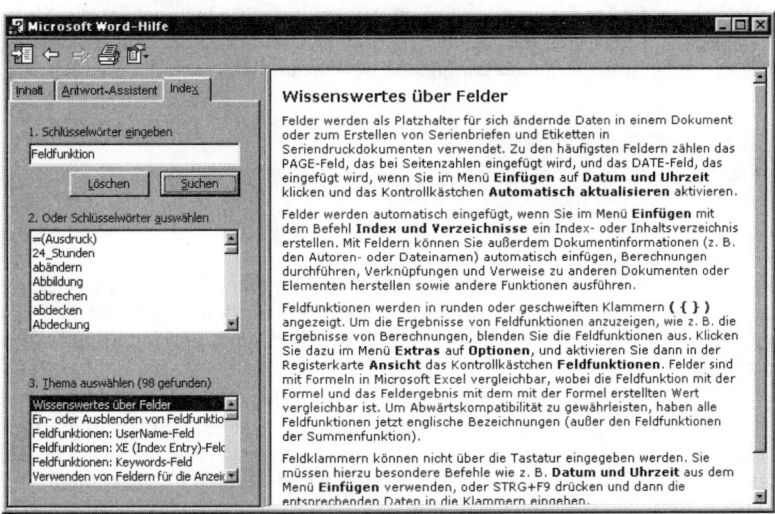

Hilfeseiten ausdrucken

Drucken

Hilfeseiten können Sie nicht nur am Bildschirm betrachten, sondern auch ausdrucken. Das hat den Vorteil, dass Sie die jeweiligen Informationen parallel zur Arbeit in der jeweiligen Office-Anwendung betrachten können, denn oftmals reicht die Arbeitsfläche auf dem Desktop nicht aus, um gleichzeitig mit der jeweiligen Office-Anwendung und dem geöffneten *Hilfe*-Fenster zu arbeiten. Sie starten den Ausdruck über die *Drucken*-Schaltfläche im *Hilfe*-Fenster. Sofern Sie im Register nicht den Index geöffnet haben, erscheint daraufhin der gewohnte *Drucker*-Dialog, indem Sie den Drucker für die Ausgabe sowie weitere Druckoptionen wählen können. Befinden Sie sich jedoch im Inhaltsverzeichnis, antwortet die jeweilige Office-Anwendungen zunächst mit dem folgenden Dialog (siehe Abbildung 2.8).

Er bietet Ihnen die Möglichkeit, nicht nur eine Hilfeseite, sondern alle Hilfeseiten zum aktuellen, übergeordneten Thema zu drucken. Sofern Sie ein Thema ohnehin komplett ausdrucken möchten, erspart das Ihnen die Mühe, jede Seite einzeln anzuwählen und daraufhin separat auszudrucken.

Standard-Funktionen in allen Office-Anwendungen

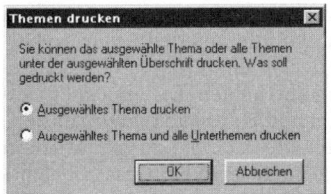

Abbildung 2.8:
Auswahl der zu druckenden Themen aus dem Inhalt

Symbolleisten

Kaum noch wegzudenken aus der täglichen Arbeit mit den Anwendungen aus dem Office 2000 Paket sind die Symbolleisten. Sie zeigen die verfügbaren Befehle in Form kleiner Symbole, die wie Schaltflächen per Maus angeklickt oder wie Menüs über die Tastatur aktiviert werden. Im Allgemeinen bestehen die Symbolleisten aus Abkürzungen zu den wichtigsten und am häufigsten benötigten Befehlen.

Einige Symbolleisten finden Sie in allen Office-Anwendungen. Dazu gehört die *Standard*-Symbolleiste, die das Öffnen, Speichern und Drucken erlaubt, Zugriff auf die Zwischenablage bietet und einige der gängigsten Befehle enthält.

Abbildung 2.9:
Die Standard-Symbolleiste

Neben den Befehlen zum Öffnen, Speichern und Drucken eines Dokuments zeichnet sich die *Standard*-Symbolleiste vor allem durch die Befehle für den Zugriff auf die Zwischenablage, den so genannten *Formatpinsel*, und die *Rückgängig/Wiederherstellen*-Symbole aus.

Mit dem Formatpinsel übertragen Sie das aktuelle Format (Schriftformate bei Word, bei Excel zusätzlich auch Zahlenformate) auf andere Bereiche. Bewegen Sie dazu die Einfügemarke auf die Stelle im Dokument, deren Format kopiert werden soll. Klicken Sie anschließend auf den Formatpinsel und markieren Sie den Bereich im Dokument, der das zuvor ausgewählte Format annehmen soll.

Formatpinsel

Wollen Sie ein Format auf mehreren Stellen im Dokument/in einer Tabelle übertragen, müssen Sie die oben beschriebene Prozedur mehrmals ausführen. Das ist oft sehr mühsam. Einfacher geht es, wenn Sie den Formatpinsel durch Doppelklick »einrasten«. Nun lässt sich das Quellformat auf mehrere Stellen im Dokument übertragen, ohne dass Sie das Quellformat erneut anwählen müssen.

TIPP

Um die letzten Arbeitsschritte zurückzunehmen, stellt die *Standard*-Symbolleiste den *Rückgängig*-Befehl bereit. Er wird aber nicht nur über das Symbol, sondern auch über die Tastenkombinationen [Strg]+[Z] oder [Alt]+[←] aufgerufen.

Rückgängig *und* Wiederherstellen

Falls Sie einmal zuviel Arbeitsschritte zurückgenommen haben, können Sie über die *Wiederherstellen*-Schaltfläche die irrtümlichen Rücknahmen ungeschehen machen.

HINWEIS

Auch die althergebrachte Menüzeile ist streng genommen eine Symbolleiste – mit dem Unterschied, dass in ihr vor allem Text-Schaltflächen anstelle von Schaltflächen mit grafischen Symbolen angezeigt werden.

Neben der *Standard*-Symbolleiste findet sich die *Format*-Symbolleiste in allen Office-Anwendungen. Mit ihr bestimmen Sie die Schriftart, die Schriftgröße, den Zeichensatz und den Schriftschnitt der von Ihnen in ein Dokument eine Tabellenzelle oder eine E-Mail eingegebenen Zeichen.

Abbildung 2.10:
Die Format-*Symbolleiste*

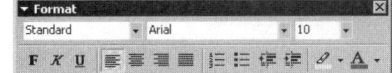

Auch die *Zeichnen*-Symbolleiste für die Erstellung grafischer Objekte, Linien und AutoFormen finden Sie in fast allen Office-Anwendungen wieder.

Abbildung 2.11:
Die Zeichnen-*Symbolleiste*

Darüber hinaus bietet jede Anwendung eine Reihe spezieller Symbolleisten, die auf die Arbeit mit der jeweiligen Anwendung zugeschnitten sind.

HINWEIS Die Auswahl eines Symbols aus der Symbolleiste erfolgt üblicherweise durch einfaches Anklicken mit der Maus. Die Schaltflächen lassen sich aber auch über die Tastatur auswählen. Aktivieren Sie dazu durch Betätigung der [Alt]-Taste den Menü-Modus. Mit den Pfeiltasten navigieren Sie nun durch die Befehle des Hauptmenüs. Mit der Tastenkombination [Strg]+[⇥] und [Strg]+[⇧]+[⇥] setzen Sie den Eingabefokus auf eine andere Symbolleiste, deren Schaltflächen anschließend ebenfalls über die Pfeiltasten markiert und durch Druck auf [↵]-Taste aufgerufen werden.

Symbolleisten & Menüs positionieren

Üblicherweise sind die Menüzeile und die Symbolleisten am oberen Rand des Fensters angesiedelt. Sowohl die Menüzeile als auch die Symbolleisten lassen sich aber an eine andere Fensterkante andocken und sogar als so genannte »Floating-Toolbar« (»gleitende Symbolleiste«) als separates »Fensterchen« über eine Anwendung legen. Klicken Sie dazu mit der Maus auf die Greifer am linken oberen Rand der Symbolleisten und ziehen Sie damit die Symbolleiste bei gedrückter linker Maustaste an die gewünschte Position.

Abbildung 2.12:
Mauszeiger auf den Symbolleistenrand bewegen und bei gedrückter linker Maustaste verschieben

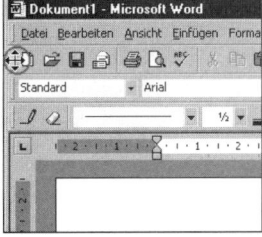

Sobald Sie die Menüleiste in die Nähe eines Fensterrandes ziehen, wird sie wie von einem Magnet von der Fensterkante angezogen (siehe Abbildung 2.13).

Darüber hinaus lassen sich die Symbolleisten auch als eigenständige Fenster »schwebend« über der Anwendung platzieren. Das ist besonders dann sinnvoll, wenn der zur Anzeige eines Dokuments verfügbare Bereich durch die am Rand stehenden Symbolleisten zu stark eingeschränkt wird, Sie die Symbolleisten aber nicht schließen wollen (siehe Abbildung 2.14).

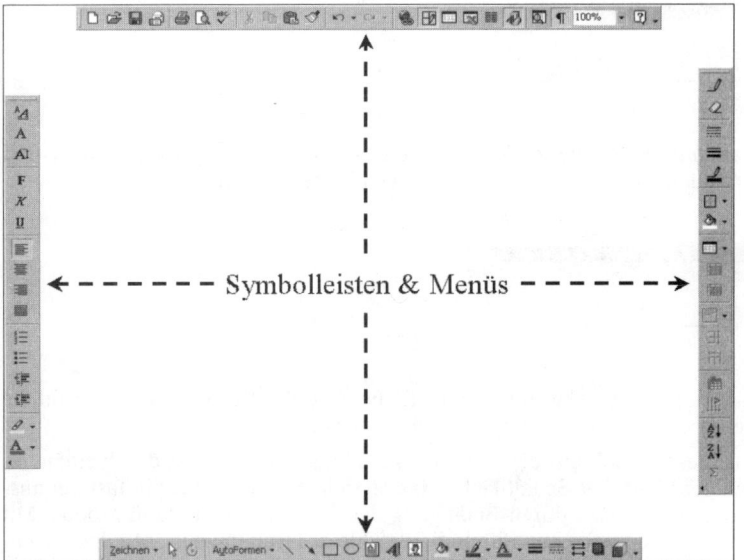

Abbildung 2.13:
Symbolleisten lassen sich an den oberen, unteren, linken oder rechten Bildschirmrand verschieben.

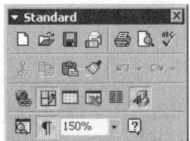

Abbildung 2.14:
Symbolleiste als eigenständiges Fenster

Symbolleisten ein- oder ausblenden

Nach der Installation des Office-Pakets zeigen die meisten Anwendungen nur die *Standard*-, die *Format*- und die *Zeichnen*-Symbolleisten. Im Verlauf der Arbeit werden bei Bedarf weitere Leisten eingeblendet.

Das Kontextmenü einer jeden Symbolleiste stellt zu diesem Zweck eine Übersicht aller verfügbaren Symbolleisten dar:

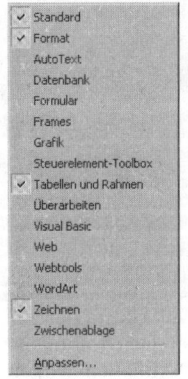

Abbildung 2.15:
Im Kontextmenü lassen sich die Menüs ein- oder ausblenden.

Diese Auswahl finden Sie übrigens auch im Menü *Ansicht/Symbolleisten*.

Symbolleisten anpassen

Nicht nur die Symbolleisten, auch die Schaltflächen innerhalb der Symbolleiste lassen sich ein- oder ausblenden. In freistehenden Symbolleisten können Sie dazu auf das *Schaltflächen hinzufügen oder entfernen*-Menü zurückgreifen, das durch Klick auf den nach unten zeigenden Pfeil in der Titelzeile der Symbolleiste aufgerufen wird und als Untermenü alle für die Symbolleiste verfügbaren Schaltflächen anzeigt:

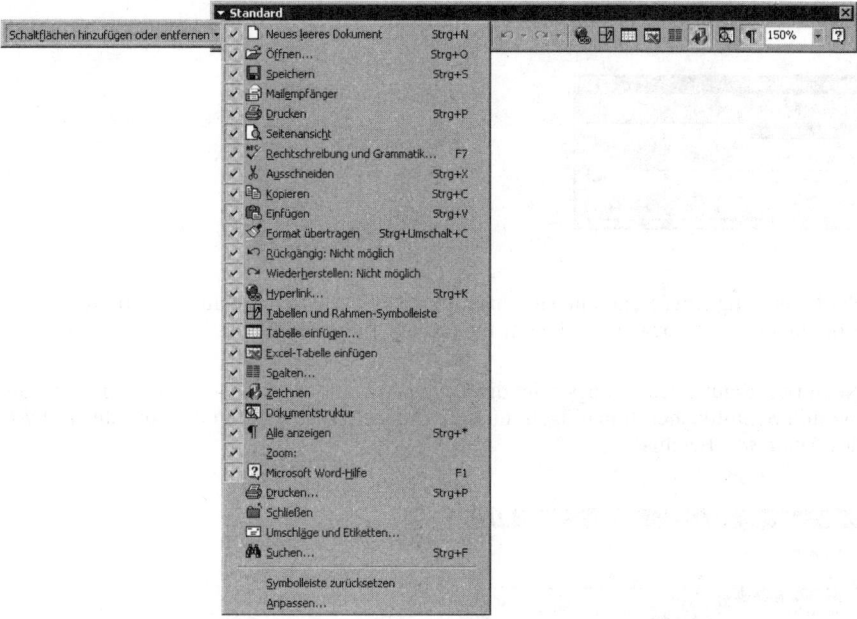

Abbildung 2.16:
Interaktive Konfiguration der Schaltflächen einer Symbolleiste.

Für die im Fensterrand eingeklinkten Symbolleisten müssen Sie zur Konfiguration allerdings auf den *Anpassen*-Dialog zurückgreifen. Er wird entweder über das Kontextmenü der Symbolleiste oder über *Extras/Anpassen* aufgerufen:

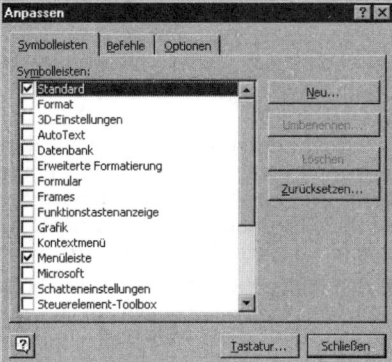

Abbildung 2.17:
Extras/Anpassen

Standard-Funktionen in allen Office-Anwendungen

Im Register *Symbolleisten* wählen Sie die anzuzeigenden Symbolleisten aus. Neben den im Kontextmenü verfügbaren Symbolleisten sind hier auch die kontextabhängigen Symbolleisten, wie beispielsweise die *Schatteneinstellungen*, verfügbar, die nur in speziellen Programmsituationen angezeigt werden.

Symbolleisten-Register

Neben der Ein- und Ausblendung einzelner Symbolleisten gestattet dieses Register die Erstellung neuer Symbolleisten, in denen Sie beispielsweise die für Ihre tägliche Arbeit benötigen Schaltflächen zusammentragen. Klicken Sie dazu auf die Schaltfläche *Neu*. Es erscheint der Dialog *Neue Symbolleiste*, in dem Sie der neuen Symbolleiste einen Namen vergeben:

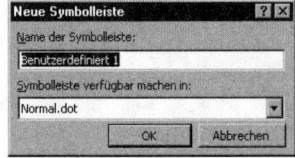

Abbildung 2.18: Neue Symbolleiste anlegen

Bei Erzeugung einer Symbolleiste unter Word 2000 müssen Sie auswählen, in welcher Dokumentvorlage bzw. in welchem Dokument die neue Symbolleiste verfügbar sein soll.

HINWEIS

Nach Bestätigung des Dialogs zeigt die Office-Anwendung eine leere Symbolleiste, der Sie nun Schaltflächen hinzufügen müssen. Wechseln Sie dazu in das Register *Befehle* des *Anpassen*-Befehls.

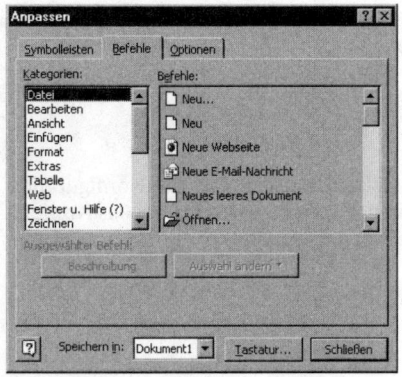

Abbildung 2.19: Das Befehle-Register

In diesem Register werden alle in der jeweiligen Anwendung verfügbaren Befehle dargestellt – gruppiert nach verschiedenen Kategorien. Um eine Schaltfläche für einen Befehl in eine eigene oder eine bestehende Symbolleiste zu übernehmen, müssen Sie zuerst die jeweilige Kategorie auswählen, um den Befehl aus dieser Kategorie per Drag & Drop in einer der sichtbaren Symbolleisten einzufügen (siehe Abbildung 2.20).

Die Position, an der die neue Schaltfläche in eine Symbolleiste eingefügt wird, symbolisiert eine stilisierte Einfügemarke. Und die Form des Mauszeigers gibt an, ob die Schaltfläche beim Loslassen der Maustaste eingefügt wird. In diesem Fall wird der Mauszeiger um ein kleines +-Zeichen erweitert.

I

Diese Einfügemarke zeigt die neue Position des Symbols an.

*Abbildung 2.20:
Neue Symbole werden per Drag & Drop aus dem Anpassen-Dialog in die Symbolleiste übernommen.*

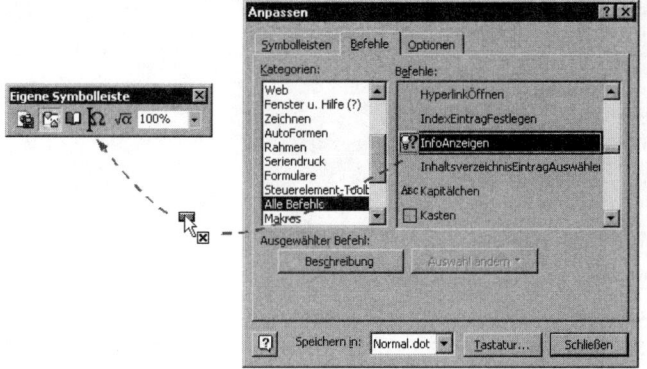

Mauszeiger beim Löschen und Einfügen eines Symbols

Auch um eine Schaltfläche aus einer Symbolleiste zu entfernen, bedienen Sie sich des Drag & Drops. Klicken Sie dazu einfach auf eine Schaltfläche in der Symbolleiste und ziehen Sie sie aus der Symbolleiste heraus. Sobald der Mauszeiger ein x zeigt, führt das Loslassen der linken Maustaste zum Entfernen des Symbols.

Solange der *Anpassen*-Dialog sichtbar ist, können Sie auch die bereits in den Symbolleisten enthaltenen Symbole bearbeiten. Das Kontextmenü einer Schaltfläche sowie die *Auswahl ändern*-Schaltfläche im *Anpassen*-Dialog stellen dazu Befehle bereit, die beispielsweise eine Schaltfläche entfernen, eine neue Schaltflächengruppe erzeugen oder das Symbol einer Schaltfläche ändern:

*Abbildung 2.21:
Kontextmenü zur Bearbeitung einer Schaltfläche*

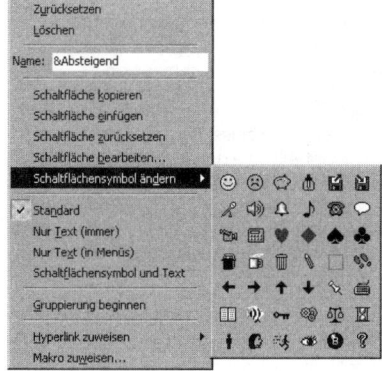

Symbolleisten-Optionen

Neben der Anpassung einzelner Symbolleisten und ihrer Schaltflächen beherbergt das *Optionen*-Register des *Anpassen*-Dialogs generelle Einstellungen für die Symbolleisten und die Menüzeile:

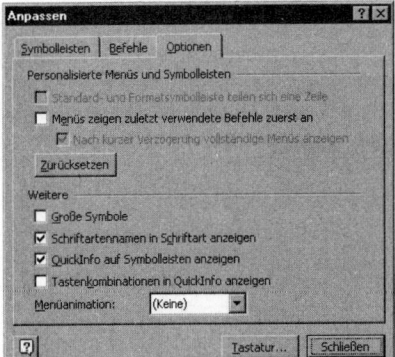

Abbildung 2.22:
Optionen der Symbolleisten und der Menüs

Die Bedeutung der einzelnen Optionen finden Sie in der folgenden Tabelle:

Kontrollkästchen	Wirkung
Standard- und Formatsymbolleiste teilen sich eine Zeile	Symbolleisten lassen sich üblicherweise recht frei am Fensterrand positionieren. Auch in angedocktem Zustand sind sie noch so weit beweglich, dass sie untereinander oder nebeneinander platziert werden können. Um Platz zu sparen, werden die Symbolleisten *Format* und *Standard* nach Schließen dieses Dialogs aber in einer gemeinsamen Zeile dargestellt – auch wenn dabei die resultierende Zeile aus dem rechten Fensterrand herausragt. Diese Option ist nur verfügbar, wenn während der Anzeige des *Anpassen*-Dialogs sowohl die *Format*- als auch die *Standard*-Symbolleiste sichtbar sind.
Menüs zeigen zuletzt verwendete Befehle zuerst an	Eine der offensichtlichen Neuerungen von Office 2000 sind die neuen Menüs. Sie zeigen nur die wichtigsten Befehle oder jene Befehle, die der Anwender des öfteren aufruft. Um alle Befehle eines Menüs anzuzeigen, müssen Sie innerhalb des Menüs auf den Doppelpfeil nach unten klicken. Wenn Sie diese Option jedoch deaktivieren, zeigt das Menü stets alle verfügbaren Befehle – genauso wie in Office 97.
Nach kurzer Verzögerung vollständige Menüs anzeigen	Diese Option legt fest, dass alle Befehle eines Menüs nicht nur eingeblendet werden, wenn der Doppelpfeil nach unten angeklickt wird, sondern auch dann, wenn der Mauszeiger für eine kurze Zeit über dem geöffneten Menü verweilt.
Zurücksetzen	Durch Aufruf dieses Befehls setzen Sie die Menüs und Symbolleisten der jeweiligen Anwendung wieder in den Ursprungszustand zurück. Aus den eingebauten Symbolleisten werden die von Ihnen hinzugefügten Schaltflächen entfernt und die Menüs verlieren ebenfalls nachträglich eingefügte Befehle.
Große Symbole	Zur besseren Erkennbarkeit werden die Schaltflächen der Symbolleisten vergrößert dargestellt. ▶

Tabelle 2.2:
Die Optionen im Detail

Kontrollkästchen	Wirkung
Schriftartennamen in Schriftart anzeigen	Diese Option legt fest, ob die Schriftartnamen im Kombinationsfeld *Schriftart* der *Format*-Symbolleiste in der jeweiligen Schriftart oder in der Standardschriftart angezeigt werden:
	Unter Word 2000 wirkt sich diese Einstellung auch auf das Kombinationsfeld mit den verfügbaren Formatvorlagen aus. **Tipp** Auf langsamen Rechnern sollte diese Einstellung deaktiviert werden, um die Wartezeiten beim Aufklappen der verfügbaren Schriftarten und Formatvorlagen zu reduzieren.
QuickInfo auf Symbolleisten anzeigen	Sobald der Mauszeiger auf einer der Schaltflächen ruht, wird eine kurze Erläuterung angezeigt.
Tastenkombinationen in QuickInfo anzeigen	Auch die alternative Tastenkombination zum Aufruf des jeweiligen Befehls unterhalb des Mauszeigers wird im QuickInfo angezeigt. (Diese Funktion ist unter Excel nicht verfügbar.)
Menüanimation	In diesem Kombinationsfeld wird festgelegt, wie das Aufklappen eines Menüs animiert werden sollen. Dazu stehen drei verschiedene Animationstypen zur Verfügung, die Sie in diesem Kombinationsfeld auswählen.

Office und die Taskleiste

In der Windows-Taskleiste werden die Symbole aller derzeit laufenden Anwendungen angezeigt. Das erlaubt auch dann die schnelle Umschaltung zwischen den Anwendungen, wenn diese im Vollbildmodus angezeigt werden und dadurch alle anderen Anwendungen unter sich »begraben«.

Weil in einer Instanz von Word, Excel und Co. jeweils mehrere Dokumente bzw. Arbeitsmappen geöffnet sein können, musste man in vorherigen Versionen des Office-Pakets stets noch innerhalb der jeweiligen Anwendung durch die geöffneten Dokumente blättern, bis das gewünschte zur Bearbeitung bereit stand.

TIPP Damals wie heute schalten Sie mit `Strg`+`F6` und `Strg`+`⇧`+`F6` zwischen den Dokumenten einer Office-Anwendung um.

In den früheren Versionen von Office wurde nur die jeweilige Instanz der Anwendung, nicht aber die innerhalb der Anwendung geöffneten Symbole in der Taskleiste verewigt. Weil das vor allem für das dokumentübergreifende Drag & Drop ein großes Hindernis darstellt, verhält sich Office 2000 hier anders.

Jedes Dokument wird standardmäßig als separates Symbol in der Taskleiste angezeigt. Das führt zum einen dazu, dass sich das entsprechende Dokument durch einen einfachen Klick aktivieren lässt, zum anderen werden Drag & Drop-Operationen vereinfacht, weil Sie nun auch im Vollbildmodus das jeweilige Dokument dadurch aktivieren, dass der Mauszeiger während des Ziehens einige Sekunden auf dem jeweiligen Tastleistensymbol verharrt und dadurch eine Umschaltung zum Dokument verursacht.

Abbildung 2.23:
Jedes Dokument als Symbol in der Taskleiste

Die meisten Office-Anwendungen steuern die Anzeige der Symbole in der Taskleiste über das Kontrollfeld *Fenster in Taskleiste*, das sich im *Allgemein*-Register des *Extras/Optionen*-Dialogs befindet. Bei Word sucht man diese Einstellung allerdings vergebens – hier werden Dokumente stets in separaten Fenstern angezeigt. Und FrontPage sowie Publisher stellen nur ein einziges Programmsymbol in der Taskleiste dar.

Öffnen und Speichern von Dateien

Zwei der zentralen Operationen einer jeden Office-Anwendung sind das Laden und Speichern der erstellten Dokumente. Denn nur durch das Speichern eines Word-Dokuments, einer Excel-Tabelle, einer PowerPoint-Präsentation oder einer Access-Datenbank auf Ihrer Festplatte wird Ihre Arbeit dauerhaft gesichert und kann zu einem späteren Zeitpunkt erneut bearbeitet werden.

Der Hauptspeicher des Rechners, das so genannte *RAM*, ist ein so genannter »flüchtiger« Speicher. Wird der Rechner abgeschaltet, geht sein Inhalt unwiederbringlich verloren. Solange sich ein Office-Dokument nur im RAM befindet, arbeiten Sie daher »auf dünnem Eis«. Ein Stromausfall durch den Tritt auf herumliegende Steckerleisten, Verheddern in abenteuerlichen Kabelverlegungen auf dem Boden oder einfach durch ein unzuverlässiges Netzteil im Rechner macht Ihre bisherige Arbeit zunichte. Aber nicht nur das. Auch eine fehlerhafte Anwendung, die den Rechner zum Totalabsturz bringt, zerstört Ihre komplette Arbeit. Dagegen hilft nur das Sichern der bearbeiteten Dokumente auf die Festplatte.

Weil das Sichern von Programmdaten in Dateien und das spätere Einladen dieser Informationen nicht nur unter Office eine zentrale Operation, sondern eine von nahezu jeder Windows-Anwendung benötigte Funktion darstellt, bieten Windows 95, Windows 98 und Windows NT so genannte Standarddialoge, mit denen sich Dateien zum Laden auswählen und Dateinamen für zu speichernde Dateien vergeben lassen. In diesen Dialogen ist sogar die Navigation innerhalb der Verzeichnishierarchie möglich – inklusive der Erstellung neuer Verzeichnisse.

Allerdings gibt es einen kleinen Wermutstropfen: Weder Office 97 noch Office 2000 greifen auf die Standarddialoge für das Laden und Speichern von Dateien zurück. Wieder einmal mehr ist das Office-Paket der Vorreiter für neue Benutzerelemente, die erst in späteren Versionen in das Standard-Repertoire von Windows übernommen werden.

Die neuen Dialoge für den Zugriff auf Dateien sehen so aus (siehe Abbildung 2.24).

Dieser Dialog besteht aus einer Verzeichnisliste, in der alle Dateien und Unterverzeichnisse eines Ordners angezeigt werden. Am oberen Rand des Dialogs befindet sich eine Symbolleiste, der rechte Rand zeigt die so genannte *Umgebungs-Leiste* für den schnellen Zugriff auf verschiedene Spezialordner (siehe ▶ Seite 34), und am unteren Rand befinden sich die Eingabefelder zur Auswahl des *Dateinamens* und des *Dateityps*.

Abbildung 2.24:
Der Dialog
Speichern unter

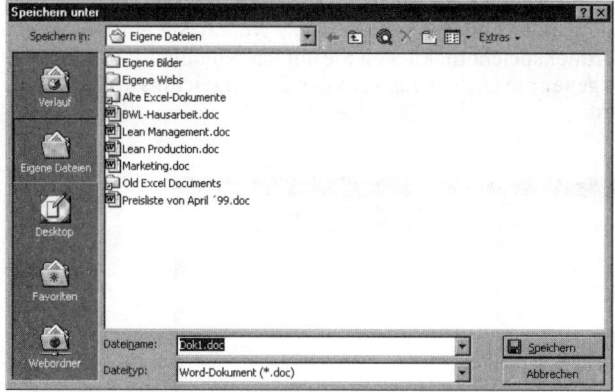

So speichern Sie ein Dokument

Speichern

1. Jedes Office-Dokument, das dauerhaft gespeichert werden soll, muss in einer Datei auf der Festplatte abgelegt werden. Rufen Sie dazu den Befehl *Speichern* aus dem *Datei*-Menü oder der Symbolleiste der Anwendung auf (Tastenkombination: [Strg]+[s]).

   Alternativ dazu können Sie das Dokument auch beim Schließen speichern, denn bevor das Dokumentenfenster geschlossen wird, stellt die Anwendung eine Sicherheitsabfrage, die zum Speichern aller Änderungen seit dem letzten Öffnen/Erzeugen des Dokuments auffordert.

Abbildung 2.25:
Sollen die Änderungen am aktuellen Dokument gespeichert werden?

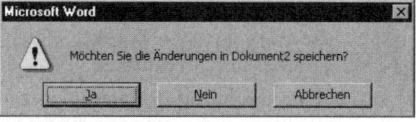

Besitzt das Dokument bereits einen Dateinamen, wurde es also zuvor bereits einmal auf der Festplatte gespeichert, so schreibt die Office-Anwendung die Änderungen ohne erneutes Nachfragen in die bereits bestehende Datei und überschreibt diese dabei. Ansonsten erscheint der *Speichern unter*-Dialog (siehe Abbildung 2.26).

Abbildung 2.26:
Der Speichern unter-*Dialog*

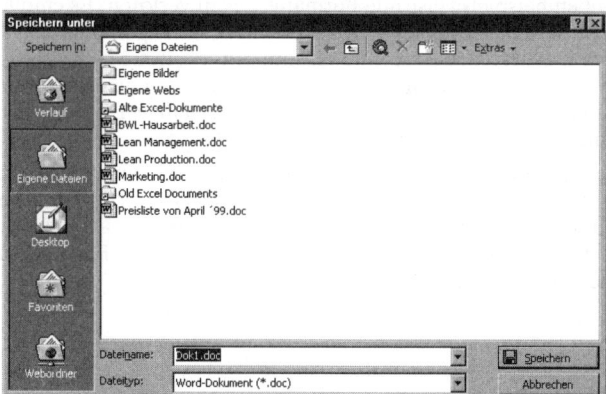

Standard-Funktionen in allen Office-Anwendungen

Standardmäßig werden neue Dokumente im Ordner *Eigene Dateien* abgelegt. Dies ist der Standardspeicherort aller Office-Anwendungen. Wollen Sie ein Dokument aber in einen anderen Ordner speichern, klicken Sie auf das Kombinationsfeld *Speichern in*. Es zeigt die so genannte *Ordner-Liste*, in der die Verzeichnisstruktur Ihres Rechners aufgeführt wird:

Abbildung 2.27:
Das Speichern in-*Kombinationsfeld*

Wählen Sie hier den Ordner, in dem die Datei gespeichert werden soll.

2. Den Namen der Datei geben Sie im Textfeld *Dateiname* an. Üblicherweise geben Sie hier einen Namen ohne zusätzliche Dateiendungen wie *DOC*, *XLS* oder *PPT* an, weil Office diese Endungen selbstständig beisteuert. Anders als unter MS-DOS oder Win 3.11 darf der Dateiname unter Windows 95/98/NT inkl. Dateipfad (*C:\Eigene Dateien*) und Dateiendung (*.DOC*) 255 Zeichen umfassen.

Allerdings ist es mitunter sinnvoll, beim Speichern vom Standarddateityp abzuweichen. Soll beispielsweise eine Excel-Tabelle zur Weiterverarbeitung mit einem anderen Programm im so genannten Tabbed-Text-Format gespeichert werden, müssen Sie im Kombinationsfeld *Dateityp* beim Speichern auf den Typ *Text (Tabs getrennt)* einstellen (zum Datenaustausch mit anderen Anwendungen siehe auch ▶ Kapitel 50, *Datenaustausch über Dateien*)

TIPP

Beim Speichern eines Dokuments in einem anderen Dateityp verliert das Dokument im Allgemeinen eine Reihe seiner Eigenschaften. Beim Speichern eines Word-Dokuments im *Nur Text*-Dateityp gehen beispielsweise alle Formatierungen verloren. Es empfiehlt sich daher, das Dokument zweimal zu speichern – zum einen im angestammten (dem so genannten »nativen«) Dateityp der Anwendung, und ein zweites Mal in dem zur Weiterverarbeitung benötigten Dateityp (anstelle von Dateityp spricht man oft auch von *Datei-Format*). Anschließend bearbeiten Sie nur das jeweilige Dokument und »exportieren« das Dokument immer wieder in das benötigte Format.

3. Soll die Datei zur Wahrung der Ordnung auf Ihrer Festplatte in einem neuen Ordner gespeichert werden, klicken Sie auf das Symbol *Neuen Ordner erstellen*. Dieses Symbol finden Sie nur in den *Speichern...*-Dialogen. In den *Öffnen...*-Dialogen ist er nicht verfügbar. Im darauffolgendem Dialog werden Sie dann zur Eingabe eines Namens für den neuen Ordner aufgefordert:

Neuen Ordner erstellen

Abbildung 2.28: Eingabe eines neuen Ordnernamens.

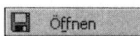

Der *Neue Ordner* wird durch Eingabe eines Namens und Bestätigung mit *OK* zwar erstellt, aber nicht zum aktuellen Ordner gemacht. Sie müssen daher zunächst in den neuen Ordner wechseln. Klicken Sie dazu in der Verzeichnisliste entweder doppelt auf den Namen des Ordners, oder markieren Sie den Ordner und betätigen Sie anschließend die *Öffnen*-Schaltfläche. Solange die Verzeichnisliste den Eingabefokus besitzt, können Sie auch mit der ⏎-Taste in den markierten Ordner wechseln.

HINWEIS Sobald in der Verzeichnisliste eine Datei markiert wird, oder sobald der Eingabefokus zum Eingabefeld *Dateiname* wechselt, wandelt sich die *Öffnen*-Schaltfläche wieder in die *Speichern*-Schaltfläche.

Aufwärts

Sind Sie in der Verzeichnishierarchie zu weit hinabgestiegen, können Sie entweder über das *Speichern in*-Kombinationsfeld in einen übergeordneten Ordner wechseln, oder Sie betätigen das *Aufwärts*-Symbol, um den Inhalt des jeweils übergeordneten Ordners in der Verzeichnisliste anzuzeigen. Sobald die Verzeichnisliste den Eingabefokus besitzt, können Sie auch über die ←-Taste in den Eltern-Ordner wechseln.

Zurück

Wenn Sie über das Kombinationsfeld *Speichern in* direkt zwischen verschiedenen Verzeichnissen auf unterschiedlichen Laufwerken wechseln, bringt Sie ein Klick auf die *Zurück*-Schaltfläche in das jeweils zuvor angezeigte Verzeichnis.

4. Nachdem der Dateiname, der Dateityp und der Speicherort bzw. Ordner ausgewählt wurden, führt ein Klick auf die *Speichern*-Schaltfläche zur Ablage des Dokuments in einer Datei auf der Festplatte.

Der *Speichern*-Befehl aus dem *Datei*-Menü bzw. das Speichern des Dokuments bei seinem Schließen oder dem Beenden der Anwendung bringt den *Speichern unter*-Dialog nur dann zur Anzeige, wenn das Dokument bisher noch nicht gespeichert wurde. Ansonsten überschreiben die Office-Anwendungen einfach die bereits bestehende Datei mit dem geänderten Dokument.

Manchmal ist es aber wünschenswert, ein Dokument zur späteren Bearbeitung unter einem anderen Dateinamen abzulegen – quasi als Zwischenstand, zu dem man später zurückkehren kann. Für diesen Fall rufen Sie den Befehl *Speichern unter...* aus dem *Datei*-Menü auf. Er bringt den *Speichern unter*-Dialog zur Anzeige, und Sie können das Dokument unter einem anderen Namen, einem anderen Dateityp und in einem anderen Ordner speichern.

HINWEIS Das Speichern eines Dokuments unter einem neuen Namen führt dazu, dass alle Änderungen am Dokument in die neue Datei einfließen. Es ist daher zu überprüfen, ob nach dem Aufruf des *Speichern unter*-Befehls nicht wieder die ursprüngliche Datei geöffnet werden muss, damit Sie mit der »richtigen« Datei weiterarbeiten. Evtl. müssen Sie das Dokument ein zweites Mal via *Speichern unter* umbenennen.

So öffnen Sie ein Dokument zur Bearbeitung

Gespeicherte Dokumente sind natürlich nur dann sinnvoll, wenn sie sich zu einem späteren Zeitpunkt zur weiteren Bearbeitungen laden bzw. öffnen lassen.

1. Um ein Dokument zu öffnen, rufen Sie entweder den gleichnamigen Befehl aus dem *Datei*-Menü auf, klicken auf das entsprechende Symbol in der *Standard*-Symbolleiste oder betätigen die Tastenkombination [Strg]+[o] (O = Open, engl. Öffnen). Daraufhin erscheint der folgende *Öffnen*-Dialog, der die Auswahl des zu ladenden Dokuments gestattet.

Öffnen

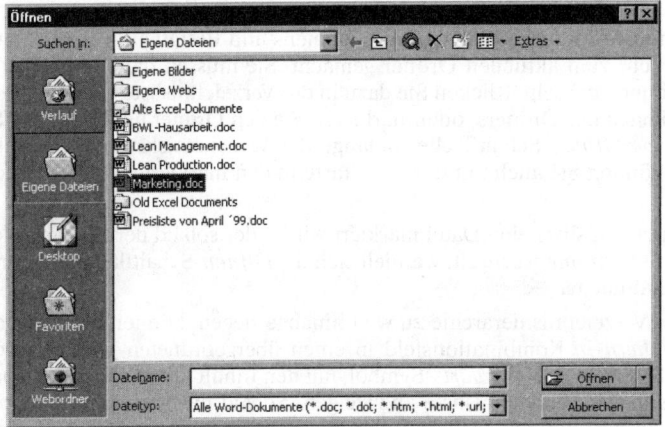

Abbildung 2.29:
Der Öffnen-
Dialog

Dieser Dialog gleicht dem *Speichern unter*-Dialog auf den ersten Blick wie ein Ei dem anderen. Bei eingehender Betrachtung fällt aber auf, dass der Titel des Dialogs nun *Öffnen* lautet, das Kombinationsfeld *Speichern in* heißt nun *Suchen in* und die Befehlsschaltfläche zum Öffnen trägt denselben Namen. Außerdem besitzt die *Öffnen*-Schaltfläche einen Menü-Pfeil, der weitere Optionen zum Laden eines Dokuments offenbart.

2. Sie öffnen ein Dokument, indem Sie seinen Dateinamen in der Verzeichnisliste markieren und anschließend die *Öffnen*-Schaltfläche betätigen.

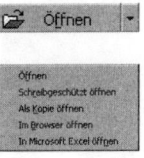

Die Funktion der *Öffnen*-Schaltfläche wurde um das am Rand stehende Menü erweitert. Der Befehl *Öffnen* lädt die gegebene Datei auf herkömmliche Weise und entspricht damit dem einfachen Klick auf die *Öffnen*-Schaltfläche. Der Befehl *Schreibgeschützt öffnen* verhindert, dass die Datei mit evtl. Änderungen überschrieben wird. Änderungen müssen vielmehr in einer separaten Datei abgelegt werden. Der Befehl *Als Kopie öffnen* führt dazu, dass die Office-Anwendung eine Kopie der jeweiligen Datei öffnet und beim späteren Speichern einen anderen Namen vorgibt.

Mit dem Befehl *Im Browser öffnen* wird die ausgewählte Datei im Webbrowser angezeigt. Und je nach ausgewähltem Dateityp erscheint ein zusätzlicher Befehl, der das Öffnen der Datei mit einer anderen Anwendung gestattet.

Die Dateidialoge im Detail

Das bestimmende Element der Dateidialoge ist die Verzeichnisliste, in der die in einem Ordner verfügbaren Dateien und Unterordner angezeigt werden. Dieses Element erinnert stark an den Dateibereich des Explorers. Die Ähnlichkeit ist jedoch nicht nur äußerlich. Auch was die Funktionalität angeht, sind sich der Windows-Explorer und die Office-Dateidialoge sehr ähnlich.

Die verschiedenen Ansichten

Zur Anzeige der Dateien bieten die Dateidialoge vier verschiedene Ansichten, die Sie bereits vom Windows-Explorer her kennen. Um die Ansicht zu ändern, müssen Sie das *Ansicht*-Symbol in der Symbolleiste anklicken und über das erscheinende Menü die gewünschte Ansicht auswählen.

In der *Listen*-Ansicht werden nur die Namen der in einem Ordner enthaltenen Dateien und Verzeichnisse aufgeführt. In der *Details*-Ansicht wird der Dateiname um Informationen wie Dateigröße, Dateityp sowie das Datum der letzten Änderung erweitert. Genau wie bei der Anzeige im Explorer lässt sich die Detailliste durch Klick auf einen Spaltenkopf sortieren.

TIPP Um die Dateiliste in den anderen Ansichten zu sortieren, beinhaltet das *Ansicht*-Symbol das Untermenü *Symbole anordnen*. Es enthält die Befehle *Nach Name*, *Nach Typ*, *Nach Größe* und *Nach Datum*, deren Aufruf die Dateien nach dem jeweiligen Kriterium sortiert.

Abbildung 2.30:
Die Details-
Ansicht

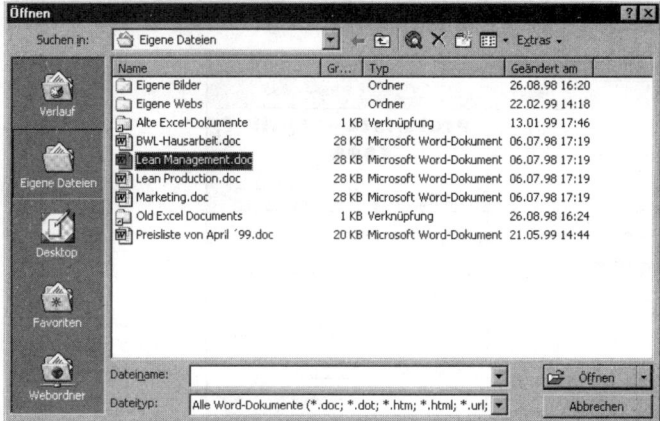

In der *Eigenschaften*-Ansicht wird die Verzeichnisliste zweigeteilt. Im linken Teil wird eine Dateiliste dargestellt, im rechten werden die Dateieigenschaften der aktuell markierten Datei aufgeführt – sofern Office die aktuell markierte Datei erkennt und analysieren kann. Zu den Dateieigenschaften gehören Informationen über Titel und Autor des Dokuments sowie statistische Informationen, wie beispielsweise die Anzahl der Zeichen, der Wörter oder Seitenanzahl (siehe Abbildung 2.31).

Wie Sie diese Dateieigenschaften beim Speichern einer Datei festlegen, erfahren Sie am Beispiel eines Word-Dokuments weiter unten in diesem Kapitel.

In der Vorschau-Ansicht wird die Verzeichnisliste des Dateidialogs ebenfalls zweigeteilt. Diesmal wird der rechte Teil des Fensters aber zur Anzeige einer Vorschau auf das markierte Element verwendet. Beachten Sie, dass die Erzeugung der Vorschau einige Augenblicke in Anspruch nehmen kann (siehe Abbildung 2.32).

TIPP Um zwischen den Ansichten zu wechseln, müssen Sie die jeweilige Ansicht nicht zwangsläufig aus dem Menü des *Ansicht*-Symbols auswählen. Durch ein Klicken auf das *Ansicht*-Symbol wechseln Sie zur jeweils nächsten Ansicht, so dass nach ein paar Klicks auf das Symbol jede gewünschte Ansicht eingestellt ist.

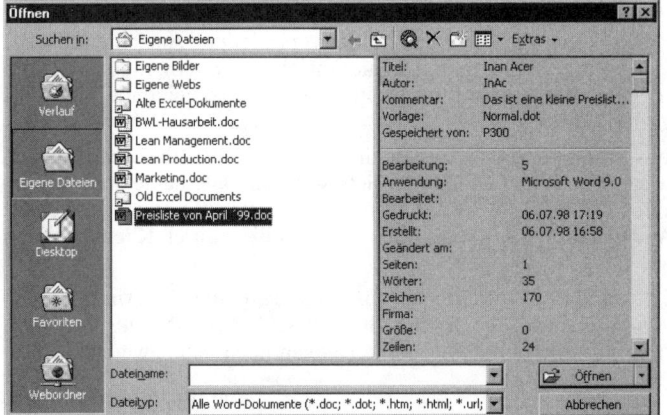

Abbildung 2.31:
Die Eigenschaften-*Ansicht*

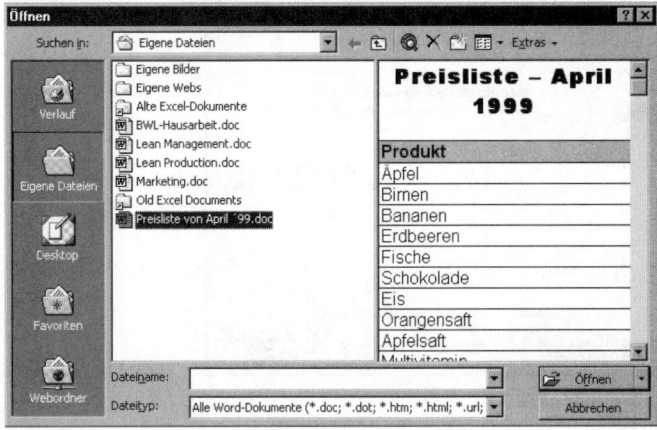

Abbildung 2.32:
Die Vorschau-*Ansicht*

Weitere Ähnlichkeiten zum Explorer

Auch in puncto Funktionalität ähneln sich der Explorer und die Dateidialoge. So lassen sich Dateien und Ordner beispielsweise sogar innerhalb der Dateidialoge umbenennen oder löschen. Betätigen Sie einfach die [Entf]-Taste, um die markierten Dateien zu löschen bzw. in den Papierkorb von Windows zu verschieben. Alternativ dazu stellt die Symbolleiste das *Löschen*-Symbol bereit. Außerdem befindet sich dieser Befehl auch im Kontextmenü der markierten Dateien.

Löschen

Das Umbenennen einer Datei erfolgt wie im Explorer durch zweimaliges Anklicken eines Datei- oder Verzeichnisnamens (kein Doppelklick!). Der Dateiname wird in einem Eingabefeld angezeigt, dessen Inhalt sich verändern lässt. Statt zweimal mit der Maus zu klicken, steht außerdem die [F2]-Taste bereit, die in den Bearbeitungsmodus wechselt. Und natürlich findet sich auch im Kontextmenü der Befehl *Umbenennen*.

Umbenennen

Das Kontextmenü der Dateiliste im Dateidialog gleicht sehr dem Kontextmenü des *Explorers:*

Kontextmenü

Abbildung 2.33:
Die Explorer-Fähigkeiten

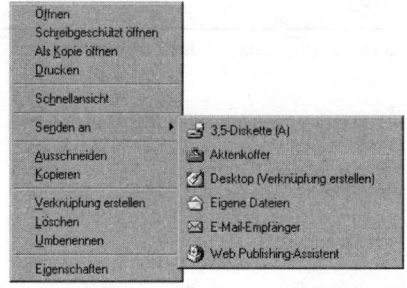

Eine kurze Übersicht der verfügbaren Befehle zeigt die folgende Tabelle:

Tabelle 2.3:
Die Befehle des Kontextmenüs

Befehl	Wirkung
Als Kopie öffnen	Öffnet eine Kopie des Dokuments. Ohne weitere Nachfrage erzeugt Office dazu eine neue Datei mit dem Dateinamen *Kopie (x) von Ursprungsdatei*.
Schreibgeschützt öffnen	Öffnet die Datei im schreibgeschützten Modus. Ein versehentliches Überschreiben der Datei wird damit ausgeschlossen. Änderungen an der Datei müssen in einer anderen Datei abgelegt werden.
Ausschneiden	Die markierten Dokumente werden in die Zwischenablage kopiert. Werden sie später per *Einfügen*-Befehl in einen anderen Ordner eingefügt, werden die Ursprungsdateien gelöscht.
Drucken	Druckt die Datei auf dem Standarddrucker aus. Der *Drucken*-Dialog wird dabei nicht aufgerufen.
Eigenschaften	Ruft den *Eigenschaften*-Dialog auf. Näheres über den *Eigenschaften*-Dialog erfahren Sie in diesem Kapitel weiter unten.
Einfügen	Der *Einfügen*-Befehl schreibt die in der Zwischenablage befindliche Datei in das aktuelle Verzeichnis. Falls Dateien gleichen Namens bereits existieren, werden Sie zur Bestätigung des Überschreibens der vorhandenen Dateien aufgefordert. Wurden die Dateien per *Ausschneiden*-Befehl in die Zwischenablage übertragen, werden die Ursprungsdateien nach dem Einfügen gelöscht.
Kopieren	Kopiert die markierten Dateien in die Zwischenablage von Windows. Per *Einfügen*-Befehl lassen sich diese Dateien in einen anderen Ordner übertragen.
Löschen	Verschiebt die Datei in den Papierkorb. Bei gedrückter ⇧-Taste wird die Datei unwiderruflich gelöscht.
Öffnen	Öffnet die markierte Datei. Falls erforderlich wird dazu die mit dem Dateityp verknüpfte Anwendung gestartet.
Schnellansicht	Öffnet das Dokument in der *Schnellansicht* von Windows. Das Dokument oder die Datei kann nicht bearbeitet, sondern nur betrachtet werden. ▶

Standard-Funktionen in allen Office-Anwendungen

Befehl	Wirkung
Senden an	Der *Senden an*-Befehl erlaubt die Übermittlung des Dokuments an ein anderes Medium: *3,5-Diskette (A)*: Kopiert die markierte Datei oder das markierte Dokument auf Diskette. *Aktenkoffer*: Kopiert die Datei in den *Aktenkoffer* von Windows. *Desktop (Verknüpfung erstellen)*: Es wird nur eine Verknüpfung zur Datei auf dem Desktop erstellt. Die Datei bleibt dabei an ihrem Ursprungsort. *Eigene Dateien*: Verschiebt die Datei in den Ordner *Eigene Dateien*. *E-Mail-Empfänger*: Sendet die Datei per E-Mail an einen Empfänger. *Web Publishing-Assistent*: Über die Veröffentlichung von Dokumenten im Web erfahren Sie mehr ab ▶ Kapitel 43, *Office im Worldwide Web*.
Umbenennen	Der Aufruf dieses Befehls wechselt in den Bearbeitungsmodus und erlaubt dadurch die Eingabe eines neuen Dateinamens.
Verknüpfung erstellen	Erstellt innerhalb des dargestellten Verzeichnisses eine Verknüpfung auf die markierte Datei. Diese Verknüpfung lässt sich anschließend in ein beliebiges Verzeichnis verschieben und verweist dennoch stets auf die Ursprungsdatei.

Die Umgebungsleiste

Am linken Rand der Dateidialoge befindet sich die so genannte *Umgebungsleiste*. In ihr sind Symbole für den schnellen Zugriff auf verschiedene »Spezialordner« enthalten. Der wohl bekannteste dieser Spezialordner trägt den Namen *Eigene Dateien*, der von allen Office-Anwendungen als Standardspeicherort zum Speichern einer Datei vorgegeben wird.

TIPP Der Ordner *Eigene Dateien* befindet sich üblicherweise auf dem Laufwerk C:. Wenn dieses Verzeichnis überzuquellen droht, können Sie den Ordner unter Windows 98 einfach auf ein anderes Laufwerk verschieben, und alle Verknüpfungen auf Dateien innerhalb dieses Ordners werden von Windows 98 bzw. Windows 95 mit Active-Desktop-Erweiterung automatisch »nachgeführt«.

Neben den *Eigenen Dateien* befinden sich in der Umgebungsleiste auch Symbole für die Ordner *Verlauf*, *Desktop*, *Favoriten* und *Webordner*. Ein Klick auf eines der Symbole zeigt den Inhalt des Ordners sofort in der Dateiliste an.

Verlauf | Der Ordner *Verlauf* zeigt eine Liste aller zuletzt verwendeten Office-Dokumente. Office erzeugt dazu einen speziellen Ordner, in dem Verweise auf alle zuletzt verwendeten Dateien gespeichert werden.

TIPP Weil der Verlaufsordner nur Verknüpfungen auf anderen Dateien enthält, können Sie den Verlaufsordner leeren, indem Sie alle überflüssigen Verweise innerhalb der Verzeichnisliste löschen.

Desktop | Der *Desktop*-Ordner zeigt alle Dokumente und Ordner, die sich auf dem Arbeitsbereich des Windows-Desktops befinden.

Favoriten | Der *Favoriten*-Ordner enthält eine Liste von Verweisen auf die von Ihnen favorisierten Dateien. Welche Dateien und Verzeichnisse das sind, legen Sie entweder im Windows Explorer über den Befehl *Favoriten/Hinzufügen* oder über das *Extras*-Menü der Dateidialoge fest.

Webordner   Der letzte Spezialordner trägt den Namen *Webordner* und erlaubt den Zugriff auf die Dateien eines HTTP-Servers, so als ob dieser Server Bestandteil Ihres Dateisystems wäre. Sie müssen dazu allerdings für jeden HTTP-Server einen separaten Webordner erstellen, der als Bindeglied zwischen Ihrem Dateisystem und einem HTTP-Server fungiert. Damit der HTTP-Server als Webordner auftreten kann, müssen auf ihm allerdings die FrontPage **S**erver **E**xtensions installiert sein. (Die FSE gibt es derzeit für IIS und Apache-Server).

Das *Extras*-Menü

In der Symbolleiste der Dateidialoge befindet sich das *Extras*-Menü. Neben den Befehlen *Löschen*, *Umbenennen*, *Drucken* und *Eigenschaften*, die auch im Kontextmenü einer Datei enthalten sind, zeigt dieses Menü die Befehle *Suchen*, *Zu Favoriten hinzufügen* und *Netzlaufwerk verbinden*.

Der Befehl *Suchen* erlaubt die Suche nach Dateien, wobei nicht nur nach dem Namen einer Datei, sondern auch der Dateiinhalt durchsucht werden kann. Nach Auswahl des *Suchen*-Befehls erscheint der folgende Dialog:

Suchen...

Abbildung 2.34:
Der Suchen-
Dialog

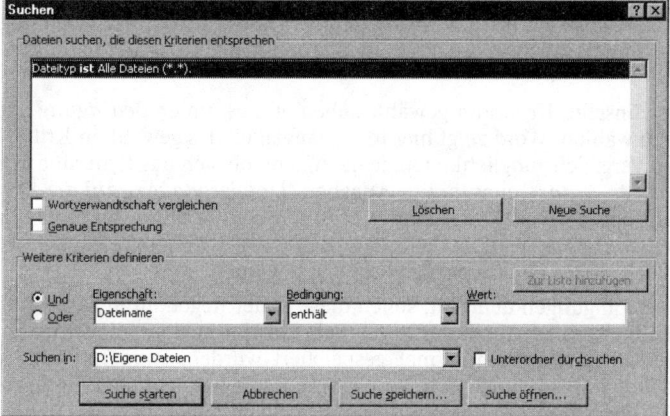

Während man sich bei der Dateiauswahl im *Öffnen*-Dialog nur die Dateieigenschaften der aktuell selektierten Datei anschauen kann, besteht über die *Suchen*-Funktion die Möglichkeit, auf der Festplatte oder im Netzwerk ganz gezielt nach Dateien mit bestimmten Dateieigenschaften zu fahnden. Klicken Sie dazu im Dialog von *Datei/Öffnen* auf *Extras* und wählen Sie dann *Suchen*. Es erscheint der folgende Dialog (siehe Abbildung 2.35).

Mit diesem Dialog lassen sich komplexe Suchläufe aufbauen, die auf mehreren Suchkriterien fußen. So können Sie etwa nach allen *.DOC*-Dateien suchen, die Ihr Kollege Müller im letzten Monat verfasst hat oder nach allen Textdateien, in denen das Schlagwort *Produktentwicklung* auftaucht. Die Suchkriterien werden dabei in dem Listenfeld *Dateien suchen, die diesen Kriterien entsprechen* aufgeführt.

Aufgestellt werden die Suchbedingungen innerhalb der Eingabefelder, die mit *Weitere Kriterien definieren* überschrieben sind. Ausgangspunkt ist zunächst das Listenfeld *Eigenschaft*. Hier erhalten Sie eine Liste der Eigenschaften, die in die Suche einbezogen werden sollen. Weil dieser Dialog in allen Office-Applikationen zum Einsatz kommt, finden Sie darin auch Attribute, die sich nur auf andere Office-Anwendungen beziehen, etwa *Anzahl der Folien* (PowerPoint). Andere wie *Autor*, *Kommentar*, *Titel*,

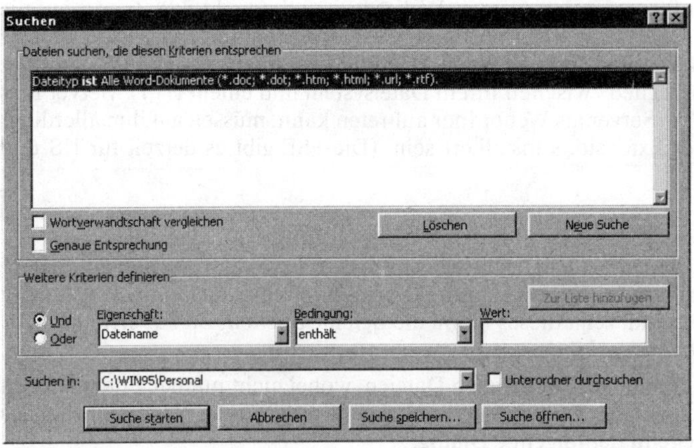

Abbildung 2.35:
Der Suchen-*Dialog von* Datei/Öffnen

Stichwort, Version, Vorlage oder Zuletzt geändert können jedoch für die Suche nach Word-Dokumenten herangezogen werden. Beachten Sie insbesondere die Einstellung *Dateityp*, denn sie bestimmt, welche Dateien Word überhaupt auf die angegebenen Kriterien hin untersucht.

Nachdem Sie das gewünschte Kriterium gewählt haben, gilt es, unter *Bedingung* ein Vergleichskriterium zu wählen. Word zeigt hier in Abhängigkeit des gewählten Kriteriums unterschiedliche Vergleichsmöglichkeiten, je nach dem, ob sich das Kriterium auf Text bezieht (*Stichwörter, Autor*), quantitative Angaben (*Dateigröße, Anzahl der Seiten*) oder Datumsangaben (*Erstellt am, Zuletzt geändert am*). Zum Schluss gilt es dann, einen Vergleichswert unter Wert zu definieren, damit die Bedingung komplett ist und über die Schaltfläche *Zur Liste hinzufügen* eingefügt werden kann.

Sofern man mehrere Bedingungen definiert, sollen diese in der Regel durch UND verknüpft werden, schließlich wollen Sie in der Regel nicht Dateien suchen, die entweder von Müller stammen oder im letzten Monat gespeichert wurden, sondern Müllers Dateien vom letzten Monat. Wenn doch, können Sie Ihre Bedingung vor dem Einfügen über *Zur Liste hinzufügen* durch Anklicken der *ODER*-Schaltfläche in eine *ODER*-Bedingung verwandeln.

Ganz wichtig ist natürlich auch, wo gesucht werden soll. Unter *Suche in* können Sie ein Verzeichnis auswählen und über das Kontrollkästchen *Unterordner durchsuchen* festlegen, dass auch die untergeordneten Verzeichnisse in die Suche einbezogen werden sollen.

Weil es durchaus etwas Arbeit macht, mehrere Kriterien für einen Suchlauf einzugeben, können Sie Suchläufe auch speichern und später wieder nachladen. Bedienen Sie sich dazu der Schaltflächen *Suche speichern* und *Suche öffnen*. Möchten Sie die Suche schließlich starten, klicken Sie auf *Suche starten*. Der *Suchen*-Dialog verschwindet, und der *Öffnen*-Dialog kommt wieder zum Vorschein. Je nach der Anzahl der zu durchsuchenden Dateien und der Komplexität der Suchabfragen kann es eine Weile dauern, bis Word alle genannten Verzeichnisse durchlaufen hat und das Suchergebnis präsentiert. Sie erkennen die Aktivität der Suche daran, dass Word den Mauszeiger mit einer kleinen Sanduhr versieht, die erst verschwindet, wenn die Suche beendet ist.

Listet Word anschließend keine Dateien auf, ist die Suche ergebnislos geblieben. Ansonsten präsentiert Ihnen Word eine Liste der gefundenen Dateien im Rahmen eines Verzeichnisbaums, der immer auch das Verzeichnis aufführt, in dem die jeweilige Datei angesiedelt ist.

Abbildung 2.36:
Auf der Suche nach Müllers Dokumenten aus dem letzten Monat

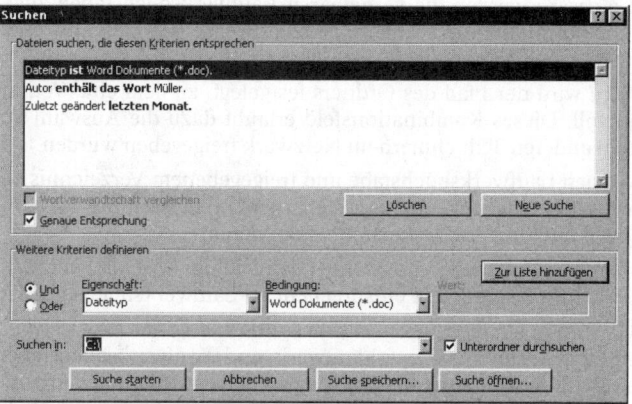

Abbildung 2.37:
Beim Suchergebnis listet Word nicht nur die gefundenen Dateien auf, sondern zeigt auch die zugehörigen Verzeichnisse an.

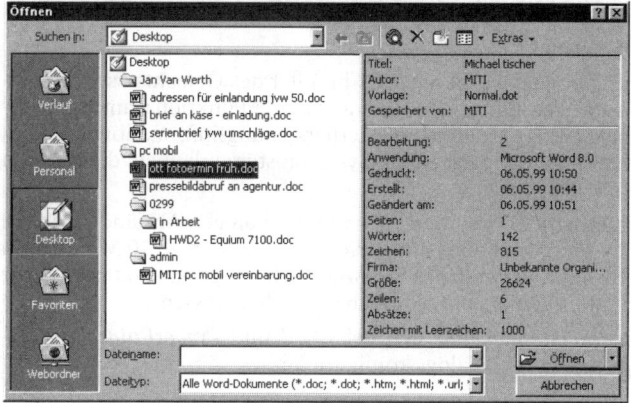

Zu Favoriten hinzufügen
: Der Befehl *Zu Favoriten hinzufügen* erzeugt im Ordner *Favoriten* eine Verknüpfung auf die derzeit markierten Dateien, so dass diese beim Wechsel in den *Favoriten*-Ordner über die Umgebungsleiste sichtbar werden.

Netzlaufwerk verbinden...
: Der Befehl *Netzlaufwerk verbinden* erlaubt das Einbinden freigegebener Verzeichnisse anderer Netzwerkteilnehmer in Ihre Dateistruktur. Anstelle der etwas umständlichen UNC-Notation (*Server**Verzeichnis*\), mit der der Zugriff auf freigegebene Verzeichnisse üblicherweise erfolgt, wird das freigegebene Verzeichnis durch diesen Befehl auf einen Laufwerksbuchstaben abgebildet. Das erlaubt den Zugriff auf das Netzwerkverzeichnis wie auf eine lokale Festplatte.

Nach Aufruf des Befehls *Netzlaufwerk verbinden* erscheint folgender Dialog:

Abbildung 2.38:
Der Dialog Netzlaufwerk verbinden

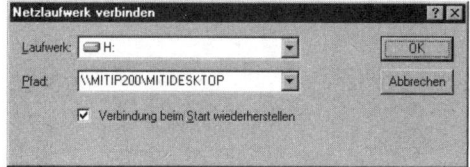

Standard-Funktionen in allen Office-Anwendungen

Im Kombinationsfeld *Laufwerk* werden die verfügbaren Laufwerksbuchstaben angezeigt. Bereits durch lokale Festplatten oder andere Netzlaufwerke belegte Laufwerksbuchstaben stehen nicht mehr zur Verfügung.

Im Kombinationsfeld *Pfad* wird der Pfad des Ordners festgelegt, zu dem eine Verbindung hergestellt werden soll. Dieses Kombinationsfeld erlaubt dazu die Auswahl auf alle Verzeichnisse, die von anderen Teilnehmern im Netzwerk freigegeben wurden.

Soll die Verbindung zwischen Laufwerksbuchstabe und freigegebenem Verzeichnis bei jedem Start von Windows automatisch wiederhergestellt werden, müssen Sie das Kontrollkästchen *Verbindung beim Start wiederherstellen* aktivieren.

Ein Klick auf *OK* akzeptiert Ihre Eingaben und beendet den Dialog. Anschließend wird das freigegebene Netzwerklaufwerk über den entsprechenden Laufwerksbuchstaben in Ihr Dateisystem eingebunden.

TIPP

Wollen Sie die Verbindung zwischen Netzwerklaufwerk und Laufwerksbuchstaben trennen, müssen Sie den Windows-Explorer starten. Zeigen Sie den Inhalt des Arbeitsplatzes an und rufen Sie dort das Kontextmenü des verbundenen Laufwerks auf. Wählen Sie den Befehl *Verbindung trennen*. Daraufhin wird die Verbindung zwischen dem freigegebenen Verzeichnis und dem Laufwerksbuchstaben getrennt.

Schutz vor verlorenen Dateien

Weil das regelmäßige Speichern eines Dokuments »im Eifer des Gefechts« schnell vergessen wird, besitzen die meisten Office-Anwendungen eine Funktion namens *AutoWiederherstellen*. Sie speichert so genannte Wiederherstellungsinformationen, die es Office nach einem Stromausfall oder nach einem Systemabsturz erlauben, die verloren gegangenen Arbeiten zu rekonstruieren.

AutoWiederherstellen

Die Wiederherstellungsinformationen werden dazu in regelmäßigen Abständen auf die Festplatte geschrieben. Per Voreinstellung beträgt das Speicherintervall 10 Minuten, so dass höchstes 10 Minuten Ihrer wertvollen Arbeitszeit verloren gehen und nach einer Wiederherstellung erneut in ein Dokument eingegeben werden müssen.

Die Funktion *AutoWiederherstellen* lässt sich bei *Word* und *PowerPoint* im *Speichern*-Register des *Extras/Optionen*-Dialogs konfigurieren.

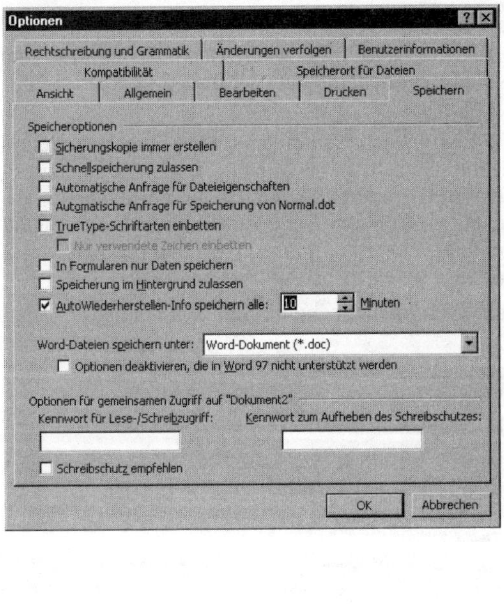

Abbildung 2.39:
AutoWiederherstellen *im* Optionen-*Dialog einer Office-Anwendung*

Für Excel müssen Sie für diese Funktion auf den Befehl *Automatisches Speichern* im *Extras*-Menü zurückgreifen.

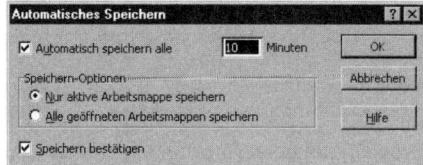

Abbildung 2.40:
Automatisches Speichern *für Excel*

Für die Anwendungen lassen sich sowohl das automatische Speichern als auch das Speicherintervall konfigurieren. Weil das Speichern einer Excel-Tabelle allerdings sehr viel Zeit in Anspruch nehmen kann, können Sie Excel durch Aktivieren des Kontrollkästchens *Speichern bestätigen* dazu veranlassen, vor dem *Automatischen Speichern* eine Sicherheitsabfrage durchzuführen.

HINWEIS Für Access existiert keine *AutoSpeichern*-Funktion. Allerdings ist das hier auch nicht dringend notwendig, weil beim Schließen von Tabellen und Formularen alle Änderungen stets in der Datenbank gesichert werden. Wenn Sie einen Formular- oder Tabellenentwurf allerdings für längere Zeit offen halten, sollten Sie hin und wieder durch Aufruf des *Speichern*-Befehls die letzten Änderungen von Hand sichern.

Weil der Befehl *Automatisches Speichern* nach der Installation von Excel nicht verfügbar ist, müssen Sie ihn zuerst durch Installation des Add-Ins *Automatisches Speichern* aktivieren. Rufen Sie dazu den Befehl *Add-Ins-Manager* aus dem *Extras*-Menü auf, und wählen Sie dort die Option *Automatisches Speichern*:

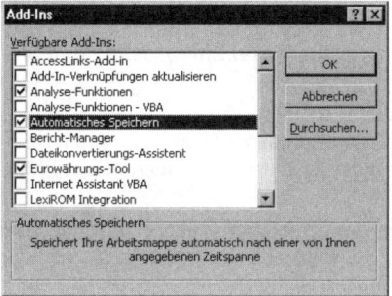

Abbildung 2.41:
Einfügen des *Add-Ins* Automatisches Speichern

HINWEIS Die *AutoWiederherstellen/AutoSpeichern*-Funktion hat ihren Preis. Während der Arbeit speichert die jeweilige Office-Anwendung plötzlich die Wiederherstellungsdaten, was bei der Bearbeitung umfangreicher Dokumente zu kürzeren Störungen während der Arbeit führt. Daher sollten Sie den Zeitraum zwischen zwei automatischen Speicherungen nicht zu kurz wählen, damit die Störungen nicht zu aufdringlich werden.

Für Word und PowerPoint gilt: Sollte der Rechner einmal während der Arbeit an einem Dokument abstürzen oder ohne Strom »dastehen«, müssen Sie nach dem nächsten Start die jeweilige Office-Anwendung aufrufen. Denn nun stellt Office das nicht gespeicherte Dokument wieder her und erlaubt Ihnen anschließend die Ablage des Dokuments. Sie sollten diese zweite Chance zum Speichern des Dokuments auch wahrnehmen, denn eine dritte bekommen Sie nicht.

Beim Speichern der wiederhergestellten Datei sollten Sie eine bereits bestehende Dateiversion nicht sofort überschreiben. Evtl. ist die wiederhergestellten Datei nicht so vollständig wie eine noch vorhandene Dateiversion. Daher sollten Sie die wiederhergestellte Datei erst nach einer genauen Prüfung weiter verwenden. Das gilt besonders für umfangreiche Dateien.

Dateieigenschaften

Neben dem eigentlichen Inhalt halten die Office-Dokumente unter den so genannten *Dateieigenschaften* weitere Informationen im Rahmen eines jeden Dokuments fest. Neben statistischen Informationen (Anzahl der Seiten, Zeichen, Absätze), zählen dazu auch Datum und Uhrzeit der Erstellung bzw. letzten Bearbeitung sowie Autor, Titel und Schlüsselwörter, um nur einige zu nennen. Sinn dieser Informationen ist, eine Datei später besser identifizieren und im Rahmen einer Suche wiederfinden zu können. Denn je mehr Dateien sich nach und nach auf Ihrer Festplatte ansammeln, desto schwieriger wird es, eine gesuchte Datei auf Anhieb wiederzufinden. Einfach weil der Dateiname allein oft nicht aussagekräftig genug ist und spätestens nach ein paar Wochen ohnehin vergessen wird.

Bei der Arbeit im Team kommt erschwerend hinzu, dass man zuweilen Dokumente sucht, die man selbst gar nicht erstellt hat. Dann ist es von Vorteil, wenn man gezielt nach Autor, Schlüsselwörtern oder Erstellungsdatum suchen kann. Die entsprechenden Werkzeuge dafür finden Sie im *Öffnen*-Dialog (*Datei/Öffnen*), doch dessen Suchfunktion greift nur, wenn man die Dateieigenschaften tatsächlich eingegeben hat.

Ansicht und Eingabe der Dateieigenschaften

Ausgangspunkt ist immer der Befehl *Datei/Eigenschaften*. Er öffnet einen Dialog, in dem eine Office-Anwendung die verschiedenen Dateieigenschaften präsentiert und Ihre Eingaben zu Autor, Inhalt, Schlüsselwörter etc. entgegennimmt. Besonders hilfreich sind dabei die ersten drei Registerseiten *Allgemein*, *Zusammenfassung* und *Statistik*.

Die Informationen im Register *Allgemein* verwaltet Word selbstständig. Sie beziehen sich auf die physikalische Datei, in der das Office-Dokument abgelegt ist, nennen Speicherort, Dateigröße, Dateiattribute und die Daten der Erstellung und letzten Modifikation (siehe Abbildung 2.42).

Ganz anders dagegen die Registerseite *Zusammenfassung*. Hier sind Sie am Zug, denn bis auf Autor und Firma füllt Word keines der Felder selbstständig aus, vom Namen der Formatvorlage ganz unten einmal abgesehen. Autor und Firma bezieht es dabei übrigens über das Windows-Login bzw. aus den Anmeldedaten bei der Installation des Office-Pakets. Die Eingabe von Informationen wie *Titel, Thema, Kategorie, Stichwörter oder Kommentar* mag zuweilen enervierend sein, doch gerade diese Felder sind es, über die sich später sehr gezielt suchen lässt. Und in Mehrbenutzerumgebungen ist natürlich der korrekte Autor wichtig, sofern von Word nicht richtig vorgegeben, weil ein anderer als der »Installateur« mit der Software arbeitet (siehe Abbildung 2.43).

Statistische Informationen über die Anzahl von Zeichen, Absätzen und mehr finden Sie in der Registerseite *Statistik*, die Word automatisch ausfüllt. Darüber hinaus finden Sie hier die mit jedem Speichern hochgezählte Versionsnummer, die sich unter Word beispielsweise über die Feldfunktion *REVNUM* in das Dokument einfügen lässt, damit man auf einem Ausdruck immer erkennen kann, in welchem (frühen) Revisionsstadium sich die vorliegende Version des Dokuments befindet. Außerdem erfahren Sie hier, wann die Datei zuletzt geändert und gedruckt wurde, wobei diese Information im Gegensatz zu denen auf der ersten Registerseite von Office gepflegt werden und nicht

Abbildung 2.42:
Die erste Registerseite informiert über den Speicherort und die Dateigröße.

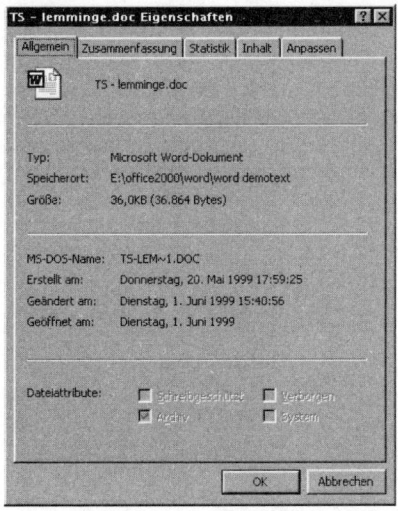

Abbildung 2.43:
Die Registerkarte Zusammenfassung – hier sind Sie am Zug.

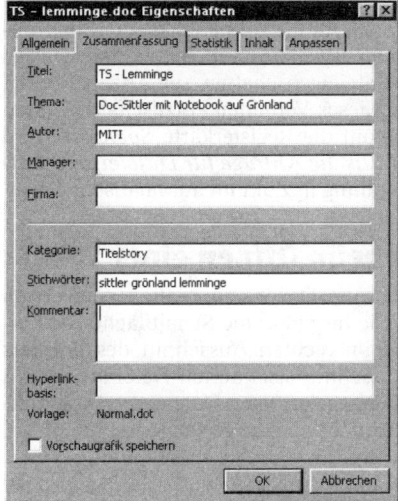

aus dem Dateisystem stammen. Der Unterschied ist, dass man die Datumsangaben im Dateisystem durch Kopieren oder Verschieben ändern kann, während die internen Office-Datumsangaben innerhalb der Dokumentendatei davon unberührt bleiben.

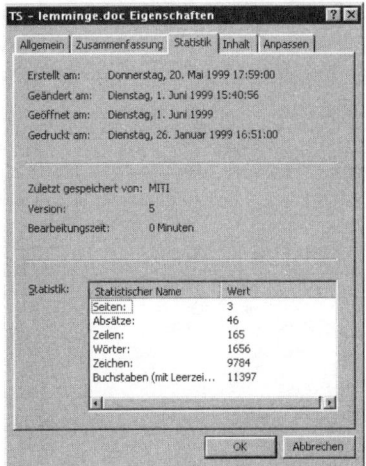

Abbildung 2.44:
Statistische Informationen über die Anzahl von Zeichen und Seiten generiert Word automatisch.

Automatische Nachfrage nach Dateieigenschaften

Es bedarf einer gewissen Disziplin, die Dateieigenschaften in der Registerkarte *Zusammenfassung* bei jeder neuen Datei einzugeben, doch für die Arbeit im Team ist das mitunter unumgänglich. Office kann Sie dabei unterstützen, indem es vor dem jeweils ersten Speichern einer Datei automatisch die Dateieigenschaften zur Anzeige bringt und Ihnen so einen kleinen Fingerzeig gibt. Um dieses Verhalten einzuschalten, rufen Sie einfach *Extras/Optionen* auf, wechseln Sie auf die Registerkarte *Speichern* und aktivieren Sie dort das Kontrollkästchen *Automatische Anfrage für Dateieigenschaften*. Dann meldet sich die jeweilige Office-Anwendung in Zukunft automatisch.

Anzeige der Dateieigenschaften beim Öffnen einer Datei

Jenseits von *Datei/Eigenschaften* begegnen uns die Dateieigenschaften zum ersten Mal im *Öffnen*-Dialog (*Datei/Öffnen*). Sobald Sie hier über die Schaltfläche *Ansichten* auf *Eigenschaften* umschalten, zeigt Word im rechten Ausschnitt des Fensters jeweils die Dateieigenschaften der im linken Ausschnitt selektierten Datei an. Liegen mehrere Dateien mit ähnlichen oder nicht sehr aussagekräftigen Dateinamen vor, können Sie über die Eigenschaften vielleicht feststellen, welche die gesuchte ist.

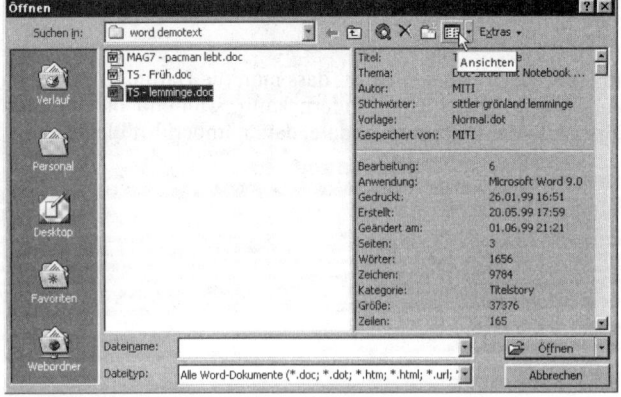

Abbildung 2.45:
Wird die Ansicht auf Eigenschaft geschaltet, zeigt Word im Öffnen-Dialog die Dateieigenschaften an.

HINWEIS Unter Windows 98 oder unter Windows 95 mit Active-Desktop-Erweiterung, werden *Autor* und *Titel* eines Dokumentes automatisch als QuickInfo angezeigt, sobald der Mauszeiger im Desktop oder im Explorer für einige Sekunden über dem Symbol einer Office-Anwendung verweilt.

Einfügen der Dateieigenschaften in ein Word-Dokument

Unter allen Office Anwendungen lassen sich die Dateieigenschaften in ein Dokument einfügen – zumeist mit der Intention, diese Informationen bei einem Ausdruck sichtbar zu machen. So lässt sich auf diesem Wege beispielsweise der Autor, das Druckdatum, die aktuelle Revisionsnummer oder der Speicherpfad ausdrucken, damit man den Ausdruck später richtig einordnen und das zugehörige Dokument wiederfinden kann. Am besten platziert man die entsprechenden Feldfunktionen in der Kopf- oder Fußzeile, damit sie auf jeder Seite des Dokuments erscheinen. Oder man setzt sie in das Deckblatt oder die letzte Seite ein, das geht natürlich auch. Den größten Teil der Feldfunktionen, die Dateieigenschaften wiedergeben, finden Sie bei *Einfügen/Feld* in der Rubrik *Dokumentinformation*.

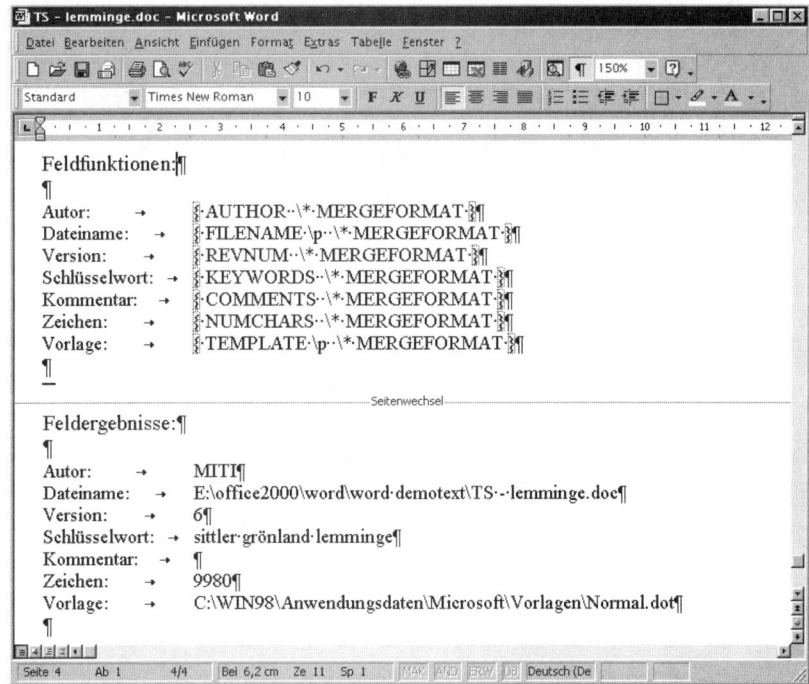

Abbildung 2.46: Feldfunktionen für das Einfügen von Dateieigenschaften und ihr Resultat

Teil A
Word 2000

47	Willkommen bei Word 2000
61	Die Word-Grundlagen
89	Formatieren von Texten
111	Effizientes Arbeiten mit Word
153	Die Feinheiten der Textverarbeitung
203	An der Schwelle zum Desktop-Publishing
231	Die Arbeit mit umfangreichen Dokumenten
243	Word im Büroalltag

Dieser Teil ist Word 2000, der Textverarbeitung im Office-Paket gewidmet. In acht Kapiteln führen wir Sie Schritt für Schritt in die Arbeit mit Word ein – vom ersten Brief bis hin zu den Feinheiten der Textverarbeitung und der Erstellung komplexer DTP-Vorlagen. Denn Word ist ein echter Allround-Künstler, wenn es um das Aufsetzen von Texten geht. Ob simpel oder komplex – ob kurz oder lang: Word bemüht sich in jeder Hinsicht, Ihnen die Arbeit so einfach wie möglich zu machen.

Nach dem Einstieg in Kapitel 3 machen wir Sie in Kapitel 4 erst einmal mit den Grundlagen von Word vertraut, dem Aufbau des Bildschirms, der Navigation im Dokument und der Eingabe von Text. Weiter geht es in Kapitel 5 mit der Formatierung, einem zentralen Thema bei der Arbeit in Word. Kapitel 6 stellt Ihnen dann verschiedene Befehle und Kniffe vor, die Ihnen ein effizientes Arbeiten mit Word ermöglichen sollen. Bereits zu den Feinheiten der Textverarbeitung gehören die Themen, die wir in Kapitel 7 behandeln. Die Anlage von Kopf- und Fußzeilen beispielsweise oder das Aufsetzen von Tabellen. Aber auch die Arbeit mit Feldfunktionen stellen wir Ihnen in diesem Kapitel vor, denn sie sind der Schlüssel zu vielen fortschrittlichen Funktionen von Word.

An der Schwelle zum Desktop-Publishing bewegen wir uns im Kapitel 8, wo es um den Spaltensatz und das Desktop-Publishing mit Textfeldern geht. Sie ermöglichen es Ihnen, Text ganz nach Wunsch auf jedem Punkt einer Seite zu platzieren. Darüber hinaus erfahren Sie in diesem Kapitel alles über das Einbinden von Grafiken in Word.

Wie man in umfangreichen Dokumenten den Überblick behält, die Reihenfolge der einzelnen Teile mit wenig Aufwand umstellt und zum Schluss Word das Inhaltsverzeichnis automatisch generieren lässt, das erfahren Sie in Kapitel 9. Und zum guten Schluss gehen wir dorthin, wo Word wahrscheinlich am häufigsten eingesetzt wird: im Büro.

Wir zeigen Ihnen, wie man Word-Dokumente im Team bearbeitet, Kommentare einfügt, Textmarken nutzt und den Seriendruck startet, der Ihnen bei allen Arten von Rundschreiben oder Massensendungen eine enorme Hilfe sein kann. Ein volles Programm ist also garantiert. Wir wünschen Ihnen viel Spaß dabei.

3 Willkommen bei Word 2000

47 Hallo Newbies, Einsteiger willkommen!
49 Der Schnelleinstieg: Mein erster Brief

Hallo Newbies, Einsteiger willkommen!

Haben Sie noch nie mit einer Textverarbeitung gearbeitet? Können Sie zwar mit Maus und Tastatur umgehen, sind aber bislang von Textprogrammen für Windows verschont geblieben? Dann sind Sie in diesem Kapitel genau richtig. Denn hier geht es um die ganz elementaren Dinge, die Sie wissen sollten, bevor man Word 2000 auf Sie loslässt – oder umgekehrt.

Von der Schreibmaschine zur Textverarbeitung

Das Vorbild für die Textverarbeitung am Computer ist die elektrische Schreibmaschine. Hier wie dort dient die Tastatur zur Eingabe von Buchstaben und Zeichen, doch damit enden die Gemeinsamkeiten fast schon. Was nämlich bei einer Schreibmaschine unmittelbar aufs Papier gelangt und später nur noch sehr aufwendig zu korrigieren ist, wird beim Computer zunächst einmal nur im Speicher festgehalten und auf dem Bildschirm dargestellt. Änderungen lassen sich hier jederzeit und auch noch nachträglich vollziehen, und das nicht nur an der aktuellen Eingabeposition. Denn mit einer Textverarbeitung wie Word können Sie sich jederzeit durch das aktuelle Dokument bewegen, Zeichen, Wörter und Sätze einfügen, löschen oder umstellen. Erst wenn Sie mit dem Resultat Ihrer Arbeit zufrieden sind, erfolgt auf Wunsch der Ausdruck auf Papier.

Änderungen und Korrekturen sind jederzeit möglich!

Und während Sie bei der Schreibmaschine jeden Text schon wegen kleinster Änderungen neu tippen müssen, vergisst die Textverarbeitung nie. Sobald Sie ein Dokument einmal auf Diskette oder Festplatte gespeichert haben, können Sie es jederzeit wieder abrufen und auf den Bildschirm holen. Dann können Sie es erneut drucken, Veränderungen vornehmen, das Dokument in seiner überarbeiteten Form speichern oder als neues Dokument ablegen. Aus einem Quelltext lassen sich auf diesem Wege mehrere Dokumente erzeugen, die vollkommen unabhängig voneinander sind. Sie können Ihre Texte und Dokumente also immer wieder verwenden, ohne dass dieses »Recycling« für Ihre Leser sichtbar wird. Zumindest, solange Sie nicht im Brief an Herrn Müller die Anrede »Sehr geehrte Frau« aus dem vorigen Schreiben stehen lassen.

Word sorgt für den Zeilenumbruch

Ein ganz wichtiger Unterschied sind die Fähigkeiten beim Satz, also dem Layout eines Dokuments. Während Sie bei einer herkömmlichen Schreibmaschine selbst für die Zeilenumschaltung und die Silbentrennung am rechten Rand einer Zeile verantwortlich sind, übernimmt dies eine Textverarbeitung wie Word automatisch für Sie. Erreichen Sie beim Tippen das Ende einer Zeile, schaltet Word automatisch auf die nächste Zeile um und nimmt auf Wunsch auch gleich eine Silbentrennung vor, wenn sich das letzte Wort in der Zeile gut trennen lässt. Word kennt dazu die grundlegenden Regeln der deutschen Silbentrennung. Und wenn Sie Blocksatz, d.h. die bündige Ausrichtung des Textes am linken und rechten Seitenrand wünschen, platziert Word selbstständig so viel zusätzliche Leerzeichen in der Zeile, dass es genau passt.

Am Zeilenende schaltet Word automatisch um.

Um den Zeilenumbruch muss man sich also keine Gedanken mehr machen, und das gilt auch, wenn man nachträglich etwas am Text ändert. Sei es, dass man ein Wort entfernt, die Schrift größer macht oder einen breiteren Abstand zum Rand des Papiers wünscht – Word passt den Zeilenumbruch automatisch an, so dass Ihr Text »in Form« bleibt.

Für Umsteiger von der Schreibmaschine zur Textverarbeitung hat dieser Komfort allerdings einen Preis: Man muss sich bei der konkreten Eingabe von Text in einem wichtigen Punkt umgewöhnen: Die Taste für die Zeilenschaltung ⏎ (Enter bzw. Return) müssen Sie nur noch am Ende eines Absatzes drücken, nicht am Ende jeder Zeile.

HINWEIS

Unter einem Absatz versteht Word eine zusammenhängende Texteinheit, die vom nächsten Absatz durch einen Zeilenwechsel mit größerem Abstand abgegrenzt wird und eine beliebige Anzahl von Zeilen überspannen kann. Je nach der Anzahl der Wörter und Buchstaben im Absatz, ihrer Schriftgröße und der Breite, dem man dem Text lässt. Für die Arbeit mit Word spielen Absätze ein wichtige Rolle, weshalb Sie diesem Thema im weiteren Verlauf des Buches immer wieder begegnen werden.

Schriften für jeden Zweck

Doch zurück zur Schreibmaschine. Während hier ein Schriftwechsel den Austausch von Kugelkopf oder Typenrad erfordert, bringen Windows und Office bereits mehr als drei Dutzend verschiedenartigster Schriften mit. Sie alle können unter Word in einer beliebigen Größe zwischen wenigen Millimetern und annähernd DIN-A5-Größe eingesetzt werden. Auf Wunsch sogar in einem einzigen Dokument, auch wenn in dieser Hinsicht das alte Designer-Motto gilt: »Weniger ist manchmal mehr.«

Ganz weit weg von der Schreibmaschine sind Möglichkeiten wie automatische Rechtschreibkorrektur, Spaltensatz, Einbeziehung von Grafiken, Rechnen in Tabellen oder die Erstellung von Serienbriefen an Hunderte von Empfängern. Für einen Word-Profi gehört das alles zum täglichen Rüstzeug. Die folgenden Kapitel wollen Sie behutsam dorthin bringen.

Schreibmaschine	Word
Nachträgliche Korrekturen am geschriebenen Text sind kaum möglich.	Text kann jederzeit verändert, ergänzt und umgestellt werden, weil man sich beliebig im Text bewegen kann.
Der Benutzer ist für eine ausgeglichene Zeilenumschaltung verantwortlich.	Word sorgt selbstständig für die Zeilenumschaltung, auf Wunsch auch mit automatischer Silbentrennung.
Einmal produzierter Text kann nicht weiterverwendet werden.	Jeder Text kann gespeichert und später wieder abgerufen werden, um daraus ein neues Dokument zu erzeugen. ▶

Tabelle 3.1: Vergleich zwischen einer Textverarbeitung wie Word und einer Schreibmaschine.

Schreibmaschine	Word
Variationen in Schriftart und Stil sind nur sehr umständlich zu erzielen.	Diverse Schrifttypen und -größen, verschiedene Schriftattribute, alles kein Problem
Keine Layout-Funktionen	Mit Word können Sie einen Text wie eine Zeitschrift oder einen Werbeprospekt formatieren, sofern es für Sie Sinn macht.

Der Schnelleinstieg: Mein erster Brief

»Es gibt nichts Gutes, außer man tut es!« Unter diesem Motto führt Sie der folgende Schnelleinstieg durch die Erstellung eines einfachen, aber vollständigen Briefes, mit Absender, Empfänger, Datum usw. Von der Texteingabe geht es über die Korrektur und die Formatierung bis zum Ausdruck und zum Speichern. Sie lernen dabei einige wichtige Elemente von Word kennen, die in den folgenden Kapiteln noch eingehender behandelt werden.

Start von Word und Anlage eines neuen Dokuments

1. Jetzt wollen wir den nach wie vor markierten Zeilen einen rechten Einzug verleihen. Wenn Sie Word nicht schon gestartet haben, starten Sie es nun über die *Start*-Schaltfläche in der unteren linken Ecke des Desktops. Nach erfolgreicher Installation finden Sie das Programm dort, wenn Sie auf das Menü *Programme* gehen.

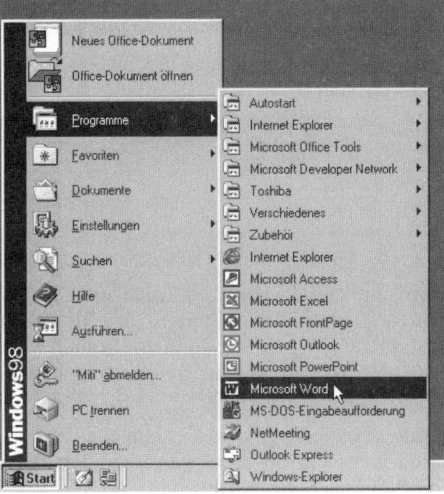

Abbildung 3.1: Aufruf von Word über das Start-Menü von Windows

Neu

2. In Word angelangt erzeugen Sie zunächst ein neues leeres Dokument, ganz so, als würden Sie ein neues Blatt in die Maschine einspannen. Der schnellste Weg dazu führt über die *Standard*-Symbolleiste, unmittelbar unter der Menüleiste. Ganz links steht das Symbol für *Datei Neu*, das ein leeres Blatt zeigt. Fahren Sie mit dem Maus-Cursor darauf, erscheint der Text *Neues leeres Dokument*.

Willkommen bei Word 2000

Abbildung 3.2:
Ganz links in der Standard-*Symbolleiste: Die Schaltfläche* Neu

3. Was Ihnen vom Bildschirm jetzt freundlich entgegenblinkt, ist die **Einfügemarke** von Word, die Ihnen signalisiert, wo der nächste eingegebene Text in das Dokument eingefügt wird. Dahinter sehen Sie ein merkwürdiges Zeichen, das bei Word eine wichtige Rolle spielt: die Absatzendemarke. Beim späteren Druck erscheint sie nicht, doch während der Eingabe ist sie eine wichtige Hilfe, weil sie genau zeigt, wo der eine Absatz aufhört und der nächste anfängt.

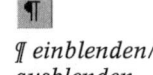

¶ einblenden/ ausblenden

4. Ist da nichts, was hinter der Einfügemarke blinkt, dann hat bereits jemand vor Ihnen die Anzeige der Sonderzeichen abgeschaltet. Sie erkennen das an der zugehörigen Schaltfläche in der *Standard*-Symbolleiste. Drücken Sie diese mit dem Mauszeiger ein, wenn sie nicht schon eingedrückt ist. Dann erscheint auch die Absatzendemarke.

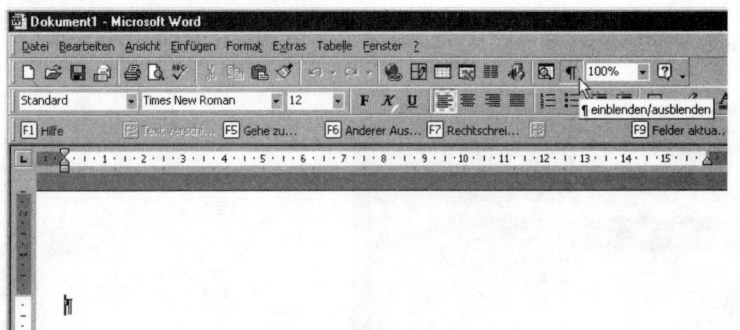

Abbildung 3.3:
Die Schaltfläche zum Ein- und Ausblenden der Sonderzeichen in der Standard-*Symbolleiste*

5. Wie bei einer Schreibmaschine beginnt man einen privaten Brief auch bei Word gewöhnlich mit Namen und Adresse des Absenders. Geben Sie einfach Ihren Namen ein und drücken Sie anschließend auf ⏎ (Enter/Return). Sollten Sie sich vertippen, stören Sie sich erst einmal nicht daran, die Korrekturen machen wir gleich.

6. In die nächsten Zeilen können Sie Straße, Postleitzahl und Ort eingeben. Am Ende der Zeile bitte immer ⏎ drücken. Sie sehen, wie ein neuer Absatz in den Text eingefügt wird und die Einfügemarke eine Zeile nach unten rutscht.

HINWEIS

Wundern Sie sich bitte nicht, wenn einige Wörter im Text von Word automatisch rot unterstrichen werden. Hier ist nur die automatische Rechtschreibhilfe am Werk, die Sie auf mögliche Fehler hinweisen will. Im Hintergrund vergleicht sie dazu alle Wörter aus dem Text mit dem Inhalt eines vordefinierten Wörterbuchs. Nicht gefundene Wörter werden rot markiert, was jedoch nicht bedeutet, dass sie definitiv falsch geschrieben sind. Word erkennt sie nur nicht, was sich jedoch durch manuelle Eintragung jederzeit ändern lässt, wie wir in ▶ Kapitel 6 im Abschnitt über die Rechtschreibprüfung sehen werden. Vorerst stören Sie sich bitte nicht an der Markierung, denn sie ist nur auf dem Bildschirm zu sehen. Beim Druck erscheint sie nicht.

Abbildung 3.4:
Mit der Absenderadresse beginnt die Eingabe.

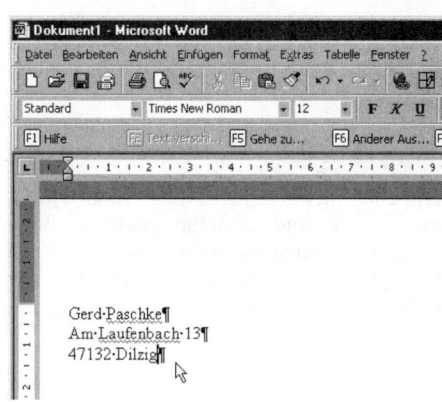

Navigation und Textkorrektur

Haben Sie sich vertippt? Dann ist es jetzt Zeit für eine Korrektur. Doch auch wenn alles glatt gegangen ist, möchten wir Ihnen zeigen, wie Sie sich im Text bewegen. Denn um Veränderungen am Text vorzunehmen oder zusätzlichen Text einzufügen, muss im ersten Schritt immer die Einfügemarke an die jeweilige Stelle im Text gebracht werden. Weil das bei der Arbeit an einem Text eine zentrale Rolle spielt, bietet Word dafür diverse Möglichkeiten: von den Cursor-Tasten, über die Rollleisten am Fensterrand, bis zum einfachen Mausklick an die gewünschte Stelle und zu Menübefehlen, über die man gezielt nach Textstellen suchen und gleich dort hin springen kann. Wir lassen es jedoch erst einmal langsam angehen.

1. Benutzen Sie die vier Pfeiltasten ←, →, ↑, ↓, um die Einfügemarke innerhalb des bisherigen Textes zu bewegen. Drücken Sie ruhig am Ende einer Zeile auch einmal →, um zu sehen, wie der Cursor an den Anfang der nächsten Zeile springt. Mit ← kommen Sie von dort wieder zurück. Wenn es am Ende des Textes »pling« macht, will Word Ihnen mit diesem akustischen Signal zeigen, dass Sie am Ende des Textes sind.

2. Probieren Sie bitte auch einmal Pos 1 und Ende aus. Sie werden sehen, dass man damit unmittelbar zum Anfang und Ende einer Zeile springen kann.

3. Jetzt ist es Zeit für die erste Korrektur. Wenn Sie sich bei Ihrer Adresse irgendwo vertippt haben, bringen Sie bitte die Einfügemarke hinter das fehlerhafte Zeichen. Ist Ihnen kein Fehler unterlaufen, tippen Sie doch einfach an der Stelle, wo sich die Einfügemarke befindet, ein paar sinnlose Buchstaben ein. Denn jetzt kommt das Löschen von Zeichen. Gelöscht wird mit ← (Rück-Taste), und zwar jeweils das Zeichen links von der Einfügemarke. Der Text rechts davon rückt automatisch nach. Fehlen Buchstaben, so fügen Sie diese durch Eingabe einfach ein, bis Ihre Adresse in Ordnung ist.

4. Bewegen Sie die Einfügemarke an den Beginn der zweiten Zeile und betätigen Sie noch einmal ←. Es geschieht etwas Unerwartetes, denn der gesamte Rest des Textes wandert eine Zeile nach oben, weil die zweite Zeile mit der ersten verschmolzen wurde.

5. Das wollten wir natürlich nicht, doch das Problem lässt sich leicht beheben, indem Sie an der aktuellen Position einfach ↵ drücken. Schon werden die beiden Zeilen wieder getrennt.

Gerd·Paschke¶
Am·Laufenbach·13¶
47132·Dilzig¶

Abbildung 3.5:
Das Löschen der Absatzmarke führt zwei Absätze zusammen.

6. Der Sinn dieser Übung: Absatzmarken sind eben nichts anderes als normale Buchstaben und Zeichen. Auch sie können gelöscht und eingefügt werden. Beim Löschen verschmilzt der aktuelle Absatz dadurch mit dem vorhergehenden, beim Einfügen wird ein neuer, zusätzlicher Absatz geschaffen und der Teil rechts von der Einfügemarke gleich mit in den neuen Absatz übernommen.

Gerd·Paschke¶
Am·Laufenbach·13¶
47132·Dilzig¶

Abbildung 3.6:
So soll die Absenderadresse aussehen.

Bei Word können Sie jede Aktion rückgängig machen, und das sogar über mehrere Stufen hinweg. Wenn Sie feststellen, dass Sie mit dem Resultat nicht zufrieden sind, bedienen Sie sich einfach des Befehls *Rückgängig* aus dem *Bearbeiten*-Menü. Sowohl Texteingaben als auch die Aufrufe von Menübefehlen lassen sich dadurch wieder rückgängig machen. Besonders schnell geht das, indem Sie sich der Kurzwahltasten [Strg]+[Z] bedienen.

TIPP

Weiter im Text

Die ersten Korrekturen liegen hinter Ihnen. Jetzt kann es mit unserem Brief weitergehen.

1. Nach Ihrer Adresse kommt der Empfänger mit Name und Adresse. Damit Sie möglichst schnell an das Ende des Textes gelangen, drücken Sie bitte [Strg]+[Ende], d.h. [Strg] gedrückt halten und währenddessen einmal auf [Ende] drücken, dann [Strg] wieder loslassen.
2. Genauso funktioniert übrigens [Strg]+[Pos 1], über das Sie sofort an den Anfang Ihres Textes springen können. Probieren Sie die beiden Tastenkombinationen ruhig einige Male aus, bis Sie wieder am Ende Ihres Textes angelangt sind.
3. Jetzt geht es an den weiteren Text. Geben Sie bitte einfach Zeile für Zeile zunächst den Namen und die Adresse des Empfängers ein, dann den Absendeort und das Datum und am Schluss einen kurzen Brieftext mit Anrede. Lassen Sie zwischen den Blöcken durchaus eine Leerzeile Platz, indem Sie einen zusätzlichen Leerabsatz einfügen. Drücken Sie dazu einfach zweimal hintereinander auf [↵]. Fehler korrigieren Sie bitte wie gehabt, bis Sie mit Ihrem Ergebnis zufrieden sind.
4. Ist Ihr Text länger als das Textfenster von Word, rutscht irgendwann mehr und mehr Text nach oben aus dem Fenster hinaus. Er wird wieder sichtbar, wenn Sie die Einfügemarke mit Hilfe der Cursor-Tasten wieder an den Anfang des Textes bewegen. Eine andere Methode besteht darin, die Rollleiste am rechten Rand des Textfensters zu benutzen. Klicken Sie entweder auf die kleinen Schaltflächen oben und unten an der Rollleiste, oder ziehen Sie den Schieberegler mit der Maus nach oben.

Abbildung 3.7:
Ein Brief mit allem Drum und Dran

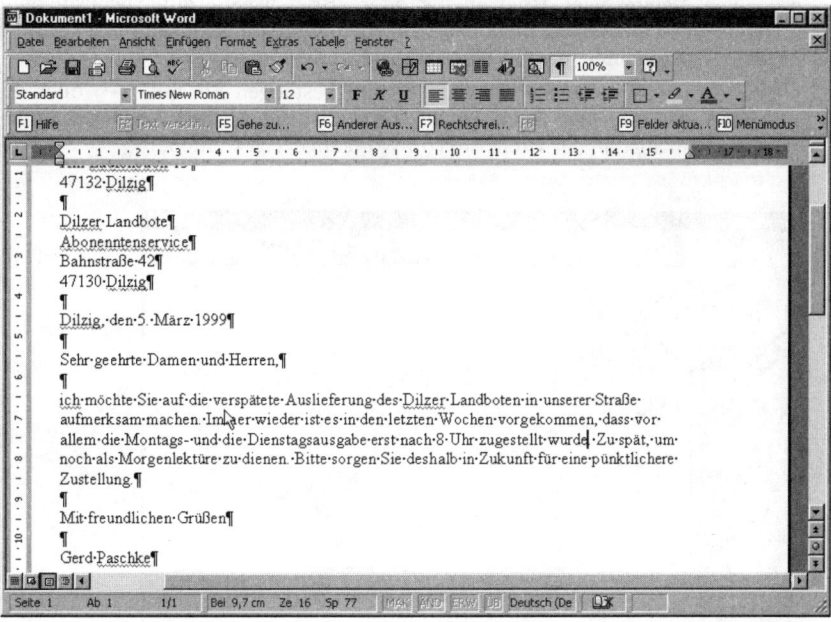

TIPP Bei der Benutzung der Rollleiste werden Sie feststellen, dass sich zwar der sichtbare Bereich des Textes verschiebt, die Einfügemarke jedoch an ihrem Platz bleibt. Man sieht sie dadurch erst einmal nicht mehr. Man merkt das spätestens dann, wenn man anschließend eine der Cursor-Tasten ←, →, ↑, ↓ betätigt oder ein Zeichen eingeben will. Dann nämlich springt der sichtbare Ausschnitt wieder zur Einfügemarke zurück. Verhindern lässt sich das, indem Sie nach Benutzung der Rollleiste einfach mit dem Maus-Cursor in den sichtbaren Text klicken. Die Einfügemarke wird dann dorthin verschoben.

Erst mal speichern

Speichern ist immer eine gute Idee, denn was auf Festplatte oder Diskette in einer Datei abgelegt wurde, das geht so schnell nicht mehr verloren. Deshalb ist es jetzt an der Zeit, Ihren Brief zu speichern.

Speichern

5. Der *Speichern*-Befehl von Word ist ein schönes Beispiel dafür, dass es zumeist drei Wege gibt, eine Word-Funktion auszulösen: Der erste führt über das Menü. Konkret finden Sie den *Speichern*-Befehl im *Datei*-Menü. Wenn Sie das Menü mit der Maus aufklappen, erhalten Sie rechts neben dem Menü bereits einen Hinweis auf den zweiten Weg zum Befehlsaufruf – die Kurzwahltaste. Hier ist es [Strg]+[S]. Und als dritten Weg können Sie über das zugehörige Symbol in der *Standard*-Symbolleiste gehen. Es ist das dritte von links und trägt das Symbol einer Diskette. Rufen Sie den *Speichern*-Befehl jetzt bitte auf einem der drei Wege auf.

6. Es erscheint der *Datei*-Dialog, der bei allen Office-Anwendungen die gleiche Erscheinung hat. Als Speicherort gibt Word das Verzeichnis *Eigene Dateien* vor. Das wollen wir so übernehmen. Entscheidend ist das Eingabefeld *Dateiname*. Hier können Sie einen möglichst aussagekräftigen Namen für Ihr Dokument eingeben. Word will es Ihnen möglichst einfach machen und gibt den Text aus der ersten Zeile Ihres Dokuments vor. Das sind jedoch Sie als Absender. Geben Sie deshalb stattdes-

sen einen Namen wie »Brief an ...« oder »Brief wg ...« ein. Die Dateiendung ».DOC« müssen Sie dabei nicht extra angeben. Word hängt sie automatisch an, wie bei allen Dokumenten, die mit Word erzeugt werden.

7. Geben Sie also bitte einen Namen ein und bestätigen Sie mit ⏎ oder durch Anklicken der *Speichern*-Schaltfläche. Sie werden sehen, dass der Dokumentname anschließend auch in der Titelleiste von Word angezeigt werden.

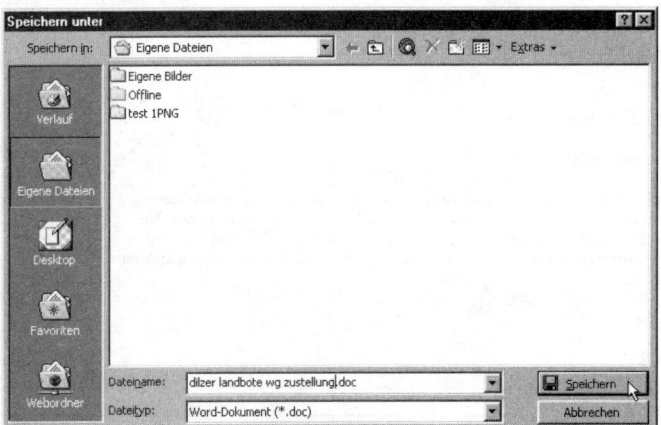

Abbildung 3.8:
Der Speichern unter-*Dialog – geben Sie hier den Namen für das neue Dokument ein.*

Markieren und Formatieren

Gespeichert ist unser Brief schon, doch jetzt wollen wir noch ein wenig Hand anlegen, um ihn in Form zu bringen. Wie bei Briefen üblich, soll der Absender hervorgehoben und deshalb formatiert werden. Um Word zu zeigen, auf welche Textbereiche wir mit der Formatierung einwirken wollen, müssen wir diese zunächst markieren.

1. Bewegen Sie die Einfügemarke mit ⌈Strg⌉+⌈Pos 1⌉ an den Anfang des Dokuments. Halten Sie jetzt die ⇧-Taste (Umschaltung / Shift) gedrückt, während Sie die Pfeiltaste ↓ betätigen. Sie sehen, dass die erste Textzeile invertiert dargestellt wird. Das zeigt Ihnen, dass diese Zeile markiert ist.

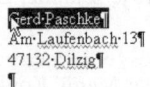

Abbildung 3.9:
Die erste Zeile nach der Markierung

2. Halten Sie jetzt die ⇧-Taste weiter gedrückt, während Sie so oft die Pfeiltaste ↓ betätigen, bis Ihre gesamte Absenderadresse markiert ist. Erst dann können Sie ⇧ loslassen (siehe Abbildung 3.10).

3. Einmal markiert, können Sie den Text am einfachsten mit den Schaltflächen aus der *Format*-Symbolleiste formatieren. Von links nach rechts können Sie hier die Schriftart des Textes, die Schriftgröße und die Schriftattribute *Fett*, *Kursiv* und *Unterstrichen* einstellen. Beginnen Sie mit der Schrift, indem Sie die Listbox aufklappen und sich eine der zahllosen Schriften aussuchen (siehe Abbildung 3.11).

Abbildung 3.10:
Die gesamte Absenderadresse wird markiert.

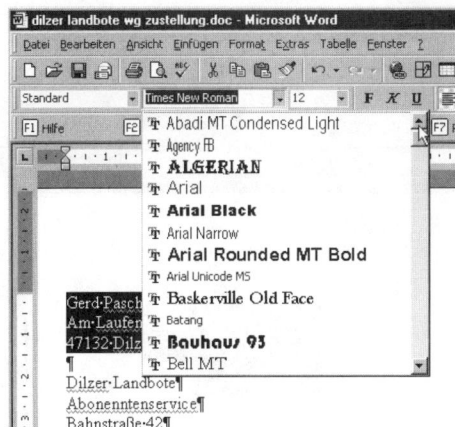

Abbildung 3.11:
Auswahl der Schriftart für den markieren Text

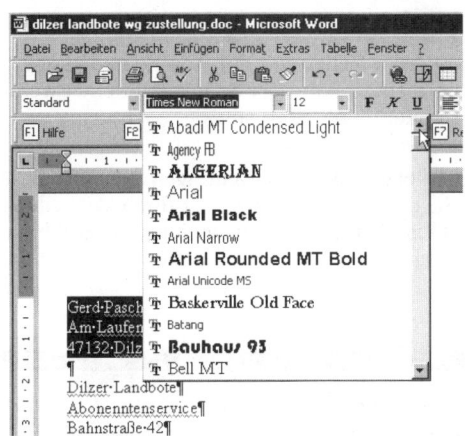

4. Anschließend können Sie die Schriftgröße auf die gleiche Art und Weise einstellen. Probieren Sie einfach ein paar Einstellungen durch Anklicken mit der Maus aus und beobachten Sie, wie sich der Text verändert. Wählen Sie eine Schrift und eine Schriftgröße, die Ihnen zusagt.

HINWEIS Zum Thema Schriftkunde: Je nach Vorlieben und der Art eines Schreibens arbeitet man gewöhnlich mit den Schriftgrößen 10 Punkt (10 pt) oder 12 (12 pt). Zusatzinformationen wie etwa die Bankverbindungen formatiert man auch schon einmal mit nur 8 oder 9 Punkt, wenn sie nicht aufdringlich wirken sollen. Als Schriften kommen bevorzugt *Times New Roman* und *Arial* zum Einsatz: *Times New Roman* für den Fließtext, *Arial* für Empfängeradresse, Zwischenüberschriften und andere Elemente, die man gegenüber dem Fließtext herausstellen möchte. Möchten Sie das Schriftbild einer Schreibmaschine nachahmen, wählen Sie die Schrift *Courier New*.

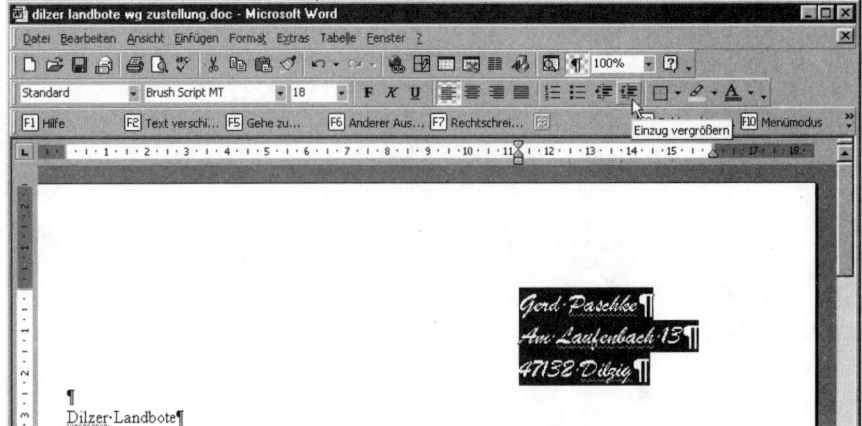

Abbildung 3.12:
Einstellung der gewünschten Schriftgröße

Absender und Datum mit rechtem Einzug

Jetzt wollen wir den nach wie vor markierten Zeilen mit der Absenderadresse einen größeren Einzug zuweisen, damit sie am rechten Rand der Seite ausgerichtet werden. Wir gehen davon aus, dass diese Zeilen weiterhin markiert sind.

1. Am einfachsten funktioniert das Einrücken mit der zugehörigen Schaltfläche aus der *Format*-Symbolleiste. Drücken Sie diese so oft, bis der Text Ihren Vorstellungen gemäß weit genug nach rechts gerückt ist. Schießen Sie dabei über das Ziel hinaus, benutzen Sie die gegenüberliegende Schaltfläche, die den Einzug weiter nach links wandern lässt.

Einzug verkleinern

Einzug vergrößern

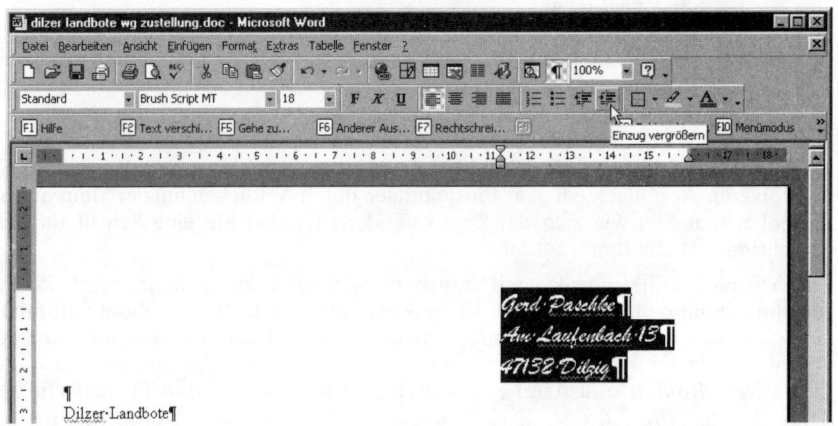

Abbildung 3.13:
Durch einen größeren linken Einzug wandert die Absenderadresse nach rechts.

2. Entfernen Sie die Markierung wieder. Dazu genügt es, eine beliebige Cursor-Taste ohne ⇧ zu betätigen. Die Markierung verschwindet, und stattdessen erscheint wieder die gewohnte Einfügemarke.

3. Versuchen Sie Ihr Glück nun mit der Datumszeile. Markieren Sie diesen Absatz und verleihen Sie auch ihm anschließend einen größeren rechten Einzug und entfernen Sie die Markierung anschließend wieder. Für´s erste ist der Text damit komplett.

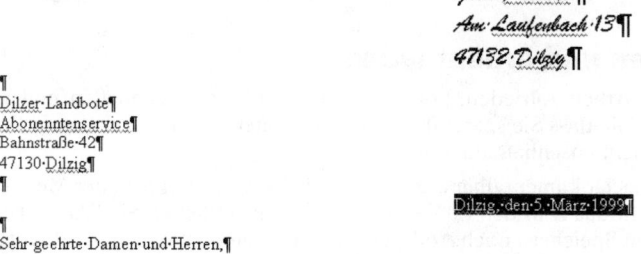

Abbildung 3.14:
Auch das Datum wird zum rechten Seitenrand hin verschoben.

Text drucken

Jetzt ist es an der Zeit, den Text auszudrucken, um Ihre Arbeit auf Papier zu bringen.

1. Rufen Sie den *Drucken*-Befehl aus dem *Datei*-Menü auf. Vergewissern Sie sich zunächst, dass ganz oben im Eingabefeld *Name* Ihr aktueller Drucker angezeigt wird. Wenn nicht, müssen Sie ihn aus der Liste auswählen oder zunächst noch über Windows installieren, wenn er dort nicht verzeichnet ist. Vergewissern Sie sich, dass Ihr Drucker angeschaltet ist, und starten Sie den Druck anschließend über *OK*.

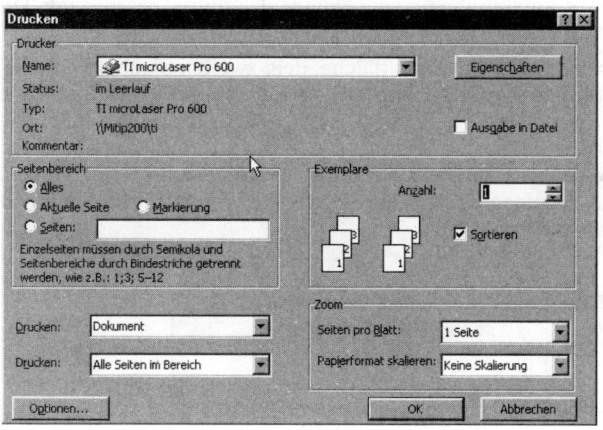

Abbildung 3.15:
Der Drucken-Dialog zur Auswahl des Druckers und der Druckoptionen

Drucken

2. Oft bemerkt man erst beim Druck, dass man mit der Formatierung nicht ganz zufrieden ist oder noch einige Tippfehler am Bildschirm übersehen hat. In diesem Fall überarbeiten Sie Ihren Text und starten Sie anschließend erneut einen Ausdruck. Am schnellsten geht das über die *Drucken*-Schaltfläche in der *Standard*-Symbolleiste. Dann nämlich beginnt der Druck sofort, ohne dass erst der *Drucken*-Dialog erscheint.

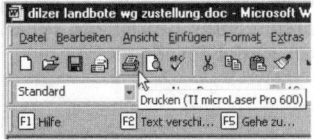

Abbildung 3.16:
Den Drucken-*Dialog umgehen Sie, indem Sie die* Drucken-*Schaltfläche in der* Standard-*Synmbolleiste wählen.*

Text schließen und erneut laden

Sind Sie mit Ihrer Arbeit zufrieden, können Sie das Dokument schließen und Word beenden. Für den Fall, dass Sie später daran weiterarbeiten können, zeigen wir Ihnen, wie Sie das Dokument anschließend erneut einladen.

1. Schließen Sie das Dokument über die X-Schaltfläche, ganz rechts in der Menüleiste von Word. (Nicht das X in der Titelleiste, denn damit schließen Sie Word.) Da Sie nach dem letzten Speichern noch Änderungen vorgenommen haben, wird Word Sie fragen, ob Sie vorher nicht noch lieber speichern möchten. Bejahen Sie das, damit Word die Änderungen in der zuvor gewählten Datei speichert.

Schließen-*Schaltfläche*

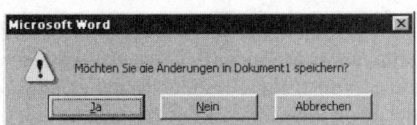

Abbildung 3.17:
Word fragt nach, ob Sie nicht vielleicht speichern möchten.

2. Wollen Sie das Dokument erneut laden, gibt es zwei Möglichkeiten: entweder über das *Datei*-Menü, wo im unteren Bereich die Namen der zuletzt bearbeiteten Dokumente verzeichnet sind. Wählen Sie hier den Eintrag Ihrer Datei.
3. Oder Sie bedienen sich der *Öffnen*-Schaltfläche, dem zweiten Symbol von links, in der *Standard*-Symbolleiste. Er öffnet den *Datei*-Dialog. Vergewissern Sie sich, dass auf der linken Seite *Eigene Dateien* eingedrückt ist, damit Sie den Inhalt des gleichnamigen Verzeichnisses sehen, wo wir die Datei vorhin abgelegt haben. In der Dateiübersicht sollte dadurch auch der Name Ihrer Datei erscheinen. Durch einen Doppelklick auf den Dateinamen können Sie das Dokument auf den Bildschirm holen.

Öffnen

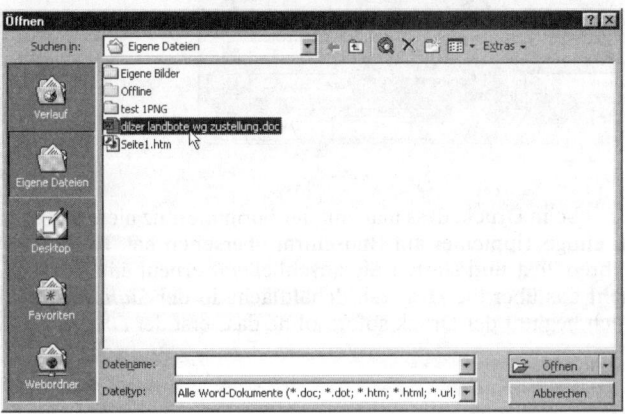

Abbildung 3.18:
Der Öffnen-*Dialog mit der Anzeige des Verzeichnisses* Eigene Dateien

Soweit unser Schnelleinstieg in die Textverarbeitung mit Word. Sie haben jetzt einige der wichtigsten Befehle und Arbeitstechniken von Word kennen gelernt. Die folgenden Kapitel werden dieses Wissen ausbauen und systematisch erweitert. Viel Spaß bei der weiteren Arbeit mit Word 2000!

4 Die Word-Grundlagen

67 Texteingabe und Navigation im Detail
77 Laden und Speichern
81 Das Drucken
85 Vom Umgang mit Fenstern

In diesem Kapitel dreht sich alles um die Grundlagen von Word, um jene Dinge, die Sie wissen müssen, um sich auf dem Word-Bildschirm und bei der Navigation von Text zurechtzufinden. Außerdem lernen Sie die wichtigsten Menübefehle kennen, die man für die Eingabe und Bearbeitung von Texten benötigt.

Der Word-Bildschirm

Die folgende Abbildung zeigt den Word-Bildschirm, wie er Sie nach dem Start des Programms begrüßt. Wie alle Office-Anwendungen kann das Fenster mit der Maus leicht vergrößert oder verkleinert werden. Hier haben wir es etwas kleiner gemacht, um die zusätzlichen Beschreibungen in das Bild einfügen zu können.

Sie sehen die Titelleiste des Word-Fensters, in der der Name des aktuell bearbeiteten Dokuments eingeblendet wird. Darunter sehen Sie die Menüleiste und mehrere Symbolleisten. Sie dienen als Schnittstelle zu den Funktionen von Word, d.h. zu den Befehlen zum Laden, Speichern und Drucken von Dateien, zum Formatieren und allem anderen, was Word zu bieten hat. Auf dem Bild sind allerdings nur drei von annähernd 20 Symbolleisten zu sehen, über die Word verfügt. Die angezeigten sind jedoch die wichtigsten, denn sie repräsentieren die ganz grundlegenden Funktionen, die Sie immer wieder benötigen werden.

TIPP Möchten Sie einmal nachschauen, welche Word-Funktion sich hinter den einzelnen Schaltflächen aus den Symbolleisten verbirgt, müssen Sie nur den Mauszeiger über das gewünschte Symbol führen und einen kleinen Augenblick warten. Dann erscheint eine kleine gelbe Sprechblase – das sog. *QuickInfo* – mit dem Namen des zugehörigen Befehls.

Die Symbolleisten enthalten teilweise sehr viele Symbole und können dadurch nicht immer auf voller Länge im Word-Fenster angezeigt werden. In diesem Fall erscheint am rechten Rand der Leiste ein kleines Dreieck. Klicken Sie dieses Symbol an, um auch die verbleibenden Schaltflächen auf den Bildschirm zu holen. Natürlich ist das etwas umständlich, und deshalb können Sie die Symbolleisten auch so konfigurieren, dass Ihre wichtigsten Befehle ganz am Anfang stehen. Mehr darüber im ▶ Kapitel 2.

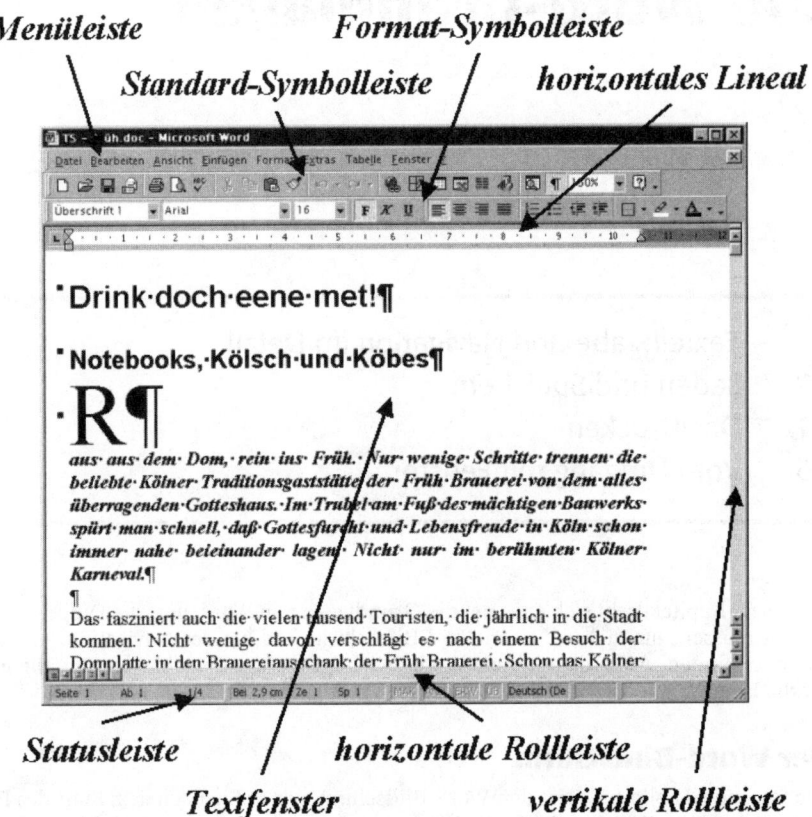

Abbildung 4.1:
Der Word-Bildschirm nach dem Programmstart

Unter den Symbolleisten baut sich das Textfenster auf, das den größten Teil des Word-Fensters einnimmt. Das ist der eigentliche Arbeitsbereich von Word, wo Sie Text eingeben und durch das jeweilige Dokument blättern können. Weil nämlich der Text in der Regel länger ist als der zur Verfügung stehende Bildschirmbereich, sehen Sie hier immer nur einen kleinen Ausschnitt aus dem Text. Doch der lässt sich mit Hilfe von Maus und Tastatur so verschieben, dass Sie jede Stelle Ihres Textes leicht erreichen können.

Mit Word können Sie mehrere Dokumente gleichzeitig bearbeiten, die dann als separate Word-Fenster jeweils mit eigenen Menü- und Symbolleisten erscheinen. Als Word-Einsteiger werden Sie sich jedoch erst einmal mit einem Text und einem Fenster begnügen wollen. Mehr über Fenster im ▶ Kapitel 4.

HINWEIS

Das letzte und abschließende Element des Word-Bildschirms bildet die so genannte Statusleiste am unteren Bildrand. Sie liefert Ihnen stets aktuelle Informationen, was gerade in Word vor sich geht und wo Sie sich innerhalb des Textes befinden. So erfahren Sie hier, welche Seite des Textes gerade angezeigt wird, wie lang der Text überhaupt ist und ob sich Word gerade bei der automatischen Rechtschreibkorrektur, dem Speichern oder dem Drucken des Dokuments befindet. Allesamt Vorgänge, die im Hintergrund ablaufen können, während Sie weiter am Text arbeiten. Die folgende Tabelle gibt Ihnen schon einmal einen Überblick über die verschiedenen Elemente und Symbole, wir kommen jedoch im weiteren Verlauf des Kapitels noch einmal darauf zurück.

Tabelle 4.1:
Die Elemente der Statusleiste von Word (von links nach rechts)

Element	Bedeutung
Seite xyz (z.B.: Seite 5)	Die Nummer der Seite, auf der Sie sich befinden
Ab xyz (z.B.: Ab 1)	Die Nummer des Abschnitts, in dem Sie sich befinden. (Abschnitte dienen zur Separierung von Dokumentbereichen, die mit unterschiedlichem Layout arbeiten.)
xyz / xyz (z.B.: 3/5)	Vor dem Schrägstrich steht noch einmal die Nummer der aktuellen Seite, dahinter die Gesamtzahl der Seiten im Dokument.
Bei xyz cm (z.B.: Bei 2,6 cm)	Der vertikale Abstand vom Seitenanfang bis zur aktuellen Position im Text
Ze xyz (z.B.: Ze 3)	Die fortlaufende Nummer der aktuellen Textzeile
Sp xyz (z.B.: Sp 27)	Die Nummer der Spalte an der aktuellen Textposition gemessen in Zeichen vom linken Seitenrand
MAK	Dieses Symbol leuchtet auf, während ein Makro aufgezeichnet wird. (Mehr über Makros in ▶ Teil I.)
ÄND	Wird eingeblendet, wenn der Überarbeitungsmodus aktiv ist, in dem alle Änderungen und ihr Urheber protokolliert werden.
ERW	Signalisiert die Aktivität des Erweiterungsmodus, der zur Markierung von Textbereichen dient, wenn diese gemeinsam bearbeitet werden sollen.
ÜB	Normalerweise arbeitet Word im Einfügemodus, so dass neu eingegebener Text den darauf folgenden wegschiebt. Word kennt jedoch auch den Überschreibmodus, in dem neuer Text den bisherigen überschreibt. Leuchtet ÜB in der Statusleiste auf, ist dieser Modus aktiv.
Deutsch	Hier wird die Sprache angezeigt, in der der aktuelle Text verfasst ist, wobei diese Information vom Anwender vorgegeben werden muss. Word nutzt dieses Wissen, um das richtige Wörterbuch für die Rechtschreibkorrektur des Textes heranzuziehen.
📖 📖	Das Erscheinen eines kleinen Buchs signalisiert Ihnen, dass gerade im Hintergrund die automatische Rechtschreibprüfung läuft. Erscheint anschließend ein kleines rotes Häkchen über dem Buch, hat Word keine Fehler gefunden. Ein kleines X weist hingegen auf Rechtschreibfehler im Text hin.
💾	Das Aufleuchten der Diskette ist ein Zeichen dafür, dass Word eine automatische Sicherung des bislang eingegebenen Textes im Hintergrund vornimmt. Selbst bei Stromausfall oder Rechnerabsturz gehen diese Änderungen dadurch nicht verloren.
🖨	Der Drucker erscheint, wenn Word im Hintergrund am Ausdruck des aktuellen Dokuments arbeitet.

Die verschiedenen Ansichten

Den Inhalt eines Dokuments kann Word in verschiedenen Ansichtsmodi darstellen, die auf unterschiedliche Bedürfnisse bei der Eingabe, Überarbeitung und Formatierung von Dokumenten abgestimmt sind. Am Inhalt des Dokuments und dem Resultat beim Ausdruck ändert sich durch die verschiedenen Modi nichts, wohl aber bei der Anzeige auf dem Bildschirm.

Word 2000 kennt insgesamt vier verschiedene Ansichten: *Normal, Seitenlayout, Weblayout* und *Gliederung*. Für die Mehrzahl der Dokumente benötigen Sie aber nur die Ansicht *Normal* und *Seitenlayout*. In der *Normal*-Ansicht erscheint der Text mit all seinen Formatierungen, jedoch ohne die konkrete Berücksichtigung der Position auf der Druckseite und der Positionierung gegenüber anderen Elementen wie Grafiken oder freilaufendem Text. Dieser Ansichtsmodus empfiehlt sich deshalb besonders für die effiziente Texteingabe und -bearbeitung.

In der *Seitenlayout*-Ansicht geht Word einen Schritt weiter und zeigt das konkrete Layout einer Textseite an. Man erkennt den Unterschied sofort, denn man sieht den Text relativ zum Rand der Textseite. Beim Übergang von einer Seite zur anderen sieht man außerdem genau, wie das eine Blatt auf das andere folgt. Auch diesen Ansichtsmodus kann man gut zur Eingabe und Korrektur heranziehen, vor allem aber eignet er sich zum Layouten und zum Feintuning eines Dokuments.

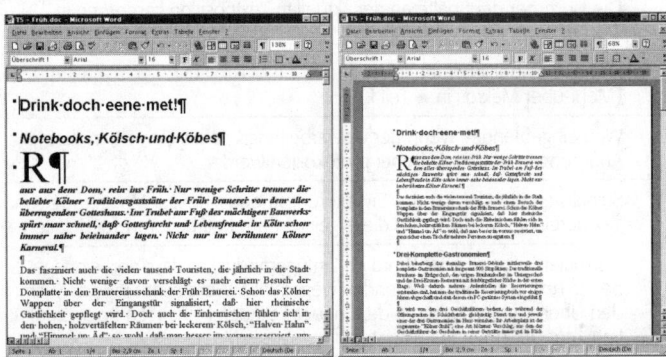

***Abbildung 4.2:**
Ein Text in
verschiedenen
Ansichten*

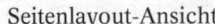
Seitenlayout-Ansicht

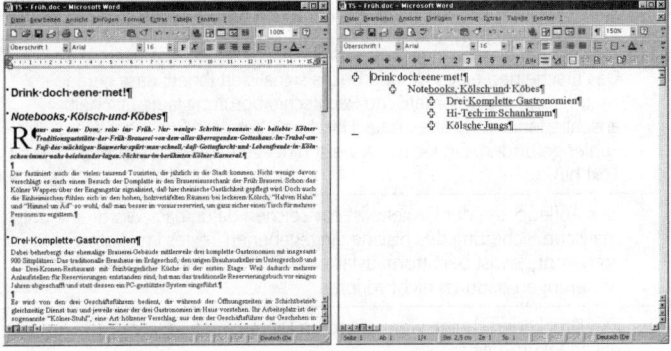
Weblayout-Ansicht   Gliederungsansicht

Die *Gliederungsansicht* und die *Weblayout-Ansicht* sind auf die speziellen Anforderungen bei der Bearbeitung großer Texte (Verträge, Dissertationen, Bücher etc.) bzw. auf das Editieren von Webseiten mit Word ausgelegt. Die *Gliederungsansicht* stellen wir deshalb im Zusammenhang mit der Bearbeitung großer Texte in ▶ Kapitel 9 vor.

So schalten Sie den Ansichtsmodus um

Word bietet Ihnen zur Umschaltung des Ansichtsmodus zwei Möglichkeiten: das *Ansicht*-Menü oder spezielle Symbolleisten neben der horizontalen Rollleiste am unteren Rand des Textfensters.

1. Klappen Sie das *Ansicht*-Menü auf, um eine Auswahl der verschiedenen Ansichten zu erhalten. Vergrößern Sie das Menü über die Erweiterungspfeile, wenn die Gliederungsansicht nicht als Befehl gezeigt wird.

Abbildung 4.3: Das Ansicht-*Menü*

2. Die Umschaltung in einen anderen Ansichtsmodus macht sich nicht nur an der Textdarstellung bemerkbar. Auch die Ansichtssymbole links von der horizontalen Rollleiste werden umgeschaltet. Hier genügt ein Mausklick auf das jeweilige Symbol, um den gewünschten Ansichtsmodus zu aktivieren. Das ist der schnellste Weg zur Umschaltung.

Abbildung 4.4: Die Ansichts-Schaltflächen links neben der horizontalen Rollleiste

Der Zoom-Faktor

Unabhängig vom gewählten Ansichtsmodus operiert Word mit einem so genannten *Zoom-Faktor*, der letztendlich bestimmt, wie groß der Text und andere Seitenelemente auf dem Bildschirm erscheinen. *100 Prozent* bedeutet Standardgröße. Alles, was darüber liegt, sorgt für eine Vergrößerung, alles, was unter 100 fällt, für eine Verkleinerung. Während mit der Verkleinerung die Menge des Textes steigt, die gleichzeitig im Textfenster sichtbar ist, sinkt sie bei der Vergrößerung. In beiden Fällen bleibt die tatsächliche Größe beim Ausdruck des Textes davon unberührt.

Die Verkleinerung lässt sich nutzen, wenn man größere Textbereiche bearbeiten will, als man sonst auf dem Bildschirm sieht. Beispielsweise für die gemeinsame Formatierung oder das Kopieren kompletter Bereiche von einem Dokument ins andere. Die Vergrößerung wiederum hilft beim genauen Layouten oder wenn die jeweilige Schrift aufgrund eines geringen Schriftgrades (kleiner als 10 pt) nicht so gut auf dem Bildschirm zu lesen ist.

Neben Prozentangaben für den Zoom-Faktor kennt Word in allen Ansichtsmodi auch die Einstellung *Seitenbreite*, die Word in Abhängigkeit des jeweiligen Dokuments und der Fensterbreite den Zoom-Faktor automatisch einstellen lässt, und zwar genau so, dass eine komplette Textzeile in das Fenster passt. Das ist sehr wichtig, weil das Editieren des Textes mühsam wird, wenn die Zeilen breiter als das Fenster sind und man deshalb dauernd nach links oder rechts scrollen muss.

Nur in der Seitenlayout-Ansicht kennt Word darüber hinaus die folgenden Einstellungen für den Zoom-Faktor, die ebenfalls eine automatische Skalierung bewirken:

Einstellung	Aufgabe
Seitenbreite	Macht die Textseite auf ihrer gesamten Breite sichtbar.
Ganze Seite	Bringt eine komplette Seite zur Anzeige.
Zwei Seiten	Zeigt zwei Seiten nebeneinander an.

Tabelle 4.2:
Auswahlmöglichkeiten für den Zoom-Faktor in der Seitenlayout-Ansicht

So stellen Sie den Zoom-Faktor ein

Auch hier gibt es zwei Wege: über das *Ansicht*-Menü oder eine Schaltfläche in der *Standard*-Symbolleiste.

1. Rufen Sie den *Zoom*-Befehl im *Ansicht*-Menü auf. In der erscheinenden Dialogmaske hält Word einige Einstellungsmöglichkeiten bereit und gibt bereits eine Vorschau auf die Größe, die herkömmlicher 12pt-Text (Text formatiert in der Punktgröße 12) anschließend haben wird. In der Seitenlayout-Ansicht können hier bis zu sechs Seiten in zwei Reihen à drei auf den Bildschirm geholt werden.

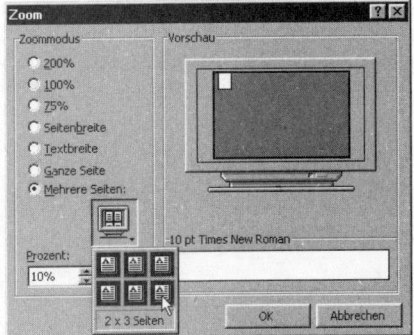

Abbildung 4.5:
Der Zoom-*Dialog aus dem* Ansicht-*Menü*

2. Noch schneller geht die Einstellung mit Hilfe der *Zoom*-Schaltfläche in der *Standard*-Symbolleiste über die Bühne. Entweder eine Vorgabe aus der Liste wählen oder einfach in das Prozentfeld hineinklicken und einen Zoom-Faktor eintippen. Anschließend mit ⏎ bestätigen.

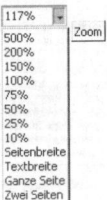

Abbildung 4.6:
Die Zoom-*Schaltfläche aus der* Standard-*Symbolleiste nach dem Aufklappen*

Darstellung von Sonderzeichen

¶ einblenden/ ausblenden

Eine wichtige Rolle für die Arbeit mit Word spielen die verschiedenen Sonderzeichen, die Word in den Text einfügt, um Ihnen zu signalisieren, wo ein Absatz endet (¶), eine Zeilenumschaltung (↵), ein Tabulator (→) oder ein Leerzeichen (·) eingegeben wurde. Beim Ausdruck eines Dokuments erscheinen sie nicht, und auch in der Bildschirmanzeige lassen sie sich über die nebenstehende Schaltfläche aus der *Standard*-Symbolleiste ausblenden bzw. bei erneutem Druck wieder einblenden.

TIPP Auch wenn Sie diese Zeichen zunächst irritieren sollten, empfehlen wir, ihre Anzeige nicht zu unterdrücken. Zum einen, weil man sich relativ schnell daran gewöhnt, zum zweiten, weil sie für das Editieren von Texten wirklich eine wichtige Rolle spielen. Einfach, weil man sonst nicht erkennt, warum Word einen Zeilenumbruch durchführt oder Text plötzlich weiter nach rechts wandert, nachdem die Tabulator-Taste gedrückt wurde.

Texteingabe und Navigation im Detail

Die Texteingabe in Word geschieht immer da, wo die blinkende Einfügemarke auf dem Bildschirm erscheint. Ist sie nicht sichtbar, hat Word sie nicht etwa verschluckt, sondern sie ist aus dem Sichtbereich des Textfensters herausgerutscht. Beispielsweise, weil Sie den sichtbaren Abschnitt über die vertikale Rollleiste verschoben haben. Ein Druck auf eine der Cursor-Tasten genügt dann, um den sichtbaren Ausschnitt so zu verschieben, dass auch die Einfügemarke wieder erscheint.

Einfüge- vs. Überschreibmodus

Grundsätzlich kennt Word zwei Modi für die Texteingabe: den Einfüge- und den Überschreibmodus. Im Einfügemodus wandert die Einfügemarke mit jedem eingegebenen Zeichen um eine Position nach rechts. Gleichzeitig schiebt sie den nachfolgenden Text vor sich her.

Im Überschreibmodus wird mit jedem eingegebenen Zeichen hingegen das bisherige Zeichen an der Position der Einfügemarke überschrieben. Der nachfolgende Text wird deshalb auch nicht hinausgeschoben. Nur ganz am Ende eines Absatzes schiebt Word die Absatzmarke weiter hinaus, damit dieser Separator zum nächsten Absatz nicht überschrieben wird. Dann nämlich würden auch die beiden Absätze ineinander überfließen.

In der Praxis arbeitet man eher selten mit dem Überschreibmodus, weil der Einfügemodus praktischer und auch beim Start von Word gleich eingestellt ist. Es ist jedoch vorteilhaft, den Überschreibmodus zu kennen, für den Fall, dass Sie ihn einmal versehentlich aktivieren und sich dann wundern, warum Sie bei der Eingabe plötzlich Zeichen überschreiben. Umgeschaltet wird nämlich in beide Richtungen mit Hilfe der Taste `Einfg`, die man leicht einmal versehentlich drückt, weil sie direkt bei den Cursor-Tasten angesiedelt ist.

HINWEIS Welcher Eingabemodus derzeit aktiv ist, erkennen Sie an der Statusleiste von Word. Dort wird das Symbol *ÜB* hervorgehoben, wenn der Überschreibmodus aktiv ist. Außerdem können Sie den aktuellen Modus durch einen Doppelklick auf dieses Feld mit der Maus umschalten.

Abbildung 4.7:
Links das Symbol
für den Einfüge-
modus, rechts für
den Überschreib-
modus in der
Statusleiste

Löschen von Text

Word kennt zwei Tasten, über die Sie Text löschen können: die Rücktaste `←` und die Entfernen-Taste `Entf`. Sie wirken jeweils auf den Text an der Einfügemarke ein, arbeiten dabei aber leicht unterschiedlich: Denn `Entf` löscht das Zeichen rechts neben der Einfügemarke, ohne die Einfügemarke selbst zu verschieben. Der nachfolgende Text rückt dadurch um ein Zeichen nach.

Anders dagegen beim Löschen mit `←`. Hier wird das Zeichen links von der Einfügemarke gelöscht und anschließend die Einfügemarke zusammen mit dem Rest des Absatzes um ein Zeichen nach links versetzt. Beide Methoden sollten Sie einmal ausprobieren, um entscheiden zu können, womit Sie besser zurechtkommen.

HINWEIS

Die beiden Tasten zum Löschen von Text wirken auch auf Absatzendemarken ein. Steht die Einfügemarke vor einem Absatzendezeichen, und drücken Sie `Entf`, wird die Absatzendemarke gelöscht. Der Text des nachfolgenden Absatzes geht dadurch in den Text des aktuellen Absatzes ein, die beiden Absätze werden eins. Und gleiches gilt auch, wenn die Einfügemarke ganz am Anfang eines Absatzes steht und Sie `←` drücken.

Navigation mit den Cursor-Tasten

Die wichtigste Vehikel zur Fortbewegung in einem Word-Dokument bilden die Cursor-Tasten (Pfeiltasten). Teils solitär, teils unter Zuhilfenahme der Umschalttaste `Strg` führen Sie sie sehr schnell zur gewünschten Stelle innerhalb des Dokuments. Soll die gewünschte Bewegung mehrmals wiederholt werden – beispielsweise »Zeile unten« über `↓` – halten Sie die jeweilige Taste einfach niedergedrückt, bis Sie an der gewünschten Stelle angelangt sind.

Taste	Bewegung	Mit `Strg`	Bewegung
`→`	Zeichen rechts	`Strg`+`→`	Wort rechts
`←`	Zeichen links	`Strg`+`←`	Wort links
`↑`	Zeile oben	`Strg`+`↑`	Absatz oben
`↓`	Zeile unten	`Strg`+`↓`	Absatz unten
`Pos 1`	Zeilenanfang	`Strg`+`Pos 1`	Textanfang
`Ende`	Zeilenende	`Strg`+`Ende`	Textende
`Bild ↑`	vorhergehende Bildschirmseite	`Strg`+`Bild ↑`	Anfang der vorhergehenden Textseite
`Bild ↑`	nachfolgende Bildschirmseite	`Strg`+`Bild ↑`	Anfang der nachfolgenden Textseite

Tabelle 4.3: Cursortasten zur Navigation im Dokument

Rückkehr zum letzten Bearbeitungspunkt

Eine weitere Tastenkombination, die Sie sich unbedingt merken sollten, ist `⇧`+`F5`. Denn Word merkt sich die letzten drei Positionen, an denen Sie Veränderungen im Text vorgenommen haben, und bringt Sie beim Druck dieser Tastenkombination wieder dorthin. Und zwar mit jedem Druck zu einer vorhergehenden Bearbeitungsstelle, bis Sie nach dem vierten Druck wieder an der aktuellen Eingabeposition landen.

So navigieren Sie mit der Maus

Als Alternative zur Tastatur können Sie sich auch mit Hilfe der Maus durch den Text bewegen. Zum einen mit Hilfe der Rollleiste, zum anderen durch direktes Klicken in den Text.

1. Blättern und Scrollen können Sie innerhalb des Textes mit Hilfe der vertikalen und der horizontalen Rollleiste, sofern diese angezeigt wird. Ziehen Sie in der vertikalen Rollleiste mit Hilfe der Maus am Schieberegler, wenn Sie schnell größere Strecken im Text überbrücken wollen. Möchten Sie sich zeilenweise durch den Text bewegen, klicken Sie auf die dreieckigen Pfeile am oberen und unteren Rand der Rollleiste. Halten Sie die Maustaste gedrückt, wenn Sie mehrmals scrollen wollen.
2. Erscheint der gewünschte Textbereich innerhalb des Textfensters, klicken Sie einfach mit der Maus auf die gewünschte Stelle. Sofort wird die Einfügemarke dort positioniert, so dass Sie mit der Eingabe von Text beginnen können.

Rückgängigmachen von Befehlen

Bei der Arbeit mit Word müssen Sie keine Angst haben, einmal versehentlich Text zu löschen oder Ihr Dokument durch Formatierungen zu verunstalten. Denn alles, was Sie bei Word während der Bearbeitung Ihres Dokuments anstellen, lässt sich rückgängig machen. Eine simpler Tastendruck ([Strg]+[Z]) genügt. Beachten Sie aber bitte, dass alle Aktionen nur bis zum Verlassen von Word rückgängig gemacht werden können. Nach dem Neustart »erinnert« sich Word an die Aktionen vom letzten Mal nicht mehr.

So machen Sie Eingaben und Befehle rückgängig

Neben dem *Rückgängig*-Befehl aus dem *Bearbeiten*-Menü ([Strg]+[Z]) hilft vor allem das *Rückgängig*-Symbol aus *Standard*-Symbolleiste, um Eingaben rückgängig zu machen.

Rückgängig

1. Klicken Sie auf das *Rückgängig*-Symbol, um die jeweils letzte Änderung rückgängig zu machen. Klicken Sie mehrmals, um nacheinander mehrere Aktionen rückgängig zu machen.
2. Klicken Sie auf den kleinen Pfeil rechts neben dem *Rückgängig*-Symbol. Es erscheint eine Liste, in der die letzten Aktionen protokolliert sind. Die letzte ganz oben, die erste, d.h. zeitlich am weitesten zurückliegende, unten. Klicken Sie mit der Maus auf den Eintrag, bis zu dem Sie alle Aktionen rückgängig machen wollen.

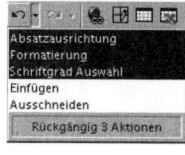

Abbildung 4.8:
Liste der zuletzt durchgeführten Aktionen, die rückgängig gemacht werden können

Wiederherstellen

3. Auch beim Rückgängigmachen kann man zu weit gehen. Sollte Ihnen das passieren, können Sie sich der unmittelbar gegenüberliegenden Schaltfläche *Wiederherstellen* bedienen. Sie macht die vorhergehende Rücknahme eines Befehls wieder rückgängig und neutralisiert dadurch die gesamte Aktion. Auch hier können Sie sich eine Liste der letzten Rücknahmen anzeigen lassen, um zu entscheiden, welche davon wieder rückgängig gemacht werden sollen.

Markieren von Text

Eine wichtige Rolle bei der Textbearbeitung spielt das Markieren von Text. Im Grundsatz geht es darum, Word durch die Markierung von Textbereichen zu zeigen, auf welchen Zeichen und Absätze man mit dem nachfolgenden Aufruf eines Befehls einwirken soll. Eine große Rolle spielt das vor allem beim Formatieren von Text, aber auch beim Löschen, Verschieben und Duplizieren. So können Sie einen kompletten Textbereich beispielsweise löschen, indem Sie ihn zunächst markieren und dann die Taste [←] oder [Entf] drücken.

Hervorgehoben wird ein markierter Bereich von Word durch inverse Darstellung, d.h. weißer Schrift auf schwarzem Grund. Damit es soweit kommt, müssen Sie jedoch erst einmal Text markieren, entweder mit der Maus oder der Tastatur. Am besten Sie probieren alle Möglichkeiten einmal aus und wählen anschließend für die Zukunft den Weg, der Ihnen am meisten zusagt.

So markieren Sie mit Hilfe der Tastatur

Beim Markieren mit der Tastatur spielt die [⇧]-Taste eine entscheidende Rolle. Solange sie niedergedrückt ist, wirken alle bekannten Cursor-Tasten für die Textnavigation (auch in Kombination mit [Strg]) wie Markierungstasten, die den markierten Bereich je nach Bewegungsrichtung vergrößern oder verkleinern.

1. Setzen Sie die Einfügemarke mit Hilfe von Maus oder Tastatur an die Stelle, an der die Markierung beginnen soll.
2. Halten Sie [⇧] niedergedrückt, während Sie die Cursortasten nutzen, um das Ende der Markierung anzusteuern. Sie sehen, wie der markierte Bereich größer wird, wenn Sie sich vom Ausgangspunkt entfernen. Andererseits wird er kleiner, wenn Sie sich dem Ausgangspunkt wieder nähern. Fahren Sie darüber hinaus, wächst der markierte Bereich wieder, jedoch in die entgegengesetzte Richtung. Grundsätzlich gilt nämlich: Eine Markierung kann man von ihrem Beginn oder von ihrem Ende her aufziehen.

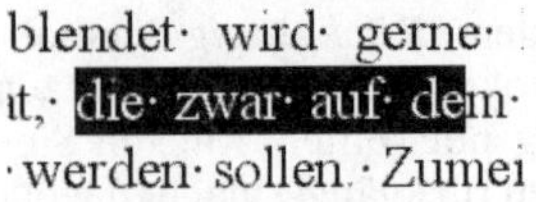

blendet· wird· gerne·
it,· die· zwar· auf· dem·
·werden· sollen.· Zumei

Abbildung 4.9: Markieren mit Hilfe der Cursortasten bei gedrückter [⇧]-Taste

3. Steht die Markierung, können Sie den gewünschten Befehl ausführen, der auf die markierten Zeichen und Absätze einwirken soll. Möchten Sie die Markierung anschließend wieder auflösen, betätigen Sie einfach eine der Cursortasten, doch diesmal ohne [⇧].

Möchten Sie den gesamten Text schnell mit Hilfe der Tastatur markieren, drücken Sie einfach [Strg]+[A].

TIPP

Markieren über den Erweiterungsmodus

Möchten Sie sich durch das andauernde Niederdrücken der [⇧]-Taste beim Markieren nicht die Finger verdrehen, können Sie stattdessen in den Markierungsmodus von Word umschalten. Hier wirken alle Cursortasten auch ohne [⇧] auf den Umfang des markierten Bereichs ein.

1. Bewegen Sie die Einfügemarke zu der Stelle im Text, an der Ihre Markierung starten oder enden soll. Drücken Sie [F8], um den Markierungsmodus einzuleiten. In der Statusleiste erscheint daraufhin der Text »ERW«.

ERW
Erweitern

2. Dehnen Sie die Markierung mit Hilfe der gewohnten Cursortasten über den gewünschten Textbereich aus und führen Sie anschließend die angestrebte Operation über der Markierung aus.
3. Drücken Sie `Esc`, um den Markierungsmodus zu beenden. Die Markierung bleibt zunächst noch bestehen, doch der nächste Druck auf eine Cursortaste (ohne `⇧`) löst die Markierung auf.

So markieren Sie Text mit der Maus

Auch mit der Maus können Sie Text markieren, mitunter sogar schneller als mit der Tastatur.

1. Bewegen Sie den Mauszeiger auf den gewünschten Start oder das gewünschte Ende der Markierung. Klicken Sie mit der linken Maustaste in den Text und halten Sie die Maustaste gedrückt, während Sie die Maus zum anderen Ende der gewünschten Markierung führen. Liegt diese Stelle außerhalb des Textfensters, ziehen Sie die Maus einfach ein wenig über den Rand des Textfensters hinaus. Sofort beginnt der Textausschnitt zu scrollen, bis Sie diesen Bereich mit der Maus wieder verlassen.
2. Wenn Sie die Markierung wieder loswerden möchten, klicken Sie einfach an beliebiger Stelle in den Text.

Vor allem, wenn einer der beiden Endpunkte der gewünschten Markierung außerhalb des aktuellen Textfensters liegt, gibt es allerdings noch eine einfachere Methode, um mit der Maus zu markieren.

1. Setzen Sie die Einfügemarke mit Hilfe von Maus oder Tastatur auf den gewünschten Anfang der Markierung.
2. Holen Sie mit Hilfe der Maus den gewünschten Endpunkt der Markierung in das Textfenster.
3. Klicken Sie mit der Maus auf den gewünschten Endpunkt der Markierung im Text und halten Sie dabei die `⇧`-Taste gedrückt. Dadurch entsteht die Markierung.

Abkürzungen für das Markieren mit der Maus

Weil das Markieren eine so wichtige Aufgabe ist und mit der Maus besonders leicht fällt, kennt Word noch einige Abkürzungen für das Markieren mit Hilfe der Maus. Eine wichtige Rolle spielt dabei die so genannte »Markierungsleiste«. Gemeint ist jener Bereich zwischen dem linken Rand der einzelnen Absätze und dem linken Rand des Textfensters. Zwar hängt seine Breite vom jeweiligen Ansichtsmodus ab, doch wenn Sie hier hineinklicken, können Sie leicht komplette Zeilen und Absätze markieren. Dass Sie sich innerhalb der Markierungsleiste befinden, erkennen Sie dabei am Erscheinungsbild des Maus-Cursors. Während er sonst einen nach links zeigenden Pfeil verkörpert oder als Einfügemarke erscheint, zeigt er sich innerhalb der Markierungsleiste als ein nach rechts gewandter Pfeil (siehe Abbildung 4.10).

Darüber hinaus kann aber auch das direkte Klicken in den Text helfen, schnell komplette Wörter zu markieren. Die folgende Tabelle gibt Ihnen einen Überblick.

Tabelle 4.4: Methoden zum Markieren von Textstellen mit der Maus

Markierung	Methode
Ein ganzes Wort	Doppelklick auf das Wort
Ein vollständiger Satz	An beliebiger Stelle in den Text klicken, dabei `Strg`-Taste gedrückt halten.
Eine ganze Zeile	Mausklick auf Höhe der jeweiligen Zeile in der Markierungsleiste
Mehrere Textzeilen	Klicken und Ziehen mit dem Maus-Cursor in der Markierungsleiste
Ein Absatz	Doppelklick neben dem Absatz in der Markierungsleiste ▶

Die Word-Grundlagen

Markierung	Methode
Mehrere Absätze	Klicken und Ziehen innerhalb der Markierungsleiste
Das gesamte Dokument	Dreifachklick mit der linken Maustaste in der Markierungsleiste
Ein vertikaler Textblock	Klicken und Ziehen innerhalb des Textes, dabei [Alt]-Taste gedrückt halten

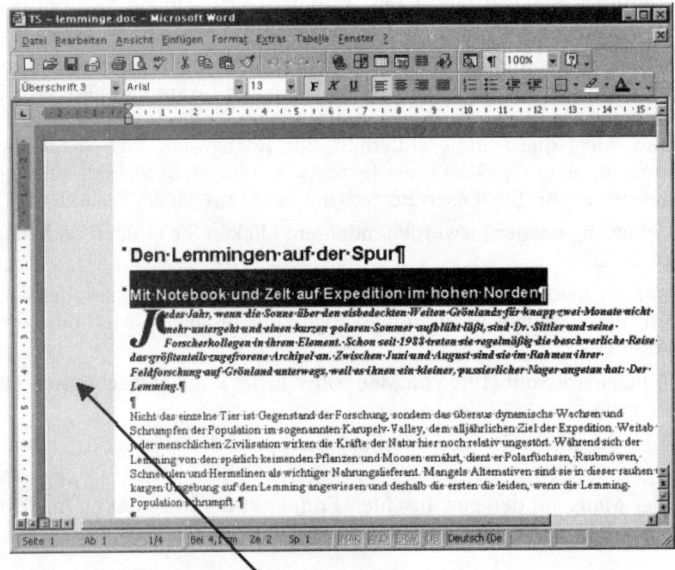

Abbildung 4.10:
Über die Markierungsleiste markieren Sie komplette Absätze mit der Maus.

Markierungsleiste

Löschen von markiertem Text

Markierter Text lässt sich genau so einfach löschen, wie einzelne Zeichen, nämlich mit Hilfe der Tasten [←] und [Entf]. Wollen Sie den markierten Text durch neuen ersetzen, können Sie es sich darüber hinaus noch einfacher machen: Starten Sie nach der Markierung des Textes sofort mit der Eingabe des neuen Textes. Bereits mit dem ersten Zeichen wird der markierte Text gelöscht, die Markierung aufgehoben und die Einfügemarke an den Anfang der bisherigen Markierung gesetzt, wo das eingegebene Zeichen unmittelbar erscheint.

Verschieben und Kopieren von Text

Eine grundlegende Operation bei der Textverarbeitung ist das Verschieben und Kopieren von Text. Sei es, dass ein Wort am falschen Platz steht, ein Satz umgebaut oder ein Textstück vervielfältigt werden soll: Kopieren und Verschieben erspart Ihnen lästige Tipparbeit. Mit der Maus geht es sehr direkt, via Tastatur muss man über die Zwischenablage gehen. Mehr dazu gleich.

So verschieben Sie Text mit der Maus

Mit der Maus gestaltet sich das Verschieben wie Drag & Drop, also wie das Ziehen eines Elements, fast in der Art eines Zeichenprogramms.

1. Markieren Sie den zu verschiebenden Text mit Hilfe von Maus oder Tastatur.
2. Klicken Sie mit der linken Maustaste an eine beliebige Stelle innerhalb der Markierung und halten Sie die Maustaste gedrückt. Word erkennt Ihr Vorhaben und schaltet den Mauszeiger um. Halten Sie die Maustaste weiterhin gedrückt und ziehen Sie den Mauszeiger zu der Stelle im Text, zu der die Markierung verschoben werden soll.
3. Word zeigt Ihnen die jeweilige Einfügeposition durch eine stilisierte Einfügemarke. Lassen Sie die Maustaste los, sobald diese Marke an der gewünschten Stelle angelangt ist. Word verschiebt daraufhin den Text.

Mauszeiger beim Verschieben

So kopieren Sie Text mit der Maus

Das Kopieren funktioniert genau wie das Verschieben, d.h. Markieren und dann per Drag & Drop zum gewünschten Zielort führen. Der einzige Unterschied: Halten Sie beim Hineinklicken in den Text zwecks Start des Drag & Drop gleichzeitig die `Strg`-Taste gedrückt. Das signalisiert Word, dass Sie kopieren möchten. Word bestätigt den Vorgang, indem es den Mauszeiger auf das Verschiebesymbol umschaltet, dem zusätzlich ein Plus-Zeichen anbeigestellt wird.

Mauszeiger beim Kopieren

Text verschieben via Tastatur über die Zwischenablage

Das Verschieben und Kopieren mit Hilfe der Maus stößt dort an Grenzen, wo große Textbereiche bearbeitet werden sollen, die weit über den Text im Textfenster hinausgehen. Dann wird es etwas unhandlich. Will man Text nicht direkt via Drag & Drop kopieren/verschieben, muss man den Weg über die so genannte »Zwischenablage« wählen. Sie nimmt gelöschten oder kopierten Text auf, um ihn später auf Wunsch wieder abzugeben, d.h. an einer beliebigen Stelle in das aktuelle Dokument oder ein anderes einzufügen.

Der große Vorteil dabei: Der Inhalt der Zwischenablage bleibt auch nach dem Einfügen erhalten, d.h., man kann den Text aus der Zwischenablage beliebig oft einfügen, also vervielfältigen. Verloren geht er erst, wenn neuer Text durch Löschen oder Kopieren in die Zwischenablage gelangt, spätestens aber beim Verlassen von Word.

Drei Befehle aus dem *Bearbeiten*-Menü spielen in diesem Zusammenhang eine entscheidende Rolle: *Ausschneiden*, *Kopieren* und *Einfügen*. Sie finden diese Befehle auch in der *Standard*-Symbolleiste, und sie lassen sich über Kurzwahltasten aufrufen, die wir Ihnen gerne ans Herz legen würden, weil Sie die Arbeit ungemein erleichtern:

Tabelle 4.5: Befehle und Tastenkombinationen für die Arbeit mit der Zwischenablage

Befehl	Aufgabe	Schaltflächen-Symbol	Tastenkombination
Bearbeiten/Ausschneiden	Markierten Text aus Dokument entfernen, in die Zwischenablage übernehmen, alten Text aus Zwischenablage entfernen	Ausschneiden	`Strg`+`x`
Bearbeiten/Kopieren	Markierten Text in die Zwischenablage kopieren, jedoch nicht aus dem aktuellen Dokument entfernen	Kopieren	`Strg`+`c`
Bearbeiten/Einfügen	Markierten Text in die Zwischenablage kopieren, jedoch nicht aus dem aktuellen Dokument entfernen	Einfügen	`Strg`+`v`

Die Word-Grundlagen

So verschieben Sie Text mit Hilfe der Zwischenablage

Die Kombination aus *Bearbeiten/Ausschneiden* und *Bearbeiten/Einfügen* lässt Sie Text über die Zwischenablage verschieben. So geht's:

1. Markieren Sie den zu verschiebenden Text.

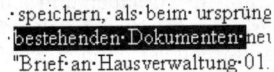

Abbildung 4.11: Markieren ist die Voraussetzung für das Ausschneiden und Kopieren.

2. Rufen den *Ausschneiden*-Befehl auf, um den Text auszuschneiden und in die Zwischenablage zu übernehmen. Am schnellsten geht es über die Kurzwahltaste [Strg]+[x].

Ausschneiden

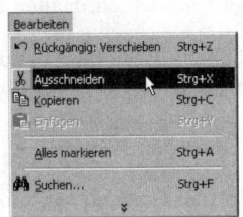

Abbildung 4.12: Der Ausschneiden-Befehl

3. Bewegen Sie die Einfügemarke zu der Stelle im Dokument, an der der ausgeschnittene Text eingefügt werden soll, und rufen Sie den *Einfügen*-Befehl auf (Kurzwahltaste [Strg]+[v]). Word fügt den Inhalt der Zwischenablage an dieser Stelle ein.

Einfügen

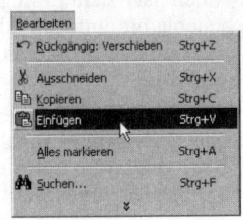

Abbildung 4.13: Der Einfügen-Befehl

So kopieren Sie Text mit Hilfe der Zwischenablage

Das Kopieren ist eine Variation des Themas Verschieben. Hier sind es die Befehle *Bearbeiten/Kopieren* und *Bearbeiten/Einfügen*, die zusammengebracht werden müssen.

1. Markieren Sie den zu kopierenden Text.
2. Rufen Sie den *Kopieren*-Befehl über [Strg]+[c] auf. Damit gelangt der Text in die Zwischenablage, ohne aus dem Dokument zu verschwinden.
3. Bewegen Sie die Einfügemarke zu der Position, an der der Text in das Dokument eingefügt werden soll, und rufen Sie Einfügen über [Strg]+[v] auf.

Abbildung 4.14:
Der Kopieren-Befehl

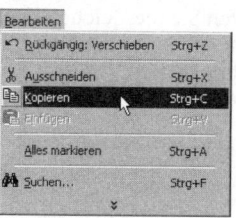

4. Wiederholen Sie Schritt 3 für jede weitere anzulegende Kopie, denn nach dem Einfügen bleibt der Inhalt der Zwischenablage erhalten und kann beliebig oft eingefügt werden.

Eingabe von Sonderzeichen

Jenseits der Buchstaben und Zeichen auf der Tastatur kennt Word noch eine ganze Reihe von Symbolen und speziellen Zeichen, die in den Text aufgenommen und zusammen mit ihm bearbeitet und ausgedruckt werden können. Das Interessante sind dabei sicherlich die Symbole vom Kontrollhäkchen bis zum Fahrrad, die sich in speziellen Symbolzeichensätzen verbergen. Doch auch fremdsprachliche Zeichen vom Á bis zum ç lassen sich auf diesem Wege einfügen.

So fügen Sie spezielle Symbole in den Text ein

Den Schlüssel zur Eingabe von Symbolzeichen liefert der *Symbol*-Befehl aus dem *Einfügen*-Menü. Er bringt einen Dialog zum Vorschein, der geöffnet bleiben kann, während Sie im Text navigieren und editieren.

1. Rufen Sie den Befehl auf und wählen Sie die Registerkarte *Symbole*.

Abbildung 4.15:
Der Dialog von Einfügen/Symbol

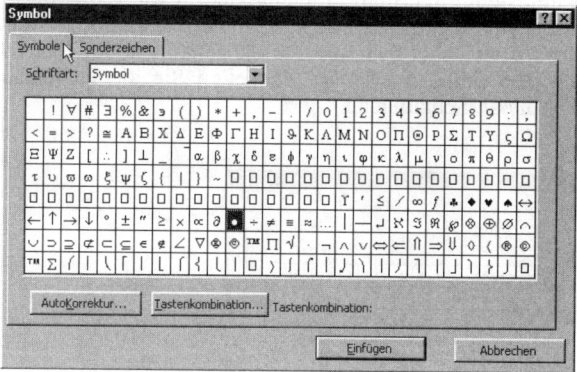

2. Wenn Sie ein fremdsprachliches Zeichen oder ein Sonderzeichen eingeben möchten, wählen Sie im Auswahlfeld *Schriftart* bitte *(normaler Text)*.

Abbildung 4.16:
Auswahl der Schriftart

Die Word-Grundlagen **75**

3. Suchen Sie das gewünschte Zeichen aus der Liste. Möchten Sie die Zeichen in einer Vergrößerung betrachten, drücken Sie die linke Maustaste nieder und halten Sie sie gedrückt, während Sie den Mauszeiger über andere Zeichen ziehen.

Abbildung 4.17:
Durch Anklicken werden die Zeichen vergrößert dargestellt.

4. Möchten Sie ein Zeichen in das aktuelle Dokument einfügen, müssen Sie nur einen Doppelklick auf das gewünschte Zeichen ausführen. Haben Sie ein Zeichen ausgewählt, zeigt Word unten rechts im Dialog die Tastenkombination an, über die das jeweilige Zeichen auch manuell ohne den Dialog in den Text eingegeben werden kann (sofern vorhanden).

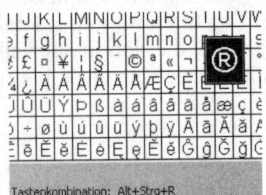

Abbildung 4.18:
Über die angezeigte Tastenkombination können Sie das gewählte Zeichen auch direkt in den Text eingeben.

5. Suchen Sie kein Sonderzeichen, sondern ein spezielles grafisches Symbol, dann wählen Sie in der Auswahlliste für Schriftart bitte eine Schrift wie *Wingdings* (auf jedem Windows-System installiert) oder *Webdings* (je nach Installation). Hier finden Sie einen großen Schatz grafischer Symbole, die Sie genau wie Sonderzeichen via Doppelklick in den Text einfügen können. Schließen Sie die Dialogmaske anschließend über die *Schließen*-Schaltfläche.

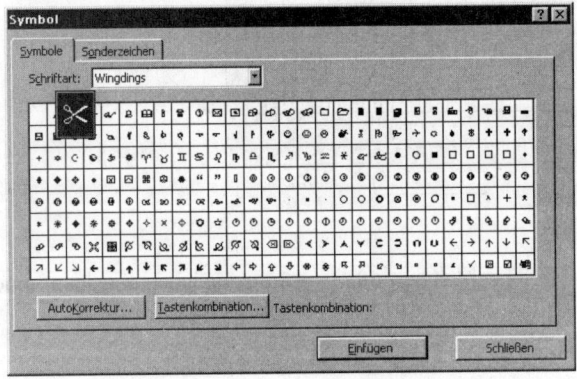

Abbildung 4.19:
Zeichensätze wie Webdings *oder* Wingdings *enthalten Sonderzeichen für viele Einsatzzwecke.*

TIPP Grafische Symbole wie die aus *Wingdings* und *Webdings* machen sich besonders gut, wenn man sie gegenüber dem umgebenden Fließtext ein wenig abhebt. Das ist kein Problem, weil sich die Punktgröße von Symbolen genau wie die von anderen Zeichen einstellen lässt. Das folgende ► Kapitel 5 zeigt, wie es geht.

Besondere Symbole

Über das zweite Register von *Einfügen/Symbol* können spezielle Sonderzeichen eingeben, die nicht an eine bestimmte Schriftart gebunden sind, beispielsweise das Pi-Zeichen, das in Word sonst als Absatzmarke dient. Durch das Einfügen über diesen Dialog werden die Zeichen nicht wie sonst als spezielle Formatkennzeichen verstanden, sondern wie gewöhnliche Zeichen behandelt. Das Pi-Symbol löst also beispielsweise keinen Absatzumbruch aus.

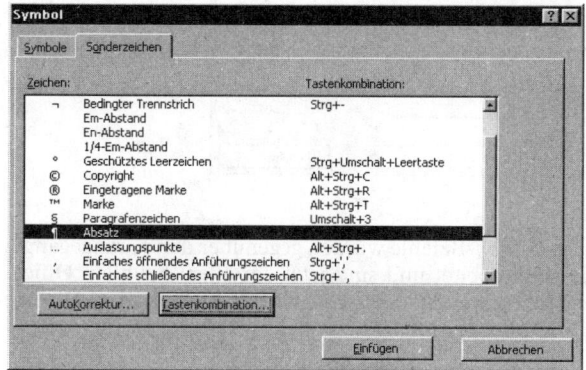

Abbildung 4.20:
Das zweite
Register von
Einfügen/Symbol

Laden und Speichern

Das Laden und Speichern verkörpert so etwas wie den Lebenszyklus eines Dokuments. Nach dem Laden wird es bearbeitet und erlebt eine kurze Zeit der Aktivität, bevor es wieder gespeichert wird und in seinen Dornröschenschlaf auf der Festplatte zurückfällt. Die einen werden daraus regelmäßig wiedererweckt, die anderen bleiben jahrelang unbeachtet, bis sie zum guten Schluss einer Aufräumaktion zum Opfer fallen, weil der Festplattenspeicher knapp geworden ist.

Öffnen

Speichern

In der Praxis zählen die Befehle *Datei/Öffnen* und *Datei/Speichern* zu den am häufigsten eingesetzten Befehlen. Nicht umsonst findet man ihre Symbole schnell erreichbar ganz links in der *Standard*-Symbolleiste. Ein weiterer wichtiger Befehl in dieser Gruppe, diesmal jedoch nur über die Menüleiste erreichbar, ist *Datei/Speichern unter*.

Hier geht es darum, eine Datei unter einem anderen Namen oder an einem anderen Ort zu speichern als beim ursprünglichen Öffnen. Das nutzt man vor allem, um aus bestehenden Dokumenten neue zu erzeugen, d. h., Sie öffnen beispielsweise *Brief an Hausverwaltung 01.doc* und speichern, bevor Sie etwas ändern, via *Speichern unter...* unter *Hausverwaltung 02.doc*. Nicht nur, dass Sie dadurch eine Kopie der Ursprungsdatei in der neuen *...02.doc* angelegt haben, Sie können diese Datei auch direkt auf dem Bildschirm bearbeiten, ohne dass die Veränderungen noch in die Ursprungsdatei einfließen. Durch Aufbau auf bestehende Dokumente kann man sich so einiges an Tipparbeit ersparen.

Darüber hinaus erscheint der *Datei/Speichern unter*-Dialog, wenn Sie ein neues Dokument zum ersten Mal speichern möchten und dazu *Datei/Speichern* aufrufen, einfach, weil Word einen Dateinamen benötigt, unter dem es das Dokument ablegen kann. Bei weiteren Aufrufen von *Datei/Speichern* erscheint dann kein Dialog mehr, sondern das Dokument wird unter dem zuvor gewählten Namen gespeichert.

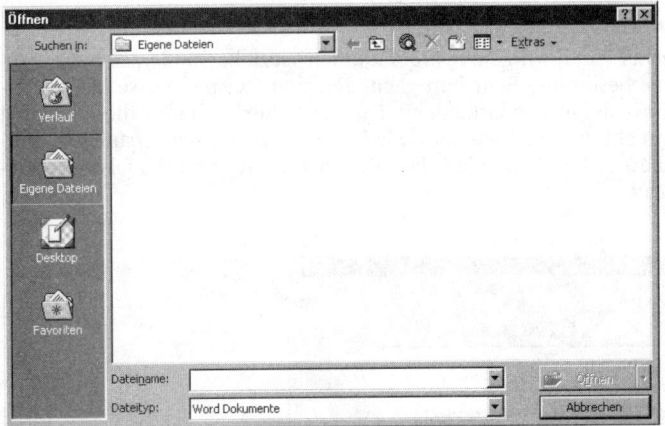

Abbildung 4.21: Der Ordner Eigene Dateien *ist für die Aufnahme Ihrer Dokumente vorgesehen.*

Die Dialoge der *Speichern-* und *Öffnen*-Befehle wurden gegenüber den vorangegangenen Office-Versionen deutlich überarbeitet und sind jetzt vor allem bei allen Office-Anwendungen in Layout und Möglichkeiten identisch. Wir beschreiben diese Dialoge deshalb an zentraler Stelle in ▶ Kapitel 2.

Speichern in unterschiedlichen Formaten

Ein wichtiger Aspekt im Dialog von *Datei/Speichern unter* ist die Möglichkeit, eine Datei nicht in dem Format von Word 2000, sondern in einem anderen Dateiformat zu speichern. Wählen Sie dazu unter *Dateityp* den gewünschten Typ, bevor Sie auf die *Speichern*-Schaltfläche drücken.

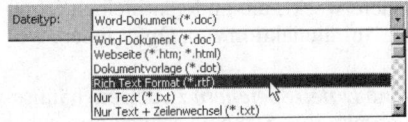

Abbildung 4.22: *Auswahl des Speicherformats*

Ziel ist immer, die Datei anschließend mit einem anderen Programm weiterverarbeiten zu können, das das Dateiformat von Word 2000 nicht beherrscht. Allerdings muss man dafür in der Regel Kompromisse bei der Übernahme der Zeichen- und Absatzformate machen, denn andere Programme beherrschen naturgemäß nicht alle Features von Word 2000. Hier ein Überblick über die gebräuchlichsten der angebotenen Formate und ihren Einsatzbereich.

Dateiformat	Bemerkung	
Word-Dokument (*.doc)	Für die Weiterverarbeitung in Word 2000 oder Word 97	
Web-Seite (*.htm; *.html)	Für die Anzeige durch Web-Browser	▶

Tabelle 4.6: *Einige der von Word unterstützten Dateiformate*

Dateiformat	Bemerkung
Rich Text Format (*.rtf)	Systemunabhängiges Format, das viele Anwendungen beherrschen. Wichtig insbesondere für die Weitergabe von Dateien an Mac-Anwender.
Nur Text (*.txt)	Für die Anzeige und Bearbeitung des Textes unter DOS
Word 6.0/95 (*.doc)	Für die Weiterverarbeitung in Word 6.0

So ändern Sie den Standardspeicherort

Als Ort für die Ablage von Dateien schlägt Ihnen Word beim Aufruf von *Datei/Speichern unter* zunächst immer das Verzeichnis *Eigene Dateien* vor, das Windows unter *C:\Eigene Dateien* automatisch anlegt. Sie können jedoch auch jedes andere Verzeichnis als *Standardspeicherort* vorgeben, beispielsweise ein Netzlaufwerk auf einem Server.

1. Rufen Sie den Befehl *Extras/Optionen* auf und wählen Sie die Registerkarte *Speicherort für Dateien*.

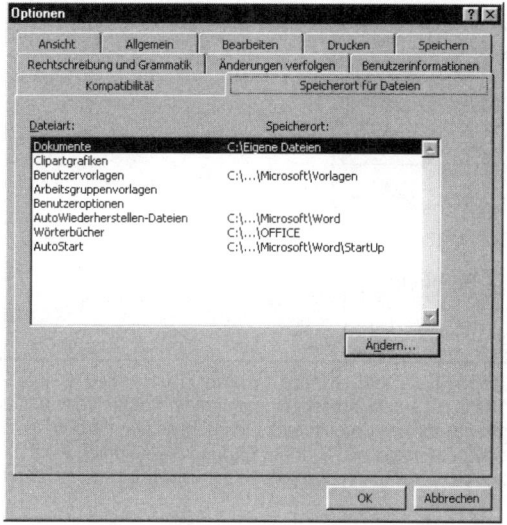

Abbildung 4.23: Anzeige und Einstellung des Speicherorts für Dateien

2. In der großen Listenauswahl selektieren Sie bitte den Eintrag Dokumente und klicken anschließend auf *Ändern...*

3. Es erscheint der Dialog *Speicherort bearbeiten*, über den Sie ein Verzeichnis auswählen können. Genau wie der *Öffnen*- und *Speichern*-Dialoge ähnelt er vom Aufbau und den Symbolen her dem Windows-Explorer. So sehen Sie ganz oben in der Liste unter *Suche in* die Laufwerke und Verzeichnisse auf Ihrem lokalen Rechner und erhalten außerdem Zugang zur Netzwerkumgebung. Suchen Sie das gewünschte Verzeichnis bitte heraus, so dass es unten in *Ordnername* erscheint. Bestätigen Sie anschließend mit *OK* und schließen Sie auch den *Optionen*-Dialog mit seinen Registern. Allerdings wird Ihre Vorgabe erst nach dem nächsten Neustart von Word wirksam. Das gewünschte Verzeichnis erscheint dann bei allen *Speichern*-Dialogen automatisch als Vorgabe.

Die Word-Grundlagen

Autospeicherung und Speicheroptionen

Was gespeichert ist, kann Ihnen nicht mehr verloren gehen, wenn der Rechner während der Arbeit mit Dokumenten einmal abstürzt. Word bietet deshalb die Möglichkeit der regelmäßigen, automatischen Speicherung nach einer einstellbaren Zeitspanne. Sie finden diese und andere Speicheroptionen nach Aufruf des Befehls *Extras/Optionen* in der Registerkarte *Speichern*.

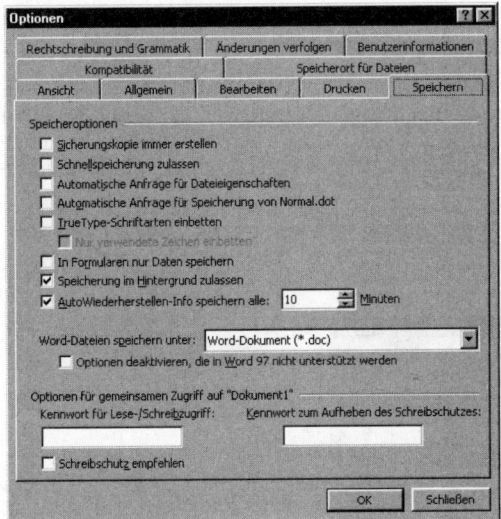

Abbildung 4.24:
Die Speicheroptionen von Word

Hier die wichtigsten Optionen im Überblick:

Option	Bedeutung
Sicherungskopie immer erstellen	Die Option für alle, die ganz auf Nummer Sicher gehen wollen. Sorgt dafür, dass bei jedem Speichervorgang die bisherige Version des Dokuments aus der Datei in eine Sicherungsdatei mit gleichem Namen und Verzeichnis, aber der Endung *.WBK* kopiert wird. Dadurch liegt immer eine komplette Sicherungskopie des letzten Zustands vor.
Speicherung im Hintergrund zulassen	Hat die gleiche Funktion wie Drucken im Hintergrund, nämlich dass Sie weiter am Dokument arbeiten können, während Word speichert.
AutoWiederherstellen-Info speichern...	Diese Option sollten Sie unbedingt aktivieren, damit Word in regelmäßigen Abständen die letzten Änderungen in eine separate Datei wegschreibt. Nach einem Absturz kann Word dadurch die geöffneten Dokumente wiederherstellen, d.h. aus dem Inhalt der jeweiligen Datei und den Wiederherstellen-Infos den letzten Zustands des Dokuments bei der Arbeit in Word rekonstruieren.
Word Dateien speichern unter	Diese Option benötigen Sie, wenn Sie mit anderen Dateien austauschen und zusammenarbeiten, die mit dem DOC-Format von Word nichts anfangen können, weil sie mit anderer Software oder anderen Systemen arbeiten. Für die Zusammenarbeit mit Mac-Anwendern empfiehlt sich beispielsweise die Einstellung von *Rich Text Format (RTF)*. Die hier getroffene Einstellung erscheint dann als Vorgabe beim Erscheinen von *Speicher*-Dialogen.

Tabelle 4.7:
Die Speicheroptionen von Word

Umgang mit wiederhergestellten Dokumenten

Hups, wer hat denn hier am Strom gespielt? Wenn plötzlich die Lichter ausgehen und auch der Computer mitten in der Arbeit verstummt, beginnt in der Regel die Angst um das gerade bearbeitete Dokument. Doch die ist unbegründet, sofern Sie *AutoWiederherstellen* aktiviert haben. Nach dem nächsten Start öffnet Word dann nämlich automatisch die zuletzt geöffneten und durch den Absturz nicht ordnungsgemäß geschlossenen Dokumente. Sie erkennen das automatisch an der Bezeichnung (Wiederhergestellt) in der Titelleiste von Word.

Abbildung 4.25:
Word zeigt die wiederhergestellten Dokumente automatisch an.

Als ersten Arbeitsschritt sollten Sie die wiederhergestellten Dokumente zunächst auf ihre Vollständigkeit hin überprüfen und danach unbedingt speichern. Word gibt dabei weder Dateiname noch Verzeichnis vor, weil es nicht unbedingt sinnvoll ist, den wiederhergestellten Inhalt automatisch in der Originaldatei zu speichern. In ungünstigen Fällen können durch einen Absturz nämlich auch die Wiederherstellen-Infos durcheinander gekommen sein, und dann überschreibt Word die alte – noch intakte – Datei mit unbrauchbaren oder halb verstümmelten Texten.

Sind Sie nach einem Blick über die wiederhergestellte Datei jedoch sicher, dass alles in Ordnung ist, können Sie den wiederhergestellten Text durchaus in der alten Datei speichern. Word fragt in diesem Fall nur nach, ob Sie die alte Datei wirklich überschreiben wollen, und führt die Aktion aus, sofern Sie dies bejahen.

Das Drucken

Drucken

Der schnellste Weg zur Ausgabe des aktuellen Dokuments auf dem Drucker führt über die *Drucken*-Schaltfläche in der *Standard*-Symbolleiste. Word druckt in diesem Fall das gesamte Dokument auf dem aktuell eingestellten Drucker aus. Wenn Sie nur einen Teil ausdrucken möchten, mehrere Kopien benötigen oder zuvor noch schnell einen anderen Drucker für die Ausgabe wählen wollen, müssen Sie den Weg über den *Drucken...*-Befehl im *Datei*-Menü einschlagen.

Hier können Sie zunächst den gewünschten Drucker wählen, der dazu allerdings in der Systemsteuerung von Windows (Abteilung *Drucker*) eingerichtet sein muss. Außerdem sehen Sie den Status des Druckers, damit von vornherein klar ist, ob beispielsweise Papier fehlt, das Farbband leer ist oder sich der Drucker – so wie hier – im Leerlauf befindet und somit sofort loslegen kann.

Wenn Sie nicht das gesamte Dokument drucken wollen, können Sie anschließend den zu druckenden Bereich bestimmen, etwa die *aktuelle Seite* oder die *Markierung*. Unter *Exemplare* bestimmen Sie, wie oft das Dokument ausgedruckt werden soll. Stellen Sie mehr als ein Exemplar in *Anzahl* ein, erwächst die Frage, ob die Ausgabe sor-

Die Word-Grundlagen

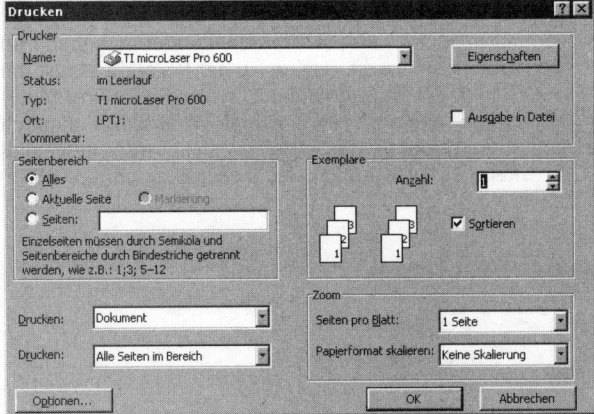

Abbildung 4.26:
Der Drucken-*Dialog zur Auswahl von Drucker und Druckoptionen*

tiert erfolgen soll. *Sortieren* bedeutet hier, dass Word erst einmal komplett das erste Dokument druckt, dann das zweite usw. Das ist natürlich sehr praktisch, weil man die Seiten hinterher nicht mehr selbst in die richtige Reihenfolge bringen muss.

Druckbeschleunigung bei mehreren Kopien

Andererseits vollzieht sich das Drucken mehrerer Kopien von aufwendigen Dokumenten mit Grafiken, vielen Schriften und Tabellen viel schneller, wenn Sie *Sortieren* deaktivieren. Dann nämlich muss Word jede Druckseite nur einmal aufbauen und den Drucker anweisen, eine entsprechende Anzahl von Kopien dieser Seite auszudrucken. Zwar müssen fleißige Hände die einzelnen Seiten hinterher zu mehreren Komplettkopien zusammenfügen, doch der Zeitunterschied beim Drucken ist je nach Komplexität der Seiten enorm.

Druck spezieller Bestandteile eines Dokuments

Eine Besonderheit sind die Auswahlmöglichkeiten im Feld *Drucken*. Eigentlich könnte man annehmen, es ginge grundsätzlich darum, den Inhalt des aktuellen Dokuments zu Papier zu bringen, doch Word belehrt uns eines Besseren. Denn auch die Dokumenteigenschaften, Kommentare, Formatvorlagen und AutoText-Einträge lassen sich hier ausdrucken, allesamt Elemente, die im weiteren Verlauf dieses Buches noch vorgestellt werden.

Neu: Verkleinerung beim Druck

Neu in Word ist seit der Version 2000 die Möglichkeit, die Seiten beim Druck zu verkleinern, um anstelle einer Seite zwei, vier, sechs, acht oder mehr Seiten auf jede Druckseite zu bekommen. Dadurch kann man eine Menge Papier sparen. Hat man als Seitenformat beispielsweise A4 gewählt (*Datei/Seite einrichten...*) und stellt dann im *Drucken*-Dialog bei *Seiten pro Blatt* 2 ein, verkleinert Word die Seiten beim Druck um die Hälfte und bringt jeweils zwei nebeneinander als Querdruck zu Papier.

Druck im Hintergrund

Einige wichtige Optionen zum Thema Druck findet man im *Optionen*-Dialog, den man aus *Datei/Drucken* heraus über die Schaltfläche *Optionen...* zur Anzeige bringt. Insbesondere möchten wir Sie auf das Kontrollkästchen *Drucken im Hintergrund* hinweisen. Ist es aktiviert, bereitet Word die Seiten für den Ausdruck auf, während Sie weiter ganz normal mit Word arbeiten können. Ist dieser Schalter jedoch deaktiviert, müssen Sie nach dem Druckstart warten, bis Word mit der Aufbereitung der Seiten fertig ist. Bei umfangreichen Dokumenten kann das durchaus eine Weile dauern.

Abbildung 4.27:
Die Druck-
Optionen

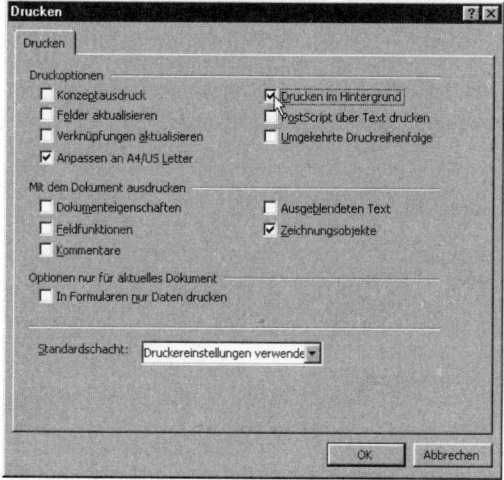

Eingabe und Bearbeitung von Listen

Ob Tagesordnung, Speisekarte oder Produktübersicht: Aufzählungen und Listen sind ein Bestandteil vieler Dokumente. Eine Liste sieht dann besonders ansprechend aus, wenn man jedem Punkt eine fortlaufende Zahl oder ein Aufzählungszeichen voranstellt und den eigentlichen Fließtext mit einem rechten Einzug versieht. Manuell ist das ein wenig Arbeit, doch diese Mühe muss man sich gar nicht machen, denn Word hilft bei der Eingabe und Formatierung von Listen. Außerdem sorgt Word bei nummerierten Listen auch noch nachträglich für die richtige Nummerierung, sobald man einen Eintrag beispielsweise von Listenposition 5 auf den ersten Platz verschiebt.

So erzeugen Sie eine Liste

In der *Format*-Symbolleiste verfügt Word über zwei Symbole, mit deren Hilfe sich markierte Absätze in Listen verwandeln lassen. Das wollen wir ausnutzen, um eine nummerierte Liste mit Tagesordnungspunkten zu erstellen.

Nummerierung

1. Erzeugen Sie ein neues Dokument und klicken Sie auf das Nummerierungssymbol in der *Format*-Symbolleiste, um die Eingabe einer Liste einzuleiten. Word erzeugt automatisch eine Beschriftung mit der Zeilennummer 1 und versieht den Absatz mit einem hängenden Einzug.

Abbildung 4.28:
Word erzeugt die
Nummer der
Listeneinträge
automatisch.

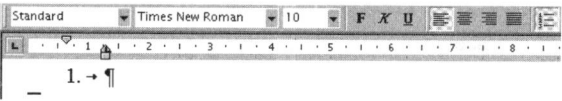

2. Geben Sie nun den Text für den ersten Tagesordnungspunkt ein und beenden Sie die Eingabe mit ⏎. Word erzeugt die Vorlage für den zweiten Punkt.

Die Word-Grundlagen

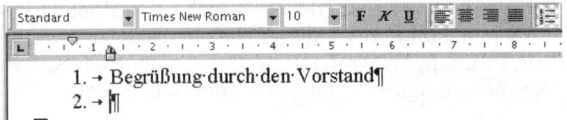

Abbildung 4.29:
Word erzeugt den zweiten Listenpunkt selbstständig.

3. Geben Sie den Text für den zweiten und einige weitere Tagesordnungspunkte ein. Wenn Sie genug haben, drücken Sie einfach zweimal hintereinander ⏎, um Word zu zeigen, dass die Liste beendet ist. Den letzten Absatz mit einer Nummer, aber ohne Text, wandelt Word dadurch wieder in gewöhnlichen Text um.

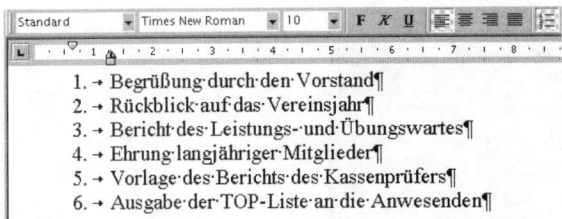

Abbildung 4.30:
Jeder Zeile wird automatisch eine fortlaufende Nummer vorangestellt.

4. Markieren Sie den Absatz mit dem letzten Tagesordnungspunkt der Liste und ziehen Sie ihn per Drag & Drop auf den ersten. Word verschiebt den Text, hält aber die Nummerierung von 1 bis n bei. Die Nummerierung wird auch angepasst, wenn Sie einen der Listeneinträge löschen oder aus einem Listeneintrag heraus einen neuen Absatz erzeugen.

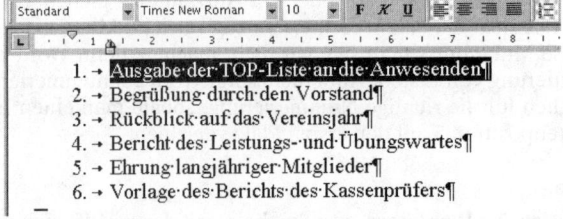

Abbildung 4.31:
Word passt die Nummerierungen automatisch an.

5. Möchten Sie die Liste wieder in gewöhnlichen Text verwandeln, markieren Sie alle Absätze der Liste und drücken dann erneut auf die Nummerierung-Schaltfläche, so dass diese zurückspringt. Möchten Sie stattdessen eine Aufzählung mit Symbolen, klicken Sie einfach auf die danebenliegende Schaltfläche *Aufzählungszeichen*.

Nummerierung   Aufzählungszeichen

Abbildung 4.32:
Symbolleisten-Schaltflächen für Nummerierungen und Aufzählungen

Feintuning einer Liste

Mit dem Befehl *Format/Nummerierung und Aufzählungszeichen...* können Sie das Erscheinungsbild einer Liste noch detaillierter bestimmen. Der Befehl bezieht sich immer auf die markierten Listeneinträge, so dass Sie die komplette Liste vorher markieren müssen, um auf alle Einträge Einfluss zu nehmen.

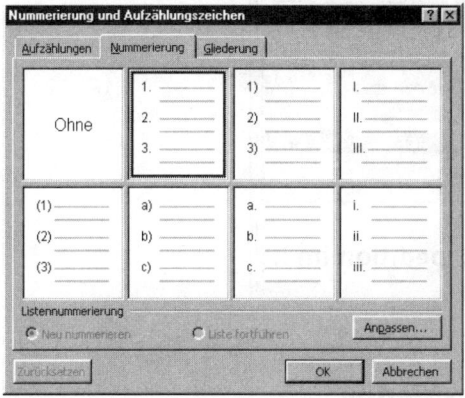

Abbildung 4.33: Auswahl des Nummerierungsformats

In dem erscheinenden Dialog entscheiden Sie im Register *Aufzählungen* darüber, welches Symbol den einzelnen Listeneinträgen vorangestellt werden soll. Unter *Anpassen...* können Sie darüber hinaus den genauen Abstand von Listensymbol und Textbeginn zum Seitenrand festlegen.

Im Register *Nummerierung* können Sie hingegen eine von mehreren Formen der Nummerierung wählen und auch hier mit *Anpassen...* weitere Einstellungen treffen. Möchten Sie die Aufzählung wieder in normalen Text verwandeln, wählen Sie als *Aufzählung* oder *Nummerierung* einfach *ohne*.

TIPP Möchten Sie innerhalb eines Listeneintrags mehrere Zeilen erzeugen, ohne dass diese Teil der Liste werden und somit ein Aufzählungssymbol oder eine Nummerierung enthalten, dann drücken Sie am Ende der ersten Zeile einfach ⇧+↵ und fügen Sie dadurch einen Zeilenwechsel ein, ohne den aktuellen Absatz zu verlassen. Vorsicht ist nur bei Blocksatz geboten, siehe ▶ Kapitel 5.

Vom Umgang mit Fenstern

Traditionell beherrscht Word die gleichzeitige Darstellung und Bearbeitung mehrerer Dokumente, was vor allem immer dann sehr hilfreich ist, wenn man Text aus dem einen Dokument in ein anderes kopieren/verschieben möchte oder mehrere Dokumente miteinander abgleichen will. Alles, was man dazu tun muss, ist, mehrere Dokument über *Datei/Öffnen* zu laden oder per *Datei/Neu* zu erstellen.

NEU Allerdings gibt es in dieser Hinsicht einen wichtigen Unterschied zwischen Word 2000 und den vorangegangenen Versionen. Während diese mehrere Dokumente innerhalb einer Instanz von Word verwalten, öffnet Word 2000 für jedes neue Dokument eine neue Instanz, d.h. ein separates Programmfenster. Das hat den großen Vorteil, dass man zwischen den verschiedenen Dokumenten nun über den Task-Manager (Alt + ⇥) umschalten kann und jedes einzelne Dokument auch als separates Symbol in der Taskleiste von Windows auftaucht. Neben dem Task-Manager kann man jedoch auch mit den Mitteln von Word nach wie vor zwischen den verschiedenen Fenstern wechseln, zum einen über das *Fenster*-Menü zum anderen über die Tastenkombinationen [Strg]+[F6] bzw. [Strg]+[⇧]+[F6]. Die beiden unterscheidet nur die Reihenfolge, in der Sie sich durch die Liste der geöffneten Fenster bewegen. [Strg]+[F6] bewegt sich vorwärts durch die Liste, [Strg]+[⇧]+[F6] rückwärts. Sie machen diese Liste sichtbar, indem Sie das *Fenster*-Menü öffnen.

Abbildung 4.34:
Das Fenster-Menü mit einer Liste der geöffneten Fenster

Die Funktionen des Fenster-Menüs

Die obige Abbildung zeigt das *Fenster*-Menü. Im unteren Teil sehen Sie die Liste der geöffneten Fenster, darüber die drei Befehle *Neues Fenster*, *Alle anordnen* und *Teilen*.

Über *Neues Fenster* öffnen Sie ein neues, zusätzliches Fenster zur Darstellung des aktuellen Dokuments. Sinn macht das vor allem bei längeren Dokumenten, wenn Sie gleichzeitig unterschiedliche Passagen des Dokuments in verschiedenen Fenstern bearbeiten oder diese miteinander vergleichen wollen. Dass ein Dokument in mehreren Fenstern angezeigt wird, erkennen Sie dabei an der Titelleiste von Word, wo hinter dem Dokumentnamen noch die Nummer des Fensters für dieses Dokument angezeigt wird.

Abbildung 4.35:
Die Nummer hinter dem Dateinamen zeigt es: Hier ist ein Dokument in mehreren Fenstern geöffnet.

Haben Sie mehrere Word-Fenster geöffnet, die Sie im Blick behalten möchten, hilft der Befehl *Fenster/Alle anordnen* weiter. Er sorgt dafür, dass alle Word-Fenster auf Knopfdruck so verkleinert und platziert werden, dass sie gemeinsam den Desktop füllen.

Eine andere Möglichkeit, zwei unterschiedliche Bereiche eines Dokuments gleichzeitig einzusehen, eröffnet der Befehl *Fenster/Teilen*. Nach seinem Aufruf erscheint in der Mitte des Fensters ein separater Teiler, den Sie durch Auf- und Abbewegen mit der Maus verschieben können. Er teilt das aktuelle Fenster und sorgt dafür, dass Sie zwei unterschiedliche Bereiche Ihres Dokuments getrennt einsehen und bearbeiten können. Tatsächlich lassen sich in den beiden Ausschnitten sogar unterschiedliche Zoom-Faktoren und Ansichten (Normal, Seitenlayout etc.) einstellen.

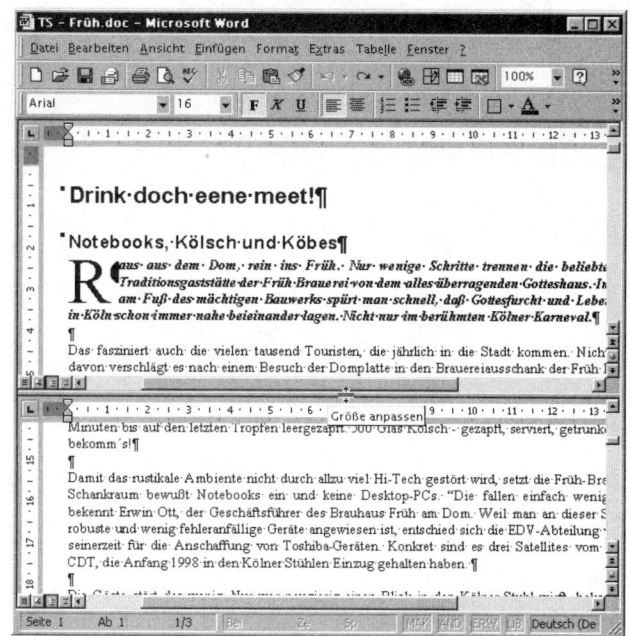

Abbildung 4.36: Über Fenster/Teilen separiert man das Word-Fenster in zwei Ausschnitte.

Der Separator lässt sich jederzeit verschieben, bis der Mauszeiger die in der Abbildung 4.36 erkennbare Gestalt annimmt. Drücken Sie dann die Maustaste nieder und verschieben Sie den Separator bei gedrückter Maustaste, bis die gewünschte Position erreicht ist und Sie die Maustaste loslassen. Möchten Sie den Separator wieder loswerden, um nur noch einen Ausschnitt zu sehen, ziehen Sie ihn auf die beschriebene Weise einfach über das obere oder untere Fenster hinaus. Word versteht das als Aufforderung, die Teilung ganz aufzuheben, was allerdings auch über den Befehl *Fenster/Teilung aufheben* jederzeit möglich ist.

Übertragen von Text von einem Dokument ins andere

Sobald Sie mehrere Dokumente in unterschiedlichen Fenstern geöffnet oder ein Fenster geteilt haben, können Sie Text zwischen den verschiedenen Fenstern bzw. Ausschnitten kopieren bzw. verschieben. Zum einen wie gewohnt über die Zwischenablage, zum anderen durch Ziehen mit der Maus, denn das ist auch fensterübergreifend möglich. Wie gewohnt gilt hier, dass das Niederdrücken der [Strg]-Taste während des Ziehens dafür sorgt, dass nicht verschoben, sondern kopiert wird.

5 Formatieren von Texten

89 Das Formatieren

Das Formatieren

Formatieren heißt, der rohen Textmasse Gestalt zu geben, ein Dokument so aufzubereiten, dass es optisch ansprechend wirkt und für den Leser leicht zu erfassen ist. Unter Word vollzieht sich die Formatierung dabei auf mehreren Ebenen:

Tabelle 5.1: Elemente der Formatierung in Word

Formatierungsebene	Bedeutung
Zeichen	Einzelne Zeichen oder ganze Gruppen lassen sich hinsichtlich der Schriftart und -größe formatieren, außerdem lassen sich Schriftattribute wie Fett, Kursiv oder Unterstrichen einstellen sowie die Zeichenfarbe festlegen.
Absätze	Auf Absatzebene bestimmt man den vertikalen Abstand eines Absatzes gegenüber seinem Vorgänger und Nachfolger, außerdem die Einrückung zum Seitenrand und natürlich die Ausrichtung der einzelnen Zeilen im Absatz (linksbündig, rechtsbündig, zentriert, Blocksatz). Darüber hinaus legt der Absatz eine Standardschrift fest, die alle Zeichen im Absatz aufweisen, sofern sie nicht explizit eine andere Zeichenformatierung erhalten.
Abschnitte	Auf Abschnittsebene werden das Seitenformat, die Inhalte von Kopf- und Fußzeile sowie die Seitennummerierung festgelegt. Normalerweise besteht ein Dokument nur aus einem Abschnitt, so dass diese Einstellungen für das gesamte Dokument gelten. Man kann jedoch zusätzliche Abschnitte einfügen, wenn man die genannten Attribute im Verlauf eines Dokuments variieren will, beispielsweise Abschnitte mit unterschiedlichen Kopf- und Fußzeilen.

Den Großteil der Befehle zur Formatierung findet man im *Format*-Menü, doch bietet die *Format*-Symbolleiste in vielen Fällen einen schnelleren Zugang zu dem jeweiligen Befehl. Grundsätzlich gilt dabei: Was formatiert werden soll, muss zunächst markiert werden, damit Word weiß, auf welchen Bereich die eingestellten Formate einwirken sollen. Außerdem gilt: Formatierungen lassen sich genau wie andere Befehle jederzeit rückgängig machen.

Wir beginnen das Thema mit der einfachsten Formatierung, der manuellen Einstellung von Zeichenformaten.

So formatieren Sie Zeichen mit Hilfe der Format-Symbolleiste

Die Symbole in der *Format*-Symbolleiste dienen zum einen der Einstellung von Schriftart-, Schriftgröße und Auszeichnung. Darüber hinaus fungieren sie aber auch als Anzeige des gegenwärtigen Formats.

1. Markieren Sie den Textbereich, dessen Zeichen Sie formatieren möchten. Achten Sie dabei auf den Inhalt der Symbole und Schaltflächen für die Formatauswahl. Ist hier nichts eingetragen, dann enthält der markierte Text in der jeweiligen Hinsicht unterschiedliche Formate, beispielsweise unterschiedliche Punktgrößen oder Auszeichnungen. Wird in dem jeweiligen Feld jedoch ein Format angegeben, so weist der gesamte markierte Text dieses Format auf.

Abbildung 5.1:
Schaltflächen der Format-Symbolleiste

2. Benutzen Sie nun die oben dargestellten Schaltflächen, um unabhängig voneinander die Schriftart, Schriftgröße, Auszeichnungen und Farbe für den markierten Text einzustellen. Beachten Sie bitte, dass Sie in der Liste der Schriften zuoberst die Schriften sehen, die Sie zuletzt benutzt haben. Darauf folgen – in alphabetischer Reihenfolge – alle Schriftarten, die im System installiert sind.

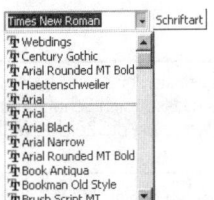

Abbildung 5.2:
Auswahl der Schriftart – oben erscheinen die zuletzt benutzten Schriften, darunter alle verfügbaren Schriften in alphabetischer Reihenfolge.

Hervorheben von Zeichen

Vielleicht sind Sie es gewohnt, wichtige Stellen in gedruckten Texte beim Lesen mit einem Marker farblich zu kennzeichnen, gelb, grün oder rot hervorzuheben, damit Sie das Wesentliche später schneller wiederfinden. Diese Möglichkeit bietet Ihnen auch Word, wobei Ihre Hervorhebungen nicht nur am Bildschirm angezeigt, sondern auch ausgedruckt werden, beim Einsatz eines Farbdruckers sogar in der gewünschten Farbe.

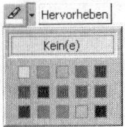

Abbildung 5.3:
Hervorheben von Zeichen durch eine Art Marker-Funktion

Ausgangspunkt ist die Schaltfläche *Hervorheben* in der *Format*-Symbolleiste. Sobald Sie Text markiert haben, können Sie ihn über diese Schaltfläche hervorheben. Klicken Sie unmittelbar auf den Pinsel innerhalb der Schaltfläche, wird die Markierungsfarbe herangezogen, die beim letzten Mal ausgewählt wurde. Möchten Sie mit einer anderen Farbe markieren, klicken Sie zunächst auf den kleinen Pfeil am rechten Rand der *Her-*

vorheben-Schaltfläche. Es erscheint eine Auswahl der verfügbaren Farben sowie die Einstellung *(Keine)*. Sie sorgt dafür, dass bereits hervorgehobener Text wieder seine Hervorhebung und damit Farbe verliert.

TIPP Möchten Sie alle Hervorhebungen in einem Dokument wieder beseitigen, markieren Sie das Dokument zunächst via +a. Lassen Sie sich anschließend die Farbpalette der *Hervorheben*-Schaltfläche zeigen und wählen Sie *Kein(e)*.

Zugriff auf alle verfügbaren Zeichenformate

Was Ihnen an Schaltflächen in der *Format*-Symbolleiste angeboten wird, repräsentiert zwar die wichtigsten Zeichenformate, jedoch bei weitem nicht alle. Den Zugriff darauf erhalten Sie über den *Zeichen*-Befehl aus dem *Format*-Menü, nachdem Sie zuvor den gewünschten Bereich markiert haben.

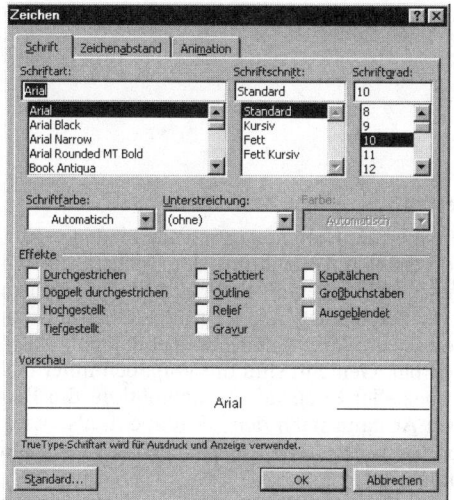

Abbildung 5.4: Der Dialoge von Format/Zeichen

Die Dialogmaske enthält drei Register, die verschiedenen Aspekten der Zeichenformatierung gewidmet sind. Ihnen ist gemein, dass im unteren Bereich des Dialogs stets eine Vorschau auf das aktuell eingestellte Format gegeben wird. Dadurch können Sie sehr leicht verschiedene Einstellungen ausprobieren, ohne den Dialog verlassen zu müssen.

Schrift: Die grundlegenden Schriftattribute

Im ersten Register sehen Sie die grundlegenden Schriftattribute. Insbesondere die *Effekte* bieten mehr, als man in den meisten Fällen benötigt:

- *Durchgestrichen* zieht man gerne für Text heran, der als überholt betont werden soll,
- *Hochgestellt* und *Tiefgestellt* werden im Zusammenhang mit naturwissenschaftlichen Angaben regelmäßig benötigt (5 cm^3 CO$_2$). Bei der 2 und der 3 kann man es sich allerdings einfacher machen und gleich die Tasten Alt Gr+2 bzw. Alt Gr+3 für die Eingabe benutzen.
- *Schattiert*, *Outline*, *Relief* und *Gravur* sind Ziereffekte, die man für plakative Elemente einsetzen kann, das jedoch besser eher sparsam. Gut eignen sie sich für die Erstellung von Wasserzeichen, die unter dem Text hindurchschimmern sollen.

Formatieren von Texten

- *Kapitälchen* liefern einen interessanten Effekt der Umwandlung in Großbuchstaben, den man gut für Beschriftungen verwenden kann, die etwas edler erscheinen sollen, etwa bei Visitenkarten oder Tischkarten.
- *Großbuchstaben* wandelt den kompletten Text in Großbuchstaben um.
- Und *Ausgeblendet* wird gerne herangezogen, wenn man im Text Passagen hat, die zwar auf dem Bildschirm erscheinen, jedoch nicht ausgedruckt werden sollen. Zumeist Informationen, die den Empfänger nichts angehen. Am Bildschirm wird dieser Text dann durch eine punktierte Linie hervorgehoben.

Durchgestrichen
Doppelt durchgestrichen
Hochgestellt
Tiefgestellt
Schattiert
Outline
Relief
Gravur
KAPITÄLCHEN
GROSSBUCHSTABEN

Abbildung 5.5:
Die verschiedenen Zeichenformat-Attribute im Einsatz

Zeichenabstand: Einstellungen für Experten

Das zweite Register wendet sich an Schriftexperten. Hier geht es in verschiedenen Einstellungen um die exakte horizontale und vertikale Ausrichtung der Buchstaben und inwieweit die einzelnen Buchstaben ineinander übergehen. Einer der relativ wenigen Einsatzgebiete ist z.B. das exakte Austarieren der Buchstaben bei großen Überschriften mit Zierschriften wie Lithograph Bold. Denn je größer man eine Schrift darstellt, desto stärker werden Fehler beim »Kerning« sichtbar. Gemeint sind die Vorgaben innerhalb der Font-Datei, für die Zeichenabstände spezieller Buchstabenkombination. Ein Beispiel ist die Folge »we«, die einen anderen Abstand nach dem W braucht, als »wk«. Und derartige Beispiele gibt es viele, auch wenn man davon normalerweise aufgrund der geringen Punktgrößen nichts mitbekommt.

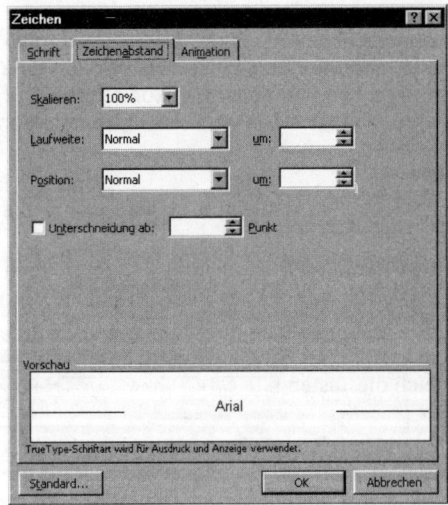

Abbildung 5.6:
Die Einstellung des Zeichenabstands ist in der Regel nur für großformatierte Überschriften notwendig.

Hier die Bedeutung der Einstellungen im Detail:

- Mit *Skalieren* können Sie die Schrift breiter oder schmaler machen, also das Maß verändern, das sich sonst automatisch aus der gewählten Schriftgröße ergibt. Die Höhe bleibt dadurch unverändert.
- Die *Laufweite* lässt sich um eine einstellbare Anzahl von Punkten vergrößern oder verkleinern, wodurch der Abstand zwischen den einzelnen Buchstaben beeinflusst wird. Sinn macht das beispielsweise bei Layout-Arbeiten, wenn ein Schriftzug ganz genau auf eine bestimmte Breite gebracht werden soll, um bündig mit anderen Layout-Elementen zu verlaufen.
- *Position* meint das Höher- oder Tieferstellen eines Textes, das hier sehr genau beeinflusst werden kann.
- Die Aktivierung der *Unterschneidung* sorgt dafür, dass Buchstabenteile ab einer einstellbaren Anzahl von unterhalb der Grundlinie abgeschnitten werden.

Animation: Mehr als nur Gag?

Ausschließlich für die Bildschirmdarstellung und vielleicht doch eher als Gag gedacht sind die Animationen, die im gleichnamigen Register angeboten werden. Ob Blinken, Funkeln oder Schimmern – wem's gefällt, der kann sich hier bedienen.

So stellen Sie die Standardschrift ein

Vielleicht ist es Ihnen schon aufgefallen: Wenn Sie ein neues Dokument in Word anlegen und mit der Eingabe beginnen, dann stellt Word immer automatisch die Windows-Standardschrift *Times New Roman* in einer Punktgröße von 12 ein. Das geschieht nicht eigenmächtig, sondern weil es in der Dokumentvorlage NORMAL.DOT so festgelegt ist (mehr darüber im ▶ Kapitel 6). Es gibt jedoch einen einfachen Weg, diese Einstellung zu ändern.

1. Rufen Sie den Befehl *Format/Zeichen* auf, und wählen Sie anschließend die gewünschte Schriftart, -größe und -attribute für die Standardschrift
2. Klicken Sie auf die Schaltfläche *Standard...* Word fragt Sie daraufhin, ob das Standardformat wirklich geändert werden soll, was Sie bejahen können.
3. Die Änderung macht sich unmittelbar im aktuellen Dokument bemerkbar und wirkt auch auf alle Dokumente, die Sie in Zukunft erstellen. Nicht jedoch auf die Dokumente, die sie bereits erstellt haben. Hier bleibt die Schrift, wie sie war.

TIPP Es gibt einen einfachen Weg, innerhalb eines Absatzes mit unterschiedlicher Zeichenformatierung zur Standardschrift zurückzukehren. Markieren Sie den oder die betroffenen Absätze bzw. Textstellen und drücken Sie [Strg]+[   ].

Kopieren von Zeichenformaten

Wenn Sie viele, nicht zusammenhängende Textstellen durch ähnliche Zeichenformatierungen auszeichnen wollen, macht das nachträgliche Formatieren eine Menge Arbeit, die Sie sich jedoch erleichtern können. Entweder über die *Wiederholen*-Funktion von Word oder dem *Pinsel* in der *Format*-Symbolleiste.

Zum Einsatz der *Wiederholen*-Funktion sollten Sie zunächst ein Wort oder eine größere Textstelle Ihren Wünschen gemäß über *Format/Zeichen* formatieren. Markieren Sie anschließend die nächste Textstelle, an der dieses Format zum Einsatz kommen soll, und drücken Sie [Alt]+[↵]. Denn das ist eine von mehreren Kurzwahltasten für den Befehl *Bearbeiten/Wiederholen*, der jeweils die letzte Aktion wiederholt. Und das beliebig oft, wenn Sie immer wieder neue Textstellen markieren und [Alt]+[↵] drücken.

Formatieren von Texten

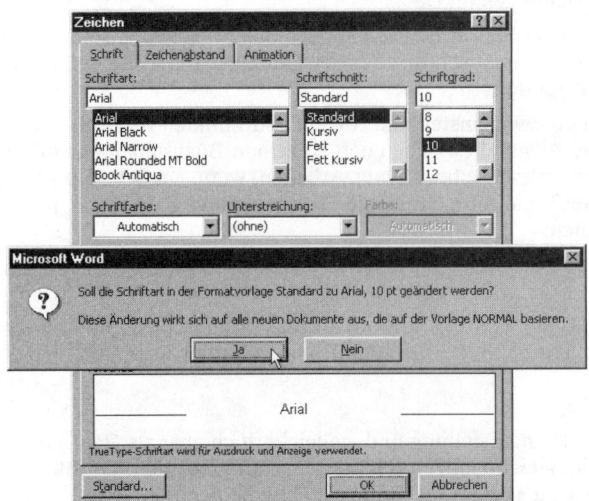

Abbildung 5.7:
Auswahl der Standard-schriftart

So kopieren Sie Zeichenformate mit dem Pinsel

Der Pinsel in der *Format*-Symbolleiste ist ein spezielles Werkzeug zur Übertragung von Formaten von einem Textstück auf das andere. Er funktioniert so:

1. Markieren Sie zunächst ein Stück aus dem Textbereich, dessen Zeichenformat übertragen werden soll. Ist die Formatierung nicht einheitlich, zählt für Word das erste Zeichen in der Markierung. Klicken Sie nun mit der Maus auf den Pinsel.

Format übertragen

2. Der Mauszeiger verändert sein Aussehen und zeigt Ihnen durch den beigestellten Pinsel an, dass Word für die Übertragung der Zeichenformate gerüstet ist. Markieren Sie nun den Zielbereich mit der Maus. Sobald Sie die linke Maustaste am Ende des Markierungsvorgangs loslassen, wird die Formatierung auf diesen Bereich übertragen.

Mauszeiger der Pinsel-Funktion

3. Möchten Sie das Format auf viele Stellen im Text übertragen, dann führen Sie nach der Markierung des Ursprungsbereichs einen Doppelklick auf das *Pinsel*-Symbol aus. Anschließend können Sie das aufgenommene Format immer wieder einsetzen, indem Sie nacheinander die gewünschten Textstellen mit der Maus markieren. Erst wenn Sie `Esc` betätigen oder erneut auf das *Pinsel*-Symbol klicken, wird dieser Modus beendet.

Wichtige Kurzwahltasten für die Zeichenformatierung

Word verfügt in der Voreinstellung über eine große Zahl von Kurzwahltasten, die unterschiedliche Arten von Zeichenformaten einstellen. Die meisten basieren auf der Tastenkombination `Strg`+`⇧` plus eine weitere Taste. Hier ein Überblick über die wichtigsten davon.

Taste	Zeichenformat
`Strg`+`⇧`+`F`	Fett
`Strg`+`⇧`+`K`	Kursiv
`Strg`+`⇧`+`U`	Unterstrichen ▶

Tabelle 5.2:
Kurzwahltasten für die Zeichen-formatierung

Taste	Zeichenformat
Strg + ⇧ + W	Wortweise unterstrichen
Strg + #	Tiefgestellt
Strg + +	Hochgestellt
Strg + ⎵	Standard-Absatzzeichenformat
Strg + ⇧ + H	*Verborgen* (ausgeblendet)
Strg + ⇧ + <	Schrift um eine Stufe vergrößern
Strg + <	Schrift um eine Stufe verkleinern
Strg + 8	Schrift um einen Punkt kleiner
Strg + 9	Schrift um einen Punkt größer

Absatzformate

Über den Zeichenformaten stehen die Absatzformate, die Ausrichtung und Platzierung von Absätzen bestimmen, den Zeilenabstand, die Tabulatoren, Rahmen und Schattierungen und noch einiges mehr. Auch hier gilt wieder, dass zunächst der oder die zu formatierenden Absätze markiert werden müssen, wobei es genügt, wenn ein Zeichen aus dem jeweiligen Absatz markiert ist. Soll nur der aktuelle Absatz formatiert werden, braucht man deshalb gar keine Markierung. Es genügt, die Einfügemarke in den jeweiligen Absatz zu setzen. Anschließend können Sie sich zur Einstellung des Absatzformats verschiedener Schaltflächen aus der *Format*-Symbolleiste bedienen oder über den Befehl *Format/Absatz* gehen.

So stellen Sie die Absatzausrichtung ein

Word kann Absätze links- oder rechtsbündig zum Seitenrand ausrichten, den Inhalt Zeile für Zeile mittig zwischen linkem und rechtem Seitenrand zentrieren oder die Zeile als Blocksatz setzen. Dann stellt Word die Abstände zwischen den einzelnen Worten einer Zeile so ein, dass alle Zeilen des Absatzes untereinander beginnen und enden. Ganz so, wie in einem Buch oder einer Zeitschrift. Der einfachste Weg zur Einstellung der Absatzausrichtung führt über die vier zugehörigen Schaltflächen in der *Format*-Symbolleiste.

1. Markieren Sie den oder die betroffenen Absätze und klicken Sie eines der Symbole für die Absatzausrichtung an.

Abbildung 5.8: Schaltflächen-Symbole für die Absatzausrichtung

 Linksbündig   Zentriert   Rechtsbündig   Blocksatz

Die Rolle der Zeilenumschaltung

Auch innerhalb eines Absatzes können Sie eine Zeilenumschaltung erzwingen, indem Sie am gewünschten Zeilenende ⇧ + ↵ drücken. Die aktuelle Position der Einfügemarke wird dadurch zum Zeilenende. Dort erscheint das Symbol für die Zeilenumschaltung (↵), und die Einfügemarke springt in die nächste Zeile um. Sinnvoll ist das immer dort, wo man die zusammenfassende Formatierung eines Absatzes nutzen, aber dennoch Text über mehrere Zeilen verteilen will.

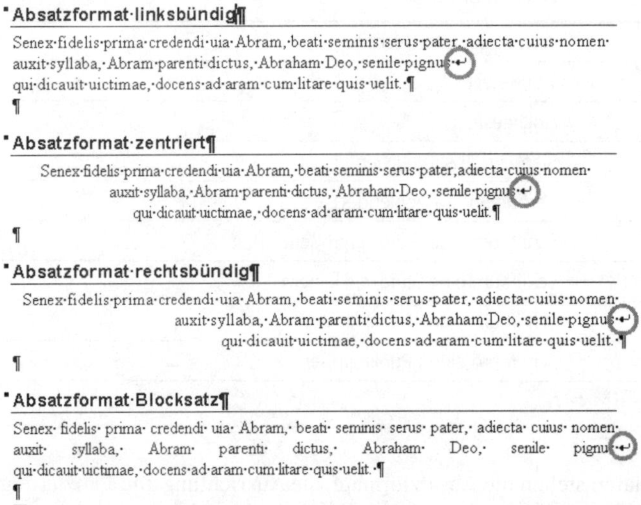

Absatzformat·linksbündig¶
Senex·fidelis·prima·credendi·uia·Abram,·beati·seminis·serus·pater,·adiecta·cuius·nomen·
auxit·syllaba,·Abram·parenti·dictus,·Abraham·Deo,·senile·pignus·↵
qui·dicauit·uictimae,·docens·ad·aram·cum·litare·quis·uelit.·¶
¶
Absatzformat·zentriert¶
Senex·fidelis·prima·credendi·uia·Abram,·beati·seminis·serus·pater,adiecta·cuius·nomen·
auxit·syllaba,·Abram·parenti·dictus,·Abraham·Deo,·senile·pignus·↵
qui·dicauit·uictimae,·docens·ad·aram·cum·litare·quis·uelit.¶
¶
Absatzformat·rechtsbündig¶
Senex·fidelis·prima·credendi·uia·Abram,·beati·seminis·serus·pater,·adiecta·cuius·nomen·
auxit·syllaba,·Abram·parenti·dictus,·Abraham·Deo,·senile·pignus·↵
qui·dicauit·uictimae,·docens·ad·aram·cum·litare·quis·uelit.·¶
¶
Absatzformat·Blocksatz¶
Senex· fidelis· prima· credendi· uia· Abram,· beati· seminis· serus· pater,· adiecta· cuius· nomen·
auxit· syllaba,· Abram· parenti· dictus,· Abraham· Deo,· senile· pignus·↵
qui·dicauit·uictimae,·docens·ad·aram·cum·litare·quis·uelit.·¶
¶

Abbildung 5.9: *Die Auswirkung der Zeilenumschaltung in den verschiedenen Absatzformaten*

Unangenehm fällt die Zeilenumschaltung nur bei der Formatierung eines Absatzes im Blocksatz auf, weil eben auch die Zeile mit der Zeilenschaltung auf Blocksatz getrimmt wird und dadurch mit schwindender Anzahl von Wörtern und Zeichen immer bizarrer anmutet, weil die Leerflächen zwischen den Wörtern größer und größer werden.

Einstellung von Zeilenabstand und Absatzabstand

Ohne besondere Einstellungen passt Word den Abstand der einzelnen Zeilen innerhalb eines Absatzes der jeweiligen Schriftgröße an. Sie können jedoch auch einen größeren Zeilenabstand einstellen, was oftmals zu einer besseren Lesbarkeit des Textes beitragen kann. Den Schlüssel dafür liefert der Befehl *Format/Absatz.*

Absatz
Einzüge und Abstände
Zeilen- und Seitenwechsel
Ausrichtung:
Links
Gliederungsebene:
Textkörper
Einzug
Links:
0 cm
Rechts:
0 cm
Extra:
(ohne)
Um:
Abstand
Vor:
0 pt
Nach:
0 pt
Zeilenabstand:
Einfach
Maß:
Vorschau
Tabstopps...
OK
Abbrechen

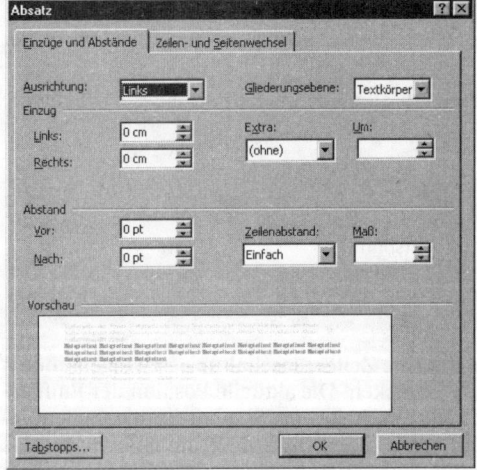

Abbildung 5.10: *Der Dialog von* Format/Absatz

Hier ist es das Dialogfeld *Zeilenabstand*, das verschiedene Einstellungen zulässt. Von *einfach* (Standard) über *1,5 Zeilig* oder *Doppelt*, bis hin zu *Mindestens*, *Genau* und *Mehrfach*. Die drei letztgenannten Einstellungen verlangen dabei ein Maß im gleichnamigen Eingabefeld, und zwar entweder eine Angabe in *Punkt* (bsp: 15pt), *Zeile* (bsp 1,5 ze) oder *Zentimeter* (0,7 cm). Word selbst rechnet Ihre Angabe grundsätzlich in Punkt um, was an der Anzeige im Dialog beim nächsten Aufruf des Befehls über dem zuvor formatierten Absatz deutlich wird.

In den Feldern *Vor* und *Nach* können Sie darüber hinaus einstellen, wie viel Abstand der oder die markierten Absätze zu ihrem Vorläufer und Nachfolger haben sollen. So können Sie die einzelnen Absätze noch stärker voneinander abgrenzen, insbesondere Überschriften und andere Elemente, die exponiert werden sollen.

HINWEIS Absatzformate gelten jeweils für einen kompletten Absatz und werden in der Absatzendemarke festgehalten. Löscht man diese, geht der verbleibende Text des aktuellen Absatzes in den nachfolgenden Absatz über und wird dessen Absatzformat unterworfen. Fügt man andererseits innerhalb eines Absatzes einen neuen Absatz ein (via ⏎), erhält dieser die gleichen Absatzformate wie der Absatz, aus dem er hervorgegangen ist.

Einstellen der Einzüge

Unter Einzug versteht man den Versatz des linken oder rechten Randes eines Absatzes gegenüber dem Seitenrand. In der Voreinstellung beginnen alle Absätze am linken Seitenrand und enden am rechten, wenn sie im Blocksatz formatiert sind. Ansonsten dient der rechte Seitenrand als Sperre, über den die Zeile nicht hinausragen darf. Man verwendet Einzüge also, um Text einzurücken und gegenüber anderen Absätzen hervorzuheben, wobei man den linken und den rechten Einzug separat einstellen kann.

Ein positiver Einzug (in cm) größer als 0 bedeutet dabei, dass der Text mehr zur Seitenmitte hin eingerückt wird, ein negativer, dass der Text mehr in Richtung auf den Rand des Druckerpapiers rückt. Darüber hinaus können Sie bestimmen, dass nur die erste Zeile einen Einzug erhält, damit sie gegenüber den nachfolgenden Zeilen des Absatzes ein Stück nach rechts eingerückt wird.

Abbildung 5.11:
Verschiedene
Absatzeinzüge

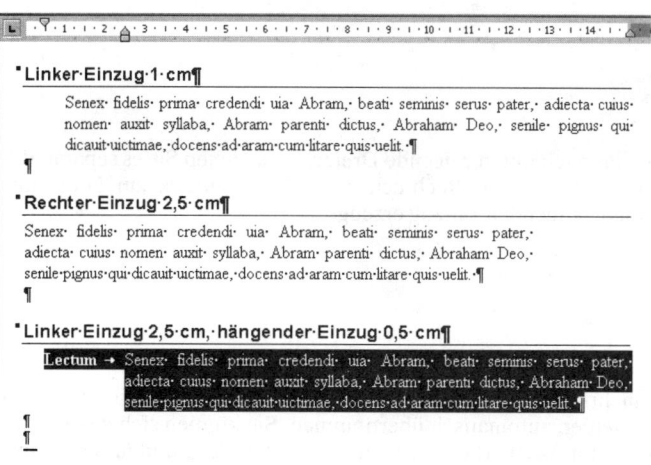

Sehr beliebt sind auch »hängende Einzüge«, die man vor allem für die Formatierung von Aufzählungen aller Art gut nutzen kann, bei denen ganz links ein Begriff steht, der durch den Fließtext im Absatz rechts daneben erklärt wird. Der linke Rand der Absätze wird dabei nach rechts eingerückt, jedoch nicht die erste Zeile, in der der Schlüsselbegriff steht.

Formatieren von Texten

Alle diese Einstellungen können Sie im Dialog *Format/Absatz* vornehmen, wie oben gezeigt. Es gibt aber noch eine wesentlich komfortablere Methode: Die Benutzung des horizontalen Lineals, das am oberen Rand des Textfensters gleich unter der letzten Symbolleiste angezeigt wird.

HINWEIS

Sollten Sie auf Ihrem Word-Bildschirm kein horizontales Lineal ausmachen können, befinden Sie sich entweder in der Gliederungsansicht (dort gibt es kein Lineal) oder das Lineal wurde über den Befehl *Ansicht/Lineal* ausgeblendet. In diesem Fall rufen Sie diesen Befehl bitte erneut auf, um das horizontale Lineal zur Anzeige zu bringen.

So erstellen Sie einen hängenden Einzug mit dem horizontalen Lineal

Wir wollen eine kleine Liste mit beliebten Ferienländern erstellen, die neben dem Landesnamen jeweils eine kurze Beschreibung der Eigenheiten enthält.

1. Wir beginnen in einem leeren Absatz und sorgen zunächst für einen kleinen, rechten Einzug. Klicken Sie dazu auf das kleine Dreieck am rechten Rand des horizontalen Lineals und ziehen Sie es mit der Maus ganz nach Belieben um ein oder zwei Zentimeter entlang des Lineals nach links. Damit haben wir bereits einen rechten Einzug für diesen Absatz geschaffen.

Abbildung 5.12:
Verschieben des rechten Einzugs über das horizontale Lineal

2. Auf der linken Seite des Lineals erkennen Sie ebenfalls ein kleines Dreieck, auf dessen Spitze ein weiteres Dreieck steht und das nach unten hin von einem kleinen Rechteck begrenzt wird. Klicken Sie auf dieses Rechteck und ziehen es mitsamt den beiden Dreiecken drei Zentimeter nach rechts. Damit haben wir den linken Einzug gesetzt.

Abbildung 5.13:
Einstellen des linken Einzugs über das Lineal

3. Klicken Sie nun auf das nach unten zeigende Dreieck und ziehen Sie es separat, d.h. ohne das andere Dreieck und das Rechteck, nach links, zurück zur Null-Linie. Damit haben Sie einen hängenden Einzug erzeugt.

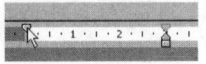

Abbildung 5.14:
Einstellung eines hängenden Einzugs

4. Betätigen Sie jetzt mehrmals [↵], um weitere Absätze zu erzeugen. Die Einstellungen für die Einzüge werden automatisch übernommen. Sie können sich davon überzeugen, indem Sie die Einfügemarke zwischen diesen Absätzen und anderen ohne Einzug hin- und herbewegen, denn die kleinen Reiter im horizontalen Lineal geben jeweils die Einzüge für den aktuellen Absatz wieder.

5. Jetzt können Sie mit dem Ausfüllen beginnen. Springen Sie an den Beginn eines der eben erzeugten Absätze und geben Sie den Namen eines Landes ein. Drücken Sie anschließend die Tabulator-Taste ([⇥]) und beginnen Sie mit der Beschreibung des Absatzes. Fahren Sie in gleicher Weise bei den anderen Absätzen fort, sofern Sie das Prinzip nicht schon verstanden haben.

Abbildung 5.15:
Eingabe der Aufzählung

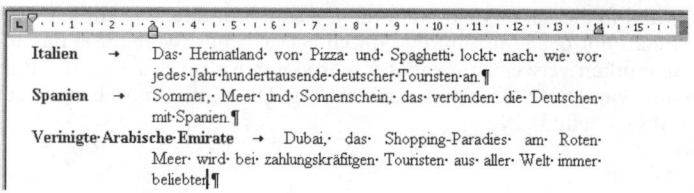

6. Reicht der eingestellte hängende Einzug nicht aus, markieren Sie alle Absätze der Aufzählung und verschieben den linken Einzug über das horizontale Lineal so weit, dass es passt.

Abbildung 5.16:
Feinjustierung des hängenden Einzugs

Initiale

Ein echtes optisches Schmankerl sind die großgestellten Initialen, wie man sie in gerader Linie von mittelalterlichen Schriften bis hin zu modernen Magazinstories in vielen Print-Werken findet, die etwas hermachen wollen. Früher musste man sich Initialen unter Word mit verschiedenen Tricks mühselig zusammenbasteln, heute geht's ganz leicht mit dem Befehl *Format/Initial...*

Damit der Befehl aufgerufen werden kann, muss sich die Einfügemarke in einem Absatz befinden, der Text enthält. Existiert eine Markierung, bezieht sich der Befehl ausschließlich auf den ersten Absatz. Der Dialog des Befehls wird sowohl genutzt, um das erste Zeichen des Absatzes in ein Initial zu verwandeln, als auch, um diese Formatierung wieder abzuschalten. Deshalb ist im Eingabefeld *Position* zunächst *Ohne* aktiviert. Wählen Sie jetzt, ob das Initial in die ersten Zeilen des Textes eingebettet oder in der linken Randspalte neben dem Text erscheinen soll. Anschließend können Sie eine Schrift und vor allem die Höhe des Initials in Zentimetern wählen.

Abbildung 5.17:
Der Dialog zur Einstellung eines Initials

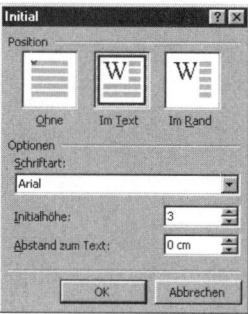

Formatieren von Texten

Word legt das Initial in einem Textfeld an, in dem es auch problemlos editiert werden kann, nachdem man mit der Maus auf das Initial geklickt hat. Wollen Sie das Initial wieder in die Schranken verweisen, genügt ein erneuter Aufruf des *Initial...*-Befehls und die Einstellung von *Ohne*. Einzige Voraussetzung: Die Einfügemarke muss sich in dem jeweiligen Absatz befinden.

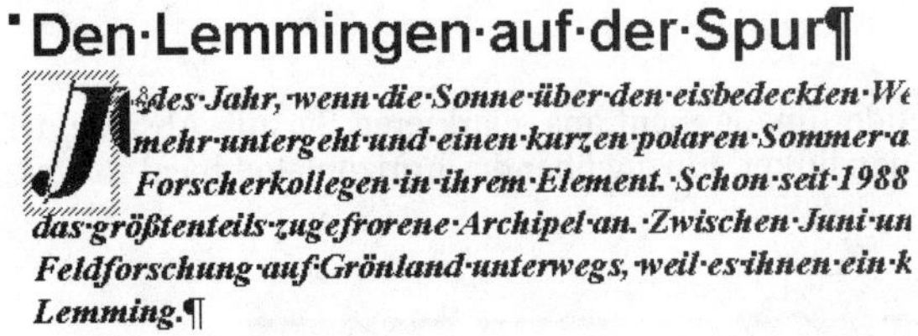

Den Lemmingen auf der Spur

Jedes Jahr, wenn die Sonne über den eisbedeckten We mehr untergeht und einen kurzen polaren Sommer a Forscherkollegen in ihrem Element. Schon seit 1988 das größtenteils zugefrorene Archipel an. Zwischen Juni un Feldforschung auf Grönland unterwegs, weil es ihnen ein k Lemming.

Abbildung 5.18:
Text mit markiertem Initial

In Reih und Glied mit Tabulatoren

Tabulatoren gehörten bereits zum Repertoire vieler Generation von Schreibmaschinen, als PCs aufkamen und Textverarbeitungsprogramme begannen, diese Funktion zu übernehmen und zu verfeinern. Tabulatoren sind ein wirkungsvolles Mittel, wenn man verschiedene Wortgruppen innerhalb einer Zeile exakt ausrichten möchte. Beispielsweise für den Briefkopf, wo am linken Rand der Name und exakt am rechten Rand Datum und Ort aufgeführt werden sollen. Oder für die Aufstellung tabellarischer Listen in Rechnungen, Angeboten und Aufstellungen aller Art. Wenngleich man Listen in Word heute einfacher über Tabellen erstellt, sind Tabulatoren nach wie vor ein wichtiges Instrument der Textformatierung. Vor allem, weil man sie so schön leicht über das horizontale Lineal einstellen kann.

Abbildung 5.19:
Verschiedene Tabulatortypen im Einsatz

HINWEIS Anfänger machen oft den Fehler, das Vorrücken durch eine Vielzahl von Leerzeichen erreichen zu wollen, was im Falle einzelner Zeilen zumeist auch funktioniert, wenngleich nicht immer auf den Millimeter genau. Diese Form der Formatierung bricht aber zusammen, sobald man die Schrift ändert, etwas Text einfügt oder den Seitenrand anders einstellt. Mit Tabulatoren kann das jedoch nicht passieren, und wenn man das Prinzip erst einmal verstanden hat, geht es tatsächlich ohne Tabulatoren schneller.

Das Tabulator-Konzept beruht auf zwei Elementen: Zum einen der Eingabe eines Tabulatorzeichens (→) innerhalb einer Textzeile durch das Drücken von [Tab] (kurz: Tab). Tab bedeutet »Vorrücken bis zur nächsten Tabulatorposition«. Der Text hinter dem Tabulatorzeichen wird dadurch bis zu dieser Position vorgerückt und breitet sich von dort aus weiter bis zum rechten Seitenrand aus. Wo genau es weitergeht, bestimmen die gesetzten Tabulatoren, die zum Absatzformat gehören. Einerseits kann man sie über *Format/Tabstopps* bzw. *Format/Absatz* definieren, andererseits – und das geht viel schneller – mit Hilfe der Maus über das horizontale Lineal.

Wie das obige Bild zeigt, gibt es linke, rechte, zentrierte und dezimale Tabulatoren. Hier kommen sie nur getrennt zum Einsatz, doch man kann sie innerhalb eines Absatzes durchaus mischen, und auch die Anzahl ist nahezu unbeschränkt. Damit man die verschiedenen Tabulatoren auseinanderhalten kann, werden sie innerhalb des horizontalen Lineals durch unterschiedliche Symbole repräsentiert. Den Unterschied zwischen den verschiedenen Typen macht die Ausrichtung des nachfolgenden Textes in Relation zum Tabulator:

- Bei einem linksbündigen Tabulator **beginnt** der nachfolgende Text an der vorgegebenen Tabulatorposition.

- Bei einem rechtsbündigen Tabulator **endet** der nachfolgende Text an der vorgegebenen Tabulatorposition und wird von Word punktgenau herangerückt.

- Bei einem zentrierten Tabulator wird der Text nach dem Tabulator so ausgerichtet, dass seine Mitte an der Tabulatorposition steht.

- Der Dezimaltabulator kommt vor allem für die Ausrichtung von Zahlen zum Einsatz, wenn diese in mehreren Absätzen exakt untereinander angeordnet werden sollen. Die Ausrichtung orientiert sich dabei an dem Dezimalzeichen innerhalb der Zahl (am Komma innerhalb von 123,40 Euro). Der Text wird so verschoben, dass die Kommata jeweils an der vorgegebenen Tabulatorposition stehen.

So definieren Sie Tabulatoren mit Hilfe des horizontalen Lineals

Wir wollen das Beispiel mit den linksbündigen Tabulatoren aus der obigen Abbildung nachbauen. So geht's:

1. Erzeugen Sie ein neues Dokument und beginnen Sie gleich mit der Eingabe der ersten Aufführung. Geben Sie zunächst das Datum *26.05.* ein und drücken Sie anschließend [Tab]. Geben Sie jetzt *Othello* ein und stören Sie sich nicht daran, dass der Text noch nicht dort erscheint, wo er in der obigen Abbildung steht. Die Tabulatoren setzen wir gleich.

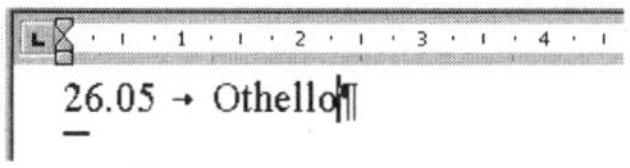

Abbildung 5.20: Erste Stufe der Eingabe

2. Weiter geht's im Text. Bitte drücken Sie erneut 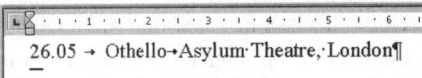 und geben Sie anschließend *Asylum Theatre, London* ein. Drücken Sie anschließend bitte noch nicht auf ⏎ und achten Sie darauf, dass die Einfügemarke weiter in dieser Zeile steht.

        26.05 → Othello→Asylum·Theatre,·London¶

Abbildung 5.21:
Zweite Stufe der Eingabe

3. Jetzt geht es darum, die Tabstopppositionen zu definieren. Eine wichtige Rolle spielt dabei die kleine Schaltfläche am linken Rand des horizontalen Lineals, in der das Symbol eines linken Tabulators zu sehen ist. Bitte klicken Sie mehrmals auf dieses Symbol und beobachten Sie, wie es sich verändert. Denn über dieses Symbol bestimmen Sie jeweils die Art von Tabulator, die Sie anschließend setzen wollen. Bitte klicken Sie so oft, bis wieder das Symbol für den linken Tabulator erscheint.

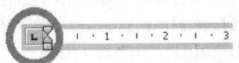

Abbildung 5.22:
Hier stellen Sie den Tabulator-Typ ein.

4. Der Absatz soll zwei linksbündige Tabulatoren an den Positionen 1,5 und 3,25 cm erhalten. Klicken Sie dazu einfach mit der Maus zunächst auf die Position 1,5 im horizontalen Lineal (den größeren Teilstrich in der Mitte zwischen 1 und 2) und beobachten Sie, wie Word dort einen Tabulator setzt. Wiederholen Sie diesen Vorgang anschließend für die Position 3,25. Sie sehen, wie Word den Text entsprechend ausrichtet.

        26.05 → Othello → Asylum·Theatre,·London¶

Abbildung 5.23:
Der Text nach Setzen der Tabulatoren

5. Setzen Sie die Einfügemarke nun an das Ende der Zeile (falls sie nicht schon dort steht) und drücken Sie ⏎. Dadurch wird ein neuer Absatz erzeugt, der die Absatzformate des aktuellen Absatzes übernimmt – und das gilt auch für die eingestellten Tabulatoren. Geben Sie die nächste Zeile deshalb einfach wie unten abgebildet ein und wiederholen Sie den gesamten Vorgang für die dritte und letzte Zeile.

        26.05 → Othello → Asylum·Theatre,·London¶
        28.05 → Macbeth! → Stuffed·Puppet·Theater,·Amsterdam¶
        01.06 → Hamlet → Toronto·Drama·Group¶

Abbildung 5.24:
Die fertige Auflistung

6. Jetzt wollen wir die Tabulatoren noch ein wenig verschieben. Markieren Sie dazu bitte zunächst die drei Zeilen, damit wir die Tabulatoren in einem Durchlauf ändern können. Klicken Sie anschließend im horizontalen Lineal mit der Maus auf den Tabulator an der Position 3,25, halten Sie die Maustaste gedrückt und ziehen Sie

den Tabulator zur Position 4 cm. Lassen Sie die Maustaste dort los, damit der Tabulator an diese Position verschoben wird. Probieren Sie das Gleiche ruhig auch mit dem ersten Tabulator aus.

Abbildung 5.25:
Verschieben eines
Tabulators

7. Über das horizontale Lineal können Sie jederzeit Tabulatoren setzen, verschieben, aber auch löschen. Klicken Sie dazu mit der Maus auf den Tabulator an der Position 4 cm und ziehen Sie ihn nicht an eine andere Position innerhalb des Lineals, sondern einfach nach unten aus dem Lineal heraus. Sobald Sie die Maustaste loslassen, wird der Tabulator dadurch gelöscht.

8. Anstelle des gelöschten linksbündigen Tabulators soll zum Schluss noch ein rechtsbündiger Tabulator an der Position 8,5 cm gesetzt werden. Klicken Sie dazu zunächst zweimal auf die Tabulatorschaltfläche am linken Rand des horizontalen Lineals, bis dort das Symbol für einen rechtsbündigen Tabulator erscheint. Klicken Sie im Lineal anschließend auf die Position 8,5 cm, damit dort ein rechtsbündiger Tabulator gesetzt wird. Automatisch wird auch der Text rechtsbündig an diese Position herangeschoben.

Abbildung 5.26:
Nach dem Setzen
des rechtsbün-
digen Tabulators
auf 8,5 cm

Steuerung der Tabulatoren

Noch größere Kontrolle über die Positionierung und Ausrichtung der Tabulatoren erhalten Sie über den Dialog Format/Tabstopps. Auch hier gilt wiederum, dass der Befehl auf die markierten Absätze einwirkt. Wollen Sie mehrere Absätze mit identischen Tabulatoren ausstatten, sollten Sie diese deshalb vor dem Aufruf des Befehls markieren.

Abbildung 5.27:
Der Dialog zum
Einstellen der
Tabstopps

Formatieren von Texten **103**

In der Liste unter Tabstoppposition sehen Sie die bislang definierten Tabstopps. Klicken Sie einen der Tabstopps an und drücken Sie anschließend die Löschen-Schaltflächen, wenn Sie den Tabstopp entfernen möchten. Möchten Sie alle Tabulatoren loswerden, genügt ein Druck auf *Alle löschen*. Möchten Sie nur die Ausrichtung eines bestehenden Tabstopps ändern, wählen Sie diesen zunächst aus und stellen Sie anschließend einfach eine andere *Ausrichtung* ein.

Um einen neuen Tabulator hinzuzufügen, genügt die Eingabe der Position im Eingabefeld unter *Tabstoppposition*. Wählen Sie anschließend die gewünschte Ausrichtung unter *Ausrichtung*, und drücken Sie dann auf *Festlegen*, um den Tabstopp zu setzen.

Ganz oben in dem Dialog erkennen Sie die Einstellung *Standardtabstopps*, die von Word in der Vorgabe auf 1,25 cm eingestellt sind. Sie kommen zum Einsatz, wenn Sie innerhalb eines Absatzes Tabs eingeben ( ), aber keine Tabstopps setzen. Word verfährt dann so, als hätten Sie alle 1,25 cm einen linksbündigen Tabstopp gesetzt. Wenn Sie genau hinschauen, können Sie die Standardtabstopps sogar erkennen: Unter dem horizontalen Lineal werden sie als kleine Strichmarkierungen angezeigt.

HINWEIS

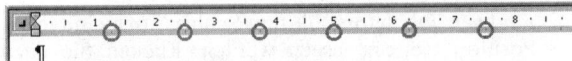

Abbildung 5.28: Mit scharfem Auge gut auszumachen: Die Standardtabstopps

Eine Besonderheit sind die Füllzeichen, die Sie im gleichnamigen Dialogfeld einstellen können. Tabstopps haben ja immer die Aufgabe, Text vorzurücken. Während der überbrückte Raum sonst leer bleibt, lassen sich über das Feld *Füllzeichen* verschiedene Zeichen festlegen, die im Leerraum dargestellt werden, um eine optische Verknüpfung zwischen dem Text links und rechts vom Tabulator zu schaffen. Ganz bewusst lassen sich auf diese Weise z. B. horizontale Teilstriche innerhalb einer Zeile schaffen, beispielsweise für Unterschriftfelder.

Rahmen und Schattierung

Unter dem Dach des Befehls *Format/Rahmen und Schattierung* finden sich in den drei Registern des Dialogs diverse Einstellungen, die vielfältige Möglichkeiten für die Gestaltung eines Dokuments bieten. Sie lassen sich für die abwechslungsreiche Gestaltung tabellarischer Listen ebenso nutzen, wie für das Design schicker und funktionaler Formulare oder die Gestaltung von Schmuckblättern.

- Komplette Absätze, aber auch Gruppen von Zeichen, können mit Linien umgeben werden. Wahlweise komplett für einen durchgezogenen Rahmen oder nur an bestimmten Seiten. Auf Wunsch mit Schattierung und in jeder beliebigen Farbe. So schafft man optisch klare Strukturen. Dieses Thema behandeln wir im Zusammenhang mit Tabellen ausführlich in ▶ Kapitel 7.

- Komplette Textseiten lassen sich mit einem umlaufenden Schmuckrahmen versehen. Word bietet hier diverse Rahmen von klassisch, über nüchtern oder modern, bis hin zu witzig. Das demonstrieren wir im Zusammenhang mit der Einrichtung von Seiten im folgenden ▶ Abschnitt *Einrichten der Seiten*.

- Zeichen und Absätze lassen sich mit einer Hintergrundfarbe versehen, wahlweise auch mit einem Muster. Das sorgt für Akzentuierung, zumal sich die darüber liegende Schrift via *Format/Zeichen* auch mit einer beliebigen Schriftfarbe versehen lässt. Ein Beispiel dafür folgt jetzt.

So erzeugen Sie Banner, die ins Auge springen

Überschriften, Parolen und wichtige Kurzinformationen hebt man am besten hervor, indem man sie mit einer großen Schrift versieht und mit einer Farbe hinterlegt. Durchaus bunt, wenn Sie mit einem Farbdrucker arbeiten, ansonsten mit Schwarz oder einem Grauton. Hier ein Beispiel für weiße Schrift auf schwarzem Grund.

1. Erzeugen Sie ein neues Dokument und geben Sie eine beliebige Überschrift ein.

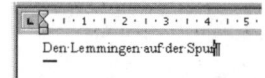

Abbildung 5.29:
Noch sieht unsere Headline wie Fließtext aus.

2. Formatieren Sie die Überschrift mit Arial, fett, 18 Punkt und kürzen Sie sie ein wenig, wenn Sie danach nicht in eine Zeile passt. Denn eine gute »Headline« muss immer kurz sein und ins Auge springen.

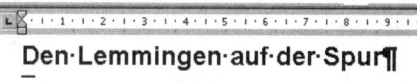

Abbildung 5.30:
So macht's schon was her.

3. Stellen Sie den Absatz zentriert und markieren Sie ihn.
4. Rufen Sie den Befehl *Format/Rahmen und Schattierung* auf und wählen Sie dort die Registerkarte *Schattierung*. Unter *Ausfüllen* klicken Sie bitte auf ein schwarzes Farbkästchen. Word zeigt die gewählte Farbe rechts daneben an, vergewissern Sie sich, dass Sie Schwarz erwischt haben, sonst probieren Sie es noch einmal und schließen den Dialog dann über *OK*.

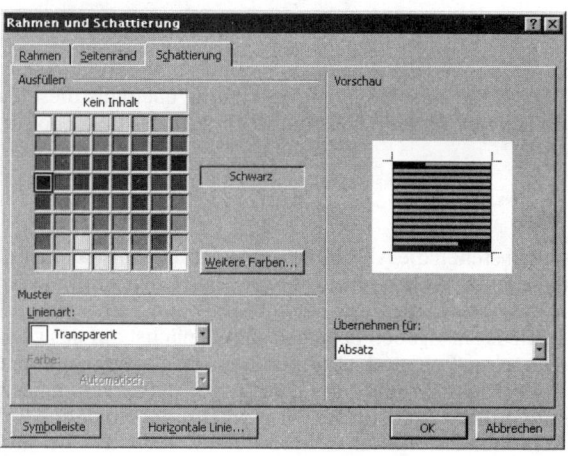

Abbildung 5.31:
Einstellung der Schattierung

5. Word hat nicht nur die Überschrift schwarz hinterlegt, sondern auch die Schrift automatisch weiß gefärbt. Wäre sie schwarz geblieben, sähen Sie jetzt nur noch einen Balken ohne Schrift. Die Anpassung erfolgt, weil Word als Voreinstellung für die Schriftfarbe zunächst immer *Automatisch* festlegt.

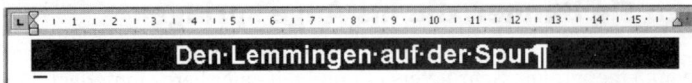

Abbildung 5.32:
Die Schriftfarbe steht auf Automatisch, *deshalb passt Word sie automatisch an.*

6. Wünschen Sie eine andere Schriftfarbe, gehen Sie entweder über *Format/Zeichen* oder klicken ganz rechts in der Format-Symbolleiste auf den kleinen Pfeil neben dem A-Symbol. Dann erscheint eine Farbauswahl, über die Sie die Schriftfarbe für den markierten Text einstellen können.

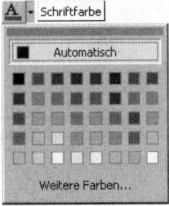

Abbildung 5.33:
Auswahl der Schriftfarbe

7. Möchten Sie zum guten Schluss noch die Breite der schwarzen Fläche links und rechts vom Text ein wenig einschränken, dann benutzen Sie doch einfach die Einzugsmarken im horizontalen Lineal, um den Absatz mit einem entsprechenden linken und rechten Einzug zu versehen.

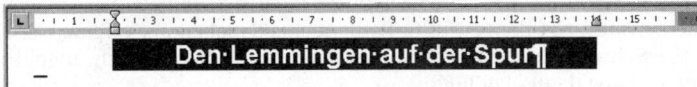

Abbildung 5.34:
Über einen linken und rechten Einzug verkleinern Sie die schattierte Fläche.

Die Schaltfläche für die *Schriftfarbe* aus der *Format*-Symbolleiste speichert jeweils die zuletzt ausgewählt Farbe. Wollen Sie einer anderen Markierung ebenfalls diese Farbe zuweisen, genügt beim nächsten Mal deshalb ein Mausklick auf das *A*-Symbol in der Schaltfläche.

TIPP

Einrichten der Seiten

Über den Zeichen und Absätzen stehen die Abschnitte, die wichtige Formateinstellungen für alle Seiten treffen, die zum jeweiligen Abschnitt gehören. Dazu zählt die Größe und Ausrichtung der Seiten, das Layout, die Position von Kopf- und Fußzeilen und die Papierzufuhr für den Drucker. Diese Angaben beziehen sich zunächst auf das gesamte Dokument. Will man nun einzelne Teile anders formatieren, beispielsweise für eine sehr breite Tabelle im Text vom Hochformat auf das Querformat umsteigen, muss man Abschnittswechsel einfügen und die verschiedenen Abschnitte unterschiedlich formatieren. Doch das ist natürlich eher die Ausnahme und kommt vor allem bei großen oder besonders aufwendig gestalteten Dokumenten vor. (Mehr darüber in ▶ Kapitel 9) Ganz unabhängig davon, ob man es mit mehreren oder nur einem Dokument zu tun hat: Das Einrichten des Seitenformats läuft grundsätzlich über den Befehl *Datei/Seite einrichten* ...

Abbildung 5.35:
Der Dialog zum Einrichten einer Seite

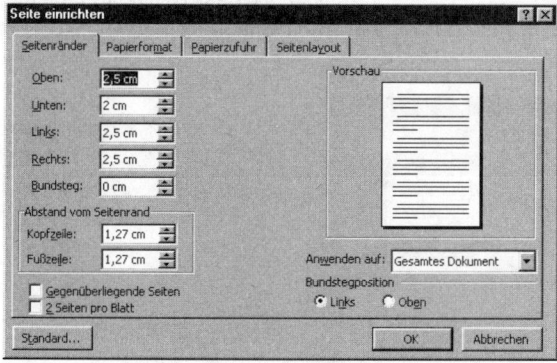

Der Dialog ähnelt in einer Hinsicht ein wenig dem von *Format/Zeichen*, denn auch hier wird über die verschiedenen Register hinweg jeweils eine Vorschau des aktuell gewählten Formats gezeigt. Außerdem haben Sie die Möglichkeit, Ihre Seiteneinstellungen über die *Standard*-Schaltfläche in die Dokumentvorlage NORMAL.DOT zu übertragen, so dass sie in Zukunft in alle neuen Dokumenten zum Einsatz kommt.

Im ersten Register *Seitenränder* geht es zunächst um den Abstand zwischen dem Text und den Rändern des Druckpapiers. *Oben*, *Unten*, *Links* und *Rechts* können die Abstände jeweils in Zentimetern festgelegt werden. Alle weiteren Optionen wie *Bundsteg* oder *Gegenüberliegende Seiten* können Sie zunächst ignorieren, sie werden nur für größere und komplexe Dokument benötigt.

Im zweiten Register *Papierformat* können Sie die Papiergröße einstellen, wobei DIN A4 voreingestellt ist. Geben Sie Breite und Höhe nur ein, wenn Sie kein Standardmaß verwenden, wie es in der Liste unter *Papierformat* aufgeführt wird. Wollen Sie das Blatt im Querformat bedrucken, um eine größere Zeilenbreite auszunutzen (bei DIN A4 quer 29 statt 21 cm), schalten Sie im Feld *Ausrichtung* dazu auf *Querformat*.

Abbildung 5.36:
Auswahl des Papierformats

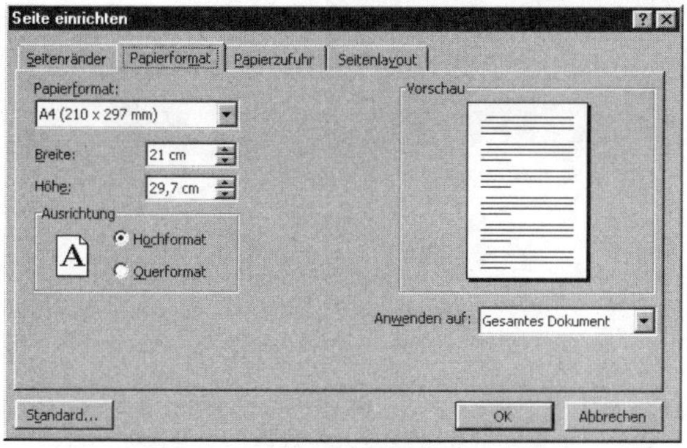

Die Einstellungen im Register *Papierformat* zielen vor allem auf Dokumente ab, bei denen die erste Seite auf anderem Papier gedruckt werden soll, als alle Folgeseiten. Vor allem im geschäftlichen Bereich hat man das sehr häufig, wenn man das Deckblatt auf Geschäftspapier drucken will, die nachfolgenden Seiten jedoch auf Blankopapier oder speziellem Rechnungspapier. Sofern Ihr Drucker sowohl über einen Schacht, als auch einen manuellen Einzug verfügt, können Sie hier festlegen, dass das Deckblatt über den manuellen Einzug geladen wird, die nachfolgenden Seiten jedoch über den Schacht.

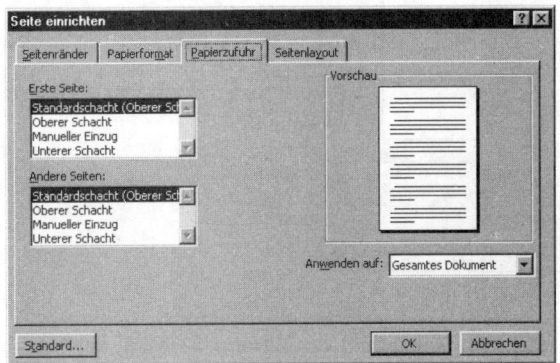

Abbildung 5.37:
Einstellung der Papierzufuhr für den Drucker

Besonders komfortabel wird es für alle, deren Drucker über zwei getrennte Schächte verfügt. Wenn Sie den einen für die Deckblätter und den anderen für Blankopapier verwenden, können Sie das hier einstellen.

So versehen Sie Ihr Dokument mit einem Schmuckrahmen

Vorgedrucktes Briefpapier mit Schmuckrahmen und Motiven gibt es mittlerweile in vielen Farben und Formen als Zubehör zu kaufen. Doch es geht auch ohne.

1. Rufen Sie den Befehl *Datei/Seite einrichten* auf, wählen Sie die Registerkarte *Seitenlayout* und klicken Sie auf die Schaltfläche *Rahmen*.

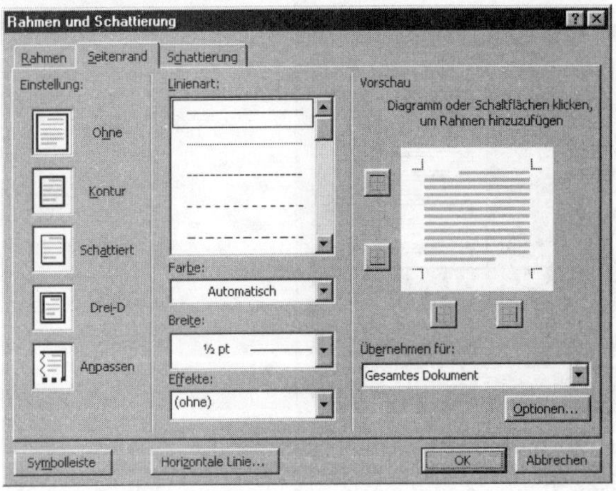

Abbildung 5.38:
Dialog zur Einstellung eines Rahmens für den Seitenrand

2. Es erscheint der Dialog des Befehls *Rahmen und Schattierung*, wobei die Registerkarte *Seitenrand* hervorgehoben ist. Der Dialog wird also von *Datei/Seite einrichten* quasi mitbenutzt. Wählen Sie unter *Einstellung Kontur*, damit die Seite einen Rahmen erhält.

3. Jetzt können Sie den Rahmen auswählen. Wünschen Sie einen einfachen Rahmen, wählen Sie bitte zunächst die *Linienart*, dann *Farbe* (sofern nicht Schwarz) und die Liniendicke unter *Breite*. In der *Vorschau* wird Ihre Auswahl angezeigt.

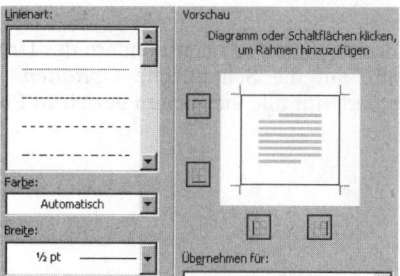

Abbildung 5.39:
Auswahl einer Linie, die den Druckbereich auf der Seite umgeben soll

4. Soll es ein besonderer Schmuckrahmen sein, wählen Sie bitte ein Modell unter *Effekte* aus. Word gibt automatisch eine Liniendicke in *Breite* vor, die Sie jedoch manuell ändern können. Eine zusätzliche Linienart können Sie dann allerdings nicht mehr wählen, denn die Felder *Effekte* und *Linienart* schließen sich gegenseitig aus.

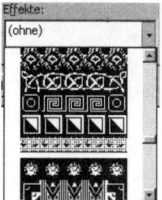

Abbildung 5.40:
Schmuckrahmen in Hülle und Fülle stehen unter Effekte *zur Auswahl*

5. Ohne weitere Einstellung erscheint der Rahmen an allen vier Seiten des Blattes. Die vier Schaltflächen rund um die Vorschauanzeige bieten Ihnen jedoch die Möglichkeit, den Rahmen an einzelnen Seiten gezielt auszublenden.

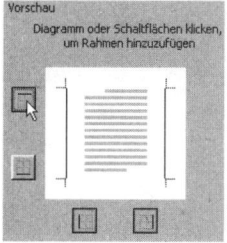

Abbildung 5.41:
Auswahl der anzuzeigenden Rahmenlinien

6. Unter *Übernehmen für* können Sie einstellen, für welchen Teil Ihres Dokuments Sie den Rahmen einrichten möchten, d. h. auf welche Seiten er sich erstrecken soll.

Formatieren von Texten

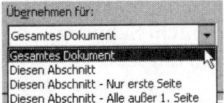

Abbildung 5.42:
Einstellung des Wirkungsbereichs für die Rahmenlinien

7. Möchten Sie auch noch die Entfernung des Rahmens von den Rändern des Druckpapiers festlegen, dann klicken Sie bitte auf die Schaltfläche *Optionen...* Es erscheint ein Dialog, in dem Sie die Abstände für alle vier Seiten gezielt in Punkt vorgeben können.

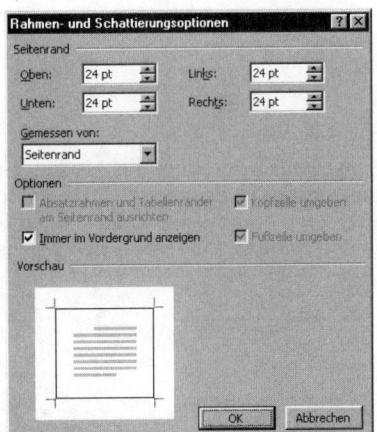

Abbildung 5.43:
Hier bestimmen Sie den Abstand zwischen Rahmen und Papierrand.

6 Effizientes Arbeiten mit Word

111 Die Rechtschreibhilfe
118 Suchen und Ersetzen
124 Schneller zum fertigen Dokument mit AutoText
129 Das Konzept der Formatvorlagen
138 Dokumentvorlagen
143 Der schnellste Weg zum Befehl: Menüs, Symbolleisten, Kurzwahltasten
144 Wörter zählen
145 Feintuning mit den Optionen

Die Rechtschreibhilfe

Damit Ihre Briefe nicht nur optisch etwas hermachen, sondern vor allem fehlerfrei in Rechtschreibung und Grammatik sind, beinhaltet Word eine integrierte Rechtschreibhilfe mit angeschlossener Grammatikprüfung. Nicht, dass sie den Deutschlehrer vollständig ersetzen könnten, doch vor allem die Rechtschreibprüfung erweist sich in der Praxis schnell als wertvolle Hilfe. Einfach weil sie stoisch jedes einzelne Wort in Ihrem Dokument mit einem vorgegebenen Wörterbuch abgleicht.

Was dort nicht gefunden wird, legt Word Ihnen im Rahmen der Rechtschreibprüfung anschließend zur Kontrolle vor, zumeist mit Vorschlägen für die korrekte Rechtschreibung. Sozusagen die Wörter aus dem Wörterbuch, die Sie nach Word's Meinung vielleicht hätten schreiben wollen. Was Word allerdings nur für falsch hält, weil es nicht im Wörterbuch verzeichnet ist, können Sie nachträglich jederzeit ergänzen, damit es in Zukunft nicht mehr nachgefragt wird. Wo Teams an bestimmten Themen arbeiten, lassen sich auch zusätzliche Wörterbücher direkt in Word erstellen und dann in die Rechtschreibhilfe einklinken.

Zwei Modi der Rechtschreibprüfung

Zum einen kennt Word die Rechtschreibprüfung auf Zuruf, nämlich über die Funktionstaste F7 oder den Befehl *Extras/Rechtschreibung und Grammatik*. Sie hat den Sinn, einen kompletten Text oder den markierten Bereich zu überprüfen.

Darüber hinaus beherrscht Word mittlerweile eine automatische Rechtschreibprüfung, die im Hintergrund arbeitet und die Überprüfung unmittelbar nach der Eingabe bzw. dem Einfügen von neuem Text vollzieht. Auf dem Bildschirm macht sie sich anhand von roten Schlängellinien bemerkbar, mit denen Word nicht erkannte Wörter unterstreicht. Darüber hinaus erkennen Sie die Aktivität der Rechtschreibprüfung an dem animierten Symbol eines Wörterbuchs in der Statusleiste, rechts neben dem Text *Deutsch*.

Abbildung 6.1:
In der Statusleiste erkennt man die Aktivität der Rechtschreibprüfung.

Schnelle Korrektur mit der automatischen Rechtschreibprüfung im Hintergrund

Wenn Sie Ihren Text bereits bei der Eingabe korrigieren wollen, werden Sie die automatische Rechtschreibprüfung im Hintergrund zu schätzen wissen:

1. Vergewissern Sie sich, dass die automatische Rechtschreibprüfung während der Eingabe eingeschaltet ist. Rufen Sie dazu den Befehl *Extras/Optionen* auf und wählen Sie dort das Register *Rechtschreibung und Grammatik*. Hier ist es die Option *Rechtschreibung während der Eingabe überprüfen*, auf die es ankommt. Aktivieren Sie diese Option, falls dies nicht bereits in der Voreinstellung der Fall ist.

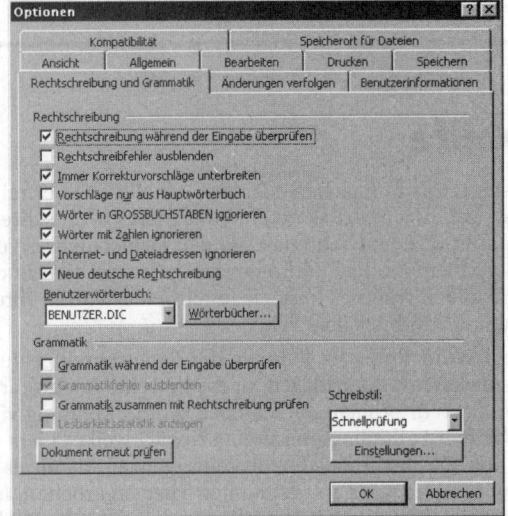

Abbildung 6.2:
Die Optionen der Rechtschreibprüfung unter Extras/Optionen

2. Geben Sie jetzt einfach ein paar bewusst falsch geschriebene Wörter in das aktuelle Dokument ein und beachten Sie, wie Word spätestens nach dem Wechseln in einen anderen Absatz beginnt, den Text zu überprüfen und die nicht erkannten Wörter rot zu unterstreichen.

3. Klicken Sie nun mit der rechten Maustaste auf eines der als falsch markierten Wörter. Daraufhin erscheint ein Kontextmenü speziell zur Rechtschreibkorrektur. Ganz oben werden die Wörter aufgeführt, die nach Word´s Vorstellung anstelle des falsch

geschriebenen eingesetzt werden können. Ist das richtige Wort darunter, genügt ein Mausklick darauf, um das falsch geschriebene zu ersetzen.

Abbildung 6.3:
Über das Kontextmenü macht Word Vorschläge für die korrekte Rechtschreibung.

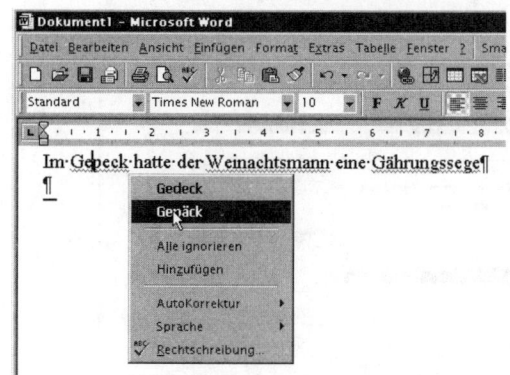

1. Bietet Ihnen Word keine passenden Alternativen an, können Sie im Kontextmenü *Alle Ignorieren* wählen. Dann ignoriert Word dieses Wort und alle seine weiteren Vorkommen in diesem Text. Das Wort wird also nicht mehr als möglicherweise fehlerhaft hervorgehoben.

2. Ist das jeweilige Wort richtig geschrieben, Word jedoch unbekannt, weil es nicht im Wörterbuch verzeichnet ist, wählen Sie stattdessen den Befehl *Hinzufügen*. Er fügt das Wort dem Benutzerwörterbuch *BENUTZER.DIC* hinzu, so dass es in Zukunft nicht mehr als falsch erachtet wird, weder in diesem, noch in anderen Dokumenten.

3. Möchten Sie keinen der Befehle aufrufen oder das Wort lieber von Hand verbessern, verlassen Sie das Kontextmenü einfach über [Esc].

4. Weitere rot markierte Wörter können Sie auf die gleiche Weise korrigieren, indem Sie sie mit der rechten Maustaste anklicken. Für die Überprüfung des gesamten Textes ist das jedoch zu umständlich. Rufen Sie stattdessen die Rechtschreibprüfung über den Befehl *Rechtschreibung* aus dem Kontextmenü auf, oder drücken Sie innerhalb des Textes auf [F7], um die Rechtschreibprüfung des gesamten Dokuments zu starten.

HINWEIS Die neue deutsche Rechtschreibung lässt sich bei Word 2000 explizit an- oder abschalten, wodurch sich dann automatisch auch Word's Vorstellungen über die korrekte Schreibweise von Wörtern wie dass oder Delfin unmittelbar ändert. Sie erreichen diese Einstellung über den Befehl *Extras/Optionen*. Aktivieren Sie dort im Register *Rechtschreibung und Grammatik* die Option *Neue deutsche Rechtschreibung*, wenn Sie auf Neudeutsch umsteigen möchten.

Rechtschreibprüfung des gesamten Textes

Rechtschreibung und Grammatik

Wenn mehr als nur einige wenige Wörter in Ihrem Dokument rot angestrichen sind, empfiehlt es sich, das Dokument mit Hilfe der Rechtschreibprüfung komplett zu durchlaufen. Sie erreichen den zugehörigen Dialog über die Funktionstaste [F7], den Befehl *Extras/Rechtschreibung und Grammatik* oder das nebenstehende Symbol aus der *Standard*-Symbolleiste.

Die Rechtschreibkorrektur findet in dem oben abgebildeten Dialog statt, und erstreckt sich entweder auf den zuvor markierten Text oder das gesamte Dokument, wenn keine Markierung vorliegt. Word beginnt dabei an der aktuellen Position der Einfügemarke und arbeitet sich bis zum Dokumentende vor.

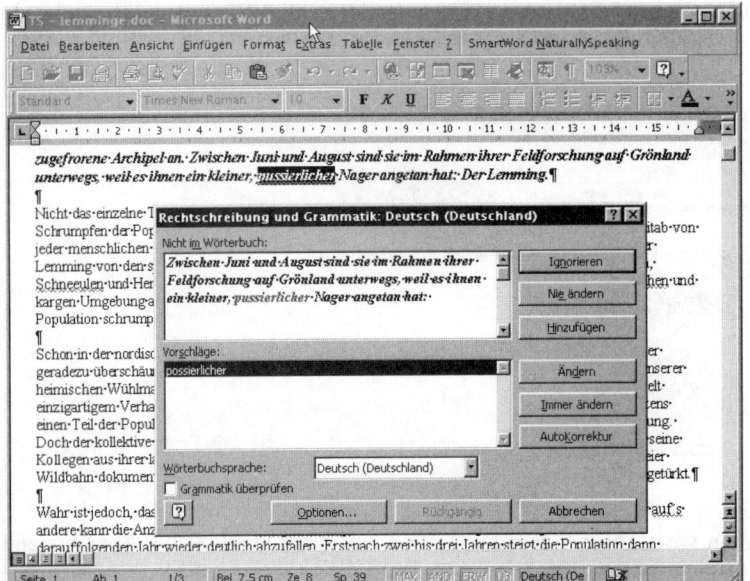

Abbildung 6.4:
Rechtschreibprüfung über Extras/Rechtschreibung und Grammatik

Im Feld *Nicht im Wörterbuch* zeigt Word dabei den gerade kontrollierten Textausschnitt an und hebt das unbekannte Wort rot hervor. Gleichzeitig listet Word im Feld *Vorschläge* Alternativen für die korrekte Rechtschreibung auf. Ein Doppelklick auf einen der hier genannten Begriffe genügt, um das fehlerhafte Wort zu ersetzen und mit der Überprüfung fortzufahren. Darüber hinaus stehen Ihnen hier verschiedene Schaltflächen zur Verfügung. Ihre Aufgabe:

Schaltfläche	Bedeutung
Ignorieren	Ignoriert das aktuelle Wort, obwohl Word es für falsch hält.
Nie ändern	Belässt das als fehlerhaft markierte Wort im gesamten Dokument und fragt es während der aktuellen Word-Sitzung auch beim Auftreten in anderen Dokumenten nicht mehr nach.
Hinzufügen	Fügt das aktuelle Wort dem Benutzerwörterbuch hinzu, so dass es nicht mehr nachgefragt wird.
Ändern	Nach der Auswahl eines Wortes unter *Vorschläge* sorgt diese Schaltfläche dafür, dass das fehlerhafte Wort ersetzt wird (kommt dem Doppelklick auf ein Wort unter *Vorschläge* gleich).
Immer ändern	Ersetzt automatisch alle Vorkommnisse des fehlerhaften Begriffs im aktuellen Dokument durch die Auswahl in *Vorschläge*.
AutoKorrektur	Fügt das fehlerhafte Wort und seine richtige Schreibweise aus Vorschläge der *AutoKorrektur*-Liste hinzu. Word verbessert das Wort dadurch in Zukunft automatisch. Mehr über *AutoKorrektur* erfahren Sie im nachfolgenden ▶ Abschnitt *AutoKorrektur*.
Rückgängig	Macht die letzte Korrektur rückgängig und springt zu dem Wort zurück.
Optionen	Öffnet den *Optionen*-Dialog zu Rechtschreibung und Grammatik.

Tabelle 6.1:
Schaltflächen im Dialog Extras/Rechtschreibung und ihre Bedeutung

TIPP Möchten Sie im Rahmen der Rechtschreibüberprüfung ein Wort von Hand korrigieren, weil Word keine passende Alternativen anbietet, klicken Sie mit der Maus einfach in das Feld *Nicht im Wörterbuch*. Dort können Sie über die gewohnten Tasten direkt Änderungen im Text vornehmen und den Fehler korrigieren. Drücken Sie anschließend auf die Schaltfläche *Ändern*, um die Änderung festzuschreiben und mit der weiteren Überprüfung fortzufahren.

Rechtschreibkorrektur mit fremdsprachlichen Texten

Eine wichtige Rolle für die Rechtschreib- und Grammatikprüfung spielt die Sprache eines Textes, denn sie bestimmt das Wörterbuch, das Word für den Abgleich heranzieht. Nicht umsonst wird die Sprache der aktuellen Markierung bei Word 2000 in der Statusleiste genannt (neben dem Symbol des Wörterbuchs) und auch im Dialogfenster der Rechtschreibprüfung im Feld *Wörterbuchsprache* angezeigt und zur Auswahl gestellt. In der Standardeinstellung bestimmt Word die Sprache selbstständig. Sofern Sie Ihren Text komplett in Deutsch abfassen, müssen Sie sich um das Thema deshalb keine Gedanken machen. Verfassen Sie jedoch fremdsprachliche Texte oder Dokumente mit fremdsprachlichen Einschüben, müssen Sie Word mitunter ein wenig auf die Sprünge helfen, damit es nicht zum falschen Wörterbuch greift und deshalb lauter Rechtschreibfehler wittert:

1. Markieren Sie zunächst den Textteil, der nicht in Deutsch verfasst ist.
2. Rufen Sie den Befehl *Extras/Sprache/Sprache bestimmen* auf und wählen Sie eine der angebotenen Sprachen aus der Auswahlliste unter *Ausgewählten Text markieren als* aus. Allerdings beherrscht Word nur für die Einträge, denen ein kleines Häkchen vorangeht, auch die Rechtschreibung, die dann in der gewählten Sprache erfolgt. Textteile in einer Sprache, für die Word keine Rechtschreibung beinhaltet, werden bei der Rechtschreibprüfung einfach ignoriert.

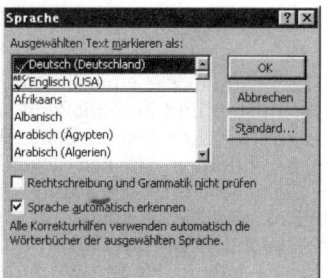

Abbildung 6.5:
Die ausgewählte Sprache bestimmt das Wörterbuch für die Rechtschreibprüfung eines Textteils.

Die Arbeit mit Wörterbüchern

Obwohl Word bereits von Haus aus ein umfangreiches Wörterbuch mitbringt, das den größten Teil des Alltagsvokabulars abdeckt, werden Sie bei der Rechtschreibkorrektur immer wieder auf Wörter stoßen, die zwar korrekt geschrieben, Word aber dennoch unbekannt sind. Dies gilt vor allem für Eigennamen und Fachvokabular aus dem technischen, medizinischen oder juristischen Bereich. Sofern diese Begriffe in Ihren Texten regelmäßig auftauchen, macht es deshalb Sinn, sie in das Benutzerwörterbuch zu übernehmen. Denn dadurch werden sie bei der Rechtschreibprüfung nicht mehr nachgefragt, und Sie sind deshalb schneller mit der Überprüfung des Dokuments fertig. In diesem Zusammenhang wurde bereits die *Hinzufügen*-Schaltfläche vorgestellt, mit deren Hilfe Begriffe im Rahmen der Rechtschreibkorrektur zum Benutzerwörterbuch hinzugefügt werden können.

Problematisch wird es allerdings, wenn Sie einmal versehentlich ein doch falsch geschriebenes Wort in das Benutzerwörterbuch übernehmen, weil Word von da an die falsche Schreibweise akzeptiert und Sie nicht mehr darauf aufmerksam macht. Deshalb bietet Word eine Möglichkeit, auch noch nachträglich auf den Inhalt des Benutzerwörterbuchs einzuwirken.

So editieren Sie ein Wörterbuch

1. Rufen Sie den Befehl *Extras/Optionen* auf und wechseln Sie in das Register *Rechtschreibung und Grammatik*. Betätigen Sie anschließend die Schaltfläche *Wörterbücher*.
2. Es erscheint der folgende Dialog, der als Ausgangspunkt zur Verwaltung und Bearbeitung der Wörterbücher dient. Wählen Sie unter *Benutzerwörterbücher* bitte das Wörterbuch aus, das Sie editieren möchten, und betätigen Sie anschließend die Schaltfläche *Bearbeiten*.

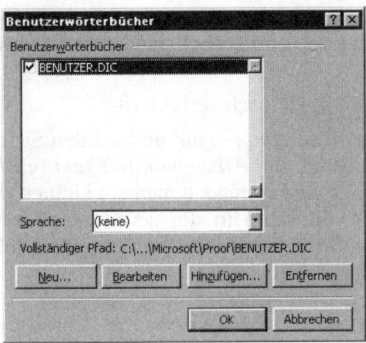

Abbildung 6.6:
Dialog zur
Verwaltung der
Benutzerwörterbücher

3. Word öffnet daraufhin ein neues Textfenster und lädt darin das gewünschte Wörterbuch, das Sie danach wie gewöhnlichen Text bearbeiten und anschließend speichern können. Beachten Sie bitte, dass jeder Absatz ein **richtig** geschriebenes Wort verkörpert. Indem Sie einzelne Absätze löschen, entfernen Sie den jeweiligen Begriff dadurch aus dem Wörterbuch, genau wie Sie neue Wörter von Hand hinzufügen können. An der alphabetischen Reihenfolge müssen Sie sich dabei nicht stören, die stellt Word später wieder automatisch ein, nachdem Sie das Dokument auf dem gewohnten Wege gespeichert und geschlossen haben. Ist Ihr Wörterbuch zunächst leer, bedeutet das nichts anderes, als dass bislang keine Begriffe zum Wörterbuch hinzugefügt wurden (siehe Abbildung 6.7).

Hinzufügen weiterer Wörterbücher

Im Dialog für Benutzerwörterbücher (*Extras/Optionen/Rechtschreibung und Grammatik/Wörterbücher*) besteht die Möglichkeit, neue Wörterbücher anzulegen bzw. weitere Benutzerwörterbücher einzubinden. Sinn macht das besonders, wenn Sie im Team arbeiten und alle Teammitglieder neben ihrem eigenen, privaten Wörterbuch *BENUTZER.DIC* auch auf identische Wörterbücher mit speziellem Fachvokabular zurückgreifen sollen.

In diesem Zusammenhang müssen Sie wissen, dass es sich bei Wörterbüchern um ganz normale Word-Dateien handelt, die sich lediglich anhand der Dateinamenerweiterung *.DIC* als Wörterbücher zu erkennen geben. Abgelegt werden sie standardmäßig in dem Verzeichnis *c:\windows\anwendungsdaten\microsoft\proof*, von wo aus auch die anderen Office-Anwendungen im Rahmen ihrer jeweiligen Rechtschreibkorrektur auf diese Wörterbücher zurückgreifen.

Abbildung 6.7:
Bearbeitung des Benutzerwörterbuchs als Dokument

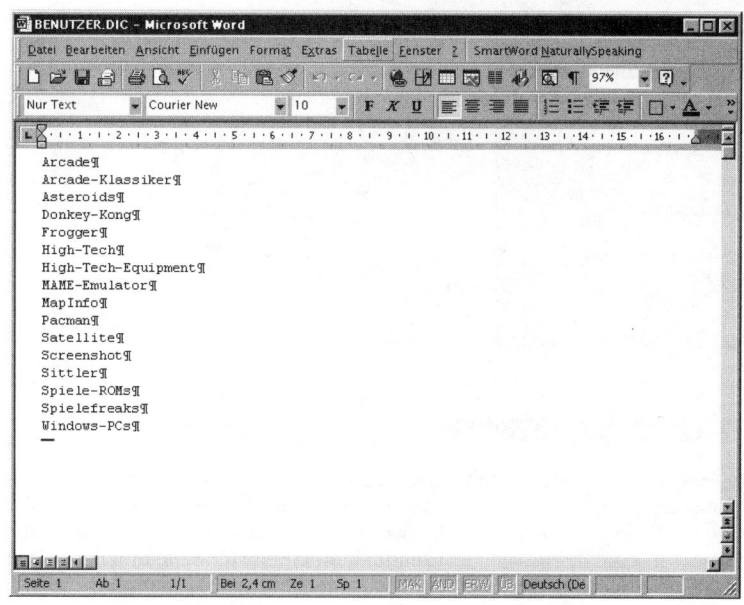

Wenn Sie im Dialog der Benutzerwörterbücher auf *Neu* drücken, öffnet sich ein Dateidialog, in dem Word dieses Verzeichnis vorgibt und Sie auffordert, einen Namen für das neue Wörterbuch vorzugeben. Anschließend wird das neue Wörterbuch geöffnet, so dass Sie darin auch manuell Eintragungen vornehmen können.

Abbildung 6.8:
Dialog zum Erstellen eines neuen Wörterbuchs

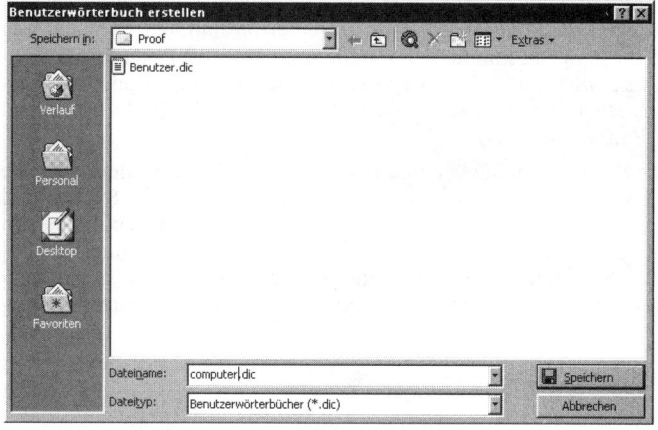

Erhalten Sie ein Wörterbuch von einem anderen Teammitglied, kopieren Sie es bitte zunächst in dieses Verzeichnis und klicken im Dialog der *Benutzerwörterbücher* anschließend auf *Hinzufügen*. Wiederum öffnet sich ein Dateidialog, über den Sie das gewünschte Wörterbuch wählen können. Dadurch wird es im *Benutzerwörterbuch*-Dialog in die Liste der Einträge aufgenommen. Möchten Sie ein Wörterbuch später wieder entfernen, wählen Sie es hier einfach aus und entfernen es anschließend über die gleichnamige Schaltfläche.

Effizientes Arbeiten mit Word

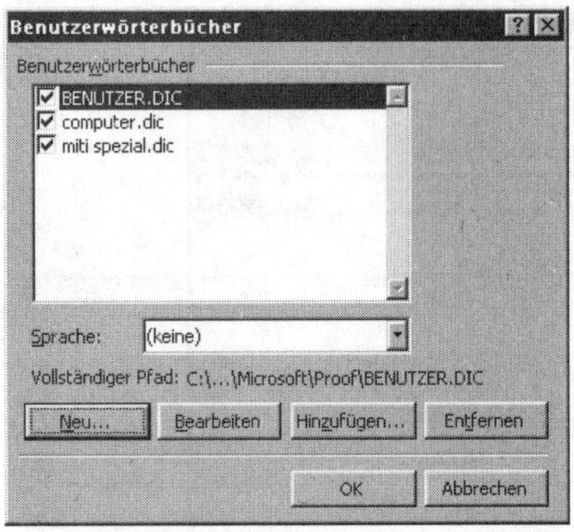

Abbildung 6.9:
Mehrere aktive Wörterbücher im Einsatz

Suchen und Ersetzen

Eine wichtige Rolle bei der Textverarbeitung mit dem Computer spielen die Funktionen Suchen und Ersetzen. Suchen dient dazu, bestimmte Textstellen wiederzufinden. Vor allem bei längeren Dokumenten (mehr als zwei oder drei Seiten) geht das über die *Suchen*-Funktion oft schneller, als sich erst schnelllesend Seite für Seite durch den Text zu blättern. Um die Suchefunktion nutzen zu können, muss man allerdings relativ genau wissen, wonach man sucht und ein möglichst einmaliges Wort für die Suche vorgeben. Sonst findet Word nämlich eine ganze Reihe passender Stellen, die man erst an sich vorüberziehen lassen muss, bis man auf die gewünschte Stelle trifft.

Eine Abwandlung der *Suchen*-Funktion ist das Ersetzen. Hier geht es darum, vorgegebenen Text zu finden und diesen durch anderen Text zu ersetzen. Wenn man immer wieder das gleiche Wort oder eine ähnliche Zeichenfolge ändern muss, kann das sehr viel Zeit sparen.

In beiden Fällen kann Word nicht nur nach Text suchen, sondern auch nach Formatierungen. Entweder in der Kombination ein Wort mit einer bestimmten Formatierung oder alle Textstellen mit einer bestimmten Formatierung. Und weil man auch beim Ersetzen Formatierungen angeben kann, lassen sich via Ersetzen sogar komplette Formatierungen ersetzen, beispielsweise alle Textstellen, die in Arial 10 Punkt fett formatiert sind, in Arial 14 Punkt kursiv.

In Word finden Sie die Befehle zum Suchen und Ersetzen im *Bearbeiten*-Menü. Wer sie öfters einsetzt, wird ihre Kurzwahltasten zu schätzen wissen: [Strg]+[F] für Suchen und [Strg]+[H] für Ersetzen. Obwohl man sie separat aufrufen kann, teilen sich die beiden Befehle einen Dialog, in dem auch der *Gehezu*-Befehl untergebracht ist. Innerhalb des Dialogs wird jeder Befehl durch ein eigenes Register repräsentiert, so dass Sie auch noch nach Befehlsaufruf zwischen *Suchen*, *Ersetzen* und *Gehezu* umschalten können.

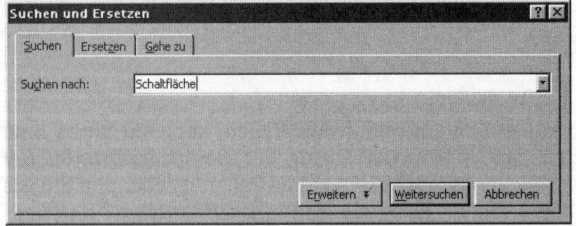

Abbildung 6.10:
Der Suchen-Dialog, *aus dem heraus Sie auch direkt in den* Ersetzen-Dialog *wechseln können*

Die Rolle der Markierung

Sowohl für das Suchen als auch das Ersetzen spielt die Markierung beim Befehlsaufruf eine wichtige Rolle. Ist nämlich ein Bereich im aktuellen Dokument markiert, bezieht sich die Suche bzw. das Ersetzen nur auf diesen Bereich. Der Rest des Textes bleibt also unberührt, und es wird dort auch nicht nach Fundstellen gesucht. Ist jedoch kein Text markiert, bezieht sich die Suche bzw. das Ersetzen auf das gesamte Dokument, wobei Word mit der Suche an der aktuellen Position der Einfügemarke startet. Von dort arbeitet es sich zunächst bis zum Ende des Dokuments vor, um dann an den Anfang zu springen und seine Suche bis zum Erreichen der Einfügemarke fortzusetzen.

Das Suchergebnis

Wird Word bei der Suche nicht fündig, präsentiert es eine entsprechende Meldung.

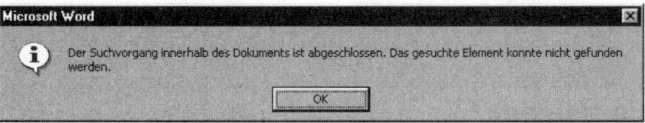

Abbildung 6.11:
Word hat keine weiteren Fundstellen mehr entdeckt.

Konnte der gesuchte Begriff jedoch gefunden werden, holt Word den jeweiligen Ausschnitt in das Textfenster, setzt die Einfügemarke auf die Fundstelle und markiert den Begriff. Sie können ihn dadurch sehr leicht löschen oder sich von dort aus weiter im Text bewegen. Den *Suchen*-Dialog schließt Word deshalb aber nicht, auch wenn es sich bemüht, ihn so im Word-Fenster zu positionieren, dass Sie die Fundstelle gut erkennen können. Denn über die *Weitersuchen*-Schaltfläche des Dialogs können Sie jederzeit nach einer weiteren Fundstelle suchen, und solange Sie sich innerhalb dieses Dialogs befinden, genügt der Druck auf ⏎, um die Weitersuche zu starten. Erst beim Druck auf *Abbrechen* oder dem Schließen des Dialogs verschwindet er vom Bildschirm.

TIPP Auch nach Abschluss einer Suche können Sie jederzeit nach weiteren Fundstellen für den letzten Suchbegriff fahnden. Word kennt dazu die Tastenkombination ⇧+F4, die die letzte Suche von der aktuellen Position im Text aus wiederholt, ohne deshalb gleich den *Suchen*-Dialog zur Anzeige zu bringen. Noch gezielter wirken Strg+Bild↑ (letzte Suche in Richtung Dokumentstart wiederholen) und Strg+Bild↓ (letzte Suche in Richtung Dokumentende wiederholen).

Suchoptionen

Die Suche lässt sich verfeinern, indem man Suchoptionen einstellt oder ein bestimmtes Format vorgibt. Klicken Sie im *Suchen*-Dialog dazu auf die Schaltfläche *Erweitern*. Word präsentiert Ihnen daraufhin einige Suchoptionen, die Ihnen helfen können, die Anzahl der gefundenen Stellen weiter einzugrenzen, damit Sie möglichst schnell zu der tatsächlich gesuchten Stelle im Text gelangen. Hier ein Überblick.

Tabelle 6.2:
Die Bedeutung der wichtigsten Suchoptionen

Optionen	Bedeutung
Suchen	Normalerweise durchsucht Word das gesamte Dokumente von der aktuellen Position aus. Hier jedoch können Sie einstellen, dass Word von der aktuellen Position aus nur bis zum Anfang oder bis zum Ende des Dokuments suchen soll. Sinn macht das insbesondere bei langen Dokumenten, deren Durchsuchen eine gewisse Zeit in Anspruch nimmt, während Sie schon relativ genau wissen, ob sich die gesuchte Stelle oberhalb oder unterhalb der Markierung befindet. ▶

Optionen	Bedeutung
Groß-/Kleinschreibung	Normalerweise ignoriert Word bei der Suche die Groß- und Kleinschreibung, findet bei der Suche nach »susi« also auch »SUSI«, »Susi« und alle anderen Schreibweisen. Mit dieser Option können Sie das jedoch unterdrücken und dafür sorgen, dass Word nur nach genau der Schreibweise Ausschau hält, die Sie vorgeben.
Nur ganzes Wort	Normalerweise begnügt sich Word damit, wenn es den gesuchten Text als Teil eines Wortes findet. Über diese Option veranlassen Sie jedoch, dass der Suchbegriff nur als einzelnes, quasi »freistehendes« Wort gefunden wird.

TIPP

Gerade bei der Erstellung umfangreicher Dokumente geschieht es immer wieder, dass an einem Punkt noch einzelne Informationen fehlen oder Details offen bleiben müssen. Unser Tipp: Kennzeichnen Sie derartige Stellen im Text durch eine eindeutige Zeichenfolge, die sonst nicht vorkommt, beispielsweise durch +++. Über die *Suchen*-Funktion können Sie diese »Tretminen« im Text später leicht und sehr gezielt wiederfinden und sich vor der Weitergabe an Dritte vergewissern, dass keine mehr übriggeblieben ist.

Suche mit Sonderzeichen

Word gestattet nicht nur die Suche nach herkömmlichen Text. Auch die Sonderzeichen für die Absatz- und Zeilenumschaltung, geschützte Leerzeichen und Bindestriche sowie Grafiken, Felder und Objekte lassen sich auf diese Weise suchen und finden. Klicken Sie im *Suchen*-Dialoge dazu erst einmal auf *Erweitern*, anschließend auf *Sonstiges*. Es erscheint eine Liste der Sonderzeichen, die Sie durch Anklicken in das Feld *Suchen nach* übernehmen können.

Dort erscheinen Sie als ein »Escape-Sequenz«, wie das der Fachmann nennt, nämlich als Kombination aus einem Hütchen und einem Zeichen. Das Hütchen bedeutet dabei soviel wie: Jetzt kommt der Code für ein Sonderzeichen, und das Zeichen selbst zeigt dann an, was man sucht. Weil das Hütchen dadurch eine spezielle Bedeutung bekommt, muss man es selbst auch als Escape-Sequenz eingeben, wenn man danach suchen will – als ^^ nämlich.

HINWEIS

In Word 2000 wurden die Escape-Sequenzen gegenüber vorangegangenen Versionen von Deutsch auf Englisch umgestellt, was auch für andere Elemente wie etwa die Namen von Feldfunktionen gilt. Hintergrund ist der Wunsch, eine Vereinheitlichung zwischen den verschiedenen Länderversionen von Office herbeizuführen. Statt ^a für *Absatzmarke* heißt es jetzt deshalb beispielsweise ^p für *Paragraph*.

Sonderzeichen	Escape-Sequenz	Einsatz beim Suchtext möglich	Einsatz beim Ersetzentext möglich
Absatzmarke	^p	✓	✓
Tabstoppzeichen	^t	✓	✓
Spaltenwechselmarke	^n	✓	✓
Manuelle Zeilenwechselmarke	^l	✓	✓
Manuelle Seitenwechselmarke	^m	✓	✓
Abschnittswechselmarke	^b	✓	
ANSI- oder ASCII-Zeichen	^0nnn mit nnn = Zeichencode (z.B. ^0092 = \)	✓	✓
Hütchen	^^	✓	✓

Tabelle 6.3: Sonderzeichen für Suchen und Ersetzen

Sonderzeichen	Escape-Sequenz	Einsatz beim Suchtext möglich	Einsatz beim Ersetzentext möglich
Inhalt der Zwischenablage	^c		✓
Grafik	^g	✓	
Langer Gedankenstrich	^+	✓	✓
Gedankenstrich	^=	✓	✓
Geschütztes Leerzeichen	^s	✓	✓
Geschützter Trennstrich	^~	✓	✓
Bedingter Trennstrich	^-	✓	✓
Beliebiges Zeichen	^?	✓	
Beliebige Ziffer	^#	✓	
Beliebiger Buchstabe	^$	✓	

Man kann die Sonderzeichen einerseits singulär nutzen, beispielsweise um einen zuvor manuell gesetzten Seitenwechsel innerhalb des Dokuments wiederzufinden (^m). Meistens ist man allerdings nicht primär an diesen Zeichen, sondern an ihrer Kombination mit Text oder andern Sonderzeichen interessiert. So findet der Suchtext »^aVorschlag« nur alle jene Instanzen des Wortes Vorschlag, die am Anfang eines Absatzes stehen, denen also eine Absatzmarke (das Ende des vorangegangenen Absatzes) vorausgeht. Wertvolle Hilfe leisten die Sonderzeichen aber auch im Rahmen der *Ersetzen*-Operation, wie ein Praxisbeispiel auf den kommenden Seiten zeigen wird.

Suche mit Formaten

Ein ganz anderes Thema ist die Suche nach Formaten. Entweder einen bestimmten Text, der gleichzeitig ein bestimmtes Format aufweisen muss, oder beliebigen Text, der nur die einzige Bedingung erfüllt, dass er mit dem vorgegeben Format formatiert wurde. Sicherlich eher eine Spezialfunktion von Word, doch wer viel mit Text arbeitet und Wert auf ansprechende Formatierung legt, dem kommt sie manchmal gelegen. Beispielsweise, um Text zu finden, der mit einer bestimmten Formatvorlage formatiert ist.

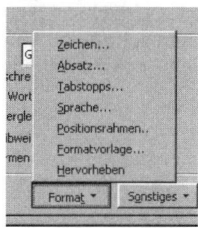

Abbildung 6.12: Auswahl des Formats, nach dem gesucht werden soll

Zu den *Format*-Einstellungen gelangen Sie, indem Sie den *Suchen*-Dialog zunächst *Erweitern* und anschließend auf die *Format*-Schaltfläche klicken. Es erscheint ein Menü mit einer Liste der Formateinstellungen, nach denen Sie suchen können. Wählen Sie einen der Einträge durch Klicken an, erscheint auf dem Bildschirm der gleiche Dialog, der auch beim Aufruf des korrespondierenden Menübefehls aus dem *Format*-Menü erscheint, etwa für die Suche nach Zeichenformaten, wie im folgenden Bild.

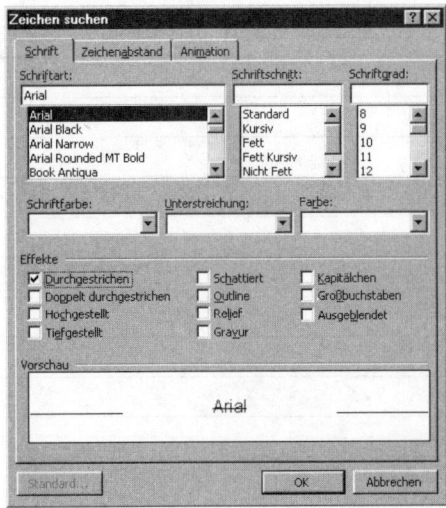

*Abbildung 6.13:
Sieht aus wie der Dialog von Format/Zeichen, dient aber zur Einstellung der gesuchten Zeichenformate.*

Im Unterschied zu den sonstigen Gepflogenheiten sind die verschiedenen Dialogfelder hier zunächst leer bzw. deaktiviert. Denn erst durch die Auswahl beispielsweise von Schriftart, Größe oder Attribut signalisieren Sie Word, dass es auf die jeweilige Einstellung ankommt. Wo nichts eingetragen wird, zählt das jeweilige Attribut bei der Suche einfach nicht. Füllt man mehrere Felder aus, wirkt das wie eine UND-Verknüpfung, d.h., der gesuchte Text muss beispielsweise in Arial formatiert und durchgestrichen sein.

Nach dem Schließen des Dialogs führt Word die eingestellten Formatattribute unter dem Feld *Suchen nach* auf. Sie bleiben dort und wirken für alle weiteren Suchen, bis Sie *Keine Formatierung* anklicken und die Einstellungen für die Formatierung dadurch wieder löschen.

Ersetzen ganz einfach

Das Ersetzen ist die konsequente Weiterentwicklung des Suchens, ganz nach dem Motto: erst finden, dann austauschen. Entweder in einem Rutsch für das ganze Dokument bzw. die Markierung oder mit individueller Bestätigung für jedes einzelne Ersetzen durch den Anwender. Die nahe Verwandtschaft zum Suchen macht schon der Aufbau des *Ersetzen*-Dialogregisters deutlich. Nur ein Eingabefeld für den Ersatztext sowie die Schaltflächen *Ersetzen* und *Alle ersetzen* sind hinzugekommen.

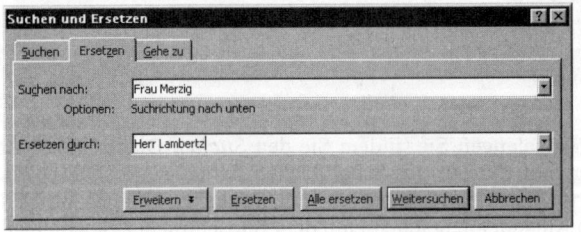

*Abbildung 6.14:
Der* Ersetzen-*Dialog*

Für den Ersatztext lassen sich genau wie für den Suchtext Formateinstellungen und Sonderzeichen eingeben. Soll der Ersatztext mit einem bestimmten Format versehen werden, klicken Sie zunächst in das Feld *Ersetzen durch* und anschließend auf *Format*. Wollen Sie ein zuvor definiertes Format wieder loswerden, bedienen Sie sich wiederum der Schaltfläche *Keine Formatierung*.

Haben Sie alles eingestellt, können Sie Word automatisch alle Fundstellen in der aktuellen Markierung bzw. dem gesamten Dokument suchen lassen, indem Sie auf *Alle ersetzen* klicken. Zur Sicherheit empfiehlt es sich jedoch, erst einmal einzelne Stellen manuell zu ersetzen, denn so erkennt man, ob der Suchtext vielleicht nicht explizit genug ist, um alle gesuchten Stellen zu erfassen. Mit *Weitersuchen* fahnden Sie dabei nach der nächsten Stelle im Text, die Word daraufhin zur Anzeige bringt, ohne den Dialog zu entfernen. Spätestens hier empfiehlt es sich allerdings, die Erweiterung des Dialogs zurück zu nehmen, denn sonst sieht man evtl. nicht genug vom Text. Klicken Sie anschließend auf *Ersetzen*, wird der markierte Text ersetzt und gleichzeitig die nächste Fundstelle zur Anzeige gebracht, sofern das Dokument noch nicht komplett durchsucht wurde. Klicken Sie jedoch gleich auf *Weitersuchen*, unterbleibt das Ersetzen. Sie können also in jedem Fall bestimmen, ob die jeweilige Fundstelle ersetzt wird oder nicht. Viel schneller geht´s natürlich mit *Alle ersetzen*, doch dann werden Sie eben auch nicht gefragt.

TIPP Vor allem beim Austausch von Textpassagen mit *Alle ersetzen* kann leicht einmal etwas schiefgehen, wenn der gesuchte Text doch öfters und noch in anderen Kombinationen vorkommt, als man sich das vorgestellt hat. Bemerkt man das Missgeschick, lässt es sich jedoch einfach beheben, nämlich über *Bearbeiten/Rückgängig*.

So werden Sie doppelte Leerzeilen los

Ein schönes Beispiel für das Ersetzen mit Sonderzeichen ist das Löschen doppelter Leerabsätze. Wer sich mit Word nicht auskennt oder Text mit einem anderen Textprogramm erstellt, ist manchmal geneigt, am Ende eines Absatzes zweimal ⏎ zu drücken, um eine Leerzeile zum nachfolgenden Absatz einzufügen. Bei der späteren Formatierung mit Word machen solche Absätze nur Ärger, weil man in der Regel gleich das Absatzformat mit einem Absatzendeabstand versieht. So erhält man ungewollt zwei Leerzeilen, die man gerne wieder los wäre. Und das geht so:

1. Geben Sie bitte ein paar Wörter in ein leeres Dokument ein, drücken Sie anschließend zweimal ⏎ und wiederholen Sie den gesamten Vorgang einige Male.

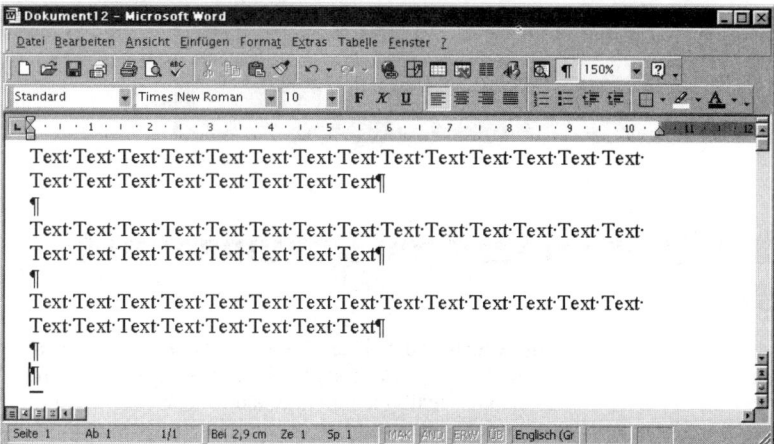

Abbildung 6.15:
Doppelte Leerzeilen – das muss nicht sein!

2. Jetzt geht´s ans Ersetzen. Drücken Sie bitte [Strg]+[H], die Kurzwahltaste für *Bearbeiten/Suchen*. Grundsätzlich gilt: Ein doppelter Absatzwechsel wird durch die Zeichenkombination ^p^p repräsentiert, ein einfacher durch ^p. Die Zeichen können Sie einerseits von Hand in die Felder für das Suchen und Ersetzen eintippen, wobei Sie beachten müssen, dass Sie erst [^] und dann [___] drücken, um ein Hütchen einzugeben. Das *p* geben Sie anschließend wie gewohnt ein. Oder Sie bedienen sich gleich bei der Schaltfläche *Sonderzeichen* und wählen *Absatzmarke*. Am Ende sollte die Dialogmaske des *Suchen*-Befehls wie folgt aussehen.

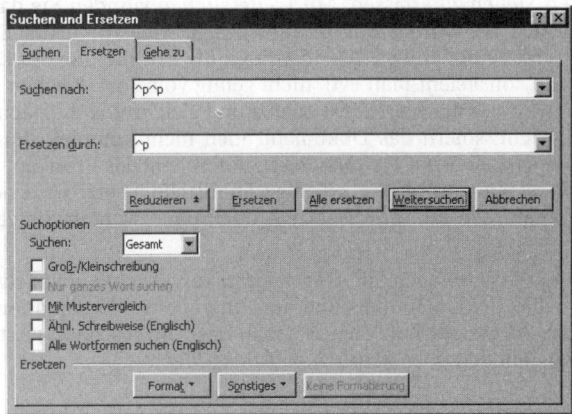

Abbildung 6.16:
Eingabe des
Suchen- und
Ersetzen-Textes

3. Jetzt können Sie mit *Weitersuchen* die erste Stelle im Text suchen und auf Wunsch über *Ersetzen* austauschen. Sie sehen, wie doppelte Absatzwechsel zugunsten eines einfachen ersetzt werden. Wenn Sie sich davon überzeugt haben, wählen Sie *Alle ersetzen* und schließen Sie die Dialogmaske anschließend.

4. Alle doppelten Absatzwechsel sind jetzt verschwunden. Dreifache jedoch sind lediglich zu zweifachen geworden. Wollen Sie auch die noch beseitigen, drücken Sie einfach [⇧]+[F4], um die Ersetzenoperation zu wiederholen und machen Sie das so oft, bis Word meldet, dass 0 Ersetzungen vorgenommen wurden. Dann sind auch die letzten doppelten Absatzwechsel aus Ihrem Dokument verschwunden.

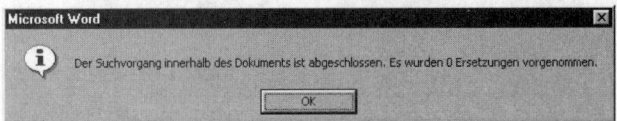

Abbildung 6.17:
Jetzt wurden
auch alle drei-
und vierfachen
Absatzwechsel
beseitigt.

Schneller zum fertigen Dokument mit AutoText

Eine wunderbare Einrichtung, die Ihnen bei der Eingabe von Briefen und anderen Dokumenten viel Zeit und Tipparbeit ersparen kann, ist der AutoText. Dahinter verbirgt sich das Konzept vorgefertigter Textbausteine, die man mit wenigen Handgriffen definieren und anschließend immer wieder auf Knopfdruck in ein Dokument einfügen kann. Jenseits des textlichen Inhalts kann ein AutoText dabei weitere Elemente beinhalten, dazu zählen Formatierungen, Grafiken, Tabellen und sogar vorpositionierte Textfelder, damit der AutoText gleich auf einer bestimmte Position der Seite erscheint. Neben simplen Grußformeln (»Sehr geehrte Damen und Herren«, »Mit freundlichen Grüßen«) lassen sich dadurch auch komplexe Elemente als AutoText speichern, beispielsweise Daten zu einer Bankverbindung, die grundsätzlich am unteren Rand einer Seite erscheinen sollen.

Definition und Anwendung von AutoText-Einträgen

Ausgangspunkt für die Definition eines neuen AutoText-Eintrags ist in der Regel die Feststellung, dass ein bestimmter Text immer wieder in Ihren Dokumenten auftaucht. Beispielsweise eine Grußformel mit Ihrem Namen und Titel am Ende eines Dokuments. So erstellen Sie daraus einen AutoText-Eintrag.

1. Öffnen Sie ein Dokument mit dem Text, der als AutoText definiert werden soll, oder geben Sie den Text in einem leeren Dokument ein. Markieren Sie anschließend den Text.

Abbildung 6.18:
Der markierte Text soll in einen AutoText verwandelt werden.

2. Drücken Sie nun [Alt]+[F3], damit der folgende Dialog zur Definition des AutoTexts erscheint. Als Namen gibt Word die ersten Wörter aus dem Text vor, doch wählen Sie stattdessen das prägnante Kürzel *mfg* und schließen Sie den Dialog anschließend über *OK*.

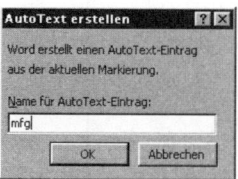

Abbildung 6.19:
Hier bestimmen Sie den Namen des AutoTexts.

3. Schon ist Ihr AutoText einsatzbereit. Öffnen Sie ein neues leeres Dokument und geben Sie dort den AutoText-Namen *mfg* ein. Um Word zu veranlassen, dass *mfg* durch den zugehörigen AutoText zu ersetzen, drücken Sie anschließend [F3]. Wichtig ist, dass die Einfügemarke dabei unmittelbar hinter dem *mfg* steht, denn sonst erkennt Word den gewünschten AutoText nicht.

4. Einmal definierte AutoTexte lassen sich beliebig oft einsetzen. Ändert sich nach einer Zeit etwas am gewünschten Inhalt, können Sie den AutoText problemlos unter dem gleichen Namen neu definieren. Markieren Sie dazu wiederum den Text, der als AutoText festgehalten werden soll, und drücken Sie anschließend erneut [F3]. Geben Sie jetzt als AutoText-Namen den gleichen wie zuvor an. Word fragt Sie daraufhin, ob Sie den alten Text ersetzen möchten, und wenn Sie das bejahen, wird der neue Text anstelle des alten gespeichert.

HINWEIS

AutoText kann aus einzelnen Wörtern oder kompletten Absätzen bestehen. Wichtig ist in diesem Zusammenhang, dass Word das Absatzformat des AutoTextes beim Einfügen nur übernimmt, wenn die Absatzmarke bei der Definition des AutoTextes in der Markierung enthalten war. Ohne die Absatzmarkierung wird der AutoText in den aktuellen Absatz eingefügt, ohne dessen Absatzformatierung zu ändern. Zeichenformate (fett, Schrift etc.) werden jedoch in jedem Fall berücksichtigt.

AutoText-Einträge auswählen

Das Einfügen eines AutoTexts über die F3 -Taste funktioniert nur, wenn man das Kürzel des AutoTextes kennt. Wenn nicht, bedient man sich am besten des Menüs *Einfügen/AutoText*. Es klappt ein weiteres Menü auf, in dem die verfügbaren AutoTexte als Menüs aufgeführt werden. In diesem Zusammenhang müssen Sie wissen, dass Word bereits eine große Zahl von vordefinierten AutoText-Einträgen mitbringt, die Sie löschen oder um Ihre eigenen AutoTexte erweitern können. Die Einträge werden dabei nach dem Absatzformat gruppiert, das sie tragen. Das ist auch der Grund, warum Sie den oben definierten AutoText *mfg* unter *Standard* finden werden. Durch Anwahl eines der aufgeführten AutoTexte wird dessen Inhalt automatisch an der aktuellen Position der Einfügemarke in den Text eingefügt. Beachten Sie bitte, dass eine evtl. bestehende Markierung dabei durch den AutoText ersetzt wird, genau wie dies beim Einfügen von Elementen aus der Zwischenablage der Fall ist.

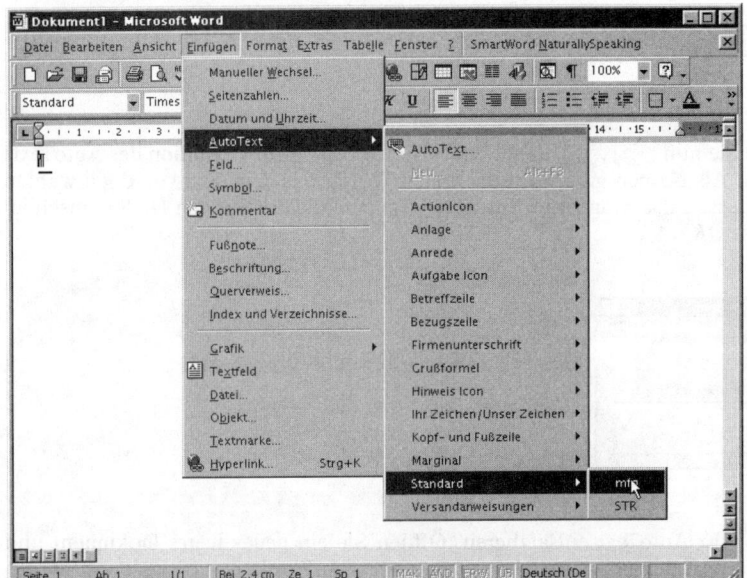

Abbildung 6.20:
Auswahl von AutoTexten über das Menü Einfügen/AutoText

TIPP

Wenn Sie regelmäßig mit AutoText arbeiten und dabei auf viele unterschiedliche AutoText-Einträge zurückgreifen möchten, werden Sie die spezielle *AutoText*-Symbolleiste zu schätzen wissen. Sie bietet Ihnen schnellen Zugriff auf alle verfügbaren AutoText-Einträge, so dass Sie nicht den Weg über das Menü *Einfügen/AutoText* wählen müssen. Am einfachsten erhalten Sie diese Symbolleiste, indem Sie mit der rechten Maustaste auf eine der bereits angezeigten Symbolleisten klicken und aus dem dann erscheinenden Auswahlmenü für die anzuzeigenden Symbolleisten den Eintrag *AutoText* auswählen.

Abbildung 6.21:
Die Symbolleiste
AutoText

Der AutoText-Dialog

AutoText

Alle Möglichkeiten im Zusammenhang mit AutoText-Einträgen bietet Ihnen der *AutoText*-Dialog, den Sie entweder über den Befehl *Einfügen/AutoText/AutoText* öffnen oder über die erste Schaltfläche aus der *AutoText*-Symbolleiste. Hier können Sie AutoText-Einträge auswählen, um sie zu löschen (*Löschen*), ihren Inhalt in das aktuelle Dokument einzufügen (*Einfügen*) oder einen neuen AutoText-Eintrag zu definieren (*Hinzufügen*), sofern beim Aufruf des Dialogs Text oder andere Elemente markiert waren.

Abbildung 6.22:
Der AutoText-
Dialog

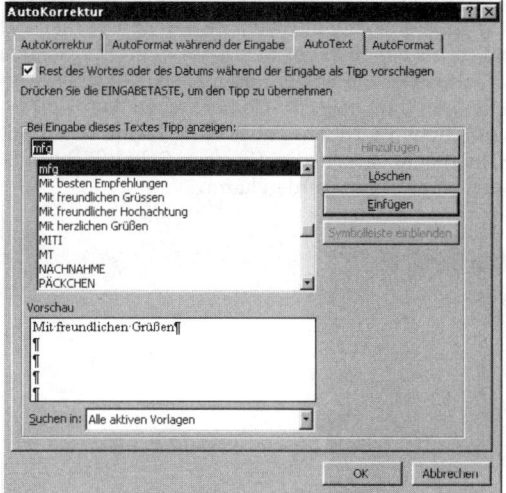

Beachten Sie bitte das Kontrollkästchen *Rest des Wortes oder des Datums während der Eingabe als Tipp vorschlagen*. Sobald Sie diese Option aktivieren, denkt Word bei der Eingabe von Text mit und versucht jeweils einen AutoText zu finden, dessen Name zum aktuell eingegebenen Wort passt. Dieser wird dann als gelber Tipp angezeigt. Drücken Sie daraufhin die ⏎-Taste, versteht Word das als Aufforderung, den Inhalt des zugehörigen AutoTextes einzufügen.

AutoKorrektur oder: Wie man AutoText-Einträge automatisch einfügt

Die ultimative Form der Arbeit mit AutoText schimpft sich AutoKorrektur und fällt mit dem gleichnamigen Feature aus der Rechtschreibkorrektur zusammen. So, wie dort fehlerhafte Wörter automatisch durch die richtige Rechtschreibung ersetzt werden, lassen sich auch die Namen von AutoText-Einträgen bei der Eingabe automatisch in den Text des zugehörigen AutoText-Eintrags umsetzen. Allerdings ist dazu ein kleiner Umweg notwendig.

1. Markieren Sie zunächst den Text, der automatisch eingesetzt werden soll, genau wie vor der Definition eines AutoTextes. Wenn Sie den jeweiligen Text bereits als Auto-Text definiert haben, fügen Sie einfach den AutoText ein und markieren Sie den Text dann.

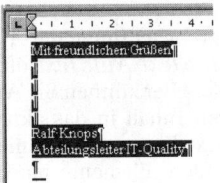

Abbildung 6.23:
Der Text, der später automatisch ersetzt werden soll

2. Rufen Sie *Extras/AutoKorrektur* auf und vergewissern Sie sich zunächst, dass das Kontrollkästchen *Während der Eingabe ersetzen* aktiviert ist. Darunter sehen Sie links das Eingabefeld *Ersetzen* und rechts daneben das Feld *Durch*. Im Eingabefeld unter *Durch* steht bereits der markierte Text, der später automatisch eingefügt werden soll. Im Feld *Ersetzen* geben Sie nun bitte *mfg* ein. Da bereits ein AutoKorrektur-Text für *mfg* existiert (»Mit freundlichen Grüßen«, aber ohne Name und Titel) tauscht Word die *Hinzufügen*-Schaltfläche gegen die *Ersetzen*-Schaltfläche aus, damit der neue Text für dieses Kürzel eingetragen werden kann.

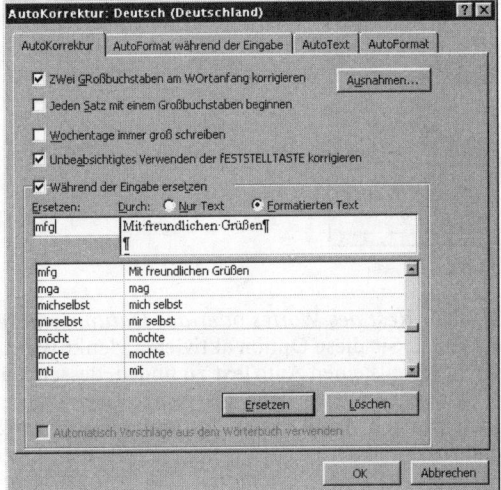

Abbildung 6.24:
Dialog zur Einstellung der AutoKorrektur

3. Betätigen Sie bitte die *Ersetzen*-Schaltfläche und schließen Sie den Dialog über *OK*.
4. Wenn Sie nun im aktuellen Dokument *mfg* eingeben und anschließend die ⏎-Taste betätigen oder ␣ eingeben, setzt Word automatisch den gespeicherten Text ein. Diese Vorgehensweise bietet also den Vorteil, dass Sie sich um AutoTexte gar keine Gedanken mehr machen müssen und deshalb auch keine Eingabe von F3 hinter dem Kürzel mehr erforderlich ist.

TIPP Je nachdem, wie Sie das Kürzel für Ihren AutoKorrektur-Text wählen, kann der Schuss auch einmal nach hinten losgehen. Dann nämlich, wenn der jeweilige Begriff in einem anderen Kontext vorkommt und gar nicht ersetzt werden soll. Word kann das jedoch nicht wissen und wird den Text gegen Ihren Willen automatisch ersetzen. Drücken Sie in diesem Fall unmittelbar nach dem (unerwünschten) Ersetzen [Strg]+[Z] oder rufen Sie *Bearbeiten/Rückgängig* auf. Dadurch kehrt der ursprüngliche Text zurück.

Das Konzept der Formatvorlagen

Die meisten Texte bestehen aus sich wiederholenden Elementen, und das gilt in der Regel auch für die Formatierung, weil man einen optisch konsistenten Eindruck vermitteln will. Um wiederkehrende Formatierung nicht mühsam von Hand einstellen oder von einem Textblock auf den anderen kopieren zu müssen, kennt Word das Konzept der Formatvorlagen. Sie dienen als Muster für die Formatierung von Zeichen und Absätzen, in dem sie die verschiedenen Einstellungen vorgeben, die man sonst manuell festlegen muss. Indem man einem markierten Textblock eine Formatvorlage zuweist, überträgt man automatisch alle Formateinstellungen auf die Markierung, die in der Formatvorlage festgehalten sind. Man trennt dabei allerdings zwischen Absatzformatvorlagen und Zeichenformatvorlagen.

Absatzformatvorlagen beinhalten all die Absatzformate, die Sie bereits in Zusammenhang mit dem Befehl *Format/Absatz* kennen gelernt haben. Also die Ausrichtung des Absatz, die Abstände zum Vorgänger und Nachfolger, die Einzüge, die Standardschrift, Rahmen und Schattierung usw. Zeichenformatvorlagen beziehen sich hingegen nur auf Zeichen, legen Schriftart und -größe, Schriftschnitt, Zeichenfarbe und all die anderen Attribute fest, die Sie aus *Format/Zeichen* kennen. Die meiste Zeit arbeitet man mit Absatzformatvorlagen, nur für die regelmäßige Hervorhebung einzelner Wörter und Passagen innerhalb von Absätzen lohnt es sich, auch Zeichenformatvorlagen anzulegen.

Einmal definiert, ist es unter Word sehr leicht, markierten Zeichen oder Absätzen vordefinierte Formatvorlagen zuzuweisen. Entweder über die *Formatvorlagen*-Auswahlliste am linken Rand der *Format*-Symbolleiste, über den Befehl *Format/Formatvorlage* oder ganz bequem über Kurzwahltasten, die sich gezielt jeder einzelnen Formatvorlage zuweisen lassen.

Allerdings gilt: Sinn macht die Definition eigener Formatvorlagen für Ihre Dokumente erst dann, wenn Sie umfangreiche oder immer wiederkehrende Dokumente zu formatieren haben. Ansonsten lohnt sich der Aufwand nicht, und Sie können besser gleich bei der manuellen Formatierung bleiben. Welche Formate konkret man definiert, hängt von der Art des Dokuments ab, typische Elemente sind jedoch Formatvorlagen für alle Arten von: Überschriften, Aufzählungen, Einschüben, Tabellen- und Bildunterschriften, Kopf- und Fußzeilen, Adressbereiche, Schlüsselwörter, Hervorhebungen, Marginalspalten und mehr.

Die vordefinierten Formatvorlagen

Auch ohne dass Sie selbst Formatvorlagen definieren, stehen jedem neu angelegten Dokument bereits einige Formatvorlagen zur Verfügung. Sie stammen aus der Dokumentvorlage *NORMAL.DOT* und spielen eine wichtige Rolle für die Formatierung von Word-Dokumenten.

Wenn Sie die Formatvorlagenauswahl in der *Format*-Symbolleiste aufklappen, erhalten Sie eine Auflistung der derzeit verfügbaren Formatvorlagen. Zeichenformatvorlagen erkennen Sie dabei an dem kleinen A rechts neben dem Formatnamen, Absatzformatvorlagen an der Absatzmarke. Ihre Bedeutung:

Formatvorlage	Aufgabe
Absatz-Standardschriftart	Sie legt die Schriftart fest, die gewöhnlicher Fließtext aufweist, solange man ihn nicht anderweitig formatiert.
Standard	Das Standardabsatzformat für Fließtext, beinhaltet die Absatz-Standardschriftart.
Überschrift 1, 2, 3	Die *Überschrift*-Absatzformatvorlagen spielen eine wichtige Rolle für die Formatierung mit Word, weil sie nicht nur das Format für Überschriften der Gliederungsebenen 1 bis 9 festlegen, sondern Word gleichzeitig erkennen lassen, wo und wie der Text durch Überschriften gegliedert ist. Das ist die Grundvoraussetzung für das Arbeiten in der Gliederungsansicht (siehe ▶ Kapitel 9) und die Anzeige der Dokumentstruktur.

Tabelle 6.4:
Übersicht über die vordefinierten Formatvorlagen

Abbildung 6.25:
Anzeige der verfügbaren Formatvorlagen

Sie können diese Formatvorlagen sowohl Abschnitten des Textes zuweisen als auch verändern, um sie mehr Ihrem Geschmack bzw. den Anforderungen des jeweiligen Dokuments anzupassen. Außerdem können Sie selbstständig neue Formatvorlagen anlegen. Mehr darüber gleich.

Der Ablageort von Formatvorlagen

Von Hand geschaffene Formatvorlagen werden ohne weiteres Zutun durch den Anwender im aktuellen Dokument abgelegt. Über das Dokument hinaus sind sie deshalb nicht bekannt. Will man sie in anderen Dokumenten verwenden, muss man das jeweilige Dokument entweder aus dem aktuellen aufbauen oder Textabsätze mit der jeweiligen Formatierung von einem Dokument ins andere kopieren (siehe dazu auch das ▶ Kapitel 4). Denn mit dem Text fließt auch die jeweilige Formatvorlage des Absatzes in das neue Dokument ein und kann dort für die Formatierung weiterer Textbereiche herangezogen werden.

Neben dem jeweiligen Dokument können Formatvorlagen jedoch auch in Dokumentvorlagen (*.DOT*-Dateien) abgelegt werden. Sie dienen als Vorlage für die Erzeugung von Dokumenten und bringen dazu gleich vorgefertigten Text, Formatvorlagen, Symbolleisten und andere Elemente mit. Der große Vorteil hier: Formatvorlagen, die man in Dokumentvorlagen ablegt, können in vielen Dokumenten genutzt werden. Sie müssen nur auf der jeweiligen Dokumentvorlage basieren. Und: Bei Veränderung der Einstellungen für eine Formatvorlage in der Dokumentvorlage ändert sich auf Wunsch automatisch die Darstellung in allen Dokumenten, die auf der jeweiligen Dokumentvorlage basieren.

So machen Sie Formate und deren Vorlagen sichtbar

Für den Einstieg in die Arbeit und Formatierung mit Formatvorlagen ist es immer günstig, wenn Sie sich am Bildschirm leicht vor Augen führen können, welche Formatierungen ein Dokument bereits aufweist. Dafür gibt es zwei Methoden: eine, die in allen Ansichtsmodi funktioniert, und eine weitere, die speziell für die Normal-Ansicht gedacht ist.

1. In jedem Ansichtsmodus von Word besteht die Möglichkeit, sich über das Format eines bestimmten Absatzes oder Zeichens zu informieren. Holen Sie sich den betroffenen Textbereich dazu erst einmal in den Sichtbereich des Textfensters und drücken Sie anschließend die Tastenkombination ⇧+F1. Der Mauszeiger wird daraufhin um ein Fragezeichen erweitert.

2. Klicken Sie nun auf das Zeichen bzw. in den Absatz im Text, dessen Format Sie in Erfahrung bringen wollen. Darauf hin erscheint die unten dargestellte Meldung. Sie nennt die Absatz- und die Zeichenformatvorlage der jeweiligen Textposition. Außerdem zeigt sie unter dem Titel »direkt« an, welche Formatierungen in Abweichung zu den jeweiligen Einstellung in der Absatz- oder Zeichenformatvorlage direkt vorgenommen wurden.

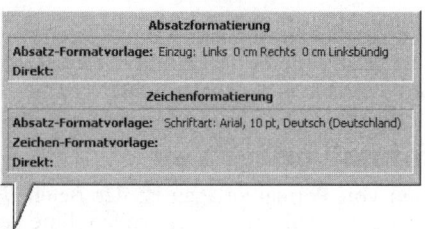

Abbildung 6.26:
Anzeige der Absatz- und Zeichenformatierung über ⇧+F1

3. Schalten Sie nun über *Ansicht/Normal* auf die Normalansicht um und rufen Sie anschließend den Befehl *Extras/Optionen* auf. Unter den verschiedenen Registern wählen Sie bitte *Ansicht* aus und stellen im Feld *Breite der Formatvorlagenanzeige*, 2 für 2 cm ein. Schließen Sie den Dialog anschließend.

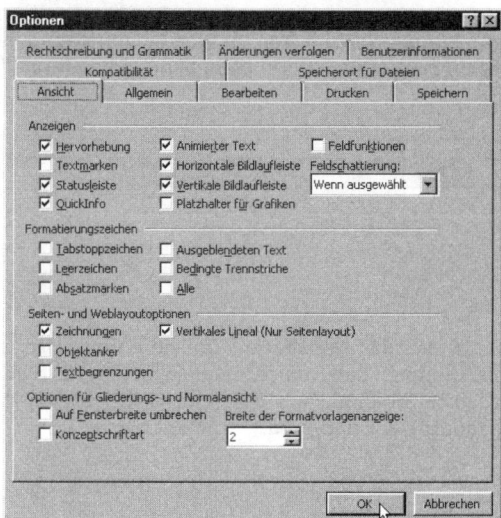

Abbildung 6.27:
Einstellung der Breite der Formatvorlagenanzeige

Effizientes Arbeiten mit Word

4. In der Normalansicht erscheint nun links neben dem Text die Formatvorlagenanzeige, die für jeden Absatz dessen Absatzformatvorlage nennt. Die schwarze Trennungslinie zwischen Text und Formatvorlagenanzeige können Sie durch Klicken und Ziehen mit der Maus breiter oder schmaler machen.

Abbildung 6.28:
Anzeige der Absatzformate über die Formatvorlagenanzeige

Wenn Sie die Formatvorlagenanzeige auf 0 geschoben und somit zum Verschwinden gebracht haben, hilft anschließend nur der erneute Weg über *Extras/Optionen/Ansicht/Breite der Formatvorlagenanzeige*, um diese wieder sichtbar zu machen.

HINWEIS

So legen Sie eigene Absatzformatvorlagen an

Für das Anlegen, Verwalten und Zuweisen von Formatvorlagen ist der Befehl *Format/Formatvorlage...* zuständig, auf den wir gleich näher eingehen wollen. Eine Reihe von Operationen im Zusammenhang mit Formatvorlagen lassen sich jedoch einfacher manuell vollziehen. Ein Beispiel dafür ist das Anlegen einer neuen Formatvorlagen, aufgrund der konkreten Bedürfnisse bei der Formatierung eines Textes.

1. Ausgangspunkt ist ein Text, in dem verschiedene wiederkehrende Elemente einheitlich formatiert werden sollen. Zunächst nimmt man sich einen solchen Absatz her und formatiert diesen manuell genau so, wie man sich das spätere Layout vorstellt. D.h. mit Ausrichtung, Einzug, Schriftart und Größe, auf Wunsch aber auch mit Rahmen, Schattierung, Aufzählung, Tabulator und allen anderen Attributen, die sich über die Befehle im *Format*-Menü konfigurieren lassen. Achten Sie nur darauf, dass die Einfügemarke vor dem nächsten Schritt auch wirklich in dem soeben formatierten Absatz steht.

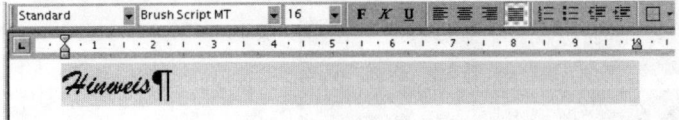

Abbildung 6.29:
Ein Format, das durch eine eigenen Formatvorlage definiert werden soll

2. Jetzt fahren Sie bitte mit der Maus über das Auswahlfeld für die Formatvorlage in der *Format*-Symbolleiste und positionieren den Maus-Cursor so, dass er als Symbol für die Texteingabe erscheint. Klicken Sie danach in das Feld, wodurch der Name der aktuellen Formatvorlage (Standard) markiert wird.

3. Geben Sie jetzt den gewünschten Namen Ihrer Formatvorlage ein und bestätigen Sie mit ⏎. Das Format des aktuellen Absatzes wird dadurch als Formatvorlage des aktuellen Dokuments unter dem angegebenen Namen gespeichert.

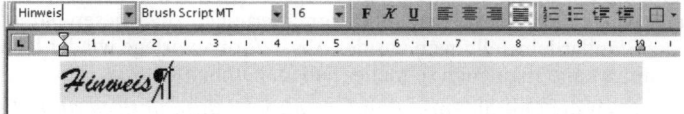

Abbildung 6.30:
Das Format wird als eigenständige Formatvorlage definiert.

4. Wie alle Formatvorlagen können Sie auch die neu angelegte sofort einsetzen. Markieren Sie dazu einfach einen oder mehrere Absätze, die bislang mit der *Standard*-Absatzformatvorlage formatiert sind. Öffnen Sie anschließend die Liste der verfügbaren Formatvorlagen über die zugehörige Schaltfläche in der *Format*-Symbolleiste. Neben den vordefinierten Formatvorlagen sehen Sie hier jetzt auch die von Ihnen angelegte Formatvorlage. Klicken Sie sie mit der Maus an, um den markierten Absätzen dieses Format zuzuweisen.

Abbildung 6.31:
Anzeige der verfügbaren Formatvorlagen

Nachträgliches Ändern von Absatzformatvorlagen

Einmal definierte Absatzformatvorlagen lassen sich nachträglich leicht abändern, was sich dann automatisch auf alle Absätze innerhalb des aktuellen Dokuments auswirkt, die mit dieser Absatzformatvorlage formatiert wurden. Die Vorgehensweise ähnelt dabei der manuellen Anlage einer neuen Absatzformatvorlage: Zunächst nimmt man sich einen Absatz, der mit der jeweiligen Absatzformatvorlage formatiert ist, und vollzieht an diesem Absatz die gewünschten Änderungen. Anschließend benutzt man die Formatvorlagenauswahl in der *Format*-Symbolleiste, um diesem Absatz erneut das aktuelle Format zuzuweisen. Word antwortet mit folgender Dialogmaske:

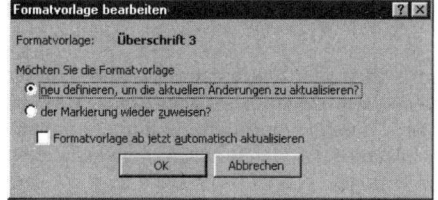

Abbildung 6.32:
Word fragt nach, ob die Formatvorlage umdefiniert werden soll.

Effizientes Arbeiten mit Word

Mit der oberen Option haben Sie die Möglichkeit, die abweichenden Formatierungen des aktuellen Absatzes auf die Absatzformatvorlage zu übertragen. Das ist es, worum es in diesem Fall geht. Darüber hinaus können Sie jedoch der Markierung wieder die ursprüngliche Absatzformatvorlage zuweisen. Die Änderungen gehen in diesem Fall verloren und werden nicht in die Absatzformatvorlage übernommen. Sinnvoll ist das immer dann, wenn man einem Absatz manuelle Formatierungen zugewiesen hat, diese aber zugunsten der Standardeinstellungen aus der Absatzformatvorlage wieder loswerden will. Das allerdings kann man auch schneller haben, nämlich via [Strg]+[Q].

Erwähnenswert ist noch die Option *Formatvorlage ab jetzt automatisch aktualisieren*, die Sie zusätzlich aktivieren können. Dann nämlich fließt eine Änderung am Format eines Absatzes, der auf dieser Absatzformatvorlage beruht, automatisch in die Absatzformatvorlage ein und wird dadurch unmittelbar auf alle damit formatierten Absätze angewandt.

Format/Formatvorlage: Die Zentralstation

Als zentrale Anlaufstelle für alle Operationen rund um Formatvorlagen dient die Dialogmaske des Befehls *Format/Formatvorlage...* Von hier aus können Sie:

- den markierten Textstellen Zeichen- und Absatzformatvorlagen zuweisen,
- neue Zeichen und Absatzformatvorlagen definieren,
- bestehende Formatvorlagen abändern,
- Formatvorlagen löschen,
- Formatvorlagen zwischen Dokumenten und Dokumentvorlagen hin- und herschieben sowie
- Formatvorlagen mit Kurzwahltasten versehen.

Besonders der letzte Punkt verdient Erwähnung, denn Kurzwahltasten für oft benötigte Formatvorlagen bilden den schnellsten Weg zur Formatierung umfangreicher Dokumente.

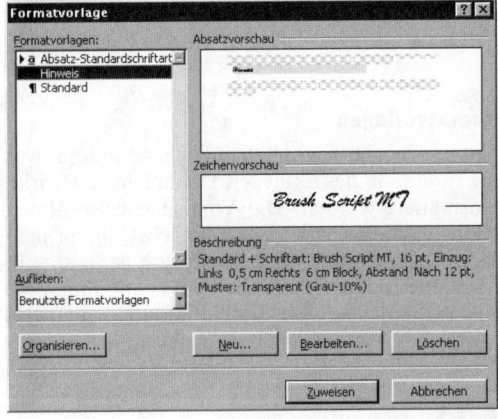

Abbildung 6.33:
Der Dialog Format/Formatvorlagen

Möchten Sie diesen Befehl nutzen, um dem markierten Text ein bestimmtes Format zuzuweisen, müssen Sie aus der Liste unter *Formatvorlagen* nur das gewünschte Format heraussuchen und die Dialogmaske über *Zuweisen* schließen. Finden Sie die gewünschte Vorlage in der Liste nicht, kann das an der Einstellung im Feld *Auflisten* liegen. Hier stehen Ihnen drei Auswahlen zur Verfügung:

Tabelle 6.5:
Beschränkung der angezeigten Formatvorlagen aufgrund ihrer Herkunft

Einstellung	Bedeutung
Benutzte Formatvorlagen	Zeigt alle aus der Dokumentvorlagen übernommenen Formatvorlagen, die im aktuellen Dokument benutzt werden oder verändert wurden. Außerdem alle im aktuellen Dokument neu definierten Formatvorlagen.
Alle Formatvorlagen	Zeigt alle im Dokument über die Dokumentvorlage und das Dokument selbst verfügbaren Formatvorlagen.
Benutzerdef. Formatvorlagen	Beschränkt die Anzeige auf die Formatvorlagen, die im aktuellen Dokument angelegt wurden.

Sobald Sie eine Formatvorlage in der Liste gewählt haben, sehen Sie rechts davon eine Vorschau auf das Absatzformat und das in der Absatzformatvorlage enthaltene Zeichenformat.

Löschen von Formatvorlagen

Möchten Sie die jeweilige Formatvorlage löschen, genügt anschließend ein Druck auf die *Löschen*-Schaltfläche, wobei Word sicherheitshalber noch einmal nachfragt, ob Sie das wirklich möchten. Bei den vordefinierten Formatvorlagen wie *Standard* ist das Löschen übrigens nicht möglich. Hier wird die *Löschen*-Schaltfläche von vornherein deaktiviert. Gelingt das Löschen einer Formatvorlage jedoch, werden alle Textpassagen, die damit formatiert wurden, automatisch auf *Standard* (bei einer Absatzformatvorlage) bzw. *Absatz-Standardschrift* (bei einer Zeichenformatvorlage) gesetzt.

Bearbeiten von Formatvorlagen

Möchten Sie die Attribute einer bestehenden Formatvorlage abändern, führt Ihr Weg über die *Bearbeiten...*-Schaltfläche, nachdem Sie die betreffende Vorlage zunächst in der Liste unter *Formatvorlagen* ausgewählt haben. Es erscheint der folgende Dialog, der auch für die Neuanlage einer Formatvorlage eine wichtige Rolle spielt:

Abbildung 6.34:
Der Dialog zum Bearbeiten von Formatvorlagen

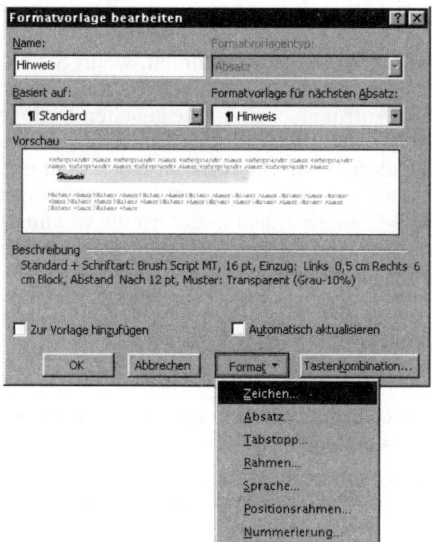

Unter *Name* ist hier der Name der Formatvorlage aufgeführt, den Sie durchaus ändern können. Allerdings führt das nur dazu, dass die Formatvorlage einen zusätzlichen Namen, einen sog. Alias, erhält. Word-Profis nutzen das, um Formate schneller auswählen zu können.

Im Feld *Basiert auf* können Sie eine Formatvorlage auswählen, auf der die jeweilige Formatvorlage basieren soll. Soweit nicht explizit anders eingestellt, übernimmt die Formatvorlage dann ihre verschiedenen Attribute aus der eingestellten »Basis-Formatvorlage«. Sinn macht das vor allem für Formatvorlagen, die in Verbindung mit anderen Formatvorlagen genutzt werden sollen und mit diesen viele Gemeinsamkeiten aufweisen. Verändert man dann die Einstellungen der »Basis-Formatvorlage« – beispielsweise die Standard-Absatzschriftart –, wirkt sich das auch auf alle Formatvorlagen aus, die darauf basieren und für die jeweilige Einstellung nicht selbst ein Format definiert haben.

Die Eingabe und Formatierung von Text vereinfachen helfen soll Ihnen die Auswahl im Feld *Formatvorlage für nächsten Absatz*. Wählen Sie hier eine Formatvorlage aus, die für den nächsten Absatz nach der bearbeiteten Formatvorlage zum Einsatz kommen soll. Wenn Sie einen neuen Absatz eingeben, diesen mit der aktuell bearbeiteten Formatvorlage formatieren und dann am Absatzende ⏎ drücken, erhält der neu erzeugt Absatz automatisch das Format der hier angegebenen Absatzformatvorlage. Dadurch kann man sich manche Arbeit sparen, wenn beispielsweise auf (Zwischen-)Überschriften immer ein bestimmtes Absatzformat für den Fließtext folgt.

Während neue Formatvorlagen normalerweise im aktuellen Dokument abgelegt werden, können Sie durch Aktivieren der Einstellung *Zur Vorlage hinzufügen* bewirken, dass diese Formatvorlage in der Dokumentvorlage abgespeichert wird, auf der das aktuelle Dokument basiert. Sie steht dadurch auch in anderen Dokumenten zur Verfügung, die auf der jeweiligen Dokumentvorlage fußen.

Automatisch aktualisieren, diese Einstellung haben Sie bereits bei der manuellen Änderung von Formatvorlagen kennen gelernt. Wird diese Einstellung aktiviert, wird jede manuelle Änderung an einem Absatz mit der jeweiligen Formatvorlage automatisch auf die Formatvorlage und somit auf alle Absätze mit der Formatvorlage übertragen.

Das alles sind wichtige Einstellungen, doch eigentlich kommt es bei der Bearbeitung von Formatvorlagen ja auf die Formate an, d.h. Absatz- und Zeichenformate, Tabulatoren, Positionsrahmen etc. Diese Einstellungen können Sie vornehmen, wenn Sie auf die *Format*-Schaltfläche klicken. Es erscheint ein kleines Menü, über das Sie Zugang zu allen genannten Einstellungen haben. Nach Aufruf erscheinen die gleichen Dialoge zur Formateinstellung, die Sie auch über das *Format*-Menü auf den Bildschirm holen können. Hier jedoch wirken Sie nicht auf die aktuelle Markierung im Dokument ein, sondern auf die gewählte Formatvorlage. Haben Sie hier die gewünschten Änderungen vorgenommen, können Sie den *Formatvorlage*-Dialog schließen. Sofern die veränderten Formatvorlagen in Ihrem aktuellen Dokument zum Einsatz kommen, machen sich die Veränderungen unmittelbar am Bildschirm bemerkbar.

So verknüpfen Sie eine Formatvorlage mit einer Tastenkombination

Am schnellsten lässt sich die Formatierung mit Formatvorlagen abwickeln, wenn Sie die wichtigsten Formatvorlagen auf Kurzwahltasten legen.

1. Rufen Sie den Befehl *Format/Formatvorlage* auf und wählen Sie aus der Liste in Formatvorlagen die Vorlage aus, die Sie mit einer Kurzwahltaste versehen wollen.
2. Klicken Sie anschließend auf *Bearbeiten* und in dem dann erscheinenden Dialog auf *Tastenkombination*.

Abbildung 6.35:
Schaltfläche zum Einstellen einer Tastenkombination für die gewählte Formatvorlage

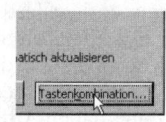

3. Es erscheint der Dialog *Tastatur anpassen*. Word setzt die Einfügemarke direkt in das Feld *Neue Tastenkombination drücken*. Geben Sie jetzt einfach die gewünschte Tastenkombination durch Drücken ein, wobei zumindest eine der Umschalttasten [Strg], [⇧] oder [Alt] dabei sein muss (auf Wunsch auch mehrere). Nach der Eingabe zeigt Word unter dem Feld an, welcher Befehl bzw. welches Format bislang mit dieser Tastenkombination verbunden ist.

Abbildung 6.36:
Auswahl und Zuordnen der gewünschten Tastenkombination

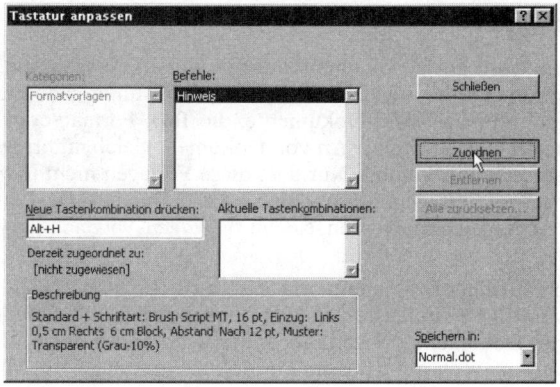

4. Erscheint dort *[nicht zugewiesen]*, kollidiert diese Kurzwahltaste mit keinem anderen bereits darauf eingestellten Befehl. Beenden Sie Ihre Eingabe in diesem Fall über die *Zuordnen*-Schaltfläche. Zeigt Word hingegen eine Kollision mit einem anderen Befehl an, löschen Sie am besten die eingegebene Tastenkombination durch einen Druck auf [←] und versuchen es mit einer anderen.
5. Hat die jeweilige Formatvorlage bereits eine oder mehrere Kurzwahltasten (auch das ist möglich), werden diese im Feld *Aktuelle Tastenkombinationen* angezeigt. Möchten Sie eine diese Kurzwahltasten löschen, klicken Sie auf die jeweilige Tastenkombination und bedienen sich anschließend der *Entfernen*-Schaltfläche.

Abbildung 6.37:
Löschen bereits zugewiesener Tastenkombinationen

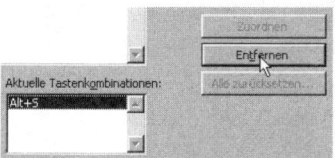

Erstellen neuer Formatvorlagen

Nochmal zurück zum Dialog von *Format/Formatvorlagen...* Möchten Sie eine neue Zeichen- oder Absatzformatvorlage anlegen, müssen Sie gar nicht erst eine existierende auswählen, sondern können sich gleich der *Neu...*-Schaltfläche bedienen. Sie führt Sie in den gleichen Dialog, der auch zum Bearbeiten von Formatvorlagen zum Einsatz kommt.

Unter *Name* müssen Sie dabei zunächst den Namen Ihrer neuen Formatvorlage festlegen (max. 250 Zeichen) und anschließend unter *Formatvorlagentyp* einstellen, ob Sie eine Zeichen- oder Absatzformatvorlage anlegen möchten. Danach können Sie die Einstellungen für *Basiert auf* und *Formatvorlage für nächsten Absatz* auswählen. Letzteres allerdings nur, wenn Sie eine neue Absatzformatvorlage erzeugt haben. Über *Zur Vorlage hinzufügen* bestimmen Sie auch hier, ob die neue Formatvorlage im aktuellen Dokument gespeichert werden soll oder direkt in die Dokumentvorlage des aktuellen Dokuments übergeht.

Die einzelnen Formate selbst stellen Sie wie beschrieben über die verschiedenen Menüs ein, die über die *Format*-Schaltfläche ausgewählt werden können. Sie bestimmten des konkrete Aussehen des Textes, der mit der neuen Formatvorlage formatiert wird.

Dokumentvorlagen

Neben Formatvorlagen kennt Word auch Dokumentvorlagen, die als Ausgangspunkt für die Erstellung neuer Dokumente herangezogen werden. Im Grunde genommen handelt es sich dabei um ganz normale Word-Dokumente, die Text, Formatvorlagen, Makros und andere Elemente für eine bestimmte Art von Dokument gleich mitbringen, damit man schneller zu einem Ergebnis kommt. Nur dass diese Vorlagen nicht in herkömmlichen .DOC-Dateien gespeichert werden, sondern in .DOT-Dateien (*DOT* steht für *Document Template*). Abgespeichert werden sie im *Vorlagen*-Verzeichnis von Office auf der Festplatte.

Jedes Word-Dokument basiert auf einer Dokumentvorlage, selbst wenn man es über die *Neu*-Schaltfläche in der *Standard*-Symbolleiste von Word angelegt hat und dabei gar nicht mit der Frage nach einer Dokumentvorlage konfrontiert worden ist. Dann nämlich basiert das Dokument automatisch auf der Standarddokumentvorlage von Word mit dem Namen NORMAL.DOT.

Neu

Ruft man jedoch den *Neu*-Befehl über das *Datei*-Menü auf (*Datei/Neu*), wird man unmittelbar mit den verschiedenen Dokumentvorlagen konfrontiert, die Word bereits mitbringt, um Ihnen bei der Erstellung verschiedenartigster Dokumente zur Hand zu gehen. Nach Aufgabenzweck sind sie in verschiedenen Registern *Allgemein*, *Berichte*, *Briefe & Faxe* etc. angeordnet.

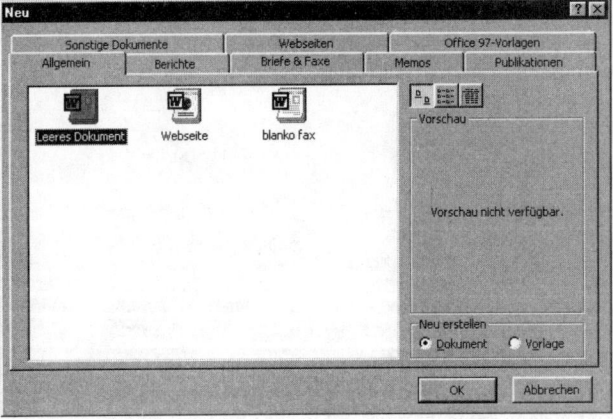

Abbildung 6.38: Anzeige der verfügbaren Dokumentvorlagen für die Erstellung eines neuen Dokuments

Wenn Sie einen Blick auf die angebotenen Dokumentvorlagen werfen, werden Sie verschiedentlich Einträge entdecken, die auf *Assistent* enden und deren Logo einen kleinen Zauberstab beinhaltet. Wie andere Assistenten von Office führen Sie diese Assistenten über mehrere Dialoge mit Eingaben bis zu dem Punkt, wo der Assistent ein nach Ihren Wünschen konfektioniertes Dokument erzeugt, auf dem Sie anschließend aufsetzen können.

TIPP Wenn Sie wissen möchten, auf welcher Dokumentvorlage ein Dokument beruht, bedienen Sie sich am besten des Befehls *Datei/Eigenschaften*. Ganz unten in der zugehörigen Dialogmaske erkennen Sie den Eintrag *Vorlage* und dahinter den Dokumentnamen der Vorlage.

Aus Vorlage wird Dokument

Ganz unabhängig davon, ob die jeweilige Dokumentvorlage einen Assistenten beinhaltet oder »nur« mit vorgefertigtem Text, Grafik und Layout daherkommt: Am Ende des Prozesses steht ein neues Dokument, das den Text aus der Dokumentvorlage enthält. Denn der Inhalt der .DOT-Datei wird automatisch in das neue Dokument kopiert und kann nun wie gewöhnlicher Text bearbeitet werden. Das Gleiche gilt für die Formatvorlagen und Textbausteine, die aus der .DOT-Datei in das neue Dokument übernommen werden.

Weil das neue Dokument unabhängig von seiner Dokumentvorlage existiert, wirken sich Veränderungen daran nicht auf die Dokumentvorlage aus. Das ist zuweilen etwas lästig, weil man bestimmte Anpassungen der Dokumentvorlage ständig benötigt und deshalb nicht regelmäßig neu eingeben möchte. Ein Beispiel dafür sind Ihr Name und Ihre Adresse in einer Dokumentvorlage für das schnelle Erstellen von Fax-Sendungen. Wir zeigen gleich, wie sie sich deshalb durch direkte Arbeit an der Dokumentvorlage eine Menge Zeit sparen können.

So bearbeiten Sie Dokumentvorlagen

Wir wollen eines der von Word bei der Installation auf die Festplatte kopierten Faxvorlagen an die eigenen Bedürfnisse anpassen, und das geht so:

1. Rufen Sie *Datei/Neu* auf und wählen Sie das Register *Briefe & Faxe*. Wählen Sie im Feld *Neu erstellen* nicht *Dokument*, sondern *Vorlage* aus, damit wir die Vorlage bearbeiten können. Anschließend öffnen Sie mit einem Doppelklick auf *Aktuelles Fax* bitte diese Vorlage.

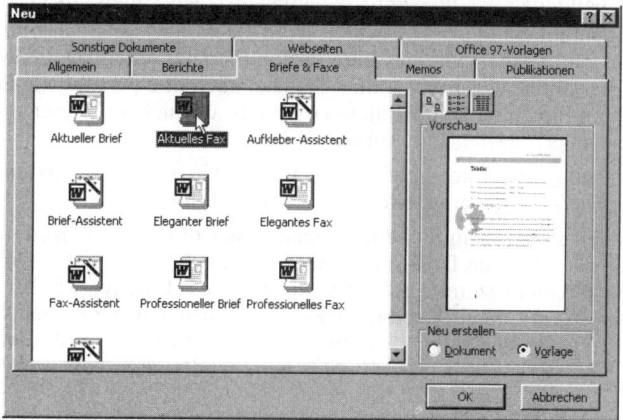

Abbildung 6.39: Auswahl einer der vordefinierten Dokumentvorlagen für Briefe und Faxe

2. Das Fax-Dokument wird geöffnet. Am oberen rechten Rand sehen Sie den Text *[Hier klicken und Adresse eingeben]*. Bitte folgen Sie dieser Aufforderung, so dass der Text markiert wird. Jetzt können Sie [Entf] drücken, um den Text zu löschen oder sofort mit der Eingabe Ihres Namens und Adresse zu beginnen. Am Ende jeder Zeile drücken Sie dazu [↵].

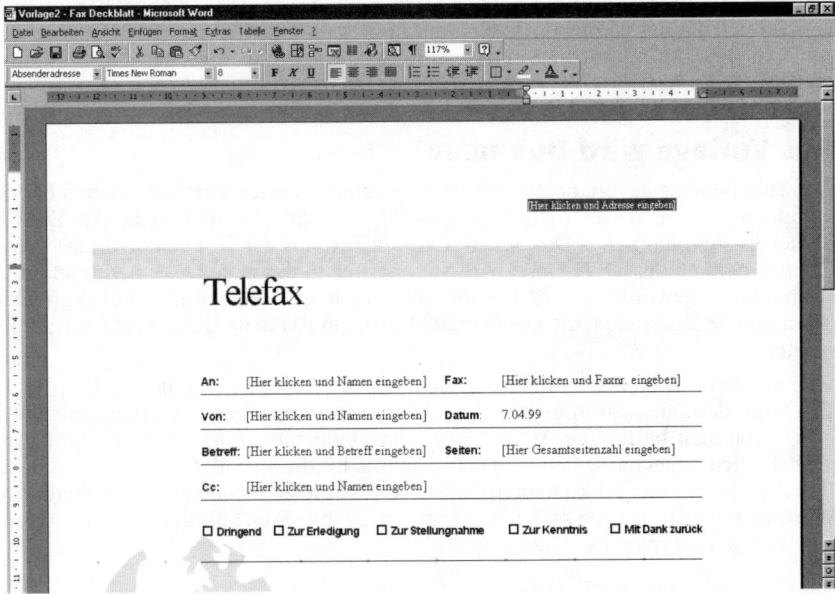

Abbildung 6.40: *Anpassung des Texts in der Dokumentvorlage an die individuellen Bedürfnisse*

3. Natürlich könnte man an diesem Fax noch eine Menge Anpassungen vornehmen, doch das soll's fürs Erste gewesen sein. Jetzt kommt es darauf an, den Text als eigene Vorlage zu speichern. Rufen Sie dazu den Befehl *Datei/Speichern* auf. Word weiß, dass wir eine Vorlage bearbeitet haben, und schlägt deshalb gleich das *Vorlagen*-Verzeichnis von Office zur Ablage vor. Außerdem ist als Dateityp schon *Dokumentvorlage* eingetragen und der Dateiname vorgegeben. Wählen Sie ruhig einen Namen, den Sie leicht wiedererkennen, beispielsweise »blanko fax« oder Ähnliches. Speichern Sie dann über die *Speichern*-Schaltfläche (siehe Abbildung 6.41).

4. Schließen Sie das Dokument nun, und wenn Word nachfragt, ob noch einmal gespeichert werden soll, bejahen Sie dies bitte. Rufen Sie jetzt erneut *Datei/Neu* auf. Im ersten Register unter *Allgemein* sollten Sie jetzt auch ihre persönliche Fax-Vorlage sehen. Führen Sie einen Doppelklick darauf aus, um sich auf dieser Basis ein neues Dokument zu erzeugen (siehe Abbildung 6.42).

5. Sie werden feststellen, dass Ihr Name bereits wie gewünscht im neuen Faxdokument steht, das Sie später wie jedes andere Dokument speichern können.

TIPP
Sie können übrigens auch ganz gewöhnliche Dokumente als Dokumentvorlagen speichern, um daraus später leicht neue Dokumente zu erzeugen. Öffnen Sie Ihr Dokument einfach und rufen Sie dann *Datei/Speichern unter* auf. Als Dateityp wählen Sie bitte *Dokumentvorlage (*.dot)*, damit Word die Datei automatisch als Dokumentvorlage in das Vorlagenverzeichnis speichert. Beim nächsten Aufruf von *Datei/Neu* wird Ihnen die neue Dokumentvorlage neben den bereits bestehenden dann zur Auswahl präsentiert.

Abbildung 6.41:
Abspeichern der Faxvorlage

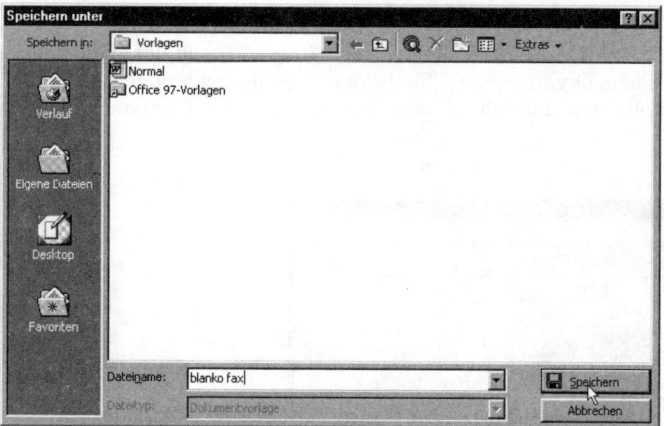

Abbildung 6.42:
Anzeige der verfügbaren Dokumentvorlagen – jetzt mit dem neuen Blanko-Fax

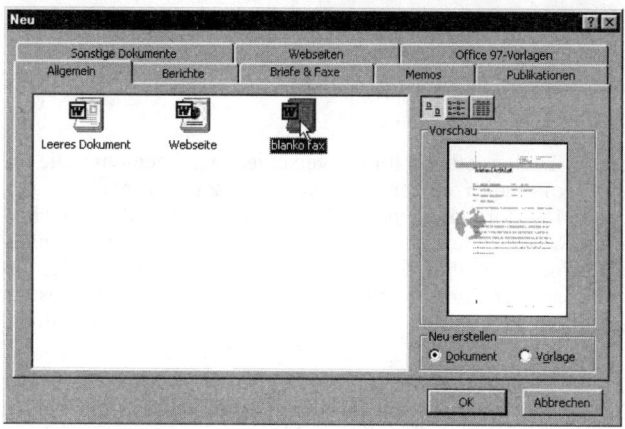

Die besondere Rolle der NORMAL.DOT

Noch einmal kurz zurück zur Standarddokumentvorlage NORMAL.DOT. Während die Formatvorlagen, Makros, AutoTexte und die weiteren Elemente einer Dokumentvorlage nur in den Dokumenten verfügbar sind, die auf der jeweiligen Dokumentvorlage basieren, sieht es mit den Inhalten der NORMAL.DOT anders aus. Sie werden in jedes Word-Dokument eingeblendet und können dort benutzt werden.

Man kann sich dadurch einen gemeinsamen Schatz an Formatvorlagen und anderen Elementen schaffen, die in jedem Word-Dokument zur Verfügung stehen. Ohne explizite Einstellung in den verschiedenen Dialogmasken zum Erzeugen dieser Elemente (etwa bei *Format/Formatvorlage*) werden Sie deshalb nicht in der Dokumentvorlage des aktuellen Dokuments angelegt, sondern in der NORMAL.DOT, von wo aus sie allen Dokumenten zur Verfügung stehen.

Sinn macht die Herausnahme dieser Elemente aus der NORMAL.DOT eigentlich erst dann, wenn es zu viele Formatvorlagen sind, so dass man leicht den Überblick verliert. Oder man will gezielt bestimmte Dokumentvorlagen an Kollegen weitergeben, nicht jedoch alle Elemente aus der NORMAL.DOT. Aus diesem Grund kennt Word die Möglichkeit, Formatvorlagen, Makros und andere Elemente zwischen Dokument und Dokumentvorlagen zu kopieren und zu verschieben.

Organisieren von Dokumentvorlagen

Ausgangspunkt ist der Befehl *Format/Formatvorlage*. Unten links in der Dialogmaske sehen Sie die Schaltfläche *Organisieren*... Sie bringt den entscheidenden Dialog zum Verschieben und Duplizieren der Inhalte von Dokumenten und Dokumentvorlagen zum Vorschein.

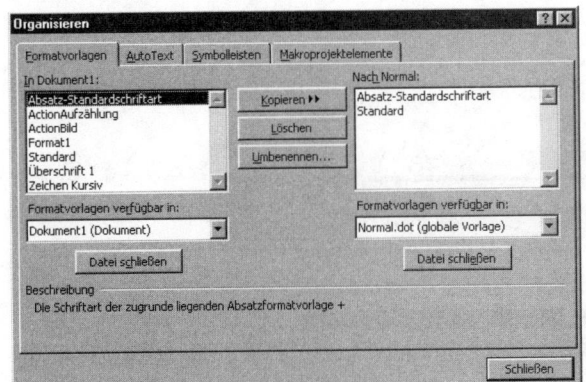

Abbildung 6.43:
Der Dialog zum Organisieren von Dokumentvorlagen

Die Register des *Organisieren*-Dialogs stehen für die verschiedenen Elemente, die Sie zwischen Dokument und Dokumentvorlagen kopieren können: Formatvorlagen, AutoText, Symbolleisten und Makroprojektelemente. Wenn Sie zwischen den verschiedenen Registern umschalten, werden Sie feststellen, dass die Dialogelemente weitgehend erhalten bleiben, sich jedoch der Inhalt der Listenfelder ändert. Denn auf der linken Seite wird jeweils eine Liste der Formatvorlagen (bzw. AutoText, Symbolleisten, Makroprojektelemente) aus dem Dokument A gezeigt, rechts der gleiche Inhalt im Dokument B.

Aus welchen Dokumenten die angezeigten Elemente stammen, wird durch die Felder *Formatvorlagen verfügbar in* auf beiden Seiten bestimmt. Hier müssen die beiden Dokumentvorlagen bzw. Dokumente geöffnet sein, die Elemente des jeweils anderen übernehmen sollen. Zunächst gibt zwar Word aus dem aktuellen Kontext heraus die Dokumente bzw. Dokumentvorlagen vor. Schließt man eines der beiden Dokumente/Dokumentvorlagen jedoch über die Schaltfläche *Datei schließen*, ändert sie ihre Beschriftung in *Datei öffnen*. Auf das Anklicken hin erscheint der gewohnte *Öffnen*-Dialog, der es gestattet, eine beliebige Datei oder Dokumentvorlage in den *Organisieren*-Dialog zu holen. Und diese Möglichkeit besteht auf beiden Seiten.

Anschließend können Sie auf beiden Seiten Elemente in das/die jeweils andere Dokument/Dokumentvorlage kopieren. Markieren Sie das Element dazu im Listenfeld auf der jeweiligen Seite und betätigen Sie anschließend *Kopieren*, um es in das/die andere Dokument/Dokumentvorlage zu übernehmen. Möchten Sie es aus seinem/r bisherigen Dokument/Dokumentvorlage entfernen, steht Ihnen die *Löschen*-Schaltfläche zur Verfügung. Über die verschiedenen Elemente hinweg können Sie also ganz gezielt ein Portfolio an Formatvorlagen, AutoText etc. aufbauen.

Der schnellste Weg zum Befehl: Menüs, Symbolleisten, Kurzwahltasten

Genau wie die anderen Office-Anwendungen bietet Ihnen Word die Möglichkeit, Menüs und Symbolleisten ganz nach Ihren Wünschen zu konfigurieren. Darüber hinaus lassen sich alle wichtigen Befehle, Formatvorlagen, Makros und Sonderzeichen auf beliebige Kurzwahltasten legen, damit man sie möglichst schnell erreichen kann. Ausgangspunkt dafür ist der Befehl *Extras/Anpassen*, dessen Bedienung wir im Office-übergreifenden ▶ Kapitel 2 vorstellen. An dieser Stelle beschränken wir uns deshalb auf eine Besonderheit von Word: ein Makro, mit dem Sie alle aktuellen Tastenkürzel sichtbar machen.

So machen Sie alle Tastenbelegungen sichtbar

Leider fehlt Word ein Befehl, mit dem man alle aktuellen Tastenbelegungen anzeigen könnte. Es gibt jedoch ein eingebautes Makro mit dem Namen *BefehleAuflisten*, das diese Aufgabe für Sie übernimmt. Sogar der Ausdruck der aktuellen Tastenzuordnung ist damit möglich.

1. Um das Makro auszuführen, rufen Sie den Menübefehl *Extras/Makro/Makros...* auf.
2. Wählen Sie im Eingabefeld *Makros in* die Einstellung *Word-Befehlen*.
3. Wählen Sie aus dem Listenfeld *Makroname* das Makro *BefehleAuflisten*. Wenn Sie nicht lange in der Liste suchen möchten, geben Sie im Eingabefeld einfach *bef* ein. Schon erscheint das gewünschte Makro im Sichtfenster der Liste, wo Sie es mit der Maus auswählen können. Starten Sie die Ausführung des Makros anschließend über die Schaltfläche *Ausführen*.

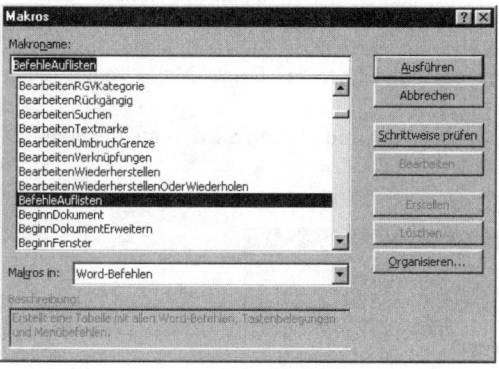

Abbildung 6.44:
Der Dialog von
Extras/Makro/
Makros

4. Das Makro meldet sich mit einem Dialog. Bestätigen Sie hier die Voreinstellung *Aktuelle Menü- und Tastatureinstellungen* mit *OK*.

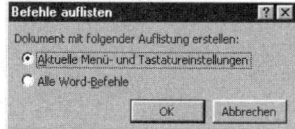

Abbildung 6.45:
Das Makro fragt
nach, welche
Tastenbele-
gungen gedruckt
werden sollen.

5. Das Makro legt ein neues, leeres Dokument an und beginnt mit dem Aufbau einer Tabelle, in der die einzelnen Word-Befehle und die ihnen zugeordneten Tastenfolgen eingetragen werden. Dieses Dokument können Sie so wie es ist ausdrucken oder zunächst die Einträge mit Befehlen löschen, die Sie selten einsetzen. Zurück bleibt eine kompakte Liste, die Sie sich ausgedruckt gut neben die Tastatur legen können, bis Sie sich die wichtigsten Tastenkombinationen eingeprägt haben.

Wörter zählen

Vor allem im journalistischen Bereich ist man es gewohnt, »auf Zeile« zu schreiben, d.h. eine bestimmte Anzahl von Zeichen und Zeilen nicht zu überschreiten. In Form des Dialogs *Extras/Wörter zählen* beinhaltet Word deshalb ein Instrument, mit dem Sie jederzeit die Anzahl von Zeichen, Wörtern, Absätzen und Seiten im aktuellen Dokument einsehen können.

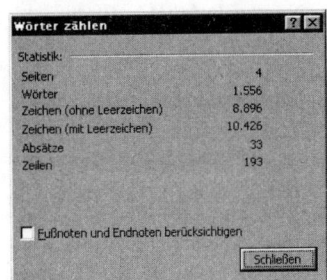

Abbildung 6.46:
Aufschluss über die Anzahl von Zeichen und Wörtern liefert Extras/Wörter zählen.

Je näher man beim Schreiben der vorgegebenen Zeichenanzahl kommt, desto öfter muss man in der Praxis die konkrete Anzahl der Zeichen kontrollieren. Deshalb empfiehlt es sich, den Befehl *Wörter zählen* auf eine Kurzwahltaste zu legen, damit man ihn schnell erreichen kann und nicht jedes Mal über das *Extras*-Menü gehen muss. So wird's gemacht:

1. Rufen Sie den Befehl *Extras/Anpassen* auf und klicken Sie dort auf die Schaltfläche *Tastatur*. Es erscheint der folgende Dialog.

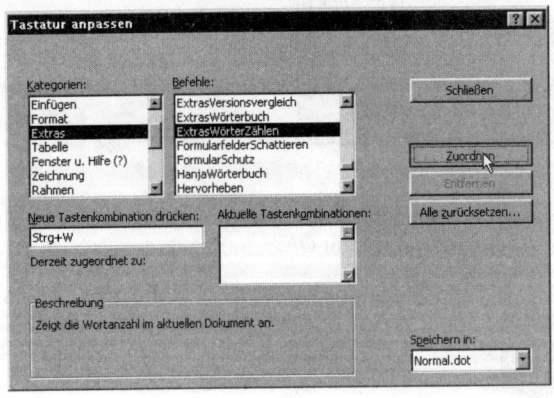

Abbildung 6.47:
So legen Sie Extras/Wörter Zählen auf die Tastenkombination Strg+W.

2. Wählen Sie nun unter *Kategorien* zunächst *Extras*, anschließend unter *Befehle ExtrasWörterZählen*. Wechseln Sie anschließend in das Eingabefeld *Neue Tastenkombination drücken* und geben Sie hier die gewünschte Kurzwahltaste ein, indem Sie sie auf der Tastatur betätigen. Wir empfehlen [Strg]+[W], doch auch jede andere Kombination ist natürlich möglich. Klicken Sie anschließend auf *Zuordnen*, damit der Befehl mit der gewünschten Tastenkombination verbunden wird, und dann auf *Schließen*, um den Dialog zu verlassen. Von nun an können Sie *Extras/Wörter zählen* sehr schnell über die Tastatur aufrufen.

Feintuning mit den Optionen

Ein so umfangreiches und komplexes Gebilde wie Word braucht einen zentralen Punkt der Konfiguration, an dem man die Verhaltensweise der wichtigsten Funktionen steuern und einstellen kann. In Word wird diese Aufgabe vom Befehl *Extras/Optionen* wahrgenommen, der eine Dialogmaske mit insgesamt zehn Registern zum Vorschein bringt. Sie enthalten die Einstellmöglichkeiten für die unterschiedlichen Bereiche, von der Bildschirmanzeige über das Drucken und Speichern bis hin zu Fragen der Kompatibilität mit vorangegangenen Versionen von Word.

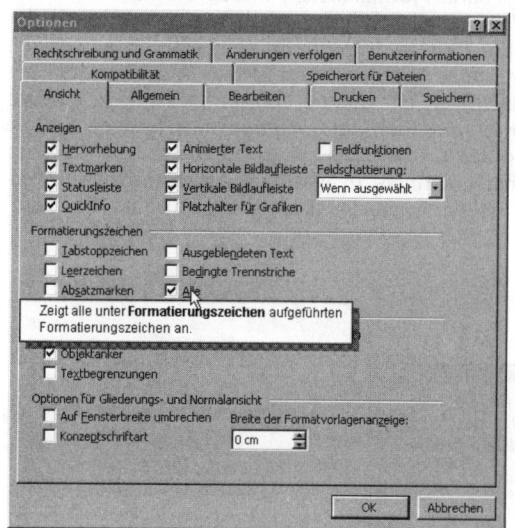

Abbildung 6.48:
Vielfältige Einstellmöglichkeiten bietet der Befehl Extras/Optionen.

Natürlich müssen Sie nicht alle angebotenen Optionen kennen, doch es ist keinesfalls verkehrt, sich einen groben Überblick über die angebotenen Einstellmöglichkeiten zu verschaffen, damit Sie wissen, was alles möglich ist. Die folgenden Abschnitte geben Ihnen deshalb einen Überblick über die verschiedenen Register und ihre wichtigsten Optionen. Darüber hinaus möchten wir Sie ermutigen, sich selbst über die Optionen zu informieren, die Sie besonders interessieren. Dabei hilft die Direkthilfe, wie sie in der obigen Abbildung über dem Kontrollkästchen *Alle* zu sehen ist. Einfach das jeweilige Feld anklicken, [⇧]+[F1] drücken, und schon erhalten Sie Infos zu der gewünschten Option.

Ansicht

Am direktesten machen sich die Optionen im Register *Ansicht* bemerkbar, denn sie bestimmen, was auf dem Bildschirm erscheint und was nicht. Unter *Anzeigen* wählen Sie dabei die verschiedenen Elemente des Word-Bildschirms und der Textanzeige aus, die Sie sehen möchten. Beispielsweise können Sie hier die Anzeige der eckigen Klammern für Textmarken anschalten oder auf die Anzeige von Platzhaltern für Grafiken umschalten, wenn Sie ein Dokument mit vielen Grafiken bearbeiten und diese temporär ausgeblendet werden sollen, um bei der Bearbeitung Speicherplatz zu sparen.

Ganz wichtig sind die Optionen unter *Formatierungszeichen*. Hier legen Sie fest, ob Zeichen wie die Absatzmarke, Tabstopp- und Leerzeichen während der Eingabe auf dem Bildschirm angezeigt werden sollen. Durch Aktivieren des Kontrollkästchens *Alle* machen Sie dabei alle diese Zeichen sichtbar. Tatsächlich lässt sich diese Option aber auch direkt über die *Standard*-Symbolleiste von Word an- und ausschalten, und zwar über die nebenstehende Schaltfläche.

¶ einblenden/ausblenden

Unter *Seiten* und *Weblayout-Optionen* ist vor allem das Kontrollkästchen *Objektanker* von Bedeutung, denn es bestimmt bei der Arbeit mit Grafiken, Textfeldern und Positionsrahmen, ob auf dem Bildschirm der Anker erscheint, der den verknüpften Absatz markiert.

Unter *Optionen* für die Gliederungs- und Normalansicht finden Sie zum einen die Option *Auf Fensterbreite umbrechen*. Ist sie aktiviert, wird der Text während der Anzeige immer am Fensterrand umbrochen, auch wenn die Zeile eigentlich über den Fensterrand hinausgeht. Das erleichtert das Arbeiten, wenn Sie das Word-Fenster ganz schmal machen müssen, weil Sie gleichzeitig ein anderes Fenster auf dem Desktop im Blick haben müssen. Und über *Breite der Formatvorlagenanzeige* bringen Sie die gleichnamige Leiste am linken Rand des Textbereichs zur Anzeige, über die Sie beim Durchlaufen Ihres Textes unmittelbar erkennen, in welchem Absatzformat die verschiedenen Absätze formatiert sind. Stellen Sie dazu einfach die gewünschte Breite ein, am besten erst einmal *2* für 2 cm.

Allgemein

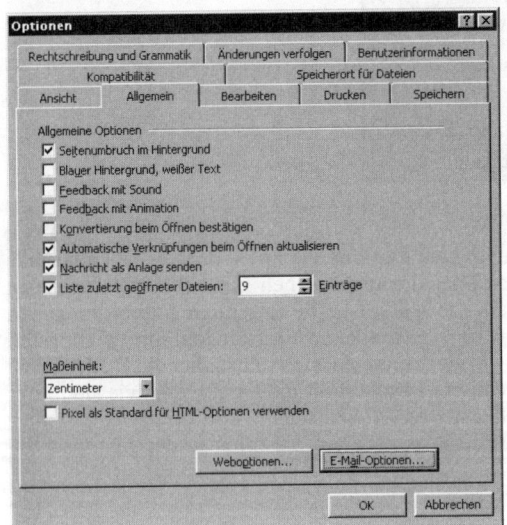

Abbildung 6.49:
Die Optionen unter Allgemein

Bei den *Allgemeinen Optionen* findet sich eine interessante Möglichkeit, die Anzeige auf dem Bildschirm augenfreundlicher zu gestalten. Aktivieren Sie dazu die Option *Blauer Hintergrund, weißer Text*, und schon erhalten Sie ein ganz anderes Bild von Word (siehe Abbildung 6.49).

Unter der Option *Liste der zuletzt geöffneten Dateien* können Sie darüber hinaus bestimmen, wie viele der zuletzt geöffneten Dokumente ganz unten im *Datei*-Menü angezeigt werden. Eine wichtige Option für alle, die mit vielen unterschiedlichen Dokumenten arbeiten und deshalb gerne schnell und unkompliziert auf die zuletzt geöffneten Dokumente zurückgreifen möchten.

Bearbeiten

Hier finden Sie einige Optionen, die die Verhaltensweise von Word bei der Bearbeitung von Text bestimmen. *Eingabe ersetzt Auswahl* definiert die Vorgehensweise, wenn Sie Text markiert haben und ein neues Zeichen eingeben bzw. den Inhalt der Zwischenablage einfügen. Ist diese Option aktiviert, ersetzt der neue Text den markierten, ansonsten wird er einfach vor diesem eingefügt.

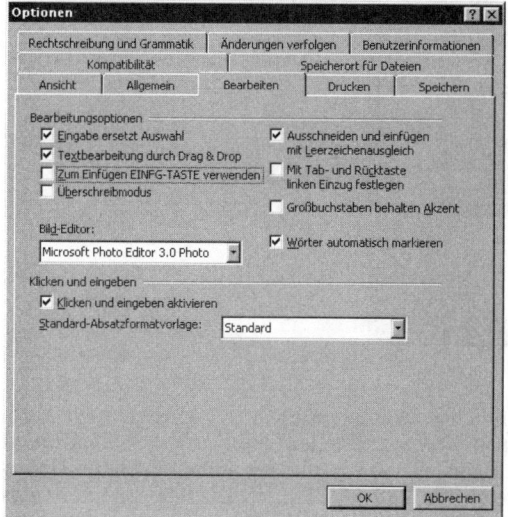

Abbildung 6.50:
Die Optionen unter Bearbeiten

Während Sie den Inhalt der Zwischenablage sonst über *Bearbeiten/Einfügen* bzw. [Strg]+[V] in den Text einfügen, können Sie durch Aktivieren von *Zum Einfügen EINFG-TASTE verwenden* dafür die [Einfg]-Taste heranziehen, die sonst zwischen Einfüge- und Überschreibmodus umschaltet.

Eine neue Möglichkeit von Word 2000 ist das *Klicken und Eingeben*, das Sie hier aktivieren können. Es sorgt dafür, dass Sie auf eine beliebige Bildschirmposition klicken können, um dort Text einzugeben, auch wenn die Stelle hinter dem aktuellen Ende des Textes liegt. Word fügt dann automatisch einfach so viele leere Absätze ein, dass Sie an der gewünschten Stelle mit der Eingabe beginnen können.

Drucken

Hier legen Sie die Einstellungen für das Drucken fest. Unter *Druckoptionen* bestimmen Sie durch Aktivieren von *Verknüpfungen aktualisieren* beispielsweise, dass Word vor dem Ausdrucken immer noch einmal alle Feldfunktionen im aktuellen Dokument aktualisiert. Dass Word im Hintergrund druckt und Sie in dieser Zeit bereits mit der Editierung oder Eingabe neuer Dokumente fortfahren können, dafür sorgt die Option *Drukken im Hintergrund*. Und *Anpassen an A4/US-Letter* sorgt dafür, dass fremde Dokumente, die als Seitenformat das amerikanische Letter aufweisen, auch auf unseren A4-Druckern perfekt ausgedruckt werden, ohne dass es zu Unstimmigkeiten aufgrund der leicht abweichenden Papiergrößen kommt.

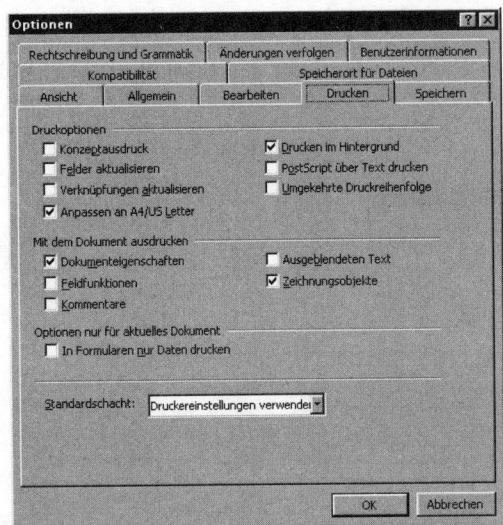

Abbildung 6.51:
Einstellung der
Druck-*Optionen*

Was beim Ausdruck neben dem eigentlichen Dokumentinhalt zu Papier gebracht wird, bestimmen Sie über die verschiedenen Kontrollkästchen unter *Mit dem Dokument ausdrucken*. Sie können Sie Word beispielsweise veranlassen, immer auch die *Dokumenteigenschaften* als separate Seite an das Ende des Drucks anzuhängen oder *Feldfunktionen* und *Kommentare* gleich mitzudrucken. Sogar *Ausgeblendeter Text*, der sonst beim Druck grundsätzlich nicht erscheint, lässt sich in den Ausdruck einbeziehen.

Speichern

Einige besonders wichtige Optionen enthält das Register *Speichern*, denn sie tragen dazu bei, dass Ihre Dokumente durch einen Absturz nicht verloren gehen können. Wollen Sie auf Nummer Sicher gehen, sollten Sie in jedem Fall das Kontrollkästchen *Sicherungskopie immer erstellen* aktivieren. Es sorgt dafür, dass Word beim Öffnen einer Datei automatisch eine Sicherungskopie im gleichen Verzeichnis anlegt. Sie trägt denselben Namen wie die geöffnete Word-Datei, lediglich die Dateiendung fällt mit *.WBK* anders aus und sorgt so dafür, dass man sie später in jedem Fall leicht wiederfinden kann. Allerdings dauert es dadurch etwas länger, bis ein Dokument geöffnet ist und es wird zusätzlicher Festplattenspeicherplatz benötigt, wobei man die *.WBK*-Dateien natürlich später wieder löschen kann, wenn das jeweilige Dokument »heil« geblieben ist.

Abbildung 6.52:
Das Register Speichern *– hier geht es um die Sicherheit Ihrer Dokumente.*

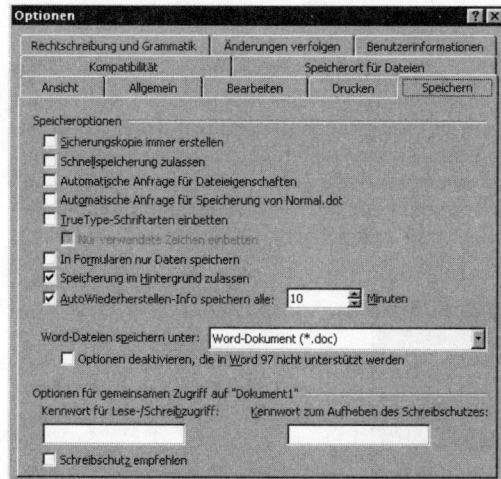

Vor allem bei sehr umfangreichen Dokumenten macht während der Bearbeitung die Aktivierung des Kontrollkästchens *Schnellspeicherung zulassen* Sinn. Denn dadurch speichert Word immer nur die Veränderungen ab, nicht das komplette Dokument, was den Speichervorgang deutlich beschleunigt. Allerdings können die Dateien dadurch ziemlich aufgebläht werden, weshalb es sich empfiehlt, die Schnellspeicherung vor dem Schließen eines Dokuments abzuschalten und dann noch einmal komplett zu speichern. Damit Sie durch den Speichervorgang nicht von der Arbeit abgehalten werden, empfiehlt sich darüber hinaus das Aktivieren der Option *Speicherung im Hintergrund zulassen*.

Und damit Ihnen die Früchte Ihrer Arbeit nicht verloren gehen können, sollten Sie unbedingt das Kontrollkästchen *AutoWiederherstellen-Info speichern* aktivieren und dahinter ein Speicherintervall im Bereich zwischen 1 bis 120 Minuten eingeben. Dann speichert Word regelmäßig Informationen über die von Ihnen vorgenommenen Änderungen, damit der letzte Zustand des Dokuments beim nächsten Start von Word nach einem Absturz automatisch wiederhergestellt werden kann.

Wenn Sie Dokumente mit Schriften formatieren, die der Empfänger möglicherweise nicht besitzt, sollten Sie die Option *TrueType-Schriftarten einbetten* aktivieren. Alle benutzten Schriften, die nicht zum Standardumfang von Windows gehören, werden dann in das Dokument eingebettet, so dass der entsprechend formatierte Text auch beim Empfänger richtig auf dem Bildschirm dargestellt und ausgedruckt werden kann.

Eine wichtige Option für alle, die mit anderen im Team regelmäßig Dokumente austauschen müssen, ist die Option *Word-Dateien speichern unter*. Hier können Sie festlegen, dass Ihr Dokument grundsätzlich nicht im Format von Word 2000, sondern beispielsweise als RTF-Dateien gespeichert werden (wichtig für die Zusammenarbeit mit Mac-Anwendern) oder im Format einer älteren Word-Version, wenn Ihre Kollegen beispielsweise noch mit Word 6 arbeiten.

Und last but not least lässt sich über dieses Register auch ein individuelles Kennwort für den Zugriff auf das aktuelle Dokument definieren, damit nicht jedermann/jedefrau den Inhalt einsehen kann.

Speicherort für Dateien

In engem Zusammenhang mit dem Register *Speichern* steht auch das Register *Speicherort für Dateien*. Hier legen Sie fest, wo Word die verschiedenen Dateien ablegt bzw. wo er sie bezieht. Insbesondere der Eintrag *Dokumente* ist dabei interessant, denn hier definieren Sie das Verzeichnis, das Word nach dem Aufruf des *Öffnen*-Dialogs (*Datei/Öffnen*) zunächst anzeigt. Wenn Sie sich also nicht regelmäßig durch endlose Verzeichnisbäume klicken wollen, weil Word zunächst ein anderes Verzeichnis anzeigt als das, in dem Sie Ihre Dateien ablegen, stellen Sie hier am besten einen passenderen Speicherort ein.

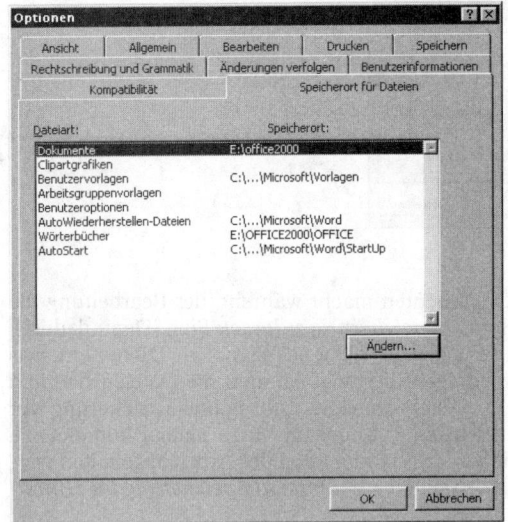

Abbildung 6.53: Durch passende Einstellung des Speicherorts können Sie sich eine Menge Tipparbeit beim Öffnen von Dokumenten ersparen.

Doppelklicken Sie dazu einfach auf den gewünschten Eintrag, worauf der Dialog *Speicherort bearbeiten* erscheint, über den Sie das gewünschte Verzeichnis bestimmen können.

Kompatibilität

Haben Sie sich an die Haken und Ösen einer vorangegangenen Word-Version gewöhnt und möchten diese nicht mehr missen? Dann sind Sie im Register *Kompatibilität* genau richtig. Hier können Sie das Verhalten von Word 2000 in zahlreichen Punkten auf *Alt* trimmen. Entweder Sie wählen unter *Empfohlene Optionen* für das gewünschte Profil eine der angebotenen Anwendungen aus, oder Sie stellen die verschiedenen *Optionen* im gleichnamigen Dialogfeld manuell ein.

Abbildung 6.54:
Kompatibilität heißt, die liebgewonnenen Anomalien vorangegangener Versionen beizubehalten.

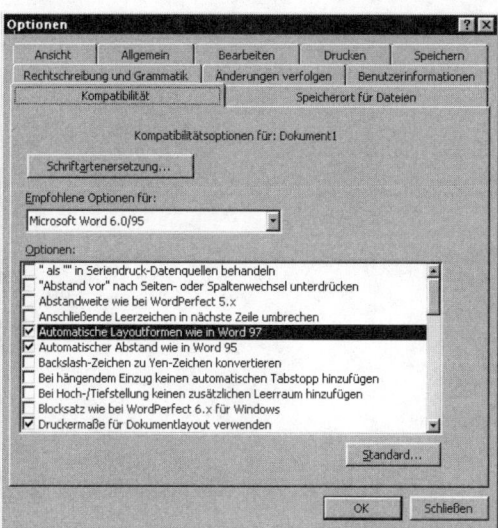

Rechtschreibung und Grammatik

In diesem Register können Sie zahlreiche Optionen in Zusammenhang mit der Rechtschreib- und Grammatikprüfung von Word festlegen. Unter anderem die wichtige Option, ob sich Word an der *Neuen deutschen Rechtschreibung* orientieren soll oder nicht. Außerdem legen Sie hier fest, welche Textelemente Word bei der Rechtschreibprüfung ignorieren soll, beispielsweise *Wörter in GROSSBUCHSTABEN* oder *Internet- und Dateiadressen*. Darüber hinaus können Sie über die Schaltfläche *Wörterbücher* verschiedene Wörterbücher hinzu laden. Und natürlich legen Sie fest, ob die *Rechtschreibung bereits während der Eingabe überprüft* werden soll.

Abbildung 6.55:
Die Optionen der Rechtschreib- und Grammatikprüfung

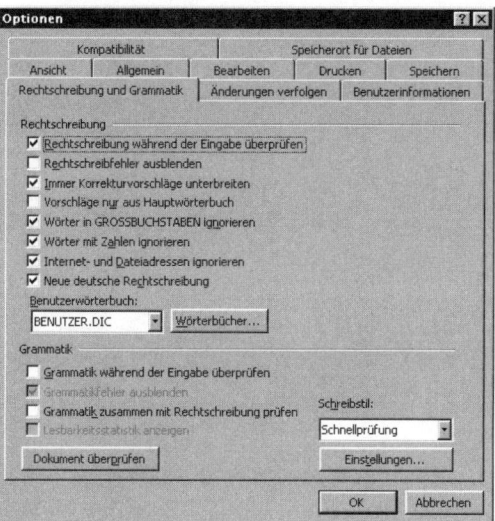

Effizientes Arbeiten mit Word   **151**

7 Die Feinheiten der Textverarbeitung

153 Die Arbeit mit Kopf- und Fußzeilen
162 Tabellen
191 Silbentrennung
193 Feldfunktionen
197 Dateieigenschaften

Die Arbeit mit Kopf- und Fußzeilen

Kopf- und Fußzeilen erfüllen den Zweck, einheitliche Seitenelemente zu definieren, die automatisch auf allen Seiten eines Abschnitts am oberen bzw. unteren Rand der Druckseite erscheinen. Das können Seitenüberschriften, Adressangaben, Kontoverbindungen, Seitennummern, Datum- und Uhrzeit, der Dokumentname oder jeder beliebige andere Text sein. Das Entscheidende ist, dass man ihn nur einmal eingeben und nicht etwa auf jeder Seite manuell zwischen dem Fließtext platzieren muss. Darüber hinaus kann man Kopf- und Fußzeilen nutzen, um Wasserzeichen oder andere Schmuckelemente (Logos, Linien, Flächen) auf jeder Seite zu platzieren, fast wie bei einem vorgedruckten Briefpapier. Auch Word macht davon in den zahlreichen mitgelieferten Dokumentvorlagen regen Gebrauch.

Anzeige der Kopf- und Fußzeilen

Den Inhalt von Kopf- und Fußzeilen kann man in der Normal- und in der Gliederungsansicht zunächst gar nicht sehen, obwohl er beim Druck auf dem Papier erscheint. Erst in der Seitenlayout-Ansicht wird er als Teil der Textseite auf dem Bildschirm angezeigt, und zwar in leichtem Hellgrau unter dem Fließtext. Man erkennt die Elemente aus Kopf- und Fußzeile auch daran, dass man sie nicht einfach anklicken und editieren kann, denn das ist nur im speziellen Bearbeitungsmodus für Kopf- und Fußzeilen möglich. Tatsächlich schaltet Word automatisch in die Seitenlayout-Ansicht, wenn man den Befehl *Ansicht/Kopf- und Fußzeile* aufruft. Er ist der Schlüssel für die Eingabe von Kopf- und Fußzeilen.

Die Kopf- und Fußzeilen-Symbolleiste

Die augenscheinlichste Veränderung bei der Umschaltung in die Anzeige von Kopf- und Fußzeilen ist das Erscheinen der zugehörigen Symbolleiste. Sie enthält die wichtigsten Befehle für die Arbeit mit Kopf- und Fußzeilen und kann wie andere Symbolleisten durch Ziehen an die Menüleiste oder den Fensterrahmen andocken.

Abbildung 7.1:
Die Symbolleiste für Kopf- und Fußzeilen

Die Elemente der Symbolleiste dienen einerseits dem einfacheren Einfügen von speziellen Elementen wie Seitenzahlen oder Druckdatum. Darüber hinaus gestatten sie die Umschaltung zwischen Kopf- und Fußzeilen. Das wollen wir ausprobieren.

Kopf- und Fußzeilen mit allem Drum und Dran

1. Schaffen Sie sich über die *Neu*-Schaltfläche in der *Standard*-Symbolleiste ein neues Dokument und rufen Sie anschließend *Ansicht/Kopf- und Fußzeile* auf.

Neu

Abbildung 7.2:
Über das Ansicht-*Menü machen Sie Kopf- und Fußzeilen sichtbar.*

2. Word hat den Ansichtsmodus gewechselt und die Einfügemarke in der Kopfzeile positioniert. Ihr Geltungsbereich ist umrahmt, der eigentliche Fließtext der Seite (bislang nur eine Absatzmarke) hellgrau zurückgesetzt. Geben Sie jetzt bitte »Strukturkonzept« ein und drücken Sie.

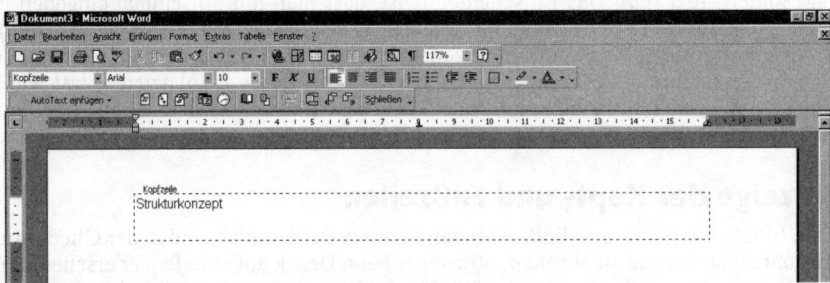

Abbildung 7.3:
Kopf- und Fußzeilen werden grundsätzlich in der Seitenlayout-Ansicht angezeigt.

3. Wenn der Tabulator nicht an den rechten Rand der Kopfzeile springt, schauen Sie bitte im horizontalen Lineal nach, welche Tabulatoren dieser Absatz bereits mitbringt. Wir wollen einen rechtsbündigen Tabulator zum rechten Rand der Kopfzeile, wo wir die Seitennummer einfügen wollen.

Abbildung 7.4:
Bereits vordefinierte Tabstopps stören hier nur.

4. Klicken Sie auf die Schaltfläche *Seitenzahl einfügen* in der Symbolleiste von Kopf- und Fußzeile. Word fügt die Zahl 1 ein.

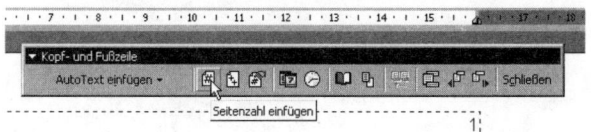

Abbildung 7.5:
Einfügen der Seitenzahlen in die Kopfzeile

Anzahl der Seiten einfügen

5. Geben Sie den Text » / « ein und klicken Sie anschließend auf die Schaltfläche *Anzahl der Seiten einfügen*. Zum guten Schluss verpassen Sie dem Absatz bitte eine untere Linie, indem Sie sich der *Rahmen*-Schaltfläche aus der *Format*-Symbolleiste bedienen.

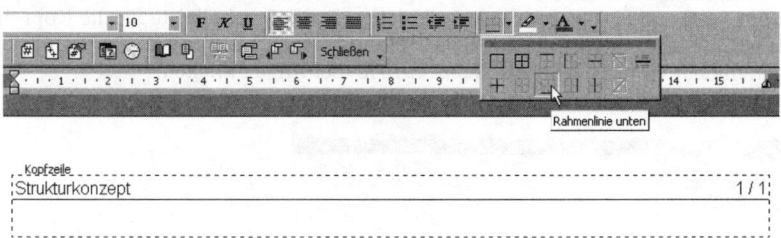

Abbildung 7.6:
Auswahl der Rahmenlinien über die Rahmen-Schaltfläche

Zwischen Kopf- und Fußzeile wechseln

6. Schalten Sie nun in die Fußzeile um. Sie können dazu die Bildlaufleiste benutzen, bis die Fußzeile ins Bild kommt, und dann hineinklicken. Oder Sie klicken einfach auf die zugehörige Schaltfläche *Zwischen Kopf- und Fußzeile wechseln*.

Abbildung 7.7:
Noch ist die Fußzeile leer

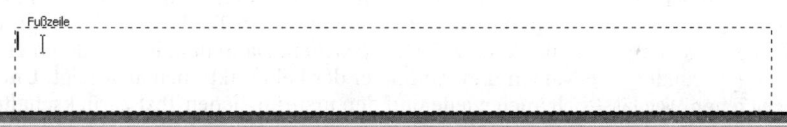

7. Eine Reihe von Informationen, die man gerne in der Kopf- und Fußzeile ausdruckt, gibt Word als Textbausteine bereits vor. Nach Aufklappen bietet Ihnen Word eine Liste an. Wählen Sie erst *Dateiname und Pfad* und dann noch ein anderes Element ganz nach Geschmack. Schrift und Absatzformate können Sie natürlich auch formatieren, wenn Sie möchten (siehe Abbildung 7.8).

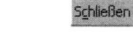

Kopf- und Fußzeile schließen

8. Verlassen Sie die Ansicht der Kopf- und Fußzeilen über die *Schließen*-Schaltfläche in der Symbolleiste. Sie kehren in den Fließtext zurück. Geben Sie hier ein paar Wörter ein, drücken Sie dann [Strg]+[↵], um einen manuellen Seitenwechsel einzufügen. Geben Sie wieder ein paar Wörter ein und wiederholen Sie das Spiel, bis Sie drei Seiten beisammen haben.

9. Schalten Sie jetzt über *Datei/Seitenansicht* auf die Seitenansicht um. Jetzt können Sie das Dokument aus der Vogelperspektive betrachten und sehen, wie sich Ihre Kopf- und Fußzeilen beim Ausdruck machen. Benutzen Sie die Lupe, um sich Details anzuschauen.

Die Feinheiten der Textverarbeitung

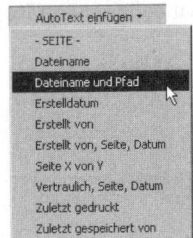

Abbildung 7.8:
Über die Auto-Text-Schaltfläche können Sie häufig benötigte Texte für Kopf- und Fußzeilen einfügen.

Kopfzeilen und Feldfunktionen

Feldfunktionen spielen im Rahmen von Kopf- und Fußzeilen eine wichtige Rolle, weil man damit automatisch Seitenzahlen generieren, Datum und Uhrzeit einfügen oder den Dokumentnamen nebst Lagerort auf der Festplatte ausdrucken kann. Grundlegendes zu Feldfunktionen erfahren Sie im ▶ Abschnitt *Feldfunktionen* in diesem Kapitel. Hier konzentrieren wir uns auf die Schaltflächen in der Symbolleiste für die Kopf- und Fußzeile. Eine ganze Reihe verschiedener Feldfunktionen können Sie sehr komfortabel einfügen, indem Sie auf die Schaltfläche *AutoText einfügen* klicken.

Abbildung 7.9:
Die Symbolleiste für Kopf- und Fußzeilen

Vor Ihren Augen öffnet sich eine Liste von vordefinierten Textbausteinen für verschiedene Arten von Informationen, die man gerne in der Kopf- oder Fußzeile eines Abschnitts auf jeder Seite darstellen möchte. Indem Sie auf einen Eintrag wie *Seite X von Y* anklicken, sorgen Sie dafür, dass der jeweilige Eintrag aus fest vorgegebenem Text und Feldfunktion an der Position der Einfügemarke in die aktuelle Kopf- oder Fußzeile eingefügt wird. Anschließend lässt er sich wie gewöhnlicher Text positionieren und formatieren.

Dass es sich bei dem eingefügten Text tatsächlich um Feldfunktionen handelt, können Sie sehr leicht nachprüfen, indem Sie mit der Maus in den Textbereich der Kopf- oder Fußzeile klicken und anschließend [Alt]+[F9] drücken. Dann nämlich werden nicht die Ergebnisse, sondern die Namen und Parameter der Feldfunktionen angezeigt. Und auf dem gleichen Weg lässt sich auch wieder auf den ursprünglichen Text zurückschalten.

Natürlich bleibt es Ihnen auch in Kopf- und Fußzeilen belassen, Feldfunktionen über *Einfügen/Feld* einzugeben, wie im ▶ Abschnitt über *Feldfunktionen* nachzulesen.

Schmuckelemente und Formatierung

Auch wenn das obige Beispiel den Eindruck erweckt hat, der Text von Kopf- und Fußzeilen könne sich nur innerhalb des vorgegebenen Rahmens bewegen, ist dem nicht so. Word gibt zwar diesen Bereich vor, doch durch das Einfügen von Textfeldern (siehe ▶ Kapitel 8) lassen sich Texte und Grafiken auf jeder Stelle des Blattes platzieren. Gleiches gilt für alle Formen und Elemente, die Ihnen die *Zeichnen*-Symbolleiste bietet.

Und was die Gestaltung des Textes in Kopf- und Fußzeilen angeht, gibt es im Hinblick auf Absatz- und Zeichenformate keine wesentlichen Beschränkungen gegenüber herkömmlichem Text. Sogar Formatvorlagen können der Kopf- und Fußzeile zugewiesen werden, wobei Word standardmäßig die Absatzformate *Kopfzeile* und *Fußzeile* vorgibt.

Abweichende Kopf- und Fußzeilen auf Abschnittsebene

Kopf- und Fußzeilen sind zunächst einmal abschnittsbezogen, d. h., jeder Abschnitt eines Dokuments kann über eine Version von Kopf- und Fußzeile verfügen. Enthält ein Dokument mehrere Abschnitte, zeigt Word das in der Ansicht der Kopf- und Fußzeilen dadurch an, dass es über dem Rahmen für die Kopf- oder Fußzeile auch gleich die Nummer des jeweiligen Abschnitts nennt.

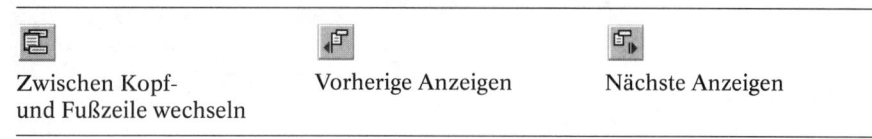

Abbildung 7.10: Existieren mehrere Abschnitte, zeigt Word jeweils die Abschnittsnummer einer Kopf- bzw. Fußzeile an.

Word macht es Ihnen leicht, zwischen den Kopf- und Fußzeilen der verschiedenen Abschnitte zu wechseln, denn dafür stehen in der Symbolleiste der Kopf- und Fußzeilen die zwei Schaltflächen *Vorherige anzeigen* und *Nächste anzeigen* zur Verfügung. Innerhalb eines Abschnitts können Sie dabei wie gewohnt über die Schaltfläche *Zwischen Kopf- und Fußzeile wechseln* genau das tun.

Zwischen Kopf- und Fußzeile wechseln	Vorherige Anzeigen	Nächste Anzeigen

Achten Sie im obigen Bild bitte auf der rechten Seite des Rahmens auf den Text »Wie vorherige«. Er signalisiert Ihnen, dass die Kopf- bzw. Fußzeile im aktuellen Abschnitt ihren Inhalt von dem des vorhergehenden Abschnitts übernimmt. Erkennbar ist das auch an der eingedrückten Schaltfläche *Wie vorherige* in der Symbolleiste für Kopf- und Fußzeile. Indem Sie diese Schaltfläche anklicken, nehmen Sie diese Einstellung zurück. Auch die Beschriftung »wie vorherige« am Kopf- oder Fußzeilenrahmen verschwindet. Dies ist für die Kopf- und Fußzeile jeweils separat möglich.

Wie vorherige

Der eigentliche Inhalt der soeben umgeschalteten Kopf- oder Fußzeile ändert sich dadurch jedoch zunächst nicht. Er kann nun aber verändert werden, ohne dass die vorherigen Abschnitte davon berührt werden. Auf die nachfolgenden Abschnitte, die weiter auf *Wie vorherige* stehen, übertragen sich die Änderungen allerdings unmittelbar. Sollen auch sie ein eigenes Gesicht bekommen, muss auch hier die Übernahme aus dem vorherigen Abschnitt ausgeschaltet werden.

HINWEIS Für alle Abschnitte, die auf *Wie vorherige* geschaltet sind, gilt übrigens: Man kann die Kopf- oder Fußzeile in jedem dieser Abschnitte ändern, wobei sich die Änderung auf alle Abschnitte der jeweiligen Gruppe erstreckt.

So ändern Sie die Lage der Kopf- und Fußzeilen

Sind Sie nicht mit der Positionierung der von Word vorgegebenen Bereiche für die Kopf- und Fußzeile zufrieden, können Sie die Position leicht ändern. Sie müssen dazu nicht einmal in die Ansicht der Kopf- und Fußzeilen umschalten.

1. Vergewissern Sie sich, dass die Einfügemarke in dem Abschnitt steht, für den Sie die Positionierung der Kopf- und Fußzeilen einstellen wollen. Wenn Sie Ihr Dokument nicht in mehrere Abschnitte unterteilt haben, ist das ohnehin der Fall.

2. Rufen Sie *Datei/Seite einrichten* auf und wählen Sie das Register *Seitenränder*. Unten links sehen Sie zwei Felder mit der Überschrift *Abstand vom Seitenrand*. Hier können Sie eingeben, wie weit der obere Rand der Kopfzeile vom Seitenrand entfernt sein soll bzw. wie weit der untere Rand der Fußzeile an das Blattende heranreichen soll.

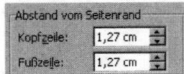

Abbildung 7.11: Positionierung der Kopf- und Fußzeile

3. Je weiter Sie die Kopfzeile nach außen schieben (kleinere Abstände), desto mehr Platz bleibt für den eigentlichen Fließtext. Verschieben Sie die Kopf- und Fußzeile hingegen zur Mitte des Blattes (größere Abstände), wird der Platz für den Fließtext dadurch zusammengedrückt. Die Folge: Ihr Dokument wird beim Ausdruck ein wenig länger.

Abbildung 7.12: Die Lage der Kopf- und Fußzeilen grenzt den Raum für den Fließtext ein

Die Seitenansicht als Prüfinstrument

Ein wichtiges Prüfinstrument für das Layout kompletter Dokumente ist die Seitenansicht, die über den Befehl *Datei/Seitenansicht* aktiviert werden kann. Noch schneller geht es mit dem zugehörigen Symbol aus der *Standard*-Symbolleiste.

Von der Seitendarstellung her ähnelt die Seitenansicht der Seitenlayout-Ansicht, nur dass sie weniger für die Texteingabe gedacht ist und außerdem die herkömmlichen Symbolleisten ausgeblendet werden. Stattdessen erscheint unter der Menüleiste die spezielle Symbolleiste für die Seitenansicht.

Nach der Umschaltung in die Seitenansicht stellt Word den Vergrößerungsfaktor zunächst so ein, dass genau eine Seite auf dem Bildschirm zu sehen ist. Wenn Sie möchten, können Sie jedoch bis zu sechs Seiten parallel betrachten. Sobald Sie dazu auf die Schaltfläche *Mehrere Seiten* klicken, klappt die Schaltfläche auf und Sie erhalten verschiedene Auswahlmöglichkeiten bzgl. der Anzahl der Seiten.

Mehrere Seiten

Abbildung 7.13:
Ein Dokument in der Seitenansicht

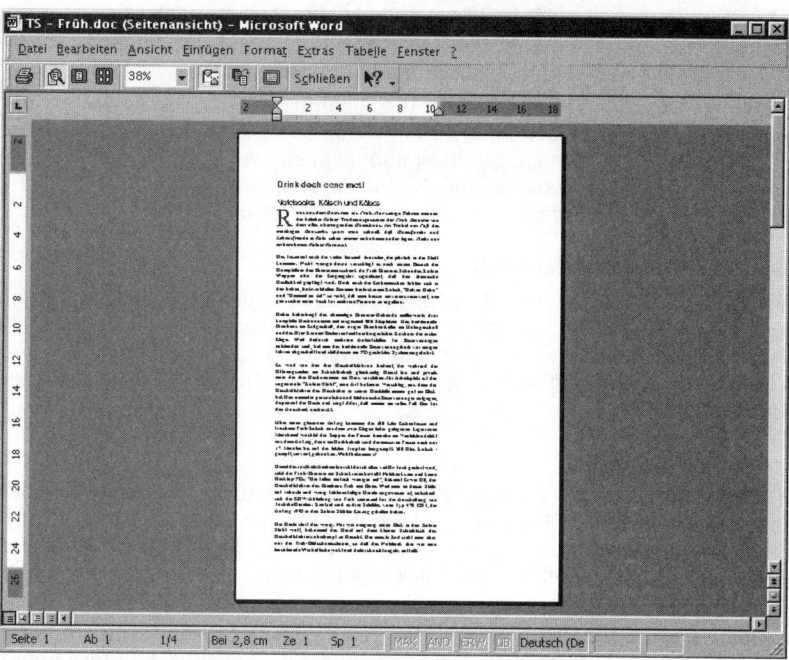

Abbildung 7.14:
Anzeige mehrerer Seiten in der Seitenansicht

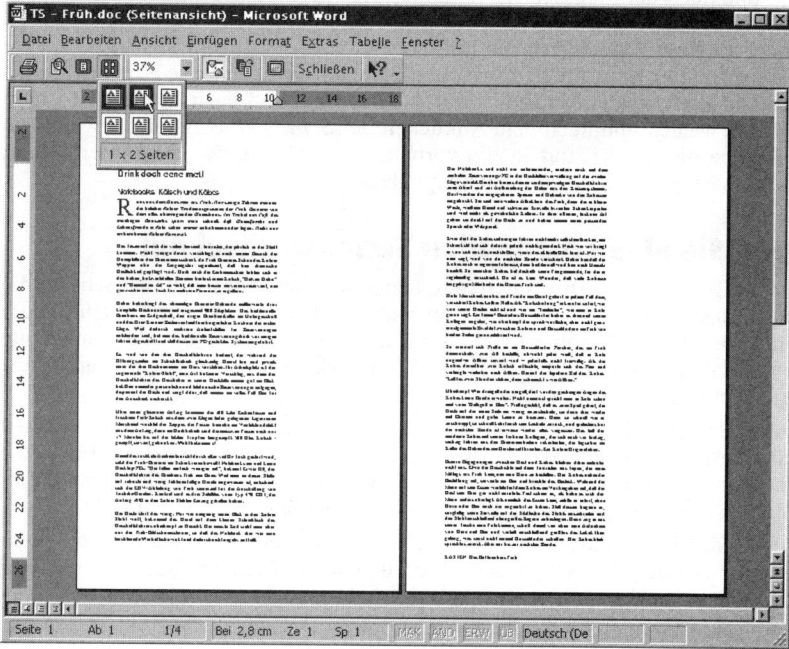

Auf die Anzeige einer einzigen Seite können Sie leicht wieder zurückschalten, wenn Sie die Schaltfläche *eine Seite* anklicken, oder Sie klicken auf den Pfeil der Schaltfläche *Zoom* und wählen dort den gewünschten Vergrößerungsfaktor.

Eine Seite

TIPP Eine interessante Funktion können Sie über die Schaltfläche *Größe anpassen* aktivieren. Word versucht dann, die Seitenränder ein wenig zu verkleinern, damit die letzte Seite des Dokuments möglichst gut gefüllt ist und nicht ein wenig Text auf eine weitgehend leere letzte Seite herüberschwappt. Nicht immer ist das möglich, doch Word informiert Sie, wenn es nicht funktioniert hat.

Größe anpassen

Manuelles Einstellen der Seitenränder

Genau wie in der Seitenlayout-Ansicht können Sie auch in der Seitenansicht die Seitenränder über das angezeigte vertikale und horizontale Lineal verschieben. Hier fällt das noch ein wenig leichter, weil man durch die Vergrößerung immer mindestens eine Seite im Bild hat und dadurch gleichzeitig den oberen, unteren, linken und rechten Seitenrand sehen kann.

Zoomen oder Markieren

Wenn Sie den Mauszeiger in der Seitenansicht über das Dokument führen, verwandelt er sich in eine Lupe mit einem Pluszeichen darin. Klicken Sie damit auf eine Stelle des Textes, wird der Zoom-Faktor automatisch auf 100 umgeschaltet, d.h., Sie sehen den Text in Originalgröße. Ein erneuter Mausklick schaltet dann wieder in die ursprüngliche Vergrößerungsstufe zurück.

Darüber hinaus können Sie allerdings auch Text markieren und sogar bearbeiten, wenn Sie die Vergrößerung ausschalten. Klicken Sie dazu auf die Schaltfläche *Lupe*. Sofern Ihr Text vor dem Eintritt in die Seitenansicht eine Markierung aufwies, wird diese nun angezeigt, und auch der Mauszeiger verwandelt sich in das herkömmliche I. Sie können nun jetzt wie gewohnt Text mit Hilfe von Maus und Tastatur formatieren. Und weil Ihnen nach wie vor die Menüleiste mit ihren Befehlen zur Verfügung steht, können Sie beinahe in gewohnter Weise auf den Text einwirken, um beispielsweise Formatierungen vorzunehmen. Ein erneuter Mausklick auf das *Lupe*-Symbol beendet diese Möglichkeit allerdings wieder, und nach dem Anklicken der *Schließen*-Schaltfläche verlassen Sie die Seitenansicht ganz, um in die vorherige Ansicht zurück zu kehren. Dann erscheinen auch wieder die gewohnten Symbolleisten.

Lupe

So fügen Sie einen manuellen Seitenwechsel ein

Bei der Anzeige und dem Ausdruck eines Textes schaltet Word automatisch auf die jeweils nachfolgende Seite um, wenn der fortlaufende Text den unteren Seitenrand der aktuellen Seite erreicht. Darüber hinaus kann man Word jedoch anhalten, eine Seite schon früher zu beenden und den Text so zu umbrechen, dass der nachfolgende Text am Anfang der nächsten Seite erscheint.

1. Manuelle Seitenwechsel kann man sehr einfach von Hand eingeben. Bitte schalten Sie zunächst in die Seitenlayoutansicht um (*Ansicht/Seitenlayout*), weil man die Veränderung am Text dort besser visualisieren kann. Setzen Sie die Einfügemarke an den Beginn des Absatzes, der am Beginn einer neuen Seite erscheinen soll.
2. Betätigen Sie nun die Tastenkombination `Strg`+`↵`, um einen manuellen Seitenwechsel einzufügen. Sie sehen, wie Word den nachfolgenden Text abtrennt und gleichzeitig den Seitenwechsel im Text hervorhebt.
3. Seitenwechsel können Sie genau wie Absatzmarken oder die Zeilenumschaltung behandeln, d.h., man kann den Seitenwechsel wieder zurücknehmen, indem man die Einfügemarke auf den Anfang der Seitenumschaltung setzt und dann `Entf` drückt. Und genau so einfach können Sie einen manuellen Seitenwechsel löschen, wenn er Teil der aktuellen Markierung ist.

Abbildung 7.15:
Ein manueller Seitenwechsel in der Seitenlayout-Ansicht

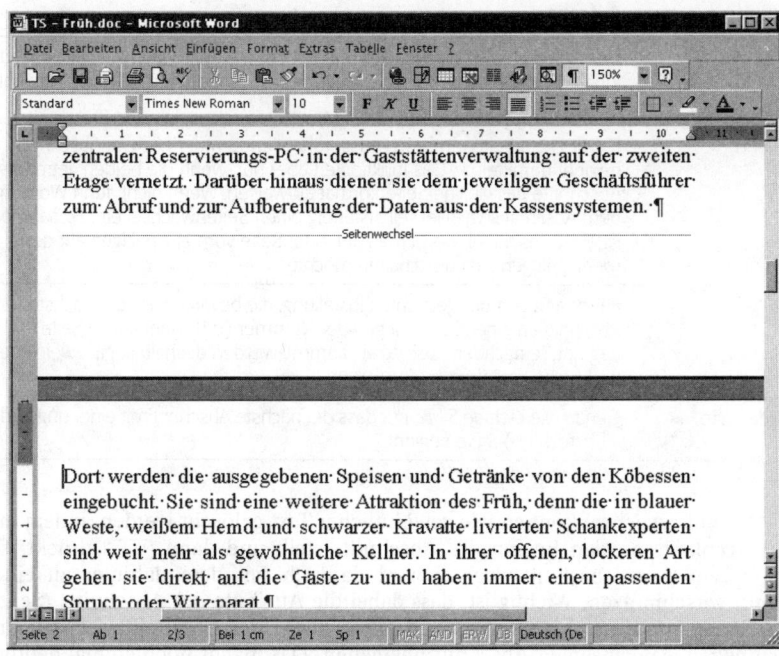

Einfügen von Abschnittswechseln

Das Anlegen verschiedener Abschnitte ist die Voraussetzung, wenn Sie das Seitenlayout oder die Kopf- und Fußzeilen in verschiedenen Bereichen Ihres Dokuments unterschiedlich gestalten möchten. Setzen Sie dazu die Einfügemarke zunächst an die Stelle im Text, an der ein neuer Abschnitt beginnen soll, und rufen Sie anschließend den Befehl *Einfügen/Manueller Wechsel* auf.

Abbildung 7.16:
Der Dialog zum Einfügen manueller Wechsel

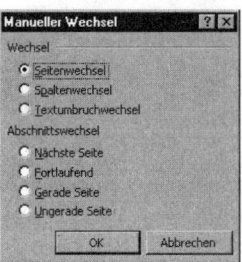

Die oben dargestellte Dialogmaske gestattet Ihnen die Auswahl des gewünschten Wechsels, wobei auch Seiten-, Spalten- und Zeilenwechsel eingefügt werden können, was sich aber in der Regel über die bekannten Kurzwahltasten schneller bewerkstelligen lässt. Anders dagegen die Abschnittswechsel, die man nur über diesen Dialog einfügen kann. Es stehen mehrere Möglichkeiten zur Auswahl, wobei es in allen vier Fällen um die Frage geht, wo der neue Abschnitt beginnt.

Befehl	Aufgabe
Nächste Seite	Der Abschnittswechsel verkörpert gleichzeitig einen Seitenwechsel, d.h., der Inhalt des nachfolgenden Abschnitts beginnt am oberen Rand der nachfolgenden Seite.
Fortlaufend	Es wird kein Seitenumbruch ausgeführt, sondern der nächste Abschnitt beginnt unmittelbar. Das funktioniert aber nur, wenn die beiden getrennten Abschnitte das gleiche Seitenformat aufweisen. Wenn nicht, führt Word mit dem Abschnittswechsel selbstständig einen Seitenwechsel ein. *Fortlaufend* ist ein gutes Mittel, wenn man auf einer Seite vom einspaltigen auf den mehrspaltigen Satz umschalten möchte.
Gerade Seite	Für den Buchdruck gedachte Einstellung, die bewirkt, dass der nächste Abschnitt an einer Seite mit gerader Nummer (d.h. einer linken Seite) beginnt. Je nachdem, wie es auskommt, werden deshalb sogar zwei Seitenumbrüche eingefügt.
Ungerade Seite	Genau wie *Gerade Seite*, nur dass der nächste Abschnitt mit einer ungeraden (d.h. rechten) Seite beginnt.

Tabelle 7.1: Abschnittswechsel gibt es in unterschiedlicher Ausprägung.

Auch Abschnittswechsel können wie gewöhnlicher Text gelöscht werden, indem man die Einfügemarke an den Beginn des Abschnitts stellt und dann [Entf] drückt. Der Abschnitt vor dem Abschnittswechsel wird dadurch mit dem dahinter zu einem Abschnitt verschmolzen. Wichtig ist, dass dabei die Attribute des Abschnitts (Seitenränder, Seitenausrichtung, Kopf- und Fußzeilen) hinter der Abschnittswechselmarke auf den neuen, gemeinsamen Abschnitt übergehen. Das macht noch einmal deutlich, dass in einem Abschnittswechsel die Attribute des vorangehenden Textes stehen.

WICHTIG

Tabellen

Tabellen verkörpern unter Word ein wichtiges und äußerst flexibles Instrument für die Eingabe und Gestaltung von Text und Grafik. Ursprünglich wurden Tabellen als einfache Matrix aus Spalten und Zeilen für die Anzeige tabellarischer Daten eingeführt. Mit den aufsteigenden Versionen von Word kamen mit der Zeit jedoch immer neue Möglichkeiten für die Gestaltung und Ausrichtung der Zellen hinzu. Heute sind Tabellen deshalb das bevorzugte Mittel für das Aufsetzen komplexer Layouts, denn mit keinem anderen Werkzeug lassen sich Texte, Grafiken, Schrifteffekte und Headlines so gezielt miteinander und nebeneinander arrangieren wie mit Tabellen.

Nicht umsonst spielen Tabellen auch eine entscheidende Rolle für das Aufsetzen und Gestalten von HTML-Seiten für das Internet oder Intranet. Hier kann Word seine Stärken als HTML-Editor ausspielen, denn die meisten Optionen, die Word innerhalb von Tabellen bietet, können ohne Umwege in HTML-Seiten übernommen werden. Word enthält im Hinblick auf Tabellen sogar einige Features mehr als HTML 3.2 bzw. HTML 4.0 – nicht umgekehrt.

Des weiteren spielen Tabellen auch für die *Serienbrief*-Funktion von Word eine wichtige Rolle. Hier fungieren sie als Datenspeicher, über die Word die Namen der einzelnen Datensatzfelder und die Inhalte der verschiedenen Datensätze bezieht. (Mehr darüber in ▶ Kapitel 10).

Und wo wir schon einmal dabei sind: Man kann mit Tabellen in Word sogar rechnen, wenn man sie beispielsweise für Rechnungen nutzt. Allerdings ist das ein Grenzbereich, in dem man immer abwägen muss, ob nicht vielleicht die Integration einer kleinen Excel-Tabelle in das Word-Dokument mehr Sinn macht, sofern man im Büro das komplette Office-Paket einsetzt. (Mehr darüber in ▶ Kapitel 49)

Tabellen-Grundlagen

Es gibt ein paar Dinge, die Sie über Tabellen wissen sollten, bevor wir mit der Erstellung der ersten Tabelle beginnen.

- Tabellen werden zunächst als rechteckige Matrix aus einer vorgegebenen Anzahl von Zeilen und Spalten erzeugt. Im Rahmen der Bearbeitung lassen sich jedoch problemlos weitere Zeilen und Spalten hinzufügen. Und auch das gezielte Löschen von Zeilen oder Spalten ist kein Problem.

- Das grundlegende Element einer Tabelle ist die Zelle. Sie kann einen oder mehrere Textabsätze enthalten, darüber hinaus aber auch Grafiken und neuerdings sogar Untertabellen. Auf jede Zelle können dabei unterschiedliche Absatz- und Zeichenformate angewandt werden. Weil man bei Word sonst brutal tricksen muss, um mehrere unabhängige Absätze nebeneinander zu positionieren, ist das einer der größten Vorteile der Tabellen. Jede Zelle wird dabei durch eine Zellenendemarke abgeschlossen, die das sichtbare Ende des Zelleninhalts verkörpert.

- Zellen können ganz individuell mit einer Hintergrundfarbe, einem Muster oder einer Schattierung versehen werden, darüber hinaus mit Rahmenlinien unterschiedlicher Stärke und Struktur. Einzelne Zellen oder ganze Gruppen lassen sich durch einen gemeinsamen Rahmen hervorheben. Sehr einfach lässt sich auch eine komplette Tabelle mit einem Rahmen versehen.

- Um Überschriften zu erzeugen, die über mehrere Spalten gehen, können mehrere Zellen innerhalb einer Zeile verschmolzen werden. Das gilt auch für mehrere übereinander liegende Zellen einer Spalte, wobei man von der Möglichkeit profitiert, die Laufrichtung des Textes innerhalb einer Zelle beliebig einstellen zu können.

NEU Seit der Version Word 2000 lassen sich sogar Tabellen in Tabellen definieren, d. h., einzelne Tabellenfelder können wiederum komplette Tabellen beinhalten. Neu ist außerdem, dass Word immer automatisch die optimale Breite für die verschiedenen Spalten auf Grund des enthaltenen Textes einstellt.

Erstellen von Tabellen

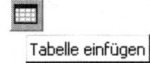
Tabelle einfügen

Word beinhaltet zwei Instrumente zum Erstellen von Tabellen: die Schaltfläche *Tabelle einfügen* aus der *Standard*-Symbolleiste und die spezielle Symbolleiste *Tabellen und Rahmen* mit diversen Schaltflächen und Einstellmöglichkeiten. Letztere ist eher für Fortgeschrittene gedacht, wenn Tabellen mit komplexer Formatierung und Layout erstellt oder bereits vorhandene Tabellen nachbearbeitet werden sollen, beispielsweise bei der möglichst originalgetreuen Umsetzung von gedruckten Formularen nach Word.

Abbildung 7.17:
Hilft beim
Aufbau von
Tabellen: Die
Symbolleiste
Tabellen und
Rahmen

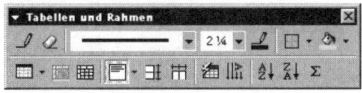

So lange es jedoch »nur« darum geht, ein paar Daten tabellarisch anzuordnen und ein wenig ansprechend zu formatieren, beginnt man die Erstellung einer neuen Tabelle am besten mit der Schaltfläche *Tabelle einfügen*, so wie im folgenden Beispiel.

So erstellen und füllen Sie eine Tabelle

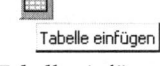
Tabelle einfügen

1. Legen Sie ein neues Dokument an oder bewegen Sie die Einfügemarke zu der Stelle im aktuellen Dokument, an der die neue Tabelle eingefügt werden soll. Klicken Sie anschließend mit der Maus auf die Schaltfläche *Tabelle einfügen* in der *Standard*-Symbolleiste. Unterhalb der Schaltfläche öffnet sich vor Ihren Augen ein kleines

Die Feinheiten der Textverarbeitung

Fenster mit einer Matrix aus Kästchen, über das die Anzahl der Zeilen und Spalten in der neuen Tabelle bestimmt wird.

Abbildung 7.18:
Die Schaltfläche Tabelle einfügen *nach dem Aufklappen*

2. Fahren Sie nun mit dem Mauszeiger auf das vierte Kästchen von links und das dritte von oben. Durch Invertieren der überstrichenen Kästchen zeigt Ihnen Word an, wie die Tabelle ausfallen würde, falls Sie jetzt mit der Maus auf das aktuelle Kästchen klicken würden. (Tun Sie es bitte noch nicht). Gleichzeitig nennt es am unteren Rand des Fensters die aktuelle Dimension.

Abbildung 7.19:
Mit der Maus wählen Sie die gewünschte Größe der Tabellenmatrix aus.

3. Drücken Sie nun die linke Maustaste nieder und halten Sie sie gedrückt. Bewegen Sie die Maus nach rechts unten, über den Rand des Fensters hinaus, während Sie die Maustaste weiter niederdrücken. Sie sehen, dass sich das Fenster vergrößert, so dass Sie auch eine größere Anzahl von Zeilen und Spalten auswählen können.

4. Halten Sie die Maustaste bitte weiterhin gedrückt und fahren Sie mit dem Maus-Cursor soweit zurück, dass Word am unteren Fensterrand »3 x 4 Tabelle« anzeigt. Lassen Sie erst jetzt die linke Maustaste los, damit die gewünschte Tabelle erzeugt und in Ihr Dokument eingefügt wird. Beachten Sie bitte, dass Word die einzelnen Spaltenbreite gleichmäßig einstellt und sie zusammen genommen die gesamte Zeilenbreite füllen.

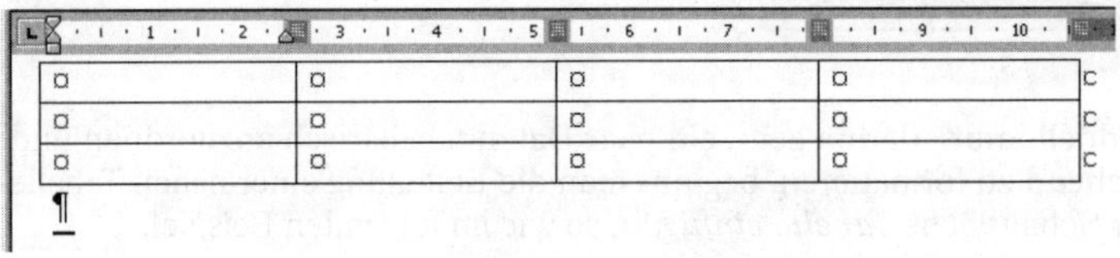

Abbildung 7.20:
Die 3x4-Tabelle nach dem Einfügen

5. Klicken Sie mit der Maus in eines der Tabellenfelder und geben Sie etwas Text ein. Drücken Sie ganz bewußt die ⏎-Taste, um mehrere Absätze innerhalb einer Zelle einzufügen und beobachten Sie, wie Word die Höhe aller Zellen innerhalb dieser Zeile automatisch anpasst.

Abbildung 7.21:
Word passt die Zellenhöhe automatisch dem Inhalt an.

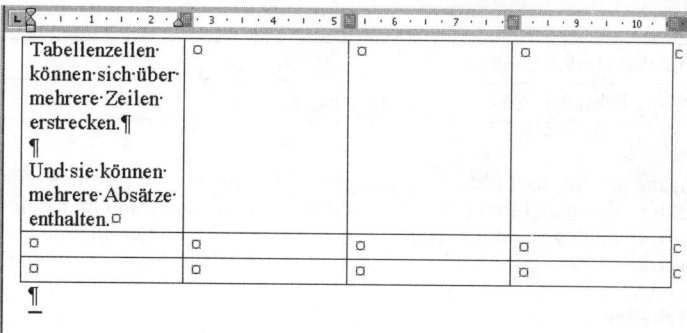

6. Klicken Sie mit der Maus auf das erste Zeichen innerhalb der Zelle und ziehen Sie den Maus-Cursor bei gedrückter Maustaste so weit nach rechts unten, dass alle Absätze innerhalb dieser Zelle markiert sind. Stellen Sie anschließend die Absatzausrichtung über eine der zugehörigen Schaltflächen in der *Format*-Symbolleiste ein, wählen Sie eine Schrift für den Text oder weisen Sie den Absätzen ein bestimmtes Absatzformat zu. Denn alle Arten von Formatierung sind hier erlaubt.

7. Möchten Sie die Tabelle wieder entfernen, um den gesamten Prozess zu wiederholen, rufen Sie bitte den Befehl *Löschen/Tabelle* aus dem *Tabelle*-Menü auf. Wichtig ist, dass sich die Einfügemarke zu diesem Zeitpunkt in der Tabelle befindet, denn sonst ist der *Löschen*-Befehl deaktiviert.

Navigieren und Editieren in Tabellen

Für das Navigieren und die Texteingabe in Tabellen gelten einige spezielle Regeln. Vor allem die [Tab]-Taste spielt eine besondere Rolle. Während sie im normalen Text einen Tabulator einfügt, wird sie innerhalb von Tabellen benutzt, um zur nächsten Zelle zu springen. So bewegt man sich mit [Tab] innerhalb einer Zeile von links nach rechts, bis [Tab] am Ende der Tabellenzeile zur ersten Zelle der nächsten Zeile springt. Und in der letzten Zelle der Tabelle angekommen, fügt [Tab] der Tabelle sogar eine komplette Zeile hinzu. In der Gegenrichtung bewegt man sich übrigens mit [⇧]+[Tab] jeweils eine Zelle nach links.

Weil die [Tab]-Taste dadurch vorbelegt ist, man aber auch innerhalb einer Zelle mit Tabulatoren arbeiten kann, muss man im Rahmen einer Tabelle [Strg]+[Tab] drücken, um tatsächlich einen Tabulator innerhalb der aktuellen Zelle einzufügen. An der Formatierung und Positionierung der Tabulatoren ändert sich dadurch nichts.

Weil sich die meisten Cursor-Tasten und ihre Kombination mit Umschalttasten auf die Navigation zwischen Absätzen beziehen, benötigt man zusätzliche Tastenkombinationen, wenn man sich schnell innerhalb einer Tabelle bewegen will. Wer sich die folgenden Tastenkombinationen nicht einprägen möchte, der benutzt einfach die Maus und klickt jeweils in die Zelle, in die man Text oder andere Inhalte einfügen möchte.

Tabelle 7.2:
Cursor-Tasten für die Navigation in Tabellen

Bewegung	Taste
Nächste Zelle rechts	[Tab]
Nächste Zelle links	[⇧]+[Tab]
Zur ersten Zelle in der aktuellen Zeile	[Alt]+[Pos 1]
Zur letzten Zelle in der aktuellen Zeile	[Alt]+[Ende]

Die Feinheiten der Textverarbeitung

Bewegung	Taste
Zur obersten Zelle in der aktuellen Spalte	[Alt]+[Bild ↑]
Zur untersten Zelle in der aktuellen Zeile	[Alt]+[Bild ↓]

Was die Texteingabe angeht, so funktioniert übrigens auch das Ausschneiden, Kopieren und Einfügen innerhalb einer Tabelle wie gewohnt, d.h., man kann auch hier sehr einfach Zellinhalte vervielfältigen oder durch Ausschneiden und Einfügen in eine andere Zelle verschieben.

Markieren in Tabellen

Das Markieren von Zeilen, Spalten oder einzelnen Zellen einer Tabelle ist die Voraussetzung für eine ganze Reihe von Tabellenoperationen. Sei es das Einfügen oder Löschen von Zellen, das Verschieben von Zellinhalten oder die gemeinsame Formatierung markierter Zellen in Bezug auf Absatz- oder Schriftformate. Am schnellsten funktioniert das Markieren in Tabellen zumeist mit der Maus.

Aufgabe	Vorgehensweise	Resultat
Zeile markieren	Klicken Sie mit der Maus links neben dem linken Rand der gewünschten Zeile.	
Spalte markieren	Positionieren Sie den Mauszeiger über der ersten Zeile der gewünschten Spalte, bis er als kleiner, nach unten zeigender Pfeil erscheint. Klicken Sie dann, um die gesamte Spalte zu markieren.	
Zelle markieren	Positionieren Sie den Mauszeiger über dem linken Rand einer Zelle, bis er als kleiner Pfeil erscheint, der diagonal auf den oberen Zellenrand deutet. Klicken Sie dann.	
Mehrere Zellen	Klicken Sie an beliebiger Stelle in die erste Zelle der gewünschten Markierung, halten Sie die Maustaste gedrückt und ziehen Sie bis zum gewünschten Endpunkt. Word dehnt die Markierung automatisch auf vollständige Zellen aus.	

Tabelle 7.3: Methoden zum Markieren von Tabellenzellen

Wenn Sie nicht nur wie angegeben neben eine Zeile oder über eine Spalte klicken, sondern die Maustaste weiterhin niedergedrückt halten, können Sie durch Ziehen der Maus nach Belieben mehrere Zeilen oder Spalten markieren.

Darüber hinaus gibt es noch den Befehl *Tabelle/Markieren*. Mit seiner Hilfe können Sie wahlweise die gesamte Tabelle, die aktuelle Spalte oder Zeile oder die aktuelle Zelle markieren. Für alle, denen das Markieren via Maus zu umständlich scheint.

TIPP Wenn Sie regelmäßig mit Tabellen arbeiten, werden Sie diese Tastenkombination zum schnellen Markieren einer kompletten Tabelle zu schätzen wissen: [Alt]+[5] (gemeint ist die 5 auf der Zehnertastatur, wobei NUM-LOCK ausgeschaltet sein muss).

So verschieben Sie Zellinhalte innerhalb einer Tabelle

Einmal markiert, können Sie den Inhalt von Zellen sehr einfach mit Hilfe der Maus innerhalb der Tabelle verschieben.

1. Markieren Sie die Zellen, die Sie verschieben möchten.
2. Setzen Sie den Mauszeiger auf eine beliebige Stelle Ihrer Markierung (es muss nicht das erste Zeichen sein), klicken und ziehen Sie mit der Maustaste Ihre Markierung an die gewünschte Stelle. Achten Sie bitte auf den veränderten Mauszeiger und die angedeutete Einfügeposition. Sie bestimmt, wo der Inhalt der Zellen in die Tabelle eingefügt wird.
3. Auch für das Verschieben in Zellen gilt: Wenn Sie beim Ziehen der Markierung mit der Maus die [Strg]-Taste gedrückt halten, wird die Markierung nicht verschoben, sondern kopiert. Probieren Sie das doch einmal aus.

Übrigens können Sie durch das Verschieben auch Teile aus der Tabelle herauslösen und in den Fließtext verschieben, wo sie als neue Tabelle eingefügt werden.

HINWEIS Beachten Sie bitte, dass es einen großen Unterschied macht, ob Sie eine komplett markierte Zelle verschieben oder nur markierten Text innerhalb einer Zelle. Im ersten Fall überschreiben Sie den Inhalt der Zielzelle komplett mit dem der Quellzelle. Ist jedoch nur ein Teil der verschobenen Zelle markiert, wird dieser lediglich in die Zielzelle eingefügt, ohne dass der bisherige Inhalt verloren geht.

Zellen verschieben einmal ganz anders

Ein typisches Problem bei der Arbeit mit Word: Sie haben eines neues Dokument erstellt und darin sofort mit der Erstellung einer Tabelle begonnen. Die steht somit am Anfang des Dokuments, erst dahinter folgen die ersten Textabsätze. Jetzt soll der Tabelle aber noch ein Einleitungstext vorangestellt werden. Doch wie bekommen Sie den Fließtext vor die Tabelle? Die Einfügemarke in die erste Tabellenzelle setzen und [↵] drücken funktioniert nicht. Dadurch fügen Sie nur weitere Absätze in die erste Zelle ein. Doch so geht's:

1. Fügen Sie zunächst einige leere Textabsätze unterhalb der Tabelle in das Dokument ein.

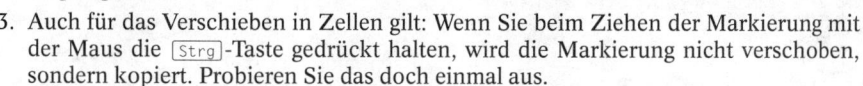

Abbildung 7.22: Die Tabelle steht am Anfang des Dokuments, deshalb kann davor kein Text eingegeben werden.

2. Markieren Sie die gesamte Tabelle.
3. Ziehen Sie die gesamte Tabelle hinter einen der Textabsätze, die Sie unter der Tabelle angelegt haben (siehe Abbildung 7.23).
4. Jetzt ist die Tabelle im Text nach unten gewandert, so dass Sie darüber einige Textabsätze haben, aus denen Sie den gewünschten Einleitungstext erzeugen können (siehe Abbildung 7.24).

Hinzufügen von Zeilen und Spalten

Das Markieren spielt auch eine große Rolle, wenn Sie Ihrer Tabelle nachträglich Spalten und Zeilen hinzufügen möchten. Sie können dabei entscheiden, wo die Spalten oder Zeilen eingefügt werden sollen.

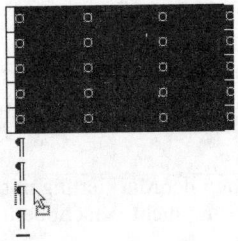

Abbildung 7.23:
Verschieben der markierten Tabelle mit der Maus

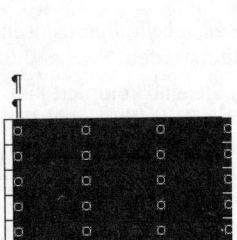

Abbildung 7.24:
Jetzt kann vor der Tabelle wieder Fließtext einge-geben werden.

- Zum Einfügen einer Spalte markieren Sie bitte die komplette Spalte, auf deren linker Seite die neue Spalte eingefügt werden soll.
- Zum Einfügen einer Zeile markieren Sie bitte die komplette Zeile, über der die neue Zeile eingefügt werden soll.

Durch die Markierung verändert die Schaltfläche *Tabelle einfügen* aus der *Standard*-Symbolleiste ihr Aussehen. Wenn Sie Spalten markiert haben, heißt es nun *Spalten einfügen*, bei der Markierung von Zeilen entsprechend *Zeilen einfügen*. Sie können zum Einfügen also diese Schaltfläche benutzen, oder Sie bedienen sich des Kontextmenüs, das durch Anklicken der Markierung mit der rechten Maustaste geöffnet wird.

Spalten einfügen

Zeilen einfügen

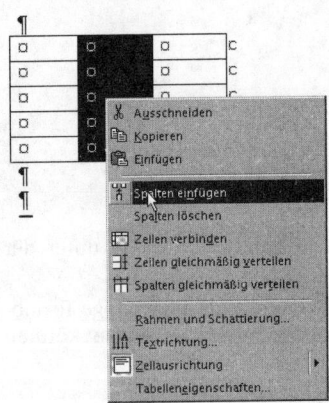

Abbildung 7.25:
Kontextmenü nach dem Markieren einer Tabellenspalte

Auch hier finden Sie je nach Markierung den Befehl *Spalte einfügen* bzw. *Zeile einfügen*.

Kapitel 7

Durch die Vorgabe, dass die neuen Spalten links von der Markierung und Zeilen unterhalb der Markierung eingefügt werden, ist es nicht ganz einfach Spalten oder Zeilen am Ende der Tabelle hinzuzufügen. Dabei hilft Ihnen jedoch der Befehl *Zellen einfügen* aus dem *Tabelle*-Menü. Hier können Sie von vornherein entscheiden, ob die neuen Zeilen über oder unter der Markierung bzw. bei den Spalten links oder rechts davon eingefügt werden sollen.

TIPP Wenn Sie in einem Durchgang mehrere Spalten oder Zeilen einfügen wollen, dann markieren Sie nicht nur eine Spalte/Zeile, sondern genau die gewünschte Anzahl. Word versteht diesen Hinweis, wenn Sie anschließend *Zeile einfügen* oder *Spalte einfügen* aufrufen. Ein andere Möglichkeit besteht darin, erst einmal eine Zeile oder Spalte einzufügen und den Befehl anschließend über F4 so oft zu wiederholen, bis man die gewünschte Anzahl von Spalten oder Zeilen beisammen hat.

Löschen von Zeilen und Spalten

Auch dem Löschen von Zeilen und Spalten geht immer das Markieren voraus. Anschließend können Sie sich zum einen des *Tabellen*-Kontextmenüs bedienen, in dem je nach Markierung der Befehl *Spalten löschen* oder *Zeilen löschen* erscheint. Außerdem können Sie sich der gewohnten *Ausschneiden*-Funktion bedienen (*Bearbeiten/Ausschneiden*), wodurch die ausgeschnittenen Zellen gleichzeitig in die Zwischenablage gelangen und somit auf Wunsch auch wieder eingefügt werden können.

Darüber hinaus gibt es noch den Befehl *Tabelle/Löschen* mit den Untermenüs *Tabelle*, *Spalten*, *Zeilen* und *Zellen*. Sie haben die folgende Aufgabe:

Tabelle 7.4: Die Untermenüs des Befehls Tabelle/Löschen

Befehl	Aufgabe
Tabelle	Löscht die gesamte Tabelle ungeachtet der Markierung.
Spalten	Löscht die Spalten der Markierung. Existiert keine Markierung, wird die Spalte gelöscht, in der sich die Einfügemarke befindet.
Zeilen	Hier gilt das Gleiche wie bei *Spalten*. Existiert keine Markierung wird die Zeile gelöscht, in der sich die Einfügemarke befindet.
Zellen	Damit werden die markierten Zellen bzw. die Zelle mit der Einfügemarke aus der Tabelle entfernt.

Was übrigens nicht funktioniert, ist, mehrere Zellen zum Zwecke des Löschen zu markieren und dann Entf (*Bearbeiten/Markierung löschen*) zu drücken. Dadurch leeren Sie zwar die markierten Zellen, ohne dass diese jedoch aus der Tabelle entfernt werden.

Einstellen der Spaltenbreiten

Das Erste, was Sie nach der Eingabe von Text in Ihre Tabelle werden einstellen wollen, sind die Spaltenbreiten. Denn je nach Inhalt der Spalte fällt zumeist auch der Text in der einen Spalte kürzer, in der anderen Spalte länger aus, und das will man beim Layout natürlich berücksichtigen. Die wenigste Arbeit macht das Anpassen der Spaltenbreiten, wenn Sie Word diese Arbeit für sich erledigen lassen. Der Befehl *Tabelle/AutoAnpassen* hält dazu ein Untermenü mit verschiedenen Befehlen bereit:

Die Feinheiten der Textverarbeitung

Befehl	Aufgabe
AutoAnpassen Inhalt	Word stellt die Spaltenbreiten so ein, wie es von der Länge der Texte in den Spalten am besten passt.
AutoAnpassen Fenster	Ist für die Bearbeitung von Tabellen in Webseiten gedacht und sorgt dafür, dass sich die Tabelle und ihre Spalten automatisch der Breite des WebBrowser-Fensters anpassen.
Feste Spaltenbreite	Friert die aktuellen Spaltenbreiten ein, so dass sie Word während der Texteingabe nicht mehr dynamisch anpasst. Eine manuelle Änderung der Spaltenbreiten ist jedoch nach wie vor möglich.
Zeilen gleichmäßig verteilen	Während die Höhe der Zeilen sonst dynamisch an der höchsten Zelle einer Zeile ausgerichtet wird, erhalten alle Zeilen hiermit die gleiche feste Höhe, basierend auf der bislang höchsten Zelle.
Spalten gleichmäßig verteilen	Verteilt die Spalten gleichmäßig über die gesamte Breite des Blatts bzw. Abschnitts.

Tabelle 7.5: Untermenüs des Befehls Tabelle/AutoAnpassen

So stellen Sie die Spaltenbreiten manuell ein

Auch ohne Menübefehle können Sie sehr einfach die Spaltenbreiten mit Hilfe der Maus einstellen. Am einfachsten geht das über das vertikale Lineal.

1. Wenn Sie keine Tabelle »zur Hand« haben, erstellen Sie sich bitte eine 3 x 4 Zellen große über die *Tabelle einfügen*-Schaltflächen aus der *Standard*-Symbolleiste, wie eingangs dieses Kapitels gezeigt. Außerdem blenden Sie bitte das horizontale Lineal über *Ansicht/Lineal* ein, sofern nicht bereits sichtbar.

2. Führen Sie den Mauszeiger über das horizontale Lineal, und zwar auf einen der kleinen grauen Spaltentrenner. Sie sind richtig, wenn als QuickInfo *Tabellenspalte verschieben* erscheint. Durch Klicken und Ziehen mit der Maus können Sie nun die Spaltenbreite ändern, und zwar jene der Spalte links vom Spaltentrenner. Die nachfolgenden Spalten sind davon nicht betroffen, d.h., die Tabelle wird je nach Auswahl in der Summe etwas breiter oder schmaler.

Tabelle einfügen

Abbildung 7.26: Das QuickInfo zeigt es an – jetzt können Sie die Spaltenbreite verändern.

3. Wiederholen Sie den Vorgang mit einer anderen Spalte, drücken Sie nun während des Ziehens die [Alt]-Taste nieder. Word zeigt daraufhin im vertikalen Lineal die genauen Breiten der Spalten an, was manchmal sehr hilfreich sein kann.

Abbildung 7.27: Word zeigt die Spaltenbreiten während des Verschiebens an.

TIPP Möchten Sie eine Spaltenbreite ändern, dabei jedoch verhindern, dass die Tabelle breiter oder schmaler wird, gibt es noch einen anderen Weg: Führen Sie den Mauszeiger innerhalb der Tabelle über die rechte Zellenbegrenzung zur nächsten Spalte, bis er über der Trennlinie als Doppelstrich mit zwei kleinen Pfeilen erscheint, die nach links bzw. rechts zeigen. Jetzt kann die Breite der Spalte durch Klicken und Ziehen verändert werden, wobei Word die nachfolgende Spalte automatisch so anpasst, dass die Gesamtbreite gleich bleibt. Halten Sie beim Ziehen zusätzlich die [Strg]-Taste niedergedrückt, um die verlorene oder hinzugewonnene Breite gleichmäßig auf alle nachfolgenden Spalten zu verteilen, nicht nur auf die unmittelbar nachfolgende.

Vorgabe der Zeilenhöhe

Was die Einstellungsmöglichkeiten bezüglich der Zeilenhöhe angeht, stehen die gleichen Instrumente zur Verfügung wie bei den Spalten. Man kann über das vertikale Lineal gehen und dort die grauen Zeilentrenner mit der Maus ziehen.

Oder man schiebt den Mauszeiger vorsichtig unter den Rand einer Zelle, bis er sich in das markante Verschiebesymbol verwandelt, wie man es auch von der Spalteneinstellung kennt. Nur dass es um 90 Grad gedreht ist und die Pfeile nach oben und unten zeigen. Durch Ziehen mit der Maus lässt sich auch so die Zeilenhöhe einstellen.

Arbeiten mit der Symbolleiste *Tabelle und Rahmen*

Wir nähern uns langsam den fortgeschrittenen Tabellenfunktionen, da ist es an der Zeit, die Symbolleiste *Tabelle und Rahmen* vorzustellen. Sie ist vielfach der beste, weil schnellste Zugang zu den verschiedenen Tabellenfunktionen. Wie auch die anderen Symbolleisten von Word können Sie sie über den Befehl *Ansicht/Symbolleisten* auf den Bildschirm holen.

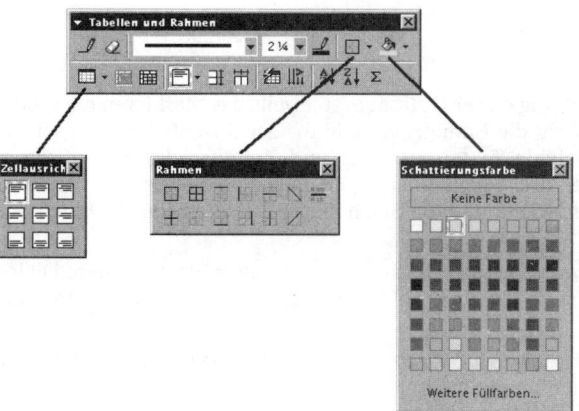

Abbildung 7.28:
Die Tabelle und Rahmen-*Symbolleiste mit den herausziehbaren Fenstern*

Die Symbolleiste enthält einige Schaltflächen, aus denen sich separate Fenster herausziehen lassen. Wie oben zu sehen, sind das die Fenster für die Zellausrichtung, den Rahmen und die Schattierungsfarbe. Indem man diese Fenster nahe an das Gestaltungsobjekt – die Tabelle – heranführt, kann man sehr zügig arbeiten. Dies gilt insbesondere für das Web-Design, wenn man Tabellen für den grundlegenden Aufbau von HTML-Seiten heranzieht.

Klicken Sie zum Herausziehen der Fenster einfach auf den kleinen Pfeil rechts neben der jeweiligen Schaltfläche, so dass das Fenster aufklappt. Führen Sie die Maus auf die kleine Titelleiste am oberen Rand des Fensters. Wenn Sie dort einen Augenblick verharren, zeigt Word selbst als QuickInfo die Parole: »Ziehen Sie das Menü, um es loszulösen.« Und genauso geht's.

Einstellen von Ausrichtung und Laufrichtung

Wie eingangs erwähnt, können Sie dem Text innerhalb einer Tabelle die gewohnten Absatz- und Zeichenformate zuweisen. Darüber hinaus bieten Tabellen für den Text in Ihren Zellen zwei zusätzliche Formatierungsoptionen:

- den Text senkrecht laufen zu lassen, wahlweise von unten nach oben oder von oben nach unten
- den Text auch vertikal auszurichten, d. h. am oberen oder unteren Rand der Zelle zu platzieren oder zentriert in der Mitte

Text·oben· links	Texte·oben· zentriert	Text·oben· rechts
Text·mitte· links	Text·mitte· zentriert	Text·mitte· rechts
Text·unten· links	Text·unten· zentriert	Text·unten· rechts

Abbildung 7.29: *Horizontal und vertikal lässt sich der Zelleninhalt ausrichten.*

Ausgangspunkt für die Einstellung dieser Optionen ist jeweils das Markieren einer oder mehrere Zellen. Es genügt auch, die Einfügemarke in die gewünschte Zelle zu setzen. Anschließend sind es die Befehle *Textausrichtung* und *Zellausrichtung*, auf die es ankommt. Tatsächlich gibt es drei Möglichkeiten, sie aufzurufen: Über das Kontextmenü der Tabelle, das *Tabelle*-Menü und die Symbolleiste *Tabellen und Rahmen*. Sie haben die Wahl.

Nach dem Aufruf von *Textausrichtung* müssen Sie im oben dargestellten Dialog *Textausrichtung – Tabellenzelle* lediglich auf die gewünschte Laufrichtung im Feld *Ausrichtung* klicken.

Ohne eigenen Dialog kommt der Befehl *Zellausrichtung* aus. stattdessen blendet er ein Untermenü ein, in dem alle denkbaren Varianten für die horizontale und vertikale Ausrichtung angezeigt und durch Anklicken für die markierten Zellen ausgewählt werden. Neben der vertikalen Ausrichtung stellt Word dabei auch die gewählte horizontale Ausrichtung ein, indem es die Absatzausrichtung auf *links*, *zentriert* oder *rechts* stellt. Wie oben erwähnt, können Sie dieses Menü als Fenster herausziehen, wenn Sie viele Tabellenzellen mit unterschiedlicher Ausrichtung einstellen möchten.

Headlines und Gruppenüberschriften

Die hohe Schule der Tabellenkunst beginnt mit dem Verknüpfen von Zellen, um Überschriften zu bilden, die sich über mehrere Spalten oder Zeilen erstrecken. Zentriert man darin Text waagerecht oder aufrecht laufend, formatiert in fetter Schrift und akzentuiertem Hintergrund, schafft man sofort eine klare optische Gliederung für den Leser. Und bei der Änderung von Spaltenbreiten oder Zeilenhöhen passen sich die verbundenen Zellen automatisch an.

1. Erzeugen Sie sich eine kleine Tabelle, beispielsweise im Format 5x5. Markieren Sie die erste Zeile und rufen Sie mit der rechten Maustaste das Kontextmenü auf.

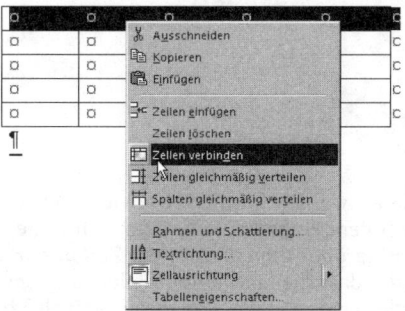

Abbildung 7.30:
Das Kontextmenü mit dem Befehl Zellen verbinden

2. *Zellen verbinden* ist der Befehl, auf den es jetzt ankommt. Wenn Sie nicht so gerne mit einem Kontextmenü arbeiten, können Sie ihn auch direkt über das *Tabelle*-Menü aufrufen. Außerdem finden Sie ihn in der Symbolleiste *Tabellen und Rahmen*. Durch Aufruf dieses Befehls verschmelzen die markierten Zellen.

3. Stellen Sie den Absatz auf *Zentriert* und geben Sie eine Überschrift ein, am besten in fetten Lettern und einer Headline-tauglichen Schrift nach Ihrem Geschmack.

Abbildung 7.31:
Die Tabellenüberschrift in den verbundenen Zellen

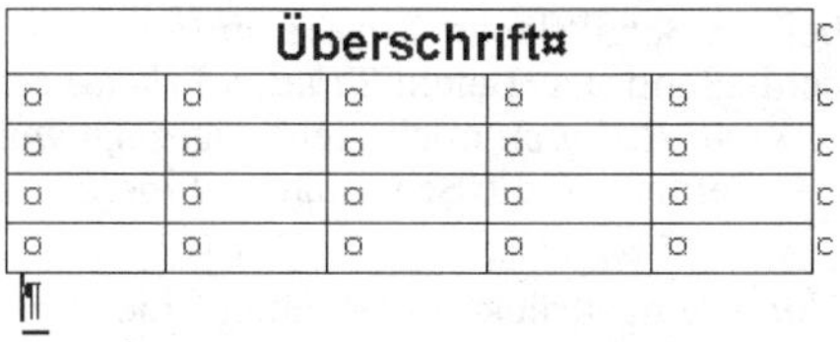

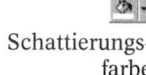
Schattierungsfarbe

4. Wenn Sie jetzt noch eine Hervorhebung durch grauen oder schwarzen Hintergrund wünschen, benutzen Sie am besten die Schaltfläche *Schattierungsfarbe* aus der Symbolleiste *Tabellen und Rahmen*. Der kleine schwarze Pfeil rechts daneben klappt die Farbauswahl auf, aus der Sie sich bedienen können.

Schriftfarbe

5. Sofern Sie nichts anderes ausgewählt haben, steht die Schriftfarbe Ihrer Überschrift auf *Auto*. Word passt sie dadurch automatisch der Hintergrundfarbe an. Bei einem schwarzem Hintergrund wird sie beispielsweise automatisch weiß. So erspart man sich die manuelle Einstellung, doch wenn die automatische Auswahl nicht gefällt, muss man wieder selbst heran, am einfachsten über die Schaltfläche *Schriftfarbe* aus der *Format*-Symbolleiste.

Trennen von Zellen

Das Gegenstück zum Verbinden von Zellen ist das Trennen. Einerseits kann man damit zuvor verbundene Zellen wieder lösen. Darüber hinaus lassen sich jedoch auch »unbescholtene« Zellen in mehrere Unterzellen aufspalten. Vor allem beim Layout komplexer Tabellen für den Print- oder HTML-Bereich erweist sich diese Möglichkeit als hilfreich.

Die Feinheiten der Textverarbeitung

Die Schaltfläche zum Trennen von Zellen finden Sie in der Symbolleiste *Tabellen und Rahmen* unter dem Titel *Zellen teilen*. Aber auch das *Tabellen*-Kontextmenü und das *Tabellen*-Menü enthalten diesen Befehl, sobald Tabellenzellen markiert sind oder sich die Einfügemarke innerhalb einer Zelle befindet.

Zellen teilen

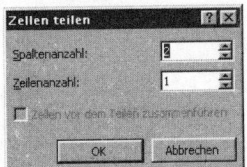

Abbildung 7.32:
Der Dialog
Zellen teilen

Der Befehl öffnet einen Dialog, in dem Sie auswählen können, wie viele Zeilen und Spalten aus der aktuellen Zelle erwachsen sollen. Haben Sie vor dem Aufruf mehrere Zellen markiert, ist im Dialog *Zellen teilen* darüber hinaus das Feld *Zellen vor dem Teilen zusammenführen* aktiviert. Es bewirkt, dass die markierten Zellen vor dem Teilen erst einmal zu einer einzigen großen Zelle verschmolzen, und diese dann gleichmäßig in der gewünschten Anzahl von Zeilen und Spalten aufgetrennt wird.

Tabellengestaltung für Kreative

Zellen verbinden und Zellen teilen, das geht auch ohne Menübefehle sehr einfach mit dem *Zeichnen*-Instrument aus der Symbolleiste *Tabellen und Rahmen*. Einmal angeklickt, verwandelt sich der Mauszeiger in einen kleinen Zeichenstift, mit dem Sie innerhalb einer Tabelle Linien ziehen und Rahmen setzen können. Linien, die durch eine oder mehrere Zellen hindurchgehen, teilen und spalten die durchlaufenen Zellen dabei. So lassen sich auch komplexe Tabellenlayouts einfach und schnell aufsetzen.

1. Erzeugen Sie sich eine 5x5-Tabelle über die Schaltfläche *Tabelle einfügen* aus der *Standard*-Symbolleiste. Rufen Sie anschließend den Befehl *Tabelle/Tabelle zeichnen* auf. Wenn die Symbolleiste *Tabellen und Rahmen* noch nicht angezeigt wurde, erscheint sie jetzt auf dem Bildschirm. Außerdem ist die Schaltfläche *Tabelle zeichnen* eingedrückt.

2. Solange die Schaltfläche *Tabelle zeichnen* eingedrückt ist, erscheint die Einfügemarke über dem Arbeitsblatt als Zeichenstift. Bitte wählen Sie nun erst einmal eine markante Linienart über die Auswahlliste *Linienart* aus der Symbolleiste *Tabellen und Rahmen* (siehe Abbildung 7.33).

3. Führen Sie den Mauszeiger nun über eine beliebige Zelle Ihrer Tabelle, dort über eine der Rahmenlinien, drücken und halten Sie die Maustaste nieder. Word hebt daraufhin die jeweilige Linie durch einen dicken grauen Balken optisch hervor, sobald es erkannt hat, welche gemeint ist. Lassen Sie die linke Maustaste nun los, damit Word der ausgewählten Linie die eingestellte Linienart zuweist. Alternativ können Sie die Maus auch über weitere angrenzende Zellränder hinweg ziehen, bevor Sie die Maustaste loslassen. Dann werden auch diese Zellrahmen mit der eingestellten Linienart versehen (siehe Abbildung 7.34).

4. Farbe und Linienstärke können Sie über die beiden Schaltflächen *Linienstärke* und *Rahmenfarbe* aus der Symbolleiste *Tabellen und Rahmen* auswählen. Die Auswahl gilt für die nachfolgend angelegten Rahmenlinien. Bitte probieren Sie das aus und versehen Sie Ihre Tabelle mit einigen unterschiedlichen Rahmenlinien.

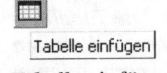

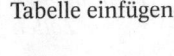
Tabelle einfügen

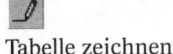
Tabelle zeichnen

Abbildung 7.33:
Auswahl einer
Linienart

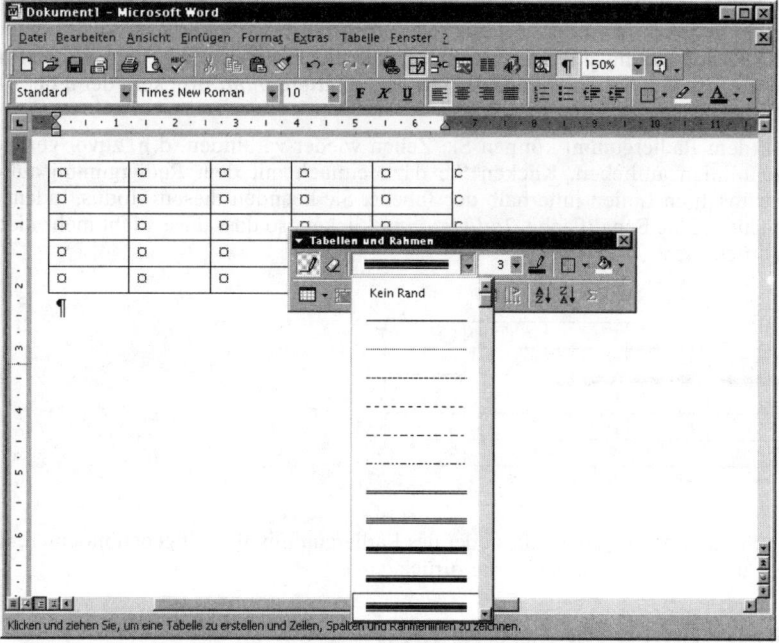

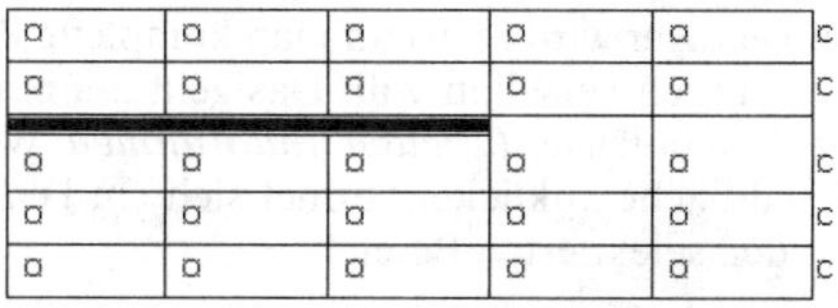

Abbildung 7.34:
Mit der Maus
werden Rahmen-
linien gezogen.

Tabelle zeichnen

5. Die zweite Funktion des Zeichenstifts ist das Teilen der Zellen. Klicken Sie dazu mit der linken Maustaste auf die Mitte eines beliebigen Zellrahmens, halten Sie die Maustaste gedrückt und ziehen Sie die Maus über zwei oder mehr Zellen hinweg, bis Sie die linke Maustaste loslassen. Schon während des Ziehens zeichnet Word eine graue Linie, die Ihren Bewegungen vom Ausgangspunkt aus folgt. Durch das Loslassen bestätigen Sie diese Linie. Word teilt daraufhin die Zellen entlang der vorgegebenen Linie. Bitte spielen Sie mit dieser Funktion ein wenig herum, um sich mit der Wirkungsweise vertraut zu machen.

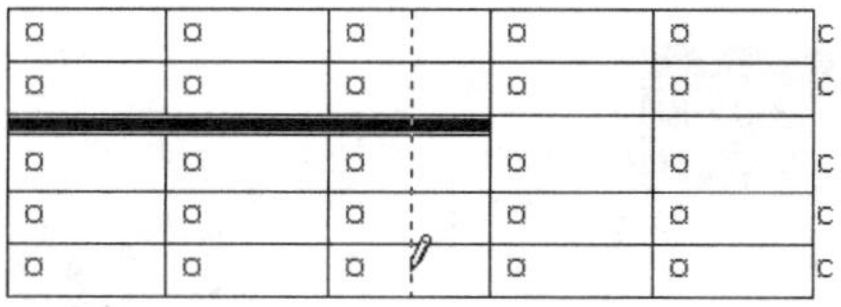

Abbildung 7.35:
Mit Hilfe des
Zeichenstifts
lassen sich Tabel-
lenzellen auch
teilen.

Die Feinheiten der Textverarbeitung

6. Der Zeichnen-Modus bleibt aktiviert, bis Sie entweder die Schaltfläche *Tabelle zeichnen* in der Symbolleiste *Tabellen und Rahmen* zurückdrücken oder sich noch einmal des Befehls *Tabelle zeichnen* aus dem *Tabelle*-Menü bedienen. Alternativ können Sie auch die Schaltfläche mit dem *Radiergummi* drücken, denn der dient als Gegenfunktion zum Zeichnen.

7. Mit dem Radiergummi können Sie Zellen wieder verbinden, d.h. zuvor gezogene Trennlinien aufheben. Klicken Sie dazu einfach mit dem Radiergummi auf die gewünschten Linien innerhalb der Tabelle. Sie beenden diesen Modus, indem Sie erneut auf die Schaltfläche *Radiergummi* klicken, so dass diese nicht mehr niedergedrückt ist.

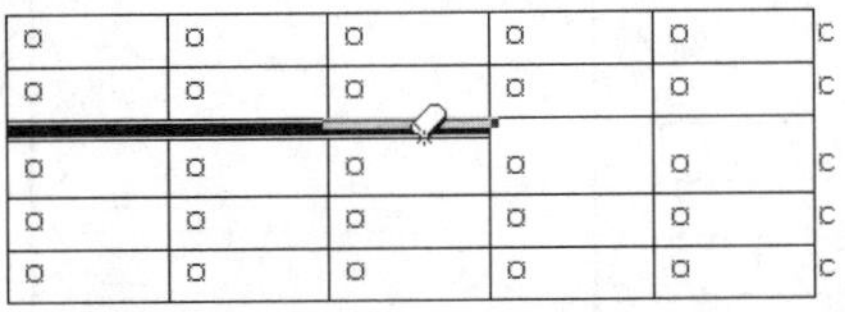

Radiergummi

Abbildung 7.36: Der Radiergummi löscht Trennlinien und verbindet dadurch Zellen.

Wenn Sie statt des Zeichenstiftes oder des Radiergummis Text eingeben möchten, kehren Sie über [Esc] zur Einfügemarke zurück.

HINWEIS

Rahmenlinien für Zellgruppen

Mit der *Zeichnen*-Funktion haben Sie bereits eine Möglichkeit kennen gelernt, Rahmenlinien innerhalb einer Tabelle zu definieren. Einzelne Linien und Liniensegmente lassen sich damit sehr leicht zeichnen. Aufwendiger wird es, wenn man komplette Zellgruppen umrahmen oder mit inneren Rasterlinien versehen will. Das geht am besten über die *Rahmenlinie*-Schaltfläche aus der Symbolleiste *Tabellen und Rahmen*. Wenn Sie den kleinen Pfeil rechts neben der Schaltfläche anklicken, öffnet sich ein Fenster mit den Rahmenauswahlmöglichkeiten für den selektierten Bereich.

Rahmenlinie

Neu in Word 2000 ist die Möglichkeit, diagonale Linien zwischen und innerhalb von Zellen zu ziehen. Wichtig beispielsweise für Punktetabellen, wo in der Matrix der Vereine in jedem Schnittpunkt aus Spalte und Zeile jeweils zwei Informationen dargestellt werden sollen: das Ergebnis aus dem Hinspiel und das aus dem Rückspiel, durch einen diagonalen Schrägstrich in der Mitte getrennt.

NEU

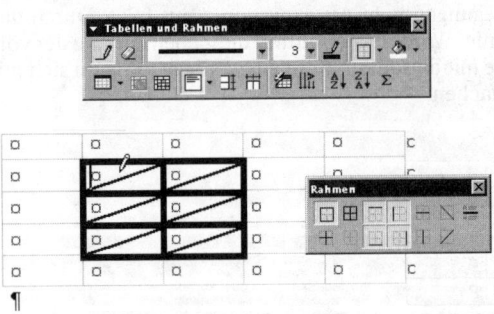

Abbildung 7.37: Die Rahmen-Schaltflächen dienen gleichzeitig der Anzeige und der Einstellung der Rahmenlinien für den markierten Bereich.

Die eingedrückten Schaltflächen spiegeln dabei die aktuellen Rahmenlinien innerhalb des markierten Zellbereichs wider. Dabei zählt auch die gerade eingestellte Linienstärke in der gleichnamigen Schaltfläche aus der *Tabellen und Rahmen*-Symbolleiste.

Linienstärke

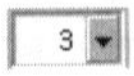

Im obigen Beispiel weisen die Zellen beispielsweise drei Punkt dicke Außen- und Innenlinien auf, die diagonale Innenlinie ist jedoch nur 1 Punkt dick. Konsequenterweise ist sie nicht unter den eingedrückten Schaltflächen im separaten *Rahmen*-Fenster. Würden Sie die Linienstärke über die Schaltfläche jedoch auf 1 Punkt umschalten, würde sie dort angezeigt.

Neben der Anzeige dienen die Schaltflächen zum expliziten An- oder Abschalten einzelner Segmente der Außen- und Innenlinien. Das gibt Ihnen die totale Freiheit über die Gestaltung der Tabelle.

HINWEIS Tabellen werden von Word bei der Erstellung automatisch mit einem äußeren Rahmen und durchgängigen Innenrahmen versehen. Wie gezeigt, lassen sich diese Rahmen jedoch problemlos entfernen. Bei der Anzeige auf dem Bildschirm bleiben dennoch feine Linien zurück, die als Zellbegrenzung dienen. Beim Ausdruck erscheinen diese Linien nicht. Sollten Sie sich dennoch daran stören, lassen sich die Linien über den Befehl *Tabelle/Gitternetzlinien ausblenden* unsichtbar machen.

Ausgefeilte Formatierung mit AutoFormat

Tabelle Auto-Format

Die Formatierungsmöglichkeiten von Word zu beherrschen ist die eine Sache, die zeitlich durchaus aufwendige Formatierung Automaten und Assistenten zu überlassen eine andere. Wenn Sie Tabellen nutzen, um verschiedene Arten von Listen zu erstellen, kann Ihnen der Befehl *Tabelle/AutoFormat* viel Arbeit abnehmen und Ihrer Tabelle mit wenigen Mausklicks ein ganz neues Kleid überstülpen. Es gibt ihn auch als Schaltfläche in der Symbolleiste *Tabellen und Rahmen*.

Abbildung 7.38: Vielfältige Formatierungsmuster auf Knopfdruck – der Dialog Tabelle/AutoFormat

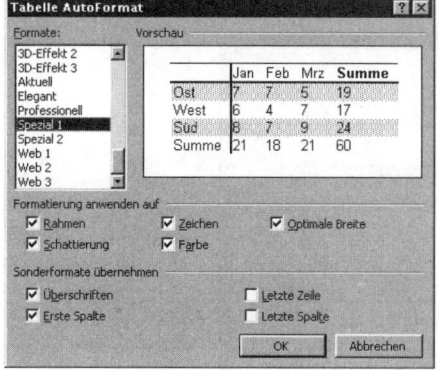

Um sich ein Bild von der Vielfalt der Listenformate zu machen, sollten Sie die verschiedenen Möglichkeiten unter *Formate* durchgehen und sich das jeweilige Beispiel unter *Vorschau* anschauen. Wichtig ist, dass die verschiedenen Darstellungsarten von Überschriften, Tabellenzeilen und Zelleninhalten variieren, nicht jedoch das Grundkonzept von Tabellen, auf das sich AutoFormat stützt: nämlich die Anordnung einzelner Datensätze in Zeilen, mit den Zellnamen als Überschrift. In gewissem Rahmen können Sie dieses Modell durch die verschiedenen Einstellungen unter *Sonderformate übernehmen* variieren. Wenn Sie jedoch einen ganz anderen Aufbau vorgesehen haben, wird Sie *AutoFormat* nicht viel weiter bringen. Zumindest ist eine Nachbearbeitung notwendig.

Vielleicht genügt es aber, einige Teile der Formatierung auszuklammern. Das sind die Variationsmöglichkeiten, die Ihnen *Sonderformate übernehmen* bietet:

Die Feinheiten der Textverarbeitung

Option	Bedeutung
Überschriften	Dient die erste Tabellenzeile bei Ihnen nicht für die Spaltenüberschriften? Dann schalten Sie diese Option aus.
Erste Spalte	Stehen in der ersten Spalte keine Zeilentitel, sondern gewöhnliche Informationen? Dann schalten Sie *Erste Spalte* aus.
Letzte Zeile	Enthält die letzte Tabellenzeile eine Summe, ein Fazit oder irgendeinen anderen Abschluss, der besonders hervorgehoben werden soll? Dann aktivieren Sie diese Option.
Letzte Spalte	Oder nutzen Sie die letzte Tabellenspalte für das Zusammenfassen von Informationen, die sich auf die jeweilige Zeile beziehen? In diesem Fall können Sie die *Letzte Spalte* über die gleichnamige Option hervorheben.

Tabelle 7.6: Deaktivierbare Formatierungselemente von AutoFormat

In eine andere Kerbe schlagen die Optionen unter *Formatierung anwenden auf*. Hier geht es darum, welche Aspekte des gewünschten Formatstils Word auf die Tabelle anwenden soll. *Rahmen, Schattierung, Zeichen*formate, *Farbe* und die automatische Einstellung der *optimalen Breiten* für die Tabellenspalten können individuell ausgeklammert werden, wenn Sie diese Formatierung bereits manuell vorgenommen haben und so belassen möchten.

Wer regelmäßig Tabellen in der Art verfasst, auf die *AutoFormat* abzielt, für den ist *AutoFormat* wirklich ein Segen. Man muss die verschiedenen Optionen nur richtig zu nutzen wissen.

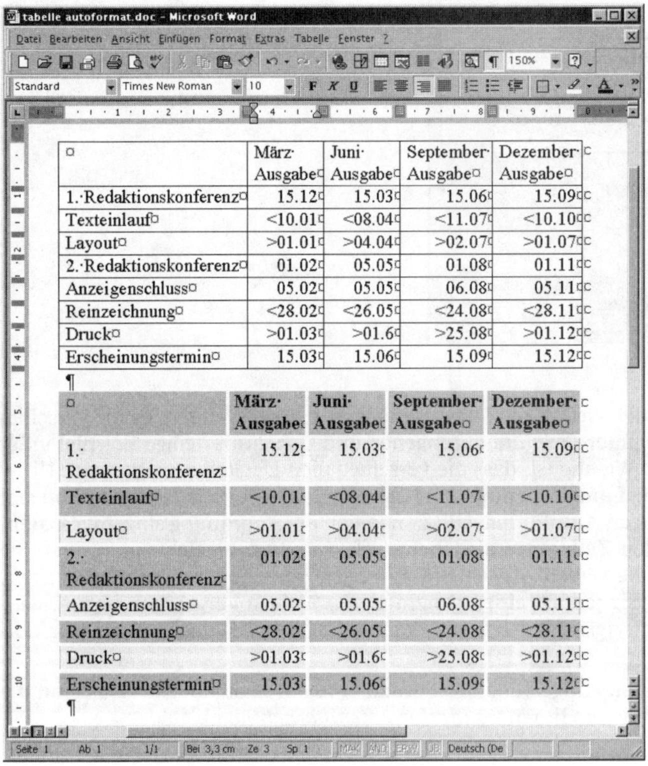

Abbildung 7.39: Eine Tabelle vor AutoFormat *und danach*

Positionieren von Tabellen im Text

Tabellen schwimmen im sonstigen Textfluss eines Dokuments mit. Wie bei Absätzen erscheint links und rechts von einer Tabelle deshalb zunächst kein Text, und ihre Lage innerhalb einer Druckseite ist von dem vorausgehenden Text abhängig. Doch man kann eine Tabelle auch sehr gezielt auf einer Seite positionieren und den Text außen herum fließen lassen. Eine wichtige Voraussetzung, um Tabellen im Rahmen komplexer Layouts zu nutzen. In Word 2000 ist das sogar noch einfacher geworden als in den vorangegangenen Versionen.

So positionieren Sie eine Tabelle auf der Druckseite

Es ist ganz einfach, eine Tabelle an eine beliebige Stelle auf der Druckseite zu positionieren und den Fließtext außen herum laufen zu lassen. Alles was Sie dafür benötigen ist eine Tabelle.

1. Führen Sie den Mauszeiger über die erste Tabellenzelle, d.h. jene in der obersten Zeile und linken Spalte. Am äußeren Rand der Tabelle erscheint ein kleines Kästchen mit einem Pfeil darin, der in alle vier Richtungen zeigt – der sog. Tabellen-Ziehpunkt.

Abbildung 7.40:
Hier können Sie die Tabelle packen.

	März Ausgabe
1. Redaktionskonferenz	15.12
Texteinlauf	<10.01

2. Führen Sie den Mauszeiger über die obere linke Ecke der Tabelle auf den Ziehpunkt, bis der Mauszeiger selbst als Pfeil erscheint. Drücken Sie nun die linke Maustaste nieder, wodurch Word zunächst die gesamte Tabelle markiert. Halten Sie die Maustaste gedrückt und ziehen Sie die gesamte Tabelle in Form eines Rahmens an die gewünschte Stelle. Sobald Sie die linke Maustaste loslassen, wird die Tabelle dorthin verschoben.

Abbildung 7.41:
Der Dialog Tabelleneigenschaften *zur Einstellung von Ausrichtung, Textfluss und den Dimensionen der Zeilen und Spalten*

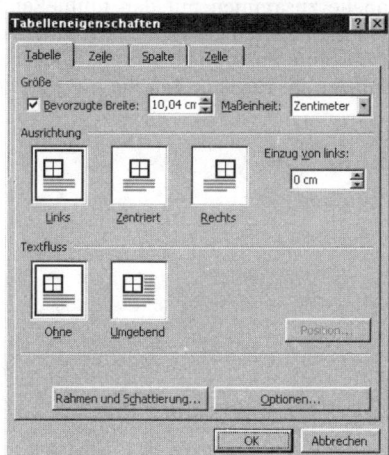

Die Feinheiten der Textverarbeitung

3. Neben der manuellen Positionierung einer Tabelle auf der Seite können Sie über den Befehl *Tabelle/Tabelleneigenschaften* eine Reihe weiterer Einstellungen vornehmen, die die Positionierung und das Verhältnis zum umliegenden Text bestimmen. Den zugehörigen Dialog können Sie auch über den Ziehpunkt aufrufen, indem Sie einen Doppelklick ausführen (siehe Abbildung 7.41).

4. Die erste wichtige Einstellung ist der *Textfluss*. Soll die Tabelle wie ein gewöhnlicher Absatz behandelt werden (*Ohne*), der von den umliegenden Absätzen klar abgegrenzt ist, oder soll der Text der umliegenden Absätze in den Bereich der Tabelle hereinlaufen, sie auf der linken und rechten Seite umgeben? Wählen Sie dafür bitte die Einstellung *Umgebend*.

5. Verschieben Sie die Tabelle zwischen Textabsätze und beobachten Sie, wie der Text tatsächlich um die Tabelle herum geleitet wird.

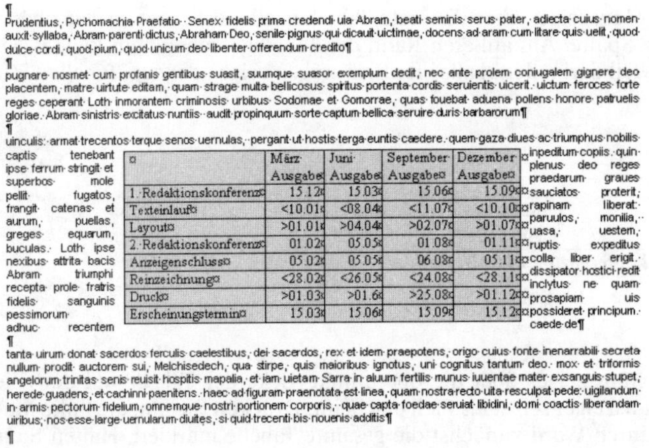

Abbildung 7.42: Der Fließtext läuft um die Tabelle herum.

Die Tabelleneigenschaften

Noch einmal etwas genauer zu den Tabelleneigenschaften. Selbst wenn Sie *Textfluss umgebend* eingestellt haben, wandert die Tabelle zusammen mit den umfließenden Absätzen, wenn davor weiterer Text in das Dokument eingefügt oder Textbereiche gelöscht werden. Sie können jedoch auch eine absolute Position einstellen. Klicken Sie dazu im Dialog von *Tabelle/Tabelleneigenschaften* im Register *Tabelle* auf *Position*. Es erscheint ein weiterer Dialog.

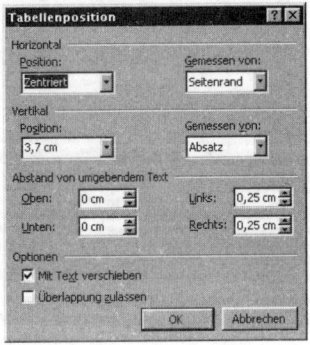

Abbildung 7.43: Der Dialog zur Einstellung der Tabellenoptionen

Ganz unten unter *Optionen* steht die Einstellung, auf die es ankommt: *Mit Text verschieben*. Einmal deaktiviert wandert die Tabelle nicht mehr mit dem umliegenden Text mit. Man verankert sie quasi an der Position, die unter *Horizontal* und *Vertikal* definiert ist. Einerseits kann man die Position hier relativ zur Seite, zum Seitenrand oder zur Spalte (bei Spaltensatz) manuell definieren. Andererseits passt Word diese Einstellungen auch automatisch an, sobald man die Tabelle mit der Maus über den Ziehpunkt verschiebt.

In den Feldern *Abstand vom umgebenden Text* können Sie genau einstellen, wie nah der umfließende Text der Tabelle kommen darf.

Abstand zwischen den Zellen

Eine wichtige Einstellung für das Feintuning von Tabellen finden Sie in den *Tabellenoptionen*, die Sie aus den *Tabelleneigenschaften* heraus über die Schaltfläche *Optionen* erreichen. In den Feldern unter *Standardzellenbegrenzungen* definieren Sie den Abstand zwischen dem Text und dem äußeren Rand der Zellen. So legen Sie fest, wie nahe sich Texte und Grafiken in angrenzenden Zellen der Tabelle kommen können.

HINWEIS Eine neue Eigenschaft von Word 2000 ist die automatische und selbstständige Einstellung der Spaltenbreiten. Sobald Sie ein Wort eingeben, das nicht komplett in eine Spalte passt, wird deren Breite heraufgesetzt, und die anderer zwangsläufig reduziert. Wenn man Tabellen sehr gezielt layoutet, wird dieses Feature schnell zur Falle, wenn Word nach Texteingaben plötzlich eigenmächtig Veränderungen vornimmt. Sie können das verhindern, indem Sie innerhalb der *Tabellenoptionen* die Option *Automatische Größenänderung zulassen* deaktivieren.

Schnelles Umwandeln von Text in Tabellen

Was später als Tabelle gedruckt werden soll, liegt oftmals schon in irgendeiner Form als »roher« Text vor, beispielsweise als Textauszug aus einer Datenbank oder als Word beherrscht deshalb die Fähigkeit, selbstständig eine Tabelle aus vorgegebenem Text aufzubauen. Das erspart Ihnen eine Menge Arbeit, wenn Sie regelmäßig mit Tabellen arbeiten.

1. Entfernen Sie bitte alles aus Ihrem »Rohmaterial«, was später nicht in der Tabelle erscheinen soll. Zurückbleiben dürfen nur die späteren Zellinhalte sowie Trennzeichen. Das können Absatzendemarken, Tabulatoren, Kommata, Semikola oder jedes andere Zeichen sein, das eindeutig als Separator zwischen den verschiedenen Feldern dient. Denn irgendeinen Hinweis, wo die eine Zelle endet und die nächste anfängt, benötigt Word schon.

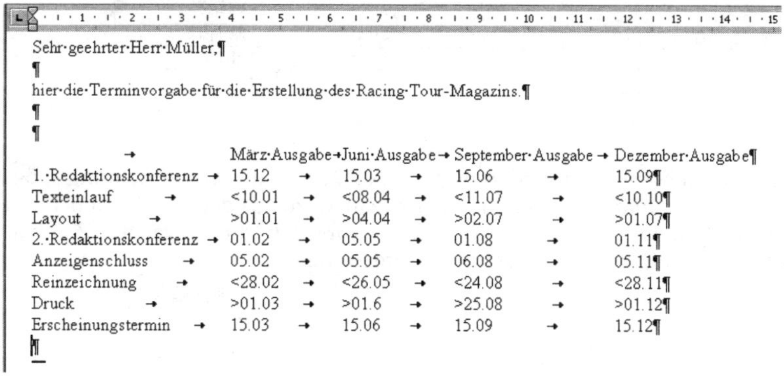

Abbildung 7.44: Noch sind die tabellarischen Daten lediglich durch Tabs getrennt.

```
Sehr geehrter Herr Müller,¶
¶
hier die Terminvorgabe für die Erstellung des Racing-Tour-Magazins.¶
¶
¶
                →      März-Ausgabe→Juni-Ausgabe→ September-Ausgabe → Dezember-Ausgabe¶
  1. Redaktionskonferenz  →  15.12    →   15.03    →   15.06    →   15.09¶
  Texteinlauf         →      <10.01   →   <08.04   →   <11.07   →   <10.10¶
  Layout              →      >01.01   →   >04.04   →   >02.07   →   >01.07¶
  2. Redaktionskonferenz  →  01.02    →   05.05    →   01.08    →   01.11¶
  Anzeigenschluss     →      05.02    →   05.05    →   06.08    →   05.11¶
  Reinzeichnung       →      <28.02   →   <26.05   →   <24.08   →   <28.11¶
  Druck               →      >01.03   →   >01.6    →   >25.08   →   >01.12¶
  Erscheinungstermin  →      15.03    →   15.06    →   15.09    →   15.12¶
¶
```

Die Feinheiten der Textverarbeitung

2. Das bestätigt sich sogleich, wenn Sie den Text markieren und anschließend *Tabelle/Umwandeln/Text in Tabelle* aufrufen. Unter *Text trennen bei* muss das Zeichen eingetragen werden, das im Text als Separator dient. Word untersucht den Text beim Öffnen des Dialogs und macht deshalb eine Vorgabe, die Sie jedoch ändern können.

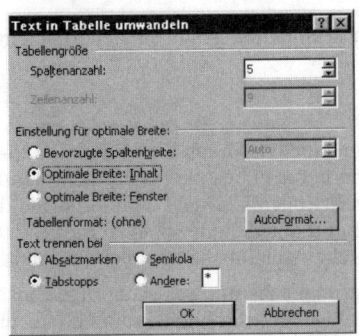

Abbildung 7.45:
Word hat selbstständig erkannt, dass die markierten Daten durch Tabs getrennt sind.

3. Wichtig ist natürlich, wie die Tabelle dimensioniert sein soll, vor allem wie viele Spalten anzulegen sind. Entsprechend der Anzahl von Feldern im Text ergibt sich die Anzahl der Zeilen dadurch automatisch. Auch hier macht Word nach seiner Analyse einen Vorschlag, wobei es davon ausgeht, dass jenseits der Trennzeichen Absatzmarken immer das Ende einer Zeile anzeigen.

4. Die Spaltenbreiten lassen Sie am besten erst einmal durch Word vorgeben – hinterher können Sie immer noch nachstellen. Am besten Sie wählen die Einstellung *Optimale Breite: Inhalt*.

5. Wenn Sie sich gleich die Formatierung ersparen wollen, öffnen Sie über *AutoFormat* den bekannten *AutoFormat*-Dialog zur Auswahl der gewünschten Formatierung. Anschließend mit *OK* bestätigen, und schon haben Sie eine komplette Tabelle vor sich, die Sie jederzeit mit den herkömmlichen Mitteln weiter bearbeiten können.

	März-Ausgabe	Juni-Ausgabe	September-Ausgabe	Dezember-Ausgabe	
1. Redaktionskonferenz	15.12	15.03	15.06	15.09	
Texteinlauf	<10.01	<08.04	<11.07	<10.10	
Layout	>01.01	>04.04	>02.07	>01.07	
2. Redaktionskonferenz	01.02	05.05	01.08	01.11	
Anzeigenschluss	05.02	05.05	06.08	05.11	
Reinzeichnung	<28.02	<26.05	<24.08	<28.11	
Druck	>01.03	>01.6	>25.08	>01.12	
Erscheinungstermin	15.03	15.06	15.09	15.12	

Abbildung 7.46:
Die Spalten könnten noch ein wenig Feintunig gebrauchen, doch ansonsten ist die Tabelle perfekt.

Natürlich ist auch eine Konvertierung von Tabellen in der Gegenrichtung möglich. Über *Tabelle/Umwandeln/Tabelle in Text* macht Word aus dem markierten Teil einer Tabelle ordinären Text. Auch hier können Sie vorgeben, durch welches Zeichen als Separator die Zellinhalte im Text getrennt werden sollen.

HINWEIS

Sortieren von Tabellen und Fließtext

Wo Listen aller Art bearbeitet werden, darf eine Funktion zum Sortieren nicht fehlen, um Struktur zu schaffen und dem späteren Leser das Nachschlagen zu erleichtern. Word besitzt eine solche Funktion, die Sie über *Tabelle/Sortieren* aufrufen können.

Befindet sich die Einfügemarke in einer Tabelle, bezieht sich dieser Befehl auf die aktuelle Tabelle, ansonsten auf den gesamten Text. Denn auch herkömmlichen Fließtext kann man auf Absatzebene mit dieser Funktion sortieren. Haben Sie anstelle einer Tabelle also Fließtext markiert, funktioniert die *Sortieren*-Funktion auch.

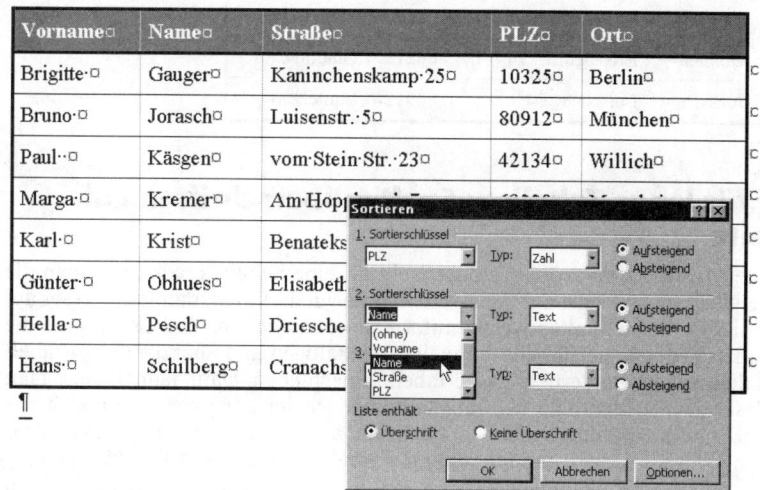

Abbildung 7.47: Beim Sortieren erkennt Word die Feldnamen, wenn sie in der ersten Tabellenzeile stehen.

Bei Sortieren kommt es vor allem auf das Kriterium an, nach dem sortiert werden soll. Innerhalb von Tabellen wird auf Zeilenebene sortiert, wobei es jeweils der Zellinhalt in einer ganz bestimmten Spalte ist, der über die Einordnung der Zeilen vor oder hinter den anderen entscheidet. Im obigen Dialog ist damit der *1. Sortierschlüssel* gemeint. Für den Fall, dass mehrere Tabellenzeilen in der gewählten Spalten einen identischen Inhalt aufweisen, lässt sich auch ein zweiter und dritter Sortierschlüssel definieren.

Eine für die Eingabe der Sortierschlüssel wichtige Einstellung sehen Sie unter *Liste enthält*. Ist hier *Überschrift* ausgewählt, hat Word erkannt, dass in der ersten Tabellenzeile die Feldnamen der einzelnen Spalten stehen. In diesem Fall wird diese Zeile erstens nicht mit sortiert und zweitens werden die Feldnamen im Feld für die *Spaltenauswahl* vorgegeben. Ansonsten müssen Sie dort die Spalten in Form von *Spalte1*, *Spalte2*, *Spalte3* etc. auswählen.

Unter *Typ* stellen Sie ein, ob die Spalte *Text*, *Zahl* oder *Datum* enthält, damit Word nicht Äpfel mit Birnen vergleicht. Danach müssen Sie nur noch vorgeben, ob *Aufsteigend* oder *Absteigend* sortiert werden soll, dann kann es mit der Sortiererei los gehen.

Vorname	Name	Straße	PLZ	Ort
Hans	Schilberg	Cranachstr. 5	04412	Norderstedt
Brigitte	Gauger	Kaninchenkamp 25	10325	Berlin
Hella	Pesch	Driescher Str. 4	20097	Hamburg
Paul	Käsgen	vom Stein Str. 23	42134	Willich
Karl	Krist	Benatekstr. 3	51023	Himmelsdorf
Marga	Kremer	Am Hoppbruch 7	63220	Mannheim
Günter	Obhues	Elisabethstr. 14	66218	Gmünd
Bruno	Jorasch	Luisenstr. 5	80912	München

Abbildung 7.48:
Die Tabelle nach dem Sortieren mit dem ersten Schlüssel PLZ

Wichtig für lange Tabellen: Spaltenüberschriften auf jeder Seite

Wenn sich der Ausdruck einer Tabelle über mehr als eine Seite erstreckt, will man die Spaltenüberschrift in der Regel auf der zweiten Seite wiederholen, damit der Leser auf einen Blick sieht, welche Spalten welche Information beinhalten. Zwar kann man die entsprechenden Zeilen in der Tabelle manuell vervielfältigen und über der ersten Tabellenzeile auf dem neuen Blatt erneut in die Tabelle einschieben. Dann jedoch muss man die Lage dieser Zeilen innerhalb der Tabelle immer wieder anpassen, wenn sich das Layout ändert und damit eine andere Tabellenzeile an den Seitenanfang rückt. Word kommt Ihnen jedoch entgegen und übernimmt diese Aufgabe automatisch für Sie.

1. Markieren Sie zunächst die Zeile(n) der Tabelle, die nach jedem Seitenumbruch innerhalb der Tabelle wiederholt werden sollen. Zumeist handelt es sich dabei um die oberste(n) Tabellenzeile(n), doch das muss nicht sein.
2. Rufen Sie nun den Befehl *Tabelle/Überschriftenzeilen wiederholen* auf. Es handelt sich dabei um eine Menüoption, deren Aktivität durch ein vorangestelltes Häkchen im Menü symbolisiert wird.

Beachten Sie bitte, dass Word die Wiederholung der Tabellenzeilen nur in der Seitenlayout-Ansicht, der Seitenansicht und beim Druck vornimmt. In der Normalansicht sind sie hingegen nicht zu sehen. Außerdem wiederholt Word die Zeilen nur, wenn der Seitenumbruch nicht durch einen manuellen Seitenumbruch ([⇧]+[↵]) innerhalb des Textes in einer der Tabellenzellen erzwungen wurde, sondern im Rahmen des fortlaufenden Layouts beim Erreichen des unteren Seitenrandes automatisch erzeugt wurde.

Rechnen in Tabellen

Ja, es geht! Sie können in Word-Tabellen rechnen, beispielsweise um Rechnungen zu erstellen. Word´s Fähigkeiten in dieser Hinsicht sind jedoch bei weitem nicht so stark ausgeprägt wie bei Excel. In der Praxis ist es sogar etwas umständlich mit Word zu rechnen, zumal es mit den Jahren immer einfacher geworden ist, Excel-Tabellen direkt in Word-Dokumenten einzubetten. Dennoch: Solange es nur darum geht, ein paar Rechnungsposten aufzuaddieren oder die Mehrwertsteuer zu einer Position zu berechnen, muss man sein geliebtes Word nicht verlassen. Alle Arten komplexer Berechnungen sollte man jedoch besser in Excel vornehmen. Denn als Rechenwerkzeug gibt sich Word einfach zu spröde.

Berechnungen in Word werden über Feldfunktionen (siehe im folgenden ▶ Abschnitt *Feldfunktionen*) abgewickelt, genau gesagt über die *FORMULA*-Feldfunktion, die man durch das Gleichheitszeichen abkürzen darf. Formeln sehen dann beispielsweise so aus:

=SUM(ÜBER)* 0,16 \# »#.##0,00 DM;(#.##0,00 DM)« * MERGEFORMAT

Neben der eigentlichen Formel enthält der obige Ausdruck auch gleich Formatkennzeichnungen, die dafür sorgen, dass das Ergebnis der Formel als Währungsergebnis erscheint (*#.##0,00 DM;(#.##0,00 DM)*) und die vorgegebenen Zeichenformate für die Schrift aus der Formatierung der Feldfunktion übernimmt (* *MERGEFORMAT*).

Eingeben können Sie die Feldfunktionen wie üblich über `Strg`+`F9` oder *Einfügen/Feld*. Speziell für Tabellen gibt es jedoch den Befehl *Tabelle/Formel*, mit dem wir in unserem Beispiel gleich arbeiten werden.

HINWEIS Anders als in Excel, wo die Ergebnisse von Formeln nach Änderung der Eingangswerte automatisch neu berechnet werden, findet die Neuberechnung von Feldern in Word nicht automatisch statt. Man kann einstellen, dass alle Felder nach dem Laden und vor dem Drucken aktualisiert werden. Will man die Ergebnisse jedoch unmittelbar nach der Eingabe überprüfen, muss man manuell aktualisieren, indem man mit der rechten Maustaste in eine Zelle mit Feldfunktion klickt und im daraufhin erscheinenden Kontextmenü *Felder aktualisieren* aufruft.

Bezugnahme auf Tabellenzellen

Bei Berechnungen innerhalb von Tabellen kommt es vor allem darauf an, auf den Inhalt der einzelnen Tabellenfelder Bezug nehmen zu können. Word folgt hier dem Excel-Schema, das die Spalten fortlaufend mit A, B, C ..., die Zeilen mit 1, 2, 3 etc. benennt. Während man die Zellbezeichnungen bei Excel immer im Blick hat, muss man sie sich bei Word-Tabellen leider denken. In der Praxis heißt das: Abzählen. Außerdem sind die Zellbezüge in Word immer absolut, d.h., sie werden nicht angepasst, wenn man Formeln innerhalb einer Tabelle vervielfältigt.

Abbildung 7.49:
Adressierung der einzelnen Tabellenfelder über Koordinaten

	A	B	C	D
1	A1	B1	C1	D1
2	A2	B2	C2	D2
3	A3	B3	C3	D3
4	A4	B4	C4	D4

Neben Zellbezügen kann Word in Formeln auch mit Textmarken operieren, d.h., man setzt den Namen einer Textmarke ein, die zuvor mit einer Zelle oder einem Stück Text im Fließtext verbunden wurde. Word zieht bei der Berechnung dann den Inhalt des Textes im Bereich der Textmarke heran. Wir werden das gleich an einem konkreten Beispiel demonstrieren. (Mehr über Textmarken an sich erfahren Sie im ▶ Kapitel 10.)

In den Formeln selbst kennt Word neben den Grundrechenarten (+, −, *, / und ^) auch einige mathematische Funktionen, die im Gegensatz zu vorangehenden Word-Versionen in Englisch formuliert werden müssen. Dazu gehört die Summenbildung, die Berechnung von Durchschnitt, Minima und Maxima und mehr. Diese Funktionen beziehen sich jeweils auf einen Bereich von Funktionen. Man kann ihn genau wie bei Excel über zwei Koordinaten definieren, die als Eckpunkte herangezogen und bei der Nennung durch Doppelpunkt getrennt werden.

Die Feinheiten der Textverarbeitung

So heißt es beispielsweise *sum(a2:b4)*, um die Summe der Zellen a2 plus a3, plus a4 plus b2, plus b3 und b4 zu bilden. Möchten Sie mehrere Spalten komplett abdecken, schreiben Sie einfach *sum(c:d)* für die Spalten C und D. Genauso geht es mit den Zeilen, wo *sum(2:2)* alle Zellen in der Zeile 2 addiert. Eine interessante Form, die wir auch in unserem folgenden Beispiel verwenden, ist *sum(ÜBER)*. Mit *ÜBER* sind dabei alle darüberliegenden Zellen der aktuellen Spalte gemeint.

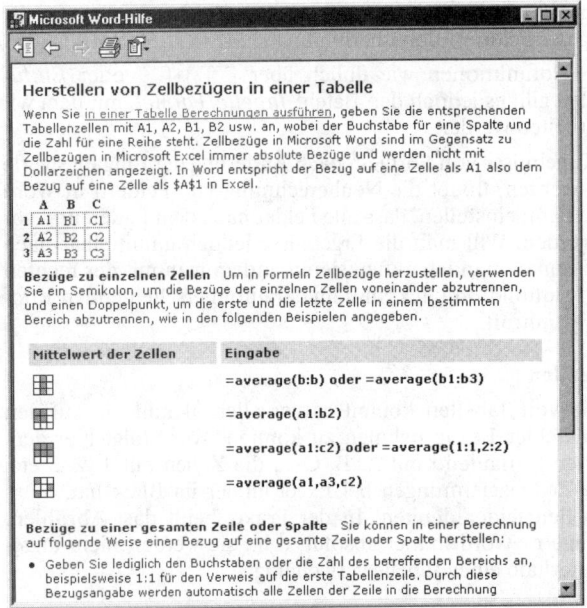

Abbildung 7.50: In der Hilfe finden Sie wertvolle Informationen zur Bezugnahme auf Tabellenfelder.

Wir zeigen im folgenden Beispiel die *SUM()*-Funktion für die Summenbildung. Die weiteren Funktionen entnehmen Sie bitte der Word-Hilfe.

Wir basteln uns ein automatisches Rechnungsformular in Word

Rechnungsformulare gehören zu den verbreitetsten Anwendungen der *Formula*-Funktion, weil man sich darüber die Berechnung von Gesamtpreisen und Mehrwertsteuer ersparen und diese Arbeit Word überlassen kann. Natürlich gehört zu einem Rechnungsformular mehr als eine Tabelle mit den Rechnungsposten, doch in diesem Beispiel wollen wir uns erst einmal darauf konzentrieren. Sie werden sehen, auch so wird es noch kompliziert genug. Doch der Lohn für die Mühen: Hat man die Rechnungstabelle erst einmal erstellt, vereinfacht sie die Eingabe aller zukünftigen Rechnungen ungemein – und das können je nach Aufkommen Dutzende, Hunderte oder Tausende sein.

Die beiden folgenden Bilder zeigen die fertige Tabelle. Man kann sie noch etwas schöner gestalten (z.B. mit *AutoFormat*), doch sie enthält alles, was man für die Berechnung einer Rechnungssumme enthält. Sie funktioniert und sie liebäugelt schon einmal mit dem Euro, den sie im Kleingedruckten gleich mitliefert. Fangen wir an!

Abbildung 7.51:
Die fertige Rechnungstabelle, oben mit den Feldergebnissen, unten mit den Feldfunktionen

Menge	Einheit	Position	Einzelpreis/DM	Gesamt/DM	Gesamt/Euro
3,20	cbm	Erdaushub	640,00	2.048,00	1.047,13
81,25	cbm	Mauerwerk	328,16	26.663,00	13.632,58
175,10	qm	Bodenpalette 16 cm	83,00	14.533,30	7.430,76
240,00	qm	Außendämmung	17,00	4.080,00	2.086,07
1	stk	Treppe	1380,00	1.380,00	705,58
			Summe:	48.704,30	24.902,12
			MwSt. 16%:	7.792,69	3.984,34
			Endpreis:	56.496,99 DM	28.886,46 Euro

Menge	Einheit	Position	Einzelpreis/DM	Gesamt/DM	Gesamt/Euro
3,20	cbm	Erdaushub	640,00	{=a2*d2 \# "#.##0,00"}	{=e2/1,95583 \# "#.##0,00"}
81,25	cbm	Mauerwerk	328,16	{=a3*d3 \# "#.##0,00"}	{=e3/1,95583 \# "#.##0,00"}
175,10	qm	Bodenpalette 16 cm	83,00	{=a4*d4 \# "#.##0,00"}	{=e4/1,95583 \# "#.##0,00"}
240,00	qm	Außendämmung	17,00	{=a5*d5 \# "#.##0,00"}	{=e5/1,95583 \# "#.##0,00"}
1	stk	Treppe	1380,00	{=a6*d6 \# "#.##0,00"}	{=e6/1,95583 \# "#.##0,00"}
			Summe:	{=SUM(ÜBER) \# "#.##0,00"}	{=SUM(ÜBER) \# "#.##0,00"}
			MwSt. 16%:	{=0,16*Netto1 \# "#.##0,00"}	{=0,16*Netto2 \# "#.##0,00"}
			Endpreis:	{=1,16*Netto1 \# "#.##0,00"} DM	{=1,16*Netto2 \# "#.##0,00"} Euro

Bitte erstellen Sie eine Tabelle mit sechs Spalten und zwei Zeilen. In die erste Zeile kommen die Überschriften, wie auf dem folgenden Bild zu sehen. Die nächsten Zeile soll den ersten Rechnungsposten aufnehmen.

1. Setzen Sie die Einfügemarke in das Feld unter *Gesamt/DM*. Hier soll die erste Formel eingegeben werden, und zwar zur Multiplikation von *Menge * Einzelpreis/DM* für den ersten Rechnungsposten. Am besten Sie zählen schon einmal ab: Die Menge steht in B2, der Einzelpreis in E2. Rufen Sie jetzt *Tabelle/Formel* auf und tragen Sie unter *Formel =B2*E2* ein. Wählen Sie dann unter *Zahlenformat* das zweitoberste der Zahlenformate für Währungen (#.##0,00), wie hier gezeigt. Es gibt den Betrag mit zwei Nachkommastellen und Tausenderdezimalpunkt. Danach können Sie den Dialog schließen.

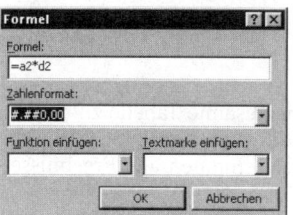

Abbildung 7.52:
Eingabe der Formel für die Berechnung des Preises einer Position in DM

2. Was Sie jetzt innerhalb der Tabelle sehen, hängt davon ab, ob Sie die Anzeige der Feldfunktionen eingeschaltet haben oder nicht. Schalten Sie einfach über Alt+F9 mehrmals um und beobachten Sie, wie abwechselnd die Formel und der kalkulierte Betrag *0 DM* erscheint.

3. Jetzt kommt die Euro-Formel dran. Setzen Sie die Einfügemarke in das Feld unter *Euro* und rufen Sie wieder *Tabelle/Formel* auf. Der offizielle Wechselkurs zwischen Euro und DM lautet 1:1,95583, deshalb teilen wir den Gesamtpreis durch diesen Wert. Die Formel lautet: *E2/1,95583*.

Menge	Einheit	Position	Einzelpreis/DM	Gesamt/DM	Gesamt/Euro
3,20	cbm	Erdaushub	640,00	{=a2*d2 \# "# ##0,00"}	{=e2/1,95583 \# "# ##0,00"}

Abbildung 7.53:
Die ersten beiden Zeilen der Tabelle nach Eingabe der Form und einer Testposition

4. Jetzt geht es darum, diese Zeile zu vervielfältigen. Markieren Sie die komplette Zeile, kopieren Sie sie via [Strg]+[C] in die Zwischenablage und fügen Sie anschließend vier Kopien jeweils via [Strg]+[V] ein.

Menge	Einheit	Position	Einzelpreis/DM	Gesamt/DM	Gesamt/Euro
3,20	cbm	Erdaushub	640,00	{=a2*d2 \# "# ##0,00"}	{=e2/1,95583 \# "# ##0,00"}
3,20	cbm	Erdaushub	640,00	{=a2*d2 \# "# ##0,00"}	{=e2/1,95583 \# "# ##0,00"}
3,20	cbm	Erdaushub	640,00	{=a2*d2 \# "# ##0,00"}	{=e2/1,95583 \# "# ##0,00"}
3,20	cbm	Erdaushub	640,00	{=a2*d2 \# "# ##0,00"}	{=e2/1,95583 \# "# ##0,00"}
3,20	cbm	Erdaushub	640,00	{=a2*d2 \# "# ##0,00"}	{=e2/1,95583 \# "# ##0,00"}

Abbildung 7.54:
Die Tabelle nach der Vervielfältigung der Rechnungszeile

5. Jetzt müssen die Zellbezüge in den Formeln angepasst werden. Schalten Sie dazu erst einmal mit [Alt]+[F9] auf die Anzeige der Feldfunktionen um. Sie sehen, dass sich alle Formeln noch auf die zweite Zeile beziehen. Deshalb gilt es, jeweils mit der Maus in die Formeln zu klicken und die Zeilennummern fortlaufend anzupassen. Außerdem sollen Sie die Menge in den verschiedenen Zeilen ändern, damit man später leichter überprüfen kann, ob die Formeln auch das richtige Ergebnis liefern.

Menge	Einheit	Position	Einzelpreis/DM	Gesamt/DM	Gesamt/Euro
3,20	cbm	Erdaushub	640,00	{=a2*d2 \# "# ##0,00"}	{=e2/1,95583 \# "# ##0,00"}
4,20	cbm	Erdaushub	640,00	{=a3*d3 \# "# ##0,00"}	{=e3/1,95583 \# "# ##0,00"}
5,20	cbm	Erdaushub	640,00	{=a4*d4 \# "# ##0,00"}	{=e4/1,95583 \# "# ##0,00"}
6,20	cbm	Erdaushub	640,00	{=a5*d5 \# "# ##0,00"}	{=e5/1,95583 \# "# ##0,00"}
7,20	cbm	Erdaushub	640,00	{=a6*d2 \# "# ##0,00"}	{=e6/1,95583 \# "# ##0,00"}

Abbildung 7.55:
Die einzelnen Rechnungspositionen nach der Anpassung der Formeln

6. Zeit für einen Test. Drücken Sie [Strg]+[A], um die gesamte Tabelle zu markieren, anschließend [F9] für die Aktualisierung der Felder und dann [Alt]+[F9], um die Feldergebnisse anzuzeigen. Bitte rechnen Sie nach, stimmen alle Ergebnisse und somit die Formeln?

Menge	Einheit	Position	Einzelpreis/DM	Gesamt/DM	Gesamt/Euro
3,20	cbm	Erdaushub	640,00	2.048,00	1.047,13
4,20	cbm	Erdaushub	640,00	2.688,00	1.374,35
5,20	cbm	Erdaushub	640,00	3.328,00	1.701,58
6,20	cbm	Erdaushub	640,00	3.968,00	2.028,81
7,20	cbm	Erdaushub	640,00	4.608,00	2.356,03

Abbildung 7.56:
Das Nachrechnen zeigt, die Formeln stimmen.

7. Jetzt kommt die Summenberechnung. Bitte fügen Sie erst einmal drei Zeilen an das Ende der Tabelle an, verbinden Sie jeweils die Zellen in den Spalten A bis D und

geben Sie die Texte für Summe, Mehrwertsteuer und Endpreis ein, wie hier gezeigt. Außerdem haben wir einen dicken Rahmen um diesen Bereich gezogen.

Abbildung 7.57:
Anlage der
Abschlusszeilen

Menge	Einheit	Position	Einzelpreis/DM	Gesamt/DM	Gesamt/Euro
3,20	cbm	Erdaushub	640,00	2.048,00	1.047,13
4,20	cbm	Erdaushub	640,00	2.688,00	1.374,35
5,20	cbm	Erdaushub	640,00	3.328,00	1.701,58
6,20	cbm	Erdaushub	640,00	3.968,00	2.028,81
7,20	cbm	Erdaushub	640,00	4.608,00	2.356,03
			Summe:		
			MwSt. 16%:		
			Endpreis:		

8. Als Summenformel rechts neben dem Text von *Summe* kommt *SUM(ÜBER)* zum Einsatz. Bitte geben Sie die Formel wieder über *Tabelle/Formel* ein und wählen Sie das bereits oben benutzte DM-Format aus. Ganz bewußt wird hier nicht mit *SUM(F2:F6)* gearbeitet, denn dann müsste diese Formel jedes Mal angepasst werden, wenn weitere Positionen und somit Tabellenzeilen hinzukommen oder entfallen. *ÜBER* bedeutet jedoch einfach: alles darüberliegende. Auf die gleiche Weise verfahren wir auch mit dem daneben liegenden Summen-Feld auf Euro-Basis.

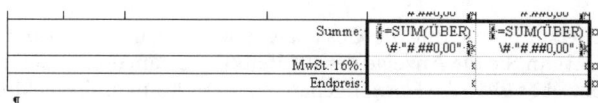

Abbildung 7.58:
Die beiden
Formeln zur
Berechnung der
Nettosumme

9. Während man sich bei der Summenformel noch mit *ÜBER* behelfen kann, wird es bei der Mehrwertsteuer ein wenig komplizierter. Man will die Summe mit 0,16 multiplizieren, braucht dafür aber die Koordinate des Summenfelds. Und die verschiebt sich ja eben mit der wechselnden Menge von Positionen. Deshalb muss die Summenformel erst einmal in eine Textmarke eingebettet werden. Auf die kann man dann innerhalb der Formel ungehindert Bezug nehmen. Markieren Sie dazu das Feld mit der Summenformel für DM und rufen Sie *Einfügen/Textmarke* auf. Hier geben Sie als *Name der Textmarke* die Bezeichnung *Netto1* an und schließen den Dialog über *Hinzufügen*. Wiederholen Sie den Vorgang anschließend mit dem Euro-Summen-Feld und wählen Sie als Name der Textmarke *Netto2*.

10. Sofern Sie unter *Extras/Optionen/Ansicht* die Anzeige der Textmarken eingeschaltet haben, erscheint um die beiden Felder eine eckige Klammer, wie hier gezeigt (siehe Abbildung 8.59).

11. Einmal definiert kann man im Feld für die Mehrwertsteuer auf die Nettosumme Bezug nehmen. Setzen Sie die Einfügemarke unter das Feld mit der Nettosumme und rufen Sie erneut *Tabelle/Formel* auf. Wenn Sie die Auswahlliste unter *Textmarke einfügen* öffnen, sehen Sie die Textmarken *Netto1 und Netto2* und können sie für die Aufnahme in die Formel auswählen. Die gesamte Formel heißt *=Netto1*0,16* für das DM-Summenfeld und *=Netto2*0,16* für das Euro-Feld. Formatierung wie gehabt (siehe Abbildung 8.60).

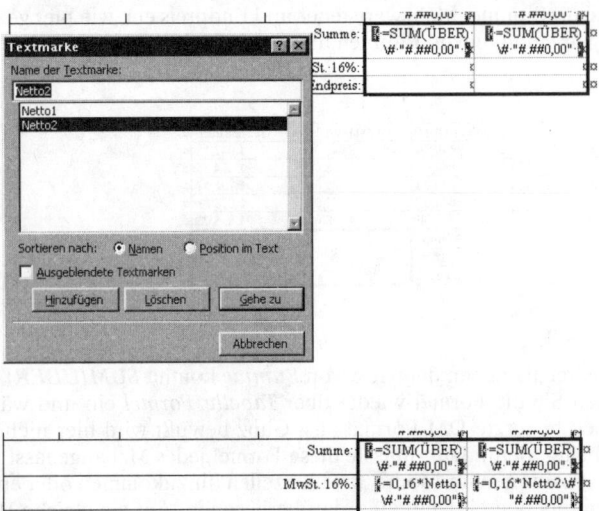

Abbildung 7.59:
Durch Textmarken werden die beiden Felder unabhängig von ihrer Tabellenposition in Formeln ansprechbar.

Abbildung 7.60:
Nach der Eingabe der beiden MwSt-Formeln

12. Fehlt nur noch die letzte Formel für die Gesamtsumme. Sie lautet =Netto1*1,16 bzw. =Netto2*1,16. Wenn Sie die Anzeige der Feldfunktionen angeschaltet haben, müssen Sie gar nicht über *Tabelle/Formel* gehen, sondern können die Feldfunktion aus dem *MwSt*-Feld kopieren und in der Formel einfach den Faktor 0,16 durch 1,16 ersetzen. Setzen Sie hinter die beiden Formeln bitte jeweils das Währungskennzeichen, und zwar nicht als Teil der Formel, sondern als gewöhnlichen Text hinter der Formel.

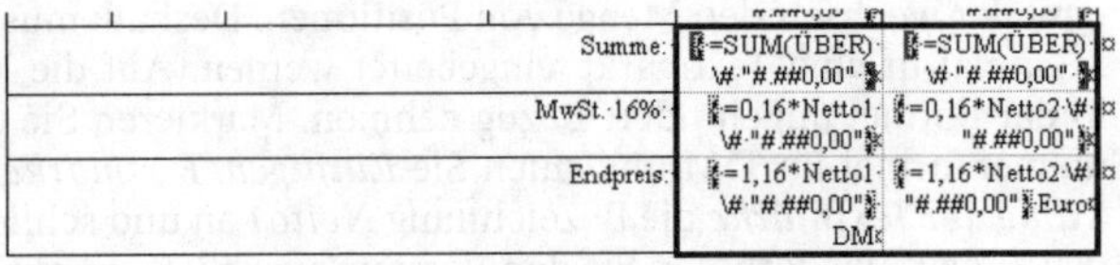

Abbildung 7.61:
Die Formeln für den Endpreis

13. Jetzt heißt es ausprobieren. Schalten Sie mit [Alt]+[F9] auf die Anzeige der Feldwerte um, drücken Sie [Strg]+[A], um das gesamte Dokument zu markieren, anschließend [F9], um alle Feldfunktionen neu zu berechnen. Erscheint anstelle einer Zahl irgendwo *!Syntaxfehler*, stimmt irgend etwas mit der Formel in dem jeweiligen Feld nicht. Bitte vergleichen Sie in diesem Fall Ihre Formeln mit der Abbildung ganz am Anfang dieser Schritt-für-Schritt-Anleitung.

Treten keine Syntaxfehler auf, können Sie die Tabelle in der Praxis nutzen. Dem Ausbau zu einem kompletten Rechnungsformular steht damit nichts mehr im Wege. Achten Sie nur bitte immer darauf, dass Sie nach dem Einfügen weiterer Zeilen für Rechnungsposten die Formeln in den neuen Zeilen überprüfen. Denn bei Ihren Kunden wird es nicht gut ankommen, wenn Sie die Gesamtsumme in der achten Rechnungsposition noch auf die Menge und den Einzelpreis aus der dritten Position stützen.

Silbentrennung

Zu den Feinheiten der Textverarbeitung zählt auch die Silbentrennung, die überall dort eine Rolle spielt, wo Dokumente und ihr Layout einem professionellen Anspruch gerecht werden müssen. Konkret geht es darum, den Platz innerhalb einer Zeile optimal auszunutzen und nicht zu früh einen Zeilenwechsel durchführen zu müssen, weil das Wort am Zeilenende nicht mehr vollständig in die aktuelle Zeile passt. Bei links ausgerichteten Zeilen will man dadurch ein zu großes Flattern des rechten Randes verhindern, bei Blocksatz zu große Lücken zwischen den einzelnen Wörtern.

Abbildung 7.62: Die automatische Silbentrennung verhindert allzu große Lücken zwischen den Wörtern.

Mit automatischer Silbentrennung¶

¶
Über einen gläsernen Aufzug kommen die 100 Liter Eichenfässer mit frischem Früh-Kölsch aus dem zwei Etagen tiefer gelegenen Lagerraum. Manchmal wuchtet der Zappes die Fässer beinahe im Viertelstundetakt aus dem Aufzug, denn im Hochbetrieb sind die massiven Fässer nach nur 17 Minuten bis auf den letzten Tropfen leergezapft. 500 Glas Kölsch - gezapft, serviert, getrunken. Wohl bekomm´s!¶
¶
¶
¶

Ohne automatische Silbentrennung¶

¶
Über einen gläsernen Aufzug kommen die 100 Liter Eichenfässer mit frischem Früh-Kölsch aus dem zwei Etagen tiefer gelegenen Lagerraum. Manchmal wuchtet der Zappes die Fässer beinahe im Viertelstundetakt aus dem Aufzug, denn im Hochbetrieb sind die massiven Fässer nach nur 17 Minuten bis auf den letzten Tropfen leergezapft. 500 Glas Kölsch - gezapft, serviert, getrunken. Wohl bekomm´s!¶
¶

Eine Silbentrennung von Hand durchzuführen bedeutet insbesondere bei längeren Texten eine enorme Arbeit, die schnell unterminiert wird, wenn man Text einfügt oder löscht, weil dann neue Wörter an den rechten Zeilenrand wandern und getrennt werden wollen. Um so wertvoller ist deshalb die automatische Silbentrennung von Word, die über den Befehl *Extras/Sprache/Silbentrennung* aktiviert wird und die Trennungsregeln der deutschen Rechtschreibung beherrscht.

Abbildung 7.63: Dialog zur automatischen Silbentrennung

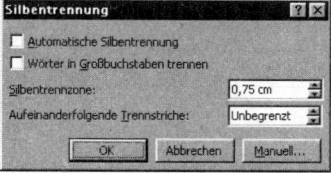

Ganz oben sehen Sie das entscheidende Kontrollkästchen mit dem Titel *Automatische Silbentrennung*. Aktivieren Sie diese Option, wenn Word Ihnen die Silbentrennung abnehmen soll. Als Option können Sie wählen, ob auch Wörter getrennt werden sollen, die nur aus Großbuchstaben bestehen. Außerdem lässt sich die so genannte *Silbentrennzone* einstellen. Sie gibt die Mindestlänge des letzten und durch Silbentrennung getrennten Wortes innerhalb einer Zeile an. Je kürzer dieses Maß gewählt wird, desto eher ist Word bereit, Wörter bereits nach wenigen Buchstaben zu trennen.

Weiteres Feintuning gestattet die Einstellung *Aufeinanderfolgende Trennstriche*. Hier können Sie festlegen, ob Word beliebige viele Zeilen untereinander trennen darf oder ob nach einer einstellbaren Anzahl von Zeilen zumindest eine folgen muss, die nicht durch einen Trennstrich beendet wird. In der Voreinstellung *Unbegrenzt* nimmt Word darauf allerdings keine Rücksicht.

Einflussnahme auf die Silbentrennung

Word bietet Ihnen verschiedene Möglichkeiten, auf die konkrete Trennung der Wörter im Rahmen der automatischen Silbentrennung Einfluss zu nehmen. Zum einen steht Ihnen im Dialog zur Silbentrennung die Schaltfläche *Manuell...* zur Verfügung. Sie öffnet den folgenden Dialog, in dem Word alle getrennten Wörter durchgeht und Ihnen jeweils die Möglichkeit gibt, den gewünschten Trennpunkt festzulegen. Klicken Sie dazu einfach hinter den Buchstaben, nachdem getrennt werden soll, und klicken Sie anschließend auf *Ja*. Oder klicken Sie auf *Nein*, wenn das jeweilige Wort nicht getrennt werden soll.

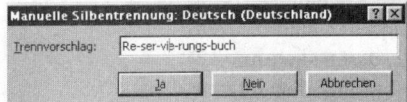

Abbildung 7.64:
Bei der manuellen Silbentrennung wählen Sie den Trennpunkt.

Hilfestellung bei der Eingabe

Darüber hinaus können Sie Word bereits bei der Texteingabe eine Hilfestellung für die gewünschte Silbentrennung geben – durch Eingabe eines bedingten Trennstrichs via [Strg]+[-]. So können Sie beispielsweise vorgeben, dass das Wort *Anzeige* als *An-zeige* getrennt wird und nicht hinter *Anzei-ge*, indem Sie *An*[Strg]+[-]*zeige* eingeben. Auf dem Bildschirm erscheint dann das bedingte Trennzeichen wie unten zu sehen. Entscheidend ist dabei, dass dieses Zeichen beim Ausdruck nicht erscheint, wenn das Wort nicht am Zeilenende steht und daher gar nicht getrennt werden muss. Wenn doch, wird es als gewöhnlicher Trennstrich gedruckt.

Trennzeichen	Eingabe über	Zeichen	Aufgabe
bedingter Trennstrich	[Strg]+[-]	¬	Hinweis für Trennung
geschützter Trennstrich	[Strg]+[⇧]+[-]	—	Hier nicht trennen
geschütztes Leerzeichen	[Strg]+[⇧]+[ ]	o	Hier nicht trennen

Abbildung 7.65:
Trennzeichen in Word

Darüber hinaus kennt Word einen so genannten »geschützten Trennstrich«, der über [Strg]+[⇧]+[-] eingegeben wird und dafür sorgt, dass Word das jeweilige Wort am Trennstrich nicht trennt. Während Word Bindestriche innerhalb von Wörtern normalerweise zur Trennung heranzieht, lässt sich dies durch Eingabe von [Strg]+[-] verhindern. Beispielsweise bei *E-Mail*, wenn man verhindern will, dass Word das Wort hinter dem E trennt. Genauso kennt Word ein geschütztes Leerzeichen, dass über [Strg]+[⇧]+[ ] eingeben wird und beispielsweise verhindert, dass Word Begriffe wie *5 cm* in der Mitte trennt.

Feldfunktionen

Feldfunktionen sind der Schlüssel zu einigen der leistungsfähigsten Funktionen von Word. Dennoch bereiten sie gerade Anfängern oft Schwierigkeiten, weil sie mit einem grundlegenden Paradigma der Textverarbeitung brechen: dass auf dem Drucker erscheint, was man am Bildschirm eingegeben hat. Denn Feldfunktionen veranlassen Word, selbstständig Inhalte zu produzieren und diese an der Position der Feldfunktion in den Text einzufügen. Feldfunktionen haben deshalb immer zwei Gesichter: Auf der einen Seite der Name der Feldfunktion mitsamt der zugehörigen Parameter, die man im Dokument eingibt, und auf der anderen Seite das Ergebnis der Feldfunktion, das Word als Text in das Dokument einfügt und ausdruckt. Damit Sie sich eine Vorstellung vom Leistungsspektrum der Feldfunktionen machen können, hier zunächst ein kleiner Überblick über einige der rund 70 Feldfunktionen, die Word bietet.

Feldfunktion	Aufgabe
=	Wert aus Formel berechnen und Ergebnis einfügen.
Author	Fügt den Namen des Autors ein.
AutoText	Fügt den Inhalt eines AutoTextes ein.
AutoTextList	Zeigt im Text eine Liste der verfügbaren AutoText-Einträge an, aus dem der Benutzer einen Eintrag wählen kann, woraufhin Word den zugehörigen Text in das Dokument einfügt.
CreateDate	Fügt Datum und Uhrzeit der Erstellung eines Dokuments ein.
DataBase	Fügt das Ergebnis einer Datenbankabfrage in das Dokument ein.
Date	Fügt das aktuelle Datum in den Text ein.
DocProperty	Fügt eine einstellbare Information aus den Dokumenteigenschaften ein.
FileName	Fügt den Dateinamen des Dokuments ein.
GoToButton	Fügt eine Schaltfläche in das Dokument ein, bei deren Anklicken Word automatisch zu einer vorgegebenen Textstelle springt.
Hyperlink	Fügt eine Verknüpfung zu einer Webseite ein.
If	Bedingungfunktion für Feldfunktionen
IncludeText	Fügt Text aus einer fremden Word-Datei ein.
Index	Erzeugt einen Index (Stichwortverzeichnis) auf Basis der im Text enthaltenen XE-Felder.
LastSavedBy	Fügt den Namen des Autors ein, der das Dokument zuletzt gespeichert hat.
MacroButton	Fügt eine Schaltfläche zum Start eines beliebigen Makros ein.
MergeField	Fügt den Inhalt eines Seriendruckfeldes in das Dokument ein.
NumPages	Fügt die Anzahl der Druckseiten ein. ▶

Die Feinheiten der Textverarbeitung

Feldfunktion	Aufgabe
Page	Fügt die Nummer der aktuellen Seite ein.
PageRef	Fügt die Seitenzahl einer Textmarke zur Realisierung eines Querverweises ein.
RevNum	Fügt die Versionsnummer des Dokuments ein.
Seq	Erzeugt fortlaufende Nummern für Tabellen und Abbildungen.
Symbol	Fügt ein Sonderzeichen in den Text ein, das über seinen Zeichencode definiert ist.
Template	Fügt den Dateinamen der Dokumentvorlage ein.
TOC	Erzeugt ein automatisches Inhaltsverzeichnis auf Basis der Überschriften.
XE	Definiert einen Eintrag für das Stichwortverzeichnis.

NEU

Anders als in den vorangegangenen Versionen werden Feldfunktionen ab der Office-Version 2000 grundsätzlich mit englischen Namen bezeichnet, und dies gilt für alle fremdsprachlichen Versionen von Office, so dass hier ein durchgehender, einheitlicher Standard geschaffen wird. Nach wie vor versteht Word jedoch die alten Namen, wenn Dokumente geladen werden, die mit einer vorangehenden Office-Version erstellt wurden. Beim Speichern eines Dokuments im Dateiformat der neuen Version konvertiert Word die Namen der Feldfunktionen jedoch automatisch in ihr englisches Pendant.

So arbeiten Sie mit Feldfunktionen

Ganz unabhängig von der Art und dem Einsatzzweck einer Feldfunktion vollzieht sich das Einfügen, die Anzeige und die Aktualisierung von Feldfunktionen immer nach einem einheitlichen Schema.

1. Positionieren Sie die Einfügemarke an der Stelle, an der die Feldfunktion eingefügt werden soll, und rufen Sie anschließend *Einfügen/Feld* auf. Es erscheint der folgende Dialog:

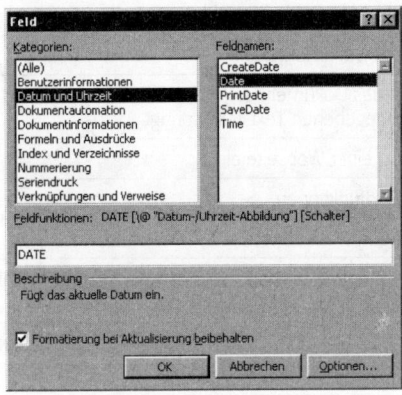

Abbildung 7.66:
Einfügen von
Feldfunktionen
via Einfügen/Feld

2. Unter *Kategorien* listet Word die verschiedenen Kategorien auf, denen die einzelnen Feldfunktionen von ihrer Aufgabe her zugerechnet werden. Passend dazu erscheinen rechts daneben unter *Feldnamen* die Feldfunktionen der jeweiligen Kategorie.

Einen komplette Auflistung aller Feldfunktionen liefert die Kategorie *(Alle)*. Wählen Sie bitte, wie hier zu sehen, die Kategorie *Datum und Uhrzeit* und unter Feldnamen *Date* aus. Unter den beiden Listenfeldern erscheint daraufhin die Syntax der *Date*-Feldfunktion, wobei die eckigen Klammern anzeigen, dass es sich um optionale Parameter handelt. Außerdem erhalten Sie unter dem Eingabefeld, in dem bereits *DATE* steht, eine kurze Beschreibung der gewählten Funktion.

3. Im Eingabefeld über *Beschreibung* können Sie die Feldfunktion um Parameter ergänzen, die die Arbeitsweise der gewählten Feldfunktion beeinflussen und von der konkreten Feldfunktion abhängig sind. Bei *Date*- und anderen Feldfunktionen, die mit Datum und Uhrzeit zu tun haben, lässt sich hier das Format der Datumsanzeige festlegen. Word hilft Ihnen dabei, wenn Sie auf die Schaltfläche *Optionen* klicken. Es erscheint der folgende Dialog:

Abbildung 7.67:
Auswahl der
optionalen
Formatschalter
für eine Feld-
funktion

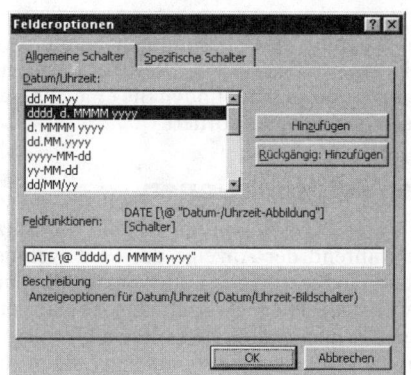

4. Wählen Sie bitte wie oben zu sehen das zweite, angebotene Format aus und klicken Sie anschließend auf *Hinzufügen*. Das Eingabefeld für die Feldfunktion wird daraufhin um das gewählte Format erweitert. Drücken Sie daraufhin auf *OK*, um in den ersten Dialog zurückzukehren und schließen Sie auch ihn über *OK*. Word fügt nun das Feld in den Text ein. Charakteristisch sind dabei die geschweiften Klammern – sie kennzeichnen grundsätzlich den Inhalt einer Feldfunktion.

Abbildung 7.68:
Die eingefügte
Feldfunktion

{ DATE \@ "dddd, d. MMMM yyyy" * MERGEFORMAT }

5. Ob Sie im Text die Feldfunktion sehen oder ihr Ergebnis, hängt von der aktuellen Einstellung bzgl. der Ansicht der Feldfunktion ab. Über die Tastenkombination [Alt]+[F9] können Sie jederzeit zwischen den beiden Anzeigemodi umschalten. Und zwar vor und zurück.

6. Anders als bei Funktionen in Excel wird das Ergebnis einer Feldfunktion in Word nicht automatisch neu berechnet. Man kann sich das leicht vor Augen führen, indem man das Ergebnis der obigen Feldfunktion zur Anzeige bringt, die Einfügemarke in den angezeigten Datumstext setzt und zwei oder drei Zeichen mit Hilfe von [Entf] löscht. Nichts passiert. Drücken Sie aber anschließend [F9], wird das Feldergebnis neu berechnet und wieder komplett angezeigt. Die zuvor gelöschten Zeichen erscheinen dann wieder.

vor dem Aktualisieren: → Dien*st* Juni 1999¶
¶
nach dem Aktualisieren → Dienstag, 1. Juni 1999¶

Abbildung 7.69:
Das Feldergebnis lässt sich editieren, doch nach der Aktualisierung erscheint wieder das korrekte Ergebnis.

7. Voraussetzung für das Nachberechnen mit [F9] ist, dass die Einfügemarke in dem Feld steht oder es markiert ist. Sofern man mehrere Feldfunktionen in ein Dokument eingefügt hat, empfiehlt es sich deshalb, erst [Strg]+[A] und anschließend [F9] zu drücken. Dadurch wird zunächst das gesamte Dokument markiert und anschließend alle Felder aktualisiert.

8. Wenn Sie eine Feldfunktion löschen möchten, genügt ein Doppelklick, um das komplette Feld zu markieren. Anschließend kann es mit [Entf] oder [←] gelöscht werden. Darüber hinaus verschwinden Feldfunktionen, wenn sie Teil einer größeren Markierung sind, die gelöscht wird.

Wenn Sie sich gezielt über die Aufgabe und Syntax einer bestimmten Feldfunktion informieren möchten, rufen Sie bitte die Hilfe auf, wählen dort das Register *Inhalt* und öffnen anschließend die Rubrik *Feldtypen und Schalter*. Hier finden Sie eine Hilfeseite für jede einzelne Feldfunktionen, alphabetisch nach Namen sortiert.

HINWEIS

Anzeige und Formatierung von Feldfunktionen

Das obige Beispiel für die Aktualisierung von Feldfunktionen macht ein grundsätzliches Problem deutlich, dass man nämlich während der Anzeige der Feldergebnisse nicht sofort sieht, ob es sich um gewöhnlichen Fließtext handelt oder um das Ergebnis einer Feldfunktion. Das jedoch ist wichtig, weil man sich sonst nach dem Aktualisieren wundert, dass die Editierungen plötzlich verschwunden sind. Aus diesem Grund markiert Word Feldergebnisse grau, sobald man die Einfügemarke hinein setzt. Beim Ausdruck erscheint die graue Hervorhebung jedoch nicht.

Sie können dieses Verhalten beeinflussen, indem Sie *Extras/Optionen* aufrufen und dort die Registerkarte *Ansicht* wählen. Über das Kontrollkästchen *Feldfunktionen* bestimmen Sie die Standarddarstellungsart für Feldfunktionen. Ist diese Auswahl deaktiviert, erscheinen standardmäßig die Feldergebnisse, ansonsten die Feldfunktionen. (Sie können trotzdem jederzeit über [Alt]+[F9] umschalten, hier geht es tatsächlich nur um die Voreinstellung.) Über die Auswahl in *Feldschattierung* wählen Sie, ob und wann das Feld grau hervorgehoben werden soll.

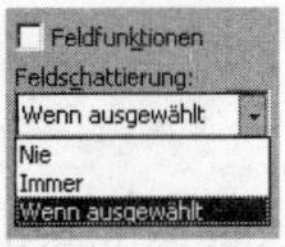

Abbildung 7.70:
Schalter für Feldfunktionen in Extras/Optionen/Ansicht

Was die Formatierung der Feldergebnisse angeht, also die Schriftart und -größe, übernimmt Word die Formatierung der Feldfunktion, sofern der Schalter * *MERGEFORMAT* innerhalb der Feldfunktion aufgeführt wird. Word fügt diesen Schalter automatisch ein, sofern Sie in *Einfügen/Feld* das Kontrollkästchen *Formatierung bei Aktualisierung beibehalten* nicht deaktivieren. Sie können daher Fließtext, der u.a. Feldfunktionen enthält, wie gewohnt formatieren. Die Feldergebnisse erscheinen dann im gewählten Format.

Dateieigenschaften

Neben dem eigentlichen Inhalt hält Word unter den so genannten *Dateieigenschaften* weitere Informationen im Rahmen eines jeden Word-Dokuments fest. Neben statistischen Informationen (Anzahl der Seiten, Zeichen, Absätze), zählen dazu auch Datum und Uhrzeit der Erstellung bzw. letzten Bearbeitung, sowie Autor, Titel und Schlüsselwörter, um nur einige zu nennen. Sinn dieser Informationen ist, eine Datei später besser identifizieren und im Rahmen einer Suche wiederfinden zu können. Denn je mehr Dateien sich nach und nach auf Ihrer Festplatte ansammeln, desto schwieriger wird es, eine gesuchte Datei auf Anhieb wiederzufinden. Einfach weil der Dateiname allein oft nicht aussagekräftig genug ist und spätestens nach ein paar Wochen ohnehin vergessen wird.

Bei der Arbeit im Team kommt erschwerend hinzu, dass man zuweilen Dokumente sucht, die man selbst gar nicht erstellt hat. Dann ist es von Vorteil, wenn man gezielt nach Autor, Schlüsselwörtern oder Erstellungsdatum suchen kann. Die entsprechenden Werkzeuge dafür finden Sie im *Öffnen*-Dialog (*Datei/Öffnen*), doch dessen Suchfunktion greift nur, wenn man die Dateieigenschaften tatsächlich eingegeben hat.

Ansicht und Eingabe der Dateieigenschaften

Ausgangspunkt ist immer der Befehl *Datei/Eigenschaften*. Er öffnet einen Dialog, in dem Word die verschiedenen Dateieigenschaften präsentiert und Ihre Eingaben zu Autor, Inhalt, Schlüsselwörter etc. entgegennimmt. Besonders hilfreich sind dabei die ersten drei Registerseiten *Allgemein*, *Zusammenfassung* und *Statistik*.

Die Informationen im Register *Allgemein* verwaltet Word selbstständig. Sie beziehen sich auf die physikalische Datei, in der das Word-Dokument abgelegt ist, nennen Speicherort, Dateigröße, Dateiattribute und die Daten der Erstellung und letzten Modifikation.

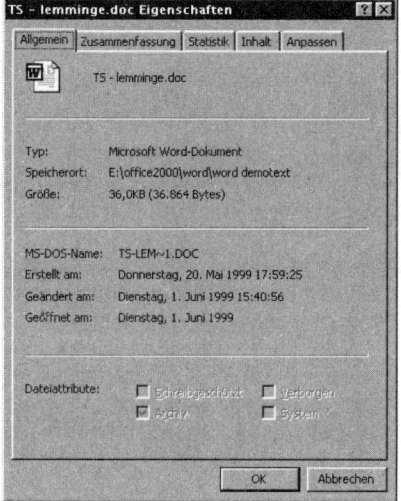

Abbildung 7.71:
Die erste Registerseite informiert über den Speicherort und die Dateigröße.

Ganz anders dagegen die Registerseite *Zusammenfassung*. Hier sind Sie am Zug, denn bis auf Autor und Firma füllt Word keines der Feld selbstständig aus, vom Namen der Formatvorlage ganz unten einmal abgesehen. Autor und Firma bezieht es dabei übri-

Die Feinheiten der Textverarbeitung

gens über das Windows-Login bzw. den Anmeldedaten bei der Installation des Office-Pakets. Die Eingabe von Information wie *Titel*, *Thema*, *Kategorie*, *Stichwörter* oder *Kommentar* mag zuweilen enervierend sein, doch gerade diese Felder sind es, über die sich später sehr gezielt suchen lässt. Und in Mehrbenutzerumgebungen ist natürlich der korrekte Autor wichtig, sofern von Word nicht richtig vorgegeben, weil ein anderer als der »Installateur« mit der Software arbeitet.

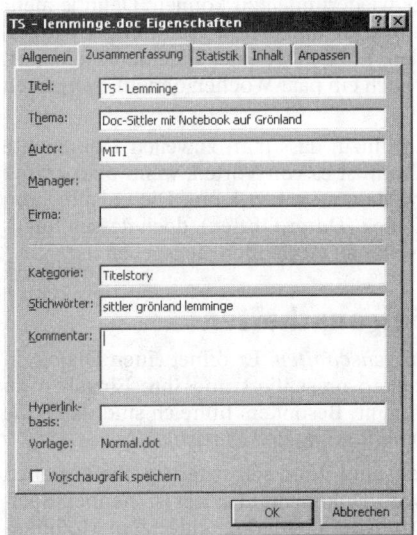

Abbildung 7.72:
Die Registerkarte Zusammenfassung *– hier sind Sie am Zug.*

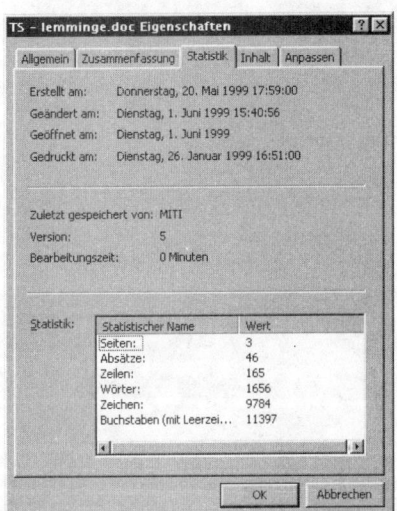

Abbildung 7.73:
Statistische Informationen über die Anzahl von Zeichen und Seiten generiert Word automatisch.

Statistische Informationen über die Anzahl von Zeichen, Absätzen und mehr finden Sie in der Registerseite *Statistik*, die Word automatisch ausfüllt. Darüber hinaus finden Sie hier die mit jedem Speichern hochgezählte Versionsnummer, die sich über die Feldfunktion *REVNUM* in das Dokument einfügen lässt, damit man auf einem Ausdruck immer erkennen kann, in welchem (frühen) Revisionsstadium sich die vorliegende Version des Dokuments befindet. Außerdem erfahren Sie hier, wann die Datei zuletzt geändert und gedruckt wurde, wobei diese Information im Gegensatz zu denen auf der ersten Registerseite von Word gepflegt werden und nicht aus dem Dateisystem stammen. Der Unterschied ist, dass man die Datumsangaben im Dateisystem durch Kopieren oder Verschieben ändern kann, während die internen Word-Datumsangaben innerhalb der .DOC-Datei davon unberührt bleiben (siehe Abbildung 7.73).

Automatische Nachfrage nach Dateieigenschaften

Es bedarf einer gewissen Disziplin, die Dateieigenschaften in der Registerkarte *Zusammenfassung* bei jeder neuen Datei einzugeben, doch für die Arbeit im Team ist das mitunter unumgänglich. Word kann Sie dabei unterstützen, indem es vor dem jeweils ersten Speichern einer Datei automatisch die Dateieigenschaften zur Anzeige bringt und Ihnen so einen kleinen Fingerzeig gibt. Um dieses Verhalten einzuschalten, rufen Sie einfach *Extras/Optionen* auf, wechseln Sie auf die Registerkarte *Speichern* und aktivieren Sie dort das Kontrollkästchen *Automatische Anfrage für Dateieigenschaften*. Dann meldet sich Word in Zukunft automatisch.

Anzeige der Dateieigenschaften beim Öffnen einer Datei

Jenseits von *Datei/Eigenschaften* begegnen uns die Dateieigenschaften zum ersten mal im *Öffnen*-Dialog (*Datei/Öffnen*). Sobald Sie hier über die Schaltfläche *Ansichten* auf *Eigenschaften* umschaltet, zeigt Word im rechten Ausschnitt des Fensters jeweils die Dateieigenschaften der im linken Ausschnitt selektierten Datei an. Liegen mehrere Dateien mit ähnlichen oder nicht sehr aussagekräftigen Dateinamen vor, können Sie über die Eigenschaften vielleicht feststellen, welche die gesuchte ist.

Abbildung 7.74:
Wird die Ansicht auf Eigenschaft *geschaltet, zeigt Word im* Öffnen-*Dialog die Dateieigenschaften an.*

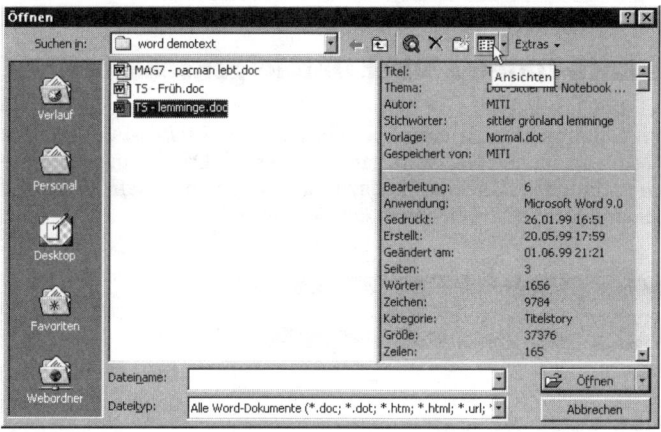

Einfügen der Dateieigenschaften in das Dokument

Eine andere Anwendung der Dateieigenschaften ist das Einfügen der darin festgehaltenen Informationen in das Dokument – zumeist mit der Intention, diese Informationen bei einem Ausdruck sichtbar zu machen. So lässt sich auf diesem Wege beispielsweise der Autor, das Druckdatum, die aktuelle Revisionsnummer oder der Speicherpfad ausdrucken, damit man den Ausdruck später richtig einordnen und das zugehörige Doku-

Die Feinheiten der Textverarbeitung

ment wiederfinden kann. Am besten platziert man die entsprechenden Feldfunktionen in der Kopf- oder Fußzeile, damit sie auf jeder Seite des Dokuments erscheinen. Oder man setzt sie in das Deckblatt oder die letzte Seite ein, das geht natürlich auch. Den größten Teil der Feldfunktionen, die Dateieigenschaften wiedergeben, finden Sie bei *Einfügen/Feld* in der Rubrik *Dokumentinformation*.

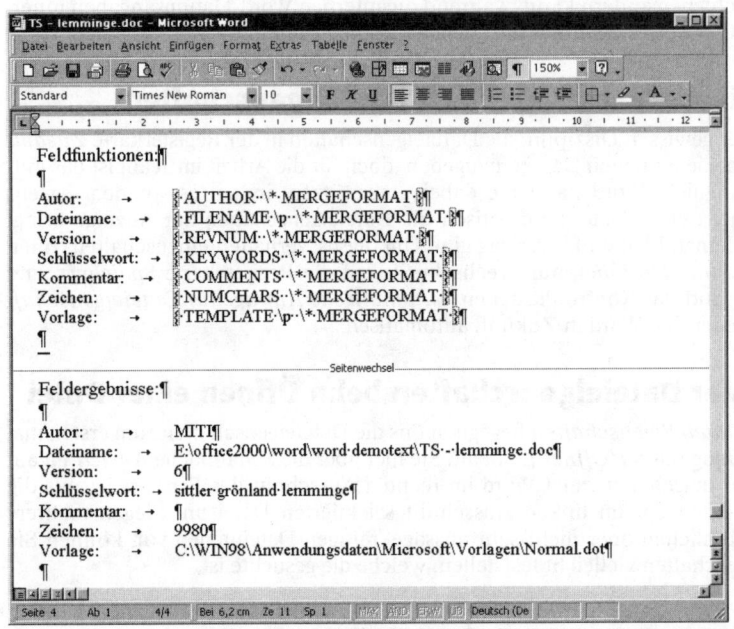

Abbildung 7.75:
Feldfunktionen für das Einfügen von Dateieigenschaften und ihr Resultat

Gezielte Suche nach Dateien über Dateieigenschaften

Während man sich bei der Dateiauswahl im *Öffnen*-Dialog nur die Dateieigenschaften der aktuell selektierten Datei anschauen kann, besteht über die *Suchen*-Funktion die Möglichkeit, auf der Festplatte oder im Netzwerk ganz gezielt nach Dateien mit bestimmten Dateieigenschaften zu fahnden. Klicken Sie dazu im Dialog von *Datei/Öffnen* auf *Extras* und wählen Sie dann *Suchen*. Es erscheint der folgende Dialog.

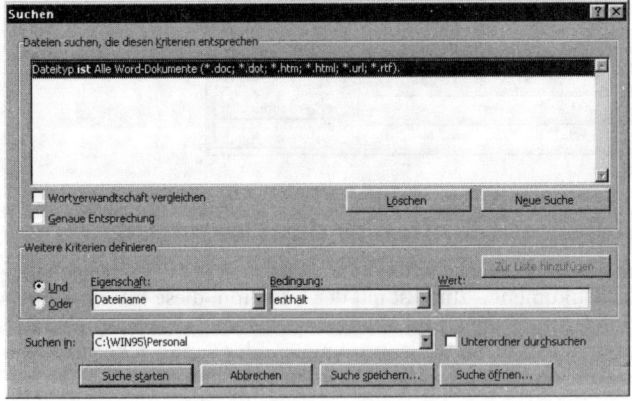

Abbildung 7.76:
Der Suchen-Dialog von Datei/Öffnen

Mit diesem Dialog lassen sich komplexe Suchläufe aufbauen, die auf mehreren Suchkriterien fußen. So können Sie etwa nach allen *.DOC*-Dateien suchen, die Ihr Kollege Müller im letzten Monat verfasst hat. Oder nach allen Textdateien, in denen das Schlagwort *Produktentwicklung* auftaucht. Die Suchkriterien werden dabei in dem Listenfeld *Dateien suchen, die diesen Kriterien entsprechen* aufgeführt.

Aufgestellt werden die Suchbedingungen innerhalb der Eingabefelder, die mit *Weitere Kriterien definieren* überschrieben sind. Ausgangspunkt ist zunächst das Listenfeld *Eigenschaft*. Hier erhalten Sie eine Liste der Eigenschaften, die in die Suche einbezogen werden sollen. Weil dieser Dialog in allen Office-Applikationen zum Einsatz kommt, finden Sie darin auch Attribute, die sich nur auf andere Office-Anwendungen beziehen, etwa *Anzahl der Folien* (PowerPoint). Andere wie *Autor*, *Kommentar*, *Titel*, *Stichwort*, *Version*, *Vorlage* oder *Zuletzt geändert* können jedoch für die Suche nach Word-Dokumenten herangezogen werden. Beachten Sie insbesondere die Einstellung *Dateityp*, denn sie bestimmt, welche Dateien Word überhaupt auf die angegebenen Kriterien hin untersucht.

Nachdem Sie das gewünschte Kriterium gewählt haben, gilt es, unter *Bedingung* ein Vergleichskriterium zu wählen. Word zeigt hier in Abhängigkeit des gewählten Kriteriums unterschiedliche Vergleichsmöglichkeiten, je nachdem, ob sich das Kriterium auf Text bezieht (Stichwörter, Autor), quantitative Angaben (Dateigröße, Anzahl der Seiten) oder Datumsangaben (*Erstellt am*, *Zuletzt geändert am*). Zum Schluss gilt es dann, einen Vergleichswert unter *Wert* zu definieren, damit die Bedingung komplett ist und über die Schaltfläche *Zur Liste hinzufügen* eingefügt werden kann.

Sofern man mehrere Bedingungen definiert, sollen diese in der Regel durch *UND* verknüpft werden, schließlich wollen Sie normalerweise nicht Dateien suchen, die entweder von Müller stammen oder im letzten Monat gespeichert wurden. Wenn doch, können Sie Ihre Bedingung vor dem Einfügen über *Zur Liste hinzufügen* durch Anklicken der *ODER*-Schaltfläche in eine *ODER*-Bedingung verwandeln.

Ganz wichtig ist natürlich auch, wo gesucht werden soll. Unter *Suche in* können Sie ein Verzeichnis auswählen und über das Kontrollkästchen *Unterordner durchsuchen* festlegen, dass auch die untergeordneten Verzeichnisse in die Suche einbezogen werden sollen.

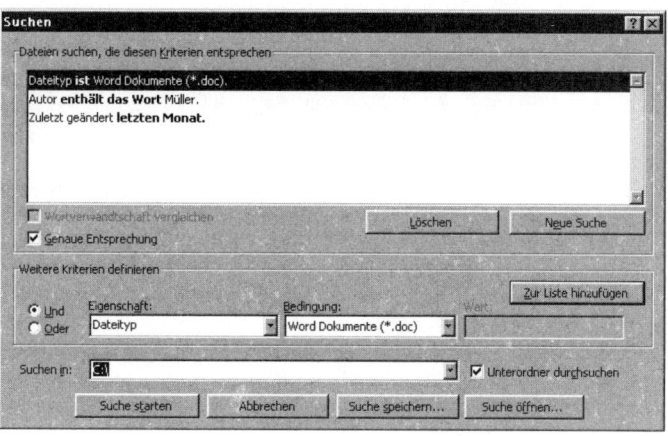

Abbildung 7.77: Auf der Suche nach Müllers Dokumenten aus dem letzten Monat

Weil es durchaus etwas Arbeit macht, mehrere Kriterien für einen Suchlauf einzugeben, können Sie Suchläufe auch speichern und später wieder nachladen. Bedienen Sie sich dazu der Schaltflächen *Suche speichern* und *Suche öffnen*. Möchten Sie die Suche schließlich starten, klicken Sie auf *Suche starten*. Der *Suchen*-Dialog verschwindet, und der *Öffnen*-Dialog kommt wieder zum Vorschein. Je nach der Anzahl der zu durchsuchenden Dateien und der Komplexität der Suchabfragen kann es eine Weile dauern, bis Word alle genannten Verzeichnisse durchlaufen hat und das Suchergebnis präsentiert. Sie erkennen die Aktivität der Suche daran, dass Word den Mauszeiger mit einer kleinen Sanduhr versieht, die erst verschwindet, wenn die Suche beendet ist.

Listet Word anschließend keine Dateien auf, ist die Suche ergebnislos geblieben. Ansonsten präsentiert Ihnen Word eine Liste der gefundenen Dateien im Rahmen eines Verzeichnisbaums, der immer auch das Verzeichnis aufführt, in dem die jeweilige Datei angesiedelt ist.

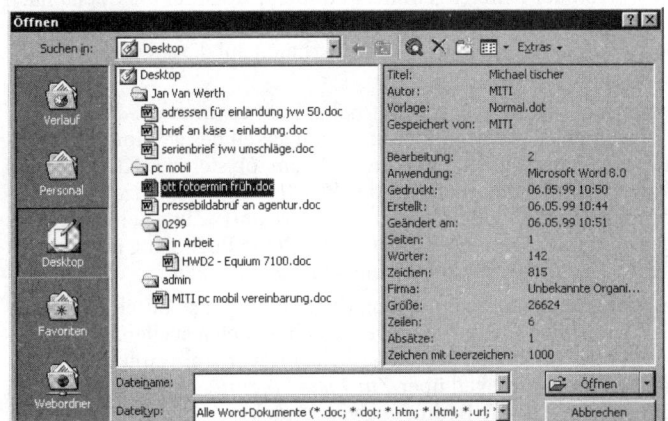

Abbildung 7.78:
Beim Suchergebnis listet Word nicht nur die gefundenen Dateien auf, sondern zeigt auch die zugehörigen Verzeichnisse an.

8 An der Schwelle zum Desktop-Publishing

203 Spaltensatz
208 Desktop-Publishing mit Textfeldern
215 Grafiken in Word

Spaltensatz

Zeitschriften, Werbe- und Image-Broschüren und viele andere Print-Publikationen arbeiten mit mehrspaltigem Satz. Den Text in schmalen Spalten fließen zu lassen reduziert zum einen Zeilenbreite und vereinfacht dadurch das Lesen. Darüber hinaus erhält man mehr gestalterische Möglichkeiten für das Layout, nicht zuletzt in Verbindung mit Bildern.

Word beherrscht den Spaltensatz, und zwar auf Abschnittsebene. Indem man mehrere fortlaufende Abschnittswechsel einfügt, kann man dadurch auf einer Seite durchaus zwischen einspaltigem und mehrspaltigem Satz wechseln. An der eigentlichen Texteingabe und Editierung ändert sich dadurch nichts.

Spalten

Word kennt zwei Möglichkeiten, den Spaltensatz einzustellen: die *Spalten*-Schaltfläche aus der *Standard*-Symbolleiste und den Befehl *Format/Spalten*. Letzterer bietet mehr Möglichkeiten für die individuelle Einstellung der Spalten, über die Symbolleiste geht es jedoch schneller.

In beiden Fällen gilt: Existiert im aktuellen Dokument eine Markierung, wirkt die Aktion nur auf diesen Bereich ein. Es wird ein fortlaufender Abschnittswechsel davor und danach eingefügt, so dass tatsächlich nur der markierte Bereich in der gewünschten Anzahl von Spalten formatiert wird. Davor und dahinter geht es einspaltig weiter. Ohne Markierung wirken die Befehle auf den aktuellen Abschnitt ein, d.h. auf das gesamte Dokument, wenn Sie nicht mehrere Abschnitte angelegt haben.

So erstellen Sie mehrspaltigen Text

Als Beispiel für die Arbeit mit einspaltigem und mehrspaltigem Satz erstellen wir das Grundgerüst für die alljährliche »Rückschau auf das Vereinsjahr«, wie sie in vielen Vereinen publiziert wird. Die Überschrift soll einspaltig gehalten sein und über die gesamte Breite des Blattes gehen, der Fließtext darunter hingegen dreispaltig – der besseren Lesbarkeit willen.

1. Erstellen Sie ein neues Dokument und geben Sie zunächst eine Überschrift wie »Rückblick auf das Vereinsjahr« ein. Stellen Sie für diesen Absatz die Ausrichtung *Zentriert* ein und formatieren Sie den Text mit der Schriftart *Arial, 24 Punkt* und *Fett*.

Abbildung 8.1:
Die erste Zeile der Überschrift

2. Die nächste Zeile soll auch noch zur Überschrift gehören. Geben Sie hier einen Autorennamen ein, stellen Sie auch diesen Absatz auf *Zentriert* und formatieren Sie die Schrift etwas kleiner als den Titel (damit niemand auf den Gedanken kommt, der Autor wolle sich hier in den Vordergrund rücken).

3. Jetzt folgt der eigentliche Fließtext. Geben Sie einfach ein paar Wörter in den nächsten Absatz ein, so dass zumindest zwei Zeilen voll werden. Schalten Sie den Absatz auf *Blocksatz* und kopieren Sie ihn so oft, dass die erste Textseite gut gefüllt ist. Wenn Sie möchten, auch ein wenig mehr.

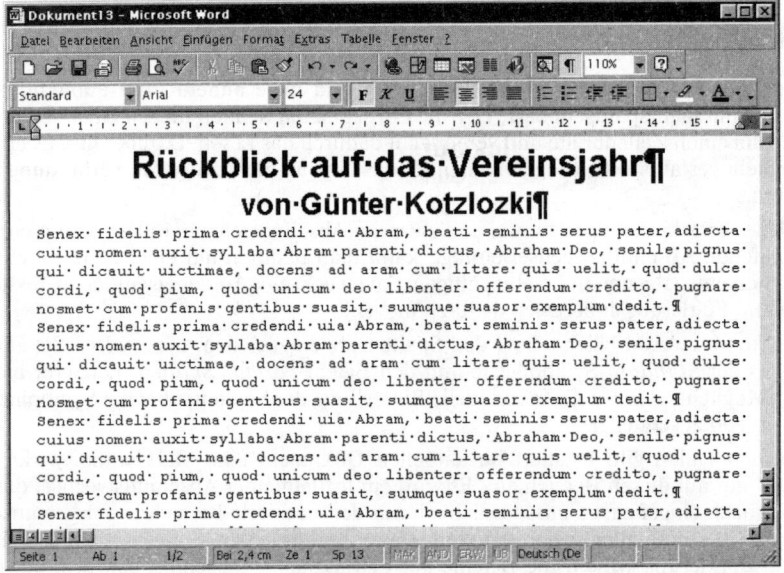

Abbildung 8.2:
Noch ist der Text einspaltig.

4. Jetzt erfolgt die Umstellung auf den mehrspaltigen Satz. Markieren Sie zunächst den gesamten Fließtext, nicht jedoch die zwei Zeilen für die Überschrift, die einspaltig bleiben sollen. Klicken Sie nun auf die *Spalten*-Schaltfläche in der *Standard*-Symbolleiste. Es erscheint ein kleines Fenster, über das Sie im nächsten Schritt die Anzahl der Spalten auswählen.

Spalten

5. Fahren Sie innerhalb des *Spalten*-Fensters mit dem Mauszeiger bitte über die dritte Spalte, wodurch die Spalten 1 bis 3 markiert werden. Klicken Sie dann in die dritte Spalte, um den Spaltensatz komplett zu machen. (Später können Sie diese Schaltfläche nutzen, um die Anzahl der Spalten auch noch nachträglich zu verändern.)

Abbildung 8.3:
Auswahl der Spaltenanzahl

6. Word hat jetzt nicht nur den markieren Text auf dreispaltigen Satz umgestellt, sondern gleichzeitig in die Seitenlayout-Ansicht umgeschaltet. Die gestrichelte Linie hinter der zweiten Zeile der Überschrift zeigt Ihnen, dass Word einen Abschnittswechsel eingefügt hat.

Abbildung 8.4:
Der Fließtext im dreispaltigen Satz

Editieren im Spaltensatz

Für die Eingabe und das Editieren von Text im Spaltensatz gelten die gleichen Regeln wie für einspaltigen Text. Allerdings machen sich die Unterschiede zwischen der Arbeit in der Normal- und in der Seitenlayout-Ansicht stärker bemerkbar. Während man nämlich in der Seitenlayout-Ansicht die verschiedenen Spalten des Textes nebeneinander betrachten und editieren kann, wird in der Normal-Ansicht immer nur eine fortlaufende Textspalte gezeigt. Für die initiale Eingabe des Textes hat das Vorteile, für das spätere Layout taugt die Seitenlayout-Ansicht hingegen mehr.

TIPP Eine wichtige Tastenkombination für die Arbeit im mehrspaltigen Satz ist ⟨Strg⟩+⟨⇧⟩+⟨↵⟩. Mit ihr fügen Sie einen manuellen *Spaltenwechsel* in den Text ein. Er sorgt dafür, dass der nachfolgende Text nicht bis zum Ende der aktuellen Spalte weiter läuft, sondern unmittelbar an den Beginn der nächsten Spalte gestellt wird. Dadurch erhält man wesentlich mehr Kontrolle über das Layout einer Publikation mit Spaltensatz.

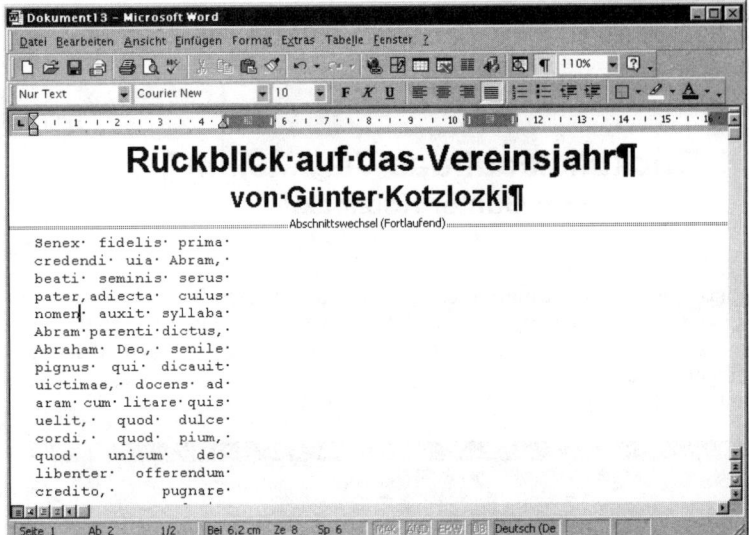

Abbildung 8.5:
Anzeige des mehrspaltigen Textes in der Normalansicht

Einstellen der Spaltenbreiten

Sofern Sie das Lineal angeschaltet haben (*Ansicht/Lineal*), können Sie sowohl in der Normal- als auch in der Layoutansicht die Breite der einzelnen Spalten sehr einfach im Textfenster einstellen. Solange sich die Einfügemarke nämlich in einem mehrspaltig formatierten Bereich befindet, erscheinen im horizontalen Lineal die Spaltenbereiche weiß hervorgehoben, die Freiflächen zwischen den Spalten in Grau. Man spricht in diesem Zusammenhang auch von »Spaltenseparatoren«.

Möchten Sie den Abstand zwischen zwei benachbarten Spalten gleich halten, die eine jedoch breiter und die andere schmaler machen, können Sie sich der kleinen Grifffläche innerhalb des grau gefärbten Spaltenseparators bedienen. Wenn Sie mit der Maus darüber fahren, erscheint als Kontexthilfe *Spalte verschieben*. Klicken Sie auf diese Stelle und halten Sie die linke Maustaste gedrückt, während Sie den Spaltenseparator verschieben und anhand des Lineals beobachten, wie sich die Breiten der daran angrenzenden Spalten verändern.

Möchten Sie hingegen den linken oder rechten Rand einer Spalte verschieben und dabei gleichzeitig den Abstand zur nächsten Spalte verändern, können Sie direkt am Rand der jeweiligen Spalte ziehen, entweder am linken oder am rechten.

Spalten manuell einstellen

Die Breite und der Abstand zwischen den Spalten, aber auch einige weitere Einstellungen, lassen sich jederzeit über den Dialog *Format/Spalten* definieren. Er bezieht sich dabei auf den jeweils aktuellen Abschnitt bzw. das gesamte Dokument, sofern keine Abschnitte angelegt wurden (siehe Abbildung 8.6).

Unter *Voreinstellungen* macht Ihnen Word verschiedene Vorschläge für die Anzahl und Anordnung der Spalten. Sie können Anzahl und Breite jedoch auch ganz individuell einstellen, indem Sie unter *Anzahl der Spalten* zunächst die gewünschte Anzahl einstellen (im Bereich 1 bis 10). Unter *Breite und Abstand* erscheinen daraufhin jeweils zwei Eingabefelder pro Spalte, in denen Sie die Breite und den Abstand zur nachfolgenden Spalte auf der rechten Seite festlegen können. Wie Ihre Vorgaben in der Praxis aussehen, zeigt Ihnen jeweils das Feld *Vorschau*.

Abbildung 8.6:
Der Dialog
Format/Spalten

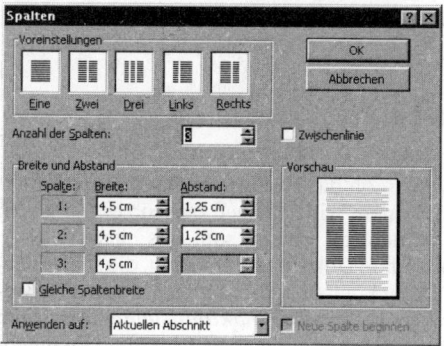

Eine interessante Option ist die Einstellung *Zwischenlinie*. Aktivieren Sie diese Option, wenn zwei gegenüberliegende Spalten jeweils durch eine vertikale Trennlinie separiert werden sollen.

So fügen Sie Datum und Uhrzeit in den Text ein

Das aktuelle Datum benötigt man immer wieder in Dokumenten, nicht nur als Absendedatum. Word hilft Ihnen, diese Informationen schnell und unkompliziert in den Text einzugeben.

1. Setzen Sie die Einfügemarke zunächst auf die Stelle im Dokument, an der das Datum eingefügt werden soll. Rufen Sie dann den Befehl *Einfügen/Datum und Uhrzeit* auf.

Abbildung 8.7:
Der Dialog
Einfügen/Datum
und Uhrzeit

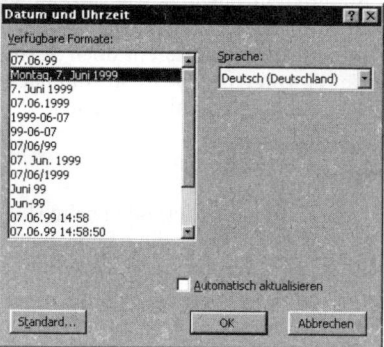

2. Sofern das Datum nicht in deutscher Sprache eingefügt werden soll, wählen Sie unter *Sprache* bitte zunächst die gewünschte Sprache.
3. Unter *Verfügbare Formate* gibt Word eine ganze Reihe möglicher Formate für das Datum vor, teils mit, teils ohne Uhrzeit. Wählen Sie bitte das gewünschte Format.
4. Wenn alle von Word erzeugten Datumsangaben, beispielsweise beim Einsatz entsprechender Feldfunktionen, in diesem Format gehalten sein sollen, drücken Sie bitte auf die Schaltfläche *Standard*.

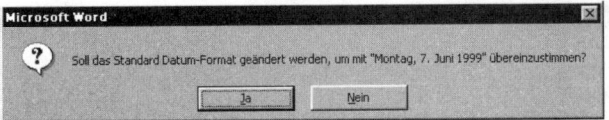

Abbildung 8.8:
Word fragt nach, ob das Standard-Datumsformat tatsächlich geändert werden soll.

5. Jetzt müssen Sie sich nur noch entscheiden, ob das einfügende Datum unabänderlich sein soll und genau den aktuellen Moment widerspiegelt oder ob es mit jedem Öffnen und Drucken des Dokuments aktualisiert werden soll. Das bietet sich vor allem an, wenn Sie Formschreiben oder andere Dokumente erstellen, die später wieder verwendet werden und jeweils das Datum des Ausdrucks tragen sollen. Aktivieren Sie in diesem Fall das Schaltkästchen *Automatisch aktualisieren*. Word fügt das Datum/die Uhrzeit in diesem Fall nicht als gewöhnlichen Text in das Dokument ein, sondern als Feldfunktion (mehr zu Feldfunktionen im ▶ Kapitel 7).
6. Bestätigen Sie mit *OK*, um das Datum einzufügen.

Desktop-Publishing mit Textfeldern

Textfelder sind Word´s Antwort auf die Herausforderung durch Desktop-Publishing-Programme. Wo der Text sonst gleichförmig entlang der Seitenränder von oben nach unten läuft, gestatten DTP-Programme seit jeher eine sehr freie Anordnung der Textfläche auf der Druckseite über Textrahmen. Das ermöglicht ein sehr abwechslungsreiches Seitenlayout, wie man es beispielsweise von Magazinen her kennt. Wichtig ist, dass sich Textrahmen verknüpfen lassen, damit der Text automatisch vom Ende des einen zum Anfang des nächsten weiter läuft. Man muss sich also nicht selbst um den Umbruch kümmern, sondern kann das der Software überlassen.

In Word existieren solche Textfelder parallel neben dem normalen Fließtext, der auf Wunsch um sie herumlaufen kann, so wie bei Bildern und Tabellen. Wer ganz auf Fließtext verzichtet, kann seine Word-Dokumente aber auch nur mit Textfeldern aufbauen. Natürlich lässt sich komplexes Layout auch mit Tabellen realisieren, doch Textfelder bieten den Vorteil, dass Word den Text selbstständig von einem Textfeld zum nächsten weiterführt. Zwischen den Zellen einer Tabelle ist das hingegen nicht möglich.

So layouten Sie mit Textfeldern

Wir starten mit einem kleinen Beispiel, das die grundlegenden Methoden beim Umgang mit Textfeldern demonstriert. Dabei ist wichtig, dass man die jeweilige Seite beim Aufspannen des Textfeldes gut im Blick hat. Schalten Sie über die *Zoom*-Schaltfläche in der *Standard*-Symbolleiste deshalb bitte zunächst auf *Ganze Seite*.

1. Erzeugen Sie ein neues leeres Dokument und rufen Sie dann *Einfügen/Textfeld* auf. Word schaltet automatisch in die *Seitenlayout*-Ansicht um und stellt den Mauszeiger als Kreuz dar. Durch Klicken und Ziehen können Sie jetzt ein Textfeld aufziehen. Es kann sich annähernd über die komplette Seite erstrecken oder nur einen kleinen Teil der Seite bedecken. Das macht keinen Unterschied. Bitte erzeugen Sie ein Textfeld, wie in Abbildung 8.9 zu sehen.
2. Zusammen mit dem Textfeld erscheint auch die *Textfeld*-Symbolleiste, die gleich noch eine wichtige Rolle spielen wird. Erst einmal geben Sie bitte Text in das neue Textfeld ein, und zwar so viel, dass der Text über den unteren Rand des Textfelds hinausläuft, so dass man nicht mehr alle Zeichen sieht. Damit Sie nicht soviel tippen müssen und man die Zeichen in der stark verkleinerten Ansicht von *Ganze Seite* noch gut erkennen haben, formatieren Sie sie am besten mit einer Schriftgröße von 20 pt oder mehr (siehe Abbildung 8.10).

Abbildung 8.9:
Über Einfügen/Textfeld wird ein Textfeld erzeugt.

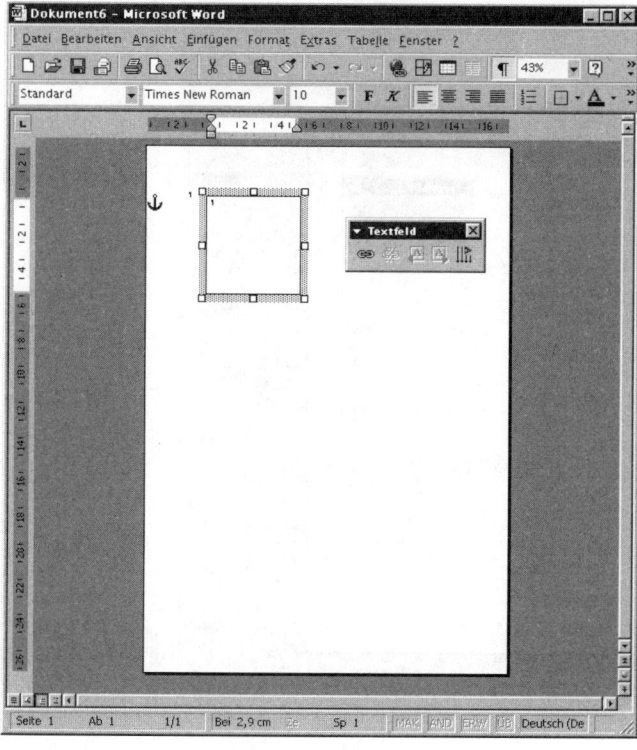

Abbildung 8.10: Der Text, der über das Ende des Textfelds hinausläuft, bleibt zunächst unsichtbar.

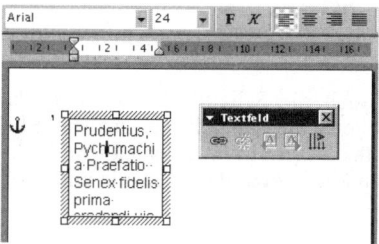

Textfeld verknüpfen

Mauszeiger für Verknüpfen

3. Der überschüssige Text soll in ein zweites Textfeld übergeleitet werden. Erzeugen Sie bitte über *Einfügen/Textfeld* ein zweites Textfeld in ähnlicher Größe, rechts neben oder unter dem ersten Textfeld, das ist ganz egal.

4. Jetzt kommt die *Textfeld*-Symbolleiste ins Spiel. Ganz links erscheint das Symbol für *Textfeld verknüpfen*. Um es einsetzen zu können, klicken Sie bitte zunächst mit der Maus in das erste Textfeld. Danach können Sie auf die Schaltfläche *Textfeld verknüpfen* klicken. Das Symbol das Mauszeigers ändert sich daraufhin in ein kleines Töpfchen. Führen Sie es über das zweite Textfeld und klicken Sie hinein. Unmittelbar wird der überschüssige Text aus dem ersten Textfeld in das zweite übergeleitet.

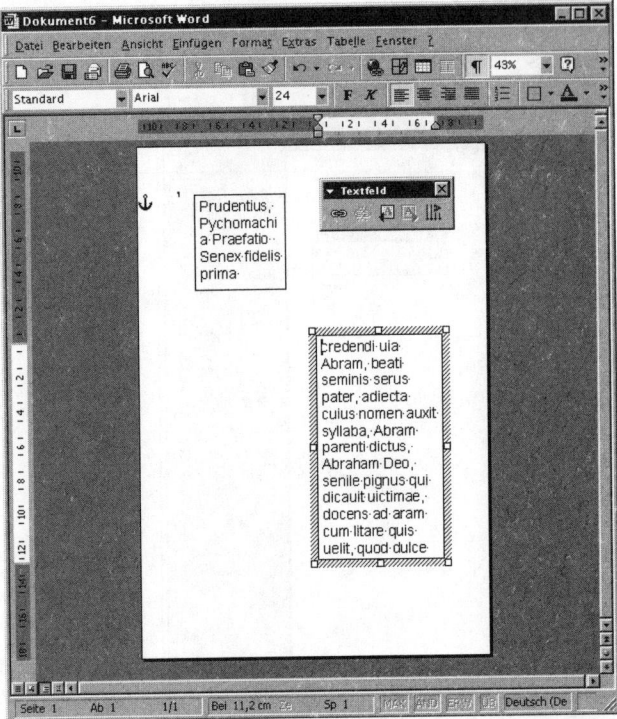

Abbildung 8.11:
Durch das Verknüpfen läuft der Text in das zweite Textfeld über.

5. Nach dem gleichen Schema können Sie weitere Textfelder anlegen und miteinander verbinden. Wenn Sie sich anschließend von Textfeld zu Textfeld hangeln möchten, helfen Ihnen die beiden Schaltflächen *Vorheriges Textfeld* und *Nächstes Textfeld* aus der *Textfeld*-Symbolleiste.

6. Zum guten Schluss probieren Sie bitte noch die Schaltfläche *Textausrichtung ändern* ganz rechts in der *Textfeld*-Symbolleiste aus. Durch mehrmaliges Klicken können Sie den Text in den verbundenen Textfeldern in unterschiedliche Richtung laufen lassen, und das ganz unabhängig vom Fließtext und dem Text in anderen miteinander verknüpften Textfeldern.

Nächstes Textfeld

Vorheriges Textfeld

Textausrichtung ändern

Editieren und Navigieren in Textfeldern

Textfelder sind Text-Container, in denen mit wenigen Einschränkungen all das möglich ist, was in normalem Fließtext auch geht, also die Formatierung von Zeichen und Absätzen, Einrückungen, Rahmen, Tabulatoren, sogar das Einfügen von Feldfunktionen, Grafiken und Tabellen. Und wenn Sie Text in einem der Textfelder einfügen oder löschen, wandert automatisch ein Teil des Textes zwischen dem betroffenen Textfeld und seinen nachgeordneten Textfeldern.

Tatsächlich springt die Einfügemarke sogar automatisch von einem Textfeld ins andere, wenn Sie sich mit den Tasten ← und → durch den Text bewegen und dabei an dem Anfang oder am Ende eines Textfeldes stoppen. Cursor-Tasten wie ↑ und ↓, Bild ↑ und Bild ↓ werden in ihrem Vorwärts- bzw. Rückwärtsdrang aber an den Rändern eines Textfelds gestoppt, so dass die Einfügemarke nicht automatisch in das vorangehende bzw. nachfolgende Textfeld springt. Allerdings genügt in solchen Fällen immer ein Mausklick in den Text des jeweiligen Textfelds, um die Einfügemarke dort zu platzieren und mit der Bearbeitung des Textes fortfahren zu können.

Nicht möglich ist in Textfeldern lediglich der Spaltensatz, und das aus gutem Grund. Schließlich sind Textfelder u. a. dafür gedacht, um Kästen über mehrspaltigem Fließtext zu positionieren, der um das Textfeld herumfließt.

Textfelder als Container

Als Text-Container können Textfelder nach dem Selektieren (sobald der dicke Rahmen erscheint) über die Befehle *Bearbeiten/Kopieren* und *Bearbeiten/Einfügen* vervielfältigt werden. Allerdings ohne Textinhalt, den man separat kopieren muss. Achten Sie beim Einfügen aber darauf, dass die Einfügemarke zu diesem Zeitpunkt im Fließtext und nicht in einem Textfeld steht. Sonst erhalten Sie ein Textfeld im Textfeld, was in den meisten Fällen wenig Sinn macht.

Natürlich können Sie Textfelder über *Bearbeiten/Ausschneiden* auch löschen. Solange dabei noch mindestens ein Textfeld aus einer Verkettung übrig bleibt, geht der enthaltene Text nicht verloren, sondern wird einfach in den noch verbliebenen Textfeldern der Kette layoutet. Erst mit dem Ausschneiden des letzten Textfelds einer solchen Kette geht dann auch der enthaltene Text verloren.

Größe und Position von Textfeldern

Positionsrahmen können jederzeit verschoben oder in ihrer Größe verändert werden. Sobald man mit dem Mauszeiger in das Textfeld klickt, erscheint darum ein dicker Rahmen. Durch Klicken und Ziehen kann man das Textfeld über den Rahmen verschieben. Word gibt dabei ein Raster vor, doch wenn Sie während des Ziehens die ⸢Alt⸥-Taste gedrückt halten, können Sie das Textfeld frei von jedem Raster verschieben.

Und über die insgesamt acht Ziehpunkte lässt sich auch die Größe des Textfelds verändern, was natürlich unmittelbare Auswirkung auf das Layout des Textes innerhalb des Textfelds und der damit verbundenen Textfelder hat.

Nach dem Anlegen eines Textfelds über *Einfügen/Textfeld* ist dessen Position zunächst mit einem Absatz aus dem Fließtext verbunden, genau wie dies bei eingefügten Bildern der Fall ist. Man erkennt das an dem kleinen »Objektanker«, der links neben dem jeweiligen Absatz erscheint, sobald man ein Textfeld selektiert. Wandert der verbundene Absatz durch Einfügen oder Löschen vorhergehender Absätze im Fließtext nach oben oder unten, folgt ihm auch das Textfeld. So kann man Textfelder und Absätze zusammenhalten, wenn die beiden inhaltlich zusammengehören.

Abbildung 8.12:
Der Anker signalisiert, mit welchem Absatz aus dem Fließtext die Position des Textfeldes verbunden ist.

Prudentius,·
Pychomachi
a·Praefatio··
Senex·fidelis·
prima·

An der Schwelle zum Desktop-Publishing

Möchten Sie die Lage eines Textfelds an einen anderen Absatz knüpfen, ziehen Sie den Anker einfach zu einem anderen Absatz. Die Position des Textfelds ändert sich dadurch zunächst nicht. Erst wenn der zugeordnete Absatz nach oben oder unten wandert, folgt das Textfeld in gleichbleibendem Abstand.

So trennen Sie ein Textfeld vom Fließtext

Wenn Sie nicht möchten, dass Ihr Textfeld mit dem Fließtext wandert, sondern stattdessen an der eingestellten Position verharren soll, gibt es eine einfache Methode:

1. Selektieren Sie das jeweilige Textfeld und führen Sie anschließend einen Doppelklick auf den dicken Rahmen um das Textfeld aus. Dadurch öffnet sich der Dialog *Textfeld formatieren*.

Abbildung 8.13:
Durch den Doppelklick auf den Textfeldrahmen öffnet sich der Dialog Textfeld formatieren.

2. Wenn nicht bereits eingestellt, wählen Sie bitte das Register *Layout*. Dort finden Sie in der unteren rechten Ecke die Schaltfläche *Weitere...* Bitte klicken Sie diese Schaltfläche an. Es erscheint der Dialog *Erweitertes Layout*. Deaktivieren Sie unter *Optionen* die Option *Objekt mit Text verschieben* und schließen Sie den Dialog.

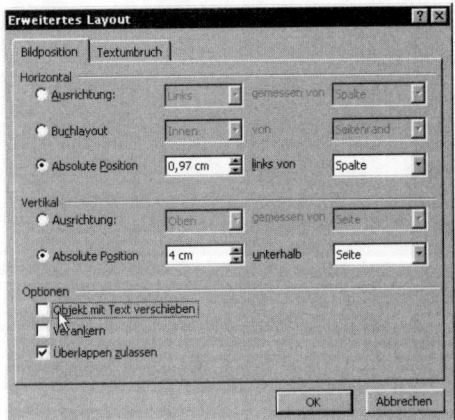

Abbildung 8.14:
Deaktivieren der Option Objekt mit Text verschieben

3. Schließen Sie auch den Dialog *Textfeld formatieren*, so dass Sie zurück ins Dokument gelangen. Wenn Sie genau hinschauen, wird Ihnen auffallen, dass der Anker für das aktuelle Textfeld verschwunden ist. Von den Verschiebungen im Fließtext ist es dadurch nicht mehr betroffen.

Formatierung von Textfeldern

Das obige Beispiel hat Sie bereits mit dem Dialog *Textfeld formatieren* bekannt gemacht. Was sich bei Textfeldern im Hinblick auf die Formatierung einstellen lässt, wird über diesen Dialog konfiguriert. Neben dem Doppelklick auf den Textfeldrahmen bringt auch der Aufruf von *Format/Textfeld* diesen Dialog zum Vorschein. Vorausgesetzt, Sie haben ein Textfeld selektiert, bzw. die Einfügemarke befindet sich darin. Es ist der gleiche Dialog, der auch beim Formatieren von Grafiken im Fließtext oder in Textfeldern erscheint, nur dass einige spezielle Optionen für Grafiken ausgeblendet sind. Hier ein Überblick über die verschiedenen Register und die dargebotenen Möglichkeiten.

Farben und Linien

Textfelder lassen sich sehr schön hervorheben, wenn man sie mit einer Farbe unterlegt. Über die Auswahlliste unter *Farbe* können Sie eine solche Farbe festlegen, je nach Anwendungszweck eine eher sanfte oder knallige. In der Voreinstellung versieht Word darüber hinaus jedes Textfeld mit einer schwarzen Umrandung von 0,75 Punkten Dicke. Mit den Feldern unter *Linie* lässt sich diese Umrahmung konfigurieren. Möchten Sie die Linie abschalten, öffnen Sie bitte die Auswahlliste *Farbe* und klicken dann auf *Keine Linie*.

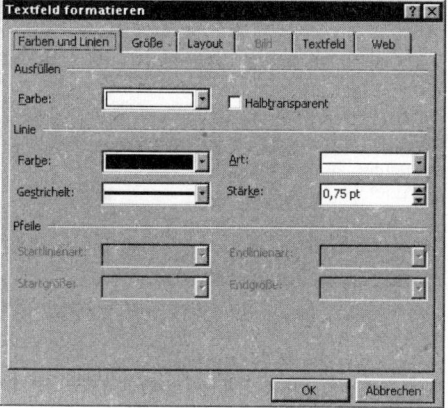

Abbildung 8.15: Textfelder können von einem Rahmen umgeben werden – müssen aber nicht.

Größe

Hier können Sie unter *Größe und Drehung* bei *Höhe* und *Breite* exakt die gewünschten Maße des Textfelds eingeben, wenn Ihnen die Einstellung mit der Maus innerhalb des Dokuments nicht genau genug ist. Die Einstellungen unter *Skalieren* dienen dabei nur dem Heraufschrauben oder Herabsetzen der Höhe und Größe, haben aber keine weitere Auswirkung auf die Darstellung. Anders als Zeichnungsobjekte kann man Textfelder in Word leider nicht drehen, deshalb ist dieses Feld deaktiviert.

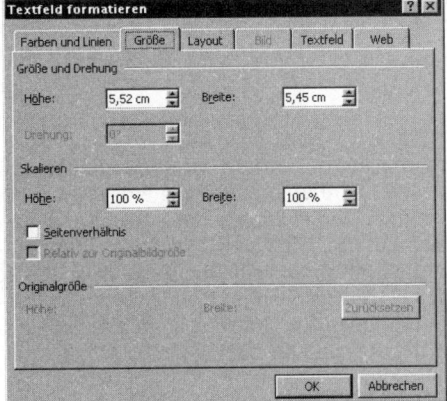

*Abbildung 8.16:
Die Größe eines
Textfeldes lässt
sich millimetergenau festlegen.*

Layout

Beim Layout geht es um die Interaktion des Textfelds mit dem umgebenden Fließtext. Wenn Sie ein Dokument nur aus Textfeldern aufbauen oder sich Fließtext und Textfelder nicht in die Quere kommen, können Sie die Einstellungen hier ignorieren. Berühren sich Fließtext und das aktuelle Textfeld jedoch, bestimmen Sie unter *Umbruchart*, wie der Fließtext beim Aufprall auf das Textfeld reagieren soll.

Einstellung	Bedeutung	Beispiel
Rechteck / Passend	Der Fließtext läuft um das Textfeld herum, springt beim Erreichen der linken Seite des Textfelds zur rechten Seite und fährt dort fort.	
Hinter den Text	Das Textfeld wird in eine separate Ebene hinter den Text gesetzt, der einfach darüber wegläuft.	
Vor den Text	Das Textfeld wird in eine separate Ebene vor den Text gesetzt, der ungehindert darunter durchläuft und dadurch teilweise überdeckt wird.	

*Tabelle 8.1:
Im Register
Layout des
Dialogs Textfeld/Formatieren
legen Sie fest, wie
der Fließtext in
Relation zum
Textfeld layoutet
werden soll.*

Textfeld

Als Text-Container beinhaltet ein Textfeld innere Seitenränder. Sie bestimmen, wie nahe der Inhalt eines Textfelds dem Rahmen kommen kann. Hier können Sie diese Abstände individuell einstellen.

Abbildung 8.17: Im Register Textfeld *lässt sich einstellen, wie nah der Text im Textfeld dem Textfeldrand kommen darf.*

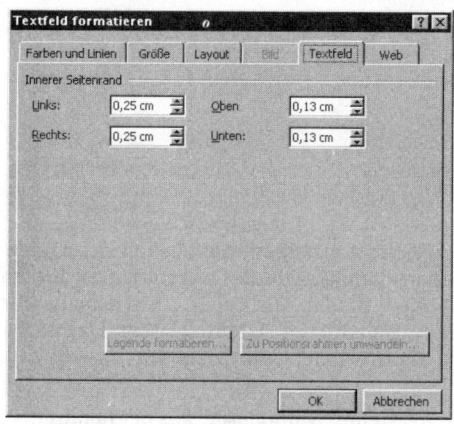

Grafiken in Word

Ein Bild sagt mehr als tausend Worte – unter diesem Motto beherrscht Word das Einfügen und das Layout von Grafiken in Textdokumenten. Egal, ob die Bilder dabei als Dateien auf der Festplatte vorliegen, direkt von einem Scanner oder einer Digitalkamera abgegriffen werden oder aus der mitgelieferten Clipart-Bibliothek von Office stammen: Über den zentralen Befehl *Einfügen/Grafik* lassen sie sich problemlos in das aktuelle Word-Dokument einfügen. Bevor Sie mit dem Einfügen von Grafiken beginnen, sollten Sie jedoch einige grundsätzliche Dinge über die Arbeit mit Grafiken wissen.

- Word behandelt Grafiken auf Wunsch entweder als Teil des Textes oder legt sie in einer separaten Ebene über oder unter den Text. Als Teil des Textes werden sie genau wie der sie umgebende Fließtext behandelt und sind jeweils Teil eines Absatzes, mit dem sie wandern, wenn im Dokument davor Text eingefügt oder gelöscht wird. Liegen sie hingegen in einer separaten Ebene, sind sie vom eigentlichen Fließtext unabhängig, wodurch der Text unter oder über ihnen hinwegläuft. So lassen sich beispielsweise Wasserzeichen und Hintergrundbilder realisieren.

- Grafiken können entweder in das jeweilige Word-Dokument eingefügt oder mit ihm verbunden werden. Als Teil eines Word-Dokuments werden sie mit dem Dokument gespeichert und müssen dadurch nicht als separate Datei auf der Festplatte vorliegen. Bei verbundenen Dokumenten merkt sich Word hingegen nur den Pfad der Datei auf der Festplatte und lädt das Abbild der Grafik zur Anzeige und zum Druck von dort nach. Vor allem bei umfangreichen Dokumenten ist das sinnvoller, weil die Word-Datei dadurch nicht so sehr aufgebläht wird, denn Grafiken beanspruchen in der Regel wesentlich mehr Platz als gewöhnlicher Text.

- Mit wenigen Handgriffen ist es möglich, Grafiken zu skalieren. Sie entscheiden, ob eine Grafik gegenüber ihrer durch die jeweilige Grafikdatei vorgegebenen Größe vergrößert oder verkleinert wird. Außerdem können Sie Grafiken beschneiden, d.h. den Teil des Bildes wählen, der tatsächlich erscheinen soll, während der Rest unsichtbar bleibt.

Grafik/Einfügen

Der zentrale Ausgangspunkt für das Einfügen von Grafiken ist der Befehl *Einfügen/Grafik*. Die folgende Abbildung zeigt die verschiedenen Untermenüs, die helfen, Grafiken aus unterschiedlichen Quellen einzufügen.

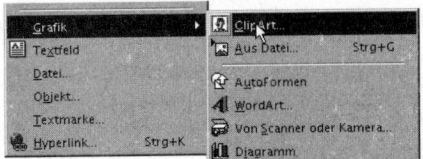

Abbildung 8.18:
Befehle aus dem Menü
Grafik/Einfügen

Clipart steht dabei für die Sammlung von Clipart-Grafiken, die als Teil des Office-Pakets installiert wird. Mehr über die Clipart-Sammlung von Office erfahren Sie im nachfolgenden ▶Abschnitt *Clipart*. Der *Grafik*-Befehl *Aus Datei...* fügt eine bereits vorliegende Grafik von der Festplatte oder einem anderen Datenträger ein. Das ist der wahrscheinlich am häufigsten eingesetzte *Grafik*-Befehl, mit dem wir uns deshalb gleich intensiver beschäftigen wollen.

Der Befehl *AutoFormen* öffnet die unten dargestellte Symbolleiste, aus der heraus man eine große Zahl vorgegebener Grafikobjekte wie Linien, Kreise, Pfeile, Sprechblasen und mehr erzeugen kann. Es sind die gleichen Objekte, die auch bei PowerPoint eingesetzt werden. Eine konkrete Beschreibung der AutoFormen finden Sie deshalb im ▶Teil C über PowerPoint.

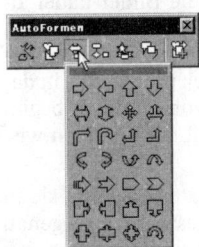

Abbildung 8.19:
Die Symbolleiste
AutoFormen

Der *WordArt*-Befehl öffnet den WordArt-Katalog, über den Sie verschiedene Texteffekte für besonders exponierte Schriftzüge erzeugen können. Mehr darüber erfahren Sie im ▶Kapitel 51, das sich intensiv mit dem Einsatz von WordArt auseinandersetzt. Ein separates Kapitel haben wir auch *Graph* gewidmet, dem Office-Tool, mit dessen Hilfe Sie Linien-, Balken-, Kreisdiagramme und mehr erzeugen können. Lesen Sie mehr darüber in ▶Kapitel 52.

Einfügen von Grafiken

Über die Kurzwahltaste [Strg]+[G] erreichen Sie jederzeit den Befehl *Einfügen/Grafik/Aus Datei*, der einen *Öffnen*-Dialog zur Auswahl der gewünschten Grafikdatei hervorbringt. Word beherrscht alle gängigen Grafikformate, weshalb unter *Dateityp* eine große Auswahl vorgegeben wird. Und damit Sie die richtige Grafikdatei wählen können, wird rechts neben den Dateinamen jeweils eine Vorschau angezeigt.

Über die Art des Einfügens entscheidet die *Einfügen*-Schaltfläche in der unteren rechten Ecke. Hier kommt die bereits erwähnte Unterscheidung zwischen Einfügen und Verknüpfen zum Tragen. Ihre Wahlmöglichkeiten sind:

Abbildung 8.20:
Auswahl einer einzufügenden Grafikdatei

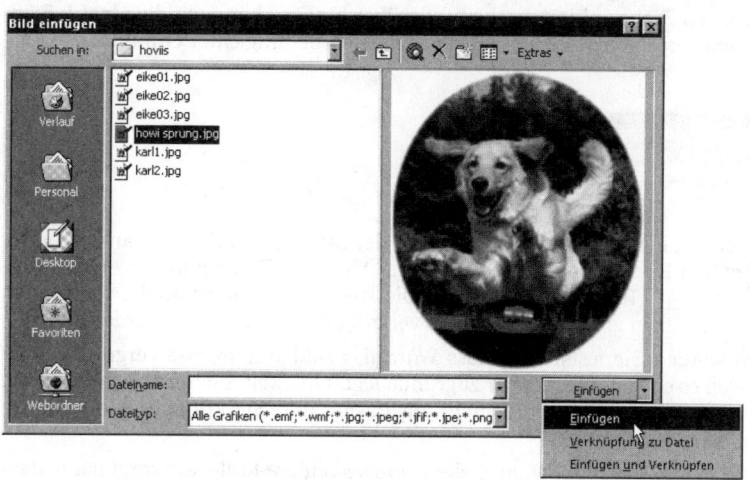

Einfügen	Fügt die Grafik in das Word-Dokument ein, so dass sie mit dem Dokument gespeichert wird. Vorteil: Die Grafikdatei kann später verschoben, gelöscht oder geändert werden, ohne dass die in Word eingebettete Grafik davon betroffen ist. Nachteil: Bei großen Dokumenten und einer Vielzahl eingebetteter Grafiken wird die Word-Datei riesengroß, was zu einem langsamen Bildschirmaufbau führen kann.
Verknüpfung zu Datei	Legt nur eine Verknüpfung zur gewählten Grafikdatei in Form einer Feldfunktion an (*includepicture dateiname*). Vorteil: Es wird weniger Speicherplatz im Word-Dokument benötigt, und Veränderungen an der Grafikdatei spiegeln sich später im Word-Dokument wider. Nachteil: Word muss die Grafik zur Anzeige jeweils laden, was naturgemäß scheitert, wenn die Grafik später verschoben oder gelöscht wird.
Einfügen und Verknüpfen	Verbindet die beiden Welten. Einerseits wird die Grafik in ihrem aktuellen Zustand eingefügt, andererseits der angegebene Pfad gespeichert. Vorteil: Die Grafik muss nicht jedes Mal von der Festplatte geladen werden, kann aber später auf Knopfdruck aktualisiert werden, wenn die Grafikdatei nachträglich verändert wurde.

Sofern Sie nicht auf nachträgliche Änderungen der Grafikdatei reagieren müssen oder mit sehr großen Dokumenten arbeiten, empfiehlt sich in der Praxis das Einfügen, weil Sie dadurch unabhängig von der Grafikdatei werden.

HINWEIS Sie können Grafiken nicht nur in den Fließtext einfügen. Auch Tabellenzellen und Textfelder kommen als Container für Grafiken in Frage. Positionieren Sie die Einfügemarke dazu vor dem Aufruf von *Einfügen/Grafik* einfach in der Tabelle oder dem Textfeld, in das die Grafik eingefügt werden soll.

Einstellen von Größe und Ausschnitt

Die erste Operation nach dem Einfügen einer Grafik ist zumeist die Einstellung der gewünschten Größe sowie die Wahl eines passenden Ausschnitts. Dazu muss die Grafik zunächst durch Anklicken selektiert werden, wodurch zum einen der Rahmen mit den verschiedenen Ziehpunkten erscheint, darüber hinaus aber auch die *Grafik*-Symbolleiste mit den verschiedenen Schaltflächen zur Bearbeitung einer Grafik.

Abbildung 8.21: *Die* Grafik-*Symbolleiste*

Die Größe stellen Sie am einfachsten mit Hilfe der Maus ein, indem Sie an einem der Ziehpunkte in den Ecken des Rahmens bzw. der Mitte der Rahmenlinien ziehen. Halten Sie dabei die ⇧-Taste gedrückt, wenn die Änderung proportional erfolgen soll, d.h. Höhe und Breite in gleichem Verhältnis vergrößert oder reduziert werden sollen.

Beim Ziehen werden Sie feststellen, dass Word das Bild stufenweise vergrößert oder verkleinert, weil es ein internes Raster zugrunde legt. Drücken Sie beim Ziehen jedoch die Alt-Taste, orientiert sich Word nicht am Raster, und Sie können jede beliebige Größe einstellen.

Und auch die Strg-Taste spielt beim Ziehen eine besondere Rolle. Sie sorgt dafür, dass Sie die Größenänderung automatisch auch auf der jeweils gegenüberliegenden Seite des Ziehpunkts vollziehen.

Abbildung 8.22: *Der Mauszeiger als Zuschneidesymbol*

Die gleiche Funktion übernehmen die drei Tasten, wenn es an die Auswahl des gewünschten Bildausschnitts geht. Klicken Sie dazu in der *Grafik*-Symbolleiste zunächst auf die Schaltfläche *Zuschneiden*. Führen Sie den Mauszeiger anschließend über den Ziehpunkt der Grafik, von dem aus die Grafik beschnitten werden soll. Indem Sie ihn nach innen ziehen, decken Sie ein Stück der Grafik ab, so dass es nicht mehr erscheint. Auch dadurch wird die Grafik kleiner, ohne dass sie jedoch gestaucht wird. Es wird eben nur ein Stück verdeckt. Allerdings können Sie in der Gegenrichtung versteckte Teile auch wieder sichtbar machen, indem Sie den Mauszeiger nach außen, über den bisherigen Rand hinausziehen.

Abbildung 8.23: *Beschneiden einer Grafik zur Auswahl des gewünschten Bildausschnitts*

TIPP

Grafik zurücksetzen

Sieht die Grafik nach diversen Größenänderungen und Einschränkungen des Bildausschnitts gar nicht so aus, wie Sie es sich vorgestellt haben, können Sie auf Knopfdruck wieder zur ursprünglichen Darstellung zurückkehren. Drücken Sie dazu einfach auf die Schaltfläche *Grafik zurücksetzen* aus der *Grafik*-Symbolleiste.

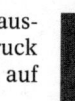

Positionieren von Grafiken

Nachdem Sie eine Grafik eingefügt haben, wird sie zunächst wie gewöhnlicher Text behandelt, der im aktuellen Absatz mitläuft. Links und rechts davon können Buchstaben und Zeichen eingegeben werden, wobei die Grafik einfach mitwandert, wie eine Art überdimensionales Zeichen, das in einer besonders hohen Schriftgröße formatiert wurde. So lange die Grafik im Textfluss als eigener, separater Absatz erscheinen soll, ist das kein Problem, so wie bei den Abbildungen in diesem Buch. Möchten Sie die Grafik jedoch in der Mitte eines Absatzes positionieren, passiert nach dem Markieren der Grafik und dem Ziehen mit der Maus in die Mitte des Absatzes folgendes:

Abbildung 8.24:
Grafiken werden
zunächst wie
groß formatierte
Zeichen behandelt.

Textfluss

Wahrscheinlich möchten Sie jedoch, dass der Text um die Grafik herumfließt, und tatsächlich ist das mit Hilfe der Befehle zur Formatierung einer Grafik problemlos möglich. Drücken Sie dazu auf die Schaltfläche *Textfluss* aus der *Grafik*-Symbolleiste, damit sich das Menü mit den verschiedenen Umbrucharten öffnet.

Abbildung 8.25:
Verschiedene
Umbrucharten
für Grafiken

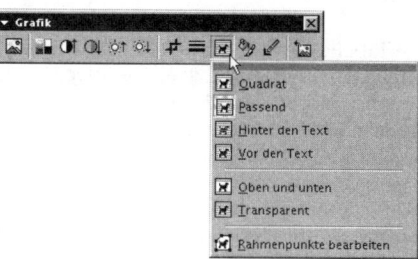

Die folgende Tabelle listet die Bedeutung und das Resultat der anderen Einstellungen auf.

An der Schwelle zum Desktop-Publishing

Tabelle 8.2:
Verschiedene Einstellmöglichkeiten für das Layout von Grafiken im Text

Einstellung/Bedeutung	Beispiel
Quadrat Der Text läuft um die Grafik herum. Dabei dienen die Kanten der Grafik als Begrenzung.	
Passend Der Text läuft um die Grafik herum, wobei ein Konturpfad definiert werden kann, damit sich der Text möglichst eng an den Bildinhalt anschmiegt. Am besten wirkt dieser Effekt, wenn Sie den umgebenden Text im Blocksatz formatieren.	
Hinter den Text Der Text läuft über der Grafik durch. Das macht vor allem in Verbindung mit Wasserzeichen Sinn.	
Vor den Text Die Grafik liegt vor dem Text, der darunter wegläuft und dadurch teilweise überdeckt wird.	
Oben und unten Die Grafik steht allein. Der Text wird auf Zeilenebene vor dem Beginn der Grafik abgeschnitten und dahinter wieder aufgenommen.	

Nicht in der Liste vertreten ist die Standard-Umbruchart *Mit Text in Zeile*, die Sie oben bereits kennen gelernt haben und in der Grafiken wie groß formatierte Textzeichen behandelt werden. Die interessanteste Form des Layouts stellt sicherlich *Passend* dar, weil Text und Grafik hier eine sehr enge Verbindung eingehen, wie man es von professionellen Layout- und DTP-Programmen her kennt. Wir werden dieses Thema gleich noch einmal aufgreifen, denn dabei gilt es einiges zu beachten.

WICHTIG

Grafiken, die nicht in der Umbruchart *Mit Text in Zeile* formatiert sind, zeigt Word nur in der Seitenlayout-Ansicht an. Wundern Sie sich deshalb bitte nicht, wenn die Grafiken nach einer Umschaltung in die Normal-Ansicht verschwunden scheinen. Der Wechsel in die Seitenlayout-Ansicht bringt sie wieder zum Vorschein.

Verankerung von Grafiken

Wenn Sie noch einmal einen Blick in die obige Tabelle werfen, werden Sie in den Abbildungen jeweils einen kleinen Anker links neben der ersten Textzeile entdecken. Er erscheint, sobald Sie sich von der vorgegebenen Umbruchart *Mit Text in Zeile* lösen und hat für das Layout von Grafiken eine wichtige Bedeutung. Denn der Anker bestimmt, mit welchem Absatz eine Grafik verbunden ist. Verschiebt sich der Absatz, weil im Dokument davor Zeilen eingefügt, gelöscht oder die Formatierung geändert wird, wandert die Grafik mit. Die relative Position zwischen dem Anker und der Grafik bleibt dabei erhalten, wobei Sie die Grafik jederzeit mit Hilfe der Maus verschieben können. Wandert sie dabei in einen anderen Absatz, verschiebt Word auch den Anker neben die ersten Zeile des gewählten Absatzes.

Darüber hinaus können Sie den Anker auch mit der Maus durch Klicken und Ziehen verschieben. Sie werden dabei feststellen, dass ihn Word tatsächlich immer neben der ersten Zeile des Absatzes positioniert, einfach um den betreffenden Absatz anzuzeigen.

HINWEIS

Sie können problemlos mehrere Grafiken in einem Absatz anordnen, auch nebeneinander und sogar überlappend, sofern dies gewünscht ist.

Einstellung von Position und Textfluss im Detail

Grafik formatieren

Die größtmögliche Kontrolle über die Position einer Grafik und den Fluss des umlaufenden Textes erhalten Sie über die Register des Befehls *Format/Grafik*, den Sie auch über das Kontextmenü einer Grafik (*Grafik formatieren*) bzw. die zugehörige Schaltfläche aus der *Grafik*-Symbolleiste aufrufen können. Wählen Sie anschließend das Register *Layout*. Dort finden Sie eine ganz Reihe der oben bereits vorgestellten Umbrucharten für den Text wieder.

Sofern Sie nicht die Einstellung *Mit Text in Zeile* wählen, werden auch die Optionsfelder unter *Ausrichtung horizontal* aktiviert. Sie bieten Ihnen die Möglichkeit, die horizontale Position einer Grafik in Relation zu den Rändern des Absatzes zu definieren, wobei die Grafik automatisch mitwandert, wenn Sie den Rand verändern. *Links*, *Zentriert* und *Rechts* stehen für diese Möglichkeit. Sobald Sie die Grafik später jedoch mit Hilfe der Maus verschieben, schaltet Word hier automatisch auf *Andere* um.

Abbildung 8.26: Unter Format/ Grafik/Layout *bestimmen Sie, wie der Text um die Grafik herumfließen soll.*

Noch wesentlich mehr Möglichkeiten erhalten Sie, wenn Sie die Schaltfläche *Weitere* anklicken. Es erscheint der weiter unten folgende Dialog mit den beiden Registern *Bildposition* und *Textumbruch*.

Unter *Textumbruch* stellen Sie die bereits beschriebenen Umbrucharten ein, können darüber hinaus aber einige Zusatzoptionen festlegen. Dies gilt insbesondere für die Frage, ob der Text links und/oder rechts an der Grafik vorbeilaufen soll, sowie den Abstand zwischen der Grafik und dem umfließenden Text, den Sie hier genau einstellen können (siehe Abbildung 8.27).

Im Register *Bildposition* geht es um die Frage, wo genau die Grafik auf der Druckseite erscheint. Die horizontale und die vertikale Position werden dabei getrennt eingestellt. So lange Sie eine Grafik mit Hilfe der Maus platzieren, schaltet Word in beiden Fällen auf *Absolute Position* um und stellt die Lage gemäß Ihrer Vorgabe ein. Darüber hinaus können Sie in beiden Fällen von *Absolute Position* auf *Ausrichtung* umschalten, wenn Sie die Position der Grafik in Relation zur aktuellen Spalte, dem Seitenrand oder der Seite definieren möchten.

Das macht Sinn, wenn die Position der Grafik unabhängig vom eigentlichen Text definiert werden soll, um beispielsweise immer in der unteren rechten Ecke der Seite zu erscheinen. Word schaltet in diesem Fall die Option *Objekt mit Text verschieben* automatisch aus, denn diese Option macht nur Sinn, wenn man die Position einer Grafik über einen Anker an einen bestimmten Absatz binden will.

An der Schwelle zum Desktop-Publishing

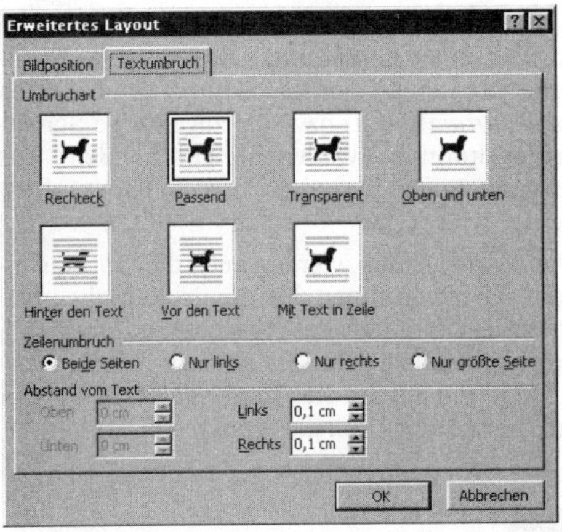

Abbildung 8.27:
Einstellung des Textumbruchs für Grafiken

Darüber hinaus sehen Sie in der folgenden Abbildung noch die Option *Verankern*. Wird sie aktiviert, ergänzt Word das Symbol des Ankers um ein kleines Vorhängeschloss. Es soll Ihnen signalisieren, dass Sie den Anker jetzt nicht mehr verschieben können, denn genau das ist die Aufgabe der Option *Verankern*. Die Option *Überlappen zulassen* steht hingegen für die Möglichkeit, mehrere Grafiken oder andere Zeichnungsobjekte wie AutoFormen so anzuordnen, dass sie sich teilweise überlappen. Normalerweise verschiebt Word sie dann automatisch so, dass es keine Berührungspunkte gibt, doch wenn Sie diese Option aktivieren, unterbleibt das.

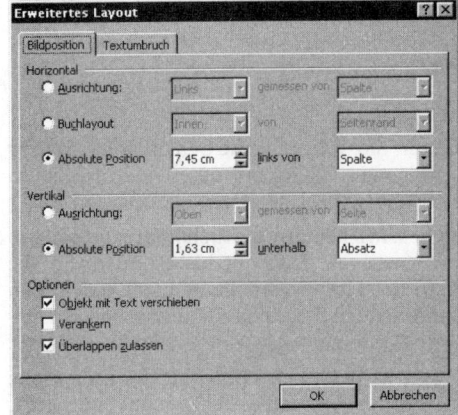

Abbildung 8.28:
Einstellung der Bildposition einer Grafik

TIPP

Je mehr Grafiken in Ihrem Dokument zum Einsatz kommen, desto langsamer vollzieht sich der Bildschirmaufbau, einfach auf Grund der enormen Datenmengen, die dann von Word bewältigt werden müssen. So lange es nur um die Formatierung und Bearbeitung des Textes geht, macht es deshalb Sinn, die Anzeige der Grafiken auszuschalten. Über die Option *Platzhalter für Grafiken* in dem Register *Ansicht* des Befehls *Extras/Optionen* können Sie das jederzeit veranlassen. Anstelle der Grafiken erscheint auf dem Bildschirm dann nur noch ein leerer Rahmen, der Lage und Größe der jeweiligen Grafik kennzeichnet.

Umriss definieren

Wenn eine Grafik in der Umbruchart *Passend* formatiert wird, kommt es auf die äußere Konturlinie an, damit sich der Text möglichst nah an die Grafik anschmiegt. Von sich aus kann Word diese Konturlinie nur bei so genannten Vektorgrafiken finden, die als Folge von Linien, Kreisen und Flächen definiert sind. Das gilt z.B. für die *WMF*-Dateien (Windows Metafile), die den größten Teil der Clipart-Sammlung ausmachen, aber auch für *CDR*-Dateien, die mit CorelDRAW definiert wurden.

Anders sieht es bei Pixelgrafiken aus, in denen jeder Bildpunkt durch eine Farbe definiert wird, ohne dass die Datei Informationen über Linien oder Flächen enthält. Tatsächlich gilt dies für die meisten Grafikformate, u.a. für *BMP*-, *PCX*-, *JPG*-, *TIFF*- und *GIF*-Dateien. Hier muss man Word etwas nachhelfen, damit es die äußere Konturlinie findet. So wird's gemacht:

1. Fügen Sie die gewünschte Pixelgrafik über *Einfügen/Grafik/aus Datei* in das Dokument ein.
2. Selektieren Sie die eingefügte Grafik, damit die *Grafik*-Symbolleiste erscheint. Wählen Sie das Werkzeug *Transparente Farbe bestimmen,* und klicken Sie mit dem Werkzeug anschließend in den äußeren Bereich der Grafik auf die Farbe, die transparent sein soll. Nicht bei jeder Grafik existiert eine solche Farbe, doch in der folgenden Abbildung wäre es beispielsweise das Weiß, das die eigentliche Grafik umgibt.

Abbildung 8.29: Auswahl des Werkzeugs Transparente Farbe bestimmen

Textfluss

3. Wählen Sie nun aus der *Grafik*-Symbolleiste die Schaltfläche *Textfluss* und dort den Befehl *Rahmenpunkte bearbeiten*. Word zeigt daraufhin die sog. Rahmenpunkte an, die die Konturlinie für das Einbetten bestimmen.

Abbildung 8.30: Grafik mit Rahmenpunkten

An der Schwelle zum Desktop-Publishing

4. Mit einer derart sauber definierten Konturlinie fällt es nicht schwer, eine Grafik passend in den Text einzufügen. Wählen Sie deshalb unter *Textfluss Passend* und verschieben Sie die Grafik anschließend in den Absatz, in dem sie erscheinen soll.

Nicht jede Grafik ist so eindeutig von einer transparenten Farbe umgeben, so dass man über das Werkzeug *Transparente Farbe bestimmen* eine optimale Konturlinie erhält. Doch das ist nicht weiter schlimm, denn Sie können die Rahmenlinie auch von Hand definieren, indem Sie zunächst wieder unter *Textfluss* den Befehl *Rahmenpunkte bearbeiten* wählen. Und das gilt auch für die Vektorgrafiken, bei denen Word die Konturlinie selbstständig einstellt.

Abbildung 8.31:
Die automatisch von Word vorgegebenen Rahmenpunkte einer Vektorgrafik

Indem Sie den Mauszeiger über die rot gestrichelte Konturlinie führen, können Sie durch Klicken und Ziehen neue Rahmenpunkte hinzufügen und anschließend verschieben. Durch gleichzeitiges Drücken der [Strg]-Taste und Anklicken eines Rahmenpunktes können Sie diesen jederzeit wieder löschen. Die oben abgebildete Konturlinie wurde auf diese Art und Weise beispielsweise so verändert, dass die Peitsche in den Text hineinläuft, damit rechts neben dem Kopf des Zirkusdirektors keine größere weiße Fläche bleibt. Das Ergebnis sehen Sie unten.

Abbildung 8.32:
Die gleiche Grafik nach der Anpassung einiger Rahmenpunkte

Muss der Text eine Grafik umlaufen, kommt das einem Umbruch gleich, wodurch auch die Silbentrennung ins Spiel kommt. Mit Hilfe des bedingten Trennzeichens ([Strg]+[-]) können Sie Word hier Hinweise geben, wie es am besten trennen soll. Doch auch die automatische Silbentrennung führt hier weiter.

HINWEIS

Grafiken bearbeiten

Zum Erstellen und Bearbeiten von Grafiken zieht man am besten ein Zeichenprogramm heran. Doch auch Word beherrscht einige grundlegende Operationen, wobei der Schwerpunkt auf der Anpassung von Helligkeit, Farbe und Kontrast liegt. Denn das sind Parameter, die stimmen müssen, wenn eine Grafik im Text optimal wirken soll. Die folgende Abbildung zeigt die Schaltfläche *Bildsteuerung* aus der *Grafik*-Symbolleiste mit den vier angebotenen Einstellungen und ihre Auswirkung auf das Erscheinungsbild einer Grafik. Die Einstellungen *Wasserzeichen* (Grafik ganz rechts) ist dabei insbesondere für das Hinterlegen von Text mit einer Grafik gedacht.

Bildsteuerung

Abbildung 8.33:
Eine Grafik und die Auswirkung der vier Einstellmöglichkeiten von Bildsteuerung

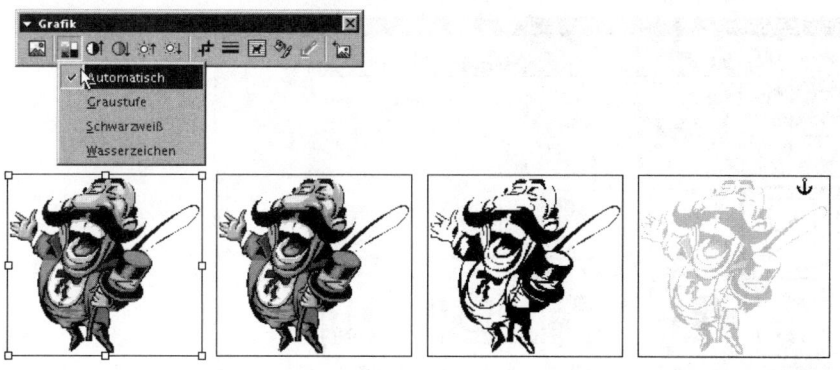

Rechts neben der Schaltfläche *Bildsteuerung* erkennen Sie vier weitere Schaltflächen, die der Steuerung von Kontrast und Helligkeit dienen. Diese beiden Parameter können damit gezielt herauf- oder herabgesetzt werden. Sind Sie anschließend mit Ihrer Wahl nicht zufrieden, können Sie die Aktion wie gewohnt rückgängig machen (*Bearbeiten/Rückgängig*, [Strg]+[Z]) oder sich der *Zurücksetzen*-Schaltfläche aus der *Grafik*-Symbolleiste bedienen. Dann wird allerdings auch die ursprüngliche Größe und der Bildausschnitt wieder hergestellt, weshalb *Bearbeiten/Rückgängig* evtl. die bessere Wahl ist.

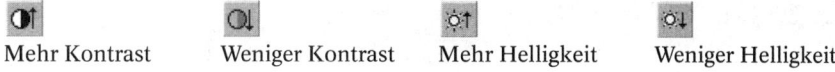

Mehr Kontrast   Weniger Kontrast   Mehr Helligkeit   Weniger Helligkeit

Clipart

Die oben dargestellte Grafik des Zirkusdirektors stammt aus der Clipart-Sammlung, die einen festen Bestandteil von Office 2000 verkörpert und bei der Installation des Office-Pakets auf die Festplatte kopiert wird. Einerseits stellt sie eine Sammlung mitgelieferter Grafiken dar, andererseits ein Programm zur Verwaltung und schnellen Suche nach Bildern, Sounds und Videoclips. Aus diesem Grund lässt sich die Clipart-Sammlung jederzeit um weitere Bilder oder Sounds ergänzen. Ganz egal, ob es sich dabei um Bilder aus dem Internet, einer anderen Clipart-Sammlung oder von Ihnen erstellte Bilder handelt, beispielsweise Logos. Das Praktische ist, dass man die Bilder nicht nur in verschiedenen Kategorien organisieren, sondern auch mit Stichwörtern versehen kann, um sie später über die eingebaute Suchfunktion schnell wiederzufinden. Sie öffnen die Clipart-Sammlung, indem Sie *Einfügen/Grafik/Clipart* aufrufen.

Zurück

In Abbildung 8.34 erkennen Sie die Schaltfläche *Alle Kategorien*, über die Sie die verschiedenen Kategorien zur Anzeige bringen, die zur Strukturierung der Cliparts herangezogen werden. Ein Mausklick auf die gewünschte Kategorie öffnet ihren Inhalt und bringt die enthaltenen Cliparts zum Vorschein. Werden Sie dort nicht fündig, bringt Sie die Schaltfläche *Zurück* wieder in den vorangegangenen Bildschirm.

Über alle Kategorien hinweg können Sie nach Bildern suchen, indem Sie ein Stichwort im Eingabefeld *Clips suchen* eingeben und anschließend [↵] drücken. Abb. 8.35 zeigt beispielsweise das Ergebnis für die Suche zum Stichwort *mensch* (die Groß/Kleinschreibung spielt für die Suche keine Rolle). Wenn Sie mit der Maus über eines der Bilder fahren, nennt Word den Dateinamen sowie die Größe. Klicken Sie eines der Bilder mit der linken Maustaste an, erhalten Sie das in der Abb. 8.36 erkennbare Menü.

An der Schwelle zum Desktop-Publishing

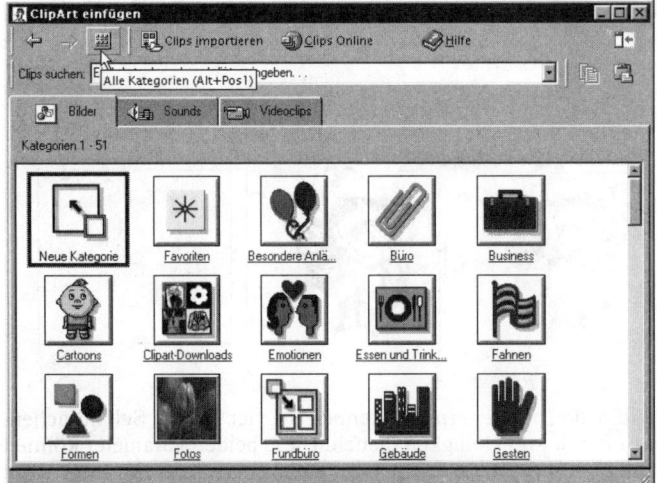

Abbildung 8.34:
Startbild der Clipart-*Sammlung*

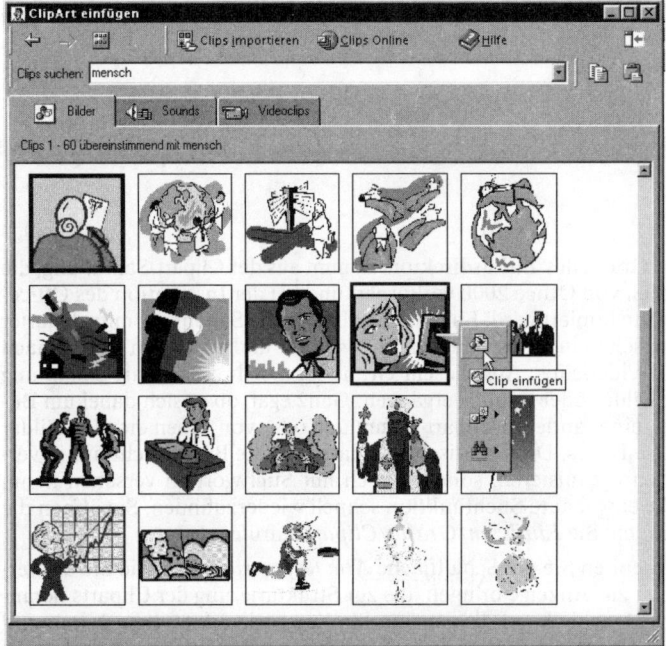

Abbildung 8.35:
Clipart-Suche über Stichwörter

Ganz oben sehen Sie das Symbol für den Befehl *Clip einfügen*. Über diese Schaltfläche fügen Sie das jeweilige Bild an der aktuellen Position der Einfügemarke in Ihr Word-Dokument ein. Darunter finden Sie die Schaltfläche für *Clipvorschau*. Sie öffnet das jeweilige Bild in einem eigenen Fenster, damit Sie einen Eindruck gewinnen, ob das Bild für den gewünschten Einsatzzweck taugt.

Darüber hinaus verfügt jede Grafik über ein Kontextmenü, das Sie mit Hilfe der rechten Maustaste auf den Bildschirm holen. Mit seiner Hilfe können Sie das jeweilige Bild in die Zwischenablage kopieren, löschen oder die *Clipeigenschaften* zur Anzeige bringen.

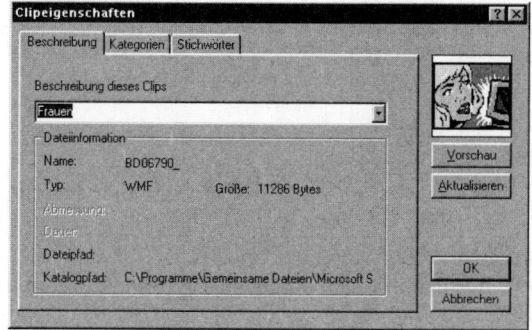

Abbildung 8.36:
Das Register
Beschreibung der
Clipeigenschaften

Während das obige Register vor allem Informationen bereithält, können Sie über die Register *Kategorieren* und *Stichwörter* auf die Ablage und das Wiederfinden der jeweiligen Grafik innerhalb der Clipart-Sammlung Einfluss nehmen.

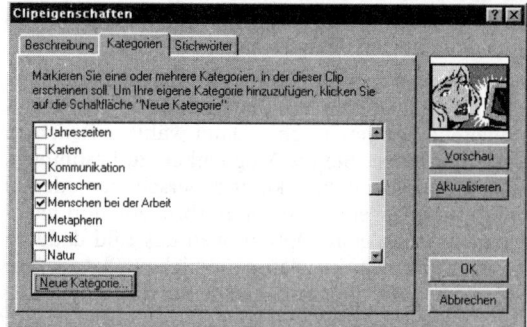

Abbildung 8.37:
Einstellung der
Kategorien,
denen ein
Clipart-Bild
zugeordnet ist

Über das Register *Kategorien* machen Sie die Kategorien sichtbar, denen die aktuelle Grafik zugeordnet ist. Wie das obige Bild zeigt, können dies mehrere sein, damit man ein Bild unter verschiedenen Kategorien wiederfinden kann. Der Dialog bietet Ihnen dabei die Möglichkeit, das Bild durch Aktivieren der entsprechenden Kontrollkästchen weiteren Kategorien zuzuordnen oder einzelne der bislang aktivierten Kategorien zu deaktivieren. Außerdem können Sie über die Schaltfläche *Neue Kategorie* eine neue Kategorie anlegen, die dann neben den vordefinierten Kategorien in der Liste aufgeführt wird und ausgewählt werden kann.

Die folgende Abbildung zeigt das Register *Stichwörter* der *Clipeigenschaften*. Hier werden die Stichwörter aufgeführt, die bislang für das jeweilige Bild gespeichert sind. Nach Auswahl in der Liste können einzelne Stichwörter über *Stichwort entfernen* gelöscht, neue über *Neues Stichwort* hinzugefügt werden.

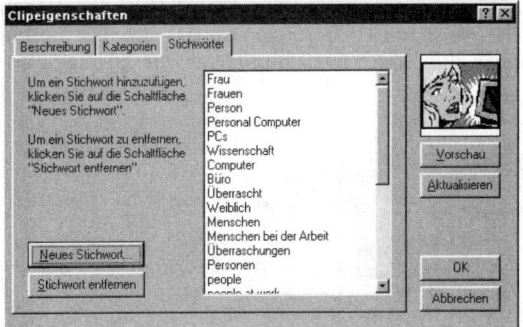

Abbildung 8.38:
Anzeige und Pflege der Stichwörter einer Grafik

Hinzufügen von Bildern zur Clipart-Sammlung

Die oben gezeigten Dialoge für die Bestimmung von Stichwörtern und Kategorien kommen erneut ins Spiel, wenn Sie der Clipart-Sammlung eine weitere Grafik hinzufügen möchten. Dann nämlich kommt es darauf an, die Grafik möglichst passenden Kategorien zuzuordnen und vor allem mit aussagekräftigen Stichwörtern zu versehen, damit man sie später wiederfinden kann. Für das Einfügen selbst gibt es zwei Wege:

- Sie fügen die Grafik im Rahmen eines anderen Programms zunächst in die Zwischenablage ein, beispielsweise in dem Zeichenprogramm, mit dem die Grafik erstellt wurde. Wechseln Sie anschließend in die Clipart-Sammlung, wählen Sie dort das Register *Bilder* und öffnen Sie über einer der angezeigten Kategorieren oder Bilder das Kontextmenü. Rufen Sie daraus den Befehl *Einfügen* aus, um die Grafik aus der Zwischenablage in die Clipart-Sammlung zu übernehmen.

- Sie rufen den Befehl *Clips importieren* aus der Menüleiste der Clipart-Sammlung auf. Es erscheint der unten abgebildete Dialog, über den Sie zunächst das Verzeichnis bestimmen und daraus anschließend die gewünschte Datei wählen. Beachten Sie bitte die *Clip-Importoptionen*. Hier haben Sie die Möglichkeit zu bestimmen, ob die Grafik in das Verzeichnis der Clipart-Sammlung kopiert, verschoben oder an seinem Platz belassen werden soll, damit es bei einem späteren Abruf von dort nachgeladen wird. Am sichersten ist natürlich die erste Option, weil das Bild dadurch sowohl in der Clipart-Sammlung als auch an seinem ursprünglichen Platz weiter vorhanden ist. Allerdings wird dadurch auch die doppelte Menge an Festplattenspeicherplatz benötigt.

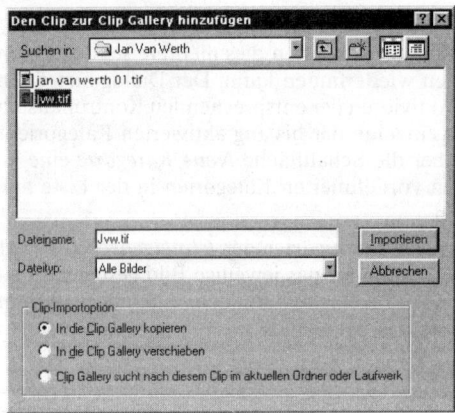

Abbildung 8.39:
Auswahl eines Bildes für das Hinzufügen zur Clipart-Sammlung

In beiden Fällen erscheint anschließend der Dialog mit den Clipeigenschaften, über den Sie der Grafik einen Namen verleihen sowie die Kategorien und Stichwörter festlegen können.

HINWEIS Die Clipart-Gallery stellt ein eigenständiges Programm dar, das Sie auch ohne die Office-Anwendungen aufrufen können. Die Programmdatei trägt den Namen *CAG.EXE* und wird im Rahmen einer Standardinstallation im Verzeichnis *C:\Programme\Gemeinsame Dateien\Microsoft Shared\Artgalry* installiert. Können Sie die Datei dort nicht finden, suchen Sie einfach über die *Suchen*-Funktion des Explorers nach *CAG.EXE*.

9 Die Arbeit mit umfangreichen Dokumenten

231 Die Arbeit mit Überschriften
234 Themenanordnung in der Gliederungsansicht
239 Inhaltsverzeichnisse automatisch erstellen lassen

Word erweist sich nicht nur als perfektes Werkzeug, wenn es um die Erstellung von Briefen, Einladungen, Rechnungen und anderen Dokumenten geht, die aus wenigen Seiten bestehen. Auch die Erstellung umfangreicher Texte mit vielen hundert oder gar tausend Seiten ist möglich, beispielsweise für Diplomarbeiten, Dissertationen oder das Verfassen kompletter Bücher. Damit man dabei nicht den Überblick verliert, bietet Word eine Reihe von Hilfsmitteln und Funktionen, die bei der Strukturierung und Verwaltung großer Dokumente helfen und für Sie auf Wunsch auch gleich ein Inhaltsverzeichnis erstellen. Diese Möglichkeiten werden im vorliegenden Kapitel vorgestellt.

Die Arbeit mit Überschriften

Eine wichtige Rolle beim Aufbau umfangreicher Dokumente spielen die verschiedenen *Überschrift*-Formatvorlagen, die Word im Rahmen jeder Formatvorlage automatisch anlegt. Sie tragen die Namen *Überschrift 1*, *Überschrift 2*, *Überschrift 3*, und so geht es weiter bis *Überschrift 9*. Sie haben die Aufgabe, ein Dokument zu strukturieren, und dienen dabei als Kapitel- und Zwischenüberschriften, aus denen Word später selbstständig Informationen wie beispielsweise das Inhaltsverzeichnis oder eine Dokumentstruktur generieren kann, die bei der schnellen Navigation innerhalb umfangreicher Texte hilft. Auf Basis anderer Formatvorlagen ist das hingegen nicht möglich.

Die Nummern hinter dem Formatvorlagennamen *Überschrift* verkörpern dabei nicht verschiedene Auswahlmöglichkeiten für Überschriften mit unterschiedlichen Formaten, sondern stehen für die jeweilige Gliederungsebene, mit *Überschrift 1* als Hauptkapitelebene. Zwar muss man den verschiedenen Überschriften keine Kapitelnummer zuordnen (auf Wunsch führt Word dies automatisch aus), doch im Hinblick auf die Strukturierung eines Buches würde man *Überschrift 1* für die Überschriften der Kapitel 1, 2, 3 etc. heranziehen. Die Titel der Unterkapitel 1.1, 1.2, 1.3 etc. formatiert man mit der *Überschrift 2*, genau wie die Kapitel 2.1, 2.2, 2.3 etc. Weiter geht es mit *Überschrift 3*, die als Headline für die Kapitel der dritten Gliederungsebene wie 2.2.1, 3.1.5 usw. zum Einsatz kommt. Obwohl die meisten Dokumente nicht über die dritte Gliederungsebene hinausgehen, kann man das Spiel weiter treiben bis zur neunten Gliederungsebene (*Überschrift 9*) mit einer entsprechend tief verschachtelten Kapitelnummer.

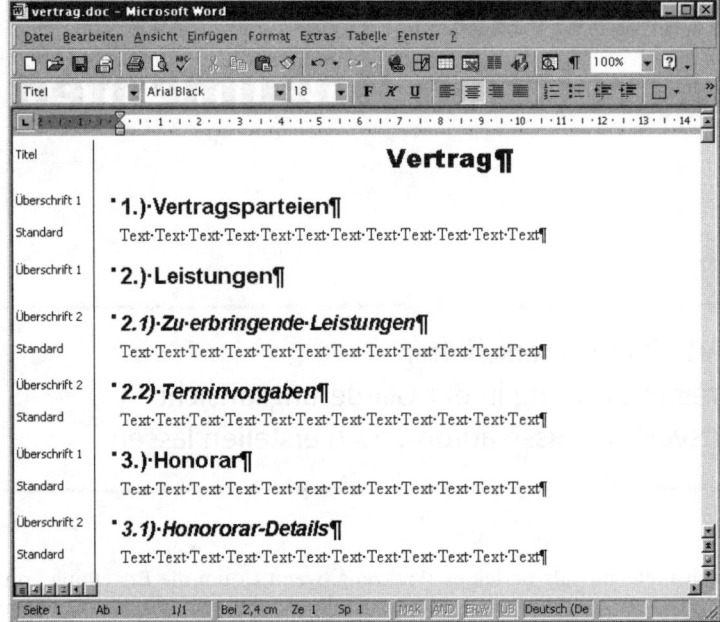

Abbildung 9.1:
Formatierung mit
Überschrift-
Formatvorlagen

Obwohl man sich besser an dieses Konzept hält, wenn man die Word-Funktionen nutzen will, die auf der Auswertung der Gliederungsebenen beruhen, muss man die von Word vorgegebene Formatierung der *Überschrift*-Formatvorlagen nicht beibehalten. stattdessen lassen sich die gewünschten Formate für diese Vorlagen wie gewohnt über *Format/Formatvorlage* einstellen. Und auch der Befehl *Format/Design*, über den man das komplette Aussehen eines Dokuments einem bestimmten Zweck und Design anpassen kann, beruht u.a. auf der unterschiedlichen Gestaltung der *Überschrift*-Formatvorlagen.

TIPP Die Formatierung eines Absatzes mit einer der Überschriften für die Ebenen 1 bis 3 lässt sich am schnellsten über die Kurzwahltasten [Alt]+[1], [Alt]+[2] und [Alt]+[3] bewerkstelligen, die von Word automatisch vorgegeben werden. Kurzwahltasten für die weiteren Gliederungsebenen lassen sich wie gewohnt über *Extras/Anpassen/Tastatur* definieren, sofern gewünscht.

Navigieren mit der Dokumentstruktur

Den ersten Vorteil, den Sie aus einer konsequenten Strukturierung Ihres Textes mit *Überschriften*-Formatvorlagen ziehen können, ist die Navigationshilfe auf Basis des Befehls *Ansicht/Dokumentstruktur*. Nach Aufruf des Befehls, der sowohl in der *Normal*- wie in der *Seitenlayout*-Ansicht verfügbar ist, erscheint links neben dem Text ein zweiter Ausschnitt, der die im Dokument enthaltenen Überschriften auflistet. Dadurch erhalten Sie nicht nur einen prompten Überblick über die aktuelle Dokumentstruktur, sondern können auch sehr schnell von einem Teil zum anderen springen, indem Sie einfach eine gewünschte Überschrift mit der Maus anklicken (siehe Abbildung 9.2).

Wie viel Platz die Dokumentstruktur innerhalb des Word-Fensters einnimmt, können Sie jederzeit über die vertikale Trennlinie einstellen, die die Dokumentstruktur vom Textausschnitt trennt. Fahren Sie dazu mit der Maus über die Trennlinie, bis der Mauszeiger sein Aussehen in ein Verschiebesymbol ändert, und verschieben Sie die Linie,

Abbildung 9.2:
Schnelle Navigation mit Hilfe der Dokumentstruktur

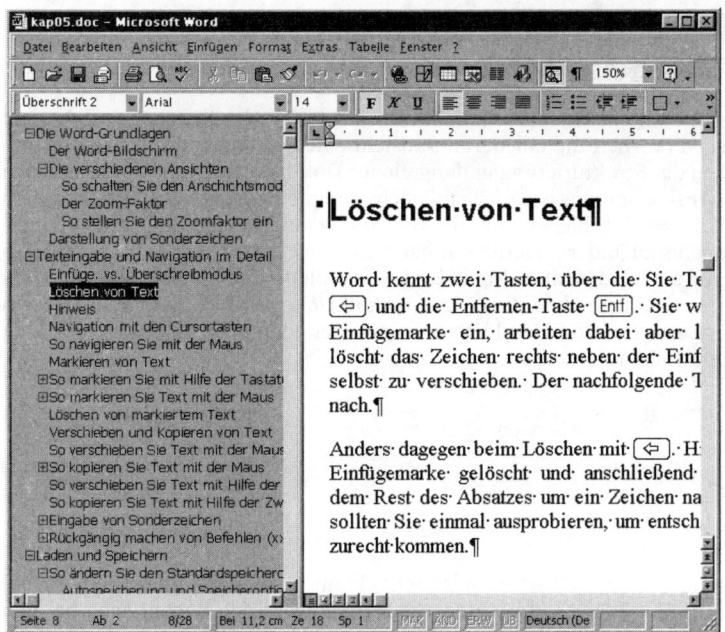

während Sie die Maustaste gedrückt halten. Ein Doppelklick auf die Trennlinie blendet die Dokumentstruktur übrigens wieder aus, genau wie ein erneuter Aufruf des Befehls *Ansicht/Dokumentstuktur*.

Wie viele Gliederungsebenen innerhalb der Dokumentstuktur dargestellt werden, entscheiden Sie im Rahmen des Kontextmenüs, das sich nach einen rechten Mausklick auf eine beliebige Zeile der Dokumentstruktur öffnet.

Abbildung 9.3:
Kontextmenü zur Auswahl der Ebenen in der Dokumentstruktur

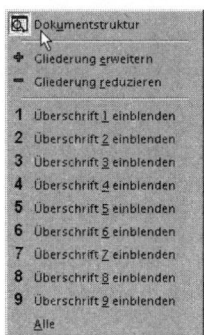

Ganz individuell lassen sich die einzelnen Ebenen jedoch über die nebenstehenden Pluszeichen aufklappen bzw. über die anschließend erscheinenden Minuszeichen wieder zuklappen. Hat man sich einmal an die Dokumentstruktur gewöhnt, wird man sie gerade bei der Arbeit mit längeren Texten nicht mehr missen wollen, zumindest, solange auf dem Bildschirm genügend Platz für die Textdarstellung und -eingabe bleibt.

Die Arbeit mit umfangreichen Dokumenten

Themenanordnung in der Gliederungsansicht

Während sich die Dokumentstruktur parallel zur *Normal-* oder *Seitenlayout*-Ansicht zuschalten lässt, verkörpert die Gliederungsansicht einen eigenständigen Ansichtsmodus, der vor allem der Strukturierung umfangreicher Dokumente dient. Einfacher als in jedem anderen Ansichtsmodus ist es hier möglich, komplette Kapitel oder Unterkapitel mit Hilfe der Maus zu verschieben, um die Anordnung der Themen und Inhalte innerhalb des Dokuments zu ändern. Darüber hinaus können Sie hier sehr einfach die Gliederungsebene für einzelne (Unter-)Kapitel oder komplette Textbereiche herauf- oder herunterzusetzen. Und das, ohne dass Sie dabei die *Überschriften*-Formatvorlagen in den betroffenen Bereichen von Hand anpassen müssten, denn das übernimmt Word in der Gliederungsansicht automatisch.

Abbildung 9.4:
Schaltfläche für die Umschaltung in die Gliederungsansicht

Die Umschaltung in die Gliederungsansicht kann einerseits über den Befehl *Ansicht/Gliederung* erfolgen, andererseits über die zugehörige Schaltfläche bei den *Ansichten*-Schaltflächen am linken Rand der horizontalen Rollleiste (direkt über der Statusleiste). Word dokumentiert die Umschaltung u.a. durch die Einblendung der *Gliederung*-Symbolleiste, die alle wichtigen Funktionen für die Arbeit in der Gliederungsansicht beinhaltet.

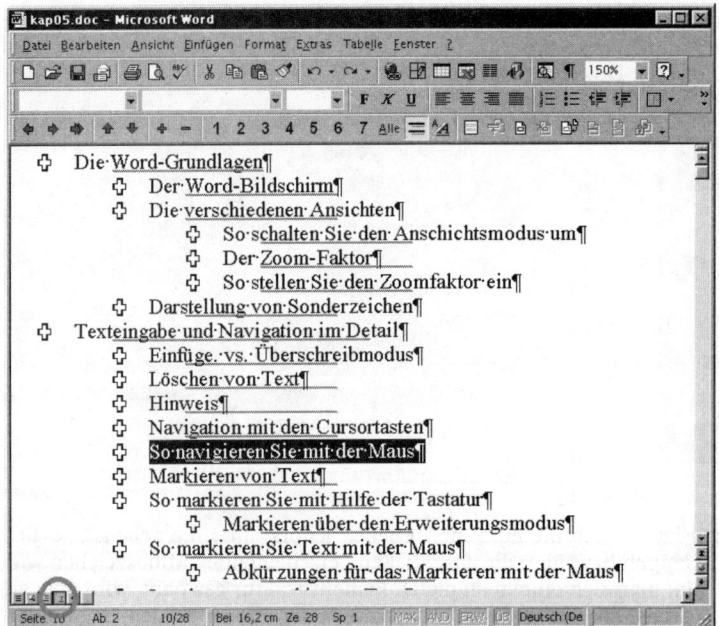

Abbildung 9.5:
Word in der Gliederungsansicht

Auswahl der Ansicht

Ebene 1

Ebene 2

Zunächst einmal gilt es, in der Gliederungsansicht festzulegen, was von Ihrem Dokument angezeigt werden soll, genauer gesagt, bis zu welcher Gliederungsebene Word die Überschriften aus Ihrem Text anzeigen soll. In der *Gliederung*-Symbolleiste stehen dafür die Schaltflächen mit der Aufschrift *1, 2, 3* bis *7* zur Verfügung. Drücken Sie auf *1*, werden nur die Überschriften der ersten Ebene angezeigt, also jene, die mit der Formatvorlage *Überschrift 1* formatiert wurden. Bei *2* kommen dann noch die Überschriften der zweiten Ebene dazu, und so geht es weiter bis zur Überschriftenebene 7.

Je geringer die Anzahl der angezeigten Ebenen, desto kompakter fällt die Übersicht aus, doch dafür hat man nicht soviel Einblick, was unterhalb der angezeigten Ebene los ist. Um Ihnen anzuzeigen, dass unterhalb einer sichtbaren Überschrift weitere Überschriftenebenen folgen, setzt Word neben die Überschrift ein stilisierter *Plus*-Symbol. Ein *Minus*-Symbol an dieser Stelle sagt Ihnen hingegen, dass keine untergeordneten Ebenen zu dem jeweiligen Kapitel mehr folgen.

Erweitern

Reduzieren

Wollen Sie nicht pauschal alle Überschriften bis zu einer bestimmten Ebene einblenden, können Sie gezielt ein bestimmtes Kapitel und dessen Unterkapitel auf- und zuklappen. Klicken Sie dazu mit der Maus auf die jeweilige Zeile mit der gewünschten Überschrift und bedienen Sie sich dann der Schaltfläche *Erweitern* aus der *Gliederung*-Symbolleiste. Genauso gezielt können Sie untergeordnete Ebenen auch wieder ausblenden, indem Sie stattdessen auf das Schaltflächen-Symbol *Reduzieren* klicken.

Alle Überschriften anzeigen

Wollen Sie Ihr Dokument hingegen komplett im Überblick haben, lassen sich über die Schaltfläche *Alle* auf Wunsch auch alle Absätze anzeigen, die nicht mit einer *Überschriften*-Formatvorlage formatiert wurden. Die Anzeige wird dadurch natürlich sehr stark aufgebläht, was sich jedoch mit der Schaltfläche *Nur erste Zeile* verhindern lässt. Wird sie niedergedrückt, zeigt Word nämlich nur noch die erste Zeile der einzelnen Absätze an, die nicht als Überschrift formatiert wurden – der Rest wird ignoriert.

Nur erste Zeile

Formatierung anzeigen

Weil die Gliederungsansicht nicht der Formatierung, sondern der Strukturierung eines Dokuments dient, ignoriert Word normalerweise auch die konkreten Zeichenformate und stellt alle Überschriften in einer einheitlichen Schrift und Punktgröße dar. Wenn Sie das stört, können Sie die Formate über die Schaltfläche *Formatierung anzeigen* jederzeit ins Spiel bringen, allerdings nur die Zeichenformate. Absatzformate wie links- oder rechtsbündige Ausrichtung werden in dieser Ansicht ignoriert.

TIPP Das Ein- und Ausblenden verschiedener Gliederungsebenen soll Ihnen nicht nur am Bildschirm einen besseren Überblick über Ihr Dokument verschaffen, sondern kann Ihnen auch zu einem komprimierten Ausdruck verhelfen, der nur die angezeigten Gliederungsebenen enthält. Drücken Sie nach Auswahl der anzuzeigenden Gliederungsebenen dazu einfach auf das *Drucken*-Symbol in der *Standard*-Symbolleiste.

Verschieben von Textteilen

Eine der wichtigsten Funktionen innerhalb der Gliederungsansicht ist das Verschieben von Textteilen, beispielsweise wenn Kapitel 5 vor Kapitel 3 gerückt werden soll oder Kapitel 3.2 hinter 3.4. Der große Vorteil ist, dass man nur die Überschrift verschieben muss und Word alle untergeordneten Textteile (Überschriften und Text) mit verschiebt.

1. Sorgen Sie über die Schaltflächen der *Gliederung*-Symbolleiste dafür, dass die Überschrift des zu verschiebenden Kapitels sichtbar ist.

2. Klicken Sie mit der Maus auf das *Plus*- oder *Minus*-Symbol neben der zu verschiebenden Überschrift. Dadurch wird die Überschrift und alle ihr untergeordneten Überschriften nebst Text markiert. Sichtbar wird das allerdings nur, wenn diese Ebenen auch eingeblendet sind. Ansonsten markiert Word nur die von Ihnen gewählte Überschrift. Möchten Sie mehrere Überschriften verschieben, können Sie diese mit der Maus markieren, wie Sie es in anderen Ansichtsmodi bei der Markierung von

Die Arbeit mit umfangreichen Dokumenten

Absätzen gewohnt sind, also: Erst links neben dem *Plus-* oder *Minus*-Symbol der ersten Überschrift klicken, Maustaste gedrückt halten und die Maus dann bis zur letzten Überschrift ziehen, die Sie für das Verschieben markieren möchten.

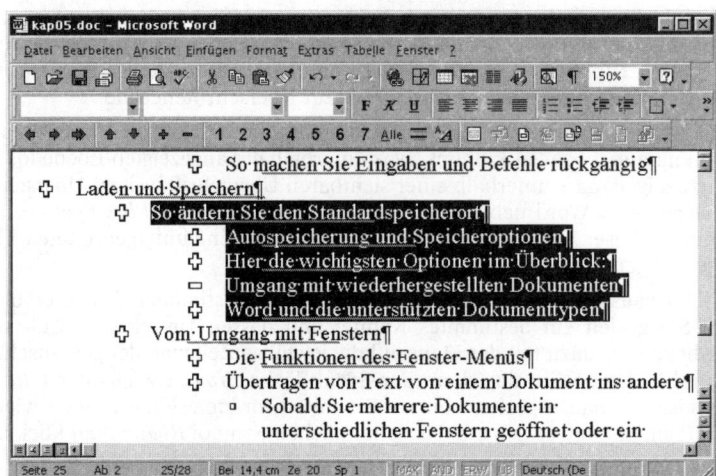

Abbildung 9.6: Markierung zu verschiebender Textteile

3. Durch Klicken und Ziehen auf das *Plus-* oder *Minus*-Symbol der obersten markierten Überschrift können Sie die Überschriften nun mit der Maus nach oben oder unten schieben. Die untergeordneten Überschriften nebst Text nimmt Word dabei automatisch mit. Alternativ stehen Ihnen auch die beiden Schaltflächen *Nach oben* und *Nach unten* aus der *Gliederung*-Symbolleiste zur Verfügung oder die Tastenkombinationen [Alt]+[♦]+[↑] und [Alt]+[♦]+[↓].

Nach oben

Nach unten

Überschriftenebenen herauf- oder herabsetzen

Neben dem Verschieben steht man in der Gliederungsansicht immer wieder vor der Aufgabe, dass man ein Kapitel oder Unterkapitel mitsamt all seinen untergeordneten Ebenen herauf- oder heruntersetzen will. Heraufsetzen meint beispielsweise, dass alle Überschriften der dritten Ebene innerhalb einer Markierung auf die zweite Ebene gesetzt werden oder von der zweiten auf die erste. In die umgekehrte Richtung geht es beim Herabsetzen.

Voraussetzung ist auch hier wieder, dass Sie die betroffenen Überschriften zunächst markieren. Anschließend stehen Ihnen die Schaltflächen *Höherstufen* und *Tieferstufen* aus der *Gliederung*-Symbolleiste zur Verfügung. Alternativ können Sie auch die Tasten [⇥] (*Höherstufen*) oder [♦]+[⇥] (*Tieferstufen*) heranziehen.

Höherstufen

Tieferstufen

Weil die [⇥]-Taste in der Gliederungsansicht mit einer Funktion belegt ist, können Sie darüber keinen Tabulator eingeben, wenn Sie eine Überschrift oder ein Textstück editieren wollen. Drücken Sie stattdessen [Strg]+[⇥], um einen Tabulator einzufügen.

HINWEIS

Kurzwahltasten der Gliederungsansicht

Hier noch einmal einige Kurzwahltasten im Überblick, die Ihnen die Arbeit in der Gliederungsansicht erleichtern können, wenn Sie umfangreiche Veränderungen an der Kapitelstruktur vorzunehmen haben.

Tabelle 9.1:
Kurzwahltasten für die Arbeit in der Gliederungsansicht

Taste	Funktion
Alt + ⇧ + ← oder ⇧ + Tab	Markierte Absätze höherstufen
Alt + ⇧ + → oder Tab	Markierte Absätze tieferstufen
Strg + ⇧ + N	Überschrift in gewöhnlichen Fließtext umwandeln
Alt + ⇧ + ↑	Markierte Absätze nach oben verschieben
Alt + ⇧ + ↓	Markierte Absätze nach unten verschieben
Alt + ⇧ + +	Text unter der aktuellen Überschrift einblenden
Alt + ⇧ + −	Text unter der aktuellen Überschrift ausblenden
Alt + Strg + A	Gesamten Text oder alle Überschriften ein- bzw. ausblenden
÷ (auf der Zehnertastatur)	Zeichenformatierung aus- oder einblenden
Alt + ⇧ + 1	Alle Überschriften mit der Formatvorlage *Überschrift 1* anzeigen
Alt + ⇧ + 2	Alle Überschriften mit der Formatvorlage *Überschrift 2* anzeigen
Alt + ⇧ + 3 ... 9	Alle Überschriften bis zur *Überschrift n* anzeigen

Kapitelnummerierung automatisch erzeugen lassen

In der Voreinstellung weist Word den verschiedenen Überschriften keine Kapitelnummern zu, weil diese nicht in jedem Einsatzgebiet benötigt werden. So manchen Anwender führt das in Versuchung, die Kapitelnummerierung von Hand einzugeben, was durchaus funktioniert. Lästig wird diese Vorgehensweise allerdings, wenn man beginnt, ein Dokument in der Gliederungsansicht mehr oder minder stark umzubauen. Dann nämlich muss man die manuell eingegebenen Kapitelnummern auch manuell aktualisieren und wieder in die richtige Reihenfolge bringen, was eine Menge Tipparbeit nach sich ziehen kann. Sie können sich diese Arbeit ersparen, indem Sie der *Überschrift 1*-Formatvorlage eine automatische Gliederungsnummerierung zuweisen. Der Weg dahin ist ein wenig mühsam, doch dafür sparen Sie sich hinterher viel Arbeit:

1. Rufen Sie *Format/Formatvorlage* auf, wählen Sie in der Liste der *Formatvorlagen* das Format *Überschrift 1* und drücken Sie anschließend auf *Bearbeiten*.

2. Auf dem Bildschirm erscheint der Dialog *Formatvorlage bearbeiten*. Klicken Sie hier bitte auf *Format* und dann auf *Nummerierung*.

Abbildung 9.7:
Dialog zum Bearbeiten von Formatvorlagen

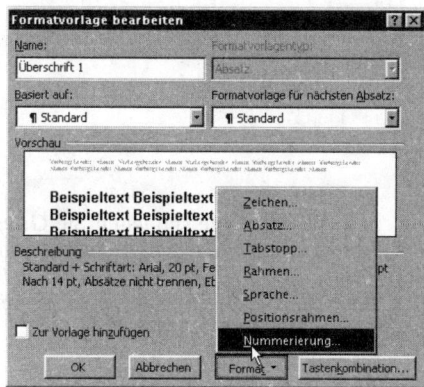

3. Es öffnet sich der Dialog *Nummerierung und Aufzählungszeichen*. Bitte wählen Sie hier das Register *Gliederung* und anschließend eines der angebotenen Nummerierungsformate. Wir empfehlen das zweite Format von links aus der unteren Reihe, weil es automatisch alle Überschriften-Ebenen durchnummeriert und sich nicht nur auf das hier eingestellte Format *Überschrift 1* bezieht.

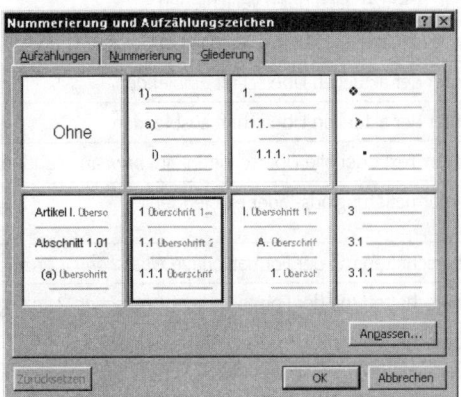

Abbildung 9.8:
Auswahl eines
Nummerierungs-
formats für die
Gliederung

4. Obwohl es vielleicht nicht nötig ist, klicken Sie vor dem Schließen des obigen Dialogs bitte noch auf *Anpassen*. Daraufhin öffnet sich ein weiteres Dialogfenster, in dem Sie alle Parameter der Kapitelnummerierung einstellen können. Wir möchten Ihr Augenmerk hier auf das Feld *Beginnen bei* richten. Es ist von großer Bedeutung, wenn Sie mehrere Kapitel eines Werks in getrennten Dateien abspeichern und nicht wünschen, dass jedes von 1 ab nummeriert wird. Deshalb können Sie für das Kapitel zwei hier 2 einstellen, für das Kapitel drei 3 usw.

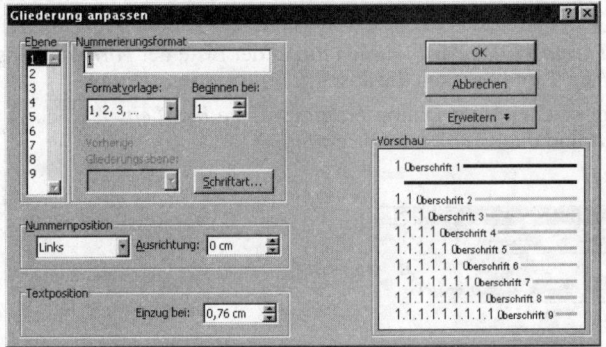

Abbildung 9.9:
Der Dialog Gliederung anpassen

5. Jetzt geht es zurück durch die verschiedenen Dialoge. Bitte schließen Sie *Gliederung anpassen* über *OK*, anschließend *Formatvorlage bearbeiten* ebenfalls über *OK*. Sie gelangen zurück in den *Formatvorlagen*-Dialog, den Sie über *Schließen* verlassen können. Enthält Ihr aktuelles Dokument Überschriften, wird die neue Nummerierung unmittelbar sichtbar, wie in der folgenden Abbildung.

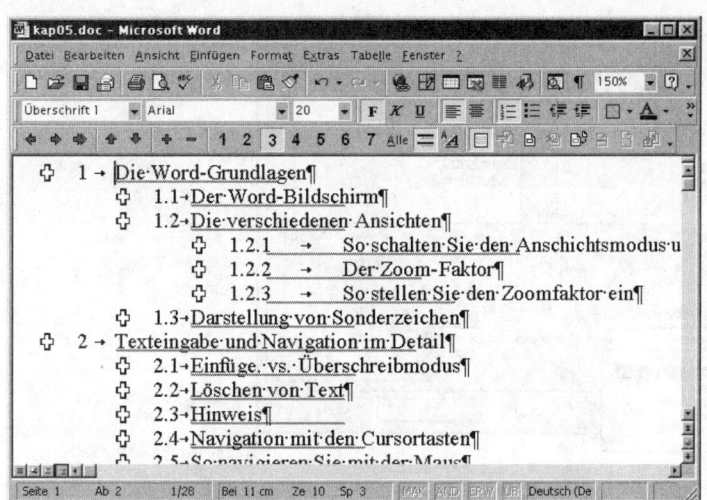

Abbildung 9.10:
Anzeige von Überschriften mit automatischen Kapitelnummern

6. Wechseln Sie nun in die Gliederungsansicht und verschieben Sie einige Kapitel oder Unterkapitel. Sie werden feststellen, dass Word die Nummerierung wie gewünscht selbstständig anpasst.

Inhaltsverzeichnisse automatisch erstellen lassen

Ein weiteres Textelement, das Word auf Basis der *Überschriften*-Formate selbstständig erzeugen kann, sind Inhaltsverzeichnisse inklusive Seitennummern. Man kann sich damit eine Menge Arbeit ersparen, weil man die Seitennummern nicht eigenhändig heraussuchen und nach Textänderungen ständig aktualisieren muss. Auch die nachträgliche Änderung von Überschriftentexten fließt hier automatisch ein, so dass man keine Diskrepanz zwischen den Kapitelüberschriften im Inhaltsverzeichnis und im Fließtext fürchten muss.

1. Setzen Sie Einfügemarke zunächst an die Stelle, an der das Verzeichnis in Ihr Dokument eingefügt werden soll. Rufen Sie anschließend *Einfügen/Index und Verzeichnisse* auf und wählen Sie aus dem erscheinenden Dialog das Register *Inhaltsverzeichnis* (siehe Abbildung 9.11).

2. Bestimmen Sie als erstes die Anzahl der Gliederungsebenen, die im Inhaltsverzeichnis aufgeführt werden sollen, im Feld *Ebenen anzeigen*. Sollen nur die Überschriften der Gliederungsebene 1 (*Überschrift 1*) erscheinen, geben Sie hier 1 ein. Wählen Sie stattdessen 2, wenn auch alle Überschriften der Gliederungsebene 2 (*Überschrift 2*) im Inhaltsverzeichnis erscheinen sollen, und so geht es weiter bis zur Ebene 9.

3. Stellen Sie als nächstes das gewünschte Format für die Darstellung der einzelnen Zeilen im Inhaltsverzeichnis ein. Unter *Formate* gibt Word dabei verschiedene Einstellungen vor, deren Auswirkung auf das Layout Sie jeweils im Feld *Seitenansicht* betrachten können. Eine Sonderstellung nimmt dabei der Eintrag *Von Vorlage* ein. Er sorgt dafür, dass Word die Formateinstellungen für die verschiedenen Einträge aus dem Inhaltsverzeichnis nicht vorgibt, sondern aus den Formatvorlagen *Verzeichnis 1* bis *Verzeichnis 9* bezieht. Deren Erscheinungsbild können Sie wie

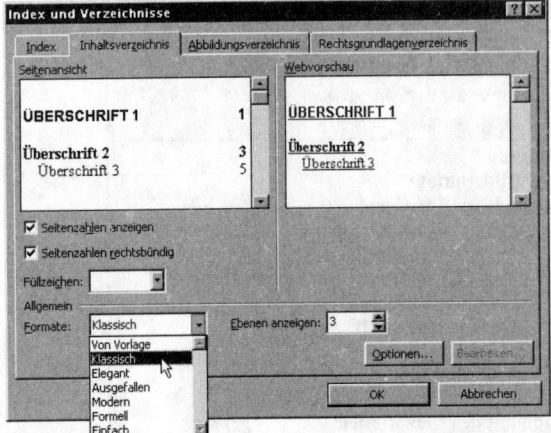

Abbildung 9.11:
Definition eines automatisch zu erzeugenden Inhaltsverzeichnisses

gewohnt über *Format/Formatvorlage* bestimmen, wenn Sie nicht mit den Formaten von *Klassisch* bis *Einfach* vorlieb nehmen möchten, die Word unter *Formate* anbietet.

4. Unabhängig von dem gewählten Format bestimmen Sie über das Kontrollkästchen *Seitenzahlen anzeigen*, ob neben den Überschriften auch die Seitenzahlen in das Inhaltsverzeichnis aufgenommen werden sollen. Ob sie dann unmittelbar hinter der Überschrift oder am rechten Seitenrand erscheinen, bestimmen Sie über das Kontrollkästchen *Seitenzahlen rechtsbündig*. Haben Sie diese Option aktiviert, lässt sich unter *Füllzeichen* ein Zeichen definieren, das die Lücke zwischen der Überschrift und der Seitenzahl ausfüllen soll.

5. Schließen Sie den Dialog über *OK*, damit das Inhaltsverzeichnis gemäß Ihrer Vorgaben erstellt wird.

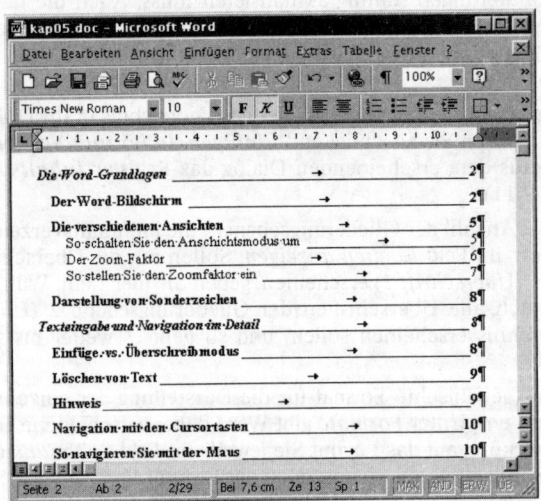

Abbildung 9.12:
Ein von Word automatisch erzeugtes Inhaltsverzeichnis

Anzeige und Aktualisierung der Inhaltsverzeichnisse

Die von Word eingefügten Inhaltsverzeichnisse sind keine statischen Gebilde, sondern passen sich den Veränderungen der Dokumentstruktur und den konkreten Seitenzahlen an. Word legt sie deshalb als Feldfunktionen mit dem Namen *TOC* (Abkürzung für *Table of Contents*) an, was man sich unmittelbar vor Augen führen kann, indem man via ⇧+F9 auf die Anzeige der Feldfunktionen schaltet. Ein möglicherweise seitenlanges Inhaltsverzeichnis schrumpft dann auf eine einzige Zeile zusammen, doch ein weiterer Druck dieser Tastenkombination bringt wieder das Feldergebnis zum Vorschein, in diesem Fall also das Inhaltsverzeichnis.

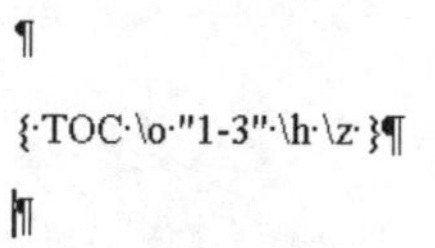

Abbildung 9.13:
Die Feldfunktion zur automatischen Erzeugung eines Inhaltsverzeichnisses

{·TOC·\o·"1-3"·\h·\z·}¶

TIPP Genau wie die Dokumentstruktur können Sie ein Inhaltsverzeichnis nutzen, um schnell zu einem bestimmten Textteil zu springen. Klicken Sie dazu einfach im Inhaltsverzeichnis auf die Überschrift des Kapitels, zu dem Sie springen möchten.

Wie auch bei anderen Feldfunktionen aktualisiert Word das Ergebnis der *TOC*-Funktion nicht automatisch, so dass sich Änderungen an den Seitenzahlen oder den Überschriften nicht sofort niederschlagen. Dagegen hilft ein Mausklick links neben eine Zeile das angezeigten Verzeichnisses (das Verzeichnis wird dadurch markiert, jedoch kein Sprung ausgeführt) oder das Positionieren der Einfügemarke innerhalb der Feldfunktion und anschließend der Druck auf die Taste F9 (*Felder aktualisieren.*). Wenn Sie gleichzeitig alle Felder in Ihrem Dokument aktualisieren möchten, drücken Sie einfach Strg+A (*Alles markieren*) und anschließend F9.

Es erscheint der folgende Dialog, in dem Sie bestimmen können, ob Word nur die Seitenzahlen aktualisiert und das komplette Verzeichnis neu aufbaut. Die Wahlmöglichkeit besteht, weil zumindest bei längeren Dokumenten der Neuaufbau des Inhaltsverzeichnisses einen Augenblick in Anspruch nimmt und es schneller geht, wenn Sie nur die Seitenzahlen aktualisieren, sofern sich an der eigentlichen Kapitelstruktur und den Überschriften selbst seit der letzten Aktualisierung nichts geändert hat.

Abbildung 9.14:
Optionen zur Aktualisierung des Inhaltsverzeichnisses

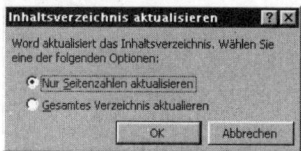

HINWEIS Den Aufbau und die Formatierung Ihres Inhaltsverzeichnisses können Sie nachträglich ändern, indem Sie das Verzeichnis oder die Feldfunktion markieren und anschließend erneut *Einfügen/Index und Verzeichnisse* aufrufen. Nach Abschluss der Eingabe fragt Word Sie, ob das vorhandene Verzeichnis ersetzt werden soll. Bestätigen Sie dies mit *OK*.

10 Word im Büroalltag

243 Bearbeitung von Word-Dokumenten im Team
244 Überarbeitungen
245 So kontrollieren Sie die Überarbeitungen
247 So fügen Sie einen Kommentar in ein Dokument ein
251 Die Arbeit mit Textmarken
254 Der Seriendruck

Bearbeitung von Word-Dokumenten im Team

Viele Köche verderben den Brei, sagt man, doch was für die Zubereitung von Speisen zutreffen mag, gilt nicht unbedingt für das Aufsetzen von Texten. Ganz im Gegenteil! Der Qualität eines Textes tut es erfahrungsgemäß gut, wenn ihn mehrere Personen vor der Veröffentlichung durchschauen, Kommentare abgeben oder Rechtschreibfehler korrigieren, die der Autor übersehen hat. Vier oder acht Augen sehen eben mehr als zwei, zumal man sich als Autor nach langer Arbeit an einem Text in der Regel schwer tut, verbliebene Fehler zu entdecken. Word unterstützt das Arbeiten im Team mit zwei praktischen Hilfsmitteln: Kommentare und Überarbeitungen.

Kommentare

Kommentare bieten Ihnen die Möglichkeit, jede Stelle eines geöffneten Dokuments mit einer Anmerkung zu versehen. Innerhalb des Dokuments wird die Anwesenheit eines solchen Kommentars durch eine kleine Hervorhebung angezeigt, der Kommentartext selbst hingegen in einem separaten Textausschnitt. Dabei können mehrere Leser Kommentare hinterlegen. Was von wem stammt, ersieht man dabei aus dem Kürzel. Die Kommentare selbst werden automatisch zusammen mit dem Dokument gespeichert und können auf Wunsch jederzeit wieder gelöscht werden.

Überarbeitungen

Während Kommentare parallel zum eigentlichen Dokumenttext existieren, erfolgen Überarbeitungen direkt im Dokument. Ein Korrektor berichtigt Rechtschreibfehler, fügt Buchstaben ein, streicht überzählige Wörter aus oder nimmt anderweitige Ergänzungen vor – ein Kollege streicht mehrere Absätze mit Informationen, die derzeit noch nicht nach außen dringen dürfen. Hier besteht in Word die Möglichkeit, solche Korrekturen gezielt aufzuzeichnen und auf dem Bildschirm sichtbar zu machen. Außerdem hat der Autor später die Wahl einzelne oder alle Überarbeitungen gezielt anzunehmen oder abzulehnen. Auch hier erfährt der Autor, wer die Korrektur vorgenommen hat. Auf Wunsch kann man sich also nachträglich jede überarbeitete Stelle auf den Bildschirm holen.

Die gemeinsame Symbolleiste

Die Funktionen zur Arbeit mit Kommentaren und Überarbeitungen sind in der Symbolleiste *Überarbeiten* gebündelt, die Sie über *Ansicht/Symbolleisten* auf den Bildschirm holen können.

Abbildung 10.1:
Die Überarbeiten-Symbolleiste

Kommentare und Überarbeitungen sind zwei leistungsfähige Werkzeuge. Wenn Sie mit anderen im Team an Word-Dokumenten arbeiten, sollten Sie sie wirklich kennen.

Überarbeitungen

Word kennt einen speziellen Überarbeitungsmodus, der sich am schnellsten über die Schaltfläche *Überarbeiten* aus der gleichnamigen Symbolleiste aktivieren lässt. Dass sich dadurch etwas geändert hat, bemerken Sie sogleich, wenn Sie anschließend Text eingeben. Neu eingefügter Text erscheint rot und unterstrichen. Schon zuvor existierender Text, der nun gelöscht wird, verschwindet nicht etwa, sondern erscheint ebenfalls in rot, dafür aber durchgestrichen. Außerdem erscheint auf der Außenseite des Absatzes eine vertikale Linie. Dadurch zeigt Word, was nachträglich – beim Überarbeiten – gelöscht oder eingefügt wurde.

Überarbeiten

Überarbeitungsmodus konfigurieren

Während es für den Autor später wichtig ist, die Veränderungen am Bildschirm nachvollziehen zu können, stört diese Anzeige den Bearbeiter eher. Man kann sie deshalb abschalten, und zwar über den Dialog des Befehls *Extras/Änderung verfolgen/Änderung hervorheben*. Hier können Sie das Verhalten des Überarbeitungsmodus »feintunen«.

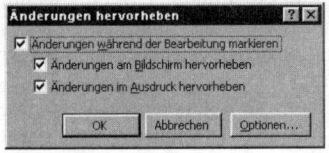

Abbildung 10.2:
Hier bestimmen Sie, ob die Änderungen am Bildschirm hervorgehoben werden sollen.

Änderungen während der Bearbeitung markieren dient dabei als grundlegender Schalter, um den Überarbeitungsmodus zu aktivieren, d.h. das Aufzeichnen von Veränderungen. *Änderungen am Bildschirm hervorheben* ist die Option, die Sie ausschalten müssen, wenn Sie selbst als Korrektor arbeiten und deshalb die Veränderungen nicht detailliert sehen müssen. Ob die Überarbeiten auch beim Ausdruck erscheinen oder dort ignoriert werden sollen, bestimmen Sie schließlich mit *Änderungen im Ausdruck hervorheben*.

Wenn Sie darauf Einfluss nehmen möchten, wie eingefügter oder gelöschter Text auf dem Bildschirm angezeigt wird, hilft Ihnen die *Optionen*-Schaltfläche weiter. Es erscheint der Dialog *Änderungen verfolgen*. Hier können Sie gezielt einstellen, wie Word überarbeitete Textstellen, Formatierungen und Textteile hervorheben soll.

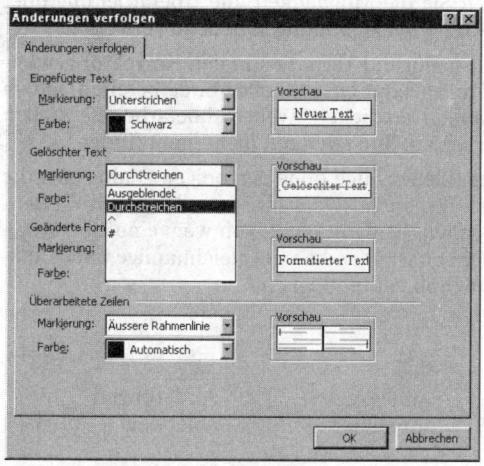

Abbildung 10.3:
Sie bestimmen, wie geänderter oder gelöschter Text auf dem Bildschirm dargestellt wird.

HINWEIS Ob der Überarbeitungsmodus aktiv ist oder nicht, können Sie auf einen Blick feststellen, auch wenn Sie die *Überarbeiten*-Symbolleiste nicht geöffnet haben. Sie müssen nur auf die vier Textindikatoren in der Mitte der Statusleiste von Word schauen. Ist ÄND dort hervorgehoben, befinden Sie sich im Überarbeitungsmodus. Ein Doppelklick auf den Indikator genügt, um diesen Modus abzuschalten.

So kontrollieren Sie die Überarbeitungen

Wenn Sie ein überarbeitetes Dokument zurückerhalten, können Sie einen Blick auf die Überarbeitungen werfen, um diese gezielt anzunehmen oder abzulehnen. Annehmen bedeutet, dass die Informationen über die Überarbeitung verworfen werden und nur noch der Text übrigbleibt, wie er auch bei der Überarbeitung ohne Überarbeitungsmodus entstanden wäre. Lehnen Sie die Überarbeitung ab, erscheint an dieser Stelle wieder Ihr ursprünglicher Text.

1. Ausgangspunkt ist der Befehl *Extras/Änderungen verfolgen/Änderung akzeptieren oder ablehnen*. Nach dessen Aufruf erscheint der abgebildete Dialog. Genau wie der *Suchen*-Dialog bleibt er auf dem Bildschirm, während Sie ganz normal im Text weiterarbeiten können. Erst durch *Schließen* verschwindet er vom Bildschirm.

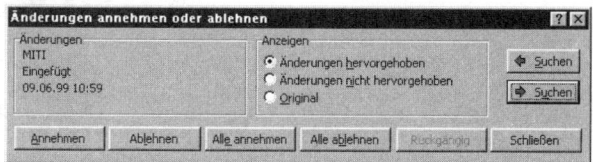

Abbildung 10.4:
Die Änderungen können einzeln angenommen oder verworfen werden.

2. Stellen Sie unter *Anzeigen* zunächst ein, ob und wie die Überarbeitungen auf dem Bildschirm dargestellt werden sollen.
3. Jetzt können Sie beginnen, die jeweils nächste überarbeitete Stelle zu suchen und gemäß der obigen Einstellung auf dem Bildschirm sichtbar zu machen. Die beiden *Suchen*-Schaltflächen starten die Suche ausgehend von der aktuellen Position der Einfügemarke in Richtung Anfang oder Ende des Dokuments. Im Rahmenfeld *Änderungen* sehen Sie dabei jeweils, wer die aktuelle Änderung »verbrochen« hat und wann dies geschah.
4. Bei jeder überarbeiteten Stelle haben Sie die Möglichkeit, die Überarbeitung über die Schaltflächen *Annehmen* oder *Ablehnen* zu bestätigen bzw. zu verwerfen.
5. Wenn es Ihnen zu bunt wird oder Sie genügend Vertrauen in den Korrektor gewonnen haben, können Sie der gesamten Prozedur ein schnelles Ende bereiten, indem Sie *Alle annehmen* oder *Alle ablehnen* anklicken. Weitere überarbeitete Stellen werden Sie beim anschließenden Druck auf *Suchen* dann nicht mehr finden.

Beachten Sie bitte, dass Sie überarbeitete Stellen auch ohne den obigen Dialog über die Schaltflächen *Vorherige Änderung* und *Nächste Änderung* aus der *Überarbeiten*-Symbolleiste ansteuern können. Zwar sehen Sie dann nicht, von wem eine Überarbeitung stammt, doch Annehmen und Ablehnen ist über die zwei gleichnamigen Schaltflächen aus der *Überarbeiten*-Symbolleiste problemlos möglich.

vorherige Änderungen   nächste Änderung   Änderungen annehmen   Änderungen ablehnen

Kommentare

Über Kommentare können Sie Ihre Meinung zu bestimmten Textstellen oder zum gesamten Dokument abgeben, ohne direkt auf den Inhalt Einfluss zu nehmen. Insofern verfolgen Kommentare eine andere Zielrichtung als Überarbeitungen. Deutlich wird das schon daran, dass die Kommentartexte nicht direkt im Dokument angezeigt werden, sondern in einem separaten Ausschnitt.

Im Text selbst werden die kommentierten Stellen farblich hervorgehoben und durch das Autorenkürzel in eckigen Klammern ausgezeichnet. Dahinter folgt eine fortlaufende Nummer, die Word automatisch vergibt, und zwar fortlaufend für alle Kommentare eines Dokuments von eins an. Fügt man einen weiteren Kommentar hinzu oder löscht einen, ändern sich automatisch die Nummern der nachfolgenden im Dokument (siehe Abbildung 10.5).

Das Kürzel in den Kommentaren bezieht Word aus den Benutzereinstellungen. Bevor Sie selbst Kommentare zu einem Dokument abgeben, sollten Sie deshalb prüfen, ob Ihr Kürzel und Anwendername richtig eingestellt ist. Denn auch der Anwendername des Kommentarurhebers erscheint in Verbindung mit Kommentaren, wie wir gleich noch sehen werden.

Um Ihr Kürzel einzugeben oder zu überprüfen, rufen Sie bitte den Befehl *Extras/Optionen* auf und wählen Sie dort die Registerkarte *Benutzerinformation*. Geben Sie hier unter *Name* Ihren Namen und unter *Initial* Ihr Kürzel ein (siehe Abbildung 10.6).

Abbildung 10.5:
Anzeige von Kommentaren im Dokument

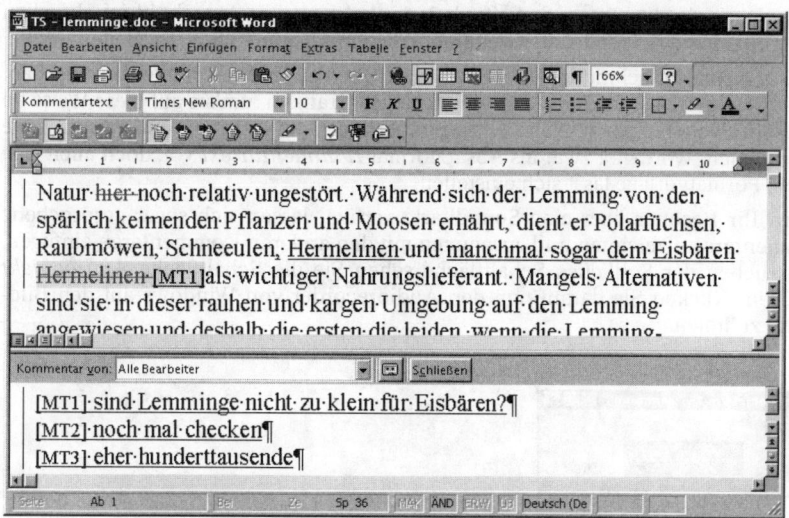

Abbildung 10.6:
Das Benutzerinitial, das u. a. für die Benennung des Kommentarurhebers herangezogen wird

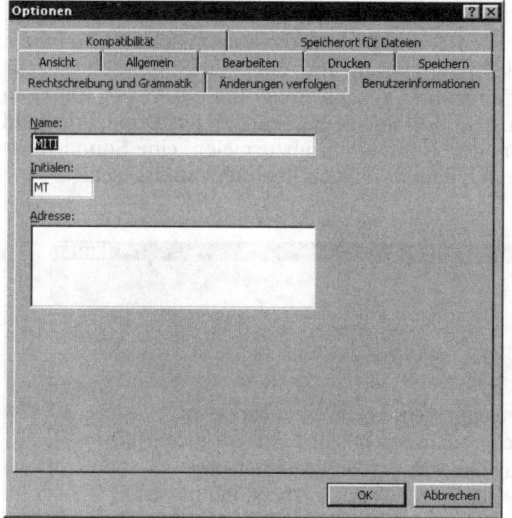

So fügen Sie einen Kommentar in ein Dokument ein

1. Markieren Sie die Stelle im Text, zu der Sie einen Kommentar abgegeben möchten. Sie können auch darauf verzichten, doch dann setzt Word den Kommentar einfach an die aktuelle Position der Einfügemarke.

2. Wenn Sie über das Menü gehen möchten, können Sie nun *Einfügen/Kommentar* aufrufen. Oder Sie gehen über die Schaltfläche *Kommentar einfügen* in der *Überarbeiten*-Symbolleiste. In beiden Fällen fügt Word anschließend zunächst die Kom-

Kommentar einfügen

mentarmarke in den Text ein. Außerdem wird ein zweiter Ausschnitt im aktuellen Fenster geöffnet, der Sie bei der weiteren Arbeit mit Kommentaren begleiten wird.

3. Im Kommentarausschnitt können Sie nun den Text zu Ihrem Kommentar eingeben. Und zwar durchaus mehrere Absätze und sogar Grafiken, um sie auf diese Weise an den Autor weiterzugeben. Auch Textformatierungen auf Zeichen- und Absatzebene sind möglich. Word gibt zwar als Absatzformat *Kommentartext* vor, doch auch jede andere Formatvorlage lässt sich einstellen.

4. Sofern Ihr Rechner über eine Soundkarte verfügt, lassen sich sogar gesprochene Kommentare aufzeichnen und zusammen mit den anderen Kommentaren einfügen. Links neben der *Schließen*-Schaltfläche sehen Sie die Schaltfläche *Audioobjekt einfügen*. Klicken Sie darauf, um den Audiorecorder von Windows auf den Bildschirm zu holen.

Audioobjekt einfügen

Abbildung 10.7:
Der Audiorecorder zur Aufzeichnung eines gesprochenen Kommentars

5. In der unteren rechten Ecke des Recorders sehen Sie die Schaltfläche *Aufnehmen*. Darüber können Sie die Aufzeichnung starten und über die *Stopp*-Schaltfläche beenden. Schließen Sie den Audiorecorder anschließend, um die Aufzeichnung in den Kommentar zu übernehmen. Von dort aus genügt danach ein Doppelklick auf das eingefügte *Audio*-Symbol, um den Kommentar abzuspielen, eine Sound-Karte und Lautsprecher oder Kopfhörer auf dem jeweiligen Rechner vorausgesetzt.

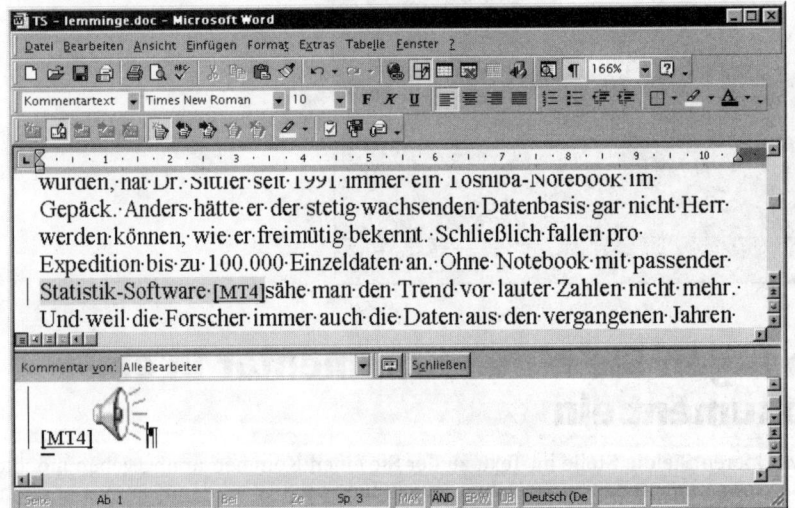

Abbildung 10.8:
Über das Lautsprecher-Symbol können gesprochene Kommentare abgespielt werden.

6. Wenn Sie keinen weiteren Kommentar einfügen möchten, schließen Sie jetzt den Kommentarausschnitt mit der gleichnamigen Schaltfläche. Ansonsten wechseln Sie einfach mit der Maus zurück in den Text, markieren dort die nächste Stelle und beginnen erneut mit dem Einfügen eines Kommentars.

Editieren und Löschen von Kommentaren

Sobald Sie innerhalb des Dokuments mit der Maus über eine Kommentarmarke fahren, wechselt der Mauszeiger sein Aussehen und wird um das Symbol für Kommentare ergänzt. Ein Doppelklick mit der Maus genügt dann, um den Kommentarausschnitt zu öffnen und den Text zum jeweiligen Kommentar zum Vorschein zu bringen.

Wenn Sie mit der Maus kurz über der Kommentarmarke verharren, erscheint der Kommentar allerdings auch automatisch als QuickInfo, zusammen mit dem Namen des Urhebers.

Abbildung 10.9: Anzeige der Kommentare im Text

überaus dynamische Wachsen und Schrumpfen der Population im sogenannten Karupelev-Valley, dem alljährlichen Ziel der Expedition. Weitab jeder menschlichen Zivilisation wirken hier die Kräfte der [MT1: sind Lemminge nicht etwas zu klein für Eisbären?] relativ ungestört. Während sich der Lemming von den kommenden Pflanzen und Moosen ernährt, dient er Polarfüchsen, Schneeulen, Hermelinen und manchmal sogar dem Eisbären[MT1] als wichtiger Nahrungslieferant. Mangels Alternativen sind

Kommentar bearbeiten

Kommentar löschen

Um einen Kommentar zu löschen, genügt es, die Kommentarmarke im Text durch einen einfachen Mausklick zu markieren und anschließend [Strg]+[X] zu drücken. Alternativ können Sie auch über das Kontextmenü gehen, in dem Sie die Befehle *Kommentar bearbeiten* und *Kommentar löschen* finden. Die gleichnamige Schaltfläche finden Sie auch in der Symbolleiste *Überarbeiten*.

Darüber hinaus werden Kommentare zusammen mit dem jeweiligen Text gelöscht, auf den sie sich beziehen. Verschwindet er, geht auch der Kommentarinhalt verloren. Haben Sie dabei den Überarbeitungsmodus eingeschaltet, lässt sich auch diese Überarbeitung später annehmen oder ablehnen. Bei Ablehnung erscheint neben dem Fließtext auch der Kommentartext wieder im Dokument.

HINWEIS Wie bei gewöhnlichen Textausschnitten lässt sich auch die Größe des Kommentarausschnitts mit Hilfe der Maus einstellen. Wenn Sie den Mauszeiger vorsichtig über die Trennleiste zwischen Textausschnitt und Kommentarausschnitt führen, erscheint er als Verschiebezeiger und meldet als QuickInfo: *Größe anpassen*. Durch Klicken und Ziehen können Sie die Trennleiste daraufhin verschieben.

Lesen von Kommentaren

Vorheriger Kommentar

Nächster Kommentar

Als Autor eines Dokuments möchte man möglichst einfach die verschiedenen Kommentare durchgehen, um auf den einen oder anderen einzugehen und den großen oder kleinen Rest einfach zu ignorieren. In der *Überarbeiten*-Symbolleiste finden Sie dazu die beiden Schaltflächen *Nächster Kommentar* und *Vorheriger Kommentar*. Aktiviert sind sie allerdings nur, wenn ausgehend von der aktuellen Position der Einfügemarke noch mindestens ein Kommentar im Text vorausgeht oder nachfolgt.

Möchten Sie sich zunächst auf die Bemerkungen eines Kommentators beschränken, müssen Sie über den Kommentarausschnitt gehen, den Sie jederzeit über *Ansicht/Kommentare* oder den Doppelklick auf eine Kommentarmarke sichtbar machen können. Im Auswahlfeld *Kommentar von* erhalten Sie eine Liste der Personen, die Kommentare zu diesem Dokument vorgenommen haben. Während die Einstellung normalerweise *Alle Bearbeiter* lautet, können Sie die Anzeige durch Auswahl eines Bearbeiterkürzels auf dessen Kommentare beschränken.

TIPP Normalerweise werden Kommentare beim Ausdruck nicht berücksichtigt. Wenn Sie die Kommentare jedoch zusammen mit dem Dokument ausdrucken möchten, rufen Sie *Datei/Drucken* auf, klicken Sie auf *Optionen* und aktivieren Sie unter *Drucken* die Option *Kommentare*.

Version speichern

Neben der Aufzeichnung der Überarbeitungen verfügt Word über die Fähigkeit, unterschiedliche Versionen eines Dokuments innerhalb der DOC-Datei zu speichern. Im Klartext heißt das, dass mehrere komplette Kopien des Dokuments innerhalb der .DOC-Datei vorgehalten werden. Sie existieren im Verborgenen neben der aktuellen Version des Dokuments, die man am Bildschirm bearbeitet.

Im Falle eines Falles kann man dabei jederzeit auf eine vorherige Version zurückschalten und somit alle in der Zwischenzeit vorgenommenen Änderungen verwerfen. Der Preis der Versionenvielfalt ist allerdings das stetige Wachsen der Dateigrößen, doch angesichts moderner Festplatten im GB-Bereich lässt sich das in der Regel verschmerzen.

Ausgangspunkt für das Speichern mehrerer Versionen ist der Befehl *Datei/Versionen* mit dem unten gezeigten Dialog. Im oberen Bereich sehen Sie die Option *Version automatisch speichern*. Wenn Sie diese Schaltfläche aktivieren, legt Word bei jedem Speichervorgang eine neue Version innerhalb der Datei an. Diese Option können wir Ihnen jedoch nicht empfehlen, weil dadurch tatsächlich enorm viel Speicherplatz verbraucht wird.

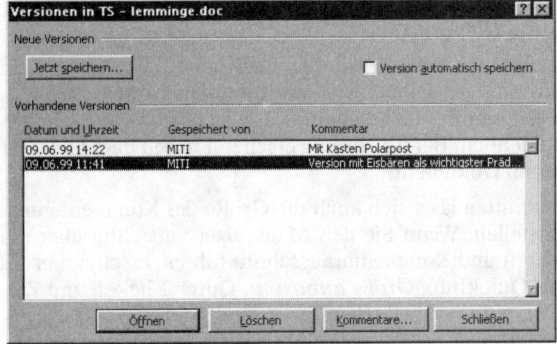

Abbildung 10.10:
Innerhalb eines Word-Dokuments können verschiedene Versionen des Textes vorgehalten werden.

Viel sinnvoller ist es, von Zeit zu Zeit bewusst eine neue separate Version innerhalb der Datei abzulegen. Beispielsweise, wenn Sie einen Meilenstein erreicht haben oder bevor Sie den Text für die Überarbeitung an Dritte weitergeben. Das sind Punkte, wo es Sinn macht, den aktuellen Status durch eine eigene Version auf Dauer festzuhalten. Später können Sie die Version dann immer noch löschen, wenn sie nicht mehr benötigt wird.

Möchten Sie gezielt die aktuelle Version Ihres Dokuments festhalten, betätigen Sie bitte die Schaltfläche *Jetzt speichern*. Daraufhin erscheint ein kleines Dialogfenster, in dem Sie einen Text zu dieser Version abgeben können, hier etwas doppeldeutig *Kommentar* genannt. Dieser Text ist sehr wichtig, weil er später neben Datum und Uhrzeit als einzige Identifikation dient, um herauszufinden, »was« für eine Version es war, die

Sie hier abgespeichert haben. (Aus dem Text einer Version bekommt man das im nachhinein in der Regel nur schwer heraus).

HINWEIS Verschiedene Versionen eines Dokuments können nur innerhalb der Word-eigenen *.doc*-Dateien vorgehalten werden. Sobald Sie ein Dokument als *.rtf-* oder *.txt*-Datei speichern, bleibt in dieser Datei deshalb nur die letzte Version zurück.

Umgang mit Versionen

Der *Versionen*-Dialog bietet Ihnen zwei Möglichkeiten, mit bereits existierenden Versionen einer Datei zu arbeiten: *Löschen* oder *Öffnen*. Im Listenfeld unter *Vorhandene Versionen* werden dazu die bislang gespeicherten Versionen aufgelistet. Nach der Auswahl aus der Liste (Mehrfachselektionen sind mit Strg möglich) werden die Versionen über *Löschen* aus der Datei entfernt, d.h., es existiert anschließend nur noch der augenblickliche Text.

Über *Öffnen* lassen sich die markierten Versionen hingegen als eigenständige Dokumente in einer weiteren Word-Instanz öffnen und dort bearbeiten. In die ursprüngliche Datei bekommt man sie dann allerdings nicht zurück. Sie werden dort zwar nicht herausgenommen, aber man kann eben auch keine Änderungen vornehmen und dadurch nachträglich eine Version verfälschen. Will man den aktuellen Inhalt des Dokuments jedoch durch die alte Version ersetzen, ist das problemlos mit den normalen Mechanismen zum Kopieren und Einfügen von Text möglich.

Die Arbeit mit Textmarken

Textmarken sind so etwas wie Bojen im Strom der Zeichen und Absätze, geschaffen, damit man Textstellen kennzeichnen und später darauf Bezug nehmen kann. Zum einen zählt dabei die Position der Textmarke im Dokument, zum anderen der Inhalt des Bereichs, den sie umfasst. Denn eine Textmarke hat einen Anfang und ein Ende. Dazwischen kann ein einzelnes Zeichen, ein Absatz oder ein längeres Stück Text mit Grafiken und Tabellen liegen – das ist egal. Einmal definiert, kann man über eine Textmarke verschiedene Aufgaben abwickeln:

- Man kann sie als Ziel einer *Suchen-* oder *GeheZu*-Operation angeben, um möglichst schnell wieder zu der Textstelle zu gelangen, die mit der Textmarke verbunden ist. Textmarken dienen also als eine Art Lesezeichen.

- Man kann sie im Rahmen der Feldfunktion = *(Formula)* für die Berechnung von Werten nutzen. Anstelle der Textmarke wird dann der Text innerhalb des von der Textmarke abgedeckten Bereichs in die Formel eingesetzt. Davon macht unser Beispiel im ▶ Kapitel 7 Gebrauch, wo es um die Aufstellung von Rechnungen mit Hilfe von Word-Tabellen geht.

- Man kann den Inhalt einer Textmarke über die Feldfunktion *REF* innerhalb eines Dokuments replizieren, wodurch man die Inhalte einer Textmarke (Text und/oder Grafiken) mehrmals aufführen bzw. ausdrucken kann, ohne sie mehrmals eingeben zu müssen.

- Man kann über Textmarken leicht Querverweise zu anderen Textstellen definieren, was vor allem in längeren Texten Sinn macht.

Die Arbeit mit Textmarken

1. Um eine Textmarke zu definieren, positionieren Sie die Einfügemarke zunächst an der gewünschten Stelle. Soll die Textmarke nicht als Lesezeichen, sondern zur Replikation eines Bereichs dienen, markieren Sie bitte den betroffenen Textab-

schnitt. Rufen Sie anschließen *Einfügen/Textmarke* auf und geben Sie wie hier gezeigt einen Namen für die Textmarke an. Drücken Sie anschließend auf *Hinzufügen*, um die Textmarke zu definieren.

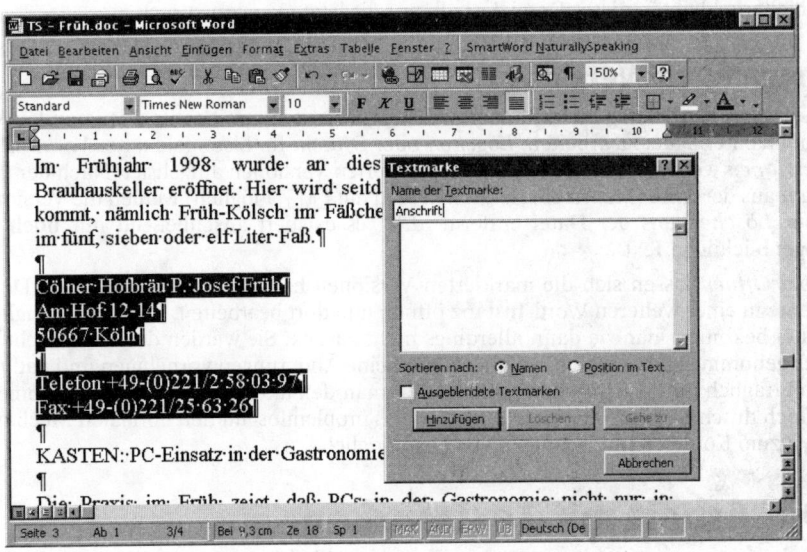

Abbildung 10.11:
Definition einer Textmarke

2. Textmarken sind normalerweise nicht sichtbar, zumindest nicht im Text. Doch das lässt sich ändern, indem Sie *Extras/Optionen* aufrufen, die Registerkarte *Ansicht* wählen und dann das Kontrollkästchen *Textmarken* aktivieren. Alle Textmarken werden daraufhin durch eckige Klammern angezeigt, die allerdings nur auf dem Bildschirm erscheinen, nicht beim Druck.

[Cölner·Hofbräu·P.·Josef·Früh¶
Am·Hof·12-14¶
50667·Köln¶
¶
Telefon·+49-(0)221/2·58·03·97¶
Fax·+49-(0)221/25·63·26]

Abbildung 10.12:
Die eckigen Klammern zeigen die Existenz einer Textmarke an.

3. Möchten Sie eine bestimmte Textstelle über eine zuvor definierte Textmarke wiederfinden, können Sie sich zum einen des Befehls *Einfügen/Textmarke* und seines oben abgebildeten Dialogs bedienen. Nach der Auswahl einer der vorhandenen Textmarken genügt ein Druck auf die *Gehe zu*-Schaltfläche, um die jeweilige Textstelle anzusteuern. Handelt es sich um einen Textbereich, wird dieser automatisch markiert.

4. Ein anderer Weg führt über *Gehezu* (F5), indem Sie dort unter *Gehe zu Element* erst *Textmarke* anklicken und anschließend die gewünschte Textmarke aus der Liste *Textmarkenname eingeben* wählen (siehe Abbildung 10.13).

5. Möchten Sie eine Textmarke löschen, können Sie sich dazu wiederum des Dialogs von *Einfügen/Textmarke* bedienen, indem Sie die betreffende Textmarke aus der Liste auswählen und dann auf *Löschen* drücken. Darüber hinaus werden Textmar-

Abbildung 10.13:
GeheZu *für Textmarken*

ken gelöscht, wenn Sie den Text löschen, in dem sie definiert sind. Fügen Sie den Text anschließend wieder ein oder verschieben Sie ihn einfach mit der Maus, wandert die Textmarke ebenfalls mit.

Replizieren von Textmarken-Inhalten

Eine weitere wichtige Funktion im Umfeld von Textmarken ist das Replizieren beliebiger Inhalte innerhalb eines Dokuments, beispielsweise von Logos, Anschriften oder Tabellen. Einerseits muss man die jeweiligen Inhalte dadurch nicht mehrmals eingeben, andererseits beschleunigt sich die Aktualisierung, denn Veränderung am Textmarken-Inhalt lassen sich per Knopfdruck auf alle Replikationen übertragen.

Ist eine Textmarke erst einmal definiert, lässt sich ihr Inhalt mit Hilfe der Feldfunktion *REF* beliebig oft wiederholen. Positionieren Sie die Einfügemarke zunächst an der Stelle, an der der Textmarken-Inhalt repliziert werden soll, und rufen Sie zur Eingabe der Feldfunktion anschließend *Einfügen/Feld* auf.

Abbildung 10.14:
Einfügen der Feldfunktion REF

Die *REF*-Feldfunktion können Sie entweder über die Kategorie *(Alle)* oder über die Kategorie *Verknüpfungen und Verzeichnisse* wählen. Wenn Sie den Namen der gewünschten Textmarke wissen, können Sie ihn direkt hinter dem Namen der Feldfunktion eingeben (durch ein Leerzeichen getrennt). Ansonsten können Sie sich der Schaltfläche *Optionen* bedienen, um den folgenden Dialog zu öffnen. Wählen Sie hier das Register *Textmarken*, um eine Liste der im aktuellen Dokument definierten Textmarken zu erhalten und die gewünschte Textmarke unter *Namen* auszuwählen.

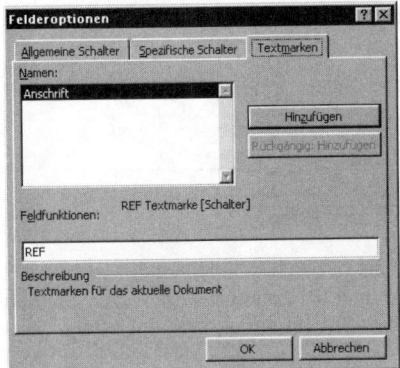

Abbildung 10.15:
Optionen für das Einfügen der REF-*Feldfunktion*

Nach Abschluss der Eingabe fügt Word das folgende Feld in den Text ein:

{ REF·Anschrift }

Abbildung 10.16:
Feldfunktion zur Replikation von Textmarken-Inhalten

Ist die Anzeige der Feldfunktionen ausgeschaltet, erscheint hier der Inhalt der referenzierten Textmarke oder die Meldung *Fehler! Textmarke nicht definiert*, wenn der Name der Textmarke bei einer Eingabe falsch geschrieben oder die referenzierte Textmarke in der Zwischenzeit gelöscht wurde.

Beachten Sie bitte, dass auch beim Einsatz von *REF* gilt, dass Änderungen nur nach Aktualisieren des Feldes reflektiert werden, Sie also nach einer Änderung des Textmarken-Inhalts das *REF*-Feld via F9 aktualisieren müssen, um den neuen Inhalt zu sehen.

HINWEIS

Der Seriendruck

Ein überaus praktisches Hilfsmittel für alle, die eine größere Anzahl personalisierter Dokumente in Form von Einladungen, Angeboten, Gesprächsnotizen oder Ähnlichem verfassen müssen, ist der Seriendruck. Word erstellt die auszusendenden Dokumente für die einzelnen Empfänger dabei automatisch, nachdem Sie zum einen den Mustertext und zum anderen eine Datenquelle definiert haben, aus der Word die Informationen über die einzelnen Empfänger bezieht.

Als Datenquelle kommt im einfachsten Fall eine Word-Tabelle zum Einsatz, deren Zeilen die unterschiedlichen Empfänger und deren Spalten die einzelnen Informationen für jeden Empfänger beinhalten, also beispielsweise Name, Straße, Ort und weitere Informationen, je nach Einsatzzweck. Doch auch aus Excel oder Access lassen sich die Seriendruckdaten beziehen, wenn sie dort bereits vorliegen. Einmal definiert, können Sie dadurch regelmäßig Mailings veranstalten oder andere Arten von Dokumenten automatisch erzeugen lassen, ohne die betreffenden Daten jeweils von Hand einsetzen zu müssen. Je höher die Anzahl der Empfänger, desto größer fällt deshalb die Arbeitsersparnis durch den Seriendruck aus.

Serienbrief für Einsteiger

Als einfaches Beispiel für die Arbeit mit dem Seriendruck versetzen wir uns in die Lage eines Autohauses, das seine Kundschaft zu den jährlichen Frühjahrswochen einladen will, um die neuen Modelle zu präsentieren. Wir erstellen zunächst die Datenbasis und anschließend den Serienbrief, über den die Einladungen erzeugt werden sollen.

1. Bitte öffnen Sie zunächst ein neues, leeres Dokument und legen Sie dort die unten dargestellte Tabelle an. Wichtig sind nicht die konkreten Daten in den einzelnen Zeilen, wohl aber die Spaltenüberschriften in der ersten Zeile. Denn sie verraten dem Seriendruck später, wie die einzelnen Felder heißen, die in das »Hauptdokument« (die Serienbriefvorlage) eingefügt werden sollen. Speichern Sie das Dokument nach der Eingabe in einem beliebigen Verzeichnis unter dem Namen.

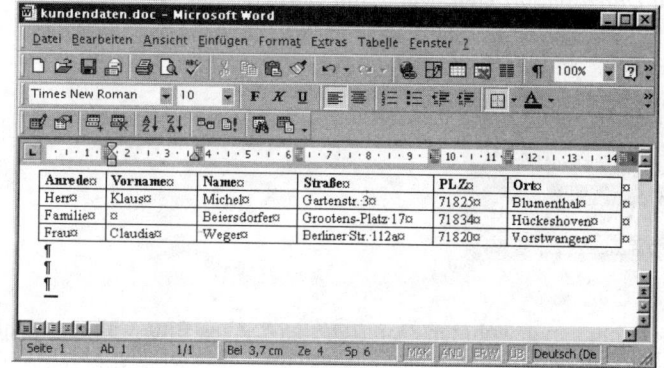

Abbildung 10.17:
Seriendruck-
daten als Word-
Dokument

2. Rufen Sie jetzt *Extras/Seriendruck* auf. Auf dem Bildschirm erscheint der Seriendruck-Manager, eine Art Schaltzentrale für das Aufsetzen von Seriendruckdokumenten. Klicken Sie auf die Schaltfläche *Erstellen*, und wählen Sie aus der Auswahl der zu erstellenden Dokumente den Typ *Serienbriefe*.

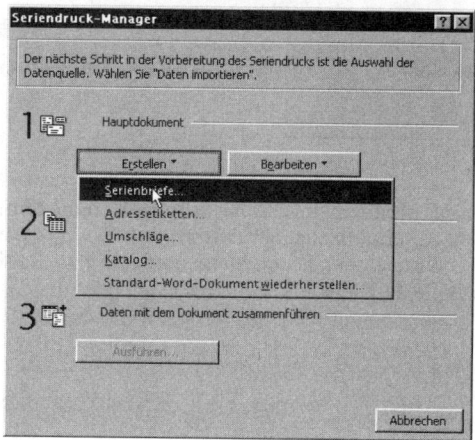

Abbildung 10.18:
Der Seriendruck-
Manager

Word im Büroalltag **255**

3. Word antwortet mit dem folgenden Dialog, in dem Sie bitte auf Neues *Hauptdokument* klicken, damit ein neues leeres Dokument als Hauptdokument erzeugt und in einem zweiten Word-Fenster angezeigt wird.

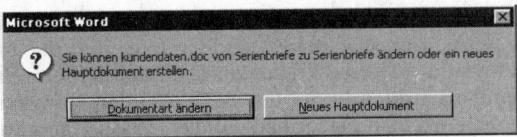

Abbildung 10.19: Auswahl des Hauptdokuments

4. Der Dialog des Seriendruck-Managers bleibt weiterhin geöffnet. Klicken Sie dort unter *2* bitte auf *Daten importieren.* Daraufhin erscheint eine Auswahl möglicher Datenquellen. Wählen Sie hier bitte *Datenquelle öffnen.*

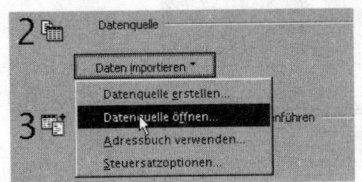

Abbildung 10.20: Auswahl der Art der Datenquelle

5. Word öffnet daraufhin den gewohnten *Datei/Öffnen*-Dialog. Bitte wählen Sie hier die zuvor erstellte Datei *kundendaten.doc.* Alternativ haben Sie die Möglichkeit, auch Excel- oder Access-Dateien zu wählen, denn auch aus diesen Dateien kann Word die Daten für den Seriendruck beziehen. Nach der Auswahl von *kundendaten.doc* und dem Druck auf *Öffnen* beschwert Word sich kurz, dass das Hauptdokument noch keine Seriendruckfelder enthält. Kann es ja auch nicht, weil wir noch keine eingegeben haben. Bitte drücken Sie deshalb auf *Hauptdokument bearbeiten.*

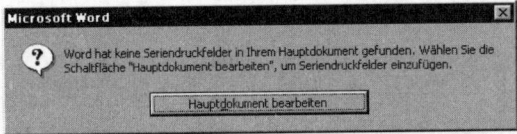

Abbildung 10.21: Noch liegen keine Seriendruckfelder vor.

6. Word zeigt jetzt das noch leere Hauptdokument an und hat automatisch die *Seriendruck*-Symbolleiste geöffnet. Die erste Schaltfläche, *Seriendruckfeld einfügen*, enthält eine Liste der Datenfelder, die Word in der Datenquelle entdeckt hat: Es sind die Bezeichnungen aus der ersten Zeile der Tabelle.

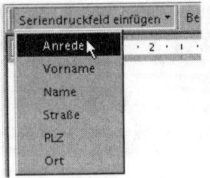

Abbildung 10.22: Auswahl einzufügender Seriendruckfelder

7. Wir legen sofort mit der Erstellung der Anschrift los, denn das Dokument soll von der Kundenanschrift eingeleitet werden, damit man die Serienbriefe später in einem Fensterkuvert verschicken kann. Wählen Sie unter *Seriendruckfeld einfügen* erst *Anrede* und geben Sie dann ein Leerzeichen ein. Wiederholen Sie diese Prozedur in der gleichen Zeile für *Vorname* und *Name* und wechseln Sie anschließend in die nächste Zeile. Was Sie in der folgenden Abbildung sehen, sind die Platzhalter, die Word für die gewählten Felder einfügt. Hier erscheinen später die Daten aus der Datenquelle. Beachten Sie in diesem Zusammenhang bitte, dass die verschiedenen Felder durchaus mehrmals in Ihrem Dokument referenziert werden können, wenn die jeweilige Information an mehreren Stellen erscheinen soll.

Abbildung 10.23:
Die erste Zeile der Anschrift

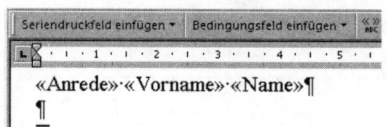

8. Fahren Sie in der zweiten Zeile mit dem Feld *Straße* fort, fügen Sie anschließend zwei Leerzeilen ein und wählen Sie dann die Felder *PLZ* und *Ort*, durch ein Leerzeichen getrennt. Darunter könnte dann der eigentliche Brieftext folgen, der hier aber erst einmal keine Rolle spielt.

Abbildung 10.24:
Die fertiggestellte Anschrift

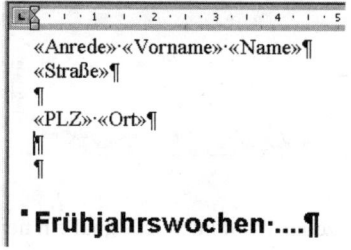

Ausgabe in neues Dokument

9. Jetzt ist es an der Zeit, den Seriendruck zu starten. Das geht zum einen über die *Ausführen*-Schaltfläche im Seriendruck-Manager und darüber hinaus über die Schaltfläche *Ausgabe in neues Dokument* in der *Seriendruck*-Symbolleiste. Betätigen Sie diese Schaltfläche, damit Word für jeden Datensatz aus der Datenquelle eines der soeben definierten Dokumente erzeugt. Word packt die verschiedenen Serienbriefe dabei in ein Dokument, wobei Abschnittswechsel die einzelnen Serienbriefe trennen und dafür sorgen, dass sie beim Druck jeweils auf einer separaten Seite landen. Das Ergebnis sehen Sie in der Abb. 10.25. Ihr erster Seriendruck ist damit fertig, und Sie können den Seriendruck-Manager schließen.

HINWEIS

Seriendruck an Drucker

Alternativ können Sie die Ausgabe der Serienbriefe auch direkt auf den Drucker leiten, indem Sie sich der Schaltfläche *Seriendruck an Drucker* bedienen. Eine neues Dokument mit den verschiedenen Serienbriefen wird dann nicht erzeugt.

Seriendruck-Details

Bei dem soeben erzeugten Dokument mit den Serienbriefen handelt es sich um ein ganz gewöhnliches Word-Dokument, das Sie bearbeiten, speichern und ausdrucken können. Es hat jedoch keine Verbindung zu dem ursprünglichen Hauptdokument und

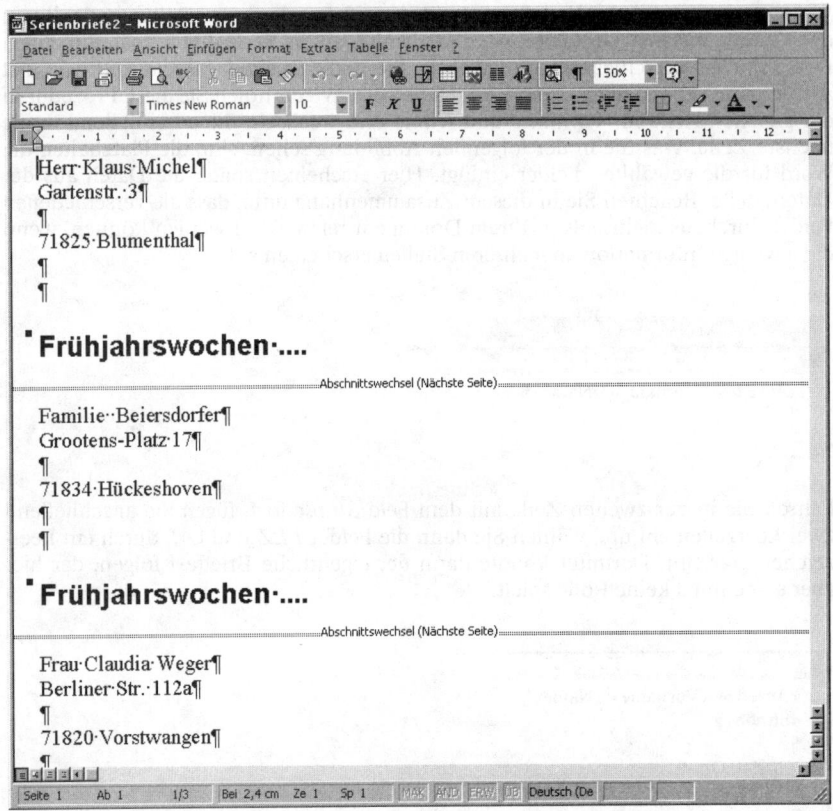

Abbildung 10.25:
Das Ergebnis des Seriendrucks

auch nicht zur Datenquelle. Aus diesem Grund erzeugt Word auch jedesmal ein neues, separates Dokument, wenn Sie *Ausgabe in Datei* aufrufen.

Neben den eigentlichen Feldinhalten spielt oft auch die Formatierung eine Rolle. Grundsätzlich gilt, dass die Formatierung durch entsprechende Formatzuweisungen an das Seriendruckfeld im Hauptdokument erfolgt. Der eingefügte Inhalt aus der Datenquelle wird später in diesem Format eingefügt, ohne dass dessen eigenes Format berücksichtigt würde.

Der Einsatz von Bedingungsfeldern

Nicht immer genügt es, einfach nur die Daten aus den Seriendruckfeldern einzufügen. Das wird bereits bei der Anrede deutlich, wenn Sie Ihre Kunden in der oben erstellten Einladung zu den Frühjahrswochen im Autohaus gezielt ansprechen wollen. Soll dort »Sehr geehrte Frau ...«, »Sehr geehrter Herr ...« oder »Sehr geehrte Familie ...« erscheinen, wird bereits eine besondere Form der Anpassung notwendig. Ob »Sehr geehrter« oder »Sehr geehrte« eingesetzt werden muss, hängt nämlich von den Daten im Seriendruckfeld *Anrede* ab. Frauen und Familien sind in diesem Sinne anders zu behandeln als Herren.

Natürlich könnte man auch diese Information in einer zusätzlichen Tabellenspalte in *kundendaten.doc* festhalten, um sie dann direkt in das Hauptdokument einzufügen. Doch damit tut man sich keinen Gefallen, weil das den Aufwand bei der Eingabe der

Daten unnötig erhöht. Außerdem gibt es eine viel einfachere Methode: ein *Wenn-Dann*-Feld.

1. Wechseln Sie noch einmal in das eben erstellte Hauptdokument und fügen Sie unter der Anschrift einige Leerzeilen sowie eine Überschrift ein, beispielsweise »Frühjahrswochen im Autohaus Müller«.
2. Zwei Zeilen darunter soll die gezielte Anrede beginnen. Klicken Sie in der *Seriendruck*-Symbolleiste auf *Bedingungsfeld einfügen* und wählen Sie dann *Wenn...Dann...Sonst*. Es erscheint der weiter unten abgebildete Dialog, mit dessen Hilfe Sie unterschiedliche Texte in Abhängigkeit einer frei definierbaren Bedingung in das Hauptdokument einfügen können.
3. Unter *Feldname* listet Word die verschiedenen Seriendruckfelder aus der Datenquelle zur Auswahl auf, wobei das erste automatisch vorgegeben wird. In unserem konkreten Fall können wir es dabei belassen, denn auch bei uns kommt es auf das Feld *Anrede* an. Unter *Vergleich* stellen Sie die Art des Vergleichs an, dem der Inhalt des gewählten Feldes unterzogen werden soll. Das vorgegebene *Gleich* kann in diesem Fall beibehalten werden. Bleibt noch der Wert bzw. Text, mit dem der Inhalt von Anrede verglichen werden soll. Geben Sie dazu im Feld *Vergleich mit* den Text *Herr* ein. Damit ist die Bedingung definiert: Wenn die Anrede *Herr* lautet, dann soll der Text eingefügt werden, der im Feld *Diesen Text einfügen* verzeichnet ist, ansonsten der Text aus *Sonst diesen Text einfügen*.
4. Geben Sie bitte wie unten zu sehen im ersten Fall *Sehr geehrter*, im zweiten Fall *Sehr geehrte* ein und schließen Sie den Dialog anschließend über *OK*.

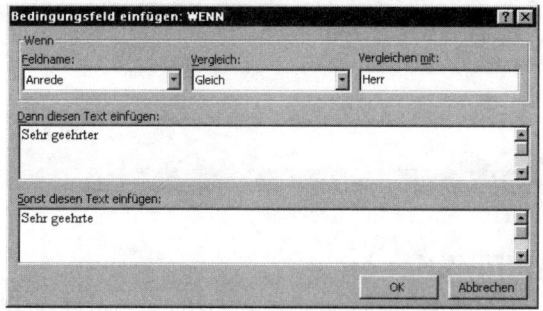

Abbildung 10.26:
Definition einer Bedingung für Seriendruckfelder

5. Word hat das Bedingungsfeld in den Text angefügt und zeigt gleich das Ergebnis »Sehr geehrter« an. Stören Sie sich daran bitte nicht, sondern geben Sie jetzt ein Leerzeichen in den Text ein und fügen Sie der Zeile anschließend erst das Seriendruckfeld *Anrede*, dann *Name* hinzu, beide durch ein Leerzeichen getrennt. Dahinter kommt dann noch ein Komma, und diese Zeile ist perfekt (siehe Abbildung 11.27).

Abbildung 10.27:
Die Anrede nach Fertigstellung

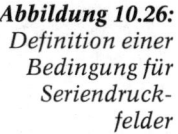

6. Jetzt gilt es, die Auswirkung der Bedingung zu überprüfen. Klicken Sie erneut auf die Schaltfläche *Ausgabe in neues Dokument* aus der *Seriendruck*-Symbolleiste und schauen Sie sich anschließend das erzeugte Seriendruck-Dokument an. Stimmt die Anrede überall (siehe Abbildung 11.28)?

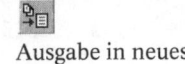

Ausgabe in neues Dokument

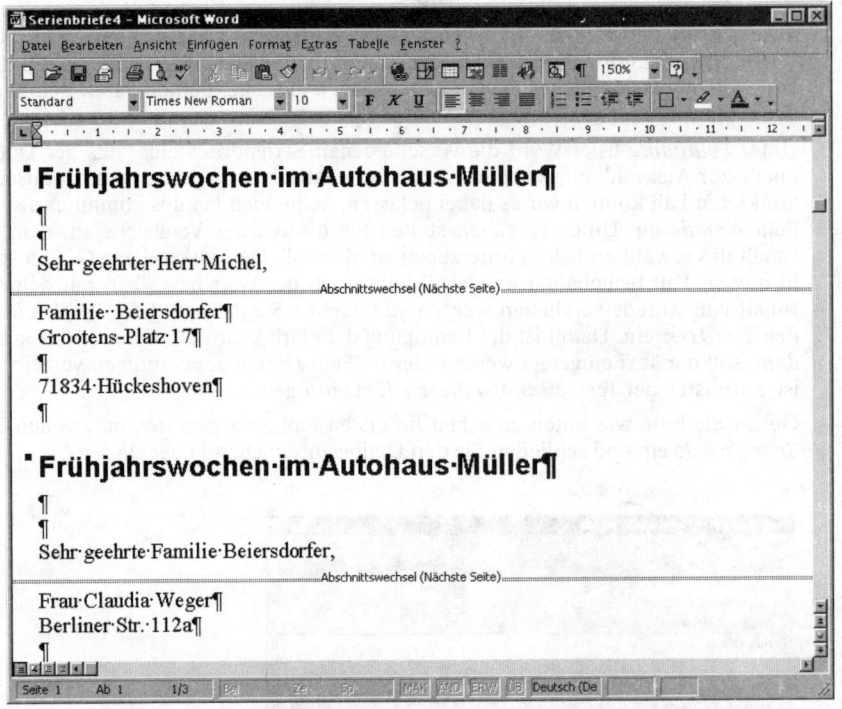

Abbildung 10.28: Seriendruck mit gezielter Anrede

Serienfelder sind Feldfunktionen

Seriendruckfelder werden über Feldfunktionen realisiert. Wenn Sie einmal einen Blick auf die Syntax werfen wollen, schalten Sie einfach via [Alt]+[F9] auf die Anzeige der Feldfunktionen um. Die gleiche Tastenkombination bringt Sie anschließend wieder zurück.

{ MERGEFIELD·Anrede· } { MERGEFIELD·Vorname· } { MERGEFIELD·Name· }¶
{ MERGEFIELD·Straße· }¶
¶
{ MERGEFIELD·PLZ· } { MERGEFIELD·Ort· }¶
¶

▪ **Frühjahrswochen·im·Autohaus·Müller**¶
¶
¶
{·IF· { MERGEFIELD·Anrede· }·=·"Herr"·"Sehr·geehrter"·"Sehr·geehrte"· }· { · MERGEFIELD·Anrede· } { MERGEFIELD·Name· },¶

Abbildung 10.29: Ansicht der Seriendruck-felder als Feldfunktionen

260   Kapitel 10

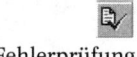
Fehlerprüfung

Nach der Umschaltung in die Feldfunktionsanzeige können Sie die einzelnen Felder auch von Hand editieren, kopieren und Feldnamen ändern, beispielsweise, wenn Sie eine Bedingung nicht über den Dialog von *Wenn...Dann...Sonst* eingeben möchten. Weil man sich dabei vertippen kann, enthält die *Seriendruck*-Symbolleiste eine Schaltfläche mit Namen *Fehlerprüfung*. Nutzen Sie anschließend diese Schaltfläche um überprüfen zu lassen, ob sich kein Fehler eingeschlichen hat und Sie auf Basis der eingegebenen Seriendruck-Feldfunktionen einen Serienbrief erzeugen können.

Seriendruck-Vorschau

In eine ähnliche Kerbe schlägt die Schaltfläche *Seriendruck-Vorschau*, deren Ergebnis Sie aber nur sehen können, wenn Sie die Anzeige der Feldfunktionen wieder ausgeschaltet haben. Sie füllt die Seriendruck-Felder mit jeweils einem konkreten Datensatz aus der Datenquelle, so dass Sie in einer Art Vorschau betrachten können, wie der Serienbrief hinterher ausschauen wird. Tatsächlich lässt sich sogar genau bestimmen, welcher Datensatz eingesetzt wird, denn über die Schaltflächen rechts neben *Seriendruck*-Vorschau können Sie zwischen den verschiedenen Datensätzen navigieren oder ganz gezielt die Nummer eines anzuzeigenden Datensatzes eingeben.

Ausgabesteuerung

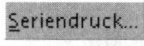
Seriendruck

Seriendruck-Manager

Die größtmögliche Kontrolle über die Erzeugung der Serienbriefe erhalten Sie, wenn Sie innerhalb des Seriendruck-Managers die Schaltfläche *Ausführen* drücken oder sich der Schaltfläche *Seriendruck...* aus der *Seriendruck*-Symbolleiste bedienen. (Den Seriendruck-Manager können Sie jederzeit über die gleichnamige Schaltfläche aus der *Seriendruck*-Symbolleiste oder über das Menü *Extras/Seriendruck* aufrufen.) In beiden Fällen erscheint der unten abgebildete Dialog.

Abbildung 10.30: Einstellung der Optionen für die Erzeugung der Serienbriefe

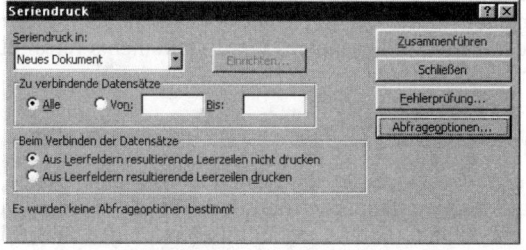

Im Feld *Seriendruck in* stehen mehrere Auswahlmöglichkeiten für die Ausgabe der Serienbriefe bereit: ein neu zu erstellendes Dokument, der Drucker sowie E-Mails und Faxe. Eine korrekt installierte E-Mail/Fax-Anbindung vorausgesetzt, können Sie Ihre Serienbriefe also direkt per E-Mail oder als Fax versenden.

Darüber hinaus können Sie unter *Zu verbindende Datensätze* festlegen, ob alle Datensätze in Serienbriefe umgesetzt werden sollen oder nur eine bestimmte Gruppe, die über die Datensatznummern *(Von ... Bis)* definiert wird. Word nummeriert die Datensätze dazu von 1 bis n durch, wobei der oberste die Nummer 1 trägt. Wenn Sie eine Selektion auf Grund des Inhalts wünschen, hilft Ihnen die Schaltfläche *Abfrageoptionen* weiter, deren Einsatz im nachfolgenden ▶ Abschnitt *Datensätze selektieren* beschrieben wird.

Die dritte Option in diesem Dialog betrifft die Frage, ob Leerzeilen, die aus Seriendruckfeldern ohne Inhalt erwachsen, tatsächlich gedruckt/ausgegeben oder unterdrückt werden sollen. Ein typisches Beispiel, in dem diese Option eine Rolle spielt, ist z.B. der Einsatz eines Seriendruckfeldes *Land*, das als letzte Zeile der Empfängeradresse ausgegeben werden soll. Bei den meisten Kunden bleibt dieses Feld leer und mit ihm die gesamte Zeile, weil die Kunden nicht aus dem Ausland stammen. Dadurch entsteht eine zusätzliche Leerzeile zwischen der Empfängeradresse und dem nachfolgenden Text, die man verhindern kann, indem man die obige Option *Aus Leerfeldern resultierende Leerzeilen nicht drucken* aktiviert. Drücken Sie zum Abschluss Ihrer Eingaben auf *Zusammenführen*, um den Seriendruck zu starten.

Serienbriefe als E-Mail oder Fax

Noch mal zurück zur Option, die Serienbriefe über *Seriendruck in* sofort als E-Mail oder Fax zu versenden. Sollten Sie diese Option wählen, wird die Schaltfläche *Einrichten* aktiviert, in der Sie verschiedene Einstellungen für die Erzeugung der E-Mails/Faxe vorgeben müssen. Allen voran das Seriendruckfeld, aus dem Word die E-Mail-Empfängeradresse bzw. die Fax-Nummer für den Versand beziehen soll.

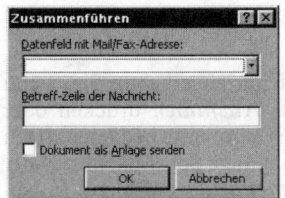

Abbildung 10.31: Einstellungen für das Versenden von Serien-E-Mails

Außerdem können Sie im Fall von E-Mails den Inhalt der Betreffzeile definieren, der allerdings für alle Empfänger gleich sein muss, weil er nicht dynamisch aus einem Seriendruckfeld übernommen werden kann. Last but not least bestimmen Sie, ob der eigentliche Serienbrief als Anlage der E-Mail in Form eines Word-Dokuments versandt werden soll oder den Hauptteil der Nachricht stellt.

Datensätze selektieren

Schon zur höheren Schule des Seriendrucks gehört die Selektion von Datensätzen, wenn nicht alle Daten aus der vorliegenden Tabelle in den Seriendruck einbezogen werden sollen. Man spricht dann von einem »Filter«, der in unserem obigen Beispiel z.B. dazu herangezogen werden kann, um nur den Kunden im näheren Umfeld des Autohauses eine Einladung zu schicken, indem man nach Postleitzahl selektiert. Den zugehörigen Dialog erreichen Sie entweder über die Schaltfläche *Abfrageoptionen* aus dem Seriendruck-Manager oder über den oben abgebildeten Dialog *Seriendruck*.

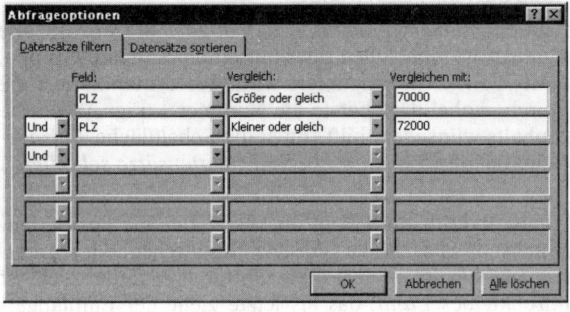

Abbildung 10.32: Eingabe von Auswahlkriterien für den Seriendruck

Es erscheint der obige Dialog, über den Sie unter *Feld* jeweils zunächst eines der Seriendruckfelder definieren müssen, auf das sich die Abfrage beziehen soll. Anschließend wird unter *Vergleich* ein Vergleichsoperator wie *Größer als*, *Kleiner als* oder *Ungleich* gewählt und in *Vergleichen mit* die Zahl oder der Text definiert, mit dem verglichen werden soll. Auf diese Weise können mehrere Bedingungen definiert und via *Und* bzw. *Oder* verknüpft werden. *Und* bedeutet, dass alle genannten Bedingungen erfüllt sein müssen, damit ein Datensatz den Filter passieren kann und in einen Serienbrief mündet. Bei *Oder* genügt hingegen schon das Erfüllen einer der genannten Bedingungen.

HINWEIS Möchten Sie eine der eingegebenen Bedingungen wieder löschen, wählen Sie in der jeweiligen Zeile unter *Feld* einfach *(ohne)*. Möchten Sie alle Bedingungen löschen, wählen Sie die Schaltfläche *Alle löschen*.

Sortieren der Datensätze

Über den gleichen Dialog können Sie auch eine Sortierung der Datensätze veranlassen, wenn diese nicht bereits in der Datenquelle sortiert wurden oder Sie eine andere Sortierreihenfolge wünschen. Ob dies notwendig wird, hängt von der konkreten Aufgabenstellung ab. Ziel ist in jedem Fall, dass die Serienbriefe in einer klar definierten Reihenfolge erzeugt/ausgedruckt werden. In der Praxis will man bei Massensendungen beispielsweise nach Postleitzahl sortieren, weil die sortierte Einlieferung Voraussetzung für die Gewährung eines günstigeren Versandtarifs darstellt.

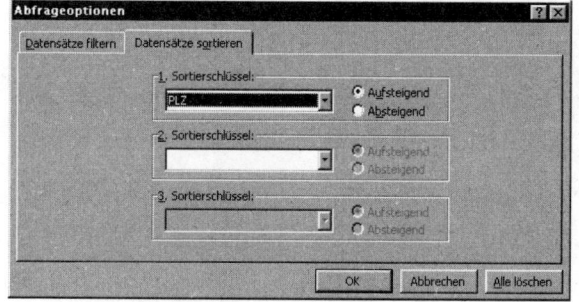

Abbildung 10.33: Sortierung der Datensätze für die Erzeugung der Serienbriefe

Durch Auswahl eines Feldes unter *1. Sortierschlüssel* bestimmen Sie das Sortierkriterium und passend dazu, ob *Aufsteigend* oder *Absteigend* sortiert werden soll. Für den Fall, dass verschiedene Datensätze im angegebenen Sortierfeld gleiche Inhalte aufweisen, können Sie darüber hinaus einen zweiten und dritten Sortierschlüssel definieren.

Teil B
Excel 2000

267 Willkommen bei Excel 2000!
289 Die Grundlagen von Excel
321 Die Arbeit am Tabellenblatt
351 Die Zellformatierung
373 Effizientes Arbeiten mit Formeln und Funktionen
395 Die Feinheiten der Tabellenkalkulation
431 Listen und Datenbanken mit Excel
455 Excel-Funktionen im Überblick

Die folgenden acht Kapitel im Teil B des Buches sind Excel gewidmet, dem Zahlenkünstler unter den Office-Anwendungen. Excel ist ein Medium, das sich mit allem füllen läßt, was sich irgendwie in Zahlen, Formeln oder Tabellen darstellen lässt: vom Stundenplan der Grundschule über den Kreditrechner bis zur Sternenformel.

Das von Excel verfolgte Grundprinzip einer Matrix aus Zeilen und Spalten, in die man Texte, Zahlen und Formeln eintragen kann, stammt bereits aus den Siebzigerjahren, hat aber bis heute nichts an Schlagkraft verloren. Und so komfortabel wie mit Office 2000 war die Aufstellung und Formatierung von Tabellen noch nie. Denn Excel ist über die verschiedenen Versionen hinweg spürbar gereift. Sowohl im Hinblick auf die Benutzerfreundlichkeit für den Einsteiger als auch bei den erweiterten Funktionen, für Anwender, die täglich mit Excel arbeiten.

Die Herangehensweise in den folgenden Kapiteln richtet sich vor allem an Einsteiger und Office-Anwender, die bislang nur gelegentlich mit Excel gearbeitet haben. Wir beginnen in Kapitel 11 mit einem Einstieg, der praxisnah und Schritt für Schritt zeigt, worum es in Excel geht und welche Konzepte man kennen muß, damit das »Excellieren« nicht schwer fällt. Im Kapitel 12 rollen wir die Grundlagen von Excel dann noch einmal gründlich auf und zeigen Ihnen im Kapitel 13 die wichtigsten Befehle und Techniken für die Arbeit am Arbeitsblatt.

»Ab in den Schönheitssalon« heißt es im Kapitel 14, wo es um die Formatierung von Zahlen und Texten geht. Hier zeigen wir, wie Sie Akzente setzen und auch einer großen Masse von Zahlen und Ergebnissen Struktur verleihen. Jenseits des schönen Scheins kommt man bei Excel um Formeln nicht herum, wenn man das Potenzial des Konzepts wirklich ausloten will. Deshalb geht es im Kapitel 15 um das Aufsetzen von Formeln und die Arbeit mit den Excel-Funktionen.

Schon zur höheren Excel-Schule gehören die Funktionen, die wir Ihnen im Kapitel 16 vorstellen. Etwa die Arbeit mit mehreren Tabellenblättern in einer Mappe, die Einrichtungen zur gemeinsamen Arbeit mehrerer Anwender an einem Excel-Dokument oder die Hilfsmittel zur Suche nach Formelfehlern in komplexen Rechenmodellen.

Dass sich Excel durch seine tabellenartige Struktur aber auch hervorragend für das Verwalten von Listen und kleinen Datenbanken eignet, unterstreicht das Kapitel 17. Und das abschließende Kapitel 18 führt Sie noch einmal zurück zum Thema Excel-Funktionen, mit einem Rundblick durch die verschiedenen Aufgabengebiete der mehr als 300 Excel-Funktionen nämlich. Und wer es bis dahin schafft, der hat es in Excel bereits zu etwas gebracht.

11 Willkommen bei Excel 2000!

269   Hallo Newbies – Jetzt geht's los mit Excel

Willkommen bei Excel 2000, dem Rechenkünstler im Office-Paket von Microsoft. Excel ist unter den verschiedenen Office-Anwendungen die beste Wahl, wenn Sie Kalkulationen und Berechnungen aller Art aufstellen wollen, vom Angebot über den Kreditvergleich bis hin zur Arbeitszeitabrechnung. Auch im mathematischen, technischen und naturwissenschaftlichen Bereich ist Excel stark – eben überall dort, wo Zahlen durch Formeln und Funktionen in Beziehung gesetzt werden sollen.

Darüber hinaus ist Excel ein prima Werkzeug zur Aufstellung und Pflege von Listen aller Art: Mitgliederlisten, Bestandslisten, Terminpläne, Umrechnungstabellen, Entfernungspläne und vieles mehr. Auch wenn hier zum Teil wenig gerechnet wird, profitiert man von der flexiblen Tabellenstruktur aus Zeilen und Spalten, die sich in Excel ganz nach Belieben gestalten lässt. Was die Listen angeht, bewegt sich Excel zwischen Word und Access, denn auch mit diesen Anwendungen lassen sich Listen pflegen.

HINWEIS   In Word ist die Eingabe und Pflege dieser Listen jedoch etwas umständlicher, Access bietet dafür mehr Möglichkeiten, verlangt jedoch auch mehr Know-how, was die Aufstellung von Datenbanken angeht. Deshalb ist Excel für die Aufstellung von Listen so beliebt und Gleiches gilt auch für das Design von Formularen für den Ausdruck oder das interaktive Ausfüllen unter Excel.

Ein anderes klassisches Anwendungsgebiet von Excel ist die grafische Visualisierung von Zahlenmaterial durch Balken-, Torten-, Karten- oder Liniendiagrammen. Ob die Sitzverteilung im Bundestag, die Entwicklung von Umsatz und Gewinn, der Break-Even-Point für ein neues Produkt oder der Verlauf Ihres Strom- und Wasserverbrauchs über mehrere Jahre dargestellt werden sollen – mit Excel ist das alles kein Problem. Tatsächlich steht die Chart-Funktionalität von Excel in Form des ActiveX-Steuerelements *Graph* jetzt auch in allen anderen Office-Anwendungen zur Verfügung. Auch in Word-Dokumente, PowerPoint-Folien oder die Publikationen des Publishers lassen sich dadurch Diagramme aufnehmen (siehe ▶ Kapitel 52 im Teil H sowie das ▶ Kapitel 12 im vorliegenden Teil).

Das grundlegende Datenmodell von Excel

Bevor es mit dem ersten konkreten Beispiel losgeht, möchten wir Ihnen das grundlegende Datenmodell von Excel vorstellen, denn darauf beruht die gesamte Arbeit. Ausgangspunkt ist das *Arbeitsblatt*, das sich auf dem Bildschirm in Form einer Tabelle aus Zeilen und Spalten zeigt. Im Schnittpunkt der Zeilen und Spalten befinden sich die Zellen. Sie können von Ihnen nach Belieben mit Texten, Zahlen und Formeln gefüllt werden.

- Zahlen sind der Grundstoff einer Tabelle. Sie dienen zur Eingabe von Artikelnummern, Preisen, Messergebnissen, Datums- und Zeitangaben und allen anderen festen nummerischen Positionen.
- Formeln dienen zur Verknüpfung von Zahlen. Sie sind der »Kleber«, der die Zahlen zusammenbringt. So lässt sich per Formel die Mehrwertsteuer zu einem Nettobetrag berechnen, die Summe mehrerer Einzelpreise aufaddieren oder der Wert eines festverzinslichen Wertpapiers zu einem bestimmten Datum berechnen. Einmal eingegeben, erscheint anstelle der Formel jeweils das berechnete Ergebnis der Zelle auf dem Bildschirm.
- Texte sind einerseits selbst Inhalt, beispielsweise in Listen oder Formularen, wo sie Namen, Messgrößen oder Artikelbezeichnungen wiedergeben. Darüber hinaus dienen sie als Beschriftung für Zellen, in denen Zahlen oder die Ergebnisse von Formeln stehen. Durch die Texte erfährt man, was es mit dem jeweiligen Wert auf sich hat.

	A	B	C	D	E
1	A1	B1	C1	D1	E1
2	A2				
3	A3			D3	
4	A4		C4		
5	A5				
6	A6				E6

Abbildung 11.1:
Benennung der Zellen aufgrund ihrer Lage im Arbeitsblatt

Damit man in Formeln auf die Inhalte einzelner Zellen Bezug nehmen kann, tragen alle Zellen einen Namen, der sich aus ihrer Lage innerhalb des Arbeitsblatts ableitet. Die Spalten werden dazu mit Buchstaben benannt, und zwar von links nach rechts mit A, B, C, D usw., die Zeilen von oben nach unten mit den Nummern 1, 2, 3, 4 etc. Der Zellenname setzt sich nun aus der jeweiligen Spalte gefolgt von der Zeile zusammen. Die Zelle in der oberen linken Ecke eines Arbeitsblatts trägt dadurch die Bezeichnung *A1*, weil sie die erste Zeile in der Spalte A belegt. Die Zelle rechts daneben schimpft sich *B1*, und die Zelle unter *A1* heißt demzufolge *A2*.

Steht in der Zelle *A1* nun ein Nettobetrag, können Sie in jeder anderen Zelle die passende Mehrwertsteuer berechnen, indem Sie die Formel *=A1*0,16* einsetzen, einen Mehrwertsteuersatz von 16% vorausgesetzt. Das Gleichheitszeichen signalisiert Excel dabei, dass es sich um eine Formel handelt, die Nennung von *A1*, dass der aktuelle Inhalt der Zelle *A1* ausgelesen und in die Berechnung einbezogen werden soll. Und weil Formeln nahezu eine beliebige Zahl von Zellen einbeziehen können, lassen sich auf diesem Wege selbst komplexe Rechenmodelle umsetzen.

Abbildung 11.2:
Eine Formel und ihr Ergebnis

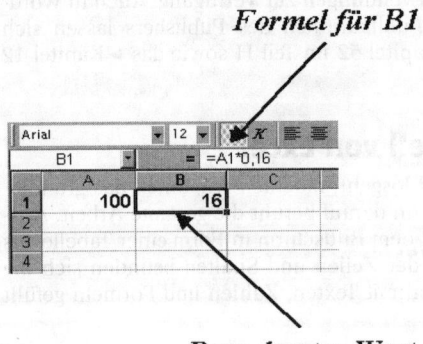

Formel für B1

Berechneter Wert

Das Schöne ist, dass Excel die Ergebnisse einer Formel automatisch neu berechnet, sobald sich einer der einbezogenen Zellinhalte ändert. Geben Sie beispielsweise einen neuen Wert in die Zelle *A1* ein, wird dadurch auch die Mehrwertsteuer neu berechnet, die sich aus der Formel *=A1*0,16* ergibt. Und das Gleiche gilt auch für alle anderen Zellen, die mit Formeln belegt sind, in denen auf den Inhalt der Zelle *A1* Bezug genommen wird. Das ist der große Unterschied zum Taschenrechner oder der Rechenmaschine, bei denen man nach jeder Änderung eines Eingangswertes die komplette Berechnung manuell wiederholen muss.

Diese automatische Neuberechnung hat zum einen den Vorteil, dass man sich sehr leicht Mustervorlagen bauen kann, die zunächst nur Formeln und Texte, aber keine konkreten Werte beinhalten. Beginnt man später, Werte in die Tabelle einzutragen, erscheinen die Ergebnisse automatisch. Darüber hinaus kann man durch die automatische Neuberechnung sehr leicht Szenarien durchspielen. Im Importgeschäft etwa bei der Frage, was passiert, wenn der Dollar weiter steigt, oder beim Häuslebauen, ob sich das Warten auf einen niedrigeren Zinssatz lohnt.

Tatsächlich waren es genau diese Fähigkeiten, die den Personal Computer Anfang der Achtzigerjahre zum Durchbruch verhalfen, weil man in den Buchhaltungs- und Finanzabteilungen großer Firmen mit Hilfe derartiger Software erstmals komplexe Szenarien einfach und schnell durchspielen konnte. Allerdings noch nicht mit Excel, sondern mit den Vorläufern VisiCalc, Lotus 1-2-3 und Multiplan. Allesamt DOS-Anwendungen, die an die Funktionsvielfalt und den Komfort des modernen Excel 2000 nicht heranreichen. Am grundlegenden Konzept des Arbeitsblattes aus Zeilen und Spalten hat sich seither jedoch nichts mehr geändert.

Hallo Newbies – Jetzt geht's los mit Excel

Genug der Vorrede, jetzt starten wir mit einem konkreten Beispiel, und zwar mit dem Aufbau eines Rechnungsformulars. Texte, Zahlen, Formeln und Formate, das Navigieren im Arbeitsblatt und das Markieren von Zellen – das alles kommt darin vor. Doch zunächst gilt es, Excel zu starten.

Excel starten

1. Sofern Sie Excel nicht als Verknüpfung auf dem Desktop oder der Windows-Shortcut-Leiste eingerichtet haben, klicken Sie bitte auf die *Start*-Schaltfläche in der Windows-Taskleiste und wählen Sie unter *Programme Excel* aus (siehe Abbildung 11.3).

2. Nach dem Start erscheint der Excel-Bildschirm, in dem bereits eine neue, leere Arbeitsmappe geöffnet ist. An der Titelleiste erkennen Sie, dass sie zunächst den Namen *Mappe1* trägt. Arbeitsmappen sind nichts anderes als eine Zusammenstellung mehrerer Arbeitsblätter, die gemeinsam in einer Excel-Datei mit der Dateinamenerweiterung *.xls* gespeichert werden. Der Sinn ist, dass man mehrere, zusammenhängende Tabellen oder Kalkulationen in einer Excel-Datei ablegen kann. Eine leere Arbeitsmappe enthält zunächst immer drei Arbeitsblätter. Sie erkennen das an den kleinen Registerlaschen mit der Aufschrift *Tabelle1*, *Tabelle2*, *Tabelle3* unterhalb des Arbeitsblattbereichs. Zunächst ist die *Tabelle1* im Vordergrund (siehe Abbildung 11.4).

3. Sie erkennen in der obigen Abbildung, dass die Zelle *A1* von einem etwas dickeren Rahmen umgeben ist. Er wird als *Ausfüllkästchen* bezeichnet und markiert die jeweils aktuelle Zelle, in die man Texte oder Formeln eingeben oder über die verschiedenen Excel-Befehle formatieren kann. Doch so weit sind wir noch nicht. Bitte probieren Sie zunächst die vier Pfeiltasten ←, →, ↑ und ↓ aus. Sie bewegen das Ausfüllkästchen jeweils um eine Zelle in die angegebene Richtung. Probieren

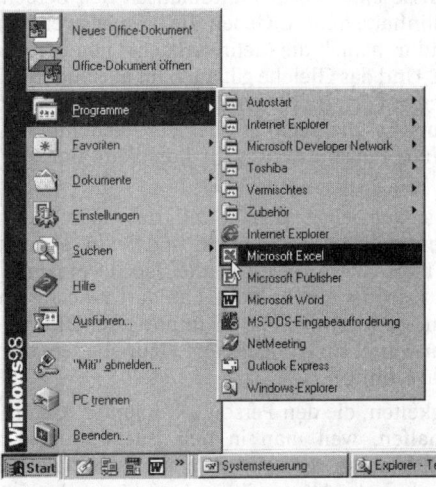

Abbildung 11.3:
Aufruf von Excel über das Start-*Menü*

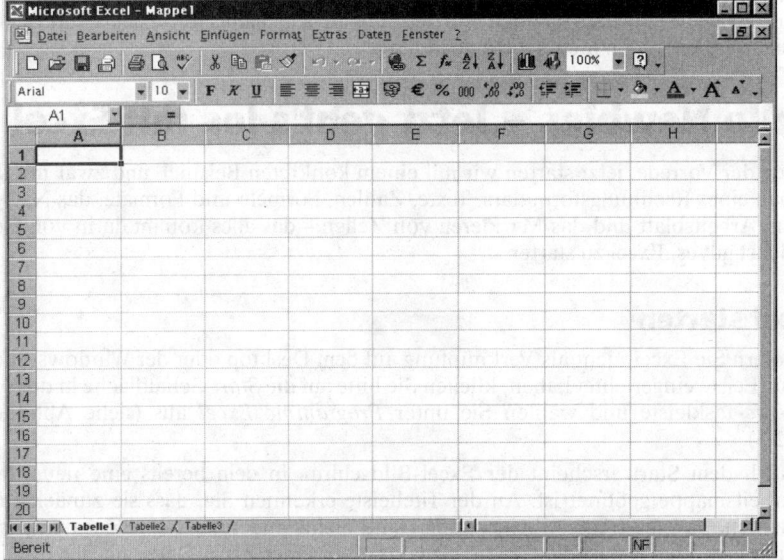

Abbildung 11.4:
Die leere Arbeitsmappe nach dem Öffnen von Excel

Sie bitte auch [Bild ↑] und [Bild ↓] aus. Haben Sie sich mit der Funktionsweise dieser Tasten vertraut gemacht, genügt ein Druck auf [Strg]+[Pos 1], um wieder in die Zelle *A1* zu gelangen.

4. Genauso einfach ist es, das Ausfüllkästchen mit Hilfe der Maus zu bewegen. Führen Sie den Mauszeiger einfach über die gewünschte Zelle und klicken Sie mit der linken Maustaste hinein. Schon steht das Ausfüllkästchen auf der angeklickten Zelle.

Die Eingabe

Wir starten mit dem Aufbau der Rechnung. Damit es zügig vorangeht, ersparen wir uns zunächst den Briefkopf mit Absender, Empfänger, Rechnungs- und Lieferscheinnummer etc. Das können wir alles noch später hinzufügen. Stattdessen beginnen wir mit dem Einleitungssatz und starten dann mit dem Aufbau der Tabelle für die einzelnen Rechnungspositionen.

1. Setzen Sie das Ausfüllkästchen bitte auf die Zelle *A1*. Und beginnen Sie anschließend mit der Eingabe von *Sehr geehrte Damen und Herren,*. Sie sehen, dass Excel den Text einerseits direkt innerhalb der Zelle darstellt, andererseits in der so genannten *Bearbeitungsleiste*, die später zum Editieren bestehender Zellinhalte genutzt wird. An der Einfügeposition erscheint jeweils die blinkende Einfügemarke. Sollten Sie sich bei der Eingabe vertippen, ignorieren Sie Ihren Fehler bitte zunächst. Drücken Sie stattdessen zum Abschluss der Eingabe ⏎.

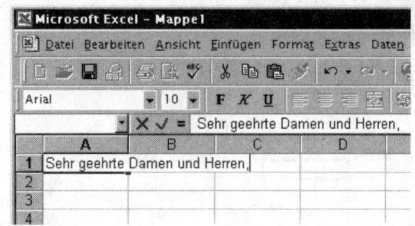

Abbildung 11.5:
Eingabe der Anrede

2. Damit unter der Anrede eine Leerzeile bleibt, setzen wir die Eingabe in der Zelle *A3* fort. Bitte setzen Sie das Ausfüllkästchen mit Hilfe der Pfeiltasten oder der Maus auf diese Zelle und beginnen Sie anschließend mit der Eingabe von *wir bedanken uns für Ihren Auftrag und stellen hiermit in Rechnung:*. Schließen Sie die Eingabe wiederum über ⏎ ab.

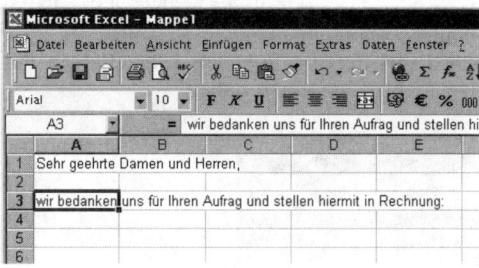

Abbildung 11.6:
Hups, fehlt da in Auftrag nicht ein Buchstabe?

3. Vielleicht ist es Ihnen wie uns ergangen, und es hat sich ein Tippfehler in den Text eingeschlichen. Um ihn zu korrigieren, setzen Sie das Ausfüllkästchen bitte auf die Zelle *A3* und drücken anschließend [F2]. Denn [F2] startet den Bearbeitungsmodus, in dem man den Inhalt einer Zelle editieren kann. Es erscheint die blinkende Einfügemarke, die Sie mit Hilfe der Pfeiltasten [←], [→], [Pos 1] und [Ende] innerhalb des Textes verschieben können. An der aktuellen Position der Einfügemarke lassen sich durch Eingabe weitere Zeichen einfügen, außerdem Zeichen über [Entf] und [←] löschen. Zum Abschluss der Eingabe drücken Sie dann wieder ⏎ oder klicken mit der Maus auf eine andere Zelle.

Für die ganz Mutigen: Zum Editieren einer Zelle kann man auch die Maus heranziehen, indem man einen Doppelklick auf die gewünschte Zelle ausführt. Peilen Sie dabei am besten direkt das Zeichen an, bei dem Sie die Editierung beginnen möchten, denn Excel setzt die Einfügemarke dorthin, wo Sie den Doppelklick ausführen.

TIPP

4. Jetzt sollen die Überschriften für die einzelnen Rechnungspositionen erstellt werden, und zwar in der Zeile 5. Setzen Sie dazu das Ausfüllkästchen zunächst auf die Zelle *A5* und beginnen Sie mit der Eingabe des Textes *Anzahl*. Schließen Sie die Eingabe jedoch nicht mit ⏎ ab, sondern über die Pfeiltaste →. Denn dadurch springt das Ausfüllkästchen gleich in die nebenliegende Zelle. Geben Sie in *B5* den Text *Artikel* ein und fahren Sie mit den weiteren Zellen dieser Zeile in gleicher Weise fort, wie in der folgenden Abbildung zu sehen.

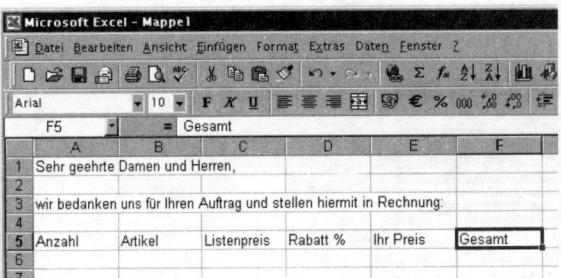

Abbildung 11.7:
Eingabe der Überschriften für die einzelnen Rechnungsposten

Markieren und Formatieren

Damit die soeben eingegebenen Überschriften als solche gut zu erkennen sind, sollen sie fett geschaltet, mit einem leichten Grauton unterlegt und mit einem umschließenden Rahmen versehen werden. Damit nicht jede Zelle einzeln formatiert werden muss, werden sie zunächst gemeinsam markiert.

1. Klicken Sie mit der linken Maustaste auf die Zelle *A5*, halten Sie die Maustaste gedrückt und ziehen Sie die Maus nach rechts zur Zelle *F5*, während Sie die Maustaste weiterhin niedergedrückt halten. Dadurch erstellen Sie eine Markierung, wobei die überdeckten Zellen von Excel hervorgehoben werden. Lassen Sie die Maustaste los, sobald Sie die Zellen *A5* bis *F5* markiert haben.

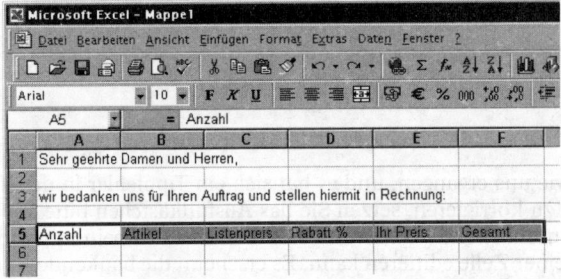

Abbildung 11.8:
Die Überschriften nach der Markierung

2. Alle weiteren Aktionen können wir über die Schaltflächen der *Format*-Symbolleiste abwickeln (die Symbolleiste, an deren linkem Rand in der obigen Abbildung *Arial* für die aktuelle Schriftart der markierten Zellen angezeigt wird. Klicken Sie bitte auf die *Fett*-Schaltfläche aus dieser Symbolleiste, um die Schrift in den markierten Zellen auf fett zu schalten.

Fett

Füllfarbe

3. Weiter geht's mit dem grauen Hintergrund für die Zellen. In der *Format*-Symbolleiste finden Sie dazu die Schaltfläche *Füllfarbe*. Wenn Sie auf das kleine Dreieck neben der Schaltfläche klicken, öffnet sich die Farbauswahl. Wählen Sie hier bitte, wie unten zu sehen, einen leichten Grauton. Die Zellen erhalten daraufhin die gewünschte Farbe.

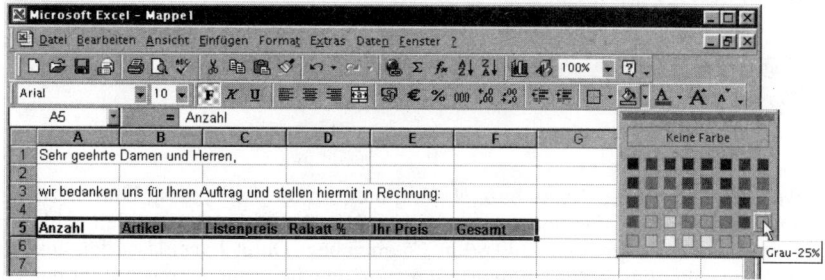

Abbildung 11.9:
Auswahl der Hintergrundfarbe für die markierten Zellen

Rahmen

4. Bleibt nur noch der Rahmen. Die zugehörige Schaltfläche befindet sich links neben der *Füllfarben*-Schaltfläche und besitzt ebenfalls ein kleines Dreieck, über das sich die Auswahl der Rahmenlinien öffnen lässt. Die einzelnen Schalter bestimmen, auf welchen Seiten die markierten Zellen mit einer Rahmenlinie versehen werden sollen. Bitte wählen Sie wie gezeigt die Einstellung *Rahmenlinie außen*.

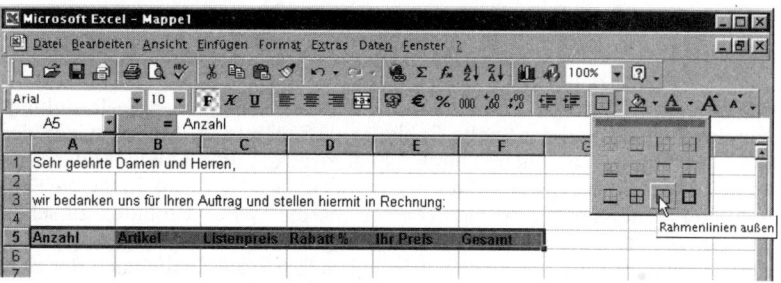

Abbildung 11.10:
Auswahl eines Rahmens

TIPP Sollte beim Nachbauen der Rahmen und Hintergrundfarben etwas schief gehen, gibt es immer einen einfachen Weg zurück: Die Tastenkombination [Strg]+[Z], eine Abkürzung für den Befehl *Bearbeiten/Rückgängig*. Er macht die letzte Aktion rückgängig und sogar die vorangehenden auch, wenn Sie mehrmals hintereinander [Strg]+[Z] drücken.

5. Die Formatierung der Überschriften ist damit abgeschlossen. Drücken Sie eine der Pfeiltasten oder klicken Sie mit der Maus auf eine beliebige Zelle, um die Markierung wieder aufzuheben.

Abbildung 11.11:
Die bislang erstellten Inhalte des Arbeitsblattes

	A	B	C	D	E	F
1	Sehr geehrte Damen und Herren,					
2						
3	wir bedanken uns für Ihren Auftrag und stellen hiermit in Rechnung:					
4						
5	Anzahl	Artikel	Listenpreis	Rabatt %	Ihr Preis	Gesamt
6						

Eingabe der ersten Rechnungsposition und Einstellung der Spaltenbreite

1. Setzen Sie das Ausfüllkästchen bitte auf die Zelle *A6* und geben Sie dort als Anzahl für die erste Rechnungsposition 5 ein. Schließen Sie die Eingabe durch →⏎ ab, um in die Zelle für die Artikelbezeichnung zu gelangen. Geben Sie dort *Duschwanne Durchmesser 100 cm* ein.

Abbildung 11.12: Zunächst überschreibt die Artikelbezeichnung den Listenpreis ...

2. Weil der Text für die Artikelbezeichnung nicht in die Zelle passt, läuft er zunächst auch in die Spalte für den Listenpreis hinein. Doch das ändert sich schlagartig, sobald Sie den Listenpreis *349,80* in *C5* eingeben. Denn Excel lässt den Text einer Zelle nur über deren Rand hinauslaufen, solange die Zelle daneben nicht belegt ist. Bei der Anrede in den Zeilen 1 und 3 ist das kein Problem, weil daneben keine weiteren Informationen platziert werden müssen, bei der Artikelbezeichnung hingegen schon.

Abbildung 11.13: ... doch Excel schneidet den Text ab, sobald die Zelle daneben belegt wird.

3. Die Lösung ist jedoch simpel: Man muss nur die Breite der Artikelspalte vergrößern, so dass der Text komplett hineinpasst. Führen Sie die Maus zunächst auf den Spaltenkopf der Spalte B, d. h. das graue Feld am oberen Rand des Tabellenblatts, in dem das B steht. Bewegen Sie die Maus anschließend vorsichtig über die Trennlinie zwischen der Spalte B und der Spalte C, bis sie als Separator erscheint, wie in der folgenden Abbildung zu sehen. Durch Niederdrücken der linken Maustaste und anschließender Bewegung der Maus nach links oder rechts können Sie die Spalte B nun breiter oder schmaler machen. Ziehen Sie die Spalte wie unten zu sehen auf und lassen Sie dann die Maustaste los, um die gewünschte Breite einzustellen. Passt der Artikeltext immer noch nicht hinein, machen Sie die Spalte nach der gleichen Methode noch ein wenig breiter (siehe Abbildung 11.14).

4. Der Listenpreis soll immer mit zwei Nachkommastellen ausgegeben werden, auch wenn Sie nur eine oder gar keine Nachkommastelle eingegeben haben. Setzen Sie die Einfügemarke deshalb auf die Zelle *C6* und drücken Sie die Schaltfläche *Dezimalstelle hinzufügen* aus der *Format*-Symbolleiste. Der Betrag wird dadurch automatisch mit zwei Nachkommastellen ausgegeben, und das gilt auch, wenn sie beispielsweise nur *349* eingeben. In der Zelle erscheint daraufhin *349,00*.

Dezimalstelle hinzufügen

5. Weiter geht es mit dem Rabatt im Feld *D6*. Bitte setzen Sie das Ausfüllkästchen auf diese Zelle und drücken Sie anschließend die Schaltfläche *Prozentformat* aus der *Format*-Symbolleiste. Excel erfährt so, dass in dieser Zelle Prozentwerte eingegeben werden sollen. Wie wir gleich noch sehen werden, hat das einerseits auf das Rechnen mit diesen Werten Einfluss. Darüber hinaus sorgt es dafür, dass den eingegebenen Werten automatisch ein Prozentzeichen angefügt wird. Dies geschieht, sobald Sie – wie hier – den Prozentwert *15* in die Zelle eingeben (siehe Abbildung 11.15).

Prozentformat

Abbildung 11.14:
Anpassen der Spaltenbreite mit Hilfe der Maus über den Spaltenkopf

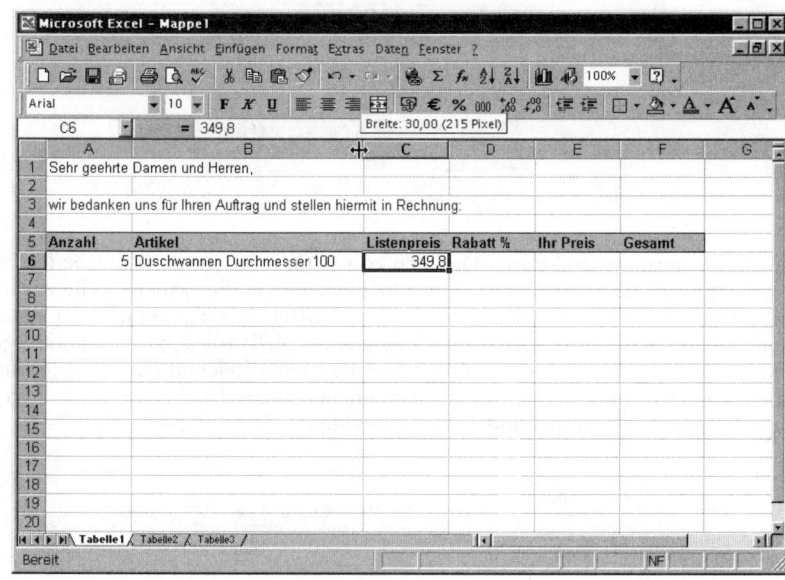

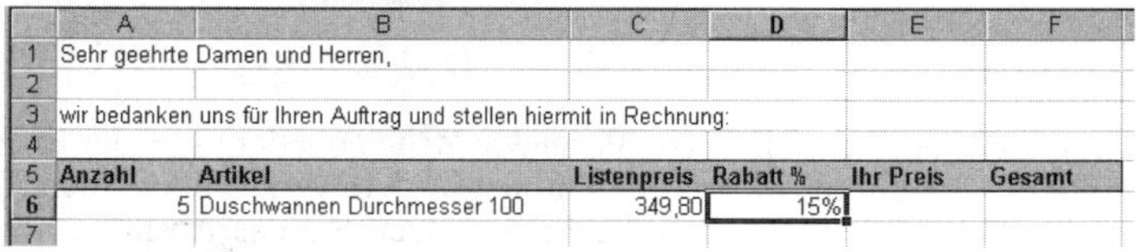

Abbildung 11.15: Durch das Prozentformat stellt Excel der Zahl automatisch ein Prozentzeichen hinzu.

Die Berechnung von Einzelpreis und Gesamtpreis

6. Jetzt kommt endlich die erste Formel, nämlich im Feld *E6*, wo der Einzelpreis (*Ihr Preis*) aus dem Listenpreis minus Rabatt errechnet werden soll. Die Formel dazu lautet =C6*(1–D6). Dazu müssen Sie wissen, dass Zahlen wie die in *D6*, die als Prozentwerte formatiert wurden, intern durch 100 geteilt werden. Das macht das Rechnen mit Prozentwerten einfacher, weil der Prozentwert dadurch nur mit dem Basiswert multipliziert werden muss. Excel rechnet also nicht mit 15, sondern mit 0,15, wenn in einer Formel auf die Zelle *D6* Bezug genommen wird. Und 1 minus 0,15 ergibt 0,85, was 85 Prozent entspricht. Multipliziert man 0,85 mit dem Listenpreis, erhält man den Preis mit 15 Prozent Rabatt.

7. Um die Formel einzugeben, setzen Sie das Ausfüllkästchen zunächst auf die Zelle *E6*. Drücken Sie anschließend auf das Gleichheitszeichen, um die Eingabe einer Formel einzuleiten. Anstatt die Koordinate *C6* von Hand einzugeben, drücken Sie bitte zweimal auf die Pfeiltaste ←. Weil Sie dabei sind, eine Formel einzugeben, beendet das nicht etwa die Eingabe, sondern bewegt das Kontrollkästchen in die gewünschte Richtung auf das Feld *C6*. Automatisch nimmt Excel dadurch die Koordinate des Kontrollkästchens in die Formel auf. Denn innerhalb der Formelangabe kann man Excel durch Versetzen des Kontrollkästchens zeigen, auf welches Feld man sich beziehen möchte.

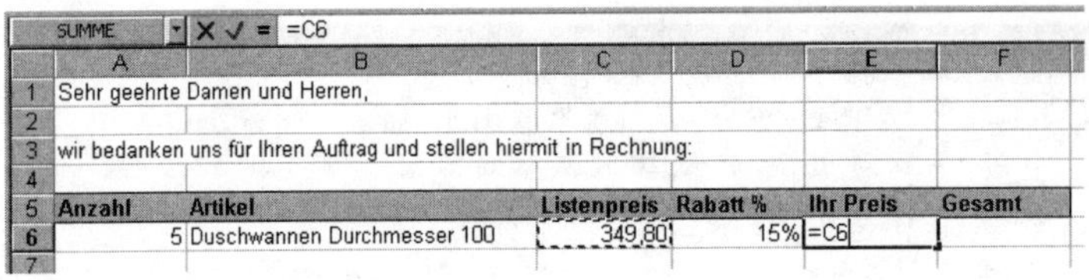

Abbildung 11.16:
Bei der Formeleingabe können Sie Excel die Zelle zeigen, auf die Sie sich beziehen möchten.

8. Sobald Sie anschließend durch Drücken von * (für mal) mit der Eingabe fortfahren, setzt Excel das Kontrollkästchen jedoch wieder auf die aktuelle Zelle zurück. Geben Sie nun den Rest der Formel ein, d.h. den Teil *(1–D6)*, wenn Sie möchten, komplett von Hand oder wieder durch Zeigen der Zelle (diesmal *D6*). Sollten Sie sich bei der Eingabe vertippen, können Sie die letzten Zeichen über ⌫ löschen oder die Eingabe via Esc ganz abbrechen, um neu anzusetzen. Am Ende sollten in Zelle *E6* jedoch die Formel und das Ergebnis stehen, wie unten zu sehen.

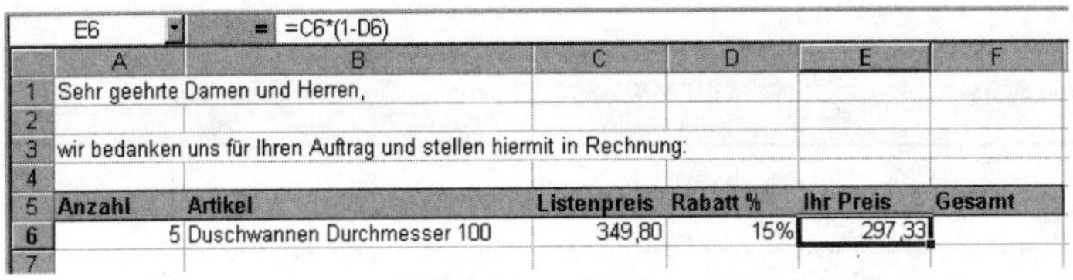

Abbildung 11.17:
Der Einzelpreis mit Rabatt und die zugehörige Formel

9. Bleibt für diese Zeile nur noch die letzte Formel in Zelle *F6*. Hier muss der Einzelpreis in *E6* mit der Anzahl in *A6* über die Formel *=E6*A6* verknüpft werden. Das ergibt dann den Gesamtpreis für diese Position. Setzen Sie das Ausfüllkästchen dazu auf *F6*, geben Sie das Gleichheitszeichen und den Rest der Formel ein, wie unten gezeigt. Excel soll den Betrag gleich mit zwei Nachkommastellen, DM-Symbol und Tausendertrennpunkt anzeigen. Klicken Sie dazu auf die *Währung*-Schaltfläche in der *Format*-Symbolleiste von Excel. Das Ergebnis sollte wie folgt aussehen:

Währung

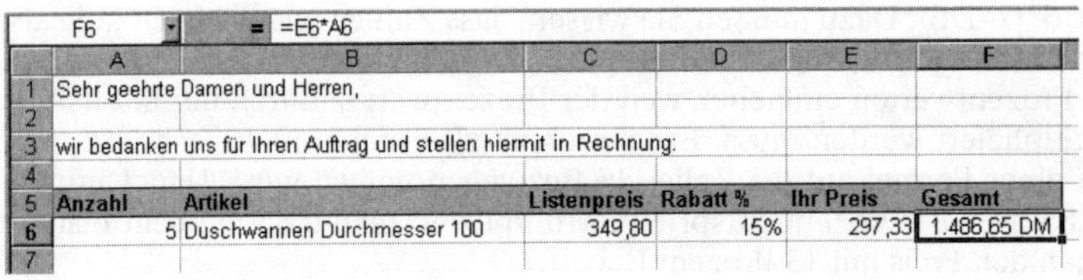

Abbildung 11.18:
Der Gesamtpreis im Währungsformat

10. Bitte überzeugen Sie sich, dass Ihre Formeln tatsächlich funktionieren. Geben Sie unterschiedliche Werte für den Rabatt, den Listenpreis und die Anzahl ein, und beobachten Sie, wie sich der Einzelpreis und der Gesamtpreis dadurch verändern. Sollte es geschehen, dass anstelle des Gesamtpreises plötzlich nur noch Doppelkreuze erscheinen, ist die Zahl einfach zu groß geworden, um sie bei der gegebenen Spaltenbreite noch darstellen zu können. Verbreitern Sie in diesem Fall die Spalte *F*, wie wir das schon am Beispiel der Spalte *B* durchexerziert haben. Sofort erscheint das Ergebnis wieder.

Abbildung 11.19: Reicht der Platz in der Spalte nicht aus, stellt Excel nur noch # dar.

5	Anzahl	Artikel	Listenpreis	Rabatt %	Ihr Preis	Gesamt
6	50	Duschwannen Durchmesser 100	349,80	15%	297,33	##########

Speichern, Schließen und Laden der Arbeitsmappe

Noch ist die Rechnungstabelle nicht fertig, dennoch kann es nicht schaden, die Arbeitsmappe zwischendurch schon mal zu speichern und dem Kind dabei gleichzeitig einen Namen zu geben.

Speichern

1. Klicken Sie bitte auf die *Speichern*-Schaltfläche in der *Standard*-Symbolleiste von Excel. Es erscheint der Dialog *Speichern unter*, über den ein Verzeichnis und ein Name für die Ablage der Arbeitsmappe gewählt werden müssen. Sofern nach der Installation nicht anders eingestellt, schlägt Excel als Ablageort das Verzeichnis *Eigene Dateien* vor, in dem auch die anderen Office-Anwendungen ihre Dateien standardmäßig ablegen. Bitte akzeptieren Sie dieses Verzeichnis, indem Sie sogleich beginnen, im Eingabefeld *Dateiname* den gewünschten Namen der Arbeitsmappe einzutragen, nämlich *rechnung*. Die Excel-Dateiendung *.xls* hängt Excel dann automatisch an. Ein Mausklick auf die *Speichern*-Schaltfläche oder der Druck auf ⏎ genügt anschließend, um den Dialog abzuschließen und die Datei unter dem gewünschten Namen zu speichern.

HINWEIS Excel beschwert sich, falls es in dem gewählten Verzeichnis bereits eine Datei mit Namen *rechnung.xls* gibt. Über einen kleinen Dialog fragt es nach, ob Sie die bestehende Datei überschreiben möchten. Optieren Sie in diesem Fall mit *Nein* und wählen Sie im *Speichern unter*-Dialog anschließend einfach einen etwas anderen Namen wie *rechnung beispiel* oder *rechnung 01*.

Abbildung 11.20: Beim ersten Speichern eines Arbeitsblatts erscheint der Dialog Speichern unter.

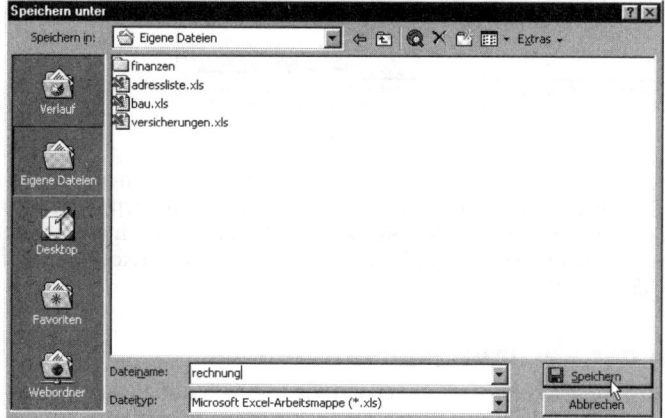

2. Dass die Datei unter dem angegebenen Namen gespeichert wurde, erkennen Sie bereits an der Titelleiste, wo jetzt nicht mehr *Mappe1*, sondern der gewählte Dateiname erscheint. Um das spätere Laden auszuprobieren, schließen Sie die Datei bitte über den Menübefehl *Datei/Schließen*. Alternativ können Sie auch mit der Maus auf das Schließkreuz für die aktuelle Arbeitsmappe klicken. (Bitte nicht auf das darüberliegende Schließkreuz von Excel, denn dann wird auch Excel sogleich geschlossen.)

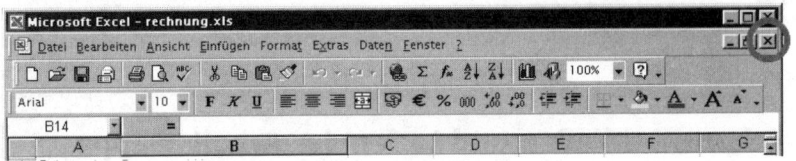

Abbildung 11.21:
Schließen der aktuellen Arbeitsmappe über das Schließkreuz

3. Klicken Sie jetzt bitte auf das *Öffnen*-Symbol in der *Standard*-Symbolleiste oder rufen Sie *Datei/Öffnen* auf. Es erscheint der *Öffnen*-Dialog, in dem Sie analog zum Speichern Verzeichnis und Dateinamen der zu öffnenden Datei bestimmen können. Bitte wählen Sie aus *Eigene Dateien* wiederum *rechnung.xls* aus. Klicken Sie dazu erst auf den Dateinamen und dann auf die Schaltfläche *Öffnen*. Oder führen Sie gleich einen Doppelklick auf den Dateinamen aus, das wirkt auch.

Öffnen

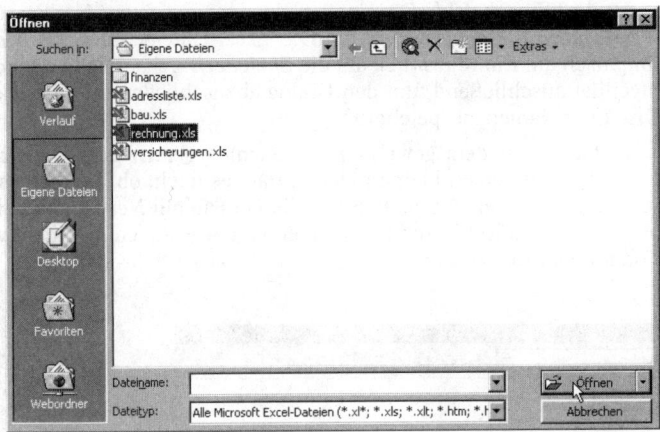

Abbildung 11.22:
Der Öffnen-Dialog zum Laden einer Arbeitsmappe

4. Während der weiteren Erstellung der Rechnung sollten Sie die Arbeitsmappe regelmäßig über die *Speichern*-Schaltfläche speichern, um den aktuellen Stand zu sichern. Ein Dialog erscheint dann nicht mehr, weil die Datei bereits einen Namen hat. Stattdessen erscheint in der Statuszeile am unteren Rand des Excel-Fensters kurz die Meldung, dass das Dokument jetzt gespeichert wird.

Speichern

Vervielfältigen der Rechnungspositionen

Eine Rechnung enthält selten nur eine Rechnungsposition, deshalb soll die Rechnungszeile vervielfältigt werden. Excel kommt uns dabei entgegen, denn es passt die Bezüge, d.h. die aufgeführten Zellen in den Formeln, beim Kopieren automatisch an.

1. Die Zellen *A6* bis *F6* sollen auf die sechs darunter liegenden Zeilen kopiert werden. Dazu müssen sie allerdings erst einmal markiert werden. Am einfachsten ist, gleich die ganze Zeile zu markieren, denn dazu genügt das Anklicken des Zeilenkopfes links neben der Zelle *A6*. Dass Sie richtig sind, erkennen Sie unter anderem daran, dass sich der Mauszeiger beim Überfahren des Zeilenkopfs in ein dickes Kreuz verwandelt. Klicken Sie dann, damit Excel die Zeile markiert und hervorhebt, wie unten zu sehen.

	A	B	C	D	E	F	G
1	Sehr geehrte Damen und Herren,						
2							
3	wir bedanken uns für Ihren Auftrag und stellen hiermit in Rechnung:						
4							
5	Anzahl	Artikel	Listenpreis	Rabatt %	Ihr Preis	Gesamt	
6	5	Duschwannen Durchmesser 100	349,80	15%	297,33	1.486,65 DM	

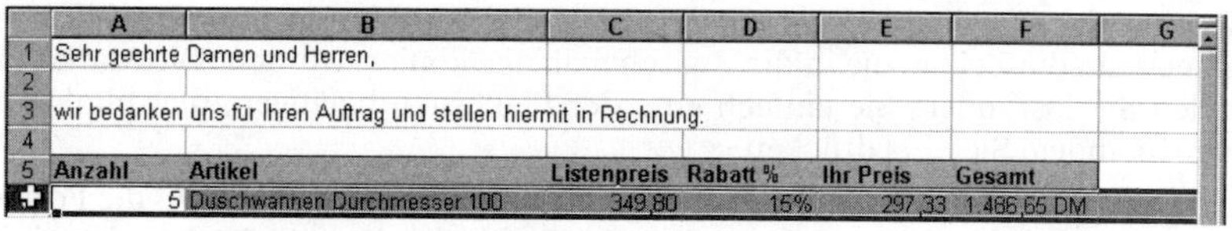

Abbildung 11.23: *Über den Zeilenkopf lassen sich komplette Zeilen markieren.*

Kopieren

2. Das Kopieren von Zellen wird über die Zwischenablage abgewickelt, genau wie bei den anderen Office-Anwendungen. Was markiert ist, können Sie über den Befehl *Bearbeiten/Kopieren* oder die *Kopieren*-Schaltfläche aus der *Standard*-Symbolleiste in die Zwischenablage kopieren, damit es von dort wieder eingefügt werden kann. Am schnellsten geht es jedoch über die Kurzwahltaste [Strg]+[C]. Welchen der drei Wege Sie wählen, bleibt Ihnen überlassen.
3. Jetzt gilt es, die Zeilen zu markieren, in die der Inhalt der Zwischenablage kopiert werden soll. Führen Sie dazu die Maus über den Zeilenkopf der Zeile *7*, drücken Sie die linke Maustaste nieder und halten Sie sie gedrückt. Wenn Sie die Maus nun langsam nach unten ziehen, erkennen Sie, wie immer mehr Zeilen markiert werden. Sie können die Maus auch wieder nach oben bewegen, um die Anzahl der markierten Zeilen zu verkleinern. Bitte ziehen Sie die Maus bis zur Zeile *12*, damit die Zeilen *7* bis *12* markiert sind.

	A	B	C	D	E	F	G
1	Sehr geehrte Damen und Herren,						
2							
3	wir bedanken uns für Ihren Auftrag und stellen hiermit in Rechnung:						
4							
5	Anzahl	Artikel	Listenpreis	Rabatt %	Ihr Preis	Gesamt	
6	5	Duschwannen Durchmesser 100	349,80	15%	297,33	1.486,65 DM	
7							
8							
9							
10							
11							
12							
13							

Abbildung 11.24: *Markieren der Zeilen, in die kopiert werden soll*

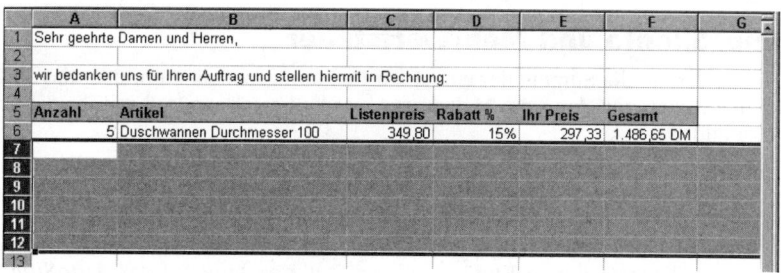

4. Klicken Sie nun die Schaltfläche *Einfügen* aus der *Standard*-Symbolleiste an oder betätigen Sie die Kurzwahltaste [Strg]+[↓]. Beides entspricht dem Aufruf von *Bearbeiten/Einfügen* und sorgt dafür, dass der Inhalt der Zwischenablage in den markierten Bereich kopiert wird. Weil dieser mehr Zeilen umfasst als die Zwischenablage, wird ihr Inhalt einfach so oft vervielfältigt, bis er den markierten Bereich ausfüllt.

	A	B	C	D	E	F	G
1	Sehr geehrte Damen und Herren,						
2							
3	wir bedanken uns für Ihren Auftrag und stellen hiermit in Rechnung:						
4							
5	Anzahl	Artikel	Listenpreis	Rabatt %	Ihr Preis	Gesamt	
6	5	Duschwannen Durchmesser 100	349,80	15%	297,33	1.486,65 DM	
7	5	Duschwannen Durchmesser 100	349,80	15%	297,33	1.486,65 DM	
8	5	Duschwannen Durchmesser 100	349,80	15%	297,33	1.486,65 DM	
9	5	Duschwannen Durchmesser 100	349,80	15%	297,33	1.486,65 DM	
10	5	Duschwannen Durchmesser 100	349,80	15%	297,33	1.486,65 DM	
11	5	Duschwannen Durchmesser 100	349,80	15%	297,33	1.486,65 DM	
12	5	Duschwannen Durchmesser 100	349,80	15%	297,33	1.486,65 DM	
13							

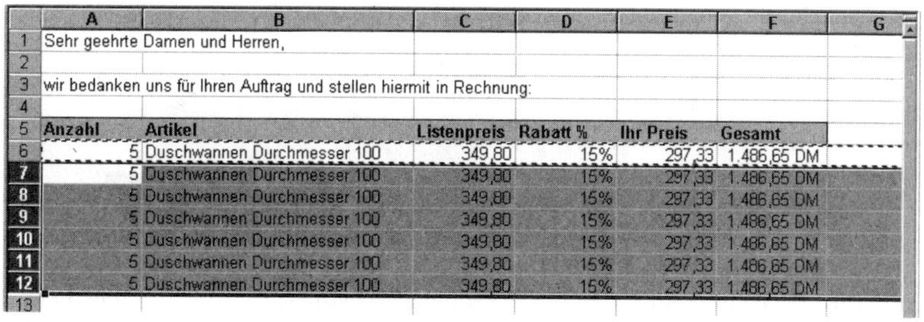

Abbildung 11.25: *Die eingefügten Zeilen auf dem Bildschirm*

5. Was nach dem Kopieren erst einmal bleibt, sind die Markierung und der blinkende Rahmen um die Zellen, die in die Zwischenablage kopiert wurden. Die Markierung werden Sie los, indem Sie einfach eine der Pfeiltasten betätigen, den blinkenden Rahmen, indem Sie [Esc] drücken.
6. Dass Excel die Bezüge in den Formeln angepasst hat, zeigt ein Blick auf die Formeln in den Zellen *E6* bis *E12* und *F6* bis *F12*. Setzen Sie das Ausfüllkästchen dazu in die Zelle *E6*, drücken Sie mehrmals [↓] und beobachten Sie dabei, wie sich die in der Bearbeitungsleiste angezeigten Formeln verändern. Während es in *E6 =C6*(1–D6)* heißt, lautet die Formel in *E7 =C7*(1–D7)* in *E8 =C8*(1–D8)* usw. Sie können die Auswirkungen der angepassten Formeln auch gleich ausprobieren, indem Sie einfach andere Mengen in der *Anzahl*-Spalte einsetzen, verschiedene Listenpreise oder Rabatte ändern.

Abbildung 11.26: Änderungen in den einzelnen Rechnungspositionen wirken sich unmittelbar auf die angezeigten Preise aus.

Summe, Skonto und Mehrwertsteuer

Jetzt geht es darum, die Summe der einzelnen Rechnungsposten zu bilden, davon 2% Skonto abzuziehen, um dann die Mehrwertsteuer zu berechnen und mit ihr die Endsumme zu bilden.

1. Setzen Sie das Ausfüllkästchen in die Zelle *F13*, wo die Summe der darüber stehenden Posten berechnet werden soll. Natürlich könnte das über die Formel *=A6+A7+A8+A9* ... geschehen, doch viel einfacher geht es mit der *summe()*-Funktion von Excel, der man lediglich den Bereich der aufzusummierenden Felder nennen muss. Klicken Sie zum Einfügen dieser Funktion bitte auf das *AutoSumme*-Symbol in der *Standard*-Symbolleiste. Die folgende Abbildung zeigt, dass Excel daraufhin selbstständig die Zellen *F6* bis *F12* markiert und für das Feld *F12* die Formel *=SUMME(F6:F12)* vorschlägt. Die Syntax mit dem Doppelpunkt – *F6:F12* – ist die Standardform, wie Bereiche in Excel bezeichnet werden. Drücken Sie bitte [↵], um die Formel zu übernehmen.

AutoSumme

Abbildung 11.27: Mit der Auto-Summe-*Funktion sucht sich Excel »selbstständig« den zu summierenden Bereich.*

2. Durch das Drücken von [↵] hat Excel das Ausfüllkästchen auf das Feld *F14* gesetzt. Dort sollen 2% Skonto von der Gesamtsumme berechnet werden. Geben Sie dazu bitte die Formel *=0,02*F13* ein und drücken Sie zum Abschluss der Eingabe wiederum [↵], damit Sie gleich in die Zelle *F15* gelangen.

Abbildung 11.28:
Die Skonto-Formel in Zelle F14

	A	B	C	D	E	F
	Anzahl	Artikel	Listenpreis	Rabatt %	Ihr Preis	Gesamt
5						
6	5	Duschwannen Durchmesser 100	349,80	15%	297,33	1.486,65 DM
7	6	Duschwannen Durchmesser 100	349,80	15%	297,33	1.783,98 DM
8	7	Duschwannen Durchmesser 100	349,80	15%	297,33	2.081,31 DM
9	8	Duschwannen Durchmesser 100	349,80	15%	297,33	2.378,64 DM
10	9	Duschwannen Durchmesser 100	349,80	15%	297,33	2.675,97 DM
11	10	Duschwannen Durchmesser 100	349,80	15%	297,33	2.973,30 DM
12	11	Duschwannen Durchmesser 100	349,80	15%	297,33	3.270,63 DM
13						16.650,48 DM
14						333,01 DM
15						

3. In *F15* soll der Skonto aus *F14* von der Summe aus *F13* abgezogen werden, das ergibt dann die Nettoendsumme. Die zugehörige Formel lautet *=F13–F14*.
4. In *F16* kommt die Berechnung der Mehrwertsteuer an die Reihe. Bei einem Satz von 16% lautet die Formel *=0,16*F15*.
5. In *F17* wird schließlich die Bruttoendsumme gebildet, und zwar durch Addition der Mehrwertsteuer auf die Nettosumme. Die Formel lautet *=F15+F16*.
6. Was jetzt noch fehlt, sind die Beschriftungen links neben den einzelnen Formeln, d.h. in der Spalte *E*. Bitte tragen Sie die Texte wie unten abgebildet ein. Beachten Sie dabei zum einen, dass Sie vor der Eingabe des Textes *–2% Skonto* das '-Zeichen drücken müssen (das Zeichen über dem Doppelkreuz, links neben der ⏎-Taste). Es signalisiert Excel, dass Sie keine Zahl, sondern einen Text eingeben möchten. Ohne dieses Zeichen würde Excel den Text durch das einleitende Minus sonst nämlich als Zahl interpretieren und einen Fehler melden.

Abbildung 11.29:
Die Beschriftungen für die Summenfelder

12		11 Duschwannen Durchmesser 100	349,80	15%	297,33	3.270,63 DM
13					Summe:	16.650,48 DM
14					-2% Skonto:	333,01 DM
15					Netto:	16.317,47 DM
16					zzgl. MwSt 16%:	2.610,80 DM
17					Endsumme:	18.928,27 DM

Rechtsbündig

7. Vielleicht ist es Ihnen schon aufgefallen: Entgegen der obigen Abbildung sind die einzelnen Beschriftungen zunächst links ausgerichtet und passen auch nicht alle komplett in die Spalte *E*. Da kann man sich einerseits behelfen, indem man die Spalte *E* breiter macht. Doch es gibt noch ein anderes Mittel, das in der obigen Abbildung angewandt wurde. Markieren Sie dazu zunächst die Zellen *E13* bis *E17* und klicken Sie anschließend auf die Schaltfläche *Rechtsbündig* aus der *Format*-Symbolleiste. Dadurch wird der Text an den rechten Rand der Zellen herangerückt und läuft gleichzeitig in die links angrenzenden Zellen hinein.

So wird's ein Blanko-Formular

Was dem Formular noch fehlt, sind gewisse Blanko-Qualitäten, denn wenn Sie die Testeinträge erst einmal löschen, gibt's eine Überraschung:

1. Setzen Sie das Ausfüllkästchen bitte auf die Zelle *A6*, drücken und halten Sie die ⇧-Taste gedrückt, während Sie das Ausfüllkästchen mit den Pfeiltasten bis nach *D12* führen. Dadurch wird der Bereich *A6:D12* markiert, denn auch mit Hilfe der Tastatur lassen sich Markierungen aufsetzen, wenn man während der Bewegung die ⇧-Taste gedrückt hält. Lassen Sie die ⇧-Taste los und drücken Sie Entf. Das löscht die Inhalte der Zellen in dem markierten Bereich, während die Formatierungen erhalten bleiben. Das ist wichtig, denn so geht z.B. das eingestellte Prozentfor-

mat in der *Rabatt*-Spalte nicht verloren und tritt sofort wieder auf, wenn demnächst wieder ein Rabatt dort eingetragen wird.

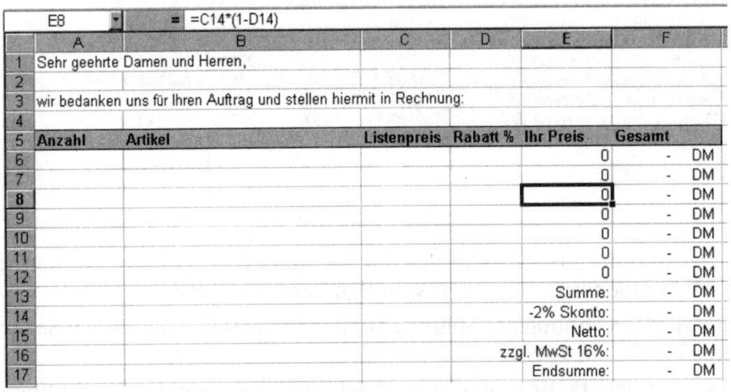

Abbildung 11.30: Artikel und Listenpreise sind weg – die Einzelpreise verschwinden jedoch nicht.

2. Zellen, die leer sind, behandelt Excel bei der Einbeziehung in Formeln so, als ob sie 0 enthielten. Bei unseren Formeln führt das dazu, dass als Ergebnis in den Spalten *Ihr Preis* und *Gesamt* 0 errechnet und entsprechend des eingestellten Zahlenformats dargestellt wird. Beim zweistelligen Format in *Ihr Preis* einfach als *0*, beim Währungsformat in *Gesamt* als *– DM*. Damit in Zeilen ohne Artikel auch diese Zellen wirklich leer bleiben, kennt Excel zwei Methoden: die bedingte Formatierung und die Arbeit mit der *WENN()*-Funktion. An dieser Stelle arbeiten wir mit der *WENN()*-Funktion.

3. Setzen Sie das Ausfüllkästchen auf *E6* und geben Sie dort folgende Formel ein:

    =WENN(A6<>0 ; C6*(1-D6) ; "")

4. Die geöffnete Klammer hinter *WENN()* signalisiert Ihnen, dass es sich hier um den Aufruf einer Excel-Funktion handelt. Excel besitzt mehr als 300 verschiedener Funktionen, von denen jede eine bestimmte Anzahl von Informationen (»Parameter«) erwartet, die ihr in den Klammern im Anschluss an den Funktionsnamen übergeben werden. Sind es mehrere Parameter, werden sie durch Semikolon getrennt, so wie hier. Konkret erwartet *WENN* zunächst eine Bedingung, die es zu entscheiden gilt. Hier heißt sie *A6* ungleich 0 *(A6<>0)*, weil es darauf ankommt, ob in der *Anzahl* in *A6* etwas eingetragen ist oder nicht.

5. Trifft die Bedingung zu, wertet die *WENN()*-Funktion den zweiten Parameter aus und zeigt dessen Resultat als Ergebnis auf dem Bildschirm an. In diesem Fall ist das die ursprüngliche Berechnung des Listenpreises minus Rabatt. Steht in *A6* hingegen 0 oder einfach nichts, trifft die Bedingung *A6 ungleich 0* nicht zu. Infolgedessen wertet die *WENN()*-Funktion den dritten Parameter aus und zeigt dessen Resultat als Zellinhalt auf dem Bildschirm an. In der obigen Formel wurde für diesen Fall deshalb ein leerer Text (»«) angegeben. Er sorgt dafür, dass die Zelle tatsächlich leer bleibt, wenn keine Anzahl in *A6* eingegeben wurde.

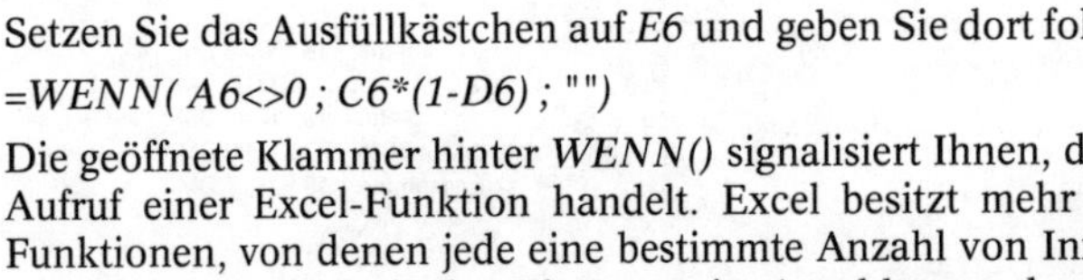

Abbildung 11.31: Mit der WENN-Funktion kann man flexibel auf unterschiedliche Bedingungen reagieren.

6. Nach dem gleichen Schema kann man jetzt auch die *Gesamt*-Formel in *F6* umbauen. Hier muss die Formel

   =WENN(A6<>0;E6*A6;"")

   lauten.

7. Jetzt geht es darum, die beiden neuen Formeln auf die darunter liegenden Rechnungspositionen zu übertragen. Das Kopieren über die Zwischenablage haben Sie bereits kennen gelernt. Jetzt kommt eine noch einfachere Methode, die überall dort greift, wo man eine oder mehrere Zellen über mehrere angrenzende Zeilen oder Spalten hinweg kopieren möchte. Markieren Sie dazu erst einmal die beiden Zeilen *E6* und *F6* und führen Sie den Mauszeiger über den kleinen Ziehpunkt in der unteren rechten Ecke des Ausfüllkästchens. Sie sind richtig, wenn sich der Mauszeiger in ein kleines Kreuz verwandelt.

Abbildung 11.32:
Der Ziehpunkt
des Ausfüll-
kästchens

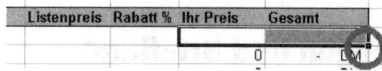

8. Drücken Sie nun die linke Maustaste, halten Sie sie gedrückt und ziehen Sie den Ziehpunkt nach unten, bis er den Bereich *E6:F12* überdeckt. Lassen Sie dann die Maustaste los, um die Zellen zu kopieren. Sofort verschwinden die störenden Nullen in den verschiedenen Rechnungspositionen, solange Sie unter *Anzahl* nicht wieder eine Zahl ungleich 0 eintragen.

Abbildung 11.33:
Aufziehen des
Ausfüllkäst-
chens mit der
Maus

Feintuning der Optik

1. Um der Tabelle etwas mehr Struktur zu verleihen, haben wir die Rechnungsposten und den Summenblock noch jeweils umrahmt, den Summenblock außerdem mit einem leichten Grau hinterlegt und die Zellen dort auf Fett geschaltet. Außerdem haben wir die *Rabatt*-Spalte und die *Anzahl*-Spalte noch ein wenig schmaler gemacht. Dadurch macht der Rechnungsblock schon gleich mehr her. Die notwendigen Handgriffe und Symbolleisten-Schaltflächen haben Sie bereits kennen gelernt, deshalb bauen Sie diese Vorgabe bitte selbstständig nach. Ganz bewusst haben wir diesen Schritt übrigens relativ weit nach hinten verschoben, denn solange man noch Formeln umbaut, läuft man immer Gefahr, Formatierungen nach dem Kopieren und Verschieben von Zellen erneut vornehmen zu müssen, insbesondere was Rahmen und Farben angeht. Besser also, man setzt die Kosmetik relativ weit an das Ende der Arbeit.

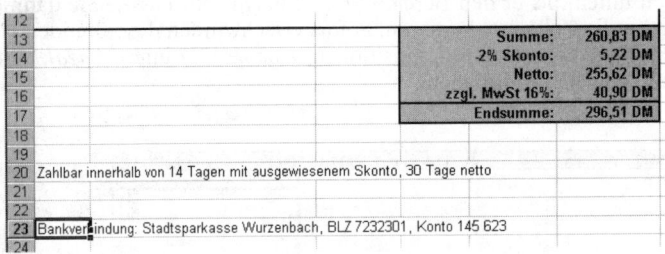

Abbildung 11.34:
Rahmen und Hintergrundfarben geben der Tabelle Struktur und durch die WENN()-Funktionen bleiben leere Positionen wirklich leer.

Einfügen von Zahlungsbedingungen und Briefkopf

1. Auf dem folgenden Bild sehen Sie die Zahlungsbedingungen mitsamt der Kontoverbindung, die wir einfach unterhalb des Rechnungsblocks als Text eingegeben haben.

Abbildung 11.35:
Zahlungsbedingungen und Bankverbindung werden als Textzellen angelegt.

2. Etwas schwieriger wird es, den Briefkopf vor der Anrede und der Rechnungstabelle zu positionieren, denn sie stehen am Anfang der Tabelle, und darüber ist kein weiterer Platz. Doch der lässt sich leicht schaffen. Setzen Sie das Ausfüllkästchen einfach auf die Zelle *A1* und rufen Sie anschließend den Menübefehl *Einfügen/Zeilen* (nicht zu verwechseln mit *Einfügen/Zellen*) auf. Dadurch wird eine Zeile am Beginn der Tabelle eingefügt und alle nachfolgenden Zeilen automatisch um eine Zeile nach unten verschoben. Entscheidend ist, dass Excel dabei die Bezüge in den verschiedenen Formeln des Arbeitsblatts automatisch anpasst. Man muss die Formeln anschließend also nicht manuell nachjustieren, weil sich die Lage der Zellen verschoben hat, auf die in den Formeln Bezug genommen wird (siehe Abbildung 11.36).
3. Eine Zeile allein soll es aber nicht gewesen sein. Insgesamt sollen neun Zeilen eingefügt werden. Anstatt aber neunmal hintereinander *Einfügen/Zeilen* aufzurufen, können Sie sich der Funktionstaste F4 bedienen. Sie steht in allen Office-Anwendungen für »Letzten Befehl wiederholen«. Drücken Sie also einfach achtmal F4.
4. Bitte geben Sie die Texte für Absender, Empfänger, Rechnungsnummer und Datum ein, wie unten gezeigt (siehe Abbildung 11.37).

Abbildung 11.36:
Einfügen/Zeilen fügt eine neue Zeile an der Position des Ausfüllkästchens in das Arbeitsblatt ein.

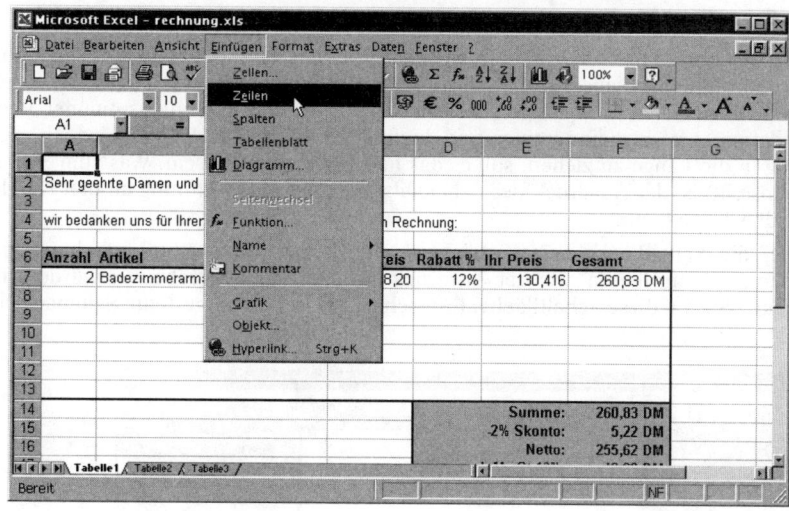

Abbildung 11.37:
Der Text oberhalb der Rechnungstabelle

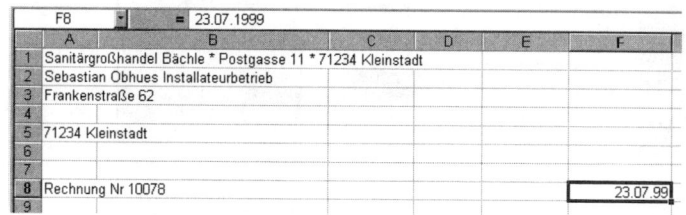

5. Die Absenderüberschrift fällt etwas breit dafür aus, dass der Brief später in einem Fensterkuvert versandt werden soll. Außerdem ist sie schlecht von der Empfängeradresse zu unterscheiden. Beides soll sich jetzt mit Hilfe der verschiedenen Schaltflächen aus der *Format*-Symbolleiste ändern. Setzen Sie das Ausfüllkästchen auf die Zelle *A1* und klicken Sie anschließend die folgenden Schaltflächen an:

Fett   Unterstrichen   2 * Schriftart verkleinern

6. Das Ergebnis sollte anschließend wie folgt aussehen:

Abbildung 11.38:
Formatierung der Absenderüberschrift

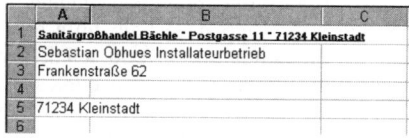

Der Ausdruck

OK, das Rechnungsformular ist noch nicht ganz perfekt. Hier und da könnte man noch an der Formatierung feilen und weitere Informationselemente hinzufügen, beispielsweise rechts neben der Empfängeranschrift einen Block mit Rechnungsnummer, Rechnungsdatum, Lieferscheinnummer und Lieferdatum. Um das Beispiel jedoch nicht unnötig in die Länge zu ziehen, soll es das fürs Erste gewesen sein. Was zum Schluss noch ansteht, ist der Ausdruck des Arbeitsblatts, damit die Rechnung an den Kunden versandt werden kann.

1. Über die Schaltfläche *Seitenansicht* aus der *Standard*-Symbolleiste kann man jederzeit kontrollieren, wie der Ausdruck auf dem Papier erscheinen würde. Bitte klicken Sie auf diese Schaltfläche. Es erscheint die unten dargestellte Seitenansicht.

Seitenansicht

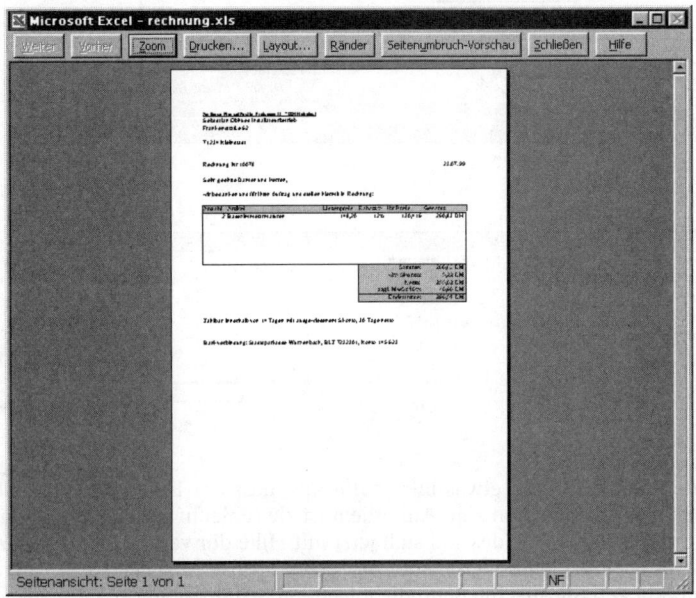

Abbildung 11.39: *Die Seitenansicht von Excel in Aktion*

2. Am oberen Rand des Fensters erkennen Sie verschiedene Schaltflächen. Drücken Sie die *Zoom*-Schaltfläche, wenn Sie die Darstellung der Seite vergrößern möchten, um mehr zu erkennen. Ein erneuter Klick auf *Zoom* schaltet dann wieder auf die Ganzseitendarstellung um.

3. Abgesehen davon, dass man die Rechnungstabelle vielleicht noch um weitere (zunächst leere) Rechnungspositionen erweitern sollte, damit die Zahlungsbedingungen weiter an den unteren Blattrand rutschen und die Seite nicht halbleer aussieht, ist das Resultat schon ganz ansehnlich. Klicken Sie deshalb bitte auf die *Drucken...*-Schaltfläche. Sie beendet zunächst die Seitenansicht und schaltet wieder auf die gewohnte Ansicht um. Außerdem öffnet sie den unten dargestellten *Drucken*-Dialog. Sofern unter *Drucker* der richtige Drucker eingestellt ist, können Sie den Druck über die *OK*-Schaltfläche starten. Fertig ist Ihr erstes Arbeitsblatt.

Abbildung 11.40:
Der Drucken-Dialog zur Auswahl von Drucker und Druckoptionen

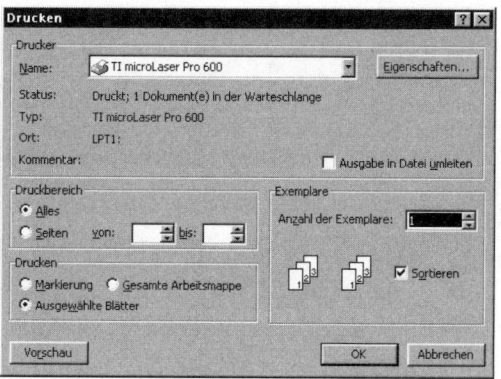

Zum guten Schluss

Jetzt haben Sie bereits eine ganze Reihe der grundlegenden Operationen mit Excel kennen gelernt: das Navigieren und Markieren im Arbeitsblatt, die Eingabe von Zahlen, Texten und Formeln, außerdem das Formatieren und Kopieren von Zellen. Mit *WENN()* und *SUMME()* haben Sie auch bereits mit den ersten Excel-Funktionen gearbeitet. Die folgenden Kapitel werden diese Themen noch etwas ausführlicher beleuchten und die vielen zusätzlichen Excel-Funktionen vorstellen, die hier noch gar nicht behandelt werden konnten. Excel lernt man jedoch nur, indem man es anwendet, und deshalb möchten wir Sie an dieser Stelle ermuntern, das Rechnungsformular selbstständig zu erweitern oder umzustellen, um mehr Praxis bei der Arbeit mit den Grundfunktionen zu sammeln. In jedem Fall sollten Sie es zuvor allerdings speichern, damit der aktuelle Stand nicht mehr verloren gehen kann.

12 Die Grundlagen von Excel

---

289 Der Excel-Bildschirm
293 Eingabe von Zahlen, Texten und Formeln
304 Was Sie über Formeln wissen müssen
308 Laden und Speichern
311 Der Ausdruck von Arbeitsblättern
318 Diagramme in Excel

In diesem Kapitel dreht sich alles um die Grundlagen der Arbeit mit Excel: den Aufbau des Excel-Bildschirms, das Navigieren und Markieren im Arbeitsblatt, die Eingabe von Zahlen und Texten, den Aufbau von Formeln, das Laden, Speichern und Drucken und noch einiges mehr. Das liefert Ihnen das Rüstzeug für die etwas anspruchsvolleren Aufgaben wie das Formatieren oder die Arbeit mit komplexen Funktionen.

Der Excel-Bildschirm

Um erfolgreich mit Excel arbeiten zu können, müssen Sie sich zunächst auf dem Excel-Bildschirm mit seinen verschiedenen Elementen zurecht finden. Die folgende Abbildung zeigt, was sich alles innerhalb des Excel-Fensters tummelt. Ganz oben erkennen Sie, wie bei den verschiedenen Office-Anwendungen üblich, zuoberst die Menüleiste mit den verschiedenen Menübefehlen von Excel. Darunter tummeln sich standardmäßig zwei Symbolleisten: Die *Standard*-Symbolleiste mit Schaltflächen für die ganz grundlegenden Operationen in Excel. Dazu zählen das Öffnen und Speichern von Dateien, der Ausdruck, das Rückgängigmachen von Aktionen und noch einiges mehr.

Unter der *Standard*-Symbolleiste ist die *Format*-Symbolleiste angesiedelt. Sie enthält die Schaltflächen, die man zum Formatieren von Zellen benötigt, einerseits im Hinblick auf die Schriftart-, -größe, die verschiedenen Schriftattribute und die Ausrichtung des Inhalts innerhalb der Zelle. Andererseits sind hier diverse Schaltflächen für die Einstellung der Zahlenformate angesiedelt, die für die Arbeit mit Zahlen, Formelergebnissen und Datumsangaben von großer Bedeutung sind.

Wie auch bei den anderen Office-Anwendungen sind die Symbolleisten in Excel über das Menü *Ansicht/Symbolleisten* konfigurierbar, d.h., Sie können gezielt einzelne Symbolleisten zur Anzeige bringen oder ausblenden. Mehr über den Umgang mit Symbolleisten erfahren Sie im ▶ Kapitel 2.

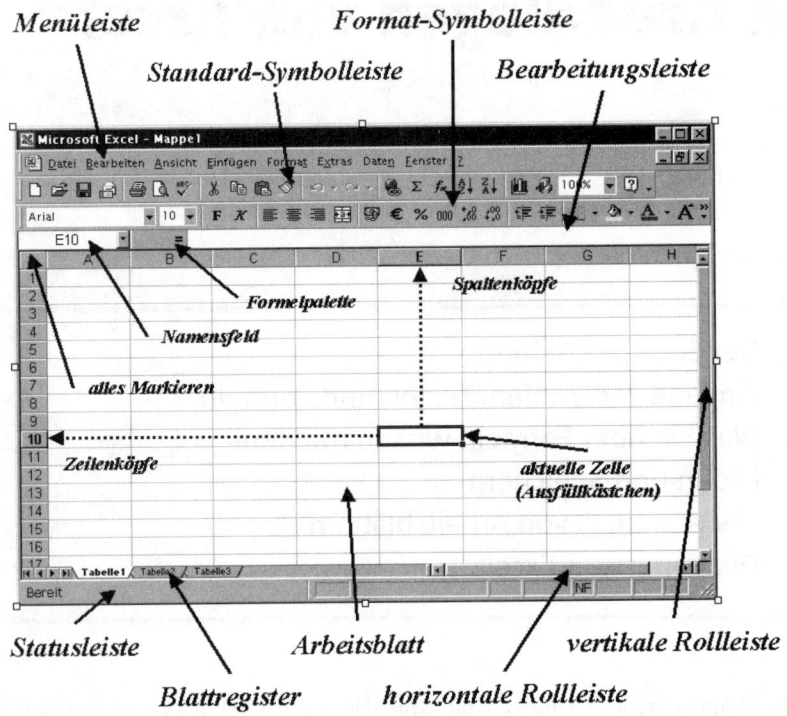

Abbildung 12.1:
Elemente des
Excel-Fensters

Die Bearbeitungsleiste

Unterhalb der beiden Symbolleisten ist die so genannte *Bearbeitungsleiste* angesiedelt. Sie zeigt jeweils den Inhalt der aktuellen Zelle an, während im Arbeitsblatt selbst das formatierte Ergebnis zu sehen ist. Darüber hinaus dient sie zur Eingabe und zur Editierung des Zelleninhalts, wenn dies nicht direkt in der Zelle geschehen soll. Am linken Rand der Bearbeitungsleiste sehen Sie ein kleines Gleichheitszeichen, das als Schaltfläche fungiert und als Zugang zur so genannten *Formelpalette* dient. Sie hilft Ihnen bei der Auswahl und Eingabe von Excel-Funktionen, indem Sie die Anzahl und Art der verlangten Parameter auflistet und Ihnen bei der Auswahl von Bereichen hilft. Mehr darüber erfahren Sie im ▶ Kapitel 15.

Am linken Rand der Bearbeitungsleiste sehen Sie außerdem noch das *Namensfeld*. Hier wird jeweils der Name der aktuellen Zelle oder des markierten Bereichs aufgeführt, denn Sie müssen wissen, dass Zellen nicht nur über ihre Koordinate angesprochen werden können. Stattdessen beschreibt das ▶ Kapitel 13, wie man einer Zelle gemäß ihres Inhalts in Excel einen sinnvollen Namen geben und diesen in Formeln einsetzen kann. Wurde für die aktuelle Zelle kein Name definiert, erscheint im Namensfeld jeweils die aktuelle Koordinate, so wie in der obigen Abbildung.

Die Anzeige der Bearbeitungsleiste kann über den Menübefehl *Ansicht/Bearbeitungsleiste* an- und abgeschaltet werden. Sollten Sie die Bearbeitungsleiste auf Ihrem Excel-Bildschirm nicht entdecken können, aktivieren Sie sie bitte über den genannten Befehl. Das Gleiche gilt auch für die Statusleiste am unteren Rand des Excel-Fensters. Sie wird über den Menübefehl *Ansicht/Statusleiste* zur Anzeige gebracht bzw. durch einen weiteren Aufruf wieder ausgeblendet.

HINWEIS

Das Arbeitsblattfenster

Den größten Teil des Excel-Fensters nimmt das Arbeitsblattfenster ein. Es stellt jeweils einen Ausschnitt des aktuellen Arbeitsblattes dar, wobei die Anzahl der angezeigten Zeilen und Spalten von verschiedenen Faktoren abhängt:

- der Größe des Excel-Fensters
- der Breite der dargestellten Spalten und die Höhe der angezeigten Zeilen
- dem so genannten Zoom-Faktor, mit dem Sie die Anzeige auf dem Bildschirm gegenüber ihrem gewohnten Maß (100%) verkleinern oder vergrößern können. Durch eine Vergrößerung erkennen Sie einfach mehr, durch eine Verkleinerung haben Sie mehr Zellen im Überblick, was praktisch sein kann, wenn es um die Formatierung großer Zellbereiche geht. Mehr über die Einstellung des Zoom-Faktors erfahren Sie im ▶ Kapitel 13.

Am oberen Rand des Arbeitsblattfensters dienen die so genannten Spaltenköpfe als Spaltenüberschrift. Sie signalisieren zum einen, welche Spalten derzeit auf dem Bildschirm zu sehen sind. Darüber hinaus verweisen sie jeweils auf die aktuelle Zelle, indem der zugehörige Spaltenkopf leicht hervorgehoben wird, wie in der obigen Abbildung zu sehen. Klickt man die Spaltenköpfe an, dienen sie darüber hinaus zum Markieren aller Zellen der jeweiligen Spalten. Und last but not least dienen die Spaltenköpfe auch zur Einstellung der Seitenbreite. Führt man den Mauszeiger nämlich auf die Grenze zwischen zwei Spaltenköpfe, kann man die Breite der jeweils linken Spalten durch Klicken und Ziehen mit der Maus einstellen.

Und das Gleiche gilt auch für die Zeilenköpfe, die auf der linken Seite des Arbeitsblattfensters jeweils die Nummern der angezeigten Zeilen aufführen. Auch hier wird jeweils der Zeilenkopf der aktuellen Zeile hervorgehoben, und es lassen sich komplette Zeilen durch Anklicken des Zeilenkopfes markieren. Darüber hinaus lässt sich auch die Höhe der einzelnen Zeilen über die Zeilenköpfe einstellen.

Im Schnittpunkt der Zeilen- und Spaltenköpfe, d.h. in der oberen linken Ecke des Arbeitsblattfensters, erkennen Sie eine kleine graue Schaltfläche, die in der obigen Abbildung mit *Alles markieren* betitelt ist. Klicken Sie diese Schaltfläche an, wenn Sie alle Zellen im Arbeitsblatt markieren möchten, denn genau das ist ihre Aufgabe.

Die Rollleisten und das Arbeitsblattregister

Am rechten Rand des Arbeitsblattfensters ist die vertikale Rollleiste angesiedelt. Sie dient dazu, die Ansicht nach oben oder unten zu scrollen, um dadurch andere Zeilen aus dem Arbeitsblatt in das Blickfeld zu bringen. Passend dazu erkennen Sie am unteren Rand des Arbeitsblattfensters die vertikale Rollleiste, über die spaltenweise gescrollt wird. Sie fällt im Vergleich mit der vertikalen Rollleiste viel kleiner aus, weil sie den Platz mit dem *Blattregister* teilen muss.

Das Blattregister dient zur Anzeige und Auswahl der verschiedenen Arbeitsblätter, die in einer Arbeitsmappe und damit in einer gemeinsamen Datei abgelegt sind. Die Umschaltung erfolgt ganz einfach, indem man mit der Maus auf die jeweilige Registerlasche klickt. Benutzt man dabei die rechte Maustaste, erhält man ein Kontextmenü mit Befehlen zur Verwaltung der Arbeitsblätter, beispielsweise zum Einfügen, Löschen, Umbenennen oder Verschieben der Reihenfolge. Mehr darüber erfahren Sie im ▶ Kapitel 16 (siehe Abbildung 12.2).

Links neben den Registerlaschen sehen Sie vier kleine Schaltflächen. Sie werden nur benötigt, wenn nicht alle Registerlaschen angezeigt werden können, weil neben der horizontalen Rollleiste nicht genug Platz ist. Tatsächlich kann man die Rollleiste nämlich durchaus breiter – oder auch schmaler – machen, indem man sich der kleinen Leiste am linken Rand der Rollleiste bedient. Sobald man den Mauszeiger darüber führt, erscheint er als Verschiebesymbol, um anzudeuten, dass Sie die Leiste verschieben

Die Grundlagen von Excel

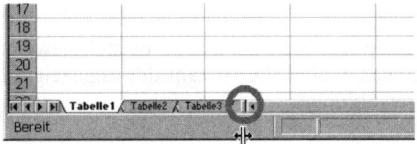

Abbildung 12.2:
Der Platz für die vertikale Rollleiste lässt sich durch Klicken und Ziehen mit der Maus einstellen.

können. Klicken und ziehen Sie die Leiste dazu mit der Maus. Bleibt anschließend nicht mehr genug Platz für alle Registerlaschen der Arbeitsblätter, können Sie die Anzeige mit Hilfe der vier kleinen Schaltflächen am linken Rand der Registerlaschen verschieben.

Die Statusleiste

Den Abschluss des Excel-Bildschirms bildet wie auch bei den anderen Office-Anwendungen die Statusleiste. Den linken Bereich nutzt Excel zur Anzeige des aktuellen Eingabestatus, aber auch für Meldungen während des Druckens oder Speicherns. Die Bedeutung der wichtigsten Meldungen zeigt die folgende Tabelle:

Meldung	Bedeutung
Bereit	Excel erwartet Ihre Eingaben und Befehle.
Eingeben	Sie sind dabei, den Inhalt einer bislang leeren Zelle einzugeben. Im Rahmen einer Formel (=...) können Sie dabei über die Pfeiltasten auf die Zellen oder Zellbereiche zeigen, die in die Formel einbezogen werden sollen.
Bearbeiten	Sie sind dabei, den Inhalt einer bereits gefüllten Zelle zu verändern. Die Pfeiltasten dienen dabei nicht zum Zeigen von Zellen, sondern bewegen die Einfügemarke innerhalb des Zellinhalts.
Zeigen	Excel erwartet die Auswahl einer Zelle oder eines Zellbereichs im Rahmen der Eingabe einer Formel oder beim Ausfüllen eines Dialogfeldes, das einen Zellbereich erwartet.

Tabelle 12.1:
Die Statusmeldungen von Excel

Den rechten Teil der Statusleiste nehmen verschiedene eingedrückte Felder ein, die jeweils für eine ganz bestimmte Statusanzeige reserviert sind. Sobald der jeweilige Status bzw. Zustand eintritt, leuchtet die Statusanzeige in dem dafür vorgesehenen Feld auf. Die folgende Tabelle listet die verschiedenen Statusanzeigen auf.

Meldung	Bedeutung
ADD	Es wurde `⇧`+`F8` gedrückt, um weitere Bereiche zu markieren.
ERW	Nach dem Druck auf `F8` ist der Erweiterungsmodus aktiv.
NF	`Num` ist eingeschaltet, d.h., die abgesetzte Zehnertastatur dient zur Eingabe von Ziffern und Rechensymbolen.
FIX	Die Eingabe mit festen Dezimalstellen ist über die Einstellung *Feste Dezimalstellen setzen* im Register *Bearbeiten* des Menübefehls *Extras/Optionen* eingestellt worden. Bei der Eingabe müssen Sie dadurch kein Komma eingeben, wohl aber die festgelegte Anzahl von Dezimalstellen.
GROSS	`⇧` ist aktiv, also die Umschaltung auf Großbuchstaben.
SCRL	`Rollen ⇧` ist aktiv, wodurch die Pfeiltasten nicht die aktuelle Zelle verschieben, sondern den sichtbaren Ausschnitt des aktuellen Arbeitsblattes.

Tabelle 12.2:
Die Statusanzeigen von Excel

Eingabe von Zahlen, Texten und Formeln

Was den Inhalt der Zellen angeht, unterscheidet Excel die Typen *Zahlen*, *Texte* und *Formeln*. Unter die Zahlen fallen auch Datums- und Zeiteingaben, denn wie im Verlauf dieses Kapitels deutlich werden wird, speichert Excel Datums- und Zeitangaben als Zahlen, damit man besser mit ihnen rechnen kann. Grundsätzlich gilt: Eingegeben wird dort, wo sich das Ausfüllkästchen im Arbeitsblatt gerade befindet. Bis auf wenige Ausnahmen beginnt die Eingabe einfach mit dem ersten Zeichen der einzugebenden Zahl oder des Textes.

Eingabe von Text

Ohne besondere Kennzeichnung versteht Excel jede beliebige Kombination von Zahlen, Leerzeichen und nicht-nummerischen Zeichen als Text. Es werden also nicht nur Folgen wie *Name*, *Summe* oder *Faktor* als Text interpretiert, sondern auch Artikelnummern wie *25XZ305* oder Telefonnummern wie *02752 13628*.

Schwieriger wird es jedoch, wenn der Text wie eine Zahl anmutet, die Telefonnummer beispielsweise, weil das Leerzeichen weggelassen wird (*0275213628*) oder weil der Text eine komplette Zahl enthält (*–2% Skonto*). Der Unterschied fällt sofort auf, weil Excel Texte standardmäßig am linken Rand der Zelle ausrichtet, Zahlen jedoch am rechten Rand.

In manchen Fällen nimmt Excel die Eingabe aber gar nicht an, weil er sie für eine ungültige Zahl hält, etwa im Fall einer Telefonnummer mit Auslandsvorwahl und Klammer (*+34 (0)723 8940*). In all diesen Fällen können Sie sich behelfen, indem Sie Ihre Eingabe mit einem Hochkomma ['] einleiten. Auf einer deutschen Tastatur finden Sie das Zeichen zusammen mit dem Doppelkreuz [#] links neben der [↵]-Taste.

Ist die Zahl, die eigentlich ein Text sein sollte, bereits eingegeben, können Sie das Hochkomma durch Editieren hinzufügen. Drücken Sie einfach auf [F2], um den Zelleninhalt zu bearbeiten, und stellen Sie dem Text das Hochkomma voran.

Abbildung 12.3: Texteingaben und ihre Interpretation durch Excel

	A	B
1	Zellinhalt	Interpretation durch Excel
2	Name	Text
3	Artikelnummer	Text
4	25XZ305	Text, weil Mix aus Ziffern und Buchstaben
5	02752 13628	Text, weil Leerzeichen enthalten sind
6	275213628	Zahl, weil keine Leerzeichen enthalten sind
7	+34 (0)723 8940	Text, weil mit ' eingegeben, ansonsten meldet Excel Fehler
8	Text, der sich mit Hilfe von ALT+RETURN über mehrere Zeilen erstreckt	Text

WICHTIG Der Text innerhalb einer Excel-Zelle muss nicht einzeilig sein, sondern kann bis zu 65.535 Zeichen enthalten, die sich über diverse Zeilen erstrecken. Drücken Sie während der Eingabe oder Editierung einfach [Alt]+[↵], um einen Zeilenumbruch an der Position der Einfügemarke in den Text einzufügen. Excel passt die Zeilenhöhe anschließend automatisch so an, dass alle Zeilen sichtbar sind.

Textüberlauf in andere Zellen

Was Text von Zahlen, Datumsangaben und Formelergebnissen bei der Anzeige im Arbeitsblatt unterscheidet, ist vor allem die Tatsache, dass Excel die Anzeige nicht auf die Zelle beschränkt, in der der Text eingegeben wurde. Ist der Text breiter als die Zelle, wird die Ausgabe in den rechts anschließenden Zellen fortgesetzt, sofern diese leer sind. Das Gleiche gilt übrigens, wenn der Text rechtsbündig oder zentriert dargestellt wird. Im Falle der rechtsbündigen Darstellung läuft der Text dann in die auf der linken Seite anschließenden Zellen hinein, soweit diese leer sind. Umschalten können Sie die Ausrichtung übrigens über die nebenstehenden Schaltflächen aus der *Format*-Symbolleiste.

Linksbündig

Zentriert

Rechtsbündig

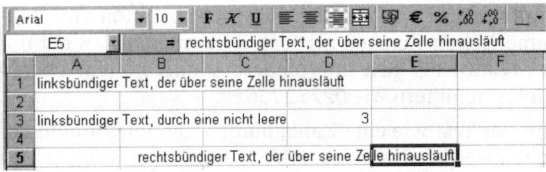

Abbildung 12.4: Text lässt Excel bei Bedarf über seine Zelle hinauslaufen.

Bei Zahlen und Datumsangaben, die aufgrund der Spaltenbreite nicht innerhalb ihrer Zelle dargestellt werden, verfährt Excel hingegen anders. Hier schaltet es auf die Anzeige von Doppelkreuzen um, damit das Problem bei einem Blick über das Arbeitsblatt unmittelbar auffällt.

HINWEIS

Brauchen Sie in einer Spalte mehr Platz für die Anzeige von Zahlen oder Text, können Sie die Spaltenbreite ganz leicht anpassen: einfach den Mauszeiger auf die Trennlinie zwischen dem Spaltenkopf der jeweiligen Spalten und der Nachfolgespalte positionieren und einen Doppelklick ausführen. Excel stellt dadurch die optimale Breite der Spalte ein. Sie ist so gewählt, dass alle enthaltenen Texte oder Zahlen komplett dargestellt werden können.

Eingabe von Zahlen

Zahlen erkennt Excel automatisch, wenn der Zellinhalt nur die Zeichen enthält, die in der nachfolgenden Tabelle aufgeführt sind. Dass Excel eine Zahl bei der Eingabe erkannt hat, zeigt sich bereits daran, dass sie im Arbeitsblatt rechtsbündig dargestellt wird, im Gegensatz zu Texten, die linksbündig erscheinen.

Zeichen	Einsatz	Beispiel
0123456789	Die Ziffern von 0 bis 9	125
+ –	Das Plus- oder Minuszeichen als Vorzeichen	–37,25
( )	Klammern	–(5,92)
E oder e	Die Zehnerpotenz mit E	1e6 (entspricht 1*10 hoch 6, also 1 Million)
,	Komma als Dezimaltrennzeichen	17,95
.	Punkt als Tausendertrennzeichen	158.433,00
%	Prozentzeichen als Kennzeichnung für Prozentwerte	15%

Tabelle 12.3: Zeichen, aus denen Zahlen in Excel gebildet werden

HINWEIS In Bezug auf die Behandlung von Punkt und Komma als Dezimaltrennpunkt bzw. Tausender-Separator müssen Sie wissen, dass die Interpretation von der Ländereinstellung in der Windows-Systemsteuerung abhängt. Wäre dort nicht Deutschland, sondern beispielsweise USA eingestellt, würden die beiden Zeichen genau andersherum interpretiert und müssten auch entsprechend eingegeben werden: das Komma als Tausendertrennzeichen und der Punkt als Dezimaltrennzeichen.

Das Besondere an Zahlen ist, dass ihre Darstellung im Arbeitsblatt sehr stark von dem eingestellten Zahlenformat bestimmt wird, und Gleiches gilt auch für das Ergebnis von Formeln und für Datums- und Zeitangaben. Denn über das Zahlenformat wird festgelegt, ob und mit wie vielen Nachkommastellen eine Zahl dargestellt wird, ob ein Währungssymbol hinzukommt oder ob die Zahl rot dargestellt werden soll, wenn sie negativ ist. Mehr über Zahlenformate erfahren Sie im ▶ Kapitel 14.

Datums- und Zeitangaben

Datums- und Zeiteingaben können in Excel in gewohnter Form eingegeben werden, wie die nachfolgende Tabelle zeigt. Ohne Angabe eines Jahres setzt Excel immer das aktuelle Jahr ein. Um Probleme mit der Interpretation des Jahres 2000 von Vornherein zu vermeiden, sollte man sich angewöhnen, die Jahreszahl vierstellig einzugeben. Zweistellige Jahreszahlen interpretiert Excel ab dem Jahre 2000 so, dass die Angaben von *00* bis *29* als die Jahre *2000* bis *2029* und die Angaben *30* bis *99* als die Jahre 1930 bis 1999 interpretiert werden. Das streckt das Problem für die Konvertierung dieser Arbeitsblätter schon mal bis zum Jahre 2030.

Abbildung 12.5:
Datumsangaben
bei der Eingabe

	A	B	C	D
1	Eingabe	Darstellung	gespeichert als	serieller Wert
2	14.4	14. Apr	14.04.1999 00:00:00	36264,0000
3	17. Januar 99	17. Jan 99	17.01.1999 00:00:00	36177,0000
4	14:43:07	14:43:07	01.01.1900 14:43:07	0,6133
5	23.08.1997 17:03:00	23.08.97 17:03	23.08.1997 17:03:00	35665,7104
6	7:08 pm	7:08 PM	01.01.1900 07:08:00	0,7972
7	11:34 am	11:34 AM	01.01.1900 23:24:00	0,4819

Genau wie Zahlen werden Datumsangaben innerhalb der Zellen standardmäßig rechtsbündig dargestellt. Erscheinen sie linksbündig, hat Excel sie nicht erkannt und deshalb als Text interpretiert.

Wie die obige Abbildung zeigt, können Datums- und Zeitangaben separat oder auch zusammen eingegeben werden. Ohne eine Datumsangabe bezieht Excel die Zeitangabe auf das Datum 1.1.1900, dem Beginn der Excel-»Zeitrechnung«. Da dies für alle Zeitangaben ohne Datum gilt, ist dies jedoch kein Problem. Intern werden Datums- und Zeitangaben als »serieller Wert« behandelt, wie es im offiziellen Sprachgebrauch heißt. Seriell meint, dass die Tage fortlaufend gezählt werden, wobei der 1. Januar 1900 intern als 1, der 2. Januar 1900 als 2 gezählt wird. Tag für Tag geht es so weiter bis zum größten Datumswert in Excel, dem 31. Dezember 9999, der durch den seriellen Wert 2958465 verkörpert wird. Das Jahr 2000 beispielsweise trägt den seriellen Wert 36526, was dokumentiert, dass das 20. Jahrhundert 36.526 Tage umfasst hat.

HINWEIS Das Darstellungsformat von Datums- und Zeitangaben lässt sich für jede einzelne Zelle über die Zahlenformate von Excel individuell festlegen. Ganz unabhängig davon, wie Sie das Datum eingegeben haben, können Sie dadurch entscheiden, ob das Jahr zwei- oder vierstellig ausgegeben werden soll, der Monat als Nummer oder mit Namen, und das Gleiche gilt auch für den Tag. Mehr über die Datumsformate von Excel erfahren Sie im ▶ Kapitel 14.

Die Grundlagen von Excel

Die Datumsangaben werden deshalb als serielle Zahlen erfasst, damit man einfacher die Differenz zwischen zwei Daten berechnen kann, denn dazu muss man die beiden Daten innerhalb einer Formel einfach voneinander abziehen. So erhält man die Anzahl der Tage. Auch Zeitangaben werden als serielle Zahl behandelt, und zwar im Nachkommateil. Die Angabe 23.8.1997 17:03 wird so beispielsweise in die serielle Zahl 35665,7104 umgerechnet. Auch mit Zeitangaben kann man rechnen. Zieht man sie voneinander ab, erhält man die Differenz in Stunden, Minuten und Sekunden. Mehr über das Rechnen mit Datums- und Zeitangaben erfahren Sie im ▶ Kapitel 15.

Editieren und Abschluss der Eingabe

Welche Möglichkeiten sich Ihnen zum Editieren der Eingabe bieten, hängt vor allem vom aktuellen Eingabemodus ab. Er wird in der Statusleiste durch die Meldungen *Bearbeiten* und *Eingeben* ausgedrückt. Sobald Sie die Eingabe starten, befindet sich Excel zunächst im *Eingeben*-Modus. Hier führt die Betätigung der Pfeiltasten automatisch zur Beendigung der Eingabe und zum Sprung zur nächsten Zelle in Richtung der betätigten Pfeiltaste. Möchten Sie Ihre Eingabe in diesem Modus editieren, geht das nur über die ←-Taste, mit der Sie das jeweils letzte Zeichen der Eingabe löschen.

Wesentlich komfortabler gestaltet sich das Editieren im *Bearbeiten*-Modus. Hier können Sie mit Hilfe der Pfeiltasten die Einfügemarke innerhalb der Eingabe verschieben, um Zeichen einzufügen oder per ← oder Entf zu löschen. Die Betätigung von ↵ schließt dann die Eingabe ab und versetzt das Ausfüllkästchen auf die nachfolgende Zelle.

Tasten zum Editieren in der Bearbeitungsleiste

Taste	Aktion
Pos 1	Setzt die Einfügemarke auf den Beginn der Eingabe.
Ende	Setzt die Einfügemarke an das Ende der Eingabe.
→, ←	Bewegt die Einfügemarke ein Zeichen nach links oder rechts.
Strg+←, Strg+→	Bewegt die Einfügemarke wortweise nach links oder rechts.
↓, ↑	Nur innerhalb mehrzeiliger Eingaben: Bewegt die Einfügemarke um eine Zeile nach oben oder unten.
Alt+↵	Fügt einen Zeilenumbruch innerhalb der Zelle ein.
⇧	Löscht Zeichen links neben der Einfügemarke.
Entf	Löscht Zeichen links neben der Einfügemarke.
F2	Schaltet zwischen *Eingeben*- und *Bearbeiten*-Modus um.

Tabelle 12.4: Tasten zum Editieren des Zellinhalts im Bearbeiten-Modus

Wichtig ist, dass Sie während der Eingabe jederzeit über F2 zwischen den beiden Modi wechseln können. Darüber hinaus gelangen Sie sofort in den *Bearbeiten*-Modus, wenn Sie das Ausfüllkästchen auf eine Zelle setzen und dann F2 drücken. In diesem Fall können Sie die Editierung direkt im Arbeitsblatt vornehmen, genau wie bei einem Doppelklick auf eine Zelle, die dadurch zunächst markiert wird und dann in den *Bearbeiten*-Modus schaltet. Dieser Weg bietet übrigens den Vorteil, dass Sie damit auch gleich die Position der Einfügemarke bestimmen können, während sie nach der Betätigung von F2 automatisch an das Ende des bisherigen Zellinhalts gesetzt wird.

Das Problem gerade bei längeren Formeln ist jedoch, dass die Zelle oft nicht breit genug ist, um beim Editieren den gesamten Zellinhalt darzustellen, so dass man immer nur ein kleines Stück sieht. Wesentlich mehr Platz bietet da schon die Bearbeitungsleiste, die ebenfalls zum Editieren von Zellinhalten genutzt werden kann. Setzen Sie das Ausfüllkästchen dazu einfach in die gewünschte Zelle und klicken Sie anschließend mit der Maus in den in der Bearbeitungsleiste angezeigten Zellinhalt.

Tabelle 12.5: Verschiedene Möglichkeiten zum Abschluss der Eingabe

Aktion	Abschluss der Eingabe und ...
⏎	Die aktuelle Zelle wandert eine Zeile nach unten.
Esc	Die Eingabe wird verworfen und das Ausfüllkästchen bleibt auf der aktuellen Zelle.
⇥	Die aktuelle Zelle wandert eine Spalte nach rechts.
⇧+⇥	Die aktuelle Zelle wandert eine Spalte nach links.
↓, ↑ und alle anderen Pfeiltasten	Im *Bearbeiten*-Modus: die Einfügemarke wird in die angegebene Richtung geführt. Im *Eingeben*-Modus: die aktuelle Zelle wandert gemäß der gedrückten Pfeiltaste.
Mausklick auf das Häkchen in der Bearbeitungsleiste	Das Ausfüllkästchen bleibt da, wo es ist.
Mausklick auf das X in der Bearbeitungsleiste	Die Eingabe wird verworfen und das Ausfüllkästchen bleibt da, wo es ist.
Mausklick auf eine andere Zelle	Das Ausfüllkästchen wird auf die gewünschte Zelle gesetzt.

Die Eingabe und das Editieren von Formeln

Formeln nehmen im Vergleich zu Texten und Zahlen eine Sonderstellung ein, denn sie werden nicht automatisch erkannt. Stattdessen muss man die Eingabe einer Formel grundsätzlich mit einem Gleichheitszeichen (=) beginnen. Im *Bearbeiten*-Modus (F2) lassen sich Formeln genauso editieren wie Zahlen und Texte. Im *Eingeben*-Modus gibt es dagegen eine Besonderheit: Sobald man einen Rechenoperator wie Plus, Mal, Minus etc. eingegeben oder die Eingabe einer Funktion begonnen hat, kann man Excel mit Hilfe der Pfeiltasten oder durch Anklicken einer Zelle mit der Maus die Zelle zeigen, deren Inhalt man in die Formel einbeziehen möchte. In der Statuszeile zeigt Excel während dieser Zeit die Meldungen *Zeigen* an. Sobald man das nächste Zeichen der Formel eingibt, kehrt man wieder in die Eingabe zurück. Mehr über den Aufbau von Formeln erfahren Sie in einem der folgenden Abschnitte.

Abbildung 12.6: Bei der Eingabe von Formeln können Sie Excel zeigen, auf welche Zellen Bezug genommen werden soll.

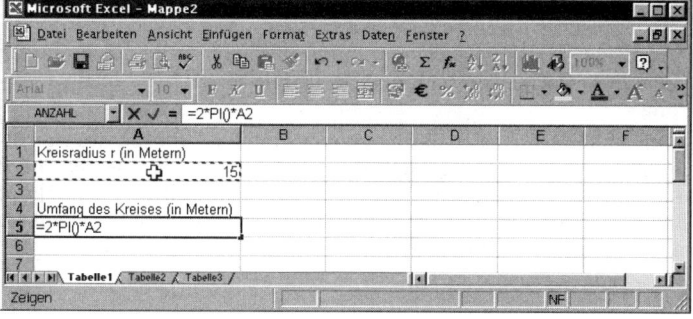

Die Grundlagen von Excel

Rückgängigmachen der Eingabe und anderer Operationen

Eingaben können Sie rückgängig machen. Soll dies noch während der Eingabe geschehen, damit der bisherige Inhalt der Zelle erhalten bleibt, drücken Sie einfach [Esc] oder klicken auf das kleine rote X in der Bearbeitungsleiste. Ist das Kind bereits in den Brunnen gefallen, gibt es noch einen anderen Weg, mit dem Sie auch alle anderen Operationen jederzeit rückgängig machen können: die *Rückgängig*-Schaltfläche in der *Standard*-Symbolleiste. Damit können Sie Ihre Eingaben und Befehle sogar über mehrere Stufen hinweg zurücknehmen. Klicken Sie dazu einfach entsprechend oft auf die Schaltfläche oder betätigen Sie den kleinen Pfeil rechts neben der Schaltfläche. Dann erhalten Sie eine Liste mit den letzten, widerrufbaren Aktionen.

Rückgängig

Sollten Sie dabei über das Ziel hinausschießen und eine Operation zurücknehmen, die eigentlich o.k. war, können Sie die Rücknahme auch wieder zurücknehmen. Und zwar mit der Schaltfläche *Wiederherstellen*, gleich neben *Rückgängig*.

Wiederherstellen

Navigieren und Markieren im Arbeitsblatt

Das Navigieren im Arbeitsblatt ist die Voraussetzung, damit Sie neue Inhalte in Zellen eingeben oder bestehende Inhalte verändern können, denn das geschieht immer in der Zelle, auf der das Ausfüllkästchen gerade steht. Darüber hinaus nutzen Sie das Navigieren, um Excel während der Eingabe einer Formel die Zelle zu zeigen, auf die Sie Bezug nehmen möchten.

Eine Erweiterung des Navigierens ist das Markieren. Während man beim Navigieren immer nur eine Zelle ansteuert, geht es beim Markieren darum, einen Zellbereich auszuwählen, beispielsweise um diesen Bereich en bloc zu formatieren, ihn im Rahmen einer Excel-Funktion anzugeben oder einen Menübefehl auf alle Zellen innerhalb der Markierung anzuwenden. Der markierte Bereich kann dabei lediglich aus zwei oder drei Zellen bestehen, aber auch komplette Zeilen und Spalten oder sogar das gesamte Arbeitsblatt umfassen.

Auswahl mit der Maus

Am einfachsten fällt das Navigieren und Markieren mit der Maus. Möchten Sie eine einzelne Zelle ansteuern, genügt ein Mausklick mit der linken Maustaste. Ist die Zelle derzeit nicht sichtbar, können Sie sie über die horizontale und vertikale Rollleiste auf den Bildschirm holen. Möchten Sie einen Zellbereich mit der Maus markieren, können Sie sich zweier Methoden bedienen:

- Klicken Sie eine Zelle an einem der vier Eckpunkte des gewünschten Zellbereichs mit der Maus an, halten Sie die linke Maustaste gedrückt und ziehen Sie die Maus bis zur Zelle in der gegenüberliegenden Ecke des gewünschten Bereichs. Sie erkennen, wie Excel den Bereich zur Markierung hervorhebt. Lassen Sie die linke Maustaste los, sobald der Bereich wie gewünscht gewählt ist.

- Klicken Sie mit der Maus auf eine Zelle in einer der vier Ecken des gewünschten Bereichs, ohne die Maustaste anschließend festzuhalten. Drücken Sie stattdessen die [⇧]-Taste und halten Sie sie gedrückt, während Sie nun auf die Zelle in der gegenüberliegenden Ecke des zu markierenden Bereichs klicken. Excel setzt daraufhin die Markierung.

Komplette Zeilen und Spalten lassen sich darüber hinaus durch Anklicken des Zeilen- oder Spaltenkopfes mit der Maus sehr leicht markieren. Soll es mehr als eine Zeile oder Spalte sein, halten Sie die Maustaste nach dem Klicken auf den Zeilen-/Spaltenkopf einfach gedrückt und ziehen Sie die Maus über die Zeilen bzw. Spalten, die ebenfalls markiert werden sollen. Steht die Markierung, lassen Sie die Maustaste wieder los.

HINWEIS Eine Markierung löschen Sie jederzeit, indem Sie einfach auf eine beliebige andere Zelle klicken. Das gilt auch, wenn die Markierung mit der Tastatur erstellt wurde.

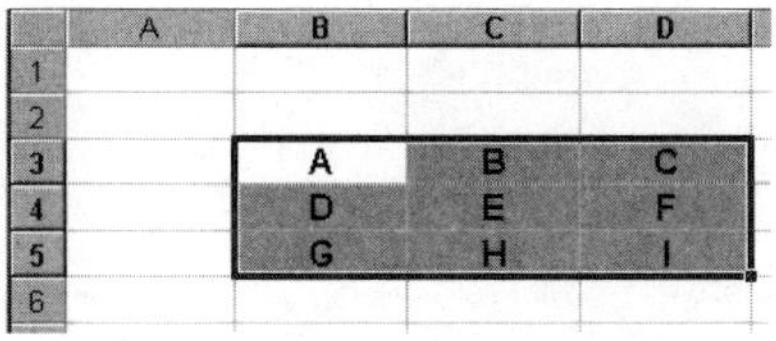

Abbildung 12.7:
Markierte Zellen werden farblich hervorgehoben. Die helle Zelle hebt die Position des Ausfüllkästchens hervor, von der aus die Markierung begann.

Auswahl mit der Tastatur

Beim Navigieren mit der Tastatur stehen Ihnen vor allem die Pfeiltasten (←, ↓, ↑, →) hilfreich zur Seite. Sie bewegen das Ausfüllkästchen jeweils um eine Zelle weiter in die angegebene Richtung. Größere Sprünge lassen sich da schon mit den Tasten [Bild ↑] und [Bild ↓] machen. Sie blättern im Arbeitsblatt jeweils um eine komplette Bildschirmseite nach oben bzw. unten. Möchten Sie dann schnell wieder an den Anfang des Arbeitsblattes gelangen, genügt ein Druck auf [Strg]+[Pos 1]. Er führt Sie jederzeit wieder zur Zelle *A1*, während [Pos 1] immer nur zur ersten Zelle (*A*-Spalte) der aktuellen Zeile springt. Im Gegenzug bringt Sie [Strg]+[Ende] übrigens zur letzten belegten Zelle des Arbeitsblattes, also jener, die der unteren rechten Ecke des Arbeitsblatts am nächsten kommt.

Tabelle 12.6:
Tastenkombinationen zum Navigieren im Arbeitsblatt mit Hilfe der Tastatur

Tastenkombination	Funktion
Pfeiltasten (←, ↓, →, ↑)	Bewegt das Ausfüllkästchen zur nächsten Zelle in der jeweiligen Richtung.
[Pos 1]	Setzt das Ausfüllkästchen in die Spalte *A* der aktuellen Zeile.
[Strg]+[Pos 1]	Setzt das Ausfüllkästchen in die obere linke Ecke des Arbeitsblatts zur Zelle *A1*.
[Strg]+[Ende]	Führt das Ausfüllkästchen zur letzten belegten Zelle des Arbeitsblatts.
[Bild ↑]	Blättert eine Bildschirmseite nach oben.
[Bild ↓]	Blättert eine Bildschirmseite nach unten.
[Strg]+(eine der Pfeiltasten)	Führt das Ausfüllkästchen zum Anfang bzw. Ende des nächsten Zellenblocks in der jeweiligen Richtung.

Möchten Sie schnell an den äußersten Rand des Excel-Universums vordringen, bedienen Sie sich am besten der Pfeiltasten in Verbindung mit der [Strg]-Taste. Von der aktuellen Zelle aus springen Sie jeweils zum Anfang bzw. Ende des nächsten Zellenblocks in der angegebenen Richtung. Die folgende Abbildung zeigt ein solches Szenario. Von *A1* aus springen Sie über [Strg]+[→] beispielsweise zunächst zur Zelle *C1*, dem Anfang des von A1 nächstgelegenen Zellblocks auf der rechten Seite. Drücken Sie dann noch einmal [Strg]+[→], springen Sie an das Ende des Zellblocks, in diesem Fall nach Nochmal *E1*. Nochmal [Strg]+[→], und das Ausfüllkästchen springt zum Anfang des nächsten Zellblocks auf der rechten Seite, dann zum Ende dieses Blocks usw. Folgt kein weiterer Block mehr, gelangen Sie nach Betätigung von [Strg]+[→] in die letzte Spalte des Arbeitsblatts, nach *IV*.

Die Grundlagen von Excel

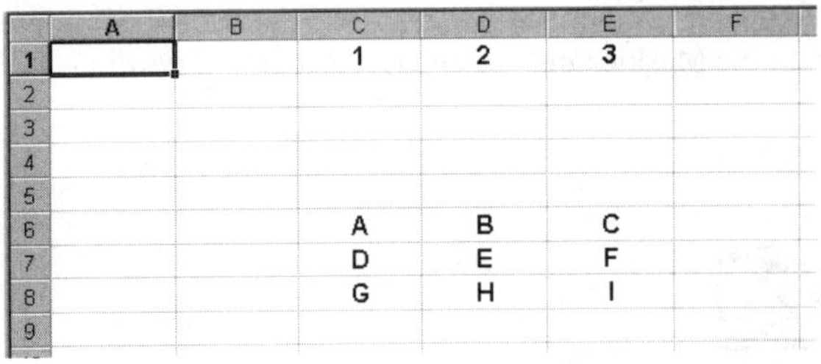

Abbildung 12.8:
Zellblöcke lassen sich in der Kombination aus [Strg]*-Taste und Pfeiltasten sehr schnell ansteuern.*

Genauso funktioniert das Springen mit [Strg]+[←] oder [Strg]+[↓] bzw. [Strg]+[↑]. Steht das Ausfüllkästchen in der obigen Abbildung beispielsweise in Zelle *C1*, führt ein Druck auf [Strg]+[↓] nach *C6*, ein weiterer nach *C8* und ein erneuter schließlich in die letzte Zeile des Arbeitsblattes, nach *C65536*, sofern darunter in der *C*-Spalte keine weiteren Zellen mehr folgen.

Markieren mit der Tastatur

Vom Navigieren mit der Tastatur kommt man sehr einfach zum Markieren, denn Excel beginnt mit der Markierung eines Zellbereichs, sobald Sie eine der genannten Pfeiltasten zur Bewegung des Ausfüllkästchens drücken und dabei die [⇧]-Taste gedrückt halten. Alternativ können Sie auch [F8] drücken, um den so genannten Erweiterungsmodus einzuschalten. Seine Aktivität wird in der Statusleiste durch die Anzeige von *ERW* unterstrichen. Im Erweiterungsmodus müssen Sie nicht die [⇧]-Taste gedrückt halten, denn mit jeder Betätigung einer der Pfeiltasten oder dem Anklicken einer Zelle mit der Maus wird die Markierung erweitert bzw. verkleinert – je nach Bewegungsrichtung. Den Erweiterungsmodus beenden Sie, indem Sie erneut [F8] oder [Esc] drücken.

Darüber hinaus kennt Excel einige weitere Tastenkombinationen, mit deren Hilfe Sie schnell einzelne Bereiche eines Arbeitsblatts markieren können. Die wichtigsten davon finden Sie in der folgenden Tabelle.

Tastenkombination	Funktion
[F8]	Aktiviert den Erweiterungsmodus zur Auswahl eines Zellbereichs.
[Strg]+[A]	Markiert das gesamte Tabellenblatt.
[Strg]+[ ]	Markiert die gesamte aktuelle Spalte.
[⇧]+[ ]	Markiert die gesamte aktuelle Zeile.
[Strg]+[⇧]+[Pos 1]	Erweitert die Markierung bis zum Anfang des Tabellenblatts.
[Strg]+[⇧]+[Ende]	Erweitert die Markierung bis zur letzten nicht-leeren Zelle des Tabellenblatts (untere rechte Ecke).
[⇧]+[←]	Beschränkt die Markierung wieder auf die aktiven Zellen, wenn bereits mehrere Zellen markiert wurden.
[⇧]+[Bild ↓]	Erweitert die Markierung um eine Bildschirmseite nach unten.
[⇧]+[Bild ↑]	Erweitert die Markierung um eine Bildschirmseite nach oben.

Tabelle 12.7: Tastenkombinationen zum Markieren von Zellen mit Hilfe der Tastatur

HINWEIS

Sie können eine Markierung jederzeit wieder auflösen, indem Sie einfach eine Pfeiltaste ohne [⇧] drücken, vorausgesetzt natürlich, der Erweiterungsmodus ist nicht aktiv.

Noch ein Tipp zum Schluss: Sobald Sie einen Bereich mit Hilfe der Maus oder der Tastatur markiert haben, macht es Ihnen Excel besonders leicht, die Zellen innerhalb des Bereichs zu durchlaufen. Drücken Sie dazu einfach [↹] oder [⇧]+[↹] für die Bewegung in der Gegenrichtung.

Mehrfachbereiche

Markierungen müssen nicht nur aus einem einzelnen Bereich bestehen. Mehrere Bereiche und einzelne Zellen lassen sich in eine Markierung aufnehmen, indem beim Markieren jeweils die [Strg]-Taste niedergehalten wird. Dabei ist es gleichgültig, ob mit der Maus oder der Tastatur markiert wird. Doch Vorsicht: Sobald Sie einen weiteren Bereich markieren und [Strg] dabei loslassen, wird dieser als einziger Zellblock markiert, d.h., die anderen Markierungen gehen dadurch verloren.

So füllen Sie schnell einen kompletten Zellbereich mit einer Eingabe

Wenn Sie in mehreren Zellen die gleiche Zahl, Text oder Formel eingeben möchten, gibt es einen einfachen Trick, der Ihnen viel Tipparbeit ersparen kann:

1. Markieren Sie zunächst den gewünschten Bereich.

Abbildung 12.9:
Der markierte Bereich für die Eingabe

2. Beginnen Sie jetzt wie gewohnt mit der Eingabe des gewünschten Zellinhalts für die erste Zelle im markierten Bereich.

Abbildung 12.10:
Eingabe des Inhalts in die erste markierte Zelle

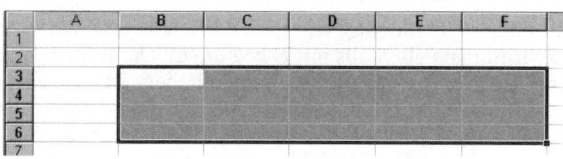

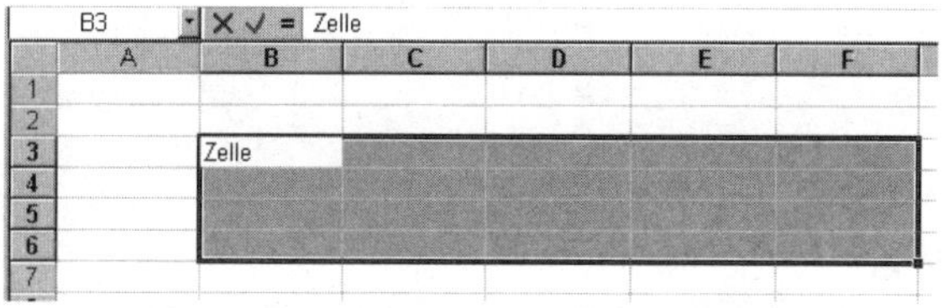

3. Drücken Sie zum Abschluss der Eingabe aber nicht wie gewohnt [↵], sondern [Strg]+[↵]. Das signalisiert Excel, dass die Eingabe auf den gesamten markierten Bereich ausgedehnt werden soll.

Abbildung 12.11:
Der Zellinhalt wird automatisch vervielfältigt.

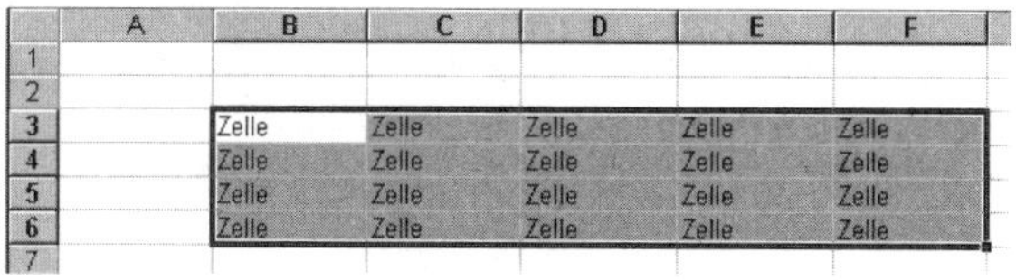

AutoEingabe oder: Wie Excel mitdenkt

Excel versucht Ihnen beim Aufbau eines Arbeitsblattes mit verschiedenen Hilfsmitteln und Befehlen unter die Arme zu greifen. Eines davon ist die so genannte *AutoEingabe*. Sie kommt zum Tragen, wenn Sie in den verschiedenen Zellen einer Spalte mehrmals die gleichen Beschriftungen eintragen wollen, was etwa im Fall von Listen regelmäßig geschieht.

In der folgenden Abbildung macht Excel sofort nach der Eingabe des ersten Buchstabens B in der Zelle *B7* den Vorschlag, den Text *Baubedarf* einzugeben, weil dieser Text bereits in einer der vorangehenden Zellen eingetragen ist. Möchten Sie den Vorschlag übernehmen, drücken Sie in einem solchen Fall einfach ⏎ oder eine der Pfeiltasten. Ansonsten tippen Sie einfach weiter die Beschriftung, die Sie eingeben wollten. Die von Excel vorgeschlagene AutoEingabe wird dadurch automatisch überschrieben.

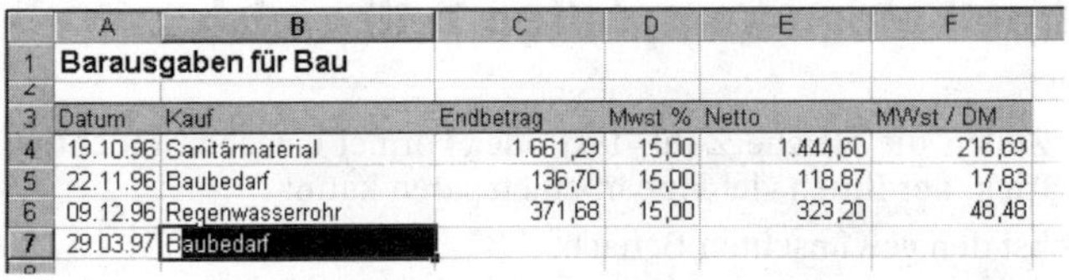

Abbildung 12.12: Excel denkt bei der Eingabe mit und schlägt bereits eingegebene Beschriftungen zur Übernahme vor.

Allerdings liegt der Fall nicht immer so eindeutig wie hier, denn was geschieht, wenn mehrere vorangegangene Beschriftungen ebenfalls mit *B* beginnen? Dann wartet Excel mit dem Vorschlag, bis Sie Ihre Eingabe so weit vorgenommen haben, dass sie eindeutig zu einer der anderen Beschriftungen in der Spalte passt. Sie sehen das in der folgenden Abbildung, wo Excel den Vorschlag *Bauschutt* erst macht, nachdem man mit der Eingabe bei *Baus* angekommen ist, weil *Baubedarf* dann nicht mehr möglich ist.

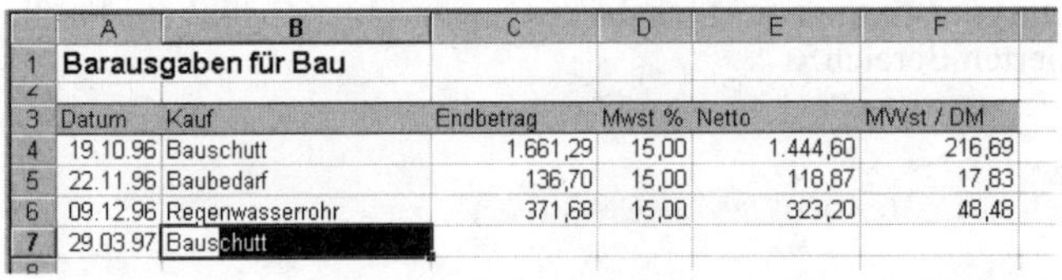

Abbildung 12.13: Excel wartet mit dem Vorschlag, bis die Eingabe eindeutig ist.

Auswählen statt Eingeben

Sollen innerhalb einer Spalte mehrmals die gleichen Texte eingesetzt werden, können Sie Excel jenseits der AutoEingabe dazu veranlassen, Ihnen eine Auswahlliste der bisherigen Einträge zu präsentieren, aus der Sie dann den Text für die aktuelle Zelle wählen. Klicken Sie dazu mit der rechten Maustaste auf die gewünschte Zelle, und rufen Sie aus dem Kontextmenü den Befehl *Auswahlliste* auf. Wie die folgende Abbildung zeigt, öffnet Excel unterhalb der Zelle daraufhin eine Auswahlliste, aus der Sie per Mausklick oder Tastatur den gewünschten Eintrag wählen können. Dieser wird daraufhin in die Zelle eingetragen.

Abbildung 12.14:
Der Befehl
Auswahlliste *aus
dem Kontext-
menü erleichtert
die Eingabe
wiederkehrender
Texte innerhalb
einer Spalte.*

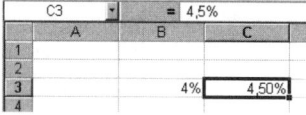

So lassen Sie Excel für sich Reihen ausfüllen

In vielen Arbeitsblättern trifft man auf Reihen mit fortlaufendem Inhalt. Gemeint sind Überschriften innerhalb einer Zeile oder Spalte wie die Kalenderdaten der Tage von 1 bis 31 in einer Monatsübersicht oder die Zinsen von 4% bis 12% in einer Kreditvergleichstabelle. Derartige Reihen kann man natürlich von Hand eingeben, doch je länger sie werden, desto mehr Tipparbeit ist damit verbunden. Besser, man überlässt diese Aufgabe Excel.

Neu

1. Wir wollen den Grundstein für eine Kreditvergleichstabelle legen. Bitte erzeugen Sie sich dazu erst einmal eine leere Arbeitsmappe über die *Neu*-Schaltfläche. In den Zellen *B3* bis *R3* sollen jetzt die am Markt angebotenen Zinssätze von 4% bis 12% eingetragen werden, jeweils mit einem halben Prozent Abstand. Geben Sie dazu in die Zelle *B3* 4% und in *C3* 4,5% ein.

Abbildung 12.15:
*Der Ausgangs-
punkt für die
Reihenbildung*

2. Markieren Sie nun die beiden Zellen und führen Sie den Mauszeiger anschließend über den Ziehpunkt in der unteren rechten Ecke des gemeinsamen Ausfüllkästchens, wo er als Kreuz erscheint.

Abbildung 12.16:
*Wenn der Maus-
zeiger über dem
Ziehpunkt als
Kreuz erscheint,
sind Sie richtig.*

3. Drücken Sie nun die linke Maustaste über dem Kreuz nieder, halten Sie sie gedrückt und ziehen Sie den Rahmen bis zur Zelle *R3* auf. Während Sie ziehen, zeigt Excel bereits den zukünftigen Wert für die äußerste Zelle an, denn Excel hat begriffen, dass Sie eine Reihe anlegen wollen. Lassen Sie die linke Maustaste los, sobald Sie über der Zelle *R3* angekommen sind, damit Excel die markierten Zellen mit den einzelnen Elementen der Reihe belegt.

4. Ausgehend von der Zelle *A4* sollen jetzt untereinander verschiedene Laufzeiten für den Kredit eingetragen werden, damit sich eine Matrix aus Laufzeit und Zinssatz bildet. Geben Sie dazu in *A4* als erste Laufzeit *12* ein (für 12 Monate) und in Zelle *A5* darunter als nächste denkbare Laufzeit *24*.

Die Grundlagen von Excel

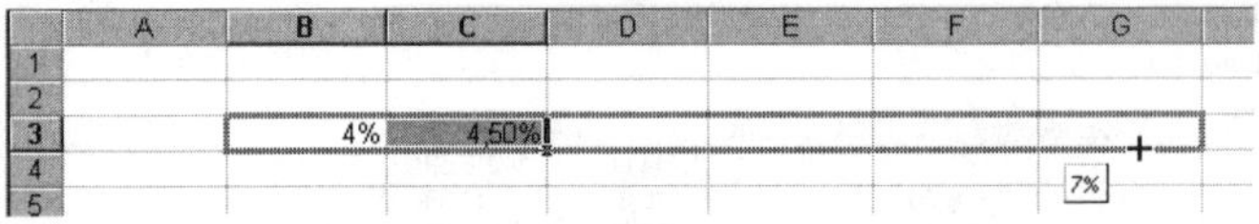

Abbildung 12.17:
Excel hat erkannt, dass eine Reihe gebildet werden soll.

5. Jetzt geht das ganze Spiel wieder von vorne los: Markieren Sie erst die beiden Zellen *A4* und *A5*, setzen Sie dann den Mauszeiger über den Ziehpunkt des Ausfüllkästchens und ziehen Sie ihn bis zur Zelle *A20*, bevor Sie die Maustaste wieder loslassen. Schon entsteht die gewünschte Reihe.

Abbildung 12.18:
Excel hat auch die Laufzeiten automatisch generiert.

Was in dieser Tabelle jetzt nur noch fehlt, sind die Formeln innerhalb der Matrix, die für einen gegebenen Kreditbetrag in Relation zur Laufzeit aus der jeweiligen Zeile und zum Zinssatz aus der jeweiligen Spalte die monatliche Belastung berechnen. Doch das ist ganz einfach, wie wir im ▶ Kapitel 15 zeigen.

Übrigens kann Excel nicht nur Reihen mit nummerischen Werten selbstständig ausfüllen, sondern auch mit Datumsangaben. Tragen Sie in die erste Zelle beispielsweise 12.6.99 ein und in die zweite 13.6.99, generiert Excel daraus die Reihe 14.6.99, 15.6.99, 16.6.99 usw. Möchten Sie die Reihe auf Monatsbasis anlegen, beginnen Sie einfach mit den beiden Daten 1.3.99 und 1.4.99. Bei der Reihenbildung lässt Excel darauf den 1.5.99 folgen, dann den 1.6.99 usw.

Was Sie über Formeln wissen müssen

Texte, Zahlen und Datumsangaben sind ein wichtiger Bestandteil von Tabellen, zur Höchstform läuft Excel jedoch nur auf, wenn man Zellinhalte über Formeln verknüpft. Für den Aufbau der Formeln gelten dabei einige Regeln, die man kennen muss, weil man sich sonst über die Fehlermeldungen von Excel wundert, wenn einmal etwas nicht stimmt.

Es beginnt mit den verschiedenen Operatoren, die man in Excel-Formeln einsetzen kann. Sie werden in der folgenden Tabelle aufgeführt und mit einer Priorität gekennzeichnet. Sie drückt letztendlich das aus, was unter dem Motto »Punktrechnung geht vor Strichrechnung« jeder kennt, denn =3+5*2 ergibt eben 13 und nicht 16. Es gibt also eine Rangfolge zwischen den Operationen, und je höher die Priorität, desto früher beginnt Excel bei der Auswertung einer Formel mit dem jeweiligen Teilausdruck. Im obigen Fall wird deshalb erst einmal 5*2 berechnet und das Ergebnis 10 dann plus 3.

Aufheben lässt sich diese Reihenfolge über Klammern, denn sie weisen Excel an, den geklammerten Ausdruck zunächst auszuwerten, bevor mit dem Ergebnis weiter gerechnet werden kann. Wollte man also tatsächlich erst 3 und 5 addieren, um das Ergebnis anschließend mit 2 zu multiplizieren, müsste es =(3+5)*2 heißen. Klammern können auch verschachtelt werden, wobei es immer darauf ankommt, dass in einer Formel das Verhältnis zwischen geöffneten und geschlossenen Klammern paritätisch ist. Zu jeder geöffneten Klammer muss also auch eine geschlossene existieren.

Tabelle 12.8: Operatoren für Formeln in Excel

Priorität (9 = Max, 1 = Min)	Operator	Aufgabe	Beispiel
Bezugsoperatoren definieren Zellbereiche für Formeln und Matrizen.			
9	:	Bereichsoperator, definiert eine Matrix von Zellen über die zwei genannten Eckpunkte. Wird vor allem in Verbindung mit Funktionen genutzt.	SUMME(A5:B12) = Summe über die Zellen A5 bis A12 und B5 bis B12
8	;	Vereinigungsoperator, verbindet mehrere Bezüge zu einem größeren. Wird vor allem in Verbindung mit Funktionen genutzt.	SUMME(A1:A5; C2; D3:D5) = Summe über die Zellen A1 bis A5, C2 sowie D3 bis D5
Arithmetische Operatoren bilden die Grundrechenarten wie Addition, Multiplikation und Potenzierung ab.			
7	–	Negation	=–(3+4) ergibt –7
6	%	Prozentrechnung	=10%200 ergibt 20
5	^	Potenzierung	=3^2 ergibt 9
4	*	Multiplikation	=6*3 ergibt 18
4	/	Division	=15/5 ergibt 3
3	+	Addition	=3+7 ergibt 10
3	–	Subtraktion	=7–3 ergibt 4
Textverkettungsoperator ermöglicht die Verknüpfung von Zeichenfolgen zu einem einzigen Textwert.			
2	&	Textverknüpfung	=("Sause" & "wind") ergibt "Sausewind"
Vergleichsoperatoren dienen zum Vergleich von Texten und liefern als Ergebnis einen logischen Wert, entweder WAHR oder FALSCH.			
1	=	Gleich	=(5=5) ergibt WAHR
1	>	Größer als	=(7>12) ergibt FALSCH
1	<	Kleiner als	=A1<50
1	>=	Größer oder gleich	=(A2>=B3)
1	<=	Kleiner oder gleich	=(C5<=C3*20)
1	<>	Ungleich	=(A1<>B1)

Die Grundlagen von Excel

Neben konstanten Werten können Formeln weitere Elemente beinhalten:

- Zellkoordinaten wie *A1* oder *X15*. Sie fordern Excel auf, den aktuellen Wert der genannten Zelle bei der Berechnung in die Formel einzusetzen.
- Funktionen wie *SUMME()* oder *ANZAHL()*. Sie erwarten je nach Typ eine unterschiedliche Anzahl von Parametern, die innerhalb der geschweiften Klammern hinter dem Funktionsnamen angegeben werden müssen. Wird mehr als ein Parameter erwartet, müssen die verschiedenen Parameter innerhalb der Klammern durch Semikolon getrennt werden. Funktionsaufrufe wertet Excel zuerst aus, bevor es mit dem Funktionsergebnis weiter rechnet. Auch wenn wir in diesem Buch alle Funktionsnamen groß schreiben – bei der Eingabe in Excel müssen Sie das nicht.
- Namen für benannten Zellen. ▶ Kapitel 13 zeigt, dass man Zellen und Bereichen Namen zuordnen kann, um diese anstelle der Zellkoordinate in die Formeln einzusetzen. Der Vorteil ist, dass es dann nicht heißen muss =*J23*F17*, sondern =*NettoSumme*Mwst*, wenn die beiden Zellen entsprechend benannt wurden. Das schafft wesentlich mehr Klarheit bei der späteren Überarbeitung eines Arbeitsblattes.

So formulieren Sie Bereiche

Excel-Funktionen wie *SUMME()*, *ANZAHL()* oder *MITTELWERT()* erwarten eine beliebige Anzahl von Zellbereichen, über die sie ihre jeweilige Funktion (Aufgabe) ausführen sollen. Die Zellbereiche können dabei aus einzelnen Zellen, Zellgruppen oder kompletten Zeilen und Spalten des Arbeitsblattes gebildet werden. Die folgende Tabelle zeigt die Syntax für die regelgerechte Benennung von Zellbereichen.

Syntax	Verweist auf...
B8	die Zelle in Spalte *B* und Zeile *8*
B10:C20	die Zellen von *B10* bis *B20* sowie *C10* bis *C20*
3:3	alle Zellen in der Zeile *3*
5:10	alle Zellen in den Zeilen *5* bis *10*
F:F	alle Zellen in Spalte *F*
H:J	alle Zellen in den Spalten *H* bis *J*

Tabelle 12.9:
Benennung von Zellbereichen in Formeln

Eine Formel wie =*SUMME(D8:D12 ; C7 ; C13)* bedeutet in diesem Sinne: Addiere den Inhalt von *D8* bis *D12* zu dem Inhalt von *C7* und *C13*. Die Leerzeichen zwischen den einzelnen Semikola sind übrigens erlaubt und dienen der besseren Lesbarkeit. Man muss sie jedoch nicht eingeben.

Zeigen von Zellen und Zellbereichen

Solange Sie sich während der Eingabe einer Formel im *Eingeben*-Modus befinden, also nicht [F2] gedrückt haben, um in den *Überarbeiten*-Modus zu gelangen, können Sie Excel die Zellen zeigen, auf die in der Formel Bezug genommen werden soll. Klicken Sie dazu einfach mit der Maus auf die gewünschte Zelle oder fahren Sie mit den Pfeiltasten dorthin. Sie werden sehen, wie Excel die Zellkoordinate automatisch übernimmt und die Zelle gleichzeitig mit einem blinkenden, gestrichelten Rahmen umgibt. Sobald Sie anschließend mit der Eingabe der Formel fortfahren, springt Excel wieder zur aktuellen Zelle zurück.

Genauso verhält es sich, wenn Sie Excel einen Bereich für die Einbeziehung in einer Funktion nennen möchten. Wollen Sie mit der Maus arbeiten, ziehen Sie den Bereich einfach wie gewohnt auf, bevorzugen Sie die Tastatur, markieren Sie ihn mit Hilfe von ⇧ oder dem Erweiterungsmodus (F8).

Eine Alternative ist, das Ausfüllkästchen während der Eingabe zunächst auf die Zelle in der oberen linken Ecke des gewünschten Bereichs zu setzen, dann einen Doppelpunkt einzugeben und schließlich die Zelle in der unteren rechten Ecke des Bereiches anzusteuern. Denn durch den Doppelpunkt erkennt Excel automatisch, dass hier ein Zellbereich eingegeben werden soll.

Korrigieren von Zellbezügen

Wenn Sie eine bereits eingegebene Formel nachträglich im *Bearbeiten*-Modus überarbeiten oder während der Eingabe über F2 in diesen Modus umschalten, kommt plötzlich Farbe ins Spiel. Dann nämlich stellt Excel die einzelnen Bezüge innerhalb der Formel in unterschiedlichen Farben dar und markiert in gleicher Farbe jeweils die zugehörige Zelle im Arbeitsblatt mit einem Rahmen. So erkennen Sie schnell, auf welche Zellen in der jeweiligen Formel Bezug genommen wird.

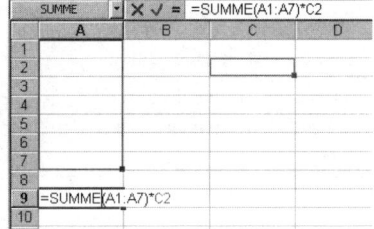

Abbildung 12.19:
Die farbigen Umrahmungen verweisen auf die Bezüge in der Formel.

Allerdings dient die Farbmarkierung nicht nur der Anzeige: Sobald Sie mit der Maus an einem der Farbrahmen für die referenzierten Zellen ziehen und diesen dadurch verschieben, wird auch der Zellbezug innerhalb der Formel entsprechend angepasst. So können Sie Excel zeigen, dass auf eine andere Zelle Bezug genommen werden soll. Und genauso können Sie auch referenzierte Bereiche verschieben. Möchten Sie die Größe des jeweiligen Bereichs ändern, benutzen Sie dazu den Ziehpunkt in der unteren rechten Ecke des jeweiligen Farbrahmens.

Fehler in Formeln

Es bedarf keiner komplexen Formeln, damit in der Zelle statt des gewünschten Ergebnisses ein Fehlertext wie *#DIV* oder *#NAME?* erscheint. Mit *#DIV* meldet sich Excel beispielsweise, wenn Sie in einer Formel durch eine Zahl dividieren und diese aus einer Zelle beziehen, die noch nicht gefüllt ist. Der Wert wird dadurch mit Null angenommen, und schon haben Sie eine unerlaubte Division durch 0. Solche Konstrukte sind deshalb typische Kandidaten für den Einsatz der *WENN()*-Funktion, denn hier lässt sich im Vorhinein abchecken, ob der Divisor 0 ist und in diesem Fall anstelle des Divisionsergebnisses beispielsweise einen Text ausgeben.

Die Fehlermeldung *#NAME?* ernten Sie, wenn Sie auf Funktionen oder benannte Felder verweisen, die nicht existieren, so wie in der Formel *=PLUMPERQUATSCH(A2)*.

Die Grundlagen von Excel

Mit *#WERT!* wird Excel antworten, wenn die Argumente bei der Verwendung von Operatoren oder Funktionen nicht stimmen. Etwa im Fall von *=SUMME(»mwst«)*, wo als Argument für die Funktion ein Text eingegeben wird, jedoch ein Bereich verlangt wird. Ohne die Anführungszeichen wäre es evtl. o.k., denn dann würde Excel *mwst* als Namen eines Bereichs interpretieren und – sofern definiert – akzeptieren.

Ergebnis	Bedeutung
#BEZUG!	Die Formel in der Zelle bezieht sich auf andere Zellen, die in der Zwischenzeit gelöscht wurden, oder auf eine nicht auffindbare Datei (bei einem externen Dateibezug).
#DIV/0	Es wurde ein Wert durch 0 dividiert, was nicht erlaubt (weil mathematisch nicht definiert) ist.
#NAME?	Eine Formel nimmt Bezug auf einen Namen (für eine Zelle oder einen Bereich), der nicht definiert ist und auch keine Funktion repräsentiert. Oder Sie haben Text in einer Formel nicht in Anführungszeichen eingeschlossen, so dass er als Name interpretiert wird.
#NV	Bezugnahme auf Felder, in denen der Wert NV steht. (Er signalisiert, dass das jeweilige Feld keinen Wert enthält, und sorgt dafür, dass der Feldinhalt nicht als 0 angesehen wird, sondern #NV produziert.)
#WERT!	Das Argument in einer Funktion ist vom falschen Typ (z.B. ein Bereich, wo nur eine Zelle gefordert ist oder ein Wahrheitswert anstelle einer Zahl).
#ZAHL!	Das Argument in einer Funktion ist vom falschen Typ (z.B. Datum oder Text statt Zahl) oder die berechnete Zahl ist zu groß bzw. klein für Excel ($>10^{307}$ oder $<10^{-307}$).

Tabelle 12.10: Fehlerkürzel von Excel in Zellen

Die meisten Fehler treten als Nebeneffekte von anderen Operationen auf, nicht bereits bei der Eingabe, denn da prüft Excel die Formel und meldet Fehler mitsamt Verbesserungsvorschlägen, bevor die Eingabe akzeptiert wird. Wie hier, wo bei der Eingabe von *sin(3*(A11+A8)* eine abschließende Klammer fehlt.

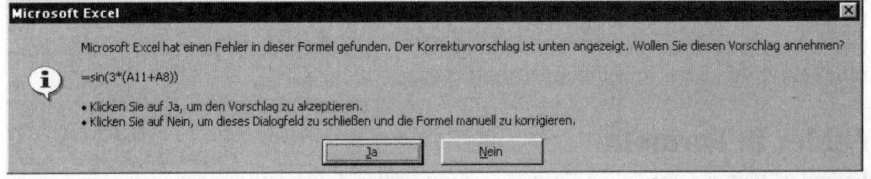

Abbildung 12.20: Excel schlägt vor, die fehlende Klammer selbstständig zu ergänzen.

Laden und Speichern

Das Laden und Speichern von Dokumenten gehört zu den Aspekten, die unter den verschiedenen Office 2000-Anwendungen (endlich) stark vereinheitlicht wurden. Das gilt für die Schaltflächen, Befehle, Dialoge und Konzepte, die damit zusammenhängen. Wir beschreiben an dieser Stelle deshalb nur kurz das Grundschema bei der konkreten Vorgehensweise zum Öffnen, Speichern und Anlegen neuer Arbeitsmappen in Excel. Für weitergehende Fragen möchten wir Sie an das Office-übergreifende ▶ Kapitel 2 verweisen, wo wir die Dialoge und ihre Möglichkeiten im Detail vorstellen.

Der Zyklus aus Neu, Speichern, Laden

Neu

Wenn Sie Ihre Arbeit nach dem Start von Excel in der angebotenen, leeren Arbeitsmappe beginnen, hat das Kind zunächst noch keinen Namen. Denn *Mappe1*, wie in der Titelleiste zu lesen, ist nur ein vorläufiger Name. Und das gilt für alle neuen, leeren Arbeitsmappen, die über die *Neu*-Schaltfläche angelegt werden.

Speichern

Sie sind zunächst noch nicht in einer Datei auf der Festplatte gespeichert, weshalb man nicht umhinkommt, irgendwann einmal *Datei/Speichern* aufzurufen oder die zugehörige Schaltfläche aus der *Standard*-Symbolleiste zu betätigen. Spätestens wenn man Excel komplett oder zumindest die jeweilige Arbeitsmappe schließen will, fragt Excel ohnehin nach, ob die Veränderungen nicht gespeichert werden sollen, weil sie sonst verloren gehen.

Abbildung 12.21:
Excel lässt keine Veränderung an einer neuen oder geladenen Arbeitsmappe verloren gehen.

Klickt man hier bei einer bereits auf Festplatte abgelegten Arbeitsmappe auf *Ja*, wird diese gespeichert. Bei einer neu angelegten und somit noch nicht gespeicherten Arbeitsmappe landet man jedoch unweigerlich im Dialog von *Speichern unter*. Er dient dazu, einen Namen und einen Ablageort für die aktuelle Arbeitsmappe auszuwählen. Später wird bei einem Aufruf von *Datei/Speichern* dann nur noch der aktuelle Zustand der Arbeitsmappe und ihrer Blätter in der zuvor gewählten Datei gesichert. Es erscheint deshalb auch kein Dialog.

Wenn Sie den Befehl *Datei/Speichern unter* in Verbindung mit einer bereits gespeicherten Datei aufrufen, gibt er Ihnen die Möglichkeit, eine Kopie der aktuellen Arbeitsmappe anzulegen, die anschließend völlig unabhängig vom Original bearbeitet werden kann. Welche Möglichkeiten dieser Dialog darüber hinaus bietet, erfahren Sie im ▶ Kapitel 2.

Öffnen

Einmal gespeichert, kann man eine Datei sehr einfach wieder einladen. Hat man in der Zwischenzeit nur wenige andere Dateien bearbeitet, findet sie sich vielleicht noch in der Liste der zuletzt bearbeiteten Dateien am unteren Ende des *Datei*-Menüs. Ansonsten hilft ein Druck auf die *Öffnen*-Schaltfläche weiter. Sie öffnet den Dateidialog zur Auswahl von Laufwerk, Verzeichnis und Dateinamen. Sofern Sie mit der Bedienung des Dialogs noch nicht vertraut sind, erfahren Sie mehr darüber im ▶ Kapitel 2.

Das Konzept der Mustervorlagen

Was für Word die Dokumentvorlagen, sind für Excel die Mustervorlagen – Arbeitsmappen, deren Arbeitsblätter bereits alles enthalten, was man für die Umsetzung einer bestimmten Aufgabe braucht: Formeln, Beschriftungen, Formatierungen, Kopf- und Fußzeilen, Druckbereiche, Kommentare und und und. Tatsächlich handelt es sich bei Mustervorlagen um nichts anderes als gewöhnliche Arbeitsmappen, die über *Datei/Speichern unter* einfach als Mustervorlage und damit unter der Dateiendung *.xlt* (für Excel Template) abgespeichert wurden. Die Ablage erfolgt dabei automatisch im Vorlagenverzeichnis von Office.

Neu

Excel legt die Mustervorlagen deshalb an zentraler Stelle ab, damit sie beim Aufruf von *Datei/Neu* präsentiert werden können. Denn anders als die *Neu*-Schaltfläche aus der *Standard*-Symbolleiste erzeugt dieser Befehl keine neue, leere Arbeitsmappe. Stattdessen wird eine der gespeicherten Mustervorlagen herangezogen und eine Kopie davon als völlig eigenständige Arbeitsmappe erzeugt. Veränderungen an dieser Tabelle wirken sich dadurch in keiner Weise auf die Mustervorlage aus.

Die Grundlagen von Excel

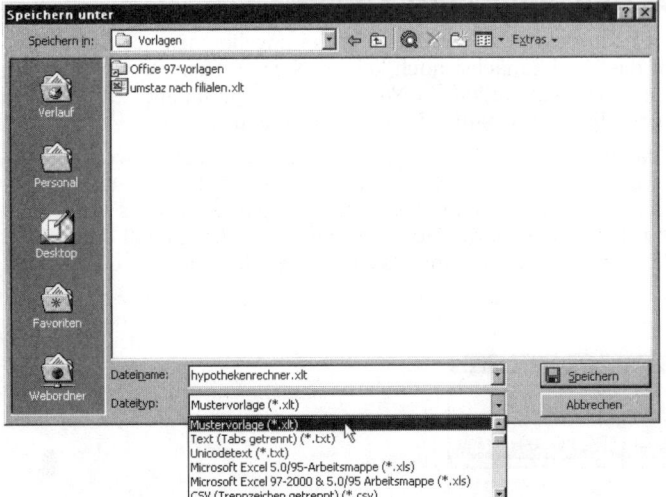

Abbildung 12.22:
Speichern einer Arbeitsmappe als Mustervorlage (.xlt)

Die neue Arbeitsmappe erhält zunächst den Namen der Mustervorlage plus einer fortlaufenden Nummer, so dass es beispielsweise heißt *hypothekenrechner1*. Genau wie bei einer leeren Arbeitsmappe, die zunächst *Mappe1* getauft wird, ist das allerdings noch nicht der endgültige Name. Beim ersten Aufruf von *Speichern* zeigt Excel deshalb den *Speichern unter*-Dialog an, über den auch ein anderer Name als der vorgegebene gewählt werden kann.

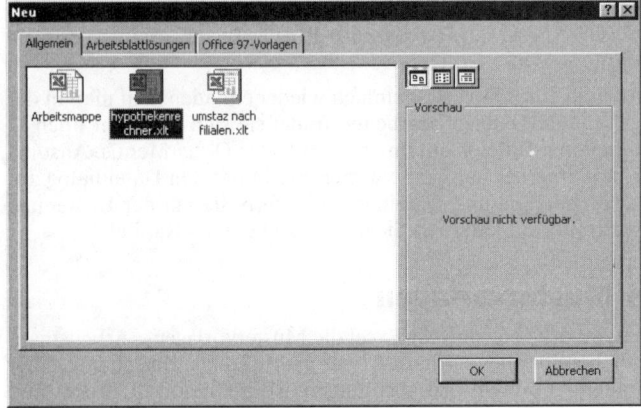

Abbildung 12.23:
Auswahl einer Mustervorlage bei Datei/Neu

Zugriff auf fremde Dateiformate

Excel bringt von Haus aus Konvertierungsprogramme für die wichtigsten Dateiformate mit, darunter solche für Lotus 1-2-3, QuattroPro, dBase und natürlich für textbasierte Verfahren wie *Comma Seperated Value (CSV)*. Genaue Informationen dazu enthält die Hilfe. Wir empfehlen Ihnen, mit dem Hilfe-Assistenten unter dem Stichwort *Dateiformate* nachzusuchen und sich aus der Fundliste das Thema *Konvertierungsprogramme für Dateiformate* anzuschauen.

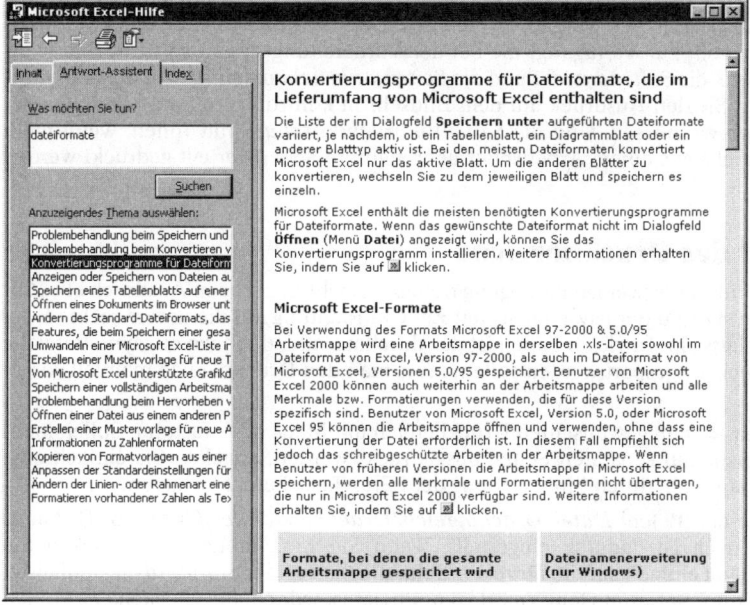

Abbildung 12.24:
Genaue Auskunft über die ladbaren Dateiformate gibt die Hilfe.

Der Ausdruck von Arbeitsblättern

In den seltensten Fällen werden Arbeitsblätter aufgestellt, damit man sie ausschließlich am Bildschirm betrachten kann. Irgendwann kommt immer einmal der Punkt, an dem man ein Arbeitsblatt ausdrucken möchte. Excel bietet dafür eine Reihe von Einstellungsmöglichkeiten und Ansichten, die den Ausdruck beeinflussen und Ihnen helfen sollen, Ihre Arbeitsblätter optimal zu Papier zu bringen. Dazu gehört:

- Die Auswahl von Druckbereichen, d.h. jener Zellbereich des Arbeitsblatts, der beim Ausdruck berücksichtigt werden soll. Im Gegenzug wird damit natürlich auch festgelegt, was eben nicht ausgedruckt werden soll, weil es nicht für die Augen anderer bestimmt ist.

- Die Definition von Kopf- und Fußzeilen, die beim Ausdruck automatisch am oberen bzw. unteren Rand jeder Seite ausgegeben werden. Hier lassen sich Seitennummern, Dokumenttitel, Versionsnummer, Speicherpfad und andere Informationen ausdrucken, damit sie später präsent sind.

- Die Einstellung von Seitenrändern und der Druckausrichtung (Hochformat oder Querformat). Viele Tabellen ziehen sich vor allem in die Breite. Der Ausdruck im Querformat ist deshalb eine papiersparende Angelegenheit.

- Die Festlegung von Zellbereichen, die auf jeder Seite als Überschriften wiederholt werden sollen. Das ist eine äußerst praktische Sache für lange Tabellen und Listen aller Art.

- Das bewusste Einfügen von Seitenumbrüchen in den Druck, wenn sich die zu druckenden Zellbereiche über mehrere Seiten erstrecken. So verhindern Sie, dass Excel an unpassenden Stellen Seitenumbrüche einfügt.

- Das automatische Skalieren des Ausdrucks auf eine vorgegebene Höhe oder Breite, in Druckseiten gemessen. Eine Erlösung für alle, die jahrelang Schriften und Spaltenbreiten skalieren mussten, damit ein Zellbereich einigermaßen gut auf eine Druckseite passte.

Alle genannten Einstellungen lassen sich über die vier Register des Befehls *Datei/Seite einrichten* abwickeln, den wir gleich vorstellen. Darüber hinaus stellt Excel zwei spezielle Ansichtsmodi zur Verfügung, die bei der Vorbereitung des Ausdrucks eine wertvolle Hilfe sind: die *Seitenansicht* und die *Seitenumbruchvorschau*. Mit der *Seitenansicht* können Sie den Ausdruck auf dem Bildschirm kontrollieren, ohne Druckpapier verschwenden zu müssen. Und die *Seitenumbruchvorschau* hilft Ihnen, wenn mehrere Zellbereiche aus einem Arbeitsblatt über mehrere Seiten verteilt gedruckt werden sollen.

Seitenansicht

Auswahl des Druckbereichs

Sofern Sie keine anderweitige Festlegung treffen, bezieht Excel beim Ausdruck alle Zellen zwischen *A1* und der letzten belegten Zelle in Richtung auf die untere rechte Ecke des Arbeitsblatts ein. In vielen Fällen ist das durchaus o.k., doch wo einzelne Bereiche beim Ausdruck ausgespart werden sollen, muss man den Druckbereich manuell vorgeben.

1. Markieren Sie den gewünschten Druckbereich mit Maus oder Tastatur. Sollen mehrere Bereiche auf separaten Seiten ausgedruckt werden, erstellen Sie einfach eine Mehrfachauswahl durch Einbeziehung der [Strg]-Taste beim Markieren.
2. Rufen Sie den Befehl *Datei/Druckbereich/Druckbereich festlegen* auf. Der markierte Bereich ist dadurch eingestellt. Wenn Sie ganz mutig sind, drücken Sie anschließend einfach auf die *Drucken*-Schaltfläche aus der *Standard*-Symbolleiste, um den Druck sofort in Gang zu bringen. Besser ist jedoch, Sie checken erst einmal die Druckeinstellung unter *Datei/Seite einrichten*.

Drucken

Die Seiteneinrichtung

Die Schaltzentrale für alle Einstellungen rund um den Druck finden Sie unter *Datei/Seite einrichten*. Der Dialog verfügt über vier Register. Auf dem Register *Papierformat* sollten Sie zunächst die gewünschte Orientierung einstellen, Hoch- oder Querformat, ganz wie gewünscht. Anschließend geht es an die Skalierung. In der Regel will man entweder in Originalgröße drucken, dann lässt man hier alles so, wie es ist. Oder man möchte die Breite oder Höhe in Seiten fest vorgeben, damit Excel den Druck selbstständig skaliert.

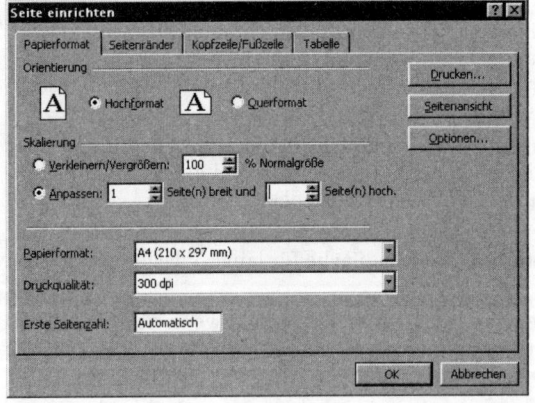

Abbildung 12.25:
Im Register Papierformat *wählen Sie u. a. zwischen* Hochformat *und* Querformat.

Bitte verwechseln Sie diese Festlegung nicht mit der Höhe und Breite des Druckpapiers, das Sie unter *Papierformat* einstellen können. Soll der Druck genau eine Seite breit sein, löschen Sie einfach den Inhalt des Feldes *Seite(n) hoch*, damit Excel erkennt, dass es auf Breite skalieren soll. Andersherum müssen Sie die 1 im Feld für die Breite löschen und bei *Seite* die gewünschte Seitenanzahl eintragen, wenn auf Höhe skaliert werden soll. Natürlich können Sie Ihre Dokumente dadurch beim Druck vergrößern, um hinterher aus mehreren Einzelblättern einen größeren Plan zusammenzusetzen (siehe Abbildung 12.25).

Im zweiten Register geht es um die Seitenränder, d.h. um den Abstand zwischen dem Rand des Druckpapiers und den ausgedruckten Zellen. Auch die Lage der Kopf- und Fußzeile wird hier eingestellt. Wenn klar ist, dass der Druckbereich ohnehin nicht das gesamte Blatt füllt, können Sie außerdem festlegen, dass der gedruckte Bereich auf der Druckseite horizontal und/oder vertikal zentriert werden soll (siehe Abbildung 12.26).

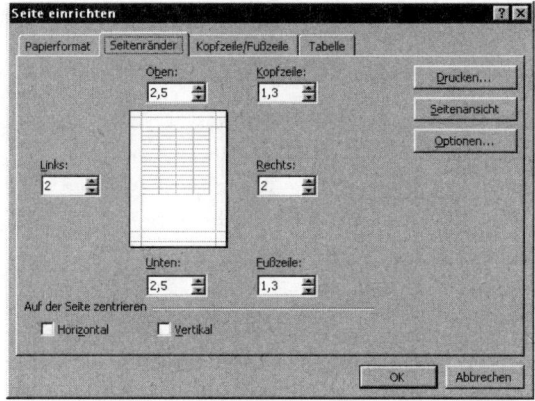

Abbildung 12.26:
Hier stellen Sie die Seitenränder ein.

Kopf- und Fußzeile

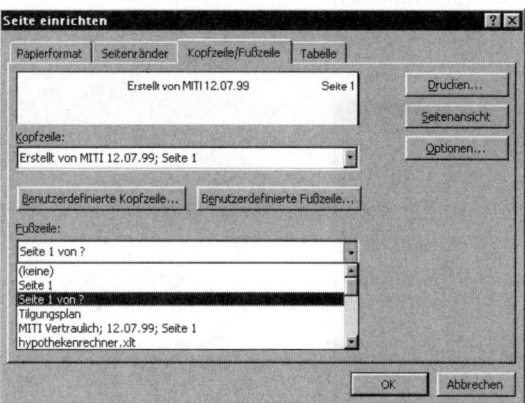

Abbildung 12.27:
In den Listenfeldern Kopfzeile *und* Fußzeile *finden Sie vorgefertigte Textbausteine für Kopf- und Fußzeile.*

Im dritten Register definieren Sie die Kopf- und Fußzeilen, die auf jeder Seite über bzw. unter dem Bereich für das Arbeitsblatt ausgedruckt werden sollen. Der einfachste Weg zur Anlage von Kopf- oder Fußzeilen führt dabei über die beiden Listenfelder *Kopfzeile* und *Fußzeile*. Wenn Sie Listen mit der Maus zum Vorschein bringen, treffen Sie dort auf eine Reihe vorgefertigter Textbausteine, die typische Inhalte von Kopf- und Fußzeilen widerspiegeln, etwa den Namen des Dokuments und des Autors, die aktuelle Seite verbunden mit der Anzahl der Seiten, das Druckdatum, Vertraulichkeitsvermerke und vieles mehr.

In dieses Register gelangen Sie übrigens auch, wenn Sie den Befehl *Ansicht/Kopf- und Fußzeile* aufrufen. Da gibt es keinen Unterschied.

HINWEIS

Größere Freiheit bei der Gestaltung von Kopf- und Fußzeile bieten Ihnen die Schaltflächen *Benutzerdefinierte Kopfzeile* und *Benutzerdefinierte Fußzeile*. Sie öffnen den folgenden Dialog:

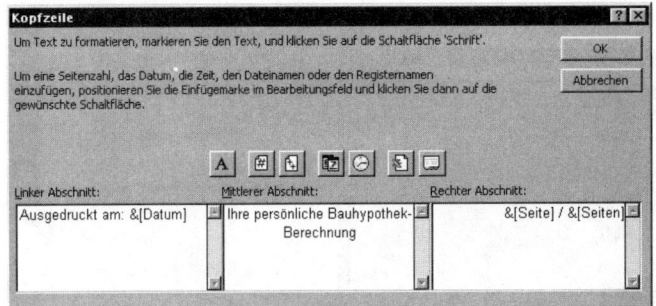

Abbildung 12.28: Benutzerdefinierte Kopf- und Fußzeilen lassen sich in drei Bereichen individuell gestalten.

Aufgeteilt in einen linken, einen mittleren und einen rechten Abschnitt können Sie hier drei Textblöcke festlegen. Die Zeichenformatierung lässt sich dabei variieren, indem Sie zunächst einige Zeichen markieren und dann die Schaltfläche für das Schriftformat anklicken. Es erscheint der *FormatZeichen*-Dialog, über den Sie Schriftart und -größe etc. einstellen können.

A Schriftformat

Die weiteren Schaltflächen dienen dazu, bestimmte Informationen automatisch von Excel in die einzelnen Bereiche einfügen zu lassen, die Anzahl der Seiten, die aktuelle Seite, Datum und Uhrzeit oder den Dokumentnamen.

Druckbereich auswählen

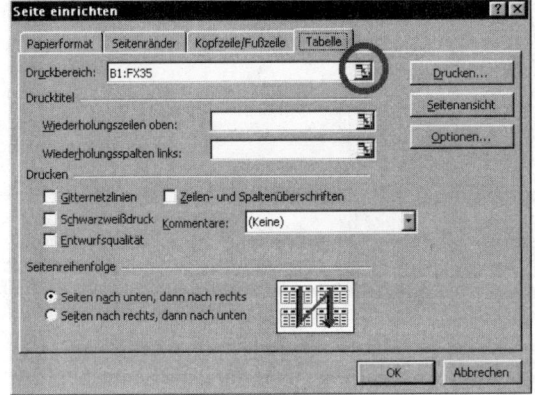

Abbildung 12.29: Über die markierte Schaltfläche lässt sich der Dialog für eine bessere Sicht auf das Arbeitsblatt reduzieren.

Unter dem Titel *Tabelle* geht es im vierten Register unter anderem um die Auswahl des Druckbereichs. Der Bereich, den Sie unter *Datei/Druckbereich/Druckbereich festlegen* gewählt haben, findet sich hier wieder. Doch genauso gut können Sie über das Dialogfeld *Druckbereich* einen anderen Bereich festlegen, entweder durch manuelle Eingabe eines Zellbereichs bzw. eines Namens für einen benannten Bereich, oder Sie klicken auf die kleine Schaltfläche (*Dialog reduzieren*) am rechten Rand des Eingabefelds.

Sie minimiert den Dialog, so dass wieder das Arbeitsblattfenster zum Vorschein kommt. Hier können Sie nun in aller Ruhe den gewünschten Zellbereich mit Maus oder Tastatur selektieren. Auch die Auswahl eines Mehrfachbereichs ist wie gewohnt möglich. Sobald Sie anschließend ⏎ oder erneut auf die kleine Schaltfläche rechts neben dem Eingabefeld drücken, erscheint wieder der komplette Dialog.

Abbildung 12.30: Um die Auswahl zu erleichtern, macht der Dialog in großen Teilen dem Arbeitsblatt Platz.

Die gleiche Möglichkeit zur Dialogreduzierung bieten Ihnen auch die beiden Eingabefelder unter *Drucktitel*. Im Feld *Wiederholungszeilen oben* geht es darum, Tabellenzeilen festzulegen, deren Inhalt auf jeder Druckseite über den fortlaufenden Inhalt der Tabellenzeilen aus dem Druckbereich gedruckt werden soll. So sorgt man beispielsweise dafür, dass Tabellenüberschriften auf jeder Seite erscheinen. Die Zeilennummern können Sie beispielsweise von Hand eingeben (*$5:$7*) oder durch Markierung der Zeilenköpfe im gewünschten Bereich auswählen.

Nach dem gleichen Prinzip geht es im Feld *Wiederholungsspalten* links darum, Spalten zu definieren, deren Inhalt jeweils links des fortlaufenden Druckbereichs auf jeder Druckseite erscheinen soll. Um beispielsweise die ersten beiden Arbeitsblattspalten jeweils zu wiederholen, müsste die Eingabe *$A:$B* lauten. Darüber hinaus ist hier eine Auswahl über die Spaltenköpfe im Arbeitsblatt möglich.

Weitere Druckoptionen finden Sie unter *Drucken*. Hier können Sie ganz bewusst die Gitternetzlinien für den Ausdruck an- oder ausschalten sowie auch die Zeilen- und Spaltenköpfe für den Ausdruck freigeben.

Ein Blick in die Zukunft: Die Seitenansicht

Seitenansicht

Aus allen vier Registern des Dialogs *Seite einrichten* können Sie über die Schaltfläche *Drucken...* direkt in den Druckdialog wechseln, über die Schaltfläche *Seitenansicht* darüber hinaus in die Seitenansicht. Auch außerhalb dieses Dialogs ist sie jederzeit über die gleichnamige Schaltfläche aus der *Standard*-Symbolleiste verfügbar.

Die Seitenansicht zeigt Ihnen, wie Excel Ihr Arbeitsblatt bei der gegenwärtigen Einstellung des Druckbereichs und der anderen Druckoptionen zu Papier bringen würde. Mit den Tasten [Bild ↑] [Bild ↓] können Sie dabei durch die verschiedenen Druckseiten blättern und über die *Zoom*-Schaltfläche die Anzeige vergrößern bzw. verkleinern. Ein interessantes Ergebnis fördert auch die *Ränder*-Schaltfläche zutage. Sie macht die Druckränder, die Lage der Kopf- und Fußzeilen sowie die Breiten der einzelnen Spalten sichtbar. Und das nicht ohne Grund, denn an den kleinen Markern lässt sich mit der Maus ziehen, um den Rand zu verändern oder die eine oder andere Spaltenbreite nachzujustieren.

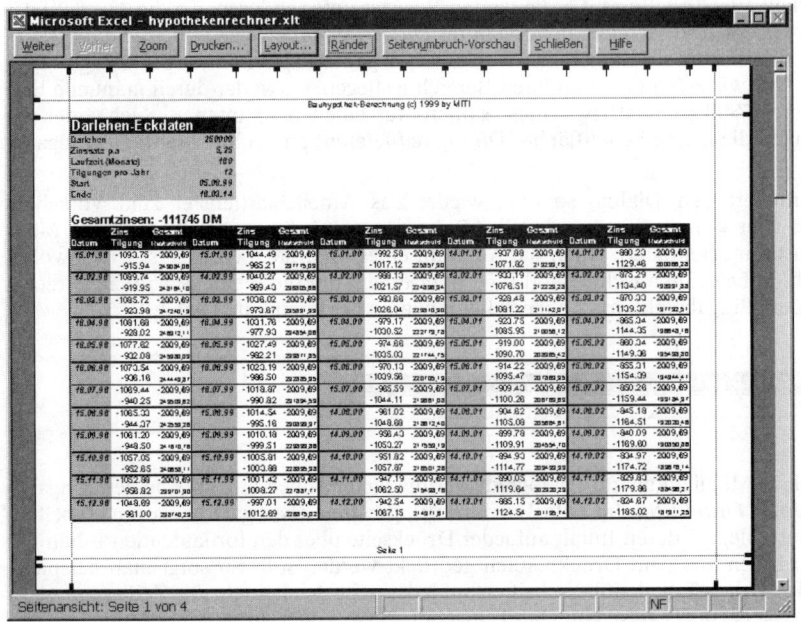

Abbildung 12.31:
Einstellung der Ränder über die Seitenansicht

Der *Drucken*-Dialog

Die Seitenansicht können Sie entweder über die Schaltfläche *Schließen* verlassen oder über die *Drucken*-Schaltfläche, die Sie auch in allen vier Registern des Dialogs *Seite einrichten* antreffen. Sie gelangen dadurch zu dem Dialog, der auch erscheint, wenn Sie während der Bearbeitung des Arbeitsblatts auf die *Drucken*-Schaltfläche aus der *Standard*-Symbolleiste drücken. Der zugehörige Befehl lautet *Datei/Drucken*, die Kurzwahltaste Windows-üblich [Strg]+[P].

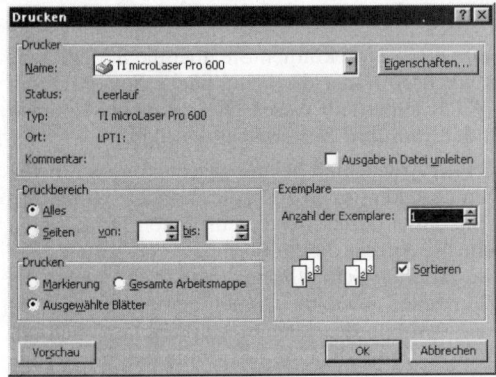

Abbildung 12.32:
Der Drucken-Dialog in Aktion

Neben der Auswahl des Druckers bietet sich Ihnen hier die Möglichkeit, den Druck auf bestimmte Seiten zu beschränken. Beispielsweise wenn Sie auf dem letzten Ausdruck noch Fehler gefunden haben und diese im Arbeitsblatt korrigieren, deswegen aber nicht alle 32 Seiten neu drucken wollen, sondern nur eine. Sofern Sie einmal schnell nicht den eingestellten Druckbereich, sondern einen anderen Zellbereich ausdrucken wollen, ist die Option *Markierung* unter *Drucken* interessant. Denn mit ihr lässt sich der Druck auf die aktuell markierten Zellen beschränken. Wahrend sonst jeweils die aktuelle Arbeitsmappe ausgedruckt wird, bringt die Einstellung *Gesamte Arbeitsmappe* alle enthaltenen Arbeitsblätter zu Papier. Dort, wo für ein Arbeitsblatt kein Druckbereich festgelegt ist, druckt Excel dann den gesamten Bereich von *A1* bis zur letzten Zelle.

Die Seitenumbruchvorschau

Neben der Seitenansicht kennt Excel die Seitenumbruchvorschau, die über den Befehl *Ansicht/Seitenumbruchvorschau* aktiviert werden kann. Während die Seitenansicht das Layout des Ausdrucks vorwegnimmt, dient die Seitenumbruchvorschau als alternativer Weg zur Einstellung der Druckbereiche. Außerdem kann man hier sehr gut manuelle Seitenumbrüche in das Layout einfügen.

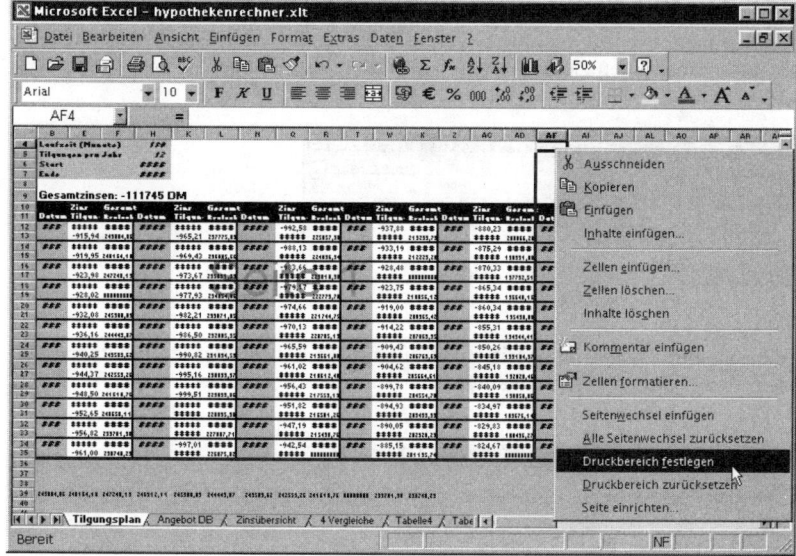

Abbildung 12.33:
Ein Dokument in der Seitenumbruchvorschau. Die blauumrahmten Zellen gehören zum Druckbereich, die grau unterlegten hingegen nicht.

HINWEIS Wenn Sie aus der Seitenumbruchvorschau in die gewohnte Ansicht des Arbeitsblatts zurückkehren möchten, wählen sie *Ansicht/Normal*.

In der Seitenumbruchvorschau heben die blauen Rahmen die Zellbereiche hervor, die gemeinsam auf einer Druckseite erscheinen. Damit man sie in ihrer Gesamtheit sieht, sollte man die Ansicht am besten über die *Zoom*-Schaltfläche verkleinern, so wie in der obigen Abbildung. Tatsächlich lassen sich die Rahmen mit der Maus verschieben, wenn man die eine oder andere Spalte lieber schon der nächsten Seite zuordnen möchte, damit ein logisch zusammenhängender Block von Zeilen/Spalten auch zusammenbleibt.

Wie oben zu sehen, bietet sich über das Kontextmenü eine Reihe von Möglichkeiten: Druckbereiche festlegen oder wieder zurücksetzen, Seitenwechsel einfügen oder der Aufruf von *Seite einrichten*...

Die Grundlagen von Excel

Diagramme in Excel

Die Daten einer Excel-Tabelle lassen sich hervorragend in Diagrammen visualisieren. Ob Balken-, Kuchen- oder Liniendiagramme – in Zusammenarbeit mit MS Graph lassen sich sehr schöne Grafiken aus den verfügbaren Daten erzeugen.

MS Graph-Diagramme werden über einen Assistenten in die Arbeitsmappe eingefügt. Dazu erfragt der Assistent den Zellenbereich der darzustellenden Werte und die Bereiche für Beschriftungen.

Gestartet wird der Assistent über den Befehl *Einfügen/Diagramm...* oder das entsprechende Symbol aus der *Standard*-Symbolleiste.

Diagramm-Assistent

HINWEIS

Im Gegensatz zu den anderen Office-Anwendungen wird unter Excel nicht die *Standard*-Symbolleiste durch die *Diagramm*-Symbole erweitert, sondern eine separate *Diagramm*-Symbolleiste hinzugefügt.

So fügen Sie ein Diagramm in Excel ein

Betrachten Sie dazu, wie in Excel die folgende Tabelle mit Verkaufszahlen verschiedener Fruchtsorten über einen Zeitraum von 5 Monaten erstellt wird:

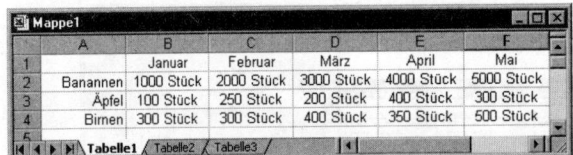

Abbildung 12.34:
Die Verkaufs-
zahlen

1. Nachdem Sie den Diagramm-Assistenten aufgerufen haben, werden Sie zuerst aufgefordert, den Diagrammtyp zu wählen:

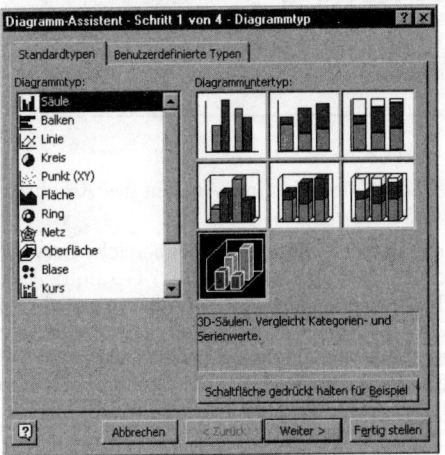

Abbildung 12.35:
Schritt 1 – Der
Diagrammtyp

2. Im zweiten Schritt werden Sie aufgefordert, den dem Diagramm zugrunde liegenden Datenbereich zu bestimmen. Dazu wird der Dialog *Datenquelle* angezeigt, in dem Sie den Bezug auf den Datenbereich entweder von Hand in das dafür zuständige Eingabefeld eintragen oder den Bereich mit der Maus markieren. Der Assistent übernimmt den Bereich selbstständig und zeigt die Daten bereits in einer Vorschau an:

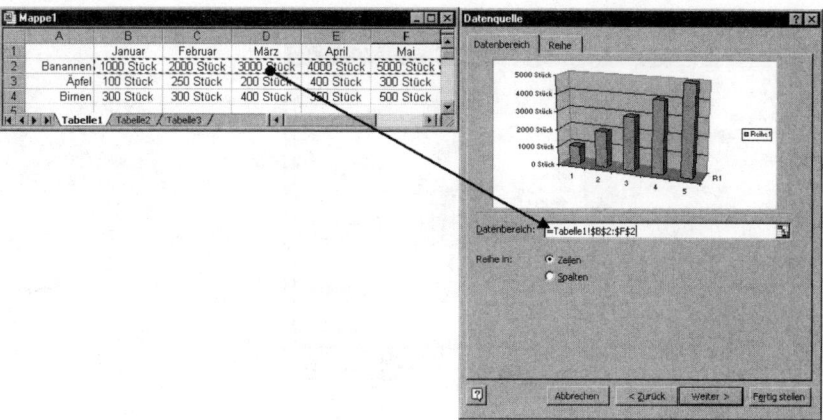

Abbildung 12.36:
Übernahme der Daten

Wenn Sie eine einzelne Zeile oder eine einzelne Spalte angeben, passt der Assistent die Anzeige der Steuerelemente *Zeile* und *Spalte*, die anzeigen, ob die Datenreihen in Zeilen oder Spalten vorliegen, automatisch an. Wenn Sie einen rechteckigen Bereich mit mehreren Zeilen und Spalten als Datenbereich angeben, müssen Sie die Ausrichtung der Datenreihe über die beiden Optionsfelder *Zeile* und *Spalte* evtl. anpassen.

Im *Reihe*-Register des *Datenquelle*-Dialogs geben Sie an, welche Zelle (nicht Bereich!) den Namen der Reihe und welcher Bereich die Beschriftung der Rubrikenachse enthält:

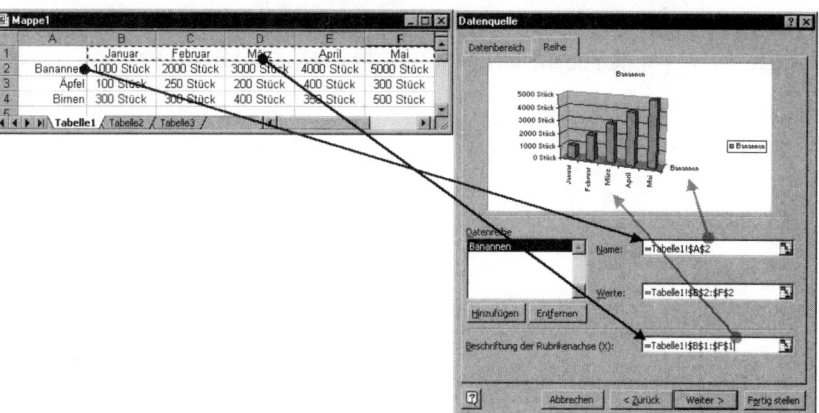

Abbildung 12.37:
Definition der Reihe

Die Grundlagen von Excel

Auch hier können Sie den Bezug auf den Bereich entweder von Hand eingeben, oder Sie klicken das jeweilige Eingabefeld an und markieren anschließend den Bereich im Datenblatt. Graph übernimmt dann automatisch den mit der Maus erstellten Bezug.

3. Im dritten Schritt fordert Graph Sie zur Festlegung der *Diagrammoptionen* auf. Dazu wird einfach der bereits bekannte *Diagrammoptionen*-Dialog (siehe ▶ Seite 318) aufgerufen.

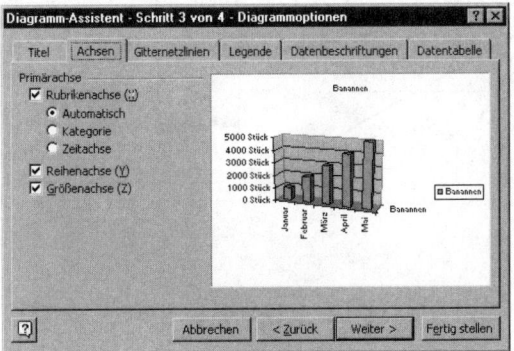

Abbildung 12.38:
Die Diagrammoptionen

4. Im letzten Schritt des Assistenten geben Sie an, ob das Diagramm in einem eigenen Datenblatt oder als Objekt in das aktuelle Datenblatt eingefügt werden soll:

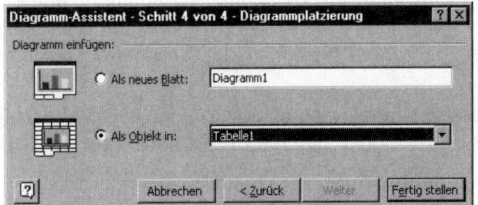

Abbildung 12.39:
Das Diagramm als separates Datenblatt oder als Objekt

Weitere Informationen über Diagramme erhalten Sie im ▶ Kapitel 52.

13 Die Arbeit am Tabellenblatt

321 Verschieben und Kopieren von Zellen
326 Kopieren von Formeln
330 Löschen von Zellinhalten
331 Einfügen und Löschen von Zeilen, Spalten, Zellen
334 Einstellung von Spaltenbreite und Zeilenhöhe
336 Einblenden und Ausblenden von Zeilen und Spalten
338 Die Arbeit mit benannten Zellen und Bereichen
341 Schnell zu einer bestimmten Zelle springen mit *Gehe zu*
343 Ansichts-Sachen

Das grundlegende Konzept von Excel haben Sie bereits kennen gelernt. Jetzt geht es darum, das Handwerkszeug für die tägliche Praxis in Excel zu erlernen: das Einfügen von Zeilen und Spalten, die Einstellung von Zeilen- und Spaltenbreiten und vor allem das Kopieren von Formeln. Dies und mehr auf den folgenden Seiten.

Verschieben und Kopieren von Zellen

Verschieben und Kopieren gehören zu den Grundfunktionen von Excel, an denen man nicht vorbei kommt. Beim Verschieben geht es zumeist darum, dass Zellen aus optischen oder funktionalen Gründen an einen anderen Platz innerhalb der Tabelle verschoben werden sollen. Beim Kopieren will man die Inhalte von Zellen hingegen vervielfältigen, um sich die manuelle Eingabe zu ersparen. In beiden Fällen gibt es zwei Wege: über die Zwischenablage oder direkt innerhalb des Arbeitsblattes mit Hilfe der Maus.

Noch etwas ganz Wichtiges vorab: Man darf das Kopieren und Verschieben von Zellen nicht mit dem Einfügen neuer Zellen in das Arbeitsblatt verwechseln. Was hier verschoben und kopiert wird, das sind die Inhalte der Zellen mitsamt ihren Formatierungen, nicht die Zellen selbst. Deshalb rücken auch nirgends Zellen nach oder auf, sondern es werden lediglich die bisherigen Inhalte der Zellen im Zielbereich überschrieben. Zumeist ist das durchaus intendiert, doch manchmal wünscht man sich, der Rest der Tabelle würde einfach nach unten oder nach rechts weggeschoben. Auch das ist möglich, funktioniert aber etwas anders, wie weiter unten unter ▶ *Kopieren und Einfügen* geschildert.

So verschieben und kopieren Sie mit Hilfe der Maus

Verschieben und Kopieren mit Hilfe der Maus liegen nahe beieinander. Der einzige Unterschied ist, dass man beim Kopieren gleichzeitig die [Strg]-Taste gedrückt halten muss, während das beim Verschieben nicht erforderlich ist.

1. Markieren Sie zunächst die Zellen, die verschoben oder kopiert werden sollen.

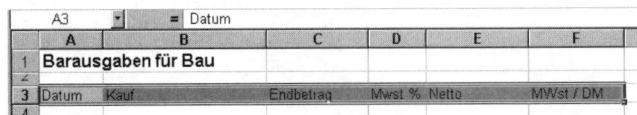

Abbildung 13.1:
Vor dem Verschieben kommt das Markieren.

2. Führen Sie nun den Mauszeiger über den Rahmen der Markierung, bis er als Zeigepfeil erscheint, wie unten im Bild. Klicken Sie den Rahmen nun mit der linken Maustaste an und ziehen Sie ihn, während Sie die Maustaste weiter gedrückt halten. Sie erkennen, wie sich aus der Markierung ein dicker Rahmen in der Größe der Markierung löst und Ihren Mausbewegungen folgt. Er repräsentiert die Zellen innerhalb der Markierung und zeigt Ihnen, wohin die Zellen verschoben werden. Sobald Sie ihn loslassen, werden die Zellen aus der Markierung dorthin verschoben.

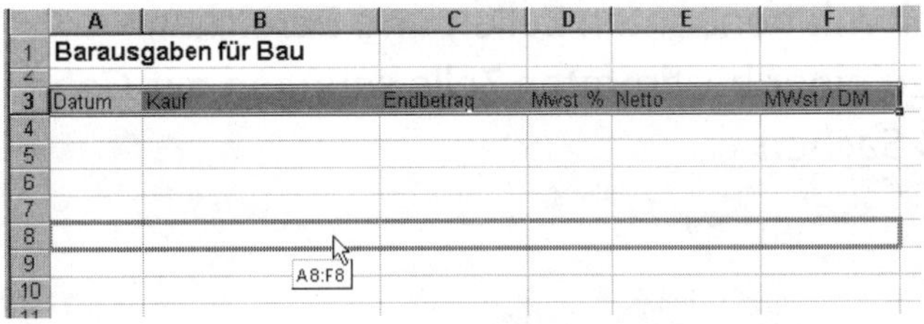

Abbildung 13.2:
Excel zeigt durch einen dicken Rahmen, wohin die Zellen verschoben werden.

Sollten Sie es sich während des Verschiebens anders überlegen, müssen Sie den Rahmen nur wieder über den Ursprungsbereich schieben und dort die Maustaste loslassen. Oder Sie führen die Aktion aus und klicken anschließend auf die *Rückgängig*-Schaltfläche aus der *Standard*-Symbolleiste.

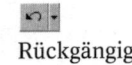

Rückgängig

3. Bevor Excel die Zellen verschiebt, meldet es sich allerdings noch einmal, sofern der Zielbereich nicht leer ist. Dann fragt es nach, ob die Zellen in dem Bereich tatsächlich überschrieben werden sollen, denn durch das Verschieben geht ihr Inhalt verloren. An diesem Punkt besteht dann noch die Möglichkeit, die Aktion abzubrechen.

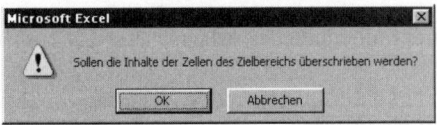

Abbildung 13.3:
Excel fragt lieber nach, bevor durch das Verschieben Zellinhalte verloren gehen.

4. Nach dem gleichen Schema funktioniert auch das Kopieren, d.h. erst markieren, dann mit der Maus ziehen und schließlich loslassen. Wichtig ist nur, dass zum Zeitpunkt des Loslassens die [Strg]-Taste gedrückt ist. Denn dies gilt Excel als Signal zum Kopieren und wird als optisches Symbol durch ein kleines Pluszeichen neben

dem Mauszeiger angezeigt, wie unten zu sehen. Tatsächlich halten die meisten Anwender die [Strg]-Taste schon während des Ziehens gedrückt. Worauf es aber lediglich ankommt, ist der Zeitpunkt des Loslassens der Maustaste.

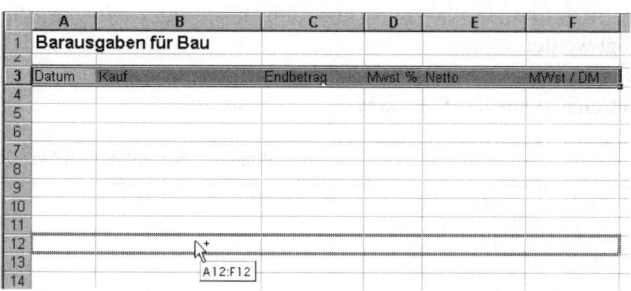

Abbildung 13.4: Dass kopiert werden soll, erkennt man am kleinen Pluszeichen neben dem Mauszeiger.

Mehrfachkopien mit der Maus

Der Nachteil an dem gezeigten Verfahren zum Kopieren mit der Maus ist der, dass immer nur eine Kopie angelegt wird. Oft will man über das Kopieren jedoch schnell ganze Bereiche mit einem Wert oder einer Formel füllen. Über die Zwischenablage ist das prinzipiell kein Problem, wie wir gleich sehen werden, mit der Maus hingegen schon. Hier ist das Vervielfältigen nur möglich, wenn eine oder mehrere Zellen in angrenzende Zellbereiche dupliziert werden sollen.

Um noch einmal bei der obigen Tabelle mit den Barausgaben zu bleiben: Weil die meisten Belege einen identischen Mehrwertsteuersatz aufweisen, kann man sich eigentlich die Mühe sparen, in jeder Zeile erneut den Mehrwertsteuersatz einzugeben. So geht's:

1. Geben Sie in *D4* zunächst *16* ein.
2. Klicken Sie auf den Ziehpunkt der Zelle *D4*, ziehen Sie ihn bis zur Zelle *D10* und lassen Sie die Maustaste dann los. Schon hat Excel den Wert 16 auf die markierten Zellen kopiert. Man arbeitet also nach dem gleichen Prinzip wie beim Aufbau von Reihen, nur dass Excel hier keine Reihe aufstellt, sondern tatsächlich den Wert aus *D4* in die markierten Zellen dupliziert.

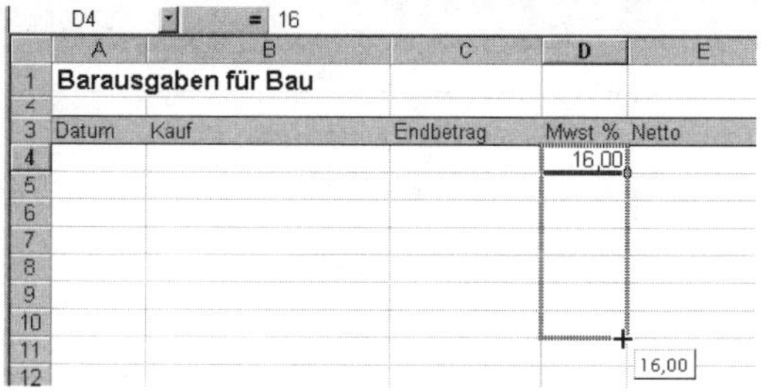

Abbildung 13.5: Über den Ziehpunkt werden Duplikate des Zellinhalts angelegt.

Verschieben und Kopieren über die Zwischenablage

Das Kopieren und Verschieben von Zellen, Bereichen oder ganzen Arbeitsblättern über die Zwischenablage verläuft nach dem gleichen Prinzip und mit den gleichen Befehlen wie in den anderen Office-Anwendungen:

Die Arbeit am Tabellenblatt

1. Zunächst werden die betroffenen Zellen markiert.
2. Dann werden sie in die Zwischenablage eingefügt. Zum Kopieren mit dem Befehl *Bearbeiten/Kopieren*, zum Verschieben mit dem Befehl *Bearbeiten/Ausschneiden*.
3. Aus der Zwischenablage können die Zellen über den Befehl *Bearbeiten/Einfügen* beliebig oft eingefügt werden.

Office-Profis rufen die verschiedenen Befehle entweder über ihre Kurzwahltasten oder die zugehörigen Schaltflächen aus der *Standard*-Symbolleiste auf.

Befehl	Aufgabe	Kurzwahltaste	Schaltflächen-Symbol
Bearbeiten/Ausschneiden	Markierte Zelle(n) ausschneiden und in die Zwischenablage einfügen	Strg + X	✂ Ausschneiden
Bearbeiten/Kopieren	Markierte Zelle(n) in die Zwischenablage einfügen, jedoch nicht aus dem Arbeitsblatt entfernen	Strg + C	📋 Kopieren
Bearbeiten/Einfügen	Inhalt der Zwischenablage in die markierte Zelle(n) einfügen	Strg + V oder ↵	📋 Einfügen

Tabelle 13.1: *Befehle zum Kopieren und Verschieben über die Zwischenablage*

Nach dem Aufruf von *Bearbeiten/Ausschneiden* oder *Bearbeiten/Kopieren* hebt Excel die so in die Zwischenablage kopierten Zellen durch einen gestrichelten, blinkenden Rahmen hervor. Solange er erscheint, befinden sich die Zellen in der Zwischenablage und können von dort in das Arbeitsblatt eingefügt werden. Setzen Sie das Ausfüllkästchen dazu auf die erste Zelle des Zielbereichs und drücken Sie entweder Strg + V oder ↵. Der Rahmen – und damit die Einfügemöglichkeit – verschwindet übrigens, sobald Sie Esc drücken oder mit der Eingabe in einer anderen Zelle beginnen.

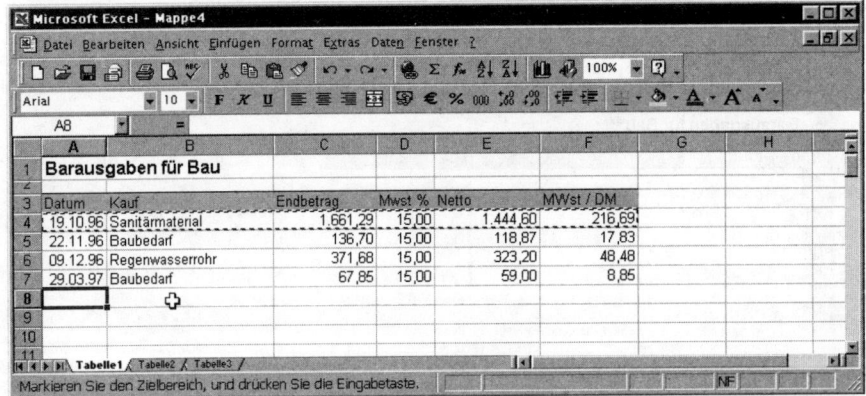

Abbildung 13.6: *Der gestrichelte Rahmen markiert die Zellen in der Zwischenablage.*

Beachten Sie bitte, dass beim Ausschneiden von Zellen über Strg + X die Zellen so lange an ihrem angestammten Platz bleiben, bis Sie Strg + V oder ↵ drücken. Erst dann werden sie an der gewünschten Stelle eingefügt und gleichzeitig an ihrem Ursprungsort gelöscht.

HINWEIS

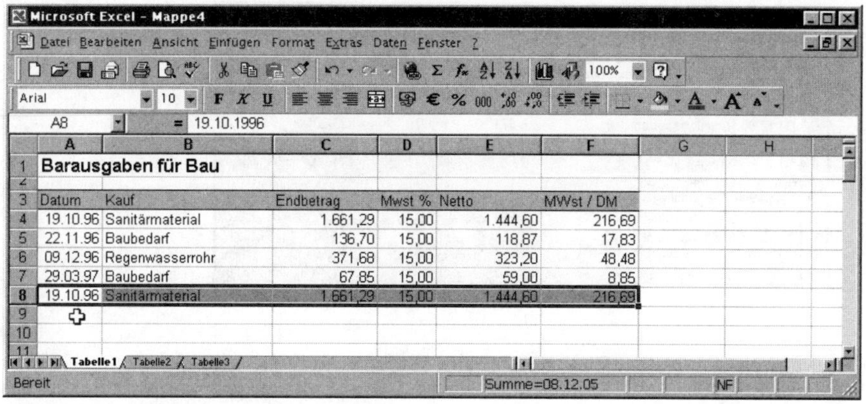

Abbildung 13.7:
Nach dem Drücken von ⏎ zum Einfügen der Zellen aus der Zwischenablage in das Arbeitsblatt

Duplizieren beim Einfügen

Der große Vorteil beim Kopieren über die Zwischenablage ist die Möglichkeit, die Zellen beim Einfügen zu vervielfältigen. Vor dem Aufruf von *Bearbeiten/Einfügen* muss man dazu lediglich einen Zellbereich markieren, in den die Zellen aus der Zwischenablage dupliziert werden sollen. Um noch einmal beim obigen Beispiel zu bleiben:

1. Markieren Sie die Zellen *A4:F4* und drücken Sie [Strg]+[C].

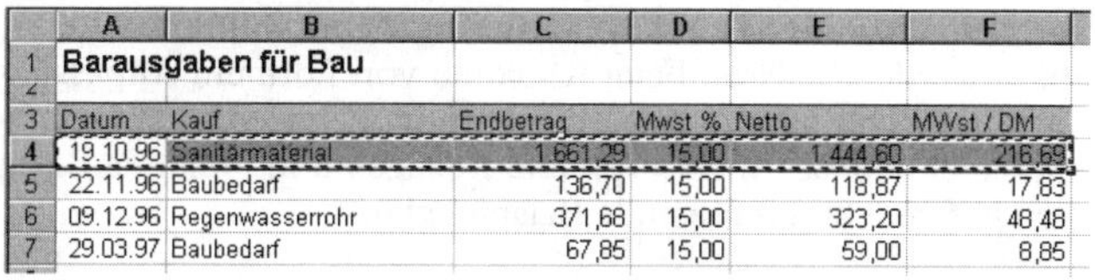

Abbildung 13.8:
Die zu duplizierenden Zellen

2. Markieren Sie die Zellen *A8:F14* als den Bereich zum Einfügen der Zellen aus der Zwischenablage.

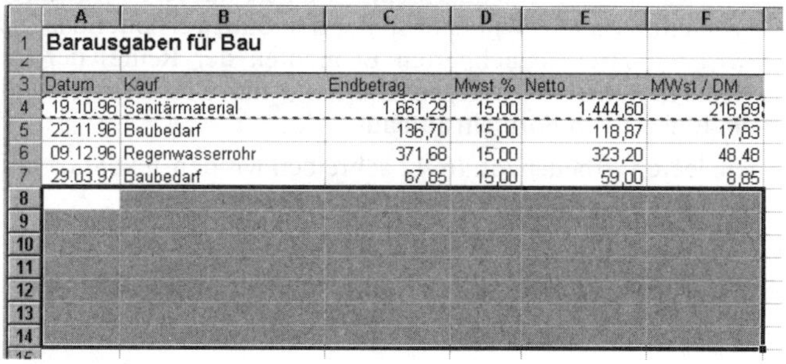

Abbildung 13.9:
Der Zielbereich für das Einfügen

3. Und drücken Sie ⏎, um die Zellen einzufügen. Weil der Zielbereich größer ist als der Quellbereich, dupliziert Excel den Quellbereich innerhalb des Zielbereichs so oft, bis er diesen ganz ausfüllt.

Die Arbeit am Tabellenblatt

	A	B	C	D	E	F
1	Barausgaben für Bau					
2						
3	Datum	Kauf	Endbetrag	Mwst %	Netto	MWst / DM
4	19.10.96	Sanitärmaterial	1.661,29	15,00	1.444,60	216,69
5	22.11.96	Baubedarf	136,70	15,00	118,87	17,83
6	09.12.96	Regenwasserrohr	371,68	15,00	323,20	48,48
7	29.03.97	Baubedarf	67,85	15,00	59,00	8,85
8	19.10.96	Sanitärmaterial	1.661,29	15,00	1.444,60	216,69
9	19.10.96	Sanitärmaterial	1.661,29	15,00	1.444,60	216,69
10	19.10.96	Sanitärmaterial	1.661,29	15,00	1.444,60	216,69
11	19.10.96	Sanitärmaterial	1.661,29	15,00	1.444,60	216,69
12	19.10.96	Sanitärmaterial	1.661,29	15,00	1.444,60	216,69
13	19.10.96	Sanitärmaterial	1.661,29	15,00	1.444,60	216,69
14	19.10.96	Sanitärmaterial	1.661,29	15,00	1.444,60	216,69

Abbildung 13.10:
Excel hat die Zeilen vervielfältigt.

Excel nimmt es mit dem Zielbereich beim Einfügen übrigens ziemlich genau. Hätten Sie statt *A8:F14* nur *A8:E14* markiert, also die letzte Spalte ausgelassen, hätte Excel das Einfügen mit der Begründung verweigert, dass die Größe von Quellbereich und Zielbereich nicht zusammen passen. Und das Gleiche gilt auch, wenn der Zielbereich um eine oder mehrere Spalten breiter gewesen wäre. Einzig und allein die Markierung *A8:A14* hätte Excel ebenfalls akzeptiert und als Abkürzung für die Markierung *A8:F14* verstanden. Das Ergebnis beim Einfügen wäre dann dasselbe gewesen.

WICHTIG

Kopieren von Formeln

Die Funktionen zum Kopieren und Verschieben – sei es per Maus oder Zwischenablage – greifen natürlich nicht nur bei Texten und Zahlen, sondern auch bei Formeln. Hier erfüllt das Kopieren sogar eine besondere Funktion, denn während Texte und Zahlen immer 1:1 kopiert werden, müssen beim Kopieren von Formeln Anpassungen an den in der Formel aufgeführten Zellkoordinaten vorgenommen werden. Eine besondere Bedeutung kommt dabei den Begriffen »absolute Bezüge« und »relative Bezüge« zu. Was es damit auf sich hat, macht das folgende Beispiel klar.

Wir basteln uns eine Reihe

Wie man mit Excel automatisch eine fortlaufende Reihe über die Markierung zweier Startzellen und das Ziehen am Ziehpunkt des Ausfüllkästchens erzeugt, haben wir bereits gezeigt. Diese Methode ist zwar sehr praktisch, hat für einige Anwendungsgebiete aber den Nachteil, dass die Reihen statisch sind, weil sie auf fest vorgegebenen Zahlen und nicht auf Formeln basieren. Will man später den Startwert oder das Inkrement (die Differenz zwischen zwei benachbarten Elementen der Reihe) der Reihe ändern, muss man die Reihe komplett neu anlegen. Das kann man sich ersparen, indem man die Reihe unter dem Einsatz von Formeln aufbaut.

1. Wir beginnen in einem leeren Arbeitsblatt. In *A1* schreiben wir den Text *Start* und in *B1* den gewünschten Startwert, in diesem Fall erst einmal *10*.

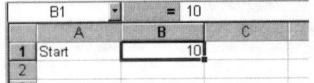

Abbildung 13.11:
In B1 wird der Startwert der Reihe eingetragen.

2. Die Reihe soll in der Zelle *C4* starten. Geben Sie dort bitte die Formel *=B1* ein, damit der Startwert von dort bezogen wird.

Abbildung 13.12:
Der Startwert der Reihe kommt aus B1.

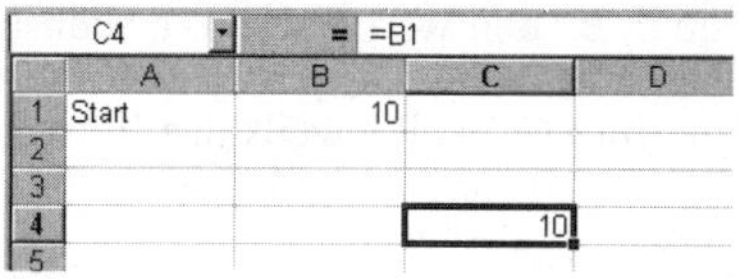

3. Die Reihe soll immer in Einer-Schritten fortgesetzt werden, deshalb muss es in *D4* lauten: *=1+C4*.

Abbildung 13.13:
In Einer-Schritten soll es weitergehen.

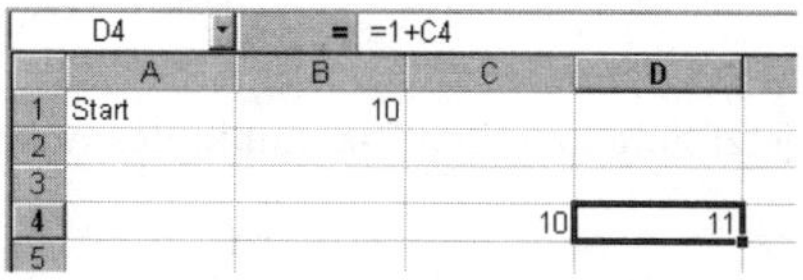

4. Um die Reihe fortzusetzen, müsste jetzt in *E4* die Formel *=1+D4* und in *F4* die Formel *=1+E4* eingetragen werden. Doch das kann man sich sparen, indem man die Formel aus *D4* einfach auf die Felder *D4:H4* dupliziert. Excel passt die Zellbezüge nämlich automatisch an, wie unmittelbar deutlich wird, wenn Sie zum Kopieren auf den Ziehpunkt des Ausfüllkästchens klicken und das Kästchen über die Felder *D4:H4* aufziehen.

Abbildung 13.14:
Aufziehen des Ausfüllkästchens zum Kopieren

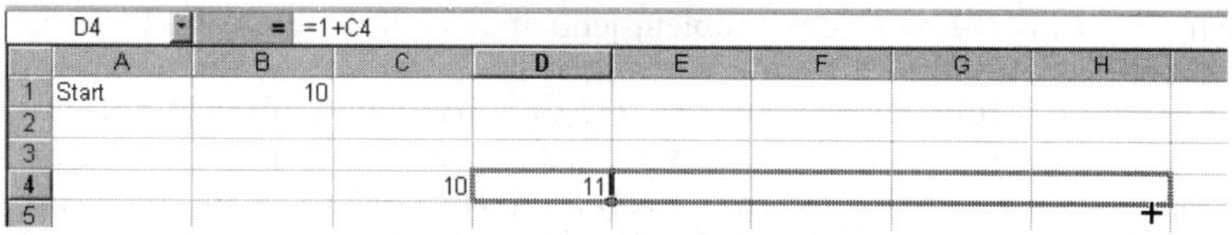

5. Sobald Sie die linke Maustaste loslassen, kopiert Excel die Formel aus *D4* auf die markierten Zellen und passt sie dabei an, wie ein Blick in die Formeln in *E4*, *F4* usw. zeigt. Genau wie die Ursprungsformeln in *D4* beziehen sie sich immer auf die Vorgängerzelle und nicht starr auf *C4*. Dadurch kommt die fortlaufende Reihe zustande. Und wenn Sie den Wert in *B1* ändern, passt sich die gesamte Reihe automatisch an.

Abbildung 13.15:
Excel hat die Zellbezüge beim Kopieren angepasst.

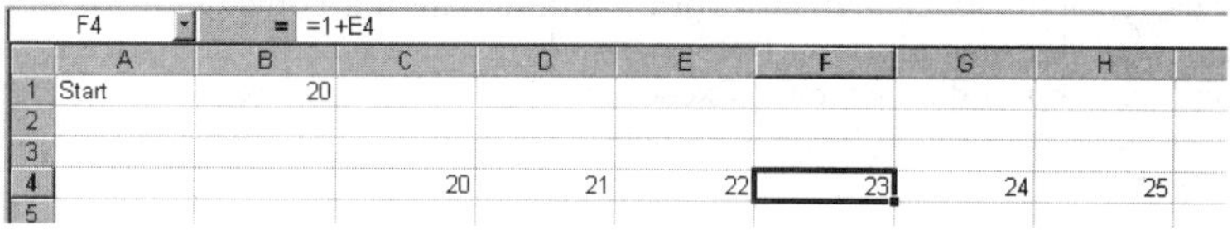

Eine Reihe mit variablem Inkrement

Das vorangegangene Beispiel hat gezeigt, wie einfach man es sich durch das Kopieren von Formeln machen kann, indem man Excel die Anpassung der Zellbezüge überlässt. Jetzt erweitern wir die Tabelle um ein einstellbares Inkrement und stellen dabei fest, dass es beim Kopieren von Formeln doch noch so manches zu beachten gilt.

1. Tragen Sie bitte in *A2* den Text *Inkrement* und in *B2* den Wert *5* als das gewünschte Inkrement ein. Die Formel in *C4* kann bleiben, in *D5* muss es jetzt jedoch heißen =B2+C4, denn zum Vorgängerwert der Reihe (hier *C4*) soll jeweils das Inkrement aus *B2* addiert werden.

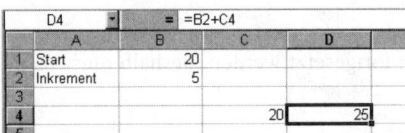

Abbildung 13.16:
Die neue Formel für die Berechnung des nächsten Reihenwertes

2. Kopieren Sie die neuen Formeln in *D4* jetzt bitte über den Ziehpunkt des Ausfüllkästchens auf die Felder *F4:H4*.

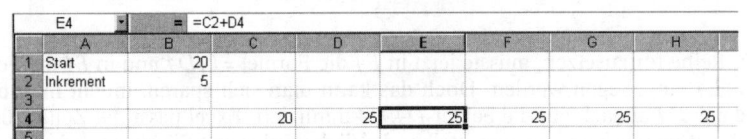

Abbildung 13.17:
Stimmt diese Reihe?

3. Die Überraschung ist anschließend groß, denn auf 25 folgt in *E4* nicht wie erwartet 30, sondern 25 und dabei bleibt es auch in den folgenden Zellen. Schaut man in die Formeln in *E4* bis *H4*, wird das Problem jedoch schnell deutlich. Denn Excel hat nicht nur die Zellkoordinate für die Vorgängerzelle angepasst, sondern immer auch den Bezug auf das Inkrement. Statt =B2+D4 steht in *E4* deshalb =C2+D4. Das *D4* ist richtig, das *C2* jedoch nicht. Und weil in *C2* nichts steht (also 0), wächst die Reihe nicht mehr weiter, denn auch in *F4*, *G4* und *H4* steht als Bezug auf das Inkrement jetzt nicht mehr *B2*, sondern *D2*, *F2* und *G2*, alles leere Zellen.

4. Abhilfe schafft man mit so genannten »absolute Bezügen«, die Excel mitteilen, dass ein Zellbezug beim Kopieren oder Verschieben einer Formel nicht angepasst werden soll. Das geschieht innerhalb der Formeln durch Voranstellung von Dollar-Zeichen vor den Zellbezug. In unserem Fall muss man für das Inkrement in der Startformel in *D4* einen solchen absoluten Bezug definieren und die Formel dann neu in die Zellen *E4:H4* kopieren.

Setzen Sie das Ausfüllkästchen bitte in die Zelle *D4*, drücken Sie [F2], um in den *Überarbeiten*-Modus zu gelangen, und setzen Sie die Einfügemarke anschließend hinter das Gleichheitszeichen, also vor die Koordinate *B2*. Drücken Sie dann [F4], die Taste, mit der man absolute Bezüge innerhalb von Formeln in relative Bezüge umwandeln kann und umgekehrt. Excel verwandelt die Koordinate *B2* dadurch in *$B$2*, was einen absoluten Bezug darstellt. Schließen Sie die Eingabe anschließend mit [↵] ab.

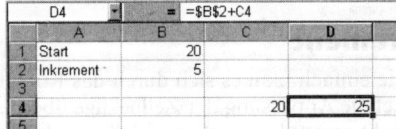

Abbildung 13.18:
Durch die Dollarzeichen wird aus B2 ein absoluter Bezug.

5. Wie absolute Bezüge wirken, können Sie unmittelbar nachvollziehen, indem Sie die neue Formel aus *D2* in die Zellen *E4:H4* kopieren. Zum einen stimmt das Ergebnis der Reihe sofort, zum anderen erkennen Sie bei einem Blick in die Formeln in *E4*, *F4* usw., dass Excel den absoluten Bezug auf *B2* beim Kopieren nicht angerührt hat, während der relative Bezug auf *C4* jeweils angepasst wurde. In *E4* heißt es dadurch *=$B$2+D4* in *F4* *=$B$2+E4* usw. Indem Sie *Start* und *Inkrement* in *B1* bzw. *B2* verändern, können Sie die Reihe dadurch beliebig anpassen.

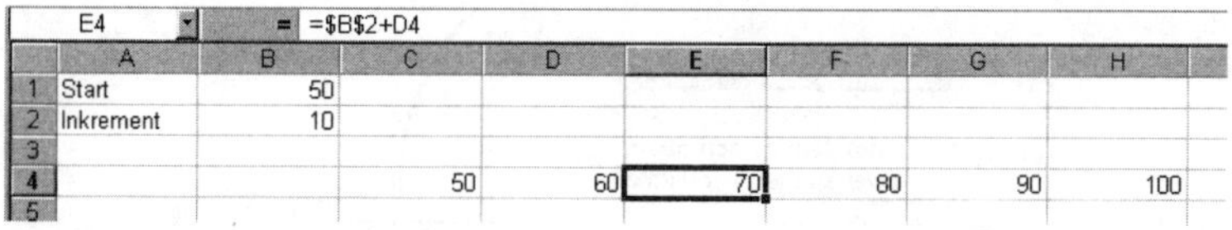

Abbildung 13.19:
So klappt's auch mit dem Inkrement.

Das Geheimnis der absoluten und relativen Bezüge

Nochmal zum Stichwort absolute und relative Bezüge, denn für den Aufbau komplexer Arbeitsblätter mit vielen Formeln ist das ein wichtiges Thema. Absolute Bezüge, das haben Sie gesehen, bleiben beim Kopieren unangetastet, die Dollarzeichen machen sie »immun«. Alle Bezüge ohne Dollar-Zeichen werden hingegen angepasst. Wie Excel dabei vorgeht, sollte man wissen, um den Vorgang des Kopierens von Formeln richtig verstehen zu können.

Was bei relativen Bezügen zählt, ist nämlich die Entfernung zwischen der kopierten Zelle und den Zellen, auf die in der zu kopierenden jeweiligen Formel Bezug genommen wird. Excel zählt dazu schlichtweg den Abstand in Zeilen und Spalten und passt den Bezug so an, dass der Abstand in Relation zur neuen Position der Formel im Arbeitsblatt gleich bleibt. Excel geht also davon aus, dass die Zellen, auf die sich eine Formel bezieht, beim Kopieren mitwandern. Wo das nicht der Fall ist, muss man deshalb absolute Bezüge einsetzen.

HINWEIS Es ist übrigens egal, ob Sie Formeln mit Hilfe der Zwischenablage oder per Maus kopieren. An der Behandlung der absoluten und relativen Bezüge ändert sich dadurch nichts.

Die folgende Abbildung demonstriert noch einmal die Vorgehensweise beim Kopieren von Formeln mit relativen Bezügen. Ausgangspunkt ist die Formel *=2*A2* in *C7*. Der Abstand zwischen *C7* und der referenzierten Zelle *A2* beträgt fünf Zeilen nach oben und zwei Spalten nach links. Dieser Abstand wird beibehalten, wenn die Formel aus *C7* nach *G7* kopiert wird. Geht man von dort fünf Zeilen nach oben und zwei Spalten nach links, kommt man zur Koordinate *E2*. Deshalb lautet die Formel dort *=2*E2*. Und Gleiches gilt auch für die Kopie der Formel in der Zelle *E17*. Hier lautet der angepasste Bezug *C12*. Das Beibehalten der Abstände ist also das ganze Geheimnis beim Kopieren relativer Bezüge (siehe Abbildung 13.20).

Beim Aufbau von Formeln, die später kopiert werden sollen, muss man sich deshalb fragen: »Welche Zellbezüge sollen angepasst, welche unverändert bleiben?« Das entscheidet dann, wo man bewusst absolute Bezüge setzt.

HINWEIS Zwischen absoluten und relativen Bezügen gibt es Mischformen, in denen nur die Spalte oder die Zeile absolut ist. Es heißt dann beispielsweise *$B5* oder *A$3*. Im ersten Fall ist die Spalte B absolut, die Zeile 5 jedoch relativ. Beim Kopieren bleibt dadurch immer die Spalte *$B* erhalten, die jeweils referenzierte Zeile wird jedoch angepasst. Genau andersherum verhält es sich mit *A$3*. Hier wird beim Kopieren die Spalte angepasst, als Zeile jedoch immer *$3* eingesetzt.

Die Arbeit am Tabellenblatt

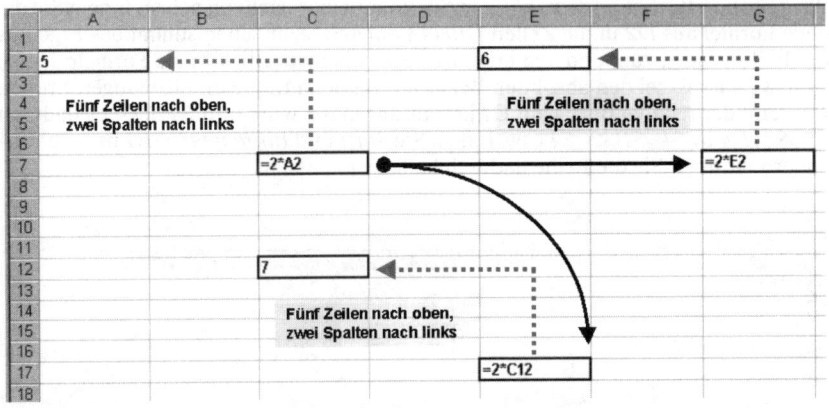

Abbildung 13.20: Beim Kopieren relativer Bezüge zählt der Abstand zu der referenzierten Zelle.

Löschen von Zellinhalten

Bis jetzt war immer von der Eingabe die Rede. Was aber, wenn man Texte, Zahlen oder Formeln wieder loswerden will? Nichts einfacher als das:

1. Setzen Sie das Ausfüllkästchen auf die jeweilige Zelle oder markieren Sie den gewünschten Bereich.
2. Drücken Sie die Entf -Taste.

Schon sind die Zellinhalte verschwunden. Allerdings werden damit zunächst nur die Zellinhalte gelöscht, also die Texte und Formeln, nicht jedoch die Formate, mit denen die Zellen belegt sind. Das kann kuriose Ergebnisse zutage fördern, beispielsweise wenn man in eine (vermeintlich) leere Zelle den Wert 12 eingibt, auf dem Bildschirm jedoch 12% erscheint und andere Zellen aus dieser Zelle den Wert 0,12 lesen. Das liegt dann einfach daran, dass zusammen mit den anderen Formaten auch noch das alte Zahlenformat in der Zelle gespeichert war, mit der Konsequenz, dass alle Eingaben als Prozentangaben interpretiert wurden.

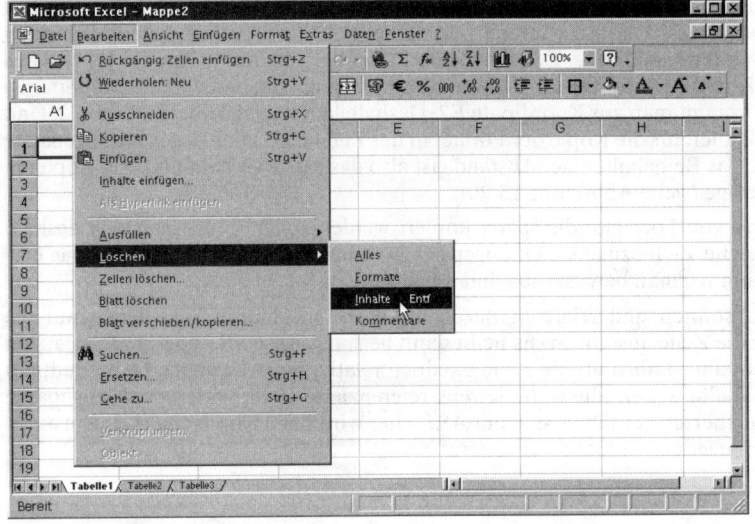

Abbildung 13.21: Entf ist die Abkürzung für Bearbeiten/ Löschen/Inhalte.

TIPP Probleme mit übriggebliebenen Formaten können Sie umgehen, indem Sie Zellbereiche über den Befehl *Bearbeiten/Löschen/Alles löschen* entfernen. Dann verschwinden neben dem Zellinhalt auch alle gespeicherten Formate aus den betroffenen Zellen.

HINWEIS Man kann übrigens auch mit dem Ausfüllkästchen löschen, und zwar über den Ziehpunkt. Markieren Sie dazu den gewünschten Bereich und ziehen Sie den Ziehpunkt des Ausfüllkästchens von der unteren rechten Ecke bis in die obere linke Ecke, wo Sie die Maustaste wieder loslassen. Während das Ziehen nach außen *Kopieren* bedeutet, meint das Ziehen nach innen also *Löschen*. Halten Sie während des Vorgangs die ⌈Strg⌉-Taste gedrückt, werden neben den Zellinhalten auch gleich die Formate gelöscht.

Einfügen und Löschen von Zeilen, Spalten, Zellen

Kopieren, Verschieben und Löschen von Zellinhalten haben keinen Einfluss auf die Lage der umliegenden Zellen. Nirgends wird eine Spalte oder Zeile eingefügt, nirgends rücken die anderen Zellen automatisch auf. Doch manchmal will man genau das: in der Mitte einer Tabelle eine Spalte hinzufügen, weil man eine Rubrik vergessen hat, irgendwo eine Zeile einfügen, weil ein neuer Listeneintrag hinzukommen und direkt einsortiert werden soll. Oder man geht den umgekehrten Weg und will Zeilen oder Spalten löschen.

Dreh- und Angelpunkt für all diese Operationen sind die Spalten- und Zeilenköpfe. Will man Spalten löschen, markiert man sie einfach über ihre Spaltenköpfe und ruft dann den Befehl *Bearbeiten/Zellen löschen* auf. Es können also mehrere Spalten gleichzeitig gelöscht werden. Den Befehl *Bearbeiten/Zellen löschen* findet man übrigens auch im Kontextmenü, das sich bei einem Klick mit der rechten Maustaste über den Spaltenköpfen oder einer Zelle in dem markierten Bereich öffnet.

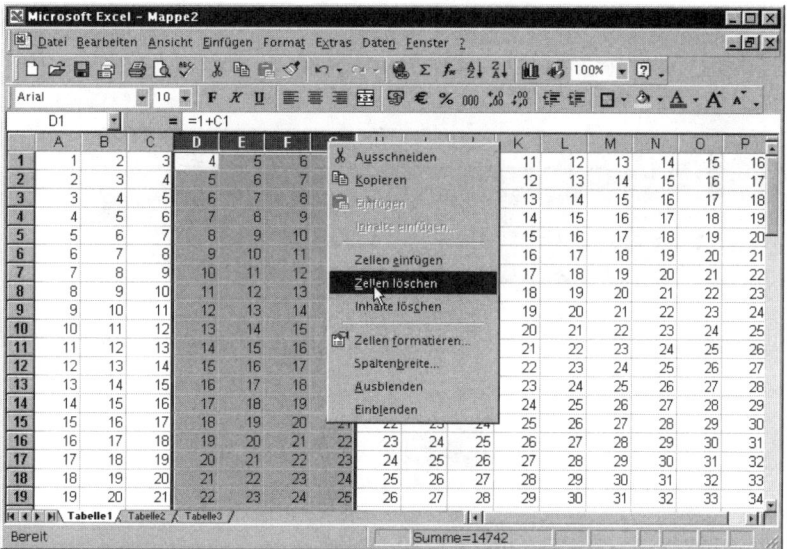

Abbildung 13.22: Löschen von Spalten über die Spaltenköpfe

WICHTIG Wenn Sie Zeilen oder Spalten einfügen, wachsen dadurch mitunter Bereiche, die in Formeln referenziert werden, beispielsweise in Aufrufen der *SUMME()*-Funktion. Diese Formeln müssen Sie anschließend nicht von Hand ändern, denn Excel passt die

Bereiche automatisch an, wenn Zeilen oder Spalten innerhalb des umfassten Bereichs hinzukommen oder wegfallen. Das Gleiche gilt, wenn solche Bereiche durch das Löschen von Zeilen oder Spalten schrumpfen. Doch Vorsicht: Formeln, die sich konkret auf eine Zelle innerhalb einer gelöschten Zeile oder Spalte beziehen, werden durch das Löschen ungültig. Wo vorher =3*C5 stand, heißt es nun beispielsweise =3*#BEZUG!, weil die C-Spalte gelöscht wurde. Diese Formeln müssen dann von Hand nachbearbeitet werden.

Löschen von Zeilen

Und genauso funktioniert es mit dem Löschen der Zeilen, nur dass es hier die Zeilenköpfe sind, die zuvor markiert werden müssen. In beiden Fällen rücken die Zellen rechts der gelöschten Spalte(n) bzw. unterhalb der gelöschten Zeile(n) nach, d.h., es fehlen hinterher keine Spalten oder Zeilen im Arbeitsblatt, so dass nach Spalte B nicht etwa plötzlich Spalte G kommt. Dass durch das Aufrücken kein Chaos in den Formeln entsteht, dafür sorgt Excel, indem es automatisch alle Formeln innerhalb des Arbeitsblattes aktualisiert, die sich auf Zellen innerhalb des aufgerückten Bereichs beziehen.

Einfügen von Spalten und Zeilen

Die Spalten- und Zeilenköpfe nutzt man übrigens auch zum Einfügen von Spalten oder Zeilen. Hier muss zunächst die Spalte oder Zeile markiert werden, vor der man eine neue Zeile/Spalte in das Arbeitsblatt einfügen möchte. Indem man mehrere Zeilen oder Spalten markiert, zeigt man dabei Excel, dass gleich mehrere Zeilen/Spalten eingefügt werden sollen. Will man auf einen Schlag beispielsweise drei Spalten vor der Spalte G einfügen, dann markiert man einfach die Spalten G, H, I, ruft das Kontextmenü über die rechte Maustaste auf und wählt den Befehl *Zellen einfügen*. Der ist alternativ auch über *Einfügen/Zellen* erreichbar.

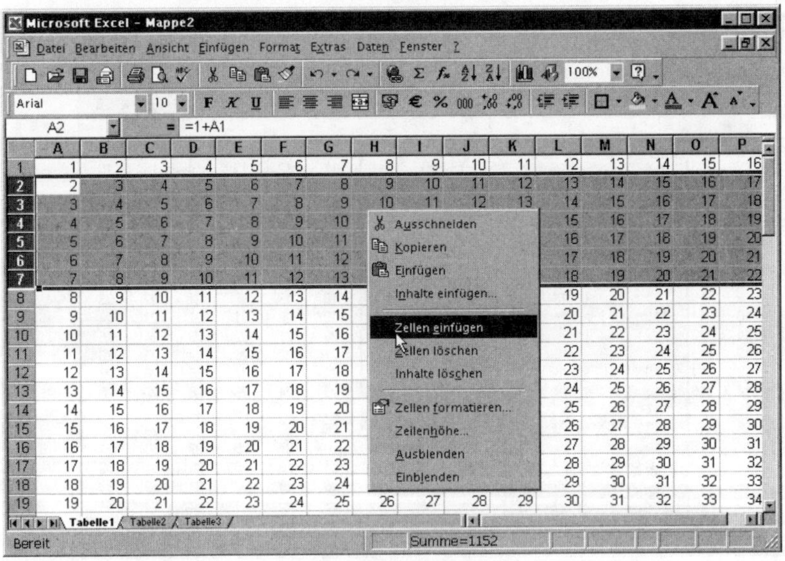

Abbildung 13.23:
Hier werden vor der Zeile 2 sechs Zeilen in das Arbeitsblatt eingefügt.

Kopieren und Einfügen

Kopieren und Einfügen, das kann man kombinieren, wenn man Zellen einerseits duplizieren möchte, sie aber nicht den Inhalt anderer Zellen überschreiben, sondern in eine bestehende Liste oder Tabelle eingefügt werden sollen. So wird's gemacht:

1. Der erste Schritt entspricht dem normalen Kopieren. Markieren Sie die zu kopierenden Zellen und klicken Sie auf die *Kopieren*-Schaltfläche.

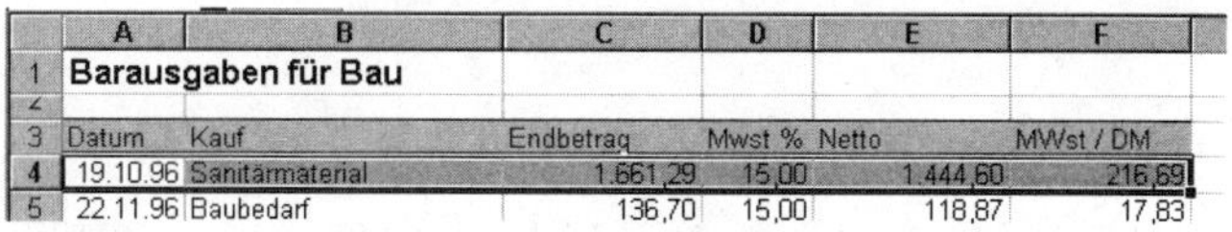

Kopieren

Abbildung 13.24:
Diese Zellen sollen kopiert und eingefügt werden.

2. Setzen Sie das Ausfüllkästchen auf die Zelle, ab der Sie die kopierten Zellen einfügen und den Rest der Tabelle aufschieben möchten. Wählen Sie dann aus dem Kontextmenü den Befehl *Kopierte Zellen einfügen*.

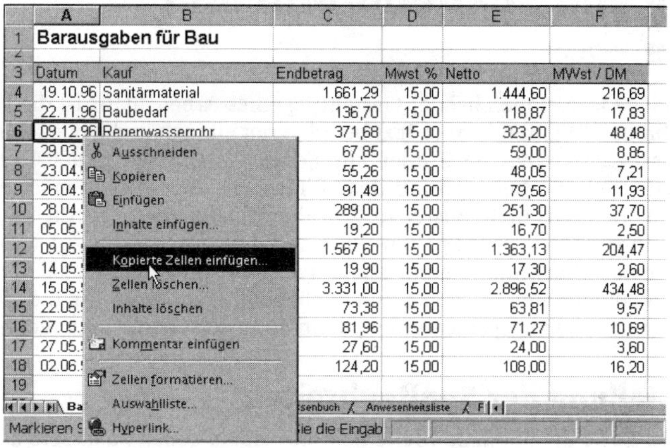

Abbildung 13.25:
Der Befehl zum Einfügen der kopierten Zellen

3. Excel fragt nach, wohin die übrigen Zellen verschoben werden sollen, ob nach rechts oder nach unten. Wir wählen hier nach unten, weil wir ja eine Zeile einfügen und nicht zwei komplette Positionen nebeneinander haben wollen.

Abbildung 13.26:
Excel möchte wissen, in welche Richtung es die Zellen wegschieben soll, um Platz für die einzufügenden zu schaffen.

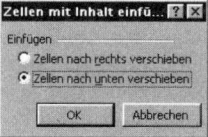

4. Das folgende Bild zeigt: Die kopierten Zellen wurden eingefügt, die darunter liegenden Zellen weggerückt. Übrigens hätten Sie die kopierten Zellen auch gleich mehrmals einfügen können, indem Sie vor dem Aufruf von *Kopierte Zellen einfügen* ein-

Die Arbeit am Tabellenblatt

fach mehrere Zellen markiert hätten, beispielsweise *A6:A9*. Dann hätte Excel vier neue Zeilen in die Tabelle eingefügt und die kopierten Zellen darin entsprechend oft wiederholt.

	A	B	C	D	E	F
1	Barausgaben für Bau					
3	Datum	Kauf	Endbetrag	Mwst %	Netto	MWst / DM
4	19.10.96	Sanitärmaterial	1.661,29	15,00	1.444,60	216,69
5	22.11.96	Baubedarf	136,70	15,00	118,87	17,83
6	19.10.96	Sanitärmaterial	1.661,29	15,00	1.444,60	216,69
7	09.12.96	Regenwasserrohr	371,68	15,00	323,20	48,48
8	29.03.97	Baubedarf	67,85	15,00	59,00	8,85

Abbildung 13.27: Die kopierten Zellen wurden eingefügt und der Rest der Tabelle nach unten weitergeschoben.

TIPP Die *Einfügen*-Funktion können Sie auch beim Verschieben und Kopieren mit Hilfe der Maus nutzen. Während Sie das Ausfüllkästchen um die markieren Zellen ziehen, müssen Sie lediglich die ⇧-Taste gedrückt halten, damit sie am Zielort eingefügt werden. Beim Kopieren, wo ohnehin die Strg-Taste gedrückt werden muss, halten Sie dann beide Tasten fest, also Strg und ⇧.

Einstellung von Spaltenbreite und Zeilenhöhe

Eine der grundlegenden Operationen bei der Gestaltung eines Arbeitsblatts ist die Einstellung der Spaltenbreiten. Während Excel Text bei Platznot einfach in die benachbarten Spalten laufen lässt, kommt man bei Zahlen und Formelergebnissen an der Anpassung der Spaltenbreite nicht vorbei, weil auf dem Bildschirm nur ###### erscheint, wenn der Platz für das Ergebnis nicht ausreicht. Darüber hinaus ist es natürlich auch eine Frage der Spaltenbreiten, wie viele Spalten – und damit Informationen – gleichzeitig auf dem Bildschirm sichtbar sind. Je mehr Spalten man im Blick haben will, desto genauer sollten die Spaltenbreiten an den tatsächlich benötigten Platz für die Zellinhalte in der jeweiligen Spalte angepasst werden, denn dann verschenkt man nichts.

Optimale Einstellung der Spaltenbreiten

Am einfachsten ist es, Excel die optimale Breite der Spalten einstellen zu lassen, denn Excel wählt die Spaltenbreite so, dass der breiteste Text bzw. die breiteste Zahl innerhalb der jeweiligen Spalte genau hineinpasst. So wird's gemacht:

1. Markieren Sie die Spalte(n), bei denen Sie die Spaltenbreite einstellen möchten, über die Spaltenköpfe. Möchten Sie die Breite für alle Spalten einstellen lassen, klicken Sie einfach auf die Schaltfläche für *Alles markieren* links neben dem Spaltenkopf der Spalte A.
2. Führen Sie den Mauszeiger jetzt über die Trennlinien zwischen zwei der markierten Spalten, bis er als Verschiebesymbol erscheint, wie in der folgenden Abbildung zu sehen. Führen Sie dann einen Doppelklick auf diese Trennlinie aus. Excel versteht das als Signal, die Breiten der markierten Spalten optimal einzustellen.

TIPP Wenn Sie die Breite einer einzelnen Spalte optimal einstellen möchten, müssen Sie diese gar nicht erst markieren. Führen Sie einfach einen Doppelklick auf den Spaltentrenner auf der rechten Seite des Spaltenkopfes der betroffenen Spalte durch. Das genügt.

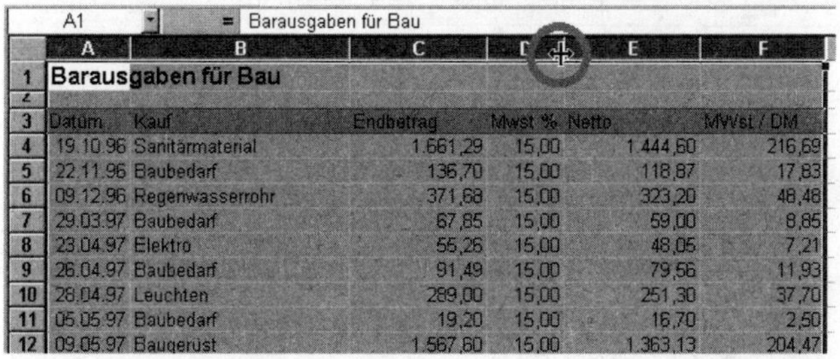

Abbildung 13.28:
Ein Doppelklick auf den Spaltentrenner, und Excel stellt die Breiten der markierten Spalten optimal ein.

Manuelle Einstellung der Spaltenbreiten

Wenn Sie die Spaltenbreiten von Hand einstellen möchten, ist der Ausgangspunkt der gleiche wie bei der optimalen Einstellung der Spaltenbreiten:

1. Markieren Sie zunächst die Spalten, deren Breite identisch eingestellt werden soll.
2. Führen Sie den Mauszeiger anschließend über einen der Spaltentrenner im markierten Bereich und drücken Sie die linke Maustaste nieder.
3. Während Sie die Maus nach links oder rechts bewegen, können Sie nun die Spaltenbreite wie gewünscht einstellen, wobei Excel gleichzeitig die aktuell gewählte Breite anzeigt.
4. Lassen Sie die linke Maustaste los, sobald Sie die gewünschte Breite gefunden haben.

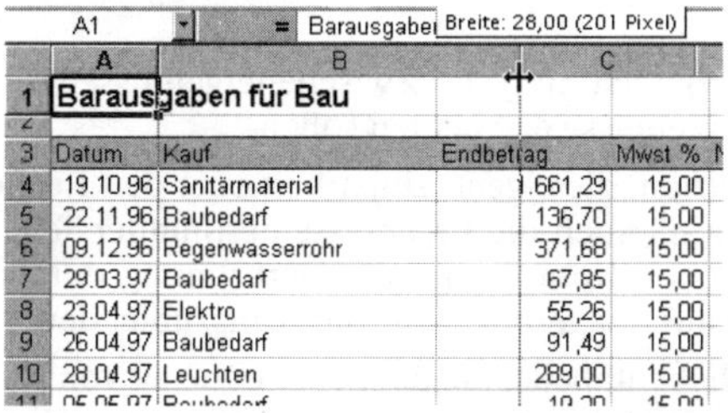

Abbildung 13.29:
Bei der Einstellung der Spaltenbreite zeigt die gestrichelte Linie die zukünftige Breite an.

TIPP Geht es nur um eine einzelne Spalte, können Sie sich die Markierung übrigens sparen und gleich mit Schritt 2 beginnen. Setzen Sie dazu die Maus über den Spaltentrenner rechts neben dem Spaltenkopf der betroffenen Spalte auf.

Zeilenhöhen einstellen

Die Einstellung der Zeilenhöhen verläuft nach dem gleichen Schema wie bei den Spaltenbreiten. Hier sind es die Zeilentrenner zwischen den Zeilenköpfen, die man anklicken und ziehen kann, um die Höhe einer Zeile einzustellen. Sind dabei mehrere Zeilen markiert, wirkt sich die Einstellung auch auf alle markierten Zeilen aus. Soll Excel die optimale Höhe für alle markierten Zeilen einstellen, genügt ein Doppelklick auf den Zeilentrenner.

TIPP Die Einstellung der Zeilenbreite ist ein praktisches Hilfsmittel, wenn man den Abstand zwischen einer Überschrift und einer Tabelle gezielt einstellen möchte. Einfach dazwischen eine Leerzeile lassen und deren Höhe so einstellen, dass der gewünschte Abstand erzielt wird.

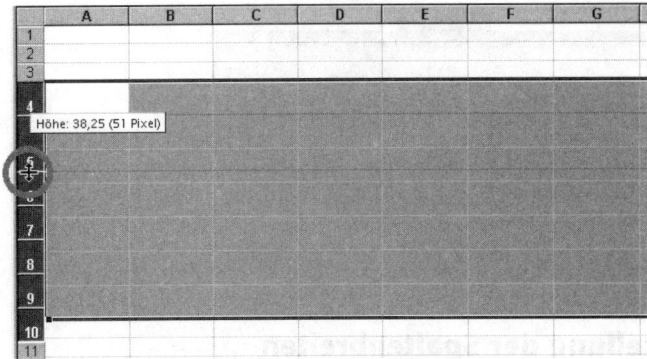

Abbildung 13.30:
Beim Einstellen der Zeilenhöhe für die markierten Zeilen mit der Maus

Einblenden und Ausblenden von Zeilen und Spalten

Spalten- und Zeilenhöhen kann man mit der Maus sogar auf 0 schieben, wodurch die jeweiligen Zeilen/Spalten unsichtbar werden. Anschließend kann man ihre Existenz nur noch indirekt erahnen, weil beispielsweise auf die Spalte H plötzlich die Spalte L folgt und nicht mehr die Spalten I und J oder weil sich an die Zeile 23 gleich die Zeile 30 anschließt. Es gibt zwei typische Szenarien, in denen man von dieser Möglichkeit Gebrauch macht:

- wenn man Informationen vor anderen verbergen möchte, denen man ein Arbeitsblatt am Bildschirm zeigt
- wenn man Zeilen oder Spalten für die Berechnung von Zwischenergebnissen nutzt, auf dem Bildschirm aber nur die Endergebnisse erscheinen sollen

Im letztgenannten Fall geht es zumeist darum, die eigene Tipparbeit oder den Rechenaufwand für Excel zu reduzieren. Werden nämlich die Ergebnisse bestimmter Teilausdrücke mehrmals benötigt, macht es je nach Komplexität der Berechnung durchaus Sinn, diese in eigene Spalten oder Zeilen auszulagern und die dann auszublenden.

Ein Beispiel dafür ist die folgende Hypothekentabelle, die über eine Laufzeit von bis zu 30 Jahren für jeden Monat den aktuellen Darlehensrest sowie die Anteile von Zinsen und Tilgung bei einer konstanten monatlichen Rate berechnet. Die Formel für die Berechnung des Zinsanteils in einem gegebenen Monat lautet beispielsweise

=*KUMZINSZ($B$65/100;$B$66;$H$2;G12;G12;$B$67)*

und liefert anstelle einer Zahl die Fehlermeldung #ZAHL!, wenn der Kredit bereits vollständig getilgt wurde und deshalb keine Zahlungen mehr erfolgen (siehe Abbildung 13.31 und 13.32).

Damit auf dem Bildschirm für diesen und alle nachfolgenden Monate nicht die häßliche Meldung #ZAHL! erscheint, kann man diesen Fehler natürlich über die *WENN()*-Funktion abfangen, allerdings zu dem Preis, dass man den Ausdruck zweimal in die *WENN()*-Funktion einbetten muss, einmal zur Abfrage, dann nochmal zur Ausgabe, wenn das Ergebnis gültig ist:

=*WENN(ISTZAHL(KUMZINSZ($B$65/100;$B$66;$H$2;G12;G12;$B$67)); KUMZINSZ($B$65/100;$B$66;$H$2;G12;G12;$B$67); "")*

Abbildung 13.31:
Hier sind die Spalten O und P mit den Zwischenergebnissen noch verdeckt.

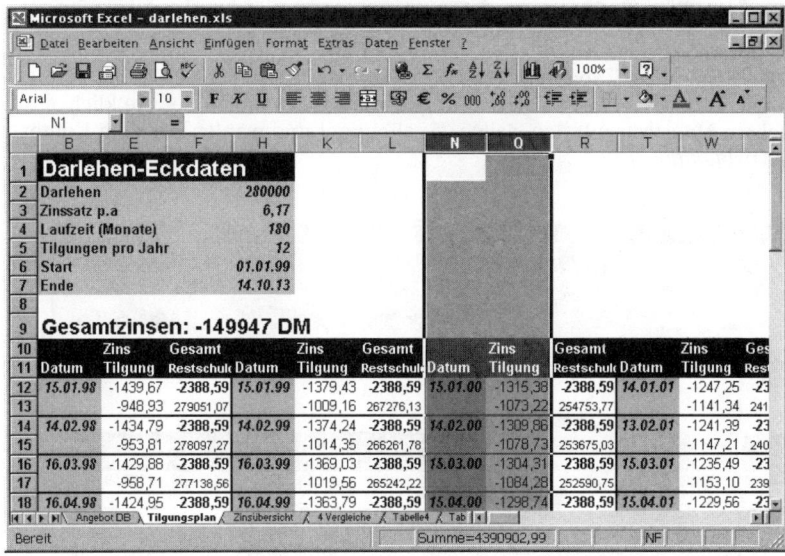

Abbildung 13.32:
Hier wurden die Zwischenergebnisse aufgedeckt.

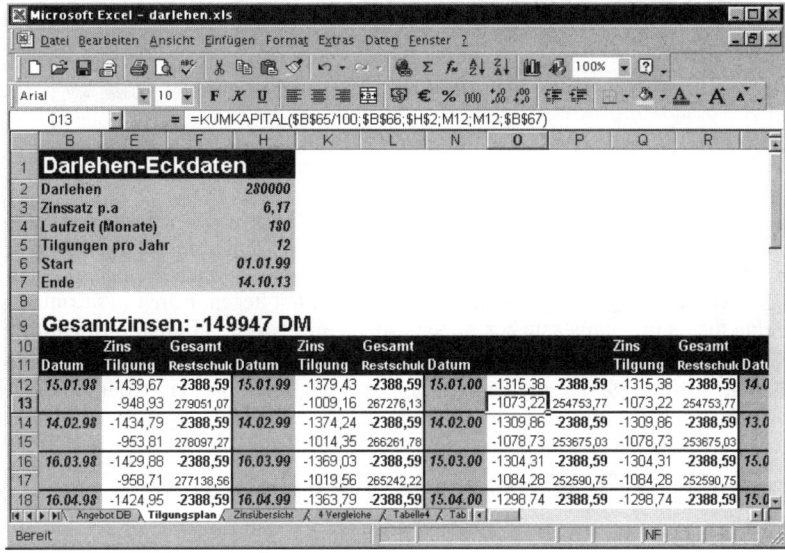

Das hat allerdings auch zur Folge, dass Excel die Formel zweimal berechnen muss, was bei komplexen Formeln (wie KUMZINSZ) und einer großen Anzahl von Zellen mit diesem Aufbau durchaus einen Unterschied bei der Nachberechnung des Arbeitsblatts macht. Einfacher ist, man berechnet den Zwischenwert einmal in einer verborgenen Spalte oder Zeile und bezieht sich dann darauf, wie es die obige Tabelle macht.

=WENN(ISTZAHL(O13);O13;"")

Denn dadurch muss die *KUMZINSZ()*-Funktion in *O13* nur einmal berechnet werden.

So blenden Sie Zeilen und Spalten aus und wieder ein

1. Ausgangspunkt für das Ausblenden von Zeilen und Spalten ist immer die Markierung der Zeilen- bzw. Spaltenköpfe. Zum Ausblenden schieben Sie die Spalten- bzw. Zeilentrenner entweder auf eine Breite von 0 zusammen oder Sie klicken mit der rechten Maustaste auf den Zeilen-/Spaltenkopf und wählen aus dem Kontextmenü *Ausblenden*.

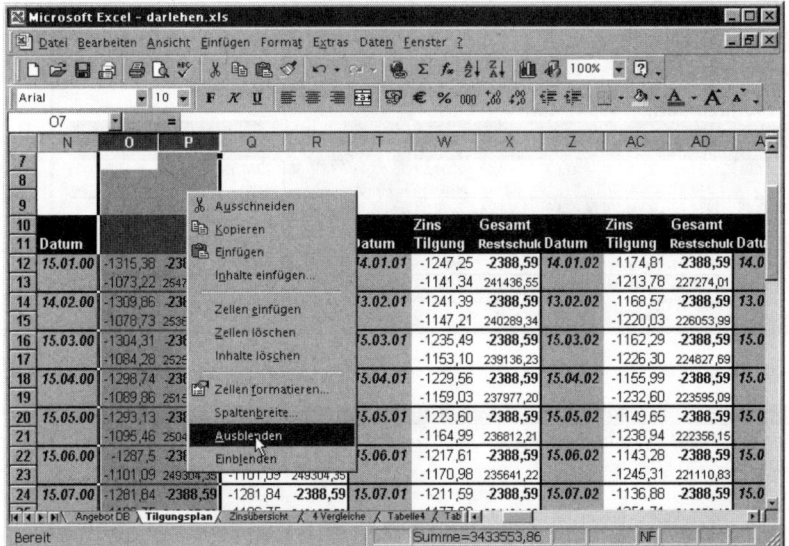

Abbildung 13.33:
Ausblenden von
Spalten über das
Kontextmenü

2. Etwas schwieriger ist das Einblenden, weil man die Spaltenbreiten bzw. Zeilenhöhen nicht einfach mit der Maus aufziehen kann. Schließlich sind die Zeilen- bzw. Spaltentrenner nicht mehr sichtbar. Deshalb markiert man einfach die beiden Spalten, die links und rechts von den ausgeblendeten Spalten liegen, bringt das Kontextmenü über die rechte Maustaste zur Anzeige und wählt dort den Befehl *Einblenden*.

3. Genauso funktioniert es bei ausgeblendeten Zeilen, nur dass hier die vorhergehende und die nachfolgende Zeile markiert werden müssen, bevor man über das Kontextmenü *Einblenden* aufruft.

Die Arbeit mit benannten Zellen und Bereichen

Zellen und Bereiche zu benennen erleichtert die Lesbarkeit von Formeln, weil anstelle gesichtsloser Koordinaten Begriffe wie *Toleranzwert*, *Abweichung*, *Nettosumme* oder *Personalnr* in der Formel auftauchen. Die wichtigsten Hilfsmittel zur Arbeit mit benannten Zellen sind dabei das Namenfeld am linken Rand der Bearbeitungsleiste sowie die verschiedenen Menübefehle unter *Einfügen/Name*. Insgesamt können Sie:

- Zellen oder Bereichen manuell einen Namen zuweisen
- Excel den Namen aus nebenstehenden Beschriftungen auslesen und selbstständig festlegen lassen
- schnell zu benannten Zellen oder Bereichen springen

- Excel Zellkoordinaten in bestehenden Formeln automatisch in die zugehörigen Namen umsetzen lassen
- Excel bei der Eingabe von Formeln eine Liste der benannten Zellen zur Auswahl anzeigen lassen.

So benennen Sie Zellen und Bereiche

1. Um eine Zelle oder einen Bereich manuell zu benennen, markieren Sie einfach die Zelle oder den Bereich und klicken Sie anschließend mit der Maus in das Namenfeld. Geben Sie dort den gewünschten Namen für die Zelle/den Bereich ein und schließen Sie die Eingabe über ⏎ ab.

   Wenn Sie wie hier nicht eine einzelne Zelle, sondern einen Bereich benennen, können Sie diesen anschließend in Funktionen einsetzen, die einen Zellbereich erwarten, hier beispielsweise in Form von =SUMME(reihe).

Abbildung 13.34:
Benennung eines Zellbereichs über das Namenfeld

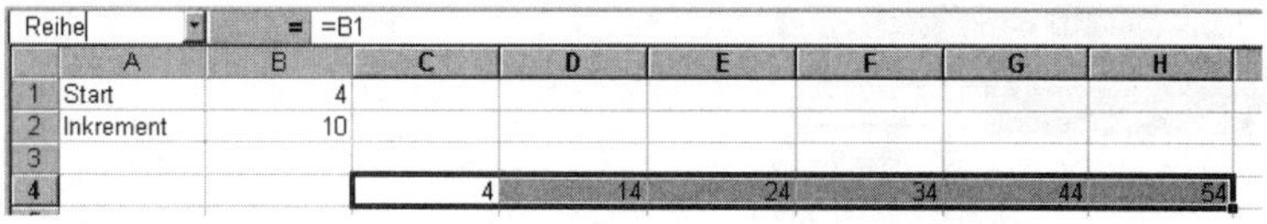

2. Verfügen die Zellen, die einen Namen erhalten sollen, in den Zellen darüber, darunter oder links daneben bereits über eine Beschriftung, kann man sich das Benennen noch einfacher machen. Markieren Sie dazu die zu benennenden Zellen und ihre Beschriftungen.

Abbildung 13.35:
Haben Sie die Beschriftung bereits eingegeben, können Sie sich das Benennen besonders einfach machen.

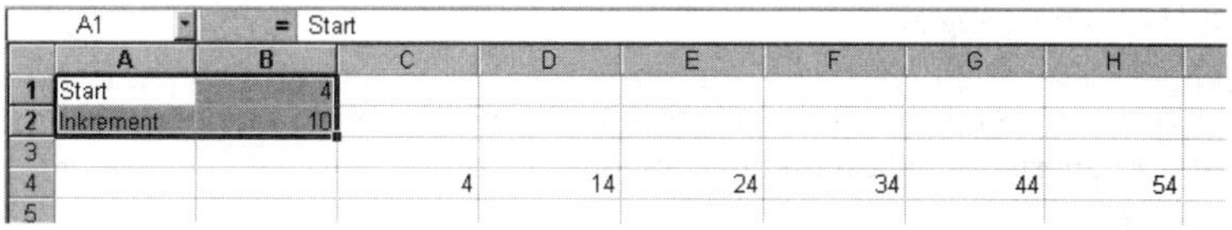

3. Rufen Sie nun den Befehl *Einfügen/Namen/Bestellen* auf. Es erscheint der folgende Dialog, mit dem Excel nachfragt, aus welchem Teil der Markierung die Namen gewonnen werden sollen. Hier schlägt Excel ganz richtig die linke Spalte der Markierung vor, wo die Beschriftungen stehen. Akzeptieren Sie das bitte über *OK*.

Abbildung 13.36:
Excel hat erkannt, dass die Beschriftungen links stehen.

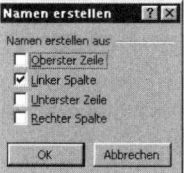

4. Dass die Benennung funktioniert hat, davon können Sie sich durch Aufklappen des Namenfelds überzeugen. Dort werden die bislang definierten Namen aufgeführt. Klicken Sie einen der Einträge an, setzt Excel das Ausfüllkästchen auf die Zelle(n), die unter dem Namen zusammengefasst sind.

Die Arbeit am Tabellenblatt

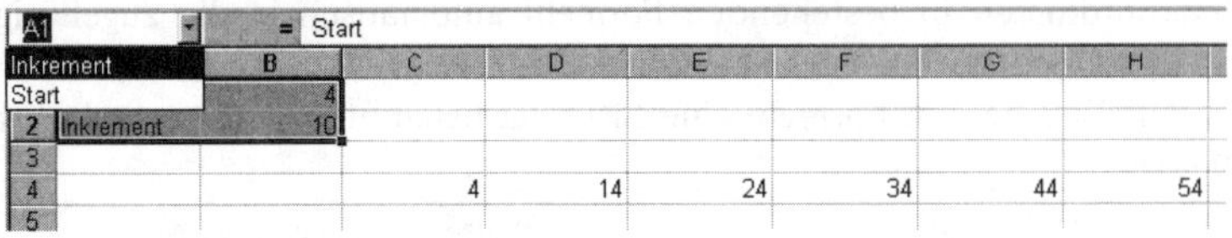

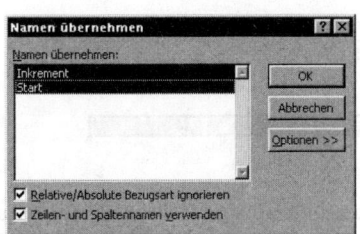

Abbildung 13.37:
Das Namenfeld enthält eine Liste der bislang benannten Zellen.

5. Die Benennung von Zellen macht nur Sinn, wenn man den Namen in Formeln anwendet. Die Reihe aus der Zeile *4* der obigen Abbildung wurde jedoch ohne die Namen definiert. In *C4* heißt es deshalb immer noch =*B2* und nicht =*Start*, genau wie in *D4* die Formel =*C4+B2* steht und nicht =*C4+Inkrement*.

Das manuelle Einsetzen der Namen in die Formeln können Sie sich jedoch ersparen. Markieren Sie einfach alle Zellen der Reihe und rufen Sie den Befehl *Einfügen/Namen/Übernehmen* auf und bestätigen mit *OK*.

Abbildung 13.38:
Excel zeigt an, welche Namen in dem markierten Bereich eingesetzt werden sollen.

6. Wenn Sie anschließend einen Blick auf die Formeln der Reihe werfen, indem Sie via [Strg]+[#] auf die Anzeige der Formeln umschalten, werden Sie feststellen, dass Excel die Namen richtig eingesetzt hat.

Das manuelle Einsetzen der Namen in die Formeln können Sie sich jedoch ersparen. Markieren Sie einfach alle Zellen der Reihe und rufen Sie den Befehl *Einfügen/Namen/Übernehmen* auf und bestätigen mit *OK*.

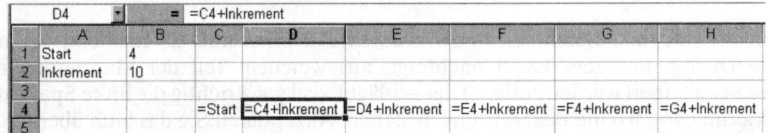

Abbildung 13.39:
Excel hat die Zellkoordinaten in die zugehörigen Namen umgesetzt.

Regeln für die Benennung von Zellen und Bereichen

- Das erste Zeichen eines Namens muss ein Buchstabe oder ein Unterstrich sein. Für alle weiteren Zeichen des Namens können Buchstaben, Ziffern, Punkte oder Unterstriche verwendet werden.
- Der Name darf nicht länger als 255 Zeichen sein.
- Leerzeichen sind in Namen nicht erlaubt. Sollen mehrere Wörter in den Namen einfließen, muss man sie entweder zusammenschreiben oder durch einen Unterstrich bzw. Punkte trennen.
- Die Groß-/Kleinschreibung wird von Excel ignoriert. Wenn Sie eine Zelle *Zinssatz-Hypothek* nennen, sind innerhalb von Formeln auch die Schreibweisen *ZINSSATZHYPOTHEK*, *zinssatzhypothek* und alle Mischformen gültig.

- Namen dürfen nicht mit regulären Zellbezügen kollidieren. Bezeichnungen wie *K5* oder *R3* sind also nicht erlaubt.
- Namen sind auf der Ebene der Arbeitsmappen definiert. Auch in getrennten Arbeitsblättern darf jeder Name deshalb nur einmal definiert werden, sofern sie gemeinsam zu einer Arbeitsmappe gehören.

So setzen Sie Namen bei der Eingabe von Formeln ein

Während der Eingabe einer Formel macht es Ihnen Excel besonders leicht, auf einen vordefinierten Namen zurückzugreifen. Drücken Sie einfach [F3] und es erscheint ein Dialog mit der Liste der benannten Felder, aus der Sie das gewünschte Feld wählen können. [F3] wirkt dabei als Kurzwahltaste für *Einfügen/Name/Einfügen*. Zeigen Sie während der Eingabe einer Formel mit Hilfe der Pfeiltasten oder der Maus auf eine benannte Zelle, fügt Excel darüber hinaus automatisch den Namen in die Formeln ein, nicht wie sonst die Zellkoordinate.

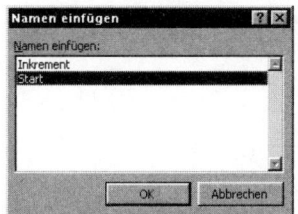

Abbildung 13.40: Über [F3] erhalten Sie während der Formeleingabe eine Liste der benannten Zellen zur Auswahl.

Schnell zu einer bestimmten Zelle springen mit *Gehe zu*

Eine praktische Möglichkeit, schnell zu einer beliebigen Zelle zu springen oder ganze Gruppen ähnlicher Zellen zu markieren, um diese dann zu durchlaufen, liefert der Befehl *Bearbeiten/Gehe zu* (Kurzwahltaste [Strg]+[G] oder [F5]). Im Feld *Verweis* können Sie die Koordinate oder den Namen der Zelle/des Bereichs angeben, auf den das Ausfüllkästchen gesetzt werden soll. Ein Klick auf *OK* erspart Ihnen anschließend das eigenhändige Ansteuern der jeweiligen Zelle mit den Pfeiltasten oder der Maus.

Abbildung 13.41: Schnelles Ansteuern einer Zelle mit Bearbeiten/Gehe zu

In der Liste unter *Gehe zu* sehen Sie dabei die letzten vier Zellen, von denen aus Sie diesen Befehl aufgerufen haben, sowie die Zellen, die Sie bei den letzten Aufrufen des Befehls als Ziel eingegeben haben. Ein Doppelklick auf einen der Einträge genügt, um gleich wieder die alte Position anzuspringen.

Markieren über *Inhalte auswählen*

Eine äußerst leistungsfähige Funktion verbirgt sich hinter der unscheinbaren Schaltfläche *Inhalte* im Dialog von *Bearbeiten/Gehe zu*. Sie ist der Schlüssel zu einer großen Auswahl von Optionen, mit deren Hilfe sich ganz bestimmte Gruppen von Zellen innerhalb des Arbeitsblattes auswählen lassen, beispielsweise alle Zellen, die Kommentare enthalten, alle Leerzellen oder die Zellen, die sich auf die aktuell markierte Zelle in ihren Formeln beziehen. Existiert zum Zeitpunkt des Aufrufs eine Markierung, werden nur die Zellen innerhalb dieser Markierung selektiert, auf die das jeweilige Kriterium zutrifft. Ansonsten durchsucht Excel das gesamte Arbeitsblatt.

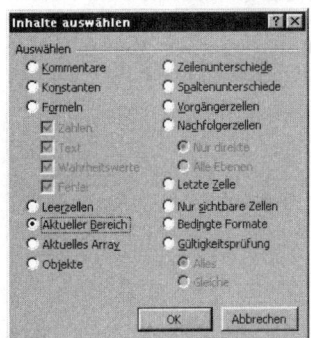

Abbildung 13.42:
Markieren von Zellen nach verschiedenen Kriterien über Bearbeiten/Gehe zu/Inhalt auswählen

Nach dem Abschluss der Eingabe über *OK* werden alle betreffenden Zellen markiert. Je nach Auswahl haben Sie mitunter einen ganz schönen Flickenteppich von sich, beispielsweise wenn Ihre Tabelle gut gefüllt ist und Sie alle *Leerzellen* zur Markierung ausgerufen haben. Das Schöne ist, dass Sie sich wie üblich mit Hilfe der ⎡↹⎤-Taste Zelle für Zelle durch die Markierung bewegen können. Excel springt dann quasi automatisch für Sie.

In der Regel nutzt man diesen Befehl aber ohnehin, um auf die Gesamtheit der so markierten Zellen einzuwirken, beispielsweise für Formatierungen, bedingte Formate, zum Schutz oder einfach zum Kopieren in ein anderes Arbeitsblatt. Hier ein Überblick über die verschiedenen Auswahlfelder im Dialog von *Inhalte auswählen* und das, was Sie darüber markieren können.

Einstellung	Bedeutung
Kommentare	Markiert alle Zellen, die mit einem Kommentar versehen wurden.
Konstanten	Selektiert die Zellen, die nicht mit einem Gleichheitszeichen beginnen, also keine Formel beinhalten. Auf Wunsch kann der Typ von Konstante über die Kontrollkästchen *Zahl*, *Text*, *Wahrheitswert* und *Fehler* weiter eingegrenzt werden.
Formeln	Wählt alle Zellen aus, die keine Konstante, sondern eine Formel beinhalten. Die Auswahl kann über die Kontrollkästchen *Zahl*, *Text*, *Wahrheitswert* auf Formeln begrenzt werden, die ein Ergebnis vom jeweiligen Typ liefern.
Leerzellen	Markiert alle Leerzellen zwischen *A1* und der letzten bislang belegten Zelle in Richtung auf das Ende das Tabellenblatts (IV65536).
Aktueller Bereich	Geht davon aus, dass die aktuelle Zelle Teil eines Blocks mit belegten Zellen ist, der von leeren Zeilen und Spalten umgeben ist. Dieser Block wird selektiert. ▶

Tabelle 13.2:
Auswahlmöglichkeiten für die zu selektierenden Zellen

Einstellung	Bedeutung
Aktuelles Array	Markiert die gesamte Matrix, zu der die aktuelle Zelle gehört.
Objekte	Markiert alle Diagramme, Schaltflächen und Textfelder innerhalb des aktuellen Arbeitsblatts.
Zeilenunterschiede	Hier müssen vor dem Aufruf mehrere Zellen innerhalb einer Zeile oder eine komplette Zeile markiert sein. Selektiert werden jene Zellen aus dem markierten Bereich, die nicht den gleichen Inhalt aufweisen wie die Zelle, von der aus die Markierung begann.
Spaltenunterschiede	Wie Zeilenunterschiede, nur dass mehrere Zellen einer Spalte markiert sein müssen und Excel diejenigen sucht, deren Inhalt nicht mit dem aus der ersten Zelle der Markierung übereinstimmt.
Vorgängerzellen	Markiert alle Zellen, auf die sich die Formeln in den markierten Zellen beziehen.
Nachfolgerzellen	Selektiert alle Zellen, die sich in ihren Formeln auf die Zelle(n) innerhalb der Markierung beziehen.
Letzte Zelle	Markiert die letzte belegte Zelle in Richtung auf die untere rechte Ecke des Arbeitsblatts.
Nur sichtbare Zellen	Markiert alle sichtbaren Zellen in dem markierten Bereich, nicht jedoch die Zellen in ausgeblendeten Zeilen oder Spalten.
Bedingte Formate	Markiert alle Zellen, die mit bedingten Formaten belegt sind. Suchen Sie nur nach den Zellen, die die gleiche bedingte Formatierung aufweisen wie die aktuelle Zelle, aktivieren Sie zusätzlich die Optionsschaltfläche *Gleiche*.
Gültigkeitsprüfung	Selektiert die Zellen, die mit einer Gültigkeitsprüfung ausgestattet sind. Sollen nur die Zellen ausgewählt werden, die mit den gleichen Gültigkeitskriterien belegt sind wie die aktuelle, aktiveren Sie zusätzlich die Optionsschaltfläche *Gleiche*.

Ansichts-Sachen

Wie Ihre Arbeitsblätter auf dem Bildschirm erscheinen, ist durchaus Ansichtssache, denn Excel bietet eine Reihe von Einstellungsmöglichkeiten, die das Erscheinungsbild des Arbeitsblattes beeinflussen. Dazu zählen:

- der Zoom-Faktor, der wahlweise wie ein Fernglas oder eine Lupe wirkt, um mehr oder weniger Zellen in der Übersicht zu präsentieren
- horizontale und vertikale Teiler, mit deren Hilfe das Fenster des Arbeitsblatts in zwei bzw. vier unabhängig scrollbare Abschnitte unterteilt wird
- das Ein- und Ausblenden der Spalten- und Zeilenköpfe sowie der Gitternetzlinien im Arbeitsblatt
- die Umschaltung auf die Anzeige von Formeln

Einstellung des Zoom-Faktors

Die Größe, in der die Zellen und ihr Inhalt auf dem Bildschirm dargestellt werden, ist nicht unveränderlich. Der so genannte Zoom-Faktor entscheidet, ob die Zellen ganz groß oder ganz klein erscheinen, und bestimmt damit auch, wie viele Zellen Sie gleichzeitig im Überblick behalten können.

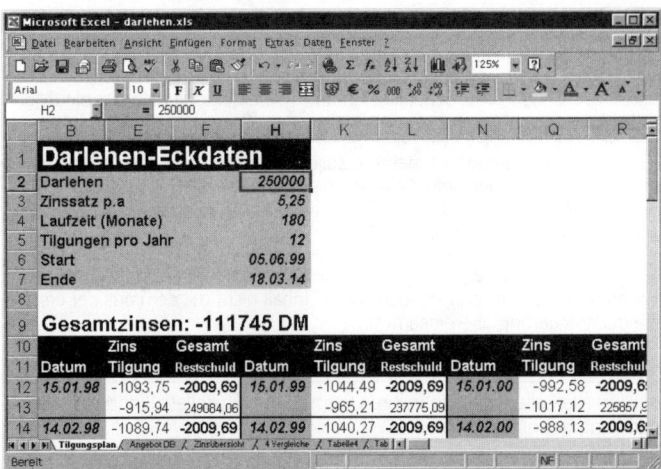
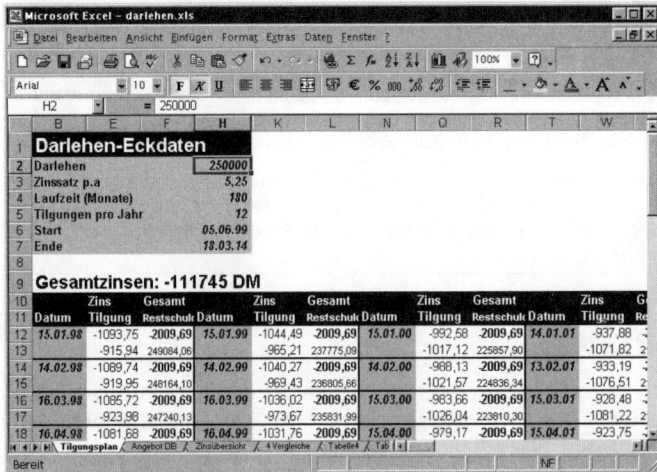
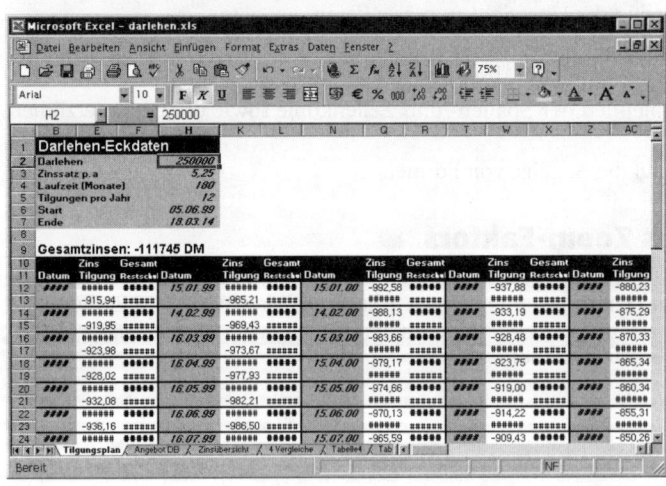

Abbildung 13.43:
Ein Arbeitsblatt, verschiedene Zoom-Faktoren, von oben nach unten 125%, 100% und 75%

Die Standardeinstellung für den Zoom beträgt 100%. Alles darunter sorgt für eine Verkleinerung der Zellen, wobei 10% der kleinste akzeptierte Wert ist. Schon ab 50% erkennt man jedoch nur noch relativ wenig von den Zellinhalten, doch darum geht es bei der Verkleinerung oft auch gar nicht. Vielmehr steht der Wunsch im Vordergrund, möglichst viele Zellen gleichzeitig auf dem Bildschirm sehen, markieren und formatieren zu können. Und das funktioniert in der Verkleinerung wunderbar.

In der Gegenrichtung sorgen alle Zoom-Faktoren von mehr als 100% für eine Vergrößerung der Zellen und ihrer Inhalte bei der Darstellung auf dem Bildschirm, wobei 400% den Maximalwert darstellt. Sinnvoll ist die Vergrößerung z. B. dann, wenn Sie ein Stück weiter weg vom Bildschirm sitzen und die Zellinhalte bei 100% dadurch nicht so gut zu erkennen sind.

HINWEIS Mit der Größe der Zellen beim Ausdruck hat der Zoom-Faktor nichts zu tun, die bleibt unverändert auf 100%, sofern Sie das im Rahmen der Seiteneinrichtung nicht anders angegeben haben.

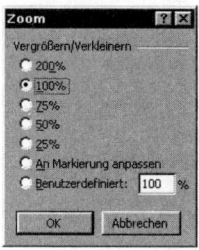

Abbildung 13.44:
Einstellung des
Zoom-Faktors
über
Ansicht/Zoom

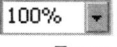

Zoom

Am einfachsten stellen Sie den Zoom-Faktor über die gleichnamige Schaltfläche aus der *Standard*-Symbolleiste ein. Wenn Sie die Schaltfläche aufklappen, erhalten Sie verschiedene Vorschläge für den Zoom-Faktor von 25 bis 200%. Außerdem treffen Sie dort auf die Auswahl *Markierung*. Sie passt den Zoom-Faktor automatisch so an, dass die aktuelle Markierung komplett auf dem Bildschirm sichtbar ist. Darüber hinaus können Sie auch einfach mit der Maus in das Eingabefeld des Zoom-Faktors klicken und dort einen beliebigen Prozentwert zwischen 10 und 400 eingeben. Alternativ können Sie übrigens auch den Befehl *Ansicht/Zoom* nutzen, um den Zoom-Faktor einzustellen.

Teilung des Fensters in mehrere Ausschnitte

Auch die Möglichkeit, die Anzeige über den Zoom-Faktor zu verkleinern, ändert nichts daran, dass es schwer ist, weit voneinander entfernt liegende Zeilen oder Spalten gleichzeitig auf dem Bildschirm sichtbar zu machen. Wollen Sie beispielsweise gleichzeitig die Umsatzzahlen aus der Spalte *C* mit denen aus der Spalte *O* vergleichen, können Sie entweder die dazwischen liegenden Spalten ausblenden, damit beide nebeneinander auf dem Bildschirm erscheinen.

Abbildung 13.45:
Über den vertikalen Separator
lässt sich das
Fenster in zwei
vertikale
Ausschnitte
teilen.

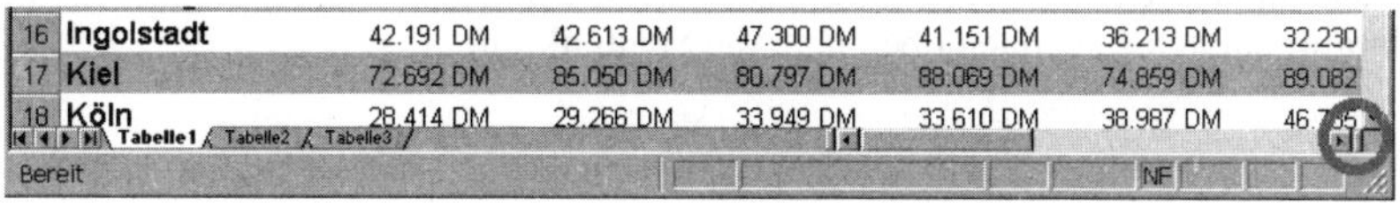

16 Ingolstadt	42.191 DM	42.613 DM	47.300 DM	41.151 DM	36.213 DM	32.230
17 Kiel	72.692 DM	85.050 DM	80.797 DM	88.069 DM	74.859 DM	89.082
18 Köln	28.414 DM	29.266 DM	33.949 DM	33.610 DM	38.987 DM	46.7

Die Arbeit am Tabellenblatt

Oder Sie teilen das aktuelle Fenster einfach in zwei vertikale Ausschnitte, die unabhängig voneinander spaltenweise gescrollt werden können. Das funktioniert, indem Sie mit der Maus den vertikalen Separator am rechten Rand der horizontalen Bildlaufleiste durch Klicken und Ziehen über das Arbeitsblatt führen. Dort, wo Sie die Maustaste loslassen, wird das Fenster in zwei vertikale Ausschnitte geteilt.

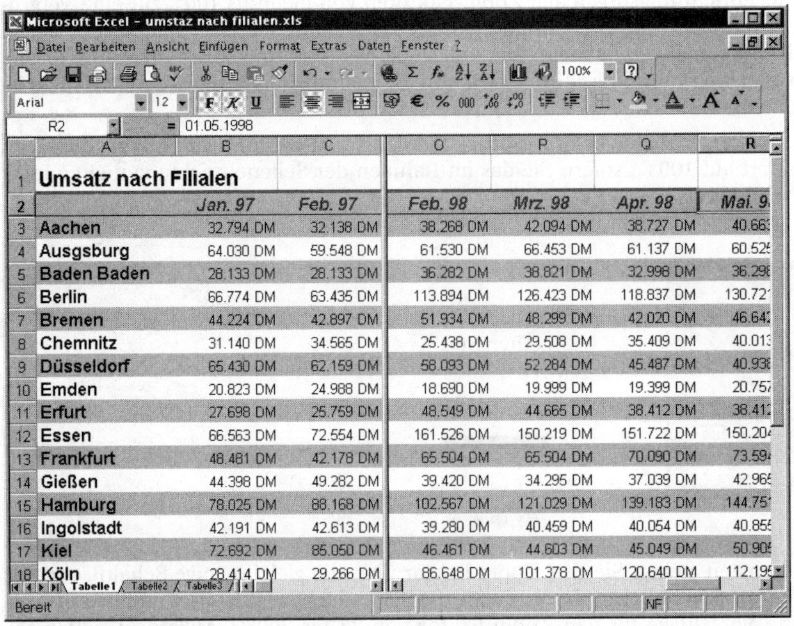

Abbildung 13.46: Zwei separate vertikale Ausschnitte bringen weit entfernte Spalten ins Blickfeld.

Weil Sie das Ausfüllkästchen mit der Maus in beide Ausschnitte setzen und dort ganz nach Belieben scrollen können, lassen sich die Spalten C und O problemlos zusammenbringen, wie unten gezeigt. Allerdings lassen sich die beiden Abschnitte nur spaltenweise unabhängig voneinander scrollen. Die Zeilen bleiben immer in beiden Ausschnitten gleich, scrollen also automatisch parallel (siehe Abbildung 13.46).

Den Separator selbst können Sie jederzeit mit Hilfe der Maus durch Klicken und Ziehen über dem Fenster verschieben, um die Größe der beiden Abschnitte zu verändern. Möchten Sie wieder zu einem einzigen Ausschnitt zurückkehren, ziehen Sie ihn einfach bis ganz nach links über die Zeilenköpfe und lassen die Maustaste dort los.

Auf der gleichen Basis funktioniert auch die Teilung des Dokuments in zwei horizontale Abschnitte, wodurch man weit entfernte Zeilen gleichzeitig im Blick halten kann. Der zugehörige Separator sitzt am oberen Rand der vertikalen Rollleiste und kann genauso über das Fenster gezogen werden wie der vertikale. Während die beiden Abschnitte unabhängig voneinander zeilenweise gescrollt werden können, laufen die Spalten hier immer synchron. Will man diese Aufteilung wieder aufheben, zieht man den Separator einfach ganz nach oben über die Spaltenköpfe.

Abbildung 13.47:
Der Separator für die Teilung des Fensters in zwei horizontale Ausschnitte

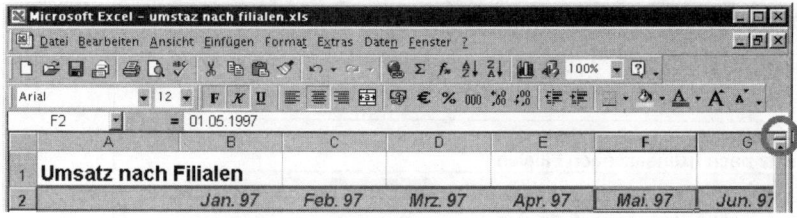

Zeilen- und Spaltenbeschriftungen immer im Blick

Tatsächlich kann man horizontale und vertikale Abschnitte auch nutzen, um Zeilen- oder Spaltenbeschriftungen in einem Ausschnitt festzuhalten, während man den anderen scrollt. Verfügt ein Arbeitsblatt – so wie das obige mit dem *Umsatz nach Filialen* – über Spaltenbschriftungen (die fortlaufenden Monate) und Zeilenbeschriftungen (die Städtenamen), ist es ein Kandidat für die Kombination aus vertikalem und horizontalem Separator. Die kann man nämlich problemlos kombinieren, um ein Fenster in vier Ausschnitte zu teilen. Das folgende Bild zeigt, wie diese Möglichkeit genutzt wurde, damit man die Zahlen für die einzelnen Standorte und Monate immer im Blick hat, den aktuellen Monat und den jeweiligen Standort jedoch auch (siehe Abbildung 13.47).

Abbildung 13.48:
Kombination aus vertikalen und horizontalen Ausschnitten

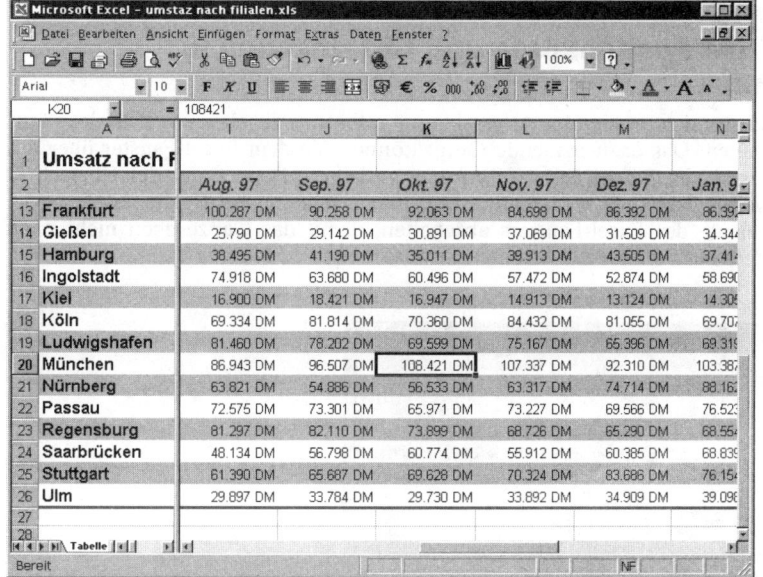

Der einzige Schönheitsfehler an diesem Modell: Wenn man in dem großen Ausschnitt immer weiter nach oben oder nach links scrollt, tauchen dort auch die Überschriften auf. Doch das lässt sich verhindern, indem Sie den Befehl *Fenster/Fenster fixieren* aufrufen. Ohne dass sich an der Teilung etwas ändern würde, werden dadurch zum einen die Separator-Linien ausgeblendet und zum anderen wird die doppelte Anzeige von Bereichen wie in der folgenden Abbildung verhindert. Auflösen lässt sich eine solche Fixierung dann wieder über den Befehl *Fenster/Fixierung aufheben*. Und mit *Fenster/Teilung aufheben* können Sie auch die Teilung in mehrere Abschnitte wieder rückgängig machen (siehe Abbildung 13.49).

Die Arbeit am Tabellenblatt

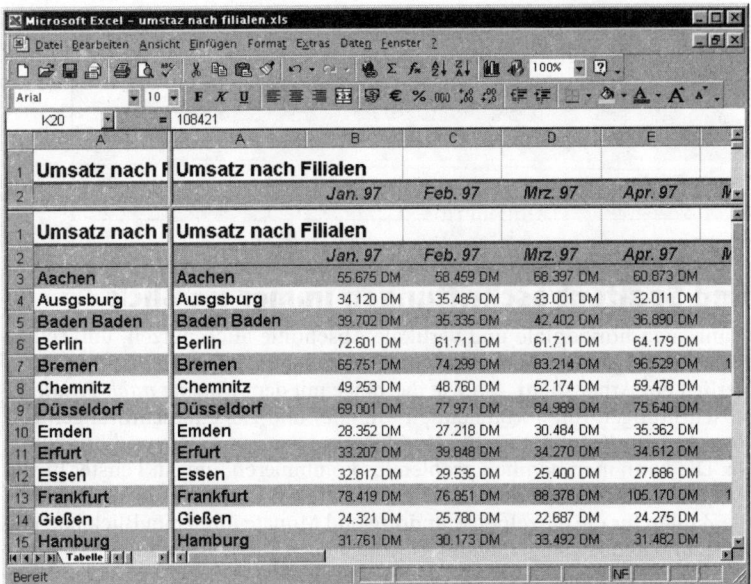

Abbildung 13.49:
Das Fixieren verhindert unschöne Überlappungen zwischen den Ausschnitten, wie hier zu sehen.

Zeilen- und Spaltenköpfe und Gitternetzlinien ausblenden

Mit Excel lassen sich problemlos Arbeitsblätter aufbauen, die eher wie komplexe Formulare anmuten. Das dazu passende Outfit können Sie dem Excel-Fenster über das Register *Ansicht* im Befehl *Extras/Optionen* verleihen. Denn unter der Überschrift *Fensteroptionen* lassen sich hier Gitternetzlinien, Zeilen- und Spaltenköpfe sowie andere Elemente des Excel-Fensters abschalten, damit das Ganze eben nicht nach Excel, sondern nach einer Bildschirmmaske ausschaut.

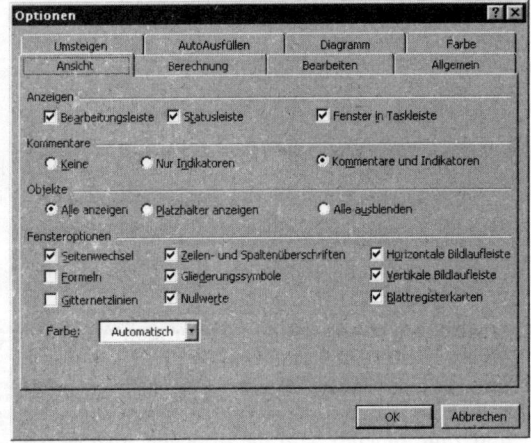

Abbildung 13.50:
Einstellungsmöglichkeiten unter Extras/Optionen/ Ansicht

Anzeige der Formeln statt der Ergebnisse

Unter Software-Entwicklern würde man so etwas einen »Debugging«-Modus nennen, eine Möglichkeit, das einzusehen, was sonst unter der Oberfläche verborgen bleibt. Gemeint ist das Resultat, wenn Sie innerhalb eines Arbeitsblatts einmal spontan die Tastenkombination [Strg]+[#] betätigen. Anstelle der Formelergebnisse erscheinen dann nämlich im Arbeitsblatt die Formeln selbst, weshalb Excel auch schon mal die Breite der einen oder anderen Spalte heraufsetzt, damit von der Formel überhaupt etwas zu erkennen ist. Sehr angenehm ist auch, dass man so automatisch die seriellen Zahlen zu Gesicht bekommt, die sich hinter den Datums- und Zeitangaben im Arbeitsblatt verbergen.

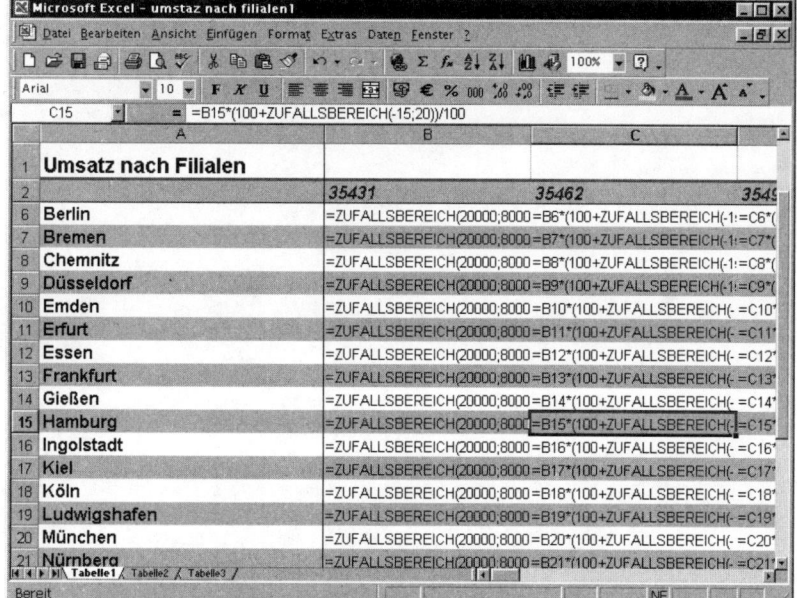

Abbildung 13.51: Jetzt kommt's raus: Die Umsatzzahlen der Filialen, alles gelogen! Alles Kunstprodukte! Potemkinsche Dörfer für die Bank?

Das Arbeitsblatt sieht dadurch natürlich ziemlich verwandelt aus, doch man kann sich auf diesem Wege recht gut einen schnellen Überblick über die Inhalte verschaffen. Außerdem ist der Spuk gleich wieder beendet, sobald man ein zweites Mal [Strg]+[#] drückt. Noch ausgefeiltere Möglichkeiten zur Fehlersuche in einem Arbeitsblatt finden Sie übrigens im ▶ Kapitel 16, wo der Formel-Detektiv vorgestellt wird.

14 Die Zellformatierung

351 Wie Formate auf Zellinhalte einwirken
352 Zahlenformate
359 Die Ausrichtung des Zellinhaltes
362 Schriftformatierung
362 Rahmen und Hintergrund
364 Zellen schützen
366 AutoFormate
367 Bedingte Formatierung
369 Formatvorlagen

Zahlen und Daten mit Hilfe von Formeln und Funktionen zu berechnen ist das eine, sie optisch ansprechend zu formatieren das andere. In diesem Kapitel dreht sich deshalb alles um die Formatierung von Zellen. Die Zellformatierung beinhaltet dabei eine Reihe von Aspekten: angefangen beim Zahlenformat, über die Frage der Schriftart, der Farben, der Rahmenlinien und noch einiges mehr.

Wie Formate auf Zellinhalte einwirken

Excel-Zellen können im Grunde genommen nur zwei unterschiedliche Arten von Informationen aufnehmen: Texte oder Zahlen. Dass diese Inhalte später als Datumsangabe, als Währungsbetrag, Prozentwert oder zentrierter Text erscheinen, ist eine Sache der Zellformatierung. In Teilen wird sie bereits bei der Eingabe eines Zellinhalts festgelegt. Erkennt Excel nämlich, dass Sie einen Währungsbetrag (*10 DM*), ein Datum (*10.10.1999*), eine Uhrzeit (*10:10*) oder einen Prozentwert (*10%*) eingegeben haben, wird automatisch das zur Anzeige dieses Wertes benötigte Format eingestellt:

Abbildung 14.1:
Formatierung
während der
Eingabe

	A	B	C
1		Anzeige	Gespeicherter Wert
2	Währung	10 DM	10
3	Datum	10.10.99	36443
4	Uhrzeit	10:10	0,423611111
5	Prozent	10%	0,1

Über den Befehl *Format/Zelle...* lässt sich das Ausgabeformat einer Zelle detailliert bestimmen. Hier geben Sie nicht nur an, wie der Zelleninhalt ausgegeben werden soll, sondern legen auch fest, wie der Zellinhalt an den Zellkanten ausgerichtet wird, in welcher Schrift die Anzeige erfolgt, wie der Rahmen beschaffen ist, wie der Zellenhintergrund aussehen soll und ob der Zelleninhalt verändert werden kann oder geschützt ist. Zu diesem Zweck zeigt Excel den folgenden Dialog mit einer Reihe von Registern:

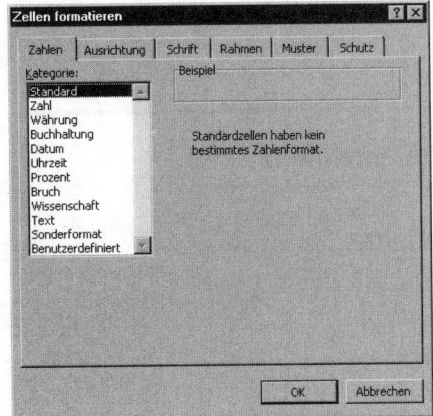

Abbildung 14.2:
Der Dialog Zellen formatieren

HINWEIS Der *Zellen formatieren*-Dialog lässt sich aus dem Arbeitsblatt heraus jeweils über die Tastenkombination [Strg]+[1] aufrufen und wirkt auf alle markierten Zellen ein.

Damit Sie die Schritte zur Zellformatierung nicht mehrfach wiederholen müssen, bietet Excel den so genannten Formatpinsel in der *Format*-Symbolleiste. Er erlaubt die Übertragung einer bereits existierenden Formatierung auf andere Zellen. Setzen Sie dazu das Ausfüllkästchen auf die bereits formatierte Zelle. Klicken Sie anschließend auf den Formatpinsel und dann auf die Zelle, der das Format zugewiesen werden soll. Klicken Sie doppelt auf das *Pinsel*-Symbol, können Sie das Quellformat auf mehrere Zellen übertragen, ohne immer wieder erneut den Pinsel auswählen zu müssen.

Pinsel

Zahlenformate

Im Register *Zahlenformate* geben Sie an, wie der in einer Zelle befindliche Wert angezeigt werden soll. Die im Listenfeld *Kategorie* eingestellte Formatierung greift allerdings nur, wenn in der Zelle ein Zahlenwert enthalten ist. Dieser kann beispielsweise direkt eingegeben oder durch eine Formel berechnet worden sein. Auf Zellen, die einen Text speichern ('*Text*'), hat die Zahlenformatierung keinen Einfluss.

Wie eine Zahl im *Standardformat* aussieht, zeigt die Abbildung am Rand der Seite. Excel zeigt hier neun signifikante Stellen der Zahl an. Solange der Wert nicht zu groß und nicht zu klein ist, wird die Zahl als Dezimalwert dargestellt. Zu hohe oder zu kleine Werte werden dagegen in der wissenschaftlichen Notation angezeigt. Der angezeigte Wert *1,234567E+11* entspricht dabei dem Wert $1{,}234567 * 10^{11}$. Ob die wissenschaftliche Notation verwendet wird, hängt zudem vom Platz ab, der zur Darstellung der Zahl zur Verfügung steht. Wenn die Zahl auf engem Raum angezeigt werden muss, greift Excel gerne zur wissenschaftlichen Notation.

```
1,23457E+11
12345678901
1234567890
123456789
12345678,9
1234567,89
123456,789
12345,6789
1234,56789
123,456789
12,3456789
1,23456789
0,123456789
0,012345679
0,001234568
0,000123457
1,23457E-05
```
Standardzahlen

Wollen Sie auf die Anzeige einer Zahl im recht ungewohnten wissenschaftlichen Format verzichten, müssen Sie die Zelle als Zahl formatieren:

```
123456789012345,00
```
Zahl

Abbildung 14.3:
Das Format Zahl

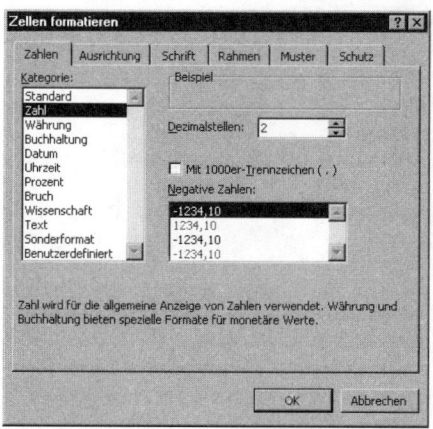

Im Eingabefeld *Dezimalstellen* geben Sie an, wie viele Stellen nach dem Komma angezeigt werden sollen. Excel erlaubt hier bis zu 30 Nachkommastellen. Allerdings ist dieser Wert mit Vorsicht zu genießen. Denn die Genauigkeit, mit der Excel eine Zahl in einer Zelle speichert, beträgt nur 15 Stellen. Der Wert *0,123456789012345678901234567890* wird dadurch auf den Wert *0,123456789012345* beschnitten. Die fehlenden Dezimalstellen werden mit Nullen aufgefüllt: *0,123456789012345000000000000000*.

HINWEIS Excel schneidet die Anzeige der Dezimalziffern nicht einfach ab, nachdem die eingestellte Anzahl von Stellen aufgeführt wurde. Excel rundet vielmehr die Ausgabe, so dass sich der angezeigte und der in der Zelle enthaltene Wert voneinander unterscheiden können.

Dezimalstellen hinzufügen/ löschen

Damit Sie nicht umständlich den *Zellen formatieren*-Dialog aufrufen müssen, um die Dezimalstellen einer Zahl zu ändern, stellt die *Format*-Symbolleiste die Symbole *Dezimalstellen hinzufügen* und *Dezimalstellen löschen* bereit.

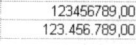

Zur besseren Lesbarkeit großer Werte lassen sich 1000er-Trennzeichen in die Anzeige einbetten. Jeweils drei Ziffern vor dem Komma (,) werden durch einen Dezimalpunkt (.) zu einer gut sichtbaren Gruppe zusammengefasst.

1000er-Trennzeichen

Um die Formatierung einer Zelle als Zahl mit 1000er-Trennzeichen zu vereinfachen, bietet die *Format*-Symbolleiste das *1000er-Trennzeichen*-Symbol. Es aktiviert die Trennzeichen und setzt gleichzeitig die Anzahl der Nachkommastellen auf 2.

HINWEIS

Ländereinstellungen

Welche Zeichen Excel zur Trennung der Vor- und Nachkommastellen einer Zahl verwendet und welches Zeichen zur Ziffergruppierung zum Einsatz gelangt, wird über die aktuellen Ländereinstellungen Ihres Rechners bestimmt. Diese können Sie über die Systemsteuerung einsehen (*Start/Einstellungen/Systemsteuerung/Ländereinstellungen/*).

Im Zahlenregister der Ländereinstellungen werden die Zahlenformate festgelegt:

In diesem Dialog geben Sie das *Dezimaltrennzeichen*, die Anzahl der nach dem Komma anzuzeigenden Dezimalstellen und das *Zeichen für die Ziffergruppierung* an. Die Angabe *Anzahl der Zeichen für Ziffergruppierung* wird von Excel ignoriert. Excel fasst stets drei Ziffern zusammen und trennt sie durch das *Dezimaltrennzeichen*. Die restlichen Daten des *Zahlen*-Registers werden von Excel ebenfalls ignoriert.

Die Zellformatierung

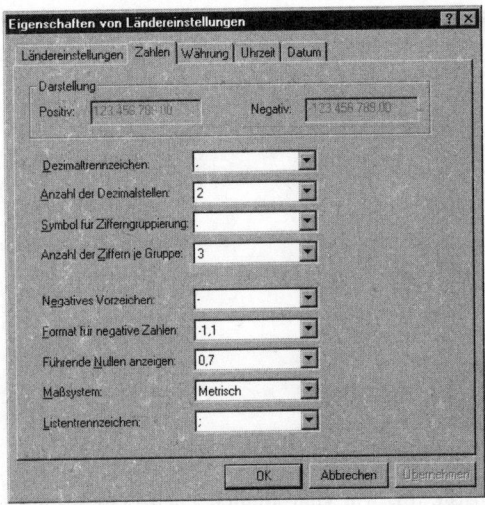

Abbildung 14.4:
Einstellung des Zahlenformats

Für die Anzeige negativer Zahlen bietet das *Zahlen*-Register des *Zellen formatieren*-Dialogs im Listenfeld *Negative Zahlen* vier Einstellungen. Sie können eine negative Zahl mit vorangestelltem Minuszeichen, in roter Farbe oder in roter Farbe inkl. Minuszeichen anzeigen.

Die Einstellung *–1234,10* befindet sich aus unerfindlichen Gründen doppelt im Listenfeld *Negative Zahlen*.

HINWEIS

Währung

Um Geldbeträge anzuzeigen, stellt der *Zellen formatieren*-Dialog das Format *Währung* bereit. Es unterscheidet sich vom *Zahl*-Format nur dadurch, dass der Zahl ein Währungskennzeichen nach- oder vorangestellt wird. Welches Währungskennzeichen Verwendung finden soll, lässt sich aus einem Listenfeld auswählen.

Um eine Zelle auf einen Klick als Währung zu formatieren, stellt die *Format*-Symbolleiste die Symbole *Währung* und *Euro* bereit.

Währung und Euro

Buchhaltung

Zur Formatierung von Währungen im Stil einer Bilanz stellt Excel das Format *Buchhaltung* bereit. Es unterscheidet sich vom Format *Währung* vor allem dadurch, dass eine als *Buchhaltung* formatierte Zahl »immun« gegen Zellausrichtungen ist. Eine Zahl im Format *Buchhaltung* wird stets rechtsbündig ausgegeben.

Für die Anzeige einer Zahl als Datum oder Uhrzeit stellt der Dialog *Zellen formatieren* die beiden Formate *Datum* und *Uhrzeit* bereit. Für beide Formate wird ein Listenfeld bereitgestellt, aus dem Sie das Ihren Wünschen am besten angepasste Datums/Uhrzeit-Format auswählen können (s. Rand).

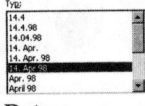

Datum

Prozentwerte werden von Excel auf besondere Art und Weise in einer Zelle gespeichert. 0% bis 100% werden von Excel als Werte zwischen 0 und 1 gespeichert. Das bietet den Vorteil, dass sich damit einfacher rechnen lässt. Um beispielsweise die Mehrwertsteuer eines Preises zu berechnen, können Sie sich auf die Formel =*Preis * 16%* berufen. Weil Excel die 16% in den Zahlenwert *0,16* umwandelt, kommt bei dieser Rechnung das gewünschte Ergebnis heraus. Weil 0,16 aber schwerer zu lesen ist als *16%*, formatiert Excel die Prozentwerte in einer gefälligeren Form. Als Formatierungsoption können Sie bei der Formatierung einer Prozentangabe die Anzahl der anzuzeigenden Dezimalstellen bestimmen.

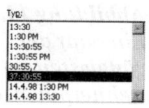

Uhrzeit

Bruch

Freunden der Bruchrechnung bietet Excel das Zahlenformat *Bruch* an. Es zeigt Zahlen nicht als Dezimalzahlen mit Vor- und Nachkommastellen, sondern als ganze Zahlen, die von einem Bruch der Form *Zähler/Nenner* angezeigt werden: *1 1/4, 3 16/113*.

Damit die Brüche nicht zu lang werden, können Sie die Anzahl der für einen Bruch reservierten Stellen wählen. Außerdem können Sie die Anzeige der Zahl auf Halbe, Viertel, Achtel und Sechzehntel runden lassen. Und für Dezimalbrüche gibt es Zehntel und Hundertstel:

Abbildung 14.5: Die drei wohl bekantesten irrationalen Zahlen als Bruch

	π	e	√2
	3,141592654	2,718281828	1,414213562
Einstellig	3 1/7	2 5/7	1 2/5
Zweistellig	3 1/7	2 51/71	1 29/70
Dreistellig	3 16/113	2 385/536	1 408/985
Als Halbe	3	2 1/2	1 1/2
Als Viertel	3 1/4	2 3/4	1 2/4
Als Achtel	3 1/8	2 6/8	1 3/8
Als Sechzehnte	3 2/16	3 2/16	3 2/16
Als Zehntel	3 1/10	2 7/10	1 4/10
Als Hundertstel	3 14/100	2 72/100	1 41/100

HINWEIS Wer exakte Ergebnisse wünscht, sollte auf die Anzeige einer Zahl als Bruch verzichten. Rechnen Sie beispielsweise den Bruch 2 385/536 aus, ergibt sich die Dezimalzahl *2,718283582*, die bereits ab der fünften Dezimalstelle vom Ursprungswert *2,718281828* abweicht.

Wissenschaftliche Notation

Für besonders große Werte oder solche, die nur ganz knapp über Null liegen, greifen Anwender gerne auf die wissenschaftliche Notation zurück. Hier wird eine Zahl als Produkt einer Zehnerpotenz ausgedrückt. Eine Million Meter (1.000.000 m) werden beispielsweise als »1 mal 10 hoch 6 m« bzw. *1 E+06 m* ausgegeben. Ein Mikrometer (ein Millionstel Meter) ist dementsprechend *1 E–06 m*. Das ist nicht zu verwechseln mit –1.000.000 m, was durch *–1 E+06m* ausgedrückt wird. Ein negativer Exponent, der mindestens zweistellig ist, bedeutet also, dass der Wert sehr nahe bei Null liegt, ein positiver Exponent steht für einen sehr großen Wert.

Für die Formatierung einer wissenschaftlichen Zahl können Sie die Anzahl der Dezimalstellen angeben, die der Zahl vor dem Exponenten folgen soll. Eine Eigenschaft der dezimalen Zahlen ist die, dass vor dem Komma niemals eine 0 steht – es sei denn, die Zahl hat den Wert 0. Bei allen anderen Stellen wird das Komma so weit verrückt, bis eine Zahl ungleich Null vor dem Komma steht. So wird die Zahl 0,12 beispielsweise als 1,2 E–01 dargestellt:

Die Zellformatierung

Milliarde (Giga)	1000000000	1,E+09
Hundert Millionen	100000000	1,E+08
Zehn Millionen	10000000	1,E+07
Million (Mega)	1000000	1,E+06
Hunderttausend	100000	1,E+05
Zehntausend	10000	1,E+04
Tausend (kilo)	1000	1,E+03
Hundert (hekto)	100	1,E+02
Zehn (deka)	10	1,E+01
Eins	1	1,E+00
Zehntel (deci)	0,1	1,E-01
Hundertstel	0,01	1,E-02
Tausendstel (milli)	0,001	1,E-03
Zehntausendstel	0,0001	1,E-04
Hunderttausendstel	0,00001	1,E-05
Millionstel (micro, μ, "mü")	0,000001	1,E-06
Zehnmillionstel	0,0000001	1,E-07
Hundertmillionstel	0,00000001	1,E-08
Milliardstel (nano)	0,000000001	1,E-09

Abbildung 14.6: Ein paar der gängigsten Zehnerpotenzen

Text

Das »Zahlenformat«, das völlig ohne Einstellungen auskommt, ist das *Text*-Format. Diese etwas widersprüchliche Formatierung führt dazu, dass eine Zelle den Text genau so wiedergibt, wie Sie ihn eingegeben haben. Weil die Zelle nun keine Zahl, sondern eine Zeichenfolge enthält, können Sie mit der als Text formatierten Zelle nicht mehr rechnen.

Sonderformate

Für Spezialformatierung stehen die beiden Zahlenformate *Sonderformat* und *Benutzerdefiniert* bereit. Die Sonderformate bieten Formate für *Postleitzahlen*, *Versicherungsnachweise* und *Sozialversicherungsnummern* sowie für *ISBN-Nummern*.

Benutzerdefinierte Formate

Für eigene Formate stehen die *Benutzerdefinierten Formate* bereit. Mit ihnen ist es beispielsweise möglich, »exotische« Anzeigen wie *100 Stunden* oder *2653 Zahnbürsten* zu erzeugen. Obwohl die Anzeige offenkundig keine reine Zahl mehr widerspiegelt, befindet sich als Inhalt in der Zelle nach wie vor ein Zahlenwert, mit dem Sie wie gewohnt rechnen können.

Benutzerdefinierte Formate basieren auf dem Konzept der Platzhalter. Über Platzhalter geben Sie an, wo, wie und welche Information einer Zahl ausgegeben werden soll. Am eingängigsten sind hier die Platzhalter für Datums- und Zeitfunktionen. Um beispielsweise die Uhrzeit in 24-stündiger Anzeige auszugeben, legen Sie *hh:mm* als Ausgabeformat fest. Es besagt, dass der in einer Zelle stehende Wert als Uhrzeit z.B. als »23:59« ausgegeben wird. *hh* (h = *hora*, lat. für Stunde) steht als Platzhalter für eine zweistellige Angabe der Stunde, : bleibt als Trennzeichen bestehen und *mm* steht für die Angabe der Minuten.

Uhrzeit

Kategorie	Formatkennzeichen	Beispiel
Stunde	h	7
Stunde	hh	23
Stunde	h AM	4 AM
Stunden	[h]:mm	02:02
Minute	m	9 ▶

Tabelle 14.1: Formatkennzeichen für Uhrzeiten

Kategorie	Formatkennzeichen	Beispiel
Minute	mm	23
Sekunde	s	5
Sekunde	ss	51
Zeit	h:mm pm	3:46 pm
Zeit	h:mm:ss p	3:31:03 p

Datum   Bei der Ausgabe eines Datums wird mit ähnlichen Platzhaltern gearbeitet. Hier kommen Platzhalter wie *TT*, *MM* oder *JJ* zum Einsatz. *TT* steht für die zweistellige Tagesangabe, *MM* für die Ausgabe einer zweistelligen Monatsnummer und *JJ* für die zweistellige Ausgabe der Jahreszahl. Zusammengesetzt ergibt sich daraus das Format *TT.MM.JJ*, das den 1. Oktober 1999 beispielsweise in der Form 01.10.99 darstellt. Auch hier ist der Punkt (.) wieder ein Trennzeichen, das unverändert in das Ausgabeformat übernommen wird.

Bereits das Beispiel von Datums- und Zeitformat zeigt, dass es bei der Angabe der Platzhalter auf die korrekte Schreibweise ankommt – und zwar nicht nur, was die einzelnen Buchstaben angeht, sondern auch in Bezug auf ihre Groß-/Kleinschreibung: Der Platzhalter *mm* steht für *Minuten*, der Platzhalter *MM* dagegen für *Monat*.

Tabelle 14.2: *Formatkennzeichen für Datumsangaben*

Kategorie	Formatkenzeichen	Beispiel
Monat	M	4
Monat	MM	04
Monat	MMM	Apr
Monat	MMMM	April
Tag	T	6
Tag	TT	06
Tag	TTT	Sa
Tag	TTTT	Samstag
Jahr	JJ	00
Jahr	JJJJ	2000

Zahlenformate   Auch für Zahlenformate existieren Platzhalter. Die Null (*0*) steht dabei für eine Ziffer. Auch die Raute (#) steht für eine Ziffer. Allerdings wird nur dann eine Ziffer ausgegeben, wenn die Zahl an der betreffenden Stelle tatsächlich eine signifikante Ziffer zu bieten hat. Ansonsten wird nichts ausgegeben.

Konkret heißt das, dass das Format *00* jede Zahl mindestens zweistellig ausgibt. Bei einstelligen Zahlen wird dazu eine 0 vorangestellt (z.B. *01*).

Das Format ## hat dagegen keinen sichtbaren Effekt. Jede Zahl wird wie gewohnt ausgegeben. Die Raute kommt erst dann richtig zur Geltung, wenn es darum geht, in einer Ziffer auch Tausendertrennzeichen einzusetzen. Um eine Zahl beispielsweise mit fortlaufenden 1000er-Trennzeichen zu versehen, müssen Sie das folgende Format angeben: #.##0. Die Zahl 1234 wird dadurch als *1.234* ausgegeben.

Die Zellformatierung

Die abschließende 0 im Format #.##0 wird benötigt, um den Wert 0 als Ziffer 0 auszugeben. Bei Verwendung des Formats #.### würde die Formatierung des Wertes 0 zur Ausgabe von »Nichts« führen, was sehr verwirrend ist, wenn man in einer Zelle die Ausgabe einer Zahl erwartet, auch wenn sie den Wert 0 trägt.

Sobald Excel in einem Format den Punkt (.) erkennt, der von 0 oder von # umschlossen ist, interpretiert Excel diesen Punkt als Tausendertrennzeichen (es sei denn, der Punkt ist Teil eines Datumsformats) und formatiert die Zahl so, dass jede dritte Stelle durch ein Tausendertrennzeichen getrennt ist.

HINWEIS

Bisher wurden nur die Vorkommastellen berücksichtigt. Doch auch die Nachkommastellen einer Zahl wollen formatiert sein. Für das Format der Nachkommastellen wird ebenfalls auf die Platzhalter # und 0 zurückgegriffen, allerdings wird das Nachkomma-Format durch ein Komma vom Rest getrennt.

Nachkommastellen

Das Format #.##0,00 führt beispielsweise dazu, dass eine Zahl stets mit zwei Nachkomma-Stellen ausgegeben wird. Aus dem Wert 1234 wird beispielsweise *1.234,00*. Aus dem Wert 12345,6789 wird *12.345,68*. Bei der Formatierung der Nachkommastellen rundet Excel die Werte.

Vom Einsatz des #-Zeichens zur Formatierung der Nachkommastellen ist abzuraten. Das Format #.##0,## führt dazu, dass bei Zahlen ohne Nachkommastellen ein einsames Komma übrig bleibt: *1234,*.

HINWEIS

Ein Zahlenformat muss nicht zwangsläufig aus Ziffern allein bestehen. Dass auch Zeichenfolgen eine Rolle in einem Format spielen können, haben Sie bereits beim Währungsformat gesehen, wo z.B. die Zeichenfolge »*DM*« zum Bestandteil des Formats wird.

Die Zeichen eines benutzerdefinierten Formats, die in Hochkommata angegeben werden, werden von Excel unverändert neben dem eigentlichen Zellinhalt ausgegeben:

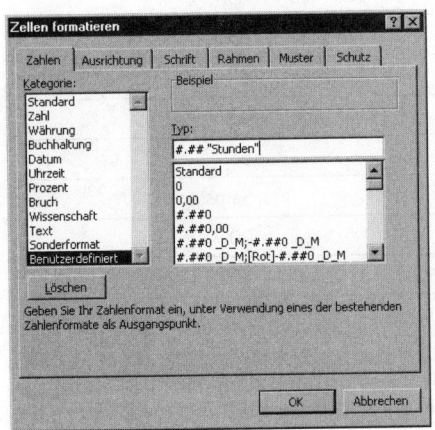

Abbildung 14.7: Hochkomma für unverändert zu übernehmende Texte

Für jedes Format können Sie die Farbe bestimmen, in der die Zeichen ausgegeben werden. Stellen Sie dem Format dazu den Farbcode im Klartext voran: *[Rot]MM.TT.JJ*. Folgende Farben können Sie in einem Format verwenden: *[Schwarz]*, *[Blau]*, *[Zyan]*, *[Grün]*, *[Magenta]*, *[Rot]*, *[Weiß]*, *[Gelb]*. Außerdem können Sie aus den 56 von Excel definierten Standardfarben auswählen, indem Sie die Nummer der Farbe in eckigen Klammern angeben (*[34]*).

Farben

Das Einfärben des Zellinhaltes macht jedoch nur Sinn, wenn damit auf bestimmte Zustände aufmerksam gemacht werden soll. So kann eine Zahl beispielsweise die

Farbe Rot annehmen, sobald sie ins Minus »rutscht«. Excel unterteilt zu diesem Zweck das benutzerdefinierte Format in vier separate Abschnitte, die durch Semikola voneinander getrennt werden. Diese vier Abschnitte lauten: *Format für positive Zahlen; Format für negative Zahlen; Format für Nullwerte; Format für Texte.*

Das folgende Format gibt positive Zahlen in Grün, negative in Rot und Nullwerte in Gelb aus: *[Grün]#.##0 _D_M;[Rot]-#.##0 _D_M;[Gelb]"Null".*

Die Ausrichtung des Zellinhaltes

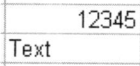

Standardmäßig werden Zahlen innerhalb einer Zelle rechtsbündig, Texte dagegen linksbündig ausgegeben. Wahrheitswerte und Fehlermeldungen werden innerhalb der Zelle zentriert: Doch über das *Ausrichtung*-Register des *Zellen formatieren*-Dialogs, der über den Befehl *Format/Zellen...* aufgerufen wird, lässt sich das ändern:

Abbildung 14.8: Das Ausrichtung-Register des Zellen formatieren-Dialogs

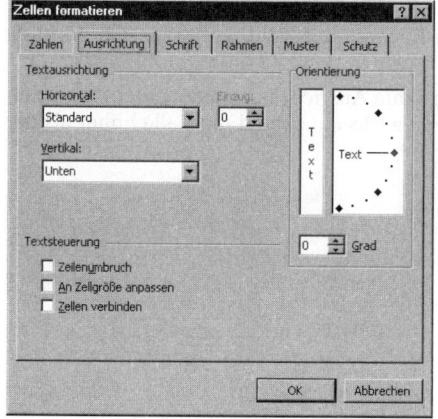

In diesem Dialog können Sie die Ausrichtung des in der Zelle dargestellten Textes angeben. Über das Kombinationsfeld *Horizontal* (rechts/links) legen Sie fest, wie der Text in der Waagerechten ausgerichtet wird. Zur Auswahl stehen hier:

Abbildung 14.9: Horizontale Ausrichtung

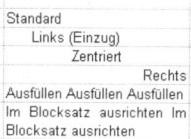

HINWEIS Für die linksbündige, zentrierte und rechtsbündige Ausrichtung des Zellinhaltes stellt die *Format*-Symbolleiste drei Symbole bereit.

Linksbündig, zentriert, rechtsbündig

Besonders hervorzuheben ist die Ausrichtung *Links (Einzug)*. Weisen Sie diese einer Zelle zu, wird der Text einer Zelle linksbündig ausgerichtet. Über das Eingabefeld *Einzug* können Sie allerdings einen Einzug festlegen, um den der Text innerhalb der Zelle eingerückt werden soll. Der Text wird dabei um die in *Einzug* angegebene Anzahl von Zeichenbreiten eingerückt. Der Einzug des Zelleninhaltes lässt sich außerdem über zwei Symbole der *Format*-Symbolleiste einstellen. Klicken Sie mehrmals auf diese Symbole, um den Einzug schrittweise zu ändern.

Wenn Sie bei der Gestaltung auf grafische Spielereien verzichten wollen und zur Formatierung nur auf Textzeichen zurückgreifen, ist das horizontale Format *Ausfüllen* vielleicht interessant für Sie. Eine *ausgefüllte* Zelle wiederholt den Zellinhalt so lange, bis die Breite der Zelle vollständig mit dem Text überschrieben wurde. Wie so etwas aussehen könnte, zeigt die folgende Abbildung:

Einzug verringern/vergrößern

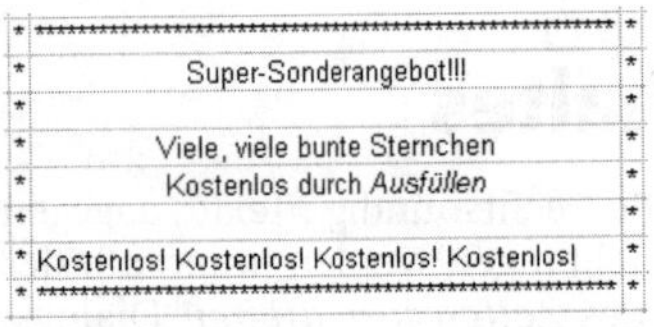

Abbildung 14.10:
Textwiederholung durch Ausfüllen

Diese Abbildung zeigt, dass nicht nur einzelne Zeichen (*), sondern auch Zeichenfolgen in einer Zelle wiederholt werden können. Allerdings erfolgt die Ausgabe der Zeichen stets linksbündig. Die Zuweisung von *Rechts* oder *Zentrieren* hebt die Wirkung von *Ausfüllen* wieder auf.

Aber nicht nur die horizontale, auch die vertikale Ausrichtung (oben/unten) lässt sich einstellen. Diese Ausrichtung wird jedoch erst wirksam, sobald die Zelle höher als der enthaltene Text ist.

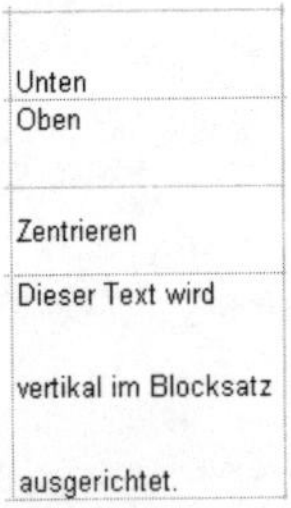

Abbildung 14.11:
Vertikale Ausrichtung

Die Ausrichtungen *Oben*, *Unten* und *Zentriert* verstehen sich von selbst. Die Option *Im Blocksatz ausrichten* bedarf allerdings einer Erläuterung: Hier werden die Zeilen des Zellinhaltes in gleichmäßigem Abstand über die Zelle verteilt, so dass die gesamte Zellenhöhe ausgenutzt wird. Wie dieselbe Zelle ohne vertikalen Blocksatz aussieht, zeigt die Abbildung am Rand.

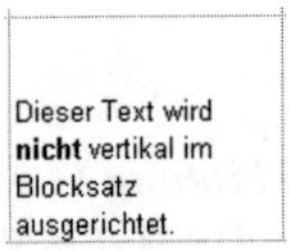

Standardmäßig ragt der am rechten Rand einer Zelle überstehende Text in die rechts nebenstehende Zelle hinein:

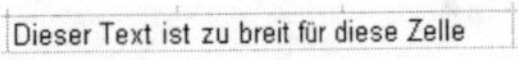

Abbildung 14.12:
Dieser Zellinhalt belegt drei Zellen.

Sobald allerdings eine der rechtsstehenden Zellen ebenfalls gefüllt wird, ist es mit der ungehinderten Zellausbreitung vorbei, und der Zellinhalt wird abgeschnitten (siehe Abbildung 14.13).

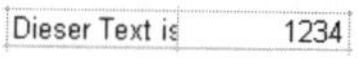

Abbildung 14.13:
Die rechts stehende Zelle verhindert die Ausbreitung des Zellinhalts.

Um diesem Informationsverlust vorzubeugen, müssen Sie entweder die Spaltenbreite vergrößern oder Sie passen die Zeilenhöhe so an, dass der gesamte Text in der nun höheren Zelle Platz findet. Allerdings reicht allein die Vergrößerung der Höhe nicht aus. Damit der Zellinhalt an der rechten Zellkante umbrochen wird, müssen Sie außerdem das Kontrollkästchen *Zeilenumbruch* aktivieren :

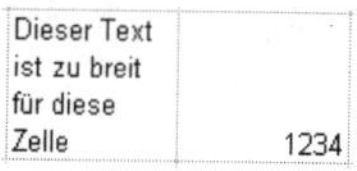

Abbildung 14.14:
Aktiver Zeilenumbruch

Genau genommen ist es ausreichend, das Kontrollkästchen *Zeilenumbruch* zu aktivieren, Excel passt daraufhin automatisch die Zeilenhöhe an die benötigte Zellhöhe an.

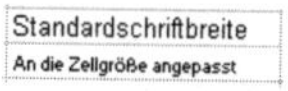

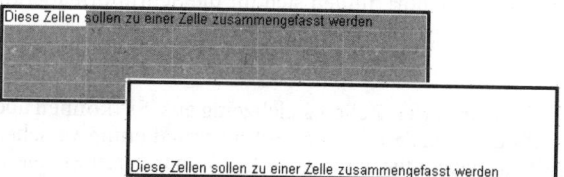

Das Kombinationsfeld *An Zellengröße anpassen* verkleinert dagegen die Schriftbreite in einer Zelle so weit, dass alle Zeichen vollständig in die Zelle passen. Wie das aussehen könnte, zeigt die kleine Abbildung am Rand.

Sollen mehrere nebeneinanderliegende Zellen dagegen zu einer einzigen Zelle zusammengefasst werden, müssen Sie die zu verbindenden Zellen markieren und durch Aktivieren des Kontrollkästchens *Zellen verbinden* zu einer einzigen Zelle zusammenfassen:

Abbildung 14.15:
Die Zellen vor und nach dem Verbinden

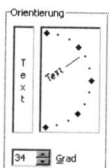

Die *Format*-Symbolleiste stellt zu diesem Zweck ebenfalls ein Symbol bereit. Dieses hat allerdings zur Folge, dass der Text innerhalb der verbundenen Zelle horizontal zentriert wird:

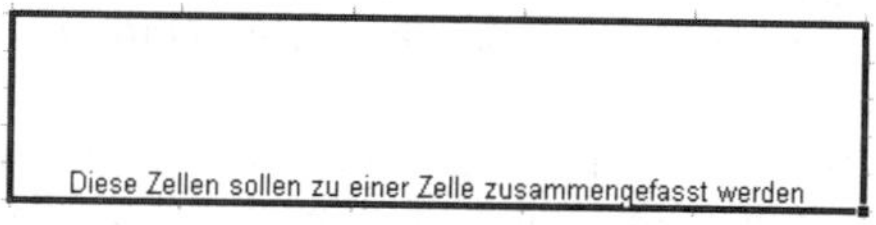

Abbildung 14.16:
Verbinden und Zentrieren

Um Platz bzw. »Breite« einzusparen, ist es oft wünschenswert, den Text einer Zelle schräg oder hochkant zu stellen. Das *Ausrichtung*-Register stellt dazu die Steuerelementgruppe *Orientierung* bereit. Hier legen Sie den Winkel fest, in dem der Zellinhalt angezeigt werden soll. Die Winkelangabe erfolgt entweder interaktiv durch Ziehen des Richtungszeigers mit der Maus oder durch Eingabe einer Gradzahl in das Eingabefeld *Grad*:

Die Zellformatierung

	Personenkraftwagen	Lastkraftwagen	Motorräder	Fahrräder
Januar 99	227 Stück	248 Stück	326 Stück	898 Stück
Februar 99	585 Stück	444 Stück	747 Stück	562 Stück
März 99	563 Stück	650 Stück	913 Stück	130 Stück
April 99	723 Stück	849 Stück	281 Stück	949 Stück
Mai 99	857 Stück	526 Stück	971 Stück	522 Stück

Abbildung 14.17: Platzsparen durch Schrägstellen des Textes

	Personenkraftwagen	Lastkraftwagen	Motorräder	Fahrräder
Januar 99	227 Stück	248 Stück	326 Stück	898 Stück
Februar 99	585 Stück	444 Stück	747 Stück	562 Stück
März 99	563 Stück	650 Stück	913 Stück	130 Stück
April 99	723 Stück	849 Stück	281 Stück	949 Stück
Mai 99	857 Stück	526 Stück	971 Stück	522 Stück

Schriftformatierung

Selbstverständlich lässt sich auch die Schrift des Zellinhaltes verändern. Das *Schrift*-Register des *Zellen formatieren*-Dialogs stellt dazu den Standard-Dialog zur Änderung der Schriftart bereit. Über diesen Dialog muss man keine großen Worte verlieren, ebensowenig über die entsprechenden Symbole in der *Format*-Symbolleiste. Sollten Sie hier aber Nachholbedarf haben, finden Sie im ▶ Word-Teil eine ausführliche Beschreibung der Zeichenformatierung, die sich 1:1 auf die Formatierung einer Excel-Zelle übertragen lässt.

Wie es sich für eine Office-Anwendung gehört, finden sich für die Schriftformatierung auch eine Reihe Symbole in der *Format*-Symbolleiste.

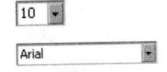

Schriftart, Schriftgrad

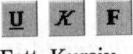

Fett, Kursiv, Unterstrichen

Schriftformate wirken sich auf alle markierten Zellen gleichzeitig aus. Sie können aber auch einzelne Zeichen innerhalb einer Zelle mit einer Schriftformatierung versehen. Wechseln Sie dazu in den Bearbeitungsmodus einer Zelle (F2), markieren Sie die zu formatierenden Zeichen und rufen Sie den Befehl *Format/Zelle...* auf, oder bedienen Sie sich der *Format*-Symbole.

HINWEIS

Zeichen**formate**

Rahmen und Hintergrund

Damit Sie die Zellen einer Tabelle besser auseinanderhalten können, zeichnet Excel auf Wunsch Gitternetzlinien um die einzelnen Zellen. Diese lassen sich über das Kontrollkästchen *Gitternetzlinien* aus dem *Optionen*-Dialog (Befehl: *Extras/Optionen*) an- oder abschalten (siehe Abbildung 14.18).

Gitternetzlinien werden allerdings nur am Bildschirm angezeigt. Auf einem Ausdruck werden Gitternetzlinien nicht sichtbar. Um Zellen einzurahmen, müssen Sie auf das *Rahmen*-Register des *Zellen formatieren*-Dialogs zurückgreifen. In ihm legen Sie fest, welche Kanten der aktuellen Markierung mit einem Rahmen versehen werden sollen und in welcher Art und Farbe dieser Rahmen angezeigt werden soll (siehe Abbildung 14.19).

Über die Steuerelementgruppe *Voreinstellungen* können Sie eine schnelle Formatierung der markierten Zellen herbeiführen. Durch Klick auf die *Außen*-Schaltfläche wird ein äußerer Rahmen um die markierten Zellen gezeichnet. Die *Innen*-Schaltfläche zeichnet dagegen die Gitterkreuze in das Innere der markierten Zellen. Sollen alle Rahmen der Markierung entfernt werden, müssen Sie die *Keine*-Schaltfläche aufrufen.

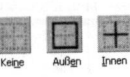

Abbildung 14.18:
Kontrolle der Gitternetzlinien

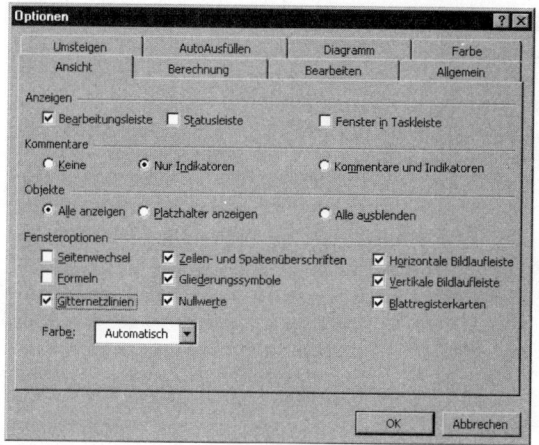

Abbildung 14.19:
Das Rahmen-Register

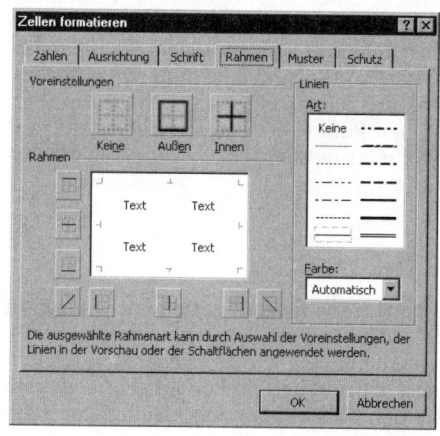

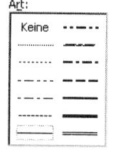

Kontrolle über den Rahmen

Eine wesentlich detailliertere Kontrolle über die Rahmen der aktuellen Markierung erlauben die Steuerelemente aus der *Rahmen*-Gruppe. Das Steuerelement im Zentrum der Rahmengruppe erfüllt zwei Zwecke: Erstens zeigt es die derzeit für die aktuelle Markierung eingestellte Rahmenformatierung an. Zweitens können Sie einzelne Rahmenabschnitte durch Klick auf die jeweilige Stelle in diesem Steuerelement an- und abschalten. Weil das »Herumstochern« in diesem Steuerelement aber mitunter eine diffizile Angelegenheit ist, wurden acht zusätzliche Schaltflächen um das Steuerelement angeordnet, mit denen sich der jeweilige Rahmen gezielt aktivieren lässt.

Die Linienart und die Linienfarbe, in der ein Rahmenteilstück gezeichnet wird, lassen sich über die entsprechenden Steuerelemente am rechten Rand des Dialogs einstellen. Um die Rahmenart eines Linienstücks zu ändern, müssen Sie allerdings erst die neue Rahmenart und -farbe einstellen, um anschließend die neue Formatierung durch erneutes Klicken auf das jeweilige Rahmenteilstück oder die entsprechende Formatierungsschaltfläche zu übertragen.

Um den Hintergrund einer Zelle festzulegen, steht das *Muster*-Register bereit:

Die Zellformatierung **363**

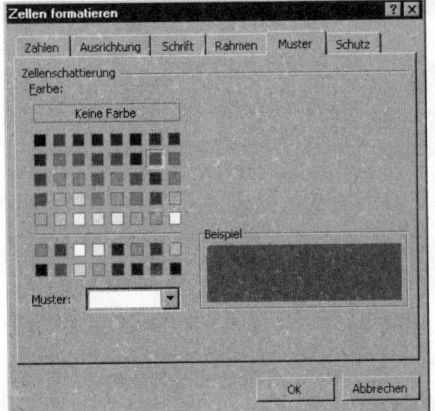

Abbildung 14.20: Das Muster-Register

Hier können Sie zum einen die Hintergrundfarbe durch Auswahl eines der Farbkästchen bestimmen. Zudem können Sie den Zellenhintergrund mit einem grafischen Muster versehen, das Sie über das Kontrollkästchen *Muster* bzw. in dem am Rand dargestellten Menü auswählen. Evtl. müssen Sie dieses Menü zweimal hintereinander aufrufen: einmal, um ein neues Muster zu bestimmen, ein zweites Mal, um die Farbe zu bestimmen, in der die schwarz gekennzeichneten Punkte des Musters dargestellt werden sollen. (Der weiße Bereich eines Musters wird in der zuvor bestimmten Hintergrundfarbe gezeichnet.)

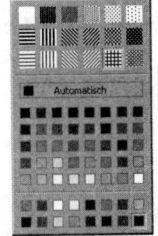

Art und Farbe des Musters

Zellen schützen

Die Praxis lehrt: Es findet sich immer ein Dummer, der auf den Knopf mit der Aufschrift »Bitte nicht drücken!« draufhaut. So ähnlich ergeht es einem manchmal mit mühevoll erstellten Excel-Formularen, in denen nur bestimmte Felder vom Anwender ausgefüllt werden sollen. Man will z.B. verhindern, dass vorgefertigte Zellen mit Formeln vom Anwender mit konstanten Werten gefüllt werden und die Formeln dadurch verloren gehen.

Damit dieses Szenario nicht eintritt, können Sie die Änderung der Zelleninhalte Ihrer Tabellen verhindern. Rufen Sie dazu den Befehl *Extras/Schutz/Blatt schützen* auf. Excel zeigt daraufhin den folgenden Dialog:

Schutz für die ganze Tabelle

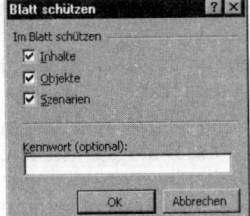

Abbildung 14.21: Blatt schützen

Hier geben Sie an, welche Elemente eines Tabellenblattes vor weiteren Zugriffen geschützt werden sollen. Wird das Kontrollkästchen *Inhalte* aktiviert, lässt sich der Inhalt der Zellen nicht mehr verändern. Versuchen Sie es dennoch, erscheint folgende Meldung:

Abbildung 14.22:
Diese Meldung erscheint beim Versuch, geschützte Zellen zu bearbeiten.

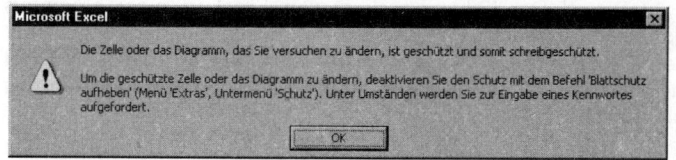

Wird das Kontrollkästchen *Objekte* aktiviert, lassen sich keine neuen Objekte wie Grafiken, AutoFormen, WordArt- oder Diagrammobjekte in das Blatt einfügen. Die entsprechenden Menüeinträge werden dazu von Excel deaktiviert. Die in einem Tabellenblatt enthaltenen Objekte lassen sich selbstverständlich ebenfalls nicht mehr verändern.

Aktivieren Sie das Kontrollkästchen *Szenarien*, können Sie keine neuen Szenarien (siehe ►Kapitel 16) in ein Blatt einfügen und bestehende Szenarien nicht löschen. Allerdings können Sie nach wie vor auswählen, welches Szenario derzeit zur Anzeige gelangen soll.

Der Befehl *Extras/Schutz/Blatt schützen* wirkt sich auf alle Zellen des markierten bzw. des aktuellen Tabellenblattes aus – sofern im *Blatt schützen*-Dialog das *Inhalte*-Kontrollkästchen aktiviert wird. In den meisten Fällen sollen einige Zellen weiterhin editierbar bleiben. Dazu müssen Sie den *Zellen formatieren*-Dialog für die entsprechenden Zellen aufrufen und dort im *Schutz*-Register das Kontrollkästchen *Gesperrt* deaktivieren. Dieses Kontrollkästchen ist standardmäßig aktiviert, damit der Befehl *Extra/Schutz/Blatt schützen* alle Zellen einer Tabelle sperrt.

Abbildung 14.23:
Das Schützen einzelner Zellen

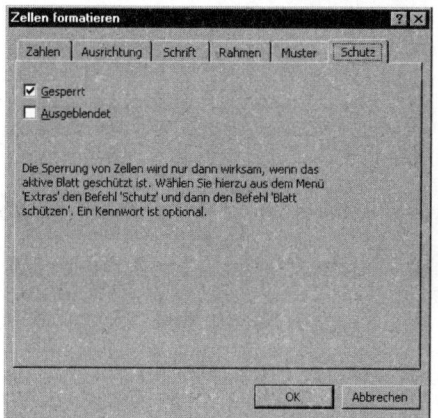

Aktivieren Sie zusätzlich das Kontrollkästchen *Ausgeblendet*, wird bei aktivem Tabellenschutz verhindert, dass der Klartext einer Formel angezeigt wird. So können Sie Ihre geheimen Berechnungsformeln vor den Augen der Welt verbergen.

Der Schutz einer Tabelle wird über den Befehl *Extras/Schutz/Blattschutz aufheben* wieder aufgehoben. Damit das aber nicht jedem gestattet wird, können Sie bei Einrichtung des Schutzes ein Kennwort angeben, das Sie später zum Aufheben des Tabellenschutzes eingeben müssen.

Die Zellformatierung

Steuerhinterzieher aufgepasst! Der Kennwortschutz von Excel ist nicht besonders sicher. Im Internet kursieren zahlreiche »Werkzeuge«, mit denen sich der Schutz einer Excel-Tabelle auch ohne Kenntnis des Kennwortes aufheben lässt. Vertrauen Sie Excel daher keine sensiblen Daten an. Das Finanzamt knackt Ihre doppelte Buchführung damit in Nullkommanichts.

HINWEIS

Neben dem Schutz der Zellen und Objekte einer Tabelle gestattet Excel auch den Schutz der kompletten Arbeitsmappe, so dass sich die bestehenden Blätter weder verschieben noch neue Blätter in die Mappe aufnehmen lassen. Für die Arbeit im Team können Sie außerdem festlegen, dass die Freigabe der Tabelle nur bei Kenntnis eines passenden Kennwortes gestattet wird. Zu diesen Themen erfahren Sie mehr im ▶ Kapitel 16.

AutoFormate

Damit Sie möglichst selten mit dem *Zellen formatieren*-Dialog in Berührung kommen, bietet Excel ein Feature namens *AutoFormat*. Kleine dienstbare Geister versuchen zu »erraten«, wie der von Ihnen in eine Zelle eingegebene Text formatiert werden soll. Das wird deutlich bei der Eingabe von Datum oder Uhrzeit (1.1.1999 11:11), eines Geldbetrags (1234,56 DM) oder einer Prozentzahl (6%). Doch die AutoFormatierung hört nicht bei der Eingabe von Werten in eine Zelle auf. Excel bietet im *Format*-Menü den Befehl *AutoFormat*, über den Sie das Aussehen der derzeit markierten Zellen mit einem Mausklick festlegen können:

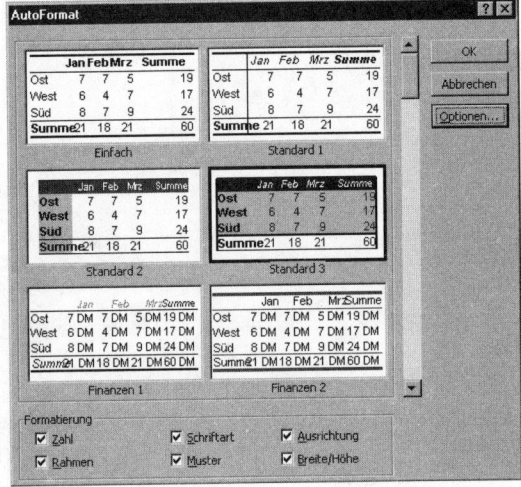

Abbildung 14.24:
Die Excel-Auto-
Formate

Der Befehl *Format/AutoFormat...* wird mit einem Warnhinweis quittiert, wenn im aktuellen Blatt nicht mehrere zusammenhängende Zellen markiert wurden.

HINWEIS

Der Dialog zeigt dazu eine Reihe von Gestaltungsvorschlägen, die durch Klick auf die *OK*-Schaltfläche übernommen werden können. Über die *Optionen...*-Schaltfläche blenden Sie die Kontrollkästchen am unteren Rand des Dialogs ein. Mit ihrer Hilfe legen Sie fest, welche Formate letztendlich auf die markierten Zellen übertragen werden. Standardmäßig werden die im jeweiligen Vorschlag angezeigten Zahlen, Rahmen, Schriften, Hintergrundmuster, Ausrichtungen und Breiten/Höhen übernommen.

Bedingte Formatierung

Die Zellenformatierung ist eine feine Sache und sogar relativ flexibel. Wollen Sie beispielsweise in einer Bilanz die negativen Posten in roter Farbe anzeigen, können Sie auf ein benutzerdefiniertes Zahlenformat zurückgreifen, das positive Zahlen schwarz und negative Zahlen rot darstellt.

Doch die Hervorhebung einzelner Werte durch rote oder schwarze Farbe ist nicht immer passend. In einer Umsatztabelle ist es beispielsweise interessant, die Umsätze über 100.000 DM in fetter Schrift anzuzeigen, damit auf einen Blick klar ist, welche Produkte die absoluten Umsatzrenner sind. Außerdem hängen Zahlenformate immer von dem jeweils darzustellenden Wert ab. Das ist bei der bedingten Formatierung anders, wo auch die Werte aus anderen Zellen festlegen können, ob der Inhalt einer Zelle so oder so dargestellt werden soll. Der dafür zuständige Dialog wird über *Format/Bedingte Formatierung...* aufgerufen, nachdem Sie zuvor die Zellen markiert haben, für die Sie eine bedingte Formatierung einstellen möchten:

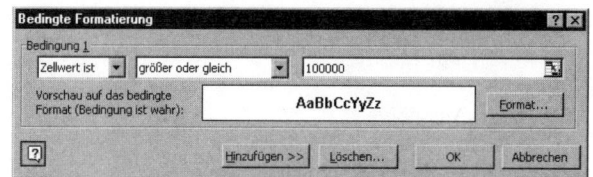

Abbildung 14.25:
Bedingte Formatierung

Über diesen Dialog legen Sie eine Bedingung fest, bei deren Eintreffen (Vergleichsergebnis *TRUE*) das gewünschte Format auf die Zelle angewendet wird. Als Bedingung kommt ein Vergleich das Zelleninhaltes mit einem festen Wert oder dem Wert einer anderen Zelle in Frage. Dazu stehen die folgenden Vergleichsoperatoren zur Auswahl:

Tabelle 14.3:
Vergleichsoperatoren für die bedingte Formatierung

Vergleich	Operator
zwischen	
nicht zwischen	
gleich	=
nicht gleich	<>
größer als	>
kleiner als	<
größer oder gleich	>=
kleiner oder gleich	<=

Außer den Operatoren *zwischen* und *nicht zwischen* erwartet Excel die Angabe eines einzigen Vergleichswertes, der entweder als konstanter Wert (*1000*), als Bezug auf eine Zelle (*=B5*) oder als Formel (*=HEUTE()-7*) angegeben wird.

Bei der Verwendung der Operatoren *zwischen* und *nicht zwischen* werden dagegen zwei Werte erwartet – nämlich der untere und obere Wert des Intervalls, zwischen dem der Zellinhalt (nicht) liegen muss, so dass die Formatierung zum Tragen kommt.

Die Zellformatierung

Welche Formatierung bei zutreffender Bedingung eingesetzt wird, legen Sie über die *Format...*-Schaltfläche fest. Hier erscheint ein an den *Zellen formatieren*-Dialog angelehntes Fenster, das allerdings nur die Register *Schrift*, *Rahmen* und *Muster* bietet.

Mehrere Bedingungen

Für jede Zelle können Sie bis zu drei bedingte Formatierungen festlegen. So können Sie z.B. für eine Projektverwaltung den Status eines Projektes farblich kennzeichnen. Je näher der Endtermin rückt, in desto knallligeren Farben wird der Hintergrund der Zelle dargestellt. Stehen bis zur Abgabe noch drei Wochen (21 Tage) zur Verfügung, wird das Datum wie gewohnt auf weißem Grund dargestellt. Das ist die Grundeinstellung, die über den *Zellen formatieren*-Befehl für die Zelle verändert werden kann. Steht nur noch eine Woche zur Verfügung, wird das Datum auf gelbem Grund dargestellt. Bei Überschreiten des Abgabetermins wird das Datum in roter Schrift gezeigt. Ist das Projekt mehr als eine Woche überfällig, wird der Hintergrund der Zelle knallrot und der Text in fetter, weißer Schrift angezeigt:

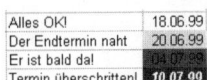

Abbildung 14.26: Ein bedingtes Format für verschiedene Bedingungen

Die bedingte Formatierung, die hinter jeder dieser Zellen steckt, sieht so aus:

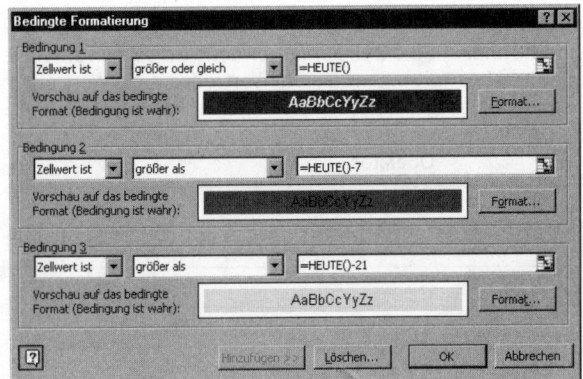

Abbildung 14.27: Mehrere Bedingungen

Um im Dialog *Bedingte Formatierung* weitere Bedingungen hinzuzufügen, müssen Sie die *Hinzufügen>>*-Schaltfläche betätigen. Im Dialog klappt dann ein weiteres Bedingungsfeld auf. Allerdings lassen sich nur maximal drei Bedingungen angeben.

HINWEIS Bei der bedingten Formatierung wertet Excel die Bedingungen von oben nach unten aus. Sobald eine der maximal drei Bedingungen zutrifft, beendet Excel die Suche nach einer passenden Bedingung und verwendet die zuerst gefundene. Falls die bedingte Formatierung nicht dem geforderten Ergebnis entsprechen, sollten Sie daher die Reihenfolge der Bedingungen überprüfen.

Bedingungen löschen

Natürlich lassen sich die Bedingungen auch nachträglich wieder löschen. Betätigen Sie dazu die *Löschen*-Schaltfläche, die den folgenden Dialog zur Anzeige bringt:

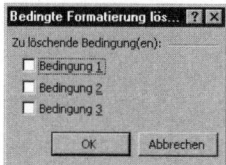

Abbildung 14.28:
Bedingte Formatierung löschen

Wählen Sie hier die zu löschende Bedingung aus und bestätigen Sie das Löschen mit *OK*.

Formeln als Bedingung

Die Bedingung einer bedingten Formatierung bezieht sich meist auf den aktuellen Wert einer Zelle. Die Bedingung ist damit selbstbezüglich (reflexiv). Sie können eine Zelle aber auch in Abhängigkeit vom Wort einer anderen Zelle formatieren. Dazu müssen Sie statt *Zellwert ist* den Wert *Formel ist* im ersten Kombinationsfeld einer Bedingung auswählen:

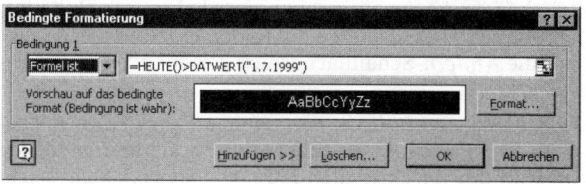

Abbildung 14.29:
Vom Zellwert
unabhängige
Bedingung

Das in dieser Bedingung angegebene Format wird dadurch unabhängig vom aktuellen Zellwert ausschließlich vom Wert der angegebenen Formel auf die Zelle angewendet. Liefert die Formel den Wert Wahr (genauer: einen von 0 verschiedenen Wert), so wird das angegebene Format verwendet. Im oberen Beispiel werden die markierten Zellen beispielsweise schwarz hinterlegt, sobald die erste Hälfte des Jahres vorüber ist.

Formatvorlagen

Die Formatierung jeder Zelle über den *Zellen formatieren*-Dialog wird auf Dauer etwas mühsam, vor allem, wenn die Zellen zwar unterschiedlich, aber letztendlich doch mit immer wiederkehrenden Formaten versehen werden sollen. Hier hilft zwar der Formatpinsel, doch oft findet sich im aktuellen Tabellenausschnitt keine Zelle, deren Format exakt dem gewünschten entspricht.

Für diese Aufgabenstellung bringt Excel so genannte Formatvorlagen ins Spiel. Formatvorlagen sind nichts anderes als vordefinierte Formate. Einmal angelegt, weisen Sie einer Zelle eine solche Formatvorlage zu, indem Sie den Befehl *Format/Formatvorlage...* aufrufen, die zu verwendende Formatvorlage aus dem Kombinationsfeld *Formatvorlagenname* auswählen und mit *OK* anwenden:

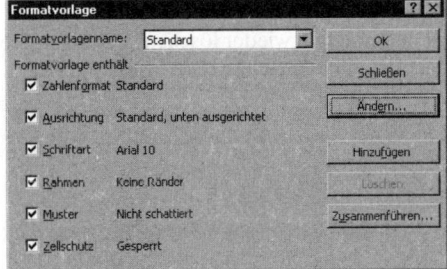

Abbildung 14.30: Auswahl und Erstellung von Formatvorlagen

Excel stellt neben der Formatvorlage *Standard* bereits Formatvorlagen wie *Prozent*, *Währung* oder *Dezimal* zur Verfügung.

Neue Formatvorlagen

Etwas verwirrend ist die Tatsache, dass der *Formatvorlage*-Dialog sowohl zur Zuweisung einer Formatvorlage an eine Zelle als auch zur Definition neuer Formatvorlagen verwendet wird.

Neue Formatvorlagen werden erstellt, indem Sie einen neuen Namen in das Kombinationsfeld *Formatvorlagenname* eintragen und anschließend die Schaltfläche *Hinzufügen* betätigen. Excel erstellt daraufhin eine neue Formatvorlage, die dieselben Einstellungen wie die zuvor aktuelle Formatvorlage aufweist. Um die Formate zu ändern, müssen Sie auf die *Ändern*-Schaltfläche klicken, die den bereits bekannten *Zelle formatieren*-Dialog zum Vorschein bringt. Hier legen Sie die Formate der neuen Vorlage fest – natürlich können Sie über die *Ändern*-Schaltfläche auch bestehende Formatvorlagen bearbeiten.

Die Steuerelementgruppe *Formatvorlage enthält*, die den größten Platz in diesem Dialog beansprucht, gibt an, welche der Formate tatsächlich auf die markierten Zellen angewandt werden. Durch Auswahl der verschiedenen Formate ist es möglich, selektive Formatvorlagen zu erstellen, also Formatvorlagen, deren Auswahl nur die Schrift einer Zelle verändert, alle anderen Attribute der Zelle aber unberührt lässt. Oder Sie entwerfen eine Formatvorlage, die alle bis auf den Rahmen einer Zelle manipuliert:

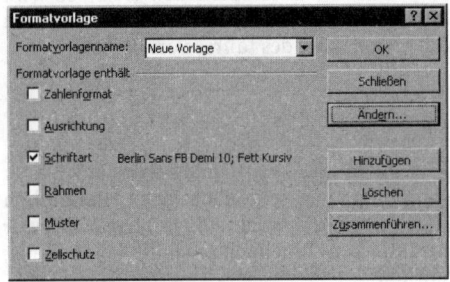

Abbildung 14.31: Diese Formatvorlage ändert nur die Schrift der betroffenen Zellen.

Formatvorlagen importieren

Damit Sie Formatvorlagen nicht in jeder Mappe erneut definieren müssen, können Sie bestehende Vorlagen über den *Zusammenführen*-Befehl importieren. Excel zeigt dazu den folgenden Dialog, aus dem Sie die derzeit ebenfalls in Excel geöffneten Arbeitsmappen auswählen können, deren Formatvorlagen in die aktuelle Mappe übernommen werden sollen.

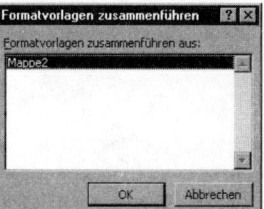

Abbildung 14.32:
Import der
Formatvorlagen
aus anderen,
derzeit ebenfalls
geöffneten
Arbeitsmappen

Formatvorlagen löschen

Natürlich lassen sich Formatvorlagen auch wieder löschen – das ist besonders nach dem Import aller Formatvorlagen aus einer anderen Datei empfehlenswert. Denn je mehr Formatvorlagen eine Arbeitsmappe bereitstellt, desto länger dauert die Auswahl der anzuwendenden Vorlage aus dem Kombinationsfeld *Formatvorlagenname*.

Um eine Formatvorlage zu löschen, müssen Sie ihren Namen im Kombinationsfeld *Formatvorlagenname* auswählen und anschließend die *Löschen*-Schaltfläche betätigen. Schwupp, schon ist sie weg.

15 Effizientes Arbeiten mit Formeln und Funktionen

- 373 Der Funktionsassistent
- 374 Teilergebnisse in Formeln
- 375 Excel in der Praxis
- 375 Finanzen im Griff
- 382 Zeit ist Geld
- 384 Funktionsplotter
- 386 Statistische Funktionen
- 392 Text und Zahlen mischen

Der geschickte Aufbau von Formeln und die Nutzung der vordefinierten Funktionen sind die Voraussetzung für den Aufbau leistungsfähiger Arbeitsblätter. In diesem Kapitel dreht sich deshalb alles um die Auswahl und den Einsatz von Excel-Funktionen, wobei das Hauptaugenmerk auf den Bereichen Finanzen und Geld, Rechnen mit Datum und Uhrzeit, statistische Funktionen und Verknüpfung von Zahlen und Texten liegt.

Der Funktionsassistent

Weil man bei mehr als 300 Funktionen natürlich nicht alle Parameter kennen kann, hilft Excel bei der Formulierung von Funktionsaufrufen in Formeln über den Funktionsassistenten. Er wird aktiviert, sobald Sie während der Eingabe einer Formel auf das Gleichheitszeichen links neben dem Eingabefeld klicken.

Abbildung 15.1: Auswahl einer Funktion über das umfunktionierte Namenfeld

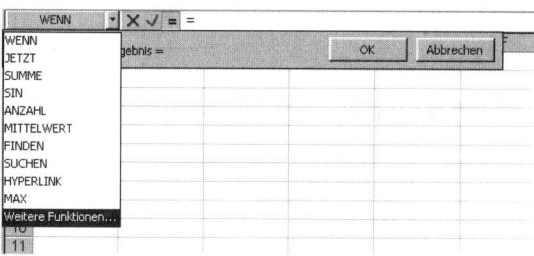

In diesem Moment verwandelt sich das Namensfeld in eine Funktionsliste, die einerseits die meistbenutzten, andererseits die zuletzt über den Funktionsassistenten gewählten Funktionen enthält. Ist Ihre Funktion nicht dabei, können Sie über die Auswahl *Weitere Funktionen* den folgenden Dialog auf den Bildschirm holen.

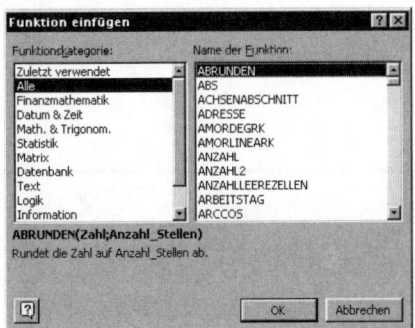

Abbildung 15.2:
Die Auswahl Weitere Funktionen bringt diesen Dialog zum Vorschein, über den die Funktionen nach Aufgabenbereichen sortiert sind und zur Auswahl bereitstehen.

Hier erhalten Sie Zugriff auf alle in Excel verfügbaren Funktionen. Sobald Sie eine Funktion gewählt haben, passt sich das Fenster des Funktionsassistenten an die Syntax der Funktion an und führt für jeden Parameter ein Eingabefeld auf. Sobald man eines der Felder aktiviert, erfährt man außerdem, welche Bedeutung der jeweilige Parameter trägt. Das Fenster selbst kann beliebig über dem Bildschirm verschoben werden, damit man mit der Maus auf diejenigen Zellen im Arbeitsblatt zeigen kann, die für den jeweiligen Parameter herangezogen werden sollen (sofern man keinen konstanten Wert oder Text einsetzen möchte). Das Gleiche gilt für Parameter, bei denen Zellbereiche erwartet werden.

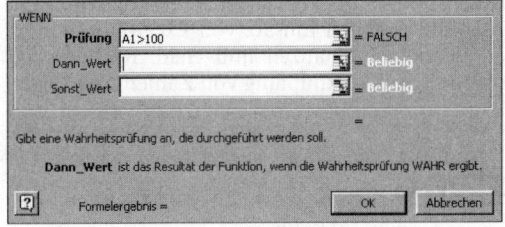

Abbildung 15.3:
Der Funktionsassistent passt sich der jeweiligen Funktion an und lässt sich frei auf dem Bildschirm positionieren.

Sollte Ihnen das Fenster des Funktionsassistenten während einer Auswahl dennoch im Wege sein, können Sie sich der kleinen Schaltflächen am rechten Rand der Eingabefelder bedienen. Sie reduzieren das Fenster auf das jeweilige Eingabefeld, so dass es nicht mehr auf dem Bildschirm stört. Sobald Sie Ihre Eingabe durch ⏎ beenden, erscheint wieder der komplette Dialog.

Teilergebnisse in Formeln

Je komplizierter die Formeln und je größer die Bereiche, über die sie kopiert werden, desto stärker muss man die Formeln durch Eingabe von Beispielwerten testen. Kommt dabei nicht das erwartete Resultat zustande, muss man sich die Formel hernehmen und die Teilergebnisse prüfen.

Am einfachsten geht das, indem Sie innerhalb der jeweiligen Zelle über [F2] in den *Bearbeiten*-Modus wechseln und dort den zu prüfenden Teilausdruck mit Hilfe der Pfeiltasten markieren. Oder Sie klicken direkt mit der Maus in die Formel innerhalb der Bearbeitungsleiste und markieren dort den gewünschten Teilausdruck.

Drücken Sie dann [F9], damit Excel den aktuellen Wert des Teilausdrucks berechnet und statt des Ausdrucks in die Formel einsetzt. Damit die Formel nicht so zurück in die Zelle geschrieben wird, drücken Sie anschließend [Esc], damit wieder die ursprüngliche Formel erscheint. Diesen Vorgang können Sie beliebig oft ausführen, um unterschiedliche Teilausdrücke der Formel nachrechnen zu lassen.

Excel in der Praxis

Richtig leistungsfähig wird Excel nicht dadurch, dass Sie mit den verschiedenen Menüs und Dialogen umgehen können. Entscheidend ist die Fähigkeit, Rechenmodelle mit Excel umzusetzen, denn erst dadurch entfaltet Excel seine ganze Kraft. In diesem Kapitel stellen wir Ihnen deshalb verschiedene typische Aufgabenbereiche für Excel-Kalkulationen vor und zeigen, welche Funktionen dabei eingesetzt und welche Kniffe berücksichtigt werden wollen. Unsere Themen im Überblick:

- Finanzen im Griff
- Rechnen mit Zeit und Datum
- Einsatz statistischer Funktionen
- Verknüpfung von Text und Zahlen

Finanzen im Griff

Sowohl im privaten als auch im geschäftlichen Sektor wird Excel am häufigsten zur Kontrolle der Finanzen eingesetzt. Für den Controller in großen Unternehmen liefert Excel alle nötigen Informationen, um Grundlagen für wichtige Entscheidungen zu liefern, für den Privatanwender lässt sich mit Excel hervorragend berechnen, wie hoch die voraussichtliche Rente sein wird oder wie teuer eine Hypothek ist usw.

Der Ratenkredit

Mehr als jeder zweite deutsche Haushalt hat mittlerweile mindestens einen Ratenkredit »laufen«. Damit werden Fernseher, Computer oder Autos finanziert. Die Kreditangebote in Warenhäusern sind ja auch verlockend. Prozentsätze von nur 0,5% oder noch weniger gaukeln ein gutes Geschäft vor. Allerdings kommt dieser geringe Prozentsatz dadurch zustande, dass der Zins monatlich – und zwar vom Gesamtbetrag – berechnet wird. Das bedeutet, dass Sie während der gesamten Kreditlaufzeit stets den gleichen absoluten Zinsbetrag bezahlen. Bei einer Kreditsumme von 20.000 DM, einem Monatszins von 0,5% und einer Laufzeit von 36 Monaten zahlen Sie *20.000 * 0,6% * 36 = 4.320 DM* allein an Zinsen. Insgesamt müssen Sie also *20.000 DM + 4.320 DM* aufwenden, die Sie in 36 Raten zu je *675,56* DM abtragen.

Obwohl diese Form der Kreditberechnung allgemein üblich ist, berücksichtigt sie nicht, dass bereits mit der ersten Zahlung von *675,56 DM* der zu verzinsende Kreditbetrag verringert wird. Bei einem Monatszins von *0,6%* entfallen nur *120 DM* auf die Zinsen. Die restlichen *555,56 DM* werden zur Tilgung des Kredits verwendet. Im nächsten Monat beträgt die Kreditsumme daher eigentlich nur noch *20.000 DM – 555.56 DM = 19.444,44 DM*, auf die nicht mehr *120 DM*, sondern nur noch *19444,44 DM * 0,6% = 116,67 DM* Zinsen anfallen. Bei einem festen Zinsbetrag von *120 DM* sind dies bereits im zweiten Monat mehr als 3,00 DM Gewinn für die Bank. Die Schere zwischen dem »eigentlichen« Zinssatz und dem fixen Zinssatz wird mit jedem Monat größer, so dass die Bank mit jedem Monat bares Geld verdient.

Die folgende Abbildung zeigt, wie weit sich ein Kredit mit Berücksichtigung der Tilgung von einem Ratenkredit auf Monatsbasis unterscheidet:

		herkömmlicher Kredit		Ratenkredit	
		Kreditbetrag	Zinsen	Kreditbetrag	Zinsen
Kreditbetrag:	20.000,00 DM				
Laufzeit in Monaten:	12	1. Monat 20.000,00 DM	120,00 DM	20.000,00 DM	120,00 DM
Monsatszins:	0,60%	2. Monat 18.333,33 DM	110,00 DM	18.333,33 DM	120,00 DM
Effektiver Jahreszins:	7,22%	3. Monat 16.656,67 DM	99,94 DM	16.666,67 DM	120,00 DM
Gesamtzinsen:	1.440,00 DM	4. Monat 14.969,94 DM	89,82 DM	15.000,00 DM	120,00 DM
Monatsbetrag:	1.786,67 DM	5. Monat 13.273,09 DM	79,64 DM	13.333,33 DM	120,00 DM
		6. Monat 11.566,06 DM	69,40 DM	11.666,67 DM	120,00 DM
		7. Monat 9.848,79 DM	59,09 DM	10.000,00 DM	120,00 DM
		8. Monat 8.121,22 DM	48,73 DM	8.333,33 DM	120,00 DM
		9. Monat 6.383,28 DM	38,30 DM	6.666,67 DM	120,00 DM
		10. Monat 4.634,91 DM	27,81 DM	5.000,00 DM	120,00 DM
		11. Monat 2.876,06 DM	17,26 DM	3.333,33 DM	120,00 DM
		12. Monat 1.106,65 DM	6,64 DM	1.666,67 DM	120,00 DM
Kosten des Kredits:			766,62 DM		1.440,00 DM
Ersparnis:			673,38 DM		

Abbildung 15.4: Herkömmlicher Kredit vs. Ratenkredit

Wie diese Abbildung eindrücklich demonstriert, ergibt sich bei gleicher Laufzeit ein Zinsunterschied von etwa *673 DM* – bares Geld, das die Bank beim Ratenkredit verdient.

Der Unterschied wird noch größer, wenn die Laufzeit des Kredits zunimmt. Bereits bei 36 Monaten Laufzeit beträgt der Zinsunterschied über *2.000 DM* – mehr als ein Zehntel der Kreditsumme.

Um diesen Unterschied auf einen Blick zu erkennen, fordert der Gesetzgeber, dass nicht nur der Monatszins, sondern stets auch der effektive Jahreszins in der Werbung für einen Ratenkredit angegeben wird. Dadurch haben Sie die Möglichkeit, einen Ratenkredit mit den derzeit üblichen Kreditzinsen herkömmlicher Kredite zu vergleichen. Aber Vorsicht – bereits kleine Unterschiede im Prozentsatz können große Wirkungen haben.

Um den effektiven Jahreszins zu berechnen, stellt Excel die Funktion *EFFEKTIV()* bereit. Sie ist im Add-In *Analyse-Funktionen* enthalten, das zuvor aktiviert werden muss.

EFFEKTIV() erwartet zwei Parameter: zuerst den monatlichen Zinssatz, dann die Kreditlaufzeit in Monaten. Der von *EFFEKTIV()* ermittelte Wert lässt sich anschließend mit dem Angebot Ihrer Hausbank vergleichen.

EFFEKTIV (Monatszins;Laufzeit)

Umgekehrt können Sie das Kreditangebot Ihrer Hausbank auch mit dem monatlichen Zins eines Ratenkredites vergleichen, indem Sie die Funktion *NOMINAL()* aufrufen. Sie ist das Gegenstück zu *EFFEKTIV()* und berechnet aus einem effektiven Jahreszins den Monatszins.

NOMINAL (Effektiv-Zins;Laufzeit)

Die Laufzeit eines Kredites wird nicht zwangsläufig in Monaten angegeben. Denkbar sind auch quartalsmäßige Abzahlungen. Daher müssen Sie bei der Verwendung der Funktionen *EFFEKTIV()* und *NOMINAL()* darauf achten, dass Sie im Parameter *Laufzeit* die Anzahl der Zahlungen, die so genannte *Periode*, angeben.

HINWEIS

Regelmäßige Zahlungen

Die wohl häufigste Frage im Kreditgeschäft lautet: Wie hoch ist die monatliche/jährliche Belastung, wenn ich einen Kredit mit einer Laufzeit von x Jahren und einer Höhe von y DM bei einem Zinssatz von z Prozent aufnehme? Eine weitere Frage, die ebenfalls sehr häufig gestellt wird, lautet: Wie hoch ist mein Vermögen nach x Jahren, wenn ich monatlich/vierteljährlich/jährlich einen Betrag y einzahle und der aktuelle Gesamtbetrag zu einem Zins von z Prozent mit Zins und Zinseszins vergütet wird?

Wer nicht gerade eine Ausbildung in einer Bank hinter sich hat, empfindet die hinter diesen Fragen stehende Prozentrechnung alles andere als intuitiv. Wie hoch ist beispielsweise der Betrag, den Sie einzahlen müssen, um bei einer Verzinsung von 6% den so genannten *zukünftigen* Wert (*Zw*) von 100,00 DM zu erhalten?

HINWEIS Der zukünftige Wert (*Zw*) wird auch Endwert (*Ew*) genannt.

Mit einem einfachen Dreisatz lässt sich dieses Problem lösen:

100 DM ≙ 106%

$$100\% \equiv \frac{100{,}00 \text{ DM}}{106\%} \cdot 100\% \equiv 94{,}34 \text{ DM}$$

Wenn Sie also den so genannten *Barwert* (*Bw*) von *94,34 DM* zu einem Zinssatz von 6% ein Jahr anlegen, erhalten Sie nach diesem Jahr den *Endwert* von exakt 100,00 DM. Bereits dieses kleine Beispiel macht deutlich, dass Sie immer ganz genau überlegen müssen, welcher Betrag dem Prozentsatz von 100% und welcher Betrag dem Prozentsatz von 100% ± x% entspricht.

Der zukünftige Wert

Am einfachsten ist die Berechnung des zukünftigen Wertes, der sich ergibt, wenn Sie einen gegebenen Betrag in regelmäßiger Zahlung einzahlen und dieser Betrag durch Zins und Zinseszins für einen vorgegebenen Zahlungszeitraum wächst. Zur Berechnung des zukünftigen Wertes bietet Excel die Funktion ZW(). Ihr werden bis zu fünf Parameter übergeben, die letzten beiden sind optional:

=ZW(Zins;Zzr;Rmz[;Bw][;F])

Um beispielsweise zu berechnen, wie viel *1.000,00 DM* nach einem Jahr (*1*) bei einem Zinssatz von *6%* wert sind, rufen Sie ZW() wie folgt auf:

=ZW(6%;1;1000)

Doch halt! Dieser Aufruf liefert den Wert 1.000. Das heißt, dass keine Verzinsung stattgefunden hat. Das hängt damit zusammen, dass der letzte Parameter dieser Funktion, der Parameter Fälligkeit, standardmäßig auf 0 gesetzt wird, was bedeutet, dass die Verzinsung des Kapitals zu Beginn eines jeden Zahlungszeitraums erfolgt. Zu Beginn des ersten Zahlungszeitraums besteht das zu verzinsende Kapital aber aus 0 DM, so dass auch keine Zinsen anfallen. Erst wenn Sie den Parameter Fälligkeit auf 1 setzen und damit veranlassen, dass die Zinsen am Ende eines jeden Zahlungszeitraums berechnet werden, erhalten Sie das erwartete Ergebnis der Zinseszinsformel bei regelmäßiger Einzahlung eines Betrages:

Tabelle 15.1: Berechnungen mit der ZW()-Funktion

Betrag	Formel
−1.060,00 DM	=ZW(6%;1;1000;;1)
−2.183,60 DM	=ZW(6%;2;1000;;1)
−3.374,62 DM	=ZW(6%;3;1000;;1)
−4.637,09 DM	=ZW(6%;4;1000;;1) ▶

Betrag	Formel
–5.975,32 DM	=ZW(6%;5;1000;;1)
–7.393,84 DM	=ZW(6%;6;1000;;1)

Bereits nach 5 Jahren erhalten Sie 975,00 DM an Zinsgewinnen.

Erfolgen die Zahlungen monatlich, also zwölfmal im Jahr, so müssen Sie die Laufzeit im Parameter *Zzr* mit 12 multiplizieren. Gleichzeitig müssen Sie die Zinsen für jede Zahlung durch 12 dividieren: =ZW(Zins/12;Zzr*12;Rmz). **HINWEIS**

Alle finanzmathematischen Funktionen liefern negative Ergebnisse, wenn sie mit positiven Werten gefüttert werden. Weil das auf den ersten Blick verwirrend ist, empfiehlt sich die Vorstellung, dass diese Excel-Funktionen aus der Sicht einer Bank bzw. eines Kreditinstitutes entworfen wurden. Wenn Sie einen positiven Betrag einzahlen (»Haben« für die Bank), entsteht daraus ein negativer Betrag für die Bank (»Soll«). **HINWEIS**

Die zweite Form der *ZW()*-Funktion wird eingesetzt, wenn das Kapital nicht zusätzlich durch regelmäßige Zahlungen vermehrt werden soll, sondern ein einmaliger Betrag eingezahlt wird, der anschließend durch reinen Zinseszins vor sich »hinwächst«. Hier kommt der vierte Parameter der *ZW()*-Funktion zum Tragen – der *Barwert* bzw. der aktuelle Betrag, dessen zukünftiger Wert ohne regelmäßige Zahlungen bestimmt werden soll. Weil die Fälligkeit hier keine Rolle spielt, wird beim Aufruf von *ZW()* daher der dritte Parameter weggelassen:

=ZW(6%;1;;1000)

Dieser Aufruf hat *–1060,00 DM* zum Ergebnis, was einem Zuwachs von 6% bei einer einjährigen Anlagedauer entspricht. Nach 5 Jahren (=ZW(6%;5;;1000)) ergibt sich bereits ein zukünftiger Wert von *–1.338,23 DM* – ohne dass Sie eine weitere »müde Mark« dazu getan hätten.

Bei der Angabe des Barwertes (*Bw*) spielt der Parameter Fälligkeit (*F*) keine Rolle, weil hier keine regelmäßige Zahlung mehr stattfindet. **HINWEIS**

Die *ZW()*-Funktion hat verschiedene Komplementär-Funktionen, die beispielsweise den *Barwert* ermitteln, den Sie anlegen müssen, um nach einer gegebenen Laufzeit einen bestimmten zukünftigen Wert zu erhalten. Auch eine Funktion zur Berechnung der regelmäßigen Zahlungen zur Bildung von Anlagevermögen oder zur Tilgung eines Krediles stehen bereit.

Wie viel muss ich anlegen?

Wollen Sie beispielsweise wissen, wie viel Geld Sie heute anlegen müssen, damit bei einem Zinssatz von 7% z.B. in 10 Jahren der Betrag von *10.000 DM* angespart wurde, hilft die Funktion *Barwert* (*BW()*). Sie hat folgende Parameter, die Sie alle bereits aus dem vorangegangenen Kapitel kennen:

=BW(Zins;Zzr;Rmz[;Zw][;F])

Um das oben erwähnte Beispiel zu berechnen, müssen Sie diese Funktion wie folgt aufrufen:

=BW(7%;10;;10000)

Der dritte Parameter (*Rmz*) wird in diesem Beispiel weggelassen, weil das Vermögen nicht noch durch zusätzliche Zahlungen vermehrt werden soll. Das Ergebnis sind *–5.083,49 DM*, die Sie heute anlegen müssen, damit Sie in 10 Jahren mit *10.000 DM* ungefähr das Doppelte herausbekommen.

HINWEIS Eine unter Bänkern bekannte Regel lautet: Bei einem Zinssatz von 7% verdoppelt sich das Guthaben alle 10 Jahre. Nach 20 Jahren hat es sich also vervierfacht und nach 30 Jahren verachtfacht.

Die Funktion *BW()* funktioniert aber nicht nur mit einem zu erreichenden zukünftigen Wert, sondern auch bei Ratenzahlungen. Wollen Sie beispielsweise wissen, wie viel Geld Sie dazuverdienen, wenn Sie in den 12 Monaten eines Jahres jeweils 100 DM sparen und diese mit 7% verzinst werden, so müssen Sie den folgenden Befehl aufrufen:

=BW(7%/12;10/12;100)

Wie hoch ist die monatliche Belastung?

Wer sich mit dem Gedanken trägt, ein Haus zu bauen, muss immer auch berücksichtigen, wie hoch die monatliche Belastung durch den Kredit (Hypothek) ist. Üblicherweise geht man davon aus, dass ein Haus in 30 Jahren vollständig abbezahlt ist. Legt man dazu den derzeit (1999) sehr günstigen Zins für Baukredite zugrunde und geht man von einem Kaufpreis von 500.000 DM für ein Haus inkl. Grundstück aus, so belaufen sich die monatlichen Raten auf –2.997,75 DM. Wie hoch die Raten für verschiedene Laufzeiten sind und welchen Betrag Sie dabei insgesamt an das Kreditinstitut zahlen, zeigt die folgende Tabelle:

Abbildung 15.5: Schaffe, schaffe, Häusle baue!

=RMZ(Zinssatz/12;Laufzeit*12;Barwert)

Zinssatz:	6%				
Barwert:	500.000 DM	400.000 DM	300.000 DM	200.000 DM	150.000 DM
Laufzeit (Jahre)	Monatliche Belastung	Monatliche Belastung	Monatliche Belastung	Monatliche Belastung	Monatliche Belastung
5	-9.666,40 DM	-7.733,12 DM	-5.799,84 DM	-3.866,56 DM	-2.899,92 DM
6	-8.286,44 DM	-6.629,16 DM	-4.971,87 DM	-3.314,58 DM	-2.485,93 DM
7	-7.304,28 DM	-5.843,42 DM	-4.382,57 DM	-2.921,71 DM	-2.191,28 DM
8	-6.570,72 DM	-5.256,57 DM	-3.942,43 DM	-2.628,29 DM	-1.971,21 DM
9	-6.002,87 DM	-4.802,30 DM	-3.601,72 DM	-2.401,15 DM	-1.800,86 DM
10	-5.551,03 DM	-4.440,82 DM	-3.330,62 DM	-2.220,41 DM	-1.665,31 DM
15	-4.219,28 DM	-3.375,43 DM	-2.531,57 DM	-1.687,71 DM	-1.265,79 DM
20	-3.582,16 DM	-2.865,72 DM	-2.149,29 DM	-1.432,86 DM	-1.074,65 DM
25	-3.221,51 DM	-2.577,21 DM	-1.932,90 DM	-1.288,60 DM	-966,45 DM
30	-2.997,75 DM	-2.398,20 DM	-1.798,65 DM	-1.199,10 DM	-899,33 DM

Der Funktion *RMZ()* wird dazu der *Zinssatz*, die *Laufzeit* und der *Barwert* bzw. der Betrag des aufgenommenen Krediates übergeben.

Wollen Sie ermitteln, wie viel Sie im Monat zurücklegen müssen, um einen zukünftigen Wert anzusparen, müssen Sie sich genauer mit den Parametern der *RMZ()*-Funktion befassen:

=RMZ(Zins;Zzr;Bw[;Zw][;F])

Wenn Sie anstelle des *Barwertes* den zukünftigen, anzusparenden *Zielwert* angeben, können Sie ermitteln, wie viel Sie im Monat anlegen müssen, um beispielsweise in 10 Jahren den Betrag von 500.000 DM anzusparen:

=RMZ(6%/12;10*12;;500000)

Aufgrund des Zinseszinseffektes müssen Sie »nur« *–3.051,03 DM* im Monat aufwenden, um bei einer Laufzeit von 10 Jahren und einem Prozentsatz von 6% auf Sparguthaben eine Gesamtsumme von *500.000 DM* zu bilden. Diese Zahl steht im krassen Gegensatz zu den ca. *5.500 DM*, die Sie zahlen müssen, wenn Sie einen Kredit gleicher Höhe bedienen. Allerdings haben Sie hier das Geld bereits heute.

Neben *ZW()*, *BW()* und *RMZ()* existieren noch die beiden Funktionen *ZZR()* und *ZINS()*, mit denen die noch verbleibenden Parameter der Zinsberechnung ermittelt werden können.

Kaufmännisches Runden

Beim Rechnen entstehen oft Zahlen, die mehrere Nachkommastellen aufweisen. Bei der Formatierung einer Zelle mit einem Format, das nur zwei Dezimalstellen anzeigt (z.B. *Währung*), wird die Zahl dann zwar bei der Anzeige auf die letzten beiden Nachkommastellen gerundet. Doch obwohl der Inhalt einer Zelle als *1.234.57 DM* angezeigt wird, wird bei einem Bezug auf die Zelle mit dem Originalwert inkl. aller Nachkommastellen gerechnet. Das kann zu verwirrenden Ergebnissen führen, wie die folgende Abbildung zeigt, in der ein zur Anzeige gerundeter Währungsbetrag in der nachfolgenden Zelle mit 10 multipliziert wird und ein anderes als das erwartete Ergebnis zeigt:

	1.234,57 DM
	12.345,68 DM
erwartet:	12.345,70 DM

Abbildung 15.6:
Das Rechnen mit den Original-Werten stiftet Verwirrung.

Damit Berechnungen mit dem tatsächlich angezeigten Wert durchgeführt werden, müssen Sie den Zelleninhalt runden. Excel stellt zu diesem Zweck die Funktion *RUNDEN()* bereit. Im ersten Parameter übergeben Sie dieser Funktion den zu rundenden Wert, im zweiten Parameter die Anzahl der zu rundenden Stellen. Das Ergebnis von =RUNDEN(1234,5678;2) ist *1234,57*.

Geben Sie eine negative Stellenzahl im zweiten Parameter von *RUNDEN()* an, werden Dezimalstellen vor dem Komma auf 0 gesetzt. Aus =RUNDEN(124;-1) wird *120*, aus =RUNDEN(126;-1) wird *130*.

Umwandeln mit Add-Ins

Die Umrechnung von Währungen und Maßeinheiten setzt die Kenntnis der richtigen Umrechnungsfaktoren voraus. Weil diese nicht immer präsent sind, stellt EXCEL 2000 zwei Add-Ins zur Verfügung, die die Werteumwandlung erleichtern: Die *Analyse-Funktionen* bieten die *UMWANDLUNG()*-Funktion, mit der sich verschiedene Längen-, Temperatur- und Maßeinheiten ineinander umrechnen lassen.

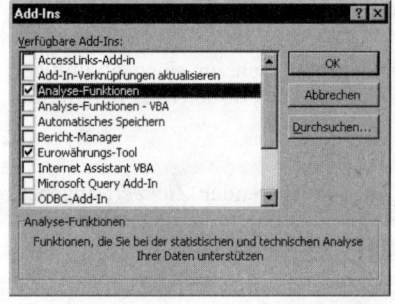

Abbildung 15.7:
Aktivierung der Analyse-Funktionen und des Eurowährungs-Tools

Im ersten Parameter der *UMWANDELN()*-Funktion wird der umzuwandelnde Zahlenwert übergeben, die beiden verbleibenden Parameter nennen die Einheiten, zwischen denen die Umrechnung des Wertes erfolgen soll. Die Formel =UMWANDELN(1;"l";"gal") rechnet beispielsweise das Hohlmaß *1 Liter* in die amerikanische Einheit *Gallonen* um. Das Ergebnis dieses Aufrufs lautet *0,26411458*. Beim Aufruf der *UMWANDELN()*-Funktion müssen Sie darauf achten, dass die umzurechnenden Einheiten jeweils aus derselben Einheiten-Kategorie stammen. Wenn Sie beispielsweise versuchen, eine Kraft in eine Entfernung umzurechnen, meldet die *UMWANDELN()*-Funktion einen Fehler.

Abbildung 15.8: Umrechnen mit UMWANDELN: Die in eckigen Klammern angegebenen Zeichenfolgen repräsentieren die verfügbaren Einheiten und Präfixe (z. B. kg für Kilogramm).

	Wert	Quell Einheit	Ergebnis	Zieleinheit	Verfügbare Einheiten
Gewicht	1	g	0,002204623	lbm	Gramm [g], Slug [sg], Pound-Mass (avoirdupois) [lbm], U (Atommasseeinheit) [u], Ounce-Mass (avoirdupois) [ozm]
Entfernung	1	Nmi	1852	m	Meter [m], Feste Meile [mi], Seemeile [Nmi], Zoll [in], Fuß [ft], Yard [yd], Ångstrom [ang], Pica (1/72 Zoll) [Pica]
Zeit	1	yr	8766	hr	Jahr [yr], Tag [day], Stunde [hr], Minute [mn], Sekunde [sec]
Druck	1	kPa	0,009869233	atm	Pascal [Pa], Atmosphäre [atm], mm Quecksilber [mmHg]
Kraft	1	N	0,224808924	lbf	Newton [N], Dyne [dyn], Pound-Kraft [lbf]
Energie	1	cal	4,186794846	J	Joule [J], Erg [e], Thermodynamische Kalorie [c], IT-Kalorie [cal], Elektrovolt [eV], Pferdestärke/Stunde [HPh], Wattstunde [Wh], Fuß-Pound [flb], BTU [BTU]
Kraft2	1	kW	1,34102006	HP	Pferdestärke [HP], Watt[W]
Magnetismus	1	T	10000	ga	Tesla [T], Gauss [ga]
Temperatur	1	C	33,8	F	Grad Celsius [C], Grad Fahrenheit [F], Grad Kelvin [K]
Hohlmaße	1	l	0,264114583	gal	Teelöffel [tsp], Eßlöffel [tbs], Flüssigunze [oz], Tasse [cup], U.S. Pint [pt], U.K. Pint [uk_pt], Quart [qt], Gallone [gal], Liter [l]
				Präfixe	exa/[E]/10^{18}, peta/[P]/10^{15}, tera/[T]/10^{12}, giga/[G]/10^{09}, mega/[M]/10^{06}, kilo/[k]/10^{03}, hekto/[h]/10^{02}, dekao/[e]/10^{01}, dezi/[d]/10^{-01}, zenti/[c]/10^{-02}, milli/[m]/10^{-03}, mikro/[u]/10^{-06}, nano/[n]/10^{-09}, pico/[p]/10^{-12}, femto/[f]/10^{-15}, atto/[a]/10^{-18}

Der EURO

Für das Rechnen mit der Währung des kommenden Jahrtausends stellt das Eurowährungs-Tool-Add-In Funktionen zur Währungsumrechnung bereit.

Das Eurowährungs-Tool erlaubt die Umrechnung der Landeswährungen der Länder der Europäischen Gemeinschaft. Dieses Add-In stellt dazu die Funktion EUROCONVERT() bereit, die mit zahlreichen Parametern den Einfluss auf den recht komplizierten Umrechnungsvorgang (Stichwort: Triangulation) erlaubt. Die Syntax dieser Formel lautet: EUROCONVERT(Betrag; Quellwährung; Zielwährung; VollePräzision;TriangulationsPräzision).

Die ersten drei Parameter erklären sich nahezu von selbst. Sie bestehen aus dem umzurechnenden Währungsbetrag und den beiden dreistelligen Kürzeln der Quell- und Zielwährung. Bei den letzten beiden Parametern ist die Hilfe leider ziemlich unpräzise, obwohl diese Parameter die Namen Volle Präzision und Triangulationspräzision tragen.

Der Parameter Volle Präzision bestimmt, wie das Endergebnis gerundet wird. Der Wert FALSCH für Volle Präzision führt zur Rundung des Endergebnisses. Gerundet wird in Abhängigkeit von den beteiligten Währungen – meist auf zwei Nachkommastellen. Hat der Parameter Volle Präzision den Wert WAHR, wird das Endergebnis nicht gerundet. Fehlt dieser Parameter, gibt Excel automatisch den Wert FALSCH vor.

Der Parameter Triangulationspräzision gibt an, wie die Triangulation erfolgen soll. Bei der Triangulation erfolgt die Umrechnung zweier Währungen nicht direkt (z.B. 1 DEM = 3,35385 FRF), sondern immer über den Umweg der zwischengeschalteten Umwandlung in den Euro (Triangulation - Dreiecksgleichung). Die EU schreibt die Verwendung von sechs signifikanten Stellen bei der Triangulation vor. Über den Wert in Triangulationspräzision können Sie aber eine andere Genauigkeit einstellen (Triangulationspräzision muss mindestens 3 betragen). Lassen Sie diesen Parameter weg, rechnet Excel leider mit der Genauigkeit von zwölf und nicht mit sechs signifikanten Stellen.

Zeit ist Geld

Excel erlaubt auch das Rechnen mit Datum und Uhrzeit. Üblicherweise werden Datums- und Zeitangaben genutzt, um einen bestimmten Zeitpunkt eindeutig zu beschreiben, etwa den 24.12.1999 17:15 – jener Moment, an dem der Weihnachtsmann durch den Schornstein fiel und sich ein Bein brach.

Doch oft ist man nicht an einzelnen Zeitpunkten, sondern an der Spanne zwischen zwei Uhrzeiten oder Tagen interessiert. Vor allem bei der Berechnung der Arbeitszeit ist es wichtig, dass die abgeleisteten Stunden korrekt abgerechnet werden. Wenn Sie von 9:00 bis 16:30 ohne Unterbrechung arbeiten, sind das 7,5 Stunden, die zur Berechnung des Lohns mit Ihrem Stundensatz multipliziert werden müssen.

Leider werden Uhrzeit- und Datumsangaben nicht in der Einheit Stunden angegeben, so dass die Subtraktion von *16:30 – 9:00* nicht den Wert *7,5,* sondern den Wert *0,3125* ergibt.

> **HINWEIS**
> Sie können mit Datums und Uhrzeitangaben wie mit herkömmlichen Zahlen rechnen. Entweder beziehen Sie sich in der Formel auf die Zellen, in denen ein Datum/eine Uhrzeit steht, oder Sie geben Datum und Uhrzeit in doppelten Anführungszeichen an (="16:30"-"9:00").

Um diesen Wert zu interpretieren, müssen Sie sich ein wenig tiefer mit der internen Darstellung von Datum und Uhrzeit in Excel (und VBA) beschäftigen.

Nummerierte Tage

Excel nummeriert die Tage, beginnend vom 1.1.1900. Dieser Tag hat die Nummer *1*. Der 2.1.1999 hat die Nummer *2* usw. Der 24.12.1999 hat somit die Nummer *36518*. Wie die Nummer eines Tages ausgegeben wird, ist allein eine Sache des Ausgabeformates einer Zelle. Wollen Sie beispielsweise wissen, wie viele Tage Sie bereits auf der Welt sind, so geben Sie in eine Zelle die Formel *=HEUTE()-"TT.MM.JJJJ"* ein und formatieren diese Zelle als *Zahl*. Diese Formel ermittelt durch Aufruf der Funktion *HEUTE()* das Datum des heutigen Tages, und die Zeichenfolge »*TT.MM.JJJJ*« nennt Ihr Geburtstagsdatum.

> **HINWEIS**
> Die Formatierung der Zelle als Zahl zur Anzeige der Tage ist notwendig, weil Excel durch die Verwendung der Funktion *HEUTE()* davon ausgeht, dass die Zelle als Datum und nicht als Zahl dargestellt werden soll.

> **HINWEIS**
> Neben der *HEUTE()*-Funktion kennt Excel auch die *JETZT()*-Funktion. *JETZT()* liefert aber nicht nur das aktuelle Datum, sondern auch die aktuelle Uhrzeit, während es am von *HEUTE()* zurückgelieferten Wert stets Mitternacht ist. Besonders bei finanzmathematischer Berechnung können sich dadurch Fehler einschleichen. Verwenden Sie *JETZT()* nur dann, wenn Sie die Uhrzeit wirklich benötigen (z.B: bei der Berechnung der aktuellen Uhrzeit in New York: = *JETZT()-"6:00"*. Vergessen Sie die Neuberechnung der Tabellenfelder mit F9 nicht, um Excel dazu zu veranlassen, die Berechnungen erneut auf Basis der aktuellen Uhrzeit bzw. des aktuellen Datums durchzuführen).

Ähnlich wie die Tage abgezählt werden, wird auch die Uhrzeit eines Tages »abgezählt«. Damit Datum und Uhrzeit gemeinsam in einem Wert gespeichert werden können, werden die 24 Stunden eines Tages auf die Werte *0* bis *0,999999* abgebildet. So wird die Uhrzeit als Nachkommateil einer Dezimalzahl abgespeichert. Der Wert *0* entspricht *0:00*, der Wert *0,5* entspricht *12:00* mittags und *0,999999* ist *23:59:99,999*.

Das bietet interessante Möglichkeiten für das Rechnen mit Uhrzeiten. So ist es beispielsweise für jeden Arbeitgeber interessant, die exakte Arbeitszeit der Angestellten zu ermitteln. Schließlich basiert die gesamte Lohnberechnung darauf.

Um zu ermitteln, wie lange gearbeitet wurde, müssen Sie nur die Endzeit von der Anfangszeit abziehen. Wenn beide Zeiten nicht nur eine Uhrzeit, sondern auch das

Datum des Arbeitsbeginns und -endes berücksichtigen, werden sogar Schichtarbeitszeiten berechnet, die sich beispielsweise von 21:00 abends bis 6:00 morgens des nächsten Tages erstrecken. Würden nur die reinen Uhrzeiten subtrahiert, erhalten Sie eine negative Stundenzahl (6:00–21:00=–15:00). Wenn Sie aber mit Tagen und Uhrzeiten rechnen, ergibt sich der richtige Wert:

Abbildung 15.9: Vorsicht beim Rechnen mit Uhrzeiten!

Arbeitsbeginn	Arbeitsende	Dauer (Zeitwert)	Dauer (in Stunden)
21:00	06:00	-0,625000	-15
31.12.99 21:00	01.01.00 06:00	0,375000	9

Weil die Uhrzeit eines Tages auf Werte zwischen 0 und 1 abgebildet wird, müssen Sie das Ergebnis der Berechnung noch mit 24 multiplizieren, um die tatsächliche Stundenzahl zu erhalten. Diese kann anschließend mit dem Stundenlohn verrechnet werden.

Nettoarbeitstage

Sowohl für Arbeitnehmer als auch für Arbeitgeber interessant ist die Funktion *NETTOARBEITSTAGE()*. Sie berechnet die in einem gegebenen Datumsintervall liegenden Arbeitstage. Dazu gehören alle Wochentage von Montag bis Freitag, die im angegebenen Bereich liegen. Das Jahr 1999 besitzt beispielsweise *261* Nettoarbeitstage: *=NETTOARBEITSTAGE("1.1.1999";"31.12.1999")*.

Standardmäßig ignoriert diese Funktion alle Feiertage – und zwar aus gutem Grund. Denn eine starre Festlegung der Feiertage würde den Nutzen dieser Funktion stark einschränken, weil regionale Feiertage nicht berücksichtigt würden oder sich Feiertage sogar verändern können, wie das z.B. mit dem Tag der Deutschen Einheit oder dem Buß- und Bettag geschehen ist.

Um auch Feiertage zu berücksichtigen, können Sie der Funktion *NETTOARBEITSTAGE* im optionalen dritten Parameter einen Bezug auf einen Bereich mit den Daten der zu berücksichtigenden Feiertage übergeben. Wie ein solcher Aufruf aussehen könnte, zeigt die folgende Abbildung:

Abbildung 15.10: Nettoarbeitstage berechnen

	A	B
1	=NETTOARBEITSTAGE("1.1.2000";"31.12.2000";A3:A10)	255
2		
3	01.01.00	
4	01.11.00	
5	03.10.00	
6	25.12.00	
7	26.12.00	
8	23.04.00	
9	01.06.00	
10	11.06.00	

HINWEIS Samstage und Sonntage in der Feiertagsliste werden selbstverständlich ignoriert.

Weil die Feiertagsliste relativ viel Platz einnimmt, empfiehlt es sich, diese Liste über die Matrixschreibweise in eine einzige Zelle zu übertragen: *={"1.1.1999"."6.1.1999"."1.5.1999"}*

Wochentage

Die Datums- und Zeitfunktionen erlauben aber nicht nur die Bildung von Datums- und Zeitdifferenzen. So erlaubt die Funktion *WOCHENTAG()* z.B. die Ermittlung des Wochentages zu einem Datum. Wollen Sie beispielsweise wissen, an welchem Wochentag Sie geboren sind, geben Sie in eine Zelle die Formel *=WOCHENTAG("23.2.68")* ein, wobei Sie natürlich Ihr eigenes Geburtsdatum einsetzen.

Effizientes Arbeiten mit Formeln und Funktionen

WOCHENTAG() liefert eine Nummer, die dem Wochentag des angegebenen Datums entspricht. Üblicherweise hat der Sonntag die Nummer 1, Montag die Nummer 2 usw. Sie können durch einen optionalen zweiten Parameter aber auch veranlassen, dass Montag der erste Tag der Woche ist. Dazu müssen Sie den Wert 2 als zweiten Parameter übergeben (=*WOCHENTAG("23.2.68";2)*). Und um Excel zu veranlassen, zwar mit dem Montag, aber die Zählung der Wochentage bei 0 zu beginnen, müssen Sie die 3 im zweiten Parameter übergeben (=*WOCHENTAG("23.2.68";3)*).

Das Monatsende

Für verschiedene Berechnungen ist es wichtig, das Datum des Monatsendes zu kennen. Excel bietet zu diesem Zweck die Funktion *MONATSENDE()*, die ausgehend von einem Bezugsdatum und einem Monatsversatz das Datum des letzten Tages des im Bezugsdatum angegebenen Monats berechnet. Um beispielsweise das Datum des letzten Tages des aktuellen Monats zu berechnen, wird der folgende Aufruf verwendet: =*MONATSENDE(HEUTE();0)*. Der letzte Tag des Folgemonats wird so berechnet: =*MONATSENDE(HEUTE();1)*.

Das Jahr-2000-Problem

Kein Computer-Problem wurde in den Medien so heiß diskutiert wie das Jahr-2000-Problem. Weil Entwickler in der Vergangenheit aus Sparsamkeit beim Speichern eines Datums die beiden führenden Ziffern der eigentlich vierstelligen Jahreszahl unterschlagen haben, ändert sich am 31.12.1999 um 23:59 das Datum in vielen Systemen nicht auf den 1.1.2000, sondern auf den 1.1.1900. Das kann katastrophale Folgen haben – von Kernkraftwerken, die ausfallen, über Geräteausfälle in den Internsivstationen der Krankenhäuser, bis hin zu Einschulungsbescheiden für Rentner.

Bei der Arbeit mit Excel 2000 sind Jahr-2000-Probleme jedoch nicht zu befürchten. Denn Excel 2000 speichert das Datum stets als Anzahl der Tage seit dem 1.1.1900 und dadurch hat Excel dieses Problem erst gar nicht.

Schwierig wird es erst, wenn der Anwender ein Datum eingibt oder wenn ein Datum aus einer Datei gelesen werden soll. Denn aus Bequemlichkeit will niemand auf die Eingabe eines Datums in der Form *1.1.99* verzichten. Doch für diese Fälle befolgt Excel strenge Regeln. Wird eine zweistellige Jahresangabe von *00* bis *29* angegeben, so interpretiert Excel diese Jahre als *2000* bis *2029*. Die Eingabe von 30 bis 99 wird dagegen als Eingabe von *1930* bis *1999* interpretiert.

Auch beim Einlesen von Dateien, in denen das Jahr eines Datums nur zweistellig hinterlegt wurde, wendet Excel diese Regel an. Daher sollten Sie bei der Konvertierung von Dateien stets überprüfen, ob die eingelesenen Daten tatsächlich die geforderten Ergebnisse liefern.

Funktionsplotter

Auch für die Schule oder den wissenschaftlichen Einsatz lassen sich die Rechenkünste von Excel gewinnbringend einsetzen. Wie einfach Sie beispielsweise einen Funktionsplotter herstellen, zeigen die folgenden Seiten.

Die beiden zentralen Bestandteile des Funktionsplotters ist eine Wertliste und ein Diagramm, das die Werte der Liste visualisiert (siehe Abbildung 15.11)

Genau wie die Funktionen in den Formeln einer Excel-Tabelle berechnen mathematische Funktionen einen Funktionswert aus einem oder mehreren übergebenen Argumenten bzw. Parametern. Diese Eingangswerte werden bei so genannten eindimensionalen Funktionen mit dem Buchstaben x gekennzeichnet. Der Funktionswert trägt dagegen den Namen $f(x)$ oder auch y.

Abbildung 15.11:
Ein Funktionsplotter – »getarnt« als Polynomplotter

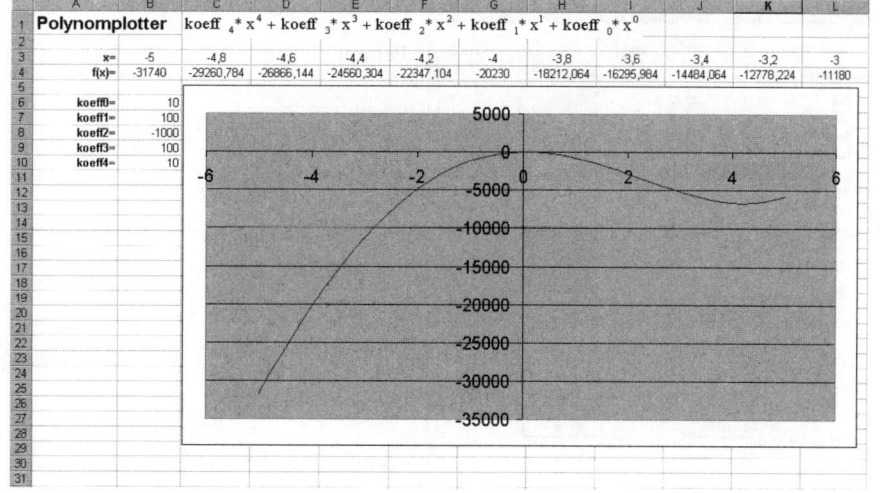

Für die Wertetabelle müssen Sie zuerst den so genannten Definitionsbereich erzeugen, also alle x-Werte, für die ein Funktionswert berechnet werden soll. Üblicherweise ist der Abstand zwischen zwei aufeinanderfolgenden Werten des Definitionsbereichs identisch, so dass Sie bereits nach der Eingabe von zwei aufeinanderfolgenden Werten den Rest des Definitionsbereichs über den Ziehpunkt des Ausfüllkästchens »eingeben« können. Markieren Sie anschließend alle Zahlen des Definitionsbereichs und weisen Sie ihm den Namen »x« zu.

In der ersten Zelle unterhalb des Definitionsbereichs geben Sie die auszuwertende Funktion ein – z.B. *=sin(x)*, *=x*x+12* oder *=koeff4*x*x*x*x+koeff3*x*x*x+koeff2 *x*x+koeff1*x+koeff0*. Damit diese Funktion für alle x-Werte berechnet wird, tragen Sie die Formel in die erste Zelle ein und kopieren Sie anschließend in alle anderen Zellen unterhalb des Definitionsbereichs. Per Strg+C wird die Formel zuerst in die Zwischenablage kopiert, anschließend werden alle Zielzellen markiert und per Strg+V übertragen Sie den Inhalt der Zwischenablage in alle markierten Zellen.

HINWEIS Damit die Formel *=koeff4*x*x*x*x+ koeff3*x*x*x+ koeff2*x*x+ koeff1*x+ koeff0* tatsächlich gültige Werte hervorbringt, müssen Sie noch fünf Zellen mit den Namen *koeff4* bis *koeff0* versehen und mit Zahlen füllen.

Der gesamte Definitionsbereich trägt den Namen x. Woher »weiß« dann eine Formel wie *=x*x*, welcher Zelle des Bereichs x der Wert zur Berechnung entnommen werden soll? Wenn eine Funktion eine einzelne Zelle eines Bereichs benötigt, aber der gesamte Bereich als Parameter angegeben wurde, verwendet Excel einfach diejenige Zelle, die in derselben Zeile bzw. Spalte wie die aufrufende Funktion steht.

Wurde die Wertetabelle erstellt, geht es an das Einfügen des Diagramms. Markieren Sie dazu sowohl den Definitionsbereich als auch die Funktionswerte. Rufen Sie dann den Befehl *Diagramm...* aus dem *Einfügen*-Menü auf.

TIPP Das Markieren zusammenhängender Bereiche erfolgt besonders schnell, wenn Sie zusätzlich die Strg-Taste während der Markierung eines Bereichs per ⇧ und eine Pfeiltaste gedrückt halten.

Für die Darstellung mathematischer Funktionen am besten geeignet ist das *Punkt-* bzw. *XY-Diagramm*. Wählen Sie diesen Diagrammtyp aus, um jeweils zwei benachbarte Zelleninhalte als einen einzigen Datenpunkt anzuzeigen.

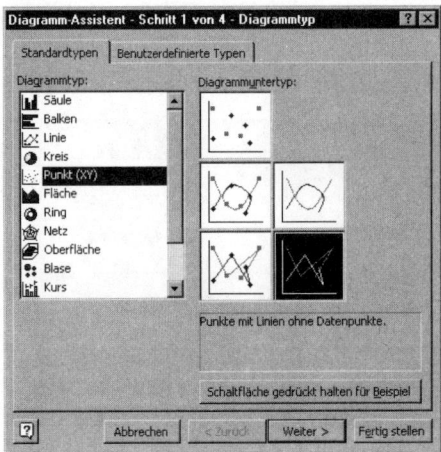

Abbildung 15.12:
Das XY-Diagramm

Im nächsten Schritt des Assistenten geben Sie an, ob die Daten in *Spalten* oder in *Zeilen* im Tabellenblatt vorliegen. Wählen Sie hier den auf Ihre Anordnung der Daten passenden Typ. Anschließend können Sie bereits die *Fertig stellen*-Schaltfläche betätigen, um einen ersten Blick auf das Diagramm zu werfen. Wie Sie das Diagramm weiter bearbeiten, erfahren Sie im ▶ Kapitel 52.

Statistische Funktionen

Die Statistik gehört zu einem der schwierigsten Teilgebiete der Mathematik. Aber nicht etwa, weil die hier zum Einsatz gelangenden mathematischen Verfahren so kompliziert wären, sondern weil man nur schwer erkennt, welcher Teil einer statistischen Formel mit dem zu beschreibenden Problem des »wirklichen« Lebens zusammenhängt.

An einigen Beispielen, die wir hier nicht von der mathematischen, sondern von der anschaulichen Seite betrachten wollen, werden einige der Statistikfunktionen erläutert.

Die Chance auf einen Lottogewinn

Jeden Samstag fiebern in Deutschland um kurz vor 20 Uhr Millionen Zuschauer mit bei der Ziehung der Lottozahlen. Viele Lottospieler wissen dabei gar nicht, wie gering ihre Chancen auf einen »6er« sind. Die Wahrscheinlichkeit, auf offenem Feld von einem Blitzschlag getroffen zu werden, ist deutlich höher (kein Witz!).

Um die Wahrscheinlichkeit zu berechnen, mit der eine bestimmte Zahlenkombination von 6 aus 49 Zahlen gezogen wird, genügt folgende Überlegung: Die Wahrscheinlichkeit, dass ein einziger Treffer unter 6 aus 49 angekreuzten Zahlen dabei ist, beträgt 1 zu (49/6). Die Wahrscheinlichkeit von zwei Treffern liegt nur noch bei 1 zu (49/6)*(48/5) – also 6 aus 49 gefolgt von 5 aus 48. Diese Reihe setzt man fort, bis alle sechs Kugeln gezogen wurden: Daraus ergibt sich eine Gewinnwahrscheinlichkeit von 1 zu (49/6)*(48/5)*(47/4)*(46/3)*(45/2)*(44/1). In anderer Schreibweise:

$$1 : \frac{49*48*47*46*45*44}{6*5*4*3*2*1} = 1 : 13.983.816$$

Für die Berechnung des Produktes aufeinander folgender Zahlen stellt die Mathematik die Funktion *FAKULTÄT()* bereit. *FAKULTÄT(6)* entspricht dem Produkt aus 1*2*3*4*5*6.

HINWEIS In der Mathematik wird die Fakultät-Funktion üblicherweise durch das Ausrufezeichen ausgedrückt: 6! = 1*2*3*4*5*6.

Die oben erläuterte Vorschrift zur Berechnung der Lottowahrscheinlichkeit wird in der Mathematik auf die Funktion »n über m« abgebildet, die ausgeschrieben den folgenden Aufbau besitzt:

Abbildung 15.13: Die Funktion »n über m«

$$\binom{n}{m} = \frac{\left(\frac{n!}{(n-m)!}\right)}{m!}$$

Um die Lottowahrscheinlichkeit zu ermitteln, müssen Sie also *49 über 6* berechnen, was in der folgenden Formel geschieht:

$$\binom{49}{6} = \frac{\left(\frac{49!}{(49-6)!}\right)}{6!}$$

In Form einer Excel-Formel sieht das so aus:

=(FAKULTÄT(49)/FAKULTÄT(49-6))/FAKULTÄT(6)

Weil dieses Problem häufiger vorkommt, stellt Excel neben der Funktion Fakultät auch die Funktion *KOMBINATIONEN()* bereit (*KOMBINATIONEN(6;49)*).

Stichproben

Weil bei der Massenherstellung von Produkten nicht jedes einzelne Produkt umfangreichen Tests unterzogen werden kann, wird die Qualität der Artikel dadurch gewährleistet, dass Stichproben aus dem laufenden Betrieb genommen und untersucht werden. Anhand der Stichprobenuntersuchung lassen sich dann Rückschlüsse auf die Qualität der gesamten Produktion ziehen.

Anstelle von »gesamter Produktion« spricht man von der so genannten *Grundgesamtheit*, also der Menge, auf die durch eine Stichprobe Rückschlüsse gezogen werden sollen (z.B. die Anzahl der in einem Monat gefertigten LCD-Bildschirme). Die Grundgesamtheit wird durch den Buchstaben *N*, die Stichprobe durch den Buchstaben *n* gekennzeichnet.

HINWEIS Die Bestimmung der Anzahl der Elemente einer Stichprobe ist eine Wissenschaft für sich. Die Stichprobe muss ausreichend viele Elemente umfassen, um gültige Rückschlüsse auf die Qualität der Grundgesamtheit zuzulassen, sollte aber nicht zu groß sein, um die Kosten für die Erhebung zu minimieren.s

Wollen Sie nicht nur eine Stichprobe, sondern die gesamte zugrunde liegende Menge untersuchen, müssen Sie darauf achten, dass Sie die richtige Statistik-Funktion von Excel verwenden. Verschiedene Funktionen liefert Excel in zweifacher Ausfertigung: einmal zur Untersuchung einer Stichprobe, einmal zur Untersuchung der kompletten Grundgesamtheit.

Am Beispiel der Produktion von LCD-Monitoren sollen die statistischen Funktionen von Excel erläutert werden: Die Fertigung von LCD-Bildschirmen ist sehr kompliziert, weil jeder Bildschirmpunkt aus drei Transistoren besteht. Bei einer Auflösung von

1.024 * 768 Punkten besteht ein LCD aus 2.359.296 Transistoren. Wenn davon auch nur einer defekt ist, zeigt der Monitor den entsprechenden Bildpunkt farbverfälscht an. Es liegt daher im Bestreben eines jeden LCD-Herstellers, die Anzahl der defekten Transistoren zu verringern.

Weil die Ausschussrate bei der Herstellung von 100% funktionierenden LCDs aber inakzeptabel ist, verkaufen LCD-Anbieter einen Bildschirm oft auch dann noch, wenn er bis zu 15 fehlerhafte Pixel aufweist.

Häufigkeitsverteilungen

Die Analyse der Daten beginnt mit einer Ermittlung der fehlerhaften Pixel in der Stichprobe. Bei einer Stichprobe von 25 Geräten ergibt sich z.B. folgende Häufigkeitstabelle, die angibt, wie viele fehlerhafte Pixel in den LCDs gefunden wurden:

	A	B	C	D	E
1	Fehlerhafte Pixel in LCDs				
2	Montag	Dienstag	Mittwoch	Donnerstag	Freitag
3	5	3	11	6	5
4	6	0	0	4	7
5	5	7	9	6	4
6	7	8	5	6	7
7	6	9	8	3	2

Abbildung 15.14: Aufzeichnung über die fehlerhaften Pixel der Stichprobe aus den LCD-Bildschirmen (n=25)

Die Stichprobe wird anschließend in so genannte Klassen unterteilt. Die Anzahl der Klassen hängt von der Größe der Stichprobe ab und wird im Allgemeinen recht aufwendig ermittelt. In unserem Beispiel soll die Stichprobe in sechs (Qualitäts-)Klassen unterteilt werden. Die Abgrenzung der Klassen bzw. die so genannte Klassenbreite ergibt sich durch die Differenz aus der größten und kleinsten Fehlerzahl, geteilt durch die Anzahl der Klassen:

$$\Delta x = \frac{\text{größter Wert} - \text{kleinster Wert}}{\text{Anzahl der Klassen}}$$

In diesem Fall beträgt die Breite einer Klasse 1,833 (11/6), was zu 2 aufgerundet werden kann. Dadurch ergeben sich folgende sechs Fehlerklassen:

Nr.	Klasse	Strichliste	Absolute Häufigkeit	relative Häufigkeit	absolute Häufigkeitssumme	relative Häufigkeitssumme
1	0 <= PixelFehler < 2	II	2	0,08	2	0,08
2	2 <= PixelFehler < 4	III	3	0,12	5	0,20
3	4 <= PixelFehler < 6	IIIIIII	7	0,28	12	0,48
4	6 <= PixelFehler < 8	IIIIIIII	8	0,32	20	0,80
5	8 <= PixelFehler < 10	IIII	4	0,16	24	0,96
6	10 <= PixelFehler < 12	I	1	0,04	25	1,00
			25	1		

Abbildung 15.15: Die sechs Fehlerklassen

Üblicherweise wird bei der Stichprobenmessung für jede Fehlerklasse eine Strichliste geführt, um abzuzählen, wie viele Geräte der Stichprobe welcher (Fehler-)Klasse angehören. Diese Zählung wird auch *absolute Häufigkeit* genannt. Setzt man die *absoluten Häufigkeiten* in Beziehung zur Gesamtzahl der Stichproben ergibt sich die *relative Häufigkeit* (auch prozentualer Wert genannt).

Trägt man die absoluten Häufigkeiten in ein Diagramm ein, ergibt sich folgendes Bild:

Abbildung 15.16:
Die Häufgkeit der auftretenden Fehler

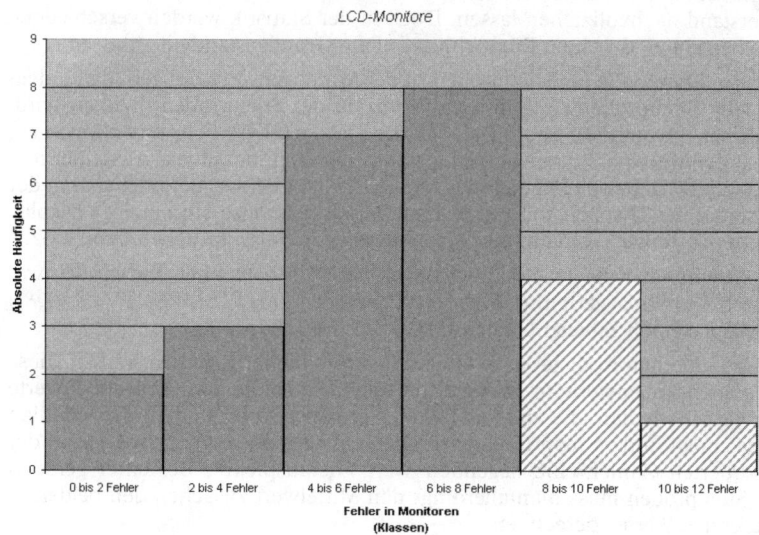

Der Häufigkeitssumme können Sie nun sehr leicht entnehmen, wie hoch Ihre Produktionsausbeute ist. Angenommen, Sie wollen Ihren Kunden nur LCDs mit maximal sieben Fehlern zumuten, dann können Sie erkennen, dass Sie eine Ausbeute von 80% erreichen (s. Klasse 4 in Abbildung 15.15). Dazu summieren Sie einfach die absoluten Häufigkeiten der qualitativ vertretbaren Geräte (alle Geräte mit weniger als sieben Fehlern) zusammen und setzen die so gewonnene Anzahl zur allen produzierten Geräten in Beziehung (relative Häufigkeitssumme).

Wenn Sie die absoluten oder relativen Häufigkeitssummen in ein Diagramm einzeichnen, erkennen Sie auf einen Blick, wie hoch der Ausschuss ist:

Abbildung 15.17:
Über die Häufigkeitssummen lässt sich der Ausschuss ablesen.

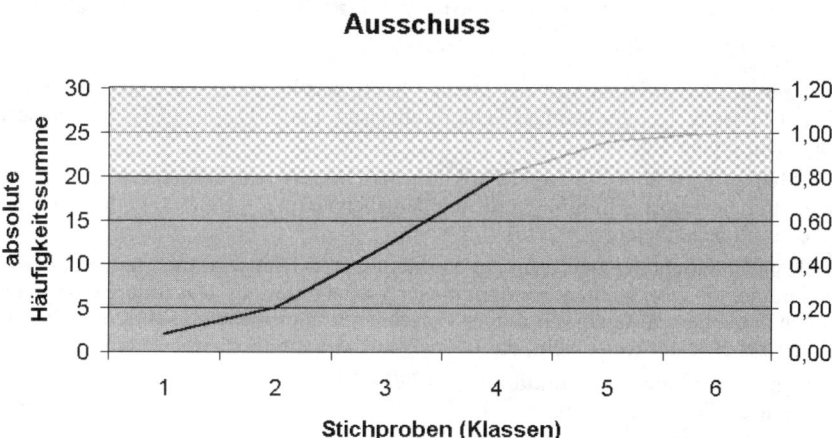

Effizientes Arbeiten mit Formeln und Funktionen

Kenngrößen der Stichprobe

Bisher haben Sie vermutlich noch nichts Neues kennen gelernt, außer den vielleicht etwas hölzern wirkenden Bezeichnungen für Dinge, die sich auch mit etwas gesundem Menschenverstand nachvollziehen lassen. Doch in der Statistik werden verschiedene Kenngrößen berechnet, die einen Rückschluss auf die Grundgesamtheit zulassen.

Die bekannteste Kenngröße für Stichproben ist der Mittelwert. Er wird gebildet, indem die Summe aller Stichprobenwerte durch die Anzahl der Stichproben dividiert wird. Damit gibt dieser Wert in etwa an, in welchem Bereich sich die Stichproben bewegen. Allerdings hat der Mittelwert den Nachteil, dass er sehr empfindlich auf Ausreißer reagiert. In unserem LCD-Beispiel beträgt der Mittelwert 5,52 Fehler. Befindet sich in der Stichprobe statt eines Displays mit nur 5 Fehlern beispielsweise ein einziges Display mit 50 Fehlern (Ausreißer!), erhalten Sie einen deutlich höheren Mittelwert von 7,32.

Mittelwert

Der Mittelwert wird über die gleichnamige Excel-Funktion berechnet. Ihr wird entweder eine durch Semikola getrennte Wertliste übergeben (*MITTELWERT(1;e3;h7;8)*) oder der Bezug auf einen Tabellenbereich (*MITTELWERT(B1:h7)*).

HINWEIS

Der so genannte Median ist dagegen deutlich unempfindlicher gegen Ausreißer. Diese Zahl teilt die Stichprobenwerte in zwei gleiche Teile. Die Hälfte der Stichprobenwerte sind kleiner als der Median, die andere Hälfte ist größer als der Median. Der Median lässt sich berechnen, indem man die Stichproben aufsteigend sortiert und den in der Mitte der sortierten Zahlenreihe liegenden Wert »herauspickt«. Bei einer geraden Anzahl von Stichproben muss man allerdings den Mittelwert zwischen den beiden in der Mitte liegenden Werten berechnen:

Median

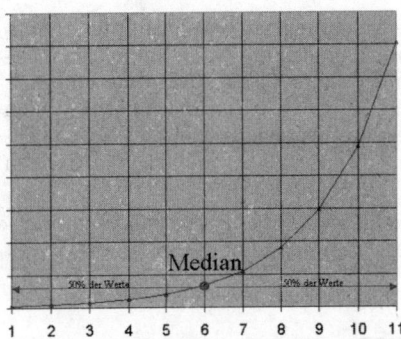 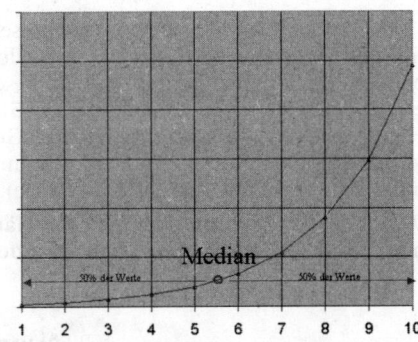

Abbildung 15.18: Der Median bei einer geraden und einer ungeraden Anzahl von Werten

In unserem LCD-Beispiel liegt der Median bei 6, was bedeutet, dass 50% der produzierten LCDs sechs oder weniger Fehler aufweisen, und 50% der LCDs weisen sechs oder mehr Fehler auf.

Der Median wird über die Excel-Funktion *MEDIAN()* realisiert. Ihr wird entweder eine durch Semikola getrennte Wertliste übergeben (*B1;1234;C4;7617*) oder der Bezug auf einen Tabellenbereich (*A1:B5*).

HINWEIS

In die gleiche Richtung zielt das so genannte Quartil. Hier wird die Menge der Stichproben nicht in zwei Hälften, sondern in vier Viertel unterteilt. Das untere Quartil entspricht damit dem Wert, der das untere Viertel der Stichprobenwerte abtrennt, also eine Grenze bei 25% der Werte zieht, das obere Quartil trennt die oberen 25% vom Rest ab:

Quartil

Das Quartil wird über die Funktion *QUARTILE()* berechnet. Ihr werden die Stichprobenwerte als Bezug auf einen Bereich (*A1:C4*) übergeben. Im zweiten Parameter geben Sie an, welches Quartil berechnet werden soll:

HINWEIS

Abbildung 15.19:
Das untere und obere Quartil

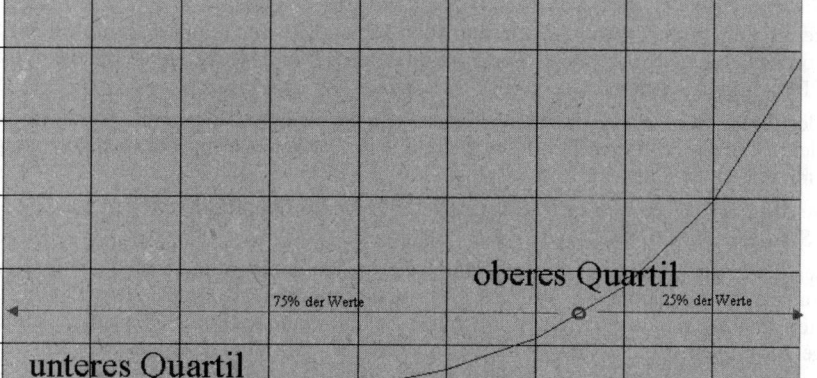

Tabelle 15.2:
Der zweite Parameter der Quartilfunktion

	Beschreibung	Alternative
0	kleinster Wert	MIN()
1	unteres Quartil (25%-Quantil)	–
2	Median (50%-Quantil)	MEDIAN())
3	oberes Quartil (75%-Quantil)	–
4	größter Wert	MAX()

Je nach zweitem Parameter kann für die *QUARTILE()*-Funktion auch eine Alternativ-Funktion eingesetzt werden. *QUARTILE(B1:F6;0)* lässt sich beispielsweise durch *MAX(B1:F6)* ersetzen.

Neben der Funktion *QUARTILE()* bietet Excel auch die *QUANTIL()*-Funktion. Mit ihr lässt sich das so genannte Alpha-Quantil berechnen, das die Stichprobenwerte in dem von Ihnen abgegebenen Verhältnis teilt. Um beispielsweise das 33,33%-Quantil zu berechnen, das die Wertemenge in ein unteres und zwei obere Drittel aufteilt, müssen Sie folgenden Aufruf angeben: *QUANTIL(B1:B3;0,33333)*.

Stellt sich nur die Frage, wofür die Berechnung von Quartil und Quantil gut sein soll? Im Prinzip können Sie damit Ihre Qualitätsanforderungen bestimmen. Wollen Sie beispielsweise wissen, wie viele Fehler ein LCD-Monitor maximal aufweisen darf, damit nur ein Viertel der Produktion als Ausschuss zu betrachten ist (das wäre übrigens eine enorme Ausschussquote!), müssen Sie den Wert des oberen Quartils ermitteln.

Modalwert Eine weitere Aussage über die Qualität Ihrer LCD-Bildschirme liefert der so genannte Modalwert. Er gibt an, welcher Wert in der Stichprobe am häufigsten auftritt.

HINWEIS Zur Berechnung des Modalwertes verwendet Excel die gleichnamige Funktion *MODALWERT()*, der entweder ein Bezug auf einen Tabellenbereich oder eine durch Semikola getrennte Wertliste übergeben wird.

Text und Zahlen mischen

Excel ist nicht nur ein wahrer Zahlenkünstler, auch mit Texten und Zeichenfolgen weiß es vortrefflich umzugehen. Allerdings kommt es auch hier darauf an, dass Sie die richtigen Funktionen kennen.

In der Praxis steht man z.B. immer wieder vor der Aufgabe, dass ein nummerisches Endergebnis als Teil eines Textes erscheinen soll. Denken Sie nur an eine Rechnung, die mit folgendem Satz schließt:

Bitte zahlen Sie den oben aufgeführten Betrag von xyz DM auf das Konto Nr. 123456 der Stadtsparbank Dresden (BLZ 123456)

Einen derartigen Text bauen Sie am einfachsten zusammen, indem Sie sich des Textverkettungsoperators bedienen (&-Operator, das Kaufmanns-Und – quasi die Addition für Texte). Er fasst separate Zeichenfolgen und Zelleninhalte zu einer einzigen Zeichenfolge zusammen. Zeichenfolgen müssen dazu in Hochkommata eingeschlossen werden. Der erste Versuch, um den obigen Text zu erhalten, sähe demnach so aus:

="Bitte zahlen Sie den oben aufgeführten Betrag von " & A1 & " auf das Konto Nr. 123456 der Stadtsparbank Dresden (BLZ 123456) "

Hier werden zwei Zeichenfolgen mit dem Inhalt der Zelle A1 verknüpft.

> **HINWEIS** Achten Sie darauf, dass die Zeichenfolgen, die vor und hinter dem Zellbezug stehen, auch mindestens ein Leerzeichen enthalten, weil sonst der Inhalt der Zelle unmittelbar an die Zeichenfolgen anschließt.

Das Ergebnis dieser Formel kann allerdings nicht so recht überzeugen. Denn bei der Verknüpfung wird nur der Zahlenwert der Zelle ausgegeben. Selbst wenn die Zelle beispielsweise durch ein Währungsformat den Text *1234,56 DM* anzeigt, ergibt die obige Formel nur:

Bitte zahlen Sie den oben aufgeführten Betrag von 1234,56 auf das Konto Nr. 123456 der Stadtsparbank Dresden (BLZ 123456)

Hier hilft die *TEXT()*-Funktion weiter, die es Ihnen erlaubt, den Wert einer Zelle formatiert auszugeben. Um mit ihr einen Zellinhalt in eine Währung umzuwandeln, können Sie beispielsweise auf folgenden Aufruf zurückgreifen:

> **TEXT()**

="Bitte zahlen Sie den oben aufgeführten Betrag von " & TEXT(A1; "0,00 DM") & " auf das Konto Nr. 123456 der Stadtsparbank Dresden (BLZ 123456) "

> **HINWEIS** Die *TEXT()*-Funktion kann im zweiten Parameter mit allen Formatierungsanweisungen »gefüttert« werden, die auch als benutzerdefiniertes Format eingesetzt werden. Um beispielsweise eine Zahl in ein Datum umzuwandeln, können Sie die Formel =TEXT("30.01.2000"; "T. MMMM JJJJ") verwenden, die die Zeichenfolge *30. Januar 2000* liefert.

Alternativ dazu können Sie auch die *DM()*-Funktion nutzen, die als ersten Parameter die Angabe des umzuwandelnden Wertes und im zweiten optionalen Parameter die Anzahl der auszugebenden Dezimalstellen erwartet:

> **DM()**

="Bitte zahlen Sie den oben aufgeführten Betrag von " & DM(A1; 2) & " auf das Konto Nr. 123456 der Stadtsparbank Dresden (BLZ 123456) "

Wer viel in US$ abrechnet, muss auf die Formel *="US$ " &TEXT(C10;"0,00")* zurückgreifen. Andere Währungen sowie der Euro werden ebenfalls auf diese Weise erzeugt. Beachten Sie, dass Excel mit den Euro-Währungstools ein Add-In für die Umrechnung von EU-Währungen bereithält (siehe ▶ Kapitel 15).

> **HINWEIS**

Zeichenfolgen wiederholen

Manchmal ist es sinnvoll, einen Text mehrfach zu wiederholen. Excel stellt zu diesem Zweck die *WIEDERHOLEN()*-Funktion bereit, mit der Sie eine gegebene Zeichenfolge beliebig oft hintereinander ausgegeben können. Um beispielsweise eine Trennlinie zu »programmieren«, die nicht aus einem Zellrahmen, sondern aus aneinandergereihten '-'-Zeichen besteht, können Sie die Formel =*WIEDERHOLEN("-";80)* einsetzen. Das Ergebnis sind 80 hintereinander stehende »-«-Zeichen. Wollen Sie Ihren Namen beispielsweise als »Endlosband« in einer Zelle ausgeben, greifen Sie auf die Formel =*WIEDERHOLEN("Vorname Nachname";Anzahl)* zurück.

16 Die Feinheiten der Tabellenkalkulation

- 395 Von Mappen und Blättern
- 401 Inhalte einfügen
- 401 Suchen und Ersetzen von Werten und Zellinhalten
- 402 Ersetzen
- 403 Rechtschreibprüfung
- 403 Kommentare
- 405 Gemeinsam an einer Arbeitsmappe arbeiten
- 408 Gliederungen
- 413 Gültigkeitsregeln
- 420 Der Detektiv
- 421 Die Zielwertsuche
- 423 Der Szenario-Manager
- 427 Der Solver

Wenn Sie die Grundlagen von Excel hinter sich gelassen haben, ist es an der Zeit, sich mit den weiterführenden Möglichkeiten auseinanderzusetzen. In diesem Kapitel werden deshalb eine Reihe von Excel-Funktionen und -Techniken vorgestellt, die bei der fortgeschrittenen Arbeit mit Excel wertvolle Dienste leisten.

Von Mappen und Blättern

Die beiden grundlegenden Ordnungsprinzipien von Excel sind die Arbeitsmappe und das Tabellenblatt. Eine Arbeitsmappe fasst bis zu mehreren Hundert Tabellen zu einer Einheit zusammen. Excel verfolgt damit dasselbe Konzept wie im Büroalltag, wo man Akten gemeinsam in Hängeregistern oder Mappen ablegt.

Bei der Anlage einer neuen Mappe erzeugt Excel automatisch drei Arbeitsblätter. Durch einen Mausklick auf das Register des gewünschten Arbeitsblattes können Sie es nach vorne und damit auf den Bildschirm holen.

Abbildung 16.1: In dieser Mappe wurde Tabelle2 aktiviert.

Um mit der Tastatur zwischen den Tabellen einer Mappe zu navigieren, können Sie die Tastenkombinationen [Strg]+[Bild ↑] und [Strg]+[Bild ↓] zur Aktivierung der nächsten bzw. vorherigen Tabelle nutzen.

Falls die Mappe mehr Arbeitsblätter enthält, als im Register am unteren Rand der Mappe angezeigt werden können, besteht die Möglichkeit, das Register mit den Navigationsschaltflächen zu verschieben. Sie können die aktuell im Register angezeigten Tabellenreiter durch Klick auf eine der beiden mittleren Schaltfläche Reiter für Reiter verschieben – die äußeren Schaltflächen führen Sie dagegen zum ersten bzw. letzten Reiter des Registers.

Navigationsschaltflächen

Die Anzahl der Arbeitsblätter in einer neuen Mappe wird im *Optionen*-Dialog (Befehl: *Extras/Optionen*) im Eingabefeld *Blätter in neuer Arbeitsmappe* angegeben:

HINWEIS

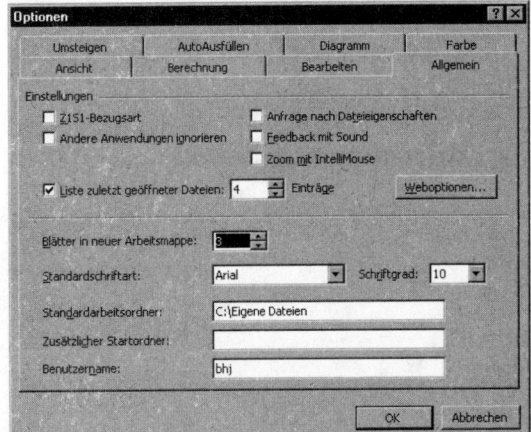

Abbildung 16.2: Wie viele Tabellen/Blätter sollen in einer neuen Mappe angelegt werden?

Obwohl dieses Eingabefeld keine größeren Werte als 255 akzeptiert, lassen sich in eine Mappe deutlich mehr Tabellen einfügen. Alle Tabellen oberhalb von 255 müssen allerdings von Hand oder VBA-Makro in die Mappe eingefügt werden.

Neue Arbeitsblätter einfügen

Neue Tabellenblätter werden über den Befehl *Einfügen/Tabellenblatt* vor dem aktuellen Tabellenblatt eingefügt. Excel gibt der neuen Tabelle den Namen *Tabelle* gefolgt von einer fortlaufenden Nummer. Selbstverständlich lassen sich diese nichtssagenden Namen verändern.

Arbeitsblätter umbenennen

Die Umbenennung eines Arbeitsblatts geht am schnellsten, indem Sie doppelt auf den Reiter des jeweiligen Arbeitsblattes klicken. Der Tabellenname wird zu einem Eingabefeld und Sie können den neuen Namen eingeben:

Abbildung 16.3:
Umbenennen eines Tabellenblattes

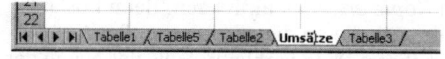

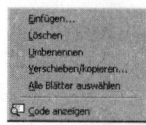

Das Kontextmenü eines Tabellenreiters enthält außerdem den *Umbennen*...-Befehl, dessen Auswahl ebenfalls dazu führt, dass der entsprechende Tabellenreiter zu einem Eingabefeld mutiert und die Eingabe eines neuen Namens zulässt.

Reihenfolge der Arbeitsblätter

Die Reihenfolge der Arbeitsblätter wird durch die Reihenfolge bestimmt, in der neue Tabellen in die Mappe eingefügt werden. Neue Tabellen werden stets vor der aktuellen Tabelle eingefügt. Die Reihenfolge der Tabellen lässt sich jedoch nachträglich ändern. Am einfachsten erfolgt die Änderung per Drag & Drop. Statt am Schopf packen Sie die Tabelle an ihrem Reiter und ziehen ihn an seine neue Position. Kleine Dreiecke zeigen die Position des Tabellenblattes an, falls Sie die linke Maustaste an der augenblicklichen Position des Mauszeigers loslassen.

Abbildung 16.4:
Ändern der Tabellenreihenfolge

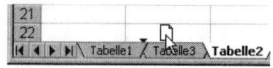

Bei vielen Tabellen in einer Mappe wird derartige Mausakrobatik aber schnell zum Glücksspiel. Steht nicht genug Platz zur Verfügung, um alle Tabellenreiter anzuzeigen, müssen Sie die Maus über den linken bzw. rechten Rand des Registers hinausbewegen und darauf warten, dass Excel den gewünschten Reiter in das Blickfeld scrollt.

Um das zu verhindern, bietet das Kontextmenü eines Tabellenregisters den Befehl *Verschieben/Kopieren*. Das *Bearbeiten*-Menü besitzt für denselben Zweck den Befehl *Blatt verschieben/kopieren*. Sein Aufruf bringt einen Dialog zum Vorschein, der die Auswahl der Tabelle erlaubt, *vor* der die aktuelle Tabelle platziert werden soll. Dazu werden die verfügbaren Tabellen in einer Liste angezeigt.

Abbildung 16.5:
Verschieben oder Kopieren

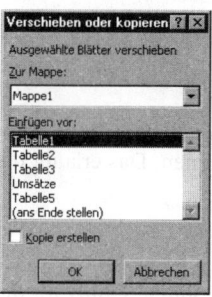

Ein Arbeitsblatt muss dabei nicht zwangsläufig innerhalb Ihrer Mappe verschoben werden. Sie können eine Tabelle auch in eine andere, derzeit in Excel geöffnete Arbeitsmappe verschieben. Dazu müssen Sie aus dem Kombinationsfeld *Zur Mappe* die Zielmappe auswählen.

Doch nicht immer soll eine Tabelle verschoben, also an eine neue Position versetzt und aus der alten Position gelöscht werden. Oft soll eine Kopie der Tabelle angelegt werden – vor allem wenn mehrere Mappen im Spiel sind. Um eine Kopie der Tabelle zu erzeugen, müssen Sie das Kontrollkästchen *Kopie erstellen* aktivieren. Beim Loslassen des Mauszeigers wird dadurch eine Kopie der Tabelle an die gewünschte Position verschoben, wobei die ursprüngliche Tabelle an ihrem Platz verbleibt. Falls der Name der kopierten Tabelle bereits vergeben ist, fügt Excel an das Ende des Namens eine fortlaufende Nummer, eingeschlossen in runde Klammern (*Tabelle1 (2)*) ein.

HINWEIS Das Verschieben einer Tabelle über die Grenzen der Arbeitsmappe funktioniert auch per Drag & Drop mit der Maus. Wollen Sie mit der Maus eine Kopie erstellen, müssen Sie während des Drag & Drop-Vorgangs die [Strg]-Taste gedrückt halten.

Arbeitsblätter löschen

Natürlich lassen sich Arbeitsblätter auch wieder aus einer Mappe löschen. Dazu müssen Sie aber entweder den Befehl *Löschen* aus dem Kontextmenü oder den Befehl *Blatt löschen* aus dem *Bearbeiten*-Menü aufrufen.

Vor dem Löschen zeigt Excel die folgende Sicherheitsabfrage, die Sie vor allzu vorschnellen Löschaktionen bewahrt.

Abbildung 16.6: Soll die Tabelle wirklich gelöscht werden?

Arbeitsblätter gruppieren und gemeinsam bearbeiten

Wollen Sie die Reihenfolge einer Gruppe von Arbeitsblättern ändern oder mehrere von ihnen gleichzeitig löschen, müssen Sie zunächst die Reiter aller zu bearbeitenden Tabellen markieren und dadurch eine Tabellenblattgruppe erstellen. Wollen Sie mehrere Tabellenreiter ausgehend vom Reiter der aktuellen Tabelle markieren, müssen Sie die [⇧]-Taste drücken und den Reiter anklicken, bis zu dem die Markierung erweitert werden soll. Um Tabellen selektiv zu markieren, klicken Sie einfach auf den gewünschten Reiter und halten dabei die [Strg]-Taste gedrückt.

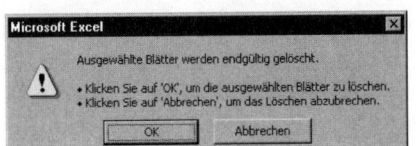

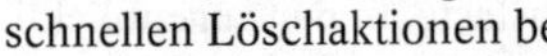

Abbildung 16.7: Zwei markierte Reiter, Tabelle1 *und* Tabelle3

Solange mehrere Tabellen markiert sind, werden die Änderungen an einer Zelle automatisch an dieselbe Zelle in allen markierten Tabellen vorgenommen. Das erlaubt die gleichzeitige Eingabe von Werten in mehrere Tabellen.

Mappenschutz

Neben dem Schutz für die Zellen einer Tabelle bietet Excel auch einen Schutz für die gesamte Arbeitsmappe an. Nach Aufruf des Befehls *Extras/Schutz/Arbeitsmappe schützen* zeigt Excel einen Dialog, der es gestattet, die *Struktur* der Mappe sowie die Fensterposition/-größe unveränderbar zu machen. Unter der Struktur einer Mappe versteht Excel dabei die Anordnung und Anzahl der in der Mappe enthaltenen Arbeitsblätter. Das Schützen des *Fensters* hat zur Folge, dass sich Fensterposition und Fenstergröße innerhalb der Anwendung nicht mehr ändern lassen.

Daten konsolidieren

Das Zusammenführen mehrerer Tabellenblätter oder Arbeitsmappen ist eine recht mühsame Angelegenheit, sofern sie von Hand durchgeführt wird. Wenn in der Zentrale eines größeren Unternehmens beispielsweise die Umsatzberichte aller Filialen eintreffen, müssen sie ausgewertet und dabei beispielsweise aufaddiert werden. Wenn Sie hier mit der Rechenmaschine arbeiten wollten, wären Sie lange beschäftigt.

Wenn alle Fillialen ihre Umsatzstatistiken dagegen in Form einer Excel-Tabelle anliefern, müssen Sie die einzelnen Arbeitsblätter nur *konsolidieren*, um beispielsweise die Gesamtumsätze des Unternehmens zu berechnen. Am Beispiel einer kleinen Trinkhallen-Gesellschaft mit jeweils einer Filiale in Köln, Dortmund und Düsseldorf soll erläutert werden, wie Sie die Konsolidierung für die Auswertung mehrerer Datenblätter nutzen. Jede Filiale liefert am Ende eines Monats einen Umsatzbericht der folgenden Form:

Abbildung 16.8:
Die Monatsberichte der Filialen

Excel soll daraus eine zusammenfassende Tabelle erstellen, die die Umsätze der Filialen – getrennt nach Kategorien – aufsummiert:

Abbildung 16.9:
Gesamtumsätze

	A	B
1	**Gesamtumsätze**	
2	Getränke	4.221,00 DM
3	Süsswwaren	4.657,00 DM
4	Milchprodukte	4.672,00 DM
5		13.550,00 DM

So konsolidieren Sie Ihre Daten

Um Ihre Daten zu konsolidieren, müssen Sie wie folgt vorgehen:

1. Stellen Sie sicher, dass sich alle Quelltabellen im Zugriff Ihres Rechners befinden – entweder auf den lokalen Festplatten oder über das Netzwerk. Sind die Tabellen nicht allzu groß, können Sie die Tabellen alle gleichzeitig in Excel öffnen. Das ist jedoch nur empfehlenswert, wenn Ihr System dafür über ausreichend Ressourcen verfügt.

2. Erstellen Sie eine neue, leere Arbeitsmappe, in der die konsolidierten Daten gesammelt werden sollen.

3. Rufen Sie den Befehl *Daten/Konsolidieren* auf:

Die Feinheiten der Tabellenkalkulation

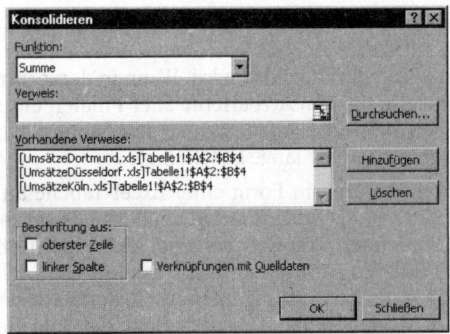

Abbildung 16.10:
Konsolidieren

Im Kombinationsfeld *Funktion* geben Sie an, wie Excel die nummerischen Felder der Quelltabellen zusammenfassen soll, bevor sie in der neuen Tabelle angezeigt werden. Weil in unserem Beispiel die Umsatzdaten addiert werden sollen, können Sie die Funktion *Summe* verwenden. Excel bietet allerdings auch die Funktionen *Anzahl, Mittelwert, Maximum, Minimum, Produkt, Anzahl Zahlen, Standardabweichung (Stichprobe), Standardabweichung (Grundgesamtheit), Varianz (Stichprobe), Varianz (Grundgesamtheit)*.

Im Eingabefeld *Verweis* geben Sie den Verweis auf die Tabelle an, deren Daten konsolidiert werden sollen. Diese Tabellen können entweder aus der aktuellen Arbeitsmappe stammen oder aus einer anderen Arbeitsmappe. Ist die Tabelle jedoch nicht in Excel geöffnet und liegt sie nur als Datei auf der Festplatte vor, können Sie durch Klick auf die *Durchsuchen*-Schaltfläche den Dateinamen der betreffenden Datei in das *Verweis*-Feld übernehmen. Den Verweis auf die Quelltabelle und den Bereich innerhalb der Tabelle müssen Sie beim Zugriff auf eine nicht geöffnete Datei allerdings von Hand nachtragen.

Sobald der Verweis auf die Quelldaten eingetragen wurde, wird er über die *Hinzufügen*-Schaltfläche in die Liste der *vorhandenden Verweise* übernommen.

Wurden alle Tabellen in diese Liste eingefügt, starten Sie die Konsolidierung mit OK. Excel sammelt daraufhin die Daten aller Quelltabellen, unterzieht sie der gewünschten Funktion und speichert die Ergebnisse in die zuvor erstellte Konsolidierungstabelle.

Besitzen die Quelltabellen denselben Aufbau, ist die Konsolidierung sehr einfach. Sie müssen stets denselben Bereich einer Tabelle in die Liste der zu konsolidierenden Verweise eintragen. Excel unterzieht dann alle Felder an derselben Stelle der zugrunde liegenden Tabellen der ausgewählten Funktion.

Excel kann aber auch unterschiedlich aufgebaute Tabellen konsolidieren. Aktivieren Sie dazu die Kontrollkästchen *Beschriftung aus oberster Zeile/linker Spalte*, wenn die zu konsolidierenden Daten aus identisch benannten Zeilen oder Spalten bezogen werden sollen. Dann müssen die zugrunde liegenden Tabellen nicht denselben Aufbau aufweisen – sie müssen allerdings dieselben Spalten-/Zeilenbeschriftungen verwenden.

Üblicherweise konsolidiert Excel die Daten und der Vorgang ist abgeschlossen. Nachträgliche Änderungen an den zugrunde liegenden Tabellen werden nicht mehr berücksichtigt. Das ist anders, wenn Sie das Kontrollkästchen *Verknüpfungen mit Quelldaten* aktivieren. Dann wird die Konsolidierung beim Öffnen der Konsolidierungstabelle erneut durchgeführt und bleibt so stets auf dem neuesten Stand.

3D- und 4D-Bezüge

Üblicherweise wird der Bezug auf eine Zelle in der Form *A1* bzw. *$A$1* angegeben. Doch mit dieser Form des Bezuges können Sie nur auf Zellen im aktuellen Arbeitsblatt verweisen. Um auf die Zellen aus einer anderen Tabelle zuzugreifen, müssen dem Bezug die Namen der Tabelle vorangestellt werden. Um die Angabe des Tabellennamens von der Angabe des Zellbezuges zu trennen, müssen Sie zwischen Tabellennamen und Zellbezug ein Ausrufezeichen platzieren (*Tabellen!A1*). Diese Form des Bezuges nennt man *3D-Bezug*, weil alle drei Koordinaten einer Zelle innerhalb der Arbeitsmappe angegeben werden. Die Standardform *A1* wird dagegen *2D-Bezug* genannt.

Von einem *4D-Bezug* spricht man, wenn Sie mit einem Bezug eine Zelle aus einer anderen Datei benennen. Dazu müssen Sie den Namen der Datei, auf deren Zellen Sie aus der aktuellen Tabelle zugreifen wollen, in eckigen Klammer voranstellen: *[c:\Externe Excel Datei.xls]Tabelle2!B4*.

Inhalte einfügen

Eine wichtige Funktion im Zusammenhang mit dem Kopieren von Zellen ist der Befehl *Bearbeiten/Inhalte einfügen*. Anders als beim normalen Einfügen, wo gleichzeitig die Inhalte und die Formate der kopierten Zellen übertragen werden, lässt sich mit *Bearbeiten/Inhalte einfügen* nämlich sehr genau kontrollieren, was aus der Zwischenablage in das Arbeitsblatt eingefügt wird. Die Zellinhalte, die Zellformate, Kommentare, Gültigkeitsregeln oder sogar die aktuellen Ergebnisse der Formeln, also die Werte. Das ist überall dort sehr praktisch, wo Sie Werte mit komplexen Formeln berechnen und diese dann als feste Konstanten in ein Arbeitsblatt übernehmen wollen.

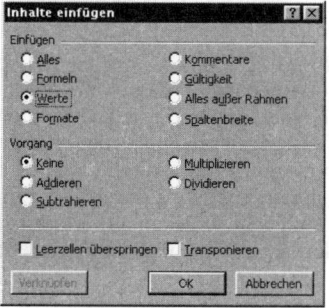

Abbildung 16.11:
Bei Inhalte einfügen *kontrollieren Sie genau, welche Bestandteile der Zellen eingefügt werden.*

Suchen und Ersetzen von Werten und Zellinhalten

Obwohl man diese Funktion eher bei einer Textverarbeitung wie Word vermuten würde, besitzt auch Excel eine *Suchen und Ersetzen*-Funktion. Mit *Bearbeiten/Suchen* lässt sich gezielt nach Formeln, Texten und konstanten Werten, sogar nach Formelergebnissen, suchen. Zumeist nutzt man die *Suchen*-Funktion jedoch eher, um nach Zellen mit einem bestimmten Text oder dem Aufruf einer bestimmten Funktion innerhalb einer Formel zu suchen.

Sofern beim Aufruf von *Bearbeiten/Suchen* (Kurzwahltaste [Strg]+[F]) ein Zellbereich markiert ist, erstreckt sich die Suche ausschließlich auf diesen Bereich. Ansonsten durchsucht Excel das gesamte Arbeitsblatt, ausgehend von der aktuellen Zelle.

Die Feinheiten der Tabellenkalkulation

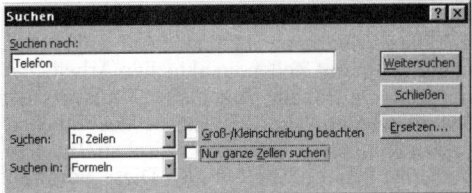

Abbildung 16.12:
Die Dialog-
maske der
Suchen-*Funktion*

Im Dialogfeld *Suchen in* legen Sie fest, ob Excel die eigentlichen Inhalte der Zellen (Formeln, Texte, Werte), die Ergebnisse oder die Kommentare durchsuchen soll. (Mehr über Kommentare erfahren Sie in ▶ Kapitel 16). Soll Excel nur Zellen finden, in denen genau der angegebene Text aus *Suchen nach* steht, sonst nichts, müssen Sie das Kontrollkästchen *Nur ganze Zellen suchen* aktivieren.

Die Suche selbst starten Sie über *Weitersuchen*. Jeder Druck auf diese Schaltfläche führt Sie zur nächsten Zelle mit dem gesuchten Inhalt, bis Excel meldet, dass keine Zellen mehr gefunden wurden. Können Sie das Ausfüllkästchen auf dem Bildschirm nicht mehr ausmachen, befindet sich die gefundene Zelle wahrscheinlich unter dem Dialogfenster. Schieben Sie den Dialog in diesem Fall einfach über dessen Titelleiste beiseite, damit die Zelle sichtbar wird. Möchten Sie am Anschluss an einen Fund zu der gefundenen Zelle wechseln, müssen Sie den *Suchen*-Dialog zunächst über *Schließen* beenden.

Allerdings können Sie die letzte Suche jederzeit ohne großen Aufwand von der aktuellen Zelle aus fortsetzen, indem Sie einfach die Kurzwahltaste ⇧+F4 drücken. Ein erneuter Aufruf von *Bearbeiten/Suchen* ist dafür nicht erforderlich.

TIPP

Ersetzen

Das Ersetzen über *Bearbeiten/Ersetzen* (Kurzwahltaste Strg+H) ist letztendlich nichts anderes als eine Erweiterung des Suchens. Erst wird gesucht, dann – bei erfolgreichem Abschluss der Suche – der gesuchte Text durch einen anderen ersetzt. Möchten Sie das Ersetzen an den einzelnen Fundstellen jeweils bestätigen oder ablehnen, starten Sie die Suche zunächst über die Schaltfläche *Weitersuchen*. Wird Excel fündig, drücken Sie entweder die *Ersetzen*-Schaltfläche, um den gefundenen Text durch Ihre Eingabe aus dem Dialogfeld *Ersetzen durch* zu ersetzen. Oder Sie drücken auf *Weitersuchen*, damit Excel an dieser Stelle nichts ersetzt, sondern gleich die nächste Fundstelle ausfindig macht.

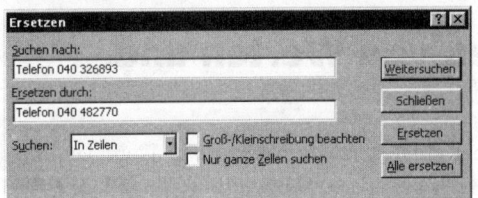

Abbildung 16.13:
Das Ersetzen ist
eine Erweiterung
des Suchens.

Können Sie allerdings sicher sein, dass mit dem in *Suchen nach* genannten Suchtext wirklich nur alle gewünschten Zellen gefunden werden, bedienen Sie sich am besten gleich der Schaltfläche *Alle ersetzen*. Denn dadurch werden alle Vorkommen des gesuchten Textes in einem Rutsch und ohne Nachfrage ersetzt.

Rechtschreibprüfung

Rechtschreibung

Auch Excel partizipiert an der Office-übergreifenden Rechtschreibkorrektur, die wie gewohnt über [F7] bzw. die zugehörige Schaltfläche *Rechtschreibung* für das gesamte Arbeitsblatt bzw. den markierten Bereich ausgelöst werden kann. Excel überprüft dabei nur die Texte im Arbeitsblatt sowie die Kommentare und die Kopf-/Fußzeilen. Die Überprüfung beruht auf den gleichen Wörterbüchern, die auch in Word und den anderen Anwendungen mit Rechtschreibkorrektur zum Einsatz kommen. Wenn Sie mehr über die Bedienung dieses Dialogs wissen möchten, schlagen Sie bitte im Word-Teil im
▶ Kapitel 6 nach.

Abbildung 16.14:
Hups, die Hypso-
thek, *die gibt's*
doch gar nicht!

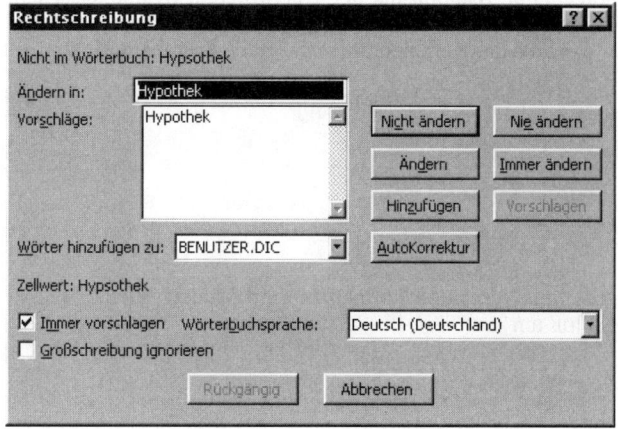

Kommentare

Ganz im Ernst: Wissen Sie auch noch Wochen nach der Erstellung eines Tabellenblattes genau, welchen Zweck jede einzelne Formel erfüllt? Und sind Sie sich auf Anhieb sicher, welche Werte für eine Zelle zugelassen und gültig sind? Wenn Sie, genau wie wir, diese Fragen eher mit Nein beantworten würden, sind Kommentare vielleicht die Lösung Ihrer Probleme. Denn in Excel können Sie jede Zelle einer Tabelle mit einem Kommentartext versehen, der standardmäßig angezeigt wird, sobald das Ausfüllkästchen auf der Zelle platziert wird:

Abbildung 16.15:
Ein Kommentar

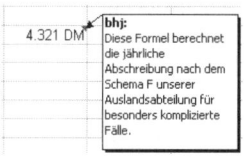

Der Kommentar besteht zum einen aus dem Namen des derzeit im System angemeldeten Benutzers sowie dem von Ihnen eingegebenen Kommentartext. Durch die Speicherung des Benutzernamens im Kommentar lassen sich Kommentare der Person zuordnen, die ihn hinterlassen hat. Das ist vor allem dann interessant, wenn verschiedene Anwender gemeinsam an einer Excel-Tabelle arbeiten.

Die Feinheiten der Tabellenkalkulation

Erstellen eines Kommentars

Ob eine Zelle einen Kommentar besitzt oder nicht, erkennen Sie am kleinen roten Dreieck, das in der rechten oberen Ecke einer Zelle platziert wird, wenn diese einen Kommentar enthält. Diese kleine Dreieck soll an ein Eselsohr erinnern und damit auf den verborgenen Kommentar aufmerksam machen.

Excel verwendet zur Anzeige eines Kommentars eine AutoForm, die nach Belieben vergrößert und platziert werden kann. Selbst nach dem Kopieren oder Verschieben der Zelle behält der Kommentar seine relative Position zur Zelle sowie seine Größe bei.

Einen neuen Kommentar fügen Sie entweder über den Befehl *Kommentar* aus dem *Einfügen*-Menü, über den Befehl *Kommentar einfügen* aus dem Kontextmenü einer Zelle oder über das entsprechende Symbol aus der *Überarbeiten*-Symbolleiste ein. Excel erzeugt ein neues Kommentarfeld für die Zelle, fügt den Benutzernamen ein und setzt die Einfügemarke zur Eingabe des Kommentars in das neue Kommentarfeld:

HINWEIS

Kommentar einfügen

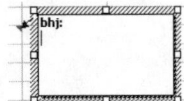

Abbildung 16.16:
Ein neues, leeres Kommentarfeld

Den von Excel eingefügten Benutzernamen können Sie auf Wunsch auch löschen, denn es handelt sich dabei bloß um Text.

HINWEIS

Abbildung 16.17:
Die Überarbeiten-Symbolleiste

Kommentare bearbeiten

Um den Kommentar einer Zelle zu ändern, rufen Sie den Befehl *Kommentar bearbeiten* aus dem Kontextmenü oder der *Überarbeiten*-Symbolleiste auf. Excel zeigt daraufhin in jedem Fall den Kommentar an und platziert die Einfügemarke in das Kontrollfeld.

Kommentar bearbeiten

Weil man auf einem großen Tabellenblatt Gefahr läuft, einen Kommentar zu übersehen, bietet Excel mit den Symbolen *Vorheriger Kommentar* und *Nächster Kommentar* aus der *Überarbeiten*-Symbolleiste die Möglichkeit, alle Kommentare nacheinander zu bearbeiten. Dabei durchläuft Excel die kommentierten Zellen beim Klick auf *Nächster Kommentar* von links nach rechts und von oben nach unten. Beim Klick auf *Vorheriger Kommentar* werden die Zellen in umgekehrter Richtung aufgesucht.

Vorheriger/ Nächster Kommentar

Kommentare löschen

Hat der Kommentar seine Daseinberechtigung verloren, wird er über den Befehl *Kommentar löschen* aus dem Kontextmenü seiner Zelle oder über das gleichnamige Symbol der *Überarbeiten*-Symbolleiste entfernt.

Kommentar löschen

Kommentare anzeigen und verbergen

Der Kommentar eines Feldes wird üblicherweise erst angezeigt, sobald Sie den Mauszeiger ein paar Sekunden über einer kommentierten Zelle verweilen lassen.

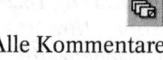

Alle Kommentare anzeigen/ausblenden

Sollen die Kommentare aller Zellen permanent angezeigt werden, weil sie beispielsweise auf drängende Aufgaben aufmerksam machen, müssen Sie den Befehl *Ansicht/Kommentare* aufrufen oder das Symbol *Alle Kommentare anzeigen/ausblenden* aus der *Überarbeiten*-Symbolleiste anklicken. Dieses Symbol wirkt wie ein Schalter, der entweder alle Kommentare anzeigt oder alle Kommentare ausblendet und die Anzeige wieder an die Position des Mauszeigers kettet.

Kommentar anzeigen/ausblenden

Wollen Sie nicht alle Kommentarfelder ein- bzw. ausblenden, können Sie die Sichtbarkeit des Kommentarfeldes selektiv für die derzeit markierten Zellen einstellen. Die *Überarbeiten*-Symbolleiste stellt zu diesem Zweck die *Kommentar anzeigen/ausblenden*-Schaltfläche bereit. Diese Befehle finden Sie außerdem im Kontextmenü einer Zelle.

Gemeinsam an einer Arbeitsmappe arbeiten

Wenn Sie eine Excel-Datei öffnen, besitzen Sie im Allgemeinen die »Exklusivrechte« an dieser Datei. Nur Sie allein dürfen die Datei zu diesem Zeitpunkt ändern. Andere Anwender, die dieselbe Datei ebenfalls öffnen wollen, erhalten die folgende Meldung:

Abbildung 16.18: Der Versuch, die von einem anderen Anwender geöffnete Datei zu öffnen

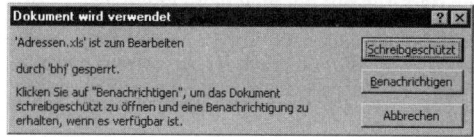

Klicken Sie auf die Schaltfläche *Schreibgeschützt*, so öffnet Excel die Datei und erlaubt die Betrachtung der Tabellen. Allerdings lässt sich die veränderte Kopie der Datei nicht unter dem alten Dateinamen speichern, sondern muss unter einem anderen Namen abgelegt werden.

Klicken Sie dagegen auf die Schaltfläche *Benachrichtigen*, öffnet Excel die Tabelle ebenfalls zur Ansicht. Doch sobald der erste Anwender die Tabelle schließt, erhalten Sie folgende Meldung, über die Sie sich die Schreibrechte an der Datei sichern können, indem Sie die Schaltfläche *Lese-/Schreibzugriff* betätigen.

Abbildung 16.19: Hier können Sie sich die Schreibrechte sichern.

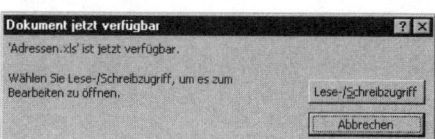

Die Schreibrechte in Anspruch zu nehmen hat allerdings seinen Preis – zumindest wenn Sie an Ihrer Kopie der schreibgeschützten Mappe Änderungen vorgenommen haben und das Gleiche auch für den Anwender gilt, der die Mappe geschlossen hat. In diesem Fall müssen Sie entscheiden, was mit Ihren eigenen Änderungen geschehen soll. Sie können Ihre Änderungen entweder *Verwerfen* oder in einer anderen Arbeitsmappe *Speichern*:

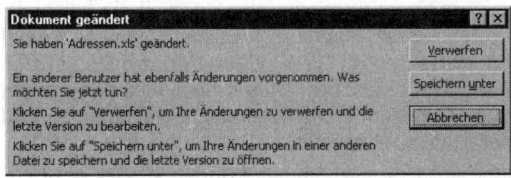

Abbildung 16.20: Sollen Ihre zwischenzeitlichen Änderungen gespeichert oder verworfen werden?

Nach dem Klick auf eine dieser beiden Schaltflächen wird in jedem Fall die vom anderen Benutzer geschlossene Arbeitsmappe geöffnet. Es sei denn, Sie betätigen die *Abbrechen*-Schaltfläche. Dann bleibt alles beim Alten und Sie arbeiten weiterhin an einer schreibgeschützten Kopie der ursprünglichen Arbeitsmappe.

Arbeitsmappen freigeben

Excel bietet mehreren Anwendern die Möglichkeit, gleichzeitig auf verschiedenen PC-Arbeitsplätzen an ein und derselben Arbeitsmappe zu arbeiten. Dazu muss die Mappe allerdings zuerst freigegeben werden. Die Änderungen, die verschiedene Anwender gleichzeitig an der Mappe vornehmen, werden anschließend entweder beim Speichern der Arbeitsmappe oder nach einem fest vorgegebenen Intervall zwischen allen Anwendern abgeglichen. Alle Anwender arbeiten dadurch auf der gleichen Datenbasis.

Um eine Arbeitsmappe zur gleichzeitigen Bearbeitung mit anderen Anwendern freizugeben, müssen Sie den Befehl *Arbeitsmappe freigeben* aus dem *Extras*-Menü aufrufen. Excel zeigt daraufhin den folgenden Dialog:

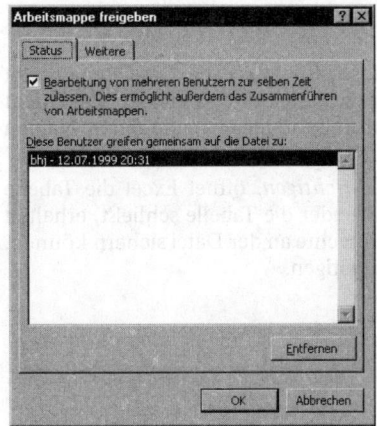

Abbildung 16.21: Arbeitsmappe freigeben

Sie müssen das Kontrollkästchen *Bearbeitung von mehreren Benutzern zur selben Zeit zulassen* aktivieren. Klicken Sie anschließend auf *OK*, fordert Excel Sie dazu auf, das Datenblatt in einer neuen Datei zu speichern. Nur so werden die für die gemeinsame Benutzung benötigten Informationen für eine Excel-Datei erzeugt.

Nun können andere Anwender die soeben gespeicherte Mappe ebenfalls öffnen und nach Herzenslust die Zellen ändern. Wie die Inhalte der gleichzeitig von mehreren Anwendern veränderten Zellen abgeglichen (synchronisiert) werden, können Sie im Register *Weitere* des *Arbeitsmappe freigeben*-Dialogs einstellen.

Abbildung 16.22:
Einstellungen
freigegebener
Arbeitsmappen

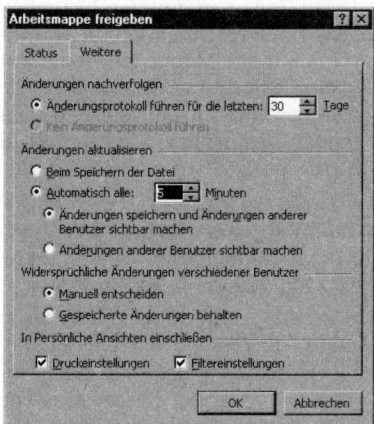

In der Steuerelementgruppe *Änderungen nachverfolgen* geben Sie an, ob und über welchen Zeitraum Excel ein Änderungsprotokoll führen soll. Dieses Änderungsprotokoll erlaubt die spätere Nachverfolgung der Änderungen an den Zellinhalten, nach Datum, Uhrzeit und Bearbeiter.

Viel wichtiger sind aber die Einstellungen in der Steuerelementgruppe *Änderungen aktualisieren*. Bei Aktivierung der Option *Beim Speichern der Datei* werden die Änderungen anderer Anwender erst dann in die Arbeitsmappe übernommen, wenn Sie die Mappe speichern. Excel übernimmt dann automatisch die Zellinhalte, die andere Anwender zwischenzeitlich in die Mappe eingetragen haben. Wenn allerdings auch Sie Änderungen an der Mappe vorgenommen haben, entsteht ein klassischer Konflikt. Dieser Konflikt kann entweder von Excel automatisch aufgelöst oder von von Ihnen manuell entschieden werden.

Konflikte lösen

Wenn Sie in der Steuerelementgruppe *Widersprüchliche Änderungen verschiedener Benutzer* die Option *Gespeicherte Änderungen beibehalten* aktivieren, bleiben die Zellinhalte in der Mappe, die zuletzt gespeichert wurde. Hier »gewinnt« also der Benutzer, der die Mappe zuletzt speichert.

Aktivieren Sie dagegen die Option *Manuell entscheiden*, zeigt Excel beim Speichern eines Arbeitsblattes den folgenden Dialog, wenn mehrere Anwender identische Zellen verändert haben:

Abbildung 16.23:
Konflikte
auflösen

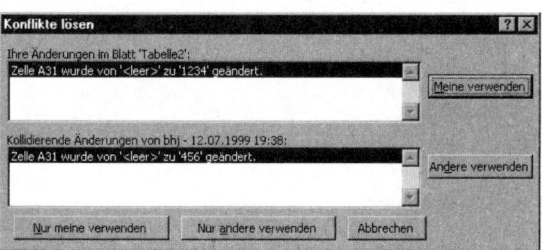

Die Feinheiten der Tabellenkalkulation

Im oberen Listenfeld werden die von Ihnen veränderten Zellen, im unteren Listenfeld die von anderen Benutzern veränderten Zellen angezeigt. Durch Klick auf die Schaltfläche *Meine verwenden* übernehmen Sie den von Ihnen in die Mappe eingetragenen Wert für die Zelle. Wenn Sie die Schaltfläche *Andere verwenden* anklicken, wird die Änderung des anderen Benutzers übernommen. Nach dem Klick auf eine dieser beiden Schaltfläche zeigt Excel die Daten für die nächste Zelle an, bei der es einen Konflikt zu lösen gilt.

Klicken Sie dagegen auf die Schaltfläche *Nur meine verwenden* bzw. *Nur andere verwenden*, werden alle noch anstehenden Konflikte dadurch gelöst, dass die von Ihnen bzw. die von anderen Anwendern eingegebenen Daten übernommen werden.

Anders verhält es sich, wenn nur ein anderer Anwender die Daten in einer Zelle verändert hat. In diesem Fall werden Sie beim Speichern der Mappe nur darauf aufmerksam gemacht, dass sich einige Zellen in der Mappe verändert haben:

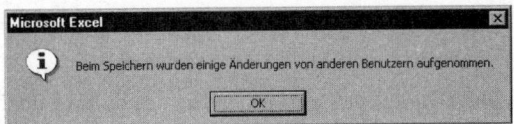

Abbildung 16.24:
Andere Anwender haben Zellen in der Mappe verändert.

Gliederungen

Tabellen enthalten häufig mehr Details, als man auf dem Bildschirm sehen möchte, wenn man die großen Zusammenhänge im Blick haben will. Für die Berechnung von Summen und Durchschnitten mögen diese Details unerlässlich sein, bei der Anzeige sind sie manchmal eher störend. Die folgende Tabelle zeigt die Verkaufsdaten eines Autohändlers – aufgeschlüsselt nach Regionen und PKWs bzw. LKWs:

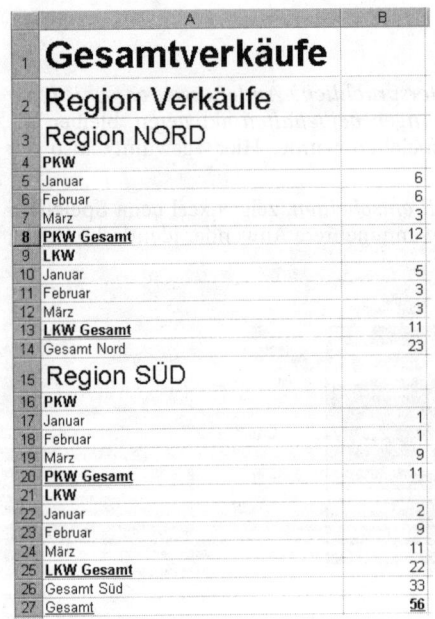

Abbildung 16.25:
Verkaufstabelle

Um die bundesweiten Umsätze einzusehen, müssen Sie an das Ende der Tabelle scrollen und dort die Zeile mit dem Gesamtumsätzen betrachten (*Gesamt 56*). Sind die Zwischenergebnisse zunächst unwichtig, können Sie diese durch Ausblenden der Zeilen unsichtbar machen. Doch spätestens dann, wenn einer Ihrer Regionaldirektoren Zugriff auf die Umsatzdaten seiner Region benötigt, wird der Umgang mit der Tabelle kompliziert. Denn zunächst müssen wieder alle Zeilen eingeblendet werden, um anschließend alle Zeilen auszublenden, die nicht zur interessierenden Region gehören.

Das Ein- und Ausblenden der Detaildaten eines Tabellenblattes lässt sich einfacher mit der Gruppierungsfunktion von Excel bewerkstelligen. Sie erlaubt die Gruppierung zusammenhängender Zeilen oder Spalten, die sich mit Hilfe angedeuteter Klammern vor den Zeilen- bzw. über den Spaltenköpfen einer Tabelle schnell und komfortabel ein- und ausblenden lassen:

Abbildung 16.26:
Eine gruppierte Tabelle, deren Zeilen alle eingeblendet sind

	A	B
1	**Gesamtverkäufe**	
2	**Region Verkäufe**	
3	**Region NORD**	
4	**PKW**	
5	Januar	6
6	Februar	6
7	März	3
8	**PKW Gesamt**	12
9	**LKW**	
10	Januar	5
11	Februar	3
12	März	3
13	**LKW Gesamt**	11
14	Gesamt Nord	23
15	**Region SÜD**	
16	**PKW**	
17	Januar	1
18	Februar	1
19	März	9
20	**PKW Gesamt**	11
21	**LKW**	
22	Januar	2
23	Februar	9
24	März	11
25	**LKW Gesamt**	22
26	Gesamt Süd	33
27	Gesamt	**56**

So fassen Sie Detaildaten zu einer Gruppe zusammen

1. Um mehrere Zeilen oder Spalten zu einer Gruppe zusammenzufassen, müssen Sie die betreffenden Zeilen/Spalten markieren:

Abbildung 16.27:
Markieren Sie die zu gruppierenden Zeilen oder Spalten.

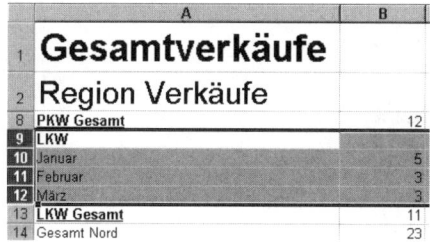

Die Feinheiten der Tabellenkalkulation

Auch die erste Zeile unterhalb/rechts der markierten Zellen gehört zur Gruppe. In den *Gruppen-Einstellungen...* können Sie statt dieser Zusammenfassungsspalten auch Überschriften verwenden. Dann gehört die erste Zeile/Spalte über/rechts der markierten Zeilen zur Gruppe.

2. Rufen Sie nun den Befehl *Gruppierung...* aus dem Menü *Daten/Gliederung und Gruppierung* auf.
3. Excel zeigt vor dem Zeilenkopf bzw. über dem Spaltenkopf eine Gruppenklammer an:

HINWEIS

Gruppierung...

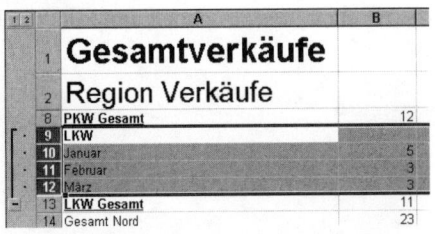

4. Um anschließend die Gruppe auszublenden, müssen Sie in der Gruppenklammer auf die Schaltfläche mit dem Minus-Zeichen (–) klicken. Dadurch werden die gruppierten Zeilen ausgeblendet. Anstelle der Gruppenklammer wird anschließend nur noch eine kleine Schaltfläche mit einem Plus-Zeichen angezeigt. Ein Klick darauf blendet den Detailbereich wieder ein:

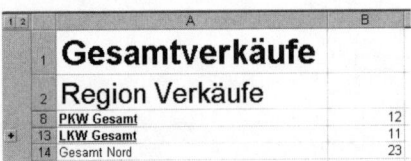

Abbildung 16.28:
Ausgeblendete
Detailbereiche

Um die zuvor gruppierten Zeilen/Spalten ein- und auszublenden, müssen Sie nicht unbedingt auf die kleinen Schaltflächen am Rand der Tabelle klicken. Alternativ können Sie auch das Ausfüllkästchen in eine beliebige Zelle der gruppierten Zeilen oder Spalten platzieren und die Befehle *Detail einblenden* oder *Detail ausblenden* aus dem *Daten/Gliederung und Gruppierung...*-Menü aufrufen.

Wenn Sie den *Gruppierung...*-Befehl aufrufen, obwohl zu diesem Zeitpunkt weder komplette Zeilen noch komplette Spalten markiert sind, stellt Excel die folgende Abfrage. Sie bestimmen darüber, ob Zeilen oder Spalten gruppiert werden sollen:

HINWEIS

Detail ausblenden/ einblenden

Abbildung 16.29:
Sollen Zeilen
oder Spalten
gruppiert
werden?

Zusammenfassungen oder Überschriften?

Die Schaltfläche zum Ein-/Ausblenden der Gruppe im Zeilen-/Spaltenkopf steht neben der so genannten Hauptzeile/-spalte. Im oberen Beispiel trägt die Hauptzeile die Beschriftung *LKW Gesamt*. In der Standardeinstellung wird die erste Zeile unterhalb/links von den zur Gruppierung markierten Zeilen/Spalten zur Hauptzeile gemacht. Diese Form der Anordnung ist jedoch nur sinnvoll, wenn die Hauptzeile/-spalte, also die Gruppenzusammenfassung, unterhalb/links von der Gruppe steht:

Abbildung 16.30: Zusammenfassung der Gruppe

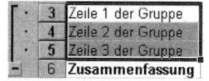

Manchmal werden aber Überschriften anstelle von Zusammenfassungen benötigt:

Abbildung 16.31: Überschrift über eine Gruppe

Um die Gruppen mit einer Überschrift zu versehen, müssen Sie den Befehl *Daten/Gliederung und Gruppierung/Einstellungen...* aufrufen. Durch Deaktivieren der Kontrollkästchen *Hauptzellen unter Detaildaten* bzw. *Hauptspalten rechts von Detaildaten* werden alle (!) Gruppen mit Überschriften anstelle von Zusammenfassungen versehen.

Abbildung 16.32: Gruppierungseinstellungen

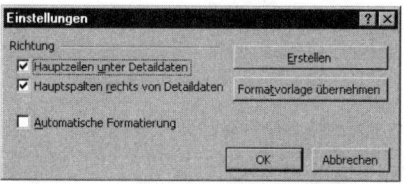

Gruppen hinzufügen und erweitern

Sie können die Zeilen und Spalten einer Tabelle in beliebig viele Gruppen aufspalten. Sie können sogar existierende Gruppen zu weiteren Gruppen zusammenfassen. Allerdings erlaubt Excel nur maximal acht ineinander geschachtelte Gruppenebenen.

Bei der Erstellung neuer Gruppen müssen Sie darauf achten, dass Überschriften bzw. Zusammenfassungszeile/-spalte vor dem Aufruf des *Gruppierung*-Befehls nicht markiert sind. Denn nur so erstellt Excel eine weitere Gruppe. Ansonsten erweitert Excel die bestehende Gruppe um die zusätzlich markierten Zeilen:

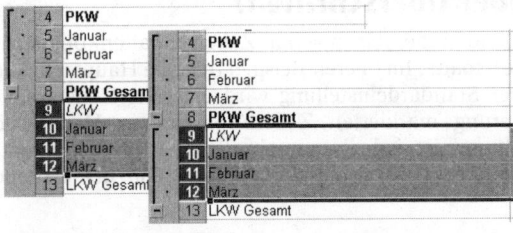
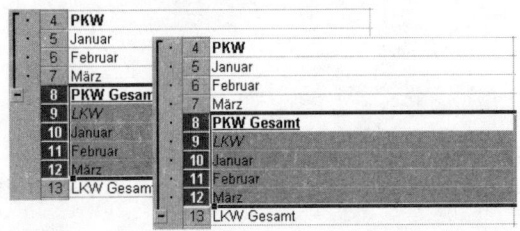

Abbildung 16.33:
Beim Erstellen neuer Gruppen kommt es auf die Markierung an!

Gruppen gruppieren

Um mehrere Gruppen wiederum zu einer Gruppe zusammenzufassen, müssen Sie die Zeilen/Spalten der zu gruppierenden Gruppen markieren und den Befehl *Daten/Gliederungen und Gruppierung/Gruppierung* aufrufen. Wie eine Tabelle mit mehreren Gruppierungsebenen aussieht, zeigt die folgende Abbildung.

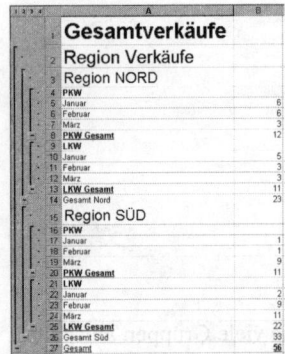

Gruppen aufheben

Um eine Gruppe aufzuheben, müssen Sie das Ausfüllkästchen in eine Zelle der aufzulösenden Gruppe platzieren und den Befehl *Daten/Gliederung und Gruppierung/Gruppierung aufheben...* aufrufen. Weil Excel auch hier nicht sicher sein kann, ob Zeilen- oder Spaltengruppierungen aufgehoben werden sollen, stellt Excel die bereits aus bekannte Frage (siehe Abbildung 16.34). Sie wird umgangen, wenn Sie die Zeilen/Spalten über die Zeilen-/Spaltenköpfe markieren.

Sollen mehrere Gruppen aufgelöst werden, müssen Sie vor dem Aufruf des *Gruppierung aufheben*-Befehls die jeweiligen Zeilen/Spalten der aufzulösenden Gruppen markieren.

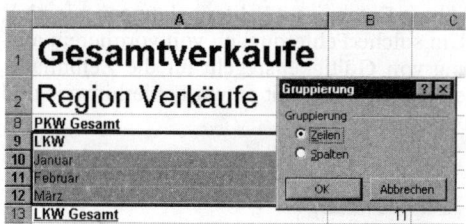

Um alle Gruppen von dem Arbeitsblatt zu entfernen, müssen Sie den Befehl *Daten/Gliederung und Gruppierung/Gruppen entfernen* aufrufen. Dabei müssen Sie allerdings darauf achten, dass zum Zeitpunkt des Befehlsaufrufs keine Markierung besteht. Denn sonst werden nur die markierten Gruppen entfernt.

AutoGliederung

Weil die manuelle Gliederung einer Tabelle sehr mühsam werden kann, stellt Excel die Funktion *AutoGliederung* im Menü *Daten/Gliederung und Gruppierung* zur Verfügung. Dieser Befehl nimmt eine Gruppierung aufgrund der Formatierung der Zeilen/Spalten vor. Leider kann das Ergebnis der *AutoGliederung* nur selten befriedigen, so dass Sie eine manuelle Gliederung kaum umgehen können.

Formatierung der Gliederung

Damit sich der Anwender einer gruppierten Tabelle zurechtfindet, können Sie Excel veranlassen, standardisierte Formatvorlagen auf die Hauptzeilen/-spalten, also auf die Zusammenfassungen oder Überschriften der Gruppen anzuwenden. Wird im *Einstellungen*-Dialog (*Daten/Gliederung und Gruppierung/Einstellungen...*) das Kontrollkästchen *Automatische Formatierung* aktiviert, wird jede Hauptzeile einer neu erstellten Gruppe mit einer Formatvorlage formatiert. Je nach Gruppierungsebene verwendet Excel die Formatvorlagen *Zeilenebene_1* bis *Zeilenebene_8* bzw. *Spaltenebene_1* bis *Spaltenebene_8*, die sich nachträglich verändern lassen und so für ein einheitliches Layout der Gruppen sorgen.

Standardmäßig ist die *Automatische Formatierung* der Hauptzeilen/-spalten deaktiviert. Daher bietet der *Einstellungen*-Dialog außerdem die Schaltfläche *Formatvorlage übernehmen*. Wird sie angeklickt, werden die derzeit markierten Gruppen nachträglich mit den entsprechenden Formatvorlagen versehen.

Abbildung 16.34: Formatvorlagen für die Gruppierung

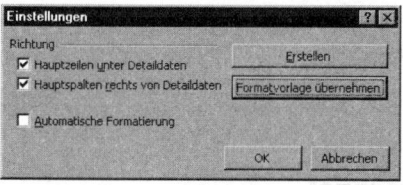

Gültigkeitsregeln

Im Normalfall überprüft Excel Ihre Eingabe in eine Zelle nicht. Ob die Eingaben sinnvoll sind oder in Einklang mit den Formeln stehen, die sich auf die Zelle beziehen, kommt erst bei der Betrachtung des Endergebnisses heraus. Ganz offenkundig werden unzulässige Werte, wenn statt des gewünschten Ergebnisses Fehlermeldungen wie *#NV*, *#WERT* oder *#NAME* herauskommen. Um solche Fehlerquellen von vornherein auszuschließen, erlaubt Excel die Aufstellung von Gültigkeitsregeln für die Zellinhalte. Wird ein ungültiger Wert eingegeben, meldet sich Excel mit einem Fehlerhinweis und nimmt die Eingabe auf Wunsch gar nicht erst an:

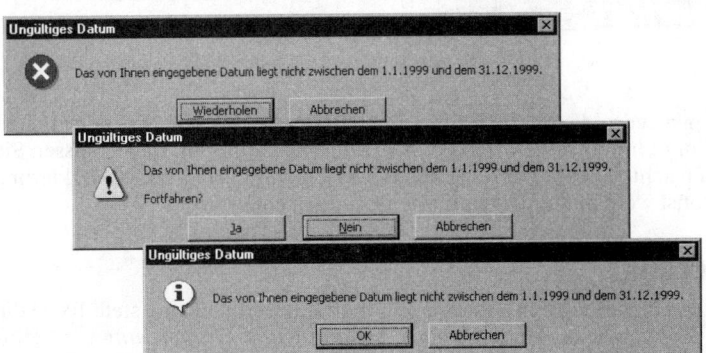

Abbildung 16.35:
Warnmeldung bei
Eingabe eines
ungültigen
Wertes

Weil sich die erlaubten Eingaben nicht immer eindeutig aus dem Zusammenhang erschließen lassen, können Sie bei Aktivierung einer Zelle die Anzeige eines Nachrichtentextes veranlassen, der auf die gültigen Werte bzw. den Sinn und Zweck der Zelle hinweist:

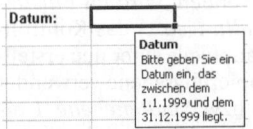

Abbildung 16.36:
Hinweis bei
Eingabe eines
Zellinhaltes

Um Missverständnisse von vornherein auszuschließen, können Sie eine Zelle auch zu einem so genannten Nachschlagefeld machen. Zugelassen sind dann nur noch die Werte, die aus einer zuvor festgelegten Liste stammen:

Abbildung 16.37:
Nachschlage-
felder
beschränken die
Eingabe auf
gültige Werte.

So erstellen Sie eine Gültigkeitsregel

1. Um die Gültigkeitsregeln der Werte in einer Zelle festzulegen, markieren Sie zuerst die entsprechende(n) Zelle(n) und rufen anschließend den Befehl *Daten/Gültigkeit...* auf.

   Über das *Zulassen*-Kombinationsfeld des *Einstellungen*-Registers geben Sie an, welche Art von Werten in der Zelle erlaubt sind. In der Standardeinstellung wird *Jeder Wert* zugelassen. Darüber hinaus lässt sich die Eingabe aber auch auf *Ganze*

Abbildung 16.38:
Definition der Gültigkeitsprüfung

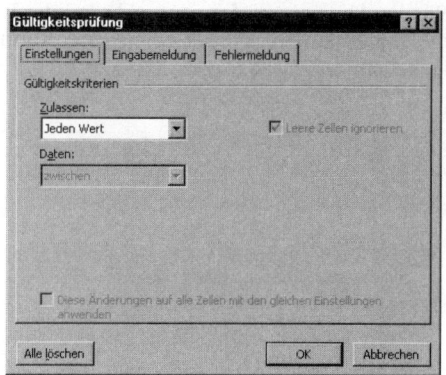

Zahlen, Dezimalzahlen, eine *Liste*, ein *Datum*, eine (Uhr-)*Zeit* oder einen Text bestimmter Länge (*Textlänge*) beschränken. Und für die *Benutzerdefinierte* Prüfung müssen Sie eine Formel angeben, die den Wahrheitswert *Wahr* liefern muss, damit Excel den eingegebenen Wert akzeptiert.

2. Wählen Sie beispielsweise den Eintrag *Dezimal*, um Zahlen mit und ohne Nachkommastellen zuzulassen. Excel ändert daraufhin den Dialog, der nun Eingabefelder zur Festlegung des Wertebereichs der Zelle gestattet:

Abbildung 16.39:
Festlegen des gültigen Wertebereichs

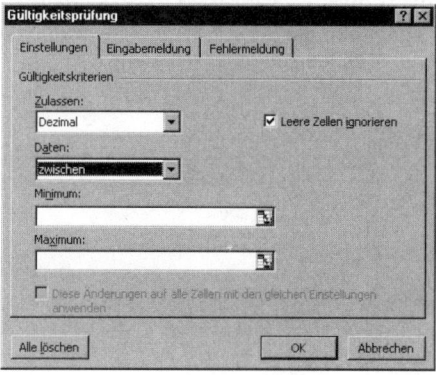

Über das Kombinationsfeld *Daten* wählen Sie die zu überprüfende Bedingung aus. Zur Auswahl stehen *zwischen, nicht zwischen, gleich, ungleich, größer als, kleiner als, größer oder gleich, oder kleiner oder gleich*.

Für die Bedingungen *zwischen* und *nicht zwischen* zeigt der Dialog zwei Eingabefelder, in die Sie entweder konstante Werte eintragen oder den Bezug auf eine Zelle hinterlegen, die das zu prüfende *Minimum* und *Maximum* aufnehmen. Für alle anderen Vergleichsoperatoren stellt der Dialog nur ein Eingabefeld mit dem Namen *Wert* zur Verfügung, in dem Sie die Konstante oder die Zelle mit dem zu prüfenden Wert hinterlegen.

HINWEIS Falls leere Zellen, also Zellen ohne Inhalt, zugelassen sind, kann das Kontrollkästchen *Leere Zellen ignorieren* weiterhin aktiviert bleiben. Sind leere Zellen allerdings nicht erlaubt, muss dieses Kontrollkästchen deaktiviert werden.

1. Im Register *Eingabemeldung* legen Sie den Hinweistext fest, der während der Eingabe eines Wertes in die aktuelle Zelle angezeigt wird. Neben einem *Titel* können Sie die eigentliche *Eingabemeldung* angeben.

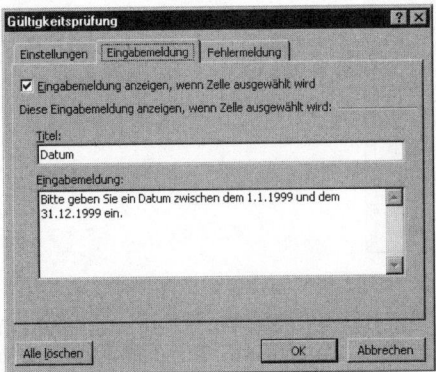

Abbildung 16.40:
Die Eingabemeldung

Damit die Meldung auch angezeigt wird, wenn das Ausfüllkästchen auf die entsprechende Zelle gesetzt wird, muss das Kontrollkästchen *Eingabemeldung anzeigen, wenn die Zelle ausgewählt wird* aktiviert werden.

2. Um eine Fehlermeldung auszugeben, sobald der in die Zelle eingegebene Wert gegen die Gültigkeitsregel verstößt, müssen Sie im Register *Fehlermeldung* ebenfalls einen Titel und eine Meldung hinterlegen. Zudem können Sie ein Symbol auswählen, das bei Auftreten der fehlerhaften Eingabe im Meldefenster angezeigt wird:

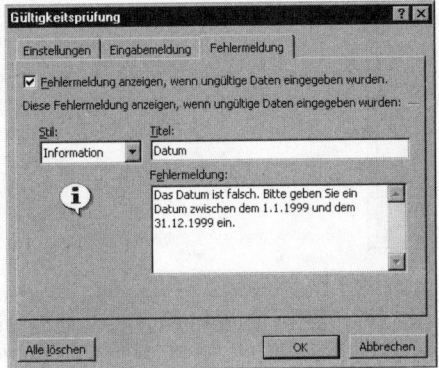

Abbildung 16.41:
Eingabe der Fehlermeldung

Über das Kombinationsfeld *Stil* legen Sie fest, ob die Eingabe eines gültigen Feldes zwingend erforderlich ist. Wenn Sie hier die Auswahl *Stopp* treffen, meldet Excel so lange einen Fehler, bis die Zelle einen gültigen Wert enthält. Bei Auswahl des Eintrags *Warnung* bietet Excel die Möglichkeit, trotz eines Fehlers den eingegebenen Wert zu übernehmen. Schlagen Sie diese Möglichkeit aus, werden Sie zur erneuten Eingabe eines Wertes aufgefordert. Bei Auswahl des Eintrags *Information* wird nur ein einfacher Hinweis ausgegeben, der Sie auf einen fehlerhaften Wert hinweist.

Gültigkeitsregeln löschen

Um die Gültigkeitsregeln von Zellen zu löschen, müssen Sie die betreffenden Zellen markieren und den *Gültigkeit...*-Befehl aus dem *Daten*-Menü aufrufen. Wenn Sie nun auf die Schaltfläche *Alles löschen* klicken, werden alle Einträge des Dialogs zurückgesetzt. Sobald Sie den Dialog mit *OK* bestätigen, werden dadurch alle Gültigkeitsregeln entfernt. Falls Sie den Dialog *Abbrechen*, bleibt alles beim Alten.

Gültigkeitsregeln ändern

Die Gültigkeitsregeln lassen sich auch nachträglich verändern. Markieren Sie dazu die zu bearbeitende Zelle und rufen Sie den *Gültigkeit...*-Befehl aus dem *Daten*-Menü auf. Dadurch wird der *Gültigkeitsregel*-Dialog geöffnet, in dem Sie die Regeln ändern können.

HINWEIS Wird der *Gültigkeitsprüfung*-Dialog für mehrere markierte Zellen aufgerufen, erscheint der folgende Hinweis, wenn die markierten Zellen unterschiedliche Gültigkeitsregeln verwenden. Wird diese Meldung mit *OK* bestätigt, werden alle bisher definierten Gültigkeitsregeln gelöscht.

Abbildung 16.42:
Hinweis bei unterschiedlichen Gültigkeitsregeln

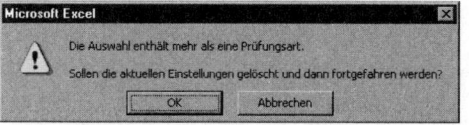

Wenn Sie im *Einstellungen*-Register das Kontrollkästchen *Diese Änderungen auf alle Zellen mit den gleichen Einstellungen anwenden* aktivieren, wird die geänderte Gültigkeitsregel auf alle Zellen im Arbeitsblatt übertragen, die ursprünglich dieselbe Regel verwendeten. Nach dem Bestätigen des Dialogs mit *OK* markiert Excel die Zellen, deren Gültigkeitsregel durch diese Operation verändert wurden.

Gültikeitsregeln kopieren

Beim Kopieren einer Zelle über die Zwischenablage werden nur der Zellinhalt sowie die Formatierung der Zelle kopiert. Die Gültigkeitsregel wird jedoch nicht auf die Zielzellen übertragen. Um die Gültigkeitsregel einer Zelle auf andere Zellen zu übertragen, müssen Sie sie zuerst markieren und anschließend durch Aufruf des *Kopieren*-Befehls aus dem *Bearbeiten*- oder Kontextmenü in die Zwischenablage befördern (Strg+C). Beim Einfügen müssen Sie auf den *Inhalte einfügen...*-Befehl aus dem *Bearbeiten*-Menü zurückgreifen. Er zeigt den folgenden Dialog, der die Übernahme der Gültigkeitsregeln in die Zielzellen gestattet:

Abbildung 16.43:
Einfügen der Gültigkeitsregel

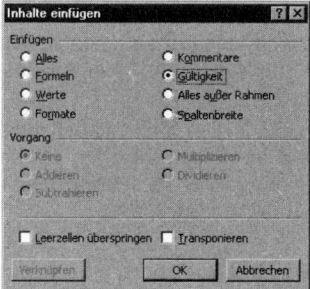

Die Feinheiten der Tabellenkalkulation

Um nur die Gültigkeitsregel in die Zielzellen zu kopieren, müssen Sie in der *Einfügen*-Gruppe die Option *Gültigkeit* aktivieren.

Welche Felder besitzen eine Gültigkeitsregel?

1. Wollen Sie herausfinden, welche Felder in einem Arbeitsblatt eine Gültigkeitsregel besitzen, müssen Sie den Befehl *Gehe zu...* aus dem *Bearbeiten*-Menü aufrufen (Strg + G).

Abbildung 16.44:
Der Gehe zu-Dialog

2. Klicken Sie auf die Schaltfläche *Inhalte*, um die Objekte auszuwählen, zu denen Sie »gehen« wollen. Es erscheint der folgende Dialog, in dem Sie das Ziel Ihrer Navigationsbemühungen angeben.

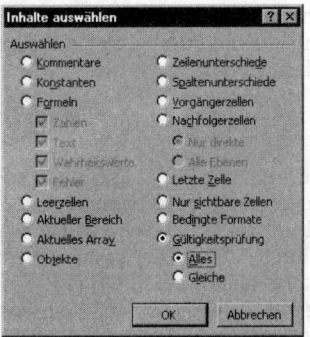

Abbildung 16.45:
Wohin wollen Sie »gehen«?

Wählen Sie die Option *Gültigkeitsprüfung* und entweder die Sub-Option *Alle* oder *Gleiche* aus. *Alle* wählen Sie, wenn Sie alle Zellen mit einer Gültigkeitsprüfung anzeigen und aufsuchen wollen, *Gleiche* wählen Sie, wenn Sie nur an jenen Zellen interessiert sind, die dieselbe Gültigkeitsprüfung wie die Zelle unter dem Ausfüllkästchen besitzen.

3. Bestätigen Sie den Dialog mit *OK* und Excel markiert alle Zellen, die eine beliebige bzw. die gleiche Gültigkeitsregel wie die aktuelle Zelle aufweisen. Mit den Tasten ↹ und ⇧+↹ navigieren Sie zwischen den markierten Zellen. Durch Betätigung einer Pfeiltaste beenden Sie den *Gehe zu*-Navigationsmodus.

Nachschlagefelder

Sehr nützlich und außerdem komfortabel ist die Beschränkung der Eingabe auf eine Liste mit gültigen Werten. Dazu hinterlegen Sie auf einer wenig exponierten Stelle eines Arbeitsblattes oder in einer separaten Tabelle die in Frage kommenden Werte und veranlassen Excel, mit einer Gültigkeitsregel dafür zu sorgen, dass eine Zelle nur Werte aus dieser Liste aufnehmen kann.

Abbildung 16.46: Zellinhalt auf Werte aus einer Liste beschränken

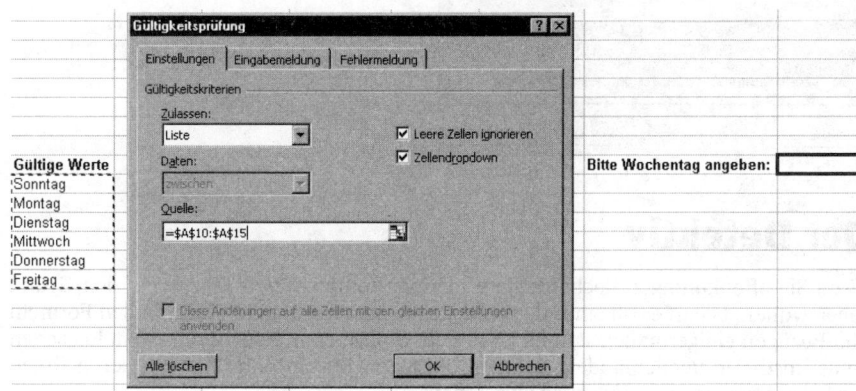

Im Dialog *Gültigkeitsregel* wählen Sie dazu den Eintrag *Liste* aus dem Kombinationsfeld *Zulassen* aus und geben im Eingabefeld *Quelle* einen Bezug auf die Liste mit den zulässigen Werten an. Diese Liste muss in einer Spalte oder in einer Zeile vorliegen.

Alternativ zur Angabe eines Zellbezugs lassen sich die gültigen Werte auch durch Semikolon voneinander getrennt angeben:

Abbildung 16.47: Durch Semikola getrennte Liste

Benutzerdefinierte Gültigkeitsregeln

Die Angabe der Gültigkeitsregel für eine Zelle erfolgt durch direkten Vergleich des aktuellen Zellinhaltes mit einem konstanten Wert oder dem Wert einer anderen Zelle.

Wenn Sie aber im Kombinationsfeld *Zulassen* den Eintrag *Benutzerdefiniert* auswählen, können Sie eine Formel angeben, die den Wert *WAHR* zurückgeben muss, damit Excel den Zellinhalt als gültig akzeptiert. Diese Formel kann sich dabei durchaus auf den aktuellen Zellinhalt beziehen. Die folgende Abbildung zeigt eine solche Formel für das Feld *G37*, dessen Wurzel größer als 10 sein muss, damit Excel die Eingabe akzeptiert:

Die Feinheiten der Tabellenkalkulation

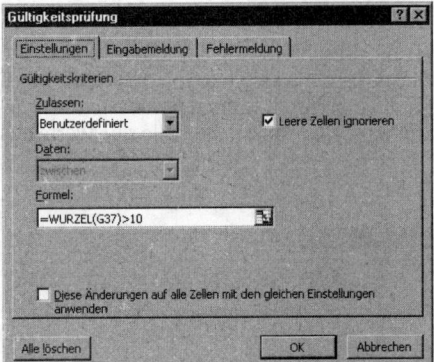

Abbildung 16.48:
Eine Formel überprüft die Gültigkeit.

Der Detektiv

Wenn Sie offenkundigen Rechenfehlern in einer komplizierten Tabelle auf den Grund gehen wollen, bedarf es oft eines detektivischen Gespürs, um die Fehler in den Formeln und Bezügen einigermaßen schnell zu finden. Sofern es sich nicht um einen logischen Fehler in Ihrem Rechenmodell, sondern um einen Bezugsfehler handelt, kann Ihnen der Excel-Detektiv tatkräftig zur Seite stehen.

Denn der Formeldetektiv verfolgt alle »Spuren«, die eine Formel hinterlässt. Konkret heißt das, dass der Formeldetektiv Pfeile von den Ausgangsfeldern zu einer Formel einzeichnet:

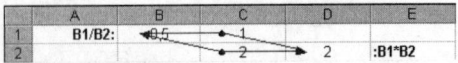

Abbildung 16.49:
Die Spuren zweier Formeln

HINWEIS

Weil die Spuren von Objekten wie Grafiken oder Diagrammen verdeckt werden, empfiehlt es sich, vor der Verwendung des Detektivs die Option *Platzhalter anzeigen* aus der *Objekte*-Steuerelementgruppe des *Ansicht*-Registers aus dem *Extras/Optionen*-Dialog anzuzeigen.

Excel unterscheidet dabei zwischen den *Spuren zum Vorgänger* und den *Spuren zum Nachfolger*. Leider sind diese Bezeichnungen etwas missverständlich. Unter *Vorgänger* versteht Excel die Zellen, die als Bestandteil einer Formel Verwendung finden. In der Formel =C1*C2 sind die Zellen *C1* und *C2* jeweils Vorgänger der Zelle, die die entsprechende Formel enthält. Andersherum ist der *Nachfolger* einer Zelle diejenige Zelle, die sich auf die jeweilige Zelle beruft. In der oberen Abbildung haben die Zellen *C1* und *C2* jeweils zwei Nachfolger, nämlich die Zellen *A1* und *D2*, in denen sich die Formeln =B1/B2 bzw. =B1*B2 befinden.

Um die Spuren zum *Vorgänger* (den Quellfeldern) oder zum *Nachfolger* einzuzeichnen, bietet das *Detektiv*-Untermenü des *Extras*-Menüs die Befehle *Spur zum Vorgänger* und *Spur zum Nachfolger*. Sofern möglich, zeichnet Excel einen Pfeil vom Vorgänger zum Nachfolger. Zu beachten ist, dass eine Zelle mehrere Nachfolger haben kann.

Spur zum Vorgänger/Nachfolger

Liegen *Vorgänger* und *Nachfolger* weit auseinander, ist es sehr mühsam, zwischen beiden hin und her zu navigieren. Durch Doppelklick auf den verbindenden Pfeil können Sie aber bequem zwischen den beiden beteiligten Zellen hin und her springen. Besitzt eine Zeile mehrere Nachfolger, kann es schwierig werden, den richtigen Pfeil mit der Maus zu erwischen. Hier hilft dann der Befehl *Gehe zu* aus dem *Bearbeiten*-Menü:

Abbildung 16.50:
Gehe zu
Vorgänger/Nachfolgerzellen

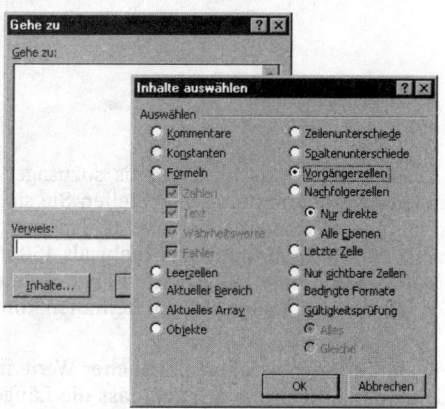

Klicken Sie in diesem Dialog die *Inhalte*-Schaltfläche an, um den *Inhalte auswählen*-Dialog zum Vorschein zu bringen. Wählen Sie hier die Option *Vorgängerzellen* oder *Nachfolgerzellen*, damit diese Zellen nach *OK* markiert und per ⌨ bzw. ⇧+⌨ angewählt werden können.

HINWEIS Wenn Sie den Befehl *Spur zum Vorgänger* oder *Spur zum Nachfolger* mehrmals hintereinander ausführen, wird auch der Nachfolger des Nachfolgers bzw. der Vorgänger des Vorgängers eingezeichnet – so lange, bis keine *Vorgänger* bzw. *Nachfolger* verfügbar sind. Denselben Effekt erreichen Sie, wenn Sie im *Inhalte auswählen*-Dialog die Option *Alle Ebenen* aktivieren.

Entfernen der Spuren

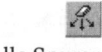

Alle Spuren entfernen

Weil die Spuren zu Vorgänger und Nachfolger auf Dauer stören, lassen sie sich wieder entfernen. Entweder über den Befehl *Extras/Detektiv/Alle Spuren entfernen* oder über das Symbol *Alle Spuren entfernen* aus der *Überarbeiten*-Symbolleiste.

Spur zum Vorgänger/Nachfolger entfernen

Wollen Sie nur die zuletzt durch mehrmaliges Klicken der Spur zum Vorgänger/Nachfolger erweiterten Spuren entfernen, müssen Sie die Symbole *Spur zum Nachfolger/Vorgänger entfernen* mehrmals betätigen.

Spuren zum Fehler

Der Befehl *Spur zum Vorgänger* zeichnet Pfeile zu allen Zellen der Tabelle ein, auf die sich die aktuelle Formel bezieht. Enthält eine dieser Zellen einen Fehler, müssen Sie jede Zelle manuell untersuchen. Weil das mitunter sehr mühsam ist, bietet das *Detektiv*-Untermenü des *Extras*-Menüs den Befehl *Spur zum Fehler*. Der Aufruf dieses Befehls hat zur Folge, dass Excel die Vorgänger auf Fehler untersucht und Pfeile bis zur fehlerhaften Zelle in die Tabelle einzeichnet. Im Gegensatz zu den herkömmlichen Pfeilen sind die Fehlerpfeile nicht blau, sondern rot.

Die Zielwertsuche

Excel ist ein hervorragendes Werkzeug, wenn es darum geht, aus gegebenen Eingangswerten über Formeln und Funktionen einen Ausgangswert zu berechnen. So wie im folgenden Beispiel, wo Umfang und Fläche eines Rechtecks aus der Länge der beiden Eckseiten gebildet wird.

	A	B	C
1	Seite A	23,00 m	
2	Seite B	90,00 m	
3	Umfang	226,00 m	=2*(SeiteA+SeiteB)
4	Fläche	2070,00 m²	=SeiteA*SeiteB

Abbildung 16.51:
Flächenberechnung mit Excel

Was aber, wenn man den gewünschten Ausgangswert (das Endergebnis sozusagen) schon kennt, dazu aber die passenden Eingangswerte ermitteln will? Stellen Sie sich z.B. vor, Sie sind Landwirt und haben Saatgut für eine Bodenfläche von 2.000 m² geordert. Die für die Einsaat vorgesehene Parzelle ist nur 23 m breit, aber mehr als 150 m lang und damit zu groß für das Saatgut. Sie fragen sich nun, auf welcher Länge Sie die Parzelle teilen sollen, damit Sie die zweite Hälfte für eine spätere Aussat freihalten können.

Die obige Abbildung zeigt, dass man bereits durch Eingabe unterschiedlicher Werte in *B2* und mit ein wenig Experimentierfreude zu der Erkenntnis gelangt, dass die Länge des benötigten Teilstücks etwas unterhalb von 90 m liegt. Wollen Sie es jedoch genau wissen, können Sie sich der *Zielwertsuche* von Excel bedienen, die auch immer dann zum Einsatz kommt, wenn die Formeln im Arbeitsblatt so komplex sind, dass man durch Ausprobieren allein nicht so schnell auf die passende Lösung kommt.

Die Zielwertsuche wird von einer Art automatisiertem Versuchsleiter angetrieben, der eine gegebene Formel gezielt mit immer neuen Eingangswerten füttert, um sich immer mehr dem gewünschten Endergebnis anzunähern. Aufgerufen wird die Zielwertsuche über *Extras/Zielwertsuche...* und es erscheint der folgende kleine Dialog:

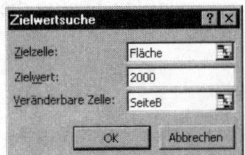

Abbildung 16.52:
Die Zielwertsuche

In den drei Eingabefeldern dieses Dialogs legen Sie fest, welche Zelle welchen Zielwert (Endwert) annehmen soll und welche Zelle Excel zum Herauspuzzeln des Zielwerts verändern (füttern) darf. In unserem Beispiel muss die Zelle mit der Formel zur Flächenberechnung den Wert 2000 annehmen. Dazu kann Excel die Zelle mit dem Wert für die Länge des Grundstücks frei verändern (die Breite wurde zuvor auf 23 m festgesetzt).

Nach Klick auf *OK* probiert Excel mehrere Werte für die veränderbare Zelle (*SeiteB*) aus und testet, ob die zu untersuchende *Zielzelle* (*Fläche*) den gewünschten Zielwert (2000) angenommen hat. Das Ergebnis der Suche wird in die veränderbare Zelle eingetragen. Das erzielte Ergebnis teilt jedoch der folgende Dialog mit, der die Überprüfung der Genauigkeit des von Excel gefundenen Ergebnisses gestattet:

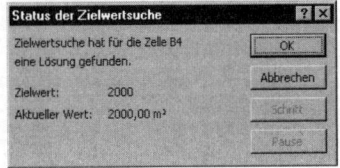

Abbildung 16.53:
Das Ergebnis der Zielwertsuche

HINWEIS Die Zielwertsuche kann nur verwendet werden, um eine einzige veränderliche Zelle so (lange) zu verändern, bis das gesuchte Ergebnis gefunden ist.

Der Szenario-Manager

Sehr häufig wird Excel dazu verwendet, verschiedene Szenarien »durchzuspielen«. Sie bilden Ihr Problem auf eine Tabelle mit verschiedenen Formeln ab, ändern einige der zugrunde liegenden Zellen und sehen, was »dabei herauskommt«, wenn Stückzahlen eine gewisse Grenze unterschreiten oder der Preis für das Rohöl über 20 Dollar pro Barrel steigt. Wollen Sie verschiedene Ergebnisse dauerhaft speichern, besteht die Möglichkeit, die Ursprungstabelle zu duplizieren und in jedem Duplikat neue Ausgangswerte abzuspeichern.

Einfacher ist es mit dem Szenario-Manager. Er hilft bei der Verwaltung unterschiedlicher Sätze von Ausgangsdaten und zeigt die durch die Ausgangsdaten erzielten Ergebnisse wieder an.

An einem Beispiel wollen wir die Arbeitsweise des Szenario-Managers erläutern. Stellen Sie sich vor, dass Ihre Familie Zuwachs bekommen hat, und endlich soll der Schritt zum Eigenheim gewagt werden. Um die monatliche Belastung für die Bezahlung des Kredites abzuschätzen, erstellen Sie ein einfaches Excel-Modell, indem Sie aus der Angabe des Kaufpreises pro Quadratmeter, der gewünschten Wohnfläche und dem verfügbaren Eigenkapital die Höhe des aufzunehmenden Kredites berechnen. Außerdem wollen Sie abschätzen, wie hoch die monatliche Belastung durch Abzahlen des Kredites bei einem gegebenen Zinssatz ist: Die zugehörige Tabelle könnte so aussehen:

Abbildung 16.54: Verschiedene Varianten einer Berechnung innerhalb einer Tabelle

	A	B	C	D	E	F
1	Eigenheimkredit	Variante 1	Variante 2	Variante 3	Variante 4	Variante 5
2	Wohnfläche	100 m²	120 m²	120 m²	200 m²	150 m²
3	Kosten pro Quadratmete	2.000,00 DM	2.000,00 DM	4.000,00 DM	4.000,00 DM	1.000,00 DM
4	Zu finanzierender Betrag	200.000,00 DM	240.000,00 DM	480.000,00 DM	800.000,00 DM	150.000,00 DM
5	Zinssatz	6%	6%	6%	600%	7%	6%
6	Kreditlaufzeit	120 Monate	120 Monate	240 Monate	240 Monate	120 Monate
7	Monatliche Belastung	-2.220,41 DM	-2.664,49 DM	-240.000,00 DM	-6.202,39 DM	-1.665,31 DM

Nun können Sie mit den Ausgangsdaten herumspielen – Sie erhöhen die Quadratmeterzahl, verringern den Kaufpreis pro Quadratmeter, der vielleicht von der Wohngegend abhängt, ändern die Höhe des Eigenkapitals usw.

Haben Sie eine Wertkombination gefunden, die Ihren Vorstellungen entspricht, müssen Sie die gefundenen Werte ablegen, um Sie später z.B. Ihrem Sachbearbeiter bei der Bank vorzulegen.

HINWEIS Weil Sie mit dem Szenario-Manager verschiedene Ausgangsdaten durchspielen können, nennt man die Szenario-Analyse auch *Was-Wäre-Wenn*-Analyse.

So erstellen Sie ein Szenario

Damit Ihr Arbeitsblatt nicht durch zahlreiche Kopien des zu untersuchenden Modells übervölkert wird, können Sie jeden Satz der veränderlichen Variablen als so genanntes Szenario abspeichern.

1. Rufen Sie dazu den Befehl *Szenario Manager...* aus dem *Extras*-Menü auf (siehe Abbildung 16.55).
2. Um ein neues Szenario anzulegen, müssen Sie hier die Schaltfläche *Hinzufügen* anklicken. Daraufhin erscheint der folgende Dialog, in dem Sie das Szenario bearbeiten (siehe Abbildung 16.56).

Die Feinheiten der Tabellenkalkulation

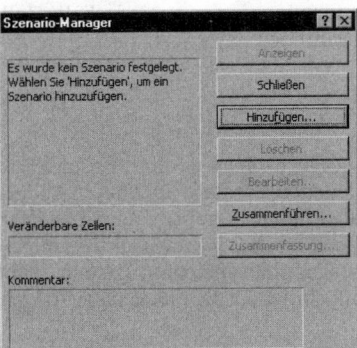

Abbildung 16.55:
Der Szenario-Manager

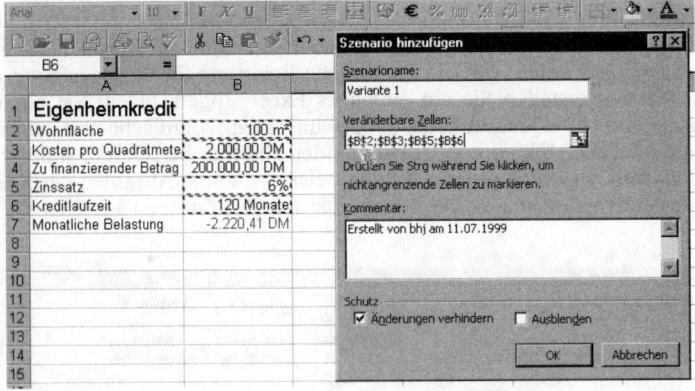

Abbildung 16.56:
Neues Szenario erstellen

Im Eingabefeld *Szenarioname* geben Sie eine aussagekräftige Bezeichnung für das neue Szenario an. Über diesen Namen wird das Szenario später wieder aufgerufen.

Im Eingabefeld *Veränderbare Zellen* geben Sie Verweise auf die Zellen an, deren Inhalt sich für jedes neue Szenario ändert. Achten Sie darauf, dass Sie hier keine Verweise auf berechnete Felder angeben, weil dadurch Ihre Formeln verloren gehen und das Szenario unbrauchbar werden könnte! Falls eine der veränderbaren Zellen eine Formel enthält, erscheint der folgende Hinweis:

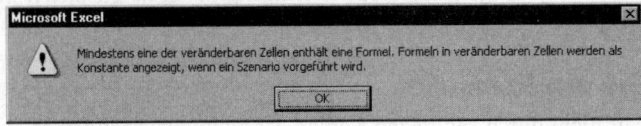

Abbildung 16.57:
Verwenden Sie keine Zellen mit Formel als veränderbare Zellen

Im Feld *Kommentar* können Sie einen kurzen Kommentar zur Beschreibung des neuen Szenarios hinterlegen.

Soll das neue Szenario vor versehentlichen Änderungen geschützt werden, müssen Sie das das Kontrollkästchen *Änderungen verhindern* aktivieren. Der Szenario-Schutz wird jedoch erst aktiv, nachdem Sie das Tabellenblatt geschützt haben (siehe

▶ Kapitel 13). Genauso verhält es sich mit dem Kontrollkästchen *Ausblenden*. Wird es aktiviert, kann das Szenario in einer geschützten Tabelle nicht mehr ausgewählt werden.

3. Nach Bestätigung des *Szenario hinzufügen*-Dialogs erscheint der folgende Dialog, der die Eingabe der Szenariowerte gestattet:

Abbildung 16.58:
Eingabe der
Szenariowerte

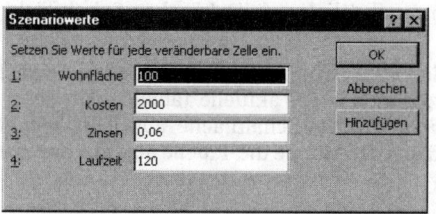

Der *Szenariowerte*-Dialog zeigt dazu eine Liste aller veränderbaren Zellen, in die Sie nun die zu verwendenden Werte eintragen können. Beachten Sie, dass Prozentwerte hier als Zahlenwert angezeigt werden. Die Eingabe kann allerdings wie gewohnt durch Eingabe von 7% erfolgen.

HINWEIS Wenn Sie mit benannten Zellen arbeiten, zeigt Excel die Zellnamen als Beschriftung der Eingabefelder im *Szenariowerte*-Dialog.

4. Bestätigen Sie die Werte mit *Hinzufügen*, werden sie als Szenario in Exel gespeichert. Außerdem wird erneut der *Szenario hinzufügen*-Dialog angezeigt (Schritt 2), um einen weiteren Satz von Daten entgegenzunehmen. Erst wenn Sie im *Szenariowerte*-Dialog die *OK*-Schaltfläche betätigen, wird die Werteingabe beendet.

5. Um die verschiedenen Szenariowerte anzuzeigen, müssen Sie den Szenario-Manager aufrufen (nach der Eingabe von Werten ist er bereits sichtbar).

Abbildung 16.59:
Szenario-
Manager mit
Szenarien

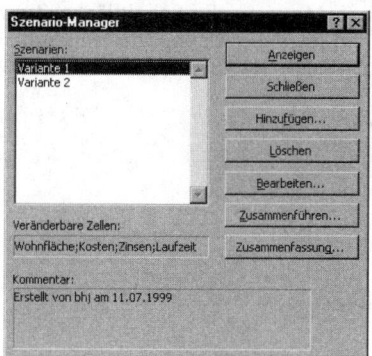

Wählen Sie eines der verfügbaren Szenarien aus der *Szenarien*-Liste aus und betätigen Sie die *Anzeigen*-Schaltfläche, damit Excel die im Szenario gespeicherten Werte in die Tabelle überträgt und dadurch das jeweilige Szenario darstellt.

Die Feinheiten der Tabellenkalkulation

Szenarien bearbeiten und löschen

Um ein bestehendes Szenario zu bearbeiten, müssen Sie die *Bearbeiten...*-Schaltfläche betätigen. Excel zeigt daraufhin den *Szenario bearbeiten*-Dialog, der bis auf seine Überschrift identisch zum *Szenario hinzufügen*-Dialog ist. Sie können den Namen des Szenarios, die veränderbaren Zellen und natürlich die zugrunde liegenden Daten ändern.

Bearbeiten

Nicht mehr benötigte Szenarien werden durch Klick auf die *Löschen*-Schaltfläche im *Szenario-Manager* entfernt.

Löschen

Damit Sie Szenarien aus anderen Tabellen oder Arbeitsmappen nicht erneut eingeben müssen, können Sie die existierenden Szenarien in das aktuelle Tabellenblatt übernehmen. Klicken Sie dazu auf die *Zusammenführen*-Schaltfläche aus dem *Szenario-Manager* und wählen Sie die Mappe und aus der Mappe die Tabelle aus, aus der Szenarien übernommen werden sollen:

Zusammenführen

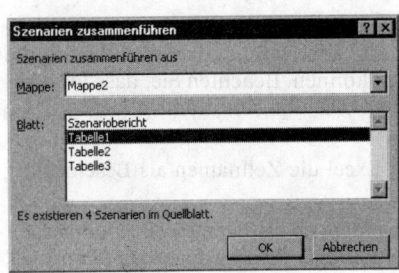

Abbildung 16.60: Szenarien zusammenführen (importieren)

Szenarioberichte

Weil der Szenario-Manager nur den Blick auf jeweils ein Szenario offenbart, lassen sich so genannte Szenarioberichte erstellen. Im Bericht werden alle Szenarien auf einen Blick präsentiert. Dazu müssen Sie im *Szenario-Manager* die Schaltfläche *Zusammenfassung* betätigen. Daraufhin erscheint der folgende Dialog zur Auswahl des Berichtstyps. Sie können wählen zwischen einer Zusammenfassung oder einer Pivot-Tabelle:

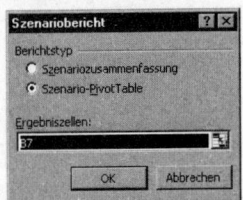

Abbildung 16.61: Szenariobericht erstellen

Außerdem geben Sie an, in welcher Ergebniszelle ein Szenario gipfelt, also welche Zelle den von einem Szenario berechneten *Endwert* enthält. Bestätigen Sie diesen Dialog mit *OK*, erzeugt Excel entweder einen Bericht oder eine Pivot-Tabelle, in denen alle Daten des Szenarios aufgeführt werden:

Abbildung 16.62:
Ein Szenariobericht

Szenariobericht	Aktuelle Werte:	Variante 1	Variante 2	Variante 3	Variante 4
Veränderbare Zellen:					
Wohnfläche	120 m²	100 m²	120 m²	120 m²	120 m²
Kosten	4.000,00 DM	2.000,00 DM	4.000,00 DM	3.000,00 DM	3.000,00 DM
Zinsen	7%	6%	7%	7%	7%
Laufzeit	120 Monate	120 Monate	120 Monate	240 Monate	360 Monate
Ergebniszellen:					
$B$7	-5.573,21 DM	-2.220,41 DM	-5.573,21 DM	-2.791,08 DM	-2.395,09 DM

Anmerkung: Die Aktuelle Wertespalte repräsentiert die Werte der veränderbaren Zellen zum Zeitpunkt, als der Szenariobericht erstellt wurde. Veränderbare Zellen für Szenarien sind in grau hervorgehoben.

Abbildung 16.63:
Eine Szenario-Pivot-Tabelle

Wohnfläche;Kosten;Zinsen;Laufz	(Alle)
$B$7	
Wohnfläche;Kosten;Zinsen;Laufzeit	Ergebnis
Variante 1	-2220,410039
Variante 2	-5573,207002
Variante 3	-2791,076168
Variante 4	-2395,088983

HINWEIS Spätestens bei der Erstellung der Berichte macht sich die Arbeit mit benannten Zellen bezahlt. Denn absolute Zellbezüge wie beispielsweise $B$7 in den oberen beiden Abbildungen sind deutlich schwerer zu lesen als die Zellnamen *Wohnfläche, Kosten* etc.

Der Solver

Szenarien sind ein wertvolles Hilfsmittel, um verschiedene Konstellationen manuell durchzuspielen. Doch nicht immer kommt man dadurch automatisch zum gewünschten Ergebnis. Wollen Sie im Eigenheim-Beispiel aus dem ▸ Szenario-Kapitel beispielsweise eine Wertkombination finden, die Ihre Kosten im Monat auf 1500 DM begrenzt, müssen Sie einige Zeit an den verschiedenen Parametern Ihrer Berechnung drehen, bis eine akzeptable Monatsbelastung bei ebenfalls akzeptabler Wohnfläche herauskommt.

Abbildung 16.64:
Bei welcher Wertkombination ist die Monatsbelastung akzeptabel?

	A	B	C	D	E	F
1	Eigenheimkredit	Variante 1	Variante 2	Variante 3	Variante 4	Variante 5
2	Wohnfläche	100 m²	120 m²	120 m²	200 m²	150 m²
3	Kosten pro Quadratmete	2.000,00 DM	2.000,00 DM	4.000,00 DM	4.000,00 DM	1.000,00 DM
4	Zu finanzierender Betrag	200.000,00 DM	240.000,00 DM	480.000,00 DM	800.000,00 DM	150.000,00 DM
5	Zinssatz	6%	6%	600%	7%	6%
6	Kreditlaufzeit	120 Monate	120 Monate	240 Monate	240 Monate	120 Monate
7	Monatliche Belastung	-2.220,41 DM	-2.664,49 DM	-240.000,00 DM	-6.202,39 DM	-1.665,31 DM

Was helfen könnte, wäre eine Zielwertsuche. Allerdings hat die Zielwertsuche den Nachteil, dass sie immer nur mit einer veränderbaren Zelle operiert. Im oberen Eigenheim-Beispiel haben wir es aber mit den vier variablen Parametern *Wohnfläche, Kosten pro Quadratmeter, Zinssatz* und *Laufzeit* zu tun. Mit der Zielwertanalyse können Sie deshalb nicht arbeiten. Doch Excel bietet für solche »Multivarianten-Probleme« den Solver – ein universelles Lösungswerkzeug für Probleme mit mehreren Veränderlichen.

HINWEIS Um den Solver einzusetzen, müssen Sie das *Solver*-Add-In im *Add-Ins-Manager* aktivieren (Befehl: *Extras/Add-Ins-Manager...*).

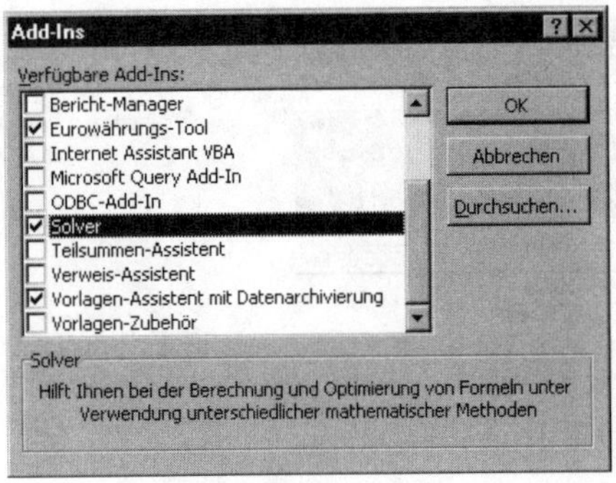

Abbildung 16.65:
Aktivieren des Solver

Der *Solver* wird über den Befehl *Extras/Solver...* aufgerufen und besteht aus dem folgenden *Solver-Parameter*-Dialog:

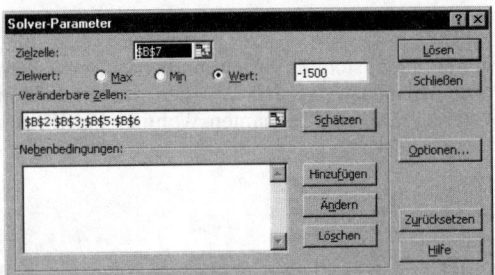

Abbildung 16.66:
Der Solver

Genau wie bei der Zielwertsuche geben Sie auch im *Solver* eine *Zielzelle* an, die entweder einen gegebenen Wert oder aber ein Minimum bzw. Maximum annehmen soll. Wonach gesucht werden soll, wird durch Auswahl der entsprechenden Option aus der *Zielwert*-Steuerelementgruppe festgelegt.

Suchen Sie nach einem konstanten Wert, müssen Sie bei Angabe des *Zielwertes* auf die Angabe des korrekten Vorzeichens achten. In unserem Beispiel bedienen wir uns der *RMZ()*-Funktion, die negative Werte liefert! Außerdem kann nur nach ganzzahligen konstanten Werten gesucht werden.

HINWEIS

Im Eingabefeld *Veränderbare Zellen* geben Sie entweder einen Bereich oder eine Liste der veränderbaren Zellen an. Klicken Sie auf die *Schätzen*-Schaltfläche, trägt Excel automatisch die Zellen ein, von denen der gesuchte Zielwert abhängt.

Sobald Sie auf die *Lösen*-Schaltfläche klicken, versucht der *Solver* eine Lösung zu finden, indem er die veränderbaren Zellen so lange verändert, bis eine passende Lösung gefunden wurde.

Kann der *Solver* eine Lösung präsentieren, erscheint die folgende Meldung, mit der Sie die gefundene *Lösung verwenden* und in die veränderbaren Zellen übernehmen können (siehe Abbildung 16.64).

Bestätigen Sie diesen Dialog mit *OK*, werden je nach Stellung der Optionsfelder *Lösung verwenden* oder *Ausgangswerte wiederherstellen* die veränderbaren Zellen und die Zielzelle verändert oder mit den Ursprungswerten zurückgesetzt. Zusätzlich wird ein Bericht erzeugt, sobald ein Eintrag aus der Liste Berichte ausgewählt wurde.

OK

Abbildung 16.67:
Lösung verwenden?

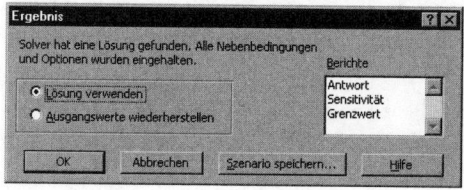

Abbrechen Klicken Sie auf *Abbrechen*, werden die Zellen des Tabellenblattes in keinem Fall verändert und Berichte ebenfalls nicht erzeugt.

Klicken Sie dagegen auf die Schaltfläche *Szenario speichern*, erscheint ein Dialog, der Sie zur Eingabe eines neuen Szenarionamens auffordert, unter dem die vom Solver gefundene Lösung als Szenario abgelegt wird.

Abbildung 16.68:
Lösung als Szenario speichern

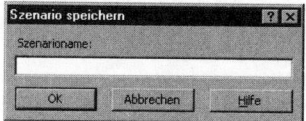

Optimieren Sie die Suche

Wenn Sie den Solver einfach »vor sich hin rechnen« lassen, findet der Solver zwar eine gültige Lösung – ob diese Lösung allerdings immer sinnvoll ist, steht auf einem anderen Blatt. Unser Häuslebauer will seine monatliche Belastung beispielsweise auf 1500 DM beschränken. Wenn Sie den Solver ohne weitere Hinweise an das Problem der Kreditberechnung heranlassen, kommt unter Umständen das folgende Ergebnis heraus:

Abbildung 16.69:
Eine Lösung des Solvers

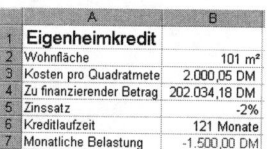

Rein rechnerisch ist diese Lösung in Ordnung, allerdings werden Sie keine Bank finden, die Ihnen einen Zinssatz von –2% einräumt. Offensichtlich ist diese Lösung nicht brauchbar. (Weil der Zinssatz im Allgemeinen nicht verhandelbar ist, würde man ihn natürlich aus der Liste der veränderbaren Zellen entfernen und auf einen vorgegebenen Wert setzen.)

Die Antwort auf dieses Problem heißt *Nebenbedingung*. Mit Hilfe von Nebenbedingungen legen Sie zusätzliche Bedingungen fest, die eine vom Solver angebotene Lösung erfüllen muss.

Nebenbedingungen werden im *Solver-Parameter*-Dialog durch Betätigen der *Hinzufügen*-Schaltfläche in das *Solver*-Modell aufgenommen. Dazu erscheint der folgende *Nebenbedingungen hinzufügen*-Dialog, in dem Sie im Eingabefeld *Zellbezug* die Zelle angeben, die die im Eingabefeld *Nebenbedingung* angegebene Bedingung erfüllen muss. In *Nebenbedingung* können Sie eine Zahl, einen Zellbezug oder eine Formel eingeben. Im Kombinationsfeld zwischen diesen beiden Eingabefeldern geben Sie die

Beziehung zwischen der Zelle und der Nebenbedingung an, also ob die Zelle *kleiner oder gleich* (<=), *gleich* (=) oder *größer oder gleich* (>=) der angegebenen Nebenbedingung sein soll.

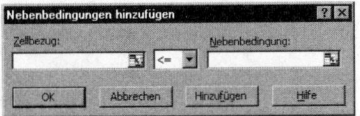

Abbildung 16.70:
Nebenbedingung hinzufügen

Neben den Vergleichsoperatoren <=, = und >= enthält das Kombinationsfeld außerdem die Einträge *ganzzahlig* und *binär*. Bei *ganzzahlig* muss die Zelle einen ganzzahligen Wert annehmen – das ist beispielsweise für die Wohnfläche sinnvoll.

Eine sinnvolle Einschränkung der veränderbaren Zellen könnten zum Beispiel die Einschränkungen aus der folgenden Abbildung sein.

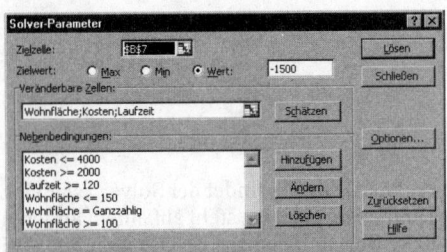

Abbildung 16.71:
Einschränken der Suche durch Nebenbedingungen

Leider beendet der Solver die Suche nach dem Auffinden des ersten gültigen Ergebnisses!

HINWEIS

17 Listen und Datenbanken mit Excel

432 Daten bearbeiten
432 Datensätze sortieren
435 Filtern von Datenbanken
440 Die Arbeit mit Zwischen- und Teilergebnissen
446 Komfortable Eingabe
448 Eingabeformulare

Neben Berechnungen aller Art eignet sich Excel auch hervorragend für die Verwaltung von Listen und einfachen Datenbanken. Die Betonung liegt dabei auf *einfach*, denn wenn man beispielsweise Access dagegenhält, kann man von Datenbank kaum noch sprechen. Denn mit komplizierten Datenmodellen und dem Konzept der »Normalisierung« kann Excel nichts anfangen.

Dennoch sind Excel-Tabellen auch bei der Datenhaltung ein sehr kraftvolles Werkzeug, solange die Datenstruktur simpel und eindimensional bleibt. Arbeitsblätter werden dabei zur Ablage von Datensätzen herangezogen, indem man in jede Zeile einen individuellen Datensatz schreibt. Wenn Sie beispielsweise Adressenlisten mit Excel verwalten möchten, werden Sie diesen Aufbau sicher intuitiv befolgen. Denn zur Anordnung von Adressen eignet sich keine Aufteilung so gut wie die Platzierung der einzelnen Bestandteile wie *Name, Vorname, Straße, Ort* usw. in separate Spalten und die zeilenweise Auflistung weiterer Adressen. Damit die Liste einfacher zu lesen ist, werden die Spalten mit Überschriften versehen:

Abbildung 17.1:
Überschriften in
der Tabelle

	A	B	C	D
1	Name	Vorname	Straße	Ort
2	Peter	Pan	Lange Gasse 15	Nimmerland
3	Hans	Müller	Landstraße 10	Altstadt
4	Peter	Schmitz	Feldweg 13	Neustadt

Bei dieser Anordnung entspricht jede Zeile einem so genannten *Datensatz* und in jeder Spalte finden Sie ein so genanntes *Datenfeld*.

HINWEIS Weil eine Excel-Tabelle nur Platz für 256 Spalten bietet, empfiehlt es sich, die Datensätze stets untereinander anzuordnen. Denn bei maximal 65.536 Zeilen können Sie 65.536 Datensätze in einem Tabellenblatt speichern. Allerdings sollten Sie bereits bei einigen hundert Datensätzen überprüfen, ob ein professionelles Datenbanksystem wie Access Ihren Anforderungen nicht besser gewachsen ist.

Beim Aufbau einer Datentabelle sollten Sie einige Grundregeln beachten:

- Die erste Zeile der Datentabelle nennt die Feldnamen eines Datensatzes.
- Zwischen der Zeile mit den Spaltenüberschriften und dem ersten Datensatz dürfen keine Leerzeilen stehen. Auch die nachfolgenden Zellen dürfen keine Leerzeilen enthalten, müssen also kompakt sein. Dasselbe gilt für die Spalten.
- Jeder Datensatz steht in genau einer Zeile. Datensätze, die sich über zwei oder mehr Zeilen erstrecken, sind unter Excel nicht zulässig. Falls 256 Spalten zur Beschreibung eines Datensatzes nicht ausreichen, müssen Sie auf mehrere Tabellen oder auf ein professionelles Datenbankprogramm zurückgreifen.
- Jeder Spalte der Tabelle entspricht einem Feld und beinhaltet damit in jedem Datensatz stets dieselbe Information. Bei einer Adresstabelle wird also im Feld *Ort* niemals der *Vorname* einer Kontaktperson gespeichert.
- Die Daten in einem Feld müssen konsistent sein. Das heißt, dass in einem Feld, das beispielsweise einen Datumswert aufnimmt, niemals ein Geldbetrag oder ein anderer Datentyp eingetragen werden darf.
- Obwohl Leerzeilen und Leerspalten in einer Datenbank nicht erlaubt sind, dürfen einzelne Felder in Datensätzen unbesetzt bleiben. In Extremfällen kann eine Spalte nur aus ihrer Spaltenüberschrift bestehen.

Daten bearbeiten

Die Eingabe neuer Datensätze in eine Tabelle geht sehr schnell von der Hand. Einfach zur ersten freien Zeile am unteren Ende der Tabelle navigieren und dort die Daten eingeben. Mit der Tastenkombination [Strg]+[↓] überspringen Sie dazu den zusammenhängenden Zellbereich, in dem sich das Ausfüllkästchen derzeit befindet. Je nach Aufbau erreichen Sie nach nur wenigen Betätigungen dieser Tastenkombination das Ende der Tabelle.

[Strg]+[↓]
An das Ende der Tabelle navigieren

Enthält die Tabelle bereits viele Datensätze, können Sie leider die Spaltenüberschriften nicht mehr sehen, die bei der Eingabe eines Datensatzes aber unerlässlich sind. Hier müssen Sie daher dafür sorgen, dass die Zeile(n) mit den Spaltenüberschriften fixiert werden. Egal wohin Sie das Ausfüllkästchen auf dem Datenblatt platzieren, die Spaltenüberschriften bleiben wie fest verankert auf dem Bildschirm stehen.

Überschriften fixieren

Wenn Sie immer wiederkehrende Werte in ein Datenfeld eingeben, unterstützt Sie die Funktion *AutoEingabe* bei dieser mühsamen und oft fehleranfälligen Arbeit. Achten Sie beim Arbeiten mit Datenbanken deshalb darauf, dass das *AutoEingabe*-Feature im *Bearbeiten*-Register des *Extras/Optionen*-Dialogs aktiviert ist.

HINWEIS

Um Datensätze zu löschen, genügt es nicht, die Zeile zu markieren und den Inhalt der Zellen durch Druck auf die [Entf]-Taste zu löschen. Dadurch verletzen Sie die Grundregel, nach der keine leeren Datensätze in einer Excel-Datenbank enthalten sein dürfen. Sie müssen die Zeilen vielmehr markieren und anschließend über den Befehl *Bearbeiten/Zellen löschen* aus dem Tabellenblatt entfernen.

Datensätze löschen

Datensätze sortieren

Selten können Datensätze von vornherein in der später gewünschten Reihenfolge eingegeben werden. Denken Sie nur an die Adressliste, die tagtäglich aktualisiert wird und jeden Tag weitere Adressen aufnimmt, die irgendwo zwischen A und Z eingeordnet werden müssen.

Selbstverständlich können Sie die neuen Datensätze direkt während der Eingabe vor oder hinter bereits bestehenden Datensätzen platzieren. Doch wenn es schnell gehen soll, ist das viel zu umständlich. Einfacher ist es, neue Datensätze an das Ende der Tabelle anzufügen und die Datensätze anschließend zu sortieren.

Das Sortieren der Tabelle ist aber nicht nur bequem, es eröffnet neue Möglichkeiten. So können Sie die Tabelle beispielsweise nach Namen oder nach Postleitzahlen sortieren lassen – entweder um eine Telefonliste zu erhalten, in der Sie sich blitzschnell zurechtfinden, oder um alle Adressen eines Postleitzahlgebietes für ein Werbe-Mailing zu erhalten.

Schnellsortierung Aufsteigend/Absteigend

Um eine Tabelle zu sortieren, muss aber zuerst der zu sortierende Zellbereich bestimmt werden. Soll die gesamte Tabelle sortiert werden, müssen Sie das Ausfüllkästchen nur auf eine Zelle des zusammenhängenden (!) Tabellenbereichs platzieren – am besten in die Spalte, nach der die Tabelle sortiert werden soll. Über die *Schnellsortierungs*-Schaltflächen der *Standard*-Symbolleiste wird die Tabelle entsprechend der aktuellen Spalten aufsteigend oder absteigend sortiert.

VORSICHT!

Erstreckt sich die aktuelle Markierung über mehrere Felder, müssen Sie allerdings sehr vorsichtig sein. Denn hier kann die Sortierung schweren Schaden an Ihren Daten anrichten. Wird hier auf eine der beiden *Sortieren*-Schaltflächen geklickt, so wird nur der markierte Bereich sortiert. Alle nicht markierten Zellen bleiben von der Sortierung unberührt. Das Endergebnis ist dann unter Umständen keine sortierte, sondern eine vermischte Liste, in der ein Datensatz Felder aus verschiedenen Datensätzen enthält.

Wollen Sie nur einen Teil der Datensätze sortieren, müssen Sie darauf achten, dass stets alle Felder/Spalten der zu sortierenden Datensätze markiert sind. Um festzulegen, nach welcher Spalte sortiert werden soll, müssen Sie nach Festlegung der Markierung das Ausfüllkästchen auf ein Feld der Sortierspalte setzen. Das erfolgt durch Klick auf ein Feld der Spalte bei gedrückter [Strg]-Taste. Erst anschließend lassen sich die Datensätze gefahrlos mit den Schaltflächen für die Schnellsortierung umordnen.

Sortieren nach bis zu drei Kriterien

Die Schnellsortierung erlaubt die Anordnung der Datensätze nach einem einzigen Kriterium. Manchmal ist es aber wünschenswert, die Datensätze nach mehreren Kriterien zu sortieren. Eine alphabetische Adressliste ist zum Beispiel erst dann wirklich alphabetisch sortiert, wenn nicht nur die Nachnamen, sondern bei gleichen Nachnamen auch die Vornamen korrekt sortiert sind.

Für solche Fälle stellt der Befehl *Daten/Sortieren* den *Sortieren*-Dialog bereit:

Abbildung 17.2: Sortieren der Tabelle

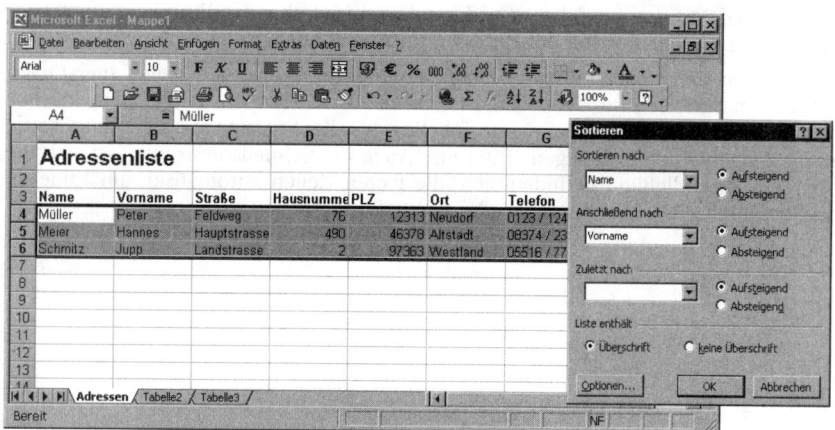

In den Kombinationsfeldern *Sortieren nach*, *Anschließend nach* und *Zuletzt nach* geben Sie bis zu drei Spalten an, nach denen die Tabelle sortiert werden soll. Falls beim Aufruf dieses Dialogs kein Zellbereich markiert wurde, selektiert Excel automatisch den zusammenhängenden Bereich, in dem sich das Ausfüllkästchen beim Aufruf des Befehls befand.

Die Namen der Felder in den drei Kombinationsfeldern entnimmt Excel den Spaltenüberschriften. Excel geht dabei davon aus, dass standardmäßig die erste Zeile eines zusammenhängenden Datenbereiches die Überschriften nennt. Sollte das einmal nicht der Fall sein, können Sie durch Auswahl der Optionsschaltfläche *Keine Überschrift* auch die erste Zeile in die Sortierung mit einbeziehen. Dann enthalten die Kombinationsfelder zur Spaltenauswahl aber keine aussagekräftigen Feldnamen, sondern Bezeichnungen wie *Spalte A*, *Spalte B*, *Spalte* C usw.

Für jedes der bis zu drei Sortierkriterien geben Sie über zwei Optionsfelder an, ob auf- oder absteigend sortiert werden soll. Damit lassen sich nahezu alle denkbaren Sortierszenarien realisieren.

Sortieroptionen

Für Spezialfälle stellt die *Optionen...*-Schaltfläche des *Sortieren*-Dialogs einen weiteren Dialog bereit, in dem sich die Optionen der Sortierung einstellen lassen. Zum einen können Sie hier festlegen, ob nach Zeilen oder Spalten sortiert werden soll. Die Sortierung nach Spalten ist allerdings nur dann sinnvoll, wenn die Datensätze nicht in Zeilen, sondern in Spalten vorliegen.

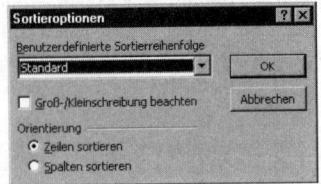

Abbildung 17.3:
Sortieroptionen

Bei der Sortierung trifft Excel üblicherweise keine Unterscheidung zwischen Groß- und Kleinbuchstaben. *z* kommt stets vor *A*. Ist die *Groß-/Kleinschreibung* jedoch wichtig, soll also die Reihenfolge *A* vor *z* eingehalten werden, müssen Sie das gleichnamige Kontrollkästchen aktivieren.

Im Kombinationsfeld *Benutzerdefinierte Sortierreihenfolge* können Sie schließlich eine spezielle Sortierreihenfolge auswählen. Die entsprechenden Einträge stammen aus dem *AutoAusfüllen*-Register des *Extras/Optionen...*-Dialogs.

> **TIPP**
> Wollen Sie mehrere Zeilen löschen, können Sie die zu löschenden Zeilen zuerst nacheinander markieren und deren Inhalte durch Druck auf die [Entf]-Taste löschen. Anschließend müssen Sie die gesamte Tabelle inkl. aller Spalrten markieren und sortieren diese nach einem beliebigen Kriterium. Auch die Schnellsortierung lässt sich hier einsetzen. Anschließend befinden sich alle leeren Zeilen automatisch am Ende der Tabelle, und die Tabelle selbst ist wieder kompakt.

Filtern von Datenbanken

In umfangreicheren Datenbanken ist es oft von großem Interesse, den Blick auf das Wesentliche zu lenken. Die Filterfunktionen von Excel helfen dabei, alle unwichtigen Datensätze bzw. alle Datensätze, die nicht auf ein festgelegtes Kriterium passen, auszublenden. Über den so genannten *Spezialfilter* von Excel ist es außerdem möglich, die gefilterten Daten zur späteren Verarbeitung an eine andere Stelle in einer Tabelle zu kopieren.

Die Filterfunktionen beziehen sich stets auf den gesamten, zusammenhängenden Bereich einer Liste – egal, ob in dem Bereich eine Markierung besteht oder ob das Ausfüllkästchen nur auf einer Zelle des Bereichs steht.

Der AutoFilter für ein schnelles Ergebnis

Mit dem AutoFilter kommen Sie am schnellsten zu einer gefilterten Datenbank. Denn der AutoFilter erlaubt die Beschränkung der Anzeige auf jene Datensätze, die ein von Ihnen vorgegebenes Kriterium erfüllen.

Rufen Sie den Befehl *Daten/Filter/AutoFilter* auf, um den AutoFilter zu aktivieren. Sobald dies geschehen ist, werden die Zellen der ersten Zeile zu Kombinationsfeldern erweitert.

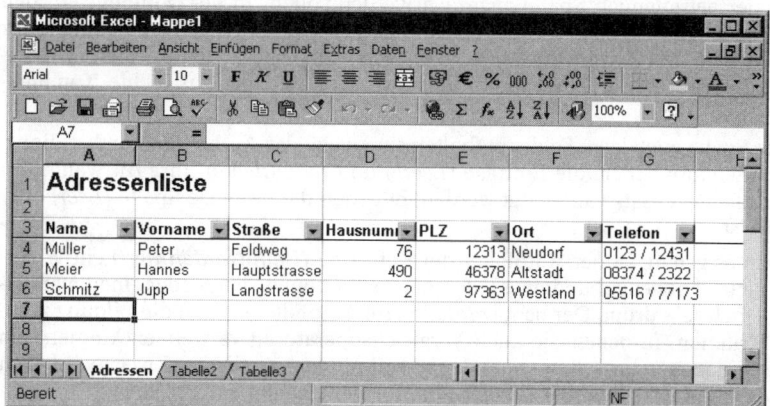

Abbildung 17.4: Der AutoFilter wird über Kombinationsfelder realisiert.

In diesen Kombinationsfeldern werden alle in einer Spalte verfügbaren Werte eingetragen – und das ist der Clou dieser Filtermethode. Durch Auswahl eines dieser Werte sorgen Sie dafür, dass anschließend nur noch die Datensätze angezeigt werden, die im jeweiligen Feld den ausgewählten Wert enthalten. Die nicht auf das Auswahlkriterium zutreffenden Datensätze werden ausgeblendet.

TIPP Weil die Zeilen der nicht dargestellten Datensätze nur ausgeblendet wurden, können Sie sie bei Bedarf manuell einblenden. Leider bietet Excel dazu keinen Befehl, der das Einblenden einer bestimmten Zeile gestattet. Hier müssen Sie mit der Maus durch Ziehen der Zeilenköpfe dafür sorgen, dass die gewünschte Zeile angezeigt wird.

Um ein Kombinationsfeld mit der Tastatur zu bedienen, müssen Sie das Ausfüllkästchen auf das Feld platzieren und die Auswahlliste über die Tastenkombination [Alt]+[↓] zur Anzeige bringen.

Sobald ein AutoFilter aktiv ist, wird der Pfeil im Kombinationsfeld der Filterspalte(n) und die jeweiligen Zeilennummer des Datensatzes blau eingefärbt.

In der geöffneten *AutoFilter*-Liste des betreffenden Feldes werden alle Werte aus der jeweiligen Spalte in aufsteigender Reihenfolge angezeigt. Darüber hinaus finden Sie mehrere spezielle Einträge. Durch Auswahl des Eintrags *(Alle)* wird der Filter der entsprechenden Spalte wieder entfernt, und alle Datensätze werden wieder angezeigt – sofern andere Spalten nicht ebenfalls mit einem Filter belegt sind.

Für Spalten mit nummerischen Werten erscheint nach Auswahl des Eintrags *(Top 10...)* der folgende Dialog:

HINWEIS

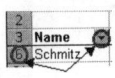
blau

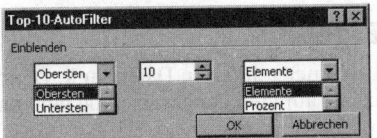

Abbildung 17.5: Top-10-Auto-Filter (Fotomontage)

Er erlaubt die Beschränkung der Anzeige auf eine von Ihnen angegebene Anzahl von Elementen. Im ersten Kombinationsfeld legen Sie fest, ob die obersten oder die untersten Werte der betreffenden Spalte angezeigt werden sollen. In der Mitte entscheiden Sie, wie viele Werte angezeigt werden sollen. Hierbei handelt es sich jedoch nicht nur um eine absolute Anzahl von *Elementen*, sondern wahlweise auch um einen *Prozent*-Wert. Wie der Wert in der Mitte interpretiert wird, entscheidet das rechte Kombinationsfeld.

Falls in der Spalte auch leere Felder enthalten sind, zeigt das AutoFilter-Kombinationsfeld im Spaltenkopf zudem die Einträge *(Leere)* und *(Nichtleere)*. Ihre Auswahl führt dazu, dass alle Datensätze angezeigt werden, in denen die jeweilige Spalte *(Leer)* oder *(Nichtleer)* ist.

Nimmt man es genau, ist der AutoFilter der Kategorie *(Benutzerdefiniert)* ein Widerspruch in sich – entweder handelt es sich um einen automatischen oder einen manuellen Filter. Doch sei's drum. Der benutzerdefinierte AutoFilter erlaubt die Bildung komplizierter Kriterien, in denen Sie auch Vergleichsoperatoren verwenden können, um mehrere Bedingungen logisch miteinander zu verknüpfen. Zu diesem Zweck wird nach Auswahl des Eintrags *(Benutzerdefiniert)* das folgende Dialogfeld geöffnet.

Benutzerdefinierter AutoFilter

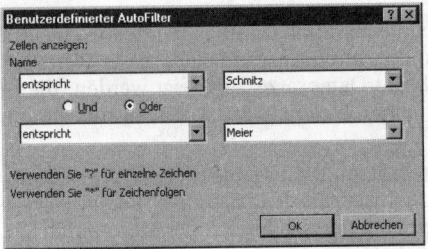

Abbildung 17.6: Ein etwas komplexerer Filter

Hier können Sie eine oder zwei Bedingungen angeben, die die in der Spalte anzuzeigenden Werte erfüllen müssen. Dazu wählen Sie aus dem linken Kombinationsfeld den gewünschten Vergleichsoperator aus. Im rechten Feld geben Sie das Vergleichskriterium an – entweder einen nummerischen Wert oder eine Zeichenfolge.

Zu beachten ist, dass einige Vergleichsoperatoren nur bei alphanummerischen Spalten sinnvoll eingesetzt werden können, also nur in Spalten zum Einsatz gelangen, deren Felder auch Buchstaben enthalten.

Tabelle 17.1:
Die Operatoren im benutzerdefinierten AutoFilter

Vergleichsoperator	Mathematisches Zeichen	Nummerisch
entspricht	=	Ja
entspricht nicht	<>	Ja
ist größer als	>	Ja
ist größer oder gleich	>=	Ja
ist kleiner als	<	Ja
ist kleiner oder gleich	<=	Ja
beginnt mit		Nein
beginnt nicht mit	#	Nein
endet mit		Nein
endet nicht mit		Nein
enthält		Nein
enthält nicht		Nein

Die letzten sechs Operatoren dieser Tabelle (*beginnt [nicht] mit*, *endet [nicht] mit* und *enthält [nicht]*) werden für die Filterung von Wörtern in einer Spalte verwendet. Damit legen Sie fest, ob die anzuzeigenden Felder mit der jeweiligen Zeichenfolge beginnen oder enden sollen oder ob die zu prüfende Zeichenfolge im jeweiligen Feld enthalten sein soll.

Platzhalterzeichen

Insbesondere bei der Verwendung des *enthält [nicht]*-Vergleichs kommen zwei Platzhalterzeichen zum Einsatz. Das Fragezeichen (?) steht als Platzhalter für einen beliebigen Buchstaben, das Sternchen (*) (auch *Asterisk* genannt) als Platzhalter für eine beliebige Zeichenfolge. Das Vergleichskriterium *H?rt* trifft beispielsweise auf *Hart, Hort, Hirt zu*, während *H*rt* neben den soeben genannten auch auf die folgenden Worte zutrifft: *Hubert, Herbert* ...

HINWEIS
Um nach einem Fragezeichen oder einem Sternchen zu suchen, müssen Sie die Tilde (~) voranstellen. Das Kriterium *~**~** trifft beispielsweise auf alle durch Sternchen eingerahmten Texte zu (** Hallo **).

Zwei Bedingungen

Wenn Sie zwei Bedingungen angeben, müssen Sie diese per *Und* oder *Oder* miteinander verknüpfen. Sollen beispielsweise nur jene Spalten angezeigt werden, die zwischen 100 und 200 liegen, so müssen Sie als Bedingungen *ist größer als 100 UND ist kleiner als 200* angeben. Sollen dagegen alle Werte außerhalb des Bereichs von 100 bis 200 zur Anzeige gelangen, müssen Sie als *ist kleiner als 100 ODER ist größer als 200* angeben.

Die Verwendung des falschen Verknüpfungskriteriums ist Ursache Nummer 1 für falsche Filterergebnisse. Eine *Und*-Verknüpfung von zwei *entspricht*-Bedingungen ist z.B. niemals sinnvoll, weil ein Feld niemals zwei Werte gleichzeitig annehmen kann. So kann ein Name niemals gleichzeitig den Wert *Müller* und *Schmitz* enthalten. Hier wäre nur die *Oder*-Verknüpfung wirklich sinnvoll.

Listen und Datenbanken mit Excel

Umgekehrt ergibt die *Oder*-Verknüpfung bei Bedingungen mit dem *entspricht nicht*-Operator keinen Sinn. In einem solchen Fall werden immer alle Datensätze angezeigt, da jeder Wert immer ungleich einer der beiden Bedingungen sein muss.

Auch bei den anderen Operatoren ist natürlich Vorsicht geboten. Eine Bedingung der Art *ist größer als 10 und ist kleiner als 5* führt in eine Sackgasse, da es keine Zahl gibt, die gleichzeitig größer als 10 und außerdem auch kleiner als 5 ist. Die *Oder*-Verknüpfung macht hier, wie oben gezeigt, jedoch durchaus Sinn.

Durch Auswahl des AutoFilters-Kriteriums (*Alle*) in einer Spalte wird die Filterung für die betreffende Spalte aufgehoben. Die aktiven Kriterien in anderen Spalten gelten jedoch weiterhin. Um auf einen Schlag die Kriterien aller Spalten zu entfernen, muss der Befehl *Daten/Filter/Alle anzeigen* aufgerufen werden. Sie können nun sofort einen neuen AutoFilter definieren. Die dafür notwendigen Kombinationsfelder bleiben bestehen. Um den AutoFilter komplett zu entfernen, rufen Sie den Befehl *Daten/Filter/AutoFilter* zur Deaktivierung des AutoFilters erneut auf. Dadurch werden die Kombinationsfelder entfernt.

AutoFilter entfernen

Spezialfilter für komplexe Auswahlen

Neben dem AutoFilter besitzt Excel den so genannten *Spezialfilter*, der über den gleichnamigen Befehl aus dem Menü *Daten/Filter* aufgerufen wird. Um den Spezialfilter sinnvoll einzusetzen, benötigen Sie neben den Datensätzen allerdings einen so genannten Kriterienbereich. Dieser Bereich ist im Allgemeinen genauso aufgebaut wie die zu filternde Datenbank/Liste, mit dem Unterschied, dass im Kriterienbereich die Filterkriterien angegeben werden:

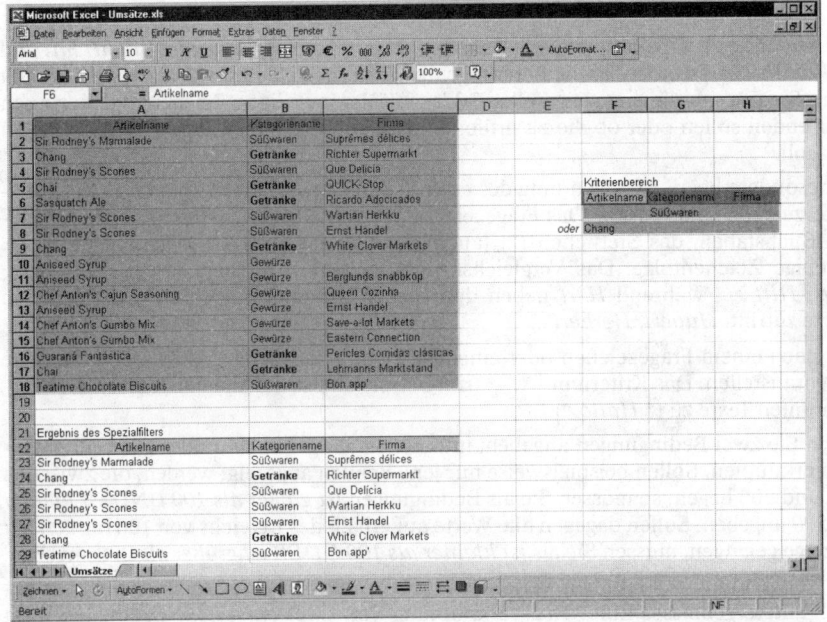

Abbildung 17.7: Der Spezialfilter in Aktion

Weil der Kriterienbereich unter Umständen recht viel Platz beansprucht, ist es sinnvoll, ihn überhalb oder neben der Datentabelle zu setzen. Seine Anordnung unterhalb der Tabelle ist weniger sinnvoll, weil die Liste am unteren Ende um Datensätze erweitert

HINWEIS

wird und die Datensätze früher oder später in den Kriterienbereich hineinragen. Allerdings hat die Platzierung neben der Tabelle ebenfalls ihre Tücken. Werden durch den Filter genau jene Zeilen ausgeblendet, in denen der Kriterienbereich enthalten ist, so wird er nicht mehr vollständig angezeigt. Wirklich problemlos ist seine Platzierung daher nur über der zu filternden Liste.

HINWEIS Genau genommen muss der Kriterienbereich nicht exakt denselben Aufbau aufweisen wie die zu filternde Liste. Wichtig ist nur, dass die Spaltenüberschriften im Kriterienbereich exakt mit denen des Listenbereichs übereinstimmen, damit Excel eine Zuordnung des Kriterien- zum Listenbereichs vornehmen kann. Ansonsten kann der Kriterienbereich auch nur die tatsächlich mit Kriterien zu belegenden Spalten aufnehmen. Mitunter werden einzelne Spalten sogar mehrfach im Kriterienbereich aufgeführt.

Wer bereits Erfahrungen mit Access besitzt und dort mit Abfragen gearbeitet hat, wird im Kriterienbereich eines Filters das Kriterienraster einer Access-Abfrage wiedererkennen (siehe ▶ Kapitel 40). Genau wie dort werden die in einer Kriterienzeile angegebenen Werte per *UND*-Operator miteinander verknüpft, während jede Zeile eines Kriterienbereichs per *ODER*-Operator mit den restlichen Zeilen verknüpft wird.

Die in die Zellen des Kriterienbereichs eingegebenen Werte werden zum direkten Vergleich mit den Werten (Operator: *entspricht*, =) aus der Liste herangezogen. Beim Vergleich von Zeichenfolgen wird allerdings auf den Operator *beginnt mit* zurückgegriffen. Die Angabe von *Mei* als Kriterium für einen Nachnamen führt dazu, dass sowohl die Datensätze mit dem Namen *Meier* als auch jene mit dem Namen *Meiser* angezeigt werden. Sollen wirklich nur die *Meier*´s angezeigt werden, ohne dass auch Namen wie *Meiering* oder *Meiersdorf* aufgeführt werden, müssen Sie als Kriterium die Formel =*"Meier"* angeben.

Für andere Vergleichsoperatoren müssen Sie Formeln wie *>120* oder *>"ABC"*, *<= 3.1415* usw. eingeben.

Aufruf des Spezialfilters

Nachdem Sie den Kriterienbereich des Spezialfilters Ihren Vorstellungen entsprechend definiert haben, ist es an der Zeit, den Spezialfilter anzuwenden. Dazu rufen Sie den Befehl *Daten/Filter/Spezialfilter* auf und geben im erscheinenden Dialog den Listen- und den Kriterienbereich an. In diese Angaben müssen Sie auch die Spaltenüberschriften mit einbeziehen, weil sonst eine eindeutige Zuordnung zwischen Listen- und Kriterienspalten nicht gewährleistet werden kann:

Abbildung 17.8: Definition des Spezialfilters

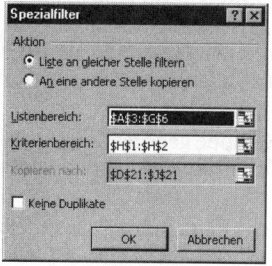

Falls Sie die gefilterten Datensätze an anderer Stelle weiterverarbeiten wollen, müssen Sie das Optionsfeld *An eine andere Stelle kopieren* aktivieren und im Eingabefeld *Kopieren nach* den Bereich angeben, in den die gefilterten Daten kopiert werden sollen. Genau genommen reicht hier die Angabe der Zelle, die die »linke, obere Ecke« der gefilterten Daten aufnehmen soll. Breite und Höhe des Bereichs werden von Excel automatisch bestimmt.

Weil beim Kopieren der gefilterten Datensätze der bestehende Bereich überschrieben wird, ohne ihn zuvor zu löschen, müssen Sie bereits vorhandene Filterdatensätze vor dem Aufruf des Spezialfilters manuell löschen, um das Endergebnis nicht zu verfälschen.

HINWEIS Anders als in Access lassen sich in Excel doppelte Datensätze in eine Liste eintragen. Um beim Filtern die Doubletten auszublenden bzw. nicht zu kopieren, müssen Sie das Kontrollkästchen *Keine Duplikate* aktivieren.

Soll der Spezialfilter wieder entfernt werden, um alle Datensätze der Liste ungefiltert zum Vorschein zu bringen, müssen Sie den Befehl *Daten/Filter/Alle anzeigen* aufrufen.

Filtern mit Formeln

Neben der Filterung der Datensätze anhand der eingegebenen Werte können Sie im Kriterienbereich auch mit Formeln arbeiten. Dabei gilt es aber zu beachten, dass die Formel einen Wahrheitswert als Ergebnis zurückliefert. Falls in der Berechnung der Formel der aktuelle Wert des Feldes eines Datensatzes berücksichtigt werden soll, so müssen Sie in der Formel mit einem relativen Bezug auf das entsprechende Feld in der ersten Zeile der Liste oder auf die Spaltenüberschrift verweisen.

Die Arbeit mit Zwischen- und Teilergebnissen

Excel ermöglicht nicht nur die Datenhaltung im Arbeitsblatt, sondern auch die Aufbereitung und Analyse der gespeicherten Daten. Um beispielsweise den Gesamterlös aus einer Umsatztabelle zu berechnen, müssen Sie in der Zelle unter der Spalte mit den Endpreisen nur auf die Summenfunktion zur Berechnung der Gesamtsumme zurückgreifen.

Doch mitunter will man es etwas genauer wissen. Vielleicht interessieren Sie sich nicht nur für den Gesamtumsatz, sondern auch für den Umsatz nach Artikelgruppen oder sogar für den Umsatz nach einzelnen Artikeln (siehe Abbildung 17.9).

Hier kommt der Befehl *Teilergebnis* aus dem *Daten*-Menü zum Einsatz. Mit ihm lassen sich beispielsweise die Teilergebnisse der einzelnen Produktgruppen berechnen, indem Sie die Einzelpreise aller Umsatzdatensätze, die zu jeweils einem Artikel gehören, addieren. Außerdem wird an das Ende der Liste eine Zeile mit den Gesamtergebnissen aller Datensätze angefügt. Bei Verwendung des Teilergebnis-Befehls müssen Sie drei Informationen angeben:

- Zuerst müssen Sie das Feld bestimmen, das die zu einer Gruppe gehörenden Datensätze identifiziert. Das sind z.B. die Artikel oder die Artikelgruppen in einer Umsatztabelle.
- Anschließend legen Sie fest, auf welche Art die durch das gemeinsame Datenfeld gruppierten Datensätze durch das so genannte Teilergebnis zusammengefasst werden sollen. Neben der einfachen Summierung von Datenfeldern stehen z.B. die Berechnung des Mittelwertes oder das Abzählen der Datensätze innerhalb einer jeden Gruppe (Anzahl) bereit.
- Als letztes müssen Sie angeben, welche Datenfelder der Datensätze einer Gruppe durch die von Ihnen ausgewählte Funktion zusammengefasst werden sollen. In einer Umsatztabelle können Sie beispielsweise auf einen Schlag die Felder *Einzelpreis* und *Mehrwertsteuer* zusammenfassen.

Abbildung 17.9:
Teilergebnisse in der Umsatzliste (durch nachträgliche Formatierung hervorgehoben)

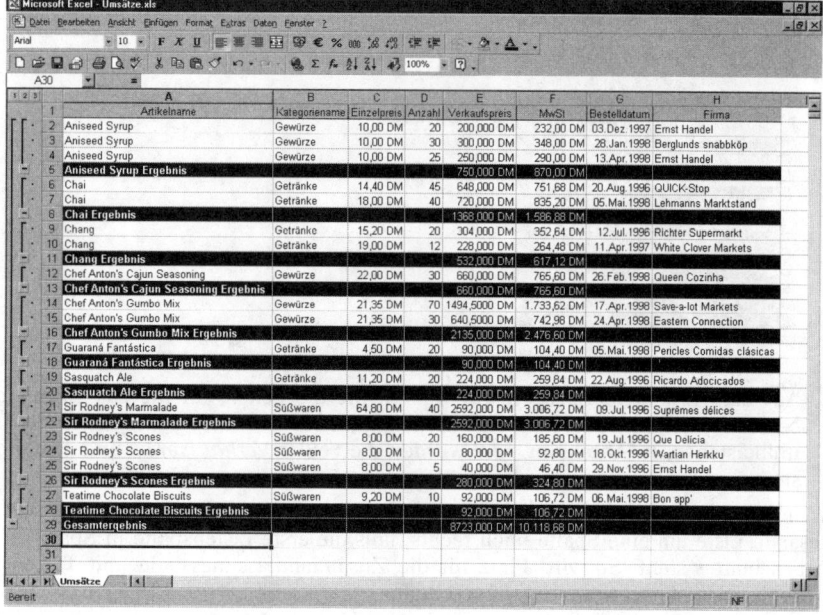

HINWEIS Bei der Gruppierung der Datensätze erwartet Excel, dass die Liste bereits nach dem zu gruppierenden Datenfeld sortiert ist. Nur die vorherige Sortierung stellt sicher, dass zusammengehörende Datensätze unmittelbar aufeinander folgen. Verzichten Sie auf die Sortierung, werden evtl. nicht alle zusammengehörenden Datensätze derselben Gruppe zugeordnet, und Ihre Analyse zeigt fehlerhafte Daten.

Vorsicht ist auch bei der Verwendung eines Filters geboten. Aufgrund eines Filters ausgeblendete Zahlen werden nämlich beim Berechnen der Teilergebnisse nicht berücksichtigt. Sollen also lediglich die Teilergebnisse bestimmter Datensätze berechnet werden, wenden Sie zunächst den entsprechenden Filter an.

So erstellen Sie Teilergebnisse

1. Um die Teilergebnisse einer Liste zu berechnen, führen Sie zunächst alle Sortierungen und Filterungen aus, um nur die Datensätze in die Berechnung einzubeziehen, die wirklich von Interesse sind.

2. Setzen Sie das Ausfüllkästchen anschließend auf eine Zelle der Liste, damit Excel beim Aufruf des Befehl *Daten/Teilergebnisse...* die Liste automatisch vollständig markieren kann (siehe Abbildung 17.10).

3. Wählen Sie im Kombinationsfeld *Gruppieren nach* die Spalte aus, die das zur Gruppierung der Datensätze zu verwendende Feld enthält.

4. Im Kombinationsfeld *Unter Verwendung von* entscheiden Sie sich für eine der verfügbaren Funktionen. Folgende elf Funktionen stehen zur Auswahl: *Summe, Anzahl, Mittelwert, Maximum, Minimum, Produkt, Anzahl der Zahlen, Standardabweichung (Stichprobe), Standardabweichung (Grundgesamtheit), Varianz (Stichprobe)* und *Varianz (Grundgesamtheit)*.

Das sind dieselben Funktionen, die auch unter Access zur Aggregierung der Datensätze einer Abfrage eingesetzt werden.

Listen und Datenbanken mit Excel

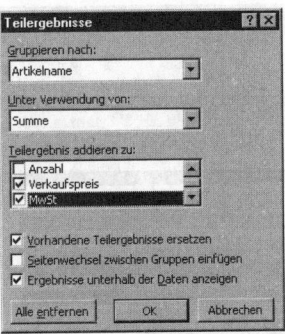

Abbildung 17.10:
Festlegen der Teilergebnisoptionen

5. Aus dem Listenfeld *Bezogen auf* wählen Sie die Felder, für die das Teilergebnis berechnet werden soll. Aktivieren Sie dazu das vor dem Feldnamen stehende Kontrollkästchen. In Abbildung 17.9 wurden die Felder *Verkaufspreis* und *MwSt* aufsummiert.

Wenn Sie die erste Spalte im Listenfeld *Bezogen auf* aktivieren, verschiebt Excel die gesamte Liste um eine Spalte nach rechts, falls die erste Listenspalte in Spalte *A* des Arbeitsblattes steht. So wird Platz für die Zusammenfassungsspalte mit Texten wie *Anton's Cajun Seasoning Anzahl* geschaffen.

HINWEIS

Der untere Bereich des *Teilergebnis*-Dialogs zeigt drei Kontrollkästchen, mit denen sich die Berechnung der Teilergebnisse steuern lässt. Aktivieren Sie das Kontrollkästchen *Vorhandene Teilergebnisse ersetzen*, werden die Zeilen mit zuvor berechneten Teilergebnissen entfernt. Das ist z.B. sinnvoll, wenn die Teilergebnisse nach Änderung der Daten neu berechnet werden sollen. Manchmal ist es aber auch sinnvoll, die bestehenden Teilergebnisse beizubehalten. Zum Beispiel dann, wenn Sie nicht nur die Summe, sondern auch die Anzahl der zu einer Gruppe gehörenden Datensätze berechnen wollen. Denn das lässt sich nur bewerkstelligen, wenn Sie den *Teilergebnis*-Befehl zweimal hintereinander aufrufen:

Sollen die Teilergebnisse ausgedruckt werden, kann es nützlich sein, nach jeder Gruppe eine neue Seite beginnen zu lassen. Aktivieren Sie dazu das Kontrollkästchen *Seitenwechsel zwischen Gruppen einfügen*. Nach dem Ausdruck des Teilergebnisses wird dann ein Seitenwechsel eingefügt, um bei der nächsten Gruppe mit einer neuen Seite zu beginnen.

HINWEIS Wenn Sie den *Teilergebnis*-Befehl mehrmals aufrufen, müssen Sie darauf achten, dass die Seitenumbrüche erst beim letzten Aufruf hinzugefügt werden, weil Sie sonst eine Reihe von Seiten produzieren, auf denen nur Teilergebnisse ohne Daten zu erkennen sind.

Soll beim Ausdruck der Gruppierungen auf jeder Seite die Kopfzeile der Liste ausgedruckt werden, müssen Sie im *Tabellen*-Register des *Datei/Seite einrichten...*-Dialoges den Wiederholungsbereich auf die Kopfzeile der Tabelle einstellen:

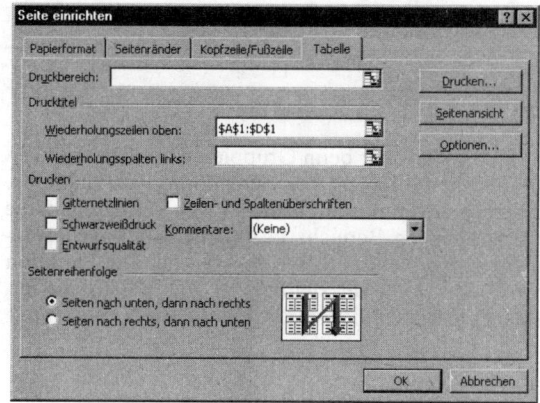

Abbildung 17.11:
So kommt der Listenkopf auf jede Seite.

Standardmäßig ausgewählt im *Teilergebnis*-Dialog ist die Option *Ergebnisse unterhalb der Daten einfügen*. Sie führt dazu, dass die Teilergebnisse unterhalb der jeweiligen Gruppe aufgeführt werden. Schalten Sie dieses Kontrollfeld ab, wenn die Daten stattdessen über der Gruppe eingefügt werden sollen. Wenn vorhandene Teilergebnisse erhalten bleiben sollen, ist dieses Feld abgeblendet. Die Ergebnisse erscheinen an der gleichen Position wie die bereits vorhandenen.

Um die Teilergebnisse anzuzeigen, fügt Excel zusätzliche Zeilen in das Arbeitsblatt ein. Um diese Zeilen später wieder zu entfernen, stellt der *Teilergebnis*-Dialog den Befehl *Alle entfernen* bereit.

Hinter den Kulissen des *Teilergebnis*-Befehls

Wenn Sie einen Blick auf die Formeln werfen, die Excel zur Berechnung der Teilergebnisse einsetzt, erkennen Sie, dass hier die Excel-Funktion TEILERGEBNIS zum Einsatz kommt. Sie erwartet zwei Parameter: Im ersten geben Sie einen Schlüssel an, der die eigentliche Berechnungsfunktion bestimmt, im zweiten Parameter nennen Sie den Bereich, aus dem die zu berechnenden Werte stammen (z.B. =TEILERGEBIS(9;A1:A5) zur Berechnung der ersten fünf Zeilen aus Spalte A). Die folgende Tabelle zeigt die Funktionsschlüssel, die beim Aufruf der TEILERGEBNIS-Funktion übergeben werden müssen:

Listen und Datenbanken mit Excel

Berechnung	Schlüssel
Mittelwert	1
Anzahl	2
Anzahl2	3
Maximum	4
Minimum	5
Produkt	6
Standardabweichung (Stichprobe)	7
Standardabweichung (Grundgesamtheit)	8
Summe	9
Varianz (Stichprobe)	10
Varianz (Grundgesamtheit)	11

Tabelle 17.2:
Die Schlüssel für die Funktion TEILERGEBNIS

Die Funktion *TEILERGEBNIS()* kommt nicht nur beim Gruppieren von Datensätzen zum Einsatz, sondern eignet sich auch hervorragend zur Berechnung von Summen. Excel stellt zu diesem Zweck zwar bereits die Funktion *SUMME()* zur Verfügung, diese bezieht aber stets alle Zeilen des angegebenen Bereichs in ihre Berechnungen ein – unabhängig davon, ob die Zeilen ein-/ausgeblendet bzw. gefiltert sind. Die Funktion *TEILERGEBNIS()* ist hier flexibler. Denn sie berücksichtigt nur jene Zeilen, die tatsächlich eingeblendet sind. Ausgeblendete Zeilen fließen nicht in die Berechnung ein.

Noch mehr Funktionen

Speziell für den Umgang mit Datenbanken bzw. Listen bietet Excel zwölf Datenbankfunktionen. Das Besondere an ihnen: Über einen Kriterienbereich lässt sich steuern, welche Datensätze in die Berechnung einbezogen und welche ignoriert werden. Diese Kriterien werden wie beim Spezialfilter in einem separaten Bereich des Arbeitsblattes definiert.

Sie erkennen die Datenbankfunktionen an dem vorangestellten Kürzel *DB*. Alle Datenbankfunktionen besitzen dieselben Parameter. Ihre Syntax lautet:

=DBFunktion(Datenbank; Feld; Kriterien)

Im Parameter *Datenbank* muss ein Bezug auf die Quelldaten inkl. Spaltenüberschriften angegeben werden. Der Verweis auf eine einzelne Zelle genügt hier leider nicht. Der Parameter *Feld* gibt an, über welches Datenfeld die Berechnung erfolgen soll. *Feld* kann durch einen Namens- oder Zellbezug definiert werden. Sie können auch die Spaltenüberschrift angeben. Diese muss dann allerdings in Anführungszeichen gesetzt werden.

Der *Kriterienbereich* definiert die Kriterien, die zur Auswahl der Quelldatensätze erfüllt sein müssen. Wie beim Spezialfilter geben Sie die Kriterien in einer oder mehreren Zeilen an, deren Spaltenüberschriften mit denen der zu berechnenden Liste übereinstimmen.

Die folgende Abbildung zeigt, wie Sie mit der Funktion *DBSUMME()* die Summe aller Einzelpreise der Datensätze berechnen, die zur Kategorie *Getränke* gehören:

Abbildung 17.12:
Summierung des Verkaufspreises aller Getränke

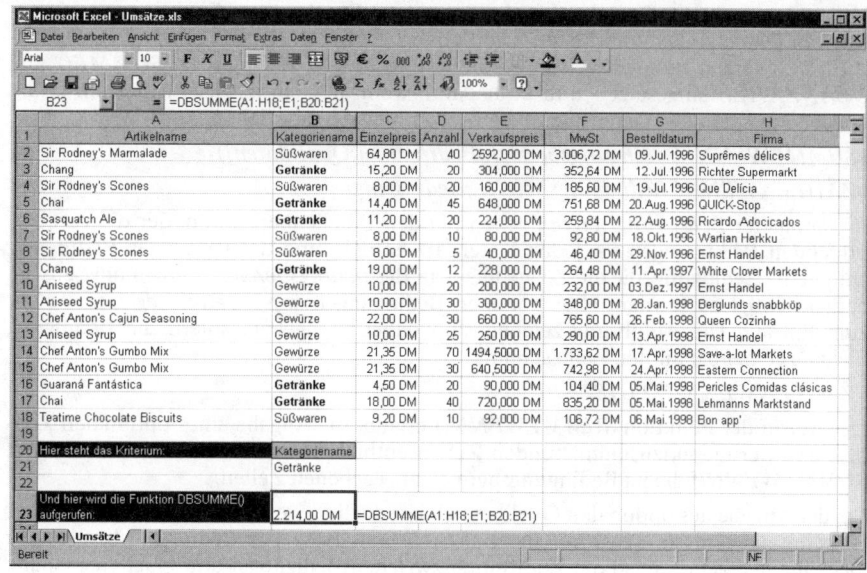

Der folgenden Tabelle können Sie alle zur Verfügung stehenden Datenbankfunktionen und ihre Kurzbeschreibung entnehmen.

Tabelle 17.3:
Die Datenbankfunktionen

Funktion	Beschreibung
DBANZAHL	Anzahl der Zellen des Feldes, die Zahlen beinhalten
DBANZAHL2	Anzahl der nichtleeren Zellen im betreffenden Feld
DBMAX	Größter Wert im betreffenden Feld
DBMIN	Kleinster Wert im betreffenden Feld
DBSUMME	Summe der Zellen des betreffenden Feldes
DBPRODUKT	Produkt der Zellen des betreffenden Feldes
DBMITTELWERT	Durchschnitt der Werte im betreffenden Feld
DBSTABW	Standardabweichung auf Basis einer Stichprobe für die Werte im betreffenden Feld
DBSTABWN	Standardabweichung auf Basis der Grundgesamtheit für die Werte im betreffenden Feld
DBVARIANZ	Varianz auf Basis einer Stichprobe für die Werte im betreffenden Feld
DBVARIANZEN	Varianz auf Basis der Grundgesamtheit für die Werte im betreffenden Feld
DBAUSZUG	Ist ein Datensatz vorhanden, der die Kriterien erfüllt, wird dieser ausgegeben. Werden zwei oder mehr zutreffende Datensätze gefunden, ergibt sich der Fehlerwert #ZAHL!. Das ermöglicht die Suche nach Duplikaten. Wird kein Datensatz gefunden, wird #WERT! ausgegeben.

Neben den »echten« Datenbankfunktionen bietet Excel weitere Funktionen zur Analyse von Datenbanken und Listen. Die Funktionen SUMMEWENN() und ZÄHLENWENN() werden beispielsweise als Abkürzung zu den Befehlen DBSUMME() und DBANZAHL() eingesetzt – und zwar dann, wenn nur ein einziges Kriterium erfüllt werden muss, um den Datensatz in die Berechnung einzubeziehen:

Nur ein Kriterium

=SUMMEWENN(Bedingungsbereich;Bedingung[;Quelldaten])

=ZÄHLENWENN(Bedingungsbereich;Bedingung)

Im Parameter *BedingungBereich* geben Sie den Tabellenbereich an, der die zu überprüfenden Bedingungen für jeden Datensatz enthält, und der Parameter *Bedingung* enthält die Bedingung, die die Zellen aus dem *Bedingungsbereich* erfüllen müssen, um berücksichtigt zu werden. Hier kommen Bedingungen wie »*Getränke*« oder »*>10*« zum Einsatz. Die Anführungszeichen sind dabei anzugeben, sofern die Bedingung nicht aus einer benannten Zelle stammt:

=ZÄHLENWENN(D2:D18;">10")

Der Aufruf der Funktion SUMMEWENN() erlaubt die Angabe eines optionalen Zellbereichs, der die aufzusummierenden Zellen enthält. Wird er weggelassen, summiert SUMMEWENN() die im Bedingungsbereich angegebenen Zellen.

Bei der Angabe des optionalen Quellbereichs ist die linke, obere Zelle relevant. Bei der Berechnung wird sie quasi mit der linken oberen Ecke des Bedingungsbereichs in Deckung gebracht, um so die Zuordnung zwischen Bedigungs- und Quelldatenspalte zu erhalten.

Für die Analyse von Daten ebenfalls sehr wichtig ist die Funktion ANZAHLLEEREZELLEN(). Ihr wird der Bereich übergeben, dessen leere Zellen gezählt werden sollen. Vor allem für Spalten, in denen stets ein Wert eingegeben werden sollte, kann diese Funktion wertvolle Dienste leisten, indem sie anzeigt, dass ein oder mehrere Felder einer Spalte noch nicht ausgefüllt wurden.

Komfortable Eingabe

Die meisten Anwender werden die Zellen einer Datenbank bzw. Liste vermutlich von Hand in ein Arbeitsblatt eintragen oder aus einer externen Datenquelle importieren (siehe ▶ Kapitel 50). Sie können zur Eingabe aber auch auf einen Dialog zurückgreifen, der die Eingabe der Felder eines Datensatzes erleichtert:

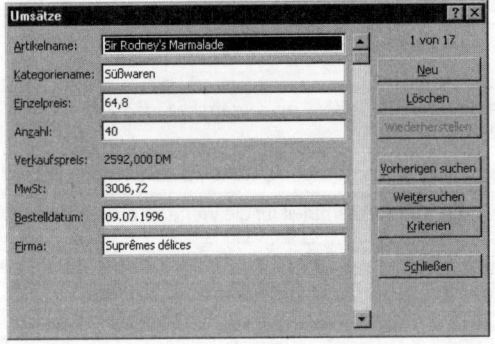

Abbildung 17.13:
Eine Datenmaske in Excel

Dieser Dialog wird durch Aufruf des Befehls *Daten/Maske* geöffnet. In seiner Kopfzeile sehen Sie den Namen des Arbeitsblattes. Darunter befinden sich die Datenfelder, für die jeweils ein separates Eingabefeld abgestellt wird. Die Beschriftung der Eingabefelder entnimmt Excel den Spaltenüberschriften der Liste.

HINWEIS Falls die Liste berechnete Felder enthält, zeigt der Dialog kein Eingabefeld an. Er stellt nur den Inhalt dar, der sich nicht verändern lässt.

Navigation Auf der rechten Seite des Dialogs befinden sich verschiedene Schaltflächen zum Navigieren und Bearbeiten der Datensätze. Zwischen Schaltflächen und Feldern befindet sich außerdem eine vertikale Bildlaufleiste. Mit ihr navigieren Sie zwischen den Datensätzen der Liste. Welcher Datensatz derzeit angezeigt wird und wie viele Datensätze sich in der Liste befinden, zeigt der Text über den Schaltflächen am rechten Dialogrand.

Neben der Navigation durch die Bildlaufleiste stehen auch Tastenkürzel zur Navigation bereit. Welche das sind, zeigt die folgende Tabelle:

Tabelle 17.4:
Navigation per
Tastatur

Tasten	Datensatz	Feld
[Tab]	Gleicher Datensatz	Nächstes Feld, ausgenommen berechnete
[⇧]+[Tab]	Gleicher Datensatz	Vorheriges Feld, ausgenommen berechnete
[↓]	Nächster Datensatz	Gleiches Feld
[↑]	Vorheriger Datensatz	Gleiches Feld
[↵]	Nächster Datensatz	Erstes Feld
[⇧]+[↵]	Vorheriger Datensatz	Erstes Feld
[Bild ↓]	10 Datensätze weiter	Gleiches Feld
[Bild ↑]	10 Datensätze vorher	Gleiches Feld
[Strg]+[Bild ↓]	Neuer Datensatz	Gleiches Feld
[Strg]+[Bild ↑]	Erster Datensatz	Gleiches Feld

Um in der Maske einen neuen Datensatz anzulegen, den Excel an das Ende der Tabelle anfügt, klicken Sie entweder auf die *Neu*-Schaltfläche oder drücken die Tastenkombination [Strg]+[Bild ↓]. Daraufhin wird eine leere Maske angezeigt. Geben Sie die neuen Daten in die Eingabefelder ein. Die Daten verbleiben allerdings so lange im Zwischenspeicher, bis Sie zu einem anderen Datensatz wechseln. Beachten Sie dabei, dass ein solcher Wechsel auch bei Eingabe der [↵]-Taste erfolgt.

Wenn Sie einen Datensatz verändern, werden Ihre Änderungen erst dann in der Liste gespeichert, wenn Sie zu einem anderen Datensatz navigieren. Bis zu diesem Zeitpunkt können Sie die ursprünglichen Daten durch Anklicken der *Wiederherstellen*-Schaltfläche zurückgewinnen.

Um einen Datensatz zu löschen, klicken Sie auf die *Löschen*-Schaltfläche. Beachten Sie dabei, dass der Datensatz endgültig gelöscht wird. Die dem gelöschten Datensatz folgenden Datensätze rücken einen Platz auf.

HINWEIS Wenn Sie einen leeren Datensatz erzeugen, in dem alle Datenfelder leer sind, arbeitet der Eingabedialog nicht mehr zuverlässig, weil er keinen »Anschluss« zum Rest der Liste mehr findet. Hier hilft nur das Verlassen des Dialogs, das Platzieren des Ausfüllkästchens in einen Datensatz der Liste und der erneute Aufruf der Eingabemaske.

In der Datenbank suchen

Über die Eingabemaske können Sie auch nach Datensätzen suchen. Rufen Sie die Eingabemaske dazu über den Befehl *Daten/Maske* auf und klicken Sie anschließend auf die Schaltfläche *Suchkriterien*. Die Maske wird daraufhin für die Eingabe der Kriterien geleert. Sie können nun in einem oder mehreren Feldern die Suchkriterien eingeben, die die in der Folge anzuzeigenden Datensätze aufweisen müssen. Dabei kann es sich jeweils um einen festen Wert handeln. Sie können aber auch die Vergleichsoperatoren =, > und < sowie Kombinationen davon verwenden. Übrigens können auch berechnete Felder als Suchkriterium herangezogen werden.

Nachdem Sie die Suchkriterien definiert haben, verlassen Sie die Definition des Suchkriteriums und wechseln mit der *Maske*-Schaltfläche oder der ⏎-Taste zurück zur eigentlichen Anzeige der Datensätze. Mit den Schaltflächen *Nächsten suchen* und *Vorherigen suchen* blättern Sie nun zwischen den Datensätzen, die die definierten Kriterien erfüllen.

Eingabeformulare

Der Dialog zur Eingabe von Datensätzen in eine Liste ist weder besonders komfortabel noch sehr ansprechend gestaltet. Mit einem Excel-Formular, das die Eingabe wie in einem ausgefeilten Bildschirmformular ermöglicht, wäre die Eingabe von Datensätzen dagegen sehr viel ansprechender. Seit Excel 97 erlaubt Excel die Verknüpfung der Felder in einer Arbeitsblatt-Vorlage mit den Datensätzen einer Datenbank. Sie geben Ihre Daten in das Formular ein, und beim Speichern des Formulars werden die in die Zellen eingegebenen Daten in die von Ihnen angegebene Datenbank gespeichert:

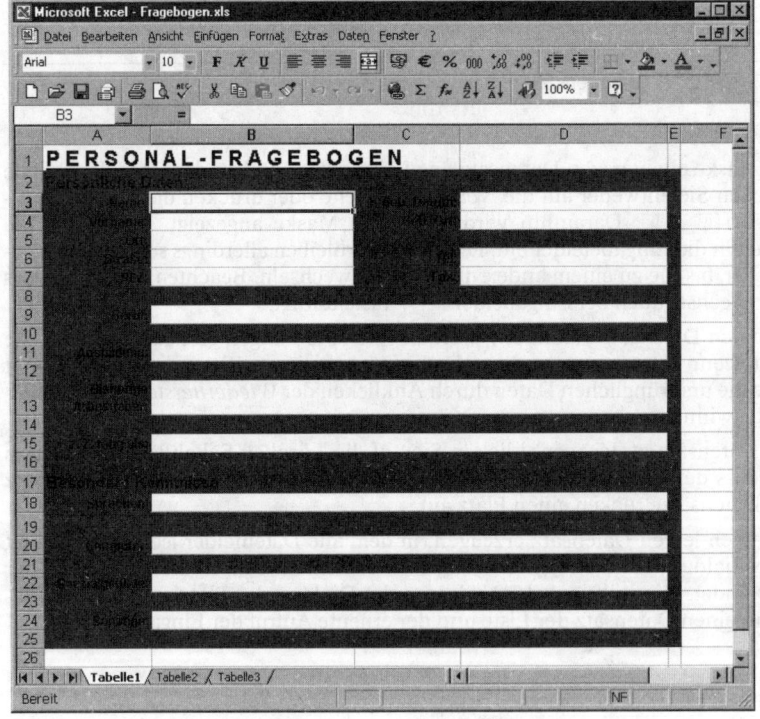

Abbildung 17.14:
Die Daten eines solchen Fragebogens lassen sich sehr gut in einer Tabelle speichern.

Der Vorteil: Alle im Laufe der Zeit anfallenden Daten werden in einer Datenbank/Liste gespeichert und lassen sich dort sehr gut auswerten. Die obige Abbildung zeigt beispielsweise einen Fragebogen, wie er zur Bewerbung um einen neuen Posten verwendet wird. Für jeden Bewerber könnten Sie zwar eine separate Excel-Datei mit diesem Aufbau anlegen oder die Daten eines jeden Bewerbers in einem separaten Arbeitsblatt der aktuellen Mappe speichern. Diese beiden Methoden haben jedoch den Nachteil, dass Sie niemals die Informationen aller Bewerber auf einen Blick einsehen können.

Bei der Verknüpfung zwischen der Datenbank und dem Eingabeformuloar unterstützt Sie der *Vorlagen-Assistent mit Datenarchivierung*, den Sie zuerst über den Add-In-Manager (*Extras/Add-Ins...*) aktivieren müssen:

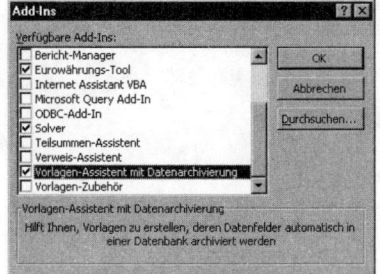

Abbildung 17.15: Der Vorlagen-Assistent mit Datenarchivierung *muss aktiviert werden.*

Wurde der Assistent aktiviert, zeigt das *Extras*-Menü den *Maske...*-Befehl, der den Assistenten startet.

So erstellen Sie ein Eingabeformular mit Datenarchivierung

Die folgenden Schritte führen zu einem Formular, dessen Daten beim Speichern in eine von Ihnen definierte Datenbank einfließen. Damit Sie dieses Formular stets parat haben, erstellt der Vorlagen-Assistent eine Excel-Vorlage, damit Sie sehr schnell und einfach ein neues Datenformular anlegen und seine Daten in der Datenbank archivieren können.

1. Erstellen Sie zuerst das Eingabeformular. Platzieren Sie dazu Beschriftungen, Rahmen und farblich gekennzeichnete Bereiche in einer herkömmlichen Tabelle. Um sicherzustellen, dass Daten tatsächlich nur in den dafür vorgesehenen Zellen eingegeben werden, sollten Sie von der Schutzfunktion (▶ Kapitel 13) unter Excel Gebrauch machen. Erstreckt sich ein Eingabefeld über mehrere Zellen, sollten Sie diese zu einer einzigen Zelle verbinden (Befehl *Format/Zellen...*, *Ausrichtung*-Register, Kontrollkästchen *Zellen verbinden*).

2. Rufen Sie den Assistenten nach Fertigstellung des Formulars über den Befehl *Daten/Vorlagen-Assistent* auf. Er hilft bei der Verknüpfung der für Eingaben vorgesehenen Felder mit der Datenbank.

3. Im ersten Schritt des Assistenten wählen Sie die Tabelle aus, in der sich die Vorlage befindet. Diese Tabelle muss derzeit geöffnet sein. Außerdem geben Sie den Pfad an, unter dem Excel das Eingabeformular als Vorlagendatei zur späteren Benutzung ablegen soll (siehe Abbildung 17.16).

4. Im zweiten Schritt wählen Sie den Datenbanktyp aus. Zur Auswahl stehen neben der Speicherung in einer Excel-Arbeitsmappe auch die Datenbankformate Access, FoxPro oder dBase. Neben dem Datenbanktyp geben Sie außerdem das Verzeichnis an, in dem die neue Datenbank erstellt werden soll (siehe Abbildung 17.17).

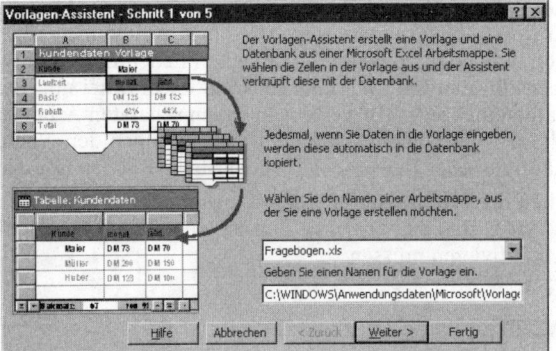

Abbildung 17.16:
Schritt 1 des Vorlagen-Assistenten

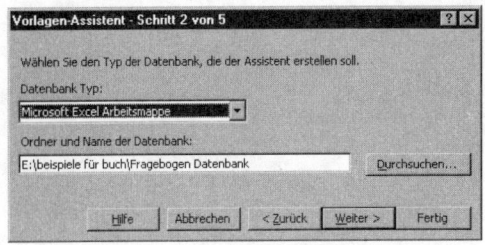

Abbildung 17.17:
Auswahl des Datenbanktyps

5. Im dritten Schritt legen Sie fest, welche Zellen der Excel-Vorlage in welchen Datenfeldern der Datenbank abgelegt werden sollen. Im Datenfeld *Tabelle* geben Sie an, in welcher Tabelle der Zieldatenbank bzw. Zielarbeitsmappe die Daten abgelegt werden sollen. In den darunter stehenden Feldern geben Sie an, welche Zelle in welcher Spalte der Tabelle abgelegt werden soll.

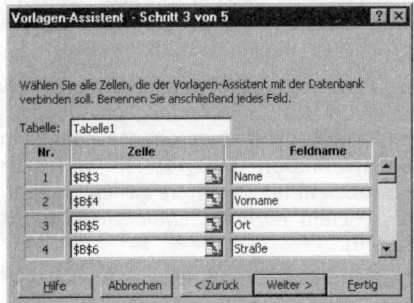

Abbildung 17.18:
Zieltabelle und Zielfelder festlegen

HINWEIS Nach der Angabe eines Zellbezugs in den dafür vorgesehenen Eingabefeldern wird der Inhalt der unmittelbar links stehenden Zelle in das jeweilige Eingabefeld zur Angabe des Feldnamens kopiert. Es empfiehlt sich daher, jedes Eingabefeld im Formular mit einer eindeutigen Beschriftung in der jeweils vorangehenden Zelle zu versehen.

6. Nach der Definition der Zieltabelle können Sie Daten aus einer bereits bestehenden Datenbank importieren. Dazu müssen Sie im folgenden Dialog die Optionsschaltfläche *Ja, hinzufügen* aktivieren.

Abbildung 17.19:
Bestehende
Daten
importieren?

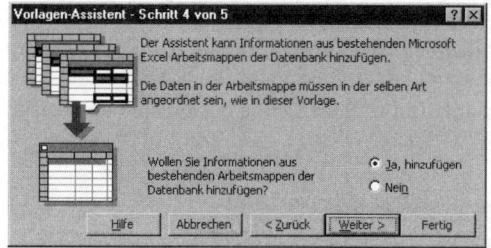

Zum Import der Daten zeigt Excel den folgenden Dialog:

Abbildung 17.20:
Import bereits
eingegebener
Daten

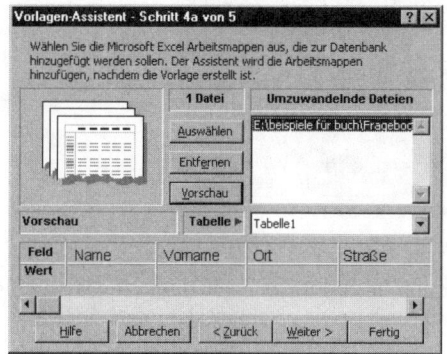

Über die *Auswählen*-Schaltfläche können Sie alle Arbeitsmappen der Liste der umzuwandelnden Dateien hinzufügen, aus denen Sie Daten in die neue Datenbank übernehmen wollen. Für jede Datei in der Liste legen Sie über das Kombinationsfeld *Tabelle* fest, aus welchem Arbeitsblatt die zu importierenden Daten stammen sollen.

Der Import der Daten findet nach Beenden des Assistenten statt.

7. Der letzte Dialog zeigt eine Zusammenfassung der Daten an und erstellt sowohl die zur Eingabe benötigte Vorlagendatei als auch die Datenbank.

Abbildung 17.21:
Beenden des
Assistenten

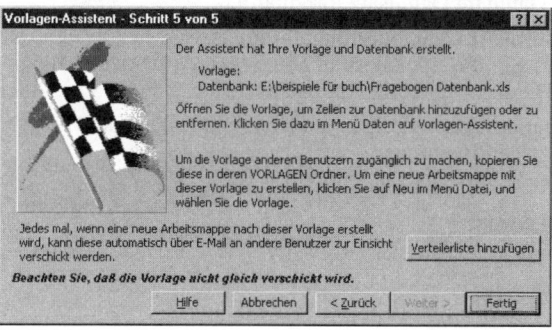

So verwenden Sie die Maske zur Dateneingabe

Nachdem Sie die Vorlage – basierend auf einem Eingabeformular – und die zugehörige Datenbank erzeugt haben, können Sie sich an die Dateneingabe begeben.

1. Rufen Sie den Befehl *Datei/Neu* auf, und wählen Sie die entsprechende Vorlage als Basis der neuen Datei aus.

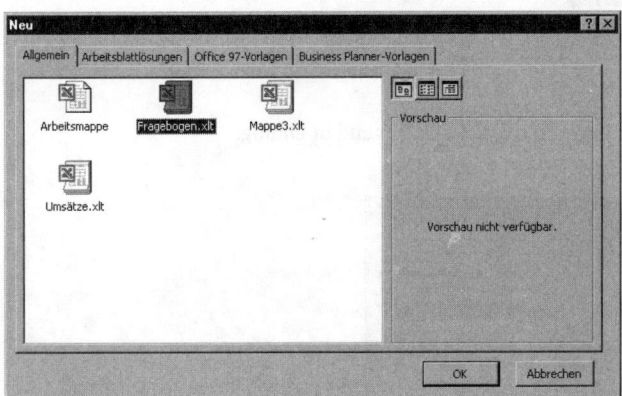

Abbildung 17.22:
Vorlage zur
Dateneingabe
verwenden

2. Excel erzeugt ein neues Eingabeformular, in das Sie wie gewohnt die Daten eingeben. Beim Speichern des ausgefüllten Fragebogens erscheint der folgende Dialog:

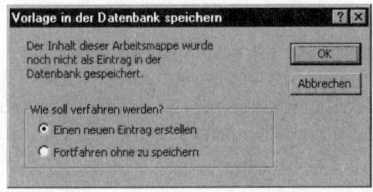

Abbildung 17.23:
Daten des
Formulars in
Datenbank
ablegen?

Sie werden aufgefordert, die aktuellen Daten in einen neuen Datensatz zu speichern oder ohne Speichern der Daten im Datensatz fortzufahren.

3. Anschließend können Sie das Eingabeformular in einer separaten Datei auf der Festplatte speichern. Falls Sie die Speicherung abbrechen, wird der zuvor in der Datenbank gespeicherte Datensatz davon nicht beeindruckt.

4. Speichern Sie das Formular erneut, weil Sie in der Zwischenzeit einige Werte verändert haben, erscheint die folgende Abfrage:

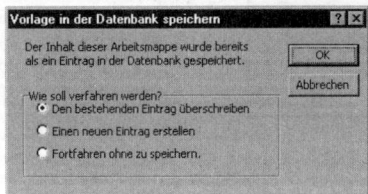

Abbildung 17.24:
Bestehende
Einträge über-
schreiben?

Hier können Sie festlegen, ob der aktuelle Datensatz mit den neuen Daten überschrieben werden soll. Sie können aber auch neue Datensätze erzeugen und durch Abbrechen des anschließenden Speichervorgangs mehrere Datensätze nacheinander anlegen.

18 Excel-Funktionen im Überblick

456 Mathematische Funktionen
471 Logische Funktionen
472 Datums- und Zeitfunktionen

Auf den folgenden Seiten finden Sie eine Übersicht über die wichtigsten Funktionen von Excel. Bitte verstehen Sie diese Liste vor allem als Hilfe für die Erkundung des sehr großen Funktionsschatzes von Excel. Bei vielen Funktionen ergibt sich bereits aus dem Namen, welche Aufgaben sie erfüllen, bei anderen Funktionen müssen Sie dagegen erst die Beschreibung lesen, um zu erfahren, wie die Funktion arbeitet und welche Parameter sie in welcher Reihenfolge erwartet. Diese Detailinformationen erkunden Sie am besten über die elektronische Hilfe von Excel. Die folgende Abbildung zeigt die Stelle im Inhaltsbaum der Excel-Hilfe (d.h. im Register *Inhalt*), an der Sie das *Verzeichnis der Tabellenfunktionen* finden.

Abbildung 18.1: Hier finden Sie eine Übersicht über alle verfügbaren Funktionen.

- Erste Schritte
- Erhalten von Hilfe
- Verwenden von Tastenkombinationen
- Installieren und Entfernen von Microsoft Excel
- Internationale Features
- Arbeiten mit der Euro-Währung
- Erstellen, Öffnen und Speichern von Dateien
- Arbeiten mit Arbeitsmappen und Tabellenblättern
- Eingeben von Daten und Markieren von Zellen
- Jahr 2000-Problem
- Bearbeiten von Arbeitsmappendaten
- Formatieren von Tabellenblättern
- Drucken
- Erstellen von Bildschirm- oder gedruckten Formularen
- Erstellen von Formeln und Überprüfen von Arbeitsmappen
  - Schnelle Berechnungen in einem Tabellenblatt (Summe anzeigen)
  - Eingeben von Formeln
  - Bearbeiten von Formeln
  - Verwenden von Bezügen
  - Verwenden von Funktionen
  - Verzeichnis der Tabellenfunktionen
    - Datenbank- und Listenverwaltungsfunktionen
    - Datum- und Zeitfunktionen
    - DDE und externe Funktionen
    - Technische Funktionen
    - Finanzmathematische Funktionen
    - Informationsfunktionen
    - Logische Funktionen
    - Such- und Verweisfunktionen
    - Mathematische und trigonometrische Funktionen
    - Statistische Funktionen
    - Textfunktionen
- Arbeiten mit Beschriftungen und Namen
- Arbeiten mit Matrizen
- Steuern von Berechnungen
- Lösen von Formeln mit Zirkelbezügen

Mathematische Funktionen

Funktionen rund um die Grundrechenarten

Alle Funktionen rund um die Grundrechenarten Addition, Subtraktion, Multiplikation und Division finden Sie in der folgenden Tabelle.

Ergebnis	Funktion
Absolutwert, der so genannte Betrag einer Zahl	ABS(Zahl)
Addition der Zellen eines Bereichs	SUMME(Zahlenliste)
Addition der Werte in *Bereich*, die die in *Kriterien* angegebenen Kriterien erfüllen	SUMMEWENN(Bereich;Kriterien [;Summenbereich])
Ganzzahliger Anteil der Division (*QUOTIENT(7;3)=2*)	QUOTIENT(Zähler; Nenner)
Divisionsrest(*REST(7;3)=1*)	REST(Zähler;Nenner)
Durchschnitt (*MITTELWERT(1;2;3;4;6)=8*)	MITTELWERT(Bereich)
Größter gemeinsamer Teiler (*GGT(123;456)=3*)	GGT(Zahlenliste)
Kleinstes gemeinsames Vielfaches (*KGV(123;456)=18696*)	KGV(Zahlenliste)
Multiplikation der Werte eines Bereichs (*PRODUKT(1;2;3;4)=24*)	PRODUKT(Zahlenliste)
Vorzeichen der Zahl (*VORZEICHEN(-123)=-1, VORZEICHEN(123)=1, VORZEICHEN(0)=0*)	VORZEICHEN(Zahl)

Tabelle 18.1: Funktionen rund um die Grundrechenarten

Potenzrechnung und Logarithmus

Ergebnis	Funktion
Logarithmus einer Zahl zu einer beliebigen Basis. Ohne Angabe der optionalen Basis verwendet Excel die Basis 10.	LOG(Zahl;Zahl für Basis[10])
Logarithmus zur Basis 10	LOG10(Zahl)
Natürlicher Logarithmus zur Basis e	LN(Positive Zahl)
Potenz (a^b)	POTENZ(a;b)
Potenz mit Basis e. (e^b)	EXP(b)
Quadatwurzel aus mit Pi multiplizierter Zahl $\sqrt{\pi * Zahl}$	WURZELPI(Zahl)
Quadratwurzel $\sqrt{Zahl}$	WURZEL(Zahl)
Summe aus Zweierpotenzen	QUADRATESUMME(Zahlenliste)
Summe von Potenzen	POTENZREIHE(Wert der unabhängigen Variablen; Anfangspotenz; Inkrement, um das Anfangspotenz erhöht werden soll; Koeffizienten)

Tabelle 18.2: Funktionen für Potenzrechnung und Logarithmus

Funktionen zum Runden und Kürzen

Die Funktionen zum Runden und Kürzen verlangen einige spezielle Parameter. Bei einigen Funktionen müssen Sie als Argument die Anzahl der *Stellen* angeben, auf die eine Zahl nach dem Komma gerundet werden soll. Diese Anzahl muss stets als ganze Zahl angegeben werden. Wird für den Parameter *Stellen* eine positive Zahl angegeben, rundet Excel die Stellen vor dem Komma. Bei der Angabe von –1 für *Stellen* wird die Zahl 8 als Zahl 10 dargestellt.

Die Funktionen UNTERGRENZE() und OBERGRENZE() erwarten den Parameter *Schritt*. Dieser Parameter wird zur Auf- bzw. Abrundung in vorgegebenen Schritten verwendet. Dadurch lassen sich Zahlen beispielsweise in Schritten von *0,25* runden. 3,34 würde durch UNTERGRENZE(3,34;0,25) auf 3,25 abgerundet. OBERGRENZE(3,34;0,25) rundet dagegen auf 3,5.

Tabelle 18.3: Runden und Kürzen

Ergebnis	Funktion
Rundet eine Zahl auf die angegebene Anzahl von Stellen ab. (ABRUNDEN(1,234567;3)=1,234)	ABRUNDEN(Zahl; Stellen)
Schneiden alle Stellen, die über die angegebene Stellenzahl hinausgehen, ab. Kein Runden!	KÜRZEN(Zahl; Stellen [0])
Abrunden auf nächstkleinere Ganzzahl (GANZZAHL(1,9999)=1)	GANZZAHL(Zahl)
Abrunden auf nächstkleineres Vielfaches einer Zahl (UNTERGRENZE(3,34;0,25)=3,25)	UNTERGRENZE(Zahl; Schritt)
Aufrunden (AUFRUNDEN(1,234567;3)=1,235)	AUFRUNDEN(Zahl; Stellen)
Aufrunden auf nächstes Vielfaches einer Zahl (OBERGRENZE(3,34;0,25)=3,5)	OBERGRENZE(Zahl; Schritt)
Diese Funktion rundet die übergebene Zahl "kaufmännisch« (4/5).	RUNDEN(Zahl; Stellen)
Rundet die Zahl auf die nächstgrößere gerade Zahl. (GERADE(2,1)=4)	GERADE(Zahl)
Rundet die Zahl auf die nächstgrößere ungerade Zahl .(UNGERADE(1,1)=3)	UNGERADE(Zahl)
Runden auf nächstes angegebenes Vielfaches. (VRUNDEN(125;100)=100)	VRUNDEN(Zahl; Zahl, auf deren Vielfaches gerundet werden soll)

Funktionen zum Zählen

Tabelle 18.4: Zählfunktionen

Ergebnis	Funktion
Anzahl der Zahlenwerte in übergebener Liste bzw. übergebenen Bereich	ANZAHL(Werteliste)
Anzahl leerer Zellen in übergebenen Zellbereich	ANZAHLLEEREZELLEN(Zellbereich)

▶

Ergebnis	Funktion
Anzahl der nichtleeren Zellen in übergebenen Bereich.	ANZAHL2(Werteliste)
Anzahl nichtleerer Zellen, die Kriterien erfüllen	ZÄHLENWENN(Zellbereich; Kriterienbereich)

Weitere mathematische Funktionen

Ergebnis	Funktion
Anzahl möglicher Kombinationen (KOMBINATIONEN(49;6) = Anzahl der möglichen Lotto-Kombinationen)	KOMBINATIONEN(Anzahl der Elemente insgesamt; Anzahl der Elemente pro Kombination)
Fakultät (Multiplikation der natürlichen Zahlen bis zur übergebenen Zahl: $1*2*3*$ ... $*$ Zahl. Zahl muss positiv sein)	FAKULTÄT(Zahl)
Fakultät mit Schrittlänge 2 ($2*4*6*8*...*Zahl$)	ZWEIFAKULTÄT(Zahl)
Natürlicher Logarithmus der Gammafunktion	GAMMALN(Positive Zahl)
Polynomialkoeffizient einer Zahlengruppe	POLYNOMIAL(Zahlenliste)
Prüfung, ob Zahl größer als Schwellenwert	GGANZZAHL(Zahl; Schritt [0])
Zufallszahl aus angegebenem Intervall	ZUFALLSBEREICH(Untergrenze; Obergrenze)
Zufallszahl zwischen 0 und 1	ZUFALLSZAHL()

Tabelle 18.5: Weitere Funktionen

Trigonometrische Funktionen

Die trigonometrischen bzw. »Dreiecksfunktionen« erwarten oft die Angabe eines Winkels. Winkel werden in Excel aber nicht in Grad (0° bis 360°), sondern im Bogenmaß bzw. Radiant (0 bis $2*\pi$) angegeben. Die Umrechung einer Grad-Angabe in das Bogenmaß erfolgt dabei über die Funktion *RADIANT()*. Die Umrechnung des Bogenmaß in Grad erfolgt über die Funktion *GRAD()*.

Die meisten trigonometrischen Funktionen sind nur für ein rechtwinkliges Dreieck definiert.

Ergebnis	Funktion
Arkuskosinus	ARCCOS(Zahl zwischen -1 und 1)
Arkussinus	ARCSIN(Zahl zwischen −1 und 1)
Arkustangens	ARCTAN(Zahl)
Arkustangens für eine rechtwinkliges Dreieck, dessen Katheten die Länge x und y aufweisen	ARCTAN2(x; y)-
Bogenmaß in Grad	GRAD(Bogenmaß)
Grad in Bogenmaß	RADIANT(Grad)
Kosinus	COS(Bogenmaß)

Tabelle 18.6: Trigonometrische Funktionen

Ergebnis	Funktion
Pi, Kreiszahl 3,1415...	PI()
Sinus	SIN(Bogenmaß)
Tangens	TAN(Bogenmaß)
Umgekehrt hyperbolischer Arkuskosinus	ARCCOSHYP(Zahl >= 1)
Umgekehrt hyperbolischer Arkussinus	ARCSINHYP(Zahl >= 1)
Umgekehrt hyperbolischer Arkustangens	ARCTANHYP(Zahl >= 1)
Umgekehrt hyperbolischer Sinus	SINHYP(Zahl)
Umgekehrt hyperbolischer Tangens	TANHYP(Zahl)
Ungekehrt hyperbolischer Kosinus	COSHYP(Zahl)

Dezimale, binäre, oktale und hexadezimale Zahlen

Excel kann Zahlen in verschiedenen Zahlensystemen darstellen. Zahlen in anderen Systemen als dem Dezimalsystem werden von Excel allerdings wie Text behandelt. Daher kann mit diesen Werten nur gerechnet werden, wenn die Zahlen vorher in das Dezimalsystem umgerechnet werden.

Zu beachten ist außerdem, dass Binär-, Oktal- und Hexadezimalzahlen nur bis zu zehn Zeichen lang sein dürfen. Dadurch wird die Größe der umrechenbaren Zahlen natürlich begrenzt.

Mit dem Argument *Stellen* geben Sie an, wie viele Stellen eine Binär-, Oktal- oder Hexadezimalzahl aufweisen soll. Dieses Argument ist allerdings optional. Geben Sie es nicht an, wählt Excel stets die maximale Anzahl von Stellen. Für negative Zahlen werden immer zehn Stellen verwendet.

Bei Binärzahlen kommen nur die Ziffern 0 und 1, bei Oktalzahlen die Ziffern 0 bis 7 und bei Hexadezimalzahlen alle Ziffern sowie die Zeichen A bis F vor.

Tabelle 18.7:
Zahlen unterschiedlicher Basis

Ergebnis	Funktion
Binärzahl in Dezimalzahl	BININDEZ(Dualzahl)
Binärzahl in Hexadezimalzahl	BININHEX(Dualzahl; [Stellen])
Binärzahl in Oktalzahl	BININOKT(Dualzahl; [Stellen])
Dezimalzahl in Dualzahl	DEZINBIN(Dezimalzahl; [Stellen])
Dezimalzahl in Hexadezimalzahl	DEZINHEX(Dezimalzahl; [Stellen])
Dezimalzahl in Oktalzahl	DEZINOKT(Dezimalzahl; [Stellen])
Hexadezimalzahl in Dezimalzahl	HEXINDEZ(Hexadezimalzahl)
Hexadezimalzahl in Dualzahl	HEXINBIN(Hexadezimalzahl; [Stellen])
Hexadezimalzahl in Oktalzahl	HEXINOKT(Hexadezimalzahl; [Stellen])
Oktalzahl in Dezimalzahl	OKTINDEZ(Oktalzahl)
Oktalzahl in Dualzahl	OKTINBIN(Oktalzahl; [Stellen])

Ergebnis	Funktion
Oktalzahl in Hexadezimalzahl	OKTINHEX(Oktalzahl; [Stellen])
Umwandlung eines Wertes in eine Zahl	N(Wert)
Zahl in römische Zahl (*RÖMISCH(1999)= MCMXCIX*)	RÖMISCH(Zahl zwischen 1 und 3999; Typkennziffer der römischen Zahl [0 für Klassische Schreibweise])

Arbeiten mit Zeichenfolgen

Für die Manipulation von Zeichenfolgen stellt Excel nicht nur den *&*-Operator zur Verfügung. Auch überflüssige Leerzeichen lassen sich entfernen oder Kleinbuchstaben in Großbuchstaben wandeln.

Tabelle 18.8: Zeichenfolgenfunktionen

Ergebnis	Funktion
Anzahl der Zeichen (*LÄNGE("Hallo")=5*)	LÄNGE(Text)
Codenummer des ersten Text zeichens (*CODE("A")=65*)	CODE(Text)
Entfernen von nicht druckbaren Zeichen	SÄUBERN(Text)
Entfernen von überflüssigen Leerzeichen (*GLÄTTEN(" LEER ZEICHEN ") = "LEER ZEICHEN"*)	GLÄTTEN(Text)
Ersetzen von Text ab einer bestimmten Stelle	ERSETZEN(Bisheriger Text; Position des ersten zu ersetzenden Zeichens; Anzahl der zu ersetzenden Zeichen; Neuer Text)
Ersetzen von Text mit bestimmter Zeichenfolge	WECHSELN(Text; Zu ersetzender Textteil; Neuer Textteil; Wie vieltes Auftreten von Zu ersetzender Textteil soll entfernt werden [Jedes Auftreten])
Prüfung, ob Texte identisch	IDENTISCH(Text; Text)
Suche von Text mit Groß-/Kleinschreibung	FINDEN(Suchtext; Zu durchsuchender Text; Position des Zeichens, ab dem gesucht werden soll [1])
Suche von Text ohne Groß-/Kleinschreibung	SUCHEN(Suchtext; Zu durchsuchender Text; Position des Zeichens, ab dem gesucht werden soll [1])
Text in Großbuchstaben (*GROSS("Hallo")="HALLO"*)	GROSS(Text)
Text in Großbuchstaben am Wortbeginn (*GROSS("hallo")="Hallo"*)	GROSS2(Text)
Text in Kleinbuchstaben (*GROSS("HALLO")="hallo"*)	KLEIN(Text)
Text wiederholen (*WIEDERHOLEN(" * "; 3) = " * * * "*)	WIEDERHOLEN(Text; Anzahl Wiederholungen)
Text, auf den sich Wert bezieht	T(Wert)
Texte verknüpfen (*VERKETTEN("Hallo";"Du";Da") = "HalloDuDa"*)	VERKETTEN(Textliste)
Textteil beliebig (*TEIL("Hallo";2;3")="all"*)	TEIL(Text; Position des ersten zu verwendenden Zeichens; Anzahl der zu verwendenden Zeichen)
Textteil links (*LINKS("HALLO";3)="HAL"*)	LINKS(Text; Anzahl der zu verwendenden Zeichen [1]) ▶

Ergebnis	Funktion
Textteil rechts (RECHTS("HALLO";3)="LLO")	RECHTS(Text; Anzahl der zu verwendenden Zeichen [1])
Umwandlung von Text in Zahlenwert	WERT(Text)
Umwandlung Zahlenwert in Text mit festen Dezimalstellen	FEST(Zahl; Dezimalstellen [2]; WAHR, wenn keine Tausenderpunkte verwendet werden sollen [FALSCH])
Umwandlung Zahlenwert in Text mit festzulegendem Format	TEXT(Zahl; Zahlenformat)
Umwandlung Zahlenwert in Text mit Währungsformat (DM(12,123;2) = "12,12 DM")	DM(Zahl; Dezimalstellen [2])
ASCII-Code in Zeichen umwandlen (ZEICHEN(65)="A")	ZEICHEN(Zahl zwischen 1 und 255)

Statistische Funktionen

Auch statistische Funktionen werden in rauhen Mengen angeboten. Sie sind in den folgenden Tabellen grob gegliedert.

Tabelle 18.9: Mittelwerte, Lagemaße, Streuung, Schiefe ...

Ergebnis	Funktion
Alpha-Quantil einer Datengruppe	QUANTIL(Matrix; Alpha)
Durchschnitt ohne Randwerte. Damit lassen sich Ausreißer unterdrücken.	GESTUTZTMITTEL(Matrix; Prozentsatz der Werte, die nicht berücksichtigt werden sollen)
Geometrisches Mittel	GEOMITTEL(Zahlenliste)
Größter Wert	MAX(Zahlenliste)
Harmonisches Mittel	HARMITTEL(Zahlenliste)
k-größter Wert einer Datengruppe	KGRÖSSTE(Matrix; Rang des zu liefernden Wertes)
k-kleinster Wert einer Datengruppe	KKLEINSTE(Matrix; Von unten gezählter Rang des zu liefernden Wertes)
Kleinster Wert	MIN(Zahlenliste)
Kurtosis einer Datengruppe	KURT(Zahlenliste)
Median	MEDIAN(Zahlenliste)
Prozentualer Rang (Alpha) eines Wertes	QUANTILSRANG(Matrix; Wert, dessen Rang ausgegeben werden soll; Anzahl der Dezimalstellen des Quantilsrangs [3])
Quantile der Betaverteilung	BETAINV(Wahrscheinlichkeit; Alpha >0; Beta >0; Untergrenze des Intervalls [0]; Obergrenze des Intervalls [1])
Quantile der Chi-Quadrat Verteilung	CHIINV(Wahrscheinlichkeit; Anzahl der Freiheitsgrade)
Quantile der F-Verteilung	FINV(Wahrscheinlichkeit; Anzahl der Freiheitsgrade im Zähler; Anzahl der Freiheitsgrade im Nenner)
Quantile der Gammaverteilung	GAMMAINV(Wahrscheinlichkeit; Alpha >0; Beta >0)

Tabelle 18.10: Verteilungen

Ergebnis	Funktion
Quantile der Lognormalverteilung	LOGINV(Wahrscheinlichkeit; Mittelwert von ln(x); Standardabweichung von ln(x))
Quantile der Normalverteilung	NORMINV(Wahrscheinlichkeit; Mittelwert der Verteilung; Standardabweichung der Verteilung)
Quantile der Standardnormalverteilung	STANDNORMINV(Wahrscheinlichkeit)
Quantile der t-Verteilung	TINV(Wahrscheinlichkeit; Anzahl der Freiheitsgrade)
Quartile	QUARTILE(Matrix; Quartil)
Rang einer Zahl in einer Liste	RANG(Zahl, deren Rang bestimmt werden soll; Matrix; Reihenfolge [0 für absteigend])
Schiefe einer Verteilung	SCHIEFE(Zahlenliste)
Standardabweichung, ausgehend von Grundgesamtheit	STABWN(Zahlenliste)
Standardabweichung, ausgehend von Stichprobe	STABW(Zahlenliste)
Summe der quadrierten Abweichungen	SUMQUADABW(Zahlenliste)
Varianz, ausgehend von Grundgesamtheit	VARIANZEN(Zahlenliste)
Varianz, ausgehend von Stichprobe	VARIANZ(Zahlenliste)

Tabelle 18.11: Ein- und zweidimensionale Häufigkeitsverteilungen

Ergebnis	Funktion
Durchschnitt der absoluten Abweichung einer Reihe von Merkmalsausprägungen und ihrem Durchschnitt	MITTELABW(Zahlenliste)
Fisher-Transformation	FISHER(Zahl)
Fisher-Transformation Umkehrung	FISHERINV(Zahl)
Häufigkeitsverteilung	HÄUFIGKEIT(Matrix der auszuwertenden Werte; Matrix der zu benutzenden Intervalle)
Häufigster Wert	MODALWERT(Zahlenliste)
Korrelationskoeffizient zweier Reihen von Merkmalsausprägungen	KORREL(Matrix; Matrix)
Kovarianz, den Mittelwert für alle Datenpunktpaare gebildeten Produkte der Abweichungen	KOVAR(Matrix; Matrix)
Pearsonscher Korrelationskoeffizient	PEARSON(Matrix; Matrix)
Quadrat des Pearsonschen Korrelationskoeffizienten	BESTIMMTHEITSMASS(Matrix y-Werte; Matrix x-Werte)

Tabelle 18.12:
Trend- und Regressionsfunktionen

Ergebnis	Funktion
Linearer Trend	TREND(y-Werte aus Beziehung y=mx+b; x-Werte [Matrix mit gleicher Elementzahl wie y-Werte]; Neue x-Werte [x-Werte]; FALSCH, wenn b=0 gesetzt werden soll [WAHR])
Parameter eines exponentiellen Trends	RKP(y-Werte aus der Beziehung y=mxb; x-Werte [Matrix mit gleicher Elementzahl wie y-Werte]; FALSCH, wenn b=0 gesetzt werden soll [WAHR]; WAHR, wenn zusätzliche Regressionskenngrößen benutzt werden sollen [FALSCH])
Parameter eines linearen Trends	RGP(y-Werte aus der Beziehung y=mx+b; x-Werte [Matrix mit gleicher Elementzahl wie y-Werte]; FALSCH, wenn b=0 gesetzt werden soll [WAHR]; WAHR, wenn zusätzliche Regressionskenngrößen benutzt werden sollen [FALSCH])
Schätzwert für linearen Trend	SCHÄTZER(Datenpunkt, dessen Wert geschätzt werden soll; Matrix der y-Werte; Matrix der x-Werte)
Schnittpunkt Regressionsgerade	ACHSENABSCHNITT(Matrix der y-Werte; Matrix der x-Werte)
Standardfehler geschätzter y-Werte für alle x-Werte der Regression	STFEHLERYX(Matrix der y-Werte; Matrix der x-Werte)
Standardisierter Wert	STANDARDISIERUNG(Wert, der standardisiert werden soll; Mittelwert der Verteilung; Standardabweichung der Verteilung)
Steigung der Regressionsgeraden	STEIGUNG(Matrix y-Werte; Matrix x-Werte)
Werte, die sich aus linearem Trend ergeben	VARIATION(Matrix der y-Werte aus y=mxb; Matrix der x-Werte [Matrix mit 1, 2, 3 ...]; Matrix der neuen x-Werte [Matrix der x-Werte]; FALSCH, wenn b=1 [WAHR])

Tabelle 18.13:
Verteilungsfunktionen und Teststatistiken

Ergebnis	Funktion
Teststatistik eines Chi-Quadrat-Unabhängigkeitstests	CHITEST(Matrix der beobachteten Werte; Matrix der erwarteten Werte)
Teststatistik eines F-Tests	FTEST(Matrix; Matrix)
Teststatistik eines Student'schen t-Tests	TTEST(Matrix; Matrix; Anzahl der Endflächen; Datentypnummer)
Verteilungsfunktion (1-Alpha) einer Chi-Quadrat-verteilten Zufallsvariable	CHIVERT(Wert, dessen Wahrscheinlichkeit berechnet werden soll; Anzahl der Freiheitsgrade)
Verteilungsfunktion (1-Alpha) einer F-verteilten Zufallsvariablen	FVERT(Wert, dessen Wahrscheinlichkeit berechnet werden soll; Anzahl der Freiheitsgrade im Zähler; Anzahl der Freiheitsgrade im Nenner)-
Verteilungsfunktion (1-Alpha) einer t-verteilten Zufallsvariablen	TVERT(Wert, dessen Wahrscheinlichkeit berechnet werden soll; Anzahl der Freiheitsgrade; Anzahl der Endflächen)
Verteilungsfunktion betaverteilter Zufallsvariablen	BETAVERT(Wert, an dem die Funktion ausgewertet werden soll; Alpha >1; Beta >1; Untergrenze des Intervalls [0]; Obergrenze des Intervalls [1])

Ergebnis	Funktion
Verteilungsfunktion einer lognormal verteilten Zufallsvariablen	LOGNORMVERT(Wert, dessen Verteilung berechnet werden soll; Mittelwert der Lognormalverteilung; Standardabweichung der Lognormalverteilung)
Verteilungsfunktion einer standardverteilten Zufallsvariablen	STANDNORMVERT(Wert, dessen Wahrscheinlichkeit berechnet werden soll)

Tabelle 18.14: Wahrscheinlichkeiten

Ergebnis	Funktion
Kleinster Wert, für den die kumulierten Wahrscheinlichkeiten der Binominalverteilung >= Grenzwahrscheinlichkeit	KRITBINOM(Anzahl der Bernoulli- Experimente; Erfolgswahrscheinlichkeit; Grenzwahrscheinlichkeit)
Wahrscheinlichkeit einer exponentialverteilten Zufallszahl	EXPONVERT(Wert, dessen Wahrscheinlichkeit berechnet werden soll; Lambda >0; WAHR für integrierte Dichtefunktion oder FALSCH für Dichtefunktion)
Wahrscheinlichkeit einer hypergeometrisch-verteilten Zufallsvariablen	HYPGEOMVERT(Anzahl der Erfolge in Stichprobe; Größe der Stichprobe; Anzahl der möglichen Erfolge in Grundgesamtheit; Größe der Grundgesamtheit)
Wahrscheinlichkeit einer negativ binominalverteilten Zufallsvariablen	NEGBINOMVERT(Anzahl der ungünstigsten Ereignisse; Zahl der günstigsten Ereignisse; Erfolgswahrscheinlichkeit)
Wahrscheinlichkeit einer Poissonverteilten Zufallsvariablen	POISSON(Zahl der Fälle; Erwarteter Zahlenwert; WAHR für Wahrscheinlichkeiten zwischen 0 und Zahl der Fälle oder FALSCH für Wahrscheinlichkeiten genau Zahl der Fälle)
Wahrscheinlichkeit einer Weibull-verteilten Zufallsvariablen	WEIBULL(Wert, dessen Wahrscheinlichkeit berechnet werden soll; Alpha >0; Beta >0; WAHR für Wahrscheinlichkeiten zwischen 0 und angegebenem Wert oder FALSCH für Wahrscheinlichkeiten genau dem angegebenem Wert)-
Wahrscheinlichkeit für ein von zwei Werten eingeschlossenes Intervall	WAHRSCHBEREICH(Matrix der beobachteten Werte; Matrix der Wahrscheinlichkeiten zu den beobachteten Werten; Untergrenze der zu berechnenden Werte; Obergrenze der zu berechnenden Werte [Untergrenze])-
Wahrscheinlichkeiten einer binominalverteilen Zufallsvariablen	BINOMVERT(Zahl der günstigsten Ereignisse; Zahl der unabhängigen Zufallsexperimente; Erfolgswahrscheinlichkeit; WAHR für Wahrscheinlichkeiten zwischen 0 und Zahl der günstigsten Ereignisse oder FALSCH für Wahrscheinlichkeiten genau der Zahl der günstigsten Ereignisse)
Wahrscheinlichkeiten einer gammaverteilten Zufallsvariablen	GAMMAVERT(Wert, dessen Wahrscheinlichkeit berechnet werden soll; Alpha >0; Beta >0; WAHR für Wahrscheinlichkeiten zwischen 0 und angegebenem Wert oder FALSCH für Wahrscheinlichkeiten genau dem angegebenen Wert)
Wahrscheinlichkeiten einer normal verteilten Zufallsvariablen	NORMVERT(Wert, dessen Wahrscheinlichkeit berechnet werden soll; Mittelwert der Verteilung; Standardabweichung der Verteilung; WAHR für Wert der Verteilungsfunktion oder FALSCH für Wert der Dichtefunktion)

Tabelle 18.15: Sonstige induktive Statistik

Ergebnis	Funktion
1-Alpha-Konfidenzintervall für Erwartungswert einer Zufallsvariablen	KONFIDENZ(Irrtumswahrscheinlichkeit Alpha; Standardabweichung der Grundgesamtheit; Größe der Stichprobe)
Anzahl der Möglichkeiten, um k Elemente aus Menge n Elemente	VARIATIONEN(Anzahl der Elemente; Anzahl der Elemente pro Kombination ohne Zurücklegen zu ziehen)
Zweiseitige Prüfstatistik für Gausstest	GTEST(Matrix der Werte, gegen die getestet werden soll; zu testender Wert; Standardabweichung der Grundgesamtheit [Standardabweichung der Stichprobe])

Finanzmathematische Funktionen

Für Investitionen, Darlehen, Abschreibungen und Wertpapiere stellt Excel eine ganze Reihe von Funktionen zur Verfügung. Dabei ist allerdings zu beachten, dass manche Funktionen im deutschen Handelsrecht nur bedingt einsetzbar sind.

Abschreibung von Gütern

Die Abschreibungsfunktionen unterscheiden sich voneinander lediglich in der Art der Abschreibung. Daher werden meist die gleichen Argumente benötigt. Der *Anschaffungswert* ist natürlich der Betrag, für den das Gut gekauft wurde. Der *Restwert* ist der Wert des Gutes am Ende seiner Nutzungsdauer, also der Schrottwert. Die *Nutzungsdauer* ist die Anzahl der Perioden, über die das Gut benutzt und abgeschrieben wird. Um den Zeitpunkt der Nutzungsdauer zu bestimmen, für den Sie ein Ergebnis erhalten möchten, geben Sie die Nummer der auszuwertenden *Periode* an. Sie muss natürlich in der gleichen Zeiteinheit wie die *Nutzungsdauer* angegeben werden, um zu einem korrekten Ergebnis zu kommen. Außerdem darf die *Periode* naturgemäß nicht größer sein als der Wert für *Nutzungsdauer*.

Tabelle 18.16: Abschreibungsfunktionen

Ergebnis	Funktion
Arithmetisch-degressiv	DIA(Anschaffungswert; Restwert; Nutzungsdauer; Periode)
Degressive Doppelraten	GDA(Anschaffungswert; Restwert; Nutzungsdauer; Periode; Faktor, um den der Buchwert verringert wird)
Degressive Doppelraten für bestimmte oder Teilperioden	VDB(Anschaffungswert; Restwert; Nutzungsdauer; Anfangsperiode; Endperiode; Faktor, um den der Buchwert verringert wird; WAHR, wenn die Abschreibungsart nicht gewechselt werden soll [FALSCH für Wechsel zur linearen Abschreibung, sobald Abschreibungsbetrag dabei größer])
Französische Buchführung: degressiv	AMORDEGRK(Anschaffungswert; Anschaffungsdatum; Enddatum der ersten Periode; Restwert; Periode; Abschreibungssatz; Jahrestypziffer)
Französische Buchführung: linear*	AMORLINEARK(Anschaffungswert; Anschaffungsdatum; Enddatum der ersten Periode; Restwert; Periode; Abschreibungssatz; Jahrestypziffer)
Geometrisch-degressiv	GDA2(Anschaffungswert; Restwert; Nutzungsdauer; Periode; Monate im ersten Jahr [12])
Linear	LIA(Anschaffungswert; Restwert; Nutzungsdauer)

Zinsrechnung für Darlehen und Investitionen

Für die Zinsrechnung bietet Excel ebenfalls eine ganze Reihe von Funktionen an. Hierbei werden immer wieder die gleichen Parameter benutzt: Der Barwert wird häufig auch als Gegenstandswert bezeichnet, der Endwert wird auch Zukunftswert genannt. Die Anzahl der gesamten Zahlungszeiträume wird als *Anzahl Perioden* bezeichnet. Es ist darauf zu achten, dass *Anzahl Perioden* und der *Zinssatz pro Periode* die gleiche Zeiteinheit verwenden.

Tabelle 18.17: Zinsrechnung

Ergebnis	Funktion
Aufgelaufene Tilgung eines Darlehens, die zwischen zwei Perioden zu zahlen ist	KUMKAPITAL(Zinssatz pro Periode; Anzahl Perioden; Barwert; Erste Periode; Letzte Periode; 0 für Zahlung am Ende oder 1 für Zahlung am Anfang jeder Periode)
Aufgezinster Wert des Anfangskapitals für Reihe periodisch unterschiedlicher Zinssätze	ZW2(Barwert; Matrix mit Zinssätzen)
Barwert	BW(Zinssatz pro Periode; Anzahl der Perioden; Regelmäßige Zahlung; Endwert [0]; 0 für Zahlung am Ende oder 1 für Zahlung am Anfang der Periode [0])
Effektivverzinsung jährlich*	EFFEKTIV(Nominalzins; Anzahl der Perioden)
Endwert	ZW(Zinssatz pro Periode; Anzahl der Perioden; Regelmäßige Zahlung; Barwert [0]; 0 für Zahlung am Ende oder 1 für Zahlung am Anfang der Periode [0])
Kapitalrückzahlung	KAPZ(Zinssatz pro Periode; Periode; Anzahl der Perioden; Barwert; Endwert [0]; 0 für Zahlung am Ende oder 1 für Zahlung am Anfang der Periode [0])
Konstante Zahlung einer Annuität	RMZ(Zinssatz pro Periode; Anzahl der Perioden; Barwert; Endwert [0]; 0 für Zahlung am Ende oder 1 für Zahlung am Anfang der Periode [0])
Kumulierte Zinsen, die zwischen zwei Perioden zu zahlen sind	KUMZINSZ(Zinssatz pro Periode; Anzahl der Perioden; Barwert; Erste Periode; Letzte Periode; 0 für Zahlung am Ende oder 1 für Zahlung am Anfang der Periode [0])
Modifizierter interner Zinsfuß bei Cashflows mit unterschiedlichen Zinssätzen	QIKV(Matrix der Aus- und Einzahlungen; Zinssatz für Investition; Zinssatz für Reinvestition)
Nettobarwert auf Basis eines Abzinsungsfaktors	NBW(Abzinsungssatz für eine Periode; Zahlenliste der Aus- und Einzahlungen)
Nettobarwert für Reihe von nichtperiodischen Zahlungen	XKAPITALWERT(Zinssatz; Matrix der Zahlungen; Matrix der Zahlungstermine)
Nominalzinsen, jährlich*	NOMINAL(Effektivzins; Perioden)
Zahlungsperioden	ZZR(Zinssatz pro Periode; Regelmäßige Zahlung; Barwert; Endwert [0]; 0 für Zahlung am Ende oder 1 für Zahlung am Anfang der Periode [0])
Zinsfuß (intern) für nichtperiodische Zahlungen	XINTZINSFUSS(Matrix der Zahlungen; Matrix der Zahlungstermine; Schätzung des Ergebnisses[10%])
Zinsfuß (intern) ohne Finanzierungskosten oder Reinvestitionsgewinne	IKV(Zahlenmatrix; Schätzwert des Ergebnisses [10%]) ▶

Ergebnis	Funktion
Zinssatz einer Annuität/Periode	ZINS(Anzahl der Perioden; Regelmäßige Zahlung; Barwert; Endwert [0]; 0 für Zahlung am Ende oder 1 für Zahlung am Anfang der Periode [0]; Schätzwert des Ergebnisses [10%])
Zinszahlung	ZINSZ(Zinssatz pro Periode; Periode; Anzahl der Perioden; Barwert; Endwert [0]; 0 für Zahlung am Ende oder 1 für Zahlung am Anfang der Periode [0])

Funktionen für Wertpapiere

Eine Reihe der Wertpapierfunktionen von Excel ist auf die Gegebenheiten des US-Marktes zugeschnitten. Daher ist der Einsatz im deutschsprachigen Raum mit Vorsicht zu genießen.

Die verwendeten Argumente sind indes meist die gleichen. Sie werden in der folgenden Tabelle kurz zusammengefasst.

Tabelle 18.18: Funktionen für Wertpapiere

Argument	Beschreibung
Abrechnungstermin	Dies ist das Abrechnungsdatum des Wertpapierkaufs
Anlagebetrag	Hierbei handelt es sich um den Betrag, der in Wertpapieren angelegt werden soll
Emissionsdatum	Das Datum der Wertpapieremission, das bei manchen Funktionen gebraucht wird
Erster Zinstermin	Das Datum, an dem zum ersten Mal Zinsen abgerechnet werden
Fälligkeitstermin	Dieser Wert ist das Datum, an dem das Wertpapier fällig ist.
Jahresbasistyp	Durch eine Kennzahl wird bestimmt, wie viele Tage pro Monat und Jahr in die Berechnung einbezogen werden sollen. Angegeben sind jeweils Kennziffer, Tage pro Monat und Tage pro Jahr. 0 = 30/360 (USA) 1 = Taggenau/taggenau 2 = Taggenau/360 3 = Taggenau/365 4 = 30/360 (Europa)
Kurs	Der Kurs des Wertpapiers bezieht sich stets auf 100 DM Nennwert.
Letzter Zinstermin	Das Datum, zu dem zum letzten Mal Zinsen abgerechnet werden
Nominalzins	Dies ist der Nominalzinssatz pro Jahr.
Rendite	Die Höhe der jährlichen Rendite
Rückzahlung	Der Rückzahlungswert des Wertpapieres bezieht sich auf 100 DM Nennwert.
Zahlungen pro Jahr	Die Anzahl der Zinszahlungen in einem Jahr

Ergebnis	Funktion
Anzahl Zinstermine zwischen Abrechnungs- und Fälligkeitstermin	ZINSTERMZAHL(Abrechnungstermin; Fälligkeitstermin; Zahlungen pro Jahr; Jahresbasistyp [0])
Auszahlungsbetrag eines voll invertierten Wertpapiers am Fälligkeitstermin	AUSZAHLUNG(Abrechnungstermin; Fälligkeitstermin; Anlagebetrag; Disagio; Jahresbasistyp [0])
Datum erster Zinstermin nach Abrechnungstermin	ZINSTERMNZ(Abrechnungstermin; Fälligkeitstermin; Zahlungen pro Jahr; Jahresbasistyp [0])
Datum letzter Zinstermin vor Abrechnungstermin	ZINSTERMVZ(Abrechnungstermin; Fälligkeitstermin; Zahlungen pro Jahr; Jahresbasistyp [0])
Disagio in Prozent*	DISAGIO(Abrechnungstermin; Fälligkeitstermin; Kurs; Rückzahlung; Jahresbasistyp [0])
Duration für Wertpapier mit periodischen Zinszahlungen	DURATION(Abrechnungstermin; Fälligkeitstermin; Nominalzins; Rendite; Zahlungen pro Jahr; Jahresbasistyp [0])
Duration, modifiziert	MDURATION(Abrechnungstermin; Fälligkeitstermin; Nominalzins; Rendite; Zahlungen pro Jahr; Jahresbasistyp [0])
Kurs bei unregelmäßigem ersten Zinstermin	UNREGER.KURS(Abrechnungstermin; Fälligkeitstermin; Emissionsdatum; Erster Zinstermin; Zinssatz; Rendite; Rückzahlung; Zahlungen pro Jahr; Jahresbasistyp [0])
Kurs bei unregelmäßigem letzten Zinstermin	UNREGLE.KURS(Abrechnungstermin; Fälligkeitstermin; Letzter Zinstermin; Zinssatz; Rendite; Rückzahlung; Zahlungen pro Jahr; Jahresbasistyp [0])
Kurs eines Wertpapiers mit periodischer Zinszahlung	KURS(Abrechnungstermin; Fälligkeits termin; Nominalzins; Rendite; Rückzahlung; Zahlungen pro Jahr; Jahresbasistyp [0])

Tabelle 18.19: Weitere Wertpapierfunktionen

Ergebnis	Funktion
Kurs eines Wertpapiers mit Zinszahlung bei Fälligkeit -	KURSFÄLLIG(Abrechnungstermin; Fälligkeitstermin; Emissionsdatum; Zinssatz; Rendite; Jahresbasistyp [0])
Kurs eines Wertpapiers ohne Zinszahlung	KURSDISAGIO(Abrechnungstermin; Fälligkeitstermin; Disagio; Rückzahlung; Jahresbasistyp [0])
Notierung in Dezimalzahl umwandeln	NOTIERUNGDEZ(Dezimalbruch; Nenner des Dezimalbruchs)
Notierung in gemischten Bruch umwandeln	NOTIERUNGBRU(Dezimalzahl; Nenner des Dezimalbruchs)
Rendite bei unregelmäßigem ersten Zinstermin	UNREGER.REND(Abrechnungstermin; Fälligkeitstermin; Emissionsdatum; Erster Zinstermin; Zinssatz; Kurs; Rückzahlung; Zahlungen pro Jahr; Jahresbasistyp [0])
Rendite bei unregelmäßigem letzten Zinstermin	UNREGLE.REND(Abrechnungstermin; Fälligkeitstermin; Letzter Zinstermin; Zinssatz; Kurs; Rückzahlung; Zahlungen pro Jahr; Jahresbasistyp [0])
Rendite eines Wertpapiers mit periodischer Zinszahlung	RENDITE(Abrechnungstermin; Fällig keitstermin; Nominalzins; Kurs; Rückzahlung; Zahlungen pro Jahr; Jahresbasistyp [0]) ▶

Tabelle 18.20: Noch mehr Wertpapierfunktionen

Ergebnis	Funktion
Rendite eines Wertpapiers mit Zinszahlung bei Fälligkeit	RENDITEFÄLL(Abrechnungstermin; Fälligkeitstermin; Emissionsdatum; Zinssatz; Kurs; Jahresbasistyp [0])
Rendite eines Wertpapiers ohne Zinszahlung	RENDITEDIS(Abrechnungstermin; Fälligkeitstermin; Kurs; Rückzahlung; Jahresbasistyp [0])
Schatzwechsel: Kurs*	TBILLKURS(Abrechnungstermin; Fälligkeitstermin; Disagio)

Tabelle 18.21: Die restlichen Wertpapierfunktionen

Ergebnis	Funktion
Schatzwechsel: Rendite*	TBILLRENDITE(Abrechnungstermin; Fälligkeitstermin; Kurs)
Schatzwechsel: Verzinsung*	TBILLÄQUIV(Abrechnungstermin; Fälligkeitstermin; Diagio)
Stückzinsen eines Wertpapiers mit Zinszahlung bei Fälligkeit	AUFGELZINSF(Emissionsdatum; Abrechnungstermin; Nominalzins; Nennwert [1000]; Jahresbasistyp [0])
Stückzinsen eines Wertpapiers mit periodischen Zinszahlungen	AUFGELZINS(Emissionsdatum; Erster Zinstermin; Abrechnungstermin; Nominalzins; Nennwert [1000]; Zahlungen pro Jahr; Jahresbasistyp [0])
Tage der Zinsperiode, die Abrechnungstermin einschließt	ZINSTERMTAGE(Abrechnungstermin; Fälligkeitstermin; Zahlungen pro Jahr; Jahresbasistyp [0])
Tage vom Anfang des Zinstermins bis Abrechnungstermin	ZINSTERMTAGVA(Abrechnungstermin; Fälligkeitstermin; Zahlungen pro Jahr; Jahresbasistyp [0])
Tage von Abrechnungstermin bis nächsten Zinstermin	ZINSTERMTAGNZ(Abrechnungstermin; Fälligkeitstermin; Zahlungen pro Jahr; Jahresbasistyp [0])
Zinssatz eines voll investierten Wertpapiers	ZINSSATZ(Abrechnungstermin; Fälligkeitstermin; Anlagebetrag; Rückzahlungsbetrag; Jahresbasistyp [0])

Rechnen mit komplexen Zahlen

Beim Rechnen mit komplexen Zahlen wird meist nur das Argument *Komplexe* Zahl benötigt. Dabei muss die von Excel vorgegebene Schreibweise eingehalten werden: zuerst der Realteil plus Imaginärteil und dann ein »i« zur Kennzeichnung des Imaginärteils, also z. B. 12+15i.

Tabelle 18.22: Komplexe Zahlen

Ergebnis	Funktion
Absolutbetrag	IMABS(Komplexe Zahl)
Algebraische Form von komplexer Zahl in exponentieller Schreibweise	IMEXP(Komplexe Zahl)
Differenz von komplexen Zahlen	IMSUB(Komplexe Zahl, von der subtrahiert wird; Komplexe Zahl, die subtrahiert wird)
Imaginärteil	IMAGINÄRTEIL(Komplexe Zahl)
Komplexe Zahl aus Real- und Imaginärteil	KOMPLEXE(Realteil; Imaginärteil; Einheit für Imaginärteil ["i"])
Konjugiert komplexe Zahl	IMKONJUGIERTE(Komplexe Zahl)
Kosinus	IMCOS(Komplexe Zahl) ▶

Ergebnis	Funktion
Logarithmus zur Basis 10	IMLOG10(Komplexe Zahl)
Logarithmus zur Basis 2	IMLOG2(Komplexe Zahl)
Logarithmus, natürlicher	IMLN(Komplexe Zahl)
Potenz von komplexer mit ganzer Zahl	IMAPOTENZ(Komplexe Zahl; Exponent)
Produkt von komplexen Zahlen	IMPRODUKT(Komplexe Zahlenliste)
Quadratwurzel	IMWURZEL(Komplexe Zahl)
Quotient zweier komplexer Zahlen	IMDIV(Komplexe Zahl, die dividiert werden soll; Komplexe Zahl, durch die dividiert werden soll)
Realteil	IMREALTEIL(Komplexe Zahl)
Sinus	IMSIN(Komplexe Zahl)
Summe von komplexen Zahlen	IMSUMME(Komplexe Zahlenliste)
Winkel im Bogenmaß	IMARGUMENT(Komplexe Zahl)

Matrixfunktionen – auch für Bezüge

Bei den meisten Matrixfunktionen spielt es keine Rolle, ob Sie tatsächlich mit einer Matrix oder aber einem Bezug auf einen Zellbereich arbeiten.

Auswerten von Matrizen und Bezügen

Beim Auswerten von Matrizen und Bezügen benötigen Sie vor allem das Argument *Bereich*. Dabei handelt es sich um einen Verweis auf eine Matrix oder mehrere Zellen.

Tabelle 18.23: Matrixfunktionen

Ergebnis	Funktion
Anzahl der Bereiche	BEREICHE(Bereich)
Anzahl der Spalten	SPALTEN(Bereich)
Anzahl der Zeilen	ZEILEN(Bereich)
Bezug verschieben	BEREICH.VERSCHIEBEN(Bereich; Zeilenverschiebung; Spaltenverschiebung; Anzahl Zeilen neuer Bezug [wie Bereich]; Anzahl Spalten neuer Bezug [wie Bereich])
Durchsuchen einer Matrix nach Werten	VERGLEICH(Kriterium; Bereich; 1 für größter Wert <= Kriterium oder 0 für erster Wert = Kriterium oder –1 für kleinster Wert >= Kriterium [1])
Durchsuchen einer Matrix	VERWEIS(Kriterium; Bereich für Suche)
Durchsuchen eines Vektors	VERWEIS(Kriterium; Bereich für Suche; Bereich für Ergebnisse)
Durchsuchen einer Matrix spaltenweise	WVERWEIS(Kriterium; Bereich; Zeilennummer des Wertes; Sortierung [WAHR für sortiert])
Durchsuchen einer Matrix zeilenweise	SVERWEIS(Kriterium; Bereich; Spaltennummer des Wertes; Sortierung [WAHR für sortiert])
Spaltennummer eines Bezugs	SPALTE(Bereich)
Wert aus einer Matrix oder einem Bezug	INDEX(Bereich; Zeilennummer; Spaltennummer; Zu liefernder Teilbereich [1] – nur beim Bezug!) ▶

Ergebnis	Funktion
Wert aus einer Werteliste	WAHL(Nummer des Wertes in Liste; Werteliste)
Wert eines Textbezugs	INDIREKT(Bereich; WAHR für Bezugschreibweise A1 oder FALSCH für Bezugschreibweise Z1S1 [WAHR])
Zeilennummer eines Bezugs	ZEILE(Bereich)
Zellbezug	ADRESSE(Zeilennummer; Spaltennummer; Bezugsart; Bezugsschreibweise A1 oder FALSCH für Bezugschreibweise Z1S1 [WAHR]; Tabellenname)

Rechnen mit Matrizen und Bereichen

Wenn Sie mit Matrizen rechnen, benötigen Sie normalerweise nur das Argument *Matrix*. Hierbei muss es sich aber gewöhnlich nicht um eine Matrix handeln. stattdessen ist auch der Bezug auf einen mehrzelligen Bereich zulässig.

Tabelle 18.24: Matrizen und Bereiche

Ergebnis	Funktion
Addition der Produkte gleicher Matrixkomponenten	SUMMENPRODUKT(Matrizenliste)
Addition der quadrierten Differenzen gleicher Matrixkomponenten	SUMMEXMY2(Matrix; Matrix)
Addition der Summen von Quadraten gleicher Matrixkomponenten	SUMMEX2PY2(Matrix; Matrix)
Addition der Differenzen von Quadraten gleicher Matrixkomponenten	SUMMEX2MY2(Matrix; Matrix)
Determinante einer Matrix	MDET(Quadratische Matrix)
Inverse einer Matrix	MINV(Quadratische Matrix)
Produkt zweier Matrizen	MMULT(Matrix; Matrix)
Transponierte Matrix	MTRANS(Matrix)

Logische Funktionen

Bei den logischen Funktionen von Excel dreht sich alles um Wahrheitswerte, die entweder erzeugt, verknüpft oder ausgewertet werden. Für das Argument *Wahrheitswert* bzw. *Wahrheitswertliste* sind nur die beiden Wahrheitswerte *WAHR* und *FALSCH* zulässig. Allerdings können natürlich mit Hilfe von Operanden Auswertungen stattfinden, die einen Wahrheitswert ergeben. So ist z.B. 3>2 immer *WAHR*, a=b immer *FALSCH*.

Tabelle 18.25: Logische Funktionen

Ergebnis	Funktion
Ausgabe Wahrheitswert *FALSCH*	FALSCH()
Ausgabe Wahrheitswert *WAHR*	WAHR()
Entscheidung bei bestimmtem Wahrheitswert	WENN(Bedingung, die WAHR oder FALSCH ergibt; Wert, wenn Bedingung = WAHR [WAHR]; Wert, wenn Bedingung = FALSCH [FALSCH])
Negation von Wahrheitswerten	NICHT(Wahrheitswert)

Ergebnis	Funktion
Oder-Verknüpfung von Wahrheitswerten (Gesamtausdruck *Wahr*, wenn mindestens ein Wert der Wahrheitswetliste *Wahr* ist)	ODER(Wahrheitswertliste)
Und-Verknüpfung von Wahrheitswerten (Gesamtausdruck *Wahr*, wenn alle Werte der Wahrheitswertliste *Wahr* sind)	UND(Wahrheitswertliste)

Datums- und Zeitfunktionen

Daten und Zeiten werden von Excel stets als fortlaufende Zahl gespeichert. Dabei wird ein Datum als Anzahl der Tage seit dem 1.1.1900 angegeben. Die Uhrzeit wird in den Nachkommastellen gespeichert. Der 5. August 1995, 9:00 Uhr wird von Excel als fortlaufende Zahl mit dem Wert 34916,375 gespeichert *(0,375 = 9:00)*. Die Darstellung als Datum bzw. Zeit wird über entsprechende Zahlenformate erzielt.

In vielen Funktionen rund um Datum und Uhrzeit wird der Parameter *Fortlaufende Zahl* erwartet. Hierbei handelt es sich jeweils um eine Zahl, wie oben beschrieben, die jeweils für ein bestimmtes Datum und/oder eine bestimmte Uhrzeit steht.

Eine andere Schreibweise von Daten und Zeiten ist die Textform, z.B. »5.8.95«. Dabei akzeptiert Excel Punkte, Bindestriche und Schrägstriche im Datum und Doppelpunkte in Zeitangaben als Trennzeichen. Falls nicht unbedingt eine *Fortlaufende Zahl* verlangt wird, können Sie Datum und Zeit auch in diesem Textformat als Argument benutzen.

Auswerten und Berechnen von Daten

Bei den Datumsfunktionen ist das Argument *Wochentagstyp* erklärungsbedürftig. Auch bei den Wochentagen rechnet Excel mit Zahlen. Normalerweise werden die Tage einer Woche ausgehend vom Sonntag mit dem Wert 1 bis zum Samstag mit dem Wert 7 durchnummeriert. Hierbei handelt es sich um den *Wochentagstyp* 1. Bei Typ 2 erhält der Montag den Wert 1, während der Sonntag dem Wert 7 entspricht. Beim Typ 3 schließlich wird der Montag vom Wert 0, der Sonntag vom Wert 6 repräsentiert.

Tabelle 18.26: Datum

Ergebnis	Funktion
Abstand zweier Tage im 360- Tage-Jahr (Finanzjahr)	TAGE360(Anfangsdatum; Enddatum; WAHR für US-Methode oder FALSCH für europäische Methode [WAHR])
Anzahl der Arbeitstage in einem Zeitintervall (Wochenende berücksichtigt Excel automatisch. Feiertage müssen in einer Liste bereitgestellt werden.)	NETTOARBEITSTAGE(Anfangsdatum; Enddatum; Liste der Feiertage)
Datum, das x Arbeitstage nach einem Ausgangsdatum liegt	ARBEITSTAG(Anfangsdatum; Anzahl Tage; Liste der Feiertage)
Datum, das x Monate nach einem Ausgangsdatum liegt	EDATUM(Anfangsdatum; Anzahl Monate)
Fortlaufende Zahl eines Datums	DATUM(Jahr; Monat; Tag)
Fortlaufende Zahl eines Datumstextes	DATWERT(Text in Datumsformat)
Jahr eines Datums (JAHR("1.5.1999")=1999)	JAHR(Datum) ▶

Ergebnis	Funktion
Kalenderwoche des Jahres (KALENDERWOCHE("1.5.99")=18)	KALENDERWOCHE (Datum; 1 für Sonntag oder 2 für Montag als ersten Wochentag [1])
Letzter Tag eines Monats	MONATSENDE(Anfangsdatum; Anzahl Monate)
Monat eines fortlaufenden Datums (MONAT("1.5.99")=5)	MONAT(Datum)
Systemdatum	HEUTE()
Tag eines Datums (TAG(25.5.1999)=25)	TAG(Datum)
Tage in Jahresbruchteile umrechnen	BRTEILJAHRE(Anfangsdatum; Enddatum; Jahresbasistyp [0])
Wochentag eines fortlaufenden Datums	WOCHENTAG(Fortlaufende Zahl; Wochentagstyp [1])

Auswerten und Berechnen von Uhrzeiten

Tabelle 18.27: Uhrzeit

Ergebnis	Funktion
Fortlaufende Zahl einer Uhrzeit (ZEIT(10;23;45) = "10:23 AM")	ZEIT(Stunde; Minute; Sekunde)
Fortlaufende Zahl eines Uhrzeittextes (ZEITWERT("10:23")=0,432638889)	ZEITWERT(Text im Uhrzeitformat)
Minute einer fortlaufenden Zeit (MINUTE("10:23") = 23)	MINUTE(Fortlaufende Zahl)
Sekunde einer fortlaufenden Zeit (SEKIUNDE("10:23") = 0)	SEKUNDE(Fortlaufende Zahl)
Stunde einer fortlaufender Zeit (STUNDE("10:23") = 10)	STUNDE(Fortlaufende Zahl)
Systemdatum und -zeit	JETZT()

Datenbankfunktionen

Mit Datenbankfunktionen können Sie definierte Datenbanken ebenso auswerten wie listenförmige Tabellen, bei denen die Datenfelder in Spalten und die Datensätze in Zeilen angeordnet sind.

Normalerweise werden drei Parameter erwartet: Der *Datenbankbereich* ist der Bezug auf die gesamte Datenbank als Zell- oder Namensbezug. Als *Feld* geben Sie den Feldnamen der Spalte an, die ausgewertet werden soll. Der Name muss in Anführungszeichen eingeschlossen werden. stattdessen können Sie auch einen Zellbezug auf den Feldnamen in der Datenbank benutzen. Der *Kriterienbereich* ist ebenfalls ein Bezug, diesmal jedoch auf den Bereich der Tabelle, in der die Auswahlkriterien stehen. Innerhalb dieses Bereichs muss sich in der ersten Zeile der Feldname wiederfinden. Darunter können Sie in mehreren Zeilen die Auswahlkriterien definieren, die jeweils mit einer *Oder*-Verknüpfung verbunden werden. Wünschen Sie eine *Und*-Verknüpfung, platzieren Sie die Bedingungen nebeneinander in einer Zeile. Darüber steht jeweils der Feldname.

Erlärungsbedürftig ist noch der Parameter *Funktionstyp* der *TEILERGEBNIS()*-Funktion. Hier geben Sie in Form einer Nummer die Funktion an, mit der Excel rechnen soll. Welche Nummer für welche Funktion steht, entnehmen Sie bitte der folgenden Tabelle.

Nummer	Funktion	Beschreibung
1	MITTELWERT	Durchschnitt
2	ANZAHL	Anzahl der Zahlenwerte
3	ANZAHL2	Anzahl der nichtleeren Felder
4	MAX	Größter Wert
5	MIN	Kleinster Wert
6	PRODUKT	Multiplikation
7	STABW	Standardabweichung ausgehend von Stichprobe
8	STABWN	Standardabweichung ausgehend von Grundgesamtheit
9	SUMME	Addition
10	VARIANZ	Varianz ausgehend von Stichprobe
11	VARIANZEN	Varianz ausgehend von Grundgesamtheit

Tabelle 18.28: Parameter von TEILERGEBNIS()

Ergebnis	Funktion
Addition	DBSUMME(Datenbankbereich; Feld; Kriterienbereich)
Anzahl	DBANZAHL(Datenbankbereich; Feld; Kriterienbereich)
Anzahl nichtleerer Zellen	DBANZAHL2(Datenbankbereich; Feld; Kriterienbereich)
Ausgewählter Datensatz	DBAUSZUG(Datenbankbereich; Feld; Kriterienbereich)
Durchschnitt	DBMITTELWERT(Datenbankbereich; Feld; Kriterienbereich)
Maximalwert	DBMAX(Datenbankbereich; Feld; Kriterienbereich)
Minimalwert	DBMIN(Datenbankbereich; Feld; Kriterienbereich)
Multiplikation	DBPRODUKT(Datenbankbereich; Feld; Kriterienbereich)
Standardabweichung ausgehend von Grundgesamtheit	DBSTDABWN(Datenbankbereich; Feld; Kriterienbereich)
Standardabweichung ausgehend von Stichprobe	DBSTDABW(Datenbankbereich; Feld; Kriterienbereich)
Teilergebnisse	TEILERGEBNIS(Funktionstyp; Bereichsliste)
Varianz ausgehend von Grundgesamtheit	DBVARIANZEN(Datenbankbereich; Feld; Kriterienbereich)
Varianz ausgehend von Stichprobe	DBVARIANZ(Datenbankbereich; Feld; Kriterienbereich)

Tabelle 18.29: Datenbankfunktionen

Auswerten von Zellen

Mit dieser Gruppe von Funktionen können Zellen, aber auch bestimmte Systemdaten abgerufen werden. Die Funktionen *INFO()* und *ZELLE()* erwarten jeweils das Argument *Typtext*. Dort muss eine in Hochkommata eingeschlossene Zeichenfolge angegeben werden, die der Funktion mitteilt, welche Information ausgewertet werden soll. Zwischen Groß- und Kleinschreibung wird bei der Angabe des *Typtext* übrigens nicht unterschieden.

Abbildung 18.2:
Ausgabe der
INFO()-*Funktion*

Verzeichnis	C:\Eigene Dateien\
VerfSpeich	1048576
BenutztSpeich	748852
Dateienzahl	13
Ursprung	$A:$A$2
Sysversion	Windows (32-bit) 4.10
Rechenmodus	Automatisch
Version	9.0
System	pcdos
GesamtSpeich	1797428

Der folgenden Tabelle können Sie die zulässigen Typtexte für die *INFO*-Funktion entnehmen.

Tabelle 18.30:
Parameter für die
INFO()-*Funktion*

Typtext	Ausgabe
"GesamtSpeich"	Größe des gesamten Arbeitsspeichers in Byte
"VerfSpeich"	Größe des verfügbaren Arbeitsspeichers in Byte
"BenutztSpeich"	Größe des belegten Arbeitsspeichers in Byte
"Dateienanzahl"	Anzahl der geöffneten Arbeitsblätter
"Verzeichnis"	Aktuelles Arbeitsverzeichnis
"Ursprung"	Bezug der obersten linken Zelle, die im aktiven Fenster sichtbar ist, mit dem Präfix »$A:« wie bei Lotus 1-2-3 Version 3.x
"System"	Rechnersystem: PCDOS oder MAC
"Sysversion"	Betriebssystem mit Versionsnummer
"Version"	Excel-Versionsnummer
"Rechenmodus"	Automatische oder manuelle Berechnung eingeschaltet

In der folgenden Tabelle finden Sie die zulässigen Typtexte für die *ZELLE()*-Funktion. Es wird übrigens stets die obere linke Zelle des Bezugs ausgewertet.

Tabelle 18.31:
Parameter für die
ZELLE()-*Funktion*

Typtext	Ausgabe
"Dateiname"	Name der aktuellen Datei inklusive Pfad
"Spalte"	Nummer der Spalte
"Zeile"	Nummer der Zeile
"Adresse"	Absoluter Bezug der Zelle als Text
"Inhalt"	Inhalt der Zelle
"Typ"	Typ des Zellinhaltes: »b« bei leerer Zelle, »l« bei Text, ansonsten »w«
"Format"	Zahlenformat der Zelle in Form eines Schlüssels, z.B. »S« für »Standard«, F2 für »0,00«
"Farbe"	1, wenn negative Zahlen in anderer Farbe dargestellt werden, sonst 0 ▶

Excel-Funktionen im Überblick

Typtext	Ausgabe
"Klammern"	1, wenn positive Zahlen in Klammern dargestellt werden, sonst 0
"Präfix"	Ausrichtung des Textes in der Zelle: Apostroph (') für linksbündig, Anführungszeichen (») für rechtsbündig, Circumflex (^) für zentriert, Backslash (\) für über mehrere Spalten zentriert
"Schutz"	1, wenn Zelle gesperrt, sonst 0
"Breite"	Breite der Spalte

Ergebnis	Funktion
Ausgabe Fehlerwert #NV	NV()
Betriebssystemumgebung	INFO(Typtext)
Datentyp eines Wertes (1=Zahl, 2=Text, 4=Wahrheitswert; 8=Formel; 16=Fehler; 64=Matrix)	TYP(Wert)
Fehlertypzahl (1=#NULL!, 2=#DIV/0!, 3=#WERT!, 4=#BEZUG!, 5=#NAME?, 6=#ZAHL!, 7=#NV, #NV=Sonstiger Fehler)	FEHLERTYP(Fehlerwert)
Prüfung auf Bezugswert	ISTBEZUG(Wert)
Prüfung auf Fehlerwert	ISTFEHLER(Wert)
Prüfung auf Fehlerwert #NV	ISTNV(Wert)
Prüfung auf Fehlerwert, ausgenommen #NV	ISTFEHL(Wert)
Prüfung auf gerade Zahl	ISTGERADE(Wert)
Prüfung auf kein Text	ISTKTEXT(Wert)
Prüfung auf leere Zelle	ISTLEER(Wert)
Prüfung auf Text	ISTTEXT(Wert)
Prüfung auf ungerade Zahl	ISTUNGERADE(Wert)
Prüfung auf Wahrheitswert	ISTLOG(Wert)
Prüfung auf Zahl	ISTZAHL(Wert)
Zellinformationen	ZELLE(Typtext; Zellbezug [Aktive Zelle])

Tabelle 18.32: Sonstige Funktionen

Teil C
PowerPoint 2000

479 PowerPoint 2000
491 Der Schnelleinstieg: Meine erste Präsentation
515 Folienelemente markieren und bearbeiten
547 Elemente formatieren
565 Folien-Management
585 Folienvorlagen und mehr
599 Die Bildschirmpräsentation

Ob Vorträge vor großem Publikum oder Präsentationen im kleinem Kreis – PowerPoint ist die erste Wahl, wenn es um das Aufsetzen von Präsentationen mit dem PC geht. Doch auch für die Anfertigung einfacher 2-D-Zeichnungen wie Schilder, Organigramme oder Ablaufpläne kann man PowerPoint sehr gut heranziehen. Die folgenden sieben Kapitel im Teil C möchten Sie deshalb mit diesem leistungsfähigen Präsentationswerkzeug aus dem Office-Paket vertraut machen.

Die ersten beiden Kapitel 19 und 20 wenden sich an Einsteiger und helfen Ihnen bei den ersten Schritten in der Welt von PowerPoint und bei der Arbeit mit Präsentationsfolien. Anschließend machen Sie die Kapitel 21 und 22 mit den grundlegenden Techniken zum Aufsetzen von Folien und zur Arbeit mit Texten, Grafiken und Zeichnungselementen vertraut. Außerdem erfahren Sie hier, wie Sie diese Elemente ganz nach Ihren Wünschen formatieren können.

Weiter geht es in Kapitel 23 mit den Funktionen, durch die PowerPoint Sie bei der Strukturierung von Präsentationen unterstützt. Hier lernen Sie, wie Sie die Reihenfolge der Folien ändern oder Folien aus anderen Präsentationen übernehmen können. Um Ihren Präsentation einen einheitlichen »Touch« zu verleihen, setzt PowerPoint die so genannten *Master* als Folienvorlagen ein. Wie Sie darüber Zeit und Mühen sparen können, erfahren Sie in ▶ Kapitel 24.

Den Abschluss des Teils bildet schließlich das Kapitel 25. Hier geht es um die Bildschirmpräsentation mit PowerPoint, d.h. den krönenden Abschluss Ihrer Mühen, wenn die Zeit für den großen Auftritt gekommen ist.

19 PowerPoint 2000

479 Hallo Newbies, Einsteiger willkommen!
480 Das PowerPoint-Fenster
484 Die verschiedenen Ansichten
488 Was ist neu in PowerPoint 2000?

PowerPoint ist ein Programm, mit dem sich professionelle Präsentationen erstellen lassen. Viele Unternehmen aus Handel und Industrie verwenden PowerPoint beispielsweise, um Jahresberichte, neue Produkte oder Angebote zu präsentieren. Präsentationen werden dem Publikum auf Versammlungen, Kongressen oder auf Messen vorgeführt. Sogar an Universitäten werden PowerPoint-Präsentationen eingesetzt, um Vorlesungsfolien zu erstellen. Eine Präsentation muss nicht zwangsläufig einem großen Auditorium vorgetragen werden. Auch zu Papier gebracht, wie beispielsweise in einer mehrseitigen Werbebroschüre, kommen PowerPoint-»Präsentationen« zum Einsatz. Allerdings ist Publisher 2000 für Werbebroschüren das geeignetere Werkzeug.

Neben Präsentationen lassen sich mit PowerPoint auch einfache Zeichnungen oder Diagramme erstellen. Diese werden bei Bedarf auf Papier oder auf eine Overhead-Klarsichtfolie ausgedruckt. Sogar die Belichtung auf ein 35-mm-Dia wird von PowerPoint unterstützt, so dass man eine Präsentation auch auf einem Diaprojektor vorführen kann.

Hallo Newbies, Einsteiger willkommen!

Was bei Excel die Tabelle und bei Word das Dokument ist, das ist bei PowerPoint die Folie. Die Folie ist die Leinwand, auf der Objekte, wie Textfelder, Grafiken, Rechtecke oder Kreise, erstellt werden. Aus verschiedenen Grundformen lassen sich komplexe Gebilde erzeugen, die selbst komplizierte Zusammenhänge für jeden einleuchtend illustrieren. PowerPoint besitzt zahlreiche Grundelemente wie Rechtecke, Kreise bzw. Ellipsen, Linien, Sterne, Pfeile, etc. Sollte diese Objektvielfalt nicht genügen, lassen sich außerdem Grafiken importieren. Unterstützende Fotos, Strichzeichnungen und/oder sogar GIF-Animationen lassen sich in einer Folie platzieren.

Das PowerPoint-Fenster

Bereits beim Start von PowerPoint werden alte PowerPoint-Hasen bemerken, dass sich im Vergleich zum Vorgänger einiges verändert hat. Die offensichtlichste Neuerung von PowerPoint 2000 ist die *Normalansicht*. Sie umfasst insgesamt drei Bereiche:

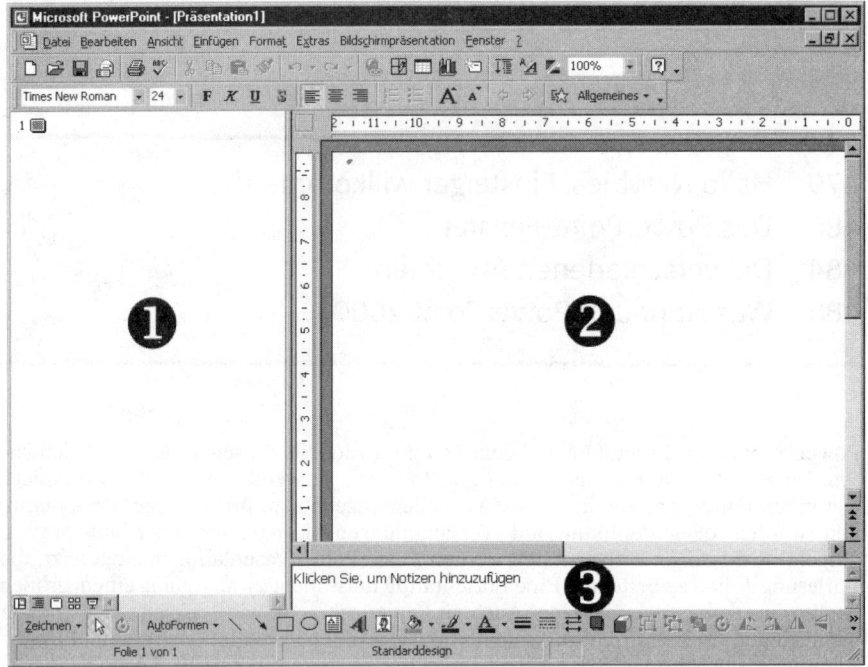

Abbildung 19.1:
Die drei Ausschnitte der Normalansicht: 1. der Gliederungsausschnitt, 2. der Folienentwurf und 3. das Notizfeld

Im linken Bereich finden Sie den Gliederungsausschnitt, der die Gliederung aller Folien einer Präsentation zeigt (1). Im Zentrum des PowerPoint-Fensters sehen Sie den *Folienentwurf*, der die aktuelle Folie in der Entwurfsansicht zeigt, in der sich Änderungen am Folienlayout vornehmen lassen (2). Unterhalb des Folienentwurfs befindet sich das *Notizfeld* (3).

Diese drei Bereiche sind durch Rahmen voneinander getrennt, die sich mit der Maus verschieben lassen. Dazu klicken Sie mit der Maus auf den zu verschiebenden Rahmen und passen seine Größe durch das Ziehen der Maus an.

TIPP Die drei Bereiche der Normalansicht werden meistens mit der Maus zur Bearbeitung angeklickt. Schneller geht es mit den Tastenkombinationen [F6] und [⇧]+[F6]. [F6] springt im Uhrzeigersinn zum jeweils nächsten Bearbeitungsfenster, also vom Folienentwurf, zur Notizansicht, zur Gliederung. [⇧]+[F6] bewegt den Eingabefokus in der umgekehrten Richtung.

Wie in allen Office-Anwendungen lassen sich auch in PowerPoint mehrere Dateien gleichzeitig öffnen. Um zwischen den Dateien zu wechseln, greifen Sie entweder auf das *Fenster*-Menü oder die Symbole in der Windows-Taskleiste zurück. Mit der Tastatur lässt sich allerdings oft schneller zwischen den Dateien navigieren. Die dazu benötigten Tastenkombinationen lauten [Strg]+[F6] und [⇧]+[Strg]+[F6].

Der Zoom und das Miniaturbild

Die Größe des Folienentwurfs richtet sich nach der Größe des PowerPoint-Fensters und nach dem Platz, der dem Folienentwurf neben der Gliederungsansicht und dem Notizfeld zur Verfügung steht. PowerPoint passt die Größe des gesamten Entwurfs dem verfügbaren Platz im Fenster an – es sei denn, Sie wählen einen Vergrößerungsfaktor aus der Symbolleiste aus.

In der *Standard*-Symbolleiste befindet sich dazu das *Zoom*-Eingabefeld, das die Eingabe eines Wertes erlaubt, darüber hinaus aber auch eine Reihe von Vergrößerungsfaktoren vorgibt. Je größer der Wert in diesem Eingabefeld, desto mehr Details werden angezeigt. Je kleiner dieser Wert, desto stärker wird auch der Folienentwurf verkleinert.

Alternativ zum Eingabefeld aus der *Standard*-Symbolleiste bietet PowerPoint den Befehl *Zoom...* aus dem *Ansicht*-Menü. Sein Aufruf bringt den folgenden Dialog, der ebenfalls die Auswahl des Vergrößerungsfaktors erlaubt:

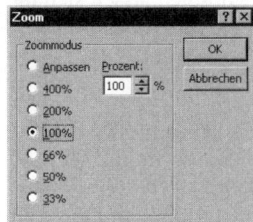

Abbildung 19.2:
Ansicht/Zoom...

Damit PowerPoint die Größe des Folienentwurfs wieder an den dafür zur Verfügung stehenden Bereich anpasst, müssen Sie die Vergrößerung *Anpassen* auswählen.

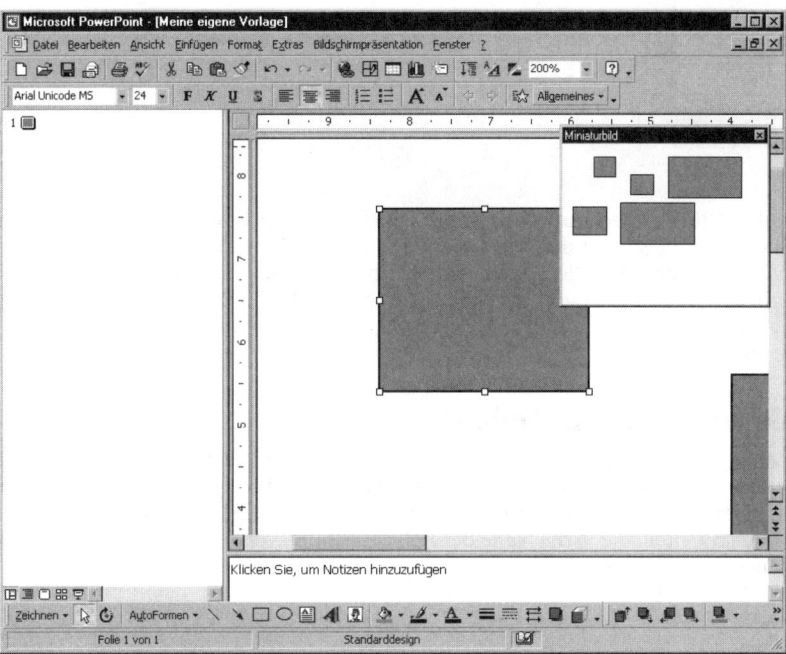

Abbildung 19.3:
PowerPoint mit Miniaturbild

Weil man besonders beim Arbeiten in hohen Vergrößerungsstufen schnell den Überblick verliert, bietet PowerPoint für die Normalansicht ein Miniaturbild, das stets die gesamte Folie zeigt – allerdings stark verkleinert. Ob das Miniaturbild angezeigt wird, entscheidet die Option *Miniaturbild* im *Ansicht*-Menü.

Miniaturbild

Neben der Anzeige eines kompletten Bildes hat das Miniaturbild noch eine weitere Funktion. Beim Einsatz von Animationseffekten (siehe ▶Kapitel 25, *Texte und Objekte animieren*) führt ein Klick auf das Miniaturbild dazu, dass eine Animationsvorschau im Miniaturbild abgespielt wird.

Die Symbolleisten

Am oberen Rand des Fensters befinden sich die Symbolleisten. Dort finden Sie unterhalb der *Menüleiste* auch die *Standard*-Symbolleiste. Hier sind Symbole zum *Speichern*, *Öffnen* oder *Drucken* einer Präsentation zu finden. Neben diesen zwei Symbolleisten existieren noch weitere, wie z.B. die *Zeichnen*-Symbolleiste, die *Animationseffekte*-Symbolleiste oder die *Grafik*-Symbolleiste. Wie gewöhnlich lassen sich die Symbolleisten bei Bedarf ein- oder ausschalten (siehe ▶Kapitel 2, *Symbolleisten*).

Die Navigation

Arbeiten Sie mit einer Präsentation, die mehrere Folien enthält, oder vergrößern Sie die Ansicht beim Arbeiten mit einer Folie, dann erscheinen im Folienausschnitt zwei Bildlaufleisten. Mit diesen Leisten kann man zum einen zwischen den Folien der Präsentation navigieren und zum anderen den sichtbaren Ausschnitt der aktuellen Folie verschieben.

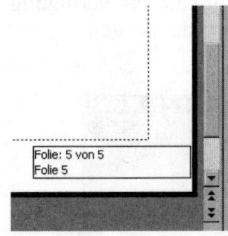

Abbildung 19.4:
Bildlaufleisten und Schaltflächen für die vorherige und nächste Folie

Wie bei allen Office-Anwendungen zeigt ein QuickInfo beim Bewegen des Schiebereglers in der Bildlaufleiste mit der Maus die Nummer der Folie, die beim Loslassen der linken Maustaste zur aktuellen Folie würde. Vor allem bei zahlreichen Folien wird diese Form der Navigation recht ungenau. Unterhalb des Schiebereglers befinden sich daher zwei Doppelpfeil-Schaltflächen, die den Sprung zur vorangehenden bzw. nächsten Folie erlauben.

Lineale und Führungslinien

Der Folienausschnitt zeigt auf Wunsch ein Lineal und zwei Führungslinien, die sich beim Platzieren der Objekte als sehr hilfreich erweisen. Damit lassen sich Objekte zum einen millimetergenau positionieren, zum anderen sind die Führungslinien »magnetisch« – Objektkanten, die in die Nähe der Führungslinien verschoben werden, werden von diesen »magisch« angezogen.

Lineal

Führungslinien

Abbildung 19.5:
Lineale und Führungslinien

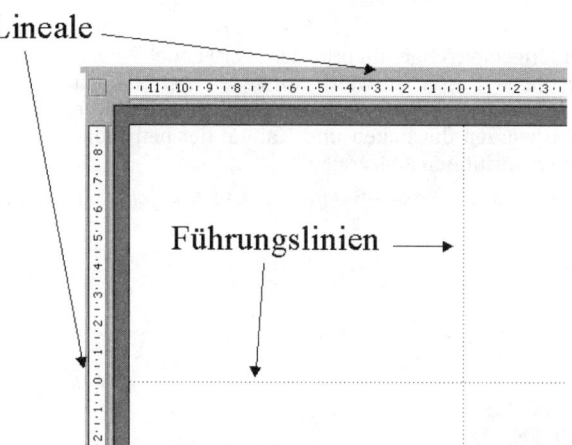

	Falls die Lineale und Führungslinien nicht angezeigt werden, können Sie das über das *Ansicht*-Menü nachholen. Dort befinden sich die Optionen *Lineal* und *Führungslinien*, die zum An- und Abschalten der beiden Hilfselemente dienen.
Von der Mitte aus	Der Nullpunkt der beiden Lineale liegt immer in der Mitte der Folie. Damit helfen die Lineale vornehmlich bei der Messung des Abstands zum Mittelpunkt der Folie. Das Lineal ist ein relativ passives Element. Es zeigt zwar mit Hilfe kleiner Marken stets die Position der Maus oder Position und Größe eines markierten Elements an, aktiv genutzt wird das obere Lineal jedoch nur bei der Festlegung von Tabstopp-Positionen für den Text in Textfeldern und AutoFormen (siehe ▶ Kapitel 21, *Zeichen formatieren*).
	Führungslinien lassen sich dagegen aktiv zur Gestaltung einsetzen. Denn Führungslinien haben eine »magnetische« Wirkung auf Objekte, die mit der Maus in die Nähe der Führungslinie bewegt, vergrößert oder verkleinert werden. Außerdem lassen sich mit ihnen Abstände messen und bei Bedarf können Sie mehrere Führungslinien auf eine Folie platzieren.
 Abstand von der Mitte	Führungslinien lassen sich durch einfaches Ziehen mit der Maus verschieben. Der Mauszeiger zeigt während des Verschiebens den Abstand der Führungslinie von der Mitte an (siehe Bild am Rand). Drücken Sie beim Verschieben allerdings die ⇧-Taste, so zeigt der Mauszeiger den aktuellen Abstand zur letzten festen Position der Führungslinie an. Die Führungslinie lässt sich damit als »Maßband« verwenden.
HINWEIS	Führungslinien lassen sich in Schritten zu jeweils 0,2 cm (etwa 6 pt) bewegen. Durch Drücken der Alt-Taste werden Führungslinien allerdings unabhängig von diesem 0,2-cm-Raster verschoben.
 Neue Führungslinien	Führungslinien sind bei der Konstruktion komplizierter geometrischer Figuren ein wichtiges Hilfsmittel. Daher gestattet PowerPoint das Hinzufügen weiterer Führungslinien. Halten Sie während des Ziehens einer Führungslinie die Strg-Taste gedrückt. PowerPoint zeigt die alte und die neue Führungslinie an. Ein weiteres Indiz für eine neue Führungslinie ist das Plus-Zeichen im Mauszeiger.
Führungslinien löschen	Überflüssige Führungslinien werden gelöscht, indem sie aus der Folie geschoben werden. Das funktioniert mit allen Führungslinien, außer mit der jeweils letzten waagerechten oder senkrechten Linie. Diese bleibt so lange am Rand der Folie sichtbar, bis Sie auch die Darstellung dieser Führungslinien via *Ansicht/Führungslinien* abschalten.
HINWEIS	Die Führungslinien sind identisch für alle Folien der Präsentation.

Das Raster

Weil die Positionierung viel Fingerspitzengefühl erfordert, verwendet PowerPoint standardmäßig ein Raster. Ist dieses Raster aktiviert, so lassen sich Objekte nur auf bestimmten, durch das Raster vorgegebenen Positionen platzieren. Beim Verschieben, Verkleinern oder Vergrößern werden die Ecken und Kanten der betroffenen Objekte wie magnetisch von den Rasterpositionen angezogen.

Aktiviert wird das Raster über den *Am Raster*-Befehl aus dem *Ausrichten*-Untermenü des *Zeichnen*-Menüs:

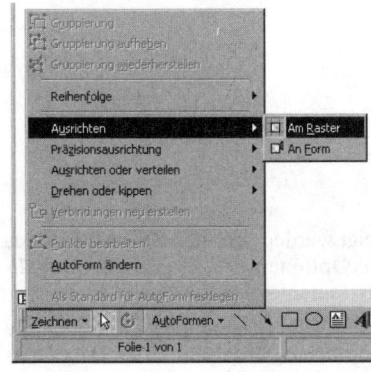

Abbildung 19.6:
Raster aktivieren

Ebenfalls in diesem Untermenü befindet sich der Befehl *An Form*. Er führt dazu, dass sich Objekte mit Vorliebe an die Kanten bereits existierender Objekte »anschmiegen«.

Es empfiehlt sich, stets mit angeschaltetem Raster zu arbeiten. Die Präsentation erhält dadurch einen gleichmäßigen Look und die Folien-Elemente erfahren eine gleichmäßige Position.

Wenn Sie das Raster beim Bewegen oder Vergrößern/Verkleinern eines Folienelements vorübergehend ausschalten wollen, halten Sie bei einer Bewegung mit der Maus die [Alt]-Taste gedrückt. Bei einer Bewegung mit den Pfeiltasten muss dagegen die [Strg]-Taste gedrückt werden.

Die verschiedenen Ansichten

PowerPoint bietet neben der *Normalansicht* auch zahlreiche andere Ansichten. Arbeiten Sie beispielsweise längere Zeit in der *Normalansicht*, kommt es besonders bei zahlreichen Folien vor, dass Sie die Übersicht über die Reihenfolge der Folien verlieren. Für diesem Fall stellt PowerPoint die *Foliensortierungsansicht* bereit, die zum einen den Überblick über alle Folien bietet, zum anderen die Änderung der Folienreihenfolge gestattet. Die *Foliensortierungsansicht* sowie alle anderen Ansichten werden über das Menü *Ansicht* und die dort vorzufindenden Befehle eingestellt (siehe Abbildung 19.7).

Dieselben Symbole. die vor den einzelnen Menüpunkten angezeigt werden, finden Sie am linken unteren Rand des PowerPoint-Fensters wieder (siehe Abbildung 19.8).

Sieht man den Wald vor lauter Bäumen nicht mehr, dann eignet sich die *Foliensortierungsansicht* besonders gut für das Folienmanagement. Diese Ansicht zeigt zum einen Miniaturen aller Folien. Durch einfaches Verschieben dieser Miniaturen mit der Maus lässt sich die Folienreihenfolge ändern und den Folienübergängen während der Präsentation von einer Folie zur anderen Animationseffekte zuweisen (siehe Abbildung 19.9).

Abbildung 19.7:
Das Ansicht-
Menü von
PowerPoint 2000

Abbildung 19.8:
Die Ansicht-
Symbole

Abbildung 19.9:
Die Foliensortie-
rungsansicht
zeigt eine
Übersicht aller
Folien im
Kleinformat an.

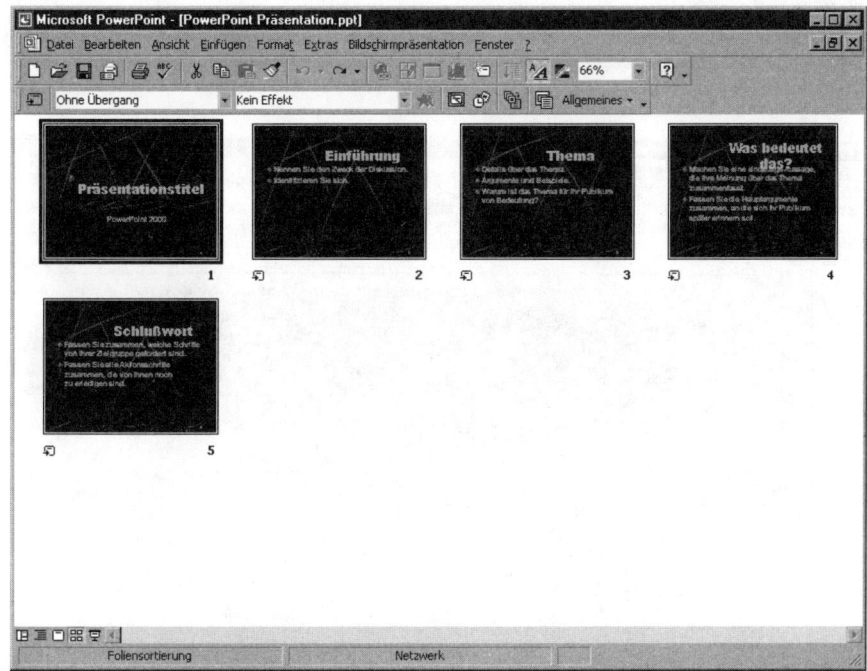

Die *Gliederungsansicht* von PowerPoint eignet sich dagegen zur Strukturierung der Folien Ihrer Präsentation. Hier werden die Kernpunkte Ihres Vortrags zusammentragen und evtl. sogar ausformuliert:

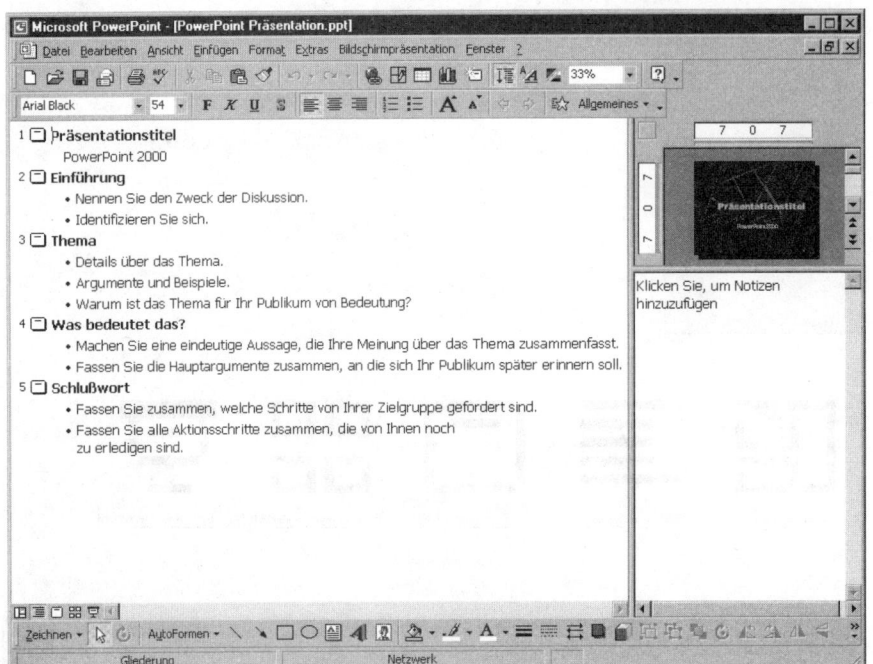

Abbildung 19.10:
So sieht die Gliederungsansicht aus.

Abbildung 19.11:
Die Folienansicht von PowerPoint

Im Gegensatz dazu zeigt die *Folienansicht* immer nur eine Folie. Dies ermöglicht ein exaktes Arbeiten an den Objekten auf der Folie.

Wollen Sie das endgültige Ergebnis der Präsentation betrachten, dann benutzen Sie die *Bildschirmpräsentation*. Die Präsentation wird im Vollbildmodus angezeigt.

Doch bevor Sie sich vor das Auditorium wagen und in freier Rede den Vortrag kommentieren, sollten Sie die *Notizenseiten* von PowerPoint nutzen. Hier können Sie zu jeder Folie zusätzliche Notizen angeben. Diese werden während des Vortrags aber nicht auf dem Bildschirm dargestellt, sondern sind nur bei der Eingabe oder beim Ausdrucken der Notizenseite sichtbar.

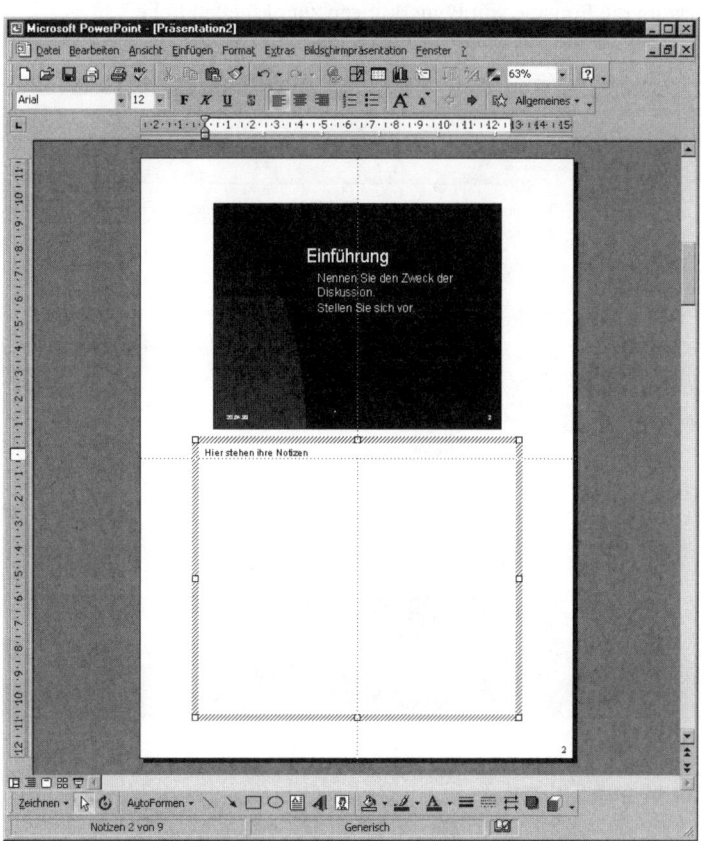

Abbildung 19.12:
Die Notizenseite

Damit Ihr Publikum nicht völlig orientierungslos Ihren Worten lauscht und dem Vortrag besser folgen kann, bietet PowerPoint die Möglichkeit zum Ausdruck so genannter Handzettel. Auf dem Handzettel werden mehrere Folien auf jede Seite gedruckt und geben dem Zuhörer so einen roten Faden durch Ihre Präsentation. Außerdem bietet der Handzettel ausreichend Platz für Notizen.

TIPP Obwohl die Notizenseiten vornehmlich für den Vortragenden gedacht und daher oft von mangelnder Qualität sind, kann sich ein wenig Mühe lohnen. Falls Ihrem Vortrag auch Gehörlose beiwohnen, werden insbesondere sie es schätzen, dass sie zusätzlich Unterstützung durch die Notizenseiten erhalten. Handzettel allein sind meist nicht aussagekräftig genug.

Was ist neu in PowerPoint 2000?

Die folgenden Seiten zeigen die Neuigkeiten, die PowerPoint 2000 von seinem Vorgänger PowerPoint 97 unterscheiden.

- **Neue Normalansicht**

    PowerPoint 2000 weist eine neue Ansicht auf. Die so genannte *Normalansicht* ist in drei Ausschnitte aufgeteilt, die alle wichtigen Informationen auf einen Blick liefern. Der *Folienausschnitt* steht im Zentrum der neuen Ansicht und zeigt den Entwurf Ihrer Folien. Der *Gliederungsausschnitt* am linken Fensterrand zeigt die Gliederung, also die logische Struktur Ihrer Präsentation, und das Notizfeld am unteren Fensterrand erlaubt die Eingabe von Bemerkungen zur aktuellen Folie.

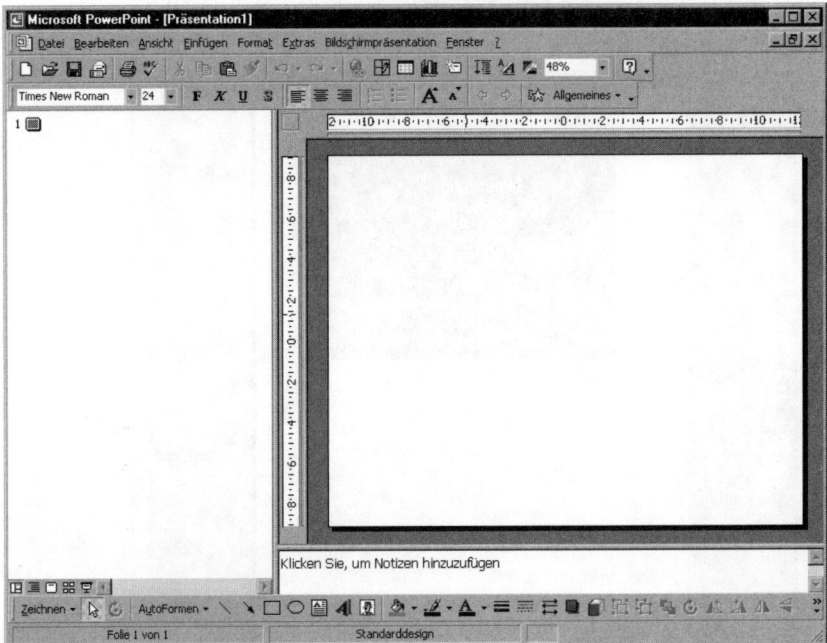

Abbildung 19.13:
Die Normalansicht

- **Neue AutoFormen und Cliparts**

    Ebenfalls neu sind die neuen AutoForm- und Clipart-Kategorien. Näheres über die Arbeit mit AutoFormen erfahren Sie in ▶ Kapitel 21.

- **Animierte GIFs**

    In Folien lassen sich nicht mehr nur statische Bilddateien, sondern auch animierte GIFs einfügen, die während der Vorführung der Bildschirmpräsentation automatisch abgespielt werden.

- **Verwenden von Bildaufzählungszeichen**

    Statt der üblichen Aufzählungszeichen lassen sich nun auch Grafiken als so genannte Bildaufzählungszeichen nutzen. PowerPoint bietet bereits eine große Zahl vorgefertigter Aufzählungsgrafiken an. Darüber hinaus lassen sich selbstverständlich auch eigene Grafiken und Symbole verwenden (siehe ▶ Kapitel 21, *Aufzählungen und Nummerierungen*).

○ **Erweiterte Handzettel-Optionen**

Bisher ließen sich maximal sechs Folien auf einen Handzettel ausdrucken. Unter PowerPoint 2000 lassen sich dagegen bis zu neun Folien auf dem Handzettel in vertikaler oder horizontaler Ausrichtung platzieren.

○ **Systemeigene Tools für Tabellen**

PowerPoint 2000 besitzt endlich auch ein Tabellenobjekt. Tabellen müssen damit nicht mehr aus separaten Rechtecken zusammengesetzt werden, die eine Änderung der gesamten Tabelle erschweren. Somit bleibt die Tabellenstruktur auch beim Import von Tabellen aus Excel oder Word erhalten.

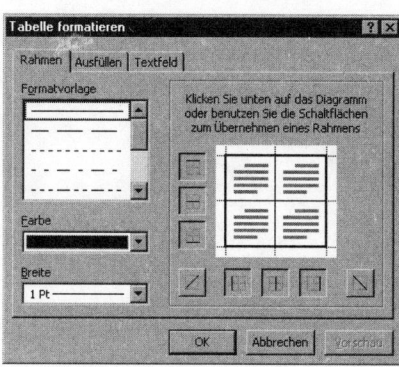

Abbildung 19.14: Mit den systemeigenen Tools kann man in PowerPoint Tabellen erstellen und formatieren.

○ **AutoAnpassen von Text**

Passt der in ein Objekt eingegebene Text nicht mehr in die Objektgrenzen, gleicht PowerPoint die Schriftgröße automatisch so an, dass der Text vollständig im Objekt Platz findet.

○ **Neue Vorlagen für Design und Inhalt**

PowerPoint besitzt neue Vorlagen und Designs für Ihre Folien. Neben den herkömmlichen Vorlagen gibt es jetzt eine Reihe von animierten Vorlagen mit voreingestellten Animationen.

○ **Unterstützung animierter GIF-Bilder**

Nun lassen sich innerhalb einer Präsentation auch animierte GIF-Bilder verwenden. Bei einer Bildschirmpräsentation spielt PowerPoint die animierten GIF-Bilder automatisch ab.

○ **Webseitenvorschau**

Eines der wichtigsten neuen Features von PowerPoint ist die Webseitenvorschau. Die Webseitenvorschau zeigt die aktuelle Präsentation in einer separaten Instanz des Internet-Explorers an. So lässt sich betrachten, wie die Präsentation aussehen wird, wenn diese im HTML-Format gespeichert wird.

○ **Hybrides HTML-Ausgabeformat (IExplorer 3+4 + Netscape 3)**

Wird eine Präsentation im HTML-Format gespeichert, werden die erweiterten Funktionen des Internet Explorers 4.0 oder höher voll ausgenutzt. Darüber hinaus lassen sich Webseiten auch für die Browser der Version 3.x abspeichern. Mehr zum Speichern einer Präsentation im Web erfahren Sie in ▶ Kapitel 46, *PowerPoint im Web*.

20 Der Schnelleinstieg: Meine erste Präsentation

503 Speichern und Laden der Präsentation
507 Die Präsentations-Assistenten
510 Folienelemente erstellen

Auf den folgenden Seiten wollen wir Ihnen zeigen, wie Sie in wenigen Arbeitsschritten eine Präsentation erstellen. Dieser Schnelleinstieg führt Sie von einer leeren Folie bis zu einer vollständigen Präsentation und das am Beispiel des größten Problems der Zivilisation: der Abseitsregel beim Fußball.

Kleine Erklärung des Begriffs »Abseits«

Der Schiedsrichter pfeift ein Abseits, wenn im Moment der Ballabgabe an einen Mitspieler, der angespielte Mitspieler frei vor dem gegnerischen Tor steht, wenn sich also kein weiterer Feldspieler der gegnerischen Mannschaft zwischen dem angespielten Mitspieler und dem gegnerischen Torwart befindet. Das Unterbrechen des Spiels bei Abseits verhindert, dass eine Mannschaft einen Spieler permanent vor dem gegnerischen Tor platziert, der leicht durch weite Pässe angespielt werden kann und so »Abstauber«-Tore erzielt.

Abbildung 20.1: Spieler 2 befindet sich im Moment der Ballabgabe im Abseits, weil zwischen ihm und dem gegnerischen Torwart kein gegnerischer Spieler mehr steht.

1. Um eine neue Präsentation zu erstellen, starten Sie PowerPoint aus dem Menü *Start/Programme*.

   Nach dem Start erscheint dieser *Startdialog*:

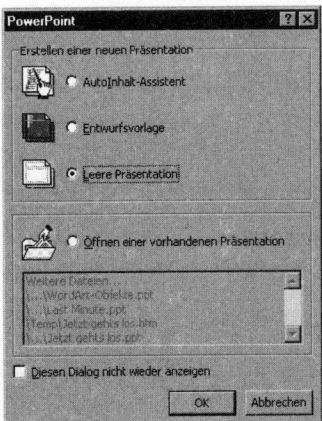

Abbildung 20.2:
Der Startdialog
von PowerPoint

Er bietet Ihnen vier Möglichkeiten zur Erstellung einer Präsentation:

○ *AutoInhalt-Assistent*

Der *AutoInhalt-Assistent* hilft Ihnen, eine Präsentation Schritt für Schritt aufzubauen.

○ *Entwurfsvorlage*

Falls Sie der Präsentation ein kreatives Erscheinungsbild zuweisen wollen, wählen Sie die passende *Entwurfsvorlage* aus. Alle Folien der Präsentation erhalten einen gemeinsamen Hintergrund, und auch die Farben und Schriften aller Objekte werden in ein gemeinsames Schema gepresst.

○ *Leere Präsentation*

Diese Option erzeugt eine anfangs leere Präsentation, der Sie im weiteren Verlauf neue Text- und Grafikobjekte sowie weitere Folien hinzufügen.

○ *Öffnen einer vorhandenen Präsentation*

Durch Auswahl dieser Option lassen sich bestehende PowerPoint-Dateien öffnen.

In diesem Beispiel soll eine neue Präsentation erstellt werden, die Sie selbstständig erweitern. Wählen Sie daher die Erstellung einer *Leeren Präsentation* aus und bestätigen Sie mit *OK*.

2. Im darauf folgenden Dialog mit dem Titel *Neue Folie* wählen Sie das Layout der ersten Folie Ihrer neuen Präsentation aus.

   Dieser Dialog enthält eine Reihe so genannter *AutoLayouts*. Das sind Folienschablonen, mit denen sich weitgehend vorgefertigte Folien erstellen lassen. Alle Objekte werden von PowerPoint automatisch in die Folie übernommen und müssen von Ihnen nur noch beschriftet und nach eigenen Wünschen formatiert werden.

   Die vorgefertigten Folien sind jedoch für das folgende Beispiel unbrauchbar. Daher wählen Sie die leere Folie aus (siehe Abbildung 20.3), und bestätigen den Dialog mit *OK*.

Abbildung 20.3:
Wählen Sie das Layout der Folie aus.

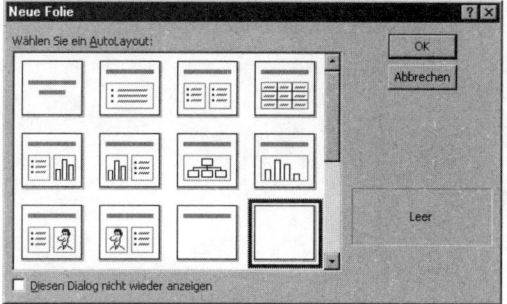

TIPP Klicken Sie doppelt auf ein AutoLayout, wird es sofort, ohne anschließende Betätigung der *OK*-Schaltfläche, übernommen.

3. PowerPoint zeigt nun eine leere Folie in der *Normalansicht* an.

Abbildung 20.4:
Die leere Folie in der Normalansicht

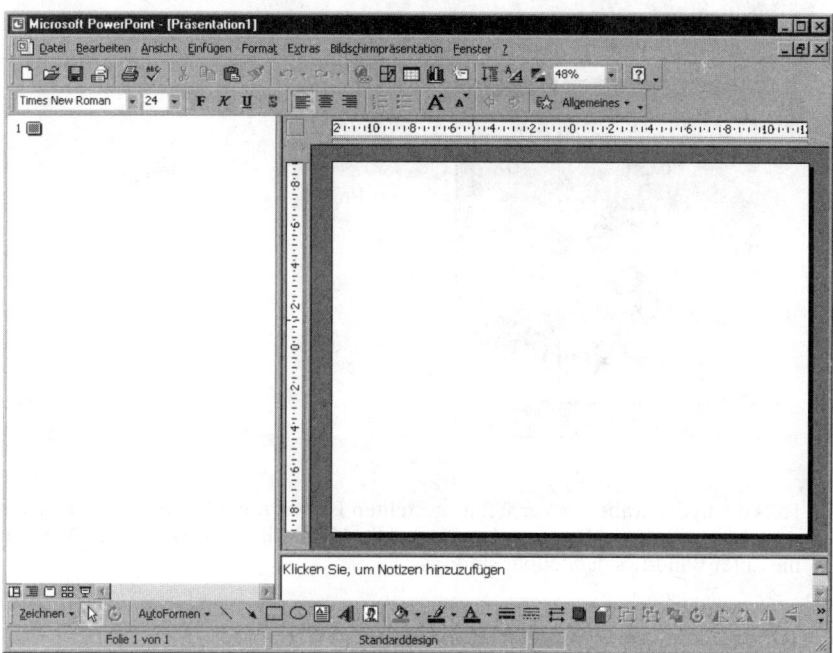

Dem Thema entsprechend soll als erstes die Hintergrundfarbe der Folie auf ein schönes, sattes Grasgrün eingestellt werden. Rufen Sie dazu das Kontextmenü mit einem Klick auf die rechte Maustaste innerhalb des *Folienausschnitts* auf. Wählen Sie den Befehl *Hintergrund*. Bei Folien, auf denen bereits Objekte enthalten sind, müssen Sie darauf achten, dass sich der Mauszeiger tatsächlich über dem Folienhintergrund und nicht über einem Objekt befindet. Nur dann ist der *Hintergrund*-Befehl im Kontextmenü verfügbar.

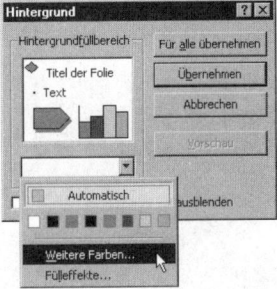

Abbildung 20.5:
Hier kann man den Hintergrund der Folie/n bestimmen.

Im daraufhin erscheinenden *Hintergrund*-Dialog (siehe ▶ Kapitel 24, *Der Folienmaster*) klicken Sie auf das Kombinationsfeld am unteren Rand der Gruppe *Hintergrundfüllbereich* und wählen dort den Befehl *Weitere Farben* aus. Nun erscheint ein Farbauswahldialog.

Im *Standard*-Register können Sie die Hintergrundfarbe aus einer Art Bienenwabe auswählen.

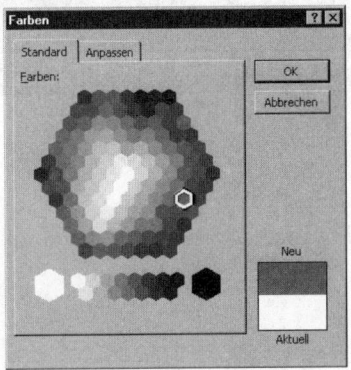

Abbildung 20.6:
Farbauswahl über die »Bienenwabe«

Falls die in der Wabe zur Verfügung gestellten Farben nicht Ihren Vorstellungen entsprechen, stehen im Register *Anpassen* alle 16,7 Millionen Farben zur Verfügung, die unter Windows darstellbar sind:

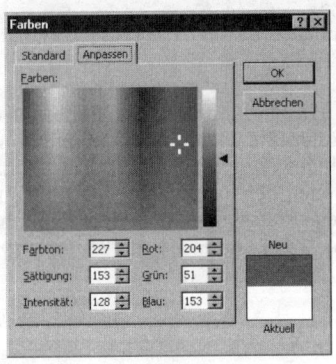

Abbildung 20.7:
Farbauswahl durch Mischen eigener Farben

Die zu verwendende Farbe bestimmen Sie durch Mischen des Farbtons aus den drei Grundfarben Rot, Grün und Blau, oder durch Angabe des Farbtons, der Farbsättigung und der Farbintensität. Alternativ dazu können Sie mit der Maus im »Regenbogen-Feld« *Farben* auf den gewünschten Farbton klicken und dessen Intensität über den rechts neben dem Farbfeld stehenden »Helligkeitsstreifen« bestimmen.

Wählen Sie nun einen Grünton als Hintergrundfarbe und klicken dann auf *OK*. Die Folie nimmt die soeben ausgewählte Farbe an, indem Sie im *Hintergrund*-Dialog auf die Schaltfläche *Für alle übernehmen* klicken. Dadurch erhalten alle bereits vorhandenen sowie alle in Zukunft erstellten Folien der Präsentation den ausgewählten Hintergrund.

Klicken Sie anstelle der *Für alle übernehmen*-Schaltfläche auf die *Übernehmen*-Schaltfläche, erhält nur die aktuelle Folie einen neuen Hintergrund.

4. Im nächsten Schritt soll die Präsentation einen ausdrucksstarken Titel erhalten. Rufen Sie dazu den Befehl *Textfeld* aus dem Menü *Einfügen* auf und klicken mit der Maus auf eine beliebige Stelle innerhalb der Folie. Auf die Folie wird ein Textfeld platziert, in dem eine blinkende Einfügemarke zur Texteingabe auffordert.

Das Textfeld fordert zur Eingabe auf.

Tippen Sie nun den Titel *Das Abseits* ein. Weil die Standardschriftgröße eines Textfeldes für einen Titel viel zu mickrig ist, sollten zusätzlich die Schriftgröße und die Schriftart verändert werden.

Um die Schriftart des gesamten Textfeldes zu ändern, muss das Textfeld ausgewählt werden. Allerdings darf die Einfügemarke nicht mehr sichtbar sein. Um aus dem Texteingabe-Modus in den Markierungs-Modus zu wechseln, können Sie zum einen die [Esc]-Taste betätigen. Um den Objekt-Modus mit der Maus zu aktivieren, müssen Sie auf den Rahmen des Textfeldes klicken. Dadurch verschwindet die Einfügemarke, und der Rahmen nimmt ein etwas anderes Erscheinungsbild an:

Abbildung 20.8:
Deaktivieren des Eingabemodus

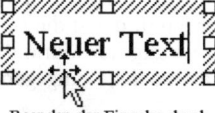
Beenden der Eingabe durch
Klick auf den Objektrahmen

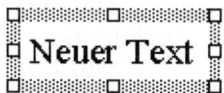
Objektrahmen, wenn Eingabe-
Modus nicht aktiv ist

Abbildung 20.9:
Zeichen-
formatierung

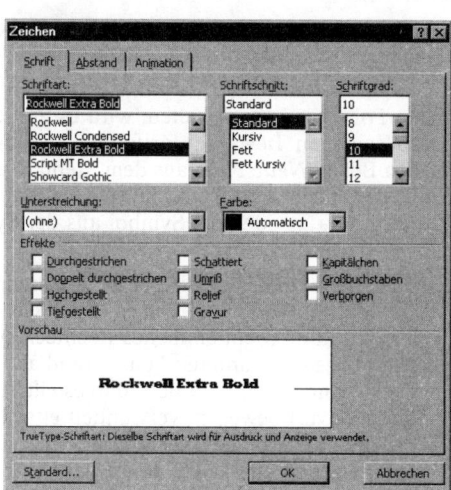

Der Schnelleinstieg: Meine erste Präsentation

Der Rahmen zeigt das aktive Objekt an. Um die Schriftart des Objekts zu ändern, rufen Sie den Befehl *Zeichen* aus dem Menü *Format* auf. Suchen Sie sich eine schöne Schriftart und eine ins Auge fallende Schriftgröße aus und klicken Sie auf *OK*.

5. Um die Schriftart einzelner Zeichen zu ändern, müssen die entsprechenden Buchstaben im Textfeld markiert werden. Dazu wechseln Sie in den Texteingabe-Modus, bewegen die Einfügemarke mit den Navigationstasten ([←], [↑], [↓], [→], [Pos 1] und [Ende]) auf den Beginn der zu ändernden Zeichen, und markieren alle Zeichen durch Bewegung der Einfügemarke bei gedrückter [⇧]-Taste.

Abbildung 20.10:
So markieren Sie Zeichen in einem Textfeld.

So sieht der Mauszeiger aus, wenn die Eingabe von Zeichen nach einem Klick erlaubt ist.

Um das Textfeld in den Eingabemodus zu versetzen, gibt es zahlreiche Möglichkeiten. Die einfachste besteht darin, das Textfeld mit der Maus anzuklicken. Sobald sich der Mauszeiger in das Eingabesymbol (s. Rand) verwandelt, genügt ein Klick, und das Textfeld wechselt in den Eingabe-Modus. Die Einfügemarke wird dabei gleichzeitig auf das angeklickte Zeichen positioniert. Nun lassen sich durch Ziehen des Mauszeigers über die Zeichen sogar Zeichen selektieren, um diese zu formatieren.

Die Tastatur bietet mehrere Alternativen, um ein Textfeld in den Eingabe-Modus zu versetzen. Durch Druck auf die [↵]-Taste wird die Eingabe in das zuvor aktive Textfeld erlaubt. Befindet sich das Textfeld bereits im Eingabe-Modus, führt [↵] zu einer Zeilenschaltung. Der Nachteil von [↵] zur Aktivierung der Eingabe ist allerdings, dass hier alle Zeichen des Eingabefeldes markiert werden und erst die Bewegung der Einfügemarke über die Navigationstasten zur Aufhebung der Markierung führt. Ohne Aufhebung der Markierung überschreibt das als nächste eingegebene Zeichen alle markierten Zeichen.

Alternativ zur [↵]-Taste lässt sich auch die [F2]-Taste zur Bearbeitung des Textes verwenden. Im Gegensatz zu [↵] führt eine erneute Betätigung von [F2] dazu, dass das Textfeld den Eingabefokus wieder verliert.

Mit diesem Handwerkzeug dürfte es für Sie kein Problem mehr sein, Ihre erste Folie in etwa wie folgt zu formatieren. Beachten Sie, dass diese Folie drei Textfelder beherbergt (siehe Abbildung 20.11).

6. Nachdem Sie alle Hürden bis zur ersten Folie genommen haben, wird es nun erst richtig interessant. Denn jetzt geht es ans Zeichnen. Bevor wir fortfahren, benötigen wir eine weitere Folie. Rufen Sie dazu den Befehl *Neue Folie* aus dem Menü *Einfügen* auf, klicken auf die leere Folie und bestätigen den Dialog mit *OK*. Alternativ können Sie auch die Tastenkombination [Strg]+[M] oder das Symbol aus der Symbolleiste verwenden.

Neue Folie

Auf die neue Folie soll die Spielsituation gezeichnet werden, die vor der erklärenden Abseits-Stellung herrscht. Um dies zu realisieren, benötigen wir ein Spielfeld mit einigen stilisierten Spielern. Das Spielfeld wird durch ein einfaches Rechteck symbolisiert. Dazu wird in der *Zeichnen*-Symbolleiste am unteren Fensterrand auf das Rechteck-Symbol geklickt. Das Rechteck-Symbol wird vertieft dargestellt, und sobald Sie den Mauszeiger über den Folienentwurf bewegen, verwandelt er sich in ein Fadenkreuz. Mit diesem Fadenkreuz ziehen Sie in einer Drag & Drop-Operation das Rechteck auf: Bewegen Sie den Mauszeiger an die Position, an der die linke

Abbildung 20.11:
Die erste Folie

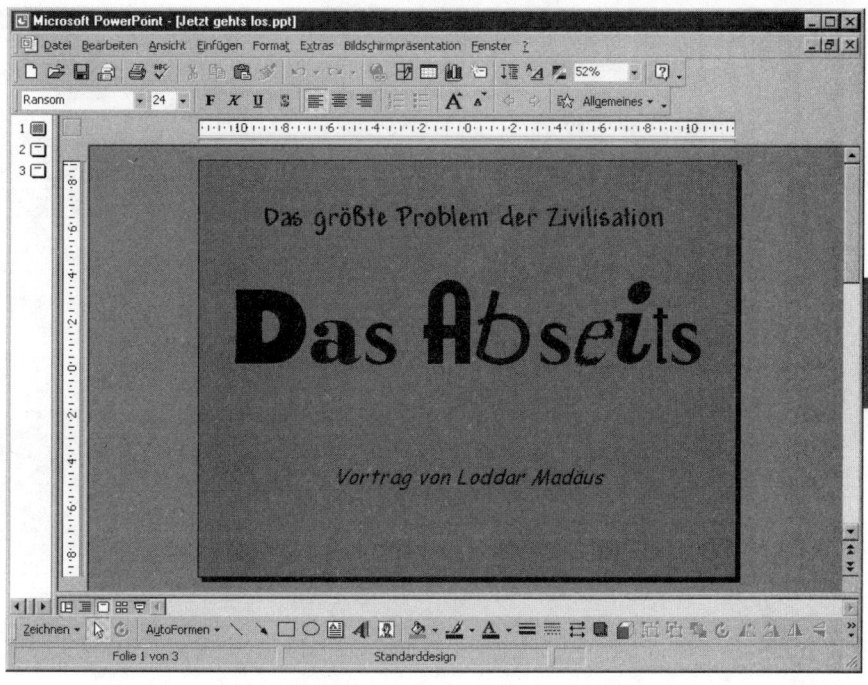

obere Ecke des Rechtecks gezeichnet werden soll. Drücken Sie die linke Maustaste und bewegen Sie den Mauszeiger zur Position der rechten unteren Ecke. Lassen Sie die Maustaste erst wieder los, wenn Sie die rechte untere Ecke des Rechtecks erreicht haben. Nun zeichnet PowerPoint ein Rechteck in den Folienentwurf, und der Mauszeiger gewinnt sein früheres Aussehen zurück.

Abbildung 20.12:
Ein Rechteck, welches gerade gezeichnet wird

Zeichnen Sie auf die gleiche Weise auch den Strafraum und das Tor, in etwa wie in Abbildung 20.13 gezeigt.

Da die Begrenzungslinien eines Fußballfeldes üblicherweise weiß sind, färben Sie die Umrandungslinien der Rechtecke ebenfalls weiß ein. Klicken Sie dazu mit der rechten Maustaste auf eines der Rechtecke und rufen Sie im *Kontextmenü* den Befehl *AutoForm formatieren* auf. Es erscheint ein Dialogfenster. Klicken Sie im Kombinationsfeld *Farbe* der Schaltflächengruppe *Linie:* auf *Weiß*. Weil der Inhalt der Rechtecke üblicherweise in einem bläulichen Grün gefüllt wird, müssen Sie die Fläche des Rechtecks entweder in derselben Farbe wie den Folienhintergrund färben, oder Sie setzen die Farbe eines Rechtecks auf *Transparent*. Dadurch scheint die Hintergrundfarbe durch, und Sie müssen sich nicht mehr um den richtigen Farbton kümmern.

Linienfarbe

Abbildung 20.13:
Die Spielsituation

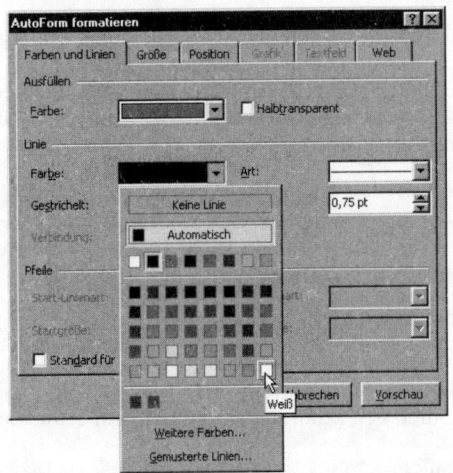

Abbildung 20.14:
Formatieren eines PowerPoint-Objekts

7. Im Kombinationsfeld *Farbe* der *Ausfüllen*-Gruppe klicken Sie auf *Keine Farbe*. Dadurch wird die Rechteckfläche transparent.

Weil die Umrandungslinien des Rechtecks zu dünn erscheinen, muss die Linienstärke der Rechtecke im Kombinationsfeld *Art* der *Linie*-Gruppe auf *6 pt* eingestellt werden.

Flächenfarbe

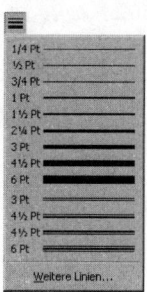

Linienstärke

Textfarbe

Der Dialog *AutoForm formatieren* erlaubt die Einstellung aller Objektparameter über seine zahlreichen Register. Doch oft ist es viel zu umständlich, diesen Dialog aufzurufen. Die *Zeichnen*-Symbolleiste stellt einige »Abkürzungen« zur Formatierung der derzeit selektierten Objekte (erkennbar am um sie gezeichneten Rahmen) zur Verfügung. Das *Pinsel*-Symbol erlaubt beispielsweise die Auswahl der Linienfarbe eines Objekts. Über den *Farbeimer* lässt sich dagegen die Hintergrundfarbe des Objekts bestimmen. Das Symbol mit dem großen A erlaubt die Definition der Textfarbe und das *Linienstärke*-Symbol die Stärke der Umrandungslinien. Darüber hinaus existiert ein Symbol zur Auswahl der Linienart (gestrichelt, punktiert etc.) und den Pfeilspitzen am Ende einer Linie.

Diese Symbole besitzen zweierlei Funktionen. Durch Klick auf den kleinen Pfeil neben dem Symbol wird ein Menü angezeigt, das alle verfügbaren Einstellungen darstellt. Wird dagegen unmittelbar auf das Symbol geklickt, so übernehmen die aktiven Objekte die Einstellung, die zuletzt ausgewählt wurde. Dieser »Schnellfeuer«-Mechanismus erlaubt es, in kurzer Zeit an verschiedenen Stellen dieselben Formate anzubringen.

8. Für ein fertiges Spielfeld fehlen noch die Mittellinie und der Anstoßkreis. Zeichnen Sie dazu eine Linie und einen Kreis. Klicken Sie auf die entsprechenden Symbole in der *Zeichnen*-Symbolleiste, und gehen Sie mit dem Zeichnen genauso vor, wie Sie beim Erstellen der Rechtecke vorgegangen sind. Ändern Sie auch hier die Farben und Linienstärke, und verschieben Sie die Objekte an ihren Bestimmungsort, falls sie nicht auf Anhieb an der richtigen Position erstellt wurden. Sie verschieben Objekte, indem Sie sie anklicken und bei gedrückter Maustaste das Objekt über die Folie bewegen. Ein »Geisterrahmen« zeigt an, wo das Objekt stehen würde, wenn Sie die Maus losließen.

Per Tastatur nutzen Sie die Navigationstasten, um ein Objekt zu verschieben. Aber Achtung! Weil auch Rechtecke und Kreise einen Text aufnehmen können, müssen Sie vor dem Verschieben mit der Tastatur darauf achten, dass sich keines der Objekte im Texteingabe-Modus befindet. Denn dann wirken die Navigationstasten nur auf die Einfügemarke und nicht auf das Objekt.

9. Was auf einem Fußballspielfeld auf gar keinen Fall fehlen darf, das sind die Fußballspieler. Diese werden durch weitere Kreise symbolisiert. Zeichnen Sie drei Kreise, die dem Torwart und zwei Feldspielern der einen Mannschaft entsprechen. Zwei weitere Kreise stehen für zwei Feldspieler der gegnerischen Mannschaft. Ändern Sie die Farben der jeweiligen Mannschaften so, dass man sie voneinander unterscheiden kann. Als letztes erstellen Sie noch ein Textelement, welches den ausdrucksstarken Titel *Die Spielsituation* enthält. Ändern Sie auch hier gegebenenfalls die Schriftart und -größe des Titels, damit dieser in der Präsentation ins Auge fällt. Ihre Folie sollte dann etwa wie in Abbildung 20.13 aussehen.

TIPP Wollen Sie eine weitere Kopie eines Objekts erstellen, aktivieren Sie das Objekt und drücken Sie anschließend die Tastenkombination [Strg]+[D]. Alternativ dazu können Sie auch den Befehl *Duplizieren* aus dem *Bearbeiten*-Menü wählen. Dieser Schritt lässt sich mehrmals wiederholen. Sie können auch die Zwischenablage für die Erstellung von Kopien in Anspruch nehmen. Markieren Sie dazu die zu kopierenden Objekte, und betätigen Sie die Tastenkombination [Strg]+[C]. Das entspricht der Auswahl des Befehls *Kopieren* aus dem *Bearbeiten*- oder dem Kontextmenü. Anschließend betätigen Sie die Tastenkombination [Strg]+[V], was identisch zum *Einfügen*-Befehl aus dem *Bearbeiten* oder Kontextmenü ist. (Über die Erweiterungen der Zwischenablage unter Office 2000 siehe ▶ Kapitel 49, *Die Zwischenablage*)

Vorherige und nächste Folie

10. Wir sind nun an der letzten Folie der kleinen Abseits-Präsentation angelangt. Erzeugen Sie eine letzte leere Folie ([Strg]+[M]). Weil auch auf dieser Folie das Spielfeld benötigt wird, müssen wir das Spielfeld aus Folie 2 kopieren. Wechseln

Sie dazu auf die vorherige Folie durch Verschieben der Bildlaufleiste am rechten Bildrand oder über den Doppelpfeil mit der Funktion *Vorherige Folie* unterhalb der Bildlaufleiste.

Drücken nun Sie die Tastenkombination [Strg]+[A], um alle Elemente auf der Folie zu markieren. Kopieren Sie anschließend alle markierten Elemente in die Zwischenablage, entweder über den *Kopieren*-Befehl aus dem *Bearbeiten*- oder Kontextmenü oder durch Betätigen der Tastenkombination [Strg]+[C]. Wechseln Sie anschließend zurück auf die neue, leere Folie und rufen Sie den Befehl *Einfügen* aus dem Menü *Bearbeiten* auf, Tastenkombination: [Strg]+[V]. PowerPoint fügt nun alle Objekte, die sich in der Zwischenablage befinden, in die aktuelle Folie ein.

Weil Sie das Textfeld mit dem Titel auf der neuen Folie nicht benötigen, lässt es sich problemlos entfernen. Klicken Sie dazu auf das Textfeld, und zwar so, dass es nicht in den Eingabe-Modus wechselt, sondern markiert ist. Anschließend drücken Sie auf die [Entf]-Taste und das Textfeld verschwindet. Alternativ dazu können Sie auch den Befehl *Markierung löschen* aus dem *Bearbeiten*-Menü aufrufen.

TIPP Falls ein Objekt versehentlich gelöscht wurde, lässt sich die Löschoperation durch Auswahl des *Rückgängig*-Befehls aus dem *Bearbeiten-Menü* wieder aufheben. Alternativ dazu stehen auch die Tastenkombinationen [Strg]+[Z] oder [Alt]+[←] bereit.

11. Auf der letzten Folie soll die eigentliche Abseits-Situation dargestellt werden. Doch dazu bedarf es gar nicht mehr viel, denn ausgehend von der Spielsituation wird nur noch ein Pfeil benötigt, der die Ballabgabe des Feldspielers mit der Nummer 1 an den Spieler mit der Nummer 2 repräsentiert.

    Klicken Sie dazu auf das *Pfeil*-Symbol in der *Zeichnen*-Symbolleiste, das sich neben dem Symbol zum Zeichnen eines Rechtecks befindet. Nun lässt sich mit der Maus eine Linie Zeichnen. Fahren Sie dazu mit der Maus den Startpunkt der Line an, drücken Sie die linke Maustaste, bewegen Sie den Mauszeiger an den Linienendpunkt und lassen Sie die Maustaste wieder los. PowerPoint zeichnet automatisch eine Linie, an deren Ende eine Pfeilspitze sitzt.

    Pfeil

    Weil dieser Pfeil erstens am Ende einer durchgezogenen Linie steht, die man sehr leicht als vollendeten Pass und nicht als Ballabgabe deuten könnte, sollte die Linienart auf *gestrichelt* eingestellt werden. Außerdem sollte die Linie etwas fetter werden, damit sie sofort ins Auge springt.

    Um die Linienart zu verändern, muss die Linie selektiert sein. PowerPoint zeichnet um markierte Linien anders als um markierte Rechtecke oder Textfelder keinen Rahmen. Eine selektierte Linie besitzt an ihren Enden vielmehr kleine Ziehpunkte. Falls die Linie noch nicht richtig platziert ist, lässt sich die Position der Endpunkte durch Aufnahme der Ziehpunkte mit der Maus nachträglich verändern.

    Selektierte Linie

    Das zuletzt auf eine Folie gezeichnete Objekt wird nach dem Zeichnen zwar automatisch selektiert, aber ein »schneller Zeigefinger« kann durch unachtsames Klicken die Markierung entfernen. Um eine Linie wieder zu markieren, müssen Sie nur in die Nähe der Linie klicken. PowerPoint findet die Linie dann automatisch und selektiert sie.

    Nun geht es an die Formatierung der Linie. Aus dem Kontextmenü können Sie den bereits bekannten Befehl *AutoForm formatieren* wählen, um den gleichnamigen Dialog zu öffnen. Dort lässt sich der »Gestrichelt«-Zustand der Linie durch Auswahl eines neuen Linienstils auswählen. Die Linienstärke lässt sich wie oben beispielsweise auf *6pt* einstellen.

    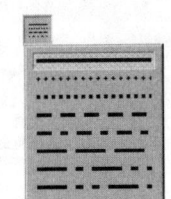
    Gestrichelte Linien

Abbildung 20.15:
Gestrichelte Linien über AutoForm formatieren

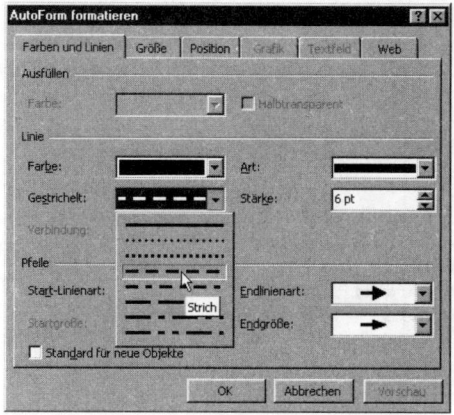

12. Um die Präsentation abzurunden, wird der Text »Abseits« besonders hervorgehoben in die letzte Folie platziert. Für Text-Spezialeffekte greifen Sie aber nicht auf das einfache Textfeld, sondern auf die so genannte WordArt zurück, mit der sich sehr schöne Text-Spezialeffekte erstellen lassen.

Seit Office 97 ist WordArt ein fester Bestandteil der Office-Programme. Eine detaillierte Beschreibung von WordArt finden Sie in ▶ Kapitel 51, *WordArt – Bringen Sie Ihre Texte in Form*.

Ein WordArt-Objekt wird am schnellsten durch einen Klick auf das *WordArt einfügen*-Symbol der *Zeichnen*-Symbolleiste erstellt. Als Symbol wird eine dreidimensionale Darstellung des Buchstabens *A* verwendet. Alternativ zu diesem Symbol stellt PowerPoint den *WordArt...*-Befehl aus dem *Grafik*-Untermenü des *Einfügen*-Menüs bereit.

Abbildung 20.16:
Einfügen einer WordArt in die aktuelle Folie

Nach dem Einfügen eines neuen WordArt-Feldes erscheint der *WordArt-Katalog*, der verschiedene Spezialeffekte für Ihren Text zur Auswahl stellt:

Der Schnelleinstieg: Meine erste Präsentation

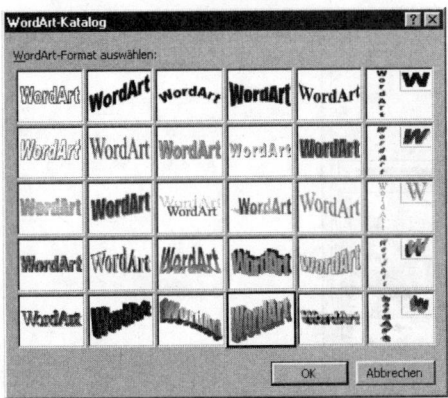

Abbildung 20.17:
Welcher Effekt soll's denn sein?

Klicken Sie auf ein WordArt-Format Ihrer Wahl und bestätigen den Dialog mit einem Klick auf *OK*. Daraufhin erscheint das *WordArt-Text bearbeiten*-Fenster, in das Sie sowohl den mit einem Spezialeffekt zu versehenden Text eingeben als auch die Schriftart, Schriftgröße und den Schriftschnitt (*Fett/Kursiv*) ändern können:

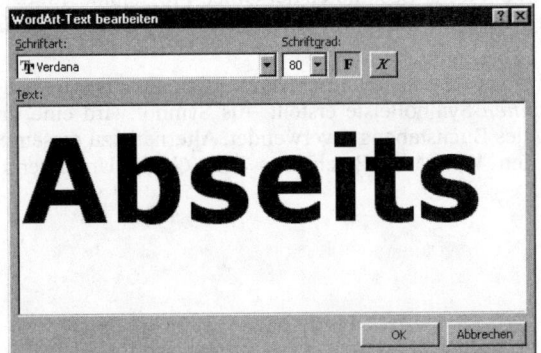

Abbildung 20.18:
WordArt-Text bearbeiten

13. Nun ist die Präsentation fertig. Um das Endergebnis zu betrachten, müssen Sie von der Normalansicht in die Bildschirmpräsentation wechseln. Rufen Sie dazu den Befehl *Bildschirmpräsentation vorführen* aus dem Menü *Bildschirmpräsentation* oder den Befehl *Bildschirmpräsentation* aus dem *Ansicht*-Menü auf. Alternativ dazu führt ein Druck auf die Taste [F5] zum Start der Präsentation.

    PowerPoint startet die Präsentation und zeigt jede Folie im Vollbildmodus an. Zur Navigation zwischen den Folien stehen die Pfeiltasten [←] und [→] bereit, die zur vorherigen oder nächsten Folie umschalten. Ein Klick auf die linke Maustaste bewirkt, dass PowerPoint zur nächsten Folie wechselt. Beendet wird die Bildschirmpräsentation entweder mit der [Esc]-Taste oder PowerPoint wechselt automatisch in eine der anderen Ansichten, nachdem die letzte Folie der Präsentation gezeigt wurde.

Abbildung 20.19:
Die fertige
Präsentation

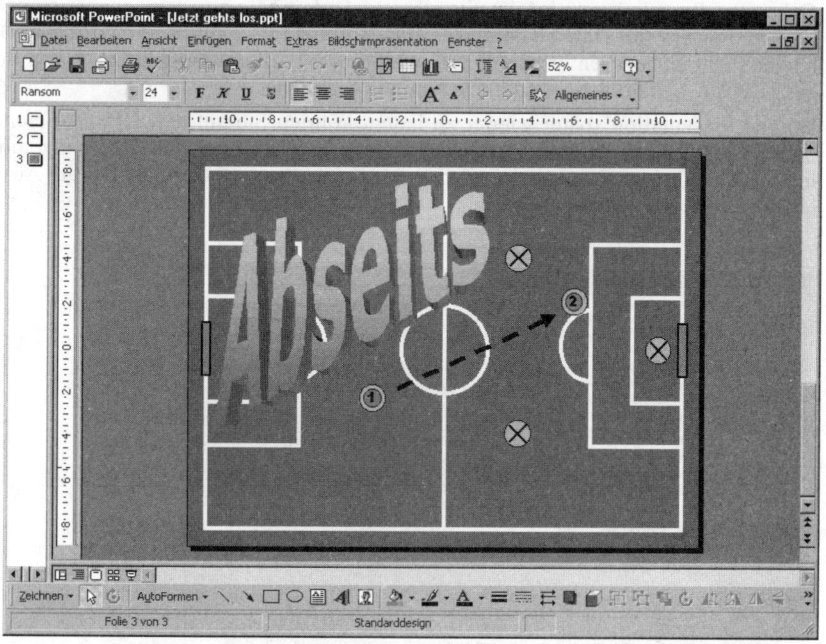

Speichern und Laden der Präsentation

Damit Ihre Präsentation beim Herunterfahren und Abschalten des Rechners nicht verloren geht und Sie später darauf zurückgreifen können, müssen Sie Ihre Präsentation auf der Festplatte speichern.

Speichern

Dazu rufen Sie den Befehl *Speichern* aus dem Menü *Datei* auf oder klicken mit der Maus auf das *Speichern*-Symbol. Bei der ersten Speicherung erscheint ein Dialog, der Sie zur Eingabe eines Dateinamens auffordert, unter dem die Präsentation auf der Festplatte verewigt wird.

Abbildung 20.20:
Speichern der
Präsentation

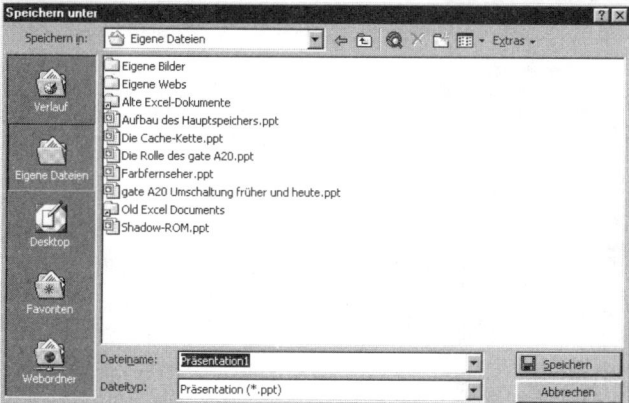

Der Schnelleinstieg: Meine erste Präsentation

Geben Sie Ihrer Präsentation im Eingabefeld *Dateiname* einen möglichst sinnvollen Namen. PowerPoint-Dateien haben die Dateiendung PPT. Falls diese Endung im Dateinamen nicht eingegeben wurde, fügt PowerPoint sie selbstständig hinzu. Nach Betätigung der *OK*-Schaltfläche wird die Präsentation gespeichert.

Um die Präsentation später wieder zu laden, können Sie auf den *Öffnen*-Befehl aus dem *Datei*-Menü zurückgreifen. Alternativ dazu lässt sich auch das *Öffnen*-Symbol mit der Maus anklicken. Es erscheint wieder ein Dialog. Diesmal dient er aber der Auswahl einer bereits bestehenden Datei:

Öffnen

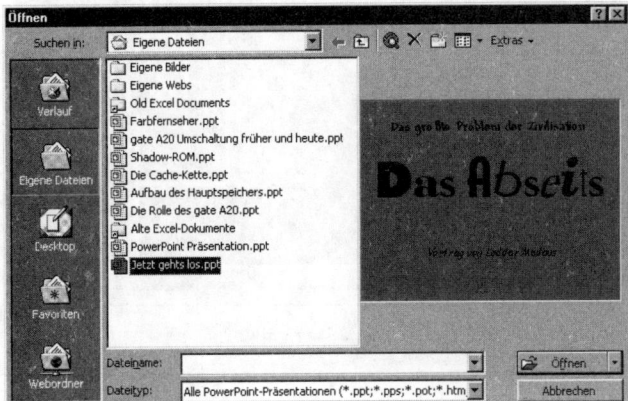

Abbildung 20.21:
Laden der Präsentation

Klicken Sie auf den Namen der zu öffnenden Datei und bestätigen Sie den Dialog mit *OK*, um die Präsentation zu laden.

Der *Öffnen*-Befehl ist oft etwas umständlich – zumindest wenn Sie eine der zuletzt bearbeiteten Präsentationen erneut öffnen wollen. Denn PowerPoint speichert im *Datei*-Menü eine Liste der zuletzt geöffneten Präsentationen ab. Um eine der zuletzt bearbeiteten Dateien erneut zu öffnen, klicken Sie einfach auf den Dateinamen im *Datei*-Menü.

HINWEIS

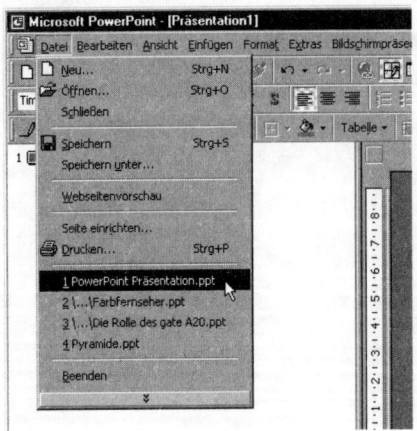

Abbildung 20.22:
Über das Menü Datei kann man *die vier zuletzt bearbeiteten Dateien öffnen.*

Üblicherweise reserviert PowerPoint vier Dateieinträge im *Datei*-Menü. Sollen mehr Dateien im *Datei*-Menü aufgelistet werden, müssen Sie die Anzahl der zuletzt geöffneten Dateien im *Datei*-Menü innerhalb des *Allgemein*-Registers des *Optionen*-Dialogs ändern. Aufgerufen wird dieser Dialog über den *Optionen...*-Befehl aus dem *Extras*-Menü.

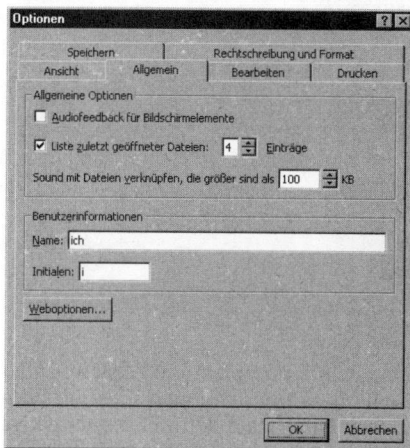

Abbildung 20.23: Anzahl der im Datei-Menü aufzulistenden Dateien

Speichern unter... und die Schnellspeicherung

Weil eine bestehende PowerPoint-Datei bereits einen Namen besitzt, führen nachfolgende Aufrufe des Befehls *Speichern* aus dem *Datei*-Menü nur zu einer Aktualisierung der vorhandenen Datei. Auch das *Speichern*-Symbol hat diese aktualisierende Wirkung. Bei lang andauernder Arbeit ist es durchaus sinnvoll, zwischendurch den aktuellen Arbeitsstand abzuspeichern. Sollte der Rechner nun plötzlich abstürzen, können Sie ganz locker bleiben. Denn alle Änderungen bis zum Zeitpunkt der letzten Speicherung bleiben trotz des Absturzes erhalten.

Automatische Speicherung

Weil man bei fieberhafter Arbeit (es muss ja immer alles schnell gehen) gerne das regelmäßige Anklicken der *Speichern*-Symbolleiste vergisst, besitzt PowerPoint eine *AutoRecover*-Funktion. In fest vorgegebenen Intervallen – üblicherweise 10 Minuten – speichert PowerPoint die Ergebnisse der aktuellen Arbeit. Falls der Rechner nun abstürzt, stellt PowerPoint beim nächsten Start den zuletzt per *AutoRecover* gespeicherten Stand der Präsentation wieder her. Diese Wiederherstellungskopie muss dann allerdings erneut in eine Datei gespeichert werden, damit die letzten Änderungen permanent werden (siehe Abbildung 20.24).

Das *Speichern*-Register der PowerPoint-Optionen, erreichbar über den Befehl *Optionen...* aus dem *Extras*-Menü, lässt sich über das Kontrollkästchen *AutoRecover-Informationen alle ? Minuten speichern* einstellen, ob PowerPoint die *AutoRecover*-Funktion verwenden soll und wie lange die Intervalle zwischen zwei Speicherungen dauern sollen.

Schnellspeicherung

Dieser Dialog bietet übrigens noch mehr in Sachen Speicherung: Das Kontrollkästchen *Schnellspeicherung zulassen* regelt, ob PowerPoint immer die gesamte Datei speichert oder ob der Datei nur die zuletzt getätigten Änderungen hinzugefügt werden. Standardmäßig ist die Schnellspeicherung aktiviert. Dadurch läuft der Speichervorgang zwar deutlich schneller ab, aber durch das wiederholte Hinzufügen der letzten Änderungen an das Dateiende nimmt der Umfang der Datei zu. Das lässt sich verhindern, indem Sie die *Schnellspeicherung* unterbinden.

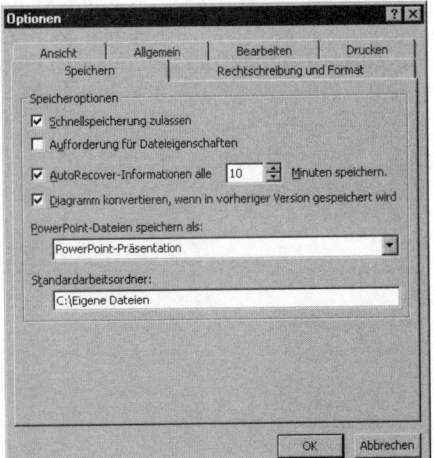

Abbildung 20.24:
Speichern-*Register von PowerPoint*

Mit jeder Office-Datei lassen sich Dateieigenschaften verknüpfen, die Auskunft über den Dateiinhalt geben. Unter Windows 98 werden diese Informationen sogar im Windows-Explorer und auf dem Windows-Desktop sichtbar, sobald der Mauszeiger einige Zeit über dem Symbol einer Office-Datei verweilt:

Dateieigenschaften

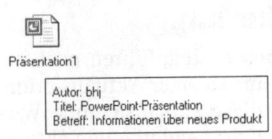

Abbildung 20.25:
Anzeige der Dateieigenschaften im Explorer oder auf dem Desktop

Üblicherweise wird der Dialog zur Eingabe der Dateieigenschaften nur durch Aufruf des *Eigenschaften*-Befehls aus dem *Datei*-Menü angezeigt. Wird in den *Speichern*-Optionen von PowerPoint aber angegeben, dass die *Aufforderung für Dateieigenschaften* angezeigt werden soll, erscheint der folgende Dialog auch beim ersten Speichern einer neuen Präsentation und fordert den Anwender zur Eingaben der wichtigsten Eckdaten auf (siehe Abbildung 20.26).

Weitere Informationen über die Dateieigenschaften eines Office-Dokuments erhalten Sie im Kapitel 2, *Dateieigenschaften*.

Die Dateidialoge zeigen standardmäßig den Inhalt des Ordners *Eigene Dateien* an. Soll ein anderer Dialog zuerst dargestellt werden, lässt sich in den *Speichern*-Optionen im Eingabefeld *Standardarbeitsordner* der Pfad eines anderen Verzeichnisses angeben, das PowerPoint beim Laden und Speichern von Präsentationen zuerst anzeigt.

Standardspeicherort

Unter Windows 98 können Sie den Ordner *Eigene Dateien* auf eine andere Festplatte verschieben. Änderungen am Standardspeicherort müssen Sie danach nicht vornehmen.

TIPP

Wollen Sie eine Präsentation nicht nur in einem anderen Ordner, sondern unter einem anderen Namen speichern, hält das *Datei*-Menü den Befehl *Speichern unter...* bereit. Hier besteht die Möglichkeit, die aktuelle Präsentation unter einem neuen Namen zu speichern, um beispielsweise einen Meilenstein der Präsentation unabhängig von der aktuellen Arbeitskopie anzulegen. Aber Achtung! Nach der Ausführung des *Speichern unter...*-Befehls speichern nachfolgende *Speichern*-Aufrufe die Präsentation unter dem neuen Dateinamen ab.

Speichern unter...

Abbildung 20.26:
Dateieigenschaften eingeben

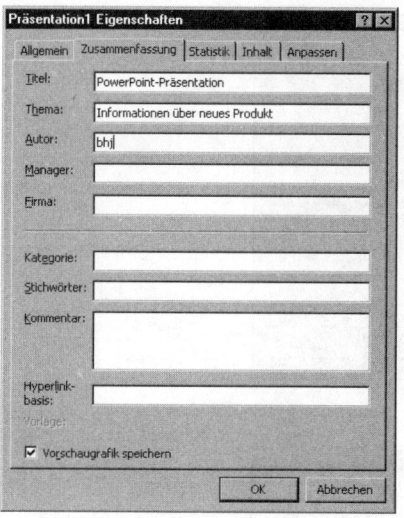

Die Präsentations-Assistenten

PowerPoint bietet im Wesentlichen zwei Möglichkeiten zur Erstellung einer Präsentation: Bei der manuellen Methode sind Sie ganz auf sich gestellt und müssen alle Folien und Objekte von Hand erstellen, bei Verwendung des *AutoInhalt*-Assistenten werden Sie dagegen von PowerPoint unterstützt, indem eine Präsentation Schritt für Schritt vom Assistenten erstellt wird. Der Assistent erzeugt die benötigten Objekte und erfragt dazu wichtige Informationen wie Titel oder Thema der Präsentation. Die eigentliche Arbeit erfolgt allerdings hinterher, nachdem der Assistent eine Präsentation vorbereitet hat. Sie müssen alle Folien nacheinander durchgehen und Ihre Informationen in die Folien eintragen. Doch jetzt können Sie sich voll und ganz auf den Inhalt konzentrieren, die formellen Aspekte erledigt der Assistent für Sie.

Der AutoInhalt-Assistent

Für verschiedenen Themengebiete besitzt PowerPoint den *AutoInhalt*-Assistenten, der ein Präsentationsgerüst bereitstellt, das Sie nach eigenen Wünschen weiter bearbeiten können.

1. Um den *AutoInhalt*-Assistenten zu starten wählen Sie nach dem Aufruf des Befehls *Neu..* aus dem *Datei*-Menü den Eintrag *AutoInhalt*-Assistent (siehe Abbildung 20.27).

2. PowerPoint startet den Assistenten und zeigt den Begrüßungsbildschirm an (siehe Abbildung 20.28).

3. Nach dem Begrüßungsbildschirm zeigt der Assistent einen Dialog zur Auswahl des *Präsentationstyps* (siehe Abbildung 20.29).

   Der Präsentationstyp bestimmt Inhalt und Aussehen Ihrer Präsentation. PowerPoint stellt verschiedene Präsentationstypen zur Verfügung, entweder *Alle* oder aber nach den Themen *Allgemein, Firma, Projekte, Verkauf/Marketing* oder *Carnegie-Trainer* gruppiert. Wählen Sie hier den auf Ihre Präsentation am besten passenden Typ aus.

Der Schnelleinstieg: Meine erste Präsentation

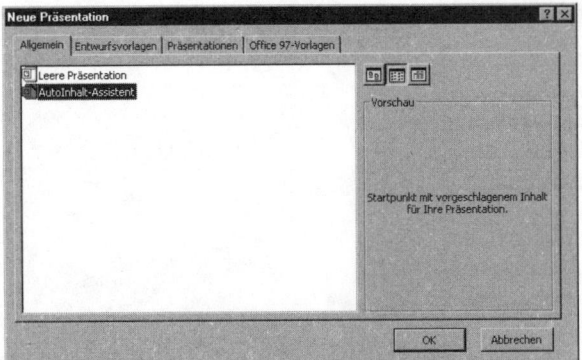

Abbildung 20.27:
Start des AutoInhalt-Assistenten

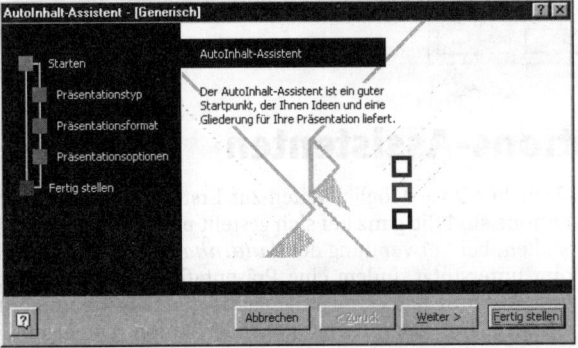

Abbildung 20.28:
Das Begrüßungsfenster des AutoInhalt-Assistenten

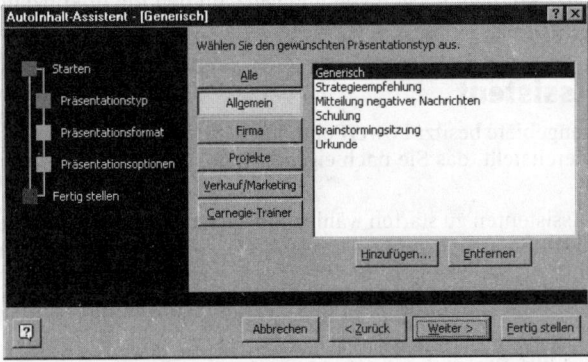

Abbildung 20.29:
Der Präsentationstyp wird je nach Verwendungszweck ausgewählt.

4. Im nächsten Schritt werden Sie zur Auswahl der *Ausgabeart* aufgefordert. Die Ausgabeart bestimmt, auf welchem Medium die Präsentation gezeigt werden soll. Das kann z. B. der Bildschirm, eine Overhead-Folie oder ein 35-mm-Dia sein. Der AutoInhalt-Assistent stellt insgesamt fünf verschiedene Ausgabearten bereit, die sich vor allem auf das Papierformat und das Farbschema auswirken. Die Ausgabeart lässt sich später, zumindest was die Ausgabegröße angeht, im *Seite einrichten*-Dialog ändern.

Abbildung 20.30:
Die Ausgabeart bestimmt, auf welchem Medium die Präsentation publiziert werden soll.

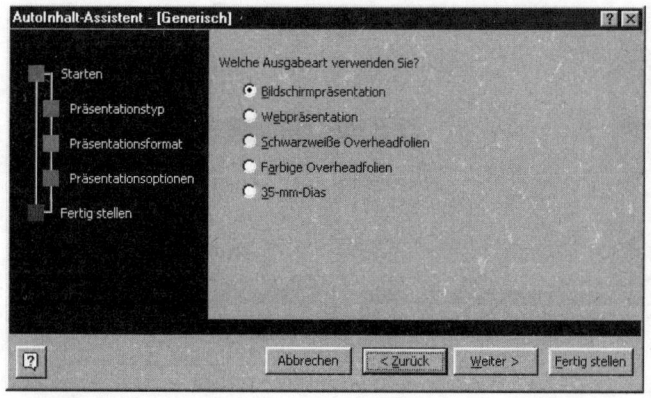

5. Bevor die Präsentation fertiggestellt wird, erfragt der Assistent im nächsten Schritt noch einige Informationen. In den *Präsentationsoptionen* werden Sie zur Eingabe eines *Präsentationstitels* und einer *Fußzeile* aufgefordert. Der Präsentationstitel sollte möglichst »griffig« und prägnant sein, in der Fußzeile können Sie den Namen des Vortragenden o.ä. Informationen unterbringen. Außerdem können Sie per Kontrollkästchen bestimmen, ob das *Datum der letzten Aktualisierung* und die *Foliennummer* am unteren Rand einer jeden Folie erscheinen soll. Aktivieren Sie die entsprechenden Kontrollkästchen, um das Datum und die Foliennummer am rechten unteren Folienrand zu platzieren.

Abbildung 20.31:
Die verschiedenen Präsentationsoptionen, wie z. B. Titel und Fußzeile

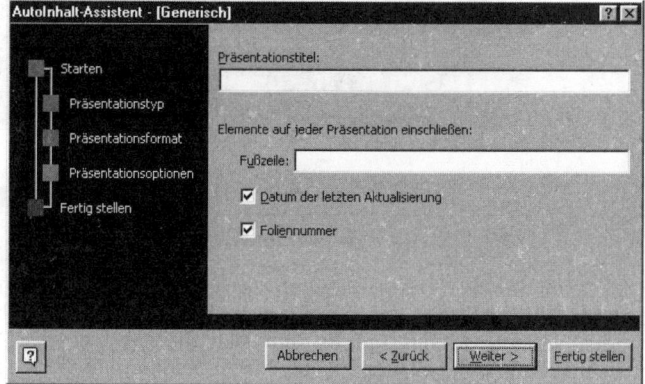

6. Nun ist die Präsentation fast fertig. PowerPoint wartet nur noch auf die Bestätigung, dass die definierte Präsentation durch Druck auf die *Fertig stellen*-Schaltfläche erstellt wird (siehe Abbildung 20.32).

PowerPoint erstellt nun eine Präsentation nach Ihren Vorgaben. Nach der Fertigstellung ergibt sich je nach Präsentationstyp etwa Abbildung 20.33.

Diese Präsentation können Sie nun an Ihre Wünsche anpassen und verändern.

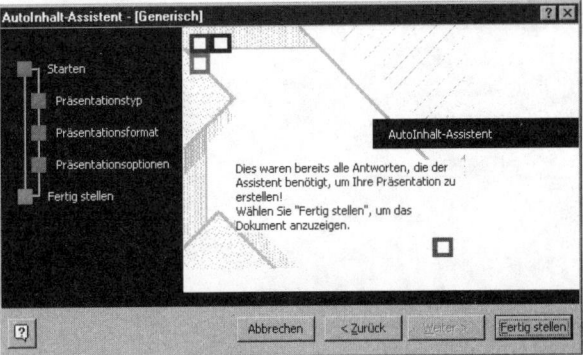

Abbildung 20.32:
Fertigstellung der Präsentation

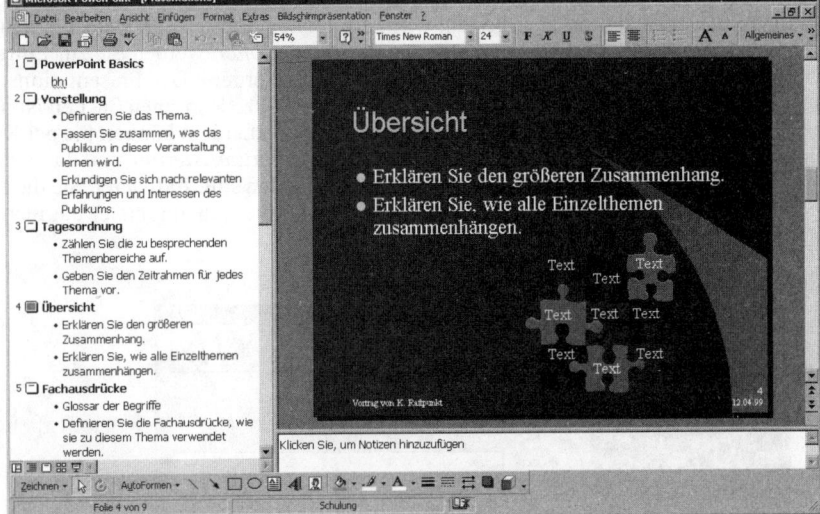

Abbildung 20.33:
Die vom AutoInhalt-Assistenten erstellte Präsentation

Die verschiedenen Präsentationstypen des *AutoInhalt*-Assistenten können ein guter Ausgangspunkt für eigene Präsentationen sein, falls Sie sich über Struktur und Aufbau Ihres Vortrags noch nicht völlig im Klaren sind. Es lohnt sich, die verschiedenen Präsentationstypen einer genauen Prüfung zu unterziehen. Für firmeninterne Vorträge zur Mitarbeiter- und Team-Motivation sind besonders die Vorlagen von Dale Carnegie zu empfehlen.

TIPP

Folienelemente erstellen

Neben Elementen wie *Textfeldern* enthält eine Präsentation auch Zeichnungen und Bilder. All diese Objekte werden auf einer Folie entweder separat von Hand erstellt, von einem Assistenten erzeugt oder aus einer Vorlage übernommen. Auf den folgenden Seiten erfahren Sie, wie Sie neue Objekte erstellen und bestehende Ihren Wünschen anpassen.

Folienelemente einfügen

Für die Anlage von Textfeldern und grafischen Grundformen – von PowerPoint unter dem Begriff *Form* zusammengefasst – stehen in der *Zeichnen*-Symbolleiste verschiedene Schaltflächen zur Verfügung. Rechtecke, Quadrate, Linien und AutoFormen lassen sich damit per Mausklick erzeugen.

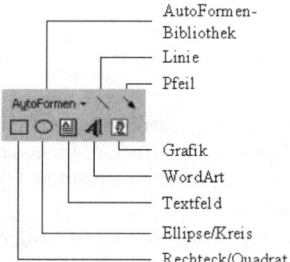

Abbildung 20.34:
Diese Symbole erlauben die Erzeugung neuer Objekte.

Die zentrale Operation beim Erstellen eines neuen Objekts ist das Drag & Drop mit der Maus. Sie wählen das zu erstellende Objekte zuerst durch Klick auf eines der Symbole aus der *Zeichnen*-Symbolleiste (siehe Abbildung 20.34). Der Mauszeiger ändert sich nun zu einem Fadenkreuz, sobald er auf den Folienausschnitt bewegt wird. Um ein neues Objekt auf die Folie zu platzieren, ziehen Sie nun mit der Maus ein so genanntes Gummiband (engl. Rubberband) auf, um die Größe des neuen Objekts festzulegen. Nach dem Loslassen der linken Maustaste wird das neue Objekt auf die Folie platziert.

TIPP Neben der Drag & Drop-Methode genügt es bei allen »flächigen« Objekten, also bei Rechtecken, Ellipsen und zahlreichen AutoFormen, das Objekt zuerst aus der *Zeichnen*-Symbolleiste oder dem *AutoFormen*-Menü auszuwählen und anschließend auf den Folienausschnitt zu klicken. Das neue Objekt wird ohne Drag & Drop-Operation an der angeklickten Position erstellt.

Textfelder erstellen

Textfelder gestatten die Ausgabe eines beliebigen Textes an einer beliebigen Stelle innerhalb der Folie.

Textfeld

Um neue Textelemente auf Ihre Folie zu platzieren, rufen Sie den Befehl *Textfeld* aus dem Menü *Einfügen* auf, oder klicken Sie auf das *Textfeld*-Symbol, das Sie in der *Zeichnen*-Symbolleiste finden. Klicken Sie anschließend mit der Maus auf die Stelle in der Folie, an der Sie den Text erstellen wollen. Es erscheint ein leerer Rahmen, in dem die Einfügemarke blinkt und zur Eingabe des Textes auffordert.

Abbildung 20.35:
So sieht ein Textfeld während der Texteingabe aus.

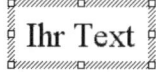

Die Größe des Textfeldes wird durch den eingegebenen Text und die für das Textfeld eingestellte Schriftart und -größe bestimmt. Durch Eingabe von ⏎ führen Sie eine Zeilenschaltung herbei. Damit lassen sich mehrzeilige Textelemente erzeugen:

Abbildung 20.36:
Mehrzeiliges Textfeld

Rechteck oder Ellipse erstellen

Rechtecke und Ellipsen werden ähnlich wie Textfelder erstellt. Im Gegensatz zu einem Textfeld weisen Rechtecke und Ellipsen allerdings einen Rahmen auf. Außerdem lassen sie sich mit einer Farbe oder einem Muster füllen. Und zusätzlich dürfen sie einen Text enthalten.

1. Um ein Rechteck zu erstellen, klicken Sie auf das *Rechteck*-Symbol in der *Zeichnen*-Symbolleiste.
2. Klicken Sie jetzt mit der *linken Maustaste* auf die leere Folie und halten Sie die Maustaste weiter gedrückt. Bewegen Sie nun die Maus. Die Größe des Rechtecks passt sich automatisch der Position des Mauszeigers an. Wurde die gewünschte Größe des neuen Rechtecks erreicht, lassen Sie die linke Maustaste einfach wieder los und ein neues Rechteck wird in die Folie eingefügt.

Rechteck

Abbildung 20.37:
So sieht ein Rechteck in einer PowerPoint-Folie aus.

Soll ein Rechteck mit identischen Kantenlängen, kurz ein Quadrat, erstellt werden, halten Sie während des Aufziehens des Rechteck-Rahmens die ⟨◊⟩-Taste gedrückt.

Wenn Sie die ⟨◊⟩-Taste während des Vergrößerns oder Verkleinerns eines bereits bestehenden Rechtecks durch Ziehen einer seiner Ecken gedrückt halten, bleibt das Verhältnis seiner Kanten erhalten.

Ellipsen und Kreise gehören neben Textfeldern und Rechtecken zu den wichtigsten Elementen des Foliendesigns. Im Wesentlichen entspricht ihre Erstellung der Erzeugung eines Rechtecks. Wollen Sie eine Ellipse erstellen, klicken Sie mit der Maus zunächst auf das *Ellipsen*-Symbol der *Zeichnen*-Symbolleiste. Wiederholen Sie dann die Schritte, die bereits zur Erstellung eines Rechtecks geführt haben.

TIPP

Ellipse

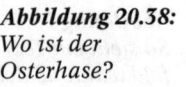

Abbildung 20.38:
Wo ist der Osterhase?

Um einen exakten Kreis neu zu erstellen, halten Sie wie beim Zeichnen eines Quadrats die ⟨◊⟩-Taste bis zum Loslassen der linken Maustaste gedrückt.

TIPP

> Wenn Sie die ⇧-Taste während des Vergrößerns oder Verkleinerns einer bereits bestehenden Ellipse durch Ziehen einer seiner Ecken gedrückt halten, bleibt das Verhältnis seiner Radien erhalten.

Linie erstellen

Linie

Übersichtlichkeit durch Gruppierung verschiedener Elemente lässt sich sehr gut mit Hilfe von Linien erreichen. Mit verschiedenen Linienstärken und -stilen werden deutliche Abgrenzungen geschaffen.

1. Um eine Linie zu erstellen, klicken Sie auf das *Linie*-Symbol aus der *Zeichnen*-Symbolleiste.
2. Ziehen Sie die Linie auf der Folie vom Anfangs- bis zum Endpunkt.
3. Halten Sie beim Erstellen der Linie zusätzlich die ⇧-Taste gedrückt, dann wird die Neigung der Linie auf ein Vielfaches von 15° beschränkt.

Abbildung 20.39:
Eine Linie

Um eine Linie nachträglich zu verlängern oder zu verkürzen, ohne dabei die Steigung der Linien zu verändern, nehmen Sie einen Linienendpunkt mit der Maus auf, und verschieben ihn bei gedrückter ⇧-Taste. Der Linienendpunkt ist hier nicht mehr an das Raster gebunden.

In Verbindung mit der [Strg]-Taste wird die Linie um ihren alten Mittelpunkt gedreht:

Abbildung 20.40:
Die [Strg]-Taste behält den Linienmittelpunkt bei.

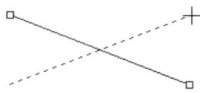

Wollen Sie verhindern, dass ein Linienendpunkt beim Verschieben immer wieder auf einer Rasterposition landet, können Sie das Raster beim Verschieben vorübergehend durch Halten der [Alt]-Taste deaktivieren.

21 Folienelemente markieren und bearbeiten

516 AutoFormen einfügen und bearbeiten
518 Verbindungen zwischen Folienelementen
520 Kurve, Freihandform und Freihand
524 Grafiken einfügen
526 Neu: Native Tabellen
532 Aufzählungen und Nummerierungen
534 ClipArts und Grafiken einfügen
534 Objekte schattieren
536 Die dritte Dimension
538 Objekte verschieben
539 Objekte zu- und aneinander ausrichten
541 Objekte dimensionieren
541 Zeichen formatieren

Die bereits auf der Folie existierenden Objekte müssen zur späteren Bearbeitung markiert werden. Markierte Objekte erkennen Sie daran, dass sich an den Ecken und Kanten des umgebenden Rechtecks so genannte *Ziehpunkte* befinden, die das Ändern der Objektgröße gestatten:

Abbildung 21.1:
Die Ziehpunkte zur Größenänderung sind sichtbar, wenn ein Objekt ausgewählt (selektiert) ist.

Um ein einzelnes Objekt zu markieren, müssen Sie es mit der linken Maustaste anklicken. Um die Markierung per Tastatur zu setzen, müssen Sie auf die Tasten ⇥ und ⇧+⇥ zurückgreifen. Diese Tasten sind oft die einzige Möglichkeit, ein unter einem Objekt verborgenes Element zu markieren.

TIPP

Wenn Sie alle Objekte auf der Folie markieren wollen, drücken Sie auf Ihrer Tastatur die Tastenkombination [Strg]+[A]. Das entspricht dem Befehl *Alles markieren* aus dem *Bearbeiten*-Menü.

Um mehrere Objekte zu markieren, stehen verschiedene Methoden bereit:

1. Um mehrere Objekte mit der Maus zu markieren, klicken Sie diese nacheinander an und halten dabei die [⇧]-Taste gedrückt.

   Objekte mit einem ausgefüllten Hintergrund (siehe *Objekte schattieren* in diesem Kapitel) werden durch Anklicken der Fläche markiert. Wenn der Hintergrund eines Objekts aber auf *Keine Farbe* eingestellt wurde und dadurch transparent wird, müssen Sie auf den Rahmen des Objekts klicken, um es zu markieren. Ein Klick auf die transparente Elementfläche führt nicht zur Markierung des Objekts.

2. Eine weitere Möglichkeit zur Markierung mehrerer Objekte ist das so genannte »Gummiband«. Mit der Maus wird dazu auf den Folienhintergrund geklickt (Achtung! Dort darf kein Folienelement stehen) und bei gedrückter linker Maustaste wird ein Rahmen aufgezogen. Alle Objekte, die vollständig (!) innerhalb des »Gummibandes« liegen, werden auswählt.

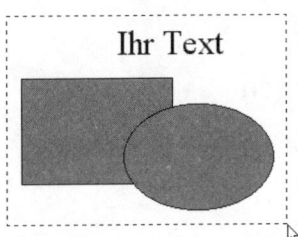

Abbildung 21.2: Das »Gummiband« ist ein Auswahlrahmen, der um das Objekt gezogen wird.

HINWEIS

Beim Markieren mehrerer Objekte mit dem Gummiband müssen Sie beachten, dass das Gummiband alle Objekte einschließen muss, die markiert werden sollen. Nur teilweise im Gummiband-Rechteck liegende Objekte werden nach dem Loslassen der linken Maustaste nicht markiert.

AutoFormen einfügen und bearbeiten

Neben der Linie, dem Pfeil, dem Rechteck, der Ellipse und dem Textfeld kennt Power-Point eine ganze Reihe weiterer Grundformen, die sich alle hinter dem Menüpunkt *AutoFormen* der *Zeichnen*-Symbolleiste verbergen.

TIPP

Die Tastenkombination zur Aktivierung des *AutoFormen*-Menüs lautet [Alt]+[U], wie man am unterstrichenen U in A<u>u</u>toForm erkennt.

Die Objekte im *AutoFormen*-Menü werden gruppiert nach *Linien*, *Verbindungen*, *Standardformen*, *Blockpfeilen*, *Flussdiagrammen*, *Sternen und Banner*, *Legenden*, *Interaktiven Schaltflächen* und *Weiteren AutoFormen*. Einen Überblick über die verfügbaren Formen geben die Fenster in Abbildung 21.3.

Die Arbeit mit den AutoFormen unterscheidet sich nur wenig von der Arbeit mit den herkömmlichen Objekten des *Zeichnen*-Menüs. Der offensichtlichste Unterschied besteht darin, dass Sie zur Auswahl einer AutoForm eine Menühierarchie durchwandern müssen, weil die Formen nicht in der *Zeichnen*-Menüleiste »offen liegen«. Allerdings sind alle AutoFormen als so genannte *Abtrennmenüs* (engl. *Tear-Off*-Menu) realisiert – erkennbar an der stilisierten Fenstertitelzeile innerhalb des Menüs. Diese Fenstertitelzeile lässt sich zum Verschieben des Menüs verwenden und das Menü wird dadurch zu einer zusätzlichen Symbolleiste (siehe Abbildung 21.4).

Abbildung 21.3:
Die verfügbaren AutoFormen

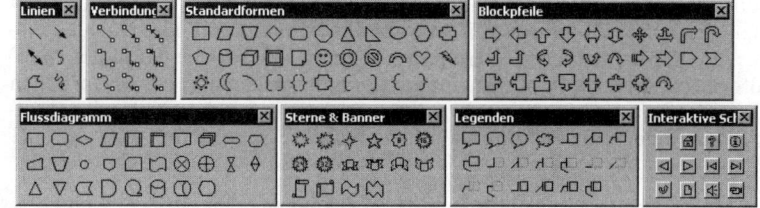

Abbildung 21.4:
»Fenstertitelzeile« von Abtrennmenüs

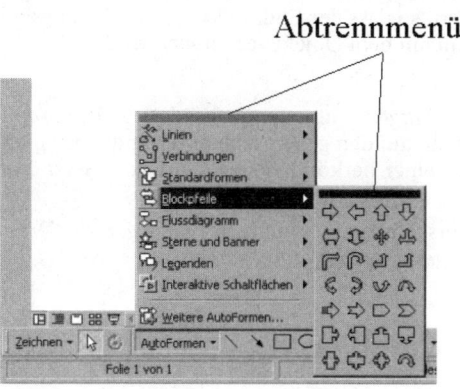

TIPP Wollen Sie eine AutoForm mehrfach verwenden, ohne das Werkzeug immer wieder auszuwählen, genügt ein Doppelklick auf das entsprechende Symbol, um in der Folie mehrere Objekte des doppeltgeklickten Elements einzufügen, ohne zuvor jedes Mal das Werkzeug erneut auszuwählen. Allerdings muss das jeweilige AutoForm-Menü dazu als Symbolleiste (Abtrennmenü) vorliegen – denn ein Doppelklick im Menü ist nicht möglich. Um nach dem Einfügen mehrerer Objekte wieder normal weiter zu arbeiten, muss der Pfeil der *Zeichnen*-Symbolleiste angeklickt werden. Der Doppelklick funktioniert selbstverständlich auch bei den *Rechteck-*, *Kreis-*, *Linie-* und *Pfeil*-Symbolen aus der *Zeichnen*-Symbolleiste.

Viele AutoFormen besitzen nicht nur die üblichen Ziehmarken, mit denen sich die Größe der Form verändern lässt. Oft besitzen sie eine oder mehrere zusätzliche Marken, die die Beeinflussung der Form erlauben. Sie werden *Korrektur-Ziehpunkte* genannt und im Gegensatz zu herkömmlichen Marken sind diese gelb und werden als Raute und nicht als Quadrat angezeigt. Wie sich das Aussehen einer AutoForm mit diesen Korrektur-Ziehpunkten beeinflussen lässt, zeigt die folgende Abbildung, die dieselbe Form, allerdings jeweils leicht verändert, darstellt.

Abbildung 21.5:
Zusätzliche Korrektur-Ziehpunkte bei AutoFormen

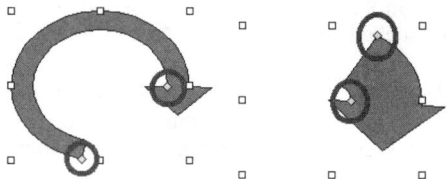

Folienelemente markieren und bearbeiten

Wollen Sie eine andere AutoForm anstelle einer bereits bestehenden verwenden, lässt sich die neue Form auf die Folie einfügen, und die alte wird entfernt. Der Nachteil dieser Methode: Alle Formatierungen für Hintergrund und Linien sowie der in der AutoForm enthaltene Text gehen verloren. Damit die Formatierungen und der Text erhalten bleiben, stellt das *Zeichnen*-Menü den *AutoForm ändern*-Befehl bereit, der das Ersetzen der AutoForm ohne Verlust der Formatierungen und Texte gestattet.

TIPP

Verbindungen zwischen Folienelementen

Eine besondere Form der Linie ist die *Verbindung*. Verbindungen werden im Gegensatz zu Linien mit einem Objekt verankert, so dass der Endpunkt der Verbindungslinie beim Verschieben des Objekts gemeinsam mit dem Objekt verschoben wird.

Verbindungen werden über das *Verbindungen*-Untermenü aus dem *AutoFormen*-Menü eingefügt. Klicken Sie im Untermenü auf den gewünschten Verbindungstyp und ziehen Sie die Maus wie beim Zeichnen einer herkömmlichen Linie vom *Start*- zum *Endpunkt*.

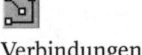

Verbindungen

PowerPoint kennt im Grunde nur drei verschiedene Verbindungstypen: *gerade Verbindungen*, *gekrümmte Verbindungen* und *gewinkelte Verbindungen*.

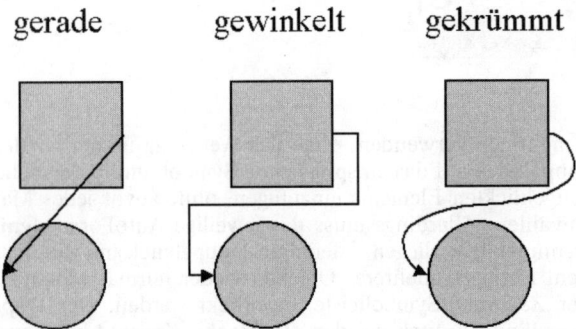

Abbildung 21.6:
Verbindungstypen

Gewinkelte und gekrümmte Verbindungen besitzen mindestens einen Korrektur-Ziehpunkt, mit dem sich der Winkel bzw. die Krümmung verschieben lässt. Je nach Verwinkelung besitzen sie aber auch mehr Ziehpunkte, was die Kontrolle über die Kurve erhöht.

Um die Verbindung mit einem Objekt zu verankern, müssen Sie den Mauszeiger über das jeweilige Objekt bewegen. Die möglichen Verankerungspunkte werden von PowerPoint als kleine blaue Quadrate angezeigt (siehe Abbildung 21.7).

Verankern

Sobald sich der Mauszeiger beim Festlegen von Start- oder Endpunkt über einem Element befindet, verwendet PowerPoint den naheliegendsten Verankerungspunkt für die Verbindung.

Einer markierten Verbindung können Sie ansehen, ob ihre Eckpunkte mit einem Objekt verankert sind oder nicht. Ein grünes Ziehrechteck am Verbindungsende zeigt einen **nicht** verankerten Endpunkt an, ein rotes Ziehrechteck dagegen einen verankerten.

Abbildung 21.7:
Hervorgehobene
Verankerungs-
punkte

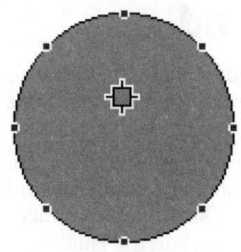

Verbindungstyp   In Kombination mit keiner, einer oder zwei Pfeilspitzen an den Verbindungsenden kommen insgesamt neun verschiedene Verbindungstypen zustande. Im Kontextmenü zu einer Verbindung lässt sich im nachhinein festlegen, ob sie eine gerade, gewinkelte oder gekrümmte Verbindung sein soll:

Abbildung 21.8:
Kontextmenü
einer Verbindung

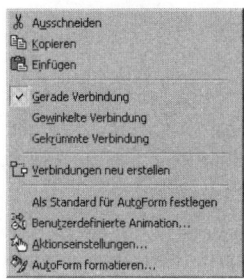

Verbindungen   In der Entwicklungsphase stellt man oft Verbindungen zwischen Objekten her, die
neu erstellen   anschließend noch auf der Folie verschoben werden. Das Ergebnis: Die zuvor ausgetüftelte Verbindung verläuft jetzt kreuz und quer über verschiedene Objekte. Damit Sie die Verbindung nicht von Hand anpassen müssen, stellt das Kontextmenü den Befehl *Verbindung neu erstellen* bereit. PowerPoint sucht die Verankerungspunkte, die am nächsten beieinander liegen, um die kürzeste Verbindung zwischen den Objekten herzustellen. Ein Vorher/Nachher-Bild zeigt die Arbeitsweise dieses Befehls.

Abbildung 21.9:
Verbindungen
nach Befehl
Verbindung neu
erstellen

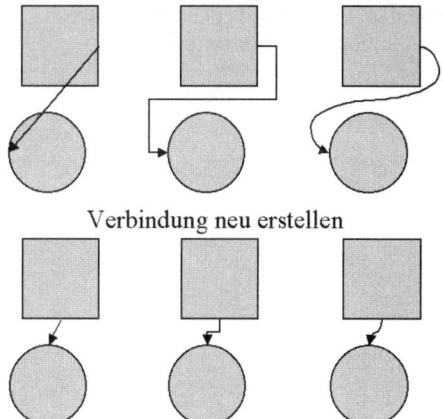

Folienelemente markieren und bearbeiten

Kurve, Freihandform und Freihand

Weitere Linientypen werden durch die *Kurve*, die *Freihandform* und die *Freihand* repräsentiert. Alle befinden sich im *Linie*-Menü der *AutoFormen* und erlauben das Zeichnen komplexer Figuren mit der Maus.

Kurve, Freihandform, Freihand

Kurven sind Linienzüge, die durch die von Ihnen vorgegebenen Stützpunkte verlaufen. Um eine Kurve zu zeichnen, wählen Sie zuerst das *Kurven*-Symbol aus. Anschließend legen Sie jeden Stützpunkt durch einen Klick auf die Folie fest. Das Ende des Linienzugs wird entweder durch einen Doppelklick oder durch Betätigung von ⏎ markiert.

Kurven

Abbildung 21.10:
Ein Linienzug durch sechs Punkte

HINWEIS

Kurven, *Freihandformen* und *Freihand*-Objekte sind sich sehr ähnlich. Während Sie bei einer Kurve jedoch Punkt für Punkt durch einen Mausklick auf der Folie festlegen, zeichnen Sie *Freihandformen* und *Freihand*-Objekte mit gedrückter Maustaste. Bei diesem Zeichenvorgang versucht PowerPoint scharfe Kanten möglichst automatisch zu glätten. Lassen Sie die Maustaste los, ist das *Freihand*-Objekt bereits fertig. Die *Freihandform* erwartet nun allerdings, dass Sie dem Linienverlauf genau wie bei der Kurve weitere Punkte hinzufügen, bis Sie den Erstellungsvorgang entweder durch Doppelklick oder durch Schließen der Kurve beenden. Die zuletzt hinzugefügten Punkte werden allerdings nicht mehr durch geschwungene Bogensegmente, sondern durch gerade Liniensegmente miteinander verbunden.

Wollen Sie einen geschlossenen Linienzug zeichnen, muss der letzte Stützpunkt der Kurve mit dem ersten Stützpunkt zusammenfallen. Sobald ein neuer Punkt in die Nähe des Kurvenstartpunktes gesetzt wird, beendet PowerPoint den Zeichenvorgang, erzeugt einen geschlossenen Linienzug und füllt die eingeschlossene Fläche aus.

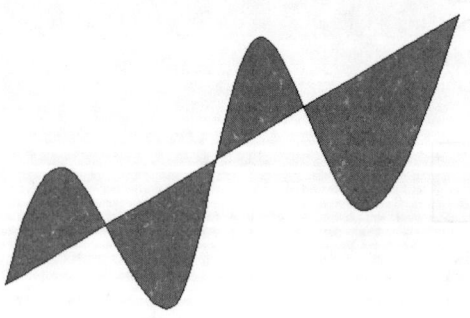

Abbildung 21.11:
Geschlossener Linienzug

Punkte bearbeiten

Die Stützpunkte einer Kurve lassen sich nachträglich bearbeiten. Dazu wird der Befehl *Punkte bearbeiten* aus dem Kontextmenü der Kurve aufgerufen. PowerPoint zeigt dann die Stützpunkte in Form kleiner Quadrate, die sich wie herkömmliche Ziehpunkte verschieben lassen:

Abbildung 21.12:
Nachträgliches
Verschieben eines
Stützpunktes

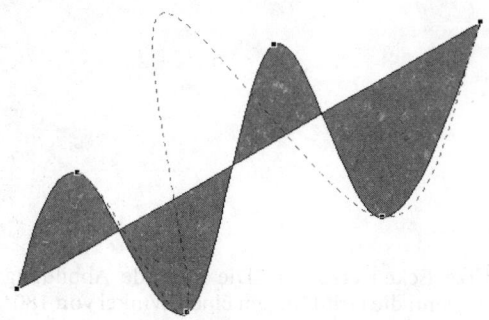

 Linien-Mauszeiger

Doch damit nicht genug. Das Kontextmenü des Linienzugs erlaubt auch das nachträgliche Hinzufügen neuer Linienpunkte. Bewegen Sie den Mauszeiger dazu entlang der Linie auf die Position, an der ein neuer Punkt eingefügt werden soll. Der Befehl *Punkt hinzufügen* zum Einfügen eines neuen Punktes in den Linienzug ist allerdings nur verfügbar, wenn der Mauszeiger aussieht, wie am Rand gezeigt.

TIPP Um einen Punkt hinzuzufügen, müssen Sie nicht unbedingt das Kontextmenü bemühen. Platzieren Sie einfach den Mauszeiger auf das Liniensegment, dem ein weiterer Punkt hinzugefügt werden sollen, drücken Sie die linke Maustaste und bewegen Sie die Maus mit gedrückter Taste. PowerPoint fügt dann automatisch einen neuen Punkt in das Liniensegment ein.

 Punkt-Mauszeiger

Um einen fälschlich eingetragenen Punkt zu löschen, stellt das Kontextmenü den Befehl *Punkt löschen* bereit. Verfügbar ist dieser Befehl allerdings erst, wenn der Mauszeiger unmittelbar über einem Stützpunkt steht. Er sieht dann aus wie am Rand dargestellt.

 TIPP Mauszeiger zum Löschen eines Punktes

Punkte lassen sich schneller löschen, indem Sie den Mauszeiger auf den zu löschenden Punkt setzen und den Punkt bei gedrückter [Strg]-Taste anklicken. Dass Sie einen Punkt löschen können, zeigt der Mauszeiger bei gedrückter [Strg]-Taste durch die am Rand dargestellte Form.

 Punktcharakteristik

Jeder Punkt des Linienzugs weist eine lokale Kontrolle über den Kurvenverlauf auf. Standardmäßig haben Sie keinen Einfluss darauf, wie sich die Kurve in der Nähe des Punktes verhält. Im Kontextmenü eines Punktes befinden sich aber neben der Option *AutoPunkt* die Optionen *Übergangspunkt*, *Punkt glätten* und *Eckpunkt*.

Ändern Sie den Typ eines Punktes, so stellt PowerPoint eine Grifflinie mit zwei weiteren Ziehrechtecken dar. Diese Grifflinie erlaubt die Änderung der Steigung des Kurvenverlaufs am Stützpunkt.

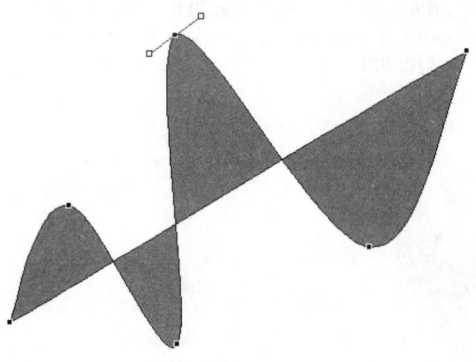

Abbildung 21.13:
Grifflinie zur Beeinflussung der Punktcharakteristik

Dadurch lassen sich stumpfe oder spitze Ecken erzeugen. Die folgende Abbildung zeigt, wie sich der Kurvenverlauf ändert, wenn die Grifflinie um einen Winkel von 180° gedreht wird:

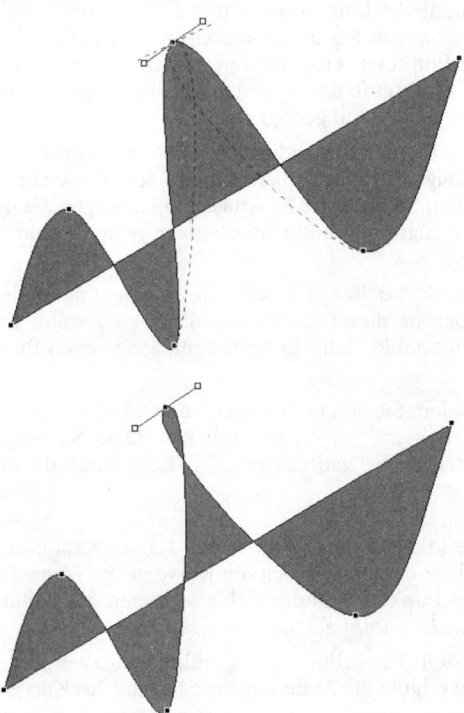

Abbildung 21.14:
Schlaufen durch Änderung der Grifflinie

Wird die Grifflinie außerdem verlängert, dann wird die Kurve »bauchiger« (siehe Abbildung 21.15).

Der Unterschied zwischen einem Übergangspunkt, einem geglätteten Punkt und einem Eckpunkt besteht nun darin, wie sich die Änderung auf der einen Seite der Grifflinie auf die andere auswirkt. Bei Übergangspunkten wird die Änderung der einen Seite sym-

Abbildung 21.15:
Kurven

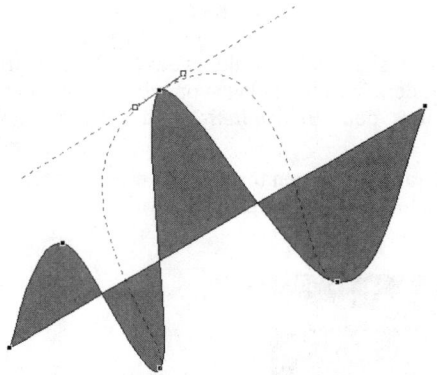

metrisch auf die andere übertragen. Bei geglätteten Punkten wird die Steigung auf die Seiten der Grifflinie übertragen, die »Bauchigkeit« ändert sich aber nur auf der bearbeiteten Seite der Grifflinie. Eckpunkte erlauben schließlich die völlig unabhängige Manipulation von Steigung und Bauch auf jeder Seite des Punktes:

Abbildung 21.16:
Die drei verschiedenen Punkttypen

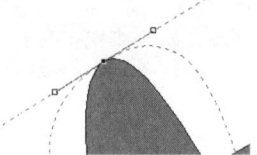 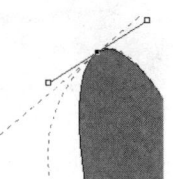

Übergangspunkt
(Änderungen auf beiden Seiten)

Punkt glätten
(Steigung auf beiden Seiten, „Bauchigkeit" auf nur einer Seite)

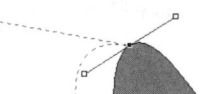

Eckpunkt
(Unabhängige Änderung der Punktcharakteristik auf einer Seite)

Liniencharakteristik

Das Segment zwischen zwei Punkten kann nur dann einen geschwungenen Verlauf nehmen, wenn es sich um ein *Bogensegment* handelt. Kurven basieren auf Bogensegmenten, deren Verlauf sich über die Grifflinien am Ende der Segmente steuern lässt. Über das Kontextmenü lassen sich Bogensegmente aber in gerade Segmente und umgekehrt umwandeln. Rufen Sie dazu das Kontextmenü eines Kurvensegments auf und wählen Sie zwischen den Optionen *Gerades Segment* und *Bogensegment*.

Grafiken einfügen

Neben den geometrischen Grundfiguren lassen sich auch Grafiken verschiedenster Art auf einer Folie einfügen. Liegt eine Grafik in der Zwischenablage vor, wird sie über den Befehl *Einfügen* oder *Inhalt einfügen...* aus dem *Bearbeiten*-Menü als separates Objekt in die Folie eingefügt.

Der *Einfügen*-Befehl führt dazu, dass die Grafik als so genanntes *Bild* eingefügt wird. Bei *Inhalte einfügen...* stellt ein Dialog verschiedene Formate zur Auswahl:

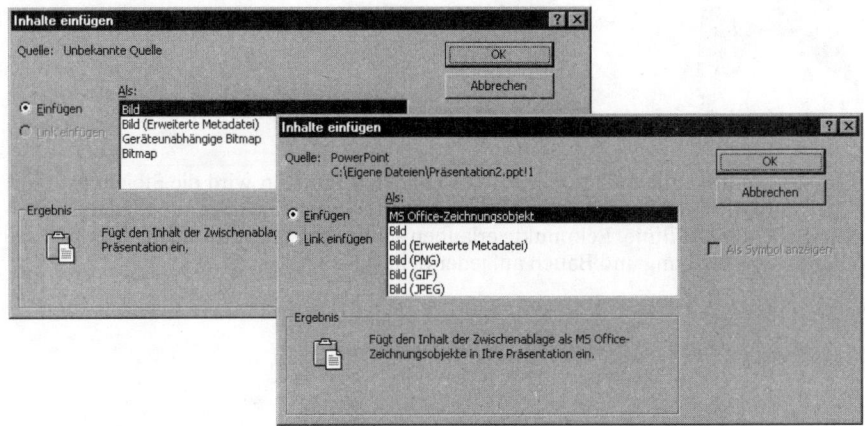

Abbildung 21.17: Verschiedene Formate beim Einfügen einer Grafik

Eine in der Zwischenablage befindliche Bitmap lässt sich beim Einfügen in eines der folgenden Formate umwandeln:

o Bild
o Bild (Erweiterte Metadatei)
o Geräteunabhängige Bitmap
o Bitmap

Zeichenobjekte, die beispielsweise aus einer PowerPoint-Folie in die Zwischenablage kopiert wurden, lassen sich dagegen in eines der folgenden Formate überführen:

o MS Office-Zeichnungsobjekt
o Bild
o Bild (Erweiterte Metadatei)
o Bild (PNG)
o Bild (GIF)
o Bild (JPEG)

Beim Einfügen von Bitmaps ist der Datentyp *Geräteunabhängige Bitmap* der geeignetste, denn er stellt sicher, dass eine Bitmap unabhängig vom Ausgabegerät in maximaler Qualität in die Folie eingefügt wird. Das macht sich besonders bei verschiedenen Farbauflösungen bemerkbar.

Beim Einfügen einer einfachen Bitmap werden die aktuellen Farbeinstellungen Ihres Monitors verwendet. Das bedeutet, dass eine in der Zwischenablage in 16,7 Millionen Farben vorliegende Abbildung beim Einfügen in eine Folie, die auf einem 256-Farben-Display basiert, an Farbinformationen verliert.

Nicht so die geräteunabhängige Bitmap. Sie behält alle ihre Farbinformationen, obwohl diese im 256-Farben-Modus nicht zur Geltung kommen. Erst wenn die Farbauflösung erhöht wird, kann sie ihren Vorteil ausspielen. Weil eine einfache Bitmap aber bereits beim Einfügen einen Teil ihrer Farbinformationen verloren hat, bringt eine nachträgliche Erhöhung der Farbauflösung gar nichts.

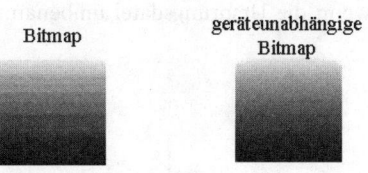

Abbildung 21.18: Ein Graukeil im 256-Farbenmodus als einfache und als geräteunabhängige Bitmap eingefügt. Nach Erhöhung der Farbauflösung offenbart sich der Unterschied.

Neben den beiden Bitmap-Typen stellt der *Inhalte einfügen...*-Dialog auch die Formate *Bild* und *Bild (erweiterte Metadatei)* bereit. Dahinter verbergen sich die Formate *Windows Metafile* (WMF) und *Extended Metafile* (EMF). In diesen Dateien werden nicht etwa die Pixel des endgültigen Bildes gespeichert, sondern nur die Befehle des Windows-Grafik-Subsystems (GDI), die das Bild erzeugen.

Der Unterschied zwischen WMF und EMF liegt darin, dass WMF nur den 16-Bit Befehlsvorrat des GDI kennt, EMF aber auch die erweiterten 32-Bit-Befehle versteht. WMF/EMF-Dateien sind zu vergleichen mit Grafikformaten, in denen Vektordaten einer Grafik gespeichert werden. Bei der Vergrößerung von Grafiken wendet PowerPoint üblicherweise einen bilinearen Filter an, der dem Bild ein verwaschenes Aussehen gibt. Nicht so bei EMF-Dateien. Hier werden die resultierenden Pixel ohne Filterung vergrößert:

Abbildung 21.19: EMF und WMF in der Vergrößerung

TIPP Bei der Umwandlung einer in der Zwischenablage vorliegenden Datei in ein anderes Grafikformat können Informationen verloren gehen. Überprüfen Sie daher unmittelbar nach dem Einfügen, ob das Ergebnis Ihren Vorstellungen entspricht. Falls nicht, befindet sich die ursprüngliche Grafik noch in der Zwischenablage und Sie können sie in einem anderen Format einfügen.

Aus Datei einfügen

Darüber hinaus lassen sich auch Grafiken, die in separaten Dateien vorliegen, in eine Folie einfügen. Nach Auswahl des Befehls *Einfügen/Grafik/Aus Datei...* erscheint ein Dateidialog. Wird dort eine Grafikdatei markiert, erlaubt die *Einfügen*-Schaltfläche das Einbetten oder Verknüpfen der markierten Grafik. Eingebettete Objekte werden als Kopie mit der Präsentation gespeichert, verknüpfte Grafiken bleiben als separate Datei erhalten.

Eingebettete und verknüpfte Grafiken besitzen sowohl Vor- als auch Nachteile. Weil eingebettete Grafiken zu einem Teil der PowerPoint-Datei werden, müssen Sie sich keine Gedanken mehr um die Vollständigkeit Ihrer Präsentation machen, wenn Sie die

PowerPoint-Datei beispielsweise auf Ihr Notebook kopieren. Allerdings lassen sich eingebettete Grafiken nur schwer bearbeiten, denn dazu müssen sie erst umständlich aus der Datei isoliert werden. Anders bei verknüpften Dateien: Hier liegt die Grafik in einer separaten Datei vor. Diese lässt sich mit herkömmlichen Grafikprogrammen verändern und jede Änderung spiegelt sich in den eingebetteten Grafiken wider. Die Vollständigkeit der Präsentation ist jedoch nur gegeben, wenn Sie alle Grafiken zusammen mit der PowerPoint-Datei transferieren. Ansonsten zeigt PowerPoint einen leeren Platzhalter, der übrigens auch dann auftaucht, wenn die Ursprungsdatei umbenannt wurde.

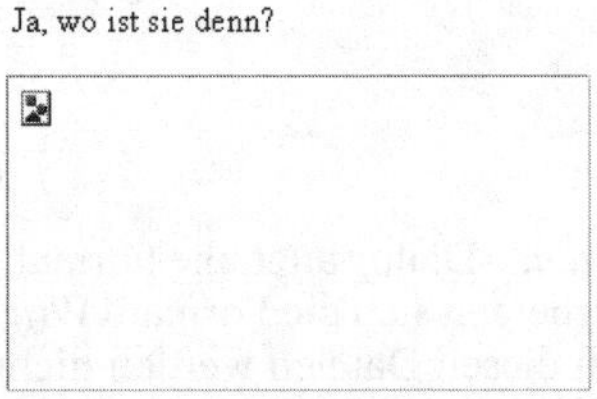

Abbildung 21.20: Platzhalter für eine nicht existierende Grafikdatei

Neu: Native Tabellen

Tabellen wurden von PowerPoint bisher eher stiefmütterlich behandelt. Tabellen ließen sich beispielsweise aus Word auf verschiedene Arten übernehmen. Eine in der Zwischenablage enthaltene Tabelle kann über den Befehl *Einfügen/Inhalte einfügen ...* beispielsweise als *Word-Dokument* (OLE-Objekt), als *Bild* (WMF) oder *Bild (erweitere Metadatei)* (EMF) in eine Folie eingefügt werden.

Das Einfügen einer Tabelle als Word-Objekt ist dabei mit dem größten (internen) Aufwand verbunden und setzt zur Anzeige der Version immer eine Version von Word voraus. Als WMF/EMF-Datei sind der Bearbeitung der Tabelle dagegen Grenzen gesetzt. Durch den Befehl *Gruppierung aufheben* (siehe ▶ Kapitel 22, *Gruppieren von Text und Grafikelementen*) lassen sich die einzelnen Bestandteile der WMF-Datei zwar in PowerPoint-Folienelemente umwandeln, eine einfache Bearbeitung wie beispielsweise das Hinzufügen weiterer Zellen wird dadurch jedoch nicht vereinfacht.

PowerPoint 2000 führt daher native Tabellen ein, die mit PowerPoint erstellt und nachträglich bearbeitet werden. Eingefügt werden Tabellen über den Befehl *Einfügen/Tabelle...* PowerPoint zeigt einen Dialog, in dem Sie zunächst die Spalten und Zeilen der neuen Tabelle eingeben. Ein Klick auf die *OK*-Schaltfläche fügt die Tabelle im Zentrum der aktuellen Folie ein und erlaubt sofort deren Bearbeitung:

Tabelle...

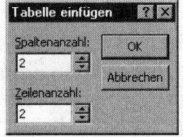

Abbildung 21.21: Spalten und Zeilen der neuen Tabelle

Alternativ zum *Tabelle...*-Befehl aus dem *Einfügen*-Menü lassen sich Tabellen interaktiv über das *Tabellen*-Symbol aus der *Standard*-Symbolleiste erstellen. Beim Klick auf das Symbol erscheint ein Raster, in dem Sie die Dimension der Tabelle durch Ziehen mit der Maus festlegen. Sobald Sie die gewünschte Anzahl von Spalten und Zeilen definiert haben und die linke Maustaste loslassen, fügt PowerPoint die Tabelle ein:

Abbildung 21.22:
Tabellen interaktiv erstellen

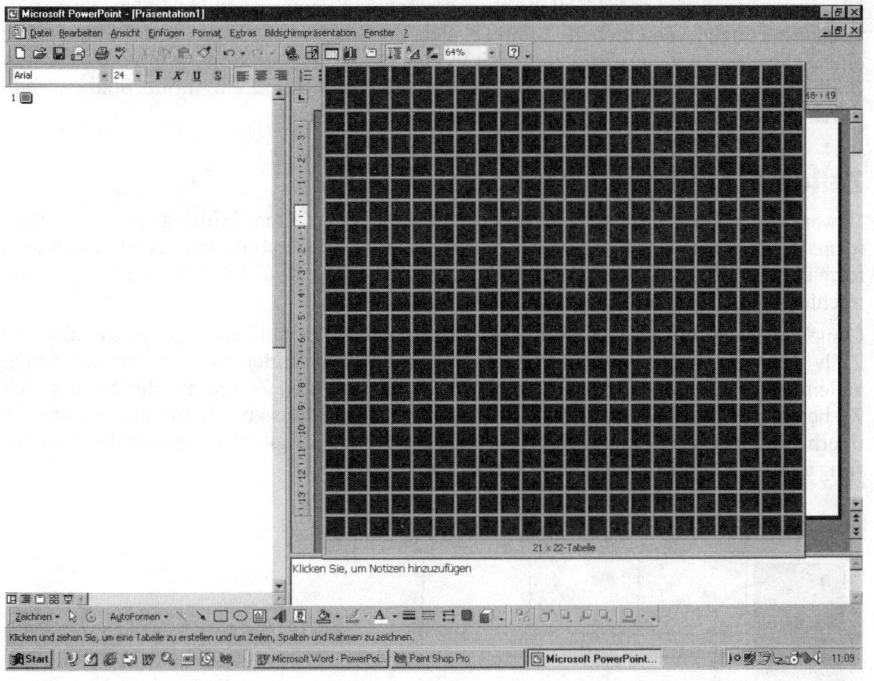

Um Text in eine der Tabellenzellen einzugeben, müssen Sie die entsprechende Zelle anklicken und den Text eingeben. Ebenfalls in den Bearbeitungsmodus wechseln Sie, indem Sie die Tabelle markieren und mit [F2] in den Bearbeitungsmodus wechseln.

HINWEIS

Tabelle zeichnen

Nach dem Einfügen einer neuen Tabelle befinden Sie sich im Modus *Tabellen zeichnen*. Dieser Modus erlaubt das Hinzufügen neuer Zellen durch Zeichnen von Rahmenbegrenzungen. Die Texteingabe bzw. die Platzierung der Einfügemarke ist in diesem Modus nicht möglich. Um den Modus *Tabelle zeichnen* zu beenden, können Sie das entsprechende Symbol aus der *Tabelle und Rahmen*-Symbolleiste deaktivieren. Schneller geht es, wenn Sie die Tabelle deselektieren, indem Sie auf den Hintergrund oder auf ein anderes Folienelement klicken und anschließend die Tabelle erneut auswählen.

Um zwischen den einzelnen Zellen zu navigieren, stehen die Pfeiltasten bereit. Enthalten die Zellen allerdings bereits Text, können Sie erst dann in eine benachbarte Zelle wechseln, wenn sich die Eingabemarke am Anfang oder am Ende des Zellentextes befindet. Um direkt von Zelle zu Zelle zu springen, können Sie sich der Tastenkombinationen [↹] und [⇧]+[↹] bedienen, die die Einfügemarke von links nach rechts und von oben nach unten durch die Tabellenzellen bewegen. Natürlich können Sie die zu bearbeitende Zelle auch anklicken, allerdings erfordert das den Griff zur Maus, der bei der Texteingabe oft als störend empfunden wird.

TIPP

Weil die [↹]-Taste zur Navigation durch die Zellen einer Tabelle verwendet wird, müssen Sie auf die Tastenkombination [Strg]+[↹] zurückgreifen, um einen Tabulator in einer Zelle einzugeben.

Folienelemente markieren und bearbeiten

Um die Spaltenbreiten und Zeilenhöhen anzupassen, lassen sich die Zeilen- und Spaltenmarkierungen verschieben. Befindet sich der Mauszeiger über dem Rahmen, der eine Zelle eingrenzt, verwandelt er sich in eine der beiden am Seitenrand dargestellten Formen. Damit signalisiert der Mauszeiger, dass sich die Zeilenhöhe/Spaltenbreite durch Ziehen mit der Maus verändern lässt.

Spaltenbreiten und Zeilenhöhen anpassen

Zellen markieren

PowerPoint erlaubt die individuelle Formatierung der Zellen. Hintergrundfarbe, Textformate, Abstände des Textes zum Zellenrahmen und der Rahmen selbst lassen sich formatieren. Allerdings müssen Sie dazu zuerst festlegen, auf welche Zellen sich die nachfolgenden Formatierungen beziehen sollen.

Ohne eine Markierung beziehen sich nachfolgende Formatierungen auf die aktuelle Zelle, also jene Zelle, in der sich die Einfügemarke befindet. Sollen mehrere Zellen gleichzeitig formatiert werden, lassen sich die betreffenden Zeilen mit der Maus durch Ziehen bestimmen. Um eine komplette Spalte mit der Maus zu selektieren, können Sie oberhalb der Spalte klicken. Der Mauszeiger zeigt die Möglichkeit zur Spaltenmarkierung durch einen nach unten gerichteten Pfeil an:

Spalten markieren

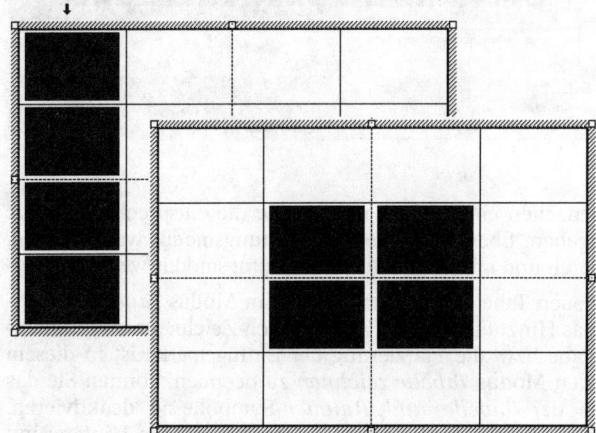

Abbildung 21.23: Markierung von Spalten und von zusammenhängenden Zeilen

Um die gesamte Tabelle zu markieren, finden Sie im Kontextmenü der Tabelle den Befehl *Tabelle auswählen*, der dem Druck auf F2 gleichkommt.

Zellen formatieren

Zur Formatierung der Zellen stellt PowerPoint den *Tabelle formatieren*-Dialog bereit. Er wird aufgerufen über die Befehle *Format/Tabelle ...*, *Format /Farben und Linien ...* oder über das Kontextmenü *Rahmen und Füllen ...*

Der *Tabelle formatieren*-Dialog besitzt drei Register, die die Formatierung der Zellenrahmen, des Hintergrundes und des Textfeldes erlaubt. Die Formatierung des Rahmens erfolgt über den folgenden Dialog:

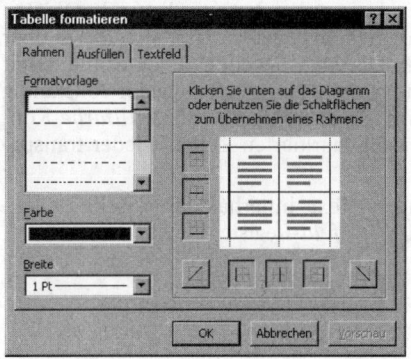

Abbildung 21.24:
Rahmen
formatieren

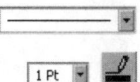

Linienart,
Linienstärke,
Rahmenfarbe

Umschaltflächen
für Rahmenstile

Rahmenlinien

Hier legen Sie die Linienart, die Linienfarbe und die Linienbreite fest. Das Listenfeld *Formatvorlage* erlaubt die Auswahl der Linienart, der Sinn der Kombinationsfelder *Farbe* und *Breite* erklärt sich von selbst.

Auf der rechten Seite des Dialogs werden bis zu vier stilisierte Tabellenzellen angezeigt. An ihnen lässt sich erkennen, wie der Rahmen der Zellen formatiert ist. Die aktuellen Einstellungen aus *Fomatvorlage*, *Farbe* und *Breite* werden durch Druck auf die Umschaltflächen, die um den Rand der stilisierten Tabellenzellen angeordnet sind, auf den jeweiligen Rahmen übertragen. Niedergedrückte Schaltflächen zeigen das Vorhandensein des Rahmens, erhabene Schaltflächen das Nicht-Vorhandensein des Rahmens an.

Alternativ dazu lassen sich die Formate auch übertragen, indem Sie auf die Rahmen in der stilisierten Tabelle klicken. Die in den Listen- und Kombinationsfeldern hinterlegten Formate werden auf den angeklickten Rahmen übertragen. Um einer Rahmenlinie ein neues Format zuzuweisen, müssen Sie den neuen Typ einstellen und durch zweifachen Klick auf die Rahmenlinie übernehmen.

Für den Hintergrund der Zellen stellt PowerPoint das *Ausfüllen*-Register im *Tabelle formatieren*-Dialog bereit. Hier lässt sich der Zellenhintergrund auf eine einheitliche Farbe, einen Verlauf oder ein Muster setzen.

Abbildung 21.25:
Zellenhinter-
grund definieren

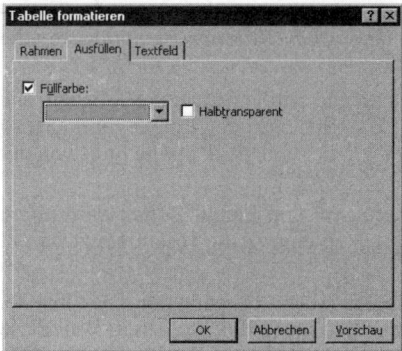

Per Voreinstellung sind die Zellen transparent, lassen also darunter liegende Objekte durchscheinen. Wurde eine Farbe oder ein Fülleffekt angegeben, lässt sich dieser über ein Kontrollkästchen halbtransparent schalten. Darunter liegende Objekte sind damit nur noch »halb« sichtbar. Um die Zellen nach Auswahl einer Farbe wieder vollständig transparent erscheinen zu lassen, besitzt das *Ausfüllen*-Register das *Füllfarbe*-Kontrollkästchen. Es muss deaktiviert werden, um die markierten Zellen wieder transparent darzustellen.

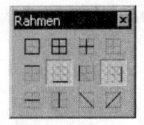

Hintergrundfarbe

Um den verfügbaren Platz und die Ausrichtung des Texts innerhalb einer Zelle zu definieren, stellt der *Tabelle formatieren*-Dialog das *Textfeld*-Register bereit:

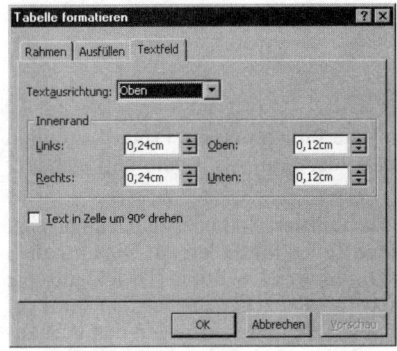

Abbildung 21.26:
Text der Zelle formatieren

Im Kombinationsfeld *Textausrichtung* wird der Textverankerungspunkt (siehe ▶ Kapitel 22, *Das Text-Register*) definiert, in den Feldern der Gruppe *Innenrand* wird der *Innere Seitenrand* (siehe ▶ Kapitel 22, *Das Text-Register*) des Textfeldes definiert und die Aktivierung des Kontrollkästchens *Text in Zelle um 90° drehen* führt dazu, dass der Text im Textfeld um 90° im Uhrzeigersinn gedreht wird.

Text oben, Mitte oder unten ausrichten

Arbeiten mit Zellen

Nur selten ist eine Tabelle bereits nach ihrer ersten Erstellung komplett fertig. Wahrscheinlicher ist es, dass Sie neue Zellen oder Zeilen hinzufügen, bestehende Zellen entfernen, Zellen teilen oder miteinander verbinden. Für diese Funktionen stellt PowerPoint im Kontextmenü und in der *Tabellen und Rahmen*-Symbolleiste die entsprechenden Befehle bereit.

Mit dem Befehl *Zeilen einfügen* aus dem Kontextmenü wird eine weitere Tabellenzeile überhalb der Zeile eingefügt. Wurde eine komplette Spalte in der Tabelle markiert, so zeigt das Kontextmenü den Befehl *Spalten einfügen,* der eine neue Spalte links von der markierten Spalte einfügt.

Zeilen einfügen

Sind mehrere Zellen markiert, zeigt das Kontextmenü den Befehl *Zellen verbinden*. Seine Aufgabe besteht darin, die markierten Zellen zu einer Zelle zusammenzufassen. Wie das aussieht, zeigt die Abbildung 21.27.

Spalten einfügen

Das Kontextmenü bietet allerdings nur spärliche Hilfe beim Umgang mit einer Tabelle. Die Symbolleiste *Tabellen und Rahmen* hält deutlich mehr Befehle bereit. Weil diese Symbolleiste so überaus wichtig beim Tabellenentwurf ist, lässt sie sich nicht nur über das Kontextmenü der Symbolleisten anzeigen, sondern auch über ein Symbol aus der *Standard*-Symbolleiste.

Zellen verbinden

Vor allem das *Tabelle*-Menü aus der *Tabellen und Rahmen*-Symbolleiste bietet Kontrolle über eine Tabelle (siehe Abbildung 21.28).

Tabellen und Rahmen

Abbildung 21.27:
Markierte Zellen verbinden

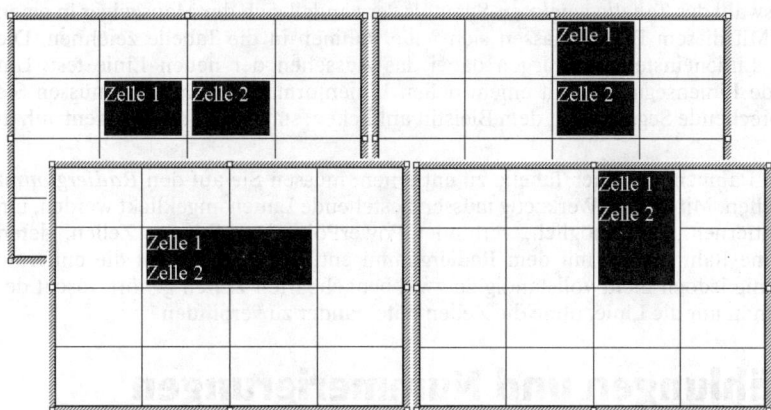

Abbildung 21.28:
Befehle aus dem Tabelle-Menü

Zelle teilen

Dieses Menü bietet Befehle, um neue Spalten links oder rechts von der aktuellen Spalte einzufügen oder um eine neue Zeile ober- oder unterhalb der aktuellen Zeile in die Tabelle zu platzieren. Komplette Zeilen oder Spalten lassen sich ebenso löschen, wie sich die markierten Zellen durch Verbinden zu einer Zelle zusammenfassen lassen. Und um Zellen wieder zu teilen, steht ebenfalls ein Befehl bereit. Er teilt die aktuelle Zelle horizontal in zwei untereinanderliegende Zellen. Und die letzten drei Befehle dieses Menüs erlauben die Markierung der gesamten Tabelle, der aktuellen Spalte oder der aktuellen Zeile.

Tabellen zeichnen

Tabelle zeichnen

Die Zellen einer Tabelle besitzen entweder alle die gleiche Größe, betragen durch Verbinden ein Mehrfaches der Standardgröße oder wurden durch Verschieben der Rahmen in ihrer Breite und Höhe leicht variiert, wobei sich die Zellenbreite flexibler als die Höhe ändern lässt.

Die maximale Flexibilität beim Tabellenentwurf bietet aber das Werkzeug *Tabelle zeichnen*. Mit ihm lassen sich neue Rahmen, quasi wie Trennwände, in die Tabelle einzeichnen, um neue Zellen zu erzeugen.

Nach Auswahl des *Tabelle zeichnen*-Symbols verwandelt sich der Mauszeiger in einen Bleistift. Mit diesem Bleistift lassen sich neue Rahmen in die Tabelle zeichnen. Die aktuellen Linieneinstellungen legen dabei das Aussehen der neuen Linie fest. Um bestehende Liniensegmente mit einem neuen Linienformat zu versehen, müssen Sie das entsprechende Segment mit dem Bleistift anklicken, statt ein neues Segment aufzuziehen.

Um einen Rahmen aus einer Tabelle zu entfernen, müssen Sie auf den *Radiergummi* zurückgreifen. Mit diesem Werkzeug müssen bestehende Linien angeklickt werden, um sie zu entfernen. Falls möglich, verbindet PowerPoint benachbarte Zellen, deren gemeinsame Rahmenlinie mit dem Radiergummi entfernt wurde. Falls die entfernte Rahmenlinie jedoch nicht vollständig zu zwei benachbarten Zellen gehört, löscht der Radiergummi nur die Linie, ohne die Zellen miteinander zu verbinden.

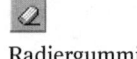

Radiergummi

Aufzählungen und Nummerierungen

Die Absätze innerhalb eines Textfeldes oder einer AutoForm lassen sich mit Aufzählungszeichen versehen oder durchnummerieren. Für einen einfachen Zugang zu diesen beiden Funktionen stellt die *Standard*-Symbolleiste die beiden am Rand aufgeführten Symbole zur Verfügung. Sie versehen alle Absätze des Textfeldes bzw. die markierten Absätze mit einem Standardformat für Aufzählungen und Nummerierungen:

Nummerierung und Aufzählungszeichen

	Nummerierung	Aufzählung
Eins	1. Eins	• Eins
Zwei	2. Zwei	• Zwei
Drei	3. Drei	• Drei
Vier	4. Vier	• Vier

Abbildung 21.29:
Nummerierungen und Aufzählungen

Individuelle Nummerierungen und Aufzählungen lassen sich über den *Aufzählungen und Nummerierungen*-Dialog einstellen. Das *Format*-Menü stellt dazu den gleichnamigen Befehl bereit:

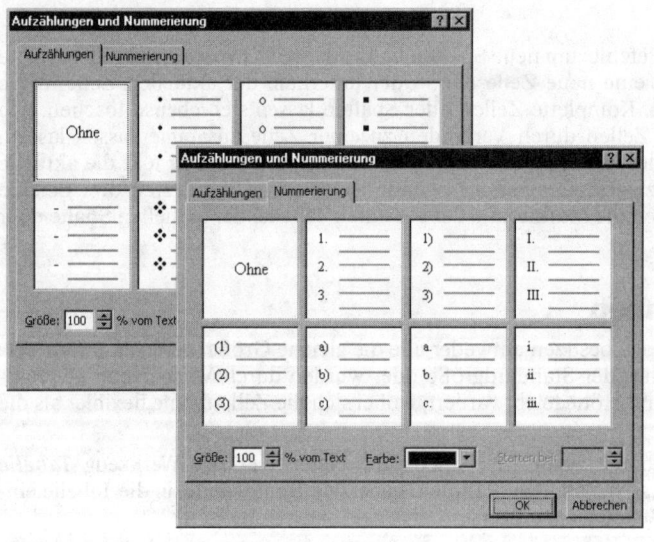

Abbildung 21.30:
Aufzählungen und Nummerierungen festlegen

Sowohl im *Aufzählung-* als auch im *Nummerierung*-Register stehen sieben verschiedene Formate zur Verfügung, die durch Mausklick ausgewählt werden. Im Eingabefeld *Größe* legen Sie die Textgröße der Aufzählungs-/Nummerierungszeichen fest. Um diese Zeichen vom Rest des Textes abzusetzen, bietet es sich an, die Textgröße etwas zu erhöhen, beispielsweise auf 125%. Aber auch die Textfarbe der Aufzählungs-/Nummerierungszeichen lässt sich ändern. Das Farbe-Kombinationsfeld bietet dazu das überall unter PowerPoint wiederkehrende Farbauswahlmenü.

Nummerierungsstart ändern

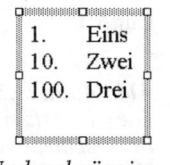

Undurchgängige Nummerierung

Nummerierungen beginnen in jedem Textfeld bei der Nummer 1. Um das zu ändern, stellt das *Nummerierung*-Register das Eingabefeld *Starten bei:* bereit, in dem Sie die Nummer des ersten Absatzes angeben. Um innerhalb eines Absatzes Sprünge in der Nummerierung zu realisieren, müssen Sie jeden Absatz mit einer eigenen Nummerierung formatieren. Falls die Nummer dabei über den Standard-Einzug für Aufzählungen und Nummerierungen hinausgeht, müssen Sie den Einzug anpassen (siehe ▶Seite 544).

Neu: Benutzerdefinierte Aufzählungszeichen

Grafiken als Aufzählungszeichen

Wenn die von PowerPoint zur Auswahl gestellten Aufzählungsformate nicht den eigenen Wünschen entsprechen, lassen sich Grafiken und Sonderzeichen als Aufzählungszeichen verwenden. Das *Aufzählung*-Register stellt dazu die *Bild ...-* und *Zeichen ...-* Schaltflächen bereit.

Hinter der *Bild ...*-Schaltfläche verbirgt sich ein Dateiauswahldialog, der die Auswahl einer Grafik erlaubt, die als Aufzählungszeichen Verwendung finden soll. Die Größe des grafischen Aufzählungszeichens lässt sich über das Eingabefeld *Größe* anpassen. Allerdings wird dadurch evtl. eine Änderung des Einzugs (siehe ▶ Seite 544) sowie eine Änderung der Zeilenabstände (siehe ▶ Seite 543) notwendig.

Zur Auswahl eines neuen Aufzählungszeichens stellt die *Zeichen...*-Schaltfläche einen Dialog dar, der die Auswahl eines Zeichens erlaubt. Im Kombinationsfeld *Aufzählungszeichen von:* werden alle Zeichensätze aufgeführt, die als Symbol-Zeichensatz in Frage kommen (Symbol, Windings etc.). Außerdem wird ein Zeichensatz namens *[Standardtext]* zur Auswahl gestellt, der den derzeit im Absatz eingestellten Zeichensatz repräsentiert:

Abbildung 21.31: Auswahl eines Sonderzeichens

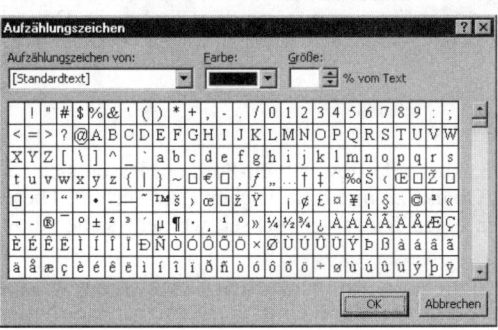

Wie bereits aus den Aufzählungs- und Nummerierungs-Registern bekannt, bietet auch dieser Dialog Eingabefelder zur Bestimmung der Größe und Farbe des neuen Aufzählungszeichens.

ClipArts und Grafiken einfügen

ClipArts sind eine Sammlung von Grafiken im WMF-Format und werden bei Office 2000 mitgeliefert. Das Gute daran ist, dass die ClipArts in Kategorien aufgeteilt sind. So finden Sie z.B. unter der Kategorie *Büro* verschiedene ClipArts, die etwas mit Büros zu tun haben. Durch diese Einteilung in Kategorien ist das Einfügen von ClipArts ganz einfach. Es lassen sich auch neue Kategorien erstellen und Grafiken in die ClipArt-Liste aufnehmen. Wir zeigen Ihnen das Einfügen einer ClipArt.

Klicken Sie mit der Maus auf das ClipArt-Symbol, welches sich in der *Zeichnen*-Symbolleiste befindet, oder rufen Sie den Befehl *ClipArt* aus dem Menü *Einfügen/Grafik...* auf. Es erscheint folgendes Dialogfenster.

ClipArt...

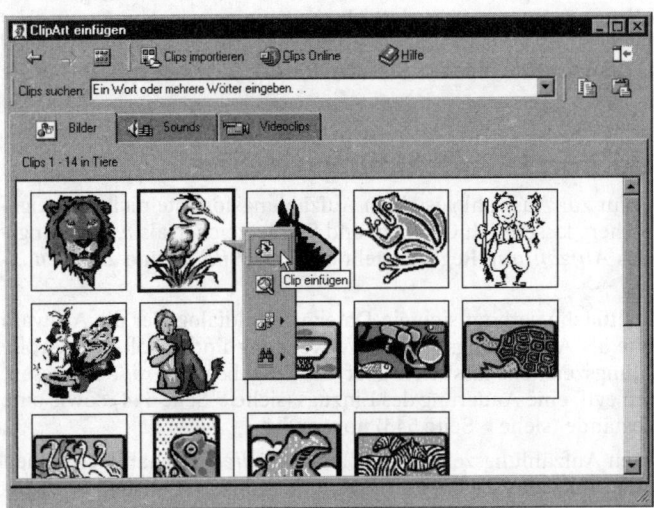

Abbildung 21.32:
Die ClipArts sind in verschiedene Kategorien aufgeteilt.

ClipArts sind in verschiedene Katagorien eingeteilt. Klicken Sie auf eine Kategorie, dann erscheint eine Reihe von ClipArts. Klicken Sie auf eine ClipArt drauf, erscheint ein Dialog. Zum Einfügen des ClipArts klicken Sie auf das erste Symbol, das ein Blatt Papier mit einem Pfeil darstellt. PowerPoint fügt automatisch das ClipArt ein. Danach kann das Dialogfenster geschlossen werden.

Objekte schattieren

Ellipsen, Kreise, Linien, AutoFormen, kurz alle PowerPoint-Formen, lassen sich mit einem Schatten versehen, der einem Objekt zu mehr plastischer Tiefe verhilft. Dieser Schatten darf nicht mit dem Schatten eines Textes verwechselt werden (siehe Abbildung 21.33).

Schatten

PowerPoint bietet 20 vordefinierte Schatten, die den markierten Objekten zugewiesen werden können. Dazu muss über das *Schatten*-Menü einer der verfügbaren Schatten ausgewählt werden. Aufgerufen wird dieses Menü über das *Schatten*-Symbol aus der *Zeichnen*-Symbolleiste (siehe Abbildung 21.34).

Abbildung 21.33:
Die 20 Schattierungen von PowerPoint

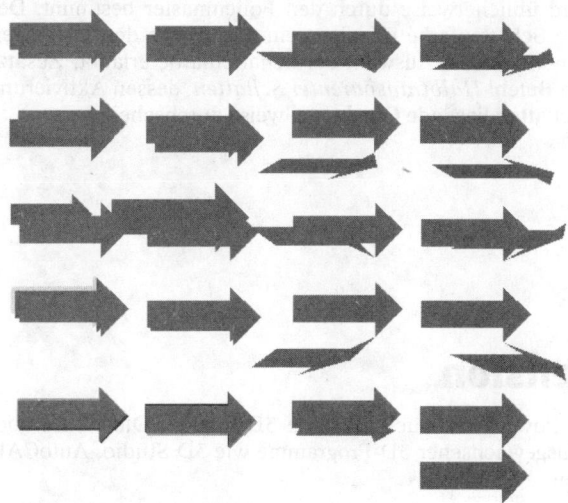

Abbildung 21.34:
Auswahl des Schattens

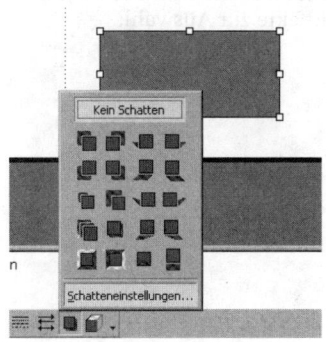

Die 20 vordefinierten Schatten lassen sich jedoch präzise kontrollieren. Dazu muss der Befehl *Schatteneinstellungen*... aus dem *Schatten*-Menü ausgewählt werden. Er bringt eine weitere Symbolleiste zum Vorschein, die die Einflussnahme auf den Schatten der markierten Objekte gestattet:

Abbildung 21.35:
Die Schatteneinstellungen

Schatten an/aus

Präzisionsausrichtung für Schatten

Zum einen lässt sich der Schatten über das entsprechende Symbol sehr schnell an- oder abschalten. Wichtiger sind jedoch die Symbole für die Präzisionsausrichtung des Schattens. Vier Symbole erlauben die Verschiebung des Schattens um jeweils einen Punkt (1 pt) in die angegebene Richtung. Halten Sie während des Klicks auf die Symbole die ⇧-Taste gedrückt, wird der Schatten um jeweils 6 pt versetzt.

Folienelemente markieren und bearbeiten

Die Farbe des Schattens wird üblicherweise durch den Folienmaster bestimmt. Der Klick auf das Symbol für die Schattenfarbe offenbart ein Menü, das den bisherigen Farbauswahl-Menüs sehr ähnelt und die Auswahl der Schattenfarbe erlaubt. Zusätzlich bietet das Menü aber den Befehl *Halbtransparenter Schatten*, dessen Aktivierung dazu führt, dass unter dem Schatten liegende Objekte teilweise durchscheinen:

Schattenfarbe

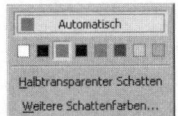

Abbildung 21.36:
Schattenfarbe auswählen

Die dritte Dimension

Neben dem Schatten bietet PowerPoint auch einfache 3D-Effekte. Diese sind aber nicht mit den 3D-Effekten ausgewachsener 3D-Programme wie 3D Studio, AutoCAD oder SoftImage zu vergleichen.

Um 3D-Effekte anzuwenden, müssen Sie das entsprechende Objekt zuerst erstellen, dann markieren und anschließend einen 3D-Effekt durch Auswahl aus dem *3D*-Menü zuweisen. Dieses Menü erscheint, sobald das *3D*-Symbol aus der *Zeichnen*-Symbolleiste angeklickt wurde, und stellt 20 verschiedene 3D-Effekte zur Auswahl:

3D-Effekte

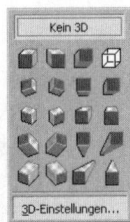

Abbildung 21.37:
Die verfügbaren 3D-Effekte

Falls diese Standardeffekte nicht ganz Ihren Geschmack treffen, stellt die Auswahl des *3D-Einstellungen...*-Befehls eine weitere Symbolleiste zur Verfügung, die eine Einflussnahme auf den 3D-Effekt der derzeit markierten Objekte gestattet:

Abbildung 21.38:
Symbolleiste für 3D-Einstellungen

Der einfachste Befehl dieser Symbolleiste ist der *3D ein/aus*-Befehl, der den 3D-Effekt an- oder abschaltet.

3D ein/aus

Um das Objekt nach oben, unten, links oder rechts zu kippen, stellt die *3D-Einstellungen*-Symbolleisten vier Symbole bereit. Der Klick auf jeweils eines dieser Symbole dreht die markierten Elemente in die jeweilige Richtung. Weil diese Schaltflächen nur zwei Achsen repräsentieren, müssen Sie für die Rotation um die dritte Achse auf den Befehl *Freies Drehen* (siehe ▶ Kapitel 23, *Das Größe-Register*) zurückgreifen.

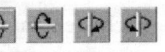

Objekte kippen

Tiefe

Der 3D-Effekt beruht darauf, dass die Form nach »hinten gezogen« wird (üblicherweise nennt man diese Operation *Extrusion*). Wie weit diese Streckung gehen soll, lässt sich über das *Tiefe*-Symbol bzw. das *Tiefe*-Menü einstellen:

Abbildung 21.39:
3D-Tiefe festlegen

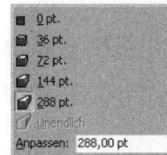

Neben sechs vordefinierten Tiefen erlaubt der Befehl *Anpassen* nach seiner Aktivierung die Angabe einer Maßzahl in der Einheit *pt* (Point) oder *cm* (Zentimeter) (1 pt = 3,53 mm = 0,0353 cm).

Richtung

Die Richtung, in der die Streckung erfolgt, lässt sich ebenfalls festlegen. Der Klick auf das *Richtung*-Symbol bringt dazu ein Menü mit neun verschiedenen Streck-Richtungen zur Anzeige:

Abbildung 21.40:
Streckrichtung und Projektionsart

Außerdem lässt sich hier auswählen, ob die Streckung perspektivisch gegen einen imaginären Fluchtpunkt zulaufen oder per Parallelprojektion erfolgen soll.

Beleuchtung

Üblicherweise kommt das Licht zur Beleuchtung eines 3D-Objekts von links. Doch das *Beleuchtung*-Symbol der 3D-Einstellungen erlaubt den Zugriff auf ein Menü zur Bestimmung der Lichtquellenposition:

Abbildung 21.41:
Einstellen der Beleuchtungsparameter

Von vorne

Hell, Normal, Abdunkeln

Jede der acht Lampensymbole zeigt an, aus welcher Richtung das Licht zur Beleuchtung des Objekts einfällt. Der Würfel in der Mitte symbolisiert einen Lichteinfall, der unmittelbar von vorne auf das Objekt trifft. Um die Helligkeit des Lichtes zu regeln, stellt das Menü die drei Optionen *Hell*, *Normal* und *Abblenden* bereit.

Oberfläche

Um den 3D-Objekten mehr Realität zu verschaffen, erlaubt PowerPoint die Auswahl von vier verschiedenen Oberflächen. Dazu muss das *Oberflächen*-Menü über das *Oberflächen*-Symbol der 3D-Einstellungen angezeigt werden:

Abbildung 21.42:
Die verfügbaren Oberflächen

Die Wirkung dieser Oberflächen zeigt die folgende Abbildung:

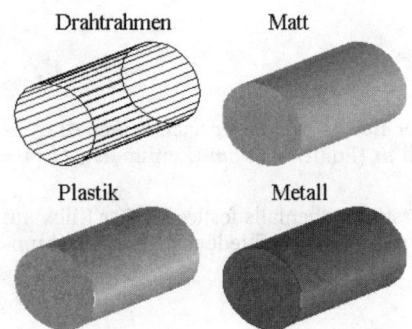

Abbildung 21.43:
Die verschiedenen Oberflächen am Objekt

Die letzte Einstellung der *3D*-Symbolleiste definiert die Farbe des 3D-Effekts. Üblicherweise wird die Farbe durch die Vordergrundfarbe des Elements bestimmt. Das Farbauswahl-Symbol in der *3D*-Einstellungen-Symbolleiste erlaubt allerdings die Auswahl einer anderen Farbe. Farbeffekte wie Verläufe o.ä. lassen sich hier jedoch nicht auswählen.

3D-Farbe

Objekte verschieben

Nicht immer stehen die Folienelemente sofort an ihrem Bestimmungsort und müssen nachträglich verschoben werden. Neben dem einfachen »Ziehen« eines Objekts mit der Maus bietet PowerPoint aber weitere Methoden, die Objekte korrekt zu platzieren.

Um ein Objekt zu verschieben, klicken Sie es mit der *linken* Maustaste an und halten die Taste gedrückt. Falls das Objekt bisher noch nicht markiert war, wird es nun markiert. Bewegen Sie jetzt die Maus. Ein stilisierter Rahmen, der das Objekt repräsentiert, folgt den Mausbewegungen. Wenn er die Bestimmungsposition erreicht, lassen Sie die Maustaste wieder los und das Objekt begibt sich automatisch an diese Position.

Wollen Sie mehrere markierte Objekte verschieben, müssen Sie den Mauszeiger über eines der markierten Objekte bewegen. Aber erst wenn der Mauszeiger zum Verschiebezeiger geworden ist, führt ein Mausklick zur Aufnahme der Objekte und erlaubt ihre Verschiebung. Das ist besonders über einem Textfeld zu beachten, denn über dem größten Teil eines Textfeldes zeigt der Mauszeiger an, dass ein Mausklick zur Texteingabe, nicht aber zur Verschiebung des Feldes führt. Um ein Textfeldes zu verschieben, müssen Sie mit der Maus in die Nähe seiner Ränder zielen.

Der Verschiebezeiger

Neben der Maus lässt sich auch die Tastatur zur Verschiebung der Objekte einsetzen. Oft ist das präziser, weil Sie hier nicht auf eine ruhige Hand wie bei der Positionierung mit der Maus angewiesen sind. Markieren Sie dazu zunächst die zu verschiebenden Elemente. Benutzen Sie anschließend die *Pfeiltasten*, um das Objekt zu verschieben.

Präzisionsausrichtung am Raster

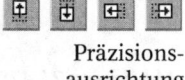

Präzisionsausrichtung

Wollen Sie nicht zur Tastatur greifen, um die markierten Formen auf die nächste (Raster-)Position zu verschieben, stellt das *Zeichnen*-Menü das Untermenü *Präzisionsausrichtung* bereit. Es enthält die Befehle *Oben*, *Unten*, *Rechts* und *Links*, und die Auswahl eines jeden Befehls führt dazu, dass die Objekte in die entsprechende Richtung bewegt werden. Ist das Raster aktiv, springen sie dabei auf die nächste Rasterposition, ist das Raster nicht aktiv, bewegen sie sich in Schritten von 6 pt (ca. 0,21 cm).

Objekte zu- und aneinander ausrichten

Wenn die Elemente kreuz und quer über die Folie verteilt sind, stört das den Eindruck der Präsentation empfindlich.

Abbildung 21.44:
Nicht ausgerichtete Objekte

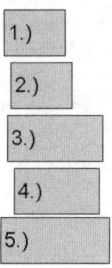

Um Ordnung in die nicht ausgerichteten Objekte zu bringen, stellt PowerPoint im *Zeichnen*-Menü die Befehle des *Ausrichten und Verteilen*-Untermenüs zur Verfügung.

Abbildung 21.45:
Ausrichten oder Verteilen-Menü/ Symbolleiste

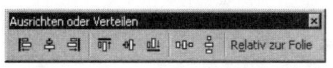

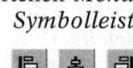

Ausrichten

Wie die Befehle *Linksbündig*, *Horizontal zentrieren* und *Rechtsbündig* wirken, zeigt die folgende Abbildung:

Abbildung 21.46:
Wirkung von Linksbündig, Horizontal zentrieren und Rechtsbündig

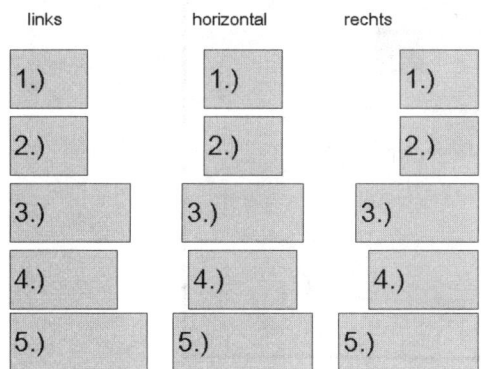

Analog dazu arbeiten die Befehle *Oben ausrichten*, *Vertikal zentrieren* und *Unten ausrichten*, mit dem Unterschied, dass die Objekte hier entlang der Senkrechten und nicht entlang der Waagerechten ausgerichtet werden:

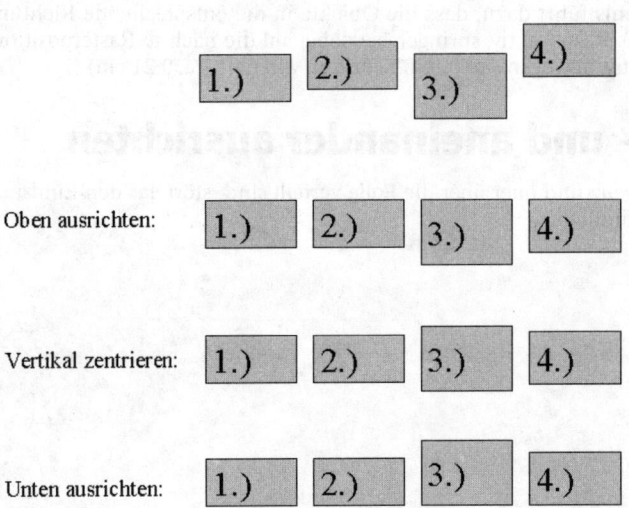

Abbildung 21.47:
Oben ausrichten,
Vertikal
zentrieren *und*
Unten ausrichten

Um die markierten Elemente in gleichmäßigem Abstand voneinander zu platzieren, stellt PowerPoint die Befehle *Horizontal* und *Vertikal verteilen* im *Ausrichten und Verteilen*-Untermenü des *Zeichnen*-Menüs dar. Nach Auswahl eines dieser Befehle ordnet PowerPoint die markierten Objekte gleichmäßig zwischen den am weitesten auseinanderliegenden Elementen an:

Horizontal und vertikal verteilen

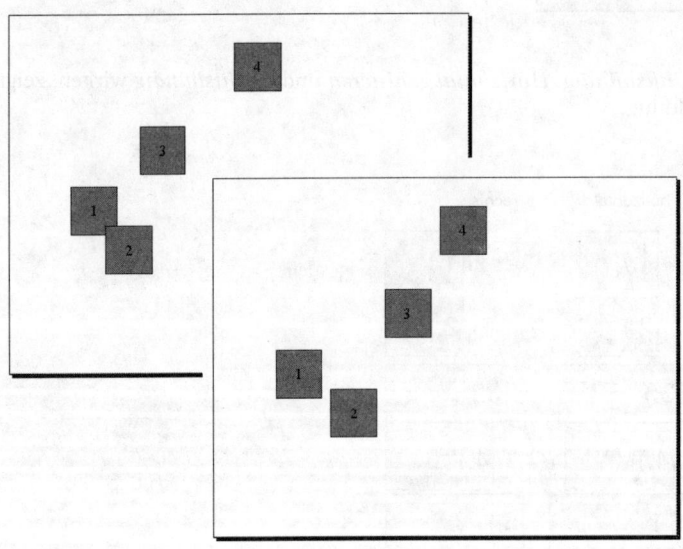

Abbildung 21.48:
Wirkung des Befehls Horizontal verteilen

Bei der Ausrichtung und Verteilung der Objekte werden die aktuellen Objektpositionen herangezogen. Durch Aktivierung der Option *Relativ zur Folie* im *Ausrichten oder Verteilen*-Menü werden die Objekte durch Auswahl eines *Ausrichten*-Befehls an den Folienkanten ausgerichtet und bei Auswahl eines *Verteilen*-Befehls über die gesamte Breite bzw. Höhe der Folie verteilt.

Objekte dimensionieren

Auch die Größe, in der ein Element auf der Folie vorliegt, muss sich nachträglich ändern lassen. Dazu werden die Ziehpunkte eines markierten Objekts mit der Maus verschoben.

1. Markieren Sie ein Objekt, dessen Größe Sie ändern wollen. Es erscheint ein *Markierungsrahmen* um das Objekt, an dem Sie *Ziehpunkte zur Größenänderung* erkennen.
2. Bewegen Sie die Maus auf einen der Ziehpunkte und klicken Sie ihn mit der *linken Maustaste* an. Halten Sie die Maustaste gedrückt und bewegen Sie jetzt den Mauszeiger, um die Größe des Objekts zu verändern. Ein Rahmen folgt der Maus, um die aktuelle Größe anzuzeigen. Wenn Sie mit der Größe zufrieden sind, lassen Sie die Maustaste los.

HINWEIS Man kann die Größe eines Elements nicht mit der Tastatur ändern. Dazu müssen Sie den *AutoForm formatieren*-Dialog aufrufen, der im *Größe*-Register Eingabefelder zur Größenbestimmung bereithält.

Abbildung 21.49: Eine AutoForm wird vergrößert.

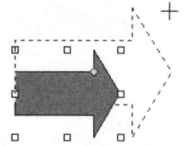

Genauso, wie Sie alle derzeit markierten Objekte verschieben können, lassen sich alle derzeit markierten Objekte gemeinsam in ihrer Größe anpassen. Ändern Sie die Größe der Objekte mit der Maus, ändert sich die Größe eines jeden markierten Objekts um das durch die Mausbewegung vorgegebene Maß. Soll allen Objekten dieselbe Größe zugewiesen werden, müssen Sie den *AutoForm formatieren*-Dialog (siehe ▶ Kapitel 22) aufrufen und dort im *Größe*-Register eine für alle Objekte gültige Höhe und Breite eingeben.

Zeichen formatieren

Um die Eigenschaften eines Objekts zu verändern, bietet PowerPoint verschiedene *Dialogfenster* zu deren Bearbeitung. Um beispielsweise die Schriftart des Textes im Innern eines Objekts zu ändern, rufen Sie den *Zeichen*-Befehl aus dem *Format*-Menü auf (siehe Abbildung 21.50).

Die hier ausgewählte Schriftart wird auf alle Zeichen der derzeit markierten Elemente angewendet. Falls nur einzelne Zeichen innerhalb eines Objekts formatiert werden sollen, müssen Sie diese Zeichen einzeln markieren.

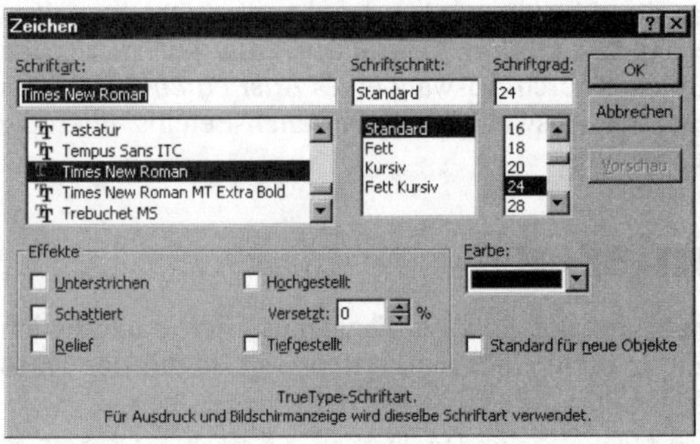

Abbildung 21.50:
Formatierung des Element-Textes

Weil der Umweg über den *Zeichen*-Dialog oft sehr mühsam ist, bietet die *Format*-Symbolleiste von PowerPoint Steuerelemente für die gängigsten Formatierungen. Neben der Schriftart und Schriftgröße lassen sich auch Attribute wie *Fett*, *Kursiv* und *Unterstrichen* einstellen. Die meisten dieser Symbole finden Sie auch in anderen Office-Anwendungen. Allerdings bietet PowerPoint einige einzigartige Symbole.

Das stilisierte *S* erlaubt die Formatierung des markierten Textes als schattierter Text. Die Zeichen werden dazu mit einer anderen Farbe hinterlegt:

Schattierter Text

Abbildung 21.51:
Schattierter Text

Und um die Schriftgröße schnell anzupassen, stellt die Symbolleiste die Symbole *Schriftart vergrößern* und *Schriftart verkleinern* bereit. Die Betätigung dieser Schaltflächen ändert die Schriftgröße um jeweils eine Stufe.

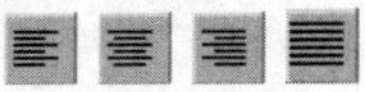

Schriftart vergrößern/verkleinern

Innerhalb eines Grafik-Objekts wird der Text üblicherweise zentriert ausgegeben. Doch die Befehle aus dem Menü *Format/Ausrichtung* erlauben die Ausrichtung des Textes an der linken oder rechten Kante, eine zentrierte Ausgabe oder die Ausgabe der Zeichen im Blocksatz. Der Blocksatz ist allerdings im Gegensatz zu den anderen Textausrichtungen nicht in der *Standard*-Symbolleiste verfügbar.

Linksbündig, Zentriert, Rechtsbündig *und* Blocksatz

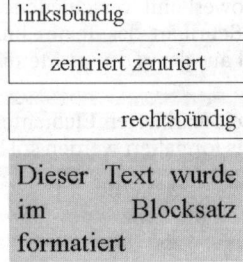

Abbildung 21.52:
Auswirkungen der Textformatierung

Während für die linksbündige, zentrierte und rechtsbündige Textausrichtung Symbole in der Symbolleiste verfügbar sind, ist der Befehl zur Auswahl des Blocksatzes nur im *Format/Ausrichten*-Menü verfügbar.

Schriftarten ersetzen

In seltenen Fällen kommt es vor, dass die in einer Präsentation verwendeten Schriftarten ersetzt werden müssen, beispielsweise wenn die Präsentation auf einem anderen Rechner ablaufen sollen und dort die von Ihnen verwendeten Schriften nicht verfügbar sind. Die von Windows im Ersatz angebotenen Schriftarten sind oft inakzeptabel, so dass Sie Hand anlegen und eine Umformatierung der Zeichen vornehmen müssen.

Doch statt alle Schriftarten von Hand zu ersetzen, erlaubt PowerPoint die Ersetzung einer Schriftart durch eine andere, und zwar in allen Objekten der Präsentation. Der Befehl *Schriftarten ersetzen...* aus dem *Format*-Menü bringt dazu den folgenden Dialog zum Vorschein:

Abbildung 21.53: Schriftart ersetzen

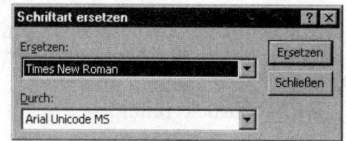

Im Kombinationsfeld *Ersetzen* geben Sie den Namen der zu ersetzenden Schriftart an. PowerPoint führt in diesem Feld nur die tatsächlich in Ihrer Präsentation verfügbaren Schriften auf. Im Kombinationsfeld *Durch* wird die neue Schriftart angegeben, die statt der in *Ersetzen* ausgewählten Schrift verwendet werden soll. Hier führt PowerPoint alle derzeit im System installierten Schriften auf.

Zeilenabstand im Textfeld

In einem mehrzeiligen Textfeld schließen die Zeilen unmittelbar aneinander an. Doch der *Zeilenabstand...*-Befehl aus dem *Format*-Menü erlaubt die Änderung des Zeilenabstandes innerhalb eines Textfeldes.

Abbildung 21.54: Zeilenabstand eines Textfeldes bzw. einer Form ändern

Außerdem lassen sich die Abstände vor und nach einem Absatz definieren.

Der Zeilenabstand lässt sich nicht nur für alle Zeilen in einem Textfeld definieren, sondern auch nur für einige Zeilen innerhalb eines Textfeldes. Die folgende Abbildung zeigt mehrere Rechtecke mit verschiedenen Zeilenabständen. Im letzten der Rechtecke werden sogar drei verschiedene Abstände verwendet.

Ist das Textfeld markiert, so wirken sich alle Änderungen im *Zeilenabstand*-Dialog auf alle Absätze im Textfeld aus. Befindet sich das Textfeld dagegen im Texteingabemodus, werden nur der aktuelle bzw. die derzeit markierten Absätze mit einem neuen Zeilenabstand versehen.

| 1,0 zeilig
1,0 zeilig
1,0 zeilig
1,0 zeilig
1,0 zeilig
1,0 zeilig
1,0 zeilig
1,0 zeilig
1,0 zeilig | 1,5 zeilig
1,5 zeilig
1,5 zeilig
1,5 zeilig
1,5 zeilig
1,5 zeilig | 2,0 zeilig

2,0 zeilig

2,0 zeilig

2,0 zeilig | 1,0 zeilig
1,0 zeilig
1,5 zeilig
1,5 zeilig
2,0 zeilig
2,0 zeilig |

Abbildung 21.55:
Verschiedene Zeilenabstände (für alle Rechtecke gilt: Textausrichtung: oben)

Die Betätigung der ⏎-Taste erzeugt einen neuen Absatz, der vom vorangehenden Absatz durch die Einstellung in *Vor einem Absatz* und *Nach einem Absatz* entfernt platziert wird. Um eine neue Zeile innerhalb eines Absatzes zu erzeugen, müssen Sie auf die Zeilenschaltung mit der Tastenkombination ⇧+⏎ zurückgreifen.

TIPP

Der tatsächliche Abstand zwischen den Zeilen richtet sich nach der aktuellen Schriftgröße. Der einzeilige Abstand bei einer Schriftgröße von 20 pt ist natürlich deutlich größer als der einzeilige Abstand bei einer Schrifthöhe von 10 pt.

HINWEIS

Einzüge und Tabstopps

Neben einem universellen Zeilenabstand zwischen den Absätzen erlaubt PowerPoint auch die Formatierung der Absatzeinzüge. Einzüge werden vor allem für die Gliederung von Absätzen eingesetzt.

PowerPoint unterscheidet zwischen dem Einzug für die *Erste Zeile* und dem Einzug für alle weiteren Zeilen, der im Allgemeinen *hängender Einzug* genannt wird.

In einer Tabelle (siehe ▶ Seite 526) können Sie Tabstopp-Positionen für jede Zelle individuell einstellen.

HINWEIS

Die Einzüge für ein Textfeld lassen sich über kleine Schieberegler mit der Maus im Lineal (siehe ▶ Kapitel 19, *Lineale und Führungslinien*) verschieben. Diese Schieberegler sind allerdings nur dann sichtbar, wenn Sie derzeit den Text im Eingabefeld bearbeiten:

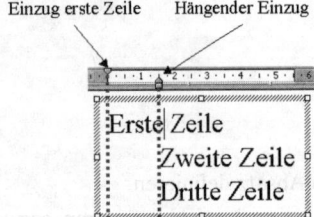

Abbildung 21.56:
Einzüge eines Textfeldes

Die beiden Schieberegler für die Einzüge lassen sich unabhängig voneinander bewegen. Der Schieberegler für den hängenden Einzug, der ein wenig an ein kleines Häuschen erinnert, erlaubt jedoch das gemeinsame Versetzen beider Einzüge. Ziehen Sie das »Dach«, so setzen Sie nur den hängenden Einzug, verschieben Sie das »Erdgeschoss«, wird gleichzeitig der Einzug für den ersten Absatz bewegt.

*Abbildung 21.57:
Schieberegler für
den hängenden
Einzug*

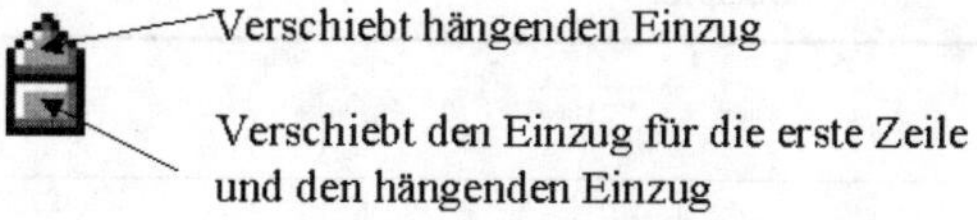

Verschiebt hängenden Einzug

Verschiebt den Einzug für die erste Zeile
und den hängenden Einzug

Mit den Einzugsmarken lassen sich nicht nur hängende Einzüge, sondern auch negative Einzüge realisieren. Dazu werden der Einzug für die erste Zeile und der Einzug für alle weiteren gegenläufig zueinander angegeben:

*Abbildung 21.58:
Negativer Einzug*

Erste Zeile
Zweite Zeile
Dritte Zeile

TIPP Das Beenden eines Absatzes über die ⏎-Taste führt dazu, dass die nachfolgenden Zeichen wieder mit dem Einzug der ersten Zeile formatiert werden. Um eine Zeilenschaltung innerhalb eines Absatzes herbeizuführen, so dass die nächste Zeile der Formatierung für weitere Zeilen unterliegt, müssen Sie auf die Tastenkombination ⇧+⏎ zurückgreifen.

Neben den Einzügen bietet PowerPoint außerdem Tabstopps, mit denen sich ein Text gleichmäßig ausrichten lässt. Tabstopps definieren, an welcher Position die Zeichen ausgegeben werden, die einem Tabulator-Zeichen folgen (⭾-Taste):

*Abbildung 21.59:
Formatierung der
Eingabe
1T2T3T4T5 durch
Tabstopps*

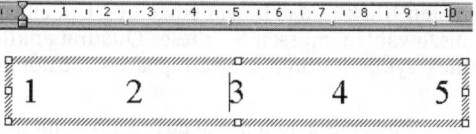

Jedes Textfeld (und jede AutoForm mit Text) besitzt so genannte Standard-Tabstopps, die sich in fest vorgegebenen Abständen über die Breite des Textfeldes erstrecken. Der Abstand zwischen den Tabstopps beträgt unter PowerPoint 2,45 cm und nicht 1,25 cm wie beispielsweise unter Word.

*Ziehpunkte für
Standard-Tab-
stopps*

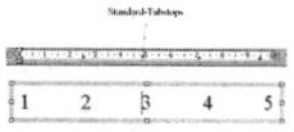

Die aktuellen Tabstopp-Positionen lassen sich aus dem Lineal ablesen, kleine Marken zeigen die Positionen an. Diese Marken sind gleichzeitig auch Ziehpunkte, mit denen Sie die Abstände für Standard-Tabstopps verändern können:

Neben Standard-Tabstopps kennt PowerPoint auch benutzerdefinierte Tabstopps. PowerPoint unterscheidet vier Tabstopp-Typen. Linksbündige Tabstopps führen dazu, dass die einem Tabulator folgenden Zeichen linksbündig mit dem Tabstopp abschließen, zentrierte Tabstopps führen dazu, dass der dem Tabulator nachfolgende Text um die Tabstopp-Position zentriert wird, durch rechtsbündige Tabstopps wird der nachfolgende Text rechtsbündig an der Tabstopp-Position ausgerichtet. Dezimaltabstopps erlauben die Ausrichtung von Dezimalzahlen, z.B. von Geldbeträgen, so dass die Vor- und Nachkommastellen der Zahlen unmittelbar untereinander stehen:

Linker, zentrierter, rechter und dezimaler Tabstopp

Symbol	Tabstopp-Typ	Beispiel	
⌞	linksbündig	Links:	Links
⊥	zentriert	Zentriert:	Zentriert
⌟	rechtsbündig	Rechts:	Rechts
⊥.	dezimal	dezimal:	100,123 1,212 112343567,89012345

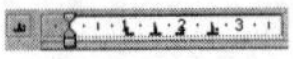

Tabelle 21.1: Benutzerdefinierte Tabstopps

Benutzerdefinierte Tabstopps werden eingefügt, indem Sie während der Texteingabe in ein Textfeld im Lineal an die Stelle klicken, an der der neue Tabstopp eingefügt werden soll. PowerPoint fügt einen kleinen Platzhalter für den Tabstopp in das Lineal ein.

Welcher Tabstopp beim Klick auf das Lineal eingefügt wird, entscheidet ein kleines Quadrat in der linken oberen Ecke des Folienentwurfs:

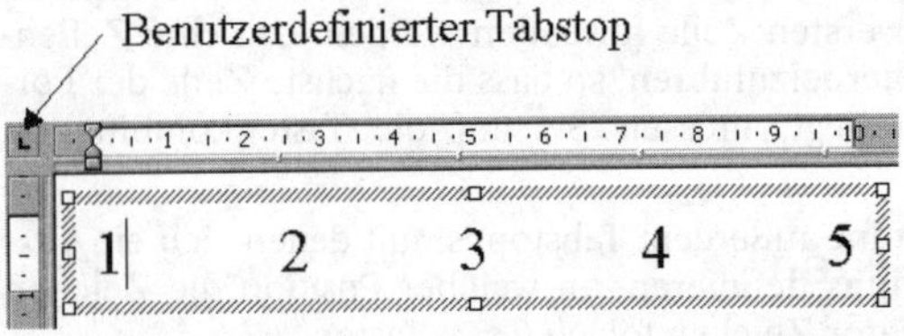

Tabstopps im Lineal

Benutzerdefinierter Tabstop

 1   2   3   4   5

Abbildung 21.60: Auswahl des Typs eines benutzerdefinierten Tabstopps

Der dort eingestellte Typ wird beim nächsten Klick in das Lineal eingefügt. Um einen anderen benutzerdefinierten Tabstopp auszuwählen, müssen Sie dieses Quadrat anklicken. PowerPoint schaltet mit jedem Klick zyklisch durch die verfügbaren Tabstopp-Typen.

Einen im Lineal befindlichen Tabstopp verschieben Sie, indem Sie das Symbol mit der Maus aufnehmen und an seine neue Position verschieben. Um einen benutzerdefinierten Tabstopp zu entfernen, müssen Sie ihn einfach aus dem Lineal herausziehen und die linke Maustaste loslassen, sobald sich der Mauszeiger nicht mehr über dem Lineal befindet.

22 Elemente formatieren

548	Das Farben- und Linien-Register
553	Standard für neue Objekte
553	So übertragen Sie ein Format auf andere Objekte
553	Das Größe-Register
556	Das Position-Register
556	Das Grafik-Register
559	Das Text-Register
562	Das Web-Register
562	Duplizieren von Objekten
562	Übernehmen von Objekten auf eine andere Folie
562	Gruppieren von Text und Grafikelementen
564	Reihenfolge der Elemente

Neben der Textformatierung erlaubt PowerPoint auch die Formatierung der AutoFormen. Die Beeinflussung der Hintergrundfarbe und des Rahmens haben Sie bereits im Einstiegskapitel zu PowerPoint kurz kennen gelernt. Über die Möglichkeiten der *Zeichnen*-Symbolleiste hinaus bietet PowerPoint einen Dialog, der in verschiedenen Registern die unterschiedlichen Aspekte eines Objekts anzeigt (siehe Abbildung 22.1).

Doppelklick für Eigenschaften

Dieser Dialog wird aufgerufen über die Befehle *Farben und Linien..., AutoForm..., Textfeld...* oder *Grafik...* aus dem *Format*-Menü, wobei jeder Befehl dazu führt, dass der Dialog mit einem anderen aktiven Register geöffnet wird. Alternativ dazu genügt ein Doppelklick auf ein Folienobjekt, um den *Formatieren*-Dialog aufzurufen.

Der *AutoForm formatieren*-Dialog, der je nach Objekt auch den Titel *Textfeld formatieren* oder *Grafik formatieren* trägt, zeigt die Einstellungen aller derzeit markierten Objekte. Falls die markierten Elemente unterschiedliche Einstellungen beispielsweise in ihrer Höhe oder Breite aufweisen, zeigt der *AutoForm formatieren*-Dialog für diese Elemente ein leeres Eingabefeld. Das bedeutet, dass beim Bestätigen des Dialogs mit OK die jeweiligen Objekteinstellungen beibehalten werden. Erst wenn Sie ein leeres Eingabefeld ausfüllen, wird der dort eingegebene Wert allen markierten Objekten zugewiesen.

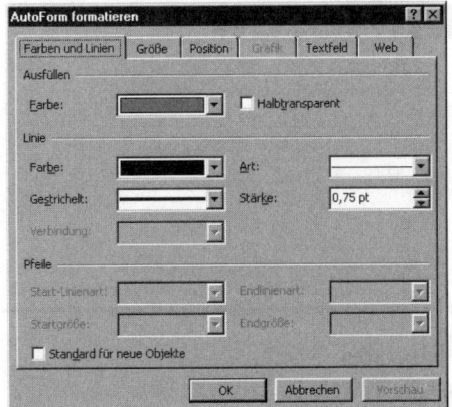

Abbildung 22.1:
Das Dialogfenster für alle Fälle

Ein sehr wichtiges Konzept bei den Formatierungsdialogen für Folienelemente ist die so genannte *Vorschau*. Um die Wirkung der aktuellen Einstellungen zu überprüfen, können Sie auf die *Vorschau*-Schaltfläche klicken. Die markierten Objekte nehmen die von Ihnen geänderte Formatierung an und zeigen eine »Was wäre wenn«-Ansicht. Erst wenn Sie den Dialog mit *OK* bestätigen, werden die aktuellen Dialog-Einstellungen tatsächlich übernommen – diese können sich durchaus von den zuletzt per Vorschau übertragenen Einstellungen unterscheiden. Falls Sie den Formatierungsdialog per *Abbrechen* beenden, kehren die Objekte zu ihrem Aussehen vor dem Aufruf des Dialogs zurück.

Vorschau

Das Farben- und Linien-Register

Dieses Dialogregister erlaubt die Definition des Element-Hintergrundes, der Umrandungslinie und für Linien die Festlegung der Linienendpunkte.

Ausfüllen

In der Gruppe *Ausfüllen* finden Sie das *Farbe*-Kombinationsfeld, das die Auswahl der Hintergrundfarbe gestattet. Für die schnelle Änderung der Füllfarbe stellt die *Zeichnen*-Symbolleiste das Farbeimer-Symbol bereit, das dieselben Einstellungen wie das *Farbe*-Kombinationsfeld gestattet. In Frage kommen die Einstellungen aus dem folgenden Menü:

Füllfarbe

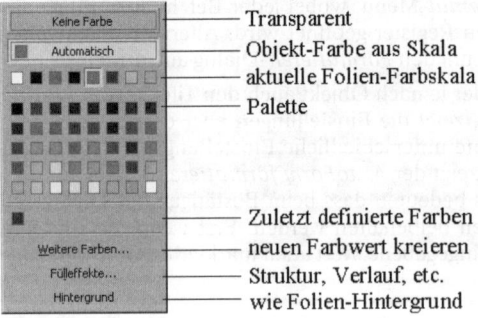

Abbildung 22.2:
Einstellungen für die Hintergrundfarbe

Keine Farbe erzeugt einen transparenten Hintergrund, der unter dem Objekt liegende Elemente durchscheinen lässt. Nur der Text und die Umrandung des Objekts sind sichtbar. Ein transparentes Objekt lässt sich nicht mehr durch einfaches Anklicken innerhalb des transparenten Bereichs markieren. Der Klick markiert vielmehr die unter dem transparenten Objekt liegenden Objekte. Nur das Anklicken des Rahmens führt zur Markierung eines transparenten Objekts. Alternative: die Markierung per Tastatur mit den ⇥- und ⇧+⇥-Tasten

Automatisch verwendet die für das Objekt vorgesehene Farbe aus der Folien-Farbskala (siehe ▶ Kapitel 24, *Folien-Farbskala*). Die darunter befindlichen acht Farbplatzhalter zeigen die Farben der aktuellen Folien-Farbskala. Darunter befinden sich weitere 40 der häufigsten Farben im Schnellzugriff.

Weitere Farben... Falls Ihnen keine dieser Farben zusagt, können Sie durch Klick auf *Weitere Farben...* eine neue Farbe kreieren. Der darauf erscheinende Dialog besitzt zwei Register. Das *Standard*-Register zeigt 127 vordefinierte Farben, die in einer Art Bienenwabe angeordnet sind. Falls sich hier keine passende Farbe findet, erlaubt der *Anpassen*-Dialog die Auswahl einer Farbe aus 16,7 Millionen möglichen Farben, entweder als Trippel bestehend aus *Farbton, Sättigung, Intensität* (HSV, Hue, Saturation, Value) oder als RGB-Trippel.

Abbildung 22.3: Definition eigener Farbwerte

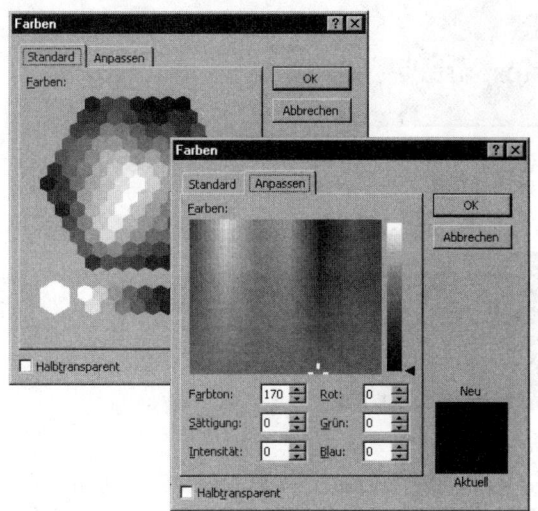

HINWEIS Die selbst definierten Farben werden ebenfalls in den Farbauswahl-Menüs aufgeführt, um die Arbeit mit immer wiederkehrenden Farben zu vereinfachen (siehe Abbildung 22.4).

Halbtransparente Farben Hintergrundfarben können *Halbtransparent* sein. Halbtransparente Flächen lassen darunter liegende Objekte zu 50% durchscheinen. In der Vergrößerung erkennt man, dass PowerPoint zur Erzeugung des Halbtransparenzeffekts ein Schachbrettmuster, zur Hälfte aus eingefärbten und zur anderen Hälfte aus transparenten Pixeln, erzeugt (siehe Abbildung 22.5).

Da PowerPoint den Halbtransparenzeffekt nicht durch »echtes« Mischen der Farben erzeugt und das Schachbrettmuster beim Ausdruck mit dem Druckraster kollidiert, ist der Halbtransparenzeffekt nicht für alle Zwecke geeignet.

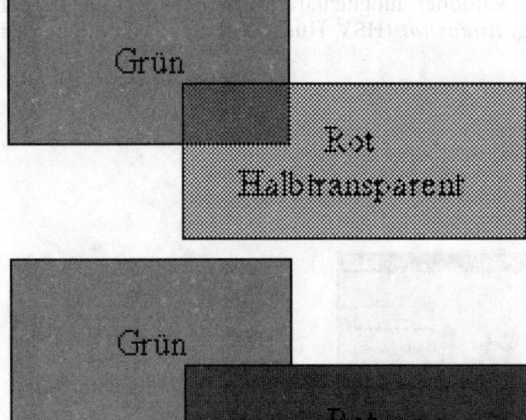

Abbildung 22.4:
Selbstdefinierte Farben in Farbauswahl

Abbildung 22.5:
Realisierung der Halbtransparenz

Falls eine einfarbige Füllfläche zu langweilig erscheint, steht über den *Fülleffekte...*-Befehl der Farbauswahl der folgende Dialog bereit, der von einfachen Farbverläufen, über Strukturen, bis hin zu Mustern und eigenen Grafiken verschiedene Optionen bereithält (siehe Abbildung 22.6).	Fülleffekte
Im Register *Graduell* definieren Sie Farbverläufe. Einfarbige Verläufe basieren auf einer Grundfarbe, deren Helligkeit variiert wird. In zweifarbigen Verläufen definieren Sie zwei Grundfarben und PowerPoint berechnet den weichen Übergang zwischen beiden. Die dritte Möglichkeit für Farbverläufe trägt den Namen *Voreinstellung (Vordefiniert* wäre treffender gewesen*)* und erlaubt die Auswahl von Farbschemata, die Namen wie *Regenbogen*, *Gold* oder *Abenddämmerung* tragen.	Graduell
Im Register *Struktur* lassen sich Grafiken auswählen, die über den gesamten Hintergrund des zu füllenden Objekts gekachelt (wiederholt) werden. PowerPoint stellt dazu hölzerne, steinerne und metallische Strukturen zur Auswahl.	Struktur
Die unter Windows verfügbaren grafischen Füllmuster stellt das Register *Muster* zur Verfügung. Muster sind immer zweifarbig. Vorder- und Hintergrundfarbe lassen sich frei wählen.	Muster

Abbildung 22.6:
Fülleffekte

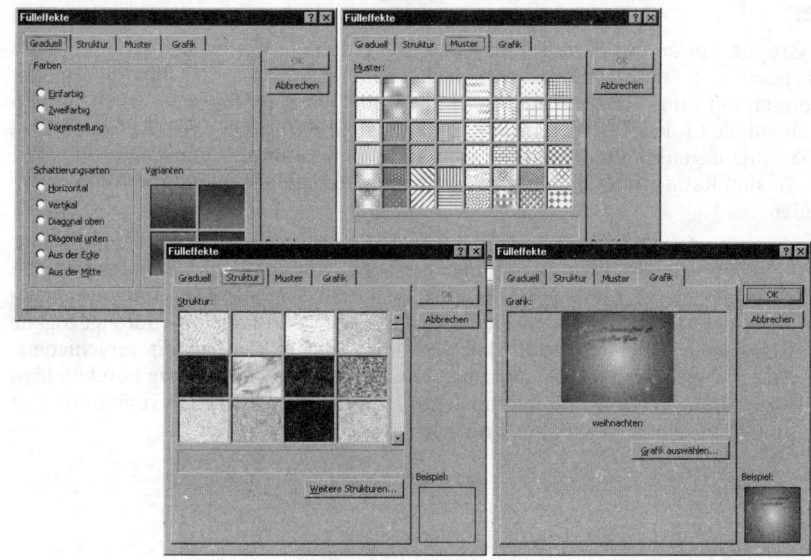

Grafik Und um eine Abbildung im BMP-, GIF-, JPEG-, WMF- oder einem anderen Format über die gesamte Fläche des Objekts auszugeben, erlaubt das Register *Grafik* die Auswahl einer Grafikdatei, deren Inhalt den Hintergrund bilden soll.

Hintergrund Um sicherzustellen, dass ein Objekt immer in der Hintergrundfarbe des aktuellen Foliendesigns dargestellt wird, stellt die Farbauswahl den Befehl *Hintergrund* zur Verfügung. Er setzt die Hintergrundfarbe auf den derzeit aktuellen Hintergrund der Folien-Farbskala.

Folien-Farbskala Die Folien-Farbskala definiert acht spezielle Farben, die von Objekten wie herkömmliche Farben verwendet werden können. Wählen Sie eine neue Skala über den Befehl *Folien-Farbskala* aus dem *Format*-Menü, ändern sich die Farben in allen Objekten, die die Farben der Farbskala verwenden.

Abbildung 22.7:
Definition der
Folien-Farbskala

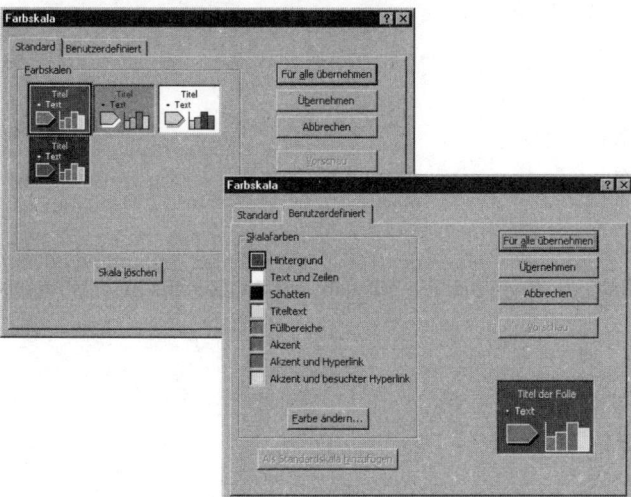

Linien

In der Gruppe *Linien* des *Formatieren*-Dialogs werden die Linieneigenschaften eines Objekts bearbeitet. Diese Optionen wirken sich bei Objekten wie z. B. Textfeldern oder AutoFormen auf ihren Rahmen aus. Bei Linien oder Freihandfiguren wirken sie sich natürlich auf die Linie selbst aus. Im Kombinationsfeld *Farbe* legen Sie die Linienfarbe fest. Die Linieneigenschaften beziehen sich auch immer auf den Rand eines Objekts. Wollen Sie den Rand eines Objekts entfernen, müssen Sie die Linienfarbe *Keine Linie* auswählen.

Linienfarbe

Linienstärke

Linienart

Im Kombinationsfeld *Art* wird sowohl Linienbreite als auch Linienart ausgewählt. Unter Linienart versteht PowerPoint hier einfache, doppelte und dreifache Linien (s. u.). Ein Menü zeigt dazu die verfügbaren Linienarten. Um allein die Linienbreite zu ändern, stellt der Dialog das Eingabefeld *Stärke* bereit. Und falls eine durchgezogene Linie zu langweilig erscheint, stellt das Kombinationsfeld *Gestrichelt* verschiedene Linienstile bereit. Da es sich beim aktuellen Objekt um eine *Verbindung* handelt, lässt sich die Verbindungsart im Kombinationsfeld *Verbindung* nachträglich verändern. Zur Verfügung stehen gerade, gewinkelte und gekrümmte Verbindungen.

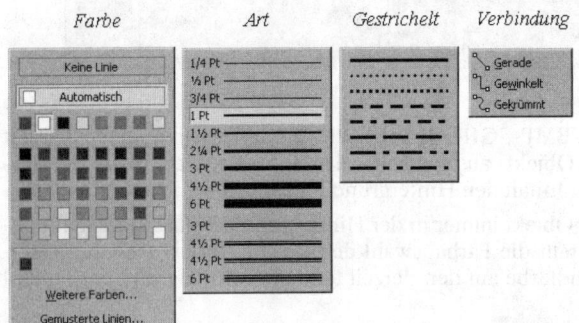

Abbildung 22.8: Verfügbare Linienoptionen in der Zeichnen-Symbolleiste

Für Linien lassen sich in der Gruppe *Pfeile* zusätzlich die »Pfeilspitzen« einer Linie definieren. Von einfachen Pfeilen bis zu »Knubbeln« stellt PowerPoint verschiedene Spitzen bereit. Die Kontrollfelder *Start-Linienart* und *Endlinienart* bieten die folgenden »Spitzen«:

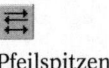
Pfeilspitzen

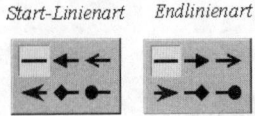

Abbildung 22.9: Verfügbare Linienspitzen

Falls Start- oder Endlinienart nicht der geraden Linie entsprechen, gestatten die Kombinationsfelder *Startgröße* und *Endgröße* die Auswahl der Spitzen aus neun verfügbaren Größen:

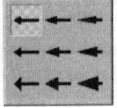

Abbildung 22.10: Verfügbare Größen für Linienspitzen

Standard für neue Objekte

Für neue AutoFormen gibt PowerPoint Standardeinstellungen für Farben und Linien vor. Oft entspricht das Standardformat aber nicht den eigenen Vorstellungen und muss daher angepasst werden. Vor allen Dingen die immer wiederkehrende Umformatierung in einen von Ihnen vorgegebenen Standard ist sehr mühsam.

PowerPoint erlaubt daher die Änderung des Standardformats für AutoFormen. Im *Farben und Linien*-Register des *AutoForm formatieren*-Dialogs befindet sich dazu das Kontrollkästchen *Standard für neue Objekte*, das aktiviert werden muss, um die aktuelle Formatierung nicht nur auf die markierten Objekte anzuwenden, sondern in Zukunft auch bei der Erstellung neuer Objekte einzusetzen.

Ohne Umweg über den *AutoForm formatieren*-Dialog geht der Weg über den Befehl *Als Standard für AutoForm festlegen* aus dem *Zeichnen*-Menü der *Zeichnen*-Symbolleiste. Dieser Befehl ist nur verfügbar, wenn ein Objekt markiert ist. Die Einstellungen für Hintergrund, Linienart, Farbe, kurz die Einstellungen, die sich über das Farben- und Linien-Register ändern lassen, werden dadurch zum neuen Standard gemacht. Nachfolgend erzeugte Objekte weisen die neuen Standard-Einstellungen auf.

So übertragen Sie ein Format auf andere Objekte

Wollen Sie eine gelungene Formatierung auf mehrere Objekte übertragen, können Sie sich des *Formatpinsels* bedienen.

Format übertragen

1. Markieren Sie das Objekt, dessen Formatierung auf ein anderes Objekt übertragen werden soll.
2. Wählen Sie den *Formatpinsel* aus der *Standard*-Symbolleiste.
3. Klicken Sie das Objekt an, dem das Format übertragen werden soll.
4. Der Formatpinsel funktioniert standardmäßig nur einmal. Wenn Sie ihn allerdings nicht nur durch einen einfachen, sondern durch einen Doppelklick aktivieren, lässt er sich mehrfach hintereinander zur Übertragung des Formats einsetzen. Seine andauernde Funktion wird durch einfachen Klick auf das Pinsel-Symbol aufgehoben.

TIPP Das Format eines Objekts (nicht das Objekt selbst!) lässt sich auch über die Zwischenablage kopieren. Um nur die Attribute des Objekts in die Zwischenablage zu kopieren, wird die Tastenkombination [Strg]+[◊]+[C] betätigt. Um die Attribute aus der Zwischenablage auf ein anderes Objekt anzuwenden, muss es markiert werden, und durch die Tastenkombination [Strg]+[◊]+[V] nimmt es die Formate aus der Zwischenablage an.

Das Größe-Register

Dimensionen festlegen

Das Register *Größe* des *AutoForm formatieren*-Dialogs erlaubt die Beeinflussung der Objektgröße. Die Eingabefelder *Höhe* und *Breite* definieren die Dimensionen des Rechtecks, das das Element umschließt. Weil das Objekt selbst evtl. etwas kleiner ist, sind diese Größenangaben mitunter mit Vorsicht zu genießen. Wie bei allen Eingabefeldern, die Maßeinheiten entgegennehmen, kann die Eingabe in der Einheit *cm* oder *Zoll* erfolgen. Zoll-Angaben rechnet PowerPoint automatisch in Zentimeter um (1 Zoll = 2,54 cm).

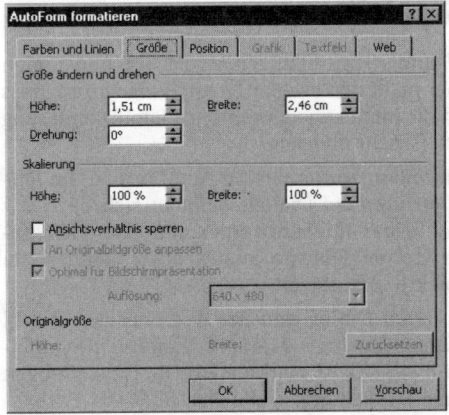

Abbildung 22.11:
Über das Dialogregister Größe werden die Größeneigenschaften eines Objekts bearbeitet.

Das Eingabefeld *Drehung* erlaubt die Eingabe eines Rotationswinkels, um den das Objekt gedreht wird. Die Drehung erfolgt dabei um den Mittelpunkt des Objekts, und zwar im Uhrzeigersinn. Welche Auswirkung welcher Winkel hat, zeigt die folgende Abbildung:

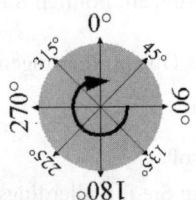

Abbildung 22.12:
Drehwinkel

Damit Sie ein Objekt nicht durch Eingabe eines Winkels, sondern auch interaktiv drehen können, stellt PowerPoint im Untermenü *Drehen oder Kippen* des *Zeichnen*-Menüs das Symbol *Freies Drehen* bereit. Um diese Funktion zu nutzen, müssen Sie die zu drehenden Objekte zuerst markieren. Anschließend wählen Sie dieses Symbol aus. Die Eckpunkte der markierten Objekte werden zu kleinen, grünen Drehpunkten. Nehmen Sie einen dieser Punkte mit der Maus auf und bewegen Sie die Maus bei gedrückter Maustaste. Hat das Objekt die gewünschte Drehung erreicht, fixiert das Loslassen der Maus die aktuelle Drehung.

Freies Drehen

Die Drehung der markierten Objekte erfolgt um den Mittelpunkt eines jeden Elements. Drücken Sie die [Strg]-Taste, erfolgt die Drehung um den Eckpunkt, der dem mit der Maus aufgenommenen Eckpunkt gegenüberliegt. Und falls die Drehung nicht frei, sondern in einem Raster von jeweils 15° erfolgen soll, müssen Sie während der Drehung die [⇧]-Taste drücken.

HINWEIS

Neben dem Symbol für das freie Drehen der markierten Objekte stellt das *Drehen und Kippen*-Untermenü im *Zeichnen*-Menü weitere Kurzbefehle für das Drehen zur Verfügung. Die Befehle *Linksdrehung* und *Rechtsdrehung* rotieren die markierten Objekte jeweils um 90°, und zwar sowohl gegen den Uhrzeigersinn (Linksdrehung) als auch im Uhrzeigersinn (Rechtsdrehung).

Drehungen um 90°

Links- *und* Rechtsdrehung um 90°

Horizontal und Vertikal kippen

Spiegelungen an der senkrechten und waagerechten Objektachse erlauben die Befehle *Horizontal* und *Vertikal kippen* aus dem *Drehen und Kippen*-Untermenü des *Zeichnen*-Menüs:

Abbildung 22.13:
Kippen eines Blitzes

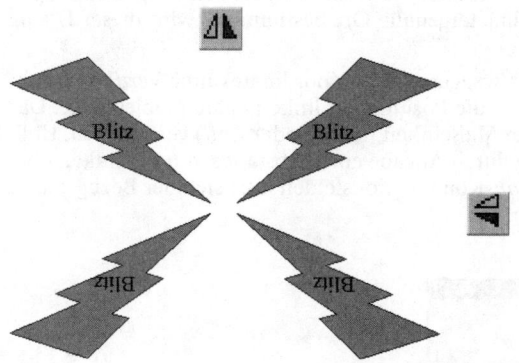

Allerdings lassen sich nicht alle Objekte gleichermaßen kippen. Vor allem der in einem Objekt enthaltene Text wird nicht immer korrekt gekippt. Denn Windows beherrscht nicht die Darstellung von Spiegelschrift.

Skalierung

Die Gruppe *Skalierung* im *AutoForm formatieren*-Dialog erlaubt die prozentuale Anpassung der Objektgröße. Je nach Objekt lässt sich die Größe entweder ausgehend von der aktuellen Größe oder von einer vorgegebenen Größe einstellen. Grafiken besitzen eine ihnen innewohnende Größe, die am unteren Rand des *Größe*-Registers als *Originalgröße* aufgeführt wird. Falls Sie das Objekt wieder auf die Originalgröße einstellen wollen, steht dort auch die *Zurücksetzen*-Schaltfläche bereit. Alle anderen Objekte besitzen keine Originalgröße, sondern nur eine Ursprungsgröße, die für Skalierungen als Ausgangsbasis herangezogen wird.

Originalgröße zurücksetzen

AutoFormen, auch wenn sie als Hintergrund eine Grafik aufweisen, besitzen dagegen keine Originalgröße. Jede Größenänderung, auch durch prozentuale Skalierung, wird nach Betätigen zur *OK*-Schaltfläche zu 100%igen Größe des Objekts.

Seitenverhältnis beibehalten

Die Einstellung der prozentualen *Höhe* und *Breite* erfolgt normalerweise unabhängig voneinander. Dadurch lassen sich Objekte verzerren, z.B. mit 150%iger Breite und 200%iger Höhe skalieren. Sollen Breite und Höhe eines Objekts aber stets im selben Verhältnis zueinander verändert werden, lässt sich das *Ansichtsverhältnis sperren*, indem das gleichnamige Kontrollfeld aktiviert wird. Warum dieses Steuerelement nicht zum Beispiel *Seitenverhältnis beibehalten* genannt wurde, bleibt ein Rätsel.

Für Grafiken stellt das *Größe*-Register zwei spezielle Kontrollkästchen zur Verfügung. Und *Optimal für Bildschirmpräsentation* sorgt dafür, dass die Größe einer Grafik so skaliert wird, dass sie bei der Präsentation optimal und verzerrungsfrei dargestellt wird. Im Kombinationsfeld *Auflösung* wird dazu die Zielauflösung der Präsentation gewählt. Diese Information nutzt PowerPoint, um die Größe der Grafik so anzupassen, dass ein Pixel der Grafik bei der Präsentation auf genau ein Pixel des Ausgabegeräts abgebildet wird.

Das Position-Register

Die Stelle, an der das markierte Objekt auf der Folie platziert wird, definiert das *Position*-Register. Es wird allerdings nur selten in Anspruch genommen, weil die Positionierung der Objekte in der Folienansicht mit der Maus und den Ausrichtungswerkzeugen meistens ausreicht. Nur für die millimetergenaue Ortsbestimmung wird dieser Dialog aufgerufen.

In den Eingabefeldern *Horizontal* (waagerecht, X-Koordinate) und *Vertikal* (senkrecht, Y-Koordinate) zeigt PowerPoint die Position der linken oberen Objektecke. Das Objekt lässt sich durch Eingabe einer Maßeinheit (*cm*, *pt* oder *Zoll*) verschieben. Üblicherweise erfolgt die Positionierung durch Angabe eines Abstands von der linken oberen Ecke der Folie. In den beiden *Von*-Kombinationsfeldern lässt sich der Bezugspunkt für die Ortsbestimmung aber ändern:

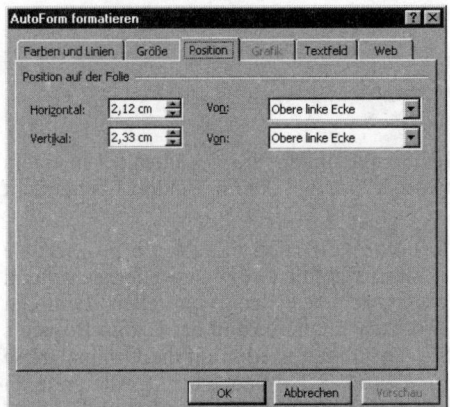

Abbildung 22.14:
Die Eingaben im Dialogregister Position *wirken sich auf die Position des Objekts auf der Folie aus.*

Zur Auswahl stehen *Obere linke Ecke* oder *Zentriert*. Bei *Zentriert* werden die Objektkoordinaten relativ zur Folienmitte bestimmt. Besonders hier kommen dann auch negative Koordinaten zum Einsatz. Die zentrierte Position der linken oberen Ecke eines querliegenden DIN-A4-Blattes lautet beispielsweise *–12,7 cm*, *–9,54 cm*.

Zentriert

Das Grafik-Register

Das *Grafik*-Register des *AutoForm formatieren*-Dialogs erlaubt die Änderung der Einstellungen eines Grafikobjekts. Dazu gehört der korrekte Zuschnitt ebenso wie die nachträgliche Veränderung von Helligkeit oder Kontrast (siehe Abbildung 22.15).

Die meisten dieser Einstellungsmöglichkeiten sind außerdem über die *Grafik*-Symbolleiste zugänglich (siehe Abbildung 22.16).

In der Gruppe *Zuschneiden* wird der Zuschnitt eines *Grafik*-Objekts geregelt. In den Eingabefeldern *Links*, *Rechts*, *Oben* und *Unten* wird angegeben, wie viel vom linken, rechten, oberen und unteren Rand der Grafik abgeschnitten werden soll. Diese Option ist sehr nützlich, wenn beispielsweise der Rand einer schräg eingescannten Vorlage abgeschnitten werden soll.

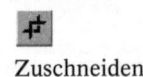
Zuschneiden

Um das Bild mit der Maus zuzuschneiden, müssen Sie das *Zuschneiden*-Symbol auswählen und nun die Kanten des Objekts verschieben. Dabei ändert sich nicht die Größe des Objekts, sondern der aktuell dargestellte Bildausschnitt (siehe Abbildung 22.17).

Abbildung 22.15:
Über das Dialogregister Grafik kann man Grafiken bearbeiten.

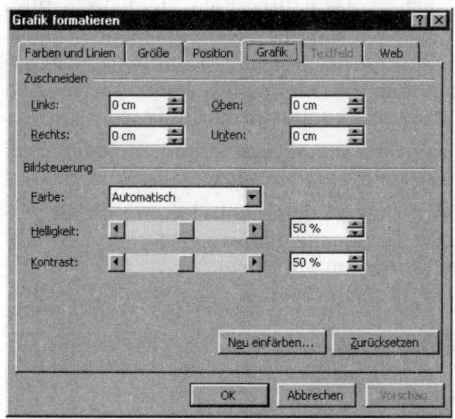

Abbildung 22.16:
Die Grafik-Symbolleiste

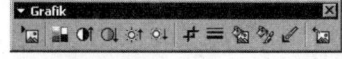

Abbildung 22.17:
Zuschnitt am Beispiel eines Kreises. Die schraffierte Fläche wurde als 0,5-cm-Rand von allen Kanten »abgeschnitten«.

Bildsteuerung

Im *Bildsteuerung*-Abschnitt des *Grafik*-Registers stehen verschiedene Funktionen zur Verfügung, die Sie normalerweise nur aus einem Bildverarbeitungsprogramm kennen. Hier lassen sich die wiederzugebende Farbe, die Helligkeit und der Kontrast der Grafik regeln.

Das Kombinationsfeld *Farbe* regelt die Wiedergabe der Grafik. Zur Auswahl stehen *Automatisch*, *Graustufung*, *Schwarzweiß* und *Wasserzeichen*. *Automatisch* stellt die Grafik in ihrer ursprünglichen Farbe dar – soweit das Ausgabemedium es zulässt. *Graustufung* wandelt die Farben in Grauwerte um, was beispielsweise bei der Ausgabe auf einem Laserdrucker hilfreich ist. *Schwarzweiß* wandelt die Grafik in ein Schwarzweiß-Bild um, wobei die vorliegenden Farben entsprechend ihrer Helligkeit entweder weiß oder schwarz dargestellt werden. *Wasserzeichen* erzeugt dagegen eine Grafik, die sich gut als Hintergrund verwenden lässt, weil hier nur die wirklich dunklen Bereiche der Grafik abgeschwächt angezeigt werden.

Mehr und weniger Helligkeit

Der Schieberegler *Helligkeit* regelt, wie viel Energie das Bild abstrahlt. Je mehr Energie das Bild abstrahlt, desto heller ist es. Im daneben stehenden Eingabefeld wird die relative Helligkeit angegeben, wobei 50% der Normalstellung, 0% einem schwarzen Bild und 100% einem weißen Bild entsprechen.

Elemente formatieren

Der Schieberegler *Kontrast* regelt das Verhältnis des hellsten zum dunkelsten Bildpunkt. Je größer der Kontrast, desto stärker lassen sich die Pixel voneinander unterscheiden. Je geringer der Kontrast, desto mehr verwischen sich die Konturen einer Grafik. Ein Kontrast von 50% entspricht der Normaleinstellung, 0% stehen für ein Bild ohne Kontraste (fast Schwarz), 100% für ein extrem kontrastreiches Bild.

Helligkeit und Kontrast lassen sich auch über die Symbolleiste verändern. Jeder Klick auf eines der Symbole ändert die aktuelle Einstellung um +3% bzw. –3%.

Werden im Grafik-Element WMF- oder EMF-Dateien dargestellt, lassen sich die verwendeten Farben nachträglich verändern. Die Betätigung der *Neu einfärben...*-Schaltfläche bringt dazu den *Bild neu einfärben*-Dialog zum Vorschein:

Mehr und weniger Kontrast

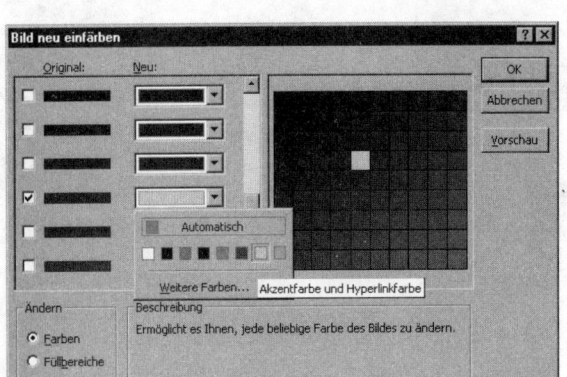

Neu einfärben...

Abbildung 22.18:
Farben ersetzen

Ein Listenfeld zeigt dazu bis zu 64 Farben, die in der Grafik vorkommen. Für jede der *Original*-Farben wird ein Kombinationsfeld dargestellt, das die Auswahl einer neuen Ersetzungsfarbe gestattet. Ein Kontrollkästchen vor jedem Farb-Paar im Listenfeld gibt an, ob die Farbersetzung tatsächlich stattfindet oder nicht. Durch Aktivieren und Deaktivieren dieses Kontrollkästchens lässt sich sehr einfach überprüfen, ob die Farbänderung den gewünschten Effekt zeigt.

Der *Bild neu einfärben*-Dialog unterscheidet zwischen Farben, die zum Zeichnen von Linien (und auch Texten) oder zum Füllen von Flächen eingesetzt werden. Um zu verhindern, dass Sie eine Linienfarbe verändern, können Sie in der Optionsgruppe *Ändern* die Anzeige der Farben für *Füllbereiche* aktivieren. Die Aktivierung von *Farben* führt dazu, dass das Farblistenfeld wieder alle Farben zeigt.

Eine Funktion, die standardmäßig nur über die *Grafik*-Symbolleiste verfügbar ist, trägt den Namen *Transparente Farbe bestimmen*. Aktivieren Sie dieses Symbol und klicken Sie anschließend innerhalb der Grafik auf eine Farbe, die fortan die darunter liegenden Objekte durchscheinen lassen soll. In der folgenden Abbildung wurde beispielsweise das eintönige Grau des Symbolleistenhintergrundes zur transparenten Farbe bestimmt und lässt dadurch das darunter liegende Rechteck mit Farbverlauf durchscheinen:

Transparente Farbe bestimmen

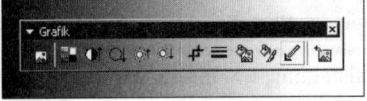

Abbildung 22.19:
Transparente Grafiken

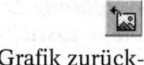
Grafik zurück-setzen

Falls alle bisherigen Einstellungen nicht Ihrem Geschmack entsprechen, lassen sie sich durch Klick auf die *Zurücksetzen*-Schaltfläche rückgängig machen. Die Symbolleiste stellt dazu ebenfalls ein Symbol bereit.

Das Text-Register

Das *Text*-Register des *AutoForm formatieren*-Dialogs ist nur verfügbar, wenn es sich beim aktiven Element um ein Textfeld oder um eine AutoForm mit integriertem Text handelt. Dieses Register erlaubt die Einflussnahme auf verschiedene Aspekte des Textfeldes.

Abbildung 22.20:
Über das Dialogregister Textfeld *werden die verschiedenen Texteigenschaften bearbeitet.*

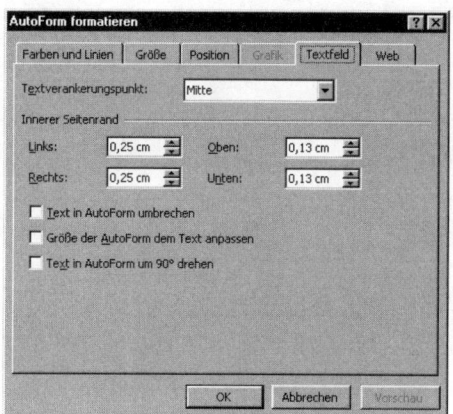

Das Kombinationsfeld *Textverankerungspunkt* erlaubt die Ausrichtung des Textes an der oberen oder unteren Kante innerhalb seines umgebenden Rahmens. Zur Verfügung stehen die folgenden Positionen:

- Oben
- Mitte
- Unten
- Oben zentriert
- Mitte zentriert
- Unten zentriert

In Verbindung mit der Textausrichtung (siehe ▶Kapitel 21, *Zeichen formatieren*) *Linksbündig*, *Zentriert* und *Rechtsbündig* lässt sich der Text in alle Kanten und Ecken der AutoForm platzieren (siehe Abbildung 22.21).

Falls jedoch einer der Verankerungspunkte *Oben zentriert*, *Mitte zentriert* oder *Unten zentriert* ausgewählt wurde, ist die Textausrichtung wirkungslos. Der Text wird immer zentriert ausgerichtet.

Innerer Seitenrand

Die Eingabefelder der Gruppe *Innerer Seitenrand* bestimmen den Platz, der dem Text innerhalb seines umgebenden Rahmens zusteht. Die Eingabefelder *Links*, *Rechts*, *Oben* und *Unten* geben dazu an, wie viel vom Rand des Textfeldes abgezogen werden soll (siehe Abbildung 22.22).

Elemente formatieren

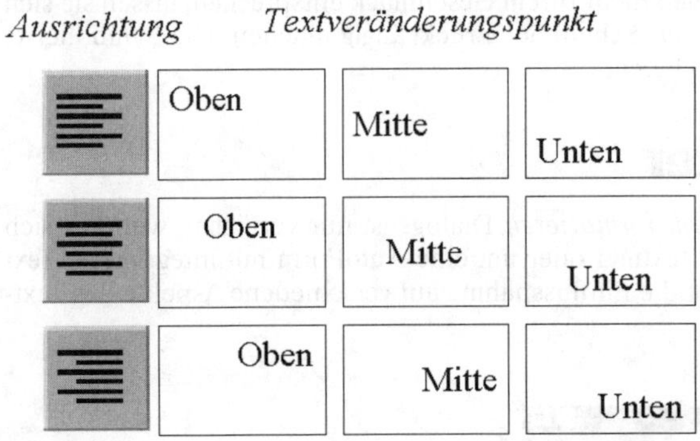

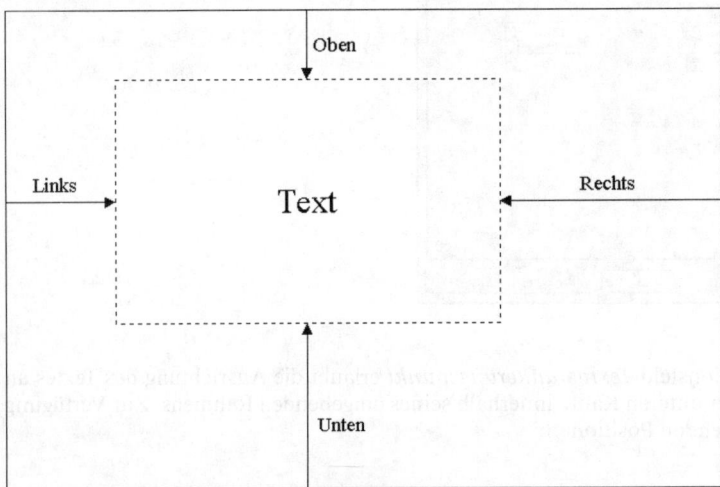

Abbildung 22.21:
Freie Ausrichtung des Textes

Abbildung 22.22:
Der Innere Seitenrand *beschränkt den verfügbaren Platz.*

Zu beachten ist, dass der Text innerhalb des durch den *Inneren Seitenrand* eingeschränkten Bereichs ausgerichtet wird und dadurch selbst bei zentrierter Ausgabe der Text nicht im Zentrum der AutoForm erscheint (s. o.).

Üblicherweise wird der Text in einer AutoForm in einer einzigen Zeile dargestellt. Weitere Zeilen werden nur durch Eingabe der *Zeilenschaltung* (⏎-Taste) bei der Texteingabe angezeigt. Wird aber das Kontrollkästchen *Text in AutoForm umbrechen* aktiviert, sorgt PowerPoint dafür, dass der eingegebene Text die linke und rechte Kante der *AutoForm* nicht überschreitet. Falls ein Wort nicht mehr in eine Zeile hineinpasst, schreibt PowerPoint es einfach in die nächste Zeile und fährt dort mit der Textausgabe fort (siehe Abbildung 22.23).

Textumbruch

Weil ein langer Text aus einer AutoForm herausragen kann, bietet PowerPoint das Kontrollkästchen *Größe der AutoForm dem Text anpassen* an. Ist sie aktiviert, wächst und schrumpft die umgebende AutoForm. Die folgende Abbildung zeigt einen (Sheriff-)Stern, der nach Aktivierung der *Größe der AutoForm dem Text anpassen* den Text komplett enthält. Weil der Stern dabei viel zu breit geworden ist, haben wir den Textumbruch zusätzlich aktiviert. Die Verringerung der Objektbreite führt anschließend dazu, dass seine Höhe angepasst wird (siehe Abbildung 22.24).

Abbildung 22.23:
Text in Auto-Form umbrechen?

Dies ist ein Satz, der über das Element hinausragt

☐ Text in AutoForm umbrechen

Zentriert
Dies ist ein Satz, der über das Element hinausragt.
☑ Text in AutoForm umbrechen

Blocksatz
Dies ist ein Satz, der über das Element hinausragt.
☑ Text in AutoForm umbrechen

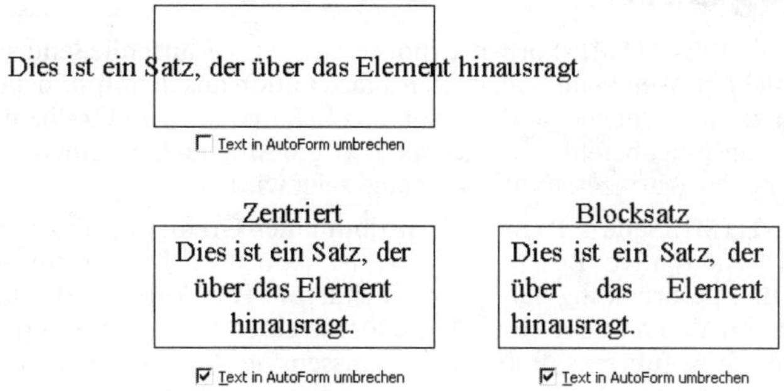

Abbildung 22.24:
Der enthaltene Text bestimmt die Größe des Objekts.

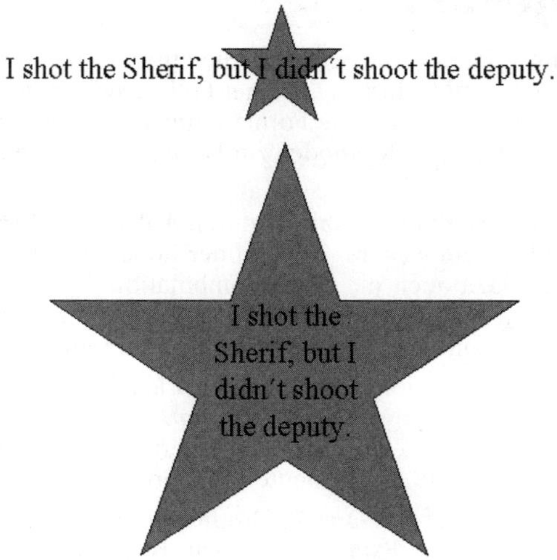

I shot the Sherif, but I didn't shoot the deputy.

I shot the Sherif, but I didn't shoot the deputy.

Die letzte Option im *Text*-Register des *AutoForm formatieren*-Dialogs trägt die Bezeichnung *Text in AutoForm um 90° drehen*. Ist sie aktiviert, wird nur der Text einer AutoForm um 90° gedreht – nicht aber die AutoForm selbst. Wie das aussieht, zeigt die folgende Abbildung. Zum Vergleich stellt sie in der unteren Zeile eine um 90° gedrehte AutoForm dar:

Abbildung 22.25:
Das Drehen des Textfeldes und das Drehen der AutoForm sind zwei verschiedene Dinge.

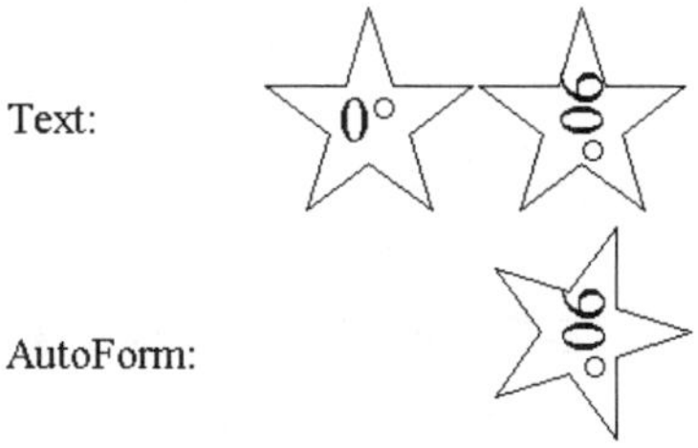

Text:

AutoForm:

Das Web-Register

Präsentationen lassen sich ins HTML-Format exportieren, um sie anschließend mit einem Browser zu betrachten. Weil beim Laden einer Präsentation aus dem Internet oft aber lange Wartezeiten zu überbrücken sind – besonders beim Laden von Grafiken –, bietet das Web-Register im Eingabefeld *Alternativer Text* die Möglichkeit, einen Text vorzugeben, der während der Wartezeit im Browser angezeigt wird.

Dieser Text (der in der HTML-Seite z.B. im ALT-Attribut einer Grafik abgelegt wird: <IMG SRC="..." ALT="Alternative Beschreibung">) ist jedoch nicht nur für die Anzeige eines Textes zur Überbrückung der Wartezeit sinnvoll. Hier können Sie auch die Stichwörter hinterlegen, deren Suche einen Anwender in einer der großen Internet-Suchmaschinen auf Ihre Seite führen soll. Natürlich müssen Sie Ihre Seite nach dem Export auf Ihren Web-Server vorher bei diesen Suchmaschinen anmelden.

Duplizieren von Objekten

In der täglichen Arbeit mit PowerPoint kommt es oft vor, dass Sie ein oder mehrere besonders gelungene Elemente duplizieren und mehrfach auf einer Folie anzeigen wollen. Damit Sie die Objekte nicht erneut erstellen und alle Formatierungen wiederholt anwenden müssen, bietet PowerPoint verschiedene Methoden zur Duplizierung bereits bestehender Objekte.

Eine Möglichkeit besteht darin, die derzeit markierten Objekte durch Aufruf des *Duplizieren*-Befehls aus dem *Bearbeiten*-Menü ein weiteres Mal auf der Folie zu platzieren. Alternativ zur Menüauswahl steht dazu auch die Tastenkombination [Strg]+[D] bereit. Diese Tastenkombination funktioniert übrigens auch bei AutoFormen in Word und Excel, wo der *Duplizieren*-Befehl nicht im *Bearbeiten*-Menü aufgeführt wird.

Auch die Zwischenablage lässt sich zur Duplikation der markierten Elemente heranziehen. Durch *Bearbeiten/Kopieren* ([Strg]+[C]) oder *Bearbeiten/Ausschneiden* ([Strg]+[X]) werden die markierten Objekte in die Zwischenablage übertragen und mit *Bearbeiten/Einfügen* ([Strg]+[V]) wird eine Kopie der Elemente in die Folie eingefügt.

Das Vervielfältigen von Objekten wird zudem auf eine Drag & Drop-Operation abgebildet und ist in Word, Excel und sogar im Windows-Explorer verfügbar: Beim Loslassen der linken Maustaste zur Vollendung des Drag & Drop-Vorgangs muss die [Strg]-Taste gedrückt werden. Dadurch werden die gezogenen Elemente nicht nur verschoben, sondern Office legt eine neue Kopie der Elemente an der Position des Mauszeigers ab.

Übernehmen von Objekten auf eine andere Folie

Das Duplizieren von Elementen funktioniert nur innerhalb einer Folie. Um Elemente einer Folie auf eine andere zu übernehmen, müssen Sie die Zwischenablage bemühen. Die Elemente werden zuerst in die Zwischenablage kopiert (*Bearbeiten/Ausschneiden*, [Strg]+[C]). Wechseln Sie nun zur Folie, in die die Elemente eingefügt werden sollen, und fügen Sie den Inhalt der Zwischenablage mit *Bearbeiten/Einfügen*, [Strg]+[V], ein.

Gruppieren von Text und Grafikelementen

Oft werden aus einfachen Grundformen komplizierte Gebilde zusammengesetzt. Die Handhabung dieser Objekte wird jedoch schnell zu einem Problem. Eine Größenänderung erfordert beispielsweise, dass jedes Element separat vergrößert oder verkleinert wird. Außerdem müssen Sie die Position der Elemente anpassen, weil die Größenänderung das Gebilde auseinanderreißt. Ähnliche Probleme treten auf, wenn die zusammengesetzten Objekte verschoben werden sollen. Dabei ist unbedingt darauf zu achten, dass jedes »Einzelteil« des Objekts markiert wird. Ansonsten müssen Sie die verbleibenden Grundformen in einem zweiten Durchgang nachpositionieren. Wenn Sie die übriggebliebenen Elemente dabei nicht wieder passgenau an ihre Position innerhalb des »Gesamtkunstwerks« setzen, war Ihre bisherige Mühe vergebens.

TIPP Wenn eine Operation nicht zum gewünschten Ergebnis geführt hat, lässt sie sich über *Bearbeiten/Rückgängig* zurücknehmen. Alternativ dazu stehen die Tastenkombinationen [Strg]+[Z] sowie [Alt]+[←] bereit.

So gruppieren Sie mehrere Objekte

Gruppierung herstellen

Damit zusammengesetzte Objekte immer wie eine einzige AutoForm behandelt werden, erlaubt PowerPoint die Gruppierung mehrerer Objekte. Dazu gehen Sie wie folgt vor:

1. Markieren Sie die zu gruppierenden Objekte.

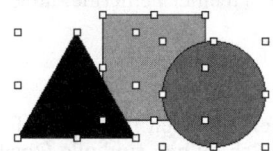

Abbildung 22.26: Alle Objekte sind vor der Gruppierung einzeln markiert.

2. Wählen Sie den Befehl *Gruppierung herstellen* aus dem *Zeichnen*-Menü oder den *Gruppierung herstellen*-Befehl aus dem *Gruppierung*-Untermenü im Kontextmenü der markierten Elemente. Dadurch werden alle markierten Objekte gruppiert und fortan von PowerPoint wie ein Objekt behandelt.

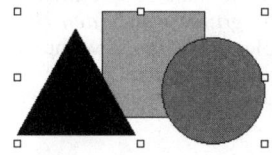

Abbildung 22.27: Nach der Gruppierung werden die Objekte wie ein einziges Objekt behandelt.

3. Wenn Sie die Gruppe nun verschieben oder vergrößern, werden alle gruppierten Objekte gleichermaßen von Ihren Manipulationen betroffen. Vor allem bei Größenänderungen bleiben die Proportionen der Objekte zueinander erhalten (siehe Abbildung 22.28).

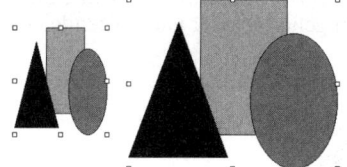

Abbildung 22.28: Mitgehangen, mitgefangen. Vergrößern und Verkleinern einer Gruppe von Elementen

Elemente formatieren

Nach der Gruppierung der Elemente geben sie ihre Individualität vollkommen auf. Wenn Sie nun die Farben oder Schriften einer Gruppe ändern, wirkt sich die Änderung auf alle Objekte gleichermaßen aus. Daher ist es wichtig, die Gruppierung wieder aufheben zu können, um die Elemente bei Bedarf separat zu bearbeiten. Sowohl im *Zeichnen*-Menü als auch im Kontextmenü befindet sich dazu der Befehl *Gruppierung aufheben*. Nach seiner Ausführung sind die Elemente wieder einzeln verfügbar und lassen sich wie gewohnt bearbeiten.

Gruppierung aufheben

In einer Gruppierung können sich bereits gruppierte Objekte befinden. Gruppierungen in Gruppierungen werden beispielsweise bei verschiedenen, grafisch aufwendigen PowerPoint-Vorlagen eingesetzt.

HINWEIS

Damit nach der Aufhebung der Gruppierung das erneute Gruppieren nicht zu kompliziert wird, stellt PowerPoint den Befehl *Gruppierung wiederherstellen* bereit. Er stellt die zuletzt aufgelöste Gruppe wieder her, ohne dass Sie dazu die einzelnen Elemente erneut markieren müssten. Um »auf die Schnelle« eine Änderung an einem Element in einer Gruppe durchzuführen, ist der Befehl *Gruppierung wiederherstellen* unverzichtbar.

Gruppierung wiederherstellen

Falls Sie allerdings alle Objekte der letzten Gruppierung bis auf eines gelöscht haben, führt der Aufruf des Befehl *Gruppierung wiederherstellen* zu einer Fehlermeldung.

Reihenfolge der Elemente

Solange sich die Objekte auf einer Folie nicht überschneiden, spielt ihre Reihenfolge bzw. Stapelung im Allgemeinen keine allzu große Rolle. Schließlich sind alle Objekte immer vollständig sichtbar.

Das ändert sich schlagartig, sobald sich die Folienelemente überlappen. Denn dann ist die Reihenfolge, in der die Objekte in einer Folie gezeichnet werden, von großer Bedeutung. Die Reihenfolge, in der die Objekte in die Folie eingefügt wurden, bestimmt auch die Reihenfolge, in der sie sich überlappen. Übereinanderliegende Objekte werden in der PowerPoint-Hilfe *Stapel* genannt.

Ändern lässt sich die Reihenfolge der Objekte über die Befehle aus dem *Reihenfolge*-Untermenü im *Zeichnen*-Menü. Die Befehle *In den Vordergrund* und *In den Hintergrund* platzieren die markierten Objekte in der Reihenfolge nach »ganz vorne« oder »ganz hinten«. Die folgende Abbildung zeigt die Wirkung dieser beiden Befehle:

Objekt In den Vordergrund *und* In den Hintergrund *setzen*

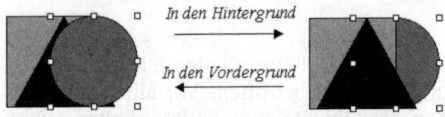

Abbildung 22.29: *Wirkung von* In den Hintergrund *und* In den Vordergrund

Soll die Reihenfolgeänderung nicht ganz so drastisch ausfallen, lassen sich die markierten Objekte mit Hilfe der Befehle *Eine Ebene nach vorne* und *Eine Ebene nach hinten* vor oder hinter das jeweils in der Reihenfolge vorangehende oder nachfolgende Objekt platzieren.

Eine Ebene nach vorne *und* nach hinten

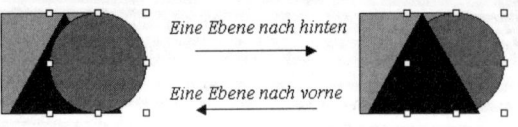

Abbildung 22.30: *Wirkung von* Eine Ebene nach hinten *und* Eine Ebene nach vorne

23 Folien-Management

565	Arbeit in der Foliensortierungsansicht
571	Arbeiten in der Gliederung
576	Folien aus Gliederung einfügen
577	Drucken der Präsentation
579	Einpacken und Loslegen mit Pack & Go
579	So packen Sie die Präsentation
583	Der PowerPoint Viewer

Foliensortierungsansicht

Viele Folien in einer Präsentation sind oft alles andere als übersichtlich. Besonders, wenn die Präsentation während ihrer Eingabe in PowerPoint laufenden Umstrukturierungen unterworfen ist, weil Sie hier noch eine Folie einfügen, dort eine entfernen.

Damit Sie den Überblick behalten, stellt PowerPoint die *Foliensortierungsansicht* bereit. Hier werden alle Folien der Präsentation im Briefmarkenformat angezeigt. Ähnlich wie Sie neue Elemente auf eine Folie platzieren, duplizieren oder deren Reihenfolge ändern, können Sie diese Befehle in der Foliensortierungsansicht auf die Folien einer Präsentation anwenden.

Animationen halten das Publikum wach

Außerdem lassen sich Übergangseffekte beim Wechsel von einer zur anderen Folie definieren, die die Aufmerksamkeit des Publikums bei der Vorführung Ihrer Präsentation wachhalten soll.

Arbeit in der Foliensortierungsansicht

In die Foliensortierungsansicht wechseln Sie über den Befehl *Foliensortierung* des *Ansicht*-Menü. Darauf zeigt PowerPoint die Folien in folgender Art und Weise an (siehe Abbildung 23.1).

Foliensortierung

Neben dem Menü stellt PowerPoint am linken unteren Rand des Hauptfensters fünf Symbole bereit, von denen das rechtsstehende nach einem Klick ebenfalls in die Foliensortierungsansicht wechselt.

TIPP Um in die Normalansicht zur Bearbeitung einer Folie zu wechseln, wird die Folie üblicherweise durch Anklicken markiert und durch Auswahl von *Ansicht/Normalansicht* zur Bearbeitung in der Normalansicht dargestellt. Schneller geht es durch einen Doppelklick auf die zu bearbeitende Folie in der Foliensortierungsansicht oder durch die ⏎-Taste, um die derzeit aktive Folie zu bearbeiten.

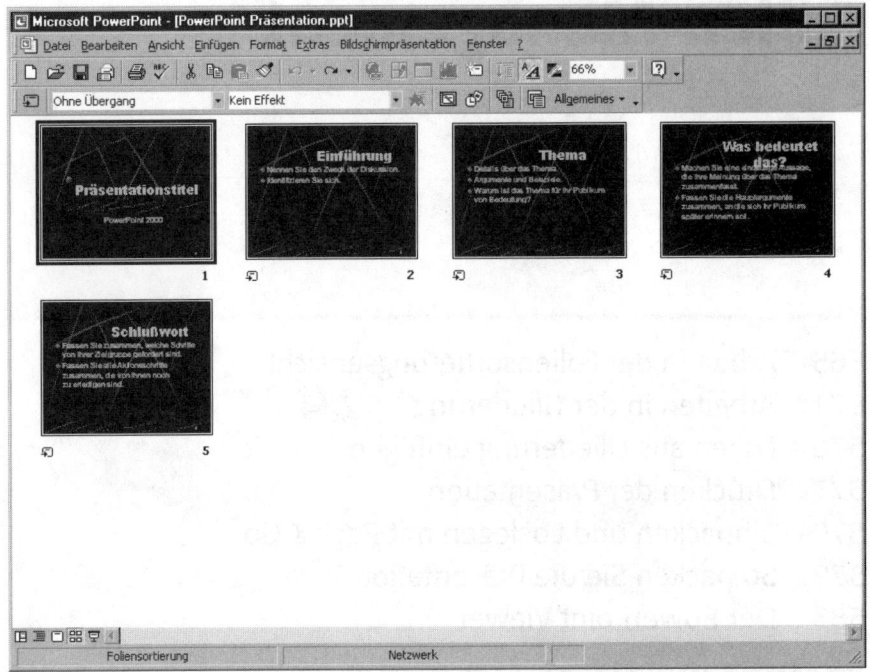

Abbildung 23.1:
In der Foliensortierungsansicht werden alle Folien im Miniformat angezeigt.

Elemente der Foliensortierung

Neben der Anzeige von Miniaturen bietet die Foliensortierungsansicht weitere Informationen über jede einzelne Folie:

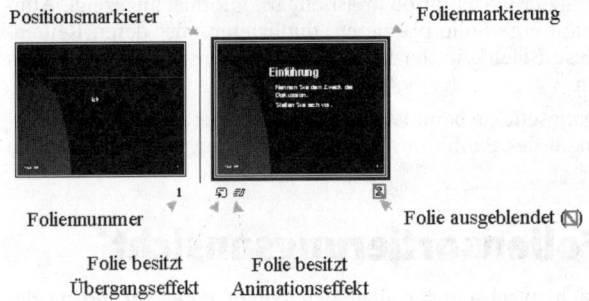

Abbildung 23.2:
Elemente der Foliensortierung

Die Nummer einer jeden Folie wird unter der rechten unteren Ecke der Miniatur eingeblendet. Falls die Folie ausgeblendet wird, um in einer Präsentation beispielsweise aufgrund eines gestrafften Zeitplans doch nicht zur Anzeige zu gelangen, wird die Foliennummer »durchgestrichen«.

In der Foliensortierung lassen sich mehrere Folien gleichzeitig markieren. Die Markierung wird durch einen zusätzlichen Rahmen um die Miniatur angezeigt. Mehrere Folien lassen sich auf die unter Windows herkömmliche Art und Weise markieren, beispielsweise durch Ziehen der Maus über die zu markierenden Bereiche. Auch die separate Markierung von Folien durch Drücken der ⌈Strg⌉-Taste beim Klicken auf eine Miniatur funktioniert. Ebenso wie ⌈⇧⌉-Taste zur Erweiterung der Markierung mit Maus oder Tastatur.

Neben der Markierung zeigt die Folienansicht auch einen Positionsmarkierer, der allerdings nur verfügbar ist, wenn keine Folie markiert wird. Er gibt an, an welcher Stelle neue Folien eingefügt werden. Bewegt wird der Positionsmarkierer durch einen Mausklick in den Raum zwischen zwei Folien.

Übergang und/oder Animation

Ebenfalls erkennbar in der Foliensortierungsansicht ist, ob eine Folie einen Übergangseffekt oder eine Animation besitzt. Kleine Symbole unter der linken unteren Ecke zeigen die Verfügbarkeit von Übergängen und Animationen an. Durch Klick auf diese Symbole lassen sich diese sogar in der Miniatur zur Überprüfung betrachten.

Folienreihenfolge ändern

Um die Reihenfolge Ihrer Folien zu ändern, so dass der logische Aufbau Ihrer Präsentation gewahrt bleibt, lassen sich die Folien im Gliederungsbereich der Normalansicht mit Hilfe einfacher Drag & Drop-Operationen verschieben.

Abbildung 23.3: Sortierung in der Normalansicht

Das setzt allerdings voraus, dass jede Ihrer Folien über einen Titel verfügt (siehe dazu ▶ Seite 572). Außerdem ist es ratsam, vor der Umstellung der Folien in der Gliederungsansicht alle Gliederungsebenen zu reduzieren, weil so lange Wege vermieden werden, die nur durch Rollen des Gliederungsinhalts zu überwinden sind.

Deutlich mehr Übersicht bietet allerdings die Foliensortierung. Denn hier werden alle Folien verkleinert dargestellt.

Um eine Folie an eine andere Position innerhalb der Präsentation zu setzen, ziehen Sie sie einfach an eine andere Stelle. Eine senkrechte Linie zeigt eine Positionsmarkierung an, wo die Folie einsortiert wird, wenn Sie die linke Maustaste loslassen.

Neue Folien einfügen

Wollen Sie eine neue Folie in die Präsentation einfügen, markieren Sie zuerst die bereits existierende Folie durch einen einfachen Klick, und der anschließende Befehl *Neue Folie...* aus dem *Einfügen*-Menü fügt eine neue Folie genau hinter der markierten Folie ein. Allerdings lässt sich so leider keine neue Folie vor der Folie »Nummer 1« einfügen. (Die in der Foliensortierungsansicht markierten Folien erkennen Sie an einem Rahmen.)

Neben der Markierung der Folien lässt sich auch der Positionsmarkierer vor oder hinter eine Folie setzen. Wird nun eine neue Folie eingefügt, platziert PowerPoint die Folie genau an die Stelle des Positionsmarkierers.

Inhaltsfolien

Es ist niemals ein Fehler, das Publikum darüber zu unterrichten, was es in den nächsten Minuten zu erwarten hat. Inhaltsfolien, die eine Zusammenfassung über den nachfolgenden Stoff bieten, lassen sich als sehr gute Einstimmung nutzen.

Damit Sie Inhaltsfolien nicht von Hand erstellen müssen, bietet die *Foliensortierungs*-Symbolleiste das *Inhaltsfolien*-Symbol. Seine Aufgabe besteht darin, eine neue Folie in die Präsentation einzufügen, auf der die Titelzeilen aller markierten Folien aufgeführt werden. Die markierten Folien müssen keinesfalls unmittelbar aufeinander folgen. Allerdings muss jede Folie auf einem AutoLayout mit Titelzeile basieren, denn nur diese Titelzeilen werden in die Inhaltsfolie übernommen.

Inhaltsfolien

Es empfiehlt sich besonders bei umfangreichen Präsentationen, etwa alle 20 Folien eine zusätzliche Inhaltsfolie einzufügen.

TIPP

So fügen Sie Folien aus einer Datei ein

Wenn Sie PowerPoint häufig einsetzen, können Sie bereits nach kurzer Zeit auf einen Fundus von Folien zurückgreifen, die Sie in jeder Ihrer Präsentationen einsetzen können. Das können z.B. Folien sein, die das Logo Ihrer Firma darstellen, oder die an einem Forschungsprojekt beteiligten Mitarbeiter.

Diese Standardfolien lassen sich über die »Methode Zwischenablage« in eine neue Präsentation übernehmen, indem Sie beim Bearbeiten der neuen Präsentation einfach eine zweite PowerPoint-Datei öffnen, die benötigten Folien über die Zwischenablage herauskopieren und in die neue Folie übernehmen. Doch mit dem Befehl *Folien aus Datei...* aus dem *Einfügen*-Menü geht es einfacher:

1. Wählen Sie zunächst durch Markieren einer bestehenden Folie oder durch Setzen des Positionsmarkierers die Position, an der neue Folien eingefügt werden sollen.

2. Rufen Sie anschließend den Befehl *Folien aus Datei...* aus dem *Einfügen*-Menü auf. Daraufhin erscheint das Dialogfenster *Foliensuche*. Im Eingabefeld *Datei* geben Sie den Namen der PowerPoint-Datei an, die die zu übernehmenden Folien enthält. Über die Schaltfläche *Durchsuchen* lässt sich ein Dateidialog aufrufen, der die Suche nach der Datei auf Ihren Festplatten und im Netzwerk erlaubt.

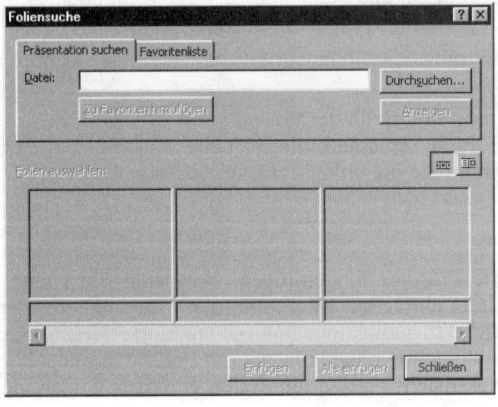

Abbildung 23.4:
Der Foliensuche-*Dialog*

Falls Sie auf eine bereits zuvor geöffnete Präsentation zugreifen wollen, können Sie über das Register *Favoritenliste* eine Ihrer bevorzugten Präsentationsdateien öffnen. Die Liste mit den von Ihnen bevorzugten Präsentationsdateien müssen Sie allerdings zuvor durch Betätigen der *Zu Favoriten hinzufügen*-Schaltfläche um eine oder mehrere Präsentationsdateien erweitern.

3. Die Folien der ausgewählten Präsentationsdatei werden unmittelbar nach Angabe des Dateinamens im unteren Teil des Dialogs in Form von Miniaturen aufgeführt:

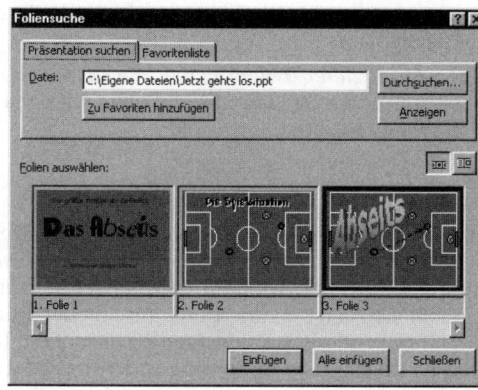

Abbildung 23.5:
Einzufügende
Folien werden im
unteren Teil des
Dialogs markiert.

Miniaturen- oder
Gliederungs-
ansicht

Für die Anzeige der Folien stehen zwei Ansichten bereit, die über die beiden rechts stehenden Symbole ausgewählt werden. In der Miniaturenansicht werden die Folien wie an einem Filmstreifen hintereinander aufgeführt. In der Gliederungsansicht wird dagegen die erste Ebene der Foliengliederung angezeigt, und erst die Auswahl eines Gliederungstextes bringt die entsprechende Folie als Miniatur zur Anzeige:

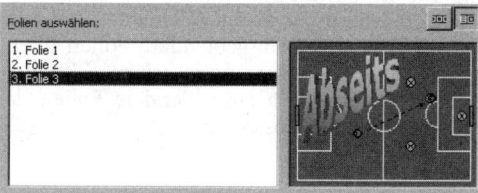

Abbildung 23.6:
Folienauswahl in
der Gliederungs-
ansicht

4. Wählen Sie eine der beiden Ansichten und markieren Sie die zu übernehmenden Folien. Mehrere Folien lassen sich entweder durch Ziehen mit der Maus, oder durch mehrmaliges Klicken mit gedrückter [Strg]-Taste markieren. Letzteres führt dazu, dass der Markierungszustand der angeklickten Folie wechselt.

5. Die markierten Folien werden entweder durch Betätigen der *Einfügen*-Schaltfläche oder durch Doppelklick auf eine markierte Folie übernommen.

6. Betätigen Sie die Schaltfläche *Alle einfügen*, wenn Sie alle Folien der Präsentationsdatei übernehmen wollen.

7. Der Dialog wird nach dem Einfügen jedoch nicht geschlossen. Dadurch lassen sich mehrere Folien nacheinander in die neue Präsentation einfügen. Erst wenn Sie die *Schließen*-Schaltfläche anklicken, wird der Dialog beendet.

Folien duplizieren

Oft dient eine Folie als Vorlage für andere Folien und muss daher mehrfach in Ihre Präsentation eingefügt werden. Eine Möglichkeit zur Erstellung eines Foliendupikats besteht darin, alle Elemente einer Folie zu markieren, die Elemente in die Zwischenablage zu kopieren, eine neue Folie zu erstellen und die Elemente aus der Zwischenablage in die neue Folie einzufügen.

Schwierig wird es, wenn mehrere Folien dupliziert werden müssen. Hier ist die »Methode Zwischenablage« überfordert. Nicht so der *Folie duplizieren* Befehl aus dem *Einfügen*-Menü. Er dupliziert nicht nur die aktuelle Folie, sondern alle derzeit markierten Folien der Foliensortierungsansicht.

HINWEIS

Auch das *Bearbeiten*-Menü stellt einen *Duplizieren*-Befehl bereit, mit dem sich die derzeit markierten Folien duplizieren lassen. Außerdem lassen sich Folien mit der Tastenkombination [Strg]+[⇧]+[D] sehr schnell duplizieren.

Folien löschen

Überflüssige Folien werden über den Befehl *Folie löschen* aus dem *Bearbeiten*-Menü gelöscht. Dieser Befehl funktioniert in jeder Ansicht von PowerPoint. In der *Foliensortierungsansicht* sowie im *Gliederungsausschnitt* der *Normalansicht* lassen sich aber mehrere Folien auf einmal löschen, indem sie zuerst markiert und anschließend über den *Folie löschen*-Befehl oder die [Entf]-Taste entfernt werden. Greifen Sie auf die Tastenkombination [Strg]+[X] zurück, werden die markierten Folien aus der Präsentation gelöscht und zugleich in die Zwischenablage übertragen.

Folien ausblenden

Manchmal ist es gar nicht nötig, eine Folie zu löschen. Das einfache Ausblenden einer Folie genügt vielleicht auch. Die Folie bleibt zwar in der Präsentation, wird aber bei der Bildschirmpräsentation nicht mehr ausgeführt, und auch beim Drucken wird sie nicht mehr berücksichtigt.

Ausgeblendete Folien werden gerne für Bildschirmpräsentationen verwendet, um zusätzliche Informationen auf Folien zu speichern, die bei ausreichender Zeit nachgeschoben werden. Während der Präsentation werden ausgeblendete Folien über den *Gehe zu*-Befehl des Kontextmenüs oder den *Foliennavigator* (siehe ▶ Kapitel 25, *Während der Präsentation*) aufgerufen. Sie erkennen ausgeblendete Folien daran, dass die Foliennummer von runden Klammern umschlossen ist.

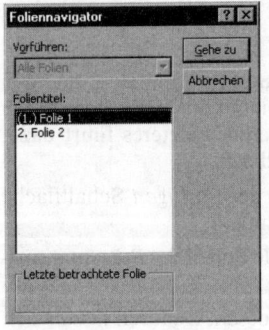

Abbildung 23.7: Folie 1 ist ausgeblendet.

Folie ausblenden

Folien werden über den Befehl *Folie ausblenden* aus dem Menü *Bildschirmpräsentation* ausgeblendet. In der Foliensortierungsansicht steht dieser Befehl außerdem im Kontextmenü einer jeden Folienminiatur.

Ob eine Folie ausgeblendet ist, erkennen Sie in der Foliensortierungsansicht daran, dass die Nummerierung einer Folie durchgestrichen ist. In der Normalansicht müssen Sie sich über den Zustand des Symbols vor dem Befehl *Folie ausblenden* im Menü *Bildschirmpräsentation* darüber informieren, ob die Folie ausgeblendet ist oder nicht.

Um eine Folie wieder einzublenden, wird der *Folie ausblenden*-Befehl erneut aufgerufen.

Foliendimensionen

Die Größe einer der Folien einer Präsentation richtet sich nach dem DIN A4 Format. Die Folienbreite beträgt 24 cm und die Höhe 18 cm.

Diese Einstellungen lassen sich aber ändern. PowerPoint stellt dazu den *Seite einrichten*-Dialog bereit, in dem sich das Papierformat und die Orientierung der Folien einstellen lässt. Aufgerufen wird dieser Dialog über den *Seite einrichten...*-Befehl aus dem *Datei*-Menü:

Abbildung 23.8: Seite einrichten

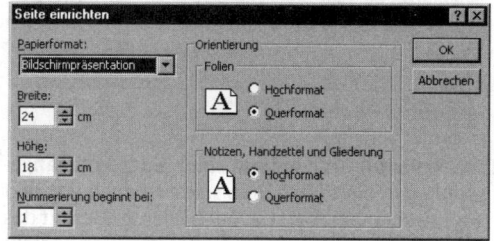

In den Eingabefeldern *Breite* und *Höhe* wird die Breite und Höhe einer Folie angegeben. Um auf Standardformate zurückzugreifen, bietet das Kombinationsfeld *Papierformat* verschiedene vordefinierte Papierformate an. In der Gruppe *Orientierung* können Sie angeben, ob Folien im Hoch- oder Querformat ausgegeben werden. Für Notizen, Handzettel und Gliederungen lässt sich die Orientierung separat einstellen.

Nummerierung

In den verschiedenen Mastern (siehe ▶ Kapitel 24) lässt sich einstellen, dass jede Folie ihre Nummer enthält. Üblicherweise beginnt die Nummerierung bei 1. Wenn eine Präsentation aber nur Teil eines umfassenden Werks ist, steht Folie Nummer 1 nicht mehr auf Seite 1, sondern beispielsweise auf Seite 123. Um die Folien mit dieser Foliennummer bzw. Seitenzahl auszugeben, erlaubt das Eingabefeld *Nummerierung beginnt bei* die Angabe der Nummer/Seitenzahl für die erste Folie.

HINWEIS

Für Handzettel, auf denen mindestens zwei Folien auf eine Seite platziert werden, gibt das Eingabefeld *Nummerierung beginnt bei* die Nummer der ersten Seite und nicht die Nummer der ersten Folie an.

Arbeiten in der Gliederung

Obwohl die Arbeit im Folienentwurf der scheinbar natürliche Weg zur Erstellung der Folien einer Präsentation zu sein scheint, beschäftigen Sie sich in der Folienansicht vornehmlich mit der Gestaltung der Folien. Die Struktur der gesamten Präsentation lässt sich nur schlecht überblicken. Die Foliensortierungsansicht bietet hier bereits einen deutlich besseren Überblick, allerdings gestattet sie allein die Umordnung der

Folien. Die Gliederungsansicht als Bestandteil der Normalansicht ist hier flexibler. Sie erlaubt nicht nur eine Sortierung der Folien, sondern auch eine Bearbeitung des Folieninhalts.

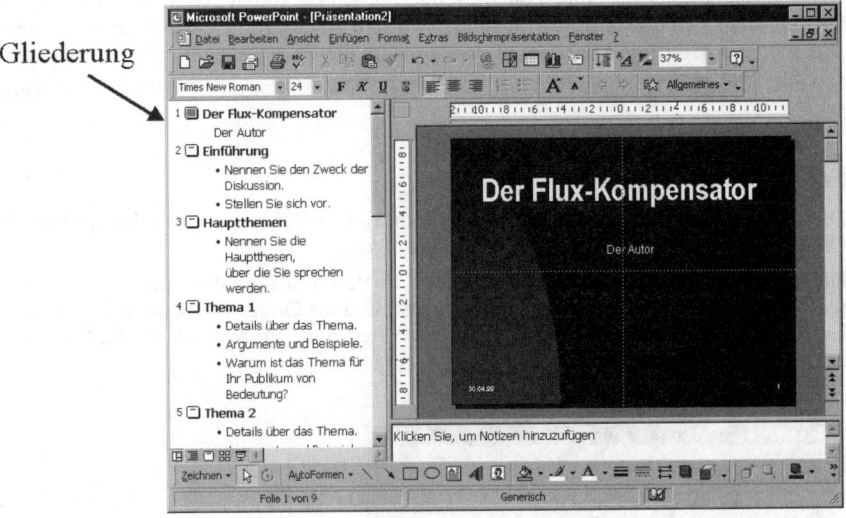

Abbildung 23.9:
Die Gliederung

In der Gliederungsansicht wird der Titel sowie die Aufzählung einer jeder Folie angezeigt. Damit in der Gliederungsansicht nicht nur ein Platzhalter, sondern auch der Text der Folie erscheint, muss die jeweilige Folie auf einem AutoLayout basieren. Besitzt das Layout einen Titel und eine Aufzählung, wird deren Inhalt in der Gliederungsansicht angezeigt:

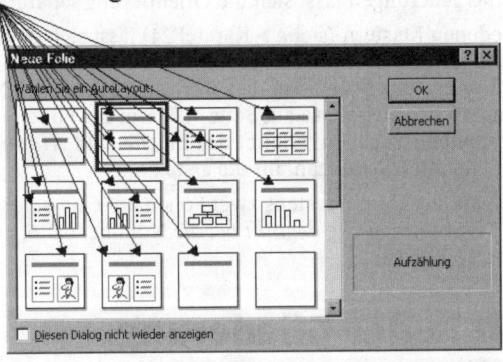

Abbildung 23.10:
Der Inhalt dieser Elemente wird in der Gliederungsansicht aufgeführt.

Vor allen Dingen aber lässt sich dieser Inhalt in der Gliederunganscicht bearbeiten. Jede Änderung in der Gliederungsansicht spiegelt sich sofort in den Folienelementen wider. Dadurch lassen sich Änderungen sehr schnell und effizient eingeben.

Neue Folien hinzufügen

Neue Folien lassen sich wie gewohnt über den Befehl *Neue Folie* aus dem *Einfügen*-Menü hinzufügen (Tastatur: Strg+M). Es erscheint der *AutoLayout*-Dialog und erfordert die Auswahl eines Layouts.

AutoLayout
Aufzählung

Schneller geht es über die Tastenkombination Strg+↵. Sie fügt eine neue Folie, basierend auf dem AutoLayout *Aufzählung*, in die Präsentation ein. Wie eine solche Folie aussieht, lässt sich über den Folienmaster (siehe ▶ Kapitel 24) exakt einstellen.

Gliederungsstruktur bearbeiten

Die Gliederungsansicht eignet sich hervorragend für die Strukturierung einer Präsentation. Sammeln Sie hier Ihre Ideen und relevanten Informationen und geben Sie sie als separate Absätze in der Gliederungsansicht ein.

*Abbildung 23.11:
Ideensammlung
in der Gliederungsansicht*

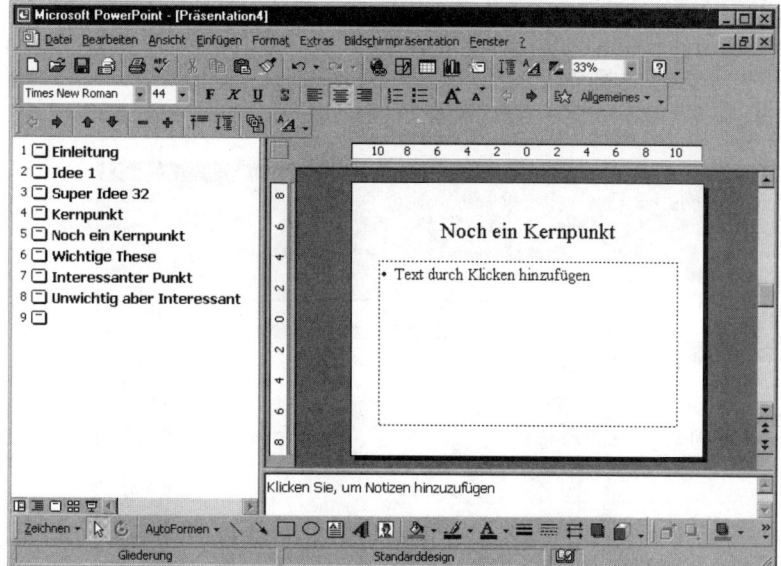

Foliensymbol

Jeder Absatz wird von PowerPoint zunächst in einer eigenen Folie dargestellt – und zwar als Titel einer Folie, die auf dem AutoLayout *Aufzählung* basiert. In der Gliederungsansicht erkennen Sie die Titelzeile einer Folie an dem vorangestellten, nummerierten Foliensymbol.

Nach oben, Nach
unten

Nach der ersten Ideensammlung geht es an die Sortierung der einzelnen Absätze. Pro Folie ein Absatz ist schließlich eine reine Platzverschwendung. Werden die Ideen in der Reihenfolge eingetragen, in der sie Ihnen in den Sinn kamen, dürfte es sich um eine recht ungeordnete Liste von Ideen und Kernpunkten für Ihre Präsentation handeln. Im ersten Arbeitsschritt sollten Sie daher eine möglichst große Ordnung herstellen und alle zusammengehörigen Ideen zusammen platzieren. Dazu stellt PowerPoint die Symbole *Nach oben* und *Nach unten* in der *Gliederung*-Symbolleiste bereit. Diese Symbole verschieben den aktuellen bzw. die markierten Absätze um jeweils einen Absatz nach oben oder nach unten.

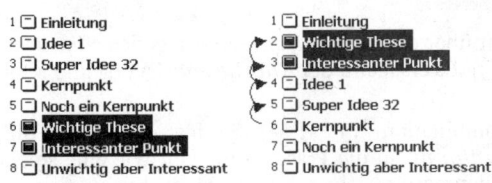

Abbildung 23.12:
Verschieben der markierten Absätze um vier Stellen nach oben

Die Markierung mehrerer Absätze erfolgt wie gewohnt durch Ziehen der Markierung mit der Maus oder über die Pfeiltasten bei gedrückter ⇧-Taste. Um die Markierung per Tastatur nach oben oder nach unten zu verschieben, bietet PowerPoint diese beiden Tastenkombinationen: ⇧+Alt+↑ und ⇧+Alt+↓.

Das Verschieben der Absätze hat bisher noch nicht dazu geführt, dass außer dem Titel zusätzliche Informationen auf einer Folie gezeigt werden. Auch die Anzahl der Folien wird dadurch nicht reduziert. Erst das *Tiefer stufen* eines Absatzes ordnet ihn als Unterpunkt unter den unmittelbar vorangehenden Absatz ein. Wie das aussieht, wenn die beiden markierten Absätze aus dem oberen Beispiel tiefer gestuft werden, zeigt die folgende Abbildung:

TIPP

Höher stufen, Tiefer stufen

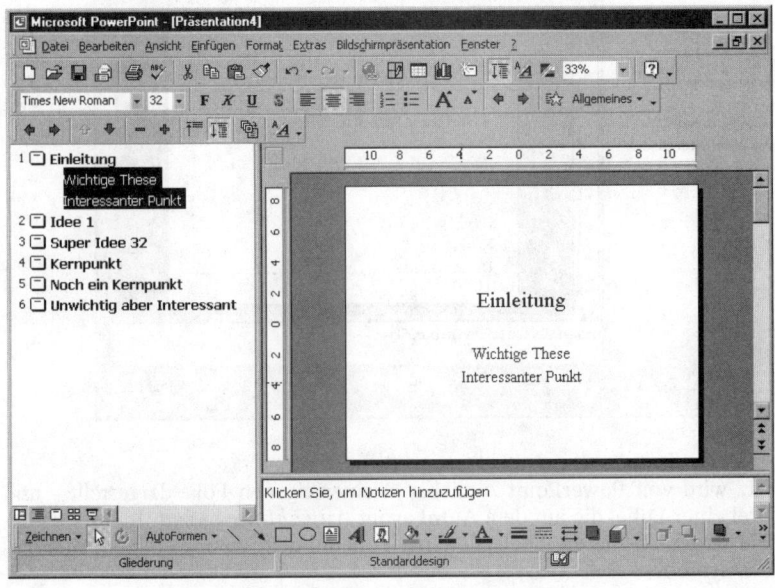

Abbildung 23.13:
Markierte Absätze tiefer stufen

Allerdings ist hier zu beachten, dass in der Gliederung die erste Folie mit dem AutoLayout *Titelfolie* formatiert wird, und daher anders als bei den herkömmlichen Folien vom Typ *Aufzählung* die Aufzählungszeichen fehlen. Die Abbildung 23.14 zeigt daher, was passiert, wenn Sie mehrere Absätze einer herkömmlichen Folie (ab Folie Nummer 2) *Tiefer stufen*.

Die Gliederung kennt fünf Gliederungsebenen. Das Aussehen des Textes und auch das Aufzählungszeichen einer jeden Ebene wird im Folienmaster (siehe ▶ Kapitel 24) definiert.

Abbildung 23.14:
Die Gliederungsebenen

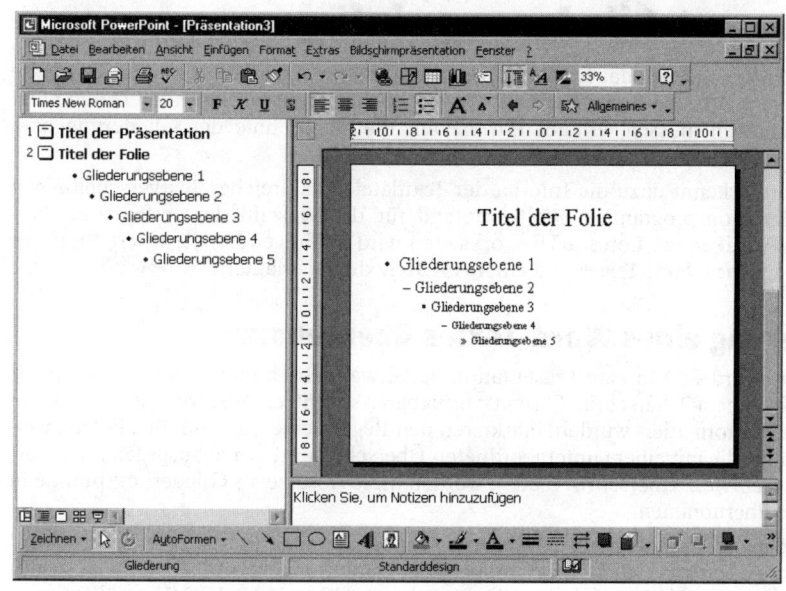

Absätze, die zu tief eingestuft wurden, lassen sich durch *Höher stufen* eine Gliederungsebene nach oben versetzen.

TIPP Die Gliederungsebenen lassen sich mit der Tastatur über die Taste tiefer und über die Tasten + höher stufen. Um in der Gliederung einen Tabulator einzugeben, müssen Sie auf die Tastenkombination Strg+ zurückgreifen. Alternativ dazu befindet sich im Kontextmenü eines Absatzes der Befehl *Tabstopp einfügen*.

Alle Ebenen reduzieren, Alle Ebenen erweitern

Insbesondere in umfangreichen Präsentationen ist die Anzeige aller Gliederungsebenen in der Gliederungsansicht mitunter unerwünscht. Weil nicht alle Folien sichtbar sind, müssen Sie zur Navigation durch die Folien auf die Schieberegler zurückgreifen. Übersicht erhalten Sie, indem Sie die Gliederungsebenen reduzieren. Um in der Gliederungsansicht nur noch die Titel der Folien anzuzeigen, stellt die *Gliederung*-Symbolleiste das Symbol *Alle Ebenen reduzieren* bereit. Der Titel der Folien, auf denen sich reduzierte Gliederungsebenen befinden, werden »unterschlängelt«.

Um wieder alle Gliederungsebenen zum Vorschein zu bringen, finden Sie in der *Gliederung*-Symbolleiste den Befehl *Alle Ebenen erweitern*. Doch die Gliederung muss nicht für alle Folien gemeinsam entfernt oder angezeigt werden. Die Befehle *Gliederung erweitern* und *Gliederung reduzieren* wirken sich nur auf die derzeit markierten Folien bzw. die aktuelle Folie aus. In der *Gliederung*-Symbolleiste finden Sie entsprechende Symbole.

Formatierungen anzeigen

Üblicherweise spielt die Zeichenformatierung in der Gliederung keine bedeutende Rolle. Soll die Gliederung jedoch ausgedruckt werden, ist ein ansprechendes Layout oft wichtig – vor allem, wenn der Ausdruck einem Publikum vorgelegt werden soll. Damit sich die Textformatierungen in der Gliederung widerspiegeln, muss die Option *Formatierungen anzeigen* in der *Gliederung*-Symbolleiste aktiviert werden. Bis auf die Schriftgröße zeigt die Gliederung nun die Formate der Texte an.

Inhaltsfolie

Um die Zusammenfassung von Folientiteln auf so genannten Inhaltsfolien zu gestatten, bietet die *Gliederung*-Symbolleiste genau wie die Symbolleiste der Foliensortierungsansicht (siehe ▶ Seite 565) ein Symbol, mit dem sich basierend auf den derzeit markierten Folien eine Inhaltsfolie erzeugen lässt. PowerPoint übernimmt alle Titel der markierten Folien auf die Inhaltsfolie.

Folien aus Gliederung einfügen

Oft sind Präsentationen das Ergebnis einer schriftlichen Ausarbeitung – beispielsweise eines Forschungs- oder Jahresberichts. Damit Sie die bereits vorliegenden Daten nicht erneut eingeben müssen, erlaubt PowerPoint die Übernahme der Gliederung bzw. Struktur des zugrunde liegenden Textes.

PowerPoint erkennt dazu die Interna der Textdateien zahlreicher Textverarbeitungen und Kalkulationsprogramme. Stellvertretend für die Vielzahl der verfügbaren Programme (WordPerfect, Lotus, RTF, Works etc.) wird im Folgenden die Übernahme der Gliederung eines Word-Textes und einer ASCII-Textdatei erläutert.

Gliederung eines Word-Textes übernehmen

Um einen Word-Text in eine Präsentation zu verwandeln, berücksichtigt PowerPoint nur die in einem Überschrift-Format verfügbaren Absätze. Absätze, die im Format *Überschrift 1* formatiert wurden, markieren den Beginn einer neuen Folie. Folgen weitere Absätze, die mit einem untergeordneten Überschriften-Format ausgezeichnet wurden (*Überschrift 2*, *Überschrift 3* etc.), werden diese Absätze als Gliederungspunkte in eine Folie übernommen.

Um aus dem Word-Dokument bzw. seiner Gliederung neue Folien zu erzeugen, wird der Befehl *Folien aus Gliederung...* aufgerufen. Daraufhin erscheint ein Dateiauswahldialog, in dem Sie die Datei mit der Gliederung auswählen. Nach Betätigung der *Einfügen*-Schaltfläche übernimmt PowerPoint die Gliederung dann an der aktuellen Einfügeposition.

Folien aus Gliederung...

Gliederung eines ASCII-Textes übernehmen

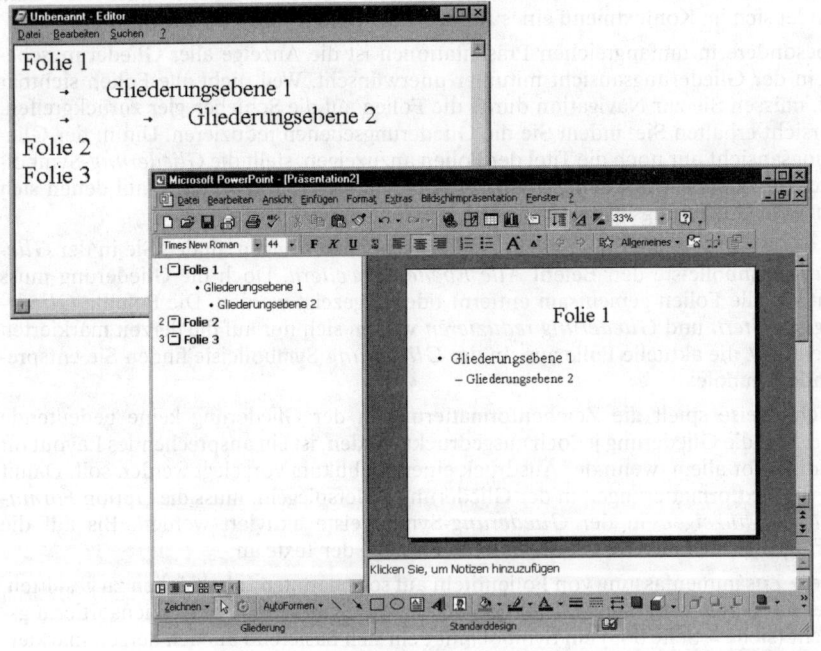

Abbildung 23.15:
Gliederung aus ASCII-Text

Die Übernahme eines ASCII-Textes erfolgte ebenfalls durch Auswahl des *Folien aus Gliederung...*-Befehls. Wie PowerPoint aus der Gliederung neue Folien erzeugt und welche Informationen übernommen werden, regeln Tabstopps. Zeilen, die nicht per Tabstopp eingezogen sind, definieren den Titel einer Folie. Darunter stehende Zeilen mit Tabstopps repräsentieren die verschiedenen Gliederungsebenen.

Die Abbildung 23.15 zeigt, welche Präsentation aus einer gegebenen Textdatei erzeugt wird.

Drucken der Präsentation

Drucken

Das Drucken einer Präsentation erfolgt im einfachsten Fall genauso wie das Drucken eines beliebigen Office-Dokuments. Einfach den Befehl *Drucken...* aus dem *Datei*-Menü aufrufen und den Druckvorgang mit *OK* im *Drucken*-Dialog starten. Noch schneller geht es, wenn Sie das Drucker-Symbol in der *Standard*-Symbolleiste anklicken. PowerPoint gibt die Präsentation ohne weiteren Dialog auf den zuletzt verwendeten Drucker aus.

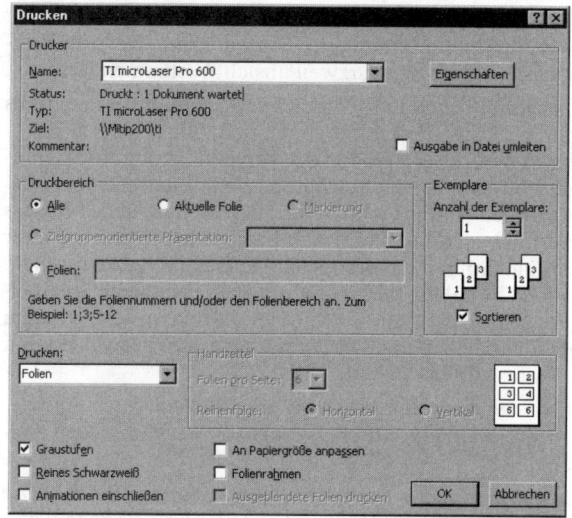

Abbildung 23.16:
Der Drucken-*Dialog*

Doch diese Methode funktioniert nur, wenn Sie jede Folie auf einer separaten Seite ausdrucken wollen. Für ausgedruckte Handzettel, Notizenseiten und Gliederungen genügt das nicht.

Welche Folien?

Standardmäßig bezieht PowerPoint alle Folien einer Präsentation in den Ausdruck mit ein. In der Steuerelementgruppe *Druckbereich* ist dazu die Optionsschaltfläche *Alle* aktiviert. Die Option *Aktuelle Folie* führt dagegen nur zum Ausdruck der aktuellen Folie. Die in der Folien- oder Gliederungsansicht derzeit markierten Folien werden durch Auswahl des Druckbereichs *Markierung* ausgegeben. Falls die Präsentation eine oder mehrere zielgruppenorientierte Präsentationen (siehe ▶ Kapitel 25, *Zielgruppenorientierte Präsentationen*) enthält, lassen sich auch diese ausdrucken. Dazu wird zum einen die Option *Zielgruppenorientierte Präsentation* ausgewählt, zum anderen muss der Name der auszugebenden Präsentation bestimmt werden. Der letzte Druckbereich trägt den Namen *Folien* und erlaubt die exakte Selektion der auszudruckenden Folien durch Angabe ihrer Foliennummer.

Um festzulegen, in welcher Form PowerPoint die Folien ausdrucken soll, steht das *Drucken*-Kombinationsfeld bereit. Hier wählen Sie aus, ob Folien, Handzettel, Notizenseiten oder die Gliederungsansicht gedruckt werden soll.

Folien, Handzettel, Notizenseiten oder Gliederungsansicht

Beim Ausdruck von Handzetteln bietet PowerPoint zusätzlich die Steuerelemente der *Handzettel*-Gruppe. Hier legen Sie fest, wie viele Folien pro Seite ausgegeben werden sollen und ob die Folienreihenfolge horizontal (von rechts nach links) oder vertikal (von oben nach unten) ausgerichtet sein soll.

Handzettel

Nicht das Layout der Folien, sondern auch das Layout der Notizenseiten und Handzettel wird über entsprechende Master festgelegt (siehe ▶ Kapitel 24). Beim Handzettel lassen sich die Einstellungen aus dem Handzettelmaster allerdings noch unmittelbar vor dem Ausdruck überschreiben. Das Kombinationsfeld *Folien pro Seite* erlaubt hier die Angabe der Anzahl der Folien, die auf eine Seite platziert werden sollen.

Die Rolle der Master

Standardmäßig erfolgt die Druckausgabe in Graustufen. Nahezu jeder Drucker beherrscht dieses »Farbformat«. Um in Farbe zu drucken, muss das Kontrollkästchen *Graustufen* deaktiviert sein. Wie PowerPoint die Farben in Graustufen umsetzt, können Sie sofort am Bildschirm betrachten, wenn Sie die etwas irreführend benannte Option *Schwarzweißansicht* aktivieren. In der Normalansicht werden alle Folienelemente in Graustufen angezeigt. Solange die Schwarzweißansicht verfügbar ist, verfügt jedes Folienelement über den zusätzlichen Menüeintrag *Schwarz und Weiß* im Kontextmenü, mit dem sich seine »Farbe« in der Schwarzweißansicht bestimmen lässt.

Graustufen

Schwarzweißansicht und Schwarz und Weiß

Soll der Ausdruck mit einem handelsüblichen Fotokopierer vervielfältigt werden, ist es oft ratsam, den Ausdruck in reinem Schwarzweiß vorzunehmen. Nicht jeder Fotokopierer ist in der Lage, Graustufen zu reproduzieren. Bei der Vervielfältigung eines Graustufenausdrucks kommt es daher oft zu Überraschungen. Diese können Sie aber ausschließen, wenn Sie den Ausdruck durch Aktivieren der Schaltfläche *Reines Schwarzweiß* »kopierfertig« ausdrucken. PowerPoint wandelt die Farben anhand ihrer Helligkeit in Schwarz oder Weiß um. Sollten dadurch wichtige Details verloren gehen, können Sie durch Aufhellen oder Abdunkeln verschiedener Folienelemente nachhelfen. Eine Vorschau der Folien in reinem Schwarzweiß in der Normalansicht erhalten Sie, wenn Sie aus dem *Ansicht*-Menü die Option *Schwarzweißansicht* auswählen und während der Auswahl die ⇧-Taste gedrückt halten.

Schwarzweiß

Auch Folien mit animierten Folienelementen lassen sich ausdrucken. Nach Aktivierung des Kontrollkästchens *Animationen einschließen* druckt PowerPoint jeden Animationsschritt auf einer separaten Seite.

Animationen einschließen

Jede Folie einer Präsentation besitzt eine vorgegebene Größe, die über den Befehl *Seite einrichten...* (siehe ▶ Seite 571) aus dem *Datei*-Menü eingestellt wird. Üblicherweise gibt PowerPoint den Folieninhalt im Originalmaß (also 1:1) zu Papier. Falls die Foliengröße die Papiergröße übersteigt, beschränkt sich PowerPoint darauf, einen Abschnitt aus der Mitte der Folie auszudrucken. Wenn die Foliengröße beispielsweise auf DIN A3 eingestellt wurde, der Drucker aber nur im DIN-A4-Format zu drucken imstande ist, druckt PowerPoint nur den zentralen Bereich der Folie. PowerPoint verteilt den Folienausdruck **nicht** auf mehrere Seiten (siehe Abbildung 23.17).

An Papiergröße anpassen

Aktivieren Sie das Kontrollkästchen *An Papiergröße anpassen*, verkleinert PowerPoint die Folie so weit, dass sie vollständig auf die Folie passt. Bei der Vergrößerung wird das Seitenverhältnis gewahrt. Selbstverständlich verkleinert PowerPoint nicht nur übergroße Folien auf Papiergröße, sondern vergrößert auch sehr kleine Folien.

Besonders beim Ausdruck von Handzetteln und Notizenseiten sind Rahmen um die Folien zur Abgrenzung der Miniaturen sinnvoll. Durch Aktivierung des Kontrollkästchens *Folienrahmen* veranlassen Sie PowerPoint zum Druck der Folienrahmen. Beim Ausdruck separater Folien sollten Sie allerdings auf einen Rahmen verzichten. Dort wirkt er meist wie ein Trauerrand.

Folienrahmen

Abbildung 23.17:
Herkömmliche Druckausgabe von PowerPoint

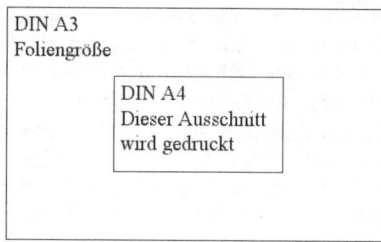

Ausgeblendete Folien drucken

Die ausgeblendeten Folien (siehe ▶ Seite 570) werden üblicherweise beim Ausdruck nicht berücksichtigt. Durch Aktivierung des Kontrollkästchens *Ausgeblendete Folien drucken* bezieht PowerPoint aber auch diese in den Ausdruck mit ein.

Einpacken und Loslegen mit Pack & Go

Die Präsentation wird sorgsam auf dem heimischen PC vorbereitet, um am »großen Tag« an einem anderen Ort vorgetragen zu werden. Peinlich, wenn dabei wichtige Dateien wie Bilder, Sounddateien oder Videoclips verloren gegangen sind und an ihrer Stelle nur ein leerer Platzhalter in der Präsentation erscheint. Glücklich der, der einen mobilen Notebook-Rechner sein eigen nennt, auf dem immer alle Dateien verfügbar sind.

Wem dieses Glück nicht zuteil wurde, muss sicherstellen, dass wirklich alle zu einer Präsentation gehörenden Dateien – dazu gehören vor allem die verknüpften Dateien, auf eine andere Maschine im Netzwerk oder einen Datenträger wie eine Diskette, eine Wechselplatte oder eine CD-ROM/CD-RW kopiert wird.

So packen Sie die Präsentation

Um alle Dateien zusammenzufassen, stellt PowerPoint den Befehl *Pack & Go* bereit. Er sammelt alle verknüpften Dateien (Bilder, Sounds, Videos, Cliparts), fügt sie mit der Präsentationsdatei zu einer umfassenden Datei zusammen und kopiert sie auf ein Laufwerk Ihrer Wahl. Auf Wunsch packt PowerPoint sogar das PowerPoint-Betrachter-Programm (den »Viewer«) ein, das es gestattet, die Präsentation auch auf einem Rechner ohne installierte PowerPoint-Version ablaufen zu lassen.

1. Öffnen Sie die zu übertragende Präsentation. Rufen Sie anschließend im Menü *Datei* den Befehl *Pack & Go* auf. Es erscheint ein Begrüßungsdialog, den Sie mit *Weiter* beantworten können.

Abbildung 23.18:
Der Pack & Go-Begrüßungsdialog

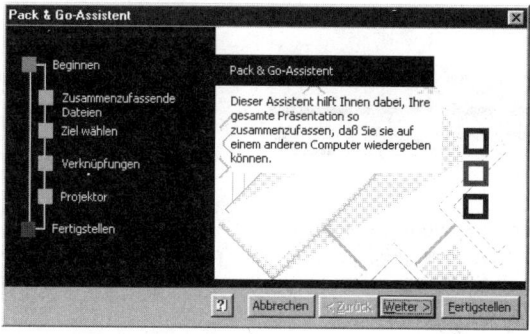

2. Im zweiten Dialog lassen sich neben der aktuellen Präsentation weitere Präsentationen der vom *Pack & Go*-Assistent erzeugten Datei hinzufügen. Das spart etwas Speicherplatz auf dem Speichermedium, weil hier einige Dateien nur noch einmal und nicht für jede gepackte Präsentation separat gespeichert werden müssen.

Das Kontrollkästchen *Aktive Präsentation* muss aktiviert sein, um die derzeit aktive Präsentation zu packen. Wollen Sie zusätzliche Präsentationen hinzufügen, klicken Sie auf das Kontrollkästchen *Weitere Präsentation(en)* und dann auf die Schaltfläche *Durchsuchen...* PowerPoint öffnet einen Dateidialog, in dem Sie weitere Präsentationen auswählen können.

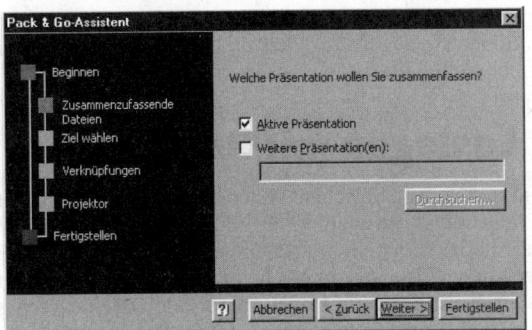

Abbildung 23.19:
Welche Präsentationen sollen zusammengefasst werden?

3. Nach Druck auf die *Weiter*-Schaltfläche zeigt der *Pack & Go*-Assistent den nächsten Dialog. Hier müssen Sie das Zielverzeichnis auswählen, in das die resultierende Datei gespeichert werden soll. Meistens empfiehlt sich ein Verzeichnis auf der Festplatte, das Sie als »Basislager« für die Datei verwenden, um es von dort auf den eigentlichen Datenträger zu kopieren. Das Zusammenfassen auf die Festplatte erspart Ihnen außerdem unliebsame Überraschungen und Wiederholungen, falls der eigentliche Datenträger zu wenig Speicherplatz bietet. In diesem Fall müssen Sie die Dateien nur auf einen anderen Datenträger kopieren, ohne nochmals den *Pack & Go*-Assistenten bemühen zu müssen.

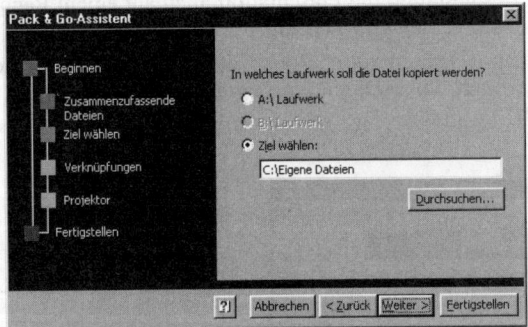

Abbildung 23.20:
Wohin speichern?

Bietet der Datenträger nicht genug Speicherplatz für eine Präsentation, fordert PowerPoint zur Einlage eines weiteren Datenträgers auf. Bei der Speicherung auf die bereits betagte 1,44-MB-Diskette müssen Sie daher selbst für einfachste Präsentationen bereits zwei formatierte Disketten bereithalten.

HINWEIS

PowerPoint schlägt als Speicherpfad immer das Laufwerk *A:* als bevorzugten Speicherort vor. Falls sich dort nur ein 1,44-MB-Laufwerk befindet, sollten Sie das Optionsfeld *Ziel wählen* aktivieren und im darunter liegenden Eingabefeld einen Verzeichnispfad auf einem Ihrer Festplattenlaufwerke angeben.

4. Im nächsten Schritt geben Sie an, ob verknüpfte Dateien mit in die resultierende Datei eingeschlossen oder als separate Dateien in das Zielverzeichnis kopiert werden.

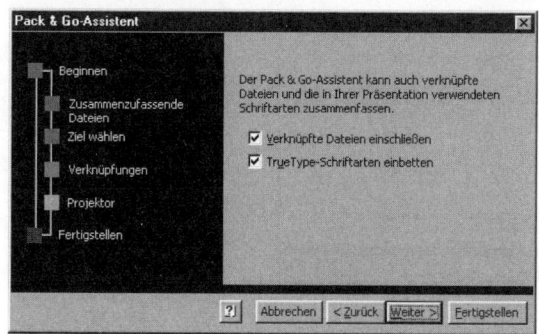

Abbildung 23.21:
Verknüpfte
Dateien und
Schriftarten
einbetten?

»Eingeschlossene« Dateien werden von PowerPoint in die resultierende Datei gepackt und belegen dadurch (im Allgemeinen) weniger Speicherplatz. Allerdings lassen sich keinerlei Änderungen mehr an den Dateien vornehmen. Wollen Sie die Dateiinhalte allerdings nachträglich (evtl. sogar »in letzter Minute«) aktualisieren, empfiehlt sich die Speicherung in separaten Dateien. Aktivieren Sie zu diesem Zweck das Kontrollkästchen *Verknüpfte Dateien einschließen.*

Das Kontrollkästchen *TrueType-Schriftarten einbetten* ist wichtig, wenn Sie die Präsentation auf »unbekanntem Terrain« vorführen wollen, auf dem die von Ihnen verwendeten Schriftarten nicht verfügbar sind. Solange Sie nur die Windows- und Office-Standardschriftarten verwenden und auf dem Zielsystem Office 2000 installiert ist, können Sie diese Option deaktivieren. Sie sparen dadurch je nach Anzahl der in Ihrer Präsentation verwendeten Schriftarten zwischen 10 und 500 KB Speicherplatz. Sind Sie sich über das Zielsystem jedoch nicht sicher, sollten Sie die TrueType-Schriftarten immer einbetten.

5. Im letzten Schritt erfragt der Assistent, ob ein zusätzlicher PowerPoint-Betrachter (PPVIEW.EXE) der *Pack & Go*-Datei hinzugefügt werden soll. Dieses Betrachter-Programm gestattet die Vorführung der Präsentation auch auf einem Rechner, auf dem bisher kein Office 2000-Paket installiert ist.

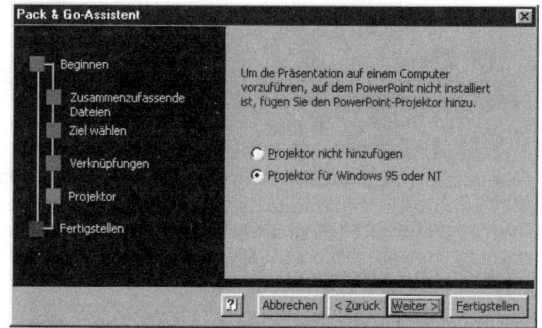

Abbildung 23.22:
Der PowerPoint-
Viewer ist
notwendig, um
die Präsentation
auch auf PCs
ohne eine Lizenz
von PowerPoint
vorzutragen.

Folien-Management

6. Vor der Fertigstellung zeigt der Pack & Go-Assistent eine kurze Zusammenfassung an. Sie teilt Ihnen mit, in welches Verzeichnis die Präsentation komprimiert wird. Klicken Sie auf *Fertigstellen*, damit der Assistent mit dem Zusammenfassen der Dateien beginnt. Nach erfolgreicher Operation zeigt PowerPoint einen Dialog an, den Sie einfach mit *OK* schließen.

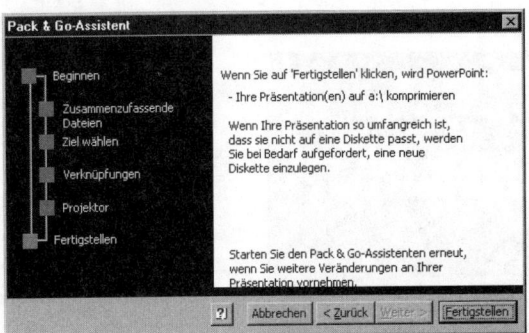

Abbildung 23.23:
Eine kurze
Zusammen-
fassung

Im Zielverzeichnis befinden sich nun mindestens zwei Dateien. Die Datei *pngsetup.exe* ist ein Setup-Programm, mit dem die Präsentationsdateien auf jedem beliebigen Zielrechner installiert werden. Falls die Daten in ein Festplattenlaufwerk gepackt wurde, finden Sie nur eine Datei mit dem Namen *pres0.ppzz* vor, in der die gepackten Präsentationsdaten enthalten sind. Falls die Präsentation auf Disketten übertragen wurde, enthält jede Diskette eine separate, durchnummerierte *presn.ppz*-Datei.

Abbildung 23.24:
Dateien einer mit
Pack & Go
gepackten
Präsentation

Um die Präsentation auf dem Zielrechner zu installieren, müssen Sie das Programm *pngsetup* aufrufen. Das Setup-Programm zeigt daraufhin einen Installationsdialog, in dem Sie das Zielverzeichnis angeben, in das der Installer die Daten hinein kopiert:

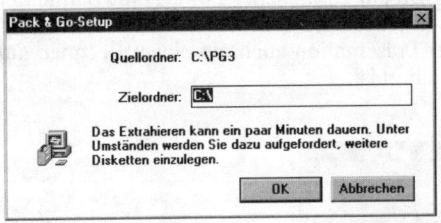

Abbildung 23.25:
Der Installa-
tionsassistent

Falls das Zielverzeichnis nicht existiert, erstellt es der Installer auf Wunsch. Nach Abschluss des Kopiervorgangs kann die Präsentation sofort gestartet werden. Dazu wird das mit dem Dateityp PPT verknüpfte Programm gestartet. Das ist entweder PowerPoint selbst, oder, falls PowerPoint nicht installiert wurde, der PowerPoint Viewer.

*Abbildung 23.26:
Präsentation
nach der Installation starten?*

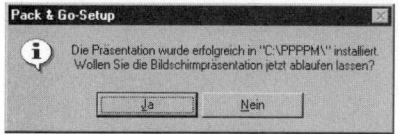

Der PowerPoint Viewer

Um eine PowerPoint-Präsentation zu erstellen, benötigen Sie eine Vollversion von PowerPoint. Um sie zu betrachten, genügt der PowerPoint-Viewer, der auf Wunsch mit einer per Pack & Go gepackten Präsentation ausgeliefert wird.

*Abbildung 23.27:
Der PowerPoint
Viewer*

Der PowerPoint-Viewer ist sehr leicht zu bedienen. Nach seinem Start bietet er im oberen Teil des Fensters die Möglichkeit zur Auswahl der vorzuführenden PowerPoint-Datei. Nach der Auswahl der Präsentation wird sie durch Klick auf die *Vorführen*-Schaltfläche gestartet.

24 Folienvorlagen und mehr

585 Der Folienmaster
592 Der Titelmaster
594 Gedankenstütze für Ihren Vortrag: Die Notizenseite
597 Handzettel für das Publikum

Was unter Word die Formatvorlagen, sind die verschiedenen Master unter PowerPoint. Der Folienmaster definiert beispielsweise, wie die auf den Standardlayouts von Power-Point (*Einfügen/Neue Folie...*) basierenden Folien aussehen sollen. Im Folienmaster wird dazu der für alle Folien zu verwendende Hintergund sowie die Schriftart für Titel und einfache Textfelder definiert. Und in der so genannten Folien-Farbskala werden die Standardfarben für die Präsentation definiert.

Der Vorteil des Masters: Wenn Ihnen die aktuellen Einstellungen nicht gefallen, ändern Sie einfach den Master, und alle Folien der Präsentation erhalten automatisch ein neues Layout.

Der Folienmaster

Um den Folienmaster anzuzeigen, wählen Sie den Befehl *Folienmaster* aus dem *Master*-Untermenü des *Ansicht*-Menüs. PowerPoint zeigt anschließend eine einzige Folie an, auf der die Platzhalter für alle immer wiederkehrenden Elemente einer Folie zur Definition bereitstehen (siehe Abbildung 24.1).

TIPP In den Folienmaster können Sie auch wechseln, indem Sie beim Klicken auf das *Folienansicht-Symbol* am unteren Fensterrand gleichzeitig die ⇧-Taste drücken.

Der Folienmaster definiert die Formate für alle Folien und Folienelemente, die auf dem Master basieren. Dazu gehören alle Folien, die auf einem *AutoLayout* basieren (siehe Abbildung 24.2).

Der Folien-Hintergrund

Der Hintergrund aller Folien in einer Präsentation wird zum einen durch den Hintergrund des Folienmasters bestimmt. Um ihn zu ändern, wird der *Hintergrund...*-Befehl aus dem *Format-* oder aus dem Kontextmenü aufgerufen (siehe Abbildung 24.3).

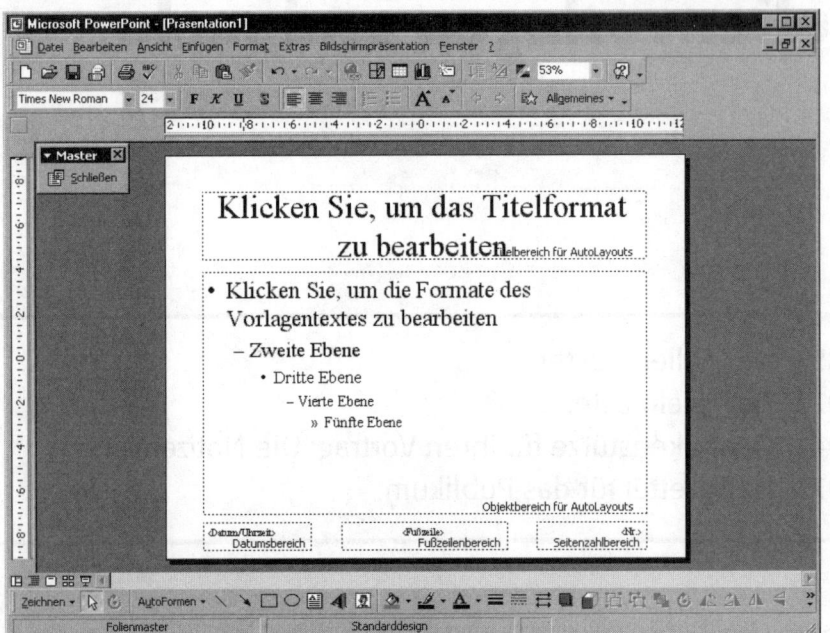

Abbildung 24.1:
So sieht der Folienmaster aus.

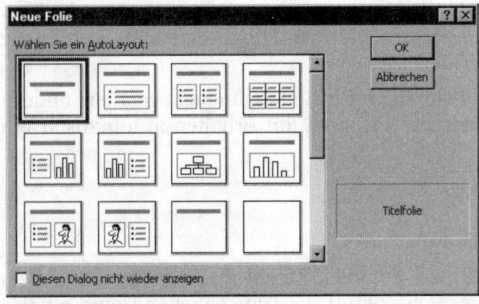

Abbildung 24.2:
Einfügen einer neuen Folie, basierend auf einem Auto-Layout

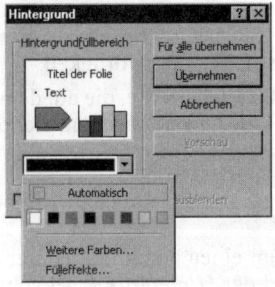

Abbildung 24.3:
Definition des Folienmaster-Hintergrundes

Darüber hinaus werden alle zusätzlichen Elemente, die auf den Folienmaster platziert werden, als Hintergrundelemente auf allen Folien der Präsentation dargestellt. Das erlaubt es, in nur einem Arbeitsschritt alle Folien mit einem Firmenlogo zu versehen.

Abbildung 24.4:
Firmenlogo für alle Folien im Folienmaster definieren

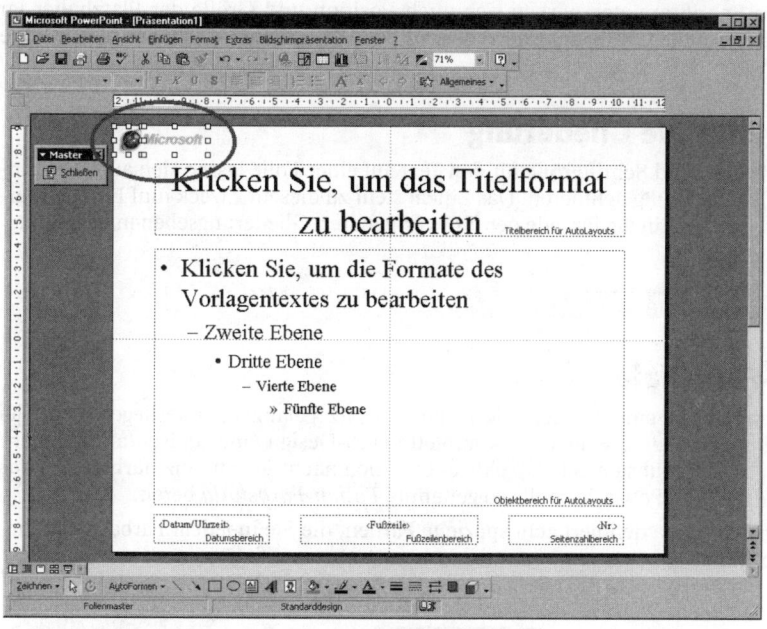

Titel- und Vorlagentextformate

Um die Texte auf den Präsentationsfolien einem einheitlichen Format zu unterziehen, lassen sich die Platzhalter für das Titelformat und das Format der Vorlagentexte im Folienmaster formatieren. Schriftart, Schriftgröße und Schriftfarbe werden hier für diese Elemente auf allen anderen Folien definiert.

Abbildung 24.5:
Wirkung des Folienmasters

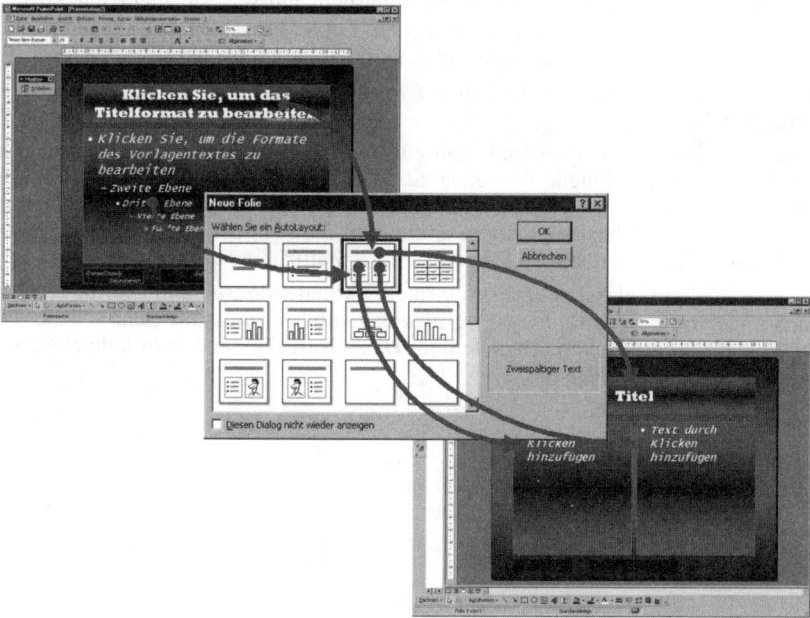

Neben den Schriftformaten wirken sich auch Position und Größe der Platzhalter im Folienmaster auf die Größe der Titelzeile und des Vorlagentextes in einer neuen Folie aus.

Einzüge für die Gliederung

Neben Schriftart und Schriftgröße für den Text auf einer Folie lassen sich auch die Einzüge für die Gliederung definieren. Das Lineal stellt zu diesem Zweck fünf Einzugsmarken bereit, die den Einzug für jede der fünf verfügbaren Gliederungsebenen bestimmt:

Abbildung 24.6: Lineal im Folienmaster

Folien-Farbskala

Die Farben, die in einer Präsentation zum Einsatz gelangen, unterliegen keinerlei Beschränkungen. Falls Sie aber das komplette Farb-Design einer Präsentation ändern wollen, ist es sehr mühsam, alle Objekte aller Folien nachträglich umzufärben. Um das zu vermeiden, stellt PowerPoint die so genannte *Folien-Farbskala* bereit.

Die Folien-Farbskala definiert acht spezielle Farben, die Sie in jedem Farbauswahldialog wiederfinden:

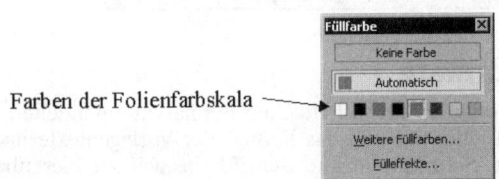

Abbildung 24.7: Die acht Farben der Folienfarbskala

Wollen Sie alle Folien einer Präsentation umfärben, müssen Sie nicht mehr jedes Objekt separat ändern, sondern geben eine neue Folien-Farbskala an. Jedes Element, das eine der Farben aus der Skala verwendet, wird dadurch umgefärbt.

Die Folien-Farbskala wird über den Befehl *Format/Folien-Farbskala* verändert (siehe Abbildung 24.8).

Dieser Dialog stellt eine Reihe bereits vordefinierter Skalen im *Standard*-Register zur Auswahl. Um eine individuelle Farbskala zu definieren, müssen Sie allerdings in das Register *Benutzerdefiniert* wechseln, um dort eine neue Skalafarbe zu definieren. Wählen Sie dazu den Platzhalter der zu ändernden Farbe in der Gruppe *Skalafarben* aus und ändern Sie die Farbe nach Druck auf die Schaltfläche *Farbe ändern...*

Die neue Folienfarbskala ist zunächst nur in der aktuellen Präsentation verfügbar. Um sie auch anderen Präsentationen zur Verfügung zu stellen, muss die Schaltfläche *Als Standardskala hinzufügen* betätigt werden. Danach ist die neue Farbskala ebenfalls im *Standard*-Register verfügbar.

Abbildung 24.8:
Auswahl über Änderung der Folien-Farbskala

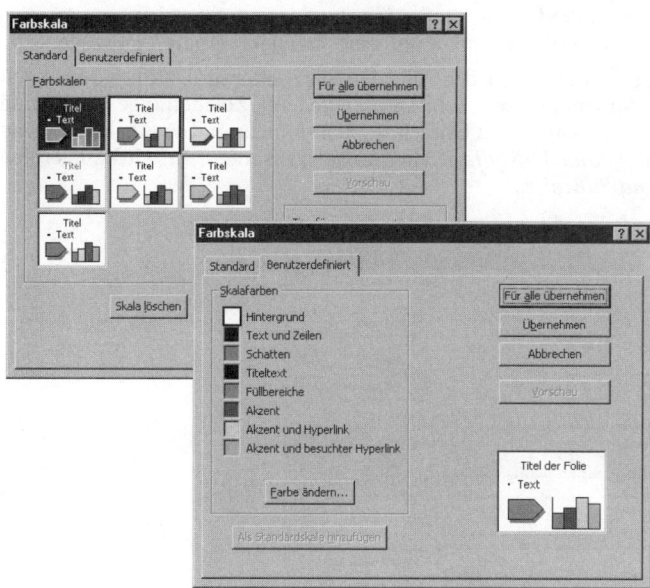

Kopf- und Fußzeile

Abbildung 24.9:
Formatierung der Platzhalter zur Einblendung von Datum/Uhrzeit, Fußzeile oder Foliennummer

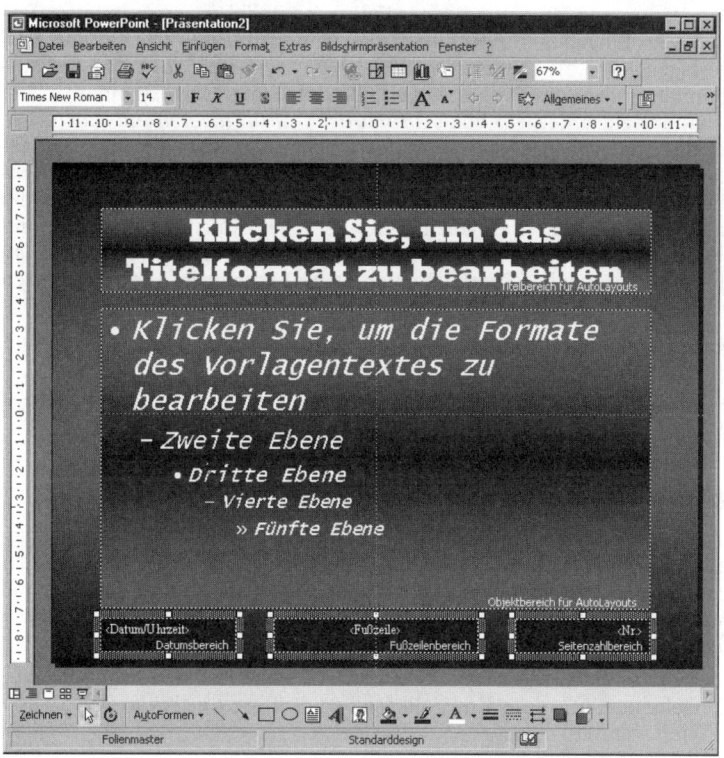

Der Folienmaster erlaubt außerdem die Definition der Formate für Felder zur Anzeige von Datum und Uhrzeit, der Foliennummer und einer frei definierbaren Fußzeile.

Standardmäßig zeigt PowerPoint auf jeder Folie den Platzhalter für Datum und Uhrzeit an. Er fällt allerdings oft nicht auf, weil sein Inhalt eine leere Zeichenfolge ist. Ob und was in den Platzhaltern für Datum und Uhrzeit, Foliennummer und Fußzeile angezeigt wird, muss erst im *Kopf- und Fußzeile*-Dialog festgelegt werden. Er wird aufgerufen über *Ansicht/Kopf- und Fußzeile...*

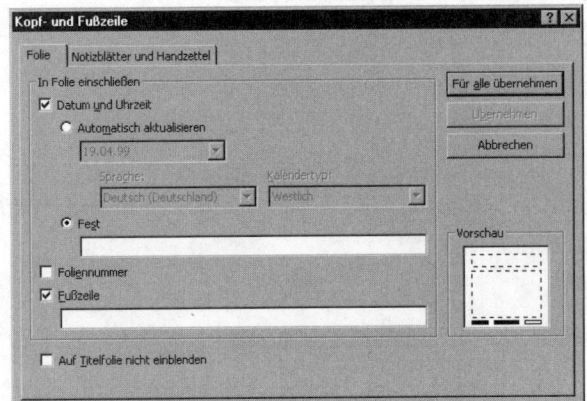

Abbildung 24.10:
Anzeige von Elementen in Kopf- und Fußzeile

Zur Anzeige von Datum und Uhrzeit auf einer Folie wird üblicherweise ein fester Text verwendet, den Sie im Eingabefeld *Fest* hinterlegen. Um stattdessen das aktuelle Systemdatum anzuzeigen, wird die Optionsschaltfläche *Automatisch aktualisieren* ausgewählt. Das Format, in dem das Datum dargestellt wird (Lang, Kurz, Standard), lässt sich im Kombinationsfeld unterhalb von *Automatisch aktualisieren* einstellen. Die Sprache, in der das Datum ausgegeben wird, lässt sich im gleichnamigen Kombinationsfeld angeben. So wird z. B. »March« anstelle von »März« in einer für ein englischsprachiges Publikum vorgesehenen Präsentation ausgegeben. Außerdem lässt sich der Kalendertyp definieren. Derzeit sind neben dem westlichen Kalender (basierend auf Christi Geburt) die asiatischen Kalendertypen *Japanische Kaiser-Herrschaft* (Japan Emperor Reign) und *Koranischer Danki* (Korean Danki) verfügbar. Allerdings lassen sich diese Kalendertypen nur auf asiatischen Windows-Versionen einstellen.

Datum und Uhrzeit

Für die Anzeige der Foliennummer steht nur ein Kontrollkästchen bereit, das die Verfügbarkeit des Platzhalters im Folienmaster bestimmt.

Foliennummer

Im Platzhalter für die Fußzeile können Sie einen beliebigen Text hinterlegen, der bei sichtbarer Fußzeile auf allen Folien angezeigt wird.

Fußzeile

Überschreiben der Folienmaster-Einstellungen

Die im Folienmaster definierten Eigenschaften werden auf alle Folien einer Präsentation angewendet. Allerdings können Sie die Formatierung der Textfelder für Titel oder Vorlagentexte, die Kopf- und Fußzeile oder die Folien-Farbskala für jede Folie separat bestimmen. Dazu rufen Sie beim Bearbeiten der Folie die Befehle *Ansicht/Kopf- und Fußzeile*, *Format/Hintergrund* oder *Format/Folien-Farbskala* auf.

Um zu verhindern, dass die Hintergrundelemente des Folienmasters, also Logos etc., auf einer Folie erscheinen, muss das Kontrollkästchen *Hintergrundbilder aus Master ausblenden* aktiviert werden.

Abbildung 24.11:
Format/Hintergrund... *für aktuelle Folie*

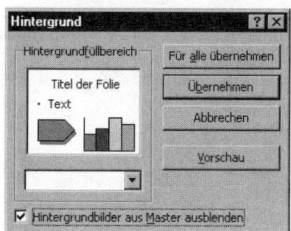

Bei all diesen Einstellungsdialogen ist die Bedeutung der Schaltfläche *Für alle übernehmen* und *Übernehmen* zu beachten. *Für alle übernehmen* führt dazu, dass allen derzeit in der Präsentation enthaltenen Folien das neue Format zugewiesen wird. *Übernehmen* wirkt sich dagegen nur auf die aktuellen bzw. die derzeit markierten Folien aus.

HINWEIS Die Schaltfläche *Für alle übernehmen* ändert nicht das jeweilige Format im Folienmaster. Neue Folien werden daher im unveränderten Format dargestellt.

Das Folienmaster-Layout

Wenn Sie den Platzhalter für den Titel einer Folie (versehentlich) entfernen, lässt er sich nicht einfach durch Einfügen eines neuen Textfeldes ersetzen. Denn dieses Textfeld würde als statisches Element auf allen Folien erscheinen und nicht als Titel-Platzhalter interpretiert.

Masterlayout

Der Platzhalter muss vielmehr über den Befehl *Format/Masterlayout...* wieder eingefügt werden. Ein Dialog erscheint, der die Auswahl des neu einzufügenden Platzhalters erlaubt. Befinden sich noch alle Platzhalter im Master, sind alle Steuerelemente dieses Dialogs deaktiviert. Erst wenn ein Element fehlt, wird ein leeres Kontrollkästchen angezeigt, das aktiviert werden muss, um die entsprechenden Platzhalter einzufügen:

Abbildung 24.12:
Das Einfügen gelöschter Platzhalter erlaubt der Masterlayout-Dialog.

Entwurfsvorlagen

Entwurfsvorlage übernehmen...

Weil die Definition eines ästhetischen Folienmasters ein langwieriges Unternehmen ist, liefert PowerPoint eine Reihe vordefinierter Master als so genannte Entwurfsvorlage. Sie werden einer Präsentation über den Befehl *Format/Entwurfsvorlage übernehmen...* zugewiesen. Es erscheint ein Dateidialog, der die Auswahl einer POT-Datei (PowerPoint Template) erlaubt (siehe Abbildung 24.13).

Eigene Entwurfsvorlagen erstellen Sie, indem Sie eine neue Präsentation anlegen, den Folienmaster (und auch die restlichen Master, s.u.) Ihren Vorstellungen anpassen und das Ganze als POT-Datei speichern. Dazu müssen Sie im Dateidialog, der nach Aufruf des Befehls *Datei/Speichern unter...* erscheint, den Dateityp *Entwurfsvorlagen (*.pot)* auswählen.

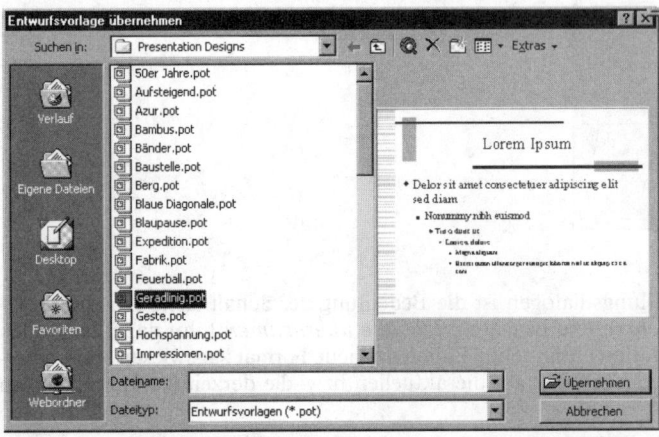

Abbildung 24.13:
Auswahl einer
Entwurfsvorlage

Als Speicherort sollten Sie das Verzeichnis *Templates/Presentation Designs* Ihrer Office-Installation verwenden. Dann wird auch Ihre Entwurfsvorlage ohne weitere Navigation nach *Format/Entwurfsvorlage übernehmen...* angezeigt. Bei einer Standardinstallation von Office auf Laufwerk *C* lautet der komplette Pfad für die Vorlagen *C:\Programme\Microsoft Office\Templates\Presentation Designs*.

Präsentationsvorlagen, die beim Erstellen einer neuen Präsentation von PowerPoint zur Auswahl gestellt werden, befinden sich im Verzeichnis *C:\Programme\Microsoft Office\Vorlagen*. Dort befindet sich auch die Datei *Leere Präsentationen.pot*, die als Schablone für leere Präsentationen Verwendung findet. Speichern Sie hier eigene Vorlagen (Dateityp *Entwurfsvorlage* nicht vergessen!), stehen diese Vorlagen bei der nächsten Erzeugung einer neuen Präsentation zur Auswahl:

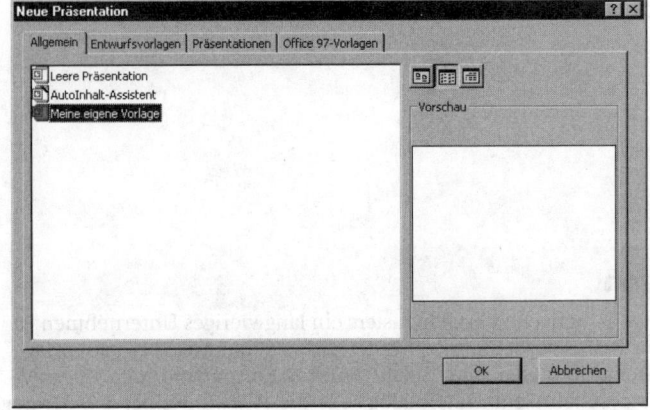

Abbildung 24.14:
Neue Präsenta-
tionsvorlage im
Neu-Dialog

Der Titelmaster

Neben dem Folienmaster, der das Format aller Folien in einer Präsentation bestimmt, bietet PowerPoint einen Master für das Design der Titelfolie. Titelfolien sind all jene Folien, die dem AutoLayout *Titelfolie* zugrunde liegen:

Abbildung 24.15:
AutoLayout
Titelfolie

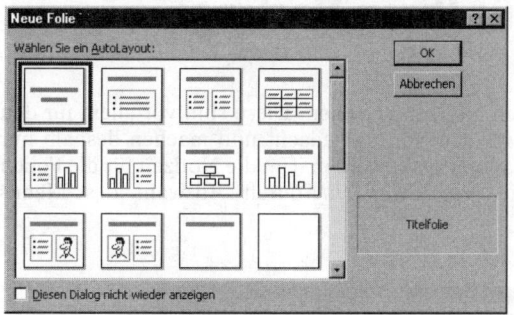

Für diese Folien stellt PowerPoint den *Titelmaster* bereit. Allerdings ist der Titelmaster nicht sofort verfügbar. Er muss erst in die Präsentation eingefügt werden. Dazu müssen Sie den Folienmaster zur Anzeige bringen (*Ansicht/Master/Folienmaster*) und den Titelmaster durch den Befehl *Neuer Titelmaster* aus dem *Einfügen*-Menü einfügen. Nun können Sie den Titelmaster wie den Folienmaster bearbeiten:

Abbildung 24.16:
Der Titelmaster

HINWEIS Der Titelmaster wirkt sich nur auf die Folien aus, die auf dem AutoLayout *Titelfolie* basieren.

Folienvorlagen und mehr

Gedankenstütze für Ihren Vortrag: Die Notizenseite

Jede Folie lässt sich mit zusätzlichen Notizen versehen. Diese sind vor allem für den Vortragenden als Gedankenstütze für den Vortrag gedacht und machen deshalb nur dann Sinn, wenn die Notizen auch ausgedruckt werden. Um die Notizen für die Folien einzugeben, wechseln Sie in die *Notizenansicht* durch Auswahl des Menüs *Ansicht/Notizenseite*.

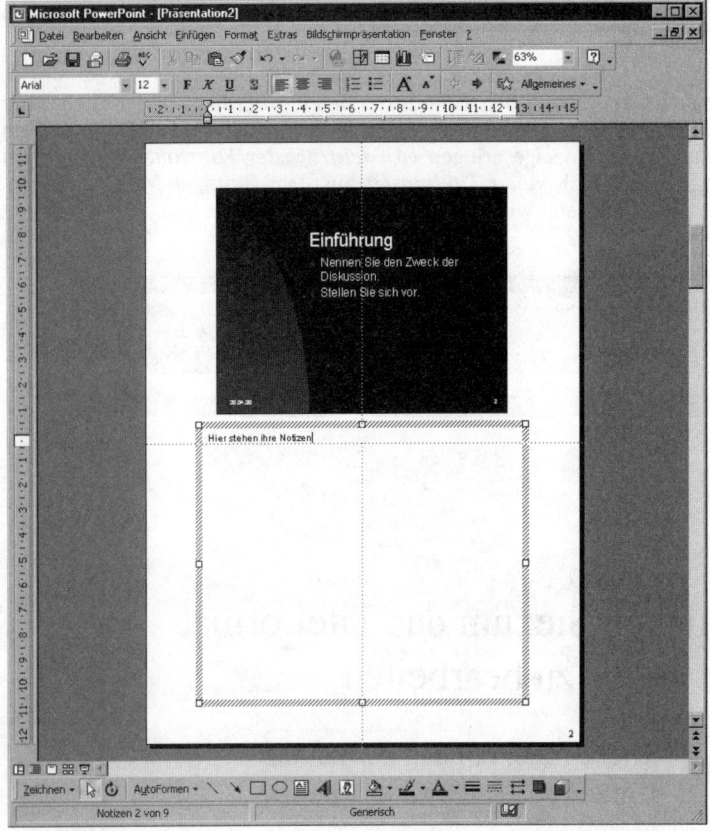

Abbildung 24.17:
Notizenseite

Wenn möglich sollten Sie Ihre Notizen so aufbereiten, dass sie auch von Hörgeschädigten im Publikum genutzt werden können.

HINWEIS

Drucken der Notizseiten

Um die Notizenseiten auszudrucken, müssen Sie im *Drucken*-Kombinationsfeld des *Drucken*-Dialogs den Eintrag *Notizenseiten* auswählen. PowerPoint druckt dann jede Folie und die zugehörenden Notizen auf eine separate Seite:

Abbildung 24.18:
Drucken der Notizenseiten

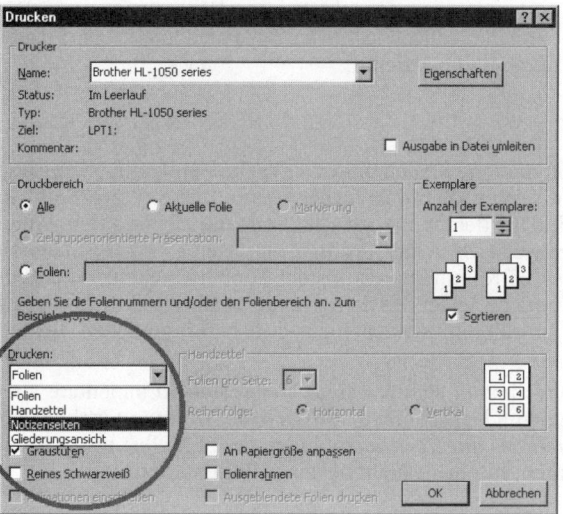

Der Notizenmaster

Üblicherweise werden im oberen Teil der Notizenseite die Folie, im unteren Teil die Notizen ausgegeben. Allerdings lässt sich diese Anordnung im Notizzettelmaster ändern.

Abbildung 24.19:
Der Notizzettelmaster

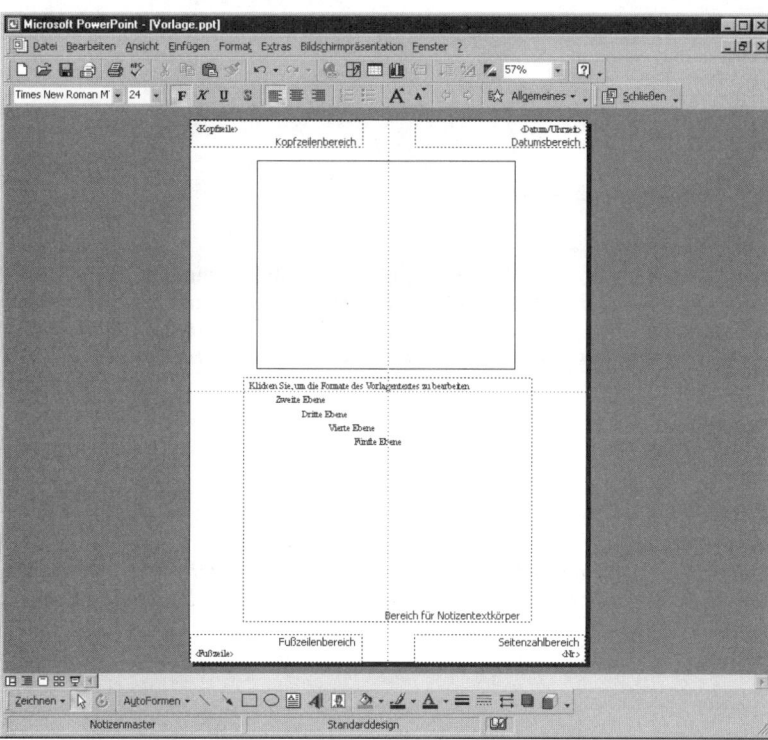

In den Notizzettelmaster wechseln Sie über *Ansicht/Master/Notizzettelmaster*. Die beiden Platzhalter für die Folie und die Notizen lassen sich wie die Objekte des Folien- oder Handzettelmasters formatieren und platzieren.

Kommentare

Eine Präsentation durchläuft oft mehrere Stellen, bevor sie in ihrer endgültigen Fassung vorliegt. Damit jeder Beteiligte seinen »Senf« dazugeben kann, bietet PowerPoint so genannte Kommentare. Das sind Textfelder, die auf eine Folie platziert werden. Wenn die Präsentationsdatei beispielsweise nach der Prüfung durch eine höhere Stelle zu Ihnen zurückkehrt, können Sie die Kommentare auf jeder Folie betrachten, Änderungen einarbeiten und die Kommentarfelder löschen. In der bisherigen Schilderung unterscheiden sich Kommentare allerdings noch nicht von herkömmlichen Textfeldern.

Während gewöhnliche Textfelder immer sichtbar sind, lassen sich Kommentare aber über *Ansicht/Kommentare* ein- und ausblenden. In der *Überarbeiten*-Symbolleiste steht dazu das Symbol *Kommentare anzeigen/ausblenden* bereit. Selbst wenn Kommentare auf einer Folie verbleiben, stören sie nicht bei einer Präsentation.

Kommentare anzeigen/ausblenden

Eingefügt werden Kommentare über den Befehl *Einfügen/Kommentar* oder das *Einfügen*-Symbol aus der *Überarbeiten*-Symbolleiste. PowerPoint platziert ein gelbes und schattiertes Textfeld auf der Folie, das sich vor allem dadurch auszeichnet, dass der Rechnername als erste Zeile bereits eingetragen wurde. Dadurch wird sofort ersichtlich, von wem der Kommentar stammt:

Kommentar einfügen

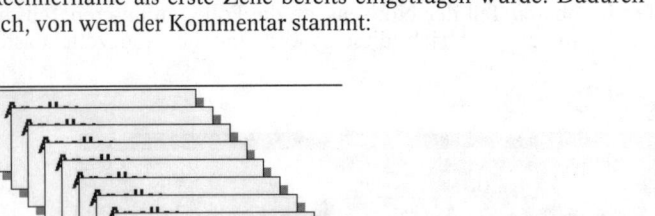

Abbildung 24.20: Rechnername im Kommentar

Kommentare werden als übereinander gestapelte und dabei gegeneinander versetzte Textfelder auf einer Folie angezeigt. Dadurch werden ältere Kommentare von neuen verdeckt. Um durch alle Kommentare zu blättern, stellt die *Überarbeiten*-Symbolleiste die Symbole zur Anzeige des *vorherigen* und *nächsten Kommentars* dar.

vorheriger/nächster Kommentar

Abbildung 24.21: Überarbeiten-Symbolleiste

Kommentar-Felder werden wie herkömmliche Felder gelöscht: Kommentarfeld(er) markieren und `Entf`-Taste drücken. Darüber hinaus lässt sich der derzeit bearbeitete Kommentar über das *Kommentar löschen*-Symbol aus der *Überarbeiten*-Symbolleiste entfernen.

Kommentar löschen

Handzettel für das Publikum

Für das Publikum eines Vortrags haben sich Handzettel bewährt. Handzettel zeigen mehrere verkleinerte Folien auf einer Seite und bieten zudem Platz für eigene Notizen.

Der Handzettelmaster

Für das Design der Handzettel stellt PowerPoint ebenfalls einen Master bereit. Er wird über den Befehl *Format/Master/Handzettelmaster* aufgerufen:

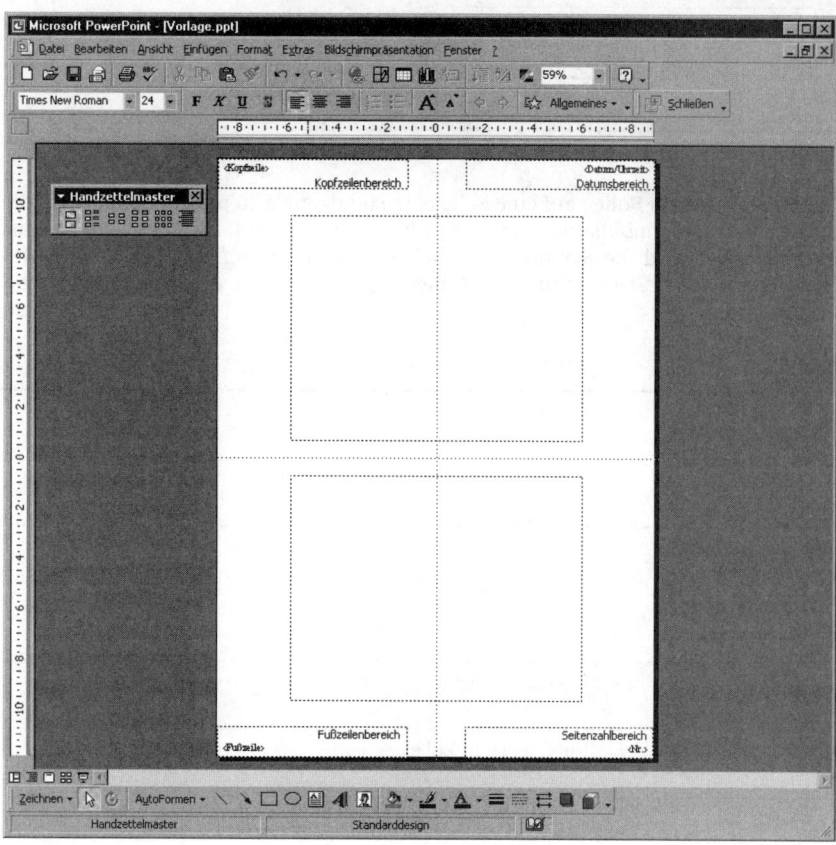

Abbildung 24.22: Der Handzettelmaster

Die Definition des Handzettelmasters erfolgt nach denselben Prinzipien wie das Design des Folienmasters. Auch hier lassen sich Hintergrund, statische Elemente (Logos etc.) und die einzusetzenden Schriften angeben.

Üblicherweise zeigt ein Handzettel zwei aufeinanderfolgenden Folien im Miniaturformat, deren Layout durch den Folienmaster bestimmt wird. Darüber hinaus enthält der Handzettelmaster Platzhalter für *Datum und Uhrzeit*, eine *Fußzeile* und die *Seitenzahl*. Diese zusätzlichen Platzhalter kennen Sie bereits vom Folienmaster. Neu ist allerdings ein Platzhalter für die *Kopfzeile*. Daher wird die Kopf- und Fußzeile für Handzettel in einem zweiten Register definiert. Im Dialog, der über *Ansicht/Kopf- und Fußzeile* aufgerufen wird, findet sich dazu das *Notizblätter und Handzettel*-Register.

Folienvorlagen und mehr

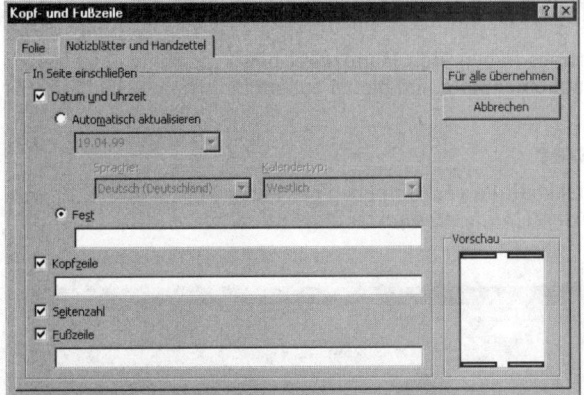

Abbildung 24.23:
Kopf- und Fußzeile für Handzettel definieren

Um mehr als nur zwei Folien auf eine Seite eine Handzettels zu positionieren, stellt die *Handzettelmaster*-Symbolleiste weitere Symbole zur Auswahl des Handzettellayouts bereit. Angezeigt wird die Symbolleiste über den Befehl *Handzettel* aus dem Menü *Ansicht/Symbolleiste*. Verfügbar ist er allerdings nur, wenn der Handzettelmaster angezeigt wird.

Symbol	Bedeutung
	Zwei Folien auf einer Seite
	Drei Folien inkl. Notizen auf einer Seite
	Vier Folien auf einer Seite
	Sechs Folien auf einer Seite
	Neun Folien auf einer Seite
	Nur Gliederung auf einer Seite

Tabelle 24.1:
Symbole der Handzettelmaster-Symbolleiste

25 Die Bildschirmpräsentation

600 Vorführung der Präsentation
600 Zielgruppenorientierte Präsentationen
601 Während der Präsentation
605 Folienübergänge
606 Der Probelauf
607 Texte und Objekte animieren
610 Erzählung aufzeichnen

Irgendwann ist es soweit: Die Präsentation wird vorgeführt. Entweder vor einem großen Auditorium oder vor den Mitarbeitern Ihrer Abteilung. Bei derartigen Präsentationen sind Sie es, der das Tempo bestimmt, in dem die Folien vorgeführt werden. Üblicherweise schaltet ein Mausklick oder ein Druck auf die ⏎-Taste zur nächsten Folie.

Selbstablaufende Präsentation

Daneben kennt PowerPoint die selbstablaufende Präsentation. Wie der Name bereits sagt, werden hier die Folien ohne Benutzerinteraktion umgeschaltet. Bei der Erstellung der Präsentation geben Sie vor, wie lange eine Folie angezeigt werden soll, bevor die nächste erscheint.

Bildschirmpräsentation

Präsentationen werden als so genannte Bildschirmpräsentation vorgeführt. Das heißt: Jede Folie wird bildfüllend auf dem Monitor angezeigt. Allerdings muss die Ausgabe nicht immer auf einen Monitor erfolgen. Besonders bei Präsentationen vor großem Publikum werden so genannte Tageslichtprojektoren (»Beamer«) eingesetzt, die das Bildsignal des Rechners auf eine Leinwand projizieren.

Dia-Vortrag

Weil Beamer sehr teuer sind (je nach Grafikauflösung und erreichbarer Bilddiagonale zwischen 5000 DM und 40000 DM), greifen Präsentatoren oft auf eine altbewährte Präsentationstechnik zurück: den Dia-Vortrag. Die Präsentationsfolien werden dazu in einem Fotostudio auf einen Dia-Film belichtet, anschließend entwickelt und lassen sich dann auf einem herkömmlichen Dia-Projektor an eine Leinwand projizieren. Allerdings verzichten Sie hier auf eine der Stärken des Computers: Animationseffekte als »Eye-Catcher« stehen beim Dia-Vortrag nicht zur Verfügung.

Vorführung der Präsentation

Der Start der Bildschirmpräsentation erfolgt durch Auswahl des Befehls *Bildschirmpräsentation vorführen* aus dem *Bildschirmpräsentation*-Menü. Alternativ dazu finden Sie am unteren Fensterrand das Präsentations-Symbol. Per Tastatur wird die Präsentation mit [F5] gestartet.

Bildschirmpräsentation vorführen

PowerPoint zeigt nun jede Folie auf dem Bildschirm an. Mit den Tasten [↵],[ ], [→],[↓] und [Bild ↓] oder einem Druck auf die linke Maustaste zeigen Sie die nächste Folie an. In seltenen Fällen müssen Sie während des Vortrags auch die vorangehende Folie anzeigen. Dazu stehen die Tasten [←],[↑] und [Bild ↑] bereit. Mit den Tasten [Pos 1] und [Ende] springen Sie zur ersten oder letzten Folie Ihrer Präsentation. Allerdings sollte in einem gut durchdachten Vortrag die einzige Marschrichtung »Vorwärts« sein. Denn selbst das gebannteste Publikum kann Ihren (Gedanken-) Sprüngen nur schwer folgen. Das Einzige, was es Ihnen verzeiht, ist das schnelle Überspringen von Folien, auf die Sie z.B. aus Zeitmangel nicht mehr näher eingehen können. Manchmal ergibt sich erst unmittelbar vor Beginn eines Vortrags, dass der Schwerpunkt des Vortrags durch aktuelle Ereignisse verschoben werden muss und Sie daher bei einigen Folien länger als geplant verweilen, dafür andere übergehen müssen.

Üblicherweise endet die Präsentation nach dem Weiterschalten nach der letzten Folie. PowerPoint wechselt dann in die Ansicht vor dem Start der Bildschirmpräsentation. Einen vorzeitigen Abbruch der Präsentation führen Sie mit der [Esc]-Taste herbei.

Zielgruppenorientierte Präsentationen

Oft behandelt eine Präsentation zahlreiche Aspekte eines Themas. Doch nicht immer interessiert sich das Publikum für jeden einzelnen dieser Themenkreise. PowerPoint gestattet daher das Aufspalten einer umfangreichen Präsentation in so genannte zielgruppenorientierte Präsentationen. Für jede der von Ihnen identifizierten Zielgruppen werden die Folien zusammengestellt, die das Interesse der Zielgruppe finden.

Definiert werden *Zielgruppenorientierte Präsentationen* über den gleichnamigen Befehl aus dem *Bildschirmpräsentation*-Menü. Dieser Befehl bringt einen Dialog zum Vorschein, der zunächst die Auswahl oder Anlage einer Zielgruppe gestattet.

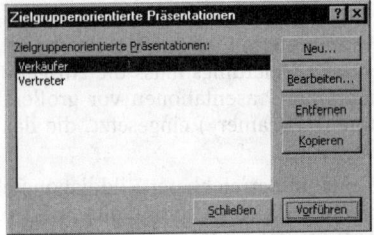

Abbildung 25.1:
Der Dialog zur Bearbeitung zielgruppenorientierter Präsentationen

Der ursprünglich leeren Liste der verfügbaren Zielgruppen wird durch *Neu...* eine neue Gruppe hinzugefügt. Es erscheint ein weiterer Dialog, der der Definition der Präsentation dient. Dieser Dialog wird übrigens auch gezeigt, um eine bestehende zielgruppenorientierte Präsentation durch Klick auf die gleichnamige Schaltfläche zu *Bearbeiten..*:

Abbildung 25.2:
*Zielgruppen-
orientierte
Präsentation
definieren*

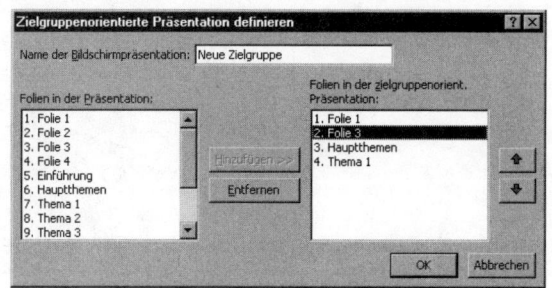

Im Eingabefeld *Name der Bildschirmpräsentation* geben Sie den Namen an, unter dem die neue Präsentation später angesprochen werden soll. Die Folien, die in der zielgruppenorientierten Präsentation angezeigt werden sollen, werden durch die *Hinzufügen >>*-Schaltfläche übernommen. Der Druck auf diese Schaltfläche übernimmt alle derzeit in der linken Liste mit dem Namen *Folien in der Präsentation* markierten Folien. Folien dürfen dabei sogar mehrfach in die zielgruppenorientierte Präsentation übernommen werden.

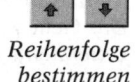

Reihenfolge bestimmen

Weil für eine gelungene Präsentation nicht nur entscheidend ist, welche Folien in ihr gezeigt werden, sondern auch die Folienreihenfolge eine große Rolle spielt, lässt sich die Reihenfolge der Folien in der zielgruppenorientierten Präsentation bestimmen. Die markierte Folie lässt sich dazu mit Hilfe der beiden Pfeil-Schaltflächen am rechten Fensterrand schrittweise an den Anfang oder das Ende der Präsentation verschieben.

Kopieren

Um zu verhindern, dass Sie bei der Erstellung einer zielgruppenorientierten Präsentation immer wieder »von Null« beginnen müssen, stellt PowerPoint die Schaltfläche *Kopieren* zur Verfügung. Ein Druck auf diese Schaltfläche führt dazu, dass die derzeit ausgewählte zielgruppenorientierte Präsentation unter dem Namen »Kopie 2 von Präsentation« eingefügt wird und damit zur weiteren Bearbeitung bereit steht.

Vorführen der zielgruppen-orientierten Präsentation

Weil PowerPoint nach Betätigung der [F5]-Taste bzw. nach Auswahl des Befehls *Präsentation vorführen* aus dem Menü *Bildschirmpräsentation* immer die gesamte Präsentation abspult, müssen zielgruppenorientierte Präsentationen über den oben aufgeführten Dialog gestartet werden. Wählen Sie die Zielgruppen-Präsentation aus, und betätigen Sie die *Vorführen*-Schaltfläche.

Als Alternative zu diesem Weg bietet PowerPoint das Präsentations-Menü, das sogar noch während des Vortrags den Wechsel zu einer zielgruppenorientierten Präsentation (siehe ▶ Seite 600) gestattet.

Während der Präsentation

Während der Präsentation ist der Mauszeiger üblicherweise nicht sichtbar. Wenn Sie allerdings die Maus ein wenig hin- und herbewegen, zeigt PowerPoint den Mauszeiger an. Sie können ihn einsetzen, um beispielsweise auf besondere Aspekte einer Folie hinzuweisen.

Schaltfläche für das Präsentationsmenü

Neben dem Mauszeiger wird in der linken unteren Ecke außerdem eine Schaltfläche sichtbar, deren Auswahl zur Anzeige des Präsentationsmenüs führt:

Die Bildschirmpräsentation

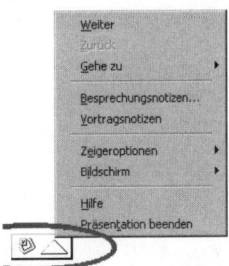

Abbildung 25.3:
Das Präsentationsmenü

Das Präsentationsmenü wird im übrigen sofort angezeigt, wenn Sie während der Bildschirmpräsentation auf die rechte Maustaste klicken.

Um zwischen den Folien zu navigieren, stellt das Menü die Befehle *Weiter*, *Zurück* und *Gehe zu* bereit. *Weiter* und *Zurück* zeigen die nächste bzw. vorangehende Folie an. Hinter *Gehe zu* verbirgt sich dagegen ein Untermenü mit verschiedenen Befehlen zur Bestimmung der nächsten anzuzeigenden Folie:

TIPP

Weiter, Zurück und Gehe zu

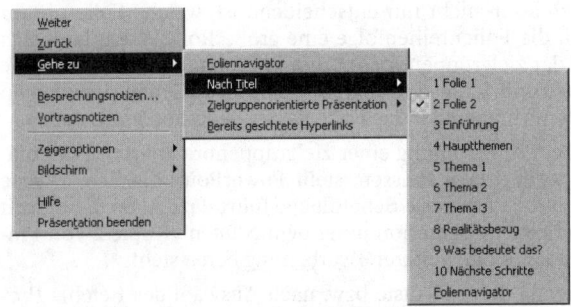

Abbildung 25.4:
Das Gehe zu-Untermenü

Der *Foliennavigator* zeigt eine Übersicht über alle Folien der Präsentation. Folien, die auf einem AutoLayout mit integrierter Titelzeile basieren, werden im *Foliennavigator*-Dialog mit Foliennummer und Titel aufgeführt. Folien ohne expliziten Titel werden dagegen durch einen Platzhalter der Form *Folie Nummer* repräsentiert:

Foliennavigator

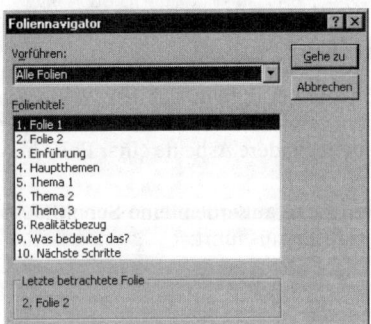

Abbildung 25.5:
Der Foliennavigator

Um eine bestimmte Folie anzuzeigen, müssen Sie den Folientitel markieren und durch Druck auf die *Gehe zu*-Schaltfläche anzeigen.

Das Kombinationsfeld *Vorführen* erlaubt die Auswahl der ▶*zielgruppenorientierten* Präsentation (siehe Seite 600), deren Folien zur Auswahl gestellt werden sollen.

Im Untermenü *Nach Titel* werden die Folientitel wie im Foliennavigator ausgewählt. Allerdings stehen hier nur die Folien der derzeit aktiven Zielgruppe bereit. Um die Zielgruppe zu ändern, stellt das *Gehe zu*-Untermenü den Menüpunkt *Zielgruppenorientierte Präsentation* bereit.

Besprechungsnotizen...
Vorträge in kleinem Kreis schließen oft eine intensive Diskussion des vorgestellten Materials ein. Die Diskussionsergebnisse lassen sich über den Befehl *Besprechungsnotiz* sofort notieren und in Form einer Aufgabe an Outlook oder Word senden.

Vortragsnotizen
Präsentationen werden oft mehreren Probeläufen unterzogen, in denen Sie die Wirkung und Dauer der Folien testen können. Werden dabei neue Erkenntnisse gewonnen, lassen sich diese sofort in die Notizen zu einer Seite übernehmen. Der Befehl *Vortragsnotizen* zeigt dazu einen Dialog an, der die Eingabe, Änderung oder Erweiterung der bereits zu einer Folie gespeicherten Notizen gestattet.

Zeigeroptionen
Während der Präsentation sind der Mauszeiger und die Schaltfläche für den Aufruf des Präsentationsmenüs nicht sichtbar. Erst wenn Sie die Maus hin- und herbewegen oder die rechte Maustaste betätigen, sind beide Elemente verfügbar. In den Zeigeroptionen des Präsentationsmenüs lässt sich aber zwischen vier verschiedenen Mauszeigervarianten wählen:

Tabelle 25.1: Zeigeroptionen

Option	Beschreibung
Automatisch	Mauszeiger und Schaltfläche werden nach Mausbewegung angezeigt.
Ausgeblendet	Mauszeiger und Schaltfläche werden nicht angezeigt. Nur ein rechter Mausklick zeigt das Menü.
Pfeil	Mauszeiger und Schaltfläche sind immer sichtbar.
Stift	Der Mauszeiger wird zu einem Markierungsstift zur Hervorhebung wichtiger Aspekte auf einer Folie.

Stifte
Um einen Sachverhalt deutlich hervorzuheben, greifen Präsentatoren oft auf Teleskopstift, Laserpointer oder den Pfeil-Mauszeiger zurück, mit denen sie auf die interessante Stelle einer Folie durch andauerndes »Einkreisen« hinweisen. Das Problem: Sobald die Einkreisungsbewegungen enden, wissen weniger aufmerksame oder kurzfristig abgelenkte Zuhörer nicht mehr, wovon im Augenblick die Rede ist.

PowerPoint nutzt daher den Computer besonders effektiv, indem es das Freihandzeichnen auf der Präsentationsfolie erlaubt. Dazu wählen Sie die Zeigeroption *Stift* aus und malen mit dem Mausstift durch Drücken der linken Maustaste und gleichzeitiger Mausbewegung (siehe Abbildung 25.6).

Solange der Mauszeiger aus dem Stift besteht, können Sie nur über den *Weiter*-Befehl aus dem Präsentationsmenü oder durch Druck auf eine der Navigationstasten zur nächsten Folie wechseln. Dort steht dann der Stift sofort wieder zur Verfügung.

Die Bildschirmpräsentation

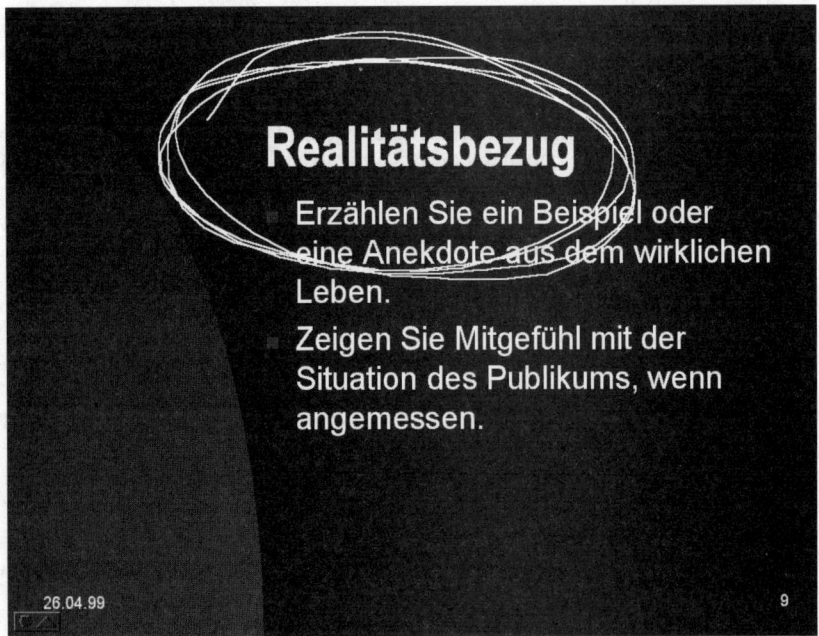

Abbildung 25.6:
Hervorheben wichtiger Aspekte mit dem Stift

Standardmäßig verwendet PowerPoint die Farbe für *Texte und Zeilen* aus der Folien-Farbskala (siehe ▶Kapitel 24, *Folien-Farbskala*) für den Stift. Aus dem *Stiftfarbe*-Untermenü des Zeigeroptionen-Menüpunktes lässt sich aber eine andere Markierungsfarbe auswählen. Um später wieder zur Farbe aus der Folien-Farbskala zurückzukehren, muss der *Zurücksetzen*-Befehl aus dem Farben-Menü gewählt werden:

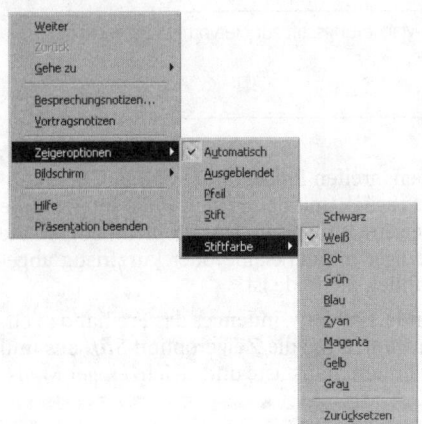

Abbildung 25.7:
Auswahl der Siftfarbe. Zurücksetzen verwendet Farbe aus Folien-Farbskala.

Um die Markierungen wieder zu entfernen, müssen Sie auf das Bildschirm-Menü zurückgreifen. Es enthält den Befehl *Stift löschen*, der alle mit dem Stift aufgebrachten Änderungen entfernt.

Stift löschen

TIPP	Um den Stift zu löschen, können Sie auch auf die Taste [E] – für Erase – drücken.
Anhalten/Fortsetzen	Außerdem enthält das Bildschirmmenü den Befehl *Anhalten*, der die Fortführung einer selbstablaufenden Präsentation unterbricht. Soll die Präsentation fortgesetzt werden, muss der Befehl *Fortsetzen* aus dem *Bildschirm*-Menü aufgerufen werden.
Ausblenden/Einblenden	Um Ihrem Publikum den Anblick des überaus technisch ausschauenden Desktops oder den Anblick von PowerPoint zu ersparen, können Sie eine Bildschirmpräsentation bereits vor Beginn der Veranstaltung starten und durch den Befehl *Präsentation ausblenden* aus dem Bildschirm-Menü ausblenden. PowerPoint zeigt einen schwarzen Bildschirm. Erst der Aufruf des Befehl *Präsentation einblenden* oder ein einfacher Mausklick führt zur erneuten Einblendung – und damit zum Start – der Vorführung.
Hilfe *und* Ende	Um eine Präsentation abzubrechen, genügt die Betätigung der [Esc]-Taste. Für den, der es etwas umständlicher mag oder wenn sich derzeit keine Tastatur im Zugriff befindet, bietet das Präsentationsmenü den Befehl *Präsentation beenden*. Dort befindet sich übrigens auch der *Hilfe*-Befehl, den Sie während der Vorführung hoffentlich niemals benötigen.

Folienübergänge

Nichts ist einschläfernder als »Klick, Klack« eines Dia-Vortrags, das den Wechsel zum nächsten Bild begleitet. Damit Ihre Präsentationen das Publikum nicht ebenfalls einschläfern, erlaubt PowerPoint die Definition verschiedener Folienübergänge. Der Wechsel zur nächsten Folie wird beispielsweise von einem Paukenschlag im WAV-Format begleitet, oder die neue Folie schiebt die alte Folie seitlich aus dem Bild heraus.

TIPP	Natürlich können auch die besten Effekte nicht verbergen, dass eine Präsentation langweilig vorgetragen oder strukturell unklar ist. Daher sollten Sie erst dann Zeit in die Effekte einer Präsentation investieren, wenn Thema und Inhalt umfassend aufbereitet wurden.

1. Um festzulegen, wie sich eine Folie bei ihrer Anzeige »ins Bild drängt«, wird der Befehl *Folienübergang* aus dem Menü *Bildschirmpräsentation* aufgerufen. Dieser Befehl ist in der Normalansicht verfügbar und bezieht sich dann auf die aktuelle Folie. In der Folienansicht lässt er sich nur dann aufrufen, wenn mindestens eine Folie markiert ist.

Folienübergang definieren

Um die Definition der Folienübergänge in der Foliensortierungsansicht zu vereinfachen, bietet die *Foliensortierung*-Symbolleiste das nebenstehende Symbol zum Aufruf des folgenden Dialogs:

Abbildung 25.8: Definition des Folienübergangs

2. Wählen Sie aus dem Kombinationsfeld in der *Effekt*-Gruppe einen Übergangseffekt aus. Um die Wirkung des Effektes zu betrachten, wechselt PowerPoint das Motiv der *Effekt*-Gruppe entsprechend des ausgewählten Übergangs. Eine Wiederholung des Übergangs erhalten Sie, wenn Sie das Motiv erneut anklicken.
3. Die Geschwindigkeit, mit der der Übergang vonstatten geht, wählen Sie über die Option *Langsam*, *Mittel* oder *Schnell* unterhalb des Demo-Motivs aus.
4. Die nächste Folie wird üblicherweise erst angezeigt, wenn Sie in der Bildschirmpräsentation mit der Maus klicken. Soll die Präsentation aber automatisch ablaufen (selbstablaufende Präsentation), lässt sich die Anzeigedauer der aktuellen Folie im Eingabefeld *Automatisch nach* einstellen. Eine Folie kann bis zu 24 Stunden (*23:59:59*) dargestellt werden.
5. Soll der Wechsel einer Folie von einem Sound begleitet werden, können Sie im Kombinationsfeld *Sound* die abzuspielende Musik definieren. PowerPoint stellt bereits eine Reihe vorgefertigter Tondateien zur Verfügung. Nach Auswahl von *Anderer Sound...* erscheint allerdings ein Dateidialog, der die Auswahl einer anderen WAV-Datei gestattet.

   Aktivieren Sie das Kontrollkästchen *Wiederholen bis zum nächsten Sound*, so wird der Sound für alle nachfolgenden Folien verwendet, bis eine Folie einen neuen Sound definiert.
6. Um den Übergang allen derzeit markierten Folien zuzuweisen, müssen Sie die *Übernehmen*-Schaltfläche betätigen. Sollen alle Folien der Präsentation mit dem Übergang versehen werden, müssen Sie die Schaltfläche *Für alle übernehmen* betätigen.

Der Probelauf

Die Definition der Folienübergänge erlaubt zwar die Angabe der Anzeigedauer einer jeden Folie, doch außer für »stumme« Präsentationen, in denen die Sprache entweder fehlt oder vom Band bzw. von einer WAV-Datei kommt, sind die Folienzeiten nur schwer zu bestimmen.

PowerPoint bietet daher die Möglichkeit zu einem *Probelauf*. Sie halten quasi die Generalprobe Ihrer Präsentation ab, und PowerPoint stoppt automatisch die Zeit, die Sie zur Erläuterung einer jeden Folie benötigen.

Rufen Sie dazu den Befehl *Neue Einblendzeiten testen* aus dem Menü *Bildschirmpräsentation* auf. PowerPoint startet daraufhin die Präsentation und stoppt für jede Folie, wie lange es dauert, bis Sie zur nächsten Folie wechseln.

PowerPoint zeigt während der Präsentation die *Probelauf*-Symbolleiste.

Neue Einblendzeiten testen

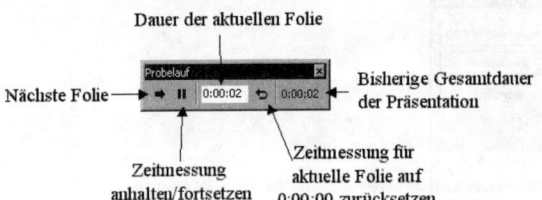

Abbildung 25.9:
Die Probelauf-*Symbolleiste*

Im Zentrum der Symbolleiste wird die Einblenddauer der aktuellen Folie angezeigt. Wurde die aktuelle Folie ausreichend lange gezeigt, wird die nächste Folie durch Klick auf das *Weiter*-Symbol angezeigt. Die herkömmlichen Navigationsmethoden (Pfeiltasten etc.) funktionieren während des Tests der Einblenddauer ebenfalls.

Weiter

Anhalten und Wiederholung

Werden Sie während des Testvortrags gestört, lässt sich die Zeitmessung durch Klick auf das *Pause-* bzw. *Anhalten*-Symbol unterbrechen. Nach der Störung lässt sich die Zeitmessung durch erneuten Klick auf dasselbe Symbol fortsetzen. Haben Sie in der Zwischenzeit jedoch den »roten Faden« verloren, und ist eine Fortführung der Zeitmessung nicht mehr möglich, lässt sich die für die Folie benötigte Einblenddauer über das *Wiederholen*-Symbol zurücksetzen.

Texte und Objekte animieren

Präsentationen basieren in den meisten Fällen auf statischen Texten und Abbildungen. Doch die Anzeige statischer Texte wird den Fähigkeiten nicht gerecht, die in Ihrem PC stecken. PowerPoint erlaubt daher die Erstellung von bewegten Grafiken, so genannte Animationen. Mit ihnen lassen sich auch komplizierte zeitliche Verläufe visualisieren. So lassen sich beispielsweise die Stationen aufzeigen, die ein Datenpaket bei seiner Reise durch das Internet nimmt. Animationen kommen aber auch als »Eye-Catcher« zur Steigerung der Aufmerksamkeit zum Einsatz. Allerdings sollten sie hier nur sparsam eingesetzt werden, da ein Zuviel das Publikum ebenso ermüdet wie ein zu langweiliger Vortrag.

Objektanimation

PowerPoint bietet eine Vielzahl unterschiedlicher Animationseffekte, mit denen jeder Text, jede AutoForm und jede Grafik einer Folie »aufgepeppt« werden kann. Allerdings werden die Animationen nur nacheinander abgespielt. Wurde mehreren Objekten ein Animationseffekt zugewiesen, so werden die Animationen nicht gleichzeitig, sondern Objekt für Objekt abgespielt. Sie haben allerdings die Wahl, ob die Animationen selbsttätig evtl. mit kurzer Verzögerung abgespielt werden sollen oder ob es eines äußeren Ereignisses, wie beispielsweise eines Mausklicks oder Tastendrucks, bedarf, um die nächste Animation einer Folie zur Anzeige zu bringen.

So animieren Sie ein Folienelement

1. Markieren Sie die zu animierenden Folienelemente (Text oder Grafik).
2. Für eine vordefinierte Animation wählen Sie aus dem Untermenü *Voreingestellte Animation* aus Menü *Bildschirmpräsentation* eine bereits vorgegebene Animation.

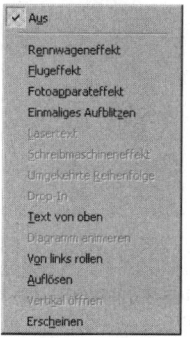

Abbildung 25.10: PowerPoint bietet ein komplettes Menü voreingestellter Animationen.

3. Mehr Kontrolle über die Animation eines Objekts bietet jedoch die *Benutzerdefinierte Animation*. Die Auswahl dieses Befehls aus dem Kontextmenü der markierten Objekte oder aus dem Menü *Bildschirmanimation* bringt den Dialog *Benutzerdefinierte Animation* zur Anzeige.

Die Bildschirmpräsentation

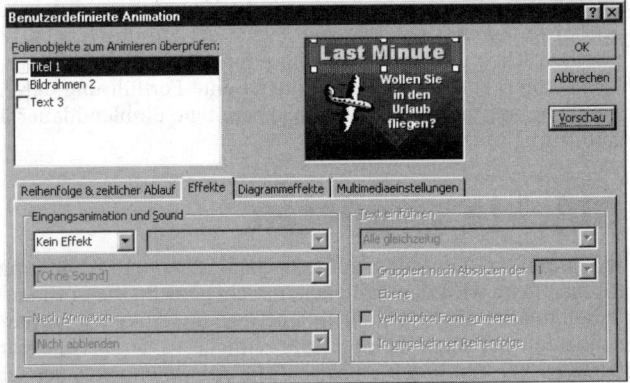

Abbildung 25.11:
Element für benutzerdefinierte Animation bestimmen

4. PowerPoint zeigt standardmäßig das *Effekte*-Register, über das sich der Animationseffekt für ein Objekt einstellen lässt. Welche Objekte augenblicklich bearbeitet werden, zeigt das Listenfeld *Folienobjekte zum Animieren überprüfen* an. Markieren Sie hier das oder die zu bearbeitenden Folienobjekte (die Markierung aus der Normalansicht wird übernommen). Weil die Folienobjekte nur durch oft nichtssagende Bezeichnungen wie *Rechteck 1*, *Ellipse 25* oder *Text 12* in der Liste vertreten werden, hebt PowerPoint die derzeit ausgewählten Objekte auch in der Miniaturansicht neben dem Listenfeld hervor.

5. Wählen Sie in den Kombinationsfeldern der Gruppe *Eingangsanimation und Sound* einen Animationseffekt. Das erste Kombinationsfeld erlaubt die Auswahl des Effektes, das rechts daneben stehende Kombinationsfeld erlaubt die Auswahl zusätzlicher Optionen, falls der Effekt mehrere Varianten besitzt (z.B. *von oben*, *von unten* usw. für den Effekt *Text*).

6. Soll die Animation von einem Sound begleitet werden, erlaubt das unter dem Effekt stehende Kombinationsfeld die Auswahl eines Soundeffektes. Dieser Sound wird abgespielt, sobald die Objektanimation startet.

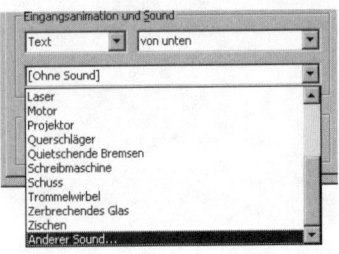

Abbildung 25.12:
Auswahl des begleitenden Sounds

Neben zahlreichen vordefinierten Sounds zeigt PowerPoint durch Auswahl des Eintrags *Anderer Sound...* einen Dateidialog, der die Angabe einer beliebigen WAV-Datei erlaubt.

7. Für Objekte, die einen Text enthalten, sind die Steuerelemente der Gruppe *Text einführen* verfügbar. Hier geben Sie an, ob die Animation der Zeichen eines Absatzes wort- oder zeichenweise stattfinden soll. Wählen Sie im Kombinationsfeld dazu zwischen *Alle gemeinsam*, *Wortweise*, *Zeichenweise*. Bei Auswahl von *Alle gemeinsam* wird der Animationseffekt auf den gesamten Text des Folienelementes

angewendet, bei *Wortweise* wird der Effekt nacheinander auf jedes einzelne Wort und bei *Zeichenweise* nacheinander auf jedes einzelne Zeichen angewendet.

Weil ein Textfeld oft mehrere Absätze unterschiedlicher Gliederungsebenen besitzt (siehe ▶ Kapitel 23, *Arbeiten in der Gliederung*), können Sie im Eingabefeld *Gruppiert nach Absätzen der ??? Ebene* angeben, bis zu welcher Gliederungsebene die Absätze für eine Animation zusammengefasst werden sollen. Geben Sie hier beispielsweise Ebene 2 an, so bedeutet das, dass jeder Absatz überhalb der Ebene 2 separat animiert wird. Die Absätze der Ebenen 3, 4 usw. werden dagegen gemeinsam mit dem übergeordneten Absatz der Ebene 2 dargestellt.

Nur Textanimation

Das Kontrollkästchen *Verknüpfte Form animieren* ist üblicherweise aktiviert und sorgt dafür, dass neben dem Text auch die umgebende Form den Animationseffekt ausführt. Deaktivieren Sie diese Schaltfläche, wird nur der Text animiert. Die Form steht zu Beginn der Textanimation bereits vollständig bereit.

Umgekehrte Reihenfolge

Manchmal ist es sinnvoll, die Texte einer Form nicht vom ersten bis zum letzten Absatz einzublenden, sondern sie in umgekehrter Reihenfolge anzuzeigen. Dazu muss das Kontrollkästchen *In umgekehrter Reihenfolge* aktiviert werden.

8. Nach der Animation bleibt die Form unverändert auf der Folie stehen. Manchmal werden Elemente aber nur auf der Folie platziert und eingefügt, um einen bestimmten Sachverhalt hervorzuheben. Danach kann das Element entweder abgeblendet oder vollständig von der Folie entfernt werden.

Das Kombinationsfeld in der Gruppe *Nach Animation* zeigt das folgende Menü zur Auswahl des Effekts, der auf die Form nach der Animation angewendet werden soll:

Abbildung 25.13:
Effekte nach der
Animation

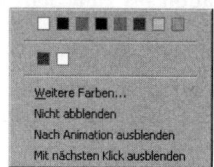

Standardmäßig weist das Kombinationsfeld den Wert *Nicht abblenden* auf, wodurch die Form nach der Animation auf der Folie verbleibt. Durch Auswahl einer Farbe wird die gesamte Form nach Ende der Animation in der angegebenen Farbe dargestellt. Die neue Farbe wird dem Hintergrund, dem Text und den Umrandungslinien zugewiesen. Die Option *Nach Animation ausblenden* hat zur Folge, dass die Form nach der Animation von der Folie verschwindet. Darf das erst nach einem Mausklick oder der ⏎-Taste geschehen, muss die Option *Mit nächsten Klick ausblenden* ausgewählt werden.

So regeln Sie die Animationsreihenfolge und Verweildauer

Die Objekte werden üblicherweise in der Reihenfolge animiert, in der sie auf der Folie erstellt wurden. Die Folge: Das zuletzt auf die Folie eingefügte Elemente wird zuletzt animiert.

Weil das nur selten gewünscht ist, erlaubt das Register *Reihenfolge & zeitlicher Ablauf* des Dialogs *Benutzerdefinierte Animation* die Festlegung der Animationsreihenfolge.

1. Rufen Sie den Dialog *Benutzerdefinierte Animation* über den gleichnamigen Befehl aus dem Kontextmenü der markierten Objekte oder aus dem *Bildschirmpräsentation*-Menü auf. Wechseln Sie dort in das Register *Reihenfolge & zeitlicher Ablauf*:

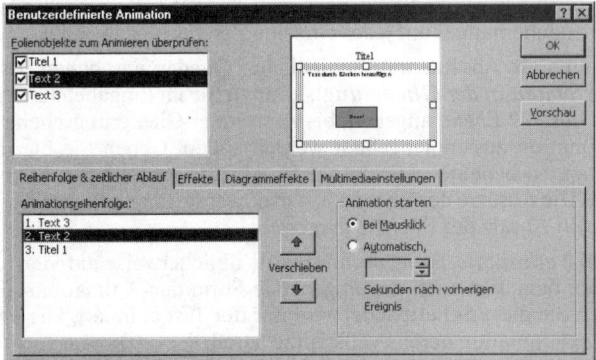

Abbildung 25.14:
Festlegung des zeitlichen Ablaufs

2. Im Listenfeld *Animationsreihenfolge* werden die animierten Elemente aufgeführt. Durch die beiden *Verschieben*-Schaltflächen wird das derzeit markierte Element in der Reihenfolge nach oben oder nach unten versetzt. So bestimmen Sie die Reihenfolge, in der die eingestellten Animationseffekte auf die Folienelemente angewendet werden.

3. Standardmäßig muss jede einzelne Animation durch einen separaten Mausklick gestartet werden. In der Steuerelementgruppe *Animation starten* ist dazu die Option *Bei Mausklick* aktiviert. Die Option *Automatisch* erlaubt dagegen die Angabe der Zeit, die nach dem Ende der aktuellen Animation bis zum Start der nächsten verstreichen soll. Vor allem für selbstablaufende Präsentationen, ohne Interaktion mit dem Anwender, müssen Sie eine Animationsdauer angeben.

Obwohl Sie die Option *Bei Mausklick* für den Start der Animation aktiviert haben, wird die Animation spätestens nach etwa 5 Sekunden gestartet. Soll die Animation dagegen automatisch nach Verstreichen einer gewissen Zeitspanne beginnen, lässt sich die Wartezeit durch einen Mausklick verkürzen.

HINWEIS

Erzählung aufzeichnen

Für den Fall, dass Sie eine Präsentation nicht persönlich vorführen, erlaubt PowerPoint die Aufzeichnung Ihrer Worte über die in Ihrem Rechner eingebaute Soundkarte. Dazu müssen Sie nur den Befehl *Erzählung aufzeichnen* aus dem Menü *Bildschirmpräsentation* aufrufen, den darauf erscheinenden Dialog mit *OK* bestätigen und einen Probelauf Ihrer Präsentation abhalten, wobei Sie laut und deutlich in das an die Soundkarte angeschlossene Mikrofon sprechen.

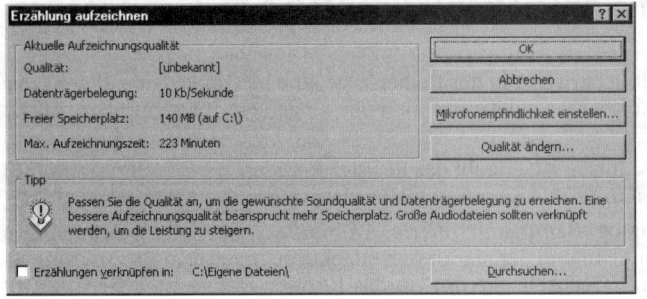

Abbildung 25.15:
Erzählung aufzeichnen

PowerPoint speichert das gesprochene Wort mit jeder Folie. Gleichzeitig nimmt PowerPoint eine Zeitmessung vor, die es erlaubt, die Präsentation später als selbstablaufende Präsentation ohne weitere Einmischung des Anwenders abzuspielen. Am Ende der Erzählungsaufzeichnung fragt PowerPoint, ob die Einblenddauern für jede Folie gespeichert werden sollen, um eine selbstablaufende Präsentation zu erzeugen.

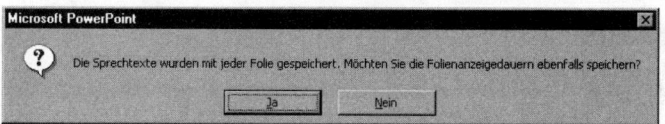

Abbildung 25.16:
Einblendzeiten zu jeder Folie speichern?

Falls Sie die Zeiten nicht speichern, spielt PowerPoint beim Anzeigen einer neuen Folie automatisch den zugehörigen Erzähltext ab und wartet anschließend auf einen Tastendruck oder Mausklick, bevor die nächste Folie aufgerufen wird. Das ist vor allem dann interessant, wenn die Präsentation von einem Moderator vorgeführt wird, der im Anschluss an jede Folie Zwischenfragen aus dem Publikum moderiert.

Eingebetteter Sound

Ohne weitere Voreinstellung bettet PowerPoint den Erzählungstext in die Präsentationsdatei ein. Das bietet den Vorteil, dass Sie nur eine Datei berücksichtigen müssen, um die Präsentation samt Sound auf einen anderen Rechner zu übertragen. Allerdings ist die eingebettete Sounddatei Ihrem Zugriff versperrt. Im *Erzählungen aufzeichnen*-Dialog steht daher die Möglichkeit zur Verfügung, die Sounddaten in separaten Dateien abzulegen. Dazu müssen Sie den Verzeichnispfad angegeben, in den PowerPoint die Dateien ablegen soll. Außerdem muss das Kontrollkästchen *Erzählungen verknüpfen in* aktiviert werden. Der Sound für jede Folie wird anschließend in jeweils einer separaten Datei abgelegt. Das Schema für die Vergabe der Dateinamen lautet: *NamederPräsentationsDateiNNN.WAV*, wobei NNN durch eine fortlaufende Nummer ersetzt wird. Falls Sie für eine Folie mehrfach Sound aufzeichnen, werden bestehende Sounddateien nicht gelöscht. PowerPoint speichert jeden neuen Sound einer Folie unter einem Namen des Musters *NamederPräsentationsDateiNNN-VVV.WAV* ab, wobei VVV der fortlaufenden Versionsnummer der Sounddatei entspricht.

Aufzeichnung unterbrechen

Um die Aufzeichnung zu unterbrechen, stellt das Kontextmenü der Folie den Befehl *Sprechtext unterbrechen* bereit. Nach seiner Auswahl zeichnet PowerPoint zunächst keine weiteren Töne auf. Erst wenn Sie den Befehl *Sprechtext fortsetzen* auswählen, fährt PowerPoint mit der Aufzeichnung fort.

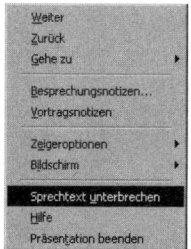

Abbildung 25.17:
Kontextmenü während der Tonaufzeichnung

Die Bildschirmpräsentation

Mikrofonempfindlichkeit und Soundqualität

Eine optimale Tonaufzeichnung ist nur möglich, wenn alle an der Aufzeichnung beteiligten Komponenten korrekt aufeinander eingestimmt sind. Die Schaltfläche *Mikrofonempfindlichkeit einstellen...* aus dem *Erzählung aufzeichnen*-Dialog zeigt dazu den folgenden Dialog an:

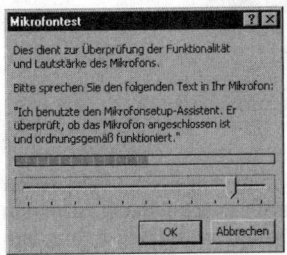

Abbildung 25.18:
Der Mikrofontest steuert das Mikrofonsignal aus.

Eine Aussteuerungsanzeige gibt den aktuellen Eingangspegel des Mikrofoneingangs Ihrer Soundkarte wieder. Der darunter liegende Schieberegler erlaubt die Einstellung der Eingangsempfindlichkeit. Allerdings müssen Sie auf dieses Instrument zur Einstellung der Empfindlichkeit nur in Ausnahmefällen zurückgreifen. PowerPoint stimmt die Mikrofonempfindlichkeit selbsttätig auf das anliegende Eingangssignal ab. Sprechen Sie daher laut und deutlich in das Mikrofon – genauso wie bei der Präsentation.

Falls die automatische Aussteuerung nicht funktioniert (was bei älteren Soundkarten der Fall ist), müssen Sie auf den Schieberegler zurückgreifen und die Empfindlichkeit so einstellen, dass der Pegelausschlag nur noch kurzfristig in den gelben Bereich hineinragt. In den roten Bereich sollte der Ausschlag niemals ragen.

Sound entfernen

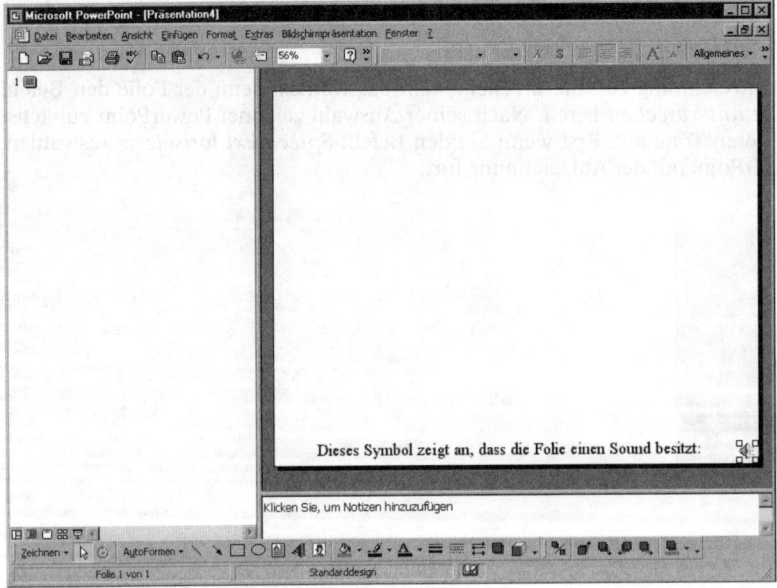

Abbildung 25.19:
Folien-Erzählungen werden als Lautsprecher-Symbol angezeigt.

Unabhängig davon, ob der Sound einer Folie in einer separaten Datei oder eingebettet in der Präsentationsdatei gespeichert wird, zeigt PowerPoint in der rechten unteren Ecke ein Lautsprechersymbol an, das den Folien-Erzählungstext repräsentiert.

Um den Sound zu löschen, müssen Sie dieses Symbol markieren und entfernen.

Sound-Eigenschaften festlegen

Darüber hinaus bietet das Kontextmenü des Lautsprechersymbols den Befehl *Soundobjekt bearbeiten*. Er bringt den folgenden Dialog zum Vorschein, der als einzige Soundoption die endlose Wiedergabe der Sounddatei gestattet:

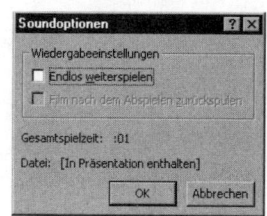

Abbildung 25.20: Soundobjekt bearbeiten

So ändern Sie die Tonaufzeichnung einzelner Folien

Falls die Tonaufzeichnung zu einer Folie misslungen ist, werden Sie nicht gezwungen, die Erzählung für alle Folien der Präsentation zu wiederholen. PowerPoint erlaubt die selektive Ersetzung der Tonaufzeichnung.

1. Bringen Sie in der Normalansicht die Folie zur Anzeige, bei der die erneute Aufzeichnung beginnen soll.
2. Wählen Sie den Befehl *Erzählung aufzeichnen...* aus dem *Bildschirmpräsentation*-Menü.
3. PowerPoint zeigt den *Erzählung aufzeichnen*-Dialog, in dem Sie alle Einstellungen für die Tonaufzeichnung vornehmen können.
4. Falls die aktuelle Folie nicht gleichzeitig auch die erste Folie der Präsentation ist, zeigt PowerPoint nach Bestätigung des *Erzählung aufzeichnen*-Dialogs die folgende Nachricht:

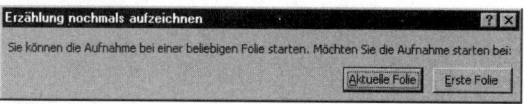

Abbildung 25.21: Beginn der Tonaufzeichnung mit der aktuellen Folie

Hier müssen Sie nochmals bestätigen, ob die Tonaufzeichnung bei der aktuellen oder bei der ersten Folie erfolgen soll.

5. Anschließend zeichnet PowerPoint die per Mikrofon aufgenommenen Töne auf und ordnet sie der Folie zu. Zur nächsten Folie springen Sie wie gewohnt durch Mausklick oder über die Navigationstasten. Um die Aufzeichnung zu beenden, wählen Sie eine der Methoden zum Abbruch der Präsentation.

Die Bildschirmpräsentation

Teil D
Publisher 2000

617 Der Einstieg
639 Erstellen von Publikationen
667 Text und Grafiken in Publisher
705 Drucken und Erstellen von Webseiten

Der folgende Teil D mit seinen vier Kapiteln ist dem Publisher gewidmet. Wie der Name bereits vermuten lässt, geht es bei dieser Anwendung aus dem Office-Paket um das Desktop Publishing, d.h. das Aufsetzen von Druckwerken aller Art mit dem PC. Komplette Bücher mit vielen hundert Seiten werden Sie wahrscheinlich eher in Word setzen wollen, doch wenn es um die Erstellung von Broschüren, Postern, Aufklebern, Visitenkarten, Vereinszeitungen und ähnlichem geht, ist Publisher genau das richtige Werkzeug. Zwar reicht es nicht ganz an die Möglichkeiten spezieller Satzprogramme für Druckstudios heran, doch dafür ist es auch nicht mit Funktionen überladen und erschließt sich dem Anwender sehr schnell.

Einen Einstieg in die Welt des Publishers vermittelt Ihnen das nachfolgende Kapitel 26. Danach geht es im Kapitel 27 gleich mit der Erstellung einer Publikation und dem Platzieren der ersten Druckobjekte los. Im Anschluss daran erfahren Sie im Kapitel 28 alles Wichtige über die Arbeit mit Texten und Grafiken in Ihrer Publikation. Sie lernen, wie man Texte formatiert und Grafiken »montiert«. Außerdem zeigen wir Ihnen, wie Sie die mitgelieferte Design-Gallerie nutzen, um beim Aufsetzen einer neuen Publikation nicht jedes Mal bei Null anfangen zu müssen.

Und im abschließenden Kapitel 29 erfahren Sie alles Wichtige über den Druck und die Weitergabe Ihrer Publikation an einen professionellen Druckservice, für den Fall, dass eine größere Auflage oder bessere Qualität gewünscht ist, als sie sich beim Heimdruck erzielen lässt. Außerdem lernen Sie Publisher hier von einer ganz anderen Seite kennen, nämlich als Werkzeug für die Erstellung von Webseiten. Denn auf Knopfdruck bereitet Publisher Ihre Publikation gleich für die Veröffentlichung im Web auf, indem er die zugehörigen HTML-Seiten selbstständig generiert.

26 Der Einstieg

617   Die Welt des Publishers
618   Hallo Newbies, Einsteiger willkommen!
619   Was ist neu in Publisher 2000?
620   Jetzt geht's los: der Einstieg in Publisher!
627   Publisher-Grundlagen

Die Welt des Publishers

Desktop Publishing, das ist das Thema des Microsoft Publishers, des am weitesten verbreiteten Werkzeugs für das Layout von Text und Bildern am PC. Mit ihm können Sie eine Vielzahl von Publikationen wie Zeitungen, Broschüren, Visitenkarten und vieles mehr schnell und einfach am Bildschirm entwerfen. Mit Hilfe leicht zu handhabender Werkzeuge lassen sich Bilder und Texte beliebig in einem Layout anordnen und formatieren. Text läuft von einem Textrahmen zum anderen, schlängelt sich um eine Grafik und wird auf der nächsten Seite nahtlos fortgesetzt, ohne dass Sie sich um den Umbruch kümmern müssen. Alles kein Problem!

Um Ihnen rasch zu ansehnlichen Resultaten zu verhelfen, sind viele beispielhafte Publikationen bereits im Lieferumfang enthalten. Assistenten unterstützen Sie, diese Vorlagen mit wenig Aufwand an Ihre eigenen Bedürfnisse anzupassen. Bereits nach kurzer Einarbeitungszeit erstellen Sie so die von Ihnen gewünschte Publikation.

Wichtig ist, dass Publisher mehrere Ausgabemedien unterstützt, einerseits den Ausdruck am heimischen Laser- oder Tintenstrahldrucker, darüber hinaus jedoch auch die Weitergabe der Publikation an einen professionellen Druck-Service zwecks Vervielfältigung in größerer Menge und besserer Qualität. In eine ganz andere Richtung zielt der dritte Ausgabepfad des Publishers, nämlich auf das Internet. Eine Publikation, die Sie eben noch gedruckt haben, verwandelt Publisher mit wenigen Handgriffen in eine komplette Webseite, die Sie im Intranet oder Internet verbreiten können. Die notwendigen Techniken und Kniffe dazu vermittelt Ihnen dieses Kapitel. Hier aber erst mal eine Übersicht über die Druckerzeugnisse, die sich mit Publisher erstellen lassen.

Bezeichnung	Charakteristik
Magazine	34 beispielhafte Magazinentwürfe helfen Ihnen bei der Erstellung eines individuellen Magazins.
Websites	45 Webseiten für die Gestaltung geschäftlicher, aber auch privater Homepages
Broschüren	Faltbroschüren für unterschiedliche Anlässe wie zur Information, als Preisliste, als Veranstaltungshinweis oder als Spendenaufruf
Kataloge	20 Entwürfe zur Erstellung eines Katalogs für eines Selbstdarstellung oder eine Produktzusammenstellung
Handzettel/Aushang	81 Entwürfe für diverse geschäftliche oder private Anlässe mit/ohne Abrisszettel/Rückmeldungen
Schilder	28 Warn- und Hinweisschilder
Postkarten	105 Postkarten für Informationen, Angebote, Werbung, Einladungen, Grüße, Danksagungen, Umzug und Erinnerungen
Einladungs-/Grußkarten	155 Karten für jeden Anlass
Visitenkarten	Visitenkarten unterschiedlicher Stilrichtungen
Briefköpfe	Designs von dezent bis auffällig
Umschläge	Variationsmöglichkeiten in Größe und Beschriftung von Umschlägen
Geschäftsformulare	Geschäftliche Formulare wie z.B. Fax-Vorlagen, Rechnungen, Bestellungen, Inventarlisten usw.
Banner	40 Banner vom Willkommensgruß über Verkaufsangebote bis zur »Guten Besserung«
Kalender	Monats- oder Jahreskalender vom Visitenkartenformat bis Wandkalender
Anzeigen	6 beispielhafte Zeitungsanzeigen
Leistungszertifikate	14 Urkundenentwürfe
Gutscheine	20 Geschenkgutscheine
Etiketten	Etiketten für Adressenaufkleber, Disketten, Videokassetten, CDs u.v.m.
Empfehlungskarten	20 Karten für Empfehlungen
Speisekarten	Speise- und Weinkarten vom Schnellrestaurant bis zum Feinschmeckertempel
Programme	Konzert-/Theaterprogramme
Papierflieger/Origami	Bastelanleitung für Papierflugzeuge oder andere Objekte

Tabelle 26.1: Publikationsübersicht

Hallo Newbies, Einsteiger willkommen!

Um Publisher zu verstehen, muss man es erst einmal von Word abgrenzen, das von Haus aus ebenfalls für die Eingabe und das Formatieren von Texten geeignet ist. Der wesentliche Vorteil von Publisher gegenüber Word ist die Möglichkeit, beliebige Objekte exakt zu platzieren und deren Eigenschaften (Größe, Form, Farbe etc.) genau vorgeben zu können. Darüber hinaus lassen sich sehr leicht Hintergründe definieren, die auf allen Seiten automatisch wiederkehren. Mit einigen Tricks ist das alles mittlerweile zwar auch in Word möglich, doch Publisher macht es dem Anwender in dieser Hinsicht deutlich einfacher.

Dafür sind Publishers Fähigkeiten bei der Texteingabe und -erfassung nicht so ausgeprägt. Sofern Sie reine Brieftexte oder sehr lange Dokumente mit vielleicht nur gelegentlichen Bildeinbettungen verfassen möchten, ist Word deshalb nach wie vor die bessere Wahl. Denn Word bietet im Gegensatz zum Publisher umfangreichere Möglichkeiten zur Strukturierung und Gliederung von Texten. Die beiden Welten lassen sich jedoch problemlos verbinden, beispielsweise, indem Sie längere Textpassagen in Word erfassen und dann für das Layout in den Publisher importieren.

Grundsätzlich bietet Ihnen der Publisher Wahlfreiheit hinsichtlich der Größe Ihrer Publikation. So können Sie genauso gut handliche Visitenkarten erstellen wie überdimensionale Poster oder Banner. Lassen Sie sich also nicht von der gewählten Bildschirmdarstellung über die tatsächliche Größe Ihrer Publikation täuschen. Ausschließlich die Proportionen einzelner Objekte zueinander entsprechen auch dem späteren Ausdruck.

Ein Hintergrund für alle Seiten

In der Regel werden Sie zu Beginn das jeweilige Format auswählen. Entscheiden Sie sich für eine Publikation, die aus mehreren Seiten besteht, so haben Sie die Möglichkeit, sich auf jeder Seite wiederholende Elemente einmal zu entwerfen und dann in den Hintergrund zu legen. Dieser Hintergrund erscheint automatisch auf jeder Seite und wird durch die jeweils individuelle Gestaltung des Vordergrundes einer Seite nicht beeinflusst, sondern lediglich überlagert. Sowohl im Vordergrund als auch im Hintergrund können Sie beliebige Objekte (d.h. Texte, Tabellen und Bilder) platzieren. Für eine ausgewogene Farbgestaltung können Sie aus einer Vielzahl von vordefinierten, aber auch selbstkreierten Farbschemata wählen. Der Wechsel zwischen diesen Farbschemata ist jederzeit möglich und erlaubt so eine schnelle Anpassung der gesamten Publikation.

Assistenten bauen Publikationen auf

Sofern Sie bei der Erstellung einer Unterstützung bedürfen, stellt Ihnen der Publisher diverse, hilfreiche Assistenten zur Seite. Sie führen Sie durch vorhandene Musterpublikationen zwecks Anpassung an Ihre persönlichen Bedürfnisse oder helfen Ihnen bei der Gestaltung einzelner Objekte. Über selbst erstellte oder unter Nutzung vorhandener Adressenlisten können Sie schnell individuell adressierte Seriendokumente anfertigen. Aber nicht nur der Entwurf vielfältiger Druckerzeugnisse wird unterstützt, sondern auch die Gestaltung von Webseiten, die Sie über das Internet im World Wide Web (WWW) verbreiten können.

Was ist neu in Publisher 2000?

Wie bei jeder neuen Version des Publishers wurden die Musterpublikationen um weitere Gestaltungsbeispiele ergänzt. Mittlerweile sollte für fast alle Wünsche eine fertige oder zumindest in Ansätzen heranziehbare Publikation dabei sein. Es sei jedoch bereits vorweggeschickt, dass die Qual der Wahl mit der Erweiterung der Muster nicht leichter geworden ist.

Wirklich neu bzw. verbessert sind die folgenden Funktionen:

- Pack & Go
  Sie können das Ergebnis Ihrer Arbeit zusammenfassen und komprimiert auf Diskette(n) oder anderen Datenträgern abspeichern. Die Zusammenfassung kann je nach Voreinstellung alle verwendeten Bilder und Schriftarten enthalten. So wird sichergestellt, dass Ihre Publikation auch auf einem anderen Rechner unverändert dargestellt bzw. von einer Druckerei originalgetreu ausgedruckt wird (siehe auch
  ▶ *Weitergabe von Publikationen mit Pack & Go*).

- *QuickPage-Assistent*
  Wahlweise begleitet Sie dieser Assistent Schritt für Schritt bei der grundlegenden Gestaltung einer »leeren« Publikation (siehe auch ▶ *Auf eigene Faust – Arbeiten ohne Assistenten*).

- *Maßeinheiten-Symbolleiste*
  Hierbei handelt es sich um eine Werkzeugleiste, mit deren Hilfe Sie die Dimensionen und die Platzierung eines Objektes erkennen und verändern können. Ferner können Sie Text hinsichtlich der Darstellung einzelner Buchstaben, deren Breite, Abstand zueinander, Überdeckung und Zeilenabstand bearbeiten (siehe auch ▶ *Die Arbeit mit Objekten*).

- *Persönliche Informationen*
  Die persönlichen Informationen enthalten bis zu vier Informationssets, welche jeweils einen Namen, eine Anschrift, Kommunikationsadressen, einen individuellen Spruch, eine Berufsbezeichnung, Farbschemata und ein Logo enthalten können. Die Feldbezeichnungen eines Sets können beliebig in Ihrer Publikation platziert werden. Der Wechsel zwischen einem Set oder die Änderung in einem Set wird umgehend in Ihrem Dokument reflektiert. Das macht die Anpassung vorgegebener Muster besonders leicht (siehe auch ▶ *Visitenkarten schnell erstellt*).

Jetzt geht's los: der Einstieg in Publisher!

Traditionell werden Publikationen in Desktop Publishing Programmen von Grund auf erstellt. Man legt eine neue Datei an, richtet das Seitenformat ein, fügt einzelne Seiten hinzu und beginnt, Text und Grafik auf den Seiten zu platzieren. Auch Publisher bietet Ihnen alle erforderlichen Werkzeuge, um auf diese Art und Weise Publikationen zu erstellen. Damit Sie möglichst schnell zum Ziel kommen, beinhaltet Publisher darüber hinaus jedoch eine ganze Reihe von Assistenten, die Ihnen bei der Erstellung einer Publikation zur Hand gehen und dabei auf mitgelieferte Mustervorlagen zurückgreifen. In diesem Kapitel stellen wir Ihnen beide Wege vor: den Einsatz der Assistenten und die Arbeit auf eigene Faust.

Der Microsoft Publisher Katalog und die Assistenten

Wenn Sie den Publisher starten, gelangen Sie in ein Dialogfenster, den so genannten »Katalog« (Abbildung 26.1). Er beinhaltet eine umfangreiche Sammlung vorgefertigter und von Ihnen editierbarer Vorlagen sowie leere Publikationen.

An dieser Stelle gilt es, eine erste Entscheidung zu fällen. Haben Sie bereits mit dem Publisher gearbeitet und möchten Sie eine abgespeicherte Publikation erneut bearbeiten? In diesem Fall klicken Sie auf die Schaltfläche *Vorhandene Dateien ...* und gelangen zum Datei-Manager (siehe auch ▶ *Laden und Speichern von Dateien*).

Sofern Sie nur versehentlich im Katalog gelandet sind, betätigen Sie die Schaltfläche *Katalog schließen*.

Möchten Sie beim Start des Publishers sofort die Arbeitsfläche starten, ohne über den Umweg des Kataloges gehen zu müssen, dann deaktivieren Sie im Menü *Extras/Optionen/Allgemein* das Optionsfeld *Katalog beim Start anzeigen*.

HINWEIS

Sofern Sie neu bei Publisher sind, möchten wir Ihnen auf den folgenden Seiten das Prinzip des Kataloges und seiner Assistenten näher bringen. Die Assistenten helfen Ihnen, schnell zu einem vorzeigbaren Ergebnis zu gelangen, ohne dass Sie bereits über weitergehende Vorkenntnisse verfügen müssen. Sie fragen Sie zum Beispiel nach den gewünschten Farben, der Ausrichtung (Hoch- oder Querformat) und die in die Publikation aufzunehmenden Standardinformationen wie Name und Anschrift.

Abbildung 26.1:
Microsoft Publisher-Katalog

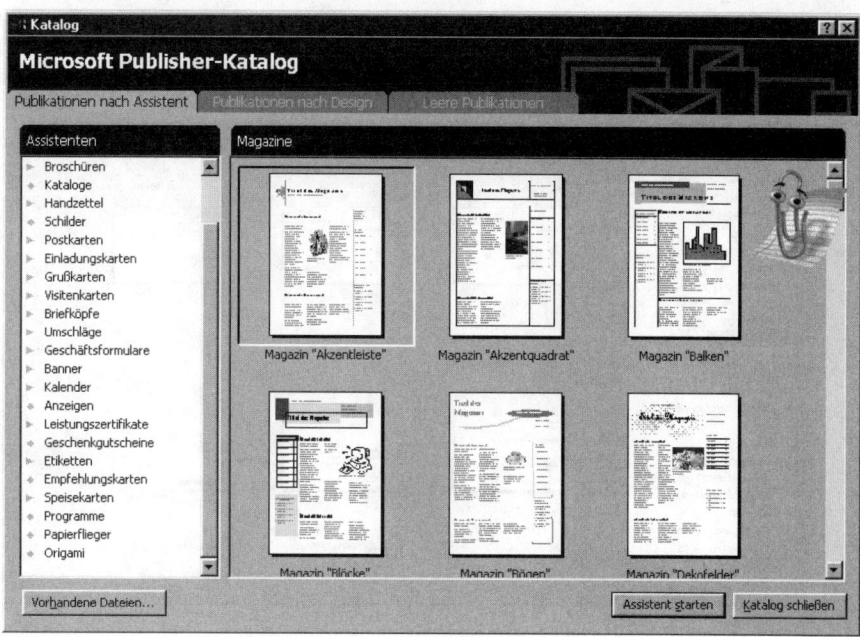

Visitenkarten schnell erstellt

Wie man die Assistenten auswählt und wie man Sie einsetzt, möchten wir Ihnen am Beispiel der *Visitenkarten* Schritt für Schritt zeigen.

1. Grundsätzlich haben Sie zunächst die Möglichkeit, die Anzeigekriterien vom Katalog zu bestimmen. Entweder Sie wählen die Registerkarte *Publikation nach Assistent*, *Publikation nach Design* oder *Leere Publikation*. Im ersten Fall erhalten Sie im linken Teil des Fensters eine Auflistung der Publikationsarten und eine Vorschau auf die verschiedenen Designs im rechten Teil. Alternativ können Sie sich alle Designsets mit den darin verfügbaren Publikationsarten oder auch leere Vorlagen (siehe auch ▶ *Auf eigene Faust – Arbeiten ohne Assistenten*) anzeigen lassen. Entscheiden Sie sich bitte für die erste Variante und klicken Sie links im Fenster auf den Begriff *Visitenkarten*. Sie erhalten dann rechts diverse Vorschläge zu der gewählten Publikationsart. Treffen Sie im Vorschaufeld Ihre Wahl durch einmaligen Mausklick (in unserem Beispiel verwenden wir das Muster *Akzentleiste*). Betätigen Sie anschließend die Schaltfläche *Assistent starten* (siehe Abbildung 26.2).

TIPP Durch einen Doppelklick auf die gewählte Publikationsart starten Sie umgehend den entsprechenden Assistenten. Sie ersparen sich dadurch die Betätigung der Schaltfläche *Assistent starten*.

2. An die jeweilige Auswahl angepasst hilft Ihnen jetzt der Assistent mit gezielten Fragen Schritt für Schritt durch die grundlegende Gestaltung. Nur beim ersten Aufruf eines Assistenten werden Sie vom Publisher durch ein Hinweisfenster auf eine neue Funktion in Publisher aufmerksam gemacht, die *Persönlichen Informationen*. Bestätigen Sie den Hinweis und Sie erhalten das gleichnamige Dialogfenster. In diesem Fenster können Sie je nach Wunsch geschäftliche oder private Informationen festlegen, die neben Text (Name, Anschrift, Telefon/Fax/E-Mail, Organisationsnamen, Slogan, Berufsbezeichnung) auch die Farbgestaltung oder

Der Einstieg

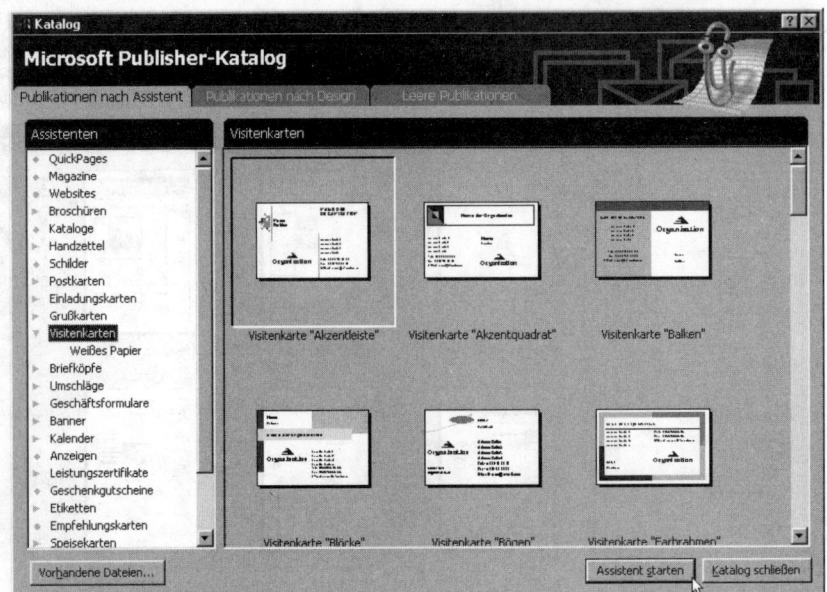

Abbildung 26.2: Auswahl der Publikation anhand der Assistenten

ein Bild (Logo) enthalten. Dabei steht es Ihnen frei, bis zu vier unabhängige Informationssets (*Geschäftsfelder, Organisationen, Privat/Familie*) je nach Anforderung zu erfassen. Durch Klicken auf das Optionsfeld *Farbschema in die Zusammenstellung aufnehmen* (erkennbar durch ein vorangestelltes Häkchen) erhalten Sie die Möglichkeit, für jedes Set separat Farben zu definieren. Die eingegeben Daten werden von Publisher gespeichert und anschließend durch den Assistenten an die entsprechenden Stellen in der Publikation eingefügt.

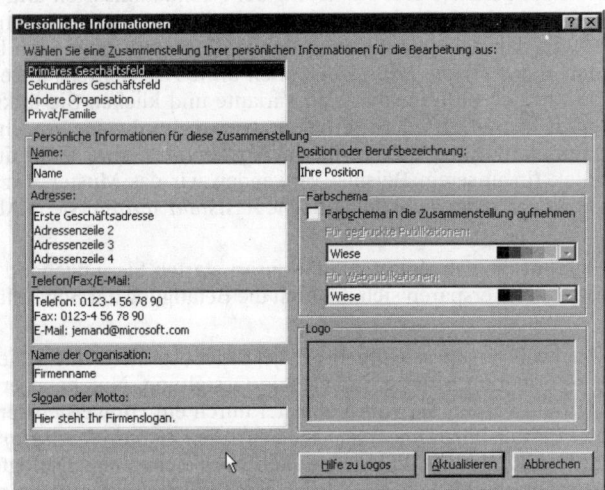

Abbildung 26.3: Dialog zur Auswahl und Änderung der persönlichen Informationen

TIPP Wie Sie ein Logo erstellen und dauerhaft in einem Informationsset speichern, erfahren Sie, indem Sie auf die Schaltfläche *Hilfe zu Logos* klicken.

3. Nachdem Sie in die Eingabefelder unter Punkt 2 Ihre eigenen Daten eingegeben haben, verlassen Sie den Dialog mit der Schaltfläche *Aktualisieren*.

HINWEIS Sobald Sie die *Persönliche Einstellungen* erst einmal erfasst haben, entfallen die Schritte 2 und 3. Der Assistent wird Sie allerdings zum Ende hin fragen, welches Informationsset Sie verwenden oder aktualisieren wollen. Wollen Sie nicht mit den Assistenten arbeiten, dann öffnen Sie den Dialog für die *Persönliche Informationen* über das Menü *Bearbeiten/Persönliche Informationen ...*

4. Publisher zeigt Ihnen jetzt eine Seitenansicht der ersten Seite Ihrer Publikation (das Beispiel Visitenkarte verfügt nur über eine Seite) sowie eine kurze Einführung zum Assistenten. Klicken Sie jetzt und nach jedem einzelnen Schritt auf *Weiter*.

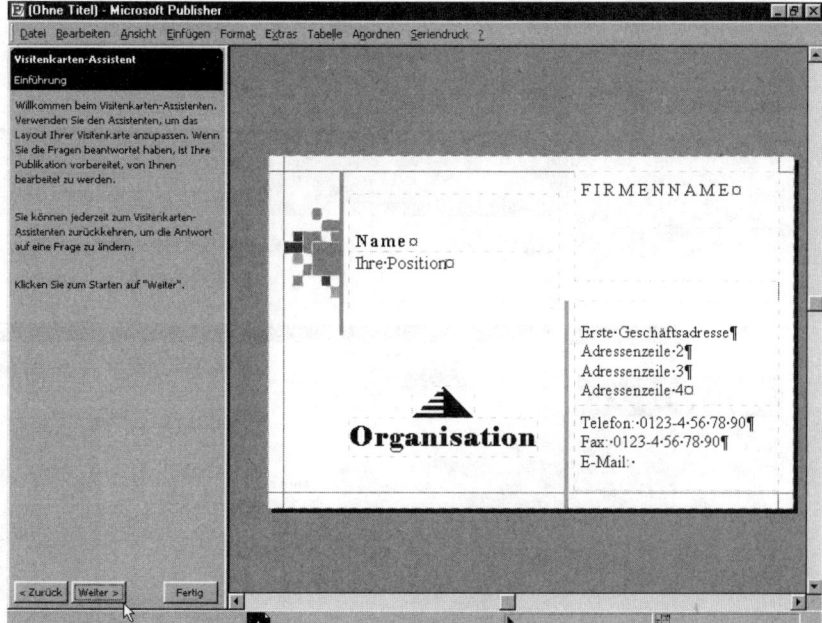

Abbildung 26.4:
Die Startseite des Assistenten

5. Jetzt wählen Sie bitte aus der Farbliste ein Ihnen genehmes Farbschema aus. Wechseln Sie ruhig mehrfach die Einstellungen und beobachten Sie die Veränderungen an der Visitenkarte. Sie sehen, dass Publisher den Elementen der Karte automatisch die Farben aus dem gewählten Schema zuweist (siehe Abbildung 26.5).

6. Im Anschluss an die Farbauswahl können Sie die Ausrichtung der Visitenkarte festlegen. Hierbei können Sie zwischen Hoch- und Querformat wählen. Als Reaktion auf Ihre Entscheidung wird die Darstellung der Karte von Publisher umgehend aktualisiert. Die einzelnen Elemente werden dabei nach einem vorgegebenen Schema neu angeordnet. Welche Darstellung sich letztlich für Ihre *Persönlichen Informationen* (Textlänge der einzelnen Felder) und das von Ihnen gewählte Design am besten eignet, ist im Einzelfall auszuprobieren und natürlich immer auch Geschmackssache (siehe Abbildung 26.6).

Der Einstieg

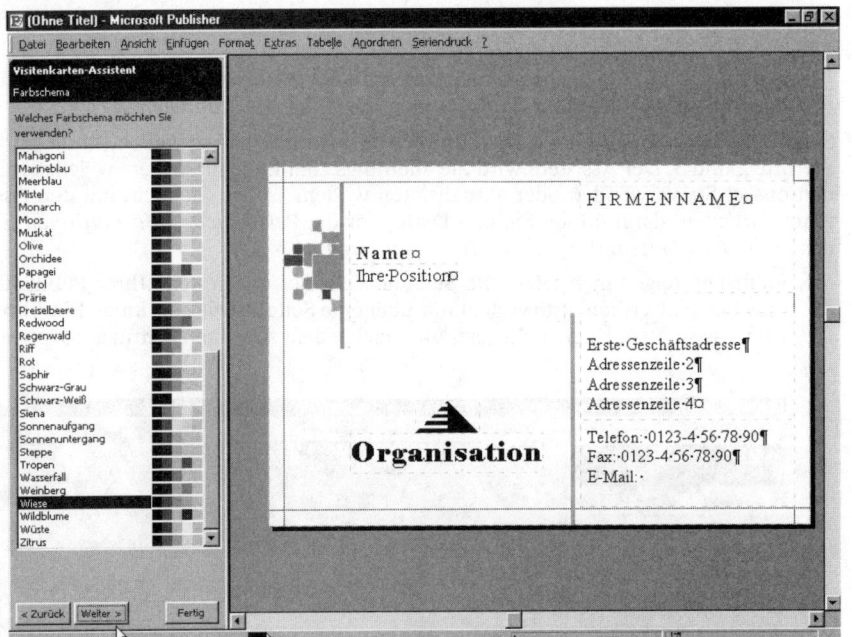

Abbildung 26.5:
Auswählen eines Farbschemas

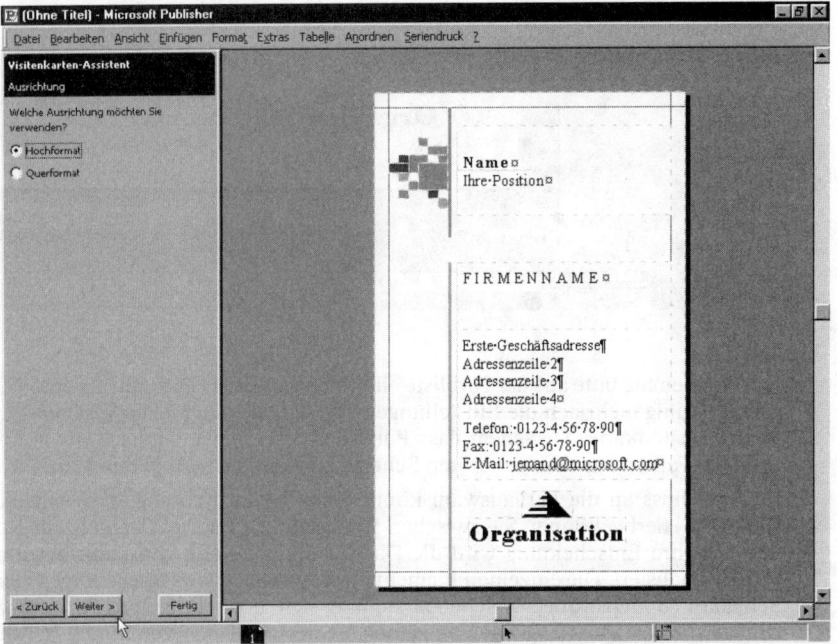

Abbildung 26.6:
Festlegen der Ausrichtung

7. Sie können ein als Logo eingefügtes Bild von der Visitenkarte entfernen oder wieder hinzufügen. Die verbleibenden Elemente werden automatisch von Publisher neu angeordnet.

Abbildung 26.7: Entfernen/Hinzufügen eines Logos

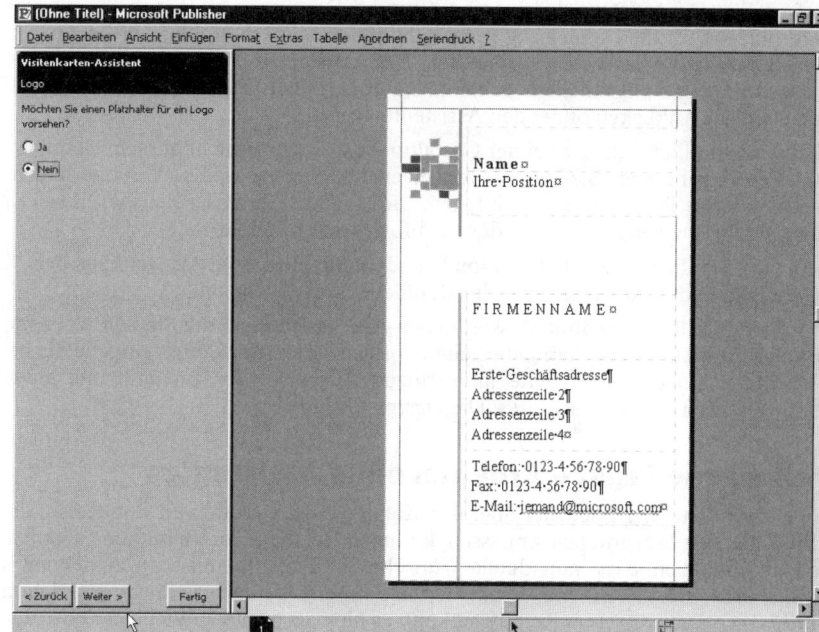

8. Nachdem Sie nunmehr die Visitenkarte in den vorangegangenen Schritten nach Ihren Wünschen gestaltet haben, fragt Sie der Assistent noch nach dem Drucklayout. Dabei können Sie zwischen einer oder mehreren Visitenkarten pro Druckseite wählen.

9. Im letzten Bearbeitungsschritt werden Sie gebeten, aus den möglichen vier Informationssets ein Set auszuwählen. Spätestens an dieser Stelle sehen Sie Ihr Endergebnis.

10. Bevor Sie den Assistenten jetzt durch Klick auf die Schaltfläche *Fertig* beenden, ist es möglich, durch wiederholtes Betätigen der Schaltfläche *Zurück* nochmals einzelne Änderungen an der Karte vorzunehmen. Allerdings steht Ihnen der Assistent selbst nach Fertigstellung der schrittweise von Publisher geleiteten Bearbeitung weiterhin zur Verfügung. Dazu listet der Assistent im linken Drittel der Arbeitsoberfläche alle verfügbaren Punkte nochmals auf. Ein Klick genügt und Sie erhalten die Ihnen bekannte Auswahl zwecks Änderung.

Drucken

11. Selbstverständlich können Sie die Visitenkarten jetzt über Ihren Drucker ausdrucken. Klicken Sie dazu auf die nebenstehende *Drucken*-Schaltfläche aus der *Standard*-Symbolleiste. Sollten Änderungen in den Druckeinstellungen notwendig werden, rufen Sie entweder im Menü *Datei* den Befehl *Drucken...* oder *Druckeinstellungen...* auf (Einzelheiten dazu finden Sie unter ▶ *Drucken von Publikationen*).

Der Einstieg

HINWEIS

Möchten Sie nach Auswahl eines Designs aus dem Katalog auf die schrittweise Befragung durch den Assistenten grundsätzlich verzichten, so deaktivieren Sie nach Beendigung des Assistenten im Menü *Extras/Optionen/Benutzerunterstützung* das Optionsfeld *Assistenten schrittweise ausführen*.

Sofern Sie der Assistent durch seine optische Dominanz stört und Sie mehr Bildschirmfläche für die Darstellung Ihrer Publikation wünschen, klicken Sie am unteren Fensterrand auf *Assistenten ausblenden*. Der Assistent verschwindet und die Bezeichnung der soeben angeklickten Schaltfläche ändert sich in *Assistent einblenden*. Ein nochmaliges Anklicken öffnet den Assistenten erneut.

Selbstverständlich sind Sie bei der Gestaltung des Layouts nicht ausschließlich an den Assistenten gebunden. Sie können über diverse Werkzeuge weitere Veränderungen vornehmen sowie Texte und Bilder einfügen. Dies gilt auch für unser Beispiel einer Visitenkarte. Mehr dazu erfahren Sie in den nachfolgenden Kapiteln.

TIPP

Möchten Sie die aktuelle Publikation beenden und eine neue Auswahl aus dem Katalog treffen, dann wählen Sie über die Menüleiste *Datei/Neu* an.

An dieser Stelle sei erwähnt, dass es neben den Assistenten, die Sie von Anbeginn an durch Ihre gesamte Publikation begleiten können, auch Assistenten gibt, die Sie bei der Gestaltung einzelner Elemente unterstützen. Wie so eine Unterstützung aussehen kann, erfahren Sie im Abschnitt ▶ *Die Design Gallery*.

Auf eigene Faust – Arbeiten ohne Assistenten

Sicherlich bietet der Publisher über den Katalog eine Vielzahl von Entwürfen, die Sie Ihren eigenen Ansprüchen anpassen können. Bei häufiger Benutzung werden Sie jedoch feststellen, dass individuelle Wünsche auf einem leeren Blatt manchmal doch schneller zu realisieren sind. Egal, wie viele unterschiedliche Designs ein Programm Ihnen auch anbietet – Ihre Kreativität kann es niemals ersetzen. Vielleicht möchten Sie lieber selbst erstellte Grafiken, Bilder, Fotos, Firmenlogos und Texte auf Ihre ganz eigene Art auf einer Publikation platzieren. Dann sollten Sie sich der dritten, bisher noch nicht erklärten Registerkarte *Leere Publikationen* des Katalogs bedienen. Sie enthält ausschließlich die Formatvorgaben für noch leere Publikationen.

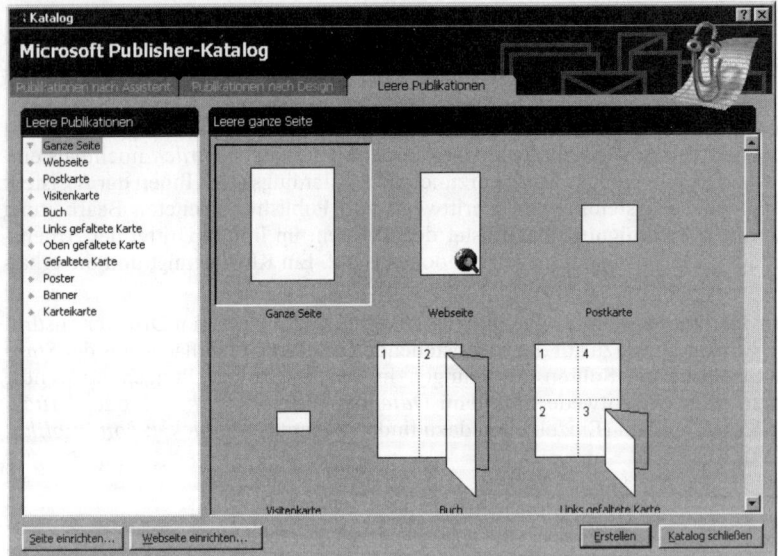

Abbildung 26.8:
Öffnen einer leeren Publikation

Grundsätzlich stehen Ihnen die drei folgenden Möglichkeiten offen. Wir empfehlen Ihnen, die erste zu nutzen, da Sie mit ihr in der Regel am schnellsten Ihr Ziel erreichen.

- Sie wählen aus dem Katalog die Registerkarte *Leere Publikation*, markieren das gewünschte Layout und klicken auf die Schaltfläche *Erstellen*. Es erscheint die Arbeitsoberfläche und der *QuickPage-Assistent*. Dieser Assistent hilft Ihnen, das Papierformat und dessen Ausrichtung, aber auch Farbgebung, Hintergründe und Gestaltungsmerkmale festzulegen.

- Sie wählen aus dem Katalog die Registerkarte *Leere Publikation* und klicken auf die Schaltfläche *Seite einrichten* bzw. *Web-Seite einrichten*. Sie können hier Größe, Format und eine evtl. Faltung festlegen. Anschließend präsentiert sich analog der ersten Möglichkeit die Arbeitsoberfläche. Auf den *QuickPage-Assistenten* müssen Sie bei diesem Programmeinstieg allerdings verzichten.

- Sie klicken unabhängig von der Registerkarte direkt auf die Schaltfläche *Katalog schließen*. In Abhängigkeit davon, ob Sie den Publisher gerade erst gestartet, mit einem Assistenten vorab gearbeitet oder auf die Unterstützung eines Assistenten in der vorangegangenen Auswahl verzichtet haben, erscheint der *QuickPage-Assistent*, der zuletzt gewählte Assistent oder nur die Arbeitsoberfläche.

HINWEIS Auch wenn Sie durch Ihre Auswahl den *QuickPage-Assistenten* ausgeschaltet haben sollten, können Sie selbstverständlich über die entsprechenden Menüpunkte der Menüleiste die gleichen Änderungen und Einstellungen Ihrer Publikation wie mit Hilfe des Assistenten vornehmen.

Sobald sich vor Ihnen die Arbeitsoberfläche des Publishers öffnet, steht Ihnen die ganze Welt des Desktop Publishing zur Verfügung. Sofern Sie im Umgang mit dem Publisher noch ungeübt sind, empfehlen wir Ihnen, sich für die folgenden Seiten etwas Zeit zu nehmen.

Publisher-Grundlagen

In diesem Kapitel stellen wir Ihnen die Grundlagen der Arbeit mit dem Publisher vor: den Umgang mit der Hilfe, den Aufbau des Publisher-Bildschirms und die Arbeit mit den omnipräsenten Rahmen, die für die Aufnahme von Grafik und Text in eine Publikation von elementarer Bedeutung sind.

Der schnelle Weg zur Hilfe

Jede noch so gute Einweisung in ein Programm kann nicht verhindern, dass Sie in den unterschiedlichsten Situationen der Hilfe bedürfen. Der Publisher bietet Ihnen hier umfangreiche Unterstützung an.

In der Abbildung 26.9 (es handelt sich um eine Fotomontage) finden Sie gleichzeitig mehrere Wege zur Hilfe dargestellt.

Tabelle 26.2: Hilfearten

Art	Charakteristik	Empfehlung
Der Office-Assistent (hier als Büroklammer dargestellt)	Er beantwortet Ihre Fragen und gibt Ihnen situationsbedingt hilfreiche Tipps. Wenn erforderlich und technisch möglich, verbindet er Sie auch mit der Publisher-Website ...	Für den ungeübten Benutzer (Standard-Einstellung).
? in der Menüleiste (rechts oben in Bild 26.9)	Sie können zwischen der Publisher-Hilfe, der Publisher-Website ... und den Publisher Tutorials wählen.	Die Alternative zum Office-Assistenten, sofern Sie diesen abgeschaltet haben. ▶

Art	Charakteristik	Empfehlung
Das Kontextmenü (rechts unten im Bild)	In Abhängigkeit von dem selektierten und mit der rechten Maustaste angeklickten Bereich/Objekt erhalten Sie einen Querverweis auf ein Hilfethema (hier: Hilfe zu diesem Arbeitsbereich). Ein Klick auf den Querverweis und es öffnet sich das eigentliche Hilfefenster.	Gesetzt den Fall, das Objekt oder der Bildschirmbereich, zu dem Sie eine Frage haben, ist sichtbar, ist dies meist der schnellste Weg zu einer zielgerichteten Antwort.
? in einem Dialogfenster oder Abbildung 26.10 (rechts oben)	Direkthilfe zu Options-/Auswahlfeldern	Wenn verfügbar, erhalten Sie auf diese Weise eine Beschreibung der Auswahlmöglichkeiten.

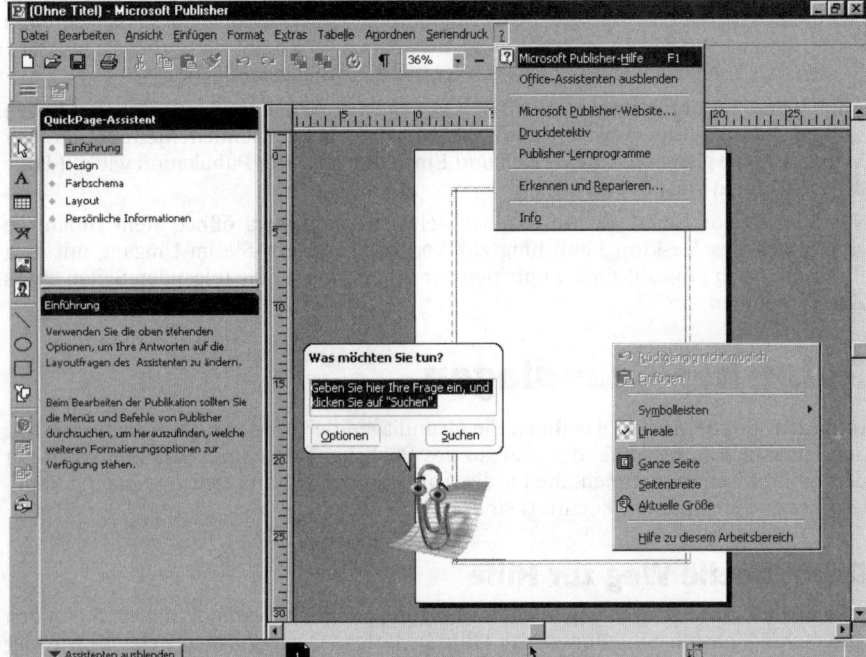

Abbildung 26.9: Die verschiedenen Wege zur Hilfe

Der Office-Assistent

Der Office-Assistent ist bemüht, Ihnen bei Ihrer Arbeit mit Publisher behilflich zu sein. So befragen Sie den Assistenten.

1. Klicken Sie den Assistenten an.

2. Geben Sie in der eingeblendeten Sprechblase Ihre Frage ein und klicken Sie auf *Suchen*.

3. In Abhängigkeit von Ihrer Frage erhalten Sie eine Auswahlliste von möglichen Querverweisen. Nochmaliges Klicken führt Sie entweder direkt oder über weitere eingrenzende Fragen zu dem gewünschten Hilfethema in der Publisher-Hilfe (siehe auch ▶ *Hilfe über die Menüleiste*).

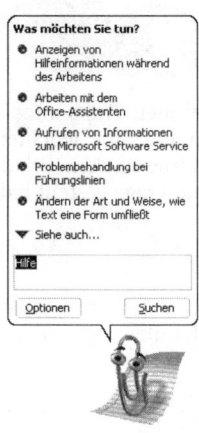

HINWEIS Wenn Sie mit dem Mauszeiger auf den Office-Assistenten zeigen und die rechte Maustaste betätigen, erhalten Sie ein Kontextmenü, über welches Sie den Assistenten ausblenden, ein anderes Aussehen wählen, Grundeinstellungen (Abbildung 26.10) ändern oder einfach nur die verschiedenen Animationen des Assistenten ansehen können.

Wie und zu welchem Anlass der Office-Assistent erscheint, bestimmen Sie über die entsprechende Anpassung der Optionen. Sie erhalten das Dialogfenster aus Abbildung 26.10 über die Schaltfläche *Optionen* in der Sprechblase des Assistenten oder im Kontextmenü nach Anklicken des Assistenten mit der rechten Maustaste. Welche Auswirkung die Aktivierung bzw. Deaktivierung der einzelnen Optionsfelder hat, erfahren Sie, indem Sie erst auf das Fragezeichen in der oberen rechten Ecke des Dialogfensters und anschließend auf das gewünschte Optionsfeld klicken. Damit haben Sie auch gleich die Direkthilfe, welche sich hinter dem Fragezeichen in diversen Fenstern verbirgt, kennen gelernt.

HINWEIS Sie aktivieren bzw. deaktivieren den Office-Assistenten in den Grundeinstellungen über das Optionsfeld *Den Office-Assistenten verwenden*.

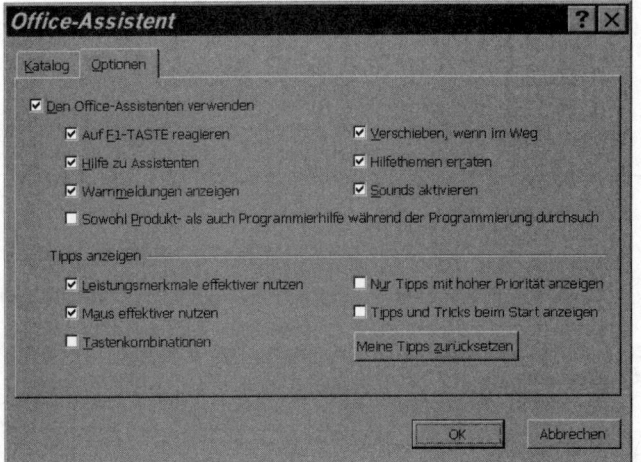

Abbildung 26.10:
Einstellen der Optionen für den Office-Assistenten

Sofern Sie bei den Grundeinstellungen zumindest eine der Optionen *Tipps anzeigen* aktiviert haben, kann es geschehen, dass der Office-Assistent um eine leuchtende Glühbirne ergänzt angezeigt wird. Wenn Sie dann auf die Glühbirne klicken, erhalten Sie situationsbedingt einen Ratschlag angezeigt, ohne vorher eine Frage gestellt haben zu müssen.

Hilfe über die Menüleiste

Als geübter Anwender werden Sie es möglicherweise bevorzugen, den Office-Assistenten zu deaktivieren und die Hilfe über das Fragezeichen in der Menüleiste (siehe Abbildung 26.11) aufzurufen.

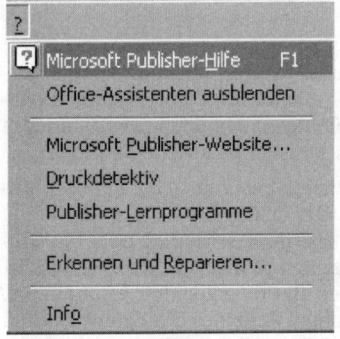

Öffnet das Pulldown-Menü.
Öffnet die Hilfe.
Verbirgt den Office-Assistenten bzw. holt ihn auf den Bildschirm zurück.
Verzweigt direkt ins Internet.
Zeigt Hilfe zu Druckproblemen.
Gibt eine kurze Übersicht über die Funktion von Publisher.
Überprüft die Software-Installation.
Gibt Informationen zum Produkt und ihrem Computer-System.

Abbildung 26.11:
Aufruf der Hilfe über die Menüleiste

Solange Sie den Office-Assistenten verwenden (siehe auch ▶ *Der Office-Assistent*), meldet sich bei Anklicken von *Microsoft Publisher-Hilfe* stets der Assistent und bittet Sie um Ihre Fragestellung. Dies geschieht unabhängig davon, ob der Assistent gerade angezeigt wird oder verborgen ist.

HINWEIS

Bei deaktiviertem Office-Assistenten öffnet sich nach Anklicken von *Microsoft Publisher-Hilfe* direkt das in Abbildung 26.12 dargestellte Dialogfenster.

| Einblenden | Sollten die drei Registerkarten *Inhalt*, *Antwort-Assistent* und *Index* nicht angezeigt werden, dann klicken Sie einmal auf die nebenstehende Schaltfläche in der Menüleiste des Dialogfensters. |

Abbildung 26.12:
Der Dialog der
Publisher-Hilfe

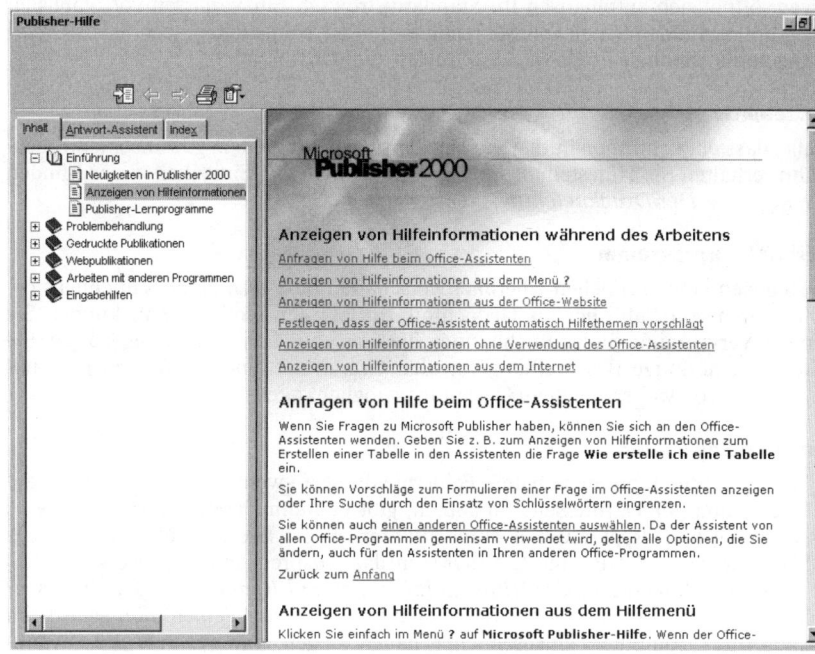

Anders als beim Office-Assistenten erhalten Sie über das *Hilfe*-Fenster drei verschiedene Suchmethoden bereitgestellt.

- *Inhalt*
  Die Hilfe unterteilt sich in diverse Oberthemen, welche bei Anwahl mit der Maus weitere Unterkapitel öffnen. Wenn Sie noch nicht so recht wissen, wonach Sie eigentlich suchen, kann das Durchblättern der einzelnen Kapitel Sie evtl. zu Ihrem Ziel geleiten.

- *Antwort-Assistent*
  Diese Registerkarte ist vergleichbar mit dem Office-Assistenten. Sie können eine Frage formulieren und erhalten anschließend eine Selektion von Antwortthemen angezeigt.

- *Index*
  Sie erhalten eine alphabetische Auflistung von Schlüsselwörtern ähnlich einem Lexikon.

Der rechte Teil des *Hilfe*-Fensters zeigt Ihnen in Abhängigkeit von Ihrer Fragestellung entweder eine Auswahl von weiteren eingrenzenden Fragen, eine Beschreibung Ihres Problems mit Lösungsansätzen oder eine schrittweise Arbeitsanweisung.

TIPP Sofern Sie das *Hilfe*-Fenster schnell und unkompliziert aufrufen, aber auf den Assistenten auch nicht verzichten möchten, dann deaktivieren Sie in den Grundeinstellungen des Office-Assistenten das Optionsfeld *Auf F1-Taste reagieren*. Unabhängig davon, ob der Assistent eingeschaltet ist oder nicht, öffnet die Betätigung der Taste F1 dann immer sofort das *Hilfe*-Fenster.

Der Einstieg

Nachschlagen im Internet

Sollten Ihnen die bisher beschriebenen Hilfefunktionen nicht zu der gewünschten Antwort verhelfen, dann wählen Sie doch einmal *Microsoft Publisher-Website...* aus dem Hilfe-Pulldown-Menü. Unter der Voraussetzung, dass Sie über einen Internet-Zugang verfügen, öffnet sich automatisch Ihr Standard-Browser. Ein Verlassen von Publisher ist nicht nötig. Auf den Seiten von Microsoft finden Sie Neuigkeiten, technische Unterstützung und kostenlose Produkterweiterungen zum Download.

Druckdetektiv

Im Falle, dass ein von Ihnen initiierter Druckauftrag nicht zu dem gewünschten Ergebnis führt, erhalten Sie Hilfestellung über den Druckdetektiv. Einzelheiten dazu finden Sie im Kapitel ▶ *Der Druckdetektiv*.

Publisher Lernprogramm

Wenn Sie sich einen schnellen Überblick verschaffen oder sich einfach nochmals die Möglichkeiten von Publisher ins Gedächtnis zurückrufen wollen, dann können Sie neben der Verwendung dieses Buches auch die Publisher-Lernprogramme starten. Sie erhalten so eine kurze Beschreibung von den Grundfunktionen, von der Arbeit mit Objekten und von weitergehenden Gestaltungsmöglichkeiten.

Erkennen & Reparieren

Bei Auftreten von reproduzierbaren Fehlermeldungen, welche nicht eindeutig auf einen Bedienungsfehler Ihrerseits hindeuten, gibt es nunmehr die Möglichkeit, eine Selbstdiagnose inkl. Reparaturlauf durchzuführen. Legen Sie zu diesem Zweck das Installationsmedium (i.d.R. eine CD-ROM) in das entsprechende Laufwerk und klicken Sie im Pulldown-Menü der *Hilfe* auf *Erkennen und Reparieren...* Der Publisher überprüft automatisch die Software-Installation auf evtl. Fehler, die sich beim Gebrauch Ihres Computers eingeschlichen haben mögen, und versucht, sie entsprechend zu reparieren.

Die Kontexthilfe

Innerhalb des Arbeitsbereiches öffnet sich bei Betätigung der rechten Maustaste ein Kontextmenü in Abhängigkeit von der Position des Mauszeigers (Abbildung 26.9). Dieses Menü beinhaltet einen jeweils angepassten Querverweis auf ein mögliches Hilfethema. Auf diese Weise wird quasi die Anfrage auf Hilfe durch den Office-Assistenten übersprungen und Ihnen eine naheliegende Fragestellung vorgegeben. Diese Form der Hilfe führt jedoch nur dann schnell zu einem Resultat, wenn der Auslöser Ihres Problems auch auf dem Bildschirm dargestellt wird und somit angeklickt werden kann.

Die Direkthilfe

Hierbei handelt es sich um eine Kurzform der Publisher-Hilfe. Sie tritt immer dann in Erscheinung, wenn Sie in einem Dialogfenster Informationen zu einzelnen Options-/Auswahlfeldern erhalten können. Sie erkennen diese Möglichkeit an dem ? in der rechten, oberen Ecke eines Dialogfensters.

Um eine kurze Beschreibung der Auswirkungen bei Änderung eines Dialog- oder Auswahlfensters zu erhalten, gehen Sie wie folgt vor:

1. Klicken Sie auf das Fragezeichen. Der Mauszeiger wird in der Darstellung um ein Fragezeichen ergänzt.
2. Klicken Sie auf das gewünschte Feld. Eine Informationsbox mit einer kurzen Beschreibung wird eingeblendet und der Mauszeiger verwandelt sich wieder in seine übliche Darstellung.

TIPP Sie können auch auf ein Feld zeigen und die rechte Maustaste betätigen. Wenn Sie dann den erscheinenden Begriff *Direkthilfe* nochmals anklicken, erhalten Sie die Informationsbox wie oben beschrieben. Oder Sie drücken gleich ⇧+F1 und klicken dann mit der Maus auf das Eingabefeld, zu dem Sie Informationen wünschen.

Der Bildschirmaufbau

Wie bereits im Kapitel ▶*Der Microsoft Publisher Katalog und die Assistenten* beschrieben, öffnet sich nach dem Start des Publishers zunächst der Katalog, sofern Sie die Standardeinstellungen nicht geändert haben. Um Ihnen den Bildschirmaufbau erklären zu können, ist es erforderlich, eine leere Seite zu öffnen. Wählen Sie bitte die Registerkarte *Leere Publikation* und doppelklicken Sie auf *Ganze Seite*. Anschließend erhalten Sie die Bildschirmdarstellung wie in Abbildung 26.13 gezeigt.

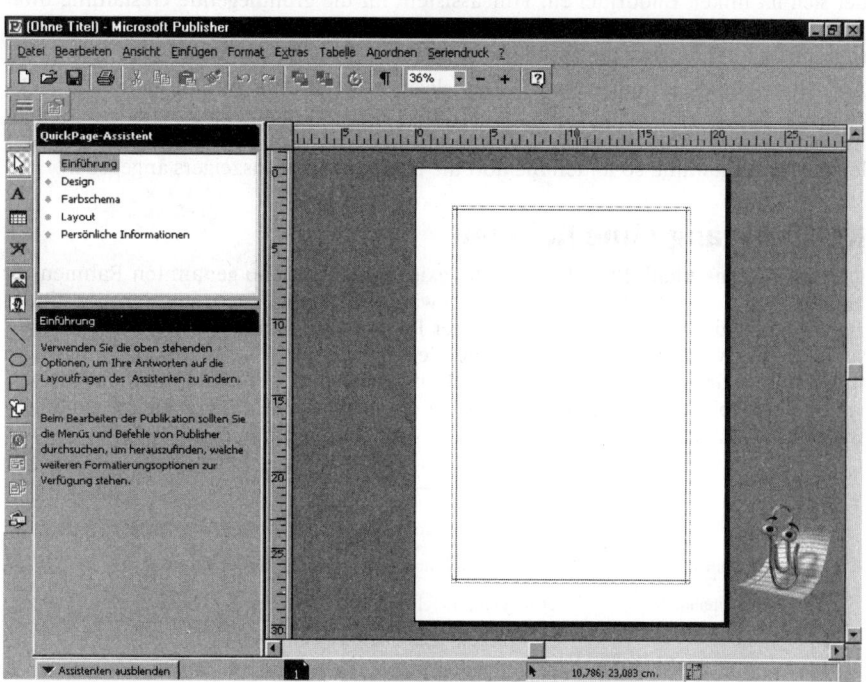

Abbildung 26.13:
Die Bestandteile der Arbeitsoberfläche

Lassen Sie uns die Bildschirmdarstellung von oben nach unten betrachten. Ganz oben steht wie immer die Titelleiste, darunter folgt die Menüleiste. Gegenüber der Vorgängerversion des Publishers 2000 wurde die Menüleiste in der Reihenfolge der Menüpunkte neu sortiert und entspricht somit ebenso wie die *Standard*-Symbolleiste weitestgehend den anderen Office-Anwendungen. Die *Standard*-Symbolleiste enthält neben den Funktionen zur Dateiverwaltung, zum Ausdruck, zum Kopieren und Wiederherstellen die Symbole *In den Vordergrund, In den Hintergrund, Freies Drehen* und *Nichtdruckbare Zeichen anzeigen*.

In den Vordergrund   In den Hintergrund   Freies Drehen   Nicht druckbare Zeichen einblenden

Der Einstieg

Darüber hinaus wurde das *Zoom*-Feld samt Schaltern zum Verkleinern und Vergrößern der Ansicht aus der Statusleiste (siehe weiter unten) rechts neben die vorgenannten Symbole gelegt.

Unterhalb der *Standard*-Symbolleiste finden Sie die *Format*-Symbolleiste. In der Abbildung 26.13 nur spärlich mit zwei Symbolen dargestellt, wird diese Leiste je nach markiertem Objekt um eine Vielzahl von Funktionen ergänzt. Zusammen mit der links am Bildschirmrand angezeigten Werkzeugleiste stehen Ihnen zahlreiche Gestaltungsmöglichkeiten offen. Wie Sie diese einsetzen können, wird Ihnen das Kapitel ▶ *Die Arbeit mit Objekten* erläutern.

Einen Großteil des Bildschirms nimmt naturgemäß die eigentliche Arbeitsoberfläche ein. Hier wird die jeweils aktuelle Seite der Publikation mit Führungslinien dargestellt, welche einerseits den bedruckbaren Bereich aufzeigen und andererseits die exakte Positionierung von Objekten unterstützen sollen. Sofern von Ihnen gewünscht, befindet sich im linken Bilddrittel ein Hilfeassistent für die grundlegende Gestaltung Ihrer Publikation. Dadurch wird der Platz für Ihren Entwurf jedoch entsprechend eingeschränkt. Umrahmt wird das Ganze von den Linealen und den Rollbalken.

Am unteren Bildschirmrand ist die Statusleiste platziert. Sie enthält die Schaltfläche zum Ein- und Ausblenden des Publikations-Assistenten, die Schaltflächen zur Seitennavigation sowie Angaben über Größe und Position des aktuellen Objektes. Ist keinerlei Objekt ausgewählt, so finden Sie dort die Position des Mauszeigers angegeben.

Kein Vorgang ohne Rahmen

Jedes Objekt innerhalb Ihrer Publikation existiert in einem so genannten Rahmen. Er bildet dabei die äußere Umrandung des gewählten Objekts und dient darüber hinaus zur Selektion des Objekts. Dabei bleibt der Rahmen selbst in der Regel unsichtbar, es sei denn, Sie wünschen eine entsprechende Umrahmung. Die Rahmen können von Ihnen in der Größe, Position und Ausrichtung verändert werden. Zugriff auf die verschiedenen Objekt- bzw. Rahmentypen erhalten Sie über die Werkzeugleiste am linken Bildschirmrand (Abbildung 26.14).

Abbildung 26.14: Die Werkzeugleiste

Zeiger:	dient zum auswählen, markieren und bearbeiten von Objekten
Textrahmen:	erstellt einen Rahmen zur Eingabe von Dokument-Text
Tabellenrahmen:	erstellt eine Tabelle mit Hilfe eines Formatierungsdialogfensters
WordArt:	über ein gesondertes Bearbeitungsfenster vielfach veränderbarer Text
Grafik:	fügt eine Grafikdatei Ihrer Wahl ein
ClipArt-Gallery:	fügt ein ClipArt-Bild aus der Gallery ein
Linie:	erstellt eine gerade Linie beliebiger Länge
Ovale:	erstellt Ovale bzw. Kreise
Rechteck:	erstellt Rechtecke bzw. Quadrate
Benutzerdefinierte Formen:	diverse Zeichnungselemete wie z.B. Sprechblasen
Hotspot:	Verzweigung bei einer Webseite
Formular-Steuerelement:	Eingabefelder und Schaltflächen bei einer Webseite
HTML-Codefragment:	fügt selbsterstellte Programme in die Webseite ein
Design-Gallery:	fügt Objekte ein, die sich mit Hilfe eines Assistenten verändern lassen

Nachfolgend lernen Sie die Grundtechniken kennen, wie man Rahmen erstellt, verschiebt, verändert, kopiert und löscht.

Erstellen eines Rahmens

Unabhängig davon, welches Objekt Sie erstellen möchten, ist die Handhabung der Rahmen stets einheitlich. Fügen Sie zum Beispiel einen Textrahmen ein:

Textrahmen-Tool

1. Klicken Sie in der Werkzeugleiste auf die nebenstehende Schaltfläche (das Symbol wird hell unterlegt).
2. Ziehen Sie den Mauszeiger an die gewünschte Stelle in Ihrer Publikation. Der Mauszeiger hat nun die Form eines Kreuzes. Positionieren Sie das Kreuz so, dass es dorthin zeigt, wo die linke obere Ecke Ihres Objektes sein soll.
3. Halten Sie die linke Maustaste gedrückt und ziehen Sie das Kreuz an die Stelle der rechten unteren Ecke Ihres Objektes. Lassen Sie die Maustaste los.

Sie sehen nun einen Rahmen mit acht Auswahlziehpunkten. Der Mauszeiger hat sich automatisch in das *Zeiger*-Symbol verwandelt. Der Cursor zur Texteingabe wurde in die obere linke Ecke des Rahmens platziert. Sie könnten also sofort mit der Texteingabe beginnen. Einzelheiten zur Arbeit mit Textrahmen finden Sie im Abschnitt ▶ *Texte in Publisher*.

Verschieben des Rahmens

Nachdem Sie einen Rahmen in Ihrer Publikation erstellt haben, können Sie ihn jederzeit an eine andere Stelle verschieben. Hierbei haben Sie mehrere Möglichkeiten. Wir empfehlen Ihnen jedoch, den Rahmen grundsätzlich erst einmal mit Hilfe des Mauszeigers zu platzieren (Drag & Drop).

Ziehen und verschieben Sie den Rahmen mit dem Mauszeiger:

1. Markieren Sie den Rahmen, indem Sie den Mauszeiger in den Rahmen bewegen und die linke Maustaste betätigen (die Auswahlziehpunkte erscheinen).
2. Zeigen Sie auf die Umrandung – nicht auf die Auswahlziehpunkte –, so dass sich der Mauszeiger in die Darstellung eines LKW verwandelt.

Abbildung 26.15:
Verschieben eines
Rahmens

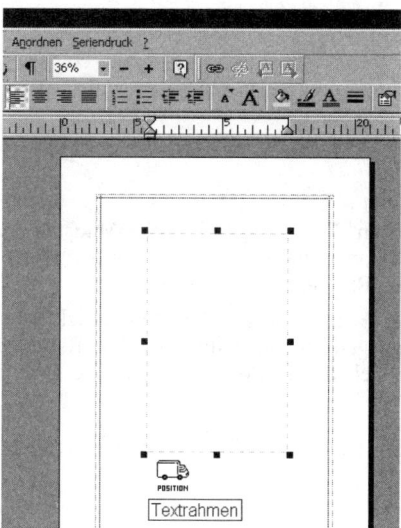

3. Halten Sie die linke Maustaste gedrückt und bewegen Sie den Rahmen mit der Maus an die gewünschte Stelle.

Wenn Sie zusätzlich zur linken Maustaste die ⸢◊⸥-Taste betätigen, kann der Rahmen nur vertikal oder horizontal verschoben werden, je nachdem, in welche Richtung Sie die Maus ziehen.

TIPP

Sie können den Rahmen auch präzise verschieben oder unter direkter Angabe der x- und y-Position platzieren. Welche Hilfsmittel Publisher Ihnen dazu bereitstellt, zeigen wir Ihnen in den Abschnitten ▶ *Größe und Position von Objekten* sowie ▶ *Präzisionsausrichtung von Objekten*.

HINWEIS

Drehen des Rahmens

Drehen Sie den Rahmen freihand in einer beliebigen Richtung:

1. Markieren Sie den Rahmen, indem Sie den Mauszeiger in den Rahmen bewegen und die linke Maustaste betätigen (die Auswahlziehpunkte erscheinen).
2. Halten Sie die ⸢Alt⸥-Taste gedrückt und zeigen Sie auf einen Auswahlziehpunkt. Der Mauszeiger verwandelt sich in einen kreisförmigen Pfeil.

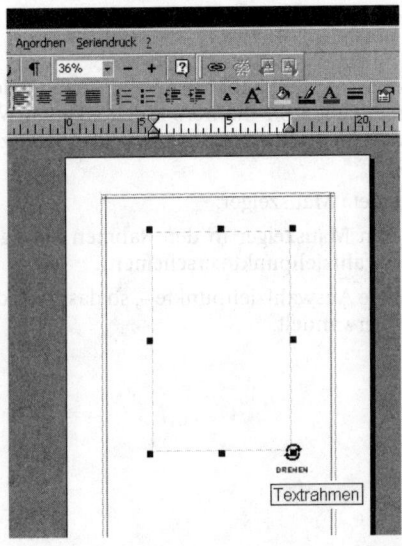

Abbildung 26.16:
Drehen eines Rahmens

3. Bei weiterhin gedrückter ⸢Alt⸥-Taste klicken Sie nun auf die linke Maustaste und halten diese ebenfalls aktiviert. Durch die anschließende Bewegung des Mauszeigers in irgendeine Richtung drehen Sie den Rahmen.

Rechtsdrehung

Sofern Sie bei der Drehung zusätlich zur ⸢Alt⸥-Taste die ⸢Strg⸥-Taste gedrückt halten, wird der Rahmen stets nur in 15°-Schritten gedreht. Möchten Sie den Rahmen in jeweils 90°-Schritten drehen, bedienen Sie sich der in der Marginalspalte gezeigten Symbole der *Format*-Symbolleiste.

TIPP

Linksdrehung

Wie Sie einen Rahmen um eine vorzugebende Gradzahl drehen, erfahren Sie im Abschnitt ▶ *Drehen und Kippen von Objekten*.

HINWEIS

Größenänderung des Rahmens

So vergrößern oder verkleinern Sie den Rahmen:

1. Markieren Sie den Rahmen durch Anklicken des jeweiligen Objekts.
2. Zeigen Sie auf einen Auswahlziehpunkt der Rahmenseite, in deren Richtung sich eine Größenänderung erstrecken soll. Der Mauszeiger verwandelt sich in zwei entgegengesetzte Pfeile.

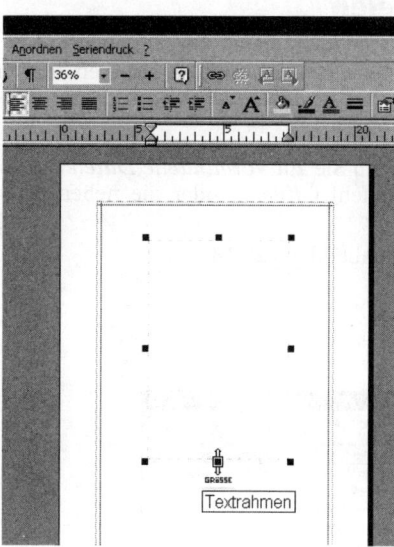

Abbildung 26.17: Vergrößern/Verkleinern eines Rahmens

3. Halten Sie die linke Maustaste so lange gedrückt, bis Sie den Rahmen durch die Mausbewegung auf die gewünschte Größe gezogen haben.

TIPP Um die Proportionen eines Rahmens beizubehalten, halten Sie für die gleichzeitige Größenänderung in x- und y-Richtung über einen Eckauswahlziehpunkt zusätzlich die ⇧-Taste gedrückt. Soll ein Rahmen unter Beibehaltung seiner jeweiligen Mittelachse nach oben und unten bzw. rechts und links gleichmäßig vergrößert werden, halten Sie die Strg-Taste gedrückt. Beide Optionen können Sie auch miteinander kombinieren.

Ausschneiden und Kopieren des Rahmens

Das Ausschneiden oder Kopieren eines Rahmens funktioniert nach dem gleichen Prinzip wie in den anderen Office-Anwendungen:

1. Markieren Sie den gewünschten Rahmen.

Ausschneiden

2. Klicken Sie in der *Standard*-Symbolleiste auf die Schere, um den Rahmen von der Seite zu entfernen respektive klicken Sie auf die zwei nebeneinander liegenden Seiten, um den Rahmen samt Inhalt zu kopieren.

Kopieren

Einfügen

3. Wählen Sie über die Schaltflächen zur Seitennavigation die Seite, auf der der Rahmen eingefügt werden soll, und klicken Sie auf die nebenstehende *Einfügen*-Schaltfläche.

TIPP Sie können ein Objekt ganz einfach kopieren, indem Sie beim Verschieben eines Objektes mit dem Mauszeiger die Strg-Taste zusätzlich gedrückt halten. Genau gesagt muss diese Taste in dem Moment niedergedrückt sein, in dem Sie die linke Maustaste loslassen, um das Objekt an dem gewünschten Ort zu platzieren.

Der Einstieg

Löschen des Rahmens

Nachdem Sie einen Rahmen markiert haben, entfernen Sie diesen durch Betätigung der [Entf]-Taste. Eine Ausnahme bilden die Text- und Tabellenrahmen. Das ausschließliche Drücken der [Entf]-Taste löscht buchstabenweise den eingegebenen Text innerhalb des markierten Rahmens. Um den Text- bzw. Tabellenrahmen samt seinem Inhalt zu löschen, müssen Sie die [Entf]-Taste gleichzeitig mit der [⇧]-Taste betätigen.

Laden und Speichern von Dateien

Zu den Grundfunktionen von Publisher zählt die Möglichkeit, Ihre Publikation auf der Festplatte oder einem anderen Datenträger speichern und zu einem späteren Zeitpunkt wieder einlesen zu können.

So öffnen Sie eine vorhandene Datei:

1. Sofern Sie sich im Katalog befinden, klicken Sie auf *Vorhandene Dateien...*, sonst wählen Sie bitte im Menü *Datei* den Befehl *Öffnen...* oder die nebenstehende Schaltfläche aus der *Standard*-Symbolleiste.

   Öffnen

2. Wählen Sie den gewünschten Ordner aus (Abbildung 26.18).
3. Markieren Sie die zu öffnende Datei.
4. Klicken Sie auf die Schaltfläche *Öffnen*.

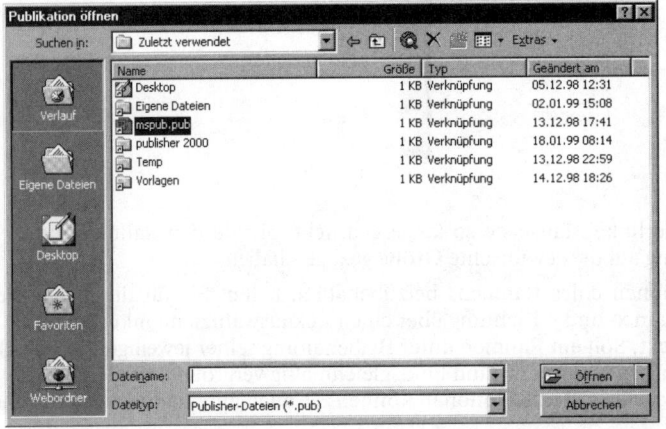

Abbildung 26.18:
Der Dialog des
Datei-Managers

So speichern Sie eine Publikation auf der Festplatte oder einem anderen Datenträger:

1. Wählen Sie im Menü *Datei Speichern unter...*, *Speichern* oder aber die nebenstehende Schaltfläche aus der *Standard*-Symbolleiste. Bei den letzteren beiden Möglichkeiten wird der unter 2. bis 3. beschriebene Dialog übersprungen und die alte Version sofort mit der aktuellen überschrieben, sofern Sie die geöffnete Datei bereits einmal gespeichert hatten. (Achtung: Die ursprünglichen Daten gehen dadurch verloren, nur die aktuellen Inhalte bleiben erhalten.)

   Speichern

2. Wählen Sie das gewünschte Verzeichnis für die Ablage aus.
3. Geben Sie einen Dateinamen ein und klicken Sie auf *Speichern*.

Informationen, wie Sie eine Publikation für einen anderen Computer oder einen kommerziellen Druckdienst vorbereiten und abspeichern, erhalten Sie im Abschnitt ▶ *Weitergabe von Publikationen mit Pack & Go*.

HINWEIS

27 Erstellen von Publikationen

639 Erstellen einer Publikation
645 Die Arbeit mit Objekten

Erstellen einer Publikation

Auf den folgenden Seiten wollen wir Schritt für Schritt eine Publikation entwerfen. Obwohl Sie grundsätzlich unter Nutzung eines Assistenten mit einem Entwurfsvorschlag des Publishers beginnen und diesen im Verlauf ändern könnten, verzichten wir hier bewusst darauf. Stattdessen werden wir Ihnen den Großteil der Funktionen des Publishers anhand einer zunächst leeren Seite vorstellen.

Sie werden erfahren, wie man mit verschiedenen Papiergrößen und -formaten arbeitet, wie man Seiten einfügt und wieder löscht, außerdem, warum man zwischen Vorder- und Hintergrund unterscheidet. Wir werden Ihnen die verschiedenen Objektarten, wie Grafiken, Cliparts, Zeichnungen, Design-Gallery-Objekte, Tabellen und Textrahmen, vorstellen. Anhand von Beispielen zeigen wir, wie man diese einfügt, ihre Größe verändert, sie formatiert, sie an Führungslinien oder freihand ausrichtet und untereinander anordnet. Wir demonstrieren, dass Text nicht gleich Text sein muss, sondern über den rein informativen Charakter hinaus grafisch gestaltet werden kann.

Als Beispiel werden wir in den nachfolgenden Kapiteln sukzessive eine vierseitige Zeitung entwerfen. Bitte beachten Sie hierbei, dass es nicht unser angestrebtes Ziel ist, eine vorbildliche Musterlösung zu erstellen. Vielmehr kommt es uns darauf an, dass Sie mit möglichst vielen Optionen des Publishers vertraut werden. Denn eins sollten Sie bei Ihren zukünftigen eigenen Projekten stets beachten: Zu viele künstlerische Gestaltungsmomente lenken letztlich von den wesentlichen Aussagen ab und können Ihre gesamte Arbeit verderben. Setzen Sie also Ihre erworbenen Fähigkeiten sparsam und gezielt ein. Das Endergebnis wird somit um so überzeugender ausfallen.

Seite einrichten, einfügen und löschen

Die Grundlage einer Publikation bilden die Seiten, auf denen Sie später Textrahmen und Grafiken einfügen. In diesem Kapitel erfahren Sie, wie man einer Publikation Seiten hinzufügt, das Seitenformat einrichtet und im Falle eines Falles auch wieder löscht.

Seite einrichten
So richten Sie eine eine DIN-A4-Seite im Hochformat ein.

Sofern Sie die einzelnen Schritte unseres Beispiels am Computer nachvollziehen möchten, beginnen Sie wie folgt:

1. Sollten Sie sich noch im *Katalog*-Fenster des Publishers befinden, überspringen Sie die Punkte 2 und 3.
2. Schließen Sie eine vorhandene Publikation und speichern Sie sie eventuell ab (siehe ►*Laden und Speichern von Dateien*).
3. Wählen Sie bitte über die Menüleiste *Datei/Neu* an.
4. Wechseln Sie in die Registerkarte *Leere Publikation*.
5. Klicken Sie auf die Schaltfläche *Seite einrichten*. ...
6. Wählen Sie im oberen Teil des Fensters bei *Layout der Publikation* die Optionsfläche *Normal*. Das Layout *Normal* verwendet die vollständige Größe des gewählten Druckmediums (i.d.R. ein DIN-A4-Blatt). Testen Sie ruhig einmal die anderen Optionen und beobachten Sie die Veränderungen des Dialogfensters.

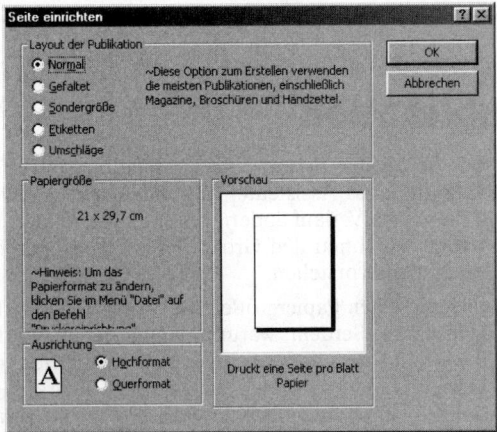

Abbildung 27.1: Einrichten einer Seite

7. Markieren Sie im unteren Teil des Fensters bei Ausrichtung die Option *Hochformat*.
8. Klicken Sie auf *OK*.

Sollten Sie ein anderes Papierformat als DIN A4 verwenden möchten (beachten Sie hierbei die Möglichkeiten Ihres Druckers oder des externen Druckdienstes), dann wählen Sie über das Menü *Datei* die *Druckereinrichtung* ... und dort die gewünschte Größe.

HINWEIS

Seite einfügen

Die im obigen Abschnitt eingerichtete Seite soll um drei Seiten erweitert werden:

1. Klicken Sie auf das Menü *Einfügen*.
2. Wählen Sie den Befehl *Seite* ... aus der Menüliste.
3. Im anschließenden Dialogfeld können Sie sowohl die Anzahl der Seiten bestimmen als auch die Stelle, an der sie eingefügt werden sollen. Darüber hinaus können Sie bereits festlegen, ob die neue Seite leer sein, sie mit einem Textrahmen oder um den Inhalt einer anderen, bereits vorhandenen Seite ergänzt werden soll (siehe Abbildung 27.2). Ändern Sie die Anzahl der neuen Seiten auf »3« und belassen Sie die restlichen Voreinstellungen, wie in Abbildung 27.2 dargestellt. Bestätigen Sie durch Anklicken von *OK*.

Abbildung 27.2:
Einfügen einer Seite

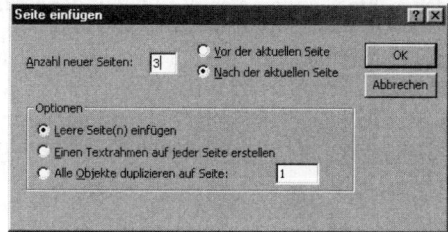

Anhand der Schaltflächen zur Seitennavigation am unteren Bildschirmrand erkennen Sie, über wie viele Seiten Ihre Publikation nun verfügt. Sofern Sie unserem Beispiel folgen, sollten die Schaltflächen zur Seitennavigation wie in Abbildung 27.3 aussehen.

Abbildung 27.3:
Die Seitennavigationsleiste:
Seiten einseitig

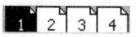

Die einzelnen Blätter einer Zeitung werden meist auf der Vorder- und Rückseite bedruckt. Sie können die Ansicht im Publisher so einstellen, dass gegenüberliegende Seiten gleichzeitig auf dem Bildschirm gezeigt werden. Klicken Sie dazu im Menü *Ansicht* auf die Option *Zwei Seiten*. Die Aktivierung erkennen Sie unmittelbar an der veränderten Darstellung der Schaltflächen für die Seitennavigation (Abbildung 27.4).

Abbildung 27.4:
Die Seitennavigationsleiste:
Seiten doppelseitig

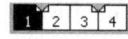

Bitte behalten Sie nun die zweiseitige Ansicht bei bzw. stellen Sie auf diese um.

Seite löschen

Sofern Sie feststellen, dass Sie entweder eine leere Seite zu viel eingefügt haben oder mit der Gestaltung einer vollständigen Seite nicht zufrieden sind, können Sie eine komplette Seite mit einem Handgriff löschen:

1. Wählen Sie die zu löschende Seite aus, indem Sie die entsprechende Seite über die Schaltflächen der Seitennavigation in der Statusleiste markieren.
2. Klicken Sie in der Menüleiste auf *Bearbeiten* und anschließend in der Menüliste auf den Befehl *Seite löschen*.

HINWEIS Falls Sie versuchen, eine Seite mit bereits vorhandenen Objekten zu löschen, wird Sie der Office-Assistent warnen und um eine Löschbestätigung bitten.

WICHTIG Wenn Sie im Menü *Ansicht* die Option *Zwei Seiten* gewählt haben (erkennbar am Haken links neben dem Eintrag), zeigt Publisher zwei gegenüberliegende Seiten – analog einem Buch – gleichzeitig an. Eine Ausnahme bilden ausschließlich die erste und letzte Seite Ihrer Publikation (eine gerade Anzahl von Seiten vorausgesetzt), da diese üblicherweise getrennt betrachtet werden. Versuchen Sie in diesem Ansichtsmodus, eine Seite zu löschen, erhalten Sie das folgende Dialogfenster.

Abbildung 27.5:
Löschen einer Seite im Ansichtsmodus Zwei Seiten

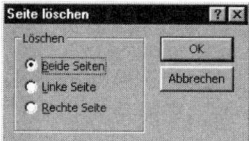

Löschen Sie nur eine Seite – die linke oder rechte –, ändert sich das Layout der gesamten nachfolgenden Publikation. Derzeit rechte Seiten werden zu linken und umgekehrt. Möchten Sie dies vermeiden, müssen Sie immer eine gerade Anzahl von Seiten löschen.

TIPP

Falls Sie in der Seitennavigation nicht mehr alle Seiten angezeigt bekommen, können Sie über die Tastenkombination [Strg]+[G] und anschließender Eingabe der Seitennummer schnellstmöglich zur Zielseite gelangen.

Gestalten von Vordergrund und Hintergrund

Bei den von Ihnen im vorherigen Abschnitt eingerichteten Seiten handelt es sich um so genannte Vordergrundseiten. Alle Aktionen, die Sie auf diesen Seiten zukünftig vornehmen, beschränken sich stets auf die aktuelle Seite. Neben der Vordergrundseite operiert der Publisher jedoch auch mit Hintergrundseiten. Ihr Inhalt erscheint automatisch auf allen Seiten der Publikation und wird vom individuellen Vordergrund einer Publikationsseite überdeckt. Die Hintergrundseiten bieten sich für stets wiederkehrende Bildelemente wie Kopf- und Fußzeilen, Seitenzahlen und Wasserzeichen (schemenhafte Bilder und Texte, die dem eigentlichen Seiteninhalt unterlegt werden) an. Grundsätzlich aber können Sie diese Seiten mit den gleichen Werkzeugen bearbeiten wie die Vordergrundseiten. Darüber hinaus enthalten sie aber auch die Führungslinien zum exakten Ausrichten von Objekten (siehe ▶ *Führungslinien und Linealführungslinien*). Damit Sie bei bestimmten Seiten auf den Hintergrund verzichten können, lässt er sich selbstverständlich auch für jede Seite einzeln ausschalten.

Wechseln zwischen Vorder- und Hintergrund

Sie wechseln zwischen dem Vorder- und dem Hintergrund, indem Sie im Menü *Ansicht* auf *Zur Hintergrundseite wechseln* bzw. auf *Zur Vordergrundseite wechseln* klicken. Die Schaltflächen zur Seitennavigation zeigten entsprechend die Seitenzahlen der Vordergrundseiten oder das am Rand dargestellte Symbol. Das R steht hierbei für die rechte von zwei möglichen Hintergrundseiten.

Hintergrund

Schneller wechseln Sie zwischen dem Vorder- und dem Hintergrund, indem Sie [Strg]+[M] betätigen.

TIPP

Kopf- und Fußzeilen erstellen

Noch einmal zurück zu unserer Demo-Publikation. Wir möchten den Titel unserer Zeitung am oberen Seitenrand, in der so genannten Kopfzeile, auf jeder Publikationsseite wiederholen lassen. Gehen Sie dazu wie folgt vor:

1. Wechseln Sie in den Hintergrund, wie oben beschrieben.
2. Erstellen Sie einen Textrahmen unterhalb der oberen Führungslinie, der sich von der linken bis zur rechten Randbegrenzung erstreckt.

Vergrößern Sie für die Dauer der Texteingabe den Bildausschnitt durch Betätigung der [F9]-Taste. Durch nochmalige Betätigung erhalten Sie wieder die ursprüngliche Darstellung.

TIPP

3. Die Einfügemarke blinkt nun in der oberen linken Ecke des Textrahmens. Geben Sie jetzt den Text für Ihre Seitenüberschrift ein, in unserem Beispiel *Lokalanzeiger*.
4. Markieren Sie den Text, vergrößern Sie ihn auf Schriftgröße 28 und zentrieren Sie ihn mit Hilfe der nebenstehenden Schaltfläche aus der *Format*-Symbolleiste (siehe auch Abbildung 27.6).

Zentriert

Seitenzahlen, Datum und Zeit einfügen

Sie können die Seiten Ihrer Publikation automatisch durchnummerieren lassen. Ebenfalls möglich ist das Einfügen von Datum und Zeit. Hierbei wird unterschieden zwischen der Möglichkeit, die Datums- und Zeitangabe beim erneuten Öffnen der Publikation aktualisieren zu lassen oder die ursprünglichen Daten beizubehalten. Das ist jedoch grundsätzlich nur innerhalb eines Textrahmens möglich.

So fügen Sie Seitenzahlen ein:

1. Erstellen Sie einen Textrahmen in der rechten unteren Seitenecke innerhalb der Randbegrenzungen.
2. Wählen Sie im Menü *Einfügen* den Befehl *Seitenzahlen*. Publisher fügt an der aktuellen Position der Einfügemarke einen Platzhalter (#) ein. Auf den Vordergrundseiten wird dieser Platzhalter durch die jeweilige Seitennummer ersetzt.
3. Wahlweise können Sie dem Platzhalter auch Text – zum Beispiel den Begriff *Seite* – voranstellen und den gesamten Ausdruck wie gewohnt formatieren.

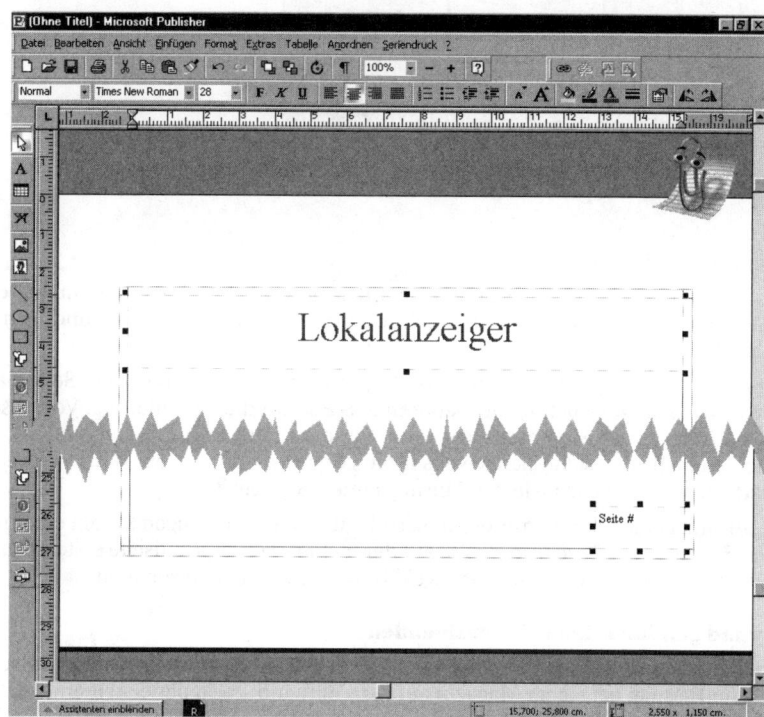

Abbildung 27.6:
Einrichtung einer Kopf- und Fußzeile

HINWEIS Sie können die Seitennummerierung auch mit einer anderen Zahl als der Nummer 1 beginnen. Wählen Sie dazu im Menü *Extras* den Punkt *Optionen* und dort die Registerkarte *Allgemein*. Im Feld *Beginnen mit Seite* legen Sie die Nummer der Startseite fest.

Sofern Sie das aktuelle Datum und/oder die Zeit einfügen möchten, ist die Vorgehensweise annähernd identisch mit dem Einfügen von Seitenzahlen. Bevor der Publisher die Ergänzung abschließend vornimmt, werden Sie in einem Dialogfenster noch nach dem gewünschten Format gefragt. Dort wählen Sie auch, ob das Datum/die Zeit festgeschrieben oder bei jedem erneuten Öffnen aktualisiert werden soll.

Arbeiten mit zwei Hintergrundseiten

Bei Publikationen wie Zeitungen, Magazinen und Büchern, die mit zwei gegenüberliegenden Seiten arbeiten, können Sie wählen, ob Sie statt mit einer Hintergrundseite lieber mit zwei Hintergrundseiten arbeiten möchten. So ist auch in diesem Buch die Fußzeile der linken Seite abweichend von der Fußzeile der rechten Seite gestaltet.

Wechseln Sie in unserem Beispiel von einer auf zwei Hintergrundseiten.

1. Wählen Sie im Menü *Anordnen* den Befehl *Layoutführungslinien* ...
2. Aktivieren Sie das Optionsfeld *Zwei Hintergrundseiten erstellen und Führungslinien spiegeln*.

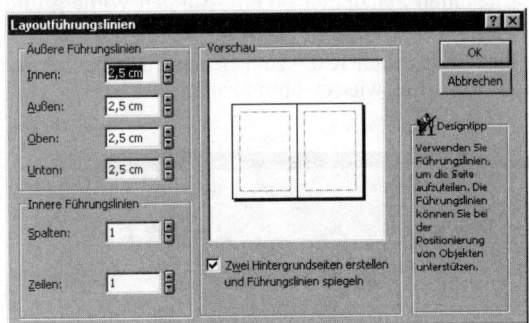

Abbildung 27.7:
Einrichten von zwei Hintergrundseiten

3. Bestätigen Sie mit *OK*.

Bei der Bearbeitung der Hintergrundseite wird Ihnen in der Statusleiste analog der Schaltflächen zur Seitennavigation nunmehr die Auswahl zwischen linker und rechter Hintergrundseite geboten.

Sofern Sie sich bereits im Ansichtsmodus *Zwei Seiten* befinden und zwei Seiten auf dem Bildschirm angezeigt bekommen, erkennen Sie sofort die Veränderung. Voraussetzung ist natürlich, dass Sie unser Beispiel mitgespielt haben. Die bisher stets rechts platzierte Seitenangabe ist auf den jeweils linken Seiten an den linken Bildschirmrand gewandert; sie wurde ebenso wie die Führungslinien gespiegelt.

Objekte, die auf beiden Hintergrundseiten erscheinen sollen, erzeugen Sie am effektivsten, wenn Sie erst alle Bildschirminhalte auf der rechten Hintergrundseite erstellen und anschließend auf die Verwendung von zwei Hintergrundseiten umschalten.

TIPP

Hintergrund ganz oder teilweise ausblenden

Bei manchen Seiten einer Publikation ist der Inhalt der Hintergrundseite unerwünscht. So wird zum Beispiel bei einem Magazin auf dem Einband – also der ersten und letzten Seite – auf eine Fußzeile oder Seitenangabe verzichtet.

Blenden Sie bei unserem Beispiel auf der ersten Seite den gesamten Hintergrund aus:

1. Gehen Sie über die Schaltflächen zur Seitennavigation auf die erste Seite.
2. Wählen Sie im Menü *Ansicht* den Befehl *Hintergrundseite ignorieren*. Der Inhalt der Hintergrundseite wird ausgeblendet.

Wenn Sie den Hintergrund wieder einblenden möchten, wiederholen Sie einfach die beiden vorgenannten Schritte.

Sie können auch Teile des Hintergrundes ausblenden. Grundsätzlich ist dies in Publisher zwar nicht vorgesehen, aber über einen kleinen Trick dennoch möglich:

1. Wechseln Sie auf die Vordergrundseite, auf der Sie ein bestimmtes Objekt verbergen möchten.
2. Erzeugen Sie einen Textrahmen in ausreichender Größe, so dass Sie damit Ihr Objekt verdecken können.
3. Überlagern Sie Ihr Objekt mit diesem Textrahmen. Beim späteren Ausdruck sind weder das überlagerte Objekt noch der leere Textrahmen sichtbar.

Die Arbeit mit Objekten

Was wäre Ihre Publikation ohne Texte und Bilder, die professionell und gestalterisch in Szene gesetzt werden? Schauen Sie doch einmal in Ihren Altpapierbehälter. Dort finden Sie sicherlich Prospekte und Magazine, in denen sich verschiedenste Gestaltungselemente ein reges Wechselspiel liefern. In Publisher ist jedes dieser Elemente ein frei gestaltbares Objekt, egal, ob es sich um Texte oder Bilder handelt. Deshalb dreht sich in diesem Kapitel alles um den Umgang mit Objekten in Publisher.

Objektarten

Bereits im ▶Abschnitt *Kein Vorgang ohne Rahmen* haben wir Ihnen die Werkzeugleiste am linken Bildschirmrand kurz vorgestellt. Diese Leiste enthält im Wesentlichen alle Objekte, auf die Sie bei der Arbeit mit dem Publisher zurückgreifen können. Im Folgenden unterteilen wir diese Objekte in zwei Gruppen: *gewöhnliche* Objekte und *intelligente* Objekte.

Bleibt die Frage, was die *intelligenten* von den *gewöhnlichen* Objekten trennt. Üblicherweise werden Sie ein Objekt Schritt für Schritt nach Ihren Wünschen mit Hilfe vorhandener Werkzeuge oder unter Aufruf von Kontextmenüs erstellen bzw. bearbeiten. *Intelligente* Objekte sind dagegen bereits vorgefertigte, komplexere Objekte, die sich teilweise aus einer größeren Menge von Einzelobjekten zusammensetzen und in vielen Publikationen Verwendung finden können. Mit der Unterstützung eines objektbezogenen Assistenten passen Sie dann das jeweilige Objekt Ihren individuellen Bedürfnissen an. Das ist mit »intelligent« gemeint. Allerdings beschränken sich die Änderungsmöglichkeiten bei einigen intelligenten Objekten ausschließlich auf die Auswahl eines Designvorschlages. Sie finden die *intelligenten* Objekte in der *Design Gallery*.

Die nachfolgende Aufstellung liefert einen Überblick über die verschiedenen Objekte und deren Einsatzmöglichkeiten.

Tabelle 27.1: Objektübersicht

Gewöhnliche Objekte	Einsatzmöglichkeiten
Textrahmen	Innerhalb eines Textrahmens erstellen Sie Textpassagen, die Sie in Anlehnung an die Grundfunktionen von Word bearbeiten können. So ist der Einsatz verschiedener Schriftarten, -größen,-stile, -ausrichtungen, -farben und Einzüge ebenso möglich wie die Gestaltung des Hintergrundes und des Rahmens. Sie bestimmen den Abstand des Textes zum Rahmen, die Anzahl der Textspalten und den Textfluss um angrenzende Objekte. Mehrere Textrahmen können so miteinander verbunden werden, dass »überlaufender« Text automatisch im nächsten Textrahmen einer Kette fortgesetzt wird.
WordArt	Bereits der normale Textrahmen bietet Ihnen viele Gestaltungsmöglichkeiten. Insbesondere Überschriften und andere Blickfänger dürfen aber auch schon mal etwas ausgefallener sein. WordArt gestattet deshalb u.a. die Auswahl verschiedener Grundformen, Schattierungen und Schriftfüllmuster. ▶

Gewöhnliche Objekte	Einsatzmöglichkeiten
Tabellen	Die Tabellen dienen zur tabellerischen Darstellung von Informationen in einer Matrix aus Zeilen und Spalten. Rechenoperationen sind in ihnen nicht möglich. Die Formatierung ist wahlfrei, eine Autoformatierung durch Publisher jedoch möglich.
Grafiken	Vorhandene Bilddateien verschiedener Formate oder gescannte/fotografierte Vorlagen können eingefügt und anschließend umgefärbt und skaliert werden. Der gewünschte Bildausschnitt kann nachträglich zugeschnitten oder gedreht werden.
ClipArts	Die ClipArts sind ein Sammelsurium aus Bildmotiven, aber auch Video- und Tonsequenzen gehören dazu. Letztere sind zum Einsatz in multimedialen Publikationen gedacht: Wichtigstes Einsatzgebiet sind dabei Webseiten. Die Bearbeitung ist identisch mit der bei Grafiken. Die Tonsequenzen lassen sich kürzen oder erweitern.
Linien, Ovale, Rechtecke	Die geometrischen Grundformen lassen sich beliebig in ihrer Größe, Ausrichtung, Strichmuster, Füllung und Farbe verändern. Als Besonderheit bietet die Linie die Möglichkeit, Pfeilspitzen an einer oder beiden Seiten zu ergänzen.
Benutzerdefinierte Formen	Dabei handelt es sich um geometrische Formen wie Dreiecke, Mehrecke, Pfeile, Sprechblasen und Ähnliches, die zwar in ihrer Grundform vorgegeben sind, sich aber durch Skalierung und Kombination an Ihre Wünsche anpassen lassen.

Intelligente Objekte	Einsatzmöglichkeiten
Design Gallery	Mehr oder weniger aufwendig gestaltete Text- oder Tabellenrahmen mit vorgefertigten Inhalten. Beispielsweise Monats- oder Jahreskalender, Antwortformulare, Rufnummern-Abreißfelder und Blickfänger. Assistenten ermöglichen die Konfiguration gemäß Ihren Vorstellungen.

OLE-Objekte

Die vorgenannten Objekte haben eins gemeinsam: Sie können mit den Werkzeugen des Publishers direkt bearbeitet werden. Obwohl diese Objekte bereits eine große Anzahl von Aufgabenstellungen abdecken, werden Sie vielleicht die eine oder andere Fähigkeit vermissen, die Sie in einer anderen Anwendung lieb gewonnen haben. So wünscht man sich beispielsweise manchmal die Möglichkeit, Rechenoperationen in einer Tabelle auszuführen, was zwar in Excel-Tabellen geht, jedoch nicht in Publisher-Tabellen. Doch das ist kein Problem, denn als OLE-Objekt können Sie Excel-Tabellen problemlos in Publisher-Publikationen einbinden. Wie Sie mit OLE-Objekte arbeiten, beschreiben wir im ▶ Abschnitt *Verbindung zu anderen Anwendungen*.

Einfügen von Objekten

Die Vorgehensweise zum Einfügen von Objekten ist eigentlich immer gleich: Sie wählen ein Objekt aus der *Werkzeugleiste* oder über das Menü *Einfügen*. Anschließend erstellen Sie das Objekt auf der gewünschten Seite und rücken es an die vorgesehene Stelle. Bitte erinnern Sie sich in diesem Zusammenhang noch einmal an das ▶ Kapitel *Kein Vorgang ohne Rahmen*.

Noch einmal zurück zu unserem Publikationsbeispiel. Bisher wirkt es noch reichlich einfallslos, doch das wird sich gleich ändern. Wir erstellen einen Blickfang und bringen ein wenig Farbe ins Spiel.

1. Klicken Sie in der Werkzeugleiste auf das Symbol *Benutzerdefinierte Formen* und wählen Sie in dem sich öffnenden Auswahlfenster in der vorletzten Reihe die zweite Form von rechts.

Abbildung 27.8:
Auswahl von benutzerdefinierten Formen

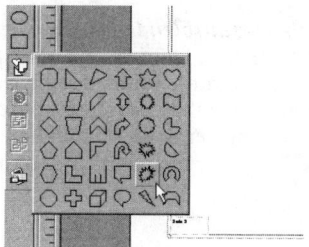

2. Der Mauszeiger verwandelt sich in ein Kreuz. Führen Sie dieses auf eine beliebige Stelle Ihrer Publikation. Betätigen Sie nun die linke Maustaste und halten Sie diese gedrückt. Wenn Sie jetzt den Mauszeiger bewegen, erscheint die vorher ausgewählte Form. Durch das Ziehen der Maus in verschiedene Richtungen können Sie die Form entsprechend vergrößern, verkleinern oder verzerren. Probieren Sie es ruhig aus und beobachten Sie die Veränderung. Wenn Sie zufrieden sind, lassen Sie die Maustaste los. Das Objekt wird eingefügt.

Abbildung 27.9:
Einfügen einer benutzerdefinierten Form

TIPP Halten Sie beim Einfügen von *Benutzerdefinierten Formen* zusätzlich die ⬚-Taste gedrückt, wenn Sie die Proportionen der Form beibehalten wollen. Dies vereinfacht Ihnen insbesondere das Erstellen von Quadraten oder Kreisen.

Objekte in den Hintergrund verschieben

Der soeben eingefügte Blickfang soll Teil der Kopfzeile werden und somit auf jeder Seite erscheinen. Ausschließlich die Titelseite soll ausgespart werden. Sofern Sie unserem Beispiel folgend das Objekt bereits auf der Hintergrundseite eingefügt haben (erkennbar an den Symbolen *L/R* der Seitennavigation), haben Sie das gewünschte Ziel schon erreicht. Sollten Sie sich jedoch auf den Vordergrundseiten befinden, dann löschen Sie das Objekt jetzt nicht. Wir zeigen Ihnen, wie Sie ein Objekt aus dem Vordergrund in den Hintergrund verschieben können:

1. Markieren Sie das Objekt.
2. Wählen Sie aus dem Menü *Anordnen* den Befehl *In den Hintergrund*.

3. Der Office-Assistent bestätigt Ihnen, dass das Objekt verschoben wurde. In Abhängigkeit davon, ob Sie den Blickfang auf einer geraden oder ungeraden Seite eingefügt hatten, wird dieser entweder auf die linke oder rechte Hintergrundseite verschoben. Voraussetzung ist natürlich, dass Sie gemäß unserem Beispiel auch mit zwei Hintergrundseiten arbeiten.

HINWEIS

Wenn Sie – wie im ▶ Kapitel *Hintergrund ganz oder teilweise ausblenden* beschrieben – den Hintergrund für die Titelseite (Seite 1) ausgeblendet haben, kann es sein, dass Sie nach Übertragung Ihres Objektes vom Vorder- in den Hintergrund nunmehr eine leere Seite vor sich sehen. In diesem Fall befinden Sie sich zur Zeit auf der Vordergrundseite Nummer 1 (erkennbar auch durch die invertierte Darstellung der Seite 1 in der Seitennavigation). Wechseln Sie auf eine der Folgeseiten und Ihr bisher erstellter Hintergrund inklusive des Blickfanges erscheint.

Grundlegende Objekteigenschaften

Obwohl jedes Objekt auf Grund seiner ganz spezifischen Merkmale einen individuellen Satz an Eigenschaften aufweist, finden sich eine Reihe grundlegender Eigenschaften in sehr vielen Objekten. Dazu zählen:

- Ausrichtung, Größe, Position und Anordnung des Objekts
- Füllfarbe des Objekts bzw. des Rahmens
- Farbe der Umrandung des Objekts oder einer evtl. vorhandenen Schrift
- Gestaltung der Umrandung, ob schmale oder breite Linie bzw. ein frei gewähltes Muster
- Schatten hinzufügen

Darüber hinaus gibt es weitere objektspezifische Eigenschaften, die Ihnen der Publisher nach Markierung des gewünschten Objektes in der *Format*-Symbolleiste oder im Kontextmenü anzeigt. Die wichtigsten Eigenschaften werden wir Ihnen in den nachfolgenden Abschnitten noch eingehender vorstellen.

Verwendung von Schemafarben

Um die Farbgestaltung mit dem Publisher verstehen zu können, möchten wir Sie zunächst mit einem wichtigen Konzept des Publishers vertraut machen: dem Einsatz vorgegebener Farbschemata.

Wann immer Sie in Ihrer Publikation eine Farbe einstellen möchten, erhalten Sie ein Auswahlfenster ähnlich dem folgend abgebildeten Bildausschnitt.

Abbildung 27.10:
Menü zur Auswahl der Farben

Ein Farbschema definiert sechs Farben, die Sie beliebig in Ihrer Publikation einsetzen können. Um welche Farben es sich hierbei handelt, überlässt Publisher Ihnen. Entweder Sie wählen aus einer Vielzahl von vorgegebenen Farbkombinationen oder Sie erstellen sich Ihr eigenes Schema. Zu jedem Zeitpunkt Ihrer Arbeit können Sie zwischen den Farbschemata wechseln und so das gesamte Aussehen Ihrer Publikation auf einen Schlag verändern. Das kann Ihnen die farbliche Umgestaltung einer kompletten Publikation wesentlich erleichtern, denn Sie sind nicht gezwungen, jedes einzelne

Objekt manuell einzufärben. Die Auswirkungen farblicher Veränderungen auf das Erscheinungsbild des gesamten Layouts lassen sich so schnell und unkompliziert überprüfen.

Sollen bestimmte Farben unabhängig von dem gewählten Farbschema stets beibehalten werden, so wählen Sie aus dem Farbmenü (Abbildung 27.10) den Punkt *Weitere Farben* ... Sie erhalten ein Fenster, in dem Sie entweder aus einer erweiterten Palette die gewünschte Farbe (*Basisfarbe*) auswählen oder sich eine beliebige Farbe selbst mischen können. Was es mit dem Feld *Farbmodell* auf sich hat, zeigen wir Ihnen im ▶ Abschnitt *Ausdruck durch einen professionellen Druck-Service*.

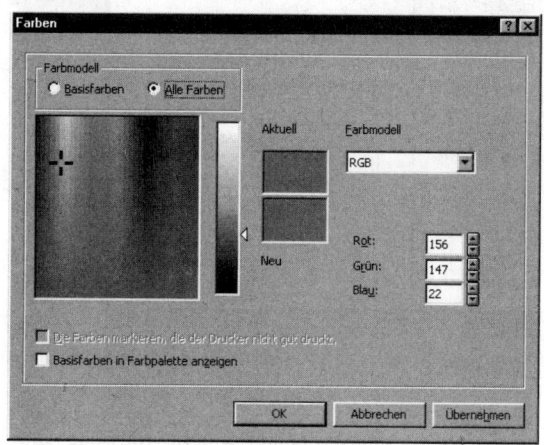

Abbildung 27.11:
Auswahl einer
individuellen
Farbe

Die einmal ausgesuchte Farbe merkt sich Publisher und fügt sie dem allgemeinen Farbmenü aus Abbildung 27.10 hinzu. So wird gewährleistet, dass Sie auf die gleiche Farbe auch ohne erneutes Abmischen wieder zurückgreifen können.

HINWEIS
Bei einem Wechsel des Farbschemas werden Sie gefragt, ob Objekte, die mit Hilfe von selbst definierten Farben koloriert wurden, an eine ähnliche Farbe aus dem neuen Schema angepasst werden sollen. Unabhängig von Ihrer Antwort bleiben Ihnen die selbst kreierten Farben erhalten. Sollte also eine Farbanpassung durch Publisher nicht Ihren Vorstellungen entsprechen, so können Sie das einzelne Objekt jederzeit wieder umfärben. Selbstverständlich können Sie auch den Wechsel des Farbschemas vollständig zurücknehmen, indem Sie sich im Menü *Bearbeiten* der *Rückgängig*-Funktion bedienen.

Wie angekündigt soll unsere Demo-Publikation jetzt ein wenig Farbe erhalten. Die bislang erstellten Objekte befinden sich auf der Hintergrundseite. Es wird deshalb höchste Zeit in den Hintergrund zu wechseln, sofern noch nicht geschehen. Bedienen Sie sich dazu der Tastenkombination [Strg]+[M]. Ihnen sollte sich daraufhin die Abbildung 27.12 zeigen.

So füllen Sie ein Objekt mit Farbe

Sofern Sie weiter unserem Beispiel folgen wollen, gehen Sie bitte wie folgt vor:

1. Markieren Sie die *Benutzerdefinierte Form*.
2. Klicken Sie in der *Format*-Symbolleiste auf die nebenstehende Schaltfläche.

Füllfarbe

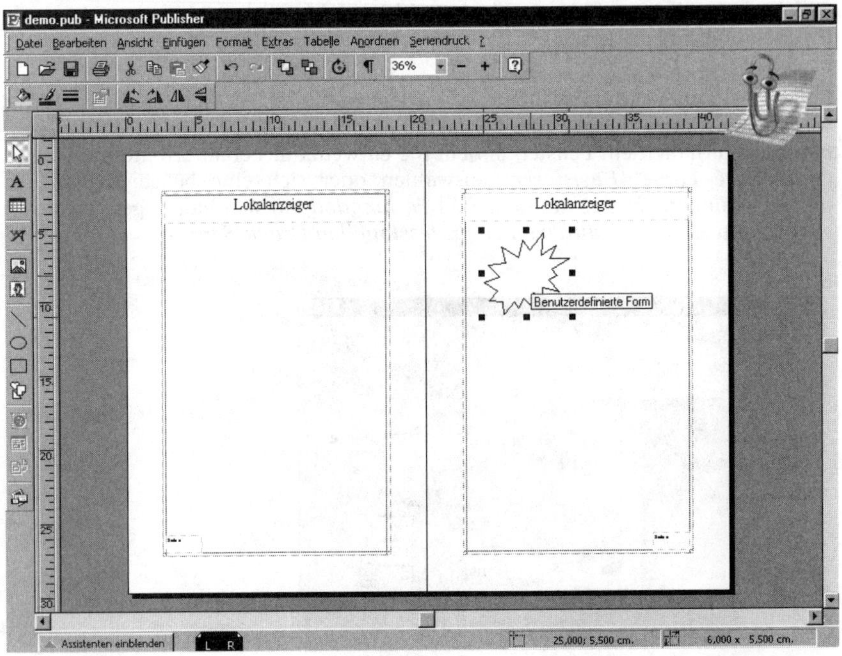

Abbildung 27.12:
Vorbereitung zum Einfärben des Blickfangs

3. Es öffnet sich das weiter oben beschriebene Auswahlfenster, welches die Schemafarben enthält. Zusätzlich können Sie an dieser Stelle einen *Fülleffekt* wählen. So ist es möglich, die ausgewählte Farbe in mehreren Abstufungen abzutönen, ein Füllmuster oder einen Farbverlauf zu erzeugen. Nehmen Sie sich an dieser Stelle ruhig die Zeit, mit den angebotenen Optionen etwas herumzuspielen (Abbildung 27.13). Solange Sie den Dialog nicht mit *Abbrechen* oder *OK* beenden, können Sie durch Betätigen der *Übernehmen*-Schaltfläche die Veränderung am markierten Objekt sehen ohne diese zwingend beibehalten zu müssen. Bitte brechen Sie an dieser Stelle den Dialog *Fülleffekte* ab. Wiederholen Sie nochmals den Schritt 2 und klicken Sie diesmal auf *Weitere Farbschemas ...* Überprüfen Sie, ob das Schema *Hüttensänger* gewählt ist. Betätigen Sie abschließend die *OK*-Schaltfläche. Rufen Sie jetzt nochmals das *Füllfarbe*-Menü auf und klicken Sie bei Farbschema auf das gelbe Quadrat. Der Blickfang wird sogleich von Publisher entsprechend eingefärbt.

So ändern Sie Rahmen und Schriftfarbe

Um auch die Kopfzeile mit einer Farbe auszufüllen, gehen Sie wie folgt vor:

1. Markieren Sie auf der rechten Hintergrundseite den Rahmen für die Kopfzeile.
2. Färben Sie den Hintergrund blau ein. Gehen Sie, wie im vorherigen Abschnitt beschrieben, vor oder verwenden Sie die alternativen Wege über das Menü *Format/Füllfarbe* bzw. das Kontextmenü und dort durch Auswahl von *Rahmen ändern/Füllfarbe*.

Sie haben sicherlich bemerkt, dass die Formatzeile nach Markierung des Textrahmens wesentlich mehr Formatierungssymbole enthält als noch bei den *Benutzerdefinierten Formen*. Den Symbolen, die nichts mit den grundlegenden Objekteigenschaften zu tun haben, widmen wir ein eigenes Kapitel. Schauen Sie hier unter ▶ *Texte in Publisher*.

Abbildung 27.13:
Auswahl der verschiedenen Fülleffekte

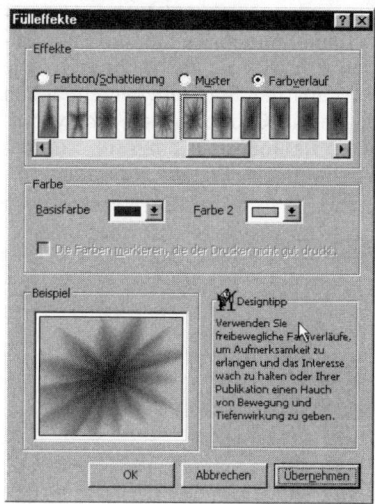

Für den Moment wollen wir uns auf die farbliche Gestaltung und die Umrandung des Textrahmens beschränken:

1. Tragen Sie dafür Sorge, dass der Textrahmen markiert ist.
2. Klicken Sie auf das Symbol *Linienart/Rahmenart* in der *Format*-Symbolleiste.

Abbildung 27.14:
Wahl der Linien- bzw. Rahmenart

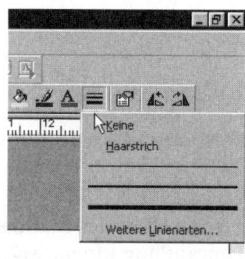

Linienfarbe

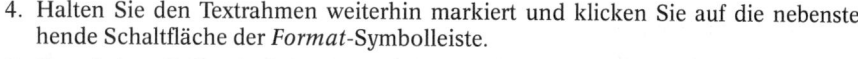
Schriftfarbe

3. Wählen Sie die breiteste der drei angezeigten Linien.
4. Halten Sie den Textrahmen weiterhin markiert und klicken Sie auf die nebenstehende Schaltfläche der *Format*-Symbolleiste.
5. Sie erhalten die bereits bekannte Farbauswahl. Entscheiden Sie sich für Gelb.
6. Markieren Sie jetzt den Titel *Lokalanzeiger* und klicken Sie auf die nebenstehende Schaltfläche, welche sich unmittelbar rechts neben der *Linienfarbe* befindet. Abschließend heben Sie bitte noch die Markierung der Schrift auf, indem Sie entweder die [Esc]-Taste betätigen oder mit dem Mauszeiger in einen freien Bereich klicken.

Ihre Kopfzeile sollte jetzt aus einem gelben Titel auf blauem Grund mit einer ebenfalls gelben Umrandung bestehen.

Statt einer einfachen Umrandung eines Rahmens können Sie auch auf Schmuck- und Zierrahmen zurückgreifen. Ein entsprechendes Auswahlfenster erreichen Sie im Aufklappmenü für *Linienarten* über *Weitere Linienarten ...* In der Registerkarte *Rahmen* können Sie festlegen, welche Seiten des markierten Rahmens eine sichtbare Umrandung erhalten oder wie dick diese sein sollen. Außerdem können Sie hier die Rahmenfarbe festlegen, was in diesem Fall mit der Funktion *Linienfarbe* korrespondiert. Die Registerkarte *Zierrahmen* führt Sie zu einer Liste, aus der Sie statt der einfachen Umrandungslinie ein ausgefallenes Muster wählen und in Größe sowie Farbe verändern können. Selbst die Erstellung eines individuellen Rahmens aus einer frei wählbaren Grafik ist realisierbar. Klicken Sie dazu auf die Schaltfläche *Eigener Rahmen*.

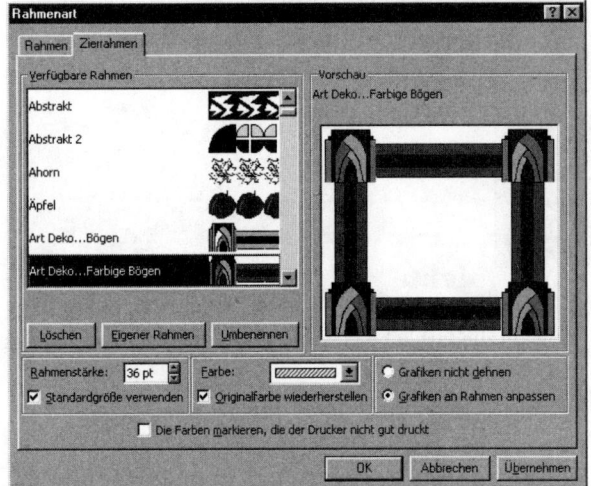

Abbildung 27.15:
Dialog zum Erstellen eines Zierrahmens

So versehen Sie Objekte mit Schatten

Publisher bietet eine Funktion, mit der sich jedem Objekt einen Schatten hinzufügen lässt. Die Größe des Schattens ist voreingestellt. Die Farbe ist ein 50%-Farbton der Umrandungslinie. Wurde keine Umrandung gewählt, erstellt Publisher einen grauen Schatten.

Möchten Sie zwar keine Umrandung, aber einen farbigen Schatten statt des Standardgraus, dann fügen Sie Ihrem Objekt einfach eine beliebige Umrandung hinzu, wählen die gewünschte Linienfarbe und entfernen abschließend die Umrandung wieder. **TIPP**

Unser vorab angelegter Blickfang erhält den richtigen Schwung erst durch das Hinzufügen eines Schattens:.

1. Markieren Sie den Blickfang.
2. Zeigen Sie mit dem Mauszeiger auf das Objekt und betätigen Sie die rechte Maustaste. Es öffnet sich ein Kontextmenü.
3. Wählen Sie nun *Ändern Form* und anschließend *Schattierung* (siehe Abbildung 27.16).

Statt über das Kontextmenü oder das Menü *Format* eine Schattierung hinzuzufügen, können Sie auch die Tastenkombination [Strg]+[D] benutzen. **TIPP**

Sollte Ihnen das Erscheinungsbild des Schattens nicht zusagen, weil Ihnen zum Beispiel die Tiefenwirkung (wird durch die relative Größe und Verschiebung zum Ursprungsobjekt erreicht) oder die 50%-Abtönung nicht gefällt, können Sie den Schatten eines Objekts auch individuell konfigurieren. Fragen Sie den Office-Assistenten einfach mal nach *Schatten hinzufügen* und verzweigen Sie anschließend nach *Erstellen einer benutzerdefinierten Schattierung*. **HINWEIS**

Abbildung 27.16:
Hinzufügen einer
Schattierung

Größe und Position von Objekten

Im ►Kapitel *Kein Vorgang ohne Rahmen* haben wir gezeigt, wie man einen Rahmen vergrößert und verschiebt. Sie wissen bereits, dass jedes Objekt in einem Rahmen »logiert«, so wie unser Blickfang, um den es in den folgenden Abschnitten geht. Er hat seinen endgültigen Platz noch nicht gefunden. Natürlich kann man ihn mit der Maus durch Anklicken und Ziehen an die gewünschte Stelle verschieben, doch wird man auf diese Weise schwerlich eine pixelgenau vorgegebene Größe und Position erreichen. Wir möchten Ihnen daher zeigen, wie man in Publisher Größe und Position manuell und damit ganz genau festlegen kann.

1. Markieren Sie den Blickfang.
2. Wählen Sie aus dem Menü *Format* den Punkt *Größe und Position* ...
3. Es öffnet sich das gleichnamige Dialogfenster, in dem Sie bitte die in Abbildung 27.17 angegebenen Zahlenwerte für die Breite, Höhe, horizontale und vertikale Position eingeben.

Abbildung 27.17:
Dialog zur
Eingabe von
Größe und
Position

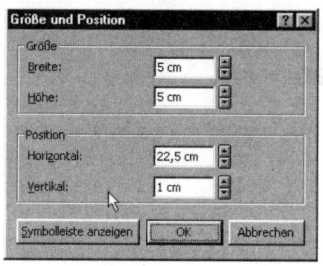

Die gezeigten Werte beziehen sich dabei immer auf die linke obere Ecke des Objektrahmens. Beachten Sie hierbei die Maßangaben auf dem vertikalen und dem horizontalen Lineal.

4. Bestätigen Sie mit *OK*.

Die Kopfzeile Ihrer Zeitung sollte nun das folgende Erscheinungsbild haben.

Erstellen von Publikationen

Abbildung 27.18: Der in Größe und Position geänderte Blickfang

An dieser Stelle wollen wir Sie auf eine Neuerung von Publisher 2000 hinweisen: die *Maßeinheiten*-Symbolleiste.

NEU

Abbildung 27.19: Maßeinheiten-Symbolleiste

Diese Leiste liefert Ihnen sowohl Informationen über das markierte Objekt als auch die Möglichkeit, die angezeigten Werte direkt zu ändern. Sie ist somit eine willkommene Ergänzung zu den bisher auf diverse Dialogfenster verteilten Funktionen. Die korrespondierenden Felder zu dem eben beschriebenen Dialogfenster *Größe und Position* haben wir in der Abbildung 27.19 besonders hervorgehoben.

Da sich die einzelnen Feldbeschreibungen auf eine symbolische Darstellung beschränken, konnte die Leiste in ihren Ausmaßen knapp gehalten werden. Einmal aktiviert bleibt sie stets im Vordergrund und gestattet Ihnen dadurch, Änderungen am Bildschirm direkt mitzuverfolgen. Wenn Sie also einmal verinnerlicht haben, was sich hinter den einzelnen Parametern verbirgt, werden Sie die aus früheren Publisher-Versionen bekannten Dialogfenster sicherlich nicht vermissen.

Sie aktivieren diese Symbolleiste:

- über den Menüpunkt *Ansicht/Symbolleisten* und Auswahl von *Maßeinheiten* in dem sich öffnenden Menü (die Aktivierung erkennen Sie durch ein vorangestelltes Häkchen) oder
- durch einen Doppelklick im rechten Drittel der Statusleiste.

Darüber hinaus können Sie die Symbolleiste grundsätzlich aus den Dialogfenstern aktivieren, die eine Änderung der in der Leiste angezeigten Parameter bewirken. So verfügt auch das gerade vorgestellte Dialogfenster *Größe und Position* (Abbildung 27.17) über eine Schaltfläche *Symbolleiste anzeigen*.

HINWEIS

Präzisionsausrichtung von Objekten

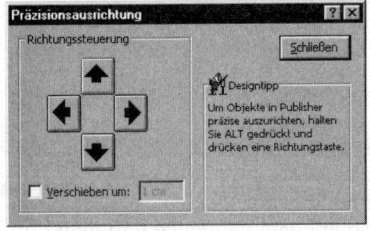

Abbildung 27.20: Dialog zur Präzisionsausrichtung eines Objekts

Sicherlich ist das Platzieren von Objekten durch Eingabe der gewünschten x- und y-Koordinate die genaueste Methode. Solange Sie aber nicht wissen, welche Stelle Ihr Objekt auf einer Seite exakt einnehmen soll, werden Sie vermutlich das Objekt mal in die eine, mal in die andere Richtung verschieben wollen. Am schnellsten geht dies per Ziehen mit dem Mauszeiger (Drag & Drop), wie im ▶ Abschnitt *Verschieben des Rahmens* erklärt. Allerdings werden Sie auf diese Weise so manches Mal über die gewünschte Position hinausschießen. Hier kommt dann die so genannte Präzisionsausrichtung zum Zuge.

1. Markieren Sie das zu verschiebende Objekt.
2. Wählen Sie aus dem Menü *Anordnen* den Befehl *Präzisionsausrichtung*. Es öffnet sich das Fenster aus Abbildung 27.20.
3. Zeigen Sie mit dem Mauszeiger auf einen der vier Richtungspfeile und betätigen Sie die linke Maustaste so oft, bis das Objekt an die gewünschte Stelle gewandert ist.

HINWEIS Die Schrittweite ändern Sie, indem Sie das Optionsfeld *Verschieben um* aktivieren und im Eingabebereich dahinter einen entsprechenden Wert vorgeben.

4. Abschließend beenden Sie die Ausrichtung durch Anklicken der Schaltfläche *Schließen*.

TIPP Wie im Fenster *Präzisionsausrichtung* vorgeschlagen, können Sie ein Objekt auch über die Tastenkombinationen [Alt]+[←], [Alt]+[↓], [Alt]+[→], [Alt]+[↑] verschieben. Sie ersparen sich auf diese Weise, das Menü *Präzisionsausrichtung* über die *Standard*-Symbolleiste aufrufen und ausführen zu müssen.

Kopieren und Einfügen von Objekten

Die Kopfzeile unserer Demo-Publikation soll nun um einen zweiten Blickfang ergänzt werden. Natürlich könnten Sie jetzt die einzelnen Arbeitsschritte der vorherigen Abschnitte wiederholen, um einen zweiten, identischen Blickfang zu erhalten. Doch das ist gar nicht notwendig. Wir schlagen stattdessen Folgendes vor: Markieren Sie den zuvor erstellten Blickfang.

Kopieren

Einfügen

1. Klicken Sie auf das *Kopieren*-Symbol in der *Standard*-Symbolleiste und anschließend direkt auf das rechts daneben liegende *Einfügen*-Symbol.

Wenn Sie jetzt auf das kopierte Objekt schauen, werden Sie feststellen, dass es von einem zweiten, identischen Objekt überlagert wird. Sie können diesen Klon nun auf die übliche Weise verschieben und weiterbearbeiten. Zur weiteren Bearbeitung ziehen Sie den zweiten Blickfang bitte auf einen freien Teil Ihrer Seite. Sie verhindern damit, dass Sie ungewollt Änderungen an anderen Objekten vornehmen.

HINWEIS Wenn Sie statt des *Kopieren*-Symbols die Schere verwenden, wird das markierte Objekt entfernt und in die Zwischenablage von Windows verschoben. Anschließend können Sie das Objekt an beliebiger Stelle wieder einfügen. Diese Vorgehensweise macht allerdings nur Sinn, wenn die Ursprungsseite und die Zielseite nicht identisch sind. Anderenfalls bietet es sich an, das Objekt zu verschieben statt es auszuschneiden.

Drehen und Kippen von Objekten

Sie können ausgewählte Objekte in festgelegten oder beliebigen Schrittabständen drehen oder um eine horizontale bzw. vertikale Mittelachse kippen. So stellen Sie sicher, dass Sie zwar die Ausrichtung Ihres Objektes ändern, aber die eigentliche Form stets beibehalten. Zwar sollte man meinen, dass eine 90°-Drehung in die eine oder andere Richtung dem Kippen eines Objektes gleichkommt. Dass dem nicht so ist, möchten wir Ihnen am Beispiel unseres geklonten Blickfanges zeigen. Bitte achten Sie in diesem Zusammenhang in der folgenden Abbildung nicht nur auf die Umrisse des Blickfanges, sondern insbesondere auch auf die Position des Schattens.

Erstellen von Publikationen

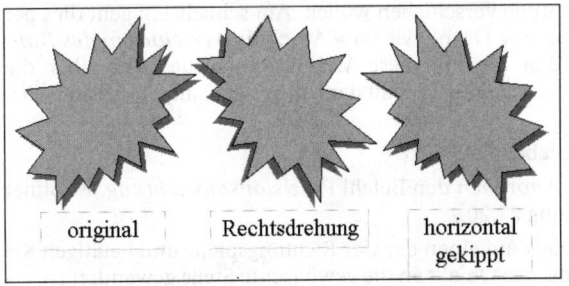

Abbildung 27.21:
Der Unterschied zwischen Drehen und Kippen

Während Publisher bei einer Drehung sowohl das Objekt als auch seinen Schatten dreht, wird beim Kippen ein Spiegelbild erzeugt und der Schatten entsprechend neu berechnet. Anders ausgedrückt: Bei einer Drehung wird die Lichtquelle um die gleiche Gradzahl mitgedreht, während beim Kippen die Lichtquelle an ihrer Ausgangsposition verharrt.

Noch einmal zurück zu unserem geklonten Blickfang. Er soll – entsprechend gekippt – die rechte Seite der Kopfzeile abschließen.

1. Markieren Sie das Objekt.
2. Wählen Sie aus der *Format*-Symbolleiste die nebenstehende Schaltfläche. Alternativ können Sie das Symbol auch über das Menü *Anordnen/Drehen oder Kippen* erreichen. Dies könnte dann notwendig werden, falls Sie vorher die *Format*-Symbolleiste über das Menü *Ansicht/Symbolleisten* ausgeschaltet haben sollten.

Horizontal kippen

Ihr Objekt wurde nun um die vertikale Mittelachse gespiegelt. Möchten Sie ein Objekt um seine horizontale Mittelachse spiegeln, so wählen Sie die nebenstehende Schaltfläche. Bitte beachten Sie, dass die für die Symbole verwendeten Kipprichtungen dabei konträr zum Verlauf der Mittelachsen sind.

Vertikal kippen

Wie Sie ein Objekt um einen vorgegebenen Wert drehen können, wollen wir Ihnen anhand einer Beschriftung zeigen. Dazu werden wir dem soeben gekippten Blickfang den Schriftzug *Aktuell* hinzufügen.

1. Bitte erstellen Sie einen Textrahmen (siehe *Erstellen eines Rahmens*).
2. Geben Sie den Begriff *Aktuell* ein und markieren Sie den Schriftzug innerhalb des Textrahmens.

Objekt mit Text versehen

Denken Sie bei der Texteingabe an die Möglichkeit, die Ansicht über die [F9]-Taste vorübergehend zu vergrößern.

TIPP

3. Wählen Sie die Schriftgröße 28.

Abbildung 27.22:
Änderung der Schriftgröße über die *Format*-Symbolleiste

4. Passen Sie mit Hilfe der Auswahlziehpunkte die Textrahmengröße an die Ausmaße Ihres Schriftzuges an.
5. Verschieben Sie nun den Textrahmen, so dass er annähernd mittig auf dem Blickfang platziert ist (Abbildung 27.23).

Damit der weiße Hintergrund des Textrahmens als solcher nicht zu sehen ist, wählen Sie als Füllfarbe des Textrahmens *Keine Farbe* aus dem Farbdialogfenster. Das markierte Objekt wird dadurch <u>transparent</u>, d. h., es lässt die Füllfarbe aus dem darunter liegenden Objekt durchscheinen. Die Tastenkombination für diese Funktion lautet [Strg]+[T].

TIPP

Abbildung 27.23:
Ein Textrahmen auf einer benutzerdefinierten Form

Wir kommen jetzt zu unserer eigentlichen Aufgabenstellung: Die Drehung eines markierten Objektes, in unserem Fall also des soeben erstellten Schriftzuges *Aktuell*.

1. Bitte markieren Sie erneut den Textrahmen.

Freies Drehen

2. Klicken Sie auf die nebenstehende Schaltfläche in der *Standard*-Symbolleiste oder auf das gleiche Symbol im Menü *Anordnen/Drehen und Kippen*.
3. Es öffnet sich das folgende Dialogfenster *Benutzerdefiniertes Drehen*.

Abbildung 27.24:
Dialog für Benutzerdefiniertes Drehen

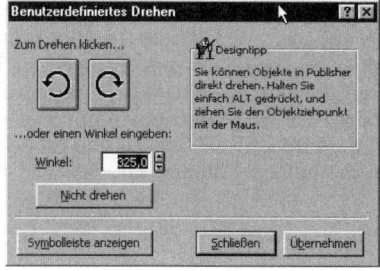

TIPP Verschieben Sie das Dialogfenster auf Ihrem Bildschirm so, dass Ihr zu drehendes Objekt nicht verdeckt wird. Sie können dadurch bei jeder Veränderung im Dialogfenster direkt die Modifikation Ihres Objektes beobachten.

4. Geben Sie im Feld *Winkel* die Gradzahl 325 ein und klicken Sie auf *Übernehmen*. Über die rechts daneben liegenden Schaltknöpfe können Sie die Gradzahl der Drehung jeweils um 1° erhöhen oder reduzieren. Der links- bzw. rechtsgedrehte Pfeil ermöglicht Ihnen Drehungen um jeweils 5° in die entsprechende Richtung. Versuchen Sie durch die Betätigung der Schaltknöpfe die Ihnen gefälligste Ausrichtung des Schriftzuges zum Blickfang zu finden.
5. Sobald Sie mit Ihrem Ergebnis zufrieden sind, schließen Sie das Dialogfenster.

HINWEIS Die Schaltfläche *Nicht drehen* setzt die Gradzahl des markierten Objektes automatisch auf Null. Unabhängig davon, wie oft Sie zwischenzeitlich ein Objekt gedreht haben, es wird umgehend wie bei erster Erstellung ausgerichtet.

Alternativ können Sie für die direkte Eingabe einer Gradzahl auch das entsprechende Feld (schwarz umrandet) in der *Maßeinheiten*-Symbolleiste verwenden.

Abbildung 27.25:
Eingabefeld für die Drehung eines markierten Objektes in der Maßeinheiten-Symbolleiste

Erstellen von Publikationen

Gruppieren von Objekten

Im vorherigen Abschnitt haben wir zwei Objekte – Blickfang mit Schriftzug – erstellt, die jetzt zu einer Einheit verbunden werden sollen, weil es dadurch einfacher wird, sie gemeinsam zu verschieben, zu vergrößern oder die Farbe zu ändern. Publisher beherrscht dazu das so genannte *Gruppieren von Objekten*. Diese praktische Funktion erlaubt Ihnen, beliebig viele Objekte in einem Rahmen zusammenzufassen und anschließend gemeinsam zu bearbeiten.

Einzige Voraussetzung ist, dass sich die zusammenzufassenden Einzelobjekte zumindest auf zwei gegenüberliegenden, gleichzeitig angezeigten Seiten befinden. Sobald Sie einen solchen Verbund von Objekten geschaffen haben, wirken sich alle Veränderungen gleichermaßen auf alle Einzelobjekte aus. Erst wenn Sie den Verbund lösen, können Sie wieder Änderungen an einem einzelnen Objekt ohne Auswirkungen auf die anderen vornehmen.

Da sich der zweite Blickfang aus unserem Beispiel (der mit dem Schriftzug) noch nicht an seiner endgültigen Position befindet, möchten wir Ihnen das Gruppieren anhand der Objekte *Blickfang* und *Schriftzug* erläutern.

1. Ziehen Sie mit Hilfe des nebenstehenden Zeiger-Tools aus der Werkzeugleiste (standardmäßig voreingestellt, solange Sie kein anderes Werkzeug auswählen) einen Rahmen um alle zu gruppierenden Objekte. Sie erstellen den Rahmen in der bekannten Weise, indem Sie von einer Ecke ausgehend die linke Maustaste gedrückt halten und den Rahmen über den gewünschten Objekten aufziehen, um anschließend die linke Maustaste wieder loszulassen. Automatisch werden alle Einzelobjekte innerhalb des Rahmens markiert und der äußere Rahmen um das *Gruppierungssymbol* ergänzt.

Zeiger-Tool

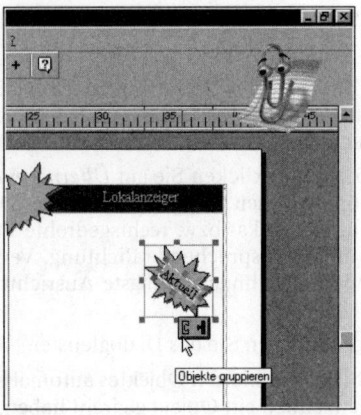

Abbildung 27.26:
Gruppieren von Objekten

2. Klicken Sie auf das *Gruppierungssymbol*. Alle von Ihnen im vorherigen Schritt markierten Objekte werden umgehend zusammengefasst. Es wird daraufhin nur noch ein alles umfassender Rahmen mit vier Auswahlziehpunkten angezeigt. Die bisher zwei Puzzle-Teile des *Gruppierungssymbols* werden nunmehr als ein Ganzes dargestellt.

3. Sie können jetzt den Verbund beliebig weiterbearbeiten oder durch nochmaliges Anklicken des *Gruppensymbols* wieder auflösen. In unserem Beispiel soll der Blickfang Bestandteil der Kopfzeile sein und muss von Ihnen daher noch auf die Stelle x = 35,5 cm und y = 1 cm verschoben werden (▶ *Größe und Position von Objekten*).

HINWEIS Sie können Objekte auch gruppieren, indem Sie die ⇧-Taste gedrückt halten und die einzelnen Objekte nacheinander anklicken, um sie zu markieren. Abschließend klicken Sie dann auf das *Gruppierungssymbol*. Auf diese Weise ist es Ihnen möglich, nicht erwünschte Objekte auszuschließen, die durch das Aufziehen eines Rahmens mit dem Mauszeiger sonst ebenfalls markiert würden. Eine Kombination beider Vorgehensweisen ist ebenfalls möglich. So bietet es sich an, viele Objekte durch das Aufziehen eines Rahmens mit dem Mauszeiger auszuwählen und anschließend bei einigen wenigen Objekten unter gleichzeitigem Drücken der ⇧-Taste die Markierung wieder aufzuheben.

Führungslinien und Linealführungslinien

Um einer Publikation ein konsistentes Aussehen zu verleihen, ist es wichtig, dass die verschiedenen Seiten ein vergleichbares Layout aufweisen. Damit ist nicht gemeint, dass alle Seiten identisch aufgebaut sein müssen. Wenn Sie sich aber zum Beispiel eine Zeitung oder ein Magazin zur Hand nehmen, werden Sie feststellen, dass doch zumindest die Randbegrenzungen auf jeder Seite übereinstimmen. Stilelemente wie Schriftzüge oder Bilder sind entweder zueinander oder zu einem bestimmten Bezugspunkt gleich ausgerichtet.

Sicherlich sind Ihnen bei der bisherigen Arbeit mit dem Publisher die blauen und pinkfarbenen Rahmen auf jeder Seite Ihrer Publikation aufgefallen. Es handelt sich dabei um die inneren und äußeren Führungslinien, die in der Standardeinstellung den Bereich für Ihre Gestaltungen von dem umlaufenden leeren (Druck-)Rand optisch abgrenzen. Durch entsprechende Positionierung dieser Linien könnten Sie zum Beispiel festlegen, wo der bedruckbare Bereich einer Seite bei Ihrem Drucker beginnt bzw. endet. In der Regel werden Sie aber den Rand aus gestalterischen Gründen sicherlich breiter wählen, als es Ihr Drucker verlangt.

Neben der optischen Abgrenzung helfen Ihnen diese Linien vor allem, Objekte exakt auf den Seiten zu positionieren. Dazu ist es möglich, weitere Führungslinien einzurichten, die die Seiten in mehrere Spalten und Zeilen aufteilen.

Die Führungslinien befinden sich auf den Hintergrundseiten. Sie sind dabei so dominant, dass sie sogar dann sichtbar bleiben, wenn Sie den entsprechenden Hintergrund ausblenden. Was aber, wenn Sie mehrere Objekte an einer Linie, die sich nicht auf jeder Seite wiederholen soll, ausrichten möchten? Dann verwenden Sie statt einer Führungslinie eine Linealteilstrichlinie. Diese Linien können von Ihnen individuell auf einer Einzelseite eingerichtet und gleichermaßen zur Positionierung von Objekten verwendet werden.

HINWEIS Sollte Sie die Darstellung der Hilfslinien stören, können Sie sie auch grundsätzlich dafür entscheiden, alle Seiten auszublenden. Dazu wählen Sie bitte im Menü *Ansicht* den Befehl *Hilfslinien ausblenden*. Im umgekehrten Fall heißt es dort *Hilfslinien einblenden*. Sofern die automatische Ausrichtung an den Hilfslinien aktiviert ist (siehe weiter unten), bleibt diese Funktion auch dann aktiv, wenn die Linien ausgeblendet sind.

Bleibt die Frage, wie man mit den Führungs- oder Linealteilstrichlinien arbeitet. Bereits zu Beginn einer Publikation sollte man sich Gedanken machen, wie die Seiten grundsätzlich aufgebaut sein sollen. Ein Buch hat in der Regel nur eine Textspalte pro Seite, während Zeitungen meist über mehrere, nebeneinander liegende Spalten verfügen. Kopf- oder Fußzeilen hingegen sollen gewöhnlich vom restlichen Text- bzw. Grafikbereich abgegrenzt werden.

Erstellen von Publikationen

So richten Sie Führungslinien ein

Ähnlich der Registerkarte *Seitenränder* aus dem Menü *Seite einrichten* von Microsoft Word stellt sich Ihnen das Dialogfenster zur Einrichtung von Führungslinien im Publisher dar.

1. Wählen Sie im Menü *Anordnen* das Untermenü *Layoutführungslinien*.
2. Das sich öffnende Dialogfenster unterscheidet grundsätzlich zwischen den äußeren und den inneren Führungslinien. So können Sie die Position der äußeren Führungslinien jeweils bezogen auf den angrenzenden Seitenrand verändern. Die Voreinstellung liegt bei einem Abstand von 2,5 cm. Die inneren Führungslinien werden durch Ihre Auswahl bei der Spalten- und Zeilenanzahl festgelegt. Sie unterteilen den durch die äußeren Führungslinien vorgegebenen Bereich in eine Matrix aus Spalten und Zeilen. In unserem Beispiel belassen Sie die Einstellung der äußeren Führungslinien bitte so, wie sie vorgegeben ist. Die Spaltenzahl erhöhen Sie bitte auf 2 und die Zeilenanzahl auf 3. Anschließend bestätigen Sie mit der Schaltfläche *OK*.

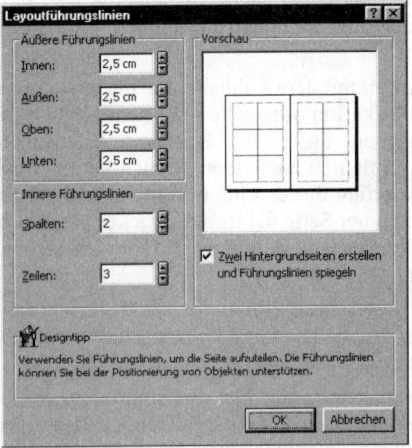

Abbildung 27.27:
Einrichten von Layoutführungslinien

3. Sie werden feststellen, dass Publisher gemäß Ihren Vorgaben alle Seiten der Publikation gleichmäßig unterteilt hat. Allerdings ist diese automatische und in der Vorschau gezeigte Seitenaufteilung nicht zwingend beizubehalten. Während die Unterteilung in zwei Spalten unserem Beispiel einer Zeitung durchaus gerecht wird, möchten wir die zwei horizontalen Führungslinien jedoch ausschließlich zur Abgrenzung der Kopf- bzw. der Fußzeile vom übrigen Seitenbereich verwenden. Um aber die horizontalen Führungslinien zu verschieben, müssen Sie zwingend auf die Anzeige der Hintergrundseiten wechseln. Dabei richten wir unser Augenmerk derzeit ausschließlich auf die rechte Hintergrundseite. Bewegen Sie nun den Mauszeiger auf die obere der beiden inneren Führungslinien und halten Sie dabei die ⇧-Taste gedrückt. Der Mauszeiger verwandelt sich in den *Anpassen*-Zeiger, wie in der Abbildung 27.28 gezeigt.

Betätigen Sie jetzt zusätzlich die linke Maustaste und ziehen Sie den *Anpassen*-Zeiger samt der Führungslinie an die gewünschte Stelle. In unserem Beispiel soll die Linie so weit nach oben verschoben werden, dass die unteren Ausläufer der Blickfänge knapp an die Hilfslinie heranreichen. Verfahren Sie gleichermaßen mit der unteren Führungslinie, so dass Sie damit die Seitenzahl in der rechten unteren Ecke entsprechend abgrenzen.

Abbildung 27.28:
Verschieben der Layoutführungs-linien

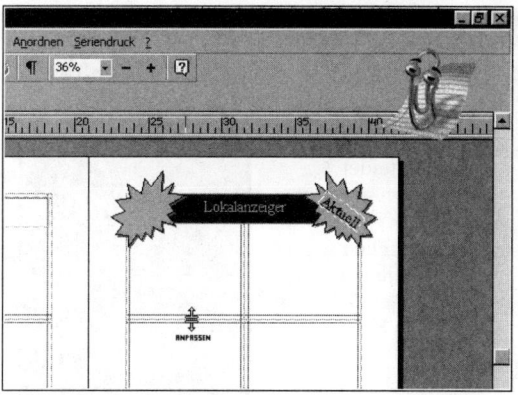

Einrichten von Linealteilstrichlinien

Im vorherigen Abschnitt haben wir Ihnen gezeigt, wie man Hilfslinien einrichtet, die Ihnen bei dem Layout Ihrer gesamten Publikation helfen sollen. Sicherlich bedürfen Sie in bestimmten Situationen aber auch der Hilfslinien, die nur einem bestimmten Zweck dienen. Zum Beispiel

- der Aufteilung einer vom Layout der anderen Seiten abweichenden Seite wie der Titelseite oder
- zur Unterstützung der genauen Ausrichtung mehrerer Objekte in horizontaler oder vertikaler Linie.

Zwar können Sie diese Aufgabe auch durch die Einrichtung von Führungslinien bewältigen, der Nachteil dieser Lösung liegt jedoch auf der Hand. Das Entfernen oder Hinzufügen dieser Linienart durch Änderungen im Menü *Anordnen/Layoutführungslinien* führt automatisch zu einer Neuverteilung der bereits vorhandenen Linien. Außerdem werden diese ja auf jeder Seite dargestellt und würden bei zu großer Anzahl sicherlich nicht zur Übersichtlichkeit beitragen.

Aus den vorgenannten Gründen stellt Ihnen der Publisher zusätzlich die so genannten Linealteilstrichlinien zur Verfügung.

1. Stellen Sie sicher, dass Sie sich auf der von Ihnen gewünschten Vordergrundseite Ihrer Publikation befinden. Sofern Sie weiterhin unserem Beispiel folgen, wechseln Sie bitte über die Schaltflächen zur Seitennavigation auf die Vordergrundseite Nummer 1.

2. Je nachdem, ob Sie eine horizontale oder vertikale Hilfslinie erzeugen wollen, bewegen Sie den Mauszeiger auf das korrespondierende Lineal am linken oder oberen Bildschirmrand. Wir wollen an dieser Stelle eine horizontale Hilfslinie erstellen, die das obere Drittel der ersten Seite vom Rest abtrennt. Halten Sie die -Taste und die linke Maustaste gleichzeitig gedrückt. Der Mauszeiger wird zum *Anpassen*-Zeiger analog der Darstellung beim Verschieben der Führungslinien. Wenn Sie diesen Zeiger an die gewünschte Position auf Ihrer Seite ziehen, erscheint dort eine grün dargestellte Linie, die Linealteilstrichlinie. Lassen Sie jetzt die ⬜-Taste und die linke Maustaste wieder los. Die Hilfslinie ist nunmehr verankert (siehe Abbildung 27.29).

HINWEIS Alternativ können Sie auch Linealteilstrichlinien über das Menü *Anordnen/Lineale* einfügen. Vertikale sowie horizontale Linien werden standardmäßig auf der Seitenmitte platziert und können wie folgt beschrieben verschoben werden.

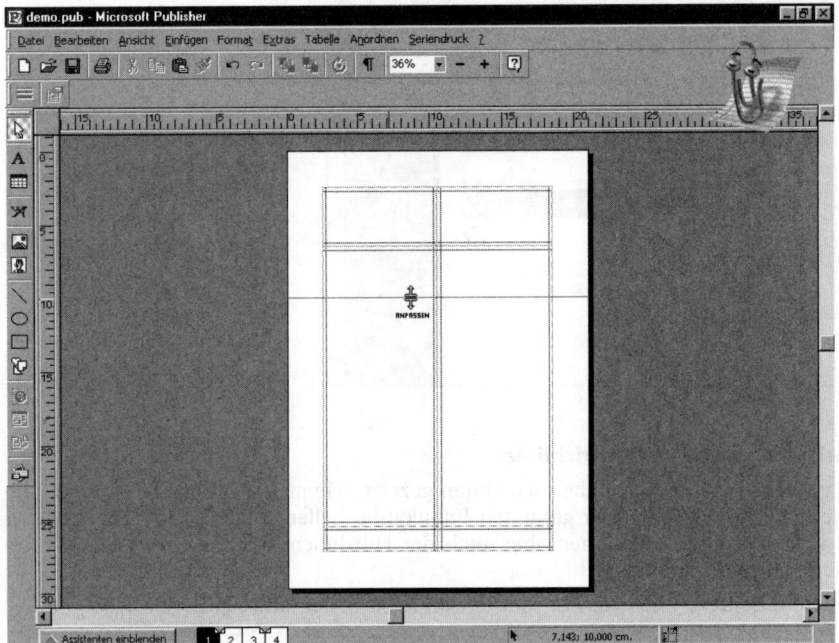

Abbildung 27.29:
Einrichten und Verschieben von Linealteilstrichlinien

Verschieben oder Löschen vorhandener Hilfslinien

Selbstverständlich können Sie die soeben erstellte Hilfslinie auch zu einem späteren Zeitpunkt erneut verschieben. Die Vorgehensweise entspricht dabei der Erstellung einer neuen Hilfslinie mit der Abweichung, dass Sie zu Beginn statt auf das Lineal direkt auf die vorhandene Hilfslinie zeigen.

Möchten Sie die Hilfslinie löschen, dann ziehen Sie sie einfach von der Seite in den leeren Arbeitsbereich. Sofern Sie die die Führungslinien oder Linealteilstrichlinien vollständig neu positionieren wollen, können Sie sich auch erneut des Menübefehls *Anordnen/Layoutführungslinien* bzw. *Anordnen/Lineale/Alle Linealführungslinien entfernen* bedienen. Beachten Sie aber, dass letztere Vorgehensweise alle Hintergrundseiten bzw. die aktuelle Vordergrundseite betrifft.

TIPP Falls Sie versehentlich Hilfslinien gelöscht oder verschoben haben, können Sie den ursprünglichen Zustand über die *Rückgängig*-Schaltfläche aus der *Standard*-Symbolleiste wiederherstellen.

Positionieren von Objekten an Hilfslinien oder anderen Objekten

Die in den vorangegangenen Schritten erstellten Führungs- und Linealteilstrichlinien helfen Ihnen aber nicht nur symbolisch bei der Gestaltung des Layouts und der Ausrichtung von Objekten. Sofern gewünscht werden Objekte, die Sie mit der Maus in die Nähe der Hilfslinien ziehen, automatisch erfasst und an der Hilfslinie ausgerichtet.

Wählen Sie aus dem Menü *Extras* die gewünschte Ausrichtungsvariante:

- *Teilstrichausrichtung*: Objekte werden an den grünen Linealteilstrichlinien ausgerichtet.

- *Führungslinienausrichtung*: Objekte werden an den blauen und piinkfarbene Führungslinien ausgerichtet.
- *Objektausrichtung*: Das zu verschiebende Objekt wird unabhängig von einer Hilfslinie an einem stationären Objekt ausgerichtet.

Eine Kombination der vorgenannten Varianten ist möglich. Dabei erkennen Sie die Aktivierung an dem Häkchen vor dem jeweiligen Menüpunkt.

Weitere Informationen zum Ausrichten von Objekten finden Sie im ▶Abschnitt *So richten Sie Objekte aus*.

Anordnen von Objekten

Bei der Erstellung einer Publikation werden Sie in der Regel diverse Objekte auf den einzelnen Seiten platzieren. Eventuell ist dabei die Überlagerung einzelner Objekte nicht zu vermeiden oder sogar erwünscht. Stellen Sie sich die einzelnen Objekte wie einen Papierstapel vor. Jedes neu auf den Stapel gelegte Blatt verdeckt die darunter liegenden Blätter ganz oder teilweise. Wenn Sie ein verdecktes Blatt aus Ihrem Stapel sehen wollen, ziehen Sie üblicherweise das entsprechende Blatt hervor und legen es obenauf.

Nach dem gleichen Prinzip funktioniert auch die Anordnung von Objekten im Publisher. Jedes Objekt einer Seite befindet sich auf seinem eigenen »Blatt«, seiner eigenen Ebene sozusagen. Selbst Objekte, die ohne Überschneidung dargestellt werden, befinden sich dabei auf verschiedenen Ebenen. Sie können dies überprüfen, indem Sie die Objekte übereinander schieben. Ebenso wie bei dem Papierstapel lässt sich die Reihenfolge der Objekte nachträglich verändern, um so den gewünschten Effekt zu erreichen.

Die entsprechende Vorgehensweise kann man gut an der in den vorangegangenen Abschnitten erstellten Kopfzeile demonstrieren. Selbstverständlich lässt sich die Methodik aber auch auf Ihre eigenen Projekte übertragen.

1. Wechseln Sie bitte auf die zu bearbeitende Seite, hier also die rechte Hintergrundseite. Die Kopfzeile aus unserem Beispiel besteht aus dem im ersten Schritt erstellten Textrahmen »Lokalanzeiger« und den darüber platzierten Blickfängern. Der rechte, beschriftete Blickfang verhält sich dabei auf Grund der vorgenommenen Gruppierung (siehe auch ▶ *Gruppieren von Objekten*) wie ein einzelnes Objekt. Bei der Gestaltung der Kopfzeile hat Publisher durch die chronologische Entwicklung automatisch eine Anordnung der Objekte vorgenommen.

Abbildung 27.30:
Anordnung
verschiedener
Objekte

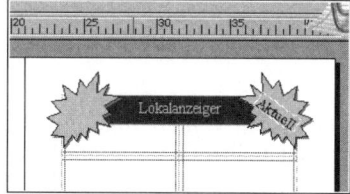

2. Um die Anordnung eines oder mehrerer Objekte im Verhältnis zu anderen dargestellten Objekten zu ändern, müssen Sie es zunächst markieren. In unserem Beispiel soll der linke Blickfang hinter den Textrahmen gesetzt werden. Markieren Sie daher bitte dieses Objekt.

Erstellen von Publikationen

3. Aus dem Menü *Anordnen* wählen Sie die gewünschte Aktion. In Abhängigkeit von der gewünschten Position innerhalb des »Objektstapels« können Sie ein Objekt entweder Ebene für Ebene oder direkt ganz nach hinten bzw. nach vorne verschieben. Klicken Sie hier auf *Eine Ebene nach hinten*. Da sich hier nur zwei Objekte überlappen, würde die Auswahl *In den Hintergrund* hier zum gleichen Ergebnis führen.

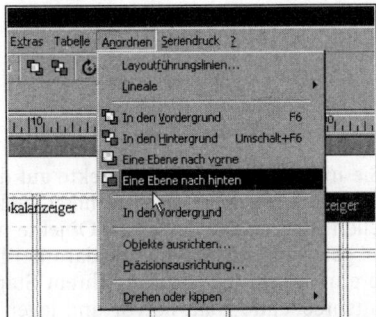

Abbildung 27.31:
Anordnen von
Objekten über die
Menüleiste

Bevor Sie die Anordnung von Objekten verändern, sollten Sie sich überlegen, welche Objekte wie zueinander angeordnet werden sollen. Je weniger Objekte von der Neuordnung betroffen sind, desto schneller erreichen Sie Ihr Ziel. Statt hier den linken Blickfang nach hinten zu verschieben, hätten Sie auch den Textrahmen und den beschrifteten Blickfang nach vorne rücken können. Allerdings wäre dieser Weg mit mehr Einzelschritten verbunden gewesen. Erinnern Sie sich in diesem Zusammenhang an die Möglichkeit, mehrere Objekte durch Selektieren und gleichzeitiges Drücken der ⇧-Taste zu markieren.

TIPP

Nachdem Sie den Blickfang nach hinten verschoben haben, sollte sich Ihnen der folgende Anblick bieten.

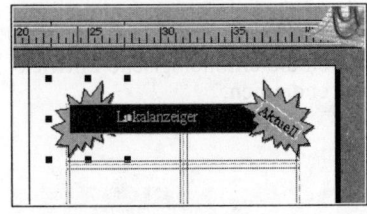

Abbildung 27.32:
Abänderung der
chronologischen
Reihenfolge von
Objekten

In den meisten Fällen werden Ihnen die Funktionen *In den Vordergrund* und *In den Hintergrund* genügen, die Sie bei markiertem Objekt auch über die *Standard*-Symbolleiste aufrufen können.

HINWEIS

Die grundlegende Bearbeitung der Hintergrundseiten unserer Demo-Publikation ist nunmehr abgeschlossen. Die Gestaltung hinsichtlich Kopf- und Fußzeile hat sich allerdings bisher auf die rechte Hintergrundseite beschränkt. Es ist jetzt an der Zeit, auch die linke Seite mit Leben zu füllen. Selbstverständlich könnten Sie dazu Ihr bisher erlangtes Wissen einsetzen und die einzelnen Objekte auf die andere Seite kopieren. Da die Hintergrundseiten einer Publikation bis auf Ausnahmen in der Regel gleich aussehen sollen, wollen wir Ihnen kurz einen anderen Weg aufzeigen.

Rufen Sie sich bitte noch einmal den Inhalt des ▶Abschnittes *Arbeiten mit zwei Hintergrundseiten* ins Gedächtnis. Dort haben wir darauf hingewiesen, dass es sich in der Praxis empfiehlt, zunächst nur mit einer Hintergrundseite zu arbeiten. Sofern Sie also bereits mit zwei Hintergrundseiten gearbeitet haben, ist es erforderlich, nochmals auf eine Hintergrundseite zurückzuschalten. Der Office-Assistent macht Sie in diesem Zusammenhang darauf aufmerksam, dass der Inhalt der linken Hintergrundseite dabei verloren geht. Bei unserem Beispiel können wir das verschmerzen und bejahen daher den Hinweis. Schalten Sie anschließend wieder auf zwei Hintergrundseiten um. Der Publisher kopiert automatisch den Inhalt der rechten und nunmehr einzigen Hintergrundseite auf die linke Seite. Ein erwünschter Nebeneffekt ist, dass der gesamte Inhalt gleichzeitig gespiegelt wird, ohne dass jedoch vorhandener Text sich in Spiegelschrift verwandelt. Das Erscheinungsbild entspricht sodann einer typischen Zeitung.

HINWEIS In manchen Situationen kann folgendes Phänomen auftreten: Textrahmen, die gedrehten Text enthalten, werden nicht sofort richtig dargestellt (z.B. der Schriftzug *Aktuell* in unserem Blickfang). Doch keine Sorge, spätestens wenn Sie Ihre Publikation einmal abgespeichert und wieder aufgerufen haben, hat Publisher die Darstellung aktualisiert.

So richten Sie Objekte aus

Im ▶Abschnitt *Positionieren von Objekten an Hilfslinien oder anderen Objekten* haben wir gezeigt, wie Publisher Ihnen bei der automatischen Ausrichtung von Objekten an Hilfslinien oder Objekten behilflich sein kann. Sie können aber auch markierte Objekte ähnlich einem Text in einem Textrahmen linksbündig, rechtsbündig oder mittig ausrichten.

1. Markieren Sie das oder die gewünschten Objekt(e). Ziehen Sie dazu entweder mit dem Mauszeiger einen Markierungsrahmen um das/die betroffene(n) Objekt(e) oder markieren Sie sie nacheinander bei gleichzeitig gedrückter ⇧-Taste.
2. Klicken Sie im Menü *Anordnen* auf *Objekte ausrichten* ... Es öffnet sich das gleichnamige Dialogfenster. Dort können Sie Objekte horizontal wie vertikal, links- oder rechtsbündig bzw. im Rahmenmittelpunkt ausrichten. Publisher unterscheidet dabei zwischen der Ausrichtung an den Seitenrändern oder der Ausrichtung an einem hypothetisch um die markierten Objekte herumlaufenden Rahmen. Letztere Option ist verständlicherweise nur dann verfügbar, wenn auch mehrere Objekte markiert sind. Probieren Sie doch einmal die verschiedenen Optionen aus und beobachten Sie die Veränderungen im Vorschaufenster.

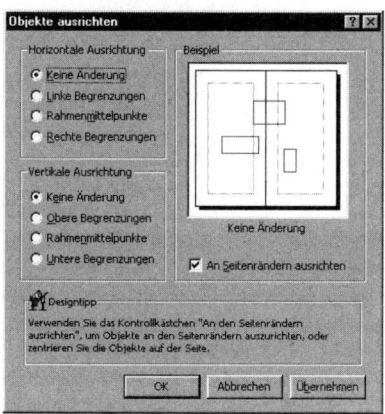

Abbildung 27.33: Ausrichten von Objekten auf einer Seite

3. Bestätigen Sie Ihre Einstellung mit *OK*.

28 Text und Grafiken in Publisher

667 Textlayout und -formatierung in Publisher
686 Grafiken in Publisher
697 Zeichnen mit Publisher
699 Tabellen in Publisher
701 Die Design-Gallery

Textlayout und -formatierung in Publisher

Ähnlich wie in Microsoft Word können Sie auch im Publisher umfangreiche Texte eingeben, korrigieren, formatieren und sogar Formatvorlagen erstellen und anwenden. Während Microsoft Word jedoch die gesamte Seitenfläche für die Textdarstellung nutzt, orientiert sich Publisher grundsätzlich an dem Konzept frei positionierbarer Textrahmen, die miteinander verknüpft werden, um das Layout des Fließtextes vorzugeben.

Textrahmen erstellen

Im Gegensatz zu Microsoft Word, wo Sie nach dem Start der Anwendung sofort mit der Texteingabe beginnen können, müssen Sie beim Publisher erst einmal einen Textrahmen erstellen. Nur so erkennt der Publisher, wo genau Ihr Text auf der jeweiligen Seite layoutet werden soll.

Lassen Sie uns daher zwei Textrahmen in unser Zeitungsbeispiel einfügen, die wir auch für weitere Erklärungen benötigen.

1. Wechseln Sie auf die Vordergrundseite, auf der der Textrahmen erscheinen soll. In unserem Zeitungsbeispiel ist dies die Seite 3.

Textrahmentool

2. Wählen Sie aus der Werkzeugleiste das *Textrahmentool* und erstellen Sie in der linken Spalte einen Rahmen (siehe ▶*Erstellen eines Rahmens*), der sich von der Kopf- bis zur Fußzeile erstreckt. Nutzen Sie dabei die automatische Ausrichtung an den blauen Führungslinien (siehe ▶*Positionieren von Objekten an Hilfslinien oder anderen Objekten*).

3. Wiederholen Sie den Vorgang auf der Seite 2 in der rechten Spalte. Nachdem Sie nun die Textrahmen erstellt haben, können Sie umgehend mit der Texteingabe beginnen. Dazu platziert der Publisher den Cursor automatisch in der linken oberen Ecke des aktuellen Rahmens.

Bei der Texteingabe verfahren Sie, wie Sie es vielleicht schon von Microsoft Word gewohnt sind. Schreiben Sie Ihren Text fortlaufend und betätigen Sie die ⏎-Taste nur dann, wenn Sie ganze Absätze voneinander trennen möchten. Wie Sie es von einem Textverarbeitungsprogramm erwarten, werden die Zeilenwechsel am Ende einer Zeile automatisch eingefügt. Innerhalb des Textes bewegen Sie sich mit den *Pfeil*-Tasten oder bei größeren Distanzen sinnvollerweise mit dem Mauszeiger. Darüber hinaus funktionieren die aus Microsoft Word bekannten Kurztastenbefehle in der gewohnten Weise.

Zeilenumbruch

Wenn Sie möchten, hilft Ihnen der Publisher auch bei der Rechtschreibung () und/oder Silbentrennung. Bereits bei der Eingabe lassen sich dadurch viele Fehler automatisch (*AutoKorrektur*) korrigieren. Die zugehörigen Optionen können Sie im Menü *Extras/Rechtschreibung*, *Extras/Sprache* bzw. *Extras/AutoKorrektur* ... einstellen.

Rechtschreibprüfung / Silbentrennung

Um Ihnen im nächsten Abschnitt die verschiedenen Formatierungsmöglichkeiten zeigen zu können, müssen wir Ihnen an dieser Stelle etwas Schreibarbeit abverlangen. Bedienen Sie sich bitte des Textes in der folgenden Abbildung 28.1 und halten Sie sich dabei an die vorgegebenen Absätze (erkennbar an dem Absatzendesymbol ¶).

Sollte bei Ihnen nach Betätigung der ⏎-Taste am Bildschirm kein Absatzendesymbol angezeigt werden, können Sie dieses und auch andere nicht druckbare Zeichen über den gleichlautenden Befehl im Menü *Ansicht* oder über die nebenstehende Schaltfläche der *Standard*-Symbolleiste aktivieren.

HINWEIS

¶

Nicht druckbare Zeichen einblenden

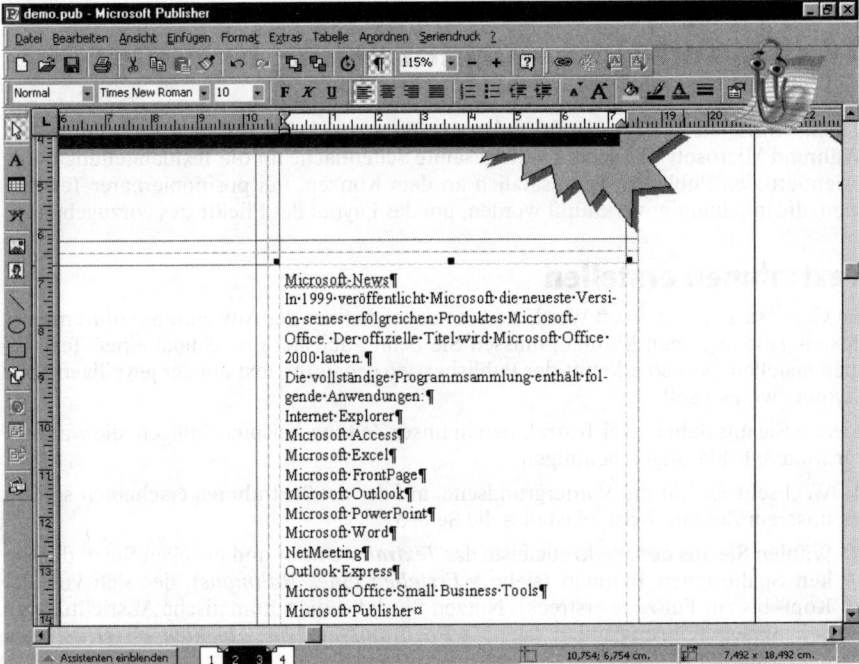

Abbildung 28.1: *Ein Textbeispiel*

Formatieren von Text

Anhand des in der Abbildung 28.1 gezeigten Beispieltextes möchten wir Ihnen die vielfältigen Formatierungsmöglichkeiten des Publishers näherbringen. Selbstverständlich haben Sie auch hier bei den gängigsten Funktionen wieder die Wahl, sich entweder der *Format*-Symbolleiste, des Kontextmenüs oder der Befehle aus der Menüleiste zu bedienen. Sehr angenehm ist der Gebrauch des Kontextmenüs, da Sie hier jeweils eine Sammlung aller wichtigen Funktionen zur Textbearbeitung angeboten bekommen.

Standardformatierungen

Standardformatierungen

Bitte beachten Sie, dass Sie Formatierungen nur dann vornehmen können, wenn Sie vorher den gewünschten Textteil markiert haben. Wählen Sie dann aus dem Menü *Format* den Befehl *Zeichen* ... Es öffnet sich das Dialogfenster *Schriftart* wie in Abbildung 28.2 dargestellt. Falls die gezeigten Optionen für Sie noch kein »alter Hut« sind, versuchen Sie doch ein paar Änderungen an unserem Beispieltext vorzunehmen.

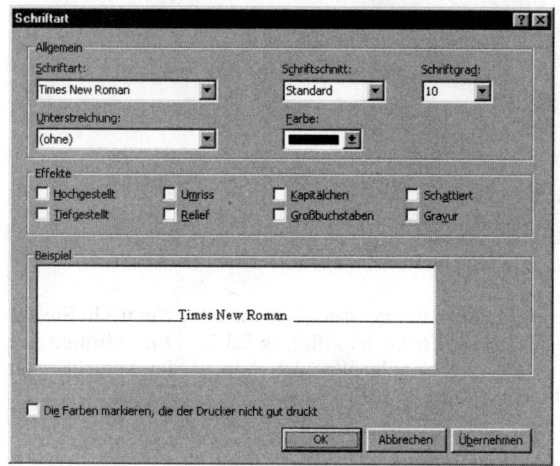

Abbildung 28.2:
Das Schriftart-*Dialogfenster aus dem Menü* Format/Zeichen ...

Einige Funktionen finden sich auch in der *Format*-Symbolleiste wieder.

Abbildung 28.3:
Zeichenformat-Schaltflächen

TIPP Um den kompletten Text des gewählten Textrahmens zu markieren, klicken Sie im Menü *Bearbeiten* auf *Gesamten Textabschnitt markieren* oder betätigen die Tastenkombination [Strg]+[A].

So erstellen Sie Initiale

Initiale

Ein optisch auffälliges und gern genutztes Gestaltungsmerkmal sind *Initiale*. Dabei wird der erste Buchstabe eines Absatzes durch besonders große Schrift hervorgehoben, der übrige Text läuft rechts daneben vorbei. Diese Art der Formatierung findet man in vielen Publikationen, von alten kunstvollen Büchern bis hin zu modernen Hochglanzmagazinen.

1. Markieren Sie den gewünschten Textrahmen und setzen Sie die Einfügemarke in den Absatz, der mit einem Initial beginnen soll. In unserem Beispiel ist das der zweite Absatz beginnend mit »In 1999 ...«.
2. Wählen Sie aus dem Menü *Format* den Befehl *Initiale* ... Das sich öffnende Dialogfenster bietet Ihnen zwei Registerkarten. Die eine beinhaltet eine Sammlung von vordefinierten Initialen.

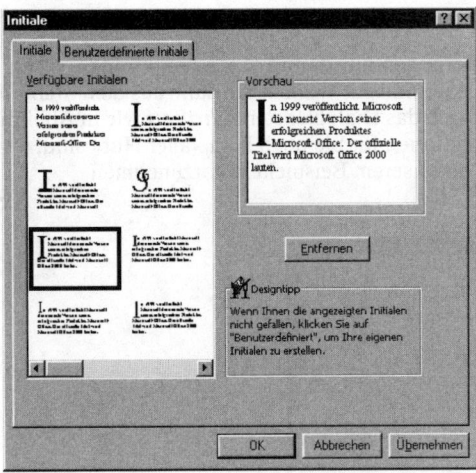

Abbildung 28.4:
Eine Auswahl vordefinierter Initiale

Wählen Sie aus den verfügbaren Mustern das gewünschte aus oder wechseln Sie auf die Registerkarte *Benutzerdefinierte Initiale* (Abbildung 28.5). Dort können Sie zwischen drei Zeichenpositionen, der Initialgröße, der Anzahl der vergrößerten Buchstaben, Schriftart, Schriftschnitt und Schriftfarbe wählen.

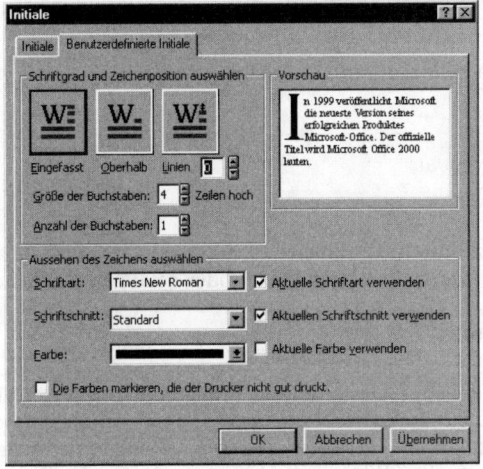

Abbildung 28.5:
Einstellungen für ein selbstdefiniertes Initial

3. Bestätigen Sie Ihre Auswahl mit *OK*.

Zeichenabstand

Zeichenabstand verändern

Im Gegensatz zur klassischen Schreibmaschine bietet der Computer die Möglichkeit, die Abstände der Zeichen zueinander anzupassen oder die Zeichen selbst zu dehnen. Wichtig wird das beispielsweise, wenn sich eine Überschrift von links nach rechts über einen vorgegebenen Bereich erstrecken soll, dessen Größe fest vorgegeben ist.

1. Markieren Sie den zu bearbeitenden Textabschnitt.
2. Wählen Sie aus dem Menü *Format* den Befehl *Zeichenabstand*.

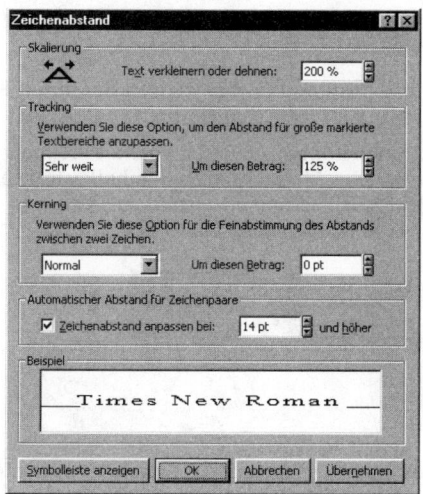

Abbildung 28.6:
Dialog zur Änderung des Zeichenabstandes

3. Sie können in dem in Abbildung 28.6 gezeigten Dialogfenster einerseits die Breite (*Skalierung*) aller Buchstaben bzw. den Abstand (*Tracking*) zwischen den Buchstaben des markierten Bereichs einstellen. Darüber hinaus ist es möglich, die Unterschneidung (*Kerning*) von Buchstabenpaaren durch den Publisher automatisch vornehmen zu lassen. Sie müssen nur festlegen, ab welcher Schriftgröße (*Zeichenabstand anpassen bei:*) Publisher aktiv werden soll und um welche Punktzahl (*Um diesen Betrag:*) der Abstand verändert werden soll. Die Unterschneidung sorgt dafür, dass Buchstaben, die optisch weit auseinandergerückt erscheinen, näher zusammengeschoben werden. Dies wirkt sich insbesondere bei Schriftgrößen jenseits von 14 Punkt und dort bei weit ausladenden Buchstaben wie *A* und *W* positiv auf das Schriftbild aus. Umgekehrt ausgedrückt: Ohne diese Anpassung wirken einzelne Buchstabenpaare teilweise zu sehr auseinander gezogen.
4. Nachdem Sie die gewünschten Änderungen vorgenommen haben, klicken Sie auf *OK*.

So stellen Sie den Zeilenabstand ein

Zeilenabstand

Nicht nur den Zeichenabstand, sondern auch die Zeilenhöhe können Sie bei Publisher problemlos einstellen. Ganz gezielt lässt sich dadurch der Abstand zwischen den einzelnen Zeilen vergrößern oder verkleinern, beispielsweise, um eine optisch klar erkennbare Annäherung oder Abgrenzung zwischen zwei Textteilen zu schaffen.

1. Markieren Sie erneut den gewünschten Textbereich.
2. Wählen Sie aus dem Menü *Format* den Befehl *Zeilenabstand*.

Abbildung 28.7:
Dialog zur Änderung des Zeilenabstandes

3. Verändern Sie die gewünschte Option entsprechend und bestätigen Sie durch Klicken auf *OK*.

Einen Teil der soeben beschriebenen Funktionen können Sie auch über die erstmals im Abschnitt ▶ *Die Arbeit mit Objekten* vorgestellte *Maßeinheiten*-Symbolleiste beeinflussen. Sie bringen diese z. B. über das Menü *Ansicht/Symbolleisten* zur Anzeige.

HINWEIS

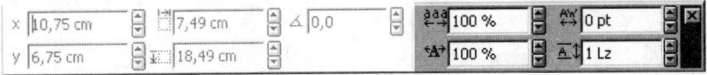

Abbildung 28.8:
Änderung des Zeichen- bzw. Zeilenabstandes über die Maßeinheiten-*Symbolleiste*

Textausrichtung/ Einzüge

Textausrichtung und Einzüge einstellen

Um den Text innerhalb eines Textrahmens in einer bestimmten Weise auszurichten, stellt Ihnen Publisher die von Word bekannten Möglichkeiten zur Verfügung, d. h., Absätze können linksbündig, rechtsbündig, zentriert oder als Blocksatz dargestellt werden. Auch ein vom restlichen Text abweichender Einzug eines Absatzes oder der ersten Absatzzeile (etwa für Aufzählungen) ist machbar.

1. Markieren Sie die entsprechende Textpassage.
2. Klicken Sie im Menü *Format* auf den Befehl *Einzüge und Aufzählungen* ... und anschließend im gleichnamigen Dialogfenster auf die Option *Normaler Absatz*.

Abbildung 28.9:
Dialog zur Änderung von Einzügen

3. Sie können nun entweder unter *Optionen* vordefinierte Einzugsvarianten auswählen oder selbstständig den Einzug definieren. Dabei kann der linke und rechte Einzug für den gesamten Absatz sowie ein gesonderter Einzug für die erste Zeile eingestellt werden. Darüber hinaus legen Sie hier die Ausrichtung der markierten Absätze fest.

TIPP Häufig bedarf es gar keiner speziellen Einstellung der Einzüge. In diesem Fall kommen Sie schneller voran, indem Sie sich einfach der Schaltflächen aus der *Format*-Symbolleiste bedienen.

Abbildung 28.10:
Einstellung der
Textausrichtung
oder Einzüge
über die Format-
Symbolleiste

Vertikale Ausrichtung des Textes

So ganz nebenbei bietet Publisher Ihnen auch die Möglichkeit, Text innerhalb des Textrahmens vertikal am oberen bzw. unteren Rand oder aber zentriert auszurichten.

1. Markieren Sie den gewünschten Textrahmen.
2. Wählen Sie den Befehl *Format/Text vertikal ausrichten* und dort eine der Optionen *Oben, Zentriert* oder *Unten*.

So erzeugen Sie Aufzählungen und nummerierte Listen

Aufzählungen

Werfen Sie bitte noch einmal einen Blick auf unser Textbeispiel in der Abbildung 28.1. Der Text enthält eine Aufzählung der im Office-Paket enthaltenen Anwendungen. Um die Aufzählung als solche kenntlich zu machen, setzt man bewusst so genannte Aufzählungszeichen ein.

1. Markieren Sie die entsprechenden Zeilen der Aufzählung.
2. Klicken Sie im Menü *Format* auf den Befehl *Einzüge und Aufzählungen* ... und anschließend im gleichnamigen Dialogfenster auf die Option *Aufzählung*.

Abbildung 28.11:
Dialog zur
Einrichtung von
Aufzählungen

3. Wählen Sie durch Anklicken ein Aufzählungszeichen aus oder verzweigen Sie über die Schaltfläche *Weitere* ... zu einem anderen Zeichensatz. Bestimmen Sie anschließend die Symbolgröße, die Breite des Einzugs und die Form der Textausrichtung. Ein Wechsel in das Menü *Zeilenabstand* ist möglich. Wenn Sie sich an die Vorgaben aus der Abbildung 28.11 halten, sollte unser Beispieltext das in Abbildung 28.12 gezeigte Bild bieten.

Nummerierungen

Anstelle der Aufzählungszeichen können Sie eine Liste auch fortlaufend durchnummerieren. Auch hier werden Sie vom Publisher unterstützt.

1. Markieren Sie den gewünschten Text.
2. Klicken Sie im Menü *Format* auf *Einzüge und Aufzählungen* und aktivieren Sie im sich öffnenden Dialogfenster die Option *Nummerierte Liste*.

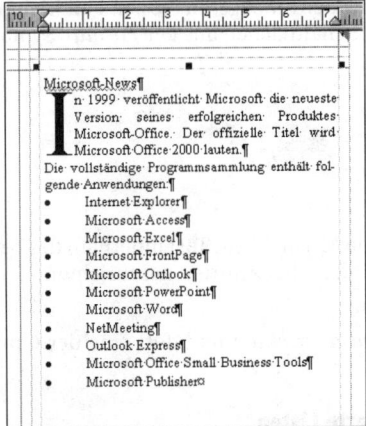

Abbildung 28.12:
Unser Beispieltext nach Formatierung mit Aufzählungszeichen

Abbildung 28.13:
Dialog zur Einrichtung einer nummerierten Liste

3. Sie können ein Aufzählungsformat, das Trennzeichen, die Startziffer bzw. den ersten Buchstaben, den Texteinzug und die Textausrichtung wählen. Optional können Sie direkt in das Dialogfenster des Menübefehls *Zeilenabstand* verzweigen.

TIPP Auch das Einfügen von Aufzählungszeichen oder einer Nummerierung kann über die *Format*-Symbolleiste erfolgen. Dabei verwendet der Publisher grundsätzlich das zuletzt im Menü *Einzüge und Aufzählungen* verwendete Schema.

Abbildung 28.14:
Einrichtung einer Aufzählung oder nummerierten Liste über die Format-Symbolleiste

Die Arbeit mit Tabulatoren

Tabulatoren

Um einzelne Wörter oder Satzabschnitte innerhalb mehrerer Zeilen untereinander anzuordnen, arbeitet man traditionell mit Tabulatoren – und dies gilt auch in Publisher. Wie in Microsoft Word setzen Sie diese ein, um unsichtbare Markierungen in den einzelnen Textzeilen zu platzieren. Der einem Tabstopp folgende Text wird dadurch gemäß Ihrer Tabulator-Einstellung ausgerichtet.

Auch beim Setzen und Verschieben von Tabulatoren bietet Ihnen Publisher mehrere Wege zum Ziel. Sofern Sie alle verfügbaren Optionen ausschöpfen wollen, nehmen Sie den folgenden Weg:

1. Markieren Sie den Absatz oder die Absätze, in denen Sie Tabulatoren verwenden möchten.
2. Wählen Sie aus dem Menü *Format* den Befehl *Tabstopp ...*

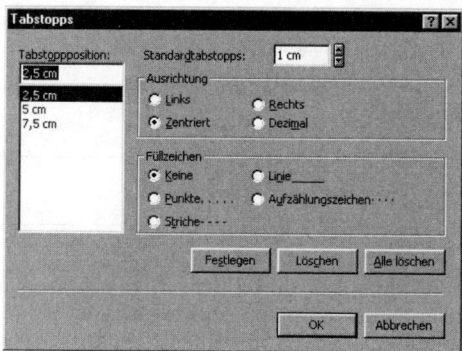

Abbildung 28.15:
Dialog zur
Einrichtung oder
Änderung von
Tabstopps

3. In diesem Dialogfenster können Sie sowohl den Abstand zwischen den *Standardtabstopps* als auch weitere Tabstopppositionen vorgeben. Die *Standardtabstopps* kommen immer dann zur Anwendung, wenn Sie nicht explizit einen anderen Tabstopp definiert haben, nun aber einen Tabulator-Sprung über die -Taste der Tastatur einfügen. Wenn Sie im Feld *Tabstoppposition* einen Wert vorgeben (die Maßeinheit kann dann auf Zoll (in), Zentimeter (cm), Pica (pi) oder Punkt (pt) formuliert werden), legen Sie über die Optionsfelder *Ausrichtung* und *Füllzeichen* fest, in welcher Weise ein dem Tabstopp folgender Text ausgerichtet wird und ob vor dem Tabstopp Füllzeichen eingefügt werden sollen. Anschließend müssen Sie den Tabstopp noch mit der Schaltfläche *Festlegen* bestätigen. Der Tabstopp wird dann in die Tabstoppliste unterhalb des Eingabefeldes aufgenommen. Wenn Sie einen Tabstopp in dieser Liste markieren und anschließend die Schaltfläche *Löschen* anklicken, wird er wieder aus der Liste entfernt. Wählen Sie die Schaltfläche *Alle löschen*, wird die gesamte Liste geleert.

HINWEIS Beachten Sie, dass eine Änderung der *Standardtabstopps* sich auf alle Textrahmen einer Publikation auswirkt. Ferner können Sie die Textausrichtung an einem *Standardtabstopp* nicht abändern: Sie erfolgt immer linksbündig.

4. Damit Ihre Änderungen übernommen werden, müssen Sie den Dialog über die Schaltfläche *OK* verlassen.

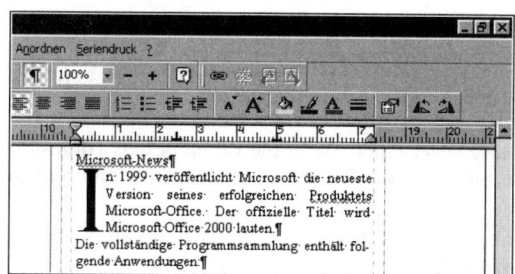

Abbildung 28.16:
Selbstdefinierte
Tabstopps
werden im horizontalen Lineal
angezeigt.

Ob ein markierter Absatz neben den Standardtabstopps weitere selbst definierte Tabulatoren enthält, erkennen Sie am horizontalen Lineal. Zusätzliche Tabulatoren werden dort entsprechend angezeigt (Abbildung 28.16).

Welche Symbole dabei für welche Textausrichtung stehen, zeigt Ihnen die folgende Tabelle:

⌐	Text wird am Tabstopp linksbündig ausgerichtet.	*Tabelle 28.1: Mögliche Ausrichtungen für Tabulatoren*
⌐	Text wird am Tabstopp rechtsbündig ausgerichtet.	
⌐	Text wird am Tabstopp zentriert.	
⌐	Der Tabstopp bestimmt die Position des Dezimalkommas.	

HINWEIS Sie können einen Tabstopp auch direkt über das Lineal setzen, verschieben und löschen. Markieren Sie zunächst den oder die gewünschten Absätze. Klicken Sie so oft auf das Tabulatorauswahlfeld (Schnittpunkt zwischen horizontalem und vertikalen Lineal), bis der gewünschte Tabulator erscheint. Klicken Sie anschließend innerhalb des Lineals auf die gewünschte Stelle. Sie verschieben einen Tabulator, indem Sie auf ihn mit der Maus zeigen, die linke Maustaste gedrückt halten und ihn an die neue Position ziehen. Sofern Sie den Mauszeiger jedoch nach oben oder unten aus dem Lineal herausbewegen und die Maustaste loslassen, wird der Tabstopp gelöscht. Ein Doppelklick auf den Tabulator führt Sie in das Dialogfenster *Tabstopps*.

Der Einsatz von Formatvorlagen

In den vorangegangenen Abschnitten haben wir Ihnen eine Vielzahl von Formatierungsoptionen demonstriert. Der Einsatz und die Kombination mehrerer Formatierungen tragen in erheblichem Maße dazu bei, dass ein Text übersichtlich und ansprechend wirkt. Wenn Sie allerdings in Ihrem Text das Erscheinungsbild der Absätze variieren möchten, gestaltet sich die manuelle Formatierung doch sehr mühsam und zeitaufwendig. Um Ihnen dies zu ersparen, gibt es wie in Microsoft Word die Möglichkeit, Formatvorlagen zu definieren und auf die Absätze in Textrahmen anzuwenden.

HINWEIS Beachten Sie, dass eine neue Publikation anders als bei Microsoft Word grundsätzlich nur mit der Formatvorlage *Normal* daherkommt. Weitere Vorlagen, die Sie in anderen Publikationen oder Anwendungen erstellt haben, müssen Sie erst importieren, um diese in der aktuellen Publikation erneut verwenden zu können.

Formatvorlagen erstellen

Egal, ob Sie eine neue Formatvorlage erstellen, eine vorhandene ändern, umbenennen, löschen oder aus einer fremden Datei importieren möchten – stets bedienen Sie sich dazu des Menübefehls *Format/Formatvorlage* (siehe Abbildung 28.17).

So legen Sie die Formatierungsoptionen für eine neue Vorlage fest:

1. Klicken Sie auf die Option *Neue Formatvorlage erstellen* (siehe Abbildung 28.18).
2. Vergeben Sie im Feld *Formatvorlagenname* einen treffenden Namen für Ihre Vorlage.
3. Unter *Zu ändernde Formatierung* verzweigen Sie in die Ihnen bereits vorgestellten Dialogfenster. Änderungen, die Sie in diesen Fenstern vornehmen, werden in Ihrer Vorlage gespeichert.
4. Mit *OK* übernehmen Sie die neue Vorlage. Sie finden den von Ihnen vergebenen Namen nun im Feld *Formatvorlage* der *Format*-Symbolleiste.

Abbildung 28.17:
Dialog zur Bearbeitung von Formatvorlagen

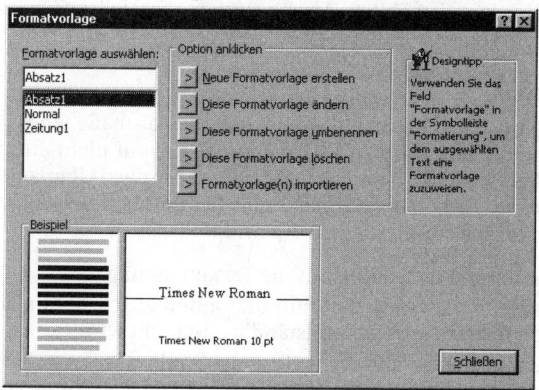

Abbildung 28.18:
Erstellen einer neuen Formatvorlage

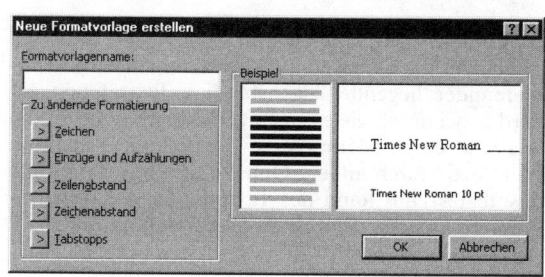

TIPP Meist werden Sie die Formatierungen eines bereits erstellten Absatzes in eine Vorlage übernehmen möchten. In diesem Fall markieren Sie einfach den vorhandenen Text, geben in dem Feld *Formatvorlage* der *Format*-Symbolleiste einen neuen Namen ein und betätigen die ⏎-Taste. Bestätigen Sie im sich öffnenden Dialogfenster *Neue Formatvorlage erstellen* mit *OK*. Alle Formatierungen des markierten Textes mit Ausnahme von Initialen werden in Ihrer neuen Vorlage gespeichert.

So importieren Sie eine Formatvolage aus einer fremden Datei

Formatvorlagen importieren

Wenn Sie auf eine Formatvorlage aus einer anderen Publikation oder Anwendung zurückgreifen möchten, müssen Sie diese zunächst in Ihre aktuelle Publikation importieren:

1. Öffnen Sie das Dialogfenster *Formatvorlage* über das Menü *Format/Formatvorlage*.
2. Klicken Sie auf die Option *Formatvorlage(n) importieren*.
3. Wählen Sie aus dem gewohnten Dateifenster die Datei(en) unter Vorgabe des Dateityps, die die gewünschte(n) Formatvorlagen enthalten und bestätigen Sie mit *OK*.
4. Publisher beginnt, die Vorlagen zu konvertieren. Bei Namensgleichheit mit einer bereits vorhandenen Formatvorlage werden Sie gebeten, sich für eine der beiden Varianten zu entscheiden. Nach Beendigung des Vorgangs stehen Ihnen die Vorlage(n) über das *Formatvorlagen*-Feld der *Format*-Symbolleiste zur Verfügung.

Formatvorlagen vergeben

Sie vergeben eine Formatvorlage, indem Sie innerhalb des gewünschten Absatzes klicken und dann die Vorlage aus dem *Formatvorlagen*-Feld der *Format*-Symbolleiste auswählen. Der entsprechende Absatz wird automatisch formatiert.

Zeichenformatierungen, die Sie dem gewählten Absatz vorher manuell zugewiesen haben, bleiben von der Formatvorlage unberührt.

HINWEIS

Text in einen Rahmen einpassen

Manchmal geraten Sie vielleicht in die Situation, dass ein Text die Ausmaße eines vorgegebenen Textrahmens vollständig ausschöpfen soll, damit das Layout nicht aus den Fugen gerät. Entweder sollen freibleibende Bereiche vermieden oder das »Überlaufen« des Textrahmens verhindert werden. Dazu bietet Ihnen Publisher im Menü *Format* den Befehl *Text einpassen*. Drei Optionen stehen hier zur Auswahl:

Text einpassen

- *Keine:* Verhindert eine automatische Textanpassung.
- *Optimale Höhe:* Passt die jeweilige Schriftgröße automatisch so an, dass der Textrahmen stets vollständig ausgefüllt wird.
- *Text bei Überlauf verkleinern:* Sobald der geschriebene Text das Ende des Textrahmens erreicht und ein »Überlauf« droht, wird die Schriftgröße so weit verkleinert, dass der Text wieder in den Rahmen passt.

Textrahmeneigenschaften definieren

In unserer Demo-Publikation haben wir die Seiten so aufgebaut, dass der zweispaltige Textbereich durch zwei nebeneinander liegende, eigenständige Textrahmen erzielt wird. Ihr Abstand zueinander wird dabei durch die extra eingerichteten Führungslinien bestimmt. Das hat den Vorteil, dass Sie einen oder mehrere Textrahmen je Spalte auch unterschiedlich groß gestalten und evtl. durch andere Objekte unterbrechen können. Wenn Sie aber den Abstand des Textes zum Rand des Textrahmens verändern oder innerhalb eines Textrahmens mehrere Spalten anlegen möchten, sollten Sie wie folgt verfahren:

1. Markieren Sie den zu bearbeitenden Textrahmen.
2. Wählen Sie aus dem Menü *Format* den Befehl *Textrahmeneigenschaften ...* oder bedienen Sie sich des nebenstehenden Symbols aus der *Format*-Symbolleiste.

Textrahmeneigenschaften

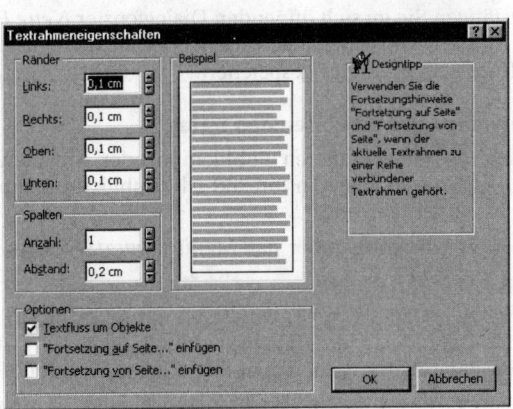

Abbildung 28.19: Dialog zur Änderung der Textrahmeneigenschaften

3. Dort können Sie den Abstand des Textes zum Rahmenrand vorgeben sowie die Spaltenanzahl und deren Abstand zueinander festlegen. Darüber hinaus können Sie die Option *Textfluss um Objekte* aktivieren. Dann läuft der Text um den Umriss jener Objekte herum, die innerhalb des Textrahmens platziert werden.

4. Sollte es sich bei diesem Textrahmen um einen Rahmen aus einem Verbund von mehreren Textrahmen handeln, können Sie Publisher automatisch Fortsetzungshinweise einfügen lassen (siehe auch ▶ *So verknüpfen Sie Textobjekte*).
5. Um die Änderungen zu übernehmen, bestätigen Sie mit *OK*.

So verknüpfen Sie Textobjekte

Wenn Sie fortlaufenden Text eingeben, werden Sie früher oder später in die Situation geraten, dass der Text länger ist, als der aktuelle Textrahmen Platz bietet. Und damit Sie den Text nicht manuell zwischen den Textrahmen aufteilen müssen, bietet Ihnen der Publisher die Möglichkeit, Textrahmen miteinander zu verknüpfen. Textpassagen, die nicht mehr in den vorgegebenen Rahmen passen, werden automatisch in dem nächsten festgelegten Textrahmen fortgesetzt. So bildet sich eine Kette von Textrahmen, in denen ein bestimmtes Textstück layoutet wird. Weil sich beliebig viele solcher Ketten für unterschiedliche Einzeltexte in einer Publikation unterbringen lassen, erhält man dadurch sehr komfortable Layout-Möglichkeiten.

Textrahmen verknüpfen

Werfen wir erneut einen Blick auf unser Publikationsbeispiel. Dort haben wir auf den Seiten 2 und 3 jeweils einen Textrahmen erstellt. Bis jetzt reicht der Rahmen auf Seite 2 für den eingegebenen Text vollkommen aus. Bitte erzwingen Sie nun ein Überlaufen dieses Textrahmens, indem Sie den gesamten Text mit der Tastenkombination [Strg]+[A] markieren und die Schriftgröße von 10 auf 22 Punkte steigern.

Abbildung 28.20:
Ein Überlauf in einem Textrahmen

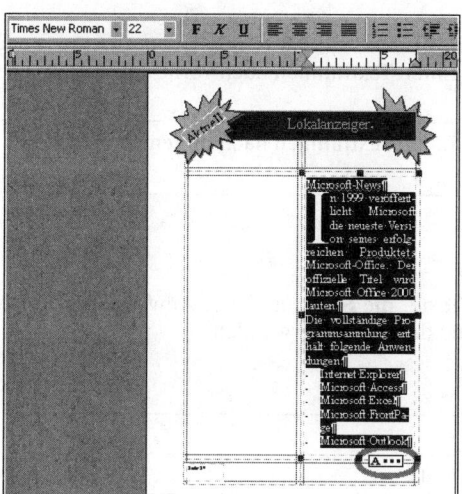

Sobald ein Textrahmen durch Eingabe von Text oder durch Änderung der Formatoptionen den ihm gesetzten Rahmen sprengt, erscheint rechts unten am Textrahmen das Symbol für Überlauf (in Abbildung 28.20 entsprechend umrandet). Um den nicht sichtbaren Text im Überlauf in einen anderen Textrahmen zu verschieben, gehen Sie wie folgt vor:

1. Markieren Sie den Textrahmen, der den ersten Teil Ihres Textes enthalten soll.

Textrahmen verbinden

2. Sofern die *Textrahmen*-Symbolleiste noch nicht angezeigt wird, klicken Sie im Menü *Extras* auf *Textrahmen verbinden*. Anschließend betätigen Sie in der *Textrahmen*-Symbolleiste den Schalter *Textrahmen verbinden*.

3. Der Mauszeiger verwandelt sich in das Symbol eines gut gefüllten Krugs. Klicken Sie jetzt in den Textrahmen, in dem der Text fortgesetzt werden soll. Eventuell müssen Sie vorher noch über die Schaltflächen zur Seitennavigation auf die Seite wechseln, die den zweiten Textrahmen enthält. Sollte sich im Überlauf des ersten Textrahmens Text befunden haben (so wie in unserem Beispiel), fließt dieser nun automatisch in den soeben verknüpften Rahmen.

4. Sofern Sie mehrere Rahmen miteinander verknüpfen möchten, wiederholen Sie die Schritte 1 bis 3. Markieren Sie dabei stets zunächst den letzten Rahmen der Verknüpfungskette, der ein weiterer Rahmen angehängt werden soll.

Mauszeiger beim Textrahmen verbinden

Um festzustellen, welche Rahmen miteinander verbunden sind, betätigen Sie einfach in einem verknüpften Rahmen die Tastenkombination ⌈Strg⌉+⌈A⌉ (*Alles markieren*). Wenn Sie nun durch Ihre Publikation blättern, sind die Textabschnitte aller miteinander verbundenen Textrahmen markiert. Sofern sich die Textrahmen über mehrere Seiten erstrecken, sollten Sie von Publisher einen Fortsetzungsvermerk einfügen lassen (siehe ▶ *Textrahmeneigenschaften definieren*). Dann erfährt der Leser automatisch, auf welcher Seite es mit dem Text weitergeht.

TIPP

Sie lösen die Verknüpfung zwischen zwei Rahmen wieder auf, indem Sie erneut den ersten Textrahmen markieren und dann in der *Textrahmen*-Symbolleiste auf die nebenstehende Schaltfläche klicken.

Textrahmen trennen

Von einem Textrahmen zum nächsten hangeln Sie sich unter Verwendung der folgenden Tastenkombinationen bzw. Symbole, welche Sie direkt am Textrahmen bzw. in der Symbolleiste finden:

		⌈Strg⌉+⌈↹⌉	Einen Textrahmen nach vorne springen
		⌈Strg⌉+⌈⇧⌉+⌈↹⌉	Einen Textrahmen nach hinten springen

Text aus anderen Quellen

Selbstverständlich können Sie auch Texte, die Sie in anderen Anwendungen erstellt haben, in Ihre Publikation einfügen und dort weiterverwenden.

Mögliche Dateiformate sind:

*.pub	Publisher-Dateien
*.txt	Unformatierter Text
*.rtf	RTF-Format
*.doc,	Diverse Microsoft Word-Versionen
*.xls, *.xlw	Microsoft Excel-Arbeitsblatt
*.wk1, *.wk3, *.wk4	Lotus 1-2-3
*.wps	Works 4.0 für Windows
*.wpd, *.doc	WordPerfect 5.x und 6.x
*.wri	Windows Write

Tabelle 28.2: Textformate, die Sie in Publisher importieren können

Um eine Datei vorgenannten Typs einzufügen, verfahren Sie wie folgt:

1. Erstellen Sie einen Textrahmen oder markieren Sie einen vorhandenen Textrahmen.
2. Wählen Sie aus dem Menü *Einfügen* den Befehl *Textdatei ...*
3. Es öffnet sich das standardisierte Dateidialogfenster. Dort verzweigen Sie in das gewünschte Verzeichnis und wählen die einzufügende Datei aus. Sie können den *Dateityp* entweder gezielt vorgeben oder auf der Voreinstellung *Alle Textformate* belassen.

Abbildung 28.21:
Gespeicherten Text aus anderen Anwendungen einfügen

4. Abschließend bestätigen Sie mit *OK*. Der Publisher importiert dann den Text der Datei in den aktuellen Textrahmen.

HINWEIS Eingefügte Textinhalte aus Dateien sind nicht mehr mit der ursprünglichen Textdatei verbunden (»gelinkt«). Änderungen am Text innerhalb des Publishers wirken sich somit nicht auf die Quelldatei aus. Umgekehrt bleiben auch die Texte in Publisher unberührt, wenn Sie nachträglich an der Quelldatei Veränderungen vornehmen. Möchten Sie, dass Änderungen in beide Richtungen jeweils eine Aktualisierung bewirken, so müssen Sie mit OLE-Objekten arbeiten (siehe ▶*Verbindung zu anderen Objekten*).

Text in Microsoft Word bearbeiten

Der Publisher bietet Ihnen umfangreiche Möglichkeiten und Hilfsmittel, um eine Publikation am Bildschirm bis zur Druckreife zu gestalten. So wie sich Ihnen das Layout am Bildschirm präsentiert, wird auch Ihr späterer Ausdruck aussehen. Wenn Sie aber größere Textmengen in Publisher verfassen müssen, kann genau das zu einem Problem werden. Viele überlagernde Objekte oder Texte, die auf mehrere Textrahmen verteilt sind, erschweren Ihnen, sich auf das Abfassen und Editieren des Textes zu konzentrieren. In einer solchen Situation macht es deshalb Sinn, den Text direkt in Microsoft Word zu bearbeiten.

1. Markieren Sie den entsprechenden Textrahmen.
2. Wählen Sie aus dem Menü *Bearbeiten* den Befehl *Textabschnitt in Microsoft Word bearbeiten*. Der Publisher startet daraufhin Microsoft Word und zeigt Ihnen den Text aus dem aktuellen Textrahmen und den damit verknüpften Textrahmen an. Diesen Text können Sie nun wie gewohnt in Word bearbeiten.

3. Sobald Sie zum Publisher zurückkehren möchten, wählen Sie aus dem Word-Menü *Datei* den Befehl *Schließen und zurückkehren zu *.pub*. Anschließend befinden Sie sich wieder an Ihrem Ausgangspunkt, dem Layout im Publisher.

HINWEIS Solange Sie sich in Microsoft Word befinden, können Sie Ihren Text mit den Ihnen bekannten Funktionen dieser Anwendung bearbeiten. So ist auch das Abspeichern des Textauszuges losgelöst vom Publisher denkbar, ebenso wie die Zuweisung von Zeichen- und Absatzformaten. Beachten Sie jedoch, dass nicht alle Formatierungen der beiden Anwendungen untereinander kompatibel sind (z.B. Initiale).

WordArt-Objekte

Neben der Vielzahl der vorgestellten Formatierungsmöglichkeiten für Text können Sie in Publisher auch auf WordArt zurückgreifen, einem OLE-Objekt aus dem Office-Paket, das für die Erstellung von Schmuckeffekten mit Text konzipiert ist. Im Publisher handelt es sich dabei um eine eigenständige Version dieses OLE-Objekts, die wir Ihnen kurz vorstellen möchten.

Sofern Sie unser Zeitungsbeispiel nachvollzogen haben, ist die Titelseite unserer Publikation bisher leer geblieben. Dies soll sich nun ändern. Wir wollen den Titel *Lokalanzeiger* einfügen und anschließend bearbeiten.

1. Wechseln Sie auf die Seite, auf der ein WordArt-Objekt eingefügt werden soll. In unserem Beispiel ist das die Vordergrundseite 1.
2. Wählen Sie aus der Werkzeugleiste das *WordArt-Rahmen-Tool* und ziehen Sie in der gewohnten Weise einen Rahmen auf der aktuellen Seite auf. Wir haben uns als Randbegrenzungen der im ▶ Abschnitt *Führungslinien und Linealführungslinien* eingerichteten Hilfslinien bedient.

WordArt-Rahmen-Tool

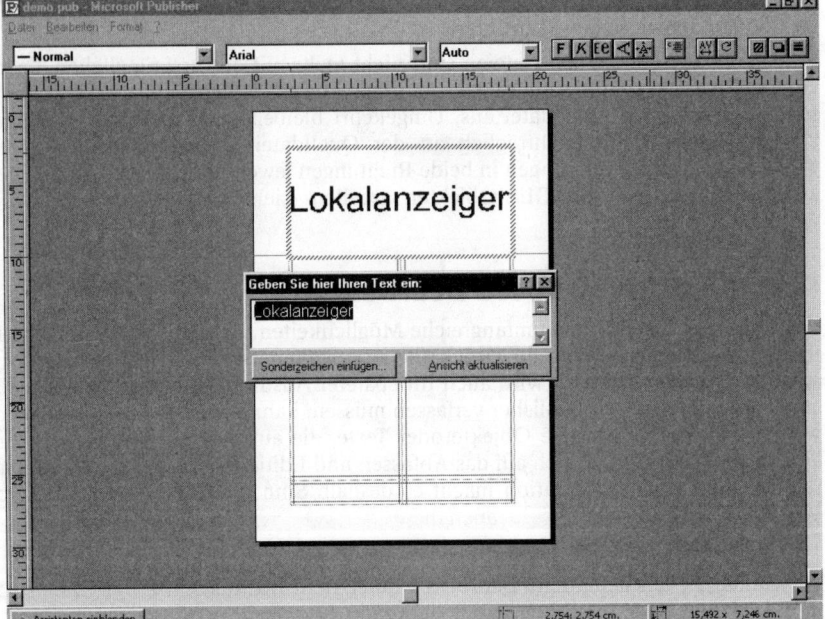

***Abbildung 28.22:** Eingabefenster und Arbeitsoberfläche von WordArt*

3. Die Menü- und Symbolleisten des Publishers werden ausgeblendet. Stattdessen erscheinen die Bearbeitungsleisten von WordArt, außerdem ein Fenster zur Eingabe des Textes für WordArt. Geben Sie dort bitte den Text *Lokalanzeiger* ein und schließen Sie dann den Dialog mit dem Schließkreuz.

4. Über die Formatierungsleiste in der Titelleiste des WordArt-Dialogs lassen sich verschiedene WordArt-Effekte auswählen. Mit dem ersten Auswahlfeld der Symbolleiste bestimmen Sie die Textform. Wir haben uns hier für *Unten konvex* entschieden.

Abbildung 28.23:
Auswahlliste für diverse Textformen

5. Das zweite und dritte Auswahlfeld dient der Vorgabe von Schriftart und -größe. Dabei sorgt die Einstellung *Auto* bei der Schriftgröße dafür, dass der Text unter Beibehaltung der Proportionen in den WordArt-Rahmen eingepasst wird. Wir haben es bei den Voreinstellungen belassen.

6. Rechts neben den Standardformatierungen *Fett* und *Kursiv* finden Sie das Symbol für *Text mit gleicher Höhe* (Groß-/Kleinschreibung wird nicht beachtet). Ein nochmaliges Anklicken des Symbols nimmt die Änderung wieder zurück.

Abbildung 28.24:
Text mit gleicher Höhe

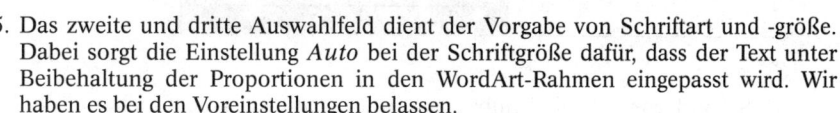

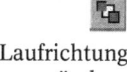

Laufrichtung ändern
Text strecken

7. Die nebenstehende Schaltfläche stapelt die Buchstaben übereinander. Über das Aussehen entscheidet dabei auch die vorher gewählte Form.

8. Bitte klicken Sie auf das Symbol eines *A mit den umliegenden Pfeilen*. Ihr Text wird so weit gestreckt, bis er alle Kanten des Rahmens erreicht.

Text und Grafiken in Publisher

9. Über das nebenstehende Symbol bestimmen Sie die *Textausrichtung*, wobei Ihnen neben *zentriert*, *links-* und *rechtsbündig* auch noch die Möglichkeit offensteht, den Abstand zwischen Buchstaben oder Wörtern zu verändern.

Textausrichtung

HINWEIS Eine Textausrichtung kann allerdings nur vorgenommen werden, wenn der Text nicht der Rahmengröße angepasst wird, d.h., die Funktionen *Auto* bei Schriftgröße und *Text strecken* müssen ausgeschaltet sein.

10. Ähnlich wie schon bei den normalen Textrahmen gezeigt, können Sie auch den Zeichenabstand variieren.

Abbildung 28.25:
Dialog zur Änderung des Zeichenabstandes bei WordArt

11. Die Schaltfläche mit dem Symbol eines gedrehten Pfeiles dient nicht nur der Drehung des Textes innerhalb des Rahmens, sondern gibt Ihnen auch die Möglichkeit, die gewählte Textform zu verzerren. So können Sie den konvex ausgeformten Text unseres Beispiels mehr oder weniger ausbeulen.

Spezialeffekte

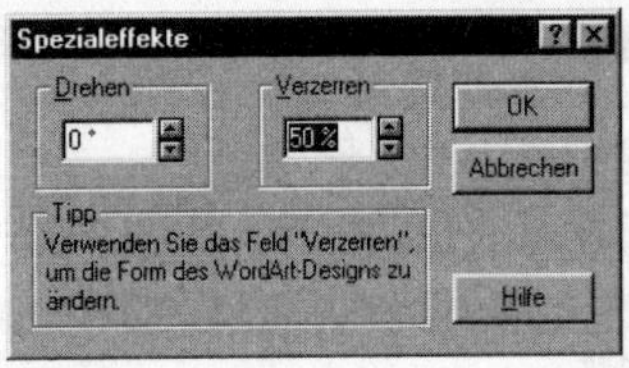

Abbildung 28.26:
Spezialeffekte für WordArt

12. Die nebenstehend aufgeführte Schaltfläche erlaubt Ihnen die Schraffur der Textoberfläche. Sie können sowohl das Muster als auch deren Vorder- und Hintergrundfarbe festlegen. Wir haben uns für einen blauen Titel ohne Muster entschieden (siehe Abbildung 28.27).

13. Je nach Zielsetzung erreichen Sie über das Hinzufügen eines Schattens interessante Effekte. Klicken Sie dazu auf das zweite Symbol von rechts. Im Dialogfenster wählen Sie bitte das Schattenmuster rechts außen. Die Farbe belassen Sie auf *Hellgrau* (siehe Abbildung 28.28).

14. Um den Titel jetzt noch etwas kontrastreicher zu gestalten, soll er eine schwarze Konturlinie erhalten. Klicken Sie dafür auf die letzte noch verbliebene Schaltfläche. Wählen Sie die Linie *Sehr dünn* und ändern Sie die Farbe auf *Schwarz*. Mit *OK* übernehmen Sie die Änderung. Das Ergebnis aller Arbeitsschritte sehen Sie in der Abbildung 28.29.

Abbildung 28.27:
Dialog zur Auswahl einer Textschraffierung

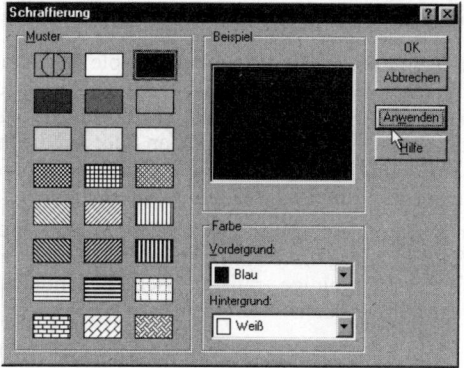

Abbildung 28.28:
Auswahl diverser Schatten für ein WordArt-Objekt

Abbildung 28.29:
Hinzufügen von Konturlinien

15. Sie schalten wieder in den Arbeitsbereich von Publisher zurück, indem Sie den Mauszeiger an beliebiger Stelle des Hintergrundes platzieren und einmal mit der linken Maustaste klicken. Ein Doppelklick in den WordArt-Rahmen und es öffnet sich erneut der Bildschirmdialog von WordArt.

HINWEIS Beachten Sie bitte, dass Sie in WordArt anders als bei einem normalen Textrahmen immer nur den gesamten Text mit Effekten versehen können. Der WordArt-Rahmen sollte daher nur für besonders exponierte Schriftzüge eingesetzt werden, insbesondere da sein Fassungsvermögen begrenzt ist. Wie Sie feststellen konnten, bearbeitet Publisher die WordArt-Objekte in einer speziellen Umgebung. Sobald Sie diese verlassen, betrachtet Publisher WordArt-Objekte im Grunde genommen wie Grafikobjekte. Daher stehen Ihnen neben den oben beschriebenen Funktionen dann auch die in den nachfolgenden Seiten beschriebenen Bearbeitungsmöglichkeiten von Grafikobjekten zur Verfügung.

Text und Grafiken in Publisher

Grafiken in Publisher

DTP ohne die Möglichkeit Bilder zu layouten, ist nicht mehr als simple Textverarbeitung. Als »waschechtes« DTP-Programm beinhaltet Publisher deshalb zahlreiche Befehle und Schaltflächen für die Einbindung, Positionierung und Formatierung von Grafiken. Dabei ist es Ihnen freigestellt, selbst Grafiken zu erstellen oder auf die mitgelieferte Sammlung der so genannten ClipArts zurückzugreifen. Darüber hinaus ist natürlich der Import von Bilddateien aus den gängigsten Dateiformaten möglich.

Grundsätzlich können Sie Grafiken auf die gleiche Weise bearbeiten wie an anderen Objekttypen in den ▶ Abschnitten *Kein Vorgang ohne Rahmen* und ▶ *Die Arbeit mit Objekten* beschrieben wurde. Allerdings gibt es einige grafikspezifische Besonderheiten, die in den folgenden Abschnitten vorgestellt werden.

Einfügen von Grafiken

Bevor Sie eine Grafikdatei einfügen, sollten Sie sich zwei Fragen stellen, die über Ihre weitere Vorgehensweise in Publisher entscheiden:

- Woher kommt die Grafik? Liegt sie bereits als Datei auf der Festplatte vor, soll erst eine passende Grafik aus der ClipArt-Gallery gesucht werden oder wird das Bild direkt vom Scanner oder einer digitalen Kamera eingelesen?
- Soll die Bilddatei in einen vordefinierten Rahmen eingepasst oder in Originalgröße eingefügt und nachträglich skaliert werden?

Angenommen, Sie möchten eine Grafikdatei aus einem beliebigen Verzeichnis von Festplatte, Diskette oder CD-ROM in einer bereits durch einen Rahmen vorgegebenen Größe einfügen. Dann gehen Sie wie folgt vor:

1. Klicken Sie in der Werkzeugleiste auf das *Grafikrahmen-Tool* und ziehen Sie einen Rahmen in der gewünschten Größe und an der entsprechenden Position auf.
2. Führen Sie einen Doppelklick innerhalb des Rahmens aus.
3. Es öffnet sich der Ihnen bereits bekannte Datei-Manager. Markieren Sie dort die gewünschte Datei und betätigen Sie *Einfügen*. Rechts neben der Schaltfläche *Einfügen* finden Sie einen kleinen Pfeil. Wenn Sie diesen anklicken, erhalten Sie die Möglichkeit, eine Grafik einzufügen oder die Datei zu verknüpfen. Was es damit auf sich hat, erklären wir Ihnen im ▶ Abschnitt *Einbetten oder verknüpfen?*

Grafikrahmen-Tool

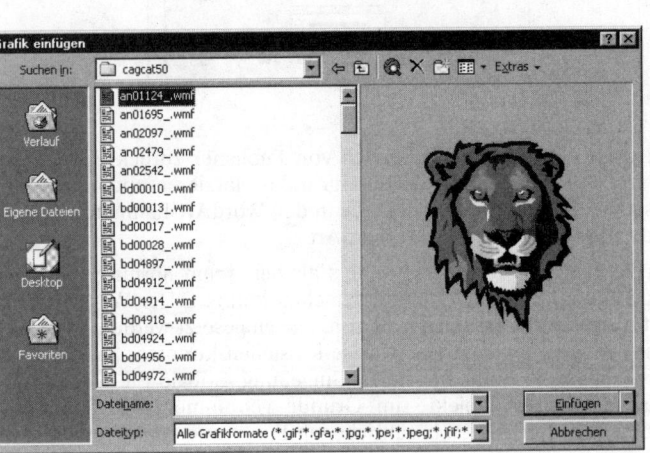

Abbildung 28.30: Dialog zur Auswahl einer vorhandenen Grafikdatei

HINWEIS Sie finden die in Abbildung 28.30 gezeigte Grafik auf der CD2 des Office-Paketes im Verzeichnis \pfiles\common\msshared\clipart\cagcat50.

4. Publisher versucht nun, die Grafik in den vordefinierten Rahmen einzupassen.

HINWEIS Beim Einpassen einer Grafikdatei in einen vorher festgelegten Rahmen behält Publisher die Proportionen der Ursprungsdatei bei. Die Grafik wird somit zwar in der von Ihnen vorgegebenen Bandbreite horizontal wie vertikal vergrößert oder verkleinert, wird letztlich aber die Kanten des Rahmens nur in einer Achse erreichen.

Alternativ können Sie statt mit dem Rahmen-Tool aus der Werkzeugleiste eine Grafik auch über das Menü *Einfügen/Grafik/Aus Datei...* einfügen. Auf diese Weise erhalten Sie zwar das gleiche Auswahlfenster, allerdings behält die Grafik nach dem Einfügen ihre Originalgröße und wird stets in der Mitte der aktuellen Seite platziert. Selbstverständlich können Sie die Grafik anschließend in der Größe ändern und an eine andere Stelle verschieben.

Sie sehen, beide Varianten führen zum Ziel, nur die Reihenfolge der Arbeitsschritte ist eine andere. Für welche der beiden Wege Sie sich entscheiden, hängt nicht zuletzt davon ab, welcher der beiden Wege Ihnen mehr zusagt.

TIPP Neben dem Einfügen von einem Datenträger können Sie auch Bilder direkt von einem Scanner oder einer Kamera abgreifen, sofern die Geräte an Ihrem Arbeitsplatz verfügbar und die Windows-Treiber entsprechend eingerichtet sind. Im *Einfügen-Menü* finden Sie dazu die Befehle *Grafik/Von Scanner oder Kamera*.

Einsatz der ClipArt-Gallery

Stellen Sie sich vor, Sie möchten schnell und mit möglichst wenig Aufwand eine Publikation erstellen, die neben dem Text auch Bilder enthalten soll. So weit Sie keine fremden Bilder einkaufen oder erstellen lassen wollen, bietet sich der Rückgriff auf die mit dem Office-Paket ausgelieferte ClipArt-Gallery an.

HINWEIS ClipArts verhalten sich wie gewöhnliche Grafiken. Deshalb werden sie mit den bereits vorgestellten Schaltflächen und Menübefehlen für die Bearbeitung von Grafiken bearbeitet.

So fügen Sie ein Bild aus der ClipArt-Gallery in die Demo-Publikation ein:

1. Wechseln Sie auf die entsprechende Vordergrundseite: hier die Seite 2.

ClipArt-Gallery-Tool

2. Klicken Sie in der Werkzeugleiste auf das *ClipArt-Gallery-Tool*. Ziehen Sie auf der Seite 2 ungefähr mittig von der rechten Führungslinie ausgehend einen Rahmen, wie in Abbildung 28.31 zu sehen.

HINWEIS Nach Einfügen des ClipArt-Rahmens sollte der darunterliegende Text automatisch um die Randbegrenzungen fließen. Sofern das Objekt den Text überlagert, aktivieren Sie die Option *Textfluss um Objekte* über die Textrahmeneigenschaften (siehe auch ▶ *Textrahmeneigenschaften definieren*).

3. Nachdem Sie den Rahmen platziert haben, öffnet sich das Dialogfenster *ClipArt einfügen*. Dieses Fenster bietet Ihnen je nach Installation des Office-Paketes über drei Registerkarten Zugang zu einer Bild-, Sound- und Videoclip-Sammlung auf Festplatte oder CD-ROM. Die ClipArts sind dabei in verschiedene Kategorien unterteilt. Sie können jetzt entweder in diese Kategorien durch Doppelklick Einsicht nehmen oder aber durch Eingabe eines Stichwortes im Feld *Clips suchen* den Publisher zur Suche nach Clips veranlassen. Bitte wählen Sie die Registerkarte *Bilder* (siehe Abbildung 28.32).

TIPP Sollten Sie kein passendes Motiv in dieser Sammlung finden, so können Sie Clips auch aus anderen Anwendungen importieren oder von einer speziellen Webseite von Microsoft Online herunterladen. Dazu bietet Ihnen das Dialogfenster entsprechende Schaltflächen.

Text und Grafiken in Publisher **687**

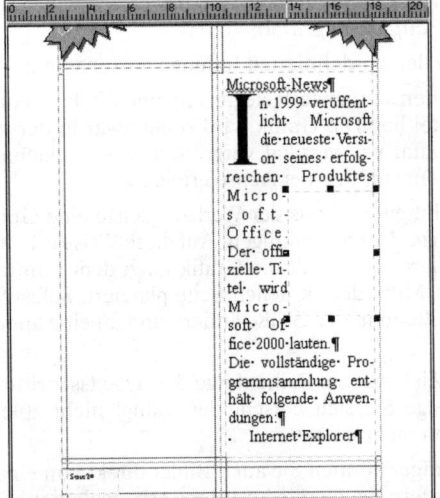

Abbildung 28.31:
Ein Grafikrahmen auf einem vorhandenen Textrahmen

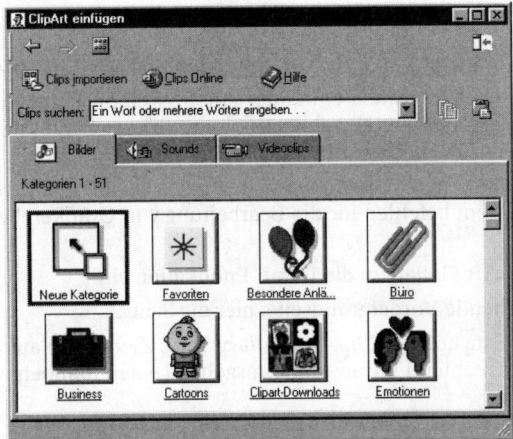

Abbildung 28.32:
Dialogfenster der ClipArt-Gallery

4. Da sich unser Demo-Beispiel mit aktueller Software beschäftigt, liegt es nahe, als Suchbegriff *Computer* einzugeben und mit der Taste ⏎ die Suche nach einem passenden Motiv zu starten. Während Publisher die ClipArt-Sammlung durchforstet, wird im Dialogfenster ein schwenkendes Fernglas gezeigt. Nach Beendigung der Suche erhalten Sie die folgende Auswahl.

5. Klicken Sie nun einmal auf das von Ihnen gewünschte Bild. Unsere Auswahl erkennen Sie an der blauen Umrandung des entsprechenden ClipArt. Es öffnet sich das ebenfalls in der Abbildung 28.33 gezeigte, grau unterlegte Fenster mit vier Symbolen. Von oben angefangen dient das erste Symbol zum Einfügen, das zweite Symbol für eine vergrößerte Vorschau, das dritte Symbol kopiert den Clip zu Ihren Favoriten oder einer anderen Kategorie und das letzte Symbol verzweigt in eine erneute Suche nach ähnlichen Clips. Klicken Sie jetzt bitte auf das Symbol zum Einfügen des Clips.

Abbildung 28.33:
Anzeige eines ClipArt-Suchergebnisses

6. Damit Sie Ihre Publikation weiter bearbeiten können, müssen Sie den Dialog *ClipArt einfügen* wieder schließen. Bedienen Sie sich dabei des Schließkreuzes.
7. Publisher hat den Clip eingefügt und die Rahmengröße automatisch angepasst.

Abbildung 28.34:
Ein in gewünschter Größe auf einem Textrahmen platzierter ClipArt

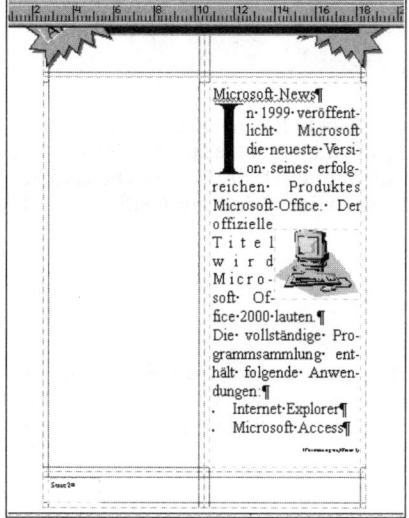

HINWEIS Die Registerkarten *Sounds* und *Videoclips* der ClipArt-Sammlung funktionieren nach dem gleichen Prinzip wie die gerade beschriebene Seite *Bilder*. Sie können also *Sounds* oder *Videoclips* auf die gleiche Weise suchen, kopieren und einfügen. Allerdings wird stellvertretend für die eigentliche Datei als symbolischer Platzhalter ein Bild in Ihre Publikation eingefügt. Handelt es sich um einen Sound, dann startet ein Doppelklick auf das Bild die Wiedergabe desselben. Ein Videoclip wird jedoch nur dann abgespielt, wenn Sie Ihre Publikation von Publisher in eine Webseite transformieren lassen und anschließend in einem Browser betrachten (siehe auch ► *Erstellen von Webseiten*).

Text und Grafiken in Publisher

> **TIPP**
>
> Mehr Informationen zu einem bestimmten ClipArt erhalten Sie, indem Sie diesen mit der rechten Maustaste anklicken und im Kontextmenü *Clipeigenschaften* ... auswählen. Der sich öffnende Dialog liefert eine Beschreibung des Clips und gibt Auskunft über die zugeordneten Kategorien und Stichwörter. Es steht Ihnen frei, die Eintragungen für die verschiedenen Eigenschaften an dieser Stelle abzuändern, um die jeweilige ClipArt später besser unter einem gegebenen Stichwort wiederfinden zu können.

Größenänderung von Grafiken

Sie können die Größe einer Grafik durch Ziehen der Auswahlziehpunkte mit dem Mauszeiger, durch Aufruf des Menübefehls *Format/Größe und Position* ... oder über die *Maßeinheiten*-Symbolleiste einstellen. Darüber hinaus besteht zusätzlich die Möglichkeit, die Höhe bzw. die Breite einer Grafik unter Angabe von Prozentsätzen zu verändern.

1. Markieren Sie die Grafik.
2. Klicken Sie im Menü *Format* auf den Befehl *Grafik vergrößern/verkleinern* ...

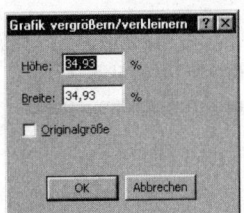

Abbildung 28.35: Dialog zum Vergrößern bzw. Verkleinern einer Grafik

3. Geben Sie für Höhe und Breite einen Prozentsatz in Bezug auf die Originalgröße der Grafik vor. Dabei führt die Eingabe unterschiedlicher Sätze zu einer Verzerrung der Grafik in vertikaler oder horizontaler Ausdehnung (Höhe/Breite). Die Aktivierung des Optionsfeldes *Originalgröße* lässt beide beide Werte automatisch auf *100%* zurückschnellen.
4. Bestätigen Sie die Änderung mit *OK*.

So beschneiden Sie Grafiken

In den vorangegangenen Seiten haben wir Ihnen gezeigt, wie man eine Grafik einfügt und die Größe Ihren Vorstellungen entsprechend anpasst. Was aber, wenn Sie nur einen Teilbereich einer Grafik in Ihrer Publikation darstellen möchten? In diesem Fall müssen Sie die Grafik beschneiden.

1. Markieren Sie die gewünschte Grafik.
2. Wählen Sie aus dem Menü *Format* den Befehl *Grafik zuschneiden* oder klicken Sie auf das nebenstehende Symbol in der *Format*-Symbolleiste.

Grafik zuschneiden

3. Bewegen Sie den Mauszeiger über einen der Auswahlziehpunkt, und zwar auf der Seite der Grafik, von der Sie einen Teil abschneiden wollen. Der Zeiger verwandelt sich daraufhin in das *Zuschneide*-Symbol, wie in der *Format*-Symbolleiste dargestellt. Halten Sie nun die linke Maustaste gedrückt und bewegen Sie den Zeiger so lange, bis nur noch der gewünschte Teilbereich sichtbar ist. Eventuell müssen Sie den Vorgang mit einem anderen Auswahlziehpunkt wiederholen, um den gewünschten Bildausschnitt zu erzielen.

4. Um den Mauszeiger wieder in der gewohnten Weise verwenden zu können, müssen Sie nochmals auf das *Zuschneide*-Symbol in der *Format*-Symbolleiste klicken. Die *Zuschneiden*-Funktion wird damit deaktiviert.

HINWEIS Sie können den angezeigten Ausschnitt der Grafik jederzeit wieder ändern, denn die nicht sichtbaren Bereiche der Grafik wurden nur ausgeblendet und nicht wirklich entfernt.

TIPP Wenn der Zuschnitt proportional oder von zwei gegenüberliegenden Seiten gleichzeitig erfolgen soll, können Sie auch hier zusätzlich die Tasten ⇧ bzw. [Strg] beim Verschieben der Auswahlziehpunkte verwenden (siehe auch ▶ *Größenänderung des Rahmens*).

Textfluss um Grafikobjekte

Im ▶ Abschnitt *Einsatz der ClipArt-Gallery* haben wir Ihnen anhand eines Clips gezeigt, welche Auswirkung das Platzieren einer Grafik über einem vorhandenen Textrahmen haben kann. Dieses Beispiel wollen wir jetzt noch einmal aufgreifen und etwas genauer verfeinern.

Abbildung 28.36:
Textfluss um einen Grafikrahmen

In der Abbildung 28.36 reicht der Text jeweils bis an den Rand des Objektrahmens. Was hier aufgrund des Größenverhältnisses von Text zur Grafik noch nicht als störend empfunden wird, kann in bestimmten Situationen zu sehr viel freier Fläche in der Publikation führen. Sie können dies vermeiden, indem Sie den Text den Grafikkonturen statt dem Grafikrahmen anpassen. Und das geht so:

1. Markieren Sie zunächst das Grafikobjekt.
2. Wählen Sie aus dem Menü *Format* den Befehl *Grafikrahmeneigenschaften* ... Es öffnet sich das gleichnamige Dialogfenster.

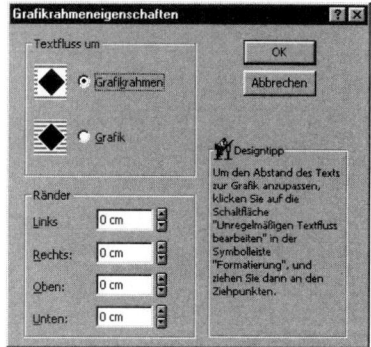

Abbildung 28.37:
Dialog zur Änderung der Grafikrahmeneigenschaften

3. Standardmäßig ist der Modus *Textfluss um Grafikrahmen* aktiviert. Dabei bestimmen die vier Eintragungen für die Ränder den jeweiligen Mindestabstand des Textes zum Grafikrahmen. Wählen Sie jetzt bitte *Textfluss um Grafik* und beachten Sie die Veränderung. Statt vier Eingabewerten für den Abstand gibt es jetzt nur noch einen. Was es damit auf sich hat sehen Sie, wenn Sie den Dialog mit *OK* beenden. Publisher hat den Text um die Grafikkonturen angeordnet.

Abbildung 28.38:
Textfluss um die Grafikkonturen

Alternativ können Sie zwischen den beiden Modi auch über die *Format*-Symbolleiste wechseln. Klicken Sie dazu auf das entsprechende, untenstehende Symbol.

HINWEIS

 Textfluss um Rahmen    Textfluss um Kontur

1. Wenn Sie der Meinung sind, der Textabstand zur Grafik sollte verändert werden, bieten sich Ihnen zwei Möglichkeiten. Entweder Sie öffnen erneut den Dialog *Grafikrahmeneigenschaften* und ändern grundsätzlich den Wert für den Rand *Außen* oder passen den Rand an der Grafik individuell an.
2. Um den Textabstand individuell anzupassen, wählen Sie aus dem Menü *Format* den Befehl *Unregelmäßigen Textfluss bearbeiten* oder klicken einmal auf die nebenstehende Schaltfläche aus der *Format*-Symbolleiste. Beim markierten Grafikobjekt verändern sich sowohl die Anzahl als auch die Position der Auswahlziehpunkte.
3. Bewegen Sie nun den Mauszeiger auf einen Auswahlziehpunkt. Der Zeiger verwandelt sich in das *Anpassen*-Symbol. Durch Ziehen des Zeigers bei gleichzeitig gedrückter linker Maustaste bewegen Sie nun den Ziehpunkt. Der Textfluss wird dabei stets dem durch die Ziehpunkte vorgegebenen Grafikumriss angepasst.

Unregelmäßiger Textfluss

Abbildung 28.39:
Anpassen eines Grafikumrisses

4. Sie beenden den Vorgang durch einen Klick in einem beliebigen Bereich außerhalb der betroffenen Grafik oder durch nochmaliges Klicken auf die Schaltfläche *Unregelmäßiger Textfluss* in der *Format*-Symbolleiste.

Grafik einfärben

Das Erscheinungsbild einer Grafik in einer Publikation wird bestimmt durch ihre Größe, ihren Umriss, aber auch durch die Farbgestaltung. Nicht selten stehen die Originalfarben eines Bildes jedoch im Widerspruch zur übrigen Farbgestaltung einer Publikation. Um trotzdem eine ansprechende Darstellung zu erreichen, kann die Grafik umgefärbt werden.

1. Markieren Sie die gewünschte Grafik. Bedienen Sie sich hier ruhig unseres Beispiel-Clips aus den vorangegangenen Abschnitten.
2. Wählen Sie aus dem Menü *Format* den Befehl *Grafik neu einfärben* ... In dem daraufhin erscheinenden Dialogfenster bietet sich Ihnen neben den üblichen Schaltflächen ein Feld für die Farbauswahl und eine Schaltfläche zum Wiederherstellen der Ursprungsfarben der Grafik. Darüber hinaus können Sie mittels zweier Optionsfelder entscheiden, ob die von Ihnen gewählte Farbe zur Änderung aller Farben der Grafik herangezogen oder ob schwarze Teile beibehalten werden sollen.

Abbildung 28.40:
Dialog zum
Einfärben einer
Grafik

3. Ein Klick auf das Farbauswahlfeld öffnet den Ihnen im ▶ Abschnitt *Grundlegende Objekteigenschaften* vorgestellten Farbdialog. Dort können Sie der Grafik entweder eine Schemafarbe, eine von Ihnen bereits für ein anderes Objekt erstellte Farbe (*aktuelle Farben*) oder eine neue *weitere Farbe* zuweisen. Eine Verzweigung zu dem Dialog für *Fülleffekte* wird ebenfalls angeboten, beschränkt sich aber sinnvollerweise auf die Einstellung der Farbintensität (Farbton bzw. Schattierung).

HINWEIS Eine Grafik kann ganz individuell eine größere oder kleinere Anzahl von Farben umfassen. Jede davon einzeln abändern zu wollen, ist in der Praxis kaum realisierbar. Da die Farbanpassung gerade zu einer Harmonisierung Ihrer Publikation führen soll, greift der Publisher Ihre Farbauswahl im Dialog auf und ersetzt alle ursprünglichen Farben durch unterschiedliche Helligkeitsabstufungen (Schattierungen) der von Ihnen gewählten Farbe. Da die Farbe Schwarz in der Regel optisch keinen Störfaktor bildet, kann sie optional beibehalten werden.

TIPP Sie wollen sich nicht mit einer Farbe zufrieden geben? Dann gibt es für Sie nur die Möglichkeit, die entsprechende Grafik zu markieren, sie über das Menü *Bearbeiten/Kopieren* zu kopieren und sie in einer anderen Anwendung – entsprechende Kenntnisse vorausgesetzt – zu bearbeiten.

Grafiken im Format *Draw* bearbeiten Sie, indem Sie

1. Microsoft Draw über das Menü *Einfügen/Grafik/Neue Zeichnung* starten und
2. die Kopie über das Menü *Bearbeiten/Einfügen* importieren.

3. Nach Bearbeitung klicken Sie auf eine beliebige Stelle im Arbeitsbereich von Publisher, um Microsoft Draw zu beenden.

Handelt es sich bei der Kopie jedoch um eine Bitmap, dann:

1. Starten Sie *Microsoft Paint* über die *Start*-Schaltfläche in der Windows-Task-Leiste (*Programme/Zubehör*).
2. Klicken Sie im Menü *Bearbeiten* auf *Einfügen*.
3. Bearbeiten Sie die Bitmap und ziehen Sie abschließend einen Auswahlrahmen um die gesamte Bitmap.
4. Klicken Sie im Menü *Bearbeiten* auf *Kopieren*.
5. Beenden Sie *Paint*, ohne zu speichern.
6. Markieren Sie im Publisher die Ursprungsgrafik und klicken Sie im Menü *Bearbeiten* auf *Einfügen*.

Import von Grafikdateien

Publisher bietet Ihnen die Möglichkeit, eine Vielzahl Grafikdateien mit unterschiedlichen Dateiformaten zu importieren. Ob das von Ihnen gewünschte Dateiformat unterstützt wird, entnehmen Sie bitte der nachfolgenden Tabelle.

Grafikdateiformat	Erweiterung
Windows Bitmap	*.bmp
CorelDraw	*.cdr
CGM-Grafiken	*.cgm
Windows Enhanced Metafile	*.emf
Encapsulated PostScript	*.eps
Graphics Interchange Format (CompuServe-Format)	*.gif
Joint Photographics Expert Group	*.jpeg oder *.jpg
Kodak Photo-CD und Pro Photo-CD	*.pcd
PC Paintbrush	*.pcx
Macintosh Picture	*.pict
Portable Network Graphics	*.png
TIFF, Tagged Image File Format	*.tif
Windows.Metafile	*.wmf
WordPerfect-Grafiken	*.wpg
Bei installiertem Microsoft Picture It! Version 2.0 oder höher	*.fpx und *.mix

Tabelle 28.3: Grafikdateiformate

Einbetten oder verknüpfen?

Wenn Sie eine Grafik einfügen (siehe auch ▶ *Einfügen von Grafiken*), trennt der Publisher zwischen Einbetten und Verknüpfen. Beide Möglichkeiten sind in der Bildschirmdarstellung des Publishers auf den ersten Blick nicht voneinander zu unterscheiden. Auch die Bearbeitung kann in der gleichen Weise von Ihnen vorgenommen werden. Trotzdem gibt es einen entscheidenden Unterschied:

Einbetten heißt, Kopie und Original existieren getrennt weiter.

Wenn Sie eine Grafik einbetten, erstellt der Publisher im Speicher eine exakte Kopie der Ursprungsdatei und fügt diese Kopie in Ihre Publikation ein. Die Kopie wird damit Teil Ihrer Publikation und auch zusammen mit ihr gespeichert. Weder Änderungen an der Kopie im Publisher noch Änderungen an der Ursprungsdatei durch eine andere Anwendung wirken sich auf das jeweilige Gegenstück aus.

Beim Verknüpfen mit einem Objekt erstellt der Publisher hingegen ein Abbild der Ursprungsdatei in Ihrer Publikation. Sobald Sie daran eine Änderung vornehmen, wird die Ursprungsdatei automatisch aktualisiert. Im Gegenzug können so aber auch leicht Änderungen an der Ursprungsdatei in Ihre Publikation einfließen. Verknüpfen bietet sich beispielsweise an, wenn Sie in mehreren Publikationen auf ein und dieselbe Grafik zugreifen möchten – beispielsweise ein Firmenlogo –, das sich jedoch ändern kann. Bei einer Änderung der Grafik müssen Sie diese nicht in alle verwendeten Publikationen neu einbinden, sondern es genügt, die verbundene Quelldatei zu ändern.

Der Grafik-Manager

Kann man feststellen, ob eine Grafik eingebettet oder verknüpft wurde? Kann man eventuell nachträglich die Methode für eine bereits eingefügte Grafik ändern? Antwort auf diese Fragen gibt der *Grafik-Manager*.

1. Zeigen Sie im Menü *Extras* auf *Tools für den professionellen Druck* und klicken Sie anschließend auf *Grafik-Manager* ...

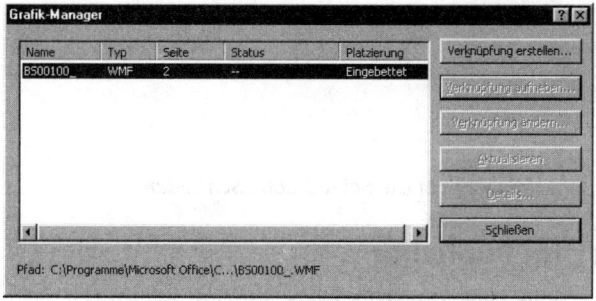

Abbildung 28.41: Grafik-Manager zur Verwaltung eingebetteter oder verknüpfter Grafiken

2. Der *Grafik-Manager* gibt Ihnen Aufschluss über den Stand aller in Ihrer Publikation eingefügten Grafiken. Wenn Sie die gewünschte Datei markieren, wird im unteren Teil des Dialogfensters der Verzeichnispfad der Ursprungsdatei aufgeführt. In der Spalte *Platzierung* wird Ihnen angezeigt, ob die Datei *eingebettet* oder *verknüpft* worden ist. Je nach Platzierung sind entweder die Schaltflächen *Verknüpfung erstellen* ... oder *Verknüpfung aufheben*, *Verknüpfung ändern*, *Aktualisieren* bzw. *Details* aktiv.

HINWEIS Bei der Grafik in unserem Publikationsbeispiel handelt es sich um eine ClipArt. Grundsätzlich werden aus der ClipArt-Gallery ausgewählte Clips in die Publikation eingebettet. Soll eine Verknüpfung erfolgen, muss diese nachträglich im Grafik-Manager vorgenommen werden.

3. Sofern Sie für eine eingebettete Grafik eine Verknüpfung erstellen möchten, klicken Sie bitte auf die gleichnamige Schaltfläche. Im anschließenden Dialog können Sie wählen, ob die Grafik mit der Ursprungsdatei oder einer neu aus den eingebetteten Grafikdaten erstellten Datei verknüpft werden soll. In beiden Fällen gelangen Sie in den Datei-Manager: einmal, um die Datei aus dem entsprechenden Verzeichnis zu wählen, und im zweiten Fall, um für die Daten einen Dateinamen und einen Ordner zu bestimmen, in dem sie von Publisher abgelegt wird.

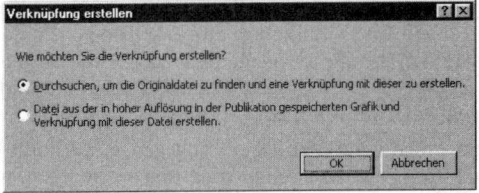

Abbildung 28.42:
Verknüpfung zu einer eingebetteten Grafik erstellen

HINWEIS Ist eine Grafik mit einer Datei verknüpft und Sie haben diese Datei nachträglich geändert, dann müssen Sie die in Ihrer Publikation dargestellte Grafik über die Schaltfläche *Aktualisieren* auf den neuesten Stand bringen. Den gleichen Effekt erreichen Sie, wenn Sie Ihre Publikation zwischenzeitlich abgespeichert und erneut geöffnet haben.

4. Soll die Verknüpfung zu einer Datei wieder aufgehoben werden, klicken Sie bitte auf die gleichnamige Schaltfläche. Im sich öffnenden Dialogfenster können Sie zwischen einer Einbettung in Ihre Publikation mit voller oder geringerer Auflösung wählen. Durch die Bestätigung mit *OK* wird dann die bisherige Verknüpfung aufgehoben und der Vorgang beendet.

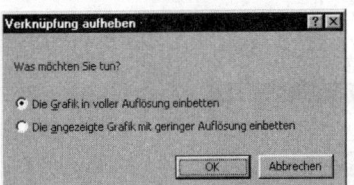

Abbildung 28.43:
Eine Verknüpfung aufheben und die Grafik einbetten

5. Sie verlassen den Grafik-Manager über die Schaltfläche *Schließen*.

Grafikdarstellung im Publisher

Unabhängig von der Auflösung einer gespeicherten Grafikdatei können Sie die Darstellung im Publisher in drei verschiedenen Stufen wählen, um die Anzeige zu beschleunigen und den Speicherbedarf zu minimieren:

1. Wählen Sie im Menü *Ansicht* den Befehl *Grafikdarstellung...*
2. Entscheiden Sie sich je nach Systemleistung Ihres Computers für *Detailansicht*, *Schnelle Größenänderung und Zoom* oder *Grafiken ausblenden*.

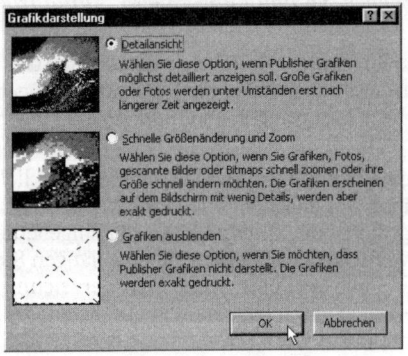

Abbildung 28.44:
Auswahl möglicher Grafikdarstellungen in Publisher

Zeichnen mit Publisher

Neben den *Benutzerdefinierten Formen* in der Werkzeugleiste bietet der Publisher dort auch Werkzeuge für das Zeichnen von Linien, Ovalen und Rechtecken. Wem aber auch das nicht genügt, der kann auf die erweiterten Zeichnungselemente von Microsoft Draw zurückgreifen. Microsoft Draw ist eine eigenständige Anwendung, deren Funktionalität Sie eventuell bereits aus anderen Office-Anwendungen wie zum Beispiel Word kennen. Während Sie jedoch die einzelnen Werkzeuge von Publisher direkt in Ihrer Publikation einsetzen, gehen Sie bei Verwendung von Microsoft Draw den Umweg über einen Grafikrahmen. Dieser Grafikrahmen verhält sich im Publisher wie ein Objekt. Einzelne Bestandteile darin können nur durch Aufruf von Microsoft Draw bearbeitet werden.

Zeichenwerkzeuge von Publisher

Wie erwähnt, stellt Ihnen der Publisher Werkzeuge zum Zeichnen einfacher Formen wie *Linien*, *Ovale*, *Rechtecke* und *Benutzerdefinierte Formen* zur Verfügung.

Rechteck-Tool   *Ovale-Tool*   *Linien-Tool*   *Benutzerdefinierte Formen*

Sie fügen diese in der Ihnen bekannte Weise durch Klicken auf die jeweilige Schaltfläche in der Werkzeugleiste und anschließendes Aufziehen der Form auf Ihrer Seite ein.

Sobald Sie die Form markieren, erhalten Sie in der *Format*-Symbolleiste eine Auswahl der Ihnen in anderem Zusammenhang bereits vorgestellten Optionen.

TIPP Wenn Sie beim Erstellen einer Form die ⇧-Taste gedrückt halten, erhalten Sie je nach Werkzeug exakte waagrechte, senkrechte oder diagonale Linien bzw. exakte Kreise oder Quadrate, also keine Ellipsen oder Rechtecke. Das Halten der Strg-Taste führt stets zur simultanen Vergrößerung der Form in beide Richtungen einer Achse.

Eine Besonderheit gibt es bei der Gestaltung von Linien zu beachten, denn die lassen sich per Knopfdruck in Pfeile verwandeln. Nach erfolgter Markierung finden Sie in der *Format*-Symbolleiste spezielle Schaltflächen, über die Sie Pfeilspitzen an dem einen und/oder anderen Ende der Linie setzen können.

Rechte Pfeilspitze hinzufügen/ entfernen   Linke Pfeilspitze hinzufügen/ entfernen

Über zwei weitere Schaltflächen stellen Sie die Dicke des Pfeils bzw. das gewünschte Linienmuster ein. Oder Sie wechseln in den *Format*-Dialog für Linien, in dem Sie alle verfügbaren Optionen direkt einstellen können.

Linienart/ Rahmenart   Strichart

TIPP In den Formatierungsdialog gelangen Sie ebenso über das Menü *Format/Linienart/Rahmenart/Weitere Linienarten* ... Um alle Formatierungsoptionen für Linien und eine Vorschau über die Änderungen zu erhalten, sollten Sie in der Regel direkt zu diesem Dialogfenster (Abbildung 28.48) wechseln.

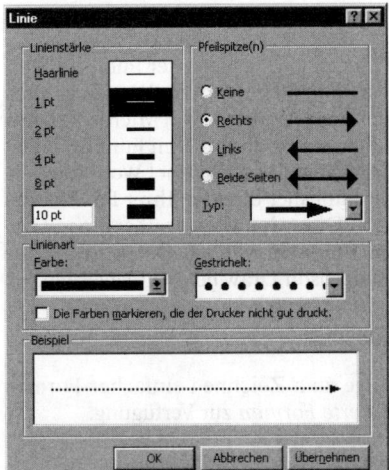

Abbildung 28.45:
Dialog zur Formatierung von Linien

Microsoft Draw

Eine Zeichnung in Microsoft Draw zeigt bei der Handhabung viele Gemeinsamkeiten mit der Bearbeitung von Grafiken in Publisher (▶ *Grafiken in Publisher*). Das beginnt schon beim Einfügen der Zeichnung.

1. Um einen Bereich für die Zeichnung vorzugeben, ziehen Sie mit dem *Grafikrahmen-Tool* der Werkzeugleiste einen entsprechenden Rahmen in Ihrem Layout auf. Wenn Sie diesen Schritt weglassen und direkt zum nächsten übergehen, wird der Zeichnungsrahmen annähernd mittig auf der aktuellen Seite in einer vordefinierten Größe platziert.

Grafikrahmen-Tool

2. Wählen Sie aus dem Menü *Einfügen* den Befehl *Grafik* und dann *Neue Zeichnung*.

HINWEIS Ein Doppelklick innerhalb des Grafikrahmens würde hier nicht zum gewünschten Ergebnis führen, da der Publisher dann davon ausgeht, dass Sie eine vorhandene Grafik über den Datei-Manager einfügen möchten (siehe auch ▶ *Einfügen von Grafiken*).

3. Publisher öffnet für die weitere Bearbeitung des nunmehr schraffiert umrandeten Grafikrahmens Microsoft Draw. Dieses Instrument bietet Ihnen innerhalb des Rahmens viele mit dem Publisher vergleichbare Funktionen. In der Abbildung 28.46 zeigen wir Ihnen die Vielfalt möglicher Symbolleisten, die Sie so allerdings in der Regel nicht auf einmal sehen werden. Wir wollten Sie also keinesfalls verschrecken, sondern eher Ihre Neugier wecken. Sowohl Erscheinungsbild der Symbole als auch deren Verwendung sind dabei annähernd mit denen des Publishers identisch.

4. Sie verlassen Microsoft Draw, indem Sie außerhalb des Zeichnungsrahmens an beliebiger Stelle mit der Maus klicken. Ein Doppelklick auf die Zeichnung erlaubt Ihnen die erneute Bearbeitung der Zeichnung.

HINWEIS In Microsoft Draw gibt es gerade in den Bereichen Gestaltung von Schatten, Dreidimensionalität, benutzerdefinierte Formen (*AutoFormen*) und WordArt interessante Erweiterungen. Leider ist es uns an dieser Stelle nicht möglich, näher auf diese Funktionen einzugehen. Es lohnt sich aber in jedem Fall, unbekannte Symbole auszuprobieren. Aufgrund der in den vorangegangenen Abschnitten vermittelten Hintergründe werden Sie sich in Draw sehr schnell heimisch fühlen. Weitere Unterstützung finden Sie auch in der Programmhilfe, die Sie über die F1 -Taste erreichen.

Abbildung 28.46:
Übersicht über die Funktionen von Microsoft Draw

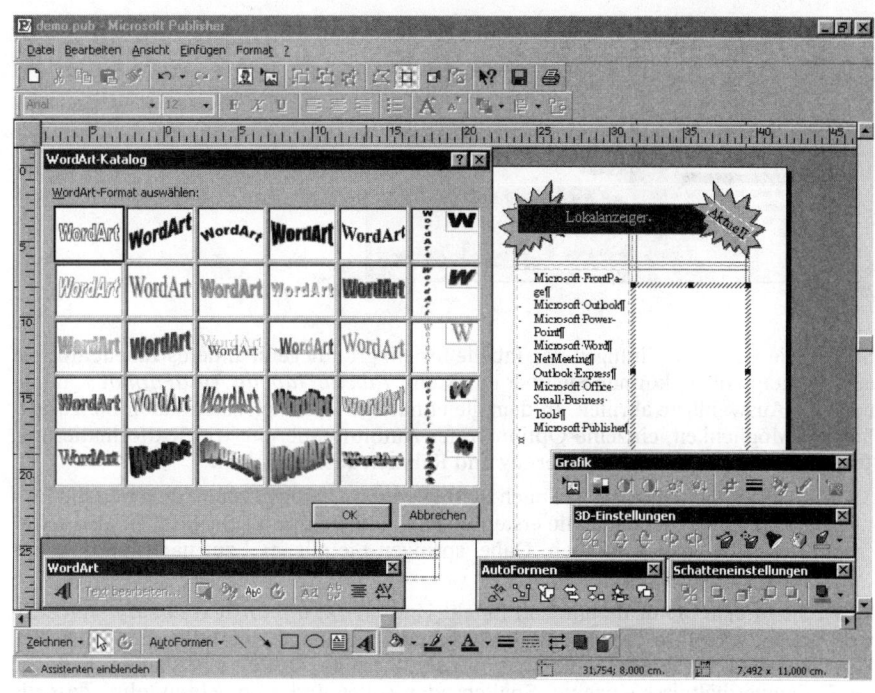

Tabellen in Publisher

Statistiken, Aufzählungen, Ranglisten, Übersichten verlangen oft nach tabellarischer Darstellung, und damit man dazu nicht auf Word oder Excel ausweichen muss, bietet auch Publisher eine Tabellen-Funktion. Allerdings beschränkt sie sich auf die optische Strukturierung von Zahlen und Text. Sobald Sie Rechenoperationen ausführen wollen, werden Sie sinnvollerweise eine Tabelle in Microsoft Excel erstellen und in Publisher einbetten (▶ *Verbindung zu anderen Anwendungen*).

Erstellen von Tabellen

Unser Zeitungsbeispiel soll ein Inhaltsverzeichnis erhalten, welches über eine Titelzeile und zwei Spalten für den Inhalt und die Seitenangabe verfügt.

1. Wechseln Sie auf die Vordergrundseite 2.

Tabellenrahmen-Tool

2. Klicken Sie auf der Werkzeugleiste auf die Schaltfläche für Tabelle. Der Mauszeiger verwandelt sich in ein Fadenkreuz.
3. Ziehen Sie in der oberen Hälfte der linken Spalte den Tabellenrahmen auf die gewünschte Größe.
4. Es öffnet sich das Dialogfenster *Tabelle erstellen*. Wählen Sie dort die Zeilen- und Spaltenzahl sowie das Tabellenformat. Bestätigen Sie mit *OK*. Publisher fügt dann entsprechend Ihrer Auswahl eine bereits formatierte Tabelle ein. Selbstverständlich können Sie diese Formatierung nachträglich auch Ihren individuellen Bedürfnissen anpassen. Dazu markieren Sie entweder die einzelne Zelle oder eine bzw. mehrere Zeilen und Spalten, wie von Excel oder Word her gewohnt. Anschließend stehen Ihnen alle in den vorangegangenen Abschnitten beschriebenen Formatierungsoptionen zur Verfügung.

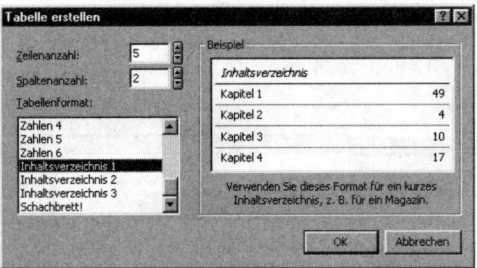

Abbildung 28.47:
Dialog zum Erstellen einer Tabelle

Sollten Sie sich nach Einfügen der Tabelle für ein grundlegend anderes Tabellenformat entscheiden wollen, können Sie über das Menü *Tabelle/Tabelle AutoFormat ...* nochmals die Auswahlliste abrufen. In dem gleichnamigen Dialogfenster haben Sie zusätzlich die Möglichkeit, einzelne Optionen der Autoformatierung wie Textformatierung, Textausrichtung, Muster, Schattierung und Rahmen auszuschalten.

HINWEIS

5. Wie bei den Textrahmen wird nach Schließen des Dialogs *Tabelle erstellen* die Eingabemarke automatisch in die erste Zelle der Tabelle gesetzt. Sie können also sofort mit der Texteingabe beginnen. Dabei springen Sie mit [⇥] zur nächsten bzw. mit [⇧]+[⇥] zur vorherigen Zelle.

Wenn Sie in dem Menü *Tabelle* den Befehl *Vergrößern, um an Text anzupassen* aktiviert haben, wird Ihre Tabelle entsprechend dem Textumfang automatisch vergrößert. Um die Größe der Tabelle zu fixieren, müssen Sie diese Option ausschalten. Falls Sie die Größenverhältnisse einzelner Spalten oder Zeilen ändern möchten, ohne dass die Tabellengröße insgesamt beeinflusst wird, zeigen Sie mit dem Mauszeiger auf die entsprechende Trennlinie im grau unterlegten Spalten- oder Zeilenrahmen. Der Mauszeiger verwandelt sich in den *Anpassen*-Zeiger. Ziehen Sie nun die Trennlinie mit gedrückt gehaltener [⇧]-Taste, bis die Zellengröße Ihrem Wunsch entspricht.

HINWEIS

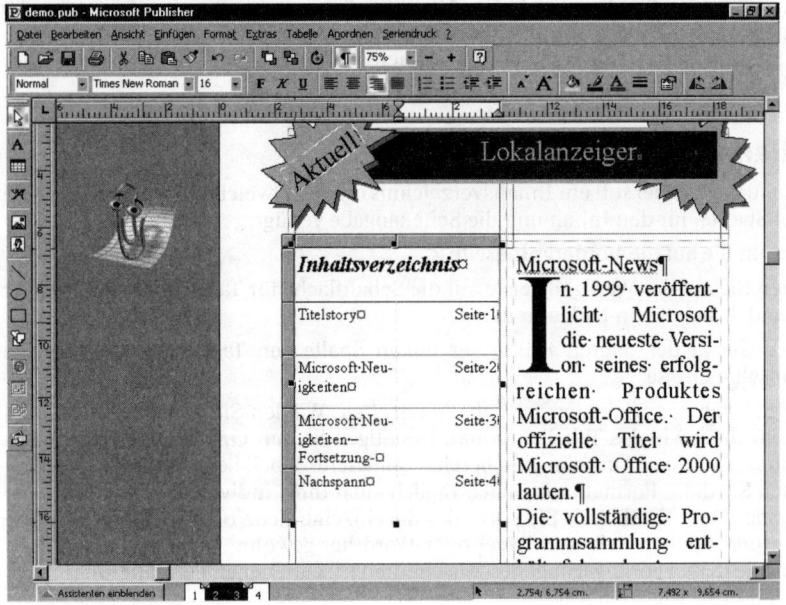

Abbildung 28.48:
Ein Inhaltsverzeichnis unter Nutzung einer Tabelle erstellt

HINWEIS Wie in Abbildung 28.48 ersichtlich, sind die beiden Zellen der ersten Zeile gemäß unserer Formatauswahl von Publisher automatisch verbunden worden. Sie können somit die Überschrift *Inhaltsverzeichnis* zellübergreifend eingeben. Manuell erzielen Sie diesen Effekt, indem Sie die beiden Zellen markieren und im Menü *Tabelle* den Befehl *Zellen verbinden* anklicken. Verbundene Zellen trennen Sie im Gegenzug durch den Befehl *Zellen teilen*.

TIPP Eine gestalterische Besonderheit von Publisher ist die Möglichkeit, Zellen diagonal zu teilen. Dazu markieren Sie die gewünschten Zellen und klicken im Menü *Tabelle* auf *Zellendiagonalen* ... Im sich öffnenden Dialogfenster können Sie *Keine Teilung* oder *Abwärts* bzw. *Aufwärts teilen* wählen. Beachten Sie jedoch, dass die Zellengrößen in keinem Fall automatisch dem Textinhalt angepasst werden.

AutoAusfüllen von Zellen

Wenn mehrere Zellen gleiche Inhalte aufweisen sollen, kann die manuelle Eingabe des Textes je nach Anzahl der Zellen sehr mühsam sein. Hier bietet Ihnen der Publisher die Möglichkeit, einen einmal erfassten Zelleninhalt automatisch in rechts daneben oder in darunter liegende Zellen zu kopieren:

1. Geben Sie den gewünschten Text in eine oder mehrere Zellen ein.
2. Markieren Sie sowohl die Zelle(n) mit dem zu kopierenden Text als auch die Zelle(n), in die der Inhalt kopiert werden soll.
3. Wählen Sie aus dem Menü *Tabelle* den Befehl *Unten ausfüllen*, wenn Sie den Inhalt einer Zelle oder mehrerer nebeneinander liegenden Zellen in die Zeile(n) darunter kopieren wollen. Sofern Sie eine oder mehrere untereinander liegende Zellen in die Spalte(n) rechts daneben kopieren möchten, klicken Sie auf den Befehl *Rechts ausfüllen*.

Löschen von Tabellen

Sie löschen eine komplette Tabelle, indem Sie die Tabelle markieren und wie bei den Textrahmen die Tastenkombination ⇧+Entf benutzen.

Die Design-Gallery

Ähnlich wie bei der ClipArt-Gallery handelt es sich bei der Design-Gallery ebenfalls um eine nach Kategorien sortierte Sammlung von Objekten. Während es sich bei den ClipArts jedoch um fertige Grafiken, Klänge und Videoclips handelt, sind die Objekte der Design-Gallery eher als Design-Vorschläge für bestimmte Ansprüche zu verstehen (siehe auch ▶ *Objektarten*). Dabei werden meist verschiedene Objektarten zu einem neuen Objekt gruppiert (siehe ▶ *Gruppieren von Objekten*). Als Besonderheit steht Ihnen zur Veränderung des Design-Gallery-Objektes in den meisten Fällen noch ein objektbezogener Assistent zur Verfügung.

In unserer Demo-Publikation wollen wir ein hervorgehobenes Textzitat auf der Seite 2 platzieren, um die Aufmerksamkeit des Lesers für unsere Produktvorstellung zu gewinnen.

1. Wechseln Sie auf die Vordergrundseite 2 der Publikation.

Design Gallery-Objekt

2. Wählen Sie aus dem Menü *Einfügen* den Befehl *Design Gallery-Objekt* ... oder klicken Sie in der Werkzeugleiste auf die gleichnamige Schaltfläche.
3. Es öffnet sich die *Microsoft Publisher Design Gallery*, die Sie in Ihrem Aufbau sicherlich an den Microsoft Publisher Katalog erinnert. Es bieten sich Ihnen bis zu vier Registerkarten. Die ersten drei Registerkarten listen die enthaltenen Objekte

entweder nach Kategorie oder Design auf bzw. zeigen von Ihnen selbst erstellte und zwischenzeitlich über das Menü *Einfügen/Auswahl der Design Gallery hinzufügen* in die Gallery eingebrachte Objekte. Die vierte Registerkarte *Zusätzliche Inhalte* wird nur dann angezeigt, wenn Sie in Ihrer Publikation bereits ein Design-Gallery-Objekt eingefügt und dieses um zusätzliche Elemente erweitert haben.

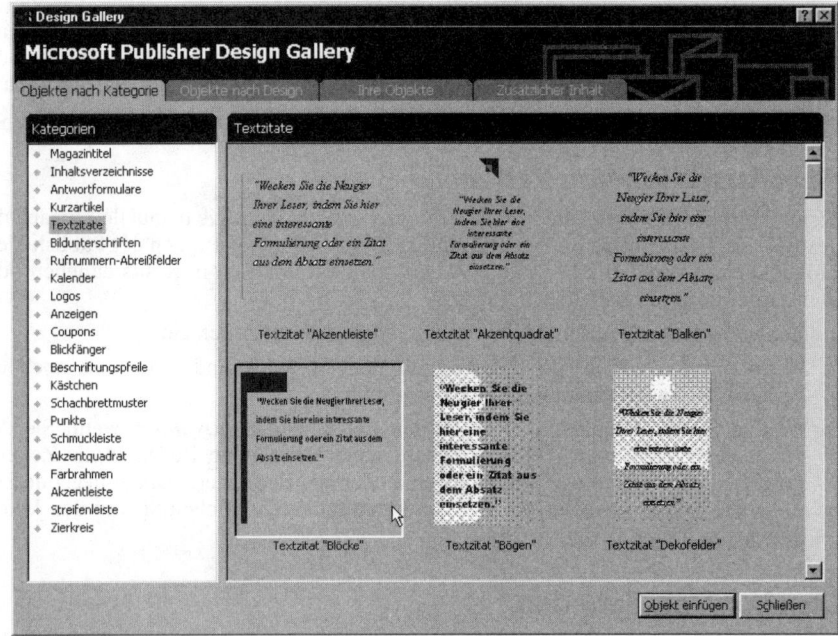

*Abbildung 28.49:
Die Design
Gallery*

4. Wählen Sie die Sortierung nach Kategorie und dort die *Textzitate*. Klicken Sie im rechten Teil auf *Textzitat »Blöcke«* und anschließend auf die Schaltfläche *Objekt einfügen*. Das Dialogfenster wird geschlossen und das Objekt erscheint auf der aktuellen Seite.

5. Verschieben Sie nun das Objekt an das Ende der linken Textspalte von Seite 2 und vergrößern Sie es so, dass es bündig mit dem linken und rechten Rand der Spalte abschließt.

6. Am unteren Rand des Objektes sehen Sie ein Symbol, welches einen Zauberstab darstellt. Klicken Sie auf diesen Zauberstab, um den Assistenten zu starten.

7. Es öffnet sich der Textzitat-Assistent. In diesem Fall bietet Ihnen der Assistent eine Auswahl der bereits in der Gallery gezeigten Designs, die Sie auf diese Art schnell wechseln können. Den Text innerhalb des Objektes ändern Sie, indem Sie mit der Maus auf den Text klicken und diesen überschreiben. Würde Ihr Design-Gallery-Objekt weitere Elemente enthalten, könnten Sie diese auf die gleiche Weise nacheinander ändern.

8. Den Assistenten beenden Sie über das Schließkreuz des Fensters.

HINWEIS

Handelt es sich bei dem Design-Gallery-Objekt um eine Gruppierung mehrerer Einzelobjekte, dann ist es bei tief greifenden Veränderungen eventuell notwendig, die Gruppierung aufzuheben. Beachten Sie dabei, dass Sie dadurch die Unterstützung durch den Assistenten verlieren.

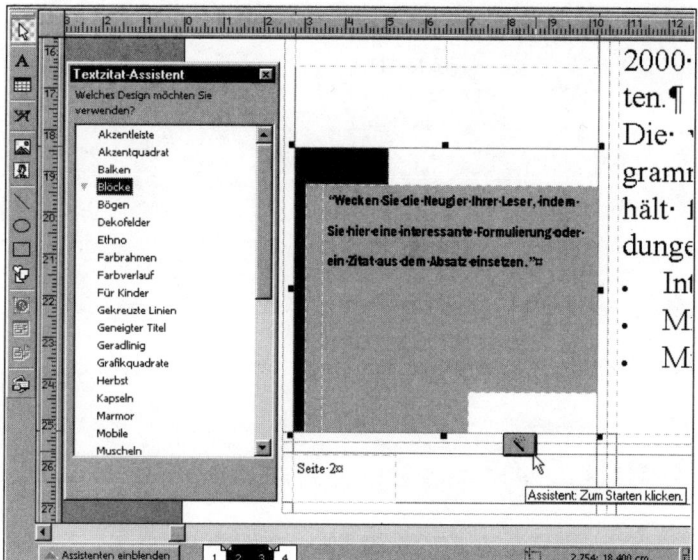

Abbildung 28.50:
Unterstützung durch den Textzitat-Assistenten

29 Drucken und Erstellen von Webseiten

705 Drucken von Publikationen
715 Erstellen von Webseiten mit Publisher
724 Verbindung zu anderen Anwendungen
726 Die Detektive

Drucken von Publikationen

Mit Ausnahme von Webseiten sollen Publikation nach der Fertigstellung in der Regel in einer mehr oder minder großen Anzahl von Kopien ausgedruckt werden. Je nach Art der Publikation weicht jedoch deren Aufbau und Größe von dem später zum Ausdruck verwendeten Papier ab. So ist zum Beispiel eine Visitenkarte deutlich kleiner oder ein Banner entsprechend größer als das in der Regel für einen Ausdruck verwendete DIN-A4-Blatt. Doch keine Sorge, Sie ausschließlich bestimmen die Größe Ihrer Publikation. Entspricht die von Ihnen gewählte, tatsächliche Größe der Publikation nicht dem zur Verfügung stehenden Druckmedium, so bietet Ihnen der Publisher die Möglichkeit, entweder mehrere Bildschirmseiten (z.B. bei Büchern, Falt- oder Visitenkarten) auf eine Druckseite zu bannen oder eine Bildschirmseite auf mehrere Druckseiten (z.B. bei einem Banner oder Poster) zu verteilen. Unabhängig von dem Ausdruck können Sie auf dem Bildschirm zwischen unterschiedlichen Ansichten wählen. Sie entscheiden sich entweder für eine Gesamtübersicht oder diverse Ausschnittsvergrößerungen (Menü *Ansicht/Zoom/...*).

TIPP Wählen Sie die Größe Ihrer Publikation so, dass Sie möglichst viele Seiten auf einem Blatt unterbringen können bzw. wenig Schneide- und Klebearbeiten bei größeren Publikationen vornehmen müssen.

Publisher stellt es Ihnen frei, den Ausdruck auf Ihrem eigenen Drucker am PC oder bei einem professionellen Druck-Service vornehmen zu lassen. Die Qualität ist dann in der Regel besser und die Kosten geringer, sobald mehr als nur zwei oder drei Dutzend Exemplare erstellt werden sollen.

Grundsätzliche Druckeinstellungen

In Abhängigkeit des installierten Druckertreibers können Sie den aktuellen Drucker, die Papiergröße, -zufuhr, -ausrichtung und -art, die Druckqualität sowie die Optionen für Grafik- und Farbdruck einstellen. Sie holen das von anderen Windows-Anwendungen sicherlich bereits bekannte *Drucken*-Dialogfenster über das Menü *Datei/Druckereinrichtung...* auf den Bildschirm.

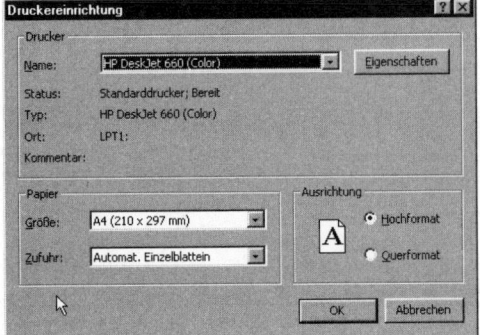

Abbildung 29.1:
Dialog zur Druckereinrichtung

Ausdrucke auf den eigenen Drucker

Wenn Sie den Publisher in der Regel für private Zwecke verwenden, werden Sie Ihre Ausdrucke meist auf einem üblichen Tintenstrahl- oder Laserdrucker vornehmen wollen.

1. Wählen Sie dazu aus dem Menü *Datei* den Befehl *Drucken* ...

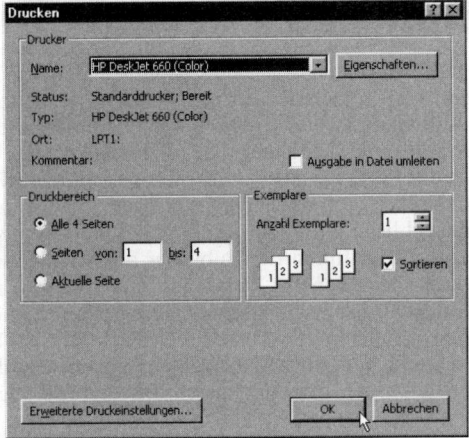

Abbildung 29.2:
Dialog zur Druckausgabe

2. Der erscheinende Druckdialog wird Ihnen sicherlich bekannt vorkommen. Sie können hier nochmals zu den Druckeigenschaften verzweigen, den Druckbereich, die Anzahl der Exemplare und die Sortierreihenfolge für das Papier bestimmen. Ein Ausdruck in eine Datei, statt direkt auf einen Drucker, ist ebenso realisierbar.

Die Schaltfläche *Erweiterte Druckeinstellungen* ... werden Sie für den privaten Bereich nur selten benötigen. Erklärungen dazu finden Sie im ▶Abschnitt *Ausdruck durch einen professionellen Druck-Service/Erweiterte Druckeinstellungen.*

HINWEIS

3. Sie starten den Druck durch Betätigung von *OK*.

Ausdruck durch einen professionellen Druck-Service

Sobald der Ausdruck Ihrer Publikation professionellen Ansprüchen gerecht werden und/oder in großer Stückzahl erfolgen soll, müssen Sie entweder selbst über eine leistungsstarke Druckmaschinerie verfügen oder Ihre Publikation an einen entsprechenden Druck- und Repro-Service weitergeben. Dazu müssen Sie jedoch ein wenig über Farbmodelle und Drucktechniken wissen, wenn Sie gegenüber dem Repro-Serivce oder der Druckerei nicht ganz dumm dastehen wollen.

Drucktechniken

Additive und subtraktive Farbmischung

Wenn wir Gegenstände auf Bildern oder in der Realität sehen, erkennen wir sie nur, weil sie sich durch die Farbunterschiede voneinander abgrenzen. Die Farben, die wir in der Natur wahrnehmen, sind rein subjektive Empfindungen unserer Augen und des Gehirns. Licht fällt auf einen Gegenstand, wodurch je nach dessen Farbe Teile des Lichtspektrums absorbiert, andere zurückgeworfen werden. Diese Lichtreize führen zu einer Reaktion der Netzhaut, die im Gehirn ein Abbild des betrachteten Objektes erzeugt. Obwohl wir Farben sehen, ist es nicht ganz einfach, sie zu beschreiben und zu definieren, was für eine exakte Reproduktion unbedingt erforderlich ist.

Um in dieser Hinsicht Abhilfe zu schaffen, wurden verschiedene Farbmodelle entwickelt. Dabei unterscheidet man zwischen der additiven Farbmischung und der subtraktiven Farbmischung. Zur additiven Farbmischung zählt das im Computer-Bereich so wichtige RGB-Modell (**R**ot, **G**rün, **B**lau) sowie das HSL-Modell (**H**ue, **S**aturation, **L**uminosity/Farbe, Sättigung, Helligkeit). Bei der subtraktiven Farbmischung dominiert das CMYK-Modell (**C**yan, **M**agenta, **Y**ellow (Gelb), **K** für Schwarz).

Unterschied zwischen Monitor und Drucker

Das RGB-Modell kommt beim Fernsehen und auch in Ihrem PC-Monitor zum Einsatz, wo über rote, grüne und blaue Phosphorteilchen in der Sehfläche die verschiedenen Farben zusammengemischt (addiert) werden. Dabei erhält man Schwarz, wenn kein Licht ausgesandt wird, und Weiß, wenn die drei Farben an einem Bildpunkt mit gleicher Intensität hell leuchten. Im Gegensatz zu einem Monitor senden Druckerzeugnisse kein Licht aus und müssen deshalb von einer Lichtquelle (Umgebungslicht, Lampe) beleuchtet werden, damit man etwas erkennen kann.

Farben entstehen hier nicht durch Addition, sondern durch Subtraktion von Licht. Beim CMYK-Modell erhält man reines Weiß deshalb nur auf entsprechend weißem Papier. Schwarz kann durch die Vermischung von Cyan, Magenta und Gelb erreicht werden. Da aber nur kleine Farbverschiebungen in den Grundtönen das Schwarz in ein Dunkelbraun oder Dunkelgrün verwandeln, wurde in der Drucktechnik schon früh die reine Farbe Schwarz hinzugefügt. Theoretisch lassen sich auf diese Weise ein Großteil der in der Natur vorkommenden Farben zusammenmischen. Allerdings kann selbst der beste Monitor oder Drucker die gesamte Vielfalt der Natur nicht wiedergeben, Gold oder Silber beispielsweise wird man niemals exakt erhalten, darüber hinaus aber auch viele Farbtöne, die zwischen den Grundfarben angesiedelt sind. Die Einschränkung auf den erzielbaren Teilbereich bezeichnet man als Farbraum.

Wie kommt die Publikation auf das Papier?

Wie aber wird diese Theorie nun beim Druck-Service in die Tat umgesetzt? Eine von Ihnen erstellte Publikation wird durch einen Belichter auf Film ausgegeben. Von diesem Film werden dann Farbdruckplatten erstellt, und zwar für jede Druckfarbe eine eigene Platte. Anschließend überträgt eine Offset-Druckmaschine die Farben in mehreren Durchläufen nacheinander auf das Papier. Dadurch können die Farben aber nicht tatsächlich vermischt werden, um die gewünschte Farbe auf dem Papier zu erreichen. Stattdessen ergeben sich die Farben durch so genannte Farbraster. Innerhalb eines Rasters werden dabei die einzelnen Farben als kleine Punkte eng neben- und untereinander gedruckt, so dass für den Betrachter der Eindruck einer Farbmischung entsteht.

Prozess- und Spot-Farbendruck

Den Einsatz der vier Farben Cyan, Magenta, Gelb und Schwarz beim professionellen Druck nennt man auch Prozessfarbendruck. Diese Drucktechnik ermöglicht Ihnen ein breites Farbspektrum in Ihrer Publikation und ist daher besonders für die Reproduk-

Drucken und Erstellen von Webseiten

tion von Fotografien und mehrfarbigen Grafiken geeignet. Allerdings ist sie mit vier separaten Druckplatten auch eine relativ kostspielige Drucktechnik. Was aber, wenn sich Ihre Publikation nur auf zwei oder drei Farben (inkl. Schwarz) stützt, sie also nur bestimmte Elemente durch individuelle Farbe hervorheben wollen? Man denke beispielsweise an die beliebten Wurfzettel italienischer Pizza-Taxen, die vorwiegend in den italienischen Nationalfarben Rot und Grün auf weißem Papier daherkommen.

Dieser so genannte »Schmuckfarbendruck« (Spot-Farbendruck) kann eine Menge Kosten einsparen, weil die Farben nicht auf Basis der drei Prozessfarben CYM zusammengesetzt werden müssen, sondern man nur mit ein oder zwei festgelegten Farbtönen druckt. Sie bestimmen das Aussehen Ihrer Publikation also durch die Farbe Schwarz und eine oder zwei weitere, vorgemischte Farben. Da sich beide Druckverfahren der Farbrasterung bedienen, sind sowohl beim Prozessfarben- als auch beim Spot-Farbendruck verschiedene Helligkeitsabstufungen realisierbar.

Die bei der Bearbeitung einer Publikation auf dem Bildschirm angezeigten Farben stimmen allerdings nur selten hundertprozentig mit denen des Ausdruckes überein. Denn in beiden Systemen gibt es Toleranzen, sowohl auf der Seite des Monitors als auch bei der Farbmischung in der Druckerei. Damit Sie das Druckergebnis des professionellen Druck-Services nicht überrascht, gibt es Farbanpassungsmusterbücher, wozu auch das von Publisher unterstützte Pantone-Matching-System gehört. Lassen Sie sich von Ihrem Druck-Service das unterstütze Farbanpassungsmusterbuch aushändigen und geben Sie bei Auswahl der Farbe im Publisher die Farbnamen bzw. -nummern aus dem Pantone-System vor.

Farbanpassung anhand von Musterbüchern

Bei der Farbauswahl für feine dünne Linien und Texte in geringer Schriftgröße sollten Sie stets nur dunkle, 100%-Farbtöne verwenden, damit die Schärfe nicht leidet. Insbesondere bei Text kleiner als 12 Punkt empfiehlt sich die Farbe Schwarz.

TIPP

Wie Sie die für Sie geeigneten Einstellungen vornehmen können, erfahren Sie auf den nächsten Seiten.

Tools für den professionellen Druck

Der Publisher verfügt über eine ganze Reihe von Werkzeugen und Hilfsmitteln, die Ihnen helfen, ein möglichst gutes Druckergebnis zu erzielen. Dazu gehört die Unterstützung verschiedener Farbmodelle, das bewusste Über- oder Unterschneiden von Flächen (Trapping) sowie das automatische Zusammenpacken aller Dateien, die zu einer Publikation gehören. Denn das erleichtert die Weitergabe an eine Druckerei. Mehr über diese Themen erfahren Sie in den folgenden Abschnitten.

Auswahl des Farbmodells

Wenn Sie sich entschieden haben, Ihre Publikation zwecks Ausdruck an einen professionellen Druck-Service zu geben, sollten Sie für den Druck aus Publisher ein Farbmodell wählen, welches die eingesetzten Farben separiert.

Um sich eine spätere Nachbearbeitung hinsichtlich der Farbenverwendung in Ihrer Publikation zu ersparen, sollte die Wahl des Farbmodells bereits zu Beginn einer neuen Publikation erfolgen.

TIPP

1. Wählen Sie aus dem Menü *Extras* den Befehl *Tools für den professionellen Druck* und klicken Sie dann auf *Farbdruck*...

2. Im Dialogfenster *Farbdruck* werden Ihnen drei bereits vorgestellte Farbmodelle – RGB, CMYK, Spot-Farbe(n) – angeboten. Das Farbmodell RGB sollten Sie allerdings nur verwenden, wenn Ihre Publikation vorrangig auf einem Monitor betrachtet wird (z.B. bei Webseiten). Die beiden anderen Modelle sind je nach Zielsetzung bestens für den professionellen Ausdruck geeignet. Klicken Sie auf Prozessfarben (CMYK), um aus der größtmöglichen Farbpalette wählen zu können. Für begrenzten Farbdruck wählen Sie *Spot-Farbe(n)*. Falls Sie sich für Prozessfarben entschieden haben, können Sie den Dialog an dieser Stelle mit *OK* beenden.

Abbildung 29.3:
Dialog zur Auswahl des Farbdruckmodells

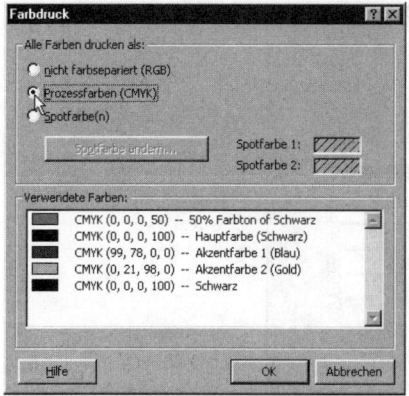

3. Sofern Sie *Spot-Farben* gewählt haben, erhalten Sie über die Schaltfläche *Spotfarbe ändern ...* ein weiteres Dialogfenster. Hier können Sie die Spotfarbe bestimmen und festlegen, ob Sie neben Schwarz eine oder zwei zusätzliche Farben verwenden wollen.

Abbildung 29.4:
Dialog zur Auswahl der Spotfarbe(n)

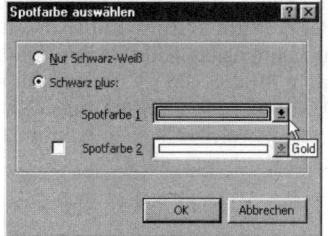

4. Ein Klick auf die Spotfarbe bzw. den nach unten gerichteten Pfeil öffnet ein Fenster mit Farbvorschlägen, die sich an der eventuell bereits vorhandenen Publikation orientieren. Die Schaltfläche *Weitere Farben ...* in diesem Fenster verzweigt zu einem Farbauswahlmenü. Wie Sie dort Ihre gewünschte Farbe finden, erklären wir Ihnen im Anschluss an diesen Abschnitt.
5. Abschließend beenden Sie die einzelnen Dialogfenster jeweils mit *OK*.

Auswahl einer Farbe aus einem Farbmodell

Bereits im ▶Abschnitt *Grundlegende Objekteigenschaften/Verwendung von Schemafarben* haben wir Ihnen beschrieben, wie Sie die Farben der gesamten Publikation durch Wahl eines Farbschemas oder Auswahl aus dem erweiterten Farbdialog verändern können. Der erweiterte Farbdialog findet dabei sowohl bei der grundsätzlichen Farbgestaltung Ihrer Publikation als auch bei der Wahl der Spot-Farben für den professionellen Druck Verwendung.

1. Sobald Sie den Dialog für *Weitere Farben ...* öffnen, erhalten Sie eine Auswahl von Basisfarben. Um eine bestimmte Farbe aus einem Farbmodell festlegen zu können, müssen Sie auf das Optionsfeld *Alle Farben* klicken.
2. Hier interessiert uns das bisher bewusst ausgesparte Listenfeld für das *Farbmodell*. Klicken Sie auf das Feld oder den rechts daneben aufgeführten Pfeil. Sie erhalten

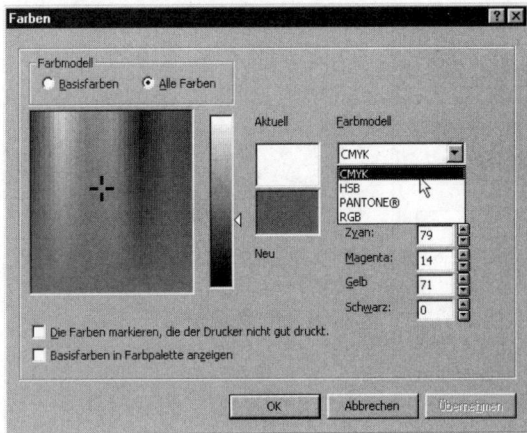

Abbildung 29.5:
Auswahl des Farbmodells

eine Liste mit den weiter oben beschriebenen Farbmodellen *RGB*, *HSB*, *CMYK* und *Pantone*®. Auf die beiden erstgenannten Farbmodelle sollten Sie immer dann zurückgreifen, wenn Ihre Publikation nur für die elektronische Verbreitung (z.B. für Webseiten) gedacht ist. Mit Ausnahme von *Pantone*® ändert sich je nach Modellwahl die Anzahl und Bezeichnung der unter dem Listenfeld gezeigten Eingabefelder. Dort bestimmen Sie je nach Farbmodell entweder den Rot-, Grün- und Blau-Anteil der gewünschten Farbe oder Farbton, Sättigung und Intensität. Falls Sie Druckfarben über die Prozentsätze der jeweiligen Farbe aus dem Modell CMYK festlegen möchten, klicken Sie auf *CMYK* (siehe Abbildung 29.5). Sofern Ihnen Ihr Druck-Service ein Farbanpassungsmusterbuch zur Verfügung stellt, welches den internationalen Standard *Pantone*® unterstützt, sollte Ihre Wahl auf *Pantone*® fallen.

Abbildung 29.6:
Auswahlfenster für Pantone®-Farbmuster

3. Haben Sie sich für die Verwendung eines Pantone®-Farbanpassungsmusterbuchs entschieden, erhalten Sie das in Abbildung 29.6 gezeigte Dialogfenster. Bei der Registerkarte *Volltonfarben* handelt es sich um die vorgemischten Spot-Farben, während die Prozessfarben durch Mischung der Druckfarben Cyan, Magenta, Gelb und Schwarz gebildet werden. Bitte beachten Sie auch das Feld *Farbtyp*. Hier

bestimmen Sie, ob Sie beschichtetes bzw. unbeschichtetes Papier verwenden oder ob Spot-Farben im Ausnahmefall durch Prozessfarben simuliert werden sollen.

4. Nach Abschluss der Farbauswahl schließen Sie die geöffneten Dialogfenster in umgekehrter Reihenfolge durch jeweiliges Anklicken von OK.

Trapping

Zum Offsetdruck verschiedenfarbiger Elemente einer Druckseite werden mehrere Druckplatten benötigt. Aufgrund von Passungenauigkeiten, die bereits durch unvermeidbare Schwankungen der Papierfeuchte während des Drucks entstehen, können leer gebliebene Seitenbereiche (so genannte Blitzer) das Gesamterscheinungsbild eines Druckes trüben. Dann nämlich, wenn man am Rand der weißen Fläche den Versatz der Prozessfarben erkennt. Zur Vermeidung dieses Problems wurde das *Trapping* entwickelt. Hierbei handelt es sich um ein bewusstes Über- oder Unterfüllen von Elementen auf einer Seite.

Zum Verständnis erinnern Sie sich bitte an unser Zeitungsbeispiel. Dort stößt der Rand des Blickfangs auf den gefüllten Textrahmen der Kopfzeile. Da die aneinander grenzenden Farben auf unterschiedlichen Grundfarben basieren, werden sie durch verschiedene Druckplatten zu Papier gebracht. Weil das Objekt *Blickfang* das Objekt *Textrahmen* überlagert, berechnet Publisher sowohl bei der Bildschirmanzeige als auch beim Ausdruck den sich überdeckenden Bereich und blendet diesen entsprechend aus. Durch die Verwendung von Trapping wird nun beim Druck entweder die Kontur des überlagernden Objekts absichtlich geringfügig vergrößert (Überfüllung) oder der ausgeblendete Bereich des überlagerten Objekts verkleinert (Unterfüllung), so dass sich die beiden Objekte etwas überlappen. Auf diese Weise werden weiße Stellen vermieden. Welches Verfahren zur Anwendung kommt, wird durch den jeweiligen Farbunterschied bestimmt. Bei einzelnen Lettern kann eine Unterfüllung in den Randbereichen weiterhin zu leeren Stellen auf dem Papier führen, deshalb sollte man hier überprüfen, ob grundsätzlich eine Überfüllung erfolgen sollte. Allerdings kann die Überfüllung bei Text eine gewisse Unschärfe bei sehr filigranen Schriften bewirken.

Insbesondere bei harten Kontrasten (Helligkeitsunterschieden), die bei Verwendung von Schwarz auftreten, ist eine Verschiebung beim Druck sehr auffällig. Da Schwarz aber andere Farben, auch ohne diese in überschneidenden Bereichen auszublenden, vollständig abdeckt, wird Schwarz als einzige Farbe meist über andere Farben gedruckt (standardmäßig in Publisher aktiviert).

Die Einstellungen für Trapping nehmen Sie in einem entsprechenden Dialogfenster vor. Sie erreichen dieses über das Menü *Extras/Tools für den professionellen Druck/Trapping/Einstellungen ...* Sofern Sie dort das Optionsfeld *Automatisches Trapping* aktivieren, beachtet Publisher beim Ausdruck die Über- bzw. Unterfüllungsregeln. Nähere Informationen zu den einzelnen Feldern des Dialogfensters erhalten Sie über die Direkthilfe (siehe Abbildung 29.7).

Über die Schaltfläche *Schwellenwerte* erreichen Sie ein weiteres Fenster, in dem Sie Einfluss auf die Trapping-Regeln nehmen können (siehe Abbildung 29.8).

Sie können auch die Trapping-Einstellungen für jedes Objekt Ihrer Publikation einzeln verändern. Dazu klicken Sie auf das Menü *Extras/Tools für den professionellen Druck/Trapping/Trapping für Objekt ...*(siehe Abbildung 29.9).

HINWEIS Beachten Sie, dass für die Veränderung des Trappings für ein einzelnes Objekt dieses markiert sein muss.

Schriftarten in die Publikation einbetten

Um sicher zu gehen, dass bei der Weitergabe einer Publikation an einen professionellen Druck-Service kein Problem aufgrund fehlender Schriften erwächst, sollten Sie die verwendeten Schriftarten als Daten in Ihre Publikation einbetten.

Drucken und Erstellen von Webseiten **711**

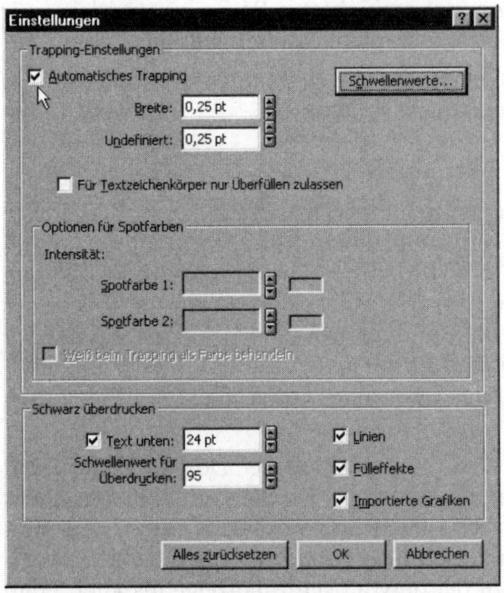

Abbildung 29.7:
Dialog zur Einstellung des Trappings

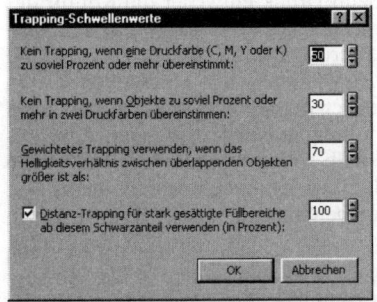

Abbildung 29.8:
Einstellung der Schwellenwerte

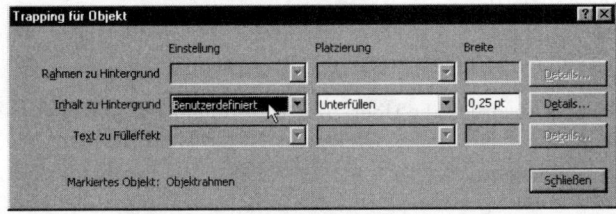

Abbildung 29.9:
Trapping für ein bestimmtes Objekt

1. Wählen Sie aus dem Menü *Extras* die *Tools für den professionellen Druck* und dort den Befehl *Schriftarten* ...
2. Es öffnet sich das gleichnamige Dialogfenster. Wählen Sie, welche Schriftart und in welcher Form diese eingebettet werden soll.

Um eine Datei für die Weitergabe an einen professionellen Druck-Service möglichst klein zu halten, wählen Sie für das Einbetten die Option *Schriftart-Teilmenge beim Einbetten verwenden*. In diesem Fall werden nur die Daten für die in Ihrer Publikation verwendeten Zeichen eingebettet. Allerdings kann der Druck-Service eventuell notwendige Textänderungen dann nur mit den vorhandenen Zeichen vornehmen, sofern er nicht selbst über den Zeichensatz verfügt.

TIPP

WICHTIG Beachten Sie bei der Verwendung von Schriftarten die damit verbundenen Lizenzeinschränkungen. Schriften, für deren Weitergabe Sie keine Lizenz haben, können von Publisher nicht eingebettet werden. Stimmen Sie sich im Zweifelsfall mit Ihrem Druck-Service ab.

Weitergabe von Publikationen mit Pack & Go

Um eine Publikation an einen professionellen Druck-Service weiterzugeben, ist es in der Regel erforderlich, alle zugehörigen Dateien (die Publikation selbst, verwendete Schriftarten, verknüpfte Dateien) auf einen mobilen Datenträger zu speichern. Publisher bietet dazu den Assistenten *Pack & Go*. Vor Start dieses Assistenten sollten Sie allerdings sicherstellen, dass Sie in den *Tools für den professionellen Druck* alle gewünschten Einstellungen vorgenommen haben.

HINWEIS Der Druck-Service muss zu Weiterverarbeitung Ihrer Publikation ebenfalls über den Publisher verfügen. Unter Verwendung eines PostScript-Druckertreibers ist alternativ auch die Ausgabe Ihrer Publikation in eine PostScript-Datei möglich. Diese kann direkt an den Druck-Service gehen, der darin allerdings keine Änderungen mehr vornehmen kann. Mehr Informationen zu PostScript-Dateien erhalten Sie im Hilfesystem des Publishers unter dem Stichwort *PostScript*.

1. Wählen Sie aus dem Menü *Datei* den Befehl *Pack & Go* und klicken Sie anschließend auf *Zu einem professionellen Druck-Service übertragen* ...

2. Es öffnet sich der Dialog des *Pack-and-Go-Assistenten*. Folgen Sie seinen Fragen, um Ihre Publikation für den professionellen Druck-Service vorzubereiten. Klicken Sie jeweils nach Beantwortung auf *Weiter* oder *Zurück*, sofern Sie zur vorherigen Seite zurückkehren möchten.

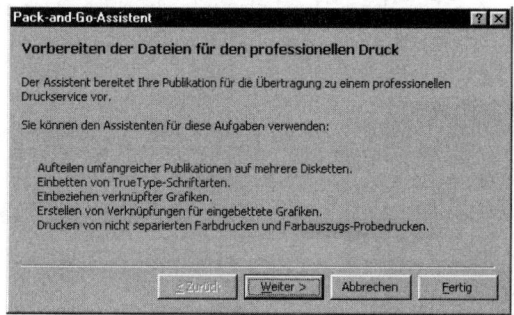

Abbildung 29.10: Der Dialog des Pack-and-Go-Assistenten

3. Publisher komprimiert und speichert die Daten Ihrer Publikation in einer Datei *packed01.puz* auf dem von Ihnen gewählten Datenträger. Sollte die gesamte Publikation nicht auf einen Datenträger passen, wird die Datei gesplittet, durchnummeriert und auf mehrere Datenträger verteilt. Zusätzlich wird auf den ersten Datenträger die Datei *unpack.exe* zum Entpacken der Dateien sowie die Datei *Info.txt* mit Informationen zu *unpack.exe* kopiert. In Abhängigkeit Ihrer Vorgaben an den Assistenten werden TrueType-Schriftarten eingebettet, Verknüpfungen zu eingebetteten Grafiken erstellt, alle verknüpften Grafiken mit in den Komprimierungsvorgang einbezogen und Probedrucke vorgenommen. Wenn Sie keine Verknüpfungen zu eingebetteten Grafiken erstellen, ist es dem Druck-Service nicht möglich, eventuell notwendige Änderungen an Grafiken vornehmen bzw. separate Farbauszüge drucken zu können. Bei Verknüpfungen stehen nach Entpacken der Dateien die Grafiken als eigenständige Dateien zur Verfügung.

4. Nach Beendigung aller Fragen klicken Sie auf *Fertig*, damit der Assistent seine Arbeit aufnimmt.

WICHTIG

Haben Sie nach Benutzung des *Pack&Go*-Assistenten Änderungen an Ihrer Publikation vorgenommen, müssen Sie den Assistenten nochmals starten und die vorangehenden Dateien überschreiben. Beinhaltet Ihre Publikation OLE-Verknüpfungen, müssen Sie diese manuell vor Start des Assistenten aktualisieren (siehe ▶ *Verknüpfte OLE-Objekte aktualisieren*).

HINWEIS

Der Menübefehl *Auf einen anderen Computer übertragen ...* unterscheidet sich von *Zu einem professionellen Druck-Service übertragen ...* dadurch, dass für eingebettete Grafiken nicht grundsätzlich Verknüpfungen erstellt, Schriftarten nicht automatisch eingebettet und keine Farbprüfdrucke bzw. Farbauszüge erstellt werden.

Erweiterte Druckeinstellungen

Im ▶ Abschnitt *Ausdrucke auf den eigenen Drucker* haben wir Ihnen gezeigt, wie Sie Ihre Publikation auf einen Drucker ausgeben. Den Hintergrund für die Schaltfläche *Erweiterte Druckeinstellungen ...* sind wir Ihnen bisher schuldig geblieben. Das soll jetzt nachgeholt werden. Die angesprochene Schaltfläche verzweigt zu einem Dialog mit zwei weiteren Registerkarten, den *Publikationsoptionen* und den *Geräteoptionen*.

In den *Publikationsoptionen* legen Sie fest,

- ob und wie Grafiken ausgedruckt werden,
- ob TrueType-Schriftarten durch Druckerschriften ersetzt werden dürfen,
- ob Druckmarkierungen erstellt werden sollen,
- ob ein angeschnittener Satzspiegel (Bilder und Text, der über den eigentlichen Publikationsrand hinausragt) möglich ist und
- ob Farbanpassungen vorgenommen bzw. leere Druckplatten gedruckt werden sollen.

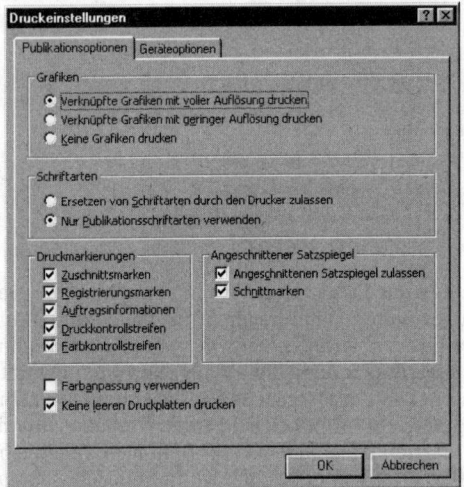

Abbildung 29.11:
Änderung der Publikationsoptionen

Änderungen an den Geräteoptionen lassen sich nur bei Ausgabe auf einen PostScript-Drucker vornehmen. Stellen Sie also sicher, dass Sie einen entsprechenden Druckertreiber installiert und als Drucker ausgewählt haben. Sie können entweder die von Publisher voreingestellten Standardwerte verwenden oder nach jeweiliger Vorgabe durch die Druckerei die Einstellungen verändern. Dabei legen Sie die Art der Druckausgabe, die verwendete Auflösung, Rasterauflösung und den Rasterwinkel fest.

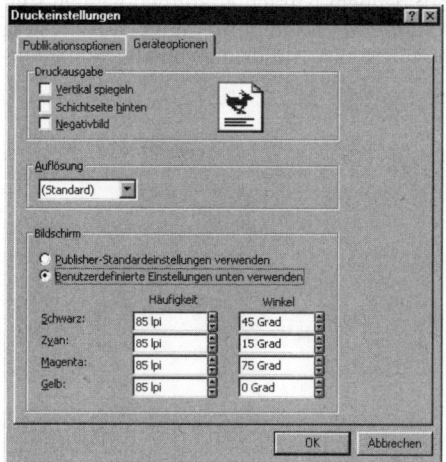

Abbildung 29.12:
Änderung der
Geräteoptionen

Erstellen von Webseiten mit Publisher

Keine Frage, die klassische Aufgabe des Publishers ist das Design von Druckwerken. Doch warum soll das, was Sie auf Papier herausgeben, nicht auch via Intranet oder Internet verbreitet werden? Schließlich liegt dieses Medium bei den Copy- und Distributionskosten weit unter dem Print-Medium. Ganz zu schweigen davon, dass die Kunden hier zu Ihnen kommen und nicht Sie Ihre Kunden suchen müssen.

Es stimmt, an der Print-Verbreitung führt nach wie vor in vielen Aufgabenbereichen nichts vorbei. Dennoch wird man in Zukunft immer stärker zweigleisig fahren wollen. Der Weg dahin ist in Publisher einfacher, als Sie denken. Es ist Ihnen freigestellt, sich zur Erzeugung einer Website eines speziellen Assistenten zu bedienen oder Ihrer Kreativität freien Lauf zu lassen. Denn die Gestaltung einer Webseite erfolgt genau wie beim Print-Medium mit den in den vorangegangenen Kapiteln vorgestellten Werkzeugen und wird nur um einige zusätzliche, web-spezifische Funktionen ergänzt.

Der Webseiten-Assistent von Publisher bietet Ihnen bereits viele Vorschläge für Webseiten und hilft Ihnen selbsterklärend von der ersten bis zur letzten Seite. Sie müssen letztlich nur noch die Textinhalte, evtl. Grafiken und Klänge, ergänzen bzw. ersetzen. Sie finden den Assistenten wie gewohnt im Microsoft Publisher Katalog (siehe ▶ *Der Microsoft Publisher-Katalog und die Assistenten*). Die nächsten Abschnitte stellen Ihnen die Besonderheiten der Bearbeitung von Webseiten im Publisher vor und zeigen, wie Sie aus einem Print-Produkt mit wenig Aufwand ein Internet-Produkt entwickeln.

Webseite einrichten, einfügen und löschen

Grundsätzlich ist die Größe einer Webseite wahlfrei. Genormte Größen wie bei der Verwendung von Papier für Ausdrucke gibt es nicht. Dennoch gilt auch hier: »Immer an die Leser denken!« und das heißt, die Bildschirmbreite des Browser-Fensters beim späteren Betrachter zu berücksichtigen. Schließlich will dieser nicht permanent nach links- und rechts scrollen müssen, um die viel zu breite Webseite in ihrer vollen Ausdehnung zu genießen. Deshalb gibt Publisher hier verschiedene Einstellungen vor, wie

Sie im Dialog zum Einrichten einer Webseite erkennen. Sie erreichen ihn über die Registerkarte *Leere Publikationen* des Microsoft-Publisher-Katalogs unter Verwendung der Schaltfläche *Webseite einrichten* ... Wählen Sie im Dialogfenster (Abbildung 29.13) die Breite und die Höhe Ihrer Webseite aus.

TIPP Sofern die Seite auf den meisten Computern bequem betrachtet können werden soll, belassen Sie die Einstellung am besten auf *Standard*. Sie steht für die VGA-Auflösung von 640*480 Punkten. *Breit* meint hingegen die SVGA-Auflösung von 800*600 Punkten.

Abbildung 29.13:
Einrichten einer
Webseite

Das Einfügen und Löschen von Webseiten funktioniert nach dem gleichen Prinzip wie bei Publikationen für den Druck. Nur beim Einfügen wurde das zugehörige Dialogfenster um die Option *Diesen Hyperlink der Webnavigationsleiste hinzufügen* ergänzt. Was man unter einem Hyperlink versteht, erfahren Sie im ▶ Abschnitt *Navigation mit Hyperlinks*.

Farbliche Gestaltung von Text und Hintergrund

Auch bei den Webseiten können Sie die Ihnen bereits bekannten Farbschemata einsetzen und auf Wunsch nachjustieren. Eine Besonderheit ist jedoch, dass Sie dem Seitenhintergrund eine Farbe oder zusätzlich ein Muster hinzufügen können. Ein Wechsel auf die Hintergrundseite ist dafür nicht erforderlich.

1. Wählen Sie aus dem Menü *Format* den Befehl *Farb- und Hintergrundschema* ...
2. Entscheiden Sie sich in dem gleichnamigen Dialogfenster entweder für die Registerkarte *Standard* für die von Publisher vorgegebenen Farbschemata oder *Benutzerdefiniert*, um die Kombination der eingesetzten Farben selbst zu wählen.
3. Die verschiedenen, auf Webseiten verwendeten Textarten (*Textkörper*, *Hyperlinktext*, *Besuchter Hyperlinktext*) erhalten in Abhängigkeit des gewählten Farbschemas unterschiedliche Farben zur besseren Unterscheidung zugewiesen (ersichtlich im Dialogfenster in der rechten, unteren Ecke als Beispiel).

TIPP Sofern Sie die Textfarben ändern, sollten Sie auf einen guten Kontrast zur Hintergrundfarbe achten.

4. Für den Hintergrund können Sie zwischen der *Flächenfarbe* zur vollständigen Einfärbung der Seite und einer *Struktur* in Form einer beliebigen Grafikdatei wählen. Dazu finden Sie rechts neben den vorgenannten Begriffen ein Listenfeld bzw. die Schaltfläche *Durchsuchen* ...

*Abbildung 29.14:
Änderung von
Farb- und Hintergrundschema*

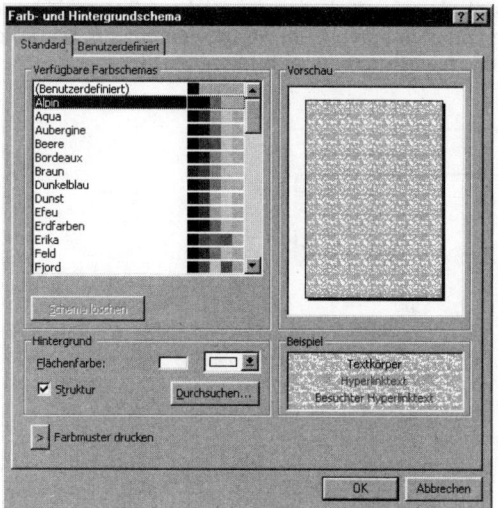

5. Falls Sie sich für eine Struktur entschieden haben, führt Sie die Schaltfläche *Durchsuchen* ... zu dem Ihnen bekannten Datei-Manager. Im voreingestellten Verzeichnis *Backgrounds* finden Sie eine Vielzahl von Hintergrund-Designs. Markieren Sie den gewünschten Hintergrund und klicken Sie anschließend auf die Schaltfläche *Öffnen*.

HINWEIS Strukturen von Web-Hintergründen werden durch so genanntes »Tiling« erreicht. Dazu werden kleine Grafiken – in der Regel nicht größer als 20 KB – so oft aneinandergereiht, bis sie den Hintergrund einer Webseite vollständig bedecken. Durch dieses Verfahren können ansprechende Hintergründe erzeugt werden, ohne dass der Betrachter mit unverhältnismäßig langen Download-Zeiten belastet wird. Selbstverständlich können Sie für den Hintergrund auch eigene Grafiken auswählen. Allerdings sollte dabei die Datenmenge aus dem vorgenannten Grund so klein wie möglich gehalten werden.

6. Beenden Sie den Dialog über die Schaltfläche *OK*.

Formular-Steuerelemente

Oft ist es so, dass man mit einer Webseite nicht nur eine Botschaft in das Internet/Intranet stellen, sondern mit seinen Lesern auch in irgendeiner Form kommunizieren will. Man möchte eine Rückmeldung erhalten, beispielsweise zur Aufnahme einer Kunden- oder Interessenten-Adresse oder einen Kommentar in Form eines öffentlichen Gästebuchs.

Dazu können Webseiten in beschränktem Umfang Eingabefelder und Schaltflächen beinhalten. Mit ihrer Hilfe kann man Text in ein- oder mehrzeiligen Textfeldern eingeben, Kontrollkästchen aktivieren, zwischen verschiedenen Optionsfeldern wählen oder einen Eintrag aus einem vorgegebenen Listenfeld auswählen. Zum Abschluss drückt man eine Schaltfläche, um die eingegebenen Daten an den Webserver auf der Gegenseite zu übermitteln. Auch mit Publisher lassen sich derartige Eingabefelder beim Seiten-Design innerhalb einer Webseite platzieren.

Formularsteuerelement einfügen

1. Zum Einfügen eines Formular-Steuerelementes klicken Sie bitte im Menü *Einfügen* auf den Befehl *Formular-Steuerelement* und wählen anschließend das gewünschte Steuerelement aus. Alternativ können Sie sich auch des gleichnamigen Tools aus der Werkzeugleiste bedienen.

Drucken und Erstellen von Webseiten

2. Der Mauszeiger verwandelt sich in ein Fadenkreuz. Ziehen Sie nun an der gewünschten Stelle Ihrer Webseite das entsprechende Steuerelement auf. Wie solche Steuerelemente aussehen können, zeigt Ihnen die Abbildung 29.15.

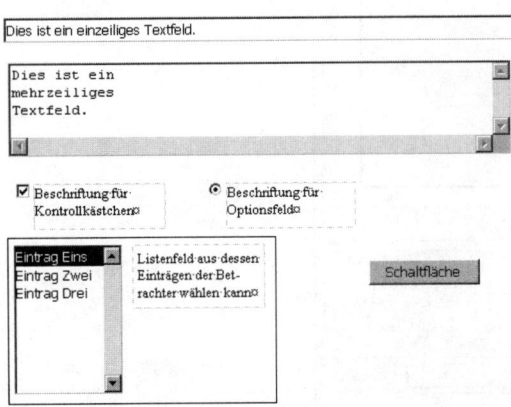

Abbildung 29.15:
Darstellung verschiedener Formular-Steuerelemente

3. Nachdem Sie ein Steuerelement eingefügt haben, können Sie seine Eigenschaften durch einen Doppelklick auf das Steuerelement in Form eines *Eigenschaften*-Dialogs ändern. Bis auf die Befehlsschaltfläche verfügen die meisten Dialogfenster der Steuerelemente im Wesentlichen über drei Bestandteile. Im Bereich *Darstellung* geben Sie einen Text für den Betrachter vor, im Bereich *Datenverarbeitung* legen Sie die Bezeichnung für die Rückmeldung fest, die die Eingabe des Betrachters enthält, und bei *Wert des Eintrags* können Sie einen je nach Auswahl abweichenden Wert vorgeben. Diese Bestandteile werden in Abhängigkeit von dem gewählten Steuerelement durch diverse weitere Eigenschaften ergänzt.

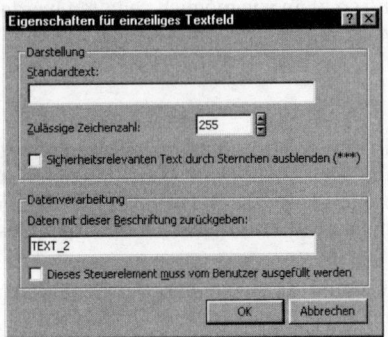

Abbildung 29.16:
Eigenschaften eines Steuerelementes

4. Über das Steuerelement *Schaltfläche* können Sie entweder eine *Zurücksetzen*-Schaltfläche oder eine *Übertragen*-Schaltfläche erzeugen. *Zurücksetzen* löscht alle Eingaben des Betrachters und setzt alle Steuerelemente auf den ursprünglichen Wert. Bei *Übertragen* werden die vom Web-Leser zuvor in den anderen Feldern eingegebenen Daten an den Webserver gesandt. Dazu gibt es verschiedene Verfahren, weshalb man sich zuvor mit seinem Internet-Anbieter abstimmen muss, welche Technik er auf seinen Webservern einsetzt.

*Abbildung 29.17:
Eigenschaften
der Befehls-
schaltfläche*

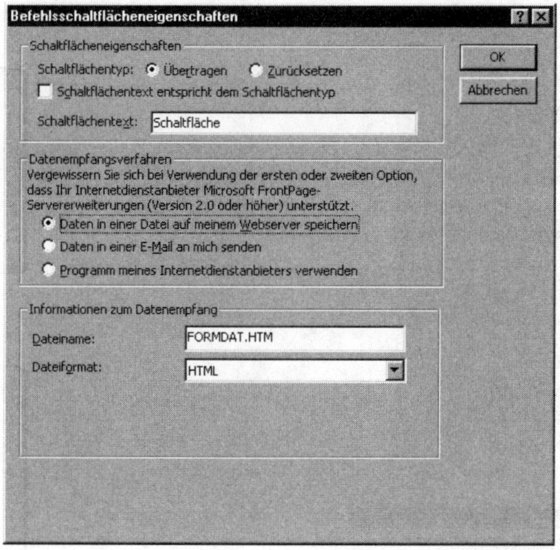

5. Das jeweilige Dialogfenster eines Steuerelementes verlassen Sie über die Schaltfläche *OK*.

TIPP Wenn Sie Optionsfelder zu einer Gruppe zusammenfassen wollen, so bearbeiten Sie nacheinander die Eigenschaften eines jeden Optionsfeldes und geben ihnen im Eingabefeld *Daten mit dieser Beschriftung zurückgeben* stets den gleichen Namen. Das hält sie zusammen und sorgt dafür, dass der Anwender stets nur ein Feld der Gruppe markieren kann.

Navigation mit Hyperlinks

Die so genannten Hyperlinks sind ein wesentlicher Bestandteil des World Wide Webs, weil sie Webseiten auf ganz unterschiedlichen Servern miteinander verbinden können und so einen Sprung von einer Seite bzw. einem Thema zum nächsten ermöglichen. Man unterscheidet dabei zwischen Text- und Grafik-Hyperlinks. Erstere werden meist farblich und vor allem durch Unterstreichen hervorgehoben (siehe auch ▶ *Farbliche Gestaltung von Text und Hintergrund*). Bei beiden Formen gilt, dass sich auf Seiten des Betrachters der Mauszeiger in ein anderes Symbol (ein Zeigesymbol) verwandelt, sobald man ihn über einen Hyperlink innerhalb einer Webseite bewegt. So kann man den Hyperlink eindeutig identifizieren und durch Anklicken verzweigen.

1. Um einen Textabschnitt oder ein Grafikobjekt in einen Hyperlink zu verwandeln, markieren Sie den Textabschnitt oder das Grafikobjekt (siehe auch Abbildung 29.19).

Hyperlink einfügen

2. Wählen Sie aus dem Menü *Einfügen* den Befehl *Hyperlink...* oder aus der *Standard*-Symbolleiste das nebenstehende Symbol. In dem sich öffnenden Dialogfenster legen Sie fest, wohin der Link verweisen soll. In Abhängigkeit von Ihrer Wahl verlangt das Dialogfenster entsprechende Informationen zum Hyperlink. Dabei kann es sich um eine URL (**U**niform **R**esource **L**ocator), eine E-Mail-Adresse, eine andere Seite Ihrer Website oder eine Pfadangabe zu einer Datei auf Ihrer Festplatte handeln (siehe Abbildung 29.18).

3. Sie weisen den Hyperlink durch Beenden mit *OK* der markierten Stelle zu (siehe Abbildung 29.19).

Drucken und Erstellen von Webseiten

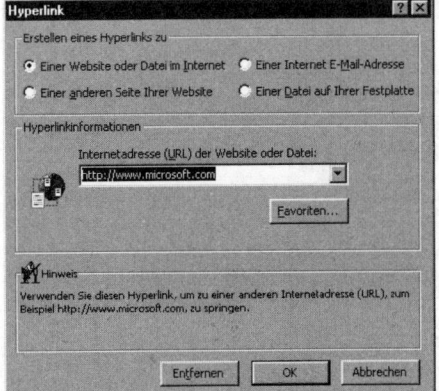

Abbildung 29.18:
Dialog zur Definition eines Hyperlinks

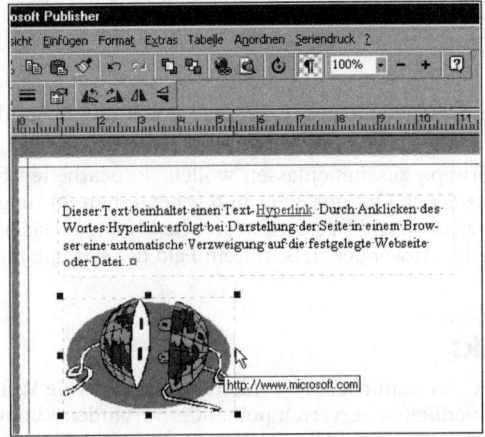

Abbildung 29.19:
Darstellung eines Text- und eines Grafik-Hyperlinks

HINWEIS Wenn Sie einen bestehenden Hyperlink markieren und erneut den *Hyperlink*-Dialog aufrufen, können Sie den Link ändern oder über die Schaltfläche *Entfernen* gänzlich löschen.

Sinnvollerweise sollten Sie jede Seite Ihrer Website mit einer Navigationsleiste ausstatten. Eine solche Leiste enthält in der Regel Hyperlinks zu den vorangehenden und nachfolgenden Seiten, vor allem aber zur Rückkehr auf die Start- und Begrüßungsseite. Damit Sie die Navigationsleiste nicht für jede Seite neu anlegen müssen, bietet sich hier die Erstellung auf der Hintergrundseite des Publishers an (siehe ▶ *Gestalten von Vordergrund und Hintergrund*).

Navigation mit Hotspots

Ein Hotspot ist eine Sonderform des Grafik-Hyperlinks. Nicht immer soll eine vollständige Grafik als Hyperlink dienen. In bestimmten Situationen ist es eher wünschenswert, dass verschiedene Verzweigungen in Abhängigkeit von der Position des Mauszeigers auf der Grafik durchgeführt werden, beispielsweise, wenn eine Landkarte zum Ansteuern verschiedener Länder-Websites dienen soll oder Sie ein grafisches Auswahlmenü in Ihre Startseite aufnehmen wollen.

Hotspot-Tool

1. Um einen Teilbereich auf einer Grafik zu definieren, klicken Sie bitte auf das *Hotspot-Tool* in der Werkzeugleiste.
2. Der Mauszeiger verwandelt sich in ein Fadenkreuz. Ziehen Sie mit Hilfe dieses Fadenkreuzes einen rechteckigen Bereich innerhalb der Grafik auf, der für den gewünschten Hyperlink relevant ist.
3. Es öffnet sich das aus dem ▶ Abschnitt *Navigation mit Hyperlinks* bekannte Dialogfenster. Nehmen Sie dort die erforderlichen Einstellungen vor.
4. Beenden Sie den Dialog mit *OK*.

Eigene Programme auf der Webseite ausführen

Publisher bietet Ihnen die Möglichkeit, der von ihm erzeugten HTML-Seite eigenen HTML-Code manuell hinzuzufügen. Dadurch sind Sie imstande, Features wie z. B. ein Skript, einen Aufrufzähler oder eine Laufschrift darzustellen. Die Möglichkeiten sind nahezu unbegrenzt, setzen jedoch voraus, dass Sie HTML beherrschen, denn hier sind Sie auf sich allein gestellt. Publisher unterstützt sowohl Standard-HTML, ActiveX und VBScript als auch Java-Applets.

Codefragment einfügen

Über das Menü *Einfügen/HTML-Codefragment* oder das gleichnamige Tool aus der Werkzeugleiste können Sie an beliebiger Stelle Ihrer Webseite einen Rahmen aufziehen. Während im Publisher in diesem Rahmen das Codefragment dargestellt wird, erscheint bei der Vorschau in einem Browser das entsprechende Feature.

WICHTIG

Publisher überprüft nicht den von Ihnen eingefügten Programmcode. Wie gesagt, hier sind Sie auf sich allein gestellt, wobei Sie den notwendigen Code evtl. von Ihrem Web-Provider oder aus einer anderen Quelle übernehmen können.

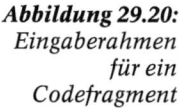

Abbildung 29.20:
Eingaberahmen
für ein
Codefragment

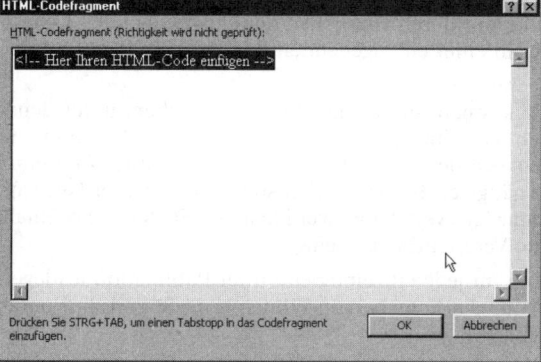

Einfügen von Grafiken

Selbstverständlich können Sie auf Ihrer Webseite auch Grafiken einfügen (siehe auch ▶ *Grafiken in Publisher*). Dabei stehen Ihnen alle in den vorangegangenen Kapiteln vorgestellten Publisher-Funktionen zur Verfügung. Tatsächlich macht das Einfügen von Klängen (Sounds) oder animierten Grafiken aus der ClipArt-Gallery oder auch aus anderer Quelle erst bei den Webseiten wirklich Sinn.

Eigenschaften einer Webseite festlegen

Bei Veröffentlichung Ihrer Webseite im Internet durch einen Provider muss Ihre Seite einen Namen und einige weitere Voreinstellungen erhalten:

Drucken und Erstellen von Webseiten

1. Klicken Sie im Menü *Datei* auf den Befehl *Webeigenschaften* ...

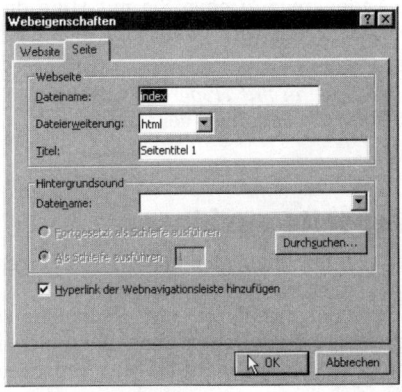

Abbildung 29.21:
Dialog zur
Einstellung der
Webeigenschaften

2. Es öffnet sich der gleichnamige Dialog. Hier bieten sich Ihnen zwei Registerkarten an. Auf der Karte *Seite* können Sie einen Dateinamen (bei der ersten Seite i.d.R. *Index* oder *Default* – Fragen Sie Ihren Provider –, sonst *page2* usw.), eine Dateierweiterung (*html*, *htm*) und einen Seitentitel (wird im Browser in der Titelleiste angezeigt und dient Suchmaschinen zur Identifizierung) vergeben. Ferner können Sie die Seite hier mit einem Hintergrund-Sound versehen. Klicken Sie dazu auf die Schaltfläche *Durchsuchen* ... und wählen Sie über den Datei-Manager einen entsprechenden Sound aus. Verlassen Sie den Datei-Manager nach Auswahl über die Schaltfläche *Öffnen*. Anschließend befinden Sie sich wieder im Dialog für die *Webeigenschaften*. Entscheiden Sie nun durch Anklicken der entsprechenden Option, ob der Sound fortlaufend oder in einer einzugebenden Wiederholungszahl wiedergegeben werden soll.

3. Auf der Registerkarte *Website* können Sie Schlüsselwörter vergeben, unter denen Ihre Seite bei Aufruf einer Suchmaschine gefunden werden kann. Die Beschreibung erscheint dabei im erklärenden Text der Suchmaschine. Legen Sie unter *Zielpublikum* fest, welche Version der gängigen Browser Microsoft Explorer oder Netscape Navigator vom Betrachter mindestens verwendet werden muss. Stellen Sie ebenfalls die unterstützte Sprache für die Veröffentlichung ein.

Sie können die Web-Eigenschaften für jede einzelne Seite Ihrer Publikation festlegen. Allerdings ist dies sicherlich nur für die Vergabe von Hintergrund-Sound und unterschiedlichen Suchbegriffen sinnvoll.

HINWEIS

Webseitenvorschau

Die *Webseitenvorschau* ermöglicht es Ihnen, bereits vor Veröffentlichung im Internet Ihre Webseite in einem Browser zu betrachten. Publisher erstellt dazu eine temporäre HTML-Version der Webseite und startet diese in Ihrem Browser. Auf diese Weise können im Vorfelde vorliegende Gestaltungs- oder Programmierfehler ausgemacht werden. Die in der Vorschau verwendeten Hyperlinks sind voll funktionsfähig, sofern sie sich auf Ihre Webseite selbst oder Ihren lokalen Rechner beziehen. Für Hyperlinks zu fremden URLs müssen Sie eine Online-Verbindung zum Internet unterhalten.

1. Zum Erstellen einer Vorschau klicken Sie bitte im Menü *Datei* auf den Befehl *Webseitenvorschau* ...

2. Entscheiden Sie im gleichnamigen Dialogfenster über die Optionsfelder, ob Sie nur die aktuelle Seite oder die gesamte Website betrachten wollen.

Abbildung 29.22:
Start der Webseitenvorschau

3. Klicken Sie abschließend auf *OK*.
4. Es öffnet sich Ihr Browser und Ihre Seite wird simuliert. Nach Betrachtung schließen Sie den Browser wie gewohnt und können dann Ihre Website im Publisher weiterbearbeiten oder speichern (siehe ▶ *Speichern Ihrer Webseite*).

Speichern Ihrer Webseite

Falls Sie Ihre Datei zu einem späteren Zeitpunkt nochmals im Publisher bearbeiten möchten, sollten Sie die Webseite grundsätzlich erst im Publisher-Format speichern (siehe ▶ *Publisher Grundlagen/Laden und Speichern von Dateien*).

Sobald Sie mit Ihrer Arbeit zufrieden sind und diese reif ist für die Übertragung an Ihren Web-Provider, speichern Sie Ihre Website im HTML- bzw. HTM-Format.

TIPP Bevor Sie eine Webseite als solche speichern, sollten Sie diese erst durch den *Designdetektiv* überprüfen lassen. Der Detektiv stellt eventuelle Fehler, die sich in Ihre Website eingeschlichen haben, fest und hilft Ihnen bei deren Behebung.

1. Klicken Sie im Menü *Datei* auf *Als Webseite speichern*.
2. Wählen Sie im sich öffnenden Datei-Manager einen Speicherpfad und Dateinamen.
3. Bestätigen Sie mit *OK*.
4. Publisher transformiert nun Ihre Publikation in das unter *Webeigenschaften* eingestellte Format und speichert diese in dem unter Schritt 2 angegebenen Pfad zusammen mit allen verbundenen Grafiken. Von dort aus können Sie die Daten an Ihren Provider weiterreichen oder die Webseite über einen Browser starten.

HINWEIS Bereits bei Erstellung Ihrer Website sollten Sie immer auf kurze Download-Zeiten für den späteren Betrachter abzielen. Versuchen Sie deshalb, Grafikdateien möglichst klein zu halten, und achten Sie darauf, dass vorhandener Text auch als solcher im HTML-Format gespeichert werden kann. Text wird vom Publisher immer dann in Grafik mit wesentlich höherem Speicherbedarf umgewandelt, wenn der Textrahmen ein Zierrahmen ist, sich der Text in einer Tabelle befindet, der Rahmen über eine Farbe oder ein Muster verfügt, der Text gedreht wurde, der Text ein anderes Objekt oder innerhalb des Grafikbereichs ein anderes Objekt überlagert. Denn diese Form der Textdarstellung kennt HTML nicht, weshalb sie über vom Publisher entsprechend generierte Grafiken erfolgen muss.

Vorhandene Publikation in eine Webseite umwandeln

Um eine vorhandene Publikation, die ursprünglich für die Druckausgabe erstellt worden ist, in eine Webseite zu transformieren, stellt Ihnen der Publisher einen weiteren Assistenten zur Verfügung:

1. Öffnen Sie die Publikation, die Sie in eine Webseite transformieren wollen.
2. Klicken Sie im Menü Datei auf *Neue Webpublikation aus aktueller erstellen*.
3. Der *Designdetektiv* wird gestartet und überprüft die bisherige Publikation auf ihre Webtauglichkeit (siehe auch ▶ *Der Designdetektiv* und ▶ *Der Web-Vorschaudetektiv*). Nehmen Sie gegebenenfalls entsprechende Änderungen vor.

4. Zum Abschluss werden Sie noch gefragt, ob der Detektiv die Download-Zeit überprüfen soll. Bestätigen Sie die Anfrage und überarbeiten Sie eventuell Grafiken, die einen Download zu sehr belasten.
5. Nach Durchlauf des *Designdetektivs* beenden Sie den Vorgang mit *OK*.

Verbindung zu anderen Anwendungen

Ein gutes DTP-Programm wie der Publisher bietet Ihnen ein breites Spektrum von Möglichkeiten. Die Anwendungsoberfläche beinhaltet viele Funktionen aus dem Bereich der Text- und Bildbearbeitung. Eine Software, die mehrere Sparten abdeckt, kann jedoch nicht in allen Teilbereichen mit Spezialanwendungen für diesen oder jenen Zweck konkurrieren. Insbesondere im Bereich der Bildbearbeitung beschränkt sich der Publisher neben einfachen Zeichenfunktionen auf das Importieren vorhandener Grafiken und deren Nachbearbeitung in engen Grenzen (Größe und Farbe).

Allerdings bleiben Ihnen weitergehende Funktionen der Anwendungen aus dem Office-Paket bzw. von Windows allgemein und teilweise auch anderer Programme nicht verschlossen. Microsoft hat dazu eine Schnittstelle geschaffen, die es ermöglicht, so genannte OLE-Objekte (**O**bjekt **L**inking und **E**mbedding – Objekte verknüpfen und einbetten) in eine Anwendung wie den Publisher einzufügen. Der Publisher selbst stellt nur ein Abbild der Daten dar, während die eigentliche Bearbeitung im OLE-Quellprogramm erfolgt. Dabei haben Sie auch hier die Wahl, vorhandene Daten entweder in den Publisher einzubetten oder eine Verknüpfung mit der Quelldatei herzustellen (lesen Sie dazu auch ▶ *Einbetten oder Verknüpfen*).

HINWEIS

Sie haben übrigens die Funktionalität von OLE-Objekten schon kennen gelernt. Texte, die Sie in Microsoft Word bearbeiten (siehe ▶ *Text in Microsoft Word bearbeiten*), Schriftzüge in WordArt (siehe ▶ *Word-Art Objekte*) oder das Zeichnen mit Microsoft Draw (siehe ▶ *Microsoft Draw*) zählt zu den OLE-Anwendungen.

OLE-Objekt einfügen

1. Ziehen Sie entweder mit Hilfe des Grafikrahmen-Tools einen Rahmen in der gewünschten Größe auf der aktuellen Seite auf oder gehen Sie direkt zum nächsten Schritt, damit Publisher einen Rahmen mit vordefinierter Größe erstellt. Im zweiten Fall achten Sie bitte darauf, dass kein Objekt in Ihrer Publikation markiert ist. Selbstverständlich können Sie in beiden Fällen nachträglich Größe und Position ändern.
2. Klicken Sie im Menü *Einfügen* auf *Objekt ...* Es öffnet sich das in Abbildung 29.23 gezeigte Dialogfenster.

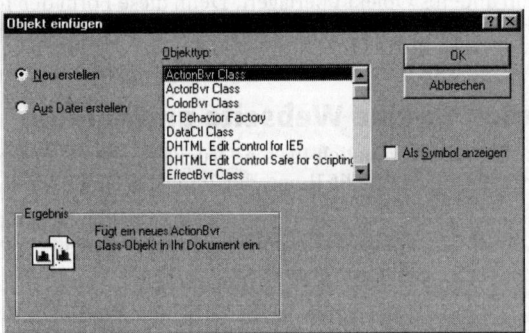

Abbildung 29.23: Einfügen eines OLE-Objekts

3. Ein neues Objekt erstellen Sie durch Aktivieren des Optionsfeldes *Neu erstellen* und Auswahl der gewünschten Anwendung aus der Liste unter *Objekttyp*. Alternativ können Sie auch eine vorhandene Datei einfügen, indem Sie das Optionsfeld *Aus Datei erstellen* anklicken und in dem ersatzweise für den Objekttyp angezeigten Eingabefeld Verzeichnis und Dateinamen eingeben.

HINWEIS Ein neu erstelltes Objekt wird mangels Ursprungsdatei stets eingebettet. Bei einem Objekt aus einer vorhandenen Datei haben Sie die Wahl. Soll das Objekt verknüpft werden, müssen Sie das Optionsfeld *Link* durch Anklicken aktivieren (erkennbar durch ein vorangestelltes Häkchen).

4. Bestätigen Sie mit *OK*. In Abhängigkeit von Ihrer Entscheidung im dritten Bearbeitungsschritt wird entweder die entsprechende Anwendung (Quellprogramm) zwecks Objekterstellung gestartet oder die gewählte Datei direkt auf Ihrer Seite im Publisher eingefügt. Ein gestartetes Quellprogramm wird dabei entweder in einem eigenständigen Fenster angezeigt, welches man abschließend über einen *Beenden*-Befehl (meist im Menü *Datei*) wieder verlässt, oder es wird im Publisher integriert angezeigt. Im letzteren Fall enthalten die Symbolleisten so lange die Funktionen des Quellprogramms, bis Sie außerhalb des Objektrahmens auf der Arbeitsoberfläche von Publisher klicken.

HINWEIS Nachdem ein Objekt eingefügt wurde, kann das Quellprogramm zur erneuten Bearbeitung durch Doppelklick auf das Objekt selbst oder nach erfolgter Markierung über das Menü *Bearbeiten/»Anwendungsname«-Objekt/Öffnen* bzw. *Bearbeiten* gestartet werden.

Verknüpfte OLE-Objekte aktualisieren

Sofern Sie sich beim Einfügen eines OLE-Objektes für eine Verknüpfung (Link) entschieden haben, können Sie diese ähnlich dem Grafik-Manager auch nachträglich ändern bzw. aktualisieren:

1. Wählen Sie dazu aus dem Menü *Datei* den Befehl *Verknüpfungen* ...
2. Es öffnet sich das Dialogfenster *Links*, welches alle vorhandenen Verknüpfungen in Ihrer Publikation anzeigt. Sie erhalten Informationen zu Speicherort, Dateiname, Dateityp und Aktualisierungsvariante. Markieren Sie das Objekt, um Änderungen vornehmen zu können.

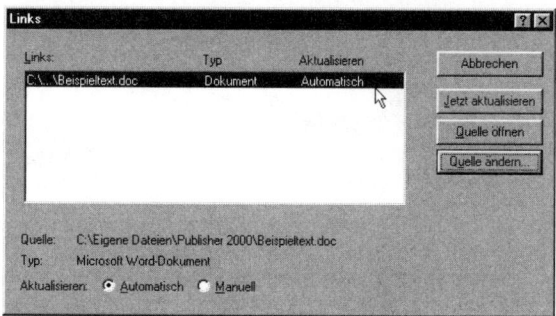

Abbildung 29.24: Dialog zur Bearbeitung von Verküpfungen

3. Sofern Sie den Dateiinhalt mit dem Quellprogramm bearbeiten möchten, klicken Sie auf die Schaltfläche *Quelle öffnen*. Die Schaltfläche *Quelle ändern* ermöglicht es Ihnen, über den Datei-Manager einen abweichenden Speicherort bzw. eine andere Datei für die Verknüpfung anzugeben. Die Optionsfelder *Automatisch* und *Manuell* für die Aktualisicrung haben folgende Auswirkung. In der Einstellung

Automatisch überprüft Publisher in regelmäßigen Abständen, ob an der verknüpften Datei Änderungen vorgenommen wurden, und aktualisiert dann die Darstellung in Ihrer Publikation entsprechend. Die Einstellung *Manuell* verhindert die automatische Überprüfung durch den Publisher. Eine Aktualisierung findet nur dann statt, wenn Sie auf das Objekt in Ihrer Publikation klicken, die Publikation ausdrucken oder im Verknüpfungsdialog die Schaltfläche *Jetzt aktualisieren* betätigen.

Die Detektive

Keine Angst, hier geht es nicht um kriminalistische Aktivitäten. Vielmehr bietet der Publisher für die Überprüfung Ihrer Publikation vor Ausdruck bzw. Veröffentlichung im Internet einen *Designdetektiv*, bei Druckproblemen einen *Druckdetektiv* und bei Problemen hinsichtlich der Darstellung von Webseiten im Browser den *Web-Vorschaudetektiv* an.

Der Designdetektiv

1. Wählen Sie im Menü *Extras* den Befehl *Designdetektiv* ...
2. Es öffnet sich das gleichnamige Dialogfenster. An dieser Stelle legen Sie fest, welcher Bereich Ihrer Publikation auf eventuelle Fehler überprüft werden soll.

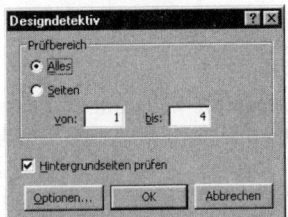

Abbildung 29.25:
Dialog des Designdetektivs

3. Durch Betätigen der Schaltfläche *Optionen* legen Sie die Prüfmaßstäbe des Detektivs fest. Dabei unterscheiden sich die Dialogfenster für zu druckende Publikationen (Abbildung 29.26) und Webseiten durch die zur Verfügung stehenden Prüfkriterien.

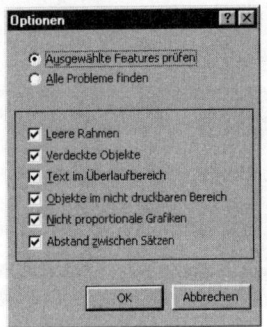

Abbildung 29.26:
Prüfoptionen für Druckausgabe

4. Mit *OK* verlassen Sie die Optionseinstellungen und starten durch nochmaliges *OK* die Prüfroutine.

5. Stellt der Detektiv einen möglichen Fehler fest, weist er Sie darauf hin und bietet Ihnen zielgerichtet Lösungsmöglichkeiten an. Sie können wahlweise zusätzliche Informationen aus dem Hilfesystem über die Schaltfläche *Erklären* erhalten. Sofern Sie fortfahren wollen, betätigen Sie die Schaltfläche *Weiter*.

Abbildung 29.27:
Korrekturdialog
des Design-
detektivs

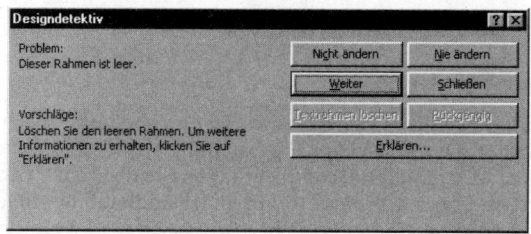

6. Abschließend erhalten Sie einen Hinweis, dass die Überprüfung des Designs beendet ist.

Der Druckdetektiv

Während es sich beim *Designdetektiv* um einen menügesteuerten Assistenten handelt, der aktiv tätig wird, ist der *Druckdetektiv* Bestandteil des Hilfesystems von Publisher. Durch gezielte Fragestellung wird versucht, die Ursache für Ihr Druckproblem zu finden.

1. Klicken Sie im Menü ? auf den Befehl *Druckdetektiv*.

Abbildung 29.28:
Die Hilfeseite des
Druckdetektivs

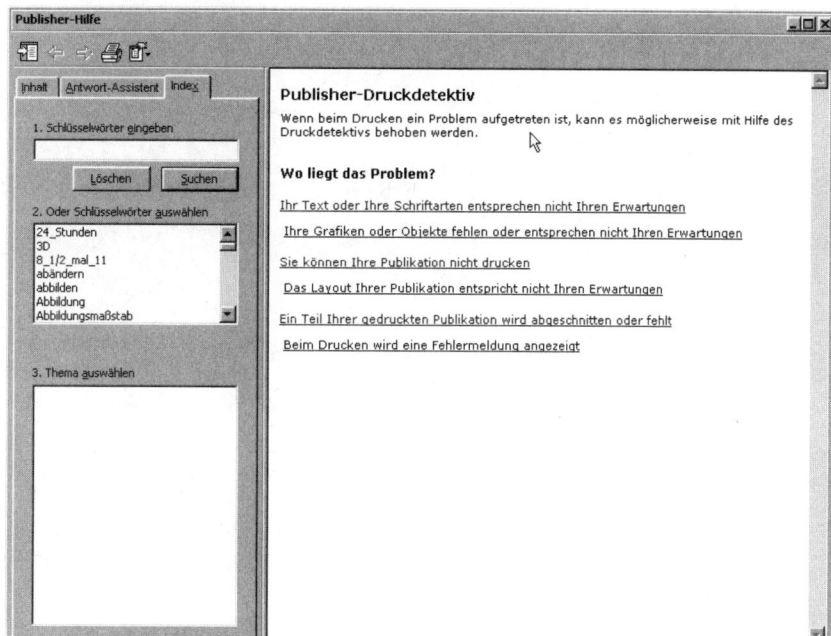

Drucken und Erstellen von Webseiten

2. Folgen Sie dabei den Anweisungen, die Ihnen das Hilfesystem erteilt.
3. Abschließend beenden Sie das Hilfesystem über das Schließkreuz des Dialogfensters.

TIPP Möchten Sie, dass Publisher den Druckdetektiv beim Ausdruck automatisch startet, dann aktivieren Sie die Option *Automatisch Druckdetektiv anzeigen* über das Menü *Extras/Optionen* in der Registerkarte *Drucken*.

Der Web-Vorschaudetektiv

Vergleichbar mit dem *Druckdetektiv* ist der *Web-Vorschaudetektiv* ebenfalls Bestandteil des Hilfesystems von Publisher. Durch gezielte Fragestellung wird versucht, die Ursache für Ihr Problem zu finden. Auch diesen Detektiv erhalten Sie über das *?* in der Menüleiste unter dem Punkt *Web-Vorschaudetektiv*. Für die Handhabung gilt das unter ▶ *Der Druckdetektiv* Gesagte.

TIPP Wollen Sie, dass Publisher den Web-Vorschaudetektiv bei der Webseitenvorschau automatisch startet, dann aktivieren Sie die Option *Website mit Vorschaudetektiv anzeigen* über das Menü *Extras/Optionen* in der Registerkarte *Benutzerunterstützung*.

Teil E
Outlook 2000

- 731 Hallo Newbies. Einsteiger willkommen!
- 791 E-Mails – Das Tor zur Welt
- 825 Terminverwaltung für Profis
- 833 Kontakte – Adressbuch für Profis
- 843 Journale – Das Tagewerk im Griff
- 853 Aufgaben – Denn Sie wissen was andere tun ...
- 855 Notizen – Elektronischer Zettelkasten

Unter den verschiedenen Office-Anwendungen ist Outlook der Fachmann für alle Fragen der Kommunikation und Organisation. Denn mit Outlook senden und empfangen Sie nicht nur E-Mails, sondern verwalten auch gleichzeitig Ihre Termine, ToDo-Listen, Kontakte und Notizen. Wie Sie Outlook effektiv als Schaltzentrale für Ihre Selbstorganisation nutzen, zeigen Ihnen die sieben folgenden Kapitel im Teil E des Buches.

Kapitel 30 dient dabei als Einführung in die grundlegenden Konzepte von Outlook und demonstriert Ihnen die Arbeit mit Ansichten, Ordnern, Elementen und Kategorien. Um das Senden und Empfangen von E-Mails geht es anschließend im Kapitel 31. Von der Konfiguration der Internet-Dienste bis hin zur Eingabe von Regeln für das Aussondern unerwünschter E-Mails (Spam) werden alle wichtigen Aspekte des Umgangs mit elektronischer Post behandelt.

Danach widmen sich die Kapitel 32 und 33 der Rolle Outlooks als Personal Information Manager. Hier geht es um Termine, Kontakte und Informationen und wie man diese am besten verwaltet und verknüpft.

Journale, über die alle täglichen Aktivitäten wie das Schreiben von Briefen mit Word oder das Erstellen einer Kalkulation mit Excel in einer Art Tagebuch festgehalten werden können, stellt Ihnen das Kapitel 34 vor. Und in Kapitel 35 finden Sie Informationen über die Verwaltung von Aufgaben mit Outlook. Hintergrund ist hier der Wunsch, Aufgaben und Projekte zu verwalten und miteinander in Einklang zu bringen. Zum Schluss wird in Kapitel 36 dann noch der elektronische Notizzettelkasten vorgestellt, der die kleinen gelben Haftis am Monitorgehäuse größtenteils arbeitslos machen kann.

30 Hallo Newbies. Einsteiger willkommen!

732	Die Objekte von Outlook
733	Objekte erstellen und bearbeiten
740	Umgang mit Ordnern
749	Die Outlook-Leiste
751	Alles Ansichtssache
754	Die fünf Basis-Ansichten
766	Ansichten auswählen, bearbeiten und erstellen
785	Kategorisierung von Outlook-Elementen
786	Verknüpfung mit Kontakten
787	Kennzeichnung von Elementen
788	Was ist neu an Outlook 2000?

Outlook 2000 ist das perfekte Werkzeug zur Organisation Ihrer persönlichen Belange. Dazu gehört die Verwaltung von Terminen, Kontakten und Aufgaben. Weil elektronische Kommunikation immer mehr in den Bereich der persönlichen Angelegenheiten hineinreicht, vereint Outlook 2000 zudem einen so genannten E-Mail-Client – ein Programm, mit dem Sie die an Sie gerichteten Nachrichten aus dem Internet abholen und Nachrichten an andere versenden können (siehe Abbildung 30.1).

Outlook 2000 ist ähnlich wie Ihre Festplatten in verschiedenen Ordnern organisiert. Doch anders als die Ordner auf Ihrer Festplatte können die Ordner von Outlook nur Elemente eines speziellen Typs enthalten. Der *Kontakte*-Ordner kann beispielsweise nur Kontakte aufnehmen. Der *Posteingang*-Ordner kann nur elektronische Nachrichten verwalten. Die einzige Ausnahme bildet der Ordner *Gelöschte Objekte*, der ähnlich wie der Papierkorb auf dem Windows-Desktop die zum Löschen vorgesehenen Objekte aller Typen aufnimmt.

Zu den bereits nach der Installation verfügbaren Ordnern lassen sich neue Ordner erstellen. Das erlaubt die Organisation der von Outlook verwalteten Daten nach Ihren Wünschen und Maßstäben. Oft ist es beispielsweise wünschenswert, die Kontakte in private und geschäftliche Kontakte zu unterteilen. Zwei neue Ordner vom Typ *Kontakt* ermöglichen dies. Und wer projektbezogen arbeitet, kann beispielsweise für jedes Projekt einen separaten E-Mail-Ordner anlegen, in dem alle zur Abwicklung des Projekts

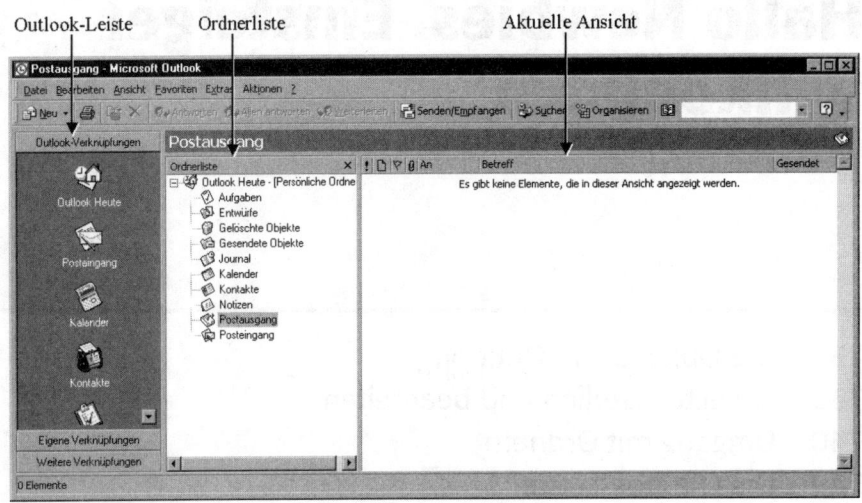

Abbildung 30.1:
Der Aufbau des Outlook-Fensters

eingehenden E-Mails gesammelt werden. Durch diese Freiheit fällt der erste Kontakt mit Outlook leider oft etwas unangenehm aus, denn Outlook ist ein wahres Multitalent, aber so richtig fassen lassen sich seine Funktionen erst beim genauen Hinsehen.

Die Objekte von Outlook

Outlook verwaltet sechs Arten von Objekten:

Objekttyp	Beschreibung
Aufgabe	Objekte vom Typ *Aufgabe* dienen der Verwaltung in sich abgeschlossener Vorgänge oder Verpflichtungen. Eine Aufgabe wird im Wesentlichen über ihren Beginn, ihr Fälligkeitsdatum und ihren aktuellen Bearbeitungszustand (Status) definiert. Aufgaben lassen sich delegieren, indem Sie sie per E-Mail an eine andere Person weiterleiten. Allerdings ersetzt die Aufgabenverwaltung von Outlook kein Projektplanungssystem, weil Outlook z.B. keine Möglichkeiten zur Planung voneinander abhängiger Aufgaben kennt (z.B. Aufgabe »Erdgeschoss« erst beginnen, wenn die Aufgabe »Keller« beendet wurde). Für in sich abgeschlossene Vorgänge sind die Aufgaben von Outlook jedoch gut geeignet.
E-Mail	Outlook wird oft auf seine Funktion als E-Mail-Client reduziert. Das Senden und Empfangen elektronischer Post ist sicher eine wichtige Aufgabe von Outlook, doch im Gegensatz zu Outlook Express, der »abgespeckten« Variante von Outlook 2000, ist Outlook 2000 durch die hohe Integration mit Kontakten, Aufgaben, Journalen usw. wesentlich mehr.
Journal	Das Journal (»Tagebuch«) überwacht, welche Office-Anwendung wann, wie lange zur Bearbeitung welcher Datei gestartet wurde.
Kontakt	Kontakte speichern personenbezogene Informationen wie Name, Adresse und Telefonnummer. Kontakte sind eines der zentralen Elemente von Outlook, weil sich alle anderen Objekte mit einem Kontakt verknüpfen lassen. So erhalten Sie bei der Ansicht der Kontaktdaten eine Liste der mit dem Kontakt verbundenen *Aktivitäten*. Die Aktivitätenliste gibt beispielsweise Auskunft darüber, welche E-Mails an einen Kontakt gesendet wurden, mit welchen Aufgabe der Kontakt in Beziehung steht etc. ▶

Tabelle 30.1:
Die Objekte von Outlook

Objekttyp	Beschreibung
Notiz	Notizen sind kurze Hinweistexte, die im *Notizen*-Ordner gespeichert werden.
Termin	Der Terminkalender von Outlook hält Sie über die wichtigen Ereignisse auf dem Laufenden. Ein Termin besteht im Wesentlichen aus einem Terminbeginn und einem Terminende. Außerdem lassen sich eine Kurzbeschreibung (*Mittagessen mit Hanni*) und zusätzliche Notizen zu einem Termin speichern. Um zu verhindern, dass Sie einen Termin vergessen, lässt sich ein automatischer Alarm einstellen, der eine geraume Zeit vor Terminbeginn einen Warnhinweis ausgibt.

Objekte erstellen und bearbeiten

Sobald Sie einen Ordner aus der Outlook-Leiste oder Ordnerliste auswählen, wird sein Inhalt in der Ansicht dargestellt. Outlook stellt die enthaltenen Objekte dazu in einer Tabelle, Zeitleiste oder als so genannte Karte dar:

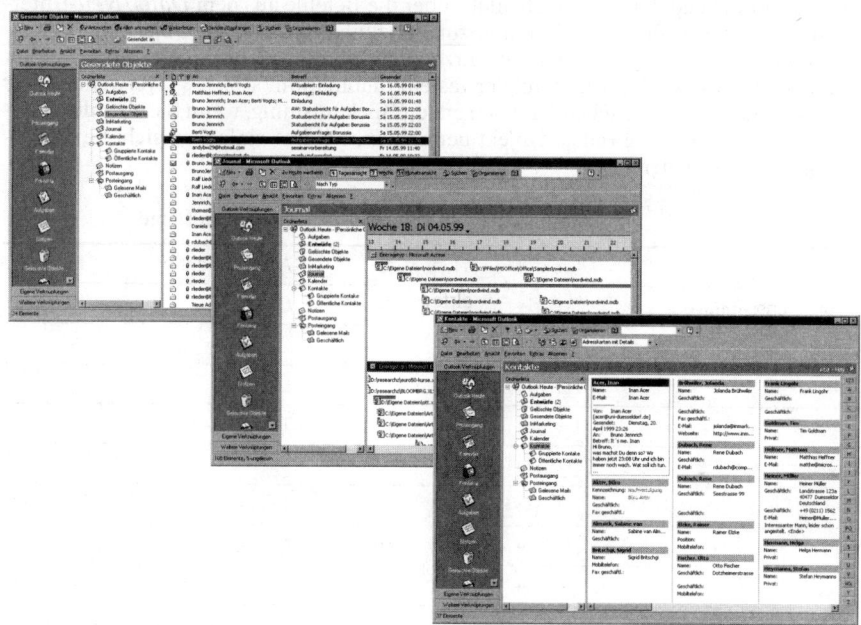

Abbildung 30.2:
Verschiedene Ordneransichten (Tabelle, Zeitleiste, Karten)

Ein Klick auf die *Neu*-Schaltfläche führt dazu, dass im aktuellen Ordner ein neues Objekt erstellt wird. Nach Auswahl dieser Schaltfläche öffnet Outlook automatisch ein leeres Eingabeformular, in das Sie die Daten des neuen Objekts eintragen.

Hinter der *Neu*-Schaltfläche verbirgt sich außerdem das folgende Menü, das es Ihnen ermöglicht, ein beliebiges Outlook-Objekt ohne vorherigen Wechsel in den jeweiligen Ordner zu erstellen:

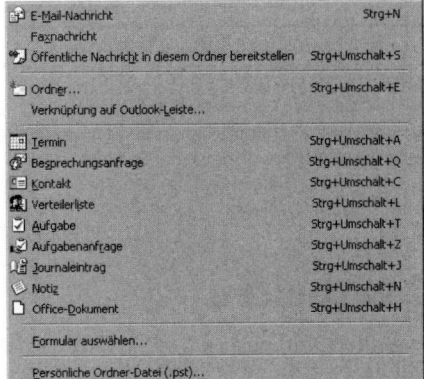

Abbildung 30.3:
Das Neu-*Menü*

Die Erstellung neuer Objekte ist ebenfalls über die Befehle aus dem *Datei/Neu*-Untermenü möglich. Die Tastenkombination zur Erstellung eines neuen Objekts im aktuellen Ordner lautet [Strg]+[N]. Für die Erzeugung eines beliebigen Elements werden Tastenkombinationen basierend auf der Tastenkombination [Strg]+[⇧] verwendet. Der nachfolgende Buchstabe scheint auf den ersten Blick unsinnig, wenn Sie aber die englischen Begriffe für das jeweilige Objekt betrachten, wird es einfacher, sich die Tastenkombinationen zu merken:

HINWEIS

Element	Tastatur	Englischer Name
Termin	[Strg]+[⇧]+[A]	Appointment
Besprechungsanfrage	[Strg]+[⇧]+[Q]	Question
Kontakt	[Strg]+[⇧]+[C]	Contact
Verteilerliste	[Strg]+[⇧]+[L]	List
Aufgabe	[Strg]+[⇧]+[T]	Task
Aufgabenanfrage	[Strg]+[⇧]+[Z]	–
Journaleintrag	[Strg]+[⇧]+[F12]	Journal
Notiz	[Strg]+[⇧]+[N]	Notice
Office-Dokument	[Strg]+[⇧]+[H]	–

Tabelle 30.2:
Tastenkombinationen zur Erzeugung neuer Elemente

Outlook-Objekte lassen sich auf verschiedene Arten und Weisen bearbeiten. Zum einen lassen sich die Objekte direkt in der Ansicht eines Ordners editieren. Das gilt besonders für die Kartenansicht von Kontakten. Nach der Selektion eines Kontaktes führt ein erneuter Klick (kein Doppelklick!) auf die Telefonnummer oder Adresse eines Kontaktes dazu, dass noch in der Ordneransicht eine Einfügemarke die Bearbeitung des Eintrags gestattet.

Wer Schwierigkeiten mit dem Timing für den zweiten Klick auf ein Objekt zu seiner Bearbeitung hat, kann nach seiner Markierung über die Taste [F2] in den Bearbeitungsmodus wechseln.

TIPP

Weil die Bearbeitung eines Outlook-Elements innerhalb der Ordneransicht nur Zugriff auf einen kleinen Teil des Objekts gestattet, ist es oft sinnvoller, das zu einem Element gehörende Formular aufzurufen. Da die Bearbeitung aller Objekte über Formulare für alle Objekte identisch ist, an dieser Stelle die Erläuterung der Grundoperationen.

Bearbeitung über Formulare

Formulare öffnen

Die in der Ordneransicht markierten Elemente werden durch Betätigung der ⏎-Taste, durch Doppelklick oder durch den Befehl *Öffnen* bzw. *Ausgewählte Elemente öffnen* aus dem Kontextmenü bzw. *Datei*-Menü zur Bearbeitung in einem Formular angezeigt:

Abbildung 30.4:
Ein Eingabeformular (hier zur Bearbeitung eines Kontaktes)

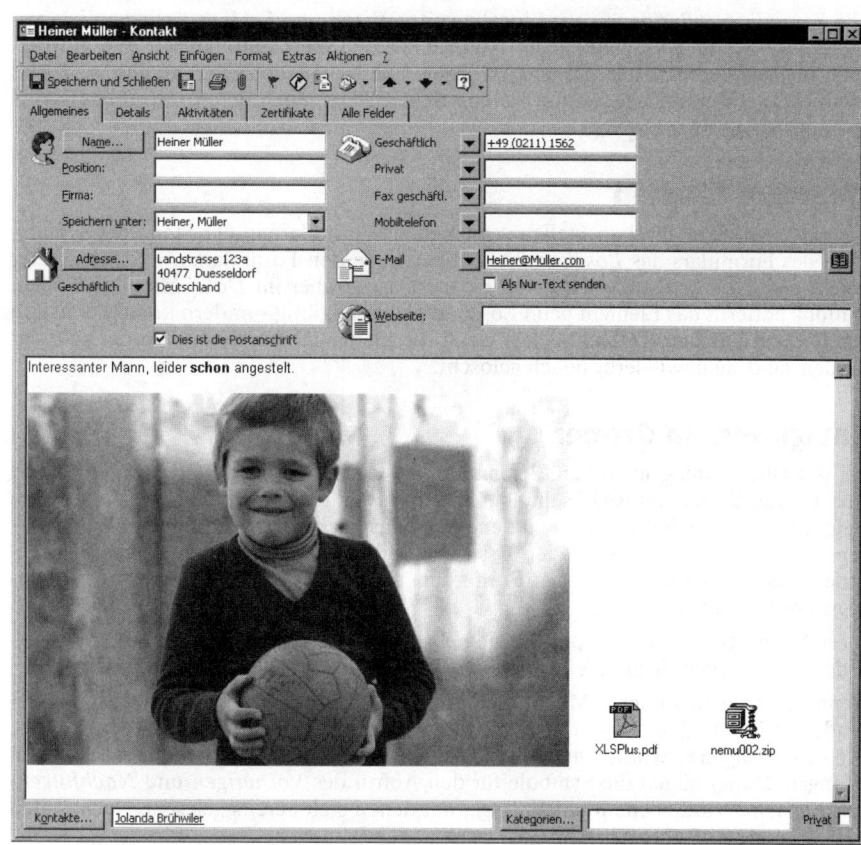

TIPP Die Tastenkombination zum Öffnen eines markierten Elements lautet Strg+O.

Wurden mehrere Elemente in der Ordneransicht markiert, öffnet Outlook für jedes Element ein separates Formular. Weil dieser Vorgang einige Zeit in Anspruch nehmen kann, erbittet Outlook vorher allerdings eine Bestätigung.

Abbildung 30.5:
Alle markierten Elemente in einem separaten Formular öffnen?

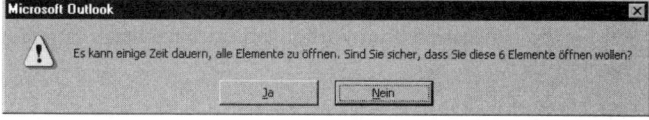

Hallo Newbies. Einsteiger willkommen!

Formulare speichern

Änderungen an neuen oder bereits bestehenden Elementen werden auf jeden Fall gespeichert, wenn Sie das Formular schließen. Allerdings »nervt« Outlook dabei mit einer Sicherheitsabfrage, falls ein bestehender Eintrag überschrieben werden soll. Durch Klick auf die *Speichern und Schießen*-Schaltfläche umgehen Sie diese Sicherheitsabfrage.

Alle Formulare außer denen zur Eingabe von *Notizen* und E-Mails besitzen die *Speichern und Schließen*-Schaltfläche. Notizen werden stets automatisch und E-Mails über den *Speichern*-Befehl gespeichert, dabei allerdings noch nicht geschlossen. Das geschieht erst durch Klick auf die *Senden*-Schaltfläche, nach deren Aufruf die E-Mail im *Entwürfe*-Ordner abgelegt wird.

Elemente löschen

Um ein Element zu löschen, stellen verschiedene Formulare in der *Standard*-Symbolleiste des Formulars das *Löschen*-Symbol bereit. In den Formularen, in denen dieser Befehl nicht in der Symbolleiste verfügbar ist, ist er aber im *Datei*-Menü zu finden. Outlook entfernt das Element beim Löschen nicht endgültig, sondern kopiert es erst in den Ordner *Gelöschte Objekte*. Erst wenn die Elemente aus diesem Ordner gelöscht werden, sind sie unwiederbringlich gelöscht.

Löschen

Navigation im Ordner

Bei der Überprüfung mehrerer Elemente eines Ordners wird der Wechsel zwischen Ordner- und Formularansicht sehr schnell sehr lästig. Jedes Formular (außer Notizen) bietet daher zwei Schaltflächen, mit denen sich das nächste bzw. vorherige Element aus dem Ordner in das Formular laden lässt. Die Reihenfolge, in der die Elemente durchlaufen werden, bestimmen dabei Sortierung und Filterung (siehe ▶ Seite 767) des zugrunde liegenden Ordners.

Vorheriges *und* Nächstes Element

Diese beiden Schaltflächen spiegeln sich ebenfalls im *Ansicht*-Menü eines Formulars wider. Dort werden sie auf die Untermenüs *Vorheriges* und *Nächstes* abgebildet.

Wenn Sie Aufgaben oder E-Mails elementweise durchforsten, kann die zugrunde liegende Sortierung dazu führen, dass Sie sich durch eine Menge bereits gelesener bzw. erledigter Aufgaben wühlen müssen, bevor Sie zu einem wirklich wichtigen Element gelangen. Daher bieten die Symbole für den Aufruf des *Vorherigen* und *Nachfolgenden Elements* zusätzliche Menüeinträge, mit denen sich bereits gelesene Nachrichten oder erledigte Aufgaben überspringen lassen.

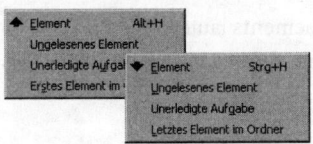

Abbildung 30.6:
Menüs, um Elemente zu überspringen bereits bearbeiteter Elemente

> **TIPP** Die Tastenkombinationen für die Navigation zum vorherigen oder nächsten Element lauten [Alt]+[H] bzw. [Strg]+[H].

Elemente verschieben

Wenn die Anzahl der Elemente in einem Ordner stark angewachsen ist, ist es Zeit, die Elemente »auszudünnen«. Legen Sie dazu weitere Ordner (siehe ▶ Seite 740) an und verschieben Sie die Elemente in die neuen Ordner.

In Ordner verschieben...

Diese Verschiebung erfolgt am einfachsten mit der Maus, indem Sie die zu verschiebenden Objekte in der Ansicht eines Ordners aufnehmen und auf den jeweiligen Ordner in der Ordnerleiste oder Outlook-Leiste verschieben. Das setzt allerdings voraus, dass bereits aufgrund der Betreffzeile klar ersichtlich ist, wohin beispielsweise eine E-Mail verschoben werden muss. Wenn Sie die Elemente zuvor aber erst durchsehen müssen, wird es sehr mühsam, erst das Formular aufzurufen, um das Element anschließend in der Ordneransicht zu verschieben. In vielen Formularen befindet sich daher in der *Standard*-Symbolleiste das Symbol *In Ordner verschieben...* Falls dieses Symbol nicht verfügbar ist, befindet sich allerdings der gleichlautende Befehl im *Datei*-Menü.

Wollen Sie das Element über die Symbolleiste verschieben, erscheint das folgende Menü, das Zugriff auf die Ordner von Outlook gewährt:

Abbildung 30.7:
Verschieben eines Elements über die Symbolleiste

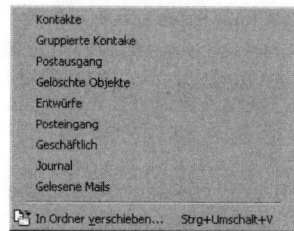

Falls Sie den Befehl *In Ordner verschieben...* aufrufen, zeigt Outlook den folgenden Dialog, in dem Sie den Zielordner aus der Baumstruktur wählen. Der Vorteil dieses Dialogs besteht darin, dass Sie hier bei Bedarf auch neue Ordner erstellen können:

Abbildung 30.8:
Zielordner für das Verschieben wählen

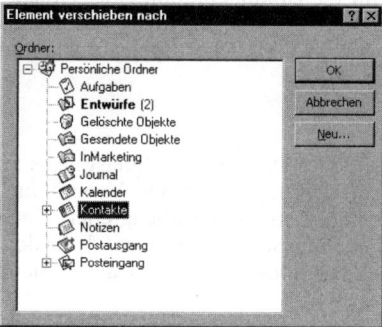

Elemente kopieren

Neben dem Befehl zum Verschieben von Elementen stellt das *Datei*-Menü auch Befehle zum Kopieren eines Elements bereit. Die Nutzung dieses Befehls ist allerdings selten empfehlenswert, wenn Sie mehrere Kopien eines Elements erzeugen. Bei Kontakten wird das beispielsweise sehr unangenehm, wenn sich die Adresse oder Telefonnummer ändert. Werden die Änderungen nur in einer Kopie reflektiert, ist die Verwirrung beim nächsten Anruf vorprogrammiert, den Sie wissen nicht mehr, welcher Kontakt der aktuelle ist.

Abgeleitete Elemente

Besonders das Kontaktformular bietet die Möglichkeit, neue Elemente vom dargestellten Kontakt abzuleiten. So lässt sich auf Knopfdruck eine neue E-Mail an den Kontakt erstellen oder ein Word-Dokument für das Schreiben eines Briefs an den Kontakt erzeugen. Sowohl die Symbolleiste als auch das *Aktionen*-Menü eines Formulars stellen dazu verschiedene Befehle bereit. Bei der Beschreibung der Formulare zur Eingabe der jeweiligen Elemente werden wir genauer auf diese Befehle eingehen.

Notizen und Anlagen

Jedes Outlook-Element ist in der Lage, eine Notiz aufzunehmen. Bei Notiz-Elementen versteht sich das von selbst, bei E-Mail-Objekten spricht man dagegen nicht von Notizen, sondern von der zu versendenden Nachricht.

Im Allgemeinen bestehen Notizen zu einem Outlook-Element sowie E-Mail-Nachricht aus einem einfachen Text. Allerdings lassen sich neben dem »schnöden« Text auch OLE-Objekte, Verknüpfungen zu anderen Outlook-Objekten und vor allem auch Verknüpfungen zu beliebigen Dateien in die Notiz aufnehmen. Das *Kontakt*-Formular aus Abbildung 30.4 zeigt eindrucksvoll, wie ein Kontakt über das Notizenfeld mit Bildern und Dateien »gespickt« werden kann.

Diese Zusätze werden *Anlagen* genannt – wobei dieser Begriff vor allem durch die Kommunikationsform *E-Mail* geprägt wurde, aber von Outlook auch für die Notiz-Zusätze innerhalb anderer Elemente verwendet wird. Anhänge werden in das Nachrichtenfeld eines Outlook-Objekts entweder per Drag & Drop (z. B. aus dem Windows-Explorer), über das *Büroklammer*-Symbol oder über das *Einfügen*-Menü in das Nachrichtenfeld üblicherweise eingebettet.

HINWEIS Das Einbetten der Anlagen hat sowohl Vor- als auch Nachteile. Der größte Vorteil besteht darin, dass eine Anlage immer einen Schnappschuss des aktuellen Zustands einer Datei oder eines Objekts darstellt. Das ist für die Dokumentation eines Arbeitsverlaufs recht sinnvoll. Der Nachteil: Outlook speichert die eingebetteten Dateien als separate Kopie in der internen Datenbank, wodurch zusätzlicher Speicherplatz auf Ihrer Festplatte belegt wird.

Verknüpfen oder Einbetten?

Um Verknüpfungen auf andere Outlook-Elemente oder Dateien des Dateisystems zu erstellen, sind die interaktiven Drag & Drop-Methoden ungeeignet. Für Verknüpfungen müssen Sie vielmehr auf das *Einfügen*-Menü eines Formulars zurückgreifen. Nach Aufruf des *Element...*-Befehls aus dem *Einfügen*-Menü erscheint der folgende Dialog, der in einer Baum- und Listenansicht Zugriff auf alle Outlook-Elemente gestattet (siehe Abbildung 30.9).

Wie die ausgewählten Elemente in die aktuelle Notiz eines Formulars eingebunden werden, entscheidet die Optionsgruppe *Einfügen als*. Wählen Sie hier die Option *Nur Text*, wird der Inhalt der einzufügenden Elemente als Text übernommen. Die Option *Anlage* fügt die Elemente als separate Kopie in die Notiz ein. Die Option *Verknüpfung* legt eine Verknüpfung auf das Element ab (siehe Abbildung 30.10).

Abbildung 30.9:
Element in Notiz einfügen oder verknüpfen

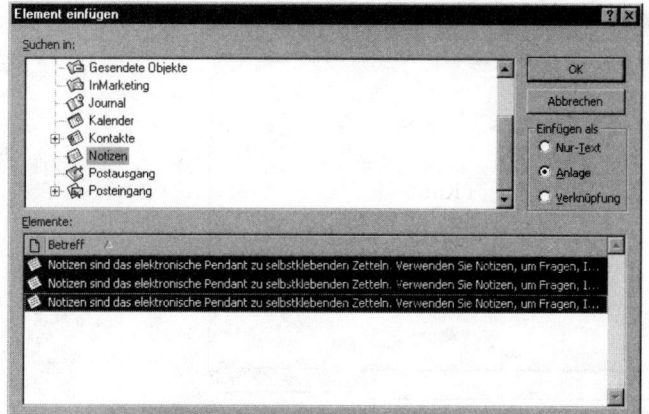

Abbildung 30.10:
Nur Text, Anlage oder als Verknüpfung auf ein Outlook-Element

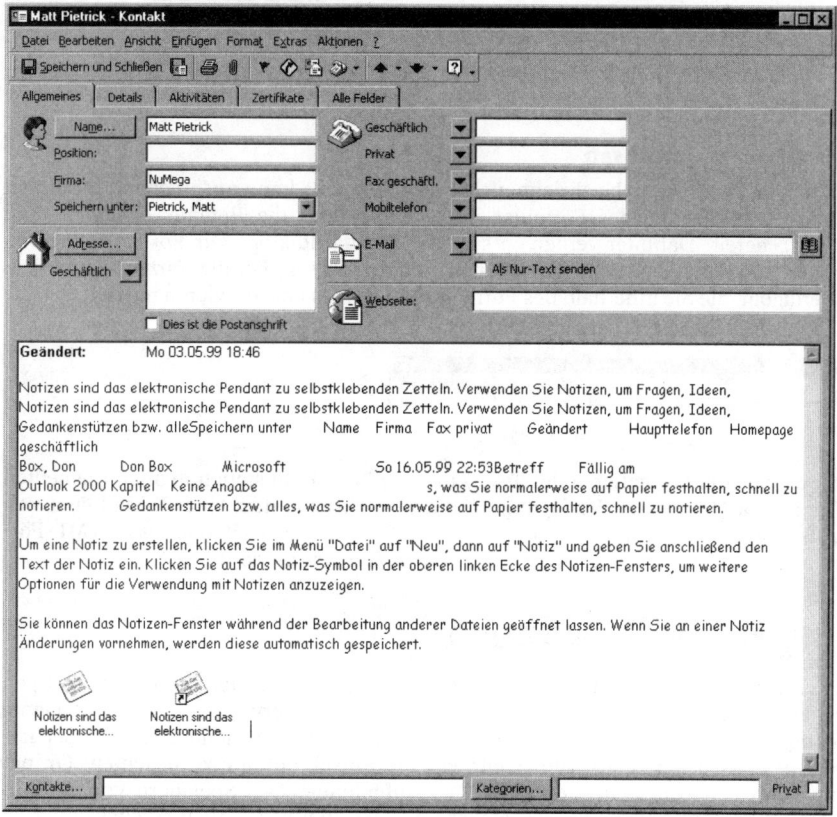

Datei als Anlage einfügen

Wie eine Datei in die Notiz eines Outlook-Objekts eingefügt wird, entscheiden Sie nach Auswahl des Befehl *Einfügen/Datei...* im Menü der *Einfügen*-Schaltfläche des *Datei einfügen*-Dialogs:

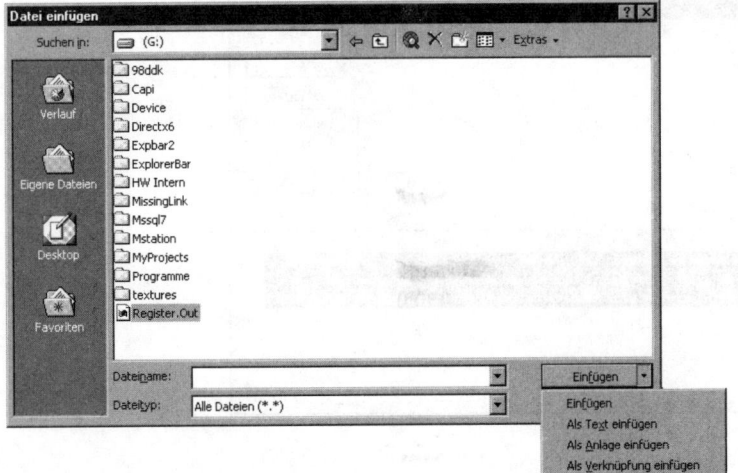

Abbildung 30.11:
Der Datei einfügen-*Dialog*

Hier stehen die Optionen *Als Text*, *Als Anlage* und *Als Verknüpfung einfügen* zur Auswahl.

Format Zeichen und Absatz

Der Text im Notiz- bzw. Nachrichtenfeld eines Elements kann ansprechend formatiert werden. Dazu stellt jedes Formular im *Format*-Menü die Befehle *Zeichen*... und *Absatz*... bereit. Dahinter verbergen sich die Standarddialoge zur Formatierung von Zeichen und Absätzen. Diese Funktionen sind außerdem über die *Format*-Symbolleiste verfügbar, die Sie innerhalb des Formulars allerdings erst aktivieren müssen:

Abbildung 30.12:
Die Format-*Symbolleiste im Formular*

Die Befehle zum Formatieren des Textes in einer Nachricht stehen in allen Elementen außer in den Notizen zur Verfügung. Und der Nachrichtentext einer E-Mail lässt sich nur dann formatieren, wenn das Format der E-Mail auf das RTF- oder das HTML-Format umgestellt wurde (siehe ▶ Kapitel 31, *E-Mails formatieren*).

HINWEIS

Umgang mit Ordnern

Neben der Manipulation der einzelnen Elemente erlaubt Outlook auch das Anlegen eigener Ordner. Damit lassen sich die Elemente optimal verwalten – private Elemente oder die zu einer Aufgabe oder einem Kontakt gehörenden Elemente werden in separaten Ordner gespeichert. Allerdings gibt es eine Einschränkung zu beachten: Ordner können nur Elemente eines einzigen Typs aufnehmen. Das Speichern von E-Mail-Nachrichten und Kontakten in einem Ordner ist beispielsweise nicht möglich.

Neue Ordner werden über den Befehl *Datei/Neu/Ordner*... erstellt. Im Kontextmenü der Ordnerliste ist außerdem der Befehl *Neuer Ordner*... enthalten. Outlook zeigt nach Aufruf dieses Befehls einen Dialog, der den Namen des neuen Ordners entgegennimmt und der außerdem die Art der zu speichernden Elemente erfragt. Hier stehen zur Auswahl: *Aufgaben*, *E-Mail*, *Journal*, *Kontakt*, *Notiz* und *Termin*. Außerdem müssen Sie angeben, in welchem Ordner der neuer Ordner als Unterordner abgelegt werden soll:

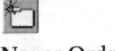

Neuer Ordner

Abbildung 30.13:
Neuen Ordner
erstellen

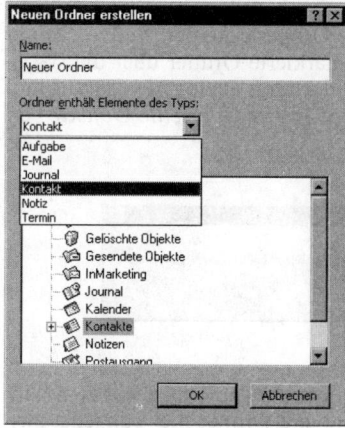

| Ordner umbenennen | Um einen bestehenden Ordner umzubenennen, stellt das *Datei/Ordner*-Untermenü den Befehl *Ordner umbenennen* zur Verfügung. Nach Auswahl dieses Befehls erfolgt die Eingabe des neuen Namens unmittelbar in der Ordnerliste. |

TIPP Nach der Markierung eines Ordners in der Ordnerliste lässt er sich ebenfalls nach Betätigung der F2-Taste umbenennen.

Verschieben — Weil zu viele Ordner die Übersicht behindern, lassen sich Ordner als Unterordner in einen anderen Ordner verschieben. Am einfachsten erfolgt das durch Drag & Drop eines Ordners an seine neue Position innerhalb der Ordnerhierarchie. Doch das Kontextmenü eines Ordner in der Ordnerliste und das *Datei/Ordner*-Menü enthalten Befehle zur Organisation der Ordner. Der Befehl *Ordner »Name« verschieben...* zeigt den folgenden Dialog, der die neue Position des Ordners erfragt:

Abbildung 30.14:
Ordner
verschieben

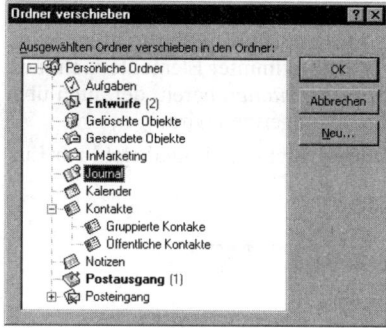

Kopieren — Um einen Ordner samt Inhalt zu kopieren – um ihn also ein weiteres Mal in die Outlook-Hierarchie einzufügen –, wird der Befehl *Ordner »Name« kopieren...* aufgerufen. Outlook zeigt dazu ebenfalls den obigen Dialog, über den die Position der Ordner-Kopie ermittelt wird. Nach dem Kopiervorgang befindet sich eine unabhängige Kopie des Ordners in der Ordner-Hierarchie von Outlook.

Ordner lassen sich selbstverständlich auch löschen. Dazu stellen das *Datei/Ordner*-Menü sowie das Kontextmenü eines Ordners in der Ordnerleiste den Befehl *Ordner »Name« löschen* bereit. Per Tastatur lässt sich der markierte Ordner über die [Entf]-Taste entfernen. Zur Sicherheit zeigt Outlook den folgenden Dialog, der darauf hinweist, dass der Ordner beim Löschen zunächst in den Ordner *Gelöschte Objekte* verschoben wird.

Löschen

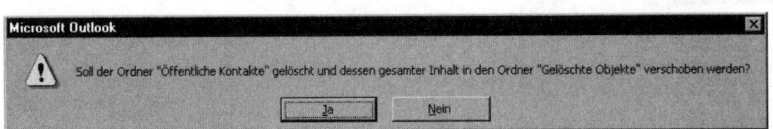

Abbildung 30.15: *Objekte wirklich löschen?*

Der Ordner *Gelöschte Objekte* hat dieselbe Funktion wie der Papierkorb auf dem Windows-Desktop. Outlook speichert gelöschte Elemente und Ordner hier zunächst zwischen, wo sie auf ihre endgültige Löschung warten. Dazu müssen Sie in den Ordner *Gelöschte Objekte* wechseln und die dort befindlichen Elemente und Ordner durch erneutes Löschen auf oben beschriebene Art und Weise endgültig entfernen.

Gelöschte Objekte

Um Elemente ohne Umweg über den Ordner *Gelöschte Objekte* endgültig zu löschen, müssen Sie das Element oder den Ordner markieren und über die Tastenkombination [⇧]+[Entf] löschen. Doch Vorsicht: Nach der positiven Beantwortung der Sicherheitsabfrage werden die Elemente unwiederbringlich gelöscht:

TIPP

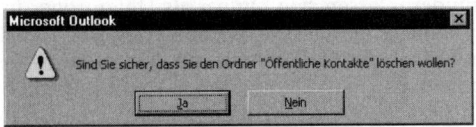

Abbildung 30.16: *Endgültige Entfernung eines Objekts*

Suchen von Elementen

Wenn die Anzahl der Elemente in einem Ordner zu groß und unübersichtlich wird, kommen Sie ohne ein kraftvolles Werkzeug zur Suche bestimmter Elemente nicht aus. Jeder Ordner stellt zu diesem Zweck den Befehl *Extras/Suchen* bereit, der auch über das entsprechende Symbol der *Standard*-Symbolleiste aufgerufen wird.

Dieser Befehl bewirkt, dass im oberen Teil der Ordneransicht ein Eingabefeld zur Eingabe eines Suchkriteriums eingeblendet wird:

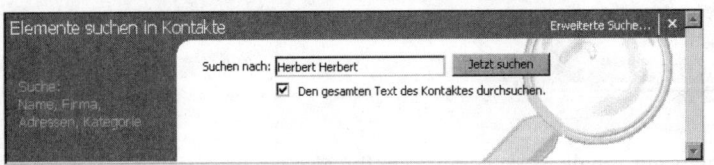

Abbildung 30.17: *Suchen in einem Ordner*

Im Eingabefeld *Suchen nach:* geben Sie den zu suchenden Text an. In welchen Feldern dieser Text nach Betätigung der *Jetzt Suchen*-Schaltfläche gesucht wird, wird stets am linken Rand des *Suchen*-Fensters angezeigt. Bei einigen Ordnern wird zudem ein weiteres Kontrollkästchen eingeblendet, das deaktiviert werden muss, um die Suche im Text einer E-Mail oder eines Termins zu unterbinden und damit zu beschleunigen.

Das Ergebnis der Suche besteht aus den auf den Suchtext passenden Elementen, die in der aktuellen Ansicht aufgeführt werden, so dass Sie die Elemente bequem weiter bearbeiten können.

Falls das Ergebnis der Suche aber nicht Ihren Vorstellungen entspricht oder beispielsweise zu viele Elemente zu Tage fördert, können Sie durch Klick auf die Hyperlink-Texte *Erweiterte Suche...* oder *Zur erweiterten Suche wechseln...* im *Suchen*-Teil des Ordnerfensters den sehr viel mächtigeren Dialog *Erweiterte Suche* zur Anzeige bringen:

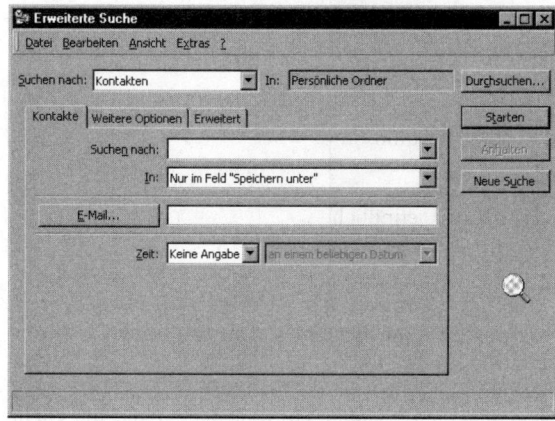

Abbildung 30.18:
Erweiterte Suche

Im Kombinationsfeld *Suchen nach* geben Sie an, nach welcher Art Element Sie suchen wollen. Das Eingabefeld *In:* zeigt die Namen der Ordner, in denen die Suche stattfinden soll. Ein Klick auf die *Durchsuchen...*-Schaltfläche bringt den folgenden Dialog zum Vorschein, der die Auswahl der zu durchsuchenden Ordner gestattet:

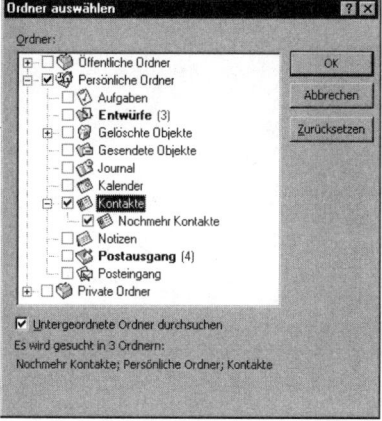

Abbildung 30.19:
Auswahl der zu durchsuchenden Ordner

Durch Aktivieren des Kontrollkästchens *Untergeordnete Ordner durchsuchen* weiten Sie die Suche nicht nur auf die ausgewählten, sondern auch auf die jeweils untergeordneten Ordner aus.

Der zentrale Teil des *Suchen*-Dialogs gliedert sich in drei Register. Das oberste Register erlaubt die Angabe der Suchkriterien in Abhängigkeit des zu suchenden Outlook-Elements.

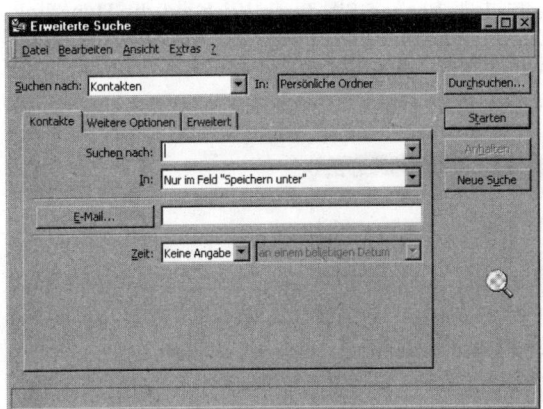

Abbildung 30.20:
Erweiterte Suche

Im Eingabefeld *Suchen nach* geben Sie den zu suchenden Text an und wählen im Kombinationsfeld *In:* aus, in welchen Feldern des Outlook-Elements die zu suchenden Daten enthalten sein müssen.

Im Mittelteil des Dialogs befindet sich je nach Element ein Eingabefeld, das die Suche nach weiteren Informationen erlaubt, und der untere Teil ermöglicht die zeitliche Einschränkung der Suche auf ein bestimmtes Zeitintervall.

Im Register *Weitere Optionen* können Sie die Suche noch weiter verfeinern, indem Sie beispielsweise nur die zu einer gegebenen Kategorie zugehörigen Elemente durchsuchen oder nur ungelesene Elemente oder Elemente mit mindestens einer Anlage. Auch die Wichtigkeit der zu suchenden Elemente, die Einhaltung der Groß-/Kleinschreibung oder die Größe des zu suchenden Elements lässt sich angeben:

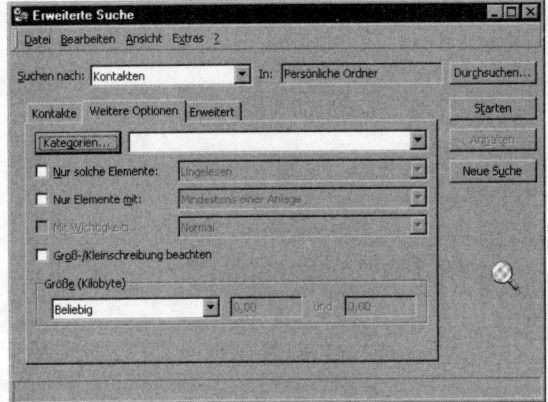

Abbildung 30.21:
Erweiterte Suche

Das *Erweitert*-Register des *Suchen*-Dialogs erlaubt schließlich die Angabe von Suchkriterien für die einzelnen Felder eines Outlook-Elements. Im unteren Bereich dieses Registers wählen Sie über die *Feld*-Schaltfläche das zu untersuchende Feld aus, geben im Kombinationsfeld *Bedingung* die zu prüfende Bedingung an, setzen in *Wert* den zu überprüfenden Wert und fügen die so zusammengesetzte Suchbedingung über die Schaltfläche *Zur Liste hinzufügen* in das Listenfeld *Elemente suchen, die folgenden Kriterien entsprechen* hinzu.

Abbildung 30.22:
Weitere Optionen
der Erweiterten
Suche

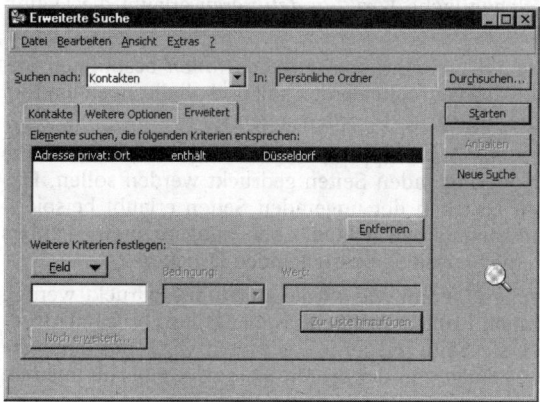

Um die Suche nach Angabe aller Kriterien zu starten, müssen Sie die gleichnamige Schaltfläche betätigen. Outlook trägt die passenden Elemente anschließend in einer Liste zusammen.

Wollen Sie später eine neue Suche starten, führt die Schaltfläche *Neue Suche* zur Löschung aller zuvor eingegebenen Suchkriterien.

Drucken von Ordnern

Sowohl die Elemente eines Ordners als auch einzelne Formulare lassen sich ausdrukken. So erstellen Sie beispielsweise eine Telefonliste, um auch unterwegs – ohne PC – auf alle Telefonnummern zuzugreifen.

Drucken

Die Auswahl des *Drucken*-Symbols aus der *Standard*-Symbolleiste führt dazu, dass der aktuelle Ordner/das aktuelle Formular sofort an den Drucker gesendet wird. Dabei wird das derzeit aktuelle Druckformat verwendet. Erst der Befehl *Datei/Drucken...* zeigt einen Dialog, der die Auswahl des Druckformates gestattet:

Abbildung 30.23:
Der Drucken-
Dialog

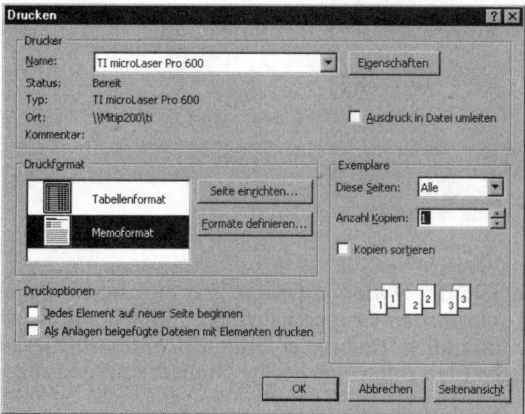

Hallo Newbies. Einsteiger willkommen!

Die Steuerelemente aus der *Drucken*-Gruppe kennen Sie bereits von anderen Anwendungen. Hier wählen Sie den zu verwendenden Drucker aus.

In der Gruppe *Druckformat* wählen Sie das zu verwendende *Druckformat* aus. Jeder Ordner und jedes Element stellt dazu in einer Liste verschiedene Formate bereit. Über die Schaltfläche *Seite einrichten...* können Sie Schriftarten, Papiergrößen sowie Kopf- und Fußzeilen beeinflussen. Die Schaltfläche *Formate definieren* erlaubt die Definition eigener Druckformate.

Über die Kontrollkästchen der Steuerelementgruppe *Druckoptionen* bestimmen Sie, ob jedes Element auf einer eigenen Seite gedruckt werden soll und ob die zu einem Element gehörenden Anlagen ebenfalls ausgedruckt werden sollen.

Im Kombinationsfeld *Diese Seiten* aus der Gruppe *Exemplare* legen Sie fest, ob alle Seiten, nur die geraden oder nur die ungeraden Seiten gedruckt werden sollen. Das Drucken der geraden, gefolgt vom Drucken der ungeraden Seiten erlaubt beispielsweise durch erneutes Einlegen des bereits bedruckten, aber »umgedrehten« Papiers den doppelseitigen Ausdruck mit einem einseitig bedruckenden Drucker.

Im Eingabefeld *Anzahl Kopien* geben Sie an, wie oft die Daten ausgedruckt werden sollen, und über das Kontrollkästchen *Kopien sortieren* legen Sie fest, ob beim Drucken mehrerer Kopien zuerst die erste Seite wiederholt gedruckt wird, um dann die zweite Seite mehrfach zu drucken, gefolgt von der dritten Seite usw. oder ob mehrere komplette Ausdrucke hintereinander ausgedruckt werden sollen. Für den letzten Fall muss das Kontrollkästchen *Kopien sortieren* aktiviert werden.

Seite einrichten...

Über den Befehl *Seite einrichten...* und über die gleichnamige Schaltfläche im *Drukken*-Dialog haben Sie die Möglichkeit, das Druckergebnis zu beeinflussen.

Für das jeweilige Druckformat wird ein dreiteiliger Dialog angezeigt, der die Einrichtung des Druckformats gestattet:

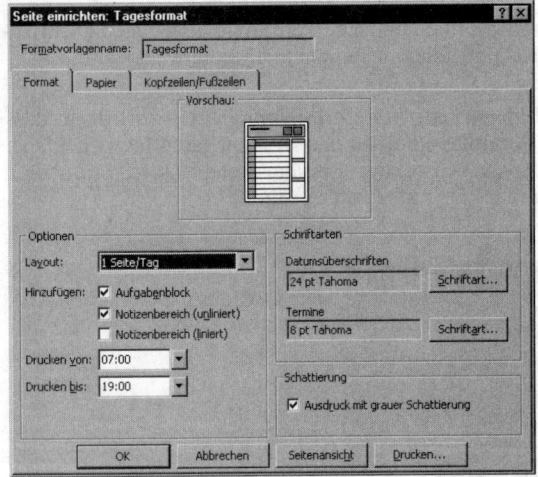

Abbildung 30.24:
Seite einrichten

Im *Format*-Register legen Sie innerhalb der *Optionen*-Gruppe fest, welche Elemente ausgedruckt werden sollen. In der *Schriftarten*-Gruppe haben Sie Einfluss auf die zu verwendenden Schriftarten und Schriftgrößen. Und in der Gruppe *Schattierung* legen Sie fest, ob Überschriften und anderen Elementen eine leichte Grauschattierung zugefügt werden soll.

Im *Papier*-Register wählen Sie die zu verwendende Papiergröße aus. Dabei müssen Sie unterscheiden zwischen Papier- und Seitengröße. Denn bei Bedarf druckt Outlook mehrere Seiten auf ein Blatt Papier:

Abbildung 30.25: Papierformat einrichten

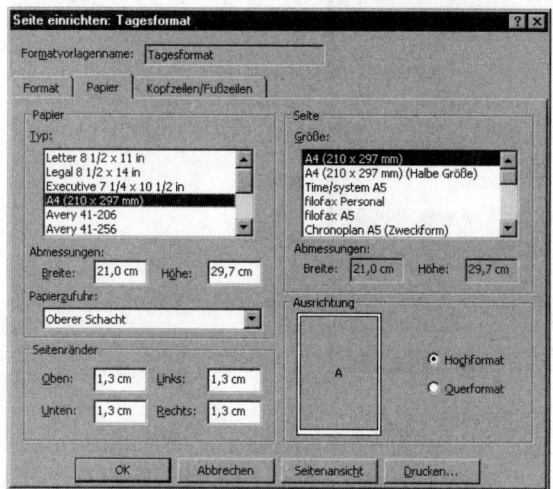

In der Steuerelementgruppe *Papier* legen Sie die Blattgröße fest, indem Sie einen der verfügbaren Papiertypen wählen. Falls die gewünschte Papiergröße nicht dabei ist, können Sie in den Eingabefeldern *Breite* und *Höhe* ein eigenes Papierformat eingeben. Aus welchem Schacht die Papiere zugeführt werden, gibt das Kombinationsfeld *Papierzufuhr* an.

In der Gruppe *Seitenränder* legen Sie die Seitenränder für den Ausdruck fest.

Die Steuerelementgruppe *Seite* erlaubt die Auswahl des zu verwendenden Seitenformats, das kleiner oder genauso groß wie das Papierformat sein muß. Wie und wie viele Seiten auf einem Blatt Papier platziert werden, zeigt die Papiervorschau in der Gruppe *Ausrichtung*, in der Sie auch angeben, ob der Ausdruck im Hoch- oder Querformat erfolgen soll.

Das letzte Register des *Seite einrichten*-Dialogs erlaubt die Definition der Kopf- und Fußzeilen des Ausdrucks (siehe Abbildung 30.26).

Sowohl für die Kopf- als auch für die Fußzeile stehen drei Eingabefelder zur Verfügung, in denen Sie den linken, mittleren und rechten Teil der *Kopf-* und *Fußzeilen* definieren. Der linke Teil wird dabei linksbündig, der mittlere Teil zentriert und der rechte Teil rechtsbündig ausgegeben.

Über die beiden *Schriftarten*-Schaltflächen definieren Sie die zu verwendende Schriftart – separat für die Kopf- und Fußzeile.

Über das Kontrollfeld *Bei geraden Seiten seitenverkehrt* legen Sie fest, dass der rechte und linke Teil der Kopf- und Fußzeilen beim Ausdruck auf geraden Seiten vertauscht werden.

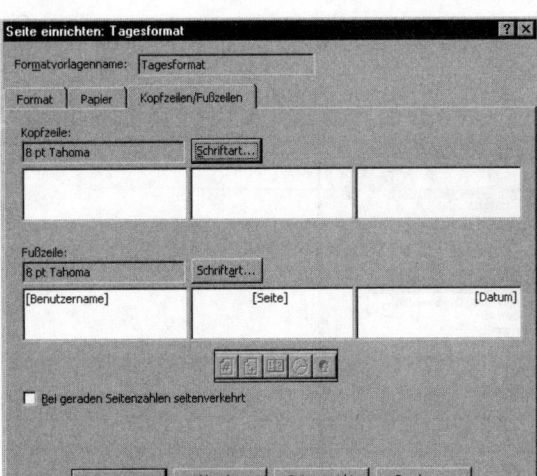

Abbildung 30.26:
Kopf- und Fußzeilen

Um die aktuelle Seite, das Druckdatum oder den Benutzernamen auszudrucken, stehen am unteren Rand des Dialogs fünf Schaltflächen bereit, die Platzhalter für verschiedene Informationen in das jeweils aktive Eingabefeld einfügen:

Symbol	Feld	Beschreibung
	[Seite]	Platzhalter für die Nummer der aktuelle Seite
	[Seiten]	Platzhalter für die Anzahl aller auszudruckenden Seiten
	[Datum]	Platzhalter für das Druckdatum
	[Zeit]	Platzhalter für die Uhrzeit des Ausdrucks
	[Benutzername]	Platzhalter für den Benutzernamen

Tabelle 30.3:
Platzhalter für die Formatierung der Kopf- und Fußzeilen

Die Seitenansicht

Damit Sie sich einen Überblick über das Druckergebnis verschaffen können, erlaubt der Befehl *Seitenansicht*, der sowohl über das *Datei*-Menü als auch über gleichlautende Schaltflächen aus den verschiedenen Druck-Dialogen verfügbar ist, einen Blick auf das endgültige Druckergebnis. Der Druck von Kalenderseiten sieht beispielsweise so aus:

Abbildung 30.27:
Druckvorschau über die Seitenansicht

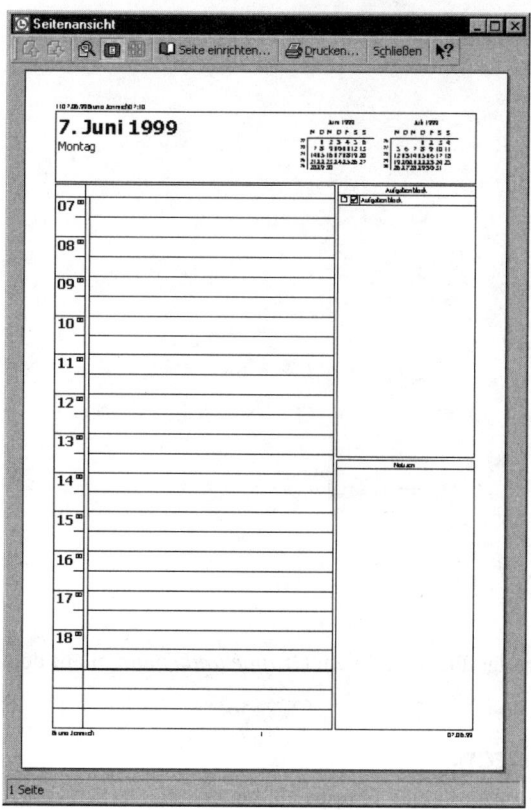

Die Outlook-Leiste

In der Outlook-Leiste werden Verknüpfungen auf häufig benötigte Ordner abgelegt. Dabei kann es sich um Outlook-Ordner handeln, die Termine, Kontakte oder E-Mails speichern, oder um den Dateiordner einer Ihrer Festplatten.

Die Outlook-Leiste speichert die Verknüpfungen auf Ordner in so genannten Gruppen. Standardmäßig besitzt Outlook die Gruppen *Outlook Verknüpfungen*, *Eigene Verknüpfungen* und *Weitere Verknüpfungen*. Um die Verknüpfungen innerhalb einer Gruppe anzuzeigen, müssen Sie auf den als Schaltfläche ausgelegten Gruppenkopf klicken (siehe Abbildung 30.28).

Über ihr Kontextmenü wird die Outlook-Leiste konfiguriert. Hier wählen Sie zwischen der Anzeige kleiner oder großer Symbole. Aber auch neue Gruppen werden über das Kontextmenü erstellt. Nach Auswahl des Befehls *Gruppe hinzufügen* zeigt Outlook ein Eingabefeld am unteren Rand der Outlook-Leiste. Hier geben Sie den Namen der neuen Gruppe an. Durch ⏎ fügen Sie die neue Gruppe in die Liste ein, mit Esc beenden Sie das Einfügen einer neuen Gruppe.

Ein Gruppe wird über den Befehl *Gruppe entfernen* des Kontextmenüs aus der Outlook-Leiste gelöscht. Dabei werden auch alle in ihr befindlichen Verknüpfungen entfernt. Weil nur Verknüpfungen gelöscht werden, werden durch das Löschen der Gruppe keine Daten gelöscht.

Hallo Newbies. Einsteiger willkommen!

Abbildung 30.28:
Die Outlook-
Leiste

Das Umbenennen einer Gruppe erfolgt über den Befehl *Gruppe umbenennen* aus dem Kontextmenü.

Verknüpfungen hinzufügen

Es gibt viele Wege, neue Verknüpfungen in eine Gruppe aufzunehmen. Der einfachste Weg ist das Drag & Drop eines Ordners in die gewünschte Gruppe. Allerdings müssen Sie darauf achten, dass Sie tatsächlich eine Verknüpfung erstellen und einen Ordner per Drag & Drop nicht versehentlich in den unter dem Mauszeiger liegenden Ordner verschieben. Sie erkennen das Erstellen einer neuen Verknüpfung an der horizontalen Einfügemarke innerhalb der Gruppe und an der Form des Mauszeigers (siehe Abbildung 30.29).

Außerdem zeigt das Kontextmenü eines jeden Ordners in der Ordnerliste den Befehl *Zur Outlook-Leiste hinzufügen*, der eine Verknüpfung auf den Ordner in die aktuell dargestellte Gruppe der Outlook-Leiste einfügt.

Ohne Mausakrobatik werden neue Verknüpfungen über den Befehl *Verknüpfung auf Outlook-Leiste...* aus dem Kontextmenü einer Gruppe erstellt. Dieser Befehl zeigt dazu den folgenden Dialog an, aus dem Sie den Outlook- oder Dateisystem-Ordner wählen können, auf den eine Verknüpfung in der Gruppe erstellt werden soll (siehe Abbildung 30.30).

Im Kombinationsfeld *Suchen in* wählen Sie aus, ob in der Baumansicht die Ordner von Outlook oder des Dateisystems angezeigt werden. Wählen Sie den Namen des Ordners über das Kombinationsfeld *Ordnername* oder aus der Baumansicht aus und bestätigen Sie mit *OK*, um eine Verknüpfung auf den ausgewählten Ordner zu erzeugen.

Abbildung 30.29:
Neue Verknüpfung einfügen

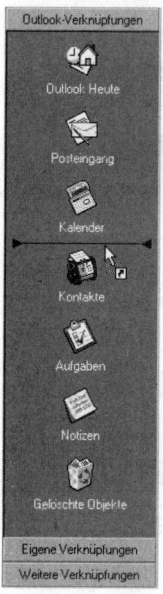

Abbildung 30.30:
Neue Verknüpfung auf Outlook- oder Dateisystem-Ordner

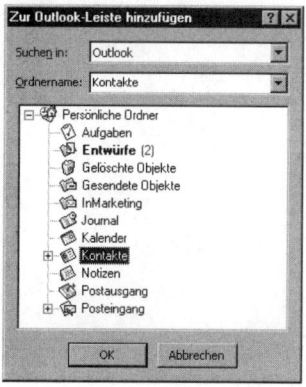 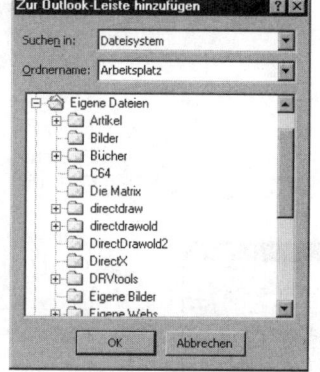

Alles Ansichtssache

Das Outlook-Fenster gliedert sich in drei große Abschnitte. Auf der linken Seite wird die Outlook-Leiste angezeigt, rechts daneben sehen Sie die Ordnerliste und den größten Teil des Fensters nimmt die aktuelle Ordneransicht ein, die eine Übersicht über die im aktuellen Ordner enthaltenen Elemente zeigt (siehe Abbildung 30.31).

Die Outlook-Leiste wird über den gleichnamigen Befehl aus dem *Ansicht*-Menü an- oder abgeschaltet (siehe Abbildung 30.32).

Ordnerliste

Die Ordnerliste lässt sich nicht nur über das *Ansicht*-Menü, sondern auch über das entsprechende Symbol in der *Standard*-Symbolleiste an- oder abschalten. Zudem fungiert die Ordnerüberschrift als Symbol zur Anzeige der Ordnerliste, sobald Sie diese anklicken (siehe Abbildung 30.32).

Hallo Newbies. Einsteiger willkommen!

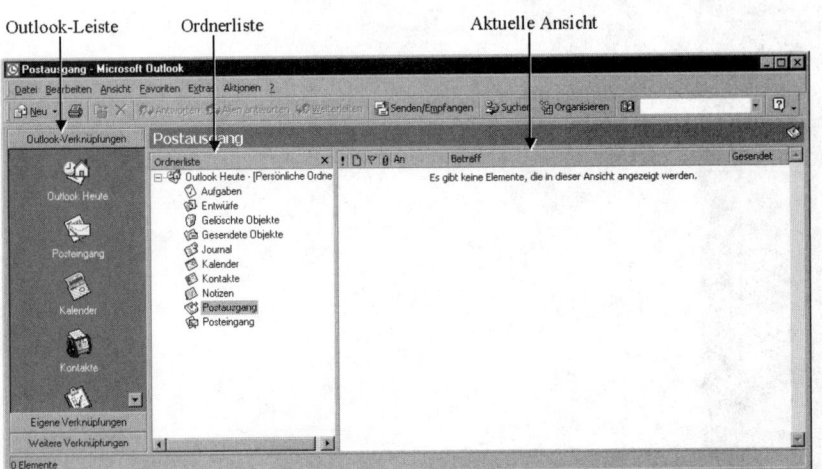

Abbildung 30.31:
Der Aufbau des Outlook-Fensters

Abbildung 30.32:
Das Ansicht-Menü

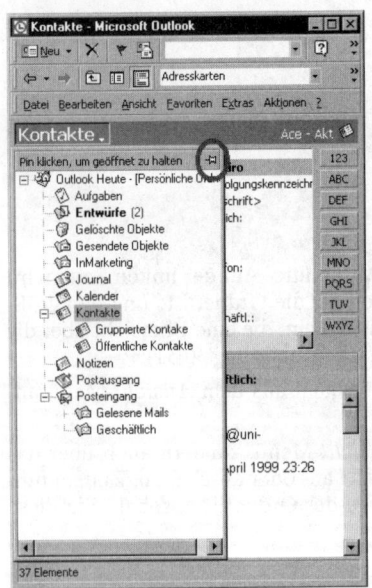

Abbildung 30.33:
Einblenden der Orderliste

Ordnerliste fixieren

Um die Ordnerliste zu fixieren, also permanent anzuzeigen, müssen Sie auf den Pin in der rechten oberen Ecke der eingeblendeten Liste klicken.

Die restlichen Befehle des *Ansicht*-Menüs befassen sich mit der Darstellung der Elemente in der Ordneransicht. Im Untermenü *Aktuelle Ansicht* legen Sie fest, auf welche Art und Weise die im aktuellen Ordner enthaltenen Elemente angezeigt werden sollen. Für jeden Ordnertyp bietet Outlook bereits ein paar vorgefertigte Ansichten. Falls diese aber nicht Ihren Anforderungen entsprechen, können Sie eigene Ansichten – basierend auf den fünf Basis-Ansichten (siehe ▶ weiter unten) – erstellen.

AutoVorschau

Damit Sie zur Anzeige des Inhalts eines Outlook-Elements nicht erst mühsam das zugehörige Formular öffnen müssen, bieten verschiedene Ordner in der Tabellenansicht die so genannte *AutoVorschau*. Jeder Eintrag wird in der Tabellenansicht um bis zu drei Zeilen erweitert, in denen zusätzlich der Inhalt des Notizenfeldes angezeigt wird:

Abbildung 30.34:
Vorschaufenster
und Auto-
Vorschau

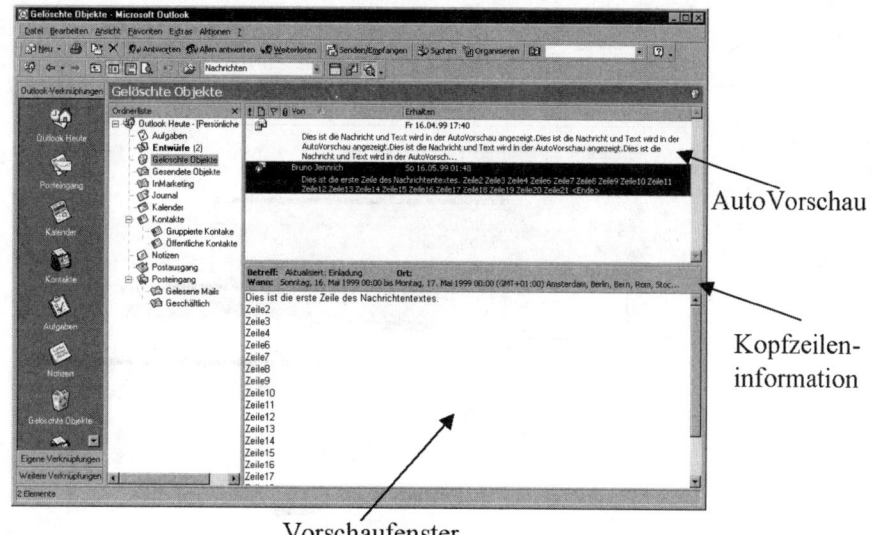

Sie aktivieren die *AutoVorschau* über den Befehl *Ansicht/AutoVorschau*. Ebenfalls im *Ansicht*-Menü befindet sich der Befehl *Vorschaufenster*, der zusätzlich in der *Standard*-Symbolleiste verankert ist. Diese Befehle teilen die Ordneransicht in zwei Teile, deren unterer Teil den gesamten Inhalt des Notizfeldes aus dem aktuellen Eintrag darstellt.

Das *Gehe zu*-Untermenü erlaubt die Navigation zu einem anderen Ordner. Es wird jedoch überflüssig, wenn Sie die Outlook-Leiste oder die Ordnerliste über die gleichlautenden Befehle anzeigen und mit diesen Elementen in den Outlook-Ordnern navigieren.

Die fünf Basis-Ansichten

Die Elemente eines jeden Ordners werden in einer der fünf verfügbaren Basis-Ansichten dargestellt. Diese sind:

Ansicht	Bild
Tabellenansicht	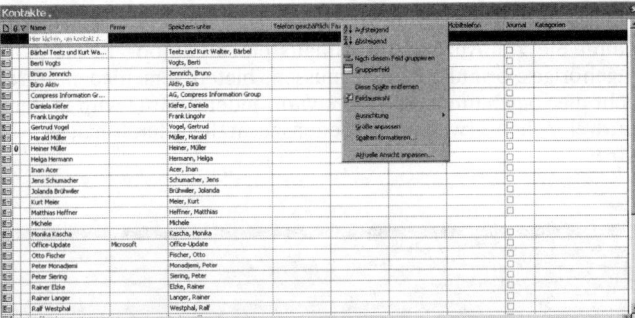
Tages-/Wochen-/Monatsansicht	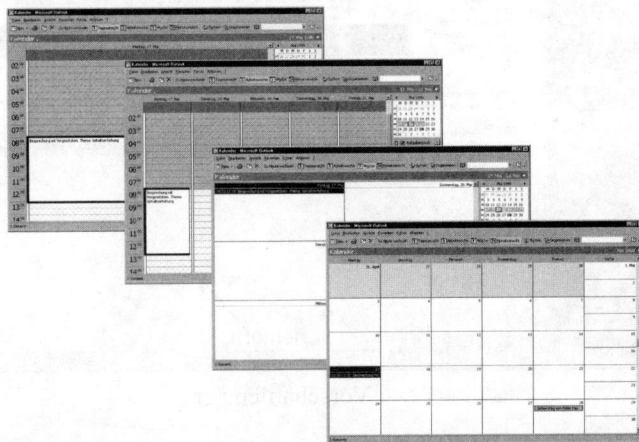
Kartenansicht	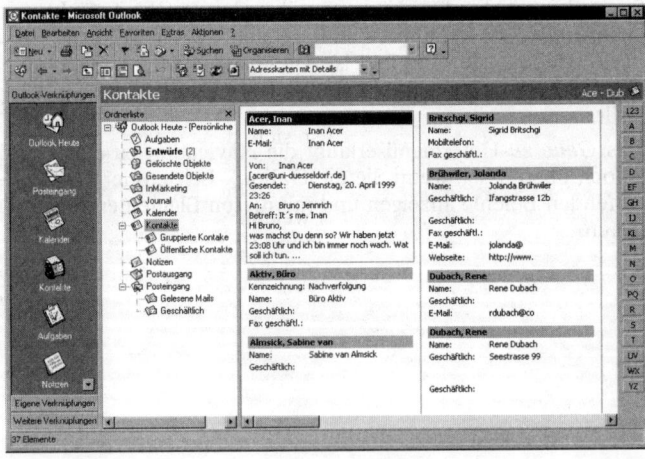

Tabelle 30.4:
Die fünf Basis-Ansichten von Outlook

Ansicht	Bild
Zeitskala	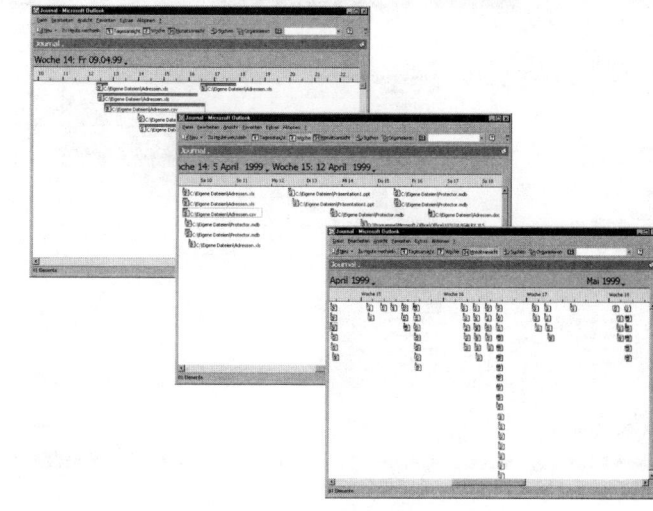
Symbolansicht	

Jede dieser Ansichten lässt sich verfeinern und Ihren Bedürfnissen anpassen. So lassen sich in der Tabellenansicht beispielsweise Felder hinzufügen oder entfernen, damit die Ordneransicht genau die Informationen zeigt, die Sie für Ihre tägliche Arbeit benötigen.

Die Tabellenansicht

Die Elemente eines jeden Ordners lassen sich in der *Tabellenansicht* darstellen. Hier werden die Elemente in Form einer Liste angezeigt. Von jedem Outlook-Element werden dazu die wichtigsten Datenfelder in einer Zeile dargestellt (siehe Abbildung 30.35).

Auf- und Absteigend

Über die Spaltenüberschrift lässt sich die Tabellenansicht in mannigfaltiger Weise beeinflussen. Durch Klicken auf einen der Spaltenköpfe wird die Liste entsprechend der angeklickten Spalte sortiert. Ein kleiner schattierter Pfeil zeigt im Spaltenkopf an, nach welchem Datenfeld und in welcher Reihenfolge (auf- oder absteigend) die Einträge sortiert werden (siehe Abbildung 30.36).

Über die Befehle *Aufsteigend* und *Absteigend* aus dem Kontextmenü eines Spaltenkopfes werden die Einträge der Liste nach der jeweiligen Spalte ebenfalls sortiert.

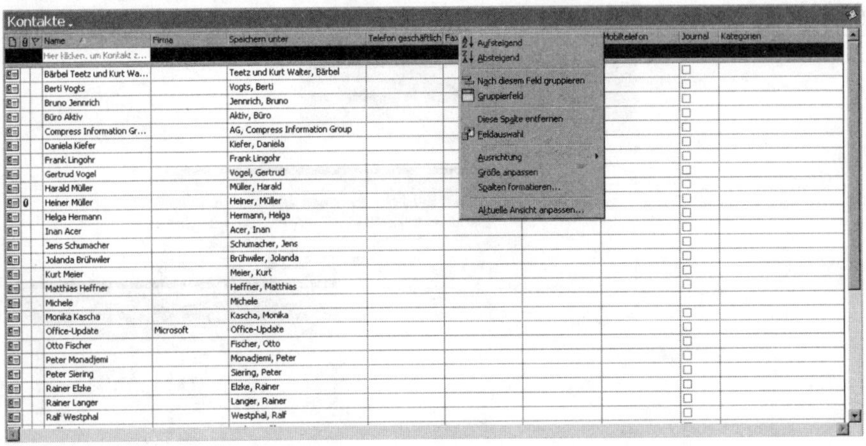

![Abbildung 30.35: Tabellenansicht des Kontakte-Ordners]

Abbildung 30.35:
Tabellenansicht am Beispiel des Kontakte-Ordners

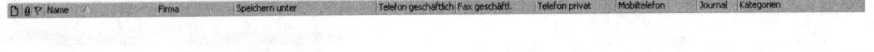

Abbildung 30.36:
Spaltenkopf einer Tabellenansicht, aufsteigend nach Name sortiert

Um einzelnen Datenfelder mehr oder weniger Platz innerhalb der Zeile einzuräumen, lassen sich die Spaltenbreiten durch Aufnehmen des rechten Spaltenbegrenzers und anschließendes Ziehen mit der Maus im Spaltenkopf verändern.

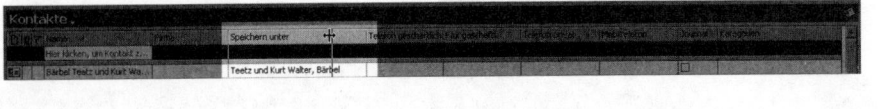

Abbildung 30.37:
Ändern der Spaltenbreiten durch Ziehen des rechten Spaltenbegrenzers

Um die Breite einer Spalte exakt an die Größe der in der Spalte enthaltenen Einträge anzupassen, so dass alle Einträge dieser Spalte sichtbar sind, wird üblicherweise doppelt auf den rechten Spaltenbegrenzer der Spalte im Spaltenkopf geklickt. Das Kontextmenü des Spaltenkopfes stellt dazu aber auch den *Größe anpassen*-Befehl bereit, der die Größe ohne Doppelklickakrobatik anpasst.

Größe anpassen

Genaue Kontrolle über das Layout der Spalten erhalten Sie über den Befehl *Spalten formatieren...* aus dem Kontextmenü eines Spaltenkopfes. Outlook zeigt dazu den *Spalten formatieren...*-Dialog. Hier können Sie für jedes anzuzeigende Feld das Ausgabeformat, seine Überschrift im Spaltenkopf (*Beschriftung*), seine *Breite* sowie die *Ausrichtung* des Textes innerhalb der Spalte angeben (siehe Abbildung 30.38).

Spalten formatieren

Für verschiedene Datenfelder stehen mehrere Ausgabeformate zur Verfügung. So können Sie beispielsweise für Zustandsfelder (Wurde das Element bereits gelesen? Besitzt es eine Anlage? Ist es für die Nachverfolgung gekennzeichnet?) bestimmen, ob der aktuelle Zustand als *Symbol*, *Ja/Nein*-Text, *Ein/Aus*-Text oder *Wahr/Falsch*-Text angezeigt wird. Bei Feldern, die einen vom Anwender einzugebenden Text enthalten (Namen, Firma, Telefonnummern) ist die Angabe eines vom *Text*-Format abweichendes Format dagegen nicht möglich, obwohl das für diese Felder aktivierte *Format*-Kombinationsfeld eine Wahlfreiheit suggeriert.

Die Optionsschaltfläche *Optimale Bereite* entspricht dem Aufruf des *Größe anpassen*-Befehls. Nach Auswahl dieser Option passt Outlook die Spaltenbreite an das breiteste Element im Ordner an.

Optimale Breite

*Abbildung 30.38:
Spalten
formatieren...*

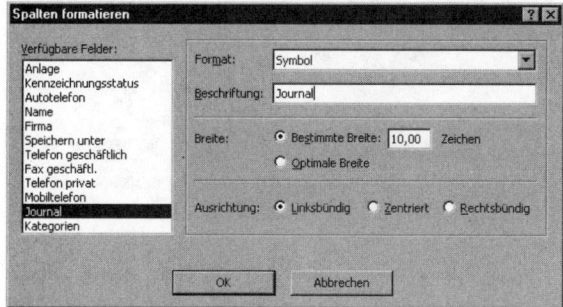

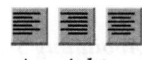

*Ausrichtung
Linksbündig,
Rechtsbündig,
Zentriert*

Die Ausrichtung des Textes innerhalb einer Spalte lässt sich ebenfalls im *Spalten formatieren...*-Dialog festlegen. Das Kontextmenü einer Spalte bietet zu diesem Zweck außerdem das *Ausrichten*-Menü, in dem die Befehle *Linksbündig*, *Rechtsbündig* und *Zentriert* enthalten sind.

Spaltenreihenfolge

Sie können sogar die Reihenfolge ändern, in der die Spalten innerhalb der Tabellenansicht aufgeführt werden. Ziehen Sie dazu den Kopf der Spalte innerhalb der Spaltenüberschrift an seine neue Position. Kleine rote Passmarken zeigen während des Verschiebens an, wo der Kopf beim Loslassen der Maustaste eingefügt wird.

*Abbildung 30.39:
Verschieben einer
Spalte*

Wandelt sich der Mauszeiger zu einem X, so führt das Loslassen des Spaltenkopfs zum Löschen der Spalte aus der Listenansicht:

*Abbildung 30.40:
Beim Loslassen
der Maustaste
wird die Spalte
aus der Ansicht
entfernt.*

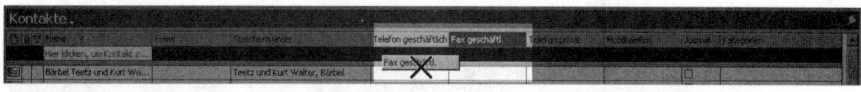

Der *Spalten entfernen*-Befehl aus dem Kontextmenü eines Spaltenkopfes entfernt eine Spalte ebenfalls.

Feldauswahl

Um gelöschte oder zusätzliche Felder in die Tabellenansicht aufzunehmen, stellt das Kontextmenü der Spaltenüberschriften den Befehl *Feldauswahl* bereit (siehe Abbildung 30.35). Sein Aufruf bringt den *Feldauswahl*-Dialog zum Vorschein, in dem die für den aktuellen Ordner verfügbaren Felder angezeigt werden (siehe Abbildung 30.41).

Durch Ziehen eines Feldplatzhalters mit der Maus aus diesem Dialog auf den Spaltenkopf werden neue Felder in die Tabellenansicht eingefügt (siehe Abbildung 30.42).

Die Felder im *Feldauswahl*-Dialog sind nach verschiedenen Kategorien gruppiert. Im Kombinationsfeld am oberen Rand dieses Dialogs lassen sich die Kategorien auswählen.

Hallo Newbies. Einsteiger willkommen!

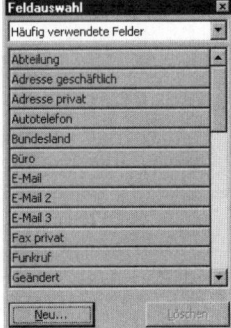

Abbildung 30.41:
Feldauswahl-
Dialog

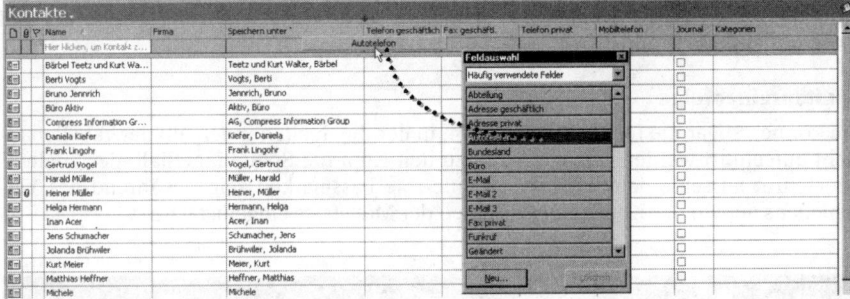

Abbildung 30.42:
*Einfügen einer
neuen Spalte*

Neue Elemente in der Tabellenansicht erstellen

In der Tabellenansicht eines Ordners lassen sich ohne Umschweife neue Elemente erstellen. Direkt unterhalb des Spaltenkopfes befindet sich dazu eine Eingabezeile, die die sofortige Eingabe eines neuen Eintrags erlaubt:

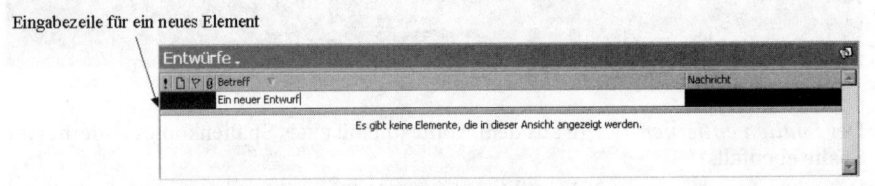

Abbildung 30.43:
Neues Element

Klicken Sie auf diese Zeile und geben Sie die Daten für das neue Element ein. Beachten Sie dabei, dass nicht alle dargestellten Felder eines Eintrags bearbeitet werden können. Beim Erstellen einer E-Mail lässt sich beispielsweise das Nachrichtenfeld nicht bearbeiten, denn in der Eingabezeile werden eingefügte Objekte und Anlagen nicht angezeigt und lassen sich dort auch nicht definieren. Für Kontakte oder Aufgaben lassen sich aber so auf die Schnelle neue Einträge erzeugen.

Das neue Element wird angelegt, sobald Sie die ⏎-Taste betätigen oder ein anderes Element in der Liste anklicken. Um die Erstellung eines neuen Elements zu verhindern, müssen Sie während der Eingabe die Esc-Taste drücken.

HINWEIS Die Zeile zur Direkterzeugung neuer Elemente in einem Ordner ist nicht immer sofort sichtbar. Sie aktivieren sie, in dem Sie im Kontextmenü der Tabellenansicht den Befehl *Weitere Einstellungen...* aufrufen. Outlook zeigt den folgenden Dialog, in dem Sie die Kontrollkästchen *Bearbeiten in der Zelle ermöglichen* und *Zeile für neue Elemente anzeigen* aktivieren:

Abbildung 30.44:
Zeile für neue Elemente anzeigen muss aktiviert sein.

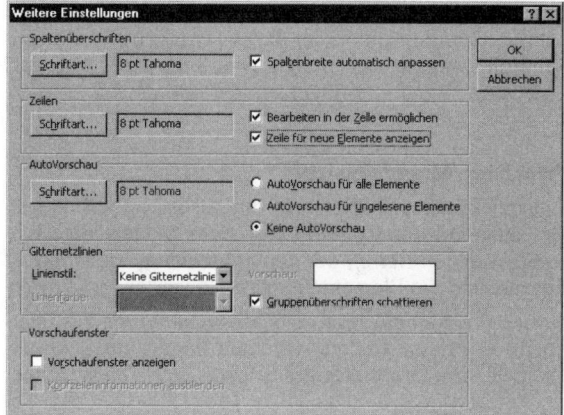

Tages-/Wochen-/Monatsansicht

Für die Anzeige von Terminen und Aufgaben, also für Elemente, bei denen es auf die zeitliche Abfolge ankommt, stellt Outlook die *Tages-/Wochen-/Monatsansicht* zur Verfügung. Diese Ansicht lässt sich in vier Unter-Ansichten gliedern, die entweder Stunden eines Tages bzw. einer Arbeitswoche (5 Tage), oder die Tagesübersichten einer 7-Tage-Woche bzw. eines Monats zeigen:

Abbildung 30.45:
Die vier Ausprägungen der Tages-/Wochen/Monatsansicht

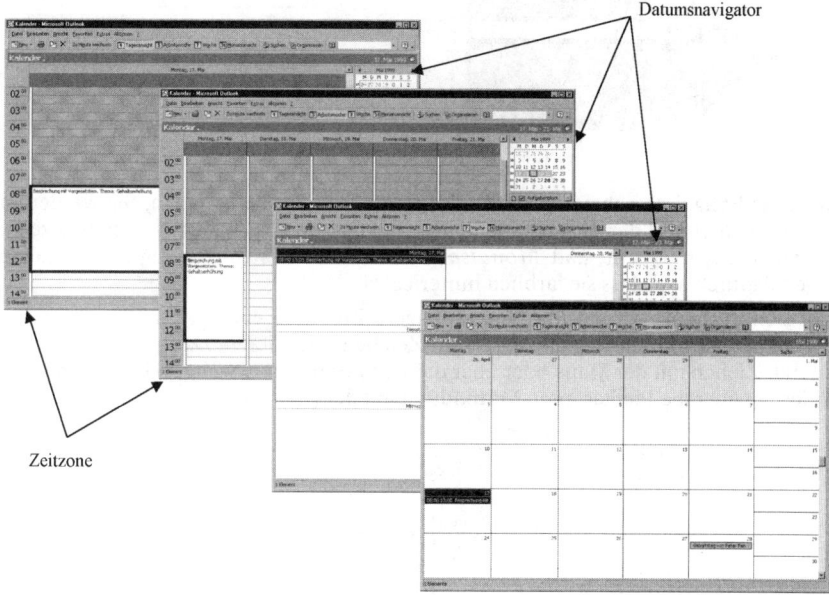

Hallo Newbies. Einsteiger willkommen!

Die Unteransichten der Tages-/Wochen-/Monatsansicht

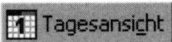

Abbildung 30.46:
Verfügbare Unteransichten für die Tages-/Wochen-/Monatsansicht

Um zwischen den vier verschiedenen Unteransichten der Tages-/Wochen-/Monatsansicht zu wechseln, stellen die Symbolleiste und das *Ansicht*-Menü die Befehle *Tagesansicht* (1 Tag), *Arbeitswoche* (5 Tage), *Woche* (7 Tage) und *Monatsansicht* (28-31 Tage) bereit.

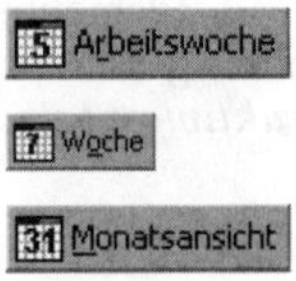

Neue Elemente in der Tages-/Wochen-/Monatsansicht

In der Tages-/Wochen-/Monatsansicht lassen sich Elemente durch sofortiges Eingeben von Werten erstellen. Klicken Sie dazu auf den Zeitpunkt, an dem das jeweilige Element erstellt werden soll. Tippen Sie nun den *Betreff* des neuen Elements ein. Dabei ist zu unterscheiden, in welcher Unteransicht die Elemente dargestellt werden.

Wie viele Tage anzeigen?

In den Ansichten *Tagesansicht* und *Arbeitswoche* legen Sie fest, welche Teile des Tages das neue Outlook-Element in Anspruch nimmt. In den Ansichten *Woche* und *Monatsansicht* erstellen Sie dagegen ein so genanntes ganztägiges Ereignis, das sich stets über den gesamten Tag erstreckt:

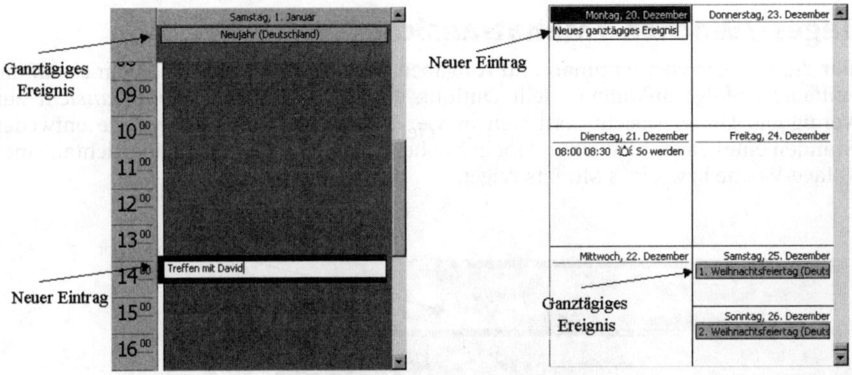

Abbildung 30.47:
Neue Elemente in der Tagesansicht und in der Wochenansicht

Ganztägige Ereignisse nehmen eine Sonderstellung bei der Anzeige ein. Sie werden in der *Tagesansicht* und der *Arbeitswoche* im Kopf der jeweiligen Zeitspalten angezeigt. In den Ansichten *Woche* und *Monatsansicht* zeichnen sich ganztägige Ereignisse dagegen dadurch aus, dass sie farblich hinterlegt sind.

Damit sich der neue Termin über einen längere Zeitraum erstreckt, müssen Sie den Zeitraum bereits vor der Eingabe des ersten Zeichens markieren. Das geschieht entweder durch Ziehen mit der Maus oder über die Tastatur durch Erweitern/Reduzieren der Markierung über die Pfeiltasten in Verbindung mit der ⇧-Taste.

Abbildung 30.48:
Elemente, die sich über einen längeren Zeitraum erstrecken

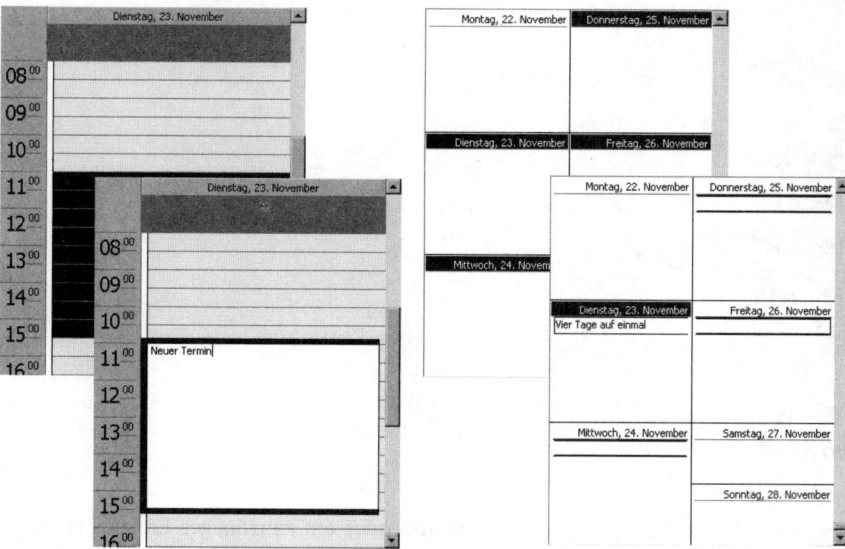

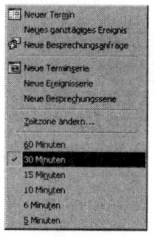

Die Aufteilung des Tages in halbstündige Intervalle innerhalb der Tagesansicht und der Arbeitswoche ist eine Voreinstellung von Outlook. Über das Kontextmenü der Zeitzone am linken Rand des Ansichtsfensters lassen sich aber auch andere Intervalle einstellen. Wer sehr viele, sehr kurze Termine zu bewältigen hat, wird beispielsweise eine fünfminütige Aufteilung eines Tages bevorzugen.

Das Kontextmenü besitzt außerdem den Befehl *Zeitzone ändern...*, dessen Aufruf den folgenden Dialog zum Vorschein bringt:

Abbildung 30.49:
Zeitzone ändern

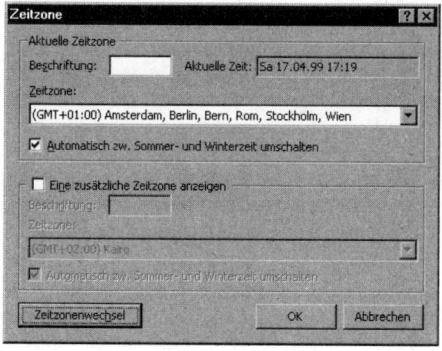

Hier können Sie eine zweite Zeitzone im Ansichtsfenster zur Anzeige bringen, was besonders zum internationalen Abgleich von Terminen nützlich ist. Dazu müssen Sie das Kontrollkästchen *Eine zusätzliche Zeitzone anzeigen* aktivieren und im unteren Kombinationsfeld *Zeitzone* die anzuzeigende Zone auswählen. Um die beiden Zeitzonen zu unterscheidebn, sollten Sie für beide eine Beschriftung angeben. In der *Tagesansicht* oder der *Arbeitswoche*: erscheinen die Zeitzonen dann beispielsweise so:

Hallo Newbies. Einsteiger willkommen!

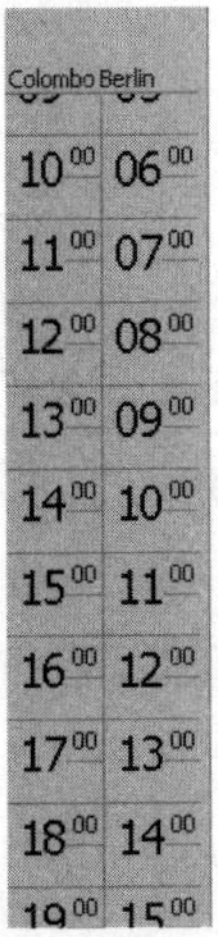

Abbildung 30.50:
Zwei Zeitzonen

Um in der *Tagesansicht* oder in der *Arbeitswoche* ein ganztägiges Ereignis zu erzeugen, genügt es, auf den jeweiligen Spaltenkopf zu klicken und den Betreff des ganztägigen Ereignisses einzutippen:

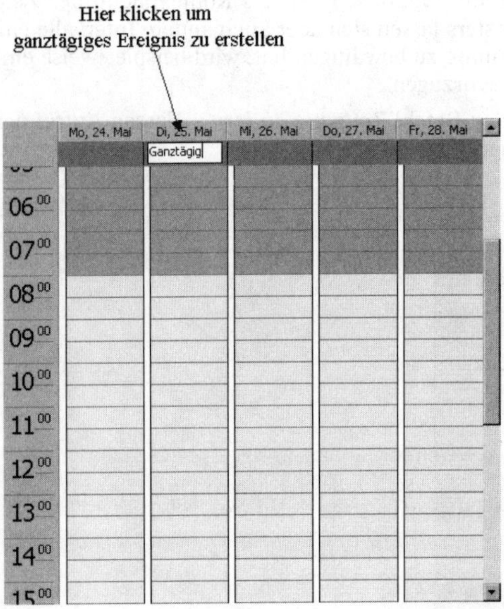

HINWEIS

Abbildung 30.51:
Neues ganztägiges Ereignis erstellen

Wenn die Eingabe des Betreffs für das Ereignis nicht ausreicht, können Sie auch doppelt auf den Spaltenkopf klicken. Dann zeigt Outlook das Eingabeformular zur Erstellung eines neuen ganztägigen Ereignisses.

Wenn die aktuelle Darstellung nur Platz zur Darstellung eines Teils der an einem Tag verfügbaren Termine bietet, stellt Outlook am Anfang oder am Ende des jeweiligen Ausschnitts die am Rand aufgeführten Symbole dar. In der *Wochen* und *Monatsan-*

Element anzeigen

sicht wird nach einem Klick auf eines dieser Symbole in die Tagesansicht gewechselt, um so den Zugriff auf alle Termine eines Tage zu gewähren. In der *Tagesansicht* oder der *Arbeitswoche* führt ein Doppelklick (!) auf eines dieser Smybole zur Anzeige des dem aktuellen Ausschnitt vorangehenden bzw. nachfolgenden Elements innerhalb eines separaten Eingabeformulars.

HINWEIS Erstreckt sich ein Termin über einen kleineren Zeitraum, als in der Zeitskala angezeigt, so gibt ein kleiner weißer Balken am linken Rand die ungefähre Dauer des Eintrags wieder:

Abbildung 30.52:
Ein Eintrag von kurzer Dauer

Außerdem werden Beginn und Ende im Eintrag selbst als Text dargestellt.

Elemente verschieben, verlängern und verkürzen

Beginn und Ende der Termine/Ereignisse in der *Tages-/Wochen-/Monatsansicht* lassen sich nicht nur über die jeweiligen Formulare verändern. Sie können einen Termin auch mit der Maus verschieben. Während in den Ansichten *Woche* und *Monatsansicht* nur eine tageweise Verschiebung des Eintrags möglich ist, lassen sich die Termine der *Tagesansicht* und *Arbeitswoche* in kleineren Zeiteinheiten (Standard: 30 Minuten) verschieben. Durch Aufnehmen des Eintrags an einem linken Rahmen verschieben Sie ihn in seiner Gesamtheit. Um einen Beginn nach »vorne zu verlegen« oder sein Ende zu verlängern, müssen Sie dagegen den entsprechenden Rahmen mit der Maus verschieben:

Abbildung 30.53:
Über den Rahmen werden Einträge verschoben, verlängert oder verkürzt.

HINWEIS Wird ein einzelner Eintrag angeklickt, so wechselt dieser nach wenigen Sekunden in den Bearbeitungsmodus, so dass Sie den Betreff des Eintrags ändern können. Halten Sie die Maustaste nach dem Anklicken des Eintrags aber gedrückt, lässt er sich durch einfache Drag & Drop-Operationen verschieben.

Einträge löschen und verschieben

Eintrag löschen

Das Löschen von Einträgen aus der *Tages-/Wochen-/Monatsansicht* ist ebenso leicht wie in den anderen Ansichten: die zu löschenden Einträge mit Maus oder Tastatur markieren und per `Entf`-Taste oder über den *Löschen*-Befehl aus Kontext- oder *Bearbeiten*-Menü. Dabei müssen Sie allerdings darauf achten, dass Sie tatsächlich den Eintrag markieren und nicht etwa den »darunter liegenden« Zeitraum hervorheben.

In Ordner verschieben

Das Verschieben der markierten Einträge in einen anderen Ordner ist ebenfalls möglich, entweder über Drag & Drop-Operationen auf einen in der Orderliste oder Outlook-Leiste aufgeführten Ordner oder durch Aufruf des Befehls *In Ordner verschieben...* aus Kontextmenü, *Standard*-Symbolleiste oder *Bearbeiten*-Menü.

Kartenansicht

Die Ansicht, die den größten Informationsgehalt auf einen Blick bietet, ist die *Kartenansicht*. Sie zeigt nicht nur den Betreff eines Eintrags an oder verlangt zur Anzeige weiterer Aspekte eines Eintrags das Scrollen in der Ansicht, sondern stellt verschiedene

Felder eines Elements in übersichtlicher Form dar – ähnlich wie die Karteikarten in einem Karteikasten oder Rolodex. Kein Wunder, dass diese Form der Darstellung standardmäßig für die Anzeige von Kontakten verwendet wird:

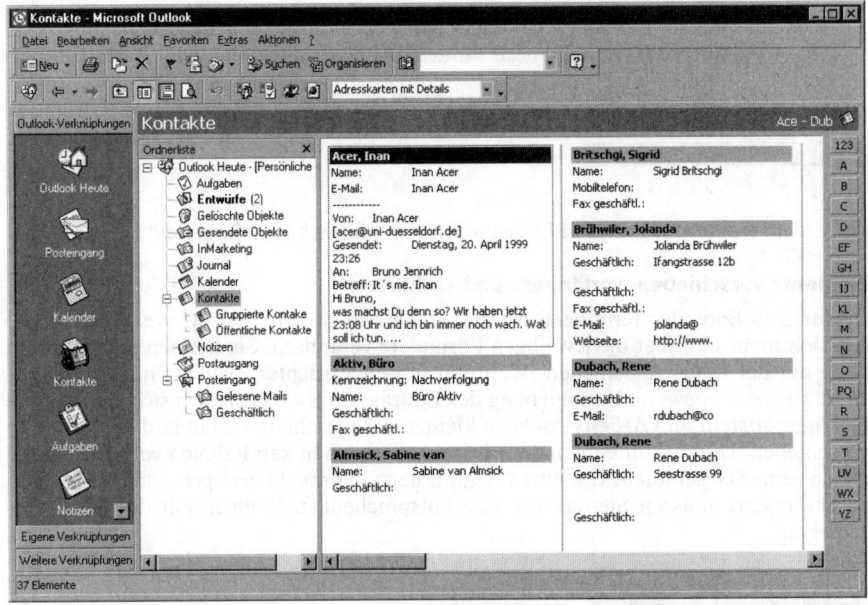

Abbildung 30.54: Die (Kartei-) Kartenansicht

Die Breite aller Karten lässt sich durch Verschieben des rechten Spaltenbegrenzers ändern. Und um einen Eintrag schnell zu finden, steht am rechten Rand des Fensters ein Register bereit, in dem Sie den Anfangsbuchstaben des ersten anzuzeigenden Elements anklicken.

Im *Kontakte*-Ordner erfolgt die Sortierung nach dem Feld *Speichern unter*, das üblicherweise den Nachnamen, gefolgt vom Vornamen, enthält. Durch Klick auf das Register können Sie somit einen Kontakt sehr schnell aufgrund seines Nachnamens ausfindig machen.

HINWEIS

Bearbeiten von Elementen in der Kartenansicht

Die Kartenansicht zeichnet sich nicht nur durch ihre Übersichtlichkeit, sondern auch durch ihre umfangreichen Eingabemöglichkeiten aus. Klicken Sie dazu einfach das zu ändernde Feld mit der Maus an, und geben Sie die neuen Daten ein. Änderungen über die Tastatur sind etwas aufwendiger. Hier müssen Sie den entsprechenden Eintrag zunächst über die Pfeiltasten markieren. Um in den Eingabemodus zu wechseln, müssen Sie die [F2]-Taste drücken, um anschließend über die [↹]-Taste bzw. über [⇧]+[↹] zwischen den Feldern der aktuellen Karte zu wechseln. Mit den Pfeiltasten kommen Sie hier nicht weiter, weil diese zur Navigation der Einfügemarke innerhalb des jeweiligen Eingabefeldes benötigt werden.

Das Löschen und Verschieben von Elementen aus der Kartenansicht erfolgt wie in den anderen Ansichten durch vorheriges Markieren und anschließenden Aufruf der Befehle *Löschen* und *In Ordner verschieben*.

Eintrag löschen

In Ordner verschieben

Zeitskala

Die *Zeitskala* wird standardmäßig zur Anzeige von Journaleinträgen verwendet und stellt dort in einer waagerechten Zeitleiste dar, wann Sie welches Programm wie lange aufgerufen haben. Ähnlich wie die *Tages-/Wochen-/Monatsansicht* bietet die *Zeitskala* drei Unteransichten, die entweder einzelne Tage, eine Woche oder einen Monat in der Übersicht zeigen:

Abbildung 30.55: Die drei Unteransichten der Zeitskala

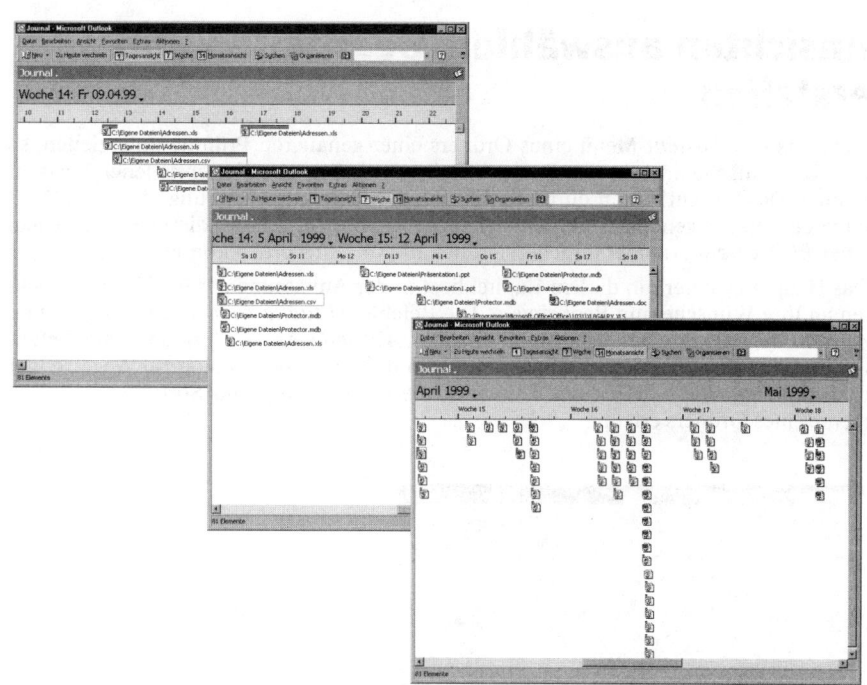

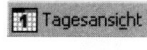

Die Auswahl der jeweiligen Unteransicht erfolgt über das *Ansicht*-Menü oder die drei am Rand dargestellten Symbole der *Standard*-Symbolleiste. In der *Tagesansicht* ist die Zeitskala in Stunden, in der *Wochenansicht* in Tagen und in der *Monatsansicht* in Wochen unterteilt.

Symbol-Ansicht

Die *Symbol*-Ansicht von Outlook ist die Ansicht mit den wenigsten Gestaltungsmerkmalen, dafür zeigt sie die meisten Einträge an, denn genau wie im Windows-Explorer werden die Elemente eines Ordners als Symbol repräsentiert, dessen Beschriftung die *Betreff*-Zeile des Elements ausmacht (siehe Abbildung 30.56).

In den Standard-Ansichten von Outlook wird diese Ansichtsart nicht verwendet. In benutzerdefinierten Ansichten können Sie aber darauf zurückgreifen. Der Informationsgehalt der Betreffzeile ist leider so gering, dass selbst eine Sortierung (siehe ▶ Seite 767) oder Gruppierung (siehe ▶ Seite 767) keinen wesentlichen Informationsgewinn verspricht. Auch die über das Kontextmenü verfügbaren Ansichten *Große Symbole*, *Kleine Symbole* und *Liste* ändern daran nichts. Eine aussagekräftige *Detail*-Ansicht existiert leider nicht.

Abbildung 30.56:
Symbolansicht
des Kalenders

Ansichten auswählen, bearbeiten und erstellen

Wenn Sie das *Ansicht*-Menü eines Ordners einer genaueren Prüfung unterziehen, so hat es den Anschein, als besitzt Outlook mehr als die fünf oben beschriebenen Basisansichten. Das täuscht! Denn durch Sortierung, Gruppierung, Filterung oder Beschränkung der anzuzeigenden Felder entstehen zahlreiche Ansichten, die über den Befehl *Ansicht/Aktuelle Ansicht* für jeden Ordner ausgewählt werden können.

Das Hauptaugenmerk in diesem Kapitel liegt in der Anpassung der fünf Basis-Ansichten an Ihre Wünsche und Bedürfnisse. Die Befehle *Aktuelle Ansicht anpassen...* und *Ansicht definieren...* aus dem Menü *Ansicht/Aktuelle Ansicht* erlauben die Definition eigener Ansichten. Beide Befehle bringen den folgenden Dialog zur Anzeige, der die anzuzeigenden Felder eines Elements, die Gruppierung und Sortierung der Elemente eines Ordners erlaubt:

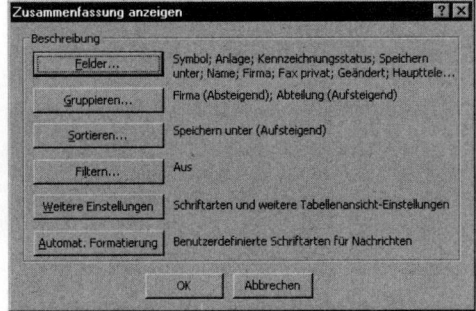

Abbildung 30.57:
Dialog zur
Anpassung
eigener
Ansichten

Darüber hinaus bietet das Kontextmenü der in der *Tabellenansicht* angezeigten Ordner die Befehle *Felder anzeigen...*, *Gruppieren*, *Sortieren*, *Filtern* und *Weitere Einstellungen*, über die sich die aktuelle Ansicht beeinflussen lässt.

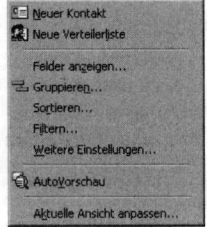

Abbildung 30.58:
Kontextmenü
einer Ansicht

HINWEIS Das Kontextmenü mit diesen Befehlen erhalten Sie allerdings nur, wenn Sie innerhalb der Tabellenansicht mit der rechten Maustaste außerhalb eines Elements klicken. Ansonsten zeigt Outlook nur das Kontextmenü eines Spaltenkopfes oder eines Listenelements.

Komplexe Sortierreihenfolgen

Sortierungen lassen sich am einfachsten durch Klick auf den Spaltenkopf in der Tabellenansicht erreichen. Die Sortierung durch Anklicken der Spaltenköpfe hat zur Folge, dass die Tabellenansicht in einem Ordner stets nach diesem einen Feld sortiert wird. Für kaskadierte Sortierreihenfolgen, bei denen die Tabellenansicht nach mehreren Feldern sortiert werden kann, ist die Spaltenkopf-Methode allerdings ungeeignet.

Hier hilft aber der Befehl *Sortieren...* aus dem Kontextmenü der Tabellenansicht bzw. aus dem *Zusammenfassung anzeigen*-Dialog. Er ruft den *Sortieren*-Dialog auf:

Abbildung 30.59:
Sortierung
definieren

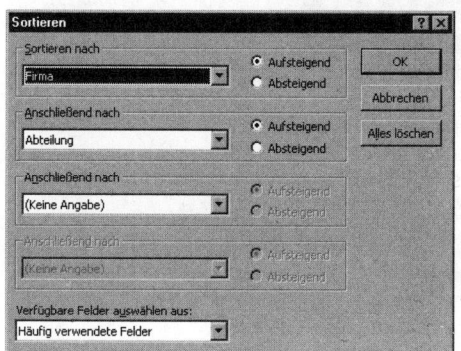

In der Steuerelementgruppe *Sortieren nach* wählen Sie im Kombinationsfeld das Feld aus, nach dem zuerst sortiert werden soll. Hier geben Sie außerdem an, ob die Sortierung auf- oder absteigend erfolgen soll. In den drei nachfolgenden Steuerelementgruppen mit dem Titel *Anschließend nach* – die den gleichen Aufbau wie die Gruppe *Sortieren nach* aufweisen –, geben Sie bis zu drei weitere Sortierfelder an, nach denen ebenfalls sortiert werden soll.

Welche Felder für die Sortierung zur Auswahl stehen, bestimmt das Kombinationsfeld *Verfügbare Felder auswählen aus* am unteren Rand des *Sortieren*-Dialogs. Hier stehen beispielsweise die häufig verfügbaren Felder, Adress- oder Datumsfelder zur Auswahl.

Um eine Sortierung aufzuheben, müssen Sie das Kombinationsfeld zurück auf *(Keine Angabe)* stellen. Aber Achtung! Bei Auswahl dieses Eintrags werden automatisch alle nachfolgenden Sortierfelder ebenfalls auf *(Keine Angabe)* gestellt.

Elemente gruppieren

Die Sortierung der Elemente eines Ordners hilft bereits ein großes Stück beim Suchen eines Eintrags. Doch mit den Gruppierungsfunktionen steht ein noch kraftvolleres Werkzeug zur Verfügung, um Ordnung im Datenwust zu schaffen. Am Beispiel des *Kontakte*-Ordners soll die Möglichkeit der Objekt-Gruppierung erläutert werden:

Jeder Kontakt besitzt neben Eingabefeldern für *Namen*, *Adressen* und *Telefonnummern* auch Eingabefelder zur Eingabe der *Firma* und *Abteilung*, in der die Kontaktperson arbeitet. Um einen Ansprechpartner in einer Firma zu kontaktieren, müssen Sie sich an den Namen des Ansprechpartners erinnern, denn die Anzeige der Elemente im Kontaktordner erfolgt üblicherweise sortiert nach dem Nachnamen, gefolgt vom Vornamen (beides zusammengefasst im Feld *Speichern unter*).

Werden die Kontakte allerdings nach der *Firma* gruppiert, so dass alle zu einer Firma gehörenden Kontakte hintereinander aufgeführt werden, erleichtert das die Suche nach einem Kontakt in der Firma:

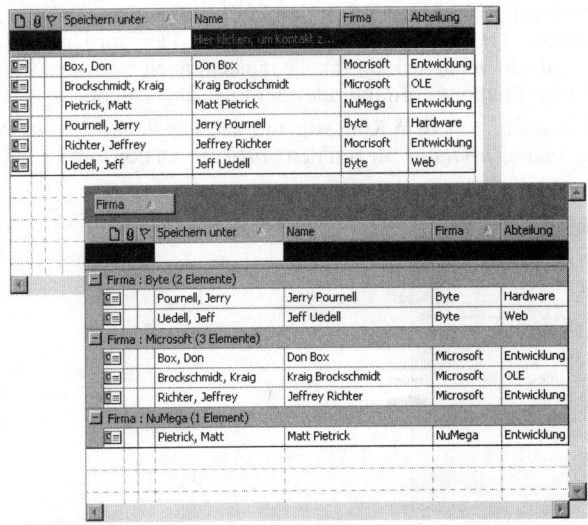

Abbildung 30.60: Nach Speichern unter *sortierte Liste und gruppiert nach* Firma

Gruppierungen lassen sich auf zwei Arten erstellen: entweder indirekt über den entsprechenden Dialog oder interaktiv innerhalb der aktuellen Tabellenansicht. Um hier eine Gruppierung zu erstellen, müssen Sie in der Tabellenansicht zuerst das *Gruppierfeld* zur Anzeige bringen. Das erfolgt entweder über das gleichnamige Symbol aus der *Erweitert*-Symbolleiste oder über den gleichlautenden Befehl aus dem Kontextmenü des Spaltenkopfes:

Gruppierfeld

Leeres Gruppierfeld

Abbildung 30.61: Das leere Gruppierfeld

In das *Gruppierfeld* müssen nun die Datenfelder eingetragen werden, nach denen die Elemente in der Tabellenansicht gruppiert werden sollen. Dazu ziehen Sie entweder den Spaltenkopf des jeweiligen Feldes mit der Maus in das Gruppierfeld, oder Sie wählen den Befehl *Nach diesem Feld gruppieren* aus dem Kontextmenü des Spaltenkopfes:

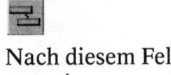
Nach diesem Feld gruppieren

Abbildung 30.62:
Gruppieren durch Ziehen des Spaltenkopfes

Sobald das Datenfeld in das Gruppierungsfeld eingefügt wurde, werden die Elemente in der Tabellenansicht gruppiert, wie in Abbildung 30.60 dargestellt.

Die Elemente lassen sich nach wie vor durch Anklicken der Spaltenköpfe sortieren, nur dass die Sortierung nicht mehr global, sondern nur noch innerhalb der jeweiligen Gruppe erfolgt. Um die Reihenfolge zu ändern, in der die Gruppen aufgeführt werden, müssen Sie die Sortierreihenfolge des Datenfeldes ändern, nach dem gruppiert wurde – z.B. durch Klick auf die Spaltenüberschrift oder den im Gruppenfeld stehenden Feldplatzhalter:

Abbildung 30.63:
Ändern der Gruppenreihenfolge

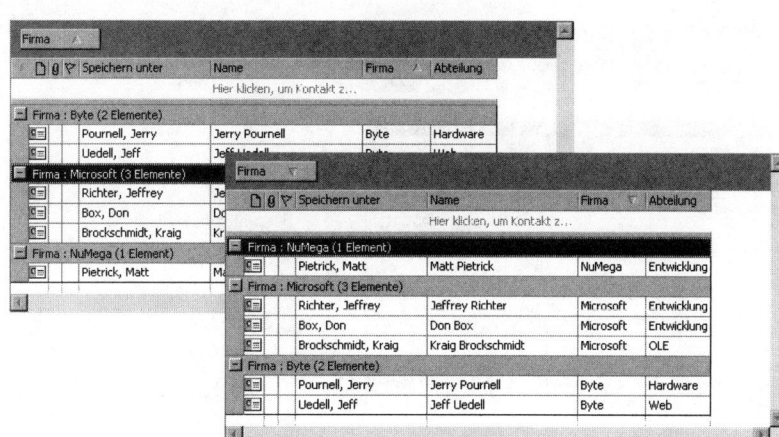

Untergruppen

Die Elemente in der Tabellenansicht lassen sich nicht nur in einer Ebene gruppieren. In unserem Beispiel ist es beispielsweise wünschenswert, die Gruppierung zu verfeinern, indem nicht nur nach Firmen, sondern zudem auch nach Abteilungen gruppiert wird. Besonders bei Kontakten zu Firmen mit vielen Mitarbeitern schaffen Sie hier Ordnung. Fügen Sie einfach das Datenfeld für die Gruppierung weiterer Ebenen in das Gruppierfeld am oberen Rand der Ansicht ein – entweder über den Befehl *Nach diesem Feld gruppieren* aus dem Kontextmenü des Spaltenkopfes oder durch erneutes Drag & Drop des Spaltenkopfes (siehe Abbildung 30.64).

HINWEIS Sie können die Tabellenansicht in maximal vier Ebenen gruppieren.

Das obere Beispiel gruppiert die Elemente des Ordners zunächst nach Firmen, anschließend nach den Abteilungen innerhalb einer Firma. Mit einer Drag & Drop-Operation im Gruppenfeld lässt sich die Gruppierung aber beispielsweise umkehren, so dass zuerst alle verfügbaren Abteilungen und anschließend die Firmen gruppiert werden (siehe Abbildung 30.65).

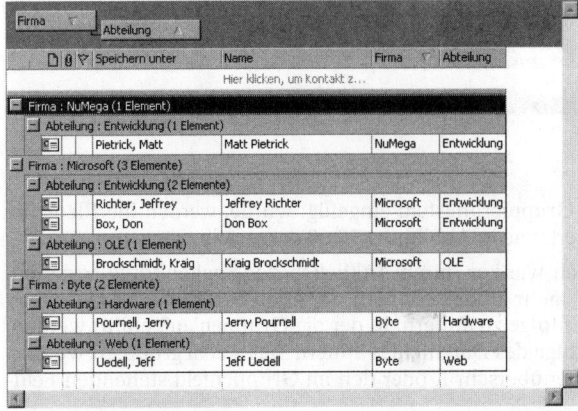

Abbildung 30.64:
Untergruppen

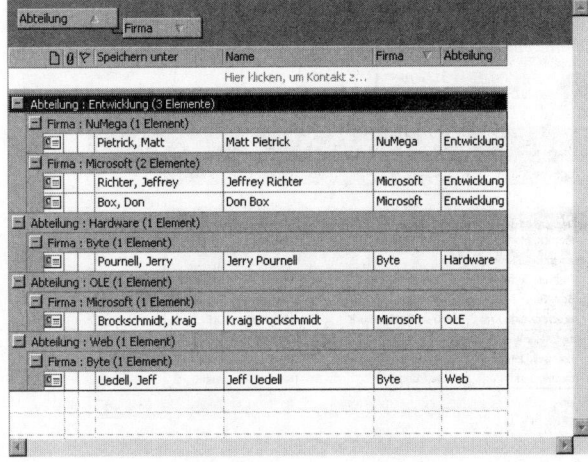

Abbildung 30.65:
Erst die Abteilung, dann die Firma

In unserem Beispiel könnte diese Gruppierung eingesetzt werden, um beispielsweise einen Entwicklungsingenieur zu suchen, wobei die Firma, bei der er angestellt ist, zunächst zweitrangig ist.

Um die Gruppen zu reduzieren und zu erweitern, stellt Outlook dem Gruppenkopf ein Symbol voran, das entweder ein Plus- oder ein Minuszeichen zeigt. Das Minuszeichen ist sichtbar, wenn die Elemente der Gruppe dargestellt werden, das Pluszeichen gibt an, dass die Elemente der Gruppe derzeit verborgen sind. Ein Mausklick auf dieses Symbol ändert den Sichtbarkeitszustand der Gruppenelemente.

Mit der Tastatur ändern Sie den Zustand einer Gruppe, indem Sie den Gruppenkopf markieren und mit den Pfeiltasten nach links und rechts ([←], [→]) die Gruppe erweitern oder reduzieren.

Drag & Drop in der Gruppierung

Die Gruppierungsansicht ist nicht nur bei der Anzeige von Elementen hilfreich. Auch der Organisation Ihrer Daten kann Sie helfen. Denn Elemente lassen sich von einer Gruppe in die andere verschieben. Die für die Gruppierung verantwortlichen Datenfel-

HINWEIS

Reduzieren und Erweitern

der werden dabei automatisch aktualisiert. Wenn einer Ihrer Kontakte beispielsweise von der Firma *Microsoft*, Abteilung *Entwicklung*, in die Firma *Byte*, Abteilung *Hardware*, wechselt, vollziehen Sie diesen Wechsel durch einfaches Ziehen des Kontaktes in die neue Gruppe. Ein QuickInfo zeigt beim Verschieben des Eintrags die beim Loslassen des Elements von Outlook durchgeführten Änderungen:

Abbildung 30.66:
QuickInfo beim Verschieben eines Elements in eine andere Gruppe

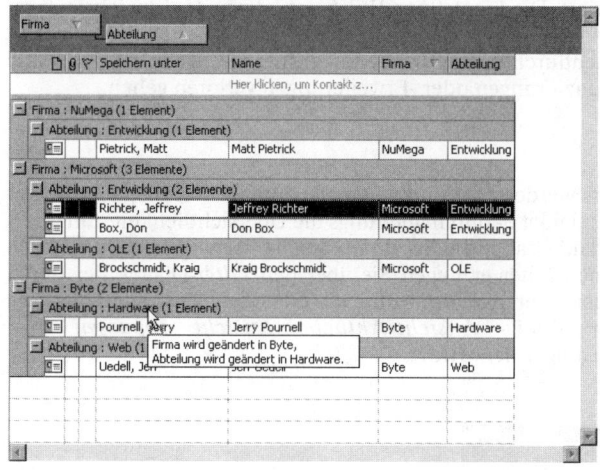

Komplexe Gruppierungen

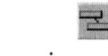

Gruppieren...

Die Elemente in einem Ordner lassen sich nicht nur interaktiv, sondern auch über einen Dialog gruppieren. Der *Gruppieren...*-Befehl aus dem Kontextmenü der Tabellenansicht oder der *Zusammenfassung anzeigen*-Dialog zeigt dazu diesen Dialog:

Abbildung 30.67:
Der Gruppieren-Dialog

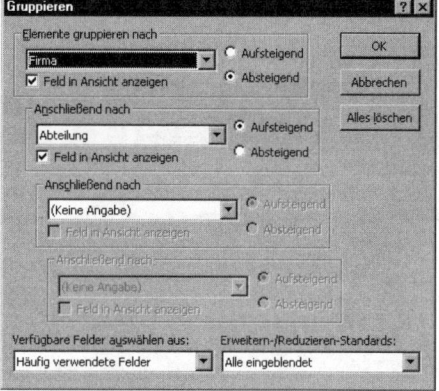

Hier geben Sie die Felder für die maximal vier Gruppierungsebenen innerhalb einer Tabellenansicht an. Dieser Dialog ähnelt sehr stark dem *Sortieren*-Dialog. Sie wählen das Feld, nach dem gruppiert werden soll, geben an, ob die Gruppe auf- oder absteigend dargestellt werden soll, und bestimmen zudem, ob das zu gruppierende Feld sichtbar ist. So lassen sich sogar Gruppierungen über unsichtbare Felder erstellen – was im

Grunde auch Sinn macht, denn das Feld der Gruppierung wird dadurch überflüssig, da es im jeweiligen Gruppenkopf angezeigt wird.

Ob die Gruppen bei der ersten Ansicht des Ordners erweitert oder reduziert werden, bestimmt das Kombinationsfeld *Erweitern-/Reduzieren Standards*. Zur Auswahl stehen *Alle eingeblendet*, *Alle ausgeblendet* oder *Wie beim letzten Mal*. Bei *Alle eingeblendet* oder *ausgeblendet* werden alle Gruppen automatisch beim Wechsel in den Ordner erweitert oder reduziert. Die Einstellung *Wie beim letzten Mal* speichert dagegen den Erweiterungszustand aller Gruppen über mehrere Outlook-Sitzungen, so dass Sie auch problemlos zwischendurch in einen anderen Ordner wechseln können, ohne dass dabei alle Gruppen-Reduzierungen oder -Erweiterungen verloren gehen.

Filtern

In der Ansicht eines Ordners werden standardmäßig alle enthaltenen Elemente aufgeführt. Bei zu vielen Einträgen leidet dadurch allerdings die Übersichtlichkeit. Ein kraftvoller Filtermechanismus erlaubt daher die Beschränkung der Anzeige auf die wirklich interessanten Elemente. Einen Filter erzeugen Sie über den *Filter*-Dialog, der durch den Befehl *Filter...* entweder über das Kontextmenü oder den *Zusammenfassung anzeigen*-Dialog aus den Menüs *Ansicht/Aktuelle Ansicht anpassen* bzw. *Ansicht/Ansicht definieren* aufgerufen wird:

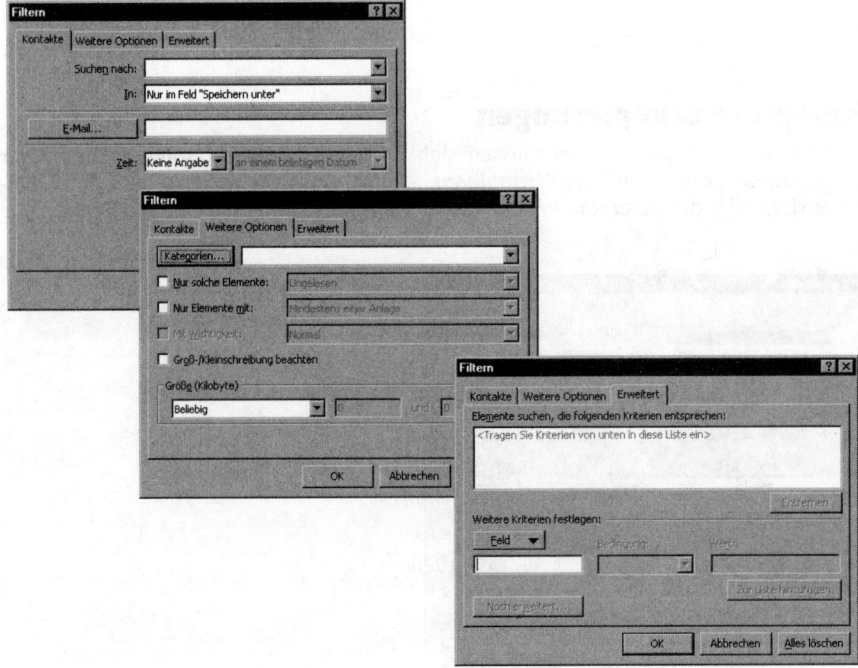

Abbildung 30.68:
Filtern der Elemente

Der *Filtern*-Dialog besteht aus drei Registern. Das erste Register ist zugeschnitten auf den Objekttyp (Kontakt, E-Mail, Journal, Aufgabe ...), der im aktuellen Ordner angezeigt wird. Die obere und untere Steuerelementgruppe mit den Feldern *Suchen nach* und *Zeit* sind für alle Elemente identisch. Die Steuerelementgruppe in der Mitte des Dialogs ist dagegen auf den jeweiligen Elementtyp zugeschnitten.

In *Suchen nach* geben Sie einen Begriff ein, der in dem im Kombinationsfeld *In:* hinterlegten Datenfeld oder Datenfeldern des Elements enthalten sein muss. Im *Zeit*-Feld definieren Sie den Zeitraum, in den die anzuzeigenden Elemente fallen sollen. Je nach Element werden dazu in *Zeit* die Felder zur Auswahl gestellt, die ein Datum enthalten. Bei einer E-Mail sind das z. B. die Felder *Erhalten, Gesendet, Fällig* oder *Erstellt*. Der Zeitraum, in dem dieses Datum liegen muss, lässt sich auswählen aus *an einem beliebigen Datum, gestern, heute, in den letzten sieben Tagen, letzte Woche, diese Woche, letzten Monat, diesen Monat*.

Weitere Optionen

Im Register *Weitere Optionen* legen Sie fest, welcher Kategorie (siehe ▶ Seite 785) die anzuzeigenden Elemente angehören müssen. Außerdem können Sie die Anzeige auf gelesene oder ungelesene Elemente, Elemente mit keiner oder mindestens einer Anlage oder Elemente von hoher oder niedriger Wichtigkeit beschränken. Außerdem können Sie die Anzeige von Elementen mit einer bestimmten Größe in KB bestimmen.

Erweitert

Um einen Filter zu erstellen, der den Inhalt eines oder mehrerer Datenfelder eines Elements berücksichtigt, steht das *Erweitert*-Register zur Verfügung. Das Listenfeld im oberen Bereich des *Erweitert*-Registers zeigt die bereits verfügbaren Kriterien. Im unteren Teil des Dialogs legen Sie weitere Kriterien fest. Die *Feld*-Schaltfläche erlaubt dazu die Auswahl des Datenfeldes, dessen Wert mit dem von Ihnen angegebenen Kriterium übereinstimmen soll, damit das Element in der Ansicht erscheint. Der Name dieses Feldes wird in das unter der Schaltfläche stehende Eingabefeld eingetragen.

Im Kombinationsfeld *Bedingung* wird die für das Feld zutreffende Bedingung eingegeben. Verfügbar sind: *enthält, ist (genau), enthält nicht, ist leer, ist nicht leer*. Falls die Bedingung auf einem Vergleich basiert, muss der zu überprüfende *Wert* eingegeben werden. Anschließend lässt sich das neue Kriterium über die Schaltfläche *Zur Liste hinzufügen* übernehmen. Dieser Mechanismus gestattet die Bildung von Filtern, die mehrere Kriterien berücksichtigen.

Wenn Sie den Dialog mit *OK* beenden, werden die Elemente des aktuellen Ordners mit dem soeben erstellten Filter abgeglichen. Damit Sie erkennen, dass die dargestellten Datensätze einem Filter unterliegen, zeigt Outlook dieses in der Kopfzeile der Anzeige an:

Abbildung 30.69:
So erkennen Sie gefilterte Ansichten.

Felder anzeigen

Feldauswahl

Besonders in der Tabellenansicht lässt sich sehr leicht bestimmen, welche Felder eines Elements zur Anzeige gelangen sollen. Das Kontextmenü des Spaltenkopfes bietet dazu den Befehl *Feldauswahl*, mit dem sich der *Feldauswahl*-Dialog an- und abschalten lässt (siehe Abbildung 30.70).

Dieses Fenster zeigt eine Liste der im aktuellen Ordner verfügbaren Felder, gruppiert nach der im Kombinationsfeld angegebenen Kategorie. Um ein Feld in die Ordneransicht zu übernehmen, ziehen Sie es einfach aus der *Feldauswahl* in den Spaltenkopf des Ansichtsfensters.

Die Feldauswahl ist jedoch nur für die Tabellenansiucht verfügbar. Für die anderen Ansichten müssen Sie auf den *Felder anzeigen...*- aus dem Kontextmenü oder dem *Zusammenfassung anzeigen*-Dialog zurückgreifen (Menü *Ansicht/Aktuelle Ansicht/ Aktuelle Ansicht anpassen...* bzw. *Ansicht/Aktuelle Ansicht/Ansicht definieren...*). Er bringt dazu einen Dialog zum Vorschein, mit dem die Definition der Ansicht ebenfalls einfach von statten geht (siehe Abbildung 30.71).

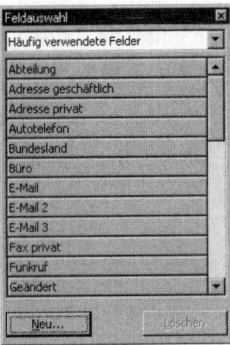

Abbildung 30.70:
Feldauswahl

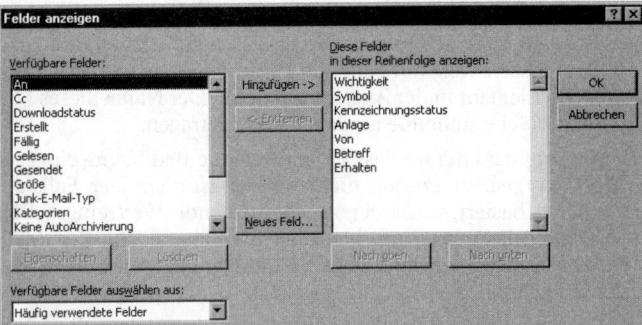

Abbildung 30.71:
Tabellenansicht definieren

Auf der linken Seite werden die verfügbaren Felder, auf der rechten die anzuzeigenden Felder aufgeführt. Die markierten, verfügbaren Felder werden via *Hinzufügen->* in die Ansicht übernommen und die *Entfernen->*-Schaltfläche löscht die markierten Felder aus der Ansicht. Mit den *Nach oben-* und *Nach unten*-Schaltflächen lässt sich die Position der markierten, auszugebenden Felder verändern.

Für die Ansichten *Zeitskala* und *Tages-/Wochen-/Monatsansicht* sieht der *Felder auswählen*-Dialog etwas anders aus. Weil in diesen Ansichten das Datum im Vordergrund steht, wählen Sie hier nur die Felder aus, die den zeitlichen Beginn und das Ende eines Elements repräsentieren. Der für das Element angezeigte Text wird stets dem *Betreff*-Feld des Elements entnommen.

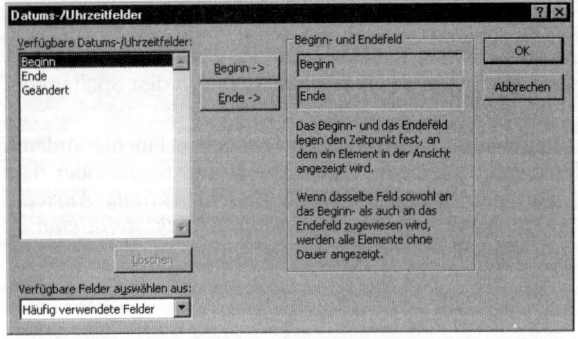

Abbildung 30.72:
Felder anzeigen für Zeitskala und Tages-/Wochen-/Monatsansicht

Weitere Einstellungen

Mit den Farben und Schriftarten der Spaltenüberschriften, der Zeilen in der Tabellenansicht und der AutoVorschau (siehe ▶ Seite 753) beschäftigt sich der *Weitere Einstellungen*-Dialog, der über den gleichnamigen Befehl aus dem Kontextmenü der Tabellenansicht bzw. über den *Zusammenfassung anzeigen*-Dialog aufgerufen wird. Der Dialog zur Formatierung der jeweiligen Ansicht unterscheidet sich selbstverständlich vom aktuellen Ansichtstyp, so dass Sie mit insgesamt fünf verschiedenen Formatierungsdialogen konfrontiert werden:

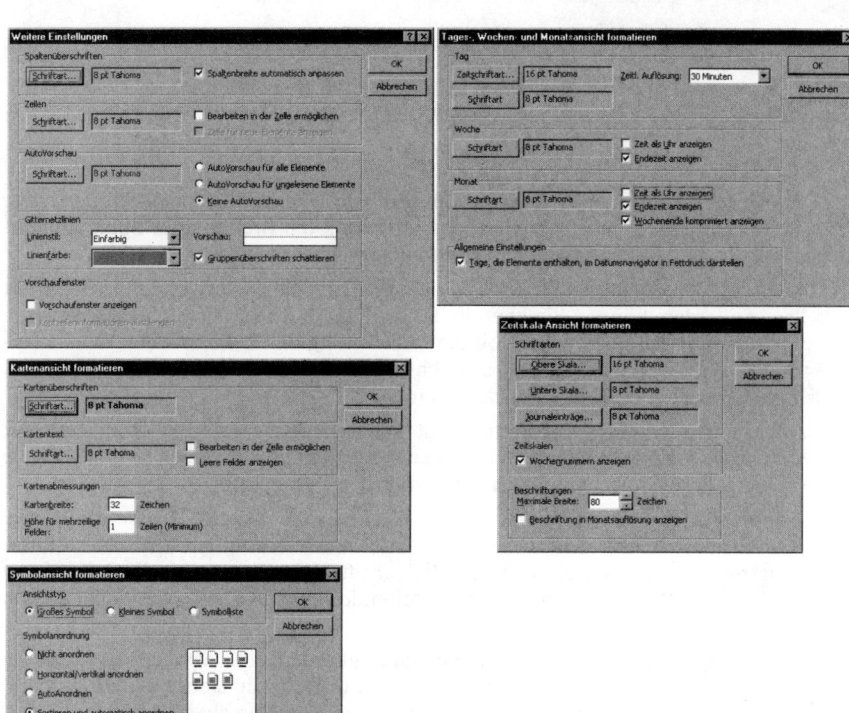

Abbildung 30.73: Weitere Einstellungen für alle fünf Ordneransichten

Die weiteren Einstellungen der Tabellenansicht

Für die Tabellenansicht können Sie festlegen, wie die Spaltenköpfe, die einzelnen Datenzeilen, die *AutoVorschau*, die Gitternetzlinienen und das Vorschaufenster aussehen sollen.

Die Steuerelementgruppe *Spaltenüberschriften* erlaubt die Definition der Schriftart in den Spaltenköpfen der Tabellenansicht. Nach Klicken der *Schriftart...*-Schaltfläche erscheint der folgende Standarddialog zur Festlegung der zu verwendenden Schriftart.

HINWEIS Weil die Farbe der Spaltenköpfe von den Windows-Farbeinstellungen für Schaltflächen vorgegeben wird, besteht bei der Formatierung der Spaltenüberschriften keine Möglichkeit zur Einstellung von Vorder- und Hintergrundfarbe. Bei der Angabe der Schriftart für andere Elemente lassen sich diese Farben dagegen über zwei Kombinationsfelder angeben.

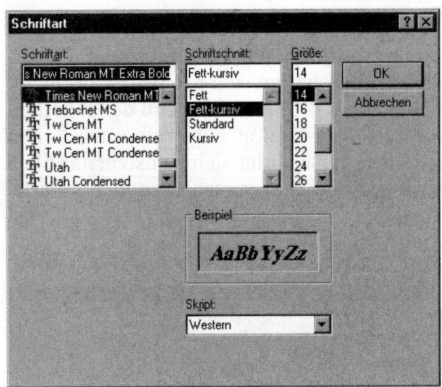

*Abbildung 30.74:
Schriftart definieren*

Die Breite der Spalten in der Tabellenansicht regelt das Kontrollkästchen *Spaltenbreite automatisch anpassen*. Ist es aktiviert, passt Outlook die Breiten aller Spalten derart an, dass alle Spalten im aktuellen Ausschnitt angezeigt werden.

Für das Format der einzelnen Zeilen lässt sich ebenfalls die zu verwendende Schriftart einstellen. Außerdem können Sie über die Einstellung in Kontrollkästchen *Bearbeiten in der Zelle ermöglichen* festlegen, ob die Bearbeitung der Zellen in der Tabellenansicht erlaubt ist. Dabei ist allerdings zu beachten, dass nicht alle Felder eines Elements in der Tabellenansicht bearbeitet werden können.

Ist das Bearbeiten der Zellen gestattet, lässt sich zudem die Anzeige einer *Zeile für neue Elemente anzeigen*. In der ersten Zeile der Tabellenansicht lassen sich dann neue Elemente eingeben, ohne einen Befehl dafür aufrufen zu müssen.

Die Steuerelementgruppe *AutoVorschau* definiert, wie die Anzeige der AutoVorschau in der Tabellenansicht erfolgen soll. Um die AutoVorschau von den restlichen Einträgen zu unterscheiden, lässt sich nicht nur die Schriftart, sondern auch die Schriftfarbe des AutoVorschau-Textes ändern. Der entsprechende *Zeichen*-Dialog besitzt zu diesem Zweck ein zusätzliches Farbauswahlfeld.

In den *Weiteren Eigenschaften* bestimmen Sie außerdem, für welche Elemente die AutoVorschau (siehe ▶ Seite 753) angezeigt wird. Zur Auswahl stehen *Alle Elemente*, *Alle ungelesenen Elemente* oder die Abschaltung der AutoVorschau.

Um die Gitternetzlinien in der Tabellenansicht zu formatieren, steht die Steuerelementgruppe *Gitternetzlinien* bereit. Sie definieren hier die Linienart und Linienfarbe für die Zeilen und Spalten in der Tabellenansicht. Über das Kontrollkästchen *Gruppenüberschriften schattieren* legen Sie außerdem fest, ob Gruppenüberschriften farbig hinterlegt werden oder in der Hintergrundfarbe der Liste angezeigt werden.

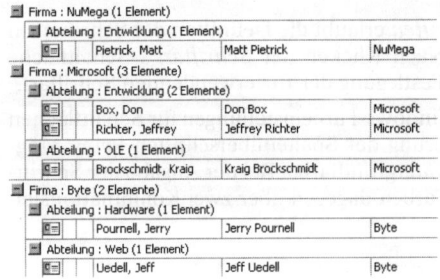

*Abbildung 30.75:
Nicht schattierte Gruppenüberschriften*

Die letzte Steuerelementgruppe des *Weitere Einstellungen*-Dialog beschäftigt sich mit dem Vorschaufenster (siehe ▶ Seite 777). Hier legen Sie fest, ob das Vorschaufenster angezeigt werden soll und ob darin die Kopfzeileninformationen dargestellt werden sollen. Das Vorschaufenster lässt sich allerdings wesentlich einfacher über das *Ansicht*-Menü oder das entsprechende Symbol aus der *Standard*-Symbolleiste anzeigen. Und im Kontextmenü des Vorschaufensters lassen sich die Kopfzeileninformationen ein- und ausblenden.

Einstellungen des Vorschaufensters

Weitere *Vorschaufensteroptionen* offenbart der gleichnamige Befehl aus dem Kontextmenü des angezeigten Vorschaufensters:

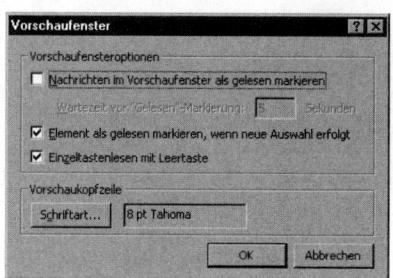

Abbildung 30.76:
Vorschaufensteroptionen

Dieser Dialog bestimmt, ob eine Nachricht als gelesen markiert wird, wenn sie für eine gewisse Zeit im Vorschaufenster angezeigt wird. Per Standardeinstellung wird eine Nachricht erst dann von Outlook als gelesen gekennzeichnet (siehe ▶ Seite 787), wenn der Anwender die Nachricht im entsprechenden Formular öffnet. Aktivieren Sie aber das Kontrollkästchen *Nachrichten im Vorschaufenster als gelesen markieren*, können Sie die Anzahl der Sekunden angeben, die die Nachricht im Vorschaufenster verweilen muss, bevor Outlook diese automatisch als gelesen markiert.

Das Kontrollkästchen *Element als gelesen markieren, wenn neue Auswahl erfolgt* sorgt dafür, dass ein Element bei aktivem Vorschaufenster als gelesen gekennzeichnet wird, sobald Sie zu einem anderen Element wechseln. Und damit der Wechsel zum nächsten Element schnell erfolgt, können Sie auf die ⃞-Taste zurückgreifen. Dazu muss aber das *Einzeltastenlesen mit Leertaste* aktiviert sein.

Um zum nächsten Element zu wechseln, während das Vorschaufenster aktiv ist, müssen Sie auf die ⃞-Taste zurückgreifen. Denn die Pfeiltasten werden zur Navigation der Einfügemarke im Nachrichtentext verwendet. Allerdings können Sie im Vorschaufenster keine Texte eingeben, sondern nur markieren, um sie anschließend teilweise oder komplett in die Zwischenablage zu übernehmen.

TIPP Um einen Text im Vorschaufenster zu markieren, können Sie mit der Maus einfach an eine beliebige Stelle im Vorschaufenster klicken. Beim Rückgriff auf die Tastatur müssen Sie allerdings auf die [Strg]+[↹]-Tastenkombination zurückgreifen, um zuerst in das Vorschaufenster zu wechseln und dort mit den Pfeiltasten den Text zu selektieren. Die [↹]-Taste allein führt nicht zur Aktivierung des Vorschaufensters.

Die Schriftart der Kopfzeile des Vorschaufensters ändern Sie im *Vorschaufenster*-Dialog über die *Schriftart...*-Schaltfläche, die den bereits bekannten *Schriftarten*-Dialog anzeigt.

Formatierung der Tages-/Wochen-/Monatsansicht

Zur Formatierung der Tages-/Wochen-/Monatsansicht stellt Outlook den folgenden Dialog bereit:

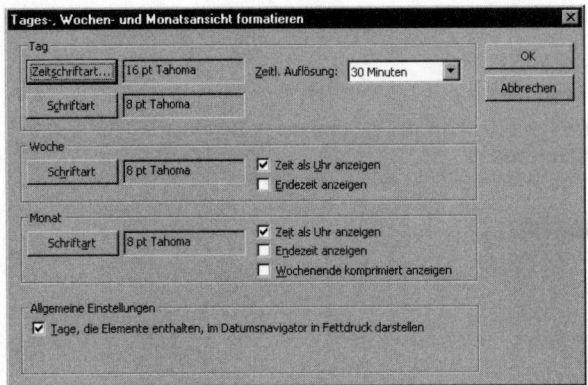

Abbildung 30.77:
Formatierung der Tages-/Wochen-/Monatsansicht

Die Steuerelementgruppe *Tag* ist verantwortlich für die Formatierung der *Tagesansicht* und der *Arbeitswoche* (5 Tage). Sie legen den Zeichensatz für die Zeitzone (*Zeitschriftart*) sowie für die einzelnen Einträge (*Schriftart*) fest. Im Kombinationsfeld *Zeitl. Auflösung* geben Sie das Intervall an, in das ein Tag unterteilt wird und für das jeweils eine separate Eingabezeile zur Verfügung gestellt wird. Zur Auswahl stehen: 5, 6, 10, 15, 30 und 60 Minuten.

Die Steuerelementgruppen *Woche* und *Monat* sind verantwortlich für die Formatierung der Wochenansicht (7 Tage) und der Monatsansicht (28-31 Tage). Die Formatierung beider Ansichten erfolgt weitgehend identisch: Zum einen legen Sie die zu verwendende Schriftart fest, geben an, ob die Uhrzeit eines Eintrags analog oder digital angezeigt werden soll. Weil Beginn und Ende eines Eintrags nicht aus einer Zeitzone abgelesen werden können, geben Sie zudem an, ob neben der obligatorischen Startzeit auch die Endezeit des Eintrags angegeben werden soll:

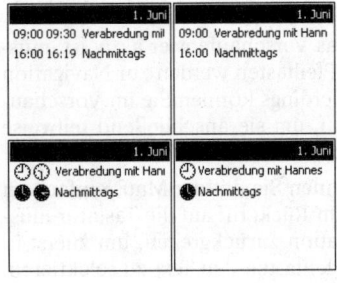

Abbildung 30.78:
Uhrzeit in der Monatsansicht – mal digital, mal als Analog-Uhr, mal mit und mal ohne Endezeit

In der Monatsansicht können Sie zudem abstellen, ob die beiden Tage des Wochenendes zu einer Spalte zusammengefasst (»komprimiert«) oder als zwei separate Tage dargestellt werden sollen. Das Kontrollkästchen *Wochenende komprimiert anzeigen* regelt das Format von Samstag und Sonntag:

Abbildung 30.79:
Unkompri-
miertes und
komprimiertes
Wochenende

Und damit Sie stets einen Überblick über Ihre Termine erhalten, geben Sie im Kontrollkästchen *Tage, die Elemente enthalten, im Datumsnavigator in Fettdruck darstellen* an, ob Tage mit einem Termin/Eintrag im Datumsnavigator durch Fettschrift hervorgehoben werden:

Abbildung 30.80:
Der Datums-
navigator

Formatierung der Kartenansicht

Die *Weiteren Einstellungen...* der Kartenansicht manifestieren sich in folgendem Dialog:

Abbildung 30.81:
Kartenansicht
formatieren

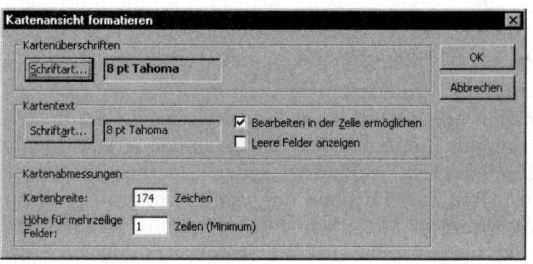

Hier legen Sie die Schriftart für die Kartenüberschrift sowie den Kartentext fest:

Abbildung 30.82:
Kartenüber-
schrift und
Kartentext

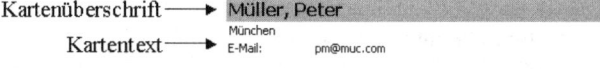

Aktivieren Sie das Kontrollkästchen *Bearbeiten in der Zelle ermöglichen*, so lassen sich die Einträge in der Kartenansicht durch einfaches Anklicken bzw. durch Markieren mit der Tastatur und anschließender Betätigung der [F2]-Taste aktivieren. Mit der [⇥]-Taste wechseln Sie innerhalb einer Zelle anschließend von Feld zu Feld.

Um die Ansicht auf das Wesentliche zu beschränken, unterdrückt Outlook die Anzeige leerer Felder (welche Felder überhaupt zur Anzeige gelangen, bestimmen Sie im *Felder anzeigen*-Dialog, siehe ▶ Seite 773). Weil dadurch jeder Eintrag mal mehr, mal weniger Platz in der Ansicht einnehmen kann, lassen sich auch die leeren Felder über das Kontrollkästchen *Leere Felder anzeigen* darstellen.

Die Breite der Karten wird von Outllok derart angepasst, dass ungefähr die im Eingabefeld *Kartenbreite* angegebene Anzahl von Zeichen in einer Zeile Platz findet. Und um mehrzeilige Felder auf eine Mindesthöhe zu formatieren, können Sie im Eingabefeld *Höhe für mehrzeilige Felder* die Anzahl der Zeilen für ein mehrzeiliges Feld bestimmen.

Formatierung der Zeitskala

Um die *Zeitskala-Ansicht*, die vor allem für Journal-Einträge genutzt wird, zu formatieren, stellt Outlook den folgenden Dialog bereit:

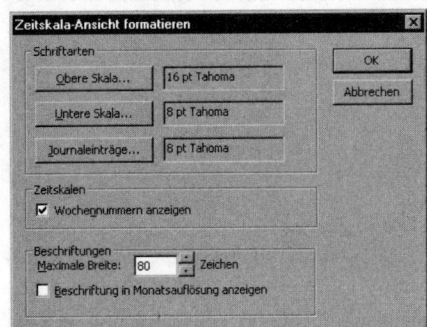

Abbildung 30.83:
Zeitskala-Ansicht formatieren

Die Schriftarten für die obere und untere Skala sowie die Schriftart für die Journaleinträge lassen sich über die entsprechenden Schaltflächen einstellen. Ob in den Zeitskalen Wochennummern angezeigt werden sollen oder nicht, entscheidet das gleichnamige Kombinationsfeld.

Die Beschriftungen der einzelnen Einträge innerhalb der Zeitskala regeln die Einstellungen in der *Beschriftungen*-Gruppe. Hier legen Sie die maximale Anzahl der in einem Eintrag darzustellenden Zeichen fest. Außerdem geben Sie hier an, ob die Beschriftung auch in der Monatsansicht der Zeitskala dargestellt werden soll. Standardmäßig wird die Option *Beschriftung in Monatsauflösung anzeigen* deaktiviert, um in der Monatsansicht mit dem verfügbaren Platz zu haushalten, weil hier im Allgemeinen sehr viele Einträge angezeigt werden.

Die Formatierung der Symbolansicht

Die Formatierung der Symbolansicht bietet nur wenige Einstellungsmöglichkeiten. Für die Symbolansicht legen Sie fest, ob die Symbole nach dem Start von Outlook als große Symbole, kleine Symbole oder als Liste angezeigt werden sollen. Über das Kontextmenü lässt sich diese Voreinstellung allerdings sehr schnell und einfach ändern. Außerdem geben Sie an, wie die Symbole innerhalb der Ansicht angeordnet werden sollen:

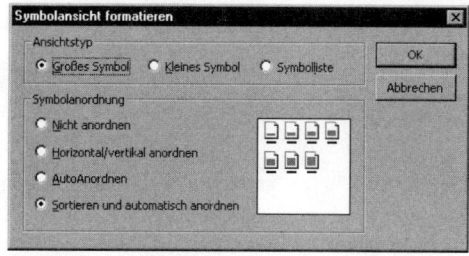

Abbildung 30.84: Symbolansicht formatieren

Aktuelle Ansichten anpassen...

Für den Fall, dass Sie die aktuelle Ansicht nicht nur kurzfristig – also nicht nur bis zum nächsten Start von Outlook – verändern oder sogar eigene Ansichten dem *Ansichten*-Menü hinzufügen wollen, bietet Outlook im *Ansicht/Aktuelle Ansicht*-Menü die Befehle *Aktuelle Ansicht anpassen..* und *Ansicht definieren*.

Der Aufruf des Befehls *Aktuelle Ansicht anpassen...* zeigt den folgenden Dialog, der als Schaltzentrale den Zugriff auf die Dialoge *Felder anzeigen* (siehe ▶ Seite 773), *Gruppierungen* (siehe ▶ Seite 767), *Sortierung* (siehe ▶ Seite 767), *Filtern* (siehe ▶ Seite 772) und *Weitere Einstellungen* (siehe ▶ Seite 775) erlaubt. Änderungen in diesen Dialogen werden dauerhaft auf die aktuelle Ansicht übertragen.

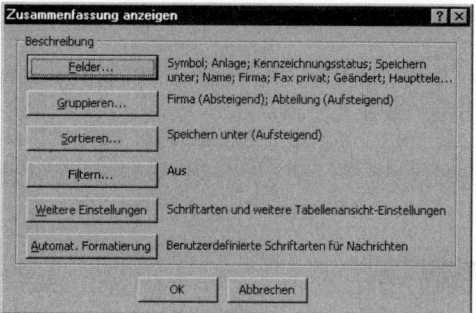

Abbildung 30.85: Zusammenfassung für aktuelle Ansicht anzeigen

Hinter den ersten fünf Schaltflächen verbergen sich die bereits bekannten Dialoge zur Formatierung. Neu an diesem Dialog ist jedoch die Schaltfläche *Automat. Formatierung*. Sie erlaubt die Formatierung bestimmter Elemente in der Tabellenansicht aufgrund einiger von Ihnen bestimmter Regeln (siehe Abbildung 30.86).

Für jeden Ordner sind bereits eine Reihe von Regeln definiert. Für einen Ordner mit E-Mail-Nachrichten stehen beispielsweise Regeln für die Anzeige ungelesener Nachrichten (erkennbar an der fetten Schrift) oder für abgelaufene und überfällige E-Mails bereit. Ähnliche Regeln kennen auch die restlichen Ordner von Outlook.

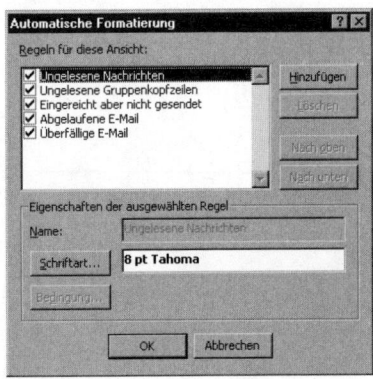

Abbildung 30.86:
Automatische
Bedingung

So erstellen Sie eine automatische Formatierung

Wie Sie eine automatische Formatierung einsetzen, zeigt das folgende Beispiel für eine Regel, die Telefonnummern innerhalb Ihres Ortsbereich farblich hervorhebt:

1. Wechseln Sie in den *Kontakte*-Ordner, und rufen Sie den Befehl *Ansicht/Aktuelle Ansicht/Aktuelle Ansicht anpassen...* auf. Wählen Sie im *Zusammenfassung anzeigen*-Dialog die Schaltfläche *Autom. Formatierung*.
2. Klicken Sie auf die *Hinzufügen*-Schaltfläche, um eine neue Regel zu erzeugen.
3. Geben Sie im Eingabefeld *Name* eine aussagekräftige Bezeichnung für die neue Regel an.
4. Wählen Sie eine Schriftart und -farbe, in der die Kontakte mit einer Telefonnummer in Ihrem Ortsbereich dargestellt werden sollen.
5. Klicken Sie auf die Schaltfläche *Bedingung...*, um zu definieren, auf welche Kontakte die oben gewählte Schriftart angewendet werden soll. Outlook zeigt dazu den *Filtern*-Dialog:

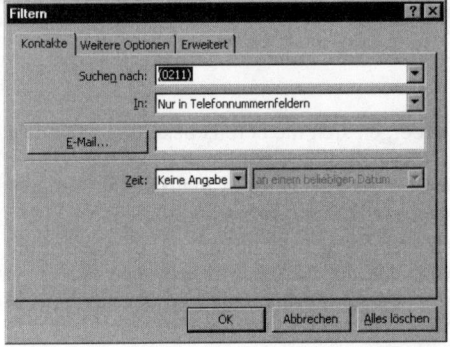

Abbildung 30.87:
Bedingung für
Ortsnetzkenn-
zahlen

Um alle Kontakte mit einer Telefonnummer in Ihrem Ortsnetzbereich anzugeben, hinterlegen Sie im *Suchen nach*-Dialog die Vorwahl des Ortsbereichs und im Kombinationsfeld *In* den Eintrag *Nur in Telefonnummernfelder*.

Klicken Sie auf *OK*, um die Bedingung zu speichern.

6. Gehören mehrere Vorwahlen in Ihren Ortsnetzbereich, müssen Sie für jeden Bereich eine separate Regel definieren.
7. Anschließend werden alle Kontakte, die einen Telefonanschluss in Ihrem Ortsnetzbereich enthalten, in der von Ihnen definierten Schriftart angezeigt.

Neue Ansicht definieren

Falls die von Outlook zur Verfügung gestellten Ansichten nicht Ihren Wünschen entsprechen, lassen sich eigene Ansichten erstellen, die wie alle herkömmlichen Ansichten im Menü *Ansicht/Aktuelle Ansicht* aufgeführt werden.

So erstellen Sie eine neue Ansicht

1. Um eine neue Ansicht zu erzeugen, wechseln Sie zuerst in den Ordner, für den die Ansicht erstellt werden soll, und rufen Sie anschließend den Befehl *Ansicht definieren...* aus dem *Ansicht/Aktuelle Ansicht*-Menü auf:

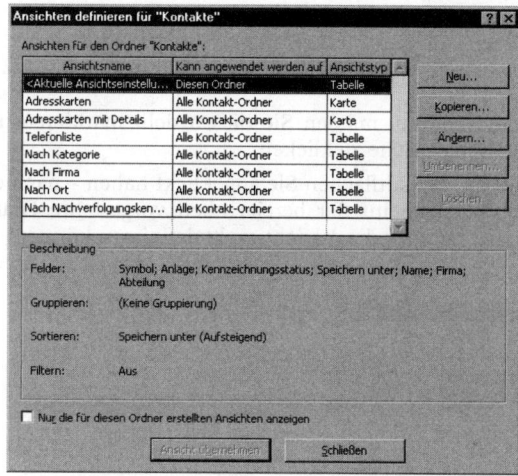

Abbildung 30.88:
Neue Ansicht definieren

Im oberen Teil dieses Dialogs werden die für den Ordner bereits verfügbaren Ansichten aufgeführt, im unteren Teil zeigt der Dialog eine kurze Zusammenfassung der markierten Ansicht.

2. Um eine neue Ansicht zu erzeugen, müssen Sie die *Neu...*-Schaltfläche anklicken:

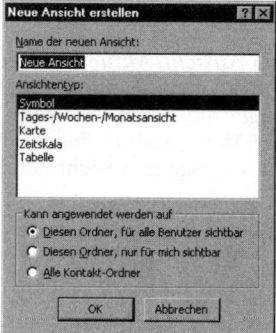

Abbildung 30.89:
Neue Ansicht

Der erscheinende Dialog fordert Sie auf, der neuen Ansicht einen Namen zu geben sowie den der neuen Ansicht zugrunde liegenden Basis-Typ (siehe ▶ Seite 754) zu wählen. Außerdem müssen Sie angeben, ob die neue Ansicht nur für den aktuellen Ordner, aber für alle Anwender von Outlook, nur für den aktuellen Ordner und für den aktuellen Benutzer (Windows-Login) oder für diesen und alle weiteren Ordner mit Kontakten verfügbar sein soll.

3. Wollen Sie eine neue Ansicht erstellen, die auf einer bereits existierenden Ansicht basiert, müssen Sie auf *Kopieren...* statt auf *Neu...* klicken. Outlook stellt dann den folgenden Dialog dar, in dem Sie den Namen der Ansichtskopie angeben und festlegen, für welche Art von Ordnern die neuen Ansicht verfügbar sein soll.

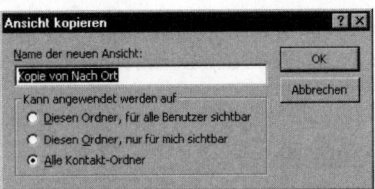

Abbildung 30.90: Ansicht kopieren

4. Um eine bestehende Ansicht zu ändern, müssen Sie die Ansicht markieren, um anschließend auf die *Ändern...*-Schaltfläche zu klicken.

5. Unabhängig davon, welche der drei Schaltflächen Sie angeklickt haben – nach der Bestätigung der Dialoge mit *OK* erscheint der bereits oben vorgestellte Dialog *Zusammenfassung anzeigen*, mit dem Sie die Ansicht exakt definieren können:

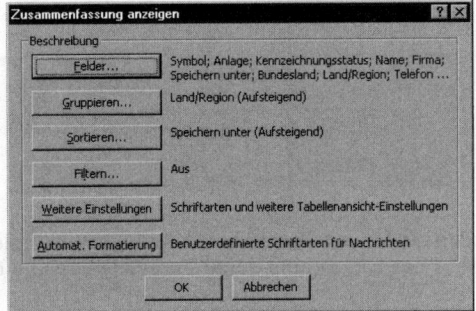

Abbildung 30.91: Zusammenfassung anzeigen

6. Nachdem Sie die Einzelheiten der neuen Ansicht definiert haben, erscheint diese im *Ansicht/Aktuelle Ansicht*-Menü.

7. Um nur die für einen Ordner definierten Ansichten im *Ansicht/Aktuelle Ansicht*-Menu anzuzeigen, müssen Sie im *Ansicht definieren*-Dialog das Kontrollkästchen *Nur die für diesen Ordner erstellten Ansichten anzeigen* aktivieren. Alle von Outlook vordefinierten Ansichten verschwinden aus dem Menü. Damit dieser Befehl funktioniert, müssen Sie allerdings zuvor mindestens eine eigene Ansicht definiert haben.

8. Um die neue Ansicht auf den Ordner anzuwenden, müssen Sie die Ansicht aus der Liste der verfügbaren Ansichten auswählen und über die *Ansicht übernehmen*-Schaltfläche auf den Ordner anwenden.

Kategorisierung von Outlook-Elementen

Jedes Element, das Sie in Outlook anlegen, lässt sich einer oder mehreren Kategorien zuordnen. Kategorien bieten damit ein Instrument, um Elemente verschiedenen Typs zu kategorisieren und zu gruppieren. Statt beispielsweise private und geschäftliche Kontakte in separaten Ordnern zu speichern, können Sie die Gruppierung auch durch Zuordnung der Kontakte zur jeweiligen Kategorie erreichen.

Die Kategorien kommen vor allem bei der Ansicht der Elemente eines Ordners in Listenform zum Einsatz. Denn hier lassen sich die Elemente nach den zuvor vergebenen Kategorien gruppieren.

Alle Formulare zur Bearbeitung der Outlook-Elemente besitzen eine *Kategorie...*-Schaltfläche, die einem Eingabefeld »vorsteht« und so die Zuordnung des Elements zu einer Kategorie erlaubt:

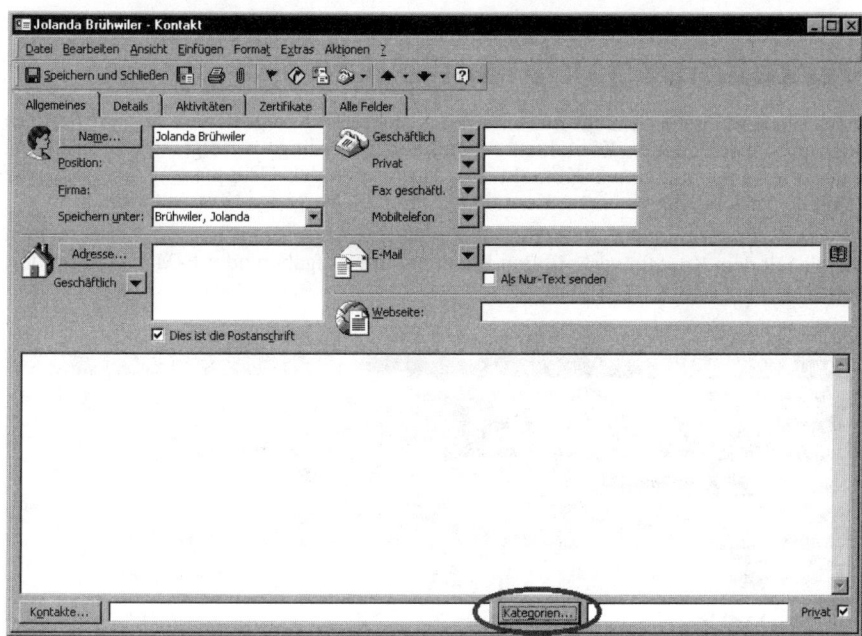

Abbildung 30.92: Kategorien eines Kontaktes auswählen

HINWEIS Bei E-Mail Formularen verbirgt sich die Kategorie im *Optionen*-Dialog.

Beim Klick auf die *Kategorie*-Schaltfläche zeigt Outlook die Hauptkategorienliste mit allen verfügbaren Kategorien. Einige Kategorien werden von Outlook bereits mitgeliefert, Sie können aber auch eigene Kategorien eingeben und der Liste hinzufügen (siehe Abbildung 30.93).

Eigene Kategorien müssen dazu nur in das Eingabefeld am oberen Rand des Formulars eingetragen werden, und über die *Zu Liste hinzufügen*-Schaltfläche werden sie übernommen.

HINWEIS Die Zuordnung eines Elements zu mehreren Kategorien erfolgt durch Angabe der jeweiligen Kategorien, jeweils durch ein Semikolon voneinander getrennt.

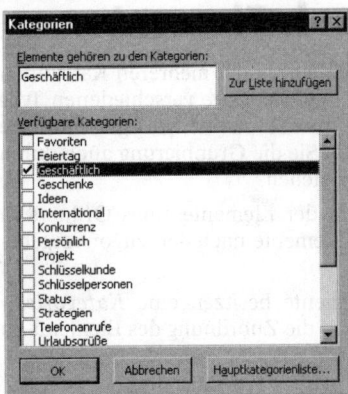

Abbildung 30.93:
Kategorien
auswählen

Verknüpfung mit Kontakten

Jedes Element lässt sich nicht nur einer oder mehreren Kategorien zuordnen, sondern auch mit verschiedenen Kontakten verknüpfen. Allerdings verfolgt die Verknüpfung eines Elements mit einem Kontakt nicht das Ziel der Gruppierung, sondern die schnelle Ansicht aller zu einem Kontakt gehörenden Vorgänge bzw. Aktivitäten.

Das *Kontakte*-Formular stellt zu diesem Zweck das *Aktivitäten*-Register bereit, in dem Sie die mit dem Kontakt verknüpften Elemente wie Aufgaben oder E-Mails (Absender) betrachten können:

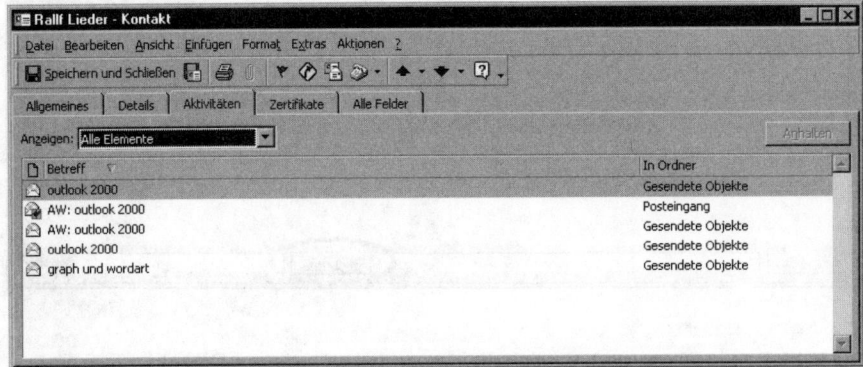

Abbildung 30.94:
Aktivitäten eines
Kontaktes (hier
die E-Mails an
den/vom
Kontakt)

E-Mails ordnet Outlook automatisch einem Kontakt zu, in dem der Absender oder Empfänger als Kriterium der Zuordnung herangezogen wird. Bei anderen Elementen müssen Sie die Zuordnung manuell vornehmen, indem Sie das Kontaktfeld mit den Namen der zu verknüpfenden Kontakte füllen.

Um das Eingabefeld zu füllen, ist auch bei den Kontakten das Bezeichnungsfeld als Schaltfläche ausgelegt, deren Betätigung den folgenden Dialog zur Auswahl der zu verknüpfenden Kontakte zum Vorschein bringt:

Abbildung 30.95:
Der Dialog zur Auswahl der Kontakte zur Verknüpfung der Elemente

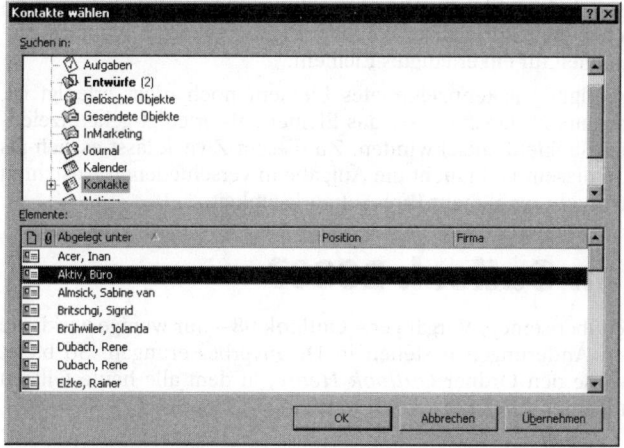

HINWEIS Die Zuordnung eines Elements zu einem Kontakt erfolgt durch Angabe des im Namenfeld eines Kontaktes eingegebenen Textes. Jedes Element lässt sich mehreren Kontakten zuordnen, dazu müssen die Kontakte durch Semikola getrennt werden.

Kennzeichnung von Elementen

Gelesen und nicht gelesen

Outlook-Elemente lassen sich mit verschiedenen Kennzeichen versehen. So können Sie die empfangenen E-Mails beispielsweise als *gelesen* oder als *ungelesen* markieren. In der Übersicht eines E-Mail-Ordners hebt Outlook die noch nicht gelesenen E-Mails beispielsweise durch Fettschrift hervor. Üblicherweise wird ein Element automatisch als gelesen gekennzeichnet, sobald Sie das Element in seinem Formular anzeigen. Darüber hinaus lässt sich in den Einstellungen der xTabellenansicht (siehe ►Seite 755) angeben, ob ein Element bereits bei längerer Anzeige im Vorschaufenster als gelesen gekennzeichnet wird. Manchmal ist jedoch das Zurücksetzen des Gelesen-Zustands erforderlich, wenn beispielsweise die Nachricht zu einem späteren Zeitpunkt erneut »ins Auge springen soll«. Das *Bearbeiten*-Menü eines Formulars zur Bearbeitung des Elements stellt dazu den Befehl *Als ungelesen markieren* bereit.

HINWEIS In der Tabellenansicht werden gelesene und ungelesene Elemente durch spezielle Symbole (z.B. einen geöffneten und einen geschlossenen Briefumschlag) gekennzeichnet.

Nachverfolgung

Outlook-Elemente lassen sich zusätzlich zur so genannten *Nachverfolgung* kennzeichnen. Darunter ist nichts anders zu verstehen als eine Erinnerung bzw. ein Alarm, die zu einem von Ihnen bestimmten Fälligkeitsdatum erscheint und Sie daran erinnert, dass Sie noch einen Anruf tätigen, eine E-Mail senden oder einen Brief an einen Kontakt schreiben wollten. Die Nachverfolgung eines Kontaktes ist damit eine Abkürzung zu einem Termin, auf den Sie Outlook durch einen Alarm hinweist.

Abbildung 30.96:
Nachverfolgung eines Kontaktes

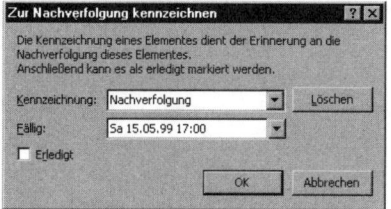

Der Nachverfolgungszustand eines Elements wird durch ein kleines Fähnchen repräsentiert. Ein rotes Fähnchen steht für ein zur Nachverfolgung gekennzeichnetes Element und ein weißes Fähnchen für ein erledigtes Element.

Solange ein zur Nachverfolgung gekennzeichnetes Element noch nicht erledigt ist, erfordert es Ihre Aufmerksamkeit. Doch sobald das Element als erledigt gekennzeichnet wurde, kann es Ihrem Blickfeld entschwinden. Zu diesem Zweck lässt es sich als *Erledigt* kennzeichnen. In diesem Fall taucht die Aufgabe in verschiedenen Ansichten nicht mehr auf und beansprucht nicht mehr Ihre Aufmerksamkeit.

HINWEIS

Als erledigt kennzeichnen

Was ist neu an Outlook 2000?

Outlook 2000 bietet gegenüber seinem Vorgänger – Outlook 98 – nur wenige wirkliche Neuerungen. Die meisten Änderungen bestehen in Detailverbesserungen. So bietet Outlook 2000 beispielsweise den Ordner *Outlook Heute*, in dem alle heute fälligen Termine und Aufgaben auf einen Blick präsentiert werden.

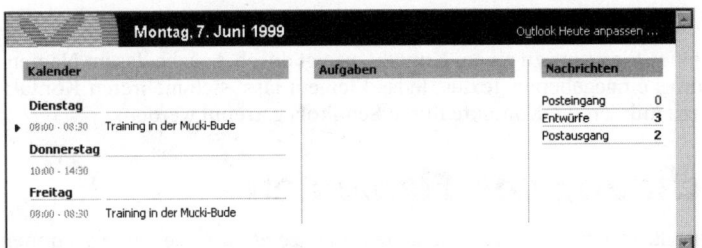

Abbildung 30.97:
Outlook Heute

Die Konfiguration des Ordners *Outlook Heute* erfolgt durch Klick auf den Hyperlink *Outlook Heute anpassen...* Outlook zeigt dazu die folgende Ansicht:

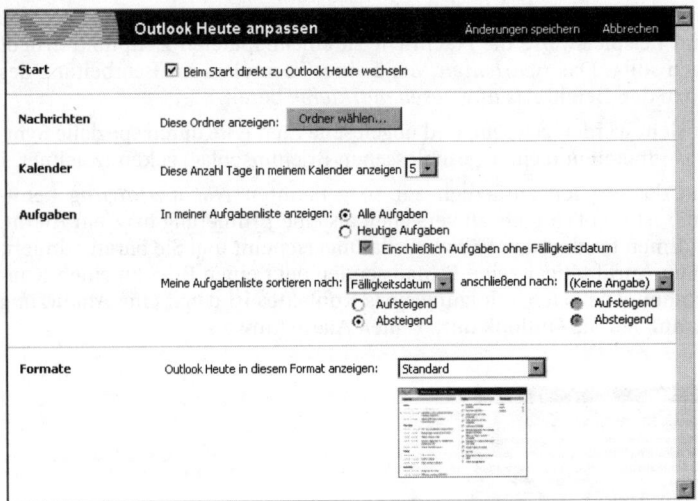

Abbildung 30.98:
Outlook Heute
anpassen

Über das Kombinationsfeld *Beim Start direkt zu Outlook Heute wechseln* legen Sie fest, dass der Ordner *Outlook Heute* immer beim Start von Outlook angezeigt wird. Über die Schaltfläche *Ordner wählen...* geben Sie an, welche Order in der Ansicht *Outlook Heute* aufgeführt werden sollen. Das Kombinationsfeld *Diese Anzahl Tage in meinem Kalender anzeigen* legt fest, wie viele Kalendertage in der Übersicht von *Outlook Heute* aufgeführt werden. Welche Aufgaben in welcher Reihenfolge angezeigt werden sollen, regeln die Steuerelemente der *Aufgabe*-Gruppe. Und zu guter Letzt haben Sie innerhalb der *Formate*-Gruppe die Auswahl zwischen verschiedenen Anzeigen.

Um die neuen Einstellungen zu übernehmen, müssen Sie auf die *Änderungen speichern*-Schaltfläche am oberen Rand des *Outlook Heute anpassen*-Fensters klicken.

Outlook Heute bietet eine an das Web angelehnte Benutzerschnittstelle für den Umgang mit Outlook. Diese Form der modernen Benutzerführung findet sich auch bei der Organsiation und Konfiguration der verschiedenen Ordner wieder. Der Klick auf die *Organisieren*-Schaltfläche teilt dazu das Fenster, um im oberen Bereich ein Fenster zur schnellen Formatierung der aktuellen Ansicht und Regeln zu ermöglichen.

Kontakt suchen

Weil die *Kontakte* das zentrale Element in der Arbeit mit Outlook darstellen, lässt sich das Formular eines Kontaktes bequem durch Auswahl seines Namens aus dem *Kontakt suchen*-Kombinationsfeld der *Standard*-Symbolleiste aufrufen.

31 E-Mails – Das Tor zur Welt

792 Stets zu Diensten
803 E-Mails senden und empfangen
807 Das E-Mail-Formular im Detail
812 Junk-Mail? Nein, danke!
813 Regeln
816 E-Mails formatieren
818 Signaturen
820 E-Mail von Word, Excel und Co.

Unter Electronic-Mail, kurz E-Mail, versteht man alle Formen der elektronischen Post. Dokumente werden hier durch ein Netzwerk von einem Sender zu einem oder mehreren Empfängern geschickt. Das Transport-Medium spielt dabei zunächst keine Rolle. Egal ob die Daten durch das lokale Netzwerk (LAN), durch ein unternehmensweites Netzwerk (WAN) oder durch das Internet versendet werden – alle Formen der elektronischen Postvermittlung fallen unter den Oberbegriff E-Mail.

Alle E-Mail-Systeme haben das Prinzip der zeitversetzten (asynchronen) Datenübertragung gemeinsam. Das bedeutet, dass Sender und Empfänger nicht gleichzeitig als »online« am Netzwerk angemeldet sein müssen, um Daten miteinander auszutauschen. Die Datenübertragung erfolgt vielmehr über einen zwischengeschalteten Server-Rechner, der die Nachrichten des Senders zunächst entgegennimmt und zur Abholung durch den Empfänger bereitstellt.

HINWEIS Elektronische Post basiert auf dem so genannten Client/Server-Konzept. Der Client (engl. »Nutzer«), also ein Programm zum Senden und Empfangen elektronischer Post, nimmt die Dienste eines Servers (engl. »Diener«) in Anspruch.

Dieses grundlegende Prinzip gilt nicht nur für E-Mails, die über das Internet versendet werden, sondern ebenso für E-Mails im Unternehmensnetzwerk. Voraussetzung für jede Art der E-Mail-Übertragung ist die Verbindung von Outlook zu dem oder den zwischengeschalteten Servern.

Protokolle und Dienste Um zu diesen Servern Kontakt aufzunehmen, muss Outlook in der Lage sein, die benötigten Übertragungsprotokolle zu verstehen. Im Internet lauten diese Protokolle beispielsweise POP3 (Post Office Protocol Version 3), SMTP (Simple Mail Transfer Protocol) oder IMAP4 (Internet Message Access Protocol Version 4). Innerhalb eines Unternehmens, dessen LAN nicht auf einem TCP/IP Intranet basiert, werden dagegen Protokolle wie cc:Mail oder x.400 eingesetzt.

Wie diese Protokolle im einzelnen funktionieren, kann an dieser Stelle nicht näher erläutert werden. Viel wichtiger ist, wie Outlook diese Protokolle zur Datenübertragung einbindet. Dazu greift Outlook auf das unter Windows installierte Message API, kurz *MAPI*, zurück. Das ist eine in Windows integrierte und universelle Programmierschnittstelle, die jeder Windows-Anwendung die Kontaktaufnahme zu beliebigen E-Mail-Servern erlaubt. Dass es sich dabei um einen festen Bestandteil von Windows handelt, erkennen Sie bereits daran, dass die Konfiguration der E-Mail-Funktionen auch über das Mail-Symbol der Systemsteuerung erfolgen kann – falls Outlook nicht installiert wurde und andere Programme auf E-Mails angewiesen sind.

MAPI

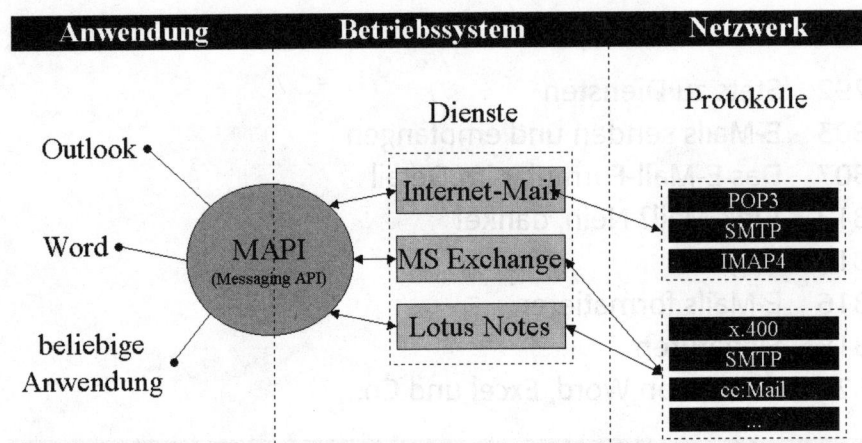

Abbildung 31.1: Das Nachrichten-System von Windows

Stets zu Diensten

Dreh- und Angelpunkt der Nachrichtenübermittlung sind die so genannten *Dienste*. Aus technischer Sicht ist ein Dienst nichts anderes, als ein kleines Programm (ein Treiber), der als Mittler zwischen MAPI und dem letztlich im Netzwerk zu verwendenden Übertragungsprotokoll arbeitet. Seine Aufgabe besteht darin, die Daten einer Nachricht so aufzubereiten, dass diese problemlos über das Netzwerk versendet oder empfangen werden können. Der Internet-E-Mail-Dienst bereitet eine Nachricht beispielsweise so auf, dass sie per SMTP an den angegebenen E-Mail-Server gesendet werden kann. Außerdem ist der Internet-E-Mail Dienst dafür verantwortlich, dass Nachrichten von einem so genannten POP3-Server entgegen genommen werden können. Der *MS Exchange Server* Dienst ist dagegen verantwortlich dafür, dass Windows/MAPI/Outlook mit dem Exchange-Server im Firmennetz kommunizieren kann.

Bevor Sie mit Outlook eine Nachricht versenden können, müssen Sie die für den Nachrichtentransport benötigten Dienste einrichten. Outlook 2000 lässt sich dazu bereits nach dem Start auf die Verwendung im Unternehmensnetzwerk via Exchange und Internet-E-Mail oder auf die alleinige Verwendung von Internet-E-Mail einstellen. Wie das im einzelnen geschieht, erfahren Sie im Verlauf dieses Kapitels.

Anstelle des Begriffs *Dienst* ist unter Outlook oft die Rede von *Konto*. Der Begriff *Dienst* beschreibt dabei die technische Lösung zum Andocken an ein bestimmtes Nachrichtensystem. Unter Konto versteht man die konkrete Nutzung des Dienstes zur Kontaktaufnahme mit einem speziellen Nachrichten-Server. Ein Beispiel soll das verdeutlichen: Um via Internet eine Nachricht zu versenden, muss der Internet-E-Mail *Dienst* installiert werden (was mit der Installation von Outlook 2000 automatisch

Konto oder Dienst?

geschieht). Um einen bestimmten E-Mail-Server anzusprechen, müssen Sie jedoch ein *Konto* für den Zugriff auf den Server anlegen. Heutzutage besitzen viele Anwender beispielsweise mehrere Postfächer – eines beim Online-Anbieter wie T-Online, AOL oder CompuServe, eines bei einem Free-Mailer wie GMX (*www.gmx.com*) oder Hotmail (*www.hotmail.com*) und ein weiteres im Unternehmensnetzwerk ihrer Firma. Für jedes der drei Postfächer müssen Sie ein separates Konto einrichten, das auf dem Internet-E-Mail-Dienst basiert.

Adressbücher

Eines der zentralen Elemente eines jeden E-Mail Systems ist das Adressbuch. Denn E-Mail-Adressen sind im Allgemeinen nicht besonders leicht lesbar. Mit einiger Übung kann man es zwar durchaus dazu bringen, sich Internet-Adressen wie *webmaster@mail.server.com* zu merken, doch bei Adressen wie *michael.chan@mailserver.eu.ca.ok.jp* versagen selbst die besten mnemotechnischen Gedächtniskunststücke. Und Adressen wie *o=Widget;ou=Chicago;cn=Recipients;cn=JayWilson*, die beispielsweise unter X.400 eingesetzt werden, kann man sich erst recht kaum merken.

Was fehlt, ist ein Adressbuch, das die oft sehr rätselhaften E-Mail-Adressen einem Namen zuordnet. Wirklich komfortabel wird es, wenn Sie das Adressbuch nicht mehr aufrufen müssen, um die E-Mail-Adresse zu einer Person zu ermitteln, sondern dieses Nachschlagen automatisch von MAPI bzw. Outlook erledigen lassen.

Genau zu diesem Zweck stellt Windows das so genannten Windows Address Book, kurz *WAB*, bereit. Seine Aufgabe besteht darin, zu einem Kontakt weitere Informationen wie Postanschrift, E-Mail-Adresse und dergleichen zu speichern.

Profile

Die auf einem Rechner installierten Dienste und Konten werden zu einem so genannten Profil zusammengefasst. Falls Sie allein an Ihrem Rechner arbeiten, kommen Sie in der Regel mit einem einzigen Profil aus. Falls aber mehrere Anwender zu unterschiedlichen Zeiten an einem Rechner arbeiten, bietet es sich an, für jeden Anwender ein separates Profil einzurichten, so dass jeder über seine eigenen E-Mail-Konten auf elektronische Nachrichten zugreifen kann. So wird vermieden, dass Sie beispielsweise beim Herunterladen Ihrer Elektronischen Post gleichzeitig die Nachrichten aller Kollegen herunterladen. Das kostet erstens Zeit, zweitens sind die Nachrichten nicht für Sie bestimmt.

Profile sind aber nicht nur für Rechner nützlich, die von mehreren Personen genutzt werden, sondern auch für Notebooks, die an verschiedenen Orten eingesetzt werden. Während Sie sich in der Firma beispielsweise über das lokale Netzwerk in das Firmennetz einklinken, um E-Mails zu lesen und zu senden, müssen Sie von zu Hause aus die Dienste eines Internet-Anbieters wie T-Online, CompuServe oder AOL in Anspruch nehmen. Zwei Profile – eins für die Arbeit und eines für zu Hause – erleichtern den Umgang mit der elektronischen Post.

So wechseln Sie zwischen den Profilen ...

Um zwischen mehreren Profilen zu wechseln, stehen auch mehrere Möglichkeiten bereit. Sie können die Auswahl über die Systemsteuerung oder innerhalb von Outlook 2000 treffen.

... über die Systemsteuerung

1. Rufen Sie die Systemsteuerung über *Start/Einstellungen/Systemsteuerung* auf.
2. Öffnen Sie die *Mail*-Einstellungen.
3. Betätigen Sie die Schaltfläche *Profile anzeigen*...
4. Wählen Sie das gewünschte Profil im Kombinationsfeld *Beim Start vom Mircosoft Outlook dieses Profil verwenden* aus:

Mail

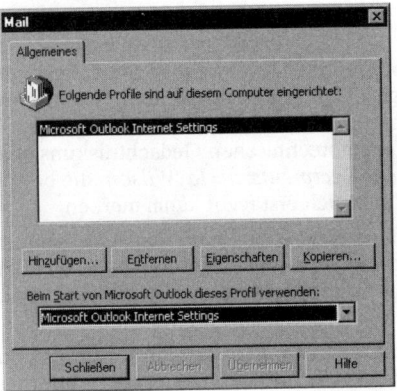

Abbildung 31.2:
Welches Profil soll beim nächsten Start von Outlook verwendet werden?

Beim nächsten Start von Outlook 2000 wird das gewählte Profil verwendet.

... in Outlook 2000

1. Wählen Sie den *Optionen*-Dialog über *Extras/Optionen* aus.
2. Im Register *E-Mail-Dienste* können Sie das standardmäßig beim Start von Outlook zu verwendende Profil einstellen, indem Sie die Optionsschaltfläche *Dieses Profil verwenden* aktivieren und im Kombinationsfeld das Profil auswählen:

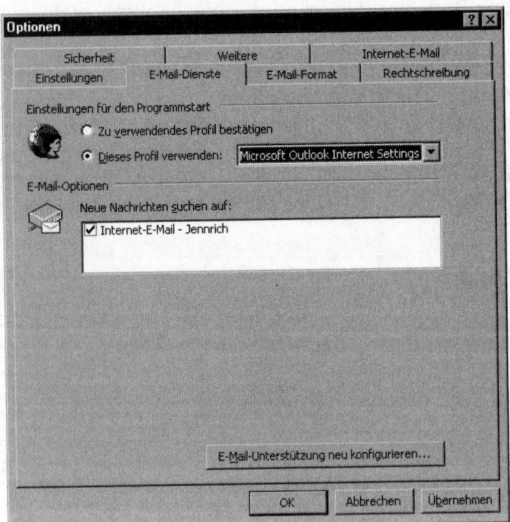

Abbildung 31.3:
Das zu verwendende Profil in Outlook wählen

3. Weil die Umstellung zwischen den Profilen beim Zugriff mehrerer Personen sehr lästig ist, empfiehlt es sich hier, die Option *Zu verwendendes Profil bestätigen* auszuwählen. Dann erscheint bei jedem Start von Outlook ein Dialog zur Auswahl des zu verwendenden Profils, so dass jeder Anwender problemlos seine E-Mails abfragen kann.

So richten Sie den Internet-E-Mail-Dienst ein und fügen ein neues Konto hinzu

Die folgenden Arbeitsschritte werden bei der ersten Einrichtung des Intenet-E-Mail Dienstes sowie bei der Einrichtung weiterer Konten ausgeführt.

HINWEIS Um ein neues Internet-E-Mail-Konto hinzuzufügen, können Sie in Outlook den Befehl *Extras/Dienste...* oder *Extras/Konten...* aufrufen. Außerdem können Sie das *Mail*-Symbol aus der Systemsteuerung aufrufen.

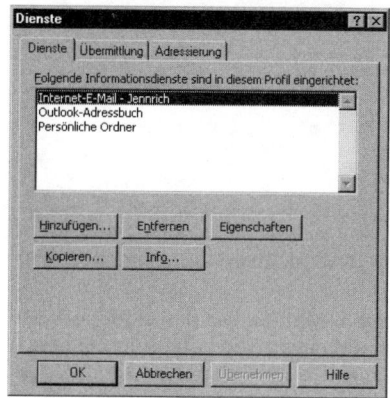

Abbildung 31.4:
Der Dienste-*Dialog*

Nach Klick auf die *Hinzufügen...*-Schaltfläche erscheint ein weiterer Dialog, der die Auswahl des hinzuzufügenden Dienstes gestattet:

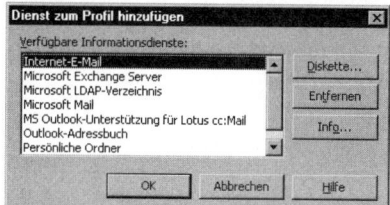

Abbildung 31.5:
Auswahl des hinzuzufügenden Dienstes

Wenn Sie den *Internet-E-Mail*-Dienst auswählen, erscheinen die *E-Mail-Kontoeigenschaften* (siehe unten), in denen die Parameter für Ihr E-Mail-Konto eingegeben werden.

1. Im Register *Allgemein* der *E-Mail-Kontoeigenschaften* definieren Sie den Namen, unter dem Sie auf das neue E-Mail-Konto zugreifen wollen. In den Eingabefeldern *Name* und *Organisation* geben Sie den Text an, der beim Empfänger einer Nachricht als Absender erscheinen soll. Ihre *E-Mail-Adresse* geben Sie im gleichlauten-

den Feld an. Weil Ihre E-Mail-Adresse aber nicht zwangsläufig auch die Adresse sein soll, an die der Empfänger Ihres Schreibens eine Antwort sendet, können Sie im Feld *Antwortadresse* eine optionale Antwortadresse angeben.

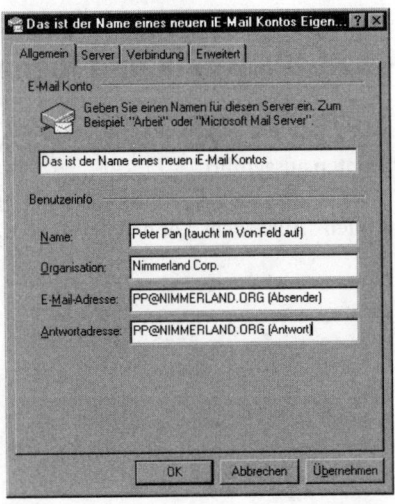

Abbildung 31.6:
Allgemeine Einstellungen des E-Mail-Kontos

Wird die *Antwortadresse* nicht angegeben, werden Antworten an die in *E-Mail-Adresse* angegebene Adresse übermittelt.

2. Im *Server*-Register legen Sie fest, auf welchen E-Mail-Server das aktuelle Konto zugreifen soll. Denn E-Mails werden zunächst auf einem Server im Internet gesammelt. Der Server ist quasi das Postamt, das eingehende Nachrichten sammelt und erst dann an Sie weiterleitet, wenn Sie sie abholen.

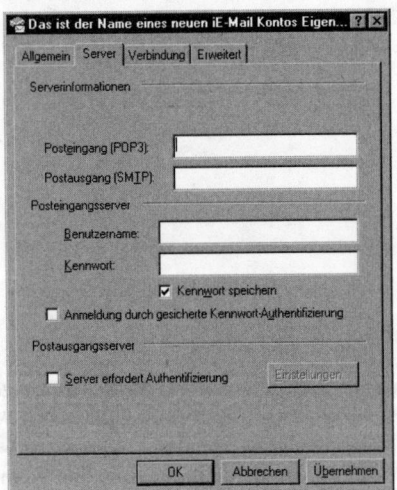

Abbildung 31.7:
Adresse des POP3 und SMTP-Servers

Im *Server*-Register hinterlegen Sie die Internet-Adressen der POP3- und SMTP-Server. Der POP3-Server erlaubt Ihnen den Empfang von E-Mails, der SMTP-Server den Versand von E-Mails. Welche Adressen Sie hier eintragen müssen, erfahren Sie entweder von Ihrem Systemadministrator oder aus der Dokumentation Ihres Online-Dienstes.

Damit nicht jedermann die für Sie bestimmten E-Mails vom Server herunterladen kann, müssen Sie in den Eingabefeldern *Benutzername* und *Kennwort* die für den Zugriff auf Ihr POP3-Postfach gültigen Benutzernamen sowie das geheime Kennwort eingeben. Beides wird Ihnen von Ihrem Internet-Anbieter oder vom Administrator mitgeteilt.

Damit Sie das Passwort nicht bei jeder Kontaktaufnahme zum E-Mail-Server erneut eingeben müssen, aktivieren Sie das Kontrollkästchen *Kennwort speichern*. Das führt allerdings dazu, dass jeder, der Zugang zu Ihrem Rechner hat, E-Mails in Ihrem Namen herunterladen kann. Besonders am Arbeitsplatz, wo mehrere Personen Zugriff auf Ihren Rechner haben, könnte es sich als sinnvoll erweisen, das geheime Kennwort nicht automatisch zu speichern, sondern bei jeder Kontaktaufnahme von Hand einzugeben.

Beim Senden von E-Mail verlangt der Postausgangs-Server in den meisten Fällen keine Überprüfung Ihrer Identität über Benutzernamen und Passwort. Das bedeutet, dass jedermann in Ihrem Namen eine E-Mail versenden kann. Gegen derartigen Missbrauch bietet das SMTP-Protokoll zwar eine Authentifizierung (*Server erfordert Authentifizierung*), diese wird in der Praxis jedoch selten verwendet.

Um ganz sicher zugehen, dass der Absender einer Nachricht auch tatsächlich derjenige ist, für den er sich ausgibt, sollten Sie auf verschlüsselte und authentifizierte Nachrichten, z. B. durch PGP, zurückgreifen.

HINWEIS Die sprungartige Vermehrung von Junk-Mail hat dazu geführt, dass viele Anwender mehr als nur eine E-Mail-Adresse besitzen. Einige dieser Adressen werden geheimgehalten oder nur an einen engen Kreis von Mitarbeitern, Freunden oder Bekannten weitergegeben.

Sie müssen für jede E-Mail-Adresse ein separates Konto einrichten. Outlook erlaubt anschließend die automatische Abfrage aller Konten bzw. E-Mail-Adressen.

3. Im Register *Verbindung* geben Sie an, über welchen Kommunikationskanal Outlook auf die zuvor spezifizierten Server zugreifen soll. Zur Auswahl stehen eine LAN-Verbindung, die Verbindung per Telefon oder die manuelle Herstellung einer Verbindung (siehe Abbildung 31.8).

Die *LAN-Verbindung verwenden* Sie, wenn Ihr lokales Netzwerk entweder direkt an das Internet angeschlossen ist (z. B. über eine Standleitung, einen ISDN-Router oder ein Gateway) oder wenn sich der Mail-Server im Intranet befinden.

Die Einstellung *Verbindung per Telefon herstellen* führt dazu, dass Outlook zum Senden und Empfangen automatisch eine Wählverbindung mit Ihrem Internet-Provider herstellt. Das dazu benötigte *Modem* wählen Sie über die bereits installierte *DFÜ-Verknüpfung* aus.

Um zu verhindern, dass sich Outlook unbemerkt Zugang zum Internet verschafft, können Sie auch veranlassen, dass die *Internet-Verbindung manuell herzustellen* ist. Dann müssen Sie die Kontaktaufnahme mit dem Internet per Modem stets vorher bestätigen.

4. Mit den Einstellungen des *Erweitert*-Register müssen Sie sich nur selten befassen. Hier geben Sie die so genannten TCP-Ports für den Zugriff auf den POP3- und SMTP-Server an. Die Standardwerte von 25 (SMTP) und 110 (POP3) müssen nur verändert werden, wenn Ihr Internet-Anbieter andere Einstellungen vorgibt (siehe Abbildung 31.9).

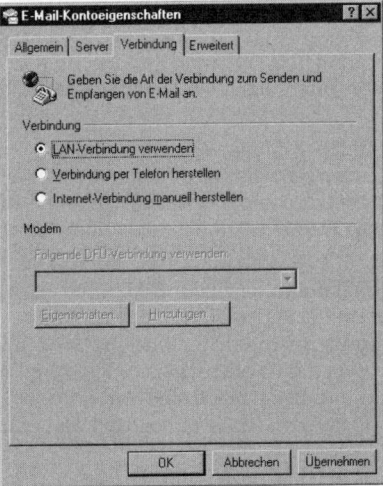

Abbildung 31.8:
Die Verbindung zum Internet

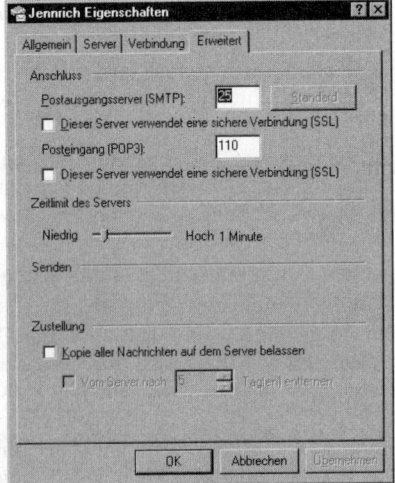

Abbildung 31.9:
Erweiterte Einstellungen

Das *Zeitlimit des Servers* definiert, wieviel Zeit sich die Mail-Server beim Senden und Empfangen von Mails lassen dürfen, bevor Outlook den aktuellen Übertragungsvorgang mit einer Fehlermeldung abbricht. Über den Schieberegler können Sie ein Zeitlimit von 30 Sekunden auf bis zu 5 Minuten erweitern. Sie sollten auf höhere Zeitlimits zurückgreifen, wenn Sie eine langsame Verbindung zum Internet besitzen oder wenn Ihre E-Mail-Server oft überlastet sind.

Nach dem Empfang einer Nachricht wird sie üblicherweise automatisch vom Server gelöscht. Durch Aktivieren des Kontrollkästchens *Kopie aller Nachrichten auf dem Server belassen* werden die Nachrichten nicht automatisch gelöscht. Um einen Überlauf Ihres Postfachs zu verhindern, können Sie über die Einstellung *Vom Server nach ??? Tag(en) entfernen* allerdings angeben, dass veraltete Nachrichten gelöscht werden.

HINWEIS Haben Sie alle Einstellungen für das E-Mail-Konto vorgenommen, führt die *OK*-Schaltfläche zur Anlage des neuen Kontos. Bevor Sie das Konto allerdings nutzen können, müssen Sie Outlook erneut starten.

HINWEIS Weil jede E-Mail Festplattenplatz auf dem Server beansprucht, limitieren viele Internet-Anbieter den maximal für Nachrichten zur Verfügung stehenden Speicherplatz sowie die Anzahl der auf dem Server gespeicherten Nachrichten. Übliche Einstellungen sind: maximal 10 MB und/oder maximal 100 Nachrichten.

TIPP Wenn Sie Ihre E-Mails beispielsweise auch unterwegs über ein Notebook abrufen, empfiehlt es sich, dort beim Empfang die E-Mails als Kopie weiterhin auf dem Server zu belassen. Zu Hause angelangt, können Sie die E-Mails dann mit dem Arbeitsplatzrechner erneut empfangen und dort archivieren. Das E-Mail-Archiv des Arbeitsplatzrechners beinhaltet dadurch stets alle E-Mails, und ein lästiges Umkopieren der gelesenen Nachrichten vom Notebook- zum Desktop-Rechner entfällt.

So bereiten Sie Outlook für E-Mail-Dienste im Unternehmen vor (z.B. MS Exchange)

Outlook unterstützt drei verschiedene Arten von elektronischer Post. Outlook lässt sich erstens als reiner Internet-E-Mail-Client konfigurieren. Damit lassen sich elektronische Mitteilungen ausschließlich über das Internet/Intranet bzw. über POP3/SMTP/IMAP4 übertragen. Zweitens besteht die Möglichkeit, mit Outlook ein Mail-System eines Unternehmens oder einer Arbeitsgruppe anzuzapfen. Diese Konfiguration müssen Sie wählen, um mit Outlook beispielsweise auf einen MS-Exchange-Server, auf Lotus Notes, auf cc:Mail oder ein anderes E-Mail-System zuzugreifen. Der Empfang von E-Mails über die Standard-Internet-Dienste (POP3/SMTP) ist bei dieser Konfiguration weiterhin möglich. Drittens lässt sich Outlook so konfigurieren, dass der Empfang von E-Mails gänzlich unterbunden wird. Dann können Sie nur auf die anderen Funktionen von Outlook wie den Kalender, das Journal oder die Kontaktliste zurückgreifen.

HINWEIS Mit dem Internet Explorer 5.0 steht auch das Programm Outlook Express zur Verfügung, das auf Wunsch als Internet-E-Mail-Client den Postverkehr im Internet regelt. Die folgende Tabelle stellt die Funktionen von Outlook 2000 und Outlook Express gegenüber:

Tabelle 31.1: Outlook 2000 vs. Outlook Express

Funktion	Outlook 2000	Outlook Express
Internet-E-Mail	Ja	Ja
Unternehmensweite E-Mail (z.B. Exchange-Server)	Ja (muss konfiguriert werden)	Nein
Kalender, Kontakte, Aufgaben, Journal	Ja	Nein (Kontakte nur über WAB)

1. Falls Sie die unternehmensweiten E-Mail-Dienste nachträglich konfigurieren wollen, müssen Sie den *Optionen...*-Befehl aus dem *Extras*-Menü aufrufen. Im daraufhin erscheinenden Dialog wählen Sie das Register *E-Mail Übertragung* (siehe Abbildung 31.10).

Falls Ihr *Optionen*-Dialog das nachfolgende Aussehen aufweist, wurde Outlook bereits für den Einsatz im Unternehmen konfiguriert und die weiteren Schritte müssen nicht mehr ausgeführt werden (siehe Abbildung 31.11).

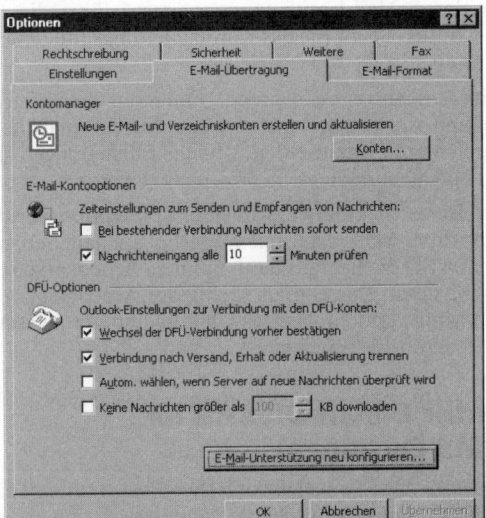

Abbildung 31.10:
E-Mail Unterstützung neu konfigurieren

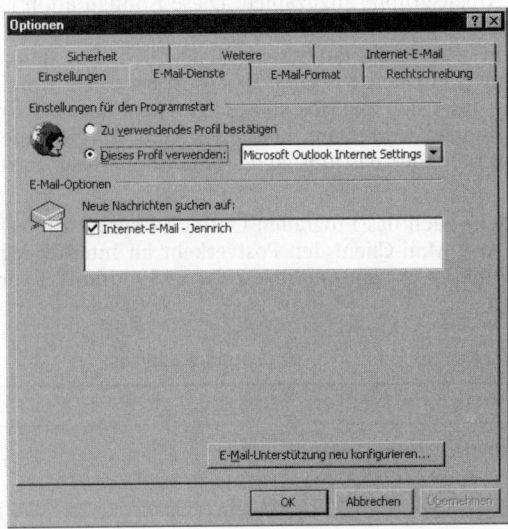

Abbildung 31.11:
Das E-Mail-Dienste-Register für E-Mail im Unternehmen

2. Nach Betätigung der Schaltfläche *E-Mail-Unterstützung neu konfigurieren...* zeigt Outlook den Dialog, der bereits beim ersten Start von Outlook 2000 erschien, um die E-Mail-Funktion zu konfigurieren (siehe Abbildung 31.12).
3. Um einen weiteren E-Mail-Dienst neben dem Internet-Dienst zu installieren, müssen Sie die Optionsschaltfläche *Unternehmen oder Arbeitsgruppe* aktivieren.
4. Nach Betätigung der *Weiter >*-Schaltfläche erscheint ein Dialog, der Sie auf die Konsequenzen der Umstellung auf E-Mail-Funktionen im Unternehmen oder einer Arbeitsgruppe aufmerksam macht (siehe Abbildung 31.13).

Abbildung 31.12:
E-Mail-Dienste einrichten

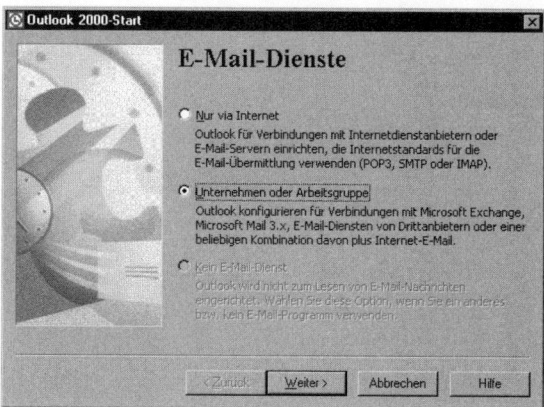

Abbildung 31.13:
Neustart von Outlook 2000

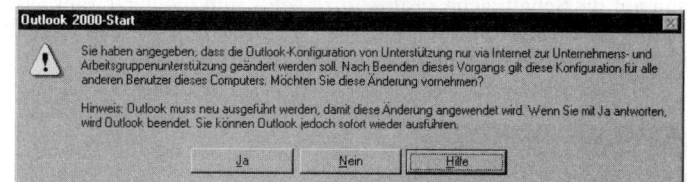

5. Nun können Sie dem aktuellen Profil neue Dienste genau wie den *Internet-E-Mail*-Dienst (siehe ► Seite 795) hinzufügen.

6. Für den Einsatz im Unternehmen lässt sich ein Standardprofil festlegen, das beim Start von Outlook automatisch verwendet wird. Wenn nur eine Person an einem Rechner arbeitet, ist es durchaus sinnvoll, ein Standardprofil zu verwenden. Falls jedoch mehrere Anwender an einem Rechner E-Mails senden und empfangen, sollte die Einstellung *Zu verwendendes Profil bestätigen* aktiviert werden. Dann stellt Outlook beim Programmstart das zu verwendende Profil zur Auswahl:

Abbildung 31.14:
Auf Wunsch erfragt Outlook das zu verwendende Profil.

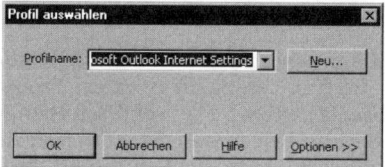

So erstellen Sie ein neues Profil

1. Um ein neues Profil zu erstellen, rufen Sie die Eigenschaften des aktuellen Profils entweder über *Extras/Dienste...* (bei Konfiguration von Outlook im Unternehmensnetzwerk), den Befehl *Extras/Konten...* (bei Nutzung von Outlook im Internet) oder über das Mail-Symbol der Systemsteuerung auf.

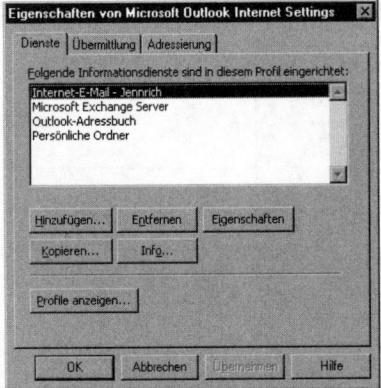

Abbildung 31.15:
Eigenschaften des aktuellen Profils. Dieser Dialog unterscheidet sich nicht vom Dienste-*Dialog.*

2. Klicken Sie nun auf die Schaltfläche *Profile anzeigen...*, um die derzeit im System verfügbaren Profile aufzuzeigen. In den meisten Fällen werden Sie den folgenden Dialog vorfinden, der als einziges Profil das Outlook 2000-Profil aufführt:

Abbildung 31.16:
Verfügbare Profile anzeigen

3. Über die *Hinzufügen...*-Schaltfläche wird ein neues Profil hinzugefügt. Outlook startet dazu den *Setup*-Assistenten. Um die Einrichtung eines neuen Profils zu erleichtern, stellt der *Setup*-Assistent die bereits im System verwendeten Dienste in einem Listenfeld zur Auswahl. Aktivieren Sie hier die Dienste, die in das neue Profil übernommen werden sollen. Dienste, die in dieser Liste nicht aufgeführt werden, müssen Sie später manuell hinzufügen.

Um ein Profil zu erstellen, das auf gänzlich andere Dienste zurückgreift, müssen Sie die Optionsschaltfläche *Informationsdienste manuell konfigurieren* auswählen (siehe Abbildung 31.17).

4. Egal, ob Sie sich für die manuelle Erstellung eines Profils oder für die Erstellung eines Profils auf Basis bereits installierter Dienste entscheiden – im nächsten Schritt müssen Sie einen Namen für das neue Profil vergeben (siehe Abbildung 31.18).

5. In den weiteren Schritten müssen Sie entweder die zuvor ausgewählten Dienste für das Profil konfigurieren oder dem Profil neue Dienste hinzufügen.

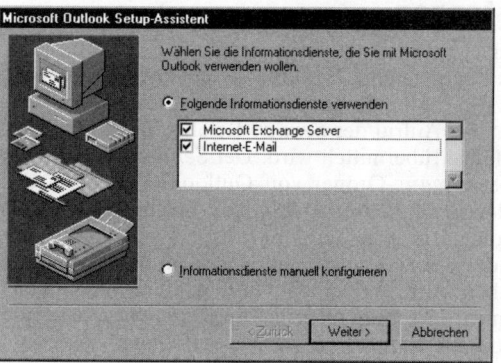

*Abbildung 31.17:
Welche der
bereits
installierten
Dienste sollen in
das neue Profil
übernommen
werden?*

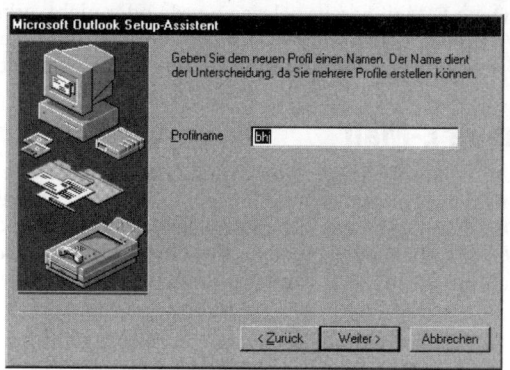

*Abbildung 31.18:
Wie soll das
Profil heißen?*

E-Mails senden und empfangen

Nach der erfolgreichen Einrichtung der Dienste, Profile und persönlichen Adressbücher können Sie E-Mails senden und empfangen. Jede E-Mail besteht dazu aus mindestens den folgenden drei Bestandteilen:

- der Adresse des Empfängers (engl. *Receiver*)
- einer Betreffzeile (engl. *Subject*)
- und dem eigentlichen Nachrichtentext (engl. *Message-Body*)

Zu diesen zwingend vorgeschriebenen Komponenten können sich bei Bedarf noch weitere gesellen:

Neben dem eigentlichen Adressaten können Sie die E-Mail auch in Kopie an weitere Empfänger übermitteln. Sie müssen die E-Mail dazu nicht mehrfach kopieren und an jeden weiteren Adressaten eine separate Kopie übermitteln. Die automatischen »Kopien« werden *CC* und *BCC* genannt, was in Anlehnung an den mit der Schreibmaschine erstellten Kohlepapierdurchschlag für *Carbon Copy* und *Blind Carbon Copy* steht. Der Unterschied zwischen *Carbon Copy* und *Blind Carbon Copy* besteht darin, dass jeder Empfänger der *Carbon Copy* Einsicht in die Liste aller weiteren CC-Empfänger erhält. Die »auf *Blind Carbon Copy* stehenden« Empfänger erhalten dagegen keine Informationen darüber, welche Empfänger ebenfalls auf der BCC-Liste stehen.

Außer dem eigentlichen Nachrichten-Text kann eine E-Mail zusätzliche Anhänge aufweisen. Im Allgemeinen handelt es sich dabei um Dateien, die gemeinsam mit der Nachricht versendet werden. Statt von Anhang spricht man oft auch von *Attachment*.

Der Weg durch die Instanzen

Bevor eine E-Mail beim Empfänger landet, muß sie innerhalb von Outlook verschiedene Stationen durchlaufen. Eine neu erstellte E-Mail wird üblicherweise im Ordner *Entwürfe* gespeichert. Erst wenn die E-Mail vollständig ausformuliert wurde, kann sie gesendet werden. Allerdings führt der Aufruf des *Senden*-Befehls nicht dazu, dass die E-Mail unmittelbar an den Empfänger übermittelt wird. Der *Senden*-Befehl überträgt die E-Mail zunächst in den *Postausgang*-Ordner von Outlook. Von dort wird die Nachricht gesendet, wenn Sie den *Senden und Empfangen*-Befehl aus dem Hauptmenü von Outlook aufrufen. Falls zu diesem Zeitpunkt noch keine Verbindung ins Internet besteht, wird die Verbindung zuerst hergestellt. Nachdem die E-Mail tatsächlich an den E-Mail-Server übergeben wurde, verschiebt Outlook die E-Mail in den Ordner *Gesendete Objekte*. Dadurch wird sie beim nächsten Senden nicht erneut übertragen, steht aber bei evtl. Fehlübertragungen nach wie vor zur Verfügung.

Nach dem Senden der E-Mails aus dem Posteingang werden die auf Ihrem E-Mail-Server vorliegenden E-Mails empfangen. Die neuen E-Mails werden dazu im *Posteingang*-Ordner abgelegt. Ob eine empfangene E-Mail bereits gelesen wurde oder nicht, erkennen Sie an der Betreffzeile in der Tabellenansicht im *Posteingang*-Ordner. Wird die E-Mail dort in fetter Schrift angezeigt, wurde sie bisher noch nicht zum Lesen geöffnet.

So erstellen Sie eine neue E-Mail

Neue E-Mails lassen sich unter Outlook auf verschiedene Arten erstellen. Der direkte Weg führt über das *Neu*-Menü aus der *Standard*-Symbolleiste und den dort enthaltenen Befehl *E-Mail-Nachricht*. Darüber hinaus lassen sich neue E-Mails auch über den Befehl *Datei/Neu/E-Mail-Nachricht* erstellen. Und falls Sie einen Kontakt (siehe ▶ Kapitel 33) bearbeiten, lässt sich direkt aus dem Kontaktformular ebenfalls eine E-Mail versenden.

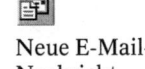

Neue E-Mail-Nachricht
(Strg+N)

In jedem Fall wird zur Erstellung der neuen E-Mail das folgende Formular geöffnet:

Abbildung 31.19:
Neue Nachricht

Im Eingabefeld *An...* wird der Name oder die E-Mail-Adresse des Empfängers angegeben, in *CC...* und *BCC...* die Namen oder Adressen, an die ein »Durchschlag« der E-Mail übermittelt werden soll. Falls die E-Mail nicht mit der im aktuellen Profil hinterlegten Absenderadresse versehen werden soll, können Sie im *Von...*-Feld die Adresse des Absenders angegeben.

HINWEIS Wie Sie bereits bemerkt haben, ist die Beschriftung eines jedes Adressfeldes gleichzeitig auch eine Schaltfläche. Wird sie betätigt, zeigt Outlook den *Absender* bzw. *Namen auswählen*-Dialog. Der Dialog *Absender auswählen* wird angezeigt, sobald Sie die *Von*-Schaltfläche betätigen. Bei Betätigung der anderen Schaltflächen erscheint der Dialog *Namen auswählen*:

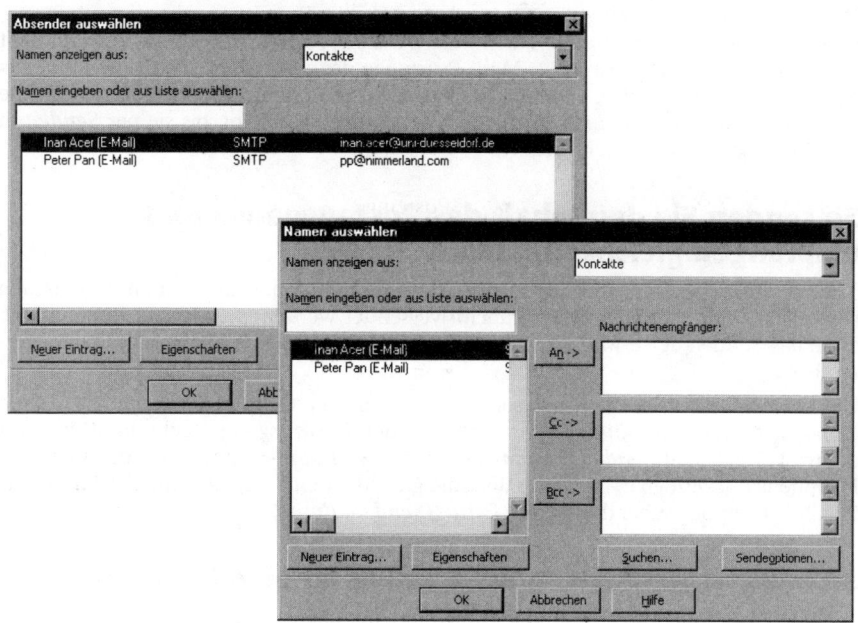

Abbildung 31.20: Absender *bzw.* Namen auswählen

Weil nur eine E-Mail-Adresse als Absender in Frage kommt, unterscheidet sich das Design dieses *Absender auswählen*-Dialogs etwas vom *Namen auswählen*-Dialog. Im zweiten Dialog können Sie auch die *An-*, *CC-* und *BCC*-Adressen unmittelbar aus den verfügbaren Adressen auswählen. Markieren Sie dazu die Adressen im linken Listenfeld und übernehmen Sie sie durch Klick auf die *An->-*, *CC->-* oder *BCC->*-Schaltflächen.

Ob Outlook für den eingefügten Namen eine E-Mail-Adresse kennt, sehen Sie daran, ob und wie der Name unterstrichen ist. Ein Name ohne Unterstreichung bedeutet, dass Outlook für den Namen keine E-Mail-Adresse kennt oder dass der Name nicht im *Kontakte*-Ordner bzw. im persönlichen Adressbuch verfügbar ist. Ein durchgehend unterstrichener Name zeigt dagegen einen Namen inkl. E-Mail-Adresse an. Klicken Sie doppelt auf den Namen, wird der entsprechende Kontakt automatisch geöffnet.

Falls der in einem Adressenfeld eingegebene Name mehrfach im Adressbuch oder im *Kontakte*-Ordner vorkommt, wird der Name rotgeschlängelt unterstrichen. In diesem Fall werden Sie von Outlook vor dem Senden der E-Mail dazu aufgefordert, die Mehrdeutigkeit durch Auswahl des richtigen Namens aufzuheben.

Wollen Sie eine E-Mail an einen Kontakt adressieren, der bisher noch nicht in Ihrem Adressbuch oder im *Kontakte*-Ordner geführt wurde, können Sie anstelle des Namens auch eine E-Mail-Adresse in das jeweilige Eingabefeld eingeben. Um mehrere Adressen von Hand einzugeben, müssen Sie darauf achten, dass jede Adresse durch ein Semikolon von den restlichen Adressen im Eingabefeld getrennt ist.

Nach der Eingabe der Adressen werden die Betreffzeile und die eigentliche Nachricht eingegeben.

Ist die Arbeit an der E-Mail beendet, wird sie über die *Senden*-Schaltfläche aus der *Standard*-Symbolleiste des E-Mail-Formulars in den Postausgang befördert. Alternativ zur *Senden*-Schaltfläche können Sie auch auf die Tastenkombination [Alt]+[S] oder auf den Menübefehl *Datei/Senden* zurückgreifen.

Mit Senden *in den Postausgang*

Darf die E-Mail noch nicht gesendet werden, weil ihr z. B. später noch weitere Informationen hinzugefügt werden sollen, verhindern Sie das Senden der unfertigen Nachricht durch einfaches Speichern der E-Mail. Rufen Sie dazu das gleichnamige Symbol aus der *Standard*-Symbolleiste oder den Befehl *Datei/Speichern* auf. Outlook schreibt die neue E-Mail in den *Entwürfe*-Ordner, wo sie so lange verbleibt, bis sie per *Senden* in den Postausgang übermittelt wird.

Mit Speichern *in den* Entwürfe-*Ordner*

So senden Sie den Inhalt des Postausgangs und empfangen gleichzeitig neue E-Mails

Mitunter fallen im Laufe des Tages zahlreiche E-Mails an, die zunächst im Postausgang gesammelt und erst kurz vor Feierabend versendet werden. Wer Kosten senken will, kann das Senden der E-Mails auch auf die Nebenzeiten der Telefongesellschaften verschieben.

Um die E-Mails zu senden, müssen Sie in einen der Ordner *Entwürfe, Gelöschte Objekte, Gesendete Objekte, Posteingang* oder *Postausgang* wechseln. Denn nur dann ist der Befehl *Senden/Empfangen* in der *Standard*-Symbolleiste des Outlook-Hauptfensters verfügbar, entweder über die gleichlautende Schaltfläche der *Standard*-Symbolleisten oder über den Befehl *Extras/Senden/Empfangen*.

So hängen Sie Dateien als Anhang an eine E-Mail an

E-Mails sind nicht nur ein Transportmedium für elektronische Nachrichten. Auch Dokumente, Programme und Bilder, kurz Dateien aller Art, lassen sich elektronisch versenden. Wollen Sie Dateien mit Outlook versenden, müssen Sie sie als Anhang (auch Anhängsel oder Attachment genannt) an eine Nachricht knüpfen:

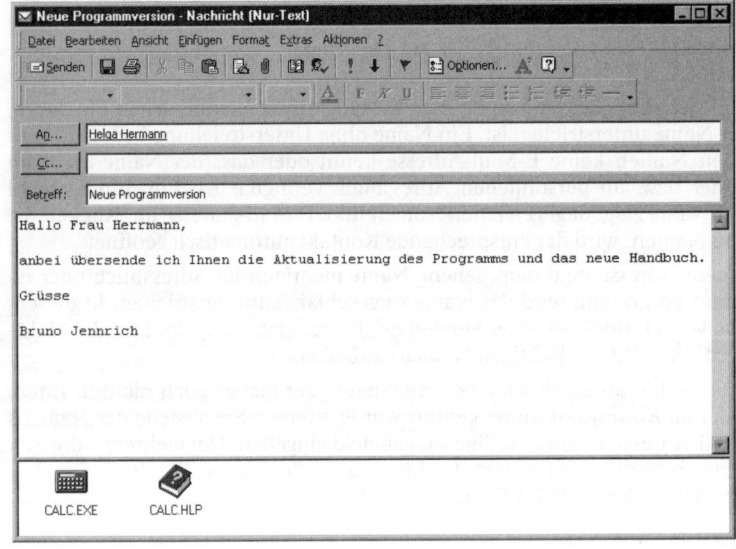

***Abbildung 31.21:**
Zu versendende Dateien im Anhang*

Datei einfügen

1. Erstellen Sie eine neue Nachricht in einem E-Mail-Formular.
2. Fügen Sie die zu versendenden Dateien der E-Mail über den Befehl *Einfügen/Datei...* hinzu. Alternativ dazu lassen sich Dateien auch aus dem Windows-Explorer per Drag & Drop auf das Nachrichten- bzw. Notizfeld der neuen E-Mail ziehen oder über das entsprechende Symbol aus der *Standard*-Symbolleiste auswählen (siehe Abbildung 31.21).

Bearbeitung empfangener Dateien

Die in einer E-Mail enthaltenen Dateien stehen sofort nach dem Empfang der E-Mail zur Verfügung. Die Dateien werden bei Anzeige des E-Mail-Formulars durch Doppelklick auf das jeweilige Dateisymbol geöffnet. Sie lassen sich aber auch zur späteren Verwendung auf Ihren Festplatten abspeichern.

HINWEIS Ob eine E-Mail über Attachments verfügt, erkennen Sie bereits an der kleinen Büroklammer vor dem Nachrichteneintrag in der Tabellenansicht eines Nachrichtenordners.

Abbildung 31.22:
Diese Nachricht besitzt Attachments

 0 Helga Hermann   Neue Programmversion   Keine Angabe

Anlagen speichern...

Wollen Sie nur einzelne Dateien abspeichern, können Sie dies über den Befehl *Speichern unter...* aus dem Kontextmenü eines Datei-Symbols im E-Mail-Formular.

Weil das bei vielen Dateien im Anhang aber mehrere Einzelschritte erfordert, bietet das E-Mail-Formular im *Datei*-Menü den Befehl *Anlagen Speichern...*. Sein Aufruf führt dazu, dass alle Anhängsel einer E-Mail in ein von Ihnen angegebenes Verzeichnis gespeichert werden. Vor Auswahl des Speicherortes zeigt Outlook den *Alle Anlagen speichern*-Dialog, in dem Sie die tatsächlich zu speichernden Dateien markieren. Erst nach Betätigung der *OK*-Schaltfläche werden Sie aufgefordert, ein Verzeichnis zur Speicherung der Dateien anzugeben.

Abbildung 31.23:
Welche Anlagen speichern?

Das E-Mail-Formular im Detail

Das Formular zur Eingabe oder Betrachtung einer E-Mail gehört zu den einfachsten Formularen von Outlook. Kein Wunder, besteht eine E-Mail doch nur aus sechs Bestandteilen, von denen Sie im Allgemeinen nur drei angeben (siehe Abbildung 31.23).

Die sechs Bestandteile lauten: *Von:* (Absender), *An:* (Adressat), *Cc:* (Carbon Copy), *Bcc:* (Blind Carbon Copy), *Betreff* und die eigentliche Nachricht.

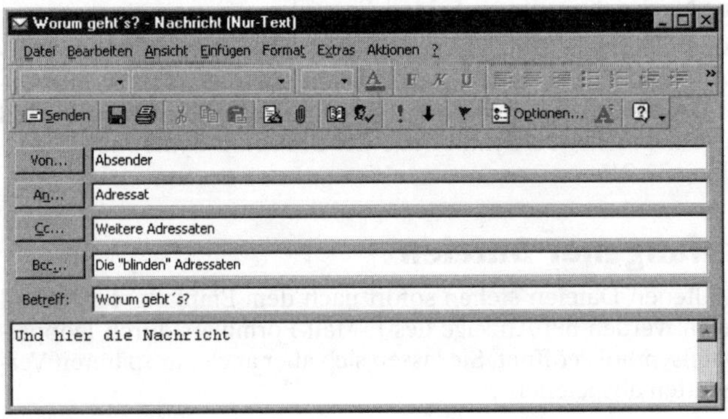

Abbildung 31.24:
Das E-Mail-Formular

Üblicherweise werden neben dem Eingabefeld für die Nachricht nur die Eingabefelder *An:*, *Cc:* und *Betreff* angezeigt. Über den Befehl *Ansicht/Kopfzeilen erweitern/reduzieren* lässt sich die *Cc:*-Zeile jedoch ein- und ausblenden. Wurde zudem die Option »*Bcc*«-*Feld* im *Ansicht*-Menü gewählt, wird auch dieses Feld über den Befehl *Kopfzeilen erweitern/reduzieren* ein- und ausgeblendet. Ob die *Von:*-Zeile sichtbar ist, entscheidet der Befehl »*Von*«-*Feld* im *Ansicht*-Menü.

Kopfzeilen erweitern/ reduzieren

Die Eingabe der E-Mail-Adressen erfolgt entweder von Hand oder über die als Schaltflächen ausgelegten Beschriftungsfelder vor den Adresszeilen. Ein Klick auf diese Schaltflächen zeigt entweder den *Namen*- oder *Absender auswählen*-Dialog:

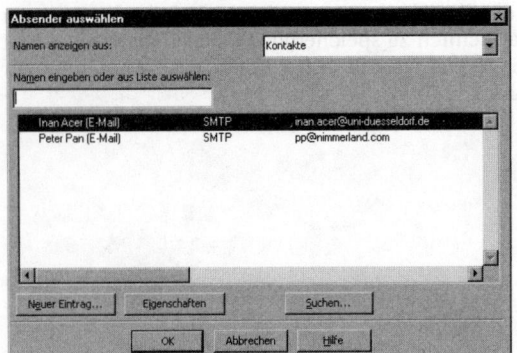

Abbildung 31.25:
Absender auswählen

Das Kombinationsfeld *Namen anzeigen aus* erlaubt die Auswahl des zu verwendenden Adressbuches. Unter Outlook stehen hier üblicherweise das persönliche Adressbuch sowie der *Kontakte*-Ordner zur Auswal.

Im Eingabefeld *Namen eingeben oder aus Liste auswählen* geben Sie die Anfangsbuchstaben des einzufügenden Namens ein. Nach Verlassen dieses Eingabefeldes durch die ⇆-Taste markiert Outlook automatisch den ersten auf den Suchtext passenden Eintrag, der dann mit der ⏎-Taste übernommen wird.

Spätestens beim *Senden* oder Speichern der E-Mail überprüft Outlook, ob die E-Mail-Adresse der in den Adressfeldern angegebenen Namen bekannt sind. Falls nicht, erscheint ein Dialog, der auf das Fehlen der E-Mail-Adresse hinweist:

Abbildung 31.26:
Unbekannter Name

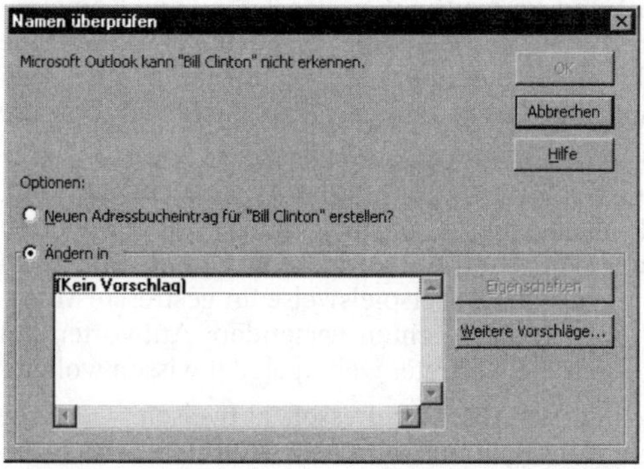

Manchmal kann Outlook einen Namen auch nicht eindeutig identifizieren. Wenn beispielsweise zwei »Peter Müller« in Ihren Datenbeständen auftauchen, bittet Outlook um Aufklärung, welcher der beiden gemeint ist.

Namen überprüfen

Um die aktuellen Adressen einem Check zu unterziehen, bietet die Symbolleiste den Befehl *Namen überprüfen*. Outlook durchsucht nach seinem Aufruf die verfügbaren Adressbücher (persönliches Adressbuch und *Kontakte*-Ordner) und überprüft, ob die in den Adressfeldern eingetragenen Namen erkannt werden. Falls nicht, werden die bereits oben angezeigten Dialoge zur Auflösung eines Namens aufgerufen.

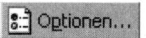

Hohe und Niedrige Priorität

Um den Empfänger der E-Mail darauf hinzuweisen, dass Sie etwas wirklich Wichtiges zu vermelden haben, können Sie die Priorität einer E-Mail über zwei Symbole in der Symbolleiste einstellen. Die beiden Symbole gestatten insgesamt drei Prioritäten: *Niedrig*, *Normal* und *Hoch*. Sind beide Schaltflächen deselektiert, hat die E-Mail normale Priorität. Ansonsten zeigt das niedergedrückte Symbol die eingestellte Priorität an.

HINWEIS

Ob die Priorität einer E-Mail vom Empfänger ausgewertet wird, hängt vom seinem E-Mail-Programm ab, denn nicht jedes E-Mail-Programm wertet die Priorität einer E-Mail aus.

Deutlich mehr Kontrolle über die Einstellungen einer E-Mail verbergen sich hinter ihren *Optionen*. Sie werden über das gleichnamige Symbol oder über den Befehl *Optionen...* aus dem *Ansicht*-Menü des E-Mail-Formulars aufgerufen.

Abbildung 31.27:
Optionen einer E-Mail

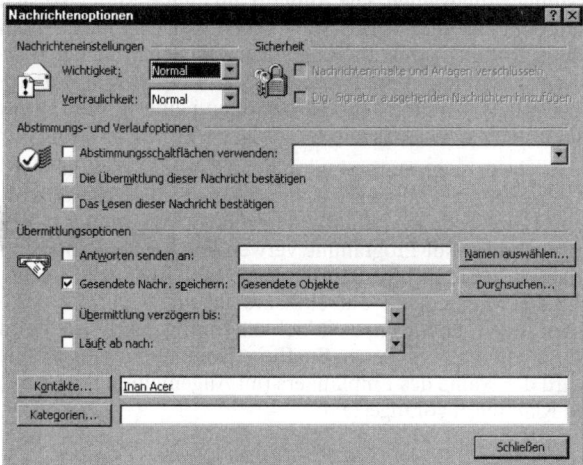

Hier lassen sich *Wichtigkeit* (Priorität) und *Vertraulichkeit* der E-Mail aus Kombinationsfeldern wählen. Die Vertraulichkeit ist für den Empfänger ein Hinweis darauf, wie der Inhalt der empfangenen Nachricht zu behandeln ist. Mit der Einstellung der Vertraulichkeit geht keine Verschlüsselung der Daten einher. Dazu bietet Outlook die Sicherheitseinstellungen.

In den Übermittlungsoptionen nehmen Sie Einfluss auf interne Aspekte einer E-Mail. So können Sie beispielsweise eine E-Mail-Adresse angeben, an die die Antworten gesendet werden sollen. Denn Absender (*Von:*) und Antwortadresse einer E-Mail müssen nicht zwingenderweise übereinstimmen. Das ist beispielsweise für gestresste Manager interessant, die zwar in eigenem Namen Nachrichten versenden, Antworten auf ihre elektronische Post aber zuerst an ihren Stellvertreter weitergeleitet wissen wollen.

Übermittlungsoptionen

Eine E-Mail kann bis zu zwei verschiedene Absendeadressen aufweisen. Der eine Absender entspricht dem Urheber einer Nachricht und wird beim Einrichten des Internet-E-Mail-Dienstes angegeben (RFC852-FROM:). An den zweiten »Absender« wird die Antwort auf die E-Mail gesendet (RFC852-REPLYTO:). Fehlt diese Antwort-Adresse, werden Antworten automatisch an den Urheber der E-Mail gesendet.

HINWEIS

Zu Archivierung der erfolgreich gesendeten E-Mail lässt sich ein Ordner definieren. Standardmäßig landen alle gesendeten E-Mail im Ordner *Gesendete Objekte*. Wollen Sie auf eine Archivierung der gesendeten Elemente verzichten, müssen Sie das Kontrollkästchen *Gesendete Nachr. speichern* deaktivieren. Andernfalls können Sie auch einen anderen Ordner via *Durchsuchen...* wählen.

Via *Senden* wird die Nachricht in den Postausgang übertragen, von wo aus sie bei nächster Gelegenheit an den Adressaten gesendet wird. Sie können die Übermittlung aber verzögern, indem Sie Datum und Uhrzeit angeben, zu der die E-Mail frühestens versendet werden soll.

Die Eingabefelder für Kategorien und Kontakte kennen Sie bereits von den anderen Outlook-Elementen.

E-Mails werden automatisch mit den Kontakten des Empfängers (*An:*) sowie den auf *Cc:* und *Bcc:* stehenden Kontakten verknüpft.

HINWEIS

So antworten Sie auf eine E-Mail oder leiten eine E-Mail weiter

Sehr oft werden Sie in einer E-Mail um Antwort gebeten. Es gilt Kundenanfragen zu beantworten, alle Team-Kollegen über den Stand eines Projekts zu unterrichten oder einen Dritten in eine Diskussion einzubeziehen. Die Antwort auf eine E-Mail lässt sich dazu entweder an den Absender oder an alle »auf CC stehenden« Anwender senden. In der *Standard*-Symbolleiste eines E-Mail-Formulars stehen dazu die Schaltflächen *Antworten* und *Allen Antworten* zur Verfügung. Im *Aktionen*-Menü des E-Mail-Formulars finden Sie diese Befehle ebenfalls. Und auch das Kontextmenü einer E-Mail in der Tabellenansicht eines E-Mail Ordners stellt sie bereit.

Zum Beantworten einer Nachricht erzeugt Outlook eine neue E-Mail, trägt dabei als Empfänger automatisch den Absender bzw. alle als CC angegebenen Absender ein. Als Betreff wird der ursprüngliche Betreff der E-Mail, allerdings mit vorangestelltem *AW* für Antwort, eingetragen (englische E-Mail-Programme verwenden *RE* für *Reply* statt *AW*). Außerdem wird der Originaltext der zu beantwortenden E-Mail in die neue Nachricht eingefügt. Das eröffnet die Möglichkeit, auf einzelne Passagen der Original-E-Mail direkt Bezug zu nehmen. Bewegen Sie dazu einfach die Einfügemarke an die zu kommentierende Stelle des Originaltextes und geben Sie Ihren Kommentar ein. Um die Erkennbarkeit zu steigern, wird der Name des Empfängers (im Allgemeinen Ihr Name) Ihrem Kommentar in eckigen Klammern vorangestellt:

AW = Antwort (RE = Reply)

Abbildung 31.28:
Antwort auf eine E-Mail

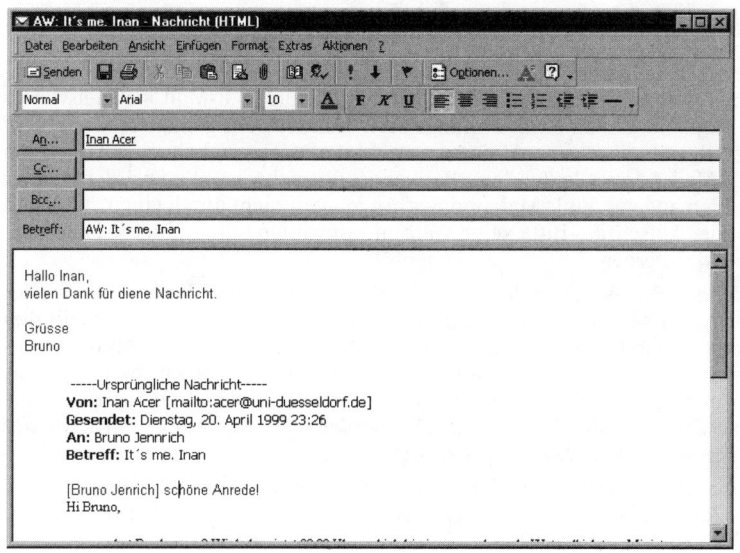

> **HINWEIS** Outlook stellt Ihren Kommentaren innerhalb des Originaltextes den Namen voran, unter dem Sie beim Absender der Original-Mail bekannt sind. Dieser kann sich von Absender zu Absender unterscheiden.

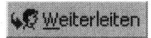

WG = Weitergeleitet (FW: Forwarded)

Um eine E-Mail an eine dritte Person weiterzuleiten, stellen die *Standard*-Symbolleiste und das *Aktionen*-Menü den *Weiterleiten*-Befehl bereit. Outlook erzeugt eine neue E-Mail, die den Originaltext bereits enthält und um den neuen Empfänger und evtl. eine paar Worte an den neuen Empfänger erweitert werden muss. Als Betreff wird der ursprüngliche Betreff, allerdings mit vorangestelltem *WG* für Weitergeleitet, eingetragen. Den Empfänger, an den die E-Mail weitergeleitet werden soll, müssen Sie allerdings noch angeben.

Abbildung 31.29:
E-Mail-Optionen

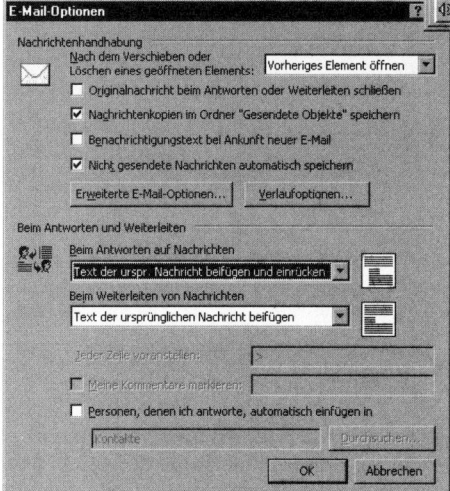

Junk-Mail? Nein, danke!

E-Mail ist eines der preiswertesten Marketing-Instrumente mit einem weltweiten Einzugsgebiet. Das wissen auch unseriöse Anbieter und nutzen E-Mail als preiswertes Medium zur Kontaktaufnahme mit ahnungslosen Kunden. Oft genügt es, auf einem dubiosen Web-Server die eigene Mail-Adresse hinterlassen zu haben, um bis zum Wechsel der E-Mail-Adresse laufend mit Werbepost überschwemmt zu werden. Leider lässt sich der Empfang von Junk-Mail und Sex-Angeboten nicht durch einen einfachen Aufkleber mit der Aufschrift »Bitte keine Werbung einwerfen« unterbinden. Hier müssen Sie selber aktiv werden.

Zum einen können Sie die Absender von E-Mails mit nicht jugendfreiem Inhalt oder unaufgeforderten Werbe-Botschaften besonders kennzeichnen, so dass die E-Mails dieser Absender nach dem Empfang sofort gelöscht werden und damit Ihre Aufmerksamkeit nicht weiter behindern. Das *Aktionen*-Menü stellt zu diesem Zweck das Untermenü *Junk-Mail* bereit (engl. Junk = Plunder, alter Kram). In ihm befinden sich die beiden Befehle *Zur Liste der Junk-E-Mail Versender hinzufügen* und *Zur Liste der Versender nicht jugendfreier Inhalte hinzufügen*.

Der Aufruf eines dieser Befehle führt dazu, dass der Absender einer Nachricht in die jeweilige Liste übernommen wird. E-Mails dieser Absender werden anschließend automatisch gelöscht. Um derartige Mails nicht sofort zu löschen, sondern beispielsweise bei der Anzeige in der Tabellenansicht farblich hervorzuheben, müssen Sie eine neue Regel erstellen. Das geschieht am einfachsten, indem Sie den Ordner *Posteingang* öffnen und auf die *Organisieren*-Schaltfläche der *Standard*-Symbolleiste klicken. Alternativ dazu können Sie den *Organisieren*-Befehl aus dem *Extras*-Menü aufrufen.

Überhalb der Nachrichtenliste werden die Organisationsoptionen für den Posteingang angezeigt. Wählen Sie dort die Optionen für *Junk-E-Mail* aus, um etwa folgende Anzeige zu erhalten:

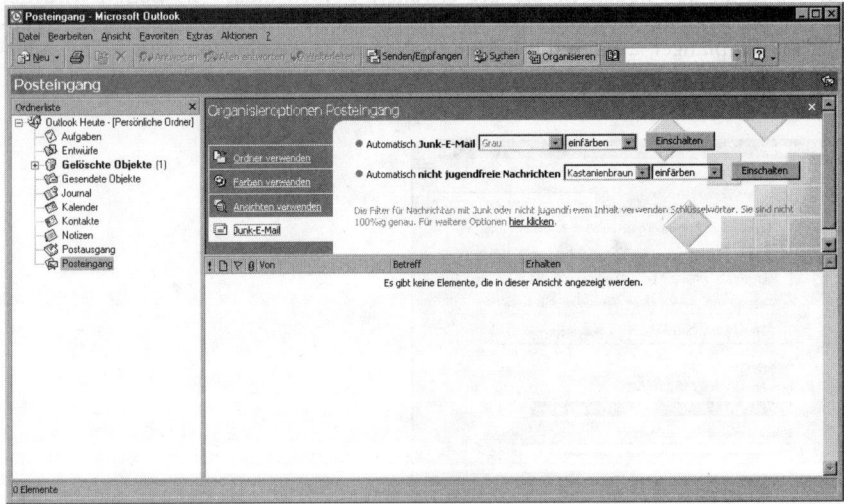

Abbildung 31.30:
Organisation der Junk-E-Mail

Sowohl Junk-E-Mail als auch die nicht jugendfreien Nachrichten lassen sich entweder einfärben, so dass sie in der Nachrichtenliste in der eingestellten Farbe dargestellt werden. Oder sie lassen sich in einen von Ihnen angegebenen Ordner verschieben. Wichtig ist, dass Sie die aktuelle Einstellung durch Klick auf die *Einschalten*-Schaltfläche aktivieren. Denn nur dann werden die Einstellungen aktiv.

Regeln

Die farbliche Kennzeichnung der E-Mails über den Absender hilft zwar bei der Sortierung der wichtigen und weniger wichtigen E-Mails. Aber nichts lässt sich so einfach ändern wie der Absender einer E-Mail. Die Junk-Mail- und Sex-Mail-Absender wissen das und ändern ihre Adressen daher wöchentlich, wenn nicht sogar täglich. Der oben aufgeführte Schutz-Mechanismus wird dadurch schnell hinfällig.

Outlook bietet daher einen wesentlich komplexeren Mechanismus, mit dem sich unerwünschte E-Mails identifizieren und beispielsweise sofort löschen lassen. Mit Hilfe von Regeln lassen sich die E-Mails beispielsweise anhand verschiedener Kriterien in unterschiedliche Ordner übermitteln. Dabei müssen Regeln nicht nur als Abwehrmaßnahme gegen unerwünschte E-Mail eingesetzt werden.

Regeln helfen auch dabei, Ordnung in die Outlook-Ordner zu bringen. Mit Hilfe der Regeln können Sie beispielsweise die E-Mails eines bestimmten Absenders oder einer Gruppe von Absendern in einem separaten Ordner sammeln. Oder die E-Mails, in deren Betreff-Zeile oder Nachrichtentext bestimmte Wörter enthalten sind, werden farblich gekennzeichnet, damit sie sofort ins Auge springen.

So erstellen Sie eine neue Regel mit dem E-Mail-Assistenten

Um eine Regel zu erstellen, stehen verschiedene Methoden zur Auswahl. Zum einen lassen sich neue Regeln über die *Organisations*-Optionen des *Posteingangs*-Ordners erstellen. Zum anderen lassen sich Regeln über den *Regel-Assistenten* erzeugen.

1. Rufen Sie den Assistenten über *Extras/Regel-Assistent* auf:

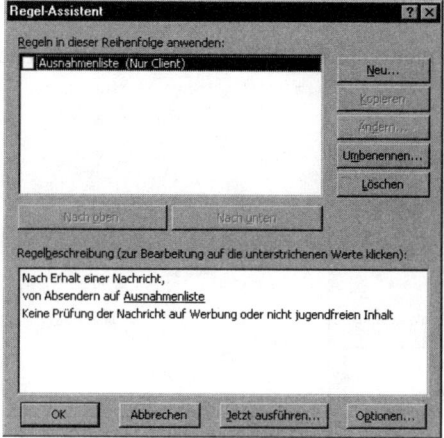

Abbildung 31.31: Der Regel-Assistent

Üblicherweise zeigt der Regel-Assistent die Ausnahmeliste mit Absendern, deren E-Mails nicht auf Junk-E-Mail oder E-Mail mit nicht jugendfreiem Inhalt untersucht werden.

2. Nach Betätigung der *Neu...*-Schaltfläche lassen sich aber neue Regeln in einem Dialog erstellen:

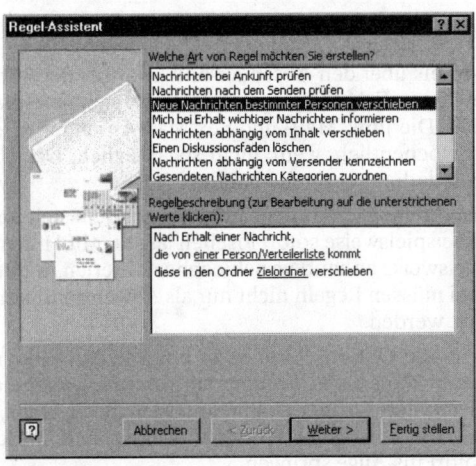

Abbildung 31.32:
Definition einer neuen Regel

3. Die Definition einer neuen Regel ist ein mehrstufiger Prozess. Zuerst geben Sie an, welche Art von Regel erstellt werden soll. Im zweiten Schritt definieren Sie, auf welche Nachrichten die Regel angewendet werden soll. Zum Schluss legen Sie fest, was mit den Nachrichten geschehen soll.

4. Im oberen Teil des *Regel*-Assistenten werden die verfügbaren Regeln aufgeführt, der untere Teil enthält eine kurze Regelbeschreibung im Klartext. Je nach Regelart enthält die Regelbeschreibung einen unterstrichenen Text, den Sie anklicken müssen, um dort weitere Parameter einzugeben. Bevor Sie zum nächsten Schritt voranschreiten können, müssen Sie die Parameter in der Regelbeschreibung angegeben haben.

5. Im zweiten Schritt des *Regel*-Assistenten können Sie die zu überprüfenden Bedingungen verfeinern.

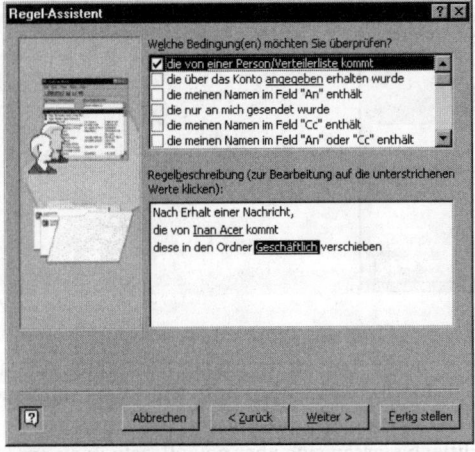

Abbildung 31.33:
Verfeinern der Regeln

6. Im nächsten Schritt geben Sie an, was mit der empfangenen Nachricht geschehen soll.

Abbildung 31.34:
Was soll mit der Nachricht geschehen?

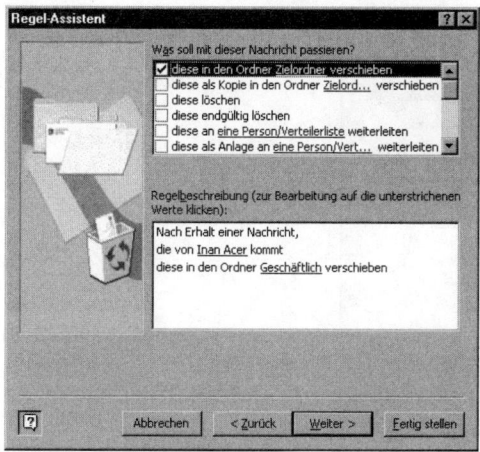

7. Keine Regel ohne Ausnahme! Daher erlaubt der Regel-Assistent mit nächstem Schritt die Angabe von Ausnahmen.

Abbildung 31.35:
Ausnahmen definieren

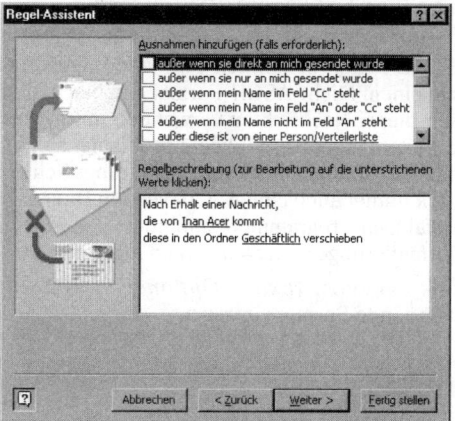

8. Zum Schluss müssen Sie die Regeln benennen und die Regel aktivieren. Außerdem können Sie Outlook veranlassen, die neue Regel auf bereits empfangene Nachrichten im Posteingang anzuwenden.

E-Mails – Das Tor zur Welt

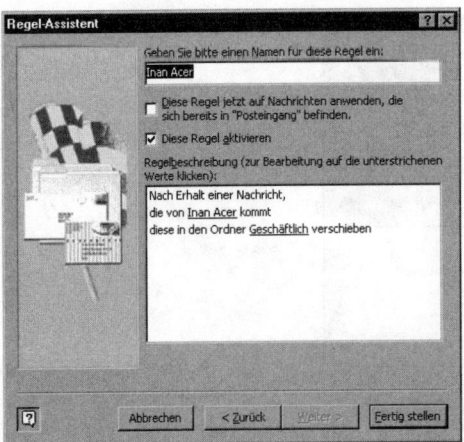

Abbildung 31.36:
Regel benennen

E-Mails formatieren

E-Mails wurden stets als einfacher ASCII-Text ohne die Möglichkeit zur Textformatierung versendet. Weil das aber sehr trist und langweilig ist, bietet Outlook die Möglichkeit, eine E-Mail auch im HTML- oder im Rich Text Format (RTF) zu senden.

Im RTF-Format lassen sich Schriftarten und -größen ändern, während das HTML-Format das gesamte Spektrum der von HTML-Seiten bekannten Formatierungen zulässt. Allerdings hat das Senden von E-Mails in einem Nicht-ASCII-Format den Nachteil, dass der Empfänger ein Programm zum Lesen dieser Nachrichten verwenden muss. Solange alle Empfänger ebenfalls mit Outlook arbeiten, ergeben sich keine Probleme, denn Outlook kann diese Formate darstellen. Andere E-Mail-Clients können allerdings Schwierigkeiten damit haben. Daher sendet Outlook immer auch eine ASCII-Version Ihrer E-Mail, so dass Anwender mit weniger leistungsfähigen Programmen zumindest den Nachrichtentext lesen können, auf aufwendige Formatierungen aber verzichten müssen.

Im *E-Mail-Fomat*-Register der Outlook-Optionen (*Extras/Optionen*...) können Sie das standardmäßig für E-Mails zu verwendende Format eintragen:

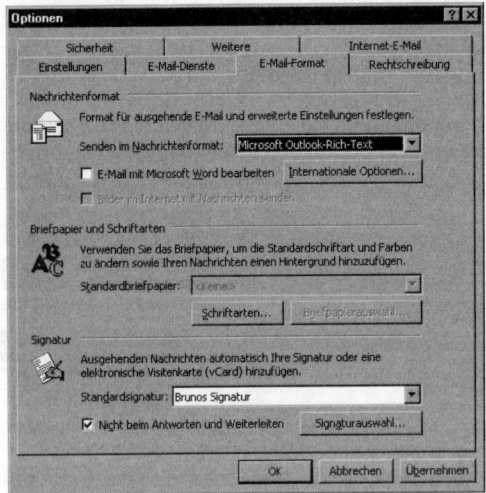

Abbildung 31.37:
Einstellungen des
E-Mail-Formates

Im Kombinationsfeld *Senden im Nachrichtenformat* wählen Sie zwischen *HTML*, *Microsoft Outlook-Rich-Text* (RTF) und *Nur Text* (ASCII).

E-Mail in HTML

Das HTML-Format bietet einige Extras, die die beiden anderen Textformate nicht enthalten. So können Sie ein so genanntes Briefpapier für eine im HTML-Format abgefasste E-Mail auswählen. In der Steuerelementgruppe *Briefpapier und Schriftarten* wählen Sie die standardmäßig für eine E-Mail zu verwendenden Formate. Der *Briefpapierauswahl*-Dialog stellt eine Reihe von Briefpapieren zur Auswahl:

Abbildung 31.38:
Auswahl des Briefpapiers

Eine auf diesem Briefpapier basierende E-Mail könnte dann so aussehen:

Abbildung 31.39:
HTML-E-Mail

Im Grunde handelt es sich bei dem Briefpapier nur um eine Hintergrundgrafik, die Sie nachträglich über den Befehl *Format/Hintergrund/Bild...* ändern können. Um die vorherrschende Hintergrundfarbe zu beeinflussen, steht in einer HTML-E-Mail der Befehl *Format/Hintergrund/Farbe* zur Verfügung.

Darüber hinaus bieten HTML-Mails verschiedene Gestaltungsmerkmale. Über das *Einfügen*-Menü können Sie Linien (Horizontal Ruler <HR>), Bilder und Hyperlinks in den Textkörper der E-Mail einfügen. Die Bilder werden allerdings nur an den Empfänger übermittelt, wenn in den E-Mail-Format-Optionen die Option *Bilder im Internet mit Nachricht senden* aktiviert ist. Standardmäßig ist sie nicht aktiviert, so dass die Nachrichtengröße moderat bleibt, weil nur der HTML-Text übermittelt wird – allerdings müssen die Bilder dann auf dem Rechner des Empfängers verfügbar sein, ansonsten zeigt die HTML-Mail nur Platzhalter für die Bilder.

Signaturen

Genau wie herkömmliche Briefe sollten auch E-Mails mit einer Unterschrift und einem Brieffuß versehen werden. Ein einfaches *Mit freundlichen Grüßen* genügt da schon. Firmen unterzeichnen Ihre E-Mails aber oft mit einer so genannten Signatur, aus der beispielsweise stets die Adresse und Telefonnummer hervorgeht. Damit diese Signatur nicht für jede E-Mail erneut eingegeben werden muss, was erstens lästig, zweitens fehleranfällig ist, erlaubt Outlook die Angabe einer Signatur.

So erstellen Sie eine neue Signatur

Outlook erlaubt die Erstellung mehrerer Signaturen. Eine dieser Signaturen wird dazu als Standardsignatur herangezogen, die per Voreinstellung an das Ende einer jeden E-Mail angehangen wird.

1. Um Signaturen zu erstellen, müssen Sie das Register *E-Mail-Format* aus dem *Extras/Optionen...*-Dialog von Outlook aufrufen:

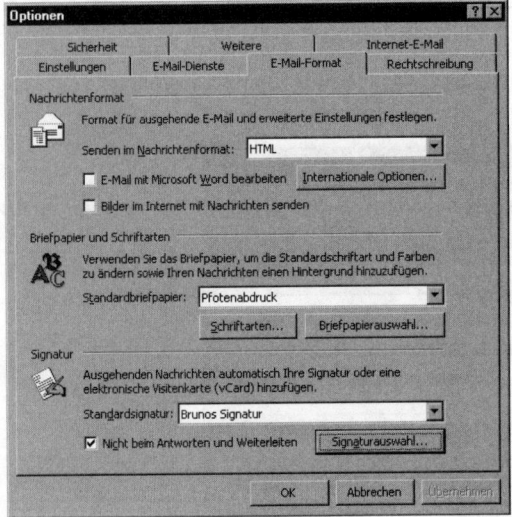

Abbildung 31.40:
Erstellen einer neuen Signatur

2. Im Kombinationsfeld *Standardsignatur* wählen Sie die standardmäßig unter eine E-Mail zu platzierende Signatur, und das Kontrollkästchen *Nicht beim Antworten und Weiterleiten* legt fest, ob Signaturen auch bei weitergeleiteten E-Mails oder bei Antworten verwendet werden.

3. Ist das Kombinationsfeld *Standardsignatur* noch leer, müssen Sie über die Schaltfläche *Signaturauswahl...* über den folgenden Dialog zuerst neue Signaturen erstellen:

Abbildung 31.41:
Die Signaturauswahl

Im oberen Teil des Dialogs werden die verfügbaren Signaturen aufgeführt, der untere zeigt eine Vorschau auf die markierte Signatur.

4. Über die Schaltflächen *Bearbeiten* und *Neu...* werden bestehende Signaturen bearbeitet bzw. neue erstellt. Beim Erstellen einer neuen Signatur erscheint zunächst der folgende Dialog:

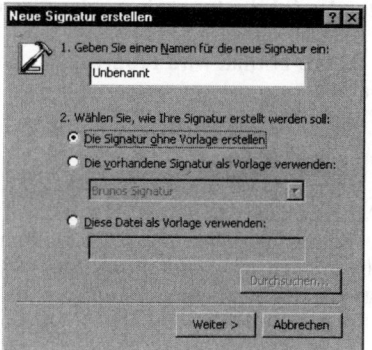

Abbildung 31.42:
Neue Signatur erstellen

Hier legen Sie den Namen der neuen Signatur fest und geben an, ob die neue Signatur auf einer bereits vorhandenen Signatur oder auf einer HTML/RTF-Datei basieren soll.

5. Um eine neue oder bestehende Signatur zu bearbeiten, zeigt Outlook den folgenden Dialog:

Abbildung 31.43:
Signatur bearbeiten

Im oberen Teil des Dialogs geben Sie den Text der Signatur ein, der über die Schaltflächen *Schriftart* und *Absatz* formatiert werden kann.

6. Damit der Empfänger der E-Mail Ihre Adresse schnell in seine Adressverwaltung aufnehmen kann, ist es empfehlenswert, die eigene Adresse als virtuelle Visitenkarte, so genannte vCard, der Signatur hinzuzufügen. Dazu müssen Sie allerdings die *vCard* über die Schaltfläche *Neue vCard von Kontakt* aufrufen, um eine neue vCard zu einem Kontakt zu erstellen, die anschließend im Kombinationsfeld ausgewählt werden kann.

HINWEIS Die Schaltflächen *Schriftart* und *Absatz* sind nur dann verfügbar, wenn Sie das E-Mail-Format auf RTF oder HTML eingestellt haben. Bei Aktivierung der Option *Nur-Text* stehen diese Schaltflächen nicht bereit.

7. Über die Schaltfläche *Erweitertes bearbeiten...* wird die Bearbeitung der Signatur an einen externen Editor übergeben. Für E-Mails im Nur-Text-Format wird der NotePad-Editor aufgerufen, für E-Mails im HTML-Format wird FrontPage aufgerufen und RTF-Signaturen werden in Word bearbeitet.

E-Mail von Word, Excel und Co.

Jede Office-Anwendung bietet eine einfache Möglichkeit, das aktuelle Dokument als E-Mail zu versenden. Die jeweilige Office-Anwendung übermittelt dazu das Dokument an den Postausgang von Outlook, von wo es beim nächsten *Senden und Empfangen* verschickt wird. Die auf den folgenden Seiten geschilderten Dienste der Office-Anwendungen können Sie daher nur nutzen, wenn Sie auf Outlook 2000 als E-Mail-Client zurückgreifen.

Für das Senden stellt das Untermenü *Senden an* aus dem *Datei*-Menü einer Office-Anwendung die folgenden Befehle bereit:

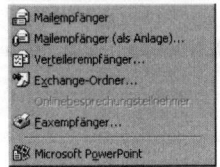

Abbildung 31.44:
Das Senden an-*Untermenü*

Dokument als Textkörper

E-Mail

Der Befehl *Mailempfänger*, der ebenfalls über das *E-Mail*-Symbol aus der *Standard*-Symbolleiste einer Office-Anwendung aufgerufen wird, sorgt dafür, dass das aktuelle Dokument als Textkörper der E-Mail versendet wird. Das Dokument wird also nicht als Anhang, sondern als Textkörper versendet. Eingebettete Bilder und Objekte werden hier im Rahmen einer so genannten Multipart-MIME-E-Mail übertragen.

Die Aktivierung dieses Befehls blendet dazu eine zusätzliche Symbolleiste ein, in der die meisten Symbole und Befehle zur Bearbeitung einer E-Mail enthalten sind:

Abbildung 31.45:
Word-Dokument an Mailempfänger senden

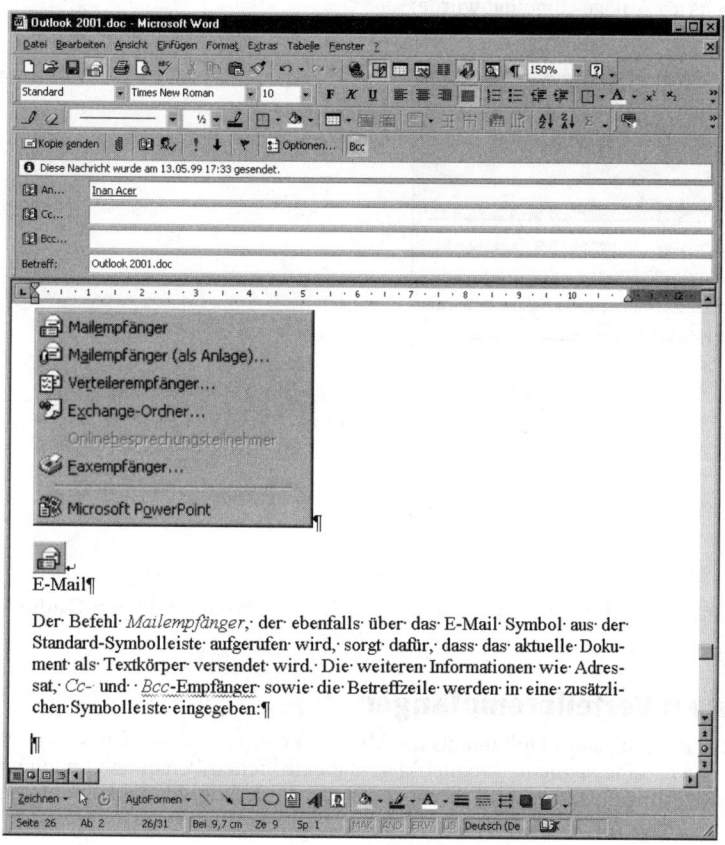

Das aktuelle Dokument wird durch Betätigung der Schaltfläche *Kopie senden*- (Word, Access), *Dieses Blatt senden* (Excel) oder *Diese Folie senden* (PowerPoint) in den Postausgang von Outlook übertragen. Für Excel und PowerPoint müssen Sie zuvor allerdings noch einen Dialog beantworten, der nachfragt, ob die gesamte Arbeitsmappe/Präsentation oder nur die aktuelle Tabelle/Folie gesendet werden soll. Denn nur isolierte Tabellen und Folien lassen sich als alleiniges Element im Textkörper übermitteln. Komplette Arbeitsmappen und Präsentationen müssen als Anhang einer E-Mail versandt werden.

HINWEIS Das Dokument wird im HTML-Format versendet, so dass der Empfänger nicht zwangsläufig über die jeweilige Anwendung verfügen muss, um das Dokument zu betrachten. Allerdings weicht die HTML-Version des Dokuments bei der Darstellung im Web-

Browser oft von der Darstellung in der jeweiligen Anwendung ab. Weil Office 2000 HTML/XML als natives Dateiformat unterstützt, lässt sich die empfangene Datei trotz HTML-Format aber nach wie vor mit der entsprechenden Anwendung öffnen und bearbeiten – und zwar genau so, wie Sie es gewohnt sind.

Dokument als Anlage

Soll das aktuelle Office-Dokument als Anhang zu einer herkömmlichen E-Mail versendet werden, so müssen Sie den Befehl *Mailempfänger (Als Anlage)...* aufrufen. Das Office-Programm erzeugt daraufhin in Outlook eine neue E-Mail, in die das aktuelle Dokument bereits als Anlage eingefügt wurde:

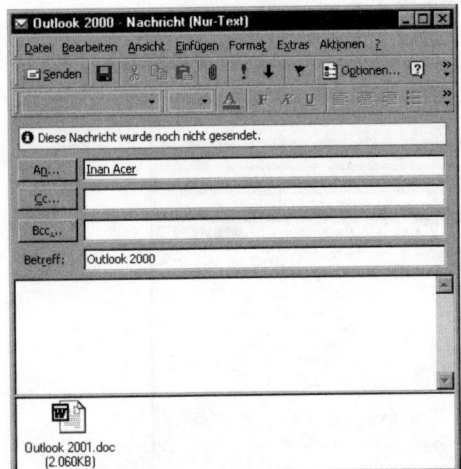

Abbildung 31.46: Dokument als Anlage in der E-Mail

Via *Senden* wird die E-Mail zum späteren Versand in den Postausgang von Outlook befördert.

Dokument an Verteilerempfänger

Erfordert die Bearbeitung eines Dokuments die Mitarbeit mehrerer Personen, so ist der *Verteilerempfänger...* eine bequeme Möglichkeit, alle betroffenen Personen von einem Dokument in Kenntnis zu setzen und ihnen sogar die Änderung des Dokuments zu gestatten.

Wenn Sie den Befehl *Verteilerempfänger...* aufrufen, werden Sie zuerst zur Definition der Verteilerliste aufgefordert. Je nach verwendeter Office-Anwendung unterscheidet sich der dazu angezeigte Dialog in einigen Kleinigkeiten (siehe Abbildung 31.44).

Zuerst legen Sie alle Personen fest, die eine Kopie des Dokuments erhalten sollen. Über die *Adresse...*-Schaltfläche können Sie die Personen aus Ihrem Adressbuch oder aus dem *Kontakte*-Ordner von Outlook auswählen. Fälschlicherweise in die Liste eingefügte Adressen werden markiert und über die *Entfernen*-Schaltfläche wieder gelöscht. Um alle Personen zu entfernen, müssen Sie die gleichlautende Schaltfläche betätigen.

In den Eingabefeldern *Betreff* und *Nachrichtentext* geben Sie den Betreff und den Textkörper der Nachricht ein.

Abbildung 31.47:
Verteiler erstellen

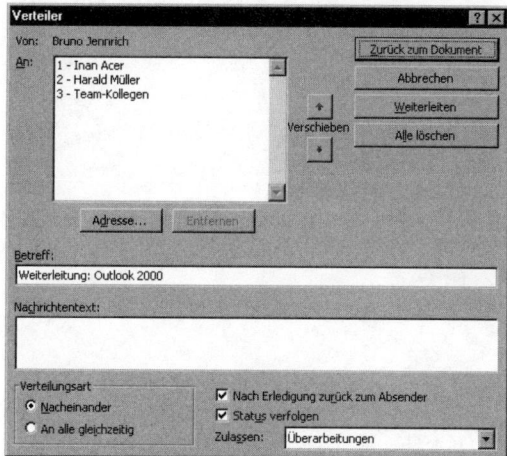

Nacheinander	Betätigen Sie den Befehl *Weiterleiten,* fügt Office eine neue E-Mail in den Postausgang von Outlook ein und sorgt dafür, dass die erste Person auf der Verteilerliste eine Kopie des Dokuments erhält. Für den Urheber des Dokuments ist damit erst einmal alles getan. Für den ersten Empfänger auf der Verteilerliste fängt die Arbeit dagegen erst an. Er lädt das Dokument vom Server herunter und kann es sofort im entsprechenden Office-Programm bearbeiten. Am Ende seiner Bearbeitung kann er das Dokument über den Befehl *Datei/Senden an/Weiterleiten...* aus der Office-Anwendung an den zweiten Empfänger der Verteilerliste weiterleiten – ohne dass er dazu irgend etwas weiter tun müsste. Die Verteilerliste ist im Dokument gespeichert, so dass nacheinander alle Personen auf der Liste in den Genuss des Dokuments kommen und dabei alle Änderungen der Vorgänger einsehen können, um anschließend ihre eigenen Änderungen oder Kommentare hinzuzufügen. Der letzte auf der Verteilerliste leitet das Dokument abschließend an den Urheber weiter, so dass dieser über alle Änderungen der Personen auf der Verteilerliste informiert wird. Weil die Reihenfolge wichtig ist, in der das Dokument die Personen der Verteilerliste erreicht, können Sie die Sendereihenfolge über die *Verschieben*-Schaltflächen beeinflussen.
An alle gleichzeitig	Soll das Dokument nicht nacheinander an alle Empfänger auf der Verteilerliste übermittelt werden, können Sie im Dialog auf Abbildung 31.44 auch die Option *An alle gleichzeitig* aktivieren. Dann erhalten alle Personen der Verteilerliste eine Kopie des Dokuments und senden ihrerseits beim nächsten *Weiterleiten* ihre Änderungen an den Urheber zurück.
Zurück zum Absender	Allerdings wird das Dokument nur dann zum Urheber weitergeleitet, wenn das Kontrollkästchen *Nach Erledigung zurück zum Absender* aktiviert ist.

32 Terminverwaltung für Profis

825	Ansicht und Navigation im Kalender
828	So erstellen Sie einen neuen Termin
830	Terminserien

Auch die Terminverwaltung wird von Outlook 2000 abgedeckt. Outlook verfügt dazu über einen Kalender, in den Sie Ihre Termine eintragen. Damit Sie keinen Termin vergessen, lassen sich so genannte Mahner bzw. Alarme einstellen, die eine gewisse Zeit vor Beginn des Termins auf den Termin hinweisen.

Outlook kennt drei verschiedene Terminarten:

- *Termine* sind die in Ihrem Kalender geplanten Aktivitäten, zu denen nur Sie allein, also weder andere Personen noch Ressourcen, hinzugezogen werden.
- Eine *Besprechung* ist ein Termin, zu dem Sie andere Personen oder Ressourcen einladen.
- Ein *Ereignis* ist eine Aktivität, die mindestens 24 Stunden andauert.

Die Kalender-Funktionen von Outlook werden durch Auswahl der *Kalender*-Verknüpfung in der Outlook-Leiste angezeigt.

Ansicht und Navigation im Kalender

Der *Kalender*-Ordner unterscheidet sich von den restlichen Ordnern dahingehend, dass Termine hier nicht standardmäßig in Listenform, sondern in der *Tages-/Wochen-/Monatsansicht* angezeigt werden.

Outlook unterteilt die Darstellung des Kalenders bei der Darstellung der Termine in einer Zeitspanne in die Bestandteile *Dargestellte Zeitspanne*, *Monatsübersicht* und *Aufgabenblock* (siehe Abbildung 32.1).

Navigation   Die Navigation im Kalender erfolgt über den Datumsnavigator. Dieses auf den ersten Blick recht unscheinbare Steuerelement bietet zahlreiche Funktionen (siehe Abbildung 32.2).

Welche Tage augenblicklich in der Tages-/Wochen-/Monatsansicht des Kalenders dargestellt werden, erkennen Sie an den grau hinterlegten Tagen; welcher Tag heute ist, zeigt ein roter Rahmen; und für welche Tage bereits (gebuchte) Termine bestehen, wird durch eine fette Schrift angezeigt. Doch der Datumsnavigator regelt nicht nur die Anzeige von Kalendertagen, sondern erlaubt darüber hinaus auch die Navigation innerhalb der Terminansicht. Klicken Sie dazu einfach auf den jeweiligen Tag, der angezeigt und gleichzeitig aktiviert werden soll.

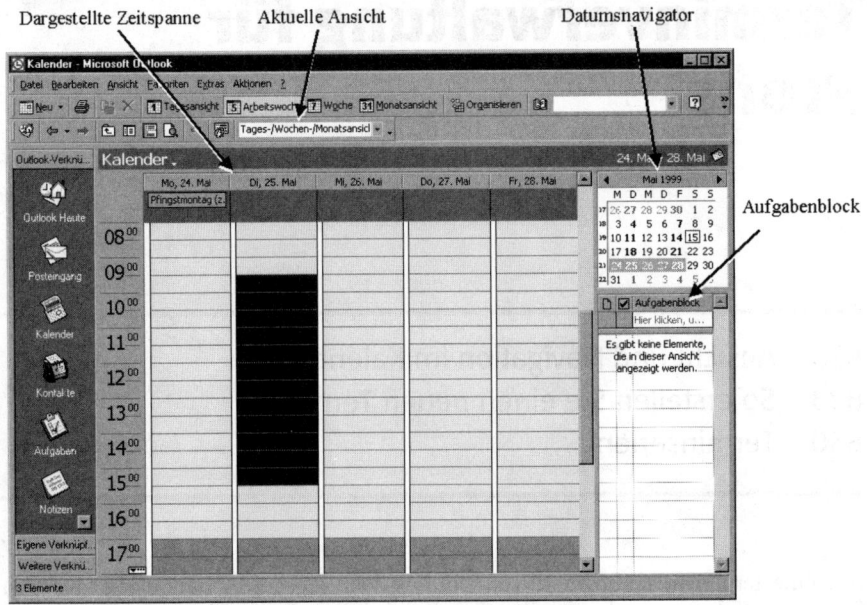

Abbildung 32.1:
Elemente des Kalenderordners

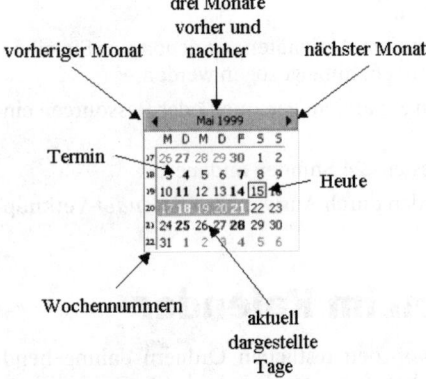

Abbildung 32.2:
Datumsnavigator

Über die beiden Pfeil-Schaltflächen in der Kopfzeile des Navigators wechseln Sie in der Anzeige zum jeweils nächsten bzw. vorherigen Monat. Und ein Klick auf den Monatsnamen im Kopf des Datumsnavigators bringt in einer Art Menü die drei vorangehenden und nachfolgenden Monate zum Vorschein. Um mehrere Tage in der *dargestellten Zeitspanne* anzuzeigen, können Sie den entsprechenden Datumsbereich außerdem innerhalb des Datumsnavigators markieren, wobei die aktuelle Kalenderansicht an die Anzahl derzeit ausgewählter Tage angepasst wird.

Wie die Anzeige der Tage in der Tages-/Wochen-/Monatsansicht erfolgt, wird über den Befehl *Extras/Optionen...* und die dortige Schaltfläche *Kalenderoptionen* näher definiert:

Arbeitswoche

Abbildung 32.3:
Kalender-
optionen

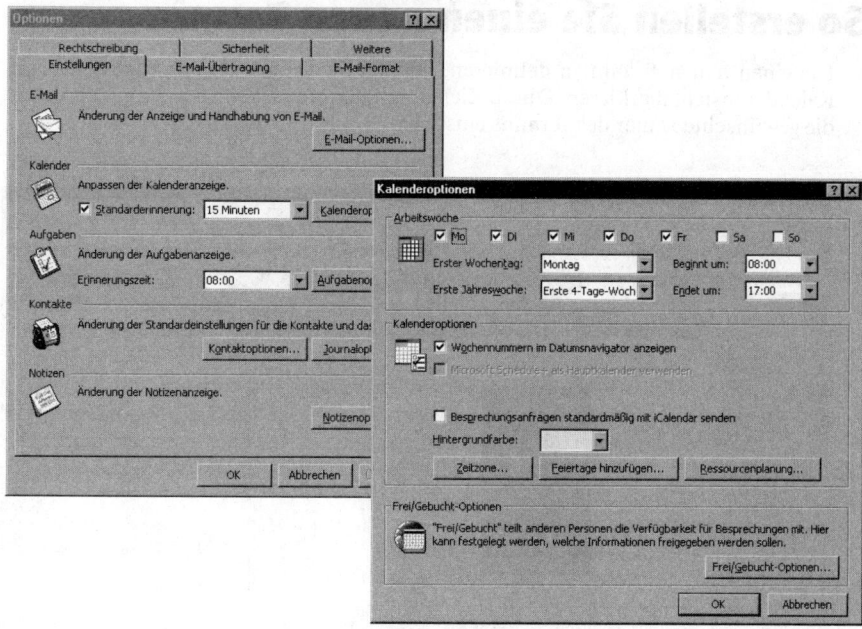

Hier legen Sie fest, welche Wochentage zu einer *Arbeitswoche* gehören. Außerdem geben Sie an, mit welchem Wochentag eine Woche beginnt. Zudem lässt sich auch die erste Woche des Jahres definieren. Und zum guten Schluss lassen sich in den Zeitfeldern *Beginnt um* und *Endet um* die Zeiten für den Beginn und das Ende eines Arbeitstages hinterlegen.

HINWEIS Die Arbeitswoche lässt sich leider nicht so frei definieren, wie es der *Kalenderoptionen*-Dialog glauben macht. Mit einigen Kombinationen von drei- oder viertägigen Wochen, deren Tage nicht zusammenhängen, hat Outlook Probleme.

Kalender- In der Steuerelementgruppe *Kalenderoptionen* definieren Sie, ob im Datumsnavigator
optionen auch die Wochennummern angezeigt werden.

Über das Kombinationsfeld *Hintergrundfarbe* legen Sie die Farbe fest, in der freie Zeiten der *Tagesansicht* und *Arbeitswoche* angezeigt werden.

Über die Schaltfläche *Zeitzone* legen Sie die zu verwendenden Zeitzonen in der Tages-/Wochen-/Monatsansicht fest, und über die Schaltfläche *Feiertage hinzufügen* rufen Sie den folgenden Dialog auf, der es erlaubt, die Feiertage eines Landes als ganztägige Ereignisse in den Kalender einzufügen:

Abbildung 32.4:
Feiertage
hinzufügen

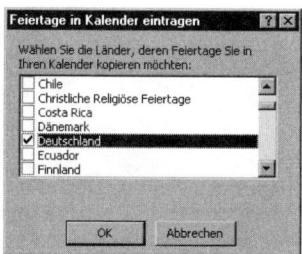

Terminverwaltung für Profis **827**

So erstellen Sie einen neuen Termin

1. Um einen neuen Termin zu definieren, müssen Sie seinen Beginn zunächst in der Kalenderansicht markieren. Durch Ziehen mit der Maus lässt sich dort auch bereits die gewünschte Dauer des Termins einstellen.

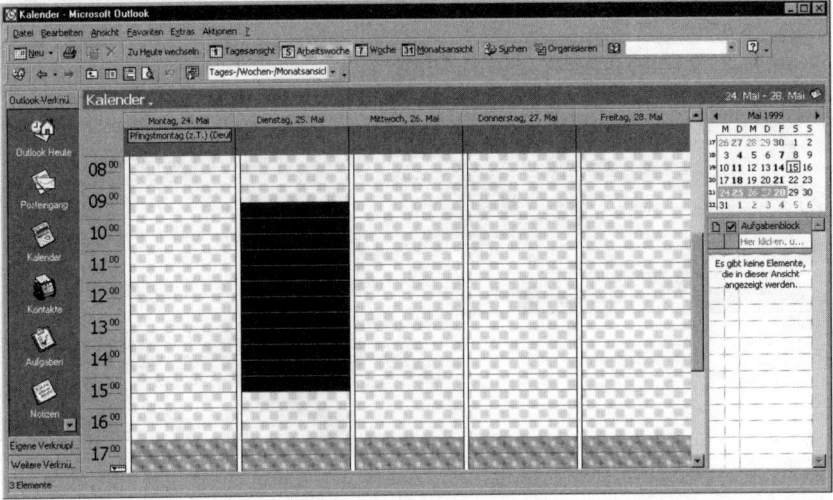

Abbildung 32.5:
Auswahl des Zeitfensters für den neuen Termin

2. Anschließend wird für dieses Zeitfenster ein neuer Termineintrag erzeugt. Der dazu benötigte Dialog wird aufgerufen über *Datei/Neu/Termin*, durch die *Neu*-Schaltfläche oder über den *Termin*-Befehl des Dropdown-Menüs, das beim Druck auf den Pfeil neben der *Neu*-Schaltfläche erscheint. Alternativ dazu lässt sich ein neuer Termin auch mit [Strg]+[N] erstellen – jedoch nur, wenn der *Kalender*-Ordner ausgewählt wurde. Ansonsten erstellt die Tastenkombination [Strg]+[⇧]+[A] (*A=Appointment*) einen neuen Termin.

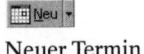

Neuer Termin

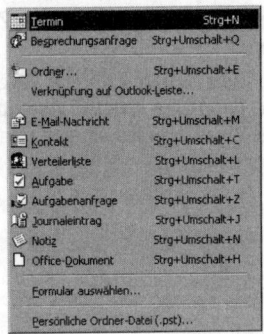

Abbildung 32.6:
Einen neuen Termin erstellen

3. Darüber hinaus lassen sich neue Termine durch Markieren des Zeitpunktes in der Zeitleiste mit der Maus oder den Pfeiltasten in Verbindung mit der [⇧]-Taste und durch anschließenden Doppelklick erzeugen. Outlook zeigt dazu das folgende Formular:

Abbildung 32.7:
Das Termin-Formular

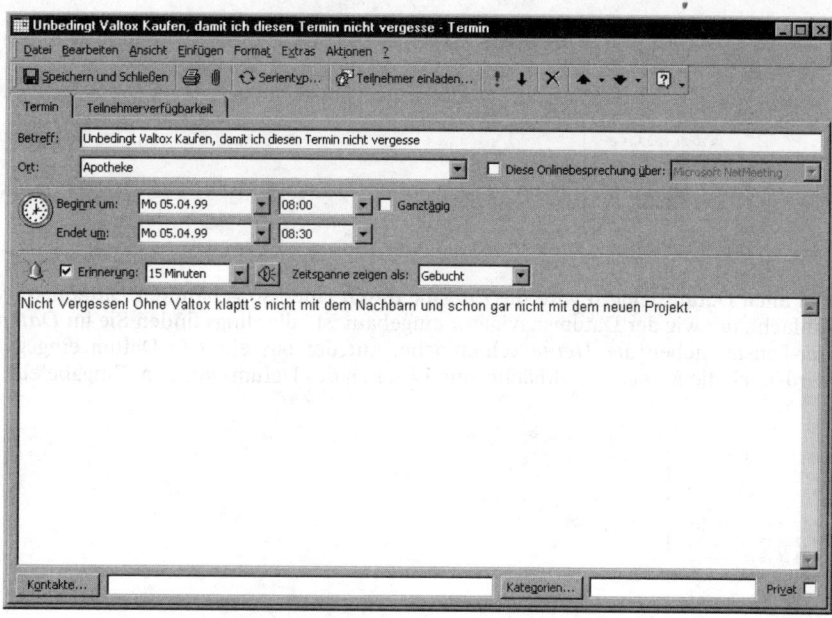

4. Im *Termin*-Register werden die wichtigsten Eigenschaften und Eingabefelder eines Termins angezeigt. Die meisten dieser Eingabefelder erklären sich von selbst. So z.B. der *Betreff*, der das Thema des Termins nennt, oder der *Ort*, der beispielsweise den Ort einer Verabredung aufnimmt. Ebenso selbsterklärend sind die Felder zur Eingabe des Terminbeginns und -endes (*Beginnt um:*, *Endet um:*).

Wollen Sie aus einem *Termin* ein *Ereignis* machen, müssen Sie das Kontrollkästchen *Ganztägig* aktivieren.

Standardmäßig wird ein Warnhinweis eine Viertelstunde (15 Min.) vor Terminbeginn ausgegeben. Dafür sorgt die Auswahl des *Erinnerung*-Kontrollkästchens und die Einstellung von *15 Minuten* als Vorwarnzeit.

5. Nachdem der Termin eingegeben wurde, muss er im Kalender gespeichert werden. Das geschieht beispielsweise durch die Schaltfläche *Speichern und Schließen* in der Symbolleiste. Dabei wird der Dialog zur Eingabe des Termins allerdings auch geschlossen. Der *Speichern*-Befehl aus dem *Datei*-Menü speichert den Termin dagegen nur. Das Dialogfenster lässt sich dann durch Aufruf des *Beenden*-Befehls aus dem *Datei*-Menü schließen.

Wollen Sie den Dialog schließen, ohne Änderungen gespeichert zu haben, werden Sie von Outlook natürlich in einer Sicherheitsabfrage auf noch nicht gespeicherte Daten hingewiesen und müssen in einem Dialog den Verlust der bereits eingegebenen Daten bestätigen.

TIPP Die Eingabe des Terminbeginns und -endes erfolgt über Kombinationsfelder, die die präzise Auswahl eines Termins gestatten.

Weil man sich aber manchmal nicht an das aktuelle Tagesdatum erinnert (»Du, sag mal, den wievielten haben wir denn heute?«), erlaubt Outlook bei der Eingabe eines Datums auch unpräzise Eingabe wie *Morgen*, *Übermorgen*, *Nächsten Donnerstag* oder *Nächste Woche* oder *Nächsten Monat*. Diese Form der Datumseingabe ist in allen Datumsfeldern von Outlook verfügbar.

Abbildung 32.8:
Eingabe von Datum und Uhrzeit

Bei allen Datumsfeldern wird die Eingabe durch einen so genannten *Datepicker* vereinfacht, der wie der Datumsnavigator aufgebaut ist, allerdings finden Sie im *Datepikker*-Fenster neben der *Heute*-Schaltfläche, mit der das aktuelle Datum eingegeben wird, auch die *Keines*-Schaltfläche zum Löschen des Datums aus dem Eingabefeld.

Abbildung 32.9:
Dieser Datepicker erlaubt auch das Löschen eines Datums.

Terminserien

Damit Sie wiederkehrende Termine und Verabredungen nur einmal eingeben müssen, bietet Outlook die so genannte *Terminserie*. Im geöffneten *Termin*-Formular müssen Sie dazu den Befehl *Aktionen/Serientyp...* oder die gleichnamige Schaltfläche der *Standard*-Symbolleiste aufrufen. Outlook zeigt daraufhin den folgenden Dialog:

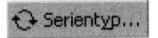

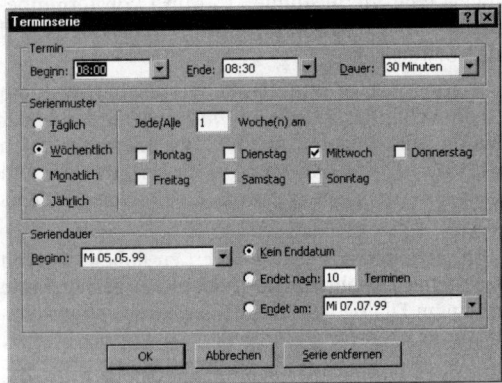

Abbildung 32.10:
Terminserie anlegen

In der Steuerelementgruppe *Termin* geben Sie die Uhrzeit an, zu der der Termin stattfindet. Entweder bestimmen Sie *Beginn* und *Ende* und Outlook berechnet daraufhin die *Dauer* automatisch, oder Sie geben den Beginn ein, ändern anschließend die Dauer und Outlook passt das Ende des Termins automatisch an.

830 Kapitel 32

In der Steuerelementgruppe *Serienmuster* legen Sie fest, ob der Serientermin *Täglich*, *Wöchentlich*, *Monatlich* oder *Jährlich* wiederkehren soll. Je nach Wiederholungsintervall lässt sich das Serienmuster weiter verfeinern:

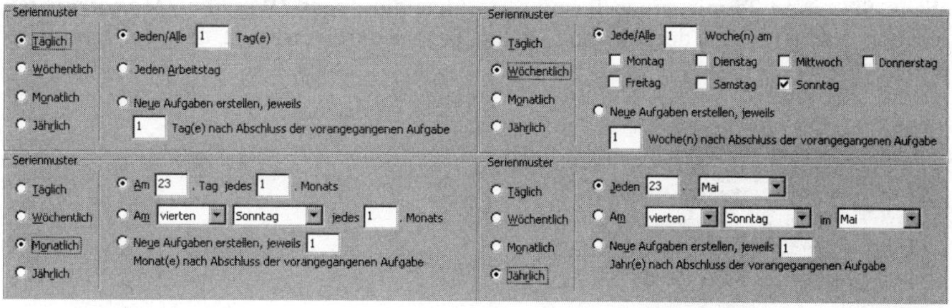

Abbildung 32.11:
Je nach Serienmuster ändern sich die Eingabeoptionen.

Für jede der vier Serientypen lassen sich Wiederholungsmuster definieren. Die wohl häufigsten Muster entsprechen der Form: »Jeden Montag«, oder »Jeden dritten Samstag im Monat« oder »Jeden ersten Sonntag im Mai« (Muttertag).

In der Steuerelementgruppe *Seriendauer* (siehe Abbildung 32.10) geben Sie an, mit welchem Datum die Terminserie beginnt und wann sie wieder enden soll. Standardmäßig beginnt eine Aufgabenserie am aktuellen Datum und wiederholt sich anschließend bis in alle Ewigkeit (*Kein Enddatum*). Es lässt sich aber angeben, dass eine Terminserie nur eine bestimmte Anzahl von Wiederholungen überdauern soll oder nur bis zu einem vorgegebenen Datum wiederholt werden darf.

Nach der Anlage der Terminserie zeigt Outlook automatisch alle Termine der Serie als separaten Termin im Kalender an. Sie erkennen einer Serientermin daran, dass ein kleiner »Kreisel« im Symbol für den Termin angezeigt wird.

Abbildung 32.12:
Eine wöchentliche Terminserie, die dienstags und freitags einen Termin platziert

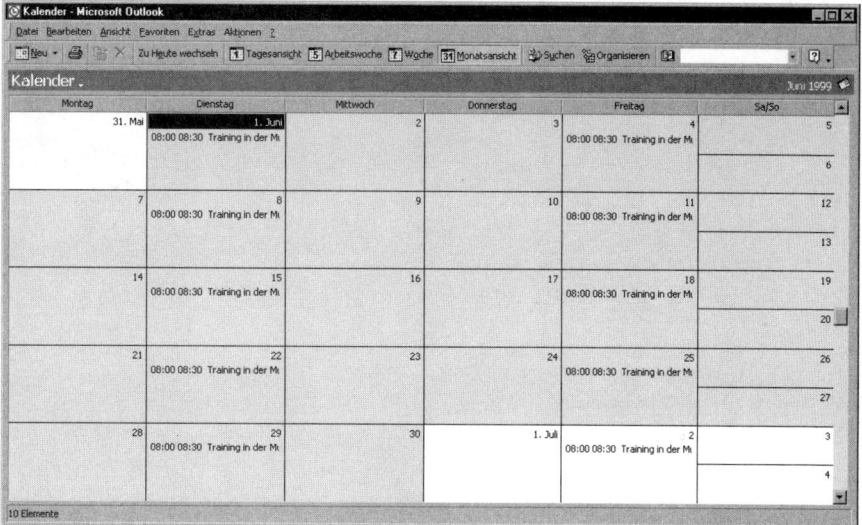

HINWEIS

Um eine Terminserie vorzeitig zu beenden, müssen Sie einen beliebigen Termin der Serie öffnen und im *Terminserie*-Dialog entweder das Ende vorverlegen oder durch die Schaltfläche *Serie entfernen* aus dem *Terminserie*-Dialog die Erzeugung weiterer Aufgaben sofort unterbinden.

Wenn Sie einen Termin einer Terminserie über die *Tages-/Wochen-/Monatsansicht* löschen, erscheint stets der folgende Dialog, der Sie daran erinnert, dass der Termin Teil einer Serie ist.

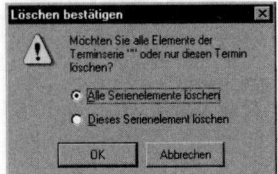

Wenn Sie nur den aktuellen Termin der Serie löschen wollen, müssen Sie die Option *Dieses Serienelement löschen* aktiviert lassen (es ist beim Anzeigen dieses Dialogs auch die Vorgabe). Um die gesamte Serie zu löschen, müssen Sie dagegen die Option *Alle Serienelemente löschen* auswählen.

33 Kontakte – Adressbuch für Profis

833 So geben Sie einen neuen Kontakt ein
838 Das Kontakformular im Detail
840 Der *Kontakte*-Ordner als Schaltzentrale
841 Wo liegt denn das?

Direkt nach dem Verfassen von Texten und der Arbeit mit Tabellen in einer Tabellenkalkulation steht vermutlich die Adressverwaltung an Platz 3 der Einsatzgebiete für den PC. Fast jeder PC-Anwender führt entweder eine professionelle Kontakt-Datenbank oder eine mehr oder weniger geordnete Liste, die mit Word oder Excel auf dem neuesten Stand gehalten wird.

Lösungen der Marke »Eigenbau« können Sie mit Outlook 2000 aber getrost zu den Akten legen, denn Outlook 2000 bietet eine umfassende und kraftvolle Adressverwaltung.

Dreh und Angelpunkt der Adressverwaltung sind die Outlook-Elemente vom Typ Kontakt, die im *Kontakte*-Ordner gespeichert werden.

So geben Sie einen neuen Kontakt ein

1. Wechseln Sie in den *Kontakte*-Ordner von Outlook.
2. Rufen Sie den Befehl *Neu* aus der *Standard*-Symbolleiste auf, oder wählen Sie den Befehl *Datei/Neu/Kontakt*. Während der *Kontakte*-Ordner aktiv ist, lassen sich neue Kontakte über die Tastenkombination [Strg]+[N] erstellen. Aus allen anderen Ordnern werden sie über die Kombination [Strg]+[⇧]+[C] (C für engl. *Contact*) angelegt (siehe Abbildung 33.1).
3. Outlook präsentiert ein leeres *Kontakt*-Formular, in das Sie alle personenbezogenen Daten eingeben können. Im *Allgemein*-Register werden die wichtigsten Informationen einer Person entgegengenommen. Dazu zählen *Name*, *Position*, *Firma*, verschiedene physische Adressen (*Geschäftlich*, *Privat*, *Weitere*), die Telefonnummer (*Geschäftlich*, *Privat*, *Fax*, *Mobil*), bis zu drei E-Mail-Adressen und die URL einer Website.
4. Wird der Name einer Person unvollständig eingegeben, zeigt Outlook den Dialog *Namen überprüfen*. Outlook spaltet den Namen in seine Bestandteile wie *Anrede*, *Vorname*, *Weitere Vornamen*, *Nachname* und *Namenszusätze* (jun./sen.) auf (siehe Abbildung 33.2).

Namen überprüfen

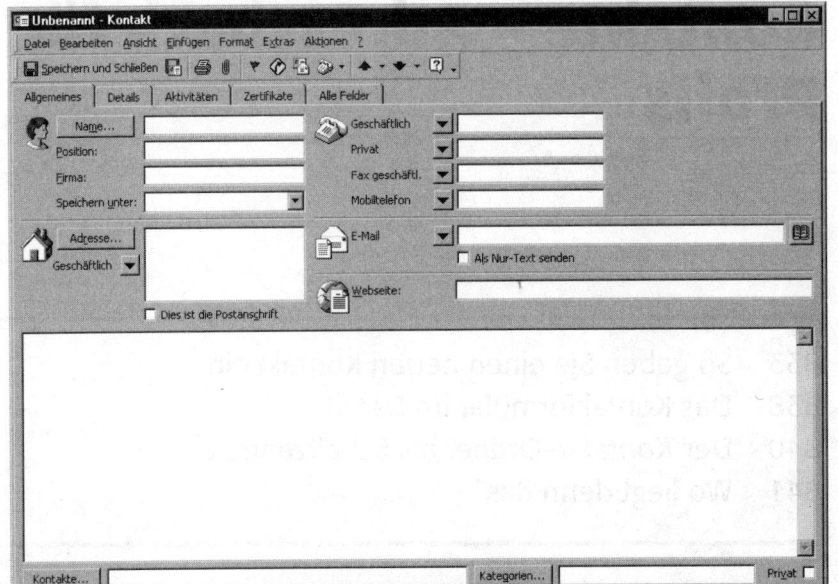

Abbildung 33.1:
Ein leeres Kontakt-Formular

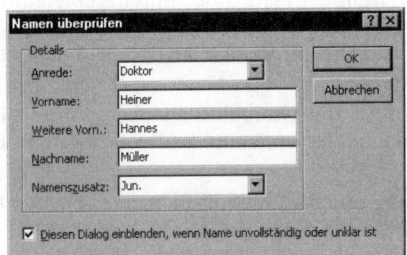

Abbildung 33.2:
Namen überprüfen

Outlook zeigt diesen Dialog immer, wenn der eingegebene Name von Outlook nicht eindeutig erkannt wurde. Falls er stört, lässt sich seine Anzeige durch Deaktivieren des Kontrollkästchens *Diesen Dialog einblenden, wenn Name unvollständig oder unklar ist* verhindern. Er wird dann nur noch angezeigt, wenn Sie im *Kontakte*-Formular auf die *Name...*-Schaltfläche vor dem Eingabefeld zur Namenseingabe klicken.

5. Der Name einer Kontaktperson ist gleichzeitig das Kriterium, das die Position der Person in der Liste aller verfügbaren Kontakte bestimmt. Im Feld *Speichern unter...* schlägt Outlook ein Sortierkriterium vor. Per Vorgabe werden Kontakte zunächst nach ihrem Nachnamen und anschließend nach ihrem Vornamen sortiert. In *Speichern unter* können Sie aber auch die Reihenfolge *Vorname, Name* oder einen völlig anderen Sortierschlüssel (z.B. den *Spitznamen*) eingeben.

6. Outlook erlaubt die Speicherung von bis zu 19 Telefonnummern zu einem Kontakt (siehe Rand). Im Kontaktformular werden allerdings nur die wichtigsten 4 angezeigt.

Welche Telefonnummer eingegeben bzw. angezeigt werden soll, bestimmen Sie über die Schaltflächen mit den nach unten gerichteten Pfeilen, die das am Rand dargestellte Menü anzeigen. Outlook erlaubt dadurch die Auswahl der vier wichtigsten Telefonnummern individuell für jeden Kontakt.

TIPP Die Schaltfläche mit dem nach unten gerichteten Pfeil lässt sich auch per Tastatur aktivieren. Betätigen Sie dazu so oft die ⇥-Taste bzw. ⇧+⇥, bis die Schaltfläche den Eingabefokus besitzt. Die Betätigung von ⏎ führt zur Anzeige des Auswahlmenüs.

7. Nach der Eingabe einer Telefonnummer zeigt Outlook evtl. den *Telefonnummer überprüfen*-Dialog. Und zwar dann, wenn die Telefonnummer in einem ungültigen Format eingegeben wurde. Jede Telefonnummer besteht aus drei Bestandteilen: einer Landesvorwahl, einer Ortsvorwahl und der Ortsnetzkennzahl. Eine Telefonnummer wird in der folgenden Form angegeben +*Landesvorwahl (Ortsvorwahl) Ortsnetzkennzahl*. Um die Bestandtile der Nummer zu isolieren und in entsprechender Form zu präsentieren, stellt Outlook den folgenden Dialog in Zweifelsfällen dar:

Abbildung 33.3:
Telefonnummer
überprüfen

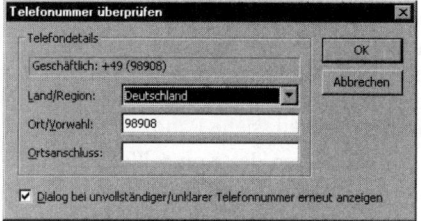

Anstelle der Landesvorwahl zeigt Outlook hier den Namen des Landes, dessen Landeskennzahl verwendet werden soll.

TIPP Outlook stellt keine Schaltfläche bereit, um eine Telefonnummer nachträglich zu überprüfen. Doch mit einem Doppelklick auf das Eingabefeld einer Telefonnummer lässt sich dieser Dialog jederzeit aufrufen.

8. Die Eingabe einer Adresse erfolgt nicht in separaten Eingabefeldern, sondern in einem mehrzeiligen Eingabefeld. Geben Sie hier Straße, Hausnummer, Landeskennzeichen, Postleitzahl und Ort in mehreren Zeilen an. Der Zeilenwechsel wird dazu über die ⏎-Taste herbeigeführt:

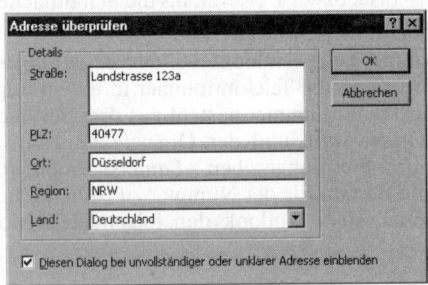

Abbildung 33.4:
Eingabe der Adresse

Bei unklarer oder unvollständiger Adressangabe erscheint wieder ein Dialog, der die Adresse überprüft:

Abbildung 33.5:
Adresse überprüfen

Outlook erlaubt die Vergabe von drei separaten Adressen. Sie können eine *geschäftliche*, eine *private* und eine *weitere* Adresse hinterlegen. Die Auswahl der jeweiligen Adresse erfolgt wie bei den Telefonnummern über einen Klick auf die Schaltfläche mit dem nach unten gerichteten Pfeil (siehe Rand).

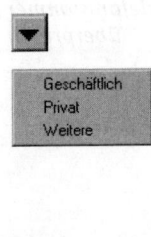

Eine dieser drei Adressen sollte durch Aktivieren des Kontrollfeldes *Dies ist die Postanschrift* zur Postanschrift gemacht werden. Diese Adresse wird bei Import der Adresse in Word bzw. beim Drucken eines Serienbriefs auf Basis der Outlook-Adressenliste als Anschrift verwendet.

9. Für jeden Kontakt lassen sich drei separate E-Mail-Adressen eingeben. Ähnlich wie bei der Eingabe der Telefonnummer lassen sich die drei E-Mail Adressen über denselben Mechanismus wie bei der Telefonnummerneingabe hinterlegen und auswählen.

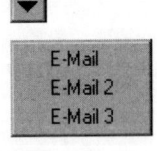

Damit Sie E-Mail-Adressen nicht von Hand eingeben müssen, können Sie die E-Mail-Adresse eines Kontaktes auch aus den bereits durch den Empfang von E-Mails bekannten E-Mail-Adressen auswählen. Vielleicht befindet sich die E-Mail-Adresse des neuen Kontaktes bereits im Persönlichen Adresbuch, hat es von dort aber noch nicht in Ihren Kontakteordner geschafft. Klicken Sie auf das Buch-Symbol am rechten Rand des Eingabefeldes und wählen Sie die Adresse aus dem *Name auswählen*-Dialog:

836 Kapitel 33

Abbildung 33.6:
Auswählen einer E-Mail-Adresse

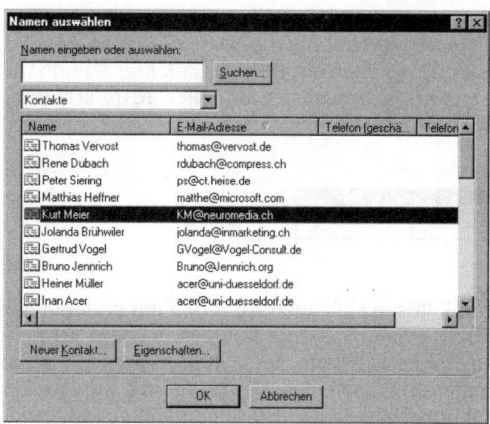

10. Falls der Kontakt eine Website besitzt, können Sie den Hyperlink auf seine Website ebenfalls im Kontakt speichern. Ein anschließender Klick auf die URL führt zum Aufruf des Web-Browser und der Anzeige der Seite.

Datei einfügen

11. Einen großen Teil des Kontaktformulars nimmt das Notizenfeld ein. Hier können Sie beliebige Vermerke zum Kontakt hinterlegen. Darüber hinaus lassen sich dort sogar Dateien, andere Outlook-Elemente oder OLE-Objekte einfügen. Das *Kontakte*-Formular stellt dazu das *Einfügen*-Menü bereit. Über einen Doppelklick oder über das Kontextmenü wird das Objekt bearbeitet:

Abbildung 33.7:
Notizen eines Kontaktes

Kontakte – Adressbuch für Profis   **837**

Der im Notizenfeld angegebene Text lässt sich selbstverständlich auch formatieren. Allerdings müssen Sie dazu die *Format*-Symbolleiste nachträglich anzeigen. Ohne *Format*-Symbolleiste lassen sich Texte über die Befehle *Zeichen...* und *Absatz...* aus dem *Format*-Menü oder dem Kontextmenü der aktuellen Textmarkierung aufrufen.

Abbildung 33.8:
Format-*Symbolleiste im* Kontakt-*Formular*

12. Wie jedes Element unter Outlook lassen sich auch Kontakte mit anderen Kontakten verknüpfen (siehe Aktivitäten, ▶ Seite 839) und Kategorien (siehe ▶ Kapitel 30, *Kategorisierung von Outlook-Elementen*) zuordnen. Am unteren Formularrand finden Sie die dazu vorgesehenen Eingabefelder. *Kontakte* und *Kategorien* werden über die beiden als Bezeichnungsfeld dienenden Schaltflächen ausgewählt.

   Beim Verknüpfen eines Kontaktes mit einem anderen Kontakt ist zu beachten, dass die Verknüpfung wechselseitig erfolgt, so dass beide Kontakte anschließend miteinander verknüpft sind. Alle mit einem Kontakt verknüpften Outlook-Elemente werden übrigens im *Aktivitäten*-Register eines Kontaktes aufgeführt, wo beispielsweise alle von einem Kontakt an Sie gerichteten E-Mail-Adressen oder alle an einen Kontakt geschriebenen Nachrichten aufgeführt werden.

13. Nachdem der Kontakt im Eingabeformular vollständig definiert wurde, muss er gespeichert werden. Dazu stellt Outlook die Schaltflächen *Speichern und Schließen* sowie *Speichern und neuer Kontakt* bereit. Letztere ist besonders nützlich, wenn Sie mehrere Kontakte nacheinander – z.B. aus Ihrem Adressbüchlein – eintragen wollen.

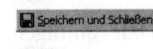

Speichern und neuer Kontakt

Das Kontakformular im Detail

Das *Kontakte*-Formular bietet von allen Formularen in Outlook die meisten Optionen. Auf den folgenden Seiten finden Sie eine Übersicht über die verschiedenen Register dieses Formulars.

Details

Neben den grundlegenden Daten im *Allgemein*-Register eines Kontaktes (siehe ▶ Seite 833) erlaubt das *Details*-Register die Eingabe zusätzlicher Informationen. Dazu gehören die *Abteilung*, das *Büro*, der *Beruf*, der *Vorgesetzte* oder der *Assistent* der Kontaktperson. Auch der *Spitzname*, der *Name des Partners* sowie der *Geburtstag* und ein *Jahrestag* lassen sich hier hinterlegen (siehe Abbildung 33.9).

In den NetMeeting-Online-Einstellungen geben Sie den Namen des Verzeichnis-Servers bzw. *ILS (Internet Locator Server)* an, über den Sie die Kontaktperson ausfindig machen können.

Sobald die Kontaktperson online geht, meldet sie sich beim ILS an und gibt damit ihre augenblickliche Rechneradresse (IP-Adresse) bekannt. Das ist notwendig, weil sich die Rechneradresse leider bei der Einwahl per Telefon von Einwahl zu Einwahl unterscheidet.

Damit Sie die Rechneradresse der Kontaktperson über den ILS finden, müssen Sie den so genannten E-Mail-Alias der Kontaktperson kennen, unter dem sich die Person am OLS angemeldet hat. Um mit der Person via NetMeeting in Kontakt zu treten, können Sie auf die Schaltfläche *Jetzt anrufen* oder auf den Befehl *Anrufen über NetMeeting* aus dem *Aktionen*-Menü zurückgreifen.

Abbildung 33.9:
Kontakt-Details

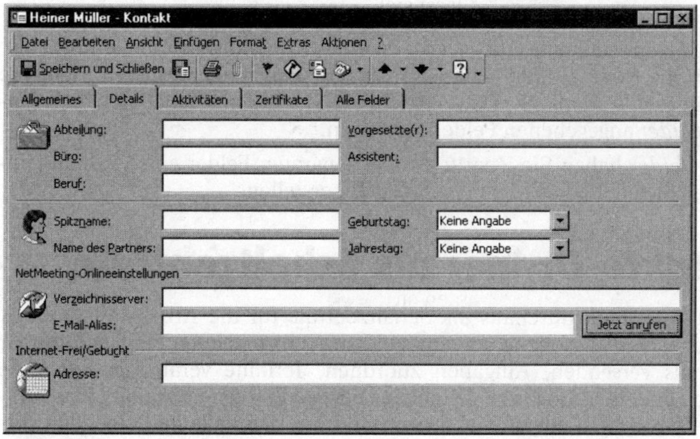

Im Eingabefeld *Adresse* der *Internet Frei/Gebucht* Steuerelementgruppe geben Sie die URL des Internet-Servers an, auf dem der Kontakt seine *Frei*- und *Gebucht*-Informationen veröffentlicht, so dass Sie problemlos feststellen können, ob die Kontaktperson zu einem gegebenen Zeitpunkt verfügbar ist. Allerdings ist dazu ein speziell vorbereiteter HTTP-Server oder ein Zugriff auf MS-Exchange notwendig. Ihr Netzwerk-Administrator wird Sie in diesen Fällen mit den nötigen Informationen versehen.

Aktivitäten

Um die mit einem Kontakt verknüpften Elemente zu betrachten, müssen Sie das *Aktivitäten*-Register aufrufen. Bei der ersten Anzeige des Registers sammelt Outlook alle E-Mails, Aufgaben, Termine, Journal-Einträge, Notizen und anderen Kontakte, die mit dem Kontakt verknüpft sind.

Je mehr Einträge Outlook verwalten muss, desto länger dauert allerdings die Zusammenstellung der verknüpften Elemente. Outlook stützt sich dabei nicht auf ein leistungsfähiges Datenbanksystem, das die Zuordnung beschleunigt, sondern muss alle Ordner Element für Element durchlaufen, um die verknüpften Elemente zu isolieren. Werden alle gesuchten Einträge angezeigt, lässt sich die weitere Suche durch Klick auf die *Anhalten*-Schaltfläche unterbinden. Das Ende der Suche erkennen Sie daran, dass die *Anhalten*-Schaltfläche deaktiviert angezeigt wird.

Welche Felder anzeigen?
Üblicherweise werden alle mit dem Kontakt verknüpften Elemente angezeigt. Weil dadurch aber insbesondere bei zahlreichen Objekten die Übersichtlichkeit leidet, lässt sich im Kombinationsfeld *Anzeigen* die Darstellung auf eine einzige Element-Kategorie beschränken. Darüber hinaus hilft die Sortierung durch Klick auf den Spaltenkopf der Tabelle im *Aktivitäten*-Register der Elemente, sich zurechtzufinden.

Zertifikate

Im *Zertifikate*-Register verwalten Sie die für einen Kontakt verfügbaren digitalen Zertifikate zum Versenden verschlüsselter Nachrichten. In den meisten Fällen besitzt ein Kontakt (wenn überhaupt!) nur ein Zertifikat (Digitale ID), das dann gleichzeitig das standardmäßig für an den Kontakt adressierte E-Mails verwendet wird. Besitzt ein Kontakt mehre Digitale Ids, müssen Sie eine dieser IDs als Standard-ID festlegen, damit dieses Zertifikat ohne weitere Einstellungen beim E-Mail Versand verwendet wird.

Alle Felder

Das Register *Alle Felder* stellt alle Informationen eines Kontaktes in Tabellenform dar. Outlook speichert die Kontaktdaten – wie übrigens die Daten aller anderen Elemente auch – in einer internen Datenbank. Diese Datenbank besteht aus Tabellen, deren Einträge die in *Alle Felder* angegebenen Felder aufweisen.

Im Register *Alle Felder* haben Sie Zugriff auf die separaten Felder eines Kontakteintrags. Hier können Sie bei Bedarf sogar eigene Felder erstellen.

Der *Kontakte*-Ordner als Schaltzentrale

Der *Kontakte*-Ordner kann durchaus als Schaltzentrale für die Arbeit mit Outlook bezeichnet werden. Denn ausgehend von einem Kontakt bzw. seinem Eingabeformular lassen sich E-Mails versenden, Aufgaben zuordnen, Termine verabreden etc. Alle Befehle lassen sich über den *Aktionen*-Befehl aus dem geöffneten Formular eines Kontaktes aufrufen. Allerdings ist das oft viel zu umständlich, denn alle im Folgenden vorgestellten Funktionen lassen sich auch über das Kontextmenü eines Kontaktes in der Tabellenansicht aufrufen.

E-Mail an einen Kontakt

Bei geöffnetem *Kontakte*-Order ist beispielsweise das Verfassen einer E-Mail an den Kontakt eine sehr einfache Sache: nur den entsprechenden Kontakt doppelt anklicken und den Befehl *Neue E-Mail an Kontakt* aus dem *Aktionen*-Menü oder über Symbolleiste aufrufen. Outlook erzeugt ein neues E-Mail Formular, in dem die E-Mail-Adresse des Kontaktes bereits als Empfänger eingetragen ist:

Neue E-Mail an Kontakt

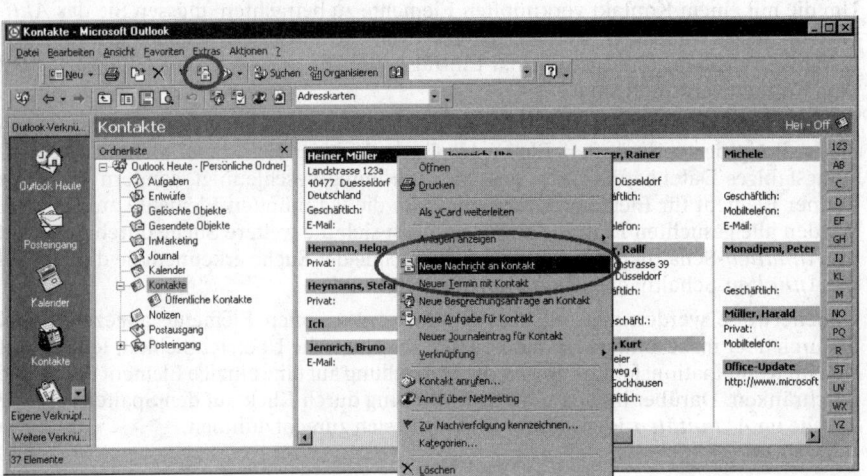

Abbildung 33.10:
Neue E-Mail an einen Kontakt

Ebenso lassen sich neue Termine, Besprechungsanfragen, Aufgaben und Journaleinträge erzeugen. Jedes dieser Elemente wird dabei automatisch mit dem Kontakt verknüpft, so daß Sie es später in der *Aktivitätenliste* des Kontaktes wiederfinden.

Nachträgliche Verknüpfungen

Wollen Sie bereits bestehende Elemente mit dem Kontakt verknüpfen, bietet das Untermenü *Verknüpfung* aus dem Kontextmenü den Befehl *Elemente...* Er ruft einen Dialog auf, in dem alle in Outlook verfügbaren Elemente aufgeführt werden. Markieren Sie die Elemente und verknüpfen Sie sie per *Übernehmen*-Schaltfläche mit dem Kontakt.

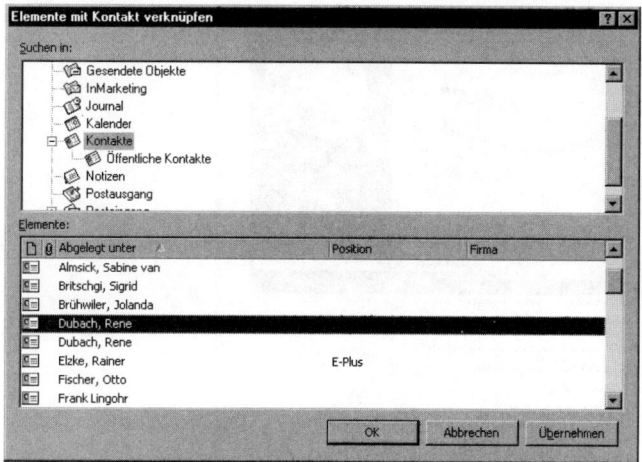

Abbildung 33.11:
Elemente nachträglich mit dem Kontakt verknüpfen

Der Befehl *Verknüpfung/Elemente...* ist übrigens auch im *Aktionen*-Menü des *Kontakt*-Formulars verfügbar.

Kontakte in einer Firma

Oft ist es wünschenswert, einen weiteren Kontakt in derselben Firma eines bereits bestehenden Kontaktes zu erzeugen. Outlook stellt dazu den Befehl *Neuer Kontakt in dieser Firma* bereit. Diesen Befehl finden Sie im *Aktionen*-Menü des *Kontakte*-Formulars oder *Kontakte*-Ordners. Nach Auswahl dieses Befehls erzeugt Outlook einen neuen Kontakt, in den der Firmenname, die geschäftliche Adresse sowie die geschäftliche Telefonnummer bereits übernommen wurden.

Wo liegt denn das?

Karte zur Adresse anzeigen

Einen interessanten Service für all diejenigen, die sich einen Überblick darüber verschaffen wollen, wo genau eine Adresse bzw. ein Ort auf dem Globus zu finden ist, stellt der Befehl *Karte zur Adresse anzeigen* bereit. Er befindet sich in der *Standard*-Symbolleiste eines *Kontakt*-Formulars.

Outlook startet nach Aufruf dieses Befehls den Internet-Explorer, der eine Karte des Ortes über den Dienst *Expedia Maps* aufruft. *Expedia Maps* ist eine von Microsoft eingerichtete Website (*www.expediamaps.com*), die auf Basis des Terra Servers und Microsoft Encarta eine Übersichtskarte über den eingegebenen Ort anzeigt:

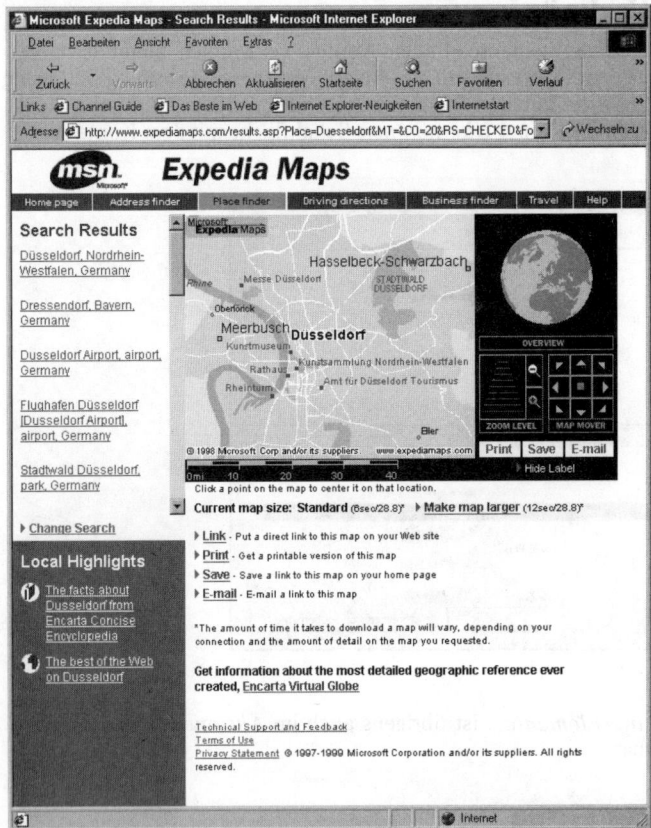

Abbildung 33.12:
Die Karte von Düsseldorf

Der ExpediaMap-Server hat derzeit (Mitte 1999) noch Schwierigkeiten mit deutschen Umlauten. Bei Problemen mit der Anzeige des gewünschten Ortes empfiehlt es sich, den Hyperlink *Change Search* anzuklicken, um dort den Ortsnamen ohne Umlaute einzugeben.

TIPP

34 Journale – Das Tagewerk im Griff

845 So konfigurieren Sie die Journaleinträge
846 So protokollieren Sie einen Kundenkontakt
847 Das Journalformular im Detail
849 So werten Sie Ihre Journaleinträge aus

Die Kenntnis des exakten Aufwands zur Bearbeitung eines Arbeitsvorgangs oder Vorfalls ist nicht nur für die spätere Abrechnung mit dem Kunden/Auftraggeber wichtig. Sie ist auch für die Bedarfsplanung von großem Interesse.

Outlook hilft bei der Protokollierung der anfallenden Arbeiten, indem ein Journal (=Tagebuch) geführt wird, das Zeitpunkt und Dauer der Bearbeitung eines Office-Dokuments speichert. So können Sie problemlos auswerten, wann Sie welchen Brief geschrieben haben, wie lange die Erstellung einer Präsentation gedauert hat oder wie lange Sie am Jahresabschluss mit Excel gesessen haben.

Neben der automatischen Protokollierung der Arbeit mit den Office-Programmen wird auch der Versand von E-Mail-Nachrichten protokolliert. Darüber hinaus lassen sich Journaleinträge auch von Hand erzeugen. So protokollieren Sie beispielsweise Zeitpunkt und Dauer von Telefonanrufen mit einem Kunden.

HINWEIS Um diese Informationen wirklich sinnvoll nutzen zu können, müssen Sie die Journaleinträge in eine Excel-Datei exportieren, um dort in einer Pivot-Tabelle beispielsweise zu ermitteln, welcher Kunde wie viele Arbeitsstunden im Betrieb verursacht hat und welche Dateien mit dem Kunden in Zusammenhang stehen.

Journaleinträge werden üblicherweise in der Zeitskala-Ansicht (siehe ▶Kapitel 30, *Zeitskala*) angezeigt. Hier erkennen Sie auf einen Blick, welcher Vorgang bzw. welche Datei, wann für welchen Zeitraum geöffnet war (siehe Abbildung 34.1).

Diese Ansicht lässt sich über das gleichnamige Menü *Nach Typ* (Word-Dokument, Excel-Tabelle, Access-Datenbank, Telefonanruf ...), *Nach Kontakt* oder *Nach Kategorie* gruppieren. In der Tabellenansicht lassen sich zudem alle Einträge in einer *Eintragsliste*, die Einträge der letzten 7 Tage oder alle Telefonanrufe tabellarisch aufzeigen (siehe Abbildung 34.2).

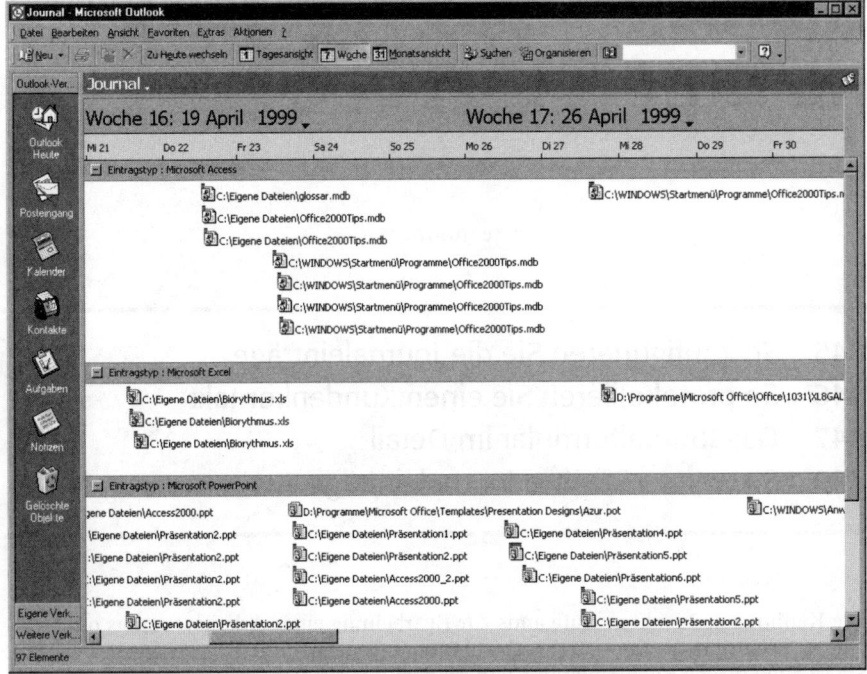

Abbildung 34.1:
Journal-Ansicht

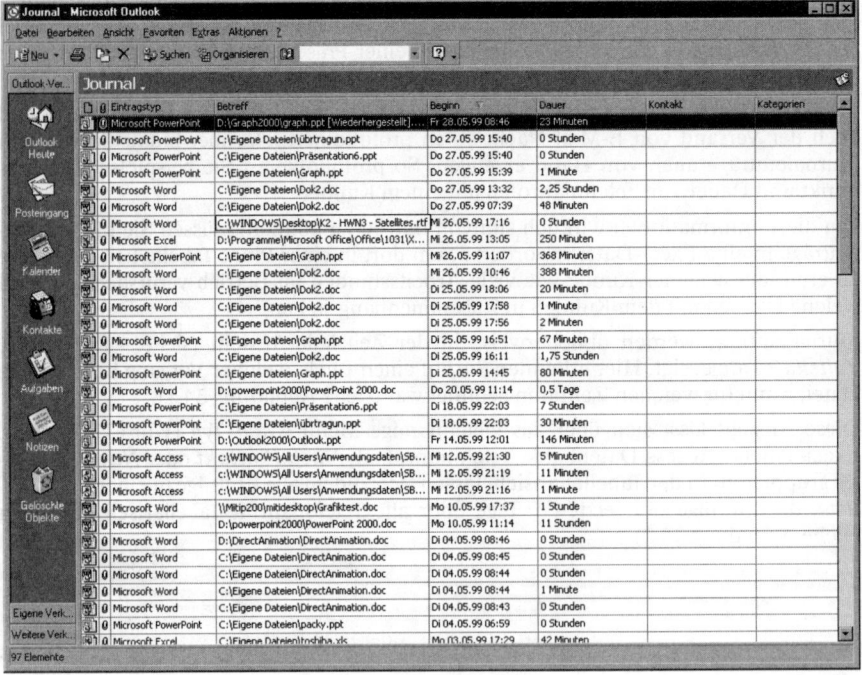

Abbildung 34.2:
Die Journaleinträge in der Tabellenansicht

So konfigurieren Sie die Journaleinträge

Standardmäßig zeichnet Outlook die Arbeit an allen Office-Dokumenten auf. Anfangs fällt das nicht weiter auf, im Laufe der Zeit wächst allerdings die Journaldatenbank, so dass das Starten und Beenden einer Office-Anwendung von Monat zu Monat oder sogar von Woche zu Woche länger dauert. Vor allem bei häufigem Öffnen von Dokumenten ist es ratsam, die Journal-Funktion von Outlook sinnvoll zu konfigurieren.

1. Rufen Sie den *Optionen*-Dialog über den Befehl *Extras/Optionen* auf. Klicken Sie anschließend auf die Schaltfläche *Journaloptionen...*, um den für das Journal zuständigen Dialog aufzurufen:

Abbildung 34.3:
Journaloptionen

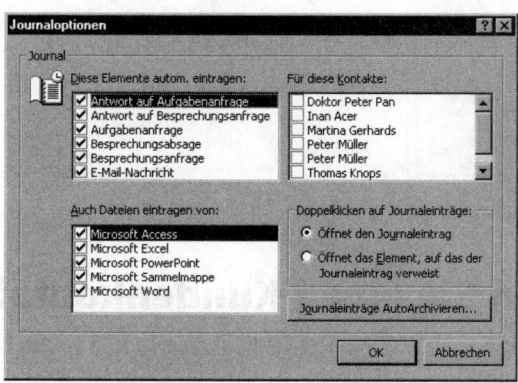

2. Im oberen Teil des Dialogs wird festgelegt, welche ausgehenden E-Mails protokolliert werden. Dazu müssen Sie im Listenfeld *Für diese Kontakte* angegeben, für welche Kontakte die jeweilige Nachricht protokolliert werden soll. Standardmäßig ist die Protokollfunktion für E-Mails deaktiviert, weil sich über den Postausgang bzw. den Ordner gesendete Objekte die Zeit der Sendung einer E-Mail rekonstruieren lässt.

3. Im Listenfeld *Auch Dateien eintragen von* legen Sie fest, für welche Anwendungen bzw. Dokumenttypen ein Journaleintrag beim Öffnen eines jeweiligen Dokuments erzeugt werden soll.

4. Um zu verhindern, dass die Journaldatenbank überläuft, sollten Sie die Archivierungsoptionen von Outlook genauer unter die Lupe nehmen. Klicken Sie dazu im *Journaloptionen*-Dialog auf die Schaltfläche *Journaleinträge AutoArchivieren*, die den folgenden Dialog anzeigt (siehe Abbildung 34.4).

Hier legen Sie fest, wie alt die Elemente in der Journaldatenbank höchstens sein dürfen, bevor sie entweder in eine Archivierungsdatei verschoben oder endgültig gelöscht werden. Standardmäßig besitzen Journaleinträge eine Lebensdauer von 6 Monaten. Danach werden sie entweder in die im Eingabefeld *Alte Elemente verschieben nach* angegebene Archivierungsdatei verschoben oder durch Aktivieren der Option *Alle Elemente endgültig löschen* restlos entfernt.

5. Um ein auf Ihre Anforderungen zugeschnittenes Verfallsdatum zu ermitteln, müssen Sie zweierlei beachten: Erstens ist es wichtig, genau zu wissen, wie lange Sie einen Journaleintrag im direkten Zugriff haben müssen. Innerhalb dieser Zeitspanne darf er auf keinen Fall entfernt werden. Zum anderen müssen Sie das Aufkommen der Einträge untersuchen. Steigt die Anzahl der Einträge explosionsartig an, so ist es empfehlenswert, das Verfallsdatum auf 3 oder sogar nur 1 Monat zu setzen. So bleibt die Journaldatenbank schlank und die Office-Anwendungen werden fix gestartet.

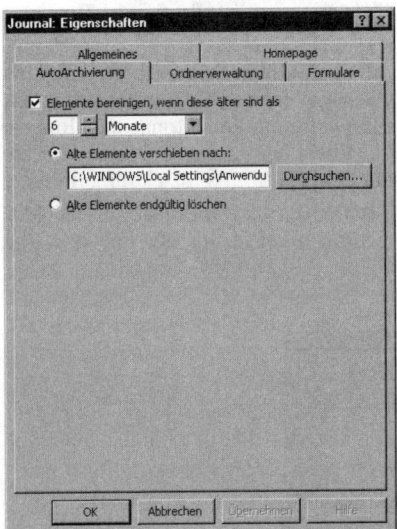

Abbildung 34.4:
Einträge Auto-Archivieren

So protokollieren Sie einen Kundenkontakt

Auch Kundenkontakte wie Telefongespräche oder Besuche lassen sich in Journaleinträgen protokollieren. Dazu können Sie entweder einen aus Outlook heraus getätigten Telefonanruf protokollieren, oder – falls Sie beispielsweise angerufen werden – einen neuen Journaleintrag erstellen. In jedem Fall müssen Sie jedoch zuerst das *Kontakt*-Formular zur entsprechenden Person aufrufen.

... wenn Sie selbst anrufen

1. Rufen Sie das Kontaktformular der Person auf, mit der Sie telefonieren möchten. Wählen Sie aus dem *Aktionen*-Menü den Befehl *Kontakt anrufen/neuer Telefonanruf*. Outlook zeigt den folgenden Dialog, in dem die zu wählende Telefonnummer angezeigt wird:

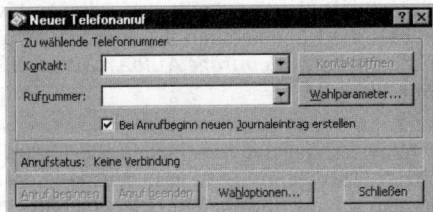

Wird in diesem Dialog das Kontrollkästchen *Bei Anrufbeginn neuen Journaleintrag erstellen* aktiviert, so erstellt Outlook einen neuen Eintrag im Journal, sobald die angerufene Partei den Hörer abnimmt.

... wenn Sie angerufen/besucht werden

1. Wenn Sie von einem Kunden angerufen oder von ihm besucht werden, müssen Sie den Journaleintrag von Hand erstellen und die Dauer des Eintrags z.B. durch Messen der Zeit bestimmen. Öffnen Sie dazu das Kontaktformular der Person, die Sie kontaktiert hat. Aus dem *Aktionen*-Menü des Kontaktformulars wählen Sie den Befehl *Neuer Journaleintrag für Kontakt*. Outlook zeigt daraufhin das folgende Journalformular, in dem der *Betreff*, der *Eintragstyp* (Telefonanruf, Besuch, Word-Dokument etc.) und das Eingabefeld *Kontakt* bereits gefüllt wurde:

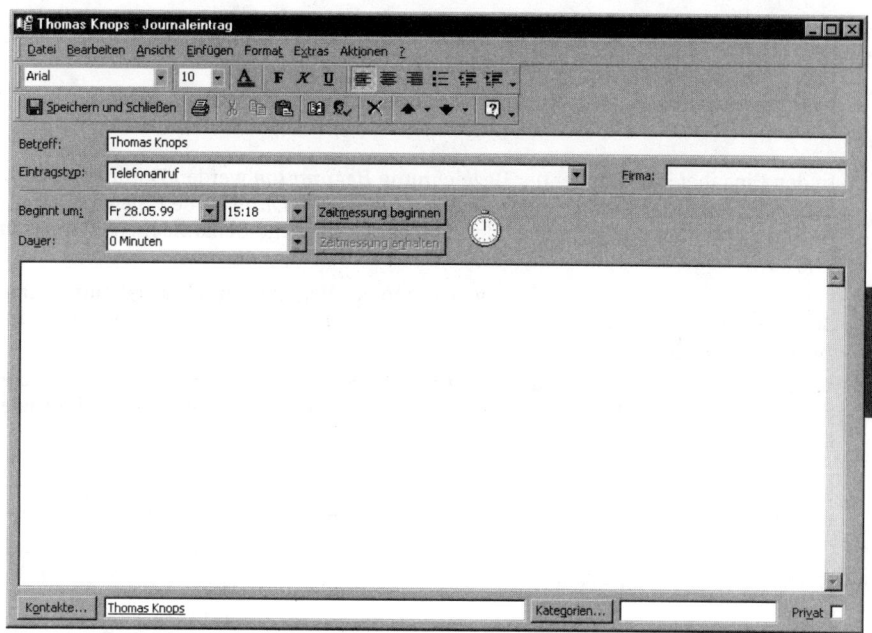

Abbildung 34.5: Das Journalformular

2. Um die Zeit zu messen, die die Arbeit mit dem Kontakt in Anspruch nimmt, müssen Sie die Schaltfläche *Zeitmessung beginnen* anklicken. Darauf hin misst Outlook automatisch die vergangene Zeit – bis Sie die Schaltfläche *Zeitmessung anhalten* anklicken.

3. Falls der Kunde nur für jeweils kurze Zeit Ihrer Aufmerksamkeit bedarf, können Sie die Zeitmessung auch mehrfach anhalten und beginnen. Outlook akkumuliert die Zeiten dann entsprechend.

Das Journalformular im Detail

Das *Journal*-Formular besitzt nur wenige Eingabefelder. Der *Betreff* erklärt sich nahezu von selbst – beschreibt er doch kurz und knapp den Zweck des Journaleintrags. Für Einträge, die durch die Bearbeitung eines Office-Dokuments entstanden, zeigt die Betreffzeile den Pfad der bearbeiteten Datei. Doch dieser Pfad dient nur der einfacheren Sortierung des Journaleintrags in der Eintragsliste der *Journal*-Ordners. Viel wichtiger ist in diesem Zusammenhang das Notizfeld, das einen Verweis (Link) auf das entsprechende Office-Dokument enthält. Bei *Journaleintr*ägen für versendete E-Mails finden Sie dort selbstverständlich einen Verweis auf die entsprechende E-Mail.

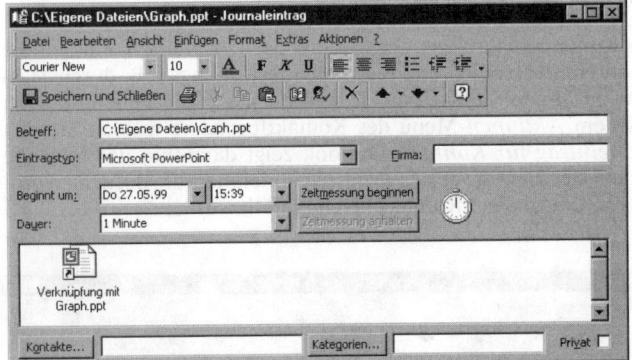

Abbildung 34.6:
Verknüpfung auf Datei im Notizenfeld des Journalformulars

In den Eingabefeldern hinter der Bezeichnung *Beginnt um* werden Datum und Uhrzeit der Erstellung des Eintrags hinterlegt. Im Eingabefeld *Dauer* geben Sie die Dauer der Aktion entweder von Hand ein oder messen sie über die Schaltflächen *Zeitmessung beginnen/anhalten*.

HINWEIS Die beiden Eingabefelder zur Entgegennahme des Beginns eines Journaleintrags tragen die internen Namen *Beginnt am* und *Beginnt um*. *Beginnt am* enthält das Datum, *Beginnt um* die Uhrzeit.

Während sich die Felder *Firma*, *Kontakte* und *Kategorie* und *Privat* von selbst erklären, bedarf das Feld *Eintragstyp* einer Erklärung: Hier geben Sie Art des Journaleintrags an. Zur Auswahl stehen:

Tabelle 34.1:
Eintragstypen

Eintragstypen
Antwort auf Aufgabenanfrage
Antwort auf Besprechungsanfrage
Aufgabe
Aufgabenanfrage
Besprechung
Besprechungsabsage
Besprechungsanfrage
Brief
Dokument
E-Mail-Nachricht
Fax
Microsoft Access
Microsoft Excel
Microsoft PowerPoint
Microsoft Sammelmappe
Microsoft Word
Notiz

Eintragstypen
Remote-Sitzung
Telefonanruf
Unterhaltung

So werten Sie Ihre Journaleinträge aus

Das Sammeln der Journaleinträge ist nur dann wirklich sinnvoll, wenn sich an das Sammeln auch eine Analyse anschließt. Innerhalb von Outlook sind die Analysefunktionen jedoch begrenzt. Das Gruppieren der Elemente nach Eintragstyp stellt einfach keine wirkliche Analyse dar. Daher empfiehlt es sich, die Journaleinträge beispielsweise in eine Excel-Tabelle zu exportieren, um die Daten dort auszuwerten.

1. Rufen Sie den Befehl *Importieren/Exportieren...* aus dem *Datei*-Menü von Outlook auf.
2. Outlook zeigt den *Import/Export-Assistenten*. Wählen Sie hier die Option *In eine Datei exportieren* aus:

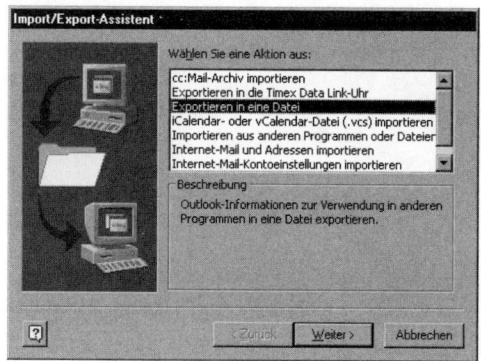

Abbildung 34.7:
Exportieren in eine Datei

3. Geben Sie *Microsoft Excel* im zweiten Schritt des Assistenten als den zu erstellenden Dateityp an:

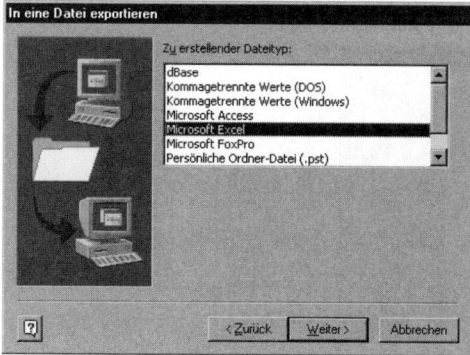

Abbildung 34.8:
Auswahl des zu erstellenden Dateityps

4. Im Anschluss müssen Sie den zu exportierenden Ordner auswählen. Wählen Sie hier den *Journal*-Ordner:

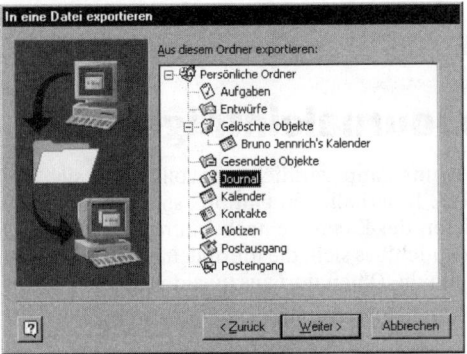

Abbildung 34.9:
Welchen Ordner exportieren?

5. Im nächsten Schritt müssen Sie den Namen der zu exportierenden Datei angeben.

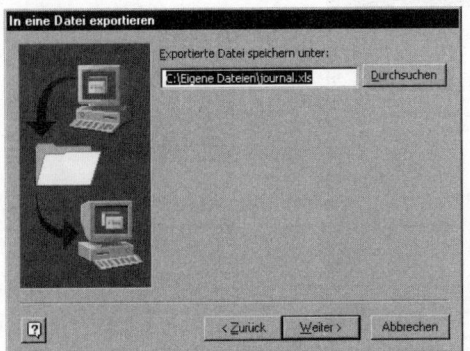

Abbildung 34.10:
Namen der zu exportierenden Datei angeben?

6. Im letzten Schritt des Exports können Sie noch Einfluss auf den Export nehmen, indem Sie beispielsweise die Feldzuordnung durch Klick auf die Schaltfläche *Felder zuordnen* ändern.

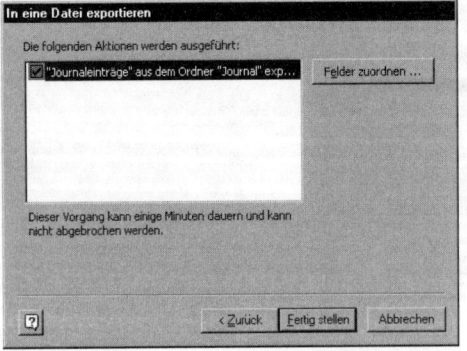

Abbildung 34.11:
Vor dem Fertigstellen

7. Sie ändern die Feldzuordnung beim Export, indem Sie die Felder aus der linken Seite des folgenden Dialogs auf die rechte Seite ziehen. Die Reihenfolge der Exportfelder ändern Sie durch Drag & Drop innerhalb der rechten Feldliste:

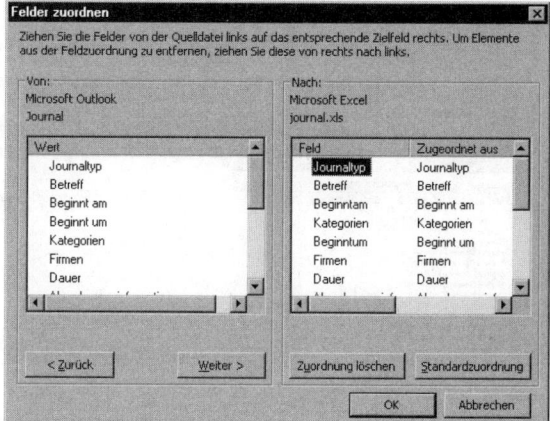

Abbildung 34.12:
Felder zuordnen

Diese Reihenfolge bestimmt, in welchen Spalten der Excel-Datei welche Informationen eines Journaleintrags eingefügt werden.

Um Felder zu löschen, müssen Sie das entsprechende Feld in der rechten Liste markieren und per *Zuordnung löschen* entfernen. Die Standardzuordnung stellen Sie über die gleichnamige Schaltfläche wieder her.

8. Nachdem Sie eine gültige Zuordnung gefunden haben, oder die Standardzuordnung unverändert übernehmen, führt ein Klick auf die *Fertig stellen*-Schaltfläche zum Export der Daten.

9. Die folgenden Abbildungen zeigen das Ergebnis des Exports in einem Excel-Spreadsheet. Wie übersichtlich sich eine umfangreiche Liste mit Hilfe einer Pivot-Tabelle gestalten lässt, wird außerdem dargestellt. Diese Pivot-Tabelle zeigt an, wie viel Zeit (in Minuten) die Bearbeitung eines Dokuments bisher in Anspruch genommen hat und wie oft die verschiedenen Office-Anwendungen in Ihrem Betrieb eingesetzt werden:

Journale – Das Tagewerk im Griff

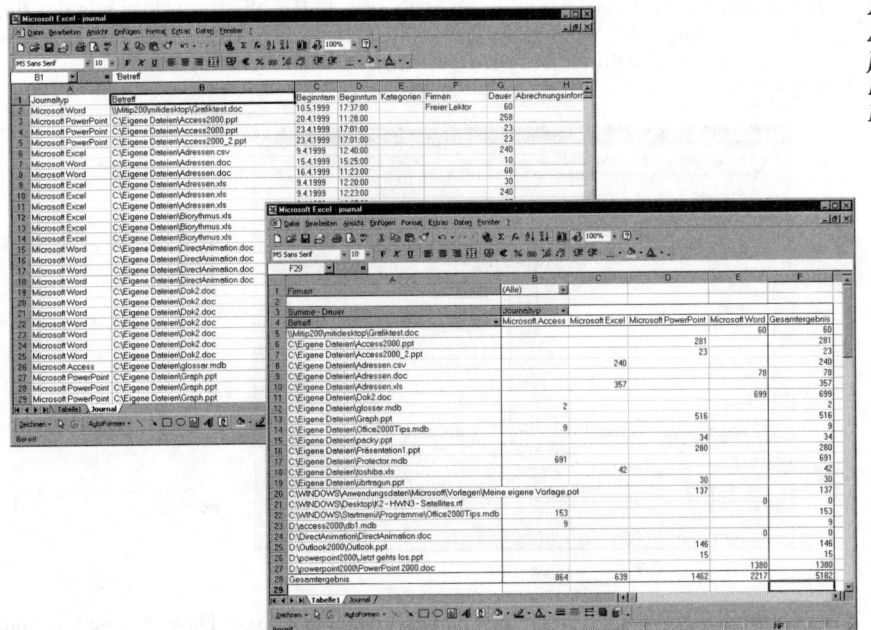

Abbildung 34.13:
Analyse der Journaldaten mit Hilfe einer Pivot-Tabelle

35 Aufgaben – Denn Sie wissen was andere tun ...

854 Wiederkehrende Aufgaben

Zu erledigende Aufgaben lassen sich im *Aufgaben*-Ordner von Outlook eingeben und verwalten. Aufgaben und Termine sind einander sehr ähnlich. Beide beginnen und enden zu einem vorgegebenen Zeitpunkt. Bei einer Aufgabe spricht man allerdings nicht vom Aufgabenende, sondern von der Fälligkeit – für die Planung einer der wichtigsten Termine einer Aufgabe.

Zur Überprüfung einer Aufgabe lässt sich ihr aktueller Status verfolgen. Outlook kennt fünf verschiedene Aufgabenzustände: *Nicht begonnen*, *In Bearbeitung*, *Erledigt*, *Wartet auf jemand anderen* und *Zurückgestellt*. Zudem lässt sich die prozentuale Erledigung der Aufgabe angeben. Bei 0% stellt Outlook den Status automatisch auf *Nicht begonnen*, bei 100% wird die Aufgabe als *Erledigt* gekennzeichnet. Alle Werte dazwischen markieren die Aufgabe als *In Bearbeitung*.

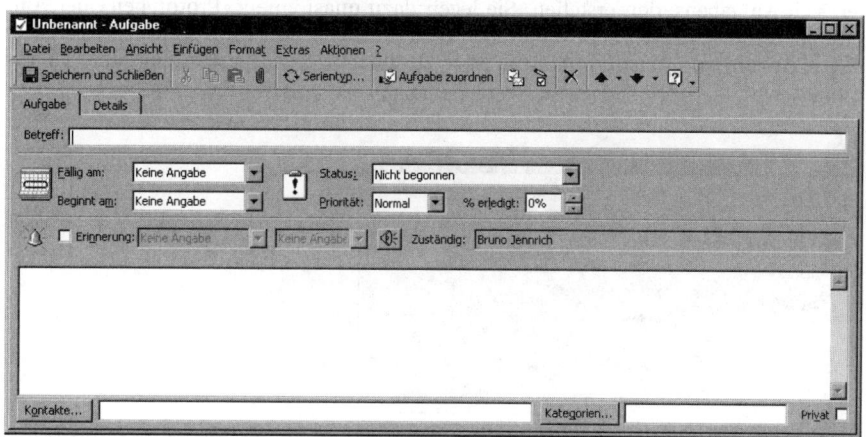

Abbildung 35.1: Leeres Aufgabenformular

Im *Details*-Register des *Aufgaben*-Formulars lassen sich Aufgaben näher definieren. Dazu gehört der Termin der Aufgabenerledigung, der leider allzuoft nicht mit dem Fälligkeitsdatum übereinstimmt. Darüber hinaus werden auch hier statistische Informationen über den geschätzten *Gesamtaufwand* und den *Ist-Aufwand* angegeben. *Reisekilometer*, *Abrechnungsinformationen* für die Buchungsstelle in Ihrer Firma sowie die an der Aufgabe beteiligten *Firmen* lassen sich ebenfalls eingeben:

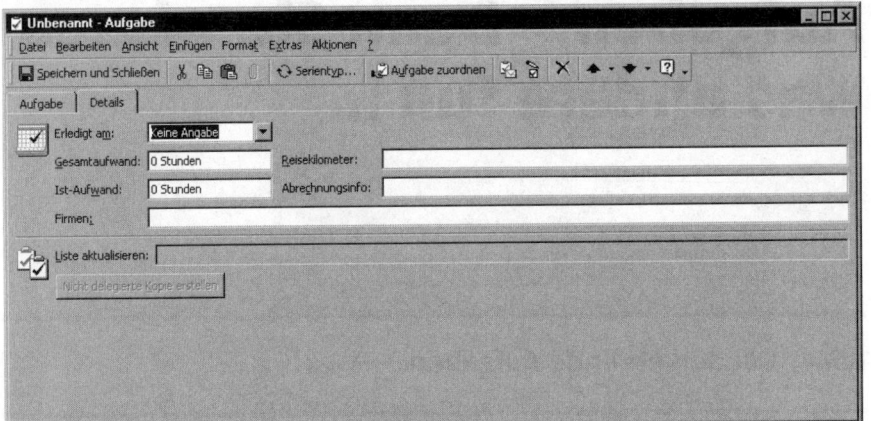

Abbildung 35.2: Details einer Aufgabe

Diese Informationen werden von Outlook allerdings nur gesammelt und nicht weiterverarbeitet. Um beispielsweise eine Rechnung zu erstellen, müssen Sie die Aufgabe aufrufen und die Rechnung aufgrund der vorgefundenen Daten von Hand in Word schreiben. Jedoch besteht die Möglichkeit, mit Hilfe der im Office-Paket verfügbaren Makro-Sprache ein halbautomatisches oder sogar automatisches Abrechnungswesen auf Basis der Daten einer Aufgabe zu programmieren.

Wiederkehrende Aufgaben

Damit Sie wiederkehrende Aufgaben nicht immer wieder erneut eingeben müssen, lassen sich Aufgabenserien erstellen. Sie legen dazu quasi einen »Prototypen« der Aufgabe an, die anschließend entweder unendlich oft wiederholt wird, nach einer vorgegebenen Anzahl von Wiederholungen oder zu einem vorgegebenen Zeitpunkt in der Zukunft endet:

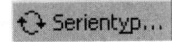

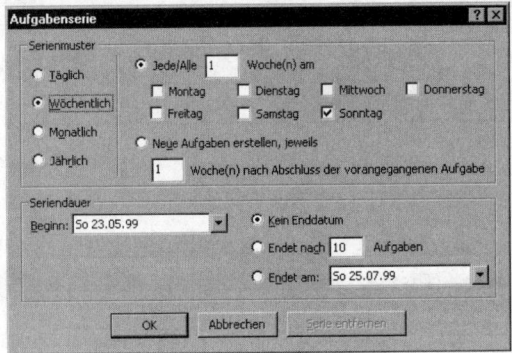

Abbildung 35.3: Definition einer Aufgabenserie

Manchmal kann die nächste Aufgabe innerhalb einer solchen Serie aber erst in Angriff genommen werden, wenn die vorangegangene Serienaufgabe erledigt wurde. Outlook trägt diesem Umstand Rechnung durch die Optionsschaltflächen *Neue Aufgaben erstellen, jeweils xxx Tage/Wochen/Monate/Jahre nach Erledigung der vorangegangenen Aufgabe*.

854   *Kapitel 35*

36 Notizen – Elektronischer Zettelkasten

855 So erstellen Sie eine neue Notiz
856 Notizen zuordnen und einfärben

Ähnlich wie auf Haftnotizen (PostIt) oder auf den Blättern eines Notizzettelblocks lassen sich in Outlook auf die Schnelle ein paar Textzeilen in einem Objekt vom Typ *Notiz* niederschreiben und zur späteren Bearbeitung ablegen. Wie der Notizzettelblock unterstützt Outlook unterschiedlich gefärbte Notizen, mit denen Sie beispielsweise die Dringlichkeit eines Vermerks zum Ausdruck bringen können.

So erstellen Sie eine neue Notiz

1. Wechseln Sie in den *Notizen*-Ordner.
2. Rufen Sie den Befehl *Neu* aus der *Standard*-Symbolleiste oder den Befehl *Datei/Neu/Notiz* auf. Letzterer ist übrigens auch verfügbar, wenn Sie nicht in den *Notizen*-Ordner gewechselt haben. Per Tastatur wird eine neue Notiz per [Strg]+[⇧]+[N] erstellt. Falls der *Notizen*-Ordner ausgewählt wurde, genügt [Strg]+[N] zur Erstellung eines neuen Objekts im aktuellen Ordner.
3. Outlook öffnet ein Notizformular, in das Sie Ihren Vermerk eintragen können:

Abbildung 36.1:
Eine Notiz

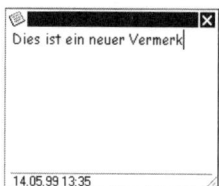

4. Sobald Sie das Notizformular über den gleichnamigen Befehl aus dem Systemmenü oder das Symbol am rechten oberen Fensterrand *schließen*, wird es im *Notizen*-Ordner gespeichert und in der Notizenliste angezeigt. Dabei werden Datum und Uhrzeit der letzten Änderung gespeichert. Diese Informationen werden stets am unteren Rand des Notizformulars angezeigt.

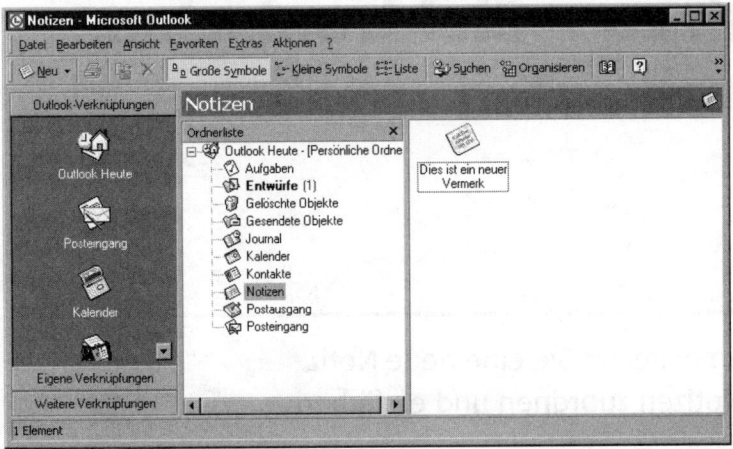

Abbildung 36.2:
Neue Notiz im Notizen-Ordner

Notizen zuordnen und einfärben

Wie alle Outlook-Objekte lassen sich auch Notizen Kontakte und/oder Kategorien zuordnen. Aber anders als die Formulare zur Bearbeitung der restlichen Objekte müssen Sie bei Notizen dazu auf das Systemmenü des Notizenformulars in der linken oberen Ecke des Fensters zurückgreifen.

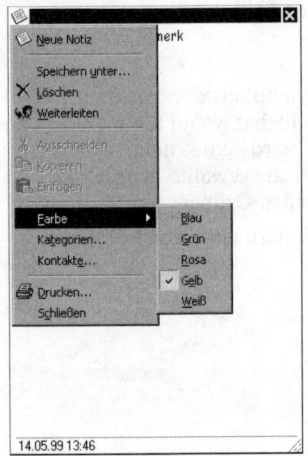

Abbildung 36.3:
Das Systemmenü des Notizenformulars

Im *Farbe*-Untermenü können Sie aus einer von fünf Farben für den Hintergrund der Notiz wählen. Bei Auswahl des *Kategorien...*-Befehls erscheint der Standarddialog zur Auswahl der verfügbaren Kategorien, der die Notiz zugeordnet werden soll. Und bei Auswahl des *Kontakte...*-Befehls erscheint der Dialog *Kontakte für Notiz*. Dort rufen Sie über die *Kontakte...*-Schaltfläche den Auswahldialog für alle in Outlook definierten Kontakte auf:

Abbildung 36.4:
Kontakte für Notiz festlegen

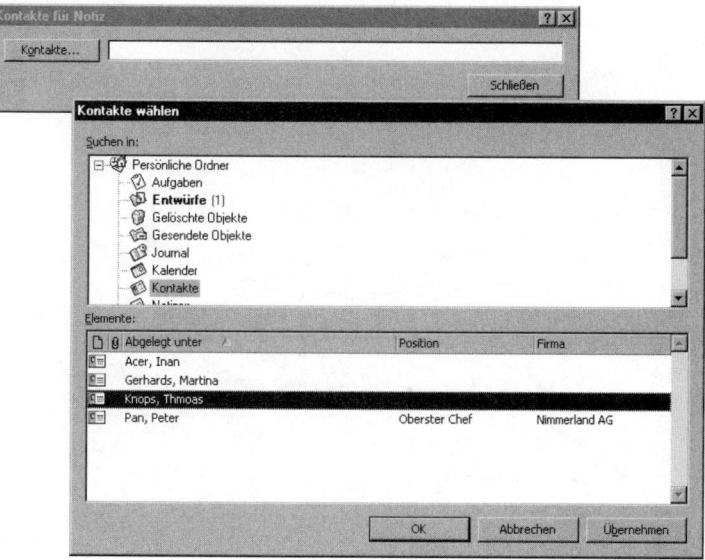

Wechseln Sie später in einen der Kontakte, die der Notiz zugeordnet wurden, so zeigt das *Aktivitäten*-Register des Kontaktformulars die jeweilige Notiz an, und erlaubt dort ihre direkte Anzeige und/oder Bearbeitung.

Abbildung 36.5:
Notizen im Aktivitäten-Register eines Kontaktes

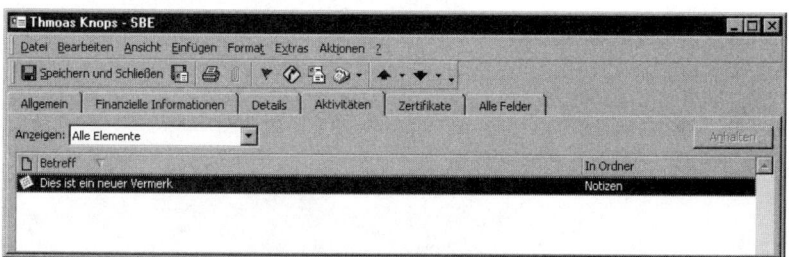

Von den restlichen Befehlen aus dem Systemmenü einer Notiz bedürfen nur noch die Befehle *Speichern unter...* und *Weiterleiten* einer näheren Betrachtung. Die restlichen Befehle erklären sich von selbst.

Um die Notiz nicht nur in Outlook zu speichern, sondern beispielsweise zur Weiterverarbeitung in eine Datei auf der Festplatte zu schreiben, steht der Befehl *Speichern unter...* bereit. Beim Speichern der Notiz als Dateityp *Text*- oder *Rich Text*-Datei lässt sie sich mit einem herkömmlichen Textverarbeitungsprogramm bearbeiten. Als Dateityp *Outlook Vorlage* oder *Nachrichten*-Datei führt ein Doppelklick auf die Datei zur Anzeige des Nachrichtenformulars, in dem die Bearbeitung wie gewohnt erfolgen kann.

Teil F
Access 2000

861	Access 2000 – Überblick und Einleitung
879	Tabellen-Design
949	Formulare – Übersichtliche Datenpräsentation
1015	Abfragen – Data-Mining für Anfänger
1051	Berichte – Bringen Sie die Daten zu Papier
1081	Makros und Module

Das komplexeste Werkzeug unter den verschiedenen Office-Anwendungen ist zweifelsohne Access, dem der folgende Teil F mit seinen acht Kapiteln gewidmet ist. Für Einsteiger erweist sich Access regelmäßig als harter Brocken, weil sich die grundlegenden Konzepte zum Aufsetzen und Bearbeiten von Datenbanken nicht so einfach erschließen, wie das Eintippen eines Textes in Word oder der Aufbau einer Kalkulation in Excel. Doch wenn Sie mit Office Datenbanken erstellen möchten, die über simple Listen hinausgehen, werden Sie an Access nicht vorbeikommen und es möglicherweise schon bald lieben lernen. Denn Access ist ein kraftvolles Instrument, an dem man viel Freude hat, sobald man es erst einmal beherrscht.

Wir starten in Kapitel 37 mit einem Rundflug durch die zahlreichen Features von Access und die verschiedenen Komponenten, die eine Datenbankanwendung ausmachen. Danach widmet sich Kapitel 38 der Erstellung von Tabellen, dem traditionellen Ausgangspunkt für den Aufbau neuer Datenbanken. Dabei wird vor allem auf die wichtigen Konzepte wie die *Normalisierung* der Datenstrukturen eingegangen, um Sie von Anfang an mit den Techniken der Profi-Datenbankdesigner vertraut zu machen.

Kapitel 39 beschäftigt sich anschließend mit der Frage, wie die Daten aus den Tabellen in ansprechender Form auf dem Bildschirm angezeigt und für die Eingabe und Editierung von Datensätzen durch den Anwender vorbereitet werden müssen. Hier stehen deshalb die Eingabe-Formulare von Access im Vordergrund.

Wenn Tabellen der Grundstoff einer Datenbankanwendung sind, sind Abfragen der »Klebstoff«, der die Daten aus verschiedenen Tabellen zusammenbringt. Wie Sie mit Abfragen die wichtigen Informationen aus Ihren Datenbeständen herausfiltern, ist deshalb das Thema von Kapitel 40. In Kapitel 41 geht es danach um das Erstellen von Berichten, die vor allem für den Ausdruck der Daten aus Tabellen und Abfragen herangezogen werden. Vom Formschreiben bis zum bedruckten Überweisungsträger ist hier alles möglich.

Access-Anwendungen kommen selten ohne ein wenig Programmierung aus, wenn man dem Anwender die Arbeit so einfach wie möglich machen will. Daher führt Kapitel 42 in die Erstellung Access-spezifischer Programm-Makros ein. Sie bilden eine einfache und schnelle Alternative zu VBA-Programmcode.

37 Access 2000 – Überblick und Einleitung

861 Hallo Newbies, willkommen bei Access 2000!
867 Was ist neu an Access 2000?
868 Gutes Datenbank-Design? Was ist das?
871 Normalisierung Schritt für Schritt
876 Und was kommt nach dem Datenbankdesign?

Datenspeicherung, Datenverwaltung und Strukturierung – das sind die Einsatzbereiche von Access 2000. Sowohl persönliche als auch geschäftliche Daten lassen sich mit geringem Aufwand speichern, katalogisieren und anschließend nach vielen Gesichtspunkten auswerten.

Viele Klein- und Kleinstfirmen stützen beispielsweise ihr gesamtes Rechnungswesen, inkl. Lieferanten- und Kundenbetreuung sowie Finanzbuchhaltung, auf eine Access-Anwendung. Allerdings ist eine »FiBu« bereits eine sehr umfangreiche Access-Applikation, die viel Kenntnis über die Datenbankentwicklung unter Access erfordert.

Mit geringerem Aufwand lässt sich aber beispielsweise eine Vereinsverwaltung entwerfen, die die Daten aller Vereinsmitglieder organisiert, und dabei hilft, den Eingang der Monatsbeiträge zu überwachen – ausgedruckte Mahnbriefe inklusive.

Im Heimbereich lassen sich mit einer Datenbank beispielsweise die verliehenen Bücher, CDs und Video-Cassetten überwachen, die vergessliche Freunde scheinbar niemals zurückgeben. Auch die klassische Briefmarken- oder Münzsammlung profitiert von einer Datenbank, weil auf einen Blick die noch fehlenden Exemplare sichtbar werden.

Hallo Newbies, willkommen bei Access 2000!

Das grundlegende Konzept einer Datenbank, und damit auch von Access 2000, ist die *Tabelle*. Tabellen speichern alle relevanten Daten zu einem vorgegebenen Themengebiet. Das sind beispielsweise die Adressen aller Kunden, eine Liste der bisher getätigten Umsätze oder die Beschreibung aller Artikel, die eine Firma in ihrem Angebot führt.

Tabellen als grundlegendes Konzept

Tabellen organisieren die Daten in Zeilen und Spalten. In der Sprache der Datenbankentwickler verwendet man jedoch weniger profane Namen. Die Spalten werden *Datenfeld* (engl. *Field*) genannt und die Zeilen *Datensatz* (engl. *Record*).

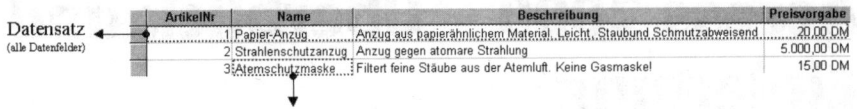

Abbildung 37.1:
Datenfelder und Datensätze

Tabellen kennen Sie bereits von anderen Anwendungen. Excel ist beispielsweise eine so genannte Tabellenkalkulation, die Ihnen anfangs eine riesige Tabelle mit unzähligen leeren Tabellenzellen auf einem Arbeitsblatt präsentiert und Ihnen das Ausfüllen dieser Zellen gestattet. Hier lassen sich zwar die Konzepte von Datenfeldern und Datensätzen anwenden, doch das Tabellenparadigma von Excel ist wesentlich weniger streng als das von Access. Während Sie in Excel die Struktur einer Tabelle zu jedem Zeitpunkt verändern können, müssen Sie unter Access bereits bei der Anlage einer neuen Tabelle genau angeben, welche Datenfelder Sie in ihr speichern wollen. Kommen einfache Datenbankanwendungen mit nur wenigen Tabellen aus, die meist schnell erstellt sind, muss man bei umfangreichen Projekten sehr viel »Gehirnschmalz« in das Design der Tabellen investieren. Denn eine nachträgliche Änderung der Tabellenstruktur (am besten noch kurz vor Vollendung der Anwendung) bringt meist das gesamte Datenbankprojekt ins Wanken. Technisch erlaubt Access zwar die Änderung der Tabellenstruktur zu jeder Zeit, doch führen nachträgliche Änderungen meist dazu, dass das komplizierte Geflecht von miteinander in Beziehung stehenden Tabellen gestört oder sogar zerstört wird.

Relationale Datenbank = verknüpfte Tabellen

Ein kleines Beispiel soll demonstrieren, was unter dem Begriff *Tabellengeflecht* zu verstehen ist: Eine Firma nutzt Access zur Auftragsverwaltung. In dieser Anwendung werden Kundenadressen, Lieferanten, Artikel und die an Kunden geschriebenen Rechnungen verwaltet. Damit das funktioniert, müssen die Tabellen miteinander verknüpft bzw. zueinander in Beziehung, engl. Relation, gesetzt werden (siehe ▶ Kapitel 38, *Beziehungen*). Eine Rechnung wird beispielsweise immer an einen Kunden verschickt, auf der Rechnung befinden sich die in Rechnung gestellten Artikel, die Artikel werden von verschiedenen Lieferanten geliefert: Diese Beziehungen zwischen Kunden, Rechnungen und Artikeln müssen in einer Datenbank definiert und ausgedrückt werden (siehe Abbildung 37.2).

Die logische Struktur, die hinter den Tabellen einer Datenbank steckt, nennt man *Datenmodell*. Das Datenmodell ist allerdings nur bei sehr einfachen Anwendungen so klar wie in Abbildung 37.2. Oft besitzt eine Datenbank weitaus mehr Tabellen, und die Beziehungen zwischen den Tabellen sind sehr viel komplexer.

Tabellen speichern immer nur das Nötigste

Ein weiteres Grundkonzept einer Datenbank lautet: Tabellen speichern nur das Nötigste. Sobald eine Tabelle Informationen speichert, die häufig wiederkehren oder sich zu größeren Gruppen zusammenfassen lassen, ist zu überlegen, ob diese Informationen nicht in einer separaten Tabelle ausgelagert werden.

So findet man in einer Adresstabelle üblicherweise ein Datenfeld, in dem der Ort der Adresse abgelegt wird. Neben dem Ortsnamen wird zusätzlich aber auch die Postleitzahl gespeichert. Streng genommen sind diese beiden Informationen redundant (»doppelt gemoppelt«). Denn die Postleitzahl ist nichts anderes als die nummerische Beschreibung eines Ortsnamens. Daher könnte man in einer Adresstabelle auf die Angabe des Ortsnamens verzichten, denn der Name lässt sich aus einer anderen Tabelle über die Postleitzahl ermitteln (siehe Abbildung 37.3).

Abbildung 37.2:
Ein einfaches relationales Datenbankmodell

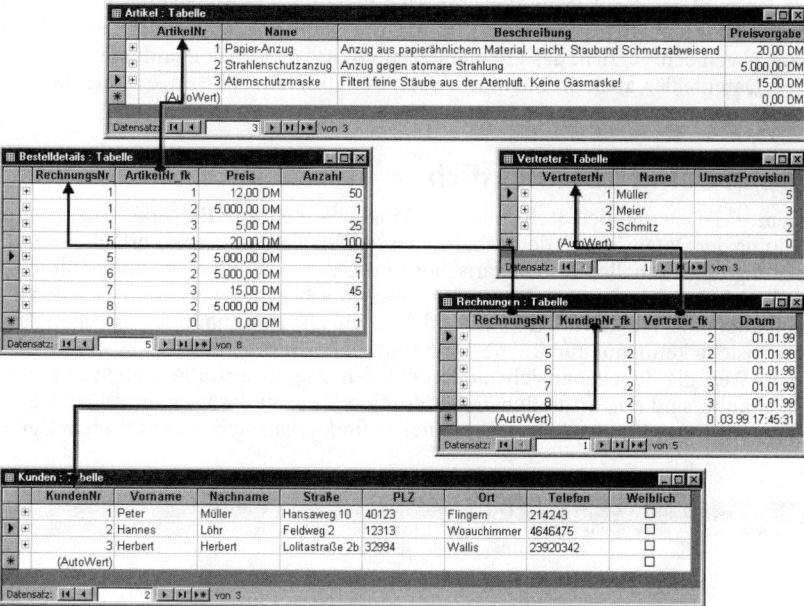

Abbildung 37.3:
Ortsnamen lassen sich über die Postleitzahl ermitteln.

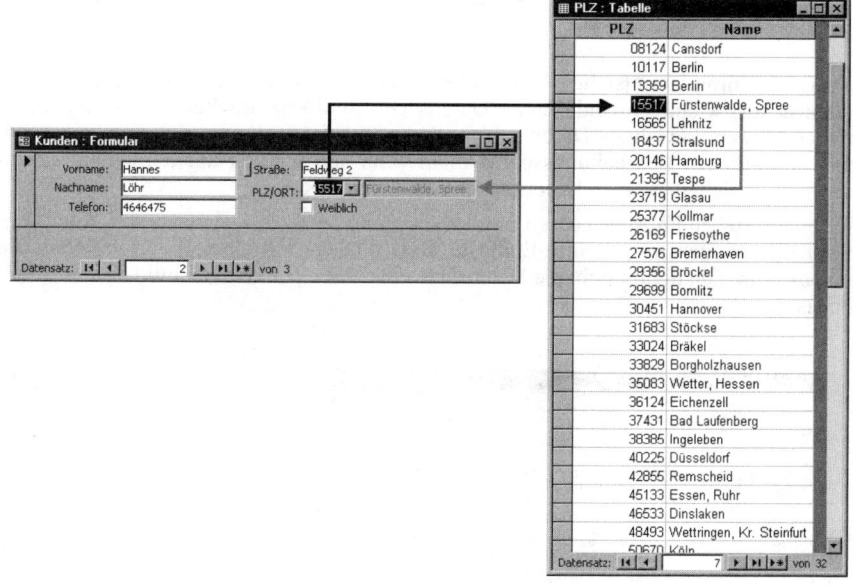

HINWEIS Das Beispiel der Postleitzahlen zeigt in der Realität leider einige Schwächen. Denn genau genommen existieren mehrere Orte mit identischer Postleitzahl. Diese Sonderfälle werden im Folgenden wissentlich ignoriert.

Tatsächlich wird bei der Angabe von Adressen nicht auf die Angabe des Ortsnamens verzichtet. Hier sprechen praktische Gründe wie Namenszusätze oder ausländische Adressen gegen den Verzicht des Ortsnamens im Klartext. In vielen anderen Fällen lassen sich Datenfelder aber problemlos »wegrationalisieren« und in externe Tabellen auslagern.

Formulare sind übersichtlich

Nachdem das Datenmodell steht, müssen Möglichkeiten zur Eingabe, Ansicht und Bearbeitung der Datensätze in den Tabellen geschaffen werden. Access erlaubt zwar die Bearbeitung einer Tabellen in tabellarischer Form, doch das ist nicht immer sinnvoll. Bei umfangreichen Datensätzen muss der Anwender beispielsweise den Tabellenausschnitt immer nach rechts und links verschieben, um alle Informationen zu sehen. Eine Tabellenansicht kann nur für kleine Datensätze alle Informationen auf einen Blick anzeigen. Weil die Tabellenansicht außerdem den Zugriff auf alle Datensätze einer Tabelle erlaubt, sind der irrtümlichen Änderung oder gar Löschung einzelner Datensätze Tür und Tor geöffnet – denn sehr schnell befindet man sich in der falschen Zeile:

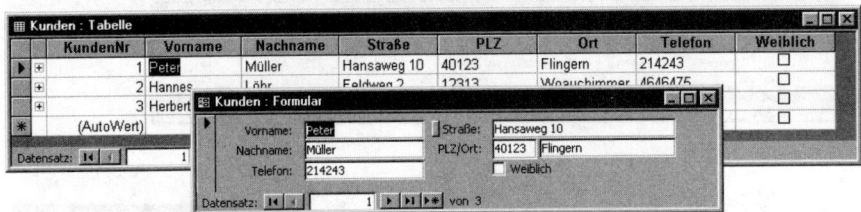

Abbildung 37.4:
Tabelle vs.
Formular

Das ist bei Formularen (siehe ▶ Kapitel 39) nicht so leicht möglich. Zum einen präsentieren sie alle wichtigen Felder eines Datensatzes in übersichtlicher Form. Zum anderen lassen sich unwichtige Daten ausblenden und Informationen, die zwar angezeigt, aber im aktuellen Bearbeitungsschritt nicht verändert werden dürfen, lassen sich in »unveränderlichen« Steuerelementen einfach nur anzeigen.

Formulare stellen im Allgemeinen nur jeweils einen einzigen Datensatz dar. Allerdings bietet Access auch so genannte Endlosformulare (siehe ▶ Kapitel 39, *So erstellen Sie ein Formular*), in denen sich alle Datensätze einer Tabelle in einer Endlosliste bearbeiten lassen.

Abbildung 37.5:
Ein Endlos-
formular

Berichte für den perfekten Ausdruck

Weil Formulare vornehmlich für die Anzeige und Bearbeitung von Datensätzen am Bildschirm konzipiert sind, stellen Berichte die bessere Alternative dar, wenn es um den professionellen Ausdruck von Daten geht. Sowohl Rechnungen als auch Tabellenübersichten lassen sich mit Hilfe eines Berichtes ansprechend formatieren und zu Papier bringen. Eine der wesentlichen Eigenschaften eines Berichtes sind dabei seine Gruppierungsfunktionen (siehe ▶ Kapitel 40, *Datensätze zu Gruppen und Aggregaten zusammenfassen*), die es z.B. ermöglichen, aus allen Rechnungen eines Jahres die Umsätze eines jeden Monats zu extrahieren und übersichtlich auf einer einzigen Seite zusammenzufassen.

Abbildung 37.6: Gruppierungsfunktionen in Berichten verschaffen Überblick. Zuerst die Datensätze, dann der Bericht.

RechnungsNr	KundenNr_fk	Vertreter_fk	Datum	RechnungsNr_fk	ArtikelNr_fk	Preis	Anzahl
1	1	2	01. Jan. 99	1	Strahlenschutzanzug	5.000,00 DM	1
1	1	2	01. Jan. 99	1	Papier-Anzug	12,00 DM	12
1	1	2	01. Jan. 99	1	Atemschutzmaske	5,00 DM	25
5	2	2	01. Feb. 99	5	Strahlenschutzanzug	5.000,00 DM	5
5	2	2	01. Feb. 99	5	Papier-Anzug	20,00 DM	100
6	1	1	01. Mrz. 99	6	Papier-Anzug	20,00 DM	12
6	1	1	01. Mrz. 99	6	Atemschutzmaske	15,00 DM	120
7	1	3	01. Apr. 99	7	Strahlenschutzanzug	5.000,00 DM	1
8	3	1	01. Mai. 99	8	Strahlenschutzanzug	5.000,00 DM	2
9	3	2	01. Jun. 99	9	Strahlenschutzanzug	5.000,00 DM	1
10	2	3	01. Jul. 99	10	Strahlenschutzanzug	5.000,00 DM	1
11	2	2	01. Aug. 99	11	Papier-Anzug	20,00 DM	1

01.01.99

Protector GmbH - Geegrasse 432 - 12732 Berlin

Peter Müller
Hornissenweg 10
40123 Flingern

Rechnung

Sehr geehrter Herr Müller,
für ihre Bestellung vom 01.01.99 berechnen wir:

ArtikelNr	Bezeichnung	Einzelpreis	Anzahl	PostenPreis:
3	**Atemschutzmaske**	5,00 DM	25	**125,00 DM**
	Filtert feine Stäube aus der Atemluft. Keine Gasmaske.			
1	**Papier-Anzug**	12,00 DM	12	**144,00 DM**
	Anzug aus papierähnlichem Material. Leicht, Staub- und Schmutzabweisend			
2	**Strahlenschutzanzug**	5.000,00 DM	1	**5.000,00 DM**
	Anzug gegen atomare Strahlung			

Zwischensumme: 5.269,00 DM
+ 16% MwSt 843,04 DM
Endbetrag: **6.112,04 DM**

Bitte überweisen Sie den Gesamtbetrag auf das Konto 12.345.678 der Stadtsparkasse Hintertupfing
Blz: 123.232.322.

Mit freundlichen Grüßen

Gabriele Mustermann, Protector GmbH

Abfragen wählen aus

Das Gruppieren, Zusammenfassen und Auswählen von Datensätzen ist eine der wichtigsten Funktionen einer Datenbank. Denn ohne sie ließen sich die in den Tabellen gespeicherten Informationen nicht sinnvoll auswerten. Mit so genannten Abfragen (siehe ▶ Kapitel 40) werden aus einer Adressliste z.B. alle in Deutschland wohnenden Kunden ausgewählt, die anschließend eine Einladung zum diesjährigen Sommerfest Ihrer Firma erhalten.

Aber Abfragen können noch mehr. Sie werden oft dazu eingesetzt, die vorherige Separierung der Daten in mehrere Tabellen rückgängig zu machen. Um beispielsweise einen Adressdatensatz auszudrucken, der keinen Ortsnamen, dafür aber eine Postleitzahl enthält, muss zuerst mit einer Abfrage der zur Postleitzahl gehörende Ortsname ermittelt werden.

Aber auch das Gruppieren, Sortieren und Herausfiltern von Daten fällt in den Zuständigkeitsbereich einer Abfrage. Um beispielsweise alle Kunden zu ermitteln, die im ersten Quartal des laufenden Geschäftsjahres einen Umsatz von über 100000 € getätigt haben, wird eine Abfrage erstellt. Diese wählt zunächst alle Rechnungen aus dem ersten Quartal aus. Anschließend werden die Rechnungen nach Kundennummern gruppiert (Die Kundennummer einer Rechnung ist der Verweis auf den entsprechenden Datensatz in der Kundentabelle), anschließend werden die Rechnungen eines jeden Kunden addiert, um daraufhin alle Summen kleiner als 100000 € zu ignorieren. Zum Schluss wird die Verknüpfung zwischen Rechnungsdatensatz und Kundendatensatz wieder hergestellt, um die in der Rechnung gespeicherte Kundennummer in ihren Klartext zu verwandeln. All diese Arbeitsschritte lassen sich dank Abfragen durch folgende Auswahlabfrage erledigen:

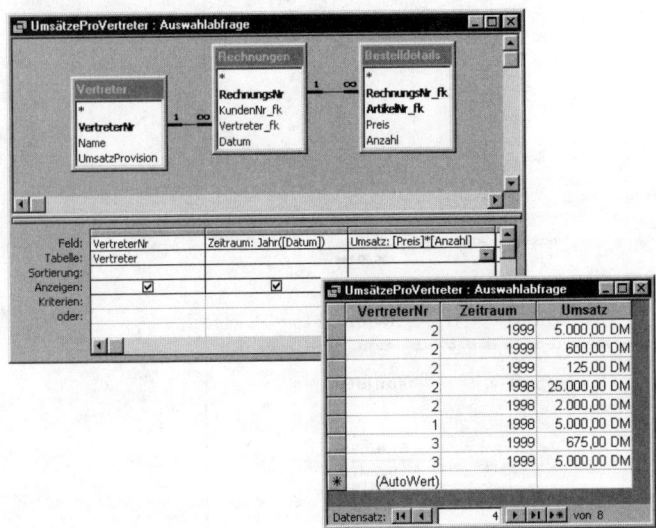

Abbildung 37.7:
Abfragen sind
überaus kraftvoll

Mit Makros und Modulen zum eigenen Programm

Der große Erfolg von Access ist nicht zuletzt darauf zurückzuführen, dass sich kleine bis mittlere Access-Anwendungen ohne jegliche Programmierkenntnisse realisieren lassen. Erst wenn die Dinge sehr komplex werden oder wenn spezielle Wünsche geäußert werden, ist man auf die Unterstützung von Makros oder Visual Basic for Applications angewiesen.

Weil das allerdings ein sehr weites Feld ist, spielt die Programmierung in diesem Buch nur eine untergeordnete Rolle – und zwar in Form der Makro-Programmierung. Doch auch hier können wir Sie leider nicht zum Experten heranbilden. Dazu sei auf weiterführende Titel von Microsoft Press verwiesen.

Was ist neu an Access 2000?

Access 2000 ist nicht nur eine Fortentwicklung von Access 97, sondern neben zahlreichen Detailverbesserungen und Verschönerungen an der Benutzerschnittstelle haben auch neue Features Einzug in dieses Datenbanksystem gefunden.

Internet
Zwei Schlagworte stehen bei den Neuentwicklungen im Vordergrund: das Internet und der SQL-Server. Über so genannte Datenzugriffsseiten (kurz »Seiten«, siehe ▶ Kapitel 58, *Access im Web*) lässt sich der Inhalt einer Datenbank im Internet/Intranet publizieren. Dazu greift Access auf zahlreiche Erweiterungen hinter den Kulissen zurück, die Eingabeformulare nicht mehr innerhalb von Access darstellen, sondern im Webbrowser zur Anzeige bringen.

SQL-Server
Die Anbindung an den SQL-Server ist eine Neuerung, die vor allem professionelle Anwender begeistern wird. Denn die von Access standardmäßig verwendete Datenbank-Engine mit dem Namen »JET-Engine«, die intern den Zugriff auf die Daten einer Datenbank regelt, hat bereits eine lange Entwicklungsgeschichte hinter sich und ist – vor allem was Anwendungen im Netzwerk angeht – in eine Sackgasse geraten.

Alternativ zur JET-Engine steht mit Access 2000 die Microsoft Data Engine, kurz *MSDE*, bereit. Sie speichert die Daten in einem Format, das kompatibel zum SQL-Server 7.0 ist. Zu diesem Zweck liefert Microsoft mit Access diese auf Einzelplatzrechner und kleine Arbeitsgruppen-Server optimierte Version des SQL-Servers (»SQL-Lite«). Sowohl der SQL-Server 7.0, der nicht im Office-Paket enthalten ist und als separates Produkt erworben werden muss, als auch die MSDE laufen unter Windows 98 und Windows NT.

Neben diesen großen »Building-Blocks« bietet Access 2000 auch weniger spektakuläre Neuerungen:

- *Unterdatenblätter* erlauben die Anzeige untergeordneter Datensätze in der Datenblattansicht einer Tabelle (siehe ▶ Kapitel 38, *Beziehungen*).

- Durch das *Gruppieren von Steuerelementen* lassen sich mehrere Steuerelemente auf einem Formular zusammen fassen. Dadurch werden sie beispielsweise stets wie ein einzelnes Steuerelement verschoben und behalten dabei ihre Positionen zueinander bei (siehe ▶ Kapitel 41, *Gemeinsame Steuerelementeigenschaften*).

- Der *Tabellenentwurf in der Datenblattansicht* erlaubt die Erstellung neuer Tabellen allein aufgrund der in ein Datenblatt eingegebenen Daten. Das ist vergleichbar mit dem Vorgang, der ein Excel-Spreadsheet in eine Access-Tabelle umwandeln würde (siehe ▶ Kapitel 50, *Datenaustausch in Access*).

- Die *bedingte Formatierung* erlaubt die Formatierung von Textfeldern in einem Formular, abhängig vom derzeit im Textfeld angezeigten Wert (▶ Kapitel 39, *Gemeinsame Steuerelementeigenschaften*).

- Das Feature *Namen AutoKorrigieren* sorgt dafür, dass Namensänderungen an Tabellen, Abfragen oder deren Feldern auch an allen Stellen, an denen auf diese Objekte Bezug genommen wird, stattfinden, z.B. innerhalb der Steuerelemente eines Formulars.

- Ebenfalls hinter den Kulissen arbeitet das Feature *AutoKomprimieren*. Der freigewordene Speicherplatz durch das Löschen von Objekten oder Datensätzen wird von Access nicht sofort wiederverwendet. Access fügt neue Daten vielmehr an das Ende der MDB-Datei an. Dadurch nehmen Dateigrößen zu, obwohl in der Summe keine neuen Datensätze in die Datenbank übernommen wurden. Die ungenutzten Löcher in der Datei wurden erst durch einen Vorgang namens Komprimieren »gestopft«. Die Datenbank wurde dazu in eine neue Datei kopiert, in der keine Lücken mehr zu finden sind. Unter Access 2000 muss diese Operation nicht mehr manuell aufgerufen werden. Access 2000 führt die »Komprimierung« der Datenbank selbstständig durch – und zwar, wenn die Lücken in der Datei zu groß werden. (Leider ist der Begriff Komprimierung etwas unglücklich gewählt. Im Englischen wird dieser Vorgang »Compacting« genannt, was dem Bilden einer kompakten Datenbank ohne Lücken deutlich gerechter wird.)

Gutes Datenbank-Design? Was ist das?

Sinn und Zweck einer relationalen Datenbank wie Access ist die Datenspeicherung in tabellarischer Form. Dabei kann es sich beispielsweise um ein einfaches Adress- oder Telefonverzeichnis handeln. Aber auch die gesamte Buchhaltung eines Unternehmens bzw. das Rechnungswesen lässt sich in ein Datenmodell überführen.

```
Anna Ackermann
Tel.: 02405 1351
An den Layen 75
Marienheide

Faber, Anton Tel: 05132 546312
Oststrasse 19
64295 Darmstadt

Berta Siebenstich
Tel.: 035244 121453
Deggerhausertal

Heinrich Messelbach
60314 Frankfurt/Main
Windeckstrasse 123
069 / 85372
```

Abbildung 37.8:
Das Adressverzeichnis ist ein Fall für die Datenbank.

Im Adressverzeichnis bildet jede Adresse, also der Name, die Straße, der Wohnort sowie die Telefonnummer einer Person, einen so genannten Datensatz. Wo es aber in ihrem Adressbüchlein bisher drunter und drüber ging, muss unter Access eine klare Ordnung eingeführt werden. Betrachtet man Abbildung 37.8 genauer, fällt beispielsweise auf, dass die meisten Adresseinträge (=Datensätze) anders aufgebaut sind als der Rest. Die Adresse wurde unvollständig angegeben, die Telefonnummer mal mit, mal ohne die Kennzeichnung *Tel.* usw.

Bearbeitet ein Mensch die handgeschriebene Adressliste, bereitet es ihm keine Schwierigkeiten, zwischen Orts- und Straßennamen zu unterscheiden, zumal die fünfstellige Postleitzahl einen eindeutigen Anhaltspunkt für den Ortsnamen bietet. Ein Computer ist zu selbstständigem Denken jedoch nicht in der Lage und würde eine Ortsangabe ohne zu zögern als Straßennamen interpretieren.

Disziplin, bitte!

Damit ein Rechner weiß, wo die einzelnen Informationen eines Datensatzes zu finden sind, müssen die Daten in so genannte Datenfelder, kurz Felder, unterteilt werden:

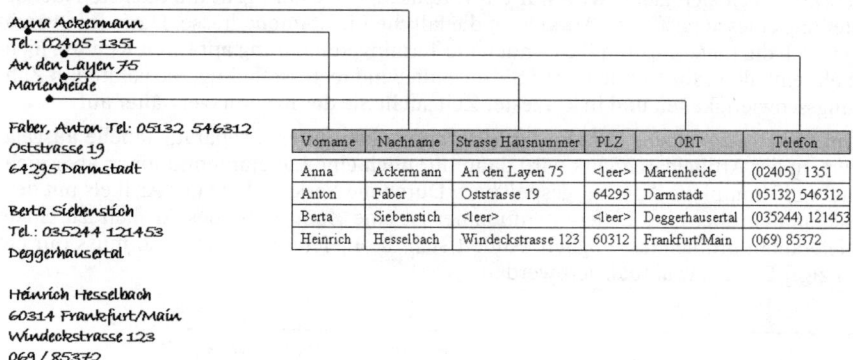

Abbildung 37.9: Datensätze werden in Datenfelder unterteilt.

Jedem Feld wird ein eindeutiger Name zugewiesen, der innerhalb des Datensatzes kein zweites mal vergeben werden darf. Später greift man über diesen Namen gezielt auf die Information eines Datensatzes zu.

Das Datenmodell und die Normalisierung

Die Strukturierung der zunächst unstrukturierten Daten wird Normalisierung genannt. Das Prinzip der Normalisierung geht auf den Datenbankpionier J.F.Codd zurück, der bereits in den 70er Jahren das Prinzip der relationalen Datenbanken erfand.

Durch die Normalisierung wird eine Datenbank bzw. die enthaltenen Tabellen und Datensätze optimiert. Jede Tabelle speichert jeweils nur die zu ihrem Themenkreis gehörenden und wirklich relevanten Informationen. Alle nicht unmittelbar dazugehörenden Daten werden in separate Tabellen ausgelagert.

Das oberste Prinzip der Normalisierung ist die Vermeidung von Mehrfachnennungen, so genannten Redundanzen. In einer Artikeltabelle ist es beispielsweise wünschenswert, neben den Artikeldaten auch immer die Adresse des Lieferanten zu speichern. Fasst man aber Artikeldaten und Lieferantenadresse zu einem Datensatz zusammen, so wird die Lieferantenadresse in zahlreichen Artikeldatensätzen wiederholt:

Abbildung 37.10: Lieferantenadressen in jedem Artikel? Nein Danke!

Atemschutzmaske	Knieschoner	Sicherheitsschuhe
Anna Ackermann Tel.: 02405 1351 An den Layen 75 Marienheide	Heinrich Hesselbach 60314 Frankfurt/Main Windeckstrasse 123 069 / 85372	Faber, Anton Tel: 05132 546312 Oststrasse 19 64295 Darmstadt
Haarnetz	**Schutzanzug**	**Waldarbeiter-Schutzhosen**
Faber, Anton Tel: 05132 546312 Oststrasse 19 64295 Darmstadt	Anna Ackermann Tel.: 02405 1351 An den Layen 75 Marienheide	Berta Siebenstich Tel.: 035244 121453 Deggerhausertal
Handschuhe	**Schutzhelm**	**Schutzbrillen**
Berta Siebenstich Tel.: 035244 121453 Deggerhausertal	Heinrich Hesselbach 60314 Frankfurt/Main Windeckstrasse 123 069 / 85372	Heinrich Hesselbach 60314 Frankfurt/Main Windeckstrasse 123 069 / 85372

Dass das alles andere als optimal und übersichtlich ist, leuchtet sofort ein. Erstens wird verschwenderisch mit dem Speicherplatz umgegangen, denn dieselbe Information wird mehrfach wiederholt. In den Zeiten großer und schneller Festplatten auf jedem Schreibtisch ist dieses Argument allerdings in den Hintergrund getreten. Wichtiger ist, dass die Änderung einer Lieferantenadresse die Aktualisierung zahlreicher Artikeldatensätze nach sich zieht. Wird nur ein Datensatz vergessen, geht die nächste Nachbestellung eines vergriffenen Artikels an die falsche Lieferantenadresse. Daraufhin verzögert sich die Lieferung und Sie können die Terminvereinbarung mit Ihren Kunden nicht mehr einhalten. Ihr Kunde macht Sie anschließend regresspflichtig, Sie geraten in Zahlungsschwierigkeiten und in kürzester Zeit sucht Sie der Konkursverwalter auf.

Um das zu vermeiden, werden die Lieferantendaten in eine separate Tabelle ausgelagert. In der Artikeldatenbank wird dann nur noch eine Lieferantennummer, aber nicht mehr die komplette Adresse, gespeichert. Durch die Verknüpfung des Artikels mit dem Lieferanten über eine Lieferantennummer ist eine Zuordnung des Artikels zu einem Lieferanten problemlos möglich. Ändert sich die Lieferantenadresse, so muss nur ein einziger Datensatz aktualisiert werden.

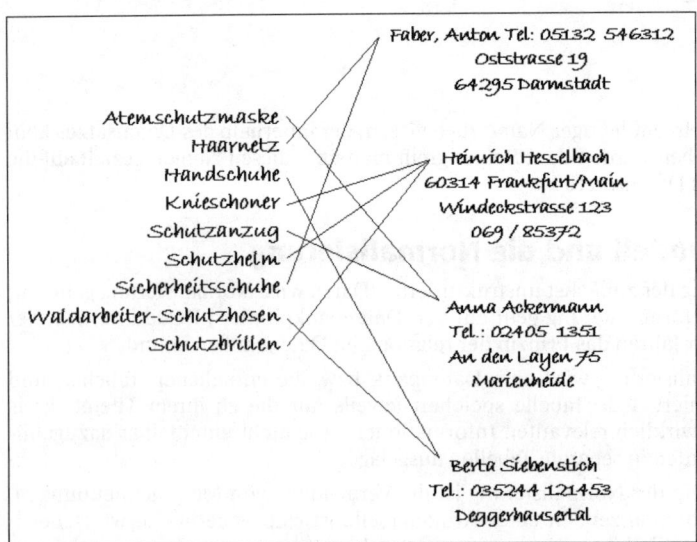

Abbildung 37.11:
Auslagern der Lieferantenadressen

Gegen die Auslagerung der Daten in eine separate Tabelle lässt sich anführen, dass die Verarbeitungsgeschwindigkeit nachlässt. Schließlich sind die Daten nicht mehr unmittelbar im Datensatz enthalten, sondern müssen umständlich (z.B. über eine Abfrage, siehe ▶ Kapitel 40) aus einer anderen Tabelle beschafft werden. Das ist allerdings nur dann wirklich ein Problem, wenn die Datenbank in Echtzeit ausgewertet werden muss. Beim Ausdrucken oder Suchen von Datensätzen, wo bereits die Arbeitsgeschwindigkeit von Druckern oder Anwendern deutlich geringer ist, wiegt der Wartungsvorteil den Geschwindigkeitsverlust eindeutig auf.

Für ein Maximum an Geschwindigkeit bietet es sich an, mit so genannten »renormalisierten« Tabellen zu arbeiten. Hier werden in einem Datensatz alle relevanten Informationen gespeichert – in jedem Artikeldatensatz befindet sich beispielsweise die vollständige Anschrift des Lieferanten. Diese meist temporären Tabellen werden bei Bedarf durch Zusammenführen der Datensätze aus unterschiedlichen Tabellen erzeugt, bearbeitet und anschließend wieder gelöscht.

TIPP

Normalisierung Schritt für Schritt

Das Auslagern mehrfach genannter Daten in separate Tabellen ist jedoch erst der letzte Schritt einer Reihe von Normalisierungsschritten für ein optimales Datenmodell. Wie ein Profi beim Datenbankdesign vorgeht, zeigen die folgenden Abschnitte.

Separate Datenfelder (erste Normalform)

Bei der Festlegung der Datenfelder eines Datensatzes muss darauf geachtet werden, dass jede trennbare Einheit in einem eigenen Feld gespeichert wird. Anstelle des Namens speichert man beispielsweise den *Vornamen* und den *Nachnamen* in separaten Feldern. Der Sinn liegt auf der Hand: Erst diese Unterteilung gestattet es, z.B. eine nach Nachnamen sortierte Telefonliste auszudrucken. In einem Serienbrief mit WinWord ließe sich außerdem die Anrede »Sehr geehrter Herr Maier,« erzeugen, weil der Nachname als separate Information vorliegt. »Sehr geehrter Herr Peter Müller,« oder schlimmer noch »Sehr geehrte Frau Schröder, M,« wirken dagegen ziemlich unprofessionell.

Auch die restlichen Felder des Datensatzes werden soweit wie möglich separiert. Der *Ort* lässt sich beispielsweise in seine Bestandteile *Land*, *Postleitzahl* und *Ortsname* unterteilen, *Straße* in *Straßenname* und *Hausnummer* und die *Telefonnummer* in *Vorwahl* und *Rufnummer*. So verfährt man mit allen Datenfeldern, bis der Datensatz nur noch aus unteilbaren bzw. atomaren Datenfeldern zusammengesetzt ist. Diese Darstellungsweise eines Datensatzes nennt sich *erste Normalform*.

Abbildung 37.12: Datensätze in der ersten Normalform

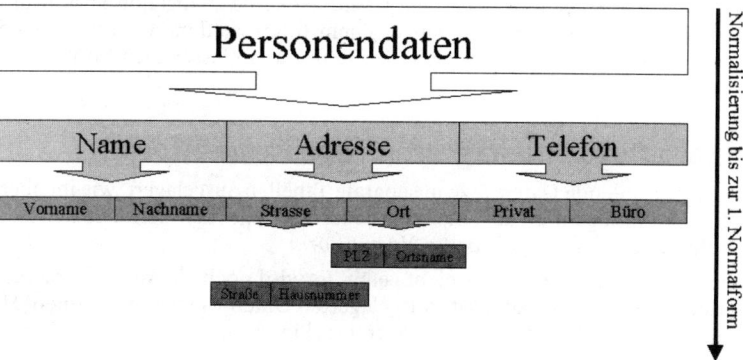

Weil die einzelnen Informationen bzw. Felder eines Datensatz einen Namen besitzen, spielt die Reihenfolge ihrer Nennung keine Rolle. Die folgende Abbildung zeigt 2 Datensätze, die vom Informationsgehalt her völlig *identisch* sind, aber in verschiedenen Reihenfolgen dargestellt wurden:

Abbildung 37.13: Trotz unterschiedlicher Feldreihenfolge handelt es sich um identische Datensätze.

Anna	Ackermann	An den Layen 75	<leer>	Marienheide	(02405) 1351	
Anna		An den Layen 75	Marienheide	<leer>	(02405) 1351	Ackermann
Ackermann		An den Layen 75	<leer>	Marienheide	(02405) 1351	Anna

Access 2000 – Überblick und Einleitung

Obwohl die Reihenfolge, in der die Datenfelder eines Datensatzes genannt werden, keine Rolle für den Informationsgehalt des Datensatzes spielen, gibt es besonders unter Access Fälle, in denen die Datenfeldreihenfolge in einem Datensatz sehr wichtig ist. Und zwar bei der Verwendung so genannter Nachschlagefelder (siehe ▶Kapitel 39, *Steuerelemente – Interaktion mit dem Anwender*).

HINWEIS

Keine doppelten Datensätze (zweite Normalform)

Bei der Übertragung der Adressen aus dem Adressbuch in die Datenbank werden Sie vermutlich des öfteren auf doppelte Adressen stoßen. Möglicherweise waren Sie beim Notieren einer Adresse in Eile und haben daher nicht überprüft, ob die Adresse bereits vorhanden war.

Ein Computer kann jedoch nicht mit doppelten Datensätzen umgehen. Er erwartet, dass sich jeder Datensatz in mindestens einem Punkt von allen anderen unterscheidet. Bei vielen Daten ist das von sich aus der Fall. Personenbezogene Datensätze, die nur einmal pro Person erzeugt werden, sind von sich aus eindeutig. Um sicher zu gehen, werden Datensätze aber oft mit einer fortlaufenden Nummer versehen, die von anderen Tabellen beispielsweise als Verweis auf den Datensatz verwendet werden.

Der Begriff »doppelte Datensätze« bezieht sich immer auf alle Felder eines Datensatzes. Es spricht nichts dagegen, dass ein Datenfeld in mehreren Datensätzen denselben Wert aufweist. Wie viele Ihrer Bekannten heißen beispielsweise Peter mit *Vornamen*? Erst wenn alle Felder zweier Datensätze identische Werte aufweisen, handelt es sich um einen doppelten Datensatz. Wird die Speicherung identischer Datensätze in einer Tabelle verhindert, so befolgt sie die *zweite Normalform*.

Dass die Datensätze in einer Tabelle eindeutig sind, ist keine zwingende Vorschrift für Access-Tabellen. Allerdings sollten Sie aus eigenem Interesse darauf achten, dass Sie Informationen nur ein einziges Mal speichern. Denn nur so lassen sich Verwechslungen vermeiden.

HINWEIS

Redundante Daten auslagern (dritte Normalform)

Werden sich wiederholende Datensätze in separate Tabellen ausgelagert, wie im oberen Beispiel bei der Auslagerung der Lieferantenadresse aus den Artikeldatensätzen gezeigt, so befolgen die Tabellen die *dritte Normalform*.

Doch mit der Auslagerung allein ist es nicht getan. Es wird noch ein Merkmal benötigt, das es gestattet, die aus einem Datensatz ausgelagerten Daten wieder zuzuordnen. Hier kommen die so genannte Primär- und Fremdschlüssel ins Spiel.

Primärschlüssel und Fremdschlüssel

Jeder ausgelagerte Datensatz muss sich wieder eindeutig einem Datensatz aus der ursprünglichen Tabelle zuordnen lassen. Ansonsten verursacht die Auslagerung der Daten nichts weiter als ein große Datenchaos.

Am einfachsten wäre es, wenn sich dieses eindeutige Kennzeichen direkt aus den Feldern des Datensatzes entnehmen ließe. Das Auslagerung von Ortsnamen und ihre Identifizierung über die Postleitzahl ist ein gutes Beispiel für einen eindeutigen Verknüpfungsschlüssel, der aus den Daten selbst generiert werden kann. Weil das aber nicht immer möglich ist, greift man oft auf ein zusätzliches Datenfeld zurück, dessen einzige Aufgabe darin besteht, das eindeutige Kennzeichen eines Datensatzes zu speichern. Seine Eindeutigkeit wird dadurch gewährleistet, dass sein Inhalt fortlaufend mit der Erzeugung eines jeden neuen Datensatz verändert wird.

Das eindeutige Kennzeichen eines Datensatzes wird *Primärschlüssel* (engl.: Primary Key, kurz PK) genannt. Access erwartet, dass jede Tabelle einen Primärschlüssel besitzt.

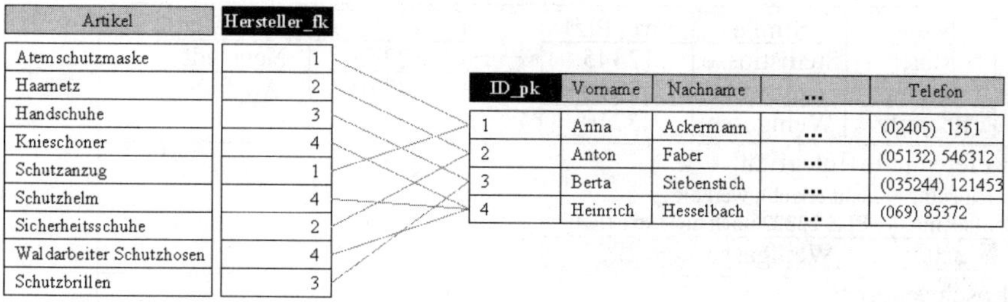

Abbildung 37.14:
Verknüpfen zweier Tabellen über eine eindeutige Datensatznummer

Artikel	Hersteller_fk
Atemschutzmaske	1
Haarnetz	2
Handschuhe	3
Knieschoner	4
Schutzanzug	1
Schutzhelm	4
Sicherheitsschuhe	2
Waldarbeiter Schutzhosen	4
Schutzbrillen	3

ID_pk	Vorname	Nachname	...	Telefon
1	Anna	Ackermann	...	(02405) 1351
2	Anton	Faber	...	(05132) 546312
3	Berta	Siebenstich	...	(035244) 121453
4	Heinrich	Hesselbach	...	(069) 85372

Falls der Anwender diesen nicht explizit angibt, erzeugt Access automatisch ein Feld mit dem Namen *ID*, in dem eine fortlaufende Datensatznummer gespeichert wird.

HINWEIS Der Primärschlüssel (PK) muss nicht zwangsläufig aus nur einem Datenfeld bestehen. Der Primärschlüssel lässt sich auch aus mehreren Feldern zusammen setzen. Einzige Bedingung: Der PK muss für jeden Datensatz eindeutig sein. Um das zu gewährleisten indiziert Access die Felder des PK mit einem *Index (Ohne Duplikate)* (siehe ▶Kapitel 38, *Weitere Datenfeldeigenschaften*).

Dem Primärschlüssel steht der so genannte Fremdschlüssel (engl. Foreign Key, kurz FK) gegenüber. Das sind die Datenfelder in einem Datensatz, die das eindeutige Kennzeichen eines Datensatzes aus einer anderen Tabelle aufnehmen. Der FK muss daher genauso aufgebaut sein wie der PK, damit die eindeutige Zuordnung getroffen werden kann.

HINWEIS Der Fremdschlüssel wird im allgemeinen nicht indiziert. Der Index über ein Fremdschlüsselfeld kann jedoch dazu beitragen, dass Access Abfragen (siehe ▶Kapitel 40) schneller ausführt. Bei 1:1-Verknüpfung (siehe ▶Kapitel 38, *Beziehungen*) darf der Index über den Fremdschlüssel vom Typ *Index (Ohne Duplikate)* sein. Falls ein weiterer Datensatz im Fremdschlüssel auf denselben externen Datensatz verweist (1:n Verknüpfung), erzeugt Access einen Fehler. Nur wenn der Index vom Typ *Index (Duplikate möglich)* ist, dürfen mehrere Datensätze in ihrem Fremdschlüssel auf ein und denselben Datensatz einer anderen Tabelle verweisen.

Referentielle Integrität – Ordnung in der Datenbank

Zwischen zwei miteinander verknüpften Datensätzen besteht oft ein Abhängigkeitsverhältnis. Meist stehen zwei Tabellen im Verhältnis *Haupttabelle : Detailtabelle* zueinander in Beziehung. Das Beispiel der Postleitzahlen verdeutlicht dies: Eine neue Adresse lässt sich nur dann einfügen, wenn die Postleitzahl des Wohnortes bereits in der Postleitzahlentabelle verfügbar ist. Die Postleitzahl ist in diesem Fall der Hauptdatensatz, die Adressen sind die Detaildatensätze.

Die Regeln über derartige Abhängigkeiten bzw. *Beziehungen* (siehe ▶Kapitel 38, *Beziehungen*) lassen sich in Access exakt definieren. Zum einen wird festgelegt, über welche Datenfelder (Primärschlüssel/Fremdschlüssel) zwei Tabellen zueinander in Beziehung stehen, zum anderen lässt sich bestimmen, dass Access die Einhaltung dieser Beziehung genauestens überwachen soll.

Wenn eine Datenbank nur zueinander in Beziehung stehende Datensätze enthält und beispielsweise keine Adresse ohne zugehörige Postleitzahl existiert, dann spricht man von einer Datenbank, die die Regeln der *referentiellen Integrität* befolgt. Für jede Beziehung zwischen Tabellen lässt sich die Wahrung der referentiellen Integrität (siehe ▶Kapitel 38, *Beziehungen*) aktivieren. Ist das der Fall, dann verbietet Access die Erzeugung eines Detaildatensatzes, falls der passende Hauptdatensatz noch nicht existiert. In der Adressdatenbank bedeutet das, dass keine neue Adresse ohne passende Postleitzahl angelegt werden darf.

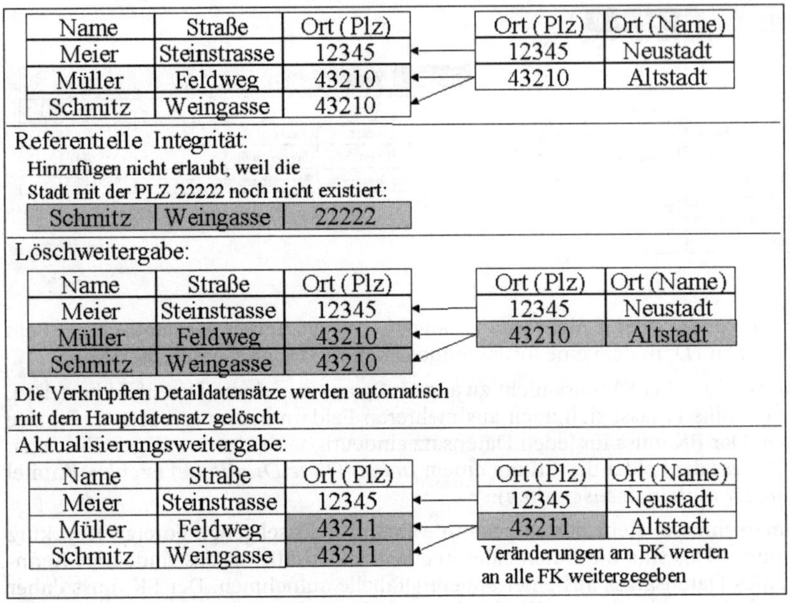

Abbildung 37.15:
Verschiedene Aspekte der referentiellen Integrität

Name	Straße	Ort (Plz)
Meier	Steinstrasse	12345
Müller	Feldweg	43210
Schmitz	Weingasse	43210

Ort (Plz)	Ort (Name)
12345	Neustadt
43210	Altstadt

Referentielle Integrität:
Hinzufügen nicht erlaubt, weil die Stadt mit der PLZ 22222 noch nicht existiert:

Schmitz	Weingasse	22222

Löschweitergabe:

Name	Straße	Ort (Plz)
Meier	Steinstrasse	12345
Müller	Feldweg	43210
Schmitz	Weingasse	43210

Ort (Plz)	Ort (Name)
12345	Neustadt
43210	Altstadt

Die Verknüpften Detaildatensätze werden automatisch mit dem Hauptdatensatz gelöscht.

Aktualisierungsweitergabe:

Name	Straße	Ort (Plz)
Meier	Steinstrasse	12345
Müller	Feldweg	43211
Schmitz	Weingasse	43211

Ort (Plz)	Ort (Name)
12345	Neustadt
43211	Altstadt

Veränderungen am PK werden an alle FK weitergegeben

Weil die Wahrung der referentiellen Integrität zu jedem Zeitpunkt eine aufgeräumte Datenbank hinterlässt, müssen auch Mechanismen für das Löschen von Datensätzen bestehen. Und falls ein Hauptdatensatz gelöscht wird, werden ebenfalls alle zugehörigen Detaildatensätze aus der Datenbank entfernt, ohne das dazu eine einzige Zeile Programmcode oder ähnliches geschrieben werden müsste. Allerdings muss diese Form der *Löschweitergabe* explizit eingestellt werden. Im Adressbeispiel bedeutet das, dass bei der Löschung eines Postleitzahlendatensatzes (Hauptdatensatz) ebenfalls alle Adressdatensätze (Detaildatensatz) entfernt werden, die auf diese Postleitzahl verweisen.

Die Wahrung der referentiellen Integrität zwischen zwei Tabellen erfordert unter Umständen zudem, dass Access die Primär- und Fremdschlüssel der verknüpften Tabellen überwacht, besonders dann, wenn der PK nicht synthetisch aus einer fortlaufenden Nummer, sondern »organisch« aus den Daten eines Datensatzes gebildet wird. Hier sei noch einmal an das Beispiel der Postleitzahlen erinnert. Wird die Postleitzahl eines Orts korrigiert, so wird dadurch evtl. die Verknüpfung einiger Adressdatensätze mit dem neuen Postleitzahlendatensatz aufgelöst. Ist jedoch die *Aktualisierungsweitergabe* aktiv, so ändert Access automatisch den FK in allen Detaildatensätzen, wenn der PK im Hauptdatensatz verändert wurde.

Abfragen – Welche Daten werden wirklich benötigt?

Die normalisierten und separierten Tabellen stellen zwar aus Sicht des Datenbankdesigns eine optimale Organisationsform dar. Doch oft müssen die verknüpften Tabellen wieder zu einer einzigen Tabelle zusammengeführt (»renormalisiert«) werden. Zu diesem Zweck werden so genannte Abfragen (engl. Query), genauer Auswahlabfragen, verwendet, die mehrere Tabellen aufgrund ihrer Verknüpfungen wieder zu einer einzigen Datensatzmenge zusammenführen. Diese Datensatzmenge lässt sich anschließend wie eine Tabelle behandeln – zumindest das Lesen der Datensätze geschieht problemlos, je nach Design der Abfrage ist aber sogar die Aktualisierung der Datensätze in den Tabellen möglich, die der Abfrage zugrunde liegen.

Renormalisierung mit Abfragen

Einfache Auswahlabfragen

Allerdings erfordert die Zusammenführung mehrerer Tabellen bereits die »höheren Weihen« im Datenbankentwurf. Einfacher zu erstellen sind Abfragen, die nur einen Teil der Datensätze anhand gegebener Kriterien aus einer Tabelle auswählen. Abfragen werden beispielsweise verwendet, um die Rechnungen eines einzigen Kunden in Form einer separaten Datensatzgruppe zur Verfügung zu stellen. Und mit Hilfe so genannter Kreuztabellenabfragen (siehe ▶ Kapitel 40, *Aktionsabfragen*) lassen sich komplizierte Gruppierungen und Berechnungen vereinfachen und in einem Schritt ausführen.

Aktionsabfragen

Neben den verschiedenen Formen der Auswahlabfragen kennt Access auch so genannte Aktionsabfragen. Diese werden beispielsweise verwendet, um Datensätze zu löschen oder um einzelne Datenfelder in den Datensätzen zu aktualisieren. So lassen sich mit einer Aktualisierungsabfrage die Preise einer bestimmten Artikelgruppe oder der Artikel eines speziellen Herstellers um 10% erhöhen. Außerdem werden mit Hilfe einer Aktualisierungsabfrage auch neue Tabellen erstellt oder Datensätze an eine bereits bestehende Tabelle angefügt.

Gruppierungen und Aggregate – Analyse der Daten

Eines der wichtigsten Konzepte einer Auswahlabfrage ist die Gruppierung der ausgewählten Datensätze. Wollen Sie die Umsätze aller Kunden ermitteln, um den Kunden mit dem insgesamt höchsten Umsatz herauszufinden, ist das mit der Gruppierungsmöglichkeit von Abfragen (siehe ▶ Kapitel 40, *Wie werden Datensätze aus mehreren Tabellen miteinander verknüpft?*) und mit Hilfe der so genannten Aggregatsfunktionen sehr einfach.

Denn bei der Gruppierung handelt es sich nicht nur um eine einfache Sortierung der Datenbank nach einem bestimmten Datenfeld. Die zu einer Gruppe gehörenden Datensätze werden zusätzlich aggregiert (»angehäuft«, »zusammengefasst«) und dadurch wird für jede Gruppe ein charakteristischer Wert ermittelt. Das kann beispielsweise die Summe eines Datenfeldes aller zu einer Gruppe gehörenden Datensätze sein oder der Maximalwert aller Gruppendatensätze, oder, oder, oder:

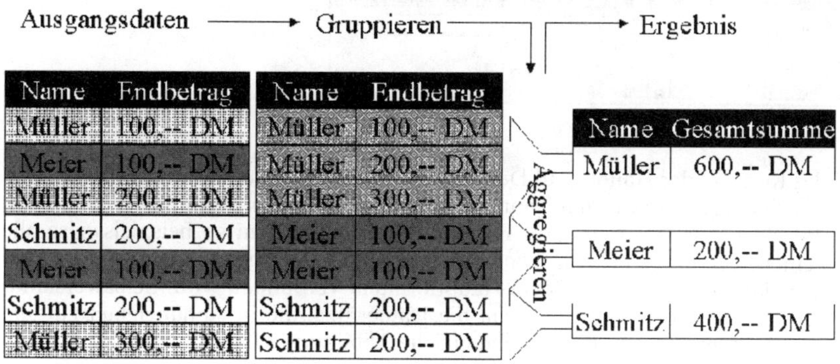

Abbildung 37.16: Datensatzgruppierungen sind ein kraftvolles Werkzeug zur Datenbankanalyse.

SQL – Die Datenbanksprache der Profis

Hinter jeder Abfrage verbirgt sich ein Befehl der Datenbankprogrammiersprache SQL. SQL steht für **S**tructured **Q**uery **L**anguage und erlaubt die Erstellung von Tabellen, das Einfügen und Ändern von Datensätzen und die Auswahl von Datensätzen. SQL ist eine sehr leistungsfähige Programmiersprache, die allerdings unter Access (genauer unter der JET-Engine) nicht vollständig implementiert wurde. Hier gelangt im Wesentlichen nur der Befehlssatz zur Erzeugung von Abfragen zum Einsatz.

Access 2000 – Überblick und Einleitung

Mit der neuen Microsoft Database Engine (MSDE) gelangt SQL allerdings verstärkt in das Sichtfeld des Access-Entwicklers. Das ist eine abgespeckte Version des SQL-Servers, eines sehr leistungsfähigen, professionellen Datenbanksystems, das im Wesentlichen über SQL-Befehle gesteuert wird. Viele SQL-Befehle, etwa solche zur Anlage einer neuen Tabelle oder zur Erstellung einer Abfrage, werden von Access automatisch erzeugt und an die MSDE weitergeleitet, an verschiedenen Stellen kommt der professionelle Access-Entwickler jedoch vermehrt in Kontakt mit der SQL-Sprache.

Und was kommt nach dem Datenbankdesign?

Tabellen und Abfragen bietet jedes Datenbanksystem. Doch wo die Leistungsfähigkeit professioneller Datenbank-Server wie Oracle, Sybase oder SQL-Server endet, beginnen die Vorzüge von Access. Denn Access bietet mit der JET-Engine und der neuen MSDE nicht nur leistungsfähige Datenbank-Engines, sondern auch ein leistungsfähiges »Drumherum«, bestehend aus Formularen, Berichten und der Möglichkeit, komplexe Programme zu entwickeln.

Formulare – Das Tor zum Anwender

Tabellen und Abfragen besitzen eine eingeschränkte Benutzerschnittstelle. Die Dateneingabe ist zwar möglich, aber eher kompliziert. Außerdem wirken Tabellen und Abfragen aufgrund ihrer Uniformität bei der Dateneingabe extrem schnell sehr unübersichtlich. Dadurch steigt die Wahrscheinlichkeit, versehentlich Daten zu überschreiben oder zu löschen.

Spezielle Eingabe*formulare* (siehe ▶ Kapitel 39) zeigen dagegen nur einen einzigen Datensatz einer Tabelle oder Abfrage an und erlauben seine Neuanlage oder Bearbeitung.

Abbildung 37.17: Ein Eingabeformular

Sogar das Konzept der Haupt- und Detaildatensätze schlägt sich bis in die Access-Formulare nieder. Denn ein Mechanismus namens *Unterformular* gestattet es, ein abhängiges Unterformular in ein anderes Formular einzubetten, um so beispielsweise alle Artikel einer Rechnung in einem separaten Formular anzuzeigen, das jedoch über den Unterformularmechanismus mit dem Hauptformular verbunden wird. Selbstverständlich zeigt das Unterformular nur genau die Datensätze, die in Abhängigkeit zu dem Datensatz aus dem Hauptformular stehen (siehe Abbildung 37.18).

Berichte machen Druck

Obwohl Formulare vornehmlich der Dateneingabe am Bildschirm dienen, lassen sie sich auch problemlos ausdrucken (übrigens genauso wie Tabellen und Abfrageergebnisse). Allerdings entspricht der Ausdruck selten den gestellten Anforderungen, denn auch der Fensterhintergrund, meist ein helles Grau, wird ausgedruckt. Als Rechnung lässt sich ein solcher Ausdruck daher nicht versenden. Zu diesem Zweck stellt Access so genannte *Berichte* (siehe ▶ Kapitel 41) bereit, die sich vor allem durch das WYSIWYG-Konzept (What You See Is What You Get) beim Ausdruck auszeichnen (siehe Abbildung 37.19).

Abbildung 37.18:
Haupt- und Unterformular

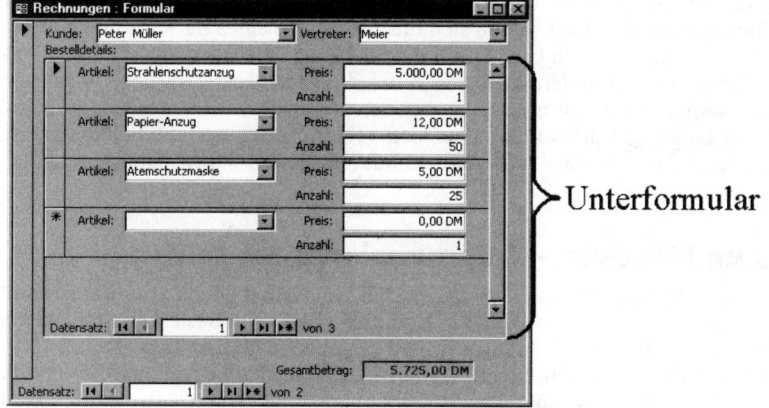

Abbildung 37.19:
Bericht im Entwurfmodus und als Ausdruck

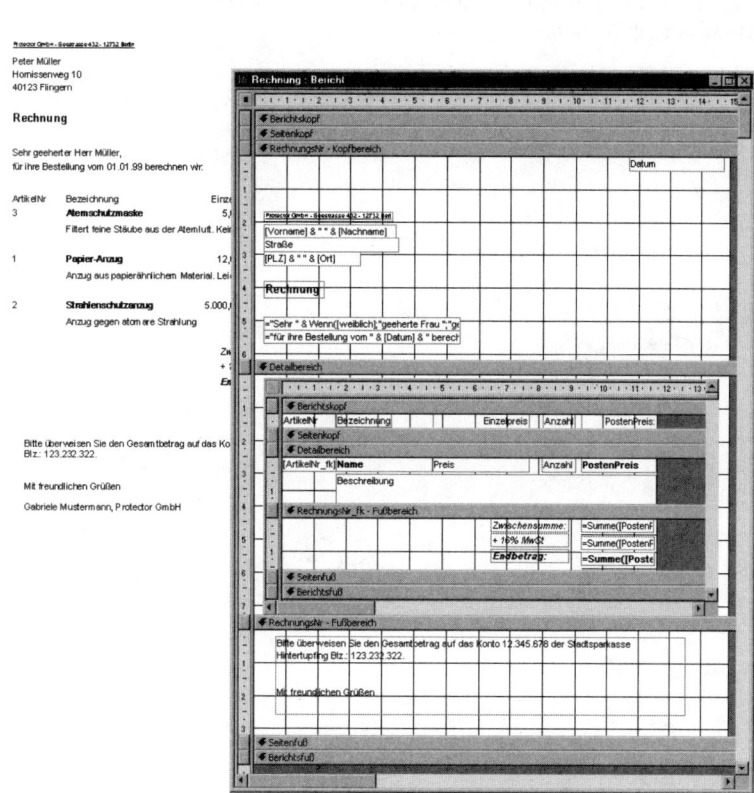

Doch Berichte bieten noch mehr als ein hervorragendes Druckbild. Sie erlauben auch den mehrspaltigen Druck der Datensätze, beispielsweise, um Adressetiketten zu bedrucken. Aber auch die Gruppierungsfunktionen von Berichten können sich sehen lassen. Anders als die Gruppierung von Abfragen, die gleichzeitig die Nutzung einer Aggregatsfunktion voraussetzen, lassen sich die Datensätze eines Berichts in mehreren Stufen gruppieren. So lässt sich beispielsweise ein Bericht erzeugen, auf dem alle Verkäufe einer Firma nach Vertretern gruppiert und jede dieser Vertretergruppe wiederum nach Datum sortiert ist. Doch anders als bei der gruppierten Abfrage werden keine Datensätze zusammengefasst, sondern nur neu geordnet. Auf Annehmlichkeiten wie Zwischensummen am Gruppen- oder Seitenende muss man dabei jedoch nicht verzichten.

Makros und Module – Programmieren Sie selbst!

In das Reich der Programmierung begibt man sich bei der Erstellung von Makros und Modulen. Während Module eine profunde Kenntnis von **V**isual **B**asic for **A**pplications (VBA) voraussetzen, lassen sich Makros auch von Anwendern erstellen, die kein Studium der Informatik hinter sich haben. Denn Makros werden in Aktionen unterteilt, die im Wesentlichen der Auswahl eines Menüpunktes unter Access entsprechen. Weil ein Menü-Aufruf aber oft einen Dialog zur Anzeige bringt, der zur Eingabe von Parametern zur weiteren Ausführung des Menübefehls dient, müssen diese Parameter in einer Makro-Aktion auf spezielle, aber leider ungewohnte Art und Weise bereitgestellt werden. Doch wer sich daran gewöhnt hat, wird in Makros einen sehr kraftvollen und effizienten Mechanismus erkennen.

38 Tabellen-Design

880 Das Problem
880 Das Datenmodell
884 Meine erste Datenbank
885 Tabellendesign
889 Der Primärschlüssel
889 Navigation und Bearbeitung einer Tabelle
900 Datenfeldtypen – Information auf unterster Ebene
905 Weitere Datenfeldeigenschaften
920 Tabelleneigenschaften – globale Einstellungen der Tabelle
922 Filtern und Sortieren – Den Wald vor lauter Bäumen nicht sehen
926 Beziehungen
937 Tabellen-Assistenten

Im Gegensatz zu allen anderen Office-Anwendungen liefert Access keine Ergebnisse »auf die Schnelle«. Mit Access lässt sich nicht »mal eben« eine Datenbank erstellen und nutzen. Man muss schon einiges an »Gehirnschmalz« und Zeit in die Entwicklung einer kompletten Anwendung stecken. Weil es daran leider nichts zu rütteln gibt, finden Sie zu Access 2000 auch keinen der üblichen Schnelleinstiege dieses Buchs, es sei denn, Sie möchten diese Access-Kapitel einen »Schnelleinstieg« nennen.

Das Problem

Leider kann ein Buch einen menschlichen Tutor nur sehr schlecht ersetzen. Zumal Sie ein Buch auch zur Seite legen und ignorieren können, wenn es zu kompliziert wird, während ein Tutor oder Trainer Sie oft nicht so leicht entlässt. Wieviel Zeit und Energie Sie in die Durcharbeitung dieses Kapitels stecken, müssen Sie selbst entscheiden. Um das Ganze etwas interessanter zu gestalten, wird allerdings ein recht umfangreiches Datenbank-Projekt von Anfang bis Ende in all seinen Phasen durchleuchtet und erklärt.

Auf Ihrem Weg zum Datenbankentwickler begleitet Sie die fiktive Firma *Protector*, deren Kerngeschäft in der Herstellung und im Vertrieb von Schutzbekleidung für Maler, Lackierer, Reinigungspersonal und andere Berufe mit hoher Schmutzwahrscheinlichkeit liegt. Für die Abrechnung der Verkäufe, die von speziell geschulten Vertretern getätigt werden, wird im Laufe dieses Kapitels eine Datenbank erstellt, die alle Artikel des Angebotssortimentes beinhaltet, die Verkäufe speichert und ihre Analyse gestattet.

Das Datenmodell

Weil Ordnung und somit auch Planung bekanntlich das halbe Leben sind, wird vor der eigentlichen Umsetzung der Datenbank unter Access näher auf das Datenmodell der Abrechnungsdatenbank *Protector* eingegangen.

Zunächst werden die benötigten Tabellen identifiziert und soweit möglich definiert. Die folgende Tabelle zeigt, auf welchen Tabellen die Anwendung basiert und welche Überlegungen zum Hinzufügen dieser Tabelle geführt haben:

Tabelle	Wieso, Weshalb, Warum?
Artikel	Das ist die zentrale Tabelle mit allen Artikeln des Angebotssortimentes, inkl. kurzer Beschreibung und Verkaufspreis (ohne MwSt.).
Kunden	Hier werden die Adressen aller Kunden gespeichert. Schließlich müssen die bestellten Waren ausgeliefert und Rechnungen erstellt werden.
Rechnungen	Apropos Rechnungen: Diese Tabelle speichert, wie viel wovon ein Kunde wann bestellt hat.
Bestelldetails	Diese Tabelle verknüpft die bestellten Artikel mit einer Rechnung.
Vertreter	Auf einer Rechnung wird natürlich auch vermerkt, welcher Vertreter für den Geschäftsabschluss verantwortlich war. Weil jeder Vertreter nach einem anderen Modell aus Basisgehalt und Provision entlohnt wird, werden die Vertreterdaten in einer separaten Tabelle gespeichert. Außerdem lässt sich so die Verknüpfung zwischen Rechnung und Vertreter leichter herstellen und auswerten.

Tabelle 38.1:
Die Basistabellen der Protector GmbH

Nur fünf Tabellen – auf den ersten Blick sieht das nicht nach besonders viel aus. Ist es auch nicht, doch die sich daraus ergebenden Konsequenzen, die Verbindungen zwischen den Tabellen, haben es in sich. Außerdem werden in der Folge dem Ursprungsmodell noch weitere Tabellen oder Abfragen hinzugefügt.

Die Datenfelder der einzelnen Tabellen zeigt die folgende Tabelle. Hier werden die Feldnamen und Feldtypen definiert. Was diese im Einzelnen bedeuten und wie diese eingegeben werden, erfahren Sie später.

Tabelle 38.2:
Datenfelder der Protector-Tabellen

Artikel Primary Key	Name	Typ	Größe	Weitere Eigenschaften
Ja	ArtikelNr	AutoWert		
	Name	Text	25	
	Beschreibung	Memo		
	Preisvorgabe	Währung		Eingabe erforderlich: Wahr Format: #,##0.00" DM";-#,##0.00" DM"

Kunden Primary Key	Name	Typ	Größe	Weitere Eigenschaften
Ja	KundenNr	AutoWert		
	Vorname	Text	25	
	Nachname	Text	25	
	Straße	Text	30	
	PLZ	Text	5	
	Ort	Text	50	
	Telefon	Text	30	
	Weiblich	Ja/Nein		

Vertreter Primary Key	Name	Typ	Größe	Weitere Eigenschaften
Ja	VetreterNr	AutoWert		
	Name	Text	50	
	Umsatzprovision	Single	4	

Rechnungen Primary Key	Name	Typ	Weitere Eigenschaften
Ja	RechnungsNr	AutoWert	
	KundenNr_fk	Long Integer	
	VertreterNr_fk	Long Integer	
	Datum	Datum/Uhrzeit	Standardwert: =now()

Bestelldetails Primary Key	Name	Typ	Weitere Eigenschaften
Ja	RechnungsNr_fk	Long Integer	
Ja	ArtikelNr_fk	Long Integer	▶

Tabellen-Design

Bestelldetails Primary Key	Name	Typ	Weitere Eigenschaften
	Preis	Währung	Format: #,##0.00" DM";-#,##0.00" DM"
	Anzahl	Long Integer	Gültigkeitsregel: >0

Nachdem die Tabellenfrage vorerst geklärt ist, anschließend ein paar Worte zur Bedienung des Programms: Am Ende Ihrer Bemühungen soll eine Access-Anwendung stehen, die die einfache Eingabe von Stammdaten wie Vertreter-, Kunden- und Artikelinformationen gestattet. Darüber hinaus soll ein Eingabeformular für die Rechnungen erstellt werden, bei denen sich Kunde, Vertreter und Artikel schnell aus den bereits vorhandenen Datentabellen entnehmen lassen.

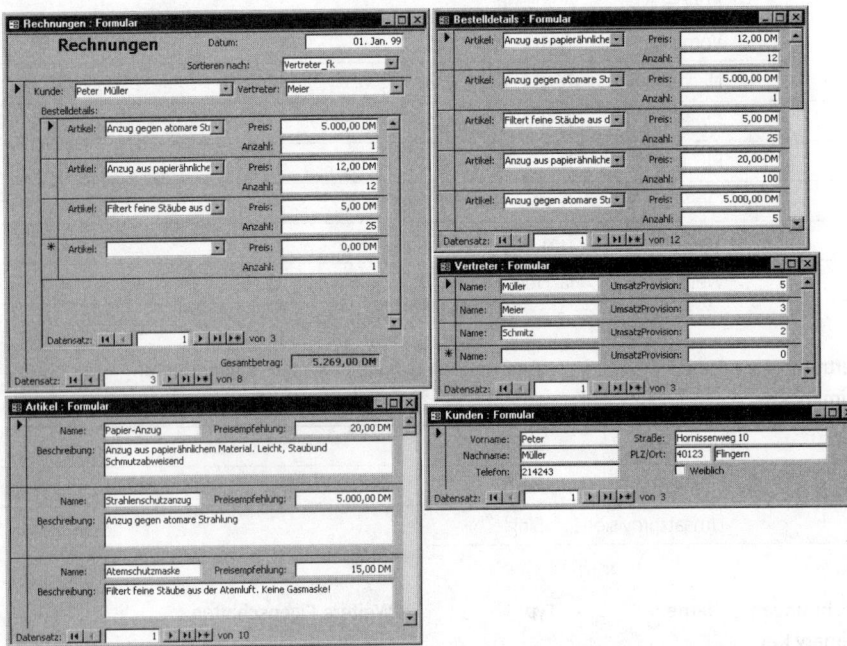

Abbildung 38.1: So sollen die Formulare aussehen ...

Außerdem sollen Berichte angefertigt werden, die erstens den Ausdruck einer Rechnung als versandfertigen Brief erlauben und zweitens der Buchhaltungsabteilung eine Übersicht über die Verkäufe der einzelnen Vertreter sowie über die Absatzzahlen inkl. Provisionen der Artikel liefern, um Trendwerte wie den »absoluten Verkaufsschlager« ermitteln zu können (siehe Abbildung 38.2).

Abbildung 38.2:
... und so die Berichte. Zuerst der Unterbericht, der dann in den Hauptbericht eingebettet wurde.

ArtikelNr	Bezeichnung	Einzelpreis	Anzahl	PostenPreis:
3	**Atemschutzmaske**	5,00 DM	25	**125,00 DM**
	Filtert feine Stäube aus der Atemluft. Keine Gasmaske			
1	**Papier-Anzug**	12,00 DM	12	**144,00 DM**
	Anzug aus papierähnlichem Material. Leicht, Staubund Schmutzabweisend			
2	**Strahlenschutzanzug**	5.000,00 DM	1	**5.000,00 DM**
	Anzug gegen atomare Strahlung			
		Zwischensumme:		5.269,00 DM
		+ 16% MwSt		843,04 DM
		Endbetrag:		**6.112,04 DM**
1	**Papier-Anzug**	20,00 DM	100	**2.000,00 DM**
	Anzug aus papierähnlichem Material. Leicht, Staubund Schmutzabweisend			
2	**Strahlenschutzanzug**	5.000,00 DM	5	**25.000,00 DM**
	Anzug gegen atomare Strahlung			
		Zwischensumme:		27.000,00 DM
		+ 16% MwSt		4.320,00 DM
		Endbetrag:		**31.320,00 DM**
3	**Atemschutzmaske**	15,00 DM	120	**1.800,00 DM**
	Filtert feine Stäube aus der Atemluft. Keine Gasmaske			
1	**Papier-Anzug**	20,00 DM	12	**240,00 DM**
	Anzug aus papierähnlichem Material. Leicht, Staubund Schmutzabweisend			
		Zwischensumme:		2.040,00 DM
		+ 16% MwSt		326,40 DM
		Endbetrag:		**2.366,40 DM**
2	**Strahlenschutzanzug**	5.000,00 DM	1	**5.000,00 DM**
	Anzug gegen atomare Strahlung			
		Zwischensumme:		5.000,00 DM
		+ 16% MwSt		800,00 DM
		Endbetrag:		**5.800,00 DM**
2	**Strahlenschutzanzug**	5.000,00 DM	2	**10.000,00 DM**
	Anzug gegen atomare Strahlung			
		Zwischensumme:		10.000,00 DM
		+ 16% MwSt		1.600,00 DM
		Endbetrag:		**11.600,00 DM**

01.01.99

Protector GmbH - Gassstrasse 432 - 12752 Berlin

Peter Müller
Hornissenweg 10
40123 Flingern

Rechnung

Sehr geehrter Herr Müller,
für Ihre Bestellung vom 01.01.99 berechnen wir:

ArtikelNr	Bezeichnung	Einzelpreis	Anzahl	PostenPreis:
3	**Atemschutzmaske**	5,00 DM	25	**125,00 DM**
	Filtert feine Stäube aus der Atemluft. Keine Gasmaske			
1	**Papier-Anzug**	12,00 DM	12	**144,00 DM**
	Anzug aus papierähnlichem Material. Leicht, Staubund Schmutzabweisend			
2	**Strahlenschutzanzug**	5.000,00 DM	1	**5.000,00 DM**
	Anzug gegen atomare Strahlung			
		Zwischensumme:		5.269,00 DM
		+ 16% MwSt		843,04 DM
		Endbetrag:		**6.112,04 DM**

Bitte überweisen Sie den Gesamtbetrag auf das Konto 12.345.678 der Stadtsparkasse Hintertupfing
Blz.: 123.232.322.

Mit freundlichen Grüßen

Gabriele Mustermann, Protector GmbH

Meine erste Datenbank

Bevor Sie sich in das Tabellendesign stürzen, muss erst eine neue Datenbank erstellt werden. Mit den folgenden Schritten geht das am schnellsten:

1. Starten Sie Access über *Start/Programme/Microsoft Access*. Im Eingangsdialog, der standardmäßig beim Start von Access erscheint, wird die Option *Leere Access-Datenbank* ausgewählt und anschließend mit *OK* bestätigt:

Abbildung 38.3: Neue Datenbank anlegen

2. Daraufhin erscheint ein Dateidialog, der die Eingabe des Dateinamens erfordert. Geben Sie als Dateinamen den Text *Protector.mdb* ein und bestätigen Sie erneut mit *OK*:

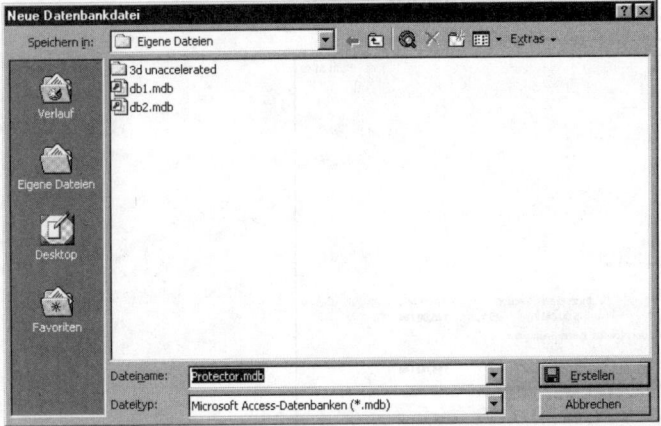

Abbildung 38.4: Dateinamen der neuen Datenbank auswählen

3. Nach wenigen Sekunden präsentiert sich der folgende Bildschirm, der das Access-Hauptfenster und darin das so genannte *Datenbankfenster* zeigt (siehe Abbildung 38.5).

HINWEIS Die von Microsoft-Access erzeugten Datenbankdateien tragen die Dateiendung MDB. Das steht für **M**icrosoft **Data**base. Zu Deutsch: **M**icrosoft-**Daten**bank.

Abbildung 38.5:
Das Access-Anwendungs-fenster

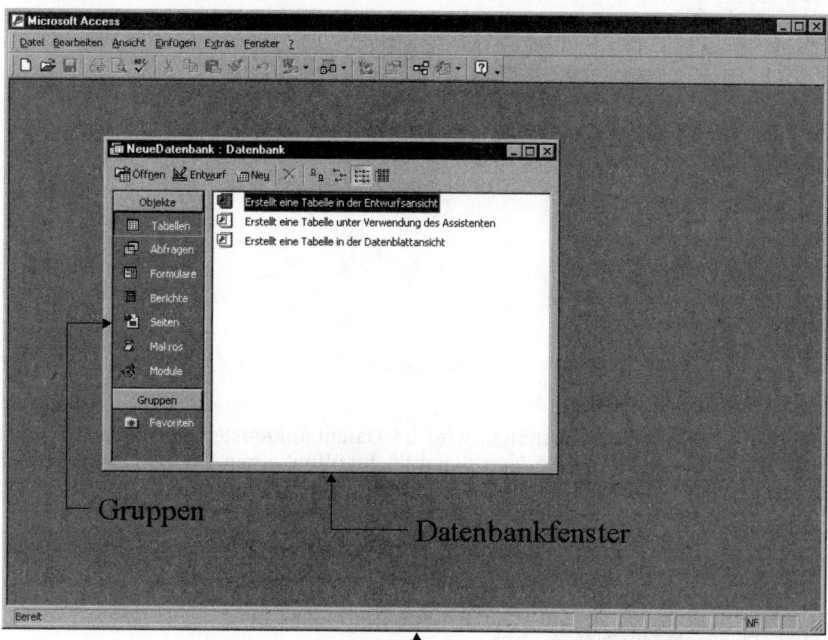

Das Datenbankfenster unterteilt sich in zwei separate Bereiche: Links wird eine Liste der verfügbaren Access-Objektkategorien oder -gruppen dargestellt, rechts werden die in einer Gruppe verfügbaren Objekte und Optionen angezeigt. Mit der Maus lassen sich die verschiedenen Kategorien und die darin enthaltenen Objekte anklicken. Derzeit befinden sich allerdings nur Platzhalterobjekte in den Kategorien, die die Erstellung neuer Objekte mit oder ohne Inanspruchnahme eines Assistenten gestatten. Im Folgenden werden wir neue Objekte, egal ob es sich dabei um Tabellen, Formulare, Berichte oder Abfragen handelt, stets in der Entwurfsansicht erzeugen und dabei nicht auf die Assistenten zurückgreifen. Assistenten sind zwar sehr nützlich, doch ihre Einstellmöglichkeiten sind nur schwer verständlich, wenn die Grundlagen nicht bekannt sind.

HINWEIS Jedes Objekt einer Access-Datenbank kennt mindestens zwei Ansichten: eine Entwurfsansicht, in der Änderungen an der Struktur des Objektes zulässig sind (z.B. Tabellenentwurf für das Tabellendesign), und eine »Bearbeitungsansicht«, in der der Inhalt eines Objektes verändert wird (Datenblattansicht zur Eingabe von Datensätzen in die Tabelle). Je nach Objekt trägt die zweite Ansicht unterschiedliche Namen: bei Tabellen und Abfragen heißt sie *Datenblattansicht*, bei einem Formular *Formularansicht* und bei einem Bericht nennt man sie *Seitenansicht* oder *Berichtsvorschau*.

Tabellendesign

Nach der Erstellung einer leeren Datenbank werden in einem ersten Arbeitsschritt alle benötigten Tabellen erzeugt. Dazu fließen alle bisherigen Überlegungen über das Datenmodell (siehe ▶ Kapitel 37, *Gutes Datenbank-Design? Was ist das?*) in die Tabellenerstellung ein. Vor allem auf die Datenfelder einer jeden Tabelle kommt es nun an.

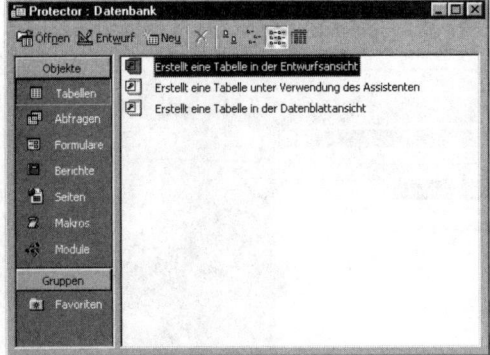

Abbildung 38.6:
Die Tabellen-Gruppe im Datenbankfenster

Um eine neue Tabelle zu erstellen, wird im Datenbankfenster die Kategorie *Tabellen* ausgewählt. Ein Klick auf die *Neu*-Schaltfläche öffnet einen Dialog, der verschiedene Möglichkeiten zur Erstellung einer neuen Tabelle bietet:

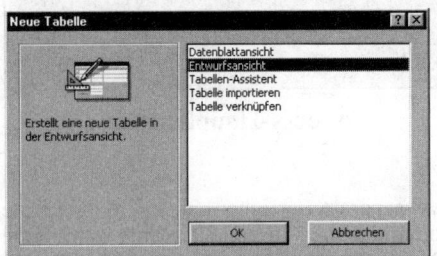

Abbildung 38.7:
Neue Tabellen braucht die Datenbank

Ohne Umweg über diesen Dialog geht es, wenn im Datenbankfenster (s. Abbildung 38.6) doppelt auf einen der drei *Erstellt eine Tabelle...*-Einträge geklickt wird. Weil es nun aber vor allem auf den Entwurf einer Tabelle ankommt, sollte die neue Tabelle in jedem Fall in der Entwurfsansicht geöffnet werden, um die Datenfelder der Tabelle definieren zu können.

Tabellenentwurf von Hand

Die Entwurfsansicht einer Tabelle bietet dem Anwender folgendes Bild (siehe Abbildung 38.8).

In dieser Ansicht lassen sich die Datenfelder einer Tabelle definieren. Im oberen Bereich dieses Fensters, dem so genannten Raster, werden die Datenfelder definiert, im unterem Bereich, betitelt mit der Überschrift *Feldeigenschaften*, werden die Eigenschaften eines jeden Datenfeldes eingestellt.

Im Raster des Tabellenentwurfs lassen sich die folgenden drei Bestandteile für jedes Datenfeld eingeben:

- ein Feldname, der innerhalb einer jeden Tabelle eindeutig sein muss,
- der Felddatentyp, der angibt, welcher Art die im Datenfeld abgelegten Daten sein sollen,
- eine Beschreibung, die einerseits als Unterstützung für den Datenbankentwickler dient, und andererseits in Eingabeformularen als Statustext in der Statuszeile des Access-Hauptfensters zur Anzeige gelangt.

Abbildung 38.8:
Tabellen in der Entwurfsansicht

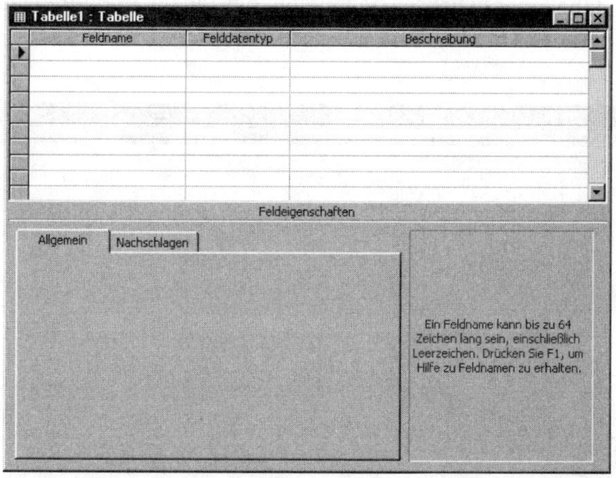

Für den Feldnamen kommt prinzipiell jede beliebige Zeichenfolge in Frage. *Mein erstes Datenfeld* ist ebenso gültig wie *Name* oder *Vorname*. Auch Leerzeichen und deutsche Umlaute sind erlaubt.

HINWEIS

In Namen für Access-Objekte aller Art sind folgende Zeichen nicht zulässig: . , ! ' . Außerdem dürfen die Steuerzeichen mit ASCII-Codes zwischen 0 und 31 nicht im Namen erscheinen. Allerdings muss man sich schon ziemlich anstrengen, um diese Zeichen einzugeben. Weniger anstrengen muss man sich jedoch, um einen Namen mit einem Leerzeichen beginnen zu lassen. Aber auch das ist verboten, ebenso wie ein Name, der mehr als 64 Zeichen besitzt.

[F6] *zur Navigation zwischen oberen und unterem Fensterbereich*

Im Entwurfsfenster können Sie die Einfügemarke mit Hilfe der [⇥]-Taste sowie mit den Pfeiltasten von Spalte zu Spalte bewegen, um ein Datenfeld zu definieren. Die *Feldeigenschaften* im unteren Fensterbereich erreichen Sie so jedoch nicht. Um dorthin zu gelangen, klicken Sie entweder mit der Maus auf ein Steuerelement des unteren Fensterbereichs, oder Sie betätigen die [F6]-Taste, mit der die Einfügemarke zwischen oberem und unterem Fensterbereich wechselt.

So erstellen Sie eine Tabelle

1. Wechseln Sie im Datenbankfenster in die Kategorie *Tabellen* und legen Sie ein neue leere Tabelle durch Doppelklick auf den Eintrag *Erstellt eine Tabelle in der Entwurfsansicht* im Datenbankfenster an. Alternativ dazu lässt sich die neue Tabelle auch durch Betätigung der *Neu*-Schaltfläche erzeugen. Dann müssen Sie allerdings den folgenden Dialog bearbeiten, in dem Sie den Aufbau einer Tabelle in der *Entwurfsansicht* fordern:

Abbildung 38.9:
Neue Tabelle erstellen

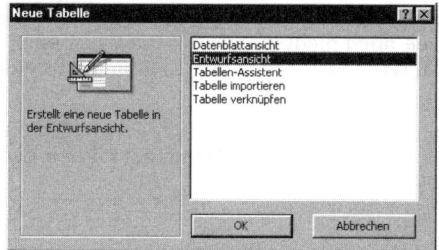

2. Es öffnet sich ein leeres Tabellenentwurfsfenster, in dem die Tabelle und ihre Datenfelder definiert werden:

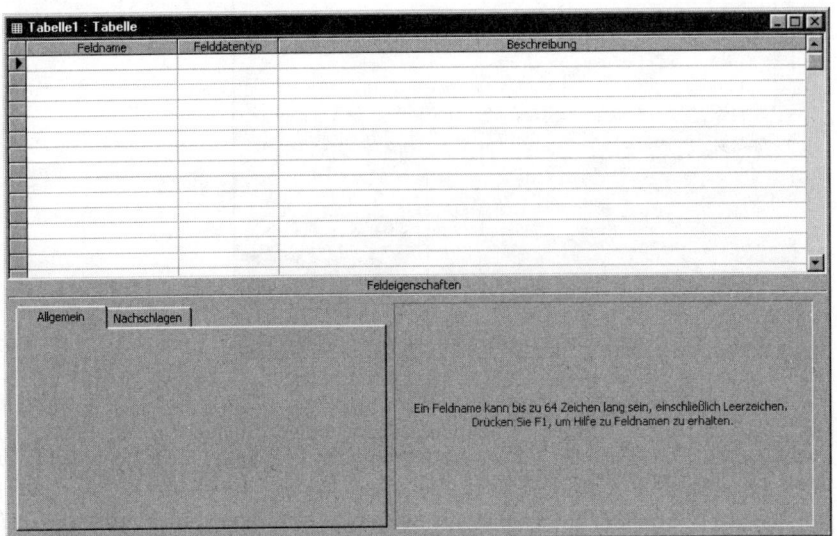

Abbildung 38.10:
Die leere Tabellenansicht

Geben Sie in den Spalten für *Feldname*, *Felddatentyp* und die Werte aus der folgenden Abbildung ein:

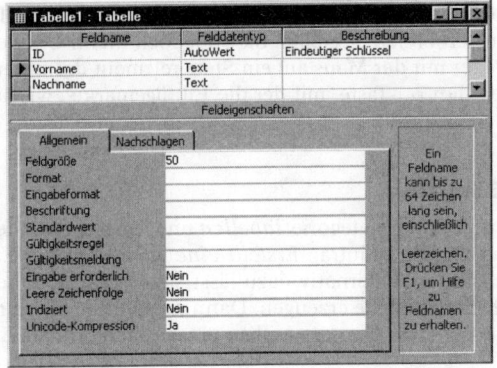

Abbildung 38.11:
Definition eines Tabellenfeldes

Um die Einstellungen in den *Feldeigenschaften* in der unteren Hälfte des Tabellenentwurfsfensters müssen Sie sich derzeit noch nicht kümmern, wichtig ist nur, dass die *Felddatentypen* der Datenfelder durch Auswahl aus den Kombinationsfeldern auf *AutoWert* und *Text* gesetzt werden.

3. Wechseln Sie von der Entwurfsansicht in die Datenblattansicht, entweder durch Auswahl des Befehl *Datenblattansicht* aus dem *Ansicht*-Menü, oder durch Betätigung des Datenblattsymbols in der Symbolleiste.

Zur Datenblattansicht

4. Bevor das erste Mal in die Datenblattansicht gewechselt wird, müssen Sie noch mehrere Dialoge beantworten. Zum einen müssen Sie die neue Tabelle zuerst in der Datenbank speichern. Geben Sie dazu einen Namen wie z. B. *TestTabelle* an. Zum anderen werden Sie darauf hingewiesen, dass noch kein Primärschlüssel definiert wurde. Beenden Sie diesen Dialog mit *Ja*, um Access automatisch einen Primärschlüssel erstellen zu lassen.

5. Danach befindet sich die Tabelle in der Datenblattansicht und erlaubt die Eingabe von Daten:

Abbildung 38.12:
Ein leerer
Datensatz

Weil die *ID*-Spalte ein *AutoWert* ist, der von Access bei Eingabe eines neuen Datensatzes automatisch gesetzt wird, lassen sich in diese Spalte keine Daten eintragen. Nur in den mit *Vorname* und *Nachname* betitelten Spalten sind Eingaben möglich.

6. Zur Eingabe eines Wertes klicken Sie entweder die entsprechende Spalte an, oder wechseln Sie mit der -Taste in das nächste Feld oder mit ◊+ 🔄 in das vorangehende Feld. Mit ⏎ gelangen Sie nach der Eingabe ebenfalls in das nächste Feld eines Datensatzes. Ob nach dem letzten Datenfeld zum nächsten Datensatz oder wieder zum ersten Datenfeld desselben Datensatzes gesprungen wird, lässt sich in den Optionen von Access einstellen (Menü: *Extras/Optionen*).

So erstellen Sie die Tabellen der Protector GmbH

Um die Tabellen für die fiktive Protector GmbH zu erstellen, geben Sie nach obiger Handlungsanweisung die Tabellendefinitionen der Tabellen von Seite 880 ein.

Der Primärschlüssel

Festlegen des
Primärschlüssels

Um den Primärschlüssel einer Tabelle festzulegen, werden die Datenfelder des Primärschlüssels durch Anklicken des Feldes in der ersten Spalte markiert, und anschließend werden diese Felder durch *Bearbeiten/Primärschlüssel* oder durch Anklicken des Schlüssel-Symbols aus der Symbolleiste zum Primärschlüssel erkoren.

Abbildung 38.13:
Primärschlüssel
festlegen

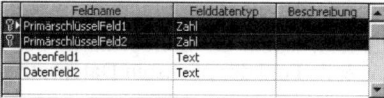

Dass ein Datenfeld den Primärschlüssel bildet, oder zumindest dazugehört, erkennt man daran, dass im Tabellenentwurf ein kleines Schlüsselsymbol vor dem Datenfeld angezeigt wird.

Navigation und Bearbeitung einer Tabelle

Eine Tabelle kann schnell Hunderte oder sogar Tausende Datensätze aufnehmen. Damit Sie sich in diesem Datenwust gut zurechtfinden, folgen nun ein paar Tipps zum Umgang mit den Daten in einer Tabelle.

Datensatzeingabe und -änderung

Der letzte Datensatz in der Datenblattansicht einer Tabelle (oder Abfrage, siehe ▶ Kapitel 40) zeigt immer einen leeren Datensatz, der zur Eingabe neuer Datensätze verwendet wird. Tippen Sie dazu in den leeren Datensatz die gewünschten Informationen ein. Bei der Eingabe des ersten Zeichens werden Sie feststellen, dass Access sofort einen neuen leeren Datensatz erzeugt, weil der von ihnen bearbeitete Datensatz ja nun nicht mehr leer ist.

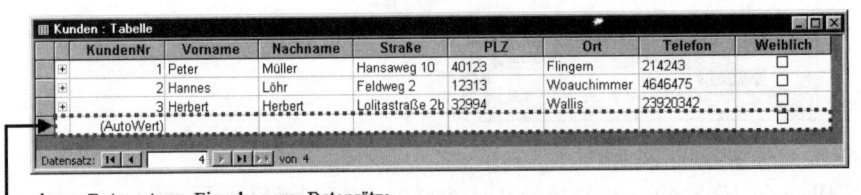

Abbildung 38.14: Leerer Datensatz am Ende der Datenblattansicht

leerer Datensatz zur Eingabe neuer Datensätze

Obwohl es den Anschein hat, dass der von Ihnen eingegebene Datensatz sofort in der Tabelle gespeichert wird, legt Access die Daten erst dann tatsächlich in der Tabelle ab, wenn die Einfügemarke den soeben erstellten Datensatz verlässt. Solange das nicht der Fall ist, solange der neue Datensatz also noch nicht verewigt wurde, können Sie seine Anlage jederzeit durch Betätigung der [Esc]-Taste verhindern. Dabei gehen selbstverständlich alle bisherigen Änderungen am Datensatz verloren.

Die [Esc]-Taste nimmt alle Änderungen zurück.

Die [Esc]-Taste nimmt an zahlreichen Stellen von Access die letzte Änderung zurück, nicht nur in der Datenblattansicht einer Tabelle, sondern auch im Raster des Tabellen- oder Abfrageentwurfs, in den Eigenschaftsdialogen eines Formulars oder Berichtes und in den Gruppierungs-Dialogen.

HINWEIS

Dasselbe gilt für die Änderung bereits bestehender Datensätze. Änderungen werden erst dann wirksam, wenn die Einfügemarke den veränderten Datensatz verlässt. Ist das nicht der Fall, werden alle Änderungen an den Datenfeldern durch die [Esc]-Taste zurückgenommen.

Navigation – Welcher Datensatz soll's denn sein?

In den Datensätzen und Datenfeldern einer Tabelle bewegen Sie sich mit Hilfe verschiedener Tasten. Mit den Pfeiltasten springt die aktuelle Markierung von Spalte zu Spalte bzw. von Datenfeld zu Datenfeld und von Zeile zu Zeile bzw. von Datensatz zu Datensatz. Mit der [⇆]-Taste und der Kombination [⇧]+[Esc] manövrieren Sie die Markierung spaltenweise von Datenfeld zu Datenfeld, wobei die Einfügemarke beim Verlassen des letzten Datenfeld automatisch in das erste Feld des nächsten Datensatzes springt.

Bei der Navigation zwischen den Datenfeldern wird immer der gesamte Inhalt des angesprungenen Feldes selektiert. Wird nun ein Zeichen eingegeben, überschreibt dieses die bereits im Feld vorgefundenen Daten. Verhindern lässt sich das, indem man mit der Maus auf das Datenfeld klickt – und zwar genau auf die Zeichenposition, an der die Änderung vorgenommen werden soll. Um den Griff zur Maus zu vermeiden, können Sie sich aber auch die [F2]-Taste zunutze machen. Sie schaltet vom Navigationsmodus in den so genannten Bearbeitungsmodus – erkennbar daran, dass im Bearbeitungsmodus der Feldinhalt deselektiert und die Einfügemarke am Ende des Feldes bereitsteht:

Die [F2]-Taste schaltet zwischen Bearbeitungs- und Navigationsmodus um.

Die Taste [F2] wirkt nicht nur in der Datenblattansicht einer Tabelle, sondern auch in den Eingabefeldern von Formularen. Darüber hinaus funktioniert sie sogar bei der

TIPP

Dateneingabe in Microsoft Excel und im Windows-Explorer. Dort lässt sich die aktuelle Datei oder das aktuelle Verzeichnis sofort nach Betätigung von [F2] umbenennen.

Selbstverständlich lassen sich die gewünschten Datensätze auch mit der Maus ansteuern. Falls die in der Datenblattansicht dargestellten Datensätze die Dimensionen des Fensters sprengen, werden am rechten und linken Fensterrand Bildlaufleisten angezeigt, die eine Auswahl des gewünschten Tabellenbereichs erlauben.

Am unteren Fensterrand befindet sich außerdem eine so genannte Navigationsschaltfläche, mit der sich in der Datenmenge navigieren lässt. Neben Schaltflächen, um zum nächsten oder vorherigen Datensatz zu springen, gibt es außerdem Schaltflächen, um den ersten oder letzten Datensatz aufzusuchen. Darüber hinaus beherbergen die Navigationsschaltflächen eine Schaltfläche zur Anlage neuer Datensätze. Diese Schaltfläche ist besonders nützlich, wenn der leere Datensatz zur direkten Eingabe eines neuen Datensatzes außerhalb des dargestellten Bereiches liegt.

Abbildung 38.15:
Die Navigations-
schaltfläche

Die Bedeutung der einzelnen Schaltflächen in der Navigationsschaltfläche zeigt Tabelle 38.3. Neben diesen Schaltflächen stellt die Navigationsschaltfläche außerdem die Nummer des aktuell angezeigten Datensatzes dar, und nennt außerdem die Gesamtzahl der verfügbaren Datensätze.

Tabelle 38.3:
Navigations-
schaltflächen

Navigationsschaltfläche	Beschreibung
	Zum ersten Datensatz springen
	Zum vorherigen Datensatz springen. Nur verfügbar, wenn der aktuelle Datensatz nicht bereits der erste Datensatz ist.
	Zum nächsten Datensatz springen. Nur verfügbar, wenn der aktuelle Datensatz nicht bereits der letzte Datensatz ist.
	Zum letzten Datensatz springen
	Neuen Datensatz anlegen und anzeigen. Nur verfügbar, wenn der aktuelle Datensatz nicht bereits ein neuer Datensatz ist.

Damit Sie immer auf dem Laufenden über die Nummer des derzeit aktiven Datensatzes und die Anzahl der in der Tabelle enthaltenen Datensätze bleiben, zeigt Access diese Informationen ebenfalls in der Navigationsschaltfläche an. Die Anzeige des aktuellen Datensatzes ist zudem ein Eingabefeld. Um einen bestimmten Datensatz anzuspringen, wird dazu seine Nummer in diesem Eingabefeld eingegeben und durch [↵] bestätigt. Der an der eingegebenen Position befindliche Datensatz wird dadurch zum aktuellen Datensatz erhoben.

HINWEIS
Weil die Navigationsschaltflächen nur mit der Maus zu erreichen sind, müssen Tastaturanwender entweder auf die Pfeiltasten zur Navigation oder auf [Strg]+[Pos 1] und [Strg]+[Ende] zum Springen an den Anfang bzw. an das Ende der Datensatzliste zurückgreifen. Alternativ findet man im *Bearbeiten/Gehe zu*-Untermenü zusätzlich die Befehle der Navigationsschaltfläche.

Mit [F5] in die
Datensatz-
nummer
Das Eingabefeld zur Eingabe der Datensatznummer lässt sich durch einen einfachen Mausklick aktivieren. Um das Feld per Tastatur zur aktivieren muss, man die [F5]-Taste betätigen.

Datensätze hinzufügen

Eine Methode, um einer Tabelle neue Datensätze hinzuzufügen, haben Sie bereits kennen gelernt: das Ausfüllen des leeren Datensatzes am Ende einer Tabelle. Damit Sie zur Eingabe eines neuen Datensatzes aber nicht erst umständlich an das Ende einer langen Tabelle navigieren müssen, stellt Access in der Navigationsschaltfläche und in der Symbolleiste eine Schaltfläche für neue Datensätze bereit. Mit ihr wird die Einfügemarke in den leeren Datensatz bewegt, wo sie nun die neuen Daten eingeben können.

Neuer Datensatz

Suchen und Ersetzen – Finden Sie sich zurecht?

Wenn eine Tabelle mehrere hundert oder sogar tausend Datensätze besitzt, wird es schwierig, gewünschte Informationen auf Anhieb zu finden. Mit Hilfe von Filtern und Sortierungen (siehe ▶ Seite 922) lässt sich die Datensatzmenge zwar eingrenzen und die Suche beschleunigen, doch im Wust der zahlreichen Datensätze werden wichtige Informationen schnell übersehen.

Daher bietet Access eine *Suchen*-Funktion, mit der sich alle Datensätze durchsuchen lassen. Aufgerufen wird sie über den Menüpunkt *Bearbeiten/Suchen*, über das Fernglas-Symbol oder über die Tastenkombination [Strg]+[F]:

Datensatz suchen

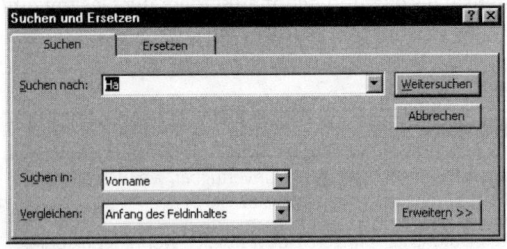

Abbildung 38.16:
Suchen (und Ersetzen)

Der *Suchen*-Dialog ist bei der Suche nach Werten innerhalb des derzeit aktiven Datenfeldes behilflich, sowohl bei Textfeldern als auch bei nummerischen Feldern. Der zu suchende Text wird dazu in *Suchen nach:* hinterlegt. Ob tatsächlich nur im aktuellen Datenfeld oder in allen Feldern der Tabelle nach dem Wert gefahndet werden soll, wird im Kombinationsfeld *Suchen in:* festgelegt. Es stellt die Suche nach dem aktuellen Feld oder nach allen Feldern in der Tabelle zur Auswahl:

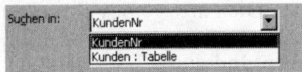

Abbildung 38.17:
Suchen in einem speziellen Feld oder allen Datenfeldern

Ohne weitere Vorkehrungen versucht Access den Datensatz zu finden, dessen Inhalt vollständig dem gesuchten Text entspricht. Falls Sie jedoch nur den Anfang des aufzufindenden Datenfeldinhaltes kennen, müssen Sie im Kombinationsfeld *Vergleichen* die Option *Anfang des Feldinhaltes* auswählen und falls Sie nur einen Teil innerhalb des Feldinhaltes kennen, müssen Sie die Option *Teil des Feldinhaltes* wählen (siehe Abbildung 38.18).

Wurden alle Suchoptionen eingestellt, wird der Suchvorgang durch Betätigen der *Weitersuchen*-Schaltfläche eingeleitet (siehe Abbildung 38.19).

Abbildung 38.18:
Wie soll der Suchtext mit dem Datenfeld verglichen werden?

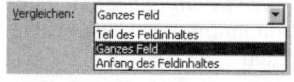

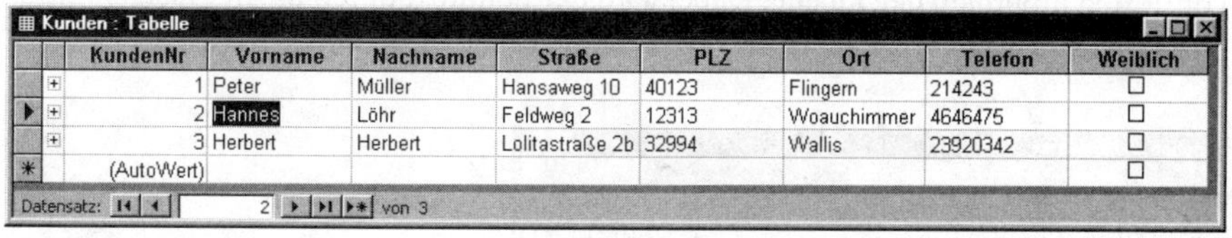

Abbildung 38.19:
Das gefundene Datenfeld

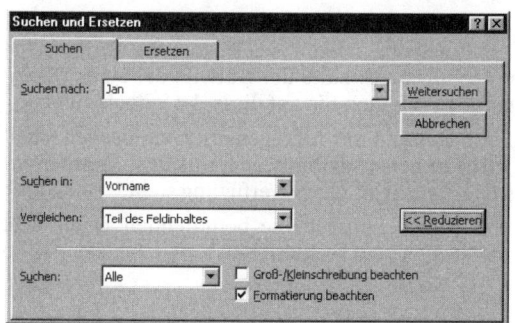

Bei der Suche berücksichtigt Access den im Datenfeld gespeicherten Wert, ohne darauf zu achten, in welchem Format die Daten in der Tabelle angezeigt werden. Das äußert sich besonders bei Datumsfeldern. Wird ein Datumsfeld beispielsweise als *01. Jan 1999* angezeigt, so führt eine Suche nach dem Text *Jan* normalerweise nicht zum Erfolg. Erst wenn in den erweiterten Einstellungen des *Suchen*-Dialogs das Kontrollkästchen *Formatierung beachten* aktiviert wird, findet Access auch die Texte in einem Datenfeld, die durch Ausgabeformate zustande kommen. Um die erweiterten *Suchen*-Einstellungen zu aktivieren, muss allerdings die *Erweitern* >>-Schaltfläche angeklickt werden.

Abbildung 38.20:
Erweiterte Suchen-Einstellungen

Dadurch wird der *Suchen*-Dialog um einige Einstellungen erweitert. So lässt sich im Kombinationsfeld *Suchen* die Ausbreitung der Suche bestimmen. Die Vorgabe *Alle* sorgt dafür, das ausgehend vom aktuellen Datensatz bis zum letzten Datensatz gesucht wird. Falls kein Treffer gefunden wurde, fährt Access automatisch mit der Suche am Beginn der Tabelle fort, um sich von dort bis zum aktuellen Datensatz vor zu kämpfen. Wird jedoch *Aufwärts* oder *Abwärts* gesucht, stoppt Access die Suche mit einer Meldung, sobald der erste bzw. der letzte Datensatz erreicht und bis dorthin kein Treffer registriert wurde:

Abbildung 38.21:
Die Suche war nicht erfolgreich.

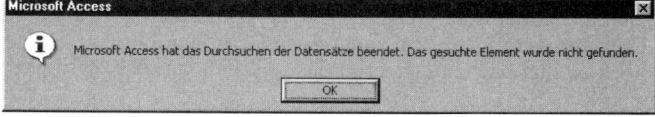

Tabellen-Design

Die letzte Einstellung des *Suchen*-Dialogs heißt *Groß-/Kleinschreibung beachten* und sorgt bei Aktivierung dafür, dass Treffer nur bei Übereinstimmung der Groß-/Kleinschreibung zwischen Suchtext und Datenfeld gemeldet werden.

Um Werte in einer Tabelle zu ersetzen, stellt der *Suchen*-Dialog das *Ersetzen*-Register bereit. Es unterscheidet sich durch ein Eingabefeld für einen Ersetzungstext und einige Schaltflächen vom *Suchen*-Dialog. Seine Funktion liegt auf der Hand: die Ersetzung von Texten innerhalb der Tabelle. Dabei wird der Fundtext durch die in *Ersetzen durch* angegebene Zeichenfolge überschrieben:

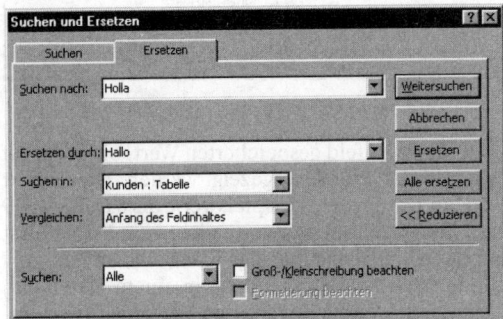

Abbildung 38.22:
Ersetzen

Datensätze löschen

Wenn Sie mit der Einfügemarke in der Tabelle navigieren, selektieren Sie nur einzelne Datenfelder und können dadurch bestenfalls die Inhalte der Datenfelder eines Datensatzes löschen. Den kompletten Datensatz entfernen Sie auf diese Art jedoch nicht.

Um den aktuellen Datensatz, also den Datensatz mit Einfügemarke, zu löschen, stellt Access 2000 den Befehl *Datensatz löschen* bereit, der entweder aus dem *Bearbeiten*-Menü aufgerufen wird oder über das *Löschen*-Symbol zur Verfügung steht.

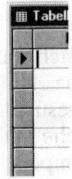

Datensatz löschen

Falls Sie mehrere Datensätze löschen wollen, müssen die betreffenden Datensätze zuerst selektiert werden. Dazu befindet sich am rechten Rand der Tabelle ein so genannter Datensatzmarkierer:

Abbildung 38.23:
Der Datensatz-
markierer

Sobald dieser Datensatzmarkierer angeklickt wird, werden alle Felder des Datensatzes selektiert. Um mehrere Datensätze zu markieren, wird die Maus über alle Datensatzmarkierer der auszuwählenden Datensätze gezogen. Die so markierten Datensätze werden anschließend durch *Bearbeiten/Datensatz löschen* oder durch Druck auf die Entf-Taste gelöscht. Um ganz sicher zu gehen, zeigt Access vor dem Löschen jedoch einen Dialog an, um noch einmal nachzufragen, ob das Löschen wirklich stattfinden soll.

Abbildung 38.24:
*Sollen die Daten-
sätze wirklich
gelöscht werden?*

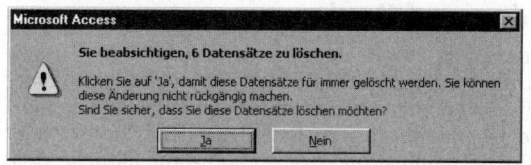

So selektieren Sie mehrere Datensätze mit der Tastatur

1. Selektieren Sie den aktuellen Datensatz über den *Datensatz auswählen*-Befehl aus dem *Bearbeiten*-Menü.
2. Erweitern Sie die aktuelle Auswahl durch Betätigung der [Bild ↓]-, [Bild ↑]-, [↓]-, [↑]-, [←]-, [→]-Tasten, indem Sie zusätzlich zu diesen Navigationstasten auch die [⇧]-Taste gedrückt halten.

Sortierung der Datensätze

Die Daten einer Tabelle werden per Standardeinstellung in der Reihenfolge angezeigt, in der sie vom Anwender in die Tabelle eingegeben wurden. Oft ist das eine Reihenfolge, die eine detaillierte Auswertung der Daten erschwert. Doch Access erlaubt die Sortierung der in der Datenblattansicht angezeigten Tabelle nach den Werten innerhalb einer Spalte.

So sortieren Sie die Datensätze in der Datenblattansicht

Datensätze/Sor-
tierung/
Aufsteigend oder
Absteigend

1. Klicken Sie in der Datenblattansicht mit der rechten Maustaste auf einen beliebigen Datensatz in der Spalte, nach der die Datensätze der Tabelle sortiert werden sollen. Je nachdem, wo der Mauszeiger steht, erscheint eines der beiden folgenden Kontextmenüs (siehe Abbildung 38.25).

Abbildung 38.25:
*Kontextmenüs
eines
Datensatzes*

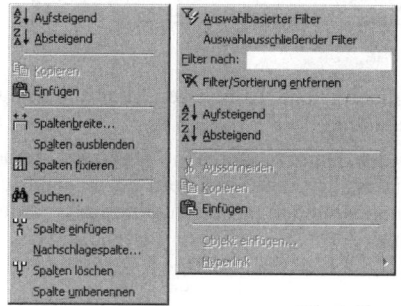

Das erste Kontextmenü erscheint, wenn sich der Mauszeiger auf dem Spaltenkopf befindet, das zweite, wenn der Mauszeiger über einem Datenfeld eines Datensatzes steht.

2. Durch Auswahl des Menüpunktes *Aufsteigend* oder *Absteigend* werden alle Datensätze entsprechend der Inhalte des ausgewählten Datenfeld in aufsteigender oder absteigender Reihenfolge sortiert.

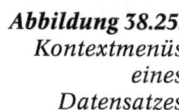
und
Aufwärts und
Abwärts sortieren

3. Alternativ zum Kontextmenü steht auch das *Datensätze*-Menü mit dem *Sortieren*-Untermenü zur Verfügung, das ebenfalls die *Aufsteigend* und *Absteigend* Befehle enthält. Und die Symbolleiste stellt ebenfalls Symbole bereit.

Duplizieren, Ausschneiden und Kopieren

Oft lässt sich einiges an Tipparbeit ersparen, wenn einer der vorhandenen Datensätze mehrfach dupliziert wird, um anschließend in den Duplikaten nur noch kleine Änderungen vorzunehmen. Eine der einfachsten Möglichkeiten zur Duplikaterstellung führt über die Windows-Zwischenablage. Über den *Kopieren*-Befehl aus dem Kontext- oder *Bearbeiten*-Menü oder über die Tastenkombination [Strg]+[C] wird die aktuelle Auswahl in die Zwischenablage übernommen. Doch nicht der *Einfügen*-Befehl aus dem *Bearbeiten*-/Kontextmenü oder die Tastenkombination [Strg]+[V] fügen eine Kopie des Datensatzes aus der Zwischenablage in die Tabelle ein. Erst der Befehl *Am Ende anfügen* aus dem *Bearbeiten*-Menü fügt den oder die Datensätze aus der Zwischenablage an das Ende der Tabelle an.

Bearbeiten/Am Ende anfügen *kopiert den Datensatz aus der Zwischenablage in einen neuen Datensatz.*

Der *Einfügen*-Befehl und die Tastenkombination [Strg]+[V] besitzen aber dennoch eine Funktion. Durch sie wird der aktuell über den Datensatzmarkierer ausgewählte Datensatz mit den Inhalten aus der Zwischenablage überschrieben.

Spaltenbreiten des Datenblatts definieren

Beim ersten Öffnen einer Tabelle in der Datenblattansicht ergibt sich meist das folgende Bild:

Personal : Tabelle

Personal-Nr	Nachname	Vorname	Position	Anrede	Geburtsdatum	Einstellung	
1	Davolio	Nancy	Vertriebsmitarbeiterin	Frau	08.Dez.1968	01.Mai.1992	507 - 20th
2	Fuller	Andrew	Geschäftsführer	Herr	19.Feb.1952	14.Aug.1992	908 W. C
3	Leverling	Janet	Vertriebsmitarbeiterin	Frau	30.Aug.1963	01.Apr.1992	722 Moss
4	Peacock	Margaret	Vertriebsmitarbeiterin	Frau	19.Sep.1958	03.Mai.1993	4110 Old
5	Buchanan	Steven	Vertriebsmanager	Herr	04.Mrz.1955	17.Okt.1993	14 Garrett
6	Suyama	Michael	Vertriebsmitarbeiter	Herr	02.Jul.1963	17.Okt.1993	Coventry I
7	King	Robert	Vertriebsmitarbeiter	Dr.	29.Mai.1960	02.Jan.1994	Edgeham
8	Callahan	Laura	Vertriebskoordinatorin	Frau	09.Jan.1958	05.Mrz.1994	4726 - 11t
9	Dodsworth	Anne	Vertriebsmitarbeiterin	Frau	02.Jul.1969	15.Nov.1994	7 Houndst
(AutoWert)							

Datensatz: 1 von 9

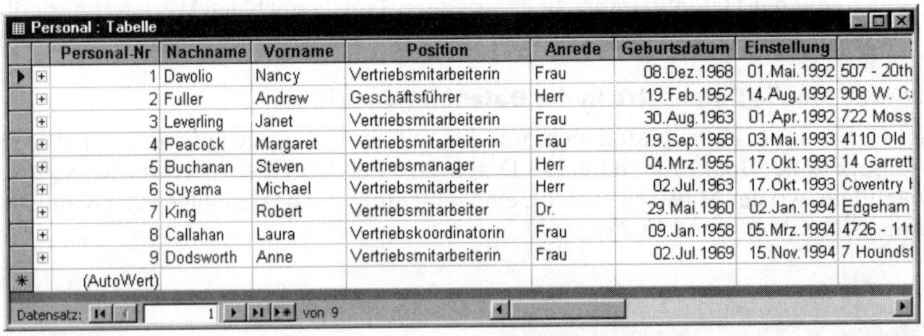

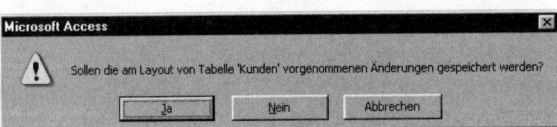

Abbildung 38.26: *Standardlayout einer Tabelle in der Datenblattansicht*

Wem diese Form der Tabellenpräsentation nicht gefällt, kann eigene Formatierungen vornehmen, um die Tabellen gefälliger zu gestalten.

HINWEIS

Falls Sie das Aussehen einer Tabelle in der Datenblattansicht verändert haben, erscheint beim Schließen der Tabelle ein Dialog, der zum Speichern der Format- und Layout-Änderungen auffordert. Ihre Änderungen bleiben nur dann dauerhaft erhalten, wenn Sie die Layout-Informationen speichern.

Abbildung 38.27: *Verändertes Layout speichern?*

Format/Spaltenbreiten

An erster Stelle der Formatierung stehen dabei die Spaltenbreiten. Beim Öffnen der Tabelle stellt Access zwar einigermaßen sinnvolle Spaltenbreiten ein, doch kann das nicht verhindern, dass der eine oder andere Datenfeldinhalt nicht vollständig gezeigt wird. Um die Spaltenbreite auf ein exaktes Maß einzustellen, wird über den *Spaltenbreiten*-Befehl aus dem *Format*-Menü der folgende Dialog aufgerufen:

Abbildung 38.28:
Eine neue Spaltenbreite

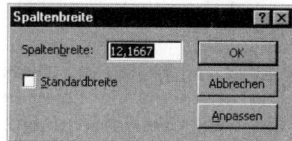

Er erlaubt die Eingabe der Breite für die aktuelle Spalte, also der Spalte, in der sich derzeit die Einfügemarke befindet. Eingegeben wird die Breite in der Einheit »Feldzeichen«, was nichts anderem entspricht, als der Anzahl der Zeichen, die in einer Zeile ungefähr dargestellt werden sollen. Eine völlig exakte Einstellung der Breite ist damit leider nicht zu erreichen, weil das Zeichen *i* beispielsweise schmaler ist als ein *w*, so dass sich die Zeichenfolge »iiiiiiiii« beispielsweise in einem Feld mit 10 Zeichen problemlos darstellen lässt, während die Zeichenfolge »wwwwwwwww« dessen Rahmen sprengt.

Automatische Anpassung der Spaltenbreiten

Die Spaltenbreite wird an die Größe des breitesten Datenfeldes angepasst, indem die *Anpassen*-Schaltfläche dieses Dialogs betätigt wird. Allerdings können auch hier Ungenauigkeiten eintreten, denn Access untersucht bei umfangreichen Tabellen nicht jeden einzelnen Datensatz auf seine Breite, um den breitesten zu ermitteln, sondern greift dazu im Wesentlichen auf die derzeit im Fenster angezeigten Datensätze zurück. Befindet sich das breiteste Datenfeld außerhalb des derzeit dargestellten Bereichs, wird es bei späterem »Hineinscrollen« in den sichtbaren Bereich daher unter Umständen nicht vollständig angezeigt.

Der Schiebe-Zeiger

Um die Spaltenbreiten anzupassen, muss aber nicht erst umständlich auf den *Spaltenbreiten*-Dialog zugegriffen werden. Mit der Maus lässt sich der rechte Rand einer Spalte ebenfalls verschieben. Der Mauszeiger muss dazu im Spaltenkopf auf eine Spaltenbegrenzung platziert werden, bis er sein Aussehen in einen »vertikalen Schiebe-Zeiger« verwandelt: In diesem Zustand erlaubt die Maus das Ziehen der Spalte auf die gewünschte Breite.

Abbildung 38.29:
Doppelklick auf die Spaltentrenner führt zur Anpassung der Spaltenbreiten.

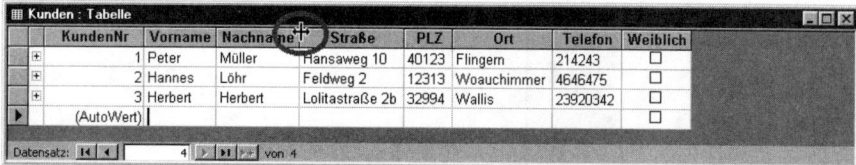

Soll die Spaltenbreite an das breiteste Datenfeld angepasst werden, genügt ein Doppelklick auf den Spaltentrenner im Spaltenkopf der Tabellenansicht.

HINWEIS Der Doppelklick auf den Spaltentrenner zur Anpassung der Spaltenbreiten an das breiteste Element dieser Spalte funktioniert übrigens in allen Office-Anwendungen, also auch bei Excel oder WinWord. Überall, wo in Office Tabellen zum Einsatz gelangen, lassen sich die Spaltenbreiten durch Doppelklick anpassen. Sogar in der Detailansicht des Windows-Explorer lassen sich die Spalten an die Größe der dargestellten Dateinamen anpassen.

Mehrere Spalten markieren

Um die Spaltenbreiten für mehrere Spalten einzustellen, müssen die Spalten gleichzeitig markiert werden. Das lässt sich auf verschiedene Arten erledigen:

- Die Spaltenköpfe der zu selektierenden Spalten werden nacheinander bei gedrückter Strg-Taste mit der linken Maustaste angeklickt.
- Sie klicken auf einen derzeit nicht selektierten Spaltenkopf und ziehen die Maus über alle zu selektierenden Spalten. Weil so nur unmittelbar nebeneinander liegende Spalten selektiert werden, müssen weitere Spalten über die oben geschilderte Methode zusätzlich markiert werden.

Nun lassen sich die Spaltenbreiten aller selektierten Spalten gemeinsam einstellen.

Spaltenreihenfolge und Sichtbarkeit

Die Reihenfolge der Spalten in der Tabellenansicht richtet sich nach der Reihenfolge, in der die Datenfelder im Tabellenentwurf definiert wurden. Durch Ziehen des Spaltenkopfes an eine neue Position lässt sich diese Reihenfolge zumindest in der Datenblattansicht ändern.

Falls Spalten angezeigt werden, die die Übersichtlichkeit stören oder die für die aktuelle Aufgabe unwichtig sind, lassen sich die derzeit markierten Spalten durch den Befehl *Spalte ausblenden* aus dem *Format*-Menü oder dem Kontextmenü ausblenden. Sie werden dadurch selbstverständlich nicht aus der Tabelle gelöscht, sondern einfach nicht mehr angezeigt.

Format/Spalten ausblenden

Um die Spalten später wieder einzublenden, wird der Befehl *Spalten einblenden* aus dem *Format*- oder aus dem Kontextmenü aufgerufen. Der daraufhin erscheinende Dialog gestattet die Auswahl der anzuzeigenden Spalten durch Aktivieren der Kontrollkästchen vor dem Spaltennamen:

Format/Spalten einblenden

Abbildung 38.30: Spalten einblenden

Spalten fixieren

Das Navigieren in breiten Tabellen mit vielen Datenfeldern ist oft sehr unangenehm. Denn schnell verliert man jegliche Orientierung und muss an den linken Rand der Tabelle scrollen, um sich erneut zurechtzufinden – denn die Spalten mit den wichtigsten Informationen werden von guten Datenbankdesignern zuerst im Tabellenentwurf genannt und stehen somit immer ganz links in jeder Tabelle.

Durch die Fixierung von Tabellen lässt sich jedoch verhindern, dass eine (oder mehrere) Spalten beim Scrollen des Datenblattes nach rechts aus dem Sichtfeld entschwinden. Die fixierten Spalten bleiben einfach wie »festgeklebt« am linken Fensterrand stehen, egal wohin Sie den aktuellen Tabellenausschnitt verschieben. Erreicht wird das durch Auswahl des *Spalten fixieren*-Befehls aus dem *Format*-Menü, oder dem Kontextmenü eines Spaltenkopfes.

Spalten/fixieren

Format/Spalten-
fixierung aufheben

Der *Spalten fixieren*-Befehl lässt sich mehrfach hintereinander für separate Spalten aufrufen. Aber auch mehrere selektierte Spalten lassen sich damit fixieren. Soll die Fixierung später wieder aufgehoben werden, löst der Befehl *Spaltenfixierung aufheben* aus dem *Format*-Menü alle Fixierungen.

Schriftart und Schriftgröße in der Datenblattansicht

Format/Schrift-
art...

Die Schriftart, in der sich die Datenblattansicht einer Tabelle präsentiert, ist standardmäßig auf Arial, 10 Punkt eingestellt. Der Befehl *Schriftart...* aus dem *Format*-Befehl erlaubt jedoch die Änderung der zu verwendenden Schriftart in der Datenblattansicht. Dazu wird der Windows-Standarddialog zur Eingabe der Schriftart aufgerufen.

Extras/Optio-
nen.../Datenblatt

Um generell die Standardschriftart für die Datenblattansicht einer Tabelle zu ändern, stellen die *Optionen...* aus dem *Extras*-Menü den *Datenblatt*-Register bereit. Hier lassen sich zum einen Schriftart, Schriftgröße und Schriftschnitt (fett, kursiv, unterstrichen) festlegen. Aber auch die zu verwendenden Farben für die Schrift, den Hintergrund und die Rahmenlinien der Datenblattansicht stehen hier zur Auswahl, ebenso die Standardspaltenbreite sowie die Rasterlinien für die Trennung von Datenfeldern (vertikale) und Datensätzen (horizontale):

Abbildung 38.31:
Standardein-
stellungen für
die Daten-
blattansicht

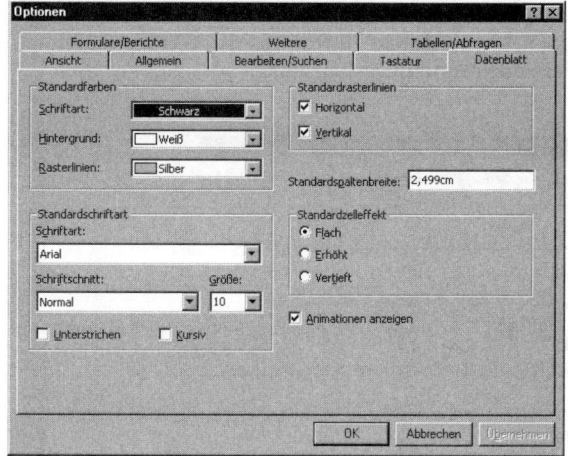

Rasterlinien

Abbildung 38.32:
Rasterlinien
einer Tabelle
manipulieren

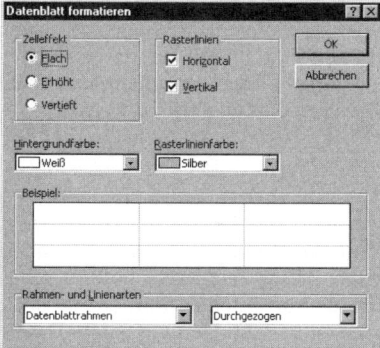

Die Rasterlinien lassen sich jedoch im Befehl *Rasterlinien* aus dem *Format*-Menü deutlich detaillierter manipulieren. Hier stehen vor allem verschiedene Linienarten für die Rasterlinien zur Auswahl.

Format/ Rasterlinien

Zeilenhöhe in der Datenblattansicht

Die Höhe der Zeilen in der Datenblattansicht richtet sich nach der Größe der derzeit eingestellten Schriftart. Doch ähnlich wie die Spaltenbreiten lassen sich auch die Zeilenhöhen jederzeit verändern: entweder durch den *Zeilenhöhe*-Befehl aus dem *Format*-Menü, der einen speziellen Dialog anzeigt, oder durch Ziehen der unteren Rasterlinie eines beliebigen Datensatzes auf die gewünschte Höhe. Alle anderen Datensätze nehmen diese Höhe automatisch ein.

Format/ Zeilenhöhe

Spalten umbenennen und löschen

Etwas unglücklich gewählt ist der Aufenthaltsort für den Befehl *Spalten umbenennen*. Er befindet sich im *Format*-Menü und sein Aufruf führt dazu, dass ein neuer Name für eine Spalte gewählt werden kann. Allerdings wirkt sich diese Namensänderung nicht nur auf die Anzeige, sondern auch auf den Tabellenentwurf aus. Nach der Umbenennung der Spalte hat auch das Datenfeld diesen neuen Namen!

Format/Spalten umbenennen

Ähnlich drastisch arbeitet der Befehl *Spalten löschen* aus dem *Bearbeiten*-Menü. Auch er greift bis auf den Tabellenentwurf durch. Allerdings erscheint hier zumindest eine Warnung, die auf die gravierenden Änderungen am Tabellendesign hinweisen:

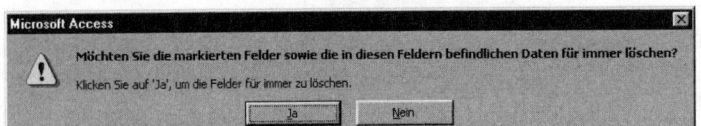

Abbildung 38.33: Vor dem Löschen einer Spalte

Datenfeldtypen – Information auf unterster Ebene

Beim Entwurf einer Tabelle spielen nicht nur die Namen der Datenfelder, sondern auch die Datentypen eines Feldes eine große Rolle. Denn der Datentyp legt fest, wie die Informationen beschaffen sein müssen/können/dürfen, um im jeweiligen Datenfeld abgelegt zu werden. Denn jeder der von Access zur Verfügung gestellten Datentypen hat seine spezifischen Eigenheiten und Einsatzgebiete.

Der Datentyp *Text* wird z.B. zur Speicherung von Zeichenketten wie Vor- oder Nachnamen einer Person eingesetzt. Datenfelder vom Typ *Zahl* dienen der Speicherung von Hausnummern, Preisen oder anderen nummerischen Daten. Zahlen unterscheiden sich von Texten insofern, als das man mit Zahlen Berechnungen anstellen kann, was mit Zeichenfolgen wie z.B. »Peter« nicht so ohne weiteres möglich ist.

Die folgenden Seiten bieten eine Übersicht über die verschiedenen Datentypen:

Text – für Zeichenketten aller Art

Der Datentyp *Text* ist einer der universellsten Datentypen. In ihm lassen sich bis zu 255 beliebige Zeichen speichern. Für Namen aller Art ist dieses Feld daher bestens geeignet. Bei der Anlage eines *Text*-Datenfeldes sollte darauf geachtet werden, dass die Anzahl der verfügbaren Zeichen den Erfordernissen entspricht. Denn in jedem Daten-

Maximal 255 Zeichen

satz wird für jedes Textfeld exakt die angegebene Zeichenzahl reserviert. Reserviert man zu viele Zeichen, verschwendet man Speicherplatz, reserviert man zu wenig, erweist sich die Tabelle als nutzlos und muss überarbeitet werden.

Die Größe eines Textfeldes wird in den *Feldeigenschaften* des Tabellenentwurfs angegeben (Eigenschaft: *Feldgröße*). Vorgegeben sind 50 Zeichen. Während die Erhöhung dieses Wertes auch bei bereits vorhandenen Datensätzen in der Tabelle unproblematisch ist, kann die Verringerung dieses Wertes dazu führen, dass die Texte in den Datenfeldern der bereits eingegebenen Datensätze abgeschnitten werden.

Besonders Access-Anfänger tun sich am Anfang schwer, die richtige Länge für ein Textfeld abzuschätzen. Die folgende Übersicht zeigt daher die gängigen Feldlängen für typische Datenfelder. Diese Angaben stellen jedoch nur eine Richtlinie dar, die im Sonderfall durchaus über- oder unterschritten werden kann:

Tabelle 38.4: Gängige Feldlängen für Textfelder

Feldtyp	Anzahl Zeichen
Vorname	20
Nachname	25
Straße	25
Ort	25
Beruf	30
Name	25
Titel (für Buch, LP, CD, Video etc.)	30
Titel (Anrede)	15

Memo – umfangreiche Beschreibungstexte

Memos speichern maximal 65.535 Zeichen.

Eng verwandt mit dem Datentyp *Text* ist der Datentyp *Memo*. Doch im Gegensatz zum Textfeld ist die Anzahl der Zeichen in einem Memofeld nicht auf 255 Zeichen beschränkt. Ein Memofeld nimmt bis zu 65.535 Zeichen auf. Die Anzahl der zu reservierenden Zeichen muss dazu nirgendwo angegeben werden. Das Memofeld wächst und schrumpft mit den aktuellen Anforderungen. Diese Flexibilität wird jedoch mit einem Nachteil erkauft: Die Suche nach dem Inhalt in einem Memofeld lässt sich nicht durch einen Index (siehe Seite ▶ 916) beschleunigen.

HINWEIS

Um mehrzeilige Daten in einem Memo-Feld zu hinterlegen, können Sie nicht auf die ⏎-Taste zur Zeilenschaltung zurückgreifen. Die ⏎-Taste führt vielmehr dazu, dass in einem Formular (siehe ▶ Kapitel 41) die mit der Vorgabeschaltfläche verknüpfte Aktion ausgeführt wird. Bei der Dateneingabe in der Datenblattansicht wird nach ⏎ zum nächsten Datensatz gewechselt. Erst die Verwendung von Strg+⏎ führt zu einer Zeilenschaltung.

Um mehrere Zeilen in ein Memo-Feld einzugeben, sollte das dazugehörige Eingabefeld in einem Formular mehrere Zeilen hoch sein. Falls das nicht möglich ist, lässt sich der Text im so genannten *Zoom*-Fenster eingeben, das über die Tastenkombination ⇧+F2 aufgerufen wird.

Zahl – Zahlen und Nummern

Der Datentyp *Zahl* ist für die Speicherung nummerischer Werte reserviert. Dazu gehört eine Postleitzahl (40676) ebenso wie der Preis (3,50 DM) eines Artikels. Bei Zahlen unterscheidet man folgende Feldgrößen und Untertypen:

Tabelle 38.5: Feldgrößen für Zahlen

Feldgröße	Wertebereich	Speicherplatz
Byte	0 bis 255	1 Byte
Integer	–32.768 bis 32.767	2 Byte
Long Integer	–2.147.483.648 bis 2.147.483.647	4 Byte
Single	–3,402823E38 bis –1,401298E-45 für negative Werte 1,401298E-45 bis 3,402823E38 für positive Werte	4 Byte
Double	–1.79769313486231E308 bis –4.94065645841247E-324 für negative Werte 1.79769313486231E308 bis 4.94065645841247E-324 für positive Werte	8 Byte
ReplikationsID	Globally Unique Identifier (GUID). Weltweit eindeutige Identifikationsnummer	16 Byte

Singles *und* Doubles

Prinzipiell unterscheidet Access Zahlen mit Nachkommastellen und solche ohne Nachkommastellen. Überall da, wo es auf Genauigkeit ankommt, werden so genannte Gleitkommazahlen mit Nachkommastellen eingesetzt. Diese sind sehr genau, wenn es darum geht, sehr große Werte oder sehr dicht bei 0 liegende, also sehr kleine Werte, zu speichern. Unter Access besteht die Auswahl zwischen den Feldgrößen *Single* und *Double*. *Single* entspricht der so genannten einfach genauen Gleitkommazahl und wird z. B. für Längen- oder Gewichtsangaben (z. B. 100,5 m, 35.764 kg) verwendet. Die doppelt genauen *Double*-Gleitkommazahlen werden ebenfalls für Längen-, und Gewichtsangaben sowie für andere nummerische Werte verwendet. Jedoch setzt man *Double*-Zahlen nur ein, wenn viele Nachkommastellen benötigt werden (0,00000001 kg). Erstens belegen *Double*-Zahlen doppelt soviel Speicherplatz wie *Single*-Zahlen und zweitens dauern Berechnungen mit *Double*-Zahlen aufgrund der höheren Genauigkeit länger als mit *Single*-Zahlen.

Integer *und* Long Integer

Spielen Nachkommastellen keine Rolle (z. B. 2 Häuser oder 5 Autos oder 9 Pferdepflegerinnen), will man also nur »ganze Zahlen« speichern, greift man auf die Feldgrößen *Byte*, *Integer* oder *Long Integer* für die Speicherung einer Zahl zurück. Hier spielt vor allem der zur Verfügung gestellte Wertebereich eine Rolle. *Byte* bietet den kleinsten, *Long* den größten Wertebereich. Auch hier gilt, dass der dem Zweck am besten angepasste Wertebereich verwendet werden soll, um möglichst effizient mit dem Speicherplatz zu haushalten. Was die Rechengeschwindigkeit angeht, unterscheiden sich die »ganzen Zahlen« allerdings kaum voneinander.

ReplikationsID

Der Zahlentyp *ReplikationsID* tanzt etwas aus der Reihe. Denn bei ihm handelt es sich nicht um eine herkömmliche Zahl, mit der man Berechnungen anstellt. Hier geht es um die so genannte Datenbankreplikation, ein Verfahren, bei dem Datensätze aus verschiedenen Datenbanken zu einem späteren Zeitpunkt kollisionsfrei in einer einzigen Datenbank zusammengeführt werden. Dieses Verfahren nutzen beispielsweise Versicherungen für die Datenbanken, die Außendienstmitarbeiter auf ihren Notebooks pflegen. Jeder Außendienstmitarbeiter kann neue Datensätze unabhängig von allen anderen Mitarbeitern anlegen. Die neuen Datensätze müssen anschließend in der Versicherung zusammenfließen. Dabei dürfen niemals zwei Datensätze identisch sein (siehe ▶ Kapitel 37, *Normalisierung Schritt für Schritt*), denn dadurch könnten Probleme bei den mit einem Kunden abgeschlossenen Verträge auftreten. Um sicherzustellen, dass jeder Datensatz ein weltweit eindeutiges Datenfeld enthält, lassen sich Zahlen vom Typ *Replikations ID* verwenden.

Datum/Uhrzeit

Vom 1.1.100 bis zum 31.12.9999

In Datenfeldern vom Typ *Datum/Uhrzeit* werden Monatsangaben und/oder Uhrzeiten gespeichert. Der Wertebereich eines Datumsfeldes reicht von Mitternacht des 1.1.100 bis zur Mitternacht des 31.12.9999.

Hinter einem Datenfeld des Typs *Datum/Uhrzeit* verbirgt sich intern eine *Double-*Zahl. Die Vorkommastellen geben die Anzahl der Tage seit dem 1.1.100 an, die Nachkommastellen (0.0 bis 0.99999) bestimmen die Uhrzeit. 0.0 entspricht der Mitternacht. 0.5 entspricht 12 Uhr Mittags und 0.99999 entspricht der Uhrzeit von 23:59:59.

Währung – DM, Dollar und Euro

Um Geldbeträge zu speichern, stellt Access den Datentyp *Währung* bereit. Prinzipiell lassen sich zur Speicherung von Geldbeträgen auch *Single-* oder *Double-*Werte verwenden. Doch im Gegensatz zu *Double-*Werten bieten Währungswerte den Vorteil, dass ihre Anzeige auch lokale Währungskennzeichen (Euro, DM, US$, Lire etc.) beinhaltet. Zu beachten ist allerdings, dass Access standardmäßig das Währungszeichen verwendet, das der Sprache der installierten Währungsversion entspricht. Wird die Datenbank unter einer anderen Sprachversion von Windows geöffnet, werden aus DM plötzlich Lira oder US$.

AutoWert – Besonders geeignet als Primärschlüssel

Automatische Zähler

Einige Tabellen erfordern ein Datenfeld, dessen Inhalt bei der Anlage eines neuen Datensatzes automatisch hochgezählt wird, und sich dadurch als Primärschlüssel (siehe ▶ Seite 889) eignet. Das ist beispielsweise bei der Kundennummer der Fall. Damit der Anwender das Hochzählen nicht umständlich programmieren muss, bietet Access Datenfelder des Typs *AutoWert* an. *AutoWert-*Felder werden in einer Tabelle sehr oft als Primärschlüssel verwendet, denn durch das Hochzählen bei jedem neuen Datensatz ist gewährleistet, dass das *Autowert-*Feld für jeden Datensatz einen eindeutigen Wert enthält.

Neben Autowerten, die im Wesentlichen einem *Long Integer-*Wert entsprechen (Felddatentyp = *Long Integer*), kennt Access auch Autowerte mit einer Größe von 16 Bytes (Felddatentyp = *ReplikationsID*). In diesem Fall wird eine zufällige *ReplikationsID* gespeichert, die weltweit eindeutig ist.

Ja/Nein – Du musst dich entscheiden

Um Wahrheitswerte, also Werte der Form Ja/Nein, Wahr/Falsch oder 0/1 zu speichern, werden *Ja/Nein-*Felder angelegt. Sie können nur diese beiden Werte annehmen. Einen dritten »Wahrheitswert« gibt es nicht (lat.: »tertium non datur«, ein Drittes darf es nicht geben). Ja/Nein-Werte werden üblicherweise über ein Kontrollkästchen oder Kombinationsfeld eingeben.

OLE-Objekt – Word-Dokumente und Excel-Tabellen in der Datenbank

OLE-Objekte speichern Daten, die von einer anderen Anwendung erzeugt wurden. OLE-Felder können beispielsweise dazu verwendet werden, die in WinWord eingegebenen Texte, die in Excel definierten Kalkulationstabellen oder die in PowerPoint erstellten Präsentationen im Datensatz zu speichern. Die Größe der Daten eines OLE-Feldes darf 1 GByte nicht überschreiten. Wenn vorher der Festplattenplatz knapp wird, ist natürlich schon früher Schluss.

Tabellen-Design

OLE-Datenfelder werden sehr häufig zur Speicherung von Abbildungen in einer Datenbank verwendet. Eingefügt werden OLE-Objekte über den Befehl *Objekt...* aus dem *Einfügen*-Menü. Vor der Auswahl dieses Befehls muss sich jedoch die Einfügemarke im OLE-Datenfeld befinden:

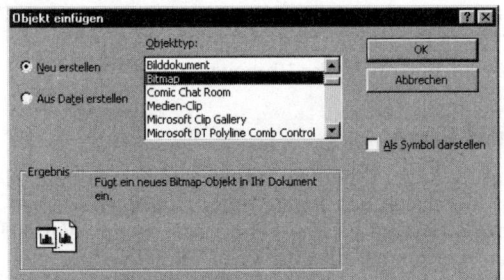

Abbildung 38.34:
Einfügen einer
Bitmap in ein
OLE-Feld

Hyperlink – Adressen im Internet

Ein Datenfeld vom Typ *Hyperlink* speichert einen Verweis auf eine Ressource außerhalb von Access. Das kann die URL einer HTML-Seite im Internet sein oder der Verweis auf eine WinWord-Datei auf Ihrem lokalen PC.

Hyperlinks werden in *Bezeichnungsfeldern*, *Textfeldern*, *Schaltflächen*- oder *Bild*-Steuerelementen angezeigt, und ein Klick auf diese Elemente führt dazu, dass die entsprechende Ressource in einem externen Browser oder einer extra zu diesem Zweck gestarteten Anwendung angezeigt wird. Sofern es sich um einen Verweis auf ein Access-Formular, eine Tabelle oder ein anderes Access-Objekt handelt, wird sein Inhalt im Access-Fenster angezeigt. Für externe Ressourcen, wie beispielsweise eine Word-Datei, wird eine Instanz von Word gestartet. HTML-Dateien werden in einem separaten Browser-Fenster dargestellt.

Anzeige in
externer
Applikation

Standardwert – Eingabe nicht nötig

Für jedes Datenfeld in einer Tabelle lässt sich ein so genannter *Standardwert* angeben. Dieser Wert wird automatisch in das Datenfeld übertragen, sobald ein neuer Datensatz erzeugt wird. Ohne die Angabe eines Standardwertes enthalten die Datenfelder eines neuen Datensatzes den Wert »Leer« (engl. Null). Leer ist nicht zu vergleichen mit 0 oder einer leeren Zeichenfolge (»«). Der Wert *Leer* oder *Null* ist ein Zeichen dafür, dass sich nichts in dem Datenfeld befindet, dass es also bisher noch niemals verwendet wurde.

Vorgabe für neue
Datensätze

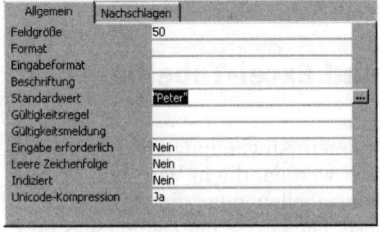

Abbildung 38.35:
Standardwert

Außer für *Autowerte* und *OLE-Objekte* lässt sich für jeden Datentyp ein Standardwert festlegen. Bei den meisten nummerischen Datenfeldern gibt Access als Standardwert die Zahl 0 vor.

Weitere Datenfeldeigenschaften

Neben dem Datenfeldtyp besitzt jedes Datenfeld weitere Eigenschaften. Im Folgenden werden die wichtigsten Eigenschaften näher erläutert.

Beschriftung – Wie soll das Datenfeld genannt werden?

Beschriftungen erleichtern die Arbeit mit Formularen.

Soll die Dateneingabe später nicht nur in der Datenblattansicht erfolgen, sondern auch in einem Formular, so kann bereits beim Tabellenentwurf festgelegt werden, welche Beschriftung dem zugehörigen Eingabefeld auf dem Formular vorangehen soll. Das ist besonders hilfreich, wenn das Steuerelement zur Bearbeitung eines Datenfeldes auf mehreren Formularen platziert werden soll. Denn die Beschriftung für das Steuerelement wird von Access automatisch beigesteuert, wodurch die Arbeit am Formulardesign schneller vonstatten geht.

Ohne die Angabe einer *Beschriftung* wird der Feldname als Beschriftung innerhalb des Formulars verwendet. Weil kryptische Feldnamen wie *KD_ID* oder *PKW-Nr* aber nicht sehr aussagekräftig sind, lässt sich in der *Beschriftung*-Eigenschaft eines Tabellenfeldes die zu verwendende Bezeichnung explizit eingeben.

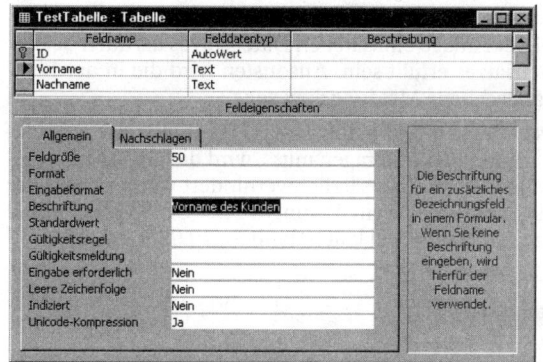

Abbildung 38.36: Beschriftung im Tabellenentwurf ...

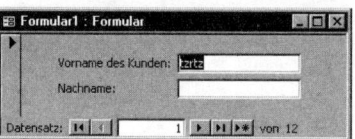

Abbildung 38.37: ... und im Formular

Eingabe erforderlich – Daten müssen eingegeben werden

Nur vollständige Datensätze speichern

Oft ist es nicht zwingend erforderlich, dass alle Datenfelder eines Datensatzes mit einem Wert gefüttert werdem. Wenn Sie bei der Eingabe eines neuen Kunden nicht sofort seinen Geburtstag kennen, geht gewiss nicht die Welt unter. Das ändert sich jedoch schlagartig, wenn Sie beispielsweise Rentenversicherungen verkaufen. In diesem Fall ist das Geburtsdatum des Kunden extrem wichtig und muss auf jeden Fall eingegeben werden. Damit Access eine Fehlermeldung erzeugt, wenn ein Wert im Datenfeld fehlt, muss die Feldeigenschaft *Eingabe Erforderlich* auf *Ja* gesetzt werden.

Leere Zeichenfolgen

Access unterscheidet sehr wohl zwischen einem Datenfeld des Typs *Text*, in das bisher noch kein Wert eingegeben wurde, und einem Textfeld, das eine leere Zeichenfolge enthält. Im ersten Fall spricht man davon, dass das Textfeld nicht initialisiert ist und den imaginären Wert *Null* (dt.: *Nichts*) enthält. Im zweiten Fall enthält es jedoch bereits Daten, wenn auch eine leere Zeichenfolge (»«).

Null *ist nicht dasselbe wie* »«

Um sicherzustellen, dass ein Textfeld mindestens ein Zeichen enthält, muss zusätzlich zu *Eingabe erforderlich = Ja* auch die Eigenschaft *Leere Zeichenfolge* auf *Nein* gesetzt werden. Dann erlaubt Access nur Datensätze, in denen das Textfeld einen Wert enthält.

Gültigkeitsregel und Gültigkeitsmeldung – Alles, was erlaubt ist

Mit einer Gültigkeitsregel wird eine Bedingung festgelegt, die der Inhalt eines Datenfeldes erfüllen muss, um in der Tabelle gespeichert zu werden. Wenn beispielsweise die Anzahl der bestellten Artikel in einem Datensatz gespeichert werden soll, so macht es keinen Sinn, auch negative Werte zuzulassen. Es wird schließlich sehr schwierig »–5« Schraubenzieher auszuliefern.

Um sinnlose Dateneingaben zu verhindern, lässt sich in der Feldeigenschaft *Gültigkeitsregel* eine Bedingung eingeben, die die Werte in einem Datenfeld erfüllen müssen. Diese Bedingung muss sowohl bei der Anlage eines neuen Datensatzes als auch bei der Änderung eines bestehenden Datensatzes erfüllt sein. Ansonsten wird die in der Feldeigenschaft *Gültigkeitsmeldung* angegebene Meldung angezeigt.

Gültigkeitsregeln bestehen oft aus einfachen Bedingungen. Um beispielsweise festzulegen, dass ein nummerischer Wert mindestens *1* betragen muss, wird die Gültigkeitsregel *>0* eingeben (ebenfalls möglich wäre *>=1*). Soll zusätzlich verhindert werden, dass der eingegebene Wert größer als 100 ist, muss eine zweite Bedingung per *Und*-Verknüpfung angegeben werden. Die komplette Gültigkeitsregel lautet dann *>= 1 UND <= 100*.

UND *verknüpft mehrere Regeln*

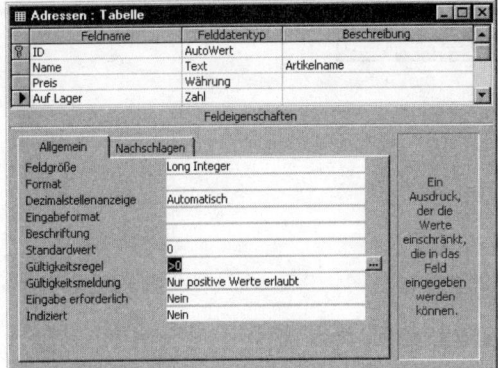

Abbildung 38.38: Definition einer Gültigkeitsregel

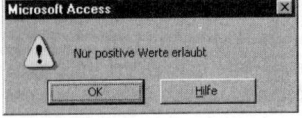

Abbildung 38.39: Gültigkeitsmeldung

Anführungszei- | Bei der Angabe von Gültigkeitsregeln für *Text-* oder *Memo*-Felder muss der Vergleichs-
chen für Texte text in Anführungszeichen angegeben werden. Diese Maßnahme ist nötig, um den zu vergleichenden Text von den *UND*- und *ODER*-Operatoren zu unterscheiden. Um die Eingabe der Zeichenfolgen »*UND*« und »*ODER*« zu gestatten, kann beispielsweise die folgende Gültigkeitsregel verwendet werden: = »*ODER*« Und = »*UND*«.

As you LIKE Wie die bisherigen Beispiele zeigen, werden in einer Bedingung die üblichen Vergleichsoperatoren verwendet. Neben den mathematischen Vergleichsoperatoren kennt Access außerdem den *WIE*-Operator (engl. *LIKE*-Operator). Dieser Operator dient dem Vergleich von Zeichenfolgen mit einem Muster und erlaubt dabei die Verwendung von Jokerzeichen

Tabelle 38.6:
Vergleichs-
operatoren

Vergleichsoperator	Beschreibung
=	Gleich
>	Größer
>=	Größer oder Gleich
<	Kleiner
<=	Kleiner oder Gleich
<>	Ungleich
WIE	Vergleicht ein Textfeld mit einer Zeichenfolge inkl. Jokerzeichen.

Als Jokerzeichen im Muster beim *WIE*-Operator kommen folgende Zeichen in Frage:

Tabelle 38.7:
Jokerzeichen des
WIE-Operators

Jokerzeichen	Beispiel	Beschreibung
*	WIE "W*"	Das Asterisk (*) steht als Platzhalter für beliebige Zeichenfolgen. In diesem Beispiel muss die Eingabe mit einem W beginnen, der Rest spielt keine Rolle. Dazu gehören z.B. *Wieso*, *Weshalb* und *Warum* aber auch ein einzelnes *W*.
	WIE "W*o"	Hier muss der eingegebene Text mit einem *W* beginnen und einem *o* enden. Das passt beispielsweise auf *Wieso* oder *Wo*. Der Text *Warum* passt nicht in dieses Schema.
?	WIE "W?"	Das Fragezeichen steht für ein einziges beliebiges Zeichen. In diesem Beispiel ist jede zweibuchstabige Zeichenfolge erlaubt, die mit einem *W* beginnt. *Wo* ist eine gültige Eingabe, *Wieso* aber nicht, da dieser Text mehr als zwei Buchstaben enthält.
#	WIE "10#"	Die Raute steht als Platzhalter für eine Ziffer (»0«-»9«). In diesem Beispiel ist die Eingabe der Zeichenfolgen »100« bis »109« erlaubt. »10«, »10A« oder »1000« werden mit einer Fehlermeldung quittiert.
[]	WIE "[W]as"	Die in eckigen Klammern genannten Zeichen müssen an der gegebenen Stelle im Text stehen In diesem Beispiel sind die Eingaben »Das« und »Was« erlaubt. Alle anderen Texte passen nicht auf das Muster.
	WIE "[E-J]"	Soll die Zeichenliste mehrere aufeinanderfolgende Zeichen umfassen, so müssen die Zeichen nicht alle separat genannt werden. Einfach einen Bindestrich zwischen den Anfangs- und Endbuchstaben platzieren, und beim Vergleich werden alle dazwischen liegenden Zeichen berücksichtigt. In diesem Beispiel werden alle Zeichen zwischen *E* und *J*, also *E, F, G, H, I* und *J* in den Mustervergleich einbezogen. ▶

Jokerzeichen	Beispiel	Beschreibung
[!]	Wie "[!AEIOU]*"	Die negierende Zeichenliste enthält eine Liste der Zeichen, die nicht in der zu vergleichenden Zeichenfolge enthalten sein dürfen. In diesem Beispiel darf der Text beispielsweise nicht mit einem großgeschriebenen Vokal beginnen.
Sonderzeichen/Umlaute	WIE "Ä"	Beim Zeichenvergleich mit dem Gleichheitsoperator ist Access hilflos, wenn der zu suchende Text beispielsweise nicht mir Ä, sondern mit AE geschrieben wurde. Der WIE-Operator ist jedoch auch in der Lage, mit lautmalerischer (phonetischer) Suche zu arbeiten. Bei der Suche nach »Ä« wird auch die Zeichenfolge »AE« gefunden. Umgekehrt funktioniert das natürlich nicht. Bei der Suche nach »AE« wird »Ä« nicht als Treffer geliefert.
Direkter Vergleich	WIE "ABC" = "ABC"	Für den direkten Vergleich ohne Jokerzeichen und Umlautberücksichtigung sollte der =-Operator anstelle des WIE-Operators verwendet werden. Der =-Operator arbeitet in diesem Fall sehr viel effizienter und schneller. Vor allem bei immer wiederkehrenden Vergleichen in Abfragen (siehe ▶ Kapitel 40) macht sich das bemerkbar.

Die folgende Tabelle gibt einige Beispiele für komplette Gültigkeitsregeln:

Gültigkeitsregeln	Datentypen	Beschreibung
>= 1 UND <= 100 > 0 UND < 101	Numerische Werte	Der eingegebene Wert muss zwischen 1 und 100 liegen (einschließlich).
> 1 UND < 100	Numerische Werte	Der eingegebene Wert darf nur Werte zwischen 2 und 99 eingeben.
WIE "H[ua]nd"	Text/Memo	Nur die Texte *Hund* und *Hand* sind gültig.

Tabelle 38.8: Gängige Gültigkeitsregeln

Gültigkeitsregeln werden bei der Eingabe in der Datenblattansicht, bei der Bearbeitung eines Datensatzes in einem Eingabeformular und bei der Aktualisierung von Datensätzen in einer Aktualisierungsabfrage ausgewertet.

Eingabeformate – Tippen Sie nur das Nötigste

Üblicherweise kann der Anwender die Informationen nahezu frei von jeglicher Konvention in ein Datenfeld eintippen. Nur bei Feldern eines Zahl-Datenfeldes muss er darauf achten, dass die eingegebenen Zeichen tatsächlich eine Zahl ergeben, sonst meldet Access einen Fehler.

In Textfelder herrscht bei der Eingabe dagegen völlige Narrenfreiheit. Das lässt sich jedoch mit so genannten Eingabeformaten verhindern. Sie überwachen, dass der Anwender nur erlaubte Zeichen in das Datenfeld einträgt. Das Eingabeformat ist eine Zeichenfolge, die eine Art Schablone darstellt. Diese Schablone legt fest, an welcher Stelle welches Zeichen stehen muss, um eine gültige Eingabe zu erhalten.

In der Schablone werden Platzhalterzeichen verwendet, die entweder genau ein Zeichen oder aber eine ganze Gruppe gültiger Zeichen repräsentieren. Das Eingabeformat *000* erfordert beispielsweise die Eingabe einer genau dreistelligen Zahl. Ansonsten meldet Access einen Fehler. Das Eingabeformat *999* ist dagegen auch mit den Texten *1*, *12* und sogar *1 2* zufrieden, weil der Platzhalter *9* im Gegensatz zum Platzhalter *0* nicht zwingend eine Zahl erfordert, sondern auch Leerzeichen zulässt. Einen Überblick über die in einem Eingabformat verfügbaren Platzhalterzeichen gibt die folgende Tabelle:

Tabelle 38.9: Eingabeformate

Platzhalter	Beschreibung	Eingabe erforderlich?
0	Zugelassen sind alle Ziffern von 0 bis 9, die Vorzeichen + und – sind nicht erlaubt.	Ja
9	Steht für eine Zahl oder ein Leerzeichen.	Nein
#	Steht für eine Zahl oder Leerzeichen. Leerzeichen werden nur während der Eingabe angezeigt, im Datenfeld werden Leerzeichen nicht gespeichert. Vorzeichen + und – sind erlaubt.	Nein
L	Platzhalter für die Eingabe eines Buchstabens von A bis Z	Ja
?	Platzhalter für die Eingabe eines Buchstabens von A bis Z	Nein
a	Platzhalter für die Eingabe eines Buchstabens oder einer Ziffer	Ja
A	Platzhalter für die Eingabe eines Buchstabens oder einer Ziffer	Nein
&	Jeder Buchstabe oder ein beliebiges Leerzeichen	Ja
C	Jeder Buchstabe oder beliebiges Leerzeichen	Nein
. , : - /	Diese Zeichen stehen als Platzhalter für Tausender, Datums- und Uhrzeit-Trennzeichen. Sie müssen im Eingabformat die hier angegebenen Zeichen verwenden, obwohl die aktuellen landessprachlichen Einstellungen auf Ihrem Rechner andere Trennzeichen vorsehen. Sowohl bei der Eingabe als auch bei der Ausgabe eines Datums oder einer Uhrzeit werden die landessprachlichen Symbole verwendet, obwohl hier andere Zeichen angegeben werden müssen.	Ja
<	Alle nachfolgend eingegebenen Buchstaben werden vor dem Speichern im Datenfeld in Kleinbuchstaben umgewandelt.	–
>	Alle nachfolgenden eingegebenen Buchstaben werden vor dem Speichern im Datenfeld in Großbuchstaben umgewandelt.	–
!	Rechtsbündige Eingabe. Das Ausrufezeichen darf an jeder beliebigen Stelle des Eingabeformats stehen.	–
\	Das auf den Backslash folgende Zeichen muss wie genannt eingegeben werden. Falls im Eingabformat ein Literal angegeben werden muss, das aber bereits durch eines der oben genannten Platzhalterzeichen eine Sonderbedeutung besitzt, muss \ dem Zeichen vorangestellt werden (z.B. \(oder \\).	Ja

Ein Eingabeformat unterteilt sich in drei separate Bereiche, von denen das eigentliche Format nur der erste ist. Der zweite Bereich gibt an, ob im Datenfeld auch die so genannten Literale aus dem Eingabeformat gespeichert werden sollen. Der dritte Bereich gibt an, welches Zeichen bei der Bearbeitung des Eingabefeldes die Stellen kennzeichnet, an denen der Anwender die einzelnen Zeichen einzutippen hat.

Am folgenden Eingabeformat soll das deutlich gemacht werden:

```
\(000##\)00099999;0;_
```

Die drei Bereiche werden durch ein Semikolon voneinander getrennt. In diesem Beispiel nimmt das Eingabeformat eine Telefonnummer entgegen, bestehend aus einer dreistelligen Vorwahl und einer mindestens drei-, maximal achtstelligen Rufnummer. Bei der Eingabe der Telefonnummer in einem Eingabefeld erscheint die folgende Vorgabe für das Eingabeformat:

Abbildung 38.40: Vorgabe beim Eingabeformat

Das eigentliche Eingabeformat gibt die runden Klammern zur Abgrenzung der Vorwahl vor. Diese Vorgabezeichen werden Literale (engl: literal = dt. buchstäblich) genannt. Der zweite Teil des Eingabformats gibt an, ob diese Literale im Datenfeld gespeichert werden sollen. Steht dort der Wert 1, werden die Literal-Zeichen aus dem Eingabeformat nicht in das Datenfeld übernommen.

\(000##\)00099999;1;_

Der dritte Bereich gibt das Zeichen an, das in einem Eingabefeld die vom Anwender einzugegebenden Zeichenpositionen anzeigt. In diesem Beispiel wurde dazu der Unterstrich (_) verwendet. Soll ein Leerzeichen als Platzhalter verwendet werden, muss es in Hochkommata gestellt werden:

\(000##\)00099999;0;" "

Die Angabe des zweiten und dritten Bereichs ist optional. Falls sie nicht angegeben werden, speichert Access alle Literale im Datenfeld ab (0) und verwendet als Platzhalterzeichen den Unterstrich (_).

Aufruf des Eingabeformat-Assistenten

Weil die Definition eines Eingabeformates recht kompliziert ist, bietet Access einen *Eingabeformat-Assistenten*, der über die weiterführende Schaltfläche mit den drei kleinen Pünktchen aufgerufen wird.

Der Assistent wird über das Tastenkürzel [Strg]+[F2] aufgerufen, wenn die Eigenschaft *Eingabeformat* den Fokus besitzt.

HINWEIS

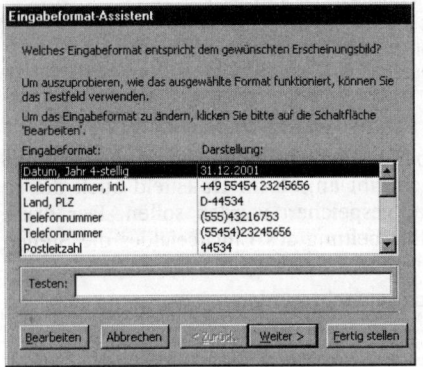

Abbildung 38.41: Der Eingabeformat-Assistent

Der *Eingabeformat-Assistent* stellt zahlreiche vordefinierte Formate zur Beschränkung der Texteingabe bereit. Wird das gewünschte Format angeklickt, lässt sich seine Funktionsweise im Eingabefeld *Testen* durch Eintippen einiger Zeichen überprüfen.

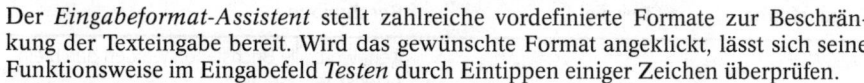

Sind die vorgefertigten Eingabeformate für Ihre Zwecke nicht geeignet, können Sie das Eingabeformat durch Betätigen der *Weiter>*-Schaltfläche bearbeiten. Daraufhin erscheint der folgende Dialog, der die Bearbeitung des Formats gestattet:

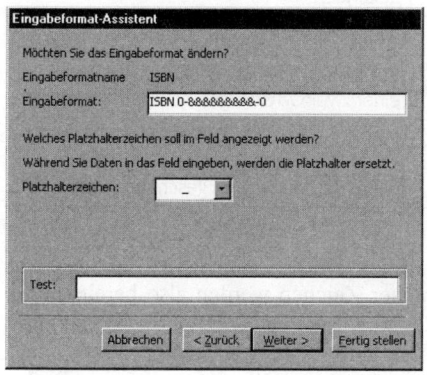

Abbildung 38.42:
Definition des
Eingabeformats

Einige Beispiele sollen die Verwendung von Platzhalterzeichen in einem Eingabeformat verdeutlichen:

Tabelle 38.10:
Gängige
Eingabeformate

Eingabeformat	Beispiel	Beschreibung
99/99/0000	24.12.2000	Datum mit langer Jahresangabe. Tages- und Monatsangaben dürfen einstellig sein oder sogar komplett fehlen.
00/00/00	24.12.00	Kurzes Datum mit zweistelliger Jahresangabe
\+999\ 99999\ 000999999	+049 12345 123456789	Internationale Telefonnummer mit dreistelliger internationaler Vorwahl, fünfstelliger Ortsnetz-Kennzahl und bis zu neunstelliger Rufnummer, jeweils getrennt durch ein Leerzeichen
>L??\-00009	USA-1234 D-12345	Internationale Postleitzahl, mit ein- bis dreistelliger, großbuchstabiger Landeskennung, einem Bindestrich und einer vier- oder fünfstelligen Nummer
\(999##\)00099999	(123)110 (12345)123456780	Telefonnummer mit bis zu fünfstelliger Vorwahl in runden Klammern und drei- bis zu achtstelliger Rufnummer
\(99999\)00099999	( ) 12345678	Telefonnummer mit oder ohne Vorwahl
00000	12345	Fünfstellige Postleitzahl
ISBN 0-&&&&&&&&&-0	ISBN 1-234567801-2	ISBN-Nummer, bestehend aus dem Text »ISBN«, gefolgt von einem Leerzeichen, einer Ziffer, einem Bindestrich, bis zu zehn Buchstaben, einem weiteren Bindestrich und einer abschließenden Ziffer ▶

Eingabeformat	Beispiel	Beschreibung
PASSWORD	*****	Kennwort, alle Buchstaben werden durch ein Asterisk repräsentiert
Kennwort	*****	Kennwort, alle Buchstaben werden durch ein Asterisk repräsentiert
00:00:00	12:00:01	24stündige Uhrzeit mit Stunden, Minuten und Sekunden
00:00	12:00	24stündige Uhrzeit mit Stunden und Minuten
09:00 >LL	12:00 AM 12:00 PM	12stündige Uhrzeit mit Stunden, Minuten und einer zweibuchstabigen Kennung
99\->L<LL\-00	12-Sep-99	Mittelformatiges Datum, die Monatsangabe erfolgt als dreibuchstabiges Kürzel, dessen erster Buchstabe groß geschrieben wird

Eingabefelder, für die ein Eingabeformat definiert wurde, lassen sich nur im Überschreibmodus bearbeiten. Bei der Eingabe neuer Zeichen werden also bereits bestehende Zeichen überschrieben.

Eingabeformat-Assistenten anpassen

Falls Sie ein selbst definiertes Eingabeformat häufiger benötigen, könnte es sich als nützlich erweisen, dieses Format in die Liste der vom *Eingabeformat-Assistenten* zur Verfügung gestellten Formate zu übernehmen. Dazu wird die *Bearbeiten*-Schaltfläche im *Eingabeformat-Assistenten* betätigt, woraufhin der folgende Dialog zum Bearbeiten der Vorgabeformat erscheint und die Eingabe eines neuen Formats erlaubt:

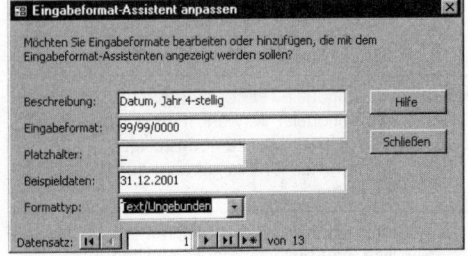

Abbildung 38.43:
Anpassen des Eingabeformat-Assistenten

Format – die korrekte Ausgabe Ihrer Daten

Was das Eingabeformat für die Eingabe eines Datenfeldes ist, ist die Eigenschaft *Format* für die Darstellung und optische Aufbereitung des Datenfeldinhaltes. Über diese Eigenschaft definieren Sie, welche Zeichen Access bei der Ausgabe des Datenfeldwertes »hinzudichten« soll. Wirklich sinnvoll sind Ausgabeformate jedoch nur für numerische Datenfelder. *Text-* und *Memo-*Felder lassen sich nur schwer formatieren.

Enthält das Datenfeld beispielsweise einen nummerischen Währungswert, so lässt sich durch Auswahl des vordefinierten Formates *Euro* angeben, dass die Zahl automatisch mit nachfolgendem Währungssymbol angezeigt wird: *4567,89 €*. Und das, obwohl das Datenfeld tatsächlich nur den numerischen Wert speichert.

Abbildung 38.44:
Auswahl eines vordefinierten Formats

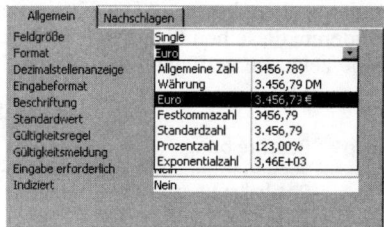

HINWEIS Wird das Format *Währung* gewählt, werden Geldbeträge im Währungsformat der aktuellen Länder- und Gebietseinstellungen von Windows angezeigt (*Start/Einstellungen/Systemsteuerung/Ländereinstellungen*). Auf einem deutschen Rechner beispielsweise als 1234,56 DM, auf einem englischsprachigen Rechner mit US-amerikanischem Gebietsschema dagegen als $1234.56 und mit englischem Gebietsschema als £1234.56. Wollen Sie das Währungskennzeichen fest in Ihre Access-Anwendung einbauen, müssen Sie auf ein benutzerdefiniertes Währungsformat zurückgreifen (z.B. #.###,## "DM").

Für die verschiedenen Datenfeldtypen stellt Access eine Reihe vordefinierter Formate bereit.

Tabelle 38.11:
Vordefinierte Formate für Zahlen, Datum/Uhrzeit und Ja-/Nein-Werte

Datentyp	Formatname	Beispiel
Zahl	Allgemeine Zahl	3456,789
	Währung	3.456,79 DM
	Euro	3.456,79 €
	Festkommazahl	3456,78 12345,00
	Standardzahl	3456,78 12345
	Prozentzahl	123,45%
	Exponentialzahl	3,45E+03
Datum/Uhrzeit	Standarddatum	01.01.99 13:01:00
	Datum, lang	Freitag, 1. Januar 1999
	Datum, mittel	01. Jan. 99
	Datum, kurz	01.01.99
	Zeit, lang	13:01:00
	Zeit, 12Std.	01:01:00
	Zeit, 24Std.	13:01:00
Ja/Nein	Ja/Nein	*Ja* oder *Nein*
	Wahr/Falsch	*Wahr* oder *Falsch*
	Ein/Aus	*Ein* oder *Aus*
	Keines	1 oder 0

Falls Sie keines der vordefinierten Formate verwenden wollen, können Sie auch eigene Ausgabeformate definieren. Hier geben Sie unter anderem dieselben Platzhalterzeichen wie für ein Eingabeformat ein. Die folgende Tabelle zeigt die verfügbaren Formatzeichen und ihre Bedeutung:

Format	Beispiel	Formatierung	Datentyp	Beschreibung
#	#####	12345 123	Zahl	Platzhalter für eine Ziffer, falls die Zahl entsprechende Ziffern bereitstellt. Falls die Zahl zuwenig vor oder Nachkommastellen besitzt, werden Leerzeichen angezeigt.
0	00000	12345 00123	Zahl	Platzhalter für eine Ziffer. Falls die Zahl zu wenige Stellen bereitstellt, werden fehlende Ziffern mit 0 aufgefüllt.
, (Komma)	####,## 0000,00 ###0,00	1234,56 1234,5 1234,56 0123,00 1,00 12345,00	Zahl	Dezimaltrennzeichen zur Abtrennung der Nachkommastellen. Wird kein Dezimaltrennzeichen angegeben, so bestimmt die Datenfeld-Eigenschaft *Dezimalstellen* wie viele Nachkommastellen maximal dargestellt werden. (Das Komma wird bei der Ausgabe durch das landessprachliche Zeichen ersetzt.)
. (Punkt)	#.###	1.234 1.234,567	Zahl	Tausendertrennzeichen. Gruppiert jeweils drei Ziffern und trennt sie durch einen Punkt. (Der Punkt wird bei der Ausgabe durch den landessprachlichen Tausendertrenner ersetzt.)
%	%	100%	Zahl	Der Wert wird mit 100 multipliziert und durch ein Prozentzeichen ergänzt (1.0 = 100%).
E-, e-	#,####E-	1,2345E3	Zahl	Wissenschaftliche Notation. Das Vorzeichen des Exponenten wird nur bei negativen Exponenten angegeben. (1E2 = 1 x 10^2 = 100)
E+, e+	#,####E+	1,2345E+3 1,2345E-3	Zahl	Wissenschaftliche Notation. Das Vorzeichen des Exponenten wird immer angegeben.
/	tt/mm/jj	01.01.99	Datum/Uhrzeit	Trennzeichen für Datumsformate
g	g	01.01.1991	Datum/Uhrzeit	Standarddatum
t	t tt ttt tttt ttttt tttttt	1 01 Fr Freitag Standarddatum, kurz Standarddatum, lang	Datum/Uhrzeit	Ausgabe des Tages eines Datums ▶

Tabelle 38.12: Benutzerdefinierte Formate

Format	Beispiel	Formatierung	Datentyp	Beschreibung
m	m mm mmm mmmm	1 01 Jan Januar	Datum/ Uhrzeit	Ausgabe des Monats eines Datums
w	w ww	1 52	Datum/ Uhrzeit	Wochentag (1 bis 7) oder Kalenderwoche (1 bis 53)
q	q	4	Datum/ Uhrzeit	Datum als Quartal (1 bis 4)
j	j jj jjjj	365 99 1999	Datum/ Uhrzeit	Ausgabe des Jahres eines Datums als Kalendertag (1 bis 366) oder Jahreszahl
h	h hh	2 02	Datum/ Uhrzeit	Ausgabe der Stunde einer Uhrzeit
m	m mm	2 02	Datum/ Uhrzeit	Ausgabe der Minute einer Uhrzeit
s	s SMS	2 02	Datum/ Uhrzeit	Ausgabe der Sekunden einer Uhrzeit
zzzzz	zzzzz	12:00:12	Datum/ Uhrzeit	Ausgabe der Uhrzeit im Standardformat, lang.
:	hh:mm:ss	12:00:01	Datum/ Uhrzeit	Trennzeichen zur Formatierung von Uhrzeiten (Der Doppelpunkt wird bei der Ausgabe durch das landessprachliche Zeichen zur Trennung der Uhrzeit ersetzt.)
AM/PM	hh:mm AM/PM hh:mm am/pm hh:mm A/P hh:mm a/p	01:01 AM 01:01 am 01:01 A 01:01 a	Datum/ Uhrzeit	Ausgabe einer Uhrzeit im Zwölf-Stundenformat
@	@@@@@	a ab abc	Text	Gibt die Anzahl der Zeichen an, die zur Ausgabe des Datenfeldes verwendet werden sollen. Falls das Datenfeld weniger Zeichen bereitstellt, wird von links aufgefüllt, um den Text nach rechts zu verschieben.
&	"ab"&"d"	abd abcd abfd	Text	Der &-Platzhalter steht für ein optionales Zeichen.
>	>		Text	Alle nachfolgenden Zeichen werden zur Ausgabe in Großbuchstaben umgewandelt.
<	<		Text	Alle nachfolgenden Zeichen werden zur Ausgabe in Kleinbuchstaben umgewandelt.
Leerzeichen		-	Alle	Zeigt das Leerzeichen an.
"..."	"Hallo"	"Hallo"	Alle	Zeigt die in Anführungszeichen eingeschlossenen Zeichen an. ▶

Format	Beispiel	Formatierung	Datentyp	Beschreibung
!	!	Test	Alle	Ausrichtung links- statt rechtsbündig.
\	\#	#	Alle	Das nächste Zeichen wird nicht als Platzhalter betrachtet, sondern als Literal ausgegeben.
[Farbe]	[Rot]	123	Alle	Die Ausgabe erfolgt in der angegebenen Farbe. Verfügbare Farben: *Schwarz, Blau, Grün, Cyan, Rot, Magenta, Gelb, Weiß*

Genau wie die *Beschriftung* wird das für ein Datenfeld festgelegte *Format* automatisch in den Formularentwurf bzw. in die Steuerelemente zur Anzeige eines Datenfeldes übernommen.

Außer beim Datentyp *Datum/Uhrzeit* wird das Format in mehrere Bereiche unterteilt, die durch Semikolon voneinander getrennt werden. Jeder Bereich definiert ein separates Format, das unter bestimmten Bedingungen zum Einsatz kommt:

HINWEIS

Datentyp	Bereiche
Zahl	*Format für positive Werte; Format für negative Werte; Format für leere Werte; Format für Null-Werte*
Text	*Format für Felder mit Text; Format für Felder mit leeren Zeichenfolgen oder Null-Werten*
Ja/Nein	*<leer>;Text anstelle des* Ja-Wertes*; Text anstelle des* Nein-Wertes

Tabelle 38.13: Formatbereiche

Dezimalstellenanzeige – Wie genau werden Zahlenwerte ausgegeben?

Ebenfalls in das Reich der Formatierung fällt die Eigenschaft *Dezimalstellenanzeige*. Sie gibt an, wie viele Nachkommastellen bei der Anzeige einer Zahl maximal dargestellt werden sollen. Allerdings kommt die *Dezimalstellenanzeige* nur dann zum Tragen, wenn für das Datenfeld ein Ausgabe*format* (s.o.) definiert wurde.

Um Access zur Anzeige aller signifikanten Nachkommastellen einer Zahl zu veranlassen, wird der Wert *Automatisch* für die Eigenschaft *Dezimalstellenanzeige* gewählt. Access zeigt allerdings nur dann die signifikannten Stellen, wenn in *Format* keine Angaben zur Formatierung der Nachkommanstellen gemacht wurde. Falls aber in *Format* beispielsweise #,# und in der Dezimalstellenanzeige der Wert *5* angegeben wurde, zeigt Access den Wert *1,12* als *1,12000* an. Es werden auch unsignifikante Stellen angezeigt.

Indizierung von Datenfeldern – Geschwindigkeit für den Datenzugriff

Wie der Index am Ende eines Buches das Auffinden einer bestimmten Seite zu einem Thema beschleunigt, erhöht ein Index in einer Tabelle die Geschwindigkeit, mit der ein zu einem gewünschten »Thema« gehörender Datensatz gefunden wird.

Kennen Sie beispielsweise nur den Nachnamen eines Kunden, so erlaubt Access die Suche nach seinem Datensatz. Ohne Index muss Access dazu allerdings jeden einzelnen Datensatz durchlaufen und überprüfen, ob der aktuelle Datensatz den gesuchten Nachnamen enthält. Mit einem Index schlägt Access dagegen sofort unter dem

Anfangsbuchstaben des Nachnamens nach, um sehr schnell die Nummer des zum Namen gehörenden Datensatzes zu ermitteln. Über diese Nummer wird der passenden Datensatz dann sofort geladen und steht zur Verfügung.

Abbildung 38.45:
Index über ein
Datenfeld

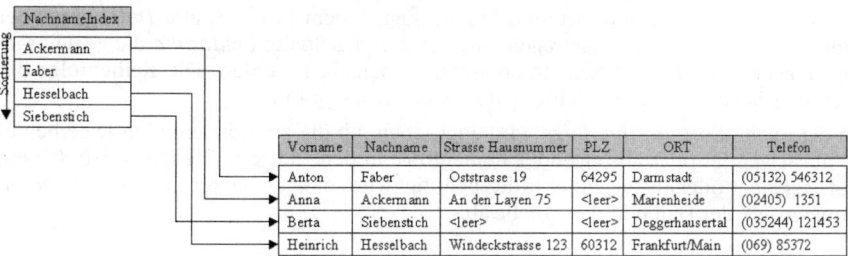

Sie können für jedes Datenfeld eines Datensatzes einen Index erstellen. Dazu muss die Eigenschaft *Indiziert* gesetzt werden. Zur Verfügung stehen hier die Werte *Nein*, *Ja (Ohne Duplikate)* oder *Ja (Mit Duplikaten)*. Ein Index ohne Duplikate stellt sicher, dass in allen Datensätzen der Tabelle das entsprechende Datenfeld eindeutige Werte enthält. Das Einfügen eines Datensatzes, der im indizierten Datenfeld einen Wert besitzt, der in einem anderen Datensatz bereits verwendet wurde, wird von Access mit einer Fehlermeldung »abgeschmettert«. Bei einem Index mit Duplikaten darf derselbe Wert jedoch in mehreren Datensätzen vergeben werden.

TIPP Falls Sie nicht wissen, welche Felder mit einem Index versehen werden sollen, können Sie sich an folgende Regeln halten:

Die Felder des Primärschlüssels (siehe ▶Kapitel 37, *Normalisierung Schritt für Schritt*) werden von Access immer mit einem Index ohne Duplikate versehen.

Alle Fremdschlüsselfelder (siehe ▶Kapitel 37, *Normalisierung Schritt für Schritt*) einer Tabelle sollten von Ihnen mit einem Index mit Duplikaten bedacht werden.

Alle Felder, nach denen die Tabelle sortiert werden soll (auch an anderer Stelle wie in Formularen oder Abfragen), sollten mit einem Index versehen werden.

Leider bringen Indizes nur beim Suchen von Datensätzen Vorteile. Beim Einfügen neuer oder Ändern bestehender Datensätze sind sie eher hinderlich. Denn bei Verwendung eines Index müssen nicht nur die Datensätze in die Tabelle eingefügt werden. Auch die Indizes müssen aktualisiert werden, was deutlich mehr Zeit in Anspruch nehmen kann.

Hintergrund zu Die *Inidiziert*-Eigenschaft eines Datenfeldes ist eine sehr bequeme Art, einen Index zu
Indizes erstellen. Allerdings lassen sich damit nur einzelne Datenfelder indizieren. Indizes, die sich über mehrere Datenfelder erstrecken, lassen sich so nicht erzeugen.

Abbildung 38.46:
Indizes einer
Tabelle

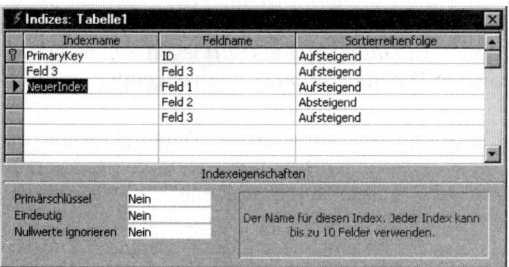

Der Befehl *Indizes* aus dem *Ansicht*-Menü oder die Auswahl des Blitz-Symbols aus der Symbolleiste zeigt jedoch einen Dialog, in dem sich die Indizes einer Tabelle verändern lassen. Hier werden alle bereits vorhandenen Indizes, also der Index über den Primärschlüssel sowie die Indizes über einzelne Datenfelder angezeigt.

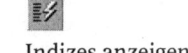

Indizes anzeigen

Zusammengesetzte Indizes, so genannte Compound Indices, z.B. über die Felder *Nachname* und *Vorname*, werden hinzugefügt, indem in die Spalte *Indexname* der Name des neuen Index eingetragen wird, und in der Spalte *Feldname* die gemeinsam zu indizierenden Datenfelder untereinander aufgeführt werden. Die Reihenfolge der Nennung bestimmt die Gewichtung des Datenfeldes im Index.

In der Spalte *Sortierreihenfolge* wird angegeben, ob die zu indizierenden Datenfelder in aufsteigender oder absteigender Reihenfolge in den Index einfließen sollen. Ob ein aufsteigender oder absteigender Index benötigt wird, hängt in erster Linie vom Verwendungszweck der Daten in der Tabelle ab.

Nachschlagefelder

In den Feldeigenschaften eines Datenfeldes findet sich neben dem *Allgemein*-Register auch das Register *Nachschlagen*. Dieses Register hilft bei der Konstruktion so genannter Nachschlagefelder. Darunter versteht man Eingabefelder, die anstelle einer nichtssagenden Zahl einen aussagekräftigen Text anzeigen – anstelle einer Artikelnummer beispielsweise die Kurzbezeichnungen oder den Namen des Artikels.

RechnungsNr_fk	ArtikelNr_fk	Preis	Anzahl
1	1	12,00 DM	12
1	2	5.000,00 DM	1
1	3	5,00 DM	25
5	1	20,00 DM	100

RechnungsNr_fk	ArtikelNr_fk	Preis	Anzahl
1	Papier-Anzug	12,00 DM	12
1	Strahlenschutzanzug	5.000,00 DM	1
1	Atemschutzmaske	5,00 DM	25
5	Papier-Anzug	20,00 DM	100
5	Strahlenschutzanzug	5.000,00 DM	5
6	Papier-Anzug	20,00 DM	12
6	Atemschutzmaske	15,00 DM	120
7	Strahlenschutzanzug	5.000,00 DM	1
8	Strahlenschutzanzug	5.000,00 DM	2
9	Strahlenschutzanzug	5.000,00 DM	1
10	Strahlenschutzanzug	5.000,00 DM	1
11	Papier-Anzug	20,00 DM	1

Abbildung 38.47: Tabelle ohne und mit Nachschlagefeldern (graue Hinterlegung nachträglich hinzugefügt)

Standardmäßig wird ein einfaches Textfeld zur Anzeige eines Datenfeldes verwendet. In der *Steuerelement anzeigen*-Eigenschaft des *Nachschlagen*-Registers stehen aber außerdem das *Listenfeld* und das *Kombinationsfeld* zur Auswahl (siehe Abbildung 38.48).

Listen- und Kombinationsfelder besitzen einige gemeinsame Eigenschaften. Beide weisen die Eigenschaften *Herkunftstyp* und *Datensatzherkunft* auf. Hier geben Sie an, ob die im Listen-/Kombinationsfeld anzuzeigenden Daten einer *Tabelle/Abfrage*, einer *Wertliste* oder einer *Feldliste* entstammen. In *Datensatzherkunft* legen Sie die Datenquelle fest, die die anstelle des eigentlichen Datenfeldinhaltes anzuzeigenden Informationen bereithält.

Die Eigenschaft *Gebundene Spalte* bestimmt die Nummer des Datenfeldes aus der *Datensatzherkunft*, dessen Wert mit dem eigentlichen Inhalt des Datenfeldes übereinstimmen muss, damit der Datensatz aus Datenherkunft anstelle des eigentlichen Datenfeldwertes angezeigt wird. Die Abbildung 38.49 zeigt, wie diese Eigenschaften eingestellt werden müssen, um anstelle des Datenfeldwertes 3 den Vornamen *Thomas* in einem Kombinationsfeld anzuzeigen.

Abbildung 38.48:
Die drei verfügbaren Nachschlagefeld-Typen

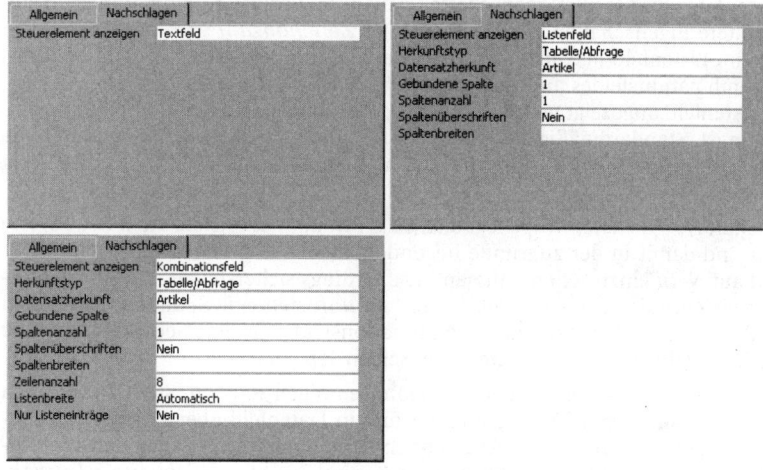

Abbildung 38.49:
Gebundene Spalte bestimmt die Verknüpfung des Datenfeldinhalts mit der Datenherkunftstabelle.

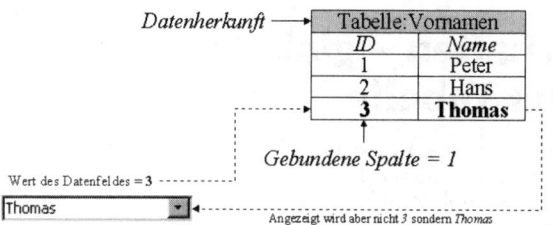

Was diese Abbildung verbirgt, sind die Einstellungen für die Eigenschaften *Spaltenanzahl* und *Spaltenbreiten*. *Spaltenzahl* gibt an, wie viele aufeinanderfolgende Datenfelder aus der Datenherkunft im Listen-/Kombinationsfeld angezeigt werden sollen. Wie viel Platz jedem einzelnen Datenfeld bei seiner Anzeige zusteht, wird in der Eigenschaft *Spaltenbreiten* angegeben. Hier wird für jede Spalte die Breite in der Einheit *cm* hinterlegt. Die einzelnen Breiten werden durch Semikola voneinander getrennt.

Im Beispiel aus Abbildung 38.49 beträgt die Spaltenzahl 2. Damit die ID-Spalte der Datenherkunft jedoch nicht angezeigt wird, enthält die Eigenschaft *Spaltenbreiten* die Angaben *0cm; 2cm*. Die erste Spalte wird ausgeblendet, die zweite besitzt eine Breite von *2 cm*. Weil die zweite Spalte gleichzeitig die letzte Spalte ist, nimmt sie allerdings die gesamte verbleibende Breite und damit mehr als nur 2 cm ein.

Abbildung 38.50:
Weitere Eigenschaften eines Kombinationsfeldes

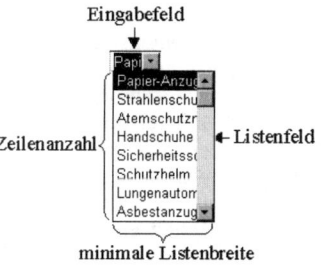

Für das Listenfeld wurden alle Eigenschaften genannte. Für das Kombinationsfeld stehen aber weitere Eigenschaften zur Verfügung. In *Zeilenanzahl* wird angegeben, wie viele Zeilen im Listenfeld maximal angezeigt werden, das bei Bedarf alle gültigen Einträge des Kombinationsfeldes aufführt. *Listenbreite* nennt die kleinste Breite (in *cm*), in der das Listenfeld angezeigt werden darf, falls das Eingabefeld des Kombinationsfeldes sehr klein ist. Standardmäßig steht die *Listenbreite* auf *Automatisch*, wodurch die Listenbreite so angepasst wird, dass die enthaltenen Einträge (in etwa) vollständig angezeigt werden.

Die Eigenschaft *Nur Listeneinträge* legt fest, ob im Kombinationsfeld auch neue Werte eingetragen und damit in der zugrunde liegenden Tabelle abgelegt werden. Um diese Eigenschaft auf *Nein* einzustellen, müssen Sie allerdings sicherstellen, dass die *gebundene Spalte* gleichzeitig die erste in der *Datenherkunft* stehende Spalte ist. Außerdem sollten Sie darauf achten, dass das dem Kombinationsfeld zugrunde liegende Datenfeld und die im Listenfeld angezeigten Daten vom selben Typ sind.

Damit Sie das Nachschlagefeld nicht von Hand einfügen müssen, stellt Access den *Nachschlage-Assistenten* zur Verfügung, der für ein Datenfeld über *Einfügen/Nachschlagefeld* aufgerufen wird. Dieser Assistent entspricht im Wesentlichen dem *Kombinationsfeld und Listenfeld-Assistenten* aus ▶ Kapitel 39, *Steuerelemente – Interaktion mit dem Anwender*.

Tabelleneigenschaften – globale Einstellungen der Tabelle

Die Tabelleneigenschaften, die über das Kontextmenü oder über *Ansicht/Eigenschaften* aufgerufen werden, erlauben weiteren Einfluss auf die Tabelle. Neben einer allgemeinen *Beschreibung* über Sinn und Zweck der Tabelle lassen sich im *Tabelleneigenschaften*-Dialog auch feldübergreifende Gültigkeitsregeln sowie Filter und Sortierungen angeben.

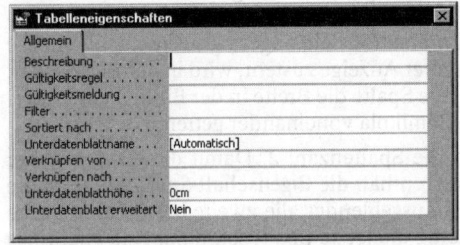

Abbildung 38.51: Tabelleneigenschaften

Gültigkeitsregeln haben Sie bereits für einzelne Tabellenfelder kennen gelernt. In den Tabelleneigenschaften lassen sich die Regeln aber auf mehrere Felder ausdehnen. Für eine Adressdatenbank lässt sich beispielsweise angeben, dass ein Datensatz nur dann von Access akzeptiert wird, wenn mindestens der Vor- und Nachname eingegeben wurde. Die dazu gehörende Gültigkeitsregel lautet z.B.: *(Nachname<>"") UND (Vorname<>"")*. Entgegen den bereits zuvor erläuterten Gültigkeitsregeln (siehe ▶ Seite 906) muss zur Eingabe einer feldübergreifenden Gültigkeitsregel nicht nur die Vergleichsoperation, sondern immer auch der Name des zu vergleichenden Datenfeldes im Bedingungsausdruck genannt werden. Hierbei ist besonders wichtig, dass der Feldname korrekt angegeben wird. Falls im Feldnamen Leerzeichen enthalten sind, muss der Name beispielsweise von eckigen Klammern umschlossen werden. (z.B.:

<>““). Einige Access-Entwickler lassen sich hier auf keine Kompromisse ein, und verwenden generell die eckigen Klammern bei der Nennung von Datenfeldern in einem Bedingungsausdruck – egal ob nötig oder nicht.

Oft besteht die Gültigkeitsregel einer Tabelle aus Bedingungen, die die Werte mehrerer Felder prüfen. Diese Bedingungen müssen miteinander verknüpft werden. Access stellt dazu die Verknüpfungsoperatoren *UND* und *ODER* bereit, die ähnlich wie im herkömmlichen Sprachgebrauch arbeiten. Eine zusammengesetzte Bedingung, die aus zwei per *UND*-Operation miteinander verknüpften Einzelbedingungen besteht, ist nur dann insgesamt gültig, wenn beide Einzelbedingungen erfüllt sind. Eine zusammengesetzte Bedingung, die zwei Einzelbindungen per *ODER* verknüpft, ist dagegen bereits gültig, wenn mindestens eine der beiden Einzelbedingungen erfüllt ist.

Die folgende Tabelle zeigt die Wirkung der *UND*- und *ODER*-Operationen auf das Gesamtergebnis unter Berücksichtigung der Ergebnisse der beiden verknüpften Einzelbedingungen:

Tabelle 38.14: Auswirkungen der UND- und ODER-Operatoren

Bedingung1	Operation	Bedingung2	Gesamtergebnis
Wahr	UND	Wahr	Wahr
Falsch	UND	Wahr	Falsch
Wahr	UND	Falsch	Falsch
Falsch	UND	Falsch	Falsch
Wahr	ODER	Wahr	Wahr
Falsch	ODER	Wahr	Wahr
Wahr	ODER	Falsch	Wahr
Falsch	ODER	Falsch	Falsch

Zusammengesetzte Bedingungen, die mehr als zwei Einzelbedingungen bestehen, werden durch ineinander verschachtelte *UND*- und *ODER*-Ausdrücke gebildet. Um Missverständnisse zu vermeiden, sollten hier immer Klammern gesetzt werden: *(((f1=„x") UND (f2=„Y")) ODER (f3=„Z"))*

Neben den *UND*- und *ODER*- Verknüpfungen kennt Access außerdem den *NICHT*-Operator, der das Vergleichsergebnis einer Bedingung negiert. Aus *Wahr* wird *Falsch* und aus *Falsch* wird *Wahr*. Der Ausdruck *Nicht („1"=„1")* liefert *Falsch*, obwohl die Zeichenfolge »1« definitiv gleich »1« ist.

Tabelle 38.15: Auswirkungen des NICHT-Operators

	Bedingung	Ergebnis
NICHT	Wahr	Falsch
NICHT	Falsch	Wahr

Mit Hilfe der Vergleichsoperatoren, dem *WIE*-Operator (siehe ▶ Seite 907), den *UND*- und *ODER*-Verknüpfungen und dem *NICHT*-Operator lassen sich alle denkbaren Gültigkeitsregeln für einzelne und mehrere Felder formulieren. Zu bemerken ist allerdings, dass anstelle der deutschen Bezeichnungen für Operatoren auch englische Namen verwendet werden können. Eine Übersetzung der Operatornamen gibt Tabelle 38.16 an:

Deutsch	Englisch
UND	AND
ODER	OR
NICHT	NOT
WIE	LIKE

Tabelle 38.16:
Übersetzung der Operatoren

Filtern und Sortieren – Den Wald vor lauter Bäumen nicht sehen

Eine Tabelle zeigt in der Datenblattansicht gewöhnlich alle ihre Datensätze an. Falls aber nur einige dieser Datensätze von Interesse sind, wird oft eine so genannte Abfrage (siehe ▶Kapitel 40) zur Beschränkung auf die gewünschten Datensätze eingesetzt. Doch nicht immer muss auf das schwere Geschütz einer Abfrage zurückgegriffen werden, denn auch *Filter* können ein kraftvolles Mittel zur Einschränkung der Datenmenge auf das Wesentliche sein.

Filter besitzen im Grunde denselben Aufbau wie feldübergreifende Gültigkeitsregeln (siehe ▶Seite 906). Aber im Gegensatz zu einer Gültigkeitsregel legen Filter nicht fest, welche Datensätze in der Tabelle gespeichert werden dürfen, sondern, welche Datensätze in der Datenblattansicht einer Tabelle oder in einem Formular zur Anzeige gelangen. Hier einige Beispiele für Filter:

Betrag > 1000

(Betrag > 1000) UND (Datum > 1.1.1998)

Solche Filter lassen sich beispielsweise in der *Filter*-Eigenschaft einer Tabelle hinterlegen:

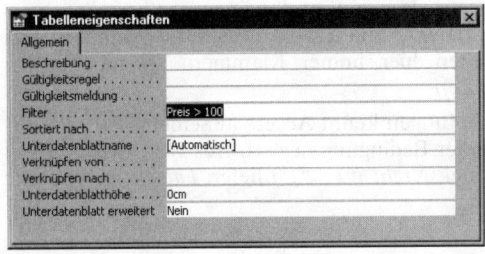

Abbildung 38.52:
Filter in einer Tabelle

Allerdings muss der vordefinierter Filter in der *Filter*-Eigenschaft einer Tabelle erst aktiviert werden, bevor die dargestellten Datensätze tatsächlich der angegebenen entsprechen.

Der in der Tabelleneigenschaft *Filter* hinterlegte Filter wird in der Datenblattansicht erst aktiv, wenn der Befehl *Filter/Sortierung anwenden* aus dem *Datensätze*-Menü ausgewählt wurde. Alternativ dazu lässt sich der Trichter (»Kaffeefilter«) aus der Symbolleiste anklicken. Um die Filterung der Datensätze wieder rückgängig zu machen und wieder alle Datensätze in der Datenblattansicht zu zeigen, wird der Menüpunkt *Datensätze/Filter/Sortierung aufheben* aktiviert. Über die Symbolleiste wird die Filterung aufgehoben, indem der Trichter erneut angeklickt wird.

Filter anwenden *und* aufheben

Auswahlbasierte Filter

Auswahlbasierter Filter

Filter müssen nicht zwangsläufig als Klartext in der *Filter*-Eigenschaft der Tabelle hinterlegt werden. Filter lassen sich mit Hilfe einfacher Assistenten auch während der Ansicht einer Tabelle in der Datenblattansicht konstruieren. Der einfachste Assistent trägt den Namen *auswahlbasierter Filter* und wandelt die aktuelle Auswahl aus dem aktuellen Datenfeld in einen Filter um. Die folgende Abbildung zeigt, wie beispielsweise ein Filter konstruiert wird, der alle mit dem Buchstaben *C* beginnenden Artikel auflistet:

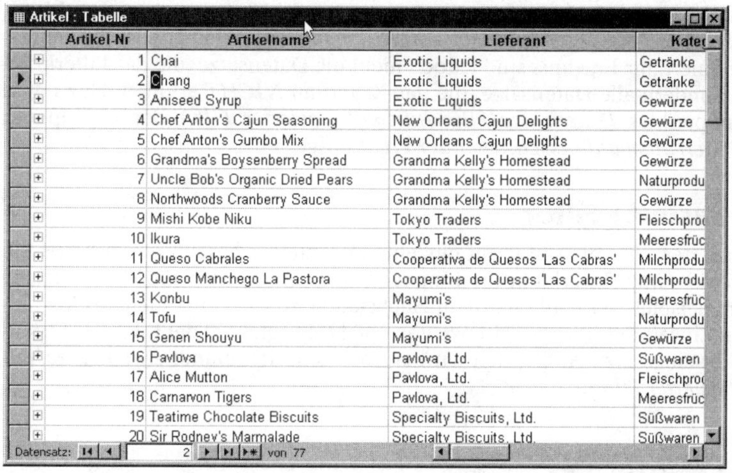

Abbildung 38.53: *a) Vor der Konstruktion des Filters b) nach der Konstruktion des Filters*

Artikel : Tabelle

Artikel-Nr	Artikelname	Lieferant	Kateg
1	Chai	Exotic Liquids	Getränke
2	Chang	Exotic Liquids	Getränke
3	Aniseed Syrup	Exotic Liquids	Gewürze
4	Chef Anton's Cajun Seasoning	New Orleans Cajun Delights	Gewürze
5	Chef Anton's Gumbo Mix	New Orleans Cajun Delights	Gewürze
6	Grandma's Boysenberry Spread	Grandma Kelly's Homestead	Gewürze
7	Uncle Bob's Organic Dried Pears	Grandma Kelly's Homestead	Naturprodu
8	Northwoods Cranberry Sauce	Grandma Kelly's Homestead	Gewürze
9	Mishi Kobe Niku	Tokyo Traders	Fleischpro
10	Ikura	Tokyo Traders	Meeresfrüc
11	Queso Cabrales	Cooperativa de Quesos 'Las Cabras'	Milchprodu
12	Queso Manchego La Pastora	Cooperativa de Quesos 'Las Cabras'	Milchprodu
13	Konbu	Mayumi's	Meeresfrüc
14	Tofu	Mayumi's	Naturprodu
15	Genen Shouyu	Mayumi's	Gewürze
16	Pavlova	Pavlova, Ltd.	Süßwaren
17	Alice Mutton	Pavlova, Ltd.	Fleischpro
18	Carnarvon Tigers	Pavlova, Ltd.	Meeresfrüc
19	Teatime Chocolate Biscuits	Specialty Biscuits, Ltd.	Süßwaren
20	Sir Rodney's Marmalade	Specialty Biscuits, Ltd.	Süßwaren

Datensatz: 2 von 77

a)

Artikel : Tabelle

Artikel-Nr	Artikelname	Lieferant	Kategor
60	Camembert Pierrot	Gai pâturage	Milchprodukte
18	Carnarvon Tigers	Pavlova, Ltd.	Meeresfrüchte
1	Chai	Exotic Liquids	Getränke
2	Chang	Exotic Liquids	Getränke
39	Chartreuse verte	Aux joyeux ecclésiastiques	Getränke
4	Chef Anton's Cajun Seasoning	New Orleans Cajun Delights	Gewürze
5	Chef Anton's Gumbo Mix	New Orleans Cajun Delights	Gewürze
48	Chocolade	Zaanse Snoepfabriek	Süßwaren
38	Côte de Blaye	Aux joyeux ecclésiastiques	Getränke
(AutoWert)			

Datensatz: 1 von 9 (Gefiltert)

b)

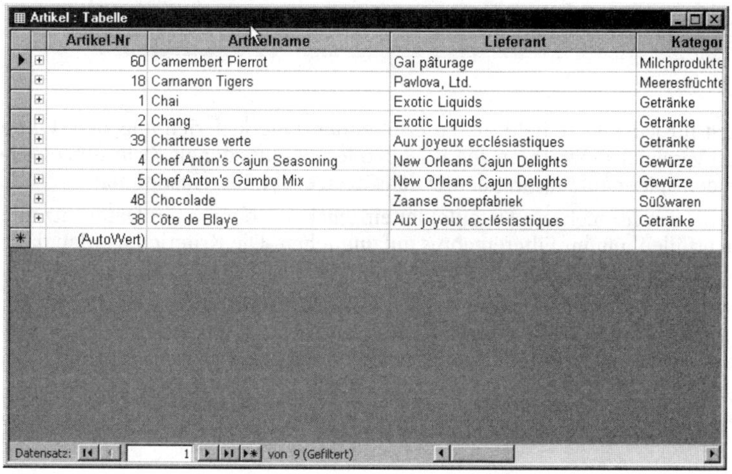

Die aktuelle Auswahl in der Datenblattansicht wird zum Filter, sobald der Befehl *Filter/auswahlbasierter Filter* aus dem *Datensätze*-Menü aufgerufen wird (ebenfalls im Kontextmenü verfügbar). Aus dieser Auswahl erzeugt der *Filter-Assistent* dann beispielsweise den Filterausdruck *Wie "C*"*.

Wird der Filter später nicht mehr benötigt, stellt der Aufruf des Befehls *Filter/Sortierung entfernen* aus dem *Datensätze*-Menü die Anzeige aller Datensätze wieder her. Ein erneuter Klick auf den Trichter entfernt den Filter ebenfalls.

TIPP
Manchmal ist es erforderlich, dass die Möglichkeit zur Filterung einer Tabelle (oder auch eines Formulars) generell abgeschaltet wird. Dazu muss die Eigenschaft *Filter zulassen* in den Eigenschaften einer Tabelle auf *Nein* gesetzt werden.

Ausschluss-Filter

Neben den auswahlbasierten Filtern, die alle Datensätze zu Tage fördern, die auf die aktuelle Auswahl in der Datenblattansicht passen, stellt Access auch *auswahlausschließende Filter* zur Verfügung. Diese werden im Prinzip genauso wie auswahlbasierte Filter definiert, ihr Ergebnis sind jedoch nicht die Datensätze, die das Filterkriterium erfüllen, sondern alle Datensätze, die das Kriterium *NICHT* erfüllen. Dazu wird statt des Menüpunktes *Datensätze/Filter/auswahlbasierter Filter* der Menüpunkt *Datensätze/Filter/auswahlausschließender Filter* ausgewählt.

Formularbasierte Filter

Formularbasierte Filter

Etwas komplizierter, aber nicht nur auf einzelne Datenfelder beschränkt, arbeitet ein *formularbasierter Filter*. Er erlaubt die Eingabe von Filterkriterien für jedes einzelne Datenfeld. Um beispielsweise alle mit dem Buchstaben »C« beginnenden Artikel aufzulisten, deren Einzelpreis über der Grenze von 100 DM liegt, wird der folgende formularbasierte Filter eingesetzt. Aufgerufen wird er über den Menüpunkt *Datensätze/Filter/formularbasierter Filter*:

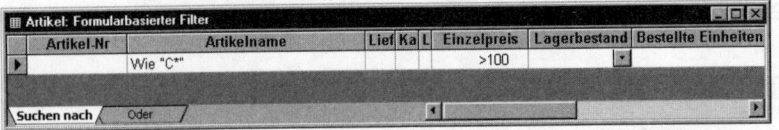

Abbildung 38.54: Formularbasierter-Filter

Hier lassen sich für jedes Datenfeld die zu erfüllenden Filterkriterien angeben. Ohne die Angabe von Vergleichsoperatoren wie *WIE*, > oder <= muss der als Kriterium eingegebene Text in den später aufzuführenden Datensätzen exakt übereinstimmen.

Werden Filterkriterien für mehrere Datenfelder eingegeben, so muss ein Datensatz alle diese Kriterien erfüllen, um im Filterergebnis aufzutauchen. Die Kriterien werden dazu per *UND* miteinander verknüpft.

ODER-Verknüpfung

Der formularbasierte Filter erlaubt aber auch die *ODER*-Verknüpfung von Kriterien. Dazu muss der *Oder*-Tabstopp am unteren Fensterrand betätigt werden. Ein neuer, leerer Filterdatensatz wird angezeigt, und nun lassen sich weitere Kriterien eingeben.

Um beispielsweise alle Artikel anzuzeigen, deren Preise entweder *100* bis *200 DM* oder *500* bis *600 DM* betragen, müssen folgende beiden *ODER*-Kriterien eingegeben werden:

Abbildung 38.55: ODER-Verknüpfung im Filter

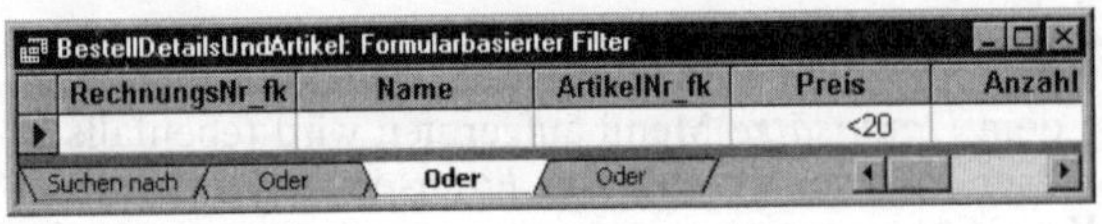

Alle löschen

Um das aktuelle *ODER*-Kriterium zu entfernen, stellen das *Bearbeiten-* sowie das Kontextmenü den Befehl *Tabstopp löschen* bereit. Alle Tabstopps werden über den Befehl *Alle löschen* entfernt, der nicht nur in den Menüs, sondern auch in der Symbolleiste verfügbar ist.

UND-
Verknüpfung

Sollen alle Artikel ermittelt werden, die mit *C* beginnen *UND* nicht mehr als *300 DM* kosten, wird dieser Filter benötigt:

Abbildung 38.56:
UND-Verknüpfung im Filter

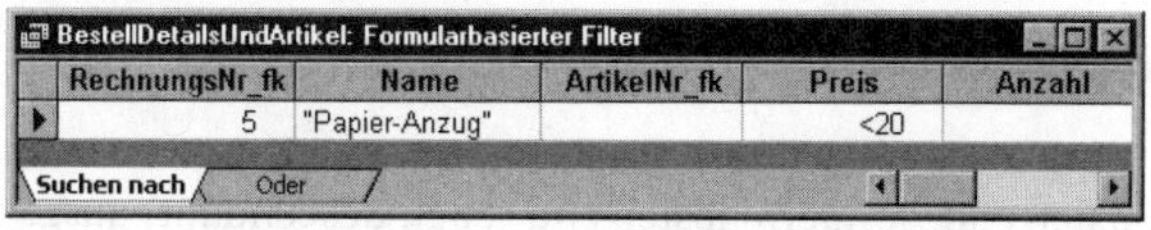

Wurden die Filterkriterien festgelegt, wird der Filter aktiv durch Auswahl des Menüpunktes *Filter anwenden* aus dem *Datensätze/Filter* Menü.

Spezialfilter

Spezialfilter

Die größte Flexibilität beim visuellen Design eines Filters bietet der *Spezialfilter*, der gleichzeitig auch für die Sortierung verantwortlich ist. Deshalb ist er über den Menüpunkt *Datensätze/Filter/Spezialfilter/-sortierung* erreichbar. Der *Spezialfilter* ist eng an das Eingabefenster für Auswahlabfragen angelehnt. Daher sei auf das Kapitel über Abfragen verwiesen, wenn es um die Definition eines »Spezialfilters« geht (siehe ▶ Kapitel 40).

Abbildung 38.57:
Spezialfilter

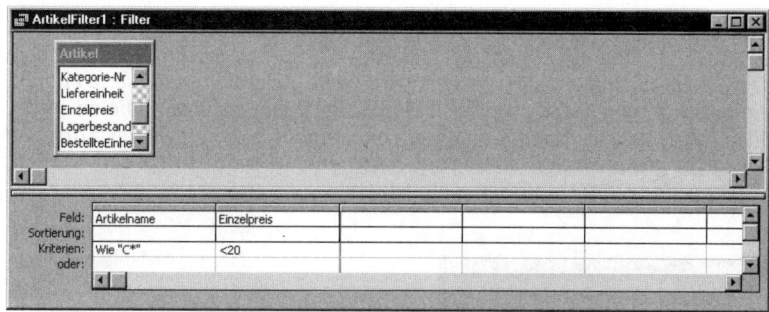

Filter anwenden

Obwohl ein Spezialfilter eng an eine Abfrage angelehnt ist, muss er anders als eine Abfrage wie jeder Filter über den Menüpunkt *Datensätze/Filter anwenden* (oder das Trichter-Symbol aufgerufen werden. Erst dann filtert der Filter die gewünschten Datensätze.

Sortiert nach...

In die Tabelleneigenschaft (siehe ▶ Seite 920) *Sortiert nach...* lässt sich eine Sortierreihenfolge hinterlegen, die der Betrachter der Datensätze sofort nach der Anzeige einer Tabelle in der Datenblattansicht durch *Datensätze/Filter/Filter/Sortierung anwenden* aktivieren kann. In *Sortiert nach...* werden die Namen der Tabellenfelder angegeben, nach deren Inhalt die Datensätze bei der Anzeige sortiert werden sollen, beispielsweise nach dem Feld *Bestellungen.[Bestell-Nr]* (hier wird der Tabellenname vor dem Datenfeld genannt):

Tabellen-Design

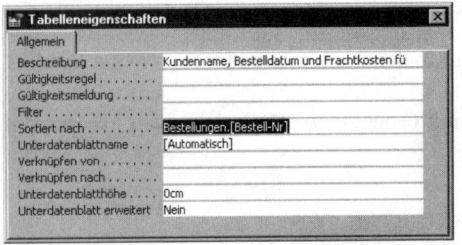

Abbildung 38.58:
Vordefinierte Sortierreihenfolge festlegen. Diese wird aber erst nach Filter/Sortierung anwenden *aktiv.*

Sollen die Datensätze nicht aufsteigend, sondern absteigend (engl. descendant) ausgegeben werden, muss der Nennung des *Sortieren nach...*-Feldes noch das Schlüsselfeld *DESC* folgen:

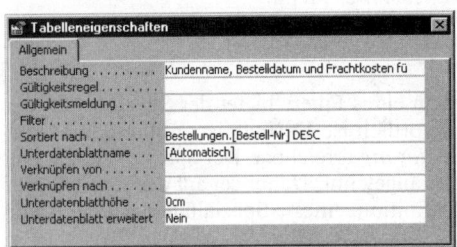

Abbildung 38.59:
Absteigend sortieren

Doch die Sortierung muss nicht zwangsläufig nach nur einem Datenfeld erfolgen. In zahlreichen Fällen ist eine abgestufte (kaskadierte) Sortierung erwünscht. Vor allem wenn das Datenfeld, nachdem zuerst sortiert wird, viele gleichlautende Werte enthält, müssen weitere Sortierungen auf zweiter oder höherer Ebene erfolgen. Die zu sortierenden Felder werden dazu durch Kommata voneinander getrennt in der *Sortieren nach...* Eigenschaft genannt. Soll absteigend nach einem Datenfeld sortiert werden, darf das entsprechende *DESC* natürlich nicht fehlen:

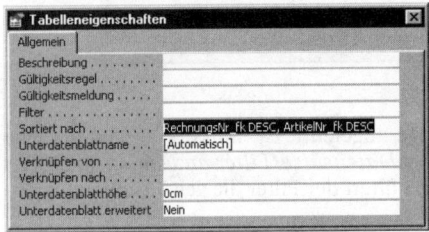

Abbildung 38.60:
Kaskadiertes Sortieren

Beziehungen

In einer relationalen Datenbank wie Access 2000 spielen Beziehungen (Relationen) zwischen den Tabellen bzw. zwischen einzelnen Datenfeldern verschiedener Tabellen eine bedeutende Rolle. Im Allgemeinen werden die Datensätze aus einer so genannten Haupttabelle (z.B. Rechnungen) mit einem oder mehreren Datensätzen einer Detailtabelle (z.B. Artikel) verknüpft.

Die Beziehung zwischen den Datensätzen der einen und den Datensätzen der anderen Tabelle werden meist über ein gemeinsames Feld hergestellt, das in den zueinander passenden Datensätzen aus den beiden Tabellen identisch sein muss.

Abbildung 38.61:
Miteinander verbundene Datensätze mehrerer Tabellen

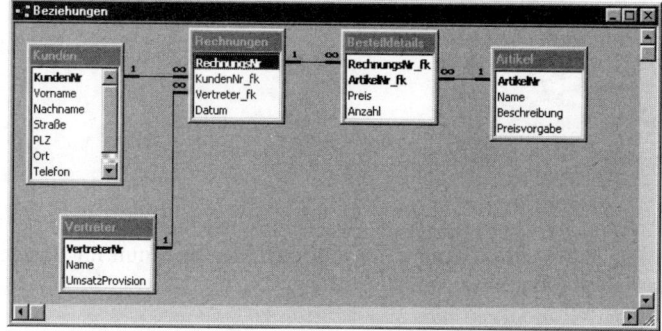

So setzen Sie Tabellen zueinander in Beziehung

Verknüpfungen zwischen Tabellen werden an zahlreichen Stellen von Access benötigt, zum Beispiel bei der Formulierung von Abfragen, die Datensätze verschiedener Tabellen miteinander verknüpfen. Damit diese Beziehungen beim Abfrageentwurf nicht immer wieder erneut eingegeben werden müssen, ist es sinnvoll, Access die Verknüpfung zwischen zwei Tabellen von vorneherein mitzuteilen. Das geschieht über den Menüpunkt *Extras/Beziehungen*.

1. Rufen Sie die Befehl *Beziehungen* aus dem *Extras*-Menü auf.
2. Ein zunächst leeres *Beziehungen*-Fenster nimmt Platzhalter für die miteinander in Beziehung zu setzenden Tabellen auf. Die verfügbaren Tabellen/Abfragen werden dazu zunächst in einem Dialog angezeigt.

Abbildung 38.62:
Auswahl der Tabellen zur Festlegung der Beziehungen

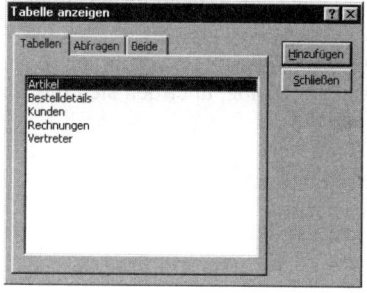

Markieren Sie die Tabelle, für eine Beziehung erstellt werden soll, und betätigen Sie die *Hinzufügen*-Schaltfläche, um einen Platzhalter für die Tabelle in das *Beziehungen*-Fenster aufzunehmen. Sie können mehrere Tabelle auf einmal hinzufügen, indem Sie die entsprechenden Tabellen mit der Maus bei gedrückter ⇧- oder Strg -Taste selektieren.

HINWEIS

Tabellen anzeigen

Falls Sie später weitere Tabellen in das *Beziehungen*-Fenster zur Erstellung neuer Beziehungen aufnehmen wollen, erscheint der *Tabellen anzeigen*-Dialog im Beziehungsfenster durch *Beziehungen/Tabelle anzeigen...* oder über das enstprechende Symbol:

Tabellen-Design

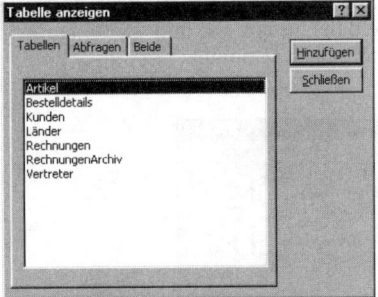

Abbildung 38.63:
Tabellen anzeigen

3. Die zueinander in Beziehung zu setzenden Tabellen befinden sich nun im *Beziehungen*-Fenster, das in etwa folgenden Aufbau besitzt:

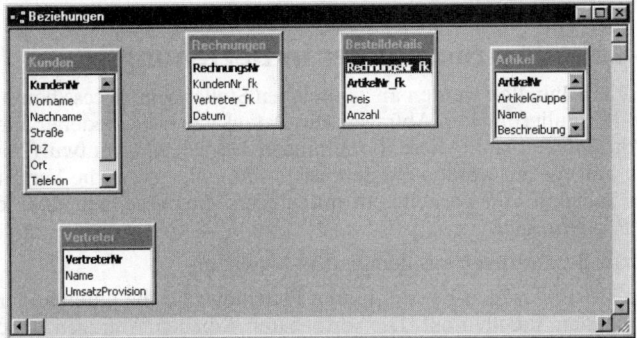

Abbildung 38.64:
Beziehungs-
fenster noch ohne
Beziehungen

4. Ziehen Sie nun mit der Maus das Fremdschlüsselfeld einer Detailtabelle auf das Primärschlüsselfeld einer Haupttabelle. Diese Operation stellt eine Beziehung zwischen zwei Tabellen über die betroffenen Datenfelder her.
5. Daraufhin erscheint der *Beziehungen Bearbeiten*-Dialog, über den sich die weiteren Eigenschaften der Beziehung definieren lassen:

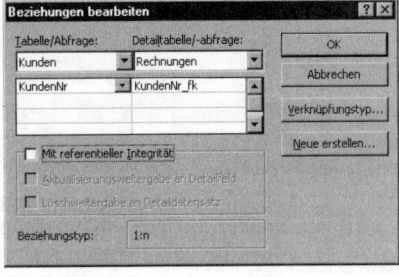

Abbildung 38.65:
Eigenschaften
einer Beziehung

Im oberen Teil des Dialogs werden die miteinander zu verknüpfenden Tabellen bzw. deren Datenfelder angezeigt. Im Allgemeinen wird nur jeweils ein Feld aus einer Tabelle mit einem Datenfeld einer anderen Tabelle in Beziehung gesetzt. Bei komplizierteren Datenbankanwendungen kommt es aber auch vor, dass mehrere Felder einer Tabelle mit mehreren Feldern aus anderen Tabellen verknüpft werden, vor allem dann, wenn der Primärschlüssel der Haupttabelle nicht nur aus einem einzigen Feld besteht.

Stehen die Beziehungstabellen und Felder fest, wird die neue Beziehung durch Betätigung der *Erstellen*-Schaltfläche erzeugt. Im *Beziehungen*-Fenster, das alle Verknüpfungen zwischen den Tabellen anzeigt, wird nun eine Linie zwischen den Tabellen gezogen, die die jeweilige Beziehung repräsentiert. Um die Beziehung später zu bearbeiten, muss diese Verbindungslinie per Doppelklick ausgewählt werden. Alternativ dazu lässt sich die Verbindungslinie mit einem einfachem Mausklick aktivieren und über den Befehl *Beziehung bearbeiten*... aus dem Kontext- oder dem *Beziehungen*-Menü verändern.

6. Die meisten Beziehungen werden zur Wahrung der referentiellen Integrität (siehe ▶ Seite 930) hergestellt. Was es damit auf sich hat, erfahren Sie weiter unten.

Um die Beziehung abschließend zu erstellen, muss die *Erstellen*-Schaltfläche betätigt werden. Im *Beziehungen*-Fenster wird dann die Beziehung zwischen den beiden Tabellen durch eine Verbindungslinien zwischen den betreffende Datenfeldern verdeutlicht:

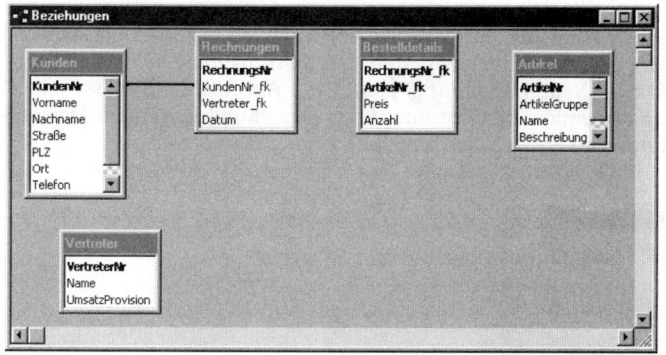

Abbildung 38.66:
Verbindungslinien deuten die bestehenden Beziehungen an.

Die Beziehungen der Protector-Datenbank

Um die Beziehungen zwischen den Tabellen der *Protector*-Datenbank zu erstellen, werden Beziehungen zwischen folgenden Tabellen hergestellt. Achten Sie bei der Erstellung der Beziehungen darauf, dass für jede die Wahrung der referentiellen Integrität (siehe ▶ Seite 930) angeschaltet wird.

Tabelle 38.17:
Beziehungen zwischen den Tabellen des Protector-Projektes

Artikel

Tabelle 1	Typ	Tabelle 2
Artikel.ArtikelNr	(Typ 1, Inner Join) 1:n	Bestelldetails.ArtikelNr_fk

Kunden

Tabelle 1	Typ	Tabelle 2	
Kunden. KundenNr	(Typ 1, Inner Join) 1:n	Rechnungen.KundenNr_fk	▶

Tabellen-Design **929**

Vertreter

Tabelle 1	Typ	Tabelle 2
Vertreter.VertreterNr	(Typ 1, Inner Join) 1:n	Rechnungen.Vertreter_fk

Rechnungen

Tabelle 1	Typ	Tabelle 2
Kunden.KundenNr	(Typ 1, Inner Join) 1:n	Rechnungen.KundenNr_fk
Rechnungen.RechnungsNr	(Typ 1, Inner Join) 1:n	BestellDetails.RechnungsNr_fk
Vertreter.VertreterNr	(Typ 1, Inner Join) 1:n	Vertreter.VertreterNr_fk

Bestelldetails

Tabelle 1	Typ	Tabelle 2
Artikel.ArtikelNr	(Typ 1, Inner Join) 1:n	Bestelldetails.ArtikelNr_fk
Rechnungen.RechnungsNr	(Typ 1, Inner Join) 1:n	BestellDetails.RechnungsNr_fk

TIPP

Falls Sie Beziehungen nicht mit der Maus erstellen wollen, können Sie den Dialog *Beziehungen bearbeiten* auch über das Menü *Beziehungen/Beziehungen bearbeiten...* aufrufen und eine *Neue (Beziehung) erstellen...* Anschließend müssen aber die Namen der zu verknüpfenden Tabellen und die in Beziehung stehenden Datenfelder von Hand ausgewählt werden.

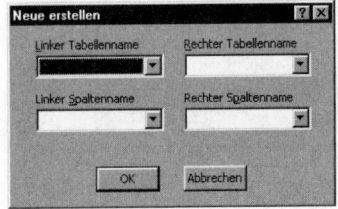

Abbildung 38.67: Neue Beziehungen ohne Maus erstellen

TIPP

Es ist oft sehr schwer, die Verbindungslinie, die eine Beziehung repräsentiert, exakt mit der Maus zu treffen. Um die Beziehungen ohne die Fähigkeiten eines Wilhelm Tell zu bearbeiten, wird der *Beziehungen bearbeiten*-Dialog über den gleichnamigen Befehl aus dem *Beziehungen*-Menü aufgerufen. Durch Auswahl eines Eintrags aus dem *Tabelle/Abfrage*-Kombinationsfeld lässt sich die gewünschte Beziehung auswählen und anschließend bearbeiten.

Referentielle Integrität

Die Definition von miteinander in Beziehung stehenden Tabellen wird erst dann so richtig interessant, wenn man auch das Feature der referentiellen Integrität nutzt. Denn dann lassen sich verschiedene Überwachungsfunktionen an Access delegieren.

Unter dem Begriff »Wahrung der referentiellen Integrität« versteht man, dass das Datenbanksystem (hier Access) alle Tabellen in einem aufgeräumten und wohldefinierten Zustand belässt – egal ob neue Datensätze hinzugefügt oder bestehende gelöscht werden. In den meisten Modellen von Haupt- und Detailtabellen dürfen Datensätze in der Detailtabelle nur dann erzeugt werden, wenn bereits ein passender Hauptdatensatz existiert. Das gängigste Beispiel für derartige Tabellen ist eine Haupttabelle mit *Rechnungen*, und einer Detailtabelle, die die einzelnen Posten (nicht Artikel!) der Rechnung enthält. Neue *Rechnungsposten* dürfen in diesem Modell nur dann hinzugefügt werden, wenn der zugehörige Rechnungsdatensatz bereits existiert. Um diesen Mechanismus zu aktivieren, muss das Kontrollkästchen *Mit referentieller Integrität* im *Beziehung bearbeiten*-Dialog aktiviert werden.

Wird in einer Beziehung die *Löschweitergabe an Detaildatensätze* aktiviert, so werden beim Löschen eines Hauptdatensatzes auch gleichzeitig alle zugehörigen Detaildatensätze gelöscht. Die ebenfalls aktivierbare *Aktualisierungsweitergabe an Detaildatensätze* kommt nur selten zum Einsatz – meist dann, wenn die Verknüpfung zweier Tabellen über veränderliche Felder erfolgt. Das ist oft bei zusammengesetzten Primärschlüsseln der Fall, die beispielsweise aus dem Vornamen und dem Nachnamen gebildet werden. Falls eines dieser Felder im Hauptdatensatz verändert wird, werden die Änderungen automatisch auch an die verknüpften Detaildatensätze weitergeleitet, so dass auch nach der Änderung des Beziehungsfeldes die Verknüpfung der Datensätze beibehalten wird. Wird die Änderung dagegen nicht weitergegeben, so stehen die Detaildatensätze plötzlich nicht mehr in Beziehung zu einem Datensatz der Haupttabelle, was jedoch nicht erlaubt ist, weil dadurch die Regeln der referentiellen Integrität verletzt werden. Weil eine Aktivierungsweitergabe jedoch viel Zeit verschlingt, sollte sie nur dann aktiviert werden, wenn es wirklich notwendig ist, wenn also die Verknüpfung nicht über ein *AutoWert*-Feld oder ein sonstwie nachträglich nicht veränderbares Datenfeld hergestellt wird.

Einfache Verknüpfungen

Instinktiv haben Sie bereits einen der häufigsten Verknüpfungstypen kennen gelernt, den so genannten Inner-Join oder auch Equi-Join, zu deutsch.: Gleichheitsverknüpfung. Dieser Verknüpfungstyp spielt auch bei der Erstellung von Abfragen eine große Rolle. Die durch diesen Verknüpfungstyp entstehende Ergebnismenge enthält nämlich nur die tatsächlich miteinander verbundenen Datensätze. Ein einfaches Beispiel soll das verdeutlichen:

Zwei Tabellen, z.B.: *Gattungen* und *Tiere*, werden über ein gemeinsames *ID*-Feld miteinander verknüpft. Im Einzelnen sieht das so aus:

Abbildung 38.68:
Rechnungen und
Rechnungs-
posten

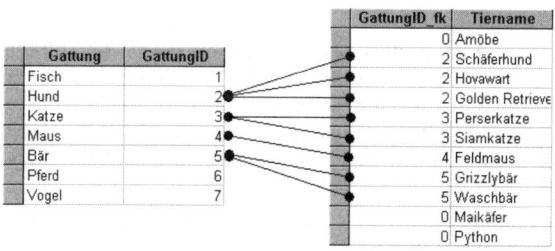

Werden beide Tabellen über die standardmäßig aktive Gleichheitsverknüpfung miteinander verbunden, so ergibt sich bei einer Auswahlabfrage der Daten (siehe ▶ Kapitel 40) folgendes Ergebnis:

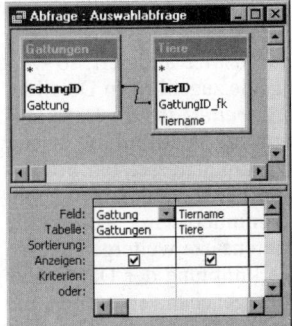

Abbildung 38.69:
Gleichheitsverknüpfung in einer Abfrage

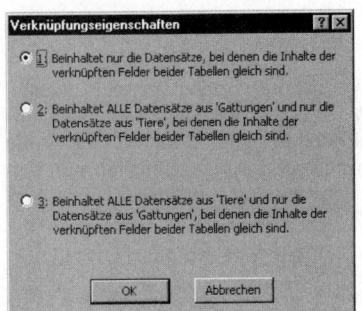

Abbildung 38.70:
Zum Eingewöhnen: So sieht die Abfrage aus, die die oben aufgeführten Datensätze erzeugt.

Über die Schaltfläche *Verknüpfungstyp...* im *Beziehung bearbeiten*-Dialog lassen sich aber zwei weitere Verknüpfungstypen auswählen:

Abbildung 38.71:
Verknüpfungstypen (sowohl für Beziehungen als auch für Abfragen)

Der Verknüpfungstyp Nummer 2 führt dazu, dass bei einer späteren Auswahlabfrage, die alle Tiere mit ihrer Gattung im Klartext verbindet, alle Datensätze der zuerst genannten Tabelle in der Ergebnismenge auftreten, selbst dann, wenn diese nicht mit Datensätzen der zweiten Tabelle verknüpft sind. Aus der zweiten Tabelle gelangen allerdings nur die Datensätze in die Ergebnismenge, die tatsächlich mit Datensätzen der ersten Tabelle verknüpft sind (siehe Abbildung 38.72).

Weil alle Datensätze aus der erstgenannten bzw. linken Tabelle entstammen, nennt man diese Art der Verknüpfung auch *Left-(Outer)-Join*.

Von einem *Right-(Outer)-Join* spricht man, wenn die Ergebnismenge alle Datensätze der rechten Tabelle enthält, ohne Rücksicht darauf, ob ein »rechter« Datensatz mit einem oder mehreren Datensätzen der linken Tabelle verknüpft ist (siehe Abbildung 38.73).

Abbildung 38.72:
So sieht ein Left-Join aus.

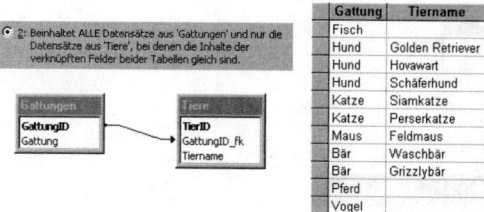

Abbildung 38.73:
Der Right-Join *liefert jeden Datensatz der rechten Tabelle, selbst dann wenn kein Datensatz der linken Tabelle zu ihm passt.*

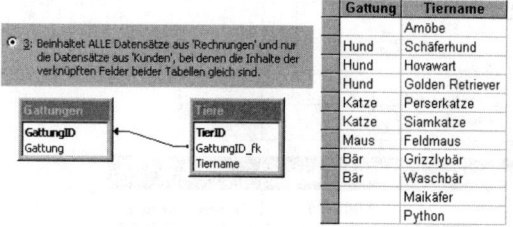

HINWEIS Die Bezeichnungen Left-Join und Right-Join entstammen der Reihenfolge der Nennung der Haupt- und Detailtabellen innerhalb eines SQL-Statements (siehe ▶ Kapitel 40, *Structured Query Language – Datenbanksprache für Profis*). Zuerst wird dort die Haupttabelle genannt (links/left), dann die Detailtabelle (rechts/right).

n:m-Verknüpfungen

Oft steht ein Datensatz einer Haupttabelle mit einem oder mehreren Datensätzen einer Detailtabelle in Beziehung. Hier spricht man dann entweder von einer *1:1*- oder einer *1 zu Viele (1:n)-Verknüpfung*. Darüber hinaus kennt man auch die so genannte *m:n-Verknüpfung*, bei der mehrere Hauptdatensätze mit mehreren Detaildatensätzen verknüpft werden.

Rechnungen und die in Rechnung gestellten Artikel sind ein gutes Beispiel für n:m-Verknüpfungen. Denn auf jeder Rechnung (n-Hauptdatensätze) können beliebig viele Artikel berechnet werden (m-Detaildatensätze). Allerdings ist es nicht so ohne weiteres möglich, die Verbindung zwischen Rechnungen und Artikeln herzustellen. Vermerkt man direkt im Artikeldatensatz, auf welcher Rechnung der Artikel berechnet wurde, lässt sich jeder Artikel nur genau einmal in Rechnung stellen. Das ist natürlich nicht gewünscht.

Um dieses Problem zu umgehen, ließen sich mehrere Datenfelder im Artikeldatensatz reservieren, die jeweils auf eine separate Rechnung verweisen. Aber auch dieses Design führt in die Sackgasse, weil irgendwann die reservierten Datenfelder eines jeden Artikeldatensatzes erschöpft sind. Einen Ausweg bietet nur eine zusätzliche Tabelle, die die Datensätze der einen mit den Datensätzen der anderen Tabelle verknüpft. Im Falle der Rechnung übernimmt diese Zwischentabelle sogar eine wichtige Funktion, denn sie verbindet nicht nur Rechnungen mit Artikeln, sondern nimmt gleichzeitig auch die Anzahl der bestellten Artikel auf. Und damit sich Rechnungen auch später überprüfen lassen, wird in dieser Zwischentabelle auch immer der tatsächlich berechnete Artikelpreis vermerkt – der je nach Kunde und Rabatten durchaus von der im Artikeldatensatz hinterlegten Preisvorgabe abweichen kann. In der Protector-Datenbank heißt diese Zwischentabelle *Bestelldetails* und verbindet eine Rechnung mit der in Rechnung gestellten Artikel.

RechnungsNr	KundenNr	Datum
999001	10001	01.01.99
999002	10099	15.01.99

RechnungsNr	Preis	Anzahl	ArtikelNr
999001	10,00 DM	10,00 DM	1
999002	20,00 DM	20,00 DM	2
999002	30,00 DM	30,00 DM	3

ArtikelNr	Preisempfehlung	Name
1	9,00 DM	Papier-Anzug
2	15,00 DM	Atemmaske
3	40,00 DM	Schutzhelm

Abbildung 38.74: n:m-Verknüpfungen erfolgen über eine Zwischentabelle.

Neu: Das Unterdatenblatt

Bisherige Versionen von Access konnten in der Datenblattansicht nur die Datensätze jeweils einer einzigen Tabelle darstellen. Zwar ließ sich mit Hilfe einfacher Nachschlagefelder (siehe ►Seite 918) beispielsweise eine wenig aussagekräftige Kundennummer zurück in den Kundennamen re-normalisieren. Die Zugehörigkeit einer Reihe verknüpfter Detaildatensätze zu einem Hauptdatensatz ließ sich damit aber nicht ausdrücken. Hier musste man bisher auf eine Abfrage zurückgreifen, die erst umständlich eine Re-Normalisierung aller Haupt- und Detaildatensätze vornimmt:

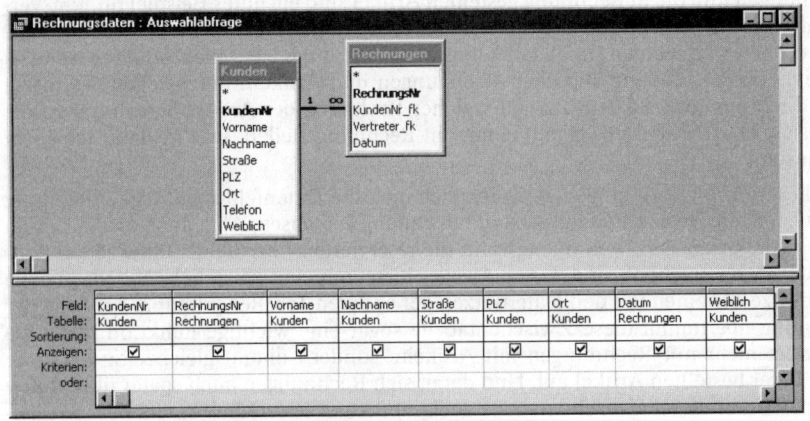

Abbildung 38.75: Re-Normalisierung einer Haupt- und Detailtabelle (hier: die Adresse zu einer Rechnung)

Unter Access 2000 lassen sich die verknüpften Datensätze einer Detailtabelle nun aber in die Datenblattansicht der Haupttabelle integrieren:

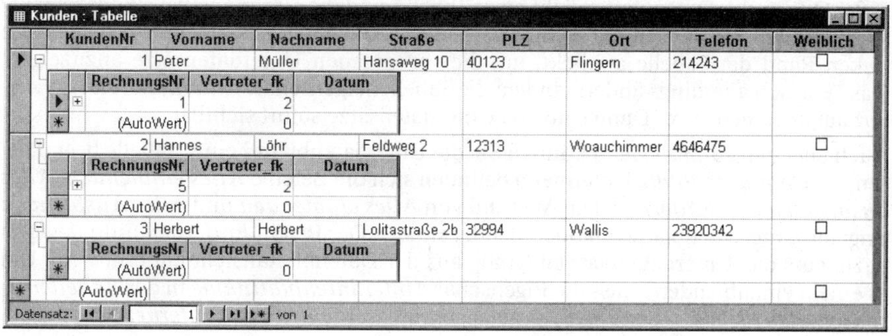

Abbildung 38.76:
Detail- und Hauptdatensätze gemeinsam dargestellt

Die Verknüpfung der Haupt- und Detailtabellen erfolgt über die Tabelleneigenschaften *Unterdatenblattname, Verknüpfen von* und *Verknüpfen nach*. Die Eingabe dieser Felder wird durch Kombinationsfelder erleichtert, die im Falle von *Unterdatenblattname* alle als Unterdatenblatt in Frage kommenden Tabellen und Abfragen präsentieren und im Falle von *Verknüpfen von/nach* die zur Verknüpfung bereitstehenden Datenfelder anzeigen:

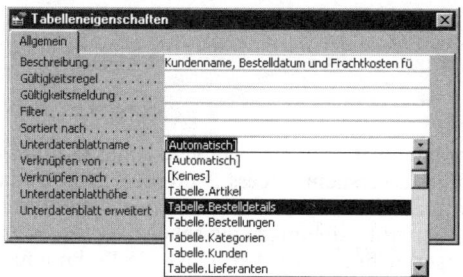

Abbildung 38.77:
Auswahl eines Unterdatenblattnamens

Die Felder *Verknüpfen von* und *Verknüpfen nach* legen fest, über welche Felder die Zusammengehörigkeit der Haupt- und Detaildatensätze bestimmt wird. *Verknüpfen von* nennt den Namen des Haupt-Datenfeldes, *Verknüpfen nach* den Namen des Detaildatenfeldes. Falls die Verknüpfung zwischen den Tabellen über mehr als ein Feld geschieht, müssen die Namen der Felder durch Semikolon getrennt angegeben werden.

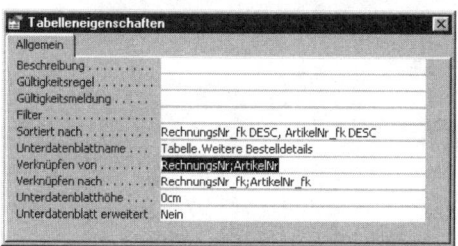

Abbildung 38.78:
Verknüpfung über mehrere Datenfelder

In der Tabelleneigenschaft *Unterdatenblatthöhe* wird die maximal für die Unterdaten verfügbare Darstellungshöhe angegeben. Steht hier allerdings der Wert *0 cm*, so werden alle Unterdatensätze in ihrer Gänze angezeigt.

Beim Öffnen der Datenblattansicht einer Tabelle sind die Untertabellen standardmäßig ausgeblendet. Sie werden nur sichtbar, wenn der Anwender das kleine Pluszeichen am linken Rand der Tabelle anklickt, um die verborgenen Unterdatensätze anzuzeigen. Das lässt sich allerdings ändern, indem die Tabelleneigenschaft *Unterdatenblatt erweitert* auf *Ja* gesetzt wird. Dann sind alle Unterdatensätze sofort sichtbar.

Auch über das *Format*-Menü können Sie die Unterdatenblätter einer Tabelle beeinflussen. Im *Unterdatenblatt*-Untermenü befinden sich die Befehle *Alles einblenden*, *Alles ausblenden* und *Entfernen*. Die Auswahl von *Alles einblenden* und *Alles Ausblenden* zeigt die Unterdatenblätter an oder blendet sie aus. Der Befehl *Entfernen* führt dagegen dazu, dass das Unterdatenblatt endgültig aus der Datenblattansicht entfernt wird. Um es erneut einzublenden, muss die Eigenschaft *Unterdatenblattname* in den *Tabelleneigenschaften* (siehe ▶ Seite 920) erneut gesetzt werden, denn *Entfernen* setzt diese Eigenschaft auf *[Keines]*.

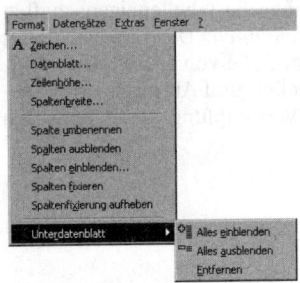

Abbildung 38.79:
Das Unterdatenblatt-Menü

Die Vorgabe für den Namen eines Unterdatenblattes in einer Tabelle lautet *[Automatisch]*. Wenn also nicht anderweitig definiert, versucht Access 2000 selbstständig, das zu einer Tabelle passende Unterdatenblatt in der Datenblattansicht anzuzeigen. Access 2000 stützt sich dazu auf die bereits definierten Beziehungen zwischen Tabellen (siehe ▶ Seite 930). Falls noch keine Beziehungen definiert wurden, muss die Verknüpfung der Datensätze mit den Datensätzen einer Untertabelle von Hand durch Setzen der entsprechenden Tabelleneigenschaften erfolgen.

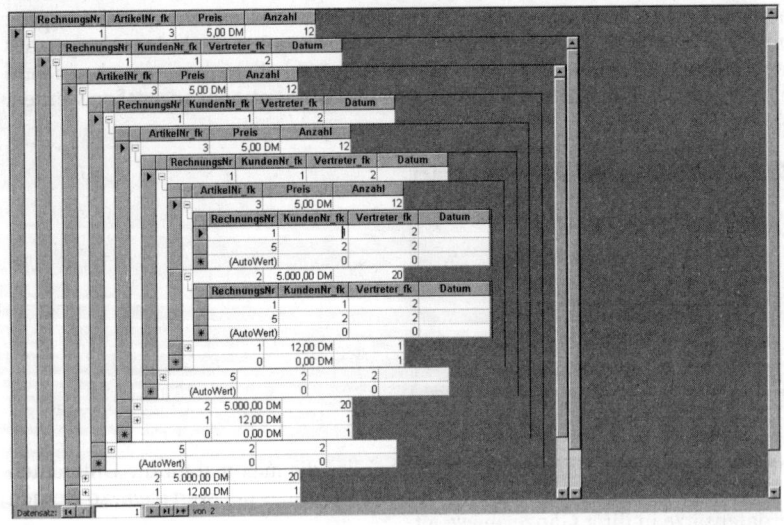

Abbildung 38.80:
Die Unterdatenblattautomatik von Access ist keinesfalls unfehlbar.

Ordnung im Beziehungsfenster

Bei komplexen Datenmodellen wird es im Beziehungsfenster sehr schnell sehr unübersichtlich. Über den Befehl *Tabelle ausblenden* aus dem *Beziehungen*-Menü wird die aktuelle Tabelle aus dem *Beziehungen*-Fenster entfernt. Natürlich wird sie dabei nicht wirklich gelöscht.

Abbildung 38.81:
Kontextmenü
einer Tabelle im
Beziehungs-
fenster

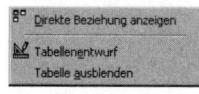

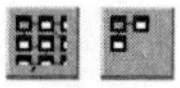

Alle Beziehungen
anzeigen *und*
Direkte Beziehungen anzeigen

Weil das Ausblenden der Tabellen auch die Beziehungen zu dieser Tabelle verbirgt, lassen sich alle Tabellen durch den Befehl *Alle Anzeigen* aus dem *Beziehungen*-Menü oder über das entsprechende Symbol einblenden. Falls Sie jedoch daran interessiert sind, zu welchen bisher verborgenen Tabellen eine Tabelle in Beziehung steht, steht der *Direkte Beziehungen anzeigen* Befehl im *Beziehungen-* und im Kontextmenü zur Verfügung – ebenfalls erreichbar durch das entsprechende Symbol.

Tabellen-Assistenten

Tabellen und ihre Datenfelder müssen nicht immer mühsam von Hand erstellt werden. Access bietet kraftvolle Assistenten, mit deren Hilfe sich die Erstellung von Standardtabellen auf ein paar Mausklicks reduziert. Für Adressenlisten, Bestellungen, Lieferanten und weitere Standardtabellen liefert der Tabellenassistent vordefinierte Entwürfe. Aus einer Vielzahl von Datenfeldern für einen speziellen Tabellentyp lassen sich jene in die eigene Tabelle übernehmen, die dort benötigt werden.

Der Feld-Generator hilft beim Aufbau eines Datenfeldes

Die Eingabe von Datenfeldern im Tabellenentwurf lässt sich mit dem Feld-Generator beschleunigen. Dieser Generator zeigt eine Liste von Datenfeldern aus verschiedenen Kategorien an, aus denen der Anwender komfortabel wählen kann.

1. Der Feld-Generator wird über den *Aufbauen...*-Befehl aus dem Kontextmenü einer Datenfeldzeile im Tabellenentwurf aufgerufen:

Abbildung 38.82:
Feld-Generator
aufrufen

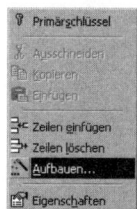

2. Anschließend erscheint ein Dialog, der im Listenfed *Beispieltabelle(n)* die unter Access verfügbaren Beispieltabellen anzeigt. Nach Auswahl einer Tabelle zeigt das Listenfeld *Beipielfelder* die in der Tabelle verfügabren Felder. Wählen Sie ein Feld aus, und übernehmen Sie es per *OK* in Ihren Tabellenentwurf.

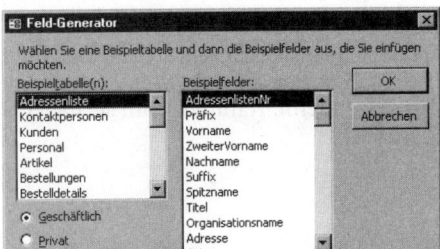

Abbildung 38.83:
Beispielfeld auswählen

Tabellen aus vorgefertigten Vorlagen zusammensetzen

Um eine Tabelle aus einer Reihe vorgefertigter Tabellen zu generieren, stellt Access 2000 einen Assistenten zur Verfügung.

1. Wechseln Sie in die Tabellenansicht des Access-Datenbankfensters und wählen Sie *Erstellt eine Tabelle unter Verwendung des Assistenten*.

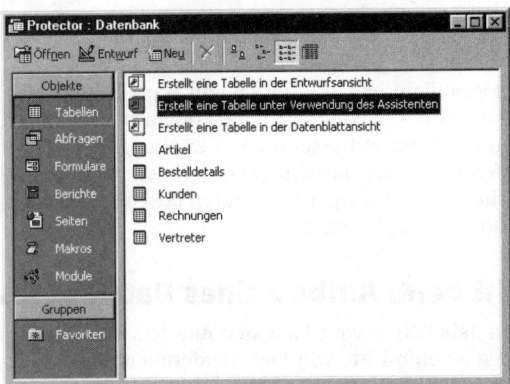

Abbildung 38.84:
Tabelle unter Verwendung eines Assistenten erstellen

2. Daraufhin erscheint der Tabellenassistent und stellt zahlreiche Beispieltabellen mit vordefinierten Feldern zur Auswahl:

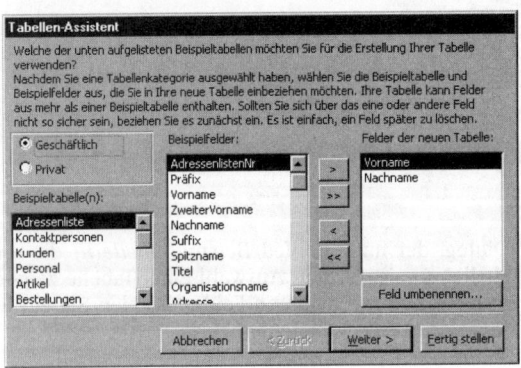

Abbildung 38.85:
Auswahl der Beispieltabellen und der gewünschten Datenfelder

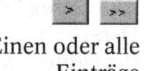

Einen oder alle Einträge übernehmen

Nach Auswahl einer *Beispieltabelle* zeigt das Listenfeld *Beispielfelder* die Beispieldatenfelder. Die markierten Datenfelder lassen sich durch Druck auf die >-Schaltfläche in die Liste der *Felder der neuen Tabelle* übernehmen. Um alle Felder zu übernehmen, wird auf die >>-Schaltfläche gedrückt.

Falls die Namen der übernommenen Datenfeldern nicht den eigenen Vorstellungen entsprechen, lassen sie sich problemlos verändern, indem ein Eintrag aus *Felder der neuen Tabelle* selektiert und über *Feld umbenennen* ein Dialog zur Eingabe eines neuen Namens aufgerufen wird.

3. Nach der Zusammenstellung der Felder für die neue Tabelle wird nach Betätigung der *Weiter* >-Schaltfläche der Name der Tabelle sowie ihr Primärschlüssel angegeben. Der Primärschlüssel kann entweder automatisch vom Assistenten festgelegt werden, oder er lässt sich von Hand vom Anwender auswählen:

Abbildung 38.86:
Namen der Tabelle und Primärschlüssel festlegen

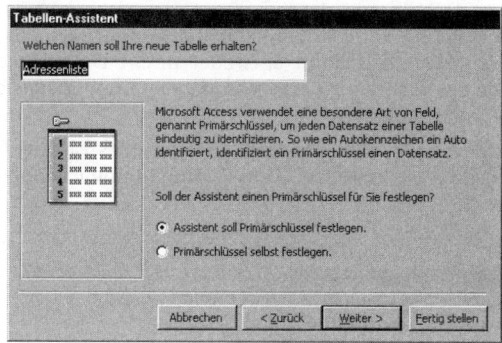

4. Die Beziehungen zu anderen Tabellen werden nach Betätigung der *Weiter* >-Schaltfläche ebenfalls automatisch hergestellt. Die Access-Assistenten stützen sich dazu sowohl auf die intime Kenntnis der zur Auswahl stehenden Tabellen sowie auf ähnlich geschriebene Datenfelder. Um Beziehungen der neuen Tabelle zu anderen Tabellen herzustellen, muss der Anwender nur die Tabellen auswählen, zu denen die neue Tabelle in Beziehung steht:

Abbildung 38.87:
Definition der Beziehungen

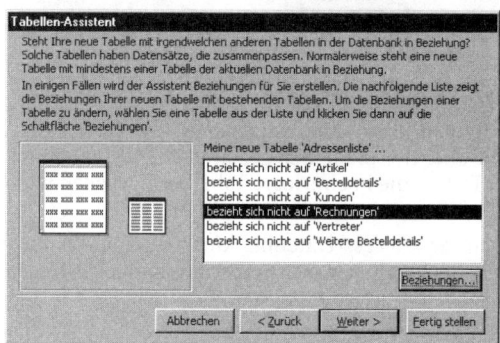

Standardmäßig steht eine neue Tabelle zu keiner anderen Tabelle der Datenbank in Beziehung. Das lässt sich allerdings ändern, wenn die *Beziehungen...*-Schaltfläche angeklickt wird. Denn dann lässt sich die Beziehung zwischen der zu erstellenden und der aktuell ausgewählten Tabelle definieren:

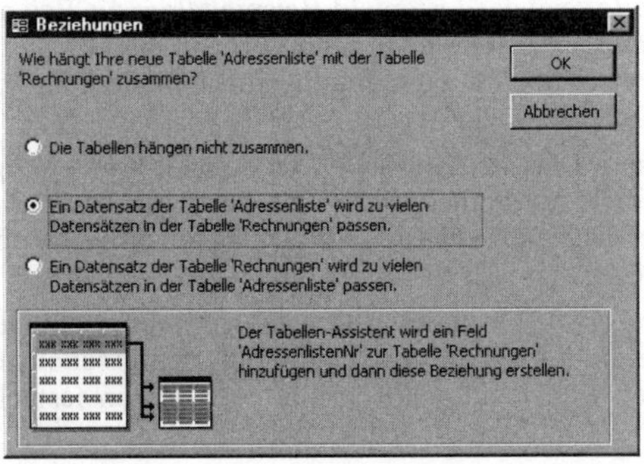

Abbildung 38.88:
Definition der Beziehung zu anderen Tabellen

Sind alle Beziehungen definiert, steht der Fertigstellung der Tabellen nichts mehr im Wege. Nach ihrer Fertigstellung lassen sich dann entweder direkt Daten in der Datenblattansicht eingeben oder der Tabellenentwurf wird in der Entwurfsansicht angezeigt und von Ihnen evtl. weiter verfeinert.

5. Für ganz Eilige bietet Access außerdem die Möglichkeit, ein spezielles Eingabeformular für die Eingabe von Datensätzen zu erstellen. Zum Formularentwurf erfahren Sie mehr in ▶ Kapitel 39.

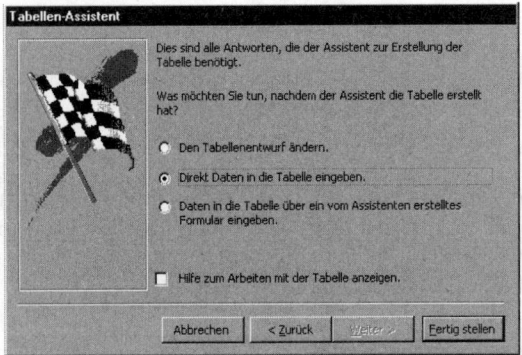

Abbildung 38.89:
Was soll nach der Fertigstellung geschehen?

So erstellen Sie eine Tabelle in der Datenblattansicht

Neben dem Tabellen-Assistenten, der den Zusammenbau eigener Tabellen durch Auswahl bestehender Beispielentwürfe und Beispielfelder gestattet, bietet Access einen Assistenten, der allein aufgrund der Daten, die in eine leere Tabelle eingegeben wurden, einen Tabellenentwurf erstellt.

1. Rufen Sie in der Tabellenübersicht des Access-Datenbankfensters den *Assistent in der Datenblattansicht* auf. Er bietet nach seiner Aktivierung zunächst folgendes Bild (siehe Abbildung 38.90).

2. In diese leere Datenblattansicht, das stark an ein leeres Arbeitsblatt von Excel erinnert, können Sie sofort Daten eingeben. Beim Schließen dieses Fensters versucht Access aufgrund der von Ihnen eingegebenen Daten einen möglichst optimalen Tabellenentwurf zu erstellen. Ob Access das gelungen ist, zeigt allerdings nur eine anschließende, genaue Prüfung der Tabelle in der Entwurfsansicht.

Abbildung 38.90:
Der Assistent in der Datenblattansicht

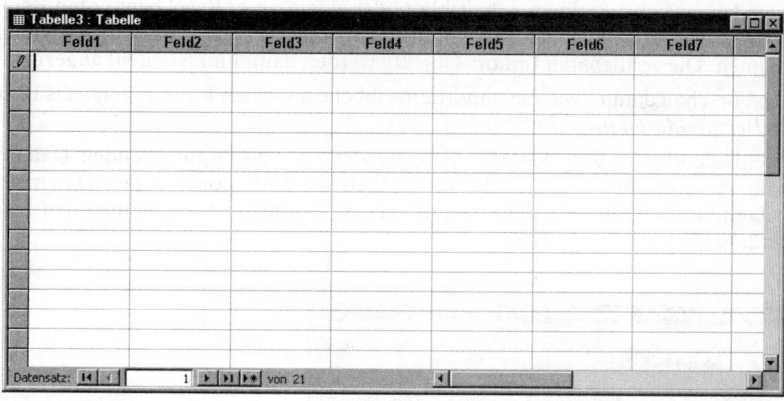

So importieren Sie Daten aus einer Excel-Tabelle

Falls Sie Daten aus anderen Quellen in eine Access-Datenbank importieren wollen, bietet Access den Import-Assistenten. Mit ihm lassen sich beispielsweise Excel-Tabellen importieren. Einzige Bedingung: Die Daten in der Tabelle müssen möglichst gut strukturiert vorliegen, wie etwa in dieser Adressenliste:

Abbildung 38.91:
Adressen lassen sich auch in Excel verwalten.

1. Rufen Sie den Befehl *Importieren...* aus dem Untermenü *Externe Daten* aus dem *Datei*-Menü auf und wählen Sie im daraufhin erscheinenden Dateiauswahldialog die Datei mit den zu importierenden Daten aus.

Abbildung 38.92:
Wo stehen die zu importierenden Daten?

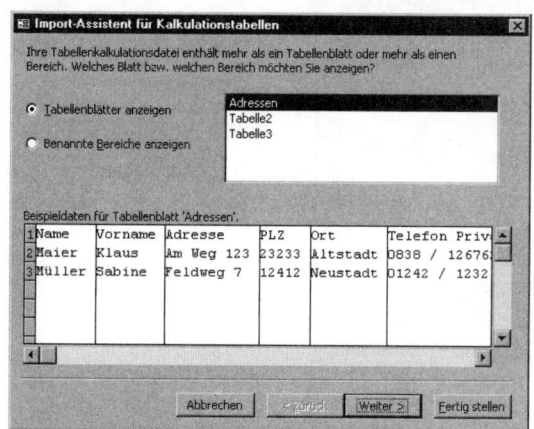

Tabellen-Design

Daten lassen sich aus einem Arbeitsblatt oder einem unter Excel benannten Bereich importieren. Wählen Sie über die Optionsschaltflächen aus, woher die Quelldaten stammen. Die verfügbaren Import-Objekte werden dann im Listenfeld angezeigt.

Eine Vorschau darauf, wie die importierte Tabelle aussehen könnte, zeigt das Listenfeld *Beispieldaten für Tabellenblatt*.

2. Anschließend wird festgelegt, ob die erste Zeile der zu importierenden Daten die Spaltenüberschriften enthält oder nicht: Falls die zu importierenden Daten keine Spaltenüberschriften enthalten. vergibt Access automatisch die Feldnamen *Feld1*, *Feld2*, *Feld3* usw.

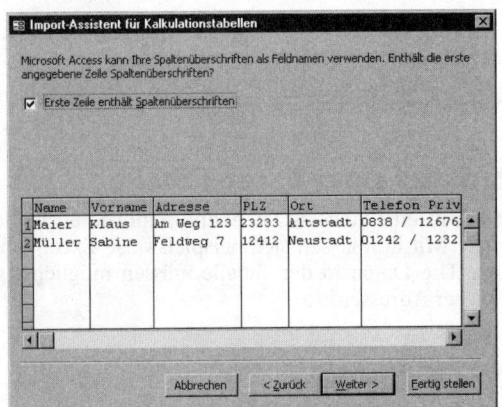

Abbildung 38.93:
Werden auch die Spaltenüberschriften importiert?

3. Nun muss das Ziel des Datenimports festgelegt werden. Die neuen Daten lassen sich dazu entweder in eine neue oder in eine bestehende Tabelle importieren. Beim Import in eine bestehende Tabelle ist darauf zu achten, dass die Feldnamen und die Feldtypen der zu importierenden Daten mit denen der bereits vorhandenen Tabelle übereinstimmen.

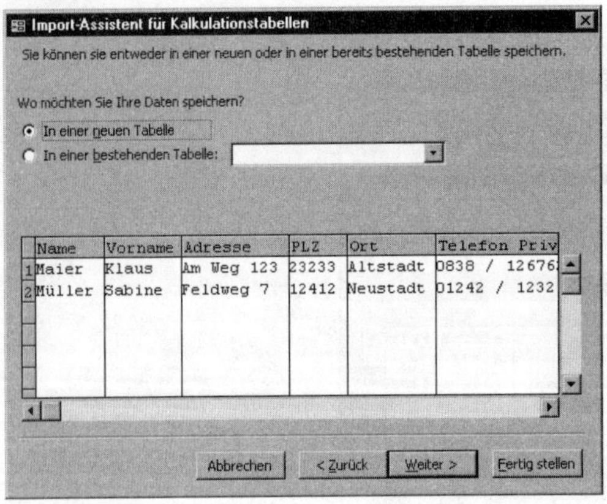

Abbildung 38.94:
Import in neue oder bestehende Tabelle?

4. Für möglichst viel Gestaltungsraum beim Design der importierten Tabelle sorgt der folgende Dialog. Er erlaubt die Benennung der einzelnen Felder sowie die Angabe, ob Access einen Index über das Feld erstellen soll. Um ein Feld umzubenennen,

klicken Sie in der unteren Übersicht über die Tabelle auf die gewünschte Spalte und ändern die Bezeichnungen des Feldes in *Feldname* und in *Indiziert* die Art des zu verwendenden Index. Wie üblich stehen hier die Optionen *Nein*, *Ja (Duplikate möglich)* und *Ja (Ohne Duplikate)* zur Verfügung.

Abbildung 38.95:
Umbenennen der
importierten
Spalten

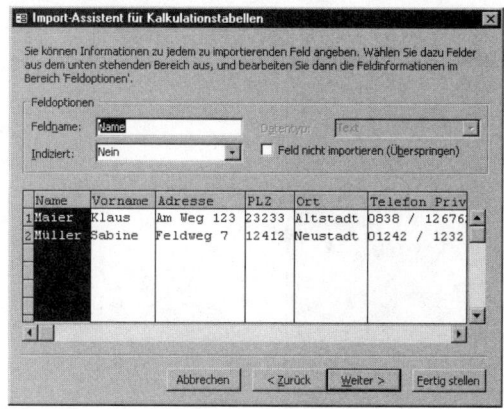

Soll ein Datenfeld nicht importiert werden, ist das Kontrollkästchen *Feld nicht importieren (Überspringen)* zu aktivieren.

Dieser Schritt entfällt, wenn die Daten in eine bereits bestehende Tabelle importiert werden.

5. Soll die neue Tabelle Teil einer Beziehung werden, benötigt sie einen Primärschlüssel, der im folgenden Dialog definiert werden kann. Durch Auswahl der Option *Primärschlüssel automatisch hinzufügen* wird von Access eine Spalte namens *ID* hinzugefügt, die einen fortlaufenden Primärschlüssel (AutoWert) definiert. Durch Auswahl der Option *Primärschlüssel selbst auswählen* lässt sich eines der zu importierenden Felder als Primärschlüssel heranziehen. Das Feld wird dann entweder aus dem Kombinationsfeld oder durch Klick auf die entsprechende Spalte im unteren Dialogbereich angegeben. Soll die neue Tabelle keinen Primärschlüssel besitzen, wird die Option *Kein Primärschlüssel* gewählt.

Abbildung 38.96:
Auswahl des
Primärschlüssels

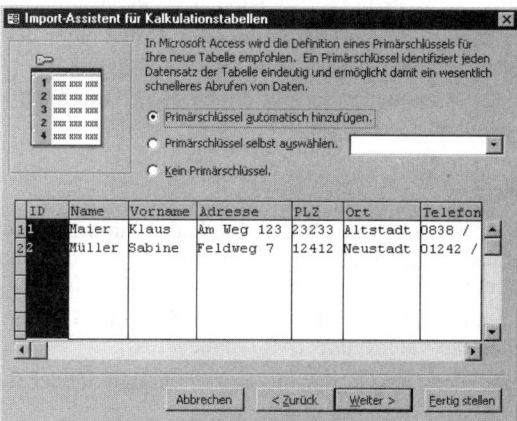

Dieser Schritt entfällt, wenn die Daten in eine bereits bestehende Tabelle importiert werden.

6. Zum Schluss wird im Eingabefeld *Importieren in Tabelle* der Name der Tabelle erfragt, in die die Daten importiert werden sollen. Dieser Dialog erscheint sowohl beim Import in eine neue als auch beim Import in eine bestehende Tabelle.

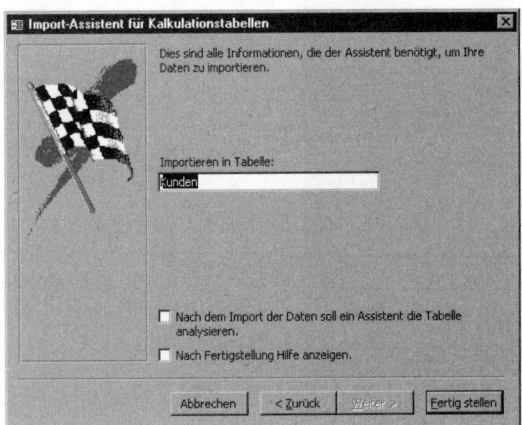

Abbildung 38.97: Fertigstellen der Tabelle

Falls die importierten Daten nicht optimal normalisiert sind, kann der Analyse-Assistent durch Aktivieren des Kontrollkästchens *Nach dem Import der Daten soll ein Assistent die Tabelle analysieren* automatisch gestartet werden, damit Access Vorschläge zur Normalisierung der Daten macht.

7. Access versucht nun, die Daten aus der Datenquelle zu importieren. Falls dabei Fehler auftreten, verweigert Access entweder den Import vollständig, und Sie müssen beispielsweise Problemfelder aus dem Export ausschließen (s.o.). Falls nur wenige Fehler auftreten, trägt Access diese in eine Tabelle gleichen Namens, allerdings mit dem Zusatz »_importfehler«, ein.

[Strg]+[Pause] *beendet den Import*

Dauert der Import der Tabelle zu lange, lässt er sich mit [Strg]+[Pause] vorzeitig beenden.

Neben Excel-Tabellen lassen sich auch Daten aus anderen Datenquellen in eine Access-Tabelle importieren. In den meisten Fällen wird dabei aber wie oben vorgegangen: Zuerst die Datenquelle auswählen, die zu übernehmenden Datenfelder bestimmen, den Primärschlüssel angeben und zum Abschluss die Daten übernehmen.

Weil sich der Import verschiedener Datenquellen so sehr ähnelt, folgen nur noch Hinweise zu den jeweiligen Besonderheiten:

Textdateien importieren

Werden Textdateien importiert, so ist ihr Aufbau für den Erfolg des Imports entscheidend. Die Datenfelder werden entweder über ein spezielle Trennzeichen voneinander separiert, oder jedes Datenfeld nimmt eine genau vorgegebene Anzahl von Zeichen ein:

Access importiert nicht nur Textdateien mit der Endung TXT, sondern auch Dateien mit den Endungen CSV (Comma seperated Values) und TAB (Tabbed-Text).

HINWEIS

Die folgende Abbildung zeigt eine Textdatei, in der die einzelnen Datenfelder durch Semikola voneinander getrennt sind:

Abbildung 38.98:
Textdatei mit
Trennzeichen

```
Name; Vorname; Adresse; PLZ; Ort; Telefon Privat; Telefon Büro
Maier; Klaus; Am Weg 123; 23233; Altstadt; 0838 / 126762;
Müller; Sabine; Feldweg 7; 12412; Neustadt; 01242 / 1232; 01234 / 12313
```

Und die nächste Abbildung zeigt eine Textdatei, in der jedes Datenfeld eine fest vorgegebene Anzahl von Buchstaben aufnimmt:

Abbildung 38.99:
Textdatei mit
vorgegebenen
Spaltenbreiten

```
Name      Vorname   Adresse        PLZ    Ort        Telefon Privat   Telefon Büro
Maier     Klaus     Am Weg 123     23233  Altstadt   0838 / 126762
Müller    Sabine    Feldweg 7      12412  Neustadt   01242 / 1232     01234 / 12313
```

Bereits im ersten Dialog zum Import einer Textdatei müssen Sie angeben, in welchem Format die Daten vorliegen:

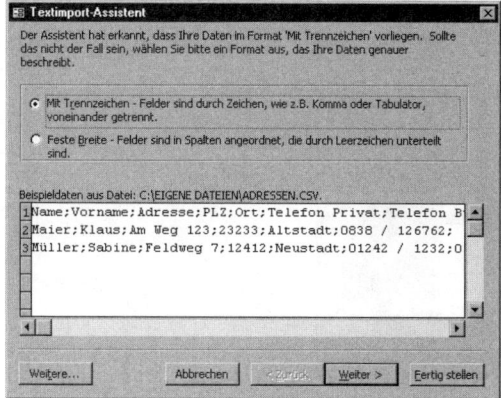

Abbildung 38.100:
Wie liegen die zu
importierenden
Daten vor?

Falls die Datenfelder durch ein Trennzeichen voneinander unterschieden werden, fragt der zweite Dialog das verwendete Trennzeichen ab. Für die gängigen Trennzeichen (Tabulator, Semikolon, Komma etc.) stehen Optionsfelder bereit. Falls das tatsächlich verwendete Trennzeichen dort nicht verfügbar ist, muss es im Eingabefeld *Andere* angegeben werden.

Abbildung 38.101:
Festlegen des
Feldtrenners

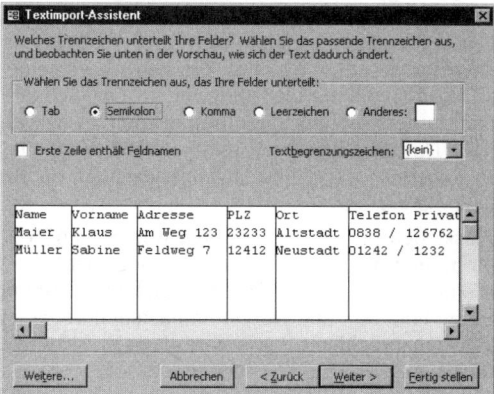

Solange das Trennzeichen nicht innerhalb der Datenfelder selbst verwendet wird, muss man sich keine weiteren Gedanken um den Datenexport machen. Aber wenn beispielsweise das Leerzeichen als Feldtrenner zum Einsatz kommt, ist es nicht sehr unwahrscheinlich, dass das Leerzeichen auch Bestandteil eines Datenfeldes ist (s. *Am Weg 123*). In diesem Fall müssen alle zu einem Datenfeld gehörenden Zeichen von *Textfeldbegrenzungszeichen* eingerahmt werden. Üblicherweise verwendet man dazu Anführungszeichen (") oder das Hochkomma ('). Doch im Kombinationsfeld *Textfeldbegrenzungszeichen* lässt sich auch ein anderes Zeichen bestimmen.

Weil Textdateien universell einsetzbar sind, werden Daten vermutlich am häufigsten über Textdateien importiert. Damit sich immer wiederkehrende Importe besser automatisieren lassen, wird durch Druck auf die *Weitere*-Schaltfläche der Dialog zur Definition von *Importspezifikationen* aufgerufen.

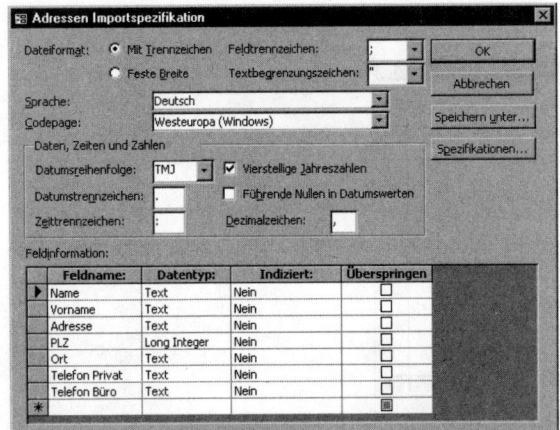

Abbildung 38.102:
Importspezifikationen definieren

Die hier hinterlegten Einstellungen lassen sich durch *Speichern unter...* in so genannten Spezifikationen speichern und später durch Betätigung der *Spezifikationen...*-Schaltfläche wieder einladen.

Neben dem Feldtrennzeichen und dem Tabellenbegrenzungszeichen lassen sich in diesem Dialog weitere Einstellungen vornehmen.

Um Datumsfelder korrekt zu importieren, lässt sich im Kombinationsfeld *Datumsreihenfolge* die Reihenfolge bestimmen, in der Tages-, Monats- und Jahresangaben in der zu importierenden Datei vorliegen. Das Kontrollkästchen *Vierstellige Jahreszahlen* entscheidet darüber, ob die Jahreszahl eines Datums beispielsweise 1999 oder 99 lautet. Im Eingabefeld *Datumstrennzeichen* wird angegeben, welches Zeichen die verschiedenen Informationen innerhalb eines Datums voneinander abtrennt. In Deutschland wird beispielsweise der Punkt verwendet, im englischen Sprachraum kommt dagegen das /-Zeichen zum Einsatz (dort lautet die Datumsreihenfolge üblicherweise *MTJ*). Das Kontrollkästchen *Führende Nullen in Datumswerten* gibt Auskunft darüber, ob ein Datum in der Form 1.4.1999 oder 01.04.1999 vorliegt.

Falls die Textdatei Uhrzeiten enthält, lässt sich in *Zeittrennzeichen* hinterlegen, welches Zeichen zwischen Stunden-, Minuten- und Sekundenangaben liegt. Üblicherweise kommt hier der Doppelpunkt zum Einsatz. Das Dezimalzeichen bestimmt schließlich, welches Zeichen zum Trennen von Vor- und Nachkommastellen bei einer Gleitkommazahl eingesetzt wird. Im deutschsprachigen Raum wird dazu das Komma eingesetzt, im englischsprachigen wird dagegen der Punkt (.) verwendet.

HINWEIS Falls das *Dezimalzeichen* gleichzeitig auch das *Feldtrennzeichen* ist, müssen Dezimalzahlen von Textbegrenzungszeichen (z.B. ...,"3,1415",...) eingerahmt werden.

Anders als beim Import von Excel-Tabellen kann Access nur Vermutungen über den Datentyp einer zu importierenden Spalte anstellen. Access untersucht zwar stichprobenartig die zu importierende Textdatei, um herauszufinden, ob eine Spalte einen Text, ein Datum oder eine Zahl enthält, ganz sicher kann sich Access da jedoch nicht sein.

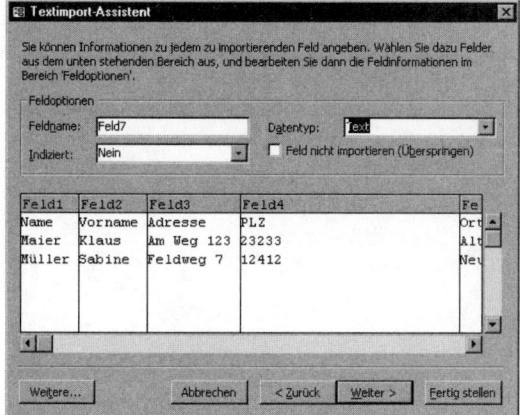

Abbildung 38.103:
Definition der
Feldeigenschaften

39 Formulare – Übersichtliche Datenpräsentation

949	So erstellen Sie ein Formular
956	Formulardesign
958	Steuerelemente – Interaktion mit dem Anwender
967	Die Steuerelemente der Protector GmbH
970	Gemeinsame Steuerelementeigenschaften
1008	Formulare drucken
1009	Dialogformulare erstellen
1009	Seitenzahlen im Seitenkopf/-fuß
1011	Detaildatensätze im Unterformular

Die Datensätze einer Tabelle lassen sich in der Datenblattansicht einer Tabelle relativ einfach bearbeiten. Das ist allerdings wenig komfortabel und beschränkt sich oft auf die Eingabe von Daten in eine einzige Tabelle. Eingabeformulare, kurz Formulare, sind wesentlich flexibler. Hier werden die Daten wie in einer herkömmlichen Windows-Anwendung eingegeben. Erläuternde Textfelder und sogar Hilfedateien stehen auf Wunsch zur Verfügung. Und auch das Haupt- und Detailtabellenkonzept lässt sich mit Formularen fortführen, denn in ein Eingabeformular lassen sich Unterformulare einbetten, die zur Darstellung der Unterdatensätze eines Hauptformulars herangezogen werden.

So erstellen Sie ein Formular

Von der Idee bis zum fertigen Formular sind es nur wenige Schritte – selbst wenn man auf die Hilfe der Assistenten verzichtet:

1. Wechseln Sie im Datenbankfenster in die *Formular*-Gruppe, und wählen Sie die *Neu...*-Schaltfläche.
2. Erstellen Sie ein neues Formular in der *Entwurfsansicht* und wählen Sie die dem Formular zugrunde liegende Abfrage/Tabelle aus (siehe Abbildung 39.1).
3. Falls das neue Formular durch Doppelklick auf *Erstellt ein Formular in der Entwurfsansicht* in der Formular-Gruppe des Datenbankfensters erstellt oder die zugrunde liegende Abfrage/Tabelle noch nicht angegeben wurde, lässt sie sich zu jedem Zeitpunkt in der *Datenherkunft*-Eigenschaft des Formulars einstellen (siehe Abbildung 39.2).

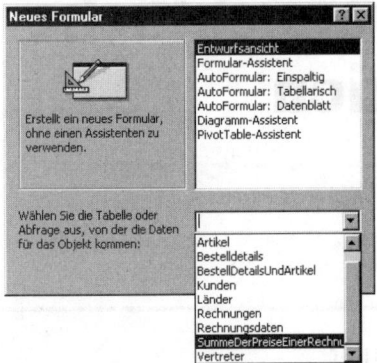

Abbildung 39.1:
Formular in der Entwurfsansicht erstellen und zugrunde liegende Tabelle auswählen

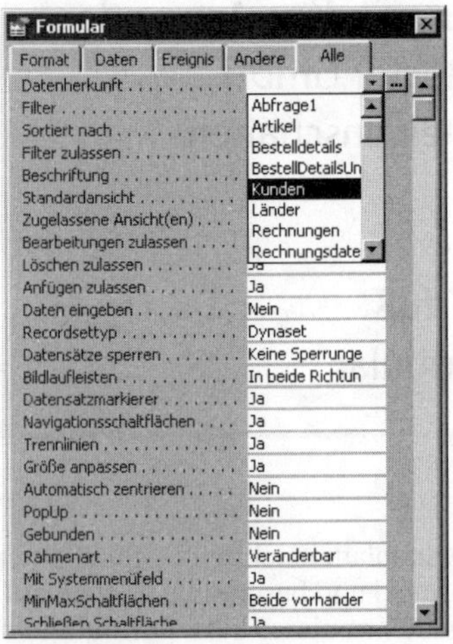

Abbildung 39.2:
Datenherkunft nachträglich einstellen

4. Danach präsentiert sich in etwa das folgende Bild:

Abbildung 39.3:
Leeres Formular in der Entwurfsansicht

Feldliste und Eigenschaften anzeigen

5. Falls die Datenfelder der dem Formular zugrunde liegenden Tabelle nicht automatisch angezeigt werden, muss der Befehl *Feldliste...* aus dem *Ansicht*-Menü aufgerufen oder das Feldlisten-Symbol niedergedrückt werden. Die Eigenschaften werden über *Ansicht/Eigenschaften*, über das »*Zeigefinger*«-Symbol oder über [Alt]+[↵] angezeigt.

6. Die im Formular anzuzeigenden Eingabefelder zur Bearbeitung der Datenfelder werden per Drag & Drop aus der Feldliste in den Formularentwurf gezogen:

Abbildung 39.4: Felder per Drag & Drop aus der Feldliste auf das Formular platzieren

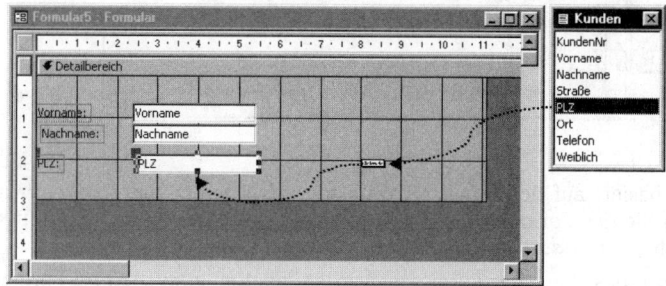

7. Befinden sich alle Steuerelemente auf dem Formular, müssen Sie in die *Formularansicht* wechseln, um Daten eingeben zu können. Dazu wählen die *Formularansicht* entweder aus dem *Ansicht*-Menü oder aus dem Kombinationsfeld der Symbolleiste.

Abbildung 39.5: Umschalten in die Formularansicht

8. Nun lassen sich Daten in das Formular eingeben:

Abbildung 39.6: Das fertige Formular

Die Formulare der Protector GmbH

Für die Fortführung der Verwaltungsapplikation der fiktiven Firma Protector GmbH werden verschiedenen Formulare benötigt, die Sie im Anschluss entweder per Assistent oder von Hand erstellen.

Die Formulare für die Eingabe der Artikelstammdaten könnten beispielsweise so aussehen:

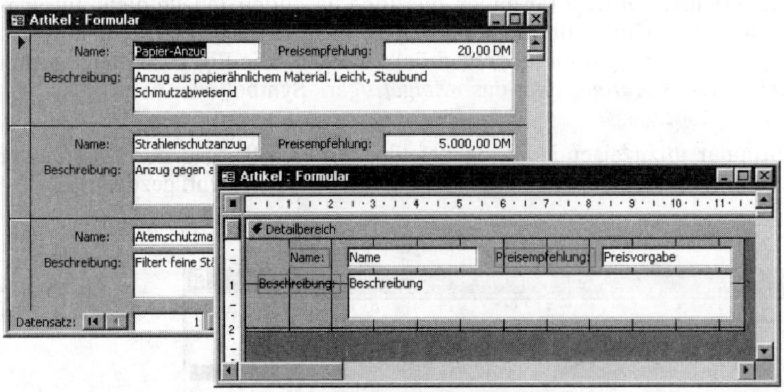

Abbildung 39.7:
Das Artikel-Formular

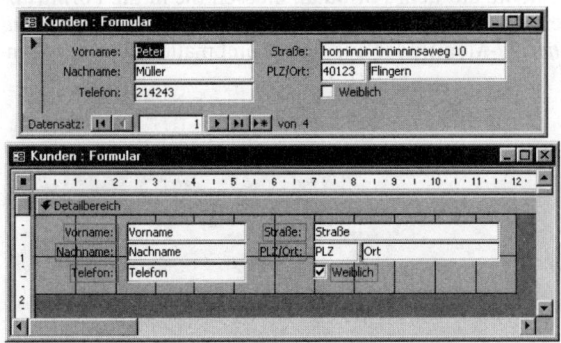

Dieses Formular basiert auf der Tabelle *Artikel* und zeigt außer der *ArtikelNr* alle Datenfelder. Falls Sie das Formular als Endlosformular präsentieren wollen, müssen Sie die Eigenschaft *Standardansicht* auf *Endlosformular* setzen.

Das *Kunden-* und das *Vertreter*-Formular werden analog zum *Artikel*-Formular erstellt:

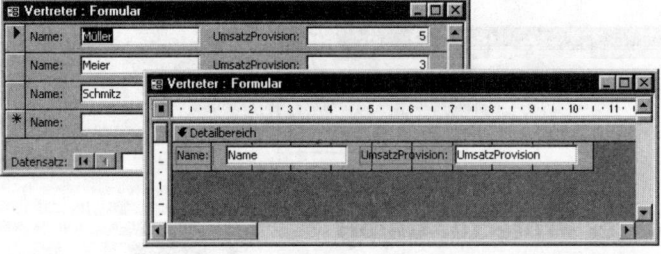

Abbildung 39.8:
Das Kunden-Formular

Abbildung 39.9:
Das Vertreter-Formular

Das Formular zur Eingabe einer Rechnung ist dagegen komplizierter, denn es besteht genaugenommen aus zwei Formularen: aus einem Unterformular, das die Bestelldetails einer Rechnung zeigt, und aus dem übergeordneten Rechnungsformular, das die Rechnungsdaten wie den Kunden, den bearbeitenden Vertreter und das Rechnungsdatum aufnimmt:

*Abbildung 39.10:
Das Rechnungs-
formular und das
eingebettete
Bestelldetail-
Formular*

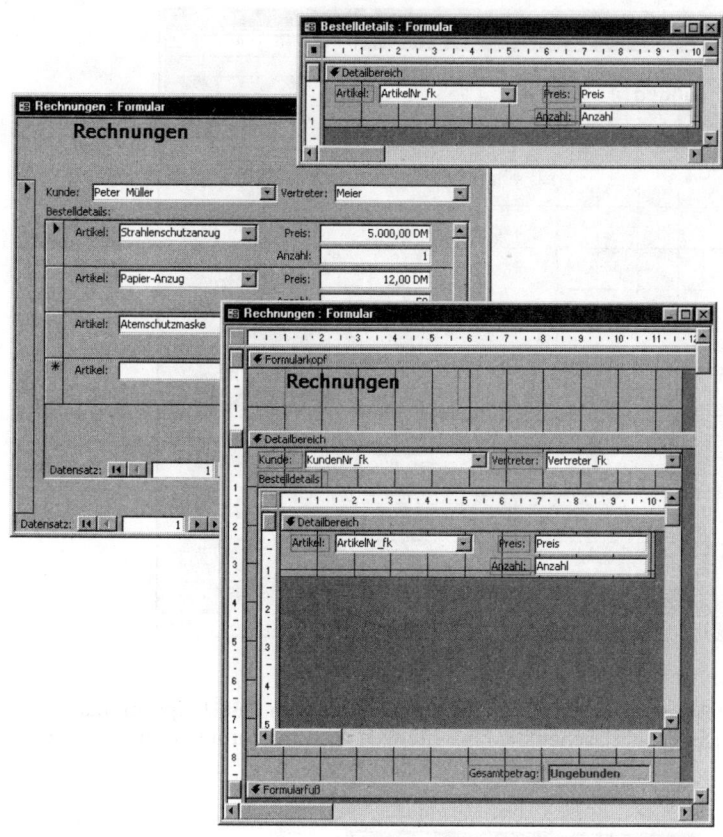

Das Formular für die Bestelldetails wird genauso wie die bereits oben erstellen Formulare produziert. Einzig die Einstellung *Standardansicht = Endlosformular* ist hervorzuheben. Die Erstellung des umgebenden Rechnungsformulars ist jedoch mit etwas Aufwand verbunden, denn erstens enthält es ein Unterformular und zweitens werden die Kunden und Vertreterdaten als so genannte Nachschlagefelder implementiert.

So fügen Sie ein Unterformular ein

1. Erzeugen Sie zuerst das Unterformular wie ein herkömmliches Formular.
2. Öffnen oder erzeugen Sie das Formular, in das das Unterformular eingebettet werden soll. Wechseln Sie in die Entwurfsansicht.

*Das Unter-
formularsteuer-
element*

3. Wählen Sie aus der Toolbox das Symbol des Unterformular-Steuerelementes aus und ziehen Sie innerhalb des Hauptformulars einen Rahmen an der Stelle auf, an der das Unterformular erscheinen soll (siehe Abbildung 39.11).
4. Wählen Sie das im Unterformularsteuerelement anzuzeigende Formular aus. Stellen Sie dazu die Eigenschaft *Herkunftsobjekt* auf den Namen des Unterformulars ein. Besteht zwischen den Tabellen, auf denen Haupt- und Unterformular basieren, bereits eine Beziehung, so werden die Eigenschaften *Verknüpfen von* und *Verknüpfen nach* automatisch auf die Datenfelder eingestellt, über die die Beziehung herge-

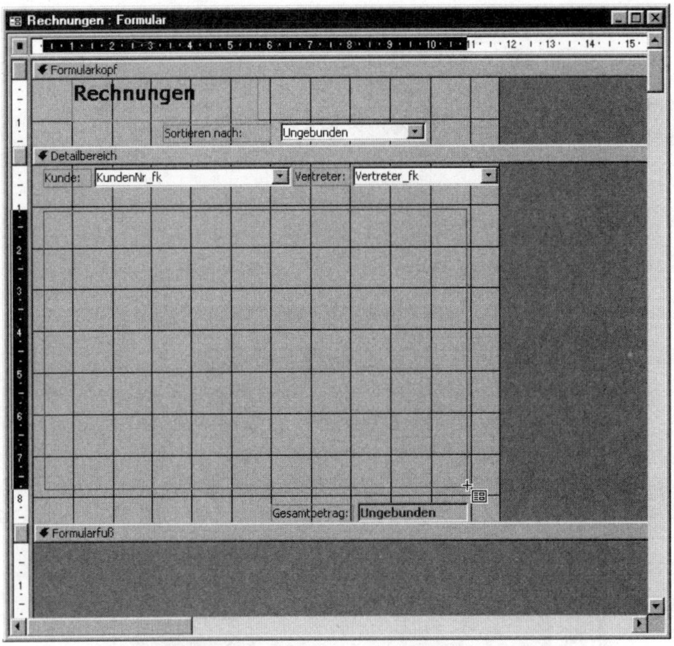

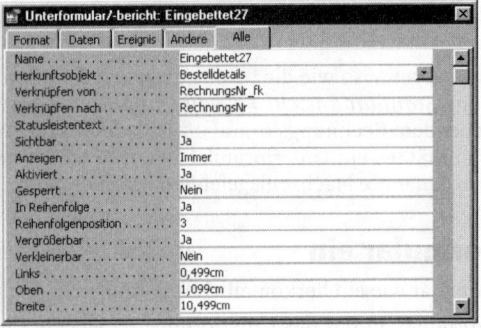

Abbildung 39.11:
Unterformular einfügen

stellt wird. Für das Unterformular *Bestelldetails*, das in das Hauptformular *Rechnungen* eingefügt wird, sehen die Einstellungen des Unterformular-Steuerelementes so aus:

Abbildung 39.12:
Eigenschaften des Unterformular-Steuerelements

Der Unterformular-Assistent

Hilfe für die Verknüpfung von Unterformularen mit dem Hauptformular bietet der Unterformular-Assistent. Wurden die Steuerelement-Assistenten durch Drücken des »*Zauberstab*«-Symbols aus der Toolbox aktiviert, erscheint nach dem Einfügen eines Unterformular-Steuerelementes auf das Formular der folgende Dialog:

Steuerelement-Assistenten anschalten

Abbildung 39.13:
Der Unterformular-Assistent

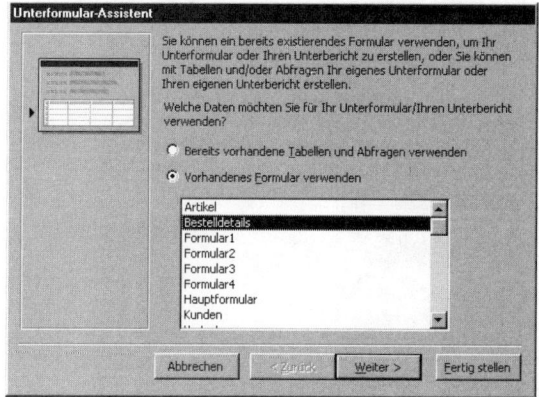

Er erlaubt die Auswahl des Formulars oder der Tabelle/Abfrage, die im Unterformular-Steuerelement zur Anzeige gelangen soll, und manipuliert damit die Eigenschaften *Herkunftsobjekt*. Falls eine Tabelle oder Abfrage im Unterformular dargestellt werden soll, erscheint der folgende Dialog, der bei der Auswahl der im Unterformular-Steuerelement zu zeigenden Datenfelder hilft:

Abbildung 39.14:
Feldauswahl, falls eine Abfrage oder eine Tabelle im Unterformular angezeigt werden soll

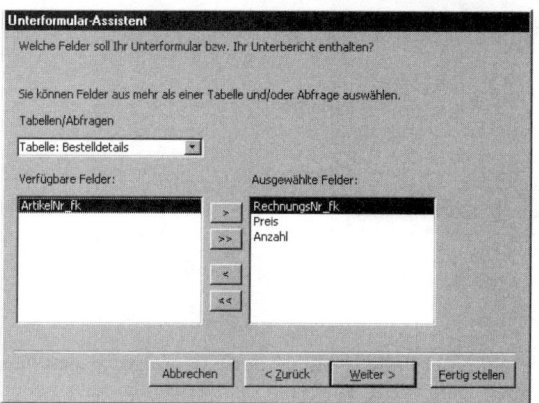

Anschließend muss die Verknüpfung zwischen der Tabelle/Abfrage im Unterformular und dem Hauptformular hergestellt werden. Access bietet zu diesem Zweck einige vordefinierte Verknüpfungsmöglichkeiten an oder erlaubt die manuell Verknüpfung durch Auswahl der miteinander in Beziehung zu setzenden Datenfeldern aus dem Hauptformular und dem Unterformular-Objekt (siehe Abbildung 39.15).

Zum Schluss fragt der Unterformular-Assistent nach dem Namen des neuen Unterformulars, der als Beschriftung im Hauptformular verwendet werden soll, und die Einfügeprozedur ist beendet (siehe Abbildung 39.16).

Formulare – Übersichtliche Datenpräsentation

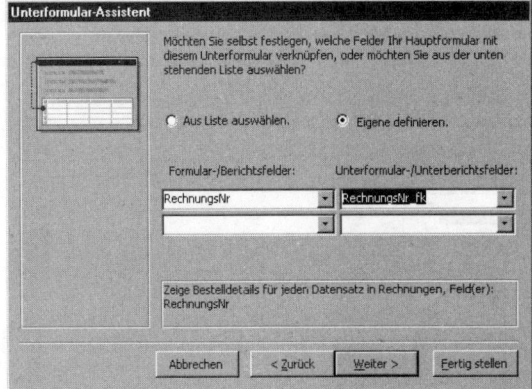

Abbildung 39.15:
Verknüpfen der Tabelle aus dem Unterformular mit dem Hauptformular

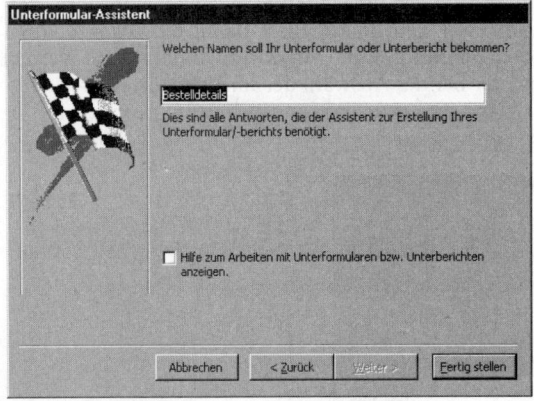

Abbildung 39.16:
Fertigstellen des Unterformulars

Formulardesign

Üblicherweise basieren Formulare auf einer Tabelle oder Auswahlabfrage, zeigen also die von der Tabelle/Abfrage erzeugten Datensätze an. Nach dem Erstellen eines neuen Formulars in der Entwurfsansicht muss daher zuerst die zugrunde liegende Tabelle bestimmt werden. Dazu müssen die Formulareigenschaften aufgerufen werden, um dort die Eigenschaft *Datenherkunft* zu setzen:

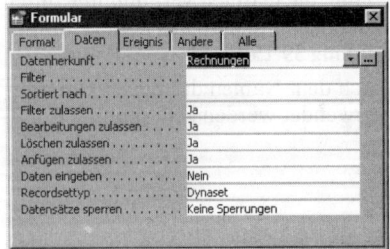

Abbildung 39.17:
Zugrunde liegende Tabelle/Abfrage eines neuen Formulars setzen

Die Formulareigenschaften werden entweder über *Ansicht/Eigenschaften* oder über den *Eigenschaften*-Menüpunkt aus dem Kontextmenü aufgerufen. Allerdings ist zu beachten, dass wirklich die Formulareigenschaften und nicht die Eigenschaften des Formular-Detailbereichs angezeigt werden. Sicher geht, wer vor der Anzeige des Eigenschaftsdialogs das graue Rechteck in der linken oberen Ecke des Formulars anklickt, so dass dort ein kleines schwarzes Rechteck zu sehen ist.

Abbildung 39.18:
Aktivierung der
Formulareigen-
schaften

Sobald die *Datenherkunft* eines Formulars angegeben wurde, steht die Feldliste zur Verfügung, in der alle Felder der Datenquelle aufgeführt werden. Um ein Steuerelement zur Eingabe eines Wertes für diese Felder auf dem Formular zu platzieren, lassen sich die Einträge aus der Feldliste per Drag & Drop aus der Feldliste auf das Formular ziehen. Je nach Typ des Feldes erzeugt Access automatisch ein passendes Steuerelement. Für Textfelder oder numerische Felder wird eine Eingabezeile auf dem Formular platziert. Für ein *Ja/Nein*-Feld erzeugt Access ein Kontrollkästchen.

Abbildung 39.19:
Steuerelemente
im Formular-
entwurf

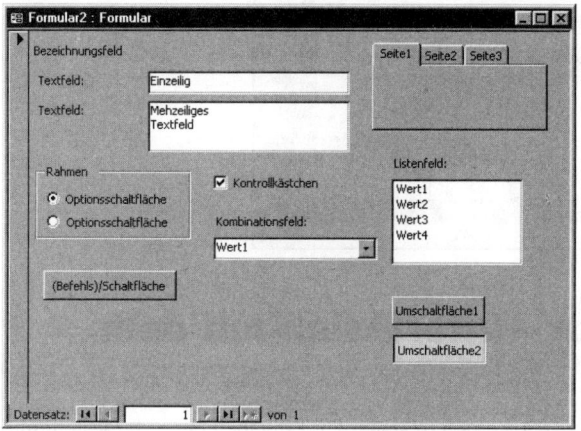

HINWEIS Die Eigenschaft *Datenherkunft* eines Formulars bestimmt, welche Datensätze im Formular zur Anzeige gelangen. Oft gibt man für diese Eigenschaft den Namen einer bereits definierten Tabelle oder Abfrage an. Doch nicht immer muss die Abfrage in Form einer vordefinierten Abfrage angegeben werden. In der Datensatzherkunft lässt sich auch ein *SELECT* SQL-Statement angeben, das die im Formular anzuzeigenden Datensätze spezifiziert. Zur Syntax dieses SQL-Statements finden Sie mehr in ▶ Kapitel 40, *Structured Query Language – Datenbanksprache für Profis*.

Die wichtigste Eigenschaft eines Steuerelementes heißt *Steuerelementinhalt* und benennt das Datenfeld der Formular-*Datenherkunft*, dessen Wert im Steuerelement angezeigt und editiert werden soll (siehe Abbildung 39.20).

Nachdem die benötigten Steuerelemente auf dem Formular platziert wurden, lassen sich weitere Änderungen am Formularlayout vornehmen. Die Steuerelemente lassen sich verschieben, bei Bedarf löschen oder repositionieren (siehe Abbildung 39.21).

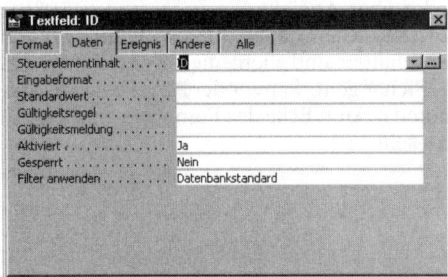

Abbildung 39.20:
Steuerelement-
eigenschaften

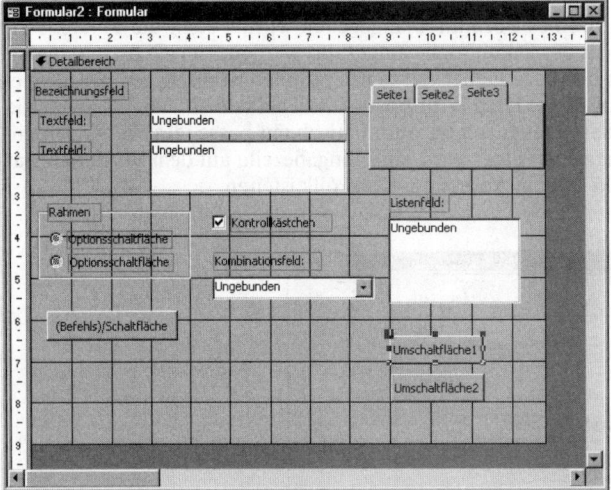

Abbildung 39.21:
Ein fertiges
Formular in der
Entwurfsansicht

Steuerelemente – Interaktion mit dem Anwender

Die Datenfelder eines Datensatzes werden in separaten Eingabefeldern dargestellt und bearbeitet. Beim Ziehen eines Feldnamens aus der *Feldliste* auf das Formular in der Entwurfsansicht werden jedoch nur zwei Steuerelementtypen verwendet: Für Textfelder und Felder numerischer Natur setzt Access gewöhnliche Eingabefelder ein. Für *Ja/Nein*-Felder kommen dagegen standardmäßig Kontrollkästchen zum Einsatz. Access bzw. Windows bietet jedoch deutlich mehr Steuerelemente, die sich alle in einer Datenbankanwendung einsetzen lassen.

Eine Übersicht über die verfügbaren Steuerelemente gibt die Toolbox von Access, die sich über den Menüpunkt *Toolbox* aus dem *Ansicht*-Menü anzeigen lässt.

Um eines dieser Steuerelemente auf einem Formular zu platzieren, wird das entsprechende Symbol in der *Toolbox*-Symbolleiste angeklickt, um anschließend mit der Maus ein Rechteck an der Stelle im Formular aufzuziehen, an der das entsprechende Steuerelement erscheinen soll.

Abbildung 39.22:
Werkzeugleiste im Formularentwurf

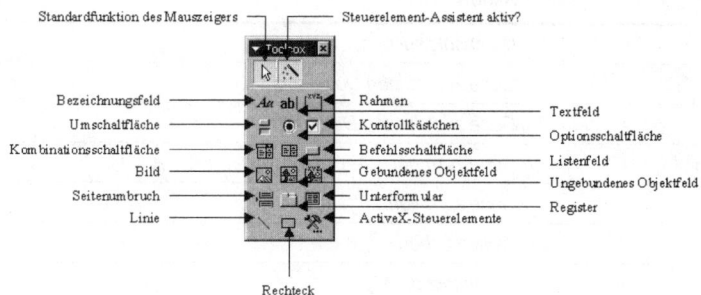

Steuerelement-Assistenten

Die Einstellung der Steuerelementeigenschaften ist mitunter langwierig, manchmal auch verwirrend. Daher bietet Access verschiedene Steuerelement-Assistenten, die Unterstützung bei der Anlage eines Steuerelementes bieten. Vor allem für Befehlsschaltflächen, Listen- und Kombinationsfelder und Rahmen mit Optionsschaltflächen stellt Access einige Assistenten bereit.

Aktivieren Sie den Steuerelement-Assistenten

Assistenten werden erst dann aktiv, wenn der »Zauberstab« als Symbol für Steuerelement-Assistenten in der Toolbox gedrückt ist. Dann wird der Assistent automatisch aktiv, sobald ein neues Steuerelement auf einem Formular platziert wird.

Der Schaltflächenassistent für vordefinierte Operationen

Der einfachste Assistent hilft bei der Erstellung einer Befehlsschaltfläche, und hier besonders bei der Grafik, die auf der Schaltfläche angezeigt werden soll, sowie der Aktion, die bei Betätigung der Schaltfläche auszuführen ist.

Abbildung 39.23: Formular öffnen

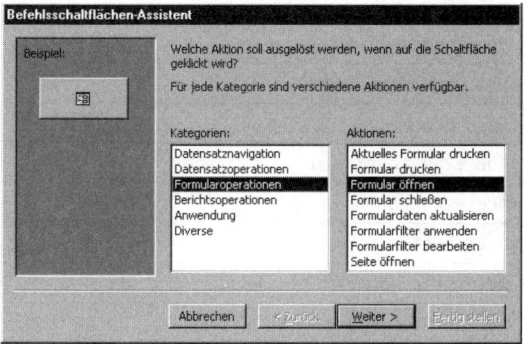

Bei der Anlage einer neuen Befehlsschaltfläche ermittelt der Assistent zuerst, welche Operation bei Betätigung der Schaltfläche ausgeführt werden soll. Dazu stehen zahlreiche Aktionen aus verschiedenen Kategorien bereit:

Tabelle 39.1:
Die vom Steuerelement-Assistenten bereitgestellten Aktionen

Kategorie	Aktion
Datensatznavigation	Datensatz suchen
	Gehe zum ersten Datensatz
	Gehe zum letzten Datensatz
	Gehe zum nächsten Datensatz
	Gehe zum vorherigen Datensatz
	Weitersuchen
Datensatzoperationen	Datensatz drucken
	Datensatz duplizieren
	Datensatz löschen
	Datensatz speichern
	Neuen Datensatz anfügen
	Rückgängig: Datensatz
Formularoperationen	Aktuelles Formular drucken
	Formular drucken
	Formular öffnen
	Formular schließen
	Formulardaten aktualisieren
	Formularfilter anwenden
	Formularfilter bearbeiten
	Seite öffnen
Berichtsoperationen	Bericht drucken
	Bericht in eine Datei senden
	Bericht senden
	Berichtsvorschau
Anwendung	Anwendung ausführen
	Anwendung beenden
	Editor ausführen
	MS Excel ausführen
	MS Word ausführen
Diverse	Abfrage ausführen
	AutoWähler
	Makro ausführen
	Tabelle drucken

Nach Auswahl der Aktion, die bei Betätigung der Schaltfläche ausgeführt werden soll, muss das Bild bestimmt werden, das auf der Schaltfläche dargestellt werden soll. Ein Listenfeld stellt dazu die zur aktuellen Aktion am besten passenden Bilder bereit. Falls jedoch auf ein Bild zugunsten eines Textes verzichtet werden soll, muss die Option *Text* aktiviert werden. Der auf der Schaltfläche anzuzeigende Text lässt sich dann eingeben:

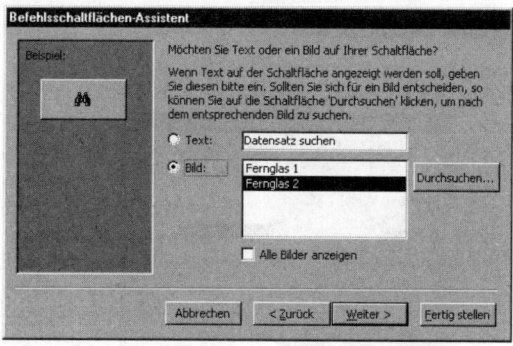

Abbildung 39.24:
Auswahl des
Schaltflächen-
bildes

Den Abschluss des Assistenten bildet ein Dialog, der die Eingabe des Steuerelementnamens gestattet. Nur wenn Sie später eigene Programmierungen am Formular vornehmen, ist es nötig, den Namen des Steuerelementes zu ändern. Ansonsten kann die von Access getroffene Vorgabe übernommen werden:

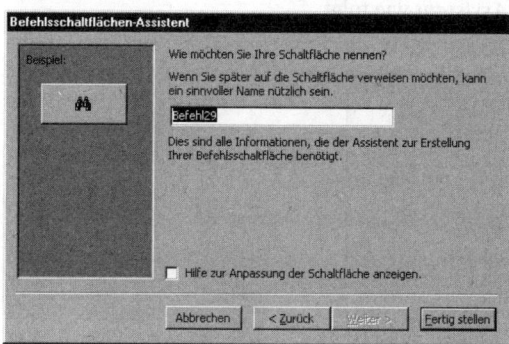

Abbildung 39.25:
Name des
Steuerelementes
festlegen

Hinter den Kulissen erzeugt der Schaltflächen-Assistent eine VBA-Ereignisprozedur, die im Allgemeinen dem Aufruf des der Aktion entsprechenden Menü-Eintrags entspricht. Genauere Informationen zu diesem Thema liefert die Access-Hilfe zum Thema *DoCmd*:

Formulare – Übersichtliche Datenpräsentation

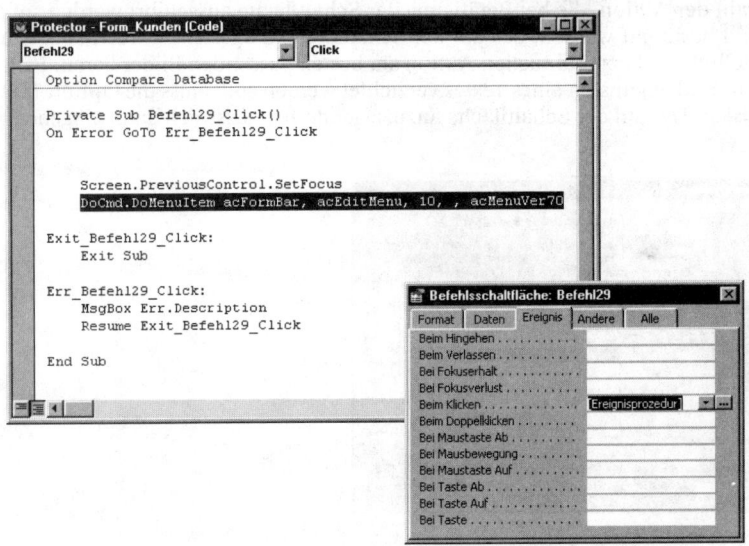

*Abbildung 39.26:
Hinter den Kulissen*

Listen- und Kombinationsfeld-Assistenten für Nachschlagefelder

Soll ein Listen- oder Kombinationsfeld in ein Formular eingefügt werden, meldet sich der Listen- oder *Kombinationsfeld-Assistent* wie folgt:

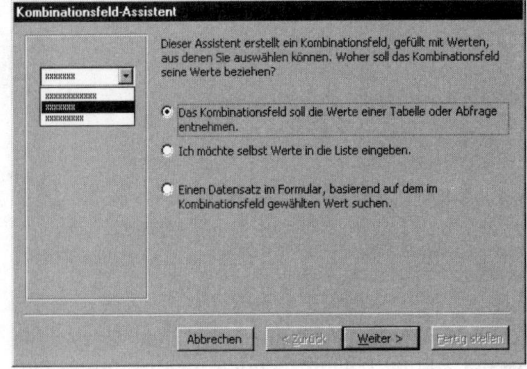

*Abbildung 39.27:
Aufgaben des Kombinationsfeldes/Listenfeldes*

Zuerst muss ausgewählt werden, ob das Kombinationsfeld als Nachschlagefeld für Datensätze einer anderen Tabelle/Abfrage verwendet werden, ob das Feld Werte einer von Hand eingegebenen Liste zeigen, oder ob das Feld für die schnelle Suche von Datensätzen im aktuellen Formular herangezogen werden soll.

Wollen Sie ein Nachschlagefeld nachbilden, erlaubt der nächste Schritt die Auswahl der Datenherkunft des Listen-/Kombinationsfeldes:

Abbildung 39.28:
Datenherkunft
bestimmen

Anschließend werden die im Listenfeld verfügbaren Datenfelder der Datenherkunft ausgewählt:

Abbildung 39.29:
Welche
Datenfelder?

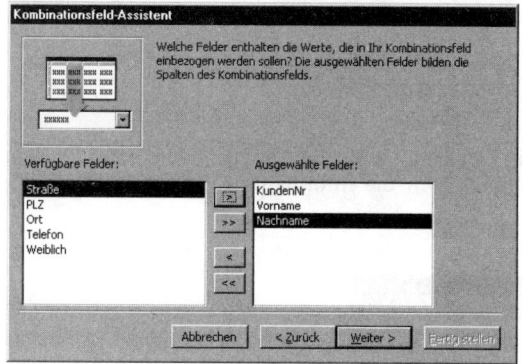

Damit Sie die Breiten der im späteren Steuerelement anzuzeigenden Spalten nicht von Hand eingeben müssen, lassen sich die Spaltenbreiten durch Verschieben der im nächsten Dialog enthaltenen Demo-Spalten vorgeben:

Abbildung 39.30:
Spaltenbreiten
festlegen

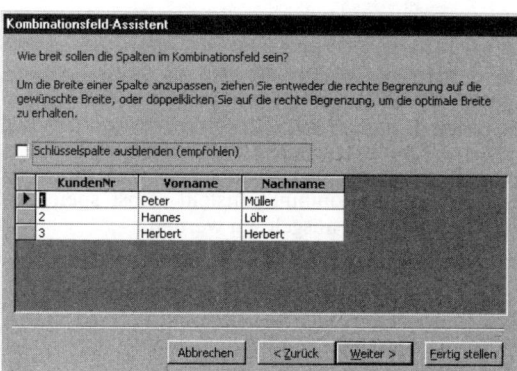

Formulare – Übersichtliche Datenpräsentation

Um schnellstens zu einem Ergebnis zu kommen, blendet Access ein mögliches Schlüsselfeld aus der Anzeige aus. Schlüsselfelder werden vom Assistenten daran erkannt, dass sie der Primärschlüssel der Datenherkunft des Steuerelementes entsprechen. Falls Sie die Spaltenbreiten später anpassen wollen, müssen Sie die Eigenschaft *Spaltenbreiten* des resultierenden Listen- oder Kombinationsfeldes bearbeiten (siehe ▶ Seite 991).

Im nächsten Schritt des Assistenten wird angegeben, welches der ausgewählten Felder die *Gebundene Spalte* (siehe ▶ Seite 991) des Listen-/Kombinationsfeldes sein soll.

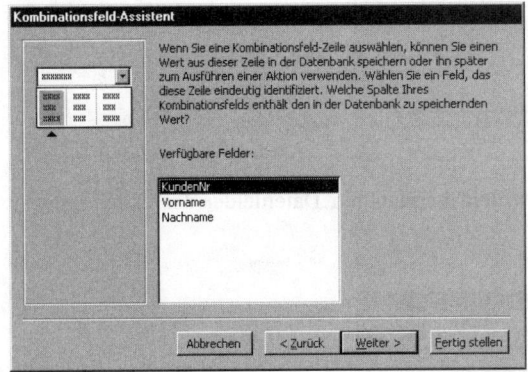

Abbildung 39.31:
Welche Information aus dem Listen-/Kombinationsfeld soll gespeichert werden?

Danach muss angegeben werden, in welchem Datenfeld des Formulars bzw. der dem Formular zugrunde liegenden *Datenherkunft* die Informationen aus dem Steuerelement abgelegt werden sollen.

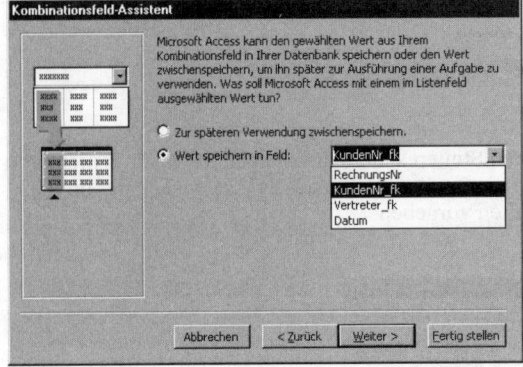

Abbildung 39.32:
Und wo soll sie gespeichert werden?

Falls die Daten nicht in einem Formular-Datenfeld abgelegt werden sollen, lassen sie sich zur späteren Verwendung auch im Listen-/Kombinationsfeld selbst speichern. Dort müssen sie aber per Makro oder Modul separat ausgelesen werden.

Zum Schluss muss dann nur noch die Beschriftung des neuen Steuerelementes festgelegt werden, und fertig ist das neue Kombinations-/Listenfeld:

Abbildung 39.33:
Ganz zum Schluss: den Namen des Listen-/Kombinationsfeldes angeben

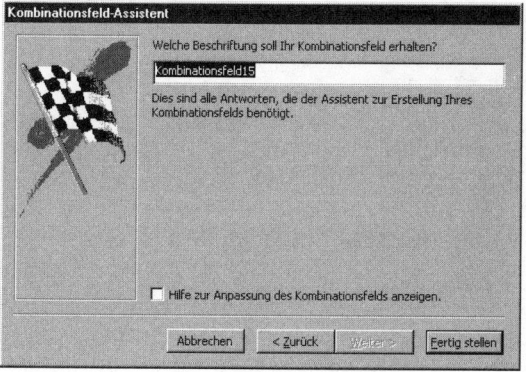

Abbildung 39.34:
Das Kombinationsfeld in Aktion

Der Optionsgruppen-Assistent hilft bei der Auswahl

Auch für die Erstellung von Optionsschaltflächen innerhalb eines Gruppenrahmens bietet Access einen Assistenten. Er wird aktiv, sobald eine neue Gruppe in ein Formular eingefügt wird.

Der Assistent bringt zuerst in Erfahrung, welche Optionen in der Gruppe dargestellt werden und welche Beschriftungen dies erhalten sollen:

Abbildung 39.35:
Welche Optionen?

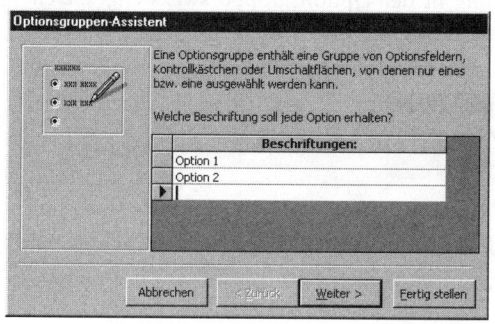

Anschließend wird festgelegt, welche der Optionen als Standardauswahl vorgegeben werden soll. Ohne Standardauswahl sind alle Optionen unmittelbar nach dem Aufruf des Formulars im undefinierten Zustand, mit Standardauswahl wird hingegen eine Option besonders hervorgehoben (siehe Abbildung 39.36).

Danach muss eine Zuordnung zwischen den verfügbaren Optionen und den von einer Option repräsentierten numerischen Werten getroffen werden. Der Assistent vergibt den Optionen dazu fortlaufende Nummern, die sich jedoch an Ihre Wünsche anpassen lassen (siehe Abbildung 39.37).

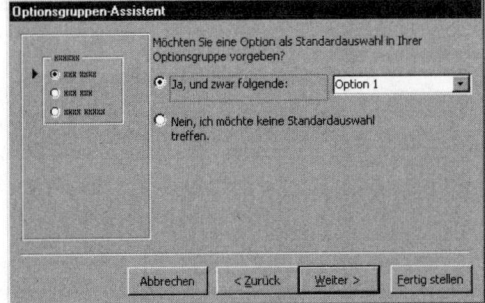

Abbildung 39.36:
Welche Option wird als Standardauswahl vorgegeben?

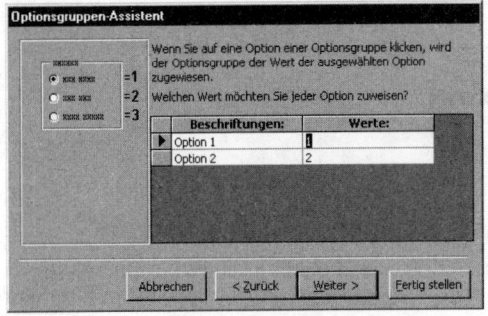

Abbildung 39.37:
Numerische Werte der einzelnen Optionsgruppen

Soll die Optionsgruppe bzw. der Rahmen an ein Datenfeld des Formulars gebunden werden, wird im nächsten Schritt der Name des Datenfeldes erfragt. Falls die Werte der Optionsgruppe *für spätere Verarbeitung* in der Optionsgruppe zwischengespeichert werden, muss die Auswertung der aktuellen Option per Makro oder Modul erfolgen:

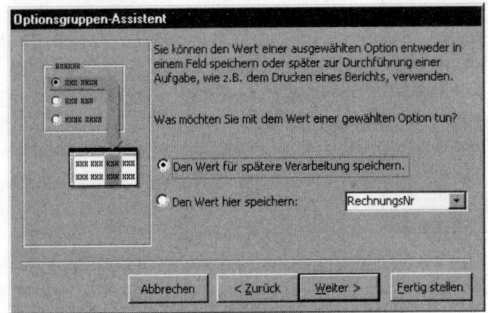

Abbildung 39.38:
An welches Feld soll die Optionsgruppe gebunden werden?

Die grafische Gestaltung der Gruppe wird als Nächstes bestimmt. Zur Anzeige der Optionen stehen Optionsschaltflächen, Kontrollkästchen oder Umschaltflächen zur Verfügung. Außerdem lässt sich ein *Spezialeffekt* für die Gruppe festlegen:

Abbildung 39.39:
Gestaltung der
Optionsgruppe

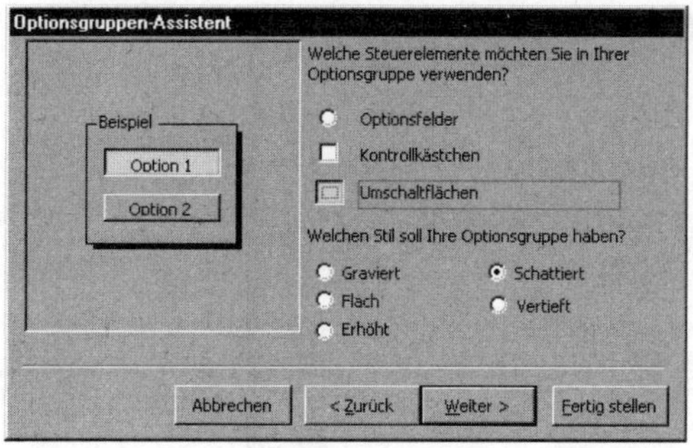

Zum Schluss fordert der Assistent nur noch zur Eingabe des Beschriftung der Optionsgruppe auf, um nach *Fertig stellen* einen neuen Rahmen inklusive Optionsflächen auf das Formular zu platzieren:

Abbildung 39.40:
Fertigstellen der
Optionsgruppe

Die Steuerelemente der Protector GmbH

Um die Arbeit mit dem *Rechnungen*-Formular der Protector GmbH zu vereinfachen, werden Nachschlagefelder verwendet, die die Auswahl des Kunden, an den die Rechnung gestellt werden soll, sowie die Auswahl des Vertreters, der die Umsatzprovision erhalten soll, gestatten. Weil im Rechnungsdatensatz nur die Kunden und Vertreternummer gespeichert werden, wandeln diese Nachschlagefelder die kryptischen Nummern in Klartexte um.

So fügen Sie die Nachschlagefelder in das Rechnungsformular ein

Kombinationsfeld

1. Öffnen Sie das Rechnungsformular und platzieren Sie ein Kombinationsfeld auf dem Formular.
2. In den Eigenschaften dieses neuen Steuerelementes legen Sie zunächst den *Steuerelementinhalt* fest. Weil das Kombinationsfeld die Kundennummer des Kunden aufnimmt, an den die Rechnung gestellt wird, wird der *Steuerelementinhalt* auf das Feld *KundenNr_fk* gesetzt (siehe Abbildung 39.41).
3. Für die Übersetzung der *KundenNr_fk* in einen Klartext sind die Eigenschaften *Datensatzherkunft* und *Gebundene Spalte* zuständig. Die *Datensatzherkunft* bestimmt, welche Daten anstelle der Kundennummer angezeigt werden sollen. In

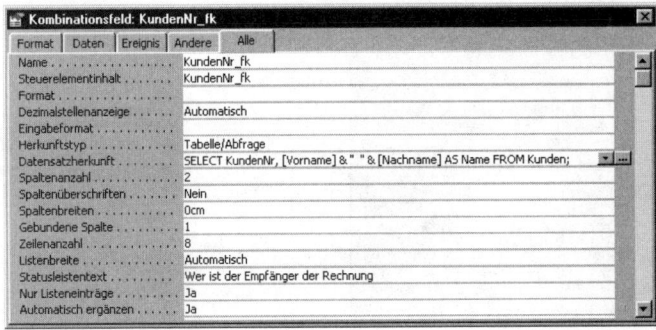

Abbildung 39.41:
Steuerelement-
inhalt definieren

diesem Beispiel ist es ein SQL-Statement, das die Datensätze der Kundentabelle auf nur zwei Datenfelder reduziert (*SELECT KundenNr, [Vorname] & » » & [Nachname] AS Name FROM Kunden;*). Das erste Datenfeld enthält die *KundenNr*, um die Verknüpfung zwischen dem Datenfeld *KundenNr_fk* aus dem *Steuerelementinhalt* und den über die *Datensatzherkunft* verfügbaren Datensätzen herzustellen. Die separaten Felder *Vorname* und *Nachname* werden durch den Ausdruck *[Vorname] & » « & [Nachname]* im SQL-Statement zu einem Datenfeld zusammengefasst, damit die Anzeige im Kombinationsfeld natürlicher erscheint und nicht an eine starre Tabelle erinnert.

4. Damit das Kombinationsfeld »weiß«, über welches Datenfeld die Verknüpfung zwischen dem *Steuerelementinhalt* und der *Datenherkunft* erfolgt, wird in *Gebundene Spalte* die Nummer des Datenfeldes angegeben, über das die Verknüpfung erfolgt. In diesem Beispiel hat die Eigenschaft *Gebundene Spalte* den Wert 1, und verknüpft damit den *Steuerelementinhalt KundenNr_fk* mit dem Datenfeld *KundenNr* aus der *Datenherkunft*.

5. Die Eigenschaften *Spaltenanzahl* und *Spaltenbreiten* bestimmen, wie viele Datenfelder aus der Datenherkunft angezeigt werden, und wieviel Platz einem jeden Datenfeld bei der Anzeige eingeräumt wird. In unserem Beispiel stehen nur zwei Datenfelder zur Verfügung, so dass *Spaltenanzahl* den Wert 2 enthält. In *Spaltenbreiten* werden die Breiten für die einzelnen Spalten durch Semikola voneinander getrennt angegeben. Um beispielsweise für die erste Spalte 3 cm und für die zweite 4 cm zu reservieren, wird in Spaltenbreite *3cm;4cm* angeben. Wird *0cm* als Spaltenbreite angegeben, so wird die entsprechende Spalte ausgeblendet. Damit Sie nicht für jede Spalte eine Spaltenbreite angeben müssen, verwendet Access Standardbreiten für alle nachfolgenden Spalten, sofern nur die ersten Spalten mit einer Breite versehen wurden. Daher ist es möglich, für ein zweispaltiges Kombinationsfeld in der Eigenschaft *Spaltenbreiten* allein den Wert *0cm* zur Ausblendung der ersten Spalte anzugeben.

Das Nachschlagefeld zur Auswahl des Vertreters wird ähnlich aufgebaut, nur dass hier die *Vertreter*-Tabelle als Datenherkunft eingesetzt wird. Die genauen Einstellungen zeigt die Abbildung 39.42.

Etwas anders aufgebaut ist das *Sortiert nach*-Kombinationsfeld im Rechnungsformular. Seine Aufgabe besteht darin, die Reihenfolge der Datensätze festzulegen. Und zwar wird dazu das Datenfeld aus der dem Rechnungsformular zugrunde liegenden Tabelle ausgewählt, nach dem die Datensätze sortiert werden sollen. Im Gegensatz zu den oben aufgeführten Kombinationsfeldern zeigt das *Sortien nach*-Kombinationsfeld nicht den Inhalt der Datensätze einer *Datenherkunft* an, sondern die Namen der Datenfelder der Datenherkunft (siehe Abbildung 39.43).

Abbildung 39.42:
Einstellungen für das Vertreter-Nachschlagefeld

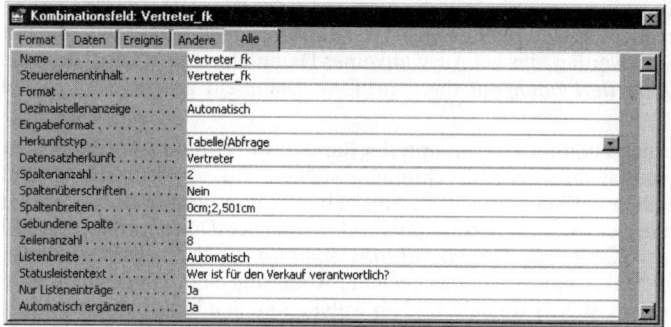

Abbildung 39.43:
Anzeige der Datenfelder der Tabelle Rechnungen

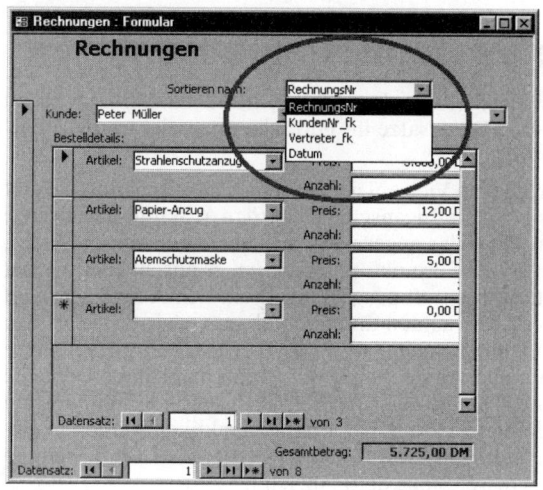

Dazu muss der Herkunftstyp von *Tabelle/Abfrage* auf *Feldliste* gesetzt werden. Weil das *Sortiert nach*-Feld die Datensätze der *Rechnungen*-Tabelle anzeigen soll, muss zudem in *Datenherkunft* auf die *Rechnungen*-Tabelle verwiesen werden:

Abbildung 39.44:
Einstellungen für das Sortiert nach Kombinationsfeld

Allein durch diese Einstellungen wirkt sich die Auswahl eines Datenfeldes jedoch noch nicht auf die Sortierung der Datenfelder aus. Das Steuerelement muss vielmehr mit einem Makro verknüpft werden, das bei Auswahl eines Datenfeldes dazu führt, dass die Formulareigenschaft *Sortiert nach* auf das markierte Datenfeld gesetzt wird (siehe ▶ Seite 992).

Als weitere Besonderheit befindet sich am unteren Rand des Rechnungs-Formulars ein Textfeld, das die Gesamtsumme der in Rechnung gestellten Artikel angibt. Dazu wird die Summe der bestellten Artikel zum jeweils angegebenen Preis ermittelt. Das erfolgt über eine Abfrage, die bei jeder Änderung ausgeführt und per *DomSumme()*-Befehl aggregiert wird (siehe ▶ Kapitel 40, *Domänenfunktionen für die Datenbankanalyse*). Auch hierfür wird ein Makro eingesetzt, das bei jeder Änderung eines Datensatzes zum Aufruf gelangt. Wie dieses Makro aussieht und an welchen Stellen innerhalb des *Rechnungs-* und *Bestelldetail*-Formulars sein Aufruf erfolgt, sehen Sie in ▶ Kapitel 42, *Die Makros der Protector GmbH*.

Gemeinsame Steuerelementeigenschaften

Die meisten Steuerelemente auf einem Formular stehen in direkter Verbindung zu einem Datenfeld einer Tabelle, deren Datensätze im Formular angezeigt werden (Formulareigenschaft *Datensatzherkunft*).   *Steuerelementinhalt*

Die meisten Steuerelemente besitzen eine Vielzahl gemeinsamer Eigenschaften. So gibt in jedem Steuerelement beispielsweise die Eigenschaft *Sichtbar* Auskunft darüber, ob das betreffende Steuerelement im Formular angezeigt wird. Nun stellt sich die Frage, warum man ein Steuerelement in einem Formular platziert, um es anschließend *nicht* anzuzeigen. Doch Steuerelemente werden oft ausgeblendet, um den Anwender nicht mit zusätzlichen Informationen zu überfrachten und dadurch zu verwirren. Sie lassen sich aber jederzeit wieder einblenden, wenn der Anwender es wünscht (und wenn entsprechende Programmteile im Formular vorgesehen sind). Unsichtbare Steuerelemente werden außerdem eingesetzt, um aus einem eigenen Programm besonders einfach auf die Daten in einem Formular zugreifen zu können. Derartige Praktiken werden in diesem Buch allerdings nur am Rande gestreift, weil für eine umfangreiche Einführung in die Programmierung mit Access an dieser Stelle der Platz fehlt.   *Sichtbarkeit*

Auch die Eigenschaft *Anzeigen* hat mit der Sichtbarkeit eines Steuerelementes zu tun. Üblicherweise hat diese Eigenschaft den Wert *Immer*. Sie lässt sich aber auch auf die Werte *Nur beim Drucken* oder *Nur am Bildschirm* einstellen, um das Steuerelement nur auf einem Ausdruck oder nur auf einem Formular am Bildschirm anzuzeigen.   *Anzeigen auf dem Bildschirm oder beim Drucken?*

Beim Einfügen eines neuen Steuerelementes auf das Formular wird seine Position durch den Rahmen bestimmt, den der Anwender für das Steuerelement vorsieht. Doch auch nachträglich lassen sich Position (*Links*, *Oben*) und Dimension (*Breite*, *Höhe*) verändern. In der Entwurfsansicht bietet ein Steuerelement dazu passende »Aufnehmer«, die mit der Maus aufgegriffen und verschoben werden können. Weil sich ein Steuerelement mit der Maus nur selten exakt positionieren lässt, greifen viele Anwender für den »letzten Schliff« auf die Tastatur zurück. Um ein Steuerelement mit der Tastatur zu verschieben, muss das Element zuerst ausgewählt werden. In Verbindung mit der [Strg]-Taste lässt sich nun die Position des Steuerelementes über die Pfeiltasten verändern. Größenänderungen nimmt man mit der [H]-Taste und den Pfeiltasten ([V] [W] [I] [Y]) vor.   *Positionierung per Tastatur*

Die Position und Dimension eines Objektes spiegelt sich auch in verschiedenen Steuerelement-Eigenschaften wider. Die Eigenschaften *Links* und *Oben* nehmen die Position der linken oberen Ecke des Steuerelementes innerhalb des jeweiligen Bereichs (z.B. Detailbereich oder Formularkopf) auf. Die Angabe der Position erfolgt in der Maßeinheit *cm*. Anstelle der Einheit *Zentimeter* lässt sich auch die amerikanische Einheit *Zoll*   *Links, Oben*

Breite, Höhe	(engl. Inch) verwenden (1 Zoll = 2,54 cm). Um das Steuerelement einen Zoll vom linken Bereichsrand zu platzieren, wird *1 Zoll* eingegeben. Gültige Eingaben für eine Eigenschaft, die eine Maßeinheit verlangt, sind beispielsweise: *1 cm*, *1 Zentimeter*, *1 Zoll* oder *1 in*.
Breite, Höhe	Um die Breite und Höhe eines Steuerelementes zu bestimmen, stellen die meisten die Eigenschaften *Höhe* und *Breite* bereit. Allerdings gibt es auch Objekte, die weder das eine noch das andere zur Verfügung stellen (z. B. der Seitenumbruch). So besitzt das Formular beispielsweise keine Höhe, denn sie wird durch die Höhe aller im Formular enthaltenen Bereiche (siehe ▶ Seite 1007) bestimmt.
Standardwert	Dass ein Datenfeld einen *Standardwert* besitzt, der in das Feld übertragen wird, falls der Anwender keinen Wert für das Feld eingegeben hat, haben Sie bereits beim Design einer Tabelle kennen gelernt. Aber auch verschiedene Steuerelemente besitzen eine Eigenschaft namens *Standardwert*, die angibt, welchen Wert das Steuerelement annehmen soll, wenn der Anwender einen neuen Datensatz im Formular angelegt hat. Der Standardwert eines Steuerelementes wird vorrangig vor dem Standardwert des zugrunde liegenden Datenfeldes eingesetzt. Damit lassen sich in verschiedenen Formularen unterschiedliche Standardwerte nutzen.
Gültigkeitsregel *und* Gültigkeitstext	Ebenso verfügen einige Steuerelemente (*Textfeld*, *Kontrollkästchen*, *Optionsschaltfläche* etc.) über die Eigenschaften *Gültigkeitsregel* und *Gültigkeitsmeldung*. Die *Gültigkeitsregel* überprüft, ob der Anwender einen gültigen Wert in das Steuerelement eingegeben hat, und zeigt bei Missachtung den in *Gültigkeitsmeldung* angegeben Fehlertext (siehe ▶ Kapitel 38, *Datenfeldeigenschaften*).
Statusleistentext	Die Statusleiste des Access-Hauptfensters zeigt den in der Steuerelement-Eigenschaft *Statusleistentext* angegeben Text, sobald das Steuerelement den Eingabefokus besitzt, also auf Tastatureingaben reagiert. Als Vorgabe für den Statusleistentext verwendet Access bei der Erzeugung eines neuen Steuerelementes die *Beschreibung* des Datenfeldes, das über das Steuerelement bearbeitet werden soll.
Der Eingabefokus	Ein Steuerelement erhält den Eingabefokus, sobald der Anwender das Element mit der Maus anklickt. Der Eingabefokus lässt sich aber auch mit der Tastatur, genauer mit der ⇥-Taste, verschieben. Der Druck auf die ⇥-Taste verschiebt den Eingabefokus auf das nächste Steuerelement, in Verbindung mit der ⇧-Taste wird das vorangehende Steuerelement aktiviert. Dabei bestimmt die Steuerelement-Eigenschaft *In Reihenfolge*, ob das Steuerelement per ⇥-Taste erreichbar ist. Hat diese Eigenschaft den Wert *Ja*, bestimmt die Eigenschaft *Reihenfolgeposition* die Reihenfolge, in der die Steuerelemente per ⇥-Taste angesprungen werden.
Aktiviert *und* Gesperrt	Besitzt die Eigenschaft *In Reihenfolge* den Wert *Nein*, kann das Steuerelement nur mit der Maus aktiviert werden. Allerdings lassen sich Steuerelemente deaktivieren, wenn die Eigenschaft *Aktiviert* auf *Nein* gesetzt wird. In diesem Fall lässt sich der Eingabefokus weder mit der Tastatur noch mit der Maus auf das Steuerelement lenken. Deaktivierte Steuerelemente werden oft eingesetzt, wenn der Inhalt des Steuerelementes nur angezeigt, aber nicht verändert werden darf. Leider lässt sich das Steuerelement dann aber auch nicht mehr aktivieren, um den aktuellen Inhalt beispielsweise zur Weiterverarbeitung in die Zwischenablage zu übertragen. Um eine Änderung der Daten zu verhindern, aber die Aktivierung des Steuerelementes dennoch zu erlauben, steht die Eigenschaft *Gesperrt* bereit. Steht sie auf *Ja*, werden Änderungen des Steuerelementinhaltes abgewiesen.

Abbildung 39.45: Zustände eines Steuerelementes

Aktiviert = Ja	Aktiviert = Ja	Aktiviert = Nein	Aktiviert = Nein
Gesperrt = Nein	Gesperrt = Ja	Gesperrt = Ja	Gesperrt = Nein
bearbeiten erlaubt	bearbeiten verboten	kein fokus	deaktiviert

Schriftart und Textfarbe

Im Grunde existieren unter Access vier Steuerelemente, die keine Texte anzeigen. Das sind das Unterformular-Steuerelement, das Register-Steuerelement sowie das eigentliche Kontrollkästchen und die Optionsschaltfläche (jeweils ohne begleitendes Bezeichnungsfeld). Daher ist es kein Wunder, dass alle anderen Steuerelemente über die Eigenschaften *Textfarbe*, *Schriftart*, *Schriftgrad*, *Schriftbreite*, *Kursiv* und *Unterstrichen* verfügen. Die Eigenschaft *Textfarbe* bestimmt, in welcher Farbe die auszugebenden Texte dargestellt werden. Die Farbe wird als Dezimalwert angegeben, die Farbe Schwarz hat den Dezimalwert 0, die Farbe Weiß den Dezimalwert 16777215. Die folgende Tabelle zeigt die Dezimalwerte einiger gängiger Farben, der nachfolgende Abschnitt beschreibt, wie diese merkwürdigen Farbwerte zustande kommen.

Farbe	Dezimalwert
Schwarz	0
Weiß	16.777.215
Rot	255
Grün	65.280
Blau	16.711.680
Gelb	65.535
Cyan	16.776.960
Magenta	16.711.935
Braun	4.210.816
Hellgrau	12.632.256

Tabelle 39.2: Farbwerte

Damit der Anwender den Farbwert nicht von Hand eingeben muss, stellt Access einen Farbauswahl-Dialog zur Verfügung, der die Auswahl der gewünschten Farbe vereinfacht. Zum einen lassen sich Farben aus vordefinierten Palette wählen, zum anderen bietet der Farbauswahl-Dialog die Möglichkeit, eigene Farben zu definieren. Aufgerufen wird er, in dem die Schaltfläche mit den drei Pünktchen angeklickt wird, die erscheint, sobald die Eigenschaft *Textfarbe* ausgewählt wurde:

Der Farbeditor mit den drei Pünktchen

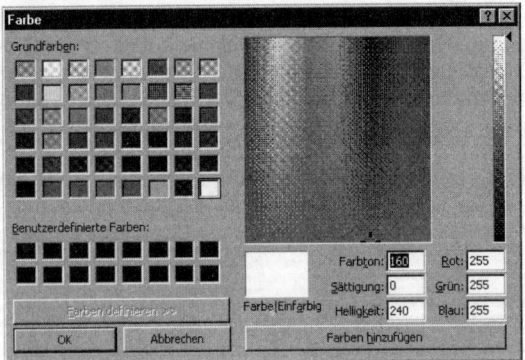

Abbildung 39.46: Farbauswahl-Dialog

Neben den fest vorgegebenen Farben existieren noch die so genannten Windows-Standardfarben. Jeder Anwender kann in den *Eigenschaften für Anzeige* über *Systemsteuerung (Start/Einstellungen/Systemsteuerung/Ansicht)* ein Farbschema auswählen, das die Farbe des Desktop-Hintergrundes, der Fenster und Schaltflächen definiert. Diese Farben können sich somit von Anwender zu Anwender unterscheiden.

Abbildung 39.47: Einstellung des Windows-Farbschemas

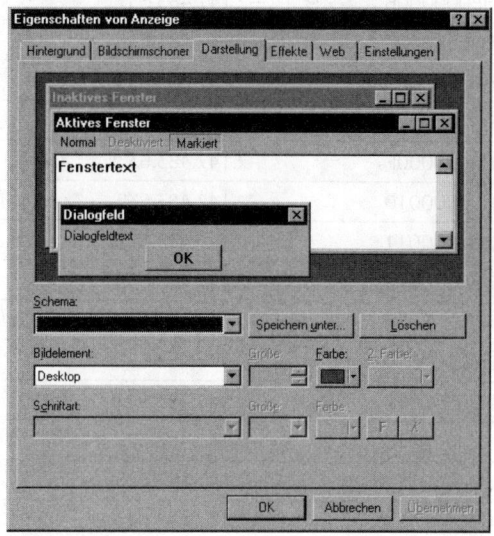

Damit auch Ihre Access-Anwendung diese Änderungen von Anwender zu Anwender mitmacht, dürfen Sie nicht auf fest vorgegebene Farbwerte zurückgreifen, sondern müssen die Farb-Platzhalter für die Windows-Standardfarben verwenden. Wenn Sie beispielsweise den »Farbwert« -2.147.483.633 der *Hintergrundfarbe* eines Textfeldes zuweisen, erscheint der Hintergrund in derselben Farbe wie der Hintergrund einer Schaltfläche. Sollte der Anwender während der Arbeit mit Ihrer Anwendung ein neues Farbschema einstellen, wird die Hintergrundfarbe des Textfeldes zudem automatisch angepasst.

Die folgende Tabelle zeigt die verfügbaren Standardfarben und die Farbwerte, die in *Text-* oder *Hintergrundfarbe* zu ihrer Nutzung eingestellt werden müssen. Die Farbangaben erfolgen sowohl im Hexadezimal als auch im Dezimalformat:

Tabelle 39.3: Werte für die Standardfarben

Bildschirmelement	Hex	Dez
Bildlaufleisten	&H80000000	-2.147.483.648
Desktop	&H80000001	-2.147.483.647
Aktive Titelleiste	&H80000002	-2.147.483.646
Inaktive Titelleiste	&H80000003	-2.147.483.645
Menüleiste	&H80000004	-2.147.483.644
Fensterhintergrund	&H80000005	-2.147.483.643
Fensterrahmen	&H80000006	-2.147.483.642
Menütext	&H80000007	-2.147.483.641

Bildschirmelement	Hex	Dez
Fenstertext	&H80000008	−2.147.483.640
Text in aktiver Titelleiste	&H80000009	−2.147.483.639
Aktiver Rahmen	&H8000000A	−2.147.483.638
Inaktiver Rahmen	&H8000000B	−2.147.483.637
Anwendungsarbeitsbereich	&H8000000C	−2.147.483.636
Markierung	&H8000000D	−2.147.483.635
Markierter Text	&H8000000E	−2.147.483.634
Schaltflächenoberseite	&H8000000F	−2.147.483.633
Schaltflächenschatten	&H80000010	−2.147.483.632
Gesperrter Text	&H80000011	−2.147.483.631
Schaltflächentext	&H80000012	−2.147.483.630
Text der inaktiven Titelleiste	&H80000013	−2.147.483.629
Schaltflächenmarkierung	&H80000014	−2.147.483.628
Dunkler Schaltflächenschatten	&H80000015	−2.147.483.627
Heller Schaltflächenschatten	&H80000016	−2.147.483.626
QuickInfo-Text	&H80000017	−2.147.483.625
QuickInfo	&H80000018	−2.147.483.624

Für die Auswahl der Schriftart steht leider kein Dialog bereit. Was andere Windows-Anwendungen in einem einzigen Dialog bieten, wird unter Access in fünf Eigenschaften realisiert. Die Eigenschaft *Schriftart* nimmt den Namen der zu verwendenden Schriftart (z.B. *Times New Roman*, *MS Sans Serif* oder *Courier*) auf. *Schriftgrad* bestimmt die Größe der Schrift und *Schriftbreite* erlaubt die Angabe ihrer »Fettigkeit«. Hier besteht die Auswahl zwischen sehr schmal und **sehr fett**. Die Eigenschaft *Kursiv* erlaubt *schrägstehenden* Text, und *Unterstrichen* unterstreicht den Text des Steuerelementes.

So kommt der Farbwert zustande

Im Computer werden Farben aus den drei Grundfarben Rot, Grün und Blau (RGB) zusammengesetzt. Dieses RGB-Farbsystem genannte Verfahren ist nicht das einzige Farbsystem, in der Computer-Welt ist es aber weit verbreitet.

Um eine Farbe zu bestimmen, wird der Anteil einer jeden Grundfarbe an der Gesamtfarbe angegeben. Jede Grundfarbe tritt dazu in 256 verschiedenen Abstufungen (von 0 bis einschließlich 255) auf. Die Farbe Weiß entsteht beispielsweise, wenn alle drei Grundfarben auf Maximum eingestellt sind (R,G,B=255,255,255). Die Farbe Schwarz entsteht analog, allerdings müssen hier alle Farbkomponenten auf 0 stehen (R,G,B=0,0,0).

Dem aufmerksamen Leser wird nicht entgangen sein, dass sich die 256 Abstufungen in einem Byte speichern lassen. Zur Speicherung eines RGB-Farbwertes werden demnach drei Bytes benötigt. Diese drei Bytes lassen sich aber nicht nur als Trippel interpretieren, sondern auch als zusammengesetzte Binärzahl. Die Bits 0 bis 7 dieses Binärwertes steuern die Rotkomponente, die Bits 8 bis 15 die Blaukomponente und die Bits 16 bis

23 die Grünkomponente bei. Für alle die, die nicht mit dem Rechnen auf Bit-Ebene vertraut sind, folgt hier die Rechenvorschrift, die aus den drei Farbkomponenten die in der Eigenschaft *Textfarbe* oder *Hintergrundfarbe* oder *Rahmenfarbe* geforderten Farbwerte berechnet:

```
Farbwert = Rot + Blau * 256 + Grün * 65536
```

Die Leistungsfähigkeit moderner Grafikkarten und Bildschirme erlaubt immer buntere Bilder. Die gleichzeitige Darstellung von 256 verschiedenen Farbwerten auf dem Monitor gehört mittlerweile zum Standard, doch 65.536 (HiColor) oder sogar 16,7 Millionen (TrueColor) gleichzeitige Farben trifft man immer häufiger an. Auf Bildschirmen/Grafikkarten, die derart viele Farben gleichzeitig darstellen, lässt sich jeder in der Natur vorkommende und vom Menschen unterscheidbare Farbwert anzeigen. Abstriche muss man aber in Kauf nehmen, wenn nur 256 oder weniger Farben auf dem Bildschirm angezeigt werden. Der gewünschte Farbwert findet sich oft nicht exakt in den aktuellen Einstellungen der Grafikkarte wieder, so dass der am nächsten liegende Farbwert verwendet wird. Oft fällt der Unterschied nicht auf, manchmal ist er aber auch nicht zu übersehen. Um letzteres zu vermeiden, sollte auf die Definition eigener Farben nach Möglichkeit zugunsten der Auswahl einer vordefinierten Farbe verzichtet werden.

Rahmen, Hintergrund und Spezialeffekt

Rahmenart, Rahmenbreite und Rahmenfarbe

Einige Steuerelemente besitzen einen Rahmen, dessen Aussehen sich vom Anwender beeinflussen lässt. Veränderbar sind die *Rahmenfarbe*, die *Rahmenbreite* und die *Rahmenart* – jeweils über gleichlautende Eigenschaften. Die *Rahmenfarbe* ist üblicherweise schwarz, lässt sich aber wie die *Textfarbe* ändern. Die Rahmenbreite wird in der Einheit Punkt (*pt*) angegeben. Diese aus der Drucktechnik stammende Einheit wird verwendet, um sicher zu stellen, dass eine Linie auf jedem Bildschirm und nach dem Ausdruck durch jeden Drucker dieselbe Breite aufweist. Die Einheit Pixel ist hierfür ungeeignet, denn bereits bei verschiedenen Bildschirmauflösungen haben Linien mit einer Breite von einem Pixel eine deutlich unterschiedliche Breite. Die *Rahmenart* gibt an, ob der Rahmen transparent (=unsichtbar) sein soll oder ob er in einer der verschiedenen Linienstile gezeichnet wird.

Abbildung 39.48: Verschiedene Rahmenarten und -breiten

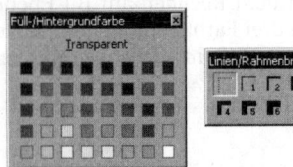

Abbildung 39.49:
Komfortable Rahmenbreite und -farbauswahl

Eng verbunden mit den Rahmen-Eigenschaften ist die Eigenschaft *Spezialeffekt*. Sie bestimmt, welchen »3D-Look« ein Steuerelement einnimmt, also wie der Rahmen um ein Steuerelement beschaffen ist, um den Eindruck eines leicht erhöhten oder vertieften Steuerelementes zu erzeugen.

Spezialeffekt

Abbildung 39.50:
Spezialeffekte

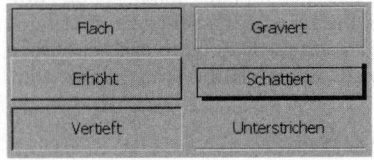

Für den Hintergrund eines Steuerelementes stehen oft zwei Eigenschaften bereit: *Hintergrundart* und *Hintergrundfarbe*. *Hintergrundart* gibt an, ob der Hintergrund eines Steuerelementes transparent ist und damit das Formular durchscheinen lässt oder ob der Hintergrund *Normal* gezeichnet wird. In diesem Fall bestimmt die Hintergrundfarbe das Aussehen des Steuerelementes.

Hintergrundart *und* Hintergrundfarbe

Abbildung 39.51:
Die Hintergrundfarbe darf auch transparent sein.

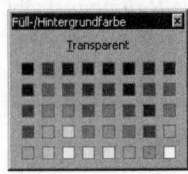

Verschiedene Steuerelemente wie beispielsweise *Befehlsschaltfläche* oder das *Bild*-Steuerelement sind in der Lage, Bilder darzustellen. In Frage kommen dabei Bilder, die in den gängigen Grafikformaten wie *Bitmap* (BMP), JPEG oder GIF vorliegen. Ebenso lassen sich Strichzeichnungen im *Windows Metafile Format* (WMF) darstellen.

Bilder

Verantwortlich für die Darstellung eines Bildes sind die Eigenschaften *Bild*, *Bildtyp*, *Bildgrößenmodus*, *Bildausrichtung* und *Bild nebeneinander*. In *Bild* wird der Name der Grafikdatei angegeben, die das anzuzeigende Bild enthält. *Bildtyp* gibt an, ob das Bild in der Access-Datenbank gespeichert werden soll (*Eingebettet*) oder weiterhin als separate Datei auf Ihrer Festplatte vorliegen soll (*Verknüpft*). Im zweiten Fall lässt sich die externe Bilddatei verändern, und alle Änderungen werden bei der nächsten Anzeige des Steuerelementes/Formulars sichtbar. Bei eingebetteten Bildern muss die geänderte Bildversion dagegen umständlich neu eingefügt werden.

Bildeigenschaften

Der *Bildgrößenmodus* gibt an, wie das Bild den ihm zur Verfügung stehenden Bereich ausnutzt. Im Modus *Abschneiden* wird das Bild in seiner ursprünglichen Größe gezeigt. Ist das Bild größer als der verfügbare Speicherplatz, werden die überstehenden

Bildgrößenmodus

Bildkanten einfach abgeschnitten. Im Bildgrößenmodus *Dehnen* nimmt das Bild dagegen den gesamten verfügbaren Bereich ein und wird dabei in vertikaler und horizontaler Richtung gedehnt oder gestaucht. Dabei wird keine Rücksicht auf das Seitenverhältnis des Bildes genommen. Anders beim *Zoomen* eines Bildes. Hier wird das Bild auch vergrößert oder verkleinert. Das Seitenverhältnis bleibt jedoch erhalten.

Abbildung 39.52:
Der Größenmodus einer Abbildung

Bildausrichtung

Die Eigenschaft *Bildausrichtung* gibt an, wo ein Bild in dem ihm zur Verfügung stehenden Bereich angezeigt werden soll. Spielraum gibt es hier allerdings nur, wenn das Bild kleiner als der verfügbare Bereich ist, wenn also nicht der Bildgrößenmodus *Dehnen* gewählt wurde. Für die Bildausrichtung kommen in Frage:

Tabelle 39.4:
Werte für die Standardfarben

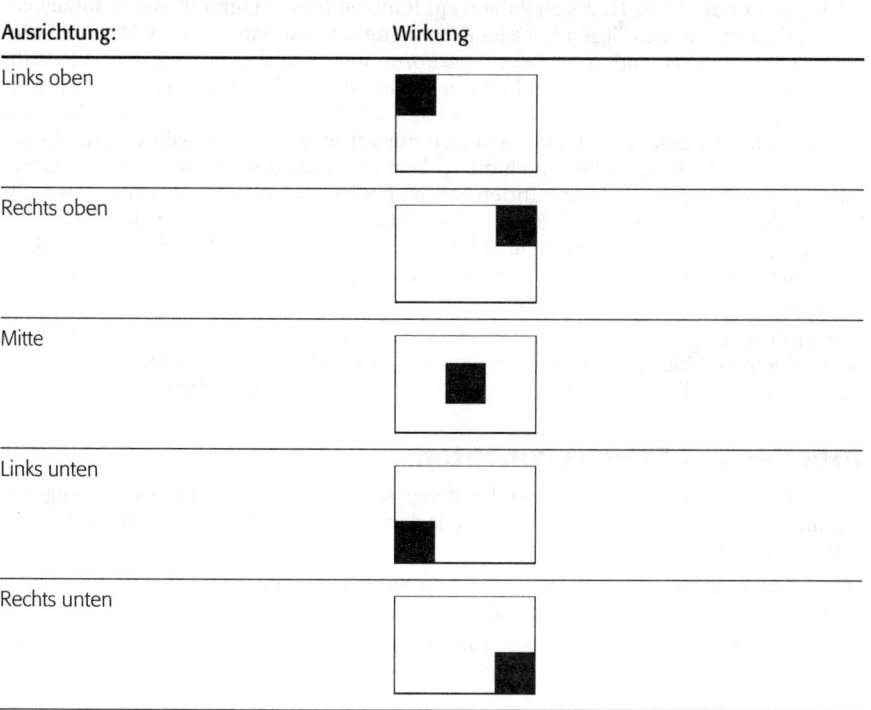

Ausrichtung:	Wirkung
Links oben	
Rechts oben	
Mitte	
Links unten	
Rechts unten	

Bild nebeneinander

Die letzte Bildeigenschaft heißt *Bild nebeneinander*. Sie regelt, ob das Bild wiederholt werden soll, um den zur Verfügung stehenden Bereich durch aneinanderfügen mehrerer Bildkopien (»Kacheln«) zu füllen:

Formulare – Übersichtliche Datenpräsentation

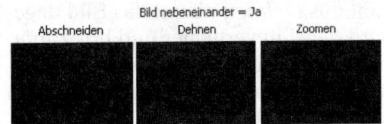

*Abbildung 39.53:
Bild nebeneinander = Ja*

Mehrfachselektion von Steuerelementen

Sollen dieselben Eigenschaften für mehrere Steuerelemente gesetzt werden, können Sie selbstverständlich jedes betreffende Steuerelement nacheinander anklicken, die Eigenschaft(en) ändern und zum nächsten Steuerelement voranschreiten. Doch das ist erstens mühsam und zweitens extrem fehleranfällig – außerdem dauert es sehr lange. Schneller geht es, wenn alle betreffenden Steuerelemente selektiert werden, um anschließend im Eigenschaftsdialog die Eigenschaften für alle augenblicklich aktivieren Steuerelemente zu verändern.

Die Selektion mehrerer Steuerelemente erfolgt auf verschiedenen Wegen. Die einfachste besteht in der Tastenkombination [S]+[A], die alle Steuerelemente des Formulars selektiert. Mit der Maus lässt sich zudem ein Rahmen (bzw. »Gummiband«) aufziehen. Alle in diesem Rahmen liegenden Steuerelemente werden dabei ausgewählt. Die Elemente müssen dabei, anders als bei *PowerPoint*, nicht vollständig innerhalb des Rahmens liegen, sondern müssen von ihm nur »gestreift« werden, um ausgewählt zu werden. Alle zuvor selektierten Steuerelemente werden bei dieser Art der Auswahl allerdings wieder deselektiert. Das lässt sich nur verhindern, wenn während der Gummiband-Auswahl mit der Maus auch die [⇧]-Taste gedrückt wird. Alle nun vom Gummiband umschlossenen oder berührten Steuerelemente werden der aktuellen Auswahl hinzugefügt. Um einzelne Objekte zu deselektieren, muss man bei gedrückter [⇧]-Taste die jeweiligen Elemente erneut anklicken. Diese verändern darauf hin ihren aktuellen Selektionsstatus. Zweimaliges Klicken bei gedrückter [⇧]-Taste stellt den ursprünglichen Zustand wieder her.

[S]+[A]
Alle markieren

Der Eigenschaftsdialog bei mehreren selektierten Steuerelementen unterscheidet sich deutlich von den Eigenschaftsdialogen für einfach selektierte Objekte. Der Dialog kann nun nur noch die Eigenschaften anzeigen, die allen selektierten Elementen gemein sind.

Arbeiten mit Steuerelementen

Die Steuerelemente auf einem Formular stehen selten sofort an ihrem Bestimmungsort. Oft müssen sie noch ein wenig hierhin oder dorthin verschoben, oder aneinander ausgerichtet werden.

Unter Access lassen sich nun auch mehrere Steuerelemente zu einer Gruppe zusammenfassen, die danach wie ein separates Steuerelement behandelt wird.

NEU

Für mehr Komfort sorgt der *Gruppierung*-Befehl aus dem *Format*-Menü. Er fasst die derzeit selektierten Steuerelemente zu einer Gruppe zusammen. Bewegt und vergrößert bzw. verkleinert wird die Gruppe wie ein herkömmliches Steuerelement – mit dem Unterschied, dass alle Elemente der Gruppe gleichzeitig verschoben werden und bei Größenänderungen im gleichen Verhältnis ihre Dimensionen ändern. Aber auch das Löschen der Gruppe führt zu einer Entfernung aller gruppierten Elemente. Um den Gruppenverband wieder aufzulösen, wird der Befehl *Gruppierung aufheben* aus dem *Format*-Menü aufgerufen (siehe Abbildung 39.54).

Wenn die Steuerelemente wie »Kraut und Rüben« auf dem Formular platziert sind, lassen sie sich mit Hilfe der *Ausrichten*-Befehle sehr schnell in »Reih und Glied« bringen. Das *Format*-Menü stellt dazu das *Ausrichten*-Untermenü bereit, das mit den Befehlen *Linksbündig*, *Rechtsbündig*, *Oben* und *Unten* die Ausrichtung der derzeit markierten Steuerelemente gestattet (siehe Abbildung 39.55).

Abbildung 39.54:
Gruppierung von Steuerelementen

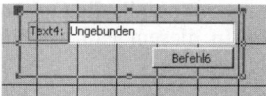

Abbildung 39.55:
Das Format/ Ausrichten-Menü

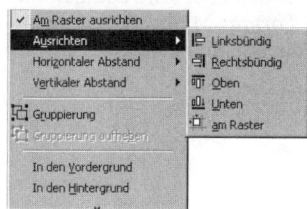

Diese Befehle legen die linke, rechte, obere oder untere Kante aller Steuerelemente auf die am weitesten links, rechts, oben oder unten liegende Position, die von einem der markierten Steuerelemente eingenommen wird.

Abbildung 39.56:
Steuerelemente vor und nach ihrer linksbündigen Ausrichtung

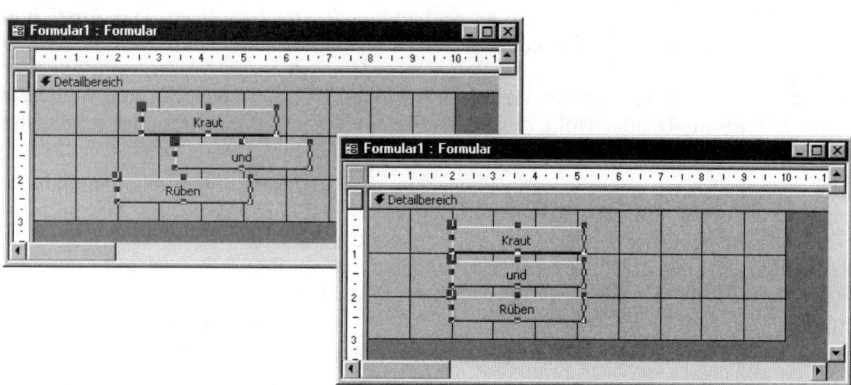

Zusätzlich existiert die Möglichkeit, die markierten Steuerelemente an einem rechteckigen Raster ausrichten zu lassen. Durch Auswahl des Befehls *am Raster* aus dem *Format/Ansicht*-Menü wird die linke obere Ecke aller markierten Steuerelemente auf die am nächsten liegende Rasterposition gesetzt. Die aktuelle Rasterung eines Formulars wird dazu in den Formulareigenschaften *Raster X* und *Raster Y* festgelegt. In diesen beiden Eigenschaften wird angegeben, wie viele Unterteilungen für das Raster je cm bereitgestellt werden sollen. Je höher der Wert, desto feiner das Raster:

Abbildung 39.57:
Rastergrößen von 2, 3 und 5

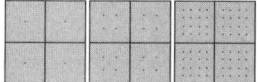

Das Ausrichten der Steuerelemente am Raster ist jedoch nur dann nötig, wenn die Steuerelemente zuvor außerhalb der eingestellten Rasterpositionen bewegt wurden. Das geschieht entweder bei der Platzierung des Steuerelementes mit gedrückter [Strg]-

Taste- sowohl bei Bewegung mit der Maus oder den Pfeiltasten – oder falls die Option *Am Raster ausrichten* im *Format*-Menü deaktiviert wurde. In diesem Fall werden Steuerelemente an freien Positionen im Formular platziert.

Auch die Größe der Steuerelemente bedarf oft einer weiteren Bearbeitung. Denn bei der Formularentwicklung wird schnell auf Einhaltung einheitlicher Steuerelementgrößen verzichtet. In späteren Arbeitsschritten müssen die Größen aber aufwendig homogenisiert werden . Doch das *Größe*-Untermenü aus dem *Format*-Menü stellt verschiedene Befehle zur Größenmanipulation der markierten Steuerelemente bereit:

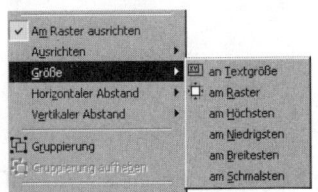

Abbildung 39.58:
Steuerelement-
größe angleichen

Die markierten Steuerelemente nehmen durch den Befehl *an Textgröße* genau die Größe ein, die sie zur Darstellung des enthaltenen Textes benötigen. Das Ausrichten *am Raster* führt dazu, dass die rechte, untere Kante der Steuerelemente auf die nächste Rasterposition gesetzt wird. Und die Befehle *am Höchsten*, *am Niedrigsten*, *am Breitesten* und *am Schmalsten* setzen die Breite oder Höhe aller markierten Steuerelemente auf die Breite oder Höhe des höchsten, niedrigsten, breitesten oder schmalsten der markierten Steuerelemente.

Und auch die für die Zwischenräume zwischen den markierten Steuerelementen bietet das *Format*-Menü ein paar Befehle. In den Untermenüs *Horizontaler Abstand* und *Vertikaler Abstand* stehen die Befehle *Angleichen*, *Vergrößern* und *Verkleinern* zur Verfügung, die den Abstand zwischen den Steuerelementen entweder auf denselben Wert setzt oder die Abstände vergrößert bzw. verkleinert.

TIPP Die Befehle zur Manipulation der Abstände zwischen den Steuerelementen funktionieren am besten, wenn sich die markierten Steuerelemente nicht überlappen.

Die Reihenfolge, in der die Steuerelemente in ein Formular eingefügt werden, bestimmt nicht nur ihre Aktivierreihenfolge (siehe ▶ Seite 1003), sondern auch ihre Zeichenreihenfolge. Die zuletzt eingefügten Steuerelemente liegen dabei über den bereits vorhandenen Steuerelementen und verdecken diese bei der Anzeige im Formular. Die Darstellungsreihenfolge lässt sich jedoch durch die Befehle *In den Vordergrund* und *In den Hintergrund* aus dem *Format*-Menü verändern.

Das Aussehen eines Access-Formulars richtet sich nach dem Einerlei des Windows-Standard-Farbschemas: grauer Fensterhintergrund, blaue Titelzeile und schwarze Schrift auf den Steuerelementen. Diese Vorgaben lassen sich jedoch für das Formular und jedes Steuerelement von Hand ändern. Weil das im allgemeinen jedoch zu aufwendig ist, stellt Access den *AutoFormat*-Assistenten bereit (*Format/AutoFormat...*), der die Auswahl eines Schemas für das Formular und seine Steuerelemente erlaubt (siehe Abbildung 39.59).

Falls Sie mehrere Steuerelemente mit identischer Formatierung erstellen wollen, stehen Ihnen dazu verschiedene Wege offen. Zum ersten können Sie eine Reihe von Standardsteuerelementen erstellen, diese anschließend markieren und Formatierungen wie Textfarbe, Schriftart usw. gemeinsam setzen. Das Problem: neu hinzukommende Steuerelemente müssen derselben Formatierungsprozedur unterzogen werden, um sich nahtlos in das aktuelle Erscheinungsbild einzufügen.

Abbildung 39.59:
AutoFormate ändern die Formulargestaltung.

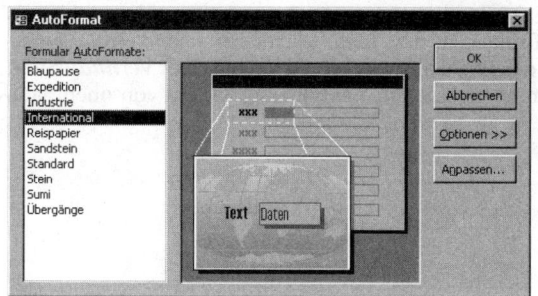

Einfacher ist es, wenn Sie zuerst ein Steuerelement genau so formatieren, wie es Ihren Wünschen entspricht, und dieses Steuerelement als Muster bzw. Vorgabe für alle weiteren Steuerelemente dieses Typs heranziehen. Das *Format*-Menü besitzt zu diesem Zweck den *Steuerelementvorgaben festlegen*-Befehl, der die Formatierungen des aktuell markierten Steuerelementes als Vorgabe für alle weiteren Elemente einstellt.

Bezeichnungsfelder

Das Steuerelement vom Typ *Bezeichnung*, auch statisches Textfeld oder kurz Label genannt, sowie das Textfeld zur Eingabe von Texten und Zahlen haben Sie bereits kennen gelernt, wenn Sie Steuerelemente durch Ziehen eines Feldnamens aus der Feldliste auf das Formular erzeugt haben. Im Gegensatz zu allen anderen Steuerelementen lassen sich Bezeichnungsfelder nicht mit einem Datenfeld des Formulars verknüpfen. Bezeichnungsfelder besitzen keine *Steuerelementinhalt*-Eigenschaft, die eine Verbindung zu einem Datenfeld erlaubt. Um den Inhalt eines Datenfeldes in Form eines statischen Textes darzustellen, muss man auf das *Textfeld* zurückgreifen.

Üblicherweise steht dem Text eines *Bezeichnungsfeldes* der gesamte Bereich des Steuerelementes zur Verfügung. Die Grenzen des Steuerelementes legen fest, wie die Eigenschaft *Textausrichtung* dazu führt, dass der Text *linksbündig, zentriert, rechtsbündig* oder *verteilt* dargestellt wird:

Abbildung 39.60:
Textausrichtung

Dem Text eines Bezeichnungsfeldes steht zur Textausrichtung der gesamte innere Bereich des Steuerelementes zur Verfügung. Durch Eingabe von Werten für die Eigenschaften *Linker Rand*, *Oberer Rand*, *Rechter Rand*, *Unterer Rand* wird der zur Verfügung stehende Bereich jedoch eingeschränkt. Allerdings ist darauf zu achten, dass die Seitenränder nicht zu groß ausfallen, weil dann evtl. kein Platz mehr zur Darstellung der Bezeichnungstextes verbleibt.

Abbildung 39.61:
Seitenränder

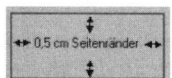

Der Text eines Bezeichnungsfeldes wird üblicherweise horizontal ausgegeben. Aber aus Platzgründen ist es manchmal erforderlich, den Text »hochkant«, also vertikal anzuordnen. Zu diesem Zweck besitzt das Bezeichnungsfeld die Eigenschaft *Vertikal*. Steht sie auf *Ja*, verläuft der Text nicht mehr von rechts nach links, sondern von oben nach unten:

Abbildung 39.62: vertikales Bezeichnungsfeld

Textfelder

Textfelder dienen zur Darstellung und Editierung des Inhaltes eines Datenfeldes. Textfelder arbeiten dabei sowohl mit alphanumerischen Datenfeldern, die Buchstaben aufnehmen können (*Text* und *Memo*), sowie mit numerischen Datenfeldern (*Long*, *Integer*, *Double*, *Single*, *Währung*), die nur Zahlen aufnehmen können. Für numerische Datentypen, die die Eingabe von Nachkommastellen gestatten (*Single*, *Double*, *Währung*), stellt das Eingabefeld die Eigenschaft *Dezimalstellen* bereit. Üblicherweise hat sie den Wert *Automatisch*. Dadurch werden die Nachkommastellen entsprechend dem eingestellten Datentyp angezeigt. Allerdings lässt sich die Anzahl der anzuzeigenden Dezimalstellen durch Auswahl eines Wertes zwischen 0 und 15 einstellen. Die Eigenschaft *Eingabeformat* regelt, wie die Eingabe beschaffen (»formatiert«) sein muss, um vom *Textfeld* ohne Murren akzeptiert zu werden. Der Aufbau des *Eingabeformats* ist dem des Ausgabe*formats* sehr ähnlich.

Textfelder zeigen nicht nur einzelne Zeilen an, sondern können – oft in Verbindung mit *Memo*-Datenfeldern – mehrere Zeilen darstellen. Um einen Zeilenwechsel einzugeben, wird üblicherweise auf die ⏎-Taste zurückgegriffen. Diese Taste löst allerdings auch die Vorgabe-Schaltfläche (Default-Button) aus und fällt damit innerhalb eines Textfeldes flach. Ändern lässt sich das durch Setzen der Eigenschaft *Eingabetastenverhalten*. Hat sie den Wert *Neue Taste im Feld*, so erzeugt die Betätigung der ⏎-Taste innerhalb des Textfeldes eine Zeilenschaltung. Hat sie den Wert *Standard*, wird dagegen die Standardaktion (definiert durch die Standard-Befehlsschaltfläche bzw. den Default-Button, siehe ▶ Seite 995) ausgelöst.

Auch das Textfeld erlaubt, wie bereits das Bezeichnungsfeld, die Eingabe und Anzeige vertikaler Texte. Durch Setzen der Eigenschaft *Vertikal* auf *Ja* ergibt sich folgendes Aussehen:

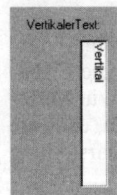

Abbildung 39.63: Vertikales Textfeld

Neu in Access ist die bedingte Formatierung von Textfeldern. Farbe, Schriftart und Schriftgröße ändern sich je nach Textfeldinhalt. Über den Befehl *Bedingte Formatierung* aus dem *Format*-Menü lässt sich folgender Dialog aufrufen:

NEU

Abbildung 39.64:
Bedingte
Formatierung

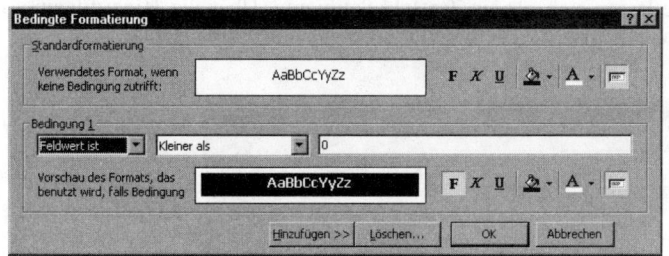

Für bis zu drei Bedingungen lassen sich separate Formatierungen für das Textfeld definieren. Die Abbildung 39.64 zeigt eine bedingte Formatierung, die beispielsweise numerische Werte kleiner 0 invertiert darstellt.

Bedingte Formatierung

Ein Textfeld kennt drei verschiedene Bedingungstypen, die im ersten Kombinationsfeld einer jeden Bedingung ausgewählt werden. *Feldwert ist*-Bedingungen erfordern, dass der Wert des im Textfeld dargestellten Datenfeldes einen Vergleich erfüllen. In Frage kommen die Vergleichsoperatoren *Zwischen, Nicht Zwischen, Gleich, Ungleich, Größer als, Kleiner als, Größer als oder Gleich, Kleiner als oder Gleich*. Die zu vergleichende Konstante muß der Anwender beisteuern.

Falls ein Ausdruck über die Verwendung der bedingten Formatierung wacht, muss der Bedingungstyp *Ausdruck ist* aus dem ersten Kombinationsfeld ausgewählt werden. Daraufhin wird ein Eingabefeld angezeigt, in dem der auszuwertende Ausdruck platziert wird. Hat dieser den Wert *WAHR*, wird die bedingte Formatierung angewandt:

Abbildung 39.65:
Bedingte
Formatierung
über einen
Ausdruck

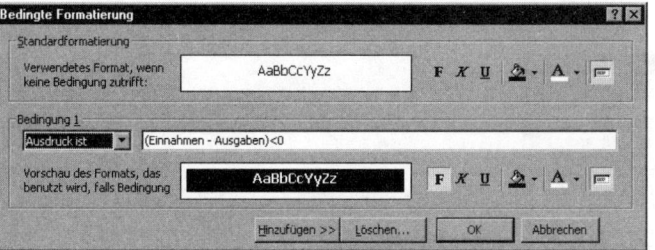

Die letzte Bedingungsart für eine bedingte Formatierung trägt den Namen *Feld hat Fokus*. Das hier angegebene Format wird verwendet, sobald der Anwender die Einfügemarke in das Steuerelement platziert.

Abbildung 39.66:
Feld hat Fokus

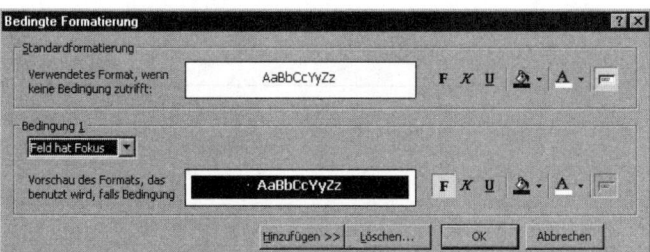

Bis zu vier Formate lassen sich für ein Textfeld definieren. Über die *Hinzufügen>>*-Schaltfläche werden dem Dialog weitere Bedingungs-Gruppen hinzugefügt.

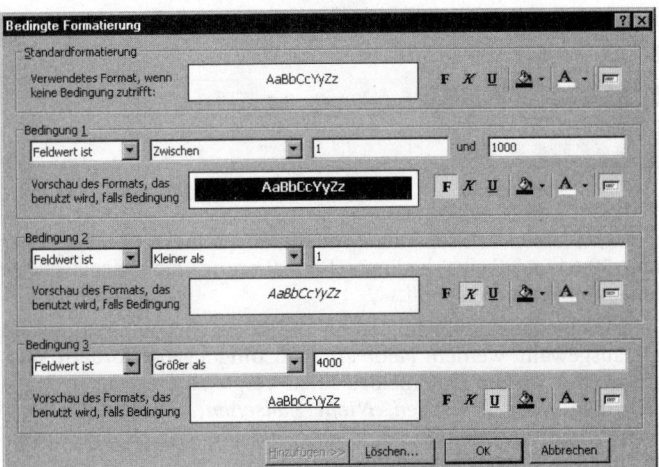

Abbildung 39.67:
Bis zu vier
Bedingungen pro
Textfeld

Um eine bedingte Formatierung zu entfernen, muss die *Löschen...*-Schaltfläche angeklickt werden. Sie bringt den folgenden Dialog zum Vorschein, in dem durch Auswahl der entsprechenden Kontrollkästchen die zu löschenden Formate selektiert werden, die allerdings erst nach *OK* tatsächlich entfernt werden.

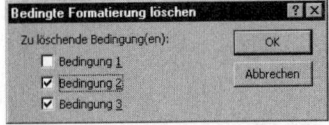

Abbildung 39.68:
Löchen eines
oder mehrerer
Formate

Rahmen und Optionsschaltflächen

Optionsschaltflächen sind besonders geeignet, wenn es darum geht, einen einzigen Wert aus einer (überschaubaren) Vielzahl von Werten auszuwählen. Die Steuerklassen für die Lohn- oder Einkommensteuerberechnung sind hierfür ein gutes Beispiel. Die existierenden Klassen werden beispielsweise auf numerische Werte abgebildet, von denen jeweils ein Wert einer bestimmten Steuerklasse entspricht:

Steuerklasse	Wert
I	0
II	1
III	2
IV	3
IVa	4
IVb	5

Tabelle 39.5:
Die Steuerklassen
werden auf
verschiedene
nummerische
Werte abgebildet.

Wollen Sie einer Person die Steuerklasse zuordnen, so speichern Sie im Datenfeld *Steuerklasse* (Typ Integer) z. B. den Wert 3. Für den Anwender Ihrer Datenbank ist das jedoch sehr unübersichtlich. Erst nach sehr langer Einarbeitungsphase weiß der Anwender, dass der Wert 3 der Steuerklasse entspricht. Das ist allerdings alles andere als intuitiv. Einfacher ist es, wenn der Anwender die Klasse über folgende Steuerelemente eingeben kann:

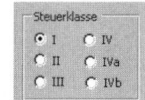

Abbildung 39.69:
Auswahl eines
einzigen Wertes
aus vielen

Um ein solches Gebilde zu erzeugen, bedarf es einiger Arbeit. Man benötigt einen Rahmen, in dem mehrere Optionsschaltflächen angezeigt werden.

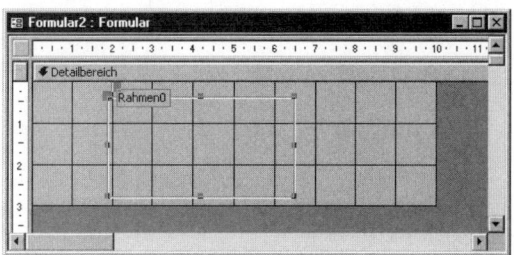

Abbildung 39.70:
Für Options-
schaltflächen
muss zuerst ein
Rahmen einfügt
werden.

Dieser Rahmen wird anschließend die einzelnen Optionsschaltflächen aufnehmen. Damit klar ist, wofür die Optionsschaltflächen benötigt werden, sollte sofort die eher nichtssagende Überschrift *Rahmen0* angepasst werden. Auch das lässt sich über verschiedene Wege erreichen. Am schnellsten geht es, wenn man direkt den Text der Überschrift anklickt und daraufhin direkt in das Eingabefeld den neuen Text eingibt. Wenn das nicht sofort gelingt, dann liegt das wahrscheinlich daran, dass sich die Überschrift nicht korrekt selektieren lässt. Am besten klickt man dann einfach in eine freie Stelle im Formular, damit alle aktuellen Selektion aufgehoben werden. Erst jetzt wird die Überschrift angeklickt, so dass nur diese, wie in der folgenden Abbildung gezeigt, selektiert ist:

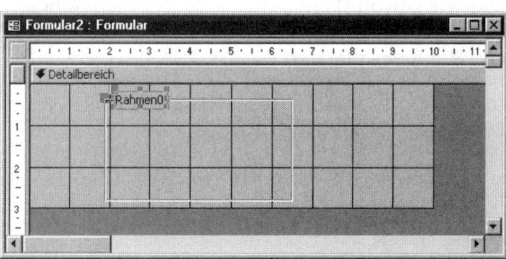

Abbildung 39.71:
Selektion der
Rahmen-
Überschrift

Fährt man nun mit der Maus über die Überschrift, so verwandelt sich der Mauszeiger in einen Balkenzeiger, der die Möglichkeit zur Texteingabe anzeigt. Klick man nun in die Überschrift, lässt sich der Text editieren.

Alternativ dazu lässt sich auch die *Beschriftung*-Eigenschaft des Steuerelementes im Eigenschaften-Dialog ändern. Aber auch dazu muss gewährleistet sein, dass nur das Bezeichnungsfeld der Überschrift selektiert ist.

Balkenzeiger zeigt »Eingabe erlaubt« an.

Abbildung 39.72: Text der Überschrift im Eigenschaften-dialog ändern

Nach der Änderung der Überschrift muss der Rahmen mit dem Datenfeld verknüpft werden, dessen Wert in Form – der noch einzufügenden – Optionsfelder angezeigt werden soll. Dazu wird die Eigenschaft *Steuerelementinhalt* auf den Namen des entsprechenden Datenfeldes (z.B. Steuerklasse) gesetzt. (Achtung! Der Rahmen selbst ist ein eigenständiges Steuerelement, das zuerst durch Klicken auf seinen Rahmen aktiviert werden muss.)

Nun ist es an der Zeit, die einzelnen Optionsschaltflächen in das Formular einzubauen. Dazu wird zunächst das Optionsschaltflächen-Symbol in der Werkzeugleiste ausgewählt. Nun lässt sich auf dem Formular wie gewohnt ein neues Steuerelement anlegen. Doch nur wenn der Mauszeiger über dem Rahmen steht, verfärbt sich dieser, und die Optionsschaltfläche wird innerhalb des Rahmens platziert.

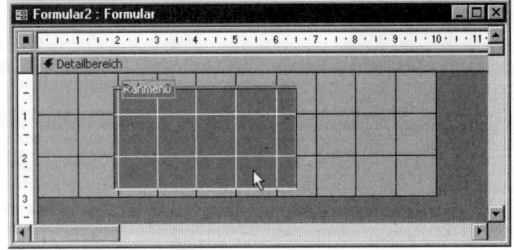

Abbildung 39.73: Der Rahmen verfärbt sich, sobald eine Optionsschaltfläche eingefügt werden darf.

Dieser Vorgang wird wiederholt, bis alle Optionsschaltflächen im Rahmen eingefügt sind. Der Rahmen hat dabei zweierlei Funktion: Zum einen werden die Optionsfelder optisch gruppiert und dadurch vom Anwender als zusammengehörig erkannt, zum anderen kann nur jeweils ein einziges Optionsfeld innerhalb des Rahmens aktiviert bzw. ausgewählt werden. Falls verschiedene Werte per Optionsschaltflächen angezeigt werden sollen, müssen also auch mehrere Rahmen verwendet werden.

Mit dem Einfügen der Optionsschaltflächen in den Rahmen ist allerdings noch nicht alles getan. Sie müssen nun festlegen, welcher Wert des Datenfeldes (gespeichert im Rahmen) zur Aktivierung einer Optionsschaltfläche beitragen soll. Dazu muss die Eigenschaft *Optionswert* einer jeden Optionsschaltfläche auf den numerischen Wert gesetzt werden, der von ihm repräsentiert wird.

Abbildung 39.74:
Festlegen des Optionswertes

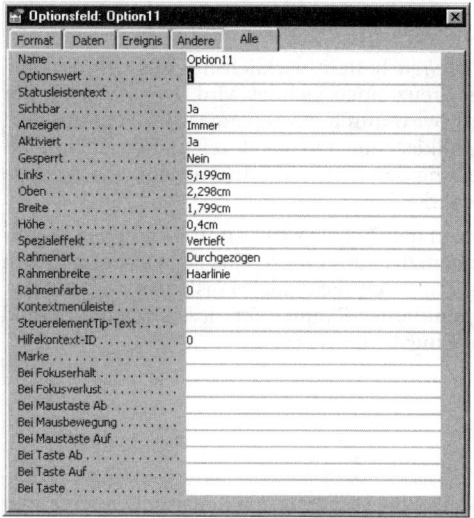

Ein paar Worte noch zu den Optionsschaltflächen: Genau wie der Rahmen besteht eine Optionsschaltfläche eigentlich aus zwei separaten Steuerelementen: der eigentlichen Optionsschaltfläche (dem aktivierbaren Kreis) und dem Bezeichnungsfeld. Üblicherweise liegt der Kreis unter dem Bezeichnungsfeld, hat allerdings eine Größe, die das Bezeichnungsfeld vollständig umschließt:

Abbildung 39.75:
Optionsschaltflächen bestehen aus zwei separaten Steuerelementen: der eigentlichen Optionsschaltfläche und einem Bezeichner.

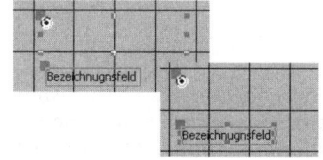

Durch die Umschließung des Bezeichnungsfeldes ist es möglich, die Option auszuwählen, indem auf den Text im Bezeichnungsfeld geklickt wird.

Kontrollkästchen

Das Kontrollkästchen ist für die Eingabe von *Ja/Nein*-Werten vorgesehen. Ein kleines Häkchen zeigt an, dass das zugrunde liegende Datenfeld den Wert *Ja* aufweist, ein leeres Kästchen steht für den *Wert* Nein.

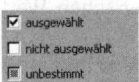

Abbildung 39.76:
Das Kontrollkästchen

Ein Steuerelement vom Typ *Kontrollkästchen* besteht wirklich nur aus dem kleinen Rechteck, in das bei Bedarf ein kleines Kreuz eingezeichnet wird. Der Zustand, der vom Kontrollkästchen repräsentiert wird, wird durch ein separates Bezeichnungsfeld dargestellt. Üblicherweise sind das Kontrollkästchen und das Bezeichnungsfeld miteinander verbunden, so dass eine Verschiebung des Kontrollkästchens eine gleichzeitige Verschiebung des Bezeichnungsfeldes bewirkt.

Anwender erwarten, dass auch ein Klick auf den Text, der das Kontrollkästchen begleitet, zu einer Umschaltung des Steuerelementzustandes führt. Das gemeinsam mit dem Kontrollkästchen erzeugte Bezeichnungsfeld leitet dazu alle Mausklicks an das Kontrollkästchen weiter. Es wird sogar ein punktierter Rahmen um das Bezeichnungsfeld gemalt, sobald das Kontrollkästchen den Eingabefokus besitzt.

Abbildung 39.77:
Gestrichelter Rahmen eines aktiven Kontrollkästchens

Weil Kontrollkästchen und Bezeichnungsfeld zwei separate, aber dennoch miteinander eng in Kontakt stehende Steuerelemente sind, lassen sich beide getrennt voneinander platzieren und vergrößern/verkleinern. Falls das Bezeichnungsfeld einmal versehentlich gelöscht wird, ohne dass dabei auch das Kontrollkästchen entfernt wird, ist eine Wiederherstellung dieses engen Kontaktes mit einem neu erzeugten Bezeichnungsfeldes leider nicht möglich. Sie müssen in diesem Fall ein neues Kontrollkästchen aus der Werkzeugpalette einfügen.

Wird ein Kontrollkästchen in eine Optionsgruppe eingefügt, wird es um die Eigenschaft *Optionswert* erweitert. Kontrollkästchen lassen sich damit alternativ zu einer Optionsschaltfläche nutzen.

HINWEIS

Listen- und Kombinationsfelder

Für die Auswahl aus einer sehr viel größeren Menge möglicher Werte werden *Listen-* oder *Kombinationsfelder* verwendet. Diese beiden Steuerelementtypen sind sich in Bezug auf ihre Nutzung sehr ähnlich, allerdings ist das *Kombinationsfeld* wesentlich sparsamer, wenn es um die Nutzung des verfügbaren Platzes auf dem Formular geht – denn hier werden die verfügbaren Werte erst auf Wunsch des Anwenders heruntergeklappt, während das Listenfeld stets einen Ausschnitt seines Wertevorrats präsentiert.

Im Folgenden werden das Listenfeld und das Kombinationsfeld gemeinsam behandelt – zu groß sind die Gemeinsamkeiten, so dass eine separate Beschreibung nicht gerechtfertigt ist. Auf die Unterschiede zwischen beiden Steuerelementen wird besonders hingewiesen.

Listenfelder dienen oft der Übersetzung eines numerischen Wertes in einen lesbaren Klartext. Denken Sie beispielsweise an die Eingabe der Nationalität eines Kunden. Die Namen der etwa 160 Staaten der Erde lassen sich gewiss in 160 separaten Optionsschaltflächen abbilden, allerdings ergibt sich hier ein gravierender Nachteil: Das nachträgliche Hinzufügen neuer Staaten (wer kennt schon alle Staaten aus dem Stegreif?) erfordert das Re-Arrangieren der Optionsfelder – schließlich sollen alle Felder in alphabetischer Reihenfolge angezeigt werden. Beim Rückgriff auf ein Listenfeld entfällt die Umordnung von Steuerelementen. Hier wird einfach ein neuer Staat bzw. dessen Name hinzugefügt, und das war's. Im *Kunden*-Datensatz wird anschließend nur noch eine Nummer gespeichert, die vom Listenfeld (oder später über eine Abfrage) in eine Zeichenfolge übersetzt werden kann.

Die vom Listenfeld angezeigten Zeichenfolgen entstammen dabei drei möglichen Quellen: Entweder wird eine Wertliste von Hand in das Steuerelement eingetragen, oder die Daten im Listenfeld entstammen einer weiteren Tabelle/Abfrage.

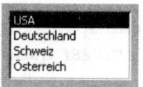

Abbildung 39.78: Listenfeld zur Auswahl der Nationalität

Herkunftstyp: Wertliste

Im einfachsten Fall wird in dem Listenfeld eine Wertliste gespeichert. Dazu müssen zwei Bedingungen erfüllt werden: Zum einen muss der *Herkunftstyp* eines Listenfeldes, der standardmäßig auf *Tabelle/Abfrage* steht, auf *Wertliste* umgestellt werden, zum zweiten müssen die anzuzeigenden Werte in der Eigenschaft *Datensatzherkunft* definiert angegeben werden:

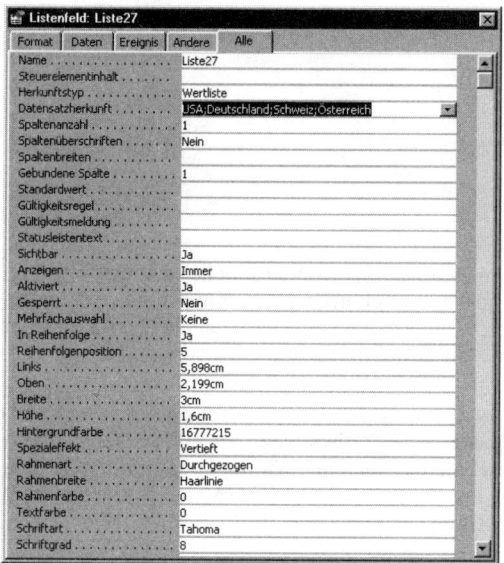

Abbildung 39.79: Angabe einer Wertliste in einem Listen- oder Kombinationsfeld

Jeder Wert wird durch ein Semikolon von seinem Vorgänger getrennt. In dem Beispiel aus Abbildung 39.79 befinden sich drei Werte im Listenfeld. Die in diesem Feld durch Semikolon separierten Werte werden im Datenfeld abgelegt, das in der Eigenschaft *Steuerelementinhalt* angegeben wurde. Weil der Feldinhalt vom Listenfeld vorgegeben wird, gibt es keine Tippfehler mehr. Außerdem spart sich der Anwender die Eingabe der Buchstaben. Navigiert der Anwender durch die Datensätze, zeigt das Listenfeld immer automatisch den Inhalt des an das Listenfeld gebundenen Datenfeldes innerhalb des Listenfeldes an.

Das Speichern der Ländernamen im Klartext innerhalb eines Datenfeldes in einer Tabelle ist durchaus machbar, aus der Sicht eines sauberen Datenbankdesigns jedoch nicht empfehlenswert. Sie verschwenden Speicherplatz, wenn Sie beispielsweise 30 Zeichen für den Ländernamen reservieren und Ländernamen wie Togo oder USA speichern. Für Liechtenstein oder die Vereinigten Arabischen Emirate muss aber ausreichend Platz im Feld verfügbar sein.

Herkunftstyp: Tabelle/Abfrage

Am besten ist es, wenn man die Ländernamen in einer separaten Tabelle speichert. Diese Tabelle enthält zwei Felder: einen Primärschlüssel, der als *Long Integer* quasi den Ländercode angibt, sowie den eigentlichen Landesnamen:

Ländercode	Name
20	Bahrain
21	Bangladesch
22	Barbados
23	Belarus (Weißrußland)
24	Belgien
25	Belize
26	Benin
27	Bermuda
28	Bhutan
29	Bolivien
30	Bosnien-Herzegowina
31	Botsuana
32	Brasilien
33	Britische Jungferninseln
34	Burnei Darussalam
35	Bulgarien
36	Burkina Faso
37	Burundi
38	Caymaninseln
39	Chile

Abbildung 39.80:
Aufbau der
Ländertabelle

Neben dieser zusätzlichen Tabelle muss auch die Kontakttabelle geändert werden. Denn statt den Landesnamen im Klartext zu speichern, wird nun nur noch der Ländercode abgelegt. Damit das Listenfeld die Ländernamen aus der Hilfstabelle anzeigt, aber nicht der Name des Landes, sondern sein Länderocde in der Personentabelle gespeichert wird, muss man wie folgt vorgehen:

Zuerst wird der Herkunftstyp des Listenfeldes auf *Tabelle/Abfrage* gesetzt. Anschließend wird in der Eigenschaft *Datensatzherkunft* die soeben erstellte Hilfstabelle für Ländernamen angegeben. Die Eigenschaft *Steuerelementinhalt* muss auf das Datenfeld im Formular gesetzt werden, das den Ländercode speichern soll. Betrachtet man nun, wie das Formular aussieht, dann ergibt sich folgendes Bild:

Abbildung 39.81:
Kombinations-/Listenfelder zeigen auch den Inhalt von Tabellen.

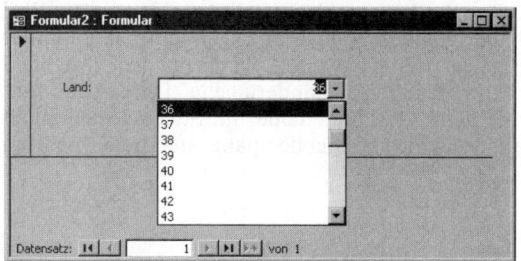

Falls in der Zwischenzeit keine Änderungen an den Eigenschaften des Listenfeldes vorgenommen wurden, zeigt es nur die Ländercodes, also Nummern, aber nicht die Ländernamen an. Das hängt damit zusammen, dass die Anzahl der im Listenfeld enthaltenen Spalten nach wie vor auf *1* steht. Im Fall der Ländertabelle muss in der Eigenschaft *Spaltenanzahl* aber der Wert *2* stehen. Bereits nach dieser Änderung sieht das Listenfeld so aus:

Abbildung 39.82:
Kombinations-/Listenfelder zeigen auch mehrere Datenfelder.

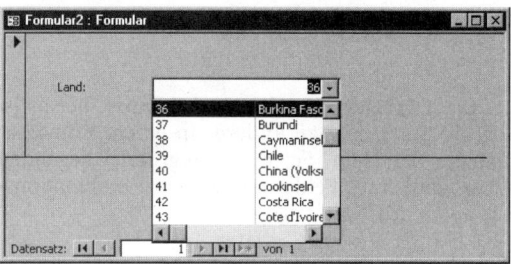

Nun zeigt das Listenfeld alle Datenfelder eines Datensatzes an. Falls der Datensatz mehr Felder enthält, muss die *Spaltenzahl* entsprechend erhöht werden, um alle gewünschten Felder darzustellen. Doch in unserem Formular wirkt störend, dass das Formular nicht nur den Ländernamen, sondern auch den Ländercode aufführt. Der Ländercode ist jedoch nur für die Datenbank von Bedeutung und sollte daher niemals nach außen dringen – einmal abgesehen davon, dass solche »Zusatzinformationen« bei den meisten Anwendern nur Verwirrung stiften.

Um die Spalte von der Darstellung im Listenfeld auszunehmen, muss die Eigenschaft *Spaltenbreite* gesetzt werden. Hier wird für jede Spalte im Listenfeld die Breite, in der Einheit Zentimeter (cm) oder Zoll angegeben. Zwischen der Breitenangabe zweier Felder muss ein Semikolon eingefügt werden. Um die erste Spalte auszublenden, wird die Eigenschaft *Spaltenbreiten* beispielsweise auf *0 cm; 2 cm* gesetzt. Soll die zweite Spalte nicht nur 2 cm, sondern die gesamte zur Verfügung stehende Breite einnehmen, lässt sich in *Spaltenbreiten* auch *0cm;* eingeben. Auf die Größenangabe der letzten Spalte wird also verzichtet.

Nun könnte man auch auf die Idee verfallen, die Spalte mit dem Ländercode überhaupt nicht erst in das Listenfeld zu übernehmen. Dazu erzeugt man eine Auswahlabfrage, die alle Ländernamen, aber nicht die Ländercodes auswählt. Doch basiert das Listenfeld auf dieser »einspaltigen« Abfrage, müsste die dem Formular zugrunde liegende Tabelle den Ländernamen wieder im Klartext speichern und nichts wäre gewonnen.

Die Verknüpfung des Listenfeldes mit der dem Formular zugrunde liegenden Tabelle erfolgt durch Setzen der *Steuerelementinhalt*-Eigenschaft, die den Feldnamen des

Datenfeldes aufnimmt, in das die Daten des Listenfeldes abgelegt werden sollen. Weil ein Listen- oder Kombinationsfeld aber mehrere Spalten anzeigen kann, muss in der *Gebundene Spalte*-Eigenschaft festgelegt werden, welche Spalte in dem Datenfeld abgelegt werden soll. Im Beispiel der vollständigen Ländertabelle (Ländercode *und* Ländername), werden die Daten aus Spalte 1 (Ländercode) im Steuerelementinhalt abgelegt. Das funktioniert auch dann, wenn die betreffende Spalte eine Breite von 0 cm besitzt und damit unsichtbar ist.

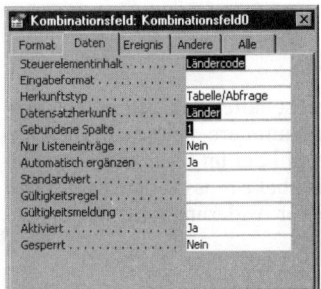

Abbildung 39.83:
Verknüpfung des Listenfeldes über die Eigenschaften Steuerelementinhalt *und* Gebundene Spalte

Herkunftstyp: Feldliste

Mitunter ist es wichtig, die Feldnamen einer Tabelle oder Abfrage zu kennen, beispielsweise, um innerhalb eines Formulars die Sortierung zu ändern. In einem Kombinationsfeld werden dazu die Feldnamen der dem Formular zugrunde liegenden Tabelle/Abfrage aufgeführt, und bei Auswahl eines Feldes aus diesem Kombinationsfeld wird die Sortierung des Formulars an die Auswahl angepasst:

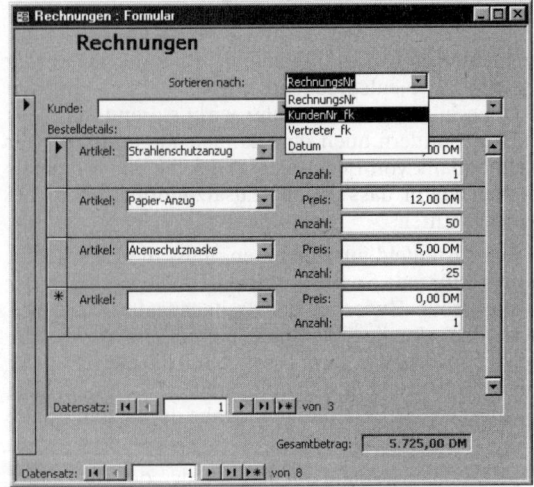

Abbildung 39.84:
Feldlisten zeigen die Namen der Datenfelder einer Datenquelle an.

Alles was dazu nötig ist, ist ein Kombinationsfeld, dessen *Datensatzherkunft* auf dieselbe Tabelle/Abfrage wie die des Formulars gesetzt wird. Anschließend wird der *Herkunftstyp* auf *Feldliste* gesetzt, um nicht den Inhalt der Datenfelder, sondern ihren

Namen im Kombinationsfeld anzuzeigen. Damit bei der Auswahl eines Listenfeldes auch tatsächlich die Sortierung verändert wird, muss die *Beim Klicken*-Eigenschaft des Kombinationsfeldes mit einem Makro verknüpft werden.

Dieses Makro (siehe ▶ Kapitel 42) besteht aus drei Aktionen: Zuerst wird die aktuelle Sortierung des Formulars durch die Aktion *AusführenBefehl* mit der Einstellung *FilterSortierungEntfernen* aufgehoben. Via *SetzenWert* wird danach das neue Sortierkriterium über die Formulareigenschaft *Sortiert nach* auf die aktuelle Auswahl des Listenfeldes gesetzt. Zum Schluss wird über die Aktion *Ausführen Befehl* die Auswahl des Befehls *Filter/Sortierung Anwenden* aus dem *Datensätze*-Menü simuliert. Die Einstellungen der dazu benötigten Makro-Aktionen zeigt die folgende Syntax:

Makros für Sortierung per Kombinationsfeld

```
AusführenBefehl
Befehl: FilterSortierungEntfernen
SetzenWert
Feld: [Formulare]![FormularName].[SortiertNach]
Ausdruck: [Formulare]![FormularName]![SortierenNachKombiFeld]
AusführenBefehl
Befehl: FilterSortierungAnwenden
```

TIPP VBA-Entwickler können anstelle einer Tabelle oder Wertliste den Namen einer VBA-Funktion angeben, die von Access mehrfach zur Ermittlung der Feldwerte aufgerufen wird. Die Signatur dieser Funktion lautet:

```
Function Funktionsname(Feld As Control, ID As Variant, Zeile As Variant,
Spalte As Variant, Code As Variant) As Variant
```

Der Rückgabewert dieser Funktion entspricht dem im Feld anzuzeigenden Text. Der Name der Funktion muss ohne Gleichheitszeichen und ohne Klammern in der Eigenschaft *Datensatzherkunft* aufgeführt werden.

Mehrspaltige Wertlisten

In einem normalisierten Tabellendesign tritt sehr oft der Fall ein, dass ein Datenfeld nur eine Nummer speichert, die an anderer Stelle in einen Klartext übersetzt wird. Nicht immer muss für diese Übersetzung (wie im Beispiel des Ländercode/Ländernamens) auf eine Hilfstabelle ausgewichen werden. Manchmal reicht es sogar aus, in einem Listenfeld eine Wertliste zu definieren, die die Werte für alle im Listenfeld enthaltenen Spalten enthält.

Wie bereits zuvor werden die Listenelemente durch Semikolon voneinander getrennt angegeben. Bei einem zweispaltigen Listenfeld (*Spaltenanzahl* = 2) bilden jedoch zwei aufeinanderfolgende Elemente den Inhalt einer Listenzeile. Bei dreispaltigen Listen (*Spaltenanzahl* = 3) werden drei aufeinanderfolgende Werte zu einem Listenfeldeintrag zusammengefasst (siehe Abbildung 39.85).

Genau wie bei der Verwendung von Tabellen gibt auch bei einer mehrspaltigen Wertliste die Eigenschaft *Gebundene Spalte* an, welche Spalte im Feld *Steuerelementinhalt* abgelegt werden soll. Felder, in denen eine Nummer als Zeichenfolge angegeben wurde (z. B. »123«), lassen sich dabei sogar in numerischen Datenfeldern speichern. Bei Spalten, deren Felder alphanumerische Zeichen, also Buchstaben und Zahlen, enthalten können, ist darauf zu achten, dass das Feld in *Steuerelementinhalt* ebenfalls alphanumerisch, also vom Typ *Memo* oder *Text*, ist.

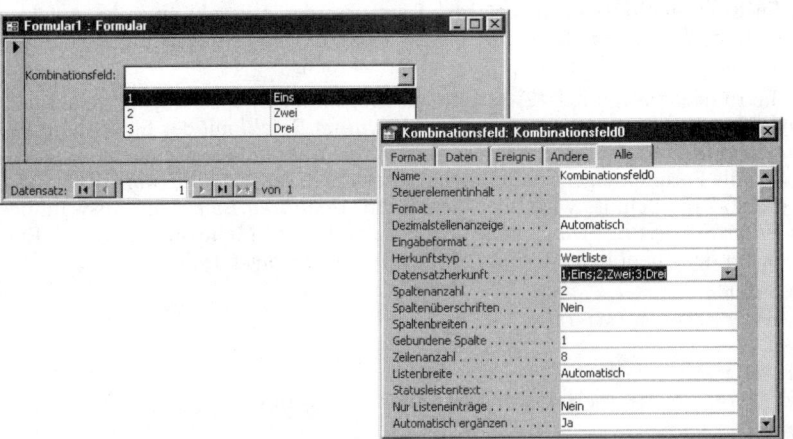

Abbildung 39.85:
Mehrspaltige Wertliste

Formularansichten

Ein Formular lässt sich in drei verschiedenen Ansichten anzeigen. In der *Entwurfsansicht* lassen sich Änderungen am Formular-Layout vornehmen. In der *Formularansicht* lassen sich Datensätze in das Formular eingeben und editieren. Und in der *Datenblattansicht* wird die Datenquelle des Formulars (Formulareigenschaft: *Datenherkunft*) als editierbare Tabelle angezeigt:

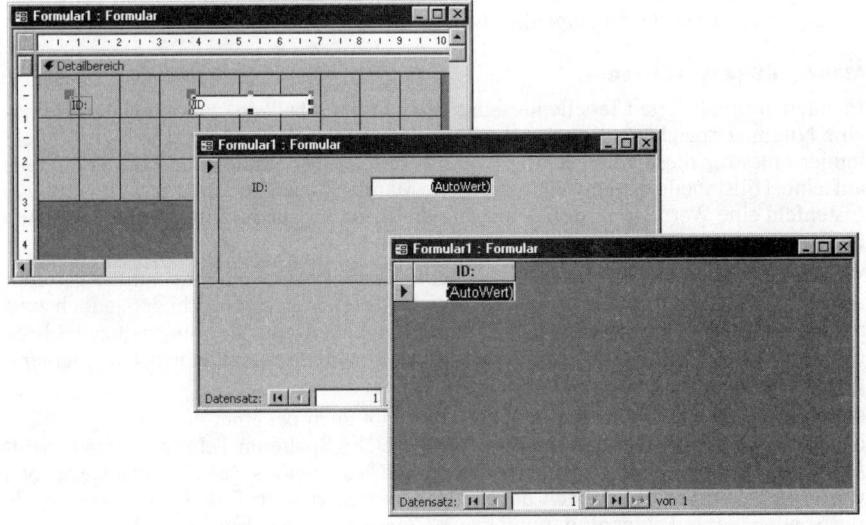

Abbildung 39.86:
Entwurfsansicht, Formularansicht und Datenblattansicht eines Formulars

Der Wechsel zwischen den Formularansichten erfolgt über das *Ansicht*-Menü und die Menüpunkte *Entwurfsansicht*, *Formularansicht* und *Datenblattansicht*. Neben dem Menü stellt die Symbolleiste *Formularansicht* eine Schaltfläche zur Ansichtsumschaltung bereit, in der sich dieselben Symbole wie im *Ansicht*-Menü wiederfinden.

Symbole zur Ansicht eines Formulars

Befehlsschaltflächen

Befehlsschaltflächen, auch Buttons oder einfach nur Schaltflächen genannt, kennen Sie von jeder Windows-Anwendung. Die häufigsten Vertreter dieser Steuerelementgattung tragen die Beschriftung *OK* oder *Abbrechen*. Allen gemein ist, dass ein Klick mit der Maus eine Aktion auslöst. Statt mit der Maus lässt sich eine Schaltfläche auch per ⇥ und ⇧+⇥ aktivieren, um durch ↵ oder die Leertaste ausgelöst zu werden.

Welche Aktion bzw. welches Ereignis zur Ausführung gelangt, sobald die Schaltfläche angeklickt wurde, entscheidet die Ereigniseigenschaft *Beim Klicken*:

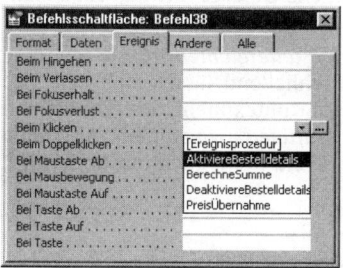

Abbildung 39.87: In der Eigenschaft Beim Klicken wird die auszuführende Aktion festgelegt.

Als Vorgabe für die Ereigniseigenschaften zeigt Access alle verfügbaren Makros (siehe ▶ Kapitel 42) an. Alternativ dazu lässt sich auch eine Ereignisprozedur definieren. Diese setzt allerdings eine Funktion voraus, die in einem VBA-Modul (siehe ▶ Kapitel 54) hinterlegt wurde.

Zwei Eigenschaften einer Befehlsschaltfläche sind an dieser Stelle noch hervorzuheben. Und zwar handelt es sich dabei um die Eigenschaften *Standard* und *Abbrechen*. Wird *Standard* auf *Ja* gesetzt, so führt die Betätigung der ↵-Taste zur Auslösung des *Beim Klicken*-Ereignis dieser Schaltfläche – egal ob die Schaltfläche oder ein anderes Steuerelement den Eingabefokus besitzt. Ähnlich verhält es sich mit der *Abbrechen*-Eigenschaft. Hat diese den Wert Ja, so führt die Betätigung der Esc-Taste ebenfalls zum Auslösen des *Beim Klicken*-Ereignis -unabhängig davon, welches Steuerelement derzeit den Fokus besitzt.

Umschaltflächen

Umschaltflächen sind eine Kombination aus Befehlsschaltfläche und Kontrollkästchen. Umschaltflächen nehmen entweder den Zustand niedergedrückt oder »normal« ein:

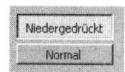

Abbildung 39.88: Zwei Umschaltflächen in Aktion

Ist der *Steuerelementinhalt* ungleich 0, so wird die Umschaltfläche niedergedrückt, ist er gleich 0, wird die Schaltfläche normal dargestellt.

HINWEIS Wird eine Umschaltfläche in einer Optionsgruppe eingesetzt, wird sie um die Eigenschaft *Optionswert* erweitert. Umschaltflächen lassen sich damit Alternativ zu einer Optionsschaltfläche (siehe ▶ Seite 984) nutzen.

OLE-Felder

Eine der Stärken der Anwendungen des gesamten Office 2000-Paketes und zunehmend auch anderer Anwendungen ist ihre OLE-Fähigkeit. OLE gestattet es einer Anwendung, die Dienste einer anderen Applikation in Anspruch zunehmen, ohne dass dabei eine Zeile Programmcode entwickelt werden müsste. So ist es beispielsweise möglich, WinWord in ein Access-Formular so zu integrieren, dass es den Anschein hätte, die Textbearbeitung wäre ein Bestandteil von Access.

OLE-Felder

Access unterscheidet zwei Arten von OLE-Feldern: gebundene und ungebundene Felder. Gebundene Felder werden an ein Datenfeld des Typs *OLE-Objekt* aus der *Datenherkunft* des Formulars gebunden, während ungebundene Objekte nicht an ein Datenfeld geknüpft sind.

Beim gebundenen Objektfeld wird die Eigenschaft *Steuerelementinhalt* mit dem Datenfeld vom Typ *OLE-Objekt* verknüpft, und anschließend lassen sich beliebige OLE-Objekte in das Datenfeld einfügen. Dazu wird das Kontextmenü des gebundenen Objektfeldes bemüht, um daraus den Befehl *Objekt einfügen...* zu wählen. Alternativ dazu stellt das *Einfügen*-Menü den *Objekt...*-Befehl bereit, der jedoch nur aktiv wird, wenn das OLE-Feld den Eingabefokus besitzt:

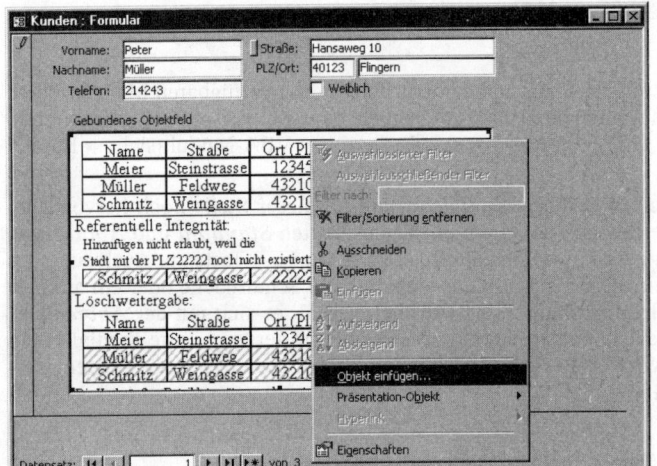

Abbildung 39.89:
OLE-Objekt
einfügen

Der daraufhin erscheinende Dialog erlaubt die Auswahl des im OLE-Feld und damit im Datenfeld des Formulars zu speichernden Objektes. Soll ein neuer Objekt erstellt werden, so zeigt ein Listenfeld die verfügbaren OLE-Objekte. Je nach installierten Anwendungen finden Sie dort beispielsweise die Office 2000-Anwendungen. Durch Auswahl der Anwendung und anschließender Betätigung der *OK*-Schaltfläche wird ein neues, leeres OLE-Objekt vom gewählten Typ in Ihre Datenbank eingefügt (siehe Abbildung 39.90).

Falls eine bereits existierende Datei in die Datenbank eingefügt werden soll, muss die Optionsschaltfläche *Aus Datei erstellen* ausgewählt werden. Daraufhin erlaubt der Dialog die Auswahl einer Datei, deren Inhalt auf Wunsch in die Datenbank eingefügt wird. Um welche Art Objekt es sich dabei handelt, erkennt Access automatisch an der Dateiendung (siehe Abbildung 39.91).

Abbildung 39.90:
Neues OLE-Objekt einfügen

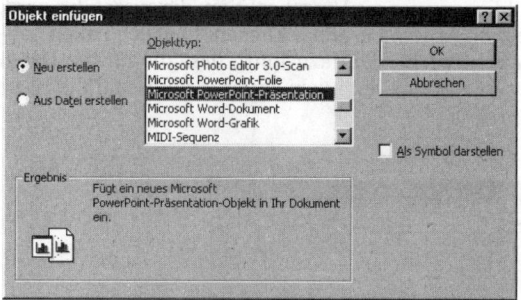

Abbildung 39.91:
OLE-Datei einfügen

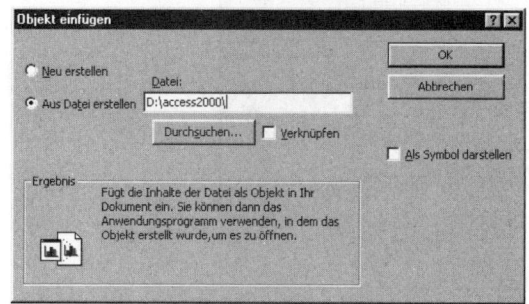

OLE-Dateien werden standardmäßig als Kopie in die Datenbank eingefügt. Das bedeutet, dass nachträgliche Änderungen nur an dieser Kopie und auch nur über die Datenbankanwendung möglich sind. Wird jedoch nur eine Verknüpfung auf eine bestehende Datei in die Datenbank eingefügt, so werden auch jene Änderungen sichtbar, die an der Datei unabhängig von der Datenbankanwendung durchgeführt wurden. Dazu muss das Kontrollkästchen *Verknüpfen* aktiviert werden.

Um ein OLE-Objekt zu bearbeiten, wird wieder das Kontextmenü oder das *Bearbeiten*-Menü in Anspruch genommen. Je nach Objekttyp findet man dort ein ...-*Bearbeiten*-Untermenü, das verschiedene Befehle enthält:

Abbildung 39.92:
Bearbeiten-*Menü* für eine PowerPoint-Präsentation

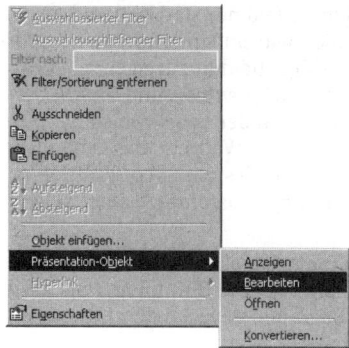

Formulare – Übersichtliche Datenpräsentation

Der erste Befehl dieses Menüs ist üblicherweise die Vorgabeaktion, die ausgeführt wird, wenn Sie doppelt auf das Objektfeld im Access-Formular klicken. In vielen Fällen handelt es sich dabei um den *Bearbeiten*-Befehl, der dazu führt, dass die für die Daten zuständige Applikation im Kontext des Access-Fomulars gestartet wird, und die Bearbeitung der Datei erlaubt:

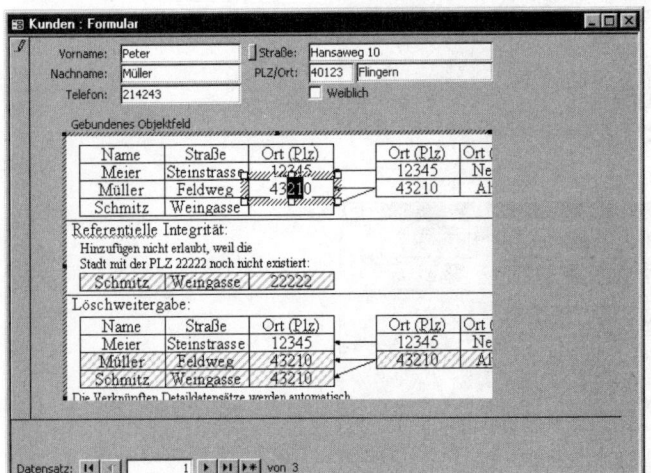

Abbildung 39.93: Bearbeiten des eingebetteten Objektes

HINWEIS

Nicht verknüpfte, also eingebettete OLE-Objekte lassen sich nur innerhalb der Access-Anwendung bearbeiten. Um die Daten wieder aus der Datenbank herauszulösen, um sie unabhängig von der Access-Anwendung zu ändern, muss das Objekt über den *Öffnen* oder *Bearbeiten*-Befehl aus dem Kontextmenü geöffnet werden. Daraufhin wird die Anwendung zur Bearbeitung des Objektes gestartet und erlaubt das Speichern der Daten in einer separaten Datei.

Während gebundene OLE-Felder mit beliebigen Daten gefüttert werden können, muss bei einem ungebundenen OLE-Feld bereits beim Einfügen angegeben werden, welche Art von Objekt im Steuerelement angezeigt werden soll. Allerdings wird ein ungebundenes Objektfeld nicht wie ein gebundenes Objektfeld mit einem Datenfeld aus dem Formular verknüpft.

Das bedeutet jedoch nicht, dass ein ungebundenes Objektfeld nur statische und unveränderliche Daten zeigen kann. Es wird vielmehr ähnlich wie ein Unterformular behandelt. Es besitzt eine *Datenherkunft*, in der die vom Objektfeld anzuzeigenden Werte oder Datensätze hinterlegt sind, und über die Felder *Verknüpfen von* und *Verknüpfen nach* lassen sich das Formular und das OLE-Feld miteinander synchronisieren. Das unterscheidet das ungebundene vom gebundenen Objektfeld. Während das gebundene Objektfeld nur den Inhalt des zugrunde liegenden Datenfeldes vom Typ OLE-Objekt anzeigen kann, ist ein ungebundenes Objektfeld in der Lage, Datensätze einer beliebigen Datenherkunft zu zeigen.

Ein Beispiel dafür ist beispielsweise ein Excel-Diagramm-Objekt, das in ein Formular eingebettet wurde und dort aktuelle Aktienkurse darstellt. Das Formular zeigt dazu Datensätze aus einer Tabelle mit Aktientiteln, das Diagramm dagegen den Kursverlauf einer Aktie, der aus einer separaten Tabelle ermittelt wird.

Registersteuerelement und Seiten

Das Registersteuerelement schafft Ordnung auf einem dicht gedrängten Formular, in dem es nur die zu einer Kategorie gehörenden Steuerelemente anzeigt, und andere dafür ausblendet. Register sind somit eine äußerst platzsparende Methode, um viele Steuerelemente auf einem Formular unterzubringen:

Abbildung 39.94:
Ein Register auf einem Formular

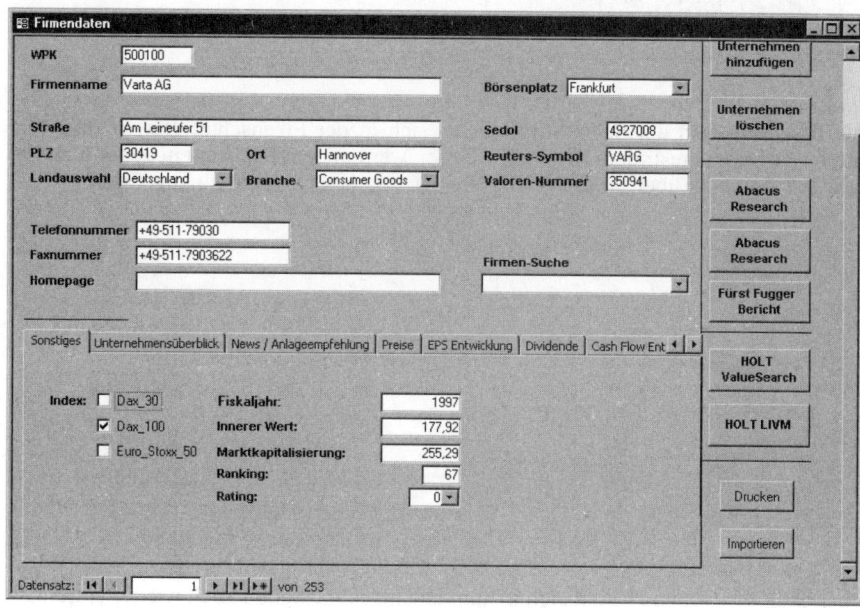

Um Steuerelemente in eine Seite des Registers zu platzieren, muss die jeweilige Seite durch Anklicken des Seitenkopfs aktiviert werden. Soll danach ein Steuerelement eingefügt werden, verändert sich der Hintergrund des *Register*-Steuerelementes, und zeigt so an, dass das neue Steuerelement in das Register eingefügt werden soll:

HINWEIS Sind viele Seiten auf einem Registerelement, so fällt es oft schwer, das gesamte Register zu verschieben. Denn dazu muss das Register zuvor selektiert werden, was jedoch aufgrund der Vielzahl von Seiten schwer fällt. Am einfachsten ist es, wenn in der Kopfzeile des Registers auf einen freien Bereich geklickt wird. Ebenso vielversprechend, aber nur mit Fingerspitzengefühl möglich, ist das Klicken auf den Rand des *Register*-Steuerelementes.

Abbildung 39.95:
Wo wird das gesamte Register selektiert?

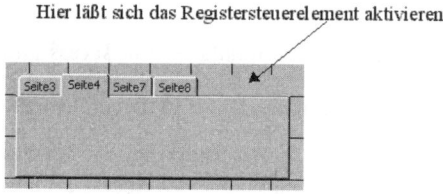

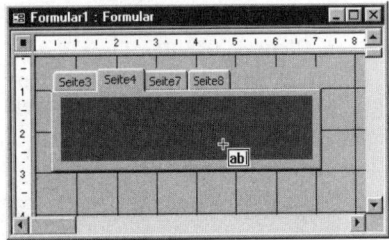

Abbildung 39.96:
Einfügen eines Textfeldes in Seite 4 des Registers

Die Beschriftungen der Seitenköpfe lassen sich in der Eigenschaft *Beschriftung* der aktuell aktiven Seite ändern. Und neue Seiten werden dem Register entweder über das Kontextmenü oder über *Einfügen/Register-Steuerelement-Seite* hinzugefügt:

Abbildung 39.97:
Neue Seiten einfügen

Über das Kontextmenü lassen sich irrtümlich eingefügte Seiten auch wieder entfernen. Allerdings werden damit auch die auf der Seite befindlichen Steuerelemente gelöscht.

Um ein Steuerelement über die Zwischenablage in eine Seite zu übernehmen, muss die Seite vor dem Einfügen aus der Zwischenablage aktiviert werden. Der Inhalt der Zwischenablage erscheint dann auf der aktiven Seite und nicht auf dem Formularuntergrund.

HINWEIS

Rechtecke und Linien

Zur optischen Abgrenzung von Steuerelementen auf dem Formular stehen die grafischen Elemente *Rechteck* und *Linie* bereit. Auf die *Linien*-Elemente zur Trennung von Datensätzen in einem Endlosformular kann in vielen Fällen verzichtet werden, wenn die *Trennlinien*-Eigenschaft des Formulars auf *Ja* gesetzt wird.

ActiveX-Steuerelemente

Die oben erläuterten Steuerelemente gehören zum Standardumfang von Access und sind unter Access 2000 immer verfügbar. Darüber hinaus existiert aber die große Gruppe der ActiveX- oder benutzerdefinierten Steuerelemente. Das sind Steuerelemente (engl. Controls) mit speziellen Aufgaben. Das Multimedia-Steuerelement gestattet beispielsweise das Abspielen von Video- oder Sounddateien, das HTML-Steuerelement des Internet Explorers die Anzeige von HTML-Dateien innerhalb eines Access-Formulars und das Kalender-Steuerelement die Anzeige und komfortable Auswahl eines Datums:

Abbildung 39.98:
Das Kalender-Steuerelement

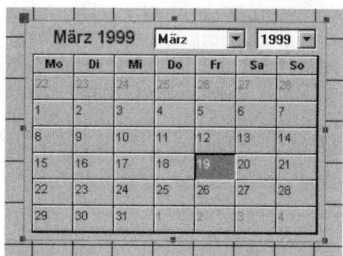

Ein ActiveX-Steuerelement wird wie ein gewöhnliches Steuerelement in ein Formular eingefügt, allerdings muss dazu auf das Symbol mit dem Hammer und dem Schraubenschlüssel geklickt werden, woraufhin eine Liste mit allen derzeit verfügbaren ActiveX-Controls erscheint:

Abbildung 39.99:
Auswahl eines ActiveX-Controls

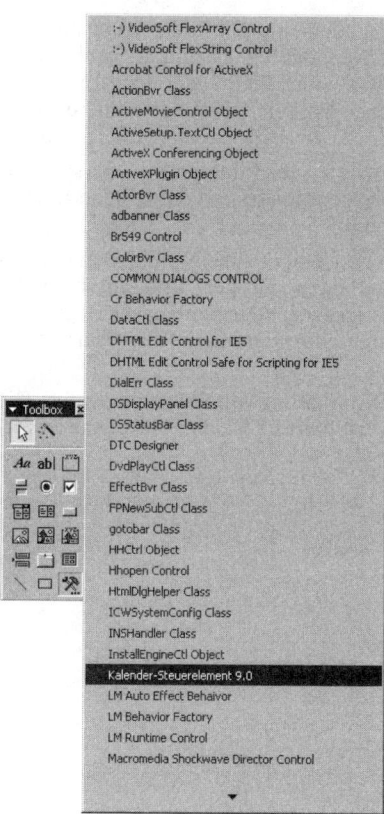

Mittlerweile existieren unzählige ActiveX-Steuerelemente, von denen einige sogar als Freeware und Shareware erhältlich sind. Listen mit allen verfügbaren Elementen füllen bereits umfangreiche Kataloge. Daher sei an dieser Stelle auf Ihren eigenen Forscherdrang bei der Suche nach bestimmten Steuerelementen verwiesen.

Formulare – Übersichtliche Datenpräsentation **1001**

Hier sei nur noch erwähnt, wie Sie ein neues Steuerelement nutzbar machen. Denn ein ActiveX-Control muss dem Prozess der so genannten Registrierung unterworfen werden, bevor es auf einem Formular einsetzbar ist. Meist wird die Registrierung vom Installationsprogramm des Steuerelementes durchgeführt. Falls dabei aber etwas schiefgegangen ist oder aber die Installation nochmals ausgeführt werden muss, bietet der *ActiveX-Steuerelemente*-Befehl aus dem *Extras*-Menü den folgenden Dialog:

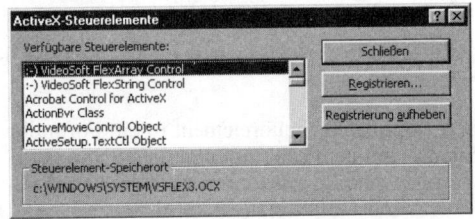

Abbildung 39.100:
Verwalten der
ActiveX-
Steuerelemente

Er führt alle derzeit im System verfügbaren Steuerelemente auf und erlaubt über die *Registrieren*-Schaltfläche die Registratur neuer Komponenten. Dazu muss nach Betätigung der *Registrieren*-Schaltfläche die DLL-, OCX- oder EXE-Datei der zu registrierenden Steuerelemente ausgewählt werden. Danach lässt sich das neue Steuerelement auch unter Access nutzen.

Oft liefern ActiveX-Steuerelemente eine komplizierte Objekthierarchie, die sich nur unter VBA sinnvoll ansprechen lässt. Programmierkenntnisse sind daher beim Einsatz von ActiveX-Steuerelementen oft eine Voraussetzung.

Besonders beim Formularentwurf werden die Steuerelemente mal hierhin, mal dorthin verschoben. Die betreffenden Elemente werden dazu markiert und anschließend gemeinsam bewegt. Wird in der Folge aber ein anderes Steuerelement markiert, geht die vorherige Markierung verloren, und bei einer erneuten Änderung des Formularlayouts müssen alle Elemente erneut selektiert werden.

NEU

Um das zu verhindern, erlaubt Access 2000 die Gruppierung von Steuerelementen. Die markierten Elemente werden durch Aufruf des *Gruppierung*-Befehls aus dem *Format*-Menü zu einer logischen Gruppe zusammengefasst.

Gruppierung *und*
Gruppierung aufheben

Abbildung 39.101:
Gruppierte
Steuerelemente

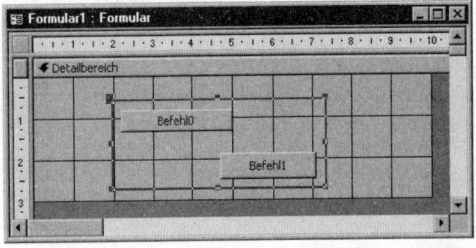

Unmittelbar nach Ausführung dieses Befehls zeichnet Access einen Rahmen um alle Elemente der Gruppe. Dieser Rahmen lässt sich wie ein herkömmliches Steuerelement verschieben, vergrößern oder verkleinern. Die enthaltenen Steuerelemente machen dabei alle Änderungen mit. Beim Löschen eines gruppierten Steuerelements sollten Sie allerdings darauf achten, dass dadurch auch die gesamte Gruppe gelöscht wird.

Beliebig viele Gruppen

Die Steuerelemente geben in einer Gruppe ihre Individualität keineswegs auf. Sie lassen sich weiterhin innerhalb ihrer Gruppe verschieben etc., ohne dass sie ihrer Gruppenzugehörigkeit entbunden werden. Allerdings kann ein Steuerelement nur in jeweils einer einzigen Gruppe enthalten sein. Dafür erlaubt Access beliebig viele Gruppen auf einem Formular:

Abbildung 39.102: Zwei Gruppen in einem Formular

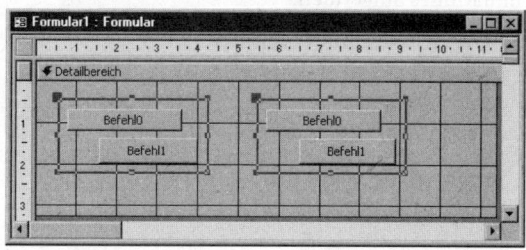

Gruppierung erweitern

Um weitere Steuerelemente in eine bestehende Gruppe aufzunehmen, müssen mindestens ein bereits gruppiertes Element sowie die aufzunehmenden Steuerelemente selektiert sein. Ein erneuter Aufruf des *Gruppieren*-Befehls erweitert die Gruppe:

Abbildung 39.103: Erweitern der Gruppe durch Hinzufügen selektierter, außenstehender Objekte

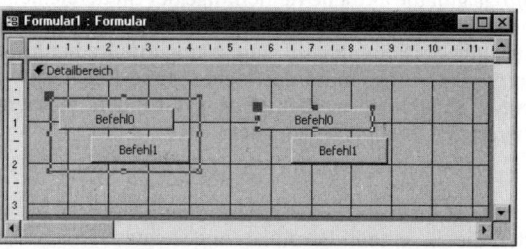

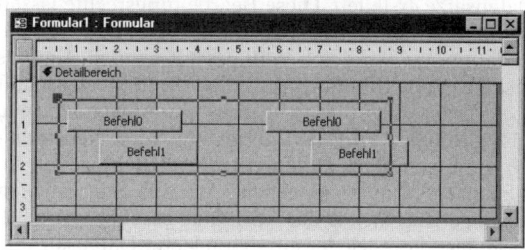

Die in einer Gruppe befindlichen Steuerelemente lassen sich nicht so ohne weiteres in eine andere Gruppe übernehmen. Dazu muss erst der Gruppenverband durch Aufruf des Befehls *Gruppierung aufheben* aus dem *Format*-Menü aufgelöst werden. Erst jetzt lassen sich neue Gruppierungen bilden.

Aktivierreihenfolge der Steuerelemente

Die Reihenfolge der Steuerelemente innerhalb eines Formulars, genauer: innerhalb eines Formularbereichs wie dem Detailbereich oder dem Formularkopf, wird über die Steuerelement-Eigenschaften *In Reihenfolge* und *Reihenfolgeposition* festgelegt. Die *Reihenfolgeposition* gibt dabei die Rangfolge an, in der die Steuerelemente mit der

⇆-Taste durchlaufen werden. Weil es sehr mühsam ist, die Reihenfolgeposition von Hand allen Steuerelementen zuzuordnen und weil das bei umfangreichen Formularen kaum ohne Fehler vonstatten geht, besitzt Access einen *Reihenfolge*-Dialog, der die Bestimmung der Steuerelementreihenfolge auf einfache Drag & Drop-Operationen reduziert. Dieser Dialog wird über das Menü *Ansicht/Aktivierreihenfolge...* oder über den Menüpunkt *Aktivierreihenfolge...* aus den Kontextmenüs eines Formulars, Detailbereichs, Formularkopfes oder Formularfußes aufgerufen.

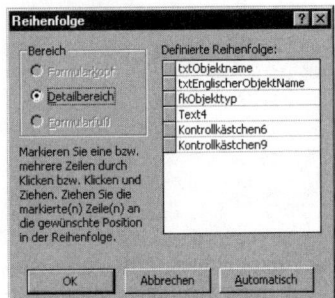

Abbildung 39.104: Aktivierungsreihenfolge

Das Listenfeld *Definierte Reihenfolge* gibt die aktuelle Reihenfolge der Steuerelemente wieder. Elemente aus dieser Liste lassen sich selektieren und per Drag & Drop an eine andere Position innerhalb der Liste ziehen. Dadurch wird gleichzeitig ihre Reihenfolgeposition verändert. Zur Selektion eines Eintrags muss das kleine graue Rechteck vor dem Namen eines Steuerelementes angeklickt werden. Sogar Gruppen mehrerer Steuerelemente lassen sich selektieren und en bloc verschieben.

Neu, Ändern, Löschen

Üblicherweise darf ein Anwender die in einem Formular angezeigten Datensätze ändern und löschen sowie neue Datensätze erstellen. Diese Bearbeitungsrechte lassen sich jedoch auch einschränken. Um zu verhindern, dass Datensätze verändert werden, muss die Formulareigenschaft *Bearbeiten zulassen* auf *Nein* gesetzt werden. Um das versehentliche Löschen von Datensätzen zu verhindern, wird die Formulareigenschaft *Löschen zulassen* auf *Nein* gesetzt. Und wollen Sie nicht, dass ein Anwender neue Datensätze erzeugt, setzen Sie die Eigenschaft *Anfügen zulassen* auf *Nein*. Neben diesen drei Einstellungen gibt es noch die Eigenschaft *Daten eingeben*. Steht sie auf *Ja*, lassen sich nur neue Datensätze in das Formular eingeben. Auf die eingegebenen Datensätze haben Sie dabei nur solange Zugriff, bis das Formular geschlossen wird. Beim nächsten Öffnen zeigt das Formulars dann wieder nur einen leerer Datensatz.

Endlosformulare

Formulare werden standardmäßig in der Ansicht mit der Bezeichnung *Einzelnes Formular* in der Eigenschaft *Standardansicht* angezeigt. Darüber hinaus existieren die Ansichten *Datenblatt* und *Endlosformular*. Die Datenblattansicht entspricht im Wesentlichen dem Eingabemodus, den Sie bereits von der Eingabe von Daten in der Tabellenansicht kennen.

Interessanter ist das Endlosformular. Hier werden alle Datensätze der Datenquelle innerhalb des Formulars in mehreren aufeinanderfolgenden Steuerelementwiederholungen angezeigt: Der Detailbereich des Formulars wird dazu für jeden Datensatz wiederholt.

Abbildung 39.105:
Endlosformular

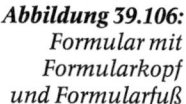

Aktiviert wird diese Ansicht, sobald die Eigenschaft *Standardansicht* auf *Endlosformular* gesetzt wird. Falls die Trennlinien zwischen zwei aufeinanderfolgenden Datensätzen stören, lassen sich diese durch Setzen der Eigenschaft *Trennlinien* auf *Nein* entfernen.

Struktur im Formular durch Detailbereich und Formularkopf

In einem Endlosformular wird der Detailbereich eines Formulars für jeden Datensatz wiederholt. Mitunter ist es aber nötig, einige statische Informationen darzustellen, beispielsweise am oberen oder unteren Rand des Formulars, um eine Überschrift oder ähnliche Informationen anzuzeigen. Damit diese Informationen nicht auch mit jedem Datensatz vervielfältigt werden, lässt sich ein Formularkopf und ein Formularfuss einblenden. Das *Ansicht*-Menü stellt dazu den Menüpunkt *Formularkopf/-fuß* bereit. Nach Auswahl dieses Menüs sieht ein Formular in der Entwurfsansicht wie folgt aus:

Abbildung 39.106:
Formular mit
Formularkopf
und Formularfuß

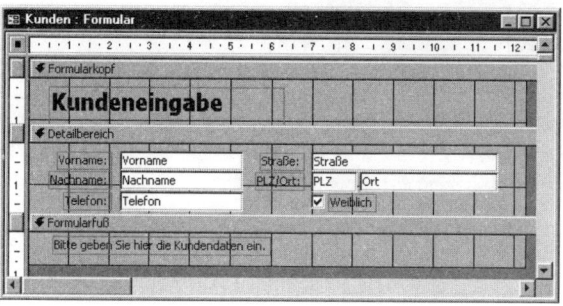

In diesen Bereichen lassen sich Steuerelemente genau wie im Detailbereich platzieren. Allerdings sollten Sie – zumindest bei Endlosformularen – darauf verzichten, ein Steuerelement durch Drag & Drop aus der Feldliste der dem Formular zugrunde liegenden Datenquelle in den Formularkopf/-fuß zu platzieren. Denn dieses Steuerelement würde immer den Inhalt des aktuellen Datensatzes wiedergeben.

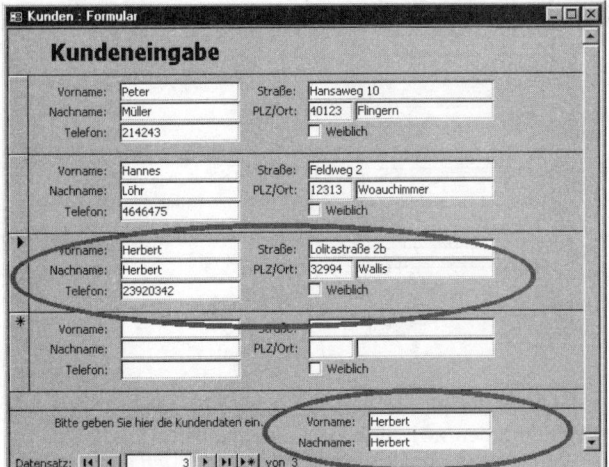

Abbildung 39.107:
Datensatzfelder im Formularkopf/-fuß sorgen für Verwirrung.

Besser ist es, aus der Toolbox (Werkzeugpalette) ein ungebundenes Steuerelement wie beispielsweise ein Bezeichnungsfeld (engl. *Label*) im Kopf/Fuß zu platzieren. Dazu wird in der Werkzeugleiste das gewünschte Steuerelement angeklickt, und durch Aufziehen eines Rahmens im Kopf-, Detail- oder Fußbereich des Formulars wird ein neues Element dieses Typs in das Formular eingefügt.

Nach der Einfügung zusätzlicher Steuerelemente in den Kopf oder Fuß eines Formulars lassen sich sehr übersichtliche Formulare erzeugen:

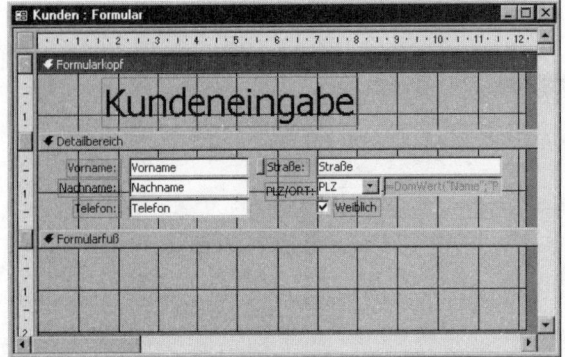

Abbildung 39.108:
Formularansicht mit Formularkopf

Bereichsänderungen

Die Größe des Formularkopfes, des Detailbereiches und des Formularfußes sind keineswegs fest vorgegeben. Sie lassen sich vielmehr ganz nach Belieben in ihrer Höhe ändern (die Breite dieser Bereiche ist durch die Breite des Formulars vorgegeben). Die folgende Abbildung zeigt, welche Eigenschaften für die Höhe des jeweiligen Bereichs zuständig sind und an welchen Stellen sich die Höhe und Breite des Formulars und seiner Bereiche mit der Maus ändern lassen:

*Abbildung 39.109:
Hier lassen sich
die Formular-
dimensionen
ändern.*

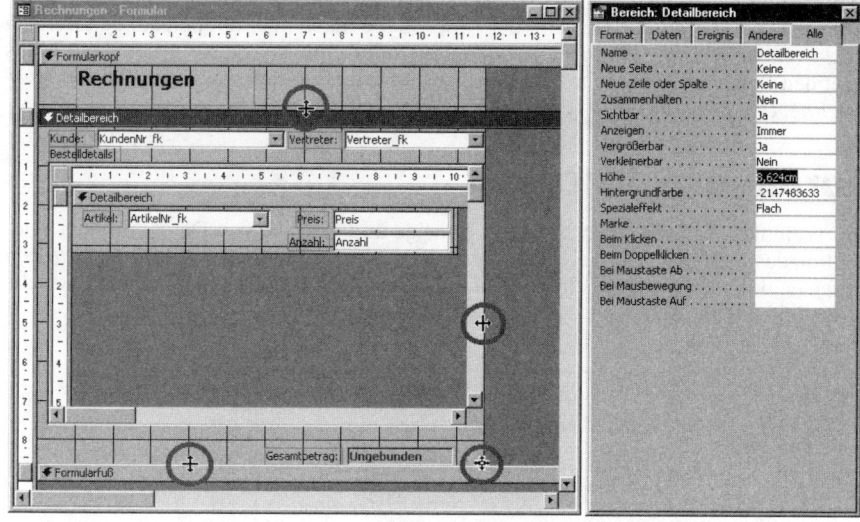

Eigenschaften eines Formularbereiches

Jeder Bereich eines Formulars besitzt Eigenschaften, die sich über den *Eigenschaften*-Dialog ändern lassen. Die *Name*-Eigenschaft erlaubt die Änderung des Bereichsnamens, was allerdings nur für Programmierer wichtig ist, weil sie anschließend über den veränderten Namen auf den Bereich zugreifen. Die Eigenschaften *Neue Seite*, *Neue Zeile oder Spalte*, *Zusammenhalten*, *Anzeigen*, *Vergrößerbar* und *Verkleinerbar* steuern den Druckvorgang des Formulars. Weil sich diese Eigenschaften auch bei Berichten vorfinden, werden sie dort näher erläutert.

Mit der Eigenschaft *Sichtbar* entscheiden Sie, ob der Bereich sichtbar sein soll. In *Höhe* geben Sie die Höhe des Bereichs an, die sich allerdings aufgrund der Einstellungen in *Vergrößerbar* und *Verkleinerbar* beim Drucken ändern könnte. *Hintergrundfarbe* und *Spezialeffekt* regeln, in welcher Farbe der Bereich angezeigt und ob und welcher Rahmen um ihn gezeichnet wird. Diese haben im Bereich dieselbe Funktion wie bei einem Steuerelement.

*Abbildung 39.110:
Die Eigen-
schaften eines
Formularbereichs*

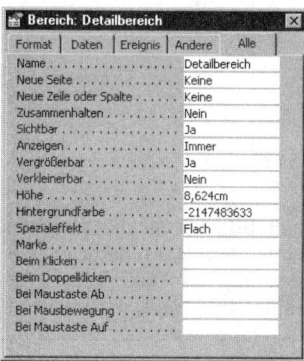

Die Ereigniseigenschaften eines Bereiches befassen sich ausschließlich mit der Maus. Ereignisse werden ausgelöst, wenn der Anwender einfach oder doppelt auf den Bereich klickt (*Beim Klicken, Beim Doppelklicken*) oder eine Maustaste drückt, die Maus über den Bereich bewegt oder die Maustaste loslässt (*Bei Maustaste Ab, Bei Mausbewegung, Bei Maustaste Auf*).

Formulare drucken

Ein Formular eignet sich nicht nur zur Anzeige und Eingabe von Daten auf dem Bildschirm, das Formular lässt sich auch durch Auswahl des Menüpunktes *Datei/Drucken* in seiner aktuellen Form auf einem Drucker ausgeben. Eine Übersicht über das aktuelle Druckbild gibt die Seitenansicht über *Datei/Seitenansicht*:

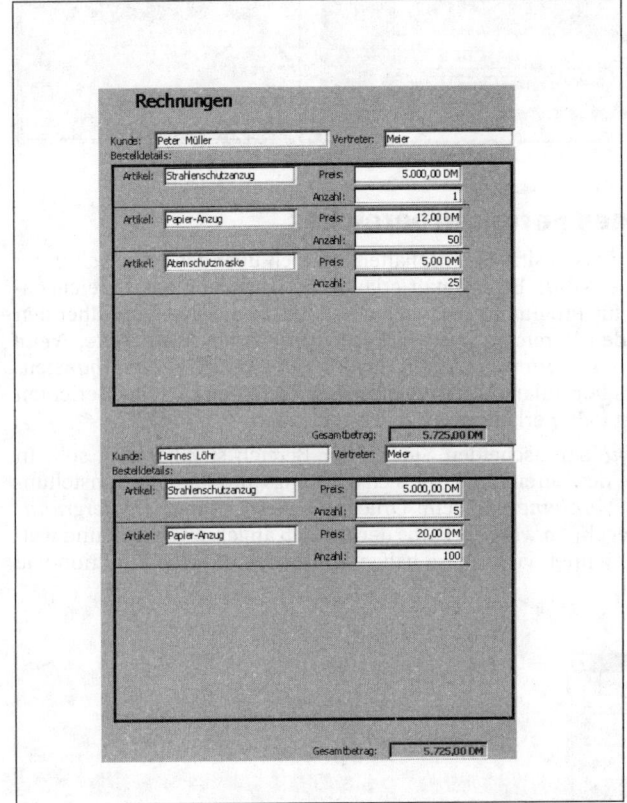

Abbildung 39.111:
Seitenansicht des Formulars

Um das Druckbild möglichst genau dem Abbild auf dem Bildschirm anzugleichen, sollte die Formulareigenschaft *Drucklayout* auf *Ja* gesetzt werden. Denn dadurch werden Druckschriften verwendet, die eine qualitative Verbesserung des Ausdrucks bewirken. Falls es aber auf Geschwindigkeit und nicht auf Qualität ankommt, wird die Formulareigenschaft *Schneller Laserdruck* auf *Ja* gesetzt. Dann wird der Ausdruck zugunsten der Geschwindigkeit beschleunigt.

Beim Drucken eines Formulars ist zu beachten, dass nicht nur die Steuerelemente und ihre Inhalte, sondern auch der Hintergrund des Formulars ausgedruckt wird. Falls es sich um eine einheitlich graue Fläche oder um eine Bitmap handelt, kann die Lesbarkeit des Formulars in Mitleidenschaft gezogen werden.

HINWEIS Belegt ein Formular mehr als eine Seite, lässt sich ein Seitenwechsel durch Einfügen eines Seitenwechsel-Steuerelementes an von Ihnen vorgegebenen Stellen herbeiführen. Diese Seitenwechsel lassen sich auch zur Navigation in sehr umfangreichen Formularen verwenden, indem per Makro an den Beginn einer neuen Seite im Steuerelement gesprungen wird. Für weitere Informationen zu dieser Technik sei an dieser Stelle jedoch auf die Access-2000-Hilfe verwiesen.

Dialogformulare erstellen

Formulare werden üblicherweise innerhalb des Access-Anwendungsfensters platziert, und der Anwender kann nach Belieben zwischen den derzeit geöffneten Formularen wechseln. Mitunter ist es aber wünschenswert, dass ein Formular wie ein Dialog behandelt wird: Auf alle anderen Formulare darf der Anwender erst wieder zugreifen, sobald das »Dialog«-Formular geschlossen wurde.

Ein Formular wird zu einem so genannten »modalen Dialog«, indem die Eigenschaft *Gebunden* auf *Ja* gesetzt wird:

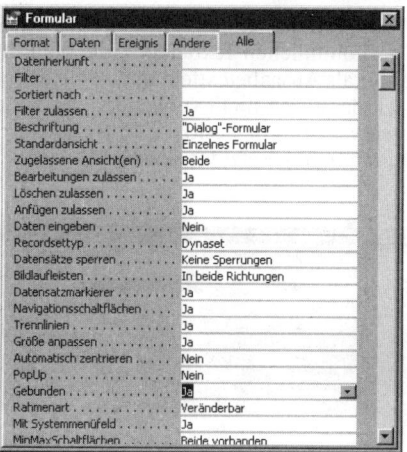

Abbildung 39.112:
Die Gebunden-*Eigenschaft erzeugt modale Formulare.*

Wird zudem die Eigenschaft *Popup* auf *Ja* gesetzt, schwebt das Formular über dem Access-Hauptfenster und kann beliebig auf dem Windows-Desktop platziert werden.

Seitenzahlen im Seitenkopf/-fuß

Wird ein Formular ausgedruckt, so erscheint der Formularkopf nur auf der ersten Seite des Ausdrucks. Auf den restlichen Seiten reiht sich Datensatz an Datensatz. Weil aber bei seitenlangen Ausdrucken niemand mehr so recht durchblickt, bietet es sich an, jede Seite mit einem Seitenkopf zu versehen. Dazu werden zuerst der Seitenkopf und der Seitenfuß eines Formulars über das Menü *Ansicht/Seitenkopf/-fuß* angezeigt:

Abbildung 39.113:
Seitenkopf und Seitenfuß eines Formulars

Im Seitenkopf und -fuß lassen sich alle Steuerelemente einfügen. Doch bietet der Seitenkopf Platz für einige spezielle Informationen. Bei umfangreichen Ausdrucken ist beispielsweise die Seitenzahl auf jeder Seite sehr interessant. Auch nicht zu verachten ist die zusätzliche Ausgabe der Gesamtseitenzahl bei langen Dokumenten, damit der Leser des Ausdrucks immer weiß, wie viele Seiten noch vor ihm liegen und ob der Ausdruck komplett ist (Seite 122 von 123, »und wo ist Seite 123?«). Und das Druckdatum im Seitenkopf unterstreicht die Aktualität des Dokuments.

Um diese Informationen auszugeben, wird auf ein Textfeld zurückgegriffen, das im Seitenkopf/-fuß platziert wird. Im Gegensatz zu herkömmlichen Textfeldern, die die Eingabe von Daten erlauben, dient dieses Textfeld nur als Ausgabetextfeld und sollte daher korrekt formatiert werden. Ein Bezeichnungsfeld lässt sich nicht verwenden, da diese Steuerelementklasse keine Eigenschaft *Steuerelementinhalt* besitzt. Die *Rahmenart* sollte auf *keine* und die *Hintergrundart* auf *Transparent* gesetzt werden.

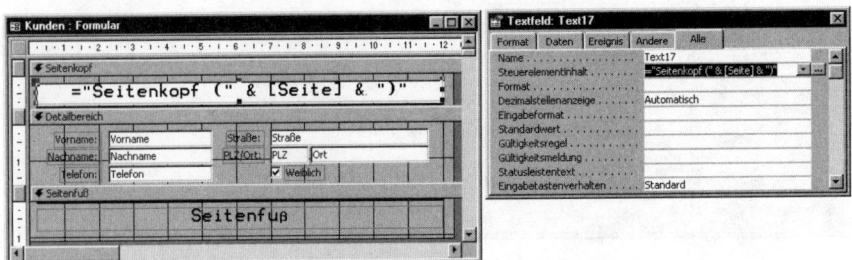

Abbildung 39.114:
Textfeld im Seitenkopf/-fuß dient nur zur Ausgabe.

Doch worauf es wirklich ankommt, ist die Eigenschaft *Steuerelementinhalt*. Denn hier wird nicht auf ein Datenfeld der dem Formular zugrunde liegenden Tabelle verwiesen, sondern eine Formel angegeben, die die aktuelle Seitenzahl, die Gesamtseitenzahl oder andere Informationen ermittelt. Die folgende Tabelle enthält einige der gängigen Formeln für den Seitenkopf/-fuß:

Steuerelementinhalt	Ausgabe	Beschreibung
="Seite:" & [Seite]	Seite: 24	Ausgabe der aktuellen Seitenzahl
=[Seite]	24	Ausgabe der Seitenzahl, ohne zusätzliche Texte ▶

Tabelle 39.6:
Gebräuchliche Ausdrücke für den Seitenkopf/-fuß

Steuerelementinhalt	Ausgabe	Beschreibung
="Gesamt:" & [Seiten]	Gesamt: 123	Ausgabe der Gesamtseitenzahl (achten Sie auf den Plural)
="Seite:" & [Seite] & »von« & [Seiten]	Seite 24 von 123	Ausgabe der Seitenzahl und der Gesamtseitenzahl
=Datum()	01.01.99	Aktuelles Datum
=Jetzt()	01.01.99 12:01:21	Aktuelles Datum inkl. aktueller Uhrzeit
=AktuellerBenutzer()	Admin	Name des aktuell am System angemeldeten Benutzers

Bei der Eingabe der oberen Beispiele in den Steuerelementinhalt eines Textfeldes ist darauf zu achten, dass die eingegebene Formel nur dann ausgewertet wird, wenn der Formel ein Gleichheitszeichen (=) vorangestellt wurde. Das ist genauso wie bei einer Zelle in einem Excel-Spreadsheet. Ohne Gleichheitszeichen wird der Inhalt als auszugebender Text interpretiert, mit vorangestelltem Gleichheitszeichen der Steuerelementinhalt als auszuführende Formel.

Außerdem sollten die auszugebenden Felder wie *Seite* stets in eckigen Klammern [] angegeben werden. Ansonsten erzeugt Access einen Fehler oder interpretiert das Datenfeld, das eigentlich die aktuelle Seite repräsentiert, als den Text »Seite«. Dasselbe gilt für die runden Klammern (»()«) hinter den Funktionen *Jetzt()*, *Datum()*. Sie deuten an, dass Access eine Funktion aufruft, der jedoch keine Funktionsparameter übergeben werden. Allerdings dürfen die eckigen Klammern beim Aufruf von Funktionen nicht angegeben werden.

HINWEIS Das Zusammensetzen von Ausdrücken in der Eigenschaft *Steuerelementinhalt* ist unter Access gang und gäbe. Numerische Ausdrücke lassen sich beispielsweise mit den arithmetischen Operatoren +, –, * und / bilden (=1+2 ergibt 3). Beim Zusammenfügen von Zeichenketten muss allerdings auf dem &-Operator zurückgegriffen werden (=»1« & »2« ergibt »12«).

Detaildatensätze im Unterformular

Einer der kraftvollsten Mechanismen in einer Access-Anwendung stellen Hauptformulare mit eingebetteten Unterformularen dar. Unterformulare werden eingesetzt, wenn in einem Formular nicht nur die Hauptdatensätze, sondern auch die Detaildatensätze angezeigt werden sollen (siehe Abbildung 39.115 und 39.116).

Unterformular

Um ein Unterformular in ein (Haupt-)Formular einzufügen, bedient man sich eines Unterformular-Steuerelementes. Das Unterformular wird also nicht direkt in das Hauptformular eingepasst, sondern muss in ein eigens dafür vorgesehenes Steuerelement eingebunden werden.

Die Eigenschaft *Herkunftsobjekt* dieses Unterformular-Steuerelementes bestimmt, welches Formular als Unterformular eingefügt werden soll. Ein Kombinationsfeld stellt alle derzeit verfügbaren Formulare zur Auswahl. Sollte sich das gewünschte Formular noch nicht in dieser Liste befinden, wurde es vielleicht noch nicht gespeichert. In diesem Fall muss das betreffende Formular geschlossen und dabei in der Datenbank gespeichert werden. Nun lässt es sich auch als Unterformular innerhalb eines Unterformular-Steuerelementes einsetzen.

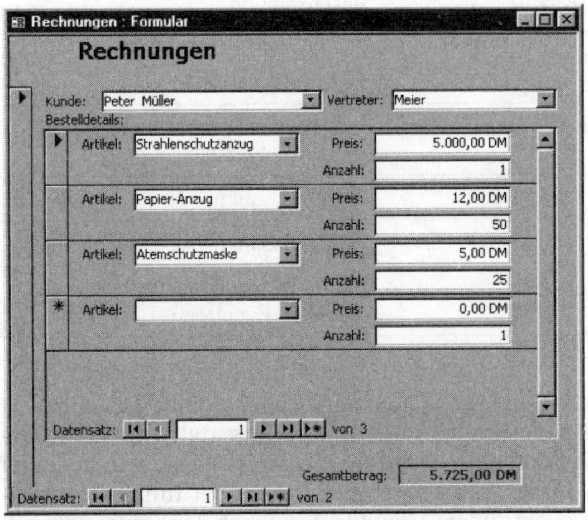

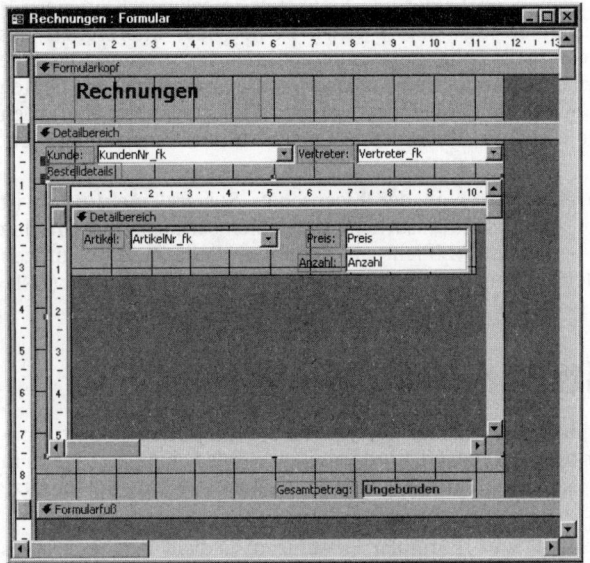

Abbildung 39.115:
Haupt- und Unterformular

Abbildung 39.116:
Haupt- und Unterformular in der Formular- und in der Entwurfsansicht

Die wichtigsten Eigenschaften des Unterformular-Steuerelementes zur Verbindung der Detaildatensätze aus dem Unterformular mit dem Hauptformular heißen *Verknüpfen von* und *Verknüpfen nach*. Hier werden die beiden Datenfelder genannt, die die Verbindung der Detaildatensätze aus dem Unterformular mit den Hauptdatensätzen aus dem Hauptformular herstellen. Diese Datenfelder müssen sich in den Tabellen/Abfragen befinden, auf denen die beiden Formulare basieren (siehe ▶*Datenherkunft* auf Seite 956). Die beiden Verknüpfungsfelder müssen nicht zwangsläufig in separaten Steuerelementen angezeigt werden. Wichtig ist nur, dass die Verknüpfungsfelder in den Datenherkünften der beiden Formulare verfügbar sind.

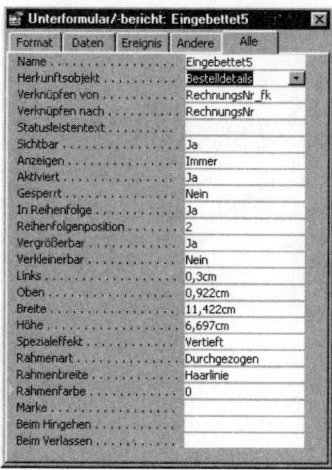

Abbildung 39.117:
Eigenschaften eines Unterformular-Steuerelementes

Verknüpfen nach nimmt den Namen des Feldes im Hauptformular auf, zu dem die Datensätze im Unterformular in Beziehung stehen sollen. *Verknüpfen von* nimmt den Namen des passenden Feldes im Unterformular auf.

NEU In den Access-Versionen vor Access 2000 war die Bearbeitung eines Unterformulars ein mühsames Unterfangen. Denn das Unterformular-Steuerelement war stets nur ein Platzhalter, der in der Entwurfsansicht keinen Hinweis auf das Aussehen des Unterformulars gestattete.

In Access 2000 werden jedoch auch die Steuerelemente eines Unterformulars in der Entwurfsansicht des Hauptformulars angezeigt und lassen sich sogar bearbeiten, eine enorme Erleichterung für den Entwurf komplexer Formulare.

40 Abfragen – Data-Mining für Anfänger

1016	Abfragen basieren auf Tabellen
1017	So erstellen Sie die Abfragen der Protector GmbH
1020	Woraus besteht das Abfrageergebnis?
1022	Welche Kriterien müssen die ausgewählten Datensätze erfüllen?
1023	Wie werden Datensätze aus mehreren Tabellen miteinander verknüpft?
1024	Datensätze sortieren
1025	Datensätze zu Gruppen und Aggregaten zusammenfassen
1028	Domänenfunktionen für die Datenbankanalyse
1030	Berechnungen in einer Abfrage anstellen
1030	Parameterabfragen
1031	Eigenschaften einer Abfragespalte
1035	So erstellen Sie einen ODBC-Data Source Name
1039	Aktionsabfragen
1044	Abfrage-Assistenten – schneller geht's nimmer

Tabellen sind ein hervorragendes Werkzeug zur Datenspeicherung. Doch nicht immer geben die Tabellen genau jene Informationen preis, die man dringend benötigt. Oft muss man Datensätze gruppieren, sortieren oder zu Datensätzen aus anderen Tabellen in Beziehung setzen. Hier kommen so genannte *Abfragen* ins Spiel, die von Ihnen so konstruiert werden, dass sie genau die Antworten bzw. Datensätze liefern, die Sie benötigen. Das können beispielsweise alle Artikel auf einer Rechnung einer Person sein oder alle Adressen in einem von Ihnen ausgewählten Postleitzahlengebiet.

Abfragen basieren auf Tabellen

Abfragen basieren immer auf bereits vorhandenen Tabellen oder auf anderen Abfragen. Das heißt: Ohne eine andere Tabelle oder Abfrage lassen sich keine sinnvollen Abfragen erstellen. Daher werden bereits bei der Anlage einer neuen Abfrage zugrunde liegende Tabellen ausgewählt:

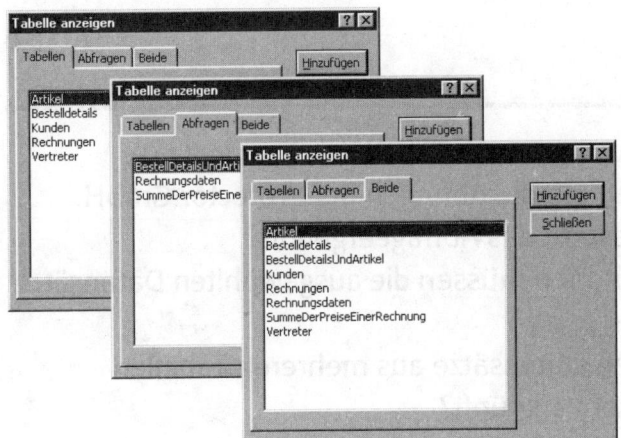

Abbildung 40.1:
Auswahl der Datenquellen, die einer Abfrage zugrunde liegen sollen

Abfragen können auf beliebig vielen Tabellen basieren. Abfragen können sogar andere Abfragen mit einbeziehen, denn eine Abfrage erzeugt selbst wieder Datensätze und wird dabei intern von Access wie eine temporäre Tabelle behandelt, deren Datensätze beim Schließen der Abfrage allerdings wieder gelöscht werden.

Der häufigste Abfragetyp, die so genannte Auswahlabfrage, hilft bei der Auswahl spezieller Datensätze. Mit einer Abfrage ist es beispielsweise möglich, alle Kunden aus der *Kunden*-Datenbank zu extrahieren, die in einem bestimmten Postleitzahlengebiet wohnen. Diese Datensätze könnten beispielsweise einem Serienbriefmodul zugeführt werden, um eine regional beschränkte Marketing-Aktion durchzuführen.

Um die passenden Datensätze auszuwählen, muss zunächst eine neue Abfrage angelegt werden. Das geschieht im Datenbankfenster, wo das *Abfragen*-Register angeklickt wird. Durch Auswahl der *Neu...*-Schaltfläche wird ein Dialog zur Anzeige gebracht, der die Nutzung des Abfrage-Assistenten gestattet. Um unser Beispiel nachzuverfolgen, müssen Sie jedoch die Entwurfsansicht wählen, um eine Abfrage von Hand zu erstellen (siehe Abbildung 40.2).

Daraufhin erscheint ein Dialog mit dem Titel *Tabellen anzeigen*, der die Auswahl der zugrundeliegenden Tabellen gestattet. Wählen Sie hier die *Kunden*-Tabelle aus und fügen Sie diese durch Betätigung der *Hinzufügen*-Schaltfläche dem Abfrageentwurf hinzu. Schließen Sie nun den *Tabelle anzeigen*-Dialog, um die Abfrage weiter zu bearbeiten (siehe Abbildung 40.3).

Abbildung 40.2:
Auswahl des Abfrage-Assistenten

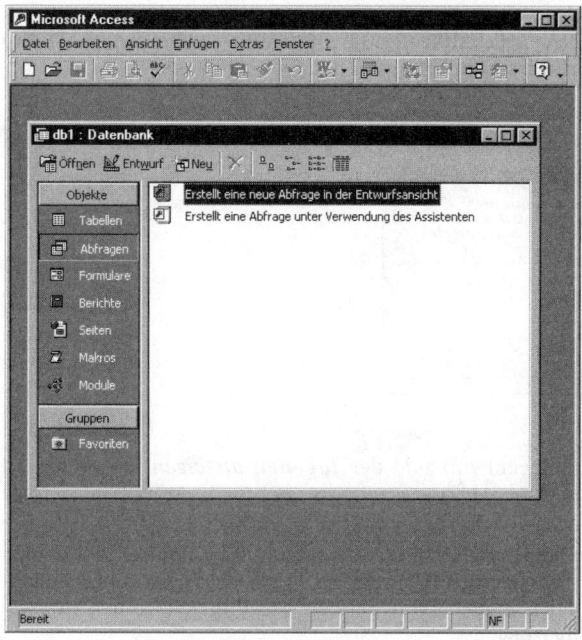

Abbildung 40.3:
Abfrageentwurf

So erstellen Sie die Abfragen der Protector GmbH

Auf den folgenden Seiten zeigen wir, wie eine Abfrage für die Protector-Datenbank erstellt wird. Diese Abfrage ermöglicht die Zuordnung der Artikel zu einer Rechnung. Die Datensätze aus der Tabelle *Bestelldetails*, die die n:m-Verknüpfung zwischen den Datensätzen der Tabellen *Rechnungen* und *Artikel* herstellt, erzeugen dazu Datensätze, die Informationen aus der *Artikel*-Tabelle mit der *BestellDetails*-Tabelle verknüpft:

1. Um die Abfrage zu erstellen, wechseln Sie im Datenbankfenster in die Abfrage-Gruppe und betätigen die *Neu*-Schaltfläche. Im daraufhin erscheinenden Dialog wählen Sie die Erstellung einer neuen Abfrage in der *Entwurfsansicht*.

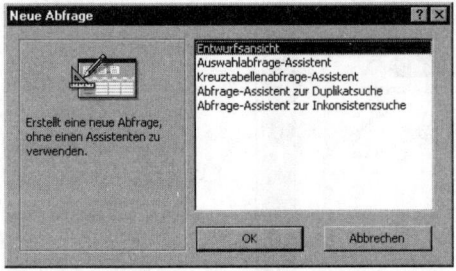

Abbildung 40.4:
Neue Abfrage in der Entwurfs-ansicht erstellen

2. Es erscheint ein leerer Abfrageentwurf und der *Tabellen anzeigen*-Dialog fordert zur Auswahl der Tabellen und Abfragen auf, die der zu erstellenden Abfrage zugrunde liegen.
3. Wählen Sie im *Tabellen anzeigen*-Dialog die Tabellen *Artikel* und *Bestelldetails* und fügen Sie diese dem Abfrageentwurf durch Druck auf die *Hinzufügen*-Schaltfläche hinzu. Die zwischen den Tabellen bestehenden Beziehungen werden automatisch im Abfrageentwurf angezeigt.

Nun müssen die Ausgabefelder *Abfrage* angegeben werden. Durch Doppelklick auf die Datenfelder in den beiden Tabellenplatzhaltern im oberen Bereich des Fensters (dem so genannten Diagramm) werden die Datenfelder als Ausgabefeld in den unteren Bereich des Abfragefeldes (das so genannte Raster) übernommen:

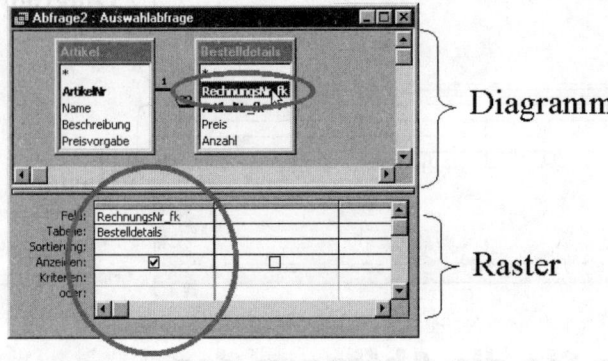

Abbildung 40.5:
Ausgabefelder werden durch Doppelklick oder per Drag & Drop festgelegt.

Alternativ zum Doppelklick können Sie die Felder auch zuerst in den Tabellenplatzhaltern markieren (⇧- und Strg-Tasten) und per Drag & Drop in das Raster des Abfragefensters übernehmen.

Die folgenden Felder müssen in der angegebenen Reihenfolge in die Abfrage übernommen werden:

BestellDetails.RechnungsNr_fk
Artikel.Name
BestellDetails.ArtikelNr_fk

BestellDetails.Preis
BestellDetails.Anzahl
PostenPreis: [Anzahl] * [Preis]
Artikel.Beschreibung

Das Raster der Abfrage müsste dann wie in Abb. 40.6 aussehen.

Abbildung 40.6:
Das Raster der Abfrage

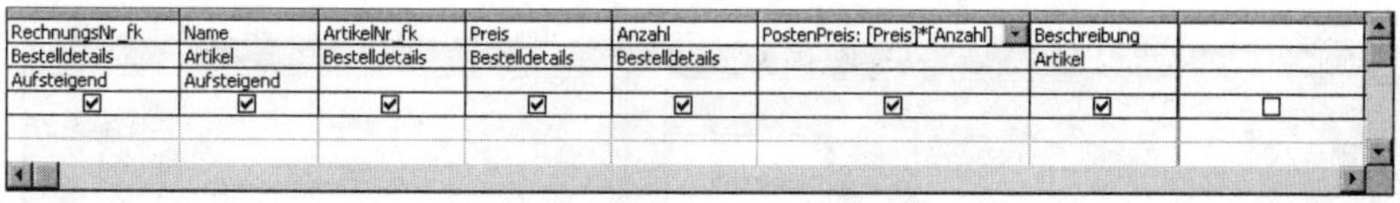

4. Das Feld *PostenPreis* bedarf einer Sonderbehandlung, denn es ist kein Datenfeld, das einer zugrunde liegenden Tabelle entnommen wurde, sondern ein durch Berechnung aus zwei anderen Datenfeldern entstehendes Ausgabefeld der Abfrage. Es wird erzeugt, indem exakt der Text *PostenPreis: [Anzahl] * [Preis]* in ein Ausgabefeld der Abfrage eingegeben wird.

Abbildung 40.7:
Berechnete Felder werden von Hand eingegeben.

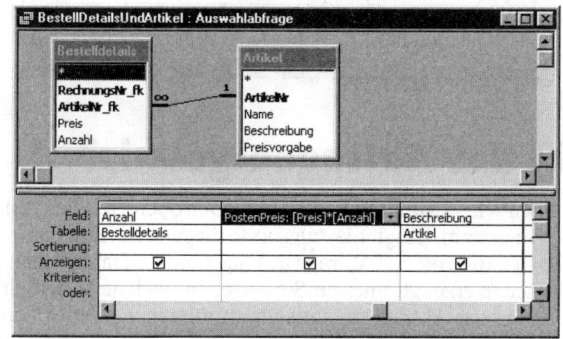

5. Wurden alle Ausgabefelder festgelegt, wird das Abfrageergebnis durch Auswahl von *Ansicht/Datenblattansicht* dargestellt:

Abbildung 40.8:
Das Abfrageergebnis

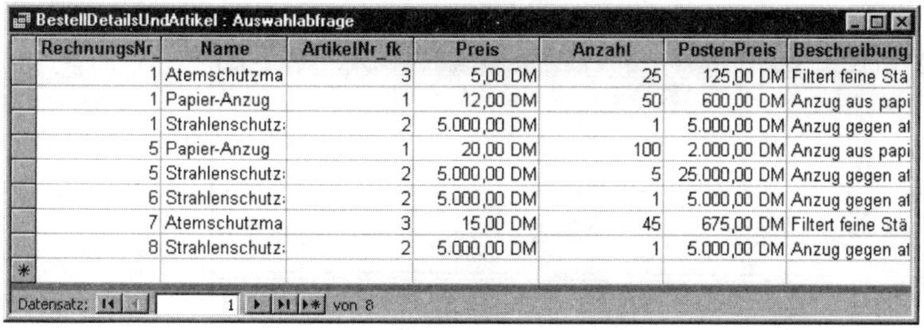

Abfragen ausführen

Alternativ dazu lässt sich das Abfrageergebnis auch durch Auswahl des Datenblattansichts-Symbols oder durch Auswahl des Ausrufezeichens aus der Symbolleiste anzeigen.

Abfragen – Data-Mining für Anfänger

Neben der Abfrage *BestellDetailsUndArtikel*, die für den Unterbericht *Bestelldetails* alle erforderlichen Artikelinformationen für die Bestellposten einer Rechnung zusammenträgt, kommt die Abfrage *Rechnungsdaten* zum Einsatz. Ihre Aufgabe besteht darin, eine Rechnung mit allen Kundeninformationen zu verknüpfen, damit im Hauptbericht *Rechnungen* eine Anschrift erzeugt werden kann. Wie die Abfrage *Rechnungsdaten* aufgebaut ist, zeigt die folgende Abbildung:

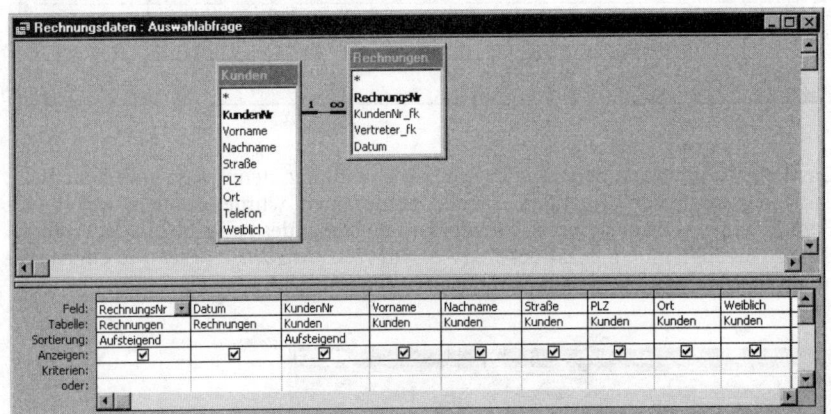

Abbildung 40.9: Abfrage Rechnungsdaten

Woraus besteht das Abfrageergebnis?

Ihr Abfragefenster sieht nun etwa wie in Abbildung 40.3 aus. Der obere Teil des Abfragefensters, das so genannte Diagramm, zeigt die zugrunde liegenden Tabellen, der untere Teil, das so genannte Raster, die von der Abfrage auszugebenden Datenfelder an. Bevor eine Abfrage aber Datensätze erzeugt, müssen Sie angeben, welche Datenfelder der zugrunde liegenden Tabellen in das Abfrageergebnis übernommen werden sollen.

Mit der Taste F6 wechseln Sie im Abfrageentwurf zwischen Diagramm und Raster. **TIPP**

Sie können diese Datenfelder entweder mit der Maus aus einer Tabelle des oberen Fensterteils in eine Spalte des unteren Teils ziehen oder Sie wählen Feld- und Tabellennamen direkt in den Kombinationsfeldern der Spalten im unteren Teil des Abfragefensters aus:

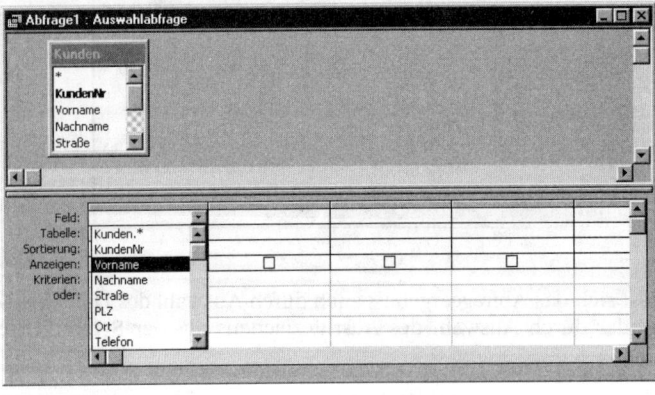

Abbildung 40.10: Auswahl der Ausgabefelder einer Abfrage

Das Feld mit dem Namen *Kunden.** hat eine besondere Funktion, denn der Asterisk (nicht zu verwechseln mit Asterix, dem besten Freund von Obelix), das »*«-Zeichen, steht als Platzhalter bzw. Wildcard für alle Felder einer Tabelle. Um eine Abfrage zu erzeugen, die identische Datensätze wie die zugrunde liegende Tabelle erzeugt, müssen Sie nur eine Abfrage erstellen, die wie in Abbildung 40.11 aussieht:

Abbildung 40.11: *Die Identitäts-Abfrage*

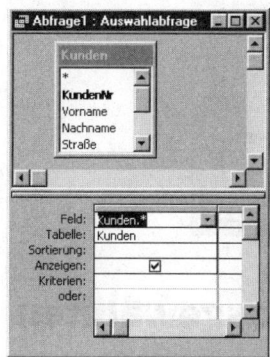

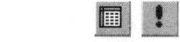

Abfrage ausführen

Um die von der Abfrage erzeugten Datensätze zu betrachten, wird über das *Ansicht*-Menü in die *Datenblattansicht* gewechselt. Alternativ dazu lässt sich auch das *Datenblattansicht*-Symbol anklicken. Auch das Ausrufezeichen-Symbol, das stellvertretend für *Abfrage ausführen* steht, lässt sich nutzen. Allerdings bezeichnet der Begriff »Ausführen einer Abfrage« streng genommen einen anderen Vorgang. Das Ergebnis zeigt die folgende Abbildung:

Abbildung 40.12: *Das Ergebnis einer Abfrage in der Datenblattansicht*

Abfrage1 : Auswahlabfrage

KundenNr	Vorname	Nachname	Straße	PLZ	Ort	Telefon	Weiblich
1	Peter	Müller	Hansaweg 10	40123	Flingern	214243	☐
2	Hannes	Löhr	Feldweg 2	12313	Woauchimmer	4646475	☐
3	Herbert	Herbert	Lolitastraße 2b	32994	Wallis	23920342	☐
(AutoWert)							☐

Datensatz: 1 von 3

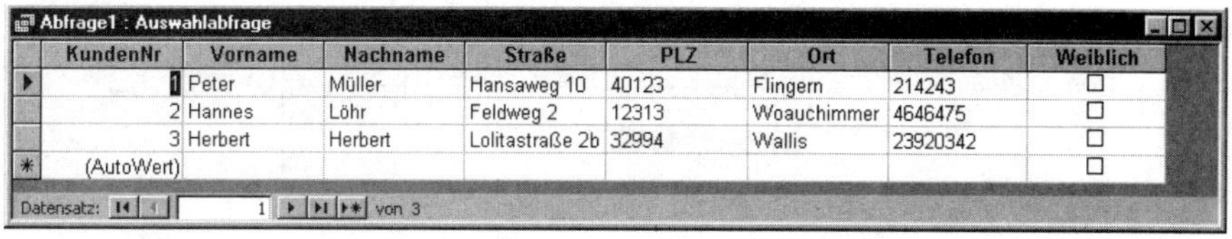

Diese Ansicht der Abfrage unterscheidet sich bis auf den Text in der Titelzeile des Fensters in nichts von der Datenblattansicht einer Tabelle. Bisher hat eine Abfrage also noch keine Vorteile gegenüber einer Tabelle gebracht.

Betrachtet man aber wieder den Abfrageentwurf, fällt die Zeile mit der Beschriftung *Kriterien* im unteren Teil des Entwurfsfensters ins Auge. Hier lassen sich die Ausschlusskriterien definieren, die ein Datensatz der zugrunde liegenden Tabelle erfüllen muss, um in das Ergebnis der Abfrage einzufließen. Derartige Kriterien beziehen sich immer auf einzelne Felder, daher sollte zunächst von der Ausgabe aller Felder über das Asterisk-Zeichen zur separaten Ausgabe aller Felder gewechselt werden.

Dazu könnten Sie nun alle Felder, eins nach dem anderen, aus der Feldübersicht per Drag & Drop in das Abfrageraster übernehmen. Oder Sie wählen jedes Ausgabefeld mühsam über die Kombinationsfelder in den Ausgabespalten des Abfrageentwurfsfensters. Einfacher geht es jedoch, wenn Sie mehrere oder alle zu übernehmenden Felder in einem Tabellenfenster aus dem oberen Bereich selektieren und diesen Block in den Ausgabebereich ziehen.

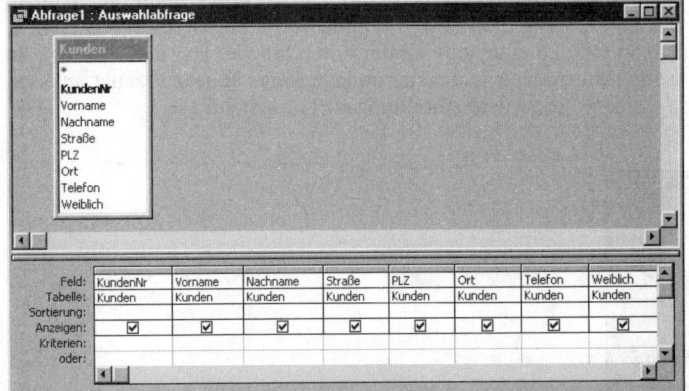

Abbildung 40.13:
Übernahme mehrerer Tabellenfelder in die Ausgabezeile eines Abfrageentwurfs

Welche Kriterien müssen die ausgewählten Datensätze erfüllen?

Nun lassen sich zu jedem Ausgabefeld der Abfrage die Kriterien eingeben, die erfüllt sein müssen, um den Datensatz in das Abfrageergebnis zu übernehmen. Sollen beispielsweise alle Kunden ins Abfrageergebnis einfließen, die im Postleitzahlengebiet 40000 wohnen, wird als Kriterium für die Postleitzahl die Bedingung *(>= 40000) Und (< 50000)* oder *(>= 40000) Und (<=49999)* angegeben.

Der Aufbau von Kriterien in einer Abfrage ist identisch mit dem Aufbau einer Gültigkeitsregel im Tabellenentwurf (siehe ▶ Kapitel 38, *Weitere Datenfeldeigenschaften*).

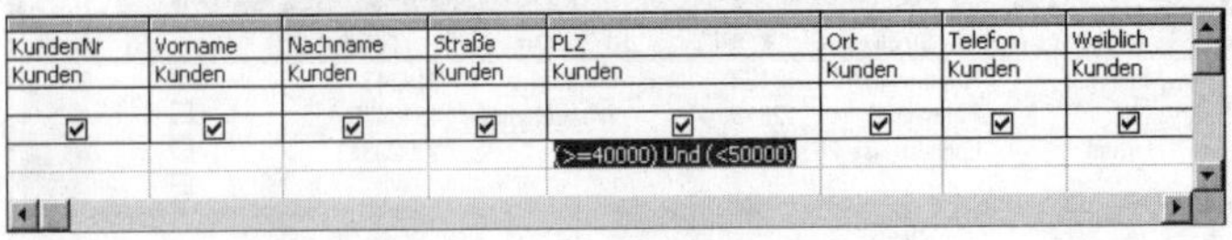

Abbildung 40.14:
Ausgabekriterium

Mehr als nur ein Kriterium

Werden Kriterien für mehrere Felder definiert, so muss ein Datensatz alle Kriterien erfüllen, um sich im Abfrageergebnis wiederzufinden. Access verknüpft dazu alle Kriterien einer Zeile in einer so genannten *UND*-Verknüpfung.

Um eine *ODER*-Verknüpfung zu realisieren, muss man auf einen kleinen Trick zurückgreifen: Jedes *ODER*-Kriterium wird dazu in einer separaten Kriterien-Zeile eingegeben:

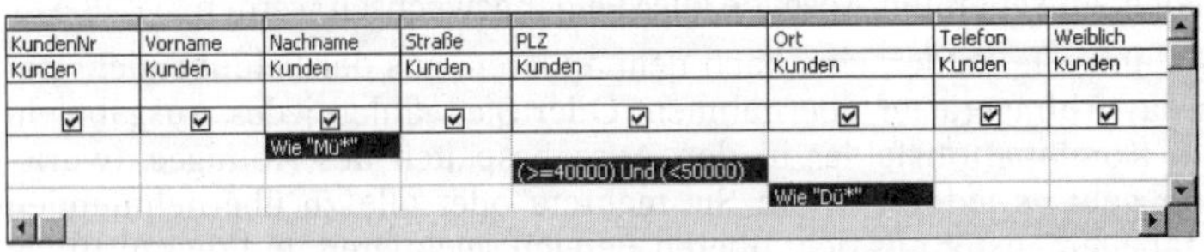

Abbildung 40.15:
ODER-Kriterien in einer Abfrage

Wie werden Datensätze aus mehreren Tabellen miteinander verknüpft?

Abfragen erstrecken sich nicht nur über eine Tabelle. Abfragen lassen sich hervorragend dazu einsetzen, die in Haupt- und Detailtabellen enthaltenen Datensätze zu »renormalisieren«, also die separaten Daten wieder zusammenzufügen. Aus den folgenden beiden Tabellen lässt sich mit Hilfe einer Auswahlabfrage das ebenfalls dargestellte Abfrageergebnis erzeugen:

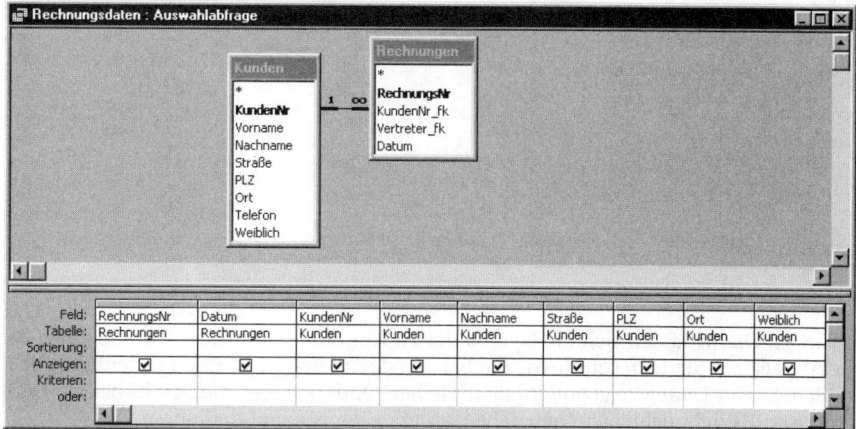

Abbildung 40.16: Verknüpfung von Datensätzen aus zwei verschiedenen Tabellen

Wurde für die beiden Tabellen zuvor eine Beziehung definiert (siehe ▶ Kapitel 38, *Beziehungen*) so übernimmt Access diese Beziehung automatisch in den Abfrageentwurf, sobald die in Beziehung stehenden Tabellen in das Diagramm der Abfrage eingefügt wurden. Allerdings lassen sich auch nicht miteinander in Beziehung stehende Tabellen in einer Abfrage re-kombinieren. Dazu werden die zu verknüpfenden Felder einfach wie bei der Definition einer Beziehung per Drag & Drop »aufeinandergeschoben«.

Neue Abfrage-Beziehungen herstellen

Werden zwei oder mehr Tabellen in den Abfrageentwurf übernommen, zwischen denen im *Beziehungen*-Dialog (*Extras/Beziehungen*) bereits eine Beziehung definiert wurde, übernimmt Access die Beziehung automatisch in die Abfrage.

Darüber hinaus lassen sich innerhalb einer Abfrage auch beliebige Felder zueinander in Beziehung setzen. Dazu wird innerhalb der Abfrage, genau wie bei der Erstellung einer Beziehung, das eine Datenfeld mit der Maus auf das andere Datenfeld gezogen. Diese Beziehung ist dann nur für diese Abfrage gültig und spielt an anderer Stelle keine Rolle.

Die Eigenschaften dieser Beziehung werden verändert, in dem wie im Beziehungsentwurf zunächst die Verbindungslinie angeklickt wird, die die Beziehung repräsentiert.

Abfragen – Data-Mining für Anfänger

Leider ist das manchmal etwas schwierig. Man erkennt aber an einer deutlich fetteren Linie, dass die Beziehung tatsächlich aktiviert wurde.

Das Kontextmenü oder das *Ansicht*-Menü erlaubt die Auswahl des *Verknüpfungseigenschaften*-Menüpunktes für die Bearbeitung der Verknüpfung:

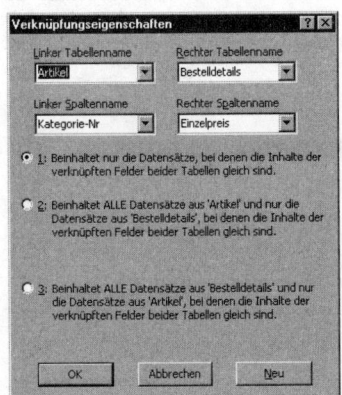

Abbildung 40.17: *Manipulation der Verknüpfungseigenschaften*

In diesem Dialog lassen sich die Namen der zu verknüpfenden Tabellen/Abfragen, die der Abfrage zugrunde liegen, sowie die Namen der zu verknüpfenden Datenfelder auswählen. Dieser Dialog zeigt außerdem dieselben Optionsfelder, die bereits bei der Definition von Beziehungen zwischen Tabellen deren Typ genauer definieren.

Neue Verknüpfung

Falls eine neue Beziehung erstellt werden soll, ohne die Maus und eine Drag & Drop-Operation zwischen zwei Tabellenfeldern im Abfragefenster zu bemühen, steht die Befehlsschaltfläche *Neu* im *Verknüpfungseigenschaften*-Dialog zu Verfügung. Nach ihrer Betätigung präsentiert Access 2000 einen weiteren Dialog, der die Eingabe der zu verknüpfenden Tabellen und ihrer Datenfelder erlaubt. Und wenn dieser Dialog mit *OK* beantwortet wird, lässt sich der Verknüpfungstyp einstellen.

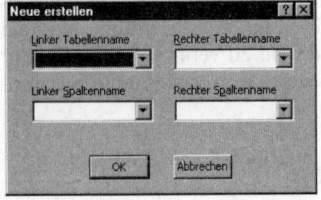

Abbildung 40.18: *Neue Verknüpfung erstellen*

Datensätze sortieren

Eine Auswahlabfrage erzeugt eine Reihe von Datensätzen, die zunächst keiner speziellen Sortierung unterliegen. Im Allgemeinen wird die Reihenfolge der Ergebnismenge einer Abfrage durch die physische Reihenfolge der abgefragten Datensätze in ihren Tabellen bestimmt und die resultiert aus der Reihenfolge, in der die Datensätze eingegeben wurden.

Abfragen besitzen aber im Abfrageentwurf eine mit *Sortierung* beschriftete Zeile, in der für jedes Datenfeld eine Sortierung vorgeschlagen werden kann. Zur Auswahl stehen die Optionen *keine*, *Aufsteigend* und *Absteigend*. Die Sortierung muss dabei nicht nur nach den Inhalten eines einzigen Datenfeldes erfolgen. Sie können das Abfrageergebnis auch nach mehreren Feldern sortieren. Die Gewichtung bei der Sortierung erfolgt dabei von »links nach rechts« – entsprechend der Feldnennung im Abfrageentwurf:

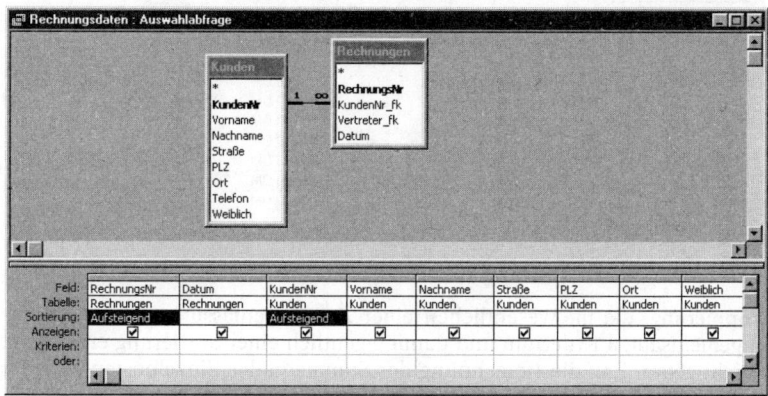

Abbildung 40.19:
Ergebnis einer
Sortierung über
mehrere Felder

TIPP Außer für eine bessere Übersicht und bei der Nutzung der Abfrage als *Datenherkunft* eines Nachschlagefeldes spielt die Reihenfolge, in der die Ausgabefelder einer Abfrage genannt werden, keine große Rolle. Wenn es aber um die Sortierung des Abfrageergebnisses geht, ist die Sortierung entscheidend. Denn je weiter rechts ein zu sortierendes Feld steht, desto größeren Einfluss hat es auf die Reihenfolge der Datensätze im Abfrageergebnis.

Um eine versehentlich falsche Reihenfolge nachträglich zu verändern, lassen sich die Spalten an eine andere Position verschieben, indem die gesamte Spalte am Ziehrechteck am oberen Rand der Ausgabespalte mit der Maus gefasst und an ihre neue Position gezogen wird:

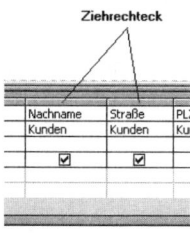

Abbildung 40.20:
Ziehrechtecke
zum Verschieben
der Spalten

Datensätze zu Gruppen und Aggregaten zusammenfassen

Nicht immer sind die einzelnen Datensätze einer Abfrage von Interesse, sondern alle zu einer bestimmten Gruppe gehörenden Datensätze. Ein Beispiel dafür sind die zu einer Rechnung gehörenden Einzelposten. Jeder Einzelposten wird in einer Abfrage durch

Abfragen – Data-Mining für Anfänger

einen separaten Datensatz repräsentiert. Um aber die Summe aller Einzelposten auf einer bestimmten Rechnung zu berechnen, müssen diese Einzelposten gruppiert und dabei die Einzelbeträge addiert werden. Das Kriterium zur Gruppenzugehörigkeit ist in diesem Fall die Rechnungsnummer, die für alle Rechnungsposten einer Rechnung identisch ist:

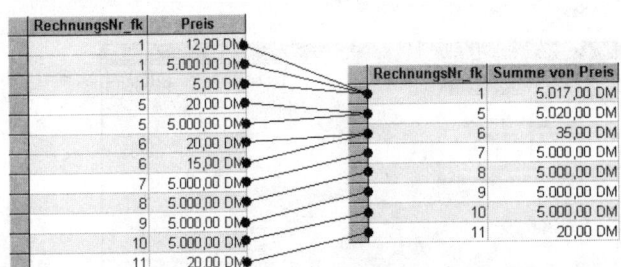

Abbildung 40.21:
Datensätze vor und nach ihrer Gruppierung

Mit der Gruppierung, die im Wesentlichen einer Zusammenfassung der Datensätze nach einem gemeinsamen Kriterium und damit eigentlich einer Sortierung entspricht, ist es aber nicht getan. Erst die Berechnung der Summen aller Einzelposten zu jeder Rechnung hilft weiter.

Dazu wird auf die Abfragefunktionen von Access zurückgegriffen, die unter anderen Datenbanksystemen auch Aggregatfunktionen oder kurz Aggregate genannt werden. Diese Funktionen tragen ihren Namen, weil Aggregate sich nicht nur auf einen einzigen Datensatz, sondern immer auf eine Reihe von Datensätzen einer Gruppe beziehen.

Um die Aggregatfunktionen einer Abfrage anzuschalten, wird die Funktionszeile im Abfrageentwurf eingeblendet, und zwar durch Auswahl des *Funktionen*-Menüpunktes aus dem *Ansicht*-Menü. In den unteren Teil des Abfragefensters wird daraufhin die Zeile mit dem Namen *Funktion* eingeblendet, die bei allen Feldern einer gewöhnlichen Auswahlabfrage auf die Funktion *Gruppierung* eingestellt ist:

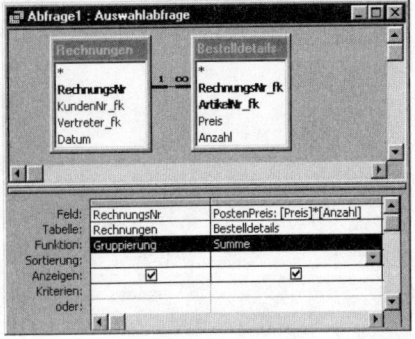

Abbildung 40.22:
Aggregatfunktionen im Abfrageentwurf

HINWEIS In diesem Beispiel wird nicht nur die Aggregatfunktion *Summe* verwendet, sondern gleichzeitig eine Berechnung in einem Abfragefeld durchgeführt. Das Datenfeld *PostenPreis* wird berechnet, indem der *Einzelpreis* und die *Anzahl* der bestellten Artikel miteinander multipliziert werden. Mehr dazu im nächsten Abschnitt auf ▶ Seite 1030 über berechnete Felder.

Neben der Gruppierung stehen folgenden Funktionen zur Verfügung:

Tabelle 40.1: Abfragefunktionen

Funktion	Beschreibung
Gruppierung	Gruppiert die Datensätze nach einem Datenfeld (z.B. nach der Rechnungsnummer).
Summe	Berechnet die Summe aller Dateninhalte, die zur aktuellen Gruppe gehören.
Mittelwert	Berechnet den Mittelwert aller Datenfeldinhalte einer Gruppe (Summe/Anzahl).
Min	Ermittelt den kleinsten Wert (Minimum) eines Datenfeldes innerhalb der Gruppe.
Max	Ermittelt den größten Wert (Maximum) eines Datenfeldes innerhalb der Gruppe.
Anzahl	Ermittelt die Anzahl der Datensätze in der Gruppe.
StAbw	Ermittelt die Standardabweichung der Daten einer Gruppe.
Varianz	Ermittelt die Varianz der Daten einer Gruppe.
Erster Wert	Ermittelt den ersten Wert eines Datenfeldes innerhalb der Datensatzgruppe. Der erste Wert ist abhängig von der aktuellen Sortierung (Tabelle und/oder Abfrage).
Letzter Wert	Ermittelt den letzten Wert eines Datenfeldes innerhalb der Datensatzgruppe. Der letzte Wert ist abhängig von der Sortierung der zugrunde liegenden Tabelle.
Ausdruck	Der Datenfeldinhalt wird übernommen. Dies ist keine Aggregatfunktion, sondern die Standardfunktion einer Auswahlabfrage. Um die *Ausdruck*-Funktion einsetzen zu können, muss sie von allen Ausgabefeldern der Abfrage verwendet werden.
Bedingung	In der Abfrage wird eine Bedingung definiert, die erfüllt sein muss, um den Datensatz in das Ergebnis der Abfrage zu übernehmen. Ein Bedingungsfeld kann selbst nicht angezeigt werden. Um das Feld auch anzuzeigen, muss es zweimal im Abfrageentwurf auftreten.

Beim Einschalten der Funktionen für eine Abfrage wird standardmäßig die Funktion *Gruppieren* verwendet. Eine herkömmliche Auswahlabfrage verwendet standardmäßig die Funktion *Ausdruck*. Eine Gruppierung über alle Datenfelder führt jedoch zu einem Fehler. Eines der Datenfelder muss mit einer der Aggregatfunktionen zusammengefasst werden – wobei *Ausdruck* nicht verwendet werden darf.

Die Wirkung der Aggregatfunktion *Summe* haben Sie bereits oben kennen gelernt; was die übrigen Funktionen »anrichten«, zeigen die folgenden Abbildungen:

Tabelle 40.2: Ergebnisse weiterer Aggregatfunktionen: zuerst das ungruppierte Ergebnis, dann die verschiedenen Aggregate

Ursprüngliche Daten:

RechnungsNr	PostenPreis
1	125,00 DM
1	600,00 DM
1	5.000,00 DM
5	2.000,00 DM
5	25.000,00 DM

Summe:

RechnungsNr	PostenPreis
1	5.725,00 DM
5	27.000,00 DM

Mittelwert:

RechnungsNr	PostenPreis
1	1.908,33 DM
5	13.500,00 DM

Min:

RechnungsNr	PostenPreis
1	125,00 DM
5	2.000,00 DM

▶

Abfragen – Data-Mining für Anfänger

Max: Anzahl:

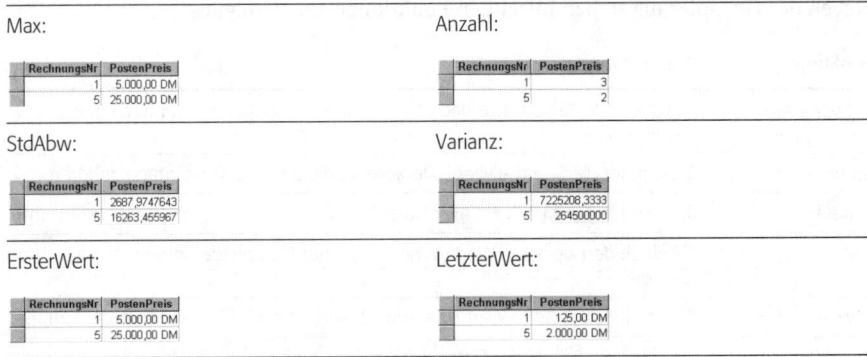

StdAbw: Varianz:

ErsterWert: LetzterWert:

Domänenfunktionen für die Datenbankanalyse

Aggregierte Abfragen liefern fast immer eine Reihe von Datensätzen. Oft interessiert man sich aber nicht für eine Vielzahl von Datensätzen, sondern genau für einen einzigen Wert – beispielsweise die Summe aller Artikel auf einer gegebenen Rechnung.

Aus den von der Aggregatabfrage ermittelten Datensätzen lässt sich selbstverständlich der gewünschte Datensatz über einen Filter isolieren. Doch es geht noch einfacher, und zwar mit Hilfe der so genannten Domänenfunktionen. Der Begriff Domäne beschreibt nichts anderes als eine Datensatzgruppe. Und mit Hilfe der verschiedenen Domänenfunktionen wird die Datensatzgruppe ausgewertet.

Die Funktion *DomSumme()* (engl. *DSum()*) berechnet beispielsweise die Summe eines Datenfeldes aus einer bestimmten Datensatzgruppe. Um die Summe aller *PostenPreise* der oben aufgeführten Rechnungs-Abfrage zu berechnen, wird die *DomSumme()*-Funktion wie folgt aufgerufen:

```
DomSumme("PostenPreis";"RechnungsAbfrage";"RechnungsNr=1")
```

Parameter werden in Hochkommata eingeschlossen und durch Semikola voneinander getrennt.

Dieser Ausdruck lässt sich beispielsweise als *Steuerelementinhalt* in einem Textfeld verwenden:

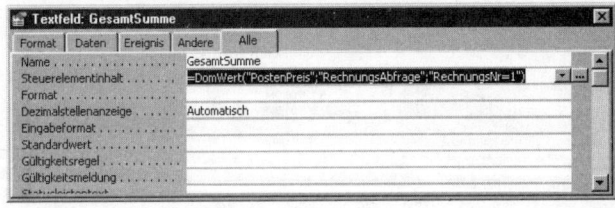

Abbildung 40.23: DomSumme() als Steuerelementinhalt

Neben *DomSumme()* kennt Access weitere Domänenfunktionen.

Tabelle 40.3:
Die Domänenfunktionen von Access

Domänen-Funktion	Englische Bezeichnung	Beschreibung
DomWert()	DLookup()	Schlägt den Wert eines Datenfeldes/Ausdrucks in einer Tabelle/Abfrage nach.
DomSumme()	DSum()	Berechnet die Summe der Datenfelder einer Datensatzgruppe.
DomMittelwert()	DAvg()	Berechnet den Mittelwert eines Datensatzes in einer Gruppe von Datensätzen.
DomAnzahl()	DCount()	Ermittelt die Anzahl der Datenfelder/Datensätze in einer Gruppe von Datensätzen.
DomErsterWert()	DFirst()	Ermittelt den ersten Wert (physikalische Datensatzreihenfolge beachten!) eines Datenfeldes in einer Gruppe von Datensätzen.
DomLetzterWert()	DLast()	Ermittelt den letzten Wert (Datensatzreihenfolge!) eines Datenfeldes in einer Gruppe von Datensätzen.
DomMin()	DMin()	Ermittelt den kleinsten Wert eines Datenfeldes der Datensatzgruppe.
DomMax()	DMax()	Ermittelt den größten Wert eines Datenfeldes der Datensatzgruppe.
DomStAbw()	DStDev()	Ermittelt die Standardabweichung der Datenfelder aus der Datensatzgruppe.
DomStAbwG()	DStDevP()	Ermittelt die Standardabweichung der Datenfelder aus der Datensatzgruppe.
DomVarianz()	DVar()	Ermittelt die Varianz der Datenfelder aus der Datensatzgruppe.
DomVarianzen()	DVarP()	Ermittelt die Varianz der Datenfelder aus der Datensatzgruppe.

All diese Domänenfunktionen erwarten dieselben Parameter:

```
Dom-Funktion("FeldOderAusdruck";"TabelleOderAbfrage";"Kriterien")
```

Der erste Parameter gibt ein Datenfeld oder einen zu berechnenden Ausdruck an, der für jeden Datensatz der Datensatzgruppe ausgewertet wird. Der zweite Parameter definiert die Datensatzherkunft, also die Tabelle oder Abfrage, deren Daten ausgewertet werden sollen. Der letzte, optionale Parameter definiert die Kriterien, die die eigentliche Datensatzgruppe bilden. Besonders die Kriterien müssen mit Bedacht gewählt werden, denn stehen der Domänenfunktion keine Datensätze zur Verfügung, liefert die Funktion den Wert *Null* als Ergebnis.

Meist werden Datenfelder mit einer *Dom...*-Funktion ausgewertet. Aber auch komplexe Ausdrücke lassen sich verwenden. Um beispielsweise die Summe aller Artikelpreise inkl. einer 16%igen Mehrwertsteuer zu berechnen, wird folgende *Dom...*-Funktion verwendet:

```
=DomSumme("1,16*PostenPreis";"RechnungsAbfrage";"RechnungsNr=1")
```

Das Ergebnis dieser Funktion, entsprechend der auf ▶ Seite 1027 dargestellten Datensätze, ist *1,16 * 125,00 DM + 1,16 * 600,00 DM + 1,16 * 5.000,00 DM = 6641,00 DM*.

Berechnungen in einer Abfrage anstellen

In den meisten Fällen entspricht jedes Ausgabefeld einer Abfrage genau einem Datenfeld aus einer der zugrunde liegenden Tabellen. Doch Access bietet darüber hinaus die Möglichkeit, die Felder vor ihrer Ausgabe im Abfrageergebnis einer komplizierten Berechnung zu unterziehen. Stehen in einem Datensatz beispielsweise der Einzelpreis eines Artikels sowie die Anzahl der bestellten Artikel bereit, so lässt sich aus diesen beiden Daten durch Multiplikation der Gesamtpreis in einem Datenfeld der Abfrage ausgeben.

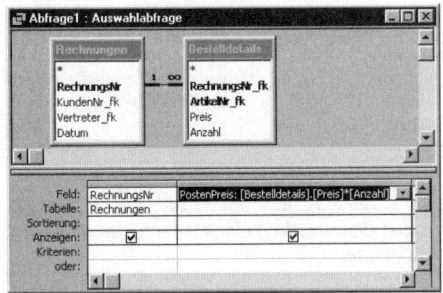

Abbildung 40.24:
Berechnung des Gesamtpreises in einem separaten Datenfeld

Wird die Rechenformel *[Bestelldetails].[Preis]* * *[Bestelldetails].[Anzahl]* von Hand in die *Feld*-Zeile einer Ausgabespalte eingetragen, nennt Access die so entstehende Spalte automatisch *AusdrX*, wodurch X durch eine fortlaufende Nummer ersetzt wird. Allerdings lässt sich hier auch ein sinnvoller Name angegeben, wie in Abbildung 40.24 anhand des Feldnamens *PostenPreis* gezeigt.

Parameterabfragen

Es ist sogar möglich, in eine Abfrage den Inhalt eines Steuerelementes aus einem Formular (siehe ▶ Kapitel 39) oder Bericht (siehe ▶ Kapitel 41) einfließen zu lassen, das auf einem Formular steht. Zugegeben, das ist ein ziemlich weiter Vorgriff auf das Thema Formulare, doch vielleicht erkennen Sie die Systematik, wenn Sie die Abbildung 40.23 betrachten.

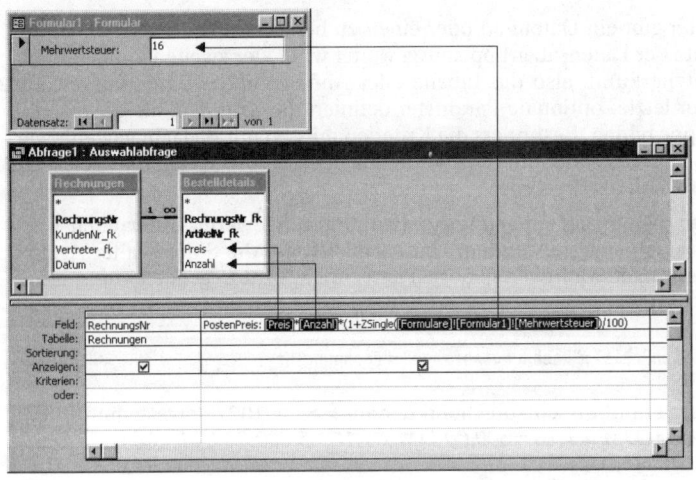

Abbildung 40.25:
Zugriff auf ein Steuerelement aus einer Abfrage heraus

In die Berechnung des Feldes *PostenPreis* fließt der Inhalt des Steuerelementes *Mehrwertsteuer* aus dem Formular *Formular1* ein. In der Abfrage wird auf dieses Steuerelement über die etwas merkwürdig anmutende Bezeichnung *[Formulare]![Formular1]![Mehrwertsteuer]* Bezug genommen. Je nach Inhalt des Steuerelementes fällt das Ergebnis der Abfrage unterschiedlich aus. Die einzige Bedingung: Während der Ausführung der Abfrage muss das Formular in der Formularansicht geöffnet sein.

Der Bezug auf ein Element, das nicht einem Datenfeld aus einer der zugrunde liegenden Tabellen entspricht, wird Parameter genannt. Üblicherweise ist ein solcher Parameter nur per Programm zugänglich und einstellbar. Doch unter Access kann der Parameter auch einem Steuerelement aus einem Formular oder Bericht entnommen werden und somit das Ergebnis einer Abfrage maßgeblich beeinflussen.

Parameter findet man jedoch nicht nur im Ausdruck zu einem berechneten Feld, sondern oft auch als Kriterium zur Auswahl bestimmter Datensätze:

Abbildung 40.26:
Parameterabfrage mit variablem Kriterium

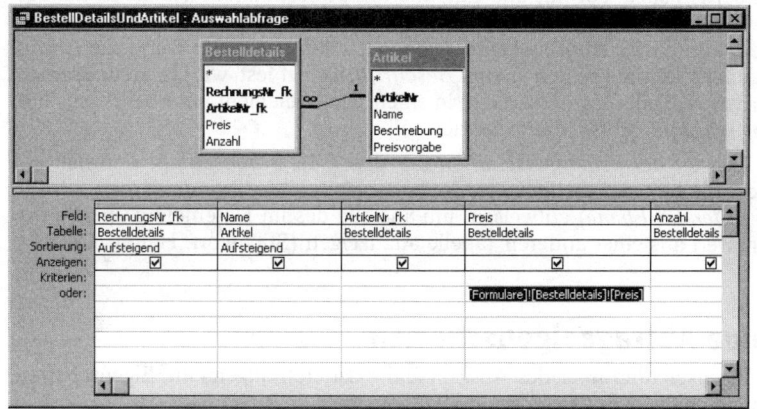

Falls ein Parameter bei der Ausführung der Abfrage nicht bekannt ist, weil beispielsweise auf ein Steuerelement eines geschlossenen Formulars Bezug genommen wird, erscheint der folgende Dialog, der die Eingabe der unbekannten Parameterwerte verlangt:

Abbildung 40.27:
Eingabe unbekannter Parameter

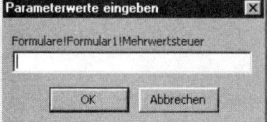

Eigenschaften einer Abfragespalte

Ähnlich wie die Felder einer Tabelle weisen die Felder einer Abfrage unterschiedliche Eigenschaften auf. Angezeigt werden sie durch Auswahl des Menüfeldes *Ansicht/ Eigenschaften...*

Dieser Dialog zeigt die Eigenschaften eines Ausgabefeldes an, sobald die Ausgabespalte selektiert wurde oder sobald sich die Einfügemarke innerhalb einer beliebigen Zeile der Ausgabespalte befindet.

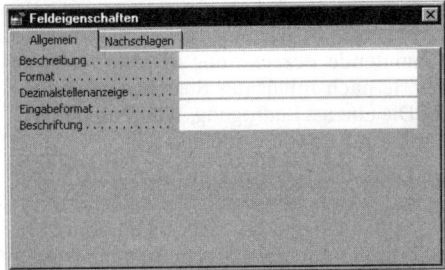

Abbildung 40.28:
Eigenschaften eines Ausgabefeldes einer Abfrage

Alle Eigenschaften einer Ausgabespalte kennen Sie bereits von Tabellenfeldern (siehe ▶ Kapitel 38, *Datenfeldtypen – Information auf unterster Ebene*). *Beschreibung* ist ein erläuternder Hilfstext. *Format* und *Eingabeformat* bestimmen, wie die Daten ausgegeben werden, bzw. wie die Daten beschaffen sein müssen, damit sie als Eingabedaten akzeptiert werden. *Dezimalstellenanzeige* gibt für numerische Werte die Anzahl der anzuzeigenden Dezimalstellen an und *Beschriftung* legt fest, wie ein Steuerelement benannt werden soll, falls das Abfragefeld in einem Steuerelement innerhalb eines Formulars (siehe ▶ Kapitel 39) angezeigt werden soll.

Das zweite Register der *Feldeigenschaften* mit dem Titel *Nachschlagen* enthält alle Eigenschaften, die bereits Tabellenfelder (siehe ▶ Kapitel 38, *Datenfeldtypen – Information auf unterster Ebene*) aufweisen, um anstelle des im Datenfeld gespeicherten Wertes einen Wert aus einer anderen Tabelle anzuzeigen (Stichwort: Haupt-/Detailtabellen).

Allgemeine Abfrageeigenschaften

Neben den Eigenschaften für jedes Ausgabefeld existieren allgemeine Eigenschaften, die das Verhalten der Abfrage im Einzelnen definieren:

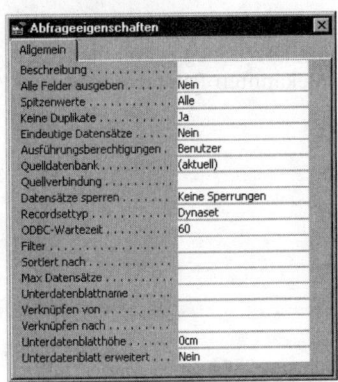

Abbildung 40.29:
Allgemeine Abfrageeigenschaften

Die Eigenschaft *Beschreibung* nimmt einen Erläuterungstext zur Abfrage auf. Dieser dient nur der eigenen Erinnerung an den Sinn und Zweck der Abfrage.

Steht die Eigenschaft *Alle Felder ausgeben* auf *Ja*, werden alle Felder der zugrunde liegenden Tabellen ins Abfrageergebnis übernommen. Dazu werden einfach weitere Felder an das Ende des Rasters angehängt, die unter Verwendung der *Tabellenname.**- Notation alle Felder aller zugrunde liegenden Tabellen ausgeben.

Eine Auswahlabfrage erzeugt als Ergebnismenge im Allgemeinen alle verfügbaren Datensätze. Doch manchmal ist man nur an den Spitzenwerten wie beispielsweise den »Top Ten« interessiert. In der Eigenschaft *Spitzenwert* lässt sich deshalb angeben, wie viele Datensätze die Abfrage erzeugen soll. Sowohl die Angabe eines Absolutwertes (z.B. 100) als auch die Nennung eines Prozentsatzes ist gestattetet (z.B. 25%). Besonders in Verbindung mit der Sortierung bieten sich hier unzählige Möglichkeiten zur Datenanalyse.

Besonders interessant ist die Abfrageeigenschaft *Keine Duplikate*. Sie bestimmt, dass eine Ergebnismenge nicht zwei identische Datenreihen aufweisen darf. Doch halt! War es nicht eine der grundlegenden Bedingungen für ein korrektes Datenbankdesign, dass alle Datensätze in einer Tabelle eindeutig sind und sich mindestens in einem Datenfeld von allen anderen Datensätzen unterscheiden? Genau so ist es – doch was für Tabellen vorgeschrieben ist, muss für Abfragen nicht automatisch auch gelten. Betrachten Sie beispielsweise folgende verknüpfte Tabellen, die jede für sich nur eindeutige Datensätze enthält:

Abbildung 40.30:
In die Tier-*Tabelle wurde ein zweites Mal der Schäferhund eingefügt.*

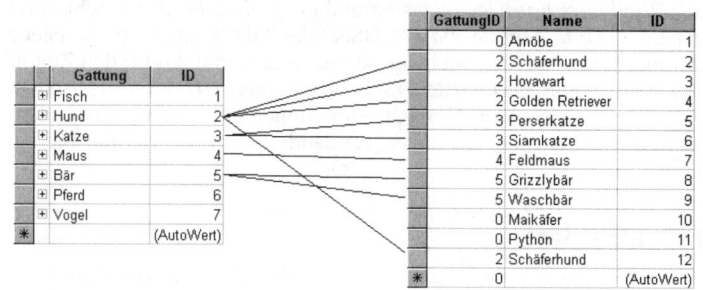

In die *Tier*-Tabelle wurde ein zweites Mal der Schäferhund eingefügt. Das ist erlaubt, weil der zweite *Schäferhund*-Datensatz eine eigene *ID* besitzt. Doch führt man die oben durch Linien angedeutete Inklusionsverknüpfung aus, dann ergibt sich folgendes Abfrageresultat:

Abbildung 40.31:
Inklusionsverknüpfung mit Duplikaten

Der Schäferhund taucht zweimal auf. Das lässt sich nur verhindern, indem die Abfrageeigenschaft *Keine Duplikate* auf *Ja* gesetzt wird. Allerdings nimmt damit die Geschwindigkeit, mit der die Abfrage ausgeführt wird, deutlich ab. *Keine Duplikate* sollte daher nur dann auf *Ja* gesetzt werden, wenn es wirklich unerläßlich ist.

In die gleiche Kerbe schlägt die Eigenschaft *Eindeutige Datensätze*. Auch sie legt fest, dass nur eindeutige Datensätze im Abfrageergebnis erscheinen. Allerdings greift *Eindeutige Datensätze* eine Ebene tiefer an – nämlich bei den Datenfeldern der zugrunde liegenden Tabellen. Steht *Eindeutige Datensätze* auf *Ja*, so müssen alle Felder der zugrunde liegenden und miteinander verknüpften Tabellen eindeutig sein – unabhängig davon, welche Felder tatsächlich im Abfrageergebnis aufgeführt werden.

Üblicherweise liegen einer Abfrage nur Tabellen und Abfragen zugrunde, die auch in der aktuellen Datenbank definiert wurden. Durch Setzen der Eigenschaften *QuellDatenbank* und *Quellverbindung* lassen sich aber auch die Daten aus anderen Datenbanken als Quelle einer Abfrage verwenden. Diese beiden Eigenschaften spielen sich gegenseitig in die Hände, wenn es um die Verbindung zu externen Datenbanken geht. Soll die Abfrage aus Tabellen einer anderen Access-Datenbank basieren, so muss nur der Pfad der anderen Access-Datenbank in der Eigenschaft *Quelldatenbank* eingetragen werden. *Quellverbindung* bleibt leer. In der Tabellenauswahl (*Ansicht/Tabelle anzeigen...*) werden dann auch die Tabellen und Abfragen der genannten Datenbank geführt.

Für Nicht-Access-Datenbanken muss in *Quellverbindung* allerdings der Name des anzuzapfenden Datenbanksystems hinterlegt werden (z.B. »Paradox 3.x« oder »dBase IV«) und *Quelldatenbank* verweist auf die Datei, in der die Daten enthalten sind. Beim Zugriff auf eine so genannte ODBC-Datenquelle, wozu auch der MS-SQL-Server gehört, wird die Eigenschaft *Quelldatenbank* leer gelassen und in *Quellverbindung* steht unter anderem der so genannte *Data Source Name* (DSN) der ODBC-Datenquelle (siehe ▶ weiter unten). Darüber hinaus werden auch der Benutzername und das für den Zugriff zu verwendende Passwort hinterlegt. *ODBC; DSN=SQL-Server; UID=Benutzername; PW=Passwort; DATABASE=DatenbankName.* Informationen über den zu verwendenden DSN, Ihren Benutzernamen und das zu verwendende Passwort erfahren Sie bei Ihrem Systemadministrator.

Multiuser-Datenbanken

Access gehört zwar zur Gruppe der so genannten Client-Datenbanken (im Gegensatz zu Server-Systemen) und ist damit für den lokalen Betrieb auf einem einzigen Rechner prädestiniert. Aber für eine geringe Anzahl von Mitarbeitern lässt sich Access auch im Netzwerk nutzen. Dann müssen allerdings Vorkehrungen getroffen werden, die verhindern, dass zwei Anwender gleichzeitig denselben Datensatz bearbeiten. In Abfragen, Formularen, Berichten und im Netzwerk verknüpften Tabellen wird dazu die Eigenschaft *Datensätze sperren* bereitgestellt, die das Verhalten für den Zugriff auf die zugrunde liegenden Datensätze im Multi-User-Betrieb regelt. Ist ein Datensatz gesperrt, dürfen andere Anwender den Datensatz zwar weiterhin auslesen, eine Änderung der Daten ist ihnen jedoch nicht erlaubt.

Für die Eigenschaft *Datensätze sperren* kommen folgende Werte in Frage:

Datensätze Sperren	Beschreibung
Keine Sperrungen	Datensätze werden erst unmittelbar vor ihrer Aktualisierung gesperrt. Versuchen zwei Anwender in etwa gleichzeitig eine Aktualisierung vorzunehmen, so gewinnt der erste die Zugriffsrechte. Der zweite wird leider mit einem Fehler abgeschmettert und muss seine Aktualisierung später wiederholen. Diese Form der Datensatzsperre nennt man auch »optimistic locking«. (Motto: »Es wird schon alles gut gehen, wenn nicht, versuch's später noch einmal.«).
Alle Datensätze	Während der Ausführung und in der Datenblattansicht einer Abfrage, in der Datenblattansicht einer Tabelle, in der Formularansicht eines Formulars oder beim Drucken eines Berichtes werden alle Datensätze der zugrunde liegenden Tabellen gesperrt. Das heißt, dass jede Änderung der Datensätze mit einer Fehlermeldung quittiert wird und erst wieder möglich ist, sobald die Abfrage, das Formular, der Bericht oder die Tabelle geschlossen wurde. Diese Form der Datensatzsperre nennt man auch »pessimistic locking«. (Motto: »Es darf auf keinen Fall schief gehen.«) ▶

Tabelle 40.4: Mögliche Werte für Datensätze sperren

Datensätze Sperren	Beschreibung
Bearbeiteter Datensatz	Solange eine Datensatz in der Datenblattansicht einer Abfrage/Tabelle oder in der Formularansicht bearbeitet wird, ist anderen Anwendern der ändernde Zugriff auf den Datensatz verwehrt. Allerdings sperrt Access nicht nur den aktuell bearbeiteten Datensatz, sondern auch ein paar in unmittelbarer Nähe auf der Festplatte liegende Datensätze. Die Feinheit, mit der Access Datensätze sperren kann, beträgt 2 Kilobyte. Alle in eine 2-KB-Seite fallenden Datensätze werden gesperrt. Daher nennt man diese Sperrung auch »Page-Locking«. Leider weiß man nie genau, welche Datensätze beim Page-Locking tatsächlich betroffen sind.

So erstellen Sie einen ODBC-Data Source Name

1. Öffnen Sie die Systemsteuerungs-Anwendung *ODBC-Datenquellen (32-Bit)* und wechseln Sie dort in das Register *Benutzer-DSN* oder *System-DSN*.

Abbildung 40.32:
Der ODBC-
Datenquellen-
Administrator

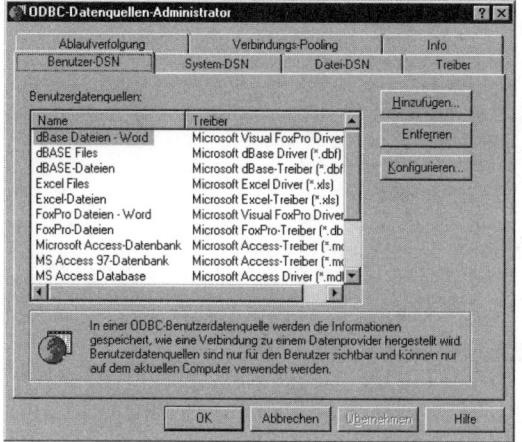

2. Klicken Sie auf die *Hinzufügen*-Schaltfläche, um einen neuen DSN anzulegen. Daraufhin erscheint ein Dialog, der die Auswahl des Datenquellentyps erfordert. Um einen DSN für eine Access-Datenbank (MDB-Datei) zu erzeugen, wird der Eintrag *Microsoft Access Treiber (*.mdb)* ausgewählt. Für den Zugriff auf den MS SQL-Server/MSDE wird der Eintrag *SQL Server* gewählt. Betätigen Sie die *Fertigstellen*-Schaltfläche, um nun die eigentliche Datenbank auszuwählen (siehe Abbildung 40.33).

3. Bei Auswahl einer MDB-Datenbank erscheint der folgende Dialog. Hier geben Sie zuerst den *Datenquellennamen* ein, unter dem später auf die Datenquelle zugegriffen wird. Eine optionale Beschreibung hilft, mehrere Datenquellen zu verwalten (siehe Abbildung 40.34).

4. Doch der wichtigste Teil besteht in der Auswahl der Access-Datenbank, auf die über den DSN zugegriffen werden soll. Nach Betätigung der *Auswählen*-Schaltfläche erscheint ein Dateiauswahl-Dialog, in dem die entsprechende MDB-Datei ausgewählt werden kann. Nach Auswahl dieser Datei steht der neue DSN dann zur Verfügung (siehe Abbildung 40.35).

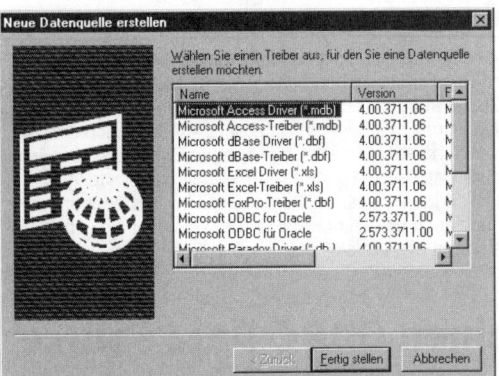

Abbildung 40.33:
Datenquellentyp auswählen

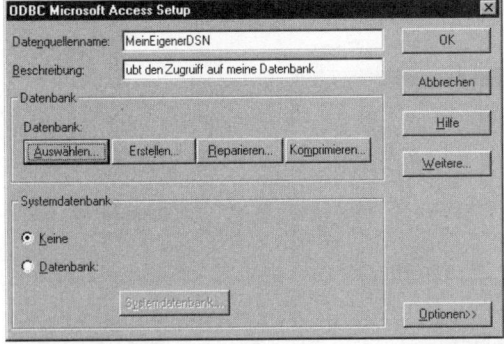

Abbildung 40.34:
Datenquelle festlegen

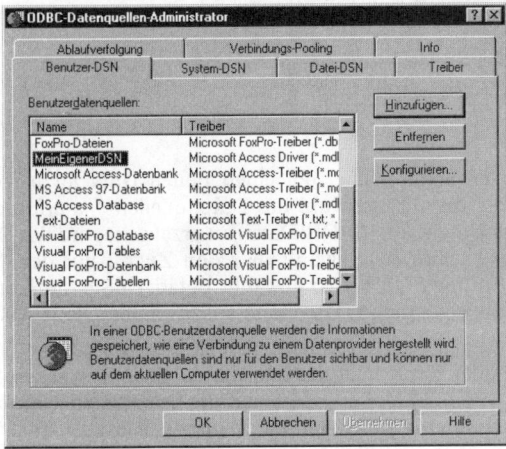

Abbildung 40.35:
Der eigene DSN

5. Bei Auswahl einer SQL-Server-Datenbank ist die Konstruktion eines DSN etwas aufwendiger. Zunächst erscheint ein Dialog, der die Angabe des DSN-Namens, einer Beschreibung und des anzuzapfenden SQL-Servers erfordert:

Abbildung 40.36:
DSN für eine
SQL-Server-
Datenquelle

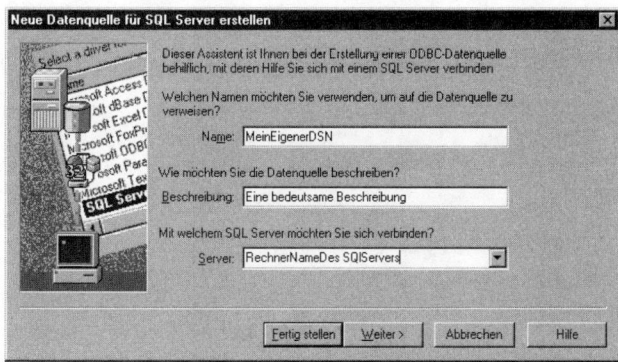

6. Nach Betätigung der *Weiter* >-Schaltfläche müssen die Verbindungsparameter, und hier vor allen Dingen der Benutzername und das Passwort, für den Zugriff auf den Server angegeben werden. Falls gerade kein Administrator verfügbar ist, der Ihnen hierbei hilft, sollten Sie *Mit SQL-Authentifizierung* und einer Login-ID inkl. Passwort wie in folgender Abbildung arbeiten. Das sind zwar nicht die besten und sichersten Einstellungen, allerdings lassen sie sich bei fortgeschrittenem Kenntnisstand über den SQL-Server jederzeit wieder ändern.

Abbildung 40.37:
Server-Authenti-
fizierung muss
am Anfang
genügen.

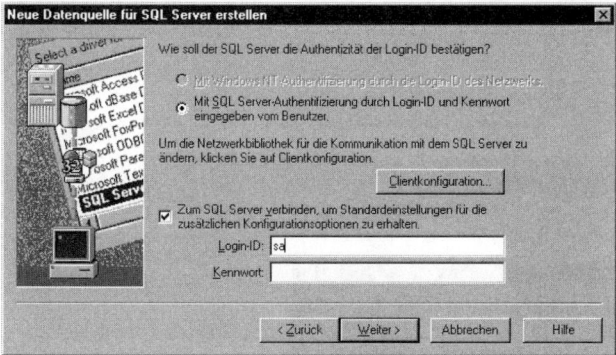

7. Weil der DSN nicht nur den Server, sondern auch eine Datenbank auf dem Server identifiziert, muss im nächsten Dialog, der nach Druck auf die *Weiter* >-Schaltfläche erscheint, die so genannte Standarddatenbank geändert werden. Zuerst wird dazu das Kontrollkästchen *Die Standarddatenbank ändern auf* aktiviert, um im dadurch aktivierten Kombinationsfeld den Namen der anzuzapfenden Datenbank einzugeben (siehe Abbildung 40.38).
8. Durch die restlichen Eigenschaften können Sie sich durch Betätigung der *Weiter* >-Schaltfläche vorerst durchklicken, bis Sie schließlich beim folgenden Abschlussdialog landen (siehe Abbildung 40.39).
9. Durch Betätigen der Schaltfläche *Datenquelle testen* lässt sich die Funktionsfähigkeit des DSN prüfen, durch *OK* wird schließlich der neue DSN erzeugt (siehe Abbildung 40.40).

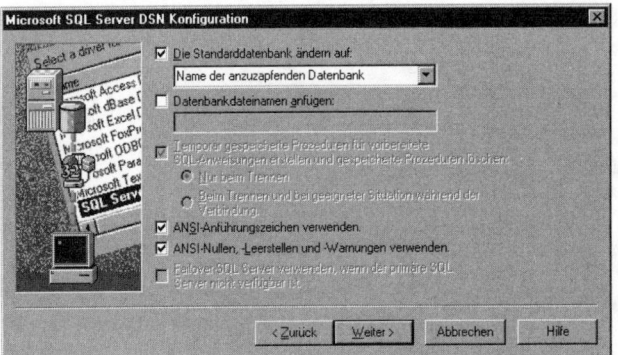

Abbildung 40.38:
Datenbank auswählen

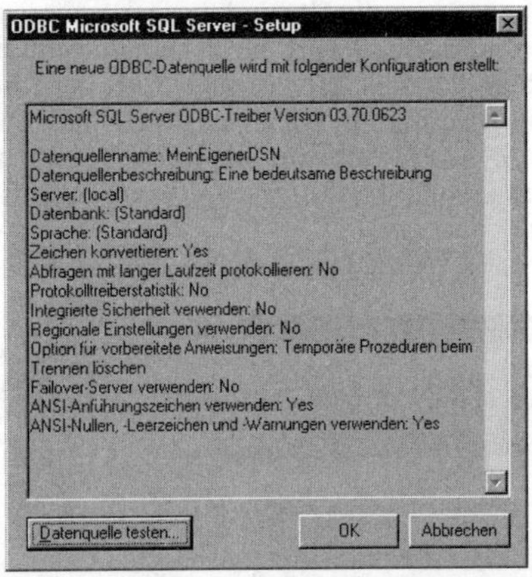

Abbildung 40.39:
Zusammenfassung der DSN-Einstellung

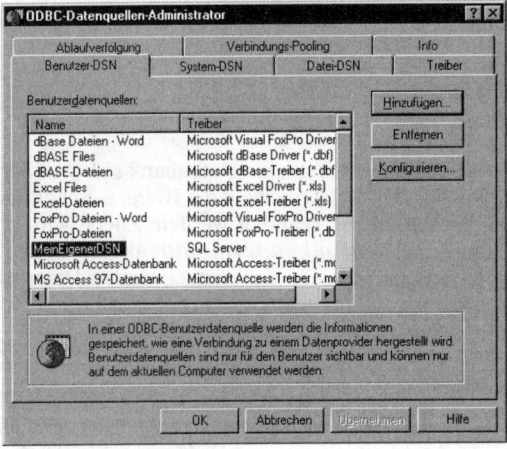

Abbildung 40.40:
Der DSN für den Zugriff auf einen SQL-Server

Aktionsabfragen

Die Hauptaufgabe von Abfragen besteht in der Auswahl von Datensätzen. Oft werden komplette Datenreihen nach speziellen Kriterien aus einer Tabelle oder anderen Abfragen herausgesucht (Selektion), manchmal werden nur einzelne Spalten der zugrunde liegenden Tabelle ausgewählt (Projektion) und des Öfteren werden mehrere Tabellen miteinander zu einer Ergebnismenge verknüpft (Join).

Neben den oben genannten Auswahlabfragen kennt Access zudem die *Kreuztabellenabfrage*, die *Tabellenerstellungsabfrage*, die *Aktualisierungsabfrage*, die *Anfügeabfrage* und die *Löschabfrage*. Hinzu kommen die SQL-spezifischen Abfragen *Union*, *Pass-Through* und *Datendefinition*.

Kreuztabellenabfragen – wer mit wem?

Kreuztabellen sind sinnvoll, um die Informationen einer Tabelle oder Abfrage genau zu analysieren. Die Abfrage, die alle Umsätze aller Kunden für ein Jahr enthält, lässt sich als Kreuztabellenabfrage beispielsweise so umgestalten, dass sie die Summe aller Einkäufe eines jeden Kunden innerhalb eines bestimmten Zeitraums zeigt.

Abbildung 40.41:
Alle Umsätze
aller Vertreter

Vertreter	Umsatz	Datum
Meier	12,00 DM	01.01.98
Meier	50,00 DM	01.01.99
Meier	75,00 DM	01.02.99
Meier	100,00 DM	01.03.99
Meier	132,00 DM	01.02.98
Meier	232,00 DM	01.03.98
Meier	456,00 DM	01.02.98
Meier	788,00 DM	01.01.98
Meier	7.887,00 DM	01.03.98
Müller	12,00 DM	01.01.98
Müller	13,00 DM	01.02.98
Müller	31,00 DM	01.03.98
Müller	97,00 DM	01.01.98
Müller	100,00 DM	01.01.99
Müller	122,00 DM	01.03.98
Müller	200,00 DM	01.02.99
Müller	213,00 DM	01.02.97
Müller	234,00 DM	01.02.98
Müller	300,00 DM	01.03.99
Müller	1.212,00 DM	01.01.97
Müller	8.762,00 DM	01.03.97
Schmitz	1.000,00 DM	01.01.99
Schmitz	2.000,00 DM	01.02.99
Schmitz	5.000,00 DM	01.03.99

Wie man aus dieser Liste eine Tabelle erzeugt, die die Umsätze eines jeden Vertreters erzeugt, wurde bereits weiter oben gezeigt. Mit einer Kreuztabelle (engl. Pivot, dt.: Zapfen, Angelpunkt, gespr.: »piwoh«) lassen sich die Informationen aber besser zusammenfassen – z.B. nach Jahren gruppiert und verdichtet.

Abbildung 40.42:
Eine Kreuztabelle
aus den oben
dargestellten
Daten, die die
Umsätze nach
Jahren
aufschlüsselt

Vertreter	1999	1998	1997
Meier	225,00 DM	9.507,00 DM	
Müller	600,00 DM	509,00 DM	10.187,00 DM
Schmitz	8.000,00 DM		

Aus dieser Kreuztabelle erkennt man zweierlei: Erstens werden die Jahresumsätze eines jeden Vertreters aufgeführt, zweitens wird klar, dass Vertreter *Müller* von Anfang an dabei ist, während *Meier* erst 1998 zur Truppe gestoßen ist und *Schmitz* erst 1999 seinen ersten Einsatz hatte.

Abfragen – Data-Mining für Anfänger

So erstellen Sie eine Kreuztabellenabfrage

Die Erstellung einer Kreuztabelle ist ein langwieriger Prozess. Die folgende Handlungsabfolge zeigt daher exemplarisch, wie die oben aufgeführte Kreuztabelle zustande kommt:

1. Um eine Kreuztabelle zu erstellen, muss zuerst der Abfragetyp von Auswahlabfrage auf Kreuztabellenabfrage geändert werden. Das geschieht im *Abfrage*-Menü, das in der Entwurfsansicht einer Abfrage sichtbar ist. Danach wird die Eigenschaftszeile *Kreuztabelle* in den Abfrageentwurf eingeblendet. Dafür verschwindet die *Anzeigen*-Zeile.
2. Anschließend müssen die Datenfelder festgelegt werden, die die *Zeilenüberschrift*, *Spaltenüberschrift* und *darzustellenden Werte* der Kreuztabelle bilden.
3. Für alle Felder, die die Zeilenüberschrift ausmachen, wird in der Eigenschaftszeile *Kreuztabelle* der Text *Zeilenüberschrift* ausgewählt. In diesem Beispiel besteht die Zeilenüberschrift aus den Inhalten des *Vertreter*-Datenfeldes. Die später entstehende Kreuztabelle wird automatisch nach dem als Zeilenüberschrift definierten Datenfeld gruppiert. Als *Zeilenüberschrift* dürfen auch mehrere Felder verwendet werden.
4. Nur einmal vergeben werden darf die Kreuztabelleneigenschaft *Spaltenüberschrift*. Sie definiert, welches Datenfeld der Kreuztabellenabfrage die Spalten angibt. In unserem Beispiel ist es das Datum, an dem die Umsätze getätigt wurden. Auch die Spaltenüberschrift wird gruppiert. Das heißt, gleichlautende Datenfelder werden zu einer gemeinsamen Spalte zusammengefasst. Weil Umsätze aber oft an unterschiedlichen Tagen und zu unterschiedlichen Uhrzeiten getätigt werden, hat man ohne weitere Vorkehrungen ebenso viele Spalten wie Datensätze. Verhindern lässt sich das, wenn man nicht das gesamte Datum betrachtet, sondern beispielsweise nur das Jahr eines Datums in seine Betrachtungen einbezieht. Als Ausgabefeld für das Datum wird dazu auf den Ausdruck *Jahr(Datum)* zurückgegriffen. Er liefert nur die Jahreszahl des Umsatzdatums, ohne Monat und Tag, und ist damit sehr gut zur Spaltengruppierung geeignet.
5. Zum Schluss muss festgelegt werden, welches Datenfeld nach der Zeilen- und Spaltengruppierung in der Kreuztabelle ausgegeben werden soll. Auch hier kann es nur ein einziges Datenfeld (oder einen einzigen Ausdruck) geben. Welches das sein soll, wird durch die Kreuztabelleneigenschaft *Wert* angegeben. Da durch die Gruppierung von Zeilen und Spalten mehrere *Wert*-Datensätze entstehen, muss natürlich noch festgelegt werden, was mit all diesen Werten geschehen soll. Oft ist man an der Summe der Werte interessiert, aber auch die anderen Aggregatfunktionen (siehe ▶ Seite 1025) stehen zur Verfügung.

Nach diesen Schritten sollte Ihre Kreuztabellenabfrage in etwa so aussehen:

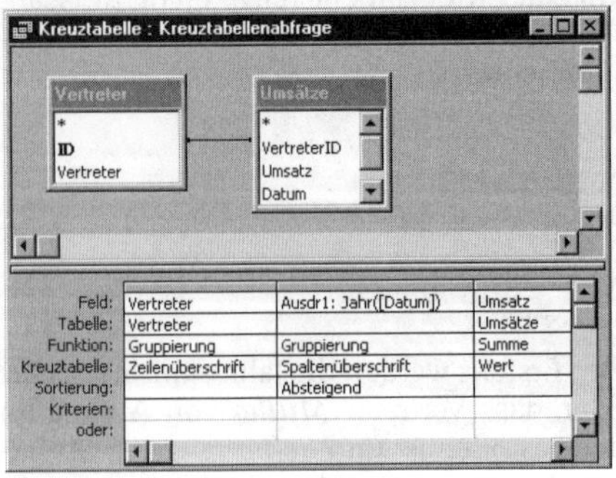

Abbildung 40.43: *Entwurf der Kreuztabellenabfrage*

Hervorzuheben an dieser Kreuztabelle ist noch die Tatsache, dass die Ausgabe der Spalten in absteigender Reihenfolge von links nach rechts erfolgt. Dadurch werden die neusten Umsatzdaten am weitesten links und die ältesten ganz rechts gezeigt.

HINWEIS Für die als Zeilenüberschrift und Spaltenüberschrift ausgewählten Datenfelder muss die Aggregatfunktion *Gruppieren* ausgewählt werden. Da Zeilenüberschriften aber auch aus mehren Feldern bestehen dürfen, lassen sich weitere Felder durch Bedingungen im Hintergrund dazu nutzen, nur bestimmte Informationen in die Kreuztabelle zu übernehmen.

Aktualisierungsabfragen ändern die Datensätze

Im Leben einer Datenbank kommt es immer wieder dazu, dass eine Reihe von Datensätzen auf den neuesten Stand gebracht werden muss. Denken Sie dabei nur an Preissteigerungen, die sich nur auf eine ganz bestimmte Produktgruppe erstrecken und deren Preis beispielsweise um 10% erhöhen. Diese Preiserhöhung muss natürlich in die Datenbank übertragen werden. Allerdings sollte das weitgehend automatisch vonstatten gehen, ohne dass jedes Produkt einer Gruppe separat bearbeitet werden muss.

Genau diesen Zweck erfüllen Aktualisierungsabfragen. Mit ihnen lassen sich zum einen die Datensätze auswählen, die verändert werden sollen (z.B. die zu einer bestimmten Produktgruppe gehörenden Produkte). Außerdem wird angegeben, welche Datenfelder der ausgewählten Datensätze aktualisiert werden sollen. Bei der Preisaktualisierung ist schließlich nur das *Preis*-Feld von Belang. Alle anderen Felder behalten ihre Werte.

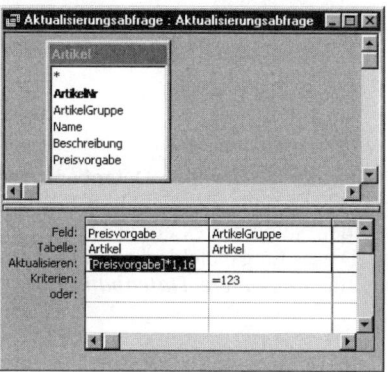

Abbildung 40.44:
Aktualisierungs-
abfrage zur
Aktualisierung
der Artikelpreise

In der *Aktualisieren*-Zeile des Abfrageentwurfs wird eingetragen, auf welche Weise ein Datenfeld der durch die Abfrage ausgewählten Datensätze verändert werden soll. Hier kommen selbstverständlich auch berechnete Felder zum Einsatz.

Anfügeabfragen erweitern eine Tabelle um neue Datensätze

Abfragen sind ein kraftvolles Werkzeug, um Datensätze zusammenzuführen, die bestimmte Kriterien erfüllen. Leider haben Abfragen einen Nachteil: Ihre Ergebnismenge wird unmittelbar beim Zugriff auf die Daten erzeugt und wieder gelöscht, sobald die Abfrage geschlossen wird. Das Ergebnis einer Abfrage ist damit nicht permanent, sondern »leicht flüchtig«.

Mit einer Anfügeabfrage können Sie die Ergebnisse einer Abfrage aber in einen permanenten Zustand überführen – indem Sie die Datensätze der Ergebnismenge in eine Tabelle eintragen. Falls die Tabelle noch nicht existiert, wird sie auf Anfrage von Access erstellt.

Anfügeabfragen werden beispielsweise in einer Abrechnungsdatenbank eingesetzt, um alle vollständig bearbeiteten Vorgänge (Rechnungen, Lieferungen etc.) in Archivierungstabellen auszulagern. Weil die Datensätze nicht mehr in den aktuellen Arbeitstabellen enthalten sind, steigt die Arbeitsgeschwindigkeit der Anwendung, durch die Auslagerung der Daten auf Archivierungstabellen unterliegen die Daten aber weiterhin Ihrem Zugriff.

So erstellen Sie eine Tabellenanfügeabfrage:

1. Zuerst wird eine neue Abfrage erstellt und die zugrunde liegenden Tabellen sowie die Ausgabe-Datenfelder werden angegeben.
2. Anschließend wird der Typ der Abfrage durch Auswahl von *Abfrage/Anfügeabfrage* gesetzt. Nach Auswahl dieses Menüpunktes erscheint ein Dialog, der die Auswahl der Zieltabelle gestattet. Dieser Dialog erlaubt die Auswahl einer bestehenden Tabelle. Im Kombinationsfeld *Tabellenname* wird dazu der Name der Tabelle angegeben.

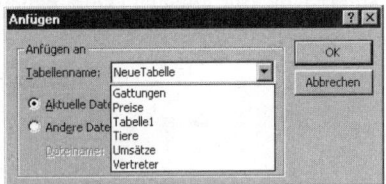

Abbildung 40.45:
Anfügeabfragen erfordern eine Zieltabelle.

Die Zieltabelle der Anfügeabfrage liegt üblicherweise in derselben Datenbank wie die Abfrage selbst. Die Daten der Anfügeabfrage lassen sich jedoch auch in Tabellen einer anderen Datenbank ablegen. Dazu muss der Name der externen Datenbank im Eingabefeld *Dateiname* angegeben werden. Dieses Eingabefeld ist allerdings nur dann verfügbar, wenn zuvor die Optionsschaltfläche *Andere Datenbank* ausgewählt wurde.

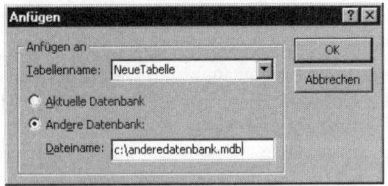

Abbildung 40.46:
Anfügen der Daten in eine Tabelle einer externen Datenbank

3. Für jedes Ausgabefeld der Abfrage muss im Abfrageentwurf ein Zielfeld der Zieltabelle angegeben werden.
4. Nun wird die Anfügeabfrage wie eine herkömmliche Auswahlabfrage ausgeführt. Access zeigt eine Meldung, die die Anzahl der zu kopierenden Datensätze benennt (siehe Abbildung 40.47).

Abbildung 40.47:
Die Anzahl der anzufügenden Datensätze ...

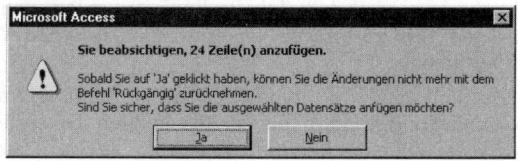

Mitunter treten bei der Anfügeabfrage auch Fehler auf. So ist es beispielsweise möglich, dass ein anzufügender Datensatz die Regeln der referenziellen Integrität der Zieltabelle missachten würde. Eventuell entspricht ein Ausgabefeld der Abfrage auch nicht dem vom Zielfeld geforderten Datentyp (ausgegeben wird beispielsweise ein Text, erwartet wird aber eine Zahl). Aber auch die für ein Zielfeld aktiven Gültigkeitsregeln können der Anfügeabfrage einen Strich durch die Rechnung machen. Im Fehlfall zeigt Access die folgende Meldung an, aus der zumindest ein Hinweis auf die aufgetretenen Fehler zu entnehmen ist.

Abbildung 40.48:
... und wie viele tatsächlich angefügt wurden

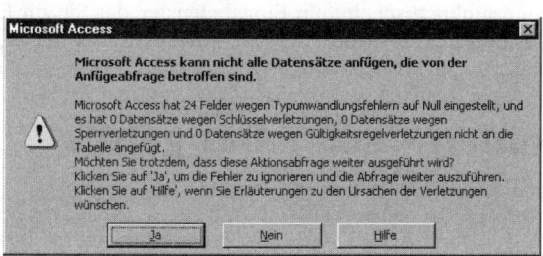

HINWEIS Besitzt die Zieltabelle einen Primärschlüssel, der aus einem fortlaufenden *Autofeld* erzeugt wird, so kann dieses Feld nicht das Ziel einer Anfügeabfrage sein. Der Inhalt für dieses Datenfeld wird beim Anfügen neuer Datensätze automatisch erzeugt.

Mit einer Anfügeabfrage lassen sich Datensätze sehr einfach in eine andere Tabelle übertragen. Weil Anfügeabfragen keine neuen Tabellen erstellen können, muss die Zieltabelle bereits zuvor erstellt worden sein.

Tabellenerstellungsabfragen erzeugen neue Tabellen

Eine Anfügeabfrage kopiert die Datensätze der Abfrage in die Zieltabelle. Die Zieltabelle muss dazu bereits existieren. Damit diese nicht von Hand erstellt werden muss, bietet Access die Tabellenerstellungsabfrage. Sie ähnelt stark der Anfügeabfrage, allerdings müssen bei einer Tabellenerstellungsabfrage die Namen der Zielfelder nicht explizit angegeben werden. Die Namen der Zielfelder bezieht Access 2000 aus den Namen der in der Abfrage ausgewählten Felder. Falls eine Abfragespalte durch einen Ausdruck zustande kommt, wird der Name des Ausdrucks als Feldname in die Zieltabelle übernommen.

Löschabfragen entfernen Datensätze

Auch wenn es schmerzt – manchmal müssen Daten aus einer Tabelle gelöscht werden. Das ist beispielsweise nach dem Jahresabschluss in einer Buchhaltungsdatenbank der Fall. Alle Rechnungsdatensätze des vergangenen (Geschäfts-)Jahres werden zunächst in einer Archivierungstabelle archiviert, um sie anschließend aus den Tabellen zu entfernen, mit denen täglich gearbeitet wird. Dadurch bleiben die Arbeitstabellen »schön schlank« und die Arbeit mit der Datenbank geht fix voran (wenn es nötig ist, können die »Aufräumintervalle« auch häufiger als jährlich erfolgen).

Wie die Datensätze aus einer Tabelle in eine andere Tabelle kopiert werden, wurde bereits bei ▶Tabellenerstellungs- und Anfügeabfragen erläutert. Das Löschen von Datensätzen wurde jedoch bisher vermieden.

Dabei geht das so einfach: Zunächst wird der Abfragetyp wie üblich im Menü *Abfrage* auf *Löschabfrage* eingestellt. Anschließend werden die zu löschenden Datensätze bestimmt. Dazu werden in der *Kriterien*-Zeile die Kriterien angegeben, die ein Datensatz erfüllen muss, um anschließend gelöscht zu werden. Wird die Abfrage anschließend ausgeführt, entfernt Access automatisch alle passenden Datensätze.

SQL-Queries – Grundlage einer Abfrage

Drei weitere Abfragetypen verbergen sich hinter dem Menüpunkt *SQL spezifisch...* aus dem *Abfrage*-Menü:

o *Union*

o *Pass Through*

o *Datendefinition*

Nach Auswahl eines dieser Menüpunkte erscheint ein Eingabefenster, das Sie zur Eingabe eines SQL-Statements auffordert: Das erfordert jedoch die Kenntnis der SQL-Abfragesprache.

Abfrage-Assistenten – schneller geht's nimmer

Für die Konstruktion von Abfragen stellt Access vier verschiedene Assistenten bereit. Welchen dieser Assistenten Sie verwenden wollen, wird durch Auswahl aus einer Liste ausgewählt, die bei Betätigung der *Neu*-Schaltfläche zur Erstellung einer neuen Abfrage erscheint:

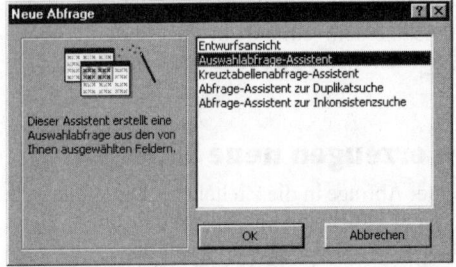

Abbildung 40.49:
Die Abfrage-Assistenten

Der Auswahlabfrage-Assistent ist dabei der einfachste. Er besteht aus nur zwei Dialogen. Im ersten werden die zugrunde liegende Tabelle und die aus dieser Tabelle zu übernehmenden Datenfelder erfragt. Im zweiten Dialog wird dieser Abfrage nur noch ein Name zugewiesen und fertig ist die neue Abfrage (siehe Abbildung 40.50).

Der Kreuztabellen-Assistent vereinfacht die Erstellung einer Kreuztabelle, weil er bereits in Vorschaufenstern das Ergebnis andeutet. Damit ist es relativ einfach, die Datenfelder für die Zeilen und Spalten und die an den Kreuzungspunkten von Zeilen und Spalten befindlichen Felder anzugeben.

Abbildung 40.50:
Die beiden Dialoge des Auswahlabfrage-Assistenten

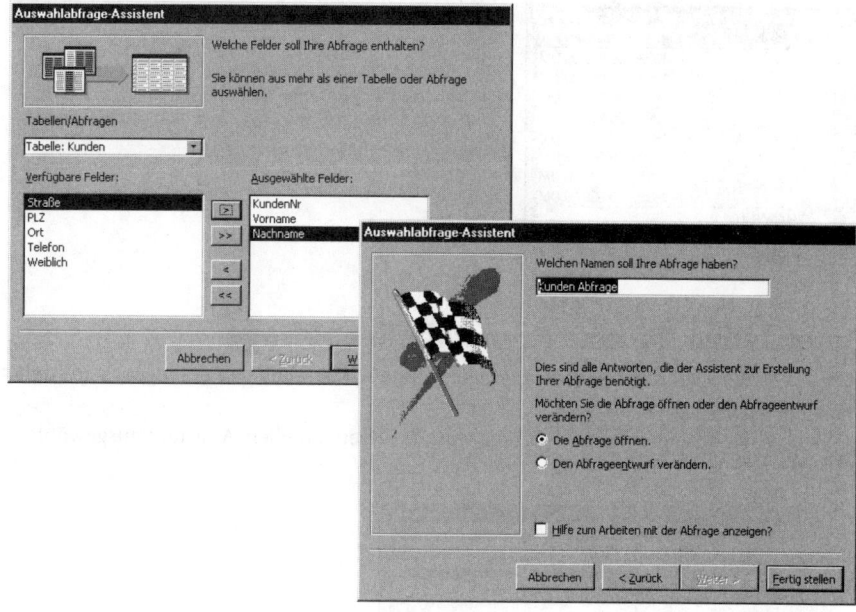

Am Beispiel der Jahresumsätze der Vertreter einer Firma soll dies deutlich gemacht werden. Die folgende Abbildung zeigt die Datensätze, die der Kreuztabelle zugrunde liegen. Hier werden für alle Vertreter alle Umsätze eines Jahres aufgeführt. Beachten Sie, dass in der Abfrage ein berechnetes Feld, nämlich *Jahr(Datum)*, zur Bestimmung des Abrechnungszeitraums eingesetzt wird:

Abbildung 40.51:
Der Abfrageentwurf für alle Umsätze aller Vertreter

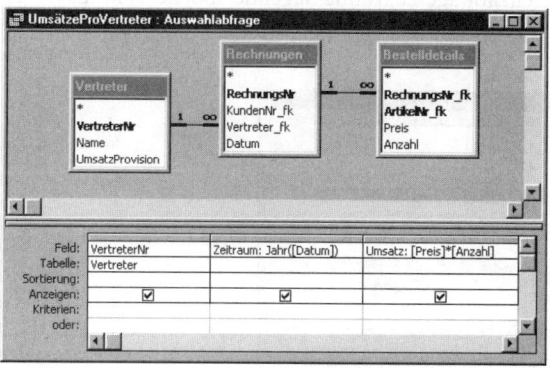

Aus dieser Abfrage ergibt sich eine recht unübersichtliche Datensatzmenge, die alle Umsätze eines Vertreters liefert. Mit einer Gruppierungsabfrage ließe sich das Ergebnis nun so gruppieren, das beispielsweise alle Umsätze eines Vertreters aufsummiert werden. Dabei ginge allerdings die Information verloren, in welchen Zeiträumen die Umsätze gemacht wurden.

Abfragen – Data-Mining für Anfänger

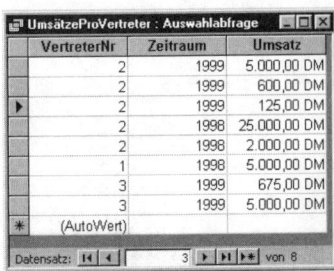

Abbildung 40.52:
Alle Umsätze aller Vertreter

So erstellen Sie eine Kreuztabellenabfrage

Um aus dieser Datenmenge eine aussagekräftige Kreuztabelle zu erzeugen, wird daher wie folgt vorgegangen:

1. Beim Erstellen einer neuen Abfrage wird der Kreuztabellen-Assistent ausgewählt.

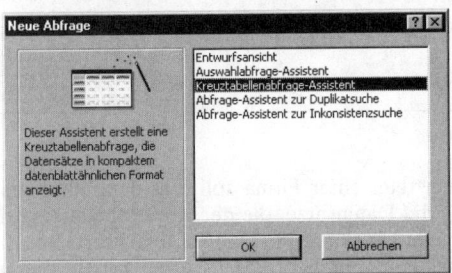

Abbildung 40.53:
Neue Abfrage erstellen

2. Anschließend wird die der Kreuzabfrage zugrunde liegende Tabelle/Abfrage ausgewählt.

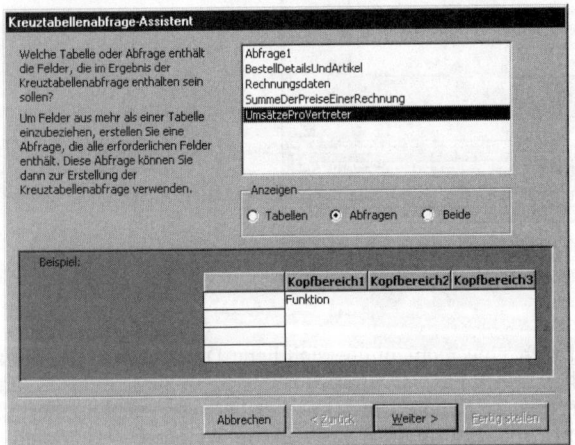

Abbildung 40.54:
Zugrunde liegende Tabelle/Abfrage auswählen

3. Nun werden die Zeilenüberschriften der Kreuzabfrage ausgewählt. Hier empfiehlt es sich, das Datenfeld mit den am meisten unterschiedlichen Werten auszuwählen. In unserem Beispiel sind das die Vertreter, denn oft arbeiten mehr Vertreter in einer Firma, als Zeiträume existieren, für die eine Summierung der Werte durchgeführt werden soll:

Abbildung 40.55:
Zeilenüber-
schriften
auswählen

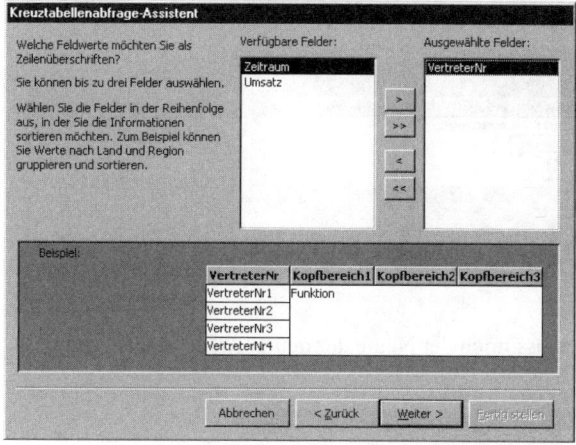

4. Anschließend werden die Spaltenüberschriften ausgewählt. Hier kommen nur der Zeitraum bzw. die Jahreszahlen der Umsätze in Betracht:

Abbildung 40.56:
Spaltenüber-
schriften
auswählen

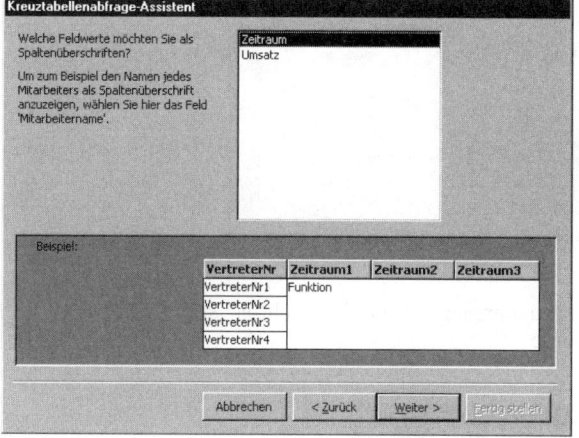

5. Nun wird das Datenfeld ausgewählt, das die zu gruppierenden Informationen enthält. In unserem Beispiel handelt es sich um das Feld *Umsatz*. Weil wir außerdem an der Summe der Umsätze eines Vertreters pro Zeitraum interessiert sind, wird als Funktion die *Summe* ausgewählt:

Abfragen – Data-Mining für Anfänger **1047**

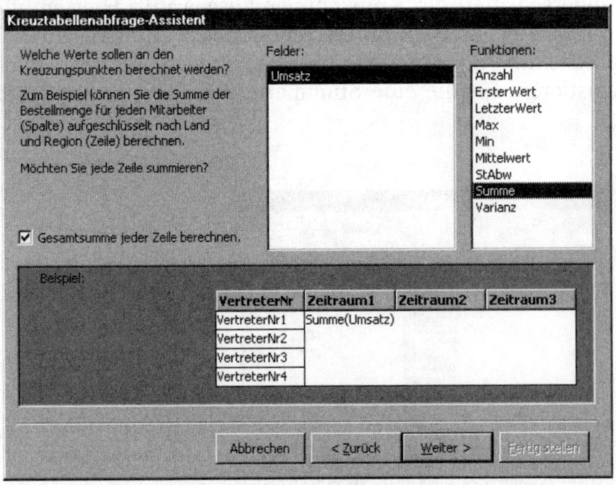

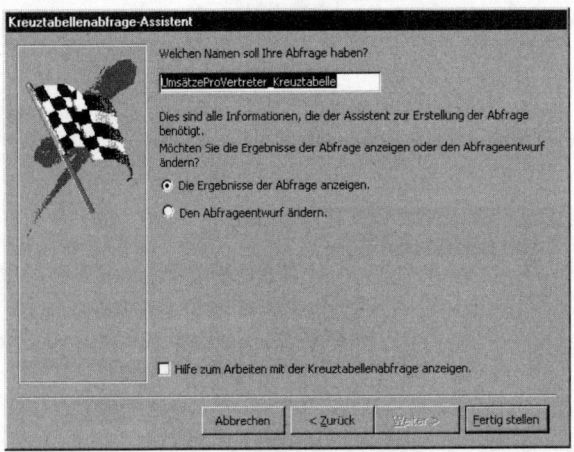

Abbildung 40.57:
Aggregatfunktion auswählen

6. Wie üblich wird zum Schluss noch der Name der neuen Kreuztabelle erfragt.

Abbildung 40.58:
Kreuztabelle benennen

7. Und das Ergebnis der Kreuztabellenabfrage wird sichtbar, sobald die *Fertig stellen*-Schaltfläche betätigt wurde.

Abbildung 40.59:
Das Ergebnis der Kreuztabelle

Hier erkennt man, dass Vertreter 1 nur noch bis 1998 in der Firma tätig war, während Vertreter 3 seine Aufgaben seit 1999 wahrnimmt. Nur Vertreter 2 ist sowohl 1998 als auch 1999 mit sehr beträchtlichen Umsätzen für die Firma tätig gewesen.

Die beiden verbleibenden Abfrage-Assistenten sollen an dieser Stelle nur kurz erläutert werden. Der Abfrage-Assistent zur Duplikatsuche hilft bei der Findung identischer Datensätze. Dabei nutzt er die Gruppierungsfunktionen von Access aus und zeigt nur jene Gruppen an, deren Anzahl von Datensätzen größer als 1 ist. Dadurch werden die Duplikate automatisch erkannt und isoliert.

Der Abfrage-Assistent zur Findung von Inkonsistenzen ist eng verbunden mit der referenziellen Integrität zwischen zwei Tabellen. Denn eine Inkonsistenzabfrage ermittelt Datensätze einer Detailtabelle, die nicht mit der Haupttabelle verknüpft sind, und dadurch die Einrichtung einer Beziehung mit Wahrung der referenziellen Integrität verhindern. Derartige Datensätze werden mit der Inkonsistenzabfrage aufgespürt, lassen sich so löschen und erst anschließend wird die Beziehung zwischen den nun konsistenten Tabellen eingerichtet.

41 Berichte – Bringen Sie die Daten zu Papier

1051 Gemeinsamkeiten zwischen Formularen und Berichten
1052 Die großen Unterschiede
1053 Die Berichte der Protector GmbH
1054 So erstellen Sie den Bestelldetails-Unterbericht
1056 So erstellen Sie den *Rechnungen*-Hauptbericht
1060 Gruppierungen und laufende Summen im Bericht
1064 Berichte drucken
1069 Bereichseigenschaften
1070 Die Berichts-Assistenten

Während Formulare der Dateneingabe und -bearbeitung dienen, besteht die Aufgabe von Berichten darin, die Daten in ansprechender Form auszudrucken. Formulare lassen sich zwar auch ausdrucken, allerdings sind diese nicht auf ein spezielles Seitenformat zugeschnitten (z.B. DIN A4) und haben meist einen grauen Hintergrund, der ebenfalls ausgedruckt wird und damit Tinte oder Toner verschwendet. Berichte lassen sich dagegen so formatieren, dass sie auf vorgedruckte Rechnungsbögen oder Briefpapier zugeschnitten sind – sogar Etiketten (z.B. für Videohüllen oder CDs) lassen sich mit einem Bericht bedrucken.

Gemeinsamkeiten zwischen Formularen und Berichten

Berichte unterscheiden sich auf den ersten Blick kaum von Formularen. Allein der Berichtshintergrund, der standardmäßig weiß ist, weicht vom Grau eines Formulars ab (siehe Abbildung 41.1).

Genau wie Formulare sind Berichte in fünf Bereiche gegliedert (siehe Tabelle 41.1).

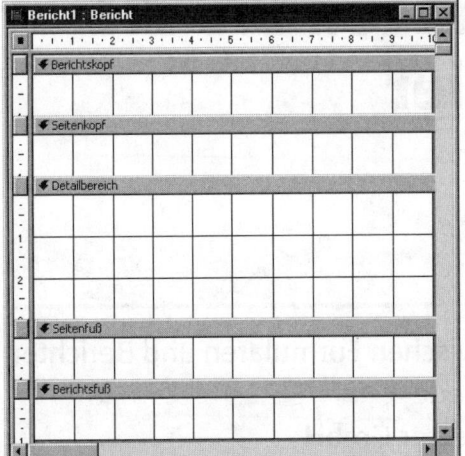

*Abbildung 41.1:
Auch Berichte sind in mehrere Bereiche unterteilt.*

Bereich	Erläuterung
Berichtskopf	Steht genau einmal am Anfang eines jeden Berichts.
Seitenkopf	Steht am Anfang einer jeden Berichtsseite.
Detailbereich	Wird für jeden auszudruckenden Datensatz wiederholt.
Seitenfuß	Steht am Ende jeder Berichtsseite.
Berichtsfuß	Steht genau einmal am Ende des Berichtes.

*Tabelle 41.1:
Berichtsbereiche*

Die Ähnlichkeiten zwischen Berichten und Formularen sind nicht nur äußerlich. Auch hinter den Kulissen sind sie sich sehr gleich. Berichte besitzen eine Eigenschaft namens *Datenherkunft* (siehe ► Kapitel 39, *So erstellen Sie ein Formular*), in der die Herkunft der im Detailbereich darzustellenden Datensätze benannt wird. Auch Unterberichte zur Darstellung abhängiger Daten sind bekannt (s. Unterformulare in ► Kapitel 39, *So fügen Sie ein Unterformular ein*), genauso wie alle Steuerelemente zur Verfügung stehen, die auch in Formularen einsetzbar sind. Berichte verbieten jedoch die Dateneingabe, so dass die Steuerelemente allein der Datenaufbereitung und -ausgabe dienen.

Die großen Unterschiede

Berichte und Formulare sind einander so ähnlich, dass wir an dieser Stelle nur noch auf die Unterschiede zwischen beiden eingehen. Im Folgenden gehen wir deshalb davon aus, dass Sie zwischen Seitenkopf und Detailbereich zu unterscheiden wissen und ebenso in der Lage sind, Steuerelemente auf ein Formular und damit auch auf einen Bericht zu platzieren.

Weil Berichte vor allem auf das Drucken hin optimiert sind, besitzen der Detailbereich, die so genannten Gruppenbereiche (s. ►nächste Seite) und einige Steuerelemente die Eigenschaften *Vergrößerbar* und *Verkleinerbar*. Sie regeln die Größenanpassung eines Bereichs oder Steuerelementes beim Ausdruck.

Abbildung 41.2:
Die Eigenschaften
Vergrößerbar und
Verkleinerbar

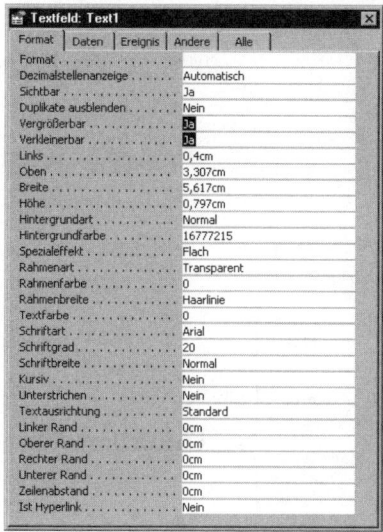

Wird die Eigenschaft *Verkleinerbar* auf *Ja* gesetzt, so darf Access den Bereich oder das Steuerelement in der Höhe so weit einschränken, dass der Steuerelement-/Bereichsinhalt nur noch den tatsächlich benötigten Platz auf der Seite einnimmt. Alle unterhalb des Bereichs/Steuerelementes platzierten Elemente rücken dazu entsprechend weiter nach oben:

Abbildung 41.3:
Größenänderung
aufgrund der
vorhandenen
Daten

Ähnlich arbeitet die Eigenschaft *Vergrößerbar*. Steht Sie auf *Ja*, reagiert der Bereich oder das Steuerelement auf ein erhöhtes Datenaufkommen (z.B. überlange Texteingaben), auf die Vergrößerung des Bereichs oder Steuerelementes. Alle unterhalb liegenden Elemente werden entsprechend nach unten verschoben.

HINWEIS Damit die Vergrößerung eines Steuerelementes problemlos gelingt, muss darauf geachtet werden, dass das zu vergrößernde oder verkleinernde Steuerelement überschneidungsfrei auf dem Bericht platziert wird. Ansonsten kann Access die »unterhalb« liegenden Elemente nicht mehr ermitteln und die Vergrößerung führt nicht zum gewünschten Ergebnis.

Die Berichte der Protector GmbH

Selbstverständlich greift auch die fiktive Protector GmbH auf Berichte zurück. Und zwar, um Rechnungen in die passende Form zu bringen. Eingesetzt wird ein Hauptbericht-/Unterbericht-Paar. Der Hauptbericht zeigt die Daten der Rechnung, also das Rechnungsdatum und die Anschrift des Kunden, und der Unterbericht zeigt die Bestelldetails:

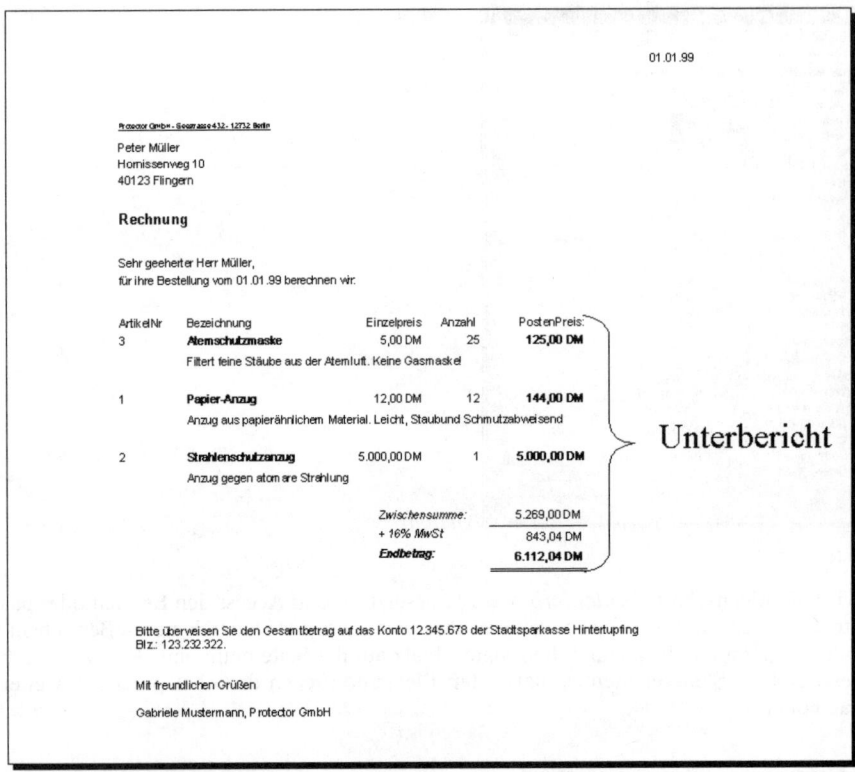

Abbildung 41.4: Der Protector-Bericht

So erstellen Sie den Bestelldetails-Unterbericht

1. Erstellen Sie einen neuen, leeren Bericht durch Wechsel in die *Berichte*-Gruppe des Datenbankfensters und Doppelklick auf den Eintrag *Erstellt einen Bericht in der Entwurfsansicht* oder klicken Sie auf *Neu*.

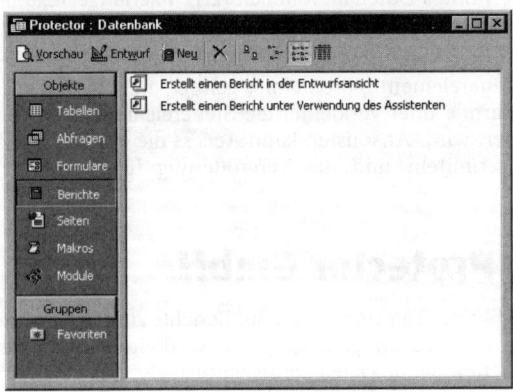

Abbildung 41.5: Bericht über Assistenten erzeugen

2. Im daraufhin erscheinenden Dialog wählen Sie den Eintrag *Entwurfsansicht* im Listenfeld aus und im Kombinationsfeld geben Sie die Tabelle *BestellDetailsUnd-Artikel* als zugrunde liegende Tabelle an.

Abbildung 41.6:
Bericht in
Entwurfansicht
erstellen

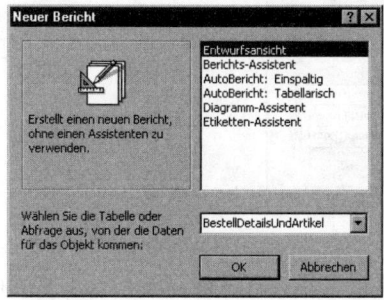

3. Access präsentiert nun einen leeren Bericht. Durch Auswahl des Befehls *Kopf-/Fußzeile des Berichtes* aus dem *Ansicht*-Menü aktivieren Sie die Anzeige des Berichtskopfes und Berichtsfußes.

Gruppieren und Sortieren

4. Der Unterbericht soll die dargestellten *Bestelldetails*-Datensätze nach dem Schlüsselfeld *RechnungengsNr_fk* gruppieren. Dazu wählen Sie den Befehl *Sortieren und Gruppieren* aus dem *Ansicht*-Menü oder das entsprechende Symbol, das stilisierte Gruppen-Klammern zeigt.

Abbildung 41.7:
Gruppieren der
Datensätze

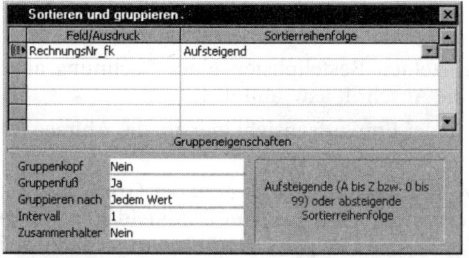

5. Wählen Sie im *Sortieren und Gruppieren*-Dialog in der *Feld/Ausdruck*-Spalte das Feld *RechnungsNr_fk* und in der Spalte *Sortierreihenfolge* den Text *Aufsteigend*. Außerdem muss die Eigenschaft *Gruppenfuß* auf *Ja* gesetzt werden. Die restlichen Eigenschaften dürfen bleiben, wie sie sind.

Zur Erinnerung:
Das Symbol für
Bezeichnungs-
felder

6. Nun geht es an die Definition der Datenfelder im Unterbericht. Im Berichtskopf werden Bezeichnungsfelder (statische Textfelder) als Spaltenüberschrift für die Datenfelder im Detailbereich platziert. Im Detailbereich platzieren Sie die eigentlichen Datenfelder, also AtikelNr_fk, den Namen, den Preis, die Anzahl, den Posten-Preis sowie die Artikelbeschreibung (siehe Abbildung 41.8).

7. Interessant wird es im Gruppenfuß *RechnungsNr_fk*. Hier wird die Summe der Bestellposten angegeben. Der Steuerelementinhalt von Zwischensumme lautet *=Summe([PostenPreis])*. Weil die Datensätze anhand der *RechnungsNr_fk* gruppiert werden, gibt dieser Ausdruck die Summe der *PostenPreise* des Berichtes wieder.

Berichte – Bringen Sie die Daten zu Papier

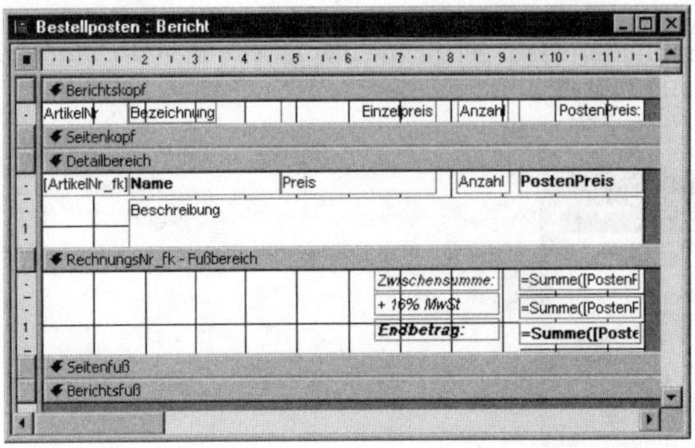

Abbildung 41.8:
Der Bericht
Bestellposten

Zur Ausweisung der Mehrwertsteuer wird ein weiteres Eingabefeld im Gruppenfuß platziert, dessen Steuerelementinhalt = *Summe([PostenPresi]) * 0,16* ist. Der Gesamtbetrag wird in einem dritten Element mit *Steuerelementinhalt = Summe([PostenPresi]) * 1,16* angegeben.

8. Nachdem alle Steuerelemente platziert wurden, müssen Sie den Bericht schließen. Speichern Sie ihn dabei unter dem Namen *Bestellposten*.

> **HINWEIS** In einem Unterbericht werden weder der Seitenfuß noch der Seitenkopf ausgegeben, so dass diese Bereiche getrost über *Ansicht/Seitenkopf/-fuß* ausgeblendet werden dürfen.

So erstellen Sie den *Rechnungen*-Hauptbericht

Neben dem Unterbericht, der die einzelnen Bestellposten einer Rechnung anzeigt, benötigen Sie den Hauptbericht, der die Anschrift usw. aufführt.

1. Erzeugen Sie einen leeren Bericht in der Entwurfsansicht, der auf der Abfrage *Rechnungsdaten* basiert.
2. Anschließend wird über *Ansicht/Sortieren und Gruppieren* der Gruppierungsdialog aufgerufen. Dort wird ein Gruppe bestehend aus dem Datenfeld *RechnungsNr* eingerichtet. Als *Sortierreihenfolge* wird *Absteigend* gewählt, um sicherzustellen, dass die zuletzt eingegebene Rechnung als Erstes angezeigt wird.

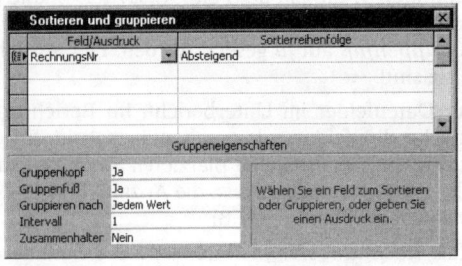

Abbildung 41.9:
Sortierreihenfolge für Gruppierungen einstellen

3. Die Gruppierung der Rechnungsdatensätze ist im Grunde überflüssig, denn jeder Datensatz besitzt eine eigene *RechnungsNr*, so dass die Gruppierung nur separate Datensätze zu Tage fördert. Wichtig bei dieser Gruppierung ist denn auch nicht die

Zusammenfassung mehrerer Datensätze, sondern die Verfügbarkeit eines Gruppenkopfes und Gruppenfußes. Dazu werden die Gruppeneigenschaften *Gruppenkopf* und *Gruppenfuß* auf *Ja* eingestellt (s.o.).

Der Gruppenkopf nimmt den *Briefkopf* mit Postadresse, Anrede etc. auf, der Gruppenfuß den *Brieffuß* mit Abschlussfloskel etc. Hier wird auf eine Gruppe zurückgegriffen, weil sich so die verschiedenen Bestandteile des Berichtes in separaten Bereichen eingeben und verändern lassen.

4. Im Gruppenkopf *RechnungsNr – Kopfbereich* werden die Datenfelder für die Anschrift platziert. Im Detailbereich wird ein Unterbericht-Steuerelement eingefügt, das den Unterbericht *Bestellposten* aufnimmt, und der Gruppenfuß *RechnungsNr – Fußbereich* enthält eine Grußformel.

Abbildung 41.10:
Der Bericht in der Entwurfsansicht

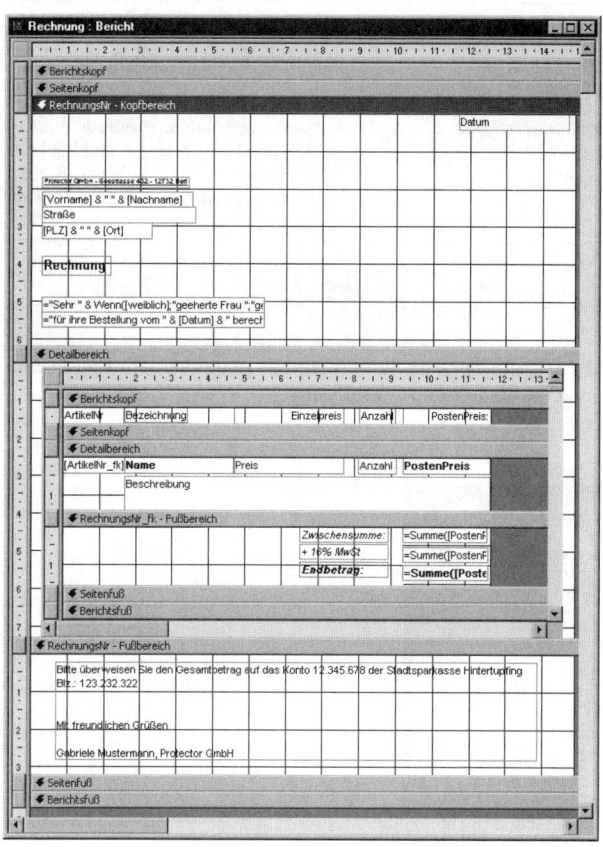

5. Die Eingabefelder im Gruppenkopf besitzen unterschiedliche *Steuerelelementinhalte*. Die folgende Tabelle zeigt die Einstellungen für die Eingabefelder im Gruppenkopf:

Tabelle 41.2:
Datenfelder im Gruppenkopf

Eingabefeld	Steuerelementinhalt	Beschreibung
Datum	Datum	Stellt das Rechnungsdatum dar.
Absender	Protector GmbH – Seestrasse 432 – 12732 Berlin	Absender in kleiner Schriftart überhalb der Postanschrift des Empfängers
Name	=[Vorname] & " " & [Nachname]	Ein Datenfeld, das Vor- und Nachnamen gemeinsam, nur durch ein Leerzeichen getrennt, darstellt. Die Verwendung separater Datenfelder führt oft zu einem »unnatürlichen« Abstand zwischen Vor- und Nachnamen.
Straße	Straße	Straßenname der Adresse
Ort	=[PLZ] & " " & [Ort]	Zusammengesetzte PLZ und Ort (s. *Name*)
Betreff	Rechnung	Eine fett formatierte Betreffzeile
Anrede	="Sehr " & Wenn([weiblich];"geehrte Frau ";"geehrter Herr") & [Nachname] & ","	Um eine auf männliche und weibliche Kunden zugeschnittene Anrede auszugeben, greift dieses Eingabefeld auf die *Wenn*-Funktion zur Ermittlung des auszugebenden Textes bei gegebenem Feld *Weiblich* zurück (s.u.).
Einleitung	="für ihre Bestellung vom " & [Datum] & " berechnen wir:"	Hier wird noch einmal der Grund des Anschreibens aufgegriffen.

6. Im Detailbereich wird ein Unterbericht-Steuerelement platziert. Die Eigenschaften dieses Steuerelementes zeigt die folgende Abbildung:

Das Unterbericht-Steuerelement

Abbildung 41.11:
Eigenschaften des Unterformular-Steuerelementes

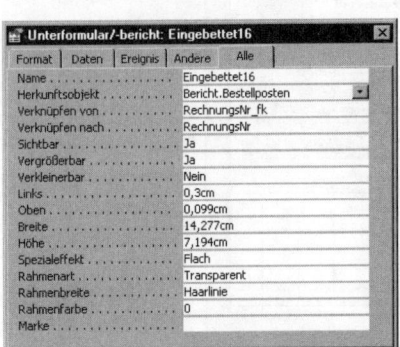

In *Herkunftsobjekt* wird der zuvor erstellte Bericht *Bestellposten* angegeben und die Verknüpfung zwischen Haupt- und Unterbericht erfolgt über die Datenfelder *RechnungsNr_fk* (Unterbericht) und *RechnungsNr* (Hauptbericht).

Besonders hervorzuheben ist die Eigenschaft *Vergrößerbar*. Sie wird auf *Ja* gesetzt, um sicherzustellen, dass alle Datensätze des Unterberichtes angezeigt werden, falls eine Rechnung sehr viele Bestellposten enthält. Damit sich der Bericht bei nur ein oder zwei Bestellartikeln nicht »zusammenzieht« und so ein unausgewogenes Bild abgibt, behält die Eigenschaft *Verkleinerbar* ihren Wert *Nein*.

Damit die Vergrößerung des Unterberichtes auf den Detailbereich des Hauptformulars »durchschlägt«, muss ebenfalls die Eigenschaft *Vergrößerbar* des Detailbereiches auf *Ja* gesetzt werden.

7. Im Gruppenfuß des Berichtes wird die Grußzeile des Briefes platziert. Hierbei handelt es sich um ein mehrzeiliges, statisches Textfeld, in das ein vorgegebener Text eingetragen wurde.

Bezeichnungs- und Textfelder

Mehrzeilige Bezeichnungs- und Textfelder sind identisch zu herkömmlichen Bezeichnungs- und Textfeldern, um aber mehrere Zeilen einzugeben, wird die Tastenkombination `Strg`+`↵` verwendet. Weil das nur im Berichtsentwurf nach Anklicken des Steuerelementes möglich ist, muss bei der Eingabe des Textes in der Eigenschaft *Steuerelementinhalt* der Zoom-Dialog aufgerufen (`⇧`+`F2`) werden. Auch hier werden neue Zeilen mit `Strg`+`↵` eingegeben. Ein einfaches `↵` führt zum Beenden des Dialogs.

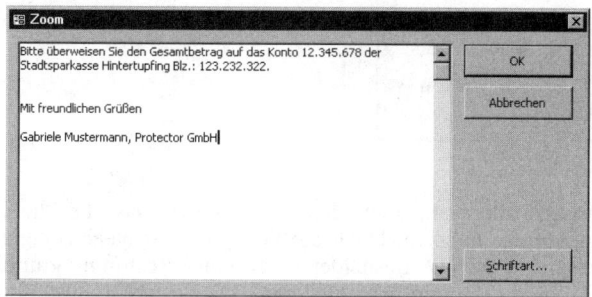

Abbildung 41.12: Zoom-*Dialog zur Eingabe eines Textes in ein Memo-Feld*

8. Zum Schluss muss dafür Sorge getragen werden, dass die nächste Rechnung auf einer separaten Seite angezeigt wird. Dazu wird die Eigenschaft *Neue Seite* des Gruppenfußes *RechnungsNr – Fußbereich* auf *Nach Bereich* gesetzt. Dadurch beginnt nach der Ausgabe des Bereiches automatisch eine neue Seite.

9. Schließen Sie den Bericht und speichern Sie ihn dabei unter dem Namen *Rechnung* ab.

HINWEIS
Neue Berichte lassen sich jederzeit erstellen. Ein bereits existierender Bericht lässt sich aber unter Umständen nicht mehr öffnen – weder in der Entwurfs- noch in der Seitenvorschau. Der Grund: Unter Windows wurde kein Standarddrucker angegeben. Das holen Sie nach, indem Sie unter *Start/Einstellungen/Drucker* einen der verfügbaren Drucker als Standarddrucker festlegen, z.B. über den Befehl *Als Standarddrucker definieren* im Kontextmenü eines Druckers. Falls kein Drucker verfügbar ist, müssen Sie einen neuen Drucker durch Doppelklick auf das *Neuer Drucker*-Symbol hinzufügen.

Wer braucht das Gleichheitszeichen?

Die Eigenschaft *Steuerelementinhalt* ist sehr flexibel. Denn sie nimmt entweder den Namen eines Datenfeldes der dem Formular/Bericht zugrunde liegenden *Datenherkunft* auf oder kann eine Formel, einen so genannten Ausdruck, enthalten.

Die Namen von Datenfeldern werden ohne weitere Vorkehrung in die Eigenschaft übertragen, sie werden höchstens von eckigen Klammern eingerahmt (*[Datenfeld mit Sonderzeichen]*). Bei Ausdrücken (*=Jetzt()*) muss jedoch ein Gleichheitszeichen vorangestellt werden, ebenfalls bei Audrücken wie *=[Vorname] & » » & [Nachname]*.

Gruppierungen und laufende Summen im Bericht

Neben dem druckreifen Aussehen besteht das zweite große Merkmal eines Berichtes in seiner Fähigkeit, die zugrunde liegenden Daten zu sortieren und zu gruppieren. Über den Befehl *Sortieren und gruppieren* aus dem *Ansicht*-Menü oder über das entsprechende Symbol wird dazu ein Dialog aufgerufen, der die Angabe der Felder erlaubt, nach denen der Bericht sortiert werden soll.

Anzeige des Gruppieren-Dialogs

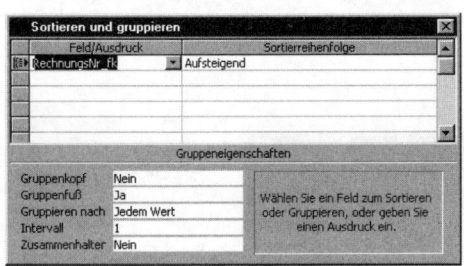

Abbildung 41.13: Sortieren und gruppieren *in einem Bericht*

Eine Sortierung der Datensätze allein ist jedoch nichts Besonderes. Das ist schließlich auch mit einer einfachen Abfrage möglich. Doch die Sortierung ist gleichzeitig eine Gruppierung, mit der beispielsweise alle Bestelldetails zu einer Rechnung gruppiert werden und in der diese Gruppe gesondert behandelt wird. Die Gruppierungsfunktion eines Berichtes ist vergleichbar mit der einer Abfrage, allerdings spielen die Aggregatfunktionen im Bericht keine Rolle. Im Bericht werden nach wie vor alle Datensätze einer Gruppe angezeigt – und nicht wie bei einer Aggregatabfrage z.B. durch Summierung oder Mittelwertsbildung zusammengefasst.

Wie ein gruppierter Bericht aussehen könnte, zeigt die Abbildung 41.14.

Dieser Bericht basiert auf dem folgenden Entwurf (siehe Abbildung 41.15).

Zu beachten ist der Bereich namens *RechnungsNr_fk – Fußbereich*. Denn dieser wird zusätzlich zu den bekannten Bereichen *Berichtskopf*, *Seitenkopf*, *Detailbereich*, *Seitenfuß* und *Berichtsfuß* eingeblendet. Und zwar, weil im *Sortieren und Gruppieren*-Dialog die Gruppierung nach dem Datenfeld *RechnungsNr_fk* eingestellt und zusätzlich die Eigenschaft *Gruppenfuß* auf *Ja* gesetzt wurde (s. Abbildung 41.13).

Weil in den Standard-Eigenschaftsdialogen für Berichtsbereiche kein Platz für die Gruppierungseigenschaften ist, wurden diese in den *Sortieren und Gruppieren*-Dialog ausgelagert. In der *Gruppieren nach*-Eigenschaft wird standardmäßig der Wert *Jedem Wert* eingetragen. Das bedeutet, dass jeder Wert des zu gruppierenden Feldes eine eigene Gruppe bildet. Alle *Bestelldetail*-Datensätze zur Rechnung Nummer 1123 bilden eine Gruppe, ebenso wie alle *Bestelldetail*-Datensätze der Rechnung Nummer 32343 eine Gruppe darstellen.

Falls die *Gruppiert nach*-Eigenschaft auf *Intervall* eingestellt wird, wird in der Eigenschaft *Intervall* die Anzahl der aufeinander folgenden Datenwerte eingegeben, die eine Gruppe bilden sollen (bei *Intervall* = 1 ergibt sich kein Unterschied zu *Gruppiert nach* = *Bei jedem*). So lassen sich beispielsweise immer drei aufeinander folgende Rechnungen zu einer Gruppe zusammenfassen. Allerdings muss dazu die Eigenschaft *Intervall* auf *4* gesetzt werden, weil in *Intervall* immer die Nummer des ersten Datensatzes der nächsten Gruppe angegeben wird.

Abbildung 41.14:
Ein gruppierter Bericht

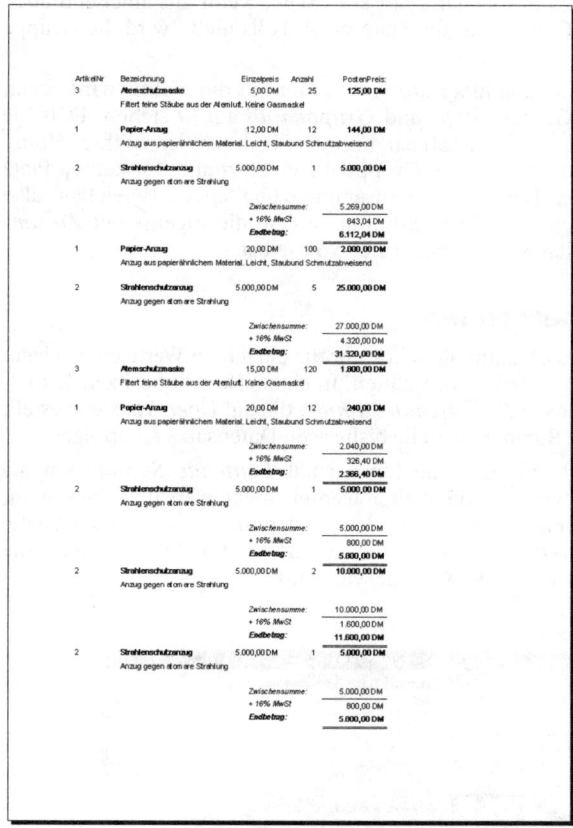

Abbildung 41.15:
Der dazugehörige Berichtsentwurf

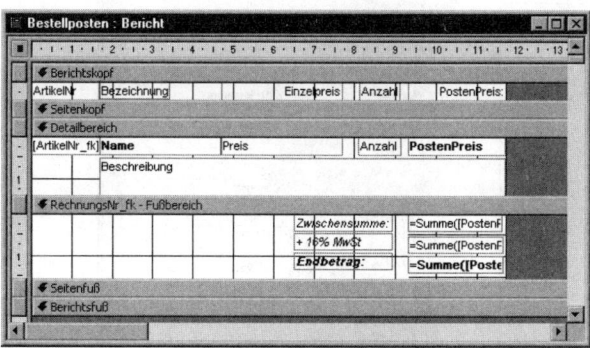

Die Eigenschaft *Zusammenhalten* bestimmt, ob und wie die Gruppe beim Ausdruck auf eine neue Seite platziert wird. Bei *Nein* werden die Datensätze der Gruppe nicht auf eine neue Seite platziert. Bei *Ganze Gruppe* sorgt Access dafür, dass nicht nur der erste Datensatz der Gruppe, sondern auch der Gruppenkopf, Detailbereich und Gruppenfuß komplett auf eine Seite passen. Falls das nicht gegeben ist, wird die Gruppe auf die nächste Seite verlagert. Bei einer Einstellung von *Mit 1. Detaildatensatz* druckt

Access dagegen den Gruppenkopf nur dann auf eine Seite, wenn anschließend auch der erste Detaildatensatz der Gruppe auf die Seite passt. Falls nicht, wird die Gruppe ebenfalls auf die nächste Seite verschoben.

Zu beachten ist, dass die Einstellung in *Zusammenhalten* nur dann aktiv wird, wenn zusätzlich die Eigenschaften *Gruppenkopf* und *Gruppenfuß* auf *Ja* stehen. Falls Sie diese beiden Bereiche eigentlich nicht benötigen, können Sie durch Setzen ihrer *Höhe*-Eigenschaft auf *0 cm* dafür sorgen, dass die Gruppenbereiche zumindest keinen Platz auf dem Bericht beanspruchen. Dass in allen zusammenzuhaltenden Bereichen, also im Gruppenkopf, Detailbereich und Gruppenfuß außerdem die Eigenschaft *Zusammenhalten* auf *Ja* gesetzt werden muss, versteht sich von selbst.

Laufende Summen berechnen

Innerhalb eines Berichtes ist es oft sinnvoll, nicht nur die einzelnen Werte anzuzeigen, sondern auch die laufenden Summen zu berechnen. In einem Bericht besitzen Textfelder daher die zusätzliche Eigenschaft *Laufende Summe,* die auf *Über Alles* eingestellt werden muss, um die laufende Summe über alle bisherigen Datensätze anzuzeigen.

Die folgende Abbildung zeigt, wie sich die Eigenschaft *Laufende Summe* auf die Anzeige eines Datenfeldes auswirkt. Beide Spalten werden über ein Textfeld dargestellt, das die Datensätze einer aufsteigenden Zahlenfolge wiedergibt. In der rechten Spalte wurde allerdings *Laufende Summe* auf *Über Alles* gesetzt, so dass hier in jeder Zeile die Summe aller vorangegangenen Datenwerte gezeigt wird:

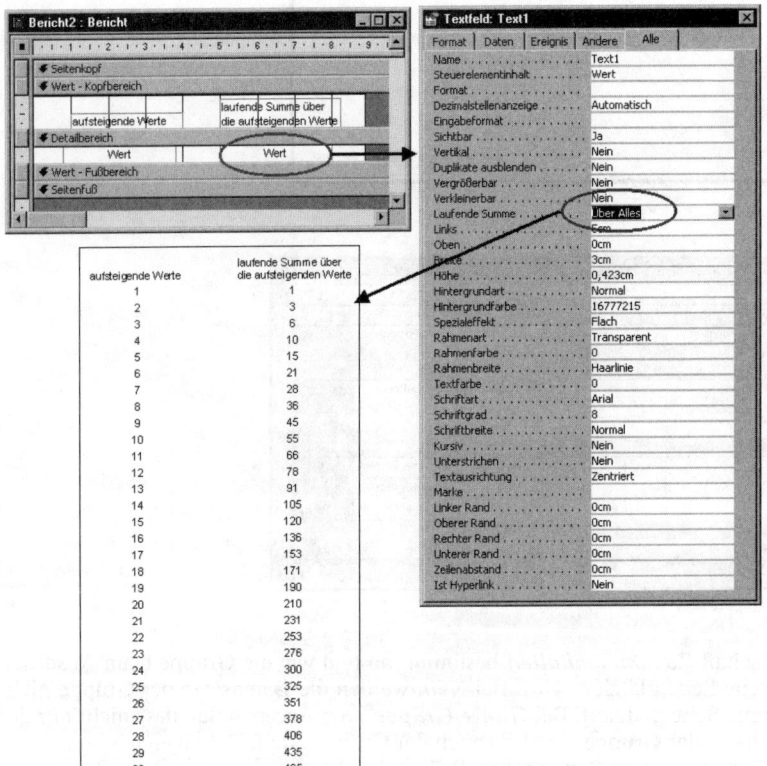

Abbildung 41.16:
Laufende Summen berechnen

Neben der Einstellung *Über Alles* kennt die Eigenschaft *Laufende Summe* noch die Werte *Nein* und *Über Gruppe*. *Nein* versteht sich von selbst, *Über Gruppe* bedarf der Erläuterung. Denn im Gegensatz zu *Über Alles*, wodurch die Summe über alle im Bericht angezeigten Datenfelder berechnet wird, fängt die Berechnung der laufenden Summe bei *Über Gruppe* mit jeder neuen Gruppe von *0* an. Die folgende Abbildung zeigt, wie die Summierung in Gruppen funktioniert.

Abbildung 41.17:
Summieren in Gruppen

aufsteigende Werte	laufende Summe über die aufsteigenden Werte
1	1
2	3
3	6
4	10

aufsteigende Werte	laufende Summe über die aufsteigenden Werte
5	5
6	11
7	18
8	26
9	35

aufsteigende Werte	laufende Summe über die aufsteigenden Werte
10	10
11	21
12	33
13	46
14	60

aufsteigende Werte	laufende Summe über die aufsteigenden Werte
15	15
16	31
17	48
18	66
19	85

aufsteigende Werte	laufende Summe über die aufsteigenden Werte
20	20
21	41
22	63
23	86
24	110

aufsteigende Werte	laufende Summe über die aufsteigenden Werte
25	25
26	51
27	78
28	106
29	135

aufsteigende Werte	laufende Summe über die aufsteigenden Werte
30	30

Die zu diesem Bericht gehörenden Gruppeneinstellungen zeigt die folgende Abbildung:

Abbildung 41.18:
Gruppenbildung für den oberen Bericht

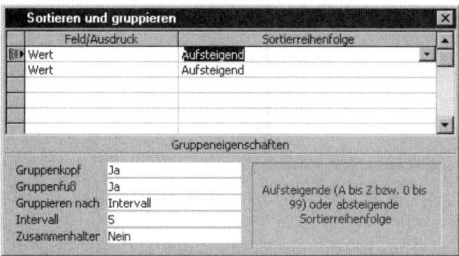

Berichte – Bringen Sie die Daten zu Papier

Nach jeweils vier Datensätzen (*Intervall* = 5) beginnt eine neue Gruppe, deren Datenfelder jeweils von 0 beginnend summiert werden.

TIPP

Obwohl Im *Sortieren und gruppieren*-Dialog die Sortierreihenfolge für das zu gruppierende Datenfeld angegeben wird, kommt es oft vor, dass sich Access nicht daran hält. Umgehen lässt sich das, indem einfach eine zweite, gleichlautende Sortierung angegeben wird (s. Abbildung 41.18).

Berichte drucken

Das eigentliche Ausgabemedium eines Berichtes ist der Drucker. So ist es nicht weiter verwunderlich, dass sich neue Berichte ohne einen Standarddrucker erstellen, anschließend jedoch nicht mehr zum Bearbeiten öffnen lassen. Daher ist es wichtig, über *Start/Einstellungen/Drucker* einen Standarddrucker auszuwählen.

Doch bevor es an das Ausdrucken geht, lässt sich das Druckergebnis am Bildschirm überprüfen, indem die *Seitenvorschau* über das *Ansicht*-Menü aufgerufen wird.

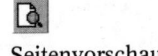
Seitenvorschau

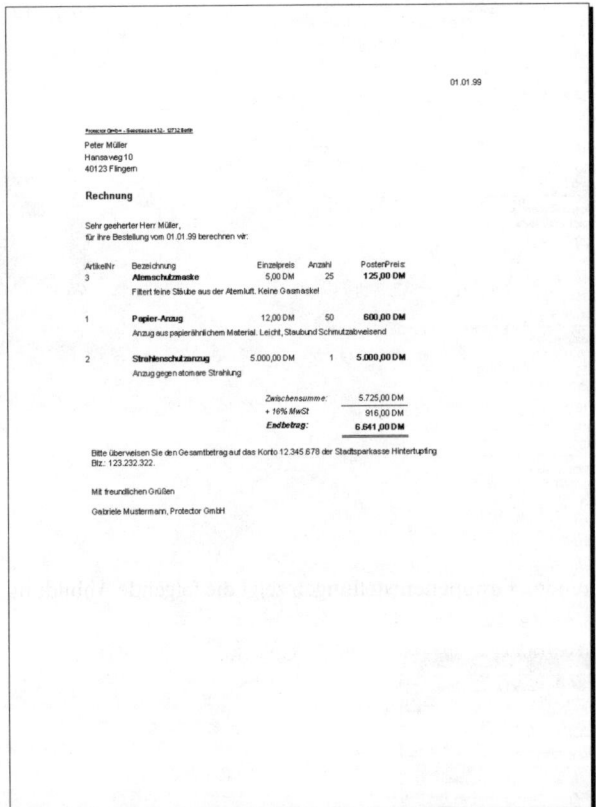

Abbildung 41.19:
Die Seitenvorschau eines Berichtes

Allerdings setzt die *Seitenvorschau* voraus, dass bereits anzuzeigende Datensätze verfügbar sind. Damit man in der Testphase nicht zwangsläufig Daten eingeben muss, stellt Access die so genannte *Layoutansicht* bereit.

Seitenränder und mehrere Spalten für Etikettendruck

Um den Ausdruck an die Gegebenheiten des Druckers anzupassen, erlaubt Access über den Befehl *Seite einrichten*... aus dem *Datei*-Menü die Einstellung der Druckparameter – und zwar werden die hier getätigten Einstellungen mit dem Bericht gespeichert, so dass jeder Bericht seine eigenen Druckparameter aufweisen kann. Dazu muss der Bericht in der Entwurfsansicht geöffnet werden. Ändern Sie nun die Seiteneinstellungen, werden diese dem Bericht zugeordnet und beim Aufruf von *Datei/Drucken* automatisch verwendet.

Im Register *Ränder* werden die Maße für den oberen, unteren, linken und rechten Seitenrand eingegeben.

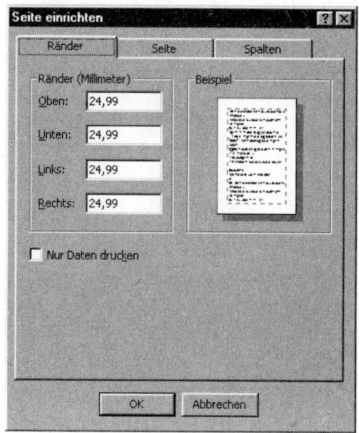

Abbildung 41.20:
Seitenränder
einstellen

Es ist darauf zu achten, dass die Breite des Berichtes die durch Papierbreite und Seitenränder definierte Breite nicht übersteigt. Denn sonst wird Access »unerklärlicherweise« leere oder unvollständige Berichtsseiten ausdrucken – und zwar, weil ein Teil der Berichtsdaten nicht auf eine einzige Seite passt und daher auf einer weiteren ausgedruckt wird.

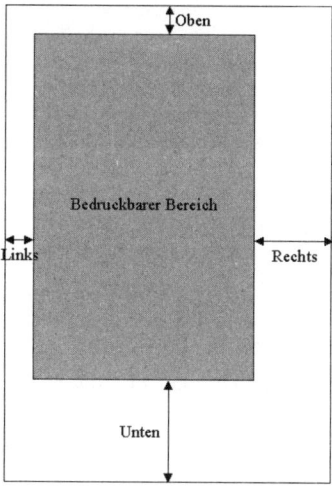

Abbildung 41.21:
Seitenränder
schränken den
bedruckbaren
Bereich einer
Seite ein.

Berichte lassen sich auch verwenden, um Formularvordrucke zu beschriften. Da hier Trennlinien und Bezeichnungsfelder nicht ausgedruckt werden dürfen, weil diese Daten vom Formularvordruck bereits vorgegeben werden, lässt sich der Ausdruck dieser Informationen verhindern, wenn das Kontrollkästchen *Nur Daten drucken* aktiviert wird.

Die Seitengröße wird im Register *Seite* eingestellt. Zum einen wird hier angegeben, ob die Ausgabe im Hoch- oder Querformat erfolgen und welches Papierformat verwendet werden soll. Falls Ihr Drucker über mehrere Papiereinzugschächte verfügt, kann in *Quelle* der zu verwendende Papierschacht angegeben werden.

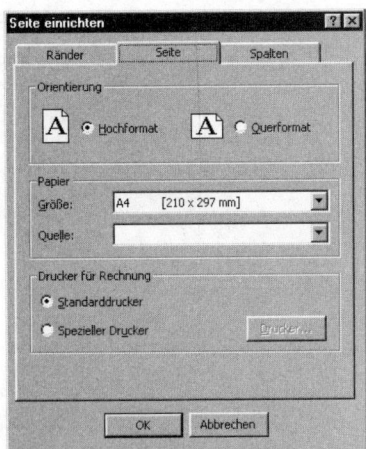

Abbildung 41.22:
Einstellen des
Papierformats

Üblicherweise erfolgt der Ausdruck auf dem Standarddrucker. Durch Auswahl der Option *Spezieller Drucker* lässt sich aber auch einer der anderen verfügbaren Drucker zum Ausdruck des Berichtes verwenden. Zur Auswahl des Druckers muss die *Drucker...*-Schaltfläche angeklickt werden.

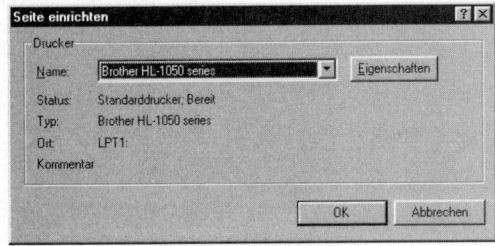

Abbildung 41.23:
Auswahl des zu
verwendenden
Spezial-Druckers

Falls mehrere Drucker an Ihren Rechner angeschlossen werden, ist darauf zu achten, dass sie über verschiedene Schnittstellen angesprochen werden. Im *Detail*-Register der Druckereigenschaften (*Start/Einstellungen/Drucker*) kann dazu der zu verwendende Druckeranschluss gewählt werden (siehe Abbildung 41.24).

Neben dem Ausdruck eines Berichtes auf einem speziellen Drucker erlaubt Access außerdem den mehrspaltigen Ausdruck. Das Register *Spalte* aus dem *Seite einrichten*-Dialog gestattet dazu die Einstellung der zu verwendenden Spalten (siehe Abbildung 41.25).

Abbildung 41.24:
Druckerschnittstelle festlegen

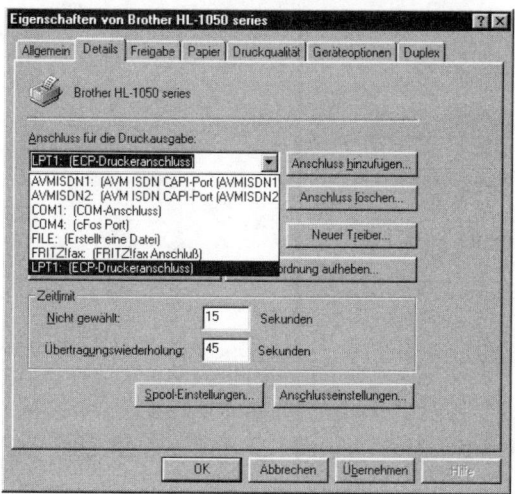

Abbildung 41.25:
Spaltendefinition für einen Bericht

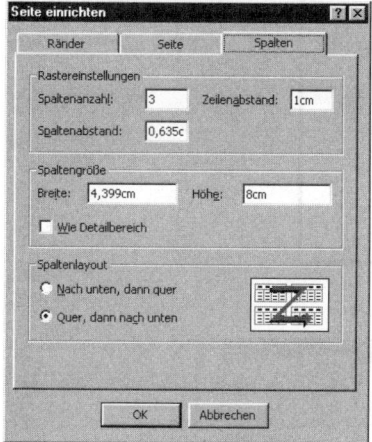

In der Gruppe *Rastereinstellungen* wird die Anzahl der Spalten pro Seite in *Spaltenanzahl* eingestellt. Den freien Platz zwischen zwei Spalten wird in *Spaltenabstand* definiert. Und *Zeilenabstand* legt fest, wie weit zwei aufeinanderfolgende Spalten auseinander liegen sollen (siehe Abbildung 41.26).

Die Breite einer jeden Spalte wird durch die Angabe im Eingabefeld *Breite* bestimmt. Der Platz, den die Spalten eines Berichtes damit auf dem Ausdruck einnehmen, lässt sich wie folgt berechnen: *Spaltenanzahl * Breite+ (Spaltenabstand–1) * Spaltenabstand*. Sollte dieses Maß die zur Verfügung stehende Papierbreite übersteigen, meldet Access einen Warnhinweis, dass evtl. einige Informationen abgeschnitten und damit nicht gedruckt werden (siehe Abbildung 41.27).

Soll der Detailbereich in mehreren separaten Spalten wiederholt werden, lassen sich seine Dimensionen durch Aktivierung des Kontrollkästchen *Wie Detailbereich* in die Eingabefelder *Breite* und *Höhe* übernehmen.

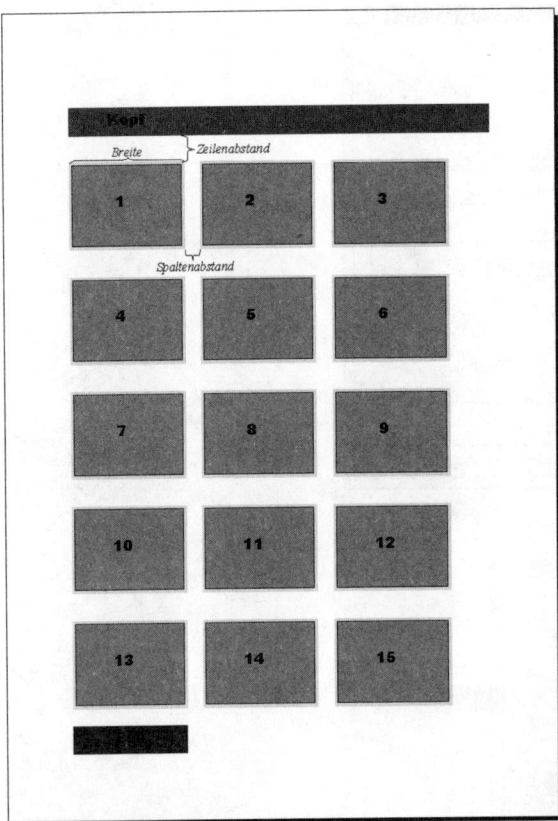

Abbildung 41.26:
Bemaßungen in einem dreispaltigen Bericht

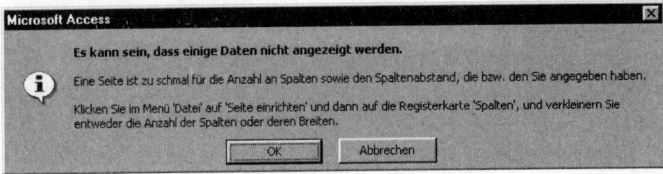

Abbildung 41.27:
Warnhinweise beim Ausdruck von Spalten, die zu breit für die aktuelle Papiereinstellung sind

Die letzte Einstellung für die Formatierung von Berichten bezieht sich auf das Layout der Spalten. Hier geben Sie die Reihenfolge an, in der die Datensätze eines Berichtes auf die Zellen des mehrspaltigen Berichtes verteilt werden – also ob die Daten zeilen- oder spaltenweise verteilt werden.

Abbildung 41.28:
Nach unten und dann Quer *und* Quer, dann nach unten

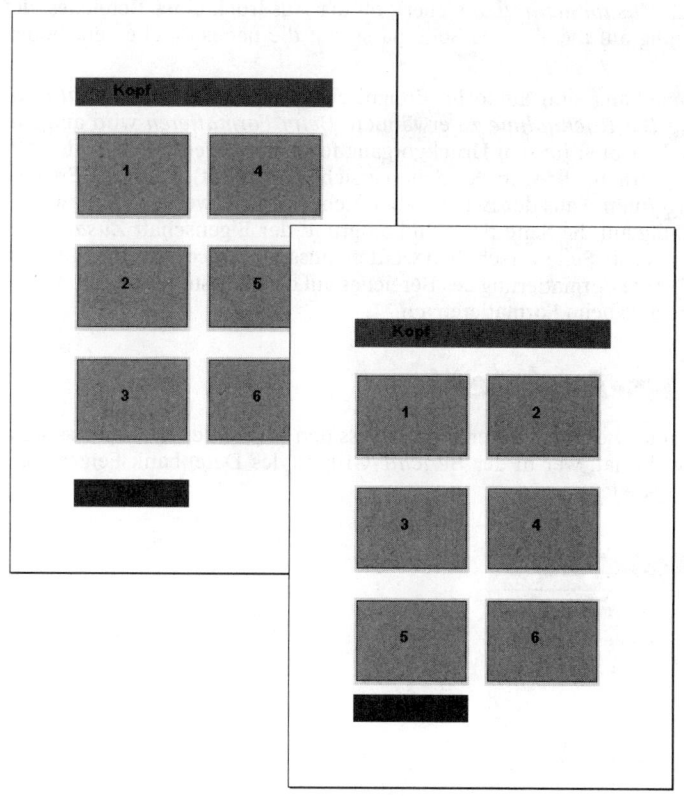

Bereichseigenschaften

Die Eigenschaften der Bereiche in einem Bericht ähneln stark denen eines Formularbereiches. Außer den Eigenschaften *Verkleinerbar* und *Vergrößerbar*, die in Bereichen häufiger als in Formularen eingesetzt werden, sind vor allem die Eigenschaften *Neue Seite* und *Neue Zeile oder Spalte* hervorzuheben. Beide Eigenschaften lassen sich wahlweise auf die vier Werte *Keine, Vor Bereich, Nach Bereich* oder *Vor & Nach* stellen und regeln somit, ob der Bereich auf einer separaten Seite bzw. in einer neuen Zeile/Spalte aufgeführt wird.

Abbildung 41.29:
Eigenschaften eines Bericht-Bereiches

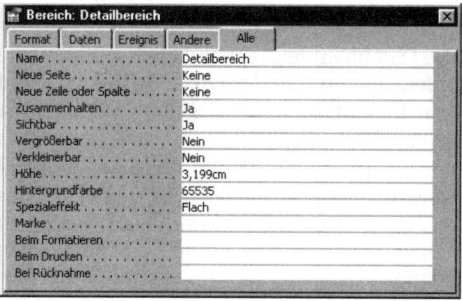

Und die Eigenschaft *Zusammenhalten* steuert, ob der Ausdruck eines Bereiches, der nicht mehr vollständig auf die aktuelle Seite passt, auf die nächste Seite verschoben werden soll.

In diesem Zusammenhang sind auch die Ereigniseigenschaften *Beim Formatieren*, *Beim Drucken* und *Bei Rücknahme* zu erwähnen. *Beim Formatieren* wird aufgerufen, sobald Access die Daten für den Druckvorgang formatiert. Werden die Daten tatsächlich zu Papier gebracht (bzw. in der Seitenansicht dargestellt), wird das Ereignis *Beim Drucken* aufgerufen. Falls der Bereich aber nicht gedruckt werden kann, weil er nicht mehr vollständig auf die Seite passt und aufgrund der Eigenschaft *Zusammenhalten = Ja* auf die nächste Seite verschoben werden muss, ruft Access das Ereignis *Bei Rücknahme* auf. Für die Formatierung des Bereiches auf der nächsten Seite ruft Access dann erneut das Ereignis beim Formatieren auf.

Die Berichts-Assistenten

Bei der Erstellung eines Berichtes untertsützt Access den Anwender mit fünf Assistenten. Die freie Auswahl hat, wer in der *Berichte*-Gruppe des Datenbank-Fensters die *Neu*-Schaltfläche betätigt:

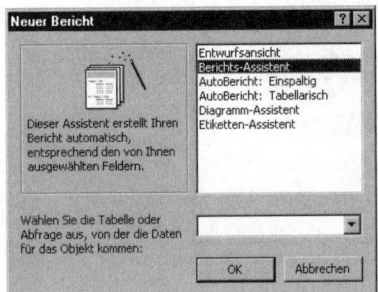

Abbildung 41.30:
Die Berichts-Assistenten

Zwei dieser Berichts-Assistenten sind so genannte Auto-Assistenten. Das heißt, diese Assistenten funktionieren nach Angabe der zugrunde liegenden Tabelle vollautomatisch – also ohne weitere Eingriffe des Anwenders: Wie diese Autoberichte aussehen, zeigen die folgenden beiden Abbildungen (41.31 und 41.32), die die Ergebnisse des *einspaltigen* und des *tabellarischen* Auto-Assistenten zeigen.

Deutlich mehr Interaktion erfordert dagegen der einfache Berichts-Assistent.

So erstellen Sie einen Bericht unter Zuhilfenahme des Assistenten

1. Wechseln Sie in die *Berichte*-Gruppe des Datenbankfensters und klicken Sie auf die *Neu*-Schaltfläche. Wählen Sie im Listenfeld den Eintrag *Berichts-Assistent* aus und geben Sie im Kombinationsfeld die dem Bericht zugrunde liegende Abfrage oder Tabelle an (siehe Abbildung 41.33).

2. Anschließend wählen Sie die Datenfelder aus, die im Bericht erscheinen sollen. Durch Betätigen der >-Schaltfläche übernehmen Sie dazu die markierten Felder aus dem Listenfeld *Verfügbare Felder* in das Listenfeld *Ausgewählte Felder*. Betätigen Sie die >>-Schaltfläche, um alle Felder zu übernehmen. Die <- und <<-Schaltfächen entfernen die markierten oder alle Felder aus dem Listenfeld *Ausgewählte Felder* (siehe Abbildung 41.34).

Abbildung 41.31:
Der einspaltige Auto-Bericht

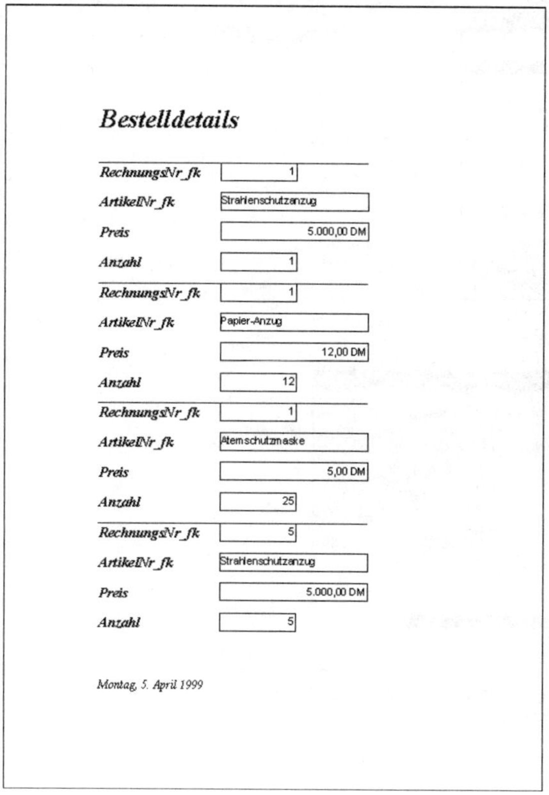

Bestelldetails

RechnungsNr_fk	1
ArtikelNr_fk	Strahlenschutzanzug
Preis	5.000,00 DM
Anzahl	1
RechnungsNr_fk	1
ArtikelNr_fk	Papier-Anzug
Preis	12,00 DM
Anzahl	12
RechnungsNr_fk	1
ArtikelNr_fk	Atemschutzmaske
Preis	5,00 DM
Anzahl	25
RechnungsNr_fk	5
ArtikelNr_fk	Strahlenschutzanzug
Preis	5.000,00 DM
Anzahl	5

Montag, 5. April 1999

Abbildung 41.32:
Der tabellarische Auto-Bericht

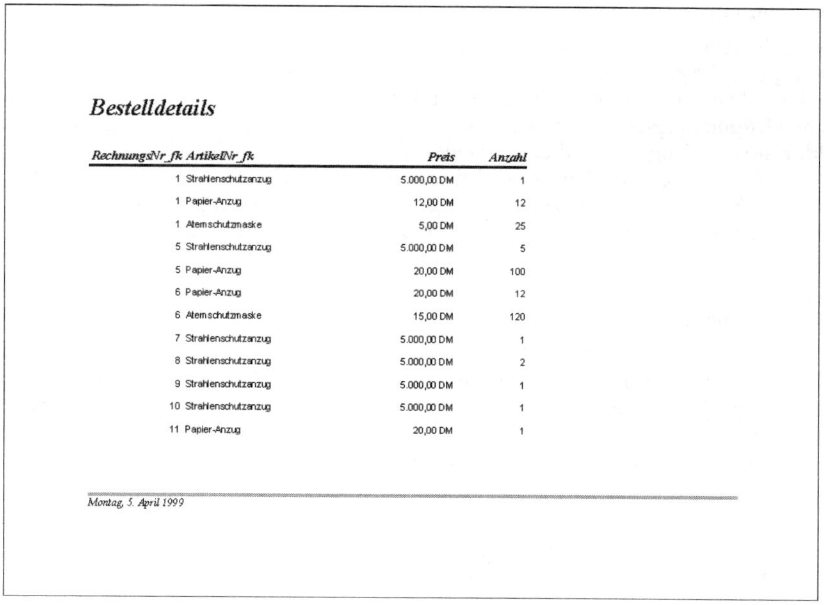

Bestelldetails

RechnungsNr_fk	ArtikelNr_fk	Preis	Anzahl
1	Strahlenschutzanzug	5.000,00 DM	1
1	Papier-Anzug	12,00 DM	12
1	Atemschutzmaske	5,00 DM	25
5	Strahlenschutzanzug	5.000,00 DM	5
5	Papier-Anzug	20,00 DM	100
6	Papier-Anzug	20,00 DM	12
6	Atemschutzmaske	15,00 DM	120
7	Strahlenschutzanzug	5.000,00 DM	1
8	Strahlenschutzanzug	5.000,00 DM	2
9	Strahlenschutzanzug	5.000,00 DM	1
10	Strahlenschutzanzug	5.000,00 DM	1
11	Papier-Anzug	20,00 DM	1

Montag, 5. April 1999

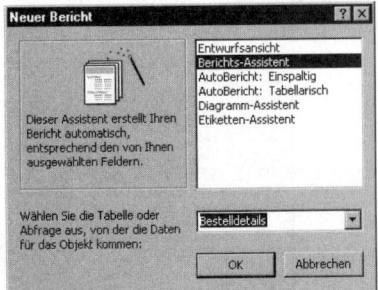

Abbildung 41.33:
Start des Berichts-Assistenten

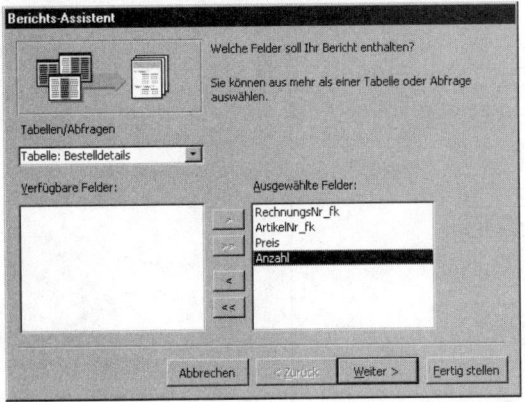

Abbildung 41.34:
Auswahl der Berichtsfelder

Im Kombinationsfeld *Tabellen/Abfragen* können Sie nachträglich die zugrunde-liegende Tabelle/Abfrage verändern.

3. Anschließend definieren Sie die Gruppierungsfuntionen des Berichtes. Standard-mäßig gibt Access den Primärschlüssel der zugrunde liegenden Tabelle als Gruppie-rungsfeld vor. Das lässt sich jedoch durch Druck auf die <-Schaltfläche ändern. Wei-tere Gruppierungsebenen werden über die >-Schaltfläche hinzugefügt. Um die Priorität der Gruppen zu ändern, stehen die *Priorität*-Schaltflächen bereit. Diese Schaltflächen werden aktiv, sobald mehrere Gruppierungsebenen verfügbar sind. Klicken Sie im stilisierten Bericht auf einen stilisierten Gruppenkopf, um ihn zu aktivieren. Die so hervorgehobene Gruppe lässt sich mit Hilfe der Prioritätsschalt-flächen verschieben (siehe Abbildung 41.35).

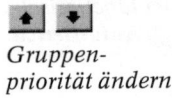
Gruppen-priorität ändern

Neue Gruppen werden üblicherweise nach jedem Datenwert erstellt. Allerdings lässt sich dieses Verhalten durch Aufruf des *Gruppierungsintervalle*-Dialoges über die *Gruppierungsoptionen...*-Schaltfläche ändern (siehe Abbildung 41.36).

Für jede Gruppe wählen Sie hier aus, ob nach jedem Wert (*Normal*) oder nach jeweils *10, 50, 100, 500, 1.000, 5.000* oder *10.000* eine neue Gruppe gebildet werden soll. Andere Intervalle müssen über den *Sortieren und Gruppieren*-Dialog (siehe ▶ Seite 1060) eines Berichtes eingegeben werden.

4. Falls die Datensätze sortiert werden sollen, erlaubt der Berichts-Assistent im nächs-ten Dialog die Sortierung der Berichtsdatensätze nach den Feldern, die bisher nicht Teil einer Gruppe sind. Die Datensätze lassen sich nach bis zu vier weiteren Daten-feldern sortieren (siehe Abbildung 41.37).

Abbildung 41.35:
Definition der Gruppierungsebenen

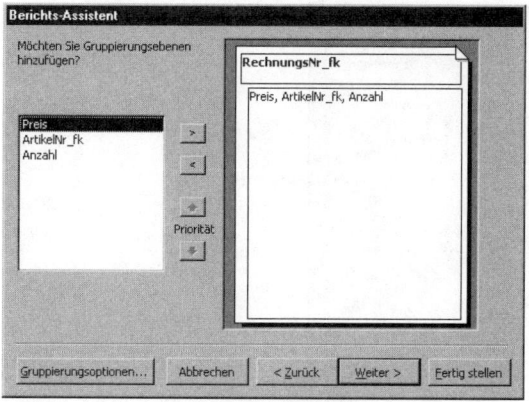

Abbildung 41.36:
Gruppierungsintervalle definieren

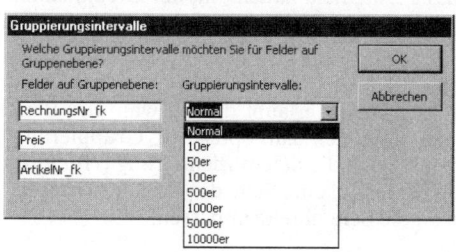

Abbildung 41.37:
Sortierung der Berichte

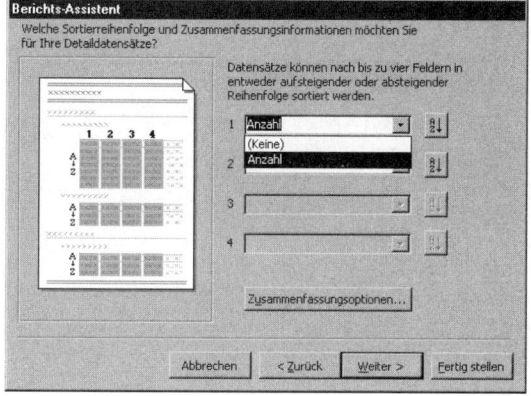

Der *Zusammenfassungsoptionen*-Dialog, der über die gleichnamige Schaltfläche aufgerufen wird, erlaubt die Auswahl von Aggregatfunktionen (siehe ▶ Kapitel 40, *Datensätze zu Gruppen und Aggregaten zusammenfassen*), die zur Zusammenfassung der in einer Gruppe enthaltenen Datenfelder Verwendung finden.

In einem Bericht lassen sich für jedes Datenfeld der Gruppe die Summe, der Mittelwert oder das Minimum bzw. Maximum ausgeben. In der *Anzeigen*-Gruppe lässt sich dazu auswählen, ob die einzelnen Datensätze (*Details und Zusammenfassung*) oder nur die *Zusammenfassung* bzw. das Ergebnis der Aggregation angezeigt

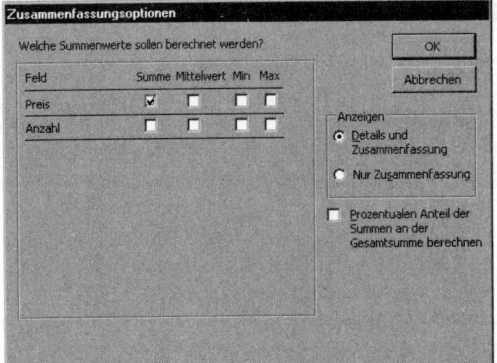

Abbildung 41.38:
Die Zusammenfassungsoptionen eines Berichtes

werden soll. Um das zusammengefasste Datenfeld zudem mit der Gesamtsumme in Relation zu setzen, lässt es sich als prozentualer Wert, relativ zur Summe aller Datensätze des Berichts, ausgeben.

5. Nachdem nun der Inhalt des Berichtes definierte wurde, geht es in den folgenden Dialogen um seine Gestalt. Der nächste Dialog erlaubt die Auswahl des Berichts-Layouts. Hier werden verschiedenen Optionen zur optischen Gruppierung der Datensätze bereitgestellt. Außerdem lässt sich die Seitenorientierung (*Hochformat*, *Querformat*) wählen. Und damit alle Felder auf eine Seite des Berichtes passen, lassen sich auf Wunsch die Feldbreiten an die Seitenbreite anpassen.

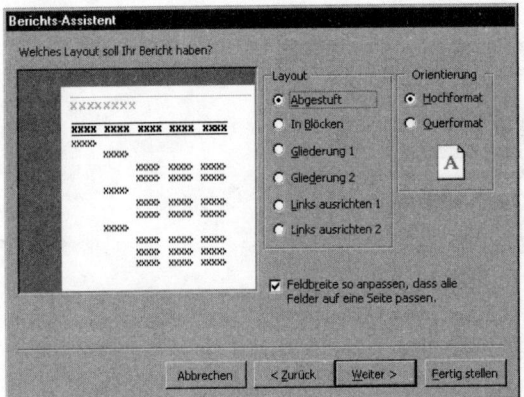

Abbildung 41.39:
Das Layout des Berichtes festlegen

6. Genau wie bei Fomularen stehen auch bei Berichten verschiedene Gestaltungen zur Verfügung. Wählen Sie aus dem Listenfeld das Ihnen am besten gefallende Berichtsformat (siehe Abbildung 41.40).

7. Zum guten Schluss wird der Titel des Berichtes erfragt. Unter diesem Titel bzw. Namen wird der Bericht übrigens auch in der Datenbank abgelegt. Standardmäßig wird der neue Bericht in der Berichtsvorschau dargestellt. Um sofort eigene Änderungen vornehmen zu können, lässt sich der Bericht aber auch im Berichtsentwurf öffnen. Das Einzige, was dazu fehlt, ist ein Klick auf die *Fertig stellen*-Schaltfläche (siehe Abbildung 41.41).

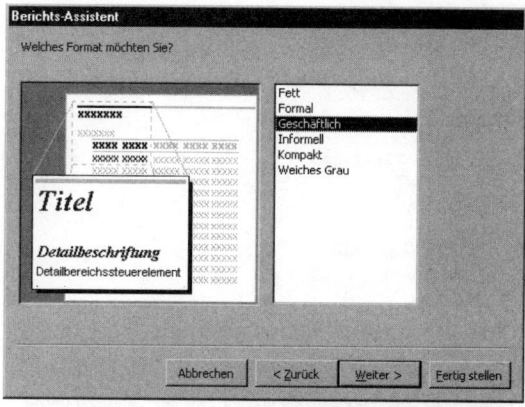

Abbildung 41.40:
Auswahl des Berichtsformats

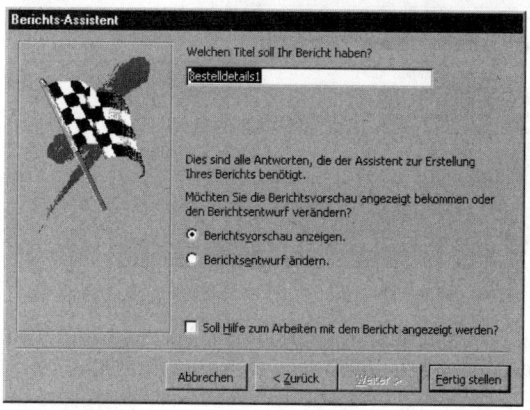

Abbildung 41.41:
Bericht benennen

So bedrucken Sie Etiketten über einen Bericht

Berichte, vor allen Dingen mehrspaltige Berichte, eignen sich hervorragend zum Bedrucken von Etikettenbögen. Damit Sie aber die Anpassung und sehr komplexe Bemaßung für die verschiedenen Etikettenformate nicht von Hand durchführen müssen, hilft Access beim Berichtsentwurf.

1. Wechseln Sie in die *Berichte*-Gruppen, klicken Sie dort auf die *Neu*-Schaltfläche und wählen Sie im daraufhin erscheinenden Dialog den *Etiketten-Assistenten*. Wählen Sie im Kombinationsfeld außerdem die dem Bericht zugrunde liegende Tabelle aus (siehe Abbildung 41.42).

2. Wählen Sie im nächsten Dialog das zu verwendende Etikettenformat aus dem Listenfeld mit verfügbaren Etikettengrößen. Um die Suche zu vereinfachen, sind neben den Maßen eines Etikettes auch deren mit Hersteller spezifischen Seriennummern angegeben, die Sie im Allgemeinen der Verpackung des Etikettenbogens entnehmen können.

   In den Optionsgruppen *Maßeinheit* und *Etikettentyp* lassen sich die zur Auswahl stehenden Etiketteneinträge filtern. Außerdem hilft das Kombinationsfeld *Nach Hersteller filtern* bei der Suche nach dem Etikettenformat eines bestimmten Herstellers (siehe Abbildung 41.43).

Berichte – Bringen Sie die Daten zu Papier

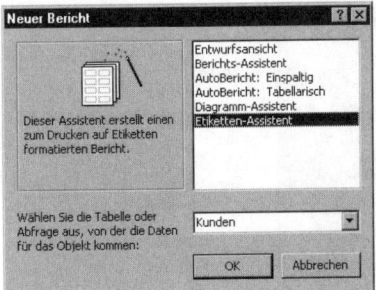

Abbildung 41.42:
Aufruf des Etiketten-Assistenten

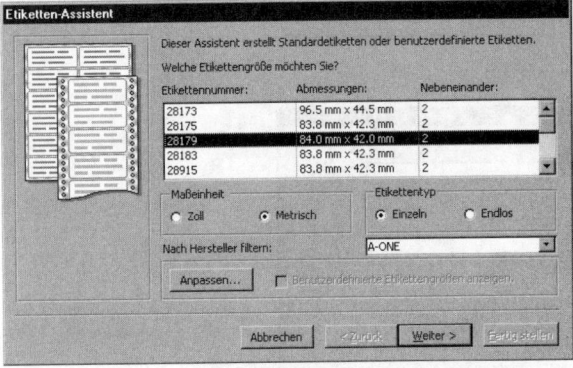

Abbildung 41.43:
Auswahl des Etikettenformates

3. Falls das von Ihnen gewünschte Etikettenformat nicht im Listenfeld zu finden ist, lässt sich durch Klick auf die *Anpassen...*-Schaltfläche ein benutzerdefiniertes Etikettenformat ertellen.

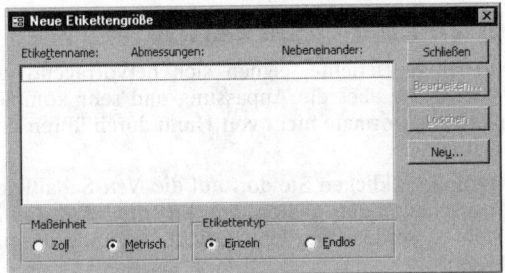

Abbildung 41.44:
Benutzerdefinierte Etikettenformate anlegen

Der Dialog *Neue Etikettengröße* zeigt die verfügbaren Etikettenformate sortiert nach den Kriterien *Maßeinheit* und *Etiketten* an.

4. Um ein neues, benutzerdefiniertes Etikettenformat zu erstellen, wird auf die *Neu...*-Schaltfläche geklickt. Im darauf erscheinenden Dialog namens *Neues Etikett* werden die Maße des neuen Etikettes in den dafür vorgesehenen Eingabefeldern im unteren Dialogbereich eingegeben. Neben der Höhe und Breite eines Etikettes wird auch der Abstand des Etikettes zum oberen sowie zum linken und rechten Rand des

Etikettenbogens angegeben (der obere Rand fällt bei Endlosetiketten weg). Außerdem geben Sie den vertikalen und horizontalen Abstand zwischen zwei Etiketten an. Und das Eingabefeld *Nebeneinander* nimmt die Anzahl der nebeneinander zu druckenden Etiketten auf.

Abbildung 41.45:
Bemaßung eines
neuen Etikettes

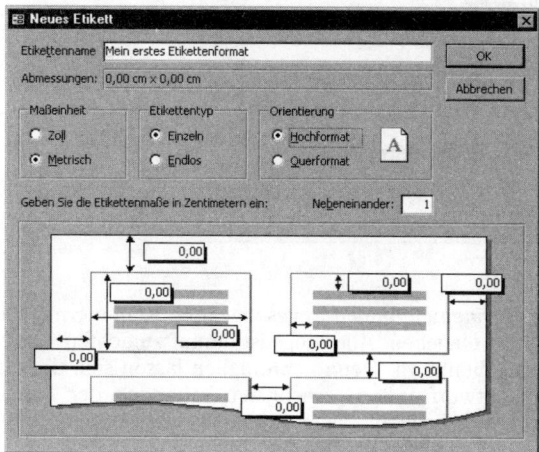

5. Nach der Auswahl des Etikettenformats geht es an die Festlegung des Etikettenlayouts. Zuerst wird die zu verwendende Schriftart und Schriftfarbe festgelegt:

Abbildung 41.46:
Schriftart auf
dem Etikett

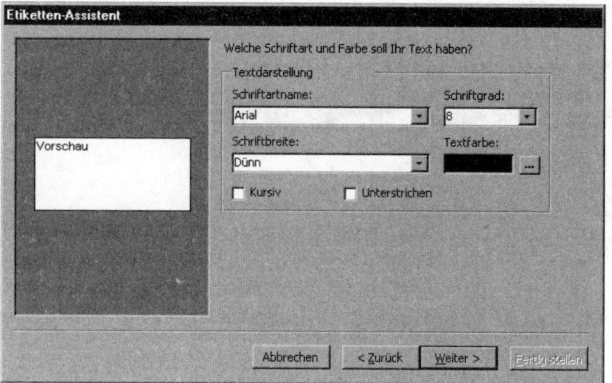

6. Nun geht es an die Definition dessen, was auf jedem Etiektt angezeigt werden soll. Aus der Liste der verfügbaren Felder lassen sich per >-Schaltfläche die zu druckenden Datenfelder in das stilisierte Etikett auf der rechten Seite des Dialogs übernehmen.

Bevor Sie den Platzhalter eines auszugebenden Datenfeldes übernehmen, müssen Sie allerdings die Zeile im Etikett markieren, in die der Platzhalter aufgenommen werden soll. Zusätzlich zu den Platzhaltern können Sie auch eigene Texte eingeben.

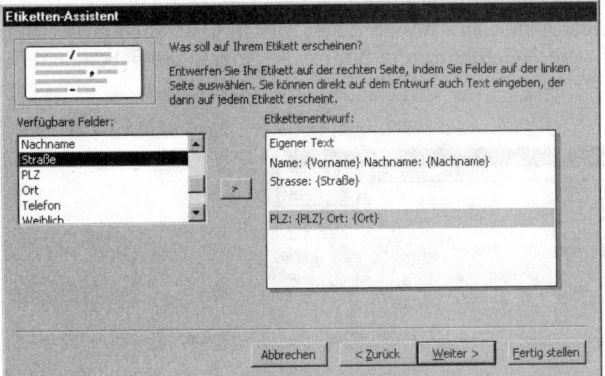

Abbildung 41.47:
Welche Felder sollen auf dem Etikett erscheinen?

Platzhalter bestehen aus dem Datenfeldnamen in geschweiften Klammern ({}) und lassen sich daher auch manuell eingeben. Allerdings ist darauf zu achten, dass der Datenfeldname korrekt eingegeben wird. Denn nachträglich lassen sich die Platzhalter nur noch im Berichtsentwurf ändern. Ansonsten behandelt der Assistent einen Platzhalter wie ein separates Zeichen, das nur noch als Ganzes gelöscht werden kann.

7. Die Sortierung der Etiketten wird im nächsten Dialog festgelegt. Hier wählen Sie die Felder aus, nach denen der Bericht sortiert werden soll:

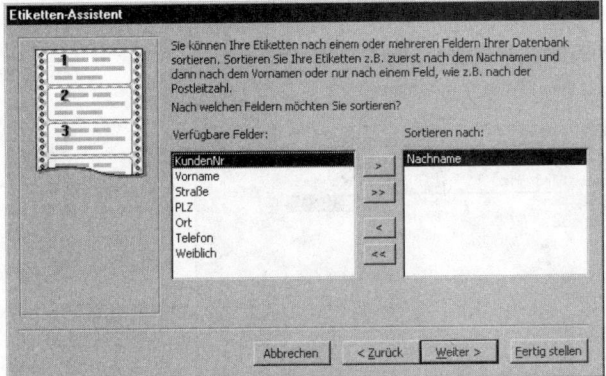

Abbildung 41.48:
Sotierung der Etiketten

8. Und zum Schluss wird der Name des neuen Etikettenberichtes gewählt und Sie entscheiden, ob der neue Bereicht in der Entwurfsansicht oder in der Berichtsvorschau angezeigt werden soll:

Abbildung 41.49:
Speichern des Etiketten-Berichtes

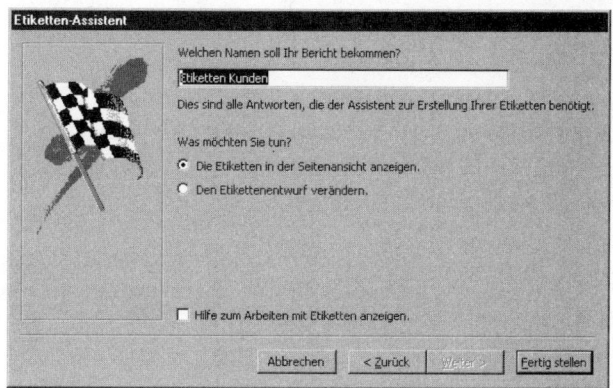

42 Makros und Module

1083   Die Makros der Protector GmbH
1093   Module

Immer wiederkehrende Aufgaben oder umständlich auszuführende Arbeitsschritte lassen sich in so genannten Makros zusammenfassen. Obwohl Makros »echten« Programmen stark ähneln, sind sie deutlich einfacher zu erstellen und vor allem schneller zu begreifen.

Makros werden beispielsweise eingesetzt, um einen Bericht auf Knopfdruck auszudrucken oder um einen Filter in einem Formular zu aktivieren usw. Verschiedene Elemente von Access lösen dazu unter bestimmten Voraussetzungen so genannte Ereignisse aus, die mit einem Makro verknüpft werden. Schaltflächen besitzen beispielsweise zahlreiche Eigenschaften, eines trägt den Namen *Beim Klicken*, und der dort als Eigenschaftswert hinterlegte Name nennt das Makro, das beim Betätigen der Schaltfläche ausgeführt werden soll:

*Abbildung 42.1:
Makronamen in
einer Ereignis-
eigenschaft*

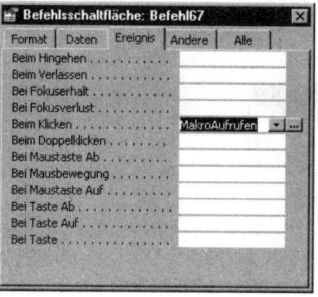

Makrofenster

Das Datenbankfenster stellt für Makros den *Makros*-Ordner bereit. Dort lassen sich neue Makros erstellen oder bestehende bearbeiten. Nach der Erzeugung eines neuen Makros bietet sich die Abbildung 42.2.

Das Makrofenster besteht aus drei Teilen: einer *Aktions*-Spalte, in der die vom Makro auszuführenden Befehle angegeben werden, einer *Kommentar*-Spalte, in der Platz für benutzerdefinierte Anmerkungen bereitsteht, und einem Bereich für *Aktionsargumente*, in dem die Parameter zur Ausführung einer Aktion angegeben werden.

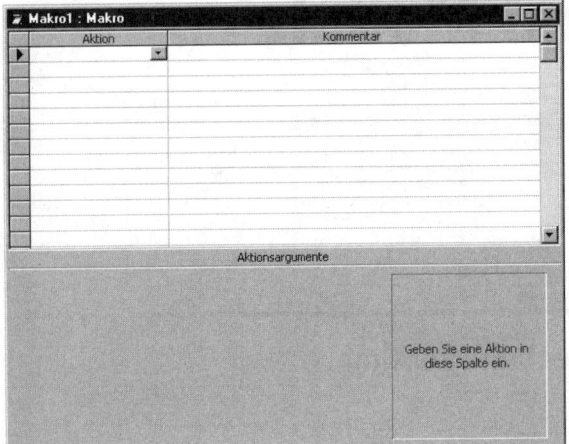

Abbildung 42.2:
Ein neues Makrofenster

Zwischen den Zeilen zur Eingabe des Makros und den Aktionsargumenten können Sie ganz einfach durch Druck auf F6 wechseln.

TIPP

Das folgende Beispiel zeigt, wie ein Makro verwendet wird, um auf Knopfdruck ein Meldungsfenster anzuzeigen.

Mein erstes Makro – Meldungsfenster auf Knopfdruck

1. Wechseln Sie im Datenbankfenster in den Ordner *Makros* und betätigen Sie die *Neu*-Schaltfläche.
2. Tragen Sie in die *Aktion*-Spalte die Aktion mit dem Namen *Meldung* ein oder wählen Sie diese aus dem Kombinationsfeld in der *Aktion*-Spalte aus.
3. In den *Aktionsargumenten* tragen Sie *Mein erstes Makro* für das Argument *Meldung* und *Titelzeile* in das Argument *Titel* ein. Später sollten Sie auch mit den Argumenten *Signalton* und *Typ* experimentieren.

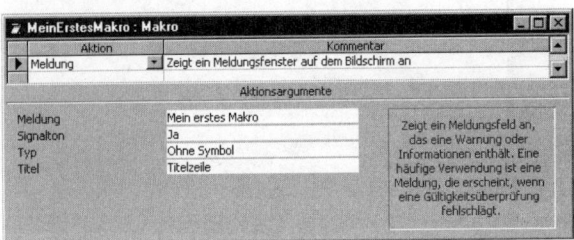

Abbildung 42.3:
So sieht das fertige Makro aus.

4. Schließen Sie das Makrofenster und speichern Sie das Makro unter dem Namen *MeinErstesMakro* ab.
5. Legen Sie ein neues Formular an und platzieren Sie eine Befehlsschaltfläche auf das Formular.
6. Ändern Sie die *Beim Klicken*-Ereigniseigenschaft der Befehlsschaltfläche und tragen Sie dort den Namen *MeinErstesMakro* ein.

Abbildung 42.4:
Beim Klicken der Befehlsschaltfläche mit Makro verknüpfen

7. Wechseln Sie nun von der Entwurfsansicht des Formulars in die Formularansicht und betätigen Sie die Schaltfläche. Daraufhin erscheint der folgende Dialog:

Abbildung 42.5:
Der Lohn der Arbeit

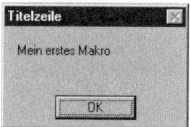

Die Makros der Protector GmbH

Auch die Protector GmbH verwendet Makros, und zwar im *Rechnungen*-Formular und seinem Unterformular namens *Bestelldetails*. Insgesamt greifen die Formulare auf drei Makros zurück:

Abbildung 42.6:
Die Makros der Protector GmbH

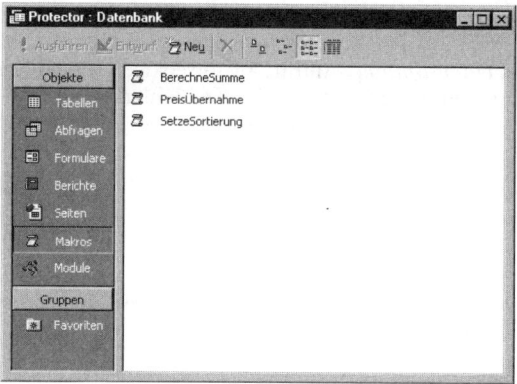

Das Makro *BerechneSumme* berechnet die Summe aller Artikel, die bisher im *Rechnungen*-Formular eingegeben wurden. Es wird immer aufgerufen, wenn ein neuer Artikel angelegt oder ein bestehender Artikel oder der Betrag eines Artikels verändert wurde. Dieses Makro besteht aus einem Aufruf der Dömänenfunktion *DomSumme()*, um die Summe aller Artikel einer Rechnung zu ermitteln. Diese Summe wird anschließend dem Steuerelement *Gesamtbetrag* zugewiesen.

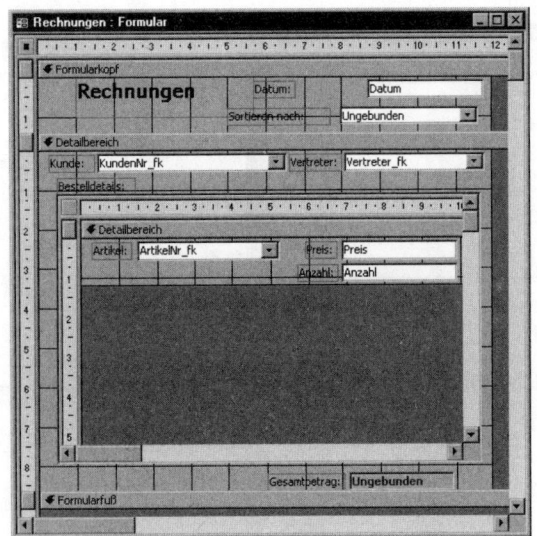

Abbildung 42.7: Zur Erinnerung: das Rechnungen-*Formular*

Weil das Makro sowohl vom Unterformular *Bestelldetails* als auch vom Hauptformular *Rechnungen* aufgerufen wird, arbeitet es mit absoluten Bezügen auf das Steuerelement *Gesamtbetrag*. Im Einzelnen besteht das Makro *BerechneSumme* nur aus einer *SetzenWert*-Aktion, die dem Steuerelement *Gesamtbetrag* das Ergebnis des *DomSumme()*-Aufrufes überweist:

Aktion: *SetzenWert*

Feld: *[Formulare]![Rechnungen]![Gesatmbetrag]*

Ausdruck: *DomSumme([Anzahl]*[Preis]";"[Bestelldetails]";"[RechnungsNr_fk]= [Formulare]![Rechnungen]![RechnungsNr]")*

Achten Sie bei der Formulierung des *DomSumme()*-Aufrufs auf die eckigen Klammern (»[«, »]«). Fehlende Klammern führen entweder zu einem Laufzeitfehler oder zu falschen Ergebnissen. Das Zweite ist deutlich gefährlicher, weil man es nicht sofort bemerkt.

HINWEIS

Das Makro *BerechneSumme* wird an einer Stelle im Formular *Rechnungen* und an drei Stellen im Unterformular *Bestelldetails* eingesetzt. Die Formulareigenschaften der beiden Formulare zeigen, welche Ereigniseigenschaften das Makro *BerechneSumme* aufrufen (siehe Abbildung 42.8).

Wann die einzelnen Ereigniseigenschaften zum Einsatz kommen und welche Bedeutung sie haben, zeigt die folgende Tabelle:

Ereigniseigenschaft	Beschreibung
[Rechnungen].[Beim Anzeigen]	Dieses Ereignis wird ausgelöst, wenn der aktuelle Datensatz verändert wird – also immer dann, wenn ein anderer Datensatz im Rechnungen-Fenster angezeigt werden soll.
[Bestelldetails].[Beim Anzeigen]	Die Summe wird ebenfalls aktualisiert, wenn ein anderer Datensatz im Unterformular zur Anzeige gelangt. ▶

Tabelle 42.1: Wann wird welches Ereignis ausgelöst?

Ereigniseigenschaft	Beschreibung
[Bestelldetails].[Nach Aktualisierung]	Wurde der aktuelle *Bestelldetail*-Datensatz in der Tabelle gespeichert, erfolgt ebenfalls eine Aktualisierung der Summe. Das bedeutet, dass die Summe so lange konstant bleibt, bis der Anwender Preis oder Artikel ändert.
[Bestelldetails].[Beim Löschen]	Wird ein Artikel von der Rechnung getilgt, erfolgt ebenfalls eine automatische Neuberechnung der Gesamtsumme.

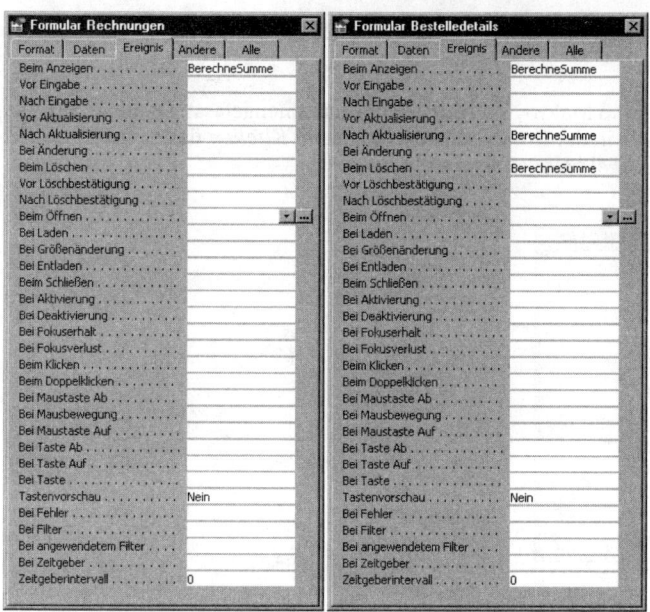

Abbildung 42.8:
Eigenschaften der Formulare Rechnungen *und* Bestelldetails

Im Hauptformular *Rechnungen* wird ein weiteres Makro eingesetzt – nämlich innerhalb des Steuerelementes *Sortieren nach*, das die Sortierung der Datensätze im *Rechnungen*-Formular nach einem der verfügbaren Datenfelder gestattet (das Kombinationsfeld *SortiertNachKombiFeld* zeigt dazu eine Feldliste (siehe ▶ Kapitel 39, *Listen- und Kombinationsfelder*) der Datensätze seiner Datensatzherkunft an).

Bei Auswahl eines Feldnamens aus dem Kombinationsfeld *SortiertNachKombiFeld* arbeitet das Makro *SetzeSortierung* wie folgt: Zuerst wird die aktuelle Sortierung des Formulars aufgehoben, danach wird die *Sortiert nach*-Eigenschaft des Formulars auf das ausgewählte Datenfeld gesetzt, um danach die Sortierung erneut zuzulassen. Dazu wird zweimal auf die Aktionen *AusführenBefehl* und *SetzeWert* zurückgegriffen:

Aktion: *AusführenBefehl*

Befehl: *FilterSortierungEntfernen*

Aktion: *SetzenWert*

Feld: *[Formulare]![Rechnungen].[SortiertNach]*

Ausdruck: *[Formulare]![Rechnungen]![SortierenNachKombiFeld]*

Aktion: *AusführenBefehl*

Befehl: *FilterSortierungAnwenden*

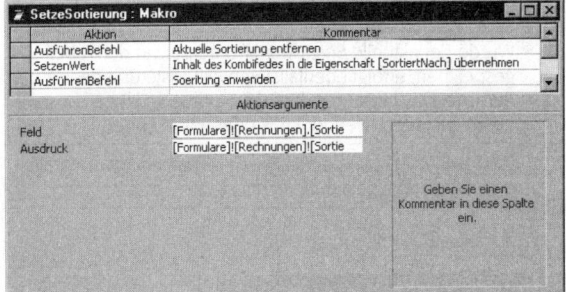

Abbildung 42.9:
So sehen die Aktionen im Makro aus.

Diese Aktionen werden im Makro *SetzeSortierung* zuammengefasst. Damit es zur Ausführung gelangt, muss es in der Ereigniseigenschaft *Beim Klicken* des Kombinationfeldes *SortiertNachKombiFeld* eingetragen werden:

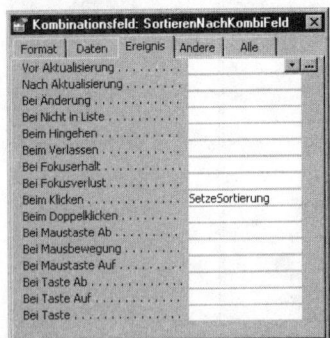

Abbildung 42.10:
Einsatz des SetzeSortierung-Makros

Das letzte Makro der Protector GmbH trägt den Namen *PreisÜbernahme*. Auch hier handelt es sich erneut um ein Makro, das die Aktion *SetzenWert* bemüht. Dieses Mal sorgt das Makro dafür, dass bei Auswahl eines Artikels im *Bestelldetails*-Unterformular automatisch die Preisvorgabe des Artikels in den *Bestelldetail*-Datensatz übernommen wird. Zur Erinnerung: Der Preis eines Artikels wird im Artikeldatensatz vorgegeben, kann aber bei Bedarf (z.B. Kundenrabatte) von Hand geändert werden. Bei der Auswahl eines Artikels auf der Rechnung soll aber die Preisvorgabe eingetragen werden.

Aktion: *SetzenWert*

Feld: *[Formulare]![Rechnungen]![Eingebettet5].[Formular]![Preis]*

Ausdruck: *DomWert("PreisVorgabe";"Artikel";"ArtikelNr=[Formulare]![Rechnungen]![Eingebettet5].[Formular]![ArtikelNr_fk]")*

Ähnlich wie das Makro *SetzeSortierung* in der *Beim Klicken*-Ereigniseigenschaft des *SortierenNachKombiFeldes* aufgerufen wird, kommt das Makro *PreisÜbernahme* in der *Beim Klicken*-Eigenschaft des *ArtikelNr_fk*-Kombifeldes im *Bestelldetails*-Unterformular zum Einsatz:

Abbildung 42.11:
Wo wird das Makro PreisÜbernahme aufgerufen?

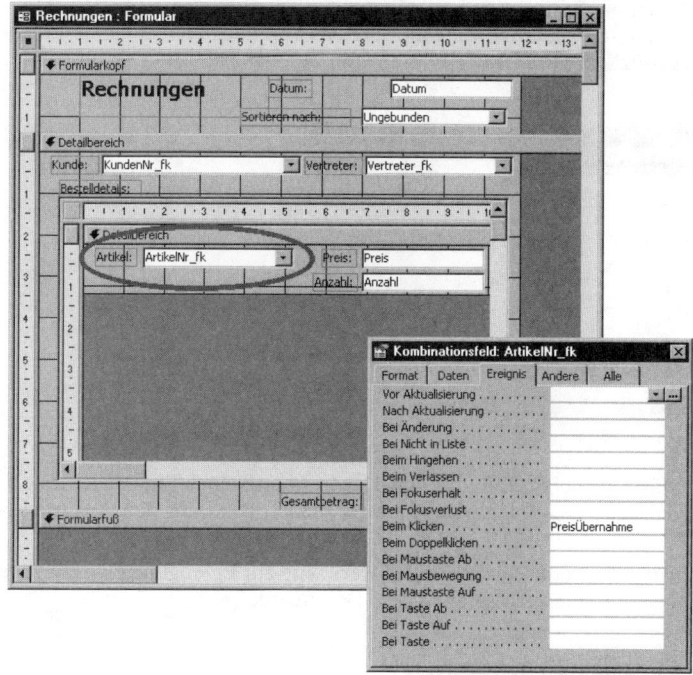

Komplizierte Ausdrücke und Bezüge mit dem Ausdrucks-Generator

Auch dieses Makro arbeitet mit absoluten Bezügen auf das Steuerelement, das die Preisvorgabe eines Artikels aufnehmen soll. Weil sich dieses Element jedoch in einem Unterformular befindet, ist die Referenz auf dieses Element sehr lang. Der Ausdruck *[Formulare]![Rechnungen]* bezieht sich auf das *Rechnungen*-Hauptformular aus der Sammlung aller verfügbaren Formulare. Mit *[Formulare]![Rechnungen]![Eingebettet5]* greifen Sie auf das Steuerelement im Hauptformular zu, in dem sich das Unterformular befindet. Zugriff auf das Unterformular erhalten Sie wie folgt: *[Formulare]![Rechnungen]![Eingebettet5].[Formular]*. Erst jetzt erfolgt der Zugriff auf das eigentliche Steuerelement.

Beim Bilden des eigenen Bezugs auf das Steuerelement innerhalb des Unterformulars sollten Sie sich des Ausdrucks-Generators bedienen. Er wird aufgerufen, wenn Sie im Makroentwurf bei der Eingabe eines Aktionsargumentes auf die Schaltfläche mit den drei kleinen Pünktchen klicken.

Abbildung 42.12:
Hier starten Sie den Ausdrucks-Generator.

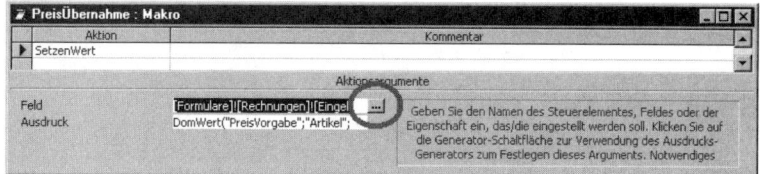

Makros und Module **1087**

Den Ausdrucks-Generator starten Sie auch über die Tastenkombination [Strg]+[F2]. **TIPP**
Falls Sie nur nach einer vereinfachten Eingabe suchen, weil das bereitstehende Eingabefeld zu klein ist, genügt der Druck auf [◊]+[F2], um das *Zoom*-Fenster zu öffnen:

Abbildung 42.13:
Das *Zoom-Fenster zur komfortablen Dateneingabe*

Das *Zoom*-Fenster lässt sich ebenfalls über das Kontextmenü eines Eingabefeldes öffnen. **TIPP**
Dort findet sich auch der Befehl *Aufbauen...*, dessen Auswahl den Ausdrucks-Generator startet.

Der Ausdrucks-Generator ist ein sehr wertvolles Werkzeug zur Erzeugung eines Bezugs auf ein beliebiges Element innerhalb Ihrer Access-Datenbank:

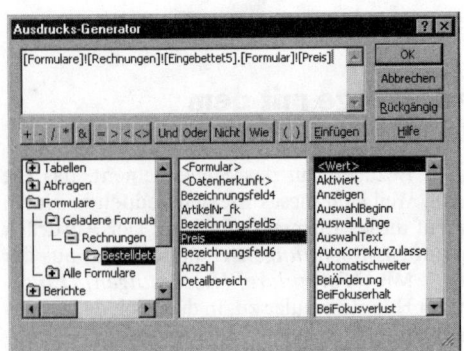

Abbildung 42.14:
Der Ausdrucks-Generator

Im oberen Teil des Ausdrucks-Generators wird der von Ihnen bisher erzeugte Ausdruck angezeigt. Falls Sie mathematische Berechnungen und Verknüpfungen ausführen wollen, lassen sich mit den darunter liegenden Schaltflächen die Operatoren eingeben. Die *Einfügen*-Schaltfläche überträgt den Inhalt der Zwischenablage in den bisher generierten Ausdruck.

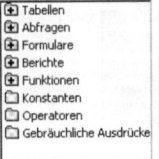

Abbildung 42.15:
Die Objekte von Access

Im unteren Bereich des Ausdrucks-Generators befinden sich eine Baumstruktur und zwei Listenfelder. Die Baumstruktur am linken Rand erlaubt den Zugriff auf alle Objekte von Access, also auf die Tabellen, Abfragen, Formulare und Berichte. Darüber hinaus wird auch der Zugriff auf alle *Funktionen* von Access möglich. Unter Funktionen versteht man in diesem Zusammenhang beispielsweise die finanzmathematischen Funktionen, die komplizierten Berechnungen ohne großen Aufwand durchführen. Auch die Dömänenfunktionen werden hier gelistet. Gebräuchliche *Konstanten* wie *Falsch* oder *Null* werden außerdem genannt, ebenso wie alle Operatoren. Auch gebräuchliche Ausdrücke wie die *aktuelle Seitenzahl* oder das *aktuelle Datum* (z.B. für Berichte) sind hier verfügbar.

Um einen Bezug auf eines der Objekte unter Access zu erzeugen, müssen Sie zunächst die Objektkatgeorie aus der rechten Baumstruktur auswählen. Bei *Tabellen* und *Abfragen* werden Sie sofort die jeweiligen Objekte erkennen. Bei Formularen und Berichten unterscheidet Access allerdings zwischen den *Geladenen Formularen* und *Allen Formularen* bzw. zwischen *Geladenen Berichten* und *Allen Berichten*:

Abbildung 42.16:
Der Unterschied zwischen Tabellen/Abfragen und Formularen/Berichten

Die Äste *Geladene Formulare* und *Geladene Berichte* enthalten alle derzeit in der Formluaransicht bzw. Entwurfsansicht geöffneten Formulare, während *Alle Formulare* auch die nicht geöffneten Formulare aufführt. Um den absoluten Bezug zu einem Steuerelement in einem Unterformular/Unterbericht zu generieren, müssen Sie sich über die Äste *Geladene Formulare/Berichte* vom Hauptformular über das Unterformularsteuerelement bis zum Unterformular »durchhangeln«. Wenn Sie das Unterformular/den Unterbericht nur über die Äste *Alle Formulare/Alle Berichte* ansteuern, erhalten Sie einen Bezug, der nur dann gültig ist, wenn das Unterformular separat, also außerhalb des Hauptformulars, geöffnet wird.

Makrogruppen

Betrachten Sie die Ereigniseigenschaften eines Formulars, Steuerelementes oder Berichtes genauer, dann stellen Sie fest, dass die Kombinationsfelder dort die Namen aller in der Datenbank gespeicherten Makros aufführen. Es ist aber mühsam und aufwendig, jede noch so kleine Aktion in ein eigenes Makro zu kleiden und in der Datenbank zu speichern. Access erlaubt daher das Gruppieren mehrerer Makros. Jedes Makro in einer solchen Makrogruppe muss einen eigenen Namen besitzen, daher müssen Sie über *Ansicht*-Menü die *Makronamen* im Makrofenster einblenden.

Jedes Makro erhält einen eigenen Namen, der anschließend in den Kombinationsfeldern einer Ereigniseigenschaft wieder auftaucht – dort allerdings nicht allein stehend, sondern immer in der Form *Makrogruppe.Makroname*.

WICHTIG Die Namen einzelner Makros und von Makrogruppen werden in den Ereigniseigenschaften anderer Access-Objekte erst sichtbar, nachdem die Makrogruppe gespeichert wurde. Auch Änderungen an Makros sind erst nach dem Speichern verfügbar.

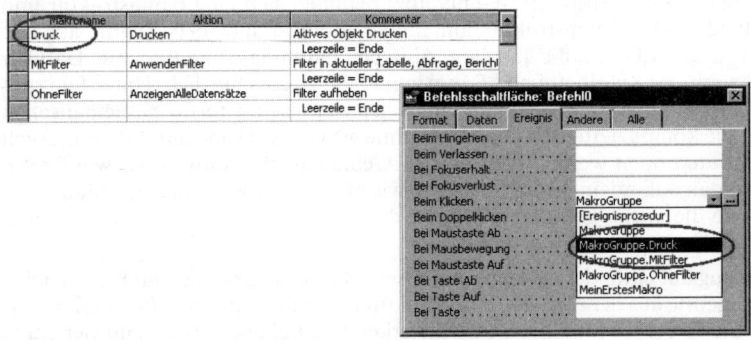

Abbildung 42.17:
Drei Makros in einer Gruppe

Mehrere Aktionen in einem Makro

Zwischen zwei aufeinander folgenden Makros in einer Makrogruppe muss mindestens eine Zeile stehen, deren *Aktion*-Spalte leer ist. Ansonsten würden die unmittelbar aufeinander folgenden Aktionen bei Aufruf des Makros hintereinander ausgeführt. Andererseits ergibt sich dadurch die Möglichkeit, mehrere Aktionen zu einem einzigen Makro zusammenzufassen.

Wann wird die Aktion ausgeführt und wann nicht

Eine der grundlegenden Prinzipien eines jeden Programms ist seine Fähigkeit, Wenn/Dann-Entscheidungen zu treffen: *Wenn die Bedingung zutrifft, tue dies, sonst tue das*. Auch Makros sind dazu in der Lage, eine Aktion aufgrund einer Bedingung auszuführen oder es eben bleiben zu lassen.

Dazu muss zuerst die *Bedingung*-Spalte im Makro-Entwurf angeschaltet werden. Das geschieht über das Menü *Ansicht/Bedingungen*:

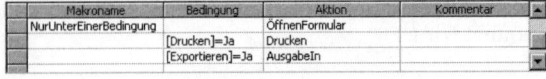

Abbildung 42.18:
Bedingungen stehen in einer separaten Spalte.

Für jede Aktion lässt sich die Bedingung angeben, die erfüllt sein muss, um die Aktion auszuführen. Hängen mehrere Aktionen von derselben Bedingung ab, so muss diese Bedingung mehrfach wiederholt werden:

Makroname	Bedingung	Aktion	Kommentar
NurUnterEinerBedingung		ÖffnenFormular	
	[Drucken]=Ja	Drucken	
	[Exportieren]=Ja	AusgabeIn	In Tabelle speichern
	[Exportieren]=Ja	AusgabeIn	Als HTML speichern
	[Exportieren]=Ja	AusgabeIn	Als EXCEL speichern

Abbildung 42.19:
Für mehrere Aktionen muss die Bedingung wiederholt werden.

TIPP Sowohl die Aktionsargumente als auch die Bedingungen können sich auf Steuerelemente des aktuellen Formulars/Berichtes beziehen. Dann genügt die einfache Nennung des Steuerelementnamens in eckigen Klammern []. Falls nicht klar ist, welche Steuerelemente zur Verfügung stehen oder wie diese heißen, leistet der Ausdrucks-Generator von Access wertvolle Dienste (Kontextmenü: *Aufbauen...* oder [S]+[F2]). Achten Sie bei seiner Benutzung aber darauf, dass das jeweilige Formular tatsächlich in der Entwurfs- oder Formularansicht geöffnet ist.

Makros, die beim Start der Datenbank aufgerufen werden

Wer eine Access-Anwendung oft startet, wird es nach einiger Zeit ziemlich lästig fnden, die benötigten Formluare stets von Hand öffnen zu müssen. Wie viel angenehmer wäre es, wenn zumindest das Hauptformular beim Start der Datenbank automatisch aufgerufen würde?

Genau zu diesem Zweck stellt Access den Mechanismus des *AutoExec*-Makros bereit. Das ist eine Makrogruppe, deren Aktionen automatisch von Access ausgeführt werden.

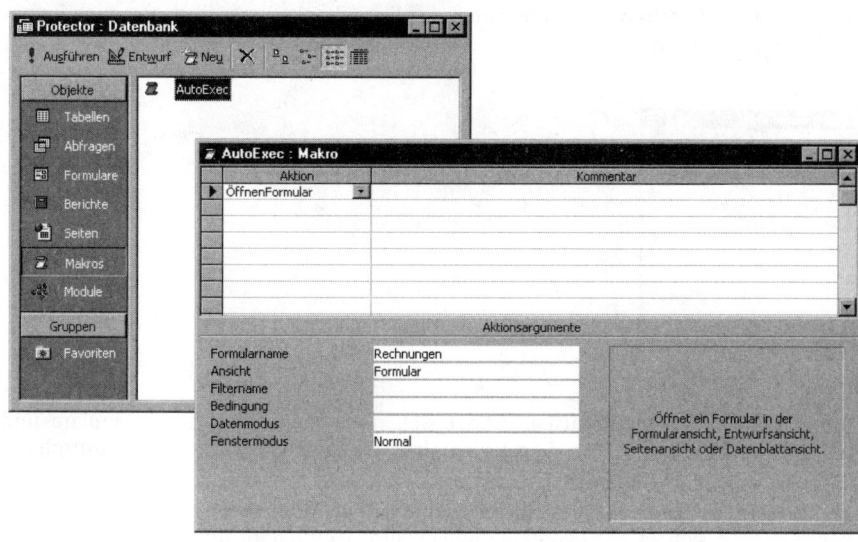

Abbildung 42.20: Dieses AutoExec-*Makro öffnet automatisch das Rechnungen-Formular beim Start der Datenbank.*

Allerdings ist dieser Mechanismus zumindest für das Öffnen eines Formulars nach dem Start der Access-Datenbank seit Access 95 etwas aus der Mode gekommen. Denn seit Access 95 existiert über *Extras/Start...* der *Start*-Dialog, der die Einstellung verschiedener Start-Parameter gestattet, darunter die Auswahl des beim Start der Datenbank zu öffnenden Formulars oder der zu öffnender Datenzugriffsseite im Eingabefeld *Formular/Seite anzeigen*.

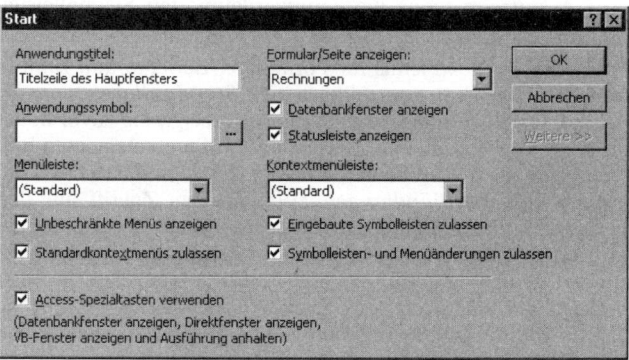

Abbildung 42.21: Der Start-*Dialog*

Außerdem lässt sich im Eingabefeld *Anwendungstitel* der Titel ändern, der im Access-Hauptfenster angezeigt wird. Im *Anwendungssymbol* lässt sich eine Icon-Datei angeben, die das Symbol enthält, das in der linken, oberen Ecke des Access-Hauptfensters angezeigt werden soll. Damit dem Anwender die Chance genommen wird, Änderungen an der Datenbank vorzunehmen, lässt sich durch Deaktivierung des Kontrollkästchens *Datenbankfenster anzeigen* das Datenbankfenster ausblenden. Dann hat der Anwender keine Möglichkeit zur Auswahl eines Datenbankobjektes und kann es folglich nicht editieren. Absolut wirksam ist dieser Schutz allerdings nicht, denn durch den *Einblenden...*-Befehl aus dem *Fenster*-Menü lässt sich auch ein verborgenes Datenbankfenster wieder einblenden. Alternativ dazu lässt es sich auch mit F11 wieder einblenden. Diese Tastenkombination bringt das Datenbankfenster übrigens auch immer wieder in den Vordergrund.

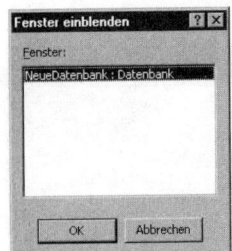

Abbildung 42.22:
Verborgene
Fenster
einblenden

Durch Ausblenden der Statusleiste lässt sich noch mehr Platz für Formulare und Berichtsvorschauen im Access-Fenster schaffen. Dazu müssen Sie nur das Kontrollfeld *Statusleiste anzeigen* deaktivieren.

Um zu verhindern, dass Access die herkömmlichen Menüzeilen und Kontextmenüs anzeigt, lassen sich in den Kombinationsfeldern *Menüleiste* und *Kontextmenü* die Symbolleisten auswählen, die an Stelle der Standardmenüs angezeigt werden sollen. (Wie Sie benutzerdefinierte Menüs, Kontextmenüs und Symbolleisten erstellen, erfahren Sie in ▶ Kapitel 2, *Symbolleisten*.) Die Deaktivierung des Kontrollkästchens *Unbeschränkte Menüs anzeigen* führt dazu, dass in der Menüzeile nur noch das *Datei*- und das *Fenster*- und die benutzerdefinierten Menüs in der Menüzeile angezeigt werden. Alle anderen Menü-Einträge fehlen. Benutzer Ihrer Access-Datenbank können sich so nicht mehr in unbekannten Menüs verirren. Wollen Sie außerdem verhindern, dass die in Access eingebauten Symbolleisten in Ihrer Access-Anwendung verfügbar sind, wird das Kontrollkästchen *Eingebaute Symbolleisten zulassen* deaktiviert. Dann werden nur noch die Symbolleiste *Menüzeile* sowie die benutzerdefinierten Symbolleisten angezeigt.

Üblicherweise steuert Access die Kontextmenüs für Formulare, Berichte und zahlreiche Steuerelemente. Falls Sie aber das Kontrollkästchen *Standardkontextmenüs zulassen* deaktivieren, werden nur noch die Kontextmenüs angezeigt, die zuvor in der Eigenschaft *Kontextmenüleiste* von Formularen, Berichten und Steuerelementen hinterlegt wurden. Und um dem Ganzen die Krone aufzusetzen, lässt sich durch das Kontrollkästchen *Symbolleisten- und Menüänderngen zulassen* der Zugriff auf den Befehl *Extras/Anpassen* versperren, der eine Änderung der Menüleisten erlaubt. Spätestens wenn Sie dieses Kontrollkästchen deaktivieren, sollten Sie entweder eine »ungeschützte« Kopie Ihrer Datenbank mitführen oder dafür sorgen, dass in einer benutzerdefinierten Menüleiste der Zugriff auf das *Extras/Start...*-Menü gewährt ist. Denn dann können Sie diese Option wieder zurücknehmen und beim nächsten Öffnen der Datenbank Menüs und Symbolleisten editieren.

Module

Makros sind sehr kraftvolle Werkzeuge, um wiederkehrende Aufgaben zu automatisieren oder umständliche Handlungsanweisungen auf einen einzigen Befehl »einzudampfen«. Doch der Makro-Mechanismus legt dem Anwender einige Beschränkungen auf, die sich nur mit echten Programmen aufheben lassen.

Sollen beispielsweise Datensätze manipuliert werden, so ist das mit Makros nur für die in einem Formular dargestellten Daten möglich. Ein in einem so genannten Modul gespeichertes Programm kann dagegen auf alle Datensätze aller Tabellen und Abfragen zugreifen. Neben all dem, was ein Makro kann, bieten Programme innerhalb eines Moduls noch deutlich mehr Funktionen.

Weil an dieser Stelle der Platz nicht ausreicht, um die Programmierung unter Access in der Programmiersprache *Visual Basic für Applikationen* (VBA) zu erläutern, werden hier nur einige Grundkonzepte erläutert.

In einem Modul werden ähnlich wie in einer Makrogruppe mehrere so genannte Funktionen und Prozeduren gespeichert. Genau wie Makros lassen sich diese Funktionen mit einem Ereignis eines Formulars oder Berichtes verknüpfen. Die VBA-Funktion wird ausgeführt, sobald das entsprechende Ereignis ausgelöst wird. Wie das aussehen könnte, soll das folgende Beispiel zeigen, das mit Hilfe von VBA auf Knopfdruck ein Meldungsfenster anzeigt:

1. Erstellen Sie ein neues Formular und fügen Sie dort eine Befehlsschaltfläche ein.
2. In der Ereigniseigenschaft *Beim Klicken* der Befehlsschaltfläche wählen Sie *[Ereignisprozedur]*. Klicken Sie anschließend auf die Schaltfläche mit den drei kleinen Pünktchen.

Abbildung 42.23: Ereignisprozeduren werden in VBA entwickelt.

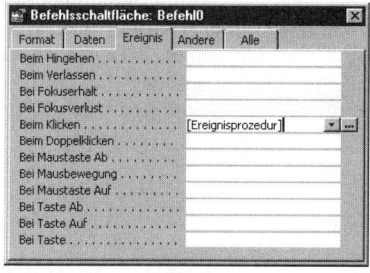

3. Access wechselt in die VBA-Entwicklungsumgebung und erzeugt automatisch eine leere Funktion für den Button. Der Name dieser Funktion setzt sich zusammen aus dem *Namen* des Steuerelementes (z.B. *Befehl0*) und einer englischen Bezeichnung für das auszuführende Ereignis (z.B. *Click*).
4. Tragen Sie im Programmeditor die folgende Programmzeile ein:

```
MsgBox "Hallo da draußen"
```

Ihr Programm müsste nun in etwa wie Abbildung 42.24 aussehen.

5. Schließen Sie die VBA-Entwicklungsumgebung und bestätigen Sie alle Aufforderungen zum Speichern.
6. Wechseln Sie im Formular von der Entwurfs- in die Formularansicht und betätigen Sie die Schaltfläche. Daraufhin wird der folgende Dialog angezeigt (siehe Abbildung 42.25).

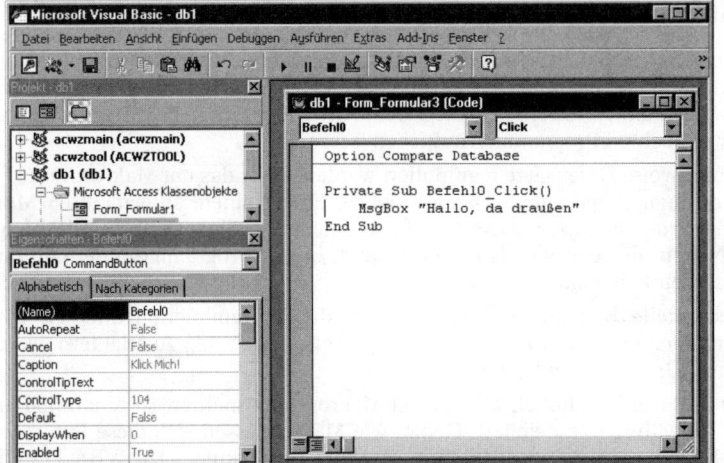

Abbildung 42.24:
Eine neue Prozedur ist entstanden.

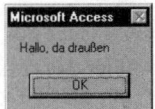

Abbildung 42.25:
Programmieren kann so einfach sein.

Das oben aufgeführte Beispiel stellt in verschiedener Hinsicht eine Vereinfachung im Umgang mit Modulen dar: Erstens wird hier nur auf das Standard-Modul zurückgegriffen, das Access für jedes Formular automatisch generiert, außerdem erzeugt der Access-Assistent beim Klick auf die gepunktete Schaltfläche automatisch den Prozedurrumpf (Sub Name()/End Sub), den man bei der Programmierung eigener Module selbst beisteuern muss.

HINWEIS

Teil G
Office 2000 im Web

1097	Office im Web
1111	Word im Web
1117	Excel im Web
1127	PowerPoint im Web
1129	Publisher im Web
1135	Access im Web

Der große Trend zu Beginn des nächsten Jahrtausends heißt Vernetzung und es ist das Internet, das hier fürs Erste die Standards setzt. Damit Dokumente für die Publikation im Intranet oder Internet auch mit Office erstellt werden können, hat Microsoft die Office-Anwendungen in der Version 2000 internet-tauglich gemacht. Passend dazu zeigen Ihnen die folgenden sechs Kapitel des Teils G, wie Sie Internet-Dokumente mit Word, Excel, PowerPoint, Publisher oder Access aufsetzen können.

Kapitel 43 beschäftigt sich dabei zunächst mit den in allen Office-Anwendungen wiederkehrenden Aufgaben, etwa dem Erstellen von Hyperlinks oder dem Heraufladen von HTML-Dateien auf einen Server. Die nachfolgenden Kapitel widmen sich dann den verschiedenen Office-Anwendungen und ihrer Internet-Tauglichkeit im Einzelnen.

In Kapitel 44 erfahren Sie, wie Sie Word 2000 einsetzen, um mit HTML-Frames und Tabellen zu arbeiten. Kapitel 45 beschäftigt sich mit den Web-Erweiterungen für Excel 2000, die es nun gestatten, interaktive Tabellen und Diagramme im Web vorzuführen. Kapitel 46 handelt von der Veröffentlichung einer PowerPoint-Präsentation im Web. Wie Sie Publisher-Publikationen vom Papier in eine elektronische Form übertragen ist das Thema des Kapitels 47. Und Kapitel 48 widmet sich schließlich der verschiedenen Wege, eine Access-Tabelle im Web bereitzustellen.

43 Office im Web

1097	Statisch oder dynamisch?
1098	Als Webseite speichern ...
1099	... oder veröffentlichen
1106	Hyperlinks

Keine Version des Office-Pakets sucht die Verbindung zum Internet so sehr wie das neue Office 2000. Word, Excel, PowerPoint und Access erlauben den Export von Dokumenten im HTML-Format.

Üblicherweise sieht ein im HTML-Format gespeichertes Dokument bei Betrachtung im Browser immer etwas anders aus als bei Betrachtung und Bearbeitung innerhalb der jeweiligen Anwendung – obwohl sich beide Ansichten bereits beachtlich gleichen. Weil das HTML-Format einige Features der Office-Programme aber nicht unterstützt, muss man innerhalb des Browsers auf einige Möglichkeiten verzichten.

Allerdings – und das ist das wirklich Neue an Office 2000 – lässt sich die HTML-Datei, sobald sie wieder mit der entsprechenden Anwendung geöffnet wird, genauso darstellen, wie sie zuvor gespeichert wurde. Das hängt damit zusammen, dass Textformatierungen und dergleichen zusätzlich zum HTML-Quelltext in der HTML-Datei als so genannte DHTML- und XML-Abschnitte innerhalb der Datei gespeichert werden.

Statisch oder dynamisch?

Beim einfachen HTML-Export hat man es bei Microsoft nicht belassen. Es lassen sich nun auch dynamische Webseiten erzeugen, die auf Eingaben des Anwenders reagieren. So lässt sich beispielsweise eine Excel-Tabelle so in das HTML-Format überführen, dass der Anwender bei der Anzeige der Tabelle im Web-Browser den Inhalt der Tabellenzellen ändern kann, so dass Berechnungen sofort durchgeführt werden. Für eine Bank oder Versicherung bietet das z.B. die Möglichkeit, die Rückzahlungsmodalitäten von Krediten oder die Absicherung einer privaten Rentenversicherung im Alter online berechnen zu lassen – ohne dass dafür auf aufwendige Programmiertechniken wie Java oder CGI zurückgegriffen werden muss.

Bevor wir aber die Umwandlung von Dokumenten in das HTML-Format beschreiben, zunächst ein paar Hinweise zur Vorbereitung der Dokumente für das Web. Vor allem auf das, was den Umgang mit Hyperlinks und eingebettete Abbildungen angeht, sollten Sie ein wachsames Auge werfen.

Als Webseite speichern ...

Das Speichern eines Office-Dokuments als HTML-Seite ist ein relativ müheloser Vorgang. Im *Speichern unter*-Dialog geben Sie einfach einen Dateinamen an, wählen den Dateityp *Webseite (*.htm;*.html)* und klicken auf *Speichern*. Office schreibt anschließend das Dokument im HTML-Format auf die Festplatte, wobei die enthaltenen Abbildungen in einem eigens zu diesem Zweck erzeugten Ordner abgelegt werden. Alle im Dokument befindlichen Grafiken werden dazu standardmäßig in das JPEG-, GIF- oder PNG-Format konvertiert.

OLE-Objekte verlieren im Web ihre Interaktivität. Daher wird vor dem Speichern ein Schnappschuss ihres aktuellen Zustands geschossen, der ebenfalls als Abbildung in der exportierten HTML-Seite gespeichert wird.

HINWEIS

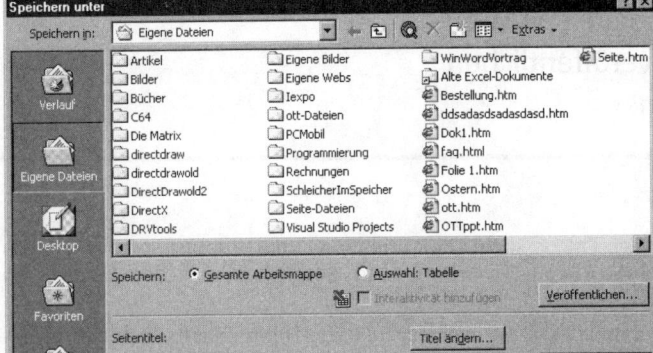

Abbildung 43.1:
Speichern eines
Dokuments als
Webseite

Alle Office-Anwendungen besitzen im *Datei*-Menü den Befehl *Als Webseite speichern ...*, der nichts anderes als den Aufruf des *Speichern unter*-Dialogs und die sofortige Auswahl des Dateityps *Webseite (*.htm;*.html)* bewirkt.

HINWEIS

Wie der obere Dialog bereits zeigt, kann der *Speichern unter*-Dialog beim Export einer Webseite eine deutlich höhere Komplexität als gewohnt aufweisen. Der obere Dialog wird beim Speichern einer Excel-Tabelle im HTML-Format aufgerufen und erlaubt die Auswahl, ob die Excel-Tabelle als interaktive oder statische Webseite exportiert werden soll.

Beim Speichern eines Dokuments als HTML-Datei zeigt der *Speichern*-Dialog stets die Schaltfläche *Titel ändern...* Sie erlaubt die Eingabe eines HTML-Titels, der bei der Anzeige des Dokuments im Webbrowser in dessen Titelzeile dargestellt wird. Ein Klick auf diese Schaltfläche zeigt dazu einen einfachen Dialog, in dessen Eingabefeld der Titel angegeben wird:

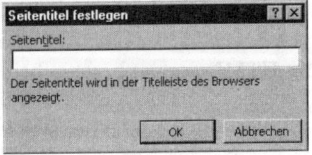

Abbildung 43.2:
Festlegen des
Dialog-Titels

... oder veröffentlichen

Beim Speichern eines Dokuments als Webseite wird das Dokument im HTML-Format auf der Festplatte abgelegt und jedes weitere Speichern des Dokuments schreibt die Daten in die jeweilige HTML-Datei. Ihr aktuelles Word-Dokument ändert seine Dateiendung dabei beispielsweise von DOC nach HTML. Unter Office 2000 entstehen Ihnen dadurch keine Nachteile, weil HTML nunmehr als natives Dateiformat unterstützt wird und damit keine Formatierungen und Informationen verloren gehen.

Dennoch ist es nicht immer wünschenswert, dass auch das »Urprungs-Dokument« im HTML-Format gespeichert wird. Manchmal ist es einfach erforderlich, den HTML-Export als Zugabe zu betrachten und die Dateien weiterhin im Standard-Dateiformat der Anwendung abzulegen. Für diesen Fall stellen einige Anwendungen (z.B. Excel und PowerPoint) innerhalb des *Speichern unter...*-Dialogs den *Veröffentlichen*-Befehl bereit.

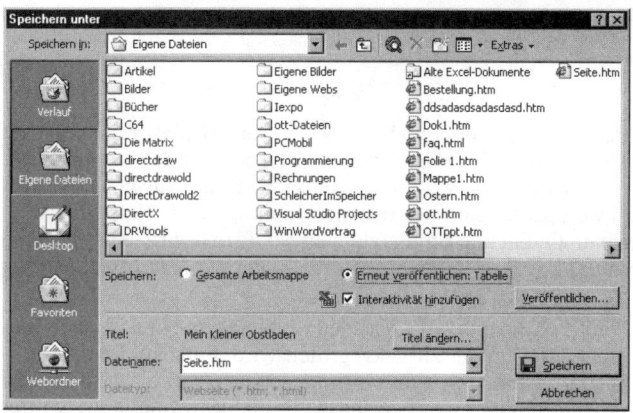

*Abbildung 43.3:
Erneut
veröffentlichen*

Sein Aufruf hat zur Folge, dass Sie beispielsweise den zu speichernden Bereich näher eingrenzen können. Beim Export einer Excel-Tabelle erlaubt der *Veröffentlichen*-Dialog so den erneuten Export eines bereits zuvor exportierten Tabellenbereichs, ohne dass Sie diesen Bereich vor dem Aufruf des *Speichern unter*-Befehls mühsam markieren müssen. Und beim Export einer PowerPoint-Präsentation erlaubt der *Veröffentlichen*-Dialog die Auswahl der zu exportierenden Zielgruppen-Präsentation oder des Browsers, auf den der HTML-Export zugeschnitten werden soll.

HINWEIS Um einen Eindruck darüber zu erhalten, wie das aktuelle Dokument als Webseite dargestellt wird, bietet jede Anwendung im *Datei*-Menü den Befehl *Webseitenvorschau*. Hier wird das aktuelle Dokument als HTML-Datei abgespeichert und im Browser angezeigt. Weil hier aber nicht alle Einstellungen aktiv werden können, ist bei verschiedenen Anwendungen der Umweg über die *Veröffentlichen*-Schaltfläche des *Speichern unter*-Dialogs zu empfehlen, weil Sie hier unmittelbar nach dem Speichern des Dokuments die Anzeige der gespeicherten Daten im Browser veranlassen können.

Die Weboptionen

Bereits bevor es an das Speichern des Dokuments als Webseite geht, haben Sie Einfluss auf die Art und Weise der Speicherung. In allen Anwendungen beherbergt der *Optionen*-Dialog, der über *Extras/Optionen* aufgerufen wird, in seinem *Allgemein*-Register die Schaltfläche *Weboptionen*, die einen für alle Office-Anwendungen weitgehend identischen Dialog zum Vorschein bringt.

Während die meisten Register des *Weboptionen*-Dialogs unter allen Anwendungen identisch sind, unterscheidet sich allerdings besonders sein *Allgemein*-Register von Anwendung zu Anwendung:

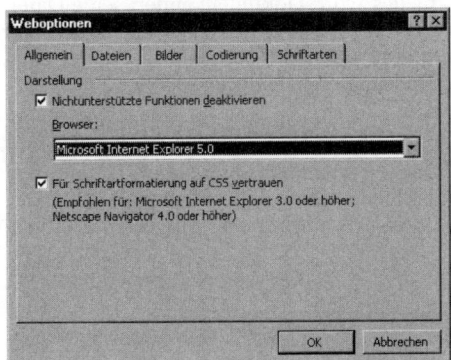

Abbildung 43.4:
Das Allgemein-*Register der* Weboptionen *von* Word

Im *Allgemein*-Register der Weboptionen von Word legen Sie beispielsweise fest, auf welchen Browser die HTML-Ausgabe zugeschnitten werden soll. Ist das Kontrollkästchen *Nichtunterstützte Funktionen deaktivieren* aktiviert, legen Sie im Kombinationsfeld *Browser* fest, ab welcher Version des Internet Explorers bzw. Netscape Navigators der von Office erstellte Quellcode problemlos »verstanden« wird. Zur Auswahl stehen der *Microsoft Internet Explorer 4.0/Navigator 4.0* oder der *Microsoft Internet Explorer 5.0.*

Ob beim Export eines Word-Dokuments auf Cascaded Style Sheets (*CSS*) zur Formatierung der Zeichen in einem Dokument zurückgegriffen wird, entscheidet das Kontrollkästchen *Für Schriftformatierung auf CSS vertrauen*. Nur wenn dieses Kontrollkästchen aktiv ist, können Sie davon ausgehen, dass alle Schriftformatierungen des Dokuments weitgehend in die HTML-Datei übernommen werden. Ansonsten können beim Export keine Schriftarten und variablen Schriftgrößen verwendet werden.

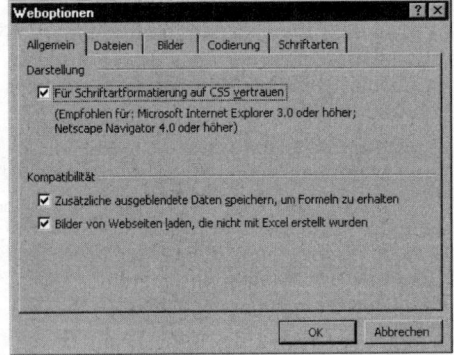

Abbildung 43.5:
Das Allgemein-*Register von* Excel

Beim Export einer Excel-Tabelle in die HTML-Datei müssen die Formeln zur Berechnung von Zellinhalten eigentlich nicht exportiert werden – denn zur Anzeige werden diese nicht mehr benötigt. Soll die HTML-Datei aber nach dem Herunterladen aus dem Internet/Intranet erneut mit Excel bearbeitet werden, so ist die Kenntnis der Berechnungsformeln in den Zellen sehr wichtig. Damit diese Informationen gespeichert werden, stellt das *Allgemein*-Register das Kontrollkästchen *Zusätzliche ausgeblendete Daten speichern, um Formeln zu erhalten*, das standardmäßig aktiviert ist. Es führt zwar dazu, dass HTML-Dateien etwas mehr an Umfang gewinnen, aber die wichtigen Informationen bleiben erhalten, so dass Sie bei der Anzeige der Datei im Internet Explorer 5.0 durch einen einfachen Klick auf die *Bearbeiten*-Schaltfläche auf die Excel-Tabelle mit all ihren Berechnungsformeln zugreifen können:

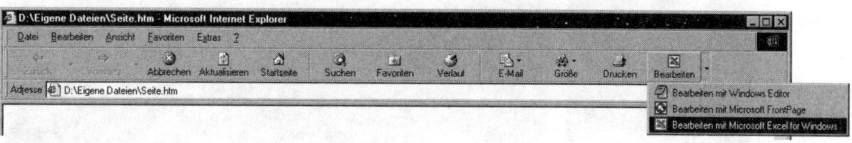

Abbildung 43.6: Der Internet-Explorer 5.0 erlaubt die Bearbeitung der angezeigten HTML-Anwendung mit »ihrer« Anwendung.

Beim Export von PowerPoint-Folien zeigt das *Allgemein*-Register der Weboptionen den folgenden Aufbau:

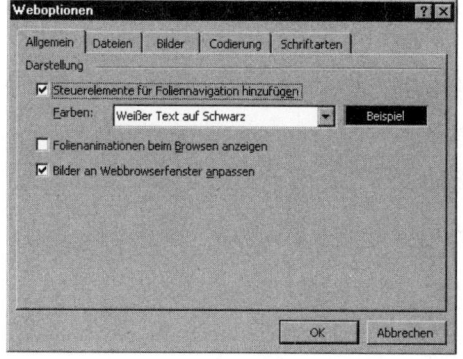

Abbildung 43.7: Das Allgemein-*Register von PowerPoint*

Hier können Sie wählen, ob die zur Navigation zwischen den Seiten einer Präsentation benötigten Schaltflächen ebenfalls in die HTML-Seiten exportiert werden sollen und in welcher Farbe die Gliederungsansicht zur Schnell-Navigation durch die Präsentation dargestellt werden soll (siehe Abbildung 43.8).

Außerdem legen Sie fest, ob die Animationen beim Übergang zur nächsten Folie oder die für die Elemente einer Folie definierten Animationen zur Ausführung gelangen (*Folienanimationen beim Browsen anzeigen*). Und um die Darstellung der Folie an die aktuelle Größe des Browser-Fensters anzupassen, steht das Kontrollkästchen *Bilder an WebBrowser-Fenster anpassen* bereit. Ist es aktiviert, so zeigt das Browser-Fenster stets die gesamte Folie – unabhängig davon, ob der Anwender das Browser-Fenster vergrößert oder verkleinert. Die Folie »schrumpft« und »wächst« einfach mit (siehe Abbildung 43.9).

Doch zurück zu den Weboptionen. Das *Dateien*-Register ist für alle Office-Anwendungen relativ identisch. In der Gruppe *Dateinamen und Speicherorte* legen Sie fest, ob die in einem Dokument enthaltenen Bilder in einem separaten Ordner oder im selben Verzeichnis wie die exportierte HTML-Datei gespeichert werden. Ist das Kontrollkästchen *Hilfsdateien in einen Ordner speichern* aktiviert, erzeugt Office beim HTML-Export einen Ordner mit dem Namen der exportierten Datei, an die der Text »*Dateien*« angehängt wurde.

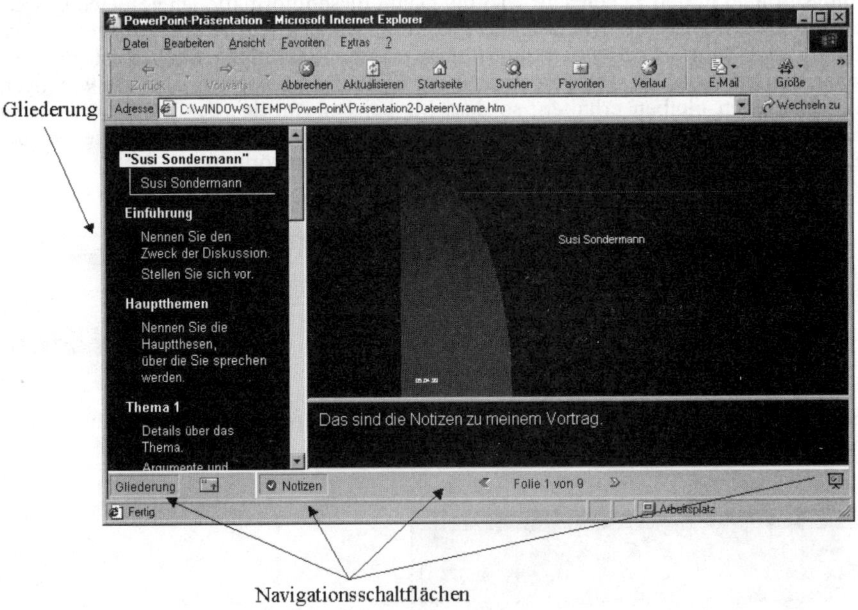

Abbildung 43.8:
Die Präsentation im Web

Gliederung

Navigationsschaltflächen

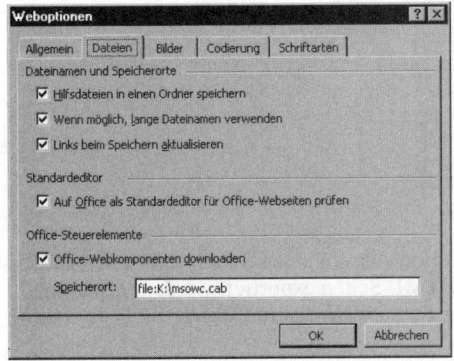

Abbildung 43.9:
Das Dateien-*Register der Weboptionen*

HINWEIS

Der Name des erzeugten Ordners hängt von der aktuellen Sprachversion des Office-Pakets ab. In der deutschen Version wird der Text »-Dateien« an den Dateinamen angehängt, in der englischen beispielsweise der Text »_files«.

Das separate Verzeichnis nimmt aber nicht nur die Bilder eines Dokuments auf. Auch die HTML-Dateien, die beim Export einer PorwerPoint-Präsentation beispielsweise zur Speicherung der separaten Folien angelegt werden, legt Office in diesem Ordner ab.

Das Kontrollkästchen *Wenn möglich, lange Dateinamen verwenden* sollte stets aktiv sein, denn bei seiner Deaktivierung werden die exportierten Dateien in der alten 8.3-Schreibweise gespeichert, die nur noch unter MS-DOS und Windows 3.x eine Rolle spielt. Außerdem verhindert die Deaktivierung dieser Option, dass die Hilfsdateien in einem separaten Ordner gespeichert werden.

Über das Kontrollkästchen *Auf Office als Standardeditor für Office-Webseiten prüfen* legen Sie fest, ob beim Start einer Office-Anwendung überprüft werden soll, ob die Anwendung noch der Standardeditor für die jeweilige Art von HTML-Dateien ist. Um eine HTML-Datei zu bearbeiten, stellt das Kontextmenü der Datei im Windows-Explorer den *Bearbeiten*-Befehl bereit. Üblicherweise wird dabei ein HTML-Editor (z. B. FrontPage) aufgerufen. Soll aber die jeweilige »Ursprungs-Anwendung« zur Bearbeitung der HTML-Datei aufgerufen werden, muss die Option *Auf Office als Standardeditor für Office-Webseiten prüfen* aktiviert sein, um stets die Office-Dateien als Editor für die jeweilige HTML-Datei einzusetzen.

HINWEIS Beim Aufruf des *Bearbeiten*-Befehls aus dem Kontextmenü einer Datei erkennt der Explorer automatisch, welche der jeweiligen Office-Anwendungen aufgerufen werden muss. Soll eine nicht mit dem Office-Paket erstellte HTML-Datei bearbeitet werden, wird der herkömmliche HTML-Editor zu ihrer Bearbeitung gestartet.

Abbildung 43.10:
Bilder-*Register*
der Weboptionen

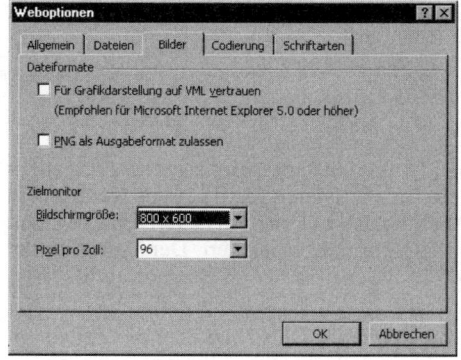

Die Bilder und OLE-Objekte eines Dokuments werden beim HTML-Export üblicherweise vor dem Speichern in das *GIF*-Format umgewandelt. Nur Grafiken, die bereits als JPEG-Datei vorliegen, werden auch weiterhin als JPEG-Datei gespeichert.

Das GIF- und das JPEG-Format sind komprimierte Bildformate, deren Bilddateien deutlich weniger Platz als herkömmliche, unkomprimierte Bitmap-Dateien beanspruchen. Das GIF-Format ist ein verlustfreies Kompressionsformat, bei dem nach dem Entkomprimieren genau dasselbe Bild entsteht, das beim Speichern in seiner Dateigröße »zusammengequetscht« wurde. Beim JPEG-Format werden Gewinne in der Dateigröße jedoch vor allem dadurch erzielt, dass unwichtige Bildbereiche »unter den Tisch fallen«, so dass sich das Original und das entkomprimierte Bild bei genauer Analyse voneinander unterscheiden – oft sind die Unterschiede für das unbewaffnete Auge allerdings nicht sichtbar.

Problematisch beim Umwandeln einer Abbildung in das JPEG-Format ist allerdings die Angabe des Qualitätsfaktors. Er bestimmt, was im Bild als unwichtig erachtet und damit weggelassen werden kann. Weil diese Einstellung für jede Abbildung eines Dokuments separat eingegeben werden müsste, verzichtet Office auf die automatische Umwandlung von Abbildungen in das JPEG-Format und greift stattdessen auf das GIF-Format zurück.

Leider kann das GIF-Format nur Bilder mit einer Farbpalette von 256 Farben speichern. Echtfarbbilder mit 65.536 oder 16,7 Millionen Farben lassen sich damit nicht speichern. Echtfarbbilder werden vor dem Speichern eines Office-Dokuments daher in den 256-Farben-Modus umgerechnet, was der Qualität des Bildes nicht zuträglich ist. Hier hilft nur das vorherige Umwandeln der Abbildung in das JPEG-Format und das anschließende Einbetten der gewandelten Abbildung in das Dokument.

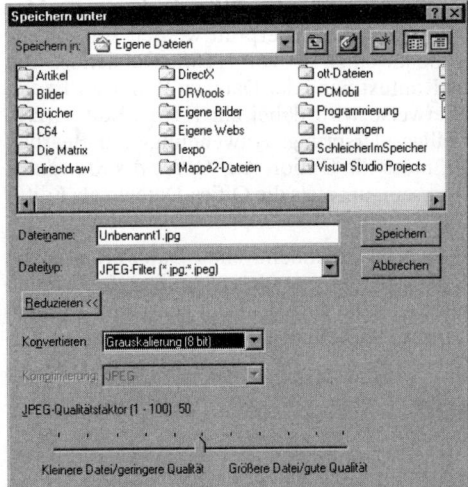

Abbildung 43.11:
Einstellung eines Qualitätsfaktors beim Speichern eines JPEG-Bildes

Über das *Bilder*-Register der Web-Optionen können Sie aber auf das PNG-Format zur Speicherung von Echtfarbbildern zurückgreifen. Aktivieren Sie dazu das Kontrollfeld *PNG als Ausgabeformat zulassen* und Abbildungen mit mehr als 256 Farben werden im ebenfalls verlustfrei komprimierenden PNG-Format gespeichert. Der Haken an der Sache: PNG wird nur von modernen Web-Browsern (»4.0er«-Versionen und später) unterstützt.

Die in einem Dokument enthaltenen Vektorzeichnungen, also alle über die *Zeichnen*-Symbolleiste eingefügten Autoformen wie Linien, Rechtecke, Ellipsen sowie die im WMF bzw. EMF eingebetteten Grafiken und Cliparts werden beim HTML-Export ebenfalls in das GIF-Format umgewandelt. Das beansprucht aber deutlich mehr Speicherplatz als die Speicherung der reinen Vektorinformationen. Office gestattet daher die Speicherung von Vektorzeichnungen als *VML*-Datei (Vector Markup Language), bei der enorme Speicherplatzgewinne im Gegensatz zum GIF-Format erzielt werden. Dazu muss das Kontrollkästchen *Für Grafikdarstellung auf VML vertrauen* aktiviert werden. Aber auch hier gilt: VML wird nur von modernsten Browsern unterstützt.

Über die Größe der exportierten Bilder und den Textfluss um die Abbildungen entscheiden die Einstellungen aus der Steuerelementgruppe *Zielmonitor*. Zum einen legen Sie fest, welche Bildschirmauflösung Sie beim Anwender, der die Webseite im Browser betrachtet, erwarten. Solange der Anwender mit der hier eingegebenen Bildschirmauflösung arbeitet bzw. die Größe des Browser-Fensters auf die hier gewählten Dimensionen einstellt, ist stets die gesamte Breite des Dokuments sichtbar. Wird eine höhere Zielauflösung gewählt, müssen Anwender mit weniger leistungsfähigen Grafikkarten bei der Anzeige des Dokuments im Browser durch das Dokument scrollen, um alles zu betrachten. Eine Einstellung von mehr als 800 x 600 Pixeln sollte daher nur gewählt werden, wenn die Zielgruppe über leistungsfähige Maschinen verfügt (wie das beispielsweise im Intranet der Fall ist).

Im Register *Codierung* geben Sie an, in welcher Sprache die Webseite abgefasst wurde. Das ist wichtig, um so genannte diakritische Zeichen wie Umlaute (ä, ö, ü) oder Akzente (é, È) oder Tilden (Ã) korrekt darzustellen.

Alle darzustellenden Zeichen werden von 0 bis 255 durchnummeriert. Dass mit diesem Wertevorrat von 256 Zeichen nicht alle Zeichen aller Nationen angezeigt werden können, versteht sich fast von selbst (man denke an japanische, griechische oder kyrillische

Abbildung 43.12:
Das Codierung-*Register*

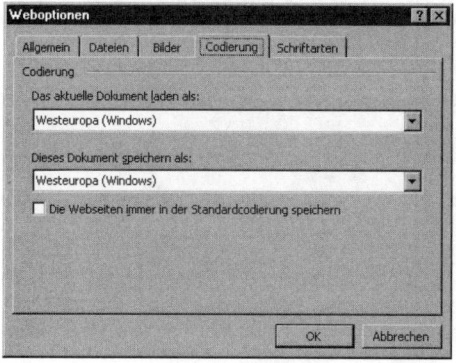

Buchstaben). Hier kommt es also zu Doppelbelegungen, so dass eine »Zeichennummer« in verschiedenen Sprachen zur Darstellung eines anderen Zeichens führt. Daher muss in einer »wohlgeformten« HTML-Seite immer angegeben werden, in welcher Sprache die Zeichen dargestellt werden. Diese Angabe wird Codierung, oft auch Codepage, genannt.

HINWEIS Fehlt die Angabe der Codepage, in der die Zeichen eines HTML-Dokuments angegeben werden, greifen die meisten Browser zur Darstellung der Zeichen auf die amerikanische Standard-Codepage zurück. Allerdings fehlt die Angabe der Codepage heutzutage nur noch bei manuell erstellten HTML-Seiten. Die von Programmen angelegten HTML-Seiten nennen stets die Codepage, in der die Zeichen interpretiert werden sollen.

Für die Office-Anwendungen können Sie im *Codierung*-Register der Weboptionen angeben, in welcher Sprache die Zeichen des aktuellen Dokuments angezeigt werden sollen. Das Kombinationsfeld *Das aktuelle Dokument laden als* ist allerdings nur verfügbar, wenn das aktuelle Dokument eine HTML-Datei ist – für »native Dokumente« (mit den Endungen DOC, XLS, PPT etc.) steht dieses Kombinationsfeld nicht zur Verfügung.

HINWEIS Soll die dem HTML-Dokument innewohnende Codepage Verwendung finden, müssen Sie den Eintrag *Automatische Auswahl* im Kombinationsfeld markieren.

Immer zur Verfügung steht dagegen das Kombinationsfeld *Dieses Dokument speichern als*. Es legt fest, in welchen Zeichensatz Dokumente beim HTML-Export abgelegt werden sollen. Wenn Sie allerdings das Kontrollkästchen *Die Webseiten immer in der Standardcodierung speichern* aktivieren, wird die amerikanische Standard-Codepage verwendet.

Die Angabe einer Codepage wird aber erst dann wirklich sinnvoll, wenn die Zeichensätze, die zur Verfügung stehen, die entsprechenden fremdsprachlichen Zeichen auch wirklich anzeigen können. Im *Schriftarten*-Register der *Weboptionen* können Sie daher die für jede Sprache zu verwendenden Schriften sowohl für proportionale als auch für Festbreitenschriften einstellen. Beachten Sie, dass der angegebene Zeichensatz die Zeichen der anderen Sprache definieren muss. Solange Sie nur »deutsche« Zeichensätze verwenden, ist die Einstellung fremder Codepages relativ nutzlos.

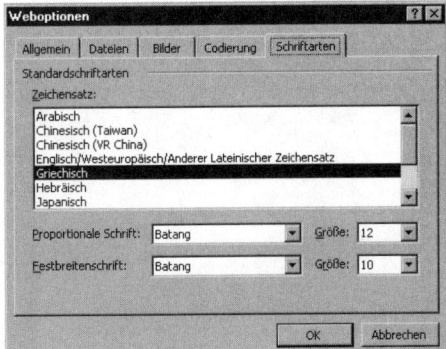

Abbildung 43.13:
Definition der Zeichensätze für jede Sprache

Hyperlinks

Eine der Stärken des Webs liegt in der Verknüpfung mehrerer Dokumente untereinander. An verschiedenen Stellen innerhalb eines Formulars werden »Sprünge«, so genannte Hyperlinks, zu anderen Dokumenten platziert. Sobald der Anwender den Hyperlink anklickt, wird das anvisierte Dokument im Browser angezeigt.

Hyperlinks bestehen aus bis zu vier Teilen: Der erste Teil gibt die Bezeichnung an, der anstelle der oft kryptischen Sprungadresse angezeigt wird. Erst der zweite Teil enthält die eigentliche Adresse, entweder als so genannten *Uniform Resource Locator* (URL, »Internet-Adresse«) oder als Adresse in der *Universal Naming Convention* (UNC). Der dritte Teil definiert eine Unteradresse innerhalb des angegebenen Sprungziels (z.B. ein Intra-Page-Sprung in einer HTML-Seite oder eine Textmarke in einem Word-Dokument) und der vierte Teil enthält den Text für eine QuickInfo, die angezeigt wird, sobald der Mauszeiger im Browser für längere Zeit über dem Hyperlink verharrt.

Die Eingabe eines Hyperlinks erfolgt üblicherweise über den *Hyperlink/Hyperlink einfügen*-Befehl des Kontextmenüs eines Hyperlink-Feldes:

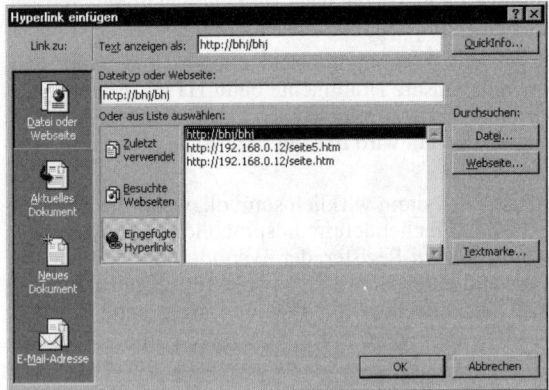

Abbildung 43.14:
Hyperlink einfügen

Hier lassen sich die vier Bestandteile des Hyperlinks definieren. Das Eingabefeld *Text anzeigen als* nimmt den Bezeichnungstext auf, der anstelle der eigentlichen Zieladresse angezeigt werden soll. Die Betätigung der *QuickInfo*-Schaltfläche erlaubt die Eingabe des *QuickInfo*-Textes in einem weiteren Dialog.

HINWEIS Um zu einem anderen Dokument zu verzweigen, sobald der Anwender auf ein im Dokument enthaltenes Objekt oder eine Grafik klickt, müssen Sie das Objekt markieren und anschließend den Befehl *Hyperlink einfügen* aufrufen. Der neue Hyperlink wird daraufhin mit der Grafik bzw. dem Objekt (z.B. einer AutoForm in PowerPoint) verknüpft.

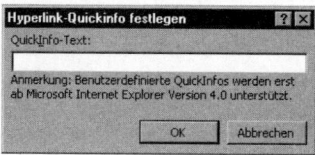

Abbildung 43.15:
Eingabe des
QuickInfo-*Textes*

Das Eingabefeld *Dateityp oder Webseite* nimmt die eigentliche Hyperlink-Adresse auf. Hier können Sie einen URL, einen UNC-Dateinamen oder den Pfad zu einer Datei im lokalen Dateisystem hinterlegen.

TIPP Wollen Sie die Bestandteile eines Hyperlinks von Hand eingeben, müssen Sie diese durch ein Doppelkreuz ('#') voneinander trennen, und zwar in der Reihenfolge: Bezeichnung#Adresse#Unteradresse#Infotext.

Tabelle 43.1:
Beispiele für
Hyperlinks

Typ	Beispiele für Hyperlinks
URL	*Microsoft#www.microsoft.com##Mehr Informationen*
URL	*Internet Verzeichnis#www.altavista.com##Wer suchet der findet*
UNC	*Meine eigene Datenbank#\\Server\bücher\access2000\Protector.mdb#Report Rechnung#Bericht Rechnung öffnen*
UNC	*Link nach nirgendwo#\\Server\Verzeichnis\Datei##Tipptext*

Die Schaltfläche *Datei...* erlaubt die Auswahl eines Dateinamens einer Datei auf Ihrer lokalen Festplatte bzw. innerhalb des lokalen Netzwerks, auf die der Hyperlink verweisen soll. In diesem Fall wird der Hyperlink entweder als Dateiname relativ zu Ihrem Arbeitsplatz oder als UNC-Pfad gespeichert.

Um sich das Eintippen eines URLs für eine Ressource im Internet zu ersparen, ruft die Schaltfläche *Webseite...* eine Instanz des Internet Explorers auf. Hier können Sie zur gewünschten Ressource navigieren und der URL wird nach dem Schließen des Explorers als Adresse in Ihren Hyperlink aufgenommen.

Die Schaltfläche *Textmarke* zeigt die verfügbaren Sprungziele innerhalb der aktuell ausgewählten Ressource. Für eine HTML-Datei werden damit beispielsweise die mit *<A Name="Unteradresse"></A>* gekennzeichneten Abschnitte aufgeführt, die als Intra-Page Jump bei der Navigation in sehr langen Seiten helfen. Für ein Excel-Formular werden die verfügbaren Tabellen und benannten Zellbereiche aufgeführt und für ein Word-Dokument werden schließlich die im Dokument definierten Textmarken angezeigt.

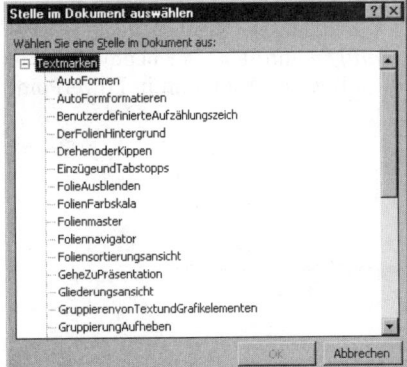

Abbildung 43.16:
Welche Unteradressen besitzt ein Dokument?

Um das Einfügen von Hyperlinks zu unterstützen, müssen Sie die Adressen nicht zwangsläufig von Hand eingeben, sondern können aus einer Liste verfügbarer Hyperlinks wählen. Unterhalb des Eingabefeldes zur Adresseingabe befindet sich das Listenfeld *Oder aus Liste wählen*, das je nach Auswahl der Schaltflächen am Rand die zuletzt mit Office bearbeiteten Dateien (*Zuletzt verwendet*), die bisher *Besuchten Webseiten* oder die bereits eingefügten Hyperlinks aufführt.

Am linken Rand des *Hyperlink einfügen*-Dialogs befindet sich die Auswahl-Leiste, aus der Sie die Art des einzufügenden Hyperlinks wählen können. Standardmäßig wird der Eintrag *Datei oder Webseite* aktiviert, um einen Hyperlink auf eine andere Datei oder eine Webseite zu erstellen. Wollen Sie einen Hyperlink auf eine andere Stelle im aktuellen Dokument erstellen, müssen Sie das Symbol *Aktuelles Dokument* auswählen. Der *Hyperlink einfügen*-Dialog zeigt anschließend die im aktuellen Dokument verfügbaren Sprungziele:

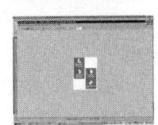

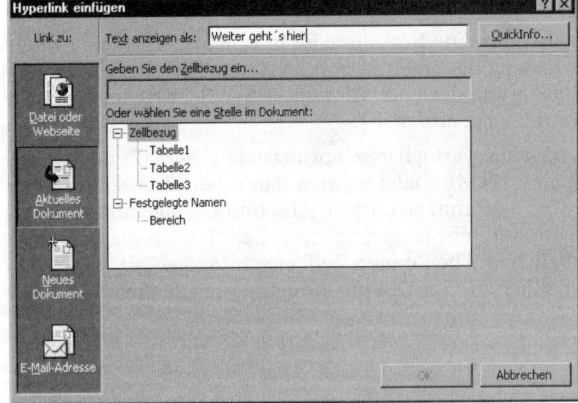

Abbildung 43.17:
Hyperlink innerhalb des aktuellen Dokuments

Wollen Sie zu einem Dokument verzweigen, das bisher noch nicht existiert, müssen Sie das Symbol *Neues Dokument* wählen:

Abbildung 43.18:
Hyperlink auf neues Dokument einfügen

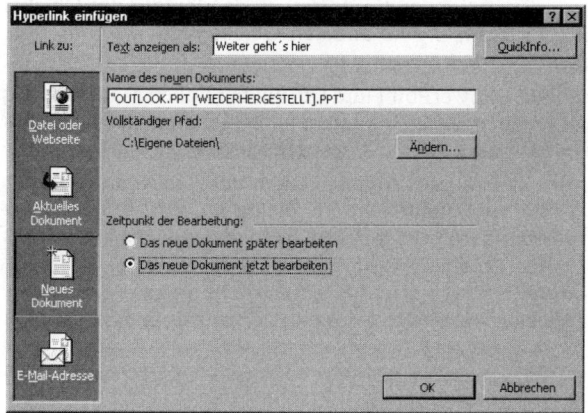

Geben Sie den Namen des neuen Dokuments inkl. Dateiendung an und wählen Sie über die *Ändern*-Schaltfläche den Speicherort der neuen Datei. Nach Klick auf die *OK*-Schaltfläche wird die angegebene Datei automatisch erzeugt. Ob sie anschließend sofort zur Bearbeitung geöffnet wird, legen Sie über die Optionsschaltflächen der Gruppe *Zeitpunkt der Bearbeitung* fest.

Die letzte Form von Hyperlink wird durch Auswahl des Symbols *E-Mail-Adresse* in die Rand-Leiste des Hyperlink-Dialogs eingefügt:

Abbildung 43.19:
Einfügen eines Hyperlinks

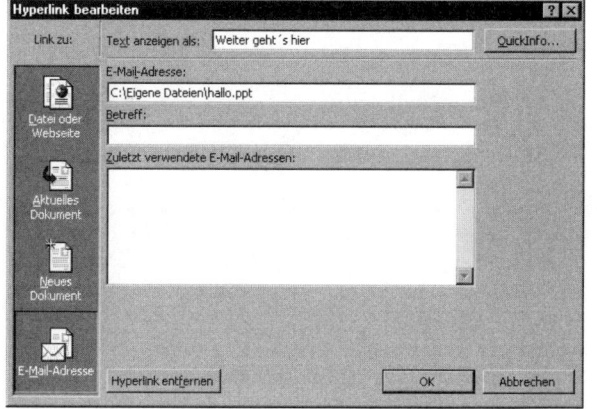

Beim Klick auf diesen Hyperlink wird automatisch der E-Mail-Client (z.B. Outlook) geöffnet, um eine E-Mail an die gegebene Adresse zu senden. Der Betreff der E-Mail wird dazu ebenfalls von Ihnen hinterlegt.

Hyperlinks bearbeiten und löschen

Der in ein Dokument platzierte Hyperlink bedarf später evtl. einer Bearbeitung. Vielleicht existiert das angesprungene Dokument nicht mehr, vielleicht soll zu einem anderen Dokument verzweigt werden.

Um den Hyperlink zu ändern, müssen Sie das Kontextmenü des Textes oder Objekts aufrufen, das durch Anklicken im Browser zum anderen Objekt verzweigt, und dort den Befehl *Hyperlink/Hyperlink bearbeiten* aufrufen.

HINWEIS

Wenn Sie innerhalb von Word, Excel, PowerPoint und Co. mit der linken Maustaste auf den Hyperlink klicken, wird das referenzierte Dokument auch hier angesprungen. Das ermöglicht ein einfaches Überprüfen der Gültigkeit des Hyperlinks.

Um den Hyperlink zu entfernen, stehen zwei Möglichkeiten zur Auswahl. Entweder betätigen Sie die *Hyperlink entfernen*-Schaltfläche im Dialog *Hyperlink bearbeiten* oder Sie rufen den Befehl *Hyperlink entfernen* aus dem Kontextmenü des Hyperlinks auf.

44 Word im Web

| 1111 | Frames |
| 1115 | Tabellen |

Beim Export eines Word-Dokuments in eine HTML-Datei gibt es vom technischen Standpunkt aus nur wenig zu beachten. In den *Weboptionen* aus dem *Allgemein*-Register der *Extras/Optionen* werden die generellen Web-Einstellungen festgelegt und der Befehl *Als Webseite speichern* bzw. die Auswahl des Dateityps *Webseite (*.htm;*.html)* genügt bereits, um ein Dokument ins HTML-Format zu konvertieren.

Bei der Erstellung eines Dokuments haben Sie jedoch weitaus komfortablere Werkzeuge, um Word als Editor für HTML-Texte zu verwenden. Der Umgang mit Tabellen, Frames und Grafiken wird vereinfacht.

Falls beim Umwandeln eines Word-Dokuments in das HTML-Format Textformatierungen verloren gehen, zeigt der folgende Dialog die vom HTML-Format nicht unterstützten Formate an:

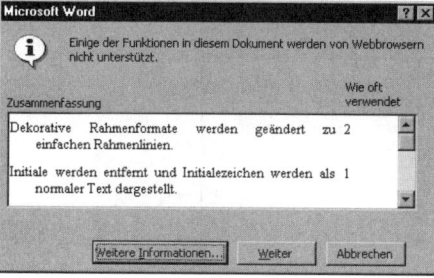

Abbildung 44.1: Formatierungen, die beim HTML-Export verloren gehen

Frames

Damit Sie mehr als nur eine einzige HTML-Seite gleichzeitig im Webbrowser anzeigen können, implementieren alle modernen Browser ein Feature namens *Frame* (dt.: Rahmen). Mit Frames wird der sichtbare Bereich des Browsers in Rechtecke unterteilt, in denen jeweils unabhängige HTML-Dateien dargestellt werden können.

Wer sich nicht sicher darüber ist, wozu Frames nützlich sind, kann ihre Funktion am Beispiel des Befehls *Inhaltsverzeichnis im Frame* sehr schnell nachvollziehen. Nach Aufruf des Befehls *Format/Frames/Inhaltsverzeichnis im Frame* wird ein weiterer Frame in das aktuelle Dokument eingefügt, der ähnlich wie die Gliederungsansicht alle Überschriften im Text angezeigt.

Die Frames-Symbolleiste

Inhaltsverzeichnis im Frame

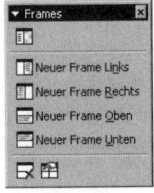

Die Erstellung von Frames war bisher eine recht mühsame Angelegenheit. Denn erstens müssen Sie eine Reihe von HTML-Dateien erzeugen oder bereitstellen und zum anderen eine für Anfänger recht komplizierte Befehlssyntax für den »Zusammenbau« dieser Dateien zu einem Frame erlernen. Mit Word 2000 müssen Sie dagegen nur noch die *Frames*-Symbolleiste anzeigen und können im Folgenden das aktuelle Dokumentfenster nach Herzenslust in separate Frames unterteilen.

Die Befehle der *Frames*-Symbolleiste sind auch über das Menü *Format/Frames* verfügbar.

HINWEIS

Mit den Befehlen *Neuer Frame Links*, *Neuer Frame Rechts*, *Neuer Frame Oben* und *Neuer Frame Unten* unterteilen Sie das Dokumentfenster bzw. den Frame, in dem sich die Einfügemarke befindet, in zwei separate Frames. Die Einfügemarke wird dabei automatisch in den neu erstellten Frame platziert und erlaubt dort die sofortige Eingabe eines Textes. Wie die Befehlsfolge *Neuer Frame Rechts/Links/Unten/Oben* auf ein leeres Dokument wirkt, zeigt die folgende Abbildung:

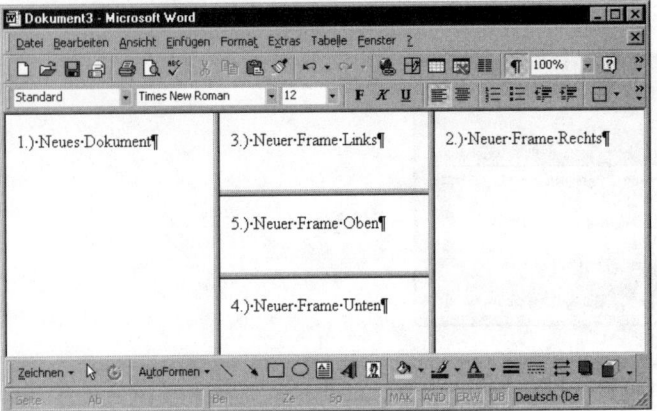

Abbildung 44.2: Frames in einem Word-Dokument

Bevor das *Format/Frames*-Menü alle oben erwähnten Befehle zeigt, kann es notwendig sein, das aktuelle Dokument durch Aufruf des Befehls *Format/Frames/Neue Frameseite* auf die Benutzung mit Frames vorzubereiten.

HINWEIS

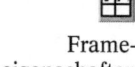

Frames löschen

Fälschlich erstellte *Frames* werden wieder gelöscht, indem die Einfügemarke mit der Maus in den zu löschenden Frame platziert und der Befehl *Frame löschen* aufgerufen wird. Falls bereits Texte in den Frame eingegeben wurden, werden Sie zur Speicherung des Textes aufgefordert.

HINWEIS Die in einem Frame enthaltene HTML-Datei wird nicht wie eine Hilfsdatei behandelt und daher nicht in dem eigens zur Speicherung von Bildern etc. angelegten Verzeichnis abgelegt. Die Datei wird vielmehr im selben Verzeichnis wie das alles umgebende Dokument gesichert, wobei Word für neue Frames als Dateinamen automatisch fortlaufende Nummern vergibt (*1.htm*, *2.htm*, *3.htm* usw.). Um die in einem Frame enthaltene Datei unter einem anderen Namen zu speichern, stellt Word im Kontextmenü eines Frames den Befehl *Aktuellen Frame speichern unter* zur Verfügung.

Frameeigenschaften

Die Breite und Höhe der einzelnen Frames lässt sich durch Verschieben der Rahmenlinien zwischen jeweils zwei Frames bestimmen. Genauer erfolgt die Größenbestimmung eines Frames jedoch über die *Frameeigenschaften*, die für den Frame, in dem sich die Einfügemarke befindet, über den gleichnamigen Befehl aus dem Kontextmenü oder aus dem *Format/Frames*-Menü aufgerufen werden:

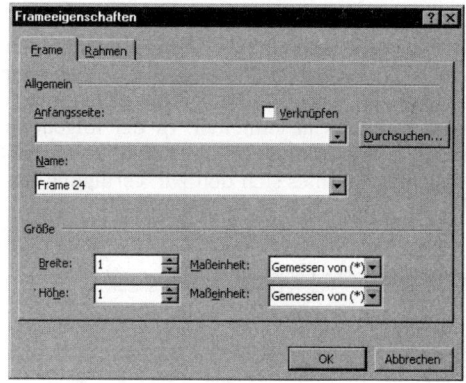

Abbildung 44.3: Frameeigenschaften

In den *Allgemein*-Einstellungen des *Frame*-Registers legen Sie fest, welche HTML-Seite innerhalb des Frames angezeigt werden soll. Im Eingabefeld *Anfangsseite* geben Sie dazu den Pfad auf die jeweilige Datei an.

HINWEIS Wie bei allen URLs auf anderweitige Ressourcen legen Sie im Eingabefeld *Hyperlinkbasis* der *Dateieigenschaften* (siehe ▶Kapitel 2, *Dateieigenschaften*) eines Dokuments fest, welcher Pfad einem relativen URL vorangestellt werden soll.

Um später auf den Frame zuzugreifen, benötigt jeder einen eigenen Namen, der im Eingabefeld *Name* eingegeben wird. Vor allem bei der Verwendung von Hyperlinks, deren Auswahl zur Änderung des Inhalts eines anderen Frames führt, ist die Benennung der Frames sehr wichtig, weil der Name des Ziel-Frames für die neue Datei im *Target*-Attribut des *HREF*-Tags genannt werden muss.

In der Steuerelementgruppe *Größe* legen Sie die Höhe und Breite eines Frames fest. Zur Auswahl stehen die Maßangaben *Prozent* und *Zentimeter* sowie *Gemessen von (*)*. In der Einheit *Prozent* geben Sie an, wie viel des für einen Frame maximal zur Verfügung stehenden Platzes tatsächlich von ihm beansprucht wird. Bei der Angabe von *Pixel*-Werten legen Sie die Breite oder Höhe des Frames in Pixeln fest. Bei mehreren benachbarten Frames muss mindestens einer der Frames stets die Maßeinheit *Gemessen von (*)* verwenden, denn nur so wird der frei verfügbare Bereich, der nicht von größenmäßig festgelegten Frames belegt wird, vollständig ausgeschöpft. Die folgende

Abbildung zeigt z.B. drei nebeneinander liegende Frames, von denen der mittlere den gesamten freien Bereich beansprucht, während die Frames links und rechts jeweils 2 cm breit sind. Während die außen liegenden Frames bei einer Größenänderung des Browsers keiner Veränderung unterliegen, nimmt der mittlere je nach Größenänderung ab oder zu:

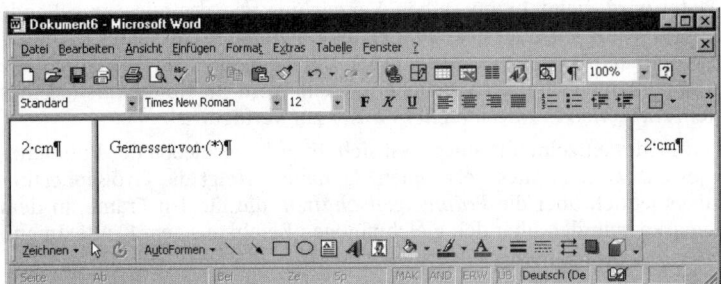

Abbildung 44.4:
Der mittlere Frame nimmt den gesamten freien Platz ein.

Weil der freie Bereich aber nicht zwangsläufiig von einem einzigen Frame in Anspruch genommen werden muss, besteht die Möglichkeit, den freien Platz auf alle »*Gemessen von (*)-Frames*« aufzuteilen. Im Eingabefeld *Breite und Höhe* geben Sie dazu einfach an, wie viel sich der jeweilige Frame »vom Kuchen« abschneidet. In der folgenden Abbildung werden die Breiten für den linken, mittleren und rechten Frame fest vorgegeben, während die beiden in der Mitte liegenden Frames sich den zur Verfügung stehenden Platz im Verhältnis 3:2 teilen:

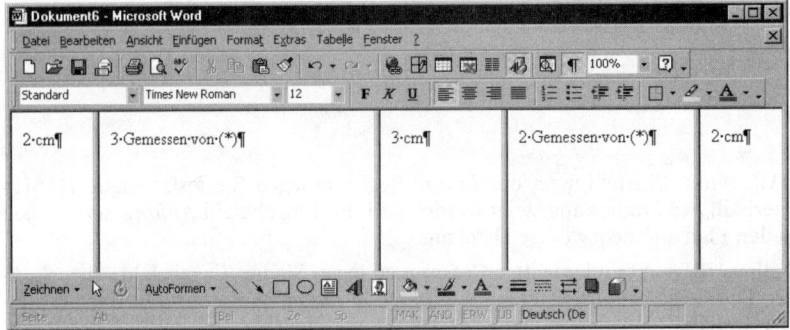

Abbildung 44.5:
Mehrere variable Frames teilen sich den freien Bereich.

Der *Frameeigenschaften*-Dialog besitzt neben dem *Allgemein*-Register, in dem die Größenausdehung des Frames eingestellt wird, noch das *Rahmen*-Register, in dem das Format aller (!) Rahmen des Dokuments bestimmt wird.

Die Option *Keine Rahmenlinien* blendet alle Rahmen zwischen den Frames aus, während bei aktivierter Option *Alle Framerahmenlinien anzeigen* die Möglichkeit zur Bestimmung der *Rahmenbreite* und *Rahmenfarbe* besteht.

In der Steuerelementgruppe *Einzelner Frame* legen Sie fest, ob innerhalb des Frames angezeigt wird, falls der Frame zu klein ist, um die enthaltene HTML-Seite vollständig anzuzeigen. Standardmäßig werden Bildlaufleisten nur *bei Bedarf* eingeblendet, sie lassen sich wahlweise aber auch *Immer* bzw. *Nie* einblenden.

Abbildung 44.6:
Das Rahmen-
Register

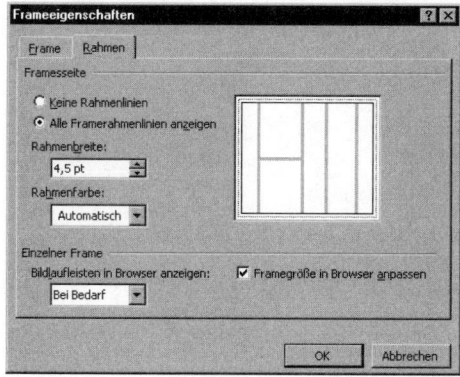

Und das Kontrollkästchen *Framegröße in Browser anpassen* legt fest, ob Sie die Rahmenlinen der Frames bei der Anzeige im Browser mit der Maus verschieben können, um so die Framegröße zu ändern.

Tabellen

Ein Thema, das HTML-Designer lange Zeit beschäftigt hat, war der Export von Tabellen. Tabellen sind ein relativ junges Element der Sprache HTML und waren lange Zeit das hervorstechende Merkmal der Netscape-Browser. Als der Internet Explorer mit der Version 3.0 nachzog, gehörten die bis dato unstandardisierten HTML-Tabellen allerdings zum »guten Ton« eines jeden Browsers und sind heute ein unverzichtbares Gestaltungsmittel.

Tabellen werden vor allem zur exakten Positionierung von Texten und Objekten auf einer HTML-Seite eingesetzt, so dass Rahmen und Hintergrundfarbe der Zellen recht selten zum Einsatz gelangen. Wenn eine Tabelle allerdings der tabellarischen Darstellung von Werten dient, werden oft alle Register der Formatierung von Rahmen und Schattierungen gezogen.

45 Excel im Web

1117 Statische Arbeitsmappen
1119 Interaktive HTML-Tabellen
1124 Veröffentlichen

Beim Speichern der aktuellen Arbeitsmappe stehen Sie vor der Wahl, die Tabellen mit oder ohne Interaktivität zu speichern. Das Speichern der Excel-Daten ohne Interaktivität führt dazu, dass die Daten in eine statische HTML-Tabelle überführt werden, die Sie mit nahezu jedem Browser betrachten können. Werden die Excel-Daten dagegen »mit Interaktivität« gespeichert, liegen die Daten nicht mehr in einer statischen HTML-Tabelle vor, sondern werden in einem Steuerelement dargestellt, das die Änderung von Zellen und damit die »Online-Neuberechnung« bietet.

Statische Arbeitsmappen

Wie die Daten einer Excel-Tabelle exportiert werden, entscheiden die Einstellungen im *Speichern unter*-Dialog. Sobald Sie hier als *Dateityp* den Typ *Webseite* auswählen, zeigt er das Aussehen wie in Abb. 45.1.

Abbildung 45.1:
Der Speichern unter-*Dialog beim Export einer Arbeitsmappe als statische HTML-Datei*

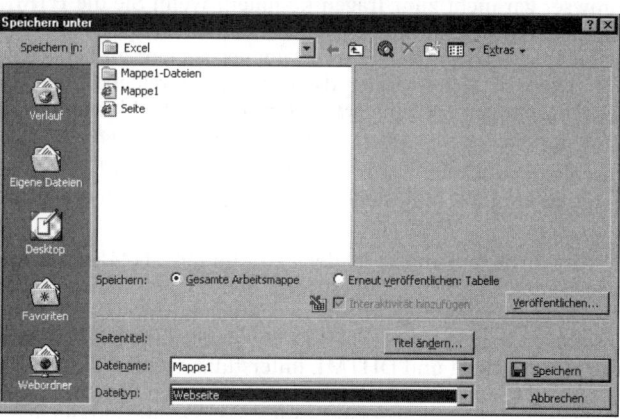

Wählen Sie unter *Speichern* die Option *Gesamte Arbeitsmappe*, werden stets alle Tabellen einer Arbeitsmappe als statische HTML-Tabellen exportiert. Anstelle der Formeln zur Berechnung des Zelleninhalts wird hier der augenblickliche Wert der Zelle gespeichert. Die exportierte HTML-Datei stellt quasi einen Schnappschuss der aktuellen Arbeitsmappe dar:

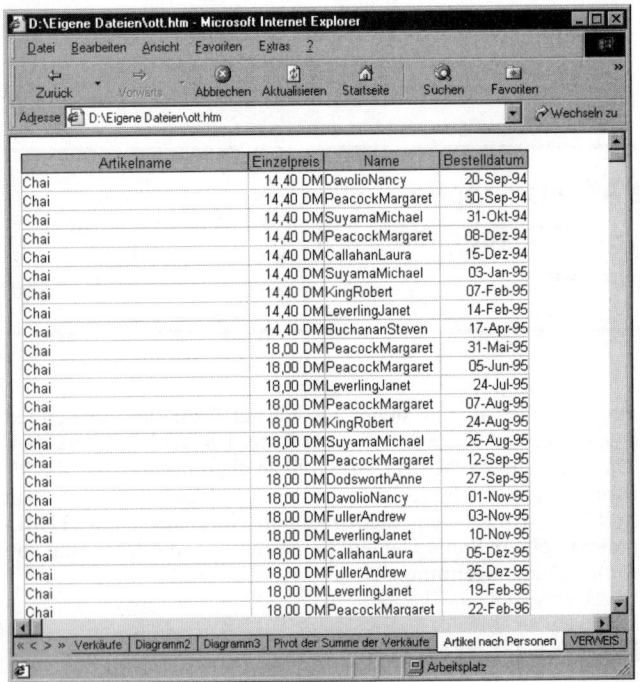

Abbildung 45.2:
Eine Arbeits-
mappe im
HTML-Format

HINWEIS

Bei der Anzeige statischer HTML-Seiten lassen sich die Daten der Tabelle selbstverständlich nicht im Browser verändern, so dass die zur Neuberechnung von Zellen verwendeten Formeln im Browser gar nicht zum Tragen kommen. Wenn Sie die HTML-Seite später aber wieder in Excel öffnen, könnte es sich als sinnvoll erweisen, die Formeln zumindest als unsichtbare Daten in der HTML-Datei gespeichert zu haben. Zu diesem Zweck erlaubt das *Allgemein*-Register der *Weboptionen*, erreichbar über das *Allgemein*-Register der Excel-Optionen (Befehl: *Extras/Optionen*), die Einstellung, ob Excel *Zusätzliche ausgeblendete Daten speichert, um Formeln zu erhalten*.

Wird die HTML-Datei anschließend wieder in Excel geöffnet (z.B. durch Klick auf das *Bearbeiten*-Symbol im Internet Explorer 5.0), stehen so die Formeln wieder zur Verfügung.

Genau wie in der Excel-Arbeitsmappe stehen in der exportierten HTML-Datei am unteren Fensterrand Navigationsschaltflächen zur Anzeige der in einer Mappe enthaltenen Tabellen bereit. Excel greift beim Export auf den Mechanismus der HTML-Frames zurück, der es gestattet, verschiedene HTML-Dateien gleichzeitig im Browser anzuzeigen. Falls der Browser JavaScript und DHTML unterstützt, werden die Navigationsschaltflächen in grafisch aufwendiger Form dargestellt. Auf älteren Browsern ohne Frames, JavaScript und DHTML müssen Sie sich leider mit einem vereinfachten Layout der exportierten Tabellen begnügen.

Abbildung 45.3:
So werden die Formeln zumindest unsichtbar in der statischen HTML-Seite gespeichert und beim Laden der Seite in Excel wieder aktiviert.

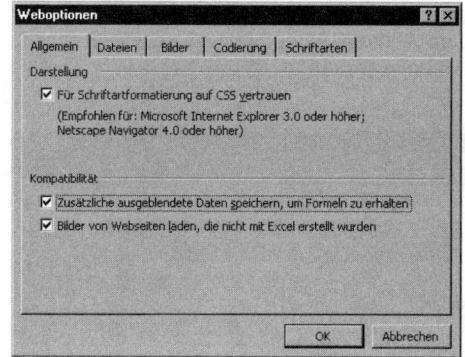

Separate Tabellen exportieren

Neben dem Export aller Tabellen erlaubt der *Speichern unter*-Dialog die Auswahl der Option *Tabelle* aus der Gruppe *Speichern*, um den HTML-Export einer einzelnen Tabelle zu initiieren. Sofern Sie das Kontrollkästchen *Interaktivität hinzufügen* nicht aktivieren, wird die aktuelle Tabelle als statische HTML-Seite exportiert. Falls zum Zeitpunkt des Exports ein Bereich der Tabelle markiert ist, wird nicht die gesamte Tabelle, sondern nur der markierte Bereich in eine HTML-Datei geschrieben.

HINWEIS Beim Export der Excel-Daten in eine statische HTML-Datei bleiben die meisten Zeichen-, Zahlen- und Rahmenformatierungen erhalten. Welche Informationen beim HTML-Export verloren gehen, entnehmen Sie bitte der Hilfe.

Interaktive HTML-Tabellen

Sollen die Betrachter einer HTML-Seite auch selbst aktiv werden, indem sie beispielsweise Zellen verändern und dadurch neue Berechnungen in der Tabelle auslösen, müssen Sie den exportierten HTML-Dateien *Interaktivität hinzufügen*. Weil Interaktivität nur für Tabellen und nicht für komplette Arbeitsmappen verfügbar ist, müssen Sie innerhalb der *Speichern*-Gruppe zuerst die Option *Auswahl: Tabelle* aktivieren und anschließend das Kontrollkästchen *Interaktivität hinzufügen* aktivieren.

Abbildung 45.4:
Interaktivität hinzufügen

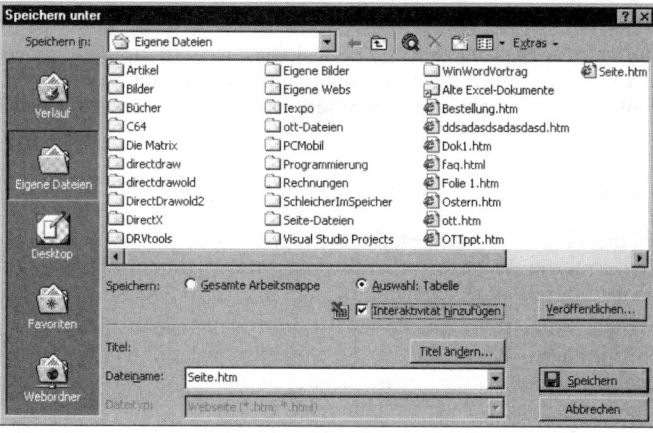

Innerhalb der exportierten HTML-Datei werden die Zellinhalte nicht mehr in einer einfachen HTML-Tabelle, sondern in einem ActiveX-Steuerelement angezeigt, das in Aussehen und Funktion stark einer Excel-Tabelle ähnelt:

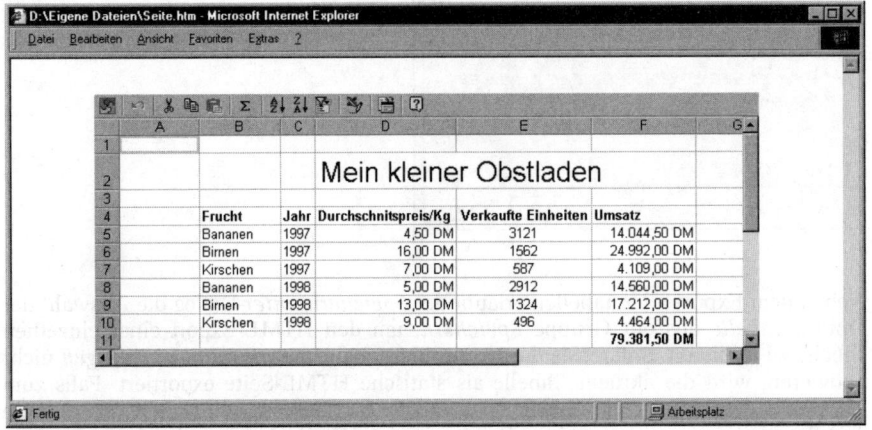

Abbildung 45.5:
Eine interaktive Excel-Tabelle im Webbrowser

Sie können nun innerhalb des Webbrowsers mit den dargestellten Tabellen fast genauso arbeiten wie innerhalb von Excel. Zwar fehlen verschiedene Formatierungsmöglichkeiten in Bezug auf Schrift- und Zahlenformate, aber die Arbeit mit den Daten ist dennoch problemlos möglich.

Die Ähnlichkeit zu Excel 2000 geht sogar so weit, dass die Symbolleiste die gängigsten Funktionen bietet. Neben einer Schalfläche zur Rücknahme der letzten Operationen finden sich dort die Standard-Symbole zum Ausschneiden und Kopieren der aktuellen Markierung und zum Einfügen des Inhalts aus der Zwischenablage – allerdings wird hier nicht die »12fach Zwischenablage« von Office 2000 eingeblendet.

Rückgängig

Zwischenablage

Darüber hinaus zeigt die Symbolleiste mit den Summen- und Sortier-Symbolen bereits Bekanntes aus Excel. Das Symbol zum *AutoFiltern* der dargestellten Daten befindet sich allerdings nicht in der *Standard*-Symbolleiste von Excel, sondern wird innerhalb von Excel erst über den Befehl *Daten/Filtern/AutoFilter* an- bzw. abgeschaltet.

Summe

Sortieren

Bei aktiviertem *AutoFilter* legen Sie fest, welche Zellen angezeigt werden sollen, indem Sie angeben, welchen Wert eine Zelle aufweisen muss, damit die komplette Zeile weiterhin angezeigt wird. Wie Sie mit *AutoFiltern* arbeiten, erfahren Sie weiter unten auf Seite 1122.

AutoFilter

Obwohl das Tabellensteuerelement fast alle Funktionen von Excel bereitstellt, bietet es nicht den vollen Funktionsumfang von Excel 2000. Durch Klick auf das Symbol *Nach Excel exportieren* wird die im Browser dargestellte Tabelle, unabhängig von der aktuellen Markierung, nach Excel zur Weiterverarbeitung exportiert. Das ermöglicht vor allem das Abspeichern der über das Web geladenen Daten in eine XLS-Datei.

Nach Excel exportieren

Weitere Bearbeitungsmöglichkeiten der Tabelle im Browser verbergen sich hinter der *Eigenschaftentoolbox*, die durch Klick auf die gleichnamige Schaltfläche angezeigt wird. Sie enthält verschiedene Befehlsgruppen, die durch Klick auf den jeweiligen Gruppenkopf aufgeklappt werden. Welche Befehle sich in den Gruppen *Allgemein*, *Format*, *Ein-/Ausblenden*, *Berechnungen* und *Suchen* befinden, zeigt folgende Abbildung:

Eigenschaftentoolbox

Abbildung 45.6:
Die Eigenschaftentoolbox

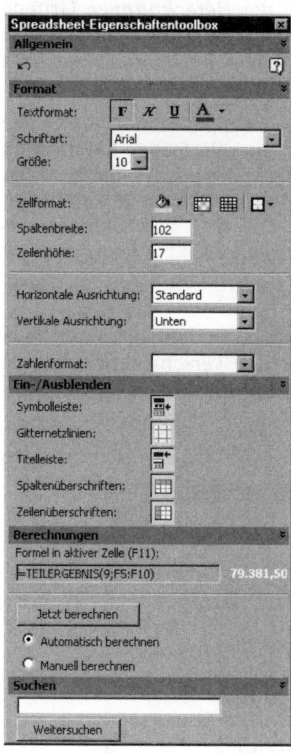

Hilfe

Die *Allgemein*-Gruppe enthält die Befehle *Rückgängig* und *Hilfe*. Die *Format*-Gruppe bietet dagegen die Befehle, die Sie bereits aus der *Format*-Symbolleiste von Excel kennen. Neben der Einstellungen von Schriftart, Schriftgröße, Schriftfarbe und Schriftschnitt (*Fett, Kursiv, Unterstrichen*) lässt sich hier auch die Hintergrundfarbe der markierten Zellen einstellen. Zellen lassen sich verbinden und verbundene Zellen wieder trennen. Auch den Rahmenstil der markierten Zellen können Sie festlegen. Spaltenbreite und Zeilenhöhe der markierten Zeilen/Spalten werden in Eingabefeldern in der Einheit *Pixel* angegeben.

Die Ausrichtung des Textes innerhalb der markierten Zellen wird in den Kombinationsfeldern *Horizontale* und *Vertikale Ausrichtung* angegeben und wie die in den markierten Zellen enthaltenen Zahlen formatiert und angezeigt werden, legen Sie im Kombinationsfeld *Eingabeformat* fest.

HINWEIS

Benutzerdefinierte Zahlenformate werden von Excel soweit wie möglich exportiert. Benutzerdefinierte Formate lassen sich innerhalb des Tabellensteuerelements allerdings nicht einstellen. Bedingte Formatierungen werden beim Web-Export ebenfalls nicht unterstützt.

In der Gruppe *Ein-/Ausblenden* aus der *Eigenschaftentoolbox* legen Sie fest, welche Elemente des Tabellensteuerelements eingeblendet werden sollen. Zur Auswahl stehen: die Symbolleisten, die Gitternetzlinien, die Titelleiste (die stets den *Text Microsoft Office Spreadsheet* zeigt), die Spaltenüberschriften (A, B, C ...) und die Zeilenüberschriften (1, 2, 3 ...).

Die Gruppe *Berechnungen* hilft bei der Analyse der Zellinhalte, indem dort nicht nur der Zahlenwert einer Zelle, sondern die evtl. in der Zelle enthaltene Berechnungsformel angezeigt wird. Um die automatische Berechnung der gesamten Tabelle zu unterdrücken, falls eine Zelle verändert wurde, müssen Sie in der *Berechnungen*-Gruppe die Option *Manuell berechnen* aktivieren. Eine Neuberechnung aller Formeln der Tabelle findet anschließend erst statt, wenn die Schaltfläche *Jetzt berechnen* angeklickt wird.

Die letzte Gruppe der Eigenschaftentoolbox, die *Suchen*-Gruppe, erlaubt die Suche nach der Zelle, die den im Eingabefeld eingegebenen Text enthält. Geben Sie dazu im Eingabefeld den zu suchenden Text ein und betätigen Sie die *Weitersuchen*-Schaltfläche. Das Tabellensteuerelement sucht daraufhin den angegebenen Text ab der aktuellen Eingabe-Position.

So arbeiten Sie mit dem AutoFilter

Um die Arbeit mit dem AutoFilter in einer interaktiven Tabelle zu demonstrieren, zeigt die folgende interaktive Tabelle die durchschnittlichen Preise verschiedener Früchte innerhalb der Jahre 1997 und 1998, berechnet den »Fruchtumsatz« eines jeden Jahres und bildet in einer Zelle (*E8*) den Gesamtumsatz:

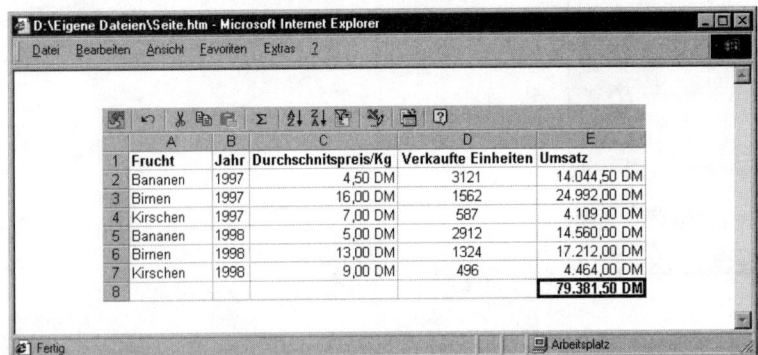

Abbildung 45.7:
Die Ausgangstabelle

Diese Tabelle besitzt nur wenige Einträge und ist daher sehr übersichtlich. Doch wenn Sie beispielsweise herausfinden wollen, wie groß Ihr Bananenumsatz in den Jahren 1997 und 1998 gewesen ist, müssen Sie zum Taschenrechner greifen und die Jahresumsätze von Hand addieren.

1. Mit dem AutoFilter lassen sich solche Fragen nach dem Umsatz aber deutlich eleganter lösen.
2. Aktivieren Sie dazu den *AutoFilter* durch Klick auf das *AutoFilter*-Symbol. Dabei sollten Sie darauf achten, dass in der Tabelle keine Markierung besteht, denn sonst wirkt sich der *AutoFilter* nur auf die markierten Zellen aus.

HINWEIS

Wird der *AutoFilter* auf einen markierten Bereich angewendet, so müssen Sie beachten, dass die erste Zeile einer jeden Spalte als Überschrift interpretiert wird und nicht herausgefiltert werden kann. Um den *AutoFilter* auf die »Frucht-Spalte« anzuwenden, sollten Sie daher die folgende Markierung verwenden (siehe Abbildung 45.8).

3. Das Steuerelement wandelt nun alle Spaltenüberschriften automatisch in ein Kombinationsfeld um, das zur Filterung der Daten verwendet wird (siehe Abbildung 45.9).
4. Klicken Sie auf das Kombinationsfeld der Spaltenüberschrift *Frucht* und deaktivieren Sie im herunterklappenden Listenfeld die Einträge für Birnen und Kirschen (siehe Abbildung 45.10).

Abbildung 45.8:
Die erste Zeile der Markierung wird vom Auto-Filter als Überschrift interpretiert.

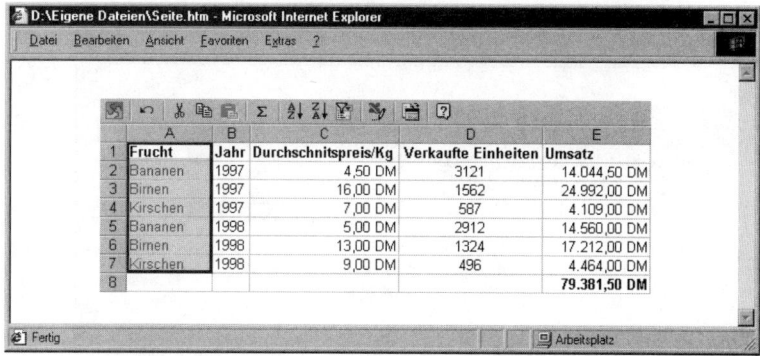

Abbildung 45.9:
Der aktivierte AutoFilter

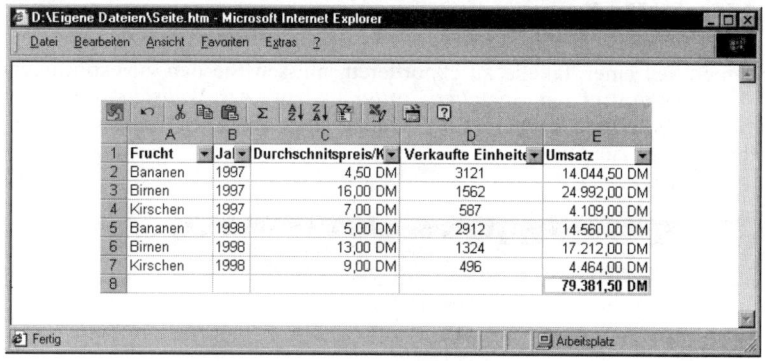

Abbildung 45.10:
Auswahl des Filters in der Frucht-Spalte

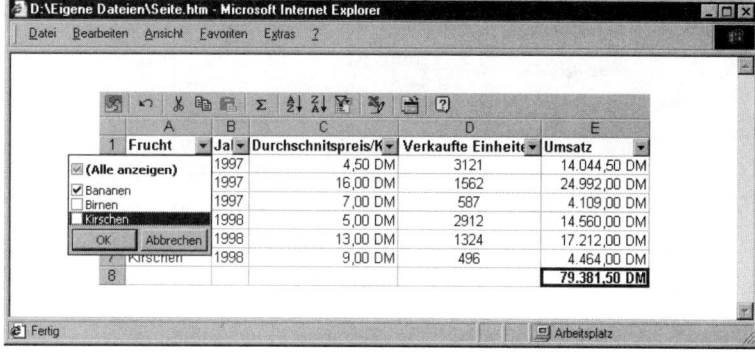

5. Wenn Sie die herunterklappende Liste mit *OK* bestätigen, werden die Zeilen mit den deaktivierten Früchten ausgeblendet, so dass nur noch die Bananen übrig bleiben.

6. So können Sie auf einen Blick ablesen, mit welchem Betrag die Bananen zum Ihrem Umsatz in den Jahren 1997 und 1998 beigetragen haben.

HINWEIS Damit die Summe in der Zelle *E8* die durch Filterung ausgeblendeten Zeilen **nicht** berücksichtigt, müssen Sie anstelle der einfachen *SUMME*-Funktion auf die Funktion *TEILERGEBNIS* mit dem Code *9* zurückgreifen (*=TEILERGEBNIS(9;E2:E7)*).

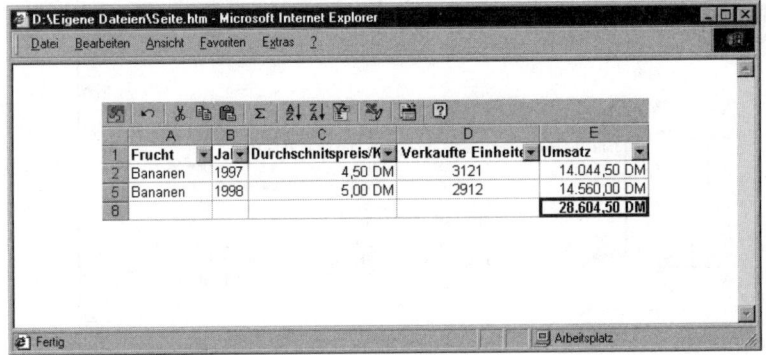

Abbildung 45.11:
Die gefilterte Tabelle (Die Summenbildung erfolgt über die Funktion TEIL-ERGEBNIS!)

Veröffentlichen

Um nur einen Teil einer Tabelle zu exportieren, müssen Sie den zu exportierenden Bereich vor dem Aufruf der *Speichern unter ...*- bzw. *Als Webseite speichern ...*- Befehle markieren. Der *Speichern unter*-Dialog stellt anschließend den Export des markierten Bereichs zur Auswahl:

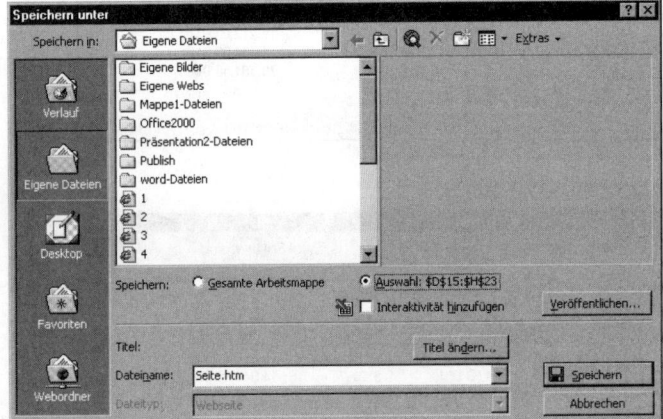

Abbildung 45.12:
Speichern der Markierung

Weil es sehr lästig ist, beim wiederholten Export eines Tabellenausschnitts die Markierung vor dem Speichern erneut zu setzen, bietet die *Veröffentlichen ...*-Schaltfläche den Zugriff auf bereits zuvor gespeicherte Bereiche einer Tabelle (siehe Abbildung 45.13).

Im Kombinationsfeld *Wählen* stellt Excel Ihnen verschiedene Bereiche zur Auswahl, die ins HTML-Format exportiert werden sollen. Zum einen können Sie innerhalb einer Arbeitsmappe mit mehreren Tabellen die zu exportierende Tabelle auswählen. Falls innerhalb der Tabelle eine Markierung besteht oder falls ein Druckbereich festgelegt wurde, können diese ebenfalls als der zu exportierende Bereich ausgewählt werden.

In der Steuerelementgruppe *Betrachtungsoptionen* geben Sie an, ob die Tabelle mit Interaktivität, und wenn ja, mit welcher Art von Interaktivität exportiert werden soll. Hier besteht die Auswahl zwischen der *Arbeitsmappenfunktionalität* oder der *Pivot-Table-* bzw. *PivotChart-Funktionalität*.

*Abbildung 45.13:
Immer
wiederkehrende
Bereiche exportieren Sie über
Veröffentlichen.*

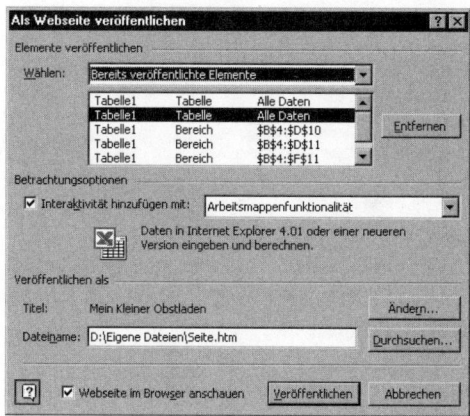

Titel und Dateiname lassen sich wie gewohnt durch Bearbeitung der entsprechenden Eingabefelder ändern. Soll die exportierte Datei unmittelbar nach dem Export innerhalb des Browsers zur Anzeige gelangen, müssen Sie das Kontrollkästchen *Webseite im Browser anschauen* aktivieren.

HINWEIS Verwenden Sie beim Export einer Tabelle einen bereits existierenden Dateinamen, so können Sie die bestehende Datei entweder ersetzen oder die neuen Daten an das Ende der bestehenden Datei anfügen. Excel zeigt zu diesem Zweck ein Meldungsfenster, über das Sie die auszuführende Operation wählen können:

*Abbildung 45.14:
Überschreiben
oder anfügen?*

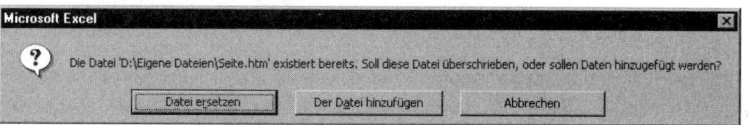

Durch mehrmaliges Anfügen neuer Daten lässt sich so eine HTML-Datei erstellen, die mehrere Excel-Tabellen/-Bereiche enthält.

46 PowerPoint im Web

Auch beim Speichern einer PowerPoint-Präsentation als HTML-Seite wird der bereits bekannte *Speichern unter...*-Dialog angezeigt.

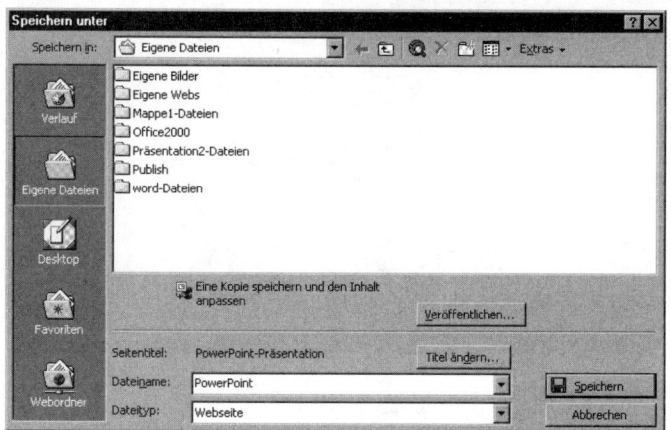

Abbildung 46.1: Speichern einer PowerPoint-Präsentation als Webseite

Beim Speichern erzeugt PowerPoint die in *Dateiname* angegebene Datei und legt standardmäßig einen Hilfsordner an, in dem jede Folie als separate HTML-Datei exportiert wird. Üblicherweise werden alle Folien der Präsentation exportiert, allerdings können Sie durch Klick auf die *Veröffentlichen*-Schaltfläche die zu exportierenden Folien einstellen.

In der Steuerelementgruppe *Was veröffentlichen?* wählen Sie die zu exportierenden Folien aus. Sie haben die Wahl zwischen der *Kompletten Präsentation*, einem zusammenhängenden Folienbereich durch Angabe der *Von-Bis-Foliennummer* oder einer *Zielgruppenorientierten Präsentation*. Über das Kontrollkästchen *Sprechernotizen anzeigen* können Sie zudem angeben, ob auch die Notizen einer Folie ihren Weg in die HTML-Dateien finden.

Außerdem können Sie in der Gruppe *Browserunterstützung* angeben, ob der HTML-Export auf den Internet Explorer 4.0 zugeschnitten ist und auf Frames und JavaScript zurückgreift oder sich auf wenige HTML-Features beschränkt, dadurch aber kompatibel zum Internet Explorer 3.0 bleibt.

Das Veröffentlichen erzeugt eine HTML-Kopie der Präsentation. Den Pfad der Datei können Sie im Eingabefeld *Dateiname* hinterlegen.

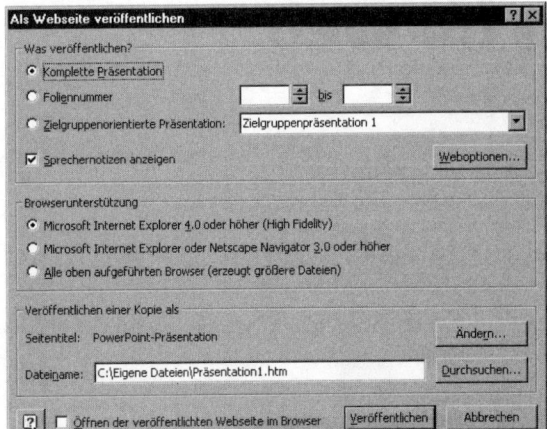

Abbildung 46.2:
Welche Folien exportieren?

47 Publisher im Web

1131 Hyperlinks im Publisher
1133 Der Designdetektiv

Bevor Sie eine Publisher-Publikation ins Web stellen können, müssen Sie aus Ihrer Publikation zuerst eine so genannte *Webpublikation* erzeugen. Im *Datei*-Menü finden Sie dazu den Befehl *Neue Webpublikation aus aktueller erstellen*.

Beim Aufruf dieses Befehls können Sie entscheiden, ob die Konvertierung der aktuellen Publikation automatisch erfolgen soll oder ob Sie die Konvertierung von Hand vornehmen möchten, denn das, was auf einem Blatt Papier gut aussieht, muss im Web noch lange nicht gefallen:

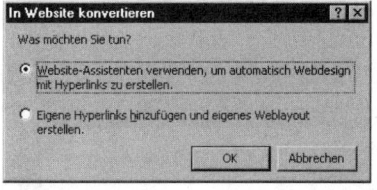

Abbildung 47.1:
Automatische oder manuelle Umwandlung des Layouts

Wählen Sie die automatische Umwandlung der Publikation, so passt Publisher die Publikation in eine Web-verträgliche Form um. Das bedeutet, dass nach wie vor das WYSIWIG-Prinzip bei der Anzeige am Bildschirm und späteren Betrachtung im Browser gewahrt bleibt.

Allerdings kann Publisher die Publikation dabei komplett umbauen – vor allem bei quer gedruckten Publikationen erfolgen bei der Konvertierung in eine Webpublikation umfangreiche Umstellungen, die dazu führen, dass die Webpublikation mit der ursprünglichen nur noch wenig gemein hat.

Die Webpublikation besitzt meist mehrere Seiten, die durch Hyperlinks miteinander verknüpft sind. Nehmen Sie die Umwandlung einer Publikation allerdings von Hand vor, müssen Hyperlinks und dergleichen manuell eingetragen werden. Außerdem müssen Sie sich damit auseinander setzen, dass Sie beim Drucken der Publikation auf Papier deutlich mehr Freiheiten haben als bei der Anzeige der Präsentation im Browser. Der *Designdetektiv* (siehe ▶ weiter unten) hilft Ihnen aber beim Aufspüren der für den Browser ungeeigneten Konstruktionen.

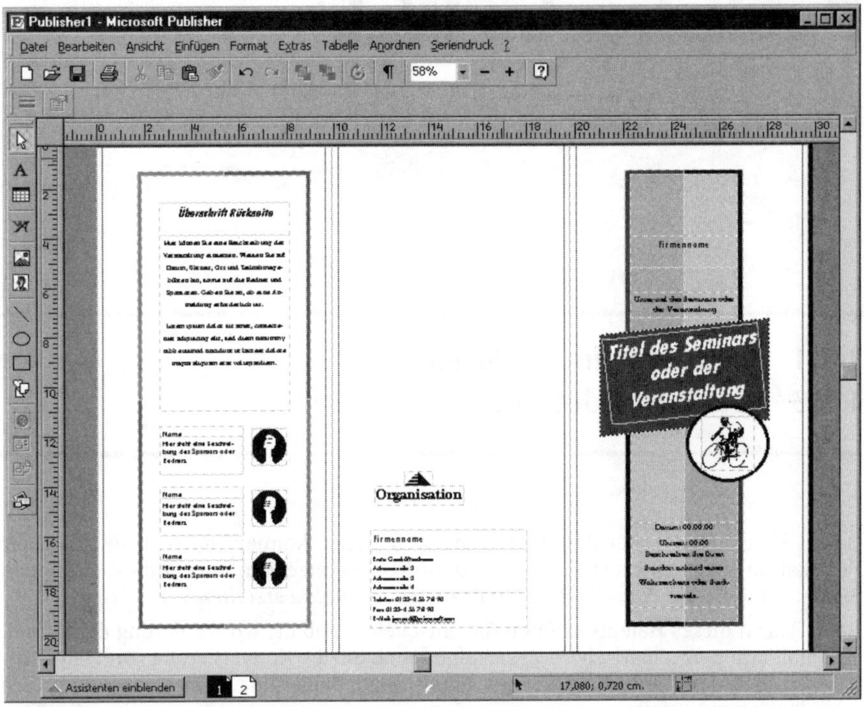

Abbildung 47.2:
Die Publikation vor ...

Abbildung 47.3:
... und nach der Umwandlung in eine Webpublikation

Bei der Umwandlung der aktuellen Publikation in eine Webpublikation wird die neue Präsentation nicht in der ursprünglichen Datei gespeichert. Das bietet den Vorteil, dass Sie die ursprüngliche und die Webpublikation parallel zueinander weiterpflegen können.

Damit die evtl. vor dem letzten Speichern der ursprünglichen Publikation getätigten Änderungen nicht verloren gehen, fragt Publisher vor der Umwandlung der Publikation nach, ob die ursprüngliche Publikaiton vor der Umwandlung aktualisiert werden soll (*Ja*) oder ob die nachträglichen Änderungen für die ursprüngliche Publikation ignoriert werden sollen und nur noch in die Webpublikation einfließen (*Nein*):

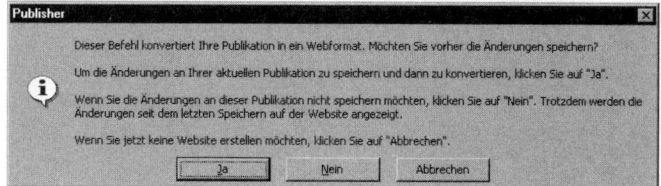

Abbildung 47.4: Änderungen in der ursprünglichen Präsentation speichern?

Hyperlinks im Publisher

Bei der manuellen Umwandlung einer Publikation in eine Webpublikation sind Sie weitgehend auf sich allein gestellt. Das heißt, dass Sie auch die Sprünge bzw. Hyperlinks zu anderen Seiten innerhalb Ihrer Publikation einfügen müssen. Eigentlich kein Problem – sollte man meinen –, denn wie man Hyperlinks in ein Dokument einfügt, haben wir bereits weiter oben erläutert.

Hyperlink einfügen

Doch leider verwendet Publisher zum Einfügen eines Hyperlinks erstens einen leicht abgewandelten Dialog und zweitens verlangt Publisher, dass vor dem Einfügen des Hyperlinks ein Text, eine Grafik oder ein anderes Objekt markiert wurde.

Beim Aufruf des Befehls *Einfügen/Hyperlink* erscheint folgender Dialog:

Abbildung 47.5: Hyperlink einfügen

Um einen Hyperlink auf *Eine Webseite oder Datei im Internet* zu platzieren, können Sie in der Steuerelementgruppe *Hyperlinkinformationen* die Internet-Adresse der Seite angeben. Außerdem können Sie auf bereits zuvor im *Favoriten*-Ordner abgelegte Webseiten zugreifen.

Soll beim Klick auf ein Objekt der E-Mail-Client zum Versand einer E-Mail aufgerufen werden, müssen Sie einen Hyperlink zu *Einer Internet E-Mail-Adresse* einfügen. Durch Auswahl dieser Option ändert sich die Steuerelementgruppe *Hyperlinkinformationen* und zeigt ein Kombinationsfeld, in das entweder eine neue E-Mail-Adresse eingetragen oder eine zuvor eingetragene ausgewählt werden kann.

Abbildung 47.6:
Hyperlink auf
E-Mail-Adressen

Anders als im herkömmlichen *Hyperlink einfügen*-Dialog können Sie im *Hyperlink einfügen*-Dialog von Publisher keine Betreffzeile angeben, die beim Aufruf des E-Mail-Programms automatisch in die vorbereitete E-Mail aufgenommen wird.

HINWEIS

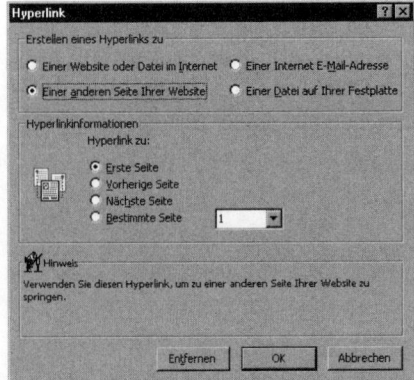

Abbildung 47.7:
Hyperlinks
innerhalb der
Publikation

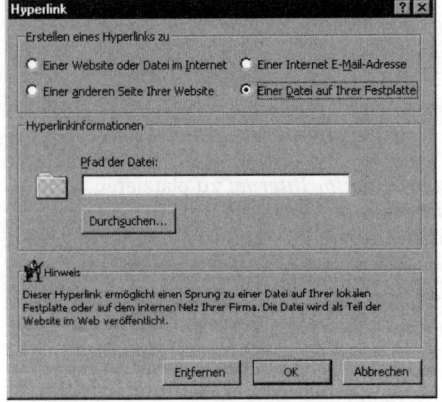

Abbildung 47.8:
Sprung zu einer
Datei auf der
Festplatte

1132 Kapitel 47

Wollen Sie einen Hyperlink auf eine andere Seite innerhalb Ihrer Publikation setzen, müssen Sie das Optionsfeld *Einer anderen Seite Ihrer Website* aktivieren. In den Hyperlinkinformationen können Sie die Erstellung eines Hyperlinks zur *Ersten Seite*, zur *Vorherigen Seite*, zur *Nächsten Seite* oder zu einer *Bestimmten Seite* veranlassen. Beim Sprung zu einer bestimmten Seite müssen Sie aus dem Kombinationsfeld die Nummer der anzuspringenden Seite auswählen (siehe Abbildung 47.8).

Der Designdetektiv

Wenn Sie eine Webpublikation bearbeiten, besteht die Gefahr, dass Sie ein Design entwerfen, das sich in einem Browser nicht fehlerfrei anzeigen lässt. Um das zu verhindern, bietet Publisher einen Designdetektiv, der das aktuelle Layout auf Darstellbarkeit im Webbrowser abklopft und bei Problemen einen Warnhinweis ausgibt.

Der Designdetektiv wird nach der Umwandlung einer Publikation in eine Webpublikation automatisch gestartet. Manuell wird er über *Extras/Designdetektiv...* aufgerufen:

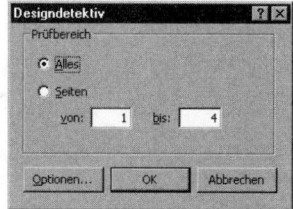

Abbildung 47.9: Welchen Bereich überprüfen?

Zuerst legen Sie fest, welche Seiten der Webpublikation überprüft werden sollen. Über die Schaltfläche *Optionen...* legen Sie fest, auf welche Probleme der Detektiv reagieren soll.

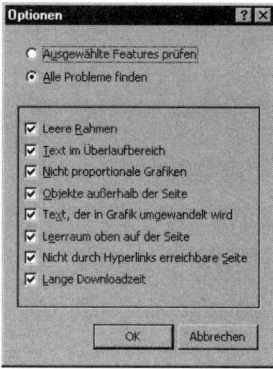

Abbildung 47.10: Welche Probleme soll der Detektiv untersuchen?

Eine detaillierte Erklärung der vom Designdetektiv untersuchten Phänomene würde an dieser Stelle zu weit führen, zumal der Detektiv beim Auftreten eines Problems durch Klick auf die *Erklären*-Schaltfläche einen Erläuterungstext in der Hilfe nachschlägt.

Der obige Dialog, der bei einem auftretenden Problem dargestellt wird, bietet verschiedene Optionen, um mit einem Problem umzugehen.

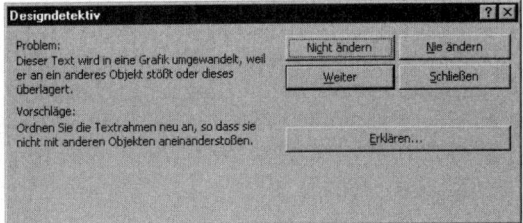

Abbildung 47.11:
Beim Auftreten eines Problems liefert die Erklären...-Schaltfläche eine Hilfe.

HINWEIS

Das Element, das in der Webpublikation zu einem Problem führt, wird vom Designdetektiv markiert. Gleichzeitig blendet der Detektiv den oben dargestellten Dialog ein.

Ein Klick auf die *Nicht ändern*-Schaltfläche führt dazu, dass das aktuelle Problem ignoriert und zum nächsten vorangeschritten wird. Um alle weiteren Probleme der gefundenen Art zu ignorieren, müssen Sie die *Nie ändern*-Schaltfläche anklicken.

Wollen Sie das Problem beseitigen, so müssen Sie den Designdetektiv dazu nicht schließen. Denn während er geöffnet ist, können Sie das vom Designdetektiv markierte Element bearbeiten und anschließend den Test durch Klick auf die *Weiter*-Schaltfläche fortführen.

48 Access im Web

1136	So exportieren Sie eine Tabelle oder Abfrage in eine statische HTML-Seite
1138	Anpassung des HTML-Exports mit Vorlagendateien
1138	Export eines Berichts in statische HTML-Seiten
1140	Export eines Formulars in statische HTML-Seiten
1140	Dynamische Seiten mit IDC/IDX
1143	Active Server Pages (ASP)
1145	Neu in Access 2000: Die Datenzugriffsseiten

Tabellen, Abfrageergebnisse, Formulare und Berichte lassen sich allesamt in HTML-Dateien exportieren und dadurch im Internet publizieren. Dabei stehen sowohl statische HTML-Seiten als auch dynamische ASP-Seiten zur Auswahl. Statische HTML-Seiten liegen bereits »fix und fertig« auf Ihrer Festplatte vor und lassen sich von dort mit einem herkömmlichen HTML-Browser betrachten. Weil statische HTML-Seiten nicht automatisch, sondern nur auf Wunsch des Anbieters aktualisiert werden, zeigen die statischen HTML-Seiten nur einen Schnappschuss der Daten. Änderungen, die seit dem letzten Export an den zugrunde liegenden Daten stattgefunden haben, werden in den statischen Seiten nicht reflektiert.

Anders bei dynamischen Webseiten. Diese Seiten werden erst unmittelbar bei Bedarf erzeugt, also genau in dem Moment, in dem der Anwender die Seite mit seinem Browser aufruft. Das setzte bisher allerdings voraus, dass der Anwender seine Anfrage an einen Web-Server stellt, der die Anfrage bearbeitet, die Datenbank konsultiert und die aktuellen Werte verpackt und als HTML-Datei an den Anwender zurücksendet.

Datenzugriffs-seiten

Doch mit Access 2000 werden die so genannten Datenzugriffsseiten eingeführt. Auch das sind dynamische Webseiten. Für den Zugriff auf die Inhalte einer Tabelle wird aber nicht die Hilfe eines Webservers in Anspruch genommen. ActiveX-Controls, die den Inhalt der dargestellten Webseite dynamisch verändern, sorgen dafür, dass nur die neusten Datensätze dargestellt werden. Das setzt jedoch voraus, dass ein DHTML-fähiger Browser verwendet wird. Weil die Datenbank permanent verfügbar sein muss, muss sie zudem an einer zentralen Stelle gespeichert sein, auf die alle Anwender im Internet oder Intranet problemlos zugreifen können.

So exportieren Sie eine Tabelle oder Abfrage in eine statische HTML-Seite

Der Export einer Tabelle, Abfrage, eines Formulars oder Berichts in eine statische HTML-Seite gestaltet sich sehr einfach. In sechs Schritten ist es soweit:

1. Markieren Sie die zu exportierende Tabelle oder Abfrage im Datenbankfenster.

Abbildung 48.1:
Auswahl des zu exportierenden Datenbankobjekts

2. Wählen Sie anschließend den *Export*-Befehl aus dem *Datei*-Menü oder aus dem Kontextmenü des aktiven Datenbankobjekts.
3. Wählen Sie im daraufhin erscheinenden Dateiauswahldialog den *Dateinamen*, unter dem die HTML-Datei gespeichert werden soll. Zudem muss das Kombinationsfeld *Dateityp* auf *HTML-Dokumente (*.html, *.htm)* eingestellt werden.

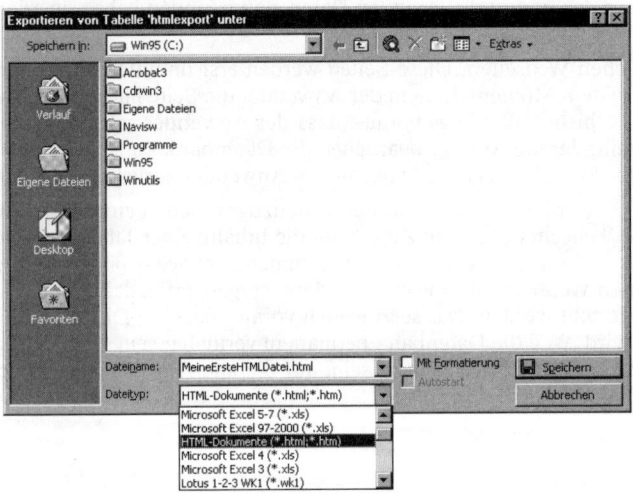

Abbildung 48.2:
Festlegen der Zieldatei

4. Sollen die in der Datenblattansicht einer Tabelle gespeicherten Formatierungen wie Schriftgrößen, Schriftart und Spaltenbreiten übernommen werden, muss das Kontrollkästchen *Mit Formatierung* aktiviert werden. Ansonsten wird die Datenbanktabelle in eine eher langweilige HTML-Standardtabelle exportiert.

Abbildung 48.3:
Exportierte Tabellen, ohne und mit Formatierung

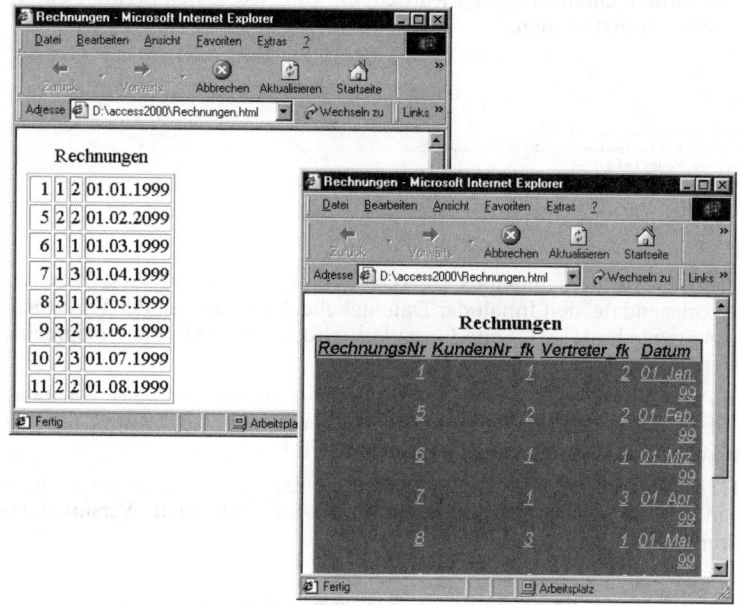

5. Nach Betätigung der *Erstellen*-Schaltfläche wird der HTML-Export eingeleitet. War das Kontrollkästchen *Mit Formatierung* aktiv, wird allerdings noch ein Dialog gezeigt, in dem Sie eine so genannte HTML-Vorlagendatei auswählen können (s.u.).

Abbildung 48.4:
Auswahl der Vorlagendatei

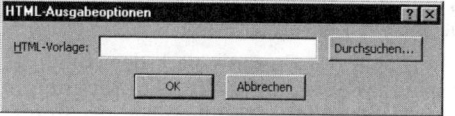

Vorerst arbeiten wir ohne Vorlagendatei, so dass Sie diesen Dialog mit *OK* bestätigen können, ohne einen Dateinamen in das Feld *HTML-Vorlage* einzutragen. Wie Vorlagendateien beschaffen sind, erfahren Sie im nächsten Abschnitt.

6. Nach dem Export, der je nach Umfang der zu exportierenden Tabellen einige Minuten in Anspruch nehmen kann, muss die HTML-Datei auf Ihren Web-Server kopiert (»publiziert«) werden.

Die exportierte HTML-Datei ist im Wesentlichen ein HTML-Abbild der Tabelle oder Abfrage in der Datenblattansicht. Nur Hyperlink-Datenfelder werden in Anchor-Tags (<A HREF=HYPERLINK>HYPERLINK</A>) eingeschlossen, alle anderen Datentypen werden ohne Änderung in die Tabelle übernommen. Falls Sie eigene Informationen wie beispielsweise Ihr Firmenlogo oder einen Verweis auf Ihre Allgemeinen Geschäftsbedingungen platzieren wollen, steuert eine HTML-Vorlagendatei alle nicht zur eigentlichen Datentabelle gehörenden Informationen bei.

Anpassung des HTML-Exports mit Vorlagendateien

Eine HTML-Vorlagendatei ist eine herkömmliche HTML-Datei, in der allerdings spezielle Platzhalter-Kommentare eingefügt wurden, die von Access beim Export durch die Daten der Tabelle ersetzt werden.

```
<HTML>
<BODY>
<IMG SRC="MeinLogo.gif">
<A HREF="AGB.html"> Allgemeine Geschäftsbedingungen </A>
<!--AccessVorlage_Hauptteil-->
</BODY>
</HTML>
```

Abbildung 48.5: HTML-Vorlagendatei

An die Stelle des HTML-Kommentars *<!--AccessVorlage_Hauptteil-->* setzt Access in die HTML-Vorlagendatei den Inhalt der Datentabelle. Weil der Rest der Vorlagendatei wie eine herkömmliche HTML-Seite formatiert wird, lassen sich auch ansprechende HTML-Seiten per Export erstellen.

Neben dem Platzhalter *<!-AccessVorlage_Hauptteil-->* steht beim Export von Tabellen auch der Platzhalter *<!-AccessVorlage_Titel-->* bereit, der von Access durch den Namen der zu exportierenden Datentabelle ersetzt wird.

HINWEIS Statische HTML-Seiten lassen sich mit dem Internet Explorer ab Version 3.02 betrachten, sofern in der HTML-Vorlagendatei keine HTML-Stilelemente der Version 4.0 oder höher Verwendung fanden.

Export eines Berichts in statische HTML-Seiten

Der Export einer Datentabelle hat einen gravierenden Nachteil: Es werden alle Datensätze der Tabelle in eine einzige HTML-Seite ausgegeben, so dass man sinnvollerweise Abfragen statt Tabellen exportiert, um nur die wirklich wichtigen Datensätze in der HTML-Datei zu speichern. Allerdings ändert auch eine Abfrage nichts daran, dass die resultierende HTML-Tabelle keinen Design-Preis gewinnen wird.

Werden dagegen Berichte exportiert, so gleicht das Ergebnis stark dem Bild, das der Bericht beim Ausdruck zeigt. Erreicht wird das durch aufwendige Formatierungen der Ausgabe mit Dynamic HTML-Stilelementen (DHTML), die allerdings erst ab Internet Explorer 4.0 verfügbar sind.

Beim Export eines Berichts »druckt« Access die Berichtsseiten nicht auf einen Drucker, sondern in separate HTML-Dateien aus, jede Seite in eine eigene HTML-Datei. Access vergibt den HTML-Dateien dazu einen Namen nach folgendem Schema *Dateiname+Seite+n.html*, wobei *n* durch eine fortlaufende Seitenzahl ersetzt wird.

Ebenso wie beim Export von Tabellen stehen beim Export von Berichten auch HTML-Vorlagendateien zur Verfügung. Für Berichte gibt es allerdings weitere Platzhalter-Kommentare, deren Bedeutung die folgende Tabelle zeigt: Vor allem die Platzhalter für die Navigation innerhalb der einzelnen Berichtsseiten sind hier hervorzuheben.

Abbildung 48.6:
Jede Berichtsseite steht in einer eigenen HTML-Datei, die per Hyperlinks auf vorangehende und nachfolgende Seiten verweist.

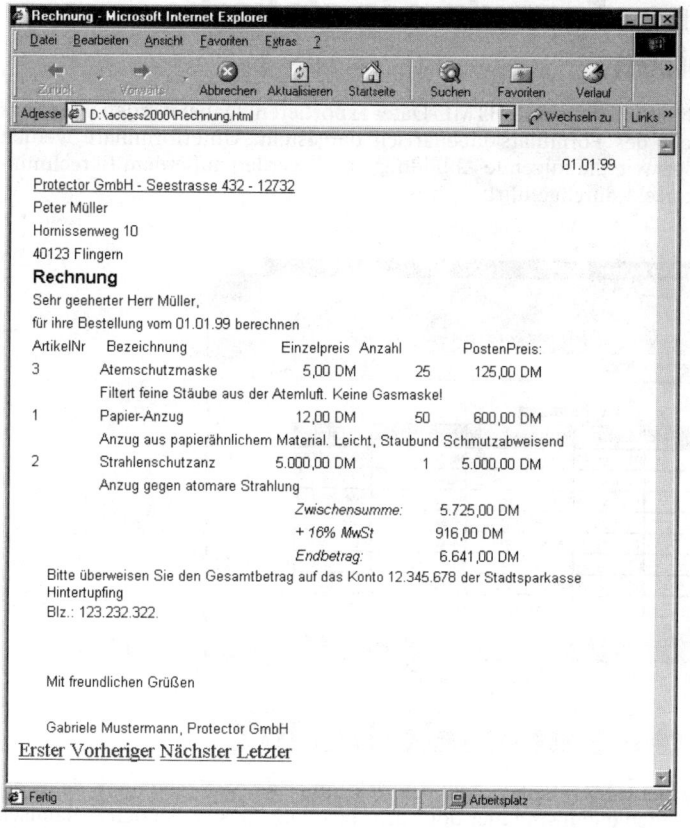

Tabelle 48.1:	Platzhalter in HTML-Vorlage	Bedeutung
Platzhalter in einer HTML-Vorlagendatei	<!--AccessVorlage_Titel-->	Name des zu exportierenden Berichts, Formulars oder der zu exportierenden Tabelle
	<!--AccessVorlage_Hauptteil-->	Die zu exportierenden Datensätze
	<!--AccessVorlage_ErsteSeite-->	Verweis (Anchor) auf die erste HTML-Seite eines exportierten Berichts
	<!--AccessVorlage_VorherigeSeite-->	Verweis (Anchor) auf die vorangehende HTML-Seite eines exportierten Berichts
	<!--AccessVorlage_NächsteSeite-->	Verweis (Anchor) auf die nachfolgende HTML-Seite eines exportierten Berichts
	<!--AccessVorlage_LetzteSeite-->	Verweis (Anchor) auf die letzte HTML-Seite eines exportierten Berichts
	<!--AccessVorlage_Seitenzahl-->	Aktuelle Seitenzahl

Export eines Formulars in statische HTML-Seiten

Sogar Formulare lassen sich in eine HTML-Datei exportieren. Dabei werden allerdings nur die Datenfelder des Formulars tabellarisch dargestellt. Unterformulare werden nicht berücksichtigt. Wie die folgende Abbildung zeigt, werden außerdem Berechnungen nicht immer korrekt durchgeführt:

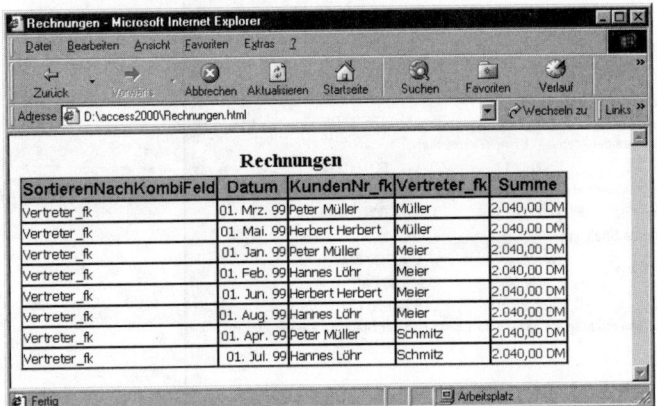

Abbildung 48.7:
Exportiertes Formular

Dynamische Seiten mit IDC/IDX

Der Export statischer HTML-Seiten stellt für viele nur eine Notlösung dar, denn die gestalterischen Möglichkeiten sind hier doch sehr begrenzt. Das ist bei den dynamisch erzeugten Webseiten anders. Hier lassen sich die Datensätze aus Tabellen und Abfragen nahtlos in bereits bestehende HTML-Dateien einfügen und der Web-Designer hat dennoch alle Freiheiten, die er für ein ansprechendes Werk benötigt.

Doch selbst die einfachste Form des Exports dynamischer Webseiten setzt einen Internet-Information-Server (ab Version 2.0) oder einen Personal-Web-Server voraus. Greift ein Anwender auf den Web-Server zu, ruft der Web-Server die Daten per ODBC-Schnittstelle aus der Datenbank ab. Die ermittelten Datensätze werden anschließend vom Web-Server mit einer HTML-Vorlagendatei vermengt und das Ganze wird danach in Form einer HTML-Datei via Internet/Intranet an den Anwender gesendet.

Access generiert zu diesem Zweck zwei separate Dateien: einen so genannten Internet Database Connector, kurz IDC, und eine HTML-Template-Extension, kurz HTX. Über den IDC wird der Web-Server in die Lage versetzt, an die Tabelle einer Datenbank anzudocken und Datensätze aus einer Tabelle/Abfrage zu ermitteln. Diese Datensätze werden mit Hilfe der HTX-Datei in eine mustergültige HTML-Datei umgewandelt, die dann an den Client übermittelt werden kann.

Die HTX-Datei verwendet spezielle Platzhalter, die innerhalb der HTML-Datei durch den Inhalt eines Datenfeldes ersetzt werden – ähnlich wie eine HTML-Vorlagendatei beim Export statischer Seiten. Die Platzhalter innerhalb einer HTX-Datei werden jedoch nicht über Kommentar-Tags, sondern über Tags der Form <% ... %> in die HTML-Seite eingebettet.

Betrachten wir dazu eine typische HTX-Datei – sowohl die resultierende HTML-Datei als auch ihren Quelltext:

Abbildung 48.8:
HTX-Datei im Quelltext und das Resultat im Browser

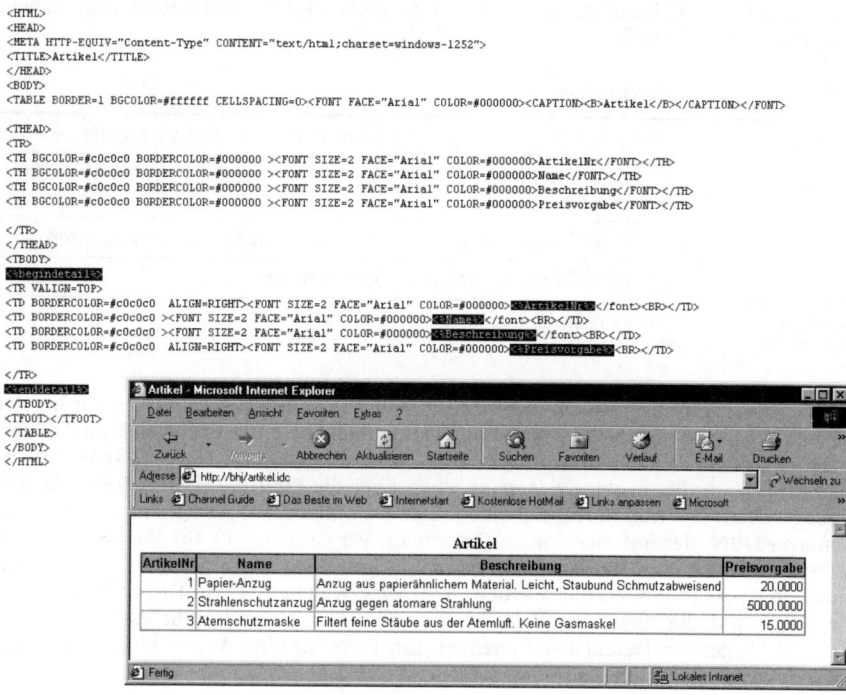

Worauf es hier wirklich ankommt, ist der Text zwischen den Spezial-Tags *<begindetail%>* und *<%enddetail%>*. Dieser Teil einer HTX-Seite entspricht dem Detailbereich, der für jeden Datensatz wiederholt ausgegeben wird – genauso, wie Sie es von einem Endlosformular oder von einem Bericht bereits kennen. Der Unterschied ist jedoch, dass hier die Datenfeldinhalte in einen beliebigen HTML-Text eingebettet werden. Wo die Datenfelder in den HTML-Text ausgegeben werden, bestimmen weitere Spezial-Tags, die innerhalb der <%- und %>-Zeichenfolgen den Datenfeldnamen nennen (s. Abbildung 48.8).

Doch woher kommen die Datensätze, die durch eine HTX-Datei in eine HTML-Form gepresst werden? Hier kommt die IDC-Datei ins Spiel. Hier wird vermerkt, welche Datenbank und welche Tabelle/Abfrage dieser Datenbank als Datenquelle dient. Fordert der Anwender vom Server die IDC-Datei ab, untersucht der Server, welche HTML-Template-Datei mit welcher Datenquelle zusammengeführt werden muss, um das Ergebnis als herkömmliche HTML-Seite an den Anwender zu senden.

IDC-Dateien sind herkömmliche ASCII-Dateien, in denen der Ursprung der Datensätze vermerkt und in der der Name der HTX-Datei hinterlegt wird, mit der die Datensätze formatiert werden sollen.

Abbildung 48.9:
So sieht ein Internet Database Connector aus.

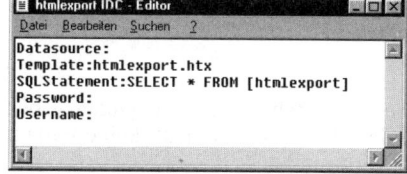

Jede Zeile der IDC-Datei definiert eine Eigenschaft. Welche Bedeutung diese haben, zeigt die folgende Tabelle.

Eigenschaft	Beschreibung
Datasource	Name der ODBC-Datenquelle, die vom Web-Server angezapft werden soll
Template	Name der HTX-Datei, die zur Formatierung der Datensätze herangezogen werden soll
SQLStatement	Das auszuführende SQL-Statement, das die benötigten Datensätze liefert
Password	Das Passwort zum Andocken an die Datenquelle
Username	Der für das Andocken benötigte Benutzername

Tabelle 48.2: IDC-Eigenschaften

Die meisten dieser Eigenschaften verstehen sich von selbst. Neues gibt es nur bei der Eigenschaft *Datasource*, die eine ODBC-Datenquelle benennt (siehe ▶ Kapitel 40, *So erstellen Sie einen ODBC-Data Source Name*). so genannte *Data Source Names*, kurz DSNs, werden in der *Systemsteuerung* über die *ODBC-Datenquellen (32-Bit)* erzeugt: Greift der Web-Server auf eine lokale Datenbank zu, genügt ein so genannter Benutzer-DSN, der auf eine lokale Datenbank verweist. Greift Ihr Web-Server aber selbst wieder auf einen entfernten Datenbank-Server auf einem anderen Rechner zu, muss ein System-DSN erzeugt werden. Aber egal, welche Art von DSN Sie erzeugen, für beide sind die folgenden Schritte identisch. Unterschiede gibt es nur bei den zugrunde liegenden Datenbank-Systemen. Ein DSN für eine Access-Datenbank wird anders erzeugt als ein DSN für eine SQL-Server-Datenbank.

Der Name des DSNs wird in der Eigenschaft *Datasource* der IDC-Datei hinterlegt und erlaubt dadurch den Zugriff auf die im DSN angegebene Datenbank. Damit klar ist, welche Datensätze in die HTX-Datei einfließen sollen, wird in *SQLStatement* das SQL-Statement angegeben, das die gewünschten Datensätze zutage fördert.

Sobald die IDC- und HTX-Dateien komplett sind, werden sie in ein öffentliches Verzeichnis des Web-Servers kopiert und sobald der Anwender über den Web-Server auf die IDC-Datei zugreift, zeigt der Web-Server aufgrund der in der IDC-Datei enthaltenen Daten eine HTML-Datei, die die geforderten Datensätze darstellt.

Wenn Sie nun eine Tabelle, Abfrage oder ein Formular oder einen Bericht in ein Gespann aus IDC/HTX-Datei exportieren wollen, wählen Sie *Microsoft IIS 1-2 (*.htx;*.idx)* als Export-Dateityp. Nach Betätigung der *Erstellen*-Schaltfläche erscheint der Dialog wie in Abb. 48.10.

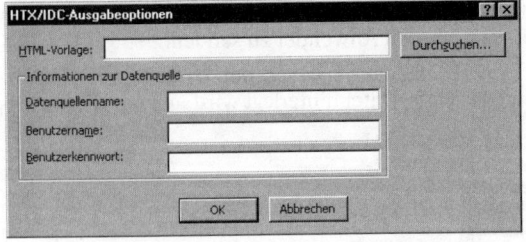

Abbildung 48.10: Abfrage der wichtigsten Eckdaten für die Erzeugung von IDC/HTX-Dateien

Falls Sie keine neue HTX-Datei, sondern eine bereits bestehende nutzen wollen, geben Sie in *HTML-Vorlage* den Namen der bestehenden HTX-Datei an. Falls keine Vorlage angegeben wird, erzeugt Access eine neue HTX-Vorlagendatei.

Die nächste wichtige Eigenschaft ist der *Datenquellenname*. Hier muss der Name eines zuvor definierten DSNs angegeben werden. Ob ein Benutzername und ein Passwort angegeben werden müssen, hängt davon ab, ob diese Informationen im DSN bereits gespeichert wurden.

Active Server Pages (ASP)

Dynamische Webseiten auf IDC/HTX-Basis gestatten bereits ein Höchstmaß an gestalterischer Freiheit, wenn es um die Aufbereitung der Daten aus einer Tabelle geht. Doch dieser Mechanismus erlaubt nur die Ersetzung spezieller Tags in einer HTML-Vorlagendatei.

Mit so genannten *Active Server Pages*, kurz ASP, ist es jedoch möglich, auf dem Server Programmcode zur Ausführung gelangen zu lassen, der die Datensätze von einer Datenquelle entgegennimmt, aufbereitet und in Form einer HTML-Datei an den Client zurücksendet. Weil der Skript-Code in einer HTML-Vorlagendatei eingebettet wird, vereinen ASP-Seiten die Vorteile des programmgesteuerten Zugriffs auf eine Datenbank mit den freien Gestaltungsmöglichkeiten einer HTML-Seite.

Um den Inhalt einer Tabelle, einer Abfrage oder ein Formular oder einen Bericht in eine ASP-Datei zu exportieren, muss nach Auswahl des Export-Befehls der Dateityp *Microsoft Active Server Pages (*.asp)* gewählt werden. Nach Betätigung der *Speichern*-Schaltfläche erscheint ein Dialog, der die wichtigsten Betriebsparameter für eine ASP-Datei erfragt:

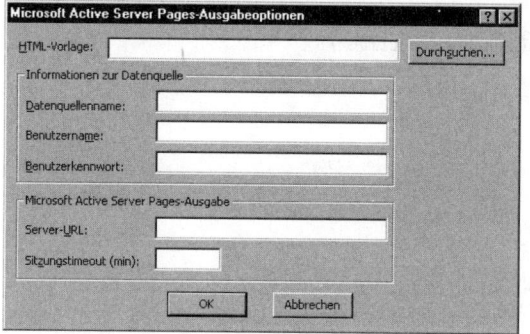

Abbildung 48.11: ASP-Dateien erzeugen

Die Bedeutung der meisten Eingabefelder dieses Dialogs kennen Sie bereits aus dem IDC/HTX-Export. Neu hinzugekommen ist jedoch die Gruppe *Microsoft Active Server Pages-Ausgabe*. Hier wird der URL des Web-Servers angegeben, auf den die ASP-Seite nach ihrer Erstellung veröffentlicht werden soll (*Server-URL:*), sowie die Anzahl der Minuten, die der Server eine Session aufrecht erhalten soll, falls der Server keine Benutzeraktionen registriert.

Das Ergebnis des ASP-Exports ist eine Datei, in der Programmcode und HTML-Code miteinander vermischt werden. Diese Dateien können als Ausgangsbasis für eigene Web-Anwendungen dienen.

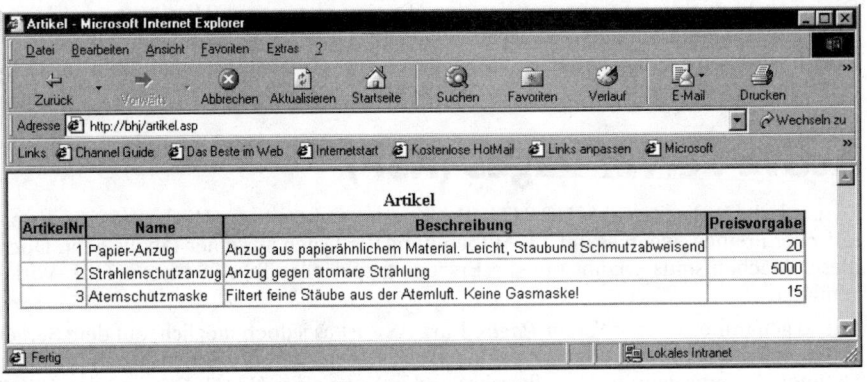

Abbildung 48.12:
Artikel-*Tabelle*
als ASP-Datei

```
<HTML>
<HEAD>
<META HTTP-EQUIV="Content-Type" CONTENT="text/html;charset=windows-1252">
<TITLE>Artikel</TITLE>
</HEAD>
<BODY>
<%
If IsObject(Session("protector_conn")) Then
    Set conn = Session("protector_conn")
Else
    Set conn = Server.CreateObject("ADODB.Connection")
    conn.open "protector","",""
    Set Session("protector_conn") = conn
End If
%>
<%
If IsObject(Session("Artikel_rs")) Then
    Set rs = Session("Artikel_rs")
Else
    sql = "SELECT * FROM [Artikel]"
    Set rs = Server.CreateObject("ADODB.Recordset")
    rs.Open sql, conn, 3, 3
    If rs.eof Then
        rs.AddNew
    End If
    Set Session("Artikel_rs") = rs
End If
%>
<TABLE BORDER=1 BGCOLOR=#ffffff CELLSPACING=0><FONT FACE="Arial"
COLOR=#000000><CAPTION><B>Artikel</B></CAPTION></FONT>

<THEAD>
<TR>
<TH BGCOLOR=#c0c0c0 BORDERCOLOR=#000000 ><FONT SIZE=2 FACE="Arial"
COLOR=#000000>ArtikelNr</FONT></TH>
<TH BGCOLOR=#c0c0c0 BORDERCOLOR=#000000 ><FONT SIZE=2 FACE="Arial"
COLOR=#000000>Name</FONT></TH>
<TH BGCOLOR=#c0c0c0 BORDERCOLOR=#000000 ><FONT SIZE=2 FACE="Arial"
```

Quelltext einer
ASP-Datei

```
               COLOR=#000000>Beschreibung</FONT></TH>
               <TH BGCOLOR=#c0c0c0 BORDERCOLOR=#000000 ><FONT SIZE=2 FACE="Arial"
               COLOR=#000000>Preisvorgabe</FONT></TH>

               </TR>
               </THEAD>
               <TBODY>
               <%
               On Error Resume Next 'Diese Schleife wird für jeden Datensatz ausgeführt
               rs.MoveFirst
               do while Not rs.eof
                %>
               <TR VALIGN=TOP>
               <TD BORDERCOLOR=#c0c0c0   ALIGN=RIGHT><FONT SIZE=2 FACE="Arial"
               COLOR=#000000><%=Server.HTMLEncode(rs.Fields("ArtikelNr").Value)%><BR></FONT></TD>
               <TD BORDERCOLOR=#c0c0c0  ><FONT SIZE=2 FACE="Arial"
               COLOR=#000000><%=Server.HTMLEncode(rs.Fields("Name").Value)%><BR></FONT></TD>
               <TD BORDERCOLOR=#c0c0c0  ><FONT SIZE=2 FACE="Arial"
               COLOR=#000000><%=Server.HTMLEncode(rs.Fields("Beschreibung").Value)%><BR></FONT></TD>
               <TD BORDERCOLOR=#c0c0c0   ALIGN=RIGHT><FONT SIZE=2 FACE="Arial"
               COLOR=#000000><%=Server.HTMLEncode(rs.Fields("Preisvorgabe").Value)%><BR></FONT></TD>

               </TR>
               <%
               rs.MoveNext
               loop%>
               </TBODY>
               <TFOOT></TFOOT>
               </TABLE>
               </BODY>
               </HTML>
```

Neu in Access 2000: Die Datenzugriffsseiten

Die bisherigen Möglichkeiten zur Erzeugung von HTML-Seiten aus dem Datenbestand einer Access-Datenbank bezogen sich im Wesentlichen auf eine relativ statische Anzeige der exportierten Daten. Mit ein wenig Programmierung lässt sich einer ASP-Datei zwar zu hoher Interaktivität verhelfen, doch mit Access 2000 wird der Export interaktiver HTML-Dateien nahezu zum Kinderspiel. Access 2000 bietet eine neue Variante für den Datenzugriff über das Web: die so genannten Datenzugriffsseiten, kurz *Seiten*.

Seiten sind im Grunde nichts anderes als spezielle Berichte, die nicht innerhalb der Access-Umgebung, sondern in einem Web-Browser angezeigt werden und dort die Navigation und sogar Gruppierung der darzustellenden Datensätze erlauben. Wie beim Export von Excel-Tabellen besteht das Geheimnis der Datenzugriffsseiten aus zusätzlichen ActiveX-Komponenten, die die Datensätze vom Webserver laden und in den Steuerelementen auf der HTML-Seite zur Anzeige bringen.

So erstellen Sie eine Datenzugriffsseite

Datenzugriffsseiten werden am schnellsten über die verschiedenen Assistenten von Access erstellt. Dabei beschränken sich Ihre Aufgaben im Wesentlichen auf die Auswahl des Assistenten und die Einstellung der zugrunde liegenden Tabellen.

Wie eine Datenzugriffsseite in der Entwurfsansicht erstellt wird, ist das Thema der folgenden Seiten. Öffnen Sie dazu eine bereits vorhandene Datenbank – beispielsweise die Protector-Datenbank, deren Erstellung im Access-Teil in den ▶ Kapiteln 37 bis 42 erläutert wird.

1. Wechseln Sie in die *Seiten*-Gruppe des Access-Datenbankfensters und klicken Sie auf die *Neu*-Schaltfläche. Im darauf erscheinenden Dialog wählen Sie den *Seiten-Assistenten* und im Kombinationsfeld *Rechnungen* die zugrunde liegende Tabelle aus.

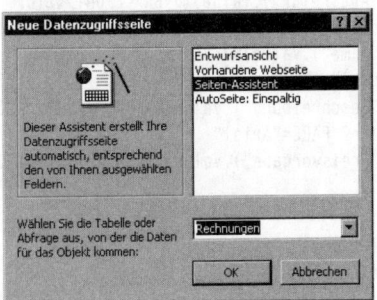

Abbildung 48.13:
Neue Datenzugriffsseite über den Assistenten anlegen

2. Im zweiten Schritt erscheint ein Dialog, in dem Sie zur Auswahl der auf der Seite anzuzeigenden Felder aufgefordert werden.

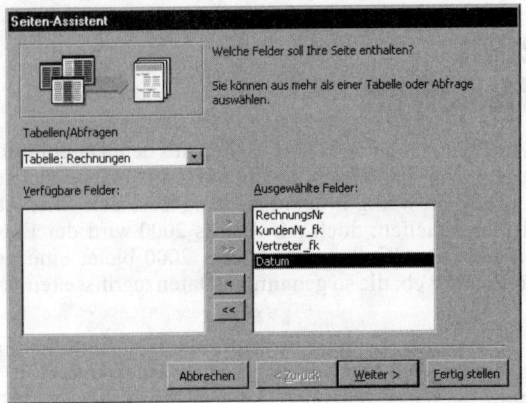

Abbildung 48.14:
Welche Felder sollen auf der Datenzugriffsseite angezeigt werden?

3. Anschließend erscheint der Gruppierungs-Dialog, der bereits bei der Erstellung von Berichten über den Assistenten verwendet wurde.

Abbildung 48.15:
Welche Felder sollen gruppiert werden?

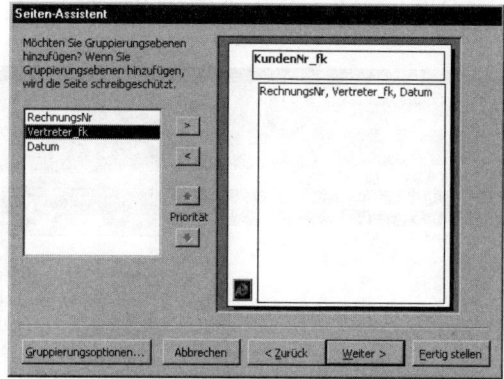

4. Die Sortierreihenfolge der anzuzeigenden Datensätze legen Sie dann fest.

Abbildung 48.16:
Sortierreihenfolge festlegen

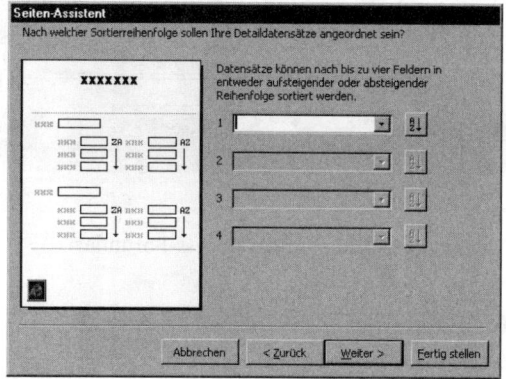

5. Zum Abschluss erscheint der bei Access-Berichten übliche Dialog zur Vergabe des Namens des soeben erstellten Objekts.

Abbildung 48.17:
Wie soll die Datenzugriffsseite genannt werden?

In der Entwurfsansicht ähnelt eine Datenzugriffsseite stark einem Bericht ...

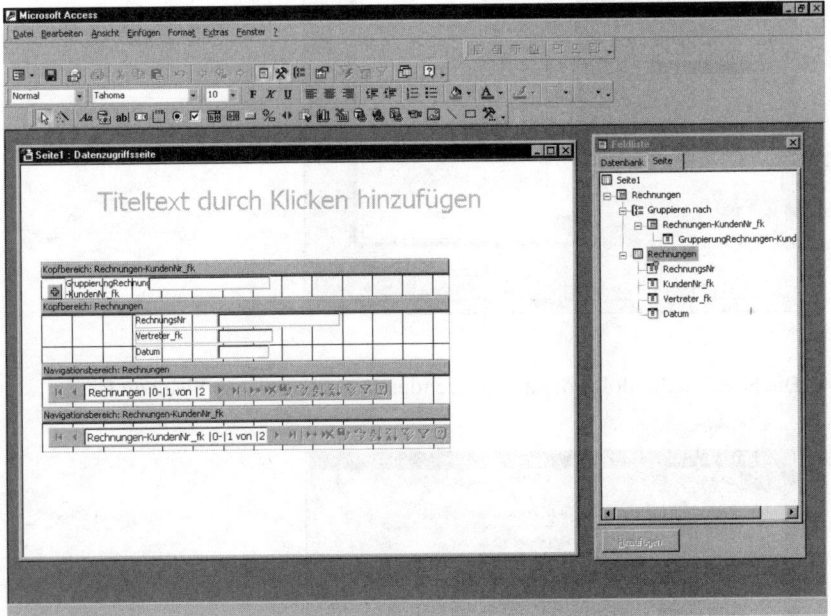

Abbildung 48.18:
Entwurfsansicht der Datenzugriffsseite

... doch im Explorer erinnern Datenzugriffsseiten an ein Access-Formular:

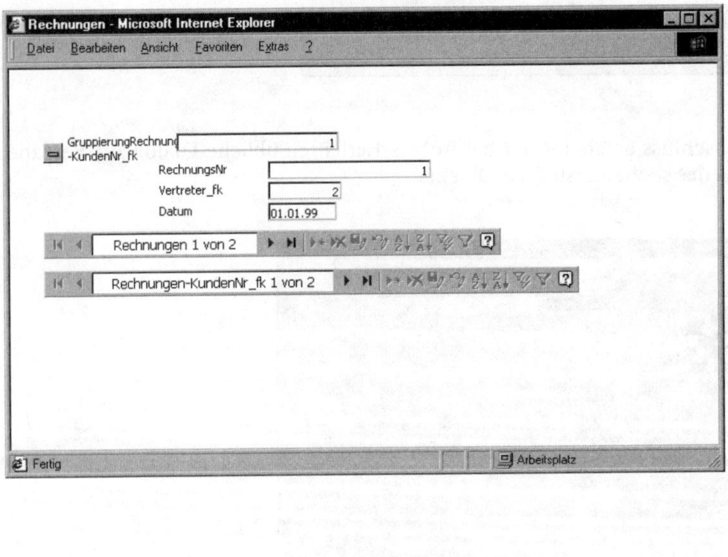

Abbildung 48.19:
Die Datenzugriffsseite im Explorer

Teil H
Das Zusammenspiel der Office-Anwendungen

1151	Datenaustausch in Office
1159	Datenaustausch über Dateien
1183	Word-Art 2000
1193	Graph – Daten zu Diagrammen
1235	Small Business Tools

Die verschiedenen Anwendungen aus dem Office-Paket sind schon lange keine Insellösungen mehr, die jeweils nur ihre eigene Scholle beackern und mit den Daten aus den Schwester-Anwendungen nichts anfangen können. Längst ist ein reger Austausch möglich, wie Excel-Tabellen in Word oder PowerPoint, oder Datenbankzugriffe auf Access aus Word-Serienbriefen heraus beweisen. Wie die Daten von einer Anwendung zu anderen gelangen, das erfahren Sie in den Kapitel 49 und 50.

Die Kapitel 51 und 52 sind anschließend zwei kleineren Anwendungen aus dem Office-Paket gewidmet, die sich als sogenannte ActiveX-Komponenten in die anderen Office-Anwendungen einbinden lassen: WordArt und Graph. Während WordArt für die Erstellung auffallender Texteffekte verantwortlich zeichnet, ist Graph ein Allround-Werkzeug zum Visualisieren von Zahlen durch Diagramme, auf dem auch die Grafik-Engine von Excel basiert.

Den Abschluß dieses Teils bildet im Kapitel 52 schließlich das Thema »Small Business Tools«. Gemeint ist eine Art Werkzeugkasten für Existenzgründer, der bei der Planung eines neuen Gewerbebetriebs vor den dicksten Fallstricken warnt und außerdem einen Kundenmanager zur Verwaltung der ersten Kunden beinhaltet.

49 Datenaustausch in Office

1151 Datenaustausch über die Zwischenablage
1154 Datenaustausch per OLE

Jede einzelne der Office-Anwendungen ist ein Spezialist auf ihrem Gebiet. Doch mitunter werden die Fähigkeiten eines anderen »Fachgebiets« benötigt, so dass die Daten aus einer Office-Anwendung in die andere übertragen werden müssen.

Der Datenaustausch zwischen den Anwendungen lässt sich über drei verschiedene »Kanäle« bewerkstelligen:

- über die Zwischenablage
- über Object Linking and Embedding (OLE)
- durch den Import/Export von Dateien

Datenaustausch über die Zwischenablage

Die Nutzung der Zwischenablage verläuft immer nach dem folgenden Muster: In der Quellanwendung markieren Sie die zu übertragenden Daten und übertragen diese über den *Kopieren*- oder *Ausschneiden*-Befehl aus dem *Bearbeiten*-Menü in die Zwischenablage. Anschließend wechseln Sie in die Zielanwendung, bewegen die Einfügemarke an die Stelle innerhalb des Zieldokuments, an der die Daten eingefügt werden sollen, und rufen den Befehl *Bearbeiten/Einfügen* auf, um die Daten aus der Zwischenablage zu übernehmen.

HINWEIS Die Zwischenablage lässt sich auch zum Duplizieren von Daten verwenden, indem der Inhalt der Zwischenablage mehrfach hintereinander in dasselbe Dokument eingefügt wird.

Bei Rückgriff auf den *Einfügen*-Befehl werden die Daten aus der Zwischenablage in dem Format in das Dokument eingefügt, das am besten zum Dokument passt.

Über den Befehl *Inhalte einfügen* aus dem *Bearbeiten*-Menü können Sie aber Einfluss darauf nehmen, in welcher Art die Daten aus der Zwischenablage übernommen werden (siehe Abbildung 49.1).

Wie es aussieht, wenn der Absatz eines gespeicherten (!) Word-Dokuments über den *Einfügen*- und *Inhalte einfügen*-Befehl in eine Excel-Tabelle übernommen wird, zeigt die Abbildung 49.2 und 49.3.

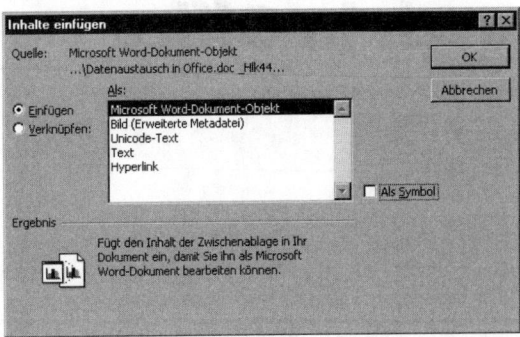

Abbildung 49.1:
Inhalte einfügen

Das ist ein Word-*Absatz* in der Zwischenablage. Das ist ein Word-*Absatz* in der Zwischenablage. Das ist ein Word-*Absatz* in der Zwischenablage. Das ist ein Word-*Absatz* in der Zwischenablage. Das ist ein Word-*Absatz* in der Zwischenablage. Das ist ein Word-*Absatz* in der Zwischenablage. Das ist ein Word-*Absatz* in der Zwischenablage. Das ist ein Word-*Absatz* in der Zwischenablage. Das ist ein Word-*Absatz* in der Zwischenablage.¶

Abbildung 49.2:
Der Word-Absatz...

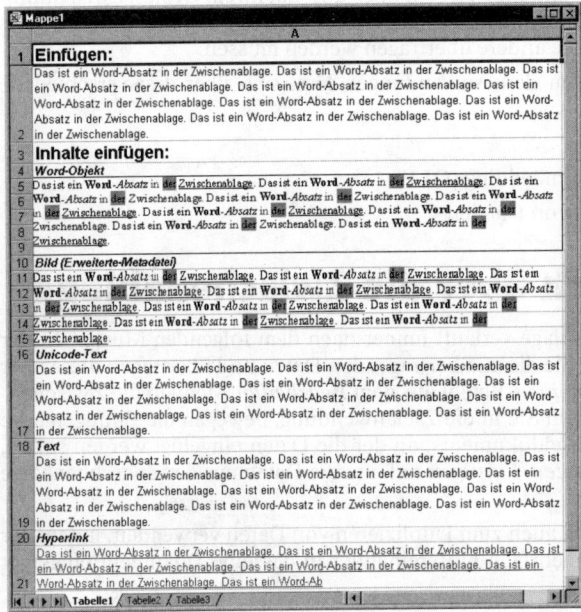

Abbildung 49.3:
... mehrfach in Excel eingefügt

Sie können den Inhalt der Zwischenablage nur dann als Hyperlink in ein anderes Dokument einfügen, wenn die Quelldatei vor (!) dem Kopieren der Daten in die Zwischenablage in einer Datei gespeichert wurde. Nur in diesem Fall kann eine Verbindung von der Zielanwendung zu den Quelldaten erstellt werden. Damit ein Klick auf den eingefügten Hyperlink zur Anzeige des richtigen Quellbereichs in einem Dokument führt, werden im Quelldokument zusätzliche Textmarken eingefügt.

Beim Einfügen der Daten aus der Zwischenablage über den *Inhalte einfügen*-Dialog können Sie die Daten in das Quelldokument einfügen und damit zu einem festen

HINWEIS

Bestandteil des Zieldokuments machen oder Sie stellen eine Verknüpfung zu den Quelldaten her, wodurch die Daten nicht im Zieldokument gespeichert werden, sondern im Quelldokument verbleiben. Der Vorteil: Alle Änderungen am Quelldokument werden automatisch im Zieldokument durch die enthaltene Verknüpfung reflektiert. Der Nachteil: Wird das Quelldokument entfernt, umbenannt oder in der Dateihierarchie verschoben, geht die Verknüpfung verloren. Außerdem nimmt die Aktualisierung der verknüpften Daten mitunter sehr viel Zeit in Anspruch.

Neu: Die Zwischenablage von Office 2000

Die herkömmliche Zwischenablage unterlag stets einer Beschränkung: Sie konnte nur jeweils ein einziges Objekt aufnehmen. Um ein Dokument über die Zwischenablage aus mehreren Teilen zusammenzusetzen, mussten Sie daher jedes Mal nach dem Füllen der Zwischenablage zum Zieldokument wechseln, um dort den aktuellen Inhalt »abzuladen«.

Windows 95 erweiterte die Zwischenablage um das sogenannte OLE-Clipboard, das den aktuellen Inhalt in der Zwischenablage in verschiedenen Datenformaten bereitstellt. So ist es beispielsweise möglich, einen in Word in die Zwischenablage kopierten Text in ein Grafikprogramm als Abbildung einzufügen. Vor dem Einfügen wird der Text in eine Bitmap umgewandelt.

Die im OLE-Clipboard eingebaute Fähigkeit der Umwandlung der enthaltenen Daten erleichtert beispielsweise die Umwandlung einer PowerPoint-Folie in eine Bitmap. Markieren Sie dazu alle Elemente der Folie und kopieren Sie sie in die Zwischenablage. Fügen Sie die Folienelemente anschließend in ein Grafikprogramm ein, erscheinen sie dort als Bitmap.

HINWEIS Sie greifen über den Befehl *Bearbeiten/Inhalte einfügen* direkt auf das OLE-Clipboard zu und können hier beim Einfügen Einfluss auf das Format der einzufügenden Daten nehmen.

Mit der neuen Zwischenablage von Office 2000 ist aber die unmittelbare Rückkehr zur Zielanwendung nicht mehr zwingend erforderlich. Die neue »Zwischenablage 2000« ist in der Lage, bis zu zwölf separate Elemente aufzunehmen, die anschließend entweder gemeinsam oder separat in die Zielanwendung übernommen werden können.

Die neue Zwischenablage manifestiert sich in der Symbolleiste *Zwischenablage*, in der jedes im Clipboard befindliche Element durch ein separates Symbol dargestellt wird:

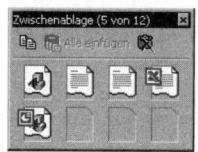

Abbildung 49.4:
Die Symbolleiste
Zwischenablage
mit fünf enthaltenen Elementen

Diese Symbolleiste wird automatisch eingeblendet, sobald bei der Arbeit mit einer oder mehreren Office 2000-Anwendungen verschiedene Elemente nacheinander in die Zwischenablage kopiert wurden. Über das Kontextmenü aller Symbolleisten oder über den Befehl *Extras/Anpassen* lässt sich die *Zwischenablage*-Symbolleiste aber auch explizit einblenden.

HINWEIS Das QuickInfo eines jeden Elements in der Symbolleiste liefert einen Hinweis auf die enthaltenen Daten. Repräsentiert das Symbol einen Text, werden die ersten Zeichen des Textes nach kurzer Verweildauer des Mauszeigers auf dem Symbol angezeigt.

Datenaustausch in Office

Um ein Element der Zwischenablage in das aktuelle Dokument einzufügen, müssen Sie nur auf das entsprechende Symbol in der *Zwischenablage*-Symbolleiste klicken, das die einzufügenden Daten repräsentiert.

Soll der gesamte Inhalt der Zwischenablage in das aktuelle Dokument eingefügt werden, müssen Sie den Befehl *Alle einfügen* aus dem Menü der *Zwischenablage*-Symbolleiste aufrufen. Beachten Sie, dass dieser Befehl nur dann verfügbar ist, wenn sich wirklich alle Elemente aus der Zwischenablage in das aktuelle Dokument einfügen lassen. Ebenso lassen sich einzelne Elemente der Zwischenablage nur dann in ein Dokument einfügen, wenn es mit dem jeweiligen Datentyp aus der Zwischenablage etwas »anfangen« kann.

Um den Inhalt der neuen Zwischenablage zu löschen, stellt das Menü der Symbolleiste den *Löschen*-Befehl bereit. Und falls im aktuellen Dokument eine Markierung besteht, deren Inhalt in die Zwischenablage übernommen werden kann, steht dazu der *Kopieren*-Befehl bereit.

Löschen

Kopieren

Datenaustausch per OLE

Eine der kraftvollsten Möglichkeiten des Datenaustauschs über die Grenzen der jeweiligen Anwendung hinweg bietet die OLE-Technologie. OLE steht für **O**bject **L**inking and **E**mbedding und beschreibt ein Verfahren, bei dem ein Dokument zum Container eines Dokuments einer anderen Anwendung wird. Das eingebettete Dokument verliert dabei nicht seine Bearbeitbarkeit. Ganz im Gegenteil, das eingebettete Dokument lässt sich genau so bearbeiten, wie Sie es gewohnt sind. Am Zusammenspiel von Excel und Word soll das exemplarisch erläutert werden.

Abschlussberichte in größeren Firmen bestehen meist aus umfangreichen Zahlenkolonnen, die von erläuterndem Text begleitet werden. Texte werden üblicherweise in Word, Zahlenreihen in Excel erfasst. Um beides miteinander zu verquicken, empfiehlt es sich, die verschiedenen Excel-Tabellen in das Word-Dokument zu integrieren.

So fügen Sie Excel-Tabellen in Word ein

Dabei haben Sie die Wahl, ob die Excel-Tabellen bereits im Vorfeld erstellt und in separate Dateien gespeichert oder ob die Tabellen während der Arbeit mit Word erstellt werden. In jedem Fall müssen Sie in Word den Befehl *Einfügen/Objekt...* aufrufen, um eine bereits bestehende Excel-Datei oder eine neue Excel-Tabelle in das Word-Dokument zu platzieren:

1. Rufen Sie den Befehl *Einfügen/Objekt...* auf. Es erscheint ein Dialog, in dem Sie ein neues, leeres Objekt in Ihr Dokument einfügen können, oder ein Objekt, basierend auf einer bereits bestehenden Datei erstellen.

    Um ein neues Objekt zu erstellen, müssen Sie das Register *Neu erstellen* aktivieren und dort den Typ des zu erstellenden Objekts wählen (siehe Abbildung 49.5).

    Neue Objekte werden stets in das Zieldokument eingebettet. Das bedeutet, dass sie zu einem integralen Bestandteil des Dokuments bzw. der Dokumentendatei werden.

    Üblicherweise wird das neue Objekt im *Bearbeitenmodus* angezeigt, so dass Sie das eingefügte Objekt sofort bearbeiten können. Beim Einfügen einer *Microsoft Excel-Tabelle* bedeutet das, dass Sie die Tabelle wie in Excel bearbeiten können (siehe Abbildung 49.6).

    Beachten Sie, dass beim Bearbeiten des eingebetteten Objekts die Menüs und Symbolleisten der »Container-Anwendung« die Befehle und Symbole des aktivierten Objekts anzeigen.

HINWEIS

Abbildung 49.5:
Neues OLE-Objekt erstellen

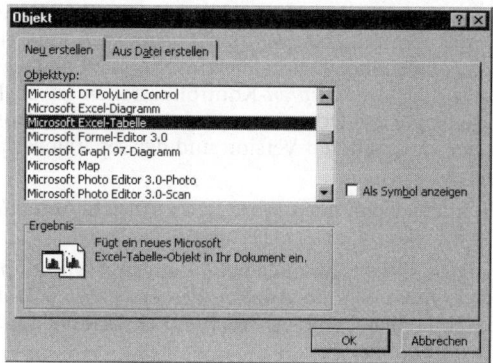

Abbildung 49.6:
Eine Excel-Tabelle im Bearbeitungs-modus – eingebettet in ein Word-Dokument

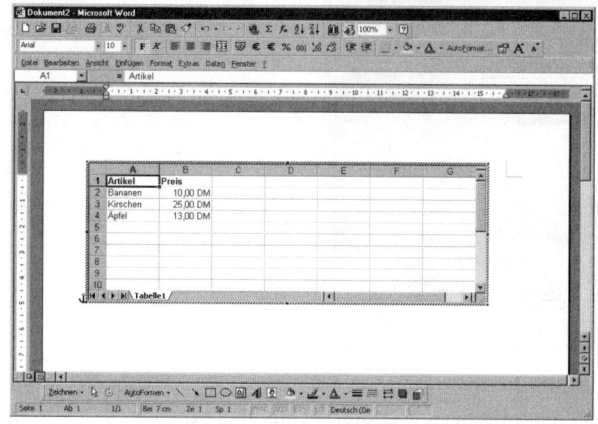

2. Statt eines neuen Objekts können Sie auch ein Objekt einfügen, das auf einer bereits bestehenden Datei basiert. Aktivieren Sie dazu das Register *Aus Datei erstellen* und geben Sie im Eingabefeld *Dateiname* den Namen des zugrunde liegenden Dokuments an.

Abbildung 49.7:
Objekt aus bestehender Datei erstellen

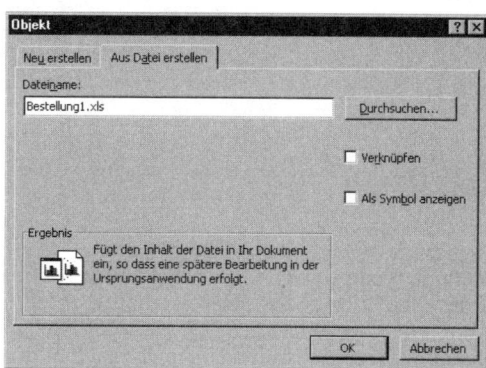

Wird dabei das Kontrollkästchen *Verknüpfen* ausgewählt, können Sie die verknüpfte Datei auch außerhalb der Container-Anwendung bearbeiten und jede Änderung fließt automatisch in das umgebende Dokument ein. Das steht im Gegensatz zu eingebetteten Dokumenten (das *Verknüpfen*-Kontrollkästchen ist deaktiviert). Hier wird eine unabhängige Kopie des Dokuments in das umgebende Dokument eingefügt. Änderungen an der eingebetteten Version und der separaten Datei geschehen unabhängig voneinander.

Um die eingefügten Objekte korrekt anzuzeigen, muss Word in die Ansicht *Seitenlayout* wechseln. **HINWEIS**

3. Sowohl bei der Erstellung eines neuen Objekts als auch beim Einbetten/Verknüpfen bereits existierender Dokumente können Sie die Anzeige des eingefügten Dokuments auf die Darstellung eines einfachen Symbols beschränken. Aktivieren Sie dazu das Kontrollkästchen *Als Symbol anzeigen*.

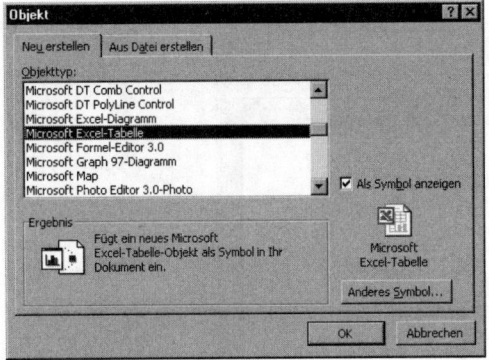

Abbildung 49.8: Das eingefügte Objekt als Symbol anzeigen

Das anzuzeigende Symbol sowie der unter dem Symbol anzuzeigende Text werden vorgegeben. Allerdings ist die Symbolunterschrift selten aussagekräftig. Durch Klick auf die Schaltfläche *Anderes Symbol...* können Sie jedoch ein anderes Symbol sowie die zu verwendende Unterschrift wählen:

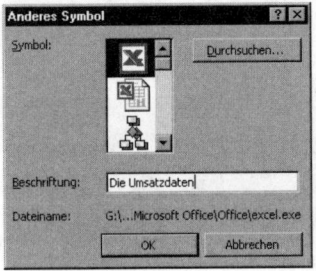

Abbildung 49.9: Anderes Symbol wählen

Die weitere Arbeit mit den in ein Dokument eingefügten OLE-Objekten ist relativ einfach. Durch einen Doppelklick auf das Objekt bzw. das Objektsymbol wechselt es in den Bearbeitungsmodus und kann durch den Anwender bearbeitet werden. Bei einem eingefügten Objekt setzt die so genannte In-Place-Activation ein, in der die Funktionen zur Bearbeitung des Objekts in die umgebende Container-Anwendung eingeklinkt werden. Beim Doppelklick auf ein Symbol wird das Objekt dagegen »geöffnet« – zu seiner Bearbeitung wird die entsprechende Anwendung gestartet.

Solange das Objekt geöffnet und in einer separaten Anwendung bearbeitet wird, schattiert die umgebende Anwendung die Objekte, um ihren derzeit unbestimmten Zustand anzudeuten:

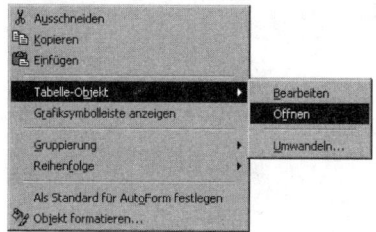

Abbildung 49.10:
Diese Objekte sind geöffnet und werden in ihren jeweiligen Anwendungen bearbeitet.

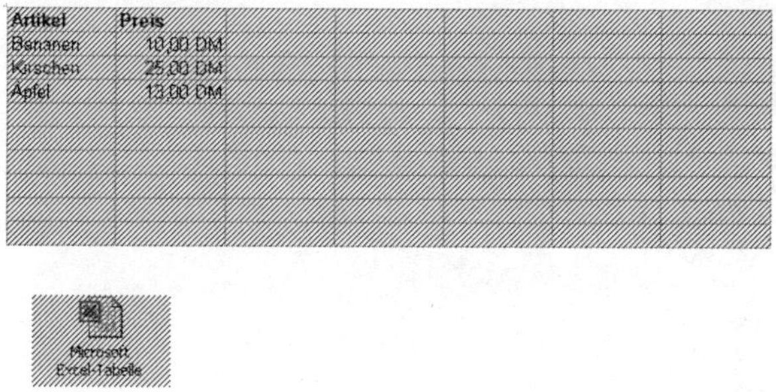

Die Befehle *Bearbeiten* und *Öffnen* lassen sich nicht nur per Doppelklick auf das Objekt, sondern auch über das Kontextmenü eines Objekts aufrufen:

Abbildung 49.11:
Bearbeiten und Öffnen über das Kontextmenü eines Objekts

Das Kontextmenü eines Objekts enthält zudem den *Umwandeln*-Befehl, mit dem Sie die Art des Objekts ändern können. Nach Aufruf dieses Befehls erscheint ein objektspezifischer Dialog, der die Auswahl des Objekttyps erlaubt, in den das Dokument abgewandelt werden soll.

50 Datenaustausch über Dateien

1160 Datenaustausch in Excel
1169 Datenaustausch in Word
1170 Datenaustausch in PowerPoint
1172 Datenaustausch in Access

Der Datenaustausch über bereits bestehende Dateien stellt eine der einfachsten Methoden dar, Informationen zwischen den verschiedenen Anwendungen auszutauschen. In den meisten Fällen lässt sich der Import einer Datei bewerkstelligen, indem die entsprechende Datei einfach in einer anderen Anwendung geöffnet wird. Dazu rufen Sie den Befehl *Datei/Öffnen* auf und wählen die zu öffnende Datei aus. Damit der Dateiname im *Öffnen*-Dialog angezeigt wird, müssen Sie zuvor allerdings den entsprechenden *Dateityp* ändern:

Abbildung 50.1:
Import durch
Öffnen eines
anderen
Dateityps

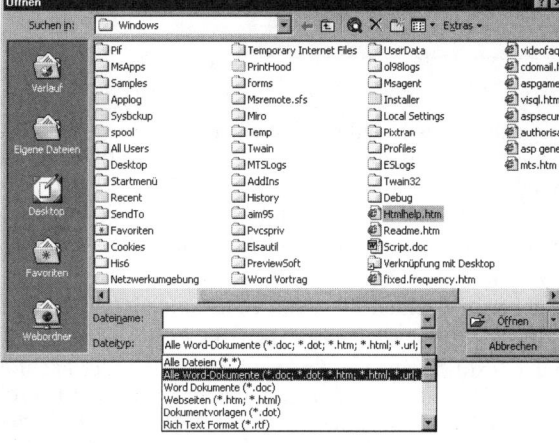

Datenaustausch in Excel

Was den Datenaustausch mit anderen Anwendungen angeht, so ist Excel von Natur aus etwas in seinen Fähigkeiten beschränkt. In Excel können Sie vornehmlich die Tabellen und Arbeitsblätter anderer Tabellenkalkulationen (Lotus 1-2-3 etc.) sowie die Tabellen aus Datenbanksystemen importieren. Mit unstrukturierten Textdokumenten kommt Excel dagegen nicht zurecht. Mit strukturierten Textdateien, in denen jede Zeile einem Datensatz entspricht, hat Excel jedoch keine Probleme.

So importieren Sie eine Textdatei in eine Excel-Tabelle

Strukturierte Textdateien, deren Zeilen jeweils einen Datensatz repräsentieren, lassen sich sehr einfach in Excel importieren. Im Wesentlichen läuft der Datenimport genau wie beim Import einer Textdatei in eine Access-Tabelle (siehe ▶ Seite 1173) ab.

Der Textimport wird über den Befehl *Daten/Externe Daten/Textdatei importieren...* eingeleitet.

1. Im ersten Schritt müssen Sie die Textdatei auswählen, die die zu importierenden Daten enthält:

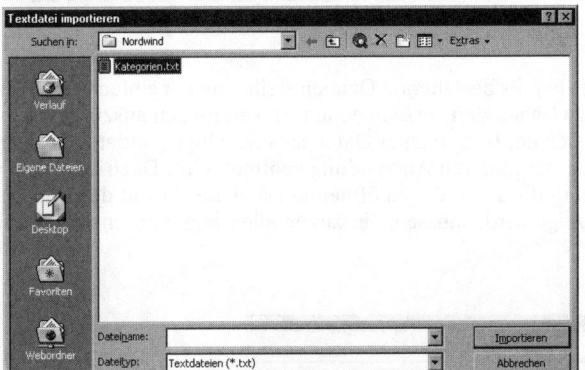

Abbildung 50.2: Welche Textdatei soll importiert werden?

HINWEIS Der Import einer Textdatei lässt sich ebenfalls dadurch einleiten, dass Sie im Dateidialog, der nach *Datei/Öffnen...* angezeigt wird, im Kombinationsfeld *Dateityp* den Eintrag *Textdateien (*.txt)* aktivieren.

2. Durch Betätigung der *Importieren* bzw. *Öffnen*-Schaltfläche des Dateidialogs startet Excel den Textkonvertierungs-Assistenten (siehe Abbildung 50.3).

   Hier geben Sie an, ob die zu importierenden Textzeilen aus Feldern bestehen, die durch ein spezielles Trennzeichen (z.B. einen Tabstopp) voneinander *Getrennt* werden oder jeweils eine feste Anzahl von Zeichen, also eine *Feste Breite,* aufweisen.

   Oft besteht die erste Zeile der Textdatei aus den Spaltenüberschriften der nachfolgend zu importierenden Zeilen. Falls die Überschriften nicht importiert werden sollen, können Sie im Eingabefeld *Import beginnen in Zeile* festlegen, ab welcher Zeile der Import beginnen soll. Durch Eingabe des korrekten Wertes in dieses Eingabefeld lassen sich damit auch Leerzeilen am Beginn der Textdatei überspringen.

   Weil das Textformat den kleinsten gemeinsamen Nenner für den Datenaustausch nicht nur zwischen verschiedenen Anwendungen, sondern auch zwischen verschiedenen Plattformen darstellt, können Sie im Kombinationsfeld *Dateiursprung* festle-

Abbildung 50.3:
Der erste Schritt des Textkonvertierungs-Assistenten

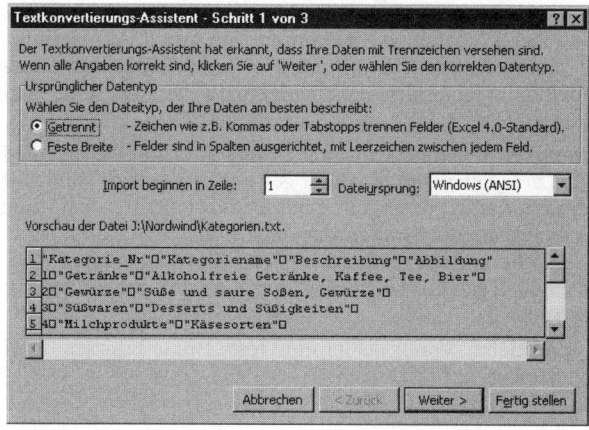

gen, ob die Textdatei unter Windows, MS-DOS oder auf Macintosh-Systemen erstellt wurde. Die korrekte Einstellung sorgt dafür, dass auch Sonderzeichen wie Umlaute korrekt importiert werden.

3. Im zweiten Schritt des Assistenten legen Sie fest, wie die Informationen einer jeden Zelle in separate Felder unterteilt werden. Sie geben dazu entweder das Trennzeichen zwischen jeweils zwei Datenfeldern an, oder Sie legen die Zeichenabstände beim Import eines Textes mit Feldern fester Breite fest.

Bei der Festlegung der Feldtrennzeichen hilft der folgende Dialog:

Abbildung 50.4:
Festlegen der Feldtrennzeichen

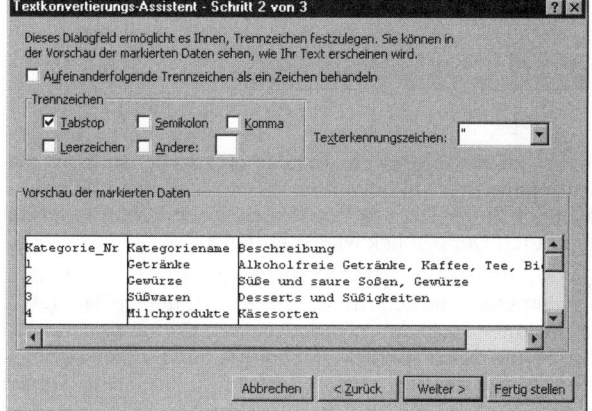

Neben den Standardtrennzeichen *Tabstopp*, *Semikolon*, *Komma* und *Leerzeichen* lassen sich auch beliebige andere Zeichen als Trennzeichen zwischen zwei Feldern bestimmen. Da zur Auswahl der Trennzeichen auf Kontrollkästchen zurückgegriffen wird, können die Felder auch durch verschiedene Zeichen voneinander getrennt sein (z. B. , und ;).

HINWEIS Mitunter kommt es vor, dass nicht nur ein einzelnes Trennzeichen, sondern ein Trennzeichen mehrfach zwischen zwei Feldern auftaucht. Das ist vor allem bei der Verwen-

Datenaustausch über Dateien

dung von Leerzeichen als Trenner der Fall. Damit die Mehrfachnennung des Trennzeichens nicht zu einer Reihe leerer Spalten führt, können Sie durch Aktivierung des Kontrollkästchens *Aufeinanderfolgende Trennzeichen als ein Zeichen behandeln*, dafür sorgen, dass unmittelbar aufeinanderfolgende Trennzeichen wie ein einziges Trennzeichen behandelt werden.

Mitunter tritt das Feldtrennzeichen innerhalb eines Datenfeldes auf. Werden die Felder beispielsweise durch Leerzeichen voneinander getrennt, ist es sehr wahrscheinlich, dass dieses Trennzeichen auch innerhalb eines Feldes auftritt – beim Import einer Adressenliste z.B. innerhalb der Straßennamen (*Am Weg 23*). Damit der Straßenname aber als ein Feld interpretiert wird, müssen Sie ihn in so genannte *Texterkennungszeichen* einschließen (z.B. »*Am Weg*«), damit auch diese Felder als ein einziges Feld erkannt werden.

4. Um eine Textdatei zu importieren, deren Felder eine feste Breite besitzen, wird im zweiten Schritt der folgende Dialog angezeigt:

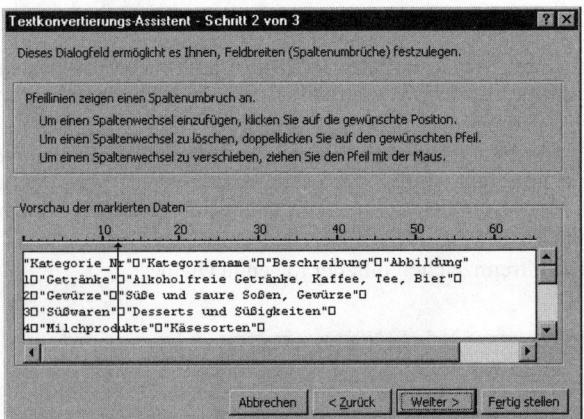

Abbildung 50.5:
Festlegen der
Spaltenbreiten

Um eine feste Position für die Trennung zweier Spalten einzugeben, müssen Sie die Zeichenposition im Vorschaufenster anklicken. Im Dialog wird daraufhin ein Pfeil angezeigt, der sich nachträglich per Drag & Drop verschieben lässt. Ein fälschlich eingefügter Trenner wird durch Doppelklick wieder entfernt.

5. Im dritten Schritt legen Sie den Datentyp einer jeden Spalte fest. Standardmäßig versucht sich Excel in einer automatischen Analyse der vorhandenen Daten. Wollen Sie jedoch, dass alle Werte einer Spalte beispielsweise als Text interpretiert werden, müssen Sie die jeweilige Spalte durch Anklicken markieren und in der Steuerelementgruppe *Datenformat der Spalten* die Option *Text* anwählen (siehe Abbildung 50.6).

Damit auch Zahlen mit Nachkommastellen und *1000er-Trennzeichen* korrekt als Zahl und nicht als Text interpretiert werden, lässt sich nach Klick auf die *Weitere*...-Schaltfläche angeben, welches Zeichen den Vorkommateil von den Nachkommastellen trennt und welches Zeichen zur Trennung von 1000er-Werten eingesetzt wird (siehe Abbildung 50.7).

Dezimaltrennzeichen und 1000er-Trennzeichen des deutschen und englischen Sprachgebrauchs sind einander vollständig entgegengesetzt. In Deutschland schreibt man »1.234,56«, in den USA dagegen »1,234.56«.

HINWEIS

Abbildung 50.6:
Festlegen des Datenformats

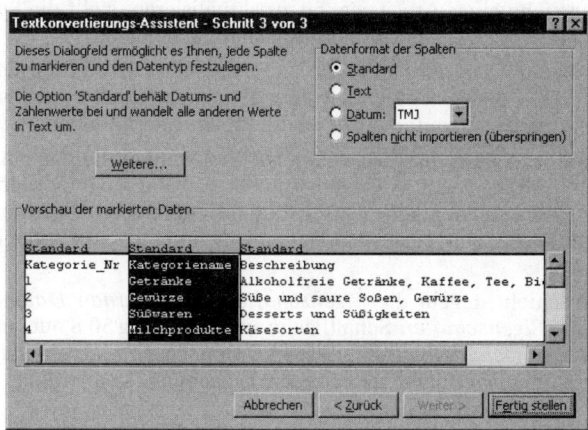

Abbildung 50.7:
Einstellungen für den Import nummerischer Werte

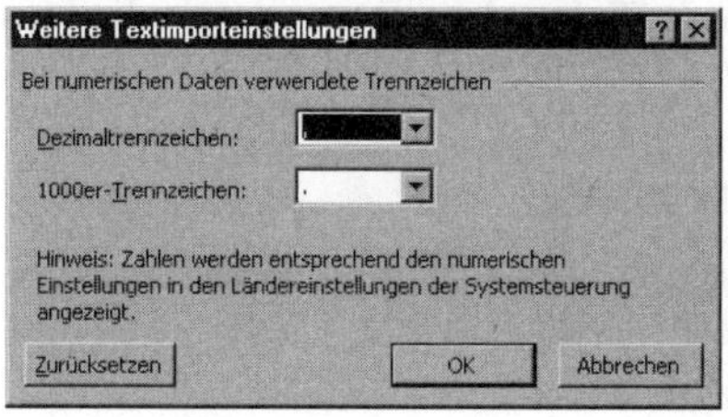

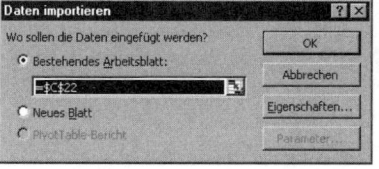

6. Im letzten Schritt des Assistenten geben Sie an, ob die importierten Daten in die aktuelle Tabelle oder in ein neues Tabellenblatt importiert werden sollen. Beim Import in eine bestehende Tabelle können Sie die Startzelle festlegen. Standardmäßig wird die aktuelle Zelle vorgegeben:

Abbildung 50.8:
Wohin sollen die importierten Daten geschrieben werden?

Aktualisieren der importierten Daten

Standardmäßig »wissen« die vom Import betroffenen Zellen, dass sie zu einem externen Datenbereich gehören. Excel speichert die Abfragedefinition in den betroffenen Zellen, so dass Sie die Daten zu einem späteren Zeitpunkt aktualisieren können.

Aktualisieren

Oft ist ein anderes Programm für die Bereitstellung von Daten verantwortlich und schreibt die neuen Daten in eine Textdatei. Damit Sie den Importvorgang nicht bei jeder Aktualisierung von Beginn an wiederholen müssen, erlaubt Excel die einfache Aktualisierung des externen Datenbereichs. Setzen Sie dazu die Eingabemarke auf eine beliebige der zuvor importierten Zellen und rufen Sie den Befehl *Daten aktualisieren* aus dem Kontextmenü der Zelle oder aus dem *Daten*-Menü auf. Alternativ dazu steht der Befehl *Daten aktualisieren* auch in der Symbolleiste *Externe Daten* bereit.

Datenaustausch über Dateien

Um alle externen Datenbereiche einer Arbeitsmappe zu aktualisieren, stellt die Symbolleiste *Externer Datenbereich* die *Alle aktualisieren*-Schaltfläche bereit.

Der *Daten aktualisieren*-Befehl führt aber nicht nur dazu, dass die zuvor importieren Zellen aktualisiert werden. Falls die Textdatei um weitere Zeilen erweitert wurde, werden diese beim nächsten Aktualisieren automatisch in die Tabelle übernommen.

Darüber hinaus können Sie jeden *externen Datenbereich* – so werden die von einem Datenimport per Textdatei, Abfrage (siehe ▶ Kapitel 40) oder Webabfrage importierten Zellen genannt – in festen Zeitabständen automatisch aktualisieren lassen. Sie können Excel aber auch dazu veranlassen, einen externen Datenbereich bei jedem Öffnen der Arbeitsmappe zu aktualisieren.

Wie die Aktualisierung geschieht, regeln die *Eigenschaften des externen Datenbereichs*, die entweder über die *Eigenschaften*-Schaltfläche aus Abbildung 50.8 oder über den Befehl *Datenbereich-Eigenschaften* aus dem Menü *Daten/Externe Daten* aufgerufen werden. Damit dieser Befehl verfügbar ist, muss die Eingabemarke allerdings auf einer Zelle des externen Datenbereichs stehen.

Hinweis

Der Befehl *Datenbereich-Eigenschaften* ist ebenfalls im Kontextmenü der Zellen eines externen Datenbereichs verfügbar.

TIPP

Nach Aufruf des Befehls erscheint der folgende Dialog, der unter anderem die Einstellung der Aktualisierungsoptionen des externen Datenbereichs erlaubt:

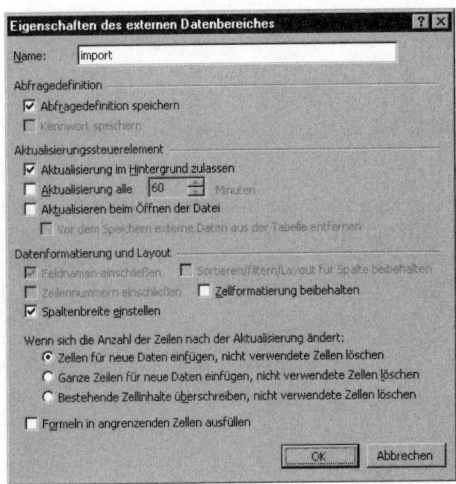

Abbildung 50.9:
Die Eigenschaften des mit der Tabelle verknüpften externen Datenbereichs

In der Steuerelementgruppe *Abfragedefinition* legen Sie fest, ob die von einem Datenimport betroffenen Zellen weiterhin speichern sollen, ob und zu welchem externem Datenbereich sie gehören. Deaktivieren Sie das Kontrollkästchen *Abfragedefinition speichern*, wird die Verknüpfung zwischen den Zellen und dem externen Datenbereich aufgehoben.

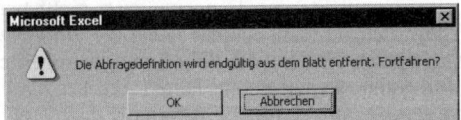

Abbildung 50.10:
Soll die Abfragedefinition des externen Datenbereichs entfernt werden?

Falls der Zugriff auf die externe Datenbank ein Kennwort erfordert, wie das beispielsweise beim Anzapfen von Datenbanken der Fall ist, wird es beim jedem Zugriff in einem Dialog von Excel erfragt. Durch Aktivieren des Kontrollkästchens *Kennwort speichern* sorgen Sie dafür, dass diese Nachfrage nur noch beim ersten Zugriff erfolgt und für alle nachfolgenden Aktualisierungen auf das gespeicherte Kennwort zurückgegriffen wird.

Für die automatische Aktualisierung des externen Datenbereichs sind die Steuerelemente aus der Gruppe *Aktualisierungssteuerelement* verantwortlich.

Wenn Sie das Kontrollkästchen *Aktualisierung im Hintergrund zulassen* aktivieren, erfolgt die Aktualisierung des Datenbereichs so, dass Sie während der Aktualisierung des Datenbereichs weiterhin mit Excel arbeiten können.

Aktivieren Sie außerdem das Kontrollkästchen *Aktualisierung alle xxx Minuten*, so aktualisiert Excel die Tabellenzellen automatisch innerhalb des angegebenen Intervalls. Zusätzlich dazu lässt sich der externe Datenbereich auch automatisch beim Öffnen der Arbeitsmappe aktualisieren. Dazu müssen Sie das Kontrollkästchen *Aktualisierung beim Öffnen der Datei* aktivieren.

Abfragen externer Datenquellen

Externe Daten müssen nicht zwangsläufig aus Textdateien importiert werden, sondern lassen sich auch aus Datenbanken importieren. Um auf die in einer Datenbank gespeicherten Tabellen zuzugreifen, müssen Sie eine so genannte *Abfrage* erstellen, die exakt die von Ihnen gewünschten Datensätze einer Tabelle, einer anderen Abfrage oder Sicht (engl. View) liefern.

HINWEIS | Wenn Sie bereits Erfahrung im Umgang mit Abfragen unter Access besitzen, genügt es, diesen Abschnitt kurz zu überfliegen. Denn das hier vorgestellte Programm MS Query hat sehr große Ähnlichkeit mit dem Abfragegenerator von Access.

Abfragen lassen sich unter Access auf zwei verschiedene Arten erstellen: entweder über einen Assistenten oder von Hand innerhalb des Zusatzprogramms MS Query.

HINWEIS | Auf diese Datenbanken können Sie mit MS Query zugreifen:
- Microsoft SQL Server OLAP Services (OLAP-Dienstanbieter)
- Microsoft Access 2000
- dBASE
- Microsoft FoxPro
- Microsoft Excel
- Oracle
- Paradox
- SQL Server
- Textdateidatenbanken

So erstellen Sie eine Abfrage mit dem Assistenten
Die folgenden Schritte zeigen, wie Sie eine Abfrage mit dem Assistenten erstellen:

1. Rufen Sie den Befehl *Daten/Externe Daten/Neue Abfrage erstellen...* auf, um eine neue Abfrage zu erstellen. Excel zeigt den folgenden Dialog, in dem Sie zur Auswahl der Datenquelle aufgefordert werden (siehe Abbildung 50.11).

   In diesem Dialog können Sie über die Register wählen, ob die neue Abfrage aus Tabellen einer *Datenbank*, aus einer bereits zuvor erstellen *Abfrage* oder aus einem *OLAP-Cube* bestehen soll.

Datenaustausch über Dateien

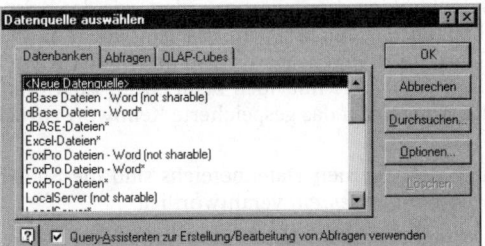

*Abbildung 50.11:
Auswahl der
Datenquelle*

Im Folgenden soll eine Access-Datenbank angezapft werden, so dass Sie im Register *Datenbanken* den Eintrag *Microsoft Access-Datenbank** auswählen sollten.

2. Nach Betätigung der *OK*-Schaltfläche stellt Excel die Verbindung zur Datenquelle her. Weil dazu noch die Angabe der anzuzapfenden Access-Datenbank fehlt, werden Sie in einem Dateidialog dazu aufgefordert, den Namen der Access-Datenbank anzugeben.

HINWEIS Um einen SQL-Server anzuzapfen, müssen Sie im Register *Datenbank* den so genannten DSN des SQL-Servers markieren und anschließend Ihre Benutzerdaten für den Zugriff auf die Daten eingeben.

3. Anschließend wird der *Query-Assistent* gestartet, in dem Sie die aus der Tabelle zu extrahierenden Daten auswählen:

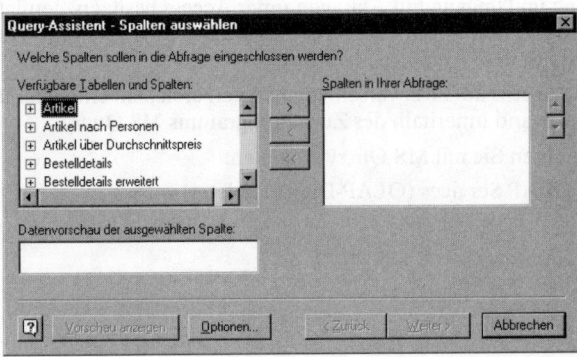

*Abbildung 50.12:
Der Query
Assistent*

Der Assistent zeigt alle in der angegebenen Datenbank enthaltenen Tabellen und Abfragen in einer Baumansicht, aus der Sie die zu übernehmenden Datenfelder auswählen müssen. Um die Felder einer Tabelle anzuzeigen, müssen Sie den jeweiligen Ast, der die Tabelle/Abfrage repräsentiert, zunächst erweitern. Anschließend wählen Sie das zu übernehmende Feld aus und betätigen die >-Schaltfläche, um das Feld in die Liste der *Spalten in Ihrer Abfrage* zu übernehmen (siehe Abbildung 50.13).

Fälschlich in die Abfrage übernommene Felder werden nach ihrer Markierung über die <-Schaltfläche entfernt. Alle bisherigen Ausgabefelder der eigenen Abfrage löscht die <<-Schaltfläche.

TIPP Felder werden ebenfalls durch Doppelklick aus der Liste *Verfügbare Tabellen und Spalten* in die *Spalten in Ihrer Abfrage* übernommen.

Abbildung 50.13:
Auswahl der Felder

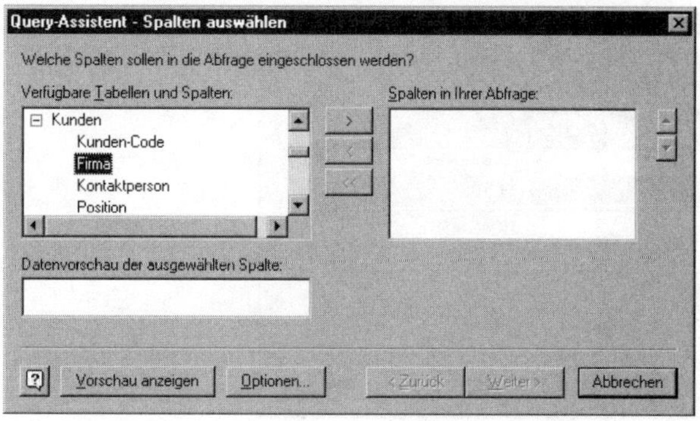

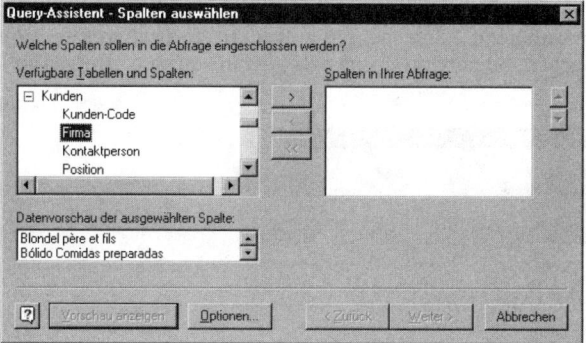

Weil die Reihenfolge, in der die Felder in die *Spalten in Ihrer Abfrage* eingefügt werden, die Reihenfolge wiedergibt, in der die Datenfelder später als Excel-Spalten genannt werden, können Sie die Feldreihenfolge über die beiden Pfeiltasten am rechten Rand des Dialogs ändern. Markieren Sie dazu das Feld, das durch Klick auf eine der beiden Schaltflächen eine Position hinauf oder hinunter rücken soll.

HINWEIS Falls Sie sich nicht (mehr) im Klaren darüber sind, ob ein Datenfeld tatsächlich die gewünschten Informationen erhält, können Sie über das Datenvorschaufenster einen Einblick in die verfügbaren Daten erhalten. Markieren Sie dazu das zu betrachtende Feld, und betätigen Sie die Schaltfläche *Vorschau anzeigen*. Der Query-Assistent fragt die Datensätze der aktuellen Tabelle ab und zeigt den Inhalt des markierten Feldes im Datenvorschaufenster an:

Abbildung 50.14:
Diese Firmen befinden sich in der Datenbank.

4. Im nächsten Schritt erlaubt der Assistent die Filterung der Daten. In der linken Liste werden dazu die in der Abfrage auszugebenden Felder, im rechten Fensterteil die für ein Datenfeld zutreffenden Bedingungen angezeigt (siehe Abbildung 50.15).

Um nur bestimmte Datensätze zu importieren, können Sie im obigen Dialog angeben, welches Kriterium ein Datenfeld erfüllen muss, damit der gesamte Datensatz in das Ergebnis der Abfrage übernommen wird. Die im obigen Dialog aufgeführte Bedingung sorgt z.B. dafür, dass nur die in Deutschland liegenden Adressen aus der Datenbank extrahiert werden und in das Ergebnis der Abfrage einfließen.

Datenaustausch über Dateien

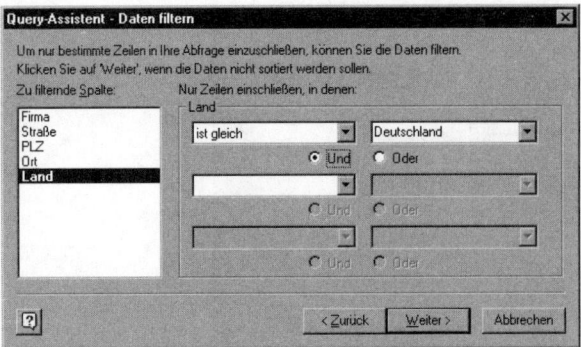

Abbildung 50.15:
Filtern der Daten

Bedingungen werden in drei Bestandteilen eingegeben: Zuerst wählen Sie die *zu filternde Spalte* aus. In der Steuerelementgruppe *Nur Zeilen einschließen, in denen* definieren Sie dann die Bedingungen, die eintreten müssen, damit der komplette Datensatz in das Abfrageergebnis einfließt. Dazu wählen Sie zuerst die zu verwendende Vergleichsoperation aus einem Kombinationsfeld aus, um anschließend das zutreffende Kriterium ebenfalls aus einem Kombinationsfeld auszusuchen.

HINWEIS Der Query-Assistent untersucht die zugrunde liegenden Tabellen, um für verschiedene Felder die verfügbaren Kriterien automatisch in die Kombinationsfelder einzutragen.

Weil einfache Kriterien nicht immer ausreichen, erlaubt der Query-Assistent die Verknüpfung mehrerer Kriterien über die *Und*- und *Oder*-Operatoren.

5. Im nächsten Dialog legen Sie die Reihenfolge fest, in der die Datensätze des Abfrageergebnisses vorliegen sollen. In den Kombinationsfeldern mit der Beschriftung *Sortieren nach* können Sie die zuvor ausgewählten Ausgabefelder wählen. Die Ergebnismenge kann kaskadierend nach mehreren Feldern sortiert werden. Für jedes Feld können Sie angeben, ob die Sortierung auf- oder absteigend erfolgen soll.

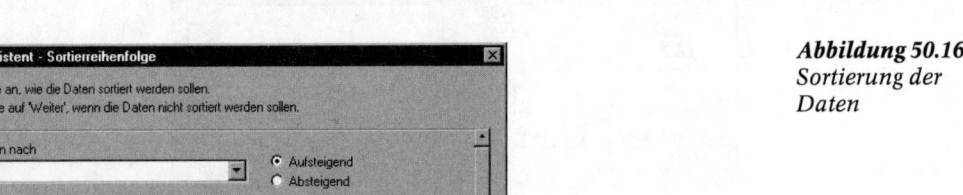

Abbildung 50.16:
Sortierung der Daten

6. Im letzten Schritt des Assistenten können Sie wählen, ob die Abfrage sofort ausgeführt und die ermittelten Daten in die aktuelle Excel-Tabelle übernommen werden sollen. In diesem Fall aktivieren Sie die Option *Daten an Microsoft Excel zurückgeben*. Um die Abfrage weiter zu bearbeiten oder um die Daten zunächst zu über-

prüfen, müssen Sie die Option *Daten in Microsoft Query bearbeiten oder ansehen* selektieren. Zur Erstellung eines OLAP-Cubes aus der Abfrage steht die Option *Einen OLAP-Cube aus dieser Abfrage erstellen* bereit.

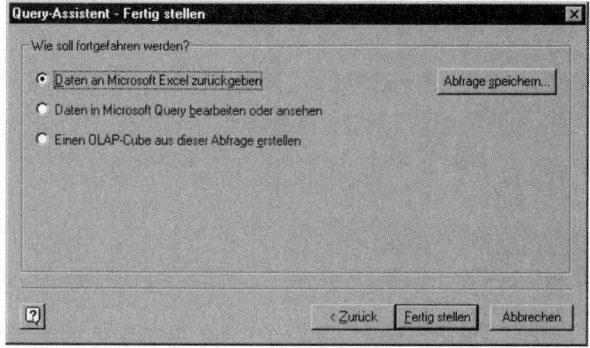

Abbildung 50.17:
Kurz vor der Fertigstellung

Falls die Abfrage später nochmals benötigt wird, um beispielsweise Änderungen vorzunehmen, erlaubt die Schaltfläche *Abfrage speichern...* die Sicherung der Abfrage in einer Datei (Endung *.dqy*).

HINWEIS Wenn die Abfragedefinition in der Excel-Tabelle gespeichert wird, müssen Sie die Abfrage nicht zwangsläufig in einer separaten Datei bearbeiten. Auch aus Excel können Sie die Abfrage nachträglich bearbeiten. Dazu müssen Sie die Einfügemarke nach dem vollendeten Import auf eine der importierten Zellen setzen und den Befehl *Daten/Externe Daten/Abfrage bearbeiten* aufrufen. Dieser Befehl startet den Query-Assistenten erneut und erlaubt die Änderung der Abfrage.

Wenn die Daten an Excel übergeben werden, erscheint der folgende Dialog, der die erste Zelle erfragt, an der die neuen Daten in die aktuelle Tabelle eingefügt werden sollen:

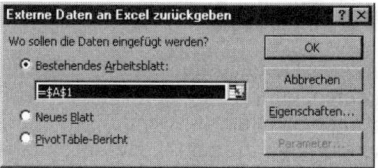

Abbildung 50.18:
Wo in der Tabelle sollen die Daten der Abfrage abgelegt werden?

Datenaustausch in Word

Ein Word-Dokument ist im Grunde nichts anderes als eine unstrukturierte Sammlung von Buchstaben. Anders als bei einer Excel- oder Access-Tabelle lässt sich die Struktur von Word-Dokumenten nicht vorherbestimmen – sie wird auch nirgendwo festgelegt. Daher lassen sich Word-Dokumente von anderen Anwendungen nur schwer importieren. Allerdings hat Word kaum Probleme beim Import von Fremddateien – denn die Umwandlung strukturierter Daten in ein Word-Dokument ist stets möglich, wie die folgende Abbildung zeigt, in der eine Excel-Arbeitsmappe in Word geöffnet wurde:

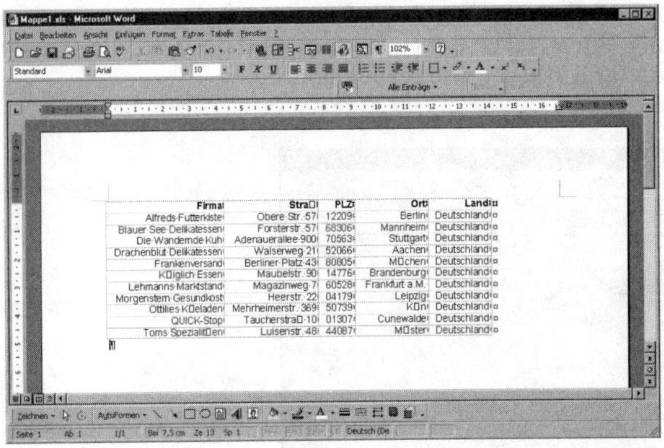

Abbildung 50.19:
Öffnen einer
Excel-Arbeits-
mappe in Word

Beim Einlesen einer Excel-Datei wandelt Word die Daten der Tabelle in eine Word-Tabelle um. Dabei wird allerdings nur der augenblickliche Wert der Zellen importiert – weil eine Word-Tabelle nur über eine rudimentäre Berechnungsfunktionalität verfügt, lassen sich Berechnungsformeln nicht aus Excel übernehmen.

Eine in der Zwischenablage befindliche Word-Tabelle bzw. dort eingefügte Tabellenzellen lassen sich problemlos über die Zwischenablage nach Excel exportieren – und umgekehrt.

HINWEIS

Doch nicht nur Excel-Daten, auch andere Informationen wie beispielsweise der Inhalt des Persönlichen Adressbuches lassen sich in Word öffnen und dort weiterverarbeiten.

Beim Datenaustausch zwischen verschiedenen Textprogrammen hat sich das Rich Text Format (RTF) als kleinster gemeinsamer Nenner herauskristallisiert. Nahezu jedes Programm bietet eine Funktion zum Export seiner Daten in das RTF-Format, wobei nicht nur der Text, sondern auch Formatierungen weitestgehend erhalten bleiben. Falls ein direkter Datenaustausch also nicht möglich sein sollte, können Sie immer noch auf den RTF-Export/-import zurückgreifen.

TIPP

Datenaustausch in PowerPoint

PowerPoint bietet nur wenige Möglichkeiten zum Datenaustausch. Auf Dateiebene können PowerPoint-Dateien von keinem anderen Office-Programm direkt geöffnet werden. Allerdings kann PowerPoint Dateien anderer Office-Anwendungen einlesen. Dabei werden aber nicht alle Informationen, sondern nur die zur Gliederung nutzbaren Daten übernommen.

Werden die Elemente einer PowerPoint-Folie über die Zwischenablage ausgetauscht, so werden sie üblicherweise als AutoForm von der anderen Anwendung übernommen. Die Bearbeitung dieser Elemente erfolgt dann über die Werkzeuge der *Zeichnen*-Symbolleiste. Andersherum bettet PowerPoint die von anderen Anwendungen übernommenen Daten bei der Übernahme aus der Zwischenablage in ein einfaches Textfeld ein. Allerdings mit zwei Ausnahmen: Excel-Tabellen werden in PowerPoint als Excel-Objekte eingefügt, Word-Tabellen wandelt PowerPoint in das unter PowerPoint 2000 verfügbare native Tabellenelement um.

HINWEIS

Folien aus Gliederung einfügen

Oft sind Präsentationen das Ergebnis einer schriftlichen Ausarbeitung – beispielsweise eines Forschungs- oder Jahresberichts. Damit Sie die bereits vorliegenden Daten nicht erneut eingeben müssen, erlaubt PowerPoint die Übernahme der Gliederung bzw. Struktur des zugrunde liegenden Textes.

PowerPoint erkennt dazu die Interna der Textdateien zahlreicher Textverarbeitungen und Kalkulationsprogramme. Stellvertretend für die Vielzahl der verfügbaren Programme (WordPerfect, Lotus, RTF, Works etc.) wird im Folgenden die Übernahme der Gliederung eines Word-Textes, einer Excel-Kalkulation und einer ASCII-Textdatei erläutert.

Gliederung eines Word-Textes übernehmen

Um einen Word-Text in eine Präsentation zu verwandeln, berücksichtigt PowerPoint nur die in einem Überschriftformat verfügbaren Absätze. Absätze, die im Format *Überschrift 1* formatiert wurden, markieren den Beginn einer neuen Folie. Folgen weitere Absätze, die mit einem untergeordneten Überschriftformat ausgezeichnet wurden (*Überschrift 2*, *Überschrift 3* etc.), werden diese als Gliederungspunkte in eine Folie übernommen.

Folien aus Gliederung... Um aus dem Word-Dokument bzw. seiner Gliederung neue Folien zu erzeugen, wird der Befehl *Folien aus Gliederung...* aufgerufen. Daraufhin erscheint ein Dateiauswahldialog, in dem Sie die Datei mit der Gliederung auswählen. Nach Betätigung der *Einfügen*-Schaltfläche übernimmt PowerPoint die Gliederung dann an der aktuellen Einfügeposition.

Gliederung eines ASCII-Textes übernehmen

Die Übernahme eines ASCII-Textes erfolgte ebenfalls durch Auswahl des *Folien aus Gliederung...*-Befehls. Wie PowerPoint aus der Gliederung neue Folien erzeugt und welche Informationen übernommen werden, regeln Tabstopps. Zeilen, die nicht per Tabstopp eingezogen sind, definieren den Titel einer Folie. Darunter stehende Zeilen mit Tabstopps repräsentieren die verschiedenen Gliederungsebenen.

Die folgende Abbildung zeigt, welche Präsentation aus einer gegebenen Textdatei erzeugt wird:

Abbildung 50.20:
Gliederung aus
ASCII-Text

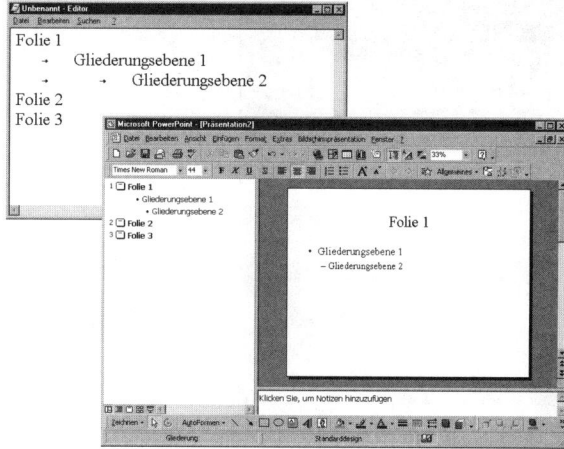

Datenaustausch in Access

Die wohl größten Datenspeicher mit den meisten verwertbaren Informationen stellen Access- und Excel-Tabellen dar. Vor allem die durch das zugrunde liegende Datenmodell aufgezwungene Struktur der Daten erlaubt ihren problemlosen Austausch mit anderen Anwendungen, um sie mit dem jeweils besten Werkzeug weiterzubearbeiten.

Vor allem Excel kommt als Kandidat zur Auswertung von Access-Daten in Frage, denn Excel bietet mit kraftvollen Pivot-Tabellen die Möglichkeit, unübersichtliche Daten zu analysieren und geschäftskritische Fragen zu beantworten. Pivot-Tabellen liefern beispielsweise die Antwort auf Fragen wie »Welches Produkt hat sich am besten verkauft?«, »Welcher Verkäufer erzeugt den höchsten Umsatz?«, »In welchem Monat ist die Nachfrage nach einem Produkt am größten?« etc.

Auch Word kann von Access-Tabellen profitieren – und zwar beim Seriendruck, wo beispielsweise die Adressdatensätze einer Rechnungsdatenbank für die Erstellung eines Werbebriefes verwendet werden. Natürlich lässt sich Word auch einsetzen, um Datensätze ansprechend zu formatieren und auszudrucken.

So exportieren Sie eine Tabelle oder Abfrage nach Excel und Word

Der Datenexport besitzt unter Access einen derart großen Stellenwert, dass bereits die *Standard*-Symbolleiste über Schaltflächen zum Export der Daten einer Tabelle oder Abfrage nach Word und Excel verfügt.

Wenn Sie nicht über eine eigene Datenbank verfügen, können Sie zum Nachvollziehen der folgenden Schritte auf die Demo-Datenbank *Nordwind* zurückgreifen.

HINWEIS

1. Öffnen Sie die Datenbank, aus der eine Tabelle oder Abfrage nach Excel exportiert werden soll.
2. Markieren Sie im Datenbankfenster die zu exportierende Tabelle/Abfrage. Wählen Sie anschließend aus der *Standard*-Symbolleiste den Befehl *Analysieren mit Excel:*

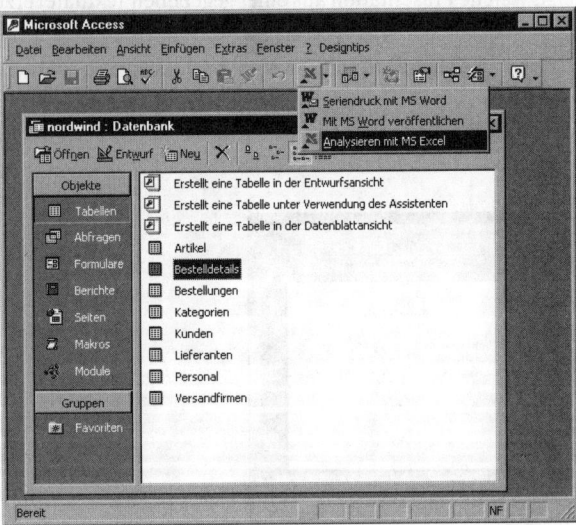

Abbildung 50.21:
Export einer
Tabelle oder
Abfrage

3. Access exportiert die Datensätze der Tabelle in eine Excel-Datei, die den gleichen Namen wie die Tabelle trägt, und öffnet diese Datei anschließend in Excel. Die Exportdatei wird im selben Verzeichnis wie die Access-Datenbank gespeichert.

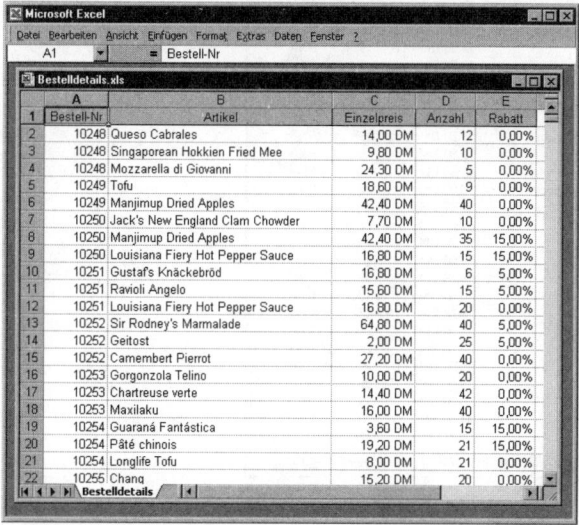

Abbildung 50.22: Die exportierte Access-Tabelle, dargestellt in Excel

4. Auf die gleiche Art und Weise exportierten Sie die markierte Tabelle nach Word. Anstelle des Befehls *Analysieren mit Excel* müssen Sie allerdings den Befehl *Veröffentlichen mit Word* aufrufen. Access erzeugt eine Datei im Rich Text Format (RTF), in der die Datensätze wiederum als Tabelle aufgeführt werden (siehe Abbildung 50.23).

So exportieren Sie eine Tabelle/Abfrage für den Seriendruck nach Word

Seriendruck mit MS Word

Um die Datensätze einer Tabelle oder Abfrage für die Erstellung eines Serienbriefes in Word zu nutzen, stellt die Standardsymbolleiste den Befehl *Seriendruck mit MS-Word* bereit. Markieren Sie vor seinem Aufruf die als Datenquelle für den Seriendruck zu verwendende Tabelle oder Abfrage. Anschließend erscheint der folgende Dialog, der Sie vor die Wahl stellt, ein neues, leeres Seriendruckdokument zu erstellen oder eine bestehende Datei mit den Seriendruckdaten zu verknüpfen (siehe Abbildung 50.24).

Anschließend wird das Word-Dokument geöffnet/erzeugt und Sie können die benötigten Seriendruck- und Bedingungsfelder in das Dokument einfügen (siehe ► Kapitel 10, *Word im Büroalltag*).

Externe Daten nach Access importieren

Access-Datenbanken werden nicht nur eingesetzt, um neue Daten zu verwalten, sondern auch, um bereits vorhandene Datenbestände komfortabler zu bearbeiten oder Daten verschiedener Quellen unter einem gemeinsamen Dach zusammenzuführen.

Um externe Daten in eine Access-Tabelle zu importieren, stellt Access das Untermenü *Externe Daten* im *Datei*-Menü bereit, dessen beide Einträge Sie hier sehen (siehe Abbildung 50.25).

Datenaustausch über Dateien

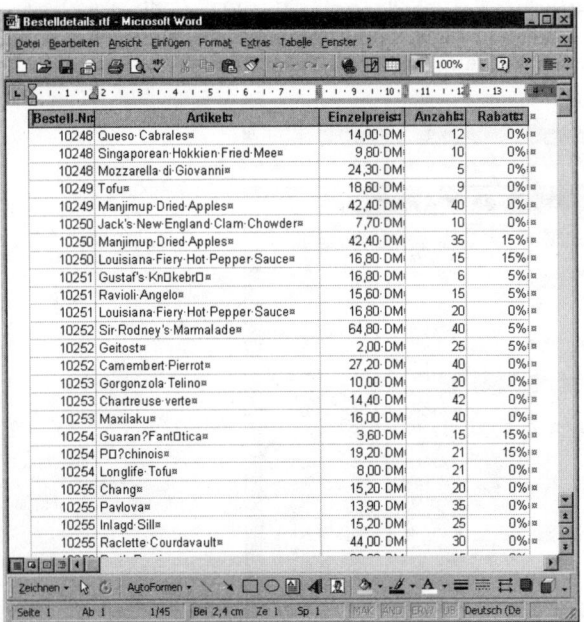

Abbildung 50.23:
Die exportierte Access-Tabelle, dargestellt in Word

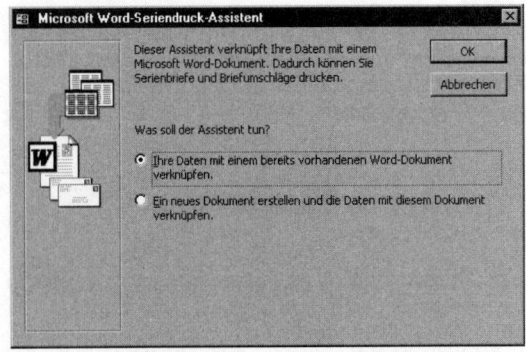

Abbildung 50.24:
Der Seriendruck - Asssitent

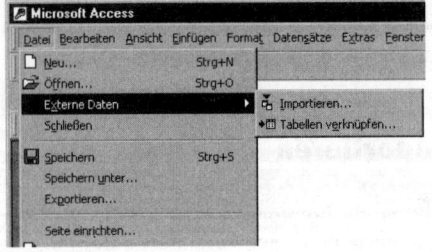

Abbildung 50.25:
Importieren und Verknüpfen externer Daten

Der *Importieren...*-Befehl, führt dazu, dass die externen Daten in Form einer Tabelle in die aktuelle Access-Datenbank eingefügt werden. Der *Tabelle verknüpfen...*-Befehl sorgt dagegen dafür, dass eine Verknüpfung auf eine Tabelle einer anderen (Access)-Datenbank erstellt wird und die nach wie vor externe Tabelle genauso verwendet werden kann, als wäre sie Bestandteil der aktuellen Access-Datenbank.

So importieren Sie Daten aus einer Excel-Tabelle

Für den Fall, dass Sie Daten aus anderen Quellen in eine Access-Datenbank importieren wollen, bietet Access den Import-Assistenten. Mit ihm lassen sich beispielsweise Excel-Tabellen importieren. Einzige Bedingung: Die Daten in der Tabelle müssen möglichst gut strukturiert vorliegen, wie etwa in dieser Adressen-Liste:

Abbildung 50.26:
Adressen lassen sich auch in Excel verwalten und in Access importieren.

1. Rufen Sie den Befehl *Importieren...* aus dem Untermenü *Externe Daten* aus dem *Datei*-Menü auf und wählen Sie im daraufhin erscheinenden Dateiauswahldialog die Datei mit den zu importierenden Daten aus.

Abbildung 50.27:
Wo stehen die zu importierenden Daten?

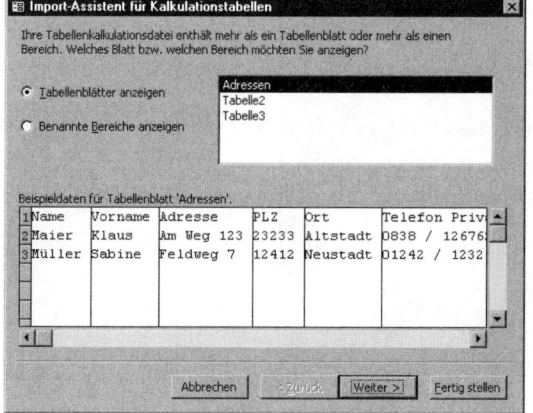

Daten lassen sich aus einem Arbeitsblatt oder einem unter Excel benannten Bereich importieren. Wählen Sie über die Optionsschaltflächen aus, woher die Quelldaten stammen. Die verfügbaren Importobjekte werden dann im Listenfeld angezeigt.

Eine Vorschau darauf, wie die importierte Tabelle aussehen könnte, zeigt das Listenfeld *Beispieldaten für Tabellenblatt*.

2. Im zweiten Schritt wird festgelegt, ob die erste Zeile der zu importierenden Daten die Spaltenüberschriften enthält oder nicht: Falls die zu importierenden Daten keine Spaltenüberschriften enthalten, vergibt Access automatisch die Feldnamen *Feld1*, *Feld2*, *Feld3* usw.

Datenaustausch über Dateien **1175**

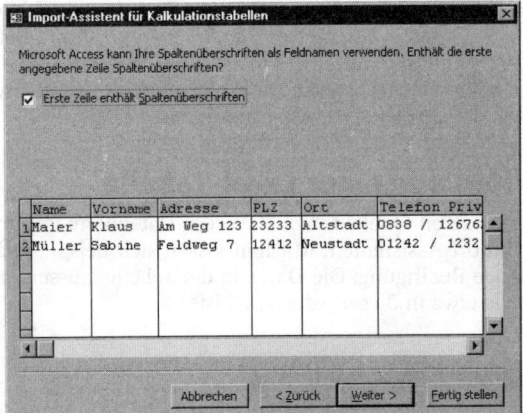

Abbildung 50.28: Werden auch die Spaltenüberschriften importiert?

3. Nun muss das Ziel des Datenimports festgelegt werden. Die neuen Daten lassen sich dazu entweder in eine neue oder in eine bestehende Tabelle importieren. Beim Import in eine bestehende Tabelle ist darauf zu achten, dass die Feldnamen und die Feldtypen der zu importierenden Daten mit denen der bereits vorhandenen Tabelle übereinstimmen.

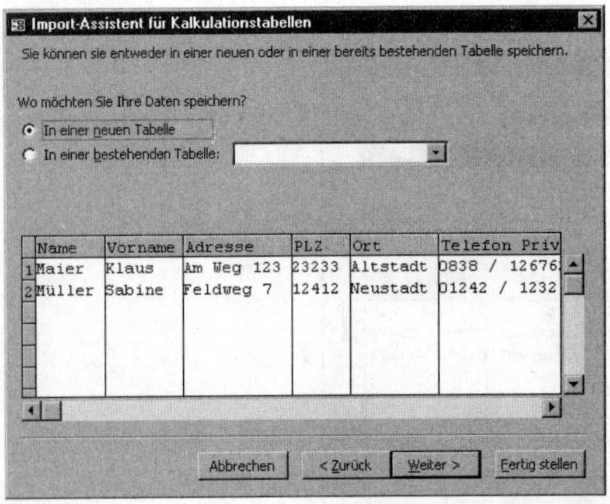

Abbildung 50.29: Import in neue oder bestehende Tabelle?

4. Für möglichst viel Gestaltungsraum beim Design der importierten Tabelle sorgt der folgende Dialog. Er erlaubt die Benennung der einzelnen Felder sowie die Angabe, ob Access einen Index über das Feld erstellen soll. Um ein Feld umzubenennen, klicken Sie in der unteren Übersicht über die Tabelle auf die gewünschte Spalte und ändern die Bezeichnung des Feldes in *Feldname* und in *Indiziert* die Art des zu verwendenden Index. Wie üblich stehen hier die für Access-Tabellen möglichen Optionen *Nein*, *Ja (Duplikate möglich)* und *Ja (Ohne Duplikate)* zur Verfügung.

Soll ein Datenfeld nicht importiert werden, ist das Kontrollkästchen *Feld nicht importieren (Überspringen)* zu aktivieren.

Dieser Schritt entfällt, wenn die Daten in eine bereits bestehende Tabelle importiert werden.

Abbildung 50.30:
Umbenennen der importierten Spalten

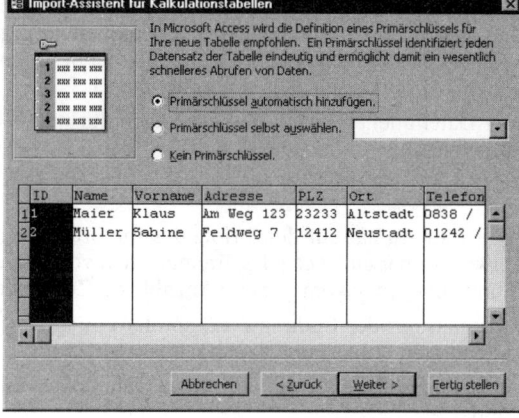

5. Soll die neue Tabelle Teil einer Beziehung (siehe ▶ Kapitel 38, *Beziehungen*) werden, benötigt sie einen Primärschlüssel, der im folgenden Dialog definiert werden kann. Durch Auswahl der Option *Primärschlüssel automatisch hinzufügen* wird von Access eine Spalte namens *ID* hinzugefügt, die einen fortlaufenden Primärschlüssel (AutoWert) definiert. Durch Auswahl der Option *Primärschlüssel selbst auswählen* lässt sich eines der zu importierenden Felder als Primärschlüssel verwenden. Das Feld wird dann entweder aus dem Kombinationsfeld oder durch Klick auf die entsprechende Spalte im unteren Dialogbereich angegeben. Soll die neue Tabelle keinen Primärschlüssel besitzen, wird die Option *Kein Primärschlüssel* gewählt.

Abbildung 50.31:
Auswahl des Primärschlüssels

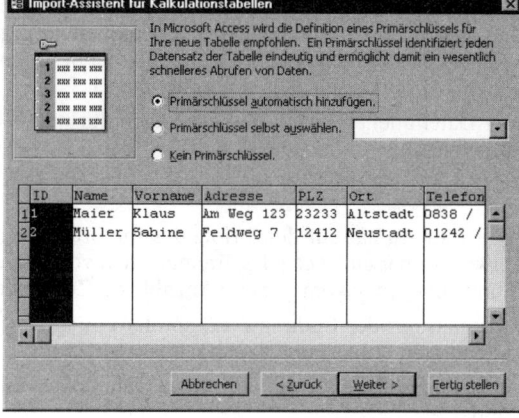

Dieser Schritt entfällt, wenn die Daten in eine bereits bestehende Tabelle importiert werden.

6. Zum Schluss wird im Eingabefeld *Importieren in Tabelle* der Name der Tabelle erfragt, in die die Daten importiert werden sollen. Dieser Dialog erscheint sowohl beim Import in eine neue als auch beim Import in eine bestehende Tabelle.

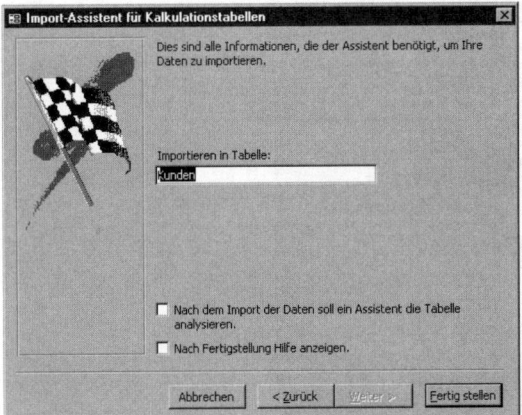

Abbildung 50.32:
Benennung der importierten Tabelle

Falls die importierten Daten nicht optimal normalisiert sind, kann der Analyse-Assistent von Access durch Aktivieren des Kontrollkästchens *Nach dem Import der Daten soll ein Assistent die Tabelle analysieren* automatisch gestartet werden, damit Access Vorschläge zur Normalisierung der Daten macht.

7. Access versucht nun, die Daten aus der Datenquelle zu importieren. Falls dabei Fehler auftreten, verweigert Access entweder den Import vollständig, und Sie müssen beispielsweise Problemfelder aus dem Export ausschließen (s.o.). Falls nur wenige Fehler auftreten, trägt Access diese in eine Tabelle gleichen Namens, allerdings mit dem Zusatz »_importfehler«, ein.

Dauert der Import der Tabelle zu lange, lässt er sich mit Strg+Pause vorzeitig beenden.

Strg+Pause *beendet den Import.*

Neben Excel-Tabellen lassen sich auch Daten aus anderen Datenquellen in eine Access-Tabelle importieren. In den meisten Fällen wird dabei aber wie oben vorgegangen: zuerst die Datenquelle auswählen, die zu übernehmenden Datenfelder bestimmen, den Primärschlüssel angeben und zum Abschluss die Daten übernehmen.

Weil sich der Import verschiedener Datenquellen so sehr ähnelt, folgen nur noch Hinweise zu den jeweiligen Besonderheiten.

Textdateien importieren

Werden Textdateien importiert, so ist ihr Aufbau für den Erfolg des Imports entscheidend. Die Datenfelder werden entweder über ein spezielles Trennzeichen voneinander separiert oder jedes Datenfeld nimmt eine genau vorgegebene Anzahl von Zeichen ein:

Access importiert nicht nur Textdateien mit der Endung *TXT*, sondern auch Dateien mit den Endungen *CSV* (Comma Seperated Values) und *TAB* (Tabbed-Text).

HINWEIS

Die folgende Abbildung zeigt eine Textdatei, in der die einzelnen Datenfelder durch Semikola voneinander getrennt sind:

```
Name; Vorname; Adresse; PLZ; Ort; Telefon Privat; Telefon Büro
Maier; Klaus; Am Weg 123; 23233; Altstadt; 0838 / 126762;
Müller; Sabine; Feldweg 7; 12412; Neustadt; 01242 / 1232; 01234 / 12313
```

Abbildung 50.33:
Textdatei mit Trennzeichen

Und die nächste Abbildung zeigt eine Textdatei, in der jedes Datenfeld eine fest vorgegebene Anzahl von Buchstaben aufnimmt:

Abbildung 50.34:
Textdatei mit vorgegebenen Spaltenbreiten

```
Name    Vorname  Adresse      PLZ    Ort        Telefon Privat   Telefon Büro
Maier   Klaus    Am Weg 123   23233  Altstadt   0838 / 126762
Müller  Sabine   Feldweg 7    12412  Neustadt   01242 / 1232     01234 / 12313
```

Bereits im ersten Dialog zum Import einer Textdatei müssen Sie angeben, in welchem Format die Daten vorliegen.

Abbildung 50.35:
Wie liegen die zu importierenden Daten vor?

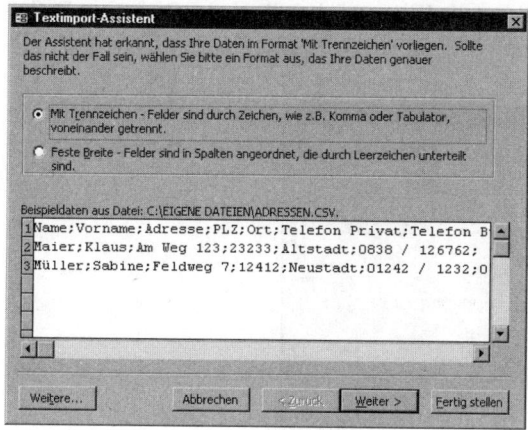

Falls die Datenfelder durch ein Trennzeichen voneinander unterschieden werden, fragt der zweite Dialog das verwendete Trennzeichen ab. Für die gängigen Trennzeichen (Tabulator, Semikolon, Komma etc.) stehen Optionsfelder bereit. Falls das tatsächlich verwendete Trennzeichen dort nicht verfügbar ist, muss es im Eingabefeld *Andere* angegeben werden.

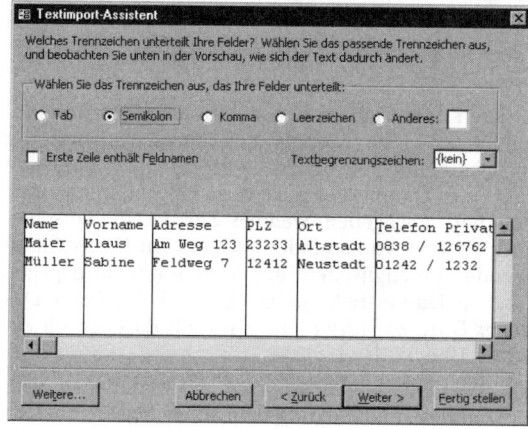

Datenaustausch über Dateien

Solange das Trennzeichen nicht innerhalb der Datenfelder selbst verwendet wird, muss man sich keine weiteren Gedanken um den Datenexport machen. Aber wenn beispielsweise das Leerzeichen als Feldtrenner zum Einsatz kommt, ist es sehr wahrscheinlich, dass das Leerzeichen auch Bestandteil eines Datenfeldes ist (z.B. in Straßennamen, *Am Weg 123*). In diesem Fall müssen alle zu einem Datenfeld gehörenden Zeichen von *Textfeldbegrenzungszeichen* eingerahmt werden. Üblicherweise verwendet man dazu Anführungszeichen (") oder das Hochkomma ('). Doch im Kombinationsfeld *Textfeldbegrenzungszeichen* lässt sich auch ein anderes Zeichen bestimmen.

Weil Textdateien universell einsetzbar sind, werden Daten vermutlich am häufigsten über Textdateien importiert. Damit sich immer wiederkehrende Importe besser automatisieren lassen, wird durch Druck auf die *Weitere*-Schaltfläche der Dialog zur Definition von *Importspezifikationen* aufgerufen.

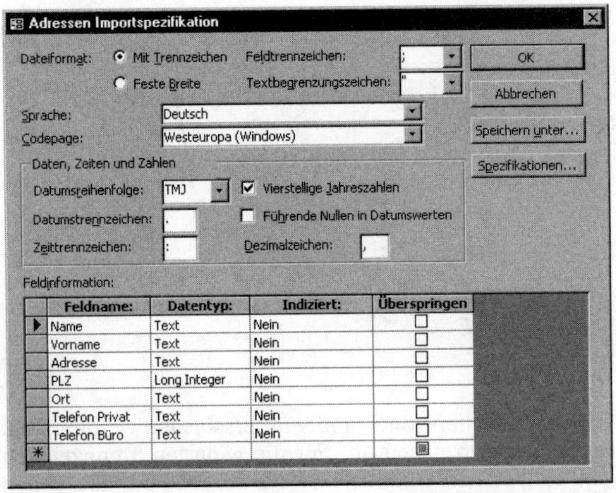

Immer wiederkehrende Importe

Abbildung 50.36: Importspezifikationen definieren

Die hier hinterlegten Einstellungen lassen sich durch *Speichern unter...* in so genannten Spezifikationen speichern und später durch Betätigung der *Spezifikationen...*-Schaltfläche wieder einladen.

Neben dem Feldtrennzeichen und dem Tabellenbegrenzungszeichen lassen sich in diesem Dialog weitere Einstellungen vornehmen.

Um Datumsfelder korrekt zu importieren, lässt sich im Kombinationsfeld *Datumsreihenfolge* die Reihenfolge bestimmen, in der Tages-, Monats- und Jahresangaben in der zu importierenden Datei vorliegen. Das Kontrollkästchen *Vierstellige Jahreszahlen* entscheidet darüber, ob die Jahreszahl eines Datums beispielsweise 1999 oder 99 lautet. Im Eingabefeld *Datumstrennzeichen* wird angegeben, welches Zeichen die verschiedenen Informationen innerhalb eines Datums voneinander abtrennt. In Deutschland wird beispielsweise der Punkt verwendet, im englischen Sprachraum kommt dagegen das /-Zeichen zum Einsatz (dort lautet die Datumsreihenfolge üblicherweise *MTJ*). Das Kontrollkästchen *Führende Nullen in Datumswerten* gibt Auskunft darüber, ob ein Datum in der Form 1.4.1999 oder 01.04.1999 vorliegt.

Falls die Textdatei Uhrzeiten enthält, lässt sich in *Zeittrennzeichen* hinterlegen, welches Zeichen zwischen Stunden-, Minuten- und Sekundenangaben liegt. Üblicherweise kommt hier der Doppelpunkt zum Einsatz. *Dezimalzeichen* bestimmt schließlich, welches Zeichen zur Trennung von Vor- und Nachkommastellen einer Gleitkommazahl eingesetzt wird. Im deutschsprachigen Raum wird dazu das Komma verwendet, im englischsprachigen wird dagegen der Punkt (.) genutzt.

HINWEIS

Falls das *Dezimalzeichen* gleichzeitig auch das *Feldtrennzeichen* ist, müssen Dezimalzahlen von Textbegrenzungszeichen (z.B. ...,"3,1415",...) eingerahmt werden.

Anders als beim Import von Excel-Tabellen kann Access nur Vermutungen über den Datentyp einer zu importierenden Textspalte anstellen. Access untersucht zwar stichprobenartig die zu importierende Textdatei, um herauszufinden, ob eine Spalte einen Text, ein Datum oder eine Zahl enthält, ganz sicher kann sich Access da jedoch nicht sein.

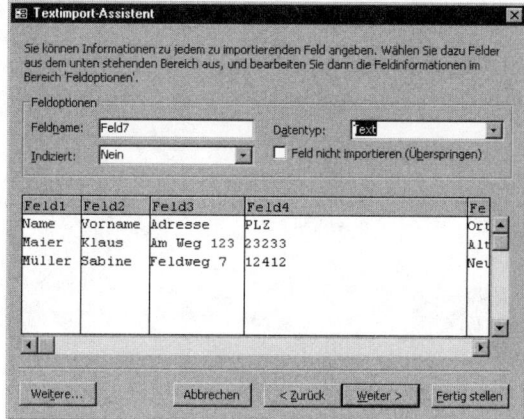

Abbildung 50.37:
Feldoptionen
festlegen

Datenaustausch über Dateien

1181

51 Word-Art 2000

1184　So erstellen Sie ein WordArt-Objekt
1185　WordArt im Detail

Wenn die herkömmlichen Schriftformatierungen nicht ausreichen, steht Ihnen mit WordArt ein leistungsfähiges OLE-Objekt zur Seite, mit dessen Hilfe Sie Spezialeffekte für Texte erstellen. Sie können Texte drehen, verbiegen, stauchen oder zerren. Sogar dreidimensionale Texteffekte lassen sich damit produzieren:

Abbildung 51.1: WordArt-Effekte

Weil WordArt ein OLE-Objekt ist, steht es in allen Office-Anwendungen – und auch in allen Nicht-Office-Anwendungen, die OLE-fähig sind, zur Verfügung.

So erstellen Sie ein WordArt-Objekt

1. In allen Office-Anwendungen steht WordArt über das *WordArt*-Symbol aus der *Zeichnen*-Symbolleiste oder über *Einfügen/Grafik/WordArt...* zur Verfügung. Nach Aufruf dieses Befehls erscheint der *WordArt-Katalog*. Wählen Sie hier das gewünschte Design für den gewünschten Texteffekt. Ihnen stehen 30 separate Effekte zur Verfügung.

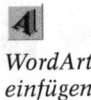
WordArt einfügen

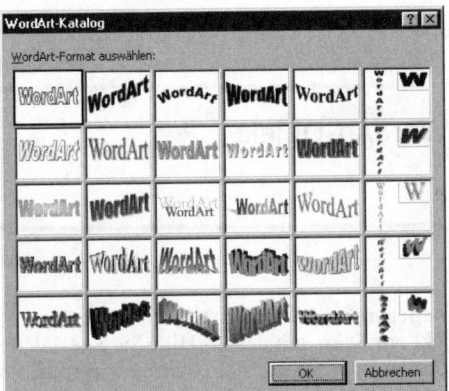

Abbildung 51.2:
Auswählen eines WordArt-Formates aus dem WordArt-Katalog

2. Nach *OK* erscheint ein zweites Dialogfenster, in dem Sie aufgefordert werden, den als Spezialeffekt zu formatierenden Text einzugeben.

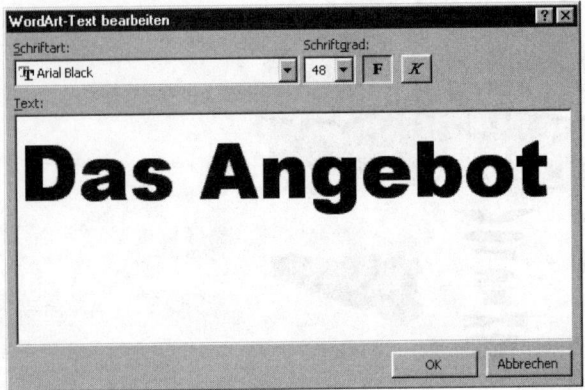

Abbildung 51.3:
In diesem Dialog kann der Text eingegeben werden.

Hier stehen Ihnen das eigentliche Eingabefeld sowie Kombinationsfelder und Schaltflächen zur Schriftauswahl und -formatierung zur Verfügung. Tippen Sie in das Textfeld Ihren Text ein (oder übernehmen Sie den Text aus der Zwischenablage) und ändern Sie gegebenenfalls die Schriftart oder -größe. Klicken Sie dann auf *OK*.

3. Der Text wird in ein WordArt-Objekt umgewandelt. Falls nötig, lässt sich das Objekt nachträglich bearbeiten oder umformatieren.

Abbildung 51.4:
Und so sieht das Ergebnis aus.

WordArt im Detail

WordArt-Objekte lassen sich wie AutoFormen oder andere OLE-Objekte in ihrer Größe verändern, rotieren oder verschieben (Zum Umgang mit AutoFormen siehe ▶ *Kapitel 21*). Wenn ein WordArt-Objekt markiert wurde, erscheint in der jeweiligen Anwendung die *WordArt*-Symbolleiste.

Abbildung 51.5:
Die WordArt-Symbolleiste

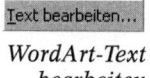

HINWEIS Weil Sie ein WordArt-Objekt anders als beispielsweise ein Graph-Objekt nicht interaktiv, sondern nur über Menüs und Symbolleisten bearbeiten, ist das WordArt-Objekt bereits nach einem einfachen Klick aktiviert.

Über die Symbole dieser Symbolleiste werden alle Arbeiten an dem WordArt-Objekt durchgeführt. So wird das WordArt-Objekt beispielsweise über das Symbol *Freies Drehen* um seinen Mittelpunkt gedreht oder über das Symbol *WordArt-Form* in ein WordArt-Objekt anderen Stils verwandelt.

WordArt-Text bearbeiten

WordArt-Text bearbeiten

Die wohl häufigste Änderung an einem WordArt-Objekt ist die nachträgliche Änderung des dargestellten Textes. Führen Sie dazu entweder einen *Doppelklick* auf das WordArt-Objekt aus oder klicken Sie in der *WordArt*-Symbolleiste auf das Symbol *Text bearbeiten*. Es erscheint der oben bereits aufgeführte Dialog zur Texteingabe. Bestätigen Sie ihn mit *OK*, wird der neue Text übernommen.

WordArt-Objekt in ein anderes verwandeln

WordArt-Katalog

Sagt Ihnen das Layout eines WordArt-Objekts nicht mehr zu, lässt es sich problemlos durch ein anderes ersetzen. Klicken Sie dazu in der *WordArt*-Symbolleiste auf das Symbol *WordArt-Katalog*, woraufhin der gleichnamige Dialog erscheint (siehe Abbildung 51.2). Suchen Sie das neue WordArt-Format aus und bestätigen Sie es mit *OK*.

Buchstaben in gleicher Höhe

WordArt-Buchstaben in gleicher Höhe

Ein schöner Effekt, den man nicht alle Tage sieht, ist die Anzeige aller Buchstaben – auch der kleingeschriebenen – in identischer Höhe. Die *WordArt*-Symbolleiste stellt dazu das Symbol *WordArt-Buchstaben mit gleicher Höhe* zur Verfügung. Markieren Sie das zu formatierende WordArt-Objekt und wählen Sie das Symbol *WordArt-Buchstaben mit gleicher Höhe aus*. Das Objekt vergrößert daraufhin auch die kleinen Buchstaben derart, dass sie in gleicher Höhe zu den großen Buchstaben stehen:

Abbildung 51.6:
Alle Buchstaben sind in gleicher Höhe.

Vertikaler WordArt-Text

Wie wäre es denn, wenn Sie mit WordArt einen WordArt-Text erstellen, der nicht einfach horizontal von links nach rechts, sondern vertikal von oben nach unten verläuft? Auch für diesen Effekt bietet die *WordArt*-Symbolleiste den passenden Befehl. Klicken Sie dazu in der *WordArt*-Symbolleiste auf das Symbol *WordArt als vertikaler Text*. Die Buchstaben werden daraufhin von oben nach unten gestapelt:

WordArt als vertikaler Text

Abbildung 51.7:
Vertikaler WordArt-Text

Ausrichten des WordArt-Textes

Die Textausrichtung kennen Sie bereits von Word, PowerPoint oder Excel. Ein Text kann z. B. links- oder rechtsbündig innerhalb des ihm zugewiesenen Darstellungsrechtecks ausgerichtet werden. Auch WordArt-Texte lassen sich ausrichten. Voraussetzung dafür ist allerdings, dass der WordArt-Text mehr als nur ein Zeile umfasst.

Nach Erstellung eines WordArt-Textes wird dieser standardmäßig zentriert ausgerichtet. Möchten Sie die Ausrichtung für den WordArt-Text verändern, klicken Sie auf das Symbol *WordArt-Ausrichtung* in der *WordArt*-Symbolleiste. Es klappt eine Liste von Ausrichtungsvarianten auf. Klicken Sie mit der Maus auf die gewünschte Ausrichtungsvariante, damit diese übernommen wird.

WordArt-Ausrichtung

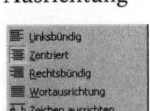

Probieren geht über Studieren

Abbildung 51.8:
Der Text wird am linken und rechten Rand ausgerichtet (Zeichen ausrichten).

Neben dem herkömmlichen Blocksatz mit Wortausrichtung, bei dem die Leerstellen zwischen den Wörtern so weit vergrößert werden, dass der Text die Zeile komplett ausfüllt, kennt WordArt auch die Blocksatz-Varianten *Zeichen ausrichten* und *Streckung ausrichten*.

Die Variante *Zeichen ausrichten* fügt weitere Leerstellen zwischen die Zeichen einer Zeile ein, um so den gesamten Platz gleichmäßig auszufüllen. Die Methode *Streckung ausrichten* verändert dagegen die Zeichenbreite innerhalb einer Zeile. Beide Varianten sind besonders gut geeignet, wenn in einer Zeile nur ein Wort steht:

Abbildung 51.9: Zeichen- *und* Streckung ausrichten

Zeichenabstand des WordArt-Textes bestimmen

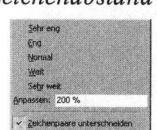

WordArt-Zeichenabstand

Üblicherweise ist der Abstand zwischen den Zeichen vorgegeben. Doch über die beiden oben beschriebenen Blocksatzvarianten bietet WordArt weitere Möglichkeiten, den Abstand zwischen zwei Buchstaben zu beeinflussen. Markieren Sie dazu das WordArt-Objekt und klicken Sie in der *WordArt*-Symbolleiste auf das Symbol *WordArt-Zeichenabstand*. Es erscheint ein Menü, das verschiedene Abstände zur Auswahl stellt. Klicken Sie dann auf einen gewünschten Abstand. WordArt »streckt« oder »staucht« daraufhin die Buchstaben:

Abbildung 51.10: Zeichenabstand: Sehr eng (80%), Normal und 200%

Durch Auswahl des Befehls anpassen und die Eingabe eines Zeichenabstandes lassen sich benutzerdefinierte Abstände einstellen.

Die Option *Zeichenpaare unterschneiden* legt fest, ob die im Zeichensatz verwendeten Unterscheidungstabellen (»Kerning-Table«) verwendet werden sollen. Diese Tabellen legen fest, wie jeweils zwei Buchstaben eines Zeichensatzes optimal aneinander gerückt werden können, um auffällige Lücken zu vermeiden. Beim Unterschneiden rückt ein Zeichen sogar so nah an seinen Vorgänger heran, daß es »unter« ihm dargestellt wird:

Abbildung 51.11: Die Wirkung von Zeichenpaare unterschneiden (vorher/nachher)

WordArt-Objekte drehen

WordArt-Objekte lassen sich sogar drehen. Markieren Sie dazu das Objekt und wählen Sie anschließend das Symbol *Freies Drehen*. An den Ecken des WordArt-Objekts werden Markierungskreise sichtbar. Um das Objekt zu drehen, müssen Sie einen dieser Markierungskreise mit der Maus aufnehmen und die Maus bewegen.

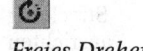
Freies Drehen

Abbildung 51.12: WordArt-Objekt wird gedreht.

Die Drehung erfolgt üblicherweise um den Mittelpunkt des Objekts. Halten Sie während der Drehung die [Strg]-Taste gedrückt, erfolgt die Drehung um die gegenüberliegende Ecke.

TIPP

Charakteristische Eigenschaften ändern

Einige WortArt-Objekte besitzen so genannte Korrektur-Ziehmarken (kleine gelbe Raute), mit denen sich charakteristische Eigenschaften des WordArt-Objekts verändern lassen. Beim folgenden Objekt lässt sich beispielsweise die Scherung des Objekts durch Verschieben der Korrektur-Ziehmarke einstellen:

Abbildung 51.13: Objekteigenschaften werden geändert.

Farben und Linien

Bei Auswahl eines WordArt-Objekts aus dem WordArt-Katalog sind die Farben der Zeichen bereits vorgegeben. Die Farben der Umrahmungen und Flächen lassen sich aber nachträglich ändern. An der folgenden Vorlage soll die Wirkung der *Farben und Linien*-Formatierung demonstriert werden:

Abbildung 51.14: Vorher: An diesem Beispiel bearbeiten wir die Linien- und Fülleigenschaften.

So ändern Sie Farben und Linien

WordArt formatieren

1. Erstellen Sie ein WordArt-Objekt und klicken in der *WordArt*-Symbolleiste auf das Symbol *WordArt formatieren*. Es erscheint das *WordArt formatieren*-Dialogfenster.

Abbildung 51.15:
Der Dialog
WordArt
formatieren

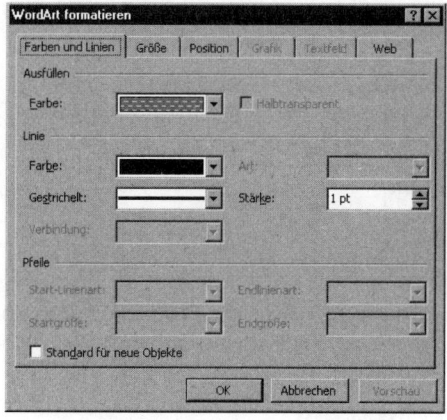

HINWEIS Dieser Dialog erscheint auch bei der Formatierung von Textfeldern oder AutoFormen und PowerPoint, Excel und Word. Eine detaillierte Beschreibung aller seiner Register finden Sie im ▶ *Kapitel 22*.

2. Um den WordArt-Text mit einem Farbverlauf zu versehen, wählen Sie im *Farben und Linien*-Register das Kombinationsfeld *Farbe* aus der Steuerelementgruppe *Ausfüllen*. Wählen Sie im hier erscheinenden Menü den Befehl *Fülleffekte*:

Abbildung 51.16:
Unter dem
Kombinations-
feld Farbe *unter*
Ausfüllen *sind die*
verschiedenen
Farben und
Befehle für eine
Farbfüllung zu
finden.

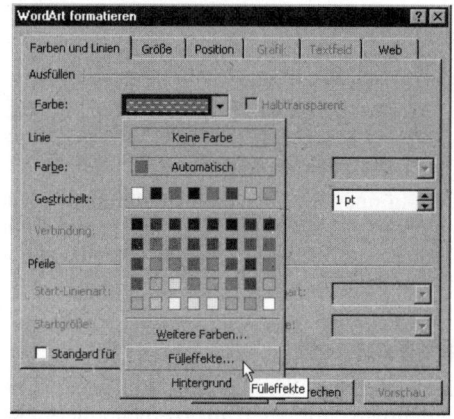

3. Wählen Sie im daraufhin erscheinenden *Fülleffekte*-Dialog das *Graduell-Register*:

Wählen Sie unter *Farben* das Optionsfeld *Zweifarbig*, um einen Farbverlauf zwischen zwei Farben zu erzeugen. Klicken Sie jetzt auf das Kombinationsfeld *Farbe 1* und wählen Sie den Befehl *Weitere Farben* aus.

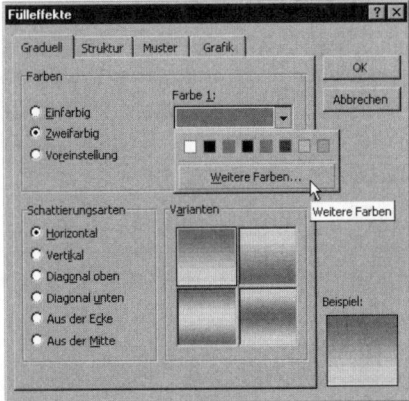

Abbildung 51.17:
Unter dem Kombinationsfeld Farbe 1 *kann man die Farben für den Farbverlauf auswählen.*

4. Es erscheint der *Farben*-Dialog, aus dem Sie entweder eine Farbe aussuchen oder eine eigene zusammenmischen können. Geben Sie hier eine Farbe an.

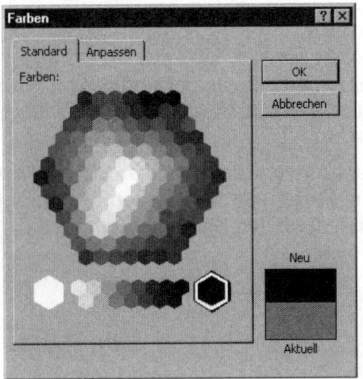

Abbildung 51.18:
Das Dialogfenster Farben

5. Wählen Sie anschließend auch für die *Farbe 2* des Verlaufs einen Farbton.
6. Damit die Schrift stärker ins Auge fällt, können Sie auch die Umrandung der Buchstaben ändern. Wählen Sie dazu im *Farben und Linien*-Register in der Linien-Steuerelementgruppe eine neue Linienfarbe und auf Wunsch auch eine neue Linienart und -stärke (siehe Abbildung 51.19 und 51.20).

Die verschiedenen WordArt-Formen

Neben den Farben ist auch die Form, in der sich ein WordArt-Objekt präsentiert, nach Auswahl aus dem WordArt-Katalog vordefiniert. Mit der *WordArt*-Symbolleiste kann die Form verändert werden. Klicken Sie dazu auf das Symbol *WordArt-Form*. Es klappt danach ein Menü mit einer großen Auswahl verfügbarer Formen auf. Wählen Sie die zu verwendende Form durch Anklicken aus (siehe Abbildung 51.21).

WordArt-Form

Einige dieser Formen erlauben die Manipulation des WordArt-Objekts über zusätzliche Korrektur-Ziehmarken (gelbe Rauten).

HINWEIS

Abbildung 51.19:
Linienfarbe und -stärke einstellen

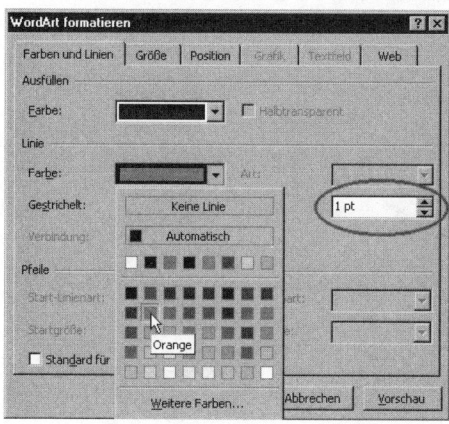

Abbildung 51.20:
Nachher: So sieht das Endergebnis aus.

Abbildung 51.21:
Die verschiedenen WordArt-Formen

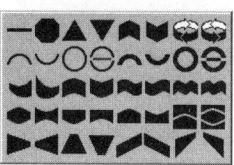

52 Graph – Daten zu Diagrammen

1194 So erstellen Sie ein Diagramm
1232 Mehrere Datenreihen anzeigen

Trockene Zahlenreihen sind alles andere als anschaulich. Um Zahlen in Diagramme umzuwandeln, bietet das Office-Paket die Programmerweiterung Microsoft Graph. Das ist ein OLE-Objekt, das in jeder Office-Anwendung zur Umwandlung von Zahlen in Diagramme eingesetzt werden kann.

Graph besteht im Wesentlichen aus zwei Teilen: Die Darstellung des Diagramms erfolgt in einem Diagrammfenster, die dem Diagramm zugrunde liegenden Daten werden in einer Tabelle, dem so genannten Datenblatt, eingegeben:

Abbildung 52.1:
Das Diagramm
und das
Datenblatt

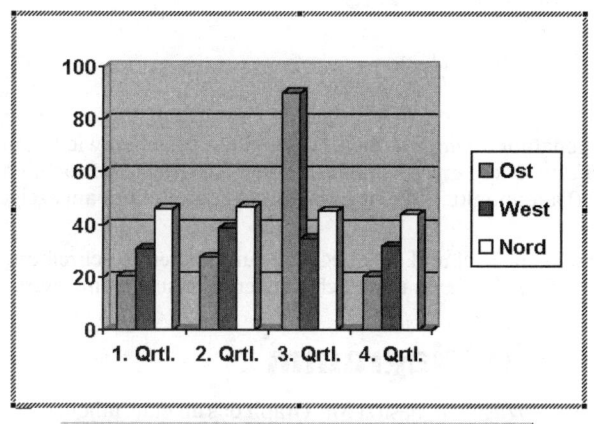

Das Datenblatt erinnert sehr stark an eine Tabelle in Excel. So ist es kein Wunder, dass Graph besonders mit Excel harmoniert. Excel bietet vor allem Arbeitserleichterungen bei der Integration von Graph in einer Excel-Tabelle. In den anderen Anwendungen müssen Sie auf diese Erleichterungen leider verzichten.

Graph kann Daten auf unterschiedlichste Art und Weise darstellen. Die Möglichkeiten erstrecken sich von einfachen »Fieberkurven« über Balkendiagramme bis hin zu aufwendigen 3D-Diagrammen:

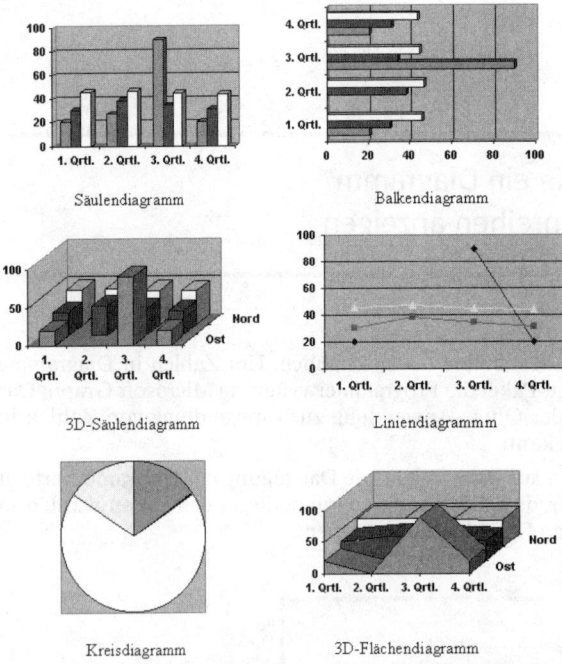

Abbildung 52.2:
Verschiedene Diagramme

Diagramme basieren auf so genannten *Datenreihen*. Datenreihen bestehen wiederum aus so genannten *Datenpunkten*. Diese etwas verklausulierten Ausdrücke bezeichnen nichts anderes als die Werte (Datenpunkte), die in einer Kurve (Datenreihe) angezeigt werden.

Darüber hinaus lassen sich auch ein Titel und eine Legende zur näheren Beschreibung der Datenreihen in das Diagramme platzieren und nach eigenen Wünschen anpassen.

So erstellen Sie ein Diagramm

Um die Werte für ein Diagramm einzugeben, besitzt MS Graph das an eine Tabellenkalkulation erinnernde Tabellenfenster – das Datenblatt. Wie Sie diese Tabelle für die Werteingabe nutzen und wie Sie die Werte anschließend visualisieren ist das Thema der folgenden Seiten.

Dazu soll die Sitzverteilung im Bundestag, die sich durch die Bundestagswahlen von 1998 ergeben hat, in einem *Tortendiagramm* angezeigt werden.

Die folgende Tabelle zeigt die Sitzverteilung im Bundestag aufgrund der Bundestagswahl:

Tabelle 52.1:
Die Sitzverteilung im Bundestag (1998)

Sitzverteilung im Bundestag 1998

CDU/CSU	SPD	BÜNDNIS 90/DIE GRÜNEN	F.D.P.	PDS
245	298	47	43	36

Diagramm einfügen

1. Öffnen Sie eine beliebige Office-Anwendung, in der Sie das Diagramm erstellen möchten, und erzeugen Sie dort ein neues Dokument.
2. Um ein neues Diagramm in das aktuelle Dokument einzufügen, müssen Sie den *Diagramm*-Befehl aufrufen. Dieser befindet sich entweder direkt im *Einfügen*-Menü (z.B. PowerPoint) oder im *Grafik*-Untermenü des *Einfügen*-Menüs (z.B. Word). Nach dem Einfügen des Digramms bietet sich das folgende Bild. Ein Demo-Diagramm inkl. Demo-Daten wird angezeigt:

Abbildung 52.3:
Das Standarddiagramm beim Erstellen eines Graph-Objekts

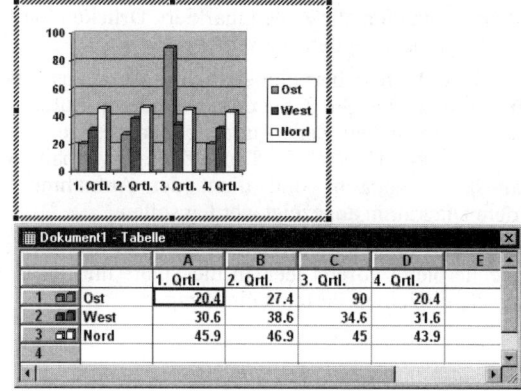

TIPP — Falls Sie nicht mit einer Anwendung aus dem Office-Paket arbeiten, können Sie evtl. auch dort auf die Dienste von Graph zurückgreifen. Sie fügen Graph dann als OLE-Objekt ein, und zwar als Objekt vom Typ *Microsoft Graph 2000-Diagramm:*

Abbildung 52.4:
Einfügen eines Diagramms über den Einfügen/Objekt-Befehl. Damit steht Graph auch in Nicht-Office-Anwendungen zur Verfügung.

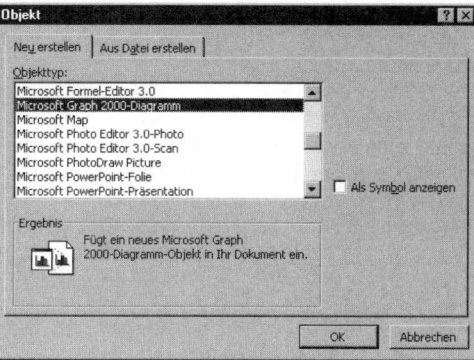

3. Nach dem Einfügen des Diagramms geht es an die Dateneingabe. Zuvor müssen allerdings die bereits enthaltenen Werte der Datentabelle gelöscht werden. Klicken Sie dazu mit der Maus auf die Schaltfläche für *Alles markieren*. Das ist das kleine, graue Rechteck in der linken oberen Ecke des Datenblattes, wo sich *Zeilen-* und *Spaltenkopf* treffen.

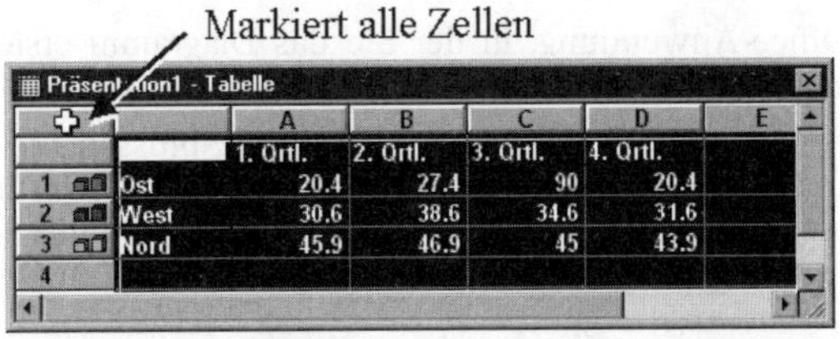

Abbildung 52.5:
Den gesamten Inhalt der Datentabelle markieren Sie durch Anklicken der linken, oberen Zelle.

Durch Klick auf diese »Schaltfläche« werden alle Zellen markiert. Drücken Sie jetzt die [Entf]-Taste, damit der Inhalt aller Tabellenzellen gelöscht wird.

4. Jetzt ist das Datenblatt bereit für Ihre Werte. Übernehmen Sie die Werte aus Tabelle 54.1 in das Datenblatt von Graph. Beachten Sie dabei den besonderen Aufbau des Graph-Datenblattes: Anders als die restlichen Zeilen und Spalten besitzen weder die erste Zeile noch die erste Spalten eine Überschrift. Diese Zeile bzw. Spalte wird *Legendenzeile* bzw. *Legendenspalte* genannt und dient der Aufnahme von Beschriftungen, die später in dem Diagramm angezeigt werden sollen.

Tragen Sie in die Legendenspalte die Namen der Parteien ein – und zwar beginnend mit der Zeile 1. Die Legendenzeile bleibt vorerst leer. In die Spalte mit der Überschrift *A* wird die Sitzverteilung der einzelnen Parteien eingetragen.

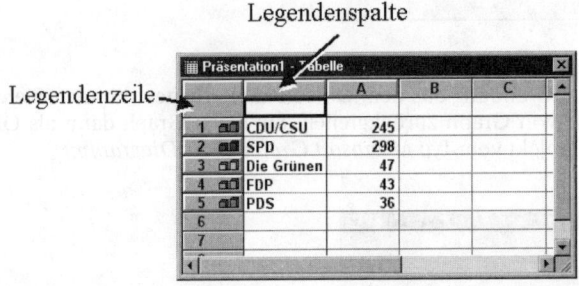

Abbildung 52.6:
Die Daten sind in das Datenblatt eingetragen.

Das Diagramm wird aktualisiert, sobald eine Änderung im Datenblatt vorgenommen wurde. Das bedeutet, dass sich während der Eingabe der Sitzverteilung das Diagramm laufend anpasst.

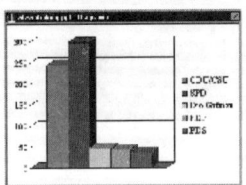

Abbildung 52.7:
Die Sitzverteilung im Bundestag als dreidimensionales Säulendiagramm

Diagrammtyp

5. Standardmäßig ist das Säulendiagramm als Diagrammtyp ausgewählt. Da aber ein *Kreisdiagramm* erstellt werden soll, müssen Sie den *Diagrammtyp* ändern. Rufen Sie dazu den Befehl *Diagrammtyp* aus dem Menü *Diagramm* auf, oder klicken Sie in der *Standard*-Symbolleiste auf die Schaltfläche *Diagrammtyp* und wählen das *3D-Kreisdiagramm* aus.

HINWEIS Sobald das Graph-Objekt in einem Dokument durch Doppelklick oder den Befehl *Bearbeiten* aus dem Kontextmenü aktiviert wurde, ändern sich Menüzeile und Symbolleisten der Anwendung, in der sich das Graph-Objekt befindet. Der Menüzeile werden das *Daten*- und das *Diagramm*-Menü hinzugefügt, in der *Standard*-Symbolleiste werden Symbole zur Bearbeitung des Graph-Objekts bereitgestellt. Außerdem ändern sich die meisten vorhandenen Menüs, sobald das Diagramm-Objekt aktiv ist. Im *Extras*-Menü befindet sich der *Optionen*-Befehl, über den sich einige Voreinstellungen des Diagramms ändern lassen (nicht zu verwechseln mit den Diagrammoptionen), das *Ansicht*-Menü zeigt den Befehl *Datenblatt* zu dessen Anzeige.

Wenn Sie den Befehl *Diagrammtyp...* über das *Diagramm*-Menü aufrufen, erscheint ein Dialogfenster, das die zur Auswahl stehenden Diagrammtypen anzeigt. Wählen Sie im Listenfeld *Diagrammtyp* den Typ *Kreis* und unter *Diagrammuntertyp* den *3D-Kreis* aus.

*Abbildung 52.8:
Auswählen des
Tortendiagramms*

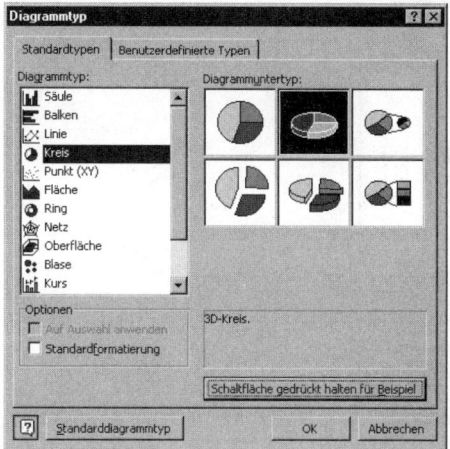

HINWEIS Der *Diagrammtyp*-Dialog besitzt neben dem *Standardtypen*-Register außerdem das Register *Benutzerdefinierte Typen*. Benutzerdefinierte Typen entsprechen im Wesentlichen den Standardtypen, bis auf den Unterschied, dass hier bereits zahlreiche Formatierungen auf die Elemente des Diagramms angewendet wurden (siehe Abbildung 52.9).

Wie der gewählte Typ wirkt lässt sich überprüfen, indem Sie die Schaltfläche *Schaltfläche gedrückt halten für Beispiel* gedrückt halten. Während die Schaltfläche gedrückt wird, zeigt Graph eine Vorschau auf das Diagramm an (siehe Abbildung 52.10).

Den ausgewählten Diagrammtyp übernehmen Sie durch Klick auf die *OK*-Schaltfläche.

Abbildung 52.9:
Benutzerdefinierte Diagrammtypen

Abbildung 52.10:
Vorschau auf das Diagramm

Schneller erfolgt die Auswahl über das *Diagrammtyp*-Symbol aus der *Standard*-Symbolleiste. Allerdings finden Sie dort nur eine kleine Auswahl aller verfügbaren Diagrammtypen (siehe Abbildung 52.11).

6. Nach Änderung des Diagrammtyps zeigt das Diagramm leider noch nicht das gewünschte Ergebnis. Das liegt daran, dass Graph standardmäßig davon ausgeht, dass die Größe der einzelnen Segmente eines Tortendiagramms spaltenweise von links nach rechts eingetragen wird (siehe Abbildung 52.12).

In den Spaltenköpfen (A, B, C usw.) des Datenblattes erkennen Sie sehr deutlich, dass Graph die Angabe der Segmentgrößen eigentlich in den Spalten erwartet.

Die Orientierung der Datentabelle lässt sich aber über die Befehle *Datenreihen in Zeilen* und *Datenreihen in Spalten* sowie über die Symbole *Nach Zeilen* und *Nach Spalten* in der *Standard*-Symbolleiste umkehren. Um die Angabe der Daten in einer Spalte von oben nach unten zu ermöglichen, müssen Sie den Befehl *Nach Spalte* aufrufen. Daraufhin ändert sich das Diagramm und zeigt die Sitzverteilung wie gewünscht an (siehe Abbildung 52.13).

Nach Zeile *und* Nach Spalte

Abbildung 52.11:
Diagrammtyp über die Symbolleiste ändern

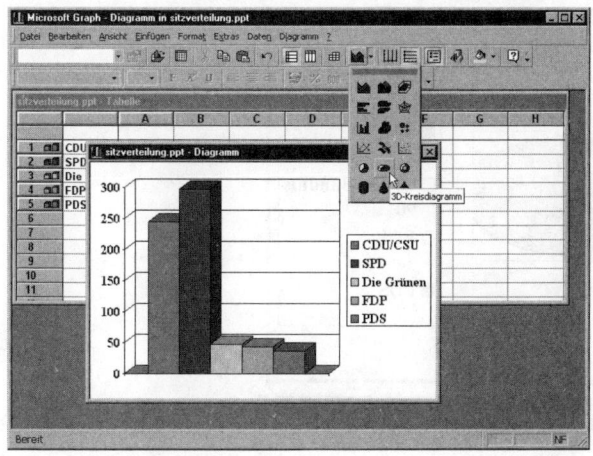

Abbildung 52.12:
Graph muss gesagt werden, dass die Datenreihen in Spalten sind.

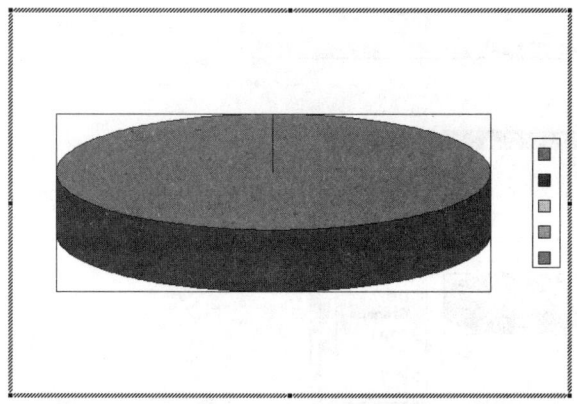

Weil ein Diagramm ohne Titel nicht auf den ersten Blick preisgibt, welche Daten es visualisiert, sollten Sie einen Titel hinzufügen. Rufen Sie dazu den Befehl *Diagrammoptionen* aus dem Menü *Diagramm* auf. Es erscheint der Dialog *Diagrammoptionen*. Tragen Sie im Eingabefeld *Diagrammtitel* den Titel ein und klicken Sie dann auf *OK* (siehe Abbildung 52.14 und 52.15).

TIPP Um den Text des Titels zu korrigieren, müssen Sie den *Diagrammoptionen*-Dialog nicht erneut aufrufen. Sie können den Titel auch direkt imnnerhalb des Diagramms anklicken, um ihn zu bearbeiten. Aber Achtung! Ein Doppelklick ruft den *Eigenschaften*-Dialog der Titelzeile auf.

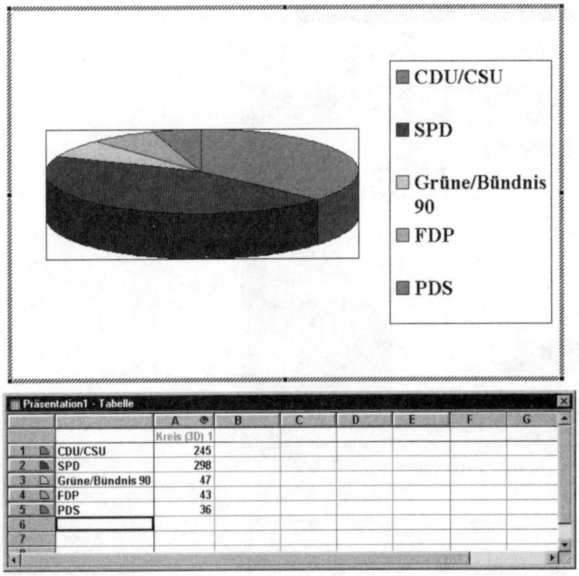

Abbildung 52.13:
Und so sieht das Endergebnis aus.

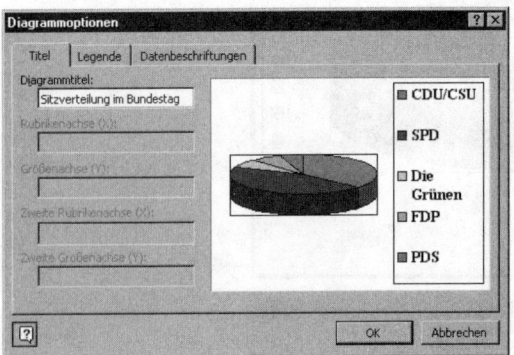

Abbildung 52.14:
In den Diagramm-optionen wird der Titel eingetragen.

HINWEIS Weil das Diagramm in das »Eltern-Dokument« integriert wird, unterliegt es dem dort eingestellten Vergrößerungsfaktor. Sie können das Diagrammobjekt durch Verschieben seiner Ziehmarken auf die gewünschte Größe einstellen. Achten Sie dabei darauf, dass die korrekte Position eines OLE-Objekts unter Word nur in der Ansicht *Seitenlayout* oder *Weblayout* erfolgen kann.

7. Damit sich der Betrachter in den Diagrammen zur Sitzverteilung schnell zurechtfindet, werden die Verteilungen entsprechend der politischen »Richtung« einer Partei angezeigt. Die Sitzverteilung der SPD erscheint daher üblicherweise auf der linken Seite des Diagramms, die der CDU auf der rechten.

Um eine solche Darstellung zu erreichen, muss »die Torte« im Diagramm »in sich« gedreht werden. Dazu müssen Sie die Datenreihe formatieren. Klicken Sie doppelt auf eines der Kreissegmente oder wählen Sie den Befehl *Datenreihen formatieren...* aus dem Kontextmenü eines Kreissegments bzw. Datenpunkts. Graph zeigt darauf-

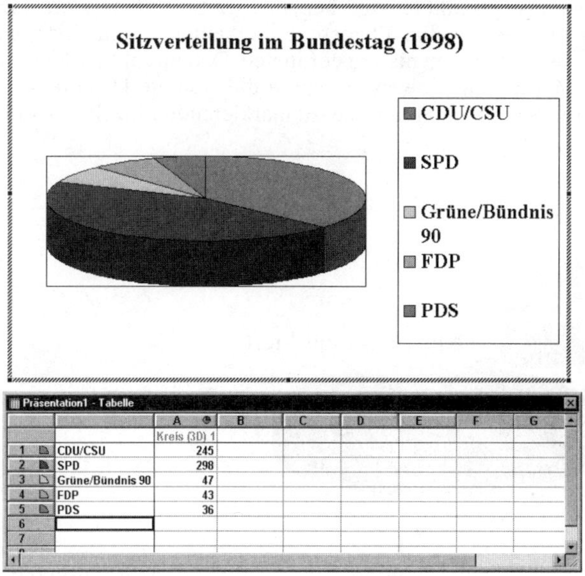

Abbildung 52.15:
Diagramm mit Titel

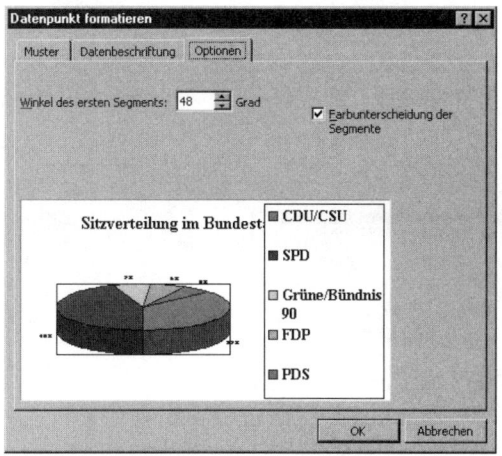

hin den folgenden Dialog, in dem Sie den *Winkel des ersten Kreissegmentes* angeben. Bei unserer Sitzverteilung müssen Sie einen Winkel von 48° eingeben, um die SPD links, die CDU rechts anzuzeigen:

Abbildung 52.16:
Drehung des ersten Kreissegmentes

Diagrammfarben und -linien

Graph weist den Datenreihen oder Datenpunkten (je nach Diagrammtyp) automatisch eine Farbe zu. Aber keine Sorge – diese lassen sich nachträglich ändern. In unserem Beispiel werden wir jedes Segment in einer anderen Farbe einfärben: Das Kreissegment der SPD wird rot, das der *CDU/CSU* schwarz, das der *Grünen* grün, das der *FDP* gelb und das der *PDS* dunkelrot eingefärbt.

Um ein Segment bzw. einen Datenpunkt einzufärben, müssen Sie ihn markieren. Dazu klicken Sie mit der Maus auf das jeweilige Element. Sie erkennen ein markiertes Element an den um die Kontur des Elements angeordneten Datenpunktmarkierungen. Falls alle Elemente eine Markierung aufweisen, wurde die gesamte Datenreihe markiert. In diesem Fall müssen Sie nochmals auf das zu markierende Einzelelement klicken:

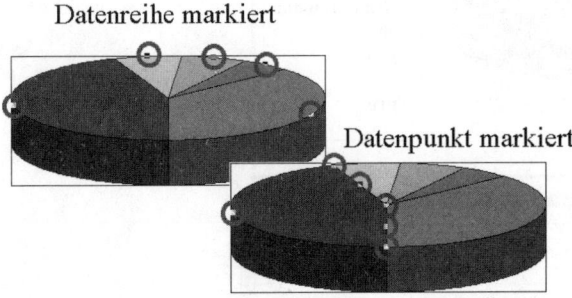

Abbildung 52.17:
Markierte Datenreihe und markierter Datenpunkt

Das Kontextmenü bietet den Befehl *Datenreihe* oder *Datenpunkt formatieren* – je nachdem, ob die gesamte Reihe oder nur ein Element markiert wurde. Beide Befehle zeigen denselben Dialog, der die Formatierung der markierten Elemente gestattet.

Datenpunkt/Datenreihe formatieren

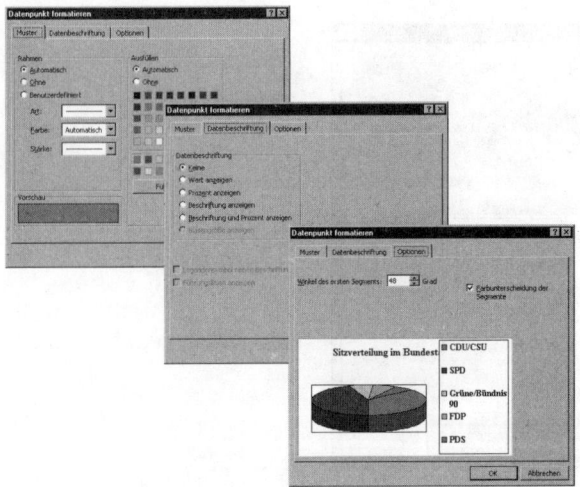

Abbildung 52.18:
Das Dialogfenster Datenpunkt/Datenreihe formatieren

Der *Datenpunkt/Datenreihe formatieren*-Dialog besteht aus drei Registern, von denen Sie das *Optionen*-Register (siehe ▶ Seite 1200) bereits kennen gelernt haben.

Im *Muster*-Register geben Sie an, wie der *Rahmen* und die Hintergrundfarbe (*Ausfüllen*) eines Datenpunkts bzw. einer Datenreihe aussehen sollen.

Formatierung des Rahmens

Für die Einstellung des Rahmens stellt die Steuerelementgruppe *Rahmen* die Optionen *Automatisch*, *Ohne* und *Benutzerdefiniert* zur Verfügung. Bei der Einstellung *Automatisch* gibt Graph *Linienart*, *-farbe* und *-stärke* vor. Die Einstellung *Ohne* unterdrückt das Zeichnen der Linie und *Benutzerdefiniert* erlaubt Ihnen die Festlegung eines eigenen Linienstils für den Rahmen der markierten Elemente.

Formatierung des Hintergrundes

Für die Formatierung des Hintergrundes steht die Steuerelementgruppe *Ausfüllen* bereit. Hier besteht die Möglichkeit, den markierten Elementen eine Farbe zuzuweisen. Zur Auswahl stehen 40 Farben der Palette und 16 Standardfarben. Die 16 Standardfarben werden von Graph übrigens reihum verwendet, wenn Graph die Farben automatisch vergibt. Auf diese beiden Farbpaletten werden Sie immer wieder treffen, wenn Sie ein Element eines Diagramms einfärben.

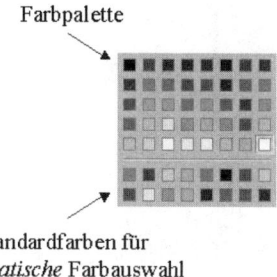

Abbildung 52.19: Die zur Auswahl stehenden Farben

Falls ein Element nicht nur einfarbig eingefärbt werden soll, erlaubt die Schaltfläche *Fülleffekte* die Auswahl aufwendiger Hintergrundarten:

Der *Fülleffekte*-Dialog bietet dazu vier Register. In *Graduell* lassen sich Farbverläufe zwischen zwei Helligkeiten einer Farbe (*Einfarbig*) oder zwischen zwei verschiedenen Farben (*Zweifarbig*) herstellen. Einige bereits vorderfinierte Farbverläufe verbergen sich hinter der *Voreinstellung,* nach deren Auswahl Farbverläufe wie *Früher Sonnenuntergang*, *Wüste* oder *Horizont* verfügbar sind. In welche Richtung die Farbe verläuft, wird in der Optionsgruppe *Schattierungsarten* festgelegt. Bis zu vier weitere Varianten lassen sich pro Schattierungsart einstellen:

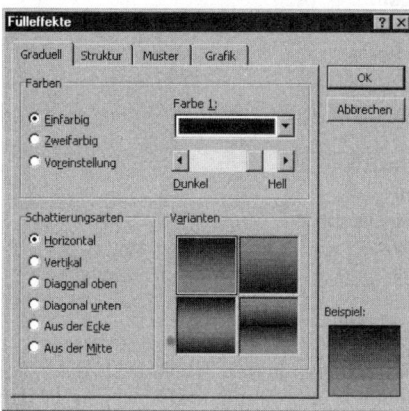

Abbildung 52.20: Im Dialogfenster Fülleffekte werden die Fülleigenschaften bearbeitet.

Graph – Daten zu Diagrammen

Wie ein Diagramm mit schattierten Elementen aussieht, zeigt die folgende Abbildung, die ein sehr ansprechendes Tortendiagramm zeigt:

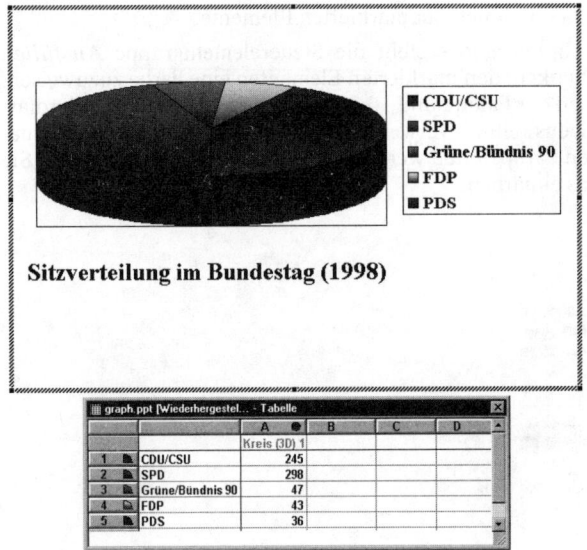

Abbildung 52.21:
So sieht das fertige Ergebnis aus.

Der *Formatieren*-Dialog für das aktive Diagrammelement lässt sich auch über die Tastenkombination [Strg]+[1] (»Eins«) aufrufen.

TIPP

Explodierende Kreissegmente
Um Kreissegmente buchstäblich von den anderen abzusetzen, lassen sich einzelne Segmente aus der »Torte« herausziehen. Markieren Sie dazu allein (!) das zu bewegende Segment und ziehen Sie es mit der Maus aus dem Zentrum der Torte heraus:

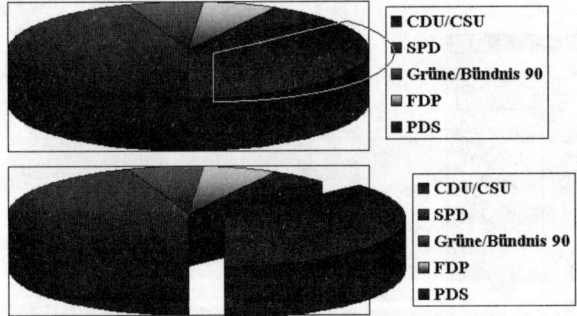

Abbildung 52.22:
Einzelne Segmente lassen sich aus der Torte herausziehen.

Sie können auch alle Segmente auf einmal »explodieren« lassen. Klicken Sie dazu einmal auf das Diagramm, um die gesamte Datenreihe zu markieren, und bewegen Sie den Mauszeiger bei gedrückter linker Maustaste nach außen. Sie werden sehen, wie sich die einzelnen Segmente voneinander entfernen.

Abbildung 52.23:
Ein explodierender Kreis

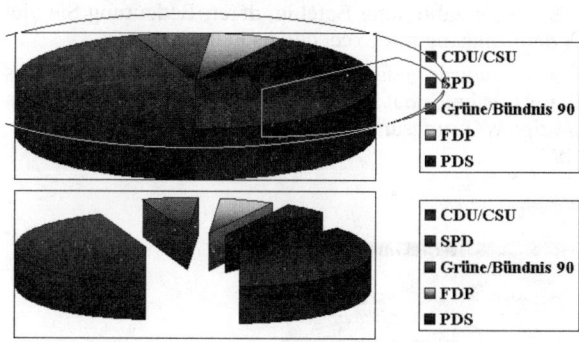

Diagramme bearbeiten im Detail

Ein Diagramm weist neben den offensichtlichen Komponenten, wie der Legende, dem Diagrammtitel, der Datenreihe oder den Datenpunkten auch andere Komponenten auf. Dies sind z.B. die Gitternetzlinien bei der Anzeige von Säulendiagrammen, die Diagrammfläche, die Zeichnungsfläche oder die Achsen in einem Liniendiagramm. Sie können all diese Elemente Ihren Wünschen anpassen, indem Sie sie gezielt bearbeiten bzw. formatieren. Die folgenden Seiten zeigen Ihnen an verschiedenen Beispielen, wie man die Komponenten eines Diagramms effizient bearbeitet.

Abbildung 52.24:
Die verschiedenen Komponenten eines Diagramms

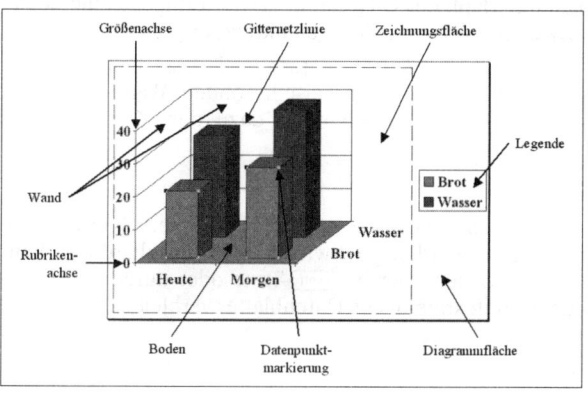

Die Dateneingabe

Datenblattansicht

Die Dateneingabe erfolgt stets in der Datenblattansicht von Graph. Das Datenblatt lässt sich über das Symbol *Datenblattansicht* aus der *Standard*-Symbolleiste oder über den *Datenblatt*-Befehl aus dem Kontextmenü der Diagramme ein- und ausblenden.

Das Datenblatt ist das zentrale Werkzeug zur Dateneingabe – zumindest, wenn Sie Graph nicht unter Excel nutzen. Dann greifen Sie selbstverständlich auf die von Excel gebotenen Tabellen zurück.

Doch für die einfache Dateneingabe ist das Datenblatt bestens geeignet. Genau wie man es mittlerweile von einer Tabelle erwartet, können Sie die Zellen markieren, kopieren, verschieben, neue Zeilen und Spalten einfügen oder löschen. Im Kontextmenü des Diagramms finden Sie dazu zahlreiche Befehle, deren Bedeutung Sie vielleicht von Word-Tabellen oder dem Umgang mit Excel bereits kennen.

Auch an die Formatierung der Zellen wurde gedacht. Die aktuell markierten Zellen lassen sich mit einem individuellen Ausgabeformat versehen, das beispielsweise aus einfachen Zahlenwerten aussagekräftige Währungsangaben macht:

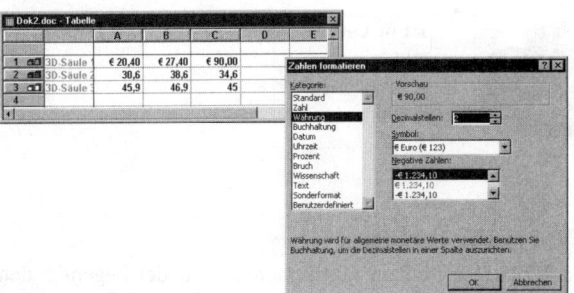

Abbildung 52.25:
Formatierung der Zahlenwerte als Währung

Um die markierten Zellen zu formatieren, müssen Sie den Befehl *Zahlen...* aus dem Kontextmenü oder aus dem *Format*-Menü aufrufen. Der Dialog *Zahlen formatieren* erlaubt anschließend die Formatierung der Zellen.

Doch erfolgt diese Formatierung nicht nur zur besseren Übersicht innerhalb der Datenblattansicht, sondern wird auch innerhalb des Diagramms gewinnbringend eingesetzt – nämlich dann, wenn Sie die *Datenpunktbeschriftungen* aktivieren.

Ähnlich verhält es sich mit der Zeichenformatierung. Jede Zelle lässt sich mit einem individuellen Zeichenformat versehen, um beispielsweise besondere Werte durch eine fette Schrift hervorzuheben. Das *Format*-Menü enthält dazu den *Zeichen*-Befehl bereit.

Löschen von Werten

Das Diagramm wird sofort um neue Datenpunkte erweitert, sobald neue Werte in eine Datenzeile oder -spalte eingegeben wurden. Schwierig wird es allerdings beim Löschen. Denn beim Löschen von Zellen über die (Entf)-Taste oder durch Aufruf des *Inhalte löschen*-Befehls aus dem Kontextmenü des Datenblattes verbleiben Lücken im Diagramm.

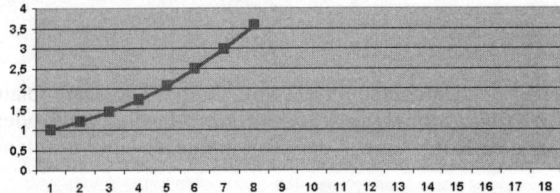

Abbildung 52.26:
Am Ende der Datenreihe wurden Werte gelöscht, doch das Diagramm wurde nicht verkürzt.

Verhindern lässt sich das nur, wenn im Datenblatt die gesamte Spalte gelöscht wird – und zwar durch vorheriges Markieren der Spalte bzw. Zeile inklusive des Spalten- bzw. Zeilenkopfes. Nur wenn auch der Spalten- bzw. Zeilenkopf gelöscht wird, entfernt Graph die Werte auch aus dem Diagramm.

TIPP Ob Graph die Angabe von Werten in einer Zeile oder in einer Spalte erwartet, erkennen Sie an der erhöhten Darstellung des Zeilen- bzw. Spaltenkopfes.

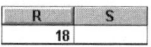

Abbildung 52.27: In Spalte R wird die Eingabe eines Wertes erwartet, in Spalte S dagegen nicht.

Interaktive Änderung der Datenpunkte

Um einen Datenpunkt zu ändern, müssen Sie im Datenblatt einen neuen Wert für den Datenpunkt eingeben. Bei verschiedenen Diagrammtypen lässt sich ein Datentyp aber auch innerhalb des Diagramms durch Ziehen mit der Maus »eingeben«. Markieren Sie dazu den jeweiligen Datenpunkt, indem Sie zuerst die Datenreihe markieren und anschließend durch einen weiteren Klick den Datenpunkt hervorheben (kein Doppelklick!), und verschieben Sie den Datenpunkt anschließend mit der Maus. Dass eine Verschiebung möglich ist, erkennen Sie am Mauszeiger, der an der Datenpunktmarkierung die folgende Form annimmt:

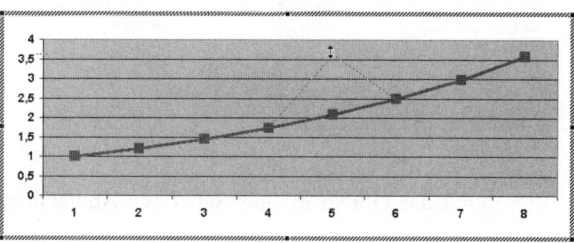

Abbildung 52.28: Datenpunkte lassen sich sogar im Diagramm verschieben.

Diagrammobjekte gezielt markieren

Um eine Diagrammkomponente gezielt zu bearbeiten, muss sie markiert werden. Dazu klicken Sie die jeweilige Komponente innerhalb des Diagramms an. Anschließend wird der Befehl *...formatieren* aus ihrem Kontextmenü aufgerufen, der einen Dialog zur Bearbeitung der verschiedenen Aspekte eines Diagrammelements gestattet.

Da Diagrammelemente oft schwer oder überhaupt nicht angeklickt werden können, weil sie von anderen Komponenten verdeckt werden, stellt die *Standard*-Symbolleiste das Kombinationsfeld *Diagrammobjekte* bereit. Hier können Sie das zu markierende Element auswählen und umgehend markieren:

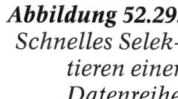

Abbildung 52.29: Schnelles Selektieren einer Datenreihe

Starten von Graph

Die Bearbeitung eines Diagramms erfolgt oft schneller, wenn Sie das Diagramm nicht per *Vor-Ort-Bearbeitung* (*In-Place-Editing*) innerhalb der umgebenden Anwendung manipulieren, sondern das Diagramm innerhalb der eigenständigen Anwendung

Graph – Daten zu Diagrammen **1207**

MS Graph bearbeiten. Starten Sie die Anwendung *Graph.Exe*, indem Sie das OLE-Objekt markieren, in das das Diagramm eingebettet ist, und wählen Sie aus dem Kontextmenü den Befehl *Diagramm-Objekt/Öffnen*.

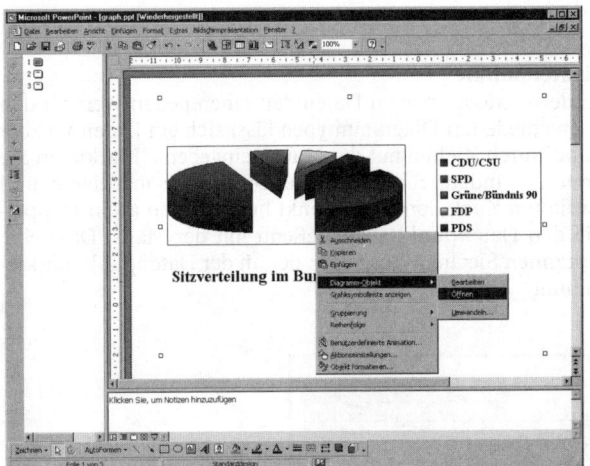

Abbildung 52.30:
Öffnen des OLE-Objekts

Datenblatt und Diagramm werden durch das Öffnen in einer separaten Anwendung dargestellt:

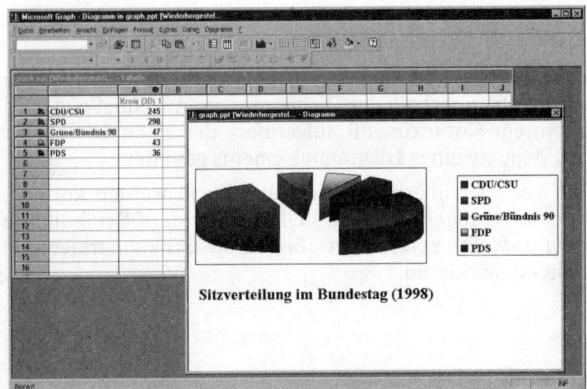

Abbildung 52.31:
Das Diagramm in der eigenständigen Anwendung Graph.Exe

Datenreihen bearbeiten

Bei der Erstellung eines Diagramms ist darauf zu achten, dass die Daten korrekt in das Datenblatt eingetragen werden. Standardmäßig geht Graph davon aus, dass die Datenreihen in Form von Zeilen in das Datenblatt eingegeben wurden (siehe Abbildung 52.32).

Im Diagramm werden die Werte aus den Zeilen als Datenpunkte separater Kurven eingezeichnet. Jede eingegebene Zeile entspricht dabei einer Kurve. Falls sich die Datenpunkte einer Kurve aber nicht in den Zeilen, sondern in den Spalten befinden, weil die

Nach Zeile,
Nach Spalte

Abbildung 52.32:
Datenzeilen und Datenspalten

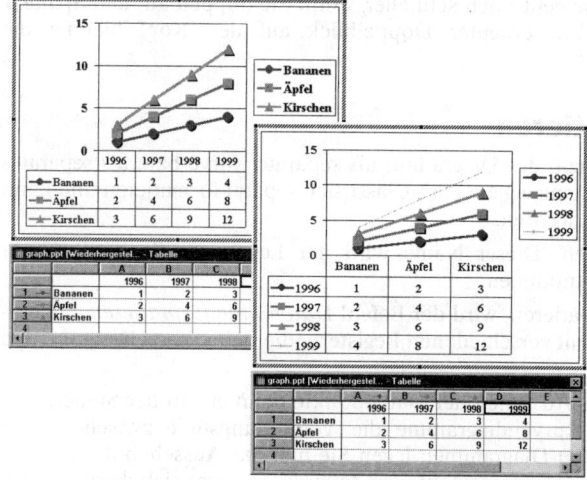

| | Zeilen/Spalten ein- und ausschließen | Daten beispielsweise aus einer externen Datenquelle importiert wurden, müssen Sie auf das Symbol *Nach Spalte* klicken, um die Datenreihen aus den Spalten zu beziehen. Um einzelne Datenpunkte oder Datenreihen aus der Anzeige auszuschließen, müssen Sie die entsprechenden Daten nicht zwangsläufig aus dem Datenblatt löschen. Es reicht, wenn Sie die entsprechende Zeile oder Spalte im Datenblatt markieren und anschließend den Befehl *Zeile/Spalte ausschließen* aus dem *Daten*-Menü aufrufen. Um eine Zeile oder Spalte im Datenblatt zu markieren, müssen Sie auf den Zeilen- oder Spaltenkopf klicken. |

Abbildung 52.33:
Ein Diagramm mit ausgeblendeter Zeile und Spalte

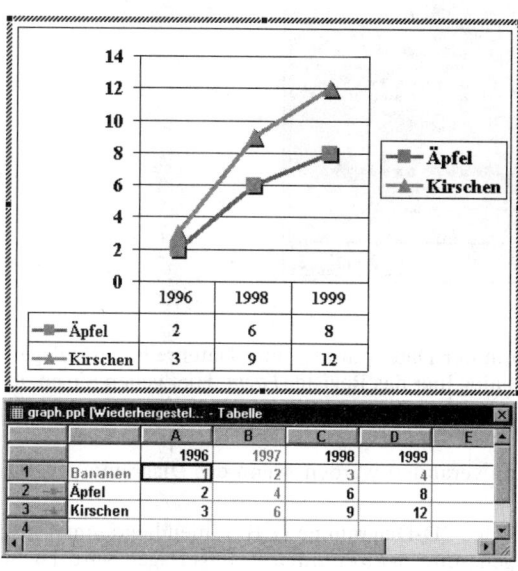

Graph – Daten zu Diagrammen

Das Ausschließen einer Zeile geht noch schneller, wenn Sie doppelt auf den Spalten- bzw. Zeilenkopf klicken. Ein erneuter Doppelklick auf den Kopf blendet die Zeile/Spalte wieder ein.

TIPP

Datenreihen formatieren

Jede Datenreihe wird innerhalb des Diagramms als separate Kurve bzw. als separates Diagramm angezeigt, besitzt eine eigene Farbe, lässt sich separat formatieren und kann auf Wunsch sogar beschriftet werden.

Datenreihen besitzen Namen. Dieser Name wird der Legendenzeile/-spalte einer Datenreihe im Datenblatt entnommen.

Um eine Datenreihe zu formatieren, wird der Befehl *Datenreihe formatieren* aufgerufen. Es erscheint ein Dialog mit verschiedenen Registern, die sich je nach Diagrammtyp unterscheiden.

Im *Muster*-Register wird das Aussehen der Datenpunkte definiert. In der Steuerelementgruppe *Linie* wird für Kurvendiagramme die Verbindungslinie zwischen zwei Datenpunkten definiert, in 3D-Diagrammen legen Sie hier das Aussehen der Umrandungslinie für 3D-Balken oder Kreissegmente fest (allerdings nennt sich diese Gruppe dann *Rahmen*). Für 3D-Diagramme zeigt das *Muster*-Register zudem die *Flächen*-Steuerelementgruppe, die die Definition der Hintergrundfarbe des 3D-Datenpunktes gestattet. Bei 2D-Diagrammen finden Sie dagegen die Steuerelementgruppe *Markierung*, in der sich das Aussehen eines 2D-Datenpunktes steuern lässt. Zur besseren Unterscheidung der Kurven lassen sich hier die Datenpunkte beispielsweise durch Rauten, Kreise oder Dreiecke kennzeichnen.

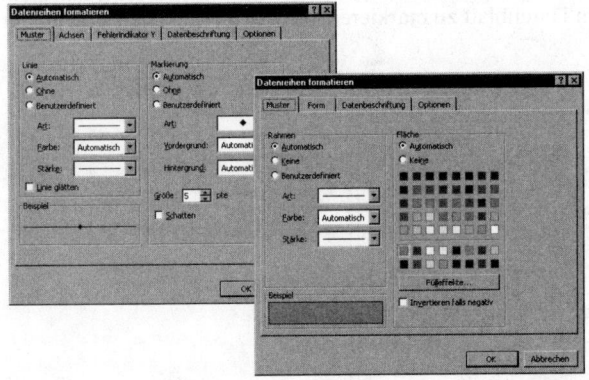

Abbildung 52.34:
Das Muster-*Register für 2D- und 3D-Diagramme*

Um in einem 3D-Diagramm die Form der Datenpunkte einer Datenreihe festzulegen, zeigt der *Datenreihe formatieren*-Dialog hier das Register *Form*. Hier geben Sie an, ob die Datenpunkte als Quader, Kegel oder Zylinder angezeigt werden sollen (siehe Abbildung 52.35).

Die Form einer Reihe kann nur dann verändert werden, wenn das Diagramm ein 3D-Säulen- oder Balkendiagramm ist.

HINWEIS

Im *Achsen*-Register legen Sie für einige 2D-Diagramme (z.B. Liniendiagramme) fest, ob die Datenreihe gegen eine so genannte *Sekundärachse* aufgetragen wird (siehe Abbildung 52.36).

Abbildung 52.35:
Im Register Form *kann die Form einer 3D-Datenreihe verändert werden.*

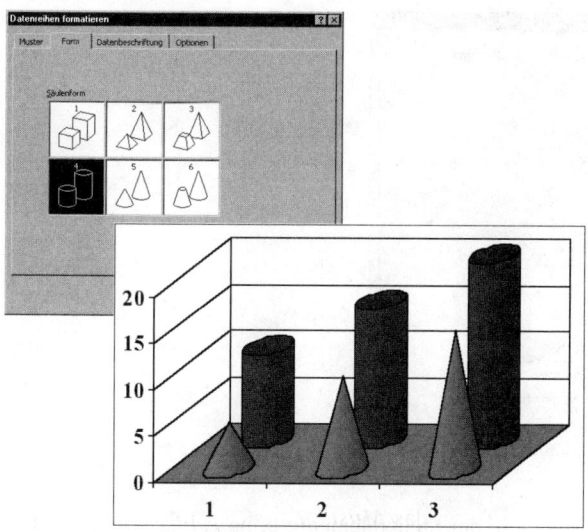

Abbildung 52.36:
Auftragen der Daten gegen die Sekundärachse

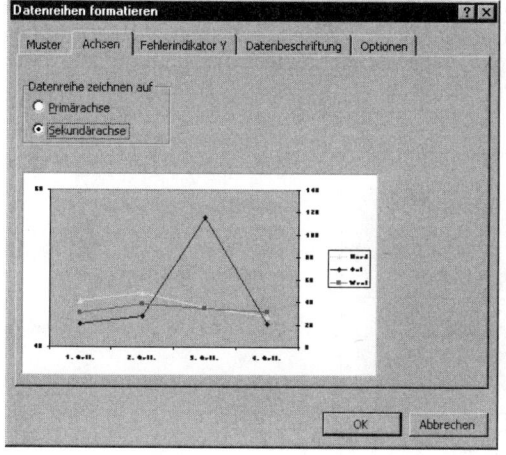

Falls das Diagramm noch keine Sekundärachse besitzt, wird sie am rechten Rand eingezeichnet und so skaliert, dass der Wertebereich aller der Sekundärachse zugeordneten Datenreihen abgedeckt wird. Die Einführung der Sekundärachse sollten Sie allerdings vermeiden – oder beispielsweise durch Datenpunktmarkierungen eine Zuordnung zur jeweiligen Achse ermöglichen.

Wenn die Daten des Diagramms auf einer Messung beruhen, sind die Ergebnisse oft mit Vorsicht zu genießen. Obwohl der PC absolute Exaktheit vorgaukelt, sind die Werte nur bedingt vertrauenswürdig. Das lässt sich mit Hilfe des *Fehlerindikator Y*-Registers zum Ausdruck bringen. Für Liniendiagramme lässt sich in jedem Datenpunkt ein Fehlerindikator einzeichnen, der die Genauigkeit des Datenpunktes abmildert. Zur Auswahl stehen drei verschiedene Indikatoranzeigen, die eine positive, eine negative oder eine Abweichung in beide Richtungen andeuten:

Graph – Daten zu Diagrammen

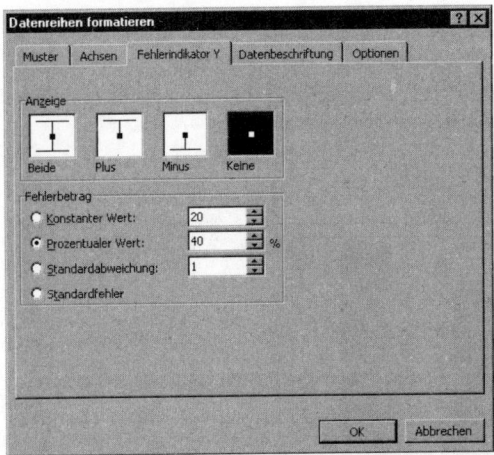

Abbildung 52.37:
Fehlerindikatoren

Die Art der Abweichung lässt sich in der Steuerelementgruppe *Fehlerbetrag* angeben. Wollen Sie beispielsweise andeuten, dass die Fehler mit einer Genauigkeit von ± 20 vorliegen, so geben Sie einen konstanten Wert an. Sie können aber auch einen prozentualen Wert für den Fehlerbetrag angeben. Dann hängt die Größe des Fehlers von der Größe des gemessenen Wertes ab. Darüber hinaus lassen sich auch die statistischen Funktionen der Standardabweichung oder des Standardfehlers als Fehlerindikator verwenden.

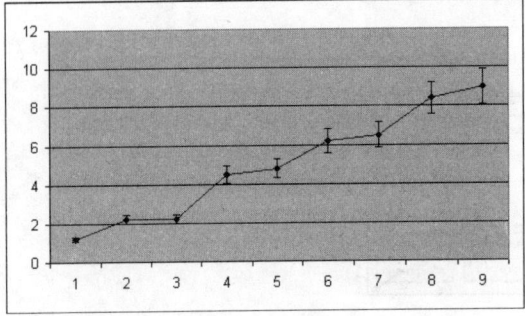

Abbildung 52.38:
Fehlerindikatoren, die 10% des jeweiligen Wertes als möglichen Fehler anzeigen

Im Register *Datenbeschriftung* geben Sie an, wie die einzelnen Datenpunkte einer Datenreihe beschriftet werden. Dieses Register ist identisch mit dem *Datenbeschriftung*-Register aus den *Diagrammoptionen* (siehe Abbildung 52.39).

Im *Optionen*-Register einer Datenreihe lassen sich weitere Eigenschaften des Diagramms einstellen. Je nach Diagrammtyp unterscheiden sich die hier verfügbaren Einstellungen. Bei Kreisdiagrammen wird hier beispielsweise der Winkel des ersten Kreissegments angegeben. Bei 3D-Diagrammen anderer Art werden hier der Zwischenraum zwischen mehreren Datenreihen, der Abstand zwischen jeweils zwei benachbarten Datenpunkten sowie die dreidimensionale Tiefe des Diagramms angegeben (siehe Abbildung 52.40 und 52.41).

Abbildung 52.39:
*Daten-
beschriftung*

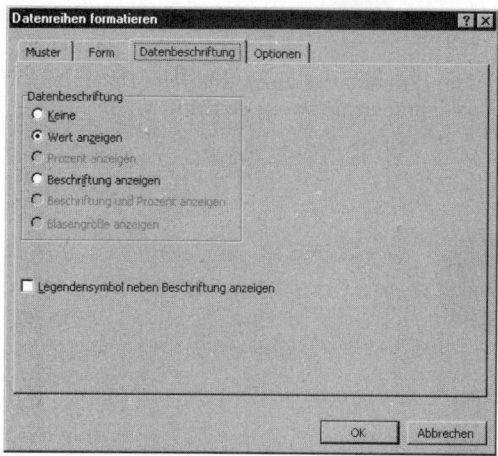

Abbildung 52.40:
*Die Dimensionen
des Diagramms
werden im
Register
Optionen einge-
stellt.*

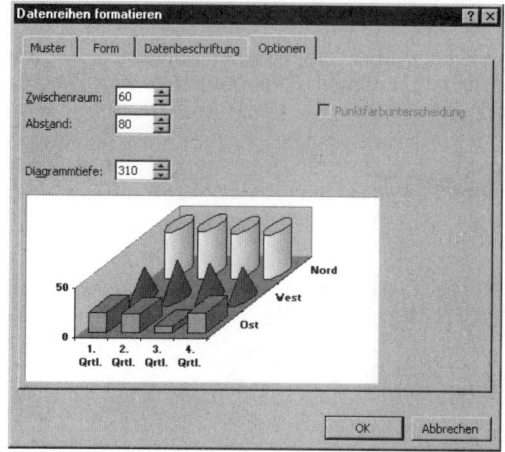

Abbildung 52.41:
*Auswirkungen
der Parameter
Diagrammtiefe,
Abstand und
Zwischenraum*

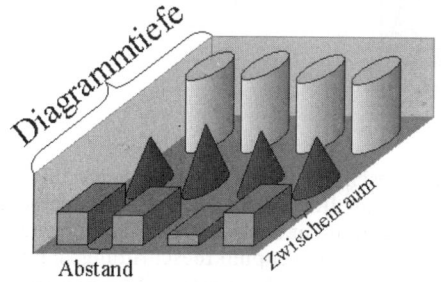

Graph – Daten zu Diagrammen

Datenbeschriftung formatieren

Bei der Anzeige von Diagrammen ist es mitunter erwünscht, an den einzelnen Datenpunkten auch die jeweiligen Werte aus dem Datenblatt anzuzeigen. Beim Diagramm für die Sitzverteilung im Bundestag sieht das dann beispielsweise so aus:

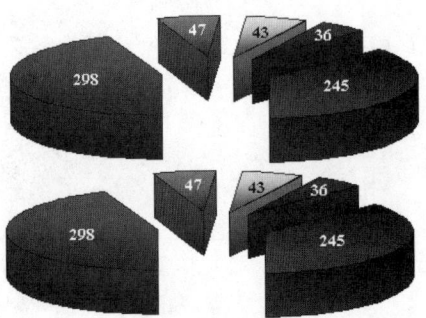

Abbildung 52.42:
Datenpunkt-
beschriftung

Die Datenpunktbeschriftung wird entweder über die Diagrammoptionen für alle Datenreihen eines Diagramms oder über den Befehl *Datenreihen formatieren* im *Datenbeschriftung*-Register angezeigt:

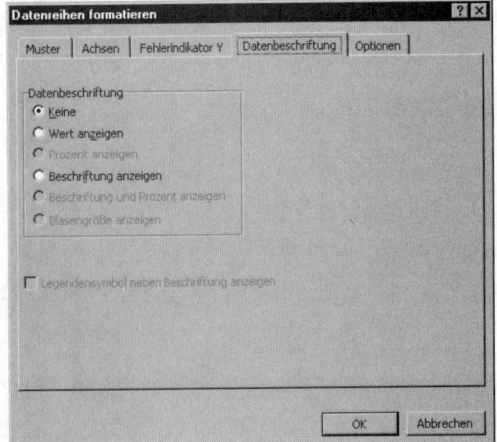

Abbildung 52.43:
Das Daten-
beschriftung-
Register

Größe und Format der Schrift für die Datenbeschriftung legt Graph standardmäßig automatisch fest. Sie lässt sich allerdings auch an Ihre eigenen Wünsche anpassen. Markieren Sie dazu alle Datenpunktbeschriftungen (nicht die Datenreihe!) durch einen Klick auf eine einzelne Beschriftung. Um eine einzige Datenpunktbeschriftung zu markieren, müssen Sie die Beschriftung nach einigen Sekunden erneut anklicken (kein Doppelklick!). Rufen Sie anschließend den Befehl *Datenbeschriftung formatieren* z. B. aus dem Kontextmenü auf (siehe Abbildung 52.44).

Im *Muster*-Register legen Sie Rahmen und Hintergrund der Datenbeschriftung fest – Datenbeschriftungen werden von Graph in separaten Textfeldern dargestellt.

Abbildung 52.44:
Die Register der Datenbeschriftung

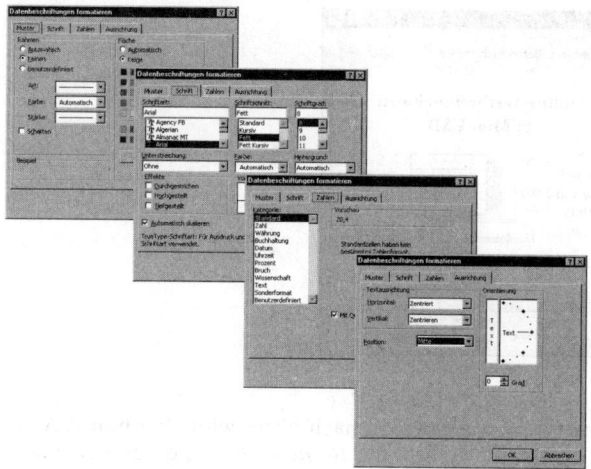

Im *Schrift*-Register geben Sie die Schriftart der Datenpunktbeschriftungen an. Üblicherweise passt Graph die Schriftgröße an die Größe des Diagramms an. Durch Deaktivieren des Kontrollkästchens *Automatisch skalieren* können Sie die Schriftgröße aber auch explizit vorgeben. Auch die Farbe der Schrift und ihres Hintergrundes wird hier über Kontrollfelder definiert.

Das Ausgabeformat der Datenbeschriftung(en) definieren Sie im *Zahlen*-Register. Hier legen Sie fest, wie die Werte aus dem Datenblatt in der Datenbeschriftung angezeigt werden sollen.

Das Register *Ausrichtung* legt fest, wie die Texte innerhalb des umgebenden Rahmens einer Datenbeschriftung ausgerichtet und wie der Text orientiert werden soll.

Die Diagrammoptionen

Neben den Einstellungen der einzelnen Diagrammkomponenten besitzt das Diagramm auch globale Einstellungen – die so genannten *Diagrammoptionen*. Sie bestimmen, ob und wie die einzelnen Komponenten im Diagramm angezeigt werden.

Um die *Diagrammoptionen* aufzurufen, müssen Sie den Befehl *Diagrammoptionen* aus dem *Diagramm*-Menü aufrufen. Dieser Befehl befindet sich zusätzlich auch im Kontextmenü des Diagramms.

Für einige Optionen dieses Dialogs stellt die Symbolleiste entsprechende Befehle bereit. Wo das der Fall ist, werden die zugehörigen Symbole aufgezeigt.

- Das *Titel*-Register der *Diagrammoptionen* erlaubt die Beschriftung des Diagramms und der im Diagramm verwendeten Achsen. Während jedes Diagramm über einen Titel verfügt, besitzt nicht jeder Diagrammtyp alle verfügbaren Achsen, so dass sich das *Titel*-Register von Diagrammtyp zu Diagrammtyp unterscheidet (siehe Abbildung 52.45).
- Im *Achsen*-Register bestimmen Sie, ob und welche Achsen im Diagramm angezeigt werden. Je nach Diagramm können Sie wählen zwischen der *Rubrikenachse*, der *Reihenachse* (wenn mehr als eine Datenreihe angezeigt wird) und der *Größenachse*. 2D-Diagramme besitzen meist nur eine *Rubrikenachse* (X-Achse), in der die darzustellenden Werte benannt werden, sowie eine *Größenachse* (Y-Achse), die die Wertebereichskala für die darzustellenden Werte anzeigt. In 3D-Diagrammen ändert sich die Achsenbenennung. Die *Rubrikenachse* entspricht zwar nach wie vor der

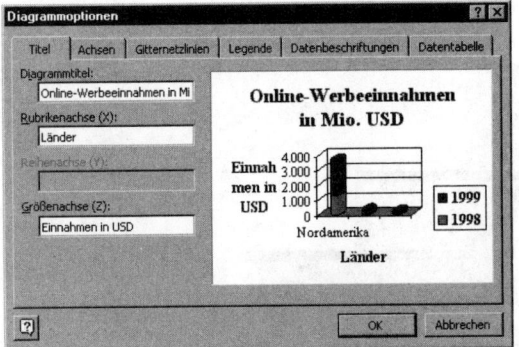

Abbildung 52.45:
Das Titel-*Register der* Diagramm-optionen

X-Achse, die Größenachse weist wie gewohnt nach oben, wird aber nun Z-Achse genannt. Hinzu kommt eine dritte Achse, die *Reihenachse*, die zur Benennung mehrerer Datenreihen in einem Diagramm dient.

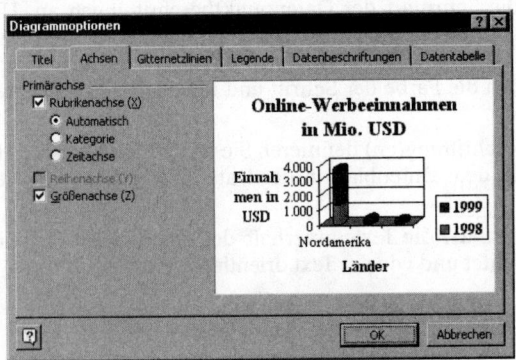

Abbildung 52.46:
Das Achsen-*Register der* Diagramm-optionen

Für die Rubrikenachse können Sie festlegen, ob dort die Inhalte der Legenden-zeile/-spalte unverändert angezeigt werden (*Kategorie*) oder ob die Werte in der Legen-denzeile/-spalte als Datumswerte interpretiert werden, um die Rubrikenachse zu einer *Zeitachse* zu machen. Standardmäßig entscheidet Graph *Automatisch*, ob die Werte der Legendenachse als Datumswert interpretiert werden.

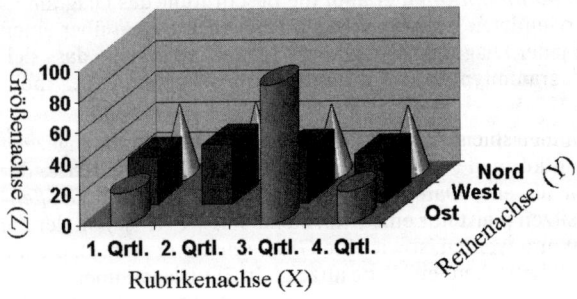

Abbildung 52.47:
Achsen

Gitternetzlinien
für Rubriken-/
und Größen-
achse

○ Im Register *Gitternetzlinien* lassen sich die so genannten Gitternetzlinien ein- oder ausblenden. Sie dienen als Hilfslinien beim Vergleich von Werten innerhalb eines Diagramms. Wenn das Kontrollkästchen *2D-Wände und Gitternetzlinien* aktiviert wird, ändert sich das Erscheinungsbild der Wände und Gitternetzlinien von dreidimensionalen Objekten in flache, zweidimensionale. Allerdings ist diese Option nur in einigen 3D-Diagrammtypen (z.B. im 3D-Säulendiagramm) verfügbar.

Für jede Achse lassen sich das so genannte *Hauptgitternetz* und das *Hilfsgitternetz* aktivieren. Das Hilfsgitternetz fügt den Gitternetzlinien eine feinere Unterteilung hinzu.

Abbildung 52.48:
Das Dialogre-
gister Gitter-
netzlinien

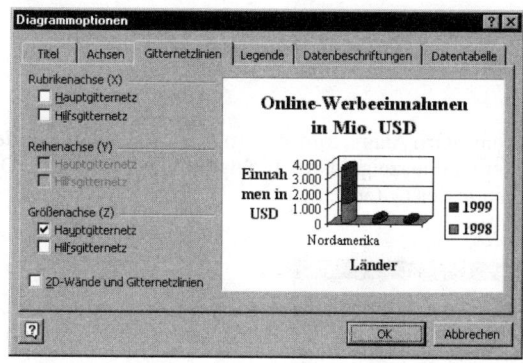

Legende

Die Legende eines Diagramms wird im Register *Legende* über das Kontrollkästchen *Legende anzeigen* ein- oder ausgeblendet. Auch lässt sich die Position der Legende mit den Optionsfeldern in der Steuerelementgruppe *Platzierung* festlegen.

Abbildung 52.49:
Das Dialog-
register Legende

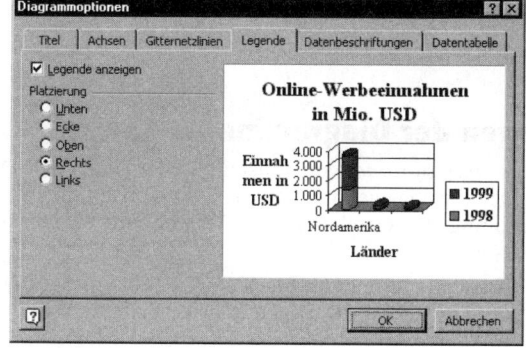

○ Die einzelnen Datenpunkte der Datenreihen lassen sich im Register *Datenbeschriftung* benennen. Sie können beispielsweise die Zahlenwerte der einzelnen Datenpunkte ausgeben lassen. In verschiedenen Diagrammtypen (z.B. im Kreisdiagramm) lassen sich die Datenpunkte auch als prozentuale Werte im Verhältnis zu den Werten aller Datenpunkte einer Reihe anzeigen (siehe Abbildung 52.50).

○ Sollen auch die dem Diagramm zugrunde liegenden Werte in Form einer übersichtlichen Tabelle erscheinen, können Sie im Register *Datentabelle* das Kontrollkästchen *Datentabelle anzeigen* aktivieren. Daraufhin wird die Datentabelle in das

Datentabelle

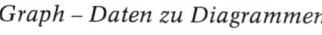

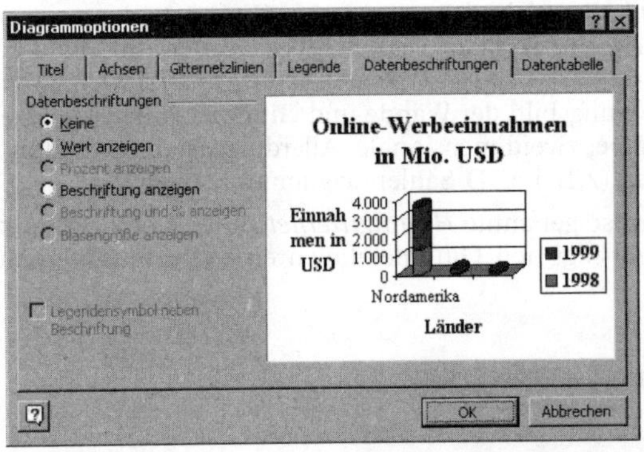

Abbildung 52.50:
Das Dialog-
register Daten-
beschriftungen

Diagramm eingefügt. Außerdem wird das Kontrollkästchen *Legendensymbole anzeigen* anwählbar. Die Datentabelle zeigt dann nicht nur die Werte des Diagramms, sondern auch die Legende der Datenreihen an.

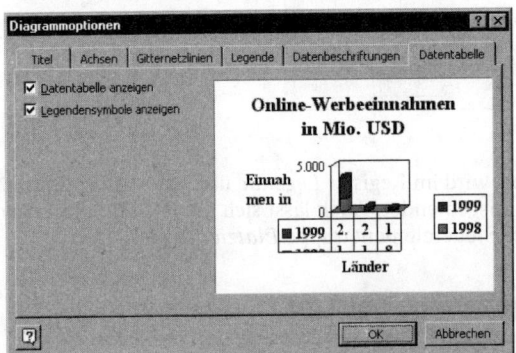

Abbildung 52.51:
Das Dialog-
register
Datentabelle

Allgemeine Einstellungen der Diagramme

Neben den oben erläuterten *Diagrammoptionen* zur Einstellung der generellen Diagrammparameter besitzt Graph auch die allgemeinen Optionen, die sich auf die Dateneingabe im Datenblatt, die Behandlung leerer Zellen und die Verwendung eigener Farben beziehen.

Nach dem Aufruf des Befehls *Optionen...* aus dem *Extras*-Menü (nicht zu verwechseln mit dem Befehl *Diagrammoptionen*) erscheint der folgende Dialog (siehe Abbildung 52.52).

Das Register *Tabellenoptionen* besitzt die Kontrollkästchen *Markierung nach dem Drücken der Eingabetaste verschieben* und *Drag Drop von Zellen ermöglichen*, deren Bedeutung auf der Hand liegt.

Im *Diagramm*-Register geht es um die Behandlung von Zellen innerhalb einer Datenreihe, für die nichts eingegeben wurde. Hier können Sie wählen, ob dieser Wert übersprungen wird (*Nicht zeichnen (überspringen)*) und damit eine Lücke klafft, ob der fehlende Wert als die Zahl 0 interpretiert wird (*Nullwert*) oder ob Graph einen geschätzten Wert (*Interpoliert*) verwenden soll, der durch Analyse der gegebenen Nachbarwerte berechnet wird.

Abbildung 52.52:
Optionen eines Diagramms: Bis auf das Register Tabellenoptionen finden Sie alle Register in leicht abgewandelter Form auch unter Excel.

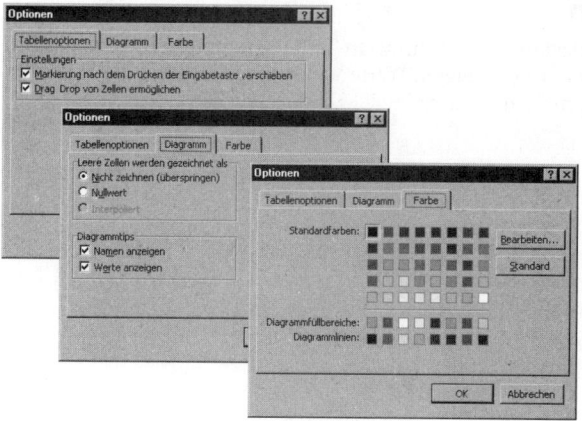

Für die Arbeit im Diagramm lassen sich in der Steuerelementgruppe *Diagrammtipps* die einzublendenden QuickInfos bestimmen. Ist das Kontrollkästchen *Namen anzeigen* aktiviert, werden die Namen der unter dem Mauszeiger befindlichen Objekte angezeigt. Ist auch das Kontrollkästchen *Werte anzeigen* aktiviert, zeigt das QuickInfo beim Verweilen des Mauszeigers auf einem Datenpunkt seinen Wert.

Das Register *Farbe* erlaubt die Bearbeitung der von Graph verwendeten Farben. Die 40 Standardfarben und die jeweils acht Diagrammfüllbereichs- und Diagrammlinienfarben können Sie hier nach Ihren Wünschen verändern. Wählen Sie dazu einfach die zu ändernde Farbe aus und klicken Sie auf die *Bearbeiten...*-Schaltfläche. Graph zeigt den *Farbauswahl*-Dialog, aus dem Sie eine neue Farbe wählen oder eine eigene Farbe zusammenmischen können.

Abbildung 52.53:
Auswahl einer Diagrammfarbe

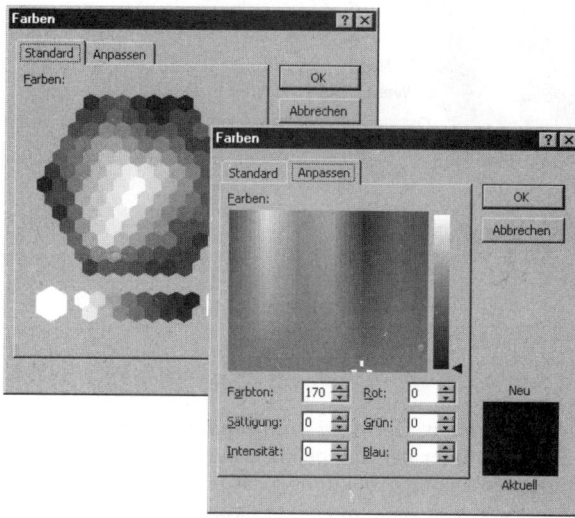

Das Zusammenspiel der Office-Anwendungen

Graph – Daten zu Diagrammen

1219

Achsen formatieren

Jedes Diagramm besitzt mindestens zwei Achsen. In 2D-Diagrammen sind das die Größenachse (Y), die die Größe der angezeigten Werte widerspiegelt, sowie die Rubrikenachse, auf der die Werte aufgetragen werden:

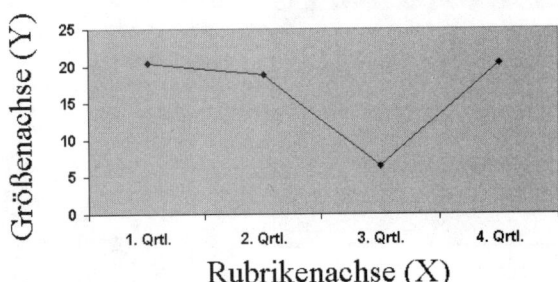

Abbildung 52.54:
Die beiden Achsen eines 2D-Diagramms

In einem 3D-Diagramm gesellt sich dazu eine weitere Achse, die für eine Beschriftung der Datenreihen Verwendung findet.

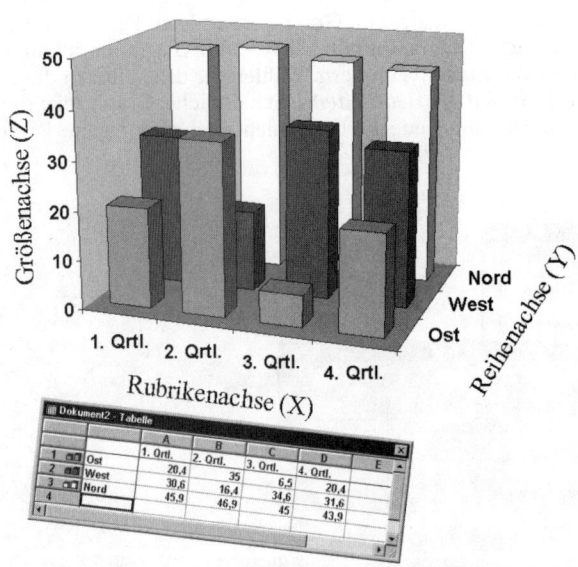

Abbildung 52.55:
Die Achsen eines 3D-Diagramms

Auch diese Achsen lassen sich formatieren. Der *Achsen formatieren*-Befehl aus dem Kontextmenü einer markierten Achse oder der Doppelklick auf die Achse bzw. ihre Beschriftung zeigt dazu den folgenden Dialog (Abbildung 52.56).

Im *Muster*-Register legen Sie die Art der Achsenlinie fest. Außerdem geben Sie an, ob und wie die Striche (»Ticks«) auf der Achse zur Markierung der Werte eingezeichnet werden sollen. Hier können Sie angeben, ob die Striche nach *Außen*, nach *Innen* oder nach *Innen und Außen* auf der Achse eingezeichnet werden. Selbstverständlich lassen

Abbildung 52.56:
Achsen formatieren

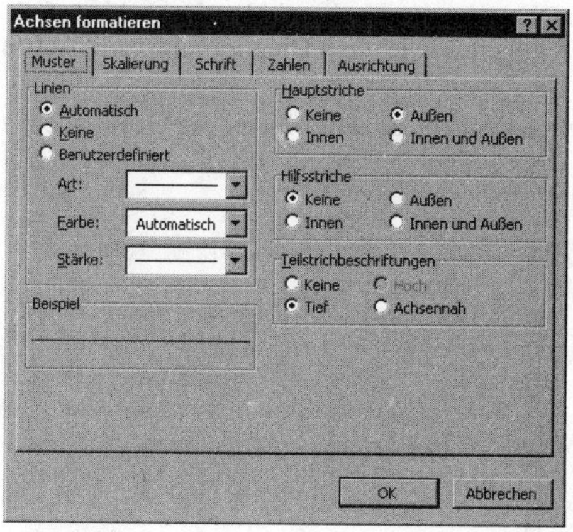

sich die Striche auch ausschalten (*Keine*). Graph unterscheidet zwischen *Haupt-* und *Hilfsstrichen*. Die Hauptstriche markieren stets einen tatsächlich vorhandenen Wert, die Teilstriche dienen der Unterteilung des Intervalls zwischen zwei Hauptstrichen.

Rubriken- und Reihenachse werden mit den Daten aus der Legendenzeile und -spalte aus dem Datenblatt beschriftet. Einfluss auf die Position der Beschriftung haben die Optionsschaltflächen aus der *Teilstrichbeschriftungen*-Optionsgruppe. Hier legen Sie fest, ob die Beschriftung oberhalb (*Hoch*), unterhalb (*Tief*) oder auf der Achse erfolgen (*Achsennah*) soll. Die folgende Abbildung zeigt die Auswirkungen dieser drei Optionen auf die Achsenbeschriftung:

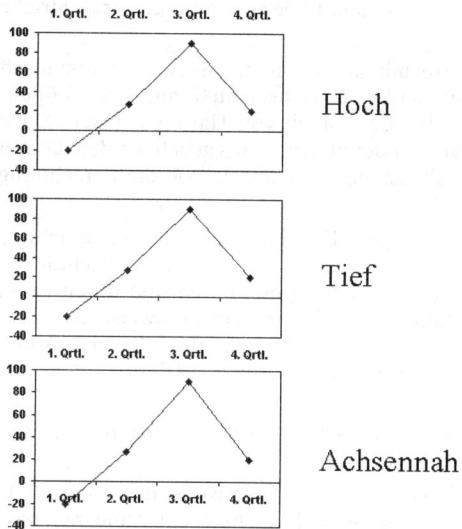

Abbildung 52.57:
Die Teilstrich-beschriftungen Hoch, Tief *und* Achsennah

HINWEIS Die Teilstrichbeschriftungen *Tief* und *Achsennah* unterscheiden sich nur, wenn das Diagramm auch negative Werte enthält und die Rubrikenachse die Größenachse bei 0 schneidet.

Graph – Daten zu Diagrammen

Das *Muster*-Register ist für alle Achsen im Diagramm weitgehend identisch – bis auf die Optionen in der Gruppe *Teilstrichbeschriftungen*, die je nach Diagrammtyp und Achse nicht alle verfügbar sind.

Deutlich vielfältiger geht es beim *Skalierung*-Register zu. Hier bietet die Größenachse die meisten Optionen:

Skalierung

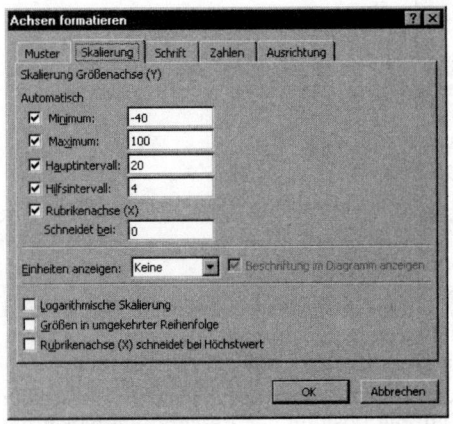

Abbildung 52.58:
Skalierung-Register der Größenachse

Die Formatierung der Größenachse erfolgt per Voreinstellung automatisch. Graph bestimmt dazu das *Minimum* und *Maximum* der anzuzeigenden Werte und berechnet aufgrund dieser beiden Werte auch automatisch die Intervalle zwischen den *Haupt-* und *Hilfsstrichen* – und zwar so, dass einerseits genügend Striche vorhanden sind, um wirklich hilfreich zu sein, andererseits das Diagramm aber auch nicht durch Striche »überfüllt« wird.

Auch der Schnittpunkt der Rubrikenachse mit der Größenachse wird automatisch bestimmt. Üblicherweise erfolgt der Schnitt der beiden Achsen im 0-Punkt der Größenachse. Diese fünf Eckparameter lassen sich jedoch auch von Hand einstellen. Dazu muss in das jeweilige Eingabefeld der zu verwendende Wert eingegeben werden. Graph deaktiviert daraufhin das jeweilige Kontrollkästchen, das anzeigt, ob die Berechnung des jeweiligen Wertes automatisch erfolgt.

Neu ist das Kombinationsfeld *Einheiten anzeigen*. Es erlaubt die Veranschaulichung großer Zahlen in der Größenachse. Anstelle von Zahlen mit einer unübersichtlichen Anzahl folgender Nullen werden die Nullen einfach abgeschnitten und durch einen Erläuterungstext ersetzt. Anstelle der Zahl 6000000 wird beispielsweise die Zahl »6 Millionen« ausgegeben. Wie das im Einzelnen aussieht, zeigt die folgende Abbildung, die dieselben Werte in *Hundertern, Tausendern, Millionen, Milliarden* und *Billionen* ausgibt (siehe Abbildung 52.59).

NEU: EINHEITEN ANZEIGEN

Wird das Kontrollkästchen *Beschriftung im Diagramm anzeigen* deaktiviert, zeigt Graph den jeweiligen Einheitentext nicht an.

Die letzte Option, die nur noch bei Größenachsen anzutreffen ist, ist das Kontrollfeld *Logarithmische Skalierung*. Hier werden die Werte nicht mehr in einer linearen, sondern in einer logarithmischen Skala (Logarithmus zur Basis 10) angezeigt. Das ist vor allem dann sehr nützlich, wenn die anzuzeigenden Werte exponentiell steigen. Die folgende Abbildung zeigt beispielsweise die Vermehrung eines Grundbetrags von 1000 DM durch fortlaufenden Zinseszins bei einem Zinssatz von 10%. Selbst bei die-

Abbildung 52.59:
Einheiten
anzeigen *räumt*
mit überflüssigen
Nullen auf.

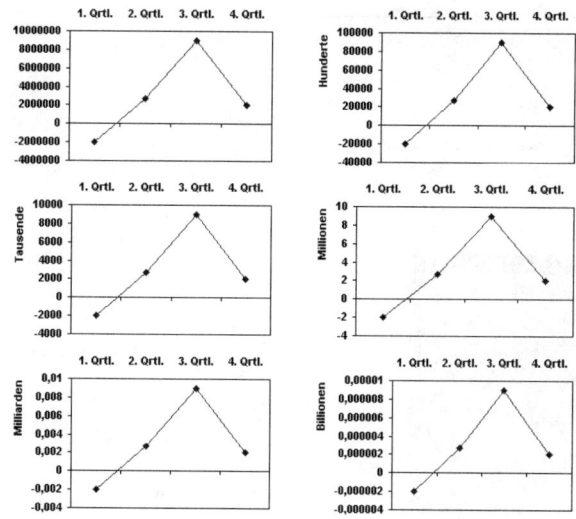

sem überaus günstigen Zinssatz dauert es 74 Jahre, bis das Vermögen auf den Betrag von 1 Million angewachsen ist. Der Löwenanteil wird dabei erst in den letzten 20 Jahren erwirtschaftet:

Abbildung 52.60:
Dieselben Werte,
sowohl linear
als auch
logarithmisch

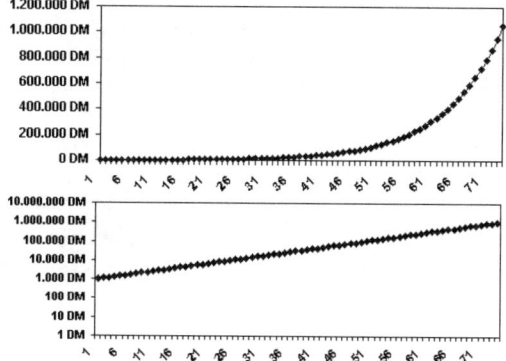

Weil das für viele Anleger viel zu frustrierend ist und um den vorzeitigen Ausstieg aus dem »Sparer-Modell« zu verhindern, können Sie die Zuwachskurve in einem logarithmischen Diagramm anzeigen. Dann hat die Kurve einen scheinbar geraden Verlauf – dafür steigen die Einheiten der Größenachse sprunghaft (genauer: exponentiell) an.

Auf dem Kopf   Über das Kontrollkästchen *Größen in umgekehrter Reihenfolge* stellen Sie die Anzeige des Diagramms »auf den Kopf« (siehe Abbildung 52.61).

Die Option *Rubrikenachse schneidet bei Höchstwert* wird aktiviert, um den Schnittpunkt zwischen Rubriken- und Größenachse beim höchsten Wert der Größenachse zu schneiden und nicht im Ursprung, wie das sonst der Fall wäre.

Für die Rubrikenachse hat das *Skalieren*-Register einen abgewandelten Aufbau, der übrigens auch für Reihenachsen gilt (siehe Abbildung 52.62).

Graph – Daten zu Diagrammen

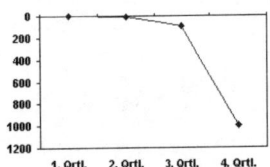 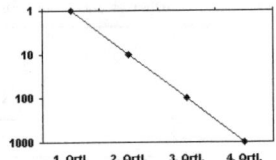

Abbildung 52.61:
Die Größenachse in umgekehrter Reihenfolge

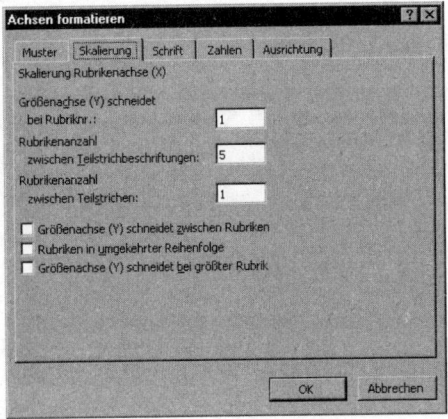

Abbildung 52.62:
Skalierung-Register für Rubriken und Reihenachsen

Im Eingabefeld *Größenachse schneidet bei Rubrikennummer* geben Sie an, beim wievielten Wert die Größenachse in das Diagramm eingezeichnet werden soll. Die folgende Abbildung zeigt die Größenachse, die etwa in der Mitte beim Wert Nummer 35 eingefügt wurde:

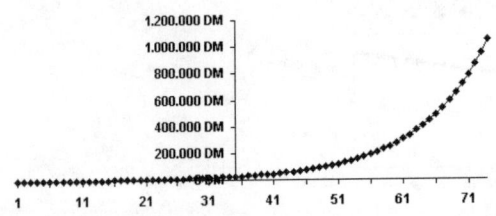

Abbildung 52.63:
Die verschobene Größenachse

Die Felder *Rubrikenanzahl zwischen Teilstrichbeschriftungen* und *Rubrikenanzahl zwischen Teilstrichen* geben an, nach wie vielen Werten Graph eine weitere Beschriftung auf die Rubrikenachse platziert (ohne Teilstrich) und in welchem Intervall Haupt-Teilstriche eingezeichnet werden. Über die Rubrikenanzahl können Sie also steuern, wie dicht die Rubriken- oder Reihenachsen beschriftet werden.

Das Kontrollkästchen *Größenachse schneidet zwischen den Rubrikenachsen* hat eine sehr interessante Funktion. Es legt fest, ob die Datenpunkte exakt auf den Teilstrichen der Rubrikenachse oder zwischen jeweils zwei Teilstrichen der Rubrikenachse oder **zwischen** zwei Teilstrichen ausgerichtet werden. Am Beispiel des Säulendiagramms lässt sich die Auswirkung dieser Option sehr schön betrachten:

Abbildung 52.64:
Im unteren Diagramm ist die Option Größenachse schneidet zwischen den Rubrikenachsen *aktiviert* (Größenachse schneidet Rubrikenachse = 5).

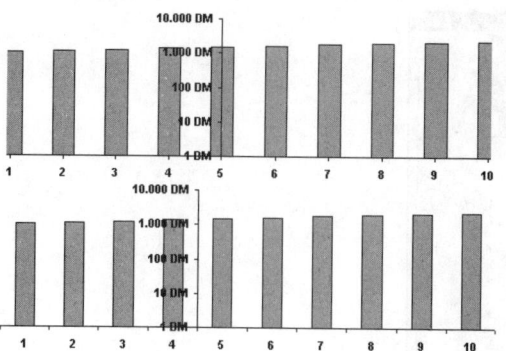

Beschriftung der Achsen

In der Standardeinstellung passt Graph die Beschriftung der Achsen an die aktuelle Größe des Diagramms an. Auch Schriftart und Farbe sind fest vorgegeben. Im *Achsen formatieren*-Dialog lässt sich die Schriftart jedoch innerhalb des *Schrift*-Registers auf herkömmliche »Windows-Art« einstellen:

Abbildung 52.65:
Schriftart der Achsen einstellen

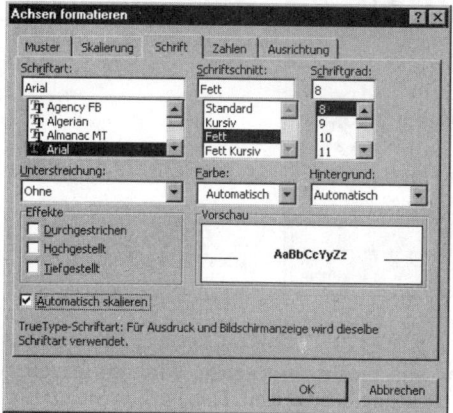

Das Kontrollkästchen *Automatisch skalieren* steuert dabei, ob die Schriftgröße bei einer Größenänderung des Diagramms automatisch angepasst wird. Ist es deaktiviert, behält die Achsenbeschriftung ihre Größe – unabhängig von den Dimensionen des Graph-Objekts.

Besteht die Achsenbeschriftung aus Zahlen, so lässt sich das Format dieser Zahlen im *Zahlen*-Register einstellen. Damit Sie die Achsen nicht separat formatieren müssen, lässt sich über das Kontrollkästchen *Mit Quelldaten verknüpft* einstellen, dass die Beschriftung der Achse dieselben Formate wie die jeweiligen Zellen aus dem Datenblatt übernimmt. Wird das Kontrollkästchen *Mit Quelldaten verknüpft* deaktiviert, lassen sich die Achsenbeschriftungen unabhängig vom Format der Zellen im Datenblatt anzeigen (siehe Abbildung 52.66).

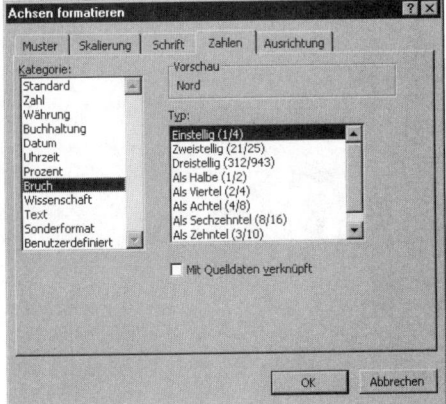

Abbildung 52.66:
Formatierung der Zahlen auf der Achsenbeschriftung

Mit der Ausrichtung der Achsenbeschriftung beschäftigt sich das *Ausrichtung*-Register.

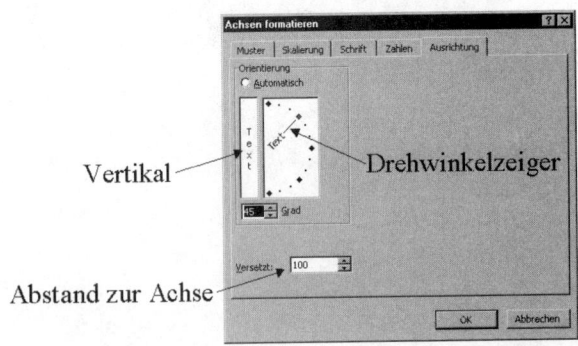

Abbildung 52.67:
Ausrichtung des Textes

Üblicherweise wird die Achsenbeschriftung waagerecht ausgegeben. Wird der Text allerdings schräg gestellt, lassen sich mehr Beschriftungen anzeigen. Dazu geben Sie im Eingabefeld *Grad* entweder den einzustellenden Winkel von Hand ein oder wählen den Winkel durch Verschieben des Drehwinkelzeigers. Soll der Text vertikal verlaufen, also in waagerechten Buchstaben, die von oben nach unten angezeigt werden, so müssen Sie das mit *Text* beschriftete Feld durch Anklicken markieren. Und zu guter Letzt bestimmt das Eingabefeld *Versetzt* den Abstand der Achsenbeschriftung von der Achse (siehe Abbildung 52.68).

TIPP Falls sich die Achsenbeschriftungen wie in der folgenden Abbildung überschneiden, müssen Sie den Wert im Eingabefeld *Anzahl der Rubriken zwischen den Teilstrichen* im *Skalierung*-Register erhöhen (siehe Abbildung 52.69).

Abbildung 52.68:
Ausrichtung der Achsenbeschriftung um 0°, 45°, 89° und vertikal

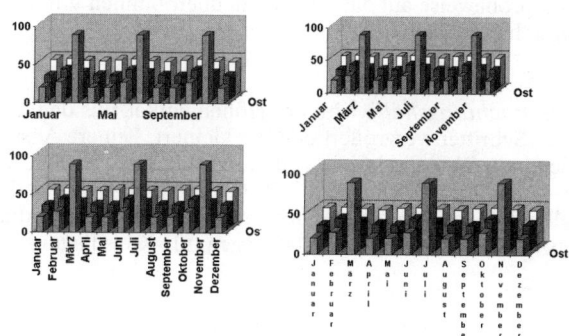

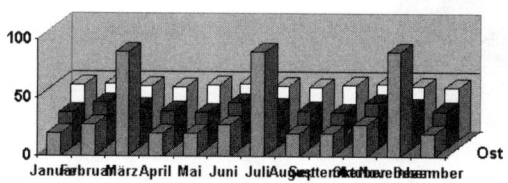

Abbildung 52.69: Überschneidende Achsenbeschriftung

Die 3D-Ansicht

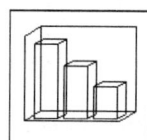

Die Drahtmodell-Vorschau

Für 3D-Diagramme lassen sich Blickwinkel, Perspektive und Beobachterhöhe individuell einstellen. Rufen Sie dazu den Befehl *3D-Ansicht* aus dem Menü *Diagramm* auf. Der Dialog *3D-Ansicht* kann auch über das Kontextmenü des Diagramms aufgerufen werden. Klicken Sie dazu mit der rechten Maustaste auf das Diagramm und wählen Sie den Befehl *3D-Ansicht*.

Abbildung 52.70: Der Dialog 3D-Ansicht

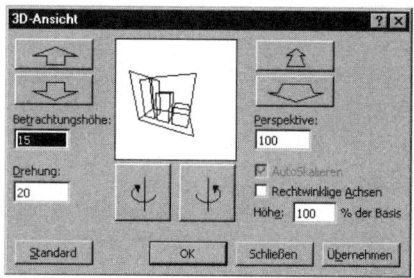

Dieser Dialog bietet Ihnen eine Drahtmodell-Vorschau des Diagramms. An ihr erkennen Sie, wie sich die jeweiligen Einstellungen auf das Diagramm auswirken.

HINWEIS Der *3D-Ansicht*-Dialog besitzt zwei spezielle Schaltflächen mit den Beschriftungen *Standard* und *Übernehmen*. Ein Klick auf die *Standard*-Schaltfläche stellt die Standardeinstellungen wieder her. Ein Klick auf die *Übernehmen*-Schaltfläche führt dazu, dass die aktuellen Einstellungen probeweise auf das Diagramm übernommen und dort ohne Verlassen des Dialogs betrachtet werden können.

Betrachtungshöhe ändern
Mit den Schaltflächen für die *Betrachtungshöhe* wird der Höhenwinkel, aus dem Sie auf das Diagramm blicken, in 5°-Schritten vergrößert oder verkleinert. Feinere Abstufungen erhalten Sie, indem Sie einen Wert direkt in das dafür zuständige Eingabefeld eingeben. Für 3D-Diagramme – außer für 3D-Kreis- und 3D-Balkendiagramme – ist die *Betrachtungshöhe* auf Winkel zwischen 90° und -90° beschränkt. Für 3D-Balkendiagramme darf die *Betrachtungshöhe* zwischen 0° und 44° liegen, für Kreisdiagramme zwischen 10° und 80°.

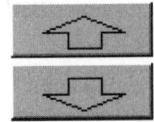
Betrachtungshöhe

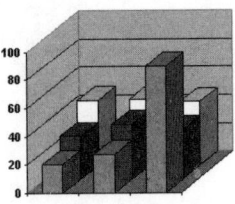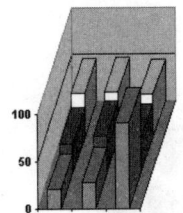

Abbildung 52.71:
Die Betrachtungshöhe des Säulendiagramms beträgt 20° und 90°.

Diagramm drehen
Mit den Symbolen zum *Drehen* der Zeichnungsfläche wird die Zeichnungsfläche in 10°-Schritten um ihre Z-Achse gedreht. Für feinere Anstufungen geben Sie einen Wert in das Eingabefeld *Drehung:* ein. Die Drehung kann einen Vollkreis von bis zu 360° betragen. Bei Balkendiagrammen gibt es allerdings eine Einschränkung: Sie lassen sich nur um bis zu 44° drehen.

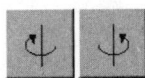
Zeichnungsfläche drehen

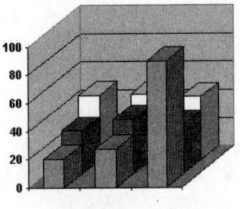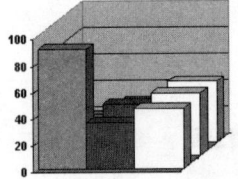
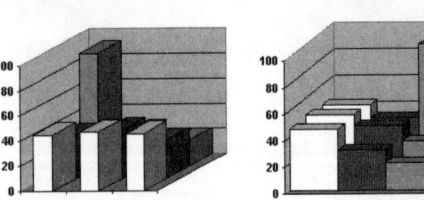

Abbildung 52.72:
Die Drehung des Säulendiagramms beträgt 20°, 110°, 200°, 290° (von links oben nach rechts unten)

Standardmäßig sind die Kontrollkästchen *AutoSkalieren* und *Rechtwinklige Achsen* aktiviert. Das Kontrollkästchen *AutoSkalieren* führt dazu, dass das Diagramm entsprechend seiner derzeitigen Drehung die maximale Höhe einnimmt. Wird das Kontrollkästchen *AutoSkalieren* dagegen deaktiviert, können Sie die Höhe des Diagramms im Verhältnis zu seiner Grundfläche angeben.

HINWEIS Das Kontrollkästchen *AutoSkalieren* ist nur dann verfügbar, wenn das Kontrollkästchen *Rechtwinklige Achsen* aktiviert ist.

Das Aktivieren des Kontrollkästchens *Rechtwinklige Achsen* bewirkt, dass die Achsen stets in rechten Winkeln angeordnet werden, unabhängig von Betrachtungshöhe und Drehung. Das Diagramm wird in diesem Fall in der so genannten Parallel-Projektion – ohne perspektivische Verzerrung, also ohne Fluchtpunkt – angezeigt.

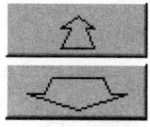

Wenn die Anzeige rechtwinkliger Achsen deaktiviert ist, zeigt der Dialog aber zwei Schaltflächen zum Ändern der *Perspektive*. Mit den Schaltflächen wird die Perspektive bzw. die Tiefe des Fluchtpunktes in Fünfer-Schritten erhöht oder verringert. Je höher der Wert, desto weiter entfernt der Fluchtpunkt, desto verzerrter die Darstellung:

Perspektive ändern

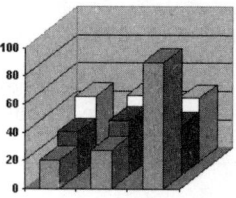
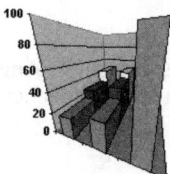

Abbildung 52.73:
Psychedelische, perspektivische Verzerrungen

Den Blickwinkel interaktiv ändern

In 3D-Diagrammen lässt sich der Blickwinkel auf das Diagramm auch interaktiv mit der Maus ändern, ohne dass Sie dazu erst umständlich den Dialog *3D-Ansicht* aufrufen müssen. Markieren Sie dazu die Diagrammwand. Die Wand sollte anschließend markiert sein und Ziehpunkte aufweisen. Durch Ziehen einer dieser Ecken lässt sich das Diagramm im Raum drehen:

Abbildung 52.74:
Die Wand muss einmal angeklickt werden, damit die Ecken Ziehpunkte aufweisen. Anschließend lassen sich die Ecken verschieben und ändern dabei den Drehwinkel.

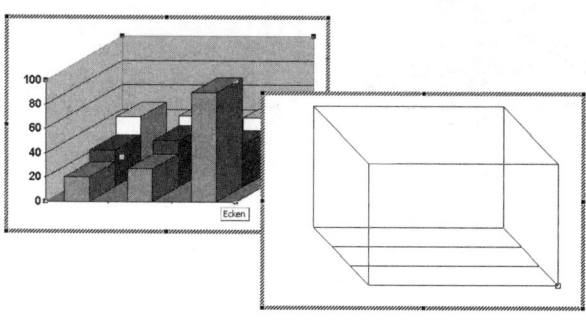

Graph – Daten zu Diagrammen

XY-Diagramme

Bei allen Diagrammen werden die anzuzeigenden Werte linear auf eine von Graph vorgegebene Achse eingezeichnet. Bei der Verwendung von X/Y-Diagrammen geben Sie dagegen für jeden Datenpunkt sowohl eine X- als auch eine Y-Koordinate an.

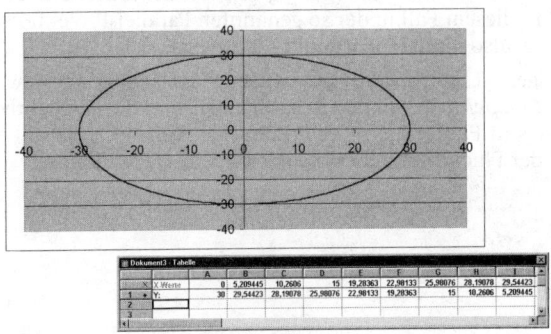

Abbildung 52.75:
X/Y-Diagramm

Als Besonderheit wird die Legendenzeile/-spalte zur Angabe der X-Koordinate eines jeden Datenpunktes herangezogen. In den herkömmlichen Spalten werden die Y-Koordinaten hinterlegt.

Trendlinien

Diagramme werden oft zur Veranschaulichung der Ergebnisse eines Experiments herangezogen. Messergebnisse sind allerdings selten exakt. Daher berechnet man vielfach eine so genannte Ausgleichsgerade bzw. -kurve, die dann in das Diagramm eingezeichnet wird und dadurch die Abweichung der Messergebnisse vom Optimum veranschaulicht:

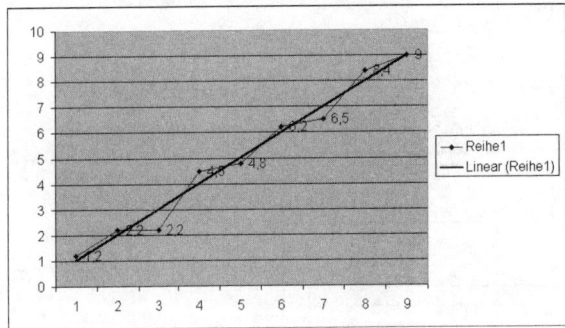

Abbildung 52.76:
Ausgleichsgerade

Ausgleichskurven – unter Graph *Trendlinien* genannt – werden über den Befehl *Diagramm/Trendlinie hinzufügen* für die aktuelle markierte Datenreihe in das Diagramm eingefügt. Graph zeigt dazu einen Dialog, in dem Sie zum einen den Typ der Trendlinie, zum anderen zusätzliche Optionen auswählen (siehe Abbildung 52.77).

Graph stellt sechs verschiedene Typen für die Trendlinie zur Verfügung. Wählen Sie hier denjenigen Typ aus, der dem erwarteten Ergebnis am nächsten kommt.

Abbildung 52.77:
Trendlinie hinzufügen

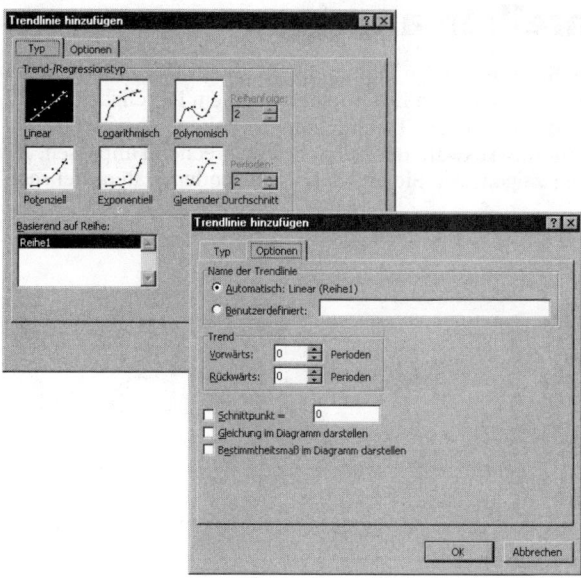

Im *Optionen*-Register können Sie einen benutzerdefinierten Namen für die Trendlinie angeben, der auf Wunsch in der Legende erscheint. Außerdem können Sie die Trendlinie hier durch Angabe von Werten in den Eingabefeldern *Vorwärts* und *Rückwärts* über die gegebenen Werte fortschreiben, um beispielsweise zukünftige oder vergangene Entwicklungen zu betrachten.

Im Eingabefeld *Schnittpunkt*, das übrigens nicht für alle Trendlinientypen verfügbar ist, geben Sie an, an welchem Punkt die Trendlinie die Größenachse schneiden soll. Herkömmlicherweise ergibt sich dieser Schnittpunkt von selbst, je nach Messung kann es aber sinnvoll sein, diesen Wert von Hand zu ändern.

Über die Kontrollkästchen *Gleichung in Diagramm darstellen* und *Bestimmtheitsmaß für Diagramm darstellen* wird ein Textfeld in das Diagramm eingefügt, das die Gleichung der Trendlinie sowie den Bestimmtheitskoeffizienten anzeigt. Je mehr sich dieser Koeffizient (z.B. R^2) dem Wert 1 nähert, desto genauer gibt die Gleichung den Verlauf der Messwerte wieder.

Abbildung 52.78:
Gleichung der Trendlinie (Y=...) und ihr Bestimmtheitsmaß (R^2)

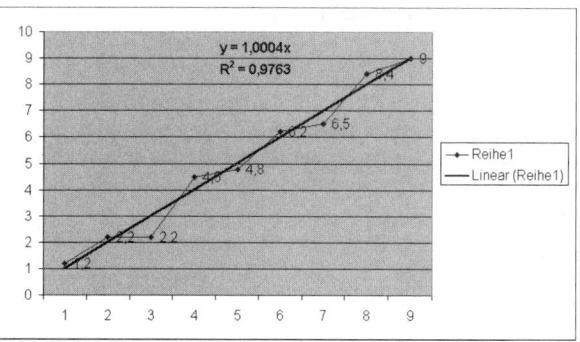

Mehrere Datenreihen anzeigen

Bisher haben wir gezeigt, wie Sie eine einzige Datenreihe in einem Diagramm darstellen. Sie können aber durchaus auch mehrere Datenreihen in einem Durchgang visualisieren. Wenn die Zellen, die die Daten der Datenreihen enthalten, unmittelbar beieinander liegen, müssen Sie nur die Auswahl der Bereiche entsprechend anpassen. Die folgenden beiden Abbildungen zeigen, wie Sie aus den vorliegenden Daten drei separate Datenreihen erstellen:

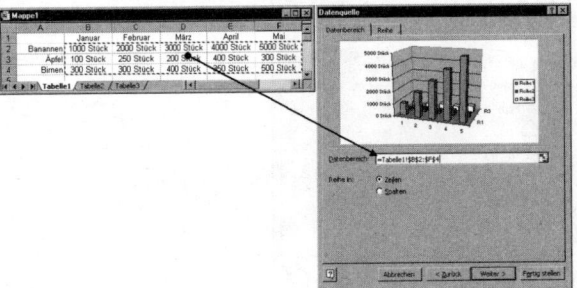

*Abbildung 52.79:
Drei Datenreihen in einem Diagramm*

Um die drei Datenreihen zu benennen, müssen Sie ins *Reihe*-Register wechseln und dort nacheinander die drei Reihen im Listenfeld *Datenreihe* markieren. Wählen Sie anschließend für jede Reihe das Datenfeld aus, das den Namen der Reihe enthält. Sie erkennen übrigens am Eingabefeld *Werte*, welcher Bereich die jeweilige Datenreihe ausmacht.

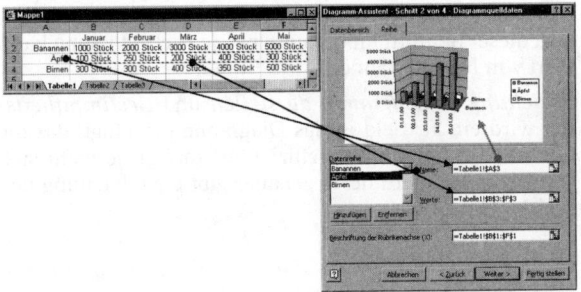

*Abbildung 52.80:
Definition und Bearbeitung einer einzelnen Datenreihe*

Bei Bedarf lassen sich dem Diagramm durch Klick auf die *Hinzufügen*-Schaltfläche weitere Datenreihen hinzufügen. Weil Sie Wertebereich und Namen separat für jede Reihe definieren können, dürfen die Daten für das Diagramm über das gesamte Datenblatt verstreut sein.

Verbunddiagramme

In einem Diagramm lassen sich nicht nur mehrere Diagramme anzeigen. Sie können sogar unterschiedliche Diagrammtypen in einem Diagramm verwenden. Das Diagramm nennt sich dann Verbunddiagramm und sieht beispielsweise so aus:

Abbildung 52.81:
Verbunddiagramm, bestehend aus Ring-, Säulen- und Kurvendiagramm

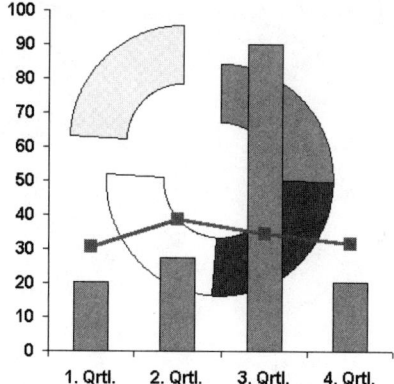

Um ein Verbunddiagramm zu erstellen, müssen Sie die Datenreihen nacheinander in einem anderen Diagrammtyp darstellen. Markieren Sie dazu die jeweilige Datenreihe und ändern Sie ihren Typ über die Symbolleiste oder den Befehl *Diagrammtyp* aus dem *Diagramm*-Menü.

Graph – Daten zu Diagrammen

53 Small Business Tools

1235	Der Business Planner
1239	Der Kundenmanager
1239	Datenimport
1242	So erstellen Sie einen Werbebrief an Ihre besten Kunden
1243	Ansichten und Aktionen
1244	Der Kundenmanager und Outlook

Existenzgründung und Kundenmanagement – das sind die Aufgaben der Small Business Tools des Office 2000-Pakets. Der *Business Planner* hilft Existenzgründern dabei, die Bereiche *Finanzen, Steuer und Recht* und Management einer neuen Firma auf eine solide Grundlage zu stellen, indem der *Business Planner* zum einen zahlreiche Informationen liefert, zum anderen bei der Erstellung eines Geschäftsplans behilflich ist, der einer Bank zur Gewährung eines Darlehens vorgelegt werden kann. Der *Kundenmanager* der Small Business Tools stellt ein Werkzeug dar, mit dem sich die Buchhaltungsdaten der beiden gängigen PC-Buchhaltungsprogramme (PC Kaufmann von Sage/KHK und Financial Office von Lexware) in einer gewohnten Benutzeroberfläche analysieren lassen. So wird es auch für Anwender ohne Kenntnisse im Umgang mit der Buchhaltungs-Software möglich, die besten Kunden sowie Ladenhüter herauszufinden, um beispielsweise ein gezieltes Werbe-Mailing zu veranstalten.

Der Business Planner

Anders als die restlichen Office-Anwendungen sind die Small Business Tools nicht im *Programme*-Ordner des *Start*-Menüs angesiedelt, sondern befinden sich im *Microsoft Small Business Tools*-Ordner. Dort finden Sie den Business Planner, der nach dem Start das folgende Bild zeigt (siehe Abbildung 53.1).

Der Business Planner ist eine an eine Web-Site erinnernde Anwendung, in der Sie durch Klick auf verschiedene klicksensitive Bereiche navigieren. Leider müssen Sie an vielen Stellen raten, welche Abbildung oder Textstelle Sie weiterbringt, denn anders als bei der Darstellung im Internet-Explorer zeigt hier keine Unterstreichung des Textes an, dass sich hinter dem Text weitere Informationen verbergen.

Abbildung 53.1:
Der Business Planner

Der Begrüßungsbildschirm des Business Planners erlaubt den Wechsel zu fünf verschiedenen Themenbereichen innerhalb des Business Planners. Hinter den drei Symbolen *Finanzen*, *Steuern und Recht* sowie *Management* verbergen sich im Wesentlichen Buchauszüge, die Informationen zum jeweiligen Thema bieten. Neben den reinen Texten befinden sich hier mitunter auch Verweise auf Excel- oder Word-Vorlagen. Die folgende Abbildung zeigt beispielsweise, wie sich in die Beschreibung der Liquidität eine Excel-Vorlage einpasst.

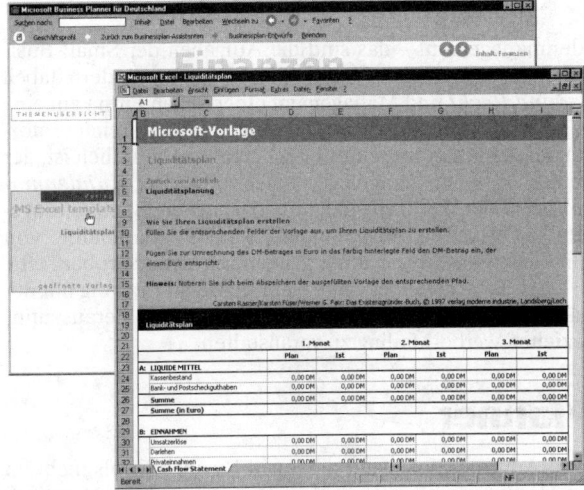

Abbildung 53.2:
Excel-Vorlage zur Erstellung eines Liquiditätsplans

Doch die Informationstexte mit den eingestreuten Vorlagen sind nur ein kleiner Teil des Business-Planners. Viel wichtiger ist der Businessplan-Assistent. Er hilft bei der Erstellung eines Businessplans, der bei einer Bank als Grundvoraussetzung für den Erhalt eines Darlehens vorgelegt werden muss.

Sie starten den Businessplan-Assistenten, indem Sie auf der Begrüßungsseite auf den Text *Businessplan* klicken oder aus dem *Wechseln zu*-Menü den Befehl *Businessplan-Assistent* aufrufen.

Abbildung 53.3:
Der Businessplan-Assistent

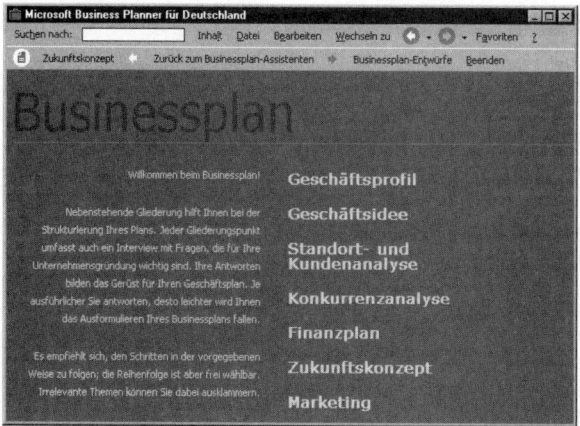

Zu den sieben Gliederungspunkten *Geschäftsprofil, Geschäftsidee, Standort- und Kundenanalyse, Konkurrenzanalyse, Finanzplan, Zukunftskonzept* und *Marketing* wird durch Klick auf den jeweiligen Gliederungspunkt eine aus mehreren Schritten bestehende Erläuterung angezeigt, an deren Ende sich ein »Interview« zum jeweiligen Bereich anschließt.

Navigationsschaltflächen

Um in den Erläuterungstexten zu navigieren, stellt die Kopfzeile des Business-Planners die beiden am Rand dargestellten Navigationsschaltflächen bereit, mit denen Sie von Seite zu Seite wechseln. Am Ende eines jeden Bereichs steht ein Interview – eine Seite, in der Sie die Informationen für Ihren Businessplan eintragen:

Abbildung 53.4:
Das Interview am Ende eines jeden Bereichs

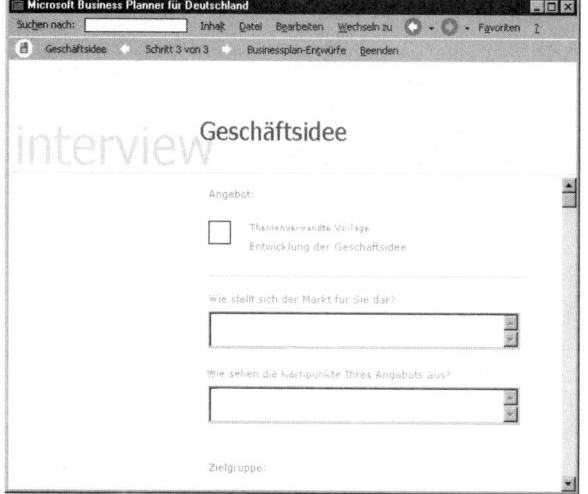

Auf jeder Interview-Seite befinden sich aber nicht nur Eingabefelder, in denen Sie Ihren eigenen Businessplan eingeben, sondern zusätzlich Word- und Excel-Vorlagen, die auf Klick geöffnet werden und zur Eingabe weiterführender Informationen aufrufen:

Checkliste: Geschäftsidee	
Fragestellung	Ihre Bemerkungen
• Wem nützt das, was ich anbiete?	
• Gibt es genügend Leute, die für mein Produkte bzw. meine Dienstleistung mehr Geld ausgeben wollen, als mich das Produkt bzw. die Dienstleistung kostet?	
• Gibt es das Produkt oder die Dienstleistung bereits?	
• Welchen Bekanntheitsgrad hat mein Produkt bzw. die Dienstleistung?	
• Kann ich besser, billiger, schneller sein als andere Anbieter?	
• Kann ich mich den Kundenwünschen gut/besser anpassen?	
• Kann ich mein Produkt bzw. meine Dienstleistung flexibel den Marktgegebenheiten anpassen?	
• Welche Entwicklungsmöglichkeiten gibt es für mein Produkt bzw. meine Dienstleistung?	
• Wie lange lässt sich mein Produkt bzw. meine Dienstleistung verkaufen?	
• Welche Risiken sind mit meinem Vorhaben verbunden?	

Abbildung 53.5:
Word-Vorlage zur Entwicklung einer Geschäftsidee

Nachdem Sie das »Interview« zu einem Bereich gegeben haben, navigieren Sie über den Befehl *Businessplan-Entwürfe/Businessplan-Assistent (Übersicht)* zur Übersicht aus Abbildung 53.3, von wo Sie den nächsten Bereich in Angriff nehmen können. Nachdem Sie alle sieben Interviews ausgefüllt haben, führt die Auswahl des Befehls *Businessplan-Entwürfe/Eigener Businessplane-Entwurf* dazu, dass all Ihre Interviews zu einem einzigen Businessplan zusammengefasst werden. Der Business-Planner startet dazu Word 2000, das selbstständig die von Ihnen in den Interviews eingegebenen Antworten zu einem Dokument zusammenführt:

·1.·GESCHÄFTSPROFIL¶

¨1.1.·ALLGEMEINES¶
¶
Worin·besteht·Ihre·Geschäftstätigkeit?·¶
Einrichtung·eines·Reisebüros¶
¶
Welchen·Markt·visieren·Sie·an?·¶
In·München·den·Stadtteil·Laim¶
¶
Welche·Zielgruppe·visieren·Sie·an?¶
Bewohner·des·Viertels;··Geschäftskunden¶
¶
Wer·sind·die·Unternehmensgründer?¶
Anton·Waldleitner,·Frank·Brusemann¶

¨1.2.·RECHTSFORM¶
¶
Welche·Rechtsform·haben·Sie·gewählt?¶
GmbH¶
¶
Warum·haben·Sie·sich·für·diese·Rechtsform·entschieden?¶

Abbildung 53.6:
Ein Ausschnitt aus dem eigenen Businessplan

Der Businessplanner basiert auf einer Access-Datenbank, in der alle Antworten des Interviews gespeichert werden. Diese Datenbank wird bei Erstellung des eigenen Businessplans von Word abgefragt. Um eine neue Datenbank zur Erstellung eines neuen Businessplans anzulegen, stellt das *Datei*-Menü des Business-Planners die Befehle *Neue Assistentendatenbank*, *Assistentendatenbank öffnen* und *Assistentendatenbank speichern unter* bereit.

HINWEIS

Der Kundenmanager

Die Kundenbetreuung ist einer der Aspekte des Geschäftslebens. Eine Grundregel des Marketings besagt, dass ein zufriedener Kunde durch »Mund-zu-Mund-Propaganda« einen weiteren Kunden anwirbt, ein unzufriedener Kunde vergrault dagegen zwischen drei und zehn potentielle Kunden.

Leider sind die Informationen über die Kunden einer Firma tief in der Buchhaltungs-Software verborgen, so dass niemand außer den Mitarbeitern der Buchhaltungsabteilung an diese Daten herankommt. Selbst wenn der Firmeninhaber in Personalunion auch gleichzeitig die »Buchhaltungsabteilung« bildet, bedeutet das nicht, dass die verwendete »FiBu« alle Kundendaten einfach preisgibt.

An diesem Punkt setzt der Kundenmanager der Small Business Tools an. Seine Aufgabe besteht darin, die in der Buchhaltungs-Software verborgenen Kundendaten zu sammeln und so aufzubereiten, dass geschäftskritische Entscheidungen erleichtert werden. Auch die in Outlook verfügbaren Kontakte werden als Kundeninformationen in den Kundenmanager übernommen. So hilft der Kundenmanager dabei, die umsatzstärksten Kunden und Produkte zu ermitteln, so dass Sie Ihre Werbemaßnahmen beispielsweise auf die »schwächeren Kunden« konzentrieren können. Oder Sie bieten Ihre umsatzschwächsten Produkte Ihren umsatzstärksten Kunden an usw. Mit Hilfe spezieller Vorlagen und der Serienbrieffunktion lassen sich so auf einfache Art und Weise Werbeflyer mit Word oder Publisher erstellen, Serienfaxe an Kunden versenden und vieles mehr.

Datenimport

Um die richtigen Entscheidungen zu treffen, müssen Sie zuerst die verfügbaren Daten aus Ihrem Buchführungsprogramm in den Kundenmanager importieren. Beim ersten Start des Kundenmanagers müssen Sie daher eine neue Kundendatenbank mit dem Datenbankerstellungs-Assistenten anlegen:

Abbildung 53.7: Öffnen/Erstellen der Kundendatenbank

Im Folgenden führt Sie der Datenbankerstellungs-Assistent durch die Erstellung einer neuen *Kunden*-Datenbank (siehe Abbildung 53.8).

Weil Kundendaten sensible Informationen sind, müssen Sie im Folgenden den Benutzernamen und das Kennwort für den Zugriff auf die neue Datenbank angeben (siehe Abbildung 53.9).

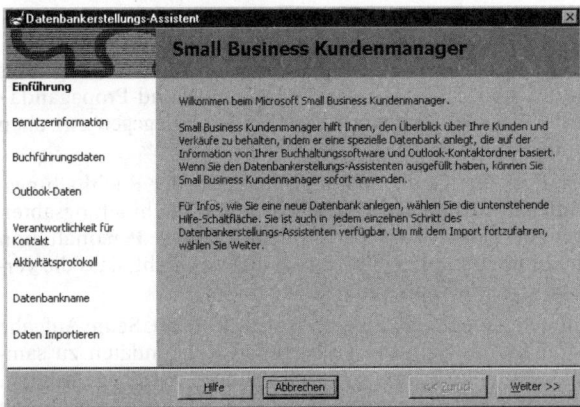

Abbildung 53.8:
Der Datenbankerstellungs-Assistent

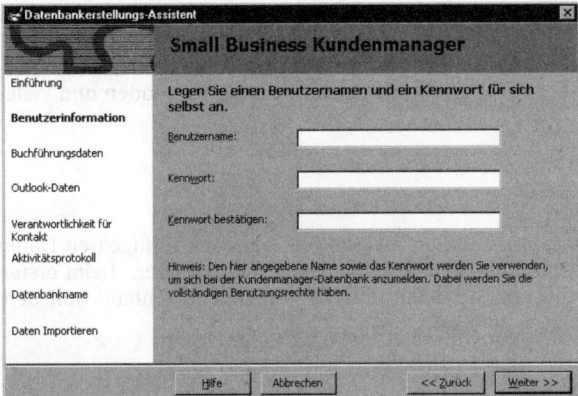

Abbildung 53.9:
Benutzerinformationen festlegen

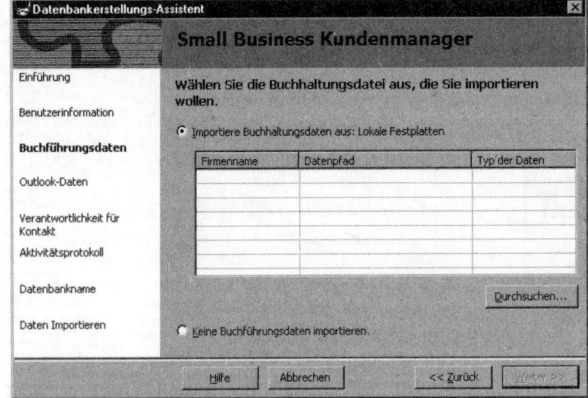

Abbildung 53.10:
Buchhaltungsdatei importieren

Anschließend wählen Sie die zu importierenden Buchhaltungsdateien aus. Der Kundenmanager durchsucht dazu die lokalen Festplatten nach Dateien der Programme PC Kaufmann von Sage/KHL und Financial Office von Lexware.

In den nächsten beiden Schritten geben Sie an, ob und welche Kontakte aus Outlook 2000 importiert werden sollen. Und anschließend legen Sie fest, ob der Kundenmanager alle auftretenden Ereignisse wie den Versand eines Werbebriefs als Aktivität in der neuen Kundendatenbank aufzeichnen soll. Zusätzlich lassen sich auch die von Outlook-Kontakten aufgezeichneten Aktivitäten in die Kundendatenbank übertragen.

Abbildung 53.11:
Aufzeichnung der Kundenmanager-Ereignisse

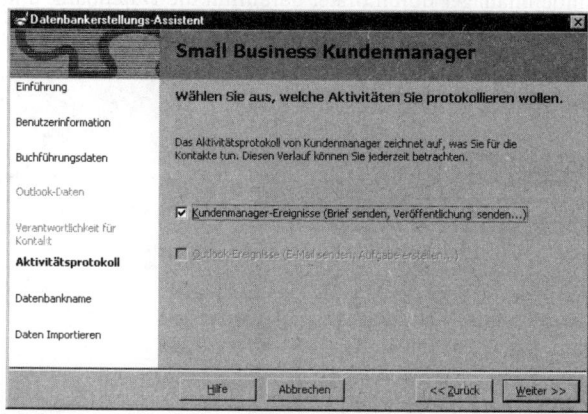

Zum Schluss wählen Sie den Namen der Datenbankdatei, in der die Kundenmanager-Informationen gespeichert werden sollen:

Abbildung 53.12:
Wo soll die Datenbank gespeichert werden?

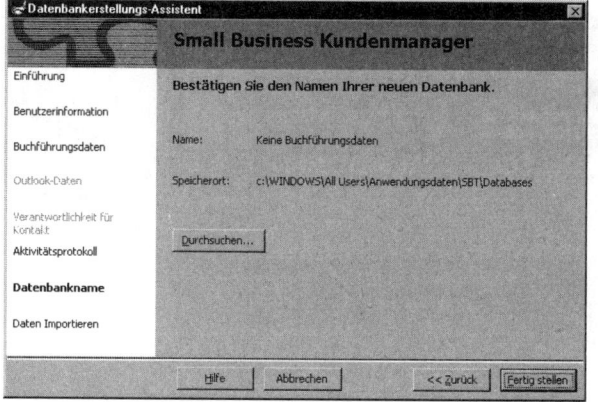

HINWEIS Um mit dem Kundenmanager vertraut zu werden, benötigen Sie nicht zwangsläufig eines der oben erwähnten Buchaltungsprogramme. Für erste Gehversuche können Sie zunächst auch auf die mitgelieferte *Nordwind*-Datenbank zurückgreifen, mit der sich alle wichtigen Operationen durchspielen lassen.

Small Business Tools

So erstellen Sie einen Werbebrief an Ihre besten Kunden

Die beiden zentralen Operationen des Kundenmanagers bestehen in der geeigneten Auswahl einer Ansicht und der anschließenden Durchführung einer so genannten Aktion. Am Versand eines Werbebriefs an Ihre zehn besten Kunden soll dieser Vorgang demonstriert werden.

1. Starten Sie den Kundenmanager und wählen Sie den Befehl *Ansicht/Ausführen/Top Kunden*. Der Kundenmanager durchforstet daraufhin die Datenbank und stellt die besten Kunden in einer Liste dar:

Abbildung 53.13:
Die Top-Kunden

2. Um die Anzeige auf die zehn besten Kunden einzuschränken, müssen Sie im Kombinationsfeld *Auswahl einschränken* den Wert *Top 10* auswählen:

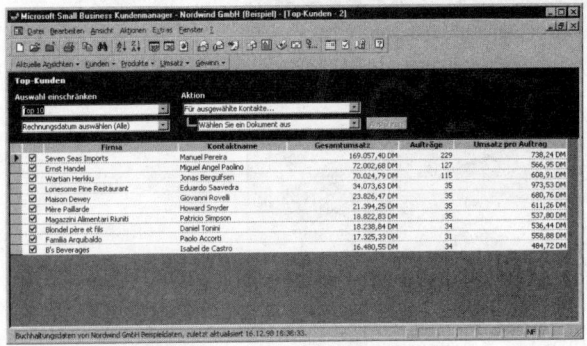

Abbildung 53.14:
Die Top 10-*Kunden*

3. Um für die angezeigten (=ausgewählten) Kunden bzw. Kontakte einen Werbebrief zu erstellen, wählen Sie im zweiten Kombinationsfeld unterhalb des Bezeichners *Aktion* den Wert *Neues Dokument – Promotions* aus und betätigen die *Ausführen*-Schaltfläche. Der Kundenmanager zeigt anschließend den folgenden Dialog an, in dem Sie beispielsweise die Publisher-Vorlage für das an alle Kunden zu versendende Dokument auswählen:

Abbildung 53.15:
Welches Dokument erstellen?

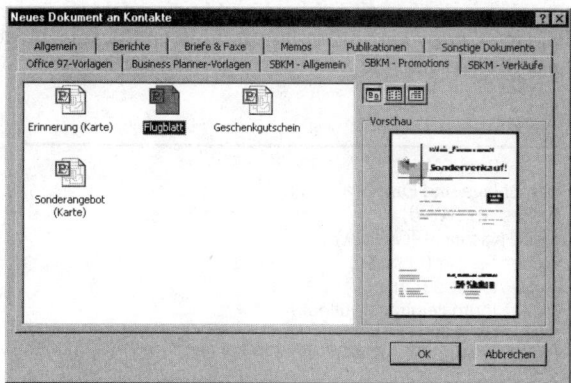

Der Kundenmanager erstellt daraufhin eine Seriendruckdatei mit den Adressen der ausgewählten Kunden und startet die zur ausgewählten Vorlage gehörende Anwendung, um Ihnen die Bearbeitung des Dokuments zu gestatten.

Ansichten und Aktionen

Der Kundenmanager bietet verschiedene Ansichten für die Kategorien *Kunden*, *Produkte*, *Umsatz* und *Gewinn*. Darüber hinaus kennt der Kundenmanager noch die so genannten *Aktuellen Ansichten*. Eine Übersicht über alle verfügbaren Ansichten zeigt die folgende Tabelle:

Tabelle 53.1:
Die verschiedenen Ansichten

Kategorie	Ansicht
Aktuelle Ansicht	Top Kunden
	Top Verkäufer/innen
	Top Produkte
	Alle Kunden
	Alle Kontakte
Kunden	Nach Umsatz
	Nach Auftragsvolumen
	Nach letztem Auftragsdatum
	Nach bestelltem Produkt
Produkte	Nach Umsatz
	Nach Anzahl
	Nach letztem Auftragsdatum
Umsatz	Nach Kunden
	Nach Produkt
	Nach Region
	Nach Verkäufer/in
	Nach Zeitraum
Gewinn	Nach Kunden
	Nach Produkt
	Nach Verkäufer/in

Die aktuelle Ansicht wählen Sie entweder über das *Ansicht*-Menü oder die *Ansicht*-Symbolleiste aus und der Kundenmanager stellt die ausgewählten Daten in einer übersichtlichen Liste dar.

Auf die angezeigten Datensätze, die sich über die beiden Kombinationsfelder unterhalb der Bezeichnung *Auswahl einschränken* verringern lassen, können Sie verschiedene Aktionen anwenden. Welche Aktionen das sind, zeigt die folgende Tabelle:

Betroffene Datensätze	Aktion
Aktueller Kontakt	Neuer Brief (Word)
	Umschläge und Etiketten (Word)
	Neues Fax (Word)
	Neue Nachricht (Outlook)
	Neuer Termin (Outlook)
	Neue Aufgabe (Outlook)
	Neuer Journaleintrag (Outlook)
Ausgewählte Kontakte	Neues Dokument (Seriendruck von Vorlage)
	Dokument öffnen (von Ihnen erstelltes Seriendokument)
Ergebnisse senden an	E-Mail-Empfänger
	E-Mail-Empfänger als Anhang
	Exchange-Ordner
	Fax-Empfänger
	An Word
	An Excel
	An Webbrowser

Tabelle 53.2: Die verschiedenen Aktionen

Entweder bezieht sich die jeweilige Aktion nur auf den aktuellen Kontakt, es wird ein Seriendokument für alle ausgewählten Kontakte erstellt oder Sie senden die dargestellte Liste an einen E-Mail-Empfänger oder an ein anderes Programm (z.B. Excel), um dort eine Umsatzstatistik o.Ä. zu erstellen.

Der Kundenmanager und Outlook

Der Kundenmanager integriert sich auf Wunsch in Outlook 2000. Das bedeutet, dass die Kundendaten bei der Anzeige eines Kontaktes innerhalb des Outlook-Kontaktformulars verfügbar sind. Das Kontaktformular wird dazu um das Register *Finanzielle Informationen* erweitert, in dem die Buchaltungsinfomationen des Kontaktes angezeigt werden:

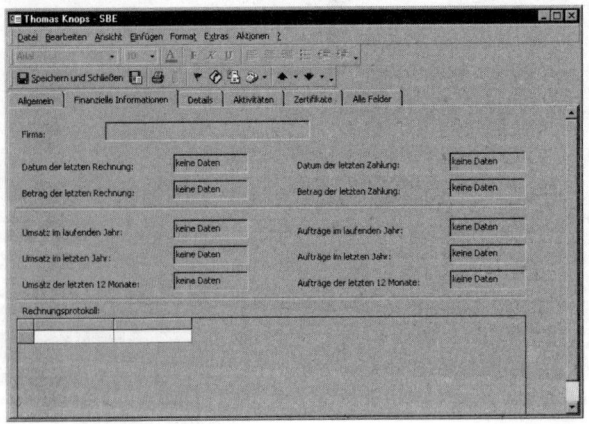

Abbildung 53.16: Integration des Kundenmanagers in Outlook

Teil I
VBA-Programmierung

1247 Einführung in die Makroprogrammierung
1267 Die VBA-Entwicklungsumgebung
1303 VBA-Programmiergrundlagen
1333 Beispiele für VBA-Programme

In diesem Teil finden Sie Informationen zur VBA-Programmierung unter Microsoft Office 2000:

- Sie erhalten eine Einführung in die Thematik und lernen, wie Sie Makros aufzeichnen, ausführen, anpassen und an Schaltflächen oder Menüs anbinden.
- Ein weiteres Kapitel führt Sie in den VBA-Editor ein. Dies ist die Entwicklungsumgebung für VBA-Programme, in der Sie sowohl Programme erstellen als auch Formulare entwerfen oder den Programmcode testen können.
- Haben Sie noch Schwierigkeiten mit den Sprachelementen von Visual Basic for Application (VBA)? Keine Bange, ein eigenes Kapitel bietet Ihnen eine Einführung in die wichtigsten Sprachkonstrukte und auch Erklärungen, was Objekte, Methoden, Eigenschaften oder Ereignisse sind.
- Das letzte Kapitel dieses Teils zeigt Ihnen an konkreten Beispielen, wie Sie VBA beispielsweise in Word oder Excel nutzen können. Neben einer Einführung in die Objektmodelle der jeweiligen Programme finden Sie einen Beispielcode, der Ihnen die Anwendung verdeutlicht.

Mit diesem Wissen sollten Sie die ersten Schritte in der VBA-Programmierung ausführen und Makros bzw. VBA-Module erstellen können. Weitergehende Informationen zu spezielleren Fragestellungen finden Sie dann in der VBA-Hilfe sowie in den von Microsoft Press angebotenen Titeln zur VBA-Programmierung.

54 Einführung in die Makroprogrammierung

1247	Grundlagen und Begriffe
1249	Makros aufzeichnen
1261	Makros verwalten

In diesem Kapitel finden Sie eine kurze Einführung in den Umgang mit Makros. Sie lernen, wie Sie VBA-Makros in Microsoft Office 2000 aufzeichnen und einer Tastenkombination zuweisen. Außerdem wird kurz gezeigt, wie sich Makros ausführen und bearbeiten lassen.

Grundlagen und Begriffe

Früher oder später werden Sie bei Ihrer Arbeit mit den Office-Anwendungen sicher mit dem Begriff des »Makros« konfrontiert. Gemeint sind automatisierte Befehlsfolgen, die Ihnen eine Menge Arbeit bei regelmäßig wiederkehrenden Aufgaben abnehmen können. In Office 2000 werden solche Makros in der Programmiersprache »Visual Basic for Applications« angelegt und in der zugehörigen Visual Basic-Entwicklungsumgebung bearbeitet. Dort taucht der Begriff vom »Makro« allerdings gar nicht auf. Stattdessen spricht man dort von VBA-Modulen und VBA-Prozeduren. Sofern Sie sich mit der Materie noch nicht allzu intensiv befasst haben, dürfte dieser Wechsel der Begriffe eher verwirren. Auf den folgenden Seiten finden Sie deshalb eine Einführung in das Thema.

Was sind Makros?

Makros sind Programme, die bestimmte in den Office-Programmen verfügbare Befehle (z.B. markiere Text, formatiere Text, öffne Dateidialog etc.) enthalten. Sobald Sie ein solches Makro aufrufen, führt die betreffende Office 2000-Anwendung die im Makro gespeicherten Befehle aus. Die Befehle wirken dabei genau so, als ob sie vom Anwender manuell eingegeben bzw. ausgeführt werden. Die Office 2000-Programme bieten Ihnen hierbei die Möglichkeit, Makros mit einem Makrorecorder interaktiv aufzuzeichnen, d.h., Sie führen die benötigten Anweisungen einmalig aus. Lassen Sie später das Makro ablaufen, wiederholt das betreffende Office 2000-Programm die gespeicherten Anweisungen.

Microsoft Office 2000 setzt die aufgezeichneten Befehle der Makros in VBA-Anweisungen um. VBA steht als Abkürzung für »Visual Basic for Applications« und stellt die interne Programmiersprache für Microsoft Office 2000 dar. Als Neuerung gegenüber früheren Office-Versionen unterstützt Microsoft Office 2000 nun auch VBA 6.0 (anstelle von WordBasic bei Office 95 oder VBA 5.0 bei Office 97) als Programmiersprache.

Durch Makros lassen sich viele Aufgaben in Microsoft Office 2000 automatisieren. Sie können ein solches Makro auf eine Schaltfläche legen und anschließend per Mausklick ausführen. In Excel ist das genauso möglich wie in Word. Alternativ lassen sich Makros in Menüs einbinden und später durch Anwahl dieses Menüeintrags aufrufen. Sofern Sie das Makro entsprechend benennen, lassen sich sogar die Office 2000-Programmbefehle verändern. Darüber hinaus besteht die Möglichkeit, dem Makro eine Tastenkombination zuzuordnen. Anschließend brauchen Sie nur diese Tastenkombination zu drücken, um das Makro auszuführen.

HINWEIS
Die in den Office-Programmen eingebaute Funktionalität erlaubt Ihnen sogar, die Funktionen aus externen Programmen aufzurufen. So können Sie beispielsweise aus Microsoft Word auf Microsoft Excel-Funktionen oder VBA-Programme zugreifen. Die mit Windows 98 mitgelieferte Funktion des »Windows Scripting Host« gestattet Ihnen darüber hinaus den direkten Zugriff auf das Dateisystem auf Betriebssystemebene. Dies führt aber über den Ansatz dieses Buches hinaus. Detailliertere Informationen zu diesem Thema finden Sie in dem von Microsoft Press publizierten Titel »Inside Windows Scripting Host«.

Makro und VBA-Module – Gibt es Unterschiede?

Beim Arbeiten mit Makros bzw. beim Umgang mit diesem Buch werden Sie früher oder später auf den Begriff der VBA-Module stoßen. Gerade bei Einsteigern sorgt dieser Begriff für zusätzliche Verwirrung. Der Sachverhalt lässt sich in folgenden zwei Punkten skizzieren:

- Der Begriff »Makro« stammt noch aus den früheren Versionen der Office-Programme (Excel 4.0, Word 2.0 etc.), in denen bestimmte Programmbefehle als Makros aufgezeichnet wurden. Zur Ausführung dieser Makros wiederholte diese Anwendung einfach die im Makro enthaltenen Befehle.

- Ab Microsoft Office 97 wurde die Programmierumgebung der einzelnen Programme vereinheitlicht. Als Programmierumgebung steht seitdem VBA zur Verfügung. Während dies in Office 97 noch VBA 5.0 als Programmiersprache war, unterstützt Microsoft Office 2000 jetzt VBA 6.0. Alle VBA-Programme werden dabei in so genannten Modulen hinterlegt. Zeichnet der Anwender ein Makro auf, muss Microsoft Office 2000 die Befehle auf VBA-Anweisungen abbilden, die ihrerseits in Modulen hinterlegt werden.

Im ersten Schritt können Sie daher Makros und VBA-Module als synonym betrachten. Ein Makro wird in einem VBA-Modul gespeichert, und wenn Sie ein VBA-Modul in der Entwicklungsumgebung öffnen, kann dieses Makros enthalten. Nur Access tanzt hier aus der Reihe, weil neben den VBA-Modulen tatsächlich noch eine separate Makroebene mit sehr simplen Befehlen existiert. Mehr darüber ► im Access-Teil.

HINWEIS
Falls Ihnen diese Erläuterungen zu vage sind, hier noch einige zusätzliche Informationen: Solange Sie mit der Oberfläche der Office 2000-Programme arbeiten, wird in den Menüs und Dialogfeldern der Begriff »Makro« auftreten. Im Visual Basic-Editor werden Sie den Begriff »Makro« jedoch vergeblich suchen. Microsoft Office 2000 bildet den Makrocode auf VBA-Prozeduren ab, die in VBA-Modulen gespeichert werden. Auf diese Feinheiten wird in den folgenden Kapiteln eingegangen.

Makros aufzeichnen

Um eine Aufgabe zu automatisieren, können Sie ein VBA-Programm erstellen, d.h. den Programmcode Zeile für Zeile von Hand eingeben. Häufig ist es jedoch einfacher, das Makro aufzuzeichnen und dabei Word, Excel oder PowerPoint die entsprechenden Programmzeilen mit den Befehlen erstellen zu lassen, die Ihren Anweisungen und Befehlsaufrufen während der Makroaufzeichnung entsprechen. Hinterher können Sie den so aufgezeichneten Programmcode immer noch bearbeiten, ergänzen oder umbauen. Sie müssen dadurch nicht alle Befehle und Objektnamen auswendig lernen, die man zur Steuerung der unterschiedlichen Befehle kennen muss, denn die Funktionalität der Office-Anwendungen ist groß und mit ihr die Anzahl der Befehle und Objekte, auf die diese Funktionalität abgebildet wird.

Die Microsoft Office 2000-Programme bieten Ihnen deshalb komfortable Möglichkeiten, um Makros aufzuzeichnen und bei Bedarf zu bearbeiten. Die einzelnen Schritte zum Aufzeichnen werden nachfolgend kurz vorgestellt.

Wie wird ein Makro aufgezeichnet?

Microsoft Office 2000 bietet Ihnen mit dem Makrorecorder eine sehr komfortable Funktion zum Aufzeichnen eines Makros. Je nach benutztem Office-Programm rufen Sie den Makrorecorder direkt aus dem Programm über das Menü *Extras* auf. Beachten Sie aber, dass es kleine Unterschiede zwischen den Dialogen der Makroaufzeichnung in den einzelnen Office-Programmen gibt. Nachfolgend wird daher die Aufzeichnung in Word vorgestellt. Anschließend finden Sie kurze Hinweise was in Microsoft Excel und Microsoft PowerPoint anders ist (die restlichen Office-Programme bleiben hier ausgespart, die Abläufe sind aber ähnlich).

WICHTIG Bevor Sie mit der Makroaufzeichnung beginnen, sollten Sie sich einen Plan der auszuführenden Schritte zurechtlegen. Alle Schritte, die nicht zum Makro gehören, sind vor dem Aufruf des Makrorecorders auszuführen. So gehört das Markieren des Textbereichs im folgenden Beispiel nicht zum Makro, da dort nur markierte Texte kursiv formatiert werden sollen. Zeichnen Sie das Markieren mit im Makro auf, lässt sich dieses nicht mehr auf andere Textbereiche anwenden! (Zumindest nicht so, sondern erst, wenn Sie das Makro von Hand dahingehend umbauen.)

Weiterhin hilft ein Ablaufplan bei der Ausführung der aufzuzeichnenden Schritte. Jeder Schritt, den Sie während der Aufzeichnung unnötig ausführen, bläht den VBA-Code auf. Mit einer geeigneten Planung gelangen Sie daher schneller zum Ergebnis und vermindern in der Regel auch die Größe des Makros. Zwar zeichnet der Makrorecorder in den Office 2000-Programmen leere Schritte im Makro nicht auf (es kann Ihnen daher passieren, dass das Makro nach dem Ausführen einiger Schritte, die Sie z.B. über die Schaltfläche *Abbrechen* beendet haben, leer ist), unnötige Abläufe kann der Makrorecorder aber nicht erkennen und fügt die betreffenden Befehle im Makro ein. Wenn Sie einen Befehl also zweimal ausführen, wird dieser auch zweimal im VBA-Code auftreten.

Ein Makro in Microsoft Word aufzeichnen

Als Beispiel soll eine Funktion zum kursiven Formatieren eines markierten Textbereichs in Microsoft Word aufgezeichnet werden. (Es wurde hier bewusst eine einfache Funktion gewählt, da die Abläufe bei allen Makros gleich sind.)

Einführung in die Makroprogrammierung

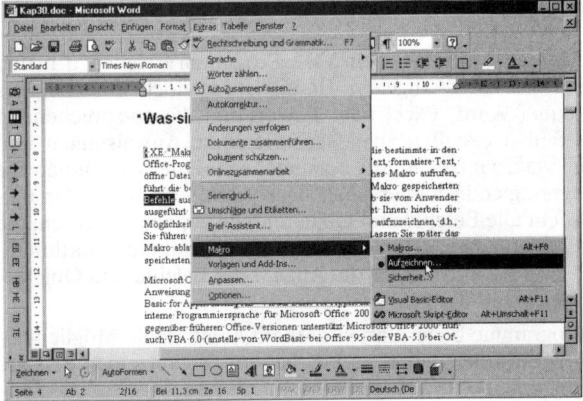

*Abbildung 54.1:
Makro-
aufzeichnung
starten*

Um das Makro aufzuzeichnen gehen Sie anschließend in folgenden Schritten vor:
1. Wählen Sie den Eintrag *Aufzeichnen* im Menü *Extras/Makro* (Abbildung 54.1).
2. Microsoft Word 2000 (bzw. das betreffende Office-Programm) fragt anschließend die Makrooptionen in einem weiteren Dialogfeld ab (Abbildung 54.3). Tippen Sie den Makronamen im Feld *Makroname* ein.
3. Wählen Sie das Dokument, in dem das Makro zu speichern ist. Bei Word lässt sich das Makro beispielsweise in der Dokumentvorlage (meist *Normal.dot*) oder in der Dokumentdatei speichern. Die Auswahl erfolgt über das Listenfeld *Makro speichern*.
4. Passen Sie den Kommentar im Feld *Beschreibung* an. Dieser Kommentar gibt Ihnen ggf. später Hinweise auf die Funktion des Makros. Word trägt hier beispielsweise nur das Datum der Makroaufzeichnung sowie den Benutzernamen ein.
5. Legen Sie über die beiden Schaltflächen der Gruppe *Makro zuordnen* noch fest, ob das Makro per Tastatur oder über eine Schaltfläche der Symbolleiste aufgerufen werden kann.
6. Nach dem Setzen der betreffenden Optionen schließen Sie das Dialogfeld über die *OK*-Schaltfläche.
7. Der Makrorecorder ist zum Aufzeichnen des Makros bereit. Sie sehen dies an der eingeblendeten *Aufzeichnen*-Symbolleiste des Recorders. Führen Sie jetzt die aufzuzeichnenden Word-Befehle (bzw. bei einem anderen Programm die Befehle dieses Programms) aus. Für das obige Beispiel ist der markierte Text über die betreffende Schaltfläche kursiv zu formatieren.
8. Sind alle Arbeiten erledigt, schließen Sie die Aufzeichnung ab, indem Sie auf die nebenstehend gezeigte Schaltfläche *Aufzeichnung beenden* klicken (siehe Abbildung 54.2).

Sie können während der Aufzeichnung die nebenstehend gezeigte Schaltfläche *Aufzeichnung anhalten* benutzen, um den Makrorecorder anzuhalten. Dies ist beispielsweise hilfreich, wenn Sie einen Befehl ausführen müssen, der nicht zum Makro gehört. Klicken Sie anschließend erneut auf die Schaltfläche, um die Aufzeichnung fortzusetzen.

Nach dem Beenden der Makroaufzeichnung liegt das Makro vor und kann bearbeitet oder ausgeführt werden. Wie dies geht, erfahren Sie in den folgenden Abschnitten.

Abbildung 54.2:
Dialogfeld Makro aufzeichnen

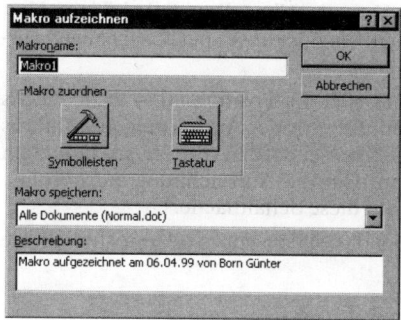

Unterschiede bei der Makroaufzeichnung in Microsoft Excel

In Microsoft Excel 2000 lassen sich die Makros mit den gleichen Schritten wie bei Microsoft Word 2000 aufzeichnen.

1. Sie wählen den Befehl *Extras/Makro/Aufzeichnen* (vergleiche Abbildung 54.1).
2. Microsoft Excel 2000 fragt anschließend die Makrooptionen in einem weiteren Dialogfeld ab (Abbildung 54.2).
3. Geben Sie die Optionen im Dialogfeld ein und schließen dieses über die *OK*-Schaltfläche.

Anschließend können Sie wie bei Word die Befehle aufzeichnen. Gegenüber Word ergeben sich im Dialogfeld *Makro aufzeichnen* aber einige kleine Änderungen (Abbildung 54.3).

Abbildung 54.3:
Dialogfeld Makro aufzeichnen *in Excel 2000*

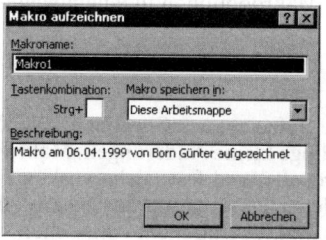

Den Makronamen und die Beschreibung legen Sie wie bei Microsoft Word fest (siehe vorhergehende Seiten). Excel benutzt keine Dokumentvorlagen, sondern Arbeitsmappen. Sie müssen daher im Listenfeld *Makro speichern in* die Zielarbeitsmappe zur Ablage des Makros wählen. Weiterhin lässt sich in diesem Dialogfeld die Tastenkombination zum Aufruf des Makros festlegen. Achten Sie dabei darauf, dass keine bereits belegten Tastenkombinationen erneut zugewiesen werden.

Sobald Sie das Dialogfeld über die *OK*-Schaltfläche schließen, ist der Makrorecorder zum Aufzeichnen des Makros bereit. Sie sehen dies an der eingeblendeten *Aufzeichnen*-Symbolleiste des Recorders. Führen Sie jetzt die aufzuzeichnenden Excel-Befehle aus.

Sind alle Arbeiten erledigt, schließen Sie die Aufzeichnung ab, indem Sie auf die nebenstehend gezeigte Schaltfläche *Aufzeichnung beenden* klicken.

Gegenüber Microsoft Word ergibt sich in Excel aber eine weitere Abweichung. Die Symbolleiste *Aufzeichnen* besitzt keine Schaltfläche *Unterbrechen*. Stattdessen sehen

Einführung in die Makroprogrammierung

Sie die nebenstehende Schaltfläche *Relativer Verweis*. Über diese Schaltfläche lässt sich festlegen, ob die Makroanweisungen mit relativen oder absoluten Zellbezügen aufzuzeichnen sind.

Mein Tipp: Besteht die Wahrscheinlichkeit, dass sich die Position eines Zellbereichs innerhalb der Tabelle ändert (z.B. wenn der Benutzer vor der Ausführung des Makros den Zellbereich markieren muss), sollten Sie relative Zellbezüge verwenden. In diesem Fall klicken Sie die betreffende Schaltfläche an. Um die Aufzeichnung auf absolute Zellbezüge zurückzusetzen, klicken Sie erneut auf diese Schaltfläche.

Nach dem Beenden der Makroaufzeichnung liegt das Makro vor und kann ähnlich wie bei Word bearbeitet oder ausgeführt werden.

Unterschiede bei der Makroaufzeichnung in Microsoft PowerPoint

In Microsoft PowerPoint 2000 lassen sich die Makros mit den gleichen Schritten wie bei Microsoft Word 2000 aufzeichnen.

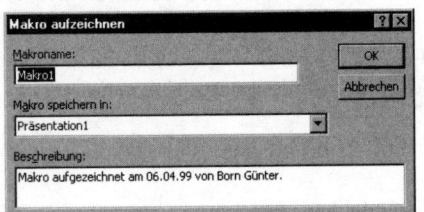

Abbildung 54.4:
Dialogfeld Makro aufzeichnen *in Microsoft PowerPoint*

1. Sie wählen den Befehl *Extras/Makro/Aufzeichnen* (vergleiche Abbildung 54.1).
2. Microsoft PowerPoint 2000 fragt anschließend die Makrooptionen in einem weiteren Dialogfeld ab (Abbildung 54.4).
3. Geben Sie die Optionen im Dialogfeld ein und schließen dieses über die *OK*-Schaltfläche.

Anschließend können Sie wie bei Word die Befehle aufzeichnen. Gegenüber Word ergeben sich im Dialogfeld *Makro aufzeichnen* aber einige kleine Änderungen. Makronamen und die Beschreibung legen Sie wie bei Microsoft Word fest (siehe vorhergehende Seiten). Weiterhin müssen Sie angeben, in welcher Präsentation das Makro zu speichern ist. Tastenkombinationen zum Aufrufen des Makros sind nicht vorgesehen.

Nach dem Schließen des Dialogfelds über die *OK*-Schaltfläche ist der Makrorecorder zum Aufzeichnen des Makros bereit. Im Gegensatz zu Word und Excel besitzt die Symbolleiste *Aufzeichnen* des Recorders nur die Schaltfläche *Aufzeichnung beenden*. Führen Sie jetzt die aufzuzeichnenden Befehle aus. Sind alle Arbeiten erledigt, schließen Sie die Aufzeichnung ab, indem Sie auf die nebenstehend gezeigte Schaltfläche *Aufzeichnung beenden* klicken. Nach dem Beenden der Makroaufzeichnung liegt das Makro vor und kann ähnlich wie bei Word bearbeitet oder ausgeführt werden.

Hinweise zum Setzen der Makrooptionen

Beim Anlegen eines neuen Makros fragen die Microsoft Office 2000-Programme verschiedene Optionen im Dialogfeld *Makro aufzeichnen* ab (siehe die vorhergehenden Abschnitte). Das betreffende Dialogfeld erscheint, sobald Sie den Befehl *Aufzeichnen* im Menü *Extras/Makro* wählen. Wie bereits auf den vorhergehenden Seiten erläutert, gibt es geringfügige Unterschiede im Aufbau dieses Dialogfelds zwischen den Office-Programmen.

Im Feld *Makroname* ist ein Name für das betreffende Makro anzugeben. Office 2000-Programme greifen auf diesen Namen zur Verwaltung und Identifizierung der Makros zurück. Sie benötigen diesen Namen beispielsweise, um das Makro später auszuführen. Weiterhin wird der Name als Prozedurname im VBA-Modul herangezogen. Office 2000-Programme schlagen automatisch Namen wie *Makro1, Makro2* etc. vor. Sie können den Namen aber nach eigenen Bedürfnissen wählen und eine Bezeichnung vorgeben, die die Aufgabe des Makros identifiziert. Bei der Vergabe des Makronamens müssen Sie lediglich einige Randbedingungen beachten:

- Der Makroname sollte mit einem Buchstaben beginnen. Wichtig ist vor allem, dass der Name eindeutig ist (d.h., er darf nicht bereits für ein Makro im aktuellen Modul benutzt worden sein). Beachten Sie bei der Namenswahl, dass VBA keine Unterscheidung zwischen Groß-/Kleinschreibung vornimmt.
- Der Name darf bis zu 255 Zeichen lang sein. Sie sollten den Namen jedoch wegen des Aufwands beim Eingeben auf eine sinnvolle Länge begrenzen. Innerhalb des Namens dürfen keine Leerzeichen, kein Punkt (.), kein Ausrufezeichen (!) und keines der Zeichen @, &, $, # auftauchen.

WICHTIG Da Microsoft Office 2000 die Makros als Prozeduren in Modulen speichert, sollten Sie auch keine Makronamen verwenden, die bereits durch Funktionen, Anweisungen und Methoden in Visual Basic belegt sind (z.B. *MsgBox*). Andernfalls wird die Funktionalität des entsprechenden Schlüsselworts in der Sprache beeinträchtigt.

Über die beiden Optionen der Gruppe *Makro zuordnen* lässt sich in Word das Makro einer Tastenkombination oder eines Menübefehls zuweisen. Sie müssen hierzu lediglich eine der Schaltflächen anwählen. (Näheres hierzu finden Sie in den ▶folgenden Abschnitten und in den ▶folgenden Kapiteln.)

Microsoft Office 2000-Programme legen den Makrocode in Modulen ab. Diese Module lassen sich im Dokument (Word-Dokument, PowerPoint-Präsentation, Excel-Arbeitsmappen) oder in Word-Dokumentvorlagen speichern. (Dies weicht von früheren Word-Versionen vor Word 97 ab, in denen Makros lediglich in den DOT-Dateien der Dokumentvorlagen abgelegt wurden.) Über das Listenfeld *Makro speichern* bzw. *Makro speichern in* des Dialogfelds *Makro aufzeichnen* definieren Sie das Speicherziel für den Code.

- Bei Microsoft Word wird standardmäßig die Dokumentvorlage *Normal.dot* zur Ablage eingestellt. Bei den anderen Office-Programmen erscheint dagegen der Name des aktuellen Dokuments.
- Sie können aber das Listenfeld öffnen und den Namen einer anderen Dokumentvorlage (nur in Word) oder den Namen einer anderen Dokumentdatei wählen.

HINWEIS Hinterlegen Sie den Makrocode in Word in *Normal.dot*, steht das Makro in allen Word-Dokumenten zur Verfügung. Möchten Sie dagegen erreichen, dass das Makro nur für das aktuelle Dokument benutzt wird, stellen Sie den Namen der Dokumentdatei im Listenfeld *Makro speichern* ein. Arbeiten Sie mit weiteren Dokumentvorlagen, lässt sich das Makro einer solchen Word-Dokumentvorlage zuweisen. Dann steht das Makro in allen Word-Dokumenten zur Verfügung, die auf dieser Dokumentvorlage basieren. Bei Microsoft Excel lässt sich der Eintrag »Persönliche Arbeitsmappe« als Ziel angeben, um das Makro global zur Verfügung zu stellen.

Im Feld *Beschreibung* sollten Sie einen Kommentar hinterlegen, der Hinweise zur Funktion des Makros gibt. Dieser Kommentar wird einmal im VBA-Code des Moduls (als Kommentar in der VBA-Prozedur) hinterlegt. Weiterhin sehen Sie diese Beschreibung, sobald Sie das Dialogfeld zum Ausführen eines Makros aufrufen.

Makro auf Tastencode legen

Zum Aktivieren eines Makros lässt sich dieses in Word und Excel auf einen Tastencode legen. In Excel können Sie den Tastencode direkt im Dialogfeld *Makro aufzeichnen* im Feld *Tastenkombination* eingeben (Abbildung 54.3). Das Programm erlaubt eine Kombination eines Buchstabens mit der [Strg]-Taste.

Bei Word ist dieser Vorgang etwas komplizierter. Das Programm bietet im Dialogfeld *Makro aufzeichnen* die Schaltfläche *Tastatur* (Abbildung 54.2). Das Programm öffnet beim Anklicken dieser Schaltfläche das Dialogfeld *Tastatur anpassen* (Abbildung 54.5). Setzen Sie in diesem Dialogfeld die benötigten Optionen für die Tastenzuordnung (Shortcut) des Makros:

- In der Liste *Befehle* sehen Sie den Makronamen, der für das aktuelle Projekt definiert ist. Der Eintrag besteht dabei aus drei Namensteilen, die durch Punkte getrennt sind. Der erste Teil benennt das Projekt (siehe auch die folgenden Kapitel). Als Projekt wird in der Regel das aktuelle Dokument interpretiert. Der zweite Teilname spezifiziert das VBA-Modul, in dem der Makrocode gespeichert wird. (Word verwendet immer den Namen *NewMakros* zur Ablage der Makros – Sie können diesen Namen im Visual Basic-Editor aber ändern.) Zum Abschluss enthält der Eintrag den eigentlichen Makronamen, den Sie im Dialogfeld *Makro aufzeichnen* vergeben haben.

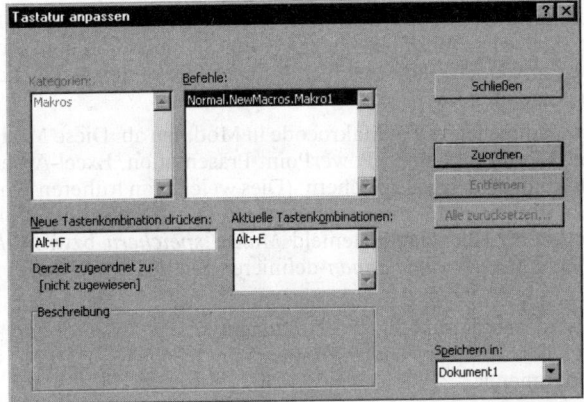

Abbildung 54.5:
Dialogfeld
Tastatur anpassen
in Word 2000

- Im Listenfeld *Speichern in* legen Sie fest, in welcher Datei die Tastenkombination hinterlegt wird. Standardmäßig schlägt Microsoft Word 2000 die Datei *Normal.dot* vor. Sie sollten aber die Datei wählen, in der auch das Makro gespeichert wird.

- Klicken Sie auf das Listenfeld *Neue Tastenkombination drücken*, lässt sich anschließend eine Tastenkombination eingeben (z.B. [Alt]-Taste zusammen mit einer anderen Taste drücken). Die betreffende Tastenkombination erscheint im Feld. Unterhalb des Eingabefelds sehen Sie eine Meldung, die angibt, ob die betreffende Tastenkombination bereits belegt ist.

Zur Übernahme der Tastenkombination klicken Sie auf die Schaltfläche *Zuordnen*. Möchten Sie einen Shortcut entfernen, klicken Sie auf den betreffenden Eintrag in der Liste *Aktuelle Tastenkombinationen*. Anschließend lässt sich die Zuweisung über die Schaltfläche *Entfernen* löschen. Sobald Sie das Dialogfeld über die Schaltfläche *Schließen* beenden, werden die letzten Änderungen übernommen.

Viele Tastencodes sind in Microsoft Word bzw. in Microsoft Excel bereits belegt. Sie sollten nur freie Tastencodes zur Makroaktivierung verwenden. Andernfalls über-

WICHTIG

schreiben Sie Tastenabkürzungen zur Aktivierung der Word- bzw. Excel-Befehle oder Formate, und die Makros werden anstelle der Befehle ausgeführt. Über die Schaltfläche *Alle Zurücksetzen* lässt sich jedoch für die aktuelle Word-Datei der vorherige Zustand zurücksetzen.

Word-Makro nachträglich einen Tastencode zuweisen

Haben Sie beim Aufzeichnen eines Makros in Word versehentlich die Definition des Tastencodes vergessen? Kein Problem, Word erlaubt Ihnen auch nachträglich die Zuweisung eines Tastencodes zum Makroaufruf.

Abbildung 54.6:
Dialogfeld
Anpassen

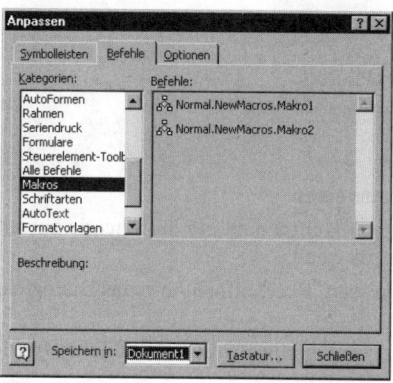

1. Wählen Sie im Menü *Extras* den Befehl *Anpassen*. Word öffnet dann das Dialogfeld *Anpassen* (Abbildung 54.6).
2. Wählen Sie die Registerkarte *Befehle*. Auf dieser Registerkarte zeigt Ihnen Word verschiedene Befehlskategorien. Die Kategorie *Makros* listet beispielsweise die bereits definierten Makronamen auf.
3. Klicken Sie auf der Registerkarte *Befehle* auf die Schaltfläche *Tastatur*. Es ist dabei übrigens egal, ob Sie eine Kategorie oder einen Befehl markiert hatten. Word öffnet jetzt das Dialogfeld *Tastatur anpassen*. Dieses Dialogfeld besitzt den bereits weiter oben beschriebenen Aufbau. Allerdings werden jetzt im Feld *Kategorien* alle Word-Befehle aufgeführt (Abbildung 54.7).
4. Wählen Sie im Feld *Kategorien* den Eintrag *Makros*.
5. Wählen Sie im Feld *Makros* den Namen des gewünschten Makros.
6. Wählen Sie im Listenfeld *Speichern in* das Dokument, in dem die Tastenkombination zu speichern ist.
7. Klicken Sie anschließend auf das Feld *Neue Tastenkombination drücken* und befolgen Sie die Anweisung.
8. Zur Übernahme der neuen Tastenkombination klicken Sie auf die Schaltfläche *Zuordnen*.

Sobald Sie das Dialogfeld über die *OK*-Schaltfläche schließen, wird die Tastenkombination zugeordnet.

HINWEIS Um eine Tastenkombination wieder zu entfernen, rufen Sie das obige Dialogfeld mit den gleichen Anweisungen auf. Markieren Sie die Tastenkombination im Feld *Aktuelle Tastenkombination*. Dann reicht ein Mausklick auf die Schaltfläche *Entfernen*.

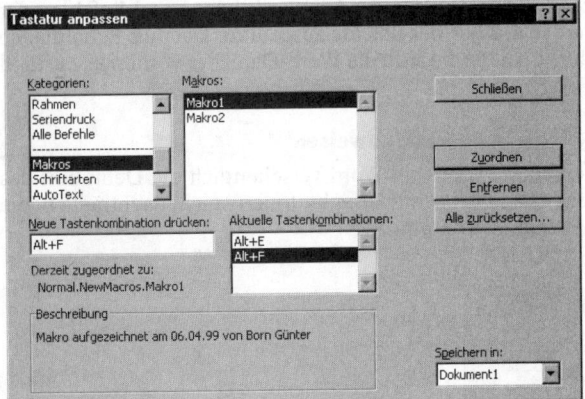

Abbildung 54.7:
Dialogfeld Tastatur anpassen *bei der nachträglichen Zuweisung einer Tastenkombination in Word*

Excel-Makro nachträglich einen Tastencode zuweisen

Auch bei Microsoft Excel lässt sich einem Makro nachträglich ein Tastencode zuweisen. Die Vorgehensweise weicht aber etwas von Word ab.

1. Wählen Sie im Menü *Extras* den Befehl *Anpassen*. Excel öffnet dann das Dialogfeld *Anpassen* (Abbildung 54.8, links oben).
2. Wählen Sie den Makronamen. Anschließend klicken Sie auf die Schaltfläche *Optionen*.
3. Im Dialogfeld *Makrooptionen* geben Sie den gewünschten Tastencode im Feld *Tastenkombination* vor.

Sobald Sie die geöffneten Dialoge schließen, wird der neue Tastencode wirksam.

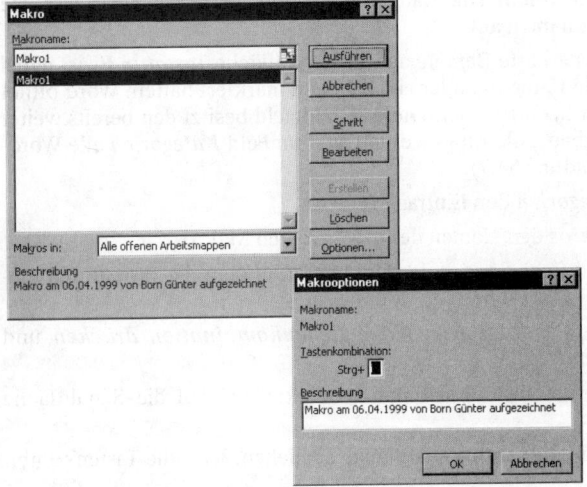

Abbildung 54.8:
Excel-Dialoge *zum Zuweisen einer Tastenkombination zu einem Makro*

Um eine Tastenkombination wieder zu entfernen, rufen Sie das obige Dialogfeld mit den gleichen Anweisungen auf. Dann löschen Sie den Eintrag im Feld *Tastenkombination*.

HINWEIS

Makro in Menüs und Symbolleisten eintragen

Zum Aktivieren eines Makros lässt sich auch eine Schaltfläche in einer Symbolleiste nutzen. Weiterhin haben Sie die Möglichkeit, ein Makro (bzw. korrekter eine VBA-Prozedur) in Menüs einzufügen. Auch hier gibt es kleinere Unterschiede bei der Vorgehensweise. Bei Word kann die Zuordnung des Makros zu einer Symbolleiste bereits bei der Aufzeichnung erfolgen. Bei den anderen Programmen wird die Zuordnung nachträglich vorgenommen.

Word-Makro einer Schaltfläche zuordnen

In Word lässt sich die Zuordnung des Makros zu einer Schaltfläche direkt beim Aufzeichnen vornehmen. Alternativ haben Sie die Möglichkeit, das Makro nachträglich an eine Schaltfläche anzubinden. Soll das Makro bereits beim Aufzeichnen auf eine Schaltfläche gelegt werden, gehen Sie folgendermaßen vor:

1. Klicken Sie vor dem Aufzeichnen im Dialogfeld *Makro aufzeichnen* auf die Schaltfläche *Symbolleisten*.
2. Microsoft Word öffnet das Dialogfeld *Anpassen*, in dem die Registerkarte *Befehle* mit dem Makronamen in der Liste *Befehle* sichtbar ist. Klicken Sie auf der Registerkarte *Befehle* auf das Makro in der Liste *Befehle*.
3. Ziehen Sie diesen Eintrag bei gedrückter linker Maustaste zur gewünschten Menü- oder Symbolleiste und setzen die gewünschten Optionen (Abbildung 54.3).

Die Schritte zum Anpassen der Optionen gleichen dabei den Schritten zum nachträglichen Zuweisen eines Makros zu einem Menübefehl oder einer Schaltfläche und werden nachfolgend beschrieben. Bis auf den Schritt zum Aufrufen des Dialogfelds ist die Vorgehensweise identisch.

Abbildung 54.9:
Anpassen eines
Menü- oder
Symbolleisten-
eintrags

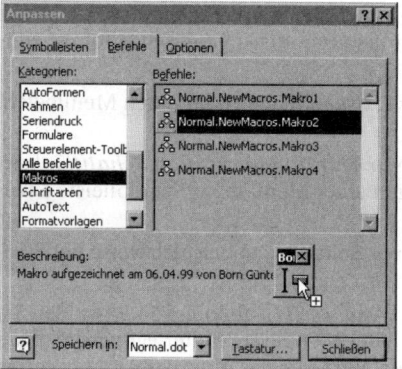

Um ein Word-Makro nachträglich einer Schaltfläche oder einer Menüleiste zuzuordnen, gehen Sie folgendermaßen vor.

1. Wählen Sie im Menü *Extras* den Befehl *Anpassen*. Microsoft Word öffnet das Dialogfeld *Anpassen*.
2. Benötigen Sie eine neue Symbolleiste für die Makroschaltflächen, wählen Sie auf der Registerkarte *Symbolleisten* die Schaltfläche *Neu*. Anschließend geben Sie im dann gezeigten Dialogfeld einen Namen für die gewünschte Symbolleiste an. Word richtet nach dem Schließen des Dialogfelds eine neue leere Symbolleiste ein.
3. Klicken Sie dann auf die Registerkarte *Befehle*. Wählen Sie in der Spalte *Kategorien* den Eintrag *Makros*.

Einführung in die Makroprogrammierung

4. Ziehen Sie anschließend den Eintrag des Makros bei gedrückter linker Maustaste zur gewünschten Menü- oder Symbolleiste (Abbildung 54.9).
5. Bei einer Menüleiste halten Sie die linke Maustaste gedrückt und warten, bis das betreffende Menü geöffnet wird. Dann ziehen Sie den Eintrag zu einem Menübefehl.
6. Zeigt der Mauszeiger auf die gewünschte Position in der Menü- oder Symbolleiste, lassen Sie die linke Maustaste los.

Microsoft Word fügt jetzt den Menübefehl oder die Schaltfläche zur Aktivierung des Makros in der betreffenden Leiste ein.

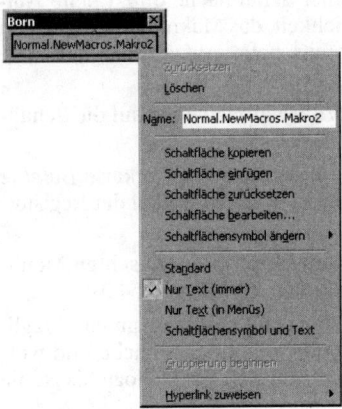

Abbildung 54.10:
Makroeintrag in Symbolleiste anpassen

Anschließend können Sie den neuen Eintrag in der Leiste mit der rechten Maustaste anklicken. Über das Kontextmenü lassen sich die Optionen (Name, Symbol etc.) für diesen Eintrag anpassen (Abbildung 54.10).

- Im Feld *Name* lässt sich der Name für eine Textschaltfläche oder einen Menübefehl hinterlegen.
- Die Befehle *Standard*, *Nur Text (immer)*, *Nur Text (in Menüs)* und *Schaltflächensymbol und Text* legen fest, wie der Eintrag in einer Menü- bzw. Symbolleiste anzuzeigen ist.

Durch Ändern dieser Optionen können Sie einer Schaltfläche beispielsweise ein Symbol oder einen Beschriftungstext zuweisen.

Über das Listenfeld *Speichern in* im Dialogfeld *Anpassen* (Abbildung 54.9) wählen Sie die Datei, in der die Verknüpfung zur Symbol- oder Menüleiste hinterlegt wird. Sobald Sie das geöffnete Dialogfeld *Anpassen* schließen, lässt sich das Makro über den Eintrag in der Leiste aufrufen.

PowerPoint-Makro einer Schaltfläche zuordnen

Die Vorgehensweise beim Zuweisen eines Makros zu einer Schaltfläche funktioniert in PowerPoint 2000 genauso wie bei Microsoft Word 2000. Führen Sie die obigen Schritte aus und ziehen den Eintrag für das Makro aus der Registerkarte *Befehle* zur Symbolleiste. Dann fügt das Programm eine Schaltfläche mit dem Text des Makronamens in der Leiste ein.

Excel-Makro einer Schaltfläche zuordnen

In Excel lässt sich die Zuordnung eines Makros zu einer Schaltfläche auf ähnliche Art wie bei Word vornehmen:

1. Wählen Sie im Menü *Extras* den Befehl **Anpassen**. Excel 2000 öffnet das Dialogfeld *Anpassen*.
2. Bei Bedarf legen Sie (wie auf den vorhergehenden Seiten bei Word beschrieben) eine neue Symbolleiste zur Aufnahme der Schaltfläche an.
3. Wählen Sie dann auf der Registerkarte *Befehle* die Kategorie *Makros*.
4. Ziehen Sie das Symbol *Schaltfläche anpassen* bei gedrückter linker Maustaste zur gewünschten Symbolleiste (Abbildung 54.11).

Sobald Sie jetzt die linke Maustaste loslassen, richtet Excel 2000 die Schaltfläche in der Symbolleiste ein. Klicken Sie mit der rechten Maustaste auf den neuen Eintrag, blendet Excel ein Kontextmenü mit den Befehlen zur Anpassung der Schaltfläche ein (Abbildung 54.12).

Abbildung 54.11: Schaltfläche in Excel-Symbolleiste einrichten

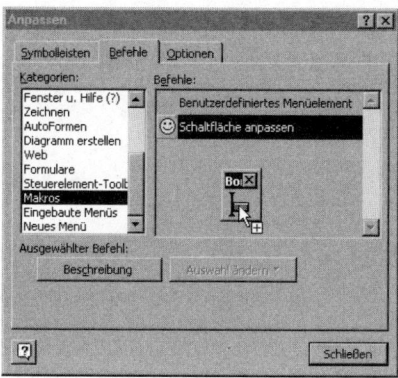

Abbildung 54.12: Kontextmenü zum Anpassen einer Schaltfläche in Excel

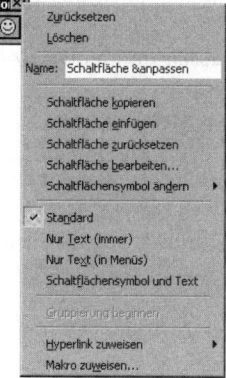

Bei Bedarf können Sie das Symbol durch ein anderes Symbol austauschen. Im Kontextmenü der Schaltfläche (Abbildung 54.12) finden Sie die betreffenden Befehle. Um jetzt das gewünschte Makro an die Schaltfläche anzubinden, sind folgende Schritte durchzuführen:

1. Öffnen Sie wie oben beschrieben mit der rechten Maustaste das Kontextmenü zur Bearbeitung dieser Schaltfläche (Abbildung 54.12).

Einführung in die Makroprogrammierung

2. Klicken Sie im Kontextmenü auf den Befehl *Makro zuweisen*. Excel öffnet anschließend das Dialogfeld *Makro zuweisen* (Abbildung 54.13). In diesem Dialogfeld werden die Makros im aktuellen Projekt aufgeführt.
3. Wählen Sie einen der Makronamen in der Liste per Mausklick an. Der Name wird in das oberste Feld übertragen.
4. Schließen Sie das Dialogfeld über die *OK*-Schaltfläche.

Nach diesen Schritten ist das Makro mit der betreffenden Schaltfläche verbunden. Schließen Sie jetzt das noch geöffnete Dialogfeld *Anpassen* durch Anklicken der *Schließen*-Schaltfläche. Wenn Sie dann die neue Schaltfläche in der benutzerdefinierten Symbolleiste anklicken, sollte Excel das betreffende Makro aufrufen.

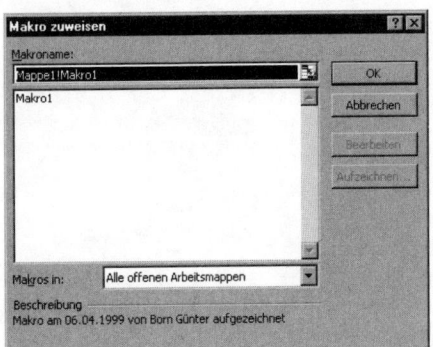

Abbildung 54.13:
Excel-Dialogfeld Makro zuweisen

Beispiel: Excel-Makro in ein Menü einbinden

Nachfolgend möchte ich noch kurz zeigen, wie Sie in Microsoft Excel 2000 ein Makro in ein Menü als Menübefehl einrichten. Die Vorgehensweise weicht auch hier etwas von Word ab.

1. Öffnen Sie das Dialogfeld *Anpassen* über den Befehl *Anpassen* im Menü *Extras*. Wählen Sie anschließend die Registerkarte *Befehle* (Abbildung 54.11).
2. Wählen Sie auf der Registerkarte *Befehle* die Kategorie *Neues Menü*.
3. Ziehen Sie anschließend das Symbol *Neues Menü* aus der Liste *Befehle* zur gewünschten Symbol-/Menüleiste (in Office 2000 wird beim Programmieren nicht mehr zwischen Menü- und Symbolleisten unterschieden).
4. Existiert bereits ein Menü, halten Sie die linke Maustaste gedrückt. Sobald Sie auf ein Menü oder einen Befehl zeigen, öffnet Excel 2000 das Menü bzw. Untermenü (vergleiche Abbildung 54.14).
5. Erst nachdem Sie die linke Maustaste loslassen, fügt Excel 2000 den Eintrag im Menü ein.

Um den Menübefehl umzubenennen, klicken Sie mit der rechten Maustaste auf den Menüeintrag. Anschließend lässt sich der Text für den Befehl im Feld *Name* des Kontextmenüs ändern.

Über den Befehl *Makro zuweisen* öffnen Sie das Dialogfeld *Makro zuweisen* (Abbildung 54.13). In diesem Dialogfeld lässt sich das Makro auswählen, das dem betreffenden Menübefehl zugeordnet wird. Die Schritte gleichen der Anbindung eines Makros an eine Schaltfläche (siehe vorhergehender Abschnitt).

Abbildung 54.14:
Neuen Menü-
eintrag in Excel
einrichten

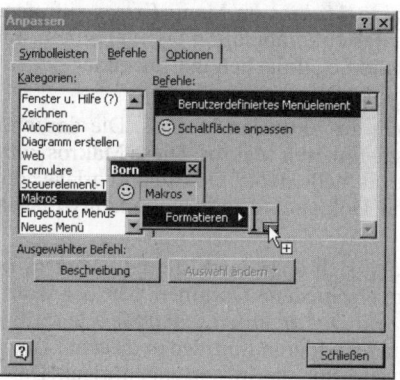

Soll ein Makro an ein bestehendes Menü angebunden werden, können Sie auch folgende Vorgehensweise wählen:

1. Öffnen Sie das Dialogfeld *Anpassen* über den Befehl *Anpassen* im Menü *Extras*. Wählen Sie anschließend die Registerkarte *Befehle* und dann auf der Registerkarte *Befehle* die Kategorie *Makros*.
2. Ziehen Sie anschließend das Symbol *Benutzerdefiniertes Menüelement* aus der Liste *Befehle* zum Menü.
3. Excel 2000 öffnet das Menü, sobald Sie beim Ziehen darauf zeigen. Öffnen Sie alle Menüstufen, bis der gewünschte Eintrag angezeigt wird.
4. Zeigen Sie mit der Maus auf das betreffende Menü und lassen dann die linke Maustaste los.

Excel 2000 fügt anschließend den Eintrag für den neuen Befehl an der betreffenden Stelle im Menü ein. Sie können hierbei nicht nur Menüs einer Symbolleiste erweitern sondern auch die Einträge der Excel-Menüzeile. Anschließend ist der Name des Menüeintrags über das Kontextmenü zu setzen und das Makro zuzuweisen (siehe vorhergehende Abschnitte).

TIPP Möchten Sie die Symbole von Schaltflächen anpassen, wählen Sie den Modus *Anpassen* (gff. über den Befehl *Anpassen* im Menü *Extras*). Klicken Sie mit der rechten Maustaste auf das Symbol der Schaltfläche. Anschließend lassen sich im Kontextmenü die Befehle *Schaltfläche bearbeiten* bzw. *Schaltflächensymbol ändern* wählen (siehe Abbildung 54.12).

HINWEIS Sie sehen also, auf der einen Seite gleicht sich die Handhabung der einzelnen Office-Programme. Aus historischen Gründen gibt es aber kleinere Unterschiede bei der Anpassung der Makros.

Makros verwalten

Microsoft Office 2000 legt die aufgezeichneten Befehle des Makros als Visual Basic-Prozedur in einem VBA-Modul ab. Sie können anschließend die Makros ausführen (z.B. durch Anwahl einer Schaltfläche, auf die die Makros gelegt wurden – siehe vorherige Seiten). Weiterhin bieten die Office-Programme Befehle, um den Makrocode anzusehen, zu bearbeiten, auszuführen oder zu löschen. Die entsprechenden Optionen stehen Ihnen im Dialogfeld *Makros* zur Verfügung (Abbildung 54.15). Auch hier gibt es kleine Unterschiede im Aufbau des Dialogfeldes zwischen den Office-Versionen.

Einführung in die Makroprogrammierung

Das Dialogfeld lässt sich über den Eintrag *Makro/Makros* im Menü *Extras* aufrufen. Alternativ können Sie das Dialogfeld über die Tastenkombination (Alt)+(F8) öffnen. Im Dialogfeld *Makros* finden Sie mehrere Felder und Schaltflächen mit folgender Bedeutung:

- Im Feld *Makroname* finden Sie den Namen des aktuellen Makros. Die darunter gezeigte Liste enthält die Namen der bereits definierten Makros. Diese Makros können sich auf das aktuelle Dokument, die aktuelle Word-Dokumentvorlage, die Excel-Arbeitmappe oder auf alle geladenen Dokumente und Dokumentvorlagen beziehen.
- Die Auswahl der anzuzeigenden Makros lässt sich über das Listenfeld *Makros in* wählen. Je nach Programm finden Sie dort verschiedene Optionen. Mit der Word-Option *Allen aktiven Dokumentvorlagen und Dokumenten* sehen Sie alle verfügbaren Makros in der Liste. Wählen Sie einen der anderen Einträge in diesem Listenfeld, zeigt Microsoft Word 2000 beispielsweise nur die in der zugehörigen Datei gespeicherten Makros an.
- Das Feld *Beschreibung* enthält den Beschreibungstext für das aktuell angewählte Makro. Diesen Text können Sie vor dem Erstellen des Makros im Dialogfeld *Makro aufzeichnen* eintragen. Haben Sie dies versäumt, können Sie den Text in Word und in PowerPoint nachträglich im Dialogfeld *Makros* anpassen. Sobald Sie das Dialogfeld schließen, wird die Änderung gespeichert.

**HINWEIS**
Bei Excel klicken Sie auf die Schaltfläche *Optionen* und geben die Beschreibung im Dialogfeld *Makrooptionen* (Abbildung 54.8) ein.

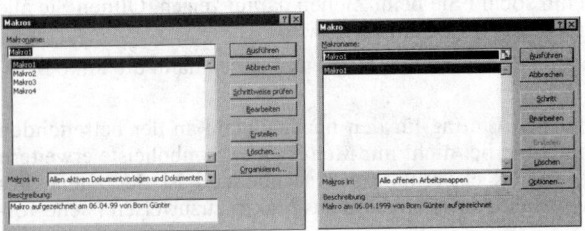

Abbildung 54.15:
Das Dialogfeld Makros (links für Word, rechts für Excel)

Die einzelnen Schaltflächen erlauben Ihnen die Makros auszuführen, zu bearbeiten, schrittweise zu prüfen, zu erstellen oder wieder zu löschen. Auch hier unterscheiden sich die Schaltflächenbeschriftungen der einzelnen Office-Programme geringfügig. Die nachfolgenden Ausführungen beziehen sich auf Word – die Umsetzung auf die anderen Office-Programme dürfte aber kein größeres Problem darstellen.

Ein Makro ausführen

Am einfachsten lässt sich das Makro aufrufen, wenn Sie es einer Tastenkombination, einer Schaltfläche in einer Symbolleiste oder einem Menübefehl zugewiesen haben. Fehlt diese Zuweisung, gehen Sie folgendermaßen vor:

1. Öffnen Sie das Dialogfeld *Makros* (Abbildung 54.15).
2. Dort klicken Sie auf den gewünschten Makronamen und betätigen die Schaltfläche *Ausführen*.

Microsoft Word (bzw. das benutzte Office-Programm) schließt das Dialogfeld, lädt das Makro und beginnt mit der Ausführung des Makrocodes.

Makro löschen

Zum Löschen eines Makros sind folgende Schritte auszuführen:

1. Öffnen Sie das Dialogfeld *Makros* über den Befehl *Makro/Makros* im Menü *Extras*.
2. Klicken Sie auf den Namen des zu löschenden Makros und betätigen die Schaltfläche *Löschen*.

Das betreffende Office-Programm zeigt eine Sicherheitsabfrage, die Sie über die *Ja*-Schaltfläche quittieren. Anschließend wird das Makro aus der betreffenden Datei entfernt.

Makro erstellen

Neben dem Aufzeichnen des Makros können Sie den VBA-Code für das Makro auch direkt eingeben. Hierzu gehen Sie folgendermaßen vor:

1. Öffnen Sie das Dialogfeld *Makros* über den Befehl *Makro/Makros* im Menü *Extras*.
2. Geben Sie den Namen des neuen Makros im Feld *Makroname* ein, und betätigen Sie die Schaltfläche *Erstellen*.
3. Das Microsoft Office 2000-Programm öffnet das Fenster des Visual Basic-Editors und legt eine neue Prozedur mit dem betreffenden Makronamen in einem VBA-Modul an. Sie können anschließend die Befehle des Makros im Codefenster des Visual Basic-Editors eingeben.

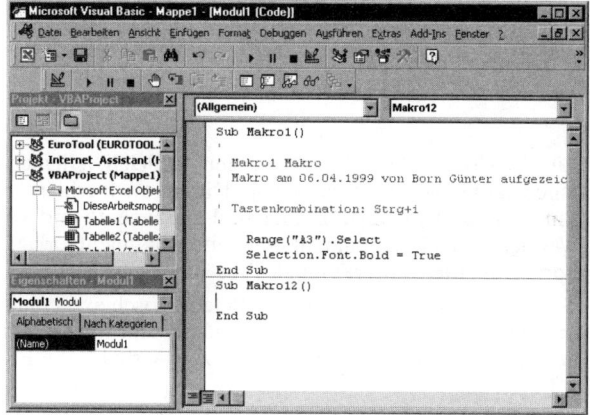

Abbildung 54.16:
Fenster des Visual Basic-Editors mit Codeansicht

In Abbildung 54.16 sehen Sie in der rechten unteren Ecke das Codefenster des Visual Basic-Editors, in dem ein neues Makro mit dem Namen *Makro12* angelegt wurde. Weiterhin lässt sich noch die Zeile mit dem Beschreibungstext erkennen, der beim Anlegen des *Makro1*-Makros im Dialogfeld *Makros* eingetragen wurde.

HINWEIS Bei Word können Sie die Schaltfläche *Erstellen* wählen, obwohl der Namen eines bestehenden Makros gewählt ist. Dann zeigt Microsoft Office 2000 eine Sicherheitsabfrage. Wenn Sie in diesem Dialogfeld die *Ja*-Schaltfläche wählen, löscht Microsoft Office 2000 den Code des bestehenden Makros. Sie können dann neue Befehle unter dem Makronamen hinterlegen. Bei anderen Office-Programmen wie Excel wird die Schaltfläche *Erstellen* nur freigegeben, wenn ein neuer Makroname gewählt wurde.

Einführung in die Makroprogrammierung

Makros bearbeiten und testen

Sie können den VBA-Code eines bestehenden Makros bearbeiten sowie schrittweise testen. Hierzu gehen Sie folgendermaßen vor:

1. Öffnen Sie das Dialogfeld *Makros* über den Befehl *Makro/Makros* im Menü *Extras*.
2. Klicken Sie auf den Namen des zu bearbeitenden oder zu testenden Makros.
3. Anschließend klicken Sie auf eine der Schaltflächen *Bearbeiten* oder *Schrittweise prüfen, Schritt* bzw. *Einzelschritt* (die Schaltflächennamen hängen vom Programm ab).

Microsoft Office 2000 öffnet bei beiden Befehlen das Fenster des Visual Basic-Editors. Im Codefenster sehen Sie die Anweisungen des Makros (Abbildung 54.17).

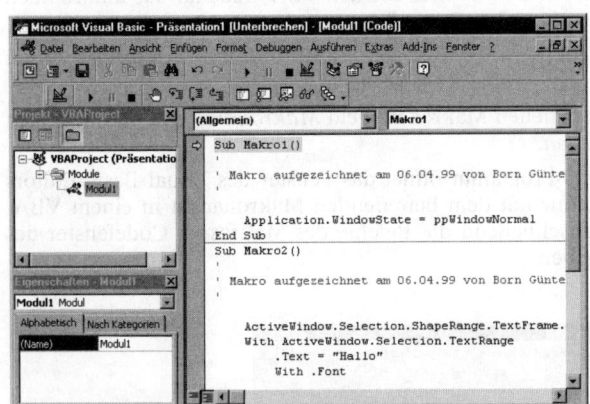

Abbildung 54.17: VBA-Fenster beim Testen im PowerPoint

> **HINWEIS**
>
> Das VBA-Fenster ist im Aufbau zwischen den Office-Programmen gleich, lediglich die Inhalte einiger Fenster weichen geringfügig voneinander ab. Dies ist auch erklärbar, da Word, Excel und PowerPoint etwas andere Objekte (hier sind Dokumente und Vorlagen gemeint) verwenden. Was bei Word ein Dokument oder eine Dokumentvorlage ist, wird in Excel als Arbeitsmappe und unter PowerPoint als Präsentation bezeichnet.

Beim Bearbeiten können Sie anschließend die einzelnen Befehle löschen, verändern oder erweitern. Beim Testen haben Sie die Möglichkeit, die Befehle schrittweise auszuführen und das Verhalten des Makros zu analysieren. Näheres zum Visual Basic-Editor finden Sie in den folgenden Kapiteln.

> **HINWEIS**
>
> Alternativ haben Sie natürlich die Möglichkeit, das Fenster des Visual Basic-Editors direkt über den gleichnamigen Befehl im Menü *Extras/Makro* oder über die Tastenkombination [Alt]+[F11] zu öffnen, das Modul auszuwählen und den Code im Codefenster anzusehen.

Makros organisieren

Die Schaltfläche *Organisieren* im Dialogfeld *Makros* (Abbildung 54.15) ist nur in Microsoft Word vorhanden und besitzt eine besondere Bedeutung. Sobald Sie diese Schaltfläche wählen, öffnet Microsoft Word 2000 das Dialogfeld *Organisieren* (Abbildung 54.18).

Abbildung 54.18:
Dialogfeld
Organisieren

Die Registerkarte *Makroprojektelemente* bietet Ihnen die Möglichkeit verschiedene Operationen auf Makros auszuführen und Makros zwischen verschiedenen Dateien zu kopieren.

- Um welche Dateien es sich dabei handelt, erkennen Sie im Listenfeld *Makroprojektelemente verfügbar in*. Um eine andere Datei zu öffnen, verwenden Sie die Schaltflächen *Datei schließen/Datei öffnen*.

- Zum Kopieren wählen Sie in einer der beiden Listen das gewünschte Makro und betätigen die Schaltfläche *Kopieren*.

- Über die Schaltfläche *Löschen* lassen sich markierte Elemente aus der betreffenden Datei entfernen.

- Zum Umbenennen wählen Sie die Schaltfläche *Umbenennen*. Microsoft Office 2000 öffnet ein Dialogfeld, in dem Sie den Namen des VBA-Moduls ändern können, in dem die Makros als Prozeduren hinterlegt sind.

WICHTIG Bei der Benutzung der Schaltflächen der Registerkarte *Makros* im Dialogfeld *Organisieren* sollten Sie jedoch eines beachten: Sie bearbeiten keine Makros, sondern VBA-Module. Aus diesem Grund werden Sie vermutlich die Makronamen in diesem Dialogfeld vermissen. Dies bedeutet auch, dass Sie ein VBA-Modul und kein Makro löschen, kopieren oder umbenennen. Enthält das Modul mehrere Makros, wirkt sich die Operation auf alle Makros dieses Moduls aus. Um ein einzelnes Makro zu löschen, wählen Sie dieses im Dialogfeld *Makros* (Abbildung 54.15) an, und betätigen anschließend die Schaltfläche *Löschen*. Möchten Sie dagegen den Namen eines Makros ändern, müssen Sie das Codefenster (Abbildung 54.16) des Visual Basic-Editors über die Schaltfläche *Bearbeiten* (Abbildung 54.15) öffnen. Anschließend passen Sie den Prozedurnamen des betreffenden Makros an.

HINWEIS An dieser Stelle möchte ich die Einführung in den Umgang mit Makros schließen. Weitere Details entnehmen Sie der jeweiligen Programmhilfe.

55 Die VBA-Entwicklungsumgebung

1267	Den Visual Basic-Editor aufrufen
1268	Die Fenster des Visual Basic-Editors
1282	Die Symbolleisten des Visual Basic-Editors
1284	Die Menüs des Visual Basic-Editors
1291	Verweise, Steuerelemente und Optionen
1298	Testen des VBA-Codes

In diesem Kapitel finden Sie eine Übersicht über die einzelnen Funktionen der VBA-Entwicklungsumgebung. Sie lernen, wie Sie den Visual Basic-Editor aus den verschiedenen Office 2000-Programmen aufrufen und wie mit dem Editor VBA-Programme erstellt werden. Zusätzlich werden Themen wie Verweise, das Aktivieren weiterer Steuerelemente, das Setzen von Optionen oder das Testen von Programmen besprochen.

Den Visual Basic-Editor aufrufen

VBA-Programme (und damit auch die im vorherigen Kapitel erwähnten Makros) werden in Microsoft Office 2000-Programmen in einer eigenen Entwicklungsumgebung – dem *Visual Basic-Editor* – bearbeitet. Der Visual Basic-Editor bietet nicht nur ein Fenster zum Anzeigen und Bearbeiten des VBA-Codes. Vielmehr finden Sie in der Entwicklungsumgebung auch die Werkzeuge zur Verwaltung der Projekte, zum Entwurf von Formularen oder zum Debuggen der Programme. Zum Aufruf des Visual Basic-Editors aus einem Office 2000-Programm gehen Sie folgendermaßen vor:

*Abbildung 55.1:
Aufruf der VBA-Entwicklungsumgebung aus Word*

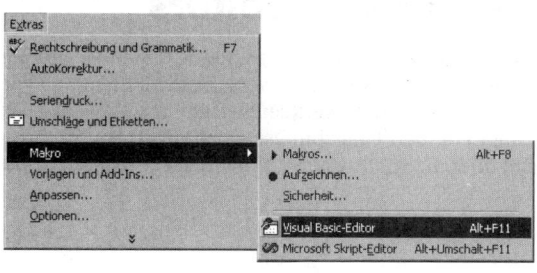

1. Stellen Sie sicher, dass ein (neues) Dokument in der jeweiligen Anwendung geladen ist. Ohne Dokument lassen sich auch keine VBA-Module (bzw. Makros) bearbeiten oder erstellen.
2. Wählen Sie im Menü *Extras* des betreffenden Anwendungsfensters den Befehl *Makro*. Die Anwendung öffnet ein Untermenü mit den verfügbaren Befehlen. In Abbildung 55.1 sehen Sie das Menü beim Aufruf aus Microsoft Word.
3. Zum Aufrufen der VBA-Entwicklungsumgebung klicken Sie auf den Befehl *Visual Basic-Editor*.

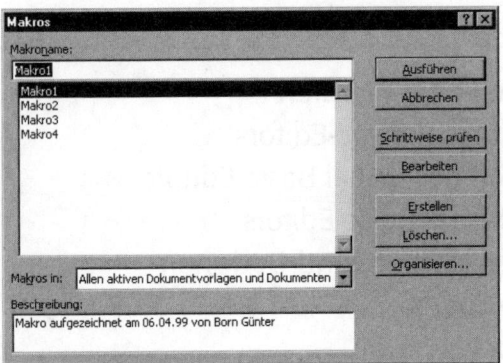

Abbildung 55.2:
Dialogfeld zur
Auswahl eines
Makros in
Microsoft Word

Das betreffende Programm öffnet das Fenster des Visual Basic-Editors (Abbildung 55.3). In diesem Fenster sehen Sie verschiedene Menüleisten sowie die Fenster mit den Modulen des Projekts, des Objektkatalogs, des Programmcodes etc. Welche Elemente angezeigt werden, hängt von den jeweiligen Einstellungen ab (auf die einzelnen Optionen wird weiter unten eingegangen). Wurde die VBA-Entwicklungsumgebung direkt über den Befehl *Visual Basic-Editor* aufgerufen, ist das Codefenster unter Umständen leer.

Alternativ können Sie das Fenster des Visual Basic-Editors auch direkt aus dem Anwendungsfenster heraus öffnen, indem Sie die Tastenkombination [Alt]+[F11] drücken. Existieren bereits Makros (die in Modulen gespeichert sind), können Sie auch den Eintrag *Makro/Makros* im Menü *Extras* wählen. Das betreffende Office 2000-Programm öffnet dann das Dialogfeld *Makros* (Abbildung 55.2). Wählen Sie das gewünschte Makro und klicken Sie anschließend auf die Schaltfläche *Bearbeiten*. Das Office-Programm schließt das Dialogfeld und öffnet im Visual Basic-Editor das Codefenster des zugehörigen VBA-Moduls mit die Anweisungen des Makros.

HINWEIS

Die Fenster des Visual Basic-Editors

Nach Anwahl des Befehls *Visual Basic-Editor* öffnet das betreffende Office-Programm das zugehörige Fenster. Innerhalb dieses Fensters sehen Sie verschiedene Elemente wie den Objektkatalog, das Codefenster, das Testfenster, Werkzeugleisten und so weiter. Ob diese Fenster alle zu sehen sind, hängt von den Umgebungseinstellungen ab. Nachfolgend finden Sie eine kurze Übersicht über die wichtigsten Elemente im Fenster der Entwicklungsumgebung.

*Abbildung 55.3:
Fenster des
Visual Basic-
Editors (beim
Aufruf aus
Word 2000)*

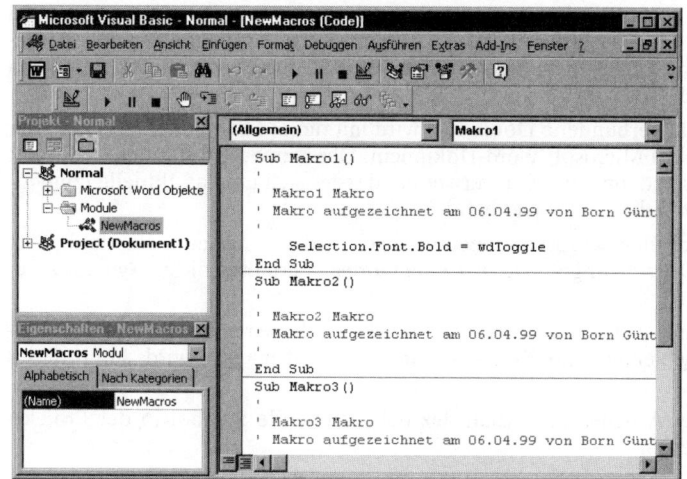

Der Projekt-Explorer

Das Fenster des Projekt-Explorers (*Abbildung 55.4*) lässt sich über die nebenstehend gezeigte Schaltfläche oder über den Befehl *Projekt-Explorer* im Menü *Ansicht* des Visual Basic-Editors einblenden. Alternativ können Sie noch die Tastenkombination [Strg]+[R] zum Aufruf einsetzen.

In Microsoft Office bzw. im VBA-Editor werden VBA-Module über Projekte verwaltet. Ein Projekt kann mehrere Module, Formulare und weitere Elemente enthalten, je nach der Zugehörigkeit zu einer bestimmten Office-Anwendung (siehe auch ▶folgendes Kapitel). Das Fenster des Projekt-Explorers zeigt die Hierarchie der in der Anwendung geladenen Projekte und der darin enthaltenen Elemente an. Für jedes Dokument oder jede Vorlage, die in der Anwendung geladen wurde, listet der Projekt-Explorer einen Eintrag auf.

*Abbildung 55.4:
Ansicht der
Projektinhalte im
Projektfenster
(bei Microsoft
Word)*

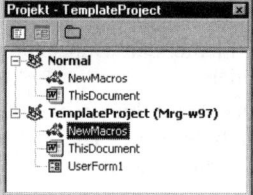

In Abbildung 55.4 sehen Sie das Fenster des Projekt-Explorers in Microsoft Word. Hier sind mehrere Dokumente und Vorlagen in der Anwendung geladen, die jeweils als individuelles Projekt behandelt werden. Zu jedem Projekt wird dann die Hierarchie der einzelnen Elemente angezeigt.

Das nebenstehende Symbol zeigt den Beginn eines Projekts an. Projekte können mitsamt ihrem Inhalt in Word-Dateien, Word-Vorlagen, Excel-Arbeitsmappen und PowerPoint-Präsentationen untergebracht sein. Sie alle dienen quasi als Container. Microsoft Word vergibt jeweils die Namen *Project* für Dokumente oder *TemplateProject* für Vorlagen. Zusätzlich steht der Name der jeweiligen Datei in Klammern hinter dem Namen.

Module innerhalb eines Projekts werden in der Hierarchie mit dem nebenstehenden Symbol dargestellt. Module enthalten VBA-Code mit Konstanten und Variablendefinition, Prozeduren und Funktionen. Sie lassen sich in *.BAS*-Dateien exportieren und von dort wieder einlesen.

Das mit dem Projekt verbundene Dokument wird mit diesem Symbol dargestellt. Hier handelt es sich um ein Microsoft Word-Dokument. Der Name wird standardmäßig auf *ThisDocument* gesetzt, um darauf zu verweisen, dass es sich um das aktuelle (zumeist einzige) Dokument in diesem Projekt handelt.

Handelt es sich um eine Word-Dokumentvorlage, wird deren Name standardmäßig ebenfalls auf *ThisDocument* gesetzt. Dokumentvorlagen erhalten dieses Symbol zugewiesen.

Setzen Sie Excel ein, werden Symbole für Tabellen oder Arbeitsblätter in der Projekthierarchie eingeblendet. Ein Excel-Dokument (Arbeitsmappe) wird durch dieses Symbol verkörpert.

Eine Excel-Tabelle (Arbeitsblatt) erhält das nebenstehende Symbol in der Projekthierarchie zugewiesen.

Verweise auf andere Projekte (Dokumentvorlagen in Word) werden mit diesem Symbol dargestellt. Ein solcher Verweis kann zum Beispiel die Dokumentvorlage sein, auf der ein Dokument basiert. Verweise werden im Menü *Extras* über den Befehl *Verweise* festgelegt.

Enthält ein Dokument ein Formular, wird dieses mit dem folgenden Symbol angezeigt. Formulare lassen sich in *.FRM*-Dateien exportieren.

Mit diesem Symbol werden alle im Projekt enthaltenen Klassenmodule (*.CLS*-Dateien) dargestellt. Sie enthalten Programmcode, der ein nach außen ein aufrufbares Objekt realisiert.

Sie können die Zweige der einzelnen Projekte ähnlich wie die Ordneranzeige im Windows Explorer erweitern oder zum Symbol reduzieren. Dazu müssen Sie lediglich auf das Plus- oder Minuszeichen vor dem jeweiligen Projektsymbol klicken.

Die drei Schaltflächen unterhalb der Titelleiste (siehe Abbildung 55.5) erlauben Ihnen, die Anzeige im Projektfenster zu beeinflussen.

Haben Sie ein Modul oder ein Formular gewählt, wird die nebenstehende Schaltfläche angezeigt. Ein Mausklick auf diese Schaltfläche öffnet das Codefenster, in dem der Code für das ausgewählte Element dargestellt und bearbeitet werden kann.

Diese Schaltfläche zeigt das Objektfenster für das ausgewählte Element an. Dabei kann es sich um ein existierendes Dokument oder ein Formular handeln.

Diese Schaltfläche erlaubt die Umschaltung der Symbole in der Projekthierarchie. Bei aktivierter Schaltfläche zeigt der Projekt-Explorer Ordnersymbole in der Hierarchie (siehe Abbildung 55.5). Ein erneuter Mausklick auf die Schaltfläche schaltet zur vorherigen Darstellung zurück.

Zur Navigation innerhalb eines Projekts können Sie die Projekthierarchie im Projekt-Explorer nutzen. Öffnen Sie den Zweig mit der Hierarchie des gewünschten Projekts. Sobald Sie auf den Namen eines Moduls, Formulars oder Dokuments doppelklicken, wird ein Fenster zur Bearbeitung des jeweiligen Inhalts geöffnet: bei Modulen das Fenster zur Editierung des Programmcodes, bei Formularen (Dialogen) das Fenster zum Formular-Design, bei Dokumenten der jeweilige Container wie Word oder Excel zur Anzeige des Dokuments.

HINWEIS Haben Sie Probleme mit der Größe des Fensters? Manchmal reicht das Fenster über die gesamte Breite des Visual Basic-Editor-Fensters. Microsoft hat bei diesem Fenster eine »Docking«-Eigenschaft implementiert. (Diese lässt sich über die Registerkarte *Verankern* im Dialogfeld *Optionen* ein- oder ausschalten. Mehr dazu finden Sie im

Abbildung 55.5:
Projekt-Explorer mit Ordnersymbolen

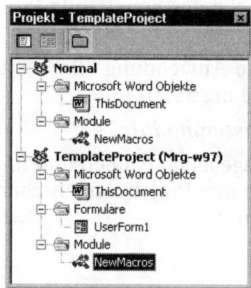

▶ Abschnitt *Optionen des Visual Basic-Editors einstellen* am Ende dieses Kapitels.) Ziehen Sie das Fenster des Projekt-Explorers bei gedrückter linker Maustaste in die Nähe der Werkzeugleisten des Visual Basic-Editor-Fensters, nimmt dieses die gesamte Breite des Visual Basic-Editor-Fensters an (sofern die Option *Verankern* eingeschaltet ist). Sobald Sie die linke Maustaste freigeben, »dockt« die Anwendung das Fenster an der Werkzeugleiste an. Das Fenster des Projekt-Explorers besitzt jetzt die Breite des Visual Basic-Editor-Fensters. Ziehen Sie die Titelzeile des Projekt-Explorer-Fensters bei gedrückter linker Maustaste in Richtung unterer Fensterrand, wechselt die Fenstergröße. Wenn Sie jetzt die Maustaste loslassen, wird der Projekt-Explorer als schmales Fenster gemäß Abbildung 55.5 im Bereich des Visual Basic-Editors dargestellt.

Ändern eines Projektnamens

Sobald Sie ein Dokument in einer Anwendung laden, wird ein Projekt im Projekt-Explorer angezeigt. Microsoft Word (bzw. das Office-Programm) vergibt standardmäßig einen Namen wie *Project* für das jeweilige Projekt. Möchten Sie den Namen dieses Projekts ändern? Dann gehen Sie folgendermaßen vor:

1. Markieren Sie das Projekt mit einem Mausklick im Projekt-Explorer.

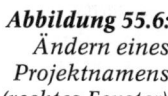

2. Klicken Sie in der Werkzeugleiste auf die Schaltfläche *Eigenschaftenfenster*.
3. Im Eigenschaftenfenster des Projekts setzen Sie den Projektnamen über die Eigenschaft *(Name)* auf die gewünschte Bezeichnung um (Abbildung 55.6).

Abbildung 55.6:
Ändern eines Projektnamens (rechtes Fenster)

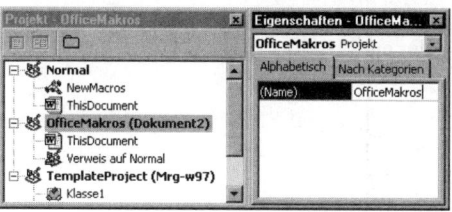

Sobald Sie den Namen eingetragen haben, erscheint der neue Projektname im Projekt-Explorer. In Abbildung 55.6 ist dies im linken Fenster zu sehen, wo der Projektname von »Project« auf »OfficeMakros« umgesetzt wurde.

Hinzufügen neuer Projektelemente

Möchten Sie in einem Projekt neue Elemente (Formulare, Module, Klassen) hinzufügen? Dazu gehen Sie in folgenden Schritten vor:

1. Öffnen Sie das Fenster des Projekt-Explorers und wählen Sie das betreffende Projekt mit einem Klick der rechten Maustaste an.
2. Im Kontextmenü klicken Sie auf den Befehl *Einfügen*. Die Anwendung öffnet ein zweites Untermenü mit den verfügbaren Elementen (Abbildung 55.7).
3. Wählen Sie eines der Elemente *UserForm, Modul* oder *Klassenmodul*.

Die Anwendung fügt das betreffende Element mit einem vorgegebenen Namen im Projekt ein. Den Namen dieses Elements können Sie ähnlich wie den Projektnamen über das Eigenschaftenfenster ändern (siehe vorhergehender Abschnitt).

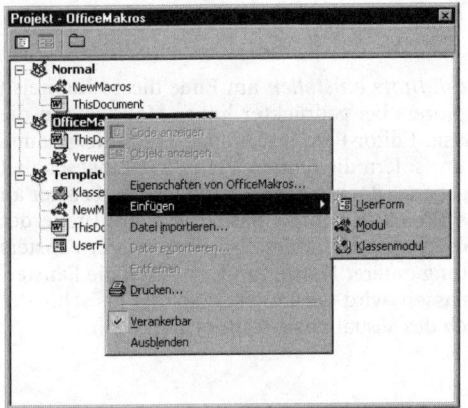

Abbildung 55.7:
Einfügen eines neuen Projektelements

Alternativ lassen sich die Module oder Formulare auch über das Menü *Einfügen* in ein Projekt übernehmen.

HINWEIS

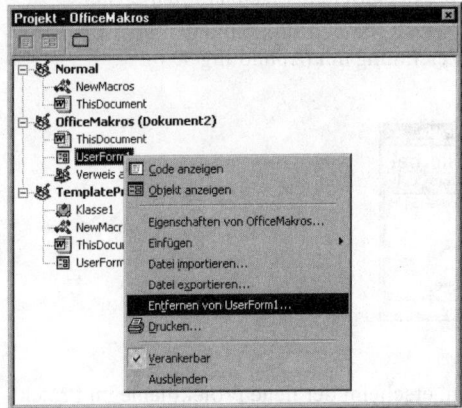

Abbildung 55.8:
Kontextmenü zum Entfernen eines Projektelements

Ein Projektelement entfernen

Möchten Sie ein Element (Modul, Form, Klasse) aus einem Projekt entfernen, gehen Sie in folgenden Schritten vor:

1. Klicken Sie das betreffende Element mit der rechten Maustaste in der Projekthierarchie des Projektfensters an.
2. Auf dem Bildschirm erscheint ein Kontextmenü mit dem Befehl *Entfernen von xyz*, wobei die Zeichen *xyz* hier für den Namen des Elements stehen (Abbildung 55.8). Ist der Befehl im Kontextmenü freigegeben, lässt sich das Element entfernen. Rufen Sie diesen Befehl per Mausklick auf.
3. Der Visual Basic-Editor fragt in einem Dialogfeld, ob das Element wirklich gelöscht werden soll (Abbildung 55.9). Über die Schaltfläche *Ja* lässt sich der Inhalt des Moduls, des Formulars oder der Klasse in eine *.BAS-*, *.FRM-*, *.CLS*-Datei exportieren. Mit der Schaltfläche *Nein* entfernen Sie das Element ohne weitere Sicherung.

Abbildung 55.9: Sicherheitsabfrage vor dem Entfernen eines Elements

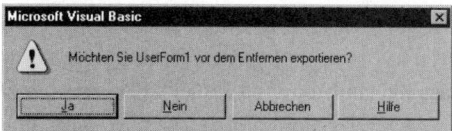

HINWEIS Einige Elemente der Projektliste wie zum Beispiel das aktuelle Dokument *ThisDocument* können Sie auf diese Art nicht löschen. Bei Anwahl des betreffenden Eintrags wird der Befehl *Entfernen von...* im Kontextmenü gesperrt.

Das Eigenschaftenfenster

Jedes Objekt (Modul, Formular, Steuerelement etc.) besitzt bestimmte Eigenschaften (englisch *Properties*). Dazu gehört beispielsweise der Name des Objekts, seine Größe und Position, Vorder- und Hintergrundfarbe, Rahmen, Inhalt und mehr. Da Module, Klassen oder Formulare ebenfalls als Objekte betrachtet werden können, lässt sich für jedes Element der Projektliste im Projekt-Explorer das Eigenschaftenfenster öffnen.

1. Dazu markieren Sie im Projekt-Explorer das betreffende Element.

2. Anschließend klicken Sie in der Symbolleiste des Visual Basic-Editors auf die nebenstehend gezeigte Schaltfläche.

Die Anwendung öffnet anschließend das Eigenschaftenfenster mit den Eigenschaften des jeweiligen Objekts. Abbildung 55.10 zeigt das Eigenschaftenfenster eines Word-Dokuments. Beachten Sie aber, dass die angezeigten Eigenschaften von der Art des jeweiligen Objekts abhängen. Wählen Sie beispielsweise ein Projekt aus, enthält das Eigenschaftenfenster nur den Eintrag *Name* (siehe Abbildung 55.6). Über die Eigenschaft *Name* lässt sich der Name des betreffenden Objekts anpassen. Dies erlaubt Ihnen, Projekte, Module, Namen von Steuerelementen, Formularen etc. umzubenennen. Mehr Eigenschaften hat ein Projekt einfach nicht.

HINWEIS Arbeiten Sie mit Formularen, lassen sich die Objekte (Steuerelemente) innerhalb des Formulars anwählen. Dann können Sie ebenfalls das Eigenschaftenfenster aufrufen. Dieses Fenster zeigt dann die Eigenschaften des markierten Objekts an.

Das Codefenster

Im Codefenster des Visual Basic-Editors wird der eigentliche Programmcode angezeigt. Wenn Sie so wollen, der »*Makro-Programmcode*«.

- Sie können das Codefenster direkt über die Funktionstaste [F7] aufrufen.
- Alternativ besteht die Möglichkeit, dass Sie den Befehl *Code* im Menü *Ansicht* des Visual Basic-Editors wählen.

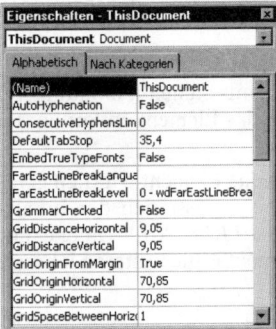

Abbildung 55.10:
Eigenschaftenfenster eines Word-Dokuments

- Die dritte Variante besteht darin, dass Sie ein Modul im Projekt-Explorer per Doppelklick anwählen.

Im geöffneten Programmfenster sehen Sie die VBA-Anweisungen, die Sie jederzeit ändern oder ergänzen können.

Schlüsselwörter (dies sind die Befehle und Bezeichner aus dem VBA-Sprachschatz wie SUB, CALL oder STRING) werden im Codefenster in blauer Farbe hervorgehoben. Normale Anweisungen erscheinen schwarz, während von Ihnen eingegebene Kommentare grün dargestellt werden. Rot hervorgehobene Textstellen weisen auf einen Fehler in der Anweisung hin. Sie können diese Farben jedoch über die Registerkarte *Editierformat* im Menü *Extras*, Befehl *Optionen* des Visual Basic-Editor-Fensters einstellen (siehe ▶ Abschnitt *Optionen des Visual Basic-Editors einstellen*).

HINWEIS

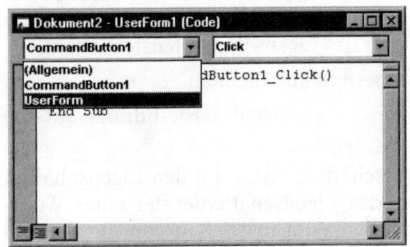

Abbildung 55.11:
Das Codefenster mit geöffneter Objektliste

Im Codefenster werden die Module in *Funktionen* oder *Prozeduren* unterteilt. Abbildung 55.12 zeigt das geöffnete Codefenster mit einer Prozedur des Moduls *NewMakros*. Unterhalb der Titelzeile des Codefensters befinden sich daher zwei Listenfelder, über die Sie verschiedene »Elemente« abrufen können.

- Das linke Listenfeld dient zum Abrufen unterschiedlicher Objekte. Haben Sie beispielsweise ein Word-Modul angewählt, enthält dieses Feld den Eintrag *(Allgemein)*, da das Modul keine weiteren Objekte umfasst (siehe Abbildung 55.12). Arbeiten Sie jedoch mit einem Formular als Objekt, kann dieses Steuerelemente enthalten. Diese Steuerelemente (Schaltflächen, Texte, Felder etc.) werden ihrerseits aber als Objekte betrachtet. Die Namen der untergeordneten Objekte lassen sich über das linke Listenfeld abrufen. In Abbildung 55.11 wurde ein solches Formular als Objekt im Codefenster angewählt. Folglich sehen Sie hier auch die Namen der untergeordneten Objekte dieses Formulars. In diesem Beispiel enthält das Codefenster das Objekt *CommandButton1* für eine Befehlsschaltfläche.

Abbildung 55.12:
Anzeige der Prozedurnamen im rechten Listenfeld des Codefensters

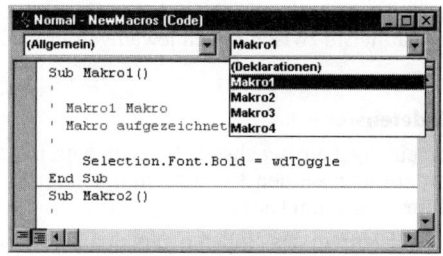

- Ein Objekt (z. B. ein Modul) kann mehrere Prozeduren enthalten. Bei dem in Abbildung 55.11 gezeigten Formular enthalten die einzelnen Objekte zum Beispiel Prozeduren, um auf einen Mausklick auf das jeweilige Steuerelement zu reagieren. Die Prozeduren für das jeweilige Objekt werden im Codefenster im rechten Listenfeld angegeben. In Abbildung 55.11 sehen Sie zum Beispiel die Prozedur mit dem Namen *Click* für das Objekt *UserForm*.

HINWEIS Im vorangehenden Kapitel wurde gezeigt, wie Sie in Microsoft Office 2000 mit Makros arbeiten können. Über das Makrofenster lässt sich auf diese Makros zugreifen. Diese Makros werden im Visual Basic-Editor in Modulen als Prozeduren hinterlegt. Ein Modul kann dabei mehrere Prozeduren (d. h. Makros) enthalten. Im Projekt-Explorer sehen Sie deshalb nur den Namen des jeweiligen *Moduls*. Öffnen Sie das Codefenster, sehen Sie den Code der einzelnen Makros (Prozeduren). Sie können die vertikale Bildlaufleiste benutzen, um zwischen den betreffenden Prozeduren zu blättern. Schneller geht es jedoch, wenn Sie das rechte Listenfeld mit den Prozedurnamen öffnen und den Prozedurnamen direkt abrufen. In Abbildung 55.12 sehen Sie beispielsweise das Codefenster eines solchen Moduls mit dem Namen *NewMakros*. In diesem Modul wurden verschiedene Makros mit Namen wie *Makro1, Makro1* etc. gespeichert. Alle Makros sind dabei als Prozeduren über den Befehl *Sub* implementiert.

Modulansicht oder Prozeduransicht?

Das Codefenster öffnet den Blick auf die Prozeduren eines Moduls. Sie haben die Möglichkeit, den gesamten Inhalt des Moduls zu durchblättern oder jeweils ganz gezielt eine einzelne Prozedur im Codefenster zu betrachten und zu editieren.

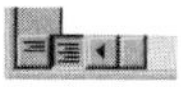

Abbildung 55.13:
Schaltflächen zum Umschalten der Ansicht

Dazu existieren in der linken unteren Ecke des Codefensters zwei Schaltflächen (Abbildung 55.13).

- Mit der Schaltfläche *Vollständige Modulansicht* (rechte Schaltfläche) zeigt das Codefenster alle Prozeduren und Funktionen eines Moduls. Sie können dann über die Bildlaufleiste im Code blättern. Die einzelnen Prozeduren und Funktionen sind durch horizontale Linien voneinander getrennt.
- Mit der Schaltfläche *Prozeduransicht* (linke Schaltfläche) begrenzen Sie die Anzeige im Codefenster auf die betreffende Prozedur oder Funktion. Der Wechsel zwischen den Prozeduren/Funktionen eines Moduls ist dann nur noch über das Listenfeld zur Prozedurauswahl möglich.

Welchen Darstellungsmodus Sie wählen, bleibt Ihnen überlassen. Zum Bearbeiten des Codes von Formularen bietet sich vielleicht die *Prozeduransicht* an. Beim Bearbeiten

Die VBA-Entwicklungsumgebung **1275**

selbst erstellter Makros kann die Anzeige aller Funktionen/Prozeduren eines Moduls Vorteile bieten. Sie können direkt per Bildlaufleiste zwischen den jeweiligen Prozedurrümpfen wechseln.

Eingeben von VBA-Anweisungen im Codefenster

Um VBA-Anweisungen im Codefenster einzugeben, wechseln Sie zur betreffenden Funktion oder Prozedur. Bei Formularen können Sie den Prozedurrumpf einer Ereignisprozedur direkt vom Visual Basic-Editor generieren lassen.

1. Wählen Sie im ersten Schritt im linken Listenfeld des Codefensters den Namen des Objekts (z. B. ein Steuerelement in einem Formular).
2. Anschließend öffnen Sie das rechte Listenfeld des Codefensters und wählen die Ereignisprozedur (z. B. Click, Initialize etc.).

Der Editor erzeugt dann automatisch die beiden Anweisungen zum Einleiten und Abschließen der Prozedur.

```
Sub Demo()

End Sub
```

Nun reicht es, wenn Sie die jeweiligen Anweisungen direkt im Codefenster zwischen den *Sub Demo*- und *End Sub*-Anweisungen eintippen.

TIPP Möchten Sie eine Prozedur oder Funktion in einem Modul anlegen (entspricht dem Code eines Makros), wählen Sie den Befehl *Prozedur* im Menü *Einfügen*. Der Editor öffnet ein Dialogfeld *Prozedur*, in dem Sie den Prozedurnamen sowie die weiteren Optionen festlegen können. Schließen Sie dieses Dialogfeld, erzeugt der Editor automatisch das Grundgerüst der Prozedur. Sie sparen sich also die manuelle Eingabe der Anweisungen.

Der Editor kann Sie in verschiedener Hinsicht bei der Eingabe unterstützen. Handelt es sich bei dem einzugebenden Ausdruck beispielsweise um den Namen einer VBA-Funktion oder -Prozedur, blendet der Visual Basic-Editor automatisch eine QuickInfo mit der erwarteten Syntax ein (Abbildung 55.14). Sie können dann den Ausdruck gemäß dieser Vorgabe eintippen.

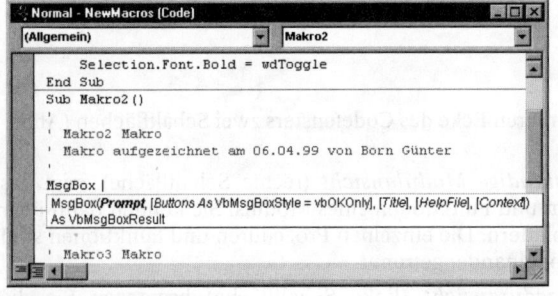

Abbildung 55.14: Anzeige der Syntax in der QuickInfo

HINWEIS Präzise gesprochen, wird die QuickInfo automatisch geöffnet, sobald Sie den Namen einer Eigenschaft oder einer Methode im Codefenster eintippen. Erscheint das Fenster der QuickInfo nicht automatisch, können Sie mit der rechten Maustaste hinter den eingegebenen Namen klicken. Im Kontextmenü wählen Sie den Befehl *QuickInfo* (Abbildung 55.15). Handelt es sich um einen gültigen Namen für eine Methode oder Eigenschaft, blendet der Editor das *QuickInfo*-Fenster ein.

Abschließend noch ein kleiner Tipp: falls die Anzeige der QuickInfo nicht automatisch erscheint, liegt dies an Ihren Einstellungen. Über den Eintrag *Optionen* im Menü *Extras* lässt sich die Registerkarte *Editor* öffnen. Markieren Sie hier das Kontrollkästchen *Automatisch QuickInfo* (siehe ▶ Abschnitt *Optionen des Visual Basic-Editors einstellen*).

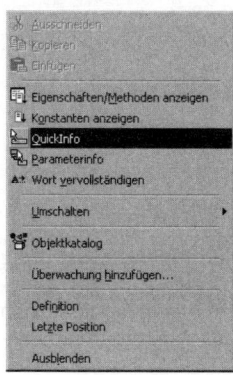

Abbildung 55.15: Kontextmenü zum Abrufen der Optionen

Das in Abbildung 55.15 gezeigte Kontextmenü bietet Ihnen zusätzliche Optionen, die die Eingabe des VBA-Codes unterstützen.

- Kennen Sie den Namen einer Eigenschaft oder einer Methode nicht, können Sie die rechte Maustaste drücken und im Kontextmenü (Abbildung 55.15) den Befehl *Eigenschaften/Methoden anzeigen* wählen. Dann blendet der Visual Basic-Editor eine Liste der betreffenden Eigenschaften/Methoden ein (Abbildung 55.16). Durch Blättern in der Liste suchen Sie den gewünschten Namen und übernehmen diesen durch einen Mausklick.

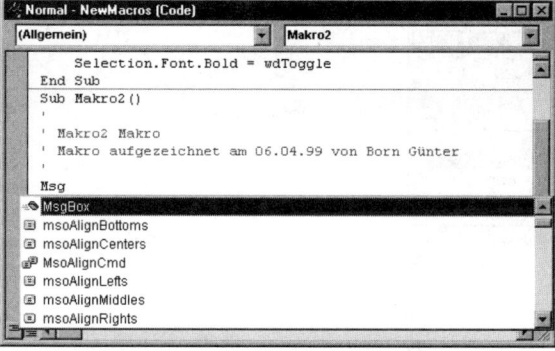

Abbildung 55.16: Abrufen der Methoden/Eigenschaften

- Eine weitere Herausforderung stellt die Eingabe der bei vielen Befehlen und Eigenschaften erwarteten Konstanten dar. Weil es einfach zu viele sind, um sie sich zu merken, ist man auf die Hilfe des Editors angewiesen. Erwartet der Editor eine solche Konstante bei der Angabe eines Ausdrucks, wird die Konstantenliste automatisch angezeigt (Abbildung 55.17). Sie brauchen dann nur auf den Namen der gewünschten Konstante zu klicken. Voraussetzung ist allerdings, Sie wissen, welche es ist oder sein könnte.

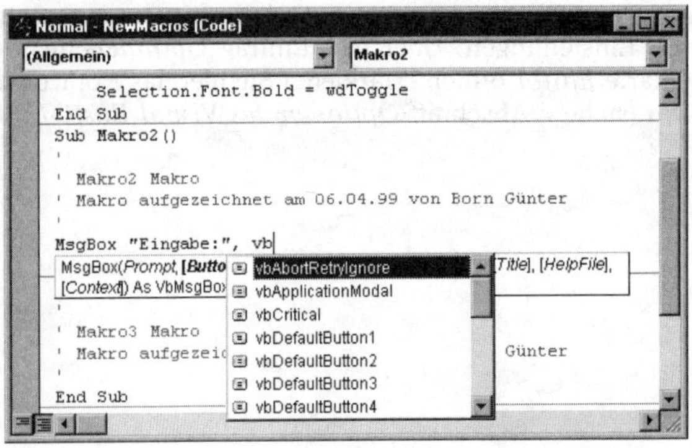

*Abbildung 55.17:
Liste der
Konstanten*

Erscheint dieses Fenster nicht automatisch, rufen Sie es über den Befehl *Konstanten anzeigen* im Kontextmenü (Abbildung 55.15) ab. Alternativ können Sie die Tastenkombination [Strg]+[⇧]+[J] drücken. Der Befehl *Konstanten anzeigen* lässt sich gemäß Abbildung 55.17 auch für Funktionen mit Konstanten als Argumente anwenden.

HINWEIS Soll das Fenster mit der Konstantenliste automatisch erscheinen, wählen Sie den Befehl *Optionen* im Menü *Extras*. Auf der Registerkarte *Editor* ist das Kontrollkästchen *Elemente automatisch auflisten* zu markieren.

Der Objektkatalog

Jede Anwendung in Microsoft Office stellt eine Objektbibliothek mit spezifischen Funktionen zur Verfügung. Diese Bibliothek enthält Informationen über die Objekte, Eigenschaften, Methoden, Ereignisse und Konstanten, die die Anwendung zur Verfügung stellt. Der Zugriff auf diese Objekte aus VBA-Prozeduren kann über das Fenster des Objektkatalogs formuliert werden (Abbildung 55.18).

*Abbildung 55.18:
Der Objektkatalog*

- Aufrufen lässt sich der Objektkatalog über die nebenstehend gezeigte Schaltfläche des Visual Basic-Editors.

- Alternativ können Sie den Befehl *Objektkatalog* im Menü *Ansicht* wählen.
- Die dritte Variante besteht darin, dass Sie bei geöffnetem Fenster des Visual Basic-Editors die Funktionstaste F2 drücken.

Die Anzeige des Objektkatalogs lässt sich über verschiedene Optionen beeinflussen. Das Listenfeld in der linken oberen Ecke des Fensters legt zum Beispiel fest, aus welchen Bibliotheken Objekte aufgelistet werden sollen. In Abbildung 55.19 ist aktuell der Eintrag *<Alle Bibliotheken>* gewählt, d.h., der Objektkatalog durchläuft alle registrierten Verweise (siehe ▶Abschnitt *Verweise definieren*) und listet die gefundenen Objekte auf. Dies erlaubt Ihnen, in einer Anwendung wie zum Beispiel Microsoft Word auch Objekte aus Microsoft Excel etc. im VBA-Code zu benutzen. Auf ähnliche Weise lassen sich Objekte aus Zusatzbibliotheken zuladen.

Abbildung 55.19:
Liste der Objektbibliotheken

HINWEIS Der Eintrag *Normal* steht zum Beispiel für die Objektbibliothek der Formatvorlage *Normal.dot* (bei Word 2000), die hier verschiedene Makros enthält. Im geöffneten Listenfeld sehen Sie weitere Bibliotheken, deren Objekte im Objektkatalog erscheinen. Welche Bibliotheken im Listenfeld enthalten sind, legen Sie über das Dialogfeld *Verweise – xyz* (siehe Abbildung 55.37 und im ▶Abschnitt *Verweise definieren* weiter unten) fest. Dieses Dialogfeld lässt sich über den Befehl *Verweise* im Menü *Extras* des Visual Basic-Editors aufrufen. Ein markiertes Kontrollkästchen bedeutet, dass die betreffenden Objekte der Bibliothek im Objektkatalog vorkommen und in Anwendungen zur Verfügung stehen.

WICHTIG Auf den ersten Blick scheint es naheliegend, möglichst viele Objektbiliotheken über *Verweise – Projekt* einzubinden. Dies kann aber zu Fehlfunktionen führen, wenn falsche Verweise definiert wurden. Außerdem dauert das Übersetzen eines Projekts bei vielen markierten Verweisen recht lange.

In der linken unteren Liste zeigt der Objektkatalog die verfügbaren Objektklassen (Abbildung 55.18). Markieren Sie eine solche Klasse, werden die in dieser Klasse verfügbaren Elemente im Fenster rechts daneben angezeigt. In Abbildung 55.18 ist beispielsweise die Klasse *Interaction* gewählt und Sie sehen im rechten Fenster die jeweiligen Elemente dieser Klasse.

Bei umfangreichen Objektbibliotheken ist es aufwendig, ein bestimmtes Element zu finden. Sie können daher auf die Suchfunktion zurückgreifen, um nach einem bestimmten Element suchen zu lassen.

1. Geben Sie den Namen des gesuchten Elements im Listenfeld gemäß Abbildung 55.20 ein. Sie können dabei den vollständigen Namen oder nur einen Teilbegriff vorgeben.

2. Anschließend reicht ein Mausklick auf die nebenstehend gezeigte Schaltfläche zum Suchen.

Abbildung 55.20:
Suchen eines Elements

Die VBA-Entwicklungsumgebung **1279**

Die gefundenen Suchergebnisse werden anschließend in einem Fenster *Suchergebnisse* aufgeführt (siehe Abbildung 55.18). In diesem Fenster sehen Sie die Bibliothek, die Klasse und den Namen des gefundenen Elements. Dies erlaubt Ihnen, bei mehreren gefundenen Einträgen das gewünschte Element auszuwählen.

Das Fenster mit den Suchergebnissen lässt sich übrigens über die nebenstehend gezeigte Schaltfläche im Fenster des Objektkatalogs ein- oder ausblenden.

Markieren Sie ein Element im Objektkatalog, zeigt dieser die Objektdefinition im unteren Teil des Fensters an. Der Objektkatalog ist das Werkzeug, mit dem Sie Objekte anderer Bibliotheken in VBA-Module einbinden können.

Weitere Informationen finden Sie in der VBA-Hilfe unter dem Stichwort *Objektkatalog*. | **HINWEIS**

Das Fenster zum Formularentwurf

Formulare und Dialoge, über die der Anwender mit einer Anwendung interagieren und Daten eingeben bzw. Einstellungen vornehmen kann, lassen sich interaktiv mit dem Formular-Designer entwerfen (Abbildung 55.21). Dessen Fenster erscheint, sobald Sie in der Projekthierarchie ein *Form*-Modul per Doppelklick anwählen.

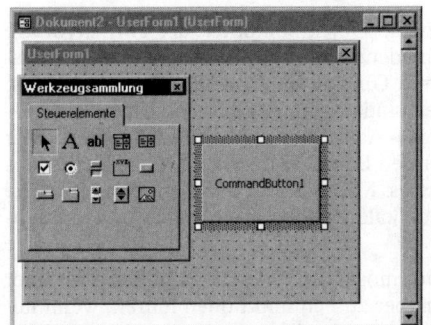

Abbildung 55.21: Fenster zum Formularentwurf (bei Microsoft Word)

Zu diesem Formularfenster gehört auch die Werkzeugleiste mit dem Titel *Werkzeugsammlung*. Sie enthält die Schaltflächen zum interaktiven Einfügen der Steuerelemente in das Formular. Um ein Steuerelement im Formular einzubringen, wählen Sie zunächst die betreffende Schaltfläche in der Werkzeugsammlung, markieren per Mausklick im Formular die linke obere Position und ziehen dann die Maus zur diagonal entgegengesetzten Ecke. Sobald Sie die Maustaste beim Ziehen loslassen, fügt der Editor das Steuerelement im Formular ein und weist ihm die von Ihnen vorgegebene Größe zu.

Sobald Sie Steuerelemente in ein Formular einfügen, erzeugt der Visual Basic-Editor die zugehörigen Prozeduren im Modul. Über die Funktionstaste [F7] schalten Sie von der Formularansicht direkt zum Codefenster um. Mit der Tastenkombination [⇧]+[F7] gelangen Sie zur Ansicht des Formulars zurück. Die Beschreibung der Details der Programmierung mit Formularen geht über den Horizont dieses Buches hinaus. Wenn Sie weitergehende Informationen wünschen, empfehlen wir Ihnen den Titel »Microsoft Office 2000 – Programmierung« aus dem gleichen Verlag. | **HINWEIS**

Formulare fügen Sie in einem Projekt ein, indem Sie in der Symbolleiste auf die nebenstehend gezeigte Schaltfläche *UserForm* klicken. Alternativ können Sie im Fenster des Projekt-Explorers ein *UserForm*-Modul einfügen (siehe weiter oben im ▶ Abschnitt *Hinzufügen neuer Projektelemente*). Die dritte Variante besteht darin, dass Sie den Befehl *UserForm* im Menü *Einfügen* aufrufen.

Das Lokal-Fenster

Das *Lokal-Fenster* rufen Sie im Visual Basic-Editor direkt aus der Symbolleiste über die nebenstehend gezeigte Schaltfläche auf. Alternativ können Sie den Befehl *Lokal-Fenster* im Menü *Ansicht* wählen.

Abbildung 55.22:
Das Lokal-
Fenster

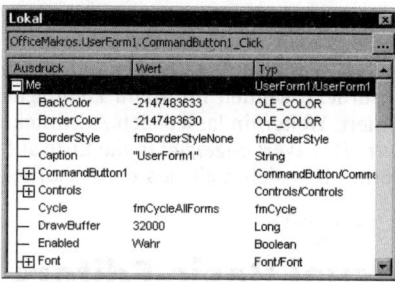

Im *Lokal-Fenster* werden lokale Ausdrücke der gerade ausgeführten Prozedur samt Wert und Typ aufgeführt (Abbildung 55.22). Bei diesen lokalen Ausdrücken kann es sich um Variablen, Eigenschaften etc. handeln. Das Fenster ist leer, wenn noch keine Prozeduren ausgeführt wurden.

Unterhalb der Kopfzeile wird der Name der gerade ausgeführten Prozedur des Moduls im aktuellen Projekt angezeigt. Mit der Schaltfläche rechts neben diesem Anzeigefeld lässt sich die Aufrufeliste der Prozeduraufrufe einblenden.

Das Direktfenster

Die nebenstehend gezeigte Schaltfläche des Visual Basic-Editors öffnet das Fenster des Direktbereichs. In diesem Fenster können Sie VBA-Ausdrücke testweise eingeben und mit der ⬥-Taste abschließen. Der Visual Basic-Editor führt diese Ausdrücke direkt aus und zeigt auch das Ergebnis an (siehe Abbildung 55.23).

Abbildung 55.23:
Eingaben im
Direktbereich

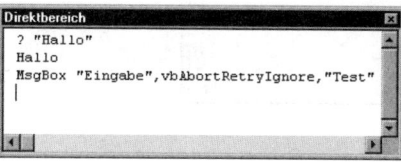

Das Fenster des Direktbereichs eignet sich insbesondere, wenn Sie die Wirkung eines Befehls sofort überprüfen möchten. Mit der ersten in Abbildung 55.23 gezeigten Anweisung (? "Hallo") wird der Text *Hallo* im Direktbereich ausgegeben, mit der zweiten ein Dialogfeld zur Eingabe geöffnet.

Das Überwachungsfenster

Das Überwachungsfenster lässt sich über die nebenstehend gezeigte Schaltfläche oder über den Befehl *Überwachungsfenster* im Menü *Ansicht* öffnen (siehe Abbildung 55.24).

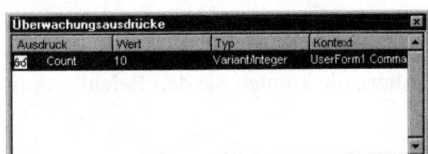

Abbildung 55.24:
Das Überwachungsfenster

Im Überwachungsfenster lassen sich Ausdrücke (z.B. Variablen), deren Typ und deren Werte wiedergeben. Die zu überwachenden Ausdrücke werden im Menü *Debuggen* über den Befehl *Überwachung hinzufügen* definiert. Weiterhin lassen sich Ausdrücke über die Schaltfläche *Hinzufügen* im Fenster *Aktuellen Wert anzeigen* in die Liste aufnehmen. Der Vorteil dieses Fensters besteht darin, dass sich mehr als ein Ausdruck gleichzeitig verfolgen lässt.

Die Symbolleisten des Visual Basic-Editors

Sobald Sie das Fenster des Visual Basic-Editors öffnen, werden auch einige Symbolleisten sichtbar (Abbildung 55.25). Nachfolgend finden Sie eine Kurzübersicht über die verfügbaren Symbolleisten.

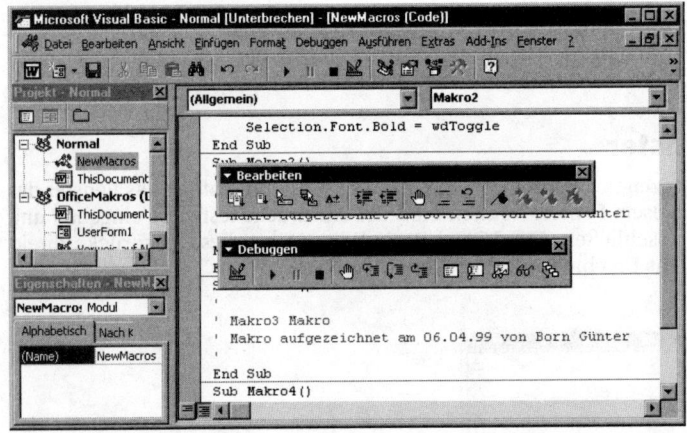

Abbildung 55.25:
Symbolleisten im Visual Basic-Editor

Die Symbolleiste *Voreinstellung*

Direkt unterhalb der Menüzeile sehen Sie die Symbolleiste *Voreinstellung*. Diese Leiste enthält die Schaltflächen, um Microsoft Word und die bereits oben erwähnten Fenster aufzurufen. Nachfolgend finden Sie eine kurze Übersicht über die Schaltflächen dieser Symbolleiste.

Öffnet das Word-Fenster im Vordergrund.

Fügt ein Formular (*UserForm*) im Projekt ein.

Speichert das aktuelle Dokument (und damit auch die jeweiligen Formulare und Makros).

Diese drei Schaltflächen erlauben den Austausch von Textausschnitten zwischen Editor und Zwischenablage.

 Öffnet das Dialogfeld zum Suchen nach Textstellen im Visual Basic-Editor.

 Diese beiden Schaltflächen erlauben es, den letzten Befehl rückgängig zu machen bzw. zu wiederholen.

 Mit diesen Schaltflächen lässt sich ein Makro ausführen, anhalten und beenden.

 Über diese Schaltfläche öffnen und schließen Sie das Fenster für den Formular-Designer.

Diese Schaltflächen öffnen die Fenster des Projekt-Explorers, des Eigenschaftenfensters bzw. des Objektkatalogs. Die betreffenden Fenster wurden bereits vorgestellt.

Beim Bearbeiten eines Formulars lässt sich die Symbolleiste *Werkzeugsammlung* mit den Steuerelementen über diese Schaltfläche ein- oder ausblenden.

 Ruft die VBA-Hilfe auf.

Die Symbolleiste *Bearbeiten*

Die Symbolleiste *Bearbeiten* enthält einige Schaltflächen, mit denen Sie Funktionen zum Bearbeiten des VBA-Codes aufrufen können (Abbildung 55.26).

Abbildung 55.26: Die Symbolleiste Bearbeiten im Visual Basic-Editor

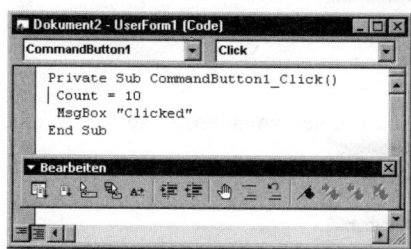

Diese Schaltfläche blendet das Fenster mit den Eigenschaften und Methoden im Editor ein.

Benötigen Sie bei der Eingabe eines Befehls Informationen über vordefinierte Konstanten, lässt sich das betreffende Fenster mit der nebenstehenden Schaltfläche öffnen.

Öffnet das QuickInfo-Fenster.

Zeigt im Codefenster ein Fenster mit Informationen zu den Parametern der zugehörigen Funktion oder Anweisung an. Dieses Fenster lässt sich auch mit der Tastenkombination [Strg]+[⇧]+[I] öffnen.

Ergänzt ein Schlüsselwort oder einen Funktionsnamen bei der Eingabe im Editor.

Über diese beiden Schaltflächen können Sie Zeilen im Codebereich stufenweise einrücken bzw. diese Einrückung zurücknehmen.

Setzt oder löscht einen Haltepunkt im Codebereich. Auf das Setzen von Haltepunkten wird im Abschnitt über das Testen von Programmen eingegangen.

Markieren Sie einige Zeilen im Codebereich, lassen sich diese mit der linken Schaltfläche in Kommentare verwandeln und damit von der Programmausführung ausschließen. Mit der rechten Schaltfläche wird die Kommentierung wieder aufgehoben. Dies erlaubt Ihnen, Codeteile beim Testen zu aktivieren bzw. zu deaktivieren.

Diese vier Schaltflächen ermöglichen Ihnen, so genannte Lesezeichen zu setzen, zu löschen und zwischen den Lesezeichen zu »springen«. In Abbildung 55.26 sehen Sie im Hintergrund das Codefenster mit einer solchen Lesemarke am linken Fensterrand.

Lesemarken gestatten Ihnen, sehr schnell in umfangreichen Codeteilen zu navigieren. Setzen Sie einfach an jeder Codestelle, die Sie später nochmals ansehen möchten, eine Lesemarke. Anschließend können Sie über die oben gezeigten Schaltflächen zwischen den gesetzten Lesemarken blättern.

Die Symbolleiste *Debuggen*

Die Symbolleiste *Debuggen* enthält Schaltflächen, mit denen sich die Funktionen zum Testen einer Prozedur oder Funktion aufrufen lassen. Weitere Hinweise zu diesem Thema finden Sie im Abschnitt über das Testen von Programmen.

HINWEIS Sofern die einzelnen Symbolleisten nicht sichtbar sind, können Sie diese über den Befehl *Symbolleisten* im Menü *Ansicht* einblenden.

Die Menüs des Visual Basic-Editors

Das Fenster des Visual Basic-Editors enthält eine Menüleiste, über die Sie verschiedene Funktionen abrufen können. Nachfolgend finden Sie eine kurze Übersicht über die einzelnen Menüs und die zugehörigen Funktionen.

Das Menü *Datei*

Dieses Menü enthält die wichtigsten Befehle, um Dateien zu laden, zu speichern und zu drucken.

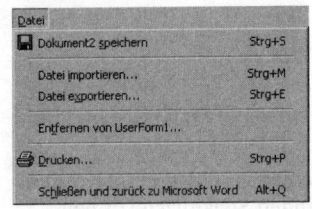

Abbildung 55.27: Das Menü Datei *im Visual Basic-Editor*

- *xyz speichern:* Der Befehl sichert das in der Anwendung geladene Dokument samt der darin enthaltenen Module (bzw. das gesamte Projekt).
- *Datei importieren:* Mit diesem Befehl können Sie eine *.BAS*- (VBA-Code), *.FRM*- (Formular) oder *.CLS*-Datei (Klassenmodul) im aktuellen Projekt importieren. Das ermöglicht Ihnen die Übernahme solcher Module aus anderen Anwendungen oder Dokumentdateien.
- *Datei exportieren:* Erlaubt Ihnen, den Inhalt des aktuellen Projektelements in eine Datei zu exportieren. Abhängig vom aktuellen Element (Modul, UserForm, Klasse) wird eine *.BAS*-, *.FRM*- oder *.CLS*-Datei angelegt.
- *Entfernen von xyz:* Dieser Befehl gestattet Ihnen, das aktuelle Element aus dem Projekt zu entfernen.
- *Drucken:* Mit diesem Befehl lässt sich der Inhalt des Visual Basic-Fensters (z. B. der Programmcode) drucken.

Mit dem letzten Befehl im Menü *Datei* verlassen Sie den Visual Basic-Editor und kehren zur jeweiligen Anwendung zurück.

HINWEIS Beachten Sie bitte, dass die Namen der Anwendungen und der Module anwendungsspezifisch sind. In Microsoft Excel werden die Befehle daher geringfügig andere Namen als in Abbildung 55.27 aufweisen. Einige dieser Befehle finden Sie auch in den Kontextmenüs, die sich über die rechte Maustaste öffnen lassen.

Das Menü *Bearbeiten*

Dieses Menü enthält alle Befehle, um die Inhalte im aktuellen Fenster des Visual Basic-Editors zu bearbeiten (Abbildung 55.28).

- *Rückgängig:* Wählen Sie diesen Befehl, um die letzte Aktion rückgängig zu machen.
- *Wiederholen:* Erlaubt Ihnen die Wiederholung des letzten Befehls.
- *Ausschneiden:* Der markierte Bereich wird ausgeschnitten und in die Zwischenablage kopiert.
- *Kopieren:* Der markierte Bereich wird in die Zwischenablage kopiert, ohne entfernt zu werden.
- *Einfügen:* Fügt den Inhalt der Zwischenablage im aktuellen Fenster ein.
- *Entfernen:* Löscht den markierten Bereich im aktuellen Fenster.
- *Alles auswählen:* Der gesamte Inhalt des aktuellen Fensters wird markiert.
- *Suchen:* Öffnet das Dialogfeld *Suchen*, um in Modulen nach Codeteilen zu suchen.
- *Weitersuchen:* Setzt die Suche nach einem Suchbegriff im Codefenster mit gleichen Optionen fort.
- *Ersetzen:* Öffnet das Dialogfeld *Ersetzen*, in dem Sie einen zu ersetzenden Suchbegriff vorgeben können.
- *Einzug vergrößern:* Vergrößert den Zeileneinzug für die aktuelle Zeile oder einen markierten Bereich.

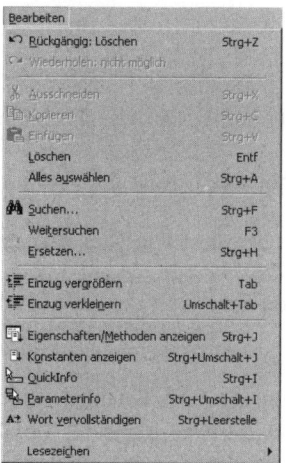

Abbildung 55.28:
Das Menü
Bearbeiten

- *Einzug verkleinern:* Verkleinert den Zeileneinzug für die aktuelle Zeile oder den eingezogenen markierten Bereich.

- *Eigenschaften/Methoden anzeigen:* Öffnet das Fenster mit den verfügbaren Eigenschaften/Methoden.
- *Konstanten anzeigen:* Öffnet das Fenster mit den bei der Eingabe verfügbaren Konstanten.
- *QuickInfo:* Öffnet das *QuickInfo*-Fenster.
- *ParameterInfo:* Öffnet ein Fenster mit Informationen über die Parameter einer Funktion oder Prozedur.
- *Wort vervollständigen:* Vervollständigt das gerade eingegebene (Schlüssel-)Wort.
- *Lesezeichen:* Öffnet ein Untermenü mit den Befehlen zur Verwaltung der Lesezeichen.

Das Menü *Ansicht*

Dieses Menü enthält verschiedene Befehle (Abbildung 55.29), mit denen sich die Ansicht innerhalb des Visual Basic-Editors ändern lässt.

Abbildung 55.29:
Das Menü
Ansicht

- *Code:* Öffnet das Codefenster des Moduls (oder des Formulars) im Visual Basic-Editor.
- *Objekt:* Bei Formularen wird das zum Formular gehörende Fenster mit der Formularansicht geöffnet.
- *Definition:* Geht zu der Anweisung, an der die an der aktuellen Cursor-Position befindliche Variable oder Konstante definiert wurde.
- *Letzte Position:* Springt zur letzten Cursor-Position innerhalb des Codefensters zurück.
- *Objektkatalog:* Öffnet das Fenster des Objektkatalogs.
- *Direktfenster:* Öffnet das Fenster zur direkten Eingabe von VBA-Befehlen.
- *Lokal-Fenster:* Öffnet das Fenster, in dem lokale Ausdrücke (Objekte, Variable, Konstante) angezeigt werden.
- *Überwachungsfenster:* Das Fenster mit den zu überwachenden Ausdrücken wird angezeigt.
- *Aufrufeliste:* Bringt eine Liste mit den zuletzt ausgeführten Prozedur- und Funktionsaufrufen auf den Bildschirm.

- *Projekt-Explorer:* Das Fenster des Projekt-Explorers wird mit diesem Befehl angezeigt.
- *Eigenschaftenfenster:* Zeigt das Eigenschaftenfenster mit den Eigenschaften des aktuell angewählten Elements (auch als Objekt bezeichnet).
- *Werkzeugsammlung:* Blendet bei geöffnetem Formularfenster die Symbolleiste Werkzeugsammlung ein oder aus.
- *Aktivierreihenfolge:* Öffnet bei einem Formularfenster ein Dialogfeld, in dem sich die Aktivierreihenfolge der Steuerelemente festlegen lässt.
- *Symbolleisten:* Öffnet ein Untermenü mit den Namen der verfügbaren Symbolleisten und ihrem aktuellen Anzeigestatus. Gezielt können die einzelnen Symbolleisten darüber eingeblendet und ausgeblendet werden.
- *Microsoft Word:* Dieser Befehl enthält den Namen der Anwendung und erlaubt den Wechsel zum betreffenden Anwendungsfenster.

Das Menü *Einfügen*

Das Menü *Einfügen* enthält Befehle (Abbildung 55.30), mit denen Sie Elemente in ein Projekt einfügen können.

- *Prozedur:* Erlaubt das Einfügen eines Prozedur- oder Funktionsrumpfs in das aktuelle Modul.
- *UserForm:* Fügt ein neues, leeres Formular im Projekt ein.
- *Modul:* Fügt ein neues Modul im Projekt ein.
- *Klassenmodul:* Fügt ein neues Klassenmodul im Projekt ein.
- *Datei:* Öffnet ein Dialogfeld, mit dem sich eine Textdatei, eine *BAS*-Datei oder eine Moduldatei (*.CLS*) einfügen lässt.

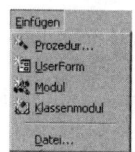

Abbildung 55.30:
Das Menü
Einfügen

Das Menü *Format*

Das Menü *Format* enthält die Befehle (Abbildung 55.31), mit denen sich die Steuerelemente eines Formulars ausrichten, gruppieren und formatieren lassen.

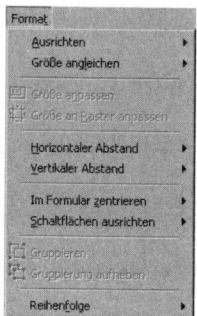

Abbildung 55.31:
Das Menü
Format

Die VBA-Entwicklungsumgebung

- *Ausrichten:* Mit den Befehlen des Untermenüs lassen sich die Formularelemente ausrichten.
- *Größe angleichen:* Öffnet das Untermenü mit den Befehlen zur Größenanpassung verschiedener markierter Formularelemente (Steuerelemente).
- *Größe anpassen:* Erlaubt, die Größe eines in einem Formular enthaltenen und markierten Steuerelements anzupassen.
- *Größe an Raster anpassen:* Passt die Größe eines in einem Formular enthaltenen und markierten Steuerelements an das vorgegebene Punkteraster an.
- *Horizontaler Abstand:* Öffnet das Untermenü mit den Funktionen zur Veränderung des horizontalen Abstands der markierten Formularelemente.
- *Vertikaler Abstand:* Öffnet das Untermenü mit den Funktionen zur Veränderung des vertikalen Abstands der markierten Formularelemente.
- *Im Formular zentrieren:* Mit den Funktionen des Untermenüs lassen sich die markierten Formularelemente horizontal oder vertikal zentrieren.
- *Schaltflächen ausrichten:* Öffnet das Untermenü mit den Funktionen zum Ausrichten der markierten Befehlsschaltflächen-Steuerelemente.
- *Gruppieren:* Fasst die markierten Steuerelemente im Formular zu einer Gruppe zusammen.
- *Gruppierung aufheben:* Löst die Elemente einer markierten Gruppierung auf.
- *Reihenfolge:* Mit den Befehlen des Untermenüs lassen sich mehrere überlagerte Steuerelemente in verschiedenen Ebenen sowie im Vorder- oder Hintergrund anordnen.

Das Menü *Debuggen*

Das Menü *Debuggen* enthält die Befehle (Abbildung 55.32), um ein VBA-Projekt zu übersetzen und den Code in den einzelnen Modulen zu testen.

- *Kompilieren von xyz:* Dieser Befehl startet die Übersetzung aller Module innerhalb eines Projekts.
- *Einzelschritt:* Führt die nächste Anweisung der aktuellen Prozedur im aktuellen Modul aus.
- *Prozedurschritt:* Führt eine komplette Prozedur aus und hält anschließend die Ausführung des Codes in der Programmzeile hinter dem Prozeduraufruf an.
- *Prozedur abschließen:* Bei einer Unterbrechung innerhalb einer Prozedur lässt sich der Programmablauf bis zum Prozedurende fortsetzen.
- *Ausführen bis Cursor-Position:* Die Programmanweisungen werden ausgeführt, bis die Anweisung erreicht wird, an der der Cursor steht. Dann wird der Programmablauf unterbrochen.
- *Überwachung hinzufügen:* Öffnet das Dialogfeld, in dem sich der zu überwachende Ausdruck definieren lässt.
- *Überwachung bearbeiten:* Öffnet das Dialogfeld zum Bearbeiten der zu überwachenden Ausdrücke.
- *Aktuellen Wert anzeigen:* Zeigt den Wert einer Konstanten oder einer Variablen an. Dazu muss der Name der Konstanten/Variablen markiert worden sein.
- *Haltepunkt ein/aus:* Setzt oder löscht einen Haltepunkt in der Programmzeile, in der der Cursor steht.
- *Alle Haltepunkte löschen:* Entfernt alle gesetzten Haltepunkte innerhalb des Moduls.

Abbildung 55.32:
Das Menü
Debuggen

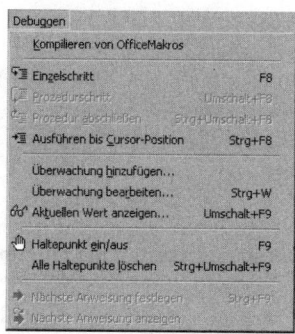

- *Nächste Anweisung festlegen:* Die Programmzeile, in der der Cursor steht, wird als nächste auszuführende Anweisung festgelegt.
- *Nächste Anweisung anzeigen:* Zeigt die Programmzeile, die als nächstes ausgeführt wird.

Das Menü *Ausführen*

Das Menü *Ausführen* enthält die Befehle (Abbildung 55.33), um eine Prozedur auszuführen, zu unterbrechen, die Ausführung zu beenden oder den Entwurfsmodus einzuschalten.

Abbildung 55.33:
Das Menü
Ausführen

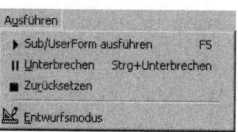

- *Sub/UserForm ausführen:* Führt die Programmanweisung in der aktuellen Prozedur aus.
- *Unterbrechen:* Hält die laufende Programmausführung an.
- *Zurücksetzen:* Das unterbrochene Programm wird beendet, alle Parameter werden in den Anfangszustand zurückgesetzt. Anschließend können Sie den Programmcode wieder bearbeiten.
- *Entwurfsmodus:* Schaltet vom Modus zur Programmausführung zum Entwurfsmodus um.

Das Menü *Extras*

Das Menü *Extras* erlaubt Ihnen, die Verweise, Optionen und Eigenschaften der Entwicklungsumgebung und des VBA-Projekts einzustellen (Abbildung 55.34).

- *Verweise:* Öffnet das Dialogfeld, in dem die Verweise auf Ojektbibliotheken aufgeführt werden.
- *Zusätzliche Steuerelemente:* Zeigt das Dialogfeld, welches die auf dem Rechner installierten ActiveX-Steuerelemente auflistet.
- *Makros:* Öffnet das Dialogfeld zum Ausführen eines der aufgeführten Makros.

Die VBA-Entwicklungsumgebung

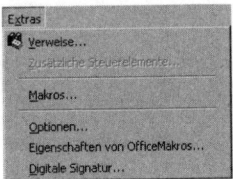

Abbildung 55.34:
Das Menü Extras

- *Optionen:* Öffnet das Dialogfeld *Optionen,* in dessen Registerkarten die Optionen für die Entwicklungsumgebung gesetzt werden.
- *Eigenschaften von Projekt:* Öffnet das Dialogfeld, in dem sich die Eigenschaften des Projekts ändern lassen. Der Bezeichner *Projekt* steht dabei für den gewählten Projektnamen.
- *Digitale Signatur:* Öffnet ein Dialogfeld, in dem Sie die Signatur für sichere Makros festlegen können.

Das Menü *Fenster*

Das Menü *Fenster* erlaubt Ihnen, die Fenster innerhalb der Entwicklungsumgebung anzuordnen und zwischen mehreren geöffneten Fenstern zu wechseln (Abbildung 55.35).

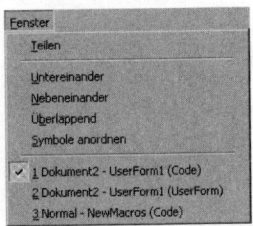

Abbildung 55.35:
Das Menü
Fenster

- *Teilen:* Spaltet das Fenster mit der Codeanzeige vertikal auf. Dadurch können Sie unterschiedliche Codeausschnitte eines Moduls in den beiden Fensterhälften anzeigen.
- *Untereinander:* Ordnet die geöffneten Fenster (Code- und Formularentwurf) untereinander im Visual Basic-Editor-Fenster an.
- *Nebeneinander:* Ordnet die geöffneten Fenster (Code- und Formularentwurf) nebeneinander im Visual Basic-Editor-Fenster an.
- *Überlappend:* Ordnet die geöffneten Fenster (Code und Formularentwurf) überlappend im Visual Basic-Editor-Fenster an.
- *Symbole anordnen:* Ordnet die Symbole verkleinerter Fenster in der linken unteren Ecke im Visual Basic-Editor-Fenster an.

Weiterhin führt das Menü die Namen der geöffneten Code- und Formularfenster auf. Durch Anwahl eines Menüeintrags lässt sich zwischen den Fenstern wechseln.

HINWEIS Das Menü mit dem Fragezeichen öffnet das Hilfemenü (Abbildung 55.36). Über die Befehle lassen sich die Programmhilfe bzw. die Webseiten des Microsoft Developers Network MSDN aufrufen.

Abbildung 55.36:
Befehle im Hilfe-
menü

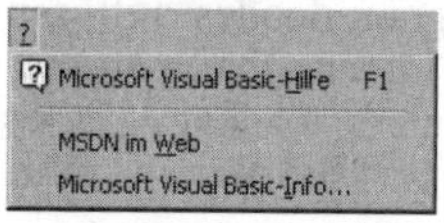

Verweise, Steuerelemente und Optionen

Über das Menü *Extras* lassen sich die Verweise eines Moduls in andere Objektbibliotheken aktivieren und abschalten. Weiterhin enthält das Menü einen Befehl, um die auf dem System installierten ActiveX-Steuerelemente anzuzeigen bzw. zu aktivieren. Darüber hinaus lassen sich über dieses Menü die Optionen der Entwicklungsumgebung setzen bzw. die Projekteigenschaften definieren.

Verweise definieren

In einer VBA-Prozedur können Sie auf die verschiedenen Funktionen oder Objekte zugreifen, die in den eingebundenen Objektbibliotheken definiert sind. Die Microsoft Office 97-Anwendungen stellen dazu Bibliotheken zur Verfügung, die die in der jeweiligen Anwendung realisierte Funktionalität auf ein Objektmodell abbilden. Außerdem gibt es zusätzliche Bibliotheken, die sich einbinden lassen. Der Befehl *Verweise* im Menü *Extras* öffnet das Dialogfeld mit der Liste der definierten Verweise (Abbildung 55.37).

In der Liste *Verfügbare Verweise* erscheinen die Namen der Bibliotheken, die in der Entwicklungsumgebung für das Projekt verfügbar sind. Die betreffenden Bibliotheken werden bei der Installation der Office-Komponenten eingerichtet und in der Windows-Registrierung eingetragen. Dadurch kann aus einem VBA-Modul auf die Objekte einer anderen Anwendung oder einer Zusatzbibliothek zugegriffen werden.

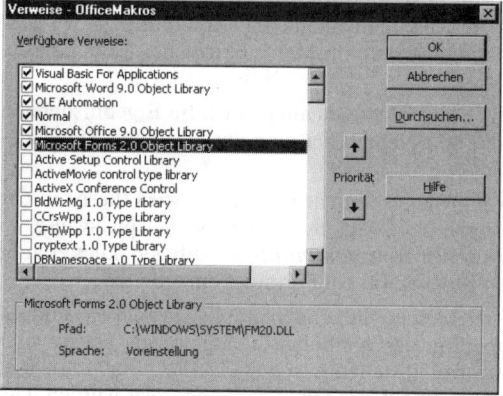

Abbildung 55.37:
Das Dialogfeld
Verweise

Möchten Sie auf Objekte aus einer anderen Anwendung oder einer Erweiterung im Code eines VBA-Moduls zurückgreifen, ist der Verweis auf die betreffende Objektbibliothek dieser Anwendung festzulegen. Dazu muss das Kontrollkästchen vor dem Namen der betreffenden Bibliothek markiert werden.

HINWEIS Ist das Kontrollkästchen markiert, finden Sie die Objekte der Objektbibliothek, deren Methoden und Eigenschaften im Objektkatalog. Die Kontrollkästchen der Bibliotheken, deren Objekte nicht verwendet werden, sind zu deaktivieren. Dies minimiert die

Die VBA-Entwicklungsumgebung

Zahl der Verweise, die Visual Basic beim Übersetzen des Programmcodes auflösen muss, was zu einer schnelleren Übersetzung des Projekts führt. Wird ein Objekt im Projekt referenziert, lässt sich der zugehörige Verweis allerdings nicht löschen. (Ist es Ihnen trotzdem gelungen, die Markierung eines solchen Verweises zu löschen, führt dies beim nächsten Übersetzen des Projekts zu einem Fehler.)

Über die beiden Prioritätsschaltflächen lassen sich die Verweise in der Liste nach oben bzw. nach unten verschieben. Dies hat einen Einfluss auf die Art, wie Visual Basic die Objektbibliotheken benutzt. Wird im Code ein Verweis auf ein Objekt gefunden, durchsucht Visual Basic die Objektbibliotheken in der angegebenen Reihenfolge noch dem betreffenden Objektnamen. Die Referenz wird auf den ersten gefundenen Eintrag aufgelöst. Benutzen zwei Objektbibliotheken den gleichen Namen für ein Objekt, wird der Verweis auf das Objekt der Bibliothek verwendet, dessen Bibliothek in der Liste weiter oben angezeigt wird.

Im *Ergebnisbereich* im unteren Teil des Dialogfelds erscheint der Name und der Pfad des aktuell in der Liste *Verfügbare Verweise* markierten Verweises (sprich der betreffenden Objektbibliothek) sowie die Sprachversion.

HINWEIS Über die Schaltfläche *Durchsuchen* lässt sich das Dialogfeld *Verweis hinzufügen* öffnen. Über dieses Dialogfeld können Sie in anderen Verzeichnissen nach Objektbibliotheken suchen lassen und diese in die Liste *Verfügbare Verweise* aufnehmen. Dabei sind Verweise auf Klassenbibliotheken (*.olb*, *.tlb*, *.dll*), ausführbare Dateien (*.exe*, *.dll*) und ActiveX-Steuerelemente (*.ocx*) möglich.

Zusätzliche Steuerelemente aktivieren

Der Microsoft Visual Basic-Editor zeigt im Entwurfsmodus für Formulare eine Symbolleiste mit den verfügbaren Steuerelementen. Sie dienen der Interaktion zwischen Anwender und Software und lassen sich zu diesem Zweck sowohl in Formulare als auch in Dokumente (Word, Excel, Access, PowerPoint) einfügen. Diese Steuerelemente sind als ActiveX-Controls realisiert (.*OCX*- und .*DLL*-Dateien) und lassen sich den Symbolleisten (z. B. *Werkzeugsammlung*) hinzufügen.

Die Liste der im System verfügbaren ActiveX-Steuerelemente (Abbildung 55.38) lässt sich über den Befehl *Zusätzliche Steuerelemente* im Menü *Extras* des Visual Basic-Editors abrufen.

Im Dialogfeld werden alle registrierten Steuerelemente aufgeführt. Im Ergebnisbereich des Formulars sehen Sie den Pfad und den Namen der zum ausgewählten Steuerelement zugehörigen Datei.

Sobald Sie das Kontrollkästchen für ein Steuerelement markieren, wird dieses in der Symbolleiste (z. B. *Werkzeugsammlung*) hinzugefügt. So können Sie beispielsweise ein Kalendersteuerelement zur Symbolleiste *Werkzeugsammlung* hinzufügen. Dies erlaubt Ihnen, mit wenigen Handgriffen einen Kalender in ein Formular einzubauen.

HINWEIS Beachten Sie aber, dass nicht alle Steuerelemente für eine Symbolleiste zulässig sind. In diesem Fall wird zwar ein Steuerelement in der Symbolleiste eingetragen. Dieses lässt sich aber nicht einsetzen. Über das Kontrollkästchen *Nur ausgewählte Elemente* lässt sich festlegen, ob nicht markierte Steuerelemente im Dialogfeld angezeigt werden. Die Registrierung eines solchen Steuerelements erfolgt, sobald Sie das ActiveX-Control installieren. Das Dialogfeld *Weitere Steuerelemente* lässt sich auch aufrufen, indem Sie die betreffende Symbolleiste mit der rechten Maustaste anklicken und anschließend den Befehl *Zusätzliche Steuerelemente* im Kontextmenü wählen.

Abbildung 55.38:
Liste der verfügbaren Steuerelemente

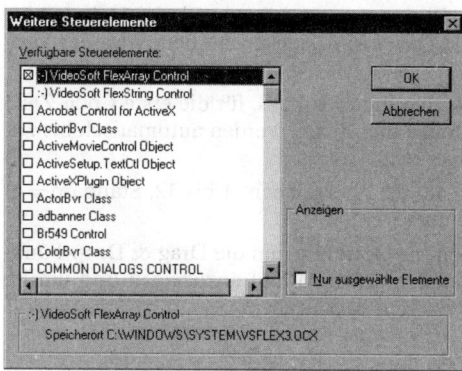

Optionen des Visual Basic-Editors einstellen

Über den Befehl *Optionen* im Menü *Extras* des Visual Basic-Editors lässt sich das Dialogfeld *Optionen* öffnen. Es enthält vier Registerkarten, über die Sie auf verschiedene Parameter der Entwicklungsumgebung Einfluss nehmen können.

Die Registerkarte *Editor*

In der Registerkarte *Editor* lassen sich die Optionen zur Bearbeitung des Codes und zur Anzeige des Codefensters festlegen.

- *Automatische Syntaxüberprüfung:* Diese Option bestimmt, ob Visual Basic nach der Eingabe einer Programmzeile automatisch die Syntax überprüfen soll.
- *Variablendeklaration erforderlich:* Markieren Sie dieses Kontrollkästchen, wenn eine explizite Variablendeklarationen in Modulen gefordert wird. In diesem Fall fügt der Editor jedem neuen Modul die *Explicit*-Anweisung hinzu.

Abbildung 55.39:
Die Registerkarte Editor

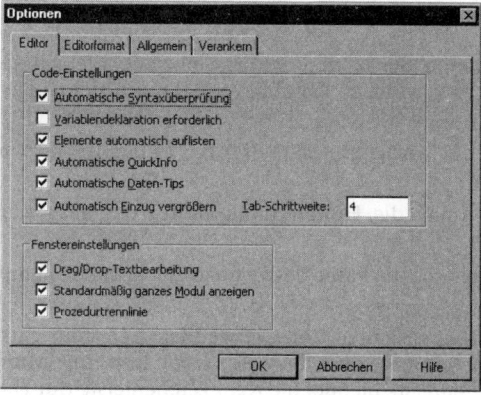

- *Elemente automatisch auflisten:* Ist diese Option markiert, zeigt der Editor bei einer Eingabe automatisch die Informationen zum Vervollständigen einer Anweisung an.
- *Automatische QuickInfo:* Bei markierter Option werden bei der Eingabe Quick-Info-Fenster mit Informationen zu Funktionen und deren Parametern angezeigt.

- *Automatische Daten-Tipps:* Ist diese Option gesetzt, können Sie im Haltemodus auf eine Variable zeigen. Dann wird ein *QuickInfo*-Fenster mit dem Wert der Variablen eingeblendet.
- *Automatisch Einzug vergrößern:* Diese Option erlaubt es, für die erste Code-Zeile einen Tabulator festzulegen. Die nachfolgenden Zeilen werden automatisch bis zur Position der vorhergehenden Zeile eingerückt.
- *Tab-Schrittweite:* Stellen Sie hier die Zahl der Leerzeichen (1 bis 32, Standard = 4) ein, die anstelle eines Tab-Zeichens benutzt werden.

In der Gruppe *Fenstereinstellungen* finden Sie Optionen, um die Drag & Drop-Funktion bei der Textbearbeitung zuzulassen, das gesamte Modul anzuzeigen und um im Codefenster eine Trennlinie zwischen Prozeduren darzustellen.

Die Registerkarte *Editorformat*

Die Registerkarte *Editorformat* enthält die Optionen, mit denen Sie die Darstellung bestimmter Elemente im Codefenster beeinflussen können (Abbildung 55.40).

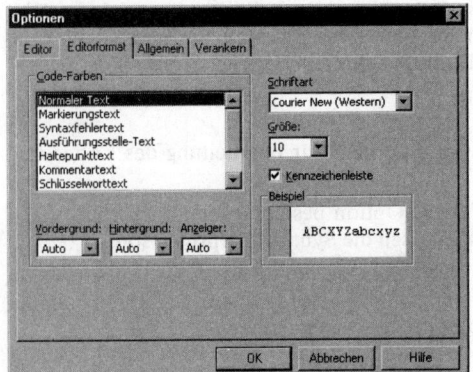

Abbildung 55.40:
Die Registerkarte Editorformat

Über die Gruppe *Code-Farben* können Sie in der Textliste einzelne Elemente des Codefensters (z.B. Kommentartext) auswählen. Anschließend lassen sich folgende Eigenschaften setzen:

- Im Listenfeld *Vordergrund* wird die Vordergrundfarbe für das in der Textliste markierte Element.
- Das Listenfeld *Hintergrund* bestimmt die Hintergrundfarbe für das ausgewählte Element.
- Über das Feld *Kennzeichen* können Sie die Farbe des Kennzeichens in der Kennzeichenleiste festlegen.

Im Feld *Schriftart* lässt sich die für den gesamten Code verwendete Schriftart einstellen. Die Schriftgröße im Codefenster legen Sie über das Feld *Größe* fest. Eine Markierung im Kontrollkästchen *Kennzeichenleiste* blendet die Kennzeichenleiste (für Haltepunkte und Lesezeichen) am linken Rand des Codefensters ein.

Es dürfte jedoch wenige Gründe geben, warum die Einstellungen in diesem Fenster zu ändern sind.   **HINWEIS**

Die Registerkarte *Allgemein*

Die Registerkarte *Allgemein* (Abbildung 55.41) enthält Optionen, um zum Beispiel das Raster im Formularentwurf zu definieren.

Abbildung 55.41:
Die Registerkarte Allgemein

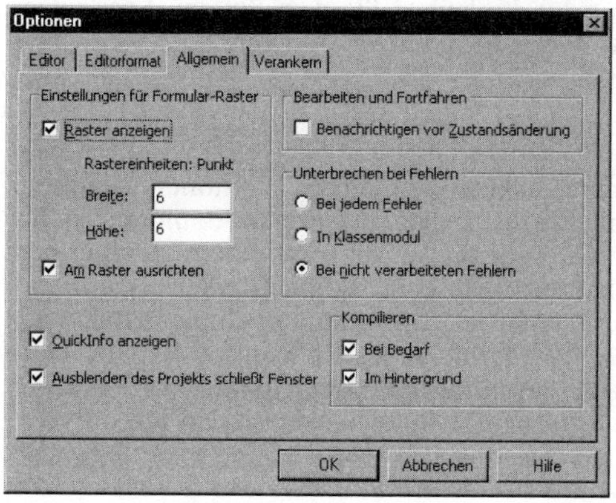

In der Gruppe *Einstellungen für Formularraster* lässt sich festlegen, ob im Fenster für den Formularentwurf ein Raster angezeigt wird. Weiterhin können Sie das Maß für dieses Raster vorgeben.

- Markieren Sie das Kontrollkästchen *Raster anzeigen*, um das Raster im Fenster des Formularentwurfs einzublenden.
- Über die Felder *Breite* und *Höhe* lässt sich das Maß für das Raster (zwischen 2 und 60 Twips) festlegen.
- Sollen die Steuerelemente eines Formulars beim Einfügen im Layout automatisch ausgerichtet werden, markieren Sie das Kontrollkästchen *Am Raster ausrichten*.

Die restlichen Optionen beziehen sich auf die Darstellung im Fenster sowie auf das Übersetzen und Debuggen.

- Das Kontrollkästchen *QuickInfo anzeigen* schaltet die QuickInfo-Funktion ein oder aus.
- Das Kontrollkästchen A*usblenden des Projekts schließt Fenster* definiert, ob die Projekt-, UserForm-, Objekt- oder Modulfenster automatisch geschlossen werden, wenn ein Projekt im Projekt-Explorer ausgeblendet wird.
- Das Kontrollkästchen *Benachrichtigung vor Zustandsänderung* in der Gruppe *Bearbeiten und Fortfahren* steuert, ob eine Benachrichtigung, dass alle Variablen auf Modulebene für ein laufendes Projekt zurückgesetzt werden, angezeigt wird.

Die Optionen der Gruppe *Unterbrechen bei Fehlern* legen fest, wie die Visual Basic-Entwicklungsumgebung auf Laufzeitfehler bei der Ausführung von Programmcode reagiert.

- Ist die Option *Bei jedem Fehler* aktiviert, wird bei jedem Fehler im Projekt der Haltemodus ausgelöst. Und zwar unabhängig davon, ob eine Fehlerbehandlungsroutine definiert ist oder der Code sich in einem Klassenmodul befindet.
- Die markierte Option *In Klassenmodul* bewirkt, dass alle nicht abgefangenen Fehler innerhalb von Klassenmodulen zum Abbruch der Programmausführung und Umschaltung in den Haltemodus führen.
- Mit *Bei nicht verarbeiteten Fehlern* führen Fehler nur dann in den Haltemodus, wenn keine Fehlerbehandlungsroutine existiert.

Die Optionen der Gruppe *Kompilieren* steuern, wie Visual Basic für Applikationen das Projekt übersetzt:

- Die Option *Bei Bedarf* legt fest, ob ein Projekt vor dem Start vollständig kompiliert oder ob der Code lediglich bei Bedarf übersetzt wird.

Die VBA-Entwicklungsumgebung

- Mit der gesetzten Option *Im Hintergrund* erlauben Sie dem System, Leerlaufzeit zur Kompilierung des Projekts im Hintergrund zu nutzen (nur verfügbar, wenn auch *Kompilieren bei Bedarf* aktiviert ist).

Die Registerkarte *Verankern*

Die Fenster des Visual Basic-Editors lassen sich an bestimmten Positionen verankern. Sehr hilfreich ist das zum Beispiel, wenn Sie das Fenster des Projekt-Explorers am linken Fensterrand festsetzen möchten. Bei anderen Fenstern (wie zum Beispiel dem Eigenschaftenfenster) ist dieses Verankern eher störend. Die Registerkarte *Verankern* enthält mehrere Kontrollkästchen, in denen Sie festlegen können, ob die betreffenden Fenster verankerbar sind (Abbildung 55.42). Markieren Sie ein Kontrollkästchen, aktiviert dies die Funktion zum Verankern des zugehörigen Fensters. Sobald das Fenster in die Nähe des oberen Fensterrandes gezogen wird, wird dieses durch den Editor verankert.

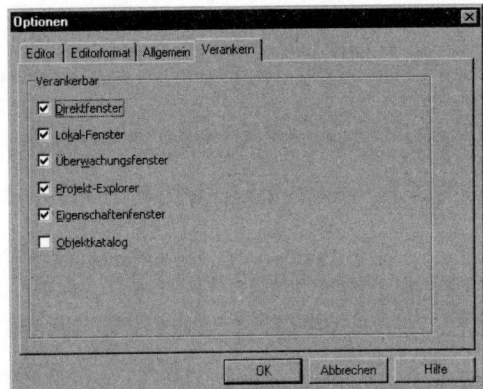

Abbildung 55.42:
Die Registerkarte Verankern

Setzen der Projekteigenschaften

Über den Befehl *Eigenschaften von xyz* im Menü *Extras* lässt sich das Dialogfeld zum Setzen der Projekteigenschaften öffnen (Abbildung 55.43). Der Name *xyz* steht dabei für den Namen des aktuellen Projekts (wird standardmäßig vom System mit *Project* vorgegeben). In der Registerkarte *Allgemein* lassen sich verschiedene Optionen für das Projekt vorgeben.

Ändern Sie den Inhalt des Feldes *Projektname* von *Project* auf einen anderen Namen (z. B. *OfficeMakros*), zeigt der Visual Basic-Editor diesen Namen sowohl im Projektfenster als auch im Titel des Dialogfelds und im Menü *Extras*. Der Projektname muss eindeutig sein, da er die Komponente in der Windows-Registrierung und im Objektkatalog identifiziert. Weiterhin wird er zur Bezeichnung von Klassen verwendet.

Das Feld *Projektbeschreibung* dient zur Aufnahme eines Kommentars, der Ihnen Hinweise zum Inhalt bzw. Zweck des Projekts liefert. Dieser Text wird im Objektkatalog im Fenster mit den Details angezeigt.

Verwendet das Projekt eine Hilfedatei, muss diese im Feld *Name der Hilfedatei* mit dem Projekt verknüpft werden. Über das Feld *Kontext-ID für Projekthilfe* lässt sich die Kontext-ID für das Hilfethema angeben, welches beim Abrufen der Hilfefunktion anzuzeigen ist. Die Hilfefunktion lässt sich im Objektkatalog über die *Hilfe*-Schaltfläche abrufen, falls die Objektbibliothek der Anwendung vorher ausgewählt wurde.

Abbildung 55.43:
Einstellen der Projekteigenschaften

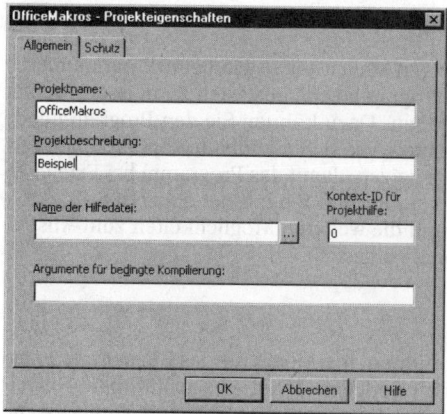

In der Zeile *Argumente für die bedingte Kompilierung* lassen sich Konstante für eine bedingte Kompilierung des Projekts hinterlegen.

Ein Projekt schützen

Um den Zugriff von Dritten auf den Quellcode Ihrer Makros oder auf das Projekt zu verhindern, können Sie dieses über die Registerkarte *Schutz* des Dialogfelds *xyz – Projekteigenschaften* schützen (Abbildung 55.44).

Abbildung 55.44:
Die Registerkarte Schutz

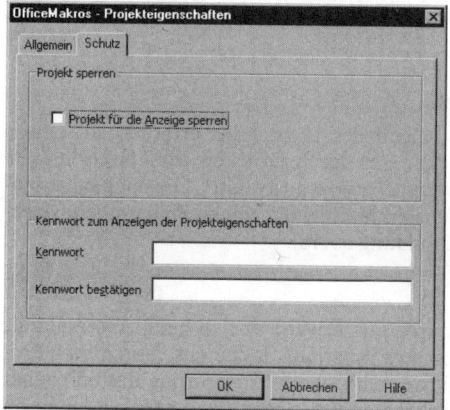

Markieren Sie das Kontrollkästchen *Projekt für die Anzeige sperren*, kann das Projekt nicht angezeigt oder bearbeitet werden. In diesem Fall müssen Sie in den Feldern *Kennwort* und *Kennwort bestätigen* ein Kennwort hinterlegen. Mit diesem Kennwort lassen sich die Projekteigenschaften abrufen.

HINWEIS Geben Sie ein Kennwort an, ohne die Option *Projekt für die Anzeige sperren* zu aktivieren, wird das Projekt mit den Dokumenten, Modulen und Formularen (UserForm) angezeigt. Zum Zugriff auf das Dialogfeld *Projekteigenschaften* benötigen Sie jedoch das Kennwort.

Testen des VBA-Codes

Bei der Entwicklung von VBA-Anwendungen stehen Sie – wie beim Programmieren überhaupt – regelmäßig vor der Aufgabe, Programmcode austesten zu müssen, weil er nicht genau das macht, was Sie erwartet haben. Dazu können Sie den Programmcode schrittweise austesten und jederzeit beobachten, wie sich die Inhalte von Variablen verändern. Außerdem können Sie Haltepunkte setzen, damit das Programm bei Erreichen der jeweiligen Programmzeile automatisch stoppt und Sie mit der Einzelschrittverfolgung beginnen können. Diese Methoden und die weiteren Möglichkeiten zum Austesten von VBA-Code werden in diesem Kapitel vorgestellt.

Den Code ausführen

Um eine Prozedur oder ein Formular auszuführen, markieren Sie das Element im Fenster des Projekt-Explorers oder Sie klicken im Codefenster auf eine ausführbare Anweisung in der betreffenden Prozedur bzw. im Formularcode. Anschließend genügt es, die nebenstehend gezeigte Schaltfläche anzuwählen. Der Code wird dann komplett ausgeführt.

Um ein laufendes VBA-Programm zu unterbrechen, wählen Sie die nebenstehend gezeigte Schaltfläche in der Symbolleiste *Debuggen* des Visual Basic-Editors.

Ein unterbrochenes oder gerade ausgeführtes VBA-Programm lässt sich über die nebenstehend gezeigte Schaltfläche der Symbolleiste *Debuggen* des Visual Basic-Editors beenden.

HINWEIS Voraussetzung für das Durchführen von Änderungen im Codefenster ist, dass sich der Editor im Entwurfsmodus befindet. Haben Sie ein Programm bei der Ausführung unterbrochen, zeigt das Codefenster zwar die Anweisungen an. Es lässt sich aber nichts ändern. Sie müssen erst die Schaltfläche zum Beenden des Programms wählen, um Änderungen auszuführen.

Die Anweisungen schrittweise ausführen

Beim Testen ist häufig ein schrittweiser Ablauf des Programms erforderlich. Durch Anklicken der nebenstehenden Schaltfläche oder durch Drücken der Funktionstaste [F8] wird die nächste VBA-Anweisung als *Einzelschritt* ausgeführt. Die nächste auszuführende Anweisung wird dabei im Codefenster durch einen gelben Pfeil und eine farbliche Markierung hervorgehoben (siehe Abbildung 55.46).

Den Ablauf gezielt unterbrechen

Ruft der Code bereits ausgetestete Prozeduren auf, erweist es sich beim Austesten als umständlich, wenn der Einzelschrittmodus auch innerhalb der bereits verifizierten Prozedur zum Einsatz kommt. Nutzen Sie für die schrittweise Ausführung deshalb lieber die nebenstehend gezeigte Schaltfläche *Prozedurschritt* oder die Tastenkombination [⇧]+[F8]. Enthält die aktuelle Anweisung nämlich einen Prozeduraufruf, wird diese ohne Unterbrechung ausgeführt (Abbildung 55.46). Erst bei der Rückkehr zum Aufrufer bleibt das Programm wieder stehen und kann weiter im Einzelschrittmodus getestet werden. Bei anderen Anweisungen wirkt der Befehl wie die Schaltfläche *Einzelschritt*.

Wurde der Ablauf des Programms in einer Prozedur unterbrochen, empfiehlt sich der Einsatz der nebenstehend gezeigten Schaltfläche (oder die Tastenkombination [Strg]+[⇧]+[F8]). Dann führt das System alle Anweisungen der Prozedur aus und unterbricht den Programmablauf am Prozedurende.

Abbildung 55.45:
Fenster des Visual Basic-Editors mit Codeanzeige und Projekt-Explorer

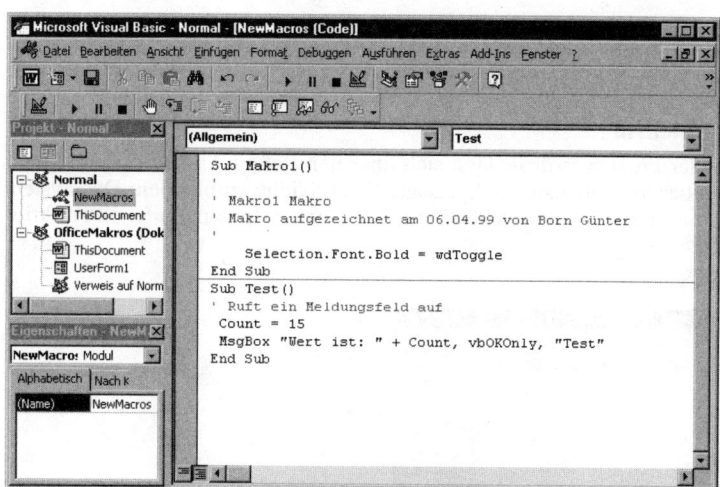

Abbildung 55.46:
Codefenster mit einer Anweisung zum Prozeduraufruf

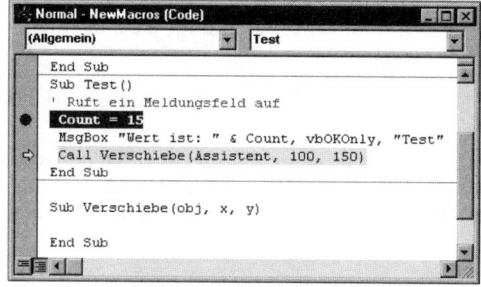

Um die Ausführung des Programms in einer bestimmten Programmzeile zu unterbrechen, haben Sie verschiedene Möglichkeiten:

- Sie markieren die gewünschte Programmzeile mit einem Mausklick. Anschließend wählen Sie im Menü *Debuggen* den Befehl *Ausführen bis Cursor-Position*. Alternativ können Sie die Tastenkombination [Strg]+[F8] drücken.

- Sie wählen die betreffende Programmzeile per Mausklick an und setzen anschließend über die nebenstehend gezeigte Schaltfläche bzw. über die Taste [F9] einen Haltepunkt. Sie können dabei mehrere Haltepunkte pro Modul setzen. Das System unterbricht den Programmablauf, sobald ein Haltepunkt erreicht wird. Haltepunkte werden im Codefenster durch einen braunen Punkt in der *Kennzeichenleiste* und eine farbliche Hinterlegung in der Programmzeile markiert (Abbildung 55.46, erste Programmzeile).

Um Haltepunkte zu entfernen, klicken Sie erneut auf die betreffende Programmzeile und wählen die Funktion zum Setzen des Haltepunkts. Der Befehl *Alle Haltepunkte aus* im Menü *Debuggen* (oder die Tastenkombination [Strg]+[⇧]+[F9]) entfernt alle gesetzten Haltepunkte aus dem aktuellen Modul.

HINWEIS Durch Anklicken der *Kennzeichenleiste* lassen sich die Haltepunkte für eine Zeile auch direkt setzen oder entfernen. Beachten Sie beim Debuggen, dass Haltepunkte in Ereignisprozeduren nur dann einen Abbruch bewirken, wenn das Ereignis auch auftritt

Die VBA-Entwicklungsumgebung

(z. B. Anklicken einer Schaltfläche). Sie können eine Programmzeile markieren und den Befehl *Nächste Anweisung festlegen* im Menü *Debuggen* wählen. Dann führt das System diese Anweisung als Nächstes aus.

Anzeige der Aufrufeliste

Die Reihenfolge der Prozeduraufrufe lässt sich über den Befehl *Aufrufeliste* im Menü *Debuggen* oder über die nebenstehend gezeigte Schaltfläche einblenden. Das System zeigt dann das Fenster aus Abbildung 55.47 mit den Namen der aufgerufenen Funktionen und Prozeduren an.

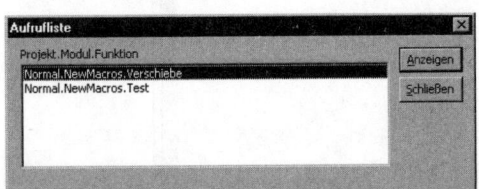

Abbildung 55.47: Anzeige der Aufrufeliste

Beachten Sie aber, dass in dieser Liste die Projektorganisation abgebildet wird. Jeder Eintrag besteht aus den Namen für das Projekt, für das Modul und für die aufgerufene Prozedur.

HINWEIS

Werte anzeigen

Wird ein Programm im Ablauf unterbrochen, können Sie sich auf recht einfache Weise die aktuellen Werte einer Variablen (oder einer Eigenschaft) anzeigen lassen. Sie müssen lediglich mit der Maus auf die betreffende Variable zeigen. Das System blendet dann den Wert als QuickInfo ein.

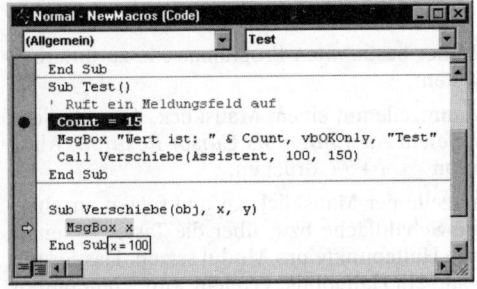

Abbildung 55.48: Anzeige eines Wertes

In Abbildung 55.48 wurde auf diese Weise der Wert einer Eigenschaft der Variablen x abgefragt.

Möchten Sie den Wert einer Variablen gezielt setzen, öffnen Sie das Direktfenster und geben anschließend die Anweisung mit der Wertzuweisung an die Variable ein.

HINWEIS

Überwachung hinzufügen und Werte anzeigen

Sie können Ausdrücke definieren, die vom Visual Basic-Editor beim Ausführen des Programmcodes zu überwachen sind. Dazu wählen Sie den Befehl *Überwachung hinzufügen* im Menü *Debuggen*. Die Anwendung öffnet das Dialogfeld zum Definieren des Überwachungsausdrucks (Abbildung 55.49).

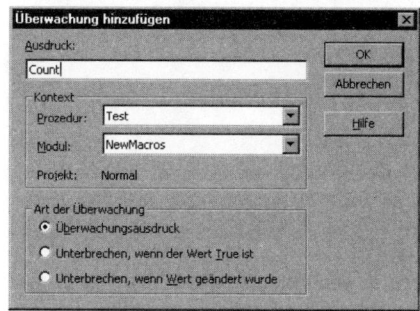

Abbildung 55.49: Dialogfeld zum Definieren eines Überwachungsausdrucks

Geben Sie anschließend im Feld *Ausdruck* den zu überwachenden Ausdruck an. Dabei kann es sich um eine Variable, eine Eigenschaft, einen Funktionsaufruf oder einen anderen gültigen Basic-Ausdruck handeln.

In der Gruppe *Kontext* lässt sich festlegen, auf welchen Kontext sich die Überwachung bezieht.

- Das Feld *Prozedur* definiert den Prozedurnamen, in der die Überwachung ausgeführt wird. Sie können alle Prozeduren oder nur einen bestimmten Prozedurnamen zur Auswertung der Variablen bestimmen.

- In *Modul* wird der Name des Moduls mit dem zu überwachenden Ausdruck vereinbart. Sie können alle Module oder nur einen bestimmten Modulnamen zur Auswertung der Variablen festlegen.

Innerhalb der Gruppe wird zusätzlich der Name des aktuellen Projekts angezeigt. Diese Einstellung lässt sich aber nicht ändern, da eine Überwachung außerhalb eines Projekts nicht möglich ist.

HINWEIS Sie sollten den Gültigkeitsbereich eines Überwachungsausdrucks möglichst eng fassen (Prozedur oder maximal ein Modul). Andernfalls muß das System sehr viele Codestellen auswerten, was die Ausführungsgeschwindigkeit stark reduziert.

In der Gruppe *Art der Überwachung* lässt sich festlegen, wann das System den Programmablauf unterbrechen soll.

- Die Option *Überwachungsausdruck* zeigt lediglich den Überwachungsausdruck und dessen Wert im *Überwachungsfenster* an. Bei Aktivierung des Haltemodus wird der Wert des Überwachungsausdrucks automatisch im Fenster aktualisiert.

- Mit der Option *Unterbrechen, wenn der Wert True ist* unterbricht das System den Programmablauf, falls der Ausdruck den Wert *true* (oder den Wert <> 0) annimmt, und aktiviert den Haltemodus.

- Mit *Unterbrechen, wenn Wert geändert wurde* wird die Programmausführung bei jeder Wertzuweisung an die Variable oder Eigenschaft unterbrochen.

Auf diese Weise lässt sich ggf. ermitteln, an welchen Codestellen der Wert eines Ausdrucks verändert wird.

Überwachungsausdrücke anzeigen

Die Überwachungsausdrücke werden in einem separaten Fenster angezeigt (Abbildung 55.50), welches sich im Visual Basic-Editor über die nebenstehend gezeigte Schaltfläche einblenden lässt. Das Symbol in der linken Spalte des Fensters zeigt dabei die Art des Überwachungsausdrucks an. Alle Überwachungsausdrücke werden im Überwachungsfenster nur dann aktualisiert, wenn der Haltemodus aktiviert ist bzw. eine Anweisung im Direktfenster ausgeführt wurde.

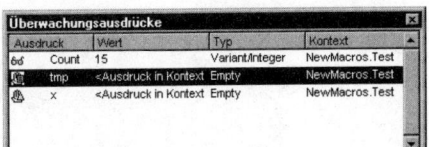

Abbildung 55.50:
Anzeige der Überwachungsausdrücke

Sie können markierte Ausdrücke vom Codefenster auch direkt in das Überwachungsfenster ziehen, um deren Werte anzuzeigen. Es muss sich aber um vollständige Ausdrücke handeln. Um die Überwachungsfunktionen für einen Eintrag zu ändern, klicken Sie diesen mit der rechten Maustaste im Überwachungsfenster an und wählen im Kontextmenü den Befehl *Überwachung bearbeiten*. Einen Ausdruck löschen Sie im Überwachungsfenster, indem Sie diesen mit der rechten Maustaste markieren und im Kontextmenü den Befehl *Überwachung löschen* wählen.

HINWEIS

56 VBA-Programmiergrundlagen

1303	VBA-Programmorganisation
1306	Objekte, Eigenschaften, Ereignisse und Methoden
1311	Anweisungen, Folgezeilen und Kommentare
1313	Variablen und Konstanten
1320	Operatoren
1322	Verzweigungen
1323	Schleifen
1326	Arbeiten mit *With*
1327	Prozeduren und Funktionen

Dieses Kapitel enthält eine Einführung in die Grundlagen der objektorientierten Programmierung mit VBA. Sie erfahren, was Objekte, Eigenschaften, Methoden und Ereignisse sind. Weiterhin lernen Sie die wichtigsten VBA-Sprachelemente kennen. Wir zeigen, wie Variablen und Konstanten in Programmen definiert werden und welche Datentypen zur Verfügung stehen. Darüber hinaus werden die VBA-Operatoren und die Anweisungen zum Aufbau von Schleifen und Verzweigungen besprochen. Ein weiterer Abschnitt widmet sich dem Umgang mit Prozeduren und Funktionen in VBA-Modulen. Wenn Sie über das reine Aufzeichnen von Makros hinauskommen möchten, ist dies das Rüstzeug, auf das Sie nicht verzichten können.

VBA-Programmorganisation

Visual Basic für Applikationen (bzw. Visual Basic for Applications) ist die Programmiersprache, die von den Microsoft Office-Anwendungen unterstützt wird. Nachfolgend wird Visual Basic für Applikationen als VBA abgekürzt. Sämtliche mit Office-Anwendungen aufgezeichneten Makros werden als VBA-Anweisungen hinterlegt. Zum Erstellen und Bearbeiten dieser VBA-Programme sollten Sie jedoch die grundlegende Philosophie der VBA-Entwicklungsumgebung verstanden haben. Im vorangegangenen Kapitel wurde diese Entwicklungsumgebung (sprich: der Visual Basic-Editor) kurz vorgestellt. Jetzt lernen Sie die Techniken zur Projektorganisation kennen.

Es wurde bereits gezeigt, dass der Visual Basic-Editor den Projekt-Explorer zur Verwaltung der geladenen Projekte einsetzt. In dessen Fenster finden Sie Symbole für Dokumente, Dokumentvorlagen, Verweise und VBA-Programme, die in Modulen, Klassen

und Formularen enthalten sind. Der nachfolgende Abschnitt enthält eine kurze Einführung in die in diesem Zusammenhang benutzten Begriffe.

Was sind Projekte?

Der einem Office-Dokument zugeordnete VBA-Code muss nicht nur mit der Dokumentdatei gespeichert, sondern auch geeignet organisiert werden. Die Office-Anwendungen verwenden zur Verwaltung aller Bestandteile eines Dokuments die so genannten Projekte. Ein *Projekt* lässt sich als eine Art Container interpretieren, der all die Elemente aufnimmt, die zu einer Datei gehören. Das Werkzeug zur Verwaltung dieser Projekte ist der Projekt-Explorer des Visual Basic-Editors.

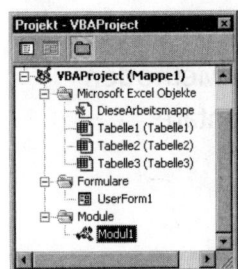

*Abbildung 56.1:
Anzeige der geladenen Projekte im Projekt-Explorer*

In Abbildung 56.1 sehen Sie beispielsweise das Fenster des Projekt-Explorers in Microsoft Excel mit einem geladenen Projekt. Die Makros werden im Zweig *Module* hinterlegt. In einem Projekt werden aber nicht nur die Module mit dem VBA-Programmcode, sondern alle Bestandteile des Dokuments (Formulare, Dokumente, Kalkulationsblätter, Dokumentvorlagen etc.) aufgeführt.

- Das eigentliche Dokument mit dem jeweiligen Text. Für jedes Projekt ist immer nur ein Dokument zulässig. Bei Word besitzt das Dokument zusätzlich einen Verweis auf eine Dokumentvorlage. Da ein Dokument nur auf einer Vorlage basiert, ist hier ebenfalls nur ein Eintrag pro Projekt zulässig.
- Ein Dokument kann kein, ein oder mehrere Formulare (UserForms) enthalten, die in der VBA-Entwicklungsumgebung erstellt wurden. Für jedes Formular wird im Projekt ein separates Form-Modul angelegt.
- Aufgezeichnete Makros sowie vom Benutzer erstellte VBA-Prozeduren werden in Modulen gespeichert. Ein Projekt kann kein, ein oder mehrere VBA-Module umfassen.
- Zusätzlich lassen sich noch so genannte Klassenmodule im Visual Basic-Editor definieren. Ein Projekt kann kein, ein oder mehrere Klassenmodule aufweisen.

Sobald Sie den Visual Basic-Editor aufrufen, lässt sich das Fenster des Projekt-Explorers mit den Projekten der geladenen Anwendungen anzeigen. Sind beispielsweise drei Dokumentdateien geladen, sehen Sie im Fenster des Projekt-Explorers auch drei Projekte. Über die Hierarchie eines Projekts lässt sich gezielt auf die einzelnen Komponenten zugreifen.

Was sind Module?

Auf den vorangehenden Seiten tauchte bereits häufiger der Begriff *Module* auf. Sobald Sie in einer Microsoft Office-Anwendung ein Makro aufzeichnen, muss der zugehörige VBA-Code im Projekt abgelegt werden. Das gleiche gilt, wenn Sie ein Makro manuell anlegen. Zum Speichern des Codes im Projekt wird wieder eine Art Container herangezogen, der in diesem Fall als *Modul* bezeichnet wird.

Module werden jedoch nicht nur beim Erstellen von Makros erzeugt. Sie können neue Module auch gezielt im Visual Basic-Editor anlegen. Dazu wählen Sie den Befehl *Modul* im Menü *Einfügen* oder Sie klicken das Projekt im Projekt-Explorer mit der rechten Maustaste an und wählen im Kontextmenü den Befehl *Modul*.

Was sind Prozeduren?

Der grundlegende Rahmen für die Eingabe und Ausführung von Programmcode sind Prozeduren. Sie geben einem Stück Programmcode einen Namen und definieren, wie es mit dem übrigen Programmcode interagiert, d.h., welche Parameter die Prozedur von einem Aufrufer entgegennimmt und was sie ihm dafür zurückliefert. Prozeduren kapseln dabei in der Regel Funktionalität, d.h., sie übernehmen eine ganze spezifische Aufgabe. Eine solche Prozedur besitzt in VBA folgenden Aufbau:

```
Sub Prozedurname ()
...
End Sub
```

Diese beiden hier herausgestellten Anweisungen stellen den so genannten Prozedurrumpf dar, in den die eigentlichen Programmanweisungen eingebettet werden. Eine Prozedur beginnt dabei mit einer einleitenden Zeile (auch als Prozedurkopf bezeichnet). Anhand der *Sub*-Anweisung erkennt das System, dass hier ein neuer »Programmabschnitt« beginnt. Der Prozedurkopf enthält zusätzlich den Namen der Prozedur. Er wird benutzt, um die Prozedur aufzurufen. (Ein Modul kann ja mehrere Prozeduren aufweisen, die aus einer Programmanweisung aufrufbar sein müssen. Auf der Ebene der Makros entspricht der Prozedurname dem Makronamen. Durch den Namen wird also eindeutig das auszuführende Makro angegeben.) An den Prozedurkopf schließen sich die eigentlichen Programmanweisungen an (die in obigem Beispiel durch drei Pünktchen angedeutet wurden). Die letzte Anweisung *End Sub* markiert das Ende der jeweiligen Prozedur an. Erreicht das System bei der Programmausführung diese Anweisung, wird die Prozedur beendet.

Sobald Sie in einer Office-Anwendung den Befehl geben, ein Makro zu erstellen bzw. aufzuzeichnen, wird automatisch eine neue und zunächst leere Prozedur im Modul *NewMakro* angelegt. Der Prozedurname entspricht dabei dem von Ihnen gewählten Makronamen. Eine Prozedur lässt sich auch direkt im Visual Basic-Editor anlegen, indem Sie ein Modul im Projekt-Explorer auswählen, das Codefenster öffnen und anschließend die betreffenden Anweisungen eintippen. Alternativ können Sie im geöffneten Codefenster eine (leere) Prozedur über den Befehl *Prozedur* des Menüs *Einfügen* erzeugen. Anschließend lassen sich die Anweisungen für die betreffende Prozedur im Prozedurrumpf eintragen.

Was sind Klassenmodule?

In VBA wird überwiegend mit so genannten Objekten gearbeitet. Dies können Dokumente, Formulare, Steuerelemente, Formate und vieles mehr sein. Die meisten dieser Objekte werden durch die Anwendungen und/oder durch Zusatzbibliotheken den VBA-Programmen zur Verfügung gestellt.

Zusätzlich lassen sich auch benutzerdefinierte Objekte einsetzen. Klassenmodule stellen eine Art Container zur Speicherung von Vorlagen für benutzerdefinierte Objekte dar. Diese Klassenmodule lassen sich anschließend aus anderen VBA-Projekten heraus ansprechen, um benutzerdefinierte Objekte in Form von Objektinstanzen zu erzeugen.

Was sind UserForms?

UserForms sind Formulare, die ähnlich wie Module in einem Projekt gespeichert werden. Im Gegensatz zu einem Modul besitzt ein Formular jedoch einen sichtbaren Teil mit Steuerelementen (wie z.B. Schaltflächen) und ggf. den Code zur Verwaltung und Verknüpfung der Formularelemente. Formulare lassen sich über den Befehl *UserForm* des Menüs *Einfügen* im Projekt aufnehmen. Das Formular kann anschließend im Layout-Fenster interaktiv mit Steuerelementen (Textfeldern, Befehlsschaltflächen etc.) ausgestattet werden.

Objekte, Eigenschaften, Ereignisse und Methoden

Die in den vorangehenden Abschnitten vorgestellten Elemente (Projekte, Module, Prozeduren) dienen lediglich zur Strukturierung und Verwaltung des VBA-Programmcodes und haben nichts mit den eigentlichen VBA-Programmen zu tun. Sobald Sie VBA-Code erstellen, arbeiten Sie mit Prozeduren und setzen die Befehle des VBA-Sprachschatzes wie Schleifen, Verzweigungen, Zuweisungen, Fehlerbehandlung und Dateioperationen ein (siehe folgende Seiten). Zusätzlich werden Ihnen aber auch Begriffe wie Objekt, Eigenschaft, Ereignis oder Methode begegnen. Es handelt sich dabei um Komponenten, die neben den grundlegenden Elementen des Sprachkerns von VBA unterstützt werden. Der nachfolgende Abschnitt erläutert, was sich hinter dem Objektbegriff und den zugehörigen Eigenschaften verbirgt. Weiterhin lernen Sie, was es mit den Begriffen *Methoden* und *Ereignisse* auf sich hat.

Was sind Objekte und Eigenschaften?

Ein zentrale Rolle bei der Office-Programmierung mit VBA spielen Objekte, denn die Office-Anwendungen geben ihre Funktionalität in Form von Objekthierarchien weiter, über die (fast) jedes Element von der Anwendung an bis hinunter zu Absätzen, Zeichen, Linien und Formaten als Objekte definiert ist.

Die Funktionalität eines Objekts legt fest, was sich mit dessen Inhalten anstellen lässt (z.B. öffnen, schließen, löschen, einfügen, formatieren etc.). Ein Textdokument besteht zum Beispiel aus Absätzen, die sich wiederum aus Wörtern und Buchstaben zusammensetzen. Auf den Objekten von Absätzen, Wörtern oder Buchstaben lassen sich Funktionen ausführen (z.B. löschen, einfügen, formatieren etc.). Inhalt und Funktionalität eines solchen Einzelteils werden dann als *Objekt* betrachtet.

Objekte sind zentraler Bestandteil einer jeden Anwendung und in VBA werden alle von einer Anwendung offen gelegten Elemente und Funktionen als Objekte dargeboten. Das oberste Objekt stellt üblicherweise die Office-Anwendung selbst dar, die den Objektnamen *Application* trägt. Von diesem *Application*-Objekt gehen weitere Objekte aus. Ein Dokument in Microsoft Word wird beispielsweise durch ein im *Application*-Objekt enthaltenes *Document*-Objekt repräsentiert, das wiederum als Container für die Objekte von Absätzen und Wörtern fungiert. Aber auch Formulare stellen Objekte dar, die weitere Objekte in Form von Steuerelementen enthalten dürfen. Die Symbolleisten der Office-Anwendungen sind ebenfalls Objekte, die selbst wiederum Objekte in Form von Schaltflächen etc. enthalten können.

Diese Hierarchie verschachtelter Objekte bezeichnet man als Objekthierarchie oder in der VBA-Nomenklatur als *Objektmodell*. Die Kenntnis des Objektmodells ist notwendig, um in VBA auf ein bestimmtes Objekt der Hierarchie zuzugreifen.

Jedes Objekt besitzt dabei bestimmte Eigenschaften, die seinen Inhalt, seine Erscheinungs- oder Funktionsweise definieren. Ein Formular(-objekt) besitzt zum Beispiel als

Eigenschaft eine Farbe für den Hintergrund. Weitere Eigenschaften sind der Inhalt der Titelleiste oder die Breite und Höhe des Formulars. Ähnliches gilt für das in diesem Formular enthaltene Objekt der Befehlsschaltfläche. Sie besitzt Eigenschaften wie zum Beispiel die Beschriftung der Schaltfläche oder die Breite und Höhe. Über welche Eigenschaften ein Objekt verfügt, hängt von seiner Natur und natürlich vom Willen der Programmierer ab, die das Objekt definiert haben. Ein Word-Dokument muss deshalb zwangsläufig andere Eigenschaften aufweisen als beispielsweise eine Schaltfläche oder eine Symbolleiste.

HINWEIS Die Inhalte und konkreten Einstellungen der Eigenschaften eines Objekts sind veränderlich. Sie können zum Beispiel die Abmessungen eines Formulars über die Eigenschaften *Breite* und *Höhe* anpassen. Ein Textdokument lässt sich z.B. formatieren, d.h., die Eigenschaften einzelner Wörter (Wortobjekte) werden verändert.

Welche Objekte stehen zur Verfügung?

Beim Erstellen des VBA-Programms steht Ihnen eine riesige Sammlung von Objekten aus Microsoft Office bzw. aus der zugehörigen Anwendung zur Verfügung. Zusätzlich können Sie die Objekte anderer Anwendungen und Zusatzbibliotheken nutzen. Außerdem besteht die Möglichkeit, benutzerdefinierte Objekte über Klassenbibliotheken selbst zu definieren. Eine der Schwierigkeiten beim Erstellen des VBA-Codes besteht darin, die verfügbaren Objekte zu kennen. Man sieht den Wald vor lauter Bäumen nicht.

Die Hierarchie der jeweiligen Objekte einer Anwendung lässt sich dem Objektmodell entnehmen. Jede der Microsoft Office-Anwendungen besitzt ihr individuelles Objektmodell. Darüber hinaus existieren noch Zusatzbibliotheken, die weitere Objektmodelle zur Verfügung stellen.

HINWEIS Informationen zu den einzelnen Objekten, zur Objekthierarchie sowie zu den Eigenschaften und Methoden liefert Ihnen die VBA-Hilfe. Weiterhin lässt sich der im vorangegangenen Kapitel vorgestellte Objektkatalog benutzen, um die Objekte und deren Methoden bzw. Eigenschaften abzufragen.

TIPP Möchten Sie die Eigenschaften eines sichtbaren Objekts (z.B. eines Formulars) einsehen? Dann markieren Sie das Objekt im VBA-Editor im Projekt Explorer. Das Eigenschaftenfenster fördert die verfügbaren Eigenschaften dieses Objekts zu Tage. Markieren Sie eine Eigenschaft per Mausklick und drücken Sie anschließend die Funktionstaste F1, damit die VBA-Hilfe eine Beschreibung dieser Eigenschaft anzeigt. Steht der Name einer Eigenschaft als Anweisung im Codefenster, lässt sich diese Anweisung markieren. Sobald Sie die Funktionstaste F1 drücken, öffnet der Editor ebenfalls die VBA-Hilfe und zeigt automatisch die Seite mit den Informationen zu dieser Eigenschaft (siehe Abbildung 56.2).

Ein Wort zu Auflistungen (Collections)

Je nach Auslegung kann ein Objekt in Analogie zu einem Container weitere Objekte aufnehmen. In den vorangehenden Abschnitten haben Sie allerdings nur hierarchisch geordnete Objekte kennen gelernt (ein Formular enthält kein weiteres Formular, sondern nur Steuerelemente; Symbolleisten können nur Steuerelemente wie Schaltflächen, Menüs etc. enthalten). Wie sieht es aber aus, wenn Sie mehrere gleichartige Objekte sammeln und in einer Art Container zu einem Objekt zusammenfassen möchten? Eine Anwendung könnte zum Beispiel mehrere Symbolleisten, Formulare, Dokumente etc. enthalten.

Hier kommen die so genannten *Collections* (dt: *Auflistungen*) zum Einsatz. Ein Collection-Objekt ist eine geordnete Folge von Elementen, auf die über das Container-Objekt Bezug genommen werden kann. Eine solche Collection lässt sich über die Anweisung:

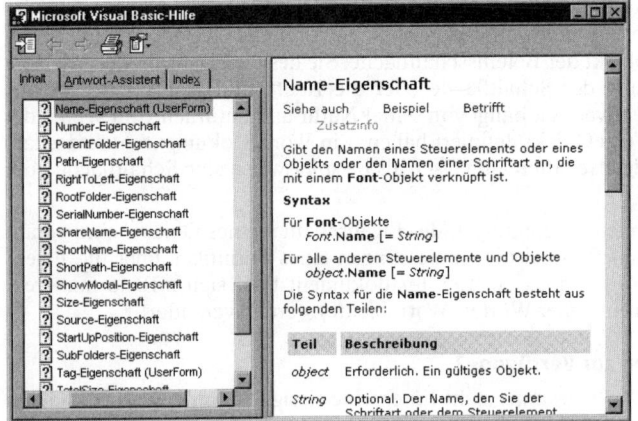

Abbildung 56.2:
Hilfeseite mit Informationen über eine Objekteigenschaft

```
Dim meineKollektion As New Collection
```

vereinbaren. Anschließend können Sie auf das Objekt *meineKollektion* zugreifen und neue Elemente (mit der *.Add*-Methode) hinzufügen oder bestehende Objekte (mit der *.Remove*-Methode) entfernen.

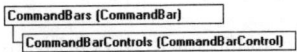

Abbildung 56.3:
CommandBarControls-Objekt

In der VBA-Hilfe finden Sie häufig Objekte, die sowohl als Singular (meist in Klammern) als auch als Plural aufgeführt werden (Abbildung 56.3). Steht der Begriff im Plural, handelt es sich um eine Collection (Auflistung), während sich der Singular auf ein Objekt bezieht.

HINWEIS

Was versteckt sich hinter Methoden und was haben diese mit Objekten zu tun?

Der Vorteil des Objektansatzes besteht darin, dass Sie als Entwickler keine Informationen über das Innenleben der benutzten Objekte benötigen. Der Name des Objekts und einige Informationen über die definierten Eigenschaften reichen. Eigenschaften sind jedoch nur die halbe Miete, weil ihnen der imperative Ansatz fehlt. Schließlich macht es wenig Sinn, ein Objekt beispielsweise mit einer *print*-Eigenschaft auszustatten, die man aus dem VBA-Programmcode heraus auf 1 setzen muss, damit das Objekt den Ausdruck auf dem Drucker startet.

Genau hier kommen die Methoden ins Spiel. Eine Methode stellt eine Funktion auf ein bestimmtes Objekt zur Verfügung. Beisielsweise eine *print*-Methode für ein Word *document*-Objekt oder eine *move*-Methode (move = verschieben) für ein Fenster-Objekt. Falls Sie bereits konventionell programmiert haben: Der Aufruf einer Methode ist so etwas wie ein Funktionsaufruf.

Detaillierte Informationen über verfügbare Methoden finden Sie zusätzlich in der VBA-Hilfe.

HINWEIS

Ereignisse und deren Folgen

Eine wichtige Rolle bei der VBA-Programierung spielen *Ereignisse*. Was sind Ereignisse und welche Vorteile bringt der ereignisorientierte Ansatz in VBA?

Nehmen sie als Gedankenbeispiel ein Formular mit einer *OK*-Schaltfläche. Dieses Formular wird zunächst per VBA-Anweisung auf den Bildschirm geholt. Anschließend muss das jeweilige VBA-Programm warten, bis der Benutzer etwas mit dem Formular interagiert. Im einfachsten Fall klickt er einfach auf die *OK*-Schaltfläche, um das Formular zu schließen. Dieser Mausklick stellt ein Ereignis für diese Schaltfläche dar und muss durch den Programmcode abgefangen werden, damit dieser darauf reagieren kann.

In Windows können viele verschiedene *Ereignisse* gleichzeitig auftreten, die sich zusätzlich auf unterschiedliche Objekte beziehen. Es ist zum Beispiel ein Unterschied, ob der Benutzer auf das Formular, auf die *OK*-Schaltfläche oder auf ein anderes Objekt klickt. Die Software muss die Ereignisse erkennen und den betreffenden Objekten zuordnen.

VBA unterstützt diesen ereignisorientierten Ansatz in hervorragender Weise. Sobald Sie ein Objekt entwerfen, welches auf Ereignisse reagieren muss, lassen sich im VBA-Code so genannte Ereignisprozeduren einfügen. Anhand des Prozedurnamens erkennt das System, welches Ereignis durch die betreffende Prozedur abgedeckt wird. Tritt das Ereignis auf, wird die zugehörige Prozedur automatisch ausgeführt. Der hekömmliche Ansatz wird bei Ereignissen also auf den Kopf gestellt.

Wie der Visual Basic-Editor die Erstellung von Ereignisprozeduren unterstützt

Der Visual Basic-Editor unterstützt Sie recht komfortabel beim Erstellen und Pflegen der Ereignisprozeduren. Arbeiten Sie beispielsweise mit Formularen, zeigt das Codefenster die Ereignisprozeduren für das betreffende Modul (Abbildung 56.4).

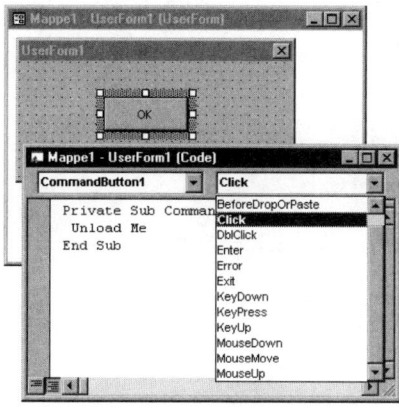

Abbildung 56.4:
Formular- und Codefenster des Visual Basic-Editors mit Ereignisliste des Steuerelements CommandButton1

Im linken oberen Listenfeld lässt sich dann der Name des gewünschten Objekts abrufen. In Abbildung 56.4 ist das Objekt *CommandButton1* gewählt (dies ist das Steuerelement der *OK*-Schaltfläche). Das rechte Listenfeld (in Abbildung 56.4 ist es gerade geöffnet) führt dann die Ereignisse auf, die für dieses Objekt unterstützt werden. Das in Abbildung 56.4 markierte *Click*-Ereignis tritt beispielsweise auf, wenn der Benutzer auf die *OK*-Schaltfläche klickt.

Sobald Sie im Codefenster des Visual Basic-Editors das betreffende Objekt und dann ein Ereignis wählen, erkennt der Editor, dass Sie die jeweilige Ereignis-Prozedur bearbeiten möchten. Existiert diese noch nicht, erzeugt der Editor sie automatisch. Für das *Click*-Ereignis des Objekts *CommandButton1* sieht das beispielsweise folgendermaßen aus:

```
Private Sub CommandButton1_Click()

End Sub
```

Letztendlich handelt es sich nur um den Prozedurrahmen, in dem der Name der Ereignisprozedur in der Form *Objektname_Ereignis* und deren Parameter bereits eingetragen sind. Sie können anschließend diesen Prozedurrahmen um eigene Anweisungen zur Reaktion auf das Ereignis erweitern. Listing 58.1 zeigt beispielsweise den VBA-Code mit den Ereignisprozeduren zur Verwaltung des in Abbildung 56.4 dargestellten Formulars.

```
' Beispiel mit den Ereignisprozeduren für den
' ereignisorientierten Ansatz eines Formulars

Private Sub CommandButton1_Click()
' Click-Ereignis für die OK-Schaltfläche
' Die OK Schaltfläche wurde angeklickt,
' ändere die Beschriftung der Schaltfläche
' und die Hintergrundfarbe des Formulars
With CommandButton1
  If .Caption = "OK" Then
    .Caption = "Autsch"
    UserForm1.BackColor = &H80FFFF
  Else            ' alte Werte
    .Caption = "OK"
    Unload Me
  End If
End With
End Sub

Private Sub UserForm_Initialize()
' Initialize-Ereignis für das Formular
' setze den Formulartitel
Me.Caption = "Beispiel Formularfarbe"
End Sub
' *** Ende ***
```

Listing 56.1:
Beispielcode für das in Abbildung 56.4 gezeigte Formular

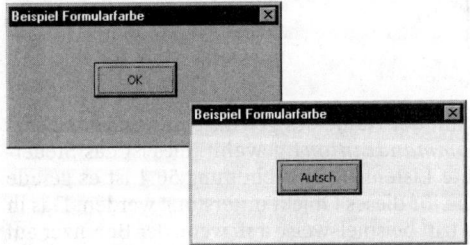

Abbildung 56.5:
Beispielformular

Tippen Sie diesen Code im VBA-Codefenster ein und führen diesen aus, passiert Folgendes: Beim Starten wird ein graues Formular mit der Schaltfläche OK und dem Titel »Beispiel Formularfarbe« gezeigt (Abbildung 56.5, links oben). Dieses wird durch die Anweisungen in der *UserForm_Initialize()*-Ereignisprozedur bewirkt. Die Anweisung:

```
Me.Caption = "Beispiel Formularfarbe"
```

setzt übrigens die Eigenschaft *Caption* des Objekts *Me*. Die Eigenschaft *Caption* bestimmt aber gerade die Beschriftung eines Objekts. Die Objektvariable *Me* tritt hier in einer Ereignisprozedur des Formulars auf und verweist dabei auf das Formular selbst (das Objekt, zu dem die Ereignis-Prozedur gehört). Objektname und Eigenschaft werden in einer Anweisung durch einen Punkt getrennt.

Klicken Sie auf die *OK*-Schaltfläche, löst dies ein *Click*-Ereignis aus. In Folge führt die Anwendung die zugehörige Ereignisprozedur aus. Eine Anweisung der Form:

```
CommandButton1.Caption = "Autsch"
```

innerhalb der Prozedur weist der Schaltfläche den Text »Autsch« zu. Hier wirkt die *Caption*-Eigenschaft auf das Objekt *CommandButton1*, was aber die Schaltfläche des Formulars ist. Mit der Anweisung:

```
UserForm1.BackColor = &H80FFFF
```

wird die Eigenschaft *BackColor* des Formulars (Objekt *UserForm1*) auf die Farbe Gelb gesetzt. Mit dem Befehl:

```
Unload Me
```

wenden Sie die *Unload*-Methode auf das Objekt *Me* an. *Me* ist hier der Stellvertretername für das Formular(-objekt). Nach dem ersten Mausklick auf die *OK*-Schaltfläche wird der Formularhintergrund gelb eingefärbt. Gleichzeitig erscheint als Schaltflächenbeschriftung der Text »*Autsch*«. Klicken Sie nochmals auf diese Schaltfläche, ruft das System erneut die *CommandButton1_Click*-Ereignisprozedur auf. Jetzt wird aber der Else-Zweig mit der Unload Me-Methode ausgeführt. Als Folge wird das Formular geschlossen. An dieser Stelle haben Sie also bereits die ersten Anweisungen zum Umgang mit Objekten, Eigenschaften und Methoden kennen gelernt. Auf den nächsten Seiten möchte ich Ihnen kurz die Sprachkonstrukte von Visual Basic vorstellen.

Anweisungen, Folgezeilen und Kommentare

VBA-Anweisungen sind im Codefenster gemäß den jeweils geltenden Syntax-Regeln einzugeben. Die nachfolgenden Zeilen enthalten gültige Anweisungen:

```
Wert = 10
Wert = Wert + 10
If Wert > 100 Then Wert = 100
Mwst = 0.1 : Ust = Wert * Mwst
```

Sie können auch mehrere Anweisungen in einer Zeile unterbringen, indem Sie diese durch Doppelpunkte : trennen. Aus Gründen der Übersichtlichkeit und Programmtransparenz sollten Sie davon jedoch nur sporadisch Gebrauch machen.

Bei der Eingabe wird keine Unterscheidung zwischen Groß- und Kleinbuchstaben getroffen. Der Visual Basic-Editor untersucht jedoch den Text und gibt erkannte Schlüsselwörter (*Sub*, *End Sub*, *If*, *Then*, *Else*, *End if* etc.) in einer bestimmten (vereinheitlichten) Schreibweise aus.

Dezimalstellen in Dezimalzahlen werden im VBA-Code mit einem Punkt und nicht mit einem Komma abgetrennt. **HINWEIS**

Fortsetzungszeilen

Bei sehr langen Programmzeilen leidet die Übersichtlichkeit erheblich. Die folgende Anweisung:

```
MsgBox "Sie haben einen falschen Namen eingegeben", vbOkOnly, "Eingabefehler"
```

zeigt einen Text in einem Meldungsfeld an. Die Anweisung ist zu lang für eine Zeile. Enthält Ihr Programm viele solcher Anweisungen, wird die Handhabbarkeit und Lesbarkeit des Listings schwieriger. VBA bietet Ihnen daher die Möglichkeit, lange Anweisungen auf mehrere Zeilen zu splitten. Sie müssen am Ende einer Zeile nur ein Leerzeichen, gefolgt von einem Unterstrich _,einfügen.

```
MsgBox "Sie haben einen falschen Namen eingegeben", _
       vbOkOnly, _
       "Eingabefehler"
```

Der Unterstrich am Zeilenende signalisiert dem VBA-Interpreter, dass die Anweisung in der folgenden Zeile fortgesetzt wird. Mittels einiger Fortsetzungszeichen kann sich die jeweilige Anweisung durchaus über mehrere Zeilen erstrecken. Nur in der letzten Zeile fehlt das Fortsetzungszeichen, um das Ende der Anweisung zu markieren.

Beachten Sie, dass hinter einer Fortsetzungszeile kein Kommentar folgen darf. Bei Fortsetzungszeichen in Zeichenketten müssen diese mit einem Anführungszeichen abgeschlossen und mit einem &- bzw. +-Zeichen verknüpft werden. Das Fortsetzungszeichen muss weiterhin durch mindestens ein Leerzeichen von dem letzten Zeichen der Anweisung getrennt werden. **HINWEIS**

Kommentare

Möchten Sie, dass VBA eine Zeile oder einen Teil einer Zeile nicht als Anweisung interpretiert? Dann müssen Sie diese Anweisung als Kommentar kennzeichnen. Kommentare werden durch ein Hochkomma (Zeichen ') eingeleitet. Der VBA-Interpreter ignoriert dann den gesamten folgenden Text bis zum Zeilenende. Die beiden nachfolgenden Zeilen enthalten beide Kommentare:

```
' Dies ist eine komplette Kommentarzeile
Wert = Wert * Mwst       ' ermittle Steuersatz
```

In der zweiten Zeile beginnt der Kommentar erst hinter der Anweisung, d.h., VBA führt die am Zeilenanfang befindliche Anweisung noch aus. Dies erlaubt Ihnen, Kommentare am Zeilenende hinter einzelnen Anweisungen einzufügen.

Kommentare werden im Codefenster in einer speziellen Farbe (Standardfarbe ist Grün) ausgezeichnet. **HINWEIS**

Variablen und Konstanten

In VBA können Sie wie in anderen Sprachen Variablen und Konstanten zum Speichern von Werten verwenden.

Konstanten

In den VBA-Anweisungen lassen sich konstante und somit fest vorgegebene Werte direkt angeben. Die folgende Anweisung verwendet eine solche Konstante:

```
Betrag = Preis * Menge + 100.0
```

Der Wert 100.0 ist eine Konstante, die in die Berechnung eingeht. Häufig besteht jedoch der Wunsch, eine Konstante zentral zu definieren und als Bezeichner im VBA-Programm zu nutzen. Dazu muss die Konstante im Deklarationsteil des Moduls explizit definiert werden.

```
Const Zuschlag = 100.0
```

Mit dem Schlüsselwort *Const* wird eine Konstantendeklaration eingeleitet. Daran schließt sich der Name der Konstanten an. Weiterhin wird in der Programmzeile der Wert der Konstanten gesetzt.

Die Konstante lässt sich anschließend unter ihrem Namen im VBA-Programm benutzen.

```
Betrag = Preis * Menge + Zuschlag
```

Der Vorteil besteht darin, dass Sie den Wert der Konstanten zentral in der Definition ändern können. Weiterhin ist der Name der Konstanten in den folgenden Anweisungen sicherlich aussagekräftiger als der Wert 100.0. In einer Zeile lassen sich auch mehrere Konstanten definieren:

```
Const MwSt = 0.15, Zuschlag = 10
```

VBA weist der Konstanten neben dem Wert den betreffenden Datentyp (z.B. *Integer*, *String* etc.) zu. Wird kein Datentyp angegeben, verwendet VBA automatisch den Datentyp *Variant*. Sie haben aber die Möglichkeit, den Datentyp innerhalb der Konstantendefinition zu vereinbaren.

```
Const Zuschlag AS Long = 100.0
Public MwSt As Long = 0.15
Private Limit As Long = 100.0
```

HINWEIS Fehlt bei der Festlegung der Konstanten die Angabe *Private* oder *Public*, wird automatisch die Gültigkeit *Private* angenommen (siehe ▶ folgende Abschnitte).

VBA besitzt eine Reihe vordefinierter Konstanten (z.B. *vbOkOnly*, *wdAlertsAll* etc.), die Sie direkt im Codefenster abrufen können. Eine Liste der Konstanten erhalten Sie, indem Sie den Objektkatalog mit [F2] öffnen, die Bibliothek *VBA* und als Klasse *Konstanten* wählen.

Variablen

Variablen sind Zwischenspeicher, in denen ein Programm Information vorhält, um damit Berechnungen auszuführen, je nach Aufgabe Ergebnisse zu bilden und diese später in irgendeiner Form auszugeben. Eine Variable kann innerhalb einer Prozedur oder direkt im Modulkopf deklariert werden (ähnlich wie eine Konstante). In nachfolgendem Listing wird die Variable *Preis* direkt im Programm (ohne weitere Deklaration) vereinbart.

```
Const MwSt = 0.15, Zuschlag = 10
Const Limit As Long = 100#

Sub Preisber()
 Preis = 45#         ' setze den Preis
 If Preis < Limit Then ' Zuschlag unter 100,- DM
  Betrag = (Preis + Zuschlag) * (1 + MwSt)
 Else
  Betrag = (Preis) * (1 + MwSt)
 End If
 StatusBar = "Preis: " + Str(Preis)
End Sub
```

Listing 56.2:
Programm mit Variablen

Sobald eine Variable erstmals im Programm auftritt, legt VBA diese an. Der Datentyp für die Variable wird dabei auf *Variant* gesetzt (d.h., die Variable kann Werte verschiedener Datentypen aufnehmen).

Die implizite Vereinbarung von Variablen birgt die Gefahr, dass Tippfehler im Variablennamen zu Fehlern im Programm führen. Stellen Sie sich vor: Sie haben versehentlich in einer Anweisung *Pris* statt *Preis* eingetippt. Dann wird das Programm nicht funktionieren. Solche Fehler sind schnell passiert, aber sehr schwer zu finden.

HINWEIS

Variablendeklaration mit Option *Explicit* erzwingen

Sie können erreichen, dass Tippfehler in einer Variable von VBA erkannt werden, indem Sie in der ersten Zeile des Moduls die Anweisung Option Explicit einfügen. Dann müssen alle Variablen explizit im Modulkopf oder im Kopf der Prozedur deklariert werden (siehe unten). Vergessen Sie dies bei einer Variablen, zeigt das System beim Übersetzen alle nicht deklarierten Variablen an. Auf diese Weise werden auch falsch geschriebene Variablennamen gefunden.

Datentyp bei der Deklaration festlegen

Sie können Variablen im Modulkopf (oder im Kopf einer Prozedur/Funktion) deklarieren und gleichzeitig den Datentyp festlegen. Dies kann mit folgender Anweisung geschehen:

```
Private Preis AS Long   ' Preis
```

Das Wort *Private* legt fest, dass diese Variable *Preis* nur innerhalb des Moduls bekannt ist. Mit dem Wort *Long* wird vereinbart, dass die Variable Werte vom Datentyp *Long* aufnehmen kann. (Hinweise zu den möglichen Datentypen finden Sie in den folgenden Abschnitten.) In einer Programmzeile lassen sich mehrere Variablen vereinbaren:

```
Private Test, Preis, Netto, Brutto AS Long
```

In dieser Anweisung werden vier Variablen deklariert, die innerhalb des Moduls gültig sind.

WICHTIG Beachten Sie jedoch einen Nebeneffekt. Die Variable *Brutto* wird mit dem Datentyp *Long* angelegt. Für die restlichen Variablen *Test*, *Preis* und *Netto* existiert jedoch keine Typangabe. Daher erhalten diese Variablen den Datentyp *Variant*. Um Verwirrung zu vermeiden, sollten Sie für jede Variablendeklaration eine separate Zeile verwenden.

HINWEIS Innerhalb einer Prozedur lassen sich Variable nur mit *Dim* oder *Static* definieren. Die Verwendung deklarierter Variablen bringt einen weiteren Vorteil: Umfangreiche Programme mit vielen Variablen werden schneller ausgeführt, als wenn diese Definitionen fehlen.

Variablennamen

Die Namen für Variablen dürfen bis zu 255 Zeichen umfassen. Sie können den Namen weitgehend frei wählen, sofern dieser den nachfolgenden Kriterien genügt:

- Der Variablenname muss immer mit einem Buchstaben beginnen (*Test* ist ein gültiger Name, während *123* ungültig ist).
- Innerhalb des Namens sind Leerzeichen, Punkte, Kommas und einige Sonderzeichen (z. B. !, –, +) nicht erlaubt.

Sie dürfen die deutschen Umlaute im Variablennamen verwenden. Beachten Sie, dass die Namen von Schlüsselwörtern wie *Sub*, *If*, *End*, *Dim* etc. nicht für Variablennamen benutzt werden dürfen.

HINWEIS Es empfiehlt sich, aussagekräftige Variablennamen zu verwenden, die im Hinblick auf den Tippaufwand bei der Programmeingabe nicht länger als 10 bis 15 Zeichen sein sollten.

Datentypen

Für die Variablen und Konstanten stehen unter VBA verschiedene Datentypen zur Verfügung. Wird kein Datentyp bei der Deklaration angegeben, ist die Variable vom Typ *Variant*. Dann lassen sich der Variablen Werte unterschiedlicher Datentypen zuweisen, nummerische Werte, Datumsangaben und Zeichenketten gleichermaßen. Tabelle 58.1 enthält eine Übersicht über die in VBA verfügbaren Datentypen.

Tabelle 56.1: Datentypen in VBA

Datentyp	Speicherbedarf (Byte)	Typkennzeichen	Erläuterung
Byte	1		Ganzzahl zwischen 0 und 255
Boolean	2		Wahrheitswert (*True* = –1/*False* = 0)
Integer	2	%	Ganze Zahl zwischen –32 768 und +32 767
Long	4	&	Ganzzahl (Long Integer) zwischen – 2 147 483 648 und 2 147 483 647
Single	4	!	Gleitkommazahl mit 7-stelliger Genauigkeit zwischen 10E–38 und 10E+38
Double	8	#	Doppeltgenaue Gleitkommazahl 16-stelliger Genauigkeit zwischen 10E–308 und 10E+308
Currency	8	@	Währungswert (ohne Rundungsfehler!) mit 15 Stellen vor und 4 Stellen nach dem Dezimalpunkt
Date	8		Datumswert im Intervall zwischen 1. Januar 100 bis 31. Dezember 9999
String (feste Länge)	1 Byte/Zeichen		Zeichenfolge mit max. 65400 Zeichen

Datentyp	Speicherbedarf (Byte)	Typkenn-zeichen	Erläuterung
String(variable Länge)	1 Byte/Zeichen+ 10 Byte	$	Zeichenfolge mit max. 2 000 000 000 Zeichen
Variant(mit Zahlen)	16 Byte		Universeller Datentyp mit nummerischen Werten im Bereich von Double-Zahlen
Variant(mit Zeichen)	1 Byte/Zeichen+ 22 Byte		Universeller Datentyp wie String variabler Länge
Object	4 Byte		Verweis auf ein Objekt

Die Spalte *Datentyp* enthält das Schlüsselwort, mit dem der Datentyp in der Deklaration vereinbart wird. Die Spalte *Typkennzeichen* gibt das Zeichen an, das zur Kennzeichnung an den Variablennamen angehängt werden kann. Sie können dieses Typkennzeichen benutzen, um die Variablendeklaration abzukürzen. Die beiden Anweisungen:

```
Dim i As Integer, txt As String
Dim i%, txt$
```

sind funktional identisch. Die letzte Anweisung ist jedoch kürzer. Allerdings ist die Schreibweise der ersten Zeile intuitiver, da bei den Typkennzeichen Verwechslungen nicht ausgeschlossen sind. Außerdem fehlt einigen Datentypen eine individuelles Typkennzeichen.

Arbeiten mit *DefType*-Anweisungen

Standardmäßig erhalten alle nicht explizit deklarierten Variablen den Datentyp *Variant*. Sie können jedoch festlegen, dass der erste Buchstabe im Variablennamen den Datentyp festlegt. Dazu existieren die in folgender Tabelle aufgeführten Schlüsselwörter:

Schlüsselwort	Datentyp
DefBool	Boolean
DefByte	Byte
DefInt	Integer
DefLng	Long
DefCur	Currency

Tabelle 56.2: Schlüsselwörter für Typdefinitionen

Sie können mit den Schlüsselwörtern Anfangsbuchstaben vereinbaren, die den betreffenden Datentyp implizit definieren. Mit:

```
DefStr a-c
Dim bStatus AS Boolean
```

werden alle nicht deklarierten Variablen, die mit den Buchstaben a bis c beginnen, als *String* behandelt. Die Variable *bStatus* wird jedoch ausgenommen, da diese als *Boolean* vereinbart wurde.

Einsatz der *Dim*-Anweisung

In VBA-Programmen stoßen Sie früher oder später auf *Dim*-Anweisungen. Das *Dim*-Schlüsselwort erlaubt zweierlei:

- Definition von Variablen (auf Prozedur-/Funktionsebene)
- Definition von Feldvariablen (Arrays)

Falls Sie eine Variable innerhalb einer Funktion/Prozedur deklarieren, beschränkt sich deren Gültigkeit auf diesen Bereich. (Variablen, die im Modulkopf deklariert sind, gelten dagegen in allen Prozeduren des Moduls.) Mit der Anweisung:

```
Dim betrag As Integer
```

wird eine *Integer*-Variable *betrag* vereinbart. Die Anweisung:

```
Public xWert As Integer
```

ist innerhalb einer Prozedur/Funktion nicht zulässig und führt zu einem Übersetzungsfehler. Sie müssen daher die *Dim*-Anweisung zur Deklaration der Variablen verwenden.

Alternativ lässt sich *Dim* zur Deklaration eines Feldes (Arrays) verwenden. Die folgende Anweisung zeigt dies:

```
Dim Name (5) As String
```

Sie erzeugt eine Variable *Name*, die aber sechs Feldelemente *Name (0)* bis *Name (5)* aufweist. Sie können über den Feldindex auf die einzelnen Feldelemente zugreifen (z. B. Name(1) = "Müller"). Beachten Sie aber, dass die Indizierung der Felder standardmäßig mit 0 beginnt. Sie können den unteren Indexwert bei der Deklaration auch explizit festlegen. Dann erhält der obige Befehl die Form:

```
Dim Name (1 To 5) As String
```

d. h., die beiden in der Klammer stehenden Werte geben den unteren und oberen Indexwert des Feldes an. Jetzt besitzt das Feld *Name* nur noch fünf Elemente.

Benutzerdefinierte Datentypen

Neben den in VBA vordefinierten Datentypen können Sie benutzerdefinierte Datentypen mit der *Type*-Anweisung auf Modulebene definieren. Die Sequenz:

```
Type Personaldaten
  Name As String * 20
  Vorname As String * 20
  Plz As String * 5
  Ort As String * 20
  Strasse As String * 20
  Hausnr As String * 5
  Gehalt As Double
End Type
```

vereinbart einen eigenen Datentyp *Personaldaten*, der mehrere Einträge für Name, Vorname etc. enthält.

> **HINWEIS**
> Bei den *String*-Datentypen wird durch * 20 am Zeilenende eine feste Länge von 20 Zeichen vereinbart. Dies vereinfacht die Handhabung der Daten etwas beim Speichern in Random-Dateien. Lassen Sie diese Angabe in der Deklaration weg, werden die Daten mit einer variablen *String*-Länge erzeugt.

Um eine auf diesem benutzerdefinierten Datentyp basierende Variable anzulegen, ist dann noch eine zweite Anweisung der Form:

```
Dim Angestellter As Personaldaten
```

zur Variablendeklaration erforderlich. Anschließend existiert die Variable *Angestellter* mit den in der Typdefinition vereinbarten Feldbezeichnern. Um den Namen des Angestellten zu setzen, ist folgende Anweisung zulässig:

```
Angestellter.Name = "Born"
```

Dies bedeutet, Sie müssen für den Zugriff auf die Feldbezeichner jeweils den Variablennamen getrennt durch einen Punkt mit angeben. Natürlich können Sie auch eine Feldvariable auf Basis eines benutzerdefinierten Datentyps deklarieren.

```
Dim Angestellter (1 To 10) As Personaldaten
```

Die obige Anweisung erzeugt ein Feld mit zehn Feldelementen *Angestellter (1)* bis *Angestellter (10)*.

Vereinbaren von Objektvariablen

Variablen dienen in VBA nicht nur zur Aufnahme von Werten, Sie können auch den Bezug auf ein Objekt in einer Variablen ablegen. Dadurch lässt sich der Zugriff auf das Objekt über diese Variable vornehmen. Um eine Objektvariable zu deklarieren, benutzen Sie folgende Anweisung:

```
DIM meinObjekt AS Object
```

Diese Anweisung erzeugt eine Variable vom allgemeinen (generischen) Datentyp *Object*, der Sie mit einer Set-Anweisung der Form:

```
Set ersterAbsatz = ActiveDocument.Paragraphs(1)
```

die Objektreferenz zuweisen. In diesem Fall wird der erste Abschnitt im aktuellen Dokument als Objekt interpretiert. Um die Eigenschaften dieses Objekts zu verändern, könnten Sie anschließend die Objektvariable *ersterAbsatz* verwenden. Der Einsatz von Objektvariablen vereinfacht den VBA-Programmcode.

> **HINWEIS**
> Im Hinblick auf die Nomenklatur bei der VBA-Programmierung stellt *ActiveDocument* ein Objekt dar, welches auf das aktive Dokument verweist. Ein Word-Dokument besteht dabei aus einer Sammlung von Absätzen, die folgerichtig als *Paragraphs()*-Collection angesprochen werden. Mit *Paragraphs(1)* referenzieren Sie den ersten Absatz im aktuellen Dokument. Die obige Anweisung erzeugt also eine Objektreferenz auf den ersten Absatz und legt diese in der Objektvariablen *meinObjekt* ab. Sie können diese Objektvariable anschließend verwenden, um die Eigenschaften dieses Objekts zu lesen oder zu beschreiben (z. B. den Text im ersten Absatz über die *Bold*-Eigenschaft fett formatieren).

Arbeiten mit spezifischen Objekttypen

Die Zuweisung des Datentyps *Object* an eine Variable erzeugt eine allgemeine Objektvariable. Sie haben aber die Möglichkeit, mit wesentlich spezifischeren Objekttypen zu arbeiten. Jedes Objekt innerhalb eines Objektmodells besitzt seinen individuellen Objekttyp. Sie könnten beispielsweise folgende Objektvariablen vereinbaren:

```
Dim xLeiste As CommandBar
Dim xButton As CommandBarButton
Dim xBut As OptionButton
Dim xBlatt As Worksheet
Dim xFolie As Presentation
Dim xApp As Application
```

Jede dieser Variablen dient zur Aufnahme einer Referenz auf einen ganz bestimmten Objekttyp. Dies bringt Ihnen verschiedene Vorteile:

- Geben Sie den Objekttyp bei der Variablendeklaration vor, erkennt VBA dies und bietet nur die Objekte, Eigenschaften, Methoden und Ereignisse an, die für diesen Objekttyp in Frage kommen.
- Ein falsch zugewiesener Objekttyp wird sofort vom System erkannt und mit einem Fehlerdialog gemeldet. Dies vereinfacht den Test der Programme erheblich.

Weiterhin können Sie die Objekttypen noch weiter qualifizieren, indem Sie einen Objektnamen mit angeben. Dies wird in folgenden Anweisungen genutzt:

```
Dim wndEcel As Excel.Window
Dim wndWord As Word.Window
Dim wAnw As Word.Application
```

Deklarieren Sie die Objektvariable nicht explizit und vergessen Sie die *Set*-Anweisung, versucht VBA, einen Standarddatentyp zuzuweisen.

HINWEIS Die Zuweisung spezieller Objekttypen erlaubt dem VBA-Übersetzer, bereits frühzeitig eine Anbindung an die Objektbibliotheken vorzunehmen (Early Binding). Den interessierten Leser möchte ich aber an dieser Stelle auf den Microsoft Press Titel »Microsoft Office 2000 – Programmierung« verweisen.

Gültigkeitsbereich von Variablen/Konstanten

Bei der Deklaration einer Variablen oder Konstanten wird diese angelegt und der Speicherbereich eingerichtet. Die Art der Deklaration bestimmt dabei auch den Gültigkeitsbereich.

- Vereinbaren Sie eine Variable/Konstante innerhalb einer Prozedur oder Funktion (mit *Dim* bzw. *Const*), gilt der Wert nur innerhalb dieser Prozedur/Funktion, und zwar auch, falls die Variable nicht deklariert wurde, sondern erstmalig in einer Anweisung der Prozedur verwendet wird.
- Vereinbaren Sie eine Variable/Konstante im Modulkopf, ist diese in allen Prozeduren/Funktionen innerhalb des Moduls gültig. Diese Vereinbarung kann beispielsweise mit den Schlüsselworten *Const* (für Konstanten) oder *Dim* (für Variablen) erfolgen.

Sie können die Gültigkeit einer Variablen oder Konstanten bei Deklarationen auf Modulebene aber explizit über die Schlüsselworte *Private* und *Public* verändern.

- Mit dem Schlüsselwort *Private* erreichen Sie, dass die Variable/Konstante explizit nur innerhalb des Moduls gültig ist.

- Die Anweisung *Public* sorgt dafür, dass die Variable/Konstante global für alle Module innerhalb des Projekts Gültigkeit besitzt.

Setzen Sie also das Schlüsselwort *Public* vor eine Deklaration

```
Public Const MwSt As Long = 0.15
Public Preis As Long
Public Aufschlag As Long
```

lässt sich der Wert auch in den Prozeduren anderer Module des gleichen Projekts lesen oder verändern. Fehlt die Anweisung *Public* oder wird explizit *Private* angegeben, gilt die Variable/Konstante nur im Modul.

HINWEIS Die Schlüsselworte *Private* und *Public* lassen sich auch in Zeilen zur Deklaration von Prozeduren und Funktionen angeben (siehe Kapitelende). Dies bestimmt die Gültigkeit der Funktions- oder Prozedurnamen. Mit *Public* lässt sich eine Prozedur oder Funktion auch aus anderen Modulen des Projekts aufrufen.

Lebensdauer einer Variablen

Zusätzlich zum Gültigkeitsbereich einer Variablen muss sich der Programmierer mit der Lebensdauer einer Variablen beschäftigen. Eine Variable erhält erst dann einen Wert, wenn dieser in einer Zuweisungszeile explizit gesetzt wird.

Ist eine Variable in einer Prozedur definiert, erhält diese bei der ersten Zuweisung innerhalb der Prozeduren einen Wert. Beim Beenden der Prozedur geht der Wert der Variablen verloren. Sie können aber anstelle der *Dim*-Anweisung das Schlüsselwort *Static* zur Deklaration einer Variablen auf Prozedurebene verwenden. Dann behält die Variable ihren Wert, solange der Programmcode ausgeführt wird.

Operatoren

In VBA lassen sich verschiedene Typen von Operatoren unterscheiden:

- Arithmetische Operatoren (mathematische Berechnungen)
- Logische Operatoren (logische Vergleiche)
- Vergleichsoperatoren (sonstige Vergleiche)
- Verkettungsoperatoren (Verknüpfen von Zeichenfolgen)

Die nachfolgende Tabelle enthält eine Aufstellung der in VBA verfügbaren arithmetischen Operatoren.

Operator	Erklärung
^	Potenzieren (x = y ^ Exponent)
+	Addition (x = a + b)
-	Subtraktion oder negatives Vorzeichen (x = -10 oder x = a − 100)
*	Multiplikation (x = b * 30)
/	Gleitkomma-Division (x = a / b)
\	Integer-Division (x = a \ b)
Mod	Modulo, Rest aus einer Division (x = a Mod b)

Tabelle 56.3: Arithmetische Operatoren

HINWEIS Beachten Sie, dass sich der +-Operator auch zur Verknüpfung von Zeichenketten nutzen lässt (z. B. *Name* = »*Müll*« + »*erin*«). Alternativ kann aber der &-Operator zur Verkettung von Strings herangezogen werden. Enthält ein Operand den Wert *Null* oder *Empty*, ist das Ergebnis der Operation ebenfalls *Null* (ungültig) oder *Empty* (leer). Weitere Hinweise entnehmen Sie der VBA-Hilfe.

In VBA stehen folgende Operatoren für die logische Verknüpfung von Ausdrücken bzw. die bitweise Verknüpfung von Zahlen zur Verfügung:

Tabelle 56.4:
Logische Operatoren

Operator	Bedeutung
Not	NEGATION (x = Not y)
And	UND (x = a And b)
Or	ODER (x = a Or b)
Xor	EXKLUSIV ODER (x = a Xor b)
Eqv	ÄQUIVALENZ (x = a Eqv b)
Imp	IMPLIKATION (x = a Imp b)

Logische Operatoren werden häufig in Verzweigungen benutzt. Mit der Anweisung:

```
If a > 100 And a < 1000 Then
```

werden zwei Vergleiche auf a < 100 und a > 1000 durchgeführt, die beide einen Wert *true* oder *false* liefern können. Anschließend werden beide Ergebnisse mit *And* verknüpft. Nur wenn beide Ergebnisse zutreffen (a liegt im Bereich zwischen 101 und 999), wird die IF-Anweisung ausgeführt.

Die Vergleichsoperatoren erlauben den Vergleich von Ausdrücken (die auch Zahlen und Zeichenketten beinhalten können). Die nachfolgende Tabelle enthält die verfügbaren Vergleichsoperatoren.

Tabelle 56.5:
Vergleichsoperatoren

Operator	Erklärung
<	kleiner als (a < b)
>	größer als (a > b)
=	gleich (a = b)
<=	kleiner oder gleich (a <= b)
>=	größer oder gleich (a >= b)
<>	ungleich (a <> b)

Solche Vergleichsoperatoren werden häufig in Schleifen und Verzweigungen eingesetzt:

```
While a < 10
..
End While
If a > 100 Then
...
End if
```

VBA-Programmiergrundlagen

> **HINWEIS**
>
> Beim Vergleich von Werten mit unterschiedlichen Datentypen nimmt VBA automatisch eine Typumwandlung vor. Dies führt unter Umständen dazu, dass zwei ungleiche Werte durch die Konvertierung als gleich interpretiert werden. Operatoren lassen sich klammern, um bestimmte Prioritäten bei der Abarbeitung zu erzwingen.

Verzweigungen

Verzweigungen steuern den Ablauf innerhalb der VBA-Programme. Der nachfolgende Abschnitt enthält eine kurze Übersicht über die für diese Zwecke in VBA verfügbaren Anweisungen.

IF ... Then

Die IF-Anweisung lässt sich benutzen, um eine einfache Verzweigung oder eine Anweisung aufgrund eines Vergleichs durchzuführen. Die Anweisung:

```
If a > 100 Then a = 100
```

setzt die Variable *a* auf den Wert 100 zurück, falls dieser größer als 100 war. Mit der folgenden Sequenz:

```
If a > 100 Then
  a = 100
  b = 20
End if
```

erreichen Sie, dass der Wert der Variablen *a* überprüft wird. Ist der Wert größer als 100, werden die Anweisungen zwischen *If ... Then* und *End if* ausgeführt. Trifft die Bedingung nicht zu, wird das Programm hinter der *End if*-Zeile fortgesetzt.

IF ... Then ... Else

Diese Variante der IF-Anweisung lässt sich benutzen, um zwei Blöcke mit zu verarbeitenden Anweisungen zu definieren. Die Sequenz:

```
If a > 100 Then
  a = 100
  b = 20
Else
  a = a + 10
  b = a \ 10
End if
```

überprüft den Wert der Variablen *a*. Ist der Wert größer als 100, werden die Anweisungen zwischen *If ... Then* und *Else* ausgeführt. Trifft die Bedingung nicht zu, werden die Anweisungen zwischen *Else* und *End if* bearbeitet.

IF ... Then ... ElseIf

Diese Variante der IF-Anweisung erlaubt eine Schachtelung mehrerer If-Blöcke. Die folgende Sequenz wendet diese Konstruktion an:

```
If a = 1 Then
  b = 100
  c = 20
Elseif a = 2 Then
  b = 200
  c = 40
Elseif a = 3 Then
  b = 300
  c = 60
End if
```

Hier wird die Variable *a* auf verschiedene Werte überprüft. Liefert ein Vergleich den Wert *true*, werden die Bedingungen zwischen *ElseIf* und der nächsten *ElseIf*- oder *End If*-Anweisung ausgeführt.

HINWEIS Diese Art der Abfrage ist aber sehr undurchsichtig und fehlerträchtig. Sie sollten daher die *Select Case*-Anweisung vorziehen.

Select Case

Mit dieser Anweisung können Sie eine Variable auf mehrere Werte überprüfen und in Abhängigkeit vom Wert bestimmte Anweisungsblöcke formulieren. Die folgende Sequenz wendet diese Konstruktion an:

```
Select Case a
  Case 1
    b = 100
    c = 20
  Case 2
    b = 200
    c = 40
  Case 3
    b = 300
    c = 60
  Case Else
    b = 0
    c = 0
    a = 1
End Select
```

Hier wird die Variable *a* ebenfalls ausgewertet. Die nachfolgenden *Case*-Anweisungen geben den zu überprüfenden Wert vor. Trifft die Bedingung zu, werden die Anweisungen hinter der *Case*-Anweisung bis zur nächsten *Case*-Anweisung ausgeführt. Trifft keine der Abfragen zu, wird der (optionale) *Case Else*-Zweig ausgeführt.

HINWEIS Die *Select Case*-Anweisung eignet sich sehr gut, um mehrfache Vergleiche auf einen bestimmten Wert durchzuführen. Der Code bleibt trotz der vielen Abfragen übersichtlich.

Schleifen

Schleifen erlauben die wiederholte Ausführung bestimmter Anweisungen innerhalb der VBA-Programme. Der nachfolgende Abschnitt enthält eine kurze Übersicht über die für diese Zwecke in VBA verfügbaren Anweisungen.

Do While ... Loop

Die *Do While*-Anweisung erzeugt eine Schleife, die in Abhängigkeit von einer am Schleifenanfang ausgewerteten Bedingung die Anweisungen des Blocks ausführt oder überspringt. Die Anweisungen der Schleife werden ausgeführt, wenn die Bedingung den Wert *true* liefert. Die folgende Sequenz zeigt den Einsatz dieser Anweisung:

```
a = 1
Do While a < 10
 a = a +1

Loop
```

In dieser Schleife wird beim Eintritt die Bedingung $a < 10$ geprüft. Solange dies erfüllt ist, führt das System die Anweisungen bis zum *Loop*-Statement aus. Danach wird die Bedingung am Schleifenanfang erneut geprüft. Trifft die Bedingung nicht mehr zu, führt VBA den auf die *Loop*-Anweisung folgenden Befehl aus.

HINWEIS Die Bedingung am Schleifenanfang muss die Werte *false* oder *true* liefern, damit die Schleife ausgeführt und irgendwann beendet wird.

Do Until ... Loop

Die *Do Until*-Anweisung erzeugt eine Schleife, die beim Eintritt in die Schleife überprüft wird. Ist die Bedingung *false*, wird die Schleife ausgeführt. Die Schleife wird unterbrochen, sobald die Bedingung *true* wird. Die folgende Sequenz zeigt den Einsatz dieser Anweisung:

```
a = 1
Do Until a > 10
 a = a +1

Loop
```

In dieser Schleife wird beim Eintritt die Bedingung $a > 10$ geprüft. Solange dies *nicht* erfüllt ist, führt das System die Anweisungen bis zum *Loop*-Statement aus. Danach wird die Bedingung am Schleifenanfang erneut geprüft. Trifft die Bedingung zu, führt VBA den auf die *Loop*-Anweisung folgenden Befehl aus.

Do ... Loop While

Mit *Do ... Loop While* schaffen Sie eine Schleife, die erst am Schleifenende überprüft wird. Ist die Bedingung *True*, wird die Schleife weiter ausgeführt. Die Schleife wird unterbrochen, sobald die Bedingung *False* wird. Die folgende Sequenz zeigt den Einsatz dieser Anweisung:

```
a = 1
Do
 a = a +1

Loop While a < 10
```

In dieser Schleife wird am Ende die Bedingung $a < 10$ geprüft. Solange dies erfüllt ist, führt das System die Anweisungen zwischen *Do* und *Loop* aus. Danach wird die

Bedingung am Schleifenanfang erneut geprüft. Trifft die Bedingung nicht mehr zu, führt VBA den auf die *Loop*-Anweisung folgenden Befehl aus.

Do ... Loop Until

Mit *Do Loop ...Until* lässt sich eine Schleife generieren, die erst am Schleifenende überprüft wird. Ist die Bedingung *False*, wird die Schleife weiter ausgeführt. Die Schleife wird unterbrochen, sobald die Bedingung *True* wird. Die folgende Sequenz zeigt den Einsatz dieser Anweisung:

```
a = 1
Do
   a = a +1

Loop Until a > 10
```

In dieser Schleife wird am Ende die Bedingung *a > 10* geprüft. Solange dies *nicht* erfüllt ist, führt das System die Anweisungen bis zum *Loop*-Statement aus. Danach wird die Bedingung am Schleifenanfang erneut geprüft. Trifft die Bedingung zu, führt VBA den auf die *Loop*-Anweisung folgenden Befehl aus.

For ... Next

Mit einer *For*-Schleife lässt sich eine vordefinierte Anzahl an Durchläufen ausführen. Die Anweisungen innerhalb des *For ... Next*-Blocks werden bei jedem Durchlauf ausgeführt. Die folgende Sequenz zeigt den Einsatz dieser Anweisung:

```
For i = 1 To 10
   a = a +1
Next i
```

Diese Schleife wird zehn mal durchlaufen. Der Wert *i* gibt dabei den Schleifenindex an.

HINWEIS Die Schrittweite in der Schleife wird standardmäßig auf 1 gesetzt. Sie können aber die Variante *For i = start To ende Step x* wählen, wobei der Wert *x* für die Schrittweite steht. Der hinter *Next* angegebene Name der Schleifenvariablen ist optional. Es erhöht aber die Lesbarkeit, wenn Sie hinter jeder *Next*-Anweisung die zugehörige Variable angeben.

For Each ... Next

Mit einer *For Each*-Schleife lässt sich eine Auflistung (Collection) oder ein Feld (Array) bearbeiten. Die Schleife wird für jedes Element der Auflistung oder des Feldes durchlaufen. Die folgende Sequenz zeigt den Einsatz dieser Anweisung für den Zugriff auf eine Auflistung:

```
Sub SchließeFormulare()
  For Each frm In Application.Forms
    If frm.Caption <> Screen.ActiveForm.Caption _
         Then frm.Close       ' Schließen
   Next frm
End Sub
```

Diese Schleife wird für alle Formulare der Anwendung ausgeführt. Ist der Titel des Formulars ungleich dem Titel des aktiven Formulars, wird das Formularfenster geschlossen. Die Variable *frm* gibt dabei das Objekt (hier das Formular-Objekt) an.

Schleifen und Prozeduren beenden

Bei Schleifen und Prozeduren gibt es Fälle, wo der weitere Ablauf unterbrochen werden soll. Dann muss die Anweisung hinter der Schleife oder hinter dem Prozeduraufruf ausgeführt werden. Dazu lässt sich die *Exit*-Anweisung einsetzen. Für eine *DO*-Schleife ist die Anweisung *Exit Do* innerhalb der Schleife zu verwenden. Bei *FOR*-Schleifen muss die Anweisung *Exit For* verwendet werden und bei Prozeduren gilt die Anweisung *Exit Sub*.

```
Do
  If wert < 0 Then
    Exit Do
  Else
    summe = summe + wert
  End if
  i = i + 1
Loop While i < 10
```

Die obige *DO*-Schleife wird beendet, sobald die Variable *i* den Wert 10 annimmt. Weiterhin bricht VBA die Schleife ab, wenn die Variable *wert* einen negativen Wert annimmt.

Arbeiten mit *With*

Beim Arbeiten mit benutzerdefinierten Datentypen müssen Sie den Variablennamen beim Zugriff auf ein Feldelement mit angeben.

```
Type Adr
  Name As String * 20
  Vorname As String * 20
  Plz As String * 5
  Ort As String * 20
  Strasse As String * 20
  Hausnr As String * 5
  Gehalt As Double
End Type

Dim Person As Adr

Person.Name = "Müller"
Person.Vorname = "Susi"
Person.Plz = "100311"
....
```

Die letzten drei Anweisungen zeigen, dass jeweils der Variablenname und der Feldbezeichner durch einen Punkt getrennt anzugeben sind. Ähnliches gilt für den Zugriff auf Eigenschaften eines Objekts.

```
UserForm1.CommandButton1.Caption = "OK"
UserForm1.CommandButton1.Enabled = True
```

```
UserForm1.CommandButton1.Width = 200
UserForm1.CommandButton1.Height = 20
```

Hier werden die Eigenschaften einer Schaltfläche (Objekt *CommandButton1*), die als Objekt in dem Formular *UserForm1* enthalten ist, verändert.

Um das ständige Wiederholen eines Variablen- oder Objektnamens zu vermeiden, lässt sich die *With*-Anweisung verwenden. Für den Zugriff auf die Feldbezeichner des benutzerdefinierten Datentyps sieht der Code folgendermaßen aus:

```
With Person
  .Name = "Müller"
  .Vorname = "Susi"
  .Plz = "100311"
  ...
End With
```

Sie geben am Anfang der Sequenz einfach den Variablennamen an. Anschließend lässt sich direkt auf die Feldbezeichner des Datentyps zugreifen. Um diese Feldbezeichner von normalen Variablen zu unterscheiden, muss dem Namen allerdings der Punkt . vorangestellt werden. Ähnliches gilt für den Zugriff auf Objekte. Für das Beispiel des Zugriffs auf die Objekteigenschaften sieht der Code folgendermaßen aus:

```
With UserForm1.CommandButton1
  .Caption = "OK"
  .Enabled = True
  .Width = 200
  .Height = 20
End With
```

In diesem Beispiel wird die Hierarchie, bestehend aus den Objekten *UserForm1.CommandButton1,* einfach in der *With*-Anweisung angegeben. Dies spart nicht nur Schreibarbeit in den nachfolgenden Anweisungen, sondern erhöht auch die Ausführungsgeschwindigkeit des Interpreters auf die Eigenschaften des Objekts.

Prozeduren und Funktionen

In VBA können Sie sowohl vordefinierte Prozeduren und Funktionen aufrufen als auch eigene Funktionen und Prozeduren definieren. Funktionen und Prozeduren lassen sich jedoch nur auf Modulebene deklarieren.

Funktionen

Verwenden Sie Funktionen, falls nur ein einziger Wert als Ergebnis an das rufende Programm zurückzugeben wird. Eine Funktion wird mit den Anweisungen:

```
Function (Parameter) As Typ
...
End Function
```

definiert. Der (optionale) *Typ* spezifiziert den Datentyp für den Rückgabewert der Funktion. Fehlt eine Typangabe, so wird standardmäßig *Variant* für den zurückgelieferten Funktionswert angenommen. Der Rückgabewert muss dem Funktionsnamen expli-

zit innerhalb der Funktion zugewiesen werden. In den Klammern lassen sich die Parameter für den Funktionsaufruf übergeben. Der nachfolgende Code demonstriert die Verwendung einer Funktion.

Listing 56.3:
Einsatz einer Funktion

```
' Beispiel zum Einsatz einer Funktion
Const MwSt As Double = 0.15
Dim Netto As Double
Dim Preis As Double

Private Sub Main()
Dim tmp As String * 20
Dim i As Byte
Dim Text As String * 20

Text = "Nettopreis eingeben"
' Frage den Preis ab
  For i = 1 To 10
    tmp = InputBox(Text, Eingabe, 0)
          ' nummerische Eingabe?
    If Not IsNumeric(tmp) Then
      Exit For ' Abbruch durch Benutzer
    Else
      Netto = CStr(tmp)
      Preis = Brutto(Netto, MwSt)
      MsgBox "Preis: " + Str(Preis) _
       + " DM", vbOKOnly, "Ergebnis"
    End If
  Next i
End Sub

' Ermittle den Bruttobetrag aus Netto und MwSt
Public Function Brutto(Netto As Double, _
              MwSt As Double) As Double
  Brutto = Netto * (1# + MwSt)
End Function
```

Mittels der Funktion *Brutto* soll der Preis inklusive Mehrwertsteuer errechnet werden. Dies ist mit der Anweisung:

```
Preis = Brutto(Netto, MwSt)
```

durchführbar. Als Parameter werden Nettobetrag und Mehrwertsteuer übergeben. Die Funktion *Brutto* liefert das Ergebnis zurück, welches in die Variable *Brutto* gespeichert wird. Die Berechnung erfolgt innerhalb der Funktion im rechten Teil des folgenden Ausdrucks:

```
Brutto = Netto * (1# + MwSt)
```

Anschließend wird das Ergebnis dem Funktionsnamen *Brutto* zugewiesen. Dies sorgt dafür, dass der Funktionswert an das rufende Programm zurückgegeben wird.

HINWEIS

Auf die gleiche Weise lassen sich auch vordefinierte Funktionen des Systems einsetzen. Mit `txt = Str (Preis)` rufen Sie beispielsweise die interne Funktion *Str* auf, die einen nummerischen Wert in eine Zeichenkette wandelt.

Prozeduren

Neben den Funktionen sind Prozeduren die Hauptbestandteile der VBA-Anwendungen. Prozeduren werden in der Form:

```
Sub Name (Parameter)
...
End Sub
```

innerhalb eines Moduls definiert. Eine Prozedur liefert keinen Rückgabewert zurück. Daher wird auch kein Prozedurtyp vereinbart. Um Variablenwerte mit der Prozedur auszutauschen, haben Sie mehrere Möglichkeiten:

- Sie deklarieren die Variablen auf Modulebene. Dadurch sind diese Variablen auch innerhalb der Prozedur gültig.
- Sie übergeben die Variable als Parameter an die Prozedur. Dabei wird noch unterschieden, ob die geänderten Werte im rufenden Programm wirksam werden.

Das folgende Listing zeigt, wie sich eine Prozedur *Brutto* zum Ermitteln des Bruttopreises aus Nettobetrag und Mehrwertsteuer realisieren lässt.

Listing 56.4: Prozedur zur Ermittlung der Mehrwertsteuer

```
' Beispiel zum Einsatz einer Funktion
Const MwSt As Double = 0.15
Dim Netto As Double
Dim Preis As Double

Private Sub Main()

Dim tmp As String * 20
Dim i As Byte
Dim Text As String * 20

Text = "Nettopreis eingeben"
' Frage den Preis ab
   For i = 1 To 10
     tmp = InputBox(Text, Eingabe, 0)
               ' nummerische Eingabe?
     If Not IsNumeric(tmp) Then
       Exit For ' Abbruch durch Benutzer
     Else
       Netto = CStr(tmp)
       Call Brutto(Netto, MwSt)
       MsgBox "Preis: " + Str(Preis) _
        + " DM", vbOKOnly, "Ergebnis"
     End If
   Next i
End Sub

' Ermittle den Bruttobetrag aus Netto und MwSt
Public Sub Brutto(Netto As Double, _
                  MwSt As Double)
 Preis = Netto * (1# + MwSt)
End Sub
```

In diesem Fall wurde die Variable *Preis* als global für das Modul deklariert. Die Prozedur erhält zwei Parameter und setzt dann den Wert der Variablen *Preis*.

HINWEIS Falls beim Prozeduraufruf Parameter in Klammern gesetzt werden, müssen Sie das Schlüsselwort *Call* vor dem Prozedurnamen angeben. Die Anweisungen *Call Brutto (10.0, 0.15)* entspricht funktional dem Aufruf *Brutto 10.0, 0.15*.

Anmerkungen zur Parameterübergabe (*ByRef, ByVal*)

Beim Aufruf von Funktionen und Prozeduren sind die Parameter in der rufenden Prozedur durch Kommas getrennt anzugeben. Die Parameter stellen für die Prozedur eine Art lokale Variable dar. Dabei werden nicht die Werte der Variablen, sondern deren Adressen an die Prozedur übergeben. Dies erlaubt es, die Werte der Parameter in der Prozedur zu verändern. Diese Veränderungen werden unter Umständen auch im rufenden Programm wirksam.

In obigem Listing wurde die Variable *Preis* innerhalb des Moduls vereinbart, damit der berechnete Wert aus der Prozedur an die rufende Prozedur zurückgegeben werden kann. Dies ist aber nicht erforderlich, wie der nachfolgende, leicht modifizierte Code zeigt.

```
Call Brutto(Preis, Netto, MwSt)

' Ermittle den Bruttobetrag aus Netto und MwSt
Public Sub Brutto(Preis1 As Double, Netto As Double, _
                  MwSt As Double)
 Preis1 = Netto * (1# + MwSt)
End Sub
```

Listing 56.5:
Modifizierter
Prozeduraufruf

Beim Prozeduraufruf wird als zusätzlicher Parameter die Variable *Preis* mit angegeben. Dieser Parameter wird innerhalb der Prozedurdefinition von *Brutto* als *Preis1* vereinbart. Verändert die Prozedur *Brutto* den Wert für *Preis1*, wirkt sich dies auf die beim Aufruf der Prozedur als Parameter angegebene Variable *Preis* aus. In der Folge kann das rufende Programm direkt das in der Prozedur berechnete Ergebnis auswerten. Die Definition globaler Variablen entfällt.

HINWEIS Diese Art der Parameterübergabe an Prozeduren ist in VBA Standard. Die Übergabe als Referenz lässt sich aber durch das Schlüsselwort *ByRef* innerhalb der Prozedurdefinition auch explizit angeben.

In verschiedenen Fällen ist es jedoch unerwünscht, wenn eine Prozedur die übergebenen Parameter ändert und sich dies auf Variablen im rufenden Programm auswirkt. (Dies kann beim Aufruf externer DLL-Routinen sogar tödlich sein.) In obigem Beispiel müssen die beiden Parameter *Netto* und *MwSt* nicht durch die Prozedur verändert werden. Um zu verhindern, dass sich Änderungen im rufenden Programm auswirken, können Sie in VBA die Übergabe der Parameter als Wert vereinbaren. Die Deklaration der Prozedur sieht dann folgendermaßen aus:

```
Public Sub Brutto(ByRef Preis1 As Double, ByVal Netto As Double, _
                  MwSt As Double)
 Preis1 = Netto * (1# + MwSt)
 Netto = Netto + 10
End Sub
```

Hier wurde innerhalb der Deklaration jeweils angegeben, ob der Parameter *ByVal* oder *ByRef* zu übergeben ist. *Preis* wird als Referenz übergeben, während *Netto* und *MwSt* als Werte der gerufenen Prozedur zur Verfügung gestellt werden. Änderungen an *Netto* oder *MwSt* dürften sich daher auf das rufende Programm nicht mehr auswirken. Zur

Überprüfung wird innerhalb der Prozedur der Wert des Parameters *Netto* verändert. Gemäß der Definition *ByVal* in der Parameterdeklaration sollte sich dies nicht auf das rufende Programm auswirken. Der Aufruf erfolgt mit der Anweisung:

```
Call Brutto(Preis, Netto, MwSt)
```

Aber das Programm verhält sich jetzt anders. Während das Ergebnis im Parameter *Preis* zurückgegeben wird, bleibt der ursprünglichen Wert von *Netto* erhalten.

HINWEIS VBA kennt zusätzlich benannte und optionale Argumente. Zusätzlich können Sie die Prozeduren und Funktionen als *Private*, *Static* oder *Public* definieren. Details finden Sie in der VBA-Hilfe sowie in dem von Microsoft Press herausgegebenen Titel »Microsoft Office 2000 – Programmierung«, ISBN 3-86063-469-0.

57 Beispiele für VBA-Programme

1333 VBA-Programmierung mit Word
1346 VBA-Programmierung mit Excel

Das folgende Kapitel vermittelt Ihnen einen Einstieg in die Objektmodelle von Word und Excel. Anhand ausgewählter Beispiele zeigen wir, wie man auf die Anwendung und die darin geladenen Dokumente einwirkt.

VBA-Programmierung mit Word

Word stellt dem VBA-Programmierer eine komplette Objekthierarchie zur Verfügung, die sowohl aus Word als auch aus anderen Office-Anwendungen heraus angesprochen werden kann. Basis ist dabei das Objektmodell, das hier kurz vorgestellt wird.

Das Word-Objektmodell

Das Word-Objektmodell baut auf dem *Application*-Objekt auf. Das *Application*-Objekt enthält seinerseits verschiedene Objekte und Auflistungen, über die Sie auf die Funktionalität von Word zugreifen können. Über das *Dokument*-Objekt verschaffen Sie sich beispielsweise Zugriff auf den Inhalt eines Dokuments. Das *Range*-Objekt erlaubt, Absätze und Abschnitte im Dokument anzusprechen. Mit dem *Select*-Objekt markieren Sie Textbereiche oder wirken auf den darin enthaltenen Text ein.

Abbildung 57.1:
Word-Objektmodell (Ausschnitt)

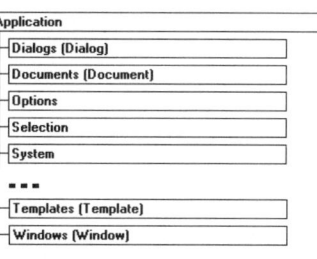

HINWEIS Eine detaillierte Beschreibung des gesamten Objektmodells finden Sie in der Microsoft Word-VBA-Hilfe. Wie in den vorangehenden Kapiteln gezeigt, artikulieren sich Word-

Objekte nach außen durch Eigenschaften, Methoden und Ereignisse. In den nachfolgenden Abschnitten finden Sie Beispiele zum Zugriff auf verschiedene Word-Objekte.

Arbeiten mit dem *Application*-Objekt

Über das *Application*-Objekt lassen sich die Einstellungen von Microsoft Word beeinflussen. Das Objekt wird automatisch erzeugt, sobald Sie eine Sitzung von Microsoft Word starten.

Festlegen der Fensterabmessungen

Über das *Application*-Objekt lässt sich beispielsweise festlegen, wie das Word-Fenster anzuzeigen ist. Sie müssen lediglich die betreffenden Eigenschaften des Objekts setzen. Über die Eigenschaften *Height* und *Width* stellen sie die Fenstergröße ein. Die Eigenschaft *Visible* erlaubt es, das Word-Fenster ein- oder auszublenden. Das Fenster lässt sich über die Eigenschaft *WindowState* maximieren, minimieren oder auf Normalgröße setzen. Das nachfolgende Listing bewirkt, dass das Word-Fenster verkleinert und in der linken oberen Ecke des Bildschirms (Koordinate 100,100) angezeigt wird. Außerdem vergrößert das Programm das Word-Fenster und blendet es auf Wunsch ein bzw. aus.

```
Public Sub ApplicationEigenschaften()
' Autor: G. Born
' Setze die Eigenschaften des Word-Fensters
With Application
                   ' Fenster einstellen
  .WindowState = wdWindowStateNormal
  .Height = 280    ' Höhe Word-Fenster
  .Width = 500     ' Breite
  .Left = 100      ' X-Position
  .Top = 100       ' Y-Position

' frage nach, ob das Fenster maximiert werden soll

  status = MsgBox("Fenster maximieren?", _
              vbYesNo + vbQuestion)
  If status = vbYes Then _
    .WindowState = wdWindowStateMaximize

' Fenster ausblenden
  status = MsgBox("Fenster ausblenden?", _
              vbYesNo + vbQuestion)
  If status = vbYes Then .Visible = False

' Fenster einblenden
  MsgBox "Das Fenster wird wieder eingeblendet", _
              vbOKOnly + vbExclamation
  .Visible = True   ' im Vordergrund zeigen

' Anzeige in Statusleiste
  .StatusBar = "Datum: " & Str(Date)
End With
End Sub
```

Listing 57.1:
Einstellen der Fenstergröße und -position

Die VBA-Funktion *MsgBox* ermöglicht die Anzeige von Dialogfeldern mit wählbaren Texten, Schaltflächen und Symbolen. Eine detaillierte Beschreibung dieser Funktion bzw. Prozedur finden Sie in der VBA-Hilfe.

Anwendungseigenschaften ermitteln

Über das Word *Application*-Objekt lassen sich auf recht einfache Weise bestimmte Eigenschaften wie der Name des aktuellen Dokuments, die im aktuellen Dokument benutzte Dokumentvorlage, die Word-Version, der Autostart-Pfad etc. ermitteln (Abbildung 57.2).

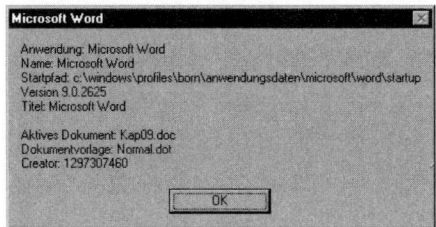

Abbildung 57.2:
Anzeige verschiedener Eigenschaften des Word Application-Objekts

Das Meldungsfeld aus Abbildung 57.2 zeigt einige der Eigenschaften des *Application*-Objekts von Microsoft Word. Der Inhalt des Meldungsfelds lässt sich über die folgenden Anweisungen erzeugen. Die betreffenden Anweisungen fragen dazu die Eigenschaften des Word-*Application*-Objekts ab.

Listing 57.2:
Anzeige von Eigenschaften des Word-Application-Objekts

```
Sub Beispiel1
  With Application
    txt = "Anwendung: " & .Application & Chr(10)
    txt = txt + "Name: " & .Name & Chr(10)
    txt = txt & "Startpfad: " & .StartupPath & Chr(10)
    txt = txt + "Version " & .Build & Chr(10)
    txt = txt + "Titel: " & .Caption & Chr(10) & Chr(10)

    txt = txt + "Aktives Dokument: " & .ActiveDocument & Chr(10)
    txt = txt + "Dokumentvorlage: " & _
        ActiveDocument.AttachedTemplate & Chr(10)
    txt = txt + "Creator: " & .Creator

    MsgBox txt
  End With
End Sub
```

Die Prozedur ermittelt die Eigenschaften des *Application*-Objekts und zeigt diese automatisch in einem Dialogfeld unter Verwendung der *MsgBox*-Prozedur.

Dokumentvorlage in Statusleiste einblenden

Häufiger benötigt man die Information, welche Dokumentvorlage dem aktuellen Dokument zugeordnet ist. Diese Information lässt sich zwar über den Befehl *Vorlagen und Add-Ins* im Menü *Extras* abfragen. Schneller geht dies aber, falls Sie den Pfad und den Namen der Vorlage des aktuellen Dokuments per Makro in der Statusleiste des Word-Fensters einblenden.

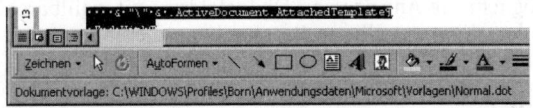

Abbildung 57.3:
Anzeige der aktuellen Dokumentvorlage in der Statusleiste

Abbildung 57.3 zeigt ein Beispiel für eine solche Anzeige. Das folgende Listing zeigt den Code zur Ermittlung der Eigenschaften und zum Zugriff auf die Statusleiste. Die Statusleiste lässt sich über

```
Application.Statusbar = ...
```

mit Text beschreiben. Der Name der Dokumentvorlage liefert die *AttachedTemplate*-Eigenschaft des *ActiveDocument*-Objekts. Die *Path*-Eigenschaft enthält den Pfad der Vorlage.

```
Public Sub AktVorlage()
' Zeige die aktive Dokumentvorlage in der Statusleiste
With Application
  .StatusBar = "Dokumentvorlage: " _
    & .ActiveDocument.AttachedTemplate.Path _
    & "\" & .ActiveDocument.AttachedTemplate
End With
End Sub
```

Listing 57.3:
Anzeige der Dokumentvorlage in der Statusleiste

Legen Sie das Makro auf eine Schaltfläche einer benutzerdefinierten Symbolleiste, lässt sich die benutzte Dokumentvorlage per Mausklick abfragen. Hinweise zum Verknüpfen eines Makros mit einer Schaltfläche finden Sie in den vorhergehenden Kapiteln dieses Teils.

Sofern Sie diese Prozedur in ein Modul in der Datei *NORMAL.DOT* kopieren, steht die Funktion in allen Word-Dokumenten zur Verfügung.

HINWEIS

Microsoft Excel aus Word aufrufen

Der Aufruf anderer Anwendungen wie zum Beispiel Microsoft Excel aus einem Word-VBA-Modul lässt sich mit wenigen Anweisungen realisieren. Der einfachste Ansatz besteht darin, mit *CreateObject* ein neues Excel-Automatisierungsobjekt zu erzeugen. Anschließend lässt sich mit *GetObject* die gewünschte XLS-Datei laden. Dies ist mit folgenden Anweisungen möglich:

```
Public Sub ExcelAufruf2()
Const Datei = "Test1.xls"
Const Path = "C:\Eigene Dateien\"

' rufe Anwendung auf, ohne weitere Prüfung
Set xlAnw = CreateObject("Excel.Application")
Set xlAnw = GetObject(Path & Datei)
xlAnw.Application.Visible = True
xlAnw.Windows(Datei).Visible = True ' Fenster anzeigen
MsgBox "Beenden"
End Sub
```

Listing 57.4:
Excel aus Word starten

Microsoft Excel wird mit der Anweisung

```
Set xlAnw = CreateObject("Excel.Application")
```

als Automatisierungsobjekt aufgerufen. Hierbei führt Windows Excel gegebenenfalls aus.

HINWEIS Um Microsoft Excel 2000 aufzurufen, müssen Sie die Anweisung Set xlAnw = CreateObject ("Excel.Application.9") einsetzen. Die Zahl hinter *Application* gibt die interne Versionsnummer des *Application*-Objekts an. Lassen Sie diese Nummer weg, verwendet Word einfach die installierte Excel-Version.

Das XLS-Dokument lässt sich mit der Anweisung

```
Set xlAnw = GetObject(Path & Datei)
```

laden. Damit das Excel-Objekt anschließend angezeigt wird, müssen Sie die *Visible*-Eigenschaft des *Application*-Objekts auf *True* setzen. Dies lässt sich mit der Anweisung

```
xlAnw.Application.Visible = True
```

erreichen. Ein Blick in das Excel-Fenster birgt jedoch eine Überraschung: Das erwartete Kalkulationsblatt wird nicht angezeigt. Sie müssen das geladene Dokument entweder über den Befehl *Einblenden* im Menü *Fenster* des Excel-Fensters freigeben oder Sie nutzen die folgende Anweisung:

```
xlAnw.Windows("Test1.xls").Visible = True
```

Dieser Befehl blendet das Dokumentfenster mit dem angegebenen Titel in der Anzeige ein.

Die obige Prozedur berücksichtigt jedoch nicht, ob Microsoft Excel bereits ausgeführt wird. In diesem Fall muss das Programm nicht mehr mit *CreateObject* aufgerufen werden, Sie können direkt das Dokument laden. Die Anweisungen in folgendem Listing zeigen, wie sich prüfen lässt, ob Microsoft Excel bereits ausgeführt wird. Gleichzeitig berücksichtigt das Modul, dass ein aufgerufenes Excel-Objekt anschließend auch wieder beendet wird.

Listing 57.5:
Excel-Aufruf mit Prüfung

```
Public Sub ExcelAufruf1()
' Autor: G. Born
' Excel als ActiveX-Komponente aufrufen

Const Datei = "Test1.xls"
Const Path = "C:\Eigene Dateien\"
Dim xlAnw As Object    ' Variable für Verweis
Dim xlaktiv As Boolean

On Error Resume Next

xlaktiv = False        ' annehmen: Excel läuft nicht
' Prüfe, ob Excel aktiv ist
 If Tasks.Exists(Name:="Microsoft Excel") = True Then
 ' Ja, Excel läuft bereits - hole Objekt mit Datei
    xlaktiv = True     ' merken
    Set xlAnw = GetObject(Path & Datei)
```

```
    If Err.Number <> 0 Then
' Fehler, Datei nicht ladbar
   MsgBox "Datei " & Path & Datei & "nicht gefunden", _
     vbOKOnly + vbCritical, "Fehler"
   Set xlAnw = Nothing      ' Verweis freigeben
   Exit Sub
   End If
 Else
' Excel nicht aktiv, erst starten
   Set xlAnw = CreateObject("Excel.Application")
   If Err.Number <> 0 Then
' Fehler, Excel nicht geladen
   MsgBox "Excel nicht geladen", _
     vbOKOnly + vbCritical, "Fehler"
   Set xlAnw = Nothing      ' Verweis freigeben
   Exit Sub
   End If
' jetzt die Datei holen
   Set xlAnw = GetObject(Path & Datei)
   If Err.Number <> 0 Then
' Fehler, Datei nicht ladbar
   MsgBox "Datei " & Path & Datei & "nicht gefunden", _
     vbOKOnly + vbCritical, "Fehler"
   xlAnw.Application.Quit ' Excel beenden
   Set xlAnw = Nothing      ' Verweis freigeben
   Exit Sub
   End If
End If

' jetzt sollte die Datei geladen sein, Excel einblenden

   xlAnw.Application.Visible = True ' Excel anzeigen
   xlAnw.Windows(Datei).Visible = True ' Fenster anzeigen

' Programmablauf durch MsgBox unterbrechen,
' damit der Benutzer zu Excel wechseln kann.
   MsgBox "Beenden"
   If Not xlaktiv Then _
     xlAnw.Application.Quit              ' Excel beenden
   Set xlAnw = Nothing      ' Verweis freigeben
End Sub
```

> **HINWEIS** In der VBA-Hilfe finden Sie unter dem Stichwort *GetObject* weitere Informationen zur Thematik.

Arbeiten mit dem Dokumentobjekt

Der Zugriff auf den Inhalt der Dokumentfenster erfolgt über das Dokumentobjekt. Der nachfolgende Abschnitt zeigt, wie sich dies für verschiedene Funktionen nutzen lässt.

Zugriff auf die integrierten Dokumenteigenschaften

Microsoft Word erlaubt Ihnen, bestimmte Eigenschaften für ein Dokument festzulegen. Einige dieser Eigenschaften lassen sich dabei über den Befehl *Eigenschaften* im Menü *Datei* setzen (z.B. Autor, Dokumenttitel, Stichwörter etc.). Auf diese Eigenschaften lässt sich über die *BuiltInDocumentProperties*-Auflistung zugreifen. In Abbildung 57.4 sehen Sie die aufgelisteten Eigenschaften für das aktuelle Dokument.

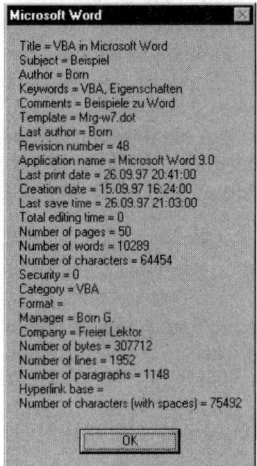

Abbildung 57.4: Anzeige der BuiltInDocumentProperties

Falls Sie diese Eigenschaften für ein Dokument benötigen, müssen Sie als Erstes das Dokumentobjekt festlegen. Dann lässt sich über die *BuiltInDocumentProperties*-Auflistung auf die einzelnen Eigenschaften zugreifen. Die folgende Anweisung ermittelt beispielsweise den Autor, der für das aktuelle Dokument eingetragen wurde.

```
Set Item = ActiveDocument.BuiltInDocumentProperties (3)
txt = txt + Item.Name & " = " & Item.Value & Chr(10)
```

Die Eigenschaft *Name* liefert den (englischen) Namen der betreffenden internen Eigenschaft. Hier ist dies das Wort *Author*. Über die Eigenschaft *Value* können Sie den eigentlichen Wert der eingebauten Eigenschaft für das Dokument ermitteln. Die einzelnen *BuiltInDocumentProperties*-Eigenschaften werden sequenziell durchnummeriert.

In Abbildung 57.4 werden die betreffenden Indexwerte vor dem jeweiligen Namen mit eingeblendet. Um zum Beispiel die Seitenzahl eines Dokuments zu bestimmen, müssen Sie auf die *Value*-Eigenschaft des *BuiltInDocumentProperties(14)*-Elements zurückgreifen. Das folgende Listing enthält den Code, mit dem das Dialogfeld aus Abbildung 57.4 erzeugt wurde.

Listing 57.6: Anzeige der Eigenschaften des aktiven Dokuments

```
Public Sub Dokumenteigenschaften1()
' Liste die internen Dokumenteigeschaften auf

On Error Resume Next

txt = ""
With ActiveDocument
  For Each Item In .BuiltInDocumentProperties
    txt = txt + Item.Name & " = " & Item.Value & Chr(10)
  Next Item
  MsgBox txt
```

```
End With
End Sub
```

Beachten Sie, dass zu Beginn der Prozedur der *On Error Resume Next*-Befehl eingefügt wurde. Dies stellt sicher, dass bei einem Zugriff auf den nicht gesetzten Wert einer Eigenschaft das Programm weiter ausgeführt wird.

HINWEIS

Eigenschaften als Text im Dokument einfügen

Das nachfolgende Listing variiert diesen Ansatz etwas. Hier werden die internen Eigenschaften aller geladenen Dokumente abgefragt. In diesem Fall hilft die *Documents*-Auflistung weiter. Um der Variablen *bytes* die Zahl der Bytes im ersten Dokument zuzuweisen, ist folgende Anweisung erforderlich:

```
bytes = Documents(1).BuiltInDocumentProperties(15).Value
```

Da die Eigenschaften aller geladenen Dokumente zu umfangreich sind, um in einem Meldungsfeld angezeigt zu werden, sollen die Informationen als Text im aktuellen Dokument erscheinen. Das lässt sich mit folgender Sequenz realisieren:

```
Set TxtIns = ActiveDocument.Content
TxtIns.InsertParagraphAfter ' neuer Absatz
TxtIns.InsertAfter "Anzeige der Dokumenteigenschaften"
```

Die erste Anweisung liefert eine Referenz auf den Inhalt des aktuellen Dokuments in die Objektvariable *TxtIns* zurück. Anschließend können Sie die Befehle (Methoden) *InsertParagraphAfter* und *InsertAfter* anwenden. Die erste Methode fügt einen Absatz ein, während mit der zweiten Methode Text im Dokument hinzugefügt wird. Der Code zur Ausgabe der Eigenschaften aller Dokumente ist nachfolgendem Listing zu entnehmen.

```
Public Sub Dokumenteigenschaften2()
' Liste die internen Dokumenteigenschaften alle geladenen
' Dokumente im Text des aktuellen Dokuments auf.
Dim n, i
On Error Resume Next

n = Documents.Count      ' Zahl der Dokumente
If n = 0 Then Exit Sub   ' fertig

' hole Objektvariable für Ausgaben in aktives Dokument
Set TxtIns = ActiveDocument.Content
TxtIns.InsertParagraphAfter ' neuer Absatz
TxtIns.InsertAfter "Anzeige der Dokumenteigenschaften"
TxtIns.InsertParagraphAfter ' neuer Absatz

For i = 1 To n           ' alle Dokumente
  With Documents(i)
    TxtIns.InsertParagraphAfter ' neuer Absatz
    TxtIns.InsertParagraphAfter ' neuer Absatz
    TxtIns.InsertAfter "Dokument: " & .FullName

    For Each Item In .BuiltInDocumentProperties
      TxtIns.InsertParagraphAfter ' neuer Absatz
```

Listing 57.7: Einfügen der Dokumenteigenschaften im aktuellen Dokument

```
            TxtIns.InsertAfter Item.Name & " = "
            TxtIns.InsertAfter Item.Value
         Next Item
      End With
   Next i
End Sub
```

HINWEIS Beim Anwenden dieser Prozedur sollten Sie darauf achten, dass ein leerer Dokumentbereich selektiert wurde. Die Prozedur schreibt ja in das aktuelle Dokument.

Dokumente anlegen und öffnen

Sie haben in VBA die Möglichkeit, Word-Dokumente neu anzulegen oder auf bestehende Dateien zuzugreifen.

Ein neues Dokument anlegen

Um ein neues Dokument zu erzeugen, lässt sich die *Add*-Methode auf das *Documents*-Objekt anwenden. Die folgende Anweisung

```
Set mDoc = Documents.Add
```

öffnet ein neues Dokument und entspricht der Anwahl der Schaltfläche *Neu* durch den Benutzer. Alternativ können Sie beim Ausführen der *Add*-Methode als Parameter den Namen der Dokumentvorlage übergeben. Das nachfolgende Listing zeigt, wie eine Dokumentvorlage anzugeben ist.

Listing 57.8: Anlegen eines neuen Dokuments mit Angabe einer Dokumentvorlage

```
Public Sub NeuesDokument()
' Neues Dokument anlegen
Dim mDoc As Document
Dim pfad As String

' Pfad für die Vorlagen holen
  pfad = Options.DefaultFilePath(wdUserTemplatesPath)

' Neues Dokument anlegen
  Set mDoc = Documents.Add(pfad & "\Normal.Dot")
End Sub
```

Sie können direkt die Datei *NORMAL.DOT* als Parameter eingeben ("Normal.dot"), da Microsoft Word den Pfad zu dieser Datei kennt. Möchten Sie auf andere Dokumentvorlagen zugreifen, lässt sich der über *Extras/Optionen* gesetzte Pfad für die Dokumentvorlagen über die Anweisung

```
pfad = Options.DefaultFilePath(wdUserTemplatesPath)
```

ermitteln. Das *Options*-Objekt kennt die *DefaultFilePath*-Methode. Je nach übergebenem Parameter (bzw. Index) liefert diese Methode den Pfad zu den Dokumentvorlagen, zu den Dokumenten, zu den Grafikdateien etc. zurück. Die betreffenden Konstanten lassen sich direkt im Visual Basic-Editor abrufen.

Eine Datei öffnen

Existiert bereits eine Datei mit dem Dokument, lässt sich dieses direkt über die *Open*-Methode des *Documents*-Objekts laden. Das folgende Listing zeigt die betreffenden Anweisungen:

```
Public Sub DokumentOpen1()
' Öffne ein Dokument mit vorgegebenen Namen
Const Datei = "Test.doc"
Dim mDoc As Document
Dim pfad As String

On Error Resume Next

' lege Pfad fest
pfad = Options.DefaultFilePath(wdDocumentsPath)

' Öffnet ein Dokument
Set mDoc = Documents.Open( _
    FileName:=pfad & "\" & Datei)
If Err.Number <> 0 Then   ' Fehler
    MsgBox Err.Description, vbCritical, Fehler
    Exit Sub
End If
' ab hier kann mit dem Dokument gearbeitet werden,
' oder die Eigenschaften manipuliert werden.

End Sub
```

Listing 57.9: Öffnen eines Dokuments

Der *Open*-Methode wird als Parameter der Dateiname (*FileName*) übergeben. Sie müssen hier einen gültigen Dateinamen samt Pfad angeben. Tritt ein Fehler auf, wird dieser über Anweisungen `On Error Resume Next` und `IF Err.Number <> 0 Then` abgefangen. Der Pfad lässt sich über die *DefaultFilePath*-Methode des *Options*-Objekts ermitteln.

Bereiche mit dem *Range*-Objekt festlegen

Um etwas im Dokumentbereich zu ändern, müssen Sie diesen Dokumentbereich einem *Range*- oder *Selection*-Objekt zuweisen. Um eine ggf. vom Benutzer gesetzte Markierung nicht zu verändern, sollten Sie auf *Range*-Objekte zurückgreifen. Der Bereich (Range) wird durch einen Start- und einen Endzeiger im betreffenden Dokument angegeben. Die folgende Anweisung erzeugt ein *Range*-Objekt, welches die ersten zehn Zeichen eines Dokuments beinhaltet.

```
Set mRange = ActiveDocument.Range(Start :=0, End:= 10)
```

Falls Sie anschließend die Eigenschaften dieses Objekts ändern, wirkt sich dies auf den Inhalt des Bereichs aus. Mit

```
mRange.Bold = True
```

werden die Zeichen im angegebenen Bereich fett formatiert. Ähnliches gilt für andere Eigenschaften wie *Font* oder *Italics*. Die Kunst liegt im Wesentlichen darin, den Ausdruck zum Zugriff auf das *Range*-Objekt richtig zu formulieren. Um beispielsweise den zweiten Absatz innerhalb eines Dokuments einem *Range*-Objekt zuzuweisen, lässt sich folgende Anweisung benutzen:

```
Set mRange = ActiveDocument.Paragraphs(2).Range
```

Hier wird die *Range*-Methode auf das *Paragraphs*-Objekt angewendet. Um einen größeren Bereich festzulegen, lassen sich folgende Anweisungen benutzen. Der Befehl

```
Set mRange =  ActiveDocument.Range( _
    Start:=ActiveDocument.Paragraphs(2).Range.Start, _
    End:=ActiveDocument.Paragraphs(4).Range.End)
```

setzt den Bereich vom zweiten bis zum vierten Absatz im Dokument. Die folgende Anweisung wiederholt dies für die Sätze 2, 3, 4 eines Dokuments:

```
Set mRange =  ActiveDocument.Range( _
    Start:=ActiveDocument.Sentences(2).Range.Start, _
    End:=ActiveDocument.Sentences(4).Range.End)
```

Sobald Sie ein *Range*-Objekt erstellt haben, lässt sich dieses für vielfältige Aufgaben nutzen. Sie können weitere Methoden (wie *InsertAfter, InsertBefore, Copy* etc.) auf dieses Objekt aufrufen. Das folgende Listing zeigt, wie sich mit *Range* verschiedene Bereiche in Dokument bearbeiten lassen.

Listing 57.10: Bearbeiten eines Dokuments mit Range

```
Public Sub Beispiel1()
' Zeige, wie sich mit Range Teile im Dokument
' einfügen und bearbeiten lassen.

Dim mDoc As Document
Dim xRange As Range

Set mDoc = ActiveDocument

' Erste 10 Zeichen kursiv formatieren
Set xRange = mDoc.Range(Start:=0, End:=10)
xRange.Italic = True

' Zweiten Absatz fett hervorheben

Set xRange = mDoc.Paragraphs(2).Range
xRange.Bold = True

' Einfügen einer Leerzeile und Text
' vor dem zweiten Absatz
Set xRange = mDoc.Paragraphs(2).Range
With xRange
    .InsertBefore vbCrLf & "***Hallo***" & vbCrLf & vbCrLf
End With

' an den Dokumentanfang
Set xRange = mDoc.Range(Start:=0, End:=0)
xRange.InsertAfter "Neu eingesetzter Text" & vbCrLf
End Sub
```

Umgang mit dem *Range*-Objekt

Nachfolgend finden Sie noch einige Hinweise zum Umgang mit dem *Range*-Objekt. Das Beispiel legt ein neues Dokument an, schreibt zwei Zeilen in das Dokument und kopiert dann die erste Zeile über die Zwischenablage an das Dokumentende. Alle Zugriffe erfolgen über *Range*-Objekte. Mit

```
Set xRange = mDoc.Range(Start:=0, End:=0)
xRange.InsertAfter "Neu eingesetzter Text" & vbCrLf
```

wird das *Range*-Objekt am Dokumentanfang positioniert. Anschließend lässt sich ein Text hinter dem *Range*-Objekt einfügen. Die Konstante *vbCRLF* bewirkt einen Zeilenwechsel. Die Anweisungen

```
Set xRange = mDoc.Paragraphs(1).Range
xRange.Copy              ' in Zwischenablage kopieren
```

kopieren den Inhalt des ersten Absatzes in die Zwischenablage. Der Inhalt der Zwischenablage lässt sich mit der *Paste*-Methode wieder im Dokument an der aktuellen Stelle einfügen. Beim Einfügen passt sich der *Range*-Bereich automatisch an den neuen Text an. Sie können über die *Collapse*-Methode aber den Bereich reduzieren. Die Anweisung

```
xRange.Collapse Direction:=wdCollapseEnd
```

reduziert den Bereich auf sein Ende, d.h., es lässt sich jetzt Text hinter dem Bereich einfügen. Einen Bereich kopieren Sie über:

```
Set xRange2 = xRange.Duplicate
```

Mit den Anweisungen

```
Set xRange = mDoc.Content
xRange2.Collapse Direction:=wdCollapseEnd
```

gelangen Sie mit dem Bereich an das Dokumentende. Die erste Zeile bezieht den gesamten Dokumentinhalt in den Bereich ein. Im zweiten Schritt wird der Bereich auf das Ende reduziert. Die Anweisung

```
xRange2.Paste
```

fügt dann den Inhalt der Zwischenablage am Ende des Bereichs (und damit am Textende) ein. Das folgende Listing zeigt die Anwendung dieser Befehle.

Listing 57.11:
Anwendung des
Range-Objekts

```
Public Sub Beispiel2()
' Zeige, wie sich Text mit dem Range-Objekt
' kopieren lassen.

Dim mDoc As Document
Dim xRange As Range

  Set mDoc = Documents.Add     ' neues Dokument erzeugen
  mDoc.Activate                ' anzeigen
' an den Dokumentanfang und füge eine Zeile ein
```

```
Set xRange = mDoc.Range(Start:=0, End:=0)
xRange.InsertAfter "Neu eingesetzter Text" & vbCrLf

' setze den Bereich auf den ersten Satz
Set xRange = mDoc.Paragraphs(1).Range
xRange.Copy              ' in Zwischenablage kopieren
                         ' Range an das Ende
xRange.Collapse Direction:=wdCollapseEnd
xRange.InsertAfter vbCrLf & "Nächste Zeile" & vbCrLf

Set xRange = mDoc.Content
Set xRange2 = xRange.Duplicate ' Range kopieren
xRange2.Collapse Direction:=wdCollapseEnd
xRange2.Paste
End Sub
```

Auf ein *Selection*-Objekt zugreifen

Sobald ein Bereich im Dokument markiert ist, kann man draüber auf diesen Bereich über das *Selection*-Objekt zugreifen. Sie können direkt die Eigenschaften des Objekts auslesen und setzen. Die *Selection*-Eigenschaft ist für die Objekte *Application*, *Window* und *Pane* verfügbar. Lassen Sie das Objekt weg, bezieht sich die Eigenschaft generell auf *Application*, d.h., es wird ein markierter Bereich innerhalb der Anwendung angesprochen. Das folgende Listing zeigt, wie sich der Inhalt eines markierten Bereichs im Dokument manipulieren lässt. Der Text wird fett, unterstrichen und in der Schriftart *Arial* formatiert. Weiterhin fügt das Beispiel noch eine Textzeile hinter dem markierten Bereich ein.

Listing 57.12: Bearbeiten eines markierten Bereichs

```
Public Sub Beispiel1()
' Zeige, wie sich mit Selection Teile im Dokument
' bearbeiten lassen. Im Dokument muß ein Bereich
' markiert sein.

With ActiveWindow

' Text im markierten Bereich bearbeiten
    With Selection.Font
      .Underline = True       ' unterstreichen
      .Bold = True             ' fett
      .Name = "Arial"          ' Schrifttyp
    End With

' Text hinter der Markierung einfügen
    Selection.InsertAfter _
        vbCrLf & "***###***" & vbCrLf
End With
End Sub
```

HINWEIS Weitere Details zum Arbeiten mit Word unter VBA finden Sie in dem Microsoft Press-Titel »Microsoft Office 2000 – Programmierung«.

VBA-Programmierung mit Excel

Als Kontrast zu Word stellen wir Ihnen abschließend die Grundzüge des Excel-Objektmodells vor.

Das Excel-Objektmodell

Auch Microsoft Excel verfügt über ein umfangreiches Objektmodell, das die Funktionalität der Anwendung und den Inhalt der aktuell geladenen Arbeitsblätter exponiert. Genau wie bei Word baut das Objektmodell dabei auf dem *Application*-Objekt auf.

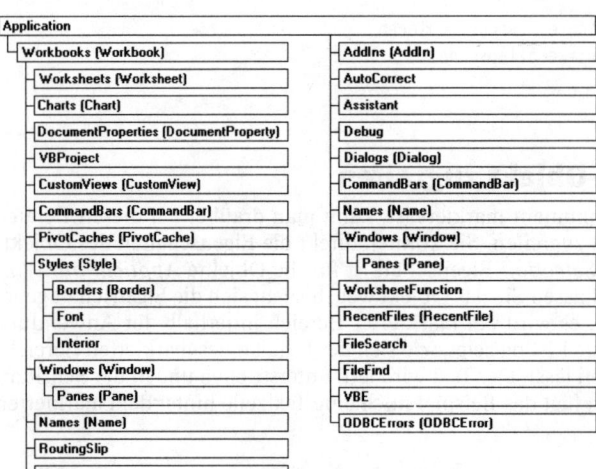

Abbildung 57.5:
Ausschnitt aus dem Excel-Objektmodell

Das *Application*-Objekt kontrolliert das Verhalten des Anwendungsfensters und der Anwendung selbst. Weiterhin enthält das *Application*-Objekt verschiedene Unterobjekte und Auflistungen, über die Sie auf die Excel-Funktionen zugreifen können. Die *Workbooks*-Auflistung enthält alle in Microsoft Excel geöffneten Arbeitsmappen. Ein *Workbook*-Objekt enthält seinerseits wieder die *Worksheet*-Objekte, die die einzelnen Tabellenblätter verkörpern. Das *Range*-Objekt stellt eine Zelle, eine Zeile, eine Spalte, eine Auswahl von Zellen aus einem oder mehreren zusammenhängenden Zellblöcken oder einen 3D-Bereich dar.

HINWEIS Eine Übersicht über das gesamte Objektmodell finden Sie in der Microsoft Excel-Hilfe. Für die Excel-Objekte existieren Eigenschaften, Methoden und Ereignisse. In den nachfolgenden Abschnitten finden Sie Beispiele zum Zugriff auf die verschiedenen Objekte.

Arbeiten mit dem *Application*-Objekt

Über das *Application*-Objekt lassen sich die Eigenschaften von Microsoft Excel beeinflussen. Das Objekt wird automatisch erzeugt, sobald Sie eine Sitzung von Microsoft Excel starten.

Festlegen der Fensterabmessungen

Über das *Application*-Objekt wird beispielsweise eingestellt, wie das Excel-Fenster auf dem Windows-Bildschirm erscheint. Sie müssen lediglich die betreffenden Eigenschaften des Objekts setzen. Über die Eigenschaften *Height* und *Width* lässt sich die Fenstergröße einstellen. Die Eigenschaft *Visible* erlaubt es, das Excel-Fenster ein- oder auszublenden. Das Fenster lässt sich über die Eigenschaft *WindowState* maximieren, minimieren oder auf Normalgröße setzen.

Das nachfolgende Listing bewirkt, dass das Excel-Fenster verkleinert und in der linken oberen Ecke des Bildschirms (Koordinate 100,100) angezeigt wird. Außerdem vergrößert das Programm das Excel-Fenster und blendet es auf Wunsch ein bzw. aus. Dieses Beispiel existiert in der gleichen Form für Microsoft Word. Falls Sie das Word-Beispiel als VBA-Code in Microsoft Excel übernehmen, gibt es jedoch Laufzeitfehler. Die in Word-VBA-Modulen benutzten Konstanten wie *wdWindowStateMaximize* lassen sich nicht auf die Excel-Objekte anwenden. Daher müssen Sie die Konstanten für die Fenstergröße an die Vorgaben der Excel-Objekte anpassen. Die Konstante für ein maximiertes Fenster ist in Microsoft Excel beispielsweise mit *xlMaximized* benannt. Einzelheiten entnehmen Sie dem folgenden Listing:

Listing 57.13: Einstellen der Fenstergröße und -position

```
Public Sub ApplicationEigenschaften()
' Setze die Eigenschaften des Excel-Fensters
  With Application
                       ' Fenster einstellen
    .WindowState = xlNormal
    .Height = 280      ' Höhe Excel-Fenster
    .Width = 500       ' Breite
    .Left = 100        ' X-Position
    .Top = 100         ' Y-Position

' frage nach, ob das Fenster maximiert werden soll

    Status = MsgBox("Fenster maximieren?", _
                   vbYesNo + vbQuestion)
    If Status = vbYes Then _
      .WindowState = xlMaximized

' Fenster ausblenden
    Status = MsgBox("Fenster ausblenden?", _
                   vbYesNo + vbQuestion)
    If Status = vbYes Then .Visible = False

' Fenster einblenden
    MsgBox "Das Fenster wird wieder eingeblendet", _
                   vbOKOnly + vbExclamation
    .Visible = True    ' im Vordergrund zeigen

' Anzeige in Statusleiste
    .StatusBar = "Datum: " & Str(Date)
  End With
End Sub
```

Anwendungseigenschaften ermitteln

Ähnlich wie bei Microsoft Word lassen sich über das Excel-*Application*-Objekt bestimmte Eigenschaften wie der Name der aktuellen Arbeitsmappe (Workbook), das aktuelle Tabellenblatt, die Excel-Version, der Autostart-Pfad und vieles mehr ermitteln. Allerdings fallen die Objekte zum Zugriff auf die aktuelle Arbeitsmappe oder das Tabellenblatt etwas anders aus als bei Microsoft Word. In Abbildung 57.6 ist ein Meldungsfeld mit einigen Eigenschaften aus Microsoft Excel zu sehen.

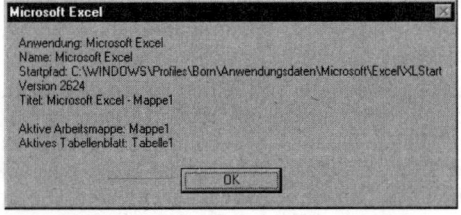

Abbildung 57.6:
Anzeige verschiedener Eigenschaften des Excel-Application-*Objekts*

Der Name der Anwendung, der Startpfad, die Version etc. lassen sich direkt über die Eigenschaften des *Application*-Objekts ermitteln. Der Name der aktiven Arbeitsmappe ist in der *Name*-Eigenschaft des *ActiveWorkbook*-Objekts enthalten. Auf diese Eigenschaft lässt sich über die Objekthierarchie:

```
Application.ActiveWorkbook.Name
```

zugreifen. Da das *Application*-Objekt standardmäßig vorhanden ist, können Sie auch die verkürzte Schreibweise zum Zugriff auf das *ActiveWorksheet*-Objekts nutzen:

```
ActiveWorkbook.Name
```

Das aktive Tabellenblatt wird in der *Name*-Eigenschaft des *ActiveSheet*-Objekts hinterlegt. Diese Eigenschaft wird über die Objekthierarchie

```
Application.ActiveWorkbook.ActiveSheet.Name
```

oder in der verkürzten Fassung

```
ActiveWorkbook.ActiveSheet.Name
```

bestimmt. Näheres entnehmen Sie dem folgenden Listing.

```
Public Sub AnzeigeEigenschaften()
' Einige Excel-Eigenschaften ermitteln
Dim txt As String

  With Application
    txt = "Anwendung: " & .Application & Chr(10)
    txt = txt + "Name: " & .Name & Chr(10)
    txt = txt & "Startpfad: " & .StartupPath & Chr(10)
    txt = txt + "Version " & .Build & Chr(10)
    txt = txt + "Titel: " & .Caption & Chr(10) & Chr(10)

    txt = txt + "Aktive Arbeitsmappe: " & .ActiveWorkbook.Name & Chr(10)
    txt = txt + "Aktives Tabellenblatt: " & _
        .ActiveWorkbook.ActiveSheet.Name & Chr(10)

    MsgBox txt
  End With
End Sub
```

Listing 57.14:
Anzeige von Eigenschaften des Excel-Application-*Objekts*

Arbeiten mit dem *Workbook*-Objekt

Das *Workbook*-Objekt bietet Ihnen die Möglichkeit zum Zugriff auf das *Worksheet*-Objekt und erlaubt Ihnen, Excel-Dateien zu laden und zu speichern.

Eine Arbeitsmappe anlegen und öffnen

Um in Microsoft Excel aus VBA heraus eine Arbeitsmappe neu anzulegen, wenden Sie die *Add*-Methode auf das *Workbook*-Objekt an. Dazu ist die folgende Anweisung einzugeben:

```
Set myXls = Workbooks.Add
```

Nach Ausführung der Anweisung zeigt die Objektvariable auf die neue Arbeitsmappe. Sie können dann über die Objektvariable auf die Objekte der Arbeitsmappe und deren Eigenschaften zugreifen. In Abbildung 57.7 sehen Sie ein Dialogfeld mit den Namen der in Microsoft Excel geladenen Arbeitsmappen.

Abbildung 57.7:
Anzeige der geladenen Arbeitsmappen in Microsoft Excel

Der Name der aktiven Arbeitsmappe lässt sich über die *ActiveWorkbook*-Eigenschaft ermitteln (siehe vorhergehende Abschnitte). Um alle geladenen Arbeitsmappen aufzulisten, greifen Sie auf die *Workbooks*-Auflistung zurück:

```
txt = ""
For Each xx In Workbooks
  txt = txt & xx.Name & Chr(10)
Next xx
MsgBox txt
```

Die For Each-Schleife liefert die einzelnen *Workbook*-Objekte in der Objektvariablen *xx* zurück. Anschließend lassen sich die Eigenschaften dieses Objekts manipulieren. Die Eigenschaft *Name* des jeweiligen *Workbook*-Objekts gibt beispielsweise den Namen der Arbeitsmappe wieder. Diese Eigenschaft ist allerdings schreibgeschützt.

Möchten Sie eine bestehende *.XLS*-Datei in Excel laden, müssen Sie auf die *Open*-Methode des *Workbook*-Objekts zurückgreifen. Dies lässt sich mit der folgenden Anweisung realisieren:

```
Set myXls1 = Workbooks.Open _
    (FileName:="C:\Eigene Dateien\Umsatz97.xls")
```

Um festzustellen, ob die Datei auch wirklich geladen wurde, kann anschließend eine Fehlerabfrage erfolgen (siehe folgendes Listing).

Das folgende Listing fasst die obigen Ausführungen zusammen. Es erzeugt eine neue Arbeitsmappe, lädt die (hoffentlich existierende) Datei *Test1.xls* und zeigt anschließend eine Liste der geladenen Arbeitsmappen.

Listing 57.15: Arbeiten mit Arbeitsmappen

```
Public Sub WorkbookOpen()
' demonstriert, wie sich Arbeitsmappen erzeugen
' und laden lassen

Const datei As String = "Test1.xls"
Const pfad As String = "C:\Eigene Dateien\"

Dim myXls As Workbook
Dim myXls1 As Workbook

Dim xx As Workbook

Dim txt As String

On Error Resume Next

 Set myXls = Workbooks.Add    ' eine neue Arbeitsmappe

' hole jetzt die Datei Test1.XLS

 Set myXls1 = Workbooks.Open _
    (FileName:=pfad & datei)
 If Err.Number <> 0 Then
  MsgBox "Fehler " & Err.Description, _
    vbCritical, "Fehler"
  Exit Sub
 End If

' zeige jetzt die geladenen Arbeitsmappen

 txt = "Arbeitsmappen" & Chr(10) & Chr(10)

 For Each xx In Workbooks
  txt = txt & xx.Name & Chr(10)
 Next xx
 MsgBox txt
End Sub
```

Arbeiten mit *Range*-Objekten

Der Zugriff auf den Inhalt einer Excel-Tabelle erfolgt mittels des *Range*-Objekts. Dieses *Range*-Objekt kann eine Zelle, einen Zellbereich, eine komplette Zeile oder Spalte oder einen Mehrfachbereich sowie 3D-Bereiche umfassen. Nachfolgend finden Sie einige Beispiele zum Zugriff auf einzelne Zellbereiche eines Tabellenblatts.

Zellen einer Tabelle setzen oder auslesen

Um auf den Inhalt einer Zelle einzuwirken, ziehen Sie ein *Range*-Objekt aus einem *WorkSheet*-Objekt heran. Um beispielsweise die Zelle *A10* des Tabellenblatts *Umsatz* in der aktuellen Arbeitsmappe mit einem Wert zu belegen, muss folgende Anweisung zum Einsatz kommen:

```
Set xlRange = ActiveWorkbook.Worksheets("Umsatz 97").Range("A9")
xlRange.Value = 100
```

In dieser Anweisung wurde eine Objektvariable *xlRange* benutzt, um die Zelle als Bereich festzulegen. Der Zellinhalt wird dabei durch die Eigenschaft *Value* beschrieben. Die Eigenschaft *Formula* nimmt dagegen die Zellformel auf.

Die Formatierung eines Zellinhalts erfolgt über das *Font*-Objekt. Dieses Objekt stellt verschiedene Eigenschaften zur Verfügung:

o Mit *Size* wird beispielsweise die Schriftgröße angegeben und die Eigenschaft *Name* legt die Schriftart fest.

o Eigenschaften wie *Bold, Italics* etc. bestimmen, ob Werte fett oder kursiv anzuzeigen sind.

Die Schriftfarbe für den Zellinhalt lässt sich mit der Eigenschaft *Color* des *Font*-Objekts festlegen. Standardmäßig wird die Farbe *Schwarz* benutzt. Über die RGB-Funktion lässt sich aber jede beliebige Farbe zuweisen.

```
xlCell.Font.Color = RGB(100, 0, 0)
```

Die obige Anweisung setzt die mit dem *xlCell*-Range-Objekt angegebene Schriftfarbe auf Rot. Um den Zellhintergrund einzufärben, ist man auf das *Interior*-Objekt des *Range*-Objekts angewiesen. Die Eigenschaft *ColorIndex* legt die Farbe fest.

```
xlCell.Interior.ColorIndex = 6
xlCell.Interior.Pattern = xlSolid
```

Zusätzlich lässt sich das Muster für die Hintergrundfarbe der Zellen über die Eigenschaft *Pattern* bestimmen.

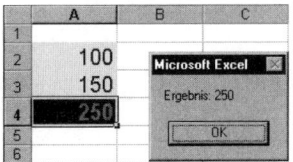

Abbildung 57.8:
Tabellenblatt mit Zellwerten und VBA-Dialog mit Ergebnis

Das nachfolgende Listing fügt zwei Zahlen und eine Formel im Arbeitsblatt *Umsatz* ein. Gleichzeitig wird der Hintergrund dieser Zellen eingefärbt (Abbildung 57.8). Zum Abschluss wird die Zelle A4 als aktive Zelle gesetzt und deren Wert über das *ActiveCell*-Objekt in einem Meldungsfeld angezeigt.

Listing 57.16:
Zellinhalte setzen und formatieren

```
Public Sub SetTableZell()
' Setze den Wert einzelner Tabellenzellen
' und füge eine Formel ein

Dim xlWrk As Workbook
Dim xlTab As Worksheet
Dim xlRange As Range

Set xlWrk = ActiveWorkbook      ' aktive Mappe
Set xlTab = xlWrk.Worksheets(1) ' erstes Arbeitsblatt

Set xlRange = xlTab.Range("A2")
```

```
    With xlRange
      .Value = 100#          ' Wert setzen
      .Font.Name = "Arial"
      .Font.Size = 15
      .Font.Bold = False
      .Font.Color = RGB(100, 0, 0)
      .Interior.ColorIndex = 6
      .Interior.Pattern = xlSolid
    End With

    With xlTab.Range("A3")
      .Value = 150#          ' Wert setzen
      .Font.Name = "Arial"
      .Font.Size = 15
      .Font.Bold = False
      .Font.Color = RGB(100, 0, 0)
      .Interior.ColorIndex = 6
      .Interior.Pattern = xlSolid
    End With

    With xlTab.Range("A4")
      .Formula = "=Sum(A2:A3)"      ' Wert setzen
      .Font.Name = "Arial"
      .Font.Size = 15
      .Font.Bold = True
      .Font.Color = RGB(100, 100, 100)
      .Interior.ColorIndex = 5
      .Interior.Pattern = xlSolid
    End With

    ' aktive Zelle setzen
    xlTab.Range("A4").Activate
    MsgBox "Ergebnis: " & ActiveCell.Value
End Sub
```

Zugriff auf markierte Zellbereiche

Nicht immer lassen sich die zu manipulierenden Bereiche vom VBA-Programm vorgeben, sondern müssen interaktiv vom Anwender ausgewählt werden. In diesem Fall lässt sich die Auswahl des Anwenders über die *Selection*-Eigenschaft abfragen:

```
Set xlRange = Selection
```

Diese Eigenschaft gibt das im Fenster markierte Objekt zurück. Ist kein Objekt markiert, enthält die Objektvariable anschließend den Wert *Nothing*. Das folgende Listing färbt ebenfalls einen Zellbereich in Abhängigkeit vom Wert ein (Werte kleiner 100 werden rot markiert). Im Gegensatz zum vorangehenden Beispiel bearbeitet das Programm jedoch nur markierte Zellbereiche.

```
Public Sub Markierung()
' Bearbeite eine Gruppe markierter Zellen
' ColorIndex: 0 = Auto, 1 = Schwarz, 2 = Weiß 3 = Rot

Dim xlWrk As Workbook
```

Listing 57.17: Markierten Bereich bearbeiten

```
Dim xlTab As Worksheet
Dim xlRange As Range
Dim idx As Integer

Set xlWrk = ActiveWorkbook       ' aktive Mappe
Set xlTab = xlWrk.Worksheets(1)
xlTab.Activate

Set xlRange = Selection
If xlRange Is Nothing Then
 MsgBox "Nichts markiert"
 Exit Sub
End If

For Each Zelle In xlRange.Cells
 With Zelle
  If .Value < 100 Then
   idx = 3       ' Rot
  Else
   idx = 0       ' Auto (oder 2
  End If
  .Interior.ColorIndex = idx
 End With
Next Zelle
End Sub
```

So weit zur Excel-Programmierung mit VBA.

Stichwortverzeichnis
Teil A – Word

=-Feldfunktion 193, 251

A

Absatzausrichtung 95
Absatzeinzug 97
Absatzformate 95
Absatzformatvorlagen 129
Absatzmarke 77
Aktualisierung von Feldfunktionen 196
Allgemeine Optionen 147
Animation 93
Ansichtoptionen 146
Ansichtsmodi 63
Arbeitsbereich 62
Auf Fensterbreite umbrechen 146
Aufzählungen 83, 97
Aufzeichnung der Überarbeitungen 243
Aufzeichnung von Kommentaren 246
Ausrichtung von Absätzen 95
Ausschnitte 87
Author-Feldfunktion 193
AutoKorrektur 127
automatische Rechtschreibkorrektur 111
automatische Silbentrennung 191
Autospeicherung 80
AutoText 124
AutoText-Feldfunktion 193
AutoTextList-Feldfunktion 193
AutoWiederherstellen 81, 149

B

Bearbeitung mehrerer Dokumente 85
Bearbeitung-Optionen 147
Bedingungsfelder im Seriendruck 258
Befehle rückgängig machen 69
Benutzerwörterbuch 115
Blauer Hintergrund 147

C

Clipart-Sammlung 225
CreateDate-Feldfunktion 193

D

DataBase-Feldfunktion 193
Date-Feldfunktion 193
Dateieigenschaften 197
Dateiformate 78

Datenquelle für Seriendruck 254
Datensätze selektieren 262
Datum einfügen 207
DocProperty-Feldfunktion 193
Dokumentstruktur 232
Dokumentvorlagen 138
Drucken 81
Druckoptionen 148
Durchgestrichen 91

E

Einfügemarke 67
Einfügemodus 67
Eingabe von Sonderzeichen 75
Einstieg 47
Einzug 97
E-Mail 262
Ersetzen 118, 122
Erweiterungsmodus 70
Escape-Sequenz 120

F

Faxe 262
Feldfunktionen 156, 193
Feldfunktionen TOC 241
Fenster 85
FileName-Feldfunktion 193
Formatieren 89
Formatierungszeichen einblenden/ausblenden 146
Formatvorlagen 129
    ändern 133
Formatvorlagenanzeige 132, 146
Formula-Funktion 186
fremdsprachliche Texte 115
Füllzeichen 104
Fußzeilen 153

G

Geschäftspapier 107
Gliederungsansicht 234
    Kurzwahltasten 236
Gliederung-Symbolleiste 235
GoToButton-Feldfunktion 193
Grafik
    einfügen 215
    positionieren 219
    verankern 220

Grafikdatei verknüpfen 217
Größe Anpassen 160
Grundlagen 61

H

hängender Einzug 97
Hauptdokument für Seriendruck 256
Headlines 105
Helligkeit einer Grafik 224
Hochstellen von Zeichen 91
HTML-Seiten 162
Hyperlink-Feldfunktion 193

I

If-Feldfunktion 193
IncludeText-Feldfunktion 193
Index-Feldfunktion 193
Inhaltsverzeichnisse automatisch erstellen 239
Initiale 99

K

Kapitelnummer 231
Kapitelnummern erzeugen 237
Kerning 92
Klicken und Eingeben 147
Kommentare 243, 246
Kompatibilität zu früheren Versionen 150
Konfiguration 145
Kontrast einer Grafik 224
Kopfzeilen 153
Kopieren
 von Text 72
 von Zeichenformaten 93

L

Laden von Dokumenten 77
LastSavedBy-Feldfunktion 193
Laufweite 93
Listen 83

M

MacroButton-Feldfunktion 193
manuelle Seitenwechsel 160
manueller Spaltenwechsel 205
markante Überschriften 105
Markieren
 mit der Maus 71
 mit der Tastatur 70
 von Text 70
Markierten Text löschen 72
Markierungsleiste 71
mehrere Dokumente 85
Menüleiste 61
MergeField-Feldfunktion 193

N

Navigation mit den Pfeiltasten 68
Navigieren mit der Maus 69
Neues Fenster 86
NORMAL.DOT 141
Normal-Ansicht 64
nummerierte Listen 83
NumPages-Feldfunktion 193

O

Objektanker 146
Optionen 145

P

Page-Feldfunktion 194
PageRef-Feldfunktion 194
Papierformat 107
Pinsel 94

R

Rahmen 104
Rechnungsformular 186
Rechtschreibkorrektur 111
REF-Feldfunktion 251
RevNum-Feldfunktion 194
RTF-Dateien 149
Rückgängig 69
Rückkehr zum letzten Bearbeitungspunkt 68

S

Schattierung 104
Schmuckblätter 104
Schmuckrahmen 108
Schnellspeicherung 149
Schriftart 90
Schriftarten einbetten 149
Seitenansicht 158
Seitenlayout 208
Seitenlayout-Ansicht 64
Seq-Feldfunktion 194
Seriendruck 254
Silbentrennung 191
Sonderzeichen 75
Sortieren von Datensätzen 263
Spaltenbreiten 206
Spaltensatz 203
Spaltenwechsel 205
Speicherformat 78
Speichern unter 77
Speichern von Dokumenten 77
Speicheroptionen 80, 148
Speicherort für Dateien 150
Speicherung im Hintergrund 149
Sprache 115
Standardschrift 93
Standardspeicherort 79

Statusleiste 62
Strukturierung eines Dokuments 235
Suchen 118
   mit Sonderzeichen 120
   nach Dateien 200
   nach Formaten 121
Symbol-Feldfunktion 194

T

Tabelle einfügen 163
Tabellen 162
Tabellenzellen verschieben 167
Tabstoppposition 104
Tabulatoren 100
Tastenbelegungen anzeigen 143
Template-Feldfunktion 194
Text
   formatieren 89
   kommentieren 243
   löschen 68
   markieren 70
   einfügen 67
Textcontainer 210
Texteingabe 67
   in Tabellen 165
Textfelder 208
Textfeld-Symbolleiste 208
Textfluss
   um Grafiken 219
   um Textfelder 214
Textmarken 251
Tiefstellen von Zeichen 91
Titelleiste 61
TOC-Feldfunktion 194

U

Überarbeitungen 243
Überschreibmodus 67

Überschriften 231
Unterschneidung 93
US-Letter 148

V

Verknüpfen von Textfeldern 209
Verschieben von Text 72
Version speichern 250

W

Wingdings 76
Wörter zählen 144
Wörterbuch 114
Word 6 149
Word-Bildschirm 61

X

XE-Feldfunktion 194

Z

Zeichenabstand 92
Zeichenformate 91
   kopieren 93
Zeichenformatvorlagen 129
Zeilenabstand 96, 97
Zeilenumschaltung 95
Ziehpunkte einer Grafik 218
Ziereffekte 91
Zoom-Faktor 65
Zuschneiden einer Grafik 218
Zwischenablage 73

Stichwortverzeichnis
Teil B – Excel

#BEZUG! 308
#DIV/0 308
#NAME? 308
#NV 308
#WERT! 308
#ZAHL! 308
(Alle) 436
(Benutzerdefiniert) 436
(Leere) 436
(Nichtleere) 436
(Top 10...) 436
* 437
? 437
~ 437
1000er-Trennzeichen 353

A

ABRUNDEN 457
ABS 456
Abschreibung 465
absolute Bezüge 329
Absolutwert 456
Addition 456
ADRESSE 470
Änderungen verhindern
   Szenario 424
AfA 465
Alle anzeigen 438
Alle Ebenen 421
Alle Kommentare anzeigen 405
Alle Spuren entfernen 421
alles Markieren 291
Alpha-Quantil 462
AMORDEGRK 465
AMORLINEARK 465
An eine andere Stelle kopieren 439
An Zellengröße anpassen 361
Andere verwenden 408
Anschließend nach 434
ANZAHL 457
ANZAHL2 457
ANZAHLLEERZELLEN 457
Arbeitsblattfenster 291
Arbeitsmappe
   freigeben 406
   laden 277
   speichern 277
Arbeitsspeicher 474
ARBEITSTAG 472

ARCCOS 458
ARCOSHYP 458
ARCSIN 458
ARCSINHYP 458
ARCTAN 458
ARCTAN2 458
ARCTANHYP 458
Arithmetisch-degressive Abschreibung 465
Arithmetisches Mittel 456
ASCII-Code 460
Asterisk 437
AUFGELZINS 467
AUFGELZINSF 467
AUFRUNDEN 457
Ausdruck von Arbeitsblättern 311
Ausfüllen 360
Ausfüllkästchen 269
Ausgeblendet 365
Ausrichtung 359
Ausschnitte 345
Auswertungsfunktionen 474
AUSZAHLUNG 467
AutoEingabe 302
AutoFilter 435
AutoFormat 366
AutoGliederung 413

B

Barwert 377, 466
Bearbeiten-Modus 292
Bearbeitungsleiste 290
Bedingte Addition 456
Bedingte Formatierung 367
Bedingung in Formel 471
Benachrichtigen 405
Benannte Zellen 338
Benutzerdefiniert 356
Benutzerdefinierte Sortierreihenfolge 434
Benutzerdefinierter AutoFilter 436
BEREICH.VERSCHIEBEN 470
BEREICHE 470
Bereiche benennen 338
Beschriftung aus oberster Zeile/linker Spalte 400
BETAINV 462
Betrag einer Zahl 456
Betriebssystemnummer 474
binär 430
BININDEZ 459
BININHEX 459
BININOKT 459

Blatt
  löschen 398
  schützen 364
Blattregister 291
Bogenmaß berechnen 458
BRTEILJAHRE 472
Bruch 355
Buchhaltung 354
BW 466
Bw 377

C

CHIINV 462
CODE 460
COS 458
COSHYP 458

D

Dateiformate 310
Daten/Filter/AutoFilter 435
Daten/Gültigkeit... 414
Daten/Sortieren 433
Datenbank
  Alle Datensätze 438
  AutoFilter 435
  Eigene Maske 448
  Eingabe 432
  Filter entfernen 438
  Filtern 435
  Funktionen 444
  Gruppieren 440
  Maske 446
  Navigation 447
  Sortieren 432
  Suchen 448
  Teilergebnisse 440
Datenbankfunktionen 473
Datenfeld 431
Datenquelle 319
Datensatz 431
DATUM 472
Datum 354
Datumsangaben 295
Datumsfunktionen 472
DATWERT 472
DBANZAHL 444, 473
DBANZAHL2 444, 473
DBAUSZUG 444, 473
DBMAX 444, 473
DBMIN 444, 473
DBMITTELWERT 444, 473
DBPRODUKT 444, 473
DBSTABW 444, 473
DBSTABWN 444, 473
DBSUMME 444, 473
DBVARIANZ 444, 473
DBVARIANZEN 444, 473
Degressive Abschreibung 465
Detail
  ausblenden 410
  einblenden 410
Detektiv 420
Determinante einer Matrix 471

Dezimalstellen
  hinzufügen 353
  löschen 353
Dezimaltrennzeichen 353
Dezimalzahlen 459
DEZINBIN 459
DEZINHEX 459
DEZINOKT 459
DIA 465
Diagramm-Assistent 318
Diese Änderungen auf alle Zellen mit den gleichen
    Einstellungen anwenden 417
DISAGIO 467
Division 456
DM 460
DM() 392
Druck von Arbeitsblättern 311
Druckbereich auswählen 312
Drucken 316
Dualzahlen 459
DURATION 467
Durchschnitt 456
  ohne Randwerte 462

E

EDATUM 472
Editieren der Eingabe 296
EFFEKTIV 466
effektive Jahreszins 376
Effektivverzinsung 466
Einfügemarke 296
Einfügen/Diagramm... 318
Einfügen/Tabellenblatt 396
Eingabe 271
  für kompletten Zellbereich 301
  in Datenbank 432
  über Auswahlliste 302
  Zeigen von Zellbereichen 306
Eingabemeldung 416
Eingabemeldung anzeigen, wenn die Zelle ausgewählt
    wird 416
Eingabestatus 292
Eingeben-Modus 292
Einzug 359
Endwert 466
ERSETZEN 460
Ersetzen von Zellinhalten 401
EURO 381
Euro 354
EUROCONVERT() 381
Excel
  Bildschirm 269, 289
  Datenmodell 267
  starten 269
  Version 474
EXP 456
Exzess 462

F

FAKULTÄT 458
FAKULTÄT() 387
FALSCH 471
Fehler in Formeln 307

Stichwortverzeichnis **1359**

FEHLER.TYP 474
Fenster teilen 345
FEST 460
Filtern 435
   Alle Datensätze 438
   AutoFilter 435
Finanzmathematik 465
FINDEN 460
FINV 462
Formatieren 272
Format-Symbolleiste 272, 289
Formatvorlage enthält 370
Formatvorlagen 369
Formel ist 369
Formeln
   Anzeige der Formel anstelle der Werte 349
   Bereiche angeben 306
   eingeben 297
   Kopieren von 326
   Teilergebnisse prüfen 374
Fragezeichen 437
Funktion
   Abschreibung 465
   auswerten 474
   Darlehen 466
   Datenbank 473
   Datum 472
   Finanzmathematik 465
   Grundrechenarten 456
   imaginär-komplexe Zahlen 469
   Investitionen 466
   kürzen 457
   Lagemaße 462
   Logarithmus 456
   logische 471
   Matrizen 470
   Mittelwerte 462
   Potenz 456
   Runden 457
   Schiefe 462
   Statistik 461
   Streuung 462
   Text 460
   Trigonometrie 458
   Wertpapiere 467
   Wölbung 462
   Zeit 473
   Zinsen 466
Funktionen
   Datenbank 444
   zählen 457
Funktionsassistent 373
Funktionsliste 374
Fußzeile einrichten 313

G

GAMMAINV 462
GAMMALN 458
GANZZAHL 457
ganzzahlig 430
GDA 465
GDA2 465
Gegenwartswert 466

Gehe zu 341
Geldbeträge 354
Geometrisch-degressive Abschreibung 465
Geometrisches Mittel 462
GEOMITTEL 462
GERADE 457
Gespeicherte Änderungen beibehalten 407
Gesperrt 365
GESTUTZTMITTEL 462
GGANZZAHL 458
GGT 456
Gitternetzlinien 362
   ausblenden 348
GLÄTTEN 460
GRAD 458
Grad 361
Gradzahl berechnen 458
Größter gemeinsamer Teiler 456
GROSS 460
GROSS2 460
Grundgesamtheit 387
Gültigkeitsregel
   ändern 417
   kopieren 417
   löschen 417

H

HARMITTEL 462
Harmonisches Mittel 462
Hauptspalten rechts von Detaildaten 411
Hauptzellen unter Detaildaten 411
HEUTE 472
Hexadezimalzahl 459
HEXINBIN 459
HEXINDEZ 459
HEXINOKT 459

I

IDENTISCH 460
IKV 466
IMABS 469
imaginär-komplexe Zahlen 469
IMAGINÄRTEIL 469
IMAPOTENZ 469
IMARGUMENT 469
IMCOS 469
IMDIV 469
IMEXP 469
IMKONJUGIERTE 469
IMLN 469
IMLOG10 469
IMLOG2 469
IMPRODUKT 469
IMREALTEIL 469
IMSIN 469
IMSUB 469
IMSUMME 469
IMWURZEL 469
INDEX 470
INDIREKT 471
INFO 474
Information 416

Inhalte
  auswählen 342
  einfügen 401
Inverse einer Matrix 471
ISBN-Nummern 356
ISTBEZUG 474
ISTFEHLER 474
ISTGERADE 474
ISTKTEXT 474
ISTLEER 474
ISTLOG 474
ISTNV 474
ISTTEXT 474
ISTZAHL 474
ITSUNGERADE 474

J

JAHR 472
Jahr 2000 295
Jeden Wert 414
JETZT 473

K

KALENDERWOCHE 472
Kapitalrückzahlung 466
KAPZ 466
Kaufmännisches Jahr 472
keine Überschrift 434
KGRÖSSTE 462
KGV 456
KKLEINSTE 462
Klammerung von Ausdrücken 305
KLEIN 460
Kleinstes gemeinsames Vielfaches 456
KOMBINBATIONEN 458
Kommentare 403
  anzeigen 405
KOMPLEXE 469
Komplexe Zahlen 469
konsolidieren 399
Kopfzeile einrichten 313
Kopieren
  über die Zwischenablage 323
  und Einfügen von Zellen 333
  von Zellen 321
Kosinus 458
KÜRZEN 457
KUMKAPITAL 466
KUMZINSZ 466
KURS 467
KURSDISAGIO 467
KURSFÄLLIG 467
KURT 462
Kurtosis 462

L

Laden von Arbeitsmappen 309
Ländereinstellungen 353
LÄNGE 460
Leere Zellen ignorieren 415
Leerzeichen entfernen 460

Leerzellen zählen 457
Lese-/Schreibzugriff 405
LIA 465
Lineare Abschreibung 465
LINKS 460
LN 456
Szenario 426
Löschen von Zellinhalten 330
Lösen 428
LOG 456
LOG10 456
Logarithmusfunktionen 456
LOGINV 462
Logische Funktionen 471
Logische Verknüpfung 471
Löschen 426

M

Manuell entscheiden 407
Markieren 272
  im Arbeitsblatt 298
  mit der Maus 298
Maske 446
Maske... 449
Matrixfunktionen 470
Maus
  Verschieben und Kopieren von Zellen 322
MAX 462
Maximalwert 462
Maximum 415
MDET 471
MDURATION 467
MEDIAN 462
Mehrfachbereiche 301
Mehrfachkopien 323
Meine verwenden 408
Minimum 415
MINUTE 473
MINV 471
MITTELWERT 456
MMULT 471
Modalwert 391
Modula 456
MONAT 472
MONATSENDE 472
MTRANS 471
Multiplikation 456
Mustervorlagen 309

N

N 459
Nachfolger 420
Namensfeld 290
Natürlicher Logarithmus 456
Navigieren im Arbeitsblatt 298
NBW 466
Nebenbedingung 429
Negation 471
Negative Zahlen 354
NETTOARBEITSTAGE 472
NETTOARBEITSTAGE() 383
Nettobarwert 466

Nichtdruckbare Zeichen entfernen 460
Nichtleere Zellen zählen 457
NOMINAL 466
Nominalzinsen 466
NORMINV 462
NOTIERUNGBRU 467
NOTIERUNGDEZ 467
Nur andere verwenden 408
Nur meine verwenden 408
NV 474

O

Oben 360
OBERGRENZE 457
ODER 471
Oktalzahl 459
OKTINBIN 459
OKTINDEZ 459
OKTINHEX 459
Operatoren in Formeln 305
Ordnen 432
Orientierung 361

P

Perioden 466
PI 458
POLYNOMINAL 458
Postleitzahlen 356
POTENZ 456
Potenzfunktionen 456
POTENZREIHE 456
PRODUKT 456
Punkt 385

Q

QIKV 466
QUADRATESUMME 456
Quadratwurzel 456
QUANTIL 462
QUANTIL() 391
QUANTILSRANG 462
Quartil 390
QUARTILE 462
QUOTIENT 456

R

RADIANT 458
Rahmen 362
RANG 462
Rechnen mit imaginär-komplexen Zahlen 469
Rechnen mit Zahlensystemen 459
RECHTS 460
Rechtschreibprüfung 403
Registerlaschen 291
Reihen ausfüllen 303
Reihe-Register 319
relative Bezüge 329
RENDITE 467
RENDITEDIS 467
RENDITEFÄLL 467

REST 456
RMZ 466
RÖMISCH 459
Römische Zahl 459
Rückgängig 298
RUNDEN 457
Runden auf gerade Zahl 457
Runden auf Vielfaches 457

S

SÄUBERN 460
SCHIEFE 462
Schreibgeschützt 405
Seitenansicht 286, 315
Seiteneinrichtung 312
Seitenumbruchvorschau 317
Seitenwechsel zwischen Gruppen einfügen 443
SEKUNDE 473
Selektieren
    /t
        siehe Filtern 435
serieller Wert 295
SIN 458
SINHYP 458
Sinus 458
Solver 428
Sonderformat 356
Sortieren 432
Sortieren nach 434
Sozialversicherungsnummern 356
Spalten 470
    ausblenden 336
    einfügen 332
    löschen 331
    sortieren 434
Spaltenbreiten einstellen 334
Spaltenköpfe 291
    ausblenden 348
Speichern von Arbeitsmappen 309
Spezialfilter 438
Spur zum Fehler 421
Spuren
    entfernen 421
    zum Nachfolger 420
    zum Vorgänger 420
STABW 462
STABWN 462
Standardabweichung 462
Standardformat 352
Standard-Symbolleiste 289
STANDNORMINV 462
Statistik-Funktionen 461
Statusanzeigen 292
Statusleiste 290, 292
Sternchen 437
Stopp 416
Streuung 462
STUNDE 473
SUCHEN 460
Suchen von Zellinhalten 401
SUMME 456
SUMMENPRODUKT 471
SUMMEWENN 456

SUMMEWENN 456
SUMMEWENN() 446
SUMMEX2MY2 471
SUMMEX2PY2 471
SUMMEXMY2 471
SUMQUADABW 462
SVERWEIS 470
System 474
Systemdatum 472
Szenario 423, 426
   bearbeiten 426

T

T 460
Tabelle
   AutoFilter 435
   Filter entfernen 438
   Sortieren 432
TAG 472
TAGE360 472
TAN 458
Tangens 458
TANHYP 458
Taste
   Abschluss der Eingabe 297
Tasten
   Editieren in der Bearbeitungsleiste 296
   Kopieren und Verschieben 324
   Markieren von Zellen 300
   Navigieren im Arbeitsblatt 299
TBILLÄQUIV 467
TBILLKURS 467
TBILLRENDITE 467
TEIL 460
Teiler, gemeinsamer 456
TEILERGEBNIS 443, 473
Teilergebnis
   Alle entfernen 443
Teilergebnisse 440
Text 460
   aus Zahlen 460
   Eingabe von 293
   ersetzen 460
   finden 460
   in Großbuchstaben 460
   in Kleinbuchstaben 460
   in Zahlenwert 460
   Länge 460
   linker Teil 460
   rechter Teil 460
   Teil 460
   verbinden 460
   Vergleich 460
   wiederholen 460
TEXT()- 392
Textfunktionen 460
Textüberlauf 294
Tilde 437
TINV 462
Transponierte Matrix 471
Trigonometrische Funktionen 458
TYP 474

U

Uhrzeit 354
UMWANDLUNG() 380
UND 471
UNGERADE 457
UNREGER.KURS 467
UNREGER.REND 467
UNREGLE.KURS 467
UNRGLE.REND 467
Unten 360
UNTERGRENZE 457
US$ 392

V

VARIANZ 462
VARIANZEN 462
VDB 465
veränderbare Zellen 422, 428
VERGLEICH 470
VERKETTEN 460
Verknüpfungen mit Quelldaten 400
Verschieben
   über die Zwischenablage 323
   von Zellen 321
Versicherungsnachweise 356
VERWEIS 470
Verwerfen 405
Vielfaches, gemeinsames 456
Vorgänger 420
Vorhandene Teilergebnisse ersetzen 442
Vorlagen-Assistent 448
   mit Datenarchivierung 449
VORZEICHEN 456
VRUNDEN 457

W

Währung 354
WAHL 470
WAHR 471
Warnung 416
Was-Wäre-Wenn 423
WECHSELN 460
WENN 471
WENN()-Funktion 282
WERT 460
Werte zählen 457
Wertpapierfunktionen 467
Wiederherstellen 298
WIEDERHOLEN 460
WIEDERHOLEN() 393
Winkelfunktionen 458
WOCHENTAG 472
WOCHENTAG() 383
Wölbung 462
WURZEL 456
WURZELPI 456
WVERWEIS 470

X

XINTZINSFUSS 466
XKAPITALWERT 466
XY-Diagramm 385

Z

ZÄHLENWENN 457
Zählfunktionen 457
Zahlen
   Eingabe von 294
   In Text 460
   umrechnen 459
   zählen 457
Zahlenformate 295, 352
Zahlensysteme 459
Zahlung 466
Zahlungsperioden 466
ZEICHEN 460
Zeichen
   für Zifferngruppierung 353
   zählen 460
Zeichenfolgen 392
Zeigen-Modus 292
ZEILEN 470
   ausblenden 336
   einfügen 332
   fixieren 432
   löschen 331
   sortieren 434
Zeilenhöhe einstellen 334
Zeilenköpfe 291
   ausblenden 348
Zeilenumbruch 361
ZEIT 473
Zeitangaben 295
Zeitfunktionen 473
ZEITWERT 473
Zellbereich auswählen 298
ZELLEN 474
   benennen 338
   verbinden 361
Zellinhalt auswerten 474
Zellinhalte löschen 330
Zellwert ist 369
Zentriert 360
Zielwertsuche 422
Zielzelle 422
ZINS 466
Zinsfuß 466
Zinsrechnung 466
ZINSSATZ 467
ZINSTERMNZ 467
ZINSTERMTAGE 467
ZINSTERMTAGNZ 467
ZINSTERMTAGVA 467
ZINSTERMVZ 467
ZINSTERMZAHL 467
ZINSZ 466
Zinszahlung 466
Zoom-Faktor 291, 343
Zoom-Schaltfläche 286
ZUFALLSBEREICH 458
ZUFALLSZAHL 458
zukünftiger Wert 377
Zukunftswert 466
Zuletzt nach 434
Zusammenführen
   Formatvorlagen 370
ZW 466
Zw 377
ZW2 466
ZWEIFAKULTÄT 458
Zwischenablage einfügen 401
ZZR 466

Stichwortverzeichnis
Teil C – PowerPoint

3D-Effekte 536

A

Abblenden 537
Absatz-Abstände 543
Aktuelle Folie 577
Alle
   Druckbereich 577
Alle Ebenen erweitern 575
Alle Ebenen reduzieren 575
Alles markieren 500, 516
Als Standard für AutoForm festlegen 553
An Form 484
An Papiergröße anpassen 578
Anhalten
   Präsentation 605
Animationen 565
   einschließen 578
Anpassen 481
Art
   Linie 552
Aufzählungszeichen 532
Ausblenden 570
Ausfüllen 529
Ausgeblendete Folien drucken 579
Ausrichten und Verteilen 539
AutoFormen 516
AutoInhalts-Assistenten 507
Automatisch 557
   aktualisieren 590
AutoPunkt 521
AutoRecover 505

B

Benutzerdefinierte Aufzählungszeichen 533
benutzerdefinierte Tabstopps 545
Bild neu einfärben 558
Bild... 533
Bildschirmpräsentation vorführen 600
Bildsteuerung 557
Blocksatz 542
Bogensegment 523
Breite 571

C

CNormal 537

D

Datum und Uhrzeit 590
Dezimaltabstopps 545
Dia-Vortrag 599
Doppelpfeil-Schaltflächen 482
Drehen oder Kippen 554
Drehen und Kippen 554, 555
Drehung 554
Drucken... 577
Duplizieren 562

E

Eckpunkt 522
Effekte 608
Eine Ebene nach hinten 564
Eine Ebene nach vorne 564
Einfügen 499
   Kommentar 596
Einzug 544
Ellipse 512
Erste Zeile 544
Erzählung aufzeichnen 610
Erzählungen verknüpfen in 611
Extrusion 537

F

Farbe 548, 557
   Linie 552
Farbverlauf 550
Fest 590
Folien 578
   aus Datei... 568
   aus Gliederung... 576
   ausblenden 571
   Druckbereich 577
   duplizieren 570
   löschen 570
   pro Seite 578
Folienentwurf 480
Folien-Farbskala 551, 588
Folienmaster 585
Foliennavigator 602
Foliennummer 590
Folienrahmen 578
Foliensortierungsansicht 565
Form 511
Format übertragen 553

Format/Entwurfsvorlage übernehmen... 591
Formatpinsel 553
Formatvorlage 529
Fortsetzen
    Präsentation 605
Freies Drehen 554
Freihand 520
Freihandform 520
Führungslinien 482
Fülleffekte 550
Für alle übernehmen 495, 591, 606
Fußzeile 590

G

geglätteter Punkt 522
gekrümmte Verbindungen 518
gerade Verbindungen 518
gerades Segment 523
geschlossener Linienzug 520
Gestrichelt
    Linie 552
gewinkelte Verbindungen 518
Gliederungsansicht 572, 578
Grafik 550
    formatieren 547
Graustufung 557
Grifflinie 521
Gruppierung
    aufheben 564
    herstellen 563
    wiederherstellen 564
Gummiband 511, 516

H

hängender Einzug 544
Halbtransparent 549
Halbtransparenter Schatten 536
Halbtransparenzeffekt 549
Handzettel 578, 597
Handzettelmaster 597
Hell 537
Helligkeit 557
Hintergrund 564
Hintergrundbilder aus Master ausblenden 590
Hochformat 571
Höhe 571
Horizontal 556
Horizontal kippen 555
Horizontal verteilen 540

I

Ideen 573
In den Hintergrund 564
In den Vordergrund 564
In umgekehrter Reihenfolge 609
Inhaltsfolien 568
Innenrand 530
innerer Seitenrand 530, 559

K

Kommentare anzeigen/ausblenden 596
Kontrast 558
Kopieren 499
Korrektur Ziehpunkte 517
Kreis 512
Kurve 520

L

Licht 537
Lineal 482
Linie 513
Linienzug 520
Links 539
Linksbündig 542
Linksbündige Tabstopps 545
Linksdrehung 554
Löschen 500
    Kommentar 596

M

Markierung
    Druckbereich 577
Markierungs-Modus 495
Maßband 483
Matt 537
Metall 537
Mikrofonempfindlichkeit 612
Miniaturbild 482
Mitte zentriert 559
Muster 550

N

Nach Animation 609
Neu einfärben... 558
Neue Einblendzeiten testen 606
Notizenseiten 578, 594
Notizzettelmaster 596
Nummerierung 532
    beginnt bei 571

O

Oben 539
Oben ausrichten 540
Oben zentriert 559
Obere linke Ecke 556
Oberfläche 537
Orientierung 571

P

Pack & Go 579
Papierformat 571
Parallel 537
Perspektive 537
Plastik 537
Position 556

PowerPoint Viewer 583
Präsentation
   ausblenden 605
   einblenden 605
Präzisionsausrichtung 539
   des Schattens 535
Probelauf 606
Punkte
   bearbeiten 521
   hinzufügen 521
   löschen 521

Q

Quadrat 512

R

Radiergummi 532
Raster 484
Rechnername 596
Rechteck 512
Rechts 539
Rechtsbündig 542
rechtsbündige Tabstopps 545
Rechtsdrehung 554
Reihenfolge 564
Reines Schwarzweiß 578
Relativ zur Folie 541
Richtung
   Streckung 537
Rückgängig 500

S

Schatten 534
schattierter Text 542
Schriftarten
   vergrößern 542
   ersetzen 543
   verkleinern 542
Schwarzweiß 557
Schwarzweißansicht 578
Seite einrichten 571
Spalten einfügen 530
Speichern 505
Sprechtext fortsetzen 611
Sprechtext unterbrechen 611
Standard für neue Objekte 553
Standard-Tabstopp 545
Stapel 564
Stift 603
Struktur 550
Symbolleisten 482

T

Tabellen 526
   auswählen 528
   zeichnen 527, 531
Tabstopp einfügen 575
Tabulator 545, 575
Text
   einführen 608
   in Autoform um 90° drehen 561
   in AutoForm umbrechen 560
Textausrichtung 530, 542
Texteingabe-Modus 495
Textfeld 511
   formatieren 547
Textverankerungspunkt 559
Tiefer stufen 574
Titelmaster 593
transparent 530
Transparente Farbe bestimmen 558
True Type Schriftarten einbetten 581

U

Überarbeiten-Symbolleiste 596
Übergangseffekte 565
Übergangspunkt 522
Übernehmen 495, 591
Unten 539
   ausrichten 540
   zentriert 559

V

Verankerungspunkte 518
Verbindung 518, 552
Verbindungstypen 519
Verknüpfte Dateien einschließen 581
Vertikal 556
   kippen 555
   verteilen 540
   zentrieren 540
Viewer 579, 583
Von 556
Vordergrund 564
Voreingestellte Animation 607
Vorführen 583
Vorschau 548

W

Wasserzeichen 557
Windows Metafiles 525
WordArt 501

Z

Zeichen... 533
Zeichnen 516, 554
Zeilen einfügen 530
Zeilenabstand... 543
Zeilenschaltung 545, 560
Zellen verbinden 530
Zentriert 542, 556
zentrierte Tabstopps 545
Zielgruppen 600
Zielgruppenorientierte Präsentation 603
Zoom 481
Zu Favoriten hinzufügen 569
Zurücksetzen 559
Zuschneiden 556
Zwischenablage 499

Stichwortverzeichnis
Teil D – Publisher

A

angeschnittener Satzspiegel 714
Ansicht, eine oder zwei Seiten gleichzeitig 641
Assistenten 621
   schrittweise ausführen 626
Aufzählungen 673
Auswahlziehpunkte 635
AutoKorrektur 668

B

Befehlsschaltfläche 717
Benutzerdefinierte Formen 647
Benutzerdefiniertes Drehen 657
Bildersammlung 687
Bildschirmaufbau 633

C

ClipArt, Eigenschaften 690
ClipArt-Gallery 687
CMYK-Modell 707

D

Datei
   öffnen 638
   speichern 638
Datum und Zeit 643
Designdetektiv 726
Design-Gallery 701
Detektive 726
Direkthilfe 632
Downloadzeiten 723
Druckdetektiv 727
Druckeinstellungen
   erweiterte 714
   grundsätzliche 705
Drucken 705
   auf das eigene Gerät 706
   Auswahl des Farbmodells 708
   Druckertreiber 705
   Drucktechniken 707
   durch einen professionellen Druck-Service 707
   tatsächliche Größe 705
Druckmarkierungen 714
Druckproblem 727
Druckqualität 705
Druck-Service 707

E

Einbetten 694
Einbetten von Schriftarten 711
Erkennen und Reparieren 632

F

Farbanpassungen 714
Farbanpassungsmusterbücher 708
Farbintensität 709
Farbmischung, additive und subtraktive 707
Farbmodell, Auswahl einer Farbe 709
Farbraster 707
Farbsättigung 709
Farbschema 648
Farbton 709
Fehlermeldungen 632
Fehlersuche 726
Formatvorlagen 676
Formular-Steuerelemente 717
Führungslinien 659
   Ausrichten von Objekten 662
   einrichten 660
   verschieben 660

G

Geräteoptionen 714
Grafiken 686
   Darstellung im Publisher 696
   einbetten oder verknüpfen 694
   einfärben 693
   Einfügen von 686
   Farbton 693
   Größenänderung 690
   Import von Dateien 694
   Schattierung 693
   Textfluß um 691
   Verknüpfung bearbeiten 695
   zuschneiden 690
Grafik-Manager 695
Grafikrahmeneigenschaften 691
Gruppierungssymbol 658

H

Hilfe 627
   Antwort-Assistent 631
   der Office-Assistent 628
   die Direkthilfe 632

die Kontexthilfe 632
Index 631
Inhalt 631
Publisher-Lernprogramme 632
Publisher-Website 632
die Menüleiste 630
Hintergrund ganz oder teilweise ausblenden 644
Hintergrundseiten 642
    Arbeiten mit zwei 644
Hotspot 720
HSL-Modell 707
HTML-Code 721
Hyperlinks 719

I

Initiale 669

K

Katalog beim Start anzeigen 620
Kerning 671
Kontexthilfe 632
Kontrollkästchen 717
Kopf-/Fußzeile erstellen 642

L

Leere Publikationen 626
Linealführungslinien 659
Linealteilstrichlinien
    Ausrichten von Objekten 662
    einrichten 661
    verschieben oder löschen 662
Linienart 651
Linienfarbe 651
Linienmuster 697
Linientool 697
Link 719

M

Maßeinheiten-Symbolleiste 654
Microsoft Draw 698

N

Nummerierungen 673

O

Objektarten 645
Objekte 645
    anordnen 663
    ausrichten auf einer Seite 665
    drehen 657
    einfügen 646
    gewöhliche und intelligente 645
    Größe und Position 653
    gruppieren 658
    in den Hintergrund verschieben 647
    kippen 655
    kopieren und einfügen 655

    mit Farbe füllen 649
    mit Schatten versehen 652
    Präzisionsausrichtung 654
    transparente 656
Objekteigenschaften 648
Office-Assistenten 628
    Optionen 630
OLE-Objekte 724
    ändern 724
    einfügen 724
    Verknüpfung aktualisieren 725
Optionsfelder 717
OvaleTool 697

P

Pack & Go 713
Pantone-Matching-System 708
Papiergröße 705
Persönliche Informationen 621
Pfeilspitzen 697
PostScript-Druckertreiber 713
    Änderungen 714
Prozessfarbendruck 707
Publikationen
    erstellen 639
    speichern und übertragen 713
Publikationsoptionen 714
Publisher Katalog 620
Publisher-Grundlagen 627

Q

QuickPage-Assistent 627

R

Rahmen 634
    ausschneiden/kopieren 637
    drehen 636
    erstellen 635
    Farbe verändern 650
    Größenänderung 637
    löschen 638
    verschieben 635
RechteckTool 697
Rechtschreibung 668
Repro-Serivce 707
RGB-Modell 707

S

Schemafarben 648
Schmuckfarbendruck 708
Schriftarten 669
    einbetten 711
Schriftfarbe 651
Seite einfügen 640
Seite einrichten 639
Seite löschen 641
Seitenaufteilung 660
Seitennavigation 641
Seitenzahlen 643
Silbentrennung 668

Skalierung 671
Spot-Farbendruck 708
Standardformatierungen 669

T

Tabellen 699
    AutoAusfüllen von Zellen 701
    Autoformatierung 700
    erstellen 699
    löschen 701
    Zellen diagonal teilen 701
    Zellen verbinden bzw. trennen 701
Tabulatoren 674
Text
    Aufzählungen 673
    Ausrichtung und Einzüge 672
    Bearbeitung in Microsoft Word 681
    einpassen in einen Rahmen 678
    Farbe verändern 650
    formatieren 669
    Formatvorlagen erstellen/ändern 676
    Formatvorlagen importieren 677
    Fortsetzungshinweise 678
    Import aus anderen Quellen 680
    Initiale 669
    Nummerierungen 673
    Rahmeneigenschaften 678
    Schmuckeffekte mit WordArt 682
    Tabulatoren 674
    Textfluss um Objekte 678
    Textobjekte verknüpfen 679
    Überlauf 679
    vertikale Ausrichtung 673
    Zeichenabstand verändern 671
    Zeilenabstand 671
Textlayout 667
Textrahmen erstellen 667
Textrahmentool 667
Tiling 717
Tonsammlung 687
Tracking 671
Trapping 711

U

Überdrucken mit Schwarz 711
Überfüllen 711
Überlauf 679
Unterfüllen 711

V

verknüpfen 694
Videoclipsammlung 687
Visitenkarten 621
Volltonfarben 709
Vordergrundseiten 642

W

Webseite
    Aus vorhandener Publikation 723
    eigene Programme 721
    Eigenschaften festlegen 721
    einfügen 716
    einrichten 715
    farbliche Gestaltung 716
    Flächenfarbe 716
    Grafiken einfügen 721
    Klänge einfügen 721
    löschen 716
    Schlüsselwörter 721
    Seitenhintergrund 716
    speichern 723
    Struktur 716
    Videoclips einfügen 721
    Vorschau 722
Web-Vorschaudetektiv 728
WordArt 682

Z

Zeichenabstand 671
Zeichenwerkzeuge 697
Zeichnungen 697
Zeilenabstand 671
Zierrahmen 652

Stichwortverzeichnis
Teil E – Outlook

A

Abrechnungsinformationen 853
Absatz
    Formular 740
Absatz... 838
Absender auswählen 805
Absteigend 755
Abteilung 838
Aktionen 738, 810, 812
Aktivitäten 839
Aktivitäten-Register 838
Aktuelle Ansicht 753
    anpassen 781
Alle Anlagen speichern 807
Alle Elemente endgültig löschen 845
Alle Felder 840
Allen Antworten 810
Als gelesen kennzeichnen 777
Alte Elemente verschieben nach 845
Anhalten 839
Anhang 803
Anlage 738
    einfügen 738
    speichern 807
Anrede 833
Ansicht
    definieren 781, 783
    übernehmen 784
Antworten
    E-Mail 810
Anzeigen 839
Arbeitstag 827
Arbeitswoche 760, 827
Assistent 838
Attachment 803
Auch Dateien eintragen von 845
Aufsteigend 755
Ausgewählte Elemente öffnen 735
Ausrichten 757
Ausrichtung 747
    Text in Spalte 756
Automatische Formatierung 781
AutoVorschau 753, 776
    Alle Elemente 776
    Alle ungelesenen Elemente 776
AW 810

B

BCC 803
Bcc-Feld 808
Bearbeiten in der Zelle ermöglichen 759, 776
Beginnt am 848
Beginnt um 848
Beim Start direkt zu Outlook Heute wechseln 789
Benutzername 797
Beruf 838
Beschriftung 756
Beschriftung in Monatsauflösung anzeigen 780
Blind Carbon Copy 803
Breite
    Spalte 756
Briefpapier 817
Büro 838

C

Carbon Copy 803
CC 803

D

Datei einfügen 739
Dateien versenden 806
Dateisystem-Ordner 750
Datepicker 830
Datumsnavigator 825
Dienste 792
diese Folie senden 821
dieses Blatt senden 821
Druckformat 746
Durchsuchen... 743

E

Eigene Verknüpfungen 749
Einfügen 738
Einfügen als 738
Eingabezeile 758
Einschalten 812
Eintragstyp 848
Einzeltastenlesen mit Leertaste 777
Element als gelesen markieren, wenn neue Auswahl erfolgt 777
Elemente...
    Verknüpfung 841

E-Mail-Adresse 796
E-Mail-Format 818
E-Mail-Kontoeigenschaften 795
Ereignis 829
Erinnerung 829
Erledigt 853
Erste Woche des Jahres 827
Erweitern-/Reduzieren-Standards 772
Erweiterte Suche 743
Erweiterte Suche... 743
Expedia Maps 841
Extras/Dienste... 795
Extras/Suchen 742

F

Farbe 856
Feiertage 827
Feldauswahl 757
Felder anzeigen... 773
Filter... 772
Format 740
Formate definieren 746
Für diese Kontakte 845
FW 811

G

Ganztägig 829
Ganztägige Ereignisse 760
Geburtstag 838
Gehe zu 753
Gelöschte Objekte 742
Gesamtaufwand 853
Gesendete Nachrichten speichern 810
Gesendete Objekte 810
Gitternetzlinien 776
Größe anpassen 756
Gruppen
   hinzufügen 749
 749
   entfernen 749
   umbenennen 750
Gruppenüberschriften schattieren 776
Gruppierfeld 768
Gruppierung 767

H

Hintergrundfarbe 827
Höhe für mehrzeilige Felder 780
HTML 816

I

Importieren/Exportieren 849
In Bearbeitung 853
In Ordner verschieben... 737
Informationsdienste manuell konfigurieren 802
Internet-Verbindung manuell herstellen 797
Ist-Aufwand 853

J

Jahrestag 838
Jetzt Suchen 742
Journaleinträge AutoArchivieren 845
Journaloptionen... 845
Jugendfreie Inhalte 812
Junk-Mail 812

K

Kalenderoptionen 826
Karte zur Adresse anzeigen 841
Karteikarten 763
Kartenansicht 763
   Formatierung 779
Kartenbreite 780
Kategorie 785
Kennwort 797
Kontakt anrufen 846
Kontakte für Notiz 856
Kontakt-Formular 833
Konto 792
Kopfzeilen erweitern/reduzieren 808
Kopfzeileninformationen 777
Kopie senden 821
Kopieren
   Ordner 741

L

Landesvorwahl 835
LAN-Verbindung verwenden 797
Leere Felder anzeigen 780
Linksbündig 757
Löschen 736
   Ordner 742
Löschen der Spalte 757

M

Mailempfänger 821
   (Als Anlage)... 822
MAPI 792
Modem 797
Monatsansicht 760, 765

N

Nach diesem Feld gruppieren 769
Nach Erledigung zurück zum Absender 823
Nach Typ 843
Nachname 833
Nachrichten im Vorschaufenster als gelesen markieren 777
Nachverfolgung 787
Nächstes 736
Nächstes Element 736
Namen
   anzeigen aus 808
   auswählen 805
   des Partners 838
   überprüfen 809, 833
Netmeeting 838

Neu 733
   Ordner 740
Neue Aufgaben erstellen, jeweils xxx Tage/Wochen/
   Monate/Jahre nach Erledigung der vorangegangenen
   Aufgabe 854
Neue Elemente 733
Neuer Journaleintrag für Kontakt 847
Neuer Kontakt in dieser Firma 841
Nicht begonnen 853
Nicht beim Antworten und Weiterleiten 818
Nur die für diesen Ordner erstellten Ansichten
   anzeigen 784
Nur Text
   Einfügen 738

O

Öffnen 735
Optimale Bereite 756
Optionen einer E-Mail 809
Ordnerliste 753
Organisationsoptionen Posteingang 812
Organisieren 812
Ortsnetzkennzahl 835
Ortsvorwahl 835
Outlook heute 788
Outlook-Leiste 753
Outlook-Verknüpfungen 749

P

Papiergröße 747
Papierzufuhr 747
Postanschrift 836
Priorität
   E-Mail 810
Priorität einer E-Mail 809

R

RE 810
Rechtsbündig 757
Regeln 813
Reisekilometer 853
Rich Text Format 816
RTF 816

S

Seite einrichten... 746
Seitenansicht 748
Seitengröße 747
Seitenränder 747
Senden 804, 806
   an 820
   im Nachrichtenformat 817
Senden/Empfangen 804, 806
Serie entfernen 832
Seriendauer 831
Serienmuster 831
Serientyp... 830
Setup-Assistenten
   E-Mail 802

Signaturauswahl... 819
Sortieren 755, 767
Sortierung 767
Spalten
   entfernen 757
   formatieren... 756
Spaltenbreite automatisch anpassen 776
Spaltenreihenfolge 757
Speichern und neuer Kontakt 838
Speichern und Schließen 736, 838
Speichern unter... 857
Spitznamen 834, 838
Standardsignatur 818
Suchen nach 742
Symbolansicht
   Formatierung 780

T

Tabellenansicht 755
Tage, die Elemente enthalten, im Datumsnavigator in
   Fettdruck darstellen 779
Tages-/Wochen-/Monatsansicht 759
   Formatierung 778
Tagesansicht 760, 765
TCP-Ports
   POP3 und SMTP 797
Telefonnummer überprüfen 835
Telefonnummern 835
Terminserie 830

U

Überschrift 756
Umbenennen
   Ordner 741
Untergruppen 769

V

Verbindung per Telefon herstellen 797
Verfügbare Felder auswählen aus 767
Verknüpfung 841
Verknüpfung auf Outlook-Leiste... 750
Verknüpfungen
   Outlook-Leiste 749
Verschieben 823
   Ordner 741
Verteilerempfänger... 822
Vertraulichkeit 810
Vorgesetzte 838
Vorheriges 736
   Element 736
Vorname 833
Vorschaufenster 753
Vorschaufensteroptionen 777

W

WAB 793
Wartet auf jemand anderen 853
Weitere Einstellungen 775
Weitere Optionen 744

Weitere Verknüpfungen 749
Weitere Vornamen 833
Weiterleiten 823
    E-Mail 811
WG 811
Wichtigkeit
    E-Mail 810
Windows Adress Book 793
Woche 760
Wochenansicht 765
Wochenbeginn 827
Wochenende komprimiert anzeigen 778

Z

Zeichen... 838
    Formular 740
Zeile für neue Elemente anzeigen 759
Zeitlimit des Servers 798
Zeitmessung 847
   anhalten 848
   beginnen 848
Zeitschriftart 778
Zeitskala 765
Zeitzone 761
   ändern... 761
Zentriert 757
Zur erweiterten Suche wechseln... 743
Zur Outlook-Leiste hinzufügen 750
Zurückgestellt 853

Stichwortverzeichnis
Teil F – Access

&-Operator 1011
1:1-Verknüpfung 933

A

Abbrechen
   Eigenschaft 995
Abfrage ausführen 1021
Abfrageassistenten 1044
Abfrage-Beziehungen 1023
Abfrageergebnis 1020
Abfragefunktionen 1026
Abfragekriterien 1022
Abfragen 874, 1015
ActiveX-Steuerelemente 1000
Aggregat 875
Aggregate 1025
Aggregatfunktionen 1026
Aktionsabfragen 1039
Aktivierreihenfolge der Steuerelemente 1003
Aktiviert 971
Aktualisierungsabfragen 1041
Aktualisierungsweitergabe 874
AktuellerBenutzer() 1011
Alle anzeigen
   Beziehungen 937
Alle löschen 925
Alles ausblenden 936
Alles einblenden 936
am Raster 979
Anfügeabfragen 1041
Anfügen zulassen 1004
Anpassen
   Spaltenbreite 897
Assistent in der Datenblattansicht 940
Asterisk 1021
Ausrichten
   Steuerelemente 978
Ausschluss-Filter 924
Auswahlabfrage 1016
auswahlbasierter Filter 923

B

Bearbeiten zulassen 1004
Bearbeitung
   Tabelle/Abfrage 889
Bedingte Formatierung 982
Befehlsschaltflächen 995
Beim Klicken 993
benutzerdefinierte Steuerelemente 1000

Berechnete Felder 1030
   Abfrage 1019
Berichte 876, 1051
Berichts-Assistenten 1070
Beschriftung
   Datenfeld 905
Bezeichnungsfelder 981
Beziehungen 926
   In einer Abfrage 1023
Beziehungen bearbeiten 928, 930
Beziehungsfenster 937
Bild nebeneinander 977
Bildausrichtung 977
Bildgrößenmodus 976
Bild-Steuerelement 976
Buttons 995
Byte 902

C

Codd 869
Compound Index 918

D

Daten eingeben
   Eigenschaft 1004
Datenbank erstellen 884
Datenblatt 1004
Datenblattansicht
   Rasterlinien 899
   Schriftart/-größe 899
   Spalten löschen 900
   Spalten umbenennen 900
   Zeilenhöhe 900
Datenfelder
   anlegen 886
   Ja/Nein 903
Datenfeldtyp 900
Datenherkunft 949, 956
Datensatz 868
   am Ende anfügen 896
   ausschneiden 896
   duplizieren 896
   ersetzen 892
   hinzufügen 892
   kopieren 896
   löschen 894
   suchen 892
Datensatzherkunft 918

Datentyp 900
   AutoWert 903
   Datum/Uhrzeit 903
   Hyperlink 904
   Memo 901
   OLE-Objekte 903
   Text 900
   Währung 903
   Zahl 901
Datenverdichtung 1039
Datum 915
Datum() 1011
DESC 926
Detailbereich 1005
Detailtabelle 926
Dezimalstellenanzeige 916
Diagramm 1018
Dialogformulare 1009
Direkte Beziehungen anzeigen 937
DLookup 1029
Domänenfunktionen 1028
   Parameter 1029
DomSumme 1028
DomWert 1029
Double 902
dritte Normalform 872
Drucken
   Formulare 1008
Drucker
   mehrere 1066
Druckeranschluss 1066
Drucklayout 1008
Duplikatsuche 1049

E

Eigenschaften
   Abfrage 1032
   Abfragespalte 1031
   Berichtsbereich 1069
   Datenfeld 905
   Formular 951
   Formularbereich 1007
   Steuerelemente 970
Eindeutige Datensätze 1033
Eingabe erforderlich 905
Eingabefokus 971
Eingabeformat 908
Eingabeformat-Assistenten 910
Einzelnes Formular 1004
Endlosformular 952, 1004
Entfernen
   Unterdatenblatt 936
Ereignisse 1081
erste Normalform 871

F

Feldbeschreibung 886
Felddatentyp 886
Feld-Generator 937
Feldliste 951
Feldname 886

Filter 922
   auswahlbasiert 923
   formularbasiert 924
   zulassen 924
Filter/Sortierung anwenden 922
FK 873
Foreign Key 873
Format
   Eigenschaft 912
Formatbereiche 916
Formel in Steuerelementen 1010
Formular 876
Formularansichten 994
Formularbasierte Filter 924
Formularkopf 1005
Fremdschlüssel 873
Funktionen
   Abfrage 1026

G

Gebundene Spalte 918, 992
Gesperrt 971
Gleichheitsverknüpfung 931
Größe-Untermenü 980
Gruppen 1025
Gruppierung 875, 1002
   aufheben 1003
   von Steuerelementen 978
Gültigkeitsmeldung 906
Gültigkeitsregel 906
   feldübergreifend 920

H

Haupttabelle 926
Herkunftsobjekt 1011
Herkunftstyp 918, 989
Hintergrundart 976
Hintergrundfarbe 976
Hyperlink 904

I

In Reihenfolge 971
Inch 971
Index
   Tabellen 916
   zusammengesetzter 918
Inkonsistenzen 1049
Integer 902

J

Jetzt() 1011
Join
   Inner 931
   Left 932
   Right 932

K

Kalendertag 915
Kalenderwoche 915

Keine Duplikate 1033
Kombinationsfeld 918
Kombinationsfeld-Assistenten 962
Kombinationsfelder 988
Kontrollkästchen 988
Kreuztabellenabfragen 1039
Kreuztabellenassistent 1044
Kursiv 972

L

Leer 904
Leere Zeichenfolgen 906
LIKE 907
Linien 1000
Linksbündig 978
Listenbreite 920
Listenfeld 918
Listenfeld-Assistent 962
Listenfelder 988
Literal 910
Löschabfragen 1043
Löschen zulassen 1004
Löschweitergabe 874
Long Integer 902

M

Makro 878
Maßeinheit 970
Mehrfachselektion 978
Mehrspaltige Wertlisten 993
Modul 878
Mustervergleich 907

N

n:m-Verknüpfungen 933
Nachschlagefelder 918, 962
Name 1007
Normalisierung 869
Null 904
Nur Listeneinträge 920

O

Oben 978
ODER 921
ODER-Verknüpfung
 Abfrage 1022
OLE-Felder 996
Optionsgruppen-Assistent 965
Optionsschaltflächen 984

P

Papiereinzugschächte 1066
PK 872
Popup 1009
Primärschlüssel 872, 903
Primary Key 872
Proctector
 Tabellen 889

Protector
 Abfragen 1017
 Berichte 1053
 Beziehungen 929
 Datenmodell 880
 Formulare 951
 Steuerelemente 967

Q

Quartal 915
Quelldatenbank 1034
Quellverbindung 1034
Query 874

R

Rahmen 975, 984
Rahmenart 975
Rahmenbreite 975
Rahmenfarbe 975
Raster 979, 1018
Rechtecke 1000
Rechtsbündig 978
Referentielle Integrität 873, 930
Registersteuerelement 999
Reihenfolge der Steuerelemente 1003
Reihenfolgeposition 1003
Relationen 926
Renormalisierung 874
ReplikationsID 902

S

Schaltflächenassistent 959
Schriftart 972
Schriftbreite 972
Schriftgrad 972
Seiten 1010, 1011
 Register 999
Seitenränder 1065
Seitenzahlen 1009
Single 902
Sortieren
 Abfrage 1024
 Datensätze 895
Sortiert nach... 925
Spalten 1065
 ein/ausblenden
  Format-Menü 898
 fixieren 898
 markieren 897
Spaltenanzahl 919
Spaltenbreite 919, 991
 festlegen 896
Spaltenreihenfolge 898
Spaltenzahl 991
Spezialeffekt 976
Spezialfilter 925
Spitzenwert 1033
SQL 875, 1044
Standard
 Eigenschaft 995

Standardansicht 1004
Standardfarben 973
Standardwert 904
Statusleistentext 971
Statuszeile 886
Steuerelement anzeigen 918
Steuerelement-Assistenten 959
Steuerelemente 958
Steuerelementinhalt 957, 1059
Structured Query Language 875

T

Tabelle
   anzeigen 927
   ausblenden 937
   Sortiert nach 925
Tabellen-Assistenten 937
Tabellendesign 885
Tabellenentwurf 886
Tabellenerstellungsabfrage 1043
Tabstopp löschen 925
Text
   Datentyp 900
Textfarbe 972
Textfelder 982
Toolbox 958
Trennlinien 1005
Trichter 922

U

Überschreibmodus 912
Umschaltflächen 995
UND 921
Unten 978

Unterdatenblatthöhe 935
Unterdatenblattname 935
Unterformular 876, 953, 1011
Unterformular-Assistent 954
Unterstrichen 972

V

Verdichtung
   Daten 1039
Vergrößerbar 1052
Verkleinerbar 1052
Verknüpfen nach 1012
   Unterdatenblatt 935
Verknüpfen von 1012
   Unterdatenblatt 935
Verknüpfungen 927
Verknüpfungseigenschaften
   Abfrage 1024
Verknüpfungstypen 932

W

Wenn 1058
Wenn-Funktion 1058
WIE 907
Wildcard 1021
Wochentag 915

Z

Zeilenanzahl 920
Zoll 971
Zoom-Dialog 1059
zweite Normalform 872

Stichwortverzeichnis
Teil G – Office im Web

A

Active Server Pages 1143
Alle Framerahmenlinien anzeigen 1114
Als Webseite speichern... 1098
Auf Office als Standardeditor für Office-Webseiten prüfen 1103
AutoFiltern 1120
Automatische Auswahl 1105

B

Bearbeiten 1103
Betrachtungsoptionen 1124
Bilder an Webbrowserfenster anpassen 1101
Browser 1100

C

Cascaded Style Sheet 1100
Codepage 1105
CSS 1100

D

Das aktuelle Dokument laden als 1105
Data Source Names 1142
Datenzugriffsseiten 1145
Designdetektiv 1129, 1133
Die Webseiten immer in der Standardcodierung speichern aktivieren 1105
Dieses Dokument speichern als 1105
Druckbereich 1124
DSN 1142

E

Eigenschaftentoolbox 1120
E-Mail-Adresse 1109

F

Folienanimationen beim Browsen anzeigen 1101
Format/Frames/Neue Frameseite 1112
Formeln erhalten 1101
Frame löschen 1113
Framegröße in Browser anpassen 1115
Frames 1112
Für Grafikdarstellung auf VML vertrauen 1104

G

Gesamte Arbeitsmappe 1118

H

HTML
    statische Seiten 1136, 1138
    Vorlagendateien 1138
Hyperlink entfernen 1110

I

IDC/IDX 1140
Interaktivität 1117
    hinzufügen 1119

J

Jetzt berechnen 1122

K

Keine Rahmenlinien 1114

L

lange Dateinamen 1102

M

Manuell berechnen 1122
Mit Formatierung 1137

N

Nach Excel exportieren 1120
Neue Webpublikation aus aktueller erstellen 1129
Nichtunterstützte Funktionen deaktivieren 1100

P

PNG 1104
PNG als Ausgabeformat zulassen 1104

R

Rahmenbreite 1114
Rahmenfarbe 1114

S

Seiten 1145
Sprechernotizen anzeigen 1127

T

TEILERGEBNIS 1123
Text anzeigen als 1106
Textfluss 1104
Titel ändern... 1098

U

Uniform Ressource Locator 1106
Universal Naming Convention 1106

V

Veröffentlichen 1099
VML 1104

W

Weboptionen 1099
Webpublikation 1129
Webseite im Browser anschauen 1125
Webseitenvorschau 1099

Z

Zeitpunkt der Bearbeitung 1109
Zielmonitor 1104
Zusätzliche ausgeblendete Daten speichern, um Formeln zu erhalten 1101, 1118

Stichwortverzeichnis
Teil H – Das Zusammenspiel der Office-Anwendungen

3D-Ansicht 1227

A

Abfrage speichern... 1169
Abfragedefinition speichern 1164
Achsen formatieren 1220
Aktualisierung
    alle xxx Minuten 1165
    beim Öffnen der Datei 1165
    im Hintergrund zulassen 1165
Aktualisierungssteuerelement 1165
Alle einfügen 1154
Als Symbol anzeigen 1156
Analysieren mit Excel 1172
Anderes Symbol... 1156
Ausfüllen 1203
Ausgabeformat 1215
Ausrichtung 1215
Ausrichtung-Register 1226
Auswahl einschränken 1242
Automatisch skalieren 1225
AutoSkalieren 1228

B

Bearbeiten
    OLE 1157
Bestimmtheitsmaß für Diagramm darstellen 1231
Betrachtungshöhe 1228
Billionen 1222
Blocksatz
    WordArt 1186

D

Daten
    an Microsoft Excel zurückgeben 1168
    in Microsoft Query bearbeiten oder ansehen 1169
Datenbereich-Eigenschaften 1164
Datenbeschriftung formatieren 1214
Datenblatt 1205
Datenblattansicht 1205
Daten-Menü 1197
Datenpunktbeschriftung 1214
Datenpunkte 1194
    formatieren 1202
Datenreihe 1194
    formatieren 1202, 1210
    in Spalten 1198
    in Zeilen 1198
Datentabelle anzeigen 1217

Diagramm-Menü 1197
Diagrammoptionen 1199, 1215
Diagrammtipps 1219
Diagrammtyp... 1197
Diagrammuntertyp 1197
Drag & Drop von Zellen ermöglichen 1218
Drehen 1228
Drehung 1228

E

Einheiten anzeigen 1222

F

Farbe
    Graph 1219
    im Diagramm ändern 1219
Feldtrennzeichen 1178
Finanzen 1236
Folien aus Gliederung... 1171
Form 1210
Fülleffekte 1203

G

Gitternetzlinien 1217
Gleichung in Diagramm darstellen 1231
Graduell 1203
Größen in umgekehrter Reihenfolge 1223
Größenachse 1215
    schneidet bei Rubrikennummer 1224
    schneidet zwischen den Rubrikenachsen 1224

H

Hauptgitternetz 1217
Hauptstriche 1222
Hilfsgitternetz 1217
Hilfsstriche 1222
Hunderter 1222

I

Importieren in Tabelle 1177
Indikator-Anzeigen 1211
Inhalte
    löschen 1206
    einfügen 1151
In-Place-Activation 1156
In-Place-Editing 1207

K

Kategorie 1216
Kegel 1210
Kennwort speichern 1165
Kerning-Table 1187

L

Legende 1217
Legende anzeigen 1217
Legendensymbole anzeigen 1218
Legendenzeile/spalte 1196
Löschen
    Zwischenablage 1154
Logarithmische Skalierung 1222

M

Management 1236
Markierung
    Datenpunkt 1210
    nach dem Drücken der Eingabetaste verschieben 1218
Maximum 1222
MDB
    importieren... 1175
    Externe Daten 1173
Milliarden 1222
Millionen 1222
Minimum 1222
Mit Quelldaten verknüpft 1225

N

Nach dem Import der Daten soll ein Assistent die Tabelle analysieren 1178
Nach Spalten 1198
Nach Zeilen 1198
Nicht zeichnen (überspringen) 1218

O

Öffnen
    OLE 1157

P

Perspektive 1229
Primärschlüssel automatisch hinzufügen 1177

Q

Quader 1210

R

Rahmen 1203
Rechtwinklige Achsen 1228
Register
    Reihenachsen 1223
Reihenachse 1215
Rubrikenachse 1215
    schneidet bei Höchstwert 1223

Rubrikenanzahl
    zwischen Teilstrichbeschriftungen 1224
    zwischen Teilstrichen 1224
Rückwärts 1231

S

Schaltfläche gedrückt halten für Beispiel 1197
Schattierungsarten 1203
Schnittpunkt 1231
Schrift-Register 1225
Sekundärachse 1210
Skalierung-Register
    Größenachse 1222
    Rubrikenachsen 1223
Spalten
    in Ihrer Abfrage 1166
Spezifikationen 1180
Standard 1227
Steuern und Recht 1236
Streckung ausrichten 1186

T

Tabellenoptionen 1218
Tausender 1222
Texterkennungszeichen 1162
Textfeldbegrenzungszeichen 1180
Tortendiagramm 1194
Trennzeichen 1178

U

Übernehmen 1227
Umwandeln 1157

V

Verknüpfen 1156
Veröffentlichen mit Word 1173
Versetzt 1226
vertikaler Text
    Word-Art 1186
Vor-Ort-Bearbeitung 1207
Vorschau anzeigen 1167
Vorwärts 1231

W

Winkel des ersten Kreissegmentes 1201
WordArt als vertikaler Text 1186
WordArt-Buchstaben mit gleicher Höhe 1185
WordArt-Form 1190
WordArt-Katalog 1185

Z

Zahlen-Register 1225
Zeichen ausrichten 1186
Zeichenpaare unterschneiden 1187
Zeile/Spalte ein-/ausschließen 1209
Zeitachse 1216
Zwischenablage 1153
Zylinder 1210

Stichwortverzeichnis
Teil I – VBA-Programmierung

.BAS-Datei 1270
.CLS-Datei 1270
.FRM-Datei 1270

A

ActiveX
    Excel aufrufen 1336
Anweisungen 1311
Array
    definieren 1317
Auflistungen 1307
Aufrufeliste
    anzeigen 1300

C

Code
    ausführen 1298
    testen 1298
Code eingeben 1276
Codefenster 1273
Collections 1307

D

Datentyp
    festlegen 1314
Datentypen
    benutzerdefiniert 1317
Datentypen für Variable 1315
DefType 1316
Dialogfeld
    Makro aufzeichnen 1250
Dim-Anweisung 1317
Direktbereich 1281
Do...Loop Until-Anweisung 1325
Do...Loop While-Anweisung 1324
Do...Until-Anweisung 1324
Do.While-Anweisung 1324
Documents-Objekt
    Add-Methode 1341
    Open-Methode 1342
Dokument
    neu anlegen 1341
    Text einfügen 1340
Dokumentautomatisierung 1336

E

Eigenschaften 1306
Eigenschaftenfenster
    VBA-Editor 1273
Ereignis 1309
Ereignisprozedur 1309
Excel
    Anwendungseigenschaften 1347
    Application-Objekt 1346
    Arbeitsmappe öffnen 1349
    ColorIndex 1351
    Fensterabmessungen einstellen 1346
    Makro
        auf Schaltfläche legen 1258
        aufzeichnen 1251
        in Menü einbinden 1260
        Releativer Verweis 1252
        Tastencode
            nachträglich zuweisen 1256
    markierten Zellbereich bearbeiten 1352
    Pattern 1351
    Range-Objekte 1350
    Workbook-Objekt 1349
    Zelle
        verändern 1350
    Zellformel 1351
    Zellinhalt 1351
Exit-Anweisungen 1326

F

Feld
    definieren 1317
For Each-Schleife 1325
Formular 1270
Formularentwurf 1280
Formularfenster 1280
For-Schleife 1325
Fortsetzungszeilen 1312
Funktionen 1327

G

Gültigkeitsbereich
    von Variablen 1319

I

If-Anweisung 1322

K

Klassenmodul 1305
Klassenmodule 1270
Kommentar 1312
Konstante 1313
    Gültigkeitsbereich 1319

L

Lokal-Fenster 1281

M

Makro 1247
    auf Tastencode legen 1254
    aufzeichnen 1249, 1251, 1252
    ausführen 1261, 1262
    bearbeiten 1261, 1264
    erstellen 1263
    in Menü eintragen 1257
    in Symbolleisten eintragen 1257
    löschen 1263
    Name 1252
    Namenskonventionen 1253
    Optionen 1252
    organisieren 1264
    Speicherung 1252
    Tastenkombination
        entfernen 1255, 1256
    testen 1264
    Unterschiede zu VBA-Modulen 1248
    Was ist das? 1247
Makrorecorder
    Aufzeichnung
        anhalten 1250
Menü
    Ansicht 1286
    Ausführen 1289
    Bearbeiten 1285
    Datei 1284
    Debuggen 1288
    Einfügen 1287
    Extras 1289
    Fenster 1290
    Format 1287
Methoden 1308
Modul 1270, 1304

O

Objekte 1306
    Methoden 1308
Objektkatalog 1278
Objektmodell 1306
Objektvariable 1318
OLE 1336
Operatoren 1320
Option Explicit 1314

P

Parameterübergabe
    ByRef, ByVal 1330

PowerPoint

Makro
    auf Schaltfläche legen 1258
    aufzeichnen 1252
Private 1320
Projekt 1269, 1304
    Eigenschaften setzen 1296
    Element
        entfernen 1272
        hinzufügen 1271
    Name
        ändern 1271
    schützen 1297
Projekt-Explorer 1269
    Navigation 1270
Prozedur 1305
    anlegen 1305
Prozeduren 1329
    Gültigkeitsbereich 1319
Public 1320

R

Range-Objekt
    festlegen 1342
Registerkarte
    Allgemein 1294
    Editierformat 1294
    Editor 1293
    Verankern 1296

S

Schleifen 1323
Schrittmodus 1298
Select Case-Anweisung 1323
Selection-Objekt
    Zugriff 1345
Static 1320
Steuerelemente
    aktivieren 1292
Symbolleiste
    Debuggen 1284
    Voreinstellung 1282

T

Testen
    Ablauf unterbrechen 1298
ThisDocument 1270

U

Überwachung
    hinzufügen 1301
Überwachungsausdruck
    anzeigen 1302
Überwachungsfenster 1281
UserForms 1306

V

Variable 1314
    Lebensdauer 1320

Namen 1315
Variablen
   Gültigkeitsbereich 1319
VBA 1247
VBA-Code
   testen 1298
VBA-Entwicklungsumgebung 1267
   aufrufen 1267
VBA-Module 1248
Verweis 1270, 1291
Verzweigungen 1322
Visual Basic for Applications 1247
Visual Basic-Editor 1267
   aufrufen 1267

W

Wert
   anzeigen 1301

Werte
   beim Testen zeigen 1300
Windows Scripting Host 1248
With-Anweisung 1326
Word
   Anwendungseigenschaften 1335
   Application-Objekt 1334
   Ausgabe in Statusleiste 1335
   BuiltInDocumentProperties 1339
   Dokument öffnen 1342
   Dokumenteigenschaften 1338
   Dokumentvorlage anzeigen 1335
   Fensterabmessungen einstellen 1334
   Makro
      auf Schaltfläche legen 1257
   Tastencode
      nachträglich zuweisen 1255
   Objektmodell 1333

Wissen aus erster Hand

Alles, was Sie zur Beherrschung von Microsoft Word 2000 brauchen: die komplette Programmbeschreibung mit verständlichen Anleitungen zum Erlernen der Arbeitstechniken, schnell zugänglichen Übersichten, Hervorhebung der Neuerungen und Tips von den Profis. Geben Sie sich nicht mit irgendeinem Buch zufrieden, denn es gibt *Das Handbuch* - direkt von Microsoft Press. Lesen Sie Wissenswertes über grundlegende Techniken wie Schreiben, Speichern, Basisgestaltung, Verwendung von Hilfsmitteln und Drucken wie auch den Einsatz von Feldern, Makros und VBA.

Autor	Weßelmann, Wiele, Zietlow
Umfang	800 Seiten
Reihe	Das Handbuch
Preis	DM 49,00
ISBN	3-86063-138-1

Microsoft Press-Titel erhalten Sie im Buchhandel, PC-Fachhandel und in den Fachabteilungen der Warenhäuser

Microsoft Press

> **Wissen aus erster Hand**

Alles, was Sie zur Beherrschung von Microsoft Excel 2000 brauchen: die komplette Programmbeschreibung mit Schritt-für-Schritt-Anleitungen zum Erlernen der Arbeitstechniken, schnell zugänglichen Übersichten, Hervorhebung aller Neuerungen und Tips von den Profis. Das Reinke Solutions Team besteht aus fünf erfahrenen Excel-Experten mit unterschiedlichen Schwerpunkten wie Steuer, Statistik und Programmierung. Und bereits das Vorläuferwerk zu Excel 97 hat in kürzester Zeit die Presse und die Kunden begeistert. Geben Sie sich also nicht mit irgendeinem Buch zufrieden, denn hier ist *Das Handbuch* - Direkt von Microsoft Press.

Autor	Reinke Solutions Team
Umfang	900 Seiten, 1 CD-ROM
Reihe	Das Handbuch
Preis	DM 55,00
ISBN	3-86063-139-X

Microsoft Press-Titel erhalten Sie im Buchhandel, PC-Fachhandel und in den Fachabteilungen der Warenhäuser

Microsoft Press

Wissen aus erster Hand

Alles, was Sie zur Beherrschung von Microsoft Access 2000 brauchen: die komplette Programmbeschreibung mit Schritt-für Schritt Anleitungen zum Erlernen von Arbeitstechniken, schnell zugänglichen Übersichten und Tips von den Profis. Dieses Buch hat sich zum Ziel gesetzt, Ihnen den Umgang mit Access von den Grundlagen bis hin zu fortgeschrittenen Themen wie der Programmierung mit VBA grundlegend und verständlich zu erklären. Geben Sie sich nicht mit irgendeinem Buch zufrieden, denn es gibt *Das Handbuch* - direkt von Microsoft Press.

Autor	Ralf Albrecht, Natascha Nicol
Umfang	900 Seiten, 1 CD-ROM
Reihe	Das Handbuch
Preis	DM 77,00
ISBN	3-86063-140-3

Microsoft Press-Titel erhalten Sie im Buchhandel, PC-Fachhandel und in den Fachabteilungen der Warenhäuser

Microsoft Press

Maus-Operationen Excel 2000

Spalte verschieben	Spaltenkopf bei gedrückter **Umschalt**-Taste an neue Position ziehen
Markierung verschieben	Markierung am grauen Rand aufnehmen und an neue Position ziehen
Zelle bearbeiten	Doppelklick auf Ausfüllkästchen
Inhalte der Markierung löschen	Ausfüllkästchen nach innen ziehen
Formate und Inhalte der Markierung löschen	Ausfüllkästchen bei gedrückter **Strg**-Taste nach innen ziehen
Mehrfachmarkierung	**Strg** + ziehen
Spalte markieren	Spaltenkopf anklicken
Zeile markieren	Zeilenkopf anklicken
Mehrere Zeilen/Spalten markieren	Über Zeilen-/Spaltenköpfe ziehen
Markierung kopieren	Rahmen der Markierung bei gedrückter **Strg**-Taste ziehen
Spaltenbreite ändern	Spaltentrenner im Spaltenkopf ziehen
Zeilenhöhe ändern	Zeilentrenner im Zeilenkopf ziehen
Optimale Spaltenbreite/Zeilenhöhe	Doppelklick auf Zeilen-/Spaltentrenner im Zeilen-/Spaltenkopf

Tastenkürzel für Excel 2000

Zelle formatieren	**Strg** + **F1**
Bearbeitungsmodus einschalten	**F2**
Name in Formel einfügen	**F3**
Tabellenblatt einfügen	**Alt** + **Umschalt** + **F1** oder **F11**
Namen aus Zelltext erstellen	**Strg** + **Umschalt** + **F3**